聯合評論

第四輯

聯合評論 週刊
本刊已經香港政府登記
每逢星期五出版
United Voice Weekly
第一八九號
督印人：黃宇人　總編輯：左仲平
社址九龍大埔道一六八號南亞書局 805641
承印嘉羅印刷有限公司香港灣仔馬師道5號
總代理：友聯發行公司售價每份港幣一毫
本報美洲版總經售處美國紐約中美出版社
CHINESE - AMERICAN PRESS, INC
199 CANAL STREET.,
NEW YORK13 N. Y. U.S.A.
美洲航空版每份零售美金一角

毛澤東從獨木橋上走進了死胡同

李金曄

中共「人代會」二屆三次會議，於三月廿七日開幕。除廿八日的「人民日報」有短短的開幕報導之外，該會一直是在拉上了幕開。沒有半點新聞發佈，可謂是幕裏緊鑼密鼓，幕外風雨不透。為中共建立政權以來最緊張和最秘密的一次會議了。

中共之所以要秘密地開「人代會」，當是基於內外形勢的失利。就其年來對外關係言，與美國關係之繼續惡化，使他失去了打開聯合國大門的機會。與蘇聯的分歧，使他在共產國際內部逐漸孤立。至於他向西方一些國家記賬賒購糧食和向英國購買飛機等，雖有某種程度上的國際統戰功能作用，然也得不償失，徒自暴露其窮共陋而已。因此，既不能如其對外政策所預定者，以統戰而孤立美國，也未能消弭與蘇共之間的歧見，以達到「兄弟般的」團結。其對外關係，在過去一年內，直如其慣常之所謂，是走進了死胡同裏去了。

「三面紅旗」本是中共內政上的三大路線，但是時逾三年，紅旗已由面面褪色而至破爛不堪，中共統治十二年來，至此已把大好的中華山河，搞到民窮財盡，餓殍載道。毛澤東等面對如此重大的內外憂困，「人代會」自然只能垂幕了。

一直到筆者為文時（四月十三日），「人代會」仍在繼續開會中。不論會後中共將會有什麼決定公諸於世，也儘管現在是如此地風雨不透，甚至「人民日報」半個月內既無社論，又無評論以片言隻字正面觸及到「人代會」，但是我們也能從這半個月來的「人民日報」上，多少窺測到一點的風雲。而主要的是屬於政治和黨務上的一些問題，正是中共面對的基本問題。這些該當是它秘密開會的原因之一。

三月二十九日，「人代會」開幕的第三天「人民日報」發表了一片「穩扎穩打逐步前進」的社論。從時間上計算，這篇社論應是在廿七或廿八日以前寫成的。社論表面上，是就治理新疆一條河流下筆的。但實際上所談的，是「為政之道」，宜乎「穩扎穩打」，宜乎「逐步前進」，此時此際而有此論，無疑是針對造成大滑退的「三面紅旗」，有了批判。所以該論一出，連莫斯科的報紙，也競相全文譯載了。

四月三日，「人民日報」又發表了一篇署名「柳冲」的題為「加强集中統一發揚黨內民主」的文章。該文中有嚴厲評擊各級組織中的書記及第一書記及黨委們的不合黨章規定的工作方式及領導方法之不當，以及違背政策，不按會議決定行事等情。實則當今中共本是祇講「集中」，不要「民主」，至於不按黨章辦事，自以為是的，毛澤東該是第一人。

四月五日，該報又以「本報評論員」的名義發表了，題名「更好地教育，訓練黨員」的評論，指出了中共在「執政黨的地位」上，已「沾染上官僚主義的習氣」和「滋長驕傲自滿的情緒」。提出現階段，「在社會主義建設時期，不論對新黨員，還是老黨員，都要重新教育。」以「人民日報」的「本報評論員」一貫在該報上的發言份量看，這篇文章自是有的放矢，若結合了前一篇文章，似可推斷，在今次「人代會」後，中共推行政策的方法不僅要變（事實現在已經在變），且甚有可能繼之掀起一次大規模的整風。

但綜合上述三篇文章，强烈地顯示出要把大滑退的責任推卸給絕大多數的各級幹部承担，以維持住中共中央和毛澤東的顏面。目前對人民的放鬆，正可以看作是中共中央小惠予人民，卸責任予幹部的說明。

不過不論從年初大陸來港的人所談和近月來中外電訊的報導，雖在在証明中共已在實際試行有限度地恢復若干私有制的經濟形態，以求挽救農業危機所引起的全面財經崩潰，但是尚無迹象可資証明中共會放棄「三面紅旗」的。但是過去那些「熱火朝天」的狂言讕調如「一天等於廿年」等，「大躍進」的作法，在「穩扎穩打」的社論中既已遭到了批評，步調是可能放緩一些的。社論對此指稱，「既不能氣短低頭，也不能不切實際地想一下子『挾泰山以超北海』。」並以指示的口吻說：「路，總是要一步一步走的」，和必需「有計劃地一步一步地走」。據此而結合大陸上現在的情況試作結論：中共現在的氣是短了些，可尚未低頭。不過，共產主義的理論和共產黨的實際政治，既均已瀕臨破產的邊緣，低頭也該只是時間問題了。

共產黨人素來是自詡其黨衆具有「特殊的高貴品質」，其誇大處，似乎共產黨員個個仙風道骨，不食烟火，不染塵垢。實則這正如當年希特勒之自稱屬於最優秀的民族，是同等的荒謬。其所以自我陶醉，無非是為了激勵黨衆的虛驕，鼓動其不顧人道地作違反人性的事。希特勒敗亡和史太林被鞭屍之後，証明這兩個魔頭，及其羽翼，均屬貪婪反常的變態的乖張人物。今之毛澤東等，自亦為一丘之貉。既是一羣「新階級」的興起，也就必然地「官僚主義」化「驕傲自滿」了。現在說是新老黨員」都要重新教育」，且認為現有的惡化情況是幹部們沒有切實正確地掌握中央政策和實行政策的結果，這正是中共中央首腦，一貫推卸責任的陳腔讕調，事實上這些年來，毛澤東一直自己把住了左傾冒進的舵，充分地發揮着他的「小產階級的狂熱性」，對稍有不愜其心意和不善於看他風色者。就斥為「小脚女人」和「促退派」。現在於「大躍進」式地跑了三年，而又一無成果之後，欲圖諉過予人，且要一般新老黨員們再教育，我想即使令出必行，也是難以服衆的。

中共黨的建制本是層層密圈，嚴格地要求着「個人服從組織，少數服從多數，下級服從上級，全黨服從中央」，但從這裏看不出中央該服從誰。慣常地，黨員們的心目中，所謂中央，就是毛澤東。這是個人崇拜的結果。因此如要「教育」和追究責任，毛澤東是首惡！但是他現在顯然在試圖逃避罪責。

這多年來，從未見有一篇文字是評論中共黨內書記或第一書記的。尤其在「政治第一」，「書記掛帥」之後，各級黨組織的書記或第一書記可說是權操生殺。四月三日「人民日報」的專文涉及到了對書記和第一書記的批評，意謂他們是凌駕於集體之上。其中一節說：「黨委制是保証集體領導、防止個人包辦的重要制度。……一切重大問題都必須經過黨的委員會集體討論決定。有些黨的委員會為了工作便利選出了常務委員會和書記處。黨章規定，常務委員會在委員會全體會議閉會期間行使委員會的職權，書記處則是在常務委員會領導之下處理日常工作。因此，書記處要向常委會報告工作，對委員會負責。那種把書記處置於常委會之上，把常委會置於委員會之上的作法，是本末倒置的，不符合黨章的。」該文又更進一層地對書記或第一處的職能，加以更明確的闡述謂：「書記（或第一書記）好比『班長』。書記（或第一書記）要善於發揚民主，使委員暢所欲言，當好『班長』。書記（或第一書記）要站在委員會的集體之中，不能駕於集體之上。書記和其他委員的關係，是少數服從多數的關係不是領導關係。……黨委會的書記（或第一書記）個人或少數人不能擅自決重大問題，更不能形成『書記制度』。」該文繼之着重地說，「個人或少數人包辦黨委會工作的行為是違反黨的集體領導原則的。」此外又稱，「每個委員對於自己分管的部門或戰線的工作，要向委員會作請示報告，尊重委員會的意見，不能各自為政，搞分散主義。」

從引用的這篇文章的上述要點，經已明白使人覺得不能把該文所反映的問題局限於文章的表面上去理解。關鍵是從中央核心到地方基層，『書記制度」和『搞分散主義』正是現在中共黨內派系之間，或個人之間的主要鬥爭形式，形成了一方以掛帥的地位強要領導，和另一方面有「搞分散主義」抗拒領導的形勢。事實上，「書記制度」的形成，與發展到「書記掛帥」，以致書記目空一切，也是毛澤東的責任。這裏可舉下述幾項過去的實例為証：一九五五年的七月，毛澤東親自召集各省市黨委書記會議，催促加快農業合作化，同時指主張緩步發展者為「小脚女人」。一九五七年二月，開最高國務會議鼓動鳴放。一九五八年的一月至三月間，毛澤東先後召開了杭州會議，南寧會議，成都會議，（這三次會議也均非黨的中央委員會，也不是「政治局會議」鼓動「大躍進」，「反促退派」。此外如中共的九全大會，按照規定應在一九六一年召開的，迄今消息沉沉，亦為其不按黨章辦事的鮮明例証。從一九五五年七月的各省市黨委書記會議開始，毛澤東就習慣於繞過中委會或政治局會議，自作主張地便宜行事，毛澤東既不按黨章辦事在先，直接指揮各省市黨委書記，地方黨委書記也就自然以毛澤東的風向動靜為準，不以黨中央的風向為準，自也視地方黨委為無物。於此同時也可以看出來，毛澤東如果眞能如臂之使手，手之使指，可以完全操縱中央委員會，也不致於會如此的。以一九五七年鼓動鳴放來說，這事迥然是未經黨內會議的通過，但本也是難於獲得黨內統一的意見而進行的，故才假道國務會議推動。其後一九五八年為鼓動「大躍進」和「反促退派」的三次地區性的會議，與會者皆非黨中央的中委和政治局委員，其後的發展，也透露出黨內確有人（如彭德懷等）對「三面紅旗」反對。可見當初毛澤東鼓動「大躍進」和聲斥「促退派」正足以說明他一方面是激烈地冒進，另一方面却不能得到黨內全體中委一致衷心的支持。其事原屬一意孤行。因為此路不通，他才又親到各地區召集會議，面向各地的黨委書記耳提面命，跨上「躍進馬」。

中共自從扯起「三面紅旗」以後，內內外外，凡百措施，無不節節敗退，迨與對蘇共關係進入惡化狀態，蘇援斷絕，各項進行中的建設，也因蘇聯專家携同藍圖計劃一併撤退，引起了工業和基本建設方面的困難，又非自力所能克服，此當為工業化退潮而農業化獲得重視的原因之一，過去毛澤東的「突破一點，帶動全面」的夢，至此也破滅了，而農業的危機，又是人謀不臧的因素居重要地位所造成。三年來的財經危機難關重重「人代會」一年一度需要討論通過的預算和決算，殆無不因各項數字之難以拼湊製造，周章萬倍，設若再空言誇大浮報數字，固不足以取信於人，若核實公佈，無疑赤裸裸地告人以山窮水盡，再加以正值黨內部關係又不和諧，本諸「家醜不可外揚」和「不憤不啟」的自卑感與自大狂的心理，「人代會」就祇能偃旗息鼓，聲悄悄地開了。

毛澤東過去是慣於善走「獨木橋」而自喜，現在他該因徘徊於死胡同裏而發悶了。

政治意識與僑胞前途

羅香林先生著西婆羅洲羅芳伯等所建共和國考讀後感

幼椿

近半年來，爲了大馬來西亞聯邦的加緊實現，英國政府中人一再敦促北婆羅洲、沙撈越、汶萊三邦中三十餘萬華僑迅即組織政黨，以便參加三邦的自治獨立活動：於是三邦中的僑領們應付這突如其來的政治局勢，趕造組織，商量主張，集結同志，預備宣傳，倉卒從事，未免零亂。

一、

筆者曾於日前以本題爲文，發表於另一刊物，向三邦友人說明兩點：一是組黨活動，要有政治意識，不宜只圖應付一時的場面，換言之，組黨者必須有政治的自覺，小之對於本邦前途，大之對於東亞以至世界局勢，都得有一個自己的見地和抱負；一是在此自治獨立的民族主義潮流中，僑胞們既迫於非過問政治事情不可，則組黨不宜只圖個人的身家發展，便忘却多數人的權益所在；我僑領們組黨，至少要先顧念到僑衆的利害關係，竭力去接近僑衆，爲之服務；不要組成一個「頭家」黨來，只有黨魁與師爺，而無羣衆作基礎，勢將重蹈星加坡林有福一黨的覆轍，終爲左派力量所打倒。

筆者在月初寫此文時，曾慨嘆及我國人，大多數生長於內地農村中，見聞不廣，且未嘗接觸過國家的政治，故一向只知有家，不知有國。即使到了海外去從事農工商業，也只知勤儉力作，發展家業，成爲富翁，傳之子孫，而甚少留意於當地的政治事情及其變化者。因是經過兩次世界大戰之後，在亞非兩洲的落後地區中，民族自決之風盛行，民族建國之圖四起，在此種地區中的僑胞們，人數雖多，資歷雖深，對地方中的經濟地位雖甚重要，而反因在政治上落於人後，不免遭受排擠，以致主客易位，優劣易勢，昔之支配者變成今日之被支配者，甚至昔之座上客而竟成爲今之階下囚，筆者在南洋前後數次旅居中，即親見此一蒼桑，令人爲之扼腕！

二、

我黃帝子孫，其在政治上爲低能兒嗎？我唐人之離開唐山，多爲今日落後地區中的開疆闢士者，在近一千年之間，其中竟無有人從事政治建設，去統治過當地羣衆嗎？是又不然！

我在北婆羅洲旅居時，即曾聞知十八世紀有羅芳伯其人自行集結同志建立國家的壯舉。故在前年出版的拙著「杜松人考」中，我特別提到：「十八世紀中，梅縣人羅芳伯在坤甸建國，自稱「大唐客長」，傳五世，立國百餘年，始爲荷蘭人所消滅。想我華僑，移住婆洲，原係少數，且無祖國力量爲其後盾，而竟能建國且支持百年之久，其必能與多數土著民族合作協力，當無疑問。……』

事距今已近兩百年，此一壯舉，當地父老已莫能道其詳。昨得羅香林先生贈送其所著的西婆羅洲羅芳伯等所建共和國考，具列建國始末，所書並皆翔實，讀之令我數年來心儀此一偉人壯舉，竟得一一明瞭其爲人與行事，欣快之至！且據著者引論中述及撰著本書之經過，其搜求材料，自民國二十年即已開始，博訪周諮，並加考訂，三十年中，數易其稿，去年六月纔出版此一專書，將十八世紀華僑在西婆羅洲之採金史實（第三章），羅芳伯等創立蘭芳公司及其演進爲共和國之史實（第四章），蘭芳共和國大總制之組織及其傳國始末（第五章），詳細爲編年體之紀述，使讀者對於羅芳伯等之經營，不但了然其華路藍縷，以啟山林之險阻艱辛至爲難能，且欣慕其大勇大智，服衆開國之見地與規模，實無愧於現代的政治人物！——誰又能說我僑胞中竟無有過大政治家的產生啊！在這一點上看來，著者羅香林先生眞算得是一位有心人！

三、

不過，時移世異，今日我僑胞在任何移殖的地區中，已不像羅芳伯等當時之孤軍奮鬥，轉戰以求獨立之生存，而是要一面能取得平等資格，不甘被治，促成合治的局面；一面且能不辜負時代之所要求，在新興國家中各民族之大合唱裏，無論在經濟、政治、教育、社會各個調門上，都有能力去配合其一致的呼應。如果不能認識此一時代的要求，而依然故步自封，則必然要與時代脫節，自行落伍，前途命運，就難言了！

即以羅芳伯等所建立蘭芳共和國而言，開國元勳確具遠見，而繼起者的政治意識便已不足，甚至第四代以後的當權者竟皆昧無能，故未及百年，國祚便衰，終以被驅而拱手將土地主權奉送與人，可爲浩嘆！著者也在本書結論上曾感慨的論道：

『余考証羅芳伯等所建立蘭芳共和國之史實與關係，止於此矣。蘭芳大統制建立之元年，即美洲合衆國胚胎之次年；華盛頓率美人謀獨立運動被舉爲第一任大總統之時代，約當於羅芳伯蕩平坤甸等地土衆受推爲首任「大唐總長」之時代。蘭芳大統制與美洲合衆國，雖有疆域大小之不同，人口多寡之各異，然其爲民主國體，則無二也。然而美洲合衆國，則國力隨時代之演進而益增，民生隨時代之演進而益庶，聲名隨時代之演進而益顯；而蘭芳大統制，則總長再易，即寂然無聞，而且領土日削，國力日衰，僅逾百年，即爲荷蘭所併滅，以視美洲合衆國，前者如日月之明，後者如風燭之光，其故何耶？地域限人，顯晦自別，而莫爲之後，雖盛弗傳也。』（見本書一〇九頁）

「地域限人，顯晦有別」，豈眞地域之過！人謀不臧，見解有錯，我國人一向的政治社會習尚實爲厲階：國人自命庸衆，只知修身齊家，而便將治國平天下聽任少數所謂賢豪去幹，於是世無賢豪，或賢豪竟非我族類，而也委心任運，聽人安排；一切被動，勢必終受魚肉，身家不保；是則又豈今日一千餘萬少數華僑之痛；而大陸之上，六億同胞的飢寒交迫，朝不保夕，更是使人觸目驚心！

國人的政治意識未能普及，大家不管政治，命運付託非人，以致六億餘衆的黃帝子孫，今日無論在海內海外，不作亡命，竟成俘虜！也因爲多數人平時不管政治，乃使中國的政治落於少數人之手後，執政者竟無所忌憚，才弄得大家今天到了這樣地步，然尚有人說，要研究學問，便不要去過問政治；尚有人罵，出言立論去批評時政得失，便是野心家或敗類，是誠何心哉！是誠何心哉！

因是，羅香林先生的這本大作，又不只可爲僑胞的借鏡，取而讀之，足資振奮；即是亡命海外，想望反攻復國的每一反共人士，也應聞羅芳伯之風，而頑夫廉，懦夫有立志！著者羅先生在本書末以蘭芳共和國之易衰而亡，美洲合衆國之易興而顯，相爲比較，頗有深意；我則認爲盛衰之異無他，世傳代表美國人的「山姆叔」（Uncle Sam），其故事雖也一如我僑胞，「帶着四十個銅子，便動身，渡海西行；後來大都留給子孫以鉅大財產」，然而其不同者，這一些英國清教徒的亡命客，深愛自由，痛恨專制，故能自治獨立，以達到民主建國的成功！五一，四，一五

共軍幹部素質越來越差

劉裕畧

中共未佔大陸之前，與既佔大陸之後，其建軍決策是有着重大區別的。在中共未佔大陸之前，即一九四九年底之前，中共一直是在打天下的過程中，而且也是一直在以劣勢裝備打天下，那時候，它的幹部不合現代化軍隊的標準。因爲所謂現代化軍隊，是指使用現代武器，即使用現代化的各種科學和技術結合的武器而言。一九五〇年以後，中共雖因初佔大陸，加以當時一方面參加韓戰，要派軍隊到北韓作戰，一方面又在大陸內部推行軍管制度，所以，把共軍向現代化改變的步驟雖未能立刻全面實施，但中共中央對此已有腹案，自係確定不移的事實。

不過，共軍之開始走向現代化，却不是等待韓戰結束才全面開始、而是在韓戰期間就局部逐漸實施了。因爲那時候已有蘇援軍火源源而來，除以一部分消耗在韓戰外，中共遂以其餘一部分軍火裝備了國內的一部分軍隊。到現在，舊的共軍業已淘汰殆盡，但新的現代化共軍却又並非業已全部建成。這一則由於任何國家任何政權要建立一支龐大數量的現代化軍隊，原不是三年五載就能完成的事，另方面的事實是史太林死後，赫魯曉夫在蘇聯崛起，赫魯曉夫與毛澤東之間，早已不很協調，隨後更日益形成尖銳衝突，故蘇援軍火數量乃大打折扣，而中共本身又不能大量製造現代化武器（雖然也能製造一部分），故中共軍隊的全面現代化計劃，如像中共的其它工業建設計劃一樣，都受到了嚴重而基本的影響，因而中共中央不能不依靠公安部隊來作對內鎮壓的主力，在這種情況下，毛澤東也才所以把一向搞軍隊特務一向搞公安部隊，而並非素有戰功和戰績的將領擢任爲共軍總參謀長了。

當然，共軍之不能迅即全面現代化，幹部不足，自亦是一個重大原因。因爲舊的幹部文化水準太低，年齡已老，雖有黨性，却不能掌握和了解現代化武器的性能，更談不上擅長指揮作戰和擅長訓練，這也就命定的使共軍縱有充足的蘇援現代化武器，中共亦將因缺少幹部和無法迅速培養出適宜的幹部而不可能把現代化共軍全面建立起來。所以，從幹部之補充和訓練來看，共軍中新的年青幹部，在學術技能上，誠然高過老共軍的舊幹部，但說到黨性和素質，則顯然又比從前爲差。在一般民主自由國家，所謂素質，通常即指他們的文化水準和體力等而言，但在共軍中，他們所要求的素質，却大大不同，他們所要求的和所强調的是政治掛帥，所以，黨性的强弱，就成了共軍幹部素質高低的主要衡量標準。

以中共佔據大陸十二年來所培養之幹部來說，其在共軍中之地位，自不甚高。高級職位是仍由老共軍之舊幹部充任着的。這是毛澤東當前之必然人事策略。不過，長征老幹部文化水準低，固爲共軍之一大缺憾，長征老幹部一般都已年齡老了，乃是今日共軍之另一人事弱點，而許多長征老幹部之生活不斷腐化與乎生命之不斷死亡，則更是毛澤東徒嘆奈何，無可彌補的損失。筆者經常閱讀中共報紙，屢屢發現中共長征老幹部已不斷在死亡。因爲稍有地位的共幹，無論他是在黨的方面工作，或是在政的方面工作，抑或是在軍的方面工作，中共報章雜誌總是照例要追悼一番，而且要叙述一番他的長征時代的資歷的。

就以最近來說吧！四月十一日中共人民日報就刊載着「馬錫五同志在京逝世」的消息，並介紹其資歷說：「馬錫五同志，陝西省志丹縣人，一八九八年生，現任中華人民共和國最高人民法院副院長、中國人民政治協商會議全國委員會委員。馬錫五同志出身貧農家庭，一九三〇年開始革命活動，一九三五年加入中國共產黨。在黨的領導下，先後進行過對國民黨軍隊的兵運工作，組織紅色武裝，參加創建陝甘寧蘇區的鬥爭，以後歷任陝甘省糧食部部長、國民經濟部部長、陝甘省蘇維埃主席等職」，四月十日又刊載有中共「廣州部隊政治部副主任江峰少將逝世」的消息，說「中國人民解放軍廣州部隊政治部副主任江峰少將，因患急病，不幸於一九六二年四月八日一時在長沙逝世，享年四十八歲。江峰同志一九三六年參加中國共產黨領導下的民族解放先鋒隊，一九三七年二月參加中國工農紅軍，一九三七年八月參加中國共產黨，歷任抗日軍政大學政治教育幹事、主任教員、教育科長、大隊政治處主任，縱隊、兵團、軍區政治部宣傳部長、秘書長等職。他參加革命以來，工作一貫積極負責，刻苦努力，生活艱苦樸素，作風聯繫羣衆，是我軍的優秀幹部」。

被中共認爲是優秀幹部如江峰一類的人，現已天天不斷在死亡了，補充起來的，當然就越來越差。所以，若從幹部素質看，共軍中「物」（主要的指裝備與火力）的因素雖在加強，但「人」的因素却在相對的減弱哩！這是今日估計和判斷敵情時不可不察的。

立法委員的自清運動在演變中

直　夫

（台北通訊）立委王長慧等八十四人於月前所提有關立委受銀彈攻勢的臨時動議，經院會決議交法制及紀律委員會審查。十二日，兩委員會舉行聯席會議，曾有熱烈的討論。郭登敖委員說：立法委員最好不要兼任何公司的職務，甚至有交易性的行為也應避免，以免引起社會上各方面的嫌疑，固然，立法委員兼任民營事業職務，與法並無什麼不合之處，但兼任難免不會發生所謂「特惠」或「特權」。近代有些民主國家的民意代表，都出售公司股票，就是怕外間誤會，利用民意代表而產生「特權」或「特惠」。如果立法委員在外兼任，坐人家的汽車，為人家辦公，那麼，立法院誰來開會？他呼籲立委應將全部時間放在立法院。同時，對於一些易令人起疑的事，不要去做；凡是能影響立法院聲譽的事，更不要做。他認為：目前在台灣，情形特殊，要大家根本不在外兼職，恐難做到；但是，不兼任一些容易使人感到嫌疑的事，應該可以做到。因此他希望紀律委員會能研究出一個辦法來，明確規定那些事最好不要兼。

財政委員會的召集委員杜均衡說：許議員在議會所說的涉及審查稅法，而受銀彈攻勢。在立法院審查稅法是以財政委員會為主，因此與整個財政委員會有關。財政委員會的委員，似乎均涉嫌疑。本人身為召集委員，對此未敢緘默，希望聯席會能徹查，以明真相。他並就財政委員會審查使用牌照稅法和筵席娛樂稅法的經過情形詳加分析。他說：立法院是為大多衆人的利益着想，而且審查的每一個過程，都是合法的。當院會表決時，多數委員仍然支持行政院的原案，審查會意見並沒有被接受。財政委員會只有委員五十餘人，即使受銀彈影響，也無法在表決時取得多數。他認為本案應加調查，而且應查個明白；否則大家都見不得人。他主張大家來一次「扒糞運動」，把髒東西全部扒出來。

楊寶琳委員說：本案應請許金德議員列席說明，同時紀律委員會應針對各種事實，訂出一個辦法來，建立良好的制度。過去在立法院中引起許多風風雨雨的事，如油輪案，有人不斷請客；審查公營事業預算案時，甚至有人出錢由委員代為出面請客；又如年來立法院請願案特別多，都是引人批評之處。楊委員認為最好立法委員不要兼任律師或會計師，兼任之後，整天在外面打官司，平日不來開會；也不應兼任公營機關顧問，如果兼任，在舉手表決時完全站在公司的立場，而不是代表選民。這些都是報章所指責的，行政院也免不了要批評。因此，她主張請客兼職之風應予戢止，法制委員會應研討出一個較妥善的辦法來。

陸京士委員認為此事對立委名譽影響至大，應加以徹查。固然民意代表在議會發言可不對外負責，但議員發言涉及他人名譽時，則應慎重。他提出處理本案的辦法有二點：（一）去函邀請許金德議員或其他議員列席答詢，同時也可請各報採訪省議會的記者前來作証，（二）先把許金德所說的銀彈攻勢案調查清楚後，然後研討修改「立法委員嚴肅紀律辦法」。

邵華委員說：對於此事，最好能由紀律委員會具函邀請許金德議員到立法院說明，如果許金德不來，立法委員也可以到省議會訪問。

湯如炎委員表示立委尊嚴不能失，否則被人看不起，此事應調查清楚。他同意請許金德議員來立法院說明。

田亞丹、臧元駿兩委員也主張請許金德議員列席立法院說明。

劉振東委員也同意請許金德議員來立法院說明。他說：立委如有不對，歡迎公開檢舉、接受公開檢舉。關於王長慧等的提案，係專指所謂「銀彈攻勢」，有人認為此案不會有什麼結果，因此，應先就本案加以研討，查個結果來，然後再進一步研討修改有關「立法委員嚴肅紀律辦法」的各項問題。至於修改嚴肅紀律辦法，最好能由紀律委員會另行提出一個草案，其中對兼差或不兼差問題，都應詳列。英國國會議員雖可兼差，但僅限於國會休會期間，因為國會開會期間議員們很忙，無法兼顧其他。

陳海澄及謝仁釗先後提出意見主張，請許金德議員列席說明，如果不來，可用書面提出答覆。

討論結果，決議：（一）本案應先函請許議員金德來會說明或函覆後再議；（二）關於修正嚴肅紀律辦法，俟本案告一段落後，再行研討。

就以上的兩項決議和討論經過看去，立委們的所謂自清或扒糞運動，顯然是自欺欺人之談。今日在台灣的五百餘立委當中，大多數的人都是抱着一種混的態度。他們深知在蔣家父子主政之下，一切都是以一人一姓為中心，一切都是為一人一姓的私利打算，立法院根本就不可能有所作為，因此，每逢開會，除報到和簽到如儀而外，極少發言。另有少數可以名為孤忠（不是所謂忠貞）的立委，則對國家的根本問題不敢講話；但又不甘尸位素餐，於是祇得對一些次要的問題稍盡言責。例如對於預算問題，他們不敢追問國防經費的開支；祇在一般的行政費用上動動腦筋。這一部分委員的用心，可以說是很苦的，令人欽佩。此外，就是那些不肖分子（約有百人左右），他們利用立委的特殊身分兼任師，兼任會計師，兼任公司的董事和顧問等等，可說是無惡不作。有的甚至為包裝電話，包領拆船執照；祇要給錢，他們不但可以代商人向政府請求特惠，還可以在院會大罵政府官員。這些立委的大名，稍知內情的人，都可以指出的。假如立委們真有自清的決心，就應該如郭登敖委員所說，實行自我檢討；用不着去追問許金德議員所說的話。但聯師審查會中，仍有許多立委主張，請許議員來會報告。甚至還說，如許議員不來，立法委員也可以去省議會訪問，這位立委就是兼任律師的，他近年以來，生活頗為豪華，聲譽如何稍知內情的人都很知道。他似乎要把立委的自清運動變為立法院與省議會之間的門爭。因為立法委員在院內發言，可以對外不負責任，難道省議員在省議會發言，就要對立委負責任嗎？他們之所以要請許議員來會說明，就是因為許議員不來，他們就可以認為沒有「原告」而將王長慧等委員的臨時動議，作「光榮」的打銷了。這些立委固然聰明絕頂，但今日的老百姓，也是不容易被欺的呵。本月十四日聯合報的短評，就是一個最好的例子。原文如下：「立法院紀律、法制兩委員會於前（十二）日舉行聯席會議，審查王長慧等八十四委員就所謂「銀彈攻勢」問題所提之臨時動議。經過一番熱烈討論之後，作成兩項決議「（一）本案應請許議員金德來會說明或函覆後再議。（二）關於修正嚴肅紀律辦法，俟本案告一段落後再行研議。」衆所矚目的立委「自清運動」，有此兩項決議；一則曰「再議」；一則曰「再行研議」再而其前提置之於省議員許金德的「來會說明或函覆」，此在程序上，殆如邏輯學的三段論法。倘許議員基於人情之常，而有難言之隱，或根據法律上「議員在會議時所為之言論及表決，對外不負責任」之規定，拒絕說明或函覆，則形同三段論法之失去大前提，將無從「再議」及「再行研議」了。果如是，則「自清運動」云云，又將成為一陣「清風」而已。「風乍起，吹縐一池春水」；吹過了也就完了，究難發生「激濁揚清」的功效。

就個人言，清者自清，濁者自濁；是非自有公論，而不患人之不我知。但就集體言，每每「一粒老鼠屎，搞壞一鍋粥」，倘薰蕕同器，則涇渭不分；一片滔滔，誰復辨其清濁？聽「自清運動」之後，立委杜均衡更提「扒糞運動」的主張，但願立委諸公不怕毛坑臭，將它扒乾淨。」

奉勸立委諸公，如要扒糞，請自己動手吧！

谷正綱何不自己照照鏡子

（讀者投書）

編輯先生：

最近有廣東海豐青年同胞六人乘木船逃到香港，被大埔警署以非法入境遣回大陸。本港輿論對此事件一致加以指責。此一消息傳到台北後。據中央社電訊：大陸災胞救濟總會理事長谷正綱即發表談話，認為香港政府將逃出虎口的六位青年解回大陸，顯違人道主義和聯合國人權宣言；同時也損害了過去十二年來香港政府協助流亡港九百餘中國難民的光榮傳統。他說：他對此一不幸事件，感到十分驚訝和遺憾。他希望香港政府珍惜過去的光榮傳統和對中國難民所加援助的深厚友誼，從此根絕類似不幸事件的繼續發生。他又說：今日香港，號稱民主之窗；他希望這個窗牖永遠敞開，不要關閉云云。除了谷正綱的上述談話而外，台北的報紙也作類似的評論。我看了此一消息後，不禁聯想到另一件事。

去年初，有留港青年同胞吳肇容君，廣東人，二十八歲，投考大陸災胞救濟總會的工業訓練班，被錄在備取，未能即時入台。因為渴望投入祖國懷抱，於二月下旬偷上四川輪去台，到了基隆，被所謂有關機關以非法入境拘禁一日一夜，於第二天押上原船，遣回香港。六月七日，吳君又偷上漢陽輪第二次去台，到達基隆後，又被所謂港口安全協調中心以非法入境拘禁一天一夜，於第二日下午押上原船遣回香港。這一則消息，是我在台北出版的聯合報上見到的，該報是國民黨員所發行，當然事屬千真萬確，他們才會刊載，也才敢刊載。

把這一件事和香港大埔警署遣返六位青年同胞的事比較一下，人們即可發現谷正綱那篇詞嚴義正的談話，完全是當權派祇知責人而不知反省的傳統作風。因而讀了之後，不但不覺得他是在為六位被遣回大陸的青年同胞呼冤，而是志在宣傳。

站在人道和聯合國宣言的立場來說，大埔警署將六位逃避共禍投奔自由的青年同胞遣回大陸，自然是一種令人驚訝和遺憾（用谷氏的語句）的事。但基隆的所謂安全協調中心將逃避共禍投向台灣的青年同胞吳肇容君遣回香港，難道又與人道主義和聯合國宣言相符合嗎？香港的窗牖應該向大陸逃出的難胞永遠敞開，不要關閉，難道台灣的門戶，就應該向流亡港九的難胞永遠緊閉，不予開放嗎？何況今日的香港，是英國的殖民地，而台灣則是中國人的台灣，並不是蔣介石父子的殖民地呵！中國流亡在香港的難胞進入台灣，也居然發生所謂非法入境的問題而被押上原船强迫離去，谷正綱迄不敢出聲，想來他必定認為是理所當然的。號稱中華民國的政府對於自己的同胞，不，應該說是自己的主人尚且如此，還有什麼話可說呢？

十餘年，逃避共禍投奔自由的數百萬中國難民，除了極少數的幸運者而外。都是流落在香港，其他國家限制重重，非經特許，不准進入；台灣的國門緊閉，也是非經特許，不准進入，就流亡在香港的同胞來說，台灣之於我們，也和其他外國之於我們完全一樣，同是不屬於我們的。而且十餘年，香港政府和若干國際機構對於我們流亡在香港的同胞也曾有很多的救助，我們今日所以尚不致於餓死和凍死者，也得於此者不少；但他們對於我們並沒有要求什麼。反而是台灣方面，對於我們難胞的救助微乎其微，而要求卻特別的多。平素的一言一行，必須符合他們所謂忠貞的標準，每逢什麼節日還得遵照指示表演一番。那些救濟的官員偶來「視察」，更得恭迎恭送如儀，我們難胞棲宿街邊，住房頂住、荒山，他們視為理所當然；而某些救濟官員來港，則大宴小宴；應接不暇，也是「理所當然」吧？

我覺得星島日報參斧先生說得很對：「台灣的大陸救災總會，應與英政府洽商，凡由大陸逃出者，將之送往台灣去，由大陸救總負責接待；如果台灣不予收容，逃出「竹幕」的人，祇有一條死路。」我希望谷正綱在指責香港政府之餘，也自己照照鏡子呵！

流亡香港的難胞天問啟

台灣簡訊

志清

一：華僑投資，申請困難

年來台灣宣傳歡迎華僑回國投資；但事實上仍有困難。最近香港紡織廠商擬來台設廠，外貿會以台灣的紡織事業已有過剩現象，不允所請。另有旅日華僑劉元禮申請投資一百五十萬美元，興建台北市煤氣事業，據說，這是十餘年來最大的一宗華僑回國投資；但至今數月，台北市政府拖延不置可否使投資人感到失望和困難。同時使南港啟業化工廠所產煤氣得不到經濟利用，無形中使國家每月損失新台幣約三百萬元。

聞劉元禮君原鑒於南港啟業化工廠開工後，其煉焦所產的副產品煤氣被遺棄，甚為可惜。同時又迭受僑務委員會的勸導，始決定回國投資，並經經濟部華僑投資審議委員會於去年審議通過。如果實現，則台北大多數市民即可得到比時價甚廉的煤氣供應。目前台北官商合營的煤氣公司每月祇能供應五千餘戶；但劉君所擬興辦的新公司，則可供應八萬至十萬戶。不料劉君依法向市政府申請營業許可，即如石沉大海。本年元月廿六日，尹仲容為促成此一投資計劃之實現，曾約請經濟部次長王撫洲，台北市代市長周百鍊及投資人會商，當經協議由台北市府於二月內批准該項申請，但至今仍渺無消息。據投資人稱：他早於去年即將一百五十萬美元存入東京銀行，因未得市政府的明確表示，不敢提出運用。他說：煤氣事業，是政府歡迎華僑投資事業的一種。依民營公用事業監督條例的規定，地方政府及地方人士固有優先承辦權。但他的投資是在政府有關機關事先曾經徵求過市政府及有關人士的意見，結果無人願意先以五千萬元存入台銀，作承辦之保証，所以才輪他來申請舉辦。假如台北市政府為顧及台北市煤氣公司的生存問題，則二家公司在台北市分區經營，或者是將台北市煤氣公司所產煤氣交新設公司收購亦可。

周百鍊則表示：市府所以尚未批准旅日華僑劉元禮投資創設煤氣公司申請案，係因現在的台北市煤氣公司資產估價尚未辦理完竣。在上次美援會及有關單位集會時，曾決定將台北市煤氣公司的資產於二個月內估價完成，以準備併入將來新創設的煤氣公司。

又據熟悉內情者透露，市府所以拖延的原因，乃是市議會議長張祥傳認為煤氣事業有厚利可圖，正邀集地方人士合資經營。假如劉君能送有關方面若干乾股和聘他們為顧問或董事之類，每月給以高薪和某些方便，他們也就不會阻撓了。但因目前台北煤氣公司雖僅有用戶五千，卻有員工一百四十人，還有高級職員多人則是祇領薪水，從不到公，而市府又隨時向該公司借貸數十萬元不還。劉君的新公司雖可供應八萬以上的用戶，而員工名額則祇有一百七十人，市府和所謂有關方面，自不能再安插閒員，所以，他的申請就有困難了。

二：庶務科貪污自殺

僑務委員會專門委員兼事務科長孫宏幹於前月二十日離家後即告失踪；最初傳他曾虧空公款十餘萬元；但僑委會並未有何表示，亦未採取任何行動。直到日前始發現他已偕同一位曾在歡場任職的女子一同自殺。其遺書祇勸諭他的子女「不要學壞爸爸」；仍未明言他壞在交上女人，或壞在挪用公款。自殺的消息証實後，僑委會才說他所經手的公款有五萬餘元未清。據悉：孫宏幹在陳清文時代，即已曠廢職務，曾積壓公文一千餘件之多。因其與該會的黃副委員長關係甚深，周書楷到任後，他不但仍能留任下去，而且還受重用。至於他所挪用的公款，是否僅為五萬餘元，和其他人員長有無關連，自非局外人所得而知也。

三：銀行主管監首自盜

土地銀行南港分行主任王松年從四十八年起即陸續盜用公款，去年七月竟竊取該行存戶趙國才等四人的印鑑，交其友好祁凌雲，囑為仿刻，然後用其所保管的空白支票填入金額及趙國才名義，交其另一友好華如基往南港分行兌現。八月因恐被發現，復用趙國才等的名義及印鑑，開出國庫支票三張，由華如基向南港分行領出三十二萬八千餘元存入趙國才的戶內。繼因被人舉發，移送台北地方法院，偵查屬實，判處王松年徒刑七年，祁凌雲三年，華如基二年。據判決書稱，趙國才因生活糜爛，經營商業失敗，其所盜用的公款達八十萬〇八千餘元。

四：孔孟學會舉行大會

以蔣「總統」為名譽會長的孔孟學會於本月八日舉行第二次會員大會，出席會員三百餘人，王雲五、陳天放、羅家倫、黃季陸、劉眞等均在其中。蔣「總統」特頒訓詞，勗勉該會會員探討孔孟學說的精義，恢復我國固有道德，提倡民族精神教育，弘揚中國文化的優美特點，即知即行，才能拯救陷溺的人心，和掃除共匪思想的毒素，使人成為維護民族文化的干城和推行三民主義的門士，來完成反攻復國的大業，並促進世界大同的實現。有人懷疑：蔣「總統」既認為孔孟學說具有如此不可思議的力量，他當年為何要把他的長子經國送去俄國學馬恩列史主義和把次子緯國送去德國學希特勒？也許那時他對孔孟學說尚無正確認識。但他現在身為孔孟學會的名譽會長當然認識很清楚了，又為什麼仍把一個在國內尚未讀好中學的愛孫送去美國開快車呵？可知他如果不是知而不行，便是言不由衷。否則又何致如此言行相背呢？

會員大會於會務報告後，還決議兩項重要提案，一為籌組台南台中支會及各縣市分會，一為推請會員分赴各機關各學校宣揚孔孟學說。看情形，今後各級學校也許將於三民主義的黨義教員之外，還有孔孟學說教席的設置，也不是沒有可能的。

最多姿多彩的還是理監事名單，除了陳大齊、程天放、孔得成、張其昀、張知本、王雲五、黃季陸、劉眞、查良釗、連震東等知名人士而外，台大校長錢思亮，教授毛子水，五四運動的健將之一的羅家倫和大主教于斌都是理事，清華校長梅貽琦也是監事。

五：罷免黃啓瑞案續聞

三月以前，台北市議員張詩經等七人，即開始發動罷免因兩大貪污案被判重刑的黃啟瑞；使官派代市長周百鍊不能再代下去，俾得早日恢復市長民選。繼因街頭演講被當權者所禁止，聞七人之中又因對進行步驟的意見不一致而發生裂痕，於是消息遂趨於沉寂，人們多以為他們也許就如此這般的不鳴金而收兵了。但近日某民營報忽又透露：七人現已言歸於好，將對此事發表一項聯合聲明，對「選民有所交代。」他們的聲明究竟是說將繼續進行罷免或說將作能論，傳說不一。有人認為他們夜長夢多，越拖越有困難；也有人說，外弛內張，可能另有新的行動。

至於黃啟瑞的態度，則是淡然處之。他自知已無復職的可能，所以，能免與否，對他都不發生影響。據悉：張詩經等在發動罷免以前，曾往訪黃啟瑞，勸其辭職，被黃拒絕。在他們的原意，本是所謂先禮後兵。但黃啟瑞却因此獲得「有關方面」的嘉許。因為「有關方面」認為張詩經等發動罷免的動機，不是對黃啟瑞過不去，而是要使周百鍊不能代下去，俾得恢復民選。換言之，即是有人想乘此機會奪去台北市長的寶座。當權者則深知於此時改選市長，大為不利，故決定要周百鍊長期的代下去。但為了保全周百鍊代市長的地位，就必須黃啟瑞仍繼續揹着市長的名義。黃啟瑞貪污案的各從犯早已鋃鐺入獄，主犯黃啟瑞夫婦被判徒刑的期間最久，至今仍藉口上訴而逍遙自在，就是這個原因。因此，他拒辭市長一事，既被「有關方面」嘉許，在所謂司法配合國策的現局下，將來復審時也許會宣判無罪的。

台北市議會一二三事

獨清

一：澈查兒童戲院舞弊案

台北市議會對兒童戲院涉嫌貪污舞弊已組成了一個專案小組，於十一日開首次會議，決定進行澈查；並邀市政府有關部門到會報告。市議員們認為該戲院有舞弊情事，乃基於下列三端；一、戲院建築工程一再拖延，將近三年之久，尚完成無期；內部設備錯誤迭出，一再變更，浪費時間和公帑為數甚鉅。目前且因包工倒閉，工程已陷於停頓。二、在戲院尚未建成前，即向本市新生戲院洽購該院原用的電影機。此機既是舊貨，據說僅值五十餘萬元；但却以九十萬元之高價成交。三、坐椅沒有按照規定建造，不但偷工減料；而且取費甚高。由於以上三項事實，議員們乃決定對這個問題戲院進行澈查。十一日專案小組開會，討論結果，決議不購用新生戲院的舊機，限四月內將定金二十萬元收回，另行採購。

二：促市政府查究市宅弊端

台北市議會認為興建信義路市民住宅發生弊端甚多：（一）工程有偷工減料之嫌，（二）市民購得該住宅後，迄無法取得所有權狀，其中顯有弊端，（三）合作興建該住宅的商人代表林以德，向市府騙去所有權狀，再將該項土地抵押土地銀行，不無官商勾結之嫌。因決議組織專案小組澈查。經小組負責議員月餘之實地勘查，並查詢有關人員及查閱有關案卷，發現確有偷工減料和官商勾結之嫌。十三日專案小組舉行會議，一致通過六項決議如下：（一）該住宅土地既被合作商人先向合作金庫抵押二一〇萬元，土地使用權狀復被合作商人代表林以德騙去，再向土地銀行抵押一八〇萬元，國民住宅興建會竟未予有效防範，公然出具同意書，函地政科准其借出，同意書內雖有「限用畢三日內邀還」字樣，但「用畢三日內」語意含混，縱無勾結的具體事實，亦不無人情作祟曲意包庇之嫌。市府應負責澈查，依法懲辦，並即提出訴訟，追回所有權狀。（二）市府應督促國民住宅興建會限期辦妥土地分割手續，迅將土地所有權狀過給各承購戶，以貫澈政府推行興建國民住宅之德政。（三）偷工減料及合作商人代表林以德，私刻興建會印章，違約擅自出售住宅部份，應由市府一併依法提出追訴，並追究監工人員失職責任。（四）在該土地使用權狀未分割過戶前，向合作建築商人代表購得住宅之承購戶，應由市府一律發給居住證明，以示公允。（五）合作建築商人違約擅自出售住宅，而國民住宅興建會事後竟予默認，發給居住證明及工程變更設計，未經報准任意增建，承辦單位之失職，至屬明顯，應由市府查明究辦。（六）以上各點，請市府切實依照辦理，並將辦理經過，以書面提大會報告。

三：市府贈送議員鋼筆賬目不符

周百鍊自代理市長以來，市政府與市議會常鬧不睦，市議會第四次大會開幕前夕，周代市長為爭取市議員們的友情，特自香港買了一批六十一型的派克鋼筆，分贈全體議員，每人一支，當時曾有少數議員拒收或退回，但大多數的議員則照收了。不料事隔一月，議員們發現市府購買該批鋼筆為數一百支之多，而全體議員則祇有六十餘人，因此拒收的議員們認為事屬浪費，表示要調查；而已收的議員們覺得並非專寵，也表示要調查其餘那些鋼筆的去處。十三日上午，即有十餘位議員到會查詢此事，因議長副議長和主任秘書均去台中，他們留下字條要張祥傳查覆。

中共春季交易會在廣州開幕

展出人民血汗產品兩萬多種

陳一鳴

連年以來，中共都在廣州舉行出口商品交易會，以吸引外國商人和少數貪圖小利的港澳左傾幼稚商人前往購買貨物。一個國家，把它的出口貨推開交易，原本無可厚非。不過，中共政權與一般國家獎勵出口的情形却有本質上的不同，因為一般國家是以發展國民經濟充裕國富為着眼以獎勵出口；中共則不然，在中共控制下的大陸既已一切歸「公」歸「黨」，人民已無私人財富，故基本上已無國民經濟之發展與否之可言，況中共連年在廣州舉行出口商品交易會，其所出售之商品，皆非中國人民自己之私有商品，這些商品雖然都是中國大陸人民之血汗與勞動所造成，但早已被中共剝奪為所謂國家財物，從而予以出售。所以，中共在廣州例行的交易會，在本質上便與一般遵循自由經濟自由貿易之私人商品交易會的情形，絕然不同。這裏所標幟的只是中國大陸人民被奴役被剝奪的血汗而已。

再以目前的情形，大陸人民已因中共連年之無情壓搾與災荒而普遍飢餓，依理，如果中共政權稍有愛國心稍有愛護人民之心的話，中共政權就早該停售這些出口商品，用以分配給大陸人民，以拯救那些在飢餓線上掙扎的人民了。但中共為了換取外滙，以充裕擴軍費用和擴張費用，竟仍不顧人民死活，將人民血汗產品出售。

茲據中共宣佈：「一九六二年春季中國出口商品交易會定四月十五日上午在廣州開幕，當天晚上將舉行盛大的酒會和文娛晚會，接待來自世界各地的貿易界人士和海外華僑、港澳同胞。這一屆交易會和以往一樣，我國各對外貿易進出口公司分別組成糧油食品、畜產、輕工業品、機械、茶葉土產、紡織品、化工和五金礦產等八個交易團駐會，與應邀到會的世界各地貿易人士當面洽談。並對各方需要的商品進行交易。駐會各交易團人士早已到會，做好準備工作，應邀參加交易會的各地客商，近亦已紛紛抵達廣州。海珠廣場旁的中國出口商品陳列館已佈置一新，展出展品共兩萬多種，其中有不少新展品」云。

由此可知，中共是毫無良心，把沾滿人民鮮血的商品正在廣州繼續出賣了。據聞港澳少數專愛做血腥商品交易的左傾商人已赴廣州去做中共的幫兇。不過，可以斷言的，不管中共如何加緊奴役和加强剝奪大陸人民，由於大陸人民之消極反抗而使中共工農業生產大躍退之後，這種交易會的交易總額，決無法比以往有任何大量增加，則是可以確斷的。

四川又發生旱災

藍星

四川，古稱天府之國，以其四周多山，而整個四川省區便成了一塊盆地，省內氣候溫和，物產豐富，加以水道縱橫，故歷代均以四川富庶著稱，二十餘年前，中國對日抗戰，亦以四川為根據地而獲勝，殊非偶然。但自中共控制大陸佔據四川後，四川却連年發生各種不斷之災情，據新華社成都四月九日電：「四川各地農村人民公社在春耕生產中，採取各種措施抗旱防旱，……入春以來，四川各地下雨很少，全省有六十多個縣都發生了不同程度的旱象。根據這個情況，中共四川省委和省人委在三月下旬就發出關於防旱抗旱緊急指示。樂山、綿陽、江津、雅安等專區先後建立起防旱抗旱指揮機構，加强防旱抗旱的具體領導。樂山專區積極組織社員車水灌田，內江專區各縣發動社員利用溪溝水源進行澆灌，沐川縣根據山區特點，採取整修塘堰、挖地下水多種辦法，增加蓄水量。為了防止水田滲漏，大足縣許多公社搥糊整理了冬水田的田埂，許多公社的生產隊，還建立了健全管水責任制度」云。可知中共現在又把這一天府之國「建設」得愈來愈糟了。

大陸簡訊

白帆

中共為印邊問題正式指責印度

為了中印邊境爭執問題，中共與印度一向各執一詞。據中共「中國新聞社」北平四月十三日電：中共外交部新聞司發言人於四月十三日就中共外交部公佈中共與印度交換的二十二個照會和一九六〇年十二月兩方官員關於邊界問題發表談話，說：「在第二屆全國人民代表大會第三次會議期間，中國政府向出席會議的代表們分發了最近四個月來中印兩國政府交換的二十二個照會和一九六〇年十二月中印兩國官員關於中印邊界問題的報告，這些文件說明了中印兩國政府對中印邊界問題和談判締結新的中印通商和交通協定問題的態度」。又說：「周恩來總理在一九六〇年四月親自訪問了新德里，同印度尼赫魯總理舉行了會談。很遺憾，這次會談，沒有得到預期的結果。在會談中，甚至中國方面從雙方的立場和觀點中歸納出來的一些共同點或接近點，例如承認中印雙方對邊界存在着爭議等完全是客觀事實的東西，印度方面也不肯把它肯定下來」等語。

中共與阿共簽新聞合作協定

在中共與阿共正在繼續不斷加强各種關係聲中，中共又與阿共簽訂了一項新聞合作協定。

據中共新華社四月十二日電：「新華社與阿爾巴尼亞通訊社十一日在地拉那簽訂了合作協定。代表中國方面簽字的是中國駐阿爾巴尼亞大使館參贊王魯明，代表阿方簽字的是阿爾巴尼亞通訊社社長西米季烏。為了進一步發表新華通訊社和阿爾巴尼亞通訊社之間的建立在無產階級國際主義、維護和平、反對帝國主義和兩國在社會主義建設的共同鬥爭中的相互尊重和互相援助原則基礎上的合作關係，協定規定，交換新聞和交流經驗」云。

蘇聯貿易代表團到北平談判

中共與蘇聯之間的貿易原本是非常密切的。因為中共不只在政治上軍事上是蘇聯的附庸，而且它在經濟上也一向是蘇聯的附庸，但最近三四年，中共與蘇聯的貿易關係，已顯然發生嚴重問題。因為蘇聯固仍堅持其對中共的無情剝削，而中共則因中國大陸之農業及工業生產萎縮，實已無法滿足蘇聯之要求，再加以最近兩三年，赫魯曉夫與毛澤東之個人權利衝突逐漸發展得非常尖銳，所以中蘇共之間的貿易關係亦受到嚴重影響。乃至一九六一年度的貿易談判，原在北平舉行，後因無法獲得結果，不得不改在莫斯科舉行，才算勉强得到協議。一九六二年度的貿易關係，則遲到現在才舉行商談。

據中共新華社北平四月十三日電：「前來商談中蘇兩國一九六二年貿易經濟問題的蘇聯經濟代表團，由團長、蘇聯對外貿易部部長帕托利切夫和副團長、蘇聯對外國家經濟聯絡委員會副主席蘇洛耶夫率領，今天下午乘飛機到達北京」。這顯然將是中蘇共今後政治和經濟關係的一次試金石性質的談判。如果這一談判很圓滿的話，那是反映中蘇共之間的關係還是不會馬上破裂的，否則，便將反映它們之間的關係將愈趨惡劣了。

僑鄉近訊

鍾之奇

江門紅星機械廠出品差

中共在廣東江門設了一個機械廠，並命名為紅星機械廠，建廠時，中共曾在廣東各地大事宣傳說這個廠的出品一定是非常的好，所產農具，會對廣東各地人民公社大有用處。但後來的事實却恰巧與中共的宣傳相反，出品異常的差，迄四月六日新華社廣州電，也不得不承認「這個廠生產的農具水泵，有不少零件不夠精密，絕大部份零件部件在裝配時不能通用互換，一部份鑄件也不夠光潔。去年十一月，職工們在討論一九六二年應該如何更好地支援農業的問題時，一些人認為農用水泵不比工業水泵要求精密，零件加工的質量差一些也沒有關係」。可見該廠不但出品差，職工的工作情緒亦甚低，難怪中共新華社要大叫大嚷必須提高該廠生產品質了。

廣州四百多青年學習中醫

中醫是中國醫學的傳統，雖有其缺點，但亦有其長處，把中醫中藥加以進一步的整理與研究，自屬應該。不過，今日中共在大陸提倡中醫却不是基於這種原因，而是由於大陸人民營養不良，疾病多，而西醫西藥又絕端缺乏，故中共只好極力提倡中醫。

據新華社廣州四月六日電：「廣州市有四百多名青年跟老中醫學習祖國醫學。其中有一百一十多人已學習五年以上，最近期滿出師，開始在師傅指導下為病人治病。這批中醫學徒絕大部份是剛離中學的青年，其中有許多是醫生的子弟，他們分別拜本市二百一十多位老醫為師」云。

廣西又發生春旱

十二年來，災荒總是隨着共產黨人走。共產黨人走到那裏，災荒便總也走到那裏。這當然並不一定是天意，而實人謀。因為共產黨帶來的一套奴役和剝削制度，引起人民反感，並嚴格的限制了和打擊了農民的自動自發精神，所以，「自從中國出了毛皇帝，十年就有十年荒」。

茲據中共新華社報導，大陸許多省區又開始出現各種災情了。以廣西來說，新華社四月七日的南寧專電就說它是：「今春以來，廣西大多數地區久晴少雨，旱象提早出現，在二至三月份內，除桂東北地區陸續降雨一百至一百五十毫米外，桂西北、桂西南地區雨量特別小，據自治區氣象部門統計，這個期間各地降雨量比一九五一年到一九六〇年十年間同期平均降雨量減少五成到八成。同時，今年氣溫比往年高，水份的蒸發量大，因此，更加重了乾旱的程度。據南寧、柳州、玉林、梧州等四個專區統計，目前因為缺水不能犂肥的早稻田有二百三十多萬畝，佔這四個專區今年早稻種植面積的百分之廿二·六」云。

廣東許多地區再度發生地震

繼上月廣東各地發生地震之後，據四月八日中共人民日報披露，廣東許多地區又再度發生地震了。它說：「五日下午九點十一分，廣東部分地區又發生了一次地震，持續時間約四分鐘。據地震儀紀錄，這次地震中心是在廣州東北方的東江中下游地區，地震烈度在六度以上。除這次地震外，當時下午五時和七時三十五分，同一地區還發生過兩次地震，烈度達到五度。這次地震也波及廣州市，市區地震烈度約為四度左右」。人民日報除刊出上述地震烈度外，未詳述死傷情形和災情，但這次地震的烈度並不低於上次，而上次死傷百人以上，房屋亦損毀甚多，則此次自不例外了。

湛江地區擴種花生

花生也是可以外銷的物資，故中共勒令素產花生的廣東湛江專區必須擴大花生生產。

據新華社廣州四月四日電說：「廣東湛江專區各縣為貫徹油料生產政策，調動了廣大社員種植油料作物的積極性，使全區春種花生的進度顯著加快。到三月廿七日止，全區已完成種植計劃百分之九十一，實際種植面積比去年擴大百分之六十八，主要花生產區的電白、湛江市郊、茂名市郊等已先後完成」種植計劃」云。

西新幾內亞的非正式戰爭

俊華

印尼與荷蘭在美國作西島問題的非正式談判，破裂以來已有二十天之久。本來如果照蘇加諾總統所宣佈的，談判正式破裂，便是「武力收回西伊里安」。那麼，印荷之間的戰爭就應該大規模爆發了！可是實際上，爆發的只是一種「非正式戰爭」。

也許是，要待正式談判破裂，然後才是正式戰爭。在目前只不過是非正式談判破裂，所以只有非正式戰爭吧？

這種說法，當然是有些諷刺。可是實際上的局勢，正對着西島事件有關的各方面，極其諷刺之能事。無論印尼，荷蘭，蘇聯，美國；似乎都只能在不戰不和中拉鋸。

游擊戰也不易

第一個主動力量當然是印尼，因爲所謂武力收復西島，是由印尼所發動的。不過，發動是一件事，如果只是聲稱武力收回而能達到不用武力收回的目的，那當是再好沒有的事。倘若不能不用武力而收回，是否把「發動」戰爭毅然實行呢？蘇加諾正面臨着這一煩難的課題。

印荷在美國談判係三月廿二日停頓，三月廿五日，印尼飛機便襲擊荷蘭艦隻，印尼魚雷艇也潛入西島東部海岸。四月一日，印尼聲稱已登陸及佔領惠結島，距西島本島三十五哩。印尼軍方更宣稱游擊隊已在西部三處登陸。這是印尼在憤怒下向荷蘭「發威」的攻擊。可是，荷蘭並不慌張。

印尼空軍攻擊荷艦，只死水手三人。魚雷艇却被荷方空軍所發現，在被監視下不能活動，終於乘黑夜逃走了。至於登陸惠結島之說，荷蘭方面認爲「只是宣傳」。

原來新幾內亞這個世界第二大島，龐大非常。單是西部就有十六餘萬方里，比日本還要大。到處崇山峻嶺，原始森林密佈。印尼軍縱能登陸，恐怕也游擊不出什麼花樣。從印尼首都到西島中部，遠達三千里，曠日持久的游擊戰如何接濟？蘇加諾和納蘇賢，都充份瞭解這些實情。

蘇加諾有顧忌

可是，叫出了武力收復西伊里安的口號是不能收回的，尤其是左派更堅持這一口號的付諸實施。從印尼國內的左派，以至左派的蘇聯、中共。似乎「一條鞭」的強調武力。蘇聯在聯合國譴責荷蘭，認爲印尼長期進行和平解決而不獲解決，實已「忍無可忍」。那也就是說，「武力收回」是時候了。蘇聯並非徒託空言，蘇製的米格機，TU十六轟炸機，軍艦、坦克、重炮，正像運赴寮國那樣，源源運抵爪哇本島，要蘇加諾拿這些武器去攻擊荷蘭。

中共給印尼的支持，似乎只有「打氣」。如「支持收復西島直至最後勝利」的函電交馳。實質上能有什麼對印尼援助，蘇加諾也想不出來。至於印尼國內的共黨，更以動員輿論動員民衆支持作戰。但據說「輿論」和「民意」的反對談判，叫囂進軍，已達到可怕的程度。

這種「可怕」之感，只有蘇加諾和納蘇賢能深切感到。目前印尼在糧食和經濟的恐慌中，若與荷蘭兵連禍結，會不會國內發生變質，民衆受左派所控制，元首與軍部，大權旁落？美國和澳洲極力反對印荷戰爭，屆時兩國態度如何，未少蠡測。中共固然不會派志願軍到印尼，蘇聯呢，似乎也難以深入南太平洋作戰。

迫荷蘭付代價

美國反對印尼發動戰爭，可是却不能強力反對，不能與澳洲聯合聲明干預西島，或表白支持荷蘭。像羅拔甘廼廸在椰加達說「美國是荷蘭的朋友」，已經等於嚴重的警告。但在警告之後羅拔又走訪海牙，促成了三月下旬的印荷在美國談判。原來印尼獨立當時，美國大力支持印尼，這也即是說，「確定西島政治地位」一事，美國是証人之一，美國也不可能支持荷蘭在西島賴下去。

更重要的是目前局勢，如果讓印尼向武力方面發展，也許不易打倒荷蘭，但反之倒可能把印尼自己打倒。當然不是荷軍重佔爪哇。而是印尼在戰爭中的變化，極可能趨於左傾。說將起來，蘇加諾的恐懼也即是美國的恐懼。

可是印尼已被煽動走向戰爭。即使蘇加諾原意只是裝模作樣，但現在已經騎虎難下。如果沒有一條可以給蘇加諾走的路，則他只有戰爭或下台兩途。

參加印荷非正式談判的美代表彭克，突然提出「聯合國託管西島兩年」方案，事先並未徵求荷蘭方面的意見，以致荷蘭方面「大感狼狽」。荷蘭在開始時還希望「兩年後行政權交印尼」一節只是彭克本人的意見，美英總統最好不予支持。但美英駐荷大使，不久便向荷方証實，他們當局支持彭克計劃。

荷蘭又再一度被拉到會議桌上去，代替西方付出印尼不要聽從共黨煽動而發動戰爭的代價。

·吉隆坡通訊·

越共企圖使越戰長期化

（西貢通訊）·阮氏珍·

這是南越軍隊最近（四月三日）一次的大規模行動：正規軍八千名，出動到湄公河流域的十平方英里地區內，大肆掃蕩越共游擊隊，並有兩架AD六型戰鬥機，飛赴高棉邊界以南約三十英里的上空，掃射在流竄中的越共部隊，轟斃了越共游擊隊約達四、五十人，俘擄了近百人，把越共的一批數達六百人的游擊隊全部擊潰。

然而南越軍隊這一次勝利，却並未能殲滅越共的主要實力；相反地，越共的游擊戰，仍在方興未艾中。越南的危機，依然存在。此外，更有一項來自越北有關方面的消息，透露越共的陰謀，是企圖把越戰演變成爲長期化。

以越戰的整個態勢來說，當然，它是足以影響到整個亞洲的安危。假如南越喪失在共黨手中的話，即等於洞開了一個門戶，讓共黨再伸長它的魔手去攫取包括高棉、寮國的印度支那半島；那時，泰國當然也立刻處在共黨的嚴重威脅中；而西方國家在亞洲地區內從南韓、台灣、以至菲律賓的防衛地位，也將被削弱。美國之所以要全力支援南越政府，主要的原因就是在此。在現階段中，美國的大規模軍援南越的計劃，早已作有步驟地展開。美國的軍事顧問人員，現已在南越的每一個防衛機構裏担當重要的角色。由美國機師駕駛的直昇機，差不多每天都載運着南越軍隊進行軍事上的任務，並把南越的突擊隊和傘兵隊運載到戰區去，對付當地的越共游擊隊。而美國的游擊戰專家及技術人員，也日夕忙着訓練南越部隊的戰畧和戰術。美國的軍援南越計劃，是包括加强南越空軍實力的；因此，南越境內的空軍基地，刻亦正在美國的軍事人員協助下，進行着現代化及擴大的工程。可是，南越的軍事力量雖然大大的增强了，但南越的政治，其進度似乎仍是相當緩慢。最顯著的，就是吳廷琰政府目前尚未能獲得人民的普遍性支持；而吳廷琰個人，也繼續受到許多官方和非官方的抨擊，指責他無能，不够民主。吳廷琰本人，也意識到他的政府確是仍有不少缺點，對美國的經濟援助，確仍有一部份未能作較好的運用。越戰快要進入第八年的階段了，但局勢的危機，却依然未能有較顯著的消除；反之，在湄公河三角洲及中部山地區的越共游擊隊勢力，却在日漸增長。這樣的「拖」下去，當然是對南越極度不利了！反觀越共部隊，現在已有正規軍二萬人，游擊隊一萬五千人至二萬人。但這祇是最低的估計，實際的數字，可能超過了這數量。再從地圖所顯示，越共游擊隊所活動的地區，數逾二十個，從第十七度緯線伸展到南部的邊區，及寮、棉的邊境內，經常採取「晚間突襲」，使吳廷琰政府傷透腦筋！

抑尤有進者：吳廷琰政府的政治弱點，已被越共看透。越共刻正在把握着吳廷琰政府的政治弱點來作軍事進攻的輔助潛力，並把政治進攻來作爲軍事進攻的尖兵，深深的鑽入了吳廷琰政府的心臟，不斷地實施挑撥離間的狡計，如果吳廷琰政府對內部的政治仍不痛加改革，則更易授越共以柄，要出種種「絕招」，使南越內部發生嚴重分裂，這正是越共對越南戰爭的一項最毒辣的陰謀。

在目前情形下，我們已可很明顯的看得出：南越的軍隊中，已有很多共特份子滲透在裏面了！二月間的襲擊總統府事件，不是就可以証明軍隊中有共特份子潛伏而且煽動成功了麼？倘若讓這種「軍中不穩」的事實繼續演變下去，則越共自然更容易進行「混水摸魚」！

美國對南越局勢固然是相當關心，但美國祇着眼於南越的軍事，却忽畧了南越的政治。在美國的大力援助下，南越的軍事當然會較越共勝一籌；但越共是「知己知彼」的，於是它便運用陰謀轉向吳廷琰政府的政治弱點來攻擊，企圖藉此便可以把越戰演成長期化，然後使南越政府「政治拖垮了軍事」，以遂其顚覆的目的。

南越當地人士，有不少經已看出了越共這項陰謀，所以他們都迫切地要求吳廷琰政府，迅即徹底改革，俾得早日粉碎越共的企圖。

錦江春水綠沄沄

劉裕畧

——錦江春水綠沄沄，五丈原頭日又曛。舊業未能歸後主，大星先已落前軍！南陽祠宇空秋草，西蜀關山隔暮雲。正統不慚傳萬古，莫將成敗論三分！——

春天來了，鄉思彌切。重讀明楊升庵（慎）詠成都武侯祠詩，悵望之情，不能自已。

錦江像一串綠色翡翠鍊子，裝飾在川西平原；錦江附近的名勝，像鑲在這一串鍊子上的寶石和珍珠，引人注目，閃閃發光。錦江水自西向東流，江面並不寬，江流也不急，但流得遠，流個不停不盡，經過夔門三峽，直向前衝，正是「一篙春水，綠到江南。」

每到春天，錦江附近的田野翠綠一片。烟雲繚繞，景色宜人。川西平原的風景，酷似江南。邱遲「暮春三月，江南草長，雜花生樹，羣鶯亂飛」的句子，移來描繪錦江，正也非常貼切。

錦江風景還有比江南更好的地方，那是江南缺少高山，錦江附近則有高山可從遠遠望見。我覺得：平疇綠野固然好，但若沒有高山，總嫌庸俗平淡，水之外，再有高山的話，格調才算不凡。何況錦江附近所望見的高山，都在數百里外，見首不見尾，高聳雲表，山上的皚皚白雪，不時從碧藍色的半空中伸出頭來，這是何等的幽美呀！難怪杜甫對此也不禁吟出「錦江春色來天地，玉壘浮雲變古今」的名句來了。

在江南，百花競放的時候，雖給人的觀感是春事繁華，這種繁華，說迷人動人，但看久了，就不免生膩。錦江景色則不然，雖似江南，但遠處的雪山，光輝遙映，給那裏的春色，平添了一種襯托，就顯得清奇幽雅了。杜甫說：「錦江春色來天地」，我想：「來天地」三個字是很有意境的。

錦江發源於岷山，岷山的主峯在川西灌縣更西的地方。主峯經常積雪，從錦江附近看到的雪山，便是岷山的這一主峯。岷山主峯的積雪只在春後才開始溶化，所以，錦江的春水，便是岷山的雪水。雪水原本清洌晶瑩，益以錦江江底都由爍亮的碎石和石沙鋪成，錦江的江水就更潤麗了。古時成都人在這裏濯洗錦緞，自不偶然。

錦江的支流很多，像網一樣密佈在川西十六個縣。江水既不深，這些支流更清淺見底。但它調節着五百萬畝農田，自秦代李冰父子開鑿都江堰以來，水利作用，一直很大。

「三間茅屋兩間村，流水年年綠到門。」這是江南農村的寫照，也是錦江附近農村的寫照。杜甫指點這一帶的風景說：「清江一曲抱村流，長夏江村事事幽：自去自來堂上燕，相親相近水中鷗。」可謂非常恰當。事實上，如果我們携同知己二三沿着這些支流散步的話，那也很有樂趣。不僅陌上花開，阡間蝶舞，還可看見清淺流水所釀成一個一個的漩渦，美如少女臉上的笑靨，正自隨處迎人哩！

錦江主流的風景，以百花潭附近最幽雅。陸游詩說：「當年走馬錦城西，曾為梅花醉似泥，二十里中香不斷。青羊宮到浣花溪。」浣花溪就連接着百花潭，可見放翁當年也最傾心這一帶。不止他，杜甫又何嘗不最傾心這一帶？否則？杜甫的草堂，應不會選擇在這附近。草堂落成時，杜甫曾寫詩說：「背郭堂成蔭白茅，緣江路熟俯青郊。榿林礙日吟風葉，籠竹和烟滴露梢。暫止飛烏將數子，頻來乳燕定新巢。傍人錯比楊雄宅，懶惰無心學解嘲。」更透露了他那安然自適之感。

杜甫和陸游雖然都最喜歡百花潭，但唐代著名詩妓薛濤却似乎更喜歡錦江下游的風景。所以，她沒有定居在百花潭附近，而逕自居住在東門外的望江樓了。當然，這不是說薛濤對百花潭有什麼不喜歡，要不然，她也不會常來百花潭遊玩，更不會常來吸取百花潭的潭水去調製她那著名的薛濤牋了。

順着百花潭下行，不遠，就到了武侯祠。杜甫詠武侯祠的詩說：「丞相祠堂何處尋？錦官城外柏森森。映階碧草自春色，隔葉黃鸝空好音。三顧頻煩天下計，兩朝開濟老臣心。出師未捷身先死，長使英雄淚滿襟！」武侯祠在距江約有百丈的地方，江的附近至今到處，仍可聽到黃鸝聲，並仍可遠遠的望見了那森森的古栢。武侯祠附近的地形開濶，浩野無垠，在那裏更可看見杜甫所說：「桃花細逐楊花落，黃鳥時兼白鳥飛」的情景。

過武侯祠再向東，就到萬里橋了。橋跨錦江，一般人都稱它為南門大橋。儘管橋邊立有石碑一方，碑上刻有「萬里橋」三個紅色大字，但橋上擁擠着的行人知道它又名萬里橋的人已不多，知道它何以名為萬里橋的人更少了。這一座橋是劉備死後，諸葛亮執政，為謀東和孫吳，派鄧芝使吳，諸葛亮親為鄧芝在橋下船上餞別，並以「萬里之行，自今日始。」以勉鄧芝的地方。這橋是一座大石頭橋，建築宏偉堅固，作拱月形，登臨遠眺，上游的百花潭和下游的望江樓都在望中。橋側更有著名的枕江樓佔據錦江之一角。人事滄桑，江山依舊，緬懷往哲，前不見古人，後不見來者，這也許就是杜甫當年慨嘆「玉壘浮雲變古今」的所在了。

過萬里橋，有許多小仕宅。江之側近，更有著名之華西壩。華西壩舊名南臺寺，種植楊柳甚多，是抗戰時遷移後方的大學集中區。這些小住宅散佈在錦江與華西壩之間，庭園清雅，花鳥閒適。竟成園、江上村都是其間最吸引遊人的地方。在它們左右，既有流水，又有草地，不是籠竹，便是田莊，閒中取靜，另有一番情趣。杜甫當年寫這一帶的風景說：「舍南舍北皆春水，但見羣鷗日日來。花徑不曾緣客掃，蓬門今始為君開；盤飱市遠無兼味，尊酒家貧只舊醅，肯與鄰翁相對飲，隔籬呼取盡餘杯。」十二年前，我常在百花潭及武侯祠附近一帶散步的時候，所見也還和杜甫所說差不多。

由南門外萬里橋到東門外九眼橋之間，錦江像一根玉帶，繞城而流。乘艇而行，岸上的歌聲，不時隨風飄至。這倒很容易使人想起安史之亂，長安洛陽相繼淪陷，杜甫避亂入蜀時的故事。當時劍南節度使花敬定夜郎自大，頗僭天子之樂。杜甫心有所感，乃送一首詩給他，說：「錦城絲管日紛紛，半入江風半入雲。此曲只應天上有，人間能得幾回聞！」可知唐代的錦江，早已很繁華，杜甫也早已從這江水之上聽到歌聲了。

錦城城垣及錦江兩岸，從前都栽着芙蓉花。所以，這一以濯錦而名錦城的城又稱蓉城。後來，失於調理，加上戰亂，這些芙蓉花都凋謝了。杜甫詠曲江的詩說：「一片花飛減却春，風飄萬點正愁人。且看欲盡花經眼，莫厭傷多酒入唇。江上小堂巢翡翠，苑邊高塚臥麒麟。細推物理須行樂，何用浮名絆此身！」杜甫是一個具有儒家思想而又頗有抱負的人，何以在曲江忽然興起「細推物理須行樂，何用浮名絆此身」的感觸呢？顯然，這是因為曲江的花飛花落而使他傷感，他在曲江如此，在錦江又安得不如此！「玉壘浮雲變古今」啊！詩人在大聲嘆息了。

但我覺得：「人事有代謝，往來成古今，」乃人類社會的常態，離亂與變化是現代人類社會免不了的，傷感也非必要。花謝了，還會再開，離亂之後，也還會再安定。誰說今日的錦江春色不是又在準備迎人呢？只不知我們這些遊子幾時重遊故鄉罷了。

文史漫談

閱微草堂筆記中的道學家

徐亮之

紀昀（曉嵐）的「閱微草堂筆記」乃一部百讀不厭的奇書；而書中對道學家的面孔的旁敲側擊，尤其使人讀了為之忍俊不禁。但「清史」本傳說紀氏的所以不滿道學家，乃「懲明季講學之習」的緣故；又說他對「宋五子書，功令所重，不敢顯立異同；而於南宋以後諸儒，深文詆譏，不無門戶出入之見」云云，却並非事實；因為第一、他在本書中，就明明幽默過周子的「太極圖說」和朱子的易學。其次、他在本書中，對於張子的有名的「西銘」，雖然沒有「顯立異同」之辭，却也並無衷心佩服之跡。再次、他在本書中，對於程子的所謂「餓死事小，失節事大」的名言，復曾有過精彩的補充。最後，他在本書中，曾批評「洛閩諸儒」為「撐眉弩目」，「無孔子之道德」而「釀為朋黨」。祇不過他所不滿於道學家的論調，全都文學性與形象化地「託諸鬼魅」，而並不正面承認乃是自己的意見罷了；這也許是本傳所謂「不敢顯立異同」云云的根據的吧？

紀氏對道學家的基本不滿，左列三個故事可見一斑：

（一）何勵庵先生言：「相傳明季有書生獨行叢莽間，聞書聲琅琅，怪曠野那得有是，尋之，則一老翁坐墟墓間，旁有狐十餘，各捧書蹲坐。老翁見而起迎，諸狐皆捧書人立。書生念既解讀書，必不為禍；因與揖讓，席地坐，問讀書何為？老翁曰：『吾輩皆修仙者也。凡狐之求仙有二途：其一、採精氣，拜星斗，漸至通靈變化，然後積修正果；是為由妖而求仙。然或入邪僻，則干天律；其途捷而危。其一、先鍊形為人；既得人然後講習內丹；是為由人而求仙。雖吐納導引，非旦夕之功，而久久堅持，自然圓滿；其途紆而安。顧形不自變，隨心而變；故先讀聖賢之書，明三綱五常之理，心化則形亦化矣。』書生借視其書，皆五經、論語、孝經、孟子之類，但有經文而無註。問：『經不解釋，何由講貫？』老翁曰：『吾輩讀書，但求明理；聖賢言語，本不艱辛；口相授受，疏通訓詁，即可知其義旨；何以註為？』書生怪其持論乖僻，惘惘莫對；姑問其壽；曰：『我都不記；但記我受經之日，世尚未有印版書。』又問：『閱歷數朝，世事有無異同？』曰：『大都不甚相遠。惟唐以前但有儒者；北宋後每聞某甲是聖賢，為小異耳！』書生莫測，一揖而別。後於途間遇此翁，欲與語，掉頭竟去。」案此殆先生之寓言。先生嘗曰：「以講經求科第，支離敷衍，其辭愈美而經愈荒；以講經立門戶，紛紜辯駁，其說愈詳而經亦愈荒。」語意若符節。又嘗曰：「凡巧妙之術，中間必有不穩處；如步步踏實，即小有蹉失，終不致折肱傷足。」與所云修仙二途，亦同一意也。（見灤陽消夏錄一）

（二）相去數千里，以燕趙之人，談滇黔之俗，而謂居是土者不如吾所知之確；[illegible]於變亂；於是謂左氏為楚人，為七國時人，為秦人，身為魯史親見聖人之說搖；既非身為魯史親見聖人，則傳中事迹皆不足信，而後可惟所欲言矣。沿及宋季，趙鵬飛作「春秋經筌」，[illegible]昌曰：「我取其所長，而不敢諱所短也。」是真持平之論矣。（見槐西雜志二）

抗戰回憶錄（十五）

張發奎

五、武漢會戰

這是在一個長江縱貫兩岸湖沼地帶特別地形的戰鬥，江河和湖沼的地障，原是利於防禦，為攻擊者則感行動困難，但在敵人優勢裝備之下，却變為相反的情勢，水道變為敵人運輸的動脈，兵員輸送和後方交通，給予敵人船舶運輸極大的便利；縱貫的長江，更可以任由敵人於兩岸自由選定登陸的地點。在敵方無空中顧慮的條件之下，它在水上的行動是自由的，安全的；相反，我們却被江湖的地障，限制了兵力的伸縮使用，而必須沿江沼湖配備兵力；且九江以西的縱深水道，都變成了障地的正面，河川戰鬥原為一種隘路戰，但這種隘路的選定，我們很受限制；此外，於交通通信方面也大受拘束。當我到達九江的時候，我就深深的考慮，要如何運用特別的部署，來應付這種不利的地形。

敵人的企圖，也值得作細密的判斷，第一案它可能避開九江的正面，以主力向星子附近登陸，進犯南昌指向長沙或趨岳陽蒲圻咸寧，遮斷粵漢鐵路，以大迂迴的戰畧行動，來包圍武漢。第二案它可能於姑塘九江同時登陸，溯江直上進迫武漢。前者在戰畧上的收效較大，但必需五個師團以上的兵力，才能維持它的攻勢和遙遠的後方連綫，後者雖犯了直接攻擊的不利，但他可使用較少的兵力，和後方水道連絡的安全；而我們的部署也以前後兩案為基準，前者我們須置主力於右翼，俾便隨時策應第一兵團的作戰，後者我們必須採用直接而縱深的配備，而置主力於九江南側地區。與許多幕僚討論之後，我最後作了第二案的策定計劃，這理由是我以為敵人握有海空軍的優勢，和戰鬥技術的超越，它可以用直接正面攻擊的戰術行動，來彌補它在戰畧上的缺點。

基於上述判斷與決心，我便把兵團部署分為三個區分，以王敬久的二十五軍作基幹為右地區守備隊，守備星子姑塘沿鄱陽湖西岸的地帶；以廿九集團軍李漢魂指揮的第八軍第六十軍和第十五師為中央地區守備隊，守備姑塘迤北至九江沿江湖西岸的地帶，這是部署的重點，也是我們企圖決戰的方面。因為考慮敵人在水上行動的自由，我另以縱深後方的瑞昌方面，劃為左地區，以第三集團軍總司令孫桐萱為指揮官，以第三集團軍所部三個師和第二軍及第五十四軍為基幹，守備瑞昌及其迤西的沿江的南岸地區。兵團司令部為能適時明瞭情況，指揮作戰，推進位置於九江。我復鑒於敵人戰鬥威力之强大，和我們部隊素質的低落，以及與各部隊的交接防務尚未竣事，且有尚未完全到達，而以前經營的工事，沒有整個計劃，亦沒有一個永久堡壘，水面封鎖不堅效力甚微等各種顧慮，我很担憂不能制止敵人的登陸行動，和登陸後我們逆襲行動之能否成功，所以我另控置了第四軍第六十軍第七十軍的強大預備隊分置於馬迴嶺瑞昌和妙智舖一帶，以便支援逆襲並策定在不利狀況時，即適時佔領黃老門東西之綫的預備陣地，以行逐次抵抗的腹案。但這個腹案竟以未能取得最高統帥部的同意，而受了指揮誤會的處分。

戰鬥於七月廿二日夜開始，這一天鄱陽湖的風勢特別大，陰雲細雨，天氣昏暗，充分象徵着一個奇襲登陸最好的天候。湖面上的敵人以運輸艦三艘，登陸汽艇數十艘，藉湖內鞋山小島的炮兵掩護，在姑塘實行登陸。這不是一個偶然的事，也不是敵人有什麼奇蹟的行動，兩週以來，在江湖活動的兵艦，和漢奸水仔掃雷的行動，與敵空軍的頻繁偵察，都早已呈現會戰開始的徵候。在戰史上除了英法聯軍達達尼爾海峽加里玻利的登陸失敗之外，亦很少有一個有計劃登陸不會成功的戰例。

敵人的登陸成功了，姑塘守軍預備第十一師的一營全部犧牲了；地區預備隊的逆襲行動，被敵人的炮兵和百餘架的敵機制壓了。在廿三日整日戰鬥的結果，敵人穩固了登陸點的陣地，預備十一師向星子九江潰退了。廿四日拂曉我以廿五軍的一個師及第廿九軍團所控制的主力實施逆襲，與敵波田支隊和一〇六師團萬餘敵人決戰，但一切的戰署行動，不但為敵的步兵戰鬥及空軍轟炸威力所克服，而我預備第十一師第一二八師及第十五師之一部已喪失了全部的戰力。

辛亥革命史談（四一）

七、清廷張皇失措與袁世凱的抬頭

舜生

上文談到當時傳說隆裕與載灃原想殺袁為載湉報戊戌一幕之仇云云，此事宜分別觀之：隆裕始願為載湉報仇或誠有此意（亦普通婦人之見，並不深刻），載灃之想殺袁或逐袁，其重點則在由他自己切實收攬軍權或分一部分軍權由乃弟載濤載洵等掌握。蓋袁在當時表面上雖已離開軍隊，但他與北洋六鎮（尤其是二四兩鎮）仍有其牢不可破的關係，載灃知之甚悉，故至少亦以驅逐之為快，非為載湉，實自謀也。更從另一方面觀察，假如載灃果眞想為載湉報仇，則一面逐袁，一面便非起用康梁不可。可是在宣統元二年之間，梁啟超曾為開放黨禁一事用力甚猛，曾由梁之友人徐佛蘇、潘若海、麥孟華、湯覺頓、伍憲子……在北京作過多方面的運動，其運動的對象則為載濤、載洵、善耆，乃至奕劻、隆裕等等，甚至用金錢賄賂也在所不惜。可是反對起用康梁最力的為載澤；袁世凱儘管已被逐回鄉，但仍以金錢運動隆裕，奕劻力阻此事的實現；甚至有人懷疑到鄭蘇戡（孝胥）、湯壽潛（蟄先）、張謇（季直）也不以起用康梁為然，蓋鄭、湯、張諸人在憲政運動中地位均甚高，恐梁歸國動搖他們的黨魁地位也。載灃對康梁似無惡意，但立在此正反兩面的夾縫中實不能有所決定，故此一運動不等到武漢的義旗高舉，卒不能成為事實（參看『梁任公先生年譜長編』第十八、十九兩卷）。寫『崇陵傳信錄』的惲毓鼎，在宣統三年四月曾對此事大發牢騷說：

『……監國醇親王（載灃），以河間東平之親，居明堂負扆之重，竊謂繼志述事，為先帝（指載湉）吐氣，此其時矣。荏苒二年，東海逋臣（指康梁），交章薦之而不召。西市沈寃（指楊銳等六君子），遺孤言之而不雪；毓鼎知其無意於先帝矣。……』

儘管如上所云云，但載灃把袁世凱看成他的惟一大敵，仍屬毫無疑義。但何以辛亥八月下旬經過徐世昌赴彰德遊說，由袁提出六條件以後，從八月二十三發表袁為湖廣總督，九月初六任袁為欽差大臣，到九月二十三袁入京組閣為止，為時僅及一月，載灃竟迫不及待，對袁屈服得這樣快呢？進入九月以後，各省紛紛獨立，載灃知道大勢已去，而自己確又束手無策，固為主要原因之一；但在任袁為欽差大臣的同一天（九月初六），資政院有：『一、取消親貴內閣；二、憲法須由人民代表協贊；三、赦免國事犯；四、即開國會；』的四條上奏案；九月初八，擁兵灤州的第二十鎮統制張紹曾，協統藍天蔚，復有要求立憲的十二條電奏；更變成了載灃、奕劻等的催命符！蓋其時奉命南下對付山西的第六鎮統制吳祿貞，到了石家莊即已屯兵不進，一面與張、藍等既有要約，一面與山西的革命軍也有了接洽，假如由第二十鎮、第六鎮、加上山西的革命軍同時發動，則北京可立被包圍，載灃奕劻等想逃也可能來不及，更安有不屈服之理？這便是載灃對資政院及張藍等意見完全表示接受，以及奕劻所代表的親貴內閣立即陷於崩潰的由來。再加上九月十七，吳祿貞又為良弼遣人暗殺（參看本書本講第六節山西獨立一段），於是袁世凱的一切障碍均告解除，他在九月二十三即統率衛隊長驅入京，當然便是一個水到渠成的結果了。

袁世凱內閣於九月二十六日組成，其人選如下：

內閣總理大臣　袁世凱
外務大臣　梁敦彥　次官　胡惟德
民政大臣　趙秉鈞　次官　烏　珍
度支大臣　嚴　修　次官　陳錦濤
陸軍大臣　王士珍　次官　田文烈
海軍大臣　薩鎮冰　次官　譚學衡
學部大臣　唐景崇　次官　楊　度
法部大臣　沈家本　次官　梁啟超
郵傳部大臣　唐紹儀　次官　梁如浩
（唐就議和代表，改由楊士琦署理）
農商部大臣　張　謇　次官　熙　彥
理藩大臣　達　壽　次官　榮　勳

袁對這一內閣的人選儘管是多方拉攏，但他知道這僅僅是一個過渡內閣；如嚴修，張謇，梁啟超……這類為社會所屬目的人物，他也知道決不會就職；他其所以要擺出這樣一個陣容，一面在對清廷好繼續加以壓迫與玩弄；一面在構成一個由他所主持的主體，好對獨立各省着手進行和談，以達到他自己更高的目的。論步驟，論老練，袁不失為奸人之雄，這是我們必得加以承認的。

果然，在十月十六，載灃即被迫以醇親王退歸藩邸；十九，載濤也被迫解除禁衛軍總統官職務，而以馮國璋代之，這是袁要加強自己在北京的地位。在十月初七，袁命馮國璋攻克漢陽，這是袁要表示他確有實力，以為對民軍談和的資本。不過在十月初七漢陽陷落以後，民軍却於十月十二日佔領了南京，到十一月三十（即民國元月元日），中華民國臨時大總統孫文，且於南京宣告就職，袁世凱無法不承認這一已成之局，不過和議還要經過若干波折就是了。

益智仁室近作詞稿　．遯翁．

荊州亭　新雁

雲外數聲到耳，秋意被渠呼起。定是避矰來，先趁霜前獨徙。為覓陸陵沼沚。為覓稻粱肥美。遙望月明中，落向汀州沙水。

西江月　倚闌

風裏一聲長笛，林梢幾點歸鴉。恁擬秋思落誰家。竹外簾櫳低亞。涼月暗移花影，疎更已動三撾。不辭風露背窗紗。凭遍雕廊芳樹。

憶少年　畫眉

彎描新月，長描新柳，妍描蛾細。窗前費斟酌，捻南都螺翠。笑把春風詞筆試。更描成春山明媚。含情最深處，要眉梢傳意。

望雲涯引

（祜森新婚七日即往美洲哈佛大學譜此以送其行）

鳳箋方引，洞房燭，雲和瑟。報道粧臺，妥貼畫眉詞筆。撓脂弄粉，正學輕描翠，淡染墨。不意匆匆，便牛女相隔。

陌頭楊柳露華重，雲鬟溼。遠覓封侯，人在美洲哈佛。回首香江月，月裏笛，陌上花開，莫僅天涯相憶。

西江月　讀史

下酒何如漢帙，聱牙偏愛殷盤。窗前新月正彎彎。來與青燈相伴。何日滈池遺璧，舉頭熒惑流天。耳邊更漏夜漫漫，推案掩書長歎。

東風第一枝

（題雪曼伉儷書展）

字寫黃庭，詩賡白雪，畫圖自出機杼。蜀山青到峨嵋，蜀水碧縈灩澦，凌雲羽獵，並蔚作西京詞賦。更地靈秀毓東坡。千載藝林馳譽。

誰與作，峽門砥柱。誰再振，蜀中旗鼓。看君文藻聲華，一樣鳳鸞軒翥。南溟徙處，已風動，蕉林椰樹。又展出書畫雙清，人羨子昂夫婦。

本刊已經香港政府登記

每逢星期五出版

聯合評論

週刊

United Voice Weekly

第一九一號

督印人：黃宇人　總編輯：左仲平

社址：九龍大埔道一六八號南亞書局 805641

承印：嘉羅印刷有限公司 香港灣仔馬師道5號

總代理：友聯發行公司 每份售港幣一毫

本報美洲版總經售處 美國紐約中美出版社

CHINESE - AMERICAN PRESS, INC

199 CANAL STREET.,

NEW YORK13 N. Y. U.S.A.

美洲航空版每份零售美金一角

評中共的所謂「調整經濟十項任務」

左舜生

『形勢比人強』，『事實勝於雄辯』，無不能說成有，黑的也到底不能說成白的。周恩來這篇在他們二屆三次『人代會』的工作報告，儘管油腔滑調也說了許多聊以自慰的話，但他們十二年來的徹底失敗，也已經和盤托出。

丟開一切空空洞洞的話頭不必談，我只想就他所說的『調整經濟十項任務』，再替他們算算八字。

所謂『十項任務』：

『第一，爭取農業增產，首先是爭取糧食，棉花，油料的增產。』不錯，這一項在原則上並無可批評，可惜見得太晚，說得太遲，而且也是空話。所謂增產，並不等於『呼風喚雨，撒豆成兵，』必須你們手裏確實掌握得有充分的增產條件，然後才有希望。大陸目前是種籽缺乏；肥料短少；農具不夠用；耕牛也不夠用；發生病虫害，更無藥可治；至於水利，不僅新的不曾建設好，連舊有的水利系統，也破壞殆盡；請問你們增產的條件在那裏？

『第二，合理安排輕工業和重工業的生產，盡可能地多增產日用品。』針對現實，你們當然不能不作此想。但空想有什麼用處？中國本來是一個落後的農業國家，倚靠從農業社會積累的資本，要普遍發展大規模的重工業，而且偏重與軍事有關的重工業，本來就是笑話，這一層姑且不談。說到日用品，中國雖窮，過去總也還能勉強對付，現在確實已經是極度缺乏，甚至連一張洗臉帕子和嬰兒用的尿布，也得要人民向海外的親友去呼籲，難道這也能委諸『自然災害』？

『第三，進一步縮短基本建設戰線，把材料，設備和人力用到最急需的方面。』這也只是說着好聽，經不起分析。何謂『基本建設』？充實國防，至少也是你們的基本建設之一，但是只要你們不胡鬧，世界上沒有任何一個國家要侵畧你們，台灣的所謂反攻，『美帝』不僅沒有加以鼓勵，而且隨時在加以制止，這是事實。你們養着三百萬以上的大兵，還養着無數的共幹，除威脅人民，維持你們那一可憐的政權以外，究有何用？假如你們眞有『縮短基本建設戰線』的誠意，你們第一件應做的事是自動裁兵，至少裁掉一半！第二件便是把所有的共幹編入生產隊伍，讓他們去自謀生活，不許干擾人民。如此，則亞洲局部的和平可望實現，人民也可停止對你們的怨恨，但我知道你們決無此勇氣，根本也無此存想，所以你們所害的是死症，你們所說的也是廢話。

『第四，適當地減少城鎮人口和職工，首先是動員從農村來的職工，回到農村參加生產，加強農業戰線。』你們必得好好地想一想：農村的人口和職工其所以向城鎮去擠，是不是由於你們的政策已經使他們在農村無法活命？農村本來也有泥工，木工，但今天的農民已無力起房子，添傢具；農村有裁縫，農民也無力製衣；農村原也有鐵工，但已無鐵可打；農村一樣有理髮匠，但今天的農民根本就不要理髮；此外農村還有其他形形色色的人，但無一不仰農民為活，今天農民自身已不能活，你們要這般所謂職工也者，更如何生存下去？你們眞以為把這般泥工，木工，裁縫，鐵匠，理髮匠……可趕到農村，他們便可能下田去工作嗎？他們既無土地，農民會不會歡迎他們入夥？即令可能，他們本有正當職業，為什麼一定要迫他們改造？過去的農村，原有不少在那裏安居樂業而不必自己下田做活的人，但你們說這是地主，惡霸，善棍，殺的殺了，逃的逃了。像過去這類有閒階級原也還容得下幾個職工，今天的所謂職工，確實在農村已無用武之餘地。再加上，城鎮有共幹，農村也有共幹，凡共幹都要騎上人民頭上為惡，但在城鎮他們畢竟還有三分顧忌，農村天高皇帝遠，他們更可無所不為。現在你們又要『首先動員』這類職工到農村去『加強農業戰線』，好，且看你們如何動法吧！

『第五，清理倉庫，核定資金，使積壓的物資和資金用在當前調整工作最必需的方面。』這好比一家準備關門的店，宣告清理是當然的手續。倉庫裏可能還有若干賣不脫的陳貨，也可能還盤出若干貶值又貶值的人民幣，大致總也為數無多，用場也不會太大吧！

『第六，做好商品的收購和供應工作，改善市場的供應狀況。第七，努力完成對外貿易的任務。』這兩點分不開，即一切商品仍要由中共低價全部收購，用以分別應付國內外市場，內銷以吸收人民幣，即用以繼續收購並對內一切開支；外銷以吸收外滙，即用以支付外債並妄想用於對外擴張。外滙需要愈急，則外銷商品的種類愈多，人民的生活也愈苦，商品的質量也愈劣愈低；用外滙向國外購買糧食，榨取農村土產出口，也更無所不用其極；這是你們新發明的惡性循環。農民全部變成農奴，工人也全部變成工奴，等到一切土產與製成品均無可收購，便是你們的總破產，現在確已走進了這一死胡同。

『第八，調整文化，教育，科學研究，衛生等事業，並且提高它們的工作質量。第九，堅決貫徹執行勤儉建國的方針，努力節約支出和增加收入。』這都是湊數的門面話，毫無批評的價值。

『第十，進一步改進計劃工作，按照農業，輕工業，重工業的次序，做好國民經濟各部門的綜合平衡。』這算是這十項的一個總結。明明白白是一場糊塗，偏要說得一團高興，做文章而已，於實際有什麼相干！

為有家難奔有國難投的災胞請命

李璜

自從香港移民當局將廣東海豐冒險逃來的六位青年解返大陸之後，我們住在香港的亡命者，雖然有了長住的身份証，許多人還有好生活，大可安居樂業的，心裏都總覺得有點惆悵難安，驀然感到異方之樂祇令人悲增怬怚的樣子！

香港的中英文報紙，兩週以來，不斷的在責備香港當局此舉之違背人道，且有責備台北中華民國執政者的久矣見死不救，更有責難聯合國的救濟難民機構的漠視香港難民；甚至報載，台北有青年國人直接向淡水英領事去面致抗議書，香港的立法局議員當面去質詢殖民地政府輔政司；以至台北的大陸災胞救濟總會理事長谷正綱對中央社發言，對此不幸事件表示驚訝與遺憾，希望今後不要再發生類似事件。然而香港的僑民在惆悵中，輿論在責難中，台北的救總負責當局在希望（！）中，接着又有逃來之三位青年解回竹幕去了！今二十三日報載更有四十八名嫌疑偸渡來港者，正在拘留待訊之中，其命運尚不可知。

對於這件令人心情難安的事，本報已於前兩期中，同樣的有所評論，有所責難，但是責難一陣，只能畧畧發洩一下心中的悲憤之情，於事並無補益，而且這一谷理事長所謂的「類似事件」還一定要不斷的發生的，我們必須即刻想一辦法。否則，大陸上的飢寒交迫的日子還長，為飢所驅而冒險逃來者還有還多，我們見死而莫能救的情勢還日日存在着的。因之筆者在此不顧責難任何政府當局，而謹合理原情的為我有家難奔有國難投的災胞，向各方面有權能去對難民援手者請命，望其能立刻合力設法，勿再令逃出虎口的大陸災胞，再被遞解，重膏虎吻！

筆者深知香港移民局一向對大陸來的災胞，特別對廣東籍的國人入口，是甚為寬容的。自從中英交界封鎖，要有合法証據纔能入境以來，數年之間，也對於並不大合法入境者，眼睁眼閉的，並未十分留難；即使查了出來，只要有人担保生活，也就任其居留下去。

不過近來情形不同了！中共政權經過毛澤東的荒謬而且大胆的作法，確把整個大陸搞光了，六億人民都在餓飯了；雁為稻粱，尚且南飛，何況於人！因此逃難而向港澳來求生存的中國人只有一天多似一天，不能合法入境，只有非法而冒着共軍槍彈與犬牙的危險，拼命的闖進香港來！

不幸港九又只有這一點大的空間，人口已經到了近四百萬，而且是食水都成問題的地方！香港當局要對此不斷的非法闖入，去加以制止，筆者認為香港當局是有其苦衷的。但以英國人之素重理性，且是一個軟心腸的民族，平日對於鷄犬都不忍見其受絲毫的虐待，則其對人道主義，對政治庇護，筆者也希望香港移民當局不要再去把我難胞送還虎口，必得另想安插的辦法！

至於在台北中華民國的當局，其責任就比香港殖民地當局大得多了！如果說，台北當局不願承認有兩個中國的事實存在，而還認大陸是被匪打刧侵佔了的話，則大陸橫被匪狼狽逃出的國人，台灣便應有義務！因為，在平時來說，台灣是中華民國的一省，則中華民國其它省的國民當然應該大搖大擺的走進去，而不受任何的阻攔的。（何況台灣雖小，總比香港大得多啊！）至對難時來說，台北當局正在準備反攻復國中，反攻要的是人力，復國要的是人心；則今日既然望之者，如歸市，乃正反攻補充人力，復國收拾人心的好機會。因此，筆者對於一向勇於辦事並且今日責有攸歸的救濟總會谷正綱理事長，還只在希望香港的寬厰永遠敞開，不要關閉；好像我們老百姓心情一樣，只抱着遺憾與希望，這未免太不夠勇敢了！

為今之計，刻不容緩的，筆者要求台北當局立令谷理事長親自站了出來，拍胸膛表示對大陸災胞絕對負責，一面向淡水英領事交涉，請其轉告香港殖民地當局，不要輕於將這些不斷逃出的難民，只犯移民法，而並無其他過失者隨便解回竹幕；如這些逃來難民一時在港無親友招待，則交由九龍總商會謝伯昌先生暫時招待；一面則向聯合國救濟難民委員會呼籲，並請蔣廷黻先生就近奔走，務期對於設法救濟，覓地安挿，合國救濟機構所專管的事，於救濟或安挿逃出鐵幕或竹幕的「白俄」難民！——筆者曾親眼看見，從中國大陸逃出的白俄難民，在香港大受優待，有集中招待的旅館，有飛機送往各地安挿他們！聽說，這是各國的基督教會捐助的大量金錢，來特別幫助白俄難民的。為甚麼這些教會就不能幫助中國難民，也把他們用船（不必飛機）送往可能安挿的地方去求生存呢？——這也要靠谷理事長去勇敢的，負責的多方設法啊！

五一、四、二三

答謝扶雅孫實剛二先生論民主（上）

張忠紱

我曾在本刊發表了「中國爲什麼沒有民主？」一文（聯合評論美航版一四四號及一四五號），引起了謝扶雅先生的「中國如何才能走向民主？」（同刊一五三號），及孫實剛先生的「中國如何才能民主？」（同刊一五四號）兩篇大作。寫文章與貢獻意見的人，不怕人研討，反駁，甚至於攻擊，只怕人不理不睬，何況兩位先生的文章似都在補充拙作，與拙作並無根本的衝突。

孫實剛先生說：『這確是現在中國最重要的問題，這個問題如沒有一個答案，反共即使成功，結果也是落空的。……希望引起大家討論，進一步使中國的民主運動走入正軌。』這幾句話實已深深的說出了筆者近年來執筆的本意。筆者原是研究外交及國際關係的。當中華民國尚在大陸的期中，筆者一向只在所學的範圍內，企圖有所貢獻，從來沒有敢參預本行以外的討論。在今日，『皮之不存，毛將焉附？』筆者不忍見中華民族日處於波濤洶湧之中，而無一正確的羅盤，故敢參加末議。

五十年來，中國談民主與提倡民主政治的人們，有一共同的毛病，似乎都將民主政治看得太容易。有些先進以爲，民國成立，民權即已達到。有些先進認爲，有了憲法，即有民主。譬如買錶以記錄時刻，他們却沒有細心審查錶中的機器是否能遂行無阻。若機器不健全，則反致爲錶所愚，遺誤事機！要使錶能發揮正確的功能，其機器必須健全，且須經常愛護與修理。民主政治的全部機構，其細緻纖巧，決不在錶內的機器之下。我們花幾十塊錢買一支錶，不專是爲美麗中看，尤其要牠經久耐用。我們費無數志士的心血，以求建立民主，奈何掉以輕心！

好錶的機器必須用手工磨製，費力費時，而後始能經久耐用，正確無訛。爲中國建立民主，不詳細分析研究，不從多方面培植民主的根基，而僅欲其速成，速成；速成固未可必、縱僥倖速成，也難保過去五十年的歷史不再重演。筆者沒有從事政治活動的才能，也無意從事於政治活動。也許正由於這種性格，與從事於實際政治活動的人們，其看法的緩急輕重有所不同。近三數年來，筆者所發表的文字，其用意只在盡中華子孫一份子的責任，聊貢一得之愚，使異日再造民國的仁人志士，或能有所採擇；如是而已。

不幸的是，發表散文，有其必然的限制。例如拙作「中國爲什麼沒有民主？」一文原只限於研討『數千年古老的中國文化，何以沒有產生民主政治？何以不能產生民主政治？』（原文的開場白）該文實尚未談到對於今日政治的影響，也尚未談到中國如何才能民主化。筆者的本意，在從多方面研討，中國必如何而後始能民主化。囫圇吞棗，或人云亦云，是不能爲民主政治建立強固基礎的。拙作既以散文式發表，自無法使讀者一時洞悉筆者的最後結論，這是筆者需要向謝孫二先生以及其他的讀者表示歉忱的。至於一切賜教的文字，筆者仍願隨時接受。

謝扶雅先生的大作，討論如何才能走向民主，已超越筆者原文的範圍。筆者一時既尚未能寫到最後的結論，不擬於此處詳談。惟謝先生說到，日譯「權利」一字，易於引起誤會，實爲確論。社會科學的各項名詞，在中國迄未能標準化，又沒有固定的定義，遺害甚大。遠之如西洋的傳教士，以詩經上的上帝爲外國的天主。近之如民生主義就是社會主義，而國際共產又以共產主義爲社會主義。無怪乎杜威先生於「五四」後評論說，中國的青年根本不知社會主義爲何物，竟認爲一切社會主義都是同樣的，沒有什麼分別！

孫實剛先生的鴻文，也在討論中國如何才能民主。但孫先生總括我的原文說：『……偏重於中國傳統的文化，認爲中國文化缺乏民主的傳統，所以影響了今日的政治，而使民主運動不能順利發展。』在此地，我需要請孫先生原諒，假若他能將我的原文再看一遍，我想他會承認，他的總括中，祇有第一句與我的原意沒有出入。我沒有十足的說，中國文化缺乏『民主的傳統，』我更沒有談到『影響了今日的政治，而使民主運動不能順利發展。』在原文中，我只說過：『假使我們認定民主政治的組織成份爲民有，民享，與民治，則我們不能不承認，民有與民享都必須寄託於民治之上。儒家的哲學……雖有民有與民享的思想，但以君治與德治達到這種理想，却不是常期可以辦到的事。』我也說過：『在中國古代書籍，古代思想中……絕對找不着絲毫民治的思想與痕跡。』換句話說，我僅認爲中國文化缺乏「民治」（不是「民主」）的傳統。我雖認爲民有與民享的思想，必須寄託於民治的辦法之上，但這與完全沒有民有與民享的思想却有很大的區別，這對於我將來作最後結論時，也將發生重大的差異。爲研討的正確性，這是筆者不能不聲明的第一點。

至於『影響了今日的政治，而使民主運動不能順利發展』一段，我將拙作原文又看了一遍，仍然沒有找着這句話，或類似的意義。原文的結論止於說：『上述是中國在政治與政治思想上，沒有產生民主的原因。』這只在照顧到原文開場白中的首段——『數千年古老的中國文化，何以沒有產生民主政治？』孫先生對拙作的總括，實際上已超過了原文的內涵，因之而孫先生提出的意見，幾於全在討論拙作尚未提到的問題。或許孫先生的用意，原在預測筆者的結論，而先與以反駁，但孫先生未能於此聲明一句，沒有看過拙作的讀者，難免不發生錯覺！這是筆者不能不聲明的第二點。』（未完）

中共在緬甸吃了一次敗仗

李慎

靜悄悄地，中共在東南亞吃了一場大敗仗。中共自己做聲不得，緬甸軍人心裏有數，而西方國家則暗自慶幸。

事情發生在三月二日的深宵，緬甸總理宇牛還來不及盤上那一枝斜出的頭巾，便給提着手機關槍的軍人押着走了。這個莫名其妙的政客被關起來了之後，緬甸雖還不能說從此得救，但他要是繼續幹下去的話，則緬甸必成爲共黨的附庸無疑。

經過兩年的胡鬧之後，宇牛已使緬甸的一次「革命」爲無可避免。爲了取得權力，在一九六〇年的那次大選中，宇奴許下了一些政治諾言。爲取得僧侶們的選票，他居然答應他們將以佛教徒爲國教。爲取得各邦少數民族的擁護，他許諾各邦自治。此外許給其徒衆以油水豐厚的地位，自不必說。

軍人發動政變的時候，其表面的最迫切的理由爲擊敗各邦的離心運動，但底子裏却另有一個大家心照不宣的理由，那就是：把宇牛從中共的袴底拖出來，以免緬甸淪爲中共的附庸。

宇牛在他任內完成了一樁大事，劃定中緬邊界。儘管這裏面還包括着若干隱伏的問題，如據說把印度的一片土地也劃了進去，又靜靜地讓中共在某一偏僻的地點和泰國接壤等，但就緬甸的立場言，的確是可以鬆了一口氣的。從此以後，中共和緬甸的邦交之親密，簡直爲當世所罕見。兩年之間，兩國信使往還，訪問相接。中共派去的代表團，除了爲簽訂邊界條約者不算外，還有軍事代表團，友好代表團（周恩來，陳毅率領），新聞工作者代表團，佛教代表團以及其他藝術性代表團之類，不一而足。繼邊界協議之後，又簽訂了「中緬經濟技術合作協定，貿易協定，中共購緬米協議等。假如不是這次政變，則劉少奇不久也會到仰光去搖擺一番的。

就在軍人發動政變的同時，中共也還有兩個代表團在那裏，一個是葉季壯所率領的貿易代表團，另一個是中共的芭蕾舞團。後一個正在把緬甸的政要迷得如醐醍灌頂。別相信宇牛說，他要在兩年後皈依我佛。和中共芭蕾舞團裏的少女們玩得最起勁的就是這位總理。那些少女們總是在宇牛，尼溫，安琦這些緬甸最有權勢的人物的集會或官邸裏混，志不在小。

少女們所施的只是掩眼法，中共所進行得最積極的却另有所在：進行對緬甸部隊中下層的滲透。這種滲透工作進行得十分有計劃而兇狠。上層軍人已經感覺到，要是他們不儘早把宇牛關起來，因而把中共的陰謀搗碎，則若干時後，不但他們會來不及奪取政權：奪取政權的怕會是另一批人了。

這個政變之後，中共的貿易代表團，那是二月廿六日才抵達仰光的，便只好沒精打采地回去，什麼協議也不曾達成。而那個芭蕾舞團，原定在緬甸逗留四個月的，也只好收拾起脂粉，掃興而返。宇牛先生不能機場送別，重訂會期，想也不勝傷心之至。

受了這一悶棍之後，中共怎好作聲？暗地裏去攪人家的國家，原是醜事，發起脾氣來，只有自暴其醜，於是只好趕着承認緬甸的軍人政權，還裝得十分高興的樣子。好在緬甸軍人方面，儘管已經和中共簽定了邊界的議定書（六一年十月十三日）到底一強一弱之間，邊界千餘里，不能無所畏憚，因之對中共在表面上也只好禮貌十足。這不單在目前如此，在以後恐怕也是這樣。但暗地裏却大不相同了。一些親中共的軍官會被不動聲色地去職或調動，親中共的政客也會銷聲匿跡，劉少奇預定的訪問大概會找個理由取銷，而芭蕾舞團之類則只好另找主顧了。

至於軍人執政之後，緬甸的前途如何呢？軍人奪取政權，廢止憲法，解散民選議會，這本來是一樁不足爲訓之事，但以緬甸的情況而言，似乎除此而外，則別無他法。在宇牛之下，緬甸的政局實在腐敗到無以復加。東南亞國家中無不有貪污的現象，但宇牛的緬甸却大可以在這方面考取第一名。宇牛這個人，也正和這一地區的另兩個所謂中立國家的元首一樣，他們都最長於談國際問題，無論對什麼國際大事都有意見，也不憚發表其意見，以爭取其個人國際上的地位。但在處置國內的政務方面，却一點能力也沒有。宇牛的格調最是低下，他只懂得如何說話以爭取選票，地位到手之後，便一切不管，一切聽其自然發展，有人說他在兩次任期內在內政方面所做的事就是造了一個所謂「世界和平塔」和一個藏經的地窖。這原也是他的手法之一，用以取悅於佛教徒。此外就是在錫蘭購置了一點產業，以便退休後皈依我佛了。軍人起來，至少在貪污方面可以減少些，在行政效率方面可以增加些。而其最大的功績，便是把緬甸在滑向中共的陷阱的斜坡上把緬甸拉回來。不是軍人，緬甸再沒有其他的勢力能够這樣做了。

軍人政府的前途並非樂觀，他們的担子太重了。少數民族沒有一個不討厭緬甸人的。離心運動並不就此消停。中共也決不就此能休，他們自然不再用芭蕾舞團，但邊境的壓力還是存在的。此外，經濟上千瘡百孔，有待治療。有一個最基本的問題是無論那一個緬甸的當權者，都必須大談其社會主義，那原是和他們的獨立運動聯在一起而又載之於憲章的。一談社會主義便不能不談國營這樣，國營那樣。而緬甸許多經濟病症正是由國營政策而生。軍人們並非不懂得這種道理，所以上台之後，便立即把出口業全部國營的決定先行延擱兩年，但他們能朝這個方面走多遠都是問題。由一個第三者看去，緬甸這個先天十分富饒國家，其工業化和現代化的問題是並不十分困難的，祇須把反對帝國主義這種已經沒有實際意義的口號撇開，放手接受西方國的援助和投資，則三五年間，情勢便可改觀。但目前緬甸似乎還沒有這樣有力的集團敢於採取這一新的路線。

歷史已指示我們該當從頭做起

李金曄

我想說一句話，雖是一句不受人歡迎的話，和令人喪氣的話，但却是一句實話。我看，在本世紀內，中國將不會有政黨政治出現。除非，中國的現局有突然的轉變，像奇蹟的出現一樣。因為，民主政治一直在中國的大門外觀望等待，觀望中國有一個強大的在野黨出現，結果是不可得；等待執政黨能夠自我改造，結果也是不可得。現在連被稱為友黨的民青兩黨，在台灣也已經被當權派加以分化、拆台，無以自存了，還有誰能敢於相信，在不久的將來中國便會實現眞正的民主政治呢？

中華民國立國以來，經已五十一年，經過了半個世紀，尚且未能實踐民主，那末再虛度半個世紀，也不足為怪。尤其是在現在的狀況之下，當權派既然無視一切，則隨時有拋棄民主虛名的可能，是則再與當權派談民主政治，誠不啻椽木求魚了！

好吧，就一如當權派的心意，大家合力來維護建立一個領導中心，不再談民主，也不再爭民主，把這個以當權派為主的領導中心扶植起來，當權派是否就可以領導打回去呢？因為打回去是當權派的唯一最動人而又富吸引力的口號，何況絕大多數的御用宣傳家，又特別强調着這一點。

我想不必懷疑，如果當權派能夠眞心地表現出即將誓師西向反攻，自然是軍事第一。但這不是說將永遠放棄不談民主，不爭民主，即使中國統一再造，民主政治仍將是一個全民必爭的歷史任務，而只是說，當值軍事反攻期間，這個問題的談論，將可能獲得一時的休止。然而現在用什麼來証明當權派，就將已決心揮戈西向呢？現在所有的事實，祇是証明當權派祇是一心一意，全心全意地依賴着原本用來對共產黨攻擊的軍力，用來鎮壓內部的微弱的民主運動生機。即使是友黨，尚且不惜加以開刀宰割，務使分崩支離而後已。其不惜任何手段，以特務佔據民青兩黨的中央黨部，即為最好的說明。

人們要求實現民主政治，並不等於要即刻從當權派的手中奪取政權。相反的，在我看在民主政治下，當權派繼續執政的可能性仍是很高的。人們所希望的，祇是通過民主政治可以有效地發揮監督的效果，如果仍是當權派執政，也不過是希望基於民主政治的常軌，使當權派幹得更好些，更有效率些。

再退一萬步而言，以當權派現在一手控制着軍政特稅，一手掌握着財金，而居然對一些坐而言民主的書生也不能放過，竟然要先後覇佔青民兩黨的總部，說來也不免自己感覺好笑吧！？

既然不能對友黨由始至終地友好到底，則當初又何必歡迎友黨入台呢？當權派十二年前從大陸上退守台灣，當時不是儘可以以一了百了的態度來處理友黨嗎？在當時不是可以把台灣這一省之地建立成一個變相的「中華黨國」嗎？如果當時能如此乾乾脆脆地做了，不也省得今日貽人以話柄嗎？又何須今日對友黨如此的不仁、不義呢！

祇要中華民國一日存在，我相信當權派要想一手把她變為「中華黨國」怕還沒有那麼容易。當權派今天對民青兩黨的手法，祇有一個效果，就是讓人們知道與當權派之間是永遠難以達到協調的。因為當權派根本沒有民主政治的現代認識與觀念。也讓人們知道，當權派沒有接受一個不流血革命的歷史轉變的可能，即使奇蹟出現，毛澤東政權垮台，當權派還將與全民為敵，與民主為敵，中國將仍不免由於國民黨當權派的專橫，而流血無至盡！

我不希望我說的是歷史的預言。但是中國在本世紀內，將難以見到民主政治了，因為國民黨當權派已將所有可能實現民主政治的路堵塞死了。

現在，歷史已經指示我們，為了中國的民主，該當從頭做起！

閒話台灣

（讀者投書）　留美學生德魯

每次提筆，每次都改變了念頭。一來學校試驗太忙，二來中國人傳統美德——「不要找麻煩」。一代哲人胡適博士尚且該說話時不說，何況我呢？個人去國五年，也深知當道者不喜批評以免「仇者快」。可是每天拿起台灣寄來的幾本書報，總是思潮起伏。台灣的進步，雖不能說沒有；但說句逆耳忠言，也是國民應盡的責任。下面的閒話，均係由衷之言。因為一個富强康樂的國家出現，原為五千留美學生夢寐以求的。

（一）教育為百年樹人之大計，並不是僅表現在百分之九十七幼童入學率上。學生跨出學校一定要有眞才實學，才可以謀生，才可以服務社會。今日台灣雖有某些大專、院校，還設立了研究所？但够水準幾希？有人拿到碩士博士，就沒有唸過 Research 和 Seminar 的課程？實不知如何寫的論文。無眞才實學，縱有博士頭銜，赴日本美國進修，也僅浪費公帑，貽笑大方。

見報台灣政大有新聞館社會館之落成，可謂難能可貴；但以台灣報紙之篇幅限制，報社之不准增加，四年以後，學生畢業向何處去？目前老報人正感無事可做，不能不使人懷疑：政大新聞館的設立，祇在充門面湊熱鬧。又以台灣的某些大專學生的程度而論，例如英文，其來美後所感不足之苦？實非親臨其境者所不能知。故教育學生在注重學術，不僅為在台就業，也為出國進修。教授陣容寧缺無濫，豈可人人均在大專謀一兼差？鐘點費事少，而中國下一代的青年學業事大。在高唱科學發展之時，社會科學之研究也當改進。來美五年中，偶有美國土木工程同學問及中國之長城多少呎高？多少呎寬？除答以「偉大」外，實無辭以答，因為記得在國內讀書時，就沒有提到過統計資料，科學是重資料，重事實求是。

（二）台灣今日之病，在孤處一島，氣壓沉悶，形成封閉社會（ Closed Society ），沒有朝氣，缺乏生機。而學子不歸國，其端也在此也。據聞當道也並不誠心希望留美生返台，怕引起麻煩。其實學生來美得學位後，均已就業，甚至永久居留或入美國籍者，不能歸去，不得已也。海外飄零，尚可數年，因此輩均係青年或中年之士。但台灣局面之不能開拓，其情形豈僅現在的留學生內心感到悲哀，中華民國下一代更不知如何？共赴國難，豈能空談。

試觀今日台灣，在位者多學非所用。派系、小圈圈使人望而生畏。深願諸公眼光看着西邊的大陸，而不是扑蕞爾小島？「特務」更不可濫用職權。而今日台灣、學校、交通、財稅、甚至影劇工作均由特務領導，實為大謬。太空時代的今天，特務豈能代替物理學家、工程師？美國佛羅里達州太空發射基地有人常川駐守，但絕不能阻塞專才之啟用。台灣今日之病，更有帶向海外僑社之勢？「特務」及「黨部」人員公開招搖撞騙、而實際工作一無所成。如此間的××專員，是眾所共知的特務，更何能使學生接受其領導？月前紐約華文「聯合日報」為文攻擊台灣特務收買不爭氣之留美學生，並公佈全部在美各大城市負責「青運」、「學運」的「特務」名單，台灣當道實應深切檢討。在美各大學中，遇有中國學生活動，或則與美國學生談論政治，替台灣做辯護時，而那些領事、「主席」諸公，却不見伸以援手，實令人感嘆！

（三）台灣風氣敗壞，均緣一「私」字，不重法治，太重人情。人情為社會之美德，但不可用人情，私心決定一切。即以台灣報紙而論，平常很少有好的報導、和評論；阿諛逢印似已成風尚。日前台灣報載某銀行董事長母親過生日，却有賀客三千人。報紙不惜以很大的篇幅，詳加報導。視為盛事。但今日台灣已到了富張康樂之境了嗎？這種事也值得社會興論大事頌揚嗎？美國如許多大報，像這種新聞，絕無僅有，尤其政府官吏從不來這套。社會士紳偶而尚有此事；但場面之偉大，美國白宮之宴會也不過數百人。今日共匪滔天罪行，罄竹難書，反共宣傳，猶恐不及；而整日祝壽、訃文、賦詩、作詞，眞是太不合時代潮流了，令人扼腕三嘆！

（四）當道者當有恢宏氣度，且不可有「雙重人格」之不正常精神狀態。晚清之敗，亡在統治階級見洋人百般歸順，關起門來又像「滅洋」，見人民又作威作福。為政在實，不可有虛驕之氣。許多台灣當道者來美訪問考察，歡迎者寥寥無幾；而返台後又大吹此行如何成功，如何引起人家之禮遇。近本美國大眾傳播工具之進步，縱有共產邪說，使人們精神生活豐富，人們也有自我判斷的能力。而今日台灣因種種限制，反使一般學生、民眾、軍警，因為缺乏豐富的精神生活，陷於孤陋寡聞，精神無所寄托之愚昧境地。這樣不但不能恢復民族自信心，反而助長「崇洋」、「媚外」之風。台灣年青人出國狂熱，可為一証。而來美後一無能耐，故多少女孩在台灣不可一世，而來美後為找飯票嫁老頭、侍者、廚師者比比皆是。個人命運不談，實為民族最大悲劇。

南越吳廷琰總統府被空軍襲擊，台灣報紙除冠以頭號標題外，並言立委諸公大感震驚，立即邀請沈外長出席報告。其實南越之政情，年來歐美報章什誌報導甚詳，南越政府之不得人心，沒有效率也為事實，發生小規模之叛變行為，早在意料之中。而部份立委諸公尚大感震驚，令人為吾國躭憂。回憶曾來台訪問過之南韓總統李承晚、土耳其總統孟席斯、伊拉克親王阿不都拉，下野、處死、被殺之結局也可悲矣，今日為政者，實應警惕。

台灣簡訊

志清

一：銀行業務不振

最近報載，本年一月至三月各金融機構的業務不振，盈餘均告銳減；有的行局甚至根本沒有盈餘可言。聯合報的社論說：「年來工商各業都在吶喊經濟困難；唯有銀行業一枝獨秀，大賺其錢。現在竟也感到不景氣，實在大可重視。」該報分析：「當前銀行所遭遇的困難」，其「癥結」所在，即是「有錢放不出去」。而有錢放不出去的原因則有二：其一，是放欵辦法限制太多；借欵者除付正式的利息而外，還有各項很重的負担，加起來並不比黑市放欵的利息低。其二，是工業投資的需求減少。該報認為屬於前一原因者，如各銀行能改變作風，提高服務精神，減少管理費用及其他浪費，未嘗不可「因禍得福」。但屬於後一原因者，則是整個經濟必需深入檢討的問題。該報又指出：「過去工商業苦於資金缺乏，而銀行却蓬勃發展的現象是不正常的。銀行的存欵是工業利潤的派生，只有工業發達，銀行才能分享繁榮。至少，工業應與銀行共榮。現在銀行已逐漸覺得好景不常，說起來，正証明了這一道理；也正反映出工業生產的隱憂——我們的經濟發展是否已陷於阻滯狀態，政府當局對此問題與其飾詞爭辯，毋寧客觀地正視它了」。

二：監委對油輪案的調查報告

監察院調查油輪案專案小組委員熊在渭、鄧景福、吳大宇三人於日前在該院經濟委員會提出「對中國石油公司租用國輪運油給予停航補貼案的調查報告」，全文約七千餘言。據稱：「中國石油公司目前每年之原油需要量最高約為一百〇六萬噸左右，而本國四艘油輪之每年總運油量為七十七萬六千噸，該公司並向海灣公司租「信仰」、「自由」兩輪，其運油量為每年七十二萬噸。以上各油輪合計運油量為一百四十九萬六千噸，較原油輸入量尚餘四十三萬六千噸。」最後則說：「過去政府頒發救助國輪辦法之停航津貼，已為立法院否決，不必具論；即使該辦法實施，亦轉瞬即屆限滿。將來運油國輪前途自必更趨暗淡，如何訂定扶助國輪政策，逐漸減少外輪走上正常發展之途徑，似應在事實上有所表現。」

油輪及停航補貼案曾在立法院一再引起激辯，監察院當初組織專案小組進行調查，人們原以為至少將對某些營私舞弊的官員放放馬後炮。而調查數月的結果竟提出如此一篇報告，亦可謂「奇跡」矣。

三：司法界十室之邑，也有忠信

在司法界紅包滿天飛之今日，最近曾出現一項奇跡。本月十二日晚，有自稱廖金龍之男子持一盒糖果至台中地檢處柴啟宸檢察官宿舍，據稱是餽贈檢察官的。柴適外出未歸，僅其妻在家，廖將糖果留下後即離去。柴返家後得知前情，自念與廖金龍素無往來，何致送禮。當啟盒檢視，發現除糖果外，尚有一小紙包。乃即將原物送交值日法警保管，於次日簽請該處梁挹清首席檢察官核辦。梁首席檢察官立飭主任書記官顏大暉啟視，小紙包內赫然為新台幣一千五百元。除對柴檢察官的清廉可風，面予嘉獎外；並將澈查致送紅包之廖某。

台北地方法院財務法庭書記官楊宏濤辦理台北縣林口茶葉生產合作社漏稅案，涉嫌收受該社常務理事陳添秀（現任台北縣議員）賄賂，案經台北地檢處林錫湖檢察官偵訊屬實，於日前下令扣押。同案涉嫌行賄的陳添秀，及涉嫌受賄的北縣稅捐處稅務員蘇榮華、汪務弟等人，亦經司法行政部扣押，聞將於日內移送地檢處備案偵訊。

四：中央研究院新院長難產

中央研究院院長胡適之先生逝世後，院務由李濟先生暫代。該院評議會曾於三月三十一日依法集會，選出吳大猷、王世杰、朱家驊三人為院長候選人，呈請蔣「總統」就中圈定一人；但至今尚無下文。據悉；蔣頗屬意於吳大猷博士。就吳、王、朱三人而論，不但王、朱兩人的年事已高，而且政治的氣氛太重，學術的氣氛太少，自以為最適當的人選。但吳早表示無意於此。他的理由是性格不宜；而且目前在加拿大的合同未滿期，無法分身。聞當局曾示意，祇要吳願就任，目前可暫派他人代理；俟其合同到期後再回國就職亦可。但吳於日前致電蔣夢麟，仍堅不允就。吳既不來，據說，王也請張羣向蔣轉婉陳，請千萬不要圈他。朱雖然也許願意再作馮婦，但由於蔣當年曾迫他辭職，現在似乎無意重加任用。可是，若要叫該院評議員們從新選出候選人，則不但於法無據，而且鑒於此次選出吳、王、朱三人的經過，並非易事，因此即使重選，也不易獲得結果的。由此看來，胡適之先生實在死得太早了。

五：警備司令部無所不管

以辦雷案聞名於世的台灣省警備司令部，最近也許因天下太平，閒得無事可做，竟兼管台北整頓違章建築之責。本月十二日立法委員謝澄宇在院會向行政院長提出一項質詢，據稱：前因軍事機關干預違章建築取締，曾有所質詢，承國防部答覆，謂已通令各軍事機構（包括台灣警備司令部在內），除得協助取締軍人違建外，不准干預民間違建。但日前報載台北周代市長宣佈，南京東路商場之整建，決策及督導方面，由警備總司令部負責，是則軍事機關不但並未遵照國防部通令辦理；而且更公然担任取締民間違章建築之決策及督導之責。他要求行政院答覆。行政院的答覆則謂：「整建市區房屋變更公園及道路預定地之使用等事宜，自應由台北市政府主管。該市政府鑒於該市違建問題嚴重，為協調有關方面共同合作處理該市重要地區違章建築，以改善市容衛生交通秩序，因經由台灣省政府核准後，組織重要地區違章建築處理執行委員會，邀請台灣警備總司令部，台灣省警務處等機關派員參加，以便取得密切聯繫。」足証國防部儘管通令禁止，而警備司令部仍置之不理，行政院無可如何，祇得藉詞是市政府所邀請的。

在同一質詢中，謝委員還指出：一、台北市政府宣佈南京東路商場之整建；係在極樂殯儀舘後面。但查極樂殯儀舘不但位居南京東路之國際道路旁，確有影響市容及國際觀瞻；且該處人烟稠密，環境亦不相宜，而其建築又大部分屬於違章。茲竟未列入違建，而反整建距離市街甚遠，無需整建之台北新村洋房，尤屬不合情法，有失公平，令人費解。二、變更土地使用，應由內政部核准，在未經內政部核准將公園預定地改為建地前，不得率予整建，以免由民間違建變更為官廳違建之嫌，政府為民表率，不容自蹈非法。但台北市第十四號公園預定地之一部分空地，前由台北市政府撤銷徵購，改歸台北市議會議長張祥傳承買。而新式房屋且經合法向市政府租用領有建築執照之台北新村，既未影響市容及妨害環境衛生，巷路寬濶，亦無救火車難進，招致火災之虞，又不在台北市府前後公佈應拆除之列，且台北新村又無軍人居住，何以不准援例承買，而反須由軍事機關負責整建？殊失法律之前人人平等之義。

六：民社黨自道分裂內幕

民社黨因召開第三次全國代表大會而發生新的分裂，該黨的機關報〔民主中國半月刊〕於最近兩期的社論內，連續揭露其中的內幕。前一期的那篇社論，大標題為「舊陰謀，新行動」。副標題為「向社會人士說明本黨中央黨部被暴力侵佔之原委」。裏面的主要意思，是說：佔領該黨部乃是少數不肖黨員率領身份不明的暴徒二十餘人所為。並說：官方態度顯然有偏袒暴力之嫌。最後的結語是：「總之，國民黨人所希望的在野黨，是唯命是從的在野黨，而不是獨立自主的在野黨。國民黨人所希望的言論，是他們指定範圍之內的言論，而不讓人民有發自內心的言論。我們不願作唯命是從的在野黨，我們要說發自內心的話，所以才遭受到一再的打擊，造成今天的局面。明乎此，即可以瞭解這次暴力事件的原委。很顯然的，這是舊的政治陰謀失效後，才採取新的行動。」

最近一期的社論，則以「慨涕奉告」為題，指出該黨與執政黨同興衰存亡的命運，他們離鄉背井，拋妻棄子一同撤退來台者，即是為此。要求執政黨不把該黨列為情報的對象，政策交往僅限於該黨黨魁或黨魁所委托的代表；不要輕聽滲透人員的失真報告而引起兩黨間的誤會。最後更說國家正需要三黨共存，以維持對內對外之體制，故不得不「慨涕奉告」國民黨。

從這兩篇社論看去，民社黨歷次的分裂和此次的新分裂，顯然是由於國民黨當權派所製造。果如此，該黨與其「慨涕」陳情，自墮黨格；曷不以斷然的手段將勾結國民黨的不肖分子開除黨籍，還可使社會人士分明涇渭。有人說，在現局之下，縱然開除他們的黨籍，當權派一樣可以支持他們胡闖下去。但假如張君勱先生決心站在蔣勻田的這一方面，而和其他的人一刀兩斷，他們的票面價值也就沒有了。

最近一期的民主中國半月刊除了這篇慨涕奉告的社論而外，還載有張君勱先生的「為內部糾紛告同仁書」，他自稱該黨的一再分裂為內部糾紛，顯與「民主中國」的論旨不盡相同。他說：「十年以來，本黨內部時有人事糾紛，或以文字責難或則門戶分張，勱皆置之不顧。良以復國為一件難事，波折之興，勢不能免。惟有耐心於覊旅，對於共產集團時加注意，對於民主集團靜觀其形勢變化，所以求自己閒見識力之增進，或者將來復國需人之際，方能有所貢獻。」又說：「究竟誰是誰非，勱居海外，無由得其真象……赤裸言之，不外乎權位與主席之爭。此種爭執之結果，或甲敗而乙勝，或甲勝而乙敗，或甲乙平分席位，或甲乙俱敗而為丁丙所得。充類至盡，如此而止，何團結可言，何黨譽可言？」張先生的這兩段話，可謂持平之論。民社黨的一再分裂，乃由於內部各派互爭「權位與主席」，當權派乃乘機加以利用，使其尖銳化，如此而已。

張先生「告同仁書」中，提出兩項建議：一、「盡棄前嫌；將黨務交付四副主席商同勁老（戢翼翹），侯老（金侯城）全權處理；不必再論條件，再爭高下。（二）「反是者，對外大目標不立，眼中所見惟有雞蟲得失；所交涉者為地位高下，為名額多少，為利益分配，不獨交涉難於圓滿，即令暫時彌縫了事，而猜忌之心留滯胸中，則黨內之領導中心必無由樹立，更何從而本所自信以移國人觀聽乎？內部既虧，外邪隨之而來。與其貌合神離日鬧家務以資人笑柄，不如請同仁同意於立即解散。」

張先生最後更慨乎言之的說道：「以上兩條，請向仁選擇其一。倘依第一，我尚可勉隨同仁，共商今後如何樹立目標與進行之法。倘同仁不同意於第一項，空言團結協商，縱令一時妥協，未久而紛爭又起。此則美諺所謂洗臭布於公衆之前，不徒貽笑於大方，而吾黨將為政黨史上之罪人而已。迫切陳辭，惟期鑒察。」

張君勱先生的這篇「告同仁書」，可謂語重心長；但該黨各派是否將因此而言歸於好，則仍大有問題。因為今日的在野黨已經面目全非了，他們所以還要在內部爭地位者，完全是「參政」的問題從中作祟。各派雖有高下之分；但想「參政」則一；而其所以「參政」之道，則又都是向當權派討好和乞憐。他們不敢堅持民主改革與全面團結的原則，而寧慨涕以求所謂「三黨合作」者在此。因是之故，人們以為張君勱先生與其期望他的黨徒團結，似乎不如宣佈解散，另行組織，還可對黨對國產生相當的效果。

朱門酒肉臭，野有餓死骨！

北平飯館每天有六十萬顧客

白帆

今日大陸普遍飢餓的嚴重，已是中外皆知的事實了。但紅都北平各飯店充滿山珍海味，以裝飾太平，共幹們大嚼特嚼的情形却非大家所熟知，但中共「中國新聞社」四月十五日有一篇專電報導北平各飯館的情形，却將這種少數人殘酷享受與全大陸普遍飢餓的情形，暴露無遺了。它說：「北京市的大小飯館每天要接待顧客六十萬人次，節日假日的業務要比平日增加一半以上甚至一倍。北京的許多大小飯館，大部份設在各個交通要道和熱鬧地區，也有開設在較僻靜的胡同裏的老牌字號的飯館，它們則以擁有名厨師和具有地方獨特風味招徠得高朋滿座。來到北京辦事渡假或旅居北京的外鄉人，幾乎都可以在這裏找到具有自己家鄉風味的飯館。設在西郊動物園附近的新疆餐廳，已經成為新疆等少數民族顧客最愛光顧的場所。這裏的烤串羊肉、手抓羊肉等名菜就是這些主要食客倍感親切的家鄉菜餚。設在華僑大厦一樓的大同酒家，是這裏的南方人士最熟悉的一家餐館。在這裏，特別是星期日或節日假日，……以烤鴨享有盛名的全聚德，三處分號，每天顧客盈門，外國朋友也以到中國來能飽嚐北京烤鴨為快。北京幾十家富有地方風味的廣東、福建、江蘇、四川、湖南、山東、陝西和東北、青海、新疆等餐館，都擁有各自的能烹飪出上百計的菜餚和點心的名厨師。有關部門還曾把他們的技術滙編出版成一本烹飪的書籍。最近，北京許多菜館適應新季節的到來，都增加了一些時令的新菜餚，早點和宵夜的供應點也有增加。看罷電影或戲曲的夜遊客，是這些宵夜店的主要顧客」。看罷上述描繪，眞不能不感嘆今日的「北京眞是太平盛世」。可惜這「太平盛世」不屬老百姓的，而只是屬於紅朝的大小官員，更可惜的是今日大陸餓莩載途，共幹們却以人民的血汗在北平來如此逍遙享受，這不是比舊統治者更殘酷更腐敗的新階級是什麼？

中蘇共締貿易協定

綜觀

據中共新華社報導，中共貿易部部長葉季壯已於四月十四日晚在北平歡宴甫由莫斯科到達北平之貿易代表團。新華社說：「葉季壯部長和帕托利切夫部長在宴會上講話，祝賀中蘇兩國經濟貿易關係和人民友誼的發展，預祝這次兩國貿易經濟代表團的會議取得圓滿成果」。新華社又報導說：蘇聯貿易部長「帕托利切夫在宴會上說，蘇中兩國的經濟貿易合作是兩國友誼的具體表現之一，這種合作是建立在無產階級國際主義的基礎上的，他還說：兩國貿易經濟代表團這次會談將進一步發展兩國的經濟貿易關係，將為發展兩國的友誼而作出貢獻」云。

從上述雙方談話看，此次貿易會議，似乎夾有政治動機在內，故將不致如去年那樣難於產生結果，而是將會有一些結果的。據中共「中國新聞社」北平四月廿日電：中共與蘇共果然很快就簽訂了這一次貿易會談的議定書，說「中蘇一九六二年貨物交換議定書今天在北京簽訂，對外貿易部長葉季壯今晚設宴為祝賀議定書的簽訂，招待由帕托利切夫和蘇洛耶夫率領的蘇聯貿易經濟代表團」。算是達成了協議。這與去年度的貿易談判難產情況稍有不同，但細看其內容，並綜合其它情況加以仔細觀察，則這一貿易協定的迅速締結，實仍不能說是中共與蘇共之關係業已完全好轉。因為此一談判所談者究竟只是局部貿易問題也。

大陸簡訊

藍星

中阿共輪船公司開始營業

為了對抗赫魯曉夫，毛澤東不僅在政治上全面支持阿共領袖霍查，而且亦在經濟上澈底支撐阿共。阿共現在已全靠中共支持糧食，中共不惜把大陸人民血汗換來的外滙向加拿大購買小麥以接濟阿共，這是人所共知的事實了。另一方面，阿爾巴尼亞之輸出總數，中共佔了百分之五十九，這也是人所共知的事實了。不過，中共與阿共距離很遠，全靠船運接濟，所以，不久以前，中阿共又協議合組航運公司。茲據中共新華社四月十三日地拉那電：「中阿輪船股份公司總公司經過一段時期的籌備以後，已於四月二日在都拉斯成立，並正式開始營業。這是根據一九六一年十二月廿六日在北京簽訂的中華人民共和國政府和阿爾巴尼亞人民共和國政府關於組織中阿輪船股份公司的協定成立的。中阿輪船股份公司的船舶將定期在中阿兩國間的航線往返行駛，必要時也將行駛其它航線」云。

中共成立「中國亞非學會」

為了配合毛澤東向非洲作思想擴張的打算，中共又在萬隆會議七周年的時候，在北平成立了一個御用的「中國亞非學會」，以加强和擴大中共對亞非集團和非洲人民的統戰工作。據新華社北平四月十九日電：「這個學會的宗旨是組織和推動學術界進行亞非各國政治、經濟、歷史、哲學、語言、文學、藝術、宗教、社會狀況等的研究，促進中國和亞非各國的文化學術交流。國務院副總理陳毅，中國科學院院長、中國亞非學會籌備委員會主任郭沫若，學會籌備委員會副主任周揚、鮑爾漢、楚圖南、吳晗，學會籌備委員會的委員們，亞非學會各地的會員，以及首都和各地學術界著名人士出席了在今天上午舉行的成立大會」。

又說「在成立大會上，通過了中國亞非學會簡章，選出了學會理事六十二人，並選出了周揚為學會會長，胡愈之、鮑爾漢、楚圖南、吳晗為學會副會長」云。

中共一切以政治掛帥為原則，所謂研究亞非學術文化云云，當然都不過是中共對亞非集團和對非洲人民幹特務和滲透工作的別名而已。

中共人代政協冷落閉幕

中共所謂全國人民代表大會本定三月五日召開，隨後延期到三月十九日及二十日報到，但人代會仍再延擱了一個星期才正式開幕，而於四月十六日閉幕。

在這次人代會中，中共表現得完全氣餒了。中共宣傳機構對此次大會前後報導不及五千字，其中周恩來的報告也不過四千字。中共國務院副總理陳雲、薄一波、鄧子恢、譚震林、林彪、陸定一、烏蘭夫等均未出席會議，其無話可說和內部問題之嚴重，實已充分反映了出來。中共決定從着重重工業轉向着重輕工業和農業，是經濟政策和整個政治路線上的大躍退。毛澤東的三面爛紅旗雖未取消，則已名存而實亡了。

繼人代會之後，中共在北平舉行的另一個會——「全國人民治政協商會議」第三屆全國委員會第三次會議亦跟着即於四月十八日下午在冷落氣氛中閉幕了。這一個會除作統戰性的點綴外，原無作用可言。

僑鄉近訊

鍾之奇

廣州蒼蠅到處飛

中共數年前早就吹噓說大陸已無蒼蠅了。實則蒼蠅之多，是驚人的。對此，最近出版的中共羊城晚報亦不得不呼籲說：「一德路的光揚食品加工廠和羣衆食品生產社等單位，很不重視飲食衛生，職工整理糕點不戴口罩，糕點也是沒有遮蓋，或者遮一半，露一半，任由蒼蠅『會餐』。輪購的羣衆驚嘆道：蒼蠅吃剩的方輪到我們吃」。

羊城晚報又說：「一顧客到西堤湛記小食店吃東西，發現食物裏有幾個蒼蠅，向服務員提意見，對方冷冷地說：幾隻蒼蠅不會吃死人，何必大驚小怪」。

羊城晚報是中共在廣州出版的地方機關報，所記自屬千眞萬確，顧客和羣衆雖已看見蒼蠅在糕點上羣集，但仍不得不購買這一些給蒼蠅吃剩了的東西，足見廣州人民飢餓不堪，但求有得吃，早已顧不到是否有蒼蠅了，否則，羣衆和顧客是大可不買這些被蒼蠅吃過的食品的，然而人民飢餓已甚，也就無法再講衛生了。

廣東各地加緊追稅

大陸人民窮苦不堪，工商凋弊，遂使中共在廣東省的稅欵總額萎縮，同時，各地欠稅甚多。但中共為了供應北平中共首腦們的揮霍，仍不顧人民之死活，大力追稅。茲據中共南方日報報導說：粵共自今春以來，即已把稅務幹部重新加强組織，以利徵稅，並命令各地區共幹必須抓緊重點稅源，確實做好稅務的征管工作。南方日報又說：廣東省第一季度的稅收工作，現已提前完成，南方日報並舉肇慶專區為例說：肇慶專區統計全區稅務，僅在本年一月份一個月內即征收了一百二十九萬人民幣，因而使入庫的稅收大大的增加了云。

但該報又說「由於許多企業和人民公社都不健全，在一九六一年度所得稅的滙算清交工作中，各地稅務機關一面進行複查審核工作，一面由企業和公社先行自結入庫，然後組織辦稅員互相審查及由稅務員檢查驗收，進行複查核實」云。

粵東早造有三個薄弱環節

儘管中共最近是一再强調要千方百計，爭取農業增產，但大陸各地有關農事的消息却均不見佳，以廣東東部各縣來說，最近出版的中共南方日報又透露說：今年粵東各縣稻作種植面積約有一半是冬種田，這些土地上的越冬作物收獲遲，地力弱，這是早造生產的一個主要薄弱環節。

此外，南方日報又說：由於各種作物面積比往年大，因而所需工作量亦大，時間集中，牛力嚴重缺乏，遂成為插秧工作中第二個主要薄弱環節。

該報又說：「據檢查，不少生產隊由於缺乏種籽，原來播種不足，加上後期天氣不好，部分秧苗死掉或難於育成壯秧，而有些幹部却抱消極態度，企圖採取拖延插秧時間，或減少插秧株數的辦法來解決」，遂又形成第三個主要薄弱環節云。

廣東各地趕製夏令商品

為了及時爭取外銷，以便換取外滙，中共中央又迫令粵省共幹轉令廣東各地輕工業趕製夏令商品，以開拓市場了。

對此，中共「中國新聞社」四月十八日曾有報導說：「廣州市有關輕工業工廠，及時趕製夏令商品，供應市場。早在兩個月前，廣州黎桐記羽毛廠職工，就着手製作鵝毛扇，到三月底，共製成扇子十萬把。有八萬把已上市銷售」。「天光化工廠出品的七日香、三枝香、三個五等牌子的香水，留香時間比以往長，並且是最合銷的小瓶裝。該廠的花露水，品種也比以往增多」云。

當然，這些物品都是爭取外銷，或供共幹使用，老百姓連飯也沒有吃，自談不到用香水了。

李光耀向共黨攤牌

俊華

星洲左右兩翼大攤牌的日子已經逐漸的迫近，雖然這一日子還沒有確定下來，但一般相信，爲期也不在遠了。

事勢的催迫，使到這個攤牌成爲必然，而且非急促走入攤牌階段不可；星洲的前途，將繫於這一攤牌的結果：星洲的未來，將會是馬來亞或馬來西亞之一部份？抑將會是獨立的「卡斯特羅式政權」，像李光耀所抨擊的？

這次攤牌，是有關星馬合併的全民投票。

拉曼的催迫

馬來亞總理拉曼四月十六日在檳城演說，再度發出「封閉長堤」的警告。拉曼在巫統青年大會中，再度重申向星洲提出過的警告，謂倘若星洲不於今年底與馬來亞合併，則連結星馬兩地陸上唯一交通之長堤，將予實行封閉。「與其將長堤開放而利於顚覆份子前來毀滅本邦，則吾人何如索性將長堤封閉」？拉曼措詞的火氣，前所未有。

星加坡與馬來亞雖說是兩個國家，但長堤通行無阻，人民自由往來，星洲入境的旅客可免簽証檢查前赴馬來亞，馬來亞旅客赴星也是一樣。「封閉長堤」被目爲「星馬兩地人民的大災禍」，拉曼以前提出警告，星洲方面還以爲「這不過是警告」而已，未必拉曼便斷然採取這種嚴峻而惹起糾紛困難的行動。可是現在拉曼更把期限亦提出來了，說是星洲若不於「本年底」與馬來亞合併，就要將長堤封閉。看來這就不會是說說而已了。封閉長堤而說是爲了阻止顚覆份子進入馬來亞「毀滅本邦」，不但措詞激烈，也反映出拉曼對星洲政局的疑懼。

誰都知道，「星馬不可分」，可是今天的星馬合併，竟有如此莫大的困難，這完全爲的是政治黨派的因素作祟。有人贊成星加坡成爲大馬來西亞的一部份，而有人則企圖在星洲樹立「卡斯特羅式政權」。

共黨的破壞

客觀地說，拉曼是一位相當穩重的政治家，向來並不過激的。這一次何以如此「火氣」？這也是有原因的。

拉曼對於星馬合併，有他自己的弱點，因爲馬來亞原來華人的人口，已達百份之四十以上，如果加上星洲近百萬的華人人口，加入馬來亞，無疑的，華人將會執馬來亞議會之牛耳，也即可能取代巫統取代拉曼的政權。拉曼的提出大馬來西亞計劃，要使星馬、北婆、婆羅乃、沙撈越合併，最大作用，據說是爲要「冲淡」華人的人口。因爲北婆三邦，達雅族、馬來族人等較佔多數。

這可以說是拉曼的私意。但從大的說來，大馬來西亞是有其好處的。立國於當今之世，如果領土太小，資源太貧乏，則有國家之名，而無國家之實，非做附庸不可。印支三邦的窘境，可爲先例。拉曼說：「團結可免被共黨逐個吞沒」。這也是實情。同時，北婆三邦若以合併而獨立，可免經過「獨立誕生的陣痛」。

但對自由國家合理想的，對共黨就不如理想。自大馬來西亞計劃進行以來，共方在各地的「社會陣線」及其附從黨派，多方破壞，北婆三邦，已有反對合併的運動。在星洲的鬥爭，尤其激烈。這種情勢，急得拉曼提出了嚴重的警告。

攤牌之戰

星洲執政黨人民行動黨是贊成星馬先行合併的，這是李光耀一向的主張，他深知若不與馬來亞合併，星洲經濟不能獨存，便會工潮迭起，社會惡化，走向野心家所希望的「小中國」——小中共國的路上去。李光耀與拉曼談判星馬合併，答允星洲在馬來亞國會只出十八名議員，（如依人口比率，可出廿三、四名議員。）及星洲公民屆時須經甄審，不自動全部成爲馬來亞公民，兩項讓步，滿足拉曼的要求，是李光耀「識大體」。

左翼——社會陣線及其中滲透的共黨份子，就指出這些條件來反對。他們知道合併是大勢所趨，人心所向，無可反對。他們就從在「時間、條件、步驟」等技術上來反對。

如在婆羅乃，他們便說，婆羅乃已是一個國家，不可做別人的附庸。在北婆和沙撈越，他們就主張，應該先行自己獨立，然後合併。不要從英殖民地轉爲馬來亞殖民地。在星加坡，他們就說，華人不要做「第二等人」。

這一切，迫使李光耀採取攤牌的行動。昨天（四月十九日）他在外國記者協會席上，痛爲共黨挑撥地方性及民族性的惡感，阻撓星馬合併，企圖在星洲樹立「卡斯特羅式政權」。他並於同日向立法議會提出「全民投票決定星馬是否合併」。

投票的結果，以行動黨的二十三、對十六票，通過舉行全民投票。社陣、人民統一黨、工人黨，投反對票。巫統及人民聯盟棄權。林有福和巫統的棄權，等於幇忙了執政黨。

全民投票這全面攤牌的日子，不久就快到了。

·吉隆坡通訊·

印度加强邊防了

（新德里通訊·吉大元·）

一九五四年中共開始向印度進侵，雖然先後共佔據了印度的土地達五萬餘平方英里，但那時印度政府當局的反應，却出乎一般人意料外的遲鈍；尼赫魯這老傢伙，竟認爲這是「不足重視」，還表示「這是微小及瑣碎的侵略」。可是這些「微小及瑣碎的侵略」却正給印度種下了禍根，而中共的魔掌也在這些「微小及瑣碎的侵略」中逐漸揮舞得頻繁和起勁；到了今日，尼赫魯才如夢初覺地醒悟過來，倉倉皇皇的在喜馬拉雅地區，加强了印度的防衛。這就無形中顯示出：中共對印度「微小及瑣碎的侵略」刻已成爲一把利刃插進印度的心臟了！

本來，遠在一九五〇年，中共「解放」西藏時，毛澤東早已向印度的領土打主意的了。但當時尼赫魯還自以爲政策够巧妙，手腕够靈活，於是要出了小丑的嘴臉，企圖以一份「大人情」來賄賂中共，希望中共能放棄該項「土地的要求」。——那份「大人情」，就是進行協助中共打入聯合國，和反對聯合國譴責中共在西藏的暴行。然而尼赫魯這個想頭，終於碰了一鼻子灰。迨中共的魔掌放進了西藏之後，這個魔掌的五隻手指，就分別向着五個不同的地區伸張：那就是分別指向拉達克，尼泊爾，錫金，不丹，和印度的東北邊境省區。中共廢除了「麥馬洪線」後，便立刻向這五個地區作出有計劃的安排。那時中共曾聲明：麥馬洪綫是英國帝國主義的非法、無價值、及無效的產品；眞正的邊界，係在羣山的南麓。跟着，中共便把它的地圖四處分發，同時在喜馬拉雅邊境各處進行擴充土地。到了現在，中共已對橫越喜馬拉雅的大部份主要隘口的南坡，提出了領土的要求；而一條越入拉達克一百一十二哩的軍用公路，也早已建築完成，並使用武力進入拉達克了。

中共向喜馬拉雅山的推進，在亞洲方面來說，是具有極嚴重性、極威脅性、和極危險性的。中共這一項行動的企圖，當然不單是着眼於印度，而是從事於它的整套侵略計劃的實施。而首蒙其害的，當然就是印度！

現在，尼赫魯和梅農，都已着慌了！印度政府，已開始在喜馬拉雅山區地帶增防，先在東北邊省和錫金，拉達克兩地，把軍事單位增加了數千人，並發給新的山區作戰裝備，並在山坡間建築了七萬四千哩的新軍事公路，又在拉達克山區設置國家農場，藉以生產糧食，供應喜馬拉雅山的守軍。——印度這些措施，當然是對中共的軍事侵略，具有相當惶慄的戒備，藉以防止中共再進一步的野心。

時至今日，雙方（印度和中共）對峙的緊張局勢也漸漸地展開了！在那條綿延達二千五百哩而界線並不分明的邊境地帶上，很可能隨地都會爆發「古怪的爭奪戰」。一般都意料到：由四月以至十月，中共的山地部隊，將會在這個世界屋脊地區進行「不懷好意」的工作，準備將他們的「五星旗」插在沒有人防守的山峯上或山谷上，藉此把印度的領土「改觀」。於是，印度方面也就不得不緊張起來而預爲防範，立刻加派軍隊，增强邊區防務，並提高警惕。顯然，這山區上刻已瀰漫着火藥的氣味。

據說：印度的武裝部隊增强了後，現已日夜不停地在那山區地帶巡邏，如發現有「人」侵入，即予驅逐；如發現有「五星旗」插置，即予拔除。

在這樣的對峙形勢下，開始當然祇是一場「神經戰」，雙方（印度和中共）部隊，怒目相向；但是這種情形，是會逐漸轉變爲惡劣的。何況中共是具有「野心」的，它自然更要伺機找尋藉口，向印度的邊防部隊施展壓力，「開火射擊」，當然很有可能。然而印度政府當局却仍然存有一個幻想：「希望在五年之後，我們（印度）的形勢會比中共爲强」。五年時間不是太長了麼？誰能估料得到在這五年內中共會演出怎樣的行動？本月十三日，中共已公佈了廿二項文件，指摘印度作有計劃的挑釁，由此可知中共方面是不斷找尋對付印度的藉口的；那末，印度那個「幻想」，不是悲觀的成份超過樂觀的成份麼!?

文史漫談

閱微草堂筆記中的道學家

徐亮之

（三）相傳魏環極先生嘗讀書山寺，凡筆墨几榻之類，不待拂拭，自然無塵。初不為意，後稍稍怪之。一日晚歸，門尚未啟，聞室中窸窣有聲；從隙窺覘，見一人方整飾書案；驟入掩之，其人瞥穿後窗去。急呼令近，其人遂拱立窗外，意甚恭謹。問汝何怪？磬折對曰：「某狐之習儒者也；以公正人，不敢近。然私敬公；故日日竊執僕隸役；幸公勿訝！」先生隔窗與語，甚有理致。自是雖不敢入室，然遇先生不甚避，先生亦時時與言。一日、偶問：「汝視我能作聖賢否？」」曰：「公所講者道學，與聖賢各一事也。聖賢依乎中庸，以實心勵實行，以實學求實用；道學則務語精微，先理氣，後彝倫；尊性命，薄事功；其用意稍別。聖賢之於人，有是非心，無彼我心；有誘導心，無苛刻心；道學則各立門戶，不能不爭；既已相爭，不能不巧詆以求勝；以是意見，生種種作用，遂不盡可令孔孟見矣。公剛大之氣，正直之情，實可質鬼神而不愧；所以敬公者在此。公率其本性，為聖為賢亦在此。若公所講，則固各是一事，非下愚之所知也。」公默然遺之。後以語門人曰：「是蓋因明季黨禍，有激而言，非篤論也。然其抉摘情偽，固可警世之講學者。」（見姑妄聽之二）

上引三個故事，紀氏雖託之狐鬼，諉諸傳聞；但就中如說唐前但有儒者，宋後每多聖賢；漢儒務實，宋儒務名；與及道學與聖賢為截然兩事云云；實皆不啻若自其口出。又紀氏對於道學家的易理研究的評價，也形象化為如左的兩個故事：

（一）李又聃先生言：有張子克者，授徒村落，岑寂寡儔；偶散步場圃間，遇一士甚溫雅，各道姓名，頗相欵洽；自云「家住近村，里巷無可共語者，得君如空谷之足音也。」因共至塾。見童子方讀「孝經」，問張曰：「此書有古文今文，以何為是？」張曰：「司馬貞言之詳矣。近讀呂氏春秋，見審微篇中引諸侯一事，乃是今文。七國時所見如是，何處更有古文乎？」其人喜曰：「君眞是讀書人也。」自是屢至塾。張欲報謁，輒謝以貧無棲止，夫婦賃住一破屋，無地延客，張亦遂止。一夕忽問：「君畏鬼乎？」張曰：「人未離形之鬼，鬼已離形之人耳；雖未見之，然覺無可畏。」其人愳然曰：「君既不畏，我不欺君，身即是鬼。以曾為士族，不能逐焰口爭錢米；叨為氣類，求君一飯可乎？」張契分既深，亦無疑懼，即為具食。且邀使數來考論圖籍，殊有端委。偶論太極無極之旨，其人怫然曰：「於傳有之、『天道遠，人事邇；』六經所論皆人事；即闡陰陽，亦以天道明人事也。舍人事而言天道，已為虛杳；又推及先天之先，空言衆訟，安用此為？謂君留心古義，故就君求食；君所見乃如是乎？」拂衣竟起，倏已影滅。再於相遇處候之，不復睹矣。（見槐西雜志二）

（二）朱公晦菴嘗與五公山人散步城南，因坐樹下談易。忽聞背後語曰：「二君所論，乃術家易，非儒家易也。」怪其適自何來；曰：「已先坐此，二君未見耳。」問其姓名，曰：「江南崔寅；今日宿城外旅舍，天尚未暮，偶散閒行。」山人愛其文雅，因與接膝究術家儒家之說。崔曰：「聖人作易，言人事也，非言天道也；為衆人言也，非為聖人言也。聖人從心不踰矩，本無疑惑，何待於占？惟衆人昧於事幾，每兩歧罔決；故聖人以陰陽之消長，示人以進退之機；俾知趨避而已。此儒家之本旨也。顧萬物萬事，不出陰陽，後人推而廣之，各明一義。楊簡王宗傳闡發心學，此禪家之易，源出王弼者也。陳摶邵康節推論先天，此道家之易，源出魏伯陽者也。術家之易，衍於管郭，源於焦京；即二君所言是矣。易道廣大，無所不包；見仁見智，理原一貫。後人忘其本始，反以旁義為正宗；是聖人作易，但為一二上智設，非千萬世垂敎之書，千萬共喻之理矣。經者、常也，言常道也；經者，徑也，言人所共由也；曾是六經之首，而詭秘其說，使人不可解乎？」二人喜其理致，談至月上未已。詰其行踪，多世外語。二人謝曰：「先生其儒而隱者乎？」崔微哂曰：「果為隱者，方韜光晦迹之不暇，安得知名？果為儒者，方返躬克己之不暇，安得講學？世所稱儒稱隱，皆膠膠擾擾者也，吾方惡此而逃之。先生休矣，毋汚吾耳！」割然長嘯，木葉亂飛，已失所在矣。方知所見非人也。（見灤陽消夏錄六）

紀氏所謂「術家之易」，亦即所謂「象數之學」；原屬緯書的易說，東漢末依附道教而傳授，至北宋始被援引入道學而成為其理論的基礎者。乃紀氏竟一語唱破，直說它乃術家之易，而非儒家之易；實無異直指道學的異端，而從基本上否認其價值，一脚把它踢出儒家的圈子之外。勇敢哉紀氏！可畏哉紀氏！「清史」本傳說他「不敢顯立異同」云云，直是閉着眼睛瞎說而已。（未完）

高級糖（上）

金珂

是下午六點鐘了，夜已經來臨。

這是個寒風刺骨的冬天，天也就黑得特別早。四周都已烏漆墨黑啦！街上亮着昏黃的街燈。西北風在怒號着，現在正是它們逞威風的時候了。人們都縮着頸子，扎緊了棉襖，在急匆匆地走着。有的拖着一天疲勞的步子放工回家。有的却還睡眼朦朧地準備去上夜班。

在上海南市區的一所中學的辦公室裏，日光燈還亮着。李老師正在批改着學生的物理作業簿。當他在最後一本學生的簿子上寫上了一九六〇年十二月十五日這個日期以後，他輕鬆地闔上了本子，放下了手中的紅墨水筆，整理着桌子，壁鐘敲了一下，已是六點半了。

「李老師，您好！這麼晚，您怎麼還沒回家？」

他回過頭去一看，原來是自己班上的幾個學生——淑珍、紅寶、鎮祥、福興和蓓蘭。「怎麼？你們這樣晚還沒回家？在做什麼？」李老師嚴肅而又關心地問着。

「李老師，我們早就回過家了，功課也做好啦！現在，我們吃了晚飯，沒事做，在馬路上逛一下。我們路過學校門口，看到辦公室內燈還亮着，我們相信，這樣晚啦，還沒回去，一定是您，於是，我們就進來看一看，哈，一點沒錯，果然是您！」鎮祥怕李老師責怪他們，所以他急匆匆地把這一切搶着先說。

李老師看着這幾個天眞的孩子，又看到他們結結巴巴的樣子，實在有趣，忍不住地微微一笑：「幹嗎？講得那樣結巴巴地？那樣來不及，是不是怕我批評你們？實際上，你們功課做好了，吃了晚飯，出去散一下步，也是應該的。不過不要玩得太晚，影響了睡眠。」

這幾個學生聽到老師那樣講，他們都輕鬆地吁了一口氣，又相互地看了一眼。紅寶和淑珍還偷偷地說：「我們的李老師眞好，他總是這樣的關心我們，對我們的要求又是那樣的嚴格。說實話，我們怕他，可又敬愛他。他是我們的好老師。」

李老師鎖好了辦公桌的抽屜，又坐了下來，他看到學生們興匆匆的來了，準備和他們閒談一段時間再回家。

「老師，這兩天您糖果店裏看過嗎？可熱鬧啦！我們剛才去看了來。」蓓蘭像報告好消息似地講着。

「什麼事？那樣熱鬧，我到沒注意那些情況。你們到講給我聽聽看。」李老師猜不出到底是怎麼一回事。但他又看到他們的表情是那樣的神秘。於是他奇怪地追問着。

「哈！前兩天我們就聽到別人講啦！糖果店裏有高級糖和高級餅供應了。特別是高級糖，只要有錢，可以儘量買，不要糖票。他們說已供應了半個月啦！前兩天，我們就想去看。可是，功課多，抽不出時間，今天才有空，我們這幾個人去糖果店一看，把頭都嚇得縮了進去，差一點兒伸不出來，可貴……」福興在這樣說着，他恨不得一口氣把剛才看到的情況都講完。

淑珍和紅寶聽他講到這裏，她們馬上打斷了他的話：「不要再說了，多少錢一斤，讓李老師自己猜。」

這一高級糖果敞開供應的消息，在前幾天雖也聽人說過。但具體內容，李老師還不是頂清楚。聽他們要自己猜，也就不加思索地回答一下：「多少錢一斤？我看，頂多五、六元錢一斤哦！不會相差太多的。」

「哈哈哈，」一陣轟笑聲。鎮祥接下去說：「李老師，您大概還沒有去店裏看過吧！所以市面還不靈通。剛才我們去看了一下，價錢可眞嚇人，水果糖算最便宜了，也要六元錢一斤，您想，嚇人嗎？」

淑珍接下去說：「店裏很熱鬧，人是很多。可是我們給統計一下，買的人却很少，大多數的人，和我們一樣，看了以後，伸一伸舌頭，或者搖一搖頭，就走開了。老師，您說，這樣貴，誰吃得起？」

「哼！你說誰吃得起？你不怕人家說你思想反動嗎？那天，團支部給我們開會，你忘記啦！團支部書記不是清楚地說：『高級糖和高級餅的敞開供應，是說明我們人民生活水平的不斷提高。大家要求有更好的糖吃。他還說，有一個工人寫信給市委第一書記柯慶施同志，內容是拿了工錢用不完，要求能有質量更高的東西給他買。他還說寫這種信的人很多很多。因此我們政府根據大家的需要，就開始敞開供應高級糖和高級餅啦！』哼！這些話，我可不相信！」紅寶說完，還翹着嘴巴，像誰和她生氣似的。

「噓！傻孩子，你們這樣大聲叫，給他們聽到了，不怕找麻煩嗎？」李老師望望辦公室外面，關心地阻止他們：「好吧！咱們一起走吧！有話路上去談！」

於是，師生們離開了學校。孩子們建議到學校隔壁的公園裏去。那裏可以海濶天空自由談，因為在冬天是不會再有人願意在這裏面吹西北風了。於是他們一面散步，一面繼續着剛才的談話。

「是呀！這些話都是騙人的。你們看，就以我們家裏來說吧！我父親每月工資四十五元，母親二十元，要養活七個人。假如買高級糖的話，三斤還沒辦法買。那麼，這一個月得要……」鎮祥說到這裏，不再說下去了，却用手拉緊了褲子帶。引得大家都笑彎了腰。

「哼！以後的花樣還多着呢！大家等着瞧吧！我聽他們說，國務院已規定：在一九六一年高中畢業或技術專科出來的學生，走上工作崗位，每月工資只有二十一元。哈，辛辛苦苦勞動一月，連一斤糖也買不起。你們想，笑話嗎？」福興氣憤地說着。

「等我們畢業後，還不知怎樣呢？唉！看上去我們這許多年的書是白讀了。你們看，一無所成，最後還落得連肚子都吃不飽……」蓓蘭傷感地說着。

「孩子們，這些話不要再談了，沒意思，你們會越說越氣的。希望你們對事實多觀察多分析。將來，你們會了解這到底是怎麼一回事？」李老師心底的寧靜，被他們攪亂了，他皺了皺眉毛，意味深長地講着。然後，他看看手腕上的表：「快八點了，我們走吧！公園馬上要關門啦！」

抗戰回憶錄（十六）

五　武漢會戰

張發奎

廿五日對姑塘方面登陸之敵，雖仍在進行激烈的戰鬥，但九江方面又突傳敵人登陸成功的消息，一切狀況的推移，都在我意料中。中央地區守備隊已受腹背夾擊的形勢，突出的九江陣地已失去了抵抗的效用，九江的街市在敵人的轟炸之下燃燒，一切都是突變的惡劣情況，敵人的戰鬥威力，駕凌了一切戰術戰略之上。

我並不詫異惡劣狀況的發展，也不担憂自己的任務不能達成，我很理智的來考慮應付狀況的對策，這時，我有二個考案：就是我將全部的兵力孤注一擲的投入決戰呢？抑或還是以遲滯敵人的目的，來行逐次的抵抗呢？在我平日個人情感容易衝動的個性，我是會採取不顧一切的第一案的，但我現在的地位，不是一個人榮辱存亡的關係，也不是這個戰鬥成功與失敗的聲譽問題，我必須估計以全力加入戰鬥後勝敗的公算，和考慮這一個戰鬥失敗後所影響於爾後的整個大局，如果決戰的勝券沒有絕對把握，反之，決戰若失敗，適足以影響整個戰局的話，則我決不能以一己之剛愎，從事冒險的行動，而必須在持久抗戰的決策之下，以取得時間爲着眼來指導作戰；因此，在決戰期間可取得的時間，與持久抵抗全期可取得的時間總和的比較，就值得我去計算了。勝利是可貴的，但眞正的勝利，並不是某一個時期，或某一個局部戰鬥的勝利，而是在於整個戰役的勝利，才是眞正的勝利。一個支作戰方面的勝利並不能絕對決定主作戰方面的勝利；反之支作戰方面的失敗，亦決不是主作戰方面的失敗。坦能堡會戰德軍於尼門軍方面的戰鬥是不利的，但於那留軍方面則收了殲滅的效果，挽回德軍東戰場的命運，就在於這個主作戰方面的勝利。再次，第一個會戰的勝利，也不是決定整個戰役的勝利，第一次世界大戰德軍於國境會戰是勝利，但結果反遭了失敗的投降，這是明確的戰略戰術原理，也是我在這時作爲考案的基礎。我以爲這時投全力與敵人決戰是沒有勝利公算的，假定初期獲得了勝利，亦難把握最後勝利的保証，因爲當時敵人後續的登陸部隊尙在陸續的加入，而我可能適時增援的部隊，則只有第四軍一個軍，基於淞滬會戰的前車之鑑，我毅然決然的採取了第二案，下了變換陣地的決心。

我用了持久抵抗的戰法，以預備隊第四軍附一五五、一八七兩師佔領獅子山、張家山、兩台嶺、亘賽湖之綫爲第二抵抗陣地，並兼任掩護兵團主力轉進的任務。兵團主力向南轉進，爾後佔領牛頭山、金官橋、十里山、鑽林山亘城門湖之綫爲最後抵抗陣地，依爾後之狀況由此線轉取攻勢，並爲避免被敵人抑留，而不能迅速脫離的不利，並令兵團主力於廿五日夜即開始轉進行動。

廿六日拂曉，第四軍已確實佔領陣地，兵團主力於本日下午亦大概轉進到達了指定的地點從事部署。但第四軍的第二抵抗綫已於上午八時就接受了敵人的攻擊，經我第四軍的奮力抵抗，這一綫陣地終得維持至廿八日，仍沒有多大的變動。第四軍的任務業已達成，兵團主力已藉他的掩護，確實佔領了轉進的陣地，它已經經過了三日的激烈戰鬥，兵員的傷亡，部隊的疲勞已達極度了，爲顧慮當時的情況，和爾後戰鬥與變換陣地困難的不利，我按照預定計劃，於廿八日夜，下達了第五號命令，使其適時轉進於大材熊經董家山至李家河之綫。同時我並利用地形和戰術上的着眼，將原來金官橋附近的陣地改爲警戒陣地，將中央地區守備隊後退至黃老門附近佔領陣地，連繫右地區及第四軍，形成了一個對敵反八字的陣地，我一面以爲這樣可以使敵人誤認金官橋之綫爲我的主要陣地，而使其陷於過早展開的不利，一面我想在這最後抵抗綫的戰鬥指導上誘致敵人深入我中央地區守備隊正面的袋形盆地，而從左右兩翼的高地轉取積極的攻勢。

辛亥革命史談（四二）

八、南京臨時政府成立與議和經過

舜生

自袁內閣成立以後，儘管清廷所控制的地區僅餘直隸與河南兩省（山東及東三省已陷半獨立狀態），但它究竟還有一個撐支殘局的主體。獨立各省，則情況異常散漫，言戰固難，言和亦不易，於是湖北與蘇浙乃首先感到有成立一臨時中樞的必要。九月十九，湖北都督府通電各省，請派全權委員赴鄂組織臨時政府。九月二十一，蘇浙則以蘇督程德全浙督湯壽潛名義，聯電滬督陳其美倡議，請各省推代表赴滬，於上海設立臨時會議機關。他們附有這一臨時會議的集會方法四條：一、各省舊諮議局各舉代表一人；二、各省都督府各派代表一人，均常駐上海；三、以江蘇省教育會爲招待所；四、兩省以上代表到會即開議，續到者隨到隨與議。又附提議大綱三條：一、公認外交代表；二、對於軍事進行聯絡方法；三、對於滿皇室之處置。

因爲蘇浙提議附有這一切實可行的具體辦法，這個會議的成立乃甚爲順利。首由江蘇都督府代表雷奮、沈思孚，浙江都督代表姚桐豫、高爾登、通電各省，請派代表來滬，並請各省公認伍廷芳、溫宗堯爲臨時外交代表。各省接到此項通電後，均覆電贊成，並多就近派已在上海者爲代表。九月二十五日即舉行第一次會議，議決定名爲『各省都督府代表聯合會』。九月二十七至三十日，繼續開會，議決承認武昌爲中華民國中央軍政府，以鄂軍都督執行中央政務，並請以中央軍政府名義，委任各代表所推定之伍廷芳、溫宗堯爲民國外交總副長。十月初三，鄂都督所派代表居正、陶鳳集到會，表示黎都督希望各省派全權委員到鄂組織臨時政府。大家覺得武昌既爲中央軍政府所在地，集會自以武昌爲宜，於是決議各省代表赴武昌，僅每省留一人以上在上海，以便組織通訊機構。自十月初四以後，江蘇都督府代表雷奮、陳陶怡、馬君武，浙江湯樂和、陳時夏、黃羣、陳毅，安徽王竹懷、許冠堯、趙斌，湖南譚人鳳、鄒代蕃，山東謝鴻燾、雷光宇，福建潘祖彝，廣西張其鍠，四川周代本，直隸諮議局代表谷鍾秀，河南黃可權，均先後赴鄂，湖北都督府則派代表胡瑛、王正廷、孫發緒、時象賢與會，共代表十一省區。不幸十月初七，漢陽失守，已陷於龜山炮台的火綫之下，危險異常，不得已只好假漢口英租界順昌洋行爲會議所。十月初十日，開第一次會議，推譚人鳳爲議長。十二日，議決先決定『中華民國臨時政府組織大綱』，並推馬君武、王正廷、雷奮三人爲此項大綱起草員，次日，即將三人起草之大綱二十一條議決通過，內容共分四章：第一章，臨時大總統（無副總統）；第二章，參議院；第三章，行政各部（僅有外交、內務、財政、軍務、交通五部）；第四章，附則。

時武昌既在炮火威脅之下，無法組織臨時政府，恰好十月十二日蘇浙聯軍已將江督張人駿，將軍鐵良，總兵張勳驅逐，攻下南京，於是程德全、湯壽潛、陳其美與駐滬通訊處各代表商議，將臨時政府改設南京，並於十月十四日投票公舉黃興爲大元帥，黎元洪爲副元帥，決議大元帥職權爲主持組織中華民國臨時政府。時在鄂各省代表聞南京已下，也議決將臨時政府移設南京，並決定七日內各代表陸續赴寧，有十省以上代表到會，即行選舉臨時大總統。又決定未舉總統以前，仍認鄂軍都督府爲中央軍政府，並仍推伍廷芳、溫宗堯兩名爲外交總副長。惟上海選舉大元帥一事，[illegible]爲鄂代表反對，以留滬代表僅爲一通訊機關，不應有此職權，而大元帥名義，又爲臨時政府組織大綱所無也。十月二十日後，各省代表已陸續齊集南京，二十四日開會，決定二十六日開臨時大總統選舉會。適二十五日浙江代表陳毅由鄂到會，謂袁內閣代表唐紹儀到漢時，曾表示袁世凱也有贊成共和之意，於是各代表決議緩選大總統，留以待袁，姑承認留滬代表所舉之大元帥代行臨時大總統職權，而蘇浙若干軍人則以黃興爲漢陽敗軍之將，聲言反對。二十七日，黃興來電[illegible]辭，並舉黎元洪自代，於是改舉黎[illegible]大元帥，黃副之，黎駐武昌，不能[illegible]就職，卽以黃副元帥代行其職權，[illegible]黃興仍力辭不就，於是臨時政府的成立，乃完全陷於擱淺。按黃興係於[illegible]月十三日到達武昌，任革命軍總司令，時漢口已失，黃卽率湖北各軍及湖南少數援軍，在漢陽與人數裝備優勢的北洋精銳，苦撐將及一月（按漢陽十月初七失守），以待各省的普遍響應，其功甚偉，蘇浙少數軍人，不統觀全局，而據一時成敗，竟目革命元勳爲敗將，此亦暴露革命軍人驕慢之一斑也。

聯合評論
週刊
本刊已經香港政府登記
每逢星期五出版
United Voice Weekly
第一九一號
督印人：黃宇人　總編輯：左舜生
總代理：友聯發行公司　售價每份港幣一毫
本報美洲版總經售處美國紐約中美出版社
CHINESE - AMERICAN PRESS, INC
199 CANAL STREET.,
NEW YORK13 N. Y. U.S.A.
美洲航空版每份零售美金一角

五四追思胡適

謝扶雅

今日正逢「五四」的四十三周年紀念，而五四運動之一主導人胡適已謝世兩月又十日了。瞻望方來，我們距這新文化運動的完成期還很遙遠，需要後死者的再接再厲，由百尺竿頭而更躍進。原先這個運動，本由一羣愛國青年學生為反抗辱國外交的巴黎條約而發作，因這刺激而展開為社會政治改造及文化革命的廣泛運動。適之先生適逢其會，由其前數年所倡導的「文學革命」（一九一五及一六在美，一八在北平），而介紹個人自由的易卜生主義與杜威實驗主義及其平民教育思想，遂使這個運動成為一個歷史性的偉大啟蒙運動。這一次的啟蒙運動，差不多只有兩千多年前的先秦諸子百家爭鳴才可與之比儗。胡氏在美國哥大的博士論文（民六）及其後兩年出版（民八五四前兩月商務初版）的中國古代哲學史中，就很推崇老子為一個思想革命家（頁五四），由於對當時混亂暴虐的政治一切主張放任無為；又以孔墨為慷慨奔走，救世濟民的「孳孳懇懇終身不倦的志士」（頁七一）。大體上胡先生對先秦諸子思想學說表示欣賞贊佩者多，而加以批評者少，証以他一九六〇年在西雅圖中美學術會議中那篇典重莊嚴的「中華傳統及其將來」講辭（漢譯見第卅一卷五期祖國周刊），可以說他絕無誣衊中國文化之處。他當年介紹「打倒孔家店」的吳虞，其實「孔家店」原不是「孔子」本人，而孔家店裏許多掛羊頭賣狗肉，像儒林外史所描寫的那種衣冠敗類，誰不認為應該打倒的呢？而況學問思考貴乎獨立，所謂「必空所依傍」（一百五十多年前胡適同鄉戴震語），因而胡先生所提示的「被孔丘、朱熹，牽着鼻子走，固然不算高明，被馬克思、列寧、史太林牽着鼻子走，也算不得好漢」：正是啟蒙運動的特色，而為切中時弊的洪鐘；在今日中國學術界依然有效。

把中國共產黨的崛興和整個大陸的一霎那淪陷都歸咎於五四新文化運動，當然是極不公道，不合事實的。恰好相反，這種強調獨立自由的啟蒙運動，正是摧毀權威主義、教條主義、和獨裁主義的原子彈，而台北竟有人主張把這個給中共清算批判累四五百萬言的胡適空投到大陸去，更可謂匪夷所思。想不到四十三年來這一運動直落得一些「上等人」都還有這種怪謬的見解，甚至有些高等學者亦漫罵他為欺世盜名的學閥，這真從那裏說起！難怪胡氏認「科學」在中國今日還沒生根（見其去年十一月亞東區教育科學會議講辭）；而另一方面的「民主」，一則實際上大陸和台灣都顯然在走着逆反的路。這表示五四運動所竭智盡忠以介紹給中國的兩位朋友──賽先生和德先生，都遭蒙着極大的磨折而黯淡無光。我們不能不憮然承認在中國現代化的途程中，一切政治經濟和文化思想，依然遙為「落後」，儘管大家都不喜歡聽這一名辭。適之先生一向喜用佛典中「功不唐捐」四字題給青年朋友，或拿來作演講的題目；意思是：凡我們所努力的，決不致於落空；下的什麼種子，而又勤於耕耘，必定有相當的收穫。那麼，即果溯因，從目今所表現的功果來看，顯示這啟蒙運動在過去，實未曾盡到播種及耕耘上最大的努力；也就可以說，我們還不够「西化」，至少缺乏西化的魄力和熱誠。單拿一件事來跟我們近隣日本相比：她自明治維新以降，把西方歷代所有較好的作品一一翻譯過來，我們在這一點上顯然瞠乎其後。你會說蕞爾三島的扶桑，因其帶着自卑感，所以昔年竭力模倣中華，近年又竭力鶩趨西化。自負祖宗遺產豐富的中國，不容易去羨慕別人，乞醯鄰舍。然而我們曾在魏晉六朝隋唐之際，對「梵化」又何以如此瘋魔呢？那時譯場林立，譯士如雲，一流學人都熱狂地向着天竺「一面倒」。我們今在西洋名著的譯業上，只相當於從前的三國時代，而猶未逮南北朝：果爾，則西學在中土之生根，當然渺茫而尚有所待了。

卽以胡氏本人所介紹的易卜生主義和實驗主義而論，只由於他稟承清代考証的家學淵源，並就自己性格之所述，而推薦西方近代在文學上的寫實主義與在哲學上的經驗主義。然而西方學術浩如煙海，後浪推前浪，此族對彼族，宗派學說紛披，何止千光萬色，實皆無不值得我們輸入，觀摩，挹採，咀嚼，而未許限於一臠。而如實驗主義也者，又只是美國輓近比較流行之一種，却不定是最好之一種。胡氏所較傾向的英國經驗學派，這學派固是「不錯」，但是「不够」。即如杜威的學說，其缺點並不在有什麼「錯」，而却在於「不足」。我國所更應借助於美國之「他山」者，與其為杜威，毋寧為她開國立國時的若干理想主義家，如傑弗遜，愛特華滋等。而與杜威同時及對峙的大家亦尚有愛默遜，卜朗，羅一士之輩，我們有介紹過嗎？不列顛經驗主義（British Empiricism）固然有它的特長和顛撲不破的真理，然其相對立的所謂日耳曼理想主義（German Idealism），各大家後先輩出，雄渾的體系，壯濶的波瀾，足以激發和補益我們的宋明理學者甚多甚多，我們却很少輸入。即如與經驗主義為姊妹行的法國一派實証主義，單說近年的那位Durkheim，曾見李幼椿先生自白，前雖承適之邀請譯其作品，而又何曾一見於坊間？這都足以証明我們介紹西方思想之不力，西化之微而又微，更莫說自己有新創造了。

只有一點可算是五四運動的成果，聊足以告慰於與世長辭之適之先生的，我要推白話文的寫作。這雖不能說我們今日已達到胡氏所懸的「文學的國語，國語的文學」的目標，但國中一般刊物，普遍地載着極流利通順的白話文章，青年朋友們則連信札往來也已通行語體；而新進的作家不論散文或詩，在在可以見到「天足」的佳構。像我輩六七十歲以上的白頭翁，也放大了八股文底子的小脚，喘氣吁吁地趕將上去。雖或在若干舊家庭或學府裏，還有些不通氣的父母或老師，絮絮地教女兒家要裹緊「文言」的小脚，畢竟一傳衆咻，大勢所趨，活躍蹦跳的孩子們，已不再任你牽着鼻子走了！

自美紐澤西寓

要求台北當局盡一項義務

胡越

最近廣東省海豐縣有六少年冒死駕小舟逃到香港，竟被香港移民局下令驅回大陸去了。這一事件引起了本港輿論一致的抨擊。但是這些輿論多是消極的責難，很少提出積極的對策。四月十八日立法局會議，非官守議員郭贊，就此問題提出質詢：「最近有六名青年於進入本港境內時被拘獲，旋遭遣回大陸。鑒於本港公衆對於此事極表關切，港府可否就一般移民政策發表聲明？」輔政司白嘉時即席答覆說：「近來不少人對港府移民政策有所誤會。港府多年來所明確宣示之政策，乃盡力防止非法移民進入香港」。底下他解釋不得已的原因：「港府對本港三百二十萬人民之福利與生計至感關切，若干人士認為香港人口已經達到飽和點，甚至超過本身經濟資源所能維持之限度。香港人口自然增加之數額已極龐大，香港即使有舉世無匹之善意，亦不能長在這種龐大入口增加數額之外，讓入口再有巨額增加」。

對於輔政司白嘉時的解釋，我們固然不能完全同意，但是本港人口之擁擠已至不堪之程度，確為有目共觀之事實。在這種情形下，我們仍堅持反對把逃來的難民遣回大陸，雖然是應有之義，但是却毫無補於實際。除非香港人口有移殖的出路，否則香港政府仍不得不冒輿論的抨擊，繼續嚴格處理逃港難民問題。因此我們單向香港政府爭論是不會有結果的，因為香港對於香港難民問題，與聯合國都應負有責任，而中華民國政府更是責無旁貸！但是台北當局十幾年來，對於難民問題做了些甚麼？是衆所共知的有四項工作：（一）向大陸空投食米（一九六〇年以後已停止），（二）在澳門發放難民救濟金，對新逃出大陸者每人發廿元港幣；（三）對本港調景嶺難民發食米（近年數字已銳減），（四）在本港設立中國文化協會，名義是救濟大陸逃出知識份子，而實際是每年舉辦一次徵文，凡應徵者發給二、三十元稿酬。這四項工作來看，第一、二、四項可以說政治宣傳意義大於實際意義。至於第三項對調景嶺難民配給食米，多年來已不斷引起紛爭。因為並非配給給新從大陸逃出的難民，而是發給十餘年來長期住在調景嶺的所謂忠貞份子。說穿了其主要目的仍是在政治作用。

拿上述情形與東德難民的所受待遇一加比較，立刻就顯出台北當局對其國民是如何的不負責任了。據知東德難民，一逃到西柏林，立刻就得到政府周到的照顧；有特設的難民營，衣食住宿醫藥甚至零用都告解決；然後他們可安心任在難民營中，等待政府安排交通工具運往西德。由政府協助找尋工作，直到自立生活為止。在此地我們常見一句宣傳辭令所謂：「回到祖國溫暖的懷抱」，東德難民之逃往西德的情況，實可當之無愧。

今天台灣的局面當然不能與西德相提並論。我們無法以東德難民所享的待遇要求台北當局施於大陸的難民。但是一個代表國家的政府，拋開救濟不談，起碼要對其國民盡到保護的責任。台灣是中國的領土，中國人應享有自由回到自己國土的權利。可是十二年來，台北當局却關緊大門；拒絕難胞入境！而這些難胞在他們的宣傳文字中還是反共的義胞！正因為如此，才發生六少年被遣回大陸的悲劇。而這六少年被遣回大陸，只不過是被新聞記者偶然發現的，只是千百事件中之一而已。據知同樣的悲劇，可以說無日無之，而每日並非一起，而是數十起！對於這種慘不忍聞的事實，台北當局一直裝聾作啞，推卸責任，實亦令人費解。

據我們了解，從一九四九到現在，台北當局批准入境的港澳難胞只有五萬多人。這五萬多人已獲得入境，都必須在台灣覓取荐任文官或校級武官二人担保，並且要經種種繁苛的調查手續。而在申請者當中只有十分之一被批准。十分之九則被拒絕。俗云：「有家難奔，有國難投」，今天在港澳的難胞最能體會其辛酸滋味了。

有人或為台北當局辯解，因為防止共諜混入，故不能不限制港澳難胞入台。但是同樣的情況，為甚麼西德政府不怕共諜混入？一個政府低能到不能辨別共諜與良民，則這個政府還有甚麼用？況且防止共諜混入是技術問題，而政府有義務保護人民，人民有回到自己國土的權利則是基本和原則，豈能因噎廢食？或為人辯曰：台灣地狹人稠，不勝負担。須知台灣地大於香港數十倍，而人口尚不足香港之三倍（香港三百廿萬，台灣將近一千萬）。香港能負担更多人口，台灣豈能以此做為拒絕難胞入境的理由？

基於上述，我們要求台北當局迅速開放入境限制，至少須容納從大陸逃港的難胞。萬不能再坐視逃港難胞被遣回大陸。這不是份外的要求，而是一個政府無可推卸的基本義務！在此我們籲請海外言論界，共同起來聲援這一主張。

答謝扶雅孫寶剛二先生論民主（中）

張忠紱

拙作已引起興趣與討論，這是筆者的榮幸。拙作發表後，此間提倡民主的朋友先進，也曾有信來，囑筆者少發表此類文字，以免反民主的人有所藉口。我不知孫先生的用意是否也是如此的？筆者對於這一點不敢苟同，且有一種肯定的看法。筆者認為，為民主政治建立強固的基礎，不在忽視民主政治的弱點，而在克服其困難。任何事物，不能以僥倖獲得。很少中彩票的人能保有他們的財富。得之易，失之亦易。蓋造大厦，以建築基礎最難，但也最重要。避難就易，不經營其基礎，而僅欲其速成，縱地面上的屋宇美輪美奐，仍難抵抗風雨的侵蝕。三年一補，五年一修，甚至在地面上重造，其結果將徒勞心力，仍不能使大厦堅強。建築大厦，尚須從基礎着手，奈何建立民主政治，而忽視其基礎？五十年來民國的失敗，豈盡由於中華子孫的才智不足以担當民主政治？提倡民主政治的人們，不肯細心分析研究，或認識不够，或避難就易，以致不能建立基礎，民衆始終沒有養成民主的觀念與習慣。在此種心理狀況下，民主政治已無異於一件貨品，只須從西方搬來，一經掛上，就希望牠能美觀適用。憂憂乎難矣！

醫生臨床診治，既不細心研究複雜的病源，又不求徹底明瞭藥性，僅抱着「久病必虛」的原則，投以補劑。於此，而病者毫無起色，豈病人與藥石之過？良醫治病，必先洞悉病源，深明藥性，輕重疾徐，各有等差；決不能怕病人不信醫藥，而故神其說，或輕視病況，或浮報藥力。其結果均將有害而無利！五十年來中華民主的失敗，不是病人的錯誤，不是藥石的過失，而是醫生不細心研究病源，不徹底明瞭外國藥性的毛病！

我們不用怕反民主的人藉民主政治的障碍為口實，我們所應當怕的是提倡民主政治的人們無視民主政治的障碍，而不思所以克服。跳欄競走，欄愈高，則成就愈大。不怕欄高，只怕你不努力克服。無視障碍，決不能克服障碍。縱然僥倖成功，最後失敗時，更易引起徬徨與失望。二〇年代中國政治的實際狀況正是如此的。有名無實的中華民國，在建立將近十年以後，匪僅使一般人民對民主政治失望與徬徨，甚至使提倡民主的領袖們也信心動搖，舉棋莫定。孫中山先生改組國民黨，轉而採用俄共的組織與方法。陳獨秀李大釗先生等乾脆由提倡民主轉入共產黨。

認識不足的主張或信仰，在領導者為荒謬，在附和者為盲從。這種現象的危機甚大。陳獨秀先生為「德先生」鼓吹，然而當德先生威望最盛的時候，陳氏本人反在幕後，銷聲斂跡的跑到「共先生」治下拜門。此中的理由很簡單，陳氏本人雖為「德先生」吶喊，但他實未能洞悉民主政治的性質，是以一遇到障碍，立即改變主張。陳先生於一九一九年十一月出獄後，急於打倒軍閥，而無計可施，適第三國際代表說以革命必須有社會基礎，並教以共黨組織的方法，又與以經濟援助。陳氏遂於短時期內，變為馬克思主義的信徒。

領導者認識不够，其主張尚易改變；附和者若無認識，則朝秦暮楚，尤當在意料之中。民國三十七八年的中國青年與民衆，倘已對民主政治有相當的認識，觀念，與習慣，則他們當日縱不滿意於國民政府，或尚不至於跑到與民主相反的陣營中。他們若再對共產主義有相當的認識，則他們更不至於誤入迷途。陳獨秀先生曾說過：『我不入地獄，誰入地獄？』但是跳進地獄，似乎也需要先認識地獄！

在原則上，提倡任何一種主張，都應當先儘可能求得正確的分析與認識。與其事後改悔，曷若事前審慎？事前有清楚的認識，則遇到障碍時，因原已在預計中，故不至於失望灰心，甚至於改變主張。任何政治社會制度，不可能完全有利無弊。苟能事前洞悉其性質與弱點，則既可預為設法補救，更不至於臨事張皇動搖。心理上的準備，往往是成功的秘訣。民主政治是合於人性與天理的制度，我們勿須怕討論牠的弱點。提倡民主政治者的責任，不在為牠隱諱，而在講求其得失，以適應於中國。能講求，始能認識；能認識，始能運用。諱疾忌醫的人，終必病入膏育。認識不清的事，信仰最易動搖。今日我們若猶不求徹底了解民主政治及其究應如何適用於中國，則我們如何能為中國建立民主的強固基礎？

建立民主政治，本可以從兩方面入手：由上而下，或由下而上。辛亥革命成功後，那是由上而下建設民主政治的好機會，但因袁世凱的野心，國人又無對民主政治的認識，以致失去良機。在今日，由上而下的機會暫時似已絕望。現時只能由上而下，努力培植青年與人民對於民主政治的認識。由認識而產生信仰；由信仰而產生力量。由上而下的作法，雖迅速而不可必。由下而上的作法，收效雖慢，但有一分耕耘，即有一分收穫。且由上而下的努力，仍須培植民衆對於民主政治的觀念與習慣。今後苟僥倖而獲得由上而下的機會，此種努力亦不至於白費；或者尚可以助長由上而下的機會的降臨。不知孫謝二先生及讀者亦以為然否？

中共駐印中國銀行內幕

侯依賓

（本報加爾各答特訊）中共駐在海外的機構，不論使領館也好，商務貿易機關，或銀行也好，其目的不外刺探所在國之一切情報，與夫利用當地僑胞，供其驅使，中共開在印度的中國銀行，自亦如此。中國銀行在印度者，計有辦事處兩個：一在加爾各答，一在孟買。本人曾在加城中行辦事處服務多年，今值中行辦事處關閉之時，願將所知報導於海外讀者。

中國銀行駐加爾各答辦事處計共有辦事人員一百四十多人，薪金自三百盾（練習生）起到二千盾止，實際我們行中的業務，並不需要這麼多的人員來辦事，且近五年來我們雖在印度辦理行務，但實際我們所能做的生意，祇是對東歐共產集團國家交易而已。我們入行中時，先要在經理面前舉手宣誓，效忠共產黨與毛主席，並全心全力聽經理指揮去做。此外我們即被強迫地訂購毛澤東全集，書款在薪金中扣除。每星期三及星期六上午九時到十時，舉行小組會議，報告閱讀毛澤東全集之心得。同時如職員中不够前進者，則遭受着無情的批評。我們在行中辦事的人，除宣誓外，還要請中共主要幹部担保，同事劉球君，係由前與華中學校長張敬担保，張因前進太狠，已於去冬由印度政府押解出境，有些同事因平日沉默寡言，即認為不够前進，而調回大陸服務，如劉克昌、蔡鈞等是。聞蔡因鳴放時，說了幾句良心話，而下放東北勞改去了。

我們每天在行中辦事時，是照例不能私人交談的，行中主要共幹均自大陸派來，但他們嫖、賭、烟齊來，譬如我處前任經理紀芳同志，就同一個當地華僑女子吳××鬧一杯水主義，後來因僑胞公憤痛罵，而紀君却變本加厲將吳小姐委在行中充辦事員，月薪四百盾，供其發洩獸慾，後被中共財政部獲知，乃將紀芳調回國，並處分紀芳在山東濟南充清道伕。後來調了另一個共幹來充經理，我們滿以為這位同志總是正人君子吧！可是狗嘴裏眞不能出象牙，還是同前任經理一樣，與一女同事劉小姐鬧起情緒來了。這位劉小姐是天主教徒，讀畢英文九號書，在行中充速記兼打字員。劉小姐有自己的愛人，所以瞧不起這位經理同志而拒絕之，結果，這位劉小姐就在工作不力，不會任事的罪名下，無緣無故的被經理辭退了！

說起來好笑，我們除辦行中例行事務外，還兼做一份經理交來的特別工作，實際就是特務工作。我們每一個人都要做情報，我就負責暗中調查冰定街華僑所開鞋店的經濟情形，如該店有多少資本，多少人員，經理及店員之思想如何？每日生意如何？每年虧本還是賺錢？平常同何等人來往？屬何黨派？如該店虧本，則派人遊說，然後將其拉攏過來，供中共驅使。

據我所知，我們行中每月付給中共駐印度使館之經費為十四萬盾，但在印共於參加凱拉拉省選舉時，我們每月接到使館提款的電，一來就是幾十萬盾，此款究作何用？不得而知了。

自中印邊境衝突以來，我們所負的工作也特別加重，因此，印度國會議員曾提到中國銀行駐加爾各答辦事處，為間諜總機關，因此，我們覺到我們的銀行遲早要關門。果然不出所料，我們的銀行接到印度準備銀行的十二月廿七日通知，我們所持之「外滙証書」撤銷，同時，華僑及外僑存款一律發還。據我所知，中國銀行存在印度準備銀行的數額為三千五百二十萬盾正，而僑民存款在我們行中的款約有三千二百六十萬盾正，兩相相抵，祇剩二百六十萬盾了。「外滙証書」既被印度政府取消，我們的生意無法做了，中共駐印度的中國銀行遂不得不關門大吉。五十一、四、十、寄自加城塔壩

槍桿子下為所欲為的中共政權

一封廣州大學生的訴苦信

·何大·

從去年冬季以來，廣州的大學生，或回港探親，或秘密逃來；逃來的固萬無再回之理，即探親的也甚少返去的。因此在大陸青年學生知識分子的消息，從這些逃出生天的大學生口中或其接到親友與同學的信中，可以完全明白了。令人奇怪的是，這許多自廣州寄出的信裏，寫信的人，對他的所受的悲慘生活，一點也不去隱諱，秉筆直書，並不怕共幹檢查出要追根，追根到了要問罪；而且這一類信，也封封寄到，好像並未經過檢查似的。

筆者最近就從逃出的青年大學生手裏，看到了幾封這類訴苦，而且表示憤慨的信，現在將其中的一封，不加更改一句一字的抄出，投寄貴刊，以見一斑。這封信是廣州大學一個學生寄與他的表哥的：

『親愛的表兄，來信昨天上午收到，閱後傷感萬分！大陸情況實如您所言，近數年來，廣大羣衆處於飢寒交迫之中；就是我們大學生也無非如此：每月二十多斤米，油二兩，就是這樣多！平時其他副食品一概無有，穿的更不用言了，還不是破破爛爛的，眞不如過去討飯吃的人！目前政治影響已掃地盡了，羣衆怨聲載道的。

『您來信說，羣衆甘受欺騙，這話也不盡然，實在因為軍事壓力強。有軍則有權，有權則有政，槍桿子下可以為所欲為，道理是很顯然。因此數年來，文化界水準降低，知識情況十分不妙：由於營養缺乏，肉類幾平完全斷絕，同學們的身體與學業都普遍受到影響，記憶力大為衰減，品質大為下降，這種情形，在廣大中的同學們，又誰不憤懣啊！

『近來又在文敎開支方面大大壓搾、緊縮，這意味着大家的生活將更艱苦，課業將更減少。現在已混去五週時間，大約十四週考完試之後，勞動二十多天，再實習一個月左右，今學期又算完畢了！——表弟某字

一九六二、三、二五』

也論大陸內部的爆炸 必須打開中共的喪門

李金嶧

「被天災人禍弄到支離破碎的中共政權究竟能維持多久？」這是西方國家，主要是美國和英國的官員及新聞界，最近熱烈的討論問題。

在一九六〇年前，西方國家曾目迷於中共的「三面紅旗」。事實是從一九四九年以來，西方國家，尤其是英美一直十分注意中共的發展，並有所期待。英國的工黨政府甚至很迅速地便承認了毛澤東政權。但是現在，英國工黨的要角們，也對中共政權十三年來的政治績效懷疑了，他們把印度和中共的建設，比作龜兎賽跑，認為雖然是中共跑得快些，可是印度穩步地發展，却來得更有效，更受人民的歡迎。他們認為將來印度與中共之間，究竟將是誰跑在誰的前面，是值得注意的問題。

英國的泰晤士報對於中共建設的失敗，在四月廿四日的評論中謂：「過去三年，中共工業化的野心，所受到的挫折，甚於蘇聯在第二次世界大戰所受到的挫折。」

在美國方面，遠東助理國務卿哈里曼，於電視節目中也說：「中共區目前的情形可能已嚴重到中國人民可能起而驅逐這些傢伙的地步。」究竟中共的命運是否會一如「美國新聞與世界報導」周刊所述：「世界會有一朝一日一覺醒來，發現中共政權被一場內部的爆炸燬掉」呢？如若這樣的料斷正確不錯，其根據必是基於中共統治的工具——軍隊，會在一朝之間起義叛變。不然，所謂「一場內部的爆炸」是不够力量的。關於這一點，我們可以就卸任的美軍協防台灣司令史慕德中將的觀察來作為參考。

史慕德在四月廿七日答覆記者的詢問時說：「當然我沒有方法知道中國大陸上的士氣怎樣，我們只能從起義的人們和難民得到一點線索。……對我們來說，共黨士氣低落到什麼程度時，會發生集體投誠，這是很難說的。我願作一推測，如果這種情形繼續像過去四年般地向這個方向發展，我們可望看到更多的起義發生，逃出的難民人數，確實沒有減少，如果他們是一個適時的象徵，目前祇能說是一種鼓舞，是對自由世界的鼓舞。但就集體投誠來說，我沒法知道。」史慕德的話，可說是行家之言，沒有渲染，也不帶絲毫宣傳氣味，所以毫無誇大之處。以他在台灣服務了將近四年，所能得的結論也祇是如此而已。

中共政權當然是要垮的，如果說祇是時間問題，則可長、可短。十三年的統治，雖不長，但也不能謂短。其所以能够有十三年的壽命，支離破碎到現在，而尚未內部爆炸，全靠一整套的殘無人道的統治方法。

其實從阿爾巴尼亞到北韓，本應該是到處有「內部爆炸」發生的，何獨是中共內部。匈牙利的事件，迄今令人難忘，但匈牙利在一度「爆炸」之後，終以因無國際援助，而又為紅軍鐵蹄蕩平。現在，假定說，中國大陸會在今年夏天發生頗具規模的「內部爆炸」，自由國家——尤其是美國，將採取何種態度呢？是冷眼旁觀，「不干涉內政」嗎？還是立刻就加以支持，施行「解放鐵幕後」的政策呢？

由於西方國家放棄了援助匈牙利人民的偉大革命事業，我覺得迄今令人思之心痛！有此事實在前，則豈能寄望西方國家，尤其是美國來插手支援大陸內部的爆炸？

及今而論，美蘇兩國，皆畏懼核子戰爭，美國如插手支援中國的反共戰鬥，亦實無理由可以斷言蘇聯絕不過問，除此之外，尚有其它因素。因此，根本不能設想美國有可能眞正參與中國的反共戰鬥。大陸內部的爆炸，既在大陸內部發生，而無法得到援助，很有可能也祇是一場悲慘凄厲的血肉之戰。除非台灣的兵員可以適時地被投擲到大陸的反共戰鬥中去。但誰能知道那時有無可能呢！就現目情況來說，可能性是太微弱了。

美國雖然有一個所謂「解放鐵幕後」的政策，實際上從共和黨政府到民主黨政府，都未切實實行，不過是形同「精神號召」而已。實際上美國的態度祇是消極地眼瞅着熟蘋果繼續爛下去——等待鐵幕後自行腐爛，自行滅亡，長期以來祇是在爛蘋果箱子的周圍，撒一圈防腐劑，以防其迅速蔓延開來。這是以「解放」為名，圍堵是實的作法。

就今天大陸的情況看，無疑是充分地具備了法國大革命前夕的條件。麵包與自由兩皆缺乏。深刻點說，其實情祇有過之，而無不及。但時代畢竟不同，中共的統治方法是師承了俄共而又加以改進的，顯非古今中外的獨裁者所能及。在一個沒有民主基礎的古國，中共的高壓統治，當然就暢行無阻了。

沒有外在的助力，不設法從外面敲開中共的喪門，實難望迅速解救大陸人民於倒懸。

中共的支離破碎，該正是他滅亡的客觀條件，但反共的一方面，如不能發揮主動的行動，即使有內部爆炸，也會因外無策應，而如曇花一現地過去。英美的輿論誠然已轉向不利中共的一面，但打開中共的喪門，却是中國人自己的事。台灣如能有背水借一的勇氣，才能收裏應外合之功，激起反共戰鬥狂潮，以席捲之勢淹沒中共。再沒有任何時機，比現在更好的了，當權派不應再怨尤美國釘牢脚跟，如果決心行動，又有誰能牢牢釘往他們呢？怕祇怕仍然自我陶醉在小天地中，則即使中共政權在一夜之間眞的為內部的壓力爆炸掉了，當權派也祇有隔海興嘆的份兒，歷史不可能為當權派安排重演接收的一幕的。

國際大販毒案的要犯 竟是警備總部的郵檢組長

純夫

（台北通訊）台北市警察第六分局最近破獲一宗由香港及日本販運毒品到台灣的大案（報紙稱為國際販毒案），本月二十一日忽然奇峯突起，原來台灣警備總司令部主管檢查郵包的宋我卿竟是為本案的關鍵人物。報載：此一販毒案的起源，開始於四十九年，當時王懷石與在日本的吳民生合作，吳從日本郵寄黃色書刊給王，由王負責在台出售。因為這類書刊的銷路甚好，可獲大利；但依法不准進口。王乃找在台灣警備司令部工作的聯襟宋我卿，請他設法向有關方面疏通。此類書刊果得通行無阻。王、宋兩人從此即建立了很密切的關係。後來，宋竟設法調為郵包檢查的主管人，兩人更如魚得水，大做其偷販黃色刊物的勾當。

曾被檢舉，但檢舉人反招來冤獄

宋、王兩人勾結的事，曾被宋的屬下林汝潔發現，時王懷石正有一批航空郵包從日本寄台，由宋的屬下人員安玉民檢查通過，林乃據實向上級檢舉，結果這批郵包被移送台北海關檢查沒收，使王、宋兩人損失了七、八萬元。事後，宋即將林調派其他職位。約三個月後，林查悉又有一大批航空郵包從日本寄與王懷石，乃作第二次的檢舉。卒由上級主管單位派員檢查，發現內有黃色刊物，脫衣舞影片和許多頗為暢銷的「救心」，「奇應丸」等日製春藥。但據說：上級主管單位負責人員仍以這批郵包乃是「漏檢」為理由，並未對宋我卿有所追究。宋、王兩人認為林汝潔敢於如此接二連三的檢舉，若不設法除去，必為大碍；乃合謀加以陷害。一日，王懷石忽然借其姘婦劉麗香往訪林汝潔，稱說：即有郵包由日寄來，請他向安玉民說情，准予放行。林問王：「你與宋我卿既是親戚，他又是檢查郵包的主管，為何不去找他？」但王等沒有直接的答覆，祇堅請林幫忙。次日，劉麗香即持一張票面一千四百元的支票及現鈔一百元，託林轉送安玉民。林乃將現欵退還；但收下支票，據說是準備留作檢舉他們的證據。王懷石在林汝潔收下支票後，即用吳民生岳母名義寫信與吳，大意說：林已收了支票，以後包管無事，請繼續郵寄書刊等物。王將此信夾在一捲英文報紙內投郵，然後由安玉民在檢查郵包時將此信檢查出來。宋我卿即據以向有關方面檢舉林汝潔收受賄賂，因証據確鑿，林有口難辯；卒被軍法處判徒刑一年，現尚在服刑中。

從此大胆，進而販毒

宋、王等自林汝潔被判刑後，胆子也就越來越大，竟進一步而販運毒品。據說：國際販毒，多是派人坐船或坐飛機私帶入台；資本雄厚者，就包一條漁船，冒着兇險來往於港台，或日台之間。他們所以寧願多花錢，甚至冒生命的危險而不採取最經濟最簡捷的郵寄辦法，乃是因為此路不通的關係。依法規定，自外國寄包裹來台，收件人必須親往郵局領取，並將包裹當場打開，以備檢查；同時依照物品價值課稅。即是書刊，也須拆開檢查，是否夾有黃色讀物及匪區出版品在內。因此，一般販毒私梟，都認為郵寄毒物，絕無不被發現的可能。但王懷石因與宋我卿串通，所以獨能為人之所不敢為而通行無阻。

去年十二月，王結織從事國際販毒的日人下村泰三，王知下村在日本和香港購買毒品頗有辦法；下村也深知王在台灣的郵包檢查處有人，於是一拍即合。從此，大批毒品即由郵寄的書刊中源源運台。宋我卿的生活也就有突然濶氣起來了。不但他夫婦兩人和子女的衣着都很入時，所用的東西也就盡屬泊來的奢侈品。宋本人更經常進出酒家，流連北投。他的同事曾問他「發了什麼洋財」，他則答以「太太做會，賺了點錢」。

百密一疏，終被破獲

在如此這般的巧妙安排之下，宋、王兩人原以為天衣無縫，從此可大發其財；但不料台北市警察第八分局從一個吸毒犯謝溪石的口中發現一條綫索，因而捕獲大盤毒犯劉金發，再從劉金發所供的線索往上追究，發現了毒販集團股東兼會計的周慶安。更從周的帳冊中，查出王懷石、劉麗香（王之姘婦）、日人下村泰三、廖月英（酒家女，下村姘婦）、林豐祥（勞力股）、及香港的黃增仁等。又在劉麗英等給王懷石的信中、及周慶安的帳冊上，一再發現有「宋大哥」其人。於是警八分局乃先後將周慶安、廖月英、林豐祥等逮捕。王懷石、劉麗香則逃脫。

周等均供稱王懷石與「宋大哥」有密切的關係，王對於重要事項，無不先與宋商量，共同決定。經進一步的追詢，卒查出「宋大哥」即係台灣警備總司令部主管郵包檢查的宋我卿。全案至此，突然轉入高潮，警察分局不敢擅專，乃呈報警備總司令部核辦。該部據報後，經過一度調查，又發現王懷石及其姘婦劉麗香在逃亡前，曾與宋通過電話。在案發前，宋與王懷石及下村等人曾經常在百合酒家密商及作樂。該部乃將宋我卿及其屬下的工作人員安玉民、關宇斌等一併扣押。據聯合報載：宋等除本案而外，尚涉嫌幫助其他不法商人走私違禁物品進口，有關方面正擴大偵查中。至於在逃之王懷石因其身上帶有十餘萬元的巨欵及嗎啡四兩，暫時不需親友接濟，可能一時無法捕獲歸案。

如此的反共自覺運動

（台北通訊）

宣　平

台灣警備司令部現正推行所謂反共自覺運動，號召「曾經交接過叛徒，或者正遭受叛徒脅迫欺騙的人士，自我覺悟，坦誠地把隱藏的痛苦表白出來。」四月十九日黃杰又發表一篇書面談話，自稱「已獲得豐滿的收穫。五十天以來，向本部及各地機關自覺表白的，也非常踴躍。」但又說：據他「所了解，至今仍然有些人徘徊瞻顧，沒有勇氣替自己洗刷嫌疑。」他「希望」他們「務必在四月三十日以前勇敢表白。」他更說：「治安機關對於共匪的統戰陰謀，早就在嚴密控制之中，誰是叛徒？誰被叛徒利用？都有正確的資料，我們一再的號召、呼籲，是仰體總統寬大的意旨，法外施恩，給予他們一條生路。如果仍舊執迷不悟……企求僥倖，那麼，等到自覺表白的時限一過。政府也就只好用嚴峻的法律來制裁了。」

所謂反共自覺運動自開始以來，究竟有些什麼樣的人已經「自覺表白」呢？因爲事屬秘密，無從得知；但就官方大肆宣傳的兩個「附匪分子」而論，則頗令人懷疑。前一個是被指爲台灣民主自治同盟的黃維昆；後一個則是由緬甸撤退來台的反共游擊隊李龍實。前者的經過事實，聞海外報刊已有報導，茲僅依據中央社的消息，將後者的案情簡報於後。

據中央社說：李龍實除向政府表白而外，還向社會公開發表一篇自白書如下：

『我姓李名龍實，現年四十三歲，雲南鎮南人，祖父、父親迄我，歷代以經營小本生意爲業，兄弟五人，家有房產三棟，生意三處，一家生活自足，迄被共匪佔領後，清算鬥爭，落得個家破人亡。』

『我自小即入私塾唸書，九歲轉學手工藝，十八歲時（即民國廿四年）奉召參加雲南龍雲警衛一團服役，三十年離部隊回到家中經商，三十一年與王鳳珍女子結婚，子女四人均留大陸。』

『我家於卅九年初即被共匪盤據，家鄉陷匪後，有原在土共部隊工作的丁錫恭，被派爲雲南定遠縣副縣長，丁匪因少有家產，對共匪漫無止境的征糧勾當，頗表不滿，於是逃返家鄉，自動組織民衆，反抗匪僞政權，當時我因家有手槍一枝，步槍兩枝，均借與丁某作爲打擊共匪之用，後因丁某事敗，逃至緬甸邊境投効當地之反共游擊隊，而共匪在追究槍枝來源中，查出我曾以武器支援丁某，四十年元旦被匪逮捕押至雲南楚雄縣，縣專區公安處判决我坐牢一年，「勞改」二年，在坐牢期間，每天要接受共匪的洗腦訓練，要我們信仰共產黨，說共匪的工業建設在五年後即可趕上「蘇俄老大哥」，事實上，他們這種騙術，祇有三歲小孩才會上當。

『刑滿出獄，共匪把我押至離楚雄縣城一百九十里的三街鄉從事「勞改」，每天除了被强迫勞動做工、抬木材、扛石頭、挖泥土之外，還要參加討論，在討論中要每個人坦白檢討，一點不如他的意思，就要受到嚴重的處罰，那種非人的生活，現在想起來，猶有餘悸。「勞改」期滿，被釋返家鄉交由地方民兵考管，並分給我一塊不毛的荒地，强迫我去開墾。這個時候，我妻子原來經營的糕餅店，由於共匪不供給原料，乃行關閉。從此一家生活，即靠樹皮草根來充飢，人人瘦得皮包骨頭，不成人形。到了四十四年，共匪實施統購統銷，我內人以私賣糧食罪名被捕，這時候我也知道我的命運將要走上終結之路。我乃於四十五年元月間，丟下了兒女妻子逃到雲南景東縣，躲在一個姓劉的朋友家中，並幫助他們做點活，以後又在共匪茶葉公司做工，同年十二月中，我與幾個同伴逃至猛買的一家老百姓的家做工，五天後即被共匪邊界防守部隊逮捕，關了兩個月。但當時我已改名王文明，經共匪一再審訊，也沒有弄出個名堂，也沒有發現我是「逃犯」，幸獲釋放。四十七年元月才由白夷族人帶路開始逃離匪區，在逃離匪區之前，遇到了大猛攏匪公安局警官楊奎因，我與楊以前曾在龍雲部隊同過事，楊某見到我時，說我是逃犯，叫我應該給「人民政府」做點事，帶罪立功。當時指示我，要我滲入緬甸，參加中國大陸義民反共游擊隊，以半年的期限，應將游擊隊的番號、人數、武器等予以查報，爲求得眞實，並應將槍械携返爲證，且以我全家作爲人質，如逾期不返回匪區，全家抄斬。這一手是共匪慣用的戰術，但我爲逃離匪區，我什麼都會答應，我也想到，我逃離匪區後，我們一家人的生命，雖然，直接操在匪手裏，但是間接還是由我來决定，我若履行諾言，家人可暫獲苟全，如不履行諾言，其後果是可以想見的。當時我也顧不了那麼多，楊匪交給我的任務，我滿口答應下來了，究竟我應該怎樣做，祇有到那時候再說。

『脫離匪區，到達緬甸，我即投入反共游擊隊，起初，在我那種矛盾心情，眞不知道應該如何决定，苦惱極了。過了一些時候，隊長向我們講的，耳聞目睹，都是爲了解救同胞，爲了反攻大陸在抛頭顱灑熱血，他們大部份人的妻子兒女都留在大陸，任共匪宰割，難道他們都不愛妻子兒女嗎？難道他們都不愛家嗎？來到這個蠻陌之邦，受苦受難爲的是什麼？由於這許多眞理的啟示，我也决心向他們看齊，什麼鄉愁、憤怒、悲觀都化成了力量，我不能出賣自己的同胞，爲了一個家庭來犧牲千萬個家庭，這樣的事，我絕不能做，於是我打起精神，要與共匪搏鬥到底。果然，沒有好久，我，由灰色的矛盾中，被解脫出來，由於工作表現，我已成爲這支游擊隊中不可缺少的一員。

『民國五十年三月，我隨游擊隊被政府接運回到台灣，來到台灣，我請求脫離了游擊隊，定居在屏東里港鄉以迄於今，政府爲體念我們，每月幫助我們生活費八百元，自己做個小生意，這種自由快樂的生活，是我在大陸上所夢想不到的。

『來到台灣以後，我始終沒有把這件事向任何人說過，原因是我怕受到不良後果，幾年來一直耿耿於懷，迄至本年三月，政府發起「反共自覺運動」，准許被迫附匪份子登記，且對表白人的生命、財產、職業有絕對的保障，同月中我看到屏東表白人黃維昆在記者招待會中，證明政府的諾言，大可昭信於天下，於是我便很自然的於三月廿六日向屏東治安機關辦理登記手續，同時，我也向他們要求，如有必要，我也願意在一個適當的場合，與記者先生見見面，以證明我表白的誠意。」

中央社在發表這篇自白書時，還給李君戴上一頂帽子，說他是「大陸反共游擊隊中替中共做情報的附共分子」。但從自白書的內容看去，李君在未逃離大陸前，即將其家中的槍枝借與丁某作打擊中共之用，並曾被中共判處徒刑及勞改，他的妻子也被拘捕，可見他從未附共。他參加反共游擊隊後，不但沒有替中共做情報，而且由於工作的表現，成了游擊隊中不可少的一員，更足證明他是百分之百的反共鬥士。祇因在逃離「匪區」的中途遇見「中共的警員，在個人的生死關頭和全家被抄斬的威脅之下，他佯允替中共查報反共游擊隊的內情，就被認爲是附共分子，就成了當權者所謂反共自覺運動的對象，就要被迫表白一番，這完全是一種任意蹂躪人權和侮辱人格尊嚴的暴行。因爲政治責任應該是以行動來論斷的，某人是否共諜或附共分子，應以他是否參加共黨的情報組織或是否有替共黨做工作的事實爲依據；決不能以他在危難時的一句空言爲準。當年蔣介石曾在大庭廣衆之前稱共黨爲親愛的同志，還要國民黨人事事聽從鮑羅廷的指示。蔣經國在莫斯科受訓及工作十年，他離開俄國時，俄共曾對他作何吩咐，他對俄共曾有何諾言，人們雖不得而知：但當國民黨淸黨反共時，他完全站在俄共的那一方面，甚至公開高呼「打到新軍閥蔣介石」的口號，則是衆所週知的事，今天他父子倆人又爲何不以身作則，率先自覺表白呵！

民社黨組織部長談該黨內部糾紛

真　闇

（台北航訊）在台民社黨於上月又在台北暴發了空前劇烈的內爭，引起海內外各方注意，始而是三月十九日在台民社黨中央黨部因內部紛爭被佔，跟着就有民社黨中央總部停止在台黨務的文件及請求現在海外的張主席君勱先生將總部移往海外的電文。而另一方面台北中央日報却又刊有民社黨團結委員會的啟事，否認民社黨擬於三月廿一日召開的代表大會。記者走訪民社黨組織部部長程文熙，承答覆如下：

他說：「稍有政治常識的人，對於三月廿日台北中央日報刊載所謂『中國民主社會黨團結委員會宣言』及『主席向搆父啟事』，立即可判明這是一個什麼作用。記者先生問我是否答覆駁斥？我認爲其『宣言』，其『啟事』之本身，已自行招供了。可分幾點言之：一、民青兩黨內部的分裂，是癱瘓兩黨的政策之實現。團結已是一個濫調。癱瘓政策不變，這一名調已變爲某種政治交易的代名詞，其中實隱藏着無限罪惡。譬如去年年終向某曾得某組年禮兩萬元。何異鼓勵分裂。二、民社黨此次第三次全國黨員代表大會，係依據黨章召集，是完全合法的。三、此時此地致力民主非常困難，因此本黨對黨中同仁，生死與共，相依爲命。對已脫離組織之黨員，無時不望其歸來。此次三全大會以前，曾成立團結小組，數邀尚未歸來者合作。問題都已講妥，忽然被迫變卦。此可說明癱瘓兩黨的政策不變，團結絕不可能。四、『宣言』中指派了十八個團結委員。請問產生的方式爲何？法律的根據安在？何人有資格指派這十八個人？我們冷眼看這十八個人，其中頗有類似秦檜的人，却硬要與岳乘拉做一團。辦宗敎可以凡聖同居，龍蛇混雜。但辦政黨，却要分眞僞、別是非。不是眞正爲民主奮鬥的，我們希望這種人能够眞的退出。五、『宣言』中的『張主席』，與『啟事』中的『主席搆父』，兩兩並稱，可謂荒謬。尤可笑者，『敦促張主席早日返國主持黨務』云云，這種一方面摧毀張先生所領導的民主政黨，一方面又高喊請張先生回國的把戲，更可拆穿了。六、此次奉命籌備第三次代表大會，一切進程，皆經會議表決。今少數人竟藉口召開大會以暴力行動刼佔本黨中央總部，已屬違反理性的行爲，而身份不明，身着黑色中山裝，類似受有訓練的打手廿餘人，也夾雜其中，這很明顯表示有一種力量在幕後導演。我感謝本黨三全大會職員同仁，有其臨難不苟免和高度容忍的應付精神，沒有上當。七、我曾要求在大門外的治安人員會同檢查身份不明的人退出。但他們藉故不理，因而被迫宣佈三全大會不能如期舉行。這將給世人一種什麼印象，也就很難說了。總之，本黨辦公處所雖被刼佔，可是本黨卅年爲民主政治奮鬥的意志，是任何力量所不能刼佔的。」

以上這段談話與民社黨內其他派系的看法和立論自不相同。但也隱涉了民青兩黨的厄運。如最近有人在台北各報登刊啟事，開除青年黨的重要人朱文伯、劉永濟、董微等的黨籍，說明青年黨去年開代表大會的餘波，還在蕩漾未了。

中共與印度愈益交惡

大陸之窗

劉裕畧

最近，除了印度方面將中共開設在印度的「中國銀行」的營業執照予以吊銷，顯示印度對中共的關係又更進一步惡化外，中共還在最近發表了三項指責印度的言論。

其一是中共在人代會正式公佈了中共與印度間的許多有關中印邊境問題的來往文件，指責印度。這一點，本刊前已報導過了。

其次，是中共指責「美蔣」在西藏進行「破壞」活動，中共的這一指責見於四月廿二日北平中共人民日報。它說：「最近，在印度收容西藏叛民分子的所謂『西藏難民營』裏，公開出現了一些令人注意的活動。據印度斯坦旗報四月一日報導，三月底以寫作侮辱中國人民的小說而臭名遠揚的美國作家賽珍珠，在達賴喇嘛的哥哥嘉樂頓珠陪同下到達大吉嶺，陪同賽珍珠的還有印度外交部的官員考耳。根據這報紙說，賽珍珠應嘉樂頓珠的邀請，目前正在印度旅行。嘉樂頓珠不是印度人，更不是印度官員，然而他却可以邀請一個美國人到印度去旅行，這已經够蹊蹺了。更蹊蹺的是還有一位印度政府官員陪着他們。這就產生一連串問題：究竟是誰邀請了賽珍珠？賽珍珠現在幹的是什麼勾當？她去大吉嶺和印度旅行是爲了什麼？更早一些時候，一月廿六日印度政治家報刋登了一條大吉嶺的消息說：蔣介石集團的特務分子組織的一個所謂西藏福利協會，經過長期關閉以後，最近重新開辦了。這個特務組織正在噶倫堡和大吉嶺的西藏難民中間分發來路不明的錢，法國新聞社四月十六日從台北發出的一條消息說：蔣介石集團根據現在在印度的一位有影響的西藏領袖提出來的計劃，準備由蔣介石集團保持不斷聯繫的地下領導人，從在印度的西藏人民中間招收二千名青年到台灣去加以訓練，以便他們將來成為西藏的領導者。顯然，美帝國主義和蔣介石集團正在積極策劃使西藏的農奴主重新騎在西藏人民頭上。然而，想要利用這批逃到印度去的西藏叛亂分子的，除了美帝國主義和蔣介石集團以外，看來還大有人在」。中共這所謂「看來還大有人在」」究竟指的誰呢？不消說，中共當然指的就是印度，尤其指的是印度的尼赫魯總理。

其三，是中共指責印軍侵入新疆。據新華社四月廿五日北平電說「中華人民共和國外交部今天公佈了中國政府在今年四月二十一日給印度政府的一件照會，嚴重抗議印度軍隊最近在中印邊界西段連續越境侵入中國新疆維吾爾自治區的進一步侵犯中國領土的行動。照會指出，印方的這種活動是它蓄意在這一地段破壞邊界現狀的信號」。

從上述三點來看，可以很顯然的發覺中共與印度的關係，最近顯然是愈來愈惡劣了。

中共向美提第二百次嚴重警告

陸聞

維護世界和平，担任遠東各地域警戒的美國飛機和軍艦，原是世界和遠東維護安全的主力。但中共則視爲眼中釘，不時對美艦美機的活動提出嚴重警告。

據新華社四月廿六日北平電：「本社記者報導：今天美國軍艦兩次侵入我國廣東省西沙羣島的永興島地區海域進行挑釁活動，我外交部發言人奉命對此又一次提出嚴重警告。這是自一九五八年九月以來，我國政府對美國軍艦和飛機侵入我國領海領空提出的第二百次嚴重警告」云。

大陸簡訊

藍星

彭眞率代表團訪北韓

最近，中共派遣了中共中央政治局書記處書記兼北平市長彭眞爲首的一個代表團到北韓去作訪問。

據新華社平壤四月廿四日電：「朝鮮民主主義人民共和國內閣首相、朝鮮勞動黨中央委員會委員長金日成，今天中午接見了中華人民共和國全國人民代表大會代表團團長彭眞，副團長陳叔通、張治中，團員楊明軒、李燭塵、張蘇、劉瀾波、王平、楊之華，並進行極爲友好的談話」。

當毛澤東及中共中央電賀金日成五十壽辰之後，又派遣了以彭眞爲首的代表團，殊不偶然。蓋彭眞雖兼任着中共人代會常務委員會副委員長及秘書長，但彭眞在中共的地位甚高，去年蘇共在莫斯科舉行大會時，周恩來係代表團團長，彭眞係代表團副團長，赫魯曉夫公開抨擊阿爾巴尼亞之共黨首腦後，周恩來拂袖而去，代表國團長職務卽由彭眞接替，以抗衡赫魯曉夫之壓力，故彭眞一直是毛澤東的極重要的親信。此番却以人代會代表團團長名義赴北韓，所行所爲決非有關人代會的任何問題，實屬異常明白，照金日成年來在赫毛衝突中一直站毛澤東一邊的形勢看，彭眞此行亦端在進一步加强中共與北韓之關係也。

中共邀蘇聯北越工會代表到北平

爲了慶祝中共在北平舉行的五一勞動節，中共已邀請蘇聯、北越、額麥隆等的工會代表團到北平參加。據新華社四月廿日訊「以全蘇工會中央理事會主席團委員、蘇聯鐵路工人工會中央委員會主席契列德尼欽科爲首的蘇聯工會代表團和額麥隆勞工總聯合會代表團已到達北京。他們是應中華全國總工會邀請，前來我國進行友好訪問和參加五一勞動節慶祝活動的」。又說「在這以前，以越南總工會執行委員會高平爲首的越南工會代表團也已到達北京」云。看來，今日大陸雖已民窮財盡，人民飢餓不堪，但中共却仍要在五一勞動節浪費一番了。

中共駐印度中國銀行被取銷執照

除了中共新華社記者及許多特務在印度被逐外，印度現又吊銷了中共「中國銀行」的執照。據法新社新德里四月廿四日電：「印度副財政部長巴加特今晨宣佈，印度政府已經撤銷中國銀行的執照。撤銷令於一九六一年十二月二十七日生效。他說：印度政府是在印度儲備銀行去年底對該行進行調查後作出上述決定的」。

印度此一決定甚爲合理。但印度如果眞正覺悟的話，是還應再進一步全面與中共絕交才是。

中共與保加利亞簽文化協定

據新華社索菲亞四月十八日電：「經過友好商談，中國和保加利亞今天下午在這裏簽訂了兩國文化合作協定一九六二年執行計劃。在執行計劃上簽字的是中國駐保加利亞大使朱其文和保加利亞對外友好和文化聯絡委員會主席阿佛拉莫娃」。

僑鄉近訊

鍾之奇

廣州交易會大賣出口品

中共「一九六二年春季出口商品交易會」自四月十五日在廣州開幕以來，卽千方百計在將中國人民之血汗結晶盡量出賣，以換取外滙。據中共公佈：「由中國各進出口公司組成的八個交易團，已經與來自世界各地的貿易界人士達成了大批交易。成交的商品非常廣泛，有我國的農副土特產品，也有輕工業、重工業產品和礦產品，其中既有我國傳統的出品商品，也有爲數不少的新產品。成交的主要商品有：食品、罐頭、棉布、絲綢、抽紗、茶葉、松香、藥材、化工原料、工藝品、土紙、新聞紙、膠鞋、絨毛、羽毛、腸衣、水泥、五金、礦產、建築材料、各種機械等」。

並說「前來參加交易會的世界上數十個國家和地區的貿易界人士、華僑和港澳工商界人士共約一千五百多人」云。

當此大陸人民嗷嗷待哺之際，中共不顧人民死活，却將一切人民辛苦工作造成之商品盡量出賣，其殘酷不仁之本質，於此又見一端了。

廣州趕製殺虫藥

中共雖然自今年一開始就在大喊大叫要千方百計增產糧食，但成效却是毫無。在春耕中已發生的問題，單以缺乏種籽、缺乏農具、缺乏肥料等來說，就已無法解決，大使中共頭痛了。目前廣東各地則又已逐漸發生蟲害。爲此，粵共特令廣州農藥廠加緊趕製農藥。據四月廿三日之中共人民日報說：「廣州農藥廠生產的敵百蟲和滴滴涕乳劑，第一季度分別超額百分之十三和百分之九完成了生產計劃。出廠的每批農藥，經過廣州市工業產品檢驗所檢驗，質量都合乎標準。現在這些農藥大部分已經運往農村。敵百蟲是殺蟲效能很高的一種農藥，在一般情況下，每噸可供兩萬畝農田使用，滴滴涕的殺蟲效力也比較高」云。

中共加緊收購廣東春茶

只因茶葉也是可以外銷，從而可以換取外滙的物資，而廣東各地盛產茶葉，尤其盛產春茶，故中共現已驅迫數以千計的婦女上山作採茶娘子。

據中共「中國新聞社」四月廿三日電：「廣東省茶葉生產旺季已經到來，盛產茶葉的鶴山、饒平、清遠、普寧、潮安等縣，連日都有數以千計的採茶姑娘和生產能手上山採摘春茶，高鶴縣最早採製的茶葉不久卽可上市。廣寧縣橫坑在四月上旬就採摘了第一批清明茶四千二百多斤，所製茶葉絕大部分都是一級茶，質量很好」。

又說「廣東一年四季都可採茶，而以春茶數量最多，約佔全年採茶量四成以上，今年爲了多採茶葉，各產茶區都及早分派人力，貯備燃料和修理製茶工具。目前各地國家收購部門已經在產茶區展開購茶業務」云。

廣東郵電局擺烏龍

電報的內文本來常常是很簡畧的，但却錯不得，一錯就大擺烏龍了。

據中共廣州出版的南方日報於四月十四日說：「四月五日下午，番禺蓮花山漁業公社收到出海漁船從台山拍來一封電報，文內說『南水機船日產魚一千五百二十担』。公社一位幹部看到這封電報，喜出望外，後來冷靜地一想，覺得有懷疑，如果一條船日產一千五百多担魚，這個重量會把船壓沉的。便搖電話到石樓郵電所責問，回答是『問過上級局，電文是這樣了』。這位公社幹部再次要求郵電所向發報地方查詢，復電查實是『日產，魚十五至二十担』。並不是一千五百二十担，這眞是謬以千里了。」

人民日報又說：「人們查問爲什麼會發生差錯？可是，郵電所對這些事毫之泰然，回答是『唉！各地水平低，差錯是難免的了』。

南越集各式游擊戰的大成

林世賢

儘管在理論上南越的戰爭還算不上是「有限度戰爭」，但在事實上牠已是一場「不宣而戰的戰爭」。戰爭的規模也許是有限度的，可是戰爭的方法卻是無限度的。戰爭的雙方，各有倚恃，各有背景，出盡方法，似乎要在這個蕞爾的戰場中，施展出雙方所有的戰力，也許除了原子武器。

美式游擊

美軍「顧問式的參戰」，已是華府及駐越軍方所正式承認的。原來他們是訓練南越軍，及在南越軍中担任顧問，前者是教官的方式，而後者則是參謀性的。但由於「在學」間的南越官兵已經實地參加戰鬥，美飛行員的教官，便與學生一同坐在戰鬥機的機艙裏面，一邊教誨一邊作戰。在海岸的武裝電扒或裝摩托的武裝木船上，也同樣是美海軍教官與南越學生一同駕駛，担負巡邏，防滲透，及應付偷襲的任務。軍事科目上有一課叫「戰鬥實習」的，在越南的情形就是不折不扣的戰地戰鬥實習。

陸軍方面的情形也差不多一樣，顧問是與部隊指揮官在一起的，為便利諮詢，他們與部隊長官一同進退，部隊奉命開到沼澤地帶打共黨游擊隊，顧問當然也一起前去。其先，顧問是駐在團級、以至營級，現在已下伸到連級去了。差不多每一個活動部隊單位，就有一人或一人以上美軍顧問的配屬，實際是共同作戰。

至於後勤任務，是全部由美軍援司令部「包了下來」，約八十多架美軍用機，天天負担運送軍隊、武器給養，以及降落傘降落的任務。目下這些輕型機及直升機，約有五個連之多，海軍陸戰隊的機數，不計在內。

美軍在南越的人數，裝備，駐地及任務，一般來說是屬於秘密的。但據權威方面的估計，約有四千陸軍，六百海軍陸戰隊，五百餘名空軍，連文職人員可能超過六千人。這些人，正在試着使用甘廼廸的「以游擊對游擊」戰畧，進行消滅在南越的共黨游擊隊。

英式戰畧邑

除了美式的游擊戰方法而外，另外的一套則可以說是「英式」的，那便是年前吳廷琰總統鑒於馬來亞剿共成功，特地向馬來亞借鏡的一套方法；拉曼總理的強調此法有效，增加了吳氏的信心，這些方法，已在大刀闊斧地推行。

這些馬來亞剿共方法，由以前在馬執行剿共著有成績的英將軍譚普拉主持，主要的特色是「戰畧邑」，即建立堅固的小村莊，由民衛隊防守，把良民集中在多處，把人民與共黨游擊隊隔絕起來，使他們獲得保護，免受共黨的威脅，因而也免得把糧食和情報供給共黨，其中含有對游擊隊封鎖的寓意。民衛隊被組織訓練起來，與縣的哨所取聯絡，如有情況即行告警，由縣方會同駐軍救援被攻戰畧村，或窮剿出沒的共黨。

在湄公河三角洲，有共黨游擊隊出沒的地區，數百個戰畧邑已經建造起來。人民被納入戰鬥序列，或者行動規律化，如依時作息，不准遠離戰畧邑及不准外宿等。大致上，已經減少了共黨襲擊的機會。

像以前馬來亞那樣的所謂「白區」和「非白區」，雖然沒有明顯指出。但在迤高棉邊境，則有類似的制度出現，那便是在戰畧邑及准許的活動範圍以外，任何在該處活動者，將被視作共黨游擊隊嫌疑犯。

中共式理論

共黨方面的活動，採取「馬共式」的較少，而採取「中共──越共式」的較多。馬共以前僻處森林，給養困難，武器運入不易，故以走私武器及獲得給養為第一生存要義，因此如勒索以致綁票，成為其「財政部」的唯一手段。但所謂南越共黨游擊隊，實際有北越官兵的滲入，自十七線以至高棉寮國邊境漫長的地帶，他們對運入武器及供給給養，似乎不會有多大問題，所以他們毋須向南越「白區」設法獲得武裝或購買糧食。（在反面，官方的「封鎖」就相對的失敗。）但戰畧邑的建立，使他們難以取得情報，不能裹脅民衆。所以他們只有使用「破壞」的方法，如在河上襲擊商船，以破壞經濟，在公路炸燬車輛，以破壞交通。襲殺南越軍官官員公務員美顧問等，造成恐怖。騷擾美軍基地，而同時向其他據點襲擊。這些破壞戰畧，大部份是北越越共以前在河內及海防紅河三角洲所做過的。至於其戰畧思想，則是根據中共的「以面吃點」，吞併鄉村、孤立城市的計劃。

現在共黨游擊隊正由外圍若干隱蔽據點，希圖逐漸打進省會及國都的中心點。南越官方，却由中心這一點出發，要消滅外圍那些共黨的點，以至肅清全面。雖然共黨方面，最近由於受到壓迫，宜稱「必要時邀請外援」，但因第七艦隊在十七綫的監視，人們不相信中共北越會正式參戰。

・堤岸通訊・

蘇加諾又狡變

（印尼通訊）・蟻式剛・

印尼與荷蘭對西新幾內亞問題的紛爭，當演進至成為「國際爭端」的時候，共產集團本着「唯恐世界不亂」的原則，立刻把握這機會，向蘇加諾大舉煽動，全力挑撥印尼與荷蘭兵戎相見，好使他們得以混水摸魚，從中取利；而蘇加諾受了印度進兵果亞的「英雄主義」所影響，果也野心大動，居然耀武揚威，實行動員，揚言決以武力驅逐荷蘭，不取得西新幾內亞勢不休。緊張的氣氛，迅即瀰漫於整個新幾內亞地區；戰爭危機，大有一觸即發之概！

然而蘇加諾的「作狀」，一般人的看法，始終都認為他是色厲內荏的；他雖然睜眉突眼，劍拔弩張，但以印尼目前的內部情況來說，無論如何，蘇加諾是不敢就此「動手」。誰都知道：印尼的政治和經濟，現正陷入危機重重的境地。據最近雅加達消息的報導：在西爪哇產米地區，已有九千人受到飢饉的威脅，六十人餓死；而蘇加諾的「指導民主」，也被各政黨激烈反對；其國內局勢，顯然在動蕩不安的狀態中，又焉能對外用武？

但話却得說回來，蘇加諾雖然虛張聲勢，上演恫嚇的把戲，但共產集團的乘機「添油加火」，製造戰爭，是千眞萬確的事實。因此，美國總統甘迺廸便焦急異常，立刻呼籲印、荷雙方，談判解決爭端，並派出前駐印大使彭克出面担任斡旋。當印、荷雙方代表在華府舉行談判時，彭克就出任「觀察人」，並以「觀察人」的身份，向雙方提出一項解決爭端的建議。甘迺廸的用心，無非是為了使印、荷雙方化干戈為玉帛，避免共黨集團的勢力從中滲入而在班達海一帶掀起慘烈的戰禍，以至影響到整個世界局勢的安危。

彭克的建議，當然是得到白宮的示意的；這也可以說，就是甘廼廸的意見。彭克的建議是怎樣的呢？據電訊的報導，是建議由荷蘭方面，把西新幾內亞主權，移交一個「國際機構」，負責管理該地區二年，在第一年中，荷方行政機構，應逐漸退出，印尼行政機構，則由第二年起，逐漸建立，並由印尼人民，代替荷藉公務員；經過兩年「過渡時期」後，行政權將全部移交印尼；至於當地的巴布亞人，則在原則上規定保証予以自決權利。──但這所謂自決權利，並無具體地作出確切的規定；這樣，巴布亞人屆時之吃到大虧，實是意料中事。

誰都同意：荷蘭確是應該撤出西新幾內亞的。問題祗是荷蘭撤出了西新幾內亞之後，是不是一定要由印尼來接收？把巴布亞人從荷蘭的手中移到印尼的手中，是不是一宗合理的事情？由國際機構代管西新幾內亞原是很正當的；但彭克的建議却等於先放出了陣陣烟幕，而讓荷蘭間接的把西新幾內亞移交印尼；換言之，就是使印尼兜了一個小彎子便攫到了西新幾內亞，收穫到兼併該島的實際結果。再說得深刻一點，就是讓荷蘭和印尼透過國際機構來作「尷尬的授受」，而當地的巴布亞人却並無置喙餘地。這怎算得是公平？怎算得是合情合理？或以為彭克的建議是確曾有提到巴布亞人自決問題的。但這祗是空洞的影子，而並非實際具體的安排。巴布亞人的自決如何才能如願以償？天曉得！

即退一步來說，依照彭克的建議草案，大概也要延到印尼實際掌握了西新幾內亞命運之後；但印尼既具有兼併該島的野心，一旦攫取到手，又怎會讓巴布亞人自決而走向獨立？因此，彭克建議中的所謂「在原則上給予巴布亞人以自決的權利」，祇是一句「不負責任的空言」，無非替巴布亞人保留一個空幻的希望。然則，美國何以如此還就印尼？上文已說過，端的是印尼與荷蘭這次的紛爭，已給共產集團覬準了機會而快將滲入。蘇加諾為着完遂他的野心，將會甘於接受共產集團的利用。美國憂慮到這「突然事件」的爆發，於是倉皇出面調停，並指示彭克作出上述有利於印尼的建議。

可是，蘇加諾是頂狡詐善變的，尤其是在受到了共黨煽動之後，對於彭克的建議，雖曾一度表示願意接納，而最近却又拒絕和荷蘭談判了。顯然，西新幾內亞問題，還在演變中哩！

文史漫談

閱微草堂筆記中的道學家

徐亮之

紀氏既在基本上一脚把道學踢出了儒學的圈子之外，於是、他的生花之筆對於道學家的塑像便够瞧的了。我們且來看在他的塑造技術到底如何？戴東原說：「道學多僞」；我們就先拈定這個「僞」字，欣賞欣賞道學家在他筆下的跳舞姿態吧：

（一）有兩塾師鄰村居，皆以道學自任。一日相邀會講，生徒侍坐者十餘人，方辯論「性」「天」，剖析「理」「欲」，嚴詞正色，如對聖賢。忽微風颯然，吹片紙落階下，旋舞不止。生徒拾視之，則二人謀奪一寡婦田，往來密商之札也。此或神怒其僞，故巧發其姦歟!?然操此術者衆矣，固未嘗一敗也。聞此札既露，其計不行，寡婦之田竟得保。當由煢嫠苦節，感動幽冥，故示是靈異，以陰爲呵護云爾。（灤陽消夏錄四）

（二）武邑某公與戚友賞花佛寺經閣前，地最豁敞，而閣上時有變怪；入夜，即不敢坐閣下。某公以道學自任，夷然弗信也。酒酣耳熱，盛談西銘萬物一體之理；滿座拱聽，不覺入夜。忽閣上厲聲叱曰：「時方饑役，百姓頗有死亡；汝爲鄉宦，既不思早倡義舉，施粥捨藥；即應趁此良夜，閉戶安眠，尚不失爲自了漢；乃虛談高論，在此講民胞物與，不知講至天明，還可作飯餐，可作藥服否？且擊汝一磚，聽汝再講邪不勝正。」忽一磚飛下，聲若霹靂，杯盤几桌俱碎。某公倉皇走出曰：「不信程朱之學，此妖之所以爲妖歟！」徐步太息而去。（同右）

（三）董曲江前輩言：有講學者，性乖僻，好以苛禮繩生徒；生徒苦之。然其人頗負端方名，不能訐其非也。塾後有小圃；一夕，散步月下，見花間隱隱有人影。時積雨初晴，土垣微圮，疑爲鄰里窃蔬者。迫而叱之，則一麗人匿樹後跪答曰：「身是狐女，畏公正人，不敢近，故夜來折花。不虞爲公所見，乞曲恕！」言詞柔婉，顧盼間，百媚俱生。講學惑之，挑與語，婉轉相就。且云：「妾能隱形，往來無跡。即有人在側亦不覩，不至爲生徒知也。」因相燕昵。比天欲曉，講學者促之去；曰：「外有人聲，我自能從窗隙去，公無慮。」俄曉日滿窗，執經者麕至，女仍垂帳偃臥；講學者心搖搖然，尚冀人不見。忽外言某媼來迓女，女披衣逕出，坐皋比上理鬢訖，歛衽謝曰：「未攜粧具，且歸梳沐，暇日再來訪，索昨夕纏頭錦耳。」——乃里中新來雨妓，諸生徒賄使爲此也。講學者大沮。生徒課畢，歸早餐，已自負衣裝遁矣。外有餘必中不足，豈不信乎？（見姑妄聽之二）

（四）先師陳白崖先生言：業師某先生篤信洛閩，而不鶩講學名，故窮老以終，聲華闃寂。然內行醕至，粹然古君子也。嘗稅居空屋數楹，一夜，聞窗外語曰：「有事奉白，慮君恐怖奈何！」先生曰：「第入無礙。」入則一人戴首於項，兩手扶之，首無巾而身爛衫，血漬其半。先生拱之坐，亦謙遜如禮。先生問何語，曰：「僕不幸明末戕於盜，魂滯此屋內。向有居者，雖不欲爲祟，然陰氣陽光互相激搏，人多驚悸，僕亦不安。今有一策，鄰家一宅，可容君眷屬；僕至彼多作變怪，彼必避去；有來居者，擾之如前；必棄爲廢宅，君以賤價售之，遷居於彼，僕仍安居於此，不兩得乎？」先生曰：「吾平生不作機械事，況役鬼以病人乎？吾讀書此室，圖少靜耳；君既在此，卽改以貯雜物，日扃鎖之，可乎？」鬼愧謝曰：「徒見君案上有性理，故敢以此策進；不知君竟眞道學，僕失言矣！既荷見容，卽託宇下可也。」後居之四年，寂無他異；蓋正氣足以懾之矣。（見槐西雜志四）

上引的四則故事，驟眼看去，似乎第三則最刻畫得謔而近虐；實則第四則尤其刻毒；蓋紀氏竟謂鬼亦瞧不起性理書；而鬼之所以譽某先生爲「眞道學」，實非敬其爲「眞道學」，乃敬其「內行醕正，粹然古君子」的美德也。狡獪哉此老！可愛哉此老！

我讀至此，乃不期爲之浮一大白。至於那些作僞的道學家們該得什麼報應呢？則紀氏又自有說；左引一則，便可以代表他的意見，他的說法，乃至他的詛咒：

族侄肇先言：有書生讀書僧寺，過放焰口，見其威儀整肅，指揮號令，若可驅役鬼神；喟然曰：「冥司之敬彼敎乃踰於儒！」燈影朦朧間，一叟在旁曰：「經綸宇宙，惟賴聖賢，彼仙佛特以神道補所不及耳。故冥司之重聖賢在仙佛上。然所重者眞聖賢，若僞聖賢則陰干天怒，罪亦在僞仙佛上。古風淳樸，此類差稀。四五百年以來，纍囚日衆，已別增一獄矣。蓋釋道之徒，不過巧陳罪福，誘人施捨；自妖黨聚徒謀爲不軌外，其僞稱我仙我佛者，千萬中無一。儒則自命聖賢者比比皆是。民雖可惑，神理難誣；是以坐擁皋比，[illegible]云云。」[illegible]詛咒之能事矣。

智仁室近作詞稿

遯翁

鷓鴣天　夏夜

水滿池塘月在天。池中天上影俱圓。雖然添得清涼意，也漾閒愁到眼前。　調雪藕，弄冰絃。記曾低下水晶簾。只今鳳泊鸞飄後，負此清宵又幾年。

小重山　觀奕

兩界山河雙陸分。問誰先一着，定輸贏。公輸設巧墨攖城。來憑軾。談笑說鏖兵。　蝸角到牟瑩。一般分黑白，事縱橫。試將冷眼看乾坤，應須歎，刼子滿楸枰。

雨淋鈴　問初雁

流哀天末。望星河轉，一片涼月。傳來北國秋訊，淮南木落，衡陽雲抹。隻影朝飛到夜，幸關山能越。且小憩蹭蹬驚魂，好覓蘆洲避冰雪。　曾經過處應能說。問江鄉幾處飄紅葉。鱸魚紫蟹蒓菜，松與菊，十年疏濶。對此清秋，都付天涯念，愁重疊。待倩爾雲外傳書，又恐歸途絕。

風入松　近重陽

霜前雁字寫成行。報道近重陽。南山歷歷清如此，待攜侶，待挈壺觴。鎮日簷牙乾鵲，料無風雨相妨。　籬邊菊色漸金黃，也待對芬芳。忍敎明日愁蝴蝶，這情緒，更待端詳。合與參軍斟酌，還同陶令商量。

臨江仙　秋鯉

昨夜銀河垂海碧，西風搖漾無垠。月華東上鯉魚門。琴高鬐奮處，彷彿見翻騰。　屈指故關秋正好，因思鱸膾蒓羹。欲通音訊悵誰憑。漫從江上數，不見寄書鱗。

高級糖（下）

金珂

步出公園，他們也就分手了。李老師向馬路那頭逛去，他沒有搭車。一路上，他看到很多店都已關上了門，獨有糖果店還燈光輝煌地，門口還站滿了人，鬧鬧嚷嚷地可熱鬧啦！好奇心在驅使着李老師，於是，他也就擠進了人羣，到裏面去觀光一下。

果然，糖的價格和學生們所說的完全一樣。他眨眨眼睛，暗暗地計算一下：「我每月工資七十五元，在校中已算高的啦！但說也慚愧，只能買三斤糖……」想到這裏，臉不覺一紅。他連忙走向高級餅的櫃枱張望：「一隻壽字蛋糕，二寸厚，只有普通菜碗口那樣大。『二十五元』一個，還要收六兩糧票！（新秤十兩爲一斤計算）。桃酥每個一元五角，收一兩糧票……」一看到這裏，李老師搖了搖頭，出神了一會，然後有氣無力地擠出了人羣。一路上，這些驚人的數字在他頭腦裏跳躍。他情不自禁地喃喃地說：「天哪，這是什麼時代呵！勞動就這麼不值錢嗎？這還了得，我一個月辛辛苦苦地勞動。只能買三個蛋糕，五十個桃酥。唉！怪不得，昨天老陳和我說：『老李呵！高級餅和高級糖的敞開供應，以物價來計算，我們的工資不知打了多少折扣了。』」

×　×　×

第二天早上，李老師上班得特別早，才六點半，他已坐在辦公室裏了，學校裏還是那樣靜悄悄地，他坐在椅子上在出神。不多一會，老陳也來了：「喂，老李，你今天怎麼來得那樣早？咦！你怎麼眼睛都有點腫的？」老陳關心似地問着。

「唉！不談了，沒有什麼好談的了。昨天晚上，我趁高興，去看了一下高級糖、高級餅。眼界是開了，可也把我嚇了一大跳。看了後，害得我一夜失眠。我反覆思考，却始終搞不通。我眞傷心，我覺得我們的勞動太不值錢了。」李老師還是長吁短嘆地說。

「哼！你到也多愁善感，這有什麼見景傷情……」

電話鈴響了，老陳的談話也中斷了。「喂，是呀！區公安局，找我有什麼事？好好，我馬上就來。」

李老師一進入區公安局的辦公室，抬頭看到一個女學生低着頭站在枱前。

「啊！李麗珠，你怎麼在這裏：……」李老師來不及和警員打招呼，就這樣的驚叫起來。

「李老師，請坐，我們想了解一下李麗珠平時在學校中的情況。」警員用探問的眼光看着李老師。

「喔！她進入中學後，一直是我敎的。這孩子在學校中不但學習認眞，而且品德也很好，是全校出名的品學兼優的好學生。她在小學裏，雖不是我敎，但根據原來班主任的介紹，她也是個好學生。還常常受獎呢！」李老師不知所措地回答着，因爲這件事實在出人意料。

「李老師，照你所說，李麗珠是一點問題都沒有囉！」

「唔……可以這樣說。今天到底什麼事。能告訴我嗎？」李老師想問個究竟。

另一個警員插嘴說：「她在馬路上做扒手，被人家送來的。」

「啊！怎麼？李麗珠，你……」李老師睜大了眼睛，講不下去了。

「好吧！你和李老師說吧！到底怎麼一回事？」警員把她拖到李老師面前。

李麗珠羞愧滿面地低着頭，眼淚像斷了綫的珍珠往下滴着。抽噎了半天：「李老師，我……我對不起你，你白敎了我一場。最後，我還給你做出這樣丟人的事……」

「李麗珠，別哭了，有話好好地說。你能認識錯誤，以後只要改正，來得及，你今年只十五歲，來得及。」李老師安慰着她。

「李老師，請你相信我，[illegible]是我第一次，也將是我最後的一次。李老師，當我看到了高級糖供應後，[illegible]每天在店門口過。看着這些[illegible]，糖，我[illegible]在想吃。因爲我有一年[illegible]糖吃了。我媽媽因爲家裏[illegible]，把糖票都賣給人家。[illegible]我實在開不出口，因爲媽媽[illegible]天三頓粥已很吃力，我怎能再[illegible]她負担？可是我又饞得很，實在想吃，沒辦法，我就……」

「……」李老師聽了這些話後，他兩眼望着天，只嘆了口粗氣，再也講不出話來。

抗戰回憶錄（十七）

張發奎

五、武漢會戰

這一個處置，不但未得最高統帥部的諒解，反而使我蒙受了一個存心偏頗的恥辱，他懷疑我不將第四軍加入九江附近的戰鬥，他認爲獅子山第二抵抗綫是過早的撤退，他並以爲這是未奉命令的擅自行動，更以爲這是想保存與我有歷史關係的第四軍實力的一種罪惡行爲，假如沒有武漢衛戍總司令陳誠將軍的負責解釋，我已受了查辦處分了。

對我來說，這是一件可恥的事，也是八年抗戰中一件最可悲痛而遺憾的事。我承認沒有達成自己的任務，但我保証沒有喪失一個高級指揮官應有的道德。獨斷專行不是戰術上否定的行動，兵力的運用，也是一個方面指揮官應有的權力，至於這次戰鬥指導，是否犯了戰術上的過失，那只有讓戰史家去批判了。

卅一日我接受了最高統帥部下達的「南潯綫方面軍事即日起由薛、吳兩總司令負責主持，張總司令發奎即行調回可也」的命令，我遵照命令將指揮權移交，並對所屬部隊及後方事宜指示處置之後，我到了武漢自動請求軍法裁判。

最高統帥部於武漢聽取了我的九江戰鬥指揮經過之後，我重復執行了第二兵團指揮的責任；這是理智的諒解，抑是感情的作用？我沒有去加以追考。

當我的指揮部於九月一日重新在陽新設立時，瑞昌城已於八月廿四日失陷了。敵人對武漢進攻的部署，此時業已判明以約六個師團之兵力沿江南北兩岸前進，並配合其艦隊溯江進，作直取武漢的行動，另以一部沿南潯綫南進，掩護其主力之左側背，一部沿大別山北麓進攻信陽，以迂迴漢口之北。因此它可以利用水道的連絡輸送，對南北兩岸的部隊，作一個前進的軸綫和指揮的中樞，而其艦隊的威力更可以肆無忌憚的自由行動，與陸上部隊互相呼應，在我沿江要塞設備薄弱和空軍的劣勢之下，對這一條直通武漢心臟的水道，我們是最感痛苦的。

此時兵團作戰指導的着眼，在於如何去阻止沿瑞陽公路西進與溯江直上的敵人，並如何設法隔離敵人水陸兩面的行動，使其不能直接發生互相呼應的戰畧效果，如果我們能把握任何一方面的戰鬥成功，均可挫阻敵人的攻勢。因此瑞昌以西山地的防禦和馬頭鎮、田家鎮兩地要塞的守備，是這一次戰鬥勝敗最大的關鍵。

瑞昌以西是一個綿延的高地帶，各山的標高均約在五百公尺以上，瑞陽公路更限制了敵人的運動方向，這地形是於我們有利的，只須我們能封鎖這一條公路，和確實守備公路兩側的幾個高地，則敵人的攻擊行動，必將大受阻碍。我把這方面的指揮責任交給卅一集團軍總司令湯恩伯將軍負責，配以約十個師的兵力担任瑞昌以西高地之守備，以霍揆章將軍担任馬頭鎮的守備。這一方面的戰鬥繼瑞昌失陷後一直沒有停止，敵人似於山地作戰特別有所準備，一切的裝備都適合於山地作戰的要求，山炮被大量使用，步兵特別穿着便於爬山的服裝，和携帶有披荆斬棘的工具。我們認爲困難攀登的傾斜或忽視的小道，常在夜間受敵人的襲擊，這裏沒有大部隊的整個作戰行動，只有散在全綫的小部隊的局部戰鬥，兵力的轉用是極困難，往往一個接鄰地區的戰鬥，雖可以目視其戰鬥的狀況，然除以火力可對友軍支援外，亦很困難作運動的直接支援。小部隊獨立性的戰鬥，在這裏可以測驗出下級幹部的能力。敵人對於夜間戰鬥，特別發揮，我們大部高地之失落，都是敵人夜間襲擊的收獲，炮兵與空軍在這裏不能發生很大的威力，但手榴彈與白刃戰却發生了決定性的作用。在這一個特種地形戰鬥之下，雖然因山地的彈性，給予我們獲得許多的時間，但我們部隊的素質和訓練的低劣，却決定了這個戰鬥的失敗。

瑞昌以西高地的戰鬥，經過了三週的時間，敵人一個山頭一個山頭的逐地進攻，我們亦不時的逆襲。第十三軍在沙帽嶺和第十四軍在大腦山的逆襲，都給予敵人很大的打擊，莽草叢林間，埋葬了不少敵人的白骨，不過在敵人的水陸兩路的夾擊之下，馬頭鎮和富池口終於十四日、廿三日前後相繼失陷，我右翼的湯集團亦不能不向陽新右側的地區轉移陣地。

辛亥革命史談（四三）

舜生

八．南京臨時政府成立與議和經過

當武昌革命爆發的時候，孫中山正在美國，他是從八月二十一日（十月十二日）的美國報紙才得到這個消息的。當時他原想取道太平洋回國參加革命聖戰，可是仔細一想，他乃感到他的責任『不在疆場之上，而在樽俎之間。』他認爲世界列强，對中國革命的態度並不一致：美、法兩國是同請於革命的；德、俄兩國是反對革命的；日本則民間同情，而政府反對；英國民間也同情，政府態度則不一定。因此，他覺得當時足以左右中國革命的成敗者，厥爲英國，假如英國能贊成革命，則日本便不足爲患了。他基於這一外交觀點，乃決定由美赴英，延至九月初(十月下旬)始到達倫敦。他在倫敦停留約兩星期以上，最重要的成績是委托代表與英外務大臣葛雷(E. Grey)磋商，向英政府要求三事：一、停止清廷一切借欵；二、制止日本援助清廷；三、取消各處英屬政府對他個人的放逐令，以便他能取道南洋香港一帶歸國。這三點都得了英政府的允許。此外他還與當時留在倫敦的英、法、德、美四國銀行團主任有所接洽。九月下旬，中山由倫敦到巴黎，頗受法方朝野歡迎，與當時內閣總理克萊蒙梭(George Clemenceau)與外長畢勛(Stebhen Pichon)欵談尤洽。十月初，由法首途東歸，十一月初二(十二月二十一)到香港，初六偕胡漢民等抵達上海。同歸國者，還有吳敬恆、李石曾、馬君武、張繼諸人。

十一月初十（十二月二十九日），各省代表在南京開臨時大總統選舉會，計到會代表共十七省區：一、奉天吳景濂；二、直隸谷鍾秀、張銘勳；三、河南李盤；四、山東謝鴻燾；五、山西景耀月、李素、劉懋賞；六、陝西張蔚林、馬步雲；七、江蘇袁希洛、陳陶怡；八、安徽許冠堯、王竹懷、趙斌；九、江西林森、趙士北、王有蘭、俞應麓、湯漪；十、浙江湯爾和、黃羣、陳時夏、陳毅、屈映光；十一、福建潘祖彝；十二、廣東王寵惠、鄧憲甫；十三、廣西馬君武、章勤士；十四、湖南譚人鳳、鄒代藩、廖名揩；十五、湖北馬伯援、王正廷、楊時傑、居正、胡瑛；十六、雲南呂志伊、張一鵬、段宇清；十七、四川蕭湘、周代本。按『臨時政府組織大綱』規定，每省有投票權，以得票滿總數三分之二以上者爲當選。投票結果，孫文得十六票，當選爲中華民國臨時大總統。

十一月十三日，中山由上海赴南京就職，其就職誓詞曰：

『傾覆滿洲專制政府，鞏固中華民國，圖謀民生幸福，國民之公意，文實遵之，以忠於國，爲衆服務。至專制政府既倒，國內無變亂，民國卓立於世界，爲列邦公認，文當解臨時大總統之職。謹以此自誓。』

大總統宣誓畢，各省代表乃授以大總統印，並致詞曰：

『惟漢曾孫失政，東胡內侵，淫虐猖夏，帝制自爲者，垂三百年。我皇漢慈孫，呻吟深熱，慕法蘭西、美利堅人平等之制，用是羣謀羣策，仰視俯劃，思所以傾覆虐政，恢復人權；乃斷頭截胸，羣起號召，流血建義，續法、美人共和之戰史。今三分天下，克有其二，用是建立民國，期成政府，揀選民主，推置總統。僉意能尊重共和，宜達民意，惟公賢；廓清專制，鞏衛自由，惟公賢；光復禹域，克定河朔，舉漢、滿、蒙、回、藏羣倫，共覆於平等之政，亦惟公賢；用是投匭度情，徵壓紐之信，衆意所屬，羣謀僉同，既協衆符，歡欣擁戴。要知我國民久困鈐制，疾首蹙額，望民主若歲；今當公軒車蒞任，蒼白扶杖，子女加額，焚香擁彗，感激涕零者，何也？忭舞自由，敦重民權也。用是不吝付四百兆國民之太阿，寄二億里山河之大命，國民之委託於公者，亦已重哉！繼自今惟公翼翼，毋違憲法，毋拂輿情，毋任威福，毋崇專斷，毋昵非德，毋任非才，凡我共和國民，有不矢忠矢信，至誠愛戴，軒轅、金天，列祖列宗，七十二代之君，實聞斯言。代表等受國民委託之重，敢不盡意？謹致大總統璽綬，俾公發號施令，崇爲符信，欽念哉！』

代表致辭畢，於是由大總統啟印，發布宣言書，其詞曰：

『中華民國締造之始，而文以不才，膺臨時大總統之任，夙夜戒懼，慮無以副國民之望。夫中國專制之毒，至二百餘年而滋甚，一旦以國民之力，踣而去之，起事不過數旬，光復已十餘行省，自有歷史以來，成功未有若是之速也。國民以爲於內無統一之機關，於外無對待之主體，建設之事，刻不容緩，於是以組織臨時政府之責相屬。自推功讓能之觀念以言，文所不敢任也；自服務盡責之觀念以言，則文所不敢辭也；用是勉從國民之後，能盡掃專制之流毒，確定共和，普利民生，以達革命之宗旨，完國民之志願，端在今日。敢披肝瀝胆，爲國民告：國家之本，在於人民，合漢滿蒙回藏諸地爲一國，如合漢滿蒙回藏諸族爲一人，是曰民族之統一。武漢首義，十數行省先後獨立，所謂獨立者，對於滿清爲脫離，對於各省爲聯合，蒙古西藏，意亦同此。行動既一，決無歧趨，樞機成於中央，斯經緯周於四至，是曰領土之統一。血鐘一鳴，義旗四舉，擁甲帶戈之士，遍於十餘行省，雖編制或不一，號令或未齊，而目的所在，則無不同。由共同之目的，以爲共同之行動，整齊劃一，夫豈甚難？是曰軍政之統一。國家幅員遼濶，各省自有其風氣所宜，前者清廷强以中央集權之法行之，以遂其偽立憲之術；今者各省聯合，互謀自治，此後行政，期於中央政府與各省之關係，調劑得宜，大綱既挈，條目自舉，是曰內治之統一。滿清時代，藉立憲之名，行斂財之實，雜捐苛細，民不聊生，此後國家經費，取給於民，必期合於理財學理，而尤在改良社會組織，使人民知有生之樂，是曰財政之統一。以上數者，爲行政之方針，持此進行，庶無大過！若夫革命主義，爲吾儕所倡言，萬國所同喻，前此雖屢起屢蹶，外人無不鑒其用心，八月以來，義旗飆發，諸友邦對之，抱和平之望，持中立之態，而報紙及輿論，尤每表其同情，鄰誼之篤，良足深謝！臨時政府成立以後，當盡文明國應盡之義務，以期享文明國應享之權利，滿清時代辱國之舉措，及排外之心理，務一洗而去之，持平和主義，與我友邦益增親睦，使中國見重於國際社會，且將使世界漸趨於大同，循序以進，不爲倖獲，對外方針，實在於是。夫民國新建，外交內政，百緒繁重，文顧何人，而克勝此？然而臨時政府，革命時代之政府也，十餘年來以至今日，從事於革命者皆以誠摯純潔之精神，戰勝其所遇之困難，即使此後艱難遠逾於前日，而吾人惟保此革命之精神，一往無阻，必使中華民國之基礎確立於大地，然後臨時政府之職務始盡，而吾人始可告無罪於國民也。今以與我國民初相見之日，披布腹心，惟我四萬萬同胞鑒之。』

宣言後，即發令改用陽曆，以黃帝四千六百〇九年十一月十三日爲中華民國元年元月元日。以五色旗爲國旗，星旗爲陸軍旗，青天白日旗爲海軍旗，後皆經參議院決定，正式公布。

本刊已經香港政府登記

聯合評論 週刊

每逢星期五出版

United Voice Weekly

第一九二號

督印人：黃宇人　總編輯：左仲平

社址九龍大埔道一六八號南亞書局 805641

承印嘉羅印刷有限公司香港灣仔馬師道5號

總代理：友聯發行公司售價每份港幣一毫

本報美洲版與經售處美國紐約中美出版社

CHINESE - AMERICAN PRESS, INC

199 CANAL STREET.,

NEW YORK13 N. Y. U.S.A.

美洲航空版每份零售美金一角

以中國人的常識看毛政權的前途

——與一位美國記者的談話

李璜

年來與我常晤的一位美國記者，對於近來竹幕關不住，大批災胞逃來港澳，每日以數百計，甚感興奮，而特向我問及，人民這樣的奔逃法，中共政權已大顯凶兆，毛澤東這一羣人何時可以垮台？

我答以災胞拚命逃走，我很表同情，但我並不興奮；毛政權固然沒有前途，但對於他的崩潰，我的看法也並不如你那樣樂觀。——我對這位美國朋友說明我的看法如下。

一、

西方人看中國的事情，往往帶起西洋眼鏡，把中國人與西洋人一例同觀，故有時要發生錯覺，不免誤會。譬如當毛澤東於一九五〇年幸運的席捲大陸，美國便有人認爲毛的主張既然是西方式的，一定就會懂得用西方新式機器，去建設新工業，以增加生產，繁榮民生。於是在一九五〇之冬，「美國之音」便隨時向中共誇示美國機器如何的精良耐久，勸毛共特別注意，與美國接近，藉此美國就想把毛澤東變成狄托。我當時就曾對此一廂情願的想法，與舊金山日報一連通了十封英文信，我記得一九五一年一月二十二日第一封通信上曾說：

『……美國之音常常誇示美國的機器工業，奉勸中共不要只與工業落後的蘇俄要好，得不着器精技良的益處。但不知中共及其幹部多是農村中人，根本便不了解器精技良的益處；而中共政權的經濟政策，且是要將一般生活水準降低，並不要提高，吃粗米，穿大布，不剃鬍鬚，不用洋貨，自給自足，便認爲資本主義的西方無奈我何了！——這種「降低物慾，精神勝利」的東方人生思想，在東方自來便很普遍，而爲西方人所不了解的……。』

二、

因此，毛政權這多年的表演，總不免於一個「陋」字，而大陸的中國老百姓竟能受得住中共的一再剝削，也因爲自來就陋，再陋一點何妨！——直到勒緊肚皮上了十年之久，不能再勒，餓得要死了，纔曉得逃走，這又豈是「不自由毋寧死」的西方人所能了解的嗎！

但是，人民生活到這種食不飽腹，衣不蔽體的程度，毛共一羣並不在乎，而還要在印度、東南亞耀武揚威；還要主張世界革命，一點也不能妥協；這也是「精神勝利」的東方思想，在那裏支配着毛共一羣，同時指揮着還不能或不想逃的中國多數人。

西方學人也常說俄共的玩法是東方式的（如湯恩比、羅素等），但俄國人不過接近東方，其Nitchvo, Nitchto的口頭禪，雖也有「不在乎」的意思，但總不及我們的阿Q精神遠甚，故赫魯曉夫便沈不住氣，而要羨慕美國的玉蜀黍眞長得好啊！

三、

在中國歷史上，年荒世亂，動輒死個幾百千把萬人，並不算得甚麼稀奇的事情。從秦漢之際；三國兩晉，隋唐五代，以至宋末明清之交，一亂數十年，甚至百年，中國人總是死得來路斷人稀；國中盡日行，不見所識；成爲史不絕書的事件。講逃難，則晉宋兩朝，中原難民竟把這樣大的一個廣東，一個福建開闢了出來！可惜現在，如英屬地廣人稀的北婆羅洲，白澳政策的大澳洲，巴西，加拿大，……甚至中國人自己的台灣省及其離島，這些還知道逃的中國人都不許去！你朋友的生活雜誌，還能夠主張，美國多收容一點中國難民，已算難得了啊，然而又何濟於事！

總之，如果「人道主義與人權主義支配着西方世界」這句話不是假的，「基督福音降臨於人間，聖靈與我同在」的宣傳於香港每一條街要使人相信的話，則英美人及其教會當不應只特別留意於匈牙利與西柏林的難民，而應該立刻積極的、實際的、對於每日逃來香港而又被解返大陸的苦難者，表現出人道精神或基督耶穌的精神來！

四、

至於說到大陸災民如此之多，毛共政權就會垮台，那在中國歷史上証得明白，不會如此，不容樂觀！飢民造反，這是中國歷史上最慘酷的事件。我是四川人，四川在三百年前，就曾經被張獻忠率領陝西河南的飢民把四川吃光殺盡，寫成一部不忍卒讀的「蜀碧」紀錄！然而如果沒有從東三省關外打入北京的滿州鐵騎，李自成、張獻忠的飢民隊伍仍不能將腐敗專制的明朝結束得了的！

因此，我固然要大聲疾呼的要求有人道主義，有基督福音的國度，及其有心人來設法救濟大陸不斷逃出的飢民，但我認爲要令毛共政權的垮台，靠飢民造反乃是太不人道的，而且是近於笑話的幻想。——所以，我還得主張負有反共復國責任的台北國民黨當局即時反攻！

五一、五、六

人代會後中共的下一步？

孫寶剛

中共人代會二屆三次會議，已經結束了二十餘天了。在這二十餘天中，我讀了許多篇關於人代會的分析和評論的文章，當然有許多是很精彩的。不過我個人在想，對於共產黨的一切議決案，或報告等等，我們如就其議決案或報告的本身來加以分析或評論，究竟能獲得多少啟示，使我們知道共黨下一步將怎樣？

我認爲我們應當有一個基本的認識，即對於一個民主的政權和一個不民主的政權的言論，報告乃至決議案的分析和評論，應該取完全不同的態度。在一個民主的國家，政治家或政治團體是向人民負責的，所以這些政治家，或團體的主張或言論，乃至報告和議決案是非兌現不可的，因爲他們須向人民負責。因此我們看了他們的主張或言論，乃至報告和決議，我們可以預知，這些政治家或團體如執政，其下一步必是這樣，不然的話，這批執政的人必將下台。但在不民主的國家，直接的說，以現在中共爲例，他們是專政，並不向人民負責。人民是他們的奴隸，祇要有力量控制，不使奴隸能造反，他們可以隨便地來一套言論和報告乃至議決，兌現不兌現毫無關係，他們常常已預定他們的言論或報告不必兌現，祇是用來加強他們對奴隸們的控制，使奴隸產生一種錯覺，以爲希望要來了，所以不起而造反；或是一種陷阱，藉此以消滅一批有造反可能的人而已。所以我們雖然知道了共產的言論或報告，即使加以分析或評論，並且非常精彩，但也無補於知道共黨下一步將怎樣！

舉些例子來說：毛澤東在抗戰時不也到過重慶，高呼過蔣介石萬歲，一再宣言和國民黨併肩抗日麼？但是知道實情的人們都知道，毛澤東決沒有眞正擁護過蔣介石，在抗日戰爭中，共黨的主要任務在擴充共黨的實力，決不是在抗日作戰。又當共黨解放的初期，僞裝成農民改革運動的樣子，充其量也不過在實行新民主主義，怎麼知道弄得今日要超越蘇聯的成就呢？一舉而立即要進入共產主義的社會

當然，他們的說法是階段性，彼一階段，此一階段，但是進入此一階段時，彼一階段是否已經完成了，或是情況大變，非由一階段進入另一階段呢？我想熟悉這十餘年來共黨情形的人，衡之常理，都不會首肯的。所以這一次人代會，雖然通過了繼續支持三面紅旗，又加上了周恩來的經濟調整十項任務，我們又怎能相信其是否照了這樣做呢？

而況三面紅旗和十條原則，內在的矛盾很多，又怎能行得通呢？如以中蘇共間的理論矛盾而言，不是中蘇共雙方都在對罵麼？但是依照三面紅旗來說，中共是口口聲聲要和共產主義的國家友好相處的，蘇聯是共產主義國家的老大哥，中共理應更與之接近，可是一面中共却怒目切齒地在說赫魯曉夫犯了修正主義的錯誤，而另一面却在說毛澤東犯了主觀主義的錯誤，大有不能兩立之勢。再講到大躍進，這十餘年來的中共，所謂大躍進當然指工業大躍進，尤其是重工業的大躍進；現在周恩來的十項任務內，要重農而輕工了。即以工業說，也注重在日常用品的輕工業。我不知道執行政策時，三面紅旗既與十項任務並存，幹部們意見如對立時，倒底弄個對呢？

再如許多分析和批評十項任務的那些文章所說，所謂十項任務有的是空洞老調，有的又要馬兒好，又要馬兒不吃草，怎樣做得通呢？

所以我上文提出說：對一個不民主的政權，其所發表的言論和報告，乃至議決案，即使加以精彩的分析或批評，仍難知道其下一步將怎樣！

這樣說來，對於中共不需要有分析，批論，或有一種看法了麼？那又不然。依我的看法，一個共產黨員在否定了共產主義以外的一切思想和制度之後，他以一種恨的心情參加了共產黨，所以共產黨員大體上都是褊急的，唯我獨尊的，殘酷的，注重鬥爭的，並且都是些擴張主義者，而最可怕的，馬列主義中都沒有明確的指定達成共產主義的步驟和方法，反之在列寧的學說中，指示出許多不擇手段的鬥爭技巧，於是使一般的共黨，都是鬼氣森森絕對不講信用的。其後史太林執政了幾十年，把一個落後的蘇聯，建立了經濟的基礎，使全世界的共黨都盲目地遵循了史的主義。但是史達林代表了陰謀，殘酷，不守信義，對同志殺害，以及以重工業爲中心，尤其是軍需工業。所以十餘年來中共的一套，完全是史達林的一套的抄本。現在抄出大毛病來了。而同時蘇聯在史死後，却產生了現在的赫魯曉夫的一套。這與毛的所作所爲相形之下，當然予毛以很大過不去。赫魯曉夫當然知道的，但是赫魯曉夫的處境與毛大不相同，與史的時代也大不相同。所以赫氏唯有予人民以較大的自由，較高的生活水準，和和平共存，乃能使其政權穩定。毛澤東也應理解到赫氏的處境和政策，可惜毛的處境與赫氏異而略近於史氏，所以顧不得老大哥的面子，要提出反赫的口號了。其實在目的上，與赫是一致的，都是爲了維持政權。

總括一句，蘇聯自列寧而史達林而赫魯曉夫，政策一變再變，目的無他，爲了維持政權，與共產主義根本不相干。毛澤東這幾十年來，由喊蔣介石萬歲，到今日，一變再變，目的也無他，初則要爭政權，等到爭到政權後，便要維持政權，與共產主義也是不相干的。所以我的看法，我們應注意於毛的人事關係，控制力量有否增損，才是毛政權的關鍵所在，因此我們如要知道其下一步驟，也可以說，永遠的步驟，必須着眼於此，然後所作出的分析和批評才能夠搔着癢處。

答謝扶雅孫寶剛二先生論民主（下）

張忠紱

孫先生的大作，雖已超過拙作原文的範圍以外，但爲酬謝孫先生的雅意，我願意於此簡單的畧述鄙見：

孫先生說：『除了六十歲以上，以及六十歲以下極少數專門研究過中國文化的人，受有中國文化影響以外，一般的人可以說並沒有受到傳統文化的影響。』鄙見以爲這句話頗有問題。好在孫先生接着說：『在窮鄉僻邑，固仍有中國傳統文化的存在，人民的風尚，確還囿於中國傳統文化的範疇』。但是孫先生復又一轉而說：『但是在通都大邑，尤其我們住在香港……中國傳統文化已保留得微乎其微了。』孫先生於是結論說：『我認爲中國傳統文化缺乏民主傳統，和今天不能發揚民主運動，和尚未能實施民主政治，並無決定性的關係。』

我個人的看法，簡單的說：（一）我不認爲中國完全缺乏民主傳統，我僅以爲中國缺乏民治傳統。（二）我沒有說過傳統對今日有決定性的關係。我根本不相信任何一件因素對今日民主政治的失敗，有決定性的關係。因素是多方的，關係是錯雜的，加以人類尚有「自由意志」，可以自主的改變任何環境與傳統。（三）據我現在所知道的，我將來達到的結論，不會與孫先生的結論衝突。但孫先生前文中所舉的理由，我却不敢苟同。

（四）今日的香港不能代表一九四九年前的中國通都大邑。中國的通都大邑，其人口較之孫先生所謂的「窮鄉僻邑」，決不至超過三與七之比。孫先生既承認：『在窮鄉僻邑……人民的風尚，確還囿於中國傳統文化的範疇』，孫先生何以又說：『一般的人可以說並沒有受到傳統文化的影響』？

（五）中國其他的通都大邑，姑置不論，就拿洋化十足，富有代表性的今日香港而論，我很懷疑今日居住香港的中華子孫，對於中國傳統的文化，確已銷磨無餘。文化是多方面的，縱然如孫先生所說，他在香港聽到的是『金錢是人們的宗教，鈔票是人們的上帝』。但孫先生不妨從細微處觀察，看說這種話的人們，在他們下意識中的行動與習慣，是否已眞能完全脫離了中國的傳統？

（六）五四運動雖然破壞了許多傳統，其實牠所能破壞的，大部份在於舊日的家庭制度與社會組織，數千年中國傳統文化形成的民族性，並沒有完全改變。平素我們說，五四運動造成了中國思想上的眞空，但我們若詳細分析，則我們將發現，五四運動並沒有能澈底掃除中國的傳統觀念與習慣；牠的效果只限於使中國的社會失去了原有的標準（Social Norm），而不知所從，或各行其是而已。從某種角度看，這就是思想上的眞空。從另一個角度看，這種現象並不是空無所有，而是一盤大「雜燴」。（此點恕無法於此處詳談）至於學風全變，士氣消沉，那是歷代亂世都有的現象；一旦政治上了軌道，應不難改觀。

孫先生舉英，美，日本三國爲例，認爲她們的固有文化原也缺乏民主。對於這一點，我很難同意。英國的文化並未脫離歐洲希腊與羅馬的傳統。從大憲章以來，已將近千年。孫先生自己也說，他們『經過人民數百年的奮鬥，發展成了民主政治的典型』。假若我們這樣說，反到是無異於承認，爲中國建立民主，一時無望，因爲我們從開闢到現在，也僅止有一百二十年。我想孫先生的原意應非如是。

美國儘管在數百年前，沒有白種人的文化，但白種人去美國，却帶着有歐洲文化的背景。新英格蘭各州的市鎭民主制度，對於美國日後的建立民主共和有極大的關係，這是研究美國政治史的人們所公認的。日本的傳統文化近似中國（並非盡同），她能接受西方文化，近日更向民主政治邁進。這可以証明傳統文化對今日採用民主政治並無決定性的影響。但日本在維新的時期中，因急於圖存，並未能澈底民主化，以致過分重視軍國民教育，並於憲法中規定有軍人「帷幄上奏」的權力，以致有九一八事變，而引起太平洋上大戰的浩刼。今日日本已較前進步，但日本的民主前途，却仍有待於日本民衆發揮他們的智慧與才能。民主是一種隨時需要愛護與修理（或改進）的制度，在民主歷史悠久的國家，尚須如是；在新興的民主國家，尤不應忽視此點。

孫先生更說：『以歐美的民主國家論，眞正關心政治和水準够的人還是極小數，而這少數人就是那些眞眞在幹政治運動的人們。』因此，他『認爲中國能否走上民主政治，全在看今天在幹政治運動的這一羣人』。這句話的涵意，未免過於重視領導者，而忽視民衆。雖然，民衆需要領導者的啟發，但領導者決不能代表民衆。否則，那決不是民主政治，此種觀念正是筆者認爲必須修正的。過去中國民主政治的失敗，即在於民主政治的領導者未能面對現實，不走大道，而僅求速達。領導者的努力誠屬必需，但領導者努力的方向，却不能置民衆於不顧。

在民主政治下，領導者無論如何優良，決不能全面代表民衆。孫先生似誤認爲，在歐美民主國家中，『眞正關心政治和水準够的人還是極小數』。孫先生所謂的「水準」，若係指「知識」言，則我以爲民主政治下的民衆，不需要固定的「水準」。知識高，一般的說，也許有益；但非必須，且非必有益。以各個人而論，知識高而不宜於民主政治者，所在皆是。孫先生所謂的「水準」，若係指觀念與習慣而言，則我認爲，在歐美有民主歷史的國家中，水準够的人佔極大部份，而非「極小數」。我們不要以爲他們人民不關心政治；那祇是在平時。每遇重要關頭，則地方或中央的人選與大政方針，還是由民衆左右。以大戰後邱吉爾的威望，一經改選，卽須棄甲曳兵而走。以羅斯福的手腕，在他第二次被選，聲望最隆的時候，仍不能動搖最高法院的組織。

民主政治的運用，有時是無形的。中國提倡民主政治的人，往往只注意到外表，而忽視了無形的動力與運用。在歐美民主國家，表現民衆意志的方法，有議會，有報紙雜誌，有各種活動的團體，有各種討論會，有人民個人直接給議員的信函。最後，乃有投票權。有政治天才的領袖，他能於這些紛歧複雜的民意中，找出一共同的「公母」，再參加本人的主張，以爲他施政的南針。此所以領導極權獨裁，或專制的國家易，而領導民主的國家難！以不習於民主歷史背景的眼光看民主，稍有疏忽，卽只能看到容易的表面，而無視其複雜的動力與運用，因而誤認他們的人民不關心政治（例如平時對政治不聞不問，甚至放棄投票權）。

爲中國建立強固基礎的民主，我們固然需要寄望於『今天在幹政治運動的這一羣人』，但若僅如孫先生所說，則我認爲決然是不够的；那只是一個起點而已。我贊成謝先生所說：『民主如游水，一定要實地落水試游』。可惜中華民國的人民，在過去五十年中，所「落」的是假水，迄未能眞正「試游」。只要有眞水，不怕不會游！今日談民主或作實際活動的人們，他們的責任，在認識眞水，不要再指引民衆到假水或混水中去！

鄙見常以爲，有些事知難行易，有些事知易行難，有些事知難行亦不易，有些事知易行亦不難。民主政治若非「知難行亦不易」，則至少也是「知易行難」。在表面上，民主政治彷彿很容易懂得（是否眞懂爲另一問題），然而在實際上，沒有這種傳統觀念與習慣的人們却頗難運用。鄙見以爲今日無論致力於政治理論，或政治工作的人們，若希望民主政治能在中國生根，都必須面對現實，脚踏實地，決不能畏難。形式上的民主容易建立，實質上的民主必須從多方面澈底努力。不過，若先有形式上的民主，而能把握時機，以培植民主的實質，由上而下，自然比較的容易。但倘若想民主能在中國生根，則遲早仍必須有澈底的努力。浮萍式的民主政治是經不起絲毫風浪的！我誠懇的希望孫先生等能同意我的看法。

從二百次嚴重警告看中共紙老虎

劉裕畧

關於中共的動態，國際間時有揣測與傳聞。有的說卽將入寮，有的說卽將入越。不錯，中共不但有赤化亞洲的野心，而且還有協同蘇聯赤化全世界的野心，否則，它無需乎遙遠而積極的去經營非洲和拉丁美洲了。再說；如果中共只是爲了防衛自身的話，則對內擁有之數百萬公安部隊和數千萬民兵，早已對內鎭壓有餘，固不必再花鉅大數量的金錢來建立龐大的軍需工業和經常再養數百萬正規的現代化的陸海空軍了。這就可見中共確有用武力向外擴張的意圖。初不僅用以「解放」台灣而已。因爲如中共之意圖只在攻打台灣的話，則中共之所謂現代化軍隊固又不足以與美國之第七艦隊抗衡。可見，中共有意於適當時機用武力對付日本與印度等亞洲隣近國家，並有意用武力進出東南亞，視寮越爲戰畧走廊，以赤化東南亞，實甚明顯。

不過，意圖了意圖，實力了實力，實力與意圖是否相配合，是一問題，而實現意圖的方式有多種，直接用武，固是一種，以武力作後盾，用滲透顛覆等方式作先行，則是另一種。以我個人來看，目前中共之對外擴張意圖雖並未因其內部困難而有任何絲毫改變，如果中共有任何絲毫改變的話，則絕對應該把所有援外開支和用作對外擴張的投資節省下來，轉而救助大陸人民，以暫蘇大陸人民之窮困。然而，連年以來，大陸之天災人禍雖繼續不斷發生，中共之對外擴張作風，却無任何絲毫改變迹象，就可見這決不只是由於中共好面子，而乃中共之野心與慾望依然龐大依然高漲之故。

那末，這是不是說中共卽將在亞洲有軍事性的重大行動呢？我的看法則又不然，我的看法是中共的野心雖未改，但以言軍事實力，則現階段不過仍然是一個紙老虎。這只要看四月廿六日中共對美國提出第二百次嚴重警告，就活活的畫出了中共這一隻紙老虎的原形。

翻查紀錄，中共是在一九五八年九月對美國開始其第一次「嚴重警告」的，迄一九六〇年五月廿五日中共認爲美國軍艦「侵入」了福建省東引地區領海，乃提出其第一百次嚴重警告。現在不到兩年，中共又提出其第二百次嚴重警告了。

平時，中共對美國提出其嚴重警告時，照例只有寥寥數個字。其「告」之不足言「警」，更不足言「嚴重」自屬可知。四月廿六日提出其第二百次嚴重警告時，則特別發表長文，一則說「第一百次嚴重警告以後，到現在還不到兩年，美國侵畧者肆無忌悍地繼續派遣軍艦侵入我國領海計五十六次，入侵的軍艦八十艘；美國飛機侵入我領空九十三次，計九十二架，特別是在肯尼廸上台以後，美國軍艦和飛機侵入中國領海領空的軍事挑釁活動更爲猖狂，從一九六一年一月至現在，平均每月達六點八次之多。而且這些美國强盜軍艦有時侵入領海離海岸不足三浬，美國强盜飛機侵入我國西沙羣島離地面僅有三四米的低空。最近，美帝國主義的侵畧魔爪更從我國東南沿海伸到北方青島以東以南地區海域，進一步擴大對我國的挑釁活動」。再則說「這些事實表明，肯尼廸政府比他的前任艾森豪威爾政府在執行堅決與中國人民爲敵的侵畧政策上，更加猖狂和兇惡。中國人民正高度警惕地注視着美國强盜的挑釁活動。美國侵畧者對中國人民所犯的罪行，必將受到適當的懲罰」。

究將受到什麼「懲罰」呢？中共言之却無下文。當然，這原不是文字問題，而是行動問題。但說到行動，中共眞有一碰美國的實力嗎？只怕完全沒有，如果有，毛澤東必早已下令共軍對第七艦隊進行攻擊，務令美軍片甲不留了；如果有，毛澤東必早已下令解放日本、印度等國，並早已調動「解放」大軍席捲東南亞了。何必再求第七艦隊自動撤退哩！難道毛澤東還要替「美帝」保存實力不成！這都可見中共對美國的「嚴重警告」，一律等於放屁，一點也不「嚴重」，若果嚴重，便不必一而再，再而三，三而二百次，乃至更多次了。另一方面，這也正顯示中共雖有龐大野心，論實力却是紙老虎之流，只等待我們去摧毀它哩！

論國府開徵國防臨時特捐

李金華

國府於四月卅日公佈自五月一日起開徵國防臨時特別捐，為期至明年六月底止，共十四個月，預算籌備財源新台幣二十三億七千萬元。每一個自由中國的公民平均負担二百元。上數如依五月二日市場的美金進價，可折合美金五千餘萬元。

依據「國防臨時特別捐徵收條例」第一條，此項舉措是為了「確籌財源以加強整備充實國防並維持經濟發展」。陳誠的談話，也保証特捐統收統支，全部用於充實國防。財政部長嚴家淦答覆記者時更聲稱：「國防臨時特別捐徵收之款項另列特別專戶，與普通一般財政毫無關係。財政方面絕不用到特別捐一分一文。」但台灣的報紙和香港反共的報紙，幾一致指出這是籌措反攻準備金。可是從另一個角度來看，此舉恰在美國減少經援之後實行；在台灣工商業萎頹的情況下實行；在說老實話的經濟部長楊繼曾於四月下旬經濟部檢討會中說了「今年的一至三月份，我們的經濟已比較去年困難」後實行；使人覺得開徵國防臨時特捐的意義，挽救經濟，過於充實國防，用於反攻尚待以觀後效。不啻為萎縮中的財政經濟，救燃眉之急。事實上美國對華軍援的情況也並無大變更。

現在，就事論事，不論國防臨時特捐的款項，將來是用於「充實國防」，或用於「維持經濟發展」，在台灣現實環境下，兩者皆屬當務之急。而且又是首次經過立法程序頒佈施行的，比私下以增發通貨，飲鴆止渴之下策為高，既然說是有助於反攻，人們也實難表示不同的意見了。再說，每人平均分攤不過二百台幣，似也不為過。因此，我相信生活在台灣的人，將會樂意為打回去，掏腰包。進一步說，即使國府用另一種名義和方式，向海外僑胞呼籲捐輸，我也相信祇要同時公佈妥當的完密的監管辦法，確保該款項涓滴皆用於反攻，也當會得到應有的效果的。

以台灣今天的財經狀況言，說老實話，當局也不必諱言，不必宣傳，不論在台灣或海外，人人都知道是捉襟見肘的。但如果反攻指日可期，行動在即，我想即使朝發進軍令，夕頒反攻特捐，凡是中華民國公民，無分身在國內或僑居海外，將必傾囊輸將。所以在原則上，我個人是贊成國府這一舉措的。而且也預祝能有良好的效果。

不過，我覺得「國防臨時特別捐徵收條例」不夠完備的是，並沒有規定其收支情況，應由主管機關送請立法院審查。我們知道，行政院到今天還沒有提出國防部組織法請立法院審查通過。因此國防部的組織和度支，就不是立法院所能過問了的。國防部遂變成了一個不應秘密而秘密的機關。根據台灣「聯合報」五月一日的有關社論反映，特別提到要求「不得」把國防臨時特捐的款項「挪作軍事行政上的一般開支」。我們雖不知這項開支的詳細內容和數字，却也能意味到過去這一方面開支的繁鉅，已是構成為一大隱弊，不過過去當局皆以事關機密，內容向不公佈，立法院自亦無從審查，民間自也無從知其詳了。

因此，由開徵「國防臨時特捐」所籌集的財源，祇是籠統概括地說，用於「充實國防」和「維持經濟發展」，因其所具伸縮性過大，也難以令人信其不發生流弊，政府取之於民的錢，本應用之於民，現在立法院既無權審查，似不足以昭大信。

以國府目前在台灣的處境言，不言可知維持經濟實比充實國防更為重要。以後者來說，尚可托庇於第七艦隊，安保可不必憂慮；但是前者的問題複雜，工業基礎薄弱，製成品成本高，無外銷市場，是問題的一面；陳誠在向工商界領袖作保証談話時也指出了問題的另一面，那就是：「一、人口的壓力；二、就學率的增加；三、就業問題的解決。」他更明確的解說：「人口問題的增加，勢須謀求經濟加速發展，才能解決，另外每年有十五萬人以上的就業問題，也有待於經濟發展，才能解決。」當然，嚴格的說，一個獨立的國家，其軍備所需，也有待於經濟的發展為支柱。因此，就這一點說，我深深了解台灣內部的安定或安全，不是靠「充實國防」來維持，積極之途是在維持經濟的穩定和發展。自由中國如再不能自謀經濟自足之道，在經援逐年減縮之下，問題之嚴重，應該說是遠在國防之上。也就再不必談反攻了。這是台灣整個問題的中心，如避開不談，無疑是隔靴搔癢！

就經濟發展的前途看，即使有遠景，也是近火難得遠水救。而減縮軍政開支和全面節約又非如舉手之易，同時人心又渴望着反攻，在這樣客觀的因素和主觀的心理壓力之下，老老實實說，開徵國防臨時特別捐，不失為是一策。而且也確是大家能同情當局苦心的一策。但不是可予諒解的一策。因為大家同在危船之上，鑑於實際情況，必須協力以赴，但平心而論，十三年來既有小康的局面為基礎，而司舵者，卻不能領導航向彼岸，則不是大家所能諒解的了。

「國防臨時特捐」既祇是立法院有權通過開徵，而無權審查開支內容的臨時特捐，但願當局能善始善終，善徵善用，庶能以立大信。蓋如果反攻不是指日可期，自由中國來日的困難勢必更多，若此舉因人謀不臧而失敗，或以所徵得的特捐款項，用以開支不可告人的項目，致無績效，則我相信，未來的問題，就不會單純是經濟問題了。執政的國民黨人，已有十三年前退守台灣的教訓，當能知其利害。站在國民的立場，我願千言萬語併作一句講，尤其是政治上權宜之變的措施，必須要使它能有一個突出的效果，否則大信一失，必將牽連根本。台灣事實上是在經濟蕭條中，祇有曲意奉承的官員，才作違言。再深一層說，沒有健康的經濟力，就不可有充實的國防力，不論自保或反攻，經濟問題是根本問題。我相信沒有人會眼見中華民國的困難，而非議開徵「國防臨時特捐」的。祇是人人對當局求善心切。為此我願再重複前言，望當局此舉善始善終，善徵善用。

台灣的經濟問題

純　夫

尹仲容認為安定成長世所罕有

（台北通訊）台灣銀行董事長兼外貿會主委尹仲容在最近發行的台灣銀行年報中，指出台灣五十年度的經濟成長有下列三端：（一）台灣經濟在此年度的實質成長率為百分之八·四，（二）物價頗為安定，與上年相較，僅漲百分之三·二三，（三）輸出額有相當擴充，較上年增加百分之二十六。

他說：五十年度台灣經濟有百分之八·四的實質成長率，就整個亞洲而言，僅次於日本。即就整個世界言，近年來亦不多見。其次，在任何地區，在某一時期，較高成長率的獲得，通常同時促使物價的劇烈上漲。我們居然能避免這一現象，獲得安定的成長，這是一項寶貴的收穫。

他又說：在通常的高度成長水準之下，因為國內需要增加與物價上漲，輸出減退，輸入激增，而形成國際收支的危機。台灣的國際收支，基本上雖尚未平衡，仍須仰賴美援，但過去一年，美援金額照舊，由於輸出擴充，外匯準備增加，國際收支問題，尚未成為經濟發展的絆脚石。

尹仲容還提到過去一年間曾發生台灣經濟是否蕭條的爭論，他認為當時部份人士，因少數產業面臨困難，遂以為整個台灣經濟已進入不景氣階段，要求政府以財政及金融政策，擴充「經濟的總需要」；但現在事後加以分析，證明台灣經濟不僅並無蕭條現象，反而獲得了高度的安定成長。他覺得這是可以引為欣慰的。

楊繼曾認為工業生產面臨難關

但在尹仲容自認台灣經濟的安定成長世所罕有，引為欣慰的同時，經濟部長楊繼曾於四月十六日至二十一日經濟部所屬機構的五十年度業務檢討會上，不但指出：「我們今年頭三個月的經濟情形已比去年困難得多」；而且坦率承認我們已到了「窮則變」的時候。他說：「今天各國營事業的困難可以借用一個新名詞——瓶頸作用」來說明。譬如糖業公司種甘蔗就有瓶頸作用存在。現在的甘蔗是ACO品種，這種品種是適合種於貧瘠地區的，長到了某一個限度便倒伏不再長了，縱然再加多肥料也沒有用。又如中紡公司的紗布不容易銷，也是瓶頸作用，應該從新的技術上來研究。他認為其他各國營事業都有瓶頸作用存在，呼籲「大家必須去尋找它，並用最高的智慧予以克服。他主張今後應切實改善管理辦法，最重要的是財務管理。要實行成本會計制度，用會計方式來管理業務，因為單靠統計方式不能解決問題。他更認為應有全面性的政策，不可祇作枝枝節節的改變，或各搞各的單位，然後才可望克服當前的困難；否則經濟蕭條便將接踵而來。

楊繼曾在經濟部所屬各國營事業五十年度業務總檢會中所提的警告，與尹仲容在台灣銀行年報中所作的得意狀，顯然成了一個尖銳的對照。

聯合報的評論

為什麼尹仲容和楊繼曾的看法竟有如此的距離呢？這似乎可從聯合報的社論中找出答案。該報認為楊繼曾坦率指出我們的工業生產已面臨難關，這是「去年所發生的經濟蕭條或繁榮之爭辯以來，政府經濟首長頭一次承認台灣的經濟發展，已到了窮則變的地步。」社論又說：『我們現在與其詫訝楊部長的說法，毋寧欣賞他正視現實的態度。且不論「蕭條」一詞是否形容過甚，但我們工業生產的困難，是幾乎可以覺察到的事實。前一些時候，工業界喊資金週轉窘拮，隨後便發生減產與倒閉的現象。這些事實，不因爭辯而否定其存在，現在卻因爭辯而使當局更客觀的探索問題，是觀念上的一種進步。』

『楊部長說：「去年第三期四年經濟建設計劃，預計是百分之八的成長率，而我們達成的是百分之八·四，好像是很好的光景。」這便是當局過去否定「蕭條」論的論據。然而，我們的困難，卻在於我們的成長率祇是過去投資的發展。換句話說，成長率雖在升長，但升長的速度已在降低。』

聯合報的社論，無異指出尹仲容的所謂繁榮，僅就某些部份經濟建設的成長率而言；但台灣目前的經濟全貌，確如楊繼曾所言，已經到了窮則變的時候了。至於在現局之下，是否能變，尤其是能否變好呢？則尚有待事實的證明了。

台灣簡訊兩則

志　清

一、八家紡織公司串通漏稅

中華毛紡廠、遠東紡織公司，勤益紡織廠，新台灣紡織廠，維興紡織廠，福華毛紡廠，中國紡織公司及工礦公司等八家廠商與南市商人王天恩專門為便利廠商開發統一發票，逃漏捐稅而虛的南新行串通，逃漏所得稅達新台幣數千萬元之鉅，台南市稅捐處外勤股長于慶霖，稅務員陳友堯收受賄賂，經人檢舉，由南京警察局偵查屬實，將于、陳兩人移送台南地檢處法辦。八家廠商漏稅部份，則移請台北治安機關會同稅捐機關處理。

二、官商勾結盜伐林木

台灣宜蘭縣蘭陽林區管理處林產課長姚慶武，保林股長許本勤，伐木股長翁廷棟，及工人黃水金、黃昌祺等五人自四十八年起，連續收受此間榮發木行之金錢、禮物等賄賂，為數頗巨，經治安機關於偵察該行漏稅案時，從賬簿中發現該行歷次賄賂姚等五人之金錢數字及時間，因而破獲；已將姚慶武、張本勤、翁廷棟、黃昌祺等四人扣押，黃水金一名則因情節較輕，暫准交保候傳。據報載：本案乃係官商勾結，盜伐木材，內容複雜，牽涉甚廣。

臨時國防特別捐開征前後

獨濤

（台北通訊）立法院於四月二十七日三讀通過行政院所擬送的國防臨時特別捐征收條例六條，三十日由「總統」明令公佈，五月一日即開始實施，從這一連串的快動作看來，我們的行政效率，可謂已經夠高了。

依據征收條例的規定，從本年五月一日起至明年六月三十日止，下列十四項捐稅均將隨征臨時國防特別捐，其稅額悉依原來的稅率而定。計關稅最輕，為原稅率的百分之二十，且有若干進口貨物得免征。個人綜合所得稅、貨物稅、屠宰稅、房捐、電燈電報、電話、鐵路及公路票價等八項則照原稅率加百分之三十。地價稅及契稅兩項為百分之四十，鹽稅、娛樂稅及筵席稅三項最重，為原稅率的百分之五十。預計可籌得二十餘億元。

至於此項特別捐的用途，征收條例開宗明義第一條，即標明是為「確籌財源以加強整備充實國防，並維持經濟發展。」似乎並無用作普通行政費用或塡補預算赤字之意。

陳誠的談話

行政院長陳誠於征收條例公佈後，即日發表一篇書面談話，據稱：「大陸同胞，在飢餓與勞役的雙重迫害下，反共抗暴的行動，一天一天的增加。匪幫為了作垂死的掙扎和反噬，可能對台灣發動軍事冒險，藉圖挽救其內部的嚴重危機。我們面對此一情勢，尤須充實國防，加強整備，以把握應付任何緊急事故的能力。」

「政府過去對反共決策的推行，其第一階段，是着重確保台灣海峽，從而謀求經濟的繁榮，社會的安定，軍隊的整訓，這只是說，在「生聚教訓」一方面，已經收到了很高的效果；但對於加強部隊的機動性，抵禦匪軍大舉冒險進犯，以及策應大陸同胞抗暴行動，則尚待吾人的繼續努力。在漢賊不兩立，匪我不並存的今日，如何實現光復大陸，拯救大陸同胞的願望，必須充實國防力量並配合軍事行動的準備。而此項有關國防的必需開支，既刻不容緩，又決非國家正常預算所能容納，如果我們昧於事機，大量發行鈔票，雖亦可應付一時；而由此導致通貨惡性膨脹的結果，其慘痛教訓的先例，是值得我們深深回憶的。」

「因此，我們必須在維護國家民族生存的前提下，顧及人民負担的能力；在配合國防需要的同時，力求避免通貨惡性膨脹，並維持經濟的安定與發展。再三考慮的結果，惟有在確定範圍內依循增加稅捐的途徑，籌劃財源，故編列特別預算，並擬定「國防臨時特別捐征收條例」。

「在本案實施期間，政府保証統收統支，全部收入，均作加強整備，充實國防之用；並一定採取各種平行措施，以防止由於心理作用及人為因素所產生的不良影響。猶記四十八年八七水災發生時，政府為加速救災重建工作，曾附徵稅捐，獲得圓滿的成功。此次徵收國防臨時特別捐，其意義尤為重大，希望全國同胞特別是工商界人士，秉愛國熱忱，共體時艱，協力支持政府反共既定決策，一面增加生產，一面穩定物價。為增進整體安全，而承受暫時的負担，這不僅是完成國防整備最主要的條件，而且是我們台灣各種建設及所有進步最確切的保障。」

嚴家淦的表示

財政部長嚴家淦也向報界表示，臨時特別捐將立專戶儲存，財政支出絕不挪用，十四個月後即停止征收。並說：為了獎勵投資，營利所得稅不征，為了顧及工業生產，工業用電不征，鐵路及公路的貨運不征。他認為臨時特別捐實施後，對於一部分物價可能因成本關係，稍為提高；但國內物資充裕，生產能力甚高，外滙存底亦豐，滙率不變。因此，物價不致有過大的波動。

警備司令部也出馬

台灣省警備總司令部也以快速的動作，於四月三十日下午八時在該部召集全國總商會、省商聯會、台北市商會、各行業公會、憲兵司令部、台灣省警務處、台北市及縣警察局、基隆市警察局等二十九個單位，舉行一項特別座談會，由該部副總司令李立柏主持。他致詞時強調三點：（一）希望農礦工商各界領袖熱烈擁護政府此一重大措施，領導各業支持政府，發揚守法精神，維持物價的穩定。工商界首先在心理上應有正確的認識，切勿在此時際投機操縱囤積壟斷，助長物價上漲，擾亂市場人心。各界領袖更應領導全國人民，先作精神動員，來支持和協助政府推行此一措施。（二）該部及有關治安警察機關，為維持社會秩序，於五月一日起派員對市場物價為普遍經常性之調查與監視。（三）在國防臨時特別捐征收條例實施期間，如發現有非法哄抬物價或投機壟斷，或其他操縱行為者，當視情節輕重，分別依非常時期農礦工商管理條例，及其他有關法令嚴予取締，依法重辦決不寬貸。最後，他要求各界人士衷誠合作，共維物價之穩定。

座談結果，決定由憲警治安及有關工商界領袖成立協調小組，負責監視調查一般物價情形，並由警總負召集之責。

最高檢查長的警告

最高檢查署檢查長趙琛也於五月一日向工商界發出警告，他說：「政府征收國防臨時特別捐，旨在加強軍備，充實國防，並維持經濟發展。全國同胞尤其工商界人士，自應一秉愛國熱忱，共體時艱，配合國策，與政府通力合作；不得投機操縱，囤積壟斷，高抬物價，擾亂市場人心。如有違反情事，司法及憲警機關將依違反非常時期農工商管理條例及其他有關法律治以重罪。」趙檢察長並於一日下令高檢處，指示該處應轉令各級檢察官注意，隨時與軍憲警機關聯繫合作，如查有投機操縱，囤積壟斷，高抬物價等違法情事，應即予以檢舉嚴辦。

工商界表示支持

陳誠在發表上述的書面談話後，還於五月一日下午召集全國工商團體負責人到行政院舉行座談會，應邀參加座談者七十餘人。他即席提出三項保証：（一）臨時特別捐的收入，全部用於國防，不作別用；（二）政府絕對施行節約；（三）政府一定維持幣信，不走通貨膨脹的路。又說：外滙滙率絕不改變，政府並將盡力協助工商界發展。他更呼籲舉國上下應團結一致，為一個遠大的共用目標，應忍受時勢的困苦。

台灣肥皂工業同業工會理事長華壽嵩首先表示：肥皂工業決不因政府征收臨時特別捐而任意加價。並說：此時此地決不容有人混水摸魚。如有藉機抬高物價者，希望政府依違反國家總動員法處罰。全國工業總會理事長束雲章說：關於反攻大陸問題，不僅政府有責任，工商界也有責任。尤其今日大陸人民對共匪暴政大感不滿之時，反攻大陸更為各方一致的希望。他認為政府此次決定征收國防臨時特別捐二十餘億元，用作充實反攻準備，實為明智之舉。因為政府已不採取從前通貨膨脹的老路。與其乞靈於印刷機印製鈔票，不如加稅，對本省經濟發展不會有大的影響。他更希望工商界不要盲目加價。

全國商聯會理事長何佐治指出：國家在困難而感有需要時，人民應協助政府解決困難，全國商聯於上午集會，曾請各商業團體支持政府的決策。雖然商人是求利，但在今日的情形下，應犧牲小我，完成大我，全力協助政府完成反攻復國的大業。

台灣合會公司董事長劉濶才認為政府此次措施，完全是民主法治國家，經過合法的程序來完成兩個法案。這種作法是非常正確的，每一國民必會全力支持。劉氏表示他是一心一意支持政府來完成偉大的事業。

台灣水泥工業同業公會理事長林柏壽說：加稅與發行公債是最合理的籌集財源方法，政府在兩年來，已實施公債政策，雖然數目不大，但有效果。希望今後更進一步加強發展公債政策。關於貨稅方面，希望應分輕重，如果是屬於臨時性的，則歸於臨時性；但如果可以有長期性的，則應歸類長期性。使負担能趨於合理。他又指出現在公務人員生活很清苦，應設法合理改善待遇，作提高工作效率的長期性的配合。

台灣玻璃工業同業公會理事長陳尚文說：台灣為反攻大陸的基地，政府提出征收國防臨時特別捐，仍能顧慮到台灣經濟的發展，可見政府事先考慮的週詳，保証全力支持政府此項措施。

台省工業會理事長林挺生認為政府此次措施是有智慧的，也是較切實的辦法。相信人民會全力支持，在政府有力的領導下，一定會成功的。林氏指出反攻大陸與經濟發展並不矛盾，如果反攻成功，經濟發展前途更為樂觀。他說，要反攻大陸，必定要加速經濟發展作為基礎。反攻必是長期的戰爭，軍需物品的供應，均需經濟有相當的發展才可達成任務。因此，反攻大陸與經濟發展，正如一車之兩輪，相輔相成，缺一不可。林氏並強調台幣幣值的保持及外滙滙率的穩定，必須各方全力去維護，使台幣的幣值穩定，外滙滙率不變更。

商界的响應

台灣省商會聯合會於五月三日召開理監事聯席會議，通過下列各重要決議：（一）由各縣市商會分別邀請所屬各業商業同業公會全體理監事舉行擴大會議，並簽訂不乘機抬高物價之公約（公約內容由各縣市商會自行訂定）。上項擴大會議，應迅速舉行，以赴事功。（二）由各省級各業同業公會聯合會，尅日發動各該所屬全省會員商號，一致擁護政府開征國防特別捐之重大措施，並保証不抬高物價及囤積居奇。發動方式由各業聯合會自行決定。（三）由省聯合會轉知所屬各會員團體積極發動當地各行業，一致支持此次政府開征國防臨時特別捐以加強整備，充實國防，及維持經濟發展之賢明措施；並自動自發協助政府穩定物價，福利民生，絕不乘機抬價及乘機操縱囤積；並喚起商人認識有國防才有國家，及少賺錢，多納稅，以報效國家。

台北市商會並召集本市各商業同業公會理事及總幹事舉行座談會，通過一項公約如下：（一）絕對擁護政府措施，保証不漲價。（二）少賺錢，多納稅，但求度過難關。（三）不漏稅，如期繳納各項稅捐。（四）盡力貢獻國家，充實國防軍備。

市場的動態

從以上一連串的措施看去，政府當局顯然深知自己的信用不佳，誠恐此舉引起物價的波動而導致經濟的紊亂。因而才一再保証臨時特別捐專為國防之用，決不移作他項開支。同時，除由陳誠邀請工商界領袖舉行座談，爭取他們的合作與支持外，警備司令部和最高檢查處還擺出鐵面如山的威嚴，聲言如有投機壟斷，提高物價情事，決依法嚴懲不貸。此外，又發動工商界自動訂立不漲價公約，可謂軟硬兼施，面面兼顧。但市場的實際情況究竟如何呢？據五月三日報載：臨時國防特別捐開征後，各種進口貨物由於成本加重，多趨上揚；惟因購買力萎縮，各業競爭頗烈，實銷情形，反而轉呆。二日已開始止漲回降。食米仍呈平穩，食糖及豆類漲勢轉緩，食油及黃金畧升，水泥掛高，麪粉盤價提高，市勢向榮，紗布、紙張、肥皂及南北貨均平穩，奶類罐頭漲多跌少。惟金鈔價格則不斷上升，美鈔每元伸新台幣四十八元五角出，四十八元進。九九〇條金每台兩做二千二百五十元出，二千一百五十元進。有關方面認為這完全是一種心理作用，相信不久即將自然趨向下跌；政府暫不採取任何行動。

大陸人民普遍不滿勞動底分制

白帆

中共所謂勞動底分制是今日大陸各地農村人民公社正在實行的一種制度。這種制度之不合理，這種制度之不斷引起人民的憤恨，已是愈來愈嚴重的事實了。唯其如此，中共人民日報最近也不得不提出來討論它了。

四月廿五日中共人民日報曾以「來信綜述」為題闢了廣大篇幅的專欄專門討論這一問題。據人民日報說：「多數讀者認為，按照勞動底分計，是一種落後的計酬方法。因為它不符合按勞計酬的原則，不利於調動社員的勞動積極性。內蒙古自治區蘇尼特右旗新民公社王正平、劉招明信中說：按底分計工，大體上有兩種形式：一種是死分死記，社員勞動一天，不論數量多少，質量好壞，都按底分記工；一種是死分活評，即以底分為基礎，參照社員每天勞動達到的數量和質量，通過社員互評，適當的增減工分，前一種辦法顯然是不合理的，社員說：死分死記是板上釘釘子，好也是半斤，壞也是八兩。因而影響社員積極勞動性的發揮。後一種辦法是比死分死記進了一步，但也不易評得合理。實際上還是底分起主要作用」。

人民日報又說「有些讀者還根據自己工作的實際體會，說明按底分記工有很多缺點。中共瀋陽市委會蔡復恩信中說：按底分記工有四個缺點：一、社員的勞動報酬在勞動以前就固定了或基本固定了，不能充分調動社員的積極性；二、不能體現按勞計酬的原則，勞動底分只是社員可能達到的標準，而不是實際已經達到的，在生產中社員付出的勞動，可能超過這個標準，也可能低於這種標準，如果一律按底分記工，有的就會有吃虧的，有佔便宜的；三、評定勞動底分是根據社員的體力強弱、技術高低和勞動態度等條件，有時重活，技術活較少，強勞動力或有技術的社員也不得不做一般農活，如果都按底分記工，底分低的社員對同工不同酬會有意見；四、按底分記工，不能保証田間作業的質量」。

由以上人民日報所透露，可知不滿中共的底分制已是今日大陸之普遍事實。但中共却依靠這些方法來剝削人民勞動果實，又怎能期望有何更改哩！

高棉駐中共大使閉眼瞎說　陳毅代表中共感謝他撒謊

毛澤東所搞的人民公社，情況之惡劣，成績之差，對中國大陸人民所帶來之痛苦，相信早已是全世界一致公認的事實了。但正在扮演中立小醜的高棉駐北平中共偽政權之大使却在北平閉着眼睛撒謊說：「通過這次旅行，外交團的使節們更了解了中國過去的偉大歷史和新中國的迅速發展，他們參觀的人民公社以及人民公社對農業和工業方面的貢獻，給了他們很深刻的印象」。據新華社五月四日專電說：這是中共招待駐北平各使館外交人員參觀人民公社後，高棉駐北平大使蘭・湼特大使代表各外交使節發表的談話。

假如高棉駐北平大使內心的真實觀感真是如此的話，這位大使就未免太糊塗了。可以斷言的，這不過是他故意逢迎中共，向中共拍馬，閉着眼睛說一番而已。

然而陳毅心裏有數，自知人民公社一團糟，所以在答辭中特別強調說：「舊中國遺留下來的在經濟和文化上的貧窮和落後狀態不是一朝一夕所能徹底改變的，在我們前進的道路上不可能沒有困難」。但陳毅終於還是代表中共感謝這位高棉大使的撒謊。故新華社專電又說：「陳毅副總理感謝蘭・湼特大使代表外交團所作的講話中對中國社會主義建設給予的讚揚」。

中共何以要招待與中共偽政權有邦交的各國大使去參觀一場糊塗的人民公社呢？難道中共不怕各國大使親自看見人民公社的惡劣情形嗎？對此中共倒是不怕的。因為供給各國外交人員和大使們的人民公社都是事前特別安排好了的，自無怕他們看出真象的顧慮。不過，中共以為通過這批參觀過那曾經經過安排的人民公社，便可以向全世界作出掩飾和混淆，則中共未免枉費心機。因為全世界的人民，甚至包括中共的老大哥蘇聯在內也知道中共的人民公社是早已醜聲四播的了。（陸閒）

大陸簡訊

藍星

中共將與巴基斯坦商邊界問題

中國與巴基斯坦的邊界問題，正如中國與亞洲其它許多國家之間的邊界問題一樣，一直尚未完全確定。把這些相互之間的邊界問題加以解決，自屬應當。不過，中共政權乃係蘇俄之附庸，並非中華民國之正統政府。中華民國之惟一合法政府現在台灣，故中國與他國間之邊界問題雖應解決，但暫時竊據大陸之中共政權却無權代表中國與其它任何國家簽訂任何邊界協議。

據中共新華社五月三日電：「中華人民共和國外交部今天就中國和巴基斯坦兩國政府同意就邊界問題進行談判，發表了一項新聞公報。公報全文如下：中華人民共和國和巴基斯坦政府經過交換意見以後確認，中國新疆和由巴基斯坦實際控制其防務的各個地區相接壤的邊界，歷史上從未劃定和標定，為了確保兩國邊界的安謐和兩國的睦隣關係，雙方同意進行談判以便就這段邊界的位置和走向取得一致的理解，並且在這個基礎上簽訂一個臨時性的協議。雙方還同意，在巴基斯坦和印度關於克什米爾的爭議獲得解決以後，有關的主權當局將就克什米爾的邊界問題同中國政府重新談判，以簽訂一個正式的邊界條約書代替這個臨時性的協議」。

根據新華社上述報導，顯示中共偽政權正在冒充中國之合法政府將與巴基斯坦談判，並以對付和孤立印度。中共偽政權的這種冒認，當然是中國人民所不承認的。

陳毅再度鼓動日本反美

煽動日本人民反美，以孤立日本，這是中共對付日本的一貫策畧。為此，中共除以金錢收買日奸和以思想滲透日本而外，毛澤東本人亦曾對日本訪問大陸之左傾人士發表這煽動性和欺騙性的談話。

茲據新華社說：中共政務院副總理兼外交部長陳毅又於五月三日接見日本社會黨監察委員會前委員長猪俣浩三，日中友好協會代表團團長古谷莊一郎，日本工會總評議會代表團團長姥谷武弘和日本紅十字會工會代表團團長宇夫方貞夫說「偉大的日本民族不會甘心長期處於美帝國主義支配之下，我們相信，而且祝願日本兄弟總有一天將徹底擺脫美帝國主義的束縛」云。

毛澤東在天安門慶祝五一

為了偽裝共黨政權是一個工人階級的政權，中共照例擴大慶祝五一勞動節。去年五一時，毛澤東在上海參加，今年却在天安門出現。

據新華社五月一日北平電：「首都一百萬人今晚在天安門前舉行盛大的聯歡晚會，毛澤東主席、劉少奇主席及黨和國家其它領導人同各國來賓們一起，在天安門城樓觀看了廣場上的大聯歡和節日的焰火，共慶偉大的五一國際勞動節。今晚，天安門前鼓樂喧天，燈火輝煌，五彩繽紛的節日焰火，劃破夜空，響聲連天，歡慶的節日氣氛令人心醉神往。毛澤東主席、劉少奇主席、朱德委員長、周恩來總理在歡樂的歌樂聲中登上天安門城樓」。

毛澤東等似乎完全忘記大陸人民正在普遍飢餓哩！

僑鄉近訊

鍾之奇

中共在廣州撈起銅皮沉船

只因金銀銅鐵錫和鋼材缺乏，中共遂在一切破銅爛鐵上動腦筋。各大都市在大陸淪陷前所建洋樓之鋼窗銅皮鐵釘固早已拆卸一空，即若干年前沉在水中的船隻，中共亦在各地調查，並設法予以撈起，以解救物資荒於萬一。

中共已在廣州打撈沉船的消息已誌本報，茲據中共「中國新聞社」五月三日電「最近，在廣州海珠橋東面三百米的河面上，一艘沉睡江底約一百多年的沉船，打撈出水面。這艘據說是鴉片戰爭後不久沉沒的銅皮木質船，船身全長三十四米，寬八米，是一艘用幾百隻銅釘連接起來的柚木船，每隻銅釘重一市斤多，船殼外面鑲有一毫米至兩毫米的銅皮」。

又說「這艘沉船是省打撈公司第一打撈工程隊打撈的」云。

新豐畜力缺乏

廣東各地現正普遍發生耕牛養得不好，因而形成畜力缺乏的情形。

據在廣州出版的粵共地方機關報——南方日報於四月十八日透露：「新豐縣城郊公社黃陂大隊耕牛普遍養得不好，據大隊最近對第六、七、八、九、十等五個生產隊的檢查，在現有廿四頭耕牛中，只有五頭比較肥壯，瘦弱不堪的却佔了九頭。又據調查：全大隊現有一百五十六頭耕牛中，老牛殘牛佔了百分之四十以上。全大隊共有母牛七十六頭，但是無生育能力的老母牛及小牛却有三十二頭。在有生育能力的四十四頭牛中，一九六一年以來，只繁殖了十三頭小牛」。

該報並指出其原因說：「是沒有確定耕牛的所有權，口頭上雖然說耕牛歸生產隊所有，但實際上大隊對生產隊仍然諸多限制。大隊還隨便從生產隊抽調耕牛。前此時就從山背調了兩頭耕牛給十三隊，由於耕牛所有權不明確，便大大的影響了生產隊社員養牛和繁殖耕牛的積極性。飼養員都爭着管養比較馴服又好使役的公牛，養了公牛的，也大多數把公牛閹掉。全大隊現有的八十頭公牛中，被閹掉的就有七十七頭。由於大多數公牛被閹，母牛就不能及時配種，影響了耕牛的繁殖。黃陂大隊沒有執行嚴格的管養制度，例如：第八生產隊的飼養員陳傳君，負責飼養的母牛生了小牛，但沒有獲得應有的獎勵。第九生產隊的飼養員李月憲，一連餓死凍死兩頭耕牛，反沒有給予應有的處罰。由於獎罰不明，影響了飼養員積極性的發揮」云。

其實，這也不僅是獎罰不明的問題。只因中共剝奪了人民的財富後，又繼續不斷的剝奪人民的勞動果實，人民恨中共刺骨，誰還有心去管養什麼公牛母牛呢！歸根結底說來，都因為中共的整個制度錯誤罷了。

興寧縣的耕牛也多瘦弱

南方日報除透露了廣東新豐縣的畜力缺乏情形外，又在另一實例中，透露了興寧縣的耕牛情況亦異常惡劣。並在檢討其原因中，透露了人民對中共的消極反抗情緒。

它說：「興寧縣寧中公社佛嶺大隊的耕牛，管養情況也不很好，全大隊有百分之二十以上的耕牛很瘦弱，耕作效率也不高。造成這種情況的主要原因，是飼養員有消極情緒，加上工分報酬不合理，因而耕牛管養工作長期搞不好」云。

廣東廣西又變更地方區劃

中共把各省地方行政區劃隨意變來變去，已是屢見不鮮的事情。

茲據新華社四月廿二日電：中共在本年一月至三月又把河北、河南、江蘇、雲南、廣東、廣西、山西的若干縣市行政區劃加以變更。其中屬於廣東省者，計有「恢復連山僮族瑤族自治縣，以合併於連南瑤族僮族自治縣的原連山僮族瑤族自治縣行政區域為連山僮族瑤族自治縣的行政區域」。「恢復連南瑤族自治縣。以合併於連南瑤族僮族自治縣的原連南瑤族自治縣的行政區域為連南瑤族自治縣的行政區域」。「撤銷連南瑤族僮族自治縣」等，廣西省則「恢復富川縣、鍾山縣、凌雲縣、樂業縣、武宣縣、靈川縣、扶綏縣」。並「撤銷富鍾縣和凌樂縣」云。

印度與中共「鬥法」

梟禪

中共與印度交惡，最近已達到烘熱的程度。中共利用其軍事上的優勢，對印度作武力的恫嚇，試看印度是否就範，接受中共的「最後通牒」。却不料尼赫魯居然接受挑戰，聲言中共軍若敢越境，印度決予揮軍迎擊。目前邊界雙方的哨站，刁斗相對，雙方的巡邏隊，也劍拔弩張，武裝衝突可坐而待。這些必然發生的衝突，是不是會引起中共與印度間的戰爭？又會不會依照尼赫魯的說法；中共若攻印度，「必然引起世界大戰」？其間雙方盤馬彎弓，勾心鬥角，的確相當微妙！

中共「最後通牒」

被稱爲「最後通牒」的中共對印「最强烈抗議」，是四月三十日中共向印度駐北平大使館提出的。其中指責印軍於四月十一日至二十七日的十七天中，連續「侵入新疆」共十八次，「深入中國境內十一公里，並在兩個中國（中共）哨所的西南及西北設立兩個哨所。構築工事作準備長期盤踞的侵畧據點，並四出進行挑釁活動」。中共認爲這些情形，正在迫近中共哨所進行挑釁，「甚至不惜又一次製造流血事件」。乃是印度方面一種「有計劃、有步驟、嚴重侵佔中國領土和威脅中共哨所安全的挑釁行爲」。中共向印度提出的最强烈抗議，要求印度立即從中國領土上撤出印方軍事據點及印度軍隊。如果印度拒絕撤走這些「侵畧據點」，並繼續向中共哨所進行挑釁，中共的「邊防部隊將不得不被迫而實行自衛」，因此而產生的一切後果，就必須「由印度完全負担」。

中共似乎預先知道，印度已經建立永久工事的據點，不會容易撤退。所以中共抗議中又說，因中共自一九六〇年起已自動停止在邊界二十公里內派出巡邏隊，致被印度利用而「步步進迫」、「侵畧威脅」，因此中共「爲保衛領土及維持邊境安寧的神聖權利」，已下令恢復自喀喇昆倉山口至空喀山口一段的巡邏。倘若印度「擴大侵擾」的話，中共就將被迫考慮，「恢復中印邊境全線的巡邏」。

巡邏隊問題

中共這「最强烈抗議」，確乎是最後通牒式的。爲了印度在爭執的邊界上，在中共已建立的哨所附近建立哨所，中共就指說這是侵畧和挑釁，非要印度撤回哨所不可。並且在這抗議中，中共聲明已採取了初步的軍事行動，恢復喀喇昆倉山口一線的巡邏。至於所說要進一步考慮的「中印邊界全線巡邏」，等於是說要「派大軍壓境」。因全線巡邏，非有數萬軍隊，是辦不到的。

正如印度政界一般的預測，尼赫魯對中共是不會屈服的。雖然印度的軍力絕對不能與中共相比，但自數年以前，尼氏就認爲印度若與中共發生戰爭，必然引起世界大戰。因此他對中共，並沒有採取什麼客氣的態度，這次在糾紛區設立哨站，當然有整個計劃，不會「虎頭蛇尾」的。果然，五月二日在議院的質詢答覆中，尼赫魯很堅定地宣稱：我人將繼續扼守在喀喇昆倉的哨站，「我人將不因任何中共以軍事行動將我人逐出此等哨站之恫嚇而撤退」。尼赫魯此言一出，整個印度下院報以歡呼之聲。

尼赫魯繼續說：一九六〇年周恩來訪印時，雙方曾經同意，不派巡邏進入對方領土，及避免衝突。「但我人並未同意，不派巡邏隊巡邏我人自己之領土」。倘若中共軍入侵，我人決予遏阻。我人已漸有力量。事實上北平之指責，乃對我邊防力量漸增之不安而發者。

中共的底牌

印度已明顯拒絕在中共軍事威脅下撤退哨站，並聲明若中共以武力逐出此等哨站，即視爲侵入印度領土，將予揮軍迎擊，那麼，中共是否要「恢復全線巡邏」，派出大軍壓迫印度？或者祇在已恢復巡邏的一段，製造流血事件，擴大嚴重事態呢？

軍事上中共確是有力量可以侵入印度的，但中共却不可能併吞印度。因此中共即使在邊境衝突以至導入戰爭的初期中，能對印度獲致軍事勝利，但兵連禍結的後果難以結束，情形很可能有如日本之進攻中國。歸根結蒂，中共會不會對印度用兵，是決於政治，而非單看軍事力量。

因爲印度在國際政治上眞正中立，並不無條件做共黨應聲虫，尤其年來尼赫魯利用毛澤東與赫魯曉夫的不睦，採取親蘇而藐視中共的態度。（印共最近選舉，親蘇派抬頭，以前的親中共派慘敗）。中共對印度是相當憤恨的。可是由於西方決不會坐視中共攻印，蘇聯也不會贊同中共攻印的緣故，中共對印度的態度，是「色厲內荏」的。尼赫魯對中共如此强硬，正是看透了中共的底牌。

中共與緬甸訂「邊界協定」，又要與巴基斯坦談判邊界協定，包括印巴紛爭的克什米爾區在內。這正顯示中共不敢面對印度，而想旁敲側擊，挑撥印巴的糾紛。·加爾各答通訊·

吳廷琰忽畧了爭取農民

（西貢通訊）·阮氏珍·

吳廷琰對越盟黨展開長期鬥爭，確已盡了極大的努力，也確曾建下了不少豐功偉績；尤其是在近一兩年來，他在政治上的改革，也確已獲得相當的成就。祇是，這個堅強的反共英雄，無可諱言，是有着一項最嚴重的缺點，那就是忽畧了爭取佔絕對大多數人口的農民。

這是千眞萬確的事實：南越農民，到仍沒有對吳廷琰發生怎樣的好感。換言之，就是農民們對吳廷琰的擁護，並不十分熱烈！相反地，農民們還經常口出怨言！

農民們既佔全部人口的絕對大多數，而吳廷琰的施政却忽畧了爭取農民，這在反共鬥爭上，顯然是等同給予越盟黨以把柄，對南越的政局，當然引起了極大的不利！

越南戰局，由開始以至現在，都是存有很奇異、很微妙的氣氛和質素的。越南人民的本身（不管是南越人抑是北越人），他們會替吳廷琰政府工作，也會替越盟政府工作。越盟游擊隊是用陰謀顚覆的作戰方式滲入南越來打擊吳廷琰政府的，故南越人民，就更會替雙方效力；當然，廣大的農民，在這種複雜的環境下，又怎能例外？

在這樣的鬥爭中，南越廣大的農民無論支持那一方面，該一方面便可以獲得決定性勝利的因素。可不是嗎？農民們可以還他們的氣力來建築防衛工事，或破壞道路，或供應糧食，或代運物品，或提供情報，都是可以把握到極大優勢的。吳廷琰忽畧了爭取農民，因而常爲越盟游擊隊所乘，這是屢見不鮮的事實。可惜的是：吳廷琰却仍懵懵然！

目前南越農民的生活，仍在十分艱苦中，而未獲得畧爲改善。他們是胼手胝足，鋤田、播種，以至收割，打禾，磨穀，舂米；都是憑着他們身體氣力去勞動，而他們所吃到的，除兩頓白米飯外，餸菜就祇有一些魚乾和魚露，很少能獲得有肉食；營養既不充足，身體於焉孱弱；疾病叢生，而又缺乏醫藥照顧。那末，他們之對吳廷琰，又怎會熱誠擁戴？

曾有不少南越農民這樣的表示過：我們的命運，是站在南北越政府中間的，祇是被兩邊牽拉着，飽受折磨！

有一個實例，發生在南越的富闆村。該村農民八百餘名，約有一半是住近南越政府的據點的，另一半則住近越盟游擊隊的巢穴的，雙方都設有擴聲筒，經常播出宣傳的言詞，而戰鬥則幾乎每晚都有發生，在火線下被射死的農民頗不少，房屋也多被摧毀。於是當地的農民都祇有埋怨戰爭，不管吳廷琰或胡志明，他們都切齒痛恨。

越盟黨的宣傳要旨是：一、打倒美吳集團；二、解放南越；三、爲統一越南而鬥爭；四、高原各土族實行自治；五、澈底改善農民生活；六、把土地分給窮苦農民；七、擴展農民福利。——由此可知：越盟黨是如何的重視爭取農民？越盟黨不僅在宣傳上如此，而且已經要出了一套實際的手法來了。據西貢居民獲悉，確已有不少鄉村的農民，親眼看到在越盟控制着的地區內，把富有者的土地，分配給貧苦的農民，使農民相信重新分配土地的好處。反觀南越政府，吳廷琰却未有積極爭取農民。農民迫切需要改善耕耘方法，需要醫藥照顧，需要建立兒童教育；但是，吳廷琰却沒有甚麼政績使農民們感覺到欣慰。南越政府雖曾宣傳過，又謂實行普遍土地改革，又謂實行舉辦農貸，但迄今仍未見諸事實。曾經有人訪問過三百多個南越農民，他們却沒有一個承認曾得過政府的貸欵，或得過一塊土地。顯然，吳廷琰的工作，並未幹得澈底。

在西貢附近一些農村中，也有不少農民歷歷指出政府官員的貪污。據說：政府官員每把配給農民的糧食或金錢，中飽了一部份；又把政府贈給農民的肥田料，拿到黑市去出售。他們都一致認爲，吳廷琰尚未能切實努力來協助農民，改進農村。農民們迄尚未獲得政府的改良農業的技術指導。他們還說：美援物資，祇有極少數直接流入農村；農民所得到的，祇是微乎其微。南越政府忽畧了爭取農民，確是吳廷琰的罪過！

文史漫談

閱微草堂筆記中的道學家

徐亮之

紀氏除詛咒僞道學外，道學家的爭門戶，結朋黨，亦爲他所深惡。他說：

裘文達公言：嘗聞諸石東村曰：「有驍騎校頗讀書，喜談文義。一夜寓直宣武門樓上，乘涼散步，至麗譙之東，見二人倚堞相對語，心知爲狐鬼，屏息俟之。其一舉首北指曰：『此故明首善書院，今爲西洋天主堂矣。其推步星象，製作器物，實巧不可諧。其教則變換佛經而附會以儒理。吾曩親窃聽，每談至無歸宿處，輒以天主解結，故迄不能行。然觀其作事，心計亦殊黠。』其一曰：『君謂其黠，我則怪其太痴。彼奉其國王之命，航海而來，不過欲化中國爲彼教；揆度事勢，寧有是理？而自利瑪竇以後，源源續至，不償其所願終不止，不亦儇乎？』其一又曰：『豈但此輩痴，即彼建首善書院者亦復大痴！姦璫柄國，方陰伺君子之隙，肆其詆排；而羣聚清談，反予以鉤黨之題目，一網打盡，亦復何尤！且三千弟子，惟孔子則可；孟子揣不及孔子，所與講肆者公孫丑萬章等數人而已。洛閩諸儒，無孔子之道德，而亦招聚生徒，盈千累萬，梟鸞並集，門戶交爭，遂釀爲朋黨，而國隨以亡。東林諸儒不鑒覆轍，又鶩虛名而受實禍。今憑弔遺跡，能無責備於賢者哉!?』方相對歎息，忽回顧見人，翳然而滅。」東村曰：「天下趨之如鶩，而世外之狐鬼乃窃窃不滿也；人誤耶？狐鬼誤耶？」（如是我聞四）

紀氏直把宋代亡國的責任，歸諸洛閩諸儒的爭門戶與結朋黨；直斥東林諸儒爲鶩虛名而受實禍；言之雖未免少過，而宋明道學家的此一副煞有介事而實羌無是處的面孔，亦確實「得人憎」也。紀氏對道學家的戶門之見深惡痛恨如此，遂對此點更加以形象化說：

嘉祥曾英華言：「一夕秋月澄明，與數友散步場圃外，忽旋風滾滾，自東南來；中有十餘鬼，互相牽曳，且毆且詈，尙能辨其一二語，似爭朱陸異同也。」門戶之禍，乃下徹黃泉乎!?（槐西雜志二）

紀氏除對道學家的門戶朋黨深惡痛恨外，對他們的崖岸自高，酸態可掬，也極哂笑怒罵之能事。他說：

（一）安中寬言：有人獨行林莽間，遇二人，似是文士，吟哦而行。一人懷中落一書冊，此人拾得，字甚拙澀，波磔皆不甚具，僅可辨識。其中或符籙，或藥方，或人家春聯，紛揉無序；亦間有經書古文詩句。展閱未竟，二人遽來奪去，倏忽不見；疑爲狐魅。忽一紙條飛落草間，俟其去遠，覓得之，上有字曰：「詩經『於』字皆音『烏』，易經『无』字左邊無點。」余謂此借言粗材之好講文藝者也；然能刻意於是，不愈於飲博遊冶乎！使讀書人能獎勵之，其中必有所成就；乃薄而揮之，斥而笑之，是未思聖人之待互鄉闕黨二童子也。講學家崖岸過峻，使人甘於自暴棄，皆自沽己名，視世道人心如膜外耳，（槐西雜志二）

（二）人物異類，狐則在人物之間；幽明異路，狐則幽明之間；仙妖殊途，狐則在仙妖之間。故謂遇狐爲怪可，謂遇狐爲常亦可。三代以上無可考；史記陳涉世家稱「篝火作狐鳴曰：大楚興，陳涉王」；必當時已有是怪，是以託之。吳均「西京雜志」稱廣川王發欒書冢，擊傷冢中狐，後夢見老翁報寃；是初化人形，見於漢代。張鷟「朝野僉載」稱唐初以來，百姓多事狐神；當時諺曰：「無狐魅，不成村」；是至唐乃最多。「太平廣記」載狐事十二卷，唐代居十之九，是可證矣。諸書記載不一，其源流始末，則劉師退先生所述爲詳。蓋舊滄州南一學究與狐友，師退因介學究與相見；軀幹短小，貌如五六十人；衣冠不古不時，乃類道士；拜揖亦安詳謙謹。寒溫畢，問枉顧意。師退曰：「世與貴族相接者，傳聞異詞；其間頗有所未明。聞君豁達，不自諱，故請祛所惑。」狐笑曰：「天生萬物，各命以名；狐名狐，正如人名人耳；呼狐爲狐，正如呼人爲人耳；何諱之有？至我輩之中，好醜不一，亦如人類之內，良莠不齊；人不諱人之惡，狐何諱狐之惡乎？第言無隱！」師退問：「狐有別乎？」曰：「凡狐皆可修道；而最靈者曰狁狐；此如農家讀書者少，儒家讀書者多也。」問「狁狐生而皆靈乎？」曰：「此係乎其種類，未成道者所生，則爲常狐；已成道者所生，則自能變化也。」問：「既成道矣，自必駐顏；而小說載狐，亦有翁嫗，何也？」曰：「所謂成道，成人道也。其飲食男女，生老病死，亦與人同。若夫飛昇遐舉，又自一事。此如千百人中，有一二入求仕宦，其鍊形服氣者，如積學以成名；其媚惑採補者，如捷徑以求售；然遊仙島登天曹者，必鍊形服氣乃能。其媚惑採補，傷害或多，往往干大律也。」問：「禁令賞罰，孰司之乎？」曰：「小賞罰統於長；其大賞罰，則地界鬼神鑒察之，苟無禁令，則往來無形，出入無迹，何事不可爲乎？」問：「媚惑採補既非正道，何不列諸禁令，必俟傷人乃治乎？」曰：「此譬諸巧誘人財，使人喜助，王法無禁也，至奪人殺人，斯論抵耳。『列仙傳』載酒家嫗，何嘗干冥誅乎？」問：「聞狐爲人生子，不聞人爲狐生子，何也？」微哂曰：「此不足論；蓋有所取，無所與耳。」問：「支磁別贈，不悍牽牛姤乎？」又哂曰：「公太放言！殊未知其審。凡女則如季姬鄫子之故事，可自擇配。婦則既有定偶，弗敢踰防。若夫贈芍採蘭，偶然越禮，人情物理，大抵不殊；固可比例而知耳。」問：「或居人家，或居曠野，何也？」曰：「未成道者，未離乎獸，利於遠人，非山林弗便也。已成道者，事事與人同，非城市不便也。其道行高者，則城市山林皆可居，如大富大貴家，其力百物皆可致，任荒村僻壤與通都大邑，一也。」師退與縱談，其大旨唯勸人學道；曰：「吾曹辛苦一二百年，始化人身；公等現是人身，功成已抵大半，而悠悠忽忽，與草木同朽，殊可惜也！」師退腹笥三藏，引與談禪，則謝曰：「佛家地位絕高，然或修持未到，一入輪迴，便迷却本來面目：不如且求不死，爲有把握，吾亦屢逢善知識，不敢見異而遷也。」師退臨別曰：「今日相逢，亦是天幸！君有一言贈我乎？」躊躇良久曰：「三代以下，恐不好名，此爲下等人言。自古聖賢却是心氣和平，無一毫做作。洛閩諸儒撐眉弩目，使生出如許葛藤；先生其念之！」師退憮然自失。蓋師退崖岸太峻，時或過當云。（如是我聞四）

益智仁室近作詞稿

遜翁

一叢花　嶺梅

小陽時節嫩寒天。憶得庾關前。南枝慣逗春消息，任攀折，任寄惓惓。曾奈如今，雲橫雪擁，空自夢魂牽。

夜來新月影娟娟。訝有暗香傳。東風不理重關鎖，自衙過，萬水千山。點破荒寒，潛通芳訊，開到短籬邊。

前調

宅旁隙地親蒔花竹樹藝既竣悠然有作

三弓隙地費安排。花竹並須栽。窻前好護琅玕影，傍籬畔，一掌分開。菊覓淵明，芍尋白傳，蘭乞楚騷來。

閉門不計與時乖。親手刈蒿萊。揮鋤喜得消髀裏，健筋骨，更健詩懷。還待花開，庭前負手，吟嘯即生涯。

重返蘇州

阿根

編者按：這是從大陸寄出來的一篇文字，是作者寄給自由世界的，本刊在一個傳奇的偶然機會得到這篇文章，並樂於發表供讀者欣賞。爲了存眞原文一字不改。

當我回到已經濶別了多年的故鄉——上海的第二天，表弟阿潔從蘇州來信，要我去蘇一遊，藉此春光明媚，確是遊山玩水的大好時光，奈何幾年的痛苦遭遇，精神上的創傷，肉體上的磨損，對於什麼春遊之類的玩意早就不感興趣，而且壓根兒也沒想到這些。

提起春遊，我自小就跟爸爸去過蘇州、杭州，白相過名勝古蹟，在那虎丘、三潭印月等地都曾經留下過：「阿根到此處一遊」的筆跡。十年前，爸爸到香港工作，後來，媽媽和弟弟也相繼到香港，我算是紅運高照，戴上了一頂不大不小的壞份子帽子，現在總算已經把帽子脫掉，又蒙上級「照顧」來故鄉探親，幾年不見的表弟，知道我重見光明，就來信要我去蘇一遊。

我不知道現在出門探親有什麼新的注意事項，好得是到表弟處去，不必拘甚麼禮節，既不買什麼上海土產，又不帶什麼禮物，買了火車票，隨身帶了二斤粮票，兩個小時就到了蘇州。

表弟在車站接我，幾年不見，他蒼老了許多，其實我何嘗不是如此，他見了我，第一句話是「在蘇準備住幾天？」我說：「住上三四天。」「我們久不見啦，談談麼。」「好！」表弟接着說：「粮票帶來幾斤？」「二斤。」我說。表弟抱歉地說：「「住三天吧，每天吃七兩，要是住四天，粮食或許不够吃，你現在每天吃多少？」「可以一天吃二斤，也可以二天吃一斤，粮食緊張麼！」我無可奈何地說。表弟感嘆地說：「現在每人一斤醬油，一個月三兩半油，您沒有帶來，只好吃清湯，清炒白菜了！」「不是我小氣，說實在的，現在已是廿一號，這個月的計劃已吃光了。」

三輪車漫天討價，車站附近的公共汽車，排了長長的隊，我們就步行到家，談了些家常，從天文談到地理，又從國外談到國內，肚皮不爭氣，咕咕地叫了起來，「吃飯吧！」表弟說「現在每人每天半斤蔬菜，粮食不够瓜菜代！可是，今天你來了，一個人的蔬菜二個人吃，既不够下飯，又不能充飢。」表弟說着，叫我等一下，他要去買些什麼，說着就走了。

不一會，表弟拿着一條重約斤餘的黃魚，四隻蛋，一些烏筍回家，又弄到了四兩高粱，兩個人忙了一陣，菜、飯、全做成了，兩人對酌，雖然是吃的「苦酒」，由於是久別重逢，談談吃吃，倒也別有風味。

「蘇州市面還不錯吧！」我說：「能一下子搞到這些菜肴，實在不算差了。」誰知表弟苦笑地說：「沒有什麼菜，以後等情況好轉，一定好好地請請您。」「也不要太客氣了，現在菜難買，這魚什麼價鈿？」我邊吃邊問：「什麼地方買到的，以後我帶些回上海去。」表弟說：「這是夜裏買的。」「夜裏買的？」「白天不能買麼？」我問。「不能，只有夜裏才能買。」「爲什麼？」我接着問他。「黑市麼！」表弟苦笑回答我。「魚是二元四角一斤，鷄蛋四角五分一隻，烏筍三角一斤，酒每兩一元。不瞞您說，這一餐酒飯，足足花了我十天的工資。」表弟一五一十地算給我聽。

表弟每月工資是二十六元，低級工資要高級用，一頓不十分豐富的夜飯，就可完全報銷一個月的勞動所得，以往，表弟對黑市是向不問津的，爲了我的到來，一下子化了近十元，我的心逐漸不平靜起來，要是我住三天，他整整一個月不天亮，還得倒貼一些!?想到這些，我說什麼呢？我再也吃不下什麼，似乎這次到蘇一行，是做了一件內疚之事那樣的不安。

第二天一早，我又跳上火車，離開了濶別幾年的表弟。

阿根於蘇返滬

抗戰回憶錄（十八）

張發奎

五、武漢會戰

陽新湖以西地區的戰鬥於九月下旬繼續進行，這是我在月初到達陽新後即積極準備的戰塲，我選定從右翼排市起沿富河陽新城及網湖的北岸地區爲陣地帶，地形的條件和瑞昌以西地帶概畧相同，右翼也是高地帶，左翼江岸的半壁山和對岸的田家鎮要塞爲依托，不過陣地的正面比較廣濶，以所有的兵力配置是不太適合的，爲補救這個缺點，除以兵力的重點，配置於適當地區外，並令湯集團於富河右岸，保持機動的態勢，相機側擊敵入的右側；右翼排市以南的地區是開敞的，這就靠與第一兵團的連繫和湯集團的機動，才能閉塞這個空隙，這責任仍然需要湯集團的負担，最感困難的是田家鎮要塞李軍團方面的指揮問題，因爲隔了一個大江，兵力的支援沒有辦法，而且交通連絡亦極困難，這方面除了李軍團的獨立戰鬥外，再沒有別的方法可以增强這個要塞的守備。

右翼排市方面的第卅軍團和中央陽新方面的第廿六軍團是最近加入參戰的部隊，新兵很多，裝備不全，他們訓練的程度，連構築工事還沒有得到要領。

敵人對陽新陣地，於九月廿五日開始繼續其攻擊的行動，由於長江的形勢自田家鎮以後向北彎曲的關係，他企圖先攻畧我半壁山和田家鎮的要塞，以撼動我的左翼，壓迫我向南轉移，使其水上的部隊得以不受沿江我軍的威脅向武漢前進；廿八日富池口的敵人開始向半壁山渡河登陸，田家鎮要塞亦同時遭受東北兩面敵人的壓迫，田家鎮終於廿九日失陷了。半壁山在敵艦和田家鎮敵人的重炮兵交互制壓之下，我們稀弱的炮兵沉寂了，工事被毀了，守兵兩營與陣地共存亡了，這一個屹立於長江的孤山終於十月四日在戰史上寫了壯烈的一頁。

排市陽新方面敵之主力繼我左翼方面敵人的行動而開始蠢動，於是我陣地全綫的戰鬥都在劇烈進行。敵人的死傷相當慘重，但我們右翼排市方面和左翼沿江以西高地的戰鬥也都處處發生危急的現象。爲着使敵人的主力困難通過這一帶陣地，我嚴令各軍必須在萬分艱難痛苦中遏止敵人的行動。我訓令各部隊利用山地的特情去獨立戰鬥，只須應付各人正面的敵情，不必去顧慮鄰接的戰況，側背的覺感性應該減低，排除側背威脅的責任，讓上級指揮官去負担，如果我們在這一個地帶能够支持在三週以上的時間，則敵人由水上深入的行動，決必大減其效果，我向最高統帥部報告，並保証這三週時間的獲得，以使統帥部能有餘裕的時間，作次一處置的準備。

正面的戰況雖在各部隊的努力奮鬥之下，已在有計劃的進行。但水上敵人的行動，仍是積極的。它逐次躍進，對我沿江守備要地加以威脅。十月八日黃顙口發生戰鬥，十三日湋源口亦告失陷；敵人顯欲以水上的迂迴行動來策動它陸地的主力進展。這時我們最大的顧慮，就是石灰窰和黃石港的形勢，假如敵人從這方面迂迴大冶以拊我之背，則陽新附近部隊有陷於包圍的情勢。倘若敵人如此行動，則雖在我的意料，我却無法加以排除。但爲時間上的着眼，我把甘麗初軍加入這方面，以掩護左側背的安全。十九日石灰窰黃石港兩地都接受了敵人的攻擊而宣告失陷！甘軍陷於包圍，我左側背的掩護，遂完全消失了。

辛亥革命史談（四四）

舜生

八、南京臨時政府成立與議和經過

繼此，即須發表國務各員，正式成立行政中樞。可是就當時情形說，此二十一條的『臨時政府組織大綱』，實過於簡畧：一、大總統外無副總統；二、行政部硬性規定五部，毫無活動餘地；三、究竟應爲總統制，抑應爲國務員負責的內閣制，也大可斟酌。於是由滇代表呂志伊，鄂代表居正，湘代表宋敎仁提出修正案：

一、原第一條總時大總統之下，加副總統，改爲『臨時大總統副總統由各省代表選舉之，代表投票權每省以一票爲限。』

二、原第五條改爲『臨時大總統制定官制官規，並任免文武職員，但任免國務各員，須得參議院之同意。』（意即對部長人數不加限制）

三、原第十七條全刪，行政各部改爲國務各員，另擬第十七條爲『國務各員執行政務，臨時大總統發布法律及有關政務之命令時，須副署之。』（意即改總統制爲內閣制）

改內閣制一點，當時以宋敎仁主張最力，各省代表誤會宋有想作內閣總理之意，對宋頗多攻擊，因之討論結果，僅加副總統及不限部長人數兩點得獲通過，內閣制卒未實現。

組織大綱修正後第二天（即一月三號），即選舉副總統，黎元洪以十七票當選。同日，孫總統提出國務員名單求同意，原以宋敎仁長內務，程德全長交通，湯壽潛長敎育，以宋主內閣制爲各省代表所忌，乃改以程長內務，湯長交長，換一蔡元培長敎育，全部共爲九人，一律通過，其名單如次：

陸軍總長　黃　興　（次長蔣作賓）
海軍總長　黃鍾英　（次長湯薌銘）
外交總長　王寵惠　（次長魏宸組）
司法總長　伍廷芳　（次長呂志伊）
財政總長　陳錦濤　（次長王鴻猷）
內務總長　程德全　（次長居　正）
敎育總長　蔡元培　（次長景耀月）
實業總長　張　謇　（次長馬君武）
交通總長　湯壽潛　（次長于右任）

到一月二十八日，組織大綱所有之參議院亦已正式成立（參議員爲各省都督府所指派，各省都督府代表聯合會即告取銷），並舉林森爲議長，王正廷爲副議長，於是此中華民國臨時政府乃完全成立。

關於議和經過的事實，在袁世凱未出來以前向淸廷提出六條件，及孫中山歸國路過香港與胡漢民一番討論，革命不會以武力貫徹，而終必出於和平解決的一途，形勢已經確定。可是經過仍相當複雜。先是淸廷已於九月十六頒下停止進攻的諭旨，到九月二十一，袁世凱準備北上組閣以前，便已命其親信蔡廷幹，及黎元洪鄉人劉承恩，到武昌晤黎請和。其時南京尚未光復，漢陽尚未失守，袁世凱也還沒有贊成共和的決心，因之蔡劉不得要領而返。其後袁乃遣其子克定到漢陽晤見黃興，微示可以共同行動之意，也沒有結果（此說僅見日人齋藤恒紀載）。於是袁命馮國璋猛攻漢陽，漢陽乃於十月初七日陷落。袁表示此實力以後，認爲和議時機已屆成熟，乃請英公使朱爾典居間相助，朱電漢口英領事爲雙方介紹，因而促成十月十一日兩方無條件的停戰。初以三天爲期，期滿又延三天，到十月十五日，袁乃以五項議和條件電達漢口：

一、停戰三日期滿，續停十五日；

二、北京不遣兵向南，南軍亦不遣兵向北；

三、總理大臣派各省居留北方之代表人，前往與南軍各代表討論大局；

四、唐紹儀充總理大臣之代表，與黎軍門或其代表討論大局；

五、以上所言南軍，山陝及北方土匪不在內。

此時各省代表，正在漢口開會，對袁所提三五兩項不予承認，決定以下面兩條答覆：

一、停戰三日期滿，續停十五日，全國民軍淸軍均按兵不動，各守已領之土地；

二、淸總理大臣，派唐紹儀代表，與黎大都督或其代表人討論大局。

於是指定議和地點在漢口，淸方代表唐紹儀，即於十月二十一日到漢。嗣以民方代表伍廷芳在上海甚忙，不能赴漢，乃改以上海爲開會地點。二十七日唐代表到滬，於是伍唐議和即於次日開始。從十月二十八，迄十一月十二，共開會五次，會場設上海南京路市政廳，唐之參贊爲歐賡祥、許鼎霖、趙椿年、馮懿同，伍之參贊爲溫宗堯、王寵惠、汪兆銘、鈕永建，武昌中央軍政府並派代表王正廷列席。正在開會期間，南京仍積極籌組臨時政府，且於十一月初十，由十七省代表開會，選舉中山爲中華民國臨時大總統。本來，在中山被選的同一天，上海第三次和會中原決定國體問題由召開國民會議解決，且於十一日第四次和會規定召集國民會議的辦法。十二日五次會中，民方要求國民會議開會地點在上海，開會期爲十一月二十日。袁世凱眼見如此，深慮臨時大總統已經輪不到他，乃藉口國民會議辦法唐代表不候電商遽行簽定，實屬越權，堅不承認。於是唐不得已辭職，以後議和事件，即由袁伍直接電商。

聯合評論 週刊

本刊已經香港政府登記

每逢星期五出版

United Voice Weekly

第一九三號

督印人：黃宇人　總編輯：左仲平

社址九龍大埔道一六八號南亞書局 305641

承印：嘉羅印刷有限公司 香港灣仔馬師道5號

總代理：友聯發行公司 售價每份港幣一毫

本報美洲版總經售處美國紐約中美出版社

CHINESE - AMERICAN PRESS, INC

199 CANAL STREET.,

NEW YORK13 N. Y. U.S.A.

美洲航空版每份零售美金一角

香港已面臨嚴重關頭

我對毛澤東又一次的心理分析

左舜生

最近十多天，因爲大陸的飢民向港九大批湧進，就已經走進來過的人數而論，早已超過兩萬，在中途被截回，以及留在邊境等待機會的，還不知有多少。像這類的飢民，假定他們覺得留在大陸還掙扎着可以勉強活下去；或接受中共的鞭撻，爲中共做牛做馬，只要每天還可能得到半飽；我想他們也決不會出此結隊出走的下策。

我們要知道：中國的老百姓大抵都是安土重遷的；尤其是農民，假定他們還有土室茅屋可以安居，有粗飯粗菜可以果腹，而家人父子相聚一堂，在貧苦生活中，多少還可以得到一些溫暖，你就強迫着他們離鄉背井，遠走他方，也絕少可能。可是他們現在受着死亡的威脅，即受着共產黨這羣野獸的威脅，他們却不能不作一逃了事的打算。至於逃得出或逃不出，逃出了又有不有辦法，這却不是他們所能考慮的。

我們還要知道：現在一度逃到港九的，或留在邊境而準備逃來的，其人數還只以接近港九一隅的廣東難胞爲限，實際則今天大陸的飢荒，乃是一種普遍現象，決不限於這狹小的一隅。我們作一最保守的估計，今天大陸六億的人民；每天不能得到半飽的，至少總已在四億到五億之間，尤其是鄉村的人民，他們毫無活動的餘地，而且也得不到一點分配的照顧，確早已到達了死亡的邊緣。像這種半死不活的人民，中共居然還要驅策他們去搞『糧食增產』以便繼續供他們揮霍，這豈不是做夢？

我們都曉得，中共平日對於人民的控制，確實是相當嚴密的，老百姓要集合三十五十人隨便走路，也絕少可能；尤其是在接近港九的邊境，他們更是保衛得十分週到；何以這次一集合便是好幾萬人，一度逃進港九的也以萬計，而中共好像是不聞不見？在這裏我們可以有幾種假定：一、中共本來是以搞羣衆起家，他們相當了解羣衆的力量，這次飢民集體逃亡，已經形成了一種羣衆的行動，一定說弄蛇的便不怕蛇咬，也不見得，這是說中共怕引起麻煩，不敢干涉。二、人民集體逃亡，人數以數萬計，這在中共至少是丟臉，中共平日歡喜打腫臉充胖子，難道這次連面子也不顧？可是中共近來深深覺得，橫豎臉也是丟定了的，再丟也無所謂，這是說中共安心以爛爲爛，認爲不必干涉。三、共產黨有一原則，即不許世界上有任何一片樂土，否則即無法証明共產主義確比資本主義優良。港九這十多年來，人口驟然增加四倍，雖然實際上已捉襟見肘，但表面上仍表現一片繁榮，以大陸與之作一對照，中共確實感到自慚形穢，而且足以使大陸人心發生動搖；要以暴力來公然破壞港九，他們還不無顧慮，而且確也得不償失，無已，他們便只好放出大批的飢民，引起港九的不安，換言之，他們無法使大陸港九化，便只好使港九大陸化，這是說這次飢民的逃亡，中共不僅不願干涉，而且正是他們一種有計劃的行爲。四、今年的春季已經完了，中共已察覺大陸春耕的情況十分惡劣，各處報災的消息，更是雪片飛來，不但增產無望，就要維持去年的收成水準，也絕無可能；飢荒的形勢越迫越緊，中共確已感到大禍臨頭，知道隱瞞已無可隱瞞，便不如率性把這一事實徹底公開，而港九正是他們公開這一事實的理想地點，其目的在使世人知道有幾億人口陷於飢餓，這不是一個局部的小問題，而是一個足以威脅整個世界的大問題！過去中國歷史上的黃巢，李闖，張獻忠，……本來就是毛澤東平日心焉嚮往的人物，可是這班人還不過是統率幾十萬幾百萬飢民的小頭目，他們的力量只能以擾亂中國爲限，今天，老子毛老大，却是掌握着幾億飢民的大頭目，也就是黃巢，李闖，張獻忠不能比擬的最大風流人物，現在老子自身已經毫無辦法，惟有把事實給你們公開，請你們來共同解決：要末，你們就發動武力，把我們兩千萬中國共產黨徹底消滅，實行你們的『伐暴救民』，或『弔民伐罪；』要末，你們就好好給我以『招安，』否則我們不難來一次普遍的擾亂！這好比那種強討惡要的惡叫化，把一身弄得破破爛爛，睡在爛泥裏面打滾，使你對他無法不加以注意。這是說中共已經走到了窮途末路，這次發動大批的飢民湧進港九，乃是一條既十分下流又十分凶惡的『苦肉計』。

至於說到香港當局目前應付的態度，我曾設身處地的想了又想，實在除了『善意遣回』也別無他法。假定變換一個方式，將新界邊境四門大開，對飢民的湧進，來者不拒，這便適中共之計！不出十天半月，中共驅遣兩百萬三百萬飢民進入港九也大有可能！果然這樣，則港九的秩序立刻大亂，而且無以善後！香港當局站在負責的立場，如何能這樣做呢？

不過，話得說回頭，像目前香港所採的這種辦法，是不是便能使問題趨於和緩呢？不可能，絕對不可能，大陸的飢荒，還要加速惡化，中共儘管爲了自身利害，不顧輕於破壞港九，不過到他們走投無路的時候，便拿出這條倒行逆施的惡計也正難說。如何加強邊境的實力，作出周密的準備，使毛澤東不敢輕於一逞，却是當前香港當局必須做到的第一要着！

台北對逃港難胞還能隔岸觀火嗎？

黃宇人

一個多月以來，大陸同胞不堪飢餓，紛紛越過邊界，逃入香港；最近兩週，人數愈來愈多，平均每日在兩千人以上。他們都是鵠形菜色，衣服破爛。我在報上看到相片時，也不禁潸然淚下，哀我同胞，何竟如此苦難！

自此一消息外傳後，舉世輿論均表關懷。倫敦每日電訊更指出「將這些可憐的人民拋回給他們的暴君，實是一種殘酷可怕的思想」。可是事實上，我同胞至今仍是一批一批的逃來香港，又被一車一車的遣回共區。此情此景，一方面固然十足証明就在最近不久以前，還被蒙哥馬利子爵稱爲豐衣足食的赤色天堂，原來是哀鴻遍野的人間地獄；同時，也說明自由世界之所謂人道，正義與同情等等，不過是虛有其表的甜言蜜語，並不一定具有眞實的含義。

然而，我無意在此對自由世界的任何國家有所抱怨；更無意對香港政府有所責難，因爲香港沒有力量再容納大量的飢民，確是無可否認的事實。我不能已於言的，則是台北當局對此事的態度。

從大陸救濟總會說起

救助大陸逃出的同胞，本是台北當局無可推卸的責任；作爲一個政府，更是他們對國民應盡的天職。但台北始則指責香港政府的「遣回」措施爲違反人道；而他們對於自己的同胞却反而袖手旁觀，迄未採取任何合於人道的救助辦法。繼因國內輿論的呼籲和國外輿論的指責，大陸救濟總會的發言人才表示，逃港同胞中如有事實及證據，確屬對政府忠貞者，可設法安置來台；其不能提供忠貞的証據者，須在港澳停留三個月至六個月，以俟派人調查。又說，政府正計劃每年收容難胞一千人，因安全與就業的關係，再多則有困難。這種態度顯然拒人於千里之外，我相信每一個難胞見了都要悲憤填膺的。所謂救災如救火，今日難胞逃來香港，一經發現，立被遣回，台北不想辦法及時予以緊急的救助；反而要他們提出對政府忠貞的証據，否則即須停留港澳，接受三個月至六個月的調查，這豈不是隔岸觀火，見危不救嗎？調景嶺的難胞已在那荒山上住了十年以上，每逢台灣有什麼慶典，都要隔海遙祝一番。遇有救濟官員來港視察，更得恭迎恭送如儀，難道至今還未調查清楚嗎？爲何尙未獲准入台？至於所謂年收一千人的計劃，則更是杯水車薪，形同兒戲，星島晚報評之爲「笑話」，殊不爲過。

總之，台北當局對於大陸飢餓同胞逃來香港，祇是呼籲國際機構和其他民主國家從速予以救助及指責香港政府不應將他們遣回；而自己却毫無行動。在此情形之下，我們又何能對香港政府和自由世界的其他國家多存希望呢！

台灣應即開放國門

今日最急迫的事，是爲這些逃出的同胞找一個至少可以暫時安身的去處。香港既不能容納他們，其他國家也是緊閉國門，而且遠水難救近火。唯有台灣近在咫尺，又是目前中華民國政府的所在地，應立即開放國門，歡迎他們前往；其有不願者聽之。如此，才能使他們免於被遣回的悲慘命運。你們也許會推說，今日台灣已經感到人口壓迫，無能爲力。可是，以香港之小，十餘年來尙能容納投奔自由的中國人兩百萬以上。我相信在十年以前，任何一位專家來到香港作實地調查，也不會認爲可能容納如許衆多的人口。以此例彼，台灣比香港大得多，假如當權者果有一點同胞之愛，再容納幾十萬乃至百萬的人，縱有困難，也非不可克服。

復次，台北應即派遣大員携款前來香港與有關當局接洽，要求香港政府給予逃港難胞以過境赴台的方便。台灣在港的一切機構，都應以辦理難胞的緊急救助爲當前的要務。文化協會也應改爲臨時招待所，免費供給食宿，庶可稍贖過去以救濟文化人爲名而却以供少數人消閒爲實的愆尤。猶憶抗戰期間，日軍侵入貴州時，谷正綱先生奉命前往救助難民，貴陽各機關各學校都曾改作難胞招待所，免費供給食宿。今日台灣在港的各種機構，據說，每月耗費港幣兩百萬元之多，我以爲與其用來收買無賴，製造謠言，和吃喝嫖賭等等，不如用來救助難胞。

在開放國門歡迎難胞入台和在香港積極辦理緊急救助的工作以後，我們如再向聯合國和其他民主國家有所呼籲，自易得到同情。我以爲台灣方面更應爭取香港政府的合作和英國的支持，籲請南北美和其他國家放寬中國難民入境的限制；並要求國際救濟機構對入台難胞的徙置和就業問題給予技術和物資的援助。

反攻的時機不可再誤了

從大陸飢餓同胞，大量湧入香港這一事實看去，可知中共政權已呈千瘡百孔，搖搖欲倒的險狀。不但一般人民已開始委之而去；即共軍共幹也懷二心。否則在他們的鐵蹄之下，這些同胞又焉能浩浩蕩蕩，越境而出？因此，我認爲台北當局應即乘此有利時機，發動反攻大陸，才是救國救民和自救之道。祇要反攻一旦開始，則逃來的同胞愈多，中共的內部愈空虛，反攻的人力則愈雄厚。成敗之勢，已極顯然；問題祇在於當權者能否迅作民主改革，集合一切反共力量共同舉事而已。

斥蔣經國系的卑鄙行為

黃宇人

月來，蔣經國系在港的特務嘍囉編造一個謠言，說不久以前，孫家驥君所印行的那兩本書（蔣經國竊國內幕，我為什麼脫離台灣國民黨），曾先經我看過，我很賞識，介紹與程思遠；再經程君的關係，找到中共新華社駐港負責人，然後由他決定交香港某共報總編輯拿錢給孫君出版。並說，此一消息，是英國的情報機關供給他們的云云。我最初原想置之不理，因為這些走狗們專靠造謠和行騙混飯吃，已是衆所週知的事，根本值不得重視。可是，我最近又得悉台北特務頭目陳建中居然寫信來香港，強調此一謠言；而香港方面以中央通訊社為掩護為蔣經國作走卒的陳某亦輾轉傳播，似乎自以為得意。我祇得浪費本刊的一點篇幅，予以公開的駁斥，好讓人們對於蔣經國系的卑鄙行為，多有一些了解。

陳建中曾自稱和我談得很好

兩年多以前，陳建中來到香港，透過友人某君，表示希望和我見面談談。我對於想和我談話的人，一向是來者不拒的，當即同意。見面時，還有黨報社長和嚴靈峯君。陳建中幾乎以大部份的時間，描述台北某財政首長和某院院長的穢事。後者則表示：今日台灣的局面太小，許多人都想表現自己是忠貞分子，於是亂打小報告，好在老先生近年因身體關係對於小報告很少看。並說，蔣經國之主持特務，並非本意；祇因老先生不敢輕信他人，要他負責，他不能不服從。言外之意，似乎他也不以做今日的所謂忠貞分子和特務為榮。事後，我曾和友人某君說，陳建中在今日的台灣，也算負了一部份的責任，我原以為他希望和我見面談談，必已準備好一番道理來說服我；否則就是有什麼問題想和我交換意見；不料他却無事可談，竟將官場醜事來博一笑，徒使人聽了之後愈對台灣的局面發生厭惡而已。這就是我當時對陳建中的印象。聞他回到台北後還向蔣先生報告在港時和我談得很好；並說，我的國民黨黨性仍是很強的。我深覺好笑。

迄後，台北醞釀三屆總統非法連任，留港的若干民主反共人士決定發表一篇聲明，予以警告，原冀他們有所醒悟。但當權者則多方破壞，企圖打銷。陳建中也許因為曾自稱和我談得很好，不能不有所交代，而又不敢直接寫信勸阻我，自討沒趣；乃專函友人某君，請他勸我不要參加簽名，我沒有理會。

蔣經國系以我為攻擊目標的由來

三屆總統違憲連任後，本刊同人曾於四十九年五月先後發表社論兩篇，一為「我們決不承認非法總統」，一為「除去台灣的禍根——蔣經國」。蔣經國系的人對於前一篇社論雖認為大逆不道；但似乎尚無切膚之痛。對於後一篇社論則引為深仇大恨，並認為一定是我寫的。他們又把本刊第四版所載的台灣消息，派歸我獨負其責。此外，曾經有一個滲入本刊為台北作情報的王某，被同人發現不得不退出。雖然王某的身份是他們自己有關的人所暴露；但他們也把這件事列在我的項下。於是，便以我為攻擊的目標，施展其亂拋紅帽的慣技，散佈流言，說我與程思遠往還甚密，受中共利用。甚至台北的中央日報亦於前年七月刊出類似的一則消息，但因做賊心虛，並不敢提出我的名字。我曾在本刊第一〇一期為文斥之。

蔣經國的雙重面孔

自是以後，他們也許自覺無聊，未聞再繼續造謠下去。去冬，友人某君自台返港，還說到蔣經國曾向他談到我，很希望我去台灣當面談談，態度十分誠懇。並說，陳建中更表示，假如我不願意直接去台，他們可以為我安排一次日本旅行，如此，則道經台灣時，我就可以稍作停留與老先生和「蔣先生」見面。我向某君說，假如蔣先生能實施民主改革和發動反攻大陸，我隨時都可以投入反攻的行列；假如他祇想在台灣維持一人一姓的家天下，則我少小加入了國民黨，原在救國救民，十多年前，就因對國民黨絕望而毅然引退，今日自無再作馮婦的興致。我又說，假如蔣經國果眞決心反共，那麼，大家的大前提仍是相同的。他與其隨處示意，希望我或其他的朋友去台灣談談；不如少做些無聊的事，例如造謠，離間，破壞等等。某君解釋，這些事不一定是他所指使的。我說，至少也是他所縱容的。我又說一個比喻：喜歡養狗的人，每當狗向客人亂咬時，他總是當着客人大罵狗不聽話，甚至還要作打狗狀。但客人離去後，他又摩摩狗身，說不定還要給它一些食物，顯然是獎勵它。於是，下次有客人來，那條狗不但照樣亂咬，而且咬得更兇，今日蔣經國門下的那一羣狗所以亂吠亂咬，就是這個原因。（以下轉第三版）

短評

政策與武力

劍生

武力本來是實現政策的工具，所以，克勞塞維茲才有戰略是政略的延長的戰爭理論。現在，美國在寮國推行的中立主義政策業已失敗。寮共已攻佔南塔，又已攻佔會晒，雖經富馬呼籲停止進攻亦無效。於是，美國的大軍海空齊發，調到了泰國。寮局變壞之後，如果美國眞能用武力來挽回，美國尚不失其高明與勇敢，值得亞洲人民的崇敬與信任。

不過，話說回來，美國這一次如在寮國用武，以避免寮國之完全赤化，雖值得頌揚。但尤應檢討的，却是美國對寮國的基本政策。假如美國的對寮政策最先就不是那樣一個行不通的中立主義政策，在基本上就是一個較強硬的政策的話，則何致被迫要在現在來動武？這正如美國的對華政策，如果最先就是一個打擊和消滅中共的強硬政策的話，則中國大陸何至演變到今天這種惡劣局面，從而使得亞洲各國都面臨中共的威脅，甚至美國亦不得不在太平洋保持極大的阻塞力量和報復力量呢？

所以，前事不忘，後事之師。美國對中共的政策，應該不在中蘇共之分化，而在幫助中國人民和亞洲人民把中共這一禍根從亞洲連根拔去才是。否則，頭痛醫頭，脚痛醫脚，戰略與政略將會始終無法配合的。寮局又是一個例子。

可悲的寮國局勢！

美國應迅即改變對寮政策

劉裕畧

寮國局勢的演變，現在是愈來愈可悲了。據路透社五月十二日萬象電：「寮共在老撾的軍事勝利，今天已使在這裏的老撾人士和西方外交人員驚惶失措。他們惟恐還有兩個城鎮沙拉灣和阿速坡被佔迫近眉睫。因而又輕易地向更大的城市如王都琅勃拉邦及萬象本身進攻。西方軍界方面消息說，老撾局勢較前更在寮共控制中」。這說明着南塔與會晒相繼被寮共攻佔後，寮國的局勢，已在向極惡劣的方向演變中。

當然，這也並不奇怪。當美國正在用停止美援的方式以壓迫寮國合法政府屈膝向寮共及以中立主義為標榜的富馬組織聯合政府的時候，蘇聯及中共則不斷大力支援和加強寮共軍；那末，一方在經濟枯竭，士氣被打擊，寮國合法政府之文翁總理及諾沙旺副總理兼國防部長不得不分往亞洲若干堅決反共國家求援，另一方則在中蘇共大力支助下進攻，寮國合法政府之軍隊焉得不吃敗仗？寮局焉得不愈變愈糟？

也許有人說，這不能怪美國，只能怪文翁與諾沙旺不接受美國的壓迫，以與寮共合組聯合政府。殊不知美國雖無斷送寮國之心，但有經驗有遠見人士則早已看到如果文翁及諾沙旺接受聯合政府的方式，則寮國定必赤化無疑。蓋共黨之特長即在顛覆與滲透。所以，文翁與諾沙旺堅持必在聯合政府中保持國防部長職務，那已經是委曲求全的大讓步。也可以說，那是死亡邊緣的最後讓步。這一讓步，已屆頂點，一絲一毫也不能再讓了。

也許有人會說，文翁與諾沙旺如與寮共合組聯合政府，聯合政府的主腦是富馬，富馬並非共產黨，而是一個眞正的中立主義者，故寮國聯合政府組成後，寮國可望在富馬的領導下穩定的走上中立主義的路，這比美軍開到寮國去打無把握的仗，豈不更好？殊不知，這也是一種皮相之談。富馬固然不是共產黨人，但富馬近年來的作法，顯然倚靠寮共來撐支場面。同時，富馬亦頗欲運用中蘇共之力量，而這種想法却絕端危險。因為凡想利用國際共黨力量者，其本人終不免最後落在共黨魔掌之控制或運用中，屆時雖欲自拔亦不可得。今日寮共之所以聯結富馬，豈眞有愛於富馬？亦不過寮共之統戰手法，欲暫時利用富馬以達到赤化寮國之目的而已。何況，富馬之不能制止寮共之行動，已在這次寮共突然攻佔南塔一事充分說明。蓋南塔之被佔，顯然是寮共所為。南塔被佔後，富馬認為寮共破壞了寮國已有的停火協議，當即呼籲蘇發努旺之寮共部隊退出南塔，但寮共不但未因富馬之呼籲而退出南塔，且又更進一步攻佔了會晒，這就可見富馬縱然願意推行中立主義，其奈寮共之不遵守協議何？那末，若由富馬出面合文翁諾沙旺之一方，再合寮共蘇發努旺之一方，以組成聯合政府，又何能期待富馬足以控制寮共之行為，而長保寮國之中立呢？

所以，歸根結底講來，美國要想在寮國推行中立主義，實在是行不通的一條策畧。

況且，美國若一定要在寮國推行中立主義，還有兩種壞處。

第一種壞處，是美國目前為了壓迫寮國合法政府去與富馬及寮共合組聯合政府，其所採行之一種辦法是停支寮國合法政府之經援。這一着極端顯示了美國利用財經壓力以干涉和壓迫它國內政，尤其是干涉和壓迫了多災多難中這一小國的內政之嫌，這很容易引起人們的不良印象。

本來，就整個世界而言，美國不但是有生氣有正義而且也是抱有崇高自由民主理想的一個偉大國家。為了反共，為了普遍實現自由民主的理想，美國利用其本身之影響力，以促使所有不民主的國家都走向民主，不自由的國家都走向自由，這是應該的。但美國現在並沒有盡量的這樣去做，却反而以停支經援來迫使寮國合法政府就範。而其目的又並非實現自由民主的崇高理想，而僅在迫使寮國依照美國的妥協藍圖去組織一個茍合性的聯合政府而已，初與自由民主之理念無關。那末，這種行為，必給寮國反共人士的自尊心以重大打擊，必將對亞洲人民給予普遍的不良觀感，實可斷言。

再說，美國今日之對寮政策之另一壞處，是無異告訴越共泰共韓共和其它所有共黨，說美國對這些地區之反共政策是看現成形勢而轉變的。並不是基於一種徹底的觀念，更非基於最高的理想。如果該地共黨已佔優勢有如寮共在寮國之已控制其大部地區的話，則美國即可退讓到只求該國內部合組聯合政府即可滿足，並不希望徹底反共。這樣一來，就無異鼓勵了越共的顛覆與叛亂陰謀。因為越共認為若能在南越多打幾次勝仗，進而多佔領一些地區有如寮共的話，則美國又勢必要像壓迫寮國合法政府那樣來壓迫吳廷琰政府以與越共妥協了。事實上，美國對南越的政策當不至此，但美國在寮國的作風，却使人發生此種懷疑，所以，美國對寮國的現行政策，無論為美國計，為寮國計，為整個自由世界或東南亞計，都應該製定更強硬和更徹底的政策。否則，美國縱然願意在事急時再派美軍到寮國去，恐怕也已太遲哩！

惟從速反攻可解台灣困局

李金暉

國府開徵國防臨時特捐後，予人們二大印象。其一使人覺得當局是已眞正認識經濟問題的重要，有甚於擴軍。不解決經濟問題，首先受到危害的固是民生，間接受到影響的還是軍事。其二令人覺得當局似已放棄或至少是暫時放棄了反攻的積極活動。目前所着重的祇是「我們爭取未來長久的繁榮」，（見周至柔七日在省議會所作五十二年度台省地方總預算報告）以求穩定台灣內部的經濟。

其實以今日台灣全盤情況來說，經濟的困難是許多因素長期發展所形成。過去由於一直叨光於美援，問題未臻表面化，同時當局又一直認為國際戰爭有隨時爆發的可能，可藉機重回大陸，故不僅從未認眞面對經濟問題有所考慮，抑且以龐大的軍政費用轉嫁在農工商業上。現在客觀情勢大有變遷，首先是「美援的方式在逐漸改變」，其次是大陸情況雖已有利於作軍事反攻，其奈當局無能力乘機而起，反攻既不能行動，政治又無由改進，這樣才拐一個大彎，轉回頭來注重「維持經濟發展」。實則今日台灣的經濟狀況已進入了困境，比說老實話的經濟部長楊繼曾所說的瓶頸現象猶有過之。至於尹仲容之所言，語多盲目樂觀，自作催眠，無非是做其「好官」而已!?

台灣經濟情況之突然緊張，原因固多，就最近的情況看來，美援政策的變化，是直接的近因。事實上，一九六二會計年度將完，今年七月，就要進入一九六三年會計年度了。五月九日的台灣聯合報」消息反映，「美援遲遲未能決定，已引起了不良的反應，經濟界人士對於美援遲遲未決，感到困惑。」經分析「困惑」的原因，不僅是因為國府方面「所提出的計劃，無形中受到擱淺」；也不是單純因為美國援外機構改組起了影響，因為其他許多國家均已先後陸續得到美援，「例如印度已經獲得數億美元。」就這樣情況推測，至少可以估計，美國對華經援的政策，是在作統盤的重新考慮或另作擬訂中。「聯合報」的消息還透露說：「有關方面對於美援貸款何時決定，連日來頻頻與美國華盛頓方面接觸，但所得到的答覆是還沒有決定。因此，經濟界人士均希望在一九六二會計年度未了之前美援新貸款及早決定，以消除此間對美援貸款的疑惑。」

一九六二年美援遲遲不予撥款，看來已不是純粹的美援問題，說不定與中美間目前的全盤關係有不可分的關聯。中美關係現在暫時陷入了低潮，此也可作為事證之一例看。

以上這些現象，可以幫助我們找出何以今年第一季的經濟情況遠比去年為困難的原因；也說明了國府必須在此時此際從速開徵臨時國防特捐的原因。

不僅此，在開徵國防臨時特捐後，現在台灣的報紙，還有主張作「戰時公債之籌募」的，（見五月五日「公論報」社論）所持的理由是，「戰費的籌措，租稅固為主要來源，但在近世戰時財政中，漸失其比重，反而戰時公債之徵募後來居上，日見重要。」甚且鼓勵地說：「政府須抓住良好時機，培育健全的公債政策，希望由短期公債之發行，達到五年十年長期公債之發行，以彌補戰時財用之不足。」同時，該社論中也反映出了，財政上且有短期赤字，遂提議「可發行三個月或半年為期的短期國庫券，以調節財政收支季節性的不平衡。」

在國防臨時特別捐甫經開徵之後，「公論報」卽提出籌募戰時公債的主張，此議若非為官方示意提出以觀社會反應，於情於理，該報未必卽敢於作如此大胆的倡議的。不過財經情況無法使之稍有好轉，而美援又無望及時撥款，除了再行發短期公債彌補之外，也實在難有第二條路可走。

於此，可知台灣的經濟問題，不僅是出現了瓶頸現象，卽使是有可能突破瓶頸，也未必就能夠「柳暗花明」的！因為基本上今日台灣的環境，和國際的環境，對台灣工業的發展諸多不利，外銷固難與人競爭，內銷的購買力並不大！

針對台灣經濟的困難實況，過去和現在，不少有識之士，曾建議當局以裁軍減政來抑止赤字，但是當局為了維持權力，從未從善如流。當然人們也覺得既要防備共軍襲擊金馬，又希望隨時能反攻，維持並逐步擴充軍隊，事屬需要，難與爭論是非。現在眞正的困難終於完全顯露出來，政府既要求國民共體時艱，則當局自也應盡最大努力，以求改進。過去種種比如昨日死，未來種種比如今日生，當權派如果不能盡善盡美地給國民看到績效，無異將流為欺世行為。所以筆者曾在上期本刊「論國府開徵國防臨時特捐」一文時，即指出由於立法院並無權審查所徵國防特捐使用的內容，而在「充實國防」和「經濟發展」兩者之間的伸縮性又很大，使用特捐既無一定的範圍，實難免不發生流弊。嗣得讀五月十日台灣「聯合報」，悉監察委員陶百川氏，為此也曾向監院提案，「請令飭審計部擬訂國防臨時特別捐審核注意事項，呈院核備，切實執行，以期欵不虛靡，事有徵信，民皆悅服。」該提案也認為所謂「維持經濟發展」究作如何解釋？必須加以澄清，加以範圍。至於何謂「國防整備，何者可准核銷，也認為頗難，出入頗大，應早日確定標準，以免分歧。」可見，吾人雖身在海外，所知雖多取自報章，並無內幕消息，但由於立法院以最迅速的方法通過開徵「國防臨時特別捐」，因為適應當前緊急需要，但確是有欠完備，疎於防患未然。因此，可以說，立法院通過該案時，是熱情有餘，審愼不足。當局方面提出該案時，未曾詳列運用特捐之內容細則，雖情有可原，但事屬疏忽，將來稍有差池，不僅不足以立信，或亦將連帶造成立法之一惡例。因此，筆者唯有期望此舉能够善始善終，善徵善用，務期做到「一錢不落虛空地」，不論是用諸於充實國防，或維持經濟之發展。

當然，更積極的做法，就是直接加速從事反攻活動，即使是最小型的局部的行動也好，能够動一動，總比不動強。死的局面，若能稍有舒展，說不定就能够開展成為一大局面，燃着大陸上全面爆發革命的火焰。不然困處於台灣，與中共隔海僵峙，既無作為，國際局勢的變化，前途又未可知，實是吉凶難卜。若能以行動求變，自操主動，當可左右大局。否則欲待台灣經濟好轉後，再事行動，則反攻大陸，當非三、五年間事，眞不免令人起「俟河之清」之嘆了！

斥蔣經國系的卑鄙行為

（上接第二版）

黃宇人

我與程思遠的關係和與孫家騏認識的經過

也許蔣經國因為我不為所動，老羞成怒，而陳建中又以孫家騏君的那兩本書正感無法交代；於是他們又故態復萌，編造出上述的謠言。為使本刋讀者明瞭眞相，我把我與程思遠君的關係和與孫家騏君認識的經過寫在下面。

我和程君開始認識，是在三民主義青年團中央團部，以後又在國民參政會，國民黨中央執行委員會和立法院同事，先後達十年之久，彼此雖然熟識，但私人間的往還甚少。來港的最初數年，才常常見面。但自他在去過大陸後，我就沒有再去過他家，他有時來談談家常，我仍以朋友待之。四年以前，中共向台灣發動和談攻勢時，他突又常來我家，有時且試探我的態度，我曾嚴詞拒絕，他廢然而返。此後祇是逢年過節偶來一次；但不再談什麼。兩年多前的某天他又來訪，並為中共作說客，我很生氣，當面把他斥責一頓，從此以後，他就沒有再來了。這是許多和我有交往的朋友都知道的。

至於孫家騏君，則是在他那兩本書出版以後，由於本刋友人的一再介紹，我才和他見面的。他給本刋的那篇投書，原有嚴靈峯君和台灣在港的其他工作人員名單，還是我勸他刪去的。因為我對孫君努力工作却遭受陳建中等人的排斥和迫害，固然很同情；但因此而遂將台灣在港的工作人員姓名全部揭露，則以為不可，我就心他們之中，也可能有眞正反共的人在內。

以上就是我與程思遠君的關係和孫家騏君認識的全部經過事實。讀者於此，當可見蔣經國系編造的那些謠言是如何的無聊無恥了。

我反對共黨、還先於蔣先生

當年蔣先生在廣東時，對於共黨也許心裏反對；但在表面上仍多方奉承。中山先生逝世後，蔣先生向黃埔軍校學生訓話，竟說：「總理雖然死了，但鮑顧問（按即俄人鮑羅廷）還沒有死。」這就是說，他要黃埔學生奉鮑羅廷如中山先生。民國十五年，三月二十日事件發生後，蔣先生雖然採取了若干限制共黨的措施；但黃埔軍校政治部的重要人員和政治教官幾乎仍是清一色的共黨人。不但共產黨的書刋在校大量流通；即學校所授的各項政治課程，如政治學、經濟學、社會進化史等，無一不是共黨的理論。在另一方面，總理遺教並無專人講授。可是，我在那時即認為共黨是中國的大患，不但在各種集會中和「黃埔潮」上隨時發表反共的言論；而且還在校刋上和主管我們的政治部一再筆戰。北伐前後，中共在校內發動改組黃埔同學會、改組特別黨部及其他風潮；但在我所屬的第一團第八連均遭慘敗。這些事實，台灣青年反共救國團副主任胡軌先生，軍統局徐志達先生及統率滇緬邊區反共游擊隊的柳將軍都很知道。因為他們都是我的同期同學，而徐柳兩位更同屬於第一團第八連。

蔣先生率師北伐後，校務交由敎部育長方鼎英代理，我們畢業時，他將共產黨籍的學生分派到所謂農工糾察隊工作，我曾寫信予以抨擊；並指出農工糾察隊必將變為共黨在廣東發動暴動的武力。此信因措詞激烈，大觸方鼎英之怒，竟以悔辱長官的罪名報請當時的廣東留守總司令李濟琛，耍求他對我嚴加懲罰。因嚴立三先生的維護（時我在嚴先生的補充師任連指導員）才得倖免。可是，後來中共在廣州暴動，農工糾察隊果然成了他們的基本武力。

我追述這一段往事，旨在說明我之反共，不但不是蔣經國及其左右那些自首或未自首的共黨分子所能企望；而且遠在蔣先生反共之先。今天他們編造一些毫無根據的謠言來栽誣我，實在應該自己先照照鏡子。

蔣經國亂拋紅帽的用心何在

蔣經國留俄十年以上，據說：很得史他林的喜歡。當年邵力子任我國駐俄大使時，雖處處表現十分親俄，尚無緣見到史他林；蔣經國則隨時都可和史他林見面。這是他引以自豪，而為國民政府與俄國簽訂中蘇友好條約時，派他參加代表團和以後又派他為東北外交特派員的原因。他對俄交涉的成績如何，已有事實證明。至於史他林為什麼喜歡蔣經國，除了他兩人之外，恐怕知子莫如父的蔣先生也不一定清楚。但蔣經國既得到史他林的喜歡，又和史他林常常見面，史他林自必耳提面命，將其奪取權力的許多妙法親自傳授與蔣經國，則是可想而知的事。蔣經國是否儒子可敎，人們從十餘年來——尤其是近幾年，他在台灣所作所為，似乎也不難看出其中的蛛絲馬跡。

第二次世界大戰前數年，史他林曾以勾結納粹的罪名，將好多個俄共元老相繼殺害，最後一人獨攬大權，則又公然和希特勒勾結，因此才觸發了大戰。當時英國有一家日報曾刋載一幅漫畫，一座埋葬勾結納粹的罪犯的墳場，內育被其殺害諸人的屍骨未乾，史他林口含烟斗，笑容滿面的於清點墳場數目，並無短少之後，向等在墳場外邊的希特勒伸出友誼之手；並說，我現可以放心和你合作了！這就是說：史他林存心勾結納粹，却先以勾結納粹的罪名將那些被認為對於他勾結納粹有所妨碍的人除去。

近年以來，台灣方面不斷發生奇案，若干中外知名的反共人物，都於一夜之間突然被扣上一頂紅帽子，而作了階下囚。最著者，如孫立人案、如雷震案，無一不是如此。空軍宿將王叔銘也幾乎陷於同一的命運。吳國楨如果走得不快，更不能倖免。將來還可能輪到劉安祺，甚至陳誠。鑒於陳誠先生也居然會變成眼中之釘，陳立夫先生也居然會被放逐異邦，可知黃杰、彭孟緝、周至柔、陳大慶等先生也難保有朝一日不會見棄。至於向流亡在外的民主反共人士亂拋紅帽，蔣經國更傻於為之了。

當年史他林存心勾結希特勒，却先以勾結納粹的罪名殺害異己。蔣經國既然深受他的寵倖，年來他連續以「掩護匪諜」或「受匪利用」等的罪名在台灣大造冤獄，如今又向海外民主反共人士亂拋紅帽，其用心如何，正是所謂司馬昭之心，路人皆知了。不過，我想提醒蔣經國，儘管你在台灣作威作福，為所欲為；可是，你休想有朝一日你能和你的那些久違了的共黨老同志和老朋友說：「我現在可以放心和你們合作了。」因為今日的台灣畢竟與當年史他林的俄國有所不同呵！

台灣簡訊

志清

一、監察委員關懷逃港難胞

連日報載，近來大陸同胞逃至香港後均被警察當局遣回大陸，監察委員余俊賢等十七人於本月八日上午向院會提出一項提案內稱：「香港政府邇來對於自大陸逃抵港九之中國難民，拒絕入境，強行逮捕，遣返大陸，實屬蔑視人權，罔顧人道，並違背國際法通則，請我政府迅循外交途徑，提出嚴重交涉，並迅採有效辦法，處理我國逃港難民問題，設法救濟，以重人道。」本案提出後，各監委均表示支持，當即一致決議，原則通過，交內政外交兩委員會迅速整理。兩委員會即於當日下午開會，僅在文字上稍加修正。十日院會繼續討論，議決五項如下：

一、根據事實，迅即向聯合國難民組織提出對香港政府此種遣返難民之舉措，表示異議，並要求保証今後不再有此種行為；同時請求該組織重視香港難民之嚴重問題，增撥救濟經費，並指示高級人員駐港與香港政府會商處理難民救濟問題。

二、透過友邦政府，和英國政府交涉，請其本人道立場，不再將逃抵港九之難民遣返大陸。同時請其暫予收容，如難民中志願來台者，我政府當予設法接運前來，其志願轉赴其他國家投依華僑親友者，應准其前往，並予以種種便利。

三、派員赴港，或由中國大陸災胞救濟總會負責與香港政府洽商，妥善處理難民救濟事宜。

四、如香港政府對大陸來港難民仍繼續強迫遣返，我政府應即向聯合國人權委員會提出呼籲，予以制止。

五、呼籲自由世界地廣人稀物產豐富之國家，放寬入境限額，共同解決中國難民問題。

二、臨時國防特別捐的審核問題

曾經主張嚴格審查國防經費的監察委員陶百川於本月八日的院會提議「請令飭審計部擬訂國防臨時特別捐審核注意事項，呈院被核，切實執行，務使款不虛糜，事有徵信，民皆悅服。」他在說明案由時指陳：自本月一日實施征收國防特別捐後，八天以來，市場及輿論的反應甚佳，一般納稅人均希望此項特別捐能用於國防，不僅要用於國防，更希望用於反攻。但關於國防臨時特別捐之用途，頗有三說：一說為須用於反攻大陸，次說為可用於一般國防設施，第三說為亦可用於經濟事業。此三說相距甚遠，何所適從，如無明確認定，將來本院監督預算之執行以及審計部審核款項之支付及核銷，皆將遭遇困難。

陶委員又指出：監督預算及審核決算，依法自應以預算為準繩，然此次立法院通過之「中央政府特別預算案」，其歲出部份僅列一筆總數，名為「國防整備臨時費」，此外並無細目。國防臨時特別捐徵收案例第一條規定：「中央政府為確籌財源，充實國防，以加強整備，並維持經濟發展，特制定本條例，開征國防臨時特別捐」。依此規定，該款不獨可用以整備國防，且亦可用於「經濟發展」。究竟該款如何應用，方為合法合理，監察院受國民付託之重，自當善盡監察職責，妥訂審核辦法。

本案因時間關係，十日的院會才正式討論，出席監委均表支持，當經決議：「本案通過，交審計部編訂臨時國防特別捐審核應注意事項，呈院備檢。」

聯合報於十日發表一篇社論，題為國防特別捐的運用標準及審核問題。該報認為陶百川委員的提案「極有意義」；並提出徵收條例第一條所謂「維持經濟發展作何解釋？何謂國防整備？「頗難認定，出入頗大」。該報建議：特別捐的開支，應嚴定標準，限於軍事戰備上的直接用途，不可廣泛用於一般國防的間接用途。因為一般國防經費早已列入本年度的軍事預算之內。至於審核問題，該報主張應專案審計，即先由國防部製定特別捐的詳細運用計劃，再擬訂分配預算，審核部即據此為準，嚴加審查。

陶委員和聯合報的意見在原則上說都是很正確的，但在今日的台灣，當權者祇須一句事關軍事機密，不便公開，就可把特別捐移作蔣「總統」或蔣經國主任的個人特別費了。

三、台北市議員囤食糖被捕

台北市議員紀明身兼全省糖業商會理事長，省商會聯合會理事，台北市商會理事，台北市公賣品第五配銷所主任。在本市開設明輝行，進出口商，主要經營糖業，獲悉政府將於五月一日開始臨時國防特別捐後，即於前月二十七日由台北到嘉義，向農民大量收購糖棧，並勾通蒜頭糖廠業務課倉儲股長周清風，主辦棧單提糖的職員黃后、黃三元等，於三十日前先後向糖廠提取現貨三千七百包（每包一百公斤），合計可避免繳付特別捐約四十萬元。此僅就嘉義一地而言；至於紀明是否尚在他處以同一手法購囤食糖，則尚不得而知。

嘉義縣朴子警局在紀明由台北到達時，即獲得密報，為尋求証據，乃從紀明來往的信件及電話中調查結果發現上月底紀明寄給新營某糖商的信中有特別捐字樣，並囑其一定在卅日以前將糖提取並運出。警方乃於本月五日派員前來台北，將紀明逮捕。

報載台灣省警備總司令部，省警務處對於本案均極重視，已派員與嘉義警方取得聯繫，並飭令擴大偵查範圍，務期查出政府宣佈開徵臨時國防特別捐前，紀明如何得到消息及何人洩露國家機密。陳院長並指示對洩露機密者尤應澈查嚴懲。

本月十日報載：紀明向警方供認，上月二十五日有一位高級民意代表的朋友告訴他，政府將開徵國防特別捐；但究竟是那一位立委或監委，他不肯透露。警方已查出他得此一消息後，即到嘉義市與黃后談判大量提糖的條件，約定每包糖贈送十元，蒜頭糖廠業務課倉庫股長周清風分四元，黃后及另一職工黃三元各分三元。後來因提運速度太慢，紀明乃於上月二十九日在新營發出一封快信給黃后，說明急需提前將糖領出，乃是為了五月一日即將開徵臨時國防特別捐，要求黃趕快如約行事。不料此信被警方截獲，因而破案。

紀明雖名為押在朴子派出所，但行動頗為自由，八日晨零時，他未經警方許可，擅自到中平旅社與其在台北的家屬通話。警方發覺他私自外出，立即派警員跟踪至該旅舍，是時適電話接通，他未經在場警員許可，即對其家人說：「速將應開統一發票全部開出，並託台北市議長致函嘉義縣長等人說情。」然後才隨警員返該派出所。可見紀明與該派出所之關係，也不簡單。

四、國際大販毒案．經辦警官竟受賄

以王懷石、宋我卿等為首的國際大販毒案，由於王懷石在逃，宋我卿僅供認受王懷石之請托，對於郵運黃色刊物進口予以便利，並不知其中藏有毒品，警備總司令部似乎因為宋是自己人，迄未再作進一步的追究。但近日該案又忽然節外生枝，台北地檢處於九日通知省警務處。據稱：移送該處偵訊的毒犯，供出台北市第八警察分局刑事組副組長鄔侍安，隊員吳進盛兩人在偵辦本案期間，傳訊王懷石的兄弟王俊傑時，曾接受賄款一千五百元，因而准將王俊傑交保釋放。省警務處接到此項通知後，即於當晚令由刑警大隊將鄔、吳兩人扣訊。

五、別開生面的收稅辦法

——貨物未賣，先開發票——

台北市四月份的稅收成績甚差，遠不及原定稅收目標，稅務員竟異想天開，要求各商店預開統一發票，以期增加稅收，予以補救。

據工商界人士透露：近數日來，台北市稅捐稽徵處稅務員大批出動，分別訪問各商店，以四月份稅收遠較以往為差，本市各分處均未達原定稅收目標，城中分處一處而言，即相差一千二百萬元之譜，因此，稅務員請各商店老板幫忙，預開一發票，多繳些營業稅。有些稅務員甚至限定金額，要求預開發票，充充數目。惟各商店老板不肯輕易答允，他們認為稅捐處儘可加強取締逃稅漏稅的不法行為，不應該要求廠商開立不實的統一發票，蓋如此做，使守法而自行申報繳稅的廠商吃虧太大，且未出售貨品便開出統一發票，庫存數量將發生不符現象，今後可能造成許多麻煩。

六、官商勾結．騙領補償費

台北縣永和鎮興建防水堤岸，關於堤外受影響之房屋，依照規定辦法，應照價補償。有山東人劉行健者，原以建造房屋出售為業，竟勾結台北縣政府建設局職員孫天來、陳隆山及承包商潘淳樂等七人於縣府派員估價補償費時，將其建築尚不足三分之一工程的四十棟房屋按照已建築完成之標準估價，計多估六十八萬元之多。經人檢舉，由警備司令部、司法行政部調查局及縣政府安全室分別調查，本月七日已開始傳訊有關人等。報載：劉行健所建房屋，還有一部份是在河川地上。依照政府規定，河川地不得建屋，劉行健何以能請准建築執照，亦將併案調查。

七、國民黨員奉命節約

台灣雖然有所謂克難運動，而且也不止一次的倡導節約；可是事實上卻奢靡成風，日盛一日，尤以小圈子裏面的人為甚。最近政府開徵國防特別捐，行政院陳院長曾向工商界表示政府將實行節約。本月三日他又在行政院會議中指示：今後一切不必要的宴會均應停止；婚喪祝壽，也應求簡。對於營業性的外國遊藝團體請求入境，則暫不核准，以期節省外匯。

國民黨並須發「宴會及婚喪喜慶節約實施要點」，要求全體黨員，以身作則，履行節約，杜絕浪費，俾得人民表率，藉以轉移當前習於奢靡的社會風氣。果能言行一致，自亦不失為明智之舉。然而人們本於過去十餘年的經驗，均不敢對此存任何奢望。有一家民營報在短評上說：「惟節約云云，言之非艱而行之維艱，若干人慣於作「言教」，常以此為口頭禪，而言行之間，頗難一致，但願「今後」——即今日之後，不再有「三日一小宴，五日一大宴」的境象了。」

由此，可見儘管當權者說得如何動聽，老百姓還是有所懷疑的。

八、縣議員指檢察官受賄

彰化縣議員柯扱於本月五日在縣議會中指責台中地檢處承辦彰化自來水廠舞弊案，因檢察官接受紅包五萬元，致將該案予以不起訴處分，並以他所收到的一封匿名信為証。六日，台中地檢處首席檢察官梁揑清對柯議員的指責發表談話如下：「彰化水廠舞弊一案，檢察官費時兩月，廣泛偵查，其所得証據尚不能証明水廠廠長應負法律上責任，故為不起訴處分。彰化議會發言議員，如認為該案處分不當，儘可向上級長官請求調案卷審核，在法律上並非無救濟之途，乃在議會肆意發言攻擊，將影響司法官今後辦理案件失卻持平之心理，殊非尊重司法權之道，至為遺憾。柯扱議員以一份具名彰化市民投書，指摘檢察官收受紅包五萬元，其內容無從瞭解，究竟五萬元由何人所出，交付何人，何月何日在何處交付，當時有何人証，均不無調查之餘地，本人頗為重視此點，除分飭檢察官前往彰化調查外，若所言不虛，司法陣營中絕不容害羣之馬，定當嚴加懲罰，如無此事實亦應向社會有所交代，以免莫須有之詞，使司法人員之聲譽蒙不白之羞。以後並盼地方人士本愛護司法之精神，凡有聽聞涉及司法者，歡迎逕行函告本人，當虛心接受檢討改進，審密調查，依法辦理。」

梁首席檢察官並於七日指派劉士元檢察官及林書記前往彰化縣實地調查。

中共國營農場經營失敗

大陸共有二千多個國營農場

綜觀

國營農場是中共最得意的傑作之一。它既不同於蘇聯的集體農場，亦不同於中共近年來在大陸推行的人民公社。這種國營農場完全是中共自己按照理想，多半是由軍隊改編或由退伍軍人及部分移民開墾的。中共既對此一組織自鳴得意，且一向寄予厚望，故中共歷年對於國營農場的投資亦相當多。依據共報的透露，許多國營農場的場長都是由退伍的「長征」老幹部轉業担任的。國營農場的場長一般都配備有供私人乘座的吉普車等。

但國營農場的情況是不是有如中共的理想和中共平日的宣傳呢？却完全不是。

據中共新華社五月三日訊：「我國兩千多處國營農場，相繼進入春播大忙。廣西地區的各農場，已經種下了甘薯、木薯、玉米、花生、甘蔗等作物；湖南、江西、湖北、江蘇等地區的農場，正忙着爲旱稻和中稻浸種育秧，同時播種玉米、棉花等旱作物；北方地區的各農場也已開犂播種春麥、玉米、高粱和棉花等作物」。

但新華社同一電訊跟着又說：「今年有些地區的農場，受氣候變化的影响，播種期比往年推遲，因此播種速度不如去年同期快。黑龍江地區的許多農場，由於今春氣溫低，雪多雪大，播種期延遲了半個月左右。爲克服自然條件帶來的困難，這些農場採用耙雪排澇或頂淩播種等辦法，爭取適時完成春播。河南黃泛區和蘇北、皖北等地的一部分農場，前一時期乾旱少雨，正抗旱播種。湖南省的部分農場，四月份以來連續陰雨，發生爛秧現象」云云。

讀上述新華社專訊後，可以很明顯地發覺，中共所經營的國營農場，其位置並不限於新疆。因爲以往常常有人以爲中共所舉辦的國營農場都在新疆，實則南北各地都有。不但廣西有，廣東也有。但不管它散佈面積有多廣，可以看出的，則是這些國營農場的情況却遠不如中共的理想和宣傳。事實上，中共對這二千多個國營農場的經營實已趨向失敗哩！

中共書籍印刷一團糟

陸聞

前幾年，在香港偶而買幾本大陸出版的書籍來看看，書的內容雖總是免不了那一套馬列主義的黨八股，但書的裝璜印刷以及紙張等總算還不錯。但近年來，香港經銷大陸書籍的幾家共黨經營的書店，已常常是竈厨空空，大陸來書很少了。這最主要的當然是由於大陸紙張缺乏。而四月廿六日中共人民日報則更透露了今日大陸不但紙張缺乏，而且書籍的排印裝璜等也都一塌糊塗了。

人民日報的讀者來信說：「前些時候，我買了本『發電廠電氣部分』。這書是西安交通大學發輸配電教研組編，中國工業社出版，一九六一年八月北京第一版，一九六一年十二月北京第二次印刷。在閱讀時，發現文與圖對不起來。書中的插圖，該標符號的未標，即使有的標了，也是模糊不清」。另一來信又說「又如最近人民出版社出版的黃樹曾寫的「金匱要畧釋文」，……都只有章節目錄，而無頁次的注明，查閱起來，很不方便」。另一來信則說「有些書籍由於裝釘質量不高，用不了多久就散了。如我們上學期用的微分幾何教課書剛發下來一周就散了。解析函數論簡明教程，用不到一個月，就七零八散了」。另一來信則更說「我因公到安徽省合肥市，順便到書店買了一本蕪湖印刷的『烈火金鋼』。當我在第五百一十三頁，讀到敵人的炮彈炸倒縣委書記和警衛員的情節時，又激動又替他們担心。可是，却看不到下文，原因是在裝釘時漏掉了四頁，又重了四頁。……據我所知這情況還不是絕無僅有的，其它小說也有類似現象」。由上述種種可知中共的出版情況也已一團糟了。

大陸簡訊

白帆

毛澤東選集第四卷發行越文蒙文版

據新華社四月廿五日訊：「毛澤東選集第四卷蒙古文版已由民族出版社出版，今天在北京和呼和浩特市同時開始發行。」又說「毛澤東選集第四卷的蒙古文翻譯工作，是在中央有關部門和內蒙古自治區黨委的直接領導下，由毛澤東選集蒙古文版出版委員會和北京民族出版社共同進行的」。另據新華社五月三日河內電：「由越南眞理出版社翻譯出版的毛澤東選集第四卷越文本，最近開始發行」。又說「越南在抗戰時期的一九四七年開始翻譯出版毛主席著作，從那時起至一九六一年止，共用越文出版了毛主席著作五十九種，發行二十六萬五千一百二十三冊。從一九五九年以來，越南陸續出版毛澤東選集第一、第二、第三卷。其中第一卷已經再版，第二、第三卷今年準備再版」云。所謂毛澤東思想，本來就是毫無內容的。世界各地共黨居然大事翻譯和發行毛澤東選集，亦足見一般共產黨人之低能。然而赫魯曉夫竟無毛澤東這種架勢，不知高踞克姆林宮之赫魯曉夫亦眼紅否？

中共交通代表團赴阿爾巴尼亞

爲了進一步解決中共與阿共之間的交通運輸問題，中共最近特別派了一個交通代表團前往阿爾巴尼亞。

據新華社五月五日地拉那電：「阿爾巴尼亞勞動黨中央委員會第一書記霍查和部長會議主席謝胡，四日下午在這裏接見了由交通部副部長孫大光率領的中國交通部代表團。代表團是前來參加中阿輪船股份有限公司第一次會議的。接見時在座的有中國駐阿爾巴尼亞大使羅士高和阿爾巴尼亞交通部部長科瓦等。接見是在非常熱情和友好的氣氛中進行的。」

中共招待各工會代表分赴各地參觀

這一次，中共借慶祝五一勞動節爲名，邀請了許多國家和共黨政權的左翼工會的代表團到北平參加。五一之後，又招待他們分赴大陸各地參觀。據新華社五月五日訊：「前往上海的有世界工聯代表團團員馬利里埃，法國總工會代表團，前往長沙的有阿爾及利亞、達荷美、塞內加爾等工會代表團和代表，前往武漢的有幾內亞、加納、馬里等國工會代表團，前往南京的有意大利、英國、新西蘭、塞浦露斯等國工會代表團和代表。在這以前，離開北京前往各地訪問的還有阿爾巴尼亞、保加利亞、捷克斯洛法克、德意志民主共和國、匈牙利、朝鮮、波蘭、羅馬尼亞、越南等工會代表團，古巴糖業工會代表團和日本全國電信電話工會代表團」云。

日本新聞、廣播、出版代表團到上海

據新華社五月四日上海電：「應中華全國新聞工作者協會邀請前來我國訪問的日本新聞、廣播、出版代表團一行五人，在團長末田春彥率領下，今天早晨乘船由日本橫濱到達上海。到碼頭歡迎日本朋友的，有中華全國新聞工作者協會副主席金仲華、書記處書記鄧崗和上海新聞、廣播、出版界的負責人」云。

僑鄉近訊

鍾之奇

廣東白蟻有三十多種

大陸上的災禍眞多，近年來，白蟻造成的蟲災，又是廣東各地的重要災患之一。爲此，中共特對廣東的白蟻作了一次精密調查。

據五月三日中共人民日報說：「廣東有多少種白蟻？分佈和危害情況怎樣？最近中南昆蟲研究所白蟻組的科學工作者完成了廣東白蟻區系的調查。從一九六〇年開始，科學工作者先後在全省各地重點調查了三十多個縣和一些有代表性的山區和海島，採集了五百多號標本，經初步鑒定，廣東白蟻有三科、十五屬、三十多種。廣東地處熱帶、亞熱帶，溫度高，雨量多，植物生長茂密，白蟻容易繁殖，是我國白蟻較多的省份之一」。

並說「這次調查爲今後的全國防治工作提供了初步依據」云。可見中共對廣東各地白蟻爲患的事情，尚無防治把握，而僅有予以防治的「初步依據」而已。

珠海鶴山肇慶等地捕魚量增加

魚既是出口物資之一，而農業收躍又不好，所以粵共今年便驅迫了廣東各地更多的人民從事捕魚。

據中共「中國新聞社」五月十日廣州電：「廣東省春季魚汛，產量比去年同期有所增加」。

又說「開春以來，珠江口池魚大量旺發，僅珠海縣的四十三艘機帆船，二月份在萬山、荷包、橫及高欄一帶海域搶收的結果，共捕獲池魚九千三百多担，佔這個月總捕撈量的百分之八十三以上。三月上旬，珠海縣又捕獲池魚五千九百一十三担，緊接着池魚而來的是公魚和鮎魚，惠陽縣在三月十三、十四日出動了八十艘光燈作業的漁船及時投入生產，兩天內捕獲公魚和鮎魚共九千多担。由於珠江口浮水漁汛的豐收，鶴山區第一季節捕獲的各種魚類，比去年同期增產了百分之三十九點二。在第一季度的生產中，肇慶區也比去年同期增產百分之八十三點六。汕頭一帶的魚汛在三月上中旬開始大量旺發，陸豐縣湖東公社在三月十六日那天，共捕獲魚一千七百多担」。

可是，「捕魚人兒世世窮」，魚產雖然豐收，漁民的勞動果實却全被中共囊括以去換外滙了。哀哉！大陸漁民。

福建人民銀行官僚化

在四月廿九日的中共人民日報上，有一封讀者來信說：「我在一個水電站工作。這個水電站在福建省的一個山區，約有一萬多人。工地上有個人民銀行辦事處，有一位同志負責儲蓄業務。按說，這樣多的職工，儲蓄業務一定很忙，可是參加儲蓄的職工却寥寥無幾。有的職工身上或家裏，常有數十元或數百元現鈔，問他們爲什麼不存銀行？大多數人這樣講：我們上班，銀行也上班，我們下班，銀行也下班。有錢取錢要請假，星期日或假期要用錢就更困難，不如裝在自己口袋裏，使用起來方便，我們曾向有關支行反映過這個問題，建議這個工地銀行辦事處改變一下上下班時間，如晚點上班，中午不休息，下班時間比職工晚一個鐘頭。但是，這個意見沒有被採納」。職工們本已不滿中共勒令將錢存入銀行的制度，這樣一來，當然更有藉口，不去儲蓄了。

廣州商品包裝質量下降

商品的包裝情況如何？常常決定商品的保存和運送。若包裝不好，顧客固不願買，同時，亦極易發生損傷。但包裝質量如何？却與包裝工人對工作是否熱心有密切關係。

據四月廿六日人民日報說：「近年來，廣州地區商品包裝的質量下降，商品在調運過程中經常發生貨差貨損事故。商品包裝不良的原因很多，客觀原因是有些包裝物料供應不足。從主觀上說，是一些部門對包裝工作重視不夠。部分工廠强調包裝原料供應不足，過分地簡化內外包裝，應該用本箱的商品改用紙箱，應該用紙箱的甚至不用包裝。內包裝苫墊物沒有放够，或者是把原來要幾箱裝的商品合併爲一箱，成爲龐然大物，包裝超負荷，幾經搬運就破爛了」云。這就可見中共政權不得人心，包裝原料既不足，再加上包裝工人消極怠工，於是，到處都是破爛商品了。

南塔失陷後的寮局

何之湄

本月六日晚上寮北重鎮南塔的失陷，給予泰國以重大的震駭，共軍追擊從南塔敗退的永珍政府軍隊，向另一省會「會晒」推進，距離泰北邊境僅十哩左右！自數月前共軍抵達寮南邊境，泰國東北廊開一帶已成爲危險的前線；現在泰北的清萊清遠，又同樣進入緊急警戒的狀態中。南塔失陷對寮國和中南半島戰局的影響，一時還沒有確切的估計，因爲共軍的矛頭將進向何處或止於何處？尚難預料；彭庵——諾沙旺政府的反應，也未明朗。但照泰國權威人士的觀察，南塔之陷是一個和戰的轉捩點，一個緊急的訊號。

中共軍的協助

南塔之戰，在某些意義和情勢上，彷彿於一九五四年越南的奠邊府。奠邊府這越北山區重鎮，法軍當年曾集重兵固守。這次永珍政府也曾派重兵扼守南塔，數達五千之衆，且有一部美顧問團在當地協助，運輸機日以繼夜，從後方運輸武器彈藥，補充南塔各外圍據點不斷的戰爭。可是在共軍有計劃的龐大攻勢之下，南塔終於失守，五千守軍狼狽南撤。

據泰國副總理兼國防部長乃他儂所宣佈的，說他所接到的報告，有中共軍兩營參加攻陷南塔，他們攻陷南塔後便退回中共境內去，並且，攻擊南塔的寮共軍，也是從南塔之東繞道中共區內，轉至南塔之西合圍，然後一同攻擊的。寮國軍方還指出參戰中共軍的番號，不過泰國本身，尚沒有直接接到詳確的情報。

協防南塔的美軍顧問十二人，於共軍發動全面進攻時便乘直昇機撤退。據他們向上峯的報告則說沒有發現中共軍，但有邊境的「魯族」土人數約一營，參加進攻南塔，這些魯族是會說中國話的，是不是中共預先把這些魯族授以軍事訓練及裝備他們？美方人員尚未獲得有關情報。無論如何，即使中共軍沒有直接參戰，也是參加策劃及在行動上協助攻陷南塔。

監察會的活動

南塔失陷的時候，永珍政府可以說是羣龍無首。彭庵親王和諾沙旺將軍正在訪問鄰邦途次吉隆坡，接到南塔失陷的警耗，才匆匆趕回永珍坐鎮。共軍「明顯、嚴重」破壞停火已無可否認，不待諾沙旺的指責，這麼一個在寮國空前的大戰役，是在所謂「停火」期中被發動，這活生生的事實，是全世界都看在眼裏了。

如馬來亞和南越，都已對共方破壞停火發出指責，她們都是新近允諾對永珍政府支持的。美國對南塔事件，似乎也受到相當刺激，她已第一次直接照會蘇聯，要求蘇方設法維持甘廼廸——赫魯曉夫在維也納「寮國中立」的協議。日內瓦主席之一的英國，她的代表人麥唐納正在永珍與共區康開間奔走，謀使國際監察委員會加強活動，調查南塔事件。依照「法理」來說，共軍應被要求退回停火談判初時的陣線，換句話說，即應退出它最近攻佔的南塔和孟新。但諾沙旺認爲，「此舉恐無可能」，除非派兵收復」。國際委會當然也有這樣的認識，所以以英國爲主力的國際委會的活動，可能只是希望藉着「調查南塔」的進行，制止共軍南侵會晒以至永珍，好讓國際上有時間繼續談判「聯合政府」。諾沙旺說：「軍事與政治應分開來講」，表示永珍不因南塔事件而關閉和談之門。他更說：我們對聯合政府的立場，「不是絕對無可改變」。這句話更耐人尋味。

傅馬的態度

攻陷南塔完全是寮共（及越共中共）的傑作，沒有「中立」部隊參加，而且那個時候，李江正在莫斯科，而傅馬却在巴黎。傅馬這次表現得相當眞正中立，他認爲寮共不應如此做法，並已「命令」他們退出南塔和孟新。傅馬此舉頗贏得永珍方面的好感，如諾沙旺已有表示，傅馬應有一貫眞正中立的表現，並說希望他先回永珍，然後恢復談判。不過今天康開內部的情勢尚是謎一般的，傅馬和李江的力量殊難予以過高的估計，因爲寮共在中越共直接支助下，勢力已經坐大。康開的「代總理」對監察委員會的代表談話，關於破壞停火一事只以「我們等得不耐煩了」一語答覆。他說：諾沙旺堅持不肯交出軍隊和警察的控制權：（意旨永珍不肯把國防內政兩部完全由非永珍分子擔任），我們等得不耐煩了，（我們便實行進攻！）

彭庵和諾沙旺訪問東南亞友邦乞援，都得到極端的同情和「儘可能的協助」，但這些協助，大致是經濟或糧食這一方面，親密如泰國，也還是勸說諾沙旺試行接納美國「聯合政府」的路線，然後靜觀其變。諾沙旺對南塔事件當然並非不感憤慨，但他並沒有因此關閉和談，顯然與環境有關。不過寮國右翼政府已土地日蹙，假若會晒續陷，永珍被圍，不曉得是否還要舉行談判？

·曼谷通訊·

馬來亞將誕生新政黨

·車桐·

最近馬來亞聯邦又將誕生一個新政黨，名爲「民主聯合黨」，業已議定黨綱和黨徽，並且展開活動了。

據當地的有關政客透露：「民主聯合黨」的主要發起人，是馬華公會的退黨份子。該等政客指出：遠在一九五八年聯邦大選時，馬華公會即有部份幹部因不滿意「聯盟」的教育政策和國會議席的分配，實行宣佈脫黨；從那時起，他們便醞釀籌組新政黨，直至現在，新政黨（民主聯合黨）才快告「臨盆」。出任這新政黨的籌委會主席的，就是前馬華公會會長林蒼佑，而出任這新政黨秘書長的，也就是前馬華公會中央委員陳士英。

據該新政黨所揭櫫的黨綱，最主要有三：（一）在民主政制下維持人民的權利與自由；（二）使人民享受社會繁榮和安定生活；（三）鼓勵勞資合作增加生產。——這些主張，原並不是甚麼卓絕的政治見解，對人民所引起的作用也不會怎樣的重大。不過，他們標榜着「並非種族政黨」，這一點，還算是具有遠大的眼光。因爲祗是代表某一種族利益的政黨，當然不會得到其他種族的擁護和支持，在時代潮流的衝激下，日子一久了，它便將會形成半癱瘓狀態，昔日的「泛馬回敎黨」便是一個很好的例子。現該新政黨能及早避脫這覆轍，誠然是明智之舉。至於他們的黨綱，則清楚地反映出是反對獨裁政治；而且由於他們主張勞資合作，所以也同時反映出他們並非極端社會主義者。他們將來在政治鬥爭中，能否有所成就？那就要看看他們的活動手法如何了。

馬來亞聯合邦的政黨，原已有六個，爲「聯盟」，「社會主義陣線」，「泛馬回敎黨」，「人民進步黨」，「馬來亞黨」，及「國民黨」。「聯盟」是由巫人民族統一機構馬華公會與印度國外黨所組成，目前是執政黨，它因能夠使到聯合邦獲得獨立，勞績輝煌，故頗受當地人民的擁戴。在野的「社會主義陣線」，是屬於左翼的，對於控制政局，極具野心，它的潛力，現正積極朝向全邦十個地區伸展中。「人民進步黨」和「馬來亞黨」，則其活動範圍狹隘，從沒有擴展的企圖；前者的活動地區是吡嘮，後者的活動地區是馬六甲，都是對整個政局沒有怎樣重大的影響，可以說，祇是「聊備一格」而已。「泛馬回敎黨」則因有着濃厚的地方性色彩，而宗敎和種族的觀念也極強，故其活動力很弱，在去年地方政府議會選舉時，它已幾乎完全垮台，現在更已陷於「一籌莫展」的境地。至於「國民黨」，則尤爲糟透！目前在國會內，也僅是該黨的黨魁督翁佔得一席，迨今年督翁逝世後，就連該僅有的一席也喪失掉；而該黨的地方幹部，也有不少已起了「離心」意念，且有部份經已「跳槽」，顯已分崩離析得不像樣，瀕於整體潰敗的邊緣。各個原有政黨在這樣的態勢中，新政黨「民主聯合黨」於焉把握時機出現；它，既以民主爲號召，而又不走向極端左傾；換言之，就是站在既不極右也不極左的「中間路線」，意圖用這樣的姿態來和執政的「聯盟」爭一日之長短。從表面上看來，似是頗有作爲。

不過，這個新政黨——「民主聯合黨」將來的發展也是困難重重的！原因之一是它的中堅份子乃清一色的馬華公會退黨份子，雖然聲明「非種族政黨」，但仍將使一般人士對它存有極大的懷疑，欲爭取其他民族參加和支持，目前將仍會受到很大的打擊；原因之二是它對於華文敎育問題迄仍未有釐訂出怎樣妥善的辦法，這樣便會喪失了華人的擁護；原因之三是它所宣佈的黨綱，並沒有顯著卓越的政治理想，比起曾建立過使聯合邦獲得獨立的功勳的「聯盟」，似畧有遜色，欲跟「聯盟」爭衡，一時似非易事。

雖然，這新政黨甫告出現，其將來的成敗，目前當然很不應該貿貿然來妄加預測；對其初出茅廬的活動形態，也不應先來作過於嚴格的批評。現在當地人士對這個新政黨，祇是密切注視其組黨的出發點是否純粹爲人民利益着想吧了！

文史漫談

閱微草堂筆記中的道學家

徐亮之

紀氏對道學家的崖岸自高，還只不過哂笑怒罵而止；至於對他們動也不動輒擺出道學面孔責備別人不留餘地的惡習，則是正面的、嚴肅的、大張撻伐的了。筆記中關於這類的材料與議論特多，也寫得特別沉痛；茲為節省篇幅，且舉三例，以見一斑：

（一）東光有王莽河，即胡蘇河也。旱則涸，水則漲；每病涉焉。外舅馬公周籙言：雍正末，有丐婦一手抱兒，一手扶病姑，涉此水行。中流，姑蹶而仆，婦棄兒於水，努力負姑出。大詬曰：「我七十一老嫗，死何害？張氏數世，待此兒延香火，爾胡棄兒以拯我？斬祖宗之祀者爾也！」婦泣不敢語，長跪而已。越兩日，姑竟以哭孫不食死。婦嗚咽不成聲，痴坐數日，亦立槁。不知其何許人，但於其姑詈婦時，知為姓張耳。有著論者，謂兒與姑較，則姑重；姑與祖宗較，則祖宗重。使婦或有夫，或有兄弟，則棄兒是。既兩世窮嫠，止一線之孤子，則姑所責者是；婦雖死，有餘愧焉。姚安公曰：「講學家責人無已時。夫急流洶湧，少縱即逝，豈能深思長計者哉!?勢不兩全，棄兒救姑，此天理之正，而人心之所安也。使姑死而兒存，終身寧不耿耿耶？不又有責以愛兒棄姑者耶!?且兒方提抱，育不育未可知；使姑死而兒又不育，悔更何如耶!?此婦所謂超出恒情，已萬萬不幸；而其姑自殞，以死殉之，其亦可哀矣！猶沾沾焉而動其喙，以為精義之學，毋乃白骨銜冤，黃泉賚恨乎!?孫復作『春秋尊王發微』，二百四十年內有貶無褒。胡致堂作『讀史管見』，三代以下無完人。辯則辯矣，非吾之所欲聞也。」（槐西雜志二）

（二）吳惠叔言：太湖有漁戶嫁女者，舟至波心，風浪陡作，舵師失措，已欹仄欲沉，衆皆相抱哭。突新婦破簾出，一手把舵，一手牽篷索，直抵壻家，吉時猶未過也。洞庭人傳以為奇。或有以越禮譏者。惠叔曰：「此本漁戶女，日日船頭持篙櫓，不能責以必為宋伯姬也。」又聞吾郡有焦氏女，不記何縣人，已受聘矣；有謀為媵者，中以蜚語，壻家欲離婚。父訟於官，而謀者陷穽已深，非惟佐証鑿鑿，且有自承為所歡者。女見事急，倩鄰媼導至壻家，升堂拜姑曰：「女非婦比，貞不貞有明証也。兒與其獻醜於官媒，仍為所誣，不如獻醜於母前。」遂闔戶弛服請姑驗。訟立解。此較操舟之新婦更越禮矣。然危急存亡之時，有不得不如是者。講學家動以一死責人，非通論也。（槐西雜志三）

（三）又京師一婦少寡，雖頗有姿色，而鍼黹烹飪，皆非所能；乃謀於翁姑，偽稱己女，鬻為宦家妾，竟養翁姑終身。是皆墮節之婦，原不足稱；然不忘舊恩，亦足勵薄俗。君子與人為善。固不應沒其寸長。講學家持論較嚴，遂使一失足者，無路自贖，反甘心於自棄；非教人補過之道也。（灤陽續錄一）

關於此類問題，紀氏絕不假手狐鬼，而逕以實事論証之，以見道學家的本來面目實在可惡可憎；此紀氏之所以為紀氏也。假如今日尚有紀氏其人，筆者不敏，雖為之執鞭可也。

（完）

益仁智室近作詞稿

遜翁

前調　銅鑼春暉草堂看菊

一園佳色放秋妍。靑女對嬋娟。傲霜依舊嬌無那，好持護，莫浪吹彈。須問屈平，多應相惜，怎忍付盤飧。

培成異種作奇觀。玉紫更霞丹。十年海上今開眼，儘延佇，繞徑流連。還問淵明，東籬種得，能否比斕斑。

小重山　待渡有感而作

烏鵲營橋悵未成。看他波杳杳，水盈盈。停耕罷織各含情。佳期誤，搔首到天明。

天塹要塡平。可堪今古恨，總呑聲。眼中羅網更層層。飛無計，搔首望河淸。

青原堂近詩

林千石

絕句六首

生長湖山間，不覺湖山好；一日出湖山，有願萎秋草。

投身誤塵網，慷慨孰能羣；蘭芷雜蒿萊，入蕕難易薰。

田以不耕廢，民因食稅饑；直腸哀曲道，世事總今非。

文章空命世，鐘鼓亦浮音；蓄魚思江海，放鶴合山林。

養拙穿藜床，逃虛烟外釣；從知嵇阮狂，未若孫登嘯。

愛月情如水，看雲思入山；吟筇冷塵壁，猶待好春還。

樓居即事

朝市山林兩不緣，詩心無住但通圓；一壺休笑藏身拙，長袖何當縮手賢；浮世梟盧任拋擲，得時鷹犬亦拘牽。吳簫燕筑人安在，且向虛堂抱醉眠。

七夕後作

華堂燈氣暖天闇，星斗高寒孰與親！滄海求珠空水月，素娥呼夢出風塵；歡如可續非前夜，花得重開失舊辰。未冷秋心歸鵲斷，絕憐調瑟坐懷人。

與嚴翁夜行得句

殘陽微月海山收，出草孤螢照夜游；風行敉聲驚暝鶴，宦途幾輩佔巢鳩。宵深顧影諸形滅，象外看雲舉世浮。一笑有人思負甕，心源澄處自虛舟。

中共文藝傳眞

凌蘇

今年是毛澤東發表「在延安文藝座談會上的講話」二十周年。大陸各地業已展開廣泛的紀念活動。遠在加勒比海隅的古巴大鬍子之流，也熱烈地捧趣捧吹。雖未能躬逢其會，但確是漪歟盛哉。中共的黃馬褂和欽差，也就是所謂文壇權威何其芳，對「毛話」作用的最新說法是：「解決了從一九一九年『五四』新文化運動以來，出現在文學藝術領域的根本問題。」（譯自五月號英文「中國建設」）

把劊子手說成醫生，是絕大錯誤，而把清規戒律形容為「解決根本問題」的符咒，也罪孽不輕。為此，不敏如區區，也要硬着頭皮把已被中共「解決了」的「文學藝術領域」實況，盡量以脂硯齋評紅樓夢語——「無一字無來歷」為原則，搜輯成文，編次第序，予以傳眞，提供讀者參考，以博一粲！

一，蘇東坡做報告

與郭沫若到廣州和海南島尋芳探幽的同時，三月十二日廣州「羊城晚報」登出了一篇有關蘇東坡的歷史小品的文章。權作文抄公摘錄一段：

「話說蘇東坡被貶到惠州以後，有一天刮起七級颶風，鄉民父老們紛紛向蘇東坡報告說，有些大基圍崩潰了，禾田被淹，於是——

東坡聽了，立即和阿過（東坡幼子）到處做宣傳組織工作，和羣衆們一起向洪水作鬥爭，……事後，東坡和父老們、地方人士們開了個諸葛亮會，商量怎樣把惠州建設得更好。大家發表了很多意見，最後，東坡作了總結性發言，他說：『惠州確實是個好地方……今後的任務，第一是興修農田水利，發展生產，第二是修橋築路，搞好交通……。』」

如果不是史籍明載這位蘇先生是十一世紀的中國文學家，並且是皇宋的官兒。我們不難誤會，這是一位下放到惠州的中共「領導幹部」，因為他既「做宣傳組織工作」，又「作總結性發言」，而且還指出「今後的任務」。至於把中共「搞」出來的「搞」字，硬塞在八百多年前的大蘇學士嘴吧裏讓他說出來，誰又能說這不是胡「搞」呢？

有一位署名余蜀的人，（含義是「我，四川人也。」大概是老郭吧。）不滿中共將他的這位老鄉「搞」成這樣，所以提出了「語言貧乏」、「啼笑皆非」的抗議，並給人們指出，這「絕不是僅有的例子」，他的結論是這樣的：

「不時都讀到這樣的作品，人物是農村婦女，却滿口知識分子腔調；至於語言不生動、不準確、不鮮明、作品中充滿陳詞濫調的例子，更是不勝枚舉。」

二，我對那一位姑娘都一樣

月前在廣州舉行的「羊城音樂花會」，是中共在全民大飢荒中的「德政」之一。據說是「繁榮」的象徵。充其量無非是「黃連樹下彈琴」。於億萬人的苦難中追歡尋樂，站在火山旁邊跳舞，在咱們中國本是古已有之。遠的如楚霸王的「虞兮奈若何」，李後主的「猶唱後庭花」是末日的象徵。近的有清末的那拉氏，也曾披掛裝扮，飾演觀世音菩薩，這事有御照為証，但誰把這個粉飾看成是大清的「繁榮」了？

閒話休提，且介紹一個港澳共報所不載的精彩節目，雖然他們為宣傳「花會」德政的賣力，有盈篇累牘為証，但這一節目的不刋，大概是不足為外人道也吧！

這是一首歌，其名曰「我對那一位姑娘都一樣」。全文據三月廿二日「羊城晚報」抄錄如下：

「還位姑娘和那一位姑娘我都愛，對她都像對其他的一樣。我決不會把我的心給她，也決不會給另外的她。我的命運生來就這樣强，我要盡情地狂歡又放蕩。如果今天我把這個拋棄，也許明天另有新歡。如果要我這一輩子不能變心腸，對我簡直像殘酷的刑罰。如果有誰願終生地忠誠，他就失去自由，愛情也就平淡。我將不顧我妻子的妒忌和那年輕的情人的激怒；我也不怕重重困難和危險，一定要把，一定要把美人引誘到手啊！一定要把美人引誘到手。」

大概是要聽衆能更好地領畧其韻味吧！唱詞可以清晰地從字幕上一句句地看到。對一個「色狠」形象進行了這樣生動的描繪，雖然在座的「男同志」們熱烈鼓掌和欣賞，對這樣的一首歌，服膺「一杯水主義」的同志們不熱烈鼓掌才是怪事。美中不足的是居然「有一位青年女幹部激動地提出質問。」這位「女幹部」的激動和質問是完全可以理解的。因為我們從文字描述中，尚且能「清晰地」感到不堪。但她的問題：「為什麼要在『花會』上演唱這樣的歌曲？」就不免是問得天眞和幼稚了些。因為根據毛澤東的現實主義與浪漫主義結合的文藝方針，這一節目是既反映了共幹們「品德喪盡、好玩弄女人」的現實，也正是百分之百地浪漫的寫照。

抗戰回憶錄（十九）

張發奎

五、武漢會戰

廿一日正面和大冶附近的情况已達到了我必須轉移陣地的時機，撤退正面的決心是困難的，因為這一方面將使敵人溯江直上的行動，沒有方法加以限制，一方面對於武漢近郊，必將很迅速的進入戰鬥，同時也無異是我們自己宣告對武漢會戰的失敗。這一定將使敵人興奮，令我們沮喪。但這個決心是軍事上的要求，我沒有其他辦法可以選擇，我報告最高統帥部，這是我保証時間的到達，轉移陣地已到了最後的時機，必須實行，十月廿二日我下達命令，全綫部隊轉移於金牛以東之太平塘亘梁子湖之綫，重行佔領陣地。

這一次戰鬥，經過了五十餘天的時間，始終在極度緊張和慘烈情况下進行。敵人的戰鬥是成功的，但敵人的戰畧行動已超出了它預期的效果和預算的時間。敵人在水陸兩面的損失相當重大，我們除喪失了約一百公里縱深的地區之外，還消耗了約十七個師的戰力。

當我在陽新附近戰鬥的時候，平漢路方面的戰局更為嚴重，十月十二日我們放棄了信陽，我們野戰軍已撤至桐柏山地，漢口的北側已沒有險要可守，政府下了決心放棄武漢，由信陽南下的敵人，已不待長江方面南下敵人的會合，於十月廿五日佔領了武漢一座空城。

情况突然變化了，羅卓英將軍帶了一些部隊從武漢向粵漢路撤退，敵人緊緊的向他追擊，我奉命將第十一軍團和第卅二軍團交他指揮，使其担任粵漢路方面的對北正面，這是一個很不利的態勢，我們在東北兩面敵人壓迫之下，完全居於內綫了。部隊是疲乏而且殘破不堪，從武漢南撤的部隊，且陷於混亂的狀態，軍心和士氣都已搖動，此時我們實已沒有力量來挽救這一個頹勢。

這是一個正確的判斷，敵人為鞏固其武漢的佔領，必擴大其足以鞏固武漢的戰畧地步，如果我們在地圖上以武漢為中心，用兩脚規向外劃一比較適合戰畧着眼的圓弧，則信陽岳州南昌各地都是圓弧範圍以內的地域；在會戰上說，這一條圓弧綫才是敵人攻勢最後終止的地點。因此希望敵人在岳州以北自動停止它的攻勢行動是不可能的。所以我們在這一個地區之內，仍然需要繼續最後堅苦困難的奮鬥，來表示我們絕不屈服的精神。

為避免上述兩面作戰的不利和實際狀况的需要，十一月一日兵團在通山崇陽蒲圻間重新調整了一個陣線，以周碞盧漢李延年分任右、中、左各地區的指揮，這是一個完全對北的正面，在地形上扼守了粵漢鐵路湘鄂公路和通山至崇陽公路幾條敵人南下的要道。不過我們的部隊經過了幾個月長期的戰鬥，都已精疲力盡了，而且因為武漢的失陷，士氣亦因之降落了許多，沒有新的軍隊加入戰鬥，祇有新從後方整補甚暫的二、三個師，在蒲圻方面扼守粵漢鐵路的主要方面；我明知道如果在敵人重大壓迫之下，這一個戰鬥是不能維持長久的，可是我祇能作這個努力，凡是能夠做的，一切我都已實施了，這祇好聽諸命運去演進了。

辛亥革命史談（四五）

舜生

八、南京臨時政府成立與議和經過

中山有決心用袁以倒清，早決於在香港與胡漢民的一席談話。等到他到上海以後，眼見當時一般同志的心理，大抵集中於如何舉總統，如何組內閣及如何制約法；這與他在『同盟會』成立後所規定的『革命方畧』，所謂三年的『軍法之治』，六年的『約法之治』，必須經過此兩段時期，然後能制定憲法進入『憲法之治』者，乃完全不符；於是他乃不免『心灰意冷』（語見『孫文學說』），大失所望。又看到獨立各省情况相當散漫，軍力不够堅强，財政更無把握，知道要組織一支有力的革命軍，將袁所擁有一個比較完整的力量一舉摧毀，勢有不能；於是他用袁倒清，使革命暫告一段落的決心，乃更為堅定。他看到他被舉為臨時大總統以後，袁氏大不放心，致有逼唐紹儀辭去議和代表一幕的出現，於是他為促成袁氏倒清決心的起見，於被選之次日（十一月十一）卽首致袁氏一電，文曰：

『北京袁總理鑒：文前日抵滬，諸同志皆以組織臨時政府之責相屬。問其理由，蓋以東南諸省，欠缺統一之機關，行動非常困難，故以組織臨時政府為生存之必要條件。文旣審艱虞，義不容辭，祇得暫時担任。公方以旋乾轉坤自任，卽知億兆屬望，而目前之地位，尚不能不引嫌自避。故文雖暫時承乏，而虛位以待之心，終可大白於將來，望早定大計，以慰四萬萬人之渴望。』

可是袁氏依然放心不下，乃於孫就職之次日（元月二日）復孫一電，大打官話，且懷疑孫對他祇是一種誘惑，電曰：

『孫逸仙君鑒：君主共和問題，既方付之國民公決，所決如何，無從預揣，臨時政府之說，未敢與聞。謬承獎誘，慚悚至不敢當，惟希諒鑒為幸。』

其實在袁的心目中，懂得什麼『國民』？更懂得什麼『公決』？不過要逼孫把話說得更明白一點，他才肯對清廷正式動手，孫慮袁仍搖擺不定，因再復一電，以釋誤會，文曰：

『袁慰庭君鑒：鹽電悉。文不忍南北戰爭，生靈塗炭，故於議和之舉並不反對。雖民主君主不待再計，而君之苦心，自有人諒之。倘由君之力，不勞戰爭，達國民之志願，保民族之調和，清室亦得安樂，一舉數善，推功讓能，自有公論。文承各省推舉，誓詞具在，區區此心，天日鑒之。若以文為誘致之意，則誤會矣。』（孫兩電均見『總理全書』之九）

這簡直是對袁賭咒發誓，祇要袁能把清室推翻，他卽斷然以總統相讓，不能使袁不信。於是在和議中所剩下的一個主要問題，便是制定一個優待清室的條件，使其光榮下台而已。

本來，遠在各省都督府代表在漢口開會時，早已決定議和綱要四欵：『一、廢除滿州政府；二、建立共和政體；三、清帝優給歲費；四、以人道主義待滿人。』因此，要製定一個優待清室的條件，乃是順理成章的。不過不僅要顧到清室，同時還要顧到滿蒙回藏各族以及清皇族，所以後來這一優待條件乃包括第一第二兩個清單，而第二清單又分作甲乙兩項，其原文是這樣的：

『第一清單：關於滿蒙回藏各族待遇之件：

一、與漢人平等；二、保護其原有之私產；三、王公世爵，概仍其舊；四、王公中有生計過艱者，民國得設法代籌生計；五、先籌八旗生計，於未籌定之前，八旗兵弁俸餉，仍舊支放；六、從前營業居住等限制，一律蠲除，各州縣聽其自由入籍；七、滿蒙回藏原有之宗教，聽其自由信仰。以上各條，列於正式公文，由中華民國政府，照會各國駐北京公使。

第二清單：

（甲）關於清帝退位後優待之條件：

今因清帝贊成共和國體，中華民國於清帝遜位之後，優待條件如下：

第一欵：清帝遜位之後，其尊號仍存不廢，以待外國君主之禮相待。

第二欵：清帝遜位之後，其歲用四百萬元，由中華民國給付。

第三欵：清帝遜位之後，暫居宮禁，日後移居頤和園，侍衛照常留用。

第四欵：清帝遜位之後，其宗廟陵寢，永遠奉祀，由中華民國酌設衛兵保護。

第五欵：清德宗崇陵未完工程，如制妥修，其奉安典禮，仍如舊制，所有實用經費，均由中華民國支出。

第六欵：以前宮內所用各項執事人員，得照常留用，惟以後不得再招閹人。

第七欵：清帝遜位之後，其原有私產，由中華民國特別保護。

第八欵：原有禁衛軍，歸中華民國陸軍部編制，其額數俸餉，仍如其舊。

（乙）關於清皇族待遇之條件：

一、清王公世爵，概仍其舊；二、清皇族對於中華民國國家之公權及其私權，與國民平等；三、清皇族私產，一律保護；四、清皇族免兵役之義務。以上各條，列於正式公文，由中華民國政府，照會各國駐北京公使。』

聯合評論 週刊

本刊已經香港政府登記

每逢星期五出版

United Voice Weekly

第一九四號

督印人：黃宇人　總編輯：左仲平

社址：九龍大塘道一六八號南亞書局　805641

承印：嘉羅印刷有限公司香港灣仔馬師道5號

總代理：[illegible]發行公司　售價每份港幣一毫

本報美洲版總代售處美國紐約中美出版社

CHINESE - AMERICAN PRESS, INC

199 CANAL STREET.,

NEW YORK13 N. Y. U.S.A.

美洲航空版每份零售美金一角

為逃港難胞呼籲

聯合評論、新社會、祖國週刊、自由學人

一月以來，中國大陸難民大量越界湧入，香港政府則以非法入境，予以遣回。但事實上被遣回者雖日以數千計；而繼續湧入者則為數更多，均形容枯槁，衣服破爛，共迫切待救之慘狀，令人望而淚下。若再不尋求適當的方法，迅作合理的處理，不但有背人道，徒貽文明社會的羞辱；而且可能演成不可收拾的嚴重局面，其影響將不限於香港。吾人身處此地，目睹此情，爰本愛同胞愛國家與愛香港愛自由世界之旨，提出下列之意見與呼籲。

一、大陸逃港的難民，均屬中華民國的人民。中華民國政府對中華民國人民的救助，義不容辭，責無旁貸。台北原以光復大陸拯救同胞為己任，在國際間亦是代表中華民國人民的唯一政府；對逃港難胞自不容袖手旁觀。五月二十一日陳誠先生發表聲明稱，對逃港難胞將依其志願接運入台，不計一切困難，此乃台北當局首次所表示的負責態度，吾人甚表贊同；但希望及早見諸行動。

二、十餘年來，香港已容納投奔自由的中國人兩百萬以上，香港政府對中國難民的救助，雖仍不無遺憾之處，但不可謂未盡其最大的努力。目前香港政府無力再收容大量的難民，自係人所公認之事實。但現在台北當局經已明白宣佈將接運志願入台的難胞，吾人希望香港政府停止遣回的措施，使逃港難民獲得赴台的機會。其不願赴台者，吾人建議由香港政府在邊界地方劃出一個地區，請國際救濟機構設置臨時收容站，暫予收容，徐圖徙置他處之計。所需經費由有關方面共同負責。其有親友在港可以協助其生活者，則交其親友領回。

三、救濟難民原係以人為對象，不容因膚色或國籍之不同而有所歧視。前此匈牙利難民湧入西方，立即獲得救助。今日中國大陸逃港難民之慘狀，遠甚於匈牙利難民。雖然在形式上中華民國政府依然存在；然因主觀條件之不健全與客觀條件之限制，其不能單獨負起救助同胞的責任，早為舉世所共知。因此，國際救濟機構若以此為藉口，而遂置中國難民於不顧，顯屬漠視事實，與救濟難民的主旨大相違背。吾人希望國際救濟機構對逃港的中國難民一視同仁，迅作緊急的救濟；並對入台難民，提供技術與物資的援助，使其在徙置與就業方面，獲得適當的安排。吾人並希望美國政府供給若干交通工具，協助台北當局接運逃港難民入台。同時，因為香港僅能對難民作暫時的安置，台灣方面的容量亦屬有限，吾人更希望美洲各國，澳洲及其他國家放寬中國難民入境的限制。

四、一月以來，香港各界同胞對入境難胞熱烈救助，甚至有不惜闖入禁區，甘冒被拘罰的危險而以飲食衣物贈與其素不相識的難胞者。此種真摯而偉大的同胞愛，實足以動人肺腑，正是中華民族終必復興的保証。可是當前的事實，已充分說明個別的行動，僅能使極少數的幸運者獲得暫時的救助；並不能使絕大多數逃入香港的難胞獲得合理的安置。而且還可能因一時情感的激動而發生意外事件，愈使此一問題更加複雜而不易解決。吾人希望香港華人社會的領袖和各社團迅與香港政府當局作進一步的商洽，及時組成一個統一的救助機構，負責募集款項，收集衣物，統籌分配。庶可使救助工作與安定秩序同收其利。

從難民湧入香港看反攻機運

兼創全面反攻條件並先行局部反攻

劉裕畧

戰爭，不管是善是惡，是合理是不合理，是討厭它還是喜歡它，它早已隨人類社會之發展以俱來，又至今尚未隨部分人士之咒罵以俱去，乃是確切不移的事實。正因為這是事實，所以，喜歡它的人固不願離開它，討厭它反對它的人又何嘗能夠避之大吉！翻開一部人類社會歷史，隨處都記述着戰爭史。仔細閱讀這些戰爭史，容易看到任何一次戰爭確均未能永遠而根本的解決問題，假若它能夠解決的話，在以往的人類社會歷史中，便不該再有如此其多的戰爭次數，而早把問題解決了。但話說回來，以往的任何一次戰爭，誠未能永遠而根本的解決問題，可是不容否認，當某些問題發展到已無其它方法可以解決，只有用戰爭方法才能解決的時候，戰爭却往往成了能夠解決當前問題的惟一辦法。以中國最近幾十年的情況來說：中國對日本的八年抗戰是如此，當前中國所面臨的反攻問題也是如此。

試想：若不用武力來抗拒日本的侵畧，難道還能向日本投降不成？同樣的理由，若不用武力來光復大陸，難道還能與共產黨談和不成？毛澤東和中共還會自動把中國大陸交還給中國人民不成？他們過去之所以能佔據大陸，全靠所謂「武裝革命」，那末，全中國人民今日若不用反共武裝打垮中共的「武裝革命」，還有什麼道路可走？可知湯伐桀武王伐紂和陳勝吳廣之揭竿起義，都不是本性好戰，而有其不得已的原因。

但要打垮中共，固然必須武裝，可是何時反攻如何反攻才真正適切而有效呢？這却仍然是所有反共愛國的人們都應該深思熟慮的問題。

基本上講：反攻的時機與反攻的方式原本密切相關；而反攻的時機與方式又在在與「敵」、「友」、「我」三方面的情況緊密聯繫。所以，對反攻問題不作深思熟慮則已，若一步又一步的深入問題的話，當會發覺這問題乃是關係國家民族興亡的一件大事，勢必反攻，而又不可盲目魯莽的去反攻，否則，中華民國現尚在台保有的一點資本便將輕易斷送，前途更會茫茫。因此，冷靜下來，屏除意氣與衝動，確切站在國家民族立場，上對祖宗，下對子孫，將反攻問題的寬度和深度，詳加省察，誠屬絕對必要。

若單從敵情來衡量反攻機會，說現在業已完全成熟，自屬至當。蓋根據今日大陸人民普遍饑餓，中蘇共之間且有裂痕，中共輕重工業建設失敗，中共現代化建軍尚未完成，中共對大陸之控制又已逐漸動搖等事實，已可判定適當之反攻時機已屆。

但從台灣本身方面來看呢？則國民黨當權派在台仍充滿官僚氣息與苟安心理，益以大規模渡海船艦之缺乏，政治團結與民主改造程序之迄未完成，則諾曼第登陸式的大規模反攻方式之實施實又不可能。再加以美國方面至今尚無積極支持台灣反攻之決心，故「敵」的方面雖已屆臨反攻良機，「我」的方面及「友」的方面的條件却對此大規模反攻作了無情的否定。

台北當局對反攻之所以仍然只在坐地打衝鋒，而不敢真正實施者，原因固多，除責任心不強，智慧不高，魄力不够外，這也是原因之一。

不過，此時此際最應進一步研究的，還是反攻的方式究竟是否只有一種？諾曼第登陸式的反攻方式究竟是否適合於中國？假若反攻的方式並非只有一種，諾曼第登陸式又根本未必適合於中國的話，則是否尚能根據當前實況提出其它適當而有效的反攻方案，以進行反攻，當為次一應該考慮的問題。

在我個人長時間的省察與深思，我總認為無論敵情對反攻如何有利，台灣現有的軍備與實力却仍不足以言全面反攻。但動用局部力量採用諾曼第登陸方式以外的新戰法去反攻，則不但可能，而且絕對可行絕對有效。「友」的方面縱無美國的積極而大規模的正面支援，倘能獲得南韓、南越等亞洲反共國家的配合的話，則進行局部反攻所需要的「友」的條件，實亦同樣具備。何況，在「敵」、「友」、「我」三個範疇中，「敵」、「我」兩個範疇最為重要。今日「敵」情既已對「我」有利，而使用局部力量進行反攻又不致動搖「我」的根本，且局部反攻又不必定要等待全面政治改革之完成始可施行。所以，國民黨當權派應對最近大陸難民不斷大批湧入香港一事，深切反省，並應確切站在國家民族立場，揚棄官僚主義，戒除自私與苟安心理，放大胸襟，恢宏氣度，把握當前良機，一方面通過民主制度實行大團結，對現局進行改革，以創造全面反攻的有利條件，一方面可以自動報名方式，徵集勇敢有為之士，組成十個到二十個兵力不等之小型兵團，每個兵團包括五百人到兩千人，用空投與海運分別進入大陸。空投者應投到內陸山區及國內少數民族居留地區，海運則從沿海空隙鑽入。如此以行局部反攻，所需飛機及運輸船隻遠較諾曼第登陸方式為少，乃台灣目前已有裝備所能自行解決者，各兵團到大陸後應游而不擊，專以結合人民支援羣衆奪取糧食為主，其力量自不難迅速膨脹壯大。以今日大陸人民普遍饑餓之情，與乎反共恨共心理之切，星星之火，可望燎原。由此引發大陸這一火藥桶之全面爆炸，亦非不可能。試看今日大陸難民大批湧入香港之實情，再看香港居民自動前往救助之熱烈，可知人心可用，機會難逢。賈誼過秦論說得好，他說「天下之嗷嗷，新主之資也」。何況，反攻原本才是解決一切問題的根本之計。更何況今日之國際關係亦非一成不變，今日之國際關係既重現實不重理想，既重利害不重道義，若長期等待國際變化或第三次大戰，誠恐反攻之事遙遙無期。反之，中華民國本身若能以自我力量，運用新的方式，儘其在我以打破現狀的話，則國際方面，尤其國際「友」人方面自必刮目相看；同時，「友」的方面亦必基於台灣居然能夠有所作為而改採更較有利於「我」之政策。蓋中共為亞洲之禍根，中共為協同蘇聯赤化整個世界之幫兇，皆人所共知的事實。台灣能打倒或相當的打擊中共，其它國家豈有不予歡迎之理？自助天助。固不我欺。既然反攻才是一切根本之計，先儘其在我又才是一切根本之圖，而中共在今日大陸所推行之人民公社又早已變成了中共政權自掘之墳墓，大批饑民所形成之人流最近且又正在大陸各處竄行，客觀說來，自可認定中共今日在大陸之處境，實已較國民黨當權派十三年前在大陸之處境更為惡劣，且更接近歷史上張獻忠李自成等舉事之邊緣，因此，台灣此時此際若能對今日大陸投以足以引起燃燒之爆炸力量，即足以在今日大陸引起原子反應式的連鎖爆炸。所以，國民黨當權派不要再事空談，反攻機運既已愈來愈成熟，就應當迅即以局部反攻作序幕來啟導全面反攻，從而謀求整個中國大陸之光復了。

逃亡人訴大陸事

本報記者 ·金葉·

今年入春以來，大陸的糧荒情況益加嚴重。其實照中共的說法，自然災害已經連續三年，何以在今年春天以前並沒有大量的飢民向香港和澳門逃亡？在本文未及向海外讀者詳細報導主題之前，先根據事實畧述今年春天以前大陸上的情況，因為這是促成飢民湧向港澳的遠因。

政策多變失信人民

去年底以前，中共曾用下述幾種方法來稍事蘇解大陸上的糧荒。農村公社本已是名存實亡，大多數地區的公社食堂已經無法開伙，中共指示吃飯可以自理，並且允許農民可墾種自留地。在城市和鄉鎮，默許自由市場交易（即公開的黑市），並鼓勵趕集趁墟，恢復農村傳統的集市貿易。在同一時間內，例如華南沿海城鄉地區，則鼓勵農民和僑眷向海外親友乞救，攜帶糧食回鄉探親，這不僅使港澳兩地的居民踴躍「還鄉」，聯帶使南洋的華僑大舉攜糧「返唐山」。以港澳居民為例，每人往返一次，所耗用於購糧、旅費、稅欵等，至少約在三百元左右；從星加坡、馬來亞、印尼等地回去的，所耗當不少於港幣二千元。但是到去年秋間，情況突然轉變。中共首先禁止海外僑胞送糧還鄉探親，繼之於年底全面關閉自由市場。農民對於自留地的墾種，由於缺乏耕作條件（如無種籽、無肥料等），復不堪共幹之無理滋擾，既無暇可兼顧，大多無形放棄。中共既突然改變政策，農民心理的恐慌也愈重。再加上中共農業基本政策不兌現，農民的生產情緒不僅低落，抑且思想動搖。像鄰近香港的寶安縣的農民就直率地向幹部指說：「有得做，冇得食，梧桐山都要爬光。」（按從寶安縣爬過梧桐山即到九龍邊界）

缺糧缺種籽耕種難

今年入春後，從北方到南方，中共宣傳說是旱象嚴重。春旱固是有相當的程度，但無法春播耕作情況更嚴重：沒有種籽、農具和耕畜。去年因欠收，留種本少，農民過冬缺糧，留下的種籽祭了五臟廟，中共既無從撥付種籽，首要的困難即形發生。農民在加入公社後，農具歸公，毀損過多，公社組織數經變化改組，且歷年來公社並無積累，農民自無餘錢添置修理；而竹、木材料又同樣缺乏，加重了春播春耕困難。至於耕畜，華北一帶死亡率特高，其它各地區情況當也不會較好。從僥倖逃出的農民的手足來看，由於飢餓而浮腫，其手掌脚掌多是粗糙爆裂，據說這是由於沒有農具，祇能徒手操作；沒有耕牛，必須集十數人拉犂的結果！勞役既重，復不得食，苦況更甚過了往年。

這樣的情況，應該說是促使廣東省內飢民湧向港澳的基本原因。實際上，根據記者採訪所知，向港澳逃亡的饑民，並不限於廣東一省，其中尚有遠自東北和西北逃來的，不過數字較少而已。

大陸內地也有「人球」

據來自東北黑龍江和西北甘肅的難胞王君和趙君相告，大陸各大城市，現均奉命壓縮人口下鄉落戶，尤其是一九五八年以後因「大躍進」進入城市工礦的工人，現因「大躍進」失敗，不能繼續生產，中共一律每人發一月工資和路費勒令回鄉，以東北瀋陽為例，單是幹部就下放了四十萬，尚不計各業工人在內。此外，大陸當年應屆畢業的中學生和小學生，除極少數可獲升學之外，也一律下鄉「安家落戶」。

中共在城市裏所推行的政策是如此。另一面農村方面，對於下放的工人、學生和幹部，卻不表歡迎，第一由於下放農村的人，並不曉耕作；第二農民本已缺糧，在厲行「分片包乾」制之下，每一農民的工分已分有定額，恐懼下放的人來到農村後分薄了工分，也分薄了口糧。

這是中共壓縮城市人口的政策和農村生產政策發生衝突之處。在衝突的政策之下，再加上原本久居於城市的人民本意也不願下鄉，中共既發有路費、工薪，又有全國性糧票，遂到處流徙，向各地區的大城市集中。由於龐大數字的城市居民四散流徙，中共遂稱這些不願下鄉的流民謂「盲流」，在通都大邑和交通樞紐，廣設「盲流竄阻站」，竭力以圖阻擋，但並未能收效，形成了阻者自阻，竄者自竄的局面。各大城市的「竄阻站」，只不過是僅能「送往迎來」而已。因此少數的單身幹部、工人、學生，無不設法南逃，第一步是爭取到廣州市，第二步是千方百計偸渡到香港和澳門。

甘肅省餓死四十萬

記者從逃亡的難胞口中獲知，大陸各地區的配糧情況和數字並不劃一，是以各地區不同的情況為定。大城市有的每月配糧廿四斤，但並非全部細糧（米、麥之類），是粗細混雜，粗多於細。糧票的黑市價格每一斤在共幣五元以上。據甘肅來的趙君稱，甘肅省這兩年來已餓死了四十萬人，該省中共第一書記張仲良以次各負責之書記，均被撤職，據傳聞，已付勞改。甘肅省糧荒之造成，也是天災人禍並舉的結果，而張仲良等揑造糧產數字苛徵上繳，亦為原因之一，雖中共中央對張等已有所懲罰，亦不過是毛澤東好大喜功的代罪羔羊之一而已。復據趙君稱，在蘭州市街道牆壁上遍貼有找尋小孩的招紙，在他原任職的汽車修配廠裏的一個科長的母親，就曾經在夜晚黑市交易中買回了兩條小孩的大腿肉！

東北配粮三天一發

在東北地區，配糧的情況更為緊張。據來自黑龍江的王君稱，普遍的情況，口糧並不能一月一次發給，多則六天一期，少則三天一發。他說，中共用這樣的方法配糧，無非是不讓任何人有足够一月的口糧，既不够吃，又吃不飽，大家當然無法集攏來大規模的鬧事，即有小小事件發生，任何人也無法支持五天以上。就他所知，搶糧的事情有，但不能形成大暴動，像瀋陽市的第二醫院的存糧，就曾被搶刧一空，不過為數也很少。王君又說，在一九六一年裏，東北餓死的多數是老年人，由於他們往往為了照顧小兒女，把口糧省下來給孩子吃，自己則在不知不覺中便慢慢地瘦弱不堪地死去！他說這數字佔全部老人的百分之八十！

王君和趙君是够資格被稱為「盲流」的，因此在他們一路南「竄」時所見慘事眞是一言難盡。他們說，一般的十五歲以下的少年，祇要看到有人吃東西不小心，他們就會冷不防地搶了去一口吞下。婦女們帶着孩子，到處向過路的旅客乞食，即使能討到了一口玉米麪和蕎麪混製的窩窩頭，也是先喂孩子。任何一個人在食品公司買東西，必須小心提防隨時被搶。公司的「服務員」也一再提醒顧客：「在你手裏被搶了，我們可不負責，雖然你還沒有離開櫃枱。」他們又同樣地指出，偸竊之風大盛，偸兒並不以此為恥，被偸的人也不用報案，過去糧票被偸，尚可補發，近一年來，中共已絕不補發糧了。王君又說，尤其是年青的婦女，不惜以出賣皮肉換取一餐。他說在天津的「解放橋」（舊稱「法國橋」）的兩岸，已成了賣淫的市場，一斤糧票即可成交，而多數是女學生！他又說，天津一帶的農村，每月配糧只得九斤！百分之五十是「地瓜麪」。這樣少的糧食，連煮麪湯喝也不够！

在西北地區。據趙君說，從四川省流徙到那一帶的男女青年特別多，他們都沒有固定的工作。

勞改商品與黑市貨價

在大陸上，中共幹部可以用任何藉口給任何人扣上一頂帽子，經過「人民法院」官樣文章式的判決，便得去勞動改造。據黑龍江的王君說：在東北的北大荒這一帶，中共號稱有五百萬改造大軍。而這個數字，相當於過去偽滿洲國時代國防軍的數字。

他又說，凡是大陸上的工業製成品或農產品，取名是「新生」的，或是商標用「新生牌」為名的，全是勞改營的產品。而這一類的商品，在市場供應上數量不少。

工業製成品的價格，貴得離奇，黑市則更為驚人。以飛鴿牌自行車為例，用難得的工業券購買，定價是一百六十四元「人民幣」，（如按中共牌價合港幣約為三百二十元，以香港市價合美金五十多美元）黑市交易，則賣到「人民幣」六百元！（合牌價港幣約為一千二百元，以香港市價折合美金二百多美元）。東北地區，因為天寒，每人一年布的配給量是七尺半。事實上就記者所知，中共早就喊一件衣服要穿十年的口號，而最少是穿九年。（其計算的方法是：「新三年，舊三年，翻翻補補又三年」！）

邊防軍口粮不夠吃

據王君和趙君稱：中共的邊防軍對於偸渡出境的饑民，不僅不加管制，並且還指示捷徑。邊防軍東北籍軍人很多。但據粵省的難胞告訴記者：「邊界上每一哨卡，每一值班的邊防軍必定是兩人，一是『北佬』，一是本省人。士兵口糧每月僅得二十九斤，也是不够吃，得自己掏腰包買農民的蕃薯。副食品，菜是自己種了才有得食；過去自己養猪，每禮拜可食三次肉，現在飼料不足，一個月也冇三次肉食。」

粵省籍的難胞也說：「邊界共軍對於饑民越境，根本不理。但是深圳一帶盛傳最遲到本月廿八日，中共就又要關閉邊境，不讓隨便走了。」如果此項傳說確實，則大量饑民不惜艱辛越境進入九龍，便是可以理解的了。

（五月廿日）

第三版飢民圖片說明

請依時鐘行走次序從右上角依次看

一、中英邊界簡圖，箭頭所示是饑民集中逃亡處。

二、可憐的母親帶着可憐的兒子逃荒。

三、逃過了華界饑民饑渴疲憊，倒在村路上小睡。

四、爬過英界鐵絲網的饑民不幸為英方軍警捉到，他們正穿過村落，被送往臨時收容營。

五、饑渴不堪夜間露棲山邊。

六、躲在樹叢中的兩位女難胞瘦到落形，兩眼驚恐地望着以防被搜捕。

七、好心的人往車上送麪包給遞解回華界的饑民。

八、饑民被英方軍警集中後首先解除他們褲帶以防自殺。

九、三個同逃亡的女難胞雖然逃出了地獄神情仍是惘然。

十、哭！

十一、集中起來送走！

中華民國五十一年（一九六二）五月二十日

饑民血淚圖

亡命天涯求啖飯
奈何此地不容人

五月二十日（一九六二）

警方嚴厲查緝下
難民續湧入境

社論
國府何時才救濟逃出大陸的難胞？

政府發表公佈
飢民非法入境
增至二萬五千
經全部遣回大陸去

七萬人逃飢
正向香港前進
廣東各地農村十室九空

大量飢民湧入本港
左派報紙隻字不提

陣陣尋親呼聲苦
邊區竟成傷心嶺
飢病暈者觸目可見

流淚眼看流淚眼
鐵石心腸也鼻酸

有人六天內
未吃過東西

華山被包圍
送糧人不絕

野嶺一片哭聲
千辛萬苦逃到「天堂」
結果仍然被遣回地獄
有三母子曾抱作一團

粉嶺集中營
探親者被拒
一名警員慨贈饑民餅食

慘慘慘逃到英界
草叢藏滿飢民
餓很怕不敢出
邊區軍警採取驅逐難民新法，連頓救濟飯也沒得吃了。

五月十七日

港竭力阻遏饑民洪流
邊境增設障礙物
今晨卡車遣出四千人
警方盼市民勿攜食物探親

港府遣送飢胞出境

邊境部份地區
運糧包工作有困難

台灣簡訊

志清

一：立委呼籲搶救逃港難胞

立法委員吳望級等六十五人於本月十五日向院會提出臨時動議，對大陸逃港難胞被香港當局強制押返大陸，認為問題嚴重，呼籲政府及國際慈善機構，速謀救濟辦法。據稱：「近日大陸義胞蜂湧逃亡港九，香港政府竟加強邊防，截堵，且用卡車驅遣，以致冒險逃出鐵幕之難胞，仍被遣回虎口，甚至轉輾中港邊緣，死傷日有所聞，情勢異常嚴重。查救濟難民為自由世界各國共有之責任，聯合國設有救濟難民專門機構，今大陸飢民流亡港澳，香港政府應向聯合國及國際慈善團體呼籲救助，方為正辦，豈可不顧難民生死，違背人道，予以驅遣以至繫獄。我政府為收拾人心，應由行政院急速計劃救濟，通知中國大陸救濟總會速開緊急會議，速訂有效救濟辦法，並先飭港澳救濟分會據理交涉，務將逃亡港澳之難民，暫加收容，同時訴請聯合國難民救濟組織及世界紅十字會與國際慈善救濟機構，速商共同緊急救濟收容辦法，以維人道。」

本案提出後，出席委員均表支持，決定於十八日的院會邀請內政外交僑務三部首長到院報告後，再作決議。

二：唐榮廠又請求救濟

曾經政府引用總動員令、並以愛國公債、公司債、銀行團、國防部同袍儲蓄會等等方法救濟的唐榮公司，自二月初改組為公營事業後，一般以為該公司從垂死的經濟危機中被救活了，但事實卻不然。公營的唐榮公司於改組成立三個多月後，現又踏上過去民營時期的老路，賴借貸度日，再度陷於經濟危機中，並急需政府以有效辦法再救濟。聞該公司最近已以一項最機密件，將目前的嚴重經濟狀況報告省政府，省方高級官員為此一連開了三大檢討會，認為「確實嚴重」。據有關人士透露唐榮公司這次經濟新危機的發生，有下述諸原因：

（一）四十九年九月第一次發生經濟危機時，政府對該公司新台幣五億六千萬元的負債，除促請銀行團及部份民間債權人共以一億四千萬元借款轉為投資外，其餘債款係以「拆東牆，補西牆」方式，予以緩和，實際債務仍在；並須依照行政院公佈的償還辦法逐步清償，故該公司的負荷，依然沉重。

（二）政府對該公司的營運前途予以高估，以為該公司在公營之下，採行科學管理，改進生產技術和設備，杜絕浪費，可自得來的盈餘中，以「分期償責」方式，將全部債款逐漸消除。不料事與願違，該公司自四十九年十二月開始，經政府派遣的監查小組，處理小組非正式公營，及本年二月改組為正式公營以來，營運虧損不堪，一直沒有好轉。

（三）以資產抵償辦法，未能順利進行。

因此，自四十九年十二月即屬公營性質的唐榮公司，迄今十七個月，一直是在一面虧損，一面尚須「分期償債」及償付利息的狀況下苦撐着。原來就危如纍卵的唐榮公司，再經此番波折，其經濟陷於危機，是必然的結果。

據確悉：過去十七個月來，該公司先後向台銀增加透支新台幣九千萬元。其中第一次透支七千萬元，第二次洽定再透支七千萬元，現正覓保中。惟因「無錢不可度日」，該公司最近在尚未覓得保証的第二次七千萬元透支中，商得台銀同意，已先行緊急動用二千萬元。

此前後九千萬元透支，據說第一次所借的七千萬元，已在十七個月中虧損殆盡。

再以較為具體的數字看，唐榮公司現每個月償債款項，僅二萬元以下小額借款，同袍儲蓄會及以貸抵債三項，共需新台幣五百卅萬元，該公司自二月初正式公營後，當月虧損二百餘萬元，連同小額償債之五百卅萬元，共計入不敷出約七百卅萬元。三月份盈餘一百餘萬元，連同小額償債之五百卅餘萬元，入不敷出約四百餘萬元。四月份的數字尚在統計。

根據上列約畧數字，顯示唐榮公司自屬於公營性質以來，是虧損的。今後如繼續虧損，加上償債，其後果自更嚴重。如能反虧為盈，則其每個月至少須盈利五百卅萬元以上，供償還小額借款，始可維持收支平衡。同時對公司債、借用的愛國公債、民間大額借款、欠貨款等，尚須另籌財源逐漸清償，否則仍將陷於入不敷出狀態中。在負債增加，利息增加之下，終至崩潰。

此即唐榮公司面臨的嚴重經濟危機所在，如不適時搶救，後果堪慮。

該公司一位高級人員認為：除非政府另籌財源以供清償唐榮公司的全部債務，並撥款充實軋鋼等生產設備，增進營運能力；否則前途不容樂觀。

報載：省政府希望能由中央方面增資至少九千萬元至二億元。行政院已發交經濟部研究。但楊繼曾則認為唐榮廠的問題並不嚴重，因該廠目前每月均有盈餘，問題祗是如何處理多餘資產用以償債。他說：該廠祗要儘快將多餘財產加以處理而償還債款，利息負担即可為之減輕。至於出售土地所需繳納的土地增值稅，要想免除恐有困難；但如申請用分期付款的方式繳納，政府當會加以考慮。他又說：日前唐榮鐵工廠的主要股東，為台灣銀行及各商業銀行，週轉資金有困難：求之於各股東銀行，應即可以解決，似可不必請求政府援助。因現在民間資金週轉困難的工廠很多，如每家工廠一遇到困難，都請求政府援助，政府勢將不勝其煩，且政府也沒有充足的財力一一援助他們。

楊繼曾的話雖如此說，但熟悉政情者都認為行政院對於省政府的請求勢不能完全拒絕。

三：北港亦有人大量囤糖

在臨時國防捐開徵前夕，台北市議員紀明曾賄通嘉義糖廠有關人員大量購存食糖，已被朴子警局破獲。至於何人洩露機密與紀明，據說乃是台北某銀行的劉經理，巳被警方帶去。詳情至今尚未公佈，除此之外，北港亦發現有人於上月二十九及三十日，大量收購砂糖，並曾向稅捐分處繳納糖棧單貨物稅一百五十餘萬元之多，從而提取砂糖四千餘包。而農糖棧單上所載的提領人姓名或化名，名字多為失踪人口。警方根據所獲綫索，傳訊該鎮最大的糖商劉森、蔡格等十餘人。他們均否認預知開徵特別捐的消息；但承認曾於上月二十八日自台北方面獲得政府將調整貨物稅，及曾向北港糖廠主管砂糖棧單的業務課員張强及稅捐處駐港稅務員蔡啟煌送紅包五千元。張則供稱，此款乃是糖商送給他們兩人的加班費，案發後已全數退還。警方現正擴大偵查中。

美援遲遲未來引起憂慮

直夫

（台北通訊）本月十四日聯合報載：一九六二年美援改變為貸款方式後，新援款迄今尚未決定，依照會計年度來說，本月份已經是一九六二年的第十一個月，再過一個月，一九六二年的會計年度就要結束。同時，我國向美國提出一項三年長期的剩餘農產品貸款計劃，美國方面也還沒有肯定同意。由於美援未到，最近已引起朝野各方面的關切。美援會副主委尹仲容日前曾坦白說，沒有美援，台灣的經濟要發生問題，他堅信美援必然會來，目前暫時中斷，可以用政府外滙。言外之意，對美援遲遲未定，亦懷着焦慮的心情。尤其是美援會方面幾乎天天為了這件事，打電報到美國方面聯絡。

台灣經濟，端靠美援

據美援會秘書長李國鼎說，歷年來台灣經濟的穩定，除了政府力謀財政收支平衡，貨幣價值穩定，鼓勵投資生產，以及促進輸出增加外，美援乃是不可缺少的一個因素。李秘書長曾根據有關資料，計算至民國四十九年止，將美援在台灣整個經濟成長中所佔的地位，以百分比數字加以說明，使人一目瞭然美援所佔的比重究竟到何種程度：

（一）美援佔全部國民所得的百分之八。

（二）美援在全部固定資本形成毛額中佔百分之廿八。

（三）美援在整個經濟建設固定投資中佔百分之卅四。

（四）我國國際收支的差額約百分之八十六係藉美援彌補。

（五）美援進口物資佔進口總額百分之四十。

（六）我國進口農產品中有百分之七十九是由美援項下進口。

（七）我國進口非農產品之一般物資中有百分之二十五是由美援項下進口。

同時，美援在抵消貨幣供應量方面，亦有重大的作用，經常數十億台幣存放在中央銀行及台灣銀行，為穩定幣值的重要因素；而自三十九至五十年，美援且曾以台幣一百七十億元左右，供各項建設之用。

從上面所列舉的統計百分比、美援對於台灣整個的經濟穩定，有重大的關係，因此，在美援方面宣佈自一九六二年度開始，美援由贈與改為貸款的方式後，已使我們以利用美援贈與款作為教育、衛生、公共工程、一部分農業及補助政府財政等用途，不得不逐漸削減；現在美援貸款又遲遲未定，使有關方面更感困難。

贈與減少，貸款漸增

歷年來美援款額實際上並未減少，以總額比較，民國四十四年（一九五五年）為數最多，達一億三千八百萬美元，四十九年（一九六○年）亦達一億三千五百萬美元，而去年美援總額也達一億二千萬美元，可見歷年美援援款雖有參差，但至去年度美援援款仍多。不過，現在美援轉變的問題，不在援款多少，而是其性質的改變，以上表可以看出，從四十五年（一九五六年）開始美援贈與性的援款，就逐漸減少，從最高的一億三千八百萬美元減低至五千二百萬美元。相反地，貸款性的援款，自民國四十七年（一九五八年）開始，由二千八百萬美元，增加至四千萬美元。另一方面，四八○公法的剩餘農產品額，亦由一千萬美元增加至二千八百萬美元。

美援改為貸款後，雖是在若干年後，必須償還。但條件優厚，例如利率低，期限長，對目前經濟負担尚無影响。可是美國今年對於我國政府所提出的計劃，迄今遲未決定，難免使人困惑。惟有關方面仍認為除了有特別原因外，原則上，美援必然恢復。

工商界的看法

台灣區麵粉工業同業公會理事長吳敦禮，對於一九六二年度美援小麥之遲未批准表示其看法說：近來美援小麥到的很多，同時一九六一年度美援第三個A/P共十六萬噸，最近即可開始採購。其中屬於政府的有六萬噸，其餘十萬噸將由中信局公開標售，該會全體會員工廠已經開會商定採購紅麥四成，白麥六成，現正委請美援會辦理中。此項十六萬噸的A/P，再加上各廠現有庫存小麥，預計可以使各廠維持開工至八、九月間，當無多大問題。當然，假若一九六二年度美援小麥停止，對各麵粉工廠將為一嚴重問題。

台灣植物油製煉工業同業公會某負責人稱：美援黃豆是美國經濟援助三大物質之一，僅次於小麥、棉花。自民國三十九年起即購供進口供應。本省在日據時代，為配合農村養猪飼料及一般食油的供應，每年進口十幾萬噸豆餅及鉅量豆油。迨本省光復後，因人口激增，食油及豆餅需要量大為增加。三十八年底，大陸淪陷鐵幕，東北豆油及豆餅來源斷絕，一時豆油豆餅荒到處發生，毛猪產量銳減至約五十八萬隻，市場肉價暴漲，不但影响農民最大副業收入，而且關係國計民生至鉅。後經搾油廠家建議政府進口友邦黃豆，政府當局至三十九年一月始允許進口美援黃豆，委託南華油廠等七家開始加工豆油、豆餅供應市面及農村需要。

一九六二年度美援黃豆商業採購授權書，雖然迄未開來，惟此間美援黃豆加工搾油廠所需原料，在本年六月底以前將不致發生供應中斷情事。因去（五十）年度本省搾油廠家自行辦理進口的美援黃豆，日前仍陸續抵本省，足以供應到六月份加工生產。

該負責人指出美援黃豆進口後加工製造豆油、豆餅或豆粉，對民生所收的效果，除豆油大部份供應軍公教人員及一般人民的需要，提高國民生活水準外，豆餅或豆粉是供應農村，發展農民最重要的養猪副業，（現在養猪頭數約三百二十萬隻），增加農民收益，同時增加猪肉供應，改良國民營養，增加屠宰稅收入，裨益政府財政；而增加生產堆肥，節省化學肥料，保養土壤，又可增加糧食生產力量，在本省整個經濟上佔極要地位。倘若黃豆來源發生問題，情形自很嚴重；但他相信美援黃豆遲遲未來，是暫時性的。

紡織業界人士一致認為：原料棉花之供應不致發生問題。據約署的估計，目前本省各棉紡工廠每年所需的棉花數量總計約三十萬包；依賴於美援棉花供應，約佔三分之一的程度而已。近期美國援華物資方案的棉花援助金額年為一千餘萬美元，依照近期棉花價值可購七萬包左右，再加上美國四八○號公法剩餘農產棉花，兩者合計可在十萬包棉花左右。這些美援棉花對於各棉紡工廠之分配，不需要各廠出口實績為基礎。因而其實質上的成本價格比較便宜一些。

他們又指出：目前美國四八○號公法剩餘農產品追加給予我們三百餘萬美元，我們因而多得了一批原料棉花。此筆金額刻正在進行招標採購，所以目前美援棉花的供應沒有問題。

中共繼續仇視印度

劉裕署

筆者在五月四日出版的本報香港版上（即五月十一日本報紐約航空版），曾經寫過「中共與印度愈益交惡」一文。那是根據最近幾年中共與印度的關係以及中共最近在「人代會」上散發有關中印邊境問題許多文件，以及中共指責「美蔣」在西藏的「破壞」活動，中共又於四月廿一日照會印度，指責印兵侵入新疆等一連串的跡象來論斷的。現在這論斷更加証實，因爲中共又於五月十一日交給印度駐北平大使館一件照會，嚴重抗議印軍侵入了西藏的西部地區。據中共「中國新聞社」報導，該照會的主要內容是：「在中國西藏西部斯潘古爾湖以南的地區，最近又有印度軍隊約二十人侵入中國領土，一九六二年五月二日，他們迫近距離中國熱瓊哨所只有四公里左右的地方，設立軍事據點，構築工事，準備長期盤踞。不僅如此，一九六二年五月五日，上述印軍中有二八繼續向中國境內潛進約六百米，從那裏向中國哨所開了三槍。如果不是中國邊防部隊及時警惕並且力持鎮靜和克制的態度，印軍上述無端開槍挑釁，會造成十分嚴重的事端。」照會又說「中國政府對於印度軍隊的上述入侵挑釁活動，向印度政府提出嚴重抗議」。照會還說：「如果印度方面不從中國領土上撤走侵略據點和入侵軍隊，並且繼續挑釁活動，中國邊防部隊不得不實行自衛，由此產生的一切後果，都必須由印度方面承担全部責任」。

此外，據中共新華社五月十四日北平電：「中華人民共和國外交部今天公布了它在五月十一日致印度政府的一件照會，對印度外交部在今年四月十一日的來照中又一次拒絕中國政府提出的關於談判一個新的通商和交通協定來代替一九五四年中國西藏地方和印度之間的通商和交通協定的建議，表示遺憾」。

中共還指責印度說：「一九五〇年中國人民解放軍進軍西藏，印度政府在同年八月到十月裏給中國政府的一系列照會中，把中國在自己的領土西藏行使主權說成是對西藏的入侵，是可悲和沒有理的等等，以後，印度政府一直容許一批西藏逃亡分子在印度的噶倫堡等地進行對西藏的破壞和顛覆活動。這分明是一種干涉內政的行爲」。

中共既不斷指責印軍侵入領土，又抨擊印度不肯與中共簽訂通商條約，更把糾紛扯到西藏問題的根本上去，顯然，這都是中共無意與印度和解，同時，這都顯然暗示除非印度撤手完全不管西藏問題，中共才肯暫時能休，否則，中共是正在製造和假借小的事故以擴大它與印度的衝突的。而印度又怎能對中共屠殺和迫害其隣近地區——西藏的事漠不關心呢？所以，中共內心既以西藏問題爲中共與印度間一切問題能否解決之關鍵，而印度又不能不站在傳統的政治、經濟、文化、宗教等關係上關懷西藏，更不能不站在國際公法和人道主義立場救助自西藏逃出之難民，尤其不得不帮助西藏人民之精神領袖反共的達賴喇嘛，所以，展望前途，中共與印度的關係，是決不可能好轉的。

因此，爲印度計，爲亞洲的前途計，印度應重新考慮重新製定其整個對華政府，轉而與中華民國締交才是正當出路。

大陸簡訊

藍星

三千工人由外蒙回內地

外蒙本是我國領土之一部分，但被蘇俄帝國主義攫奪。中共靦顏無恥，竟認外蒙爲兄弟之邦，並派工人前往外蒙帮助建設。

茲據新華社五月十七日二連電：「參加蒙古建設期滿的我國工人第一批六百多人，今天乘火車到達祖國的邊境城鎮二連浩特，受到當地各族各界人民的熱烈歡迎」。

又訊，烏蘭巴托十五日電：「蒙古部長會議在十五日晚上舉行盛大宴會，招待工作期滿即將回國的三千名中國援蒙的代表」。

可見中共是如何的無耻了。

中共驅迫各地學生下鄉落戶

由於農業生產大躍退，中共除已發動城市一般人民下放外，又正在大陸各地驅迫學生下鄉落戶，使之永遠變爲中共之農奴，而美其名曰提高農村文化水平。

據新華社五月十一日西安電：「西安公學最近有四百多名學生結束了學習，積極響應黨的號召，決心長期在農村安家落戶」，又說西安公學是去年十月創辦的一所學校。它是爲了適應加强農業第一線的新形勢，給農村培養思想進步、長有中等文化水平、能初步掌握黨在農村的基本方針政策的革命知識青年。現在結業的四百二十七名學生中，有百分之八十是共青團員」云。

西安公學四百多學生下鄉落戶不過是大陸各地中學生被迫下放的一個例子。

中蘇共簽訂貿易議定書

蘇聯派遣了一個貿易代表團到北平談判貿易的消息，已誌本報。茲據新華社五月十三日訊「中國和蘇聯貿易經濟代表團在友好和互相諒解氣氛中進行會談之後，今天在北京簽訂了一項有關中蘇一九六一年六月十九日協定的議定書。代表雙方簽字的是中國國家計劃委員會副主任范慕韓和蘇聯國家對外經濟聯絡委員會副主席蘇洛耶夫。參加簽字儀式的，中國方面有對外貿易部部長葉季壯，……蘇聯方面有蘇聯駐華大使契爾沃年科，……簽字後，葉季壯部長設宴招待了客人」云。

小學生也被驅迫下鄉勞動

除了大陸各地的中學生被中共驅迫下鄉落戶之外，大陸各地的小學生也被中共驅迫下鄉勞動。

中共新華社五月十三日太原電：「山西萬榮縣孫吉小學歷年回鄉參加生產的畢業生，絕大部分熱愛農村，熱愛勞動，成爲農村中能文能武的好青年。這所小學是萬榮縣教學質量較高的學校之一，一九五九年以來，共有二百八十五名高小畢業生回鄉參加了農業生產」。又說：「這個學校經常邀請縣和人民公社的領導幹部給學生講農業的重要性和當前的農村形勢，培養學生熱愛農村、熱愛勞動的品質」。

一般中學生的年齡本就不大，小學生當然更是才由兒童長大的少年了。發育既不完全，營養又不良好，中共却驅之下鄉勞動，真是殘酷不仁到極點了。哀哉！今日大陸之小學生。

中共貿易代表團抵加拿大活動

現在中共正在鑽自由世界的空隙，從貿易經濟方面在加緊利用加拿大。中共又已派遣了一個代表團赴加拿大談判貿易。據法新社渥大瓦五月十八日電：「加拿大農業部長哈米爾頓在此間公佈稱：中共貿易代表團今日抵加拿大作重訂加拿大小麥售給中共三年協定之談判。哈氏說：談判亦可能討論以手工業產品售給加拿大」。

與中共作貿易，本就是眼光淺短，違反正義的事。看來，中共是正在而且還將繼續向自由世界的這一類弱點國家進攻了。

僑鄉近訊

鍾之奇

廣東各地飢民繼續湧到香港

自五月一日以來，廣東各縣的飢民即不斷經由港粵邊境湧到香港，希望由地獄進入天堂，這人數已越來越多，與中共十二年來嚴密封鎖邊境，一反只有少數幸運兒得以偷渡的情況。茲據香港政府於五月十七日所發表之一項聲明說：數字龐大的非法入境者，仍繼續進入邊界。正如上星期六所公佈，這些非法入境者，現正由警方予以逮捕，必要時並由軍方人員協助，逮捕後，即經由羅湖橋，將彼等送返大陸共區，自五月一日至目前爲止，被逮捕的非法入境者約有二萬五千名。這些非法入境者在英界逗留的短暫期間內，仍在粉嶺警察訓練營棲宿及獲得適當照顧，包括食物及醫療的供應云。

基於上述情況，如中共繼續准許廣東各地飢民湧到香港，由於廣東各地以及大陸各地普遍飢荒之故，廣東各縣之人民以及大陸各地之人民勢必只有繼續冒險設法前來香港，且其人數勢將愈來愈多，全世界一切有正義感之國家，台北之中華民國政府以及海外各地僑胞對此均應盡力支援救濟才是。

廣州貿易會成交了七億元

正當廣東各縣飢民蜂湧逃港的時候，中共却宣佈了它在廣州舉行的一九六二年春季出口交易會「勝利」的閉幕了。

就中共來說，它眞是「勝利」閉幕的了。因爲據中共說，在爲期一個月的過程中，中共已在廣州出口交易會中與外商達成了一萬一千多筆出口交易，出口貿易金額總達人民幣二億九千多萬，折合港幣達六億八千八百萬元之鉅云。

另據新華社報導，中共此次廣州出口交易會所賣者多是糧、油、食品、畜產及各種罐頭食品等。廣東各地及大陸各地人民正飢餓不堪，中共却殘民以逞，將各種糧、油、食品在廣州出賣與外商，那末，中共之殘酷不仁，試想到了何種程度？在如此情況下，各地人民又安得不蜂湧逃到香港呢？

福建舉辦新形態小學

五月十四日北平人民日報刊登了一則福建建甌大辦小學的新聞。並且强調這是一種新的形態的小學。它說：「這些小學，辦學形式靈活多樣，兼有小型分校、就近入學、方便羣衆、有利生產的優點。有全日制，有二部制，有巡廻教學，也有早晚班，還實行農閑多學，農忙少學，早晚上學的辦法」。又說「這些小學貫徹了勤儉辦學的精神，校舍利用舊祠堂，或借用羣衆廳堂」。細讀之下，才發覺所謂新形態的小學，實則只是勞而少學，既無固定課程，亦無固定校舍，更無固定時間上課下課的所謂學校，而且還要以勞動爲主，以有利生產爲主，試問在農作之餘，體力既已疲乏，又何能再來學習呢？所以，中共在福建所推行的這種新形態小學，拆穿來說，就差不多等於是無教無學罷了。

廣東發生水災鐵路運輸中斷

據中共「中國新聞社」五月十九日廣州電：「最近幾天，廣東省除海南、汕頭地區外，普遍下了大雨或暴雨，……由於連續降雨，省內珠江水系的北江、西江和東江等江河的水位都有上漲。北江的水漲得大，十七日超過了警戒水位，十八日二十時北江清遠站的洪峰水位僅比解放以來的一九五一年最高水位畧低：處於北江中游的清遠縣部分農田和村莊被淹，……京廣鐵路英德至源潭段的部分路基也被洪水冲壞，從十七日起暫時停車」。又說「現在，各地方正展開抗洪防汛工作，北江流域的清遠等縣人民，連日來有幾萬人在搶修堤防險段和巡邏堤防。並排除農田洪水。……廣州鐵路局的幾百名工人也正在趕修被洪水冲壞的鐵路路基。珠江三角洲沿江河各縣也正加緊趕運防洪器材」。

中共時刻在自誇水利建設，其實，年年都在鬧水荒，今年的災情更來得突然而勇猛，甚至由廣州到北平的火車也中斷了。可見其嚴重程度。實苦了大陸人民！

美軍入泰前後

何之湄

美軍正式開入泰國協防一事，給予泰國尤其是首都人民以莫大的鼓舞。當裝備整齊的美陸戰隊在孔提碼頭登岸的時候，雖然沒有什麼歡迎儀式的舉行，可是人民不期而集，有些還手提泰國旗及美國旗，形成夾道歡迎的盛況！一個國家的安全受到威脅之際，而有友邦強大的武力及時開到協防，人民的安慰是不言可喻的。泰國的人民，以至居留的華僑，這兩天就有着這麼的心情。

似乎是美軍一朝開到，一切的一切就變了，變了！從焦急轉爲放心，從憂懼轉爲安定。不錯，美國這一行動，可能是「劃時代」的，歷史將可能証明，這一行動的歷史性。

明眼人，早知內幕

一個禮拜前，正是寮國南塔已失，會晒續陷的時候，乃沙立元帥大聲疾呼：「敵人已到門口了！」他趕快增兵泰北，親巡邊防，並向國民昭告：「如有行動，必先公佈」。那時的情勢，一則憂慮共軍越入泰境，再則深恐永珍不守，泰國不能坐視，以致投身於寮國戰場；兩者都等於泰國對越盟開戰，但以軍力來說，泰軍是難以對越寮共軍聯合力量作戰的。那幾天的情況，正是「滿城風雨、人心惶惶」！

事後看來，泰國當局可能是成竹在胸的。原來在這批正式協防的美軍登岸之前，已有一千美軍進駐泰國，那是東南亞公約演習的部隊，演習後應泰方之邀，「短期」到泰國訓練觀摩的。由於當局「短期邀請」的公佈，未受人民所注意。現在回想起來，短期邀請與正式協防，只是爲同一回事的兩批軍隊，前者僅可能是因美泰雙方官方手續未及辦妥——如告知國會、閣議、簽字等，而作的權宜措施。（現在，先到的一千美軍已開駐烏隆了。）

人們更檢討到，寮國彭庵親王及諾沙旺將軍訪泰時，國防部長乃他儂元帥曾勸諾沙旺將軍說：「美泰寮觀點最後一致」。這不失爲「明眼人」——事實上是熟知內情者的說話。

傅馬急，諾沙旺鬆

諾沙旺將軍的行踪，似乎也可以給上面這「預定計劃說」一個佐証。會晒陷後，永珍感受威脅，是無可爭辯的事實。但彭庵親王與諾沙旺將軍，却繼續他們訪問亞洲鄰邦的行程，而匆匆飛到台北去！南塔的王室軍隊，（約五千人）潰敗了大半，永珍防守正急，右翼軍靈魂的諾沙旺，怎麼能夠離開？除非他決定任令永珍失守，然後組亞洲聯軍予以收復，否則是很難解釋的。但如果從「預定計劃說」看上去，問題可就看通了。

本來嗎，軍事失利，在談判上應該是軟弱，方才合理。可是諾沙旺在永珍雖聲稱「仍願意談判」，但在台北，他却說要傅馬「証明不是替共黨工作」，右翼方肯參加聯合政府。永珍寄巴黎給傅馬的信，請他回國召集談判，但對國防內政兩部，附有「先決條件」，（據說是保留軍警整編）傅馬大爲不滿，聲稱拒絕附有先決條件的談判。

可是美軍決定開泰協防，傅馬的態度也變了，雖然他的「政府」轄下的左翼軍隊，與美軍相對已「相形失色」，使他不得不說「若美軍入寮，中共也將介入」。但他已取消原來的堅決，謂非彭庵筆函取消先決條件，「決不返寮」。而聲稱「余之在場，急不容緩，形勢惡化，須迅設法」。

諾沙旺不急，急的倒是傅馬！如果傅馬能「爲共黨工作」，最優良辦法，就是使美軍勿入寮境。

紙老虎，中共避戰

用不着說，美軍入寮的可能性非常之大。雖說美軍開泰，是根據魯斯克——乃他納聲明，爲了協防泰國，但並沒有附帶聲明：決不干預寮事。動兵之緊，甘廼廸宣稱仍望寮國中立，並照會盼望蘇聯合作，可是，如果蘇聯不合作呢？那就只能「我行我素」了。美國參加韓戰，就是蘇聯代表拒絕出席聯合國，而一面任由北韓南侵。現在寮共吃了一城又一城，永珍快成爲釜山，歷史重演，美國似不能不舊戲新做。一般看法，若永珍危急，美泰軍必入寮應援。

入泰美軍，現僅二千八百人，據說最多可[illegible]五千人，不過全[illegible]精鋭，足可應付越共寮共。至於中共方面，此次美方於援泰同時，更增强亞洲其他地區軍力，便是防中共萬一蠢動。中共已藉口有國軍在寮作戰，聲稱「不能坐視」，作欲干預狀。泰國僑胞認爲，中共民窮財盡，如再動武，必告垮台。他們爲希望中共迅速崩潰，甚至有願見中共參加寮戰的。

美國援泰雖是單獨行動，但爲準備萬一戰事擴大，已發動集體行動。英國及東南亞公約的支持，澳洲即將出兵，菲律濱、巴基斯坦也可能出兵駐泰，「紙老虎」頓時發生實力。聯軍的聲威，爲之重震。

至於會不會打「第二韓戰」呢？看傅馬的惶急，和共軍始終不敢攻琅巴刺邦及永珍，又再退出會晒，似乎極力避開美軍的鋒頭。

・曼谷通訊・

印度和中共會鬧出大戰嗎？

中共曾於四月三十日照會印度，強烈地指責印度軍隊於四月的十七天內侵入了中共邊境達十八次；又指責印度軍隊在克什米爾拉達克和新疆交界的地方最近又推進了許多公里，並新設了兩個哨崗。中共認爲這是惡意的挑釁行動，於是提出了嚴重的警告：「如果印度不停止侵入，不撤銷新哨崗，則中共的邊防部隊，將實行自衛，由此而產生的一切後果，須由印度方面獨負全責」！措詞淩厲，極盡「怒目相向」之能事。然而印度哩，這一趟也竟然堅硬起來，毅然拒絕了中共的照會，並表現出「握拳以待」的準備應付態度。尼赫魯說：「如果中共企圖使用武力，則印度亦將被迫以武力迎擊」！並大聲疾呼：「吾人絕不畏懼任何威嚇；印度的邊區守軍，對防禦工事已建築得十分週到，足以應付中共的侵略」。尼赫魯還聲明：「拉達克區係印度領土，印度派兵前往建立哨崗和駐防、巡邏，係理所當然的事；今後決繼續進行」——雙方這樣的激烈「對罵」，當時就有不少人以爲印度和中共快將釀成「熱戰」了；可是互相「緊張」了已達半月，迄今還祇是處在「對罵」狀態中。印度方面，爲甚麼這一趟竟然膽敢對中共強硬起來呢？顯然，尼赫魯是已經看透了中共目前雖是「色厲」，但畢竟依然是「內荏」的。第一，中共現正被糧食恐荒困擾，內部已引起了嚴重的不安，焉能在這個時候用兵？第二，中共現在駐防於西藏的武裝部隊，不會超過十五萬人，而這些武裝部隊是要維持中共對西藏的統治的，若要兼負起進攻印度的任務，當然是極感不足。第三，目前的「邊界糾紛」，依然是「地方性事件」，中共不會爲此而甘冒大不韙來跟印度宣戰。因此，尼赫魯就立刻挺起胸膛，表示決心不放棄那一塊土地，並作「強硬」狀，以答覆中共的「威嚇」。這種情形，祇是互相耀武揚威而已。但若說他們不會短兵相接，卻不盡然。「熱戰」雖然不致爆發，小規模的撕殺是會掀起的。因爲中共方面，必須維持其「立場」；而在那三段界線中（東段麥馬洪線，中段印度與西藏的主要交通孔道，西段克什米爾拉達克區），包括的領土共達十二萬平方公里，倘若它虎頭蛇尾，就此「縮沙」，放棄這些領土，則不論在那一方面來說，都是極度「丟臉」，將使其「聲譽」受到嚴重打擊。中共雖下愚，也決不會讓自己出醜！

在這般的態勢下，印度和中共的「兵戎相見」，是終於不能避免的了！不過，這不會是大規模的「熱戰」，而是有限度的「邊境衝突」；同時，雙方也不會出動大兵團作戰，不致於演成韓戰式的戰爭。說得清楚一點，就是印度將來和中共即使開了火，也不過擴展至較大規模的邊境烽煙而已。猶憶在一九五九年十月時，印度和中共的軍隊，已發生過一次衝突，地點在拉達克；衝突的結果，是印軍敗北，且有九名官兵被中共軍俘去。但其情勢僅此而已，戰火並沒有擴展，中共軍固然不予乘勝追擊，印度軍也就「忍痛」收兵。

現在雖然已事隔多年，而這種小規模的戰事依然是可以重演；不過，演來演去，都將脫不了「邊境衝突」的範圍，縱使新的戰爭可能雙方都拼得較爲激烈，但仍然不會演成大戰的。換言之，就是雙方即使發生了任何衝突，而雙方政府，都是不敢宣戰的！既然沒有宣戰，還不是「地方性」的武裝衝突嗎？

或以爲尼赫魯這傢伙表面上雖滿口和平，但畢竟不是「善男信女」，觀其進軍果亞，便可知他實是一個「英雄主義」人物，且已獲得蘇聯飛機的供應；今在中共的壓迫下，很可能會突然反噬，是則立刻釀成正式「熱戰」了。——然而，這顯然是過慮。第一是由於中共內部不安，現在所採取的祇是恐嚇滲透的蠶食政策，其對付印度，決不會操之過急；第二是印度方面對巴基斯坦仍有很大的顧慮，若與中共正式「熱戰」起來，將會被巴基斯坦乘機來混水摸魚，攫取喀什米爾。基此兩大原因，雙方儘是磨拳擦掌，怒目相向，正式大戰，是打不成的。

・布根・

文史漫談

陸機（一）

徐亮之

西晉的人才，其風調都是短命性的；反之、在東晉，縱使是亂臣賊子，倒偏「長氣」的人物為多；這就一代人才的盛衰消長說，是很可玩味的。而陸機正是西晉的一個短命人才。

陸機字士衡，吳郡人，乃江東的望族；他的祖父陸遜為東吳大都督時，曾大破劉備的軍隊，令到劉備慚恚而死。以功領荊州牧，封江陵侯，最後並代顧雍為丞相。他的父親陸抗，孫皓時為鎮軍大將軍、領益州牧；曾平西陵督步闡之亂，而與晉名將羊祜對壘，造成許多佳話。最後官至大司馬、荊州牧。他共有兄弟六人，二哥陸景並以尚公主拜騎都尉，封毘陵侯。由於他乃出生於一個這樣煊赫的家庭，便把他一生害苦了。他一生心心念念只想在事業上和父祖看齊，生怕自己年華老大而修名不立；因而便使他成為一個「知進而不知退，知存而不知亡」的功名之士的典型，終致自招殺身滅族之禍而遺恨千古，實在是很可哀可惜的。

據晉書本傳說：他「身長七尺，其聲如鐘。（原作「雷」，依吳士鑑校改。）少有異才，文章冠世。伏膺儒術，非禮不動。抗卒，領父兵為牙門將。（按三國志抗傳：抗卒，「子晏嗣，晏及弟景、玄、機、雲，分領抗兵」。）年二十而吳滅。退居舊里，閉門勤學，積有十年。（按臧榮緒晉書作「與弟雲勤學積十一年。」）以孫氏在吳而祖父世為將相，有大勳於江表；深慨孫皓舉而棄之；乃論權所以得，皓所以亡；又欲述其祖父功業，遂作辨亡論二篇。」吳亡之後，他閉門勤學竟至積十一年之久，而又作「辨亡論」兼述祖父功德，再加上他集中的「祖德」、「述先」二賦看來，可見他原先可能並無入仕新朝之意，而僅以讀書著作揚名顯親終其一生的。無奈後來他的名氣太大了，新朝却放過不了他，因而也便激發了他耀祖榮宗的豪情壯志，在仕途上急進不已，而演出這幕悲劇來。

關於入仕新朝，唐太宗修的「晉書」，只言「至太康末，與弟雲俱入洛。……張華薦之諸公。後太傅楊駿辟為祭酒，會駿誅。累遷太子洗馬、著作郎。」何法盛「晉中興書」也說：「時吳朝士入洛者，唯陸機、陸雲、及顧榮三人」（據「九家舊晉書輯本」）。都好像說他和弟雲乃自動求仕一般；這是不確實的。反証有三：（一）王隱「晉書」：「吳平，太傅楊駿辟機為祭酒。」（據「九家舊晉書輯本」）（二）臧榮緒「晉書」：「機譽流京華，聲溢四表，被徵為太子洗馬，與弟雲俱入洛。」（同右）（三）機詩「赴洛二首」之一有「希世無高符，營道無烈心；靖端肅有命，假檝越江潭」的話。「赴洛道中作二首」之一更有「總轡登長路，嗚咽辭密親；借問子何之？世網嬰我身」的話。曰靖肅有命，曰世網嬰身，其為被徵辟入洛，而非自動求仕，實甚明顯。

由此可見，陸機入洛實應楊駿辟召而來；王隱晉書所載，實灼然不誣。同時、依晉書本傳說，駿就曾徵過高士孫登；又因為「自知素無美望，懼不能輯和遠近；乃依魏明帝即位故事，遂大開封賞，欲以悅衆。」則以陸機的「譽流京華，聲溢四表」，楊駿徵他來做個政治花瓶，又有何不可？只不過臧榮緒說的太子洗馬乃在他官祭酒以後罷了。

陸機在閉門勤學的期間，曾收過一個出色的學生；而在兄弟赴洛的途中，則交了一位出色的朋友。他這個學生便是陽羨周處。曾被鄉人和南山白額虎、長橋下蛟同列為「三害」，一怒之下，挺身把蛟和虎都殺了，自己則投到二陸門下讀書去。果然經過名師指點，文思猛晉。後來著有「默語」三十篇、「風士記」和「吳書」，入晉，官至驃騎將軍，以忠節終。（晉書有傳）

他這位朋友便是廣陵戴若思。據晉書戴氏本傳說：「若思有風儀，性閑爽；少好游俠，不拘操行。遇陸機赴洛，船裝甚盛，遂與其徒掠之。若思登岸，據胡床，指麾同旅，皆得其宜。機察見之，知非常人，在舫屋上遙謂之曰：『卿才器如此，乃復作刼耶!?』若思感悟，因流涕，投劍就之，機與言，深加賞異，遂與定交焉。若思後舉孝廉，入洛，機薦之於趙王倫曰：『蓋聞繁若登御，然後高墉之功顯；孤竹在肆，然後降神之曲成；是以高世之主，必假遠邇之器；蘊匱之才，思託大音之和。伏見處士廣陵戴若思，年三十，清沖履道，德量允塞，思理足以研幽，才鑒足以辨物，[illegible]風[illegible]行[illegible]……』[illegible]若思晉初[illegible]亦官至驃騎將軍，死於王敦之難，亦以忠節稱。

狗管家與趕脚人

凌蘇

這是遭受中共清算的兩則寓言的題目。作者谷禺，河北省教育廳業餘教育處幹部。這兩篇寓言，充分體現了中共統治下的「時代眉目」。全文如下：

「狗當了管家，牠一上任，就多給貓一條魚，猪一碗豆，鷄鴨各一把粮。

大家高高興興地好似對狗挺滿意。狗尤其得意，覺得自己創造了一套管家的辦法。

貓好幾天捉不到老鼠，請狗想辦法。狗說：『老鼠是難捉！應給你增加一些營養。』貓碗裏每天又增加了一條魚。

猪不作工，光睡覺。狗看到了：『別是鬧情緒，應當安慰一下。』於是，猪食裏每天又多了一碗豆。

鷄剛下個蛋，『咯答！咯答』的叫，狗急忙跑來，高興的嚷道：『偉大的成績，應當鼓勵！』下命令『通報表揚』，同時每天多給一把米。

鴨子扭扭的走着，忽然『呀！呀！』的叫了兩聲。狗大吃一驚：『牠有意見了！』從『團結』出發，馬上給鴨子每天增加一些麩皮。

狗覺得自己更辛苦，為了『不低於羣衆水平』和『保証身體健康』，名正言順的給自己每天添加了一塊肉。

在狗管理下，牲們的生活不斷提高，看起來挺『團結』，日子過得蠻幸福、美滿。

可是，不久畜牲們都胖了，主人的家底却薄啦！」

這則寓言，本來可以無需解釋，但是，由於在清算過程中，有中共官方認可的「剖析」登在河北日報上，細緻入微，碍難割愛，且用來作一不算累贅的註腳吧！

作者反對和攻擊的是中共金錢收買、坐地分贓、損公肥私的幹部；許級提升工作分子，靠近組織、靠近領導幹部的積極分子[illegible]是猪[illegible]憑資格吃飯的[illegible]幹部[illegible]。剛作出一[illegible]成績，[illegible]幹部就大加贊揚的新生力量是鷄。[illegible]而[illegible]幹部的，不[illegible]聽[illegible]家的話[illegible]狗[illegible]創造的[illegible]管[illegible]領[illegible]一套辦法[illegible]一塊肥肉[illegible]的中[illegible]從[illegible]黑[illegible]一[illegible]團結[illegible]出發[illegible]因[illegible]幹部[illegible]生[illegible]不[illegible]提[illegible]的是畜牲們肥了[illegible]作為「主人」的老百姓們的[illegible]薄了。[illegible]這就是[illegible]社會主義[illegible]制度和久經考驗的團結按勞取酬的工資[illegible]在文藝中的反映，谷禺先生創造的形象是生動的，而中共認可的「剖析」也非常有助於「進一步的了解。」

×××

這是谷禺的第二篇寓言，比第一篇「狗管家」更形精彩和深刻。從中我們可以充分了解中共所吹噓的「成就」的實質及其由來。下引原文括弧內的註釋是為便於南方讀者體味而由筆者所加的。

「趕脚人（文雅點的說法大概是畜力車輛駕駛員）早想有個兒子，來快想瘋了。在新婚的晚上，他對媳婦（通俗點的說法是老婆）說：『明天就給我生個兒子，不然打死你！』說完他就睡了，去作明天抱兒子的夢。

媳婦急得一夜未合眼，只好想辦法對付。次日傍晚，趕脚人回家來，一進大門就嚷：『生了嗎？』『沒有』，媳婦在屋裏答。他一聽，馬上急了，進屋便舉起鞭子。

媳婦抓住了他的手，抖抖地說：『生孩子得等個時候呀！過些日子就給你生個胖小子。』

他覺得媳婦的話很有道理，放下了鞭子，但非常嚴厲的說着：『好吧！我出一個月門，回來時看兒子，到時候沒有，可小心你的皮！』

媳婦委曲地點了點頭。

三十天很快的到了。媳婦把一條小猪的黑皮毛剃去，用布包好放在炕上。

趕脚人到時回來了，卸下車，牲口都沒餵，便急忙跑到屋裏。他一進屋，啊！炕上真有個『兒子』，心裏樂迷糊了，馬上手忙脚亂的抱起來，一邊拍着，一邊搖晃着，瞪着眼上下瞧個不停。

媳婦看他的樣子，怕露了餡，跑過來帶點抱歉的神氣說：『孩子的耳朵大點。』

『耳大有福！』趕脚人笑迷迷的說。

『孩子的口角也大呢！』媳婦又說。

『大嘴吃好東西！』他說完，更滿意的笑起來。

趕脚人搖來搖去，包『孩子』的布鬆開了，露出了小猪的尾巴。

媳婦吃了一驚，趕脚人却『哈！哈！[illegible]』[illegible]一雙手[illegible]撥弄着小尾巴說：『[illegible]趕脚的兒子，一生下來[illegible]了！』『哈！哈！[illegible]』」

這篇寓言，雖然有[illegible]諷的痕跡，但作者是下[illegible]實際」的「加工」工夫的[illegible]分子的好大喜功、強迫命令[illegible]躍進，下層無可奈何[illegible]數字[illegible]報捏造，進行了淋漓盡致的[illegible]這樣的現實主義自不是中共[illegible]的咒詛——「思想醜惡」「[illegible]」「一毒辣露骨」「肆意誣蔑」「惡毒誹謗」——所能否定的。

抗戰回憶錄（二十）

張發奎

五、武漢會戰

敵人像沒有開化的野蠻人一樣，一刻不停的沿着公路鐵路同時向我們衛擊，飛機和戰艦亦同時活躍於我們陣地的上空和嘉魚的江面，每一個戰鬥它都得了成果，我們一天天的轉進正面，尤其在鐵路正面的部隊，每日的戰鬥一到夜間，就被敵人的鑽隙迂迴行動所威脅，而不得不在夜間又變更其陣地，事實上我們亦沒有辦法可以繼續維持原陣地，如果想繼續的停留，祇有繼續的損失。

我們十一月四日失了通山和蒲圻，五日又失了南林橋和趙李橋，七日繼續失了崇陽和羊樓司，九日通城臨湘岳陽同時失守，至十一日敵人始在我們的九嶺正面停止它的攻擊。

十一天短暫的戰鬥，我們失去了一百餘公里縱深地域，所有的部隊都已成了强弩之末，而不能再舉行堅强的戰鬥了。幸而敵人沒有利用它這些成果，接續再來一次攻勢，使我們保持了整個華南作戰的基地，並支持了我們八年抗戰勝利的基礎，否則我們或許不能使敵人長期限於武漢的局部位置，而使我們在重慶建立的作戰基礎，發揮了持久抗戰的力量。因為當時我們在軍事上確已到臨了萬分困難的邊緣，而敏感的人們且將長沙都付之一炬了。

武漢失陷後，中華民族還有一個最大的危機，就是敵人的政治攻勢，敵人佔領了武漢之後，由於敵人軍事行動的停止，我們就可以看出它必另有一個政治陰謀。戰區日見擴大，離海岸綫也更長遠，如果再繼續軍事上的行動，則其次一箭頭，必須以重慶為指向的目標，在這長遠的距離，不但須投入較大的兵力，再作一次大規模的行動，而且完全進入險峻山嶽地帶作戰。這一切不利的條件，都是東京軍閥內閣的人們感覺焦慮頭痛，而必須重行檢討對華國策的。於是一個政治陰謀代替了軍事攻勢。近衛文磨在明治節發表了談話，表示日本的行動是為「反共」而不是「反蔣」，要是蔣介石參加一個反共的新政府，中日戰爭就可以提早結束。他企圖以親善的假面具把中國拉入它的懷抱，任它的支配宰割，以實現它田中奏摺的理想目標，這是一個非常毒辣陰險的計劃。

然而，這一個鬼魅陰森的「和平之門」，終於被人啟開了，以國民黨副總裁地位兼中政會主席的汪精衛竟然提出了和平的意見，說是可以努力進行向敵人本身方面提出和議，他對海通社記者說：「我以為在抵抗侵略的現在，中國實際並沒有關閉和平之門，如果日本方面，所提出的條件，並不妨礙中國的生存與獨立，中日和平的談判是就可以進行。」而且在廿七年十二月發表了一個厚顏無恥接受了日本所提和平建議的「艷電」。

汪精衛在抗戰之初，是一個焦土抗戰論者，而且當武漢危急的時候，我去看他，他也沒有對我表露一點提議和平的意見。他屋內的陳設和滿堆的書冊，也沒有一點搬移的跡象。誰知他竟然作了一個第一號的漢奸，這是他思想的中途突變，抑是政治家固有的陰謀面目？就非我一個狷介的軍人可能想像了。

我和陳誠、薛岳、李宗仁、白崇禧、余漢謀諸將軍，通電反對這個和平的提議。我認為這無異是一個投降的表示，這足以沮喪我們軍隊與國民的志氣，並給敵人一種興奮，加倍努力來滅亡我們。

不過，日本人的這一個政治上的陰霾，却被汪精衛的「艷電」掃除了。最高統帥部和全國的人民，更深切的認識了敵人的虛偽面目，和汪精衛叛國的行動。

敵人發現了中國並沒有和他所預想的一樣的衰弱，而它的政治陰謀詭計，又被中國人民的堅强意志所擊敗，今後敵人的侵略行動怎樣呢？戰爭仍然是政治的延續，它必將以更兇殘的戰爭行動來對付我們，不過在整個的戰爭指導上說，我們固須經歷更多的困難和痛苦，但敵人的脚却也愈陷入了深不可拔的泥淖了。

辛亥革命史談（四六）

舜生

八．南京臨時政府成立與議和經過

其時唐紹儀儘管將議和代表辭去，但依然留在上海，隨時與伍廷芳保持接觸；汪精衛與楊度等，更在北京有所謂『國事匡濟會』之設，以溝通孫袁間意見。袁手中既有了這一份優待條件，逼清帝自行退位乃勢在必行。可是要由袁親自向清室去硬逼，究竟難為情。因為一方面袁曾主張國民議會解決國體問題甚力；另一方面他也曾將清室內帑金八萬錠搾出充軍費，表示要與民軍決戰；現在掉轉頭來由他自己出面向清室講退位的話，即無異表示他與民方已暗中有所勾結，畢竟說不出口；於是他乃透過平日運用得最為熟練的工具奕劻，將優待條件先行在一般王公親貴中散播，以使清室陷於瓦解。這樣一來，果然發生絕大作用：王公親貴中，除掉載濤、毓朗、載澤、溥偉、良弼、鐵良以及若干蒙古王公等少數人外，其餘已大部動搖。一月十三日，載澧訪袁，對退位問題，有所詢問，不得要領；十六日，袁上朝，謁見隆裕太后，請她作最後決定。其時潛伏北京的革命黨人，眼見清廷已搖搖欲墜；而喧傳退位，又終不實行；他們對袁與南京臨時政府洽商的內幕，當然更莫明其妙，心裏疑惑袁氏實為時局好轉的唯一障礙；於是有黨人楊禹昌、黃之萌、張先培者，乃在袁十六日退朝的途中，突然向袁抛一炸彈，死傷衛隊巡警數人，袁無恙，楊、黃、張三人被殺。這一着使袁在隆裕、奕劻、載澧諸人眼中的信用大為提高；因為既有革命黨人炸袁，則袁仍為清室一個大大忠臣，自屬毫無疑問；即他之勸清帝退位，也確係為清室安全起見，決非為他自己打算了。

一月十七，十八，十九，連續召集御前會議三次，第一次隆裕伏案啜泣，滿座無聲，僅有反對退位的蒙古王公，與奕劻發生爭辯。

第二次，奕劻將優待條件正式提出，在場激烈反對者有人，默不發言者亦有人，仍無結果而散。

第三次，袁派趙秉鈞、梁士詒、胡惟德代表列席，並提出清室退位，南京臨時政府同時宣告撤銷，另於天津成立臨時政府的主張，滿蒙王公乃一致反對。於是梁士詒說明財政困難，軍費無着；胡惟德說明外交形勢險惡，可能引起列强干涉；趙秉鈞則說明天津臨時政府係袁內閣苦心孤詣的最後主張，如並此不能容納，則內閣惟有辭職！說畢，趙、梁、胡三人即起立退席，仍無結果散會。

就在十九這一天，反對退位的王公親貴等多人，以『君主立憲維持會』的名義，發布激烈宣言，是即當時的所謂『宗社黨』，而良弼實為黨魁。他們準備袁世凱果眞辭職，便立即照准，由他們起而代之。同時，南京臨時政府由伍代表得到天津另組臨時政府這一消息以後，即通過伍代表向袁提出四點的嚴正主張：『（一）清帝退位，放棄一切主權；（二）清帝不得干與臨時政府組織之事；（三）臨時政府地點須在南京；（四）孫總統須俟列國承認臨時政府，國內改革成就，和平確立，方行解職；袁世凱在孫總統解職以前，不得干與臨時政府一切之事。』

二十二日，更由孫總統提出五點最後聲明，由伍代表電達袁氏，並交由報館發表，畧云：

『……文前此所云於清帝退位時即辭臨時大總統之職者，以袁世凱斷絕滿清政府一切關係，而為中華民國之國民，斯乃可舉袁為總統。然其後由上海來電，袁之意非徒不欲去滿清政府，且欲取消民國政府，於北方另組臨時政府，彼所謂臨時政府，果為君主，抑為民主，誰則知之？若彼自稱為民主，誰則保証？故文須俟各國承認民國之後，始行解職。蓋欲民國之基礎鞏固，決非前後矛盾。袁若能與滿清政府斷絕關係，為民國之國民，文當履行前言。……今確定辦法如下：（一）清帝退位，由袁同時知照駐京各國公使，請轉知民國政府，或轉飭駐滬各國領事轉達亦可；（二）同時袁須宣布政見，絕對贊成共和主義；（三）文接到外交團或領事團通知清帝退位布告後，即行辭職；（四）由參議院舉袁為臨時總統；（五）袁被舉臨時總統後，誓守參議院之約法，始能授受事權。』

有這樣一逼，乃將以往種種秘密交涉全部揭穿，袁的態度也非明朗化不可了。

聯合評論

週刊

本刊已經香港政府登記

每逢星期五出版

United Voice Weekly

第一九五號

督印人：黄宇人　總編輯：左仲平

社址九龍大埔道一六八號南亞書局 805641

承印嘉羅印刷有限公司香港灣仔馬師道5號

代理：友聯發行公司售價每份港幣一毫

本報美洲版總經售處美國紐約中美出版社

CHINESE - AMERICAN PRESS, INC
199 CANAL STREET.,
NEW YORK13 N. Y. U.S.A.

美洲航空版每份零售美金一角

對英國政府的希望

黃宇人

一、自五月二十一日台北行政當局宣佈對逃港難胞將依其志願接運來台後，迄今業已十日，猶未見諸行動，顯然是由於尚未獲得英國政府的同意。五月二十八日英國外次湯瑪士在下議院宣稱，假如難民再湧入香港，除了仍遣回而外，別無他法；但同時又說，對台北所作接運難民的建議，正在考慮中。聞香港當局亦向本港與台北大陸救總有關的某君表示，此事應循外交途徑處理。可知英國政府尚未作最後的決定，而香港則唯倫敦之命是從。

二、倫敦對台北建議所以尚須考慮的原因，據說，乃是誠恐一旦允許台北來港接運難民，勢必導致無法估計的大量難民自大陸湧入，不但台灣方面無力容納，還可能為本港帶來隱憂。但我認為有此種顧慮，則未免過慮。當前的事實，就是一個很好的說明。

此次大陸饑民逃港，中共原採取放任的態度，雖經英國政府提出交涉，仍毫無結果。上週他們突然改變態度，重新封鎖邊境，我以為並不是遣回的辦法已發生了效力；也不是香港當局的控制力量已足扭轉局勢；而乃是由於台北方面發表對逃港難胞開放門戶的聲明。根據過去一月的事實，每日被遣回的人數雖作直線上伸；但繼續湧入者則為數更多，足證遣回辦法無濟於事。但台北一經表示將接運逃港難胞入台，中共立即採取阻止難民逃港的行動；本港所面臨的難民威脅，也就於一日之間頓成過去。為什麼台北的一紙聲明可以產生如此的奇效呢？其理由也是顯而易見的。假設中共坐視人民紛紛逃往台灣，大陸人心必將發生巨大的變化，其影響實足以加速赤色政權的崩潰。此一敵我消長的形勢，毛澤東輩是時刻警惕的。因此之故，英國如同意台北來港接運難民，中共自必加強對邊境的控制；大陸人民逃來香港必將更加困難，不但不致再有大量湧入的事實發生，香港當局還可免除為了圍捕入境難民而興師動眾的煩擾。

三、倫敦的另一考慮，可能還是誠恐因此而使其與北平偽政權的關係發生不利的影響。其實這也是不必太過顧慮的。我以為今日決定英國與中共關係的基本因素，乃是自由世界與共產集團的大形勢，而不是個別國家間的某些小恩小惠。十餘年來，印度以中立的姿態為中共作義務的宣傳，北平反而以怨報德。英國承認偽政權最早，不但迄未達到其預期的目的；甚至欲建立形式上的正常外交關係亦不可得。可見，英國縱不允許台北來港接運難民，中共也不會就感恩圖報的。反之，中共可能將有所不快；但也止於不快而已。因為他們自知造成大陸人民逃亡的關鍵因素，完全是他們所施的暴政，而與他人無關的。

四、除了上述的兩項考慮而外，我以為尚有更重要的原則，希望英國政府萬勿忽視。此即人道與正義是也。雖然當今之世，人道與正義的比重，似乎遠不及其票面的價值；但畢竟祇講強權不講公理的時代過去了。作為自由世界的一個主要國家，假如所作所為與人道和正義背道而馳，至少並不是一種光榮。數日以前，美國參議員卡爾蒙特（Karl Mundt）說得好，把難民送回共產黨，的血盆，是國際史上最兇殘的一種行動（One of the most atrocious acts in international history）。五月二十二日英國下議院討論香港難民問題時，也有一位議員詢問殖民地大臣：東德在柏林建造一道圍牆防止難民逃出，是道德上的謬誤行為，為何香港建造另一道圍牆防止難民逃入，又是道德上的正當措施？可見他們對於香港遣回難民的辦法是如何的憤慨。但我們身處此地的中國人，雖然親眼看見自己的同胞跋山涉水，冒險犯難才能逃入這塊自由天地，而却立即被解返大陸的人間地獄。我們祇對被遣回的同胞感到無限的悲哀；迄未對遣回他們的香港當局有何抱怨。因為我們深知香港沒有力量再容納他們，而其他地區也無處可資轉送。但如今台灣方面既經明確宣佈將接運逃港難胞入台；而且但依志願，並不限制人數。其他國家表示協助之意者亦有多起，或提供糧食衣物，或允許徙置入境。因此，香港所據以遣回難民的唯一理由已不復存在，至少是不充足了。假如英國不予接納而仍堅持遣回的既定政策，何異於杜絕中國人民逃亡的生路？今後東歐各鐵幕國家——尤其是東德人民逃出時，是否亦將被遣回？否則，同是受共產暴政的迫害，中國難民何以必須遭受如此的歧視？自由世界平素所標榜的各項大經大法，是否將從此取銷？

近百年來，英國的政治傳統和社會思想曾在中國發生了啟蒙的作用；中國知識分子對英國的典章文物，一向是很嚮往的。然而中英兩國的關係迄未達到應有的和諧。英國政府太重現實，不顧原則，實有以致之。今日中國人民雖然遭受史無前例的災難；但中共之終必失敗，已有太多的事實足資証明。為了自由世界的前途，為了中英兩大民族未來的友誼，我很希望倫敦方面對中國難民逃港的問題，多作同情的考慮。

五、最後，我還想向台北說幾句話，此次大陸難胞湧入香港之初，有關當局不知及時採取行動予以救助；某些先生更以隔岸觀火的態度指責香港政府的不是。後來決定開放國門，為時已嫌稍遲，而且所需要於英國的合作者甚多；但又不知審情度勢，設法改善與英國之間的不快氣氛。甚至大言炎炎，愈滋反感。現在英國外次既表示對台北的建議正在考慮中，可見尚有商酌的機會。我希望台北今後少發議論，多想辦法，如能獲得英國的正面答覆，固然很好；否則亦可商請某些國際機構來負責接運的工作。祇要能將逃港難胞接到台灣，使他們不再遭受被遣回的命運，你們的努力就算成功了。至於調景嶺及其他流亡港澳的難胞，自應一視同仁，不能稍有歧視。如此，更可能獲得港澳當局的同情與合作。

日本如何盡其對中國的友誼

胡越

我們是同文同種的兄弟民族，這句話已被千千萬萬的中國人和日本人說過了。這種痛癢相關的友愛，是從兩民族的血液裏與靈魂裏流露出來的，是根深蒂固的，是歷經刼難而不泯的！

中日兩民族本來應該像英美兩民族一樣，一直保持其患難、同甘苦的親和關係，可是回溯近代的歷史，由於日本當政者的錯誤，竟數演鬩牆的悲劇，使兄弟變成仇讎。但是兩國人民對這種仇釁與爭戰，內心裏一直抱着慘痛的悲憾。儘管如此，兩民族的友情却一直在滋長躍動。這可以從清未時期日本朝野熱烈援救維新領袖康有為、梁啟超，以及日本志士獻身與援助辛亥革命得到了解，也可以從第二次大戰以後，中國人對日本僑民俘虜的友善得到証明。

一九五七年我來日本的時候，曾在報刋上知道，「大陸鄉愁」這句話，反映了戰後日本人對中國的友情是如何高漲，但同時在如何盡其對中國之友情一點上，却又陷於空前的困惑。因為現在中國有兩個政權（中共及國府），海外還有兩個政治運動（民主憲政運動及台灣獨立運動），它們各有其是非；使熱愛中國的日本朋友發生了一個問題，我們同情和支持那一個，才算是盡了對中國的友情？於是就產生了種種的分歧。

一、有些人是從勢力觀點出發考慮這個問題的，因此支持中共；因為中共現在握有大陸的統治權，是中國最大的政治勢力；還有些人由於政治思想的傾向而親中共的，如日共及社會黨左翼人士等。

二、有些人是從保守的道義觀點來考慮這個問題的，認為代表中華民國法統的國府，才是中國的正統，並且表徵着中國傳統文化；因此堅決反共者，及東方文化者，遂傾向支持國府。

三、有極少數人是從極端右翼的立場來考慮這個問題的，因而支持台灣獨立運動。

四、一部分開明人士，是從世界文化的趨勢（即人權尊重、民主政治的必然普及發展）及對中國人民的眞誠友愛出發來考慮這個問題的，則同情和支持民主憲政運動。希望中國能建立一個基於憲法的民主政府，中國人民才能享有自由。

以上四種態度，都自以為是對中國友好的，究竟那一個才能達到友好的效果呢？其次這四個政治勢力的未來發展如何呢？這不但是日本朋友關懷的問題，且是中國人民正在遭受嚴酷考驗的問題。我以一個身當大難的中國人的身份，願對此一問題，向友愛中國的日本朋友做一誠實的分析。

一、從理論上看中共政權不符中國人民的要求，終必在歷史中消逝。主要理由有二；（一）它背叛中國的文化傳統；（二）它的極權主義本質，違反自由民主的世界文化潮流。此二者皆非中國人民所能忍受。但是理論的悖謬，往往無礙於事實的存在。許多人相信，不管中共在原則上有多少錯誤，有多少罪惡，它已經有效的控制了中國大陸，在短時期內它是無可敗亡的。對於這種看法，我認為有相當的事實根據，是偶它已存在了十二年，到現在為止尚無明顯的動搖瓦解的跡象；但是據我十二年來的觀察與研究，我認為中共是可以擊敗的，它已經從一九五五年走下坡路，一九五七年開始動搖，經一九五八年以來盲目的自殺式的躍進之後，一九六一年它已經陷於嚴重危機之中。而此一危機的主因並非天災，而是向共產主義躍進的政策、遭遇到人民的反抗，普遍的飢餓造成普遍的怠工與浪費，現在中共正處於進退維谷的狀態，既不能放棄共產主義，又不能恢復私有制度，既不敢進一步採取高壓政策，又不敢放鬆控制給人民喘息。這一危機不但造成人民的怨叛，並且造成黨內的離心。由於中共黨中央的再三失信，舉棋不定，及幹部的無所適從與意識麻痺，人民的痛苦憤怨，而形成一交纏的死結，加上外交的孤立與緊張，在預見的將來，中共將無法克服這一危機，並且隨時有擴大以致崩解的危險。

在一九五五年以前，人們唱反攻大陸，我認為那是盲目的；在一九五七年以前，說中共即可崩潰，我認為是缺乏事實根據的；但是現在有人主張打倒中共，我們則認為絕非夢想了。客觀條件已經成熟了，現在的問題，是如何建立一個有政治號召的，保證中國人民重獲自由的，打擊中共的力量。

從以上的說明來看，支持中共無異是加重和延長中國人民的痛苦，絕非友愛中國之道；必永久將為中國人民所痛恨。

二、偏安在台灣的國府，仍擁有海陸空軍六十萬，統治人口一千萬，這是一不可忽視的力量。如果能把它安立在民主憲政的基礎之上，它本可以旋轉乾坤，再造中華；但是這個力量在當權派的自私把持之下，陷於萎縮無用了。

國民黨在大陸所以失敗，並非失敗於戰力，而是失敗於戰意。國民黨軍無論在裝備上，數量上都優於共軍，且有美國的支持，但是在蔣氏獨裁之下，政治敗壞、士氣消沉、人心離散。遷台之後，不但未能除舊佈新，且變本加厲，為了連任總統不惜毀壞憲法，為了控制言論不斷製造文字獄；在摧殘自由蔑視人權上足可與中共媲美。蔣氏不但獨裁如故，並且蓄意傳子。在外交上靠美國支持，在軍事上靠美國保護，在美國的支持與保護之下，乃在狹小的島上，肆無忌憚的威行專制。不但扼死反共復國的希望，同時造成嚴重的內爭。一方面引起台籍同胞的反感，形成省界的隔閡；另一方面則引起愛國人士之抗議，形成朝野的分離。（下轉第三版）

中共統治全面動搖

最近來港難胞雜談紀要

幼椿

自胡塗而且荒唐的毛澤東厲行人民公社以後，三年之前，大陸上的同胞業已開始了食不飽、衣不暖的生活；因之三年以來，逃來香港的難胞，每日就已有不少的人，多則一日三百，少也不下一百人。這些難民的進入本港大概分三種方式：一爲廣東籍的，每日可正式許入五十人，按登記輸入；二爲不一定是廣東籍，而爲香港居民所申請進入本港他們的父母妻子等親眷，經移民局核准，而又爲中共所許可的（這類許可是或曾秘密賄賂共幹或曾公開捐獻肥田粉給中共而得到的）；三爲偷渡，或間接自大陸經由澳門乘小船偷渡進入，即港報所稱之「屈蛇客」是，或直接由九龍新界翻山越河而來的直接偷渡者；這後者乃是冒險家，既要冒中英邊界共軍槍擊犬追的危險，又易爲香港警察所捉住，因爲這不像屈蛇客有人保險送到當地的。

勇敢的行列

這一次，自四底五初開始，大批的難民從中英交界翻山越嶺而來，都是一些冒險家！忽然有了成千累萬的冒險家，不顧一切，風湧而來，情勢如此迫切，行列如此壯大，這不是偶然的事變，而是爲若干因素所逼成，在這裏，必須說明一下，以免還有人誤會爲共黨所特別製造的。

一是在中英邊界積累而成的等待進入人口。這是前面所指的第一式，每日正式輪入的五十人一類，申請者已輪到一九六三年初，這眞够等！因此只有冒險黑夜偷渡；在五月之前，這種偷渡是不爲邊境共軍所放鬆的，要遭追捕槍擊的；未能進入天堂便被下了地獄，一年以來，不在少數。

二是新近的現象。大陸普遍飢餓既久，人民不能忍耐，不顧共幹干涉，普遍逃荒，四處流動，逃荒者既多，共幹即有阻攔，也無法照顧得到（詳下難民對筆者所述大陸逃荒實況），因之特別是珠江流域的廣東人，只要有胆冒險者，都要來試一下進入香港求食的企圖，於是中英邊界在近兩月來，人便愈來愈多；接近香港的寶安縣境，便驟然增加十萬難民以上，逼得共幹共軍不敢干預。一干預就要出事：

三是共幹共軍心理也已動搖。人心是肉做的，除了毛頭一類少數喪心病狂者之外，誰看見這種扶老携幼，遍山遍野的待哺哀鴻，而不爲之動心呢！因之食不得飽的邊境民兵也携着槍跟隨大隊難民逃入香港了（聞有四百多携槍而來的民兵，現另拘一地，未遣回）。共幹共軍在此情景之下，只有眼睜眼閉，且希望難民多能偷渡成功，以免亂子突發。

因是，這一勇敢的行列在四月底便開動向香港的九龍邊界冒險前進，在五月初便勢不遏的大量湧入，一連二十日，聲勢不小，情形可慘，不能不驚動了全世界有良知者的人心，改變了一向受中共欺騙而爲之迷罔者的觀感！

遣回與入來

從五月初算起，直至二十三日，根據香港政府所公佈，難民冒險來港被拘遣返者近五萬人，但是未被拘而得進入了來的究有多少人呢？據筆者多方探聽，並不少於二萬人。——這個情形，香港政府也是了然的。就是香港總督的秘書長（香港人稱爲輔政司），也向各團體的代表說：『你們勸香港善心人不要去邊界投送麵包，實在妨碍公事；集中營的一餐飯已够飽了。你們勸他們要救濟，便趕快去救濟進入城中來的難民！政府不是不要中國人進入香港，是不能照手續大量的湧進來，將使政府無法維持香港的安寧秩序了啊！』

筆者要重說一句：人的心是肉做的。許多在香港邊界服務，阻擋人潮的中國籍警察人員，其初見着這大羣的面黃肌瘦，疲憊不堪的難民翻過山來，只要不在大道之上或顯露的白日裏，便裝着看不見了，大半便幸運的進入了來。其次，新界靠近邊境的農村老百姓也掩護了不少，甚至公然的搶救，令軍警難堪，捉來認爲阻公罰錢，報上也紀載得很明白。再其次，十人八人，則行列小，善於窺察形勢，間也有人引導走僻徑，便成功了，這中間大半是知識分子，廣州的大中學生們。甚至有少數能說英語的，硬着頭皮，走去與英兵交涉，說他是技術人員，在香港能覓工作，且有親友臨時照顧；不讓他過來，送轉去，便只有死路。這英兵也就讓他通過了。

筆者就會見這樣用英語辦交涉得通過的一位廣東籍土木工程師。他的已故父親是在廣州開一間很有名的中藥店，而他在廣州能掙一百元人民幣一月，還是養不活他一家，於是他太太藉探親早來香港；他自己帶了三個小孩，從廣州來；並涉過深圳河，冒險的得英兵許可進入。我讚賞他的勇敢，他說，那英兵的人情味纔足以讚賞啊！

上海的近況

筆者一個世誼在上海一向當女教員的，於五月十三進入香港，次日即與筆者詳談上海近況如下：上海正在疏散人口，要在最短期內，逼着離開一百萬人，因此共幹叫出「四退」的口號。那四退呢？一、學生退學；所有學校，只留百分之三十的學生，其餘百分之七十，一律下鄉生產。二、工人退工，工廠沒有原料，十九停開，所有工人回鄉落戶。三、職員退職，公私機關，嚴格裁併，剩下人員，回鄉生產。四、婦女退業，從前上海家庭婦女大半從家裏逼起出來做手工業，或者這樣服務，那樣服務，忙個不了，到前月一律令婦女回到家庭去。這些家庭婦女雖然在精神上輕鬆了一點，然而大多數又要眼見他們的丈夫或兒女失業下放了啊！

這樣的「四退」一來，就逼成「一阻」的現象，所謂「一阻」者，即大陸上每一個火車站，都在檢查「行不由徑」的搭客，阻止他們到處流竄求食，這個檢查隊稱之爲「阻盲隊」，要查搭客是否依照共幹指示的去路，不然，就叫作盲目流動。據這位女敎員說，從上海起，每個火車站都有人潮，都像深圳那樣，湧擠不堪，搶劫食物，成爲常事；故每到一站，車上服務員必招呼搭客將車廂窗子關上，以免東西被伸入來的手抓走了！

廣東的城鄉

這一次冒險行列中，十之七八都是廣東人，故港報上遞難胞所叙述的，多是廣東沿海各縣事。廣東珠江流域，本是魚米之地，富庶之鄉，竟被共幹壓搾得來沒有吃的，中共統治之無人道，可以想見。廣東人的省性比較他省人強悍而有反抗精神，這在百年來對外對內的鬥爭史實上看得出來的，然而也弄得農村中多數坐以待斃，中共統治的蠻橫壓迫，又可以想見。據筆者會見一位十九歲的惠陽農民，他說：『半年以來，每月只分得三斤半穀，如何吃得飽！看看春收已無望，三斤半穀都要成問題，不逃，就只有坐着等死，何況看見吃不飽而死的人已太多了啊！』

至於廣州城的景況，也因配給太差，有人民幣也買不到糧食；黑市的猪肉要十八元人民幣一斤，而且不容易買到手；上飯館要擺長龍，未輪着早賣光了，因爲東西太少啊！我前面所說的那位工程師，掙一百元人民幣還喂不飽孩子，就是在這種情形下。他拿出偶然剩下的旅途食糧與我看，一塊餅干，其色灰白而有斑點，我兩手用力竟把這餅干折不開，原來是花生殼、糠皮等磨成的粉子，用米漿粘成晒乾的，很像一塊小磚頭，用水可以泡開吃，並沒有絲毫甜味，這在他的孩子們已視爲珍品了呢！

他對筆者說：『在一年來，廣州城的秩序已不好，街頭隨時看見有人搶東西吃，警察抓不勝抓，只有聽之。墻壁上發現「打倒共產黨」，「打倒毛澤東」的標語，也已見慣不驚。自前月共幹宣佈要遣散城中居民六十萬下鄉落戶，增加生產；大家都明瞭鄉間更沒有吃的，增產只是一句話，於是便風湧的搭車來，向香港這方面逃，所以一下子便集中了近十萬人在中英邊界！

周恩來懺悔

狡猾的周恩來，他向所謂「政協」中的重要分子懺悔起來了！——這件事是北平一個所謂「民主人士」的姪女兒告訴筆者的。她最近爲看待她的病母，正式申請入港；她的愛人也在香港，且是四川人，故筆者能會見她。她向筆者說：『一路行來，津浦線與滬、粵等線的比較，北方比南方還要荒涼得多，南方大站口則比北方的要亂得多；至於搶東西吃，搶得放在口裏算數，則南北一致，所以她一路行來，很少下車，悶得要死！』

她給筆者的秘聞，是她一個好朋友在「政協」任代表的告訴她周恩來懺悔的一段話：周恩來在四月中，約集「政協」中所謂「民主黨派」重要分子，表示自一九五七後，對右派的知識分子太不客氣，鬥爭得太過份，「毛主席」和他至今還在歉然；尤其對於曾昭掄、吳承禧等人的自殺，他心中至今不安！今後要撫慰右傾的知識分子，多加照顧，多多配給大豆與油糖，分別摘去帽子，予以適當工作，請大家將「毛主席」此意轉告云云。會中有人說，糧食如此缺乏，人民吃不飽，奈何？周恩來表示，政府決定先穩定都市，鞏固邊區，然後再設法全面的救濟；現正整肅幹部，令其有效的率領農工切實在農村增加生產；暫時的飢荒，還是難免，這也是政府在五七年以來就犯了估計的錯誤，「毛主席」與我都承認受了欺瞞，幹部太壞，偏差太多，非大加整肅不可！

在這段話裏，很明瞭，周恩來要撫慰右傾知識分子，乃是怕他們反鬪，鼓動；整個大陸業已成爲一個火藥庫，如有人點火，便要立刻爆炸起來的！至於周恩來所提出的辦法也只有先行穩定都市；中共所剩餘的有限糧食，逼得他只能要「點」不要「面」了！其所謂「鞏固邊區」，或者是在不得已亂子鬧大時便往西北西南退走罷！據上海逃來的那位女敎員告我，上海新申紗廠，前月得通知，限期將全廠搬去成都，工人不贊成，她臨走時，還在鬧呢。

事情並沒完

筆者接觸的新來難胞不多，但多半是知識分子，看事相當的明白，而且其中還有從前左傾積極分子，今天則怨憤不已，因爲吃的苦頭太大了呀！至於香港邊界似乎已平靜，但事情並沒有完：二十二三兩日用火車運遣返的人直送廣州，這一榜樣，暫時把想逃的人心阻擋了一下；隔幾時，爲饑所驅，又會從三面聚集攏來，成爲大行列的。求生乃是動物的基本要求，何況有靈性的人，大陸這樣多的飢民，誰能擋得住呢！

五一、五、二七

國府的應變行動太慢了！

李金曄

五月廿五日晚，香港政府發言人宣稱：「經[illegible]本港陸地邊界入境之非法移民人數，已顯著減少，邊界的情況，現正恢復正常。」並謂：協助警方的陸軍單位，經已撤退，「設於粉嶺警察訓練營之臨時接待中心經予封閉。」

儘管就在同日的日間，仍有二千餘人被遣回大陸，但因為共區邊界經已於二日前先行關閉，香港方面一經在九龍邊界各山頭村落竭力搜索後，倖能漏網的飢民就寥寥無幾了。

至此，轟動全世界的香港「難民新聞」，經前後維持了半個月的高潮，至此算是暫告段落。

但是在我看來，大陸上飢餓的基本問題，中共既不能解決，就很難斷定這「五月噩夢」不再重演！何況香港居民的同胞愛，在經過這廿多天的事實宣傳之後，將使大陸的飢民更加覺醒起來，他們會認識到，在大規模反暴行動暫未興起之前，逃亡是現實的一條生路！

對於香港政府來說，此次無論其措施如何，持平而論，確已盡了最大的努力。雖然有些小小的不愉快事情，這實是難以求全的。不是親自上過「傷心嶺」的人，或者會認為我在為香港政府說話，其實老實說，我自己也是一個十二年前的逃亡者，身為一個老難民，眼看這十二年來香港的發展，瞻望着她未來的前途，雖不能說她即時有「陸沉」的危險，確已是達到了飽和點，確已是難以經得起像這樣蜂湧而來的飢潮冲擊的。中共政權尚且對六億飢潮束手無策，彈丸之地的港九又何堪獨立負荷！

祗是眼看着中共政權已為六億飢潮激盪而動搖，中華民國却仍靜以觀變、坐以待變，實在是不免令人喪氣。即使就此次處理大陸飢民湧進香港這樁事情來說，雖然台北當局於五月廿一日宣佈了不計困難接運志願赴台難胞，和撥米千噸助港府供應飢民，可惜的是這次決定為時已晚，竟連宣傳的最佳效果也未能獲得，深深地反映出台北當局，遇事缺乏靈敏的反應，也沒有處理緊急事件的機動性，完全不像是一個有效率、有警覺、有氣魄的政府。因此也使我聯想到台北當局既如此缺乏應變的能力，在未可知的將來，又將如何應付和突破更重要的緊急情況，掌握稍縱即逝的有利時機呢！

不過，香港「難民新聞」，由來已久，過去既沒有像這次日以萬計地湧進香港，港府對「非法入境」者，也從未不經法院審判，即行遣回。今年入春後，大陸飢荒情況日漸緊張，逃亡人數逐漸增加，我相信對這樣的情況，台北方面可能是未曾留意其發展，相反的我相信港府是至少掌握了廣東全省境內的春荒情況，而且嚴密地注視其發展。因此在四月三日第一次實行不經法院審訊，即遣回乘木船逃亡來港的黃姓六位青年時，雖然飽受輿論抨擊，港府當局仍一再申言今後仍將本諸遣回原則，將「非法入境」者送回大陸。

十多年來，實從未見港府對待大陸難民如此嚴格執行遣回的。因此如若台北方面眞是稍有警覺性的，就應該深入地研究「為什麼」了；另一方面，入春以來逃來港澳的難民日有增加，國府派駐港澳的公私機關單位亦復不少，平日對逃亡難民情況該有詳細了解，對大陸上的動態，應該瞭如指掌，即使退一萬步來說，每天只要剪存各報新聞資料，也可以經整理綜合，看出些苗頭出來，則雖無直接第一手的情況，當可通過資料的分析研究，獲知大陸春荒動態的概況，提供台北方面參考研究，審度情勢，判斷發展，預作謀定。但觀乎這次台北當局對救援逃亡難胞行動與決定的遲緩，我敢大胆地斷定，平日既未注意，更不會細緻地做研究工作。對大陸研究的基本工作既沒有做好，上層的官員，自更是對情況不明了。

一方面沒有研究港府為什麼突然改變處理「非法入境」難胞的措施原因；一方面平日又缺乏對大陸一般情況的深入研究，因此突發情況一來，其步調就必然是零亂了。

除此之外，還值得研究的是，台北最高行政當局，何以不能迅即作亡羊補牢之計。

香港「難民新聞」發展到五月上旬時，也逐漸可見其情況嚴重，五月十日前後，即已進入最高潮時期，如果台北方面就在此時向全世界發出呼籲，並宣佈調運白米助港府供應難胞，承諾願不計一切困難接運難胞赴台，就當時之情況來說，其呼籲與承諾，將迅獲全世界自由國家的重視，香港當局方面亦會切實加以考慮的。如果能夠劍及履及，在發表正式決定之後，能配合行動，即行從台灣調出幾艘船隻來港作準備接運，我想情況也會大大不同。不意台北方面竟一再稽延到五月廿一日才有所決定，而白白地把十天最可寶貴的時間消耗在官樣文章上，怎不令人深感遺憾。而這個期間內，英倫當局已循外交途徑，分別在倫敦和北平向中共提出了照會，中共鑑於全世界的宣傳對其不利，即使原本眞有惡意想放飢民出境，「陸沉」香港，或另有其它陰謀者，也會考慮改弦易轍了。這一點可就當初中共軍對難民出境不加理會，而嗣後一夜之間即嚴密關閉邊界馬上收到控制的效果，得到証明。

現在更重要的問題不在過去了的事，而是對未來的發展和變化，台北方面眞的是必須切實注意了。

以大陸情況看，今年險象環生，惡劣甚於往年，任何不可預見的[illegible]都有可能發生，國府既還不能馬上反攻，至少要研究如何以行動應付[illegible]突發的事變，以予海外和國際的觀感，就要更是一日不如一日了！

陶百川為貪污治罪條例催生

見微

（台北通訊）去年六月，立法委員林樹藝等曾向院會提出一項懲治貪污條例草案，經院會決議交付有關委員會審查後，至今將及一年，尚未見提出討論。人們均不明其故，最近監察委員陶百川在「時與潮」雜誌上發表一篇文章，題目是「為貪污治罪條例催生」。據稱：立法院之所以迄未對該項條例草案加以討論，乃由於行政院首先反對，司法院也不贊成。

懲治貪污條例廢止的原因

陶委員在這篇文章內還透露一項最奇妙的內幕消息。他說：民國四十三年曾有一個策士向當局進言：「在我公領導之下，政治清明，貪污絕跡。如說還有貪污，乃是侮辱國家，毀謗我公。但是懲治貪污條例存在一日，不逞之徒就有侮辱毀謗的藉口。必須把它乾脆廢止，方足表示中國確無貪污，而我公的德望也可水到渠成。」於是行之有年，且一再延長有效期間的懲治貪污條例就被廢止了。因曾經有這樣一段經過，所以林樹藝委員的貪污治罪條例草案一經提出，行政方面的人就首先反對。他們認為「如果這個草案成為法律，豈不是政府自己承認有貪污？豈不給反黨反政府的人以口實。」

貪污即所以獎勵「忠貞」

其實，當權者所以不願懲治貪污的原因，揭開來說，則是很簡單的。換言之，他們的目的，端在於獎勵忠貞而已。記得從前軍閥時代，每當攻城略地時，軍閥常常允許部下於攻下城池後搶劫三日，這就是說，他們以搶劫來獎勵部下効忠。如今台灣已成了一人一姓的王朝，凡有血性，有志節之士均因為不甘做一人一姓的走卒而被視為大逆不道。其貌視「忠貞」者則盡屬寡廉鮮恥之徒；假如不讓他們貪污，他們也就不會再對一人一姓表示忠貞了。因此之故，今日的貪官污吏，幾乎都是清一色的忠貞分子。而有污可貪正是他們願効忠貞的唯一因素。在此情形之下，假如當權者要懲治貪污，豈非自毀牆脚？這是林案遭受羈延的眞正原因。

監察院堅持懲治條例

據陶委員說：監察院對於林樹藝委員所提的懲治貪污條例非常贊成；而且主張民意代表如有貪污情事，亦應同樣懲治。他認為：「如果民意代表貪污可以除外，不獨留下一個大漏洞，且將何以塞悠悠之口」。他又透露，該項條例草案經過四次政策性的討論，原則上已獲得一致的支持。但立法院能否把它通過，還得看大家能否做一些催生工作。陶委員顯然對於此一條例備存希望；實則在現局之下，縱獲通過，至多也祗能打幾隻蒼蠅而已。至於老虎，仍將肆無忌憚為所欲為的。不說別的老虎，單和台北小老虎黃啟瑞夫婦雖因涉嫌兩大貪污案先後被判徒刑各三年又六個月；但至今不是仍在法外逍遙嗎？

日本如何盡其對中國的友誼

胡越

（上接第一版）在這種情況之下，人心之苦悶已達極點，試舉一例以說明之。一九六一年台灣各大專學校畢業生投考美國留學人數達六千多人，而留美學生學成之後，多半長居美國，只有約百分之五的人回到台灣。

從以上的說明得知，蔣氏父子專制下的台灣，是完全背離民意的，不獨反共復國無望，如果沒有美國的支援，偏安自保亦不可得，因此支持國府的日本朋友，也註定了要失望的。

三、台籍同胞雖然不滿蔣氏父子的統治，渴望政治革新，但是決意毀除中華民國，搞台灣獨立的人畢竟太少人。這不但在思想上通不過，同時在事實有不可克服的困難。因為台灣的一千萬人口中，有二百五十萬外省同胞，假設七百五十萬台籍同胞齊心獨立的話，除非把這二百五十萬人消滅，否則獨立運動是搞不起來的。「台灣獨立運動」，不但為多數台籍同胞反對，為國府所反對、為中共所反對、且為民主憲政運動人士所反對。因此支持「台灣獨立」，等於是向所有中國人宣戰。目前我們看不出它有任何成功的可能。假使萬一可能，它在日本支持之下成功的話，那麼未來中國無論是那些人當政，中日兩國就沒有和平與友誼之可言了。

四、一九五〇年以來，大陸以外的愛國人士都感到，要想推翻中共、光復神州，必須開創一個新的局面，樹立新的號召。對於這個問題，有兩羣人分頭進行了不同的努力。一羣人在海外建立了新的政治力量，所謂第三勢力，結果因為時機未熟，領導者的錯誤，因而可痛的失敗了。另一羣人則以既有的憲法為基礎，建立新的在野黨，擬在國民黨的容許下，實現民主憲政。這一努力以胡適、雷震在台灣所辦的「自由中國」雜誌為重心。由於一九五九年蔣氏的違法修憲、連任總統而遭遇到打擊。一九六〇年十月雷震被捕，「自由中國」被迫停刊，籌建的新黨流產而再遭挫折。但是民主憲政運動並未因此而消沉，反之在香港、美國、歐洲、台灣、南洋各地興起了很多愛國團體，而且多是朝氣蓬勃的青年。目前正在醞釀建立聯合組織，把建立民主憲政、反共復國的大業從頭做起。這有如一九〇五年孫中山把所領導的興中會與華興會（黃興、宋教仁）、光復會（蔡元培、章太炎）合併建立同盟會，集中英才重振革命。

一切友愛中國的人士，要想達到拯救中國之目的，唯有支援民主憲[illegible]運動。因為他代表大多數受壓迫的[illegible]民，它既不背中國文化的傳統，又合世界文化的潮流。民主憲政運動[illegible]成功，中國將成為民主的中國，它能與民主的日本成為親和的盟友，民族的友情才能無阻礙的發展，才[illegible]共同攜手建設東南亞萬年的太平。中國目前正處在千古未有的浩[illegible]，正是最需要朋友援手的時候；此[illegible]的點滴之助都是「雪裏送炭」，它[illegible]遠為從苦難中得救的中國人銘感。

附言：

日本朋友除了上述四種對華態[illegible]之外，尚有「兩[illegible]中國」之說。此[illegible]英國所首唱、美國所附和、亦為若[illegible]日本人士所贊同。「兩個中國」的[illegible]法，意在維持現狀，使兩個政權並[illegible]。但是這個想法，從理論上和實際[illegible]看，都有其致命的缺點。先從理論[illegible]看，維推現狀的結果，等於鞏固現[illegible]的兩個獨裁政權，也就等於幫助這[illegible]個政權、繼續壓迫中國人民。而這[illegible]個政權，現都正遭受人民的反抗。[illegible]面臨風雨飄搖的前夕。反之，無論[illegible]陸的中國人或台灣的中國人，他們[illegible]正在煉獄裏祈盼，一個統一的中國[illegible]一個自由民主的中國。

十二年來最明智的一次措施

無限制接運逃港難胞入台

獨清

（台北通訊）自大陸飢民大量湧入香港的消息傳來後，此間街談巷議，多以此事爲主題。但截至五月二十日止，當局迄未作任何負責之表示。大陸救濟總會則指責香港政府不應將逃港難胞遣回，並呼籲國際救濟機構迅即救濟。這種委過卸責的作風，憂時愛國之士均不謂然。本月十八日立法院邀請行政院長及內政外交兩部長出席報告，立委多人提出質詢，均主張政府應採取緊急措施，先盡其在我，將志願來台之難胞接運來台。有數位立委更以激昂的情緒抨擊當局對救濟逃港難胞祇是推來推去，缺乏迅速堅定的有力行動。王雲五無可如何，祇好答以政府責無旁貸。

也許是由於立法委員們的督促和海內外輿論的呼籲，尤其是國際的指責。行政院陳院長於本月二十一日終於發表了六點令人滿意的聲明：

（一）自四月四日香港方面開始將大陸逃港難民遣返大陸以後，政府非但關切，且已多方設法，覓致解決途徑。

（二）政府對於最近由大陸逃港難胞，已準備依其志願，接運來台，不計任何困難。

（三）政府決定先撥食米一千噸，捐贈香港政府，作爲對最近逃港難民緊急救助之用。

（四）政府甚願與各國政府及國際救濟團體，尤其是香港當局，在救濟大陸逃港難民工作上，協同合作。

（五）行政院已決定成立大陸逃港難胞專案小組，由陳兼院長親自主持；由內政部連部長震東、外交部沈部長昌煥、僑務委員會周委員長書楷、中國大陸災胞救濟總會谷理事長正綱及其他有關機關首長，參加組成之。

（六）救濟安置逃港難胞所需經費，由國庫墊撥。

這六點聲明，可說是十二年來當局最明智的一項措施，的確像一個政府的負責態度。雖然以後的具體行動如何，尚有待於事實的証明；但僅憑此一紙空言，已經足以振奮人心了。

陳建中阻撓未遂

據國民黨某中委透露：在陳院長發表此一聲明以前，國民黨曾多次舉行會議，「匪情專家」陳建中提出報告：「中共容許大批難民逃港，完全是一種陰謀。」根據他所得的情報，難民中滲有大批「匪諜」在內。他認爲「若將難民接運來台，「匪諜」正中了中共的毒計。」他主張，「逃港難民必須提出對領袖及政府忠貞的事實及証據，然後可允入台；而且應該嚴格限定人數。」蔣經國雖未表示意見，但在陳建中發表上述的意見時頻頻點首。蔣「總統」則因剛在榮民醫院動手術後，尚在靜養中，無人敢將此事去煩擾他。因而國民黨中央常會在最初的幾次會議中，均無結果。直到國際間指責台灣對逃港難民未盡職責；而立法委員又抨擊當局將此事「推來推去，迄無迅速堅決的有力行動」以後，行政當局覺得不容再坐視不理，乃向蔣「總統」請示，經得其認可，於是才決定這六項辦法，陳建中祇好不再出聲了。

專案小組徹夜會商

內政部和中國大陸災胞救濟總會於二十一日下午舉行聯合會議，港九難民救濟委員會主任委員謝伯昌亦出席報告。當經決議：（一）迅即籌劃接運安置計劃，並洽美國四八〇公法第二章之剩餘農產品，以充難胞給養。

（二）分別洽商歡迎移民之巴西及可供移徙之其他國家，放寬移民之限制，容納我大陸逃港難胞轉移前往墾殖。

（三）即由大陸救濟總會、中國紅十字會及其他人民團體，籲請國際救濟機構與香港政府之合作，支持大陸逃港難民之救濟。

（四）海內外爲自動援救逃港難胞自動捐獻之捐欵，先由救總在台灣銀行、中央銀行開立專戶，存儲利用。

（五）其他各項具體計劃，俟報行政院大陸逃港難胞專案小組研討辦理。

二十二日晚七時，陳院長又召集內政、外交、財政、僑務各部會首長，政務委員余井塘、葉公超，大陸災胞救濟總會理事長谷正綱等十餘人舉行專案小組首次會議，直至十時始結束。決定即洽請友邦將撥贈香港政府之米糧一千噸代爲轉送，並由內政、經濟兩部、農復會、救總即日派員會同省政府進行勘查長期安置入台難胞之地點及臨時收容處所。

聞據有關方面估計，每一位難民的接運費用和安置費用，約需三萬多元，這筆安置費，是指把難民們安頓下來，使他們有房屋住，有土地耕作，和添置必需傢具等。但陳院長表示：政府雖然因此增加負担，但這個代價，是值得付出的。

各界一致支持

自陳院長表示六點聲明後，各界一致表示支持。立法委員決定捐獻一日所得，作救濟難胞之用。金門飛虎部隊全體官兵亦捐一日所得。聯合報捐獻二萬元，全體員工另捐一日所得。各宗教團體、各大、中學校，正發起捐獻運動。總而言之，到處都是捐獻之聲，可見大家都是以熱烈的心情，歡迎逃港難胞來台。如果說，台灣尚有一點中興的氣氛，恐怕首推此事了。

台灣簡訊

志清

一、電檢處舊案翻新

行政院電影檢查處前任處長沈遵晦及其妻前因被人檢舉有瀆職之嫌，該處科長李功纛向片商籌取鉅欵向台北地檢處三位司法人員行賄，企圖使該案獲得不起訴處分。李功纛又因利用職權，以借欵爲詞向片商索取賄賂，被台北地方法院判處徒刑三年又六個月，但在審判中竟能獲准交保。現經人檢舉，高檢處下令基隆地檢處進行偵察。由葉正青檢察官經十餘日之積極偵查結果，發現案情重大，已下令先將李功纛扣押，並禁止接見。其餘有關人等，則正在傳訊中。

二、省府官員一年出差三百六十六天半

台灣省議會財政審查委員會審查財政廳的預算時，發現該廳第六科所編五十二年稅課業務費項目中，列有辦理田賦徵收及土地賦稅勘查的經費預算，人員共爲五人，出差日數則爲一、八三二天，平均每人的出差日數是三百六十六天多。議員們詢問，一年祇有三百六十五天，潤年也祇有三百六十六天。何以一人能於一年之中出差三百六十六天半？財政廳長當時面紅耳赤，無言以對。一時傳爲笑話。

三、國民黨試行革新運動

國民黨現正試行一項革新運動，包括政治的革新及社會的革新。以期改變政治風氣和社會風氣。

在政治革新中包括肅清貪污及杜絕弊端，國民黨過去已指定專家們研究如何杜絕機關「偶而發生」之弊端，使政治更爲清明。在專家們設計的藍圖中，包括採購及投標辦法之改善，務期手續盡量簡化，弊端得以革除。

關於改善社會風氣方面，包括婚喪壽慶之節約，及領導人民走向更爲健康及較爲嚴肅之生活中。在改善社會風氣中，對於酒家、黃色咖啡館等，將盡量勸導黨員及從政的人員，少涉足其間。藉爲社會之表率。

據悉：國民黨此次所推行之革新運動，係屬倡導性質，並無管制義意在內。推行的目標，先自黨內推行，次及政府，漸及社會。該黨有關人士說：「我們這次推動此一運動，係一點一滴的做，選擇可以行得通者及容易做者先做。」

四、立委覃勤被判徒刑

立法委員覃勤前因利用中醫學院收受賄賂妨碍兵役，經台北地方法院以妨碍兵役罪判處徒刑兩年，褫奪公權三年。覃勤不服上訴，現經最高法院駁回，維持原判。內政部並於本月十七日函最高法院索取判決正本，以便注消其立委資格。聞覃勤尚欲向最高檢察署請求非常上訴。

五、立委自律運動似進尾聲

不久以前，台灣省議員許金德在省議會審查會中指稱立法院審查某種稅法時曾受廠商的銀彈攻勢。立委王長慧等八十四人曾向院會提出一項臨時動議，主張澈查眞象。若干立委更主張進行自清運動。辯論結果，決定交紀律、法制兩委員會審查，並函請許議員到會說明或詳細函覆。四月十七日兩委員會收到許議員的覆函，畧謂：「原應遵囑奉覆，惟查憲法第七十三條及台灣省議會組織規程第二十五條中，均有民意代表在會內所爲之言論對會外不負責任之規定，爲維護此一立法精神，未便再作說明與解釋。然本人對於此次因在議會發言而引起之種種波折，殊感歉疚。」

本月十日，兩委員會再度集議，意見紛紜，最後議決如下：「許議員曾於五十一年三月廿四日在聯合報聲明否認其發表之言論，且最近來函說明以上次發生波折表示歉疚，故對本案似無再行研討之必要；但對本院嚴肅紀律辦法，應建議院會交有關委員會研討修正。」

聯合報在刊載上述消息後，還作了一篇短評，對立委們的態度頗有所議諷，殊足以代表社會上大多數人的觀感，茲介紹於後：

「一度因所謂「銀彈攻勢」的謠傳，曾激起立法委員普遍的憤慨，致有「自清運動」乃至於「扒糞運動」的倡議。「自清」云云，我們倒也聽得多了，並不覺得如何新奇、刺耳；「扒糞」云云，實令人不能不爲此深置杞憂。良以立法院爲我國家最高立法機關，立法委員更是我們人民所選舉的「民意」代表，尚在這裏面「扒」出「糞」來，將是臭不可聞也，不唯立委諸公共沾其臭，即我們忝爲選民的老百姓，殆亦與有臭焉。

所幸，立委諸公通情達理，識時務，顧大體，不至激於一時氣憤，而感情用事，致使事態擴大。故其對於「銀彈攻勢」的謠傳，並未眞的「扒糞」，對內攪毛坑；而以函詢的方式，質問省議員許金德，當可有利於澄清。省議員許金德當也通情達理，識時務，顧大體，除依「法」拒絕作進一步的說明外，且對「情」表示「歉疚」，不失爲變相的道歉。

「光棍只打九九，不打加一」：在外面跑跑的人，凡事皆須適可而止，只要面子顧住，能夠收場便收場。關於「銀彈攻勢」一事，至此當可收帆轉舵，落得個適可而止。但古人有言：「止謗莫如自修」；而立委諸公的「自修」，首須從修改律師法第一條第三項做起。

六、伐木業務將開放民營

台灣林務局長陶玉田最近向報界表示：該局各林區管理處自營伐木業務，將陸續結束，而將工作重點放置於保林造林。至伐木工作，則將一律改以林產處分（標賣林班）方式交由民間木材業者經營。他說：現在省內木材市價太便宜了，針二級鐵杉木每立方公尺市價八百元左右，而木代金加上伐木成本需七百多元，幾乎無利可圖；至於濶葉樹則根本不夠成本。所以這幾年伐木者普遍不景氣，開木材行者越來越少。

木材市價跌落原因，他認爲乃是三夾板業者自備外滙進口柳安木流入市面太多所致。因三夾板外銷可以保留外滙百分之七十，用於進口柳安木；實際上用百分之四十外滙進口柳安木，即可維持再生產。所以都把多餘下的柳安木流銷市場了。

另據木材業者稱：省內木材市價低，與大雪山林業公司拼命砍伐木材，亦有很大關係。

共報承認各級共幹均取手續費

劉裕署

在生產或配撥材料的過程中，各級共幹層層提取手續費的醜事，雖早已存在於中共各級業務機構中，但由共報正式供認了這一事實，則還是少見的事。

五月十七日北平出版的人民日報曾刊登黑龍江省林業廳財務處一名名叫王訏的文字說：「最近，我們在分析原木成本中，發現材料費用逐年增加。經了解，除了機械比重增長的正常因素外，主要是材料管理上的問題。其中值得提出的，是物資供應層次多，各級物資供應部門都要提取一定的手續費，致使材料價格超過國家規定的調撥價格，這是造成原木成本高的重要原因之一。例如森林工業需用的機械配件，現在是由機械工業銷售部門撥給林業部配件辦事處，辦事處供應省林業廳，省林業廳供應林業管理局，管理局供應林業局（企業）。各級供應部門為了本身開支需要，都提取一定的手續費。機械銷售工業部門一般提取百分之三到百分之五，林業部門配件辦事處提取百分之五（有時甚至達百分之十），林業廳提取百分之三到百分之五，這樣逐級提取手續費，就使配件的價格較國家調撥價格增加百分之三十到百分之五十。原木負担的材料費用增加，成本自然也就高了」。

這是一篇暴露共黨內部機構黑幕重重的一篇難得的文字，且經中共人民日報刊登出，所說自係絕對確實，而決非造謠。同時，從這一篇文字中不但看出共黨極權組織毛病百出，和種種不合理；更可看出中共各級幹部全無「公家」觀念，而只有自私和本位觀念。否則，他們決不致而且也決不敢在「國家調撥的物資」上任意提取手續費。

再說，無論上述文字中所述之任何一個機構，是所謂機械工業銷售部門也好，是林業部門配件處也好，是省林業廳也好，抑或還是林業管理局也好，原本都有一定的預算和由中共中央供給的正常開支和業務費用，但各級機構竟又在所謂「國家調撥的物資」過程中，擅自層層提取所謂手續費，且其各級所提手續費竟高達國家調撥原價的百分之三十乃至百分之五十之多，可知各級共幹均「為了本身開支需要」為名，從中貪污中飽，實則各該機構既已由中共中央業予按照預算，給予定額開支，且又經年設有一定人員，還有什麼理由擅自提取所謂手續費？

中共政權內部之一塌糊塗，於此又見一端。

生產隊賬目不公開

藍星

自從毛澤東倡導中共在大陸各地推行人民公社後，人民公社出的毛病眞是罄竹難書了。對此，本報已有許多個別的報導和評論。茲據五月十七日中共人民日報透露，生產隊的賬目不公開，原來也是人民公社的又一毛病。

據人民日報的讀者投書說：「要想獲得社員羣衆的信任和愛藏，就要發揚民主作風，就要公開賬目。……由於對這個問題的重要性認識不足，有些事情沒有叫大家知道，羣衆對幹部既不滿意，又有懷疑」。

又說「今年計劃糧食總產量多少，農業和副業計劃的總收入有多少，預計各項開支有多少，每個勞動日的工分糧若干等等，這些收支賬，一定要向社員公開」。「生產隊的事是全體社員的事，不是幾個隊幹部的事，大家的事，要讓大家知道，……財務公開，要有實事求是的作風，有一說一，有二說二，不誇大，不縮小，不搞兩本賬，項項開支有着落，筆筆賬目都清楚。這樣，羣衆才信得過幹部，生產積極性才會提高。……但是也有一些生產隊的幹部，對財務公開、定期公布賬目，還不大習慣或是不願意做，這是一個需要解決的問題」。

從上述五月十七日人民日報所刊的這封讀者來信看，可知人民公社不但制度本身不好，既違背人民利益，又根本違背人性，拆散了所有人民的家庭，以致引起大陸人民普遍反共恨共之心理。而且人民公社內，各級共幹更高高的騎在人民頭上，根本不把賬目公開，浮報中飽，搞兩本賬。那末，人民安得不貧窮，安得不怨聲載道呢！

大陸簡訊

白帆

中共揚言把美國趕出東南亞

美國派兵登陸泰國，以防止東南亞局勢之進一步惡化，原是甘廼廸總統義正辭嚴的英勇而明智的行動。但中共却於五月十九日在中共黨的機關報以「把美國侵略者從東南亞趕出去」為社論題目誣衊美國的此一正義行為說：「美國進兵泰國的事件又一次告訴人們，美帝國主義是威脅亞洲和平戕害亞洲各國獨立和主權最兇惡的敵人」。

又說「美國在東南亞的侵略行為，嚴重的威脅中國的安全。中國人民不能置若罔聞」。

又更進一步警告美國說，「我們再一次警告肯尼地政府，它必須對自己的玩火政策所引起的一切嚴重後果，承担全部責任」！

其實，今日的中共，已不是一九五〇年時代的中共。當時中共正在向上發展時期，故可參加韓戰，今日則在向下沒落且已到達崩潰邊緣之時期，中共雖有侵略東南亞之野心，短期內却只能作空頭警告了。

中蘇共簽相互代驗船舶協議

為了便於蘇聯的船隻到中共所轄地區，又為了中共船隻到蘇聯地區，而船舶的檢驗工作，關係船隻的航行及安全甚大，於是，中蘇共之間最近簽訂了一項協議。

據新華社五月十六日訊，「中蘇兩國船舶檢驗代表團最近在北京經過友好會談，簽訂了中國船舶檢驗局和蘇聯船舶登記局關於相互代理船舶技術檢驗的協議。代表雙方在協議上簽字的，中國方面是中國船舶檢驗局局長謝中峰，蘇聯方面是蘇聯船舶登記局局長雷卡喬夫」云。

大陸各地也缺乏中型農具

小型農具在大陸各地普遍缺乏的事實，早誌本報，實則中型農具在大陸各地也是極端缺乏的。五月二十日人民日報對此曾在「重視中型農具的維修和製造」為題的社論中透露說：「農具問題，過去人們議論得比較多的，主要的是小農具。如鎬、鋤、鐮等等。其實，農具問題不只是個小農具的問題；除了小農具，還有中型農具，中型農具同小農具一樣，是我國農民當前最普遍、最大量使用的生產工具。應該予以足夠的重視」云。由人民日報在社論中作出此種呼籲，可知中型農具之缺乏，現已到達何等嚴重程度了。

大陸教師隨便簡化漢字

簡化漢字的利弊，見仁見智，本各不同。中共對此，則早由偽國務院公布了「漢字簡化方案」。但大陸各地共幹及教師則更超出了中共國務院的規定，由各人自己任意製造簡化漢字，使學生和其它的人都無法辨認。只因這一現象普遍嚴重，所以，本年三月十四日人民日報曾有「不要隨便簡化漢字」的呼籲，五月二十日人民日報則刊載了更多的人的呼籲，要求「未經公布的簡化字，不應該在正式文件和出版上使用，教師講課和學生作業也不應該用」，足見混亂之一般。

僑鄉近訊

鍾之奇

福建用紅螞蟻殺治蔗虫

螟蟲對甘蔗的危害是很大的。但由於中共缺乏農藥，所以一直對螟蟲的危害束手無策。於是福建農民自己却在無可奈何中發明了用紅螞蟻殺治甘蔗螟蟲的方法。

據五月二十日人民日報說：「蔗螟是福建省甘蔗的主要害蟲，為害面積大，時間長，蔗螟幼蟲蛀食蔗基，早期造成枯心，中後期造成螟害節，常誘發赤腐病，引起甘蔗內部腐爛、發臭，又易被風折斷，大大影響甘蔗的食糖量和質量」。「福建省一些甘蔗產區利用紅螞蟻捕殺甘蔗螟蟲，已引起不少農業科學工作者和蔗區農民的興趣」。又說「紅螞蟻能治蔗螟最初是由福建同安縣蔗農發現的」云。

中共在深圳邊界捕截逃港難民

本年五月份以來，廣東各地難民，尤其東江區難民日以數千乃至日逾一萬之人數從深圳邊界冒險進入香港，已是舉世周知的事實了。到五月廿五日後，入境難民人數始稍減少。此乃由於中共已在隣接香港之廣東邊界捕截逃港難民之故。但難民繼續冒險逃港者為數每日仍以千計。適以最近幾日香港頻有大雨，故藏匿梧桐山上之難民更痛苦不堪了。

中共經穗運港糧食等物已銳減

中共在廣東各地繼續搜括糧食等物資之行動雖迄今並未停止，但獲自廣州方面之可靠消息，自本年三月份以來，中共經由廣州運到香港之許多物資，却已銳減。此蓋由於中共自華中、華東、華北等地運來廣州之物資亦已銳減之故。

另據香港英文南華早報載：根據官方統計數字，中共對香港輸出的基本糧食及副食品，有一般的降落情形。大約降了百分之六十。本年一月份是六千五百萬元，二月份是四千一百萬元，三月份是一千九百萬元。主要糧食（穀物與製成品）有顯著降落。其它大陸食品對香港輸出亦大為減低。這包括糖製品一月份是五百零四萬元，二月份是六百四十八萬元，三月份為二十一萬元。牛奶製品、鷄蛋、蜜糖一月份三百五十二萬元，二月份一百二十五萬元，三月份十四萬元，魚及魚製品一月份五百六十六萬元，二月份三百一十九萬元，三月份一百九十一萬元。肉食及肉食製品一月份六百七十六萬元，二月份三百一十二萬元，三月份二百零四萬元。中共輸港果菜亦微跌，一月份一千一百五十九萬元，二月份七百八十七萬元，三月份五百六十九萬元。主要食用牲口一月份一千零五萬元，二月份九百八十萬元，三月份五百六十九萬元。

從上述香港方面的統計數字，可以反証中共三月份以後經廣州運銷香港的食物確已銳減。惟其原因，究因大陸物資缺乏？或者是改銷他處？抑或還是暫緩運銷香港？則尚待進一步之調查與觀察。

廣東各地有雨成水災無雨成旱災

廣東本是中國的一個好省份一個富庶地區，但從中共佔據後，不但飢民遍地，而且各種災害也在廣東各地不斷發生。可以說，不下雨，廣東許多地區便有旱災，一下雨，許多地區又有水災了。

對此，中共「中國新聞社」五月廿六日有一節廣州電訊透露得很清楚。它說：「廣東省各地五月中旬連續降雨以後，大部份地區從立春以來的旱患已經解除，局部地區由於下了暴雨，一部分農田受浸」。又說「開平縣前些時候有十多萬畝受旱，生長較差」。「電白縣解除旱患後，十一萬多畝花生普遍開花」。「北江地區由於連續暴雨，清遠縣在五月十八日出現十四．五三米洪峰，水位比一九五九年最高水位超出〇、二三米。四會、三水、佛岡等縣境江河也超過警戒水位，有二十多萬農作物受浸」。

在上述中共「中國新聞社」的專電報導中，如佛岡等縣有二十多萬農作物受浸及所說開平縣前些時候有十萬多畝受旱的情形都是中共從未報導，此時此刻才初次透露的，可知尚未提到的災情正多着哩！

美軍避免介入寮戰

何之湄

美軍開入泰國協防的行動，到目下還沒有告一段落。曼谷郊外的廊曼機場，充滿了美軍軍機，更多的是運輸機，它們把從軍艦運來的供應品，分別運到柯叻或烏隆去。至於從夏威夷美太平洋總部運來的物資，每天有五至十架飛機，直接飛到東北重鎮柯叻去；據說還要一個星期左右，美軍駐泰的部署方算大定。

當美軍最初在曼谷登岸，並不停留而立即開往東北毗寮邊境的時候，許多人以爲寮國軍情吃緊，美軍到邊境後可能入寮，並與共軍發生戰鬥。因此「第二韓戰」的說法，一時甚盛；雖然泰國人民對於美軍開到協防，表示歡迎和安心。

美軍的部署

可是經過兩週來寮國前線的沉寂，和美軍部署輪廓的明朗化，已否定了美軍入寮的可能性，最少是暫時不會進入寮國。

美軍的駐地，以柯叻府爲中心，此地距曼谷東北二百六十四公里，是通至烏隆、及烏汶鐵路的交叉點，古來已爲東北部的行政及軍事中心。由此再三百一十公里始達烏汶，那是毗鄰高棉的邊境，這一火車路線自北偏東。自東偏北三百五十公里，就到達烏隆。由烏隆火車站終點，改乘公路汽車六十三公里抵達廊開。這一個小小的府城，就在湄公河右岸，與寮都永珍隔河可相望。昇平時節，廊開農民每天挑蔬菜鷄鴨等，渡河去永珍趕市集販賣。

現在美軍的駐地，除柯叻外，就是烏隆和烏汶，烏汶距高棉邊境稍遠，烏隆美軍紮營在烏隆與廊開之間，距湄公河三十公里。

據說，美軍獲有命令，暫時不要進入距邊界二十公里的地區去。又照美國總統的宣佈，說這些美軍的槍炮，還是「沒有實彈的」。

傅馬再冷戰

這麼看來，美軍確是「協防泰國」，就止於協防泰國，對於寮國軍事局面，暫不摻手。據說永珍方面，對美國這種態度，頗有異議。

永珍政府雖然並不反對談判，但他們滿以爲美軍開到後，可以迫共軍退回原日陣線——即退出南塔、孟新，然後恢復談判，那時右翼就可以採取强硬的立場。可是永珍認爲美方「過於謹慎」的部署，徒使寮共從惶恐中重新恢復安堵。他們指出，當美國進兵時候，傅馬自巴黎匆匆飛回，意欲以談判延阻美軍的行動，及見美軍無意入寮，傅馬乃在仰光逗留，展開冷戰，反對右翼不變。美軍的行動，未免是「雷聲大、雨點小」。

配合着傅馬的冷戰，寮共也停兵不進，以表示他們「談判的誠意」，寮共游擊隊，更從會晒退出，本來寮共佔領會晒是經河內越共証實並發表電訊的。可是現在康開方面聲稱共軍並未進攻會晒。至於南塔之戰，則是由於諾沙旺的「挑釁」，他們「反擊」，始予佔領。把東西吃在肚子裏，而說是剛開口就有東西跳進去，「在無意中吃下了」，現在站在那裏把咀抹拭乾淨。端的是，這樣做法也有人表示滿意。

壓迫諾沙旺

美國進兵泰國，對寮的作用只在於「嚇阻」。共軍停止進攻，便是「嚇」而生效，美國已滿意之極。共軍不再進攻而願意談判，使美軍免於實彈射擊，原來的聯合政府計劃又大有希望，似乎不禁心花怒放。

傅馬把美國的過份滿意情形，看在眼裏。知道美國對寮仍採談判政策，既要談判，就非傅馬莫屬。於是他就加强對諾沙旺的指責，說是諾沙旺破壞談判，及「引起破壞停火」。

剛巧因爲南塔、會晒一役，寮王軍與美顧問間，發生意見。指責當時諾沙旺身在國外，以致守南塔時，將士不能用命。至於會晒，是右翼軍棄城而走，逃入泰國後，共黨游擊隊方才進入的。華府當時深恐共軍續下永珍，泰邊危急，乃匆匆出兵。誰知「中了共方虛張聲勢之計」，這都是諾沙旺不負責任所累。

據說美國要求諾沙旺辭去政府中職務，專心治軍。那就是要他放棄副總理、國防部長、兼內政部長，三項內閣職位。認爲那樣的話，就會對談判有利。諾沙旺若不任文職，也許他對於在聯合政府中爭國防內政兩部席位，就不會如此堅持。假如右翼對談判不讓步，美國可能又要扣發經費了。

美國出兵協防泰國，聲援寮國的第一幕，竟是對右翼施加壓力，這却是泰寮權威人士所意料不到的。不過，「聯合政府」究竟不是萬應靈藥，下回分解還是夜長夢多呢！

·曼谷通訊·

馬卡柏佳憤怒極了

·甘甫·

關於銀錢問題，有三句俗語說得很精警：一是「十鬧九爭錢」；一是「講錢傷感情」；一是「殺人塡命，欠債還錢」。——這三句俗語，第一是清楚地表明銀錢轇轕不清，必會引致無限糾紛，第二是反映出銀錢的紛爭，足以傷害了人與人之間的友情（有時且包括了父子，兄弟，夫妻之間的情義），最後則更肯定指出還債是一件天公地道的事。若再說得深刻一點，那就是：錢銀糾紛一定會越鬧越大，越傷感情；欠債而不償還，更足以招來嚴重惡劣的後果！

人與人之間如此，國與國之間又何獨不然！

最近菲律濱和美國的關係，漸趨逆轉，其原因就是爲錢。「講錢」，自然「傷感情」了！事緣菲律賓方面，曾向美國政府提出要求「賠償戰事損失」七千三百萬美元，而美國政府也早經口頭答允的了。這雖然不是甚麼「債項」，但既已答允「償付」，在理就應該履行，可是美國的衆議院，最近却否決了這「償還法案」；換言之，就是美國要對這筆「戰事賠欵」實行「賴債」而不予償還。這一來，便立刻引起菲律賓全國上下的不滿，對美國的背信棄義，抨擊得體無完膚。顯然，美國衆議院的「否決」，是傷透了雙方的感情。

菲律濱總統馬卡柏佳接到了美國衆議院否決這「償還法案」的消息後，便立在記者招待會上公開宣佈：他已命令菲駐美大使艾比洛返國，從而針對美國衆議院否決那項賠償菲國戰時損失七千三百萬美元案作澈底的商討。他對於該法案之不獲美衆院的通過，與美菲兩國關係因此所受到的影响，至爲關切。菲國全國人民，已爲此事而表現出極大的反响和憤恨！馬卡柏佳原已定於六月十二日親往訪問美國的，可是美衆議院否決「賠還法案」以後，馬氏對訪美之行，便也正式宣佈「無定期押候」。馬卡柏佳憤怒之情，於此也可見一斑！

菲律濱和美國，一向是相當友好的；同時，也一向是相當忠實的盟友。現在，却給「銀錢問題」鬧到「面紅面綠」，雙方關係，且漸趨逆轉，而同陷於極度不愉快的氣氛中，這在美國方面來說，無可諱言，是一項自取其咎的挫折和損失。菲律賓政府當局現已向美國清楚地表示：菲國已不再認爲美國是一個理所當然的朋友。這正毫無保留的顯露出：菲美在第二次大戰後所培植好的珍貴的友好邦交，至此已面臨結束的邊緣！

當前的事實，原是美國正需要菲律濱的合作，從而應付東南亞共黨的攻勢，及援救其隣近的南越，寮國，泰國的，但是美國衆議院却在此時此際，祇爲一點「銀錢問題」而使一個忠實的盟邦（菲律濱）改變了過去友好的態度；所受到重大損失的，當然就是美國。

美國衆議院這項愚昧的「否決」，不特爲外人所非議，就是美國本身的輿論，也羣相指責的。「紐約時報」的抨擊，認爲這是「愚昧到不能夠辯護及自圓其說的程度」。而美國國會和政府，也有部份人物，對衆議院該項「否決」，也認爲極度不智，並深刻地指出：「如不改變這種不聰明的投票，必將自食其惡果！」——美國在菲律濱境內，是租借有三個重大軍事基地的，其一是克拉克機場，這是美國第十三航空部隊總部的所在地；其二是蘇碧灣，這是擁有核子武器的美第七艦隊海軍基地；其三是香格里角，這是美國海軍一個戰畧總部的所在地。在目前菲國人民深受美國的「否決賠償」刺激下，已漸漸開始談論到「應該重新檢討將戰畧性基地租給美國這項政策」了。美國國會和政府中的部份人物的所謂惡果，就是指此。

至於菲總統馬卡柏佳，到了現階段，確是憤怒極了！馬氏除了將訪美之行宣佈「無定期押候」之外，最近更進一步，下令將菲國的國慶日改期，使不與美國的國慶同日（以前菲國的國慶是同在七月四日的，現菲國改爲六月十二日）。馬卡柏佳和全體菲律賓人民既被美國傷了感情，憤怒是一時難以平息的；「好戲」還在後頭哩！（五月廿日寄自碧瑤）

團聚之夜（上）

金珂

天還沒有黑下來，在東方的天邊却已掛上了圓月亮，今天是中秋節，是我們中國人的團聚佳節，這年頭，大人們看到過年過節，眉頭皺得像在前額上生了個大疙瘩似地，可是，孩子們却在眼巴巴地等着，他們每天在計算着時間……

大孩子貝貝倚在門口，兩眼望着天空，在拍着手叫：「媽媽你看，月亮公公出來了！」

寶寶聽了貝貝的話，他來不及走到門口去看一下，然後，他又搖搖擺擺地奔過去，一把抱住坐在小椅子上在批改着作文本子的媽媽的脖子，撒嬌似地說：「媽媽，你不是說，等月亮公公出來了，給我們吃月餅嗎？你爲什麼還不拿出來呢？」

媽媽看到孩子奔過來，趕緊放下手中的筆，她看着孩子天眞的表情，一直待他說完了，才接下去說：「寶寶，別着急，你看，現在月亮公公的家還沒有點上燈呢！等她點上了燈，我們的爸爸也回來了，大家一起吃！」媽媽說完，把寶寶摟在懷裏，看着他那兩隻大眼睛，又低下頭去輕輕地吻了一下孩子又黃又瘦的臉頰，寶寶正要扭着身子說「不」的時候，媽媽馬上又追着說：「哎！媽媽知道寶寶是最聽話的孩子，是嗎？媽媽最喜歡聽話的孩子啦！」

「哎！媽媽，嘀！」說完，他小頭一扭，小嘴巴一翹，又驕傲地回頭看了一下貝貝，然後他又捧着媽媽的臉狂吻。

貝貝獨個兒站在門口，看着月亮，他忽然想起了什麼似地，跑到媽媽身邊：「媽媽，你前幾天教我們唱的那支月亮歌，再唱一遍好嗎？」

媽媽還沒來得及回答，寶寶却調皮地跳着、叫着：「媽媽，唱歌！媽媽唱歌！」

媽媽慈愛地看了孩子一眼，溫和地說：「貝貝，今天月亮已經圓了，不應該再唱這個歌啦！」

「媽媽，今天馬馬虎虎仍舊唱這個歌吧！明天，你再唱一隻圓月亮！」貝貝在懇求似地說着。

「好！」媽媽看着孩子懇切的表情，一口氣地答應了下來，於是，她一手抱着寶寶，一手摟着貝貝，寶寶緊緊地抱着媽媽的脖子，貝貝用自己的小臉緊貼着媽媽的臉頰，母子三人相偎在一起了，他們抬着頭，眼光不約而同地都投向月亮，像要把她看穿似的。不一會兒，媽媽輕輕地唱了起來：「月亮彎彎照九洲。

沒有哪歡樂只有愁……

家家哪戶戶忍飢餓，

個個哪面黃又肌瘦……

兩個孩子也跟着媽媽在輕輕地哼着，唱完了，媽媽低頭看了一下兩個黃瘦的孩子，不禁深深地嘆了一口氣。

也不知在什麼時候，他們誰也不知道，爸爸已經站在他們的後面，聽着他們唱歌。最後他聽到媽媽的嘆息聲，爸爸的眉頭蹙得緊緊地，他抬頭望望圓圓的月亮，感慨地說：「唉！忍飢捱餓，面黃肌瘦……」

貝貝第一個聽到了說話聲，他回頭一看，兩顆大眼睛一亮，在他瘦削的小臉上掠過一陣喜悅，高興地叫着：「媽媽，你看，爸爸回來了！」

「媽媽，爸爸回來了，我們好吃月餅啦！」寶寶也隨着叫起來，他話還沒說完，涎水却順着嘴邊流下來。「月餅」在他的小腦筋中，認爲是一種非常好吃，非常好吃的東西。

「好，你們坐好，媽媽去拿！」媽媽看到兩個孩子興奮的表情，她不忍心再延遲一會。於是，她放開了兩個孩子，一轉身到房裏去了。

媽媽進去了，兩個孩子側着頭，睜大了眼睛，在望着媽媽的背影。

媽媽小心翼翼地捧着一個月餅盒出來，一打開盒蓋，裏面躺着四個月餅：「來，一個人一個，貝貝你來分！」

貝貝捧過了盒，寶寶馬上伸出了手想拿：「慢，弟弟別動，應該先給爸爸，還有媽媽，再給你。」

爸爸和媽媽都拿了月餅，客氣地向貝貝道謝，貝貝有禮貌地說着：「不要客氣！」

寶寶一接到月餅，馬上咬了一口，嘴巴塞得鼓鼓地，連「謝謝」都說不清楚了，好容易伸長了頸子，咽下了月餅，又急急地問：「媽媽，明天還有月餅吃嗎？」

「看你，不怕難爲情，昨天你不是看媽媽去買的，現在都是計劃供應，一年一個人只能吃一隻月餅，那裏還會今天吃了明天再有吃呢？」貝貝露着一本正經的神氣，像一個大哥哥似地在埋怨着弟弟。

爸爸聽了貝貝講的話，又看他一本正經的樣子，他忍不住地笑了出來，然後，他又意味深長地望望媽媽，搖搖頭說：「唉！才五歲的孩子，就懂得這麼多！太早熟了！」

「……」媽媽沒回答，只報以一個哀怨的微笑。

貝貝和寶寶在低着頭吃月餅，誰也沒說話，空氣又暫時地沉悶下來，媽媽看着孩子們吃得津津有味的樣子，她又低頭看看自已手中的月餅，她毫不猶豫地又把它放進了盒子。

她的每一個動作，都沒有躲過爸爸的眼睛，她把月餅收起來的用意，爸爸知道得很清楚，他內心又在隱隱地發痛：「唉！孩子，老婆，都在這樣地受苦……」他一面想，一面抬頭看看媽媽。只見她黃瘦的臉上已堆了皺紋：「唉！生活的折磨，你才二十六歲的人，就這樣蒼老了——」他越想心裏越難受，最後他情不自禁地，輕輕地說：「唉！這年頭……」

「怎麼啦！民，你不舒服嗎？」媽媽聽了他的嘆息聲，吃驚地抬頭望了望他，又關心又焦急地追問。（未完）

文史漫談

陸機（二）

徐亮之

陸機兄弟入洛的初期，由於太常張華的推崇獎掖，是很風光的。張華那時，無論在政治上或學術上都是第一流的人物，同時又是伐吳的主要決策者；而一和陸機兄弟見面卽稱讚說：「伐吳之役，利獲二俊」（機傳）；並發生一個有趣的笑話；原來陸雲有一種愛笑的毛病，在吳時，有一次穿着孝服上船，看見自己在水中的影子，直笑得身體失了重心，跌落水中；幾乎溺死。這次陸機拜會張華，恐怕這位愛弟老毛病復發，以致失禮長者，所以並沒邀他同去。不料張華見來的只是陸機一人，連忙便問陸雲何以不見；迫得陸機只好撒謊，說是陸雲自知有愛笑的毛病，所以不敢拜見。可是、話才說完，陸雲却自己找上門來了，一見張華帛繩纏鬚的古怪神態，果然禁不住大笑起來。（晉書雲傳）

從此以後，陸機兄弟大概便都成爲張華府上的不速之客了。晉書華傳曾載一事說：

「陸機嘗餉華鮓（醃魚）；於時賓客滿座，華發器便曰：『此龍肉也。』衆未之信；華曰：『試以苦酒濯之，必有異。』既而五色光起。機還，問鮓主，果云園中茅積下得一白魚，質狀殊常，以作鮓，過美，故以相獻。」

又「世說新語」簡傲篇說：

「陸士衡（機）初入洛，咨張公（華）所宜詣，劉道眞是其一。陸既往，劉尚在哀制中。性嗜酒，禮畢，初無他言。唯問：『東吳有長柄壺盧，卿得種來不？』陸兄弟殊失望，乃悔往。」

又「世說新語」賞譽篇說：

「張華見褚陶，語陸平原（機）曰：『君兄弟龍躍雲津，顧彥先（榮）鳳鳴朝陽，謂東南之寶已盡；不意復見褚生。』陸曰：『公未覩不鳴不躍者耳。』」

又「世說新語」排調篇說：

「荀鳴鶴陸士龍（雲）二人未相識，俱會張茂先（華）坐。張令其語；以其並有大才，可勿作常語。陸舉手曰：『雲間陸士龍。』荀答曰：『日下荀鳴鶴。』陸曰：『既開青雲覩白雉，何不張爾弓，布爾矢？』荀答曰：『本謂雲龍騤騤，定是山鹿野麋；獸弱弩强，是以發遲。』張乃撫掌大笑。」

龍的有無可勿論，但張華乃當時權威的博物君子，家中藏書珍本又多，（本傳說華「嘗徙居，載書三十乘。秘書監摯虞撰定官書，皆資華之本以取正焉」。）機雲兄弟和他來往，無論在政治聲氣上或學術討論上都是可以討便宜的。

青原堂近詩

林千石

（西窗獨坐忽動吟懷適厲堂來訪因得此篇）

汙水青萍久客身，書窗一角且逡巡；風翻衰鬢飄殘雪，日漏疏簾動暗塵。野草參差無限綠，瓶花零落可憐春。莫嫌吟室難安席，江海寥寥共語人。

贈純白

壯志瞿塘度百灘，老懷冰底枉波瀾，窮途始悟謀生拙，投足原知拔俗難。白首栽花渾不似，卅年歸夢太無端。可憐東下峨眉客，猶抱孤絃向世彈。

簡蠡庵

人捐周鼎寶康瓠，鑪火神丹不易圖，世網嬰身心未死，海塵揚面淚應枯。當年楊柳垂垂老，此日蓴鱸念念孤。殘刦士龍空慷慨，且隨星斗落江湖。

太希屬和墩字韻

滄桑變盡世無溫，墮葉驚寒時打門。口腹何圖飲水飽，齒牙長爲嚼詩存。臥聽車馬交游冷，坐視丘墟螻蟻尊。王謝重來應自笑，半山螺蚌又爭墩。

疊墩韻答心畬

閬苑春回舊夢溫，覺來窮巷雀羅門；心無所住身爲累，口有難言舌枉存。江海秋深襟袖短，山林日暮虎狼尊。東都休問西都事，刧外蟲沙共此墩。

哀梧桐山 — 再疊履川風字韻

·遯翁·

梧桐山頭生悲風，千人萬人展轉溝壑中。生者性命一擲決羅網，死者銜恨終古爲鬼雄。九州荆棘逾一紀，大地漂杵膏血紅。食人不問肥與瘠，率彼醜類犀兕熊。奪之衣食役其力，置之死地謂是公社公。摸金餒髓及枯骨，未止十室成九空。哀哉孑遺賸殘喘，依止無地歌柏松。東從禹穴南百學。北過碣石西崆峒。生機所寄惟一綫，引領海上思帡幪。戈船何日能擊楫，王師何日能衣戎。呻吟忍死已十載，續命不得炊雙弓。流亡那計誅與戮，逃死難顧媼與翁。冥行襁負去鄉井，烈日蒸炙淫雨濛。情同鹿駭挺走險，事甚民棄梁溝宮。梧桐之山峻以崇，一生九死攀其東。方欣快出泥犁獄，指顧卽到香爐峯。誰知函谷不納客，西望慟哭俱搥胸。朝來邏騎搜莽叢，鋒車四出鳴警鐘。見之卽捕送虎口，道路塵土爲昏蒙。交親迎候束手盡哽咽，不意咫尺有幕垂重重。梧桐山頭號悲風，衝天寃氣貫日成長虹。人間今日是何世，哀我列祖軒羲農！如何不弔罹此極，生丁刼運君不逢。我聞柏林築圍牆，舉世憤慨欲張弧矢尋桑蓬。又聞古巴質俘虜，全美懷資踴躍贖之免奴童。胡爲黃炎之子孫，世人視之如沙蟲。嗚呼閶天有憎憎，何由籲之能感通。嗚呼廊廟羣公論道方從容，何爲袖手不念人之朝宗。請看梧桐山頭氛霧封，誰能馭天作飛龍。盡掃霾瘴還春融，起爲援手拯此寃苦窮。

抗戰回憶錄（二一）

張發奎

五、武漢會戰

回顧武漢會戰的經過，最使我時常思索的仍是九江附近那一戰役的撤退問題。前面說過，我當時是根據當面敵情和我的職責作出撤退決心的。但不幸却因此被蔣先生誤認我有保存第四軍實力之嫌。實則我不僅對九江附近這一戰役的指揮，即使在參加抗戰的全過程中，都全心全意爲國家民族之全面利益打算，從未將私人利益的意念夾雜其間。誠然，第四軍是與我個人具有深切悠久歷史的一支部隊，遠在民國十五六年北伐時，我就曾經統率第四軍。但我在指揮作戰時，只在尋求如何正確指導作戰，只在考慮如何部署軍隊如何使用兵力始爲適當，從未衡量我所指揮之各部隊何者與我關係較深，何者與我關係較淺。假如我只圖保存第四軍的實力的話，恐怕第四軍早就不會有輝煌戰績了。在九江附近的戰鬥中，我的措施亦復如此。但中華民國廿七年七月卅一日，我被蔣先生以「張總司令發奎即行調回」的命令而變相的撤了職。

對於蔣先生的這一誤會，我當然不滿。可是我當時對此事却是理直氣壯的。因爲我自問良心，毫無內疚。所以，我回到武漢後，即自行請求舉行軍法裁判。但當我在武漢會見何應欽將軍時，何將軍却告訴我，說：「你的運氣很好，我本來早已向蔣先生解釋你在九江指揮作戰的經過，並說明你的撤退完全正確。但蔣先生並沒有接納。所幸陳辭修將軍亦向蔣先生解釋，並說你在九江的撤退，是他命令你做的。如果要處分的話，就應該處分他。陳辭修將軍把撤退責任担起來後，蔣先生已對你無問題了。」

對於何應欽將軍的關心，我當然很感激。對於陳辭修將軍的這種敢於肩担責任的態度，我尤敬佩。不過，事實上，九江附近那一撤退，確實是我自己所決定，與陳辭修將軍無關。陳辭修將軍亦並未下達任何撤退命令。只因蔣先生誤會，陳辭修將軍遂將全部責任擺在自己肩膀上，眞是難能可貴。

陳辭修將軍之所以如此，當然不是由於陳辭修將軍與我私交深厚，而是由於陳辭修將軍亦完全同意我的處置，且確認我的處置係屬正確而必要，且無任何私心存於其間的緣故。

基本上講：蔣先生當時越級處分我，就根本不對。我當時屬陳辭修將軍指揮，如果我有錯的話，應由我的上級指揮官處理，但蔣先生却並未接到我的上級指揮官的呈報，就逕行越級干涉，這是蔣先生常犯的毛病。

再說：我在九江附近那一戰役的撤退，本來完全正確。因爲假如我不那樣決定的話，則第一綫部隊勢必被敵人吸引着而無法從第一綫撤離。那末，其戰況就會像淞滬會戰那樣；來一次大潰敗的重演。如九江附近的戰鬥重陷淞滬會戰的覆轍，因爲全面潰敗，而不能在第二綫穩定，從而在比較穩固的第二綫遲滯敵人的進攻的話，則勢必影響到整個武漢會戰，而武漢三鎮也將更早的陷落於敵人之手了。所以，二十餘年來我時常思索這一戰役的指揮問題，我至今仍覺得我當時的指揮並未錯誤。我當時雖被蔣先生誤解，但我當時所決定的那一撤退，小而言之，對武漢會戰，大而言之，對整個抗戰的影響，都是很有利的。

（未完）

辛亥革命史談（四七）

舜生

九、清帝退位與孫袁交替

自一月二十二孫總統提出最後五點聲明，迄二月十二清帝宣佈退位，其間可紀之事，其一爲彭家珍炸良弼；其一爲袁世凱嗾使前線將領段祺瑞等的兩次通電。

彭家珍，四川金堂人，早與同志張煊、趙鐵橋等有京津同盟會的組織。他眼見南北議和，已逾兩月，大局所以遲遲不決，『宗社黨』使隆裕游移，袁世凱不無顧慮，實爲主要障碍之一。『宗社黨』以軍諮使良弼爲靈魂，其人在滿人中不失爲『鐵中錚錚，庸中佼佼』。於是家珍乃以暗殺良弼爲己任。但良弼出入戒備頗嚴，不易下手，一月二十六日，家珍冒用奉天講武堂監督崇恭之名，到紅羅廠良弼私宅求見，適良弼自肅王邸歸，甫下車，彈猝發，轟然一聲，門前階石盡裂，家珍頭部重傷立死，並斃衛隊馬弁九人；良弼被炸斷左腿，延五日亦不治；於是凡參加『宗社會』的王公親貴，莫不人人自危，爭以私產存入外國銀行，且紛紛出京求托庇於天津租界。

同在良弼被炸的這一天，袁世凱更授意前敵將領段祺瑞等四十餘人發出勸清帝退位的通電，文曰：

『內閣軍諮陸軍並各王公大臣鈞鑒：洪密。爲痛陳利害，懇請立定共和政體，以鞏皇位而奠大局謹請代奏事：竊惟停戰以來，議和兩月，傳聞宮庭俯鑒輿情，已定議立改共和政體。其皇室尊榮及滿蒙回藏生計權限各條件：曰大清皇帝永傳不廢；曰優定大清皇帝歲俸，不得少於三百萬；曰籌定八旗生計，蠲除滿蒙回藏一切限制；曰滿蒙回藏一律平等；曰王公世爵，概仍其舊；曰保護一切原有私產；民軍代表伍廷芳承認，列於正式公文，交萬國平和會立案云云。電馳報紙，海宇風聞，率土臣民，罔不額手稱慶，以爲事機至順，皇位從此永保，結果之良，軼越古今，眞國家無疆之休也。想望懿旨，不逾朝夕。乃聞爲輔國公載澤恭親王溥偉等一二親貴所尼，事遂中沮，政體仍待國會公決。祺瑞等自應力修戰備，靜候新政之成。惟念事變以來，累次懿旨，莫不軫念民依，惟國利民福是求，惟塗炭生靈是懼，既頒十九信條，憲法誓之太廟；又允召集國會，政體付之公決；可見民爲國本，宮廷洞鑒；且徵民視民聽之所在，決不難降心相從。茲既一再停戰，民軍仍堅持不下，恐決難待國會之集。姑無論還延數月，有兵潰民亂盜賊蠭起之憂，寰宇糜爛，必無完土，瓜分慘禍，迫在目前；即此停戰兩月間，民軍籌餉增兵，佈滿各境，我軍皆無後援，力太單薄；加以兼顧數路，勢益孤危。彼則到處勾結土匪，勒捐助餉；四出煽擾，散布誘惑；且於山東之煙台，安徽之潁壽境界，江北之徐州以南，河南之光山、商城、固始，湖北之宜城、襄樊、棗陽等處，均已分兵前逼；而我皆困守一隅，寸籌莫展。彼進一步，則我之魯皖豫即不自保。雖祺瑞等公貞自勵，死生敢保無他，而餉源告匱，兵氣動搖；大勢所趨，將心不固；一且決裂，何所恃以爲戰？深恐喪師之後，宗社隨傾，彼時皇室尊榮，宗藩生計，必均難求滿志；即擬南北分立，勉强支持，而以人心論，則西北騷動，形旣內潰；以地理論，則沿海盡失，勢成坐亡。祺瑞等治軍無狀，一死何惜；特捐軀自効，徒殉愚忠，而君國永淪，追悔無及，甚非所以報知遇之恩也！況召集國會之後，所公決者尚不知爲何項政體，而默察人心趨向，恐仍不免出於共和之一途，彼時萬難反汗；是徒以數月水火之患，貽害生民，何如預行裁定，示天下以至公，使食毛踐土之倫，歌舞聖明，零涕感激，咸謂唐虞郅治，今古同揆，不亦偉哉！祺瑞等受國厚恩，何敢不以大局爲念，故敢比較利害，冒死陳言，懇請渙汗大號，明降諭旨，宣示中外，立定共和政體，以現在內閣及國務大臣等，暫時代表政府，担任條約國債及交涉未完各事項，再行召集國會，組織共和政府，俾中外人民，咸與維新，然後以期妥奠羣生，速復地方秩序，然後振刷民氣，力圖自强，中國前途，實惟幸甚，不勝激切待命之至。謹請代奏。會辦勦撫事宜第一軍總統官段祺瑞，尚書銜古北口提督毅軍總統姜桂題，護理兩江總督提督張勳，察哈爾都統陸軍統制官何宗蓮，副都統段芝貴，河南布政使幫辦軍務倪嗣冲，陸軍統制官王占元、曹錕、陳光遠、吳鼎元、李純、潘渠楹、孟恩遠，河北鎭總兵官馬金叙，南陽鎭總兵官謝寶勝，第二軍總參議官靳雲鵬、吳光新、曾毓雋、陶雲鶴，總參謀官徐樹錚，炮隊協領官蔣廷梓，陸軍統領官朱泮藻、王金鏡、鮑貴卿、盧永祥、陳文運、李厚基、何豐林、張樹元、馬繼增、周符麟、蕭廣傳、聶汝淸、張錫元，營務處長張玉鈺、袁乃寬[illegible]統領王汝賢、洪自成、高文貴[illegible]標、趙倜、仇俊愷、德啟、劉[illegible]柴得貴，陸軍統領官施從濱、蕭廣安謹叩。』

清廷接着這個電報，即由內閣覆電，一面深許各將領爲『發於忠君愛國至誠』，一面仍覺得『改變國體，事關重大，非付之國民公決，不足以昭愼重。』其實這個時候，隆裕太后已授予袁世凱以決定大計之全權，但二三近支王公，仍多方留難，致段等前電發出後一星期，清帝退位之詔仍未頒布。

本刊已經香港政府登記

每逢星期五出版

聯合評論 週刊

United Voice Weekly

第一九六號

[illegible]

總代理：友聯發行公司　售價每份港幣一毫

本報美洲版總經售處美國紐約中美出版社

CHINESE - AMERICAN PRESS, INC

199 CANAL STREET.,

NEW YORK13 N. Y. U.S.A.

美洲航空版每份零售美金一角

如何進一步處理大陸難胞問題？

向台北提出一個指定地點集中空投的建議

劉裕畧

自本年四月底至五月廿四日止的一段時間中，饑餓不堪的大陸難胞曾日以萬計的經深圳邊境冒險湧到香港，這類似從東柏林逃往西柏林的事件，不僅引起舉世的注意，而且也更進一步証實了大陸人民之饑餓實已到達空前普遍的嚴重程度。對此，香港方面以及美國、日本等皆有良好的態度之表示，台北方面，則更有值得讚許的陳辭修先生六點接運難胞入台之聲明，方期逃港難胞可獲得一線生機，但自五月廿五日起，中共又以運用其殘暴力量把逃赴香港的深圳邊境關閉了。這是難胞之不幸，於是，大陸難胞大批逃港問題便又入於另一段落。但大陸難胞大批逃港的問題是否就此結束了呢？這當然還不一定，這當然還要看事態的演變如何。不過，無論如何，我們對於大批大陸難胞逃港問題的研究與處理，卻不可就此了結。因為救濟和安置大陸難胞，原本只具消極意義，積極的意義則還在根本解除大陸同胞的苦難，何況，能夠幸而逃到香港者，又原本只是大陸數億難胞中之極少數呢？所以由逃港難胞而導致對整個大陸難胞之解放與處理，應是所有反共愛國的人們，尤其是偏安在台北之中華民國政府的不可推卸的責任。

但說到根本解救，當然就只有依靠反攻。但反攻何日？遙遙無期。而救濟和安置大批逃港難胞則又尚待努力。所以，我以為在這期間如何進一步處理大陸難胞問題，應是現階段特應思考和特應努力的問題。

現階段究應如何進一步處理？我的意見：認為台北當局現在應該利用廣播告訴大陸各地正在飢餓線上掙扎的同胞，請他們到一定的地點，以便台北派飛機空投救濟。

請他們到什麼一些地點？對於這一點，台北應該基於平日對敵情的了解和飛機的性能，在大陸上指定若干地點，於適當時間，使大陸難胞前往集中．台北則派飛機將糧食及藥品用空投方式予以救濟。

說到空投救濟，台北以往也曾屢屢施行。但那是不定期且未經宣告而用分散方式空投的。現在則不然。台北應向大陸人民宣佈，哪些地區將是空投區。如此，則大陸難胞將可自動地紛紛前往這些指定的空投地區。

若在數年前，此一辦法並不能施行。一則因為中共控制甚嚴，人民自由行動不易；二則大陸人民之飢餓事實亦不及今日之普遍嚴重。現刻的情形，則與前大異了。不僅大陸人民之飢餓情況已益趨普遍與嚴重，更重要的則還在中共今日確已無法嚴格控制大陸各地之人民。據我所知，今日大陸，不僅由廣州至香港，有大批逃亡的人潮，即在內陸許多地區，大批的成群的飢民亦早已離開原藉盲無固定方向的在大陸各地流竄。這些正在流竄的難胞，目前雖因缺乏武器而不能舉事，但中共現已不能不在大陸若干交通要點成立「阻盲站」來阻截這些開始形成人流的逃難者了。所以，台北若能善於運用廣播和傳單等宣傳武器以告知大陸難胞的話，他們將會前往某些地區集中，以便接受空投糧藥。

若中共因此阻止飢民前往台北所指定的若干地點集中，則難民自必更恨中共；若中共無法阻止他們前往，則台北之空投救濟必可在某些地區形成對中共具爆炸性的人流，說不定這些人流正是將來推翻中共的主力亦說不定，台北若再能施行局部反攻來配合，則政畧戰畧作用更是無窮。初不僅止於消極的救濟而已。它的價值除心理戰宣傳戰經濟戰之外，實更富有號召、催生和動員敵人內部人力的諸種重要作用。

至於因為空投而予我方飛機之危險，這誠然免不了。不過，台北以往也曾屢次派飛機前往空投，又何嘗沒有危險？對此，為減少和避免不必要犧牲起見，台北對集中空投地點之選擇，自應多方審慎研究以選便於我方飛機和敵人空防不足之空隙地區作為指定之空投地區為宜。

從大勢看；中共全面崩潰之期實已不遠。故周恩來在中共人代會常務委員會的秘密報告中，亦只能提出「鞏固城市」的策畧。國民黨當權派誤國已深，該當奮發了！應即施行局部反攻來啟導全面反攻，更應在現階段施行上述指定地點，集中空投的辦法來引發大陸內部的飢餓人流，來動員敵人控制下的人力以為己用。

本刊第四版的編輯方針

黃宇人

數年以來，台北當權者——尤其是所謂太子系一向對本刊觀若眼中之釘，他們特別憎恨第四版的台灣通訊。因而不惜使用各種卑鄙的手段，企圖破壞本刊。初則月耗港幣一千四百元雇用專人給他們做情報（實則是揑造消息），繼則一方面對在本刊投稿的某些人特別示惠，邀請入台觀光，並由蔣經國親自接見「懇談」，以後或按月給予津貼，或指派固定工作。另一方面，則收買打手，津貼報刊，向本刊圍攻。現在也許感到以上三種方法均未收到實效，乃出於造謠中傷之一途。他們可能以為利用謠言攻勢，就可以嚇阻編者；實則本刊各版的編輯方針都是大家共同決定的。他們縱能嚇阻一二人，也不可能影響本刊的態度。何況不才的我，卻從不怕嚇。當年在大陸時，以蔣先生的威嚴尚未曾對我有所嚇阻，今日太子系果存此想，適足以顯其無知而已。

照理，太子系認為本刊所載台灣消息有何失實或歪曲之處，自可來函更正，我們一定予以刊載。再不然，他們在港有的是報刊和論客，亦可為文辯駁。尤其是向蔣經國作忠貞狀的陳某身兼中央通訊社的職務，更可在該社的電訊或所謂特稿中指出本刊有何錯誤，好讓讀者來判明是非。可是，他們卻計不出此，而祇遷怒於被疑為負責編輯的個人。揆其原因，乃由於本刊每所載的消息，都有事實的根據，他們既不能否認，也無法辯駁。

依據本刊社務會議的決議，第四版原是刊載台灣消息和讀者投書。去年因應美國讀者的希望，又決定擴大篇幅，將第三版之一部合併在內。我們並非如太子系人所說，祇報導台灣的壞事，不報導他們的好事。例如台灣對滇緬邊區游擊隊撤退來台接待工作做得很好，和三屆總統非法連任前，蔣先生主張尊重個人人格尊嚴，尊重一切人的基本自由，主張應以更多的民主來打擊奸匪的假民主和反民主等等，本刊都詳為報導。又如立監兩院的消息，本刊一向是盡量多報導好的，少報導不好的。這並非我們對於立監委員有何偏私；乃是鑒於現局之下，該兩院根本不能行使憲法所賦予的職權。因此，祇要他們稍作正義之聲，本刊即予宣揚。又如軍隊消息，我們認為今日台灣的軍隊乃是反攻的基本武力，應多加愛惜，故決定採取隱惡揚善的原則。去年台北哄動一時的分屍案，台灣各報均繪聲繪影，暗示兇手即為空軍某少將夫婦。當時本刊曾收到通訊稿多篇，同人中對某少將均不認識；但因不忍輕對一位空軍的高級人員作不利的報導，編者仍決定不予刊載。後來該案水落石出，証明與某少將夫婦無關，我們也感到欣慰。

關於蔣先生個人，我對他的某些措施固有所批評；但仍是本着他當年在黃埔軍校時訓誡我們「革命應以主義和黨為中心，不應以校長個人為中心」的原則立論；而且很多保留。本刊雖然否認非法總統，對於蔣先生應受尊敬的部份，則仍予以維護。近兩三年來，我們曾多次接到讀者投書，指責蔣先生在對日抗戰時期若干尚未公開的事。我們認為無論如何八年的抗戰，總是蔣先生所領導的。因而對於這一類的來稿，均未刊載。又如本港某君曾為文投寄本刊，據稱某次宋美齡女士赴美，曾直接向國庫提取一大筆美金帶作她的私人費用。我們覺得文內所說的數字太大，未可輕信，向作者查詢資料來源，他答以係根據外國的雜誌。問以雜誌的名稱和出版日期，則不得要領。結果，我們決定將稿退回，某君一怒，從此不再向本刊投稿。

至關於台灣方面的家天下主義，或官商勾結，營私舞弊，或特務橫行，蹂躪人權以及一切違憲措施，因其不但為全國人民所痛心疾首，而且更是反攻的最大障礙，本刊自應盡量揭載。但我們也不是有聞必錄，有稿必登；而仍是經過一番審慎選擇的。大體說來，本刊所報導的台灣消息，絕大部份都是台灣各民營報刊曾經有所透露的，不過他們因限於環境，不敢如本刊之指出其中的來龍去脈而已。其有未見諸台灣民營報刊的少數消息，我們嘗先向有關方面求証，然後刊載。例如前年，曾在香港出版群聲雜誌，主張國共和談的留港立法委員周某因與蔣經國拉上關係而獲得優先入台時，本刊收到一則消息，說周某的夥伴莊某曾先到台北探聽行情，並向蔣經國坦率報告他們曾主張國共和談的事，蔣經國答以國共和談的時間尚未成熟，主張和談沒有關係。莊某回港後，即托人介紹，欲與被本港反共報刊指為文鴉的曹見某面。一日，我在友人處碰見中央分社的陳某，即問以有所聞否。他也許自知在眞人面前，說不得假話，點頭答道：「我也聽說。」我又問他，蔣經國是否向莊某說過這樣的話，他既不承認，也不否認。原先我對蔣經國是否曾作此言，本來半信半疑，經過陳某的這一表示，我認為至少是事出有因的，所以才將該項消息發表。因為假如蔣經國未作此言，而是莊某所揑造，以陳某的身份和職責來說，是應代他否認的。至少，也應該說，「我相信絕無其事」。以此為例，足証本刊所載台灣消息，如有涉及蔣經國者，即當面詢之太子系人馬，他們也未嘗否認。然此乃指蔣經國的政治行為而言；至於他的私人穢事，我們雖然常從台北來客和某些「忠貞份子」的口中得知很多，但亦認為有玷篇幅，從未披露。

總之，本刊的一貫方針，乃是對事而非對人，不但蔣經國個人不足為我們反對的對象；即蔣先生我們也未以他的個人為反對的目標。我們所反對的，祇是非法違任，特務統治，家天下主義以及一切違憲和反民主的措施；我們所要求的，則是民主，法治和反攻大陸。無論任何黨派在台上都是如此。不久以前，我們刊載了一篇通訊，報導民社黨的某些人欲以三黨共同綱領為掩護而實現分一杯羹的私慾，曾引起台北民社黨某君的不滿，我們也置之不理，就是這個原因。

我相信中國人民

謝扶雅

中國的老百姓，看似無權力，國家觀念似乎模糊，更不明白自己便是中國的主人；然而他們對其政府或任何形式的政權，無形中，由於懷着「好」或「惡」的各別心理態度，而使該政權或者得以維持，或者終至潰敗。古賢殆從無數實際觀察和經驗中所歸納的結論：『民猶水也，水能載舟，亦能覆舟，』以水與舟喻示人民與政府的關係，確能代表相當眞理。儒家雖並沒有像近代西方那樣的民主政治主張，但深深體會到「民爲邦本，本固邦寧」的道理，不惜從宗教信仰的說法，警戒一般帝王，使其重視人民，不敢加以欺侮或虐待，因而寫出『天視自我民視，天聽自我民聽』，『予畏上帝，不敢不……』（具見尚書）一類相當於古以色列摩西十誡的神授訓言。溫和的孔仲尼，爲時事奔走呼籲，無非在勸諫各國君王要對人民「勞之來之」，「富之教之」，「百姓足，君孰與不足」（具見論語）。孟子起，繼鼓吹「仁政」，喊出『民爲貴，……君爲輕』（見孟子）的口號，對人民與政府的主從關係，作了顯明的對比。這些關乎政治理論的經訓，大概就是孫中山所指出的我國政治哲學和道德哲學大有勝過西方之處。即使道家，也往往從消極的分析，說到『民不畏死，奈何以死懼之』（見老子）一類的話。大體而言，中國洪潮的四庫：經，史，子，集，除了不占重要地位的法家言論，帶點中央集權，帝王謀術的臭味而外，絕沒有不重視人民在國家的首要地位，及其對朝代興亡的主動作用。

事實上，自陳涉吳廣發難，終於使得暴虐的嬴秦政權覆亡以後，歷朝末季的所謂農民暴動，無不一一表証了「水能覆舟」的至理名言。『日出而作，日入而息』，『不識不知，順帝之則』的中國老百姓，本來沒有「我是國家的主人」，「不自由，毋寧死」等意識和人權觀念。但中國人畢竟是有血有肉的「人」，你如逼弄到他們無法作息，無法『鑿井爲飲，耕田爲食』，他們也惟有『挺而走險』，拼個你死我活，你存我亡！人急跳梁，狗急跳牆，是一般有生之倫的通例。反抗行爲（即俗語「造反」）而是毋俟乎後天的教育或讀書識字的。而況現代中國的一般農民大衆，已經過八年對日抗戰的浴血洗禮，近十三年來，又飽受了幾十百次，幾十百種，無一不具政治性的運動，倒反實地陶鎔了他們的政治意識，鼓動了他們的革命情緒，逼成了他們的敢死精神。中共屢次不一次地訓練農民「反地主，反……」，而今中共政權自己變成了唯一的大地主，大特權階級，正好做「大家「反」」的對象。中共又教唆民衆「反帝國主義，反美，……」，而中共政權明明自己作了帝俄的工具，豈也不成了他們打倒的目標。加以一個人到了餓火中燒，被迫到連牲畜也不如的時候，忍可忍，未有不眦裂氣涌「欲與汝偕亡」！這已是今日大陸不容諱言的普遍實象。

本來在中共贏得整塊大陸之初，不是沒有機會可以把中國搞得像樣一點。當初中國人民已十分厭棄了國民黨政權，急切期望有一個變局。延安精神的與民共甘苦，頗有一般老百姓所企慕而依歸。至少些孔宋豪門的彰聞穢德，最後還要用金元券把老百姓末了一滴血都抽光；那時人民對國府實已失望至極。早在第一任總統大選之時，眼睛雪亮的人民已覘知大禍之將臨到。筆者其時正在首都，每日自金陵大學教員宿舍拉我到國立編譯館上班的一個黃包車夫，邊拉邊對我說：『國民政府完蛋了！』我正奇怪，一個住在草蓬裏，日僅餬口三餐的黃包車夫之流，不識字，不看報，不懂國家和世界大勢，況剛逢元首就職盛典，興高采烈之秋，而竟發出這種悲涼，不吉利的話。然而，的確那時首都在政治上的混亂，風氣上的詭怪，精神上的空虛，特別在頭腦單純的老百姓，反早直覺地嗅到禍至無日的徵兆了。中共之瞬即席捲大陸，正是靠了這種無形的人心向背。所以史家稱這次大陸易主爲悲劇的偶然，而中共自己也承認全然出乎意料之外。其實，按諸「載舟覆舟」的古訓，一點也不算偶然。可惜最初博得了人民擁戴（樸實的老百姓是「君子可欺以其方」的）的「毛主席」，原是不學無術，包藏禍心，得勢之後，兇相畢露，遂致人民由再失望而痛恨，由知受愚而終與之不肯干休。

到了今日，大陸內部已四處埋伏着爆炸的地雷；儘管特務密探，佈下羅網，儘管軍隊武力，威猛無比，但兵警也還是由人民所充，而人究竟是同倫同類，兎死狐悲。況且十惡大盜也還不免午夜良知，一念省悟。一個政權而專靠槍桿來維持，亦終必遭倒戈之變；古今中外，殷鑒昭然。吳伍子胥可以懸他死後的眼於城門，預看越國復仇鐵騎的踏入。我們同樣能眼見毛澤東要步殷紂自焚或希特拉自戕滅跡的後塵；這是歷史注定的終局。我們不必疑慮老百姓只有空拳赤手；他們的炎炎餓火，與足以銷燬殘暴酷虐的政權而有餘。他們的「血肉」，已曾在八年抗戰中作過了鋼鐵般的「長城」。聶耳那首「起來，起來，不願作奴隸的人們」的義勇軍進行曲，據說已作了赤色王朝的國歌；好極了，六億以上「不願作奴隸的人們，「這時豈還有不「起來」而揭竿發難嗎？世上的事不是不會演出「奇蹟」的，只要在「我們到了最危險的時候」，臨到最緊急的關頭。心理學能爲我們精確分析說明，我們不用求神，不是迷信。

至少，可以打這個賭：與其信靠台北國府的出兵反攻，毋寧信靠大陸人民的自己革命。台灣雖有六十萬精壯軍隊，但都被拿來「擁兵自衛」：國民黨政府對大陸中共，只有私仇而無公憤，反遠不及中國老百姓單純的動機，無條件的大無畏氣概，和必死的革命心情——『時日曷喪，予及汝偕亡』！台灣反攻當然有許多顧忌，它至少必須倚賴美國的援手，而美國對此顧忌更多，何況她實無信心幫助這樣一個早對中國人民失了信用的政權。所以，台灣的發動是絕無可能的。我們從今以後萬不用再期待台灣有揮師西指之日，只拜求台北的當權派不要本着「包辦反共的偏拗心理」來破壞或阻撓海外一些有志之士今所策動和響應的大陸人民革命，已是萬幸了。今日留存台灣的一羣大陸同胞和青年學子，好好地準備着復國後共任大陸建設的重要事業，因爲毛共的倒坍下來，畢竟是晨夕間的事了。

總之，我們應當具有這個信心，就是，單憑中國的人民，終歸能把毛共打倒。因爲人民柔順如「水」，而水確是可以「覆舟」，要是舟上的舵手——毛澤東，一連串的錯誤的政策，蠻橫而剛愎自用的措施，連帶着一班水手的心慌意亂，益以互相猜忌，這在險惡風浪中的孤舟，決沒有不翻倒而沉落的。一九六二、五、十一自美京。

國防臨時特別捐平議（來稿）

秋聲

最近台北政府公佈自本年五月一日起至明年六月卅日止舉徵「國防臨時特別捐」，實施辦法在國內工商業若干項目上按照稅率徵收特捐百分之三十至五十，預計徵收總額爲新台幣三十億（約合七千五百萬美元），平均每個國民得負担新台幣二百元左右，這次算是四十八年「八七」水災特捐後的第二次加於國民的「特別」負担了。

照「臨時」，「特別」或「緊急」之類的字眼看來，對於當局的措意，表現有不得已或不平常的意義。我國以往「抗戰」以及「戡亂」時期，政府財政措施屢有類似或變相情形的出現，這次似乎亦不例外。副總統兼行政院長陳誠對上項「特捐」開始徵收之初，提出了三項保証：（一）政府一定節約使用這筆錢，（二）全部收入，均作充實國防之用，絕不作其他行政上的開支，（三）政府一定維持幣信，不使走向通貨膨脹的道路，同時更强調：這筆收入將被用在保持國軍的高度機械化。副院長王雲五對中央社記者談話，亦明確表示：「全部收入都用作增强整備，充實國防」。這些話都在証明此次絕對出於「國防」的需要，令人所想到全國人民日極所盼望的反共行動即將發動！我們也有理由担心，如果這些話都靠不住兌現，則無異給海內外反共人士更將對台北當局失望，其無形的人心喪失，與「通貨膨脹」所影響於社會經濟者，將不可同日而語！

據台灣商情報導，自從國防捐實施後的第二天（二日），物價即開始發生上漲的現象，這乃是必然會有的現象。固然，國防捐的徵收能否收到預期的效果，我們不宜太早去作樂觀的肯定，然而也無法去存樂觀底看法；所可肯定者，上項三十億的新台幣對台灣國民負担可能過重，但用之於與中共作殊死鬥的「軍事」行動，其數字又顯得微不足道。同時，至明年六月之後，這筆「國防」的「整備」是否「完成」？如果軍事行動上仍然限於金門一島與中共隔海炮戰，那麼，就事實講，這項特捐的特別之處，只是引起物價上漲，影響市民的生活而已。一年容易過，如一年「國防」並無「特別」之處，到時又如何的「交代」呢？

台灣今日的處境，由於中美聯防的關係，軍事行動上受了限制，是事實；全國海內外人民渴望於國府的反攻，解救人民於死亡的邊緣，積十二年如一日，更是事實。如果反攻有日子的話，則今日生活在台灣自由角落裏面的同胞負担一點政府臨時額外的財政措施，確不應有所煩言的。不過，台灣同胞必須出了錢，要監督政府將反攻眞的兌現，纔不是白白的額外負担。筆者尤有進者，既然爲的反攻復國，這樣關係於中華民族的生死偉業，則不應僅僅由台灣的同胞負担，那些把子弟自費送到黃金國留學，或官囊放在美元國家銀行裏面的，此中當不乏從前或現在負黨國重任者，希望來個「自發運動」，一新海內外同胞的觀感！果能如是，則此「特別捐」乃更顯出不平常的意義，以此意義，去爭取「美援」，也令美國人方面要容易爲之興奮一點。

尼赫魯對中共太軟弱

在亞洲諸國中，印度雖是在外交上最先承認中共政權之一個國家，而且，印度雖然也是在亞非集團中最早與中共度過一段蜜月期的國家，但無可否認，印度也是在亞洲諸國中與中共最先和最早破裂的一個國家。

印度與中共的這種由相交而破裂，究竟應由中共負責呢？抑或還是應該由印度負責呢？

客觀而冷靜的檢討起來，印度實不負有此種責任。蓋印度之支持中共，不但極早，而且由於被中共所迷惑，所以印度對中共之支持簡直可以說是很誠摯。這不但從印度最初在亞非集團中與中共拍擋可以証明，而且也從印度多年來一直在聯合國大會中支持中共進入聯合國一事而更足証明。

然而，中共本來的猙獰面目終於在印度面前表現出來了，它不但進兵中印邊區，而且還對印度作了種種挑釁，甚至還對印度總理尼赫魯作了許多次的人身攻擊，以辱罵尼赫魯。這就可見中共與印度關係之惡化，不該由印度負責，而該由中共負責。

但印度的政治領袖們，尤其尼赫魯先生應該反省的，是印度既然無負於中共，何以中共却有負於印度呢？是偶然嗎？抑或還是事理之必然？如果是偶然，印度自可輕易視之，只要多多努力，便不難重新和好印度與中共關係，如果不是偶然而是其來有自的話，那就迫使印度非徹底改變對中國的整個政策不可。

事實上，周恩來的和平共處五原則，原本是騙人的，中共狠子野心，以赤化亞洲與赤化世界爲目的，豈可眞能與印度相好，縱然印度對中共採取更友好的政策，中共也是要想赤化亞洲和侵畧印度的。因爲這是中共政權的本質，故其與印度之仇對，正是必然。但尼赫魯至今對中共仍採半優容的態度，這就顯示印度對中共的態度太軟弱了。（劍）

美援與中美關係

李金曄

雖然美國已經發表了由柯爾克繼莊萊德為駐華大使，但是中美之間的關係，仍然令人覺得有隱憂潛在。

美國的對華政策將會如何變化呢？如果說哈里曼在國會的証詞是可信的，何以一九六二年會計年度的美援貸款，遲到年度即將告終的今天，尚未曾撥到台灣！哈里曼的証詞是這樣說的：「美國對華政策是甘廼廸總統一九六一年十月十九日所宣佈的政策，目前並無任何改變，而且不考慮作任何改變。」而列入國會紀錄的則是說：「美國一向認為，中華民國政府為代表中國的唯一政府，並一向充分支持其在聯合國的立場與所有權益。所以，美國堅決反對中共進入聯合國或聯合國的任何機構。」

從好的一面去看，哈里曼的証詞，說明中共進入聯合國的機會不大；從壞的去想，美國除了支持中華民國在聯合國的地位之外，在對華政策方面沒有積極性的作為——包括支持反攻大陸在內。也即是說，美國不會主動有助於改變中華民國的現狀。

同時據台灣「聯合報」五月廿三日的報導，美國國務院政策委員會主委羅士陶所起草的「美國國家安全基本政策」，其中有關對華部份，仍是主張「撤退金馬」和「兩個中國」的。甚至還提出運用「外交新壓力」的意見。足見美國對華的態度，是內冷外熱！外熱是表面文章，內冷却是基本原則。據說，羅士陶所擬的方案，在六月初的美國國家安全委員會席上，要付諸討論，出席這個會議的還包括有甘廼廸總統本人在內。是禍是福，此會對台灣可說關係極大。

在台灣，現在有一種自知之明的看法：除非中共盲目蠢動，明顯地表露出了在亞洲地區有更大的侵畧野心，美國是以能維持現狀為滿足的。而這種態度，正是美國十餘年來的一貫立場。同時從歷年來國府的外交活動看，也祇是在力求能保持聯合國的地位，駐外的使節只要能夠保持爭取到駐在國的聯大代表在投票時能夠投支持的一票，就算是「功德圓滿」，其它較具積極性的外交事務，在當權派心目中，也非當務之急。

美國的立場如此，國府作為也如此，當權派所努力的，既祇是在求如何偏安下去，美國的援助，自是以够維持台灣的穩定為度。台灣想多獲一分，也不可得。因此不要說美援不來，台灣的經濟要發生問題，即使多稽延一些時日，對台灣的影响也極其重大，這正是當權派所以「困惑」的原因所在。

自一九五二年以來，美國所予中華民國的經濟援助約有十億美元；軍事援助已達廿億美元以上。（截止一九六一年會計年度止）援華數字不可謂不鉅。但是據美國眾議院特別代表團的報告說：「中美官員雖相信對於美國的依賴可以減少，但在可預見的將來，如無援助，自由中國仍不能支持其對於自由世界防務與有貢獻的軍事建樹暨其繼續成長所必需的經濟計劃。」

十年間所耗美元逾卅億，而其成就是進不足以言攻，退不足以言守（台峽仍有賴第七艦隊）。現在中共雖已自顧不暇，美國雖仍為其假想敵，但在美國看來中共對他是更不足直接為害了。美國的基本安全國策，向來是歐洲第一，自然在亞洲祇是採取守勢，在歐洲對蘇聯尚且不採取主動的攻勢，對亞洲的中共，更是但求不惹麻煩了。因此，不論今後大陸的情況是如何地惡化，情況是如何地有利於反攻，一如筆者早前所說過的，美國是祇顧坐看着中共所佔領的大陸腐爛下去，但又不會積極地支持中華民國作軍事反攻。理由很簡單，美國不會支持一個不民主的政權，去攻擊另一個暴政。何況美國在行動之後還要冒不可估計的危險。

美國十年來支持一個偏安的中華民國，已付出了數逾卅萬的美元，當然更會考慮到支持一個戰爭中的中華民國，所付出的，當然是難以估計的。此外我們還可以古巴，寮國，越南等這些實例來說，美國的政策都是消極而缺乏主動力的。

美國政策的基本觀點，或許並不錯，但對所有受共產黨荼毒的國家來說，分裂的狀態，精神的痛苦，不比戰爭更好受些。另一方面，也可以說美國支持右翼政權的政策，也是出於不得已的。因此任何一個反共而又不徹底實行民主政治的國家，援助就只能止於某一種程度，受援國家，必須在若干時間內自行完成達到自足境地。否則美國也將有一天要置之不理的！

一九六二年美援貸欵，台灣方面遲遲未曾獲得，大抵上說，不外是上述這些原因了。現在台灣方面，也明知事態發展到目前的地步，問題至不簡單，美援已由贈予方式，逐漸轉變為全部貸欵的方式，而且數字會一年年減少，而至完全停止，如果沒有新的形勢產生，當權派又不欲打破現局，是難以責備美國對中華民國不繼續援助，或再要求美國予以更多援助的。

為了中華民國的生存，反攻實在是迫不得已的事了。已是無可逃避的要求了。大打有困難，小打的能力總還有。中共儘管力圖避戰，國軍却必須主動求戰；惟求戰，始可積小勝為大勝，積大勝以動搖中共根本。也只有主動打破僵局，才能以破求立，創造形勢。澈底點說，即使有長期可靠的美援，也只能聊供彌補偏安的赤字，依賴美援的心理不去，是不足以言自立更生的！

貪污治罪條例難產

見微

（台北通訊）立法委員林樹藝等一百一十二人於去年六月向院會提出貪污治罪法案，迄今已將一年。五月二十五日，該院始提出討論，林委員首先說明提案理由，他說：歷觀中外古今史乘，無論任何國家，任何政府，如果其政風敗壞，吏治腐化，而政府當局不予整飭澄清，任其蔓延流毒，其不淪國家於危亡者，實屬罕覯。今日我國貪污風氣之普遍與嚴重，實在怵目驚心。如果此現象任其惡化蔓延，不予遏止，非但對我國民主法治，政府威信，人心士氣，以及國際觀瞻，發生最大不良影響；而且將動搖國本，或演出不可收拾之局面。因此聯名提議，制定「戡亂時期貪污治罪條例」，藉以嚴懲貪墨，整飭吏治，期能挽救國家於危亡。他指出如欲根絕貪污，必須標本兼治。治本方面固必須政府繼續提高待遇，使生活安定，不必貪污；利用教育方法，不斷陶治其政治道德與服務觀念，使其不願貪污；改善預算制度與審計辦法，期與實際行政相配合，使其不能貪污。但此等治本辦法均須相當時日之努力，方可達成。因此不能不在治標方面着手，本「亂世用重典」之原則，以嚴刑峻法懲儆貪污，務使一般不肖之徒，或意志薄弱者流，不敢誤入歧途，以身試法。他要求各立委在原則上支持本案，即對懲治貪污制訂特別法案，然後交有關委員會審查。

張子揚委員認為此時此地，確有必要制定貪污治罪條例，自舊的懲治貪污條例廢止後，各級政府中，貪污之風甚盛，政風敗壞，而刑法中有關懲治貪污者的制裁又感太輕，因此他主張原則通過，交有關委員會審查。

郭登敖委員認為治亂世固可用重典，但在今日貪污如此熾盛，政風如此敗壞的狀態下，用重典是否即可以治亂世，不無疑問。但他仍同意有制定一項有力的持別法之必要。他主張條文方面應先邀請專家舉行座談，廣集思議，然後擬訂。

陸宗騏委員從儒家觀點來看，認為有必要制定貪污治罪條例。他說，自古以來，對官的管束應嚴，對老百姓的管束應寬。因為官只是少數人，管束官吏，正是對大多數的老百有好處。因此，他認為制定特別法案是有必要的。

王大任委員說：從傳統思想上看，法律應是上治下行，才有效果。法律的原意本是除暴安良；如果變為除良安暴，那就不好了。自從廢止懲治貪污條例後，外間對立法院頗有微詞，現為維護立法院聲譽計，應制訂此一法案。

楊寶琳，陳海澄等委員都在原則上支持本案，認為應整飭官常，始能有宏大的政治號召力量。

邵華委員則獨有創見；他說今日社會風氣敗壞，大家崇尚靡爛奢華，有錢人受到一般人的尊重。在這種風氣瀰漫之下，用特別立法來懲治貪污，是否會發生效力？他認為此一問題應先加考慮。但詞鋒一轉，他忽又強調特別法不可太多，如果一旦引用不當，容易發生侵害人權的事情，因此，他反對特別立一個法案；但表示並不堅持自己的意見。邵委員竟從嚴懲貪污連想到侵害人權，眞可謂別有用心矣。

本案辯論結果，決定交司法法制兩委員會審查，看情形，又可能再拖一年了。

聯合報的評論

聯合報於五月二十七日發表一篇「為貪污治罪條例催生的社論，首述「有人曾經說：對於這個法案，行政院首先反對，司法院也不贊成，因此影響了立法院的遲疑不前。」繼說「我們也難於索解，立法院對於這個法案，何以拖延不決，達一年之久。因為姑不論這個法案，有一百十二位立委聯名提出，在立法院已造成相當優勢，其通過應該沒有問題。就是另有多於一百十二位的立委，反對本案，也早該速議決，有個交代。而就純法律觀點論，立法院既為「國家最高立法機關」，其所具的獨立行使立法權，司法院固絕無權置喙，行政院之反對也得遵循憲法第五十七條有關覆議程序之規定，於法案通過後行之。立法院又何憚乎來自院外的干涉！」

最後更說「若干懷論者所持最大理由，認為亂世重典，嚴懲貪汚，就法治進化史看，是形同違背時代潮流的開倒車，就法案本身看，可能產生苛擾甚至妨礙人權的副作用。但奇怪的是：對於此時此地層出不窮的兇殺案，他們却認為司法判處兇犯以死刑者太少；對於立法院前此不久通過的少年法，他們並不認為該法引用重典主義之不當。唯獨對於懲治貪汚條例這個法案，却偏有那麼多的懷疑和顧慮。我們誠不解他們是什麼邏輯思想！」

聯合報顯然是主張應有一個懲治貪汚特別法的；但有經驗的觀察家都認為縱然立法院的貪汚治罪條例得以順利通過，貪汚之風仍將繼續下去。因為今日有資格貪汚的人都屬「忠貞分子」決不是任何法律所能制裁的。

台灣各界熱烈歡迎逃港難胞來台

直夫

（台北通訊）自行政院陳院長聲明政府決定接運自願來台的逃港難民後，海內外一致表示支持。雖然因為尚未獲得香港政府的同意，至今尚未見諸事實，但台灣方面的準備工作，則已積極進行。聞專案小組已決定將首批難胞臨時送往高雄，並已借用十三間國校校舍為他們的臨時住處，預計可容納一萬人以上。所需膳食，被單，草席，醫藥等，均由政府供給。俟兩月或三月後，再轉往屏東，台東，花蓮等地區作永久性的徙置。

內政部次長季源溥於五月二十四日率領有關各機關代表八人由台北飛到屏東，召集地方各界舉行座談會研討安置難胞的地點問題，與會人士踴躍發言，指出新鄉等四處尚有農地數千頃，可供難胞墾置。屏東縣長李世昌更謂該縣有無限的海藏，尚待開發，歡迎難胞從事漁業。散會後，季源溥等一行並分別前往各鄉實地視察。

台灣省議會二十九日通過陳重光等議員的一項臨時動議，擁護中央對大陸逃港難胞的賢明決策；並決定辦法如下：（一）號召全省同胞暨各宗親會配合政府計劃積極展開接運安置及救濟工作，並分函各縣市議會通力合作。（二）請本會同仁每人捐獻二○○元，以為救濟之需，並額請本省各界踴躍捐輸。各縣市議會亦紛紛發動捐獻。全省公路員工決定各捐一日所得，預計約為三十萬元。國防部截至廿九日止已收到所屬各單位的捐欵十萬零八百餘元，食米一千公斤。金門前線軍民，亦捐獻一萬七千餘元。空軍小大鵬劇團並定六月三日義演，將全部收入捐作救助難胞之用。

民意代表百態

宣平

（台北通訊）年來台灣各種地方選舉，由於國民黨當權派以種種不正當的手段從中把持包辦，表面上雖然盡屬他們的勝利；實則各級民意代表和縣市長的水準已每況愈下，因當選者多屬與當權派同流合污之徒故也。最近一期的民主潮，曾對各民意代表的病態作了一篇系統的報導：茲將有關縣市議員及鄉鎮代表的部份介紹於後，當有助於海外讀者對今日台灣所謂地方自治的了解。

一、宜蘭縣議會在去年十月，舉行第三次定期大會，審議五十一年度宜蘭地方總預算時，有些議員便利用機會，向各方面「討價還價」：假使能給議員一些「報酬」，總預算中補助某單位的一百餘萬元，便可通過，否則，就要「大削大砍」了。後來經過有關方面的研究結果，假藉「實踐農村輔導」的名義，補助每一議員三千元。

二、雲林縣議會為了慶祝本屆議會成立週年紀念，議長蕭茂霖於二月十四日打電話給縣長林金生，商量由縣長議長的名義，贈送每一議員「千元禮品代金」。否則，此次雲二縣政府義務勞動虧損之三十萬元，縣議會在審查五十年度決算時，就不予通過。

三、南投縣議會副議長簡清章，兼任南投鎮住宅合作社的負責人，而該合作社於民國四十年間，由縣政府向行政院前國民住宅興建委員會貸款一百萬，興建南投縣第一、第二兩期國民住宅六十八棟案，至今這筆貸款拖延未還。類似上述情形的爛賬，全省收不回來的有四千多萬元，美援機關乃全部撥贈給台灣省政府，但附帶條件必須負責將該項貸款收回，作興建本省國民住宅基金。於是省府對這筆贈款，即十分認真要南投縣府還錢，否則，由財政廳在補助款項下扣抵，甚至考慮停止南投縣所有美援貸款。南投縣政府才不得不向該合作社追討。起初，該合作社愛理不理，繼則說還款期三十三個月太短，月息一分倍太重，延滯利息加太兇。現在乾脆說：縣政府倒欠三十七萬多元，而向縣議會陳情請願，請求「主持公道」，「調解歸墊」云云。

四、新竹市民代表會主席劉春木擅自指派代表藉考察妓女戶，前往中南部遊山玩水。

五、台中縣潭子鄉民代表會和霧峯鄉民代表會，以及宜蘭縣壯圍鄉民代表，彰化縣福興鄉與員林鎮民代表會等，都藉考察之名而往高雄看白雪溜冰團與木下馬戲團。其他如台灣東縣議會亦集體假名考察到高雄欣賞白雪溜冰團，且大言不慚的說是「建設台東的借鏡。」

六、高雄縣風山鎮民代表等，認為鄉鎮民代表竟未能和所有包括國大，省議員在內的「一體待遇」，是不公的，因而正式提案經議決，建議政府採納「一體待遇」制。

七、嘉義市民代表約二十人左右，於三月五日中午十二時起，在該市民代表會主席辦公室內賭骰子，輪贏竟達二十萬元之多，一直賭到「挑燈夜戰」的晚上九時許。其中有一位代表就輸四萬多元。

本報合訂本增價啓事：

敬啟者，本報合訂本已出六冊（一四兩冊售完），第七冊亦將在最近裝釘完成。茲為減少虧累起見，自三月一日起，特將新舊合訂本一律提價為每本港幣四元，優待學生，每本減售港幣二元。此啟。

聯合評論社啟

台灣簡訊

志清

一、交行科長監守自盜

交通銀行証券科長包仲衡利用職務上的便利，騙取各有關銀行的現款二十餘萬元，並帶走該行支票五十餘萬元，合計約為八十萬元。事緣，包仲衡在公債券原有人領取公債利息後，把應該註銷的利息單收存下來，不予註銷，然後持往其他銀行騙領利息。不料五月二十四日，他拿了面額四萬元的利息單向彰化銀行台北分行領取現款時，該行職員察其神情可疑，乃發給一個銅牌，囑他在櫃外等候取款，一面持單向中央銀行查對，發現單據雖屬真的，但利息已付。包在彰化分行久候，心知有異，乃不動聲色，立作逃亡之計。據悉，他曾向交通銀行請假十日前往香港，其理由是為了與女友見面論婚，並已辦好出境手續及預定民航公司二十七日由台北直飛香港的飛機票。他原來打算冒領九十萬元，其已領到手的七十餘萬，亦換成美鈔黃金及旅行支票，尚有一部份銀行本票因事發尚未及兌款。

包仲衡當日離開彰化分行後，即往附近的中央銀行打聽風聲，該行國庫有職員多人與他熟識，看見他來，即告以交行出了事情，有人冒領已註銷了的公債利息。他知事發不敢回交行，乃到華都飯店開了一個房間用電話約其好友張恭禮到來，直告其事，並請張到交行宿舍將他放在房內的皮箱取來，以便逃亡。因箱內存有黃金及美鈔，張依囑前往交行宿舍，該行當局不准將皮箱帶走，祇得空手而回。包立即約張代雇一輛計程汽車預備先逃往新竹。

交通銀行獲知包仲衡冒領公債利息，並查悉他已捲走該行支票五十餘萬元後，即於當日上午十時，由儲蓄部經理馬恒瑋親持公函到刑警大隊請求查緝。該隊立刻用警察電話通知各地警察單位嚴查各旅店及出境旅客，並組織六個專案小組分頭工作，卒於二十五日凌晨三時在高雄將他捕獲，並於當日押回台北。據供，他監守自盜的各項款項共約七十六萬五千元。他被捕時，攜存現款，支票及美鈔，銀行領款單與存在交行宿舍皮箱內的黃金美鈔合計約有五十萬元。其餘的二十餘萬元則已花掉。

又據交行的人員說，包仲衡自上海持志大學畢業後，即入該行，平素沉默寡言，工作認真，對人和善，頗得上司贊賞，與同事亦很和諧。現在他竟會變成一個監守自盜的積犯，大家都感到意外。有人說，是由於本年一月証券交易所成立後，他漸對股票買賣發生興趣，於是乃開始挪用公款，以致愈陷愈深，最後竟企圖捲款潛逃，這也是台北的環境使然的。

二、官員勾結套購木材

行政院第七組諮議張丕勳及某單位負責採購的職員一人因熟悉以非法手段大量套購針一級檜木製材，可獲厚利，乃以業務上的關係，與林務局主管木材供銷業務的職員張玉舟勾結，私刻服務機關所屬六個單位的關防及其主管人的印章，以正式公文向林務局申請配購該項木材四千餘立方尺，每尺配價為二千餘元，合計一千餘萬元。不料事機不密，林務局主管人員微有所聞，乃向申請配購木材的各機構查詢，得悉並無此事。於是報經治安機關偵查屬實，於日前將張等三人拘捕；並向台北地檢處請准延長羈押，以便擴大偵查。所謂某單位者，即係蔣經國屬下的系統，其名稱例不准報紙透露。

三、台糖職員冒領股息

台灣糖業公司証券科管理職員王文輔在該公司服務已有十年之久，因乃父任職台灣銀行的關係，他曾一度被派為出納，後來發現有挪用公款情事，被公司當局申斥一番，終以乃父的關係不了了之。此後他即被調到証券科，至今亦已數年，公司當局原以該科不易舞弊；不料他大胆妄為，竟私刻股東圖章，冒領股息。至於何日開始及冒領的數目若干，因其在逃，一時尚難全部查出。就已查出之部份合計，已達十餘萬元之多。據悉，本案之揭發，全屬偶然。五月十日台糖工友清理儲藏室時，在角落發現一大包圖章，都是人名，覺得可疑，乃送請經理查看。經理檢視之下，發現圖章所刻名字多與股東的姓名相同，當找王文輔詢問，不得要領，次日他即潛逃無踪，公司當局始向公安機關報案，請求查緝。

四、合作社競相舞弊

台北市第六信用合作社理事兼副司理及司庫兩職的林再興與市府合作庫長李一偉勾結，以互助會名議經營地下錢莊，自四十八年起高利貸放款達兩億餘元。該社部份理事亦利用職權挪用公款四百多萬元。去年已故市議員王有諒當選該社新理事發現此情，因恐被連累，經與其他新理事商討結果，於八月間出面檢舉，但為期半年，因牽涉甚多，市政府迄無表示；國民黨籍市議員多人亦要求勿送法院；挪用公款的理事雖允設法歸還，但有的則還不出來。最近因黨外對議員的督促，市府以案情重大，不敢再拖，乃決定移請台北地檢處偵辦，但對合作社的自己人涉嫌部份，則仍企圖包蔽。依照法令規定，合作社理事兼任社內職務以一項為限；但林再興於四十八年由理事兼副理後，進而又兼司庫，該次理監事聯席會，李一偉曾出席指導，當場表示「沒有關係」，林遂得以集會務與財務大權於一身，從而經營地下銀莊，足証其與李的關係殊不尋常。

基隆第二信用合作經理顧滄海，副經理許天花，主辦定期存款業務之職員陳添等三人於兩年以前，即開始挪用公款，至今共達五百餘萬之多，因而才致使該社發生週轉不靈情事，顧因經營煤礦虧損甚鉅，乃開始挪用該合作社的公款。許陳二人見顧如此，亦起而效尤。從此三人互相串通舞弊，故迄未被發現。直到最近，該社部份社員得悉此情，乃向省社會處及基隆市政府檢舉。省府據報後，即派員會同市府密查屬實，但仍密而不宣，祇希望顧等三人自行設法歸還挪用款項，據說是為了誠恐影響該社信用。五月二十七日案經各報採息予以披露，存戶大起恐惶，該社理事會主席本省礦業鉅子顧欽賢即自台北運來現款一百萬元，並另撥三百萬美元作應變之用，報載，他表示將負全責維持該社信用。市政府亦派員坐鎮該社。但截至現在顧、許、陳三人仍逍遙法外，可見情形甚屬特殊。

五、市議員囤糖案的新發展

台北市議員紀明於臨時國防特捐開征前夕，大量購囤食糧一案，二十三日又有新的發展，台糖公司新營糖廠業務科長呂大川，烏樹林糖廠業務課長陳鴻曦均涉嫌接受紀明委托，代辦納稅提糖的事，被承辦該案的嘉義地檢察處當庭收押；同時被押者還有糖業經理楊松竹。據悉，陳鴻曦代紀明提糖時，還私刻嘉義市一個茶室的女服務生的姓名章，呂大川則在紀明提糖時，額外收取一筆手續費。嘉義地檢處於二十三日整天開庭偵訊本案時，被傳訊者計達廿三人之多，其中在押者計有紀明，省合作社金庫代管部經理黃福霖，副理劉通益及蒜頭糖廠股長周濤風等十六人。另有北市公賣分局長朱正宗介紹與紀明合作的台北大商人譚某抗不到庭，已發出拘票。

六、稅吏為表現成績強迫虛開發表

台南稅捐處稅務人員以所轄各工廠應繳稅款不够上級內定的標準，竟異想天開，通知各廠應多補開統一發票少自十萬，多至九十萬，務必達到標準。廠家無法接受，乃要求工業同業公會向財政部及財政廳陳情，請求下令制止。

毛澤東思想征服了日共

劉裕畧

在赫魯曉夫與毛澤東個人衝突已趨明朗化的現階段，印尼和北韓的共黨已完全站在毛的一邊，作毛的尾巴，北越態度模稜兩可，外蒙則完全站在赫的一邊作傀儡，故日共的動向頗堪注意。根據若干事實來看，日共現在也已經完全是毛的尾巴了。日共最近把毛澤東選集第四卷譯出日文本，由其經過與日共對共崇奉更可証明日共已在[illegible]的金錢收買下的強迫工作中，完全成為毛澤東的俘虜了。

據日共方面前往北平担任日文本翻譯及審定工作的川謙次在四月一日出版的「日中友好協會」出版的「日本和中國」上說：「我們研究了中國方面的書面意見，修改了譯文以後，又寄到中國去。本來，在這本譯文最後定稿的時候，我們幾個人就曾經在一起住了一個星期，經過集體的討論，才定了稿。所以，我起初以為做得很不錯了，需要修改的地方很少了。沒想我是抱着這樣的心情到中國去。沒想到這個譯本却成了這次討論的素材。中國方面非常慎重，始終認為這個譯本只是基礎，也就是說，只是一卷草稿。在中國進行的討論是極其慎重的，從上午九點到下午六點，除了中午休息時間以外，一直進行討論，有時甚至一天連一頁也搞不完。有一次，我說這樣搞法，一千頁的書就需要三年的時間，對方回答說，就是花費三年的時間也沒關係。」這就可見從事翻譯的川謙次等人是如何的在中共金錢收買的強迫下作並不心願的工作了。

日共中央委員會書記安齋庫治則在日共的「前衛」雜誌上撰文說：「一，毛澤東選集第四卷是中國第三次國內革命戰爭豐富經驗的馬克思列寧主義的總結。這對武裝日本人民和提高其理論水平，將具有非常重大的作用；二，首先必須學習毛澤東同志關於如何正確認識如何戰勝帝國主義和反動派以及為毛澤東所發展了的關於黨的建設的理論。是否堅決反對帝國主義，正是馬克思列寧主義與現代修正主義的區別；三，凡是沒有正確認識毛澤東同志所提出的以革命的兩手反對反革命的兩手。在戰畧上藐視敵人在戰術上重視敵人這個辯証關係，就一定會犯右或左傾的錯誤。這種見想是日本革命實踐中可以適用的馬克思列寧主義的根本法則。」

從上述安齋庫治對毛澤東思想的吹捧，且視其為正統的馬克思列寧主義的總結，並認為是日共的南針，可知日共在赫毛衝突的問題中，是完全站在毛的一邊的。

溯自日本明治維新以來，由弱小迅即變為強盛，常有人譏日本人只善模仿，不擅創造，其實日本民族很優秀，其工業發達，科學與技術水準之高，均在亞洲形成突出之勢決不偶然。雖然二次大戰後，日本在亞洲的政畧戰畧地位有如西德，而其表現則不如西德，但却不可因此否認日本近代有許多傑出人才，更不可以日人只善模仿而輕之。但像日共這樣崇奉並無真正特別內容的毛澤東思想，則日共之表現太把日本人顯示得膚淺與低能了。

大陸簡訊

白帆

中共指印軍侵入新疆

據新華社北平五月卅一日電：「最近，印度方面在中印邊境內繼續增設軍事據點和進行入侵，挑釁等活動。中國政府五月廿八日就此向印度政府提出強烈抗議，並且要求它立刻撤出它設在中國境內的各個軍事據點和停止對中國的一切非法入侵。印度方面不僅拒不撤走它在中國新疆奇普哈普河谷地區設立的新的侵畧據點，最近又在這一地區中國哨所（約東經七十八度十二分，北緯三十五度十九分）正西南僅八公里左右的紅山頭（約東經七十八度零五分三十秒，北緯三十五度十八分）增設了另一個軍事據點，並築有碉堡等工事」。

又說：「此外，印度軍隊侵上述中國哨所以西，西北，西南進行騷擾的事件也不斷發生，從一九六二年四月廿八日到五月十七的，往反復核實的這類事件已有十八起，一三一人次，入侵的印度軍隊和飛機還連續對上述中國哨所進行偵察挑釁」云。

中共又責印度沒收使館公報

緊接着五月廿八日之後，五月廿九日中共又對印度提出了另一責罵性質的照會，新華社六月一日北平電說：「中國外交部公佈了五月廿九日給印度駐華大使館的一件照會。抗議印度政府沒收刊載中印官員關於邊界問題報告內容簡介和中國外交部一九六二年四月三十日照會的中國駐印度大使館公報。並且斷然拒絕印度政府對中國大使館新聞公報刊登上述兩個文件提出的抗議」。

中共照會還說：「大使館在新聞公報中刊登本國政府的官方文件和聲明，是符合國際慣例的。印度駐華大使館一向這樣做，中國駐印度大使館也一向這樣做。因而，這種權利也是對等的。……但是印度政府現在竟然無視自己的聲明，把刊載了中國政府照會和中印官員報告內容簡介這兩個官方文件的大使館新聞公佈予以沒收，這表明它完全不講信義，公然違背國際行為的準則」云。

此外中共也還指責「中國寄遞使館郵件印度海關竟也扣留」。

總之，中共與印度間之糾紛，實在是愈來愈多了，其實，這並不奇怪，中共原本就是這樣一個政權，奇怪的倒是印度至今尚不覺悟，印度早該與中共斷絕邦交了。

中共繼續經援錫蘭

為了便於對錫蘭這一個亞洲國家進行國際統戰，中共現在雖當人民普遍飢餓下，却仍決定不顧人民死活，繼續經濟援助錫蘭。

據中共新華社五月廿八日科倫坡電：「中國和錫蘭今天在這裏舉行關於把兩國經濟援助的協定延長五年的換文，根據兩國在一九五九年九月簽訂的協定，中國政府給予錫蘭七千五百萬盧比的無償的經濟援助用於樹膠翻種貼補計劃，建設紡織廠，鐵路車輛等。由於這項援助沒有全部使用，而且協定將在今年年底期滿，因此把協定的期限延長五年。從一九六二年一月一日到一九六七年年底止。代表錫蘭簽字的是錫蘭財政部長費利克斯．廸亞斯．班達拉奈克，代表中國政府簽字的是中國駐錫蘭大使張燦明，班達拉奈克部長在換文時說，延長協定是兩國親切友好和合作的表現。張燦明大使說延長協定將進一步加強中錫兩國的友好關係」云。

中共繼續運糧食到古巴

大陸人民普遍飢餓，這是舉世周知的事實。如果中共政權稍有愛國心稍良心的話，亦必盡力設法解決人民飢餓問題。但中共政權却毫無此種意圖，除仍在大陸向已在飢餓綫上掙扎之人民作殘酷之壓搾外，復向外繼續作經援。中共最近把中共與錫蘭的經濟協定延長五年是一個例子，繼續以糧食輸往古巴，是又一例子。

關於中共繼續將糧食輸往古巴的情形，據佛羅里達州．基韋斯特五月卅一日美聯社電：「哈瓦那電台星期四報導說：飢饉不堪的中共已將二千四百萬磅（一〇，七一四．二九噸）之食米運至古巴。該項廣播說：有一艘載米的中共船隻，剛抵達古巴的辛菲哥斯港」云。

僑鄉近訊

鍾之奇

廣州造紙廠大減員工

最近，中共在大陸各大小城市加緊壓縮人口，使之下鄉勞動。由廣州逃港難民口述，廣州一地，中共即勒令疏散六十萬人下鄉。其中包括一九五八年以後入城之所有居民及一九五八年以前之部分工人暨幹部學生等。

茲據新華社廣州五月廿四日電：「本報記者趙賴報導，俗話說人多好辦事，但是廣州造紙廠的情況却表明，辦好企業不在人多，而在精打細算，充分發揮每個勞動力的潛力，用盡可能少的人力取得盡可能大的經濟效果」。

又說「廣州造紙廠目前的職工總數比一九五七年減少百分之十二，……從一九五七年到現在，全廠先後調出將近五百人支援了本省及河北、廣西、河南等省、自治區的工作。」

又說「工廠最近幾年曾進行了四次較大規模的調整員工工作。……磨木車間的磨木機，在投入生產的初期是兩個人看一台，後來技術水平提高了，就提出一人看一台，這些時候，又建議一人看兩台。動力車間透平機工段的透平機、循環水泵儀表和減壓控制的設備，過去分別由不同工人看管，後來工人們感到人力有富餘，就建議後兩項工作都由透平司機兼管。另外減去幾名司機助手，使全部工段由六十二人減為現在的三十二人……。」

由上述新華社報導，可知中共確在廣州各工廠大減員工，使之下鄉勞動，且其下放地點，初不只限於廣州附近或廣東省而已。如新華社所說：被廣州造紙廠裁汰的五百工人有的是被下放到廣西，有的且被下放到更遠的河北及河南等地去了。

中共在閩南提倡竹馬戲

竹馬戲，是閩南沿海地的一種古老的民間戲。曾在太平時候和糧食豐收的季節流行民間。因為這種古老的民間戲，開台時，通常都是由四個花旦各騎竹馬演唱四季春小調，以象徵豐年快樂和慶祝豐年太平。故人民稱它為竹馬戲。

據五月廿五日北平人民日報說這種戲「經過當地老藝人們的整理和傳授，又重新流傳起來。」但閩南人民却覺得這是非常的諷刺。因為今日閩南普遍飢荒，餓莩載途，舊日幸福快樂的農村早已被中共破壞無餘，中共還在以此自欺欺人，到處用竹馬戲慶祝快樂與豐收，豈非諷刺而何？

中共幹專心整理潮劇

現在，廣東各地人民普遍飢餓，廣東省高級共幹却對此完全不管，反而專心整理潮劇，以資享受。

據人民日報五月廿五日報導：「這個宋元南戲孫潮演出來的劇種，有着豐富的傳統劇目和細膩、優美的表演藝術。目前收集到的傳統劇目的手抄本或殘缺不全的劇本共有一千二百多個。過去潮劇樂隊只有二弦、嗩吶和笛等領奏組合形式，現在發展了琵琶、提胡、椰胡等樂器的領奏組合形式，還在樂隊中增加了中胡、低胡、木琴等[illegible]低音樂器，擴大了樂隊的音量，更能緊密地配合劇情的發展」云。

這正是一面荒淫無恥，一面野有餓莩的寫照！

福建廣東均有水災

包括福建及廣東兩省在內的華南廣大地區，據中共新華社報導，[illegible]均已發生水災。

新華社於五月卅一日說：在五月廿五日至卅一日間，在湖南，江西，浙江及福建北部之雨量達一百八十毫米，在廣東及廣西之大分地方之雨量則達七十至一百五十毫米之間。

又說：豪雨在江西、福建及廣東三省的一些地方造成損失云。

印尼的所謂「指導民主」

程乙

印尼在獨立後的十五年內，其局面一向都是在混亂、糾紛中，直至去年，才由蘇加諾運用了龐大的潛力，使政局勉强在四分五裂的危機邊緣復趨於統一。然而，人民的怨懟，依然存在。這種怨懟，是分爲經濟和政治兩方面的：經濟方面，由於過於的貧瘠，目前固無可能使之在短促間獲致轉機；而政治方面，則由於「微妙」的前因後果，更難使之迅速趨於安定。——民怨沸騰，實意中事。

猶憶當印尼軍民羣起反抗荷蘭人之時，蘇加諾是幾乎僅憑一紙命令來統治印尼，其力量鼎盛，固足驕人。可是荷蘭人撤退了後，新興的政黨，便立刻向蘇加諾施展壓力，要求組成一個更具代表性的機構。十二年前的印尼臨時憲法，是把政府的權力分作三方面的，那就是總統，內閣，和制憲會議。總統的權力最大，他不但享有立法權，而且還可以解散衆議院及要求人民重新選舉；幷由他任命總理，由總理組成一個內閣。議員們的主要工作雖然是制定憲法，但也可以否決閣員的任命。這種制度，直至一九五九年蘇加諾爲了要恢復其個人的統治才予以正式廢止。那時，蘇加諾除了任命其內閣之外，還透過一個新設立的「國家委員會」，去直接操縱全國的政務。而到了現在，他還要更進一步設法去控制。蘇加諾認爲，國會議員和政黨領袖，徒然引致無數次的爭吵，成爲行政的絆脚石。但蘇加諾這種措施，立刻引起了馬斯友美黨及社會黨的激烈反對。

蘇加諾是否有意使自己成爲全國權力的中心？這問題，目前是很難作出明確的答案；但蘇加諾之傾向於議會政治，及自命爲挽救國家的唯一人物，則誠是千眞萬確的事實。遠在一九四五年，蘇加諾便已擬定過印尼立國的五大原則：一是民族主義，二是敦睦邦交，三是民意政府，四是社會繁榮，五是公正信神。他幷加以清楚的解釋，說明「民意政府」幷不是西方的民主。其後他在一九五九年更創出了所謂「指導民主」。在這種制度下，國會議員中最少有一半須由社會各階層的代表出任，而政府的行政，則在總統直接影響下，由廣大的內閣，最高顧問委員會，及一個監察機構分別去推行。但這樣的政治制度，無疑的是不能生根及發展的。這種行政的結果，便招致了印尼當前的經濟困難和民心怨懟。

那末，蘇加諾雖於去年統一了印尼的政局，但他的「指導民主」的後果，顯然還是充滿了隱憂！在上述的政治制度下，只是有利於具有高度組織力的印尼共產黨；蘇加諾則更容易給印尼共產黨所悬弄。這點，其後果尤爲嚴重！可是此時此際，蘇加諾依然不斷地在賣弊手段，企圖轉移人民和政黨對他的不滿，於是把「反殖民」的口號叫得更頻繁，更響亮；繼而強硬地向荷蘭提出「合併西新幾內亞」的要求，要從荷蘭人的手中，把西新幾內亞拿走，歸併入印尼的版圖裏。最近，他還毅然決然的調兵遣將，耀武揚威，幷大聲疾呼，宣稱「對西新幾內亞問題，不惜使用武力來謀求解決」。蘇加諾所玩弄的「把戲」，當然他是具有「內在的野心」，而其另一方面的最大因素，則顯然是藉此來挽回其國內已瀕於動搖的民心。至於他的所謂「不惜使用武力來謀求解決」，實在祇是一種「作狀」，其目的無非想聳動國際上的視聽吧了。但我們若再作進一步的觀察，便可以知道蘇加諾的「把戲」縱使在外交上能夠僥倖地獲致成效，但其國內政局，要確實納進軌道，則恐怕依然要再經過一段漫長的崎嶇路程；而所謂「指導民主」，將仍是鬧得一團糟。其主要原因就是「指導民主」也者，骨子裏祇是一種「四不象」的政制，壓根兒是糊裏糊塗！

再說得清楚一點，就是所謂「指導民主」云云，祇是蘇加諾個人統治印尼的工具。這種政制即使在蘇加諾手上能夠保持，但當蘇加諾下台或死亡的時候，那就自自然然會隨之而「人亡政息」！

乃他儂警告中共

何之湄

用兵地區

美英澳紐菲等國部隊陸續開抵泰國之後，一枝「東南亞公約聯軍」已在無形中成立。雖然目下還沒有聯軍這一名稱，主要的美軍，只算是在李察斯將軍率領下的一支援泰部隊，隸屬於美國援泰越軍總司令哈堅斯上將之下，其他的英澳紐菲等軍，也是應泰國之邀前來協防的，表面似與東南亞公約無關。不過由於邀請的範圍，僅限於東南亞公約各國，而同時東南亞公約機構，也新設立了一個聯合參謀部，由泰國的乃他威空軍上將出任主席。這兩項事實，使得目前來駐泰國的各友邦軍隊，成爲實際上的東南亞公約聯軍。

「援泰軍」與「東南亞公約聯軍」，由於名稱的不同，在行動上可能便有很大的差別。理由很明顯：如果是「援泰軍」的話，它可能需要在泰國被侵時才採取行動，參加迎擊的防衛戰。並且了，就算是成功地抵抗、擊退外來的敵人，也可能止於翟衛泰境，不會越出泰國領土之外。但如果是「東南亞公約聯軍」的話，情形便會兩樣。因爲在東約成立當時，曾經宣佈過一個該公約的「保護地區」，包括南越、高棉、和寮國。那便是說，公約機構倘若認爲必要，它可以在印支半島除北越以外的地區用兵。

現在「援泰軍」沒有正名爲「東南亞聯軍」，那麽，對於寮國的混亂緊張之局，它是否會採取行動呢？

永珍的「軟腹」

美軍入泰之後，曾一度使寮國共軍停止攻勢，在攻陷南塔進入會晒之後，又從會晒向北縮回。很明顯地，共軍恐怕美軍長驅入寮，最少會吃一次眼前虧，有如麥克阿瑟當年自釜山外圍打到鴨綠江畔。可是及到美軍前進限制於泰境距寮邊二十哩，華府當局又重申寮局和談的原則。共方似乎看清了美軍不會輕易入寮，於是又開始發動攻勢。

寮王室軍隊返回會晒還不到五天，南寮的沙拉灣又被共軍攻佔，而且有進向「他曲」的模樣。就永珍方面來說，比較西北綫的一路，東南綫更遠較重要；因爲南寮是永珍的「軟腹」，現永珍政府也是以南寮爲其發祥地——當李江叛變盤踞首都，寮國「强人」諾沙旺成立彭庵政府於沙灣那吉，進兵光復永珍。而諾沙旺本人出身「素旺」這一南寮重鎮，素旺人士在永珍政府重要職位中，佔有很大的比率。竟可以說南寮是永珍政府的老根據地，一若北寮桑怒、丰沙里兩省之爲寮共老根據地一樣。會晒雖然是永珍北面重要據點，但相距尚有二百四十哩。如果「他曲」有失，永珍就難免震動。他曲若被切斷，永珍軍隊除了渡河入泰，就沒有其他退路。

泰國方面的看法，與永珍的立場相同。會晒距泰寮邊綫湄公河不到四哩，他曲就在湄公河北岸上，距泰境的遠近可以說是相同，但南寮的得失，與永珍政府的存亡攸關。所以泰方的重兵及美軍，大部份放在烏隆、烏汶、即泰東北及偏東南，面對南寮的一綫上。在會晒隔河的泰北清萊、清邁地區，佈置的兵力較少，英空軍及澳紐等「象徵性部隊」，就駐在清邁附近，這不過形成「牽掣」之勢。

鉗形攻勢？

東南亞盟國援泰軍的部署，無形中正針對着寮共軍的箭頭所指處，這到是很微妙的一回事。

如果寮共在沙拉灣和會晒兩路的進軍是「鉗形攻勢」。則烏隆和清邁兩路的盟軍，正是「犄角而陣」，注視永珍戰情的變化。當共軍進至沙拉灣時，烏汶的美軍，還奉令向邊境推進了五十哩。這行動雖可以說是爲防衛泰邊，但也不能說沒有聲援永珍的意味。

寮局的和戰，究竟不得明朗。就算接近和密切有如泰國，亦仍在撲朔迷離之間。美軍雖有應援寮國的打算，但一般的看法認爲，除非王都或永珍危急，否則美軍不會輕入寮境。那麼，問題就只在共方那一邊。

諾沙旺在星期三（五月三十日）發表談話，認爲共方「可能要一戰」求解決。不過這只是「可能」而已，還沒有事實可以支持他的看法。南路的共軍迄未向他曲進攻。西北路共軍，放着會晒一座空城，並不派兵進而佔領，似乎有避免刺激美泰進兵寮境的意向。現在，王室軍隊又第二次重返會晒了。

東南亞公約的專家們分析：「共方」的陣營復什，蘇聯的態度，可能不願因欲得寮國而引起東南亞戰爭，因美軍已在此處，究竟寮國不是美蘇角逐之地。寮共是受人指揮，固不待言。即以北越胡志明來說，對寮國戰場的主動權究嫌不够，因爲設若北越支持寮共南侵永珍，可能影响到河內遭受轟炸。唯一的「黑馬」是中共，他可能如韓戰時支持北韓作戰。乃他儂元帥警告中共「三思而後行」，就是基於公約國專家們的看法。·曼谷通訊·

團聚之夜（下）

金珂

「沒有，不過是見景傷情而已，萍，請，請你把我的月餅也收起來吧！留給明天吃，我們是小時候吃够了。」說完，他皺了一下眉頭，把眼光從萍的臉上移開去，又抬頭去看月亮，一面還喃喃地：不見月餅，能看看月亮也好，能合家團聚地在一起賞月，總是幸福的，唉！也不知有多少個家，要想這樣還不行呢！」他的聲音越來越低，低約差不多快不見了。

「你說什麼？民，別想得太多了，在這年頭，人生原來就是一杯苦酒，像我們這樣，在黃蓮樹下彈琴，苦中作樂，不過是為了要完成人生的責任，你說是嗎？就以老李來說吧！他不留心講錯了一句話，被逮捕了，他拋親別子，遠走在江西勞動改造……還有那麼多，那麼多不知名的家，那些寡母孤兒，在今天晚上，一定都眼睜睜地望着月亮，在担心着遙遠的親人……唉！今天人民有難，我們匹夫匹婦應有責，可是……她越說越激動，也越說越悽涼，彷彿又看到這一幕幕慘劇，一雙雙深陷又失望的眼睛，一聲聲斷續悲痛的喚聲……

「唉！是呀！在這樣一個團聚佳節看到了團聚，我就會想起那受廹害的一羣，去年的今天，老李被捕了，他的愛人，他的兩個孩子，哭得連氣都透不過來，這悽涼的情景，在我們的腦海中還沒有遺忘。可是，在今年的今天，又是這團聚節，不幸却降臨在老徐頭上……」

「啊！什麼？老徐，昨日晚上才來過，怎麼今天也出了事？民，請你告訴我，這到底是怎麼一回事啊？這一突如其來的消息，使萍不能相信自己的耳朶，於是，她睜大大眼睛，又急切地追問。

「唉！在這樣的年頭，眞所謂飛來的横禍，多得很呢！假如在過去，在解放以前，再也不會出這樣的事……」說到這里，他畧一停頓，又喃喃地說了下去：「這件事，是我親眼所看到，假如是別人告訴我，我還不肯相信呢！唉！太慘了……」

萍看着民被痛苦抽搐的臉，講話又是那樣的長吁短嘆，她知道，老徐一定是出了事，到底出了什麼事呢？她還是不肯放鬆地追問着：「民，是不是老徐也被捕了？眞奇怪，他有什麼問題呢？」

「不是被捕！不是被捕：但是比被捕還要慘！他，他死了，他的家也完啦！」民拼命地搖着頭，最后的一句話，簡直是從喉嚨裏拼出來的。

「怎麼？死了，他昨天還是好端端的，今天，怎麼會死呢？」萍越聽越糊塗了，她不知在這葫蘆裏到底賣的什麼藥？依着她平時的脾氣，早就急得跳起來了，可是，在今天她看到民痛苦的表情，實在不忍心再去埋怨他，她只是無可奈何地搖搖頭，耐心地等待着他往下說。

民聽了萍的問話以后，淡淡地看了她一眼，輕輕地說下去：「不要說昨天是好端端的，就是今天在回家以前，也還是好端端的。今天因為是中秋節，蒙上級領導的恩賜，下午不開會，請大家早些回家，和家人團聚。下午三點鐘我和他一起走的，經過他家門口，一定要拖我去他家坐一會兒，我雖是歸心如箭，可是又感到情意難却，沒辦法，只得勉強地跟着他上樓，一推開門，他的愛人已先回家了，我們還沒踏進門，她就怒氣冲冲地說：

「老徐，你來看，這麼個十四歲大的孩子，有什麼用！簡直是一點事兒都不能做，今天早上，我去上班前，關照他，叫他放學去排隊買米，誰知他未沒買到，購糧証却給人騙去了……」

聽完了她的話，我和老徐都吃了一驚，天哪，購糧証給人騙去了，這還得了。

老徐急得面色都變了，他來不及坐下來，馬上又追問下去：「怎麼騙去的？現在孩子呢？」

「他吃了午飯，拿着購糧証在米店門口張望，那時，隊已排得很長了，他不耐煩從最後排起，希望別人能給他帶一下，當時正好有一個老太太，願意給他帶，他就把錢和購糧証給了那個老太太，以後，他站在旁邊等，過不了一會兒，老太太喊他，告訴他米店裏的人說，不許代帶，把購糧証和錢都還給了他，那個老太太走了，他也就到後面去排隊了，等了好久，方挨到他，剛把購粮証遞上去，米店裏的人告訴他：「這購粮証上的米剛剛買了，你怎麼又來排隊了？」這樣一來，方知道受騙了，到處找那個老太婆，早就不知去向了，哪兒去找？他哭喪着臉回來，你想，我氣不氣！」

「好了，別氣了，氣有什麼用呢？事情已經出了，得想辦法來解決。」老徐呆了一下以後，淡淡地說：「孩子呢？去把他叫來，讓我來問問他。」

「喏！剛方給我狠狠地打了一頓，打得他躲在床底下不敢出來。」說完，她回頭朝床底下喊：「出來，聽見嗎？別躲在床底下裝死啦！」

「……」床底下一點反應都沒有。

「我看床底下沒有動靜，再仔細一看，那孩子直挺挺地躺在床底下，一動也不動，當時，我就有點着急了，我馬上走過去，撩起床單，拉拉孩子的腳，已經冰涼了，我更急了，當時，我顧不得這麼多，我用力往外一拉，把他從床底下拉出來，把他翻過來一看，天哪！孩子的面孔鐵青，已經斷了氣。」

老徐初進門，一聽到購糧証被騙的消息，已急得面無人色了，再看到孩子的死，他站在那裏，只說了聲死啦！撲通一聲，往后就倒。他愛人先呆呆一下，最后她走到老徐身邊，抱着老徐的頭，千呼萬喚，可是，一點兒用處也沒有……。

地上躺着二個直挺挺的死屍，我也手足無措了，后來腦子少清醒一點，我趕忙奔出去召醫院的救護車，待我從外面回去時，那些好心的鄰居已擠滿了一室、公安局的警察也來了。室內是一片凌亂，我跟着車來到醫院，據醫生診斷，是腦充血，心臟已停止跳動，無藥可救——等我再回到他家報信時，他家的門已鎖了。鄰居告訴我，「孩的屍體已車走，老徐的愛人已被公安局押走。」說到這裏，我嘆了口氣，然後痛苦地說：「唉！又是中秋節，在這個團圓的佳節，又有一個家被弄得家破人亡了：」

「唉！這個騙子也眞是缺德，沒有她，怎麼會傷到兩條命呢？」萍恨恨地說着。

「當時，這個騙子雖然不好，假如沒有這樣的社會制度，會這樣嗎？」我意味深長地說着。

文史漫談

陸機（三）

徐亮之

由於張華的介紹和延譽，陸機的交際網是展開了；而煩惱也便跟着增加了。原來陸機乃一恃才傲物而又思敏口捷，不肯吃半點眼前虧的人。他只一味自我陶醉，滿以為這次的入洛，乃以簪纓華冑而應徵天朝；却不知事實上，恰是以亡國之餘去「靠攏」敵國。事實上既係「靠攏」敵國，而仍昂首天外，不知愧恥，不加檢束，動輒出口傷人，畧無蘊藉，其為取禍之道，實不待智者而知。關於陸機的口舌利捷，「世說新語」曾有左的記載：

一、「陸機詣王武子（濟），武子前置數斛羊酪，指示陸曰：『卿江東何以敵此？』陸曰：『有千里蒪羹，但未下鹽鼓耳！』」（言語篇）

二、「盧志於衆坐問陸士衡：『陸遜陸抗，是君何物？』答曰：『如卿於盧毓盧珽。』士龍（雲）失色。既出戶，謂兄曰：『何至如此？彼容不相知也。』士衡正色曰：『我父祖名播海內，寧有不知？鬼子敢爾！』」（方正篇）

這兩件事，前者雖「時人稱為名對」（晉書機傳），給人們以舌粲蓮花，辯才無礙的印象為賞歎；可是後者牙尖齒利對盧志的當衆搶白，却成為幾年後他殺身減族的禍根了。不過是後話，暫且按下不提。

陸機不但入洛之初，如此氣焰萬丈，滿不在乎；就是入洛以後，仍然眼高於頂。晉書卷九十二左思傳說：「初，陸機入洛，欲為此賦（按指「三都賦」），聞思作之，撫掌而笑，與弟雲書曰：『此間有傖父，欲作三都賦，須其成，以覆酒甕耳！』及思賦出，機絕歎伏，以為不能加也，遂輟筆焉。」

按左思乃左貴嬪芬的老哥，亦為在西晉雄邁而態度嚴謹的大作家，他準備要做「三都賦」時，據本傳說：「會妹芬入宮，移家京師，乃詣著作郎張載，訪岷邛之事；遂構思十年，門庭藩溷，皆著紙筆；遇得一句，即便疏之。自以所見不博，求為祕書郎。及賦成，：於是豪貴之家，競相傳寫，洛陽為之紙貴。」十年而只寫成三賦，而且是周諮博訪念茲在茲地才寫成；這以陸機的個性說，[illegible]斷然沒有這樣「長氣」的。根本還沒有看見人家的作品，而貿貿然亟下批評，說是只能「以覆酒甕」；這批評是非常輕率的，是短命鬼式的。而後來陸機和左思同列名賈謐的所謂「二十四友」之中，陸遭族誅，左獨令終，其消息實亦可於此等處見之。

談到賈謐的二十四友，正可以看出陸機在政治上只知依附權勢，「知進而不知退，知存而不知亡」的短命作風來。前面說過，陸機兄弟乃應楊駿的徵辟入洛者；（駿女季蘭乃武帝的皇后。）而楊駿便正是那時權勢煊赫的人。不久，楊駿被誅了，權勢隨之轉移，賈謐炙手可熱，「權過人主」（晉書謐傳語）；他便又是賈謐的座上客而為二十四友之一。又不久，趙王倫誅了賈后賈謐，權勢又隨之移轉，他却又有本領被趙王倫「引為相國參軍」，並且居然以「豫誅賈謐功，賜爵關中侯。」到了趙王倫準備篡位，他更晉位中書郎，索性參加起機要工作來。直到趙王倫被誅，「權勢歸於齊王冏；齊王冏復因為他「職在中書」懷疑，對趙王倫的九錫文和禪詔乃他的手筆，把他收付廷尉，才算是倒了小霉。不過那時成都王穎和吳王晏都力加營救，才把他得「減死徙邊」；又好剛剛碰上大赦，才得讓他安然度過難關罷了。

由西晉惠帝元康元年（二九一）太尉楊駿誅，到永寧元年（三〇一）齊王冏輔政，只不過十年光景，政治的神經中樞便鬧得這樣亂糟糟；所以東吳稍稍懂得政治症候的「靠攏人士」便紛紛借故開溜了。溜得最早的是陸機曾向趙王倫保薦了說是「清冲履道德量允塞」的戴若思。他在趙王倫除他做沁水令時，便使性的不就，遂往武陵省父」了（晉書卷六九本傳）。其次是陸機曾疏他薦為「德量邃茂，才鑒清遠」的太子舍人賀循：他在趙王倫篡位轉做侍御史時，便「辭疾去職」了（晉書卷六八本傳）。又次是孫惠和張翰；孫惠曾因助齊王冏趙王倫有功封晉興縣侯，是以五難四不可勸齊王冏歸藩不聽，而「懼罪辭疾」的（晉書卷七十一本傳）。而張翰的溜更成為千古佳話；晉書卷九十二翰本傳說：

「齊王冏辟為大司馬東曹掾。冏時執權，翰謂同郡榮曰：『天下紛紛，禍難未已。夫有四海之名者，求退良難；吾本山林間人，無望於時。子善以明防前，以智慮後。』榮執其手愴然曰：『吾亦與子採南山飲三江水耳。』翰因見秋風起，乃思吳中菰菜蓴羹鱸魚膾，曰：『人生貴得適志，何能羈宦數千里，以邀名爵乎？』遂命駕而歸。俄而冏敗，人皆謂之見機。然府以其輒去，除吏名。，不求當世。或謂之曰：『卿乃可縱適一時，不為身後名耶？』答曰：『使我有身後名，不如即時一盃酒。』時人貴其曠達。」

在這樣亂糟糟的局面中，東吳的「靠攏人士」，是能開溜的都開溜了；那末，陸機的感覺怎樣呢？晉書本傳說：「時中國多難，顧榮戴若思等咸勸機還吳；機負其才望而志匡世難，故不從。」且還特別就在這東吳「知機」之士全謀逃之夭夭的當兒，他不但「不從」，一篇「豪士賦」，一心希望「矜功自伐，受爵不讓」的齊王冏能夠悟出「盡不可益，盈難久持」的天道，而「超然自引，高揖而退」的，陸機竟不「知機」至於如此，寧不可歎可傷？

抗戰回憶錄（二一）

張發奎

六、任第四戰區司令長官

與武漢會戰的同時，敵人爲策應它在武漢方面的會戰進行，且謀切斷我們華南海上的國際連絡起見；于廿七年十月中旬在廣東大亞灣附近進行了登陸的行動。一旬間我廣州卽告失陷，這不僅影響了我們武漢會戰的形勢，同時我們想從香港方面由海道和粵漢鐵路運輸接濟我們的海外物資路綫，亦頓受遮斷；而華南戰場之增闢，更使我們增加了不少的負担，和整個局勢的改變。

廿七年冬的南岳會議，由最高統帥蔣先生親自召集舉行，在會議結果中，對于今後的軍事行動，作了整個決策和部署的調整。在指揮機構方面：決定減少兵團和軍團的中間戰署單位，變爲只有軍委會、戰區、集團軍和軍的四個級數，並把師屬的旅的指揮單位，同時廢除。在戰署方面；重新劃分戰區，策定了各戰區的戰署守勢的行動；這一切都在表示着抗戰的過程已到了另一個階段，雖然我們的戰力與資源已日益增加了許多困難。

在南岳會議中，明確劃定兩廣爲第四戰區。最高統帥命令我代原由參謀總長何應欽將軍兼任的第四戰區司令長官的任務，來獨當華南方面的軍事，（他並徵求我兼任廣東省政府主席，我認爲自己沒有行政經驗，和責任過重不能兼顧，同時，又深知李漢魂將軍行政能力極強，乃轉薦李漢魂將軍担任了這個職務）。這對于我是感覺最大的光榮，同時也是感覺惶恐萬分的責任。雖然兩廣是我的故鄉（我在廣西有過三數年的軍旅生活，我每稱廣西爲我的第二故鄉），社會情形，地方狀況，兵要地理均有相當的了解，這于我在作戰指揮上將有很大的便利；但我總覺得這是一個悲觀的責任，（當時的戰區司令長官的職權，包括統一指揮黨政軍的各方面。）我不但須去爭取軍事上的勝利，而整個華南局勢的確保和社會秩序的維持，都落在我個人的肩上。在這一個軍事頽勢、社會動盪，和所有部隊與人事，均建立在悠久封建關係的狀況下，苟欲和與台堡一樣來挽回東戰場的失敗命運，除非發現奇蹟，確是一個渺茫的期望。

當我被任爲第四戰區司令長官時，那時正是武漢會戰之後，敵我作戰態勢既又轉入一個新階段，同時，又鑒於淞滬會戰及武漢會戰等之教訓，並爲利便以後之長期抗戰起見，所以，我最高統帥部經一再召開會議後，深感我軍指揮級數太多，且兵力編組及番號極不統一。自最高統帥部之軍事委員會起，到達戰署單位之師，中間竟需經過戰區，兵團，集團軍，軍團，軍始能達到師，共有七級之多。我國地區遼濶，交通原不發達，通訊器材不但落後，而本早已極端欠缺，指揮級數太多，致命令報告之傳達極爲遲滯，影響軍隊之指揮與使用甚大。故當時決定調整編制，廢除兵團與軍團兩級，並將師爲戰署單位改以軍爲戰署單位，使軍以上之指揮級數只有軍委會，戰區，集團軍三級。而新編制之師，又決定廢除旅之一級，使師直接指揮團，如此，則不但戰署單位以上之指揮級數減少，更使我戰署單位以下之級數亦爲之減少，從而活潑了戰署指揮與戰術指揮。

此時，由於全國作戰形勢已有變更，所以最高統帥部更對戰區的轄境及兵力等作了新的劃分。計：

一、第一戰區

司令長官　衛立煌

轄區　豫境及安徽之一部

兵力：

第二集團軍孫連仲
第三十軍田鎭南
第四十二軍
第六八軍劉汝明
第四〇軍龐炳勛（戰區直轄）
第三集團軍孫桐萱（兼）
第十二軍孫桐萱（兼）
第七十六軍李鐵軍（戰區直轄）

以上共十二個步兵師，一個步兵旅，一個騎兵師，一個騎兵旅，其他特種，部隊在外。

二、第二戰區

司令長官　閻錫山

轄區　山西及陝西之一部

兵力：

第十四集團軍衛立煌（兼）
第十四軍陳　鐵
第九十三軍劉　戡
第九十八軍武士敏
第四集團軍孫蔚如
第三八軍趙壽山
第九六軍李興中
第四七軍李家鈺
第五集團軍曾萬鍾（兼）
第三軍曾萬鍾
第十七軍高桂滋
第一五軍劉茂恩
第九軍郭寄嶠（戰區直轄）
第六集團軍楊愛源
第六一軍陳長捷
第一九軍王靖國
騎一軍趙承綬
第七集團軍傅作義
新一軍鄧寶珊
第二二軍高雙成
第三五軍傅作義（兼）
東北挺進軍馬占山
第十八集團軍朱　德
第七一師郭宗汾（戰區直轄）
第六六師杜春沂（戰區直轄）
暫一師彭毓斌（戰區直轄）
暫二師金憲章（戰區直轄）

以上共三十二個步兵師，十四個步兵旅，五個騎兵師，三個騎兵旅，其他特種及地方部隊在外。

三，第三戰區

司令長官　顧祝同

轄區　蘇南皖南浙閩兩省

兵力：

第二五集團軍陳　儀
第一〇〇軍陳　琪
新二八師王繼祥
第十集團軍劉建緒
第二八軍陶　廣
第九一軍宣鐵吾
第三二集團軍上官雲相
第二五軍王敬久
第二九軍陳安保
第六七師莫與碩
第二三集團軍唐式遵
第二一軍陳萬仭
第五〇軍郭勛祺
新四軍葉　挺（戰區直轄）

以上共二十二個步兵師，兩個步兵旅，其他特種部隊在內。

四、第四戰區

司令長官　張發奎

轄區　兩廣方面

兵力：

第九集團軍吳奇偉
第六五軍李鎭球
第四軍歐　震
第十二集團軍余漢謀
第六二軍張　達
第六三軍張瑞貴
第六六軍葉　肇
第八三軍
第十六集團軍夏　威
第四六軍夏威（兼）
第六四軍鄧龍光

以上共一八個步兵師，二個步兵獨立旅，其他特種部隊在外。

五、第五戰區

司令長官　李宗仁

轄區　皖西鄂北豫南方面

兵力：

豫鄂皖邊區游擊總司令廖　磊
第七軍張　淦
第四八軍張義純
第三三集團軍張自忠
第五五軍曹福林
第五九軍張自忠（兼）
第七七軍馮治安
第二集團軍李品仙
第八四軍覃連芳
第三九軍劉和鼎
第二二集團軍孫　震
第四一軍孫震（兼）
第四五軍陳鼎勳
第二九集團軍王纘緒
第四四軍廖　震

以上共二六個步兵師，一個騎兵旅，其他特種及保安部隊在外。

六、第八戰區

司令長官　朱紹良

轄區　甘寧青及綏遠方面

兵力：

第十七集團軍馬鴻賓
第八一軍馬鴻賓（兼）
第一六八師馬鴻逵
第八二軍馬步芳（戰區直轄）
第八〇軍孔令恂（戰區直轄）
騎五軍馬步青（戰區直轄）
第一九一師楊德亮（戰區直轄）
騎二軍何柱國（戰區直轄）
新二軍魯大昌（戰區直轄）
第七集團軍門炳岳（轄騎兵第六軍）

以上共六個步兵師，九個步兵旅，四個騎兵師，四個騎兵旅，其他特種，保安部隊在外。

本刊已經香港政府登記

每逢星期五出版

聯合評論 週刊

United Voice Weekly

第一九七號

督印人：黃宇人　總編輯：左仲平

社址九龍大埔道一六八號南亞書局 805641

承印鑫羅印刷有限公司香港灣仔馬師道5號

總代理：友聯發行公司售價每份港幣一毫

本報美洲版總經售處美國紐約中美出版社

CHINESE - AMERICAN PRESS, INC

199 CANAL STREET.,

NEW YORK13 N. Y. U.S.A.

美洲航空版每份零售美金一角

中共還能控制大陸局面嗎？

讀美日所謂「專家」對大陸逃荒潮所發議論有感

李璜

以往，因為竹幕深垂，逃出的人不多，且更少明白中共內幕的人逃來，故我們反共者所得大陸資料，甚少實際；而西方人與日本人得機會入大陸，又多半帶起有色眼鏡，不然也容易為中共所粉飾的辦法所欺騙。因之，中共是否曾經或還能控制大陸局面，成為了一個謎，大家各本其成見，在那裏或好或壞的猜度，甚至或者攏統的恭維一番（如蒙哥馬利元帥之流），或據中共自己所宣佈的種種分析的說明一下（如台港反共刊物），都是具體事實不多，全部真象難明，於是十二年來，中共之謎，總未能全破！

但是，前月一月之間，有五萬多人逃來，徼倖的有兩萬人以上進入了港澳，其中百分之二十是知識分子，且有所謂「政協要人」及所謂「人民代表」之子姪親屬，將中共內幕的情景宣露甚詳，言之鑿鑿；特別對於大陸沿海沿江省區人民普遍逃荒，共幹無法阻止之事，幾乎衆口一辭，証據顯然了！惜乎，我們反共者大都長於分析，（我個人亦然）而不大注重白描體的事實報道；即有報道，又未能即刻彙集起來，譯成各國文字，俾歐美及日本政界或專家參考。因是，對於五月的中英邊境逃荒怒潮，日本與美國政府中人還在帶起有色眼鏡，不免於猜度，其結論還是胡塗。茲舉兩例：

六月五日香港各報載，東京四日合衆社電訊：『日本政府中的中共問題專家們相信，最近自共區逃往香港的大批難民，係因中共故意放鬆其管制所形成的。該報（日本英文時報）又引用了政府中的北平問題專家們的說話，此次逃亡潮的終止，很難令人相信中共當局的管制能力有趨於衰弱的跡象。該報又說，政府專家相信，北平當局係在最近全國人民代表大會中，決定放鬆對群衆的管制的。但該等專家又承認，中共當局的真正意圖何在，迄仍無法知道。』

在這一電訊上，足見日本政府中的中共問題專家並沒有留意到大陸普遍逃荒的事實，而始認為這回中英邊境上的十萬難胞受到中共的遭遇，好像諸葛亮對於孟獲的七縱七擒，早有計劃的一樣！這種不細細的去調查事實的真際，而只是關起門來去「相信」或「不相信」的專家，本來多得很，何況一向有「水鳥外交」傳統的日本政治界中的專家！不過，完全不顧事實，而只是憑自己臆測，究竟得不到可以自圓其說的結論，所以前電最後還說，「該等專家承認，中共當局的意圖何在，迄仍無法知道」，這就等於說，日本這等中共問題專家們，愈猜愈胡塗！

其實，有事實在，何必瞎猜！試舉昨（六月九日）星島晚報載，九日澳門專訊：『昨八日一天之間，難民增加數目達五百多名。據廣州來客談，一星期前大沙頭車站，曾發生人民爭購車票，發生小暴動；事後市長到場彈壓及勸導人民不可出國，仍不得解決。蓋當時市長勸導，係採溫和辦法，詆毀香港已住得滿街滿巷是人，且要任意強奸婦女等語，但飢民不相信，依然擠票，並推倒鐵閘，無票登車；鐵路局無票不開車，派武裝驅逐離車站，飢民憤怒，將車卡推翻；但其他各列，據坐難民，不允離位，後來被解放軍將車拖往仙村……。』

這一情形，乃發生於一星期前，足見周恩來，雖已於五月十八應允英國駐北平代辦，不再讓難民湧入香港，然而至今中共仍不能控制這一逃荒的局面。香港中英邊境上，殖民地政府雖已樹起七層鐵絲網，然而飢民還是要往外奔，所以八日一天，便逃到澳門有五百餘人，打破以往的紀錄。這情形明瞭的表現出中共已不能控制大陸局面了！

然而美國國務卿還是說："We must assume that chinese communist will take complete control of the whole situation"（我們應該假定中共將能完全控制整個局面）。——這個假定，在我看來，則是不應該的。何以故？因為與事實真象太不符故。如果說，中共還能完全控制整個局面，則不會大陸有普遍逃荒的事實，大陸上不普遍逃荒，香港的中英邊境也不會有聚集到飢民上十萬的事實！美國國務卿之有此假定，或者仍是相信了美國政府中的中共問題專家的話。這些專家們，我也接觸過，不過我感到他們對中國事或中共事，間有特識，而乏常識。

此話並無厚誣，茲舉一例出來。近來，我為要留意美國日本報紙對於難胞逃港，其感想如何，其議論如何，特函在美國日本的友人，為我[illegible]剪報來，旬日之間，收到不少。關於日本的，前面已舉一例，短文無法多舉。關於美國的，如李卜曼（Walter Lippmann）在五月二十九日紐約論壇報專欄上所發議論，他不贊成甘迺迪總統要等中共請求，纔去救濟中國災民。他主張「美國的救濟品可以交與國際機構，如通過聯合國的代理人如紅十字會，就可以將美國糧食散給與大陸災民，如像我們曾經在香港散給的一樣。」李卜曼本文的結論，在希望美國政府去買好中共，以免戰爭，不要再去夢想台灣收復[illegible]大陸。這一結論，不在本文批評的範圍，不去談它，但即就他的「由紅十字會向大陸災民散給美國糧食，如同在香港做的一樣」，這一見地，便表示出這位政論家對中共研究的常識大有問題了！

毛澤東能夠容許國際紅十字會去到中國大陸向飢民散發美國糧食嗎？這在毛澤東看來，必定認為豈有此理，就在我看來，也是大笑話了！

美國日本的這類所謂專家，何以會如此其天真近於胡塗？固然不免為成見所誤。然而成見的[illegible]成[illegible]種原因，我們反共者未能隨時將大陸的真象，不折不扣，不添鹽加醋的，用各種文字去報導，這至少是我們的疏忽所致的原因之一，不然，則我們反共者誤於「宣傳」二字，特別是「官式」的宣傳！因是我認為反共政府不宜包辦反共，政府中的反共專家少自己公開說話；即使政府的專家比別人內行，我也贊成他將研究所得給予民間刊物登載，以免propaganda之嫌，而且少來slogan為佳！

五一，六，一一

台北重申中美條約

許子由

（一）準備反攻影响了美援

據台北八日電訊：中華民國政府已向美國保証國軍在任何重大軍事行動之前，先與華府諮商。這項保証係由行政院長陳誠向詹遜氏所提出者。詹遜是美國國際發展署遠東分署助理署長，最近奉派來台「調查」。依照他的職務，應是屬於美援範圍內的事項；且詹遜「並不諱言」他對於調查國府開徵國防特捐的興趣。台北半官方的英文中國日報很坦白地報導，說國府因為開徵國防特捐以準備反攻大陸，因此美援實際已被忘記了約兩個月的時間，現在經過中國方面上項保証之後，中美誤會經已冰釋，美援也將恢復，預料政府可於月內獲得三千七百萬美元的經濟援助。同日的中央電訊：外交部發言人談話，謂「中美一九六二年剩餘農產品協定，可望於九日簽字」。後者這一消息，証實了英文中國日報報導的正確。

因為國府開征國防特捐，引起了美國認為國府可能不經諮商而逕行反攻大陸的誤會，於是停發美援，直至獲得先行諮商的保証，方才恢復撥付。依照美國在寮國以扣發美援來壓迫永珍政府採妥協政策的手法來看。美國的「依樣畫葫蘆」是完全有可能的。至於開徵國防特捐與停付美援時間的恰合，詹遜的調查竟及於國防特捐，以及經保証後美援即恢復發付等等，已經不止是「蛛絲馬跡」而已。

而這也是國府方面對於「不反攻大陸」的中美條約及蔣杜聲明的重申。這一重申，涉及美國對華政策，和國府對反攻大陸政策的重大問題。

（二）不要希望美國舉義師

中美條約和蔣杜聲明的限制反攻大陸，早已受到內外同胞僑胞幾乎一致的譏議；如果在水深火熱下的大陸人民知道個中真相，他們更會怨望不置。在這個中共敗象畢露的時候，重申中美條約，實在令全體的中國人大感失望。反攻大陸當然是「重大軍事行動」，如果與美國先行諮商，其結果就必然是「不反攻」。

美國雖然標榜着解放鐵幕政策，並堅持拒絕承認中共政權，但迄至今天或在可以預見的將來，美國的對於鐵幕，只能勉強做到「防堵」二字。從行動上檢討，無論是柏林空運，希士內戰，出兵中東，「制裁」古巴，都是消極性的防堵。只有韓戰曾經打入北韓，屬於攻勢防衛，但亦以三八線休戰了事。最近如果不是北越顛覆南越，寮共威脅永珍，美國大概也不會派兵進入泰越。共和黨參衆兩院議員日昨聯合聲明，認為「世界難以容忍極權與自由的分裂狀態，東歐亞洲鐵絲網後的人民必須獲得拯救」，並批評民主黨政府在古巴寮國的「軟弱」。這在我們聽來，當有同感。不過過去共和黨執政八年，也並沒有什麼特出的解放鐵幕行動做了出來。可見究竟是「論兵易，用兵難」。美國在希望贏得對共黨的鬥爭中，又要極力避免觸發大戰。原則上有所顧忌，政策就受到限制，在行動措施上，少進了一步，就成為軟弱失策。失諸軟弱的事件頗多，但失諸過份强硬的事實，似乎還未有過一宗。以後除非形勢有很大的轉變，美國也決不會有什麼大快人心「解放鐵幕」義舉，而只有差堪告慰的「警察行動」。

而這也即是說，中國人決不能希望美國與我們併肩作戰去反攻大陸。就祇是希望美國不要使用影响力「反對反攻大陸」，也並不是簡單的事。

（三）對中共觀念有轉變

反攻大陸是大陸和海外人民一致的願望，國府對反攻應負的責任責無旁貸，更不待言。可是十二年來，無論政府或團體或個人，準備工作都做得不夠，原因很多，但對反攻抱持消極的看法，是錯誤之一。把反攻大陸寄託於世界大戰，變成「等待主義」，是錯誤之二。以前也並不是沒有有識

（下轉第二版）

論中共准許各地附徵機動糧

附廣東增城徵收各級機動糧實況

劉裕畧

「機動糧」是一個難得看到的新名詞。最近忽然出現在五月三十一日北平出版的人民日報上，而且還是作爲當天人民日報第一版頭題刊登出來的。據人民日報五月三十日廣州專電說：廣東省增城縣今年分派給生產隊的糧食征購任務中，縣、公社、生產大隊三級層層附加「機動糧」，而且過多過重，大大增加了生產隊的糧食負担，影響了農民集體生產的積極性」。

人民日報又說：「以增城縣派潭公社爲例：這個公社去年全年粮食征購任務是八百七十四萬斤，今年春天分配下來的糧食征購任務比去年猛增百分之廿六。在淨增的二百萬斤糧食征購任務中，包括縣增加的機動糧一百萬斤，公社增加的機動糧四十萬斤，各大隊增加的機動糧六十萬斤。這個淨增糧食征購數量，相當於去年派潭公社集體生產的糧食的總額的百分之十。這就是說，派潭公社農民今年在集體生產中，即使比去年增產百分之十的糧食，也不能多得一些。」

基於上述報導，可知大陸農民之糧食生產除被中共中央嚴重壓搾外，各級共幹又以附加「機動糧」的名義，予以更進一步的壓搾，然後才以所餘酌留種籽外，分配給農民，那末，所農民糧食分配量之少，少到每日只能分配數兩的事實，決不是偶然的了。

從馬列主義思想到共產黨所帶來的整個制度，原本就違反人性，因而嚴重的抵觸了農民的利益和習性，影響了農民的生產情緒和生產成果。此所以蘇聯自十月革命至今雖已四十年，蘇聯的土地面積且遠較中國大，人口反較中國少，而至農業生產仍然不免失敗的原因。中共的人民公社制度較蘇聯的集體農場制度更壞，益以中國大陸上連年的天災人禍，可以說足以產生農業增產的條件，實已被中共破壞無餘。在此情況下，中共復只顧自己的需要，不顧農民實收量之多寡，而硬性派定征購數字，那末，農民又如何能生活下去呢？既然無論怎樣努力生產，都無法達成中共中央的硬性征購要求，又縱僥倖勉強達成上述中共中央硬性征購要求，但亦必難於達成縣、公社、各大隊層層所加的機動糧了。又縱然僥倖勉強達成各級共幹的附加機動糧，則所剩不足以飽腹，則是絕對必然的事實。所以，中共中央雖然欺騙農民，說各地農民若將征購數字完成；剩餘中之一都分即可分配給農民，各級共幹則欺騙農民，說若將中共中央之征購數及各級附加機動糧數字完全繳納，所剩之部分即可配給農民，農民亦必毫無生產熱情。何以呢？農民深知他們必無法達成中共中央之征購數字及各級附加之機動糧之故。農民且又深知縱使達成上述數字，所剩亦必無幾，農民自己根本亦不可能再有分配之故。惟其如此，農民的生產情緒低落，和恨共仇共心理之普遍產生，乃爲必然。對此，人民日報亦不得不承認，說「今年入春以來，在派潭公社內，國家與集體之間，大小集體之間，集體與個人之間的關係，都比較緊張，不少農民對「集體生產不够積極」。然則中共怎樣處理這一問題呢？是把閉門造車式的硬性征購數字減少嗎？抑或勒令各級共幹不得再在硬派征購數字之外再附加機動糧呢？兩者都不是。中共的財政開支浩大，對內對外用費浩繁，筆者數年前即已一再在本刊不斷指出，中共政權的財經特質是全靠剝削農民。因爲中共於一九四九年開始佔據大陸時，中華民國政府退到台灣，中共政權未能從舊政權取得國民政府所擁有的任何鉅量外匯；亦未能取得大量現金與白銀，大陸工業生產力既低，不但不能依靠工業成品來換取大量外匯，還須對工業建設作大量投資，蘇聯的貸欵又杯水車薪，爲數極少；所以，中共政權的財政收入便命定的只有走剝削農民這一條途徑了。而清算鬥爭三反五反等所得亦有限，且已早經用完，到頭來，以迄現在，由現在到將來，可以斷言，中共財政收入的主要部分便只有且仍然只有擺在農民頭上了。因爲小生產固不能致富，但農業畢竟還有一年一度的收益，這是毛澤東在大陸分田分地後迅速將農村變爲農業合作方式，又再進而迅即走上人民公社的一個重大原因。歸根結底說來，毛澤東之所以推行人民公社制度而不推行蘇聯式的集體農場制度，主要還不是思想路綫問題，而乃中國大陸的上述實際不同於蘇聯內部情況的問題。在毛澤東看來，人民公社才是對中共最有利的一種農業方式。因爲毛澤東認爲它可以充份發揮農業集體生產效率以增產，同時，又可憑藉公社的方式把人民公社的消耗節約至最低度，那末，中共自可從農民身上壓搾到最高額了。殊不知毛澤東的這一如意算盤并未打通，他只知從自己的需要出發，只知從唯物的觀點去瞭解客觀的社會情況，却完全昧於人民的精神生活與農民心理反應的那一面，所以，隨着人民公社所帶來的并不是毛澤東主觀意願的實現，相反，而是農民的普遍消極反抗心情的滋生。再加以農業生產效率之高低，本與個別農民的自動自發的工作熱情密切關聯者，農村中許多耕作和水利防災防害等工作，更在在急需個別農民的適時關注，而決非集體的命令式的被動行爲所能適應。所以，中共對大陸農民之壓榨愈多，農民內心之消極反抗心情愈重，農民消極怠工現象愈普遍，天災人禍之發生愈多，農業生產就愈萎縮。然而在愈趨萎縮的農業生產情況中，中共並不改變它的政策，事實上，中共政權既命定的只有從農民頭上想辦法，故亦無法改變其政策。中共既無從改變其政策，只得不顧客觀現實，不管農民年歲收入有多少，而只按照中共中央自己的需要來硬性征購了。依一般自由國家及中國歷代農村慣例，無論征實與抽稅，原本應該根據生產量之多寡按百分比抽取若干，其餘則歸農民所有才是，如生產量不足，政府更應減收，如此始可眞正保護農民，也才眞能鼓勵農民之生產積極性，從而鞏固農業基礎。中共却不然。它不是根據農民的生產情況來定征購額，而是根據自己龐大財政開支所需之數字來硬性征收，其結果，自然就造成農民之勞動果實被搜括太多之後，農民本身反而吃不飽，甚至爲了滿足中共的征購，不得不在刀鋸斧鉞之下，將全部勞動果實奉獻中共，農民本身則反而去吃野生植物了。試想，這是什麼「工農聯盟」的政權？「工農聯盟」，「農民自己翻身作主」的政權會這樣迫害農民這樣剝削農民嗎？但中共的整個路綫既是如此命定的，而無從改變，而只能依靠剝奪農民來維持開支，故其結果乃演變成一種惡性的循環因果關係。這一因果關係，便是中共愈剝削農民，農民的生產情緒就愈低落，農民生產情緒愈低落，農業生產量就愈萎縮，中共在愈萎縮的情況下繼續剝削農民，則業已萎縮了的農業生產量就更萎縮了。終至成爲長期的不治之症，而「農民對集體生產不够積極」，則是這一過程中必然繼續存在和繼續發展的現象。

試看中共中央既已發現廣東增城各級共幹層層徵收機動糧的事實之後，并不能勒令各級共幹取消這種附徵，而只認爲加得太多太重，據人民日報說：「中共增城縣委調查研究了這一情況後，在中共廣東省委和佛山地委的領導下，從四月份起，着手解決這一問題。他們把縣，公社，大隊三級原來要增加的機動糧預備開支的項目，一項項算了賬，一項項作了檢查和安排。按照上級規定，縣一級爲應付自然災害等意外情況，可增加一部機動糧；公社一級機動糧取消；大隊一級機動糧可以增加一點」。這就可見中共是不但准許增城這一地的地方共幹任意附徵機動糧，而且地方共幹任意附徵機動粮已是大陸各地普遍的事實了。如此則大陸農民安得不消極怠工？中共統治下的農業生產是又安得不繼續萎縮！

嚴格說來，中共中央憑自己的龐大需要的硬派征購數字，可以說，已經是殺鷄取卵的辦法，地方各級共幹任意附征機動粮，巧立名目，更是比國民政府統治大陸時代的粮官更無法無天了。

台北重申中美條約

（上接第一版）

之士指出這些錯誤，但也許是時機未到，以致未能入信。而現在，這個糾正錯誤的時機已經到來了。

中共大躍進的失敗顛蹶，敗象畢露使到西方人士改變了看法。過去他們以爲大陸是一個大蜂窠，中共即使是紙的也是老虎，如英國蒙哥馬利元帥」，仍認爲任何人進兵大陸會被「吞沒」。但比較有遠見的西方人士，已開始談及中共「可能於一夜間崩潰」了。實際上大陸飢民遍佈，城鄉俱亂，從鄉村流入城市，又從城市驅回山僻，飢民嘯聚叛變，確乎快要出現。廣九路綫飢餓行列的壯觀，便是事實的佐証。

國府對中共的看法，似乎也已有了轉變。由聲稱三年五年反攻而終未有行動，轉變到「等待大陸革命」，而終於看到大陸革命的快要到來，如果再沒有行動表現已不能以空言諉卸，同時也可能看到情勢的可以有爲。開徵國防特捐和宣佈無限制接運難胞入台兩事，獲得海外輿論許爲「兵未到，糧先動」，和「十二年來最明智的一次措施」。都可能是國府對反攻的認識有了進步的產物。

（四）國府該用行動解釋

所有這些由於中共敗象畢露而催生或加强的言論和行動，都是反攻大陸的空谷足音。最少對「反攻論予以新的評價，打擊反攻困難說，推動走向實際準備反攻以底於勝利之路。

在這個課題之下，首先觸及的當然會是「美國反對反攻」及「國府受美國限制」反攻的問題。但分析起來，前者是形勢的問題，後者是力量問題，兩個問題又有關聯性。如果國府有力量反攻，有勝利希望，美國會不會反對呢？任何人都能够答覆說：「不會！」而且也不能反對。

反攻是中國人自己的責任，應該「求諸己」或最少「盡其在我」，促使世界的注意，引起世界的同情，便能够「得道多助」更重要的，是一面加强自身的力量，一面促成中共的崩潰，使中共統治的控制與海外反攻力量消長對比改變，到了中共控制力顯居下風的時候，不難內外夾攻摧毀中共政權。相信那個時候，美國不但不會限制反攻，而且可能像目下支援越南一樣，肩負後勤任務。

當然，反攻不可像以前一樣徒託空言，而應該實事求是，一件件地做出來。譬如接運難民一事，問題尚未成爲過去。香港邊界的難民接不得，已入港的萬餘難民是否要接？調景嶺的難民又何時可接？香港接運大批難民有困難，向澳門接運是否有可能呢？這些絕非軍事行動，而與反攻有關，國府應該一件件做出來！

大陸人民在倒懸中「東望王師」。國府於重申中美條約之餘，應該用行動向海內外人民解釋。（五月九日）

人禍與災情

李金暉

今年大陸災荒已是可以肯定的了，因爲從西北到東南，從西南到東北，各地區的災情均已「透頭」！

今年的災荒，目前雖尚未能卽行論斷它定會超過往年，但也絕不會較過去三年來任何一年爲輕。

過去中共對災情的報導，祇限於在大陸上的報紙刊載，且是盡量不予誇大。現在「人民日報」不只報導得較往年爲詳盡，甚至香港和澳門的共黨報章，也都不加掩飾了。一方面固然是掩飾已無濟於事，大量的糧包正從港澳寄去大陸，而大陸的飢民，則也源源不絕地湧入港澳；另一方面，盡量地宣佈災情，好讓海外的同胞和國際輿論，以爲災荒的成因，全屬自然災害，而人謀不臧的因素爲少。

現在，筆者就是要針對中共人謀不臧的這一方面，就最近所蒐集的材料加以報導，而不容中共逃避罪責。

「三面紅旗」政策的錯誤與失敗，當然是造成歷史上空前災荒的人爲因素的基本原因。沒有這種完全不科學，不顧事實的，狂妄的妙想，貽患當然不會這麼嚴重。反之，則無異於是火上加油。而「大躍進」的失敗，不僅是使工業破產，它的崩潰也同時壓垮了農業！

「大躍進」期間，中共曾拼命地擴張工礦業和基本建設。一方面是吸收了大量的農民，和原本在農村工作的各業匠人，同時也大量地佔用了農田！現在這種惡因在城市和農村分別開花結果了。由於基本建設和工礦業的「下馬」，被壓縮出來的龐大勞動力，成爲「盲流」，四處流竄。至於當時被基本建設單位過度霸佔的農田，事實上都「荒了起來」（見六月二日「人民日報」）例如像河南省南陽市，到今年五月底「全市各單位歸還給生產隊的土地已有一千九百多畝。」其未歸還的尚不計在內。以整個大陸的各省市縣來總計，如果平均每縣數字是三千畝，那麼每年損失的收成，就是一個駭人的數字了！

農村社會各業工匠及其店舖，作坊，本是中國農業工具的工廠和修理廠。中共破壞了傳統的農村社會結構之後，幹部昧於工業化，機械化，對舊式農具的生產和修理，已不加重視，匠人們得不到照顧，已失去生活基礎，現在農業機械化的夢碎了，而舊有的中小農具，在集體歸公使用下，多已破壞不堪，難再使用，但是僅有留在農村的各種工匠，都已年高，且無傳人。五月廿八日「人民日報」所載「工作研究」專欄中承認：「農村鐵木工匠繼藝乏人的情況，是我們前進當中出現的一個新問題。」而「農業生產中的手工勞動，還佔着很大比重，中小農具是生產力中重要的組成部份。那麼作爲中小農具修製力量的工匠，當然是發展生產中不可缺少的技術力量」。可見，農村缺乏中小農具，不僅是木、竹等原材料缺乏；工匠的缺乏使問題更加嚴重起來。它的影響究有多大呢？

請舉一實例加以說明：江蘇北部的淮河下游，是江淮漁米之鄉，這一地區河港縱橫，基本上農田爲水網組織起來，農田向不缺水。但去年這一地區也竟然是：「滿河大水閙大旱」！其中以興化縣情況最壞，成爲「敎訓」的典型。其所以河裏有水田裏旱的原因，就是因爲中型農具水車（風車，脚車）大量缺乏所造成的。據五月卅日「人民日報」稱，興化全縣自一九五七年到一九六一年，「全縣風車減少了百分之十一點五，脚車減少了百分之六五點三。」至那些機灌設備，因爲多屬「大躍進」貨色「正常運轉率只有百分之五十五點九。而且「在禾苗生長和抽穗時期，曾有二十多天電動機不能送水」說。農民因此不滿地說：「沒有工具空早起，田裏無水乾着急」！

老農缺乏，對農業生產也是一種阻力。大陸逃港的飢民也說，領導公社的幹部，多是外地來的，根本對工作、地區的農作、土壤、水利等情況一無所知。五日廿八日「人民日報」所載新華社廣州消息說，爲「幫助新幹部作好工作，一批基層老幹部重返生產隊。」何以在組織公社時，中共要將老農調開或使之轉業呢？逃港的飢民對此曾對筆者說，「因爲中共不信任由當地的老農們來分層領導公社」。因爲缺乏老農領導生產，在上述的同一報導中反映出有些生產隊因而「逐漸變成了落後隊」。

農民不願精耕細作，對農產的收成也是一大打擊。緣以農民不能飽食，而幹部又要求農民必須不斷增加耕地的數量，因此數量雖有增加，而耕作的質量便相對的下降。五月十八日「人民日報」反映出一個山西汾陽縣萬年青公社的實例說：「有的社員三天耕了十二，三畝，數量增過了，可是就沒有達到質量標準，人哄地皮，地哄肚皮」！在幹部查究之下，「這些社員說：不是我們搶進度不顧質量，問題是定額中的數量規定的偏高，按定額記分的時候，又主要是看數量，顧質量就完不成數量了。」事實上公社幹部强派定額，也是奉命辦事，這正是共產黨人習慣於只看數字，不看事實作風所造成的大患，農田既未能精耕細作，對收成自有絕大的影響。

另一種影響「農民對集體生產不夠積極」的原因之一，是幹部不合理地推行分配糧食徵購任務。徵糧購食已經是爲患農民了，何況再不合理的分配，尤其是對災區的農民打擊生產情緒更大。五月卅一日「人民日報」以廣東增城縣爲例說，「廣東省增城縣今年分派給生產隊的糧食徵購任務中，縣，公社，生產大隊三級層層附加「機動糧」，而且過多過重，大大增加了生產隊的糧食負担，影響了農民集體生產的積極性。」「成爲增城縣今年糧食生產嚴重障碍」。以該縣派潭公社爲例：一去年全年粮食徵購任務是八百七十四萬斤，今年春天分配下來的粮食徵購任務比去年猛增百分之廿六。……這就是說，派潭公社農民今年在集體生產中即使比去年增產百分之十的粮食，也不能比去年多得一些。」

在我看來，這種盲目增派徵購粮食數量和層層附加「機動糧」的情況，絕非廣東省獨有，更非增城縣所獨有的情況。就這一點來說，從逃出來的飢民口中，也已獲得了証實。事實上廣東今年的災情比往年重，而徵購任務比往年又有增加，那麼農民那裏還會對集體生產積極起來呢？

至於近月的自然災情，可以六月一日「人民日報」的新聞標題來概括說明：「南方許多地區連日大雨部分地方成災」，「北方大部地區雨水稀少，旱情有所發展」！另據大陸來人所告，迄筆者爲文時，浙贛路已爲洪水冲斷，尚未修復呢！（六月十一日）

台北市府又發生貪污舞弊案

純夫

（台北通訊）台北市府爲修築雙園堤防曾組織興建委員會專司其事，由代市長周百鍊自兼主任委員，市府各單位首長兼任各組組長；會內職員，亦由市府各機關調用。依照規定，凡因建堤而必須拆遷的建築物及地上種植物，均得申請補償。自開始建堤以來，即發生經辦人員與物業主結勾，虛報物業價值，套領超額補償之事多宗；尤以農林公司冒稱有名貴水仙花五千餘株受損，要求補償八萬餘元一事最爲出色，聯合報曾名之爲水仙花奇案。但事件的發展竟尚不止此。

本月二日起，台北各報連日均以很多的篇幅刊載與興建會人員向被拆屋主勒索回扣的詳細消息。據稱該堤線上應拆除的房屋計一二四處，一八六家，共應發補償費一百三十六萬四千九百元，原供應拆遷居民另建住屋之用。但若干經辦人員竟乘機向屋主索取佣金，數額多爲三成，如不允給，即扣其領取補償費的通知單不發。有的人員甚至與屋主勾結將房價擡高，例如違章建築的面積和物料官方無案可查，調查人員在估計和評價時，不但可以將地六坪的房屋估爲估地八坪乃至十坪；還可將木屋或竹屋估爲石屋，多得的補償費則彼此均分；因而皆大歡喜。不料分贓不匀，有人向司法部調查局及刑警大隊告密，興建會拆遷組（工務局局長任組長，職員全自該局調用）職員王皆得已約好有關物主沈某等五人到康定路，峨眉街口聯合報的櫥窗前，以觀看新聞圖片爲姿態，先交回扣，再就地領取拆屋補償通知領款單。辦案人員即化裝守候該處。屆時有四個屋主未到；祇有應領補償金五千元的沈守付一人應約而來。王皆得不知有人在旁監視，當場收受沈所交出的回扣一千五百元；然後相偕步行到淡水河畔，又從衣袋內取出領款通知單當面交沈。正當銀貨兩訖之際，辦案人員即出示身份。於是人贓俱獲，帶回調查局偵訊。根據他的口供，又繼續拘捕其他涉嫌職員陳志，張幹祥等兩人，都是工務局的職員，在興建會成立後，才被調借到該會工作，經管堤外，堤線房屋拆遷補償金額的估價及發放事項。

報載，在偵訊之下，王皆得已供出[illegible]向屋主需索回扣的事實，調查局爲明瞭是否尚有其他牽涉及興建會補償金領款通知單的積壓情形，已向該會調閱有關卷宗。關於補償金額的估計問題，辦案人員尤爲注意。據台北刑警隊的消息，被拆遷的屋主孫月和，其補償值遠不及新台幣一萬一千二百元；但陳志透過紀某的介紹，卒照上數估價，惟須於事成後付出佣金三千九百元；並已約好交款時間及地點。屆時陳志因奉命參加義務勞動，未能如約前往，刑警人員曾撲了一次空。據悉像這樣浮報屋價的事，爲數甚多。但關於違章建築部份，因房屋的面積和所用材料，官方均無案可稽；如今房屋已拆，自無法核對。因此，王皆得等究竟已收取若干佣金，實難以查攷。

工務局的聲明

由於王等均係工務局的職員，興建會的拆遷組長又是公務局局長劉鼎文兼任，人們咸認爲劉局長雖無從中分肥的情事，至少也難逃監督不嚴的行政責任。但該局於事發後，僅發表一篇輕描淡寫的聲明，似乎並未曾發生任何弊端。原文如下：「因興建雙園堤防而被拆遷的房屋有兩種，一種是合法房屋，一種是違章建築。關於合法房屋的拆遷補償，是依據土地法第二四一條：「土地改良物被征收時應受之補償費，依法由該管市縣地政機關估定之計額，即實地勘測估定之現值，依使用年次折舊計算之。」關於違章建築拆遷之救濟，係依據奉省府核准之「台北市取締違章建築拆遷辦法」辦理，並且規定申請拆遷救濟的違建戶，須在公告前兩個月將戶口遷入者方能申請。」

周百鍊的態度

報載周百鍊於本月一日接獲興建會總幹事王乃一的報告後，卽召集市府主任秘書潘敦義等舉行會議，檢討該案可能發生的影響，並研究應付方針，會場空氣甚爲緊張。因鑒於黃啟瑞兼任市宅會主任委員終因該會的集體貪污而被判處徒刑。如今他兼任興建會的主任委員，該會又發生此一貪污案，深恐影響其代市長的前途。會議有何決定，市府高級人員，均守口如瓶；記者問以已有若干人被拘押，亦答不知。三日下午周百鍊召集興建委員會開會，各組重要人員均參加，據說此次會議的主旨乃在商討對策及研究改善的辦法；劉鼎文曾在會中受周百鍊的責備。會後周百鍊又發表書面談話如下：「約在兩週前，風聞有市府職員利用雙園堤防拆遷違章建築時的調查，有勾結舞弊之事情發生，當卽交警察局澈底調查，如確有其事，應卽依法送法院嚴辦，務使不法之徒，受法律嚴厲制裁。現治安機關已扣押市府工務局調派雙園堤防工作之技工陳志、王皆得、張幹祥等三人，此事尚在偵察階段。

關於雙園堤拆遷補償費的發放，市府規定房主在拆遷前先發補償費七成，餘下三成於全部拆除完畢後再行發給，如房主於領取七成補償費後不予拆遷，則市府將代爲僱工拆遷，其所需費用，則在該戶未領之三成拆遷費內扣除之，外傳回扣三成，諒係此項措施之誤會。」

從此一聲明看去，周百鍊顯然還想將大事化小；但聞治安機關仍將擴大偵查。

台灣紡織業的煩惱

（台北通訊）

靜吾

國內市場不景氣

台灣紡織工業年來已發生內銷呆滯的現象，國防特別捐開征之初，紗布市場雖一度畧見好轉；但正所謂曇花一現，目前反而每況愈下。近十天來棉布生意竟不如四月底以前的三分之一，各檔門前幾可羅雀，永樂市場的七八十家中盤商閒得無事，伙計門三三五五的下象棋，甚至利用棋子抄麻將，打三國作樂。過去大家尚有一線希望，即發展外銷布場。

美國限制進口引起驚懼

現在美國方面忽又傳來即將限制台灣紡織品輸美的消息，更引起紡織業的驚懼。因我國對外貿易的三大地區，即日本，美國和香港。紡織品的輸出，美國和香港都佔了出口貨的第一位，而增加率又很迅速。在對美輸出的物資中茶葉和香茅油，八年來每年都是一百美元左右，毫無進展；但紡織品則從四十八年起即躍居第一位。根據外貿會稽核小組的估計，十年來紡織品外銷及外滙淨盈餘的收入，與進口原棉的外滙支出已逐漸接近平衡；如繼續發展，則外銷所得外滙，足以支付進口原棉而有餘，對於國民的「衣」的問題，幫助很大。

美國是我國主要市場

據紡織業權威人士表示，去年台灣勞務較高的產品如成衣，格子布，印花布，法蘭絨等的主要輸出市場是美國；而且由於本省紡織品質改進，種類增加，將來推展的希望更大。如果美國限制輸入，則將失去此一市場。如想在他處發展，則在目前國際競爭的局勢之下，實不容易。

東南亞市場日趨萎縮

東南亞有些接受美援的國家，去年因美援限制採購地區，日本和香港的產品均受限制，給予我國紡織品輸出以良機。然而此一機會，並非長久不變。我們萬不可誤認為我國紡織品外銷這些地區不會發生問題。目前這些國家對於建立紡織工業，多已積極進行，今後向我國採購的機會勢必越來越少，今年已經可以很明顯的看出。至於未受美援限制採購地區的東南亞國家，則因日本和香港的紡織產品均削價競爭，對我國紡織品更是一個很大的威脅。因此，今後東南亞的外銷市場，我國欲保持現狀，尚多困難，自不能希望再有所擴張了。

非洲市場開拓不易

至於非洲一帶，因在殖民地時代，多已用慣了歐洲產品，我國紡織業如想前往開拓市場，更非易事。年前有關方面曾組團前往考察，對於推展紡織品，曾有報告；但迄今尚難實現。惟在國際市場不利的趨勢下，我國仍應加緊進行。

南韓宣佈管制進口

台灣人造棉紗外銷南韓，本來情形良好，但自本年起南韓政府宣佈管制人造棉進口，對我實為一嚴重的打擊。如不能另闢市場，則一年可生產三萬件紗的能力，祇能偪促於一萬五千件的內銷市場。人造棉業所遭遇的困難，將日甚日。至於尼龍製品外銷，主要為男襪及蓬鬆尼龍絲，因製造設備簡單，南韓、南越及泰國均已開始自製，我國產品更難推展市場。

希望美國限制不嚴

台灣紡織業所用的棉花均採自美國，過去百分之九十五以上為美援，本年五月我國才與美國作成一筆以糖易棉及菸草的交易，如此一來，我們所用的棉花已百分之百的來自美國。同時由於近三年來紡織業的發展，所購美棉數量如直線上升，除每年平均為一千三百萬美元的美援商業採購外，以政府外滙向美國進口的棉花亦由民國十八年的四佰五十九萬美元增至民國五十年的一千六佰三十九萬美元；今年更可能增至二千六佰餘萬美元。我國外銷美國的紡織品雖年有增加，自一九六一年十月至六二年四月的七個月中亦不過四佰八十六萬美元，比之同期購至美國的棉花所需金額，相差甚遠。在美國進口的紡織品總額中，亦僅佔佰份之四至佰分之五，為量實微乎其微。因此，大家都希望美國對台灣紡織品入口的限制，不會太嚴。有關方面也認為美國不會將台灣和日本，香港等處相提並論。但大家都覺得為了避免刺激美國紡織業，今後我們必須謹慎行事，對於紡織品輸美，不宜再有激劇的增加。

台灣簡訊

志清

一、省府職員出差熱　每人旅費萬餘元

台灣省政府五十二年預算，內列出差旅費竟達一千一佰三十三萬一千三佰六十九元之多，平均每一職員（省府共有職員一千一佰零二人）可領出差費一萬零二佰八十二元。其中以民政廳為最多，該廳現有職員二佰八十九人，但所列出差費則為四佰二十六萬二千一佰一十一元。人事處最少，也列有出差旅費三十四萬七千八佰八十元。省議員陳重光在該會的審查會中指出省府職員每年出差逾十八萬天之多，似有浮報之嫌。各報均以此一消息列為花邊新聞。本月二日民政廳發言人發表聲明，辯稱該廳所列出差旅費，有三佰餘萬元乃係轉撥與各附屬單位；該廳本身的出差費僅為七十三萬九千八佰一十元，以現有職員人數平均計算，每人僅為二千五佰五十元云云。但鑒於台灣各機關多以虛報出差名義額外發給親信人員若干津貼，以致常有一人每一年出差三佰六十六天以上的笑話發生，民政廳這一聲明的可靠性如何，觀察家認為仍有待於事實的証明。

二、省議員沒精打彩

報載省議會第五次大會自開會以來，一直是沒睛打彩，預算分組審查，出席議員人數零落不堪；有的小組甚至祇有召集人。最多者也不過佰分之三十。此次會議，省議員們發明了一項審查的新辦法——個別審查。所謂個別審查，即不舉行會議，改由議員將議案帶回家去審查，然後提出小組會議作一簡畧的報告，即算通過。因此，許多小組都祇開會一二小時便已大功告成。據徵信新聞載，五月十五日依照議事日程，原係各組的審查會，但財政組早於六日佈結束，各議員均已分別回家。交通組則尚在「個別審查」中，迄未舉行會議。議員們說，反正是照案通過，審查與否均無關係。有幾位聰明的議員乾脆以參觀代審查。這種現象，完全是由於當權派控制太嚴，每案均須照案通過；不但不容許反對，即修正也受限制。因而黨外議員祇在質詢時作一番表演，以求收到宣傳之效，對於徒具審查之名並無審查之實的分組審查會自然不感興趣；而國民黨籍議員因為無事可做也就樂得偷懶了。

三、大批稅吏受懲

年來省稅務人員弊端迭出，風氣敗壞，日甚一日。五月卅日省議員簡欣哲提出質詢，財政廳長謝耿民答稱：「自去年四月一日至本年五月二十八日的期間，全省受懲處的稅務人員已有五百零五人之多，其中包括免職，休職，停職，降級，記過，申誡及解僱等項」。他並說：「各方對敗壞的稅務人員提出檢舉時，亦可用電話通知本人或財廳主管人員，一定依法處理」。謝耿民此一答覆，顯在表示他對其所謂敗壞的稅務人員頗具整飭的決心；但從被處分者竟為數如此之多，而却沒有言及曾有若干敗壞的稅務人員被送交法院治罪，可見他所謂依法處理，也不過是敷衍了事而已。

四、官商勾結逃漏稅捐

台北縣瑞芳鎮商人梁萬於四年前以代售商名義向該鎮稅捐分處申請執照，經營代售礦坑用的木材生意。因依據法例規定，代售所納稅捐，僅按營業額的二分佣金課征營利所得稅千分之五；而自售木材則須課營利所得稅千分之六，比代售木材為高。梁萬雖以代售為名，實則是自售。因而逃漏稅捐甚鉅。此外，他又與煤礦廠勾結，虛開坑木營業額的統一發票，用作增加礦廠開支的憑証，藉以逃避營利所得稅和綜合所得稅。去年初被人檢舉，梁萬聞風後即於二月自動歇業；並將財產轉移他的妻子名下，以圖造成一種事過境遷的既成事實，而免於法律的追究。但司法行政部調查局派員偵查，已獲得若干証據。聞該案並涉嫌官商勾結。因依照法令，商人申報經營代售業務，須檢附與自售商人所訂的代售合約，稅捐機關才可核准。但查案人員向瑞芳稅捐分處調取該項合約時，該處經辦人員忽稱業已遺失。箇中情節，顯有蹊蹺，該處主任劉先凱雖因此而於月前被調桃園任職；但查案人員現仍在擴大偵查中。

五、稅吏向商人行騙

台北市稅捐處職員魏本然，覃志新，蕭玉階，蘇明燧等向大裕鐵工廠負責人蘇松樹結夥行騙。他們偽稱，蕭玉階在北市稅捐處擁有台幣七佰萬元的公債券，依法可以抵繳稅欵，現願意以八五折的優待出讓一部份。後者以魏等乃稅捐處人員，信以為眞，乃交付三千〇八十七元，請他們代購該項公債納稅。魏等得欵後，僅代繳捐稅九十一元七角。却將收據寫為三千六佰三十一元七角，表示已照八五折優待購買公債繳納。後因稅捐處追討稅欵甚急，蘇始知受騙，乃報警請求法辦，但魏本然早已因故離職。

六、中油公司本年大有盈餘

中國石油公司總理胡新南於六月一日在行政院新聞局記者會宣稱，該公司近幾年的外銷業務很好，去年預計三佰萬美元，結果達到八佰六十五萬元之多，較預計增加一倍半有餘。今年預計可超過九佰萬元，因就這幾個月的外銷業推測，全年總營業可望比去年繼續有增加。去年全年的營業額連同外銷賺取的美金外滙折合新台幣計算共為十八億二千三佰萬元，盈餘新台幣三億九千三佰一十六萬元。如以去年的營業額計算營業效能，為每一佰元的營業收入，獲利二十一元五角七分，較預計的十八元六角四分，增加二元九角七分。如以該公司核定的資本額新台幣二億五千萬元與前述的盈餘比較，去年的資本獲利能力，為每一百資本，獲利一百五十七元三角，較四十九年增加三十元〇四角。他又說，外銷品佔全部產品百分之三十。這是任何生產原油國家很少有現象。該公司的業務發展必須着重外銷，因原油煉製結果，有些多餘的產品，不設法外銷，在國內等於廢物，勢將加重內銷產品的成本。

據悉，該公司頃又籌備在錦水礦區開鑽新井一口，已決定名為五八號井，預定深度二，五〇〇公尺。聞美石油鉅商亭特家族以台灣藏油豐富，值得投資探勘，已於日前再度派人來台，即將與政府當局正式接洽。

大陸一片災害聲

陝豫直魯贛等省均有災情出現

黃聲

在今年大陸的若干省份又有各種災情出現的消息，曾誌本報。茲據五月廿一日人民日報的報導，河南、河北、山東、江西等省現又發現各種不同程度的災情了。可見今年的大陸，又已不可能有豐收，而大陸人民則將更苦了。

關於河南，據人民日報說：「但從開春以來，大部份地區連續乾旱，加之數次遭受風沙、霜凍的襲擊，使小麥的生長受到影響。其中部份地區的小麥已成片旱死，產麥地區的社員，採取各種辦法同乾旱進行了鬥爭。」

關於河北，人民日報說：「為了及時收好小麥和種好夏田，河北各地首先着手準備了夏收夏種的工具。臨漳縣各公社的生產隊成立了一百三十多個修配組，已修好大批夏收的木鍁木杈等工具。大名縣任家寨公社程莊大隊第一生產隊，還根據往年的經驗，把準備投於夏收的勞力，劃分為收割、拉運、拾麥、打場四個工業組，并推行大活責任到組，零活責任到人的責任制，爭取收淨。根據目前旱象正在發展的情況，許多人民公社積極進行了抗旱夏播的準備。」

關於山東，人民日報說：「去年種麥期間，各地陰雨連綿，北部地區遭受澇災，加上今春部分地區遭受乾旱和風沙的侵襲，小麥的生長受到影響。」

關於陝西，人民日報說：「關中地區今春以來乾旱時間較長，小麥又遭受了兩次嚴重的霜凍」，「由於霜凍和乾旱的影響，小麥成熟將參差不齊。」

關於江西，人民日報說：「江西各地連降暴雨，境內撫河和贛江的幹、支流的水位上漲。目前，沿江河流域地區的廣大幹部和社員，已投入緊張的防洪搶險戰鬥。從五月廿五日到廿九日，江西各地一般連降雨一百毫米以上，贛東、贛中下了暴雨。」「由於下了大雨，暴雨，不少地區山洪暴發，各河水位急速上漲。撫河各地水位普遍超過警戒線。廿九日零時，撫河洪峰到達李家渡時，水位高達三十二點零九米，比有紀錄以來的最高水位——比去年六月間的水位還高零點四九米。」

可笑中共年年自吹自己的水利建設如何偉大，其實，拆穿來，中共的所謂建設，都是自欺欺人之談，而中共極權奴役制度引起人民的反應，則是人民的普遍反抗與不合作，所以，中國大陸在中共統治下年年不離水災與旱災，實乃人謀不臧，實乃共產制度絕不適宜於中國的又一明証而已。

大陸簡訊

白帆

中共在亞非集團的經濟活動中慘敗

對於亞非集團，中共的野心與陰謀極大。它不但想利用亞非集團來達到它那反美的左傾政治目的，而且還想通過亞非諸國的獨立運動來利用民族主義。此外，中共對亞非集團又還有通過文化宣傳以作赤化宣傳，和通過亞非集團來求經濟發展的企圖。但中共企圖隔離亞非集團與聯合國的經濟關係的陰謀，最近却遭受了一個重大的挫敗。

據新華社開羅五月廿九日電：「亞非經濟合作組織理事會在舉行三天會議後，昨天在這裏閉幕。」「中國代表，中國國際貿易促進委員會副主席冀朝鼎在廿七日的會議上發言說到聯合國經濟及社會理事會給予亞非經濟合作組織以諮詢地位的問題，冀朝鼎指出這種發展肯定是不適宜的。並且可能對亞非經濟合作帶來不良的影響。他說，這是因為亞非國家在這個理事會中的票數雖然增加了，但是聯合國作為美國外交政策的工具的基本性質並沒有改變，相反地，美國已在大力地利用聯合國進行新型的經濟滲入。我們的亞非朋友們正確的把這種滲入叫做新殖民主義。」最後，冀朝鼎又強調說「以亞非經濟合作組織的名義同聯合國經濟及社會理事會或者它的任何附屬機構或者專門機構建立關係的任何行動，對中國沒有約束力。我們在這方面自然不承担任何義務。」

但新華社又說，「冀朝鼎發言後，秘書長穆罕默德·阿里·里法特隨即正式保証亞非經濟合作組織同任何國際組織發生聯繫並不損害它的目標。」這就可見中共既參加了亞非經濟組合會議，只因無法孤立亞非經濟組織，以便中共來利用，中共遂違反衆議，不遵守大會的決議，逕自對亞非經濟組織之與聯合國發生聯繫一事表示違抗，中共政權之不足為一種國際單位，由此更得一個証明。

而亞非經濟合作組織秘書長里法特之言，則更無異於中共陰謀挫敗之後，更摑冀朝鼎一個嘴巴了。

查冀朝鼎原是中國共產黨之特務，且曾參加國際共黨特務組織，故冀朝鼎當年係經由美國方面之介紹而滲入國民政府作為孔祥熙之親信，隨後身份暴露，乃正式成為中共對外專搞國際統戰及國際經濟貿易事務之一員。對於這種人，自由世界，尤其亞非集團諸國極應予以拒斥和戒備才是。

中共與羅馬尼亞簽訂換貨議定書

據新華社五月廿九日訊：「中華人民共和國和羅馬尼亞人民共和國關於一九六二年交換貨物和付欵議定書，今天下午在北京簽字。」「議定書規定由中國將向羅馬尼亞提供鑛產品，鋼材，生鐵，機床，機器設備和輕工業品等。羅馬尼亞將向中國提供拖拉機，油糟車和石油產品等云。」

中共與印度貿易協定期滿失效

據新華社說：印度與中共的貿易協定已於六月三日期滿失效。

按中共與印度之協定係訂於一九五四年四月廿九日，距今已達八年。

對此，中共曾攻擊印度，說此乃因印度拒絕了中國政府的友好建議，并堅持若干不合理的先決條件，始談判新貿易協定以代替一九五四年之協定」。且謂印度政府對中共諸多惡毒指責和詆譭云。

中共準備與巴基斯坦談邊界協定

其實，中共不斷指責和詆譭印度才是真的。最近，中共已連續不斷的在指責印度的挑釁了。據印度說，事不僅如此而已，事實上，印度駐北平大使館人員的行動就是正受着中共的限制的。

再看六月五日北平人民日報的社論，則說中共與巴基斯坦談判邊界，乃是「好事」。但人民日報亦承認「由巴基斯坦政府實際控制着防務的地區，關連到喀什米爾。而關於克什米爾的歸屬問題，在印度和巴基斯坦間存在着爭議。」為此，印度且曾向中共提出抗議。但現在中共却認為與巴基斯坦談判這一問題是「好事」，究竟是什麼「好事」呢？無疑，正是中共企圖利用此一糾紛以挑撥印度與巴基斯坦的仇恨的「好事」能了。

僑鄉近訊

鍾之奇

廉江共幹大建戲院

當此大陸連年天災人禍，民不聊生之際，共幹平時宣傳處處照顧人民利益，實則倒行逆施，完全無視人民死活，而只知自己享受快樂。廉江縣共幹大建戲院的事例，正說明了這一些共幹的無良無恥。

據廣州出版的中共南方日報說：「安舖鎮是一個只有一萬多居民的小墟鎮，近年來，這裏已先後建了一間可容一千人左右的戲院和一間露天電影院。從目前經濟條件和羣衆生活水平看來，基本上，可以够用了。可是，今年二月間，安舖公社黨委却決定籌集十萬元巨欵，興建一間可容一千五百至二千人的大戲院」云。

廣州共幹夜遊玩樂

今日廣州，人民雖苦，共幹，尤其高級共幹却很快樂，只看中共報紙自己所描述的他們的享樂情形，就可知道他們確實是今日大陸之新階級了。

據六月七日香港大公報的「羊城短簡」說：「一年一度的珠江夜遊，已於六月一日開始。每天晚上，衆多的遊客，乘搭雙層的遊船在珠江上遊河，瀏覽珠江兩岸的夜景，或者在船上玩撲克，下象棋，今年的珠江夜遊，每個星期舉行六晚，（星期三休息），船上還有茶水，糕點供應」云。

現在廣州的人民，日夜都在飢餓線上掙扎，許多飢民則夜遊梧桐山，冒死逃往香港，試問能在珠江夜遊的，除高級共幹外，尚有何人？

大量搜括廣西僮族松脂

松脂是有着多種用途的物資，亦可外銷，故中共對於這一物資之搜括，向不放鬆。

據五月卅一日北平人民日報說：「盛產松脂的廣西僮族自治區已經進入採脂旺季，區內各國營林場，伐木場職工和產脂地區的公社社員，正在組織勞動力採割松脂。」又說「今年廣西各地松脂生產準備工作動手較早，梧州松脂廠，桂林化工廠在四月中旬就派出幹部到各專區產脂縣和公社，協助生產隊合理組織和安排採脂勞力，工具，解決運輸問題。商業部門和交通部門在收購、調運方面也都作了必要的準備」云。

福建各地多有水災

據北平人民日報六月一日載：福建北部、西部山區和下游地區均已發生水災。它說「從五月廿五到廿九日，福建北部閩江上游北部武夷山，仙霞嶺山區的崇安，光澤，邵武和浦城等縣降雨量都已到達三百九十一毫米，其他許多縣降雨量達二百毫米上下，閩西山區有些縣降雨量也在一百多毫米至二百毫米上下，閩江幹流和富屯溪、建溪等支流水位急劇上漲，接連三次出現洪峯，一次高過一次」。又說「由於這次大雨和暴雨開始多集中在閩北高山地區，洪峯來得較快，來勢較猛，沿江流域少數農田水利，防洪設施，房屋交通等設備被冲壞，部份農田受淹，閩江上游部分林區冲去了一些木材，個別地區損失較重」云。

廣東三萬多職工放運木材

乘着夏汛的時候，廣東各地照例放運木材。但動員三萬多人來放運木材，則是中共今年奴役木工的一件大事。據六月一日中共人民日報說：「夏汛初發，廣東各林區三萬多名職工和社員，正趁溪河水漲放運木材。五月中旬的十天中，利用洪水從林區山場和小河邊運出來的木材達七萬多立方米。西江、東江、北江等主要河道的集材點，正在把上游源源而來的木材轉運各地」云。事實上，近年來大陸各地已非常缺乏木材，甚至採煤礦所需木材也已異常缺乏，因而影響了煤的生產量。所以，中共今年廹使大量人力投入木材放運工作，絕不是偶然的。

印度中共關係再度惡化

「殺却周恩來」！

慕禪

中共與印度的「通商及交通協定」，已於六月三日期滿失效。這項於八年前簽訂的協定，剛在印度與中共交惡中結束，實際的影響，可能把雙方原已變壞的關係，推進到惡化的新高潮。印度高級人士對於此事的評論，認為是印度與中共關係進入「緊張的階段」，可謂確切之論。印度和中共交惡的原因太深，糾結太多，疏解無從，而只有趨向「緊張」的一面發展。

由於邊境事件的刺激，印度對中共「侵境」主張武力解決的聲浪，逐漸高漲。尼赫魯和國防部長梅農，雖然屢次强調，必要時對中共一戰，並聲稱已在邊區作種種軍事部署。但這種「必要時的許諾，和等待中共軍南侵時的「迎擊」，極不為主戰派所滿意；他們的要求，是「驅中共軍出境」，即印度應該主動出兵，把中共軍驅出印度所認為屬於印度的領土之外。

印度社會黨及若干反對黨，曾於上月悄在新德里舉行抗議「中共侵印」的示威，他們手持着「中共從印邊縮手」！「中共滾出去！」「殺却周恩來！」等等告示牌和標語，羣衆包圍「中共大使館」，高呼上述這些口號，並將中共印刷的「今日中國」英文本等宣傳刊物一批，當場加以焚燬。當時還有一部份激烈份子，要衝進中共使館內，但為維持秩序的印警阻止。這些示威羣衆不但抨擊中共，也同樣抨擊「尼赫魯政府」對中共軟弱政策為「無腰骨」。印度民氣對中共的激昂，可見一斑。

「五原則」破產

印度與中共的貿易，訂於一九五四年二月。當時正在韓戰停後，周恩來挾着「五原則」多次訪問印度的時候。那時可以說是印度與中共的「和平密月」期中。那時尼赫魯與吳努蘇加諾等建立中立主義集團，中共加以支持，周恩來一直就在印緬錫蘭高棉等國盤旋，販賣「五原則」的膏藥，直到萬隆會議，公開宣稱中共「不以軍事解放台灣」。東南亞這些國家那個時候確乎相信中共說法，那知道中共不以武力解放台灣，却以武力沒收西藏藏民的土地，迫使達賴喇嘛出走印度，隨着中共軍大舉入藏，「追捕」達賴到印藏邊境，到處設防，否認英藏以前劃定的麥馬洪線為中印界線，與印度捲起了難以解決的邊界問題——印度認為她承繼昔年英印轄土，其與中國疆界應以英與西藏地方當局同意之麥馬洪線為界，任何中國中央政府都應予以承認的。但現在沿着這一條線，中共軍與印軍各佔據一部份，雙方互指「侵佔領土」，並曾發生劇烈的武裝衝突。中共方面且不斷向西藏增兵，據印方情報，共軍駐藏已達廿五萬人，對印度構成威脅，中共使用武力企圖貫徹在政治糾紛中的勝利，不啻自行宣佈「和平五原則」的破產，終於促成了印度武裝抵抗中共的決心、

惡化成僵局

中共對巴基斯坦的劃界談判，又是刺激印度及挑撥印巴惡感的一種手法。誰都知道，印巴對喀什米爾的糾紛，是一個古老的問題，自印巴立國至今，不能解決。但中共與巴國的談判，包括喀什米爾界線在內，隱含有承認巴基斯坦對喀邦有領土主權的意思，最少也是擁有臨時的主權。印度為此向中共抗議，指出周恩來於一九五六年在北平印大使館，曾發表支持印度，謂「喀什米爾人民已表示願意歸併印度」。現中共不應食言自肥，與巴國就喀邦土地進行談判。詎中共却一口否認周恩來所說過的話，說「中共並未接受印度對喀邦領土主權的立場」。中共覆印的照會，並信口指責印度「大國沙文主義」，希望中共與對印度一樣，對巴基斯坦也來一個邊界糾紛。這些讕言，簡直又把尼赫魯「激壞」了。

剛在這個時候，越南國際監督委員會發表了一件重要的報告書，指責北越破壞休戰，極其强烈。其中最重要的一點，指出南越目前的動亂，完全由於共黨北越的滲透顛覆。這樣就把共方所宣稱「南越愛國民衆倒吳廷琰」的謊言戳破，也使美國軍援南越更為理直氣壯。而在國際監督委員會中，印度負担主席的職位，這一報告書且是印度代表團所提出的，監委會中的波蘭代表極力反對這一報告，但三人委員會的另一委員加拿大却支持印度通過了此一報告，現即將這一報告送交日內瓦英蘇兩國主席，這報告僅涉及北越，原與中共無關。但中共實際上是北越的幕後人，侵略東南亞的主謀者，中共因此又大罵印度「做美帝」的走卒，「夥同侵略」。印度對此認為「公事公辦」，不予置理。印駐美大使還在分析中共農業失敗，乃因違反農民意志。中共痛恨印度獨來獨往，印度也逐漸看不起中共，這已是形成不變的局勢。

・加爾各答通訊・

寮局難獲政治解決

・薛松・

目前寮局危機，顯已進入新階段。自孟新和會晒相繼陷落於寮共手中之後，上寮和中寮的多數省區，也完全受到了寮共的控制，王都所在地的琅勃拉邦，也處在北，東，西三面被包圍的態勢下，隨時有被寮共攻佔的可能；同時，更造成了下列兩項特別形勢：第一是寮國的停火協定已遭破壞，第二是寮共顯示出以武力「解放」整個寮國的決心，而永珍政府方面，在軍事上已處於下風。

寮國停火協定，是去年五月在日內瓦十四國舉行寮國問題會議之前訂立的。當時美國堅持着一個大前提，那就是如非先行停火，則其代表團決不參加該會議。其後經過英國和印度的斡旋，後蘇聯終於同意了先行停火然後舉行會議。該會議的唯一成就，就是大家都同意寮國成為中立國的原則。至於其他問題，則並未獲致協議。那時，美國曾率先表示：希望寮國能成立一個「聯合政府」。到了去年九月間，由彭庵，富馬，和蘇發努旺在蘇黎世舉行「三親王會議」，達成了「聯合政府」的組織原則，可是等到進行實際組織時，「聯合政府」的國防部長和內政部長的人選和分配問題，却又爭持不下。永珍政府的彭庵親王和諾沙旺將軍，都堅持在「聯合政府」中須擁有國防部長和內政部長兩個席位，但富馬和蘇發努旺兩親王堅決反對。那時美國曾以「扣留援欵」來迫使彭庵和諾沙旺放棄該兩個部長席位，但彭庵和諾沙旺却置之不理，仍然堅持如故。

正是由於美國的「扣留援欵」，便造成惡劣的後果！美國之「扣留援欵」，不特使永珍政府在財政上陷於困難，且使諾沙旺的軍隊士氣大受挫折！這一來，永珍政府的地位，也大受削弱了。因此，便誘致了其後寮共對孟新和會晒發動攻勢，誘致了其後寮共的破壞停火協定。這就是美國政府對寮政策錯誤所引來的新危機！

時至今日，而美國政府却還是對寮國的危機存有那一套陳舊而迂腐的幻想——「政治解決」；良堪浩嘆！

當今年一月美國首次扣留援欵的時候，早已有不少觀察家指出：美國此舉，等同壓迫永珍政府向富馬和寮共屈服。現在，永珍政府雖仍極力掙扎，拒抗寮共的侵畧，但寮共的勢力已逐漸將永珍政府包圍。儘管甘迺廸已把第七艦隊的部份戰艦調動到南中國海和暹羅灣去，並派出陸戰隊登陸泰國，但這種行動，仍是不能遏止寮共勢力的擴展的。美國如要挽救永珍政府的危機，唯一的辦法，祇有立刻放棄「政治解決」的意圖，而改用「實力援助」，直接派兵進入寮國。祇有這樣，才能把危局扭轉過來。

永珍政府的首相彭庵和副首相諾沙旺，堅定地拒抗寮共的侵害，確已付出了極大的犧牲和努力。在失望於美援之後，他們還曾於四月底五月初相繼訪問過菲律濱，南韓，南越和台灣；顯然，他們是在爭取亞洲反共國家的進一步援助。其處勢的危難和艱苦，已溢於言表。其國內危機的加深，更可概見一斑。

甘迺廸之對寮局，無可諱言，是存有兩種偏見：第一是認為寮國的位置和地形，是不適宜於美軍作戰，即使投入大軍以援助永珍政府，也未必有勝利把握；第二是認為蘇聯確有支持寮國停火的誠意，能够切實制止寮共的加强行動。因此就繼續把「政治解決」的幻想縈廻於腦海，希望「聯合政府」終能組成。殊不知其第一項見解純然是屬於過份自怯，第二項見解則係上了赫魯曉夫在維也納所作的諾言的大當；——國際共黨是唯利是視的，到了寮共掌握到有利的時機時，赫魯曉夫是決不會遵守他的諾言的。寮共這次的破壞停火協定而攻佔孟新和會晒，蘇聯當局不是在一面點頭微笑一面詐痴扮呆嗎？

所謂「政治解決」，在寮國今日錯綜複雜的環境下，恐難獲致成就；雖然「三親王會議」又告舉行，即令暫時妥協，但其前途仍未許樂觀！

文史漫談

陸機（四）

徐亮之

陸機在出處進退上雖不「知機」，但齊王冏說他曾替趙王倫草禪詔卻是冤枉的；這有兩點可以証明：

（一）王隱晉書：「趙王篡誅；禪詔疑機與焉，收付廷尉。機與吳王晏表曰：『禪文本草，今見在中書；一字一迹，自可分別』。」（文選謝平原內史表注引。按機爲郎中令時，吳王晏出鎮淮南，以機有文學，遷尚書中兵郎，轉殿中郎。是爲機與晏關係之由來。）

（二）陸機謝平原內史表：「而橫爲故齊王冏所見枉陷，誣臣與衆人共作禪文；幽執囹圄，當爲誅始。臣之微誠，不負天地；倉卒之際，慮有逼迫，乃與弟雲及散騎侍郎袁瑜，中書侍郎馮熊，尚書右丞崔基，廷尉正顧榮。汝陰太守曹武思所以獲免；陰蒙避廻，崎嶇自列；片言隻字，不關其間；事蹤筆跡，皆可推校。」（陸平原集及文選）

陸機既早有文學重名，而且是在趙王倫將篡位時晉升中書郎的，卻居然給他逃脫了禪文起草的責任，也眞算是有本領的了。不過唐修晉書還提到「九錫文」齊王冏也懷疑爲他所擬，而他的謝內史表和王隱晉書對於這點都沒提及，也許九錫文倒眞是他的手筆的吧？

齊王冏，這位陸機所賦的「豪士」，以大司馬輔政前後還不到半年，便被長沙王乂攻殺了。而陸機也便和弟雲離洛，轉而赴鄴投向成都王穎的幕下，去做平原內史並參大將軍軍事的了。晉書曾寫他此舉的動機說：「機既感全濟之恩，又見朝廷屢有變難，謂穎必能康隆晉室，遂委身焉。」這動機和觀點，就陸機急進的功名主義的角度看，並就成都王穎當時「推功不居，勞謙下士」的外表看，原是不錯的；卻不料正因爲如此倒反而鑄成大錯來。

原來長沙王乂的攻殺齊王冏，乃受河間王顒的指使而然；而河間王顒的所以如此，則又是聽進了長史李含的陰毒政策的緣故。根據李含的策畫，主要目的在廢掉惠帝，擁立成都王穎，而以河間王顒做宰相總攬朝權，亦即使他自己好跟着青雲直上。但要達成此一目的，非去掉齊王冏不成；而要去掉齊王冏，唆使天眞而又勢力微弱的長沙王乂在內火併，實最爲直捷了當。依李含的估計：只要長沙王乂肯這樣幹，一定會被齊王冏吃掉的；然後就抓着這個題目，去糾合諸侯，聲罪致討，則這目的自然可以順利達成。卻不料實行的結果，長沙王乂不但沒有被齊王冏吃掉，倒反而吃掉了齊王冏取他的地位而代之，弄得河間成都兩王直做聲不得。並且不久李含被徵爲河南尹，以受河間密旨圖乂謀洩，連自己都送了命了。李含既死，河間成都便惱羞成怒，急不及待，以請誅羊玄之，皇甫商和遣乂還國爲名，一齊起兵；而陸機急進的功名主義便也立即由最高峯跌到了深淵，一失足成千古恨了。茲錄通鑑晉紀記這事的始末如次：

「（大安二年）穎引兵屯朝歌，以平原內史陸機爲前將軍、前鋒都督，督北中郎將王粹、冠軍將軍牽秀、中護軍石超等軍二十餘萬，南向洛陽。機以羈旅事穎，一旦頓居諸將之右，王粹等心皆不服。白沙督孫惠與機親厚，勸機讓都督於粹；機曰：『彼將謂吾首鼠兩端；適所以速禍也。』遂行。穎列軍自朝歌至河橋，鼓聲聞數百里。」

「石超進逼緱氏。冬十月壬寅，帝還宮，丁未，敗牽秀於東陽門外。大將軍穎遣將軍馬咸助陸機。戊申，太尉乂奉帝與機戰於建春門。乂司馬王瑚使數千騎繫戟於馬以突咸陣；咸軍亂，執而斬之；機軍大敗，赴七里澗，死者如積，水爲之不流；斬其大將賈崇等十六人。石超遁去。初，宦人孟玖有寵於大將軍穎；玖欲用其父爲邯鄲令，左長史盧志等皆不敢違，右司馬陸雲固執不許曰：『此縣公府掾資，豈有黃門父居之耶?!』玖深怨之。玖弟超領萬人爲小督；未戰，縱兵大掠。陸機錄其主者。超將鐵騎百餘人直入機麾下奪之；顧謂機曰：『貉奴能作督不?!』機司馬吳郡孫拯勸機殺之，機不能用。超宣言於衆曰：『陸機將反』。又還書與玖，言機持兩端，故軍不速決。及戰，超不受機節度，輕兵獨進，敗沒，玖疑機殺之，譖之於穎曰：『機有二心於長沙。』牽秀素諂事玖，將軍王闡、郝昌，帳下督陽平公師藩，皆玖所引用，相與共証之。穎怒，使秀將兵收機。參軍王彰諫曰：『今日之舉，强弱異勢，庸人猶知必克，況機之明達乎？但機吳人，殿下用之太過，北土舊將皆疾之耳。』穎不從。機聞秀至，釋戎服，著白帢，與秀相見，爲牋辭穎；既而歎曰：『華亭鶴唳，可復聞乎！』秀遂殺之。穎又收機弟清河內史雲，平東祭酒耽及孫拯皆下獄。記室江統，陳留蔡克，潁川棗嵩等上疏，以爲陸機淺謀致敗，殺之可也。至於反逆，則衆共知其不然。宜先檢校機反狀，若有徵驗，誅雲等未晚也。統等懇請不已，穎遲迴者三日。蔡克入至穎前叩頭流血曰：『雲爲孟玖所怨，遠近莫不聞；今果見殺，竊爲明公惜之！』僚屬隨克入者數十人，流涕固請；穎惻然有宥雲色。孟玖扶穎入，催令殺雲耽，夷機三族。」

老郭得意，延禍屈原

凌蘇

端陽節過了，在海外和台灣以粽子來一快朵頤的大有人在。可有幾個在慢嚥細嚼之際，想到此事在大陸已成「天實遺事」或關心到屈原在「解放」後的遭遇嗎？

屈原，這位在二千二百多年以前的政治舞台上演了政治悲劇的詩人，用「長太息以淹涕兮，哀民生之多艱」的吟詠，表達了他憂國傷時、捨己愛民的胸襟，換來了永垂千古的全民性自發紀念。憤于胡扯亂纏的中共，雖然其統治下的現實是亘古未有的「民生之多艱」，但對這塊大牌的利用是不遺餘力的。反正槍桿在手，「以古非今」又能怎樣！撈來個「尊重傳統文化」的美名再說。

在「尊重傳統」的幌子下，中共對屈原說盡了諛辭和美語。郭聾子——香港忠貞的時報稱以尊號的鼎堂，是其中的佼佼者，在字裏行間竟以北伐後期的屈原自居——可惜就差沒有在偸渡往日本的輪船上投入太平洋餵鯨魚，否則今日中共人民可就要一年「享受」兩度粽子了。

不知是對老郭的無聊兼無恥氣憤不過呢，還是「翻案」翻得昏了腦袋，據南方日報載，有一位教授說了如下一段話：

「屈原是一個個人英雄主義者，屈原的思想是專制皇朝忠臣觀念之濫觴，其末流是祿蠹，他的文學是自我戀愛的病態的反映，是孤癖狹隘，優柔綺靡的女性氣質。他謳歌女性美，其實質爲對女性之玩弄。他的影響，造成不健康的流行性感傷病，演成文學領域中的脂粉世界，是八代的宮庭文學、游閑文學所從出。」

這段話如果說的是屈原，不啻是發高熱病人的囈語。但對郭某，則稍知此公來歷的人，當會同意不是厚誣，甚至拍案叫絕。因爲郭某的所作所爲正是由病態而謳歌和玩弄女性；由祿蠹而宮庭班頭和游閑領袖的。這段話用來當作魯迅對郭某評語「才子加流氓」的註脚，就更先後輝映了。

南方日報說，「這位教授認爲大家在紀念屈原，歌頌屈原，只是盲從、捧場。大家把屈原捧到天上去，他要把屈原打到地獄裏。他還說，屈原遺留給後世的惡劣影響，數也數不完，這不過是舉其大者。」這段盛氣的賭氣話，說明他的上一段話是有所爲——不滿中共、影射老郭——而發的，因爲他給我們點明，中共通過老郭在「世界和平理事會」提出，並曾在共產陣營各國及其外國文化界展開的紀念和歌頌屈原的活動，「只是盲從、捧場」。屈原的偉大和不朽的光輝，從來就不需要人們盲從和捧場，爲什麼中共一來反而需要了呢？這樣一問，誰要人盲從，誰要人捧場就很明白了。

無論影射也吧，翻案也吧，爲臭罵中共和老郭而糟蹋古人，實在不是今人的光彩。而區區抄將下來，除了憤懣和噁心，也深感罪過。但爲了向海外有心人交代清楚由于中共的統治而禍延先哲的情形，使大家在憤懣和噁心之餘，知所奮發，則個人的罪過或許能彌補吧！

暢然堂近詩

翁一鶴

重過石澳

浴鷺灣頭意自閒，當筵狂語不須刪。鷗羣好作吟邊物，春色猶回醉裏顏。一水重臨驚鬢髮，十年未賣是癡頑。搖天籠海無多綠，半徑篁陰一桁山。

西園新構一亭秋偶登之

雲我悠然共此亭，試呼野鷺起前汀。入如隔世餘孤往，地可廻腸是舊經。出樹鐘聲初報暝，壓橋山影不成青。詩心自放斜陽外，除却秋濤已厭聽。

題萬佛寺

絕世芳菲不可尋，秋來臺殿晃蕭森。孤踪未分逃初刼，萬象從教證一心。掃葉僧隨荒樹老，閉門人睠夕陽深。他年乞得袈裟地，當我蒲團是綠陰。

東林寺訪淨眞上人

危石頹雲第幾層，三年長此倚崚嶒。山中欲乞安禪法，檻外眞成帶髮僧。掉舌風雷從撼夢，支頤江海合傳鐙。重來慚愧聞鐘地，別後狂心歇未曾。（楞嚴經云狂心若歇歇卽菩提）

重陽後二日錦田小集

刼外逢辰一破顏，尋秋意與水雲閒。詩窮已落蘇黃後，世降難期魏晉間。並影何時依故國，閉門隨處卽深山。亂峯青到無人境，管領斜陽祇白鷗。

淺水灣秋憩

借得鷗波一日閒，不辭枯坐飽看山。欲追江水坡公誓，宛接彭衙杜老顏。孤雁隨陽空自託，斷流奔海儻重還。避人慣作幽棲計，漫說風流水石間。

抗戰回憶錄（二三）

張發奎

六、任第四戰區司令長官

七、第九戰區

司令長官　陳誠　薛岳代

轄區　贛省一部鄂南（長江以南）及湘省

兵力：

第十九集團軍羅卓英

第七九軍夏楚中

第四九軍劉多荃

第七十軍李覺

第七八軍夏首勳

第三二軍宋肯堂

第三十一集團軍周碞

第十三軍張軫

第十八軍黃維

第九二軍李仙洲

第三七軍關麟徵

第五二軍張耀明

第七四軍王耀武（戰區直轄）

湘鄂贛邊區游擊總指揮樊崧甫

第八軍李玉堂

第七三軍彭位仁

第一集團軍龍雲

第五八軍孫渡

新三軍張冲

第六十軍安恩溥

第二七集團軍楊森

第二十軍楊漢域

第三十集團軍王陵基

第七二軍韓全樸

第二十集團軍商震

第五四軍霍揆彰

第五三軍周福成

第八七軍劉膺古

以上共五十二個步兵師，其他特種及游擊部隊在外。

八、第十戰區

司令長官　蔣鼎文

轄區　陝西方面

兵力：

第三十四集團軍蔣鼎文

第二七軍范漢傑

第九十軍李文

第十六軍董釗（戰區直轄）

以上共九個步兵師，一個步兵旅，一個騎兵師，一個騎兵旅，其他特種保安部隊在外。

九、魯蘇戰區

總司令　于學忠

轄區　蘇北及山東方面

兵力：

第五一軍于學忠（兼）

第八九軍韓德勤

第五七軍繆澂流

游擊總司令沈鴻烈

以上共七個步兵師，其他特種保安部隊在外。

十、冀察戰區

總司令　鹿鍾麟

轄區　冀察方面

兵力：

第九九軍朱懷冰

第六九軍石友三

新五軍孫魁元

河北民團總指揮張蔭梧

以上共五個步兵師，一個騎兵師，其他特種游擊部隊除外。

此外更在淪陷區設專管機關，設戰地黨政委員會，直屬軍委會，各淪陷區設立分會，其任務在發動民衆對敵全面抗戰，並消滅偽組織，阻止敵政治、經濟、文化之侵畧。又為統一指揮南北兩戰場之各戰區起見，設桂林及天水行營，并取消廣州西安重慶各行營。

廿八年元旦在華南抗戰中心的曲江，我宣告就任第四戰區司令長官的職務。我即召集戰區副司令長官余漢謀將軍，和廣東省政府主席李漢魂將軍等到來，聽取他們一切狀況的報告，并研究及交換戰術上的意見。當面之敵為日本第廿一軍的第十八師團、一〇四師團，及海軍陸戰隊的一部，約共四萬餘人，敵人自從佔領了廣州，獲得了初期作戰勝利之後，似僅企圖於穩固廣州佔領的行動；其以一部固守江門、三水、官窰，新街，新口，神崗，太平場、福和，增城，石龍，寶安等廣州的外圍據點，其主力仍集結於廣州附近，從事公路鐵路交通的修築。戰區所轄的部隊，除在粵桂南區第十六集團軍夏威所屬的第卅一、四六兩軍的六個師外；在粵境的部隊，計有第十二集團軍余漢謀所屬的六二、六三、六六三個軍共八個師和兩個獨立旅，及戰區直轄的六四軍的三個師；如果按照編制的數額，我們應有廿萬的兵員。但事實上除夏威集團的兵員比較充足，其餘殘缺不堪，如六六，六四兩軍是剛從武漢方面調回整補的，余漢謀集團則剛經過廣州的戰鬥，損失亦頗重，實際上可得使用的兵力，沒有總數的三分之一。

基於當前敵我的狀況，和最高統帥部戰畧的指示，我只有從穩定第一綫和整頓後方來着手工作；這就是說在作戰的計劃方面，我以確保粵北，佔領英翁綫既設陣地為守勢作戰的方針，以加强陣地工事，調整部署、訓練部隊和整理其他地方上與後方諸事務，為我作戰準備的工作。

這時期，我按照最高統帥部的規定，在南雄一個幽美僻靜的鄉村——修仁，成立了第四戰區幹部訓練團，團長由蔣先生兼任，我以副團長名義實際主持，余漢謀將軍及廣東省政府主席李漢魂則担任團附，一方面將黨政軍各級幹部輪番調訓，一方面為顧慮各部隊初級幹部來源補充缺乏起見，我挑選各部隊的優秀軍士施以軍官訓練，另外我還成立了一個政治幹部訓練班，召集了許多青年學生,用軍事訓練的方式,教授他們將來在戰地組訓民衆及協助作戰等工作。我期望這些少數的細胞，將來能够在整個戰區裏活躍起來，發揮華南總體戰的力量，以發揚兩廣民衆堅韌、卓絕、勇敢、優越的特性。幹訓團繼續了七個多月的教育，經過訓練洗禮的人數約有四千餘人，他們不但對於對敵作戰及戰地工作，有了不少的增益；而從他們以後在部隊裏或在作戰間的協同連繫精神上看，亦可以考察出來這個短短的訓練，業已發生了不小的成果。我常常由曲江司令部馳車到這個距離百餘公里的團裏，住上數日或一週的時間，和他們作集體的演講或個別的談話，和他們共同起居飲食，過着年青活潑的生活。我不但對他們寄以莫大的期望，而這一種天真、活潑、整齊、規律、朝氣勃勃的青年集團生活，對於我亦有特別的興趣。

辛亥革命史談（四八）

舜生

九．清帝退位與孫袁交替

段等看見情況如此，知道仍有少數王公從中作梗，乃於二月四日由段祺瑞，王占元，何豐林，李純，王金鏡，鮑貴卿，李厚基，馬繼增，周符麟九人發出逼退的第二電，專向少數皇族說話，措辭更為激烈，並以即將率全軍北上相恫嚇，原電云：

『近支王公諸蒙古王公內閣各府部院大臣鈞鑒：共和國體，原以致君於堯舜，乃拯民於水火，乃因二三王公，迭次阻撓，以至恩旨不頒，萬民受困。現在全局危迫，四面楚歌，潁州則淪陷於革軍，徐州則小勝而大敗；革艦由奉天中立地登岸，日人則許之；登州黃縣獨立之影響，蔓延於全魯；而且京津兩地，暗殺之黨林立，稍疏防範，禍變即生，是陷九廟兩宮於危險之地，此皆二三王公之咎也。三年以來，皇族之敗壞大局，罪難髮數，事至今日，乃並皇太后皇上欲求一安富尊榮之典，四萬萬人欲求一生活之路，而不見允，祖宗有知，能不痛乎!?蓋國體一日不決，則百姓之困兵燹凍餓死於非命者，日何啻數萬？瑞等不忍宇內有敗類也，豈敢坐視乘輿之危而不救？謹率全軍將士入京，與王公痛陳利害，祖宗神明，實式鑒之。揮淚登車，昧死上達，請代奏。……』

上面這兩個電報，一方面固然是袁世凱運用軍人爭奪政權的初步，一方面也就是民五袁死以後軍閥擾亂民國的張本，這是將來正式修中華民國開國史的人所應該特別留意的。當袁接到這第二電以後，乃於二月六日召集各王公大臣，將電文交予傳觀，各親貴均相顧失色，當即擬成贊成共和的長電一通，由袁及各王公署名發出，以阻段等率兵北進。儘管大家知道這一切一切都是袁自買自賣的一種手法，然亦無可如何，於是延至二月十二日（即宣統三年十二月二十五日）隆裕太后乃率同清帝溥儀退位，並承受內閣總理大臣袁世凱與民軍代表伍廷芳所議定之優待條件。其退位詔書原文如下：

『朕奉隆裕太后懿旨：前因民軍起事，各省響應，九夏沸騰，生靈塗炭，命袁世凱遣員與民軍代表討論大事，議開國會，公決政體，兩月以來，尚無確當辦法。南北暌隔，彼此相持，商輟於途，士露於野，徒以國體一日不決，故民生一日不安。今全國人民心理，多傾向共和：南中各省，既倡議於前；北方諸將，亦主張於後；人心所向，天命可知。予亦何忍因一姓之尊榮，拂兆民之好惡？用是外觀大勢，內審輿情，特率皇帝將統治權公之全國，定為共和立憲國體；近慰海內厭亂望治之心，遠協古聖天下為公之義。袁世凱前經資政院選舉為總理大臣，當茲新舊代謝之際，宣佈南北統一之方，即由袁世凱以全權組織共和政府，與民軍協商統一辦法。總期人民安堵，海宇乂安，仍合滿漢蒙回藏五族完全領土，為一大中華民國，予與皇帝得以退處寬閒，優游歲月，長受國民之優禮，親見郅治之告成，豈不懿歟？欽此。』

這一封詔書為有清一代最後的結束。清自太祖努爾哈赤建國至此，凡二百九十七年；自世祖（順治）入主中國，凡二百六十八年。詔書原稿，出自張謇手筆，但『即由袁世凱以全權組織臨時共和政府』一筆，為袁左右所增改。『最後又予與皇帝得以退處寬閒，優游歲月，長受國民之優禮，親見　治之隆，……』則為天津某鉅公所擬（舜按：可能為嚴修）。詔書副署者，共十一人，除內閣總理大臣袁世凱，外務大臣胡惟德，民政大臣趙秉鈞，陸軍大臣王士珍，海軍大臣譚學衡，學部大臣唐景崇，司法大臣沈家本，郵傳大臣梁士詒外，另有旗籍者三，即度支大臣紹英，農工商大臣熙彥，理藩大臣達壽，均係事前佈置（參看『三水梁燕孫先生年譜』）。

袁在詔書頒佈之先一日，即通電南京臨時政府表示贊成共和，並其個人一時不能南來之意，原電如下：

『南京孫大總統，黎副總統，各部總長，參議院同鑒：共和為最良國體，世界之所公認，今由帝位一躍而躋及之，實諸公累年之心血，亦民國無窮之幸福。大清皇帝既明詔辭位，業經世凱署名，則宣佈之日，為帝政之終局，即民國之始基。從此努力進行，務令達到圓滿地位，永不使君主政體，再行於中國。現在統一組織，至重且繁，世凱極願南行，暢聆大教，共謀進行之法；祇因北方秩序不易維持，軍旅如林，須加部署；而東北人心，未盡一致，稍有動搖，牽涉全國；諸君皆洞鑒時局，必能諒此苦衷。至共和建設重要問題，諸君研究有素，成竹在胸，應如何協商統一組織之法，尚希迅即見教！袁世凱真。』

本刊已經香港政府登記

聯合評論

週刊

每逢星期五出版

United Voice Weekly

第一九八號

督印人：黃宇人　總編輯：左舜生

CHINESE - AMERICAN PRESS, INC
199 CANAL STREET.,
NEW YORK13 N. Y. U.S.A.

美洲航空版每份零售美金一角

政治權力在民主國家和極權國家的不同意義

黃宇人

最近數年，每和朋友們聊天，常從中國的現局談到極權國家的統治者因為權力中毒，往往造成國家民族和統治者個人的悲劇。土爾其共和黨在一九五〇年大選時，曾以民主鬥士的姿態，猛烈抨擊國民黨政府的貪污，獨裁，侵害人民自由，因而獲得大勝。但當權以後，卻又逐漸效法其所作所為，而且尤有過之。到了後來，竟至拘捕記者，槍殺學生，封閉報舘和學校，以求確保一黨一派的政權於久遠，卒至激起政變，共和黨執政諸人多被拘押，其主腦人物還被判處死刑。昔日的民主鬥士，於當政十年之後，竟變成了摧殘民主的禍首罪魁。李承晚先生一身致力於韓國獨立運動，冒險犯難，不遺餘力。但當選韓國首任總統以後，卻以高壓手段對付異己；而且一再修改憲法，延長總統任期，擴大總統職權；前年，為求選舉勝利，更不惜違法舞弊。結果，祗落得黯然下台；年來流亡海外，欲返國老死於故鄉，尚不可得。韓國政局也演成軍人專政，至今仍動蕩不安。中國國民黨原以建設民有民治民享的中華民國為己任；但三十多年以來，功不抵過，如今亦變成了民主的最大障礙。當年領導北伐和對日抗戰的革命英雄和最高統帥蔣先生，更難保盛名，將來尚不知如何結局。

這些例証，都說明一個沒有實行民主的國來，其統治者在最初的時候，也許原有一番利國福民的抱負；但結果往往身敗名裂；國家民族，更受其害。他們所以會染上權力中毒症的原因，有人也許認為是由於責任心太重，覺得無人可以接替，或遭受環境的包圍，無法自拔，因而形成了一種欲罷不能的僵局。實則乃是政治權力在極權國家產生了種種不良的副作用，使當權者不易抗拒。正如鴉片烟及其他毒品一樣，一經接近，即萬難擺脫。這種反常現象，在民主國家是不會有的。

民主國家視政治權力為一種責任

記得對日抗戰期間，在重慶曾看過一部電影——威爾遜傳。劇情是介紹美國故總統威爾遜的生平事蹟，如出任州長，競選總統及參加第一次世界大戰等重要史實，都出現於鏡頭。最使我至今不忘的，是他當選總統時，許多支持者競向他道賀，他卻沒有一點得意之色；祗用很沉重的聲音答道：「I have no joy of trymuph but a sense of great responsibility that will fall upon me.」威爾遜總統這一句話，可以代表民主國家的政治領袖對於政治權力的一般見解，即認為政治權力乃是一種責任。基於這種認識，所以他們一旦當政，在使用權力時，都能自我克制，審慎將事。民主國家的政府雖然有時也向議會要求某項特殊權力；但卻不致濫用權力來作威作福。以故不但人民的自由獲得充分的保障；即反對黨派也不致遭受非法的干擾。民主國家的政府雖然也想長期執政；但卻沒有任何一個在朝政黨或當權領袖存有不可替代的妄念。相反的，他們還常因對國家和人民的責任感而自動引退。例如第二次世界大戰後，戴高樂將軍以再造法國的殊勳當選臨時總統，因其憲法主張未為法國人民所接受，即行辭職。一九四七年，他組織人民法蘭西再聯合，雖然在地方市議會和參議院的選舉中均先後獲勝；但以在當時握國會大權的衆議院無能為力，遂認為國家對他已不再有需要，乃毅然宣告退出政壇。一九五二年十月的英國工黨政府，就法定的任期而論，尚有三年半的時間；就在下議院所擁有的席次而論，亦在過半數以上，本來可以繼續執政下去。但因重整軍備與國有法案在國內和黨內引起爭論，自覺有訴諸人民的必要，乃甘冒失去政權的危機而決定解散國會，提前大選，結果。使保守黨東山再起，以迄於今。事後工黨亦未因年久尚未能重握政權，而以是次的提前改選國會為失策。

以上的例証，說明民主國家的政黨和政治領袖對於政治權力，有時雖然當仁不讓，全力以爭；但當他們自覺不能盡其所負的責任或不為大多數人民所支持時。他們的或進或退，均以能否克盡其責為依歸，而取決於選民，既不是個人的利害問題，更無個人的榮辱可言。因此，雖有政爭，但均依循法定的程序以求解決。所以民主國家的各黨各派均能相忍為國，各安分際。而政權的交替，不但不會引起紛亂，而且公認為事屬平常，理所當然。

政治權力在極權國家的特殊意義

政治權力在極權國家則完全沒有責任的含義。這些國家的當權者雖然也常把盡責任三字掛在嘴邊；但那祗是把持包辦或戀棧不去的別名；與民主國家之所謂責任，其意義全然不同。政治權力在極權國家的特殊意義，約可分為四者：

一，有政權即有光榮。在民主國家，從事各行各業的人祗要有出衆的成就，都可贏得萬人的崇拜，名揚當時並垂於後世，而形成一種個人的光榮。但在極權國家光榮則是政治權力的專利品。不但做官被認為是最光榮的事；即各行各業人士所造成的光榮事績，也必須有政治權力作掩護，否則還可能帶來或大或小的不幸。以故社會上充滿了趨炎附勢的氣氛；以一代大師自命的學者，也不免要攀龍附鳳。在另一方面，做大官和做好官，固然隨時隨地都有人奉承，做小官和做壞官，絕不會寂寞。當權者的家屬乃至家畜都令人望而生畏，肅然起敬；報章雜誌也常把他們或他們的起居當作重要新聞、特寫題材。所謂一人成佛，鷄犬升天，正是極權國家的官場寫照。甚至原來本是個不學無術的地痞流氓，一旦時來運至，大權在握，立即變成了「偉大的領袖」任其如何倒行逆施，也是「朕躬有罪，罪在萬方」。或更不惴固陋，公然著書立說，科學哲學，文學藝術，無所不論，藉以眩耀其確屬「天縱之聖」，不學而知。文學侍臣和宣傳策士又從而編造許多神話，宣染他如何生而有異，允文允武，世所罕有。希特勒，墨索里尼，史他林以至毛澤東，無一不是如此。

二、有政權即有特權。在民主國家，政府首長和其他官員自然也享有種種特殊的待遇；但此乃基於職務上的需要，且有法律的規定，因而並不成為一種個人的特權。我所謂的特權，指於是一切非法的享受。在極權國家，雖然也有形形色色的法律，而且還特別繁多；但祗是當權者用以限制一般老百姓和對付異己的工具；當權者及其有關係的人乃至於他們的家屬，則完全超於法律之外。例如法律規定，人民有服兵役之義務；權貴子弟則從不服兵役；甚至為非作歹，觸犯刑章，法律也不敢過問。至於國家或社會上有何較好的機會，權貴子弟則首先享受。此類例証，不勝枚舉。總之，一有權力，便成了特殊階級。權力愈大者，所享的特權愈多，權力小者，也有某些特權可享。而特權的範圍，又是升官發財，吃喝嫖賭，無所不包，實可謂取之不盡，用之不竭。因而一般游手好閒，不務正業之徒，無不以爭取政治權力或依附當權者為唯一的出路。

三、有政權即有財富。在民主國家，個人致富之道雖多，但與政治權力則沒有直接的關係。一個發明家可憑一項發明的專利而成為百萬富翁，一個企業家可憑業務的發展而成為某業大王。一個大公司的董事長或電影明星也可獲得比政府首長的薪俸超過若干倍的報酬而過着富裕的生活。反之，假如原非富有，而畢生致力於政治，即使當權日久，政績卓著，亦永無致富的可能。但在極權國家，升官即可以發財，做大官發大財，做小官，發小財。官愈做得久，發財的機會愈多。當權者不但可以隨時隨地把國家的公產化為己有，或運用公帑以求私利；而且還可隨意侵佔他人的私產。或迫其自動奉献。因此，祇要一朝權在手，就是原來兩袖清風的窮漢，也可於轉瞬之間變成鉅富。

四，有政權才有安全。在民主國家，人人都受法律的保護，安全自非個人的問題。但在極權國家，人民的生命財產與自由，均可隨時受到當權者的侵害，安全也就隨時隨地都大為可慮。尤其是當權的人，大多得之不以其道，因而患得患失，更採用各種不法的手段以期固守。對於一般老百姓則多方限制，使其不能有所活動。對於反對黨派更百般迫害；有時甚至不惜指使特務，實行暗殺，或虛構罪名，製造冤獄，務求根本消滅。最低限度，亦要使其不能發生任何作用。因此，當權的時間愈久，作惡愈多，結怨愈衆，於是自整天疑神疑鬼，自覺到處都是敵人。起初，也許尚有若干心腹幹部可以信任，到了後來，即「皇親國戚」亦個個見疑。甚至父子夫婦之間，也互相猜忌。這可說是一般大獨裁者的共同趨勢。而且，形勢一經發展至此，縱然因為年老力衰，有時也會內咎神明而興起不如引退的念頭；但又恐一旦下台，被其他上台的人以其道反諸其身，個人的安全難保，也就祇得橫了心腸，變幹到底。所謂騎在虎背上能上不能下，正是一般大獨裁者的心理狀態。因而每一個大獨裁者都沒有好的結果；即使倖得保首領以沒的史他林，死後也要遭受「鞭屍」的凌辱。

民主政治是預防權力中毒的特效藥

孫中山先生說得好：「政治是衆人的事」政治既然是衆人的事，當權者自應以為衆人服務，對衆人負責為天職。民主國家的情形，就是如此。他們的官吏和人民有函件往來時，都自稱為你的僕人或你的忠實的僕人，亦即此意。但極權國家則把政府當作高高在上，神聖不可侵犯的一個權威機關，當權者更自以為是人民的主人和國家的主宰，理應享有種種特權；更利用政府權力作聚集個人財富的工具。因此，無論誰在台上，都是一樣的營私舞弊，既未打算為國家有所建樹，亦未想到應對人民負責。極權國家祇見你爭我奪，不見政治進步，即此之故。假如政治權力祇是一種責任，那麼，當權者發現自己不能再負責任時，必然樂於有人接替；而接替者也必然或多或少的要為國家和人民做些事，然後才能取得人民的信任。但政治權力一經與責任脫離，而與個人的光榮，特權，尤其是與財富變成不可分的一體時，不但當權者不願意放鬆，即有志問鼎者亦難免不是以爭權奪利為目的。因而極權國家的政爭，都不是政見之爭，而祇是權與利之爭。而在當權者認為離開政治權力即失去安全憑藉之時，更變成了一種生死的搏鬥。以致極權國家的政權交替，無一不須經過流血的革命；而且代代循環，變亂無已。此即權力中毒的必然結果。

基於以上的分析，可知惟有實行民主政治，才能預防權力中毒。因為民主政治確定政府乃是為人民服務的機關，當權者不但不是人民的主人，而且是人民的僕人；並嚴格限制其權力與任期，又透過議會與出版集會自由等方式隨時予以監督，使其不可能利用職權，爭取特權，聚集財富，或侵犯人民的自由與安全。其不能善盡責任者，並得予以更換。在如此制度之下，任何人當權自不會染上權力中毒的死症，從而也就將政治上的亂源予以根除了。

進步與倒退

謝扶雅

在上星期幾天（即五月下旬）的美國各大報紙上，披露了兩種尖銳對照的緊張鏡頭：一方面的頭條新聞是美國太空署屬下水星設計處在南部迦奈浮拉岬射出了第二太空人卡本特，駕駛「曙光七號」太空船，於五小時內，飛繞地球軌道三匝（即等於在太空船上生活了三晝夜）；雖然爲了從外空失重狀態降入地球大氣層時，錯過了幾分角度，以至墜越預定降落地區（中大西洋）二百五十哩之外，無綫電網及巡洋艦都失掉了這個太空人的聯絡與其行踪達四十五分鐘之久，累得他的家屬和全國人民極度耽心吊膽，但終於給那一帶的巡邏機發見，原來他已按照平日所練習過的，太空船落海於必要時，可從船頂的窗爬出，取橡皮艇安然浮在水上，等候直升機把他釣上來了。另一方面的緊張報導是最近香港邊界連日湧入了自大陸逃出來，而又被港府軍警遣解返去的幾萬飢民的浪潮，爲美報駐港記者攝取了種種傷心慘目的鏡頭，電傳過來佔了很多很鮮明的報幅，引起筆者附近普林斯登大學城（李政道，楊振甯研究所在地）裏一個家庭，馳電在港美領事館，謂願担任接一女難民來美收容的全部費用（當然必有其它類乎此的眞摯發揮人類愛的天眞美國人），以及甘廼廸總統宣佈緊急援引匈牙利難民及古巴難民法案，特別准許在港六千華籍難民立時入境。這兩方面的消息，一則使人驚嘆科學技術的再接再厲，突飛猛進，一則使人傷痛落後地區天災人禍的嚴重後果；見了這種種鏡頭的對比，眞不禁無限感慨系之！

筆者曾在本刊一八四號寫過「公開與封鎖」一文報導二月二十日美國第一太空人格連中校飛繞外空的一壯舉，在全球萬目睽睽的電視之下公開舉行，事後復將設計經過及飛行經驗歷歷公佈於世。這次也是同樣詳盡報告，進步之處何在，缺點爲何，以示科學知識之完全公開，與一般共產國家之封鎖政策，詭秘行徑，大異其趣。即如蘇俄去年兩個太空人（第一以一小時餘環繞地球一匝，第二人於廿五小時內飛行十七轉）的飛行經過，從來絕對秘而不宣。外報曾透露蘇俄於近兩年間，試飛的太空人在外空爆炸，或降下地面時焚斃犧牲者不知凡幾。由這種以人的性命爲試驗品而換來偶然成功的兩個所謂太空英雄，所以舉世科學界不認其爲獲得眞正科學知識，而人道主義者更譴責其爲違反民主人權。況就俄國的工業經濟力量和人民生活水平來說，勒緊了全體老百姓的肚子來供太空技術上的鉅大消耗，自更不合乎民生原則。美國前總統艾森豪時代即未敢大量斥資爲這類太空設計。甘廼廸任內歷次追加太空預算，無不一一咨請國會愼重審核通過。美國之放射太空人，不但要求萬舉萬全的保証，而目的尤在研究太空眞理，克服天然，爲全人類造福。所以我常說，科學與民主是現代文明下一對孿生子之親密相依。政治經濟和文化落後的國家民族，不應不同時接受這賽德兩先生而竭力追上。

今日中共政權下的大陸，六億五千萬生命已並鷄犬虫蟻之不如。香港邊界之瘋狂湧入難民，猶只是透露「人禍」悲慘現象之極小的一幕；實際上，整塊大陸已全然淪於修羅地獄，慘絕人寰。不過，單這幾幅「傷心嶺」下飢民的鏡頭，已使留美華僑群欲對毛澤東恨不得食其肉而吮其血。讓這種全無科學民主頭腦的魔王柄持國政，不顧幾千年「民以食爲天」的仰賴農業，驅「人海」「夜戰」大鍊鋼，蔑視現代技術，違反人類自然本性，妄稱要在十五年內趕上英國，名爲「大躍進」，實則大倒退，以致工業既全失敗，農田又皆荒蕪，造成史所未有的全面災荒。毛的科學知識還比不上落後數百年的中國老農，這猶其次；他的民主和人性觀念，直等於一隻野獸。而全中國的命運竟操諸這種東西的手上！香港平時每月一兩百萬的糧包和最近半月內飢民七萬湧入的狂浪，已爲全球人士所目擊，等於舉世共見上次格連，這次卡本特的公開飛行。但前者是暴露「無知」及倒退至原始野蠻的災禍，後者是表現知識進步的光明。前者是狂人獨裁政治的慘果，後者是不斷尋求研究的虛心。這種強烈鮮明的對照，不是我們活生生的教訓嗎？

民主政治領袖和知識學問，都需要點點滴滴，實事求是，練習琢磨而有成。科學與民主的造詣，沒有奇蹟，不是變把戲，也不像一個窮凶極惡的大盜，倒或者可以俄頃天良發現，懺悔而變好人。左舜生先生曾在本刊評論過那個走入死胡同的毛澤東，除非他能在天安門上當人民大衆自打嘴巴，悔過下台，扯破三面紅旗。我最近讀到本港某一刊文，竟懷疑左氏此論爲「向敵人獻策」。殊不知狂妄無知而貪政治權力的野心家，如桀紂及希特拉之流的歸宿，注定只有被斬或自戕。作爲湖南同鄉的左氏，豈有不知老毛的性格與其命運的必然。毛共而能由獨裁暴政倏然轉變爲民主開明，雖三尺童子亦斷其必無是理。但是我們盼望台灣在同樣獨裁的蔣「總統」領導之下來反攻光復大陸，也必然歸於絕望和幻滅。無論復國或建國，一切都得賴科學與民主。今日我們策動大陸革命起義，也需要民主精神爲指導原則。過去推倒滿清的革命運動，以至北伐，抗戰中，各種因不民主而招致失敗的沉痛教訓，我們還不知道接受嗎？近期本刊張忠紱先生再論民主一文，希望中國有由上而下的民主與由下而上的民主，同時並進。他當然有鑒於過去在上位，盡是軍閥和準軍閥的愚妄無知，在下位，一般老百姓又絲毫不曾受到民主教育。可是現在我卻樂觀地期待着：大陸近十三年來血的洗禮，激起及給予民衆很多的政治覺悟，配合着海外熱心眞正民主自由的知識分子，將匯成一股不可當的革命洪流。打垮毛共，光復大陸的成功，決乎是可操左券的。

六二・五・二九。自美紐澤西寓

我從大陸逃出來找第三勢力（讀者投書）

嚴端正

編輯先生：我認爲我現在寫給你的這封信很重要，不僅對於我，同時也對於今日大陸的許多同胞和國家的遠大前途。因此，我有理由要求你（或你們）把這封信刊登出來。

在信首，我要簡單的先說幾句，我是一個上個月才從大陸經深圳闖過梧桐山，有如伍子胥過昭關一般冒險逃出來的。我的表面目的，似乎與其它逃出來的許多人的表面目的一樣，好像只是爲了個人自由，爲了個人飢餓，爲了個人脫離政治迫害，但我要公開說一句，我的逃亡目的，並不如此簡單。個人自由；解決飢餓；脫離中共的政治迫害，誠然都是我的目的，但我必須聲明，以上的目的，都不過是我個人方面的消極目的和起碼目的，而不是我的積極目的和最後目的。我的積極目的和最後目的，不是爲個人，尤其不是爲個人的自由與生活，而是爲整個大陸的同胞，而是爲我們祖國的一切。所以，我不是單純只爲個人而來，我乃爲國家民族前途而來，我不是只爲生活而來，我像伍子胥一般，我乃是爲報仇雪恥，推翻中共政權而來。我的第一步，便是要找海外的第三勢力。

當然，不可否認，所有逃離大陸的同胞，無論他是爲了個人目的或國家目的，他都是需要別人幫助。但一個更不可忍的事實，則是在這許多逃離大陸的人羣中，與我一樣，不只是爲個人目的而來者，正大有人在，其間稍有區別者，僅在有些人準備到台灣去參加反共行列，有些人則蓄意到海外找第三勢力而已。

但第三勢力何在呢？在我逃出後的這一個多月中，我幾乎還未找到！

我是一個二十四歲的大學生，本在上海唸書。很坦白的講：對於共產黨，從前並不反對它，甚至還可以說是熱誠擁護它。在中學時代，我已經爲了擁護它，而打擊過許多反共愛國的青年。我當時認定中國若要富强，就必須改造，人類社會若要進步，也必須改造，而我當時確信共產黨是惟一可以改造中國和人類社會的黨。所以，我信仰它，擁護它。對於共產黨人，我當時也投以羨慕的眼光，我覺得他們的品質確如他們平時之宣傳，他們是眞正光榮硬幹苦幹的，而且是有目的有方法在替國家辦事的。但使我後來大大失望的，乃是共產黨的事實表現，全與它的宣傳相反。蘇聯固以國際共產黨老大哥的資格壓搾中國，中共自己也不斷剝奪中國人民的勞動血汗。蘇聯對中共的援助既非無私，中共對大陸更不是解放者，而只是一種騎在人民頭上極殘暴極兇狠的一種新階級而已。我原以爲只要中國共產黨領導得好，現在這一代的老百姓多吃一點苦也是應該的。因爲現在這一代吃點苦，下一代人就富强康樂，有什麼不應該？但我後來發現事情完全不是這樣，共產制度實將使中國人民永遠吃苦，它不可能對中國帶來幸福；毛澤東只是一個個人英雄主義的野心家。最近幾年大陸上一切工農業建設之慘敗，人民對中共由希望轉失望，由失望轉怨憤與仇恨，都不偶然，大陸人民生活愈來愈苦，更是這一切一切的明証。所以，我終於醒悟，不只我，大陸上許多青年甚至許多共幹也已醒悟。我們大家早已在上海開始秘密討論中國的前途和我們應有的態度了。這是從前中共初佔大陸時絕不敢的。現在卻已完全敢了。中共已經再也不像六七年前那樣能够對大陸控制得天衣無縫了。今日大陸已經到處都是反共的人民。胆小者緘默不言，胆大者則已半公開的紛紛議論了。

我和在上海的許多朋友，就曾經一再秘密討論過中國的前途。因爲我們生爲中國人，死爲中國鬼，我們必須面對中國這一現實，我們一致認定中共必跨，但什麽人來呢？什麽政權將會在中國出現而且應該在中國出現呢？是蔣介石重來嗎？大陸上確也有些人擁蔣，但他們却以老年人居多，在未來中國實已不起多大作用。年輕人對蔣印象模糊，況蔣自己也已年老，所以我的許多朋友，和大陸上更多的人民，認定只有第三勢力才最適合未來中國。未來中國決不是舊政權復辟，也不會是共黨政權的任何變相延伸，未來大陸也不是抗戰勝利後去接收那樣簡單，而中共又根本不可救藥，所以大陸上大多數人民的傾向是由第三勢力統治未來的中國。

大陸人民們意識的第三勢力與未來中國，當然不是第三勢力中的任何個人的繼蔣毛而統治。大陸人民所意識的第三勢力乃泛指一切反共而又並不擁蔣的民主力量而言。將來從共產黨中反叛出來的力量固是第三勢力，一切從國民黨舊政權中脫化出來的力量也是第三勢力，其它一切反共愛國的民主人士及民主黨派或團體當然也都是第三勢力。

但今日海外的第三勢力究竟在那裏呢？我至今還不明白，但我願意將我的心聲和大陸許多青年的心聲通過貴報表達出來，讓大家知道大陸人心的眞正傾向，以便共同奮鬥。這就是我寫這封信的動機和我希望你們把這封信刊登出來的緣故所在。末了，謹祝反共勝利。

美援與反攻

李金曄

依據現階段台灣的情況，美援與反共的關係，其發展已日趨微妙！沒有美援的援助，維持現狀已很困難，違論反攻。但是繼續接受美援，其結果是現狀固然暫可維持，然而任何軍事性的活動——包括反攻在內，就多受一重約束，美援對反攻並無積極性的作用。

過去，人們祇知道，中美共同防禦協定，和蔣杜聲明，是對反攻行動具有拘束力的。現在，我們則了解，對反攻行動具有拘束力的還有美援。

根據這樣的情況，當權派似可大聲地說：余豈不欲反攻哉，其奈受美國之約束耳！

一國接受另一國的援助，當然是有相當條件的。而且條件是一定對受援助國具有約束力的。英國前首相邱吉爾，對這一點認識得最清楚。因此儘管戰後的英國是那樣的窘，邱吉爾對美國還是堅持：「要貿易不要援助」。這不是邱吉爾有什麼先見的智慧，而是他眞正地了解了歷史。知道依賴別的國家的援助，對英國的前途是害多於利的。最起碼的損失是，將使英國在國際舞台上喪失了獨立的發言地位。

再看最近德法美三國間的齟齬，德法之所以能一致行動，其影響力足以使美國感到困惑，不完全在於德法的政治關係，而在於他們的經濟結合。阿登諾現在不僅有力量反對甘廼廸的有關處理德國問題的意見，抑且提出了請法國參加美蘇談判的建議。這就是說，德國已具有反對的力量，足以使美國必須審愼地考慮處理解決德國問題，而不能對蘇聯擅作犧牲德國利益的讓步。德國的力量從何而來？德國在來自戰後有效地運用了美援。德國在盡早地擺脫了窮困之後，國力增强了，自主的能力也提高了。美國就不能以既可以貴之，又可以賤之的態度對待德國。

舉英國的例子，是爲了說明，唯自强，始能受人重視，始能轉弱爲强。舉德國例子，是爲了說明，接受援助並非可恥，但貴在於能有效地運用，使產生偉大的效果，以結束戰敗的惡運，重振日耳曼民族的國運。

但是有一點，必須特別在此强調。英國固是老牌的民主國家，號稱『憲政之母』；而德國在戰後，也順利地走上了民主坦途。尤其是德國，阿登諾不僅自始至終遵循民主的大道，而且還一心一意地扶植反對黨，使民主政治因有二黨對立，得以確保。這一重大的因素，對於德國戰後的復興實在關係至大。因此結論是，沒有健全的民主政治，就不可能有有效的經濟發展。沒有蓬勃的經濟建設，就沒有希望增强國家的實力地位。

中華民國在一九四九年以前的事情，姑且不予置論，自一九五〇年以來，整整的十二年，中國接受美國的軍經援助從一九五二年開始及今，計共數逾卅億美元，台灣的經濟情況，仍未能達到一個使人樂觀的境界，仍未能使人產生一種堅强的信心，使人能够覺得當權派，定能領導反攻復國，而且是眞正的不需要再借助於外力。

問題是很明顯的，中美之間儘管有一些政治條約，是有拘束了軍事反攻，假使台灣方面自己有足够的實力，當初既不會締訂那些條約，（即使締約，也可以爭取有利的條件），今日也不必受其約束，即使在道義上有必須遵守條約的義務，也可不致於限制作積極的反攻準備活動。

現在，一個完全主持美國援外事務的國際開發署主管遠東事務的助理署長詹諾，他的到台灣訪問和他所發表言論幾無一不決定了反攻的前途，也幾乎是在無可選擇的形勢下，要當權派在美援與反攻二者之間擇其一。當權者既無背水借一的決心，而又正面臨財政經濟的困境，那麼就只有放棄反攻了！當詹諾在台灣取得了有力的保證：「絕對遵守中美共同防禦協定」後，延遲了幾近一年的一九六二會計年度美援，遂即迅捷地先行獲得了三千七百萬。這樣的事實，令人益覺得一紙條約，對反攻所產生的約束力尚是有限的，而眞正的阻力，則在美援。換句話說，中美共同防禦協定之能否有效，其力量不是在條約的本身，而是在美援。台灣既不能經得起無美援的考驗，就充分地証明，並沒有可以用自己的實力來反攻大陸的條件與可能性！因此，當權派也就很難再自圓其說地說，之所以不能反攻，是受了美國的約束。

美國的約束是存在的。只要當權派領導的自由中國，一天不能在經濟上自給自足，就不能擺脫美國的影響力。

美國的約束力也是不存的。只要當權派能有效地運用美援，產生一定的效果，使國家實力地位日漸增强，美國就必然會另眼相看，這樣反攻的主權就在我，否則就只能再繼續地寄人籬下！

現在，我們已把問題說清楚了。能不能反攻，何時反攻，主要的關鍵不在美國，也不在中共的腐爛到何種程度，完全是看當權派主政的自由中國，究竟在何年何月能眞正的振作起來。

中共的腐爛是必然繼續發展的。美國對華的基本政策也是不變的。但是如果當權派不能發憤有爲，中共的腐爛只能加深人民的痛苦，大陸的動盪不安，在可見的未來，因爲缺乏外力的攻擊，尚不能一觸即發形成席捲中共政權的絕對優勢。美國的對華政策既一仍舊慣，當權派也就休想藉外力以反攻。

美援本是貧血國家財政經濟上的補血針劑，但是患了貧血的國家，如果不能藉美援的供應迅速恢復和發展經濟力，即使注射了大量補血針劑，也是徒然消耗，不能有助生機的恢復。

因此，像現在這樣由當權派主政的自由中國，沒有美援固不足言反攻；有美援也不足以言反攻。

但是如果當權派眞能出以破釜沉舟的決心，行民主，修內政，則一切改觀，立可反攻。

台省議會要聞

（台中通訊）　見微

一、爲求延長任期，大要花槍

台灣省議員於本月六日經過一番秘密協商後，正式決議建議中央將地方性的六種選舉，合併爲三次舉行。其理由是節省人力物力和減少政府與選民的麻煩。但據熟悉內情者透露，他們的唯一願望，就是藉此延長任期一年。依照現行地方自治法令的規定，民選縣市長及鄉鎮長的任期均爲四年，民選省議員，縣市議員及鄉鎮代表的任期均爲三年。現任縣市長和省議員都是四十九年六月二日就職，假如合併選舉，要到五十三年六月一日才任滿，對省議員來說，剛剛延長了一年。

省議員們想延長任期，原不在今日始，早在上次大會時就有人提過；但中央毫無反應。本次大會，他們看見民政廳所列的預算中，赫然有省議員改選費一項，得知延長任期已無希望。最初他們曾在審查會中予以删除；後經民政廳說，延長省議員任期權在中央，該廳在未奉到新命令之前，依法不能不列改選預算。省議員們覺得無話可說，祇得同意照列。但爲了表示他們的意見甚爲堅決，乃改變策略，作了上述的決議。

省議員們爲什麼一定要延長自己的任期一年呢？據悉，有兩個最大的原因，一爲經濟的，一爲政治的。就經濟方面來說，競選一個省議員至少也要支付十五萬至二十萬元，有錢的人往往要花上三百萬元。目前省議員的收入，包括每月津貼及出席費交通費等等合計，每年祇有五萬元，三年才有十五萬元。連本錢都不能拿回。至於其他的好處或收入，那是極少數有苗頭的活動份子才有可能的。大多數的議員當然無此幸運。因此，他們都希望能將任期延長一年，俾得撈回老本。再就政治方面來說，如果把縣市長選舉和省議員選舉合併舉行，在活動提名和競選，都可以和有志於縣市長的同志結成聯合陣線，互相呼應，成功的機會較多。這是指有意連任的議員而言。至於想再高升一步的議員，也落得多有一年的時間，以便從容部署。

但屬國民黨籍議員如許世賢、李源棧等却對延長任期表示反對。他們基本的理由，據說，就是認爲省議員和縣市長合併選舉，國民黨便於集中力量行事，黨外人士不易抗衡。反之假如仍照現行辦法分開選舉，黨外人士競選省議員不成，還可於一年之後再來競選縣市長，機會是比較多的。

至於國民黨當權派的態度，觀察家認爲他們爲「省錢省事」，本來也願意延長省議員的任期，更願意將五次地方性的選舉合併爲三次舉行。祇因憲法規定，立法委員的任期爲三年，雖然十多年來立委迄未改選，但此乃由於大陸淪陷，選舉無法舉行；但在立法的原則上說，省議員的任期自不能較立法委員的任期爲長。因此之故，台灣省議員的希望還是可能落空的。

二、爲了吃花酒報公賬，決議不再接受政府邀宴

省議員黃占岸於本月八日在預算綜合審查會中，對若干省議員將吃、喝、玩樂的所花的錢都報銷在政府機關的賬上，認爲是省議會之恥；他主張來一次「澈底的自清運動，懲罰那些敗類。」他說：省環境衛生實驗所於去年七月十九日以宴請省議員之名，報銷了一筆四千多元的花賬，其中附了一份被宴請省議員名單，計有省議員林牛港等五十九人；而議員們不但未赴宴，更不知有此宴會，據悉，那是該所奉命招待某幾位省議員的費用。他指出省議員蘇振輝過去對衛生處預算，曾力主删削；可是現在對該處預算不發表任何意見，使人不解。他又揭發自本次會議開始後，有若干位議員將吃花酒，玩女人和跳舞的錢向政府機關報銷；而政府機關爲討好這幾位省議員，祇好忍痛接受。他說，經常指責政府貪污的人，自己却向政府「揩油」，實在是省議員的奇恥大辱。因此，他主張省議員應該來一次澈底的自清運動，對那些有辱省議員聲譽的敗類，予以懲罰。

八日主持預算綜合審查會的財政委員會召集人陳重光，對黃占岸意見充分支持。省議員陳愷并將台省環境衛生實驗所假名宴請議員，濫報花賬的各種証據蒐集齊全，并拍攝照片，將於省政總質詢時，向周主席正式提出詢問。

十一日，蘇振輝在省議會大會中公開辯白，對黃占岸議員指責他將「吃花酒」和「玩女人」的花賬，報銷在政府機關身上，認爲是莫大冤枉，請大會將此事宜付紀律委員會澈查，如係事實，他願意接受紀律委員會最嚴厲處分，同時將自動辭去議員之職，以謝選民。」

蘇振輝辯白以後，李源棧、黃占岸，陳愷，蔡鴻文，林世南，林牛港，陳筆，張富，鄭宋柳等九議員先後發言，結果決議，今後省議員對政府機關的邀宴，一概謝絕參加，同時對蘇振輝要求調查一事，則作罷論。

三、檢舉糧食事務所等單位涉嫌官商勾結

省議員李源棧於本月十三日就台南糧食事務所、關廟鄉公所、農會等單位涉嫌官商勾結冒領五百萬元貪污疑案，向糧食局長李連春提出質詢，并請依法澈查處理。他并附書面檢舉書一份，送交由李連春作爲調查依據。

李答稱：台南關廟鄉套購肥料案，業經該局移送台南地檢處偵辦。又說：此案有關農民，如確屬被冒領者，該局自當保障其權益，除不追繳稻谷外，仍可繼續分配肥料。

台灣簡訊

一、重整道德其名，享受特權其實

台灣近年以來，先後以參加道德重整會為名，派了大批青年出國。他們多是蔣經國的青年救國團團員。他們出國的旅費，據悉，道德重整會已有發給。但因為這些青年既是蔣經國認為可靠的「忠貞分子」，自應受到特別的待遇。因此，行政院的預算中仍列有參加世界道德重整運動的旅費及補助費數百萬元之多。本月十三日，立法院預算委員會會同有關各委員會審查中央政府五十一年度追加預算案，立委成蓬一提出質詢，他說，一是我國參加世界道德重整運動的補助費問題，政府列有數百萬元的旅費及每月滙寄補助費，事實上，我國部份參加世界道德重整運動之青年出國後，已在外國大學入學，似此情形，一方面是免試出國留學，另一方面再由政府按月津貼滙寄補助費，實不合法，此種利用道德重整運動之名而不經考試出國留學者，又享受國庫開支的補助，於情於理均屬不合，應請行政當局答覆。」

行政院陳雪屏雖然是大學教授出身，但從政十年，對於答覆立委們的詢問已見多識廣，頗能應付自如。他不慌不忙的答道，「關於此一問題，俟查明後再答覆」。看情形，下次也許又要勞煩副院長王雲五出馬了。

二、節約聲中的豪舉　一千萬元建高爾夫球場

在開徵臨時國防捐稅時，行政院陳院長會宜稱，政府將實施節約。但言猶在耳，日前立委王長慧在院會的質詢又揭露一件窮奢極靡的事；有關機關已經批准由陽明山牧場撥租土地八十甲與高爾夫俱樂部作興建球場之用，並補助建築費一千萬元。王委員說，她對此一消息，真難以相信。因為：第一，政府正在提倡墾牧事業，台灣可牧之地又不多，怎能忍心把業已開成的牧場改為高爾夫球場？第二，政府預算歷年都有赤字，現在又號稱節約，怎有餘錢補助高爾夫俱樂部？她原希望政府能對此事有所說明，但至今未見。因此，她向行政院提出如下的質詢：

（一）台灣高爾夫俱樂部出面申請的一千萬元，是那一機關批准的？是補助費抑或是貸款？如果是「補助」，從何種項目開支？如果是「貸款」，根據那一種條例？

（二）陽明山牧場管理委員會反對撥租是項土地，政府是否允予考慮？

（三）政府十多年來，一再強調節約，號召民衆應過戰時生活，而掙扎在「傷心嶺」死亡線上的難胞血淚，目前還在繼續的抛洒，為了不使海內外同胞過份失望，陽明山的高爾夫球場能否停止興建？以後像這一類的問題，政府能否不使其繼續發生？以色列的工業科學以及國民所得都比我們為高，為了不使國民怠忽本身工作，追求生活上的享受，直到現在還不許可舉辦電視；越南政府也以嚴厲的法令，去糾正和限止奢靡荒嬉的生活。希望我們政府今後應以事實作宣傳，不要再空談「毋忘在莒」「臥薪嘗胆」。

聯合報於刊載王委員的詢問時，並有一篇短評，首述香港報紙上的一篇台灣通訊，大標題是「備戰反攻聲中，高爾夫球場的故事」，小標題是「大人先生追求享受，逸興湍飛；可惜非其時也，非其地也。」繼引王委員的話：「正當海內外對愛國同胞慷慨激昂，不惜忍受加重生活負担，支持政府為適應財政上的調度困難和加速反攻準備而開徵國防特別捐的時候，看了這則通訊，真是使人觸目驚心。最後則以譏刺的語句作結，原文是「其實，牧場改闢為高爾夫球場是升格，應該予以祝賀。牧場只能畜牧馬牛羊、鷄犬豕；改為高爾夫球場之後，冠蓋雲集。活動於其間的，由畜生一變而為大人先生，豈非升格？」

當然所謂大人先生不是一人，但最為大衆所熟知的，當首推兼得兩代寵信的周至柔主席了。因此，儘管立法委員提出質詢，儘管報紙上多所譏刺，高爾夫球場還是要繼續興建的。

志清

三、警察與紅包

本月七日台東鎮嘉賓地下酒家的老闆及厨司舉行一次別開生面的記者招待會。據稱：該酒家為求營業順利，除了逢年過節，須向所屬警察機關致送「禮」而外，平時也要按月送紅包。去年農曆除夕，他們一共被索紅包十八個，金額二千餘元。其中八個共八佰元，是中興派出所一位葉姓警員前來取去的。其餘十個紅包，因該酒家年關拮据，無力籌錢，經與該警員協商，准延至本年農曆元月五日，始由該酒家派人送交中興派出所。該酒家老闆林翁貴蘭又說：「這一年來，嘉賓雖然賺錢不多，但一共送了一萬二千餘元紅包，因此一年來辛苦工作，到頭來還是兩手空空，一無所得。最近因中興派出所陳巡官到任，又暗示他們表示點「意思」，但他們未加理會，遂日派警員三人至嘉賓門前站崗，妨害營業，使許多酒客不願光顧，生意一落千丈，無法維持下去，全體工作人員只好喝西北風。」林翁貴蘭說到傷心處，號啕大哭，各酒女也潸然落淚。

報載，九日下午四時，又有一位鎮民至縣警局，面告夏濂局長指出中興派出所曾於去年中秋節向管區幾家妓女戶索取紅包，每戶五千四佰元，據稱：有一家妓女戶因一時湊不到足夠款項，曾經向兩位地方知名之士借錢，這兩名地方知名人士願意作証。該鎮民並告夏局長說：有一位中興派出所警員去年在執行台東公園一家茶室的違警罰鍰時，竟將罰款中飽私囊，

四、台北市府合作課長涉嫌貪污

台北市第六信用合作社以互助會名義經營地下錢莊及部份理監事挪用公款四佰餘萬元及其他幾家合作社的舞弊，據悉，市府合作課長李一偉及該課人員均有關係，李一偉並曾利用職權向各該合作社挪借鉅款，又用其妻周愛的名義，作各種變相的活動。因於本月七日上午被司法行政部調查局傳訊，直至晚間才回家。聞該案牽涉甚廣，將有重大發展。

五、特務教員罰學童喝小便

台中縣中和國民學校四年級導師謝鉦峯於上月二十五日因該班有一個學童「出言不遜」，一怒之下，迫令該生喝小便，以示懲處。事後學生家長得悉前情，投訴於家長會上。家長會調查屬實，乃向縣政府提出檢舉。縣政府轉飭該校校長林錦堂查覆。林校長因謝鉦峯另有特殊身份，不敢開罪，於是呈報縣府，反譽其教學認眞，為不可多得之好教員。至於罰學生喝小便一節，據稱：「雖屬事實；但所喝小便並非由便所取來，而係以茶代替」。既說是喝小便，又說是以茶代替，顯見其無法自圓其說。據悉，該縣長亦力勸家長會應作能論，因為恐怕追究下去，將可能招來麻煩也。

六、監察院要調查公營事業

監察委員張國柱於日前向院會提出一項提案。案由是「為年來若干公營事業機構與國家行局經辦証券人員監守自盜案件屢有所聞，似此情形，究由制度未善，抑由人事不臧？應由財政委員會與經濟委員會調查糾正，以期改善案」。

張委員在說明案由時指出交通銀行証券科長利用職權騙取公債利息，並捲逃巨額支票舞弊八十餘萬元，案發未久，台糖公司近亦發生經辦証券人員監守自盜案發，畏罪潛逃事件。年來若干公營事業機構與國家行局此種類似案件，屢有所聞，因此，他認為該院應予澈查。

王澍霖委員支持此案，他說：近年來報刊連續登載監守自盜案件違法舞弊者，多為董事長或總經理所信任，且為考績優良者。其平日生活情形與收入情形，主管長官應該知道。他主張對於違法失職者應予澈查，對主管及負有監督之責者亦應予追查。

余俊賢委員表示國營事業及金融機構之財務管理情形，正由他會同熊在渭委員調查中，已搜集很多資料，不日可提出調查報告。

院會旋即一致決議交財政、經濟兩委員會處理。

假藉辦學詐騙錢財的又一案

宣平

（台北通訊）繼立法委員覃勤的中醫學院之後，台灣私立逢甲工商學院又以同樣的手法，詐欺錢財妨礙兵役。聞

逢甲工商學院原係為紀念台省愛國先賢邱逢甲而設，於去年正式開學，即派人四出聯絡投考大專學院落第的學生家長，請他們樂捐建校費三萬元至四萬元，其子弟即可免試入學。該院並另給「感謝狀」，以示對熱心捐款建校者的永久銘謝。但其中有王朝宗陳惜周等人於捐出鉅款，並辦妥註冊手續後，其子弟仍無法入學，而奉召入營服兵役，因而指責該院詐欺錢財，要求退回捐款。

據王朝宗說：去年他的弟弟王朝元因未考進大學，即將入營服役，有一個名為郭進來的人知其事，便到家遊說，表示他有能力介紹朝元進入逢甲學院肄業，惟須認捐建校舍的經費若干。問以要多少錢，則答稱至少四萬元。王與乃父聚德商議，為使朝元能免兵役，決定籌款使其能進逢甲學院，但因家境並非富裕，一時籌不出如許鉅款，經與郭進來討價還價，終於減到三萬元，先付二萬。該院董事會於收款後即發給「感謝狀」一紙，狀上印有董事長蕭一山，常務董事楊亮功，陳泮嶺，丘念台，藍文徵，凌鴻勛，邱伯璘等人，多為一時的知名人士。至去年十月底，該院又派林阿成到台南向王朝宗催收餘款一萬元，並說如果再延宕不交，可能影響朝元的學籍。朝宗父子聞言，非常着急，經四出向親友張羅，並變賣了一些家產，始於十月二十九日湊足一萬元交付該院。由林阿成分別出具收條，註明是樂捐建校經費。另外還付學雜費一千八百餘元，辦妥註冊手續。但乃弟朝元忽於本年五月被召服役，始知該院招收學生，原係藉以騙錢，並無眞正的學籍。

本案經各報揭露後，教育部以發言人的名義於六月九日發表書面談話，據稱該部對於此事極為重視，經派員前往作詳細切實之調查後，已作如下之處理：

（一）逢甲學院董事會多數董事辭職，已不能成會，其創辦人不能辭卸其應有之責任。教育部已令飭創辦人迅即改組董事會，並准將董事會之改組完成期限，延展至本年七月底為止，逾期當依規定撤銷其立案，另謀在校學生之補救辦法。

（二）該院濫收旁聽生，並向旁聽生收取「樂捐」尤屬違背法令。查專科以上學校學籍規則明定旁聽生無學籍，該院竟以院函向役政機關証明各該旁聽生在校就讀時，載明其學籍呈教育部審核中；且於呈部學生名冊中又夾三十四名旁聽生在內以圖矇混。又該院教務，訓導兩處久未聘定專人負責，校舍設備等項亦欠完善，雖迭令改進，迄未遵辦。綜觀各項事實，足徵該院辦理不善，且多不合法令，情節嚴重，應依私立學校規程第十條之規定，令飭該院暫停招收五十一學年度新生，且督飭該院院長切實整頓改進。

（三）所有該院前向役政機關具函証明及編造呈部學生名冊意圖矇混之主辦人員，其失職部份應由該院查明責任，立即予以處分。

（四）該院人員中如有涉嫌妨礙役政情事者，應速查明其責任，移送司法機關依法懲處。在事實與責任未澄清以前，該項人員以暫不參與該院校務為當。

教育部的發言人又說：黃季陸部長對逢甲學院在校學生學業至表關心，對該院之整頓盼望亦甚殷切，尤寄望於該院創辦人丘念台先生出而促進新董事會之成立及該院之迅速改進，當可收事半功倍之效，教育部甚願與其協力，以整頓並挽救此一為紀念愛國先賢丘逢甲先生而設的工商學府。

從教育部的聲明看去，顯然對於逢甲學校過去的違法舞弊，無意深究。尤其是責成該院應查究前向役政機關具函証明及編造呈部學生名冊，意圖矇混之主辦人員查明處分，並查明如有涉嫌妨礙兵役的人員應移送司法機關法辦兩點，更為滑稽。因為作這種違法事件的人明明就是該院的當局，而教育部不直接查明依法處理，反而要他們自己查明和處分自己，豈非掩耳盜鈴？

中共何故猛烈抨擊美國登記美共？

劉裕畧

最近，在美國內政方面和司法方面，使全世界所有愛好自由人士喝采的一件事，莫過於美國司法部長羅拔·甘廼廸領導下，勒令美國共產黨人必須以外國代理人向司法部登記的這一件事了。

因為「外國代理人」這一個名詞確實想得很好。全世界任何國家任何地點的共產黨人既都崇奉馬列主義，除南斯拉夫外，無一共產黨不是接受克姆寧宮的領導，所以，無一共產黨不是該國該地的內奸，無一共產黨不是外國代理人哩。這所謂外國，當然指的就是蘇聯啊！

誰都知道：在共黨統治下，都是沒有言論自由和信仰自由的，相反，凡在自由世界，則不但有信仰自由，而且還有言論自由。就因為這樣，所以共產黨人就利用這一空隙來作蘇聯利益的代理人，來作叛變和出賣自己祖國利益的勾當了，中共如此，日共如此，美共亦如此。美國現在洞察其奸，勒令美國共產黨人必須以外國代理人身份向司法部登記，誠屬異常明智。

對此，中共過去已有許多誣衊與誣毀，六月三日人民日報則又作了進一步抨擊。它說：「美國司法部長羅拔·肯尼地一日勒令美國共產黨十位領導人作為所謂『外國代理人』向司法部登記，這是肯尼地政府利用臭名昭著的麥卡倫法廹害美國共產黨的又一個新的罪行。根據這一法西斯法律，被勒令登記的人必須在二十天內向美國政府『顛覆活動管制委員會』作出答覆。如果他們拒絕按照命令登記，可以被判處五年徒刑以及每遲一天登記罰欵一萬美元。這十位美國共產黨領導人是威廉·派特遜、貝蒂·甘內特·托米、威廉·阿耳柏森、阿諾德·塞繆爾·約翰遜、米爾米阿姆·弗雷德蘭德、路易斯·溫斯托克、艾伯特·利馬、羅斯科·昆西·普羅克特、道樂賽·希利、伯特·蓋耳、納爾遜」。

羅拔·甘廼廸的作風是值得讚揚的，而且使人感覺痛快的。這一明智行動難怪引起中共這一外國代理人的怒不可遏。原來美國的的這一麥卡倫法，不但暴露和肯定了美共的賣國身份，事實上，亦同時恰好確定了所有各國各地共產黨人的賣國身份。

不過，對此，筆者仍有兩點希望：

第一點，是所有尚未宣布共黨為非法的國家，或尚在繼續容許共黨活動的國家，都應該一律向美國看齊，如不取締共黨在其內部的活動，亦應立即勒令各國共黨分子，如美國一律必須以「外國代理人」身份登記。

第二，是我希望美國根據其對國內共黨分子品質的這種認識，同時認識到他國共黨分子亦如美共一樣，皆是「外國代理人」。因之，除了應該幫助各國人民驅除這種「外國代理人」之外，還應該鼓勵所有愛國反共的人都遠離這些「外國代理人」。在這一意義下，美國是不應該硬要別國的反共人士與「外國代理人」合組聯合政府的！

聯合國報告中共大量販毒

逸聞

中共在全世界販賣毒品的事，現在經聯合國的調查而更加証實了。

據路透社聯合國六月一日電：「據聯合國本日發表一九六一年麻醉性藥品（即毒品）私運報告（長三十四頁）私運入美國的嗎啡主要是來自共產中國，北韓和南韓，法國，墨西哥」云。

大陸簡訊

陳實勤

中共照會印度邊界衝突一觸即發

中共與印度之間的糾纏不清的關係，最近已愈來愈多，對此，本刊曾迭有刊載。而中共外交部於六月二日給印度的一個照會，則顯示其彼此之間的糾紛，現已含有很濃烈的火藥味道了。

中共於六月二日給予印度的照會，已於六月九日由中共外交部公佈其原文，據新華社說是：「當前中印邊界形勢中最緊廹的問題是印方堅持用武力改變中印邊界現狀，在中國境內設置軍事據點，進行挑釁活動，使邊界衝突有一觸即發之勢」。

照會還說：「印度政府有無和平解決中印邊界問題和改善中印關係的誠意，這是一個嚴重的考驗。」

讀上述中共致印度的照會，已可明白的看出中共以軍事衝突和流血等姿態來威脅印度了。如若印度不讓步的話。

中共誣毀印加代表對越南的報告

越南共產黨在中蘇共黨的支持下，在越南作顛覆活動，這是誰也知道的事實。根據這種事實，越南國際委員會的印度和加拿大的代表才作出了有關侵畧和顛覆活動的特別報告書。可以說，這正是一份符合事實的正確文件。

但作賊心虛的中共却對此大事指責，反說印加代表的這一正確是誣衊。中共於六月九日發表聲明說：「印度和加拿大代表的特別報告是非法和完全錯誤的」。

又說「越南國際委員會長期以來對於制止美帝國主義干涉和侵畧越南南方的行動沒有盡到自己應盡的責任。」

同時，中共且又進一步反誣印加代表及美國在越南的正義行為說「正當美帝國主義出兵泰國，準備伺機對老撾進行武裝干涉，并且陰謀派遣更多的地面部隊進入越南南方的時候，越南國際委員會印度和加拿大代表竟然作出了所謂越南民主共和國對越南南方進行侵畧和顛覆活動報告，這種作法只能被認為是替美國侵畧者効勞」云。

中共之蠻不講理與故意顛倒是非，於此可見一般了。

賀龍歡迎康利警告美國

寮國傘兵叛將康利（貢勒）最近訪問了蘇聯，在回程中訪問北平，以乞求援助。據新華社六月十日北平電：「國務院副總理賀龍元帥今晚舉行宴會，熱烈歡迎以貢勒將軍和辛加坡將軍為首的老撾軍事代表團全體貴賓，貴賓是今天到達北京的。國務院副總理陳毅元帥、國務院副總理兼中國人民解放軍總參謀長羅瑞卿大將出席了宴會」。

賀龍說「在以富馬親王為首的老撾王國政府領導下，得到了以蘇發努馮親王為首的愛國陣綫黨的堅決支持和老撾人民的支持，不斷地打退了由美帝國主義豢養的富米·諾沙旺叛亂集團的瘋狂進攻，粉碎了美帝國主義變老撾為殖民地的侵畧陰謀，「……這些勝利是對中國人民極大的鼓舞」。「是一定能够得到六億五千萬中國人民的同情和支持的」。

中共顛倒是非，存心染指寮國，於此又見一端。

僑鄉近訊

鍾之奇

閩粵各地糧油購銷站造假帳

在中共統治大陸之初，許多天眞的人聽信了中共的宣傳，總以為共幹做事認眞，貪贓枉法的少。隨後中共在大陸普遍推行三反五反，人們才知道共幹的貪污程度係屬空前。現時由於大陸人民普遍飢餓，共幹亦吃不飽，所以，在中共各級業務機構中工作的共幹，更無不利用業務，蒙混舞弊。只以福建廣東兩僑眷最多的省份來說，這種現象已是任何僑眷所熟知的事了。

事實上，共幹們的這種蒙混舞弊的情況，現今且不限於閩粵，而是普及大陸每一角落的。正因為如此，所以，在北平出版的中共大公報五月廿三日曾對此有所記述。它說中共原本規定各地糧食購銷站有三大任務：「第一，它担負着宣傳和貫徹黨和國家有關政策的任務，是黨的政策的具體執行者；第二、它把守着管好糧食企業物資財產的第一關；第三，國家糧食機構的各項統計資料大部份都取之於購銷站，所以，它是國家糧食企業統計資料的可靠來源」。但大公報却又同時透露「購銷站弄虛作假和不執行制度，除了給國家造成損失，給不法分子開方便之門外，還使糧食企業的領導部門對各項統計以及指導工作產生嚴重不良後果」云。

信宜縣農民不願保護中藥

十年以來，中共雖以中藥為換取外滙的重要輸出物資之一，但中共近年來中藥的輸出量却越來越少。這當然不是由於中共不願將中藥輸出，而乃由於中藥藥材已大量減產之故。大陸人民病了之後，根本無藥材可用，因而使大陸人民不願保護藥材，固為一項重要原因，而大陸人民現今正普遍飢餓狀態中，中藥藥材之葉及根除供藥用外，亦聊可充飢，農民遂在採藥時，連根拔去，聊以果腹，導致藥材減產，這也是原因之一。

對此，六月八日中共人民日報透露得很清楚，它說：「廣東信宜縣洪冠公社地處山區，山上各種藥材很多。生產隊積極組織隊員上山採藥，既能供醫藥之用，又增加了社員的收入，這是一件好事情。但是，不少社員採藥時，把藥材連根帶苗挖掉，本來有的藥材只用苗葉，不用枝根，社員也是連根挖回去，這樣一來，藥材資源逐年減少，有個別藥材有絕種的危險」云。

閩侯蟲害猖獗

粘蟲是一種為害稻、麥、粟等主要糧食作物的害蟲。它分佈很廣，大陸各省市都有發現，福建省此一蟲害尤烈，它的幼蟲在三齡以前，食量少，為害尚屬輕微，因此常為人忽視，但到三齡以後至六齡，就進入暴食性時期，往往不到幾天，成片的農作物就被吃光，它們並且吃光這一片，又吃別一片，所以為害甚烈。近幾年，福建許多地區受此蟲害不淺。但中共却對此無法防治。據六月八日人民日報說，直到現在，中共福建省農業科學植物保護研究人員才開始研究防治之法，但一直尚未摸清此一害蟲之情況。人民日報說：「這一「來自何處？它藏在什麼地方越冬？在什麼地方度夏？就成為一個謎」。因此，中共防治人員現今尚只能設法先研究它的越冬度夏之所，待研究清楚，然後才能再設法治它」云。

廣州有暴動人流向澳門

由深圳邊境逃到香港的大批難胞，雖已因中共在深圳邊境之暴力制裁而暫止，但廣東各地逃荒難胞的情形，則尚在發展中，中共壓縮大城市人口的政策及將曾經企圖逃往香港的難民下放到鄉村去勞動改造的措施，亦尚在繼續執行中。茲據經由澳門逃出的難胞稱：廣州最近已因人民被下放勞改而在車站發生暴動性的鼓噪擾亂和反抗，雖未形成事變，但確曾引起人心浮動，加以謠言甚熾，反共心理愈趨普遍，故社會情形極端不安，現時由廣東各地流向澳門之難胞則已日見增多。所幸澳門政府一律收容，惟澳門地方小，亦非富裕，故切望國內國際各方慷慨解囊予以救濟云。

寮國聯合政府的展望

不是新把戲

何之湄

寮國「三王會議」協議了聯合政府內閣的名單，展開了寮局的新形勢。自從一九六一年八月李江永珍叛變以來，約二十二個月的戰事，可能於此時告一段落。寮戰對泰國的威脅，暫時宜告解除；美軍入泰時那種如火如荼的氣氛，也同樣和緩了下來。但當然的，戰爭的告一段落並不等于戰爭的結束，諳熟寮國情形的泰國當局，對於寮國「光明」前途，仍抱着審慎保守的看法，因為從實質內容方面來說，寮國的各項條件實在太不穩定，不像有建立一個權威的中央政府的可能，更不容易調和北邊和南部的政治方式，維持全國一致的秩序。泰國權威人士慨嘆地說：寮國事情，委實變化得太容易了！

據這位權威人士的指出，寮國過去並不是沒有組成過聯合政府，「赤子」蘇發努馮的入閣，這也不是首次，而以前的聯合政府，也同樣是由傳馬担任首長的。但是那次的聯合政府並沒有成功，傳馬也終於下台。

一九五七年傳馬領導下的聯合政府，也是經過左右兩翼的多次談判而組成的，左翼把怒桑，丰沙里兩省的統治權奉還中央，寮共在議會佔有九個席位，蘇發努馮入閣．可是寮共在桑，丰兩省拒絕中央政府的幹部，形同割據。傳馬無如之何，被抨擊為過於軟弱。右翼薩諾尼空，諾沙旺等發起推倒傳馬，建立薩納尼空政權，於是發生寮共第二營在琅巴喇邦附近叛變的事。不久蘇發努馮下獄，又復越獄逃脫，接着就有李江叛變發生，進入戰爭狀態。這些都是記憶猶新的事。

傳馬的評價

檢討過去左右翼在寮國鬥爭的事實，似乎也可以估量寮國未來的情況。有一點很令人担心的，便是對傳馬的評價。據說傳馬有良好的教養、風度，量度，也相當不錯。但泰國的寮國專家認為，他只可為治世的名臣，却不能作亂世的良相，他確乎太柔弱了。他過去曾五任首相，初期表現良好，但到了左翼勢力膨脹，及左右翼劇烈鬥爭開始後，他就似乎無能為力。

這次傳馬第六屆重登首相寶座，並不是在野而東山再起，而是永珍叛變時受李江所擁戴，捲入了左右鬥爭的漩渦中，雖然他絕非共黨而是所謂「中立的」。在右翼反攻永珍得手時，傳馬轉往川壙，後且另設包括左翼的政府於康開，接受蘇聯軍火援助，與右翼軍壓戰經年。經過這個階段之後，傳馬似乎稍嫌親共一些，最少在別人看來是如此的。他的基本武力只有李江，在永珍叛變時不够二個營的軍隊，逃出永珍時更不够一個營。而當李江自永珍落荒而走，若不是蘇發努馮在瓦瓶平原的巴特寮軍加以接應，李江是無處立足的。說將起來，傳馬開府康開的基礎，以及與右翼談判的背景，大部份仍有賴左翼勢力的支持。而現在，左翼勢力已膨脹了，擁有寮國五份之三的土地，傳馬能不能够對他們發生統轄或制裁的作用呢？那是一個大大的疑問。

中立站不穩

聯合政府的名單，依照協議為傳馬中立派七人，永珍右翼四人，左翼四人，永珍方面中立派四人。國防內政兩重要部門由傳馬派執掌，外表上比較可以使左右兩翼信任，也是右翼最大的讓步。因為在左右翼軍警力量的比重上，右翼不及左翼遠甚，換句話說，在今後聯合政府之下，恐怕被蠶食或裁併的，不是左翼而是右翼。

傳馬本人的中立，即使不成問題，但「傳馬中立派」的份子如何？却很難加以保証。共黨滲透友黨或敵對黨，是必然的，而且在左翼勢力膨脹的情勢下，不同流合污的官員會遭受不合作的困難，趨炎附勢者必然向有力者討好，未來的傳馬中立派，必會受到侵蝕而發生變化，引起了新的糾紛。

剛在聯合政府協議的時候，彭庵親王同時宣佈退休，他已屆高齡，乘機卸息荷肩是一個原因，不能出任傳馬的副總理，也是另一個原因。但這麼一來，三親王就缺一了，只剩下中立和左翼兩親王在政治舞台上，右翼方面，只靠諾沙旺領導支持。

最艱難的問題是整編軍隊，這個問題是一向沒有解決過的，因共黨視軍隊為其命脈。前屆的聯合政府，原來也是協議左翼軍隊歸入王軍建制的，但到了一旦政府要實行把他們整編，第二營便發動叛變，逃往寮北，形成戰爭再起。此後的傳馬政府，恐怕絕對沒有力量整編左翼軍隊。如果有整編的話，對象必然是右翼軍。而這種不整編左翼而整編右翼的做法，右翼當然不能接受，將來需要叛變的，大概會是右翼，左翼無須叛變。無論如何，他們必然控制傳馬政府的絕大部份。

·曼谷通訊·

印度和中共「敵意」已加强

·吉巴·

印度和中共，為了邊界糾紛，彼此的關係，刻已漸漸惡化到「兵戎相見，一觸即發」的程度。尼赫魯雖然要盡了「把戲」，恐怕也不能跟中共回復一九五四年共同提出「和平五原則」時那種雙方嬉皮笑臉的氣氛了。

由今年五月間起，雙方便開始換上疾言厲色的面孔，同時也表示極不友好的態度，互相指責「侵犯邊境」；於是，雙方都劍拔弩張，怒目對視，其緊張情形，使人意識到印度和中共這一趟的交惡，確已踏進「不惜一戰」的邊緣。迨至六月三日，「西藏商約」期滿了之後，印度便立刻拒絕續訂協定，其「敵意」的尖銳化，於此更可概見。

「西藏商約」，是印度和中共於一九五四年四月廿九日簽訂的，雙方便批准了生效，迄今歷時已達八載。西藏的貿易和交通，是一向都賴與印度來推進的，中共對此「商約」，無疑的是需求殷切，希望能於期滿之後，再來一次若干期間的續約。可是印度方面，早已覬準了中共這個「需要」，毅然拒絕了中共的兩度要求。當然，中共對此，一方面是焦灼，另一方面便是光火！

印度的所以拒絕續約，其主要的原因，無可諱言，就是由於邊境問題所受到中共的威脅已愈益加深。而中共的另一行動，尤其令印度深惡痛絕的，那便是中共和巴基斯坦間關於邊界問題的臨時協定。中共這一着，無疑於提起了一把尖刀，對準了印度的喉頭。尼赫魯為此，曾於五月十日向中共提出照會抗議。而中共的答覆，也來得相當刁鑽和強硬，清楚地指出：中（中共）巴兩國，都是主權國家，為保持安寧與和睦，何以不能互訂邊界協定？并指責印度，謂印度自己拒絕訂立協定，而又反對巴基斯坦解決邊界問題，是有意在製造中印糾紛之後，再圖製造中巴糾紛，是一種極不講理的陰謀。中共還向印度作出更坦白的說明，聲言中共是希望印巴之間能够早日解決喀什米爾問題，但不能因喀什米爾問題未解決之前而使中巴間數百哩的邊境久懸不決；中巴間的臨時協議，即等於希望印巴之間的最後解決。至於印度方面，則認為中共此舉是對印度的一種惡意措施。尼赫魯的意見，認為喀什米爾乃屬印度的主權，現在一部份地方為巴基斯坦所侵佔，中共與巴談判該一問題，就等同承認其地是屬於巴基斯坦。但中共則堅決認為臨時協議與歸屬問題無關，并指責印度係存心利用此事來增加中印惡感。——於是，彼此之間的紛爭，益趨嚴重。

就中共目前的意圖，是要能够保有西境的拉達克地區而使西藏與新疆之間的公路交通得以繼續暢通，而對東境的所謂「麥馬洪線」，原是可在談判中讓步以謀求解決的。但是，印度方面所關心者，也正是拉達克區的軍事地位問題；尼赫魯認為，印度在該地區已感受到軍事威脅。因此，他就提出一項意見，主張「印、中雙方可各依其地圖上的境界撤兵後退，使拉達克成為一個非武裝地帶，然後彼此再坐下來慢慢兒談判」。尼赫魯還作出一項諾言，謂「中共所築通過阿克沙欽高原的公路，印方可同意仍歸由中共民用，以待日後邊境問題的解決」。尼赫魯曾慨然地說：這是最公平的辦法。可是，中共當局却不同意尼赫魯的說法。周恩來曾坦白地指出：這個問題，實對西藏和新疆的邊防關係，異常重要，無論如何，不能讓步。因此，雙方的邊境糾紛，卒鬧成今日的僵局。

據最近的消息：中共在西藏的軍事部署，已增至廿五萬人；顯然，這是中共有計劃地加重了對印度的威脅。印度方面呢，尼赫魯也已下令他的軍隊採取「準備應戰」的行動。本月十日的「印度時報」亦已率直地報導出，謂如果中共發動軍事突襲行動，則印度的武裝部隊一定沿着邊境地區向對方的哨崗來反擊。——從這些事實反映的情況來看，便可知道「西藏商約」期滿了後，印度和中共的「敵意」，已在加强中。

文史漫談

陸機（五）

徐亮之

通鑑所載關於陸機之死，微嫌簡略；於此必須補敘兩事：

其一是盧志的懷恨害能：前面說過，陸機入洛之初，曾於衆坐中搶白過盧志，幾乎弄得他下不了台。不料寃家路窄，當陸機投靠成都王穎的幕府時，正是盧志做左長史，在穎幕紅得發紫的時候。（晉書志本傳：「（穎）愛其才量，委以心膂，遂為謀主」。）盧志在本質上也是個風調短命的人物，對於陸機的這「一箭之仇」，是一直恨恨於心，總想尋機報復的。果然，陸機一受任為河北大都督，盧志便不客氣地向他報復了。晉書機傳記這事說：

「穎謂機曰：『若功成事定，當爵為郡公，位以台司；將軍勉之矣！』機曰：『昔齊桓任夷吾以建九合之功，燕惠疑樂毅以失垂成之業；今日之事，在公不在機也』。穎左長史盧志心害機能，言於穎曰：『陸機自比管樂，擬君闇主；自古命將遣師，未有臣陵其君而可以濟事者也。』穎默然。」

穎對盧志的鬼話，反應只是「默然」；於是乎陸機的未來命運便不言可知了！而且盧志不但要了陸機的命，同時還要他的老弟陸雲陸耽和他的三族的命哩！原來雲耽被收後，由於江統蔡克等的切諫，穎曾遲廻三日，沒有執行死刑。盧志看在眼裏，又旁敲側擊說：「昔趙王殺中護軍趙後赦其子驤，驤詣明公而擊趙，即前事也。」（晉書雲傳）意即是說：光殺陸機而不斬草除根，則趙王的下場便是一面鏡子。這話如何教糊塗的成都王穎聽了不觸目驚心？如何不索性橫了心把陸機的三族誅鋤乾凈？小人哉盧志！狠毒哉盧志！含恨一言而坑人三族，何其酷耶!?而後來他和兩個兒子也同樣無辜地被劉粲所殺（晉書志傳），大概就是所謂「天理循環，報應不爽」的吧！

另一是孟玖的譖陸機有異志，也並非純然空穴來風。因為孟玖進譖以前，長沙王乂給穎的求和信中便已經明白點出了，「卿所遣陸機，不樂受卿節鉞，將其所領私通國家」（晉書乂傳）的話；這話一方面固可作為一種反間手段解釋；而另方面就認為眞有其事，却也並不怎樣值得奇怪；因為這次長沙王乂乃挾天子親臨戰陣者，陸機所受命討伐的雖是長沙王乂，而正面進犯的却恰是當今天子；陸機本質上乃一「伏膺儒術，非禮不動」（本傳語）的書生，縱然一時為急進的功名主義冲昏了頭腦，並報答成都王穎患難全濟的知遇之恩，而要他公然去冒着陪臣犯君的大不韙，這只消他的腦筋稍一清醒，斷然是要重新考慮的；而最善的考慮結果，自莫善於如長沙王乂信中所說的「率其所領，私通國家」。亦即易言之：無論從那一方面看，都足够使孟玖的譖言在成都王穎的心目中發生絕對性的力量；而陸機之死也便絕對無所逃於天地之間的了！

唐太宗乃最佩服陸機的文采的；他曾親撰晉書陸傳的論贊；對於二陸的死，他在論贊中說：「矯翮南辭，翻棲火樹；飛鱗北逝，卒委湯池。遂使穴碎雙龍，巢傾兩鳳；激浪之心未騁，遽骨修鱗；凌雲之意將騰，先灰勁翮；望其翔躍，焉可得哉!?」又說：「觀機雲之行己也，智不逮言矣。覩其文章之誡，何知易而行難？自以智足安時，才堪佐命；庶保名位，無忝前基。不知世屬未通，運鍾方否；進不能闢昏匡亂，退不能屏跡全身；而奮力危邦，竭心庸主；忠抱實而不諒，謗緣虛而見疑；生在己而難長，死因人而易足；上蔡之犬，不誠於前；華亭之鶴，方悔於後；卒令覆宗絕祀，良可悲夫！」可謂痛切言之而深惜之矣。

蛔虫——郭沫若？

鄒眉

魯迅的名句「一闊臉就變，所砍頭漸多」描透了中國的「革命領袖」。為結合現實，不避所謂天才、庸才、蠢才分野之譏，延申如下：「一闊臉就光，捧哏人也多」。這是共產黨也不能免俗的客觀真理之一，比馬列主義更能「放之四海而皆準」。君不見，毛澤東放個屁，郭沫若演台戲乎？

郭某在拍馬文學上——假如能稱之為文學的話——的造詣，似乎已登峯造極，古今無匹了。最新的例証是「喜讀」連毛澤東都「通忘記了」的「哼詞」。這類文字，雖然明知一讀難免作三日嘔，但總狠不下心來未經「鑑賞」就扔到毛坑中去；「鑑賞」則必然有罵從口出的條件反射。罵，誠然是不夠「含蓄」和「斯文」的，或者是有近于「潑婦行徑」。雖然對郭某這類「人」（？）大可不必講究方式方法，但對可尊敬的讀者，行文就要儘量「藝術」一些。

郭某這一篇捧哏人的「喜讀」，是史太林的孫子淪為毛澤東肚子裏的虫的里程碑。蛔虫之為物，生活環境，行狀動態如何，可以想像而不必言傳。因為除了寄生虫學專家研究以外，誰也沒這個閑工夫去小心觀察。但為求証郭某就是毛肚蛔虫，却要「持之有故，言之成理」地大費筆墨，以免寃枉了「牠」！

一、郭某說，老毛在急急如喪家之犬，忙忙若漏網之魚的情況下「閒適」、「鎮定」和「樂觀」，因為能在「馬背上哼」就是證明。並提醒人們，「不要輕淡看過這個『哼』字」。是的，「哼」字實在可圈可點。郭某在行文中舉了幾處哼的場合，以後因為忌諱用「……」帶過。本人不揣鄙陋予以補充：「主席」在「遺矢」時「浮想連翩」可以「哼」，陳「元帥兼副總理兼外交部長」諱毅字仲弘在闈房中「夜不能寐」也可以「哼」。此外，假如新發表的舊毛詞的時間和作者無訛，拿來與老毛當時的私人醫生、後發跡為衛生部副部長的傅連璋所述印証，則這六首詞，其中也有在打擺子，躺担架時「哼」的。在戰慄熱昏的毛體內，如果有什麼「舒適」、「鎮定」和「樂觀」的所在，莫過於直腸以上，胃部以下了。明乎此，誰能說郭某活見鬼？

二、對老毛的「婁山關」詞的解釋，郭說，「雖然沒有問過主席」，但別人都「同意我的意見」。郭某所以斗胆「沒有問過」就自作主張，是利用老毛的沾沾自喜而放心他「無奈小虫何」。因為「小虫雖然剝削了些營養，到底與「毒草」不同。別人的「同意」則是明知此虫深入「主席」的大小腸，「牠」不明白誰明白？

三、老毛認為頭觸不周山的共工氏沒有死。郭某趕忙說「牠」四十年前的看法錯了。說什麼這是因為「牠」與老毛的「宇宙觀」有「大距離」。準此，毛皇能「坐地日行八萬里」地去「巡天」，其「宇宙觀」當然大。郭「小虫」游蠕於渣滓充塞的腸道之內，雖然甘之如飴，不可一世，但「宇宙觀」與前者之「大」有距離，則事實之必然。

上述三者，皆有毛、郭文字為証，如此立論，非鄒眉所能大胆假設者也。

發財的暨南大學

暨大僑生徐麟

暨南大學，廿多年前在華僑心中，是享有盛譽的學府；該校學子遍佈海外。抗日戰爭時該校停辦。中共為了宣傳、騙取外匯、及誘騙華僑子弟回大陸；故在一九五八年八月，盜取享有聲譽的暨南大學招牌，在廣州市石牌重辦暨南大學。當時，以廣東省省長陶鑄為校長，以陶鑄為「掛帥」。同時也騙取一些華僑的「辦校」捐款。

從廣州市石牌「華僑補習學校」撥調幾幢房屋作為校舍，其次是澳門何賢送兩輛，回到廣州進行大修的澳門公共汽車作為校車。暨南大學就在這條件下開辦了。初時設有中文系、水產系、礦冶系、歷史系、華僑預備科，工農預備科。到目前為止，增設有化學系、物理系、外國語言系、數學系、對外貿易系。但由於條件、設備不足，師資缺乏，故航海系、水產系、礦冶系在一九六○年停辦了。

學生，名義上是以僑生為對象，但實際上僑生佔人數百分之五十，工農子弟佔百分之五十。這百分之五十工農子弟全是黨團員。如工農預科學生，全是從各機關抽調積極份子的幹部。其中有的小學還沒有畢業的。又如航海系學生，全是黨團員的工農子弟，沒有一個僑生。其目的是監視僑生行動、和監督、帶動僑生思想改造。

在暨大的僑生大約有一千多人，以往中共在這一千多位僑生身上，套取了一筆可觀[illegible]。但是，近年來中共發生經濟恐慌，物質缺乏。所以僑生將匯回大陸的生活費，在海外購買食物寄回去；因此中共失去一筆可觀外匯款項。為了不甘失去這筆巨款，又不敢公開干涉同學的這一行動，終於想出一條毒辣計劃：明年開始，每一僑生每學期收學費壹百大元「人民幣」，交費辦法，在海外照中共外匯牌價折合外幣繳交。聽說其他僑校也實施這一政策。被騙回大陸「升學」的僑生有數萬人，而每人每年要繳弍百元「人民幣」，以港幣折算，則每人每年要繳港幣四百五十元左右（照中共外匯牌價，四十二元柒角「人民幣」兌換壹百元港幣），這數目不小啊！

我們聽到這一消息，無比之憤怒。我們未回大陸前，他們說什麼讀書不用錢，家庭困苦的同學還可以申請「人民助學金」。平心而論，讀書不用錢，其實就要用錢。假若計算起我們勞動工資，繳交四年學費，我們還有餘錢啦！今日暨南大學之能有美麗動人畫片，在海外招搖撞騙，全是我們同學的血汗，美麗人工湖啦！運動場，教學大樓：：全是我們同學雙手創造出來。特別我們這班「開國功臣，五八年剛踏進暨大，就要進行整整將近一年勞動改造，如芳村築路、、燒磚、搬坭、煉鋼……等等。以後又挖掘人工湖、運動場、建校舍……直到現在我們還不停雙手。今天要我們每學期繳交一百大元「人民幣」，太不公平了，渾蛋！

抗戰回憶錄（二四）

張發奎

六、任第四戰區司令長官

調整戰區部隊的部署，是一件很困難的工作。戰區的正面西自桂越邊境起，東至閩粵邊境止，是一個漫長橫廣遼濶的正面，海岸綫的彎曲和到處均可能登陸的地點，在交通情形不良好，而且所有的公路和電信交通，都和正面平行的狀態之下，要求統一機動使用兵力至爲困難，同時當時的指揮系統，亦相當混亂，第九集團軍總司令吳奇偉，僅有一個空銜的機構沒有明確的任務。第六四軍和幾個保安團及稅警總團担任西江的防務，但各不統屬，形成各自爲戰的狀態，這些問題都必須解決；我平素對于作戰指揮，是一貫確定職權和分層負責的，我過去對于第四軍的作戰，任何一個部下，必有一個明確的任務，和授與他統一的權力。我以爲混亂的系統，或雙重的責任，以及忠順的被動都不是作戰指揮的條件。英首相勞合喬治說：「這不是一個將軍比另一個將軍好，而是一個將軍比兩個將軍好」，這實在是說出了統一指揮的眞締，因此我向最高統帥部建議調整本戰區軍事的意見：

甲、作戰地區就固有區域劃分爲東南西北四區每區以一個集團軍任之。

一、東區——第九集團軍吳奇偉指揮第六十五軍預備第六師及獨立第九旅。

二、南區——第十六集團軍夏威指揮原第卅一、四六兩軍。

三、西區——將粵省保安團抽出八個團編爲一軍，加以第六十四軍鄧龍光部合編爲一個集團，以李漢魂兼任總司令，鄧龍光副之。

四、北區——由余副長官指揮十二集團軍之六二、六三、六六軍及獨立第廿旅。

乙、由中央增撥一個軍控置于韶關附近爲總預備隊。

丙、粵省保安隊除撥出八團編成一個軍，即以保安處長鄒洪任軍長外，所餘五個團以吳廼憲任保安處長。

丁、粵省稅警總團除留四個營仍任緝私外，其餘三個團及一個營編爲一個師，歸西江方面之集團軍總司令指揮。

這一個建議，雖經最高統帥部大致同意，並頒布了人事和區分的命令；但當時有一部分軍人却有一種惡意的批評，他們以爲我有意分割廣東部隊的統一，和樹立原第四軍系統的勢力，因爲吳奇偉、李漢魂、鄧龍光都是第四軍裏面的將領，由於這一種私見和宜傳的擴大，結果以後造成廣東軍人派別上的分歧，及余漢謀李漢魂間發生許多意見、摩擦的不幸。

同時讓我特別叙述一點，關于當時兩廣軍隊封建意識的情形，這對于國家將來建軍的工作，是值得注意的一件事，而我當時在指揮上亦常因顧慮這種關係，受了許多的牽制，和很多頭痛的問題。自陳濟棠將軍于戰前政變失敗以後，廣東的統治權力，已轉移到余漢謀將軍的手上。抗戰開始，余將軍的部隊鎭守華南，他的直屬部隊由一個軍擴充爲四個軍又兩個獨立旅。抗戰初期，李漢魂、鄧龍光和葉肇的部隊調京滬作戰，廣州的鎭守任務，完全由第十二集團軍的部隊所担任，於是余漢謀便成爲廣東權力的中心，相沿了封建軍隊一貫的習慣，所有部隊的人事經理權，余將軍有絕對支配的權力，地方行政權，亦有相對干預的力量；對于部隊調動作戰，其接受余將軍命令的效力，往往大過于接受戰區和最高統帥部的命令效力。自廣州失陷後，鄧龍光和陳烈各軍相繼開入粵境，在一種封建意識上，這就等于分割了十二集團軍的勢力，所以在李漢魂的卅五集團軍成立後，由這一種封建意識的擴大，使余李兩人的軍政方面，和十二集團軍與卅五集團軍的軍隊方面，都好像有一種無形歧見的存在，而我每于作戰指揮上，爲了這一種意見的顧慮，不是須特別加以協調的考慮，便是只得聽他們自己去調度，而不加以過事的干涉，形成了一種尾大不掉的情勢。余將軍本是一個老成渾厚的人，自陳濟棠將軍政變後，他更是一個向心的服從者，但亦常因這種封建勢力的包圍，而無法擺脫這種羈絆。

辛亥革命史談（四九）

九．清帝退位與孫袁交替

舜生

孫總統接到清帝退位及袁氏贊成共和之電後，於二月十三日，即以正式咨文兩封，提出參議院，其一表示辭臨時大總統職，並附辭職後辦法三條；其一則舉袁世凱自代，其辭職咨文云：

『中華民國臨時大總統孫咨：前後議和情形，前已咨交貴院在案。昨日伍代表得北京電云云，又接北京電云云，又接唐紹儀電云云。本總統以爲我國民之志，在建設共和，傾覆專制，義師大起，全國樂從，清帝鑒於大勢，知保全君位，必然無效，遂有退位之議。今既宣布退位，贊成共和，承認中華民國，從此帝制永不留存於中國之內，國民目的，亦已達到。當締造民國之始，本總統被選爲公僕，宣布誓書，以傾覆專制，鞏固民國，圖謀幸福爲任。誓至專制政府既倒，國內無變亂，民國卓立於世界，爲列邦所承認，本總統即行辭職。現在清帝退位，專制已除，南北一心，更無變亂，民國爲各國承認，旦夕可期，本總統當踐誓言，辭職引退。爲此咨告貴院應代表國民之公意，速舉賢能，來南京接事，以便解職。附辦法條件如左：

一、臨時政府地點，設於南京，爲各省代表所議定，不能更改。

一、辭職後，俟參議院舉定新總統，親到南京受任之時，大總統及國務各員，乃行解職。

一、臨時政府約法，爲參議院所制定，新總統必須遵守；頒布之一切法律章程，非經參議院改訂，繼續有效。

此咨。』

其薦袁自代咨文云：

『臨時大總統孫咨：今日本大總統提出辭表，要求改選賢能。選舉之事，原國民公權，本總統實無容喙之地。惟前使伍代表電北京，有約以清帝實行退位，袁世凱君宣布政見，贊成共和，即當提議推讓，想貴院亦表同情。此次清帝遜位，南北統一，袁君之力實多；其發表政見，更爲絕對贊成共和，舉爲總統，必能盡忠民國。且袁君富於經驗，民國統一，賴有建設之才，故敢以私見貢薦於貴院，請爲民國前途熟計，無失當選之人，大局幸甚！此咨。』

除此項推薦咨文外，十四日孫總統又親臨參議院，說明一切詳細情形，院議同意。

前一咨文所附三項條件：一、臨時政府地點設南京；二、新總統親到南京受任；三、參議院所定約法，新總統必須遵守；實對袁表示不能信任，希望藉此加以防範。可是袁氏早已窺破此點，他在十一日電南京表示贊成共和，即已說明他不能南來的理由。其時都南或都北，頗引起爭執，參議院收到十三日孫總統咨文，謂：『臨時政府地點……不能更改』，仍於十四日在出席二十八人中以二十票對八票議決都北京，並以咨文覆孫總統說：

『今日南北既經統一，即應統籌全國，圖所以統一之道。臨時政府地點爲全國人心所繫，應在可以統馭全國之地，使中國能成完土，庶足以維繫全國人心，並達我民國合五大民族爲一國之旨。前經各省代表指定臨時政府地點於南京者，因當時大江以北尚在清軍範圍內，不得不暫定臨時政府適宜之地。今情勢既異，自應因時制宜，定政府地點於北京。特新舉總統，無論何人，應在南京接收事權。事經議決，請查照行之。』

可是孫對南都一點堅持甚力，收到上項覆文，仍於翌日（十五日）以原案交還覆議。是日出席參院參議員二十七人，經過激烈辯論之後，又以十九票多數可決臨時政府地點仍在南京（參看林長民『參議院一年史』）。

南都之議既定，參議院即於是日開臨時大總統選舉會，到十七省代表，共十七票，投票結果，袁世凱得十七票，當選爲中華民國臨時大總統。二十日選臨時副總統，黎元洪仍以十七票當選爲中華民國副總統。

袁舉出以後，所剩下一個最主要問題，便是袁究竟肯不肯南來就職？在中山等的意思，以爲只要袁氏能够南來，南京目前有一個參議院，不久的將來，還會有一個正式的國會；約法雖尚在起草，但改採內閣制則已確定，總統權力已大加削減；再加上南京決非北京那樣一個官僚遺毒甚深的環境可比，袁氏北人，又在北方服官多年，一旦南來，可能他的頭腦會有些改變。凡此種種做法和想像，或許正確而有效，但對袁氏則完全無用。他三十年的官僚生活，已習與性成，既不肯離去他的老巢，尤其不肯離開他的軍隊，他心目中根本無所謂中華民國，更何有於約法與國會？因此他早抱決心，斷然拒絕南來。原來中山在推薦袁於參議院以後，即正式電袁，勸其南來任職。並告他『不可由清帝委任組織。若於一時期率意行之，恐生莫大枝節。』還說：『如慮北方無人維持現狀，則可先舉人材，電告臨時政府，畀以鎮撫北方全權之委任狀。』同時黃興等對袁也有類似的電招。但袁於十五日電覆，仍然不肯接受。原電云：

『南京孫大總統，黎副總統，各部總長，參議院，各省都督，各軍隊長鑒：清帝辭位，自應速謀統一，以定危局，此時間不容髮，實爲惟一要圖，民國存亡，胥關於是。頃接孫大總統電，開提出辭表，推薦鄙人，屬速來寧；並舉人電知臨時政府，畀以鎮安北方全權各等因。黃陸軍總長暨各軍隊長電招鄙人赴寧等因。世凱德薄能鮮，何敢肩此重任？南行之願，眞（十一）電業已聲明，然暫時羈絆在此，實爲北方危機隱伏，全國半數之生命財產，萬難恝置，並非因清帝委任也。孫大總統來電所論共和政府，不能由清帝委任組織，極爲正確。現在北方各省軍隊，暨全蒙代表，皆以函電推舉爲臨時大總統，清帝委任一層，無足再論。然總未遽組織者，特慮南北意見，因此而生，統一愈難，實非國家之福。若專爲個人職任計，舍北而南，實有無窮窒礙：北方軍民意見，尚多紛歧，隱患實繁；皇族受外人愚弄，根株潛長；北京外交團，向以凱離此爲慮，屢經言及；奉江兩省，時有動搖；外蒙各盟，迭來警告。內訌外患，遞引互牽，若因凱一去，一切變端立見，殊非愛國救世之素志。若舉人自代，實無措置各方面合宜之人。然長此不能統一，外人無可承認，險象環集，大局益危。反覆思維，與其孫大總統辭職，不如世凱退居。蓋就民設之政府，民舉之總統而謀統一，其事較便。今日之計，惟有南京政府，將北方各省及軍隊妥籌接收以外，世凱立即退歸田里，爲共和之國民，當未接收以前，仍當竭智盡能，以維秩序。總之，共和既定之後，當以愛國爲前提；決不欲以大總統問題，醸成南北分歧之局，致資漁人分裂之禍。已請唐君紹儀代達此意，赴寧協商，特以區區之懷，電達聽聞。惟亮察之爲幸。袁世凱咸。

本刊已經香港政府登記

聯合評論 週刊

每逢星期五出版

United Voice Weekly

第一九一號

督印人：黃宇人　總編輯：左仲平

社址：九龍土浦道一六八號南亞書局 805641

承印：嘉羅印刷有限公司 香港灣仔馬師道5號

總代理：友聯發行公司　售價每份港幣一毫

本報美洲版總經售處 美國紐約中美出版社

CHINESE - AMERICAN PRESS, INC
199 CANAL STREET.,
NEW YORK13 N. Y. U.S.A.

美洲航空版每份零售美金一角

生存在力的世界中！

李璜

本月十八日出版的祖國周刊社論上，「國府的因循與美國的打算」中間兩段話寫得狠直切：第一段是：『對於國府當局的這種蹉跎與株守的態度，有人認為是由於「外交上受中美條約束縛，軍事上受美國軍援內容和性質的限制」所使然。美國的牽制固是事實，可是如果我們自己站穩腳跟，挺起胸膛，有義無反顧的決心，摒棄敷衍苟延的意念，則自能堂堂正正地的勇往直前，最後必能完成反攻復國的使命。』——這是「自求多福，在我而已」的一定道理，自古以來，捍大患，赴急難的人，從來沒有推責任於受牽制而竟不能幹的說法！

該篇社論第二段話：『美國的撫綏中共，我們不贊成；可是美國政府並不對中國人民利益負責，我們不必深究其政策是非。站在中國人民的立場，我們仍不得不對迄仍在中華民國政府執政的國民黨領袖諸公加以督責。中華民國政府不是國民黨所私有，中華民國的軍事力量也不是國民黨所私有。在此國家生死存亡的關頭，如果少數當權者狃於私利，因循苟且，誤國誤民，將何以向歷史、向苦難的大陸同胞和顛沛流離的海外中國人交待！』——在這段話上可以引申兩義：一是與政府接近的報紙天天在那裏批評美國政府，意在為政府卸責，但美國政府對中國人民並無責任可言，他要以第七艦隊來保衛台澎，也無非認為是美國保衛戰的一環而已。二是我執政黨袞袞諸公在台灣一混就是十二三年，空言反共復國，至今師老無功，即令置國人的希望與督責於照例不在意下，然而又何能為今日「力的世界」所瞧得起呢！

說到力的世界，我中華民族在三百年來，自尼布楚條約至雅片烟戰爭開始，一直失敗到現在，總應該明瞭西方是講力不講理的世界了吧！就是講和平，百年以來的西方和平都叫作「武裝和平」，而現在要講裁軍，還是先多試驗幾個更大的氫彈再說！

十九世紀一開頭，拿破崙的力量支配了全歐一十五年（1800-1815）拿翁以「革命的產兒」自命，還是用武力在宣傳平等自由；接着梅特涅出來，又以武力鎮壓歐洲的革命勢力達三十三年（1815-1848），此後英與德相繼稱霸，引起兩次世界大戰，死人無算，而西方人並無悔禍之心，到今日又成為美蘇爭霸之局了！

不錯，在這美蘇爭霸之局中，我們中華民國是站在美國一面的，我們可以說是美國的一個盟友。然而我們忝為一個盟友，在比重上說來，我們的力量又如何？我們是不是可以叫美國的第七艦隊全部開往別處去，讓我們自己為反共復國來奮鬥一下呢！

政府報紙與接近政府的報紙隨時宣傳台灣的社會生活安定，軍隊訓練精良，而且當權諸公不忘在莒，將有意於反攻復國，這一不斷的宣傳，似乎毛澤東在政治失敗了的目前也都在相信了。然則，我們又何以還讓美國第七艦隊停在台灣海峽，還口口聲聲去說美國保衛台澎呢！

一個國家的領土要靠他國的艦隊來保護，這還成其為國家嗎？就說是協防罷，則對於防守與進攻之義，如國家有主權在，可以自行決定的。在我這個國際法的外行看來，雙方的防守協定，如一旦某一方改防守為進攻，則防守之義便不存在，而協定也就等於無效了。我就不相信，我們的反攻復國，一定要得着美國政府的同意，否則美國不准許我們有任何行動。像這樣說來，美國第七艦隊一定要橫梗其中，說是在保護台澎，也可以說是在保護中共了啊！

這兩天，美國，台灣，與大陸來的電訊，其內容之矛盾，只有令人迷惑：中共在浙閩粵沿海大事調動軍隊，陳毅聲言美國要幫助台灣進攻大陸；美國則副國務卿聲言，中共要攻金馬，必遭慘重損失，而台灣呢，則一再認為「共匪之增兵沿海，並不是防禦中華民國反攻大陸，也不是準備向金門攻擊，而是在彈壓大陸沿海的民變」。

究竟那一方面的電訊所說算得是真實情況呢？在我看來，似乎各有心事罷！衡量這三方面的心病，當然以中共所懷的為最大。因為中國大陸由於普遍饑荒而不安定，尤以沿海逃荒而引起動亂，使中共不能不憂慮到台灣力量將乘民變而上大陸。至於美國，則照常表示驚惶，不但其副國務卿，議員們不斷發言，而且美國務卿魯斯克還把這件事提出與英外相休姆去商談。——這仍舊是在怕中共的軍力與好鬥的性格！

台灣的軍力究竟如何？是否可以在這一大陸全面動搖的時候，來向這「力的世界」中發揮一下，眞幹一番？至少去使西方講力不講理的人們感覺到，中國反共者確實能鬥爭以求生存，能一洗平日的「精神勝利者」之讖，也是好的！

五一、六、二六

第三勢力何在？

孫寶剛

本刊上期讀者投書說要找第三勢力，我讀完了這封投書，不禁感慨繫之。遠在中共還未佔據大陸以前，就有許多朋友從事于第三勢力運動。那時國民黨主政，蔣氏獨裁無能，大家反對的對象當然是腐化不堪的蔣政權。共產黨當時也是在野黨之一，對于反對蔣政權也不後人，所以在反蔣的工作中，中共常和其他在野黨態度一致，並且時有合作。因此許多在野黨便與共黨很熱睦，而有永久合作之意。但也有少數朋友，認為反蔣是一件事，親共又是一件事，反蔣不等于親共，我們所以要反蔣，是為着追求民主，中共決不是一個追求民主的政黨，怎能永久合作呢？我當時就是這少數人之一，我們認為我們固不應和蔣政權合作，但也不能和毛黨合作，我們應當本着我們的理想，孤軍奮鬥。人們就稱我們為第三勢力。這條路當然是困苦的，我記得那時我到了廣州，廣州行營就奉到蔣的電令，要把我扣留，幸而廣州行營內的朋友很多，他們一面扣住電令不立即辦理，一面通知我立即到香港去暫避，所以那時雖然有民社黨的不肖份子去奉承蔣政權，在朝內做官，而我則已不容于中華民國國土之內了。到香港以後，適逢國民政府宣佈民主同盟的非法化，民盟的要員，以及左傾的人們相率來港，所以港中民主人士之盛，可謂盛極一時。那時中共在青山墟，利用了蔡廷楷的別墅辦有一個幹部訓練學校，名達德學院。記得在陽曆元旦那天大宴賓，我也是被邀之一，待到了那裏，始知並不是單純地慶祝元旦，乃是慶祝毛澤東發的一個文告，當時就有沈山、郭沫若等大大的歌誦了毛的文告一番，及至請我演講時我就拒絕演講，但他們一請再請，非請我上台說幾句話不可，我不得已，上台說：「今朝我也讀到了毛說的文告，但我是個軍人出身，所以對于毛的有關軍事上的兩句話，印象深刻。毛說，不打沒準備的仗，不打沒把握的仗。我認為這兩句話是對的。所以我要效法毛的話。今天我應邀來慶祝元旦，我準備飲酒吃飯。我沒有準備演講，且因為沒有準備，所以講起來定會語無倫次，毫無把握。所以今天不能作演講。」這幾句話當然間接地在証明我是不附和毛的號召的。所以從此之後，我在香港差不多又住了一年餘，但左翼人士以及所謂民主人士，可說沒有和我來往。我那時在香港是非常孤立的。後來因為蔣下野，我又獲機回上海，等到中共渡江，在新華社的廣播中，雖提起我的名字，希望我去北平參加新政協，我當然不會受騙，所以來了香港。至今想來，假如那時許多朋友，都能站住崗位，依照理想獨立地從事民主運動，不要和蔣毛合作，國事決不至此。

這是十餘年前的往事。現在我在香港又住了十餘年了，今天大陸是中共統治，毛氏獨裁，全國人民都在飢餓綫上，大家反對的對象是共產黨。國民黨雖然在台灣還是個執政黨，比起中共來，當然是小巫見大巫。國民黨的反共自也不後人，所以在反共的工作中也時有合作。不過在這裏我要插一句，當年中共要許多民主人士合作，他們的服務週到，行動還就，手段確甚高明，所以有許多人上了當。今天國民黨的作風，不能與當年中共比。但話雖這樣說，許多民主人士和國民黨仍時有合作。也由合作而很熱。更有許多便有依附其下而有永久合作意。但也有少數朋友，（與當年的少數比，當年眞是少數，今天這少數，恐不很少）認為反共，不等于擁蔣。因為我們所以要反共，為着追求民主，台灣政權決不追求民主，因此我們應當本着我們的理想，獨立奮鬥，一與合作，很易同流合污。我又是這少數人之一。幾年來我親身的經驗，當然覺得這條路是很艱苦的和孤立的。但是我相信，唯有這樣做，才能使中國有一天成為民主的中國。

所以我今天讀了本刊上期的讀者投書，不禁使我感慨繫之。不過也使我增加了自信，今天唯有獨立地奮鬥，為着理想的原則而奮鬥，這個奮鬥才有成功的一天。這一次大陸上數萬難民湧入香港，據已登記的已出二萬餘；據估計，應有四五萬人。在這四五萬人中間，有許多智識份子，甚至是中共的中級幹部，有的自東北逃來，也有自西北逃來，我個人和許多朋友都和他們有接觸。每次我接觸時，我一定提出幾個問題，即大陸智識份子和學生的思想傾向，是否還仰共產主義或毛澤東思想？大陸上的人民是否思念蔣介石打回去？他們的答覆可說是一致的。自一九五八年以後，大陸上的人民，包括智識份子在內，已不相信毛澤東思想了，但他們總不希望，也總不相信蔣介石可以打回去。他們認為年老的一代對國民黨政權的印象太壞，年青的一代對于蔣政權根本沒有印象，但從年老的一代都知道國民黨政權的腐化，決不能挽救中國人民。凡是有些政治思想的人，他們早已覺悟到，不能希望一個英雄去救援他們。唯有一套適合于中國的思想，在這個思想之下，才能團結起來形成一個力量，才能使中國進步和幸福。唯有沒有思想的人們，他們既然反對共黨，但腦子中沒有其他名字，所以才希望蔣介石。從這一點看，我們更可深信，本着適應于中國的一套理想獨立地奮鬥，以團結同志，才是救國和反共的眞正路線。易言之，第三勢力，確是中國命運之所繫。我希望從共黨中反叛出來的，從國民黨舊政權脫化出來的，以及一切愛國人士，都考慮這一點而團結起來！

論大陸人民飢餓對中共軍隊之影響

並就教美助理國務卿哈里曼先生

劉裕略

中共政權雖然是一個標榜和信奉馬列主義的政權，但中共之所以在中國起家，並於十二年前佔有中國大陸，却不是憑藉任何方式的人民選舉，而乃依靠武力。這是毛澤東及所有共產黨人都所不否認，且自鳴得意的。

假如沒有這一武力，或不能確實在控制這一武力，中共還能繼續統治大陸嗎？當然不能。

所以，研究中共能否長期統治中國大陸，反共力量之強大與否？中共內部政治、經濟措施之成敗如何？大陸民心傾向何在？固爲重要因素。但中共軍隊之軍心士氣如何？他們是否會因今日大陸人民的普遍飢餓及他們自己的父母妻子捱餓而影响而動搖？其關係之大，尤較一切因素重要。

現在，大陸人民普遍飢餓之事實已舉世周知，但這對中共軍隊究竟是否已經引起惡劣反應呢？這是中共內部是否將會順利的不可收拾的暴發反共事變的關鍵。

對此，美國助理國務卿哈里曼先生曾於六月十六日發表談話說：「中共內部正遭逢一次重大的經濟崩潰。其原因一方面是天時不利，另一方面是共黨無能處理農業問題」。又說「無疑在中共區內的人民中，對他們的共黨主人正懷有一種怨恨和醒覺的情緒，但迄今尚未有跡象表示，那裏已遭逢政治上和軍事上的崩潰。我們所能做的事，只有等待事變的發展。同時中蘇共之間的關係，當然也是很有意思的。他們之間的破裂，也許最近的將來不見得對我們有利，但在長期的過程中，這表示着國際共產主義獨霸組織的瓦解，對於將來的影响是非常重要的。」

哈里曼先生的這一談話，顯示美國對中共政策，仍在觀望與等待。換言之，仍是被動與消極。關鍵所在，則在認爲中蘇共之分裂，目前對美國雖不見有利，但在遙遠的將來，則將有重大影响，這便成了所以要觀望與等待之一項理由；另一方面，則哈里曼先生雖認爲中共目前之經濟雖已遭逢一次重大的崩潰，却尚未影响到軍隊和政治控制，這便成了美國繼續觀望與等待的另一理由。

哈里曼先生的上述看法，關係甚大，蓋哈里曼先生是身負遠東事務的助理國務卿，彼之看法對美國的對華政策有重要影响。

在這裏，我願意首先向哈里曼先生指出的，是美國對中蘇共分裂問題的發展固應隨時密切注視，中蘇共分裂誠有多種理由可以作爲有利美國的判斷，但其間的變化因素並非絕對一定，所以這一未來演變便不應作爲美國對華政策的基礎。

而哈里曼先生所說中共在政治上尚未遭逢崩潰的跡象一點，這似乎是指中共政權尚無明顯崩潰跡象而言。但我以爲明顯的崩潰跡象原本是在中共政權突然崩潰之前難於覺察的。但關於經濟與政治的關聯，馬克思主義者却早已自己承認政治是經濟的上層的上層建築物，經濟一動搖，建築在上層的政治組織亦隨之動搖，毛澤東且更明言：「政治是經濟的集中表現。」可知毛澤東和所有共產黨人都認定政治情況實被經濟情況所決定。這雖是辨証唯物主義的看法，但經濟情況是政治情況的決定因素之一，却也是任何非唯物主義者所不否認。而今日中共之經濟情況如何呢？已遭逢了重大崩潰有如哈里曼先生所云，那末，我們怎能再把中共的政治情況與中共的經濟情況截然劃開而說它們並不互相影响呢？問題只是崩潰的明顯跡象尚未突然表現能了。但它已在潛在的發展，則是可以肯定的了。

至於哈里曼先生所說中共的經濟崩潰尚未有明顯跡象表示業已影响到中共的軍隊一點，尤應研究，據我所知：今日大陸人民之普遍嚴重飢餓，以及共軍家屬之普遍嚴重飢餓，實已嚴重影响到共軍之士氣與軍心。且拋開我私人所獲得大陸共軍之資料不談，就以中共自己報導所透露的事實來看，亦已可以作爲明白而有力的証據。

本年六月九日北平中共人民日報第一版以「解放軍某部連副指導員龐玉林正確處理家庭問題」、「耐心敎育家屬努力生產自救」爲頭題說：

「中國人民解放軍某部的連副指導員、共產黨員龐玉林，積極敎育家庭努力生產自救，克服自然災害帶來的困難。他的摸範行動受到地方政府和部隊領導機關的表揚。

「龐玉林的家鄉連續三年遭受春旱秋澇，是河北省滄縣的重災區，家有父母妻子和孩子，老老小小四口人，父親七十多歲，勞動力較差，生活困難。過去政府和部隊給予救濟，他總是一再辭謝。他說：『我是共產黨員，又是革命幹部，該幫助家庭同災區人民一起克服困難，讓國家把錢拿來救濟比我家庭更困難的羣衆』。他每月的薪金主要供給家庭，自己非常儉樸，有事進城的時候，總是省吃節用，不多花錢。現在他在銀行裏還有一些儲蓄。去年春荒嚴重，他父母親打算到舅家去住，把他的愛人和孩子送到了部隊。當時組織上曾經考慮到他家庭的困難，準備讓他的愛人和孩子住在駐地附近。但是龐玉林却耐心地說服親人，並且請假把他們送回家鄉。在家庭會上，龐玉林敎育親人正視災後困難，努力克服困難，他說：『重災區生活是困難些，但是在自然災害面前，是努力生產自救呢？還是外出增加國家負担呢？要是一攤子跟我住在一起，一攤子到舅父家裏去，就會減少人民公社戰勝自然災害的力量。我們軍官家屬這樣，如果別人也這樣，誰來改變災區面貌呢』？他一再鼓勵親人，跟當地人民一起努力戰勝災害。

「他特意和父親一起回憶了解放前受災的悲慘情形，他們家鄉一帶幾個村莊，地勢低洼，常閙水災。龐玉林七、八歲時，那裏閙了一場大水災，到處房屋倒塌，一片汪洋。他父親外出逃荒，給地主扛活，他母子們靠乞度日，受盡了苦楚，受盡了有錢人的氣。龐玉林對他父親說『那時有誰管我們呢？眞是呼天天不應，叫地地不靈，現在雖然連續幾年遭受嚴重自然災害，黨和政府一刻也沒有離開我們，爲我們着想了各種辦法，組織我們生產自救，供給口糧；其它地方的同胞也節衣縮食，支援我們災區，我們災區人民還能不盡最大努力來生產自救』？回憶對比，觸動了他父親的感情，也打通了他老人的思想。他父親說：『說起過去，越說越傷心，那時的情況哪能和今天比呢？現在我想明白了有黨和毛主席的領導，有咱們的人民公社，困難一定能够克服，往後我們就按你的意思辦』。

「今年春天，龐玉林有一個月的休假期，他一回到家裏，就去生產隊報到。……在一個多月的假期中，龐玉林除了生病三天外，積極參加集體勞動和家庭勞動，爲力爭迅速改變災區面貌盡了極大的努力。

「龐玉林鼓勵家屬和災區人民生產自救的模範行爲，受到當地政府和部隊的重視。不久前，當地政府給部隊領導機關寫來了表揚他的信件。最近，部隊領導機關也對他進行了表揚，幷請他在部隊幹部大會上作了介紹。幹部們一致稱讚，幷紛紛表示要學習他的模範行爲。」

以上是人民日報的原文，而人民日報乃中共中央的機關報，其刋載此類消息，與自由世界一般報紙之着重新聞不同，旨意在以此作爲事例之示範，以敎育共軍之人。其所以列此爲六月九日人民日報第一版之頭題，尤見中共中央對這一消息所能引起之示範作用之特別重視。中共對此特別重視之背景，則在大陸農業減產，不但人民吃不飽，共軍軍官之家屬亦吃不飽，不但吃不飽，而且已臨餓死之邊緣，所以，龐玉林之一家才由滄縣跑到共軍駐地去找龐玉林，人民日報說共軍部隊領導機關表揚了龐玉林幷使他在幹部大會上作了介紹，又說幹部們紛紛表示要學習他的模範行動，則更說明了共軍軍官都面臨了他們的家屬前來依靠他們的情況；否則，幹部們何必要紛紛表示都要向龐玉林學習呢？

由此可見，六月九日人民日報之所以刋出龐玉林事件，如果不是這類問題業已普遍牽扯到共軍軍官身上，人民日報決不會刋登這類消息來敎育他的幹部的。

再說龐玉林其人，不但是共軍軍官，而且還是中共黨員。中共平時對共軍軍屬本已優待，對共軍軍官之家屬，更比士兵家屬優待，黨員家屬所享受之優待又更比軍官家屬高，然以一身兼黨員家屬及軍官家屬之龐玉林家屬，其父尚且不得不因飢餓而逃往舅父處求生，其妻（中共習稱妻子爲愛人，但毛澤東劉少奇周恩來等共黨巨頭之妻則稱爲夫人矣）尚且不得不因飢餓而逃往其夫所隸軍隊之駐地謀活，則一般士兵家屬之享受優待不如龐玉林之家屬者，一般非黨員之軍官家屬之享受優待不如龐玉林之家屬者，其境況之慘，遭遇之惡劣，更可想見。而這類事情現在究竟如何重大的影响到了共軍內部呢？我想這是哈里曼先生應該注意到的。蓋六月九日人民日報所刋龐玉林這一段新聞，實在是中共經濟崩潰業已牽扯到共軍內部去了的一個具體例證。

何況，照六月九日人民日報所說龐玉林家屬之所以由依靠軍隊而回鄉生產自救，乃是基於兩個原因：一個原因是龐玉林本人表現得很「積極」，一定要他的家屬回鄉生產；另一方面是他的父親恰巧有「解放前受災悲慘情況」可以「回憶」，從「回憶」與「對比」才「打通了思想」。果如所言，若一般軍官其本人既無龐玉林那樣「積極」，一般軍官和士兵之家屬又幷無往事可以「回憶」與「對比」，則思想如何打得通呢？便顯然是問題了。中共農業生產萎縮，至少已連續三年，共軍軍官與士兵之家屬估計不下一千萬人，然而直到今天，中共還祗能以一年前的龐玉林事件作典型例子，來敎育共軍幹部，可知中共數百萬大軍中幷無幾個龐玉林這種積極份子哩！那末，要不影响共軍士氣軍心，又如何可得？

分析中共六月廿三有關台峽戰事聲明

玉笛

在中共增加大陸沿海軍力及台灣海峽緊張聲中，中共突於六月廿三日經新華社發表了一篇作戰聲明。

在這一篇聲明中，中共把蔣介石大大的奚落了一番，它說：「蔣匪幫妄想利用我們目前某些暫時的困難，以爲登上大陸就會到處有人響應，好吧，就讓它來試試吧」！「蔣介石是著名的輸送大隊長，好久業務荒疏，看來手癢難耐了，那末，就等他再送一批美國武器來吧！我們將照例接收，不給收條。」

不過，單就中共這一篇聲明的內容作正面分析，中共卻完全是外强中乾，正在害怕台灣反攻哩！因爲中共這一篇聲明幷未膽敢再吹一定要「解放台灣的話」，反而一再說美國在支持台灣準備發動反攻。中共這篇聲明一開始就根據新聞報導歷數台灣各種反攻設施及美國軍政大員之屢訪台北，以作其理論根據。實則人們都知道美國現今仍然正在阻止台灣反攻，而中共這篇聲明卻硬要把事實顛倒過來，這就可見中共這篇聲明的一個主要目的是在以此進行心理作戰，企圖引起某些糊塗國家以及美國某些糊塗人士對美國政府施加壓力，進一步阻止台灣反攻。

中共聲明又說「美帝國主義一箭雙雕的如意算盤」「是在中國大陸建立橋頭堡，打擊中華人民共和國的威信，又可使蔣介石匪幫的兵力分散」，「實現它所謂兩個中國的陰謀」。這又是對蔣的心理作戰了，企圖以此來瓦解蔣的反攻行動。

所以，正面分析中共這一聲明，中共實已面對台灣的可能反攻而打抖，故要求大陸沿海人民準備縱深作戰，幷又發表這一攻心戰的聲明。以言中共這一聲明尚有幕後陰謀，則有待事實的推演始可確定。但無論如何，台北應一方面防備自己，一方面加緊反攻準備，則是天經地義的啊！

今年或明年反攻有可能嗎？

李金暉

三個月前曾經高喊過要「打回去」的陳誠，十六日在陸軍官校卅八週年校慶典禮上說，「台灣絕非偏安之地，我們要求生存，惟有反攻大陸。假若有人不願我們作反攻的準備，那將是一種錯誤。」究竟是誰「不願」和「不贊成」呢？法新社消息說，「陳氏的話，係針對美國而言。」合衆國際社說，「爲中華民國政府不理會美國主張勿與中共用兵之新表示。」

就算是「新表示」吧，若與「打回去」的舊表示相比較，已顯得有氣無力了。而且也露出了迄今尙未準備好了的馬脚！其實不必抱怨人家扯後腿。能不能反攻，有無實力反攻，自己該應心知肚明。

一點不錯毛澤東是隻紙老虎，中共政權，誠然是日甚一日地在腐爛下去，大陸的人心也確有思漢的傾向，但其奈當權派偏安是實何！菲律濱的記者說得好，今年或明年，如不能反攻，五年之後，就絕無希望了！

十三年來，毛澤東固是把大陸整爛了；但當權派也祇是滿足於台灣表面的繁榮，沾沾自喜。既然有心偏安，則又何必怪人家「不贊成」反攻呢！談到時機問題，一方面固然要等，一方面也要靠自己主動去製造的。再說，即使大好的時機到來，却苦於沒有能力切實把握住它，利用它，時機再好，也無濟於事。這十三年來，前前後後有利於反攻的時機，至少不下於五次，但都因爲當權派掉以輕心，無眼光，無決心，無準備，以致失諸交臂。即使像有利於作大規模宣傳的「香港難民新聞」，當權派尙且未能切實掌握運用，又遑論其它！

時間本是有利於反共這一方面的。但是由於當權派既無積極的作爲，在時間的考驗之下，人們固痛恨共產黨之荼毒殘暴，同時也更加深了對當權派的失望。同樣是在同一個時期，西德在歐洲的成就已令美國爲之側目；日本在亞洲已經成爲經濟最發達的國家。這兩個國家的復興，雖基於原有的工業和科學技術，但不容否認，他們之能够迅速復興，還是得力於民主政治之得以確保。更值得令人深省的，還不在於他們的財政經濟的發達，而在於民主政治之蓬勃活躍生長。

對台灣來說，這十三年來正因爲自由中國沒有給民主政治以應有的發展餘地，以至經濟上的小康的局面，到今天還感到無美援便難以維持呢！不論是從反攻的角度來看，或是從退保的角度來看，台灣確是「絕非偏安之地」。因爲再往後去，連偏安的條件，也愈來愈薄弱了。共產黨不是不可戰勝的，尤其是正當現在全世界的共黨陣線陷於紊亂狀態中時，每一個自由人都堅信共產黨的末日已是不遠。不過當權派失去了與共產黨面對面鬥爭的機會時，中共的命運竟然得到了便利的苟存的機會。

有一個時期，有些人認爲，現時何必跟當權派論爭民主呢？如果當權派能够領導打回去，消滅了中共政權之後，再談，再爭也不爲晚。總之，反攻第一，值此非常時期就是當權派有較多的便宜行事的權力，也不爲過。但現在事實証明，當台灣內部的一切民主運動的生機被戕殺之後，當權派的處境，同時也愈來愈尷尬了！

美國對華政策底眞正意向何在，這問題當權派是應該早已有所了解的。美國方面不贊同反攻，老實說也不自今日始。關鍵性的問題是，當權派既明知美國意在限制軍事活動，而何以當初要簽訂中美協約，嗣後又共同發表蔣杜聲明？要是把問題倒轉過來看，當權派有無可能反攻，和當權派是否有決死以求反攻的信心，觀其作爲即已可思過半，故美國方面對此當然也有一定程度的了解。另一方面，歷任的美國當局，幾無一不看清楚，以當權派一仍舊慣的老一套，舊作風，若謂其能領導反攻成功，而又能順利地領導建設未來的新中國，其誰能信。但爲了確保台灣的安全，美國遂擬訂了在限制中華民國單獨軍事行動的條件下，予以援助。

上一週，從華府發出的消息謂，中共在福建前綫集結了較一九五八年炮轟金門時尤多的兵力，認爲風雲緊急。但反觀台北方面，對此反應冷淡。就在同時，美國國務院特別助理國務卿答覆記者詢問時表示，「他看不出蔣總統不須美國援助而能够反攻大陸。」按現在美國政策「我們沒有義務幫助蔣氏回到大陸去。」並且以警告的口脗謂「如果共產黨要在這地區發動戰爭的話，他們應該考慮到我們可能改變立場的」。

美國一方面以「友誼」來限制蔣的反攻活動；另一方面又以「可能改變立場」來嚇阻毛。最終的目的，就是爲了維持現狀不變。現在台灣海峽的現狀，看來已不是蔣或毛任何一方所能打破的了。除非台灣方面，眞有能力可以在大陸領導爆發一次大規模的暴動。

能够主動選擇時機，或製造條件反攻的時日，已愈來愈不多了。菲律濱記者的見解正不正確固可置之不論，不過當權派迄今無法利用大陸的危急情況，起而反攻，則是一個顯明的事實，即使不能正面軍事進攻，何以連策應大陸作大規模的暴動也辦不到，過去當權派曾預斷大陸上人民會從裏面打出來，不過這也需要具備必然的因素與條件的。鑑於這多年來，並未見大陸上有任何重大事件的發生是與當權派有聯系一點推斷，即使已有安排，也未能起必要的作用。所以「打回去」的可能，在主觀的努力不够，和客觀條件的限制之下，或許還需要焦心地等待一個不算太短的時期吧。

監察院的聲音

（台北通訊）

一、對民意代表發言常受干擾決議調查糾正

監察委員葉時修於本月十四日提案稱：「民意代表在會中所爲言論，每因檢舉貪污而被法院檢查處傳訊偵查；內政部對議員在議會發言之範圍，亦援引不當之解釋，違反憲法及省縣市議會組織規程之規定，請交內政委員會查明提案糾正，以維憲政而重法治」。葉委員在說明提案時，指出：各級民意代表，在開會期內所爲言論及表決，對外不負責任，此爲民主國家之通例，我國憲法第七十三條第一百零一條及省縣市議會組織規程，均有明確規定。蓋所以保障議員在議會之言論自由，俾得克盡其監督政府表達民意之職責。乃內政部援引行憲以前司法院對於議員發言範圍之解釋，認爲議員在議會內所爲與議事無關之不法言論，仍應負法律責任，行文台灣省政府轉令各縣市政府及議會遵照。查憲法及省縣市議會組織規程，對於各級民意代表言論自由之保障，並無範圍之限制；且不法言論之認定，亦無確切之標準，致常有檢察官因議員在議會發言而予以傳訊及偵查之事發生，如台中縣議員尤世景、彰化縣議員柯扱，均曾因根據密告揭發貪污而遭受檢察官之偵訊調查，宜蘭縣議會議員被控發言「侮辱」而被傳訊。此類事件，時有所聞。古人云言者無罪，聞者足戒，倘任由檢察官以民意代表之發言爲偵查之對象，則有所指陳，莫不可羅織爲毀謗之罪，憲法及議會組織規程對於民意代表言論之保障，豈不形同具文？而嗣後民意代表之發言，勢必處處有所忌憚，有違憲法意旨，有背憲政規模。故對於內政部所援引之解釋及檢察官之從事偵訊，擬請交內政委員會查明提案糾正。

監委陳江山、梅公任、丁淑蓉、王文光等相繼發言，他們憤怒地指出內政部援引不當之解釋，使各級民意代表在議會發言時遭受干擾。應調查提案糾正，最後院會決定交內政、司法兩委員會調查處理。

二、糾正教育部及僑委會非僑生享受僑生待遇

監察院教育僑務兩委員會對教育部及僑務委員會予非僑生以僑生之升學待遇，認爲違法循私，決議提出糾正案，並經第四次聯席會議審查通過，於本月十六日由該院函送行政院，內稱：僑生來台升學享受之優待，政府公佈之「華僑學生申請保送來台升學辦法」（大專學校適用），「海外僑生來台升入中等學校肄業辦法」、「僑生回國升學及輔導實施要點」及「港澳學生來台就學須知」，均有詳盡之規定。僑生符合以上規定而不得入國門者，比比皆是。但查有吳鼮、丁鏗、文愛梅、文重美等並無僑生身份，郭宗汾、喬正武、張寧、朱連生、黃泰生、王家楓、李錦華、馬達偉、佘學堅等係港澳自行來台就讀學生，均因投考大專聯合招生未能錄取，而透過人事關係要求教育部或僑務委員會爲之分發僑生先修班或修業班，於讀完先修班或修業班後，逕行升入或分發各國立大學肄業；其中喬正武一名，且以試讀名義，逕行分發台大電機系，使一部份有特殊關係而不合法令規定之學生得以享受僑生升學之優待，致引起僑界之不滿。教育部與僑務委員會對於僑生來台升學法令，未能切實執行，而徇情遂私，均屬不合。特依法提出糾正。

三、調查司法行政部假釋罪犯情形

曾累犯強姦及恐嚇罪於四十八年被判有期徒刑十年的一名囚犯，據說，因於同年十一月參加八七水災重建勞役，獲得減刑二分之一，去年十二月更獲得假釋出獄。但出獄後又於本月以暴力刼持並強姦計程車之女司機。本案發生後，社會鬨動，監察院十四日舉行院會時，陳肇英、朱宗良、王冠吾、王澍霖等四委員提出臨時動議，內稱：「報載刼持計程車女司機之兇嫌王盛浦係執行徒刑之假釋犯，究竟辦理假釋經過及司法行政部辦理假釋情形如何，請交司法委員會調查處理」。

陳委員在說明案由時指出：假釋必須符合法定：原因及條件，尤不應以假釋作爲疏散人犯之方法。王盛浦假釋之經過及司法行政部年來辦理人犯假釋情形，擬請大會交司法委員會派員調查處理。

旋由王冠吾、丁淑蓉、錢用和等委員發言，一致認爲司法機關以假釋爲疏散人犯之方法，流弊甚多；主張對司法行政部年來辦理假釋的案件，是否合法，加以澈查。

女監委錢用和特別強調刼持女司機案影響婦女職業之前途至大，司法機關對此應加重視。

司法行政部鑑於人言嘖嘖，也對台灣高等法院下達一紙命令，原文如下：「查假釋保釋之撤銷，刑法及戡亂時期監所人犯處理條例均分別規定，如遇有應行撤銷之情事，各監所應隨時呈報撤銷假釋，邇來假釋保釋出獄人間有再犯情事發生，允宜轉飭查明，依上開規定辦理。又前保釋出獄之陳力，及最近報載假釋出獄人王盛浦之情形如何？是否合於撤銷假釋或保釋之條件，希注意查明呈報爲要」。（雲）

台灣簡訊

志清

一、監察院秘書長劉愷鍾貪污案發

本月十六日聯合報載監察委員金越光等曾於最近聯名致函于院長，檢舉該院秘書長劉愷鍾貪污舞弊，列舉事實達十五項之多，要求從速處理，否則即將正式提出彈劾。據稱此一消息，乃接近于院長的某秘書於無意中透露；並說金委員等所列之事實，其中有一項是：監察委員在調查某浪費公帑案時發現劉愷鍾與對方討價還價後，竟將該案撤銷；其條件為對方以房屋一幢，供其居住。本月二十日上午九時，該院程序委員會舉行臨時會議，專案討論委員趙光宸、于鎮洲、丁淑蓉，曹德宜、馬慶瑞、陳江山等十人聯名向于院長提出請召開臨時院會；討論劉愷鍾涉嫌貪污的一項書面建議，決定於二十七日上午九時召集。聞于院長已表示同意。有一部份委員以家醜不可外揚，主張開秘密會議，關起門來檢討。但多數委員則認為本案發生以來，各方面均甚為重視，主張仍應舉行公開會議，讓大家明瞭眞象，且依據過去的事實，縱開秘密會議，消息仍將外洩，故不如舉行公開會議，還可表明監察院的大公無私。據悉，劉愷鍾在案發後，曾請假十天以避風頭；但十八日忽提前銷假，並稱已擬好一項詳細的答辯書。劉愷鍾原以走蔣經國的門路而獲得監察院秘書長的寶座，從他提前銷假一事看去，蔣經國也許仍將予以支持的。

二、監察院將糾正國營事業六大缺點

監察院財政經濟兩委員會於本月二十日舉行聯席會議，聽取熊在渭、金俊賢兩委員關於國營事業機構之調查報告。他們指出年來國營事業耗損公帑甚鉅。且違法舞弊案迭有發生，其原因乃在於不守法紀，稽核不嚴，自亂步驟，人事浮濫，管理不善，權責不明等六大缺點。報告指出：各國營事業機關三十九年至四十九年綜合決算中，經審核剔除者，計有新台幣三千二百二十九萬五千餘元，港幣二十三萬五千餘元，美金六千二百四十餘元，其他因不忠不法而耗損公帑更不知凡幾。關於各國營事業機構常發生貪污舞弊之事，調查報告認為會計制度，徒具形式，稽核工作，虛應故事，人事任免，常發生反淘汰作用等項乃為主要的原因。更透露中華機械工程公司因經營不善，虧損甚鉅，在四十九年底，其賬面資產計九千七百八十七萬餘元，負債九千三百九十四萬餘元，淨值僅二百九十餘萬元。不但各種公積金耗蝕殆盡；即原有的九百萬元資本，亦僅剩三分之一不足。但該公司總經理與全部協理且藉參加泰國工程投標全部出國，支取旅費達五十萬元以上，其浪費公帑，至屬驚人。熊委員等調查報告，並附六項改進意見，經聯席會議討論後，決議提出糾正案，仍推熊余兩委員起草。

三、貪污治罪條件包括黨務人員

正在立法院司法法制兩委員會聯席會議審查中的戡亂時期貪污治罪條例草案，其適用範圍，原以公務員，軍人以及受公務機關委托承公務之人員為對象。上週的聯席審查會決定加入一項「公職人員」，即包括國大代表、立監委員及其他各級民意代表在內，社會輿論對立法委員們這種大公無私的精神，均表敬佩。本月十四日聯席會議審查會再度開會，又一致決議再將適用範圍擴大，另加入一項「辦理社會公益或政黨之事務以公務論，其財物以公有財物論」。換言之，即黨務人員之貪污者，亦將依據本條例治罪。首先提出這一修正案的，是王夢雲委員。他認為辦理黨務及選舉的人亦不應除外。其他委員均表支持；梁棟委員更指出：目前辦理選舉乃是貪污的重要根源之一。在競選時花了一百萬元活動費提名競選的人，在當選後必然想盡辦法撈回這一百萬元。於是貪污就不可免了。討論的結果，決議修正如上。據悉，國民黨有關部門得悉此一修正案後，曾會開商討對策，他們認為將黨務人員列入治罪範圍，有損黨譽，決定運用黨團活動，予以打銷，可知本案的前途仍困難重重也。

四、台北市議會

台北市議會臨時大會之召集，原是張詩經等二十一位議員以市府建築雙園堤防違法舞弊，經辦人員竟向折還之市民勒索回扣，聯名簽請召集。國民黨當權派應欲予以阻止，繼因未果乃改變策略，向張詩經等疏通，請改以審查市政府五十二年度總預算為題；不必明言雙園堤防經辦人員違法舞弊之事，但開會時仍可提出討論。張等為避免阻碍以求臨時大會得以召集，乃表示同意。自臨時大會開會後，市府不但將下年度的總預算案提出；而且還將五十年度的總決算一併送審，其用意顯然在使市議會無暇對堤防舞弊案作詳細的調查和討論。同時，國民黨有關部門又策動黨籍議員不要參加討論，並對黨外議員多方疏導，結果，市議會在本月十四日上午討論本案時，僅有十餘議員出席，其他四十多位議員則藉故不到，以致全場顯得十分冷落。發言者亦多有氣無力，祇講幾句「請代市長參攷」的話，便算了事。又依據法定規定，縣市議會每年舉行定期大會三次，必要時得召集臨時大會三次，臨時大會的會期以七日為限。每年度預算，均須於上年度終結（即六月三十日）以前查完竣。所以市議會以半日的時間討論雙園堤防舞弊案，兩日的時間審查五十年度決算。開幕施政報告和質詢又去了一天多。無論如何加快均無法將總預算審查完畢及完成三讀程序。乃於十六日下午決議呈請省政府指示辦法，在未奉省府指示前，尚餘一日的會議停閉，以示對市府的抗議。十八日省府以電話指示，會期不能延長；但准借用下年度的會期，另開一次臨時會議）繼續審查預算案。市議員們以透支下年度會期來完成本年度的工作，如下年度會期不够，又將同樣發生問題，而且依照法令，下次定期大會應於七月份召集，更無在此期間透支下年度會期來加開一次臨時大會之必要，故決定於二十二日再開會一天，以完成本次臨時大會的會期，即行閉會。至於總預案尚未審議完成之部份，則留待五次定期大會再繼續討論。

五、法官審案兼代寫狀

高雄地方法院推事侯肇曾前承辦何姓與吳姓房屋訴訟時，曾代被告吳乾隆撰寫訴狀，並將該案批准假處分，指定管理人強制執行，並命何姓原告人提供担保金二十萬元等項均屬有利於被告吳姓之裁定。以後該項裁定曾為台南高分院廢棄發回。本年二月台北縣民吳彤雲出面向司法行政部檢舉，經該部發交台南高分院檢查處作一般性的調查後，乃於本月台南地檢處進行偵查，由邵彬如檢查官承辦。據悉，邵檢查官曾以極秘密的方式，傳訊侯肇曾，他直認曾代當事人吳乾隆撰寫訴狀不諱；但堅稱乃是基於友誼，並無受賄賂情事。

六、台北煤氣公司的爭奪戰

旅日華僑劉元禮君申請投資一百五十萬美元（按係十二年最大的一次華僑回國投資），與辦台北煤氣事業，於去年早經經濟部華僑回國投資審查委員會審查通過；但地方主管機關—台北市府卻多方延阻。雖經尹仲容出面催促，亦無效果。前此台北市議會舉行第五次臨時大會，市政府竟玩弄手法，報經市議會決議「促市府籌資擴充發展，擬具計劃送審」。市政府即以此為依據，認為劉君的申請與市議會的決議不合，批覆不准所請。本月二十七日市議會第六次臨時大會第七審查會開會，出席議員在報上得悉此情，又決議三項如下：（一）該華僑投資申請時為去年十二月廿五日，市府到今年六月十二日始予答覆，公文旅行為期半年以上，有故意拖延之嫌，應予查究責任。（二）市府辦理工商登記列為「機要」，實有欠妥。（三）議會決議為促市府「籌資擴充發展，擬出具體計劃送會審議」，並非決定不准華僑投資所請，而市府却說「核與本市議會決議原則不合，歉難照准」，如此拿議會作「擋箭牌」實有不當。據熟悉內情者透露，市府所以對劉君的申請先則拖延，繼則曲解市議會決議而批覆不准的原因，乃因煤氣公司一向是各屆市長用以安插私人的一個機構；而且還可隨時挪借鉅欵不還。目前煤氣公司的職員中就有十多人祇領高薪，從不到公司。雖經董事會決議不再發給，但結果仍照支不誤。市政府更欠該公司數十萬元之多，根本無意償還。因此之故，煤氣公司雖然虧空累累，市政仍無意交由民營。而市議會議長張祥傳又以煤氣事業有鉅利可圖，正計劃染指，這就是市議會第五次臨時會議那一個含糊不明的決議之由來。聞劉君以在台北等候將及一年，其準備投資之一百五十萬元美元亦早於去年撥存東京銀行，未敢動用，損失甚大，將向經濟部提出交涉云。

刑訊何時可了

靜吾

（台北通訊）監察院於日前的院會通過一項糾正案，內稱：依據該院委員劉永濟，張志清的調查報告，高雄台南地方法院檢查處及警備總司令部遊查二組在偵訊台南海關職員涉嫌走私案一，曾用刑求逼供，於法殊有未合，特提出糾正，移請行政院轉飭有關機關注意改善。原案列舉刑求逼供之事實及應糾正的八大理由；但却祇請轉飭注意改善，並未對故違禁令，實施刑訊的有關機關及負責人等課以責任，可謂徒具糾正之名而無糾正之實。本月十五日，行政院新聞局舉行記者招待會，司法行政部鄭彥棻亦出席，有一位記者根據監察院的糾舉案，詢以：「政府曾三令五申，嚴禁行刑迫供，但各地行刑迫供之事仍時有所聞，鄭部長對此有何感想」？鄭答：「在實行民主法治的我國，現在還發生刑求問題，當然是非法遺憾的。」他認為「主要原因」由於「科學偵查設備不够和少數人欠缺守法精神」；並說：「今後除轉飭檢查官嚴加查究外，並當從提倡崇法守法精神及充實偵訊設備着手，務其刑訊絕跡。」他又說「依據刑事訴訟法第九十八條及第二百七十條的規定，刑訊乃是不正當的方法，所得口供，不得引為証據」。更透露：五十年度各級法院檢查官被控有刑訊嫌疑者計有十七人，經提起公訴者六人，移送軍事機關訊辦者二人，不起訴處分者二人，

鄭彥棻曾在國民黨主辦宣傳工作有年，他對於涉及政府人員的消息一向是隱惡揚善，務期收到宣傳的實效。但從上述的談話看去，他也不能不承認「少數辦案人員」確有刑求的事。可想而知的，是司法行政部在最近的將來，一定又會根據監察院的糾正案，重申前令，禁止刑求。至於刑求是否就會因而中止，當然又屬另一問題。本月十九日，聯合報對鄭彥棻的談話發表一篇「以刑止刑」的短評，裏面說，他以民主法治的我國現在還發生刑求的問題，非常遺憾；但該報也不能不引為遺憾的，是他祇根據刑事訴訟法的規定，認為刑求乃是不正當之方法，而却不依據刑法第一百二十五條第二項之規定，對於「意圖取供而施強暴脅迫者」科以瀆職之罪，處以應得之刑。該報認為唯有以刑止刑，才可懲一儆百，根除刑訊。聯合報的主張自屬最有效的辦法；可是刑訊原是極權政治的副產品，在台灣的現局未有改善以前，無論當權者表面上如何裝腔作勢，而刑訊仍將繼續下去，則是可以斷言的。監察院之所以提了上述一個有氣無力的糾正案，即此之故。

中共尚有攻台可能嗎？

劉裕畧

艾索浦是美國著名的專欄作家，經常在美國華盛頓郵報寫稿，不久前且曾前來遠東。據華盛頓消息：艾索浦在其供全國十家報紙採用，而於六月十八日刊在華盛頓郵報專欄中的文章說：中共已大事增援福建省，業已配調到該省相當大量的共軍，已再獲得三四師軍隊之增援，中共空軍部隊亦已被調進該地區。

艾索浦又說：三年前二年前甚至一年前，中共這種對福建省的大量增援，勢必會引起對於又一次進畧金門的憂慮，然而今天歷史差不多必定倒轉了雙方的地位，中共的部署，至少就迄今來說就是防守性，而非戰畧的進攻性。事實上，中共對福建省的增援，顯得是一種預防的措施。其採取的原因，是由於台灣可能反攻。

艾索浦又認爲使人驚奇的是：曾在四年前由於其揚言將進攻台灣而引起普遍吃驚的中共政權，現在却顯得惶恐不安地，增强其沿海防務，以防國軍之突襲，如果這跡象繼續的話，雙方地位的倒轉其快速與急劇，實爲晚近紀錄所無。其根本原因，在於中共首要們使其統治下的人民，陷入悲慘的境況，如果奇跡不發生，如果今年的收成不很豐盛，則中共政權在悲慘的螺旋形下，將無情的繼續下去，一旦如此，則該政權本身將岌岌可危云。

艾浦索的這一觀察，非常值得讚揚。這與其它許多淺薄的觀察家有天壤之別。認定中共增强福建的防務是旨在防備反攻，又認定中共現在的處境與前幾年完全不同，在對立關係上，中共政權現在已與反共力量在雙方的地位上倒轉過來，且又認定如不發生奇跡，中共政權必將繼續循着螺旋形下降，以至失敗等看法，可以說，都是艾索浦的卓見，而且還是西方記者首次發現這一事實的創見。

我以爲艾索浦的這一意見，極應在自由世界普遍推廣，讓許多盲目祟奉中共的人，讓許多被中共龐大外形駭倒了的人，對此切實體認清楚。對此須知中共早已外强中乾，自一九五七年以來，中共已大走下坡，而且已在急劇走下坡。中共現在并不眞正强，中共只是一個紙老虎，自由世界各國必須先明白中共原是一個容易打倒的對象，那末，有關各國對中共的政策才製訂得可能正確。

據傳說，艾索浦是與甘迺迪總統有深厚私交的專欄作家。對此，我尤希望白宮及美國國務院都能參照艾索浦的這一卓見重訂對華政策。中共既然必垮，美國爲甚麼不轉而支持中華民國去反攻，以推翻中共政權，從而把中共這一亞洲禍根從根拔去呢？

至於艾索浦認爲中共增援福建駐軍，旨在防禦反攻，我以爲這看法也很正確。因爲中共的這一方針，早在今年三月中共人代會上周恩來的報告中就已透露了。周恩來那一報告一反以前向例，不再揚言「解放台灣」，正是中共中央自知自顧不暇的反映。

不過，這是否說明中共今後就決不可能攻台呢？卻又不然。因爲毛澤東知道攻擊是最好的防禦，在其自顧不暇的情況下，與其讓台灣反攻而崩潰，何不爭取主動，作垂死的掙扎，與在台國軍作一次最後的拼命，以期在自己內部崩潰之前，先拔去對它本身的這一嚴重威脅呢？所以，中共政權的處境愈惡劣，台北方面更應通過民主改革，積極準備以施行局部反攻和全面反攻，而在反攻之前，仍應隨時警惕和防備中共的垂死掙扎，萬不可因中共之防台反攻，而將台灣自身的防備疏忽了。

大陸近訊

藍星

中共出動軍隊收割夏麥

對於收割夏麥，大陸人民現在已經是懶洋洋。人民本來是在飢餓中，但縱然全力收割，這收割了的小麥仍將被中共囊括以去，人民仍將無糧果腹，何況，夏收還將消費體力，那末，小麥雖然屆臨收期了，人民那裏還有心去收呢？縱然被迫去收，拋散浪費也很驚人。爲此，中共現在已不得不出動軍隊去收割小麥了。名曰幫助人民，實則情非得已。

六月十六日中共新華社報導說：「中國人民解放軍許多部隊，最近抽出了一批人馬車輛，幫助該地人民公社收割小麥。駐山東地區部隊自五月下旬到六月十日，已割麥一萬二千多畝，種秋莊稼四千二百多畝，北京地區部隊領導機關四百多名官兵，最近在張南生中將帶領下幫助北京郊區洼里公社拔了兩天小麥。駐河北的某部在駐地附近小麥全部成熟的時期，停止了操練，從領導幹部到士兵全體出動助民夏收，陝西駐軍某部在雨天到來之前，幫助駐地公社把全鄉麥子收割登場」云。看以上情形，可知農民消極怠工之一般了。

河南蝗災嚴重

據新華社六月十一日鄭州電：「目前河南各地蝗區的蝗蝻，正迅速發展，大部分已到三、四齡，一部分到達五齡，少部分生翅起飛。」「河南蝗區主要分佈在黃河沿岸，豫北衛河兩岸，豫東沙碱地區和豫南低洼易澇地區。今年入夏以來，因爲氣候乾旱，溫度偏高，蝗蝻孵化出土較早。據安陽、新鄉、許昌和信陽等市調查，黃河両岸和內澇沙碱蝗區，到五月下旬越冬蝗卵出土率已達百分之九十以上，而且變化迅速，部分地區的蝗蟲開始危害高粱、谷子、玉米等早秋作物」。

新華社又說：「河南省在一九五六年以前，夏蝗危害面積較小，一般每年只有五十萬畝到八十萬畝左右，近年來，因連年乾旱，夏蝗的發生面積有了擴大」云。

新華社這一節電訊，除顯示河南今年又將減產外，且充份暴露中共無力治蟲防災的事實，照新華社所言，河南今年的蝗蟲，大部分已達三、四齡，少部分已到達五齡，可知五年以來，中共就一直未能將這些蝗虫予以殺害。否則，這些蝗蟲何能安然生長四五年，以達如此高齡呢？

再說蝗虫的習性，總是成群結隊起飛的。今年的河南既擴大的繼續發生蝗虫，則鄰近河南的省區，不久亦必將有嚴重的蝗虫災害，實可斷言的了。

大陸各地水土保持成問題

六月十日中共人民日報社論說「水土保持是農業生產戰綫上的一項基本建設，它是根治河流水害、開發河流水利的根本措施，也是合理利用水土資源發展農業生產特別是山區農業生產的根本措施。」但大陸各地的人民公社把水土保持工作做好沒有呢？卻是完全沒有做好的。因而它也就成了中共農業生產萎縮諸多原因中的另一原因。

惟其如此，所以中共六月十日人民日報亦不得不承認「水土保持工作仍是我國農業生產戰線上一個長期的重大任務」。從而提出呼籲，要求大陸農民「一定要把水土保持工作做好。」但大陸人民今日所需要的却是自由與豐衣足食，而中共人民公社和整個農業政策所給予的則是奴役與剝削，所以中共要希望各地農民把水土保持工作做好，那實在是緣木求魚，緣木求魚無後災，中共的農業政策則必有後災了。

僑鄉簡訊

鍾之奇

廣州普遍注射防疫針

去年從廣東各地帶到香港來的霍亂症曾使香港人談虎色變，但香港醫藥設備良好，死人不多。廣東各地則死人無算。對此，中共事先並不承認，但事後也無法不透露了。

今年霍亂對廣東各地的威脅可能更大。因爲今年的大陸人民飢餓更甚，體力更差，對傳染病的抵抗力當然也更弱了。爲此，中共惟恐廣州今年又發生霍亂，影響國際視聽，所以，據中共公佈，廣州全市現已有百分之九十的居民被注射防疫針云。

廣州動盪僞市長提八項對策

廣州是隣近香港進出大陸的一個都市，動輒影響對外觀感，故中共雖然甚欲把廣州市盡力在表面上繁榮起來，但由於大陸各地及廣東各縣工農業破產，社會不安，所以中共亦無法把廣州的混亂情況及經濟蕭條情況加以掩飾。爲此，中共在廣州出版的地方機關報「羊城晚報」載：中共廣州市長曾生在五月下旬召開的廣州市第四屆「人代會」上不得不承認各項因難情形。並提出八項對策說：「第一，動員人力、物力、財力，繼續大力支援農業生產；第二，盡一切可能生產輕工業和手工業產品，爲支援農業和城鄉人民的生活服務；第三，大力發展郊區和市屬三縣的農業生產，郊區以蔬菜爲綱，三縣以糧食爲綱；第四，做好清查倉庫，核定資金的工作，把積壓的物資用到最需要的地方去；第五，繼續做好商品收購工作，改善市場供應緊張狀況；第六，調整文化、教育、衛生和體育等事業，並且提高工作質量；第七，繼續做好治安保衛工作，以鞏固人民政權；第八，繼續廣泛深入地開展增產節約運動」。

曾生的這「八項任務」，無異暴露了廣州市目前生產供應不足，治安有問題，蔬菜供應亦有問題，而又繼續要用收購等方法來壓榨剝削的事實。但廣州的人心，傾向香港，盼望反攻，所以，曾生這八項對策，也注定要失敗的。

福建增產漁具勒令人民出海捕魚

一方面是因爲農業生產萎縮，一方面因爲魚是一種重要的出口物資，所以，中共便在福州大量增產漁具，勒令人民出海捕魚，然後由中共低價收購。對此，中共新華社曾有透露說：「福州市增產漁具供應漁區春汛，夏汛需要。今年一月至四月各漁具廠、漁具社生產的鐵錨、魚刀、魚斧、浮木、滑車和魚簍等，都比去年同期增加。這些漁具已先後運往福建沿海和浙江省的寧波、溫州、舟山等地」云。

福建前線共軍奴役人民

在中共統治下的今日大陸，軍事方面，有三種不同區分：一種是正規軍，即中共所謂人民解放軍，這是專供戰鬥和對內鎮壓用的共軍；其次是所謂公安部隊，這是專供對內鎮壓和做情報治安等用的特務部隊，第三種則是所謂民兵。這民兵既不是中共的正規軍，又不是中共正規特務部隊，只算是中共從廣大人民羣集中强迫徵集來的外圍部隊，以供共軍之奴役之用而已。

據五月七日中共人民日報描寫福建前線的情況說「青年民兵駱倫全從一九五四年秋季担任支前船工以來，一直是駕着小舟往返從某地到某島的航綫上，爲解放軍運送物資。一天，駱倫全駕着滿載蔬菜的小舟，穿過蔣軍炮火封鎖線，一陣陣炮彈掀起的水柱差點把小船打翻了」。「另一天，烏雲滿天，許多帆船已經返港避風了。……那知它在完成運輸任務返航途中，遭到了暴風驟雨的襲擊，一丈多高的巨浪，打得他和他的助手脚站不穩，眼睜不開，到了深夜，小船被狂風捲走，飄到一個小小荒島上，他們只帶了一點柴米，白天採海青苔，拾海螺充飢，夜間披簑衣禦寒，直到第四天，才返回海港。」

人民日報的這一段描寫，恰巧暴露了共軍奴役人民（民兵係由人民充當）的鐵的事實。試想對於如此危險的運輸任務，共軍爲什麼不叫共軍中的後勤部隊幹而要叫民兵幹呢？顯然是居心把民兵當犧牲品。

越共的秘密行動

黎文祖

遠在本年三月間，美國駐南越的雷達站人員，便早已發現了越共在中共協助下展開空投物資援助潛伏於南越境內的游擊隊的秘密行動；當時他們在雷達網上看到有一批飛機，正在「貝里古」附近的南越高原上，連續投下了不少物資。據那些美國雷達人員指出：該批飛機是蘇製的「依魯辛」式運輸機；他們的收聽站裏還可以聽到機上人員的談話是操中國語。——越共這項秘密行動，當時還未被認爲嚴重。可是到了最近，這種存有陰謀行動已逐漸擴大和加强了！原因，越共在中共的協助下除空投物資接濟其游擊隊外，目前還發展至把政治和軍事人員源源不絕地取道寮國而潛入南越；這些政治和軍事人員中，還包含有不少是中共的特務人物。顯然，現在業已清楚地表露着：中共確已加强了參加越共「解放」南越的陰謀，而越共之加緊擴大其秘密行動，當然也立刻使人意味到越共快將進行着其野心的企圖。換言之，就是越共獲得了中共的加强支援後，短期內將對南越發動一項軍事攻勢。

越共政治軍事人員（包括中共特務）潛入南越了後，當然立刻便成爲游擊隊的骨幹份子，將來人數越來越衆多，其對南越的威脅也越來越重大。最低限度，越共目前已獲得了兩項有利的把握：第一是越共武裝部隊之由寮國進入南越將極爲便利，而不會有所顧慮。第二是有足够的政治人員，可以伺機在南越境內威脅幾個地區的民衆來成立一個「人民政府」，作爲顛覆吳廷琰政府的堡壘。這一個形勢在越共的秘密行動擴大了已愈益來得顯明。美國對南越的援助雖然是有增無已，但越共的活動並未被遏止，這就是越共秘密活動所獲致的成效。

美國之援助南越，無疑地是決心支持吳廷琰政府來對越共打一場長期戰爭，不讓越共在南越獲得軍事上的勝利。但越共對此也計劃了很毒辣對策的：那就是軍事攻勢之外，還展開了政治攻勢。越共最近加强了他們的秘密行動，不斷地把中共特務人員運入南越，其目的就是在此。

美國已放棄了對付寮國的强硬政策，並已運用壓力促使寮國的右派領袖彭諾沙旺跟中立派首領的傳馬及左派領袖蘇發努旺共同組織「聯合政府」，這表明了甘廼廸政府是要把寮國問題的「包袱」暫時丟下，好得全副精神來協助南越，而當前事實的表現，也確足以証明美國在軍事上已越來越深地捲入南越對越共鬥爭的漩渦。越共對此態勢當然也看得很清楚，因此就立刻改變了計劃，先行展開政治的攻勢；其秘密行動擴大了後，正顯示出越共對南越的一項新的政治攻勢已快將面臨爆發的階段。

南越當地人士，現在都已了解到，美國如要挽救南越，並不是單純軍援就可以濟事那麼簡單，最主要的關鍵還是美國必須付出足够的力量，同時支持吳廷琰政府在政治上和軍事上都一併予以建設性的改進，才足以粉碎越共新近在進行中的陰謀。

至於目前當務之急，則爲立刻協助南越，先行遏止越共在急劇擴展中的秘密行動：一方面要設法把經已潛入南越的越共（包括中共特務）人員予以制裁或消滅，另方面要設法把越共秘密行動的路綫加以堵塞。前者是「釜底抽薪」的做法，後者則爲面對事實的門爭。必須雙管齊下，幹得認眞，幹得徹底，才能獲致預期的效果。

南越當地人士同時也知道，越共對吳廷琰政府的政治攻勢，是把握着其兩項目標來攻擊的：其一是資本主義制度的殘餘形式；又其一是不够民主的政權。這兩者都的確是吳廷琰政府現有的弱點，越共覬準了這兩個弱點來進攻，是不難輕易地攫取了一部份人民的心理。當然啦，越共的成就，便是南越的損失；這是不容忽視的！

因此，南越有識之士目前都憂慮到越共邇來秘密行動的日漸加强；他們一致認爲：南越政府和美國的駐越軍事當局對此，必須立刻提高警覺，防患未然，始爲上着。

考巴維漢山的糾紛

何之湄

兩個「佛國」爭佛寺

泰國與高棉邊境的考巴維漢古寺，爲了泰棉雙方對於寺址主權的爭奪，竟然引起了戰爭的危機，加深了東南亞嚴重的局勢，這倒是誰也意料不到的事！以一個寺廟之微，引起軒然大波，大有星火燎原的形勢，其中的遠因近果，可以說是一言難盡！

位於泰棉邊境綫考巴維漢山上的考巴維漢寺，是泰國著名的名勝之一，但也是高棉人的朝聖聖地。考巴維漢山，在泰國統稱爲考拍威限山，華僑稱爲隆端寺。它不但風景著名，遊客接踵，而且神靈顯赫，香火極盛。假如它不是名勝，並非聖地，則縱使是一個有戰畧性的山頭，也不致引起龐大的糾紛，致於兩國在國際法庭「公堂相見」。現在國際法庭裁定該寺應屬高棉，高棉乃聲稱要「用盡一切辦法驅走泰國軍隊」。泰國方面却是增兵護寺「絕不許高棉取得該寺」，軍隊已奉到「如遇入侵即行射擊的命令。泰國並爲國際法庭裁定一事，還怒美國，杯葛東南亞公約及日內瓦會議。泰國和高棉都是「佛國」，佛如有靈，當會深悔當年僧侶在考巴維漢山卓錫的不當。

施漢諾「恩將仇報」

考巴維漢寺的形勢，和泰棉邊境界址的不清，都是爭寺糾紛的根源。考巴維漢寺雖是高棉人傳統的朝聖之地，但寺址所在，却在山的泰國這一面，而且從高棉那邊，無路可以通達寺前，高棉人到寺中晉香，必須由泰境登山。在以前沒有爭端的時代，這一切都不成問題。但到了兩國有問題——感情和國交有問題的時候，這些不是大問題的問題，也就擴大成爲不能再大的問題了。

再說高棉與泰國的邊界，並非泰棉雙方有何劃定，而是根據法國與泰國一九四六年在華盛頓所劃定的邊界。泰方認爲，法泰協定在地圖上所劃的邊界，只是一種「概括的劃分，並非有肯定性質」的，應該以分水嶺爲界，才合事實。泰國前外長曾任聯大主席的萬親王，便堅持這一見解，與高棉談判考巴維漢山的問題。如果以分水嶺爲界的話，考巴維漢寺的水，是流下泰國這一邊的。

泰國方面感到「不平」的，是高棉元首施漢諾王子對泰國「恩將仇報」。他們憶述說：佛曆二四九六（一九五三），施漢諾爲反法及策動高棉獨立時，避難泰境，事後返回高棉，卽晚在金邊電台廣播，感謝泰國協助獨立及給予他本人與隨員優渥貴賓招待，「如在故鄉」，泰方尚贈長槍二千桿，讓高棉維持治安。越二年高棉獨立，泰國更助高棉進入聯合國。泰國一直是希望高棉進步繁榮。

「羊要咬牧羊人」

前民聯廳廳長素拉集中將並且說：泰國一直在準備「爲高棉而戰」。因自東南亞公約成立後，高棉屬於公約的防衛區，泰國軍隊駐在附近，設若高棉受共黨侵畧，必然是泰國軍隊先行開進棉境，爲高棉保衛領土而流血，泰軍時時準備與高棉軍隊併肩作戰。「泰國軍事專家在研究任何局勢時，都作如是看法」。

因爲泰國與高棉獨立的一段淵源，施漢諾王子訪問泰國時，曾矢言泰棉間一切問題，均必憑友好原則解決。就是赴泰談判考巴維漢山的棉方代表團長桑山，也對記者重申此點，但談判時，桑山並不照友好原則，區區抓住法律觀點。後來，高棉更「告」到國際法庭去，當然更不友好了。

一九六一年十月，高棉與泰國絕交，「長期佔領隆端寺」是理由之一。另外則指乃沙立「憑藉美援强大的軍隊，要武裝干預高棉」。以泰國報紙說過，「高棉的馬德望、戈公兩省，暹粒、磅湛之一部，以前曾屬泰國」。作爲侵畧意圖的証明。施漢諾並說：乃沙立要迫他在「死亡」與「成爲共黨衛星國」兩者之間作一抉擇，他「寧擇後者，因任何抉擇，勝於被泰國越南所征服爲佳。」施漢諾說：高棉是羊，泰國和越南，「是兩條狼」。

怨艾其遜做「師爺」

泰國方面却反駁說：高棉也許是羊，但泰國乃是「牧羊人」，今天「羊要咬牧羊人」。施漢諾要爭考巴維漢山，無非是要出風頭。對泰國絕交，則很可能是受中共的主使，因「陳毅曾訪問金邊不久，高棉宣佈對泰絕交時，陳毅的老婆還在金邊」。高棉對泰强硬，確「有所恃」。

雙方互相指責，且各涉及對方背景，看來兩國「心病」已深；不僅因一寺之爭。但泰國既認爲高棉「猖獗」，係有共黨背景，可是在考巴維漢山一案，又怨美國前國務卿艾其遜充任高棉法律顧問，「敎高棉向國際法庭起訴」，更怨法庭的美籍法官，不極力支持泰國。杯葛東南亞公約及日內瓦會議，由此而起。這樣激烈的行動，目前看不到有什麼轉寰。它將演變爲泰棉衝突？抑是泰國與西方疏遠？目下尚難預測。

曼谷通訊

文史漫談

陸機（五）

徐亮之

關於陸機的性格和生平，已畧如上述；現在且來談談他在文學上的成就。

對於陸機的文學作品的批評，遠在西晉時代便已有絕對恭維與相對褒貶的兩派；前者可以葛洪爲代表，後者則可以張華爲代表。

葛洪說：「秦時不覺無鼻之醜，陽翟憎無癭之人；陸君深疾文士放蕩，流遁遂往；不爲虛誕之言，非不能也。陸君之文，猶玄圃之積玉，無非夜光。吾生之不別陸文，猶侏儒測海，非所長也。」（意林、書鈔一百，御覽五五九引抱朴子佚篇）這眞可謂恭維備致了。

張華對陸文的批評，却話裏有骨頭。世說文學篇注引文章傳說：

「機善屬文；司空張華見其文章，篇篇稱善，猶譏其作文大治。謂曰：『人之作文，患於不才；至子爲文，乃患太多也』。」

張華說機才「乃患太多」，和曹丕典論論文說班固譏傅毅「下筆不能自休」，語意正復相類；而和葛洪說機文「不爲虛誕之言」，與「玄圃積玉，無非夜光」云云，恰是一褒一貶，相映成趣。如果把兩人的評語譯做白話，其意味便等於這樣，即張華說：陸機的作品篇篇都好，祇是命意遣辭都嫌多了一點，尚未能達到爐火純靑的境界。葛洪則說：陸機的作品，篇篇都言之有物，精彩異常；祇覺其好，不覺其多。葛張都是和陸機同一時代的文豪，他們對陸文的觀感竟如此截然不同，是很有趣味的。茲將歷代有關陸文的評判分爲有褒無貶，有貶無褒和有褒有貶三者依次介紹如次：

甲、有褒無貶者

一、稽君道說：「每讀二陸之文，未嘗不廢書而歎，恐其卷盡也。陸子十篇，誠爲快書；其辭之富者，雖覃思不可損也；其理之約者，雖鴻筆不可益也。觀此二人，豈徒儒雅之士？文章之人也！」（意林、書鈔一百，御覽六〇二引抱朴子佚篇）

二、臧榮緒說：「陸機字士衡，與弟雲勤學；天才綺練，當時獨絕；新聲妙句，係蹤張蔡。」（文選文賦注引臧榮緒晉書）

三、沈約說：「降及元康（晉惠帝年號），潘（岳）陸特秀；律異班賈，體變曹王；縟旨星稠，繁文綺合；綴平臺之逸響，采南皮之高韻；遺風餘烈，事極江右。」（宋書謝靈運傳論）

四、晉書潘岳等傳論：「機文喻海，韞蓬山而育蕪；岳藻如江，濯美錦而增絢。」

五、唐太宗晉書陸機傳論：「文藻宏麗，獨步當時；言論慷慨，冠乎終古。高詞迥映，如朗月之懸光；疊意廻舒，若重巖之積秀。千條析理，則電拆霜開；一緒連文，則珠流璧合。其詞深而雅，其義博而顯；故足遠超枚馬，高躡王劉；百代文宗，一人而已。」

六、陳祚明采菽堂古詩選評：「士衡束身奉古，亦步亦趨；在法必安，選言亦雅；思無越畔，語無溢幅。」

乙、有貶無褒者

一、歐陽生說：「張茂先（華）、潘正叔（尼）潘安仁（岳）文，遠過二陸。」又說：「二陸文詞源流，不出俗檢。」（御覽卷五九九引抱朴子佚篇）

二、許學夷說：「士衡樂府五言體製，聲調與子建相類，而俳偶雕刻愈失其體。時稱曹陸爲乖調，是也。」又說：「士衡五言，聲韻矗悍，復少溫厚之風。如『逍遙春王圃，躑躅千畝田』；『廻渠繞曲陌，通波扶直阡』；『無迹有所匿，寂寞聲必沉』；『肆目眇弗及，緬然若雙潛』；『鳴玉豈樸儒，憑軾皆俊民』；『烈心厲勁秋，麗服鮮芳春』等句，皆聲韻矗悍者也。」（詩源辨體）

三、王夫之說：「平原擬古，步趨若一。」（古詩評選）

四、李重華說：「陸士衡擬古詩，名重當時，余每病其呆板。」（貞一齋詩說）

五，黃子雲說：「平原五言樂府，一味排比敷衍，間多硬句；且踵前人步伐，不能流露性情；均無足觀。」又說：「平原當日偶爲茂先（張華）一語之褒，（亮之按：茂先語實褒中有貶，說已見前。）故得馳名江左；昭明喜其平調，又多採錄；後因沿襲而不覺。實晉詩中之下乘也。」（野鴻詩的）

六、沈德潛說：「士衡以名將之後，破國亡家；稱情而言，必多哀怨；乃詞旨敷淺，但工塗澤；復何貴乎？」又說：「意欲逞博，而胸少慧珠，筆又不足以舉之，遂開排偶一家。西京以來，空靈矯健之氣，不復存矣。降至梁陳，專工對仗，邊幅復狹，令閱者白日欲臥，未必非士衡爲之濫觴也。」（古詩源）

丙、有褒有貶者

一、孫綽（興公）說：「潘文爛若披錦，無處不善；陸文若排沙簡金，往往見寶。」又說：「潘文淺而淨，陸文深而蕪。」（世說文學篇）

二、傅亮說：「陸氏之文工而縟，潘氏之文雖綺而清；故孫氏論文，以爲潘美於陸。」（世說注引續文章志）

三、劉勰說：「晉世羣才，稍入輕綺；張、潘、左、陸，比肩詩衢；采縟於正始，力柔於建安；或析文以爲妙，或流靡以自姸；此其大畧也。」（文心雕龍明詩篇）又說：「士衡矜重，故情繁而詞隱。」（同上體性篇）又說：「陸機才欲窺深，辭務索廣；故思能入巧，而不制煩。」（同上才畧篇）又說：「至如士衡才優，而綴辭尤繁；士龍（陸雲）思劣，而雅好清省。及雲之論機，亟恨其多。而稱清新相接，不以爲病。」（同上鎔裁篇）

四、鍾嶸說：「機詩其源出於陳思，才高辭贍，舉體華美；氣少於公幹，文劣於仲宣；尚規矩，不貴綺錯，有傷直致之奇。然其咀嚼英華，厭飫膏澤，文章之淵泉也。張公歎其大才，信矣。」（詩品）

上所引述，歷代人對陸文的觀感，可以概見；而甲乙兩類，實最爲刺目，而使人不期有「文章千古事，得失寸心知」之歎。這理由很簡單；理由是：任何一個大家的作品，決不能篇篇都好，也決不致篇篇都壞；因而有褒無貶，或有貶無褒，都未免意氣用事和說不過去，站不住脚的。

旅途（上）

黃信男

過了幾站？他忘了。這是什麼地方？他不知道。

再有多遠？或許很近，或許更遠。每一個人都會到站的。──他想。

爲什麼車廂裏的人們都沒有一絲快樂或悲傷的表情──他想──譬如說赴情人的約會或弔親人的喪祭。站的、坐的、以及倚着的，都無力的藉着旁物而支撑着身體。那呆癡的眼睛和死板的面孔，就像博物館裏的標本！

誰逼他們想得那麼多？──他眞不懂人們腦子裏的世界。其實，他也暗中嘲笑自己；誰叫我想得那麼遠？

窗外，天色鉛灰，顯得沉靜而陰霾。「怕是要下雨了。」他記起報載颱風警報的消息。「哦！可能他們是想到雨季。」

他懶懶地把臉擱在行李上，正看到對面阿婆懷裏抱着的菜籃中，鑽出一個鴨來──伸着長長的脖子，張着嘴望他，斷斷續續地沙沙細語着。他驚奇地注視牠，雖然，聽不懂牠急着講些什麼，但由衷感激這位唯一的知心旅伴！

土番鴨滑稽的對他霎霎眼。他以微笑回報：

「很多話想說嗎？不用愁，我會了解你的。」

查票員打醒了人們；阿婆連忙把鴨塞進籃子裏，蓋上樹葉。

當查票員走進前一節車廂的時候，緊接着有人叫賣的聲音從後頭跟來。

「桃子！桃子！」那人提着兩小簍桃子在人們頭上邊來邊去，擠過一人又一人，兩眼不停地望望前門，又瞧瞧後門，滿臉慌張的神色與急促的叫聲，猶如一個被人追捕的囚犯，喊着：「借過！借過！」

他走後，又有一個提着同樣東西的女人，在人羣裏穿鑽。

「桃子！一簍賣十塊！」聲音比前者更刺耳。可是在聲響之後的一段沉靜，他覺得很難受。

「買一簍。」她走到他身邊的時候，不自覺的喚住她。

他接過一簍，正想遞錢給她，一轉眼，那女人不見了。他擡頭看到眼前站着一個雄赳赳的鐵路警察，兩眼搜索，漸漸地注意到自己的脚邊。

「這是誰的？」警察指着擋路的一籠。

沒有人答應，幾道眼光交梭着。他趕忙說：「是我的，對不起。」

警察白了他一眼，走開了。那女人不知從那兒跑來，拿了錢，不說的提起另一籠，朝相反的方向而去。

人們開始注目他，那聚集在他身上的眼光廹着他離開坐位，起來走動走動。

走到車門口，他不意踢到一堆破爛的傢具。綻補的草蓆包裹，儘是一些鋁碗、棉絮、鐵罐子等物，坐在旁邊的老人把它抱得更緊些，眼睛一張一闔的瞅他；他覺得對方的眼珠如同煮熟的魚目。他歉意地低下頭，偷偷地看着老人斑駁的蒼髮和皺臉。

查票員又從前節車廂回來，後邊跟着列車長。查票員俯身在老人身邊大聲說：

「抱歉！你要補票。」又向列車長說：「他要到斗六。」

「不能……」老人睜開一隻眼睛，旋又閉上，擠出一點乳白的眼屎；悽苦的抽抽嘴角：「或算便宜一點。」

「好吧！」列車長說：「你就打林內到斗六的票好了。」

老人低頭從腰間摸出一隻鐵盒子；數隻眼睛集中在他僵硬的手上。

老人費了好大氣力才打開盒蓋，裏邊裝着幾節煙蒂；掀開兩層紙，底下壓着幾張小票。

當查票員伸手準備去接的時候，他的手迅速的按住他，把一張十元鈔票塞進查票員的掌中。

「請讓我打他的票。」他認眞的說。

列車長向他笑笑。查票員用姆指比着隔壁，他探看洗手間內，哦！還有他的妻和子──苦難的伴侶。

「兩張。」他說。然後對老人說：「難得我們在一起，這次算我招待罷。」

意外的，老人的眼睜得很開，且直望他很久；嘴巴啞張着，微微吐了一聲：「多謝你，先生。」

抗戰回憶錄（二五）

張發奎

六、任第四戰區司令長官

同樣的，夏威所部的第十六集團軍，更純粹是廣西的財產，廣西過去有過七、八年獨立運動的歷史，他和中央的距離更大；一切的軍政權力，都掌握在李白黃三人的手上，廣西是他們的家鄉，十六集團軍恰担任了把守廣西大門的任務，這自然與他們的痛癢更切，自己家裏的事，只有讓自己來解決，旁人的干預是不合理的；因此十六集團軍的指揮，和以後廣西境內一切軍事調動處置，都是由白崇禧將軍一手包辦，廣西之所以劃入戰區，和十六集團軍編入戰區序列，僅是一個指揮系統線內的名詞而已。中央亦顧慮及此，所以另外成立了桂林行營，統制西南一切的軍政事宜，並將廣西的一部特別劃入桂林行營直接指揮；這就是說我的戰區轄境，祇及于廣東的一省，廣西不過是戰區作戰地境的點綴而已，幸而我和李白黃諸將軍有過革命歷史上密切的友誼，彼此尚能推誠相見，遇事互相商策，否則我這個司令長官，不僅無事可做，而且實不能做。

自戰區成立後一月至十月間，渡過了一個平靜的時期，除了孤懸海外的瓊島于二月間被敵佔據，和鞭長莫及的潮汕于八月間失守外，主要的正面仍保持着對陣的狀態，這于我未完成預定準備的工作是有利的。

十一月十五日欽州灣敵人登陸，掀動了這沉靜的空氣，並撼動了華南的局勢，而演進了南寧的會戰。敵人的企圖是遠大而可怕的。當初我們的判斷，還以爲敵人的行動，不過是想取南寧，遮斷我越南方面的國際交通線，再進而攻畧柳州，威脅黔境，搖動川滇，以深長戰畧迂迴的行動，來打擊我們第二期作戰的基地，但事後才明瞭，他想從南寧向越南伸手，做它南進的跳板。

侵桂南敵人的兵力：爲第五師團，台灣旅團，台灣守備隊，及佐世保陸戰隊，配合第四艦隊主力，和台灣艦隊之一部，飛機百餘架，由高須四郎今村均指揮；先集中於瓊島海面，並佔領潿洲島爲前哨，十一月十五日黎明，敵艦炮紛向企沙、龍門、欽州灣我沿海陣地射擊，敵機亦低空轟炸，敵集團艦隊在其海空掩護下逐次迫近，同日下午實行登陸，即陷防城，十七日陷欽縣，以後即舉其主力沿欽邕公路北進，廿三日强渡邕江，廿四日桂南重鎮南寧遂告失陷。嗣後桂林行營曾調集了後續兵團，並一部戰車部隊和少數的空軍，于十二月中旬轉移攻勢，進行崑崙關慘烈的爭奪戰，但沒有獲得決定性的戰果，僅迫使敵人放棄了崑崙關的高地，和敵第五師團之第十二旅遭受了重大的傷亡而已，這戰鬥一直繼續至廿九年二月初，方起了重大的變化。

當敵人在欽州灣登陸的時候，雖然那方面的指揮責任不屬於我，但我顧慮着西江方面第卅五集團軍和第十六集團軍結合部隊的空隙，並爲防止廣州灣方面的被襲，及西江方面側背的安全，我曾親自巡察西江防務，但在我巡察期中，廣州方面的敵人又在蠢動了。

爲策應桂南方面的軍事，廣州方面敵人，對我粵北部隊的攻擊，在戰術上是一個至當的行動，從十一月下旬以來，敵聯合兵種約四萬餘人集中廣州近郊，和原駐於新街、龍口附近的敵人，沿粵漢鐵路向軍田銀盞坳進犯的徵候，都足供我作一個正確的判斷；我立即決心以主動制敵機先的戰術行動，對敵施行機動的攻勢；即各以一部在鐵路正面，另以一部進出廣花增從間地區，先行向敵襲擊，以摧破它的攻擊準備；主力則集結於英翁線之山岳地帶機動使用，并鞏固曲江的基地，以粉碎敵人北犯的企圖。

十一月廿七日我鐵路正面的部隊第一五二師第四五四旅，及第一五一師之一部，開始向鐵路正面和增城方面之敵攻擊行動，經過二旬的激烈戰鬥，雖然沒有得到重大戰果，但敵人的死傷，和它攻擊準備的受挫，已受了相當的打擊。十二月十五日我得到了更確切的情報，敵第十八師團在從化河以東廣增東寶間地區；第一〇四師團一部在三水西南江新間地區，主力在江村、新街、軍田，銀盞坳、龍口間地區。近衛混成旅團由敵國調來，已於十二月九日到達廣州，則向從化公路北進。根據這些情報，敵人已開始以主力對我攻擊了。我決心以攻勢來摧破敵人的企圖，即令第十二集團軍主力附第六五軍繆培南部向銀盞坳、軍田之敵攻擊，第卅五集團軍以有力一部向江新之敵襲擊，另一部進出白泥對官窰之敵攻擊，以掩護主力攻擊部隊之側背；東江遊擊隊向深圳、石龍之敵突擊以遮斷其後方交通。十八日起戰鬥的狀況，與日俱增的在慘烈中進行，敵人的後續部隊源源增加，它放棄陣地對我們轉移攻勢，形成了全面的遭遇戰鬥，敵人騎兵相當兇惡，到處利用空隙突鑽，于我們的威脅不少。十二月廿五日情況有了重大的變化，我左縱隊的廣韶公路方面受了敵人主力的壓迫，我第一五一師在呂田附近與敵苦戰，左潭敵與我獨廿旅及第一五三師激戰後，敵一股約千餘已竄至梅坑，敵騎且已于官渡翁源附近發現，鐵路正面的敵人約五千餘，亦已竄過潖江，將進犯英德，這一切的情況，需要我作更大而適切的處置。

辛亥革命史談（五〇）

舜生

九、清帝退位與孫袁交替

本來，都北都南原不是不可商量的問題，但如右舉袁氏謝絕南來就職的咸電，則已跡近無賴；而所舉種種不能南來的理由，乃至請『南京政府將北方各省及軍隊妥籌接收』等語，則不僅完全是以一種要挾的姿態，而且是一種挑戰的口吻，其一幅目無民國，予智自雄的面孔，固不必等到民四的帝制出現，識者殆早有以窺見其隱微了。

儘管袁的態度是這樣堅決，但中山仍不願還就，並於十八日派出敎育總長蔡元培爲歡迎專使，參議院副議長王正廷，外交次長魏宸組，海軍顧問劉冠雄，前議和參贊汪兆銘，參謀次長鈕永建，法制處長宋敎仁，陸軍部軍需處長曾昭文，步兵第三十一團長黃愷元等爲歡迎員，偕同唐紹儀往北京迎袁南下，並將歡迎人員名單電告袁氏。

二十五日，元培等到達北京，袁特開正陽門迎接，以示隆重。元培等兩度晤袁面述北上相迎之意，袁並無一語拒絕。但二十九日夜半，曹錕所部第三鎮乃在北京譁變，焚燒東安門外及前門外一帶，兵匪搶掠達旦；商民被害千餘家，元培等住法政學堂，亂兵持槍闖入，僅以身免。次日（三月一日），天津，保定駐軍也相率效尤。於是袁藉口北方大局不得不賴己坐鎮，南下乃更爲事實上所不可能。著『袁世凱與中華民國』的著者白蕉說，這一惡毒的兵變計劃，實楊度建議，而爲袁氏所採納。又張一麐（仲仁）說：『第三鎮兵變，據袁氏親信人言，當時北方軍人集議於袁公子邸中，即議黃袍加身之事，先攻東華門，時馮國璋統禁衛軍不與謀而抗禦，軍不得入，乃成搶掠之局。不知信否。』（見張一麐在『袁世凱與中華民國』一書所加之眉批，P.26）儘管張氏仍故作疑辭，但一個願作開國元勳（楊度），一個願作太宗皇帝（袁克定），早在那裏鬼鬼祟祟，勾結軍人，想把老頭子一氣呵成的捧上台去，原是極有可能的。

元培，敎仁，兆銘等目擊當時這一事實，知道要强迫袁氏南來，可能陷全局於極端危險，乃於三月二日連電臨時政府及參議院，請勉强還就，以定大局，於是三月六日由參議院議決變通辦法六條電袁，允其即在北京就職：『一、參議院電知袁大總統，允其在北京就職。二、袁大總統接電後，即電參議院宣誓。三、參議院接到宣誓之後，即覆電認爲受職，並通告全國。四、袁大總統既受職後，即將擬派之國務總理及各國務員之姓名電知參議院求其同意。五、國務總理及國務員任定後，即在南京接收臨時政府交代事宜。六、孫大總統於交代之日，始行解職。』

袁得電後，當即欣然同意，於三月十日在北京行正式受任禮。先於八日電傳誓詞於參議院。其復參議院電原文如下：『南京參議院公鑒：麻（六日）電悉。所議六條，一切認可。凱以薄德，忝承推舉，勉任公僕義務，謹照二月初六日參議院議決，照第二條辦法，電達宣誓。下開宣誓詞，請代公布。其文曰：『民國建設造端，百凡待治。世凱深願竭其能力，發揚共和之精神，滌蕩專制之瑕穢！謹守憲法，依國民之願望，蘄達國家於安全强固之域，俾五大民族，同臻樂利。凡茲志願，率履勿渝！俟召集國會，選定第一期大總統，世凱即行解職。謹掬誠悃，誓告同胞。大中華民國元年三月初八日袁世凱』

自古奸雄，大抵都擅長一種專說謊話的技術，以袁氏這次嗾使部下兵變，和他這篇娓娓動聽的誓詞兩相比較，豈不十足証明奸雄們原不把睹咒發誓看作一回事嗎？可是他們要以此欺騙後世固無可能，即欺騙當時也很不容易。在袁氏於北京就職以後，蔡元培等即首途南歸，臨行發表『布告全國文』一篇，措辭婉而嚴，實將當日袁世凱種種陰謀完全揭發。章炳麟平日於他人文字，甚少許可，惟獨於元培則稱其『雅善修辭』（見民元蔡就唐內閣敎育總長後章在上海『大共和日報』談話），像這篇『布告全國文』，汪兆銘不能寫，宋敎仁也不能寫，其爲出自元培手筆，殆無疑義，爲存此一幕活劇的寫眞，特錄其全文如下：

『培等爲歡迎袁大總統而來，而備承京津諸同胞之歡迎，感謝無已。南行在即，不及一一與諸君話別，謹攝培等等近日經過之歷史以告諸君，託於臨別贈言之義。

（一）歡迎新選大總統袁公之理由

自清帝退位，大總統孫公辭職於參議院，且推薦袁公爲候選大總統。參議院行正式選舉，袁公當選，於是孫公代表參議院及臨時政府，命培等十人歡迎袁公蒞南京就職。袁公當蒞南京就臨時大總統職，爲法理上不可破之條件。蓋以立法行政之機關，與被選大總統之個人較，機關爲主體，個人爲客體；故以個人就機關則可，而以機關就個人則大不可。且當專制共和過渡時代，當事者苟輕違法理。有以個人淩躪機關之行動，則爲專制時代朕即國家之嫌疑，而足以激起熱心共和者之反對。故袁公之就職於南京，準之理論，按之時局，實爲神聖不可侵犯之條件，而培等歡迎之目的，專屬於是；與其他建都問題及臨時政府地點問題，均了無關係者也。

（二）袁公之決心

培等廿五日到北京即見袁公，廿六日又爲談話會，袁公始終無不能南行之語。且於此兩日間，與各統制及民政首領商留守之人，會諸君尚皆謙讓未遑，故行期不能驟定。

（三）京津之輿論

培等自天津而北京，各團體之代表，各軍隊之長官，及多數政治界之人物；或面談，或投以函電，大抵於袁公南行就職之舉，甚爲輕視。或謂之儀文，或謂之少數人之意見，其間有極離奇者，至以小人之心，度君子之腹，只可一笑置之。而所謂袁公不可離京之理由，則大率牽合臨時政府地點，或且並遷都問題而混入之，如謂藩屬、外交、財政等種種關係是也。其與本問題有直接關係者，惟北方人心未定之一義。然袁公之威望與其舊部將士之忠義，方清攝政王解職清帝退位至危偪之時期，尚能鎭攝全京，不喪匕鬯，至於今日，復何疑慮？且袁公萬能，爲北方商民所認，苟袁公內斷於心，定期南下，則其所爲布置者，必有足以安京津之人心而無庸過慮。故培等一方面以京津輿論電達南京備參考之資料，而一方面仍靜俟袁公之布置。

本刊已經香港政府登記

聯合評論

週刊

每逢星期五出版

United Voice Weekly

第二○○號

督印人：黃宇人　總編輯：左仲平

社址九龍大埔道一六八號南亞書局 805641

承印嘉羅印刷有限公司香港灣仔馬師道5號

總代理：友聯發行公司　每份售價港幣一毫

本報美洲版總經售處美國紐約中美出版社

CHINESE - AMERICAN PRESS, INC
199 CANAL STREET.,
NEW YORK13 N. Y. U.S.A.

美洲航空版每份零售美金一角

從研究現代中國談到東西文化

左舜生

近若干年以來，隨時盤旋在我腦中的有三大問題：一、滿清何以亡？二、民國何以興？三、自中華民國創建以迄今日，又已超過了五十年以上，何以至今弄不好？

過去兩年，我翻閱了一百多種中國近代史資料，為學生寫了一部『中國近代史四講』的講義，內容為：『甲午戰爭』（1894—1895），『戊戌維新』（1898），『庚子拳變』（1900—1901），『辛亥革命』（1911），都凡三十萬言；一面發表，一面又加以補充訂正，也花了我不少的時間。

這部講義寫完，我對上舉三個問題的前兩個——即清亡民興的這兩件大事，似乎多少已有了一些理解，或者說，我已大致知道一個輪廓；至於最後一題——即經過半個世紀的時間，中國人何以不能穩定一個中華民國，乃至被一個毛頭小子的毛澤東，並此血淚染成的四個大字而毀之？這當然更難於置答。

我知道，要對上面所提三個問題一一作出比較圓滿的回答，這決不是單單明白若干的歷史事實就可以勝任愉快的。準備作答的人，必須具備深刻而銳敏的眼光，正常而細密的頭腦，廣泛而相當高度的常識，尤其要多多的訪問通人而聽取其口碑。

此外，中國近代史和現代史與世界同一時期的歷史是不可分的。尤其在近百多年以來，與中國關係複雜衝突頻繁的若干國家，我們更非多多明瞭他們的歷史不可，而且是涉獵得愈多愈好，研究得愈深愈好，換言之，我們要提筆寫一部中國近代史或現代史，不能用望遠鏡對整個世界近代史和現代史作一鳥瞰，更不能進一步用顯微鏡窺探出其細微，老實說，像這樣寫出的一部中國近代史或現代史是不會有多大價值的。

還有一層：外國人自開始與中國接觸以至今日，留意探討中國歷史的人已經不少；尤其近半世紀以來，中國發生了無數的變化，而且在這些變化的過程中，一幕比一幕離奇，其所及於整個世界的利害，也一天比一天複雜；於是熱心研究中國的外國學人逐漸加多，其所注意的方面也逐漸推廣。儘管文字的障碍，還是一個最足以苦惱他們的問題，但外國書呆子也正和中國書呆子一樣，他們努力對這一困難問題的克服，其精神也很值得我們欽佩。我曾對他們中間的許多位，提出過這樣的問題：『您覺得學習中國過去的古文與現代的白話，究竟那一種比較來得容易？』他們衆口一辭的回答：『白話！』我覺得有一位說得更為妥當，他說：『中國過去的古文，大抵沒有標點符號，也不分段，白話不然；單這一點，已經為我們減輕了困難不少』。

近年，參考中國資料，或親自跑到中國來訪問，學習以從事寫作的外國學人，好像也比從前更來得活躍；儘管他們所造詣的深度還可批評，但他們有良好的基本訓練，有熟練的治學方法，觀點不同，所特別留意的重點也不同；尤其是研究中國近代史或現代史，他們更能超越地域，恩怨，黨派，顧忌……種種麻煩，而比較的容易客觀；因此，儘管他們的著作，往往也容易犯上中國人所不容易犯的錯誤（這一層還是由於文字障碍所發生的居多），但就大體說，其足供我們參考的價值依然很高。有一點更可喜的現象，便是中國近年的學人，以外國文字從事寫作，以敘述中國現狀，或以外國語言說明中國現狀的也在逐漸加多，這對於若干外國的中國研究者，也自有方便。

更有一層：把中國幾千年的歷史分作若干時期，或若干段落來研究，這只是不得已。別人的歷史短於我們，或大大的短於我們，尚且不得不如此，我們更何能有其他的辦法？但話得說回來：一個從事中國歷史研究的人，把您的研究重點側重在某一時期則可；因側重某一時期而過分忽視其他的時期則不可。好比為了了解現代中國而研究中國近代史或現代史，如果您把春秋戰國置之不談，或把漢唐宋明丟開不理，您對現代的中國又如何了解得來？儘管今天已經是二十世紀的七十年代，但在中國人腦子裏，依然留下了百年以前，五百年以前，乃至一千年兩千年以前的許多渣滓不曾清除，或永遠無從清除，這是事實。一個外國人，根本不了解中國人背上背的包袱有多重，便侈言了解中國，自無怪他們往往搔不着癢痛。

同時，我也想對若干擁護所謂『西化』的青年朋友，表示我個人的一點淺見：您們不要怕，中國在今天，已根本沒有眞正擁護所謂東方文化或傳統文化的人，他們其所以還要拿這些話在口頭上說說，只是為的某種方便，他們大抵是聰明人，同時多半也是懶惰漢，這一層只有從經濟觀點，才可以把他們看個明白。單拿生活態度來說，當他們在異常困窮的時候，他們便只好簞瓢陋巷，衣敝縕袍，非眞以此為樂，不得已也。一旦小有辦法，他們便開始西化；辦法愈多，其勢便非『全盤西化』不止。物質生活如此，其實最足以支配這類人的精神生活的，乃更莫如物質。大家試一冷眼靜觀，當前的事實，豈眞有一例外？我奉勸大家，今後最好放棄這類『西化』『東化』的無謂之爭，多求同而少立異，以求共進於一種世界文化。世界文化者何？利用厚生，以求得人類身心的康樂，共勉於全面和平的實現而已。

今天中國一個反世界文化最力的反動派，莫如毛澤東所代表的這一羣：『民主』要多用腦經，多費手續，所以他們覺得不如專制來得痛快；科學要動手動脚，更要多用心思，所以他們最富幻想，最歡喜製造簡單的口號。怕麻煩而愛痛快，所以中共所得的，只是一個『陋』字；而演成事實，則如今天大陸所表現的一切現狀！試問十三年來，中共有那一件事不反『民主』，更有那一舉措不反『科學』？今天高談東方文化或傳統文化的先生們，也往往要對『民主』與『科學』暗放冷箭，從某一觀點來說，也不過是共產黨的變種，我們以全力打倒共產黨再說，何必去多理會他們？

今天有少數的西洋人和日本人，往往把中共領導層的人物估價過高，這是由於他們以耳代目，對中國研究未能透澈之過，他們根本不了解這些人是一群何等缺乏現代知識的愚人，因此他們在對共態度或政策上的錯誤，每每由此而生，如何多舉事實以糾正他們的誤解，這當然是我們的責任。

目前正是局部反攻的最好時刻

兼論毛澤東福建兵力部署之缺點及施行局部反攻的戰鬥原理及運用

劉裕畧

中共在福建前綫增兵的消息，最先見於六月十八日華盛頓郵報的艾索浦報導，台北軍方跟即予以証實，迨港難民對此亦有口述；到六月廿三日，中共更突然發表了一篇有關台灣海峽的作戰聲明。它一方面說台灣即將在美國支持下向大陸沿海進攻；一方面調兵遣將增強福建沿海共軍兵力，並呼籲「全國人民必須努力生產，支援前綫，肅清敵特，鞏固後方。東南沿海各省及其縱深地區的軍民，更要提高警惕，從各方面作好充分的準備，以便隨時迎擊蔣匪幫的竄犯。工人、農民、學生以及各界人士，特別是民兵們，要在人民政府領導下，注意防止和及時消滅潛伏和空降的蔣匪特務破壞活動，並從各方面支援人民解放軍。」而在發表這一聲明的前幾天，中共新華社曾發表過一幀包括毛澤東、劉少奇、周恩來、朱德、陳雲、林彪、鄧小平共七個人的照片。新華社名之曰「毛主席和他的親密的戰友。」香港大公報亦曾刊出此一照片，而無任何新聞消息作照片之配合與說明，毛澤東是現任中共中央委員會主席，劉少奇、周恩來、朱德、陳雲、林彪係中共中央委員會副主席，鄧小平則係中共中央委員會總書記。仔細觀察該照片之形態，毛澤東手中持着一本文件，其餘的六個人前後圍繞着他，似乎是剛由一個會議結束而於起身離座時或舉行會議前拍攝的。聚中共七個巨頭於一次會議中，說明該一會議之重要性，新華社及各共報均只刊登此一照片，而不加新聞說明，似更証明中共中央七巨頭最近曾在北平舉行過一次極重要的人數極少的秘密會議。這一會議後，中共隨即增兵福建，並於六月廿三日發表上述戰事聲明，且據中共公佈：毛澤東本人已於六月廿二日即發表聲明的前一日到了武漢召見上海市、廣東省等東南各省市的首要共幹柯慶施、陶鑄等，從這一連串的事實都可看出中共增兵福建的決定，是出自毛澤東的親自指導。毛本人且到東南來對共軍的兵力親自部署。

毛澤東這一兵力部署之重點擺在福建。增兵福建是這一部署的具體說明。由福建前綫向後方及兩側延伸之地區則是六月廿三日中共聲明中之所謂「縱深地區」，不可否認：毛澤東的這一部署自有其如意算盤在，但毛澤東這一部署正對中共自己形成了重大缺點却不自知，從而對台灣提供了局部反攻的極佳條件也為台北當局所未覺察。故筆者綜合敵情，仔細判斷，認為目前正是台灣施行局部反攻的最好時刻。

何以說毛澤東對福建方面之這一兵力部署正對中共自己形成了重大缺點呢？

毛澤東對福建增兵的如意算盤

首先不妨看看什麼是毛澤東對福建方面的部署。根據各項報導，毛澤東這一部署的主要手段是增強中共在福建前綫的陸空軍及海軍。因之，共軍於六月中旬，便開始擁集在福建前綫了。其結果不但加強了福建沿海的防務，而且還引起了台北及國際間的困惑與疑懼。對此，大家都不知道毛澤東此舉的眞意何在？究竟是防禦台灣反攻呢？抑或還是進攻金馬？究竟準備軍事行動呢？抑或還是謀求政治效果？在此情勢下，假如國際姑息主義者出而安撫中共，則毛澤東坐收政治效果之實，何樂而不為？若美國因而放棄對金馬之協防，則毛澤東又何惜付出重大代價，以取得金馬？假若美國毅然表示協防金馬，但又同時限制台灣反攻的話，則中共福建沿海即可暫得磐石之安，防禦台灣反攻之目的，不必經由軍事行動即可達成，毛澤東眞要自鳴得意他的這一如意算盤之妙了。至於鎮壓內部，藉對外作戰以加強共黨內部之團結，以消除共黨內部之矛盾，一舉數得，自亦皆在毛澤東如此部署的如意算盤之中。所以，若依傳統的軍事眼光，固定一項單純的目標以判斷毛澤東在福建沿海增兵的動機，就一定不能眞正把握住毛澤東這一辨證的多面的戰畧想法。

毛澤東這一戰畧部署的缺點

然則毛澤東的戰畧思想眞就高明超越嗎？則又不然，毛澤東的這一些想法實在又只可迷惑和欺騙那些低能的人而已。稍具慧眼的人不難立即看出毛澤東對福建方面的這一部署，實已犯了兵家之大忌。蓋毛澤東將共軍兵力增加福建之後，福建前線正規共軍之兵力固然相對的增強，但大陸其它地區正規共軍之兵力則勢必相對的減弱。這是缺點之一；同時，中共各級幹部之精神偏重福建前綫及東南數省所謂縱深地區，則大陸各地防務空虛，這是缺點之二，有此二大缺點便對台灣提供了對大陸腹地及華北沿海用空投及海運進行局部反攻的有利條件了。須知共軍愈向福建前綫調集，後方就愈形相對的空虛；後方愈形相對的空虛，台灣施行局部反攻的機會就愈好。所以，毛澤東對戰畧思想雖有造詣，但絕不可怕，最怕的還在台北當局不能看破全面形勢，為毛澤東的手法所迷惑，更怕的是台灣不能掌握戰機，不能看清楚敵人的弱點與缺點，不能提出新而好的戰法來克服它。如果台北當局能夠一面改革內部，一面做到上述幾點，則用局部反攻來啟導全面反攻，進而旋轉乾坤，不管毛澤東增兵福建的基本目的如何？只要台北能對遼濶的大陸腹地進行空投，能對長遠的海岸綫實行分組鑽入，則反攻復國的目的，當易達成。

目前正是局部反攻的最好時刻（上接第一版）

局部反攻的戰術含義及運用

劉裕署

　　本來，紙上談兵原是一樁危險的事，把反攻的時機與方式提出來公開討論，亦非所適宜。不過，我以為局部反攻這一戰法，對中共而言，實有其不可抵抗的優越性在。所以，中共縱然知道國軍要反攻，要局部反攻，中共亦將無可奈何。

　　何以說呢？若再進一步探討局部反攻的戰術意義及其運用，當可發現其不可抵抗的優越性究竟如何。

　　基本上講：局部反攻不但是一個新名詞，而且也是一種新戰法。這一新戰法不見於過去任何舊的戰術書本，也不見於過去的任何戰爭史例。它不是陣地戰，不是游擊戰；不是正面攻擊，不是側翼包圍或迂迴，不是一舉攻畧，不是逐次攻畧，不是威力搜索，不是諾曼第式的兩棲登陸，更不是什麼建立灘頭陣地或建立什麼橋頭堡。所以，它是基於一定條件而產生的一種新戰法。這一戰法不一定適合於每一個國家和每一個地區，但卻適合於今日之中國大陸；它不一定適合於對蘇聯，對東德，對北越北韓，但卻適合於對中共。主要理由，則在中國大陸幅員廣濶，交通不便，內陸各地多崇山峻嶺之區，故形成一種極合使用少數兵力空投的戰畧地理形勢；且此等地區多係國內少數民族所聚居，十二年來，中共雖對國內少數民族問題下了許多功夫，培養了許多幹部，但畢竟由於國內少數民族言語隔膜，社會結構殊異，收效甚小，此從西藏事件不斷發生，可以看出來，故形成一種適合少數兵力空投之社會背景；而中共暴政之不得民心，與乎中共工農業建設失敗，人民公社之違反人道，大陸人民因普遍飢餓而產生之反共仇共情緒、則更對局部反攻形成了極端有利的政治條件與經濟條件。中國大陸海岸線極長，且中共海軍軍力薄弱，海外亦少離島掩護，乃使中共無法處處設防，且「備多力分」，「處處設防，則處處薄弱」，乃古今一致之戰術見解，所以，除了空投之外，中共現況實又對局部反攻提供了可以行使海運之另一辦法。況分組空投，所需飛機不多，從沿海空隙鑽入大陸，所需船艦亦不衆，皆台灣目前能力所許可。只需台北當局善作準備，善於擇人，但不難以五百人到三千人之數分別編成十幾二十個小型兵團用空投及海運分途進入大陸了。空投者應投在少數民族居留之偏僻山區，庶幾可以利用充裕之時間與空間將兵力集結，不致為中共之迅速攻擊所殲滅。然後在大陸各地竄流，以不攻堅不打硬仗（此所以與正面攻擊、一舉攻畧等不同）為原則。在游而不擊（此所以與游擊戰不同）的過程中，盡量發動群衆，奪取物資，以壯大力量，進而啟導中共內部之大暴亂與台灣之全面反攻。經海運由中共海岸線之空隙鑽入大陸者，其戰法與此相同。所以，它與逐次攻畧、威力搜索、包圍、迂迴等都不同，亦與陣地戰，建立灘頭陣地或橋頭堡之目的亦有別。而局部反攻與全面反攻之最大區別，尤在使用我局部力量對敵進行全面之打擊。蓋國軍兵力只六十萬，在人數上遠不及中共衆多，除非第三次世界大戰發生或中共內部另有大規模突變，台灣實無法舉行大規模登陸，更不宜用一個會戰緊接一個會戰的方式，把自己的有限兵力消耗。所以，局部反攻這一戰法可以用國軍之少數兵力對敵進行無限目的之任務。它與全面反攻相反，全面反攻則是將我軍全部兵力去攻擊敵人之一點，如果失敗，不但全軍盡壘，且從此將反共復國之軍事資本全部送光，幸而不敗，在繼續進行之會戰上，亦必感到兵力之不敷。

局部反攻之不可抵抗性

　　況局部反攻更有一種陽攻和牽制作用。如果毛澤東眞向台澎進軍，共軍海軍力量薄弱，船隻不多，固難越過台灣海峽之第七艦隊。假若中共先攻金馬，美國只站在協防地位，而不是參戰地位，難道國軍就只在金馬作防禦性的捱打不成？屆時，以言大規模之全面反攻，除非美國支援，否則仍不具備條件，屆時能行之辦法實仍只有局部反攻之一途。也只有施行局部反攻也才能利用敵人後方空虛之弱點，予以擾亂、破壞、牽制，一則可以減低共軍前綫之壓力，再則可以把戰爭帶到敵人之後方，從而變被動為主動，變防禦為攻擊，而中共對此則是束手無策的。

　　自中共佔據大陸以來，人們常常震駭於共軍人數之龐大，其實人們未曾細想。若能細想，便知共軍數目根本不多。以中共正規軍來說，現在不會超過三百萬人，這數字若在美國、英國、法國等國，自屬相當的龐大，但中國大陸有人口七億，則此三百萬人不過二百三十分之一；若將此三百萬人分佈在日本德國等一類土地面積比較狹小之國家，則軍隊數目與土地面積所形成之密度自亦相當的大，中國大陸則不然。由於中國大陸土地面積遠較日本德國等國遼濶，所以，區區二百五十萬正規軍與中國大陸之土地面積所形成的密度便非常的小了。以二百五十萬正規軍在中國大陸設防，無疑，各處之防務仍是非常薄弱空虛。惟其如此，中共便在正規共軍之外，成立為數且較正規共軍更多的所謂公安部隊及民兵。但民兵未經嚴格訓練，且缺乏武器，民心既已與中共違離，民兵實已不穩；公安部隊雖屬中共之特務部隊，但此一數目龐大之特務部隊分散在大陸各城市，經常担任着監視人民之特務工作，個別活動的多，大規模的集體性活動少，且其性質既非正規戰鬥部隊，故戰鬥力亦差，以之監視個別人民或有餘，以之應付局部反攻之游動隊伍則不足。所以，中共縱然知道台灣將對大陸施行局部反攻，中共又將奈何呢？

　　中共若把兵力全部分散在大陸各地，固將在防禦上形成沒有重點之普遍薄弱情況，若把兵力集中於若干個重點以設防，則重點以外之若干地區勢必又形成空隙與空虛，且台灣可以任意選擇敵人之弱點進攻，中共在甲乙丙丁等地設防，則台灣之局部反攻部隊可從戊己庚辛等地着陸，若中共在戊己庚辛等地設防，則台灣之局部反攻部隊可從甲乙丙丁等地着陸；若中共在福建前線及東南數省擁集重兵，則台灣可在華北、西北、西南、東北等地着陸，若中共撤福建及東南數省之兵散之於華北、西北、西南、東北，則台灣可在福建及東南數省着陸，故台灣若施行局部反攻，可以掌握完全之主動，隨時隨地任意奇襲敵人，敵人無法周顧。況大陸人民普遍飢餓，形成了大陸各地的反共火種，任何一地的星星之火，其勢均可燎原。各地人民均可接應，均可發動，這是我之所以認為局部反攻這一戰法具有不可抵抗的優越性能的原因。

惟一的顧慮

　　然則局部反攻之雄師就一定攻必克，戰必勝嗎？那是當然的，假如局部反攻的十幾二十個小型兵團人選選擇適當的話。以今日大陸之各種情況綜合來看，局部反攻部隊確係無敵之師。不過，仍有惟一的顧慮，那就是台北當局對這些小型兵團之人選不善。這些小型兵團的戰鬥任務本是多方面，而不單純的只是正規式的戰鬥，它必須要有胆識，既敢於對中共進行既硬且軟既軟且硬的鬥爭，又必須要有慧眼，不但能夠看破軍事的好機，更須能夠隨時掌握大陸上各種政治經濟情況，綜合軍事戰政治戰經濟戰心理戰宣傳戰而加運用，對於發動和組織大陸人民，尤須具有經驗與天才，所以，不僅對於各小型兵團的領導人須特別加以物色，對於各小型兵團之幹部與士兵亦必須物色有獨立作戰能力，且係自動自發之堅忍不拔之士，對大陸敵情，尤須具有切實之瞭解，庶幾對於未來各種變化不定之情況皆能應付裕如。在我心目中，我以為曾經在韓戰中選擇了自由後來投奔到台灣的那一萬多人中的一些人，既對中共之內情明瞭，又富有反共的戰鬥經驗，同時，年齡亦比較輕，鬥志亦比較旺盛，假如他們在這幾年中沒有被台灣的官僚主義與苟安習性所腐蝕的話，我相信他們將是進行局部反攻的第一流鬥士，也是置身反共復國工作第一線的眞正英雄。當然，他們之外，其它具有反共復國熱誠眞正決心獻身戰鬥的有能力之士亦可委以重任。不過，我只就心國民黨當權者在選擇人選的時候，對一般幹部與士兵，未能確實基於自動自發來決定，對於這些小型兵團的領導人物的選擇，更不可把所謂對個人之「忠貞」與否作為標準尺度，否則，用庸才與奴才來担負這種驚天動地的事情，那就前途黯淡了。

　　至於我之所以主張賦予他們以兵團的名義，而不要用什麼縱隊什麼游擊隊別動隊一類名義，其目的就在給予他們以崇高名位，一則鼓勵他們，一則使他們便於在大陸號召，便於在大陸發展組織之故。

中共再奚落蔣介石

向國忠

　　在中共六月廿三日發表的台峽戰事聲明中，已對蔣先生奚落了一番，說他慣於在作戰時把武器輸送給中共，六月廿八日中共又通過「中國新聞社」對蔣再作了一番奚落。

　　它說「蔣介石賣國賊以輸送武器給中國人民而聞名世界。因此有『運輸大隊長』之稱。他在逃往台灣以前，統治了中國二十多年，做盡壞事，沒有做過半件好事。不過，有一件事值得一提，就是他給中國人民送來了八百多萬軍隊的美式武器。包括一部分日本造的武器在內。從一九四六年七月，蔣介石發動全國規模的內戰起，到大陸解放，蔣介石逃到台灣止，中國人民解放軍共消滅了蔣介石匪軍八百零七萬一千三百五十人，繳獲的武器有：大小砲五萬四千四百三十門，各種機槍三十一萬九千九百五十八挺，長短槍三百一十六萬一千九百一十二支，擲彈筒二萬一千四百六十二個，槍榴筒一萬五千一百九十一個，火焰噴射器二百二十八具，飛機一百八十九架，艦艇二百艘，坦克六佰二十二輛，裝甲車三百八十九輛，機車一千零一十六輛，汽車二萬二千零一十二輛，騾馬十九萬五千四百七十五匹，各種子彈五億零七百九十八萬四千七百發，各種炮彈五百五十二萬七千四百發，手榴彈三百六十三萬五千八百枚，炸藥一百四十五萬八千八百斤，另擊落飛機一百九十架，擊毀坦克一百五十六輛，擊毀軍艦九艘」。

　　又說「蔣介石逃到台灣，一去十幾年，業務長久荒疏，手癢已難耐。目前盡管中國人民解放軍並不缺少武器，中國在製造海陸空軍各種武器上也早已自給有餘，可是，蔣介石匪帮在美帝國主義支持下，妄圖竄犯大陸沿海地區，把美式武器送上門來。那末，就讓他們送來罷！中國人民不但將照例接收，而且準備把來犯的匪軍『堅決、徹底、乾淨、全部』予以消滅」。

　　以上是中共奚落蔣先生的話，其中自不免誇大與誣衊，試問蔣手下何曾有過八百多萬美式武器？既從未有過八百多萬的美式武器，更何從有偌多武器輸送給敵人？足見中共此一數字殊多謊報。不過，蔣在大陸打敗仗，因而把錦繡山河和數億人民斷送給中共，總是事實，勝敗雖屬兵家常事，何況蔣今日尚有六十萬精兵，在政治上亦尚為聯合國之會員國，台灣基地不小，海外僑民及台灣省民亦不下二千萬人，所以，若能恢宏氣度，廣攬人才，切實改革內部，以從事反攻的話，最後勝利實尚可期。洗此奇恥大辱，亦非絕對不可，但這一切都要看蔣先生究竟能否勇於改革了。

　　蔣先生經常以明恥教戰和恥近乎勇等語訓人，現在是輪到蔣先生以這些話來訓自己的時候了。今中共敗徵已露，蔣先生果能切實反省，一改以往作風，報仇雪恥，又有何難？

　　古時忠貞分子曾云：「主憂臣辱，主辱臣死」，今中共如此侮辱蔣先生，但台灣之忠貞分子究不知有幾人準備赴死耳！

對毛共「權威」消息的面面觀

李金暉

六月廿三日中共「新華社」發表了這樣一則消息說：「本社記者從權威方面獲悉，在美帝國主義支持和鼓勵下，盤踞台灣的蔣介石××正在準備進行大規模的軍事冒險，竄犯大陸沿海地區。」從消息全文去看，可以看得出字裏行間許多地方充滿了毛澤東筆調氣味；即使非完全出於毛澤東的手筆，也可推斷全文由他增改的地方實在不少。因為這是根據毛澤東過去許多親筆所撰文件的腔調來加以鑑定的。也祇有毛的手筆或經毛改過的東西，才帶有濃厚的油腔滑調氣味，而往往缺乏常識與邏輯，而祇顧及宣傳騙人。惟其如此，該項「權威」消息雖原本是故作動武之狀意圖達到恫嚇或敲詐目的的，也因此被人一眼拆穿西洋鏡。

在自由世界方面，幾無人不知中華民國的反攻行動是受中美共同防禦協定所限制的。甚至於新華社於廿九日在北平發出的一項消息中，也明白地傳佈了甘廼廸答覆記者談話時引用了一九五五年杜爾斯的有關談話——該談話中的一段說：「我們（按指美國）同中華民國所作的條約安排十分清楚地表明，我們同共主張不使用武力。這個條約的整個性質是防禦性的。」可見中共及其權威人士早該對這一情況，有很深刻的了解。因此，我必須指出，那所謂「權威人士」，實在是下筆太欠思考了。他是滿心想以他的無識之見，來對大陸人民施行「瞞天過海」的騙術。此外無非想乘機挑撥中美關係。例如他說：「美帝國主義的一箭雙鵰的如意算盤是，蔣××的軍事冒險，如果僥倖得逞，美帝國主義既可以在中國大陸建立橋頭堡，打擊中華人民共和國的威信，又可以使蔣××兵力分散、財政更加困難，不得不更加對美帝國主義唯命是聽。反之，如果冒險失敗，那末，在蔣××的實力大大削弱的情況下，美帝國主義就可以比較容易地實現它多年來追求的目標，這就是一腳踢開蔣介石，用新的傀儡來接管台灣，實現它的所謂『兩個中國』的陰謀。」

現在事實証明，美國現階段固無意於協助國民黨當權派反攻，而當權派又事實上無力自主反攻，根本無「陰謀」之可言。

翻過來，我們倒要把「權威人士」的「陽謀」揭穿了來晒晒太陽。

自由世界的人都曉得，這次首先發佈台灣海峽福建境內共軍大舉集結消息的是華府；但較華府更早獲得消息的，是倫敦官方。而倫敦的消息來源，是北平的外交官，但主動供給情報的却又是中共自己。這一過程，自有先後的新聞資料可供查考，可無須多贅。於此可以推斷說，台灣海峽情況一時突然轉趨緊張，無非是「權威人士」末路技窮的「陽謀」，是想以一隻假貓來充紙老虎。

中共的「權威人士」之所以出此末技，當然也有其苦衷的，以目前的情況來說，在「連續三年自然災害」之後，再加以一個兇年，大陸的飢荒，較過去更加嚴重，社會秩序也較過去更為混亂，人心之浮動，已達到隨時隨地可以激起動亂的地步，城市的下放政策，經已遭受到人民無情的反抗，一方面城市之間人流互竄，另一方面農村因糧食不足，對城市下放居民，不表歡迎，這種情況，內陸腹地，雖和沿海地區同樣存在，但對中共軍事防務的影響作用不大，然而在廣東福建和浙江省境內發生，則其作用就完全不同了，不祇民心愈加動搖，而且還要搖動軍心。在這次廣九邊界發生了飢民大量湧入港九和澳門之後，月來消息不逕而走，却是起了極大的震盪。人心既已思變，可以推想坐鎮在中南地區的毛澤東，必是如坐針毡。這可以從同一消息的另一段中引証說明。「權威人士」說：「全國人民必須努力生產，支援前綫，肅清敵特，鞏固後方。東南沿海各省及其縱深地區的軍民，更要提高警惕，往各方面作好充分的準備。以便隨時迎擊蔣××的竄犯。」這裏很明顯地是把「必須努力生產」列在首位上，而把「迎擊蔣××的竄犯」排在末尾，可見軍事意義並非當前急務；也並不是有意本末倒置，而是出於事實之需要。又因為其中提到「東南沿海各省及其縱深地區的軍民」，可見這些地區的問題也特較嚴重，就這一點來說，逃到香港的難民，也都能指証沿海邊防共軍，對當前人民疾苦是抱有同情態度的。

同時也由於全文祇有「迎擊」的字樣，而未侈言「解放」，更使人感到守勢的意義大過攻勢。企圖力求解決內部問題，尤勝過於妄圖在台灣海峽動武。因為消息的全文中也曾謂：「蔣××妄想利用我們目前某些暫時的困難。」

由於這一次的情況的發生，正值毛澤東身在武漢，其意義當不僅止於政治和經濟的，從各種跡象來看，還應該包括軍事的意義在內。近年來，中共軍中整風一直未曾間斷，尤其是沿海地區的三軍整風更較積極，筆者過去固曾為文涉及，本刊同文也有較詳細的分析。在劉承司駕米格機赴台之後，情況更較緊張，大陸難民已經証實劉飛台的消息，他們很快的就在廣播中收聽到了（據說大陸人民現在千方百計地買收音機），老百姓能够知道的消息，在共軍中的傳播，也一定很快。因此似可以作這樣的推斷，沿海各省及其縱深地區的兵力配備，在毛澤東坐鎮武漢的這一段時間內，必曾加速地進行了一次必要的調防、整補，由於調動緊張、頻繁，在這期間內，自然有必要暫時調整各線鐵路客貨運時間，甚至大量抽調客貨車卡以供軍用，也是有可能的。這或許正是中共突然臨時通知限制北平西方外交官們的鐵路旅行的答案。

除此之外，從中共對外關係的需要來看，突然地拉緊台灣海峽的局勢，正是每到冷戰逐漸趨向鬆懈時，中共的一貫手法。從柏林到寮國，美蘇之間的妥協氣氛在增加中，再基於毛澤東與赫魯曉夫之間的「道不同」，因此毛對赫事事唱反調。愈當美蘇之間的關係稍有圓滑進展時，中共例必大罵「美帝」。再者，中共自始即不甘被拒於聯合國大門之外，只是碍於美國一力領導反對，近年來情況雖稍有轉變，中共入會之可能仍不樂觀；復又鑑於美國對華政策穩中待變，意向不夠明朗，把台灣海峽局勢拉緊一把，透過倫敦朝野，便不難迫使美國拿出一個較明確的行情出來，何況英國某些報章雜誌，尚可為毛澤東助長聲勢，吶喊一陣，使其自覺「國際地位」有「增」無減。

對中共這次裝腔作勢，作如上之觀察，容或稍嫌輕鬆了一些，但事實上也只是如此。從全局來說其作用與目的，對內大過對外；對華府大過對台北；對財經大過對軍事。當然，如果美國的步調不够堅定，中共也未嘗不會輕舉妄動的。

至於反攻的問題，自然不在本文論述的範圍內了。

（六月卅日）

市議員囤積案的新發展

立法委員立法犯法

獨清

（台北通訊）台灣省糖商聯合會理事長兼台北市議員紀明於臨時國防特別捐開徵前夕，賄通糖廠業務主管人員，大量購囤食糖，企圖謀取不法利益一案，現在又有新的發展。原來立法委員劉明朝，台省合作金庫副經理劉通益等兩三人，才是本案的主犯，紀明不過協同犯罪而已。本案經嘉義處偵查終結，已於六月二十三日提起公訴，被告共二十二人。名單如下：

劉明朝，男六八歲，業立法委員。

劉通益，男四七歲，業台灣省合作金庫代理部副經理。

黃福霖，男四九歲，業台灣省合作金庫代理部經理。

紀明，男四八歲，業台北市議員。

呂大川，男四九歲，業新營廠儲運股長。

陳秋英，女二五歲，業新生運送公司出納。

周清風，男卅六歲，業蒜頭糖廠儲運股長。

黃后，男卅四歲，業蒜頭糖廠職員。

黃三元，男卅八歲，業蒜頭糖廠職員。

陳春，女廿二歲，業無。

黃滿足，女卅一歲，業商。

吳萬泰，男四四歲，業蒜頭糖廠職員。

陳鴻燧，男四三歲，業烏樹林糖廠事務員。

楊杉竹，男五十歲，業無。

蔡自明，男六十歲，業商。

蔡燈火，男四十歲，業商。

柯金池，男廿八歲，業商。

李塗圳，男卅七歲，業無。

陳茂松，男五一歲，業商。

李永恭，男廿六歲，業商。

郭謀，男四五歲，業農。

黃東英，男五七歲，業農。

據起訴書稱：立法委員劉明朝於本年四月二十七日上午參加立法院秘密會議，討論臨時國防特別捐徵收條例，獲悉貨物稅附徵國防臨時特別捐百分之三十，運費增加百分之四十，當日中午十一時許，因領欵赴台灣省合作金庫在代理部辦公室，與其舊屬該部副理劉通益談及糖漲價事，乃將此一秘密消息洩露與後者。劉通益遂萌慾念，決定囤糖圖利，即於同日下午以電話約紀明至其辦公室共商進行辦法，該部經理黃福霖聞悉，亦參加購囤。當經商定購囤六百包，總計購欵五十七萬二千一百元。其中一百包屬於黃福霖，餘均為劉通益所有。同日下午五時許，劉通益猶有未足，又至劉明朝家，藉商人周俊卿名義，向其借欵以圖多囤，劉明朝即簽給該庫空白支票一張，仕由劉通益填寫金額及日期。即晚九時，劉通益又在紀明家取得担保品砂糖棧單一千包，並促紀明於當晚趕到南部提糖。次日上午劉通益將劉明朝所給空白支票，填入二十七萬元面額，連同其本人所開的支票二張及紀明與黃福霖二人所開的支票各一張，合共面額為六十四萬元，以其妻周梅的名義，從該庫電滙新營劉春輝轉交紀明。紀明乃賄通糖廠業務主管人員呂大川等領出砂糖九百十二包。

本案各被告在被提起公訴時，除劉明朝一人外，餘均在押。劉明朝所以列為首被告，顯係檢察官認為他身為立法委員，却知法犯法，洩露國家秘密，同時就其開給空白支票一紙交與劉通益自由填寫面額，以及劉通益原決定購囤六百包，其後忽又增購四百包等事實看去，可知他實為囤糖的主使人。但檢察官僅以洩露機密起訴。並說：他所開給的空白支票係劉通益藉商人名義向他借欵，似乎又是有意避重就輕的。

最值得注意的，是本案乃政府開徵臨時國防特別捐後破壞國家法令的嚴重事件；前四名要犯或為立法委員，或為合作金庫主管，或為市議員，按情按理，按法均應予以最嚴重的懲處，庶可對當前幾乎無官不貪的政治風氣有所矯正；然而事實竟大出人料，檢察官在提起公訴後，忽然又傳准予全部交保出外候訊。將來審訊的結果如何，已可預卜矣。

監察院秘書長貪污案續聞

直夫

（台北通訊）監察院於六月二十一日上午舉行臨時院會，專案討論秘書長劉愷鍾涉嫌貪污的問題。大多數的監委們本來主張舉行公開會議；但經不起國民黨當權派的重重壓力，終於同意改開秘密會議。開會時，所有在場職員，工友及各報記者，均一律退出。會場沒有錄音，也沒有速記；而且門窗緊閉。女監委張岫嵐向各報記者再四告誡：「不得偷聽」，鄧景福委員還告訴奉命退出會場的工友說：「今天不喝茶了，誰渴死也不要管」。據某民營報透露：會場週圍，警衛林立，戒備森嚴，如臨大敵，是監察院有吏以來所未曾有的。

由於會議是如此的機密，討論的經過情形如何，一時自不得詳知。但聞是日出席委員六十五人，公推葉時修委員主席，先由程序委員會報告召開臨時院會的經過，繼由原提案人于鎮洲委員報告十委員聯名提請召開臨時會議討論劉案的理由，次由調查委員金越光報告調查意見，並附發編有號碼的資料多件，以供出席各委員的參考。但當他報告完畢後，又將所發的編號資料收回，據說是爲了防止秘密外洩。于院長亦即席報告處理本案的經過，他又提出劉愷鍾請求辭職的一項簽呈，當衆宣讀，內有「在調查期間聲請迴避，不到院辦公。俟調查完畢，即行呈請辭職」等語，並說經已照准。聞出席各委員發言甚爲踴躍，情緒激昂，聲達室外。有幾位委員主張應提案彈劾；其涉及刑事部份，並應移送法院訊辦。他們認爲假如因爲劉愷鍾是監察院的秘書長而僅以辭職了事，不提案彈劾，則不但有失監委的職責，而且對於監委聲譽也將發生很大的影响。討論結果，決議組織專案小組，對劉愷鍾涉嫌各點，澈底調查，依法處理，提報院會並推金越光、陳達元、于鎮洲、趙光宸、馬慶瑞五委員爲小組委員，由金委員召集。

關於劉愷鍾涉嫌貪污案，其中有一項原係監委張一中因奉推調查台灣省政府浪費一案，經他從中關說，由省銀行供給張住宅一幢，然後由張將本案打銷。在二十一日的臨時院會中，張一中曾報告他向省銀行借用房屋，係據該院北投宿舍例商借；而且是在奉推調查浪費案之前。至於調查浪費案，現正與張建中委員繼續調查中，並無撤銷情事。聞金越光委員在秘密會中所作之口頭報告及編號資料，對於涉及張一中部份均未提及。因此，雖然也有委員主張應併案調查，但由於有人連聲呼着「算了，算了」，終於決議不了了之。

報載，于院長已於六月二十六日發表該院參事蝕碩暫代秘書長職務。看情形，劉愷鍾不能不丟官了。不過，他既屬於蔣經國的旗下，其貪污案仍將大事化小，則是可以預言的。

監察院是否有貪污集團？

六月二十四日聯合報的「黑白集」，刊出如下的一段文章：「監察院是接受人民檢舉官吏貪污瀆職的機關，而本集却接到監察院「一羣忠貞小職員」的投書，用的是該院「專供公務使用」的正式信箋，揭發該院一個「最大的貪污集團」，其中列舉若干監委的芳名，指出誰是領導人物，以及誰個唱紅臉，誰個唱白臉，軟硬兼施，俾能利用職權，進行威脅與勒索，而且這個貪污集團，還兼營經濟事業，如某委員的經常出國考察，實際上却是做生意、跑單幫。此外還有涉及某委員的私生活部份，在此不便引述了。」

這段文章裏面所引述的故事，雖然是出自一封捏名投書；但該報顯然認爲是事出有因的。由於該報雖屬民營；但主持報務和編輯者，都是國民黨的黨員；而且是曾經在蔣介石左右工作很久的忠貞之士；他們的觀察勢必有所根據的。於此，可知今日台灣的政風敗壞，已經到了何等可怕的程度了。

對於這封監察院職員檢舉監察委員的匿名信，我們實在無能爲力；在此只能以「函悉」二字作覆。」

官商勾結的伸鐵盜鋼案

宣平

（台北週訊）台灣伸鐵公司原爲唐榮廠以外的另一大鐵工廠，在三年前，即有「南唐榮，北伸鐵」的盛譽。可是，自唐榮廠發生問題後，該公司初則以不能繼續維持，請求政府救濟，繼則實行倒閉，六月二十四日，董事長吳能輝且因盜用中信局廢鐵一萬餘噸及提供交通銀行作抵押的鋼筋和圓鋼一千七百餘噸而被調查局扣押。

事緣外貿會爲扶植本省鋼鐵工業，規定工廠商已接受國外訂貨急需原料週轉時，可申請墊借外滙購入，待加工出售後再收回墊借外匯。伸鐵公司即在此理由之下，向中信局申請以DA 方式，進口廢鋼，由台灣銀行及中信局代爲担保，前後共進口三批。爲便於提取，貯藏廢鐵之倉庫，即設在伸鐵公司工廠內，由中信局派管理人員看守，該公司須向監督之中信局辦妥手續後，始可提用該批廢鋼。但該公司並未辦理手續，即逕行提用，自四十九年十月起，至發現止，已被竊用一萬四千噸之多，因該批廢鋼係由台灣銀行及中信局代担保進口，被竊用後台銀及中信局均須賠償，因此中信局除刑事部份已訴請地檢處偵辦外，其民事部份已另提起民事訴訟，請求該公司賠償此價值二千餘萬元之廢鋼價欵；但伸鐵公司已告倒閉，所有財產已分別抵押，致中信局訴請賠償部份之希望已甚爲渺茫。

此外，該公司又曾以增加資本擴充設備爲名，請准發行公司債一千萬元，並以該公司所有之鋼筋及圓鋼一千七百餘噸提供交通銀行作爲担保，由該行委托物資局設立特約倉庫管理。但公債發行後，該公司又將上述担保品盜運一空。該案發生後，物資局雖將倉庫管理員謝某送請法院偵辦；但對伸鐵公司仍採取容忍的態度。後來吳能輝且坦白承認失踪的鋼品有些是被他挪用了，有些是被債權人搬去了。於是雙方成立合解，由伸鐵負責賠償。

自中央信託局向台北地檢處控告伸鐵公司盜用該局所存廢鐵及物資局因存放於該公司的鋼筋和圓鋼不翼而飛指爲倉庫管理員謝世勳監守自盜亦將全案移請台北地檢處偵辦後，地檢處即分交檢察官兩人分別偵辦。調查局因本年一月十二日中信局賬務科副主任陳永清服毒企圖自殺在被急救轉危爲安時，曾說：「崔祖羲害了我。」認爲其中必有弊端，乃積極偵查，終於發現吳能輝向有關單位行賄及官商勾結的証據。當向地檢處提出報告，並將吳能輝及該公司貿易課長周瑞昌扣押偵訊。

報載：本案將有驚人的發展。調查局在所獲資料及吳周兩人之口供中，已查出該公司盜用中信局廢鐵一案，竟涉及四個單位的高級人員，他們與吳能輝勾結，利用職權，便利該公司申請進口，担保及竊佔行爲。日內即將報請檢察官下令扣押涉嫌瀆職之人員。關於盜運鋼筋及圓鋼部份，仍有官商勾結情事，已獲不少資料，現正擴大偵查中。

據悉：吳能輝原係台北一家五金店的店員，由於善於投機及交際，不數年便在成都路一條巷子裏自立門戶，做五金生意。其後伸鐵工廠經營不善，一再易手，終於爲他所得。他即大舉擴充，多方交際，並向官場大送其紅包，於是業務蒸蒸日上，竟與唐榮廠並駕齊驅。惟因外强中乾，全靠吸收高利貸撑門面，無法久維，以致倒閉；而今更身陷囹圄，在他個人來說，固屬自作自受，罪有應得；但就客觀環境來說，今日台灣貪污成風，其他的若干私人工業，亦多有此情形也。

台灣簡訊

志清

一、電檢處科長利用職權借錢不還

電影檢查處處長沈遵晦，第一科科長李光燾前因貪污瀆職被控去職，李更成了代罪的羔羊而身陷囹圄。但爲時未久，該處第二科科長王雨時又被調查局在查辦日片走私案時，發現他曾於四十七年及四十九年間，利用職權，連續簽發土地銀行不能兌現的支票共六張，分別向片商華龍影業社經理毛烱、新和興影業社經理林溪濱、大通影業社經理鄭倫等調取現欵共一萬三千餘元，至今不還。乃由台北地檢處以瀆職罪提起公訴。

二、各國記者紛來台北

六月二十八日報載，由於台灣海峽的情勢緊張，已經吸引了世界各國的新聞記者陸續來華。最近三天來分別自東京和香港來此的外國記者已達六人。

在第二次世界大戰中，作過隨軍記者的英國每日電訊報的名記者富蘭克林、羅柏遜首先抵台，美聯社亦調遣東京辦事處主任艾德華，來台北增援，協助駐台北特派員穆沙。「美國新聞與世界報導」週刊所派之記者喬治瓊斯亦在前天抵達台北。

虛懸達三個月之久的合衆國際社新任駐台北的特派員蓋魯，於昨天趕抵台北履新，蓋魯將長期駐於台北。

此外日本每日新聞派駐香港特派員江頭數馬，來台北採訪。據說，「朝日新聞」和「讀賣新聞」也將於日內派記者來。

東非烏干達聯合新聞社記者莫因加，於二十七日自港來台，據說將在此問作一週訪問，參觀我國軍事，經濟，社會各方面進步實況。

截至廿七日晚止，獲悉將於日內來台之外國記者，尚有支加哥每日新聞遠東特派員畢琦，哥倫比亞廣播公司編輯羅米洛。

這批外國記者聞將於短期內赴金門採訪。他們目前正在採集資料，研究海峽的情勢。

大陸簡訊

白帆

北韓代表團訪北平

前兩個月，為了加強中共與韓共的關係，中共曾派中共中央政治局委員、北平市長、中共全國人代會副委員長彭真率領一個代表團，以中共全國人代會的名義，前往訪問北韓。

六月中旬，北韓亦派出了一個代表團用北韓最高人民會議代表團的名義報聘中共。據新華社六月十七日訊：劉少奇已接見並歡宴了這一代表團，此外，「北京市各界人民一萬多人今天上午隆重集會，熱烈歡迎我國親密的兄弟鄰邦的友誼的使者」。又說「盛大的歡迎會在人民大會堂舉行。會場主席台上布滿了鮮花，高懸着中朝兩國國旗。場內掛着中朝兩國文字寫的巨幅標語：『中朝兩國人民用鮮血凝成的偉大友誼萬歲』！」出席的則有朱德、鄧小平、彭真等人。

彭真在歡迎大會上致詞後，北韓代表團團長朴金喆跟即發言，除大罵美國外，又引毛澤東所說「帝國主義者的邏輯是這樣的不同。搗亂、失敗、再搗亂、再失敗、直到滅亡——這就是帝國主義和世界上一切反動派對待人民事業的邏輯，他們決不會違背這個邏輯的。這是一條馬克思主義的定律……鬥爭，失敗，再鬥爭，再失敗，再鬥爭，直到勝利——這就是人民的邏輯。這是馬克思主義的另一條定律」，來表示北韓對毛澤東的崇奉。

同時，他還說「任何寒風暴雪都不能破壞中朝兩國的友誼」，這耐人尋味的「寒風暴雪」四個字，顯然是指蘇聯的壓力了。所以，從這些話顯示北韓現在確實是站在中共一邊，而與赫魯曉夫採取了疏遠態度的。

中共又贈送一批教育器材與阿共

為了反對赫魯曉夫，毛澤東正挖空心思設法拉攏許多共黨政權或國家。對於阿爾巴尼亞，毛澤東尤不惜血本。最近，中共又奉毛澤東之命送了一批教育器材給阿爾巴尼亞。據新華社地拉那六月十六日電：「十五日在地拉那舉行了中國贈送給阿爾巴尼亞的一批教學實驗器材的贈送儀式」云。

龍雲在北平去世

據中共「中國新聞社」北平六月廿八日電「中國人民政治協商會議全國委員會常務委員，中國國民黨革命委員會中央常務委員龍雲，因患急性心臟梗塞症，於一九六二年六月廿七日上午七時三十分在北京逝世。享年七十七歲」。

按龍雲係前雲南省政府主席，後任軍事參議院院長，因對蔣懷有私人憤恨，故投共。實則這是龍雲本人的基本錯誤。龍投共後，中共雖在形式上給予名義，實則不但無實權，且並無進出大陸之自由，亦無對國事發表意見之權利，故龍雲為反對蘇聯向中共榨取韓戰軍火價款事，即被中共加以右派分子之罪名。其後龍雲雖欲逃出鐵幕，但已不可能，以至終於在中共的精神虐待和迫害下死在北平了。

中共與寮國互派大使

寮國文翁親王及諾沙旺前次訪問台北時，雖已確定與中華民國互派大使，但直到六月廿七日永珍方面才發表了一項六月十八日王室政府頒布的命令，準備與台北互派使節，實則這已是文翁親王的起身砲了，但願能成為事實，可是以中立獨立為名的富馬內閣已在寮國繼文翁內閣而成立起來，而富馬內閣却是親共的。所以，台北雖已決定派駐泰國大使杭立武為駐寮大使，而中共却已於六月廿八日接到了富馬內閣左傾的外交部長貴寧奔舍那的電報，表示寮國（老撾）「臨時民族團結政府立即同意同中華人民共和國政府互派大使，以便進一步加強中國人民和老撾人民之間業已存在的友好聯繫和密切合作」了。（以上見中共「中國新聞社」北平二十八日電）。

這就可見富馬的所謂中立獨立完全是假的，否則，何以立刻就與中共建交呢？

共區奇聞錄

徐鏡之

兩機關相距里半公文却用電報往來

中共雖然年年在喊反對官僚主義，但中幹及中共許多機關却天天在向官僚主義的大道邁進。中共信陽縣有兩個機關，相距不過一里半路，但彼此之間的負責人既不親自往來，又不派人將書信文件傳送，却將一切公文交電報局用電報來往，對此，北平出版的六月四日大公報描述說：「五月十七日我們河南信陽縣副食品公司收到一封二百三十五個字的電報，打開一看，却原來是信陽專區副食品公司發來的。當時大家非常驚異，因為專區公司距離我們祇有一千五百米，從專區公司到郵電局發電報又必須經過我們公司門前，假如是為了快，給我們一個代電不知要比較電報快多少倍，而且還可以為國家節約一筆電報費，我們不了解專區公司為什麼要這樣做」？

其實道理很簡單，還不是紅色官僚主義在作祟嗎？

內蒙古水利部製造水災

據中共新華社六月十二日報導：「通遼地區歷來春旱，風沙大，十年有九年鬧春旱。今春，通遼市水利部根據往年經驗，曾經開會宣佈澆地，以預防春旱，要求各公社早澆、快澆、澆好、省水，可是今春這個地區雨雪偏多，二月上旬和四月上中旬先後下了三場雪，四月下旬以後又下了五場雨，這時候土地的水份已很夠了，但公社的領導幹部，不從實際出發，自三月下旬開始，從水潦河放水澆地，雖然大雨不斷降落，但仍持續盲目澆地，由於澆過了頭，造成較大面積的內澇，嚴重影響春耕春種」。

據新華社記者趙永西估計：「全公社受到輕或重的內澇積水影響的土地共有五萬多畝」云。

如此超額完成，不知這些中共領導幹部，是否將被中共中央選為勞動模範？

重慶爛掉二十二輛火車

在一般車輛中，火車算是特別堅固的了。因為火車是鐵做的，比較堅固，但中共的火車却有二十二輛在重慶爛掉，不能說不是奇聞。

對此，六月十三日中共人民日報報導說：「在重慶趕水至松藻煤礦之間的岔灘鐵路錯道上，睡着二十二輛掛貨車，時間已經一年有餘，遭受日晒雨淋，大部份車廂木板腐爛殘缺，不能使用，但下面的車輪和其他鋼配件絕大多數還是完好的。不知為什麼？負責管理這二十二輛掛車的人員長期熟視無睹，既不加以保護，又不設法將它送入工廠維修或者改造利用」云。

僑鄉近訊

鍾之奇

福建兵運頻繁僑眷無法收到糧包

自六月中旬以來，福建各交通線即已停止普通客運及貨運，完全被徵作兵運之用。

在福建沿海地區，中共原已駐有數十萬大軍，福建其它地區，中共且修有空軍使用之機場，但六月中旬以來，不但各地駐軍顯著增加，而且中共之空軍亦有許多調到前線，據估計，中共陸軍新自增調到福建者，約有七師之眾，而福連前綫各地之物資及工廠，則均利用運兵之專車作回頭之接載。中共福建前線附近之居民亦多奉命疏散，故目前福建各地，尤其各交通綫上，均呈戰時景色，人心浮動，社會狀況極為不安，郵政亦已受到戰時管制，優先交遞中共各機關部隊之信件及物品，因之，一般人民之信件及僑眷期望之糧食包，已多數不能收到，福建人民因中共之戰爭措施及嚴格管制，乃更痛苦云。

閩粵人民奉命舉行反美蔣大會

據中共公佈，福建及廣東各地民眾最近已不斷舉行反美蔣大會，中共並描述此種大會之情形說大陸人民深知美國侵略中國之種種罪行，又深知國民黨壓迫人民之種種事實，故一致反對美蔣云。其實，這完全是中共驅迫人民表演的把戲。今日大陸之人民痛苦不堪，更深知美國既未侵略中國，尤盼台灣早日反攻，所說閩粵人民反對美蔣的話，都是捏造。

依中共一貫手法，凡有舉動，必先驅迫羣眾作表演，其實與民眾之內心情況全不相干，甚至完全相反，僅因各地人民在中共刀鋸斧鉞之下，為了活命，故勉強前往參加而已。

廣州緊急備戰公安人員武裝巡邏

由於中共宣稱台灣即將反攻，不但福建各地呈現了戰時景色，廣東各地，尤其廣州亦已自上月下旬起突然緊張了起來。

據頃間抵達香港之廣州來客談：中共已於六月下旬起在廣州市成立戒嚴司令部，由曾生負責。中共並已下令廣州人民大舉疏散。依據中共早先之規定，即已勒令廣州人民下鄉勞動，中共現今更藉口刻在台灣之國軍即將反攻，廣東各城市之人民更應加緊疏散，而廣東各城市之人民，亦不明白真象，加以人民對中共早已不滿，切盼反攻，故廣東各地謠言四起，社會秩序益趨混亂。且中共除在各地發動人民舉行反美蔣大會之外，又勒令人民密切注意防諜，中共公安部隊平時本不將武裝表露在外，但中共最近已令駐廣州之公安部隊全副武裝在市面日夜巡邏，每晚九時後，即不准人民在街上夜行云。

廉江修建大游泳池

廣東廉江縣安舖公社的黨委用十萬元人民幣建修大戲院，已是人民飢餓聲中的大荒謬事，但據上月十三日中共南方日報透露：「安舖公社在籌建大戲院之前，曾修建了一個大游泳池，有水泥砌的梯級和紅磚砌的圍牆。這個游泳池由於設計上的錯誤，引水很困難，因此，除了在開幕那天借助幾部抽水機之力使用了一次之外，就一直閑置着，變成一個污水塘。五個負責管理游泳池的身强力壯的青年，一直無事可做」云。可見廉江共幹的荒唐事，又不讓廉江黨委花費十萬巨款大修戲院的事專美於前了。

電白縣大修禮堂湛江大修辦公樓

中共雖已民窮財盡，人民且已飢餓不堪，但各地共幹浪費之大，却也驚人。

據六月十三日南方日報又透露：「電白縣城公社，在今春動用公積金和大隊賣糧的款等共十二萬元，蓋了一個大禮堂，全部工程一萬五千個工，都是由工人及社員義務勞動來完成的」云。又說「湛江縣赤坎公社金橋服務廠，花了十七萬元，蓋了一個辦公大樓，除了幾年來的公共積累金十萬元全部用光以外，還要借債才勉强付清了工程費用」。

其實，毛澤東及中共諸首腦就一向不恤民命，而好大喜功，廣事舖張，那末，上有好者，下必有甚焉，廣東地方共幹之如此浪費舖張，也就並不為奇怪了。

北婆主權的三角關係

俊華

北婆羅洲的歸屬問題，已形成了一種三角關係，幾個國家，為北婆羅洲的領土主權，已經在發生爭吵。英國，是目下北婆的統治者。馬來亞，把北婆列入她的「大馬來西亞」建國計劃的範圍之中。汶萊，是北婆羅洲古老的領有者，雖然汶萊本身現在也是英國的保護國；馬來亞也把汶萊納於「大馬來西亞」的預想領土之內。而菲律賓，最近異軍突起，對北婆羅洲領土作主權的要求，已經向英國展開交涉。還有，北婆人士本身，究竟願意維持現狀，繼續英國的統治？或合併於馬來亞和星加坡而成為「大馬來西亞」的一份子？抑是可能同意合併於菲律濱？此外尚有一條新的道路，便是北婆三邦——北婆本身包括汶萊、沙撈越、獨立為一個獨立國？

「奇蘭公主」的要求

使北婆羅洲地位增加複什的菲律濱，以前對北婆的地位，並未作過任何自主權關係的表示。馬卡柏佳總統就任後不久菲國國內却發生了對北婆領土提出主權要求的主張。促成菲國採取這一步驟的影响，第一是因大馬來西亞計劃高唱入雲，引起了菲方的注意。第二是印尼的要求西新幾內亞島，看來將來有成功的可能，鼓勵了菲方。第三是菲律濱與美國的關係，近來不大協調，以至菲律濱改定國慶日，不願與美國在同一天慶祝國慶。孤立的極端民族主義氣氛高漲，發生了大菲律濱主義的想法。但引起這事情開端的，却是菲國所屬蘇祿島歸蘇丹後裔，「奇蘭公主」向菲政府請求援助，關於她對北婆「租賃」與英方的租金問題；這樣瓜蔓連綿地，使菲律濱發出對北婆領土主權的主張。

「奇蘭公主」實際上只是一位菲律濱公民，在菲律濱已沒有這類封建的封號。就「蘇祿蘇丹」的地位來說，一九三六年的菲律濱自治邦，也已明令宣佈「不再承認有蘇祿蘇丹的存在」，「公主」的名稱只是在家族上的，也許可以說是民間沿用的。不過就財產承繼權來說，只要奇蘭確是前蘇祿蘇丹的後裔，她有權對北婆「租金」提出要求。

馬卡柏佳的轉變

奇蘭對於北婆「租金」償付要求的提出。正適合菲律濱極端民族主義者的胃口，若干與他們有關的報刊和什誌，鼓吹總統馬卡柏佳，應對北婆提出領土要求，使之歸隸於菲律濱，「以免將來被合併於「大馬來西亞」。這一說法，明顯表示是受了大馬來西亞計劃的刺激。

馬卡柏佳總統其先對此事採極溫和的態度，只是說他對此事要加以研究。參議員和大學的歷史學、法律學教授們，曾被非官式邀請，對此事作一調查，向總統提供意見，自本年二月至六月，沒有作出激烈的決定。六月十三日的馬尼拉晚報，還說馬卡柏佳不想對北婆提領土要求，「總統曾慎重考慮此一行動的國際糾紛，他只是將給予一切可能的政府協助，以保護蘇祿蘇丹繼承人對該處領土的權利」。這樣說法，只是要設法滿足「奇蘭公主」的「北婆租金」的要求。但六月下旬，菲國終於向英提出照會，主張菲國對北婆有領土主權。馬卡柏佳總統放棄了溫和的、拖延的立場，據說是受了輿論和選民的壓力。對於這類國家領土事情，輿論向來是激烈的。同時馬卡柏佳的當選總統，民族主義派也是其中有力的支持力量。

租借與割讓之爭

菲方對北婆領土主權的根據，說北婆原是汶萊蘇丹的領土，一七〇四年蘇祿蘇丹「達律仁第二十八世」代汶萊平亂有功，汶萊蘇丹將北婆「割讓」給蘇祿。一八七八年，英人丁特與奧國駐香港領事奧維巴克，合組「北婆羅洲公司」，與蘇祿蘇丹訂約租用北婆羅洲，年租五千美元。一九三六年蘇祿的奇蘭蘇丹逝世，有三個家族九人爭奪此項租金，北婆公司因此留租未發。後來「北婆羅洲公司」由英國政府接收，倫敦宣佈北婆為英國直屬殖民地。

英國對菲律濱的照會已經予以拒絕，英照會全文未見公佈。但據馬卡柏佳的透露，英方認為當年蘇祿蘇丹與北婆公司合約，是「永久的割讓」，而奇蘭公主方面，本已經把合約的副本失去，對於此點無從作反駁的證明。英方的另一根據說：菲律濱憲法已承認英對北婆主權，因菲憲法第一章特別承認一九三〇年英美協定，而美國承認該協定載明英對北婆的主權。

在吉隆坡，馬來亞政府發言人宣稱：大馬來西亞計劃不受菲國索取北婆要求之影響，拉曼與麥美倫仍將談判星馬與北婆三邦合併，英菲將自動解決此一問題。汶萊方面至今無何表示。但北婆三邦內部有一部人士或政黨，受共黨挑撥反對大馬來西亞計劃。最近沙撈越有五名華人被解出境，遣回中國大陸，即與此事有關。但他們是強調三邦獨立，而非主張歸菲律濱。

・吉隆坡通訊・

尼赫魯圖向西方作「軍事勒索」

印度政府當局此次向蘇聯洽購新式超音速戰鬥機，這一舉措，頗為引起英、美的極大疑慮，並曾一度經由外交途徑力勸印度改變初衷。無可諱言，印、蘇這番勾結，確已促使了英美同對這「亞洲屋脊」地區的錯綜複雜情況立刻泛湧出種種可能性的推測，同時也洋溢着多方面的悼惑情緒。

溯自十九世紀末年那一段時期，帝俄在極東和中亞的擴張勢力，東被制於日本，西受厄於英國，都遭遇到嚴重的打擊；但她這項經由中亞以出印度洋的企圖，則直至「革命」了後，仍未忘懷。迨第二次大戰結束，印度和巴基斯坦都分別獨立，蘇聯的野心不特未息，且更利用着印、巴的不和，及喀什米爾的爭端，從中混水摸魚，希望在此複雜的罅隙中把她的魔手插進了去，俾得完遂其傳統妄念。當然，這正是蘇聯目前最大的陰謀。

如所週知：印度是標榜中立的，但對外政策，則接近共黨集團；而巴基斯坦則求助於西方，後者且成為「東約」和「中約」的成員，斷然加入了反共陣綫，再加以巴基斯坦的領土，恰是過去英方阻遏俄國南進的地帶，因此，巴基斯坦和蘇聯之間便立形成了一重極度矛盾的陰影，於是間接牽涉到印、巴的關係多受一種外力的影響；另一方面，美國支援了巴基斯坦，也引起了印度的不愉快。迨到了一九五零年中共「解放」西藏而與印度發生嫌隙，繼而開至公開翻臉，釀成了喜瑪拉雅山對峙之局。中共與巴基斯坦雖也有邊界之爭，但邊界糾紛的重心是拉達克，而這地區却是在喀什米爾的印度統治部份之內，因而中共對印度敵視日深，對巴基斯坦却要出了懷柔的手法，邇來且有談判解決的趨勢。至於巴、蘇之間，則仍在交惡中；而印、蘇却日漸親熱。這種種複雜的形勢，演變至目前，印度和中共的關係更為惡化了；印度和巴基斯坦的喀什米爾之爭也愈益緊張。在如此「奇妙」的情形下，印度於焉向蘇聯洽購新式的超音速戰鬥機。印度此舉，頗使人懷疑到尼赫魯將更「親近」蘇聯。

蘇聯之以軍事武器供應印度，當然是具有上述「經由中亞以出印度洋」的陰謀，自不在話下；而尼赫魯之接受蘇援，又懷甚麼鬼胎呢？

印度「親近」蘇聯，原是「久已乎，非一日矣」！貝爾拉的鋼鐵廠，就是藉着蘇援來建造；赫魯曉夫訪印時，尼赫魯也欣然與他簽訂一項三億八千萬美元的貸欵協定。由此可知尼赫魯現在所要的把戲，乃屬「舊版翻新」，不過前是「經援」，而現在則變作「軍援」吧了。尼赫魯接受蘇聯「經援」的用心，骨子裏是企圖向西方國家（美）作「經濟勒索」；那末，他此次之接受蘇聯「軍援」，當然也為着要向西方國家（美）作「軍事勒索」了！

尼赫魯眼看巴基斯坦政府已從美國的軍援中獲了「F一零四」式新型戰鬥機，因而立刻「眼紅」，「呷醋」，把心一横，重施接受蘇聯經援的故技，馬上向蘇聯購進「米格廿一式」及「米格廿三式」軍機以為對抗，並公開表示將作進一步的接受蘇聯軍援。這從表面上看，是對付巴基斯坦，而實際上，是對美國「還以顏色」。

——這即是說：如果美國再「冷落」了印度，則印度將更「親近」蘇聯。

尼赫魯這種把戲，顯然是含有要脅的動機；再由這個要脅的動機，實施勒索的行為。

最近尼赫魯曾發表過幾句很露骨的談話，他說：「西方國家之對印度，並非供應，永遠祇是賣貨而已」。絃外之音，是表明了尼赫魯對西方國家存有怨懟的心情，指責西方國家祇是「賣貨」，而不是「供應」，暗示出印度是處在「買家」的立場，「買家」是有自由選擇的權利。「買家」的選擇標準，當然是「價廉物美」。如果西方國家要印度「改變初衷」，就應該拿出「價廉物美」的貨式來；倘能把「賣貨」改作「供應」，那就當然更受歡迎。

尼赫魯這傢伙，此次向蘇聯洽購新式軍火，其心底裏的意圖——向西方國家作軍事勒索，昭然若揭。

・韋化・

文史漫談

陸機（七）

徐亮之

不過，對於陸文批評，見仁見智雖各不同；而一般都認為他的作品偏於繁縟；另一部份人更認為他的某些作品缺少變化；（如批評他的詩，鍾嶸說「有傷直致」，王夫之說「步趨若一」，李重華說「病其呆板」等是。）却也無可否認。

什麼叫「繁縟」？說文縟下曰：「繁采飾也」；段註：「繁、本訓馬髦飾也；引申之為繁多。飾、本訓『㕞也』，引申之為文飾。（按㕞、飾、互訓字）」由此可見，所謂「繁縟」，即繁多的文飾之意。此種繁多的文飾反映在作品上的毛病，婉言之，便是張華所說的「乃患太多」；質言之，便是孫綽所說的「深而蕪」；劉勰所說的「思能入巧而不制煩」；因而其結果便表現為「采縟於所始，力柔於建安」，而貽乙派人士以「一味排比敷衍」與「意欲逞博而胸少慧珠」的惡劣印象與批判了。關於這，且舉他的「梁甫吟」為例吧：

「玉衡固已驂，羲和若飛凌；四運循環轉，寒暑自相承。冉冉年時暮，迢迢天路徵；招搖東北指，大火西南昇；悲風無絕響，玄雲互相仍；豐水凴川結，零露彌天凝。年命特相逝，慶雲鮮克乘。履信多愆期，思順焉足凴！慷慨臨川響，非此孰為興？哀吟梁甫顛，慷慨獨撫膺。」

此詩不過二十句，而字法複者九，即：相承、相仍、相逝、玄雲、慶雲、凴川結、臨川響、兩「響」字均列句尾，兩「慷慨」字均列句首等是。則李重華說它「呆板」，許學夷說它「聲韻麤悍」，是並非無的放矢的。這樣的詩句，縱然對仗工整，字面漂亮，確然是只覺其「排比敷衍」，繁縟可厭的。

這詩，我們如果把其中「四運」兩句，「玄雲」兩句和「慷慨臨川」兩句刪掉，則其面目如左：

「玉衡固已驂，羲和若飛凌；冉冉年時暮，迢迢天路徵。招搖東北指，大火西南昇。悲風無絕響，零露彌天凝。年命特相逝，慶雲鮮克乘。履信多愆期，思順焉足凴！哀吟梁甫顛，慷慨獨撫膺！」

這樣刪改，不但主題無損，而且意趣辭句轉有淨化之美，則陸文之繁縟，實於此可見一斑。

至於他某些作品的缺少變化，則正是他急進的功名主義作祟。「投跡短世間」（東武吟行），「但恨功名薄」（長歌行），乃是他的人生觀，亦即作成其風調的短命性的主要原因；他的某些作品，確只是圍繞這一中心而自怨自艾的；這如何不使人讀得發膩而有「步趨若一」的觀感呢!?

但話雖如此，我們却不能遂因而否定他在中國文學史上的輝煌的地位。他在中國文學史上所發生的承先啟後的作用，是有其一定的價值的。

第一、建安以前，詩句是很少講究排比對仗的；到了建安時代，詩中便常有排比對仗的句子了；如曹植五遊詠的「徘徊文昌殿，登陟太微堂；上帝休西櫺，羣后集東廂；帶我瓊瑤珮，漱我沆瀣漿；踟躕玩靈芝，徙倚弄華芳。王子奉仙樂，羨門進奇方；服食享遐紀，延壽保無疆」；王粲七哀詩之二的「山崗有餘映，巖阿增重陰」；「迅風拂裳袂，白露沾衣襟」；徐幹情詩的「高殿鬱崇崇，廣廈淒冷冷；微風起閨闥，落日照階庭」等；說明詩到了建安時代，確已有注重辭藻的修鍊的趨勢了。無疑的，陸機的詩，是承襲此一趨勢而加以發展的。上引的「梁甫吟」，除了首二句尾四句外，全用排比對仗，便是証據。由於陸機的這一承襲與發展，而有梁陳的「專工對仗」，自又無疑的乃他的影響使然。無論其影響的客觀價值如何，但一個人的作品能在文學史上發生承先啟後的作用，其地位總是不可否定的。

第二、他乃短賦的創造者；他的短賦，有短到六十三個字的（幽人賦），有短到六十二個字的（咸丘賦），更有短到六十個字的（鼓吹賦）。這種短賦的創造，對於冗長的漢賦來說，無疑的乃賦體的革命；他這一革命的事實，同樣是不可否定的。

第三、他乃駢文的創造者；我們知道，西漢文字參差雄放，是單筆的；東漢文字典麗齊整，是複筆的；複筆的必演而為駢文，實可謂又是一種自然的趨勢；而他正是上承這一趨勢從事創作而下開南北朝駢儷文風的先驅者。他這一先驅者的地位，又是不可否定的。

第四、他的「文賦」，乃繼王充論衡藝增篇、衛宏毛詩序、曹丕典論論文以後的鉅著；在中國文學批評史上更有不可否定的崇高價值。

總之、陸機在政治上是失敗了，在文學上却是成功的。所可惜者，他在政治上的失敗，却影響了他在文學上的更大的成功；如果他不是在四十三歲的壯年便被殺，我們相信他在文學上的成就，決不止此。

民國五十一年六月二十九日於亮齋

旅途（下）

黃信男

他猜想他的眼底是一片白茫茫的霧，他轉身避到洗手間的門邊。

他的女人坐着，頭垂在懷中吮乳的孩子身上，已疲憊不堪的熟睡了；均匀而深長的呼吸，像嗅不盡她兒子的芳馨。

「睡吧，這是妳的特權！」他心中默默唸禱。

然而，這和祥的小天地竟被人擊破。三個野孩子爭爭吵吵的闖進來；中間一個被緊緊的抓住，企圖掙脫。

「妳的孩子是小偷，」右側的一個說。

「他偷我們的鐵罐子！」左邊的一個搖搖手提着的蔴袋發出叮噹響。

「啊！」他母親猛一抬頭，可是沒有張開眼睛——永遠睜不開——眼珠在凹陷的眼皮下滾動。噓聲哀求說：「別讓他阿爸聽到，小哥，我的孩子很壞，我來敎訓！」

她氣得一手在空中亂捉。

「阿母，以後不敢啦！」孩子撲在母親的腿上，抽泣起來；他不再逃避，因為在母親的身邊最安全。

「不要打他，伯母，他沒有……」兩個孩子笑得很不自然。

「不要離開阿母，乖乖。」她嗚咽的說，沒有流淚。「小哥，多謝你們。」

當火車停在斗六站上的時候，那兩個拾垃圾的孩子幫老人搬下沉重的行李；也扶着伯母下車，最後在「小偷」的頭上摑了一掌。三個伙伴相對大笑。

老人肩上搨着傢俱，他女人背着幼兒，大兒子在前頭領路。一家人靠在一起，慢慢的向前走——這兒是他們的終站，亦是另一段更艱辛的旅途的起站；他們從那兒來，往那兒去？誰也不知道。但他知道：他們會緊靠在一起。

火車駛動了，他目送他們的背影消失在軌道的焦點上。依稀地，他看到一隻孤帆在白茫茫的霧的海上，摸索前進。

像失落什麼東西在窗外，他悵惘地回到原先的坐位。現在他需要片刻的寧靜，可是閉上眼睛，耳邊叫賣的聲音又起了。

「要下車了，一籠賣七元。」男的喊着。

一忽兒，女的又繼上。

「要競爭就來拼一下。」她憤憤地說：「犧牲價五塊錢，只為爭口氣。」

男的紅着臉，不認輸的同價喊賣。兩人嘶喊着，幾乎要吵起架來。人們覺得很有趣，紛紛搶購。二人賣完又去拿，忙得團團轉。

過了嘉義站，便不見他倆。

為了排除寂寞，他揀了一個桃子來吃，只咬了一口，便覺得不是滋味；另換一個，也是同樣。

「腐爛的東西！」他狠狠地一個個擲出窗外，彷彿要擊中某些東西；最後只剩三個硬的。

風刮得很大，夾着雨絲。他不願拉下窗簾；讓水珠沾在臉上，微微涼意使他感到異樣的舒適。

高雄，陌生的都市——他想；她不知在陌生的那一角？她也許問我為什麼要來？真的，我為什麼要走這一段旅途？

在風雨聲中，他遺忘了寂寞，也遺忘了土番鴨。

（完）

初見

劍生

記得初見你的時候，
你着一襲紅裙；
你到小花園口來開門，
在我坐的籐椅旁，
端上一杯茶，
擺上一張櫈；
我暗自吃驚，
我不知你是什麼人？
我不敢開腔，
也不敢問。

新芽

劍生

昨夜雷聲動屋樑，
天昏地黑暗無光，
狂風吹不息，
暴雨響叮噹；
我只躭心那牆外新栽的楊柳，
將被摧殘！
今朝推啟窗兒看：
朝霞映臉，
依舊是鳥語花香，
更喜那枝上的新芽正在生長！

抗戰回憶錄（二六）

張發奎

六、任第四戰區司令長官

我不能令部隊行逐次抵抗的戰法，曲江是戰區的基地，距離前綫不及一百公里，再沒有深廣的地域可以使我退避，我必須以攻擊的手段，來爭取主動，把握時間空間的有利態勢，乘敵人突進分離的時候，予以各個擊破。因此我立即命令增援的第五十四軍，由曲江向大坑口、新江墟、翁源方向前進向敵攻擊，右縱隊除第六五軍之一部扼守主陣地要點外，集結主力於佛崗、水頭附近策應各方面之作戰，第六二軍所部尅日向從化良口間鑽隙迂迴截擊敵後，攻佔從化增城以北地區。左縱隊一部固守沙田梅坑新豐之線，以有力之一部份數縱隊尾擊地派以北之敵而殲滅之。東江指揮所主力由惠州向龍門、左潭、鐵岡截擊敵後，第二游擊縱隊積極襲擊新街、龍口、江村之敵。第卅五集團軍之暫二軍，即由四會向清遠沿北江西岸夾擊敵人；第六四軍進出北江東岸截斷粵漢路及廣佛間敵後交通。我下達這命令之後，我抱了莫大的希望，我很可以保證，如果鐵路正面的敵人能夠阻止其前進，敵人必將陷於分離狀態，廣韶公路方面的敵人，必將受我多方面優勢兵力的壓迫而陷於崩潰的命運。

廿九年元旦，接續不斷的有利戰報，與慶祝新年的喜訊同時帶來新江翁源公路方面的敵人，經我第五四軍的攻擊，已在開始退却了。英德附近鐵路正面的敵人，亦已呈動搖的狀態。敵人退却的動機，我固不敢說是被我們強攻而退却，但我很自慰的，就是在敵人退却前一個適切的處置，且預料這一個處置，將使敵人的退却運動受到決定性的失敗。我和我的幕僚們大家都同樣充滿了希望，我們雖然沒有像俄軍在羅基會戰，準備列車以備送德軍俘虜一樣的奢望，但我們確信這一次定可高奏一曲凱旋之歌。

雖然這一次會戰的價值，會因評判的角度不同而有所差異。但假如我能以一個光耀的成功，來結束這次會戰的話，那就是一月七日，我們除恢復了廿八年十一月廿日前原來的態勢外，一千餘敵人的骸骨，埋葬在北江的草莽中，數十輛汽車的戰利品，而送進我們的倉庫，幾個矮小的軍官和五十八名日兵，以頹喪的顏色，屈膝在我們的面前了。我們雖然沒有足夠的力量，可以直驅廣州，但敵軍的企圖是確實給我們粉碎了，而粵北的形勢亦趨於安定。

在我們對粵北會戰感覺滿意的時候，桂南方面却帶來了一個痛苦，我軍於邕賓公路方面作戰不利，其不利態勢已震動了黔桂樞紐的柳州：當我軍於一個月前克復崑崙關時，大家以為敵人受了重大打擊之後，暫時不會有何行動。

（未完）

辛亥革命史談（五一）

舜生

九．清帝退位與孫袁交替

（四）二月二十九日兵變以後之情形：無何而有二月二十九日夜半之兵變，三月一日又繼之，且蔓延於保定、天津一帶。夫此數日間，袁公未賞離京也；袁公最親信之將士，在北京自若也；而忽有此意外之變亂，足以証明袁公離京與否，與保持北方秩序非有密切不可離之關係。然自有此變，而軍隊之調度，外交之應付，種種困難，急待整理；袁公一日萬幾，勢難暫置，於是不得不與南京政府協商一變通之辦法。

（五）變通之辦法：總統就職於政府，神聖不可侵犯之條件也；臨時統一政府之組織，不可以旦夕緩也，而袁公際此時會，萬不能即日南行，則又事實之不可破者也。於是袁公提議，請副總統黎公代赴南京受職；然黎公之不能離武昌，猶袁公之不能離北京也。於是孫公提議於參議院，經參議院議決者，為袁公以電宣誓，而即在北京就職，其辦法六條如麻電。由此袁公不必南行，而受職之式不違法理，臨時統一政府又可以速立，對於今日時局，誠可謂一舉而備三善者矣。

（六）培等現時之目的及未來之希望：培等此行，為歡迎袁公赴南京就職也。袁公未就職，不能組織統一政府；袁公不按法理就職而苟焉組織政府，是謂形式之統一，而非精神之統一；是故歡迎袁公，我等直接之目的也；謀全國精神上之統一，我等間接之目的也。今也袁公雖不能於就職以前躬赴南京，而以最後之變通辦法觀之，則袁公之尊重法理，孫公之大公無我，參議院諸公之持大局而破成見，足代表大多數國民，既皆昭揚於天下；甚至少數抱猜忌之見，騰離間之口者，皆將為泰和所同化，而無復纖翳之留。於是培等直接目的之不達，雖不敢輕告無罪；而間接目的所謂全國精神上統一者，既以全國同胞心理之孚感而畢達，而培等亦得躬逢其盛，與有榮焉。惟是民國初建，百廢待舉，尤望全國同胞永遠以統一之精神對待之，則培等敢掬我全國同胞之齊心同願者以為祝曰：中華民國萬歲！』

十．臨時政府北遷，全國統一

袁世凱在北京就職的問題，既已在一種極不自然的形勢之下勉強解決，於是臨時政府的地點，亦勢不得不移往北京。當政府尚未開始遷移以前，臨時參議院已將一部『中華民國臨時約法』起草完畢。先是南京臨時政府的成立，係根據『中華民國臨時政府組織大綱』，此一組織大綱之不完善，本已經過一度的修改；又其第二十條規定：『臨時政府成立後，六個月以內，由臨時大總統召集國民會議，其召集方法由參議院議決之。』此實時間所不許。而一個共和國家的根本法制，缺少關於人權一方面的規定，亦大不可。於是參議院乃決定修改『臨時政府組織大綱』為『臨時約法』。計自二月七日起，至三月八日止，凡經過三十二天的會議，始將全案告終。三月十一日，即由臨時大總統公布。都凡七章（即一、總綱，二、人民，三、參議院，四、臨時大總統副總統，五、國務員，六、法院，七、附則。），共五十六條，其與『臨時政府組織大綱』根本不同者，則『大綱』為總統制，『約法』為內閣制，此在當時所以有如此規定，意在對袁世凱加以限制，事屬顯然；後來袁把這部『約法』視同無物，固屬不德；但因人立法，要亦不足為訓。宋敎仁為主張內閣制最力之一人，他之所以為袁所嫉視，而必欲置之死地，這也正是最主要的原因之一。

正當『約法』起草完畢將次公布的時候，袁世凱即提出國務總理唐紹儀於南京參議院，請求同意。三月十日，經參議院多數通過，於是有唐紹儀為國務總理的任命。同月二十五日，唐即赴南京組織新內閣。二十九日，新內閣人選已定，唐即以是日列席參議院發表政見，並提出各部總長名單，計十部總長，除交通總長梁如浩被否決外，餘均多數通過，三十日即正式發表，其名單如下：

外交總長陸徵祥，內務總長趙秉鈞，財政總長熊希齡，陸軍總長段祺瑞，海軍總長劉冠雄，司法總長王寵惠，敎育總長蔡元培，農林總長宋敎仁，工商總長陳其美，交通總長唐紹儀兼，北遷後改施肇基。黃興任參謀總長，旋改任南京留守；徐紹楨任參謀總長，旋辭，以副總統黎元洪領參謀總長。是時唐紹儀已加入同盟會，而王寵惠、蔡元培、宋敎仁、陳其美又俱屬同盟會黨員，故唐內閣有同盟會中心內閣之稱，其實最重要的外交、內務、財政、以及陸海各員，均與同盟會無關係，陳其美且始終未就職，同盟會在內閣的地位，亦僅有虛名而已。

四月一日，中山赴參議院正式宣佈解職，並致辭曰：

『本大總統於中華民國正月初一日來南京就職，今日四月初一日，至貴院宣布解職。自正月初一日至四月初一日，為期適三個月，在此三月中均為中華民國草創之時代。當中華民國成立以前，純然為革命時代。中國何為發起革命？實以聯合四萬萬人推倒惡劣政府為宗旨。自革命初起，南北界線尚未化除，不得已而有用兵之事。三月以來，南北統一，戰事告終，造成完全無缺之中華民國，此皆全國國民及全國軍人之力所致；本大總統受職之初，不料有如此之好結果；亦不料以極短之時間，而能建立如此之大事業。本總統於一個月前，已提出辭職書於參議院，當時因統一政府未成，故雖已辭職，仍執行總統事務。今國務總理唐紹儀，組織內閣已成立，本總統自當解職，今特蒞貴院宣布。但趁此時間，本總統尚有數語，以陳述於貴院之前：中華民國成立之後，凡為中華民國國民，均有國民之天職。何謂天職？即促進世界的和平是也。此促進世界的和平，即為中華民國前途之目的。依此目的而行，即可以鞏固中華民國之基礎。蓋中國人民，居世界人民四分之一；中國人民若能為長足之進步，則多數共躋於文明，自不難結世界和平之局。況中國人種，以好和平著聞於世，於數千年前已知和平為世界之真理，中華民國有此民習，登世界舞台之上，與各國交際，促進和平，即是中華民國國民之天職。本總統與全國國民同此心理，務將人民之智識習俗及一切事業，切實進行，力謀善果。本總統解職之後，即為中華民國之一國民，政府不過一極小之機關，其力量不過國民極小之一部分，大部分之力量，仍全在吾國民。本總統今日解職，並非功成身退，實欲以中華民國國民之地位，與四萬萬國民，協力造成中華民國之鞏固基礎，以冀世界之和平。望貴院與將來政府，勉勵人民，同盡天職，從今以後，使中華民國得為文明之進步；使世界舞台，得享和平之幸福，固不第一人之宏願已也。』

中山致詞畢，即將大總統印交還參議院，參議院答詞如下：

『中華建國，四千餘年，專制虐焰，熾於秦政；歷朝接踵，燎原之勢，極其末流，百度墮壞；雖擁有二億里大陸，率有四百兆衆庶，外患乘之，殆為摧枯拉朽，而不絕如縷者，僅氣息之奄奄。中山先生，發宏願救國，首建共和之纛，奔走號呼於專制淫威之下，瀕於殆者屢矣，而毅然不稍輟，二十年如一日；武漢起義未一月，而響應天下三分有其二，固亡清無道所致，抑亦先生宣導鼓吹之力實多也。當時民國尚未統一，國人急謀建設臨時政府於南京，適先生歸國，遂由各省代表，公舉為臨時大總統，受職才四十日，即以和平措置使清帝退位，統一底定，迄未忍生靈塗炭，遽訴於兵戎；雖柄國不滿百日，而吾五大民族所受賜者已靡有涯涘，固不獨成功不居，其高尚純潔之風，為斯世矜式已也。今當先生解臨時大總統職任之日，本院代表全國，有不能已於言者：民國之成立也，先生實撫育之；民國發揚光大也，尤賴先生牖啟而振迅之；苟有利於民國者，無間在朝在野，其責任一也。羅斯福解總統後，周遊演說，未嘗一日不拳拳於阿美利加合衆國，願先生為羅斯福，國人馨香祝之矣。』

此兩篇演詞，雙方均充滿誠意，絕少尋常酬酢之意味，中山之所自待，與國人所期待於中山者，均可謂恰如分際，由今日讀之，猶可想見當日雍容揖讓之開國規模也。

繼是，參議院於四月五日北遷，黃興留南京結束東南軍事，中華民國的統一，遂告完成。（全文完）

聯合評論

週刊

本刊已經香港政府登記

每逢星期五出版

United Voice Weekly

第二〇一號

督印人：黃宇人　總編輯：左舜生

社址：九龍大埔道一六八號　電話：805641

承印：嘉羅印刷有限公司　香港仔馬師道5號

總代理：友聯發行公司　售價每份港幣一毫

本報美洲版總經售處美國紐約中美出版社

CHINESE - AMERICAN PRESS, INC

199 CANAL STREET.,

NEW YORK13 N. Y. U.S.A.

美洲航空版每份零售美金一角

中國的最後一次革命

謝扶雅

通常的民主政治，是以人民公開議論，立法表決為依歸。但當一個獨裁政權把持國事，壓迫及荼毒人民，絕不行憲，與守法，人民忍無可忍，則惟有出於革命之一途，先將這個政權推倒，革命需要流血，誠屬不幸，然在「不自由，毋寧死」的莊嚴號召之下，負醫國救國之大任者，勢非行使外科手術不可，否則國家民族只有糜爛而亡吧了。這正是中國人民目下所面臨的嚴重考驗。

自無知兼殘暴的中共政權造成大陸全面饑荒以來，老百姓死的死，病的病，逃則逃，尤以最近所表現的幾萬難民同時衝出港澳，六七十萬災民麕集廣東邊境等候逃亡，以至整片大陸嗷嗷求食，奔投還徙的洶湧人流，顯出毛共政權業已完全無法控制。當然，極權主義者必要作垂死的掙扎，所以利用海內外齊呼反攻，與台灣假惺惺地揚言反攻期迫的空氣，突然調兵遣將，到閩厦一帶增防，由四十萬加至六十萬，嚴陣以待金馬跳板的出動「王師」；更向大陸人民宣稱美帝國主義狂妄支援「蔣幫」反攻大陸。這全然是假借保衛國族的大帽子，煽起民族主義心理，藉以鎮壓目前無可挽救的逃荒浪潮。毛共明知美國當局十幾年來採取兩個中國政策，以第七艦隊的鐵腕，隔離大陸和台灣；又從最近（六月廿三日）華沙的王（炳南）迦（保德）會談，已得到美國保証決不支持蔣方向大陸發動任何軍事攻勢；更未嘗不知美國尚有一部分左傾開明（？）分子（例如六月廿六日紐約時報便披露着哈佛大學許士都教授的讀者投書）仍在建議甘廼廸促國府撤退金馬守軍，以緩和閩海緊張局勢，而避免美國捲入大戰漩渦。然而毛共必須把種種事實歪曲了來利用，目的無非在鎮壓內亂，好來「共禦外侮」。但這一切也無異表明了大陸的人心實已普遍恨毛入骨，非得而甘心之不可了。

另一方面，台北的當權派亦未嘗不知這是反攻大陸的最好時機，然而內不能以民主團結海內外人士，外必須仰美國的鼻息，既沒有破釜沉舟的決心，只暗懷擁兵自衛的鬼胎；猶復故作秣馬厲兵，磨拳擦掌的姿態，這也無非想利用大帽子來欺騙和鎮壓人民便了。他們明明為了美援的依期不至，却假徵收國防捐以資挹注；同時又奢侈浪費，貪污公行，只仰給於美援以彌縫龐大的赤字，而又須得美國的點頭，始能言出師復國；一方則揚聲戡亂反攻，不許在野有反對黨。凡台灣境內的言論概無批評政府的自由，海外的所有民主報刋則封鎖不准入境。這樣的一個家天下的政權，實同屬中國人民革命的對象。

湯武革命，代遠年湮。海通以還，本着西方民主思想而倡言革命的，要以孫中山諸先烈以熱血及頭顱所換來的辛亥革命為第一次。那時革命的對象是腐敗專制的異族滿清。所以辛亥革命主要是民族革命的成功。但自清末所受外來不平等條約壓迫以來，中國農村瀕於崩潰，而亟需根本的社會經濟改造。毛澤東內而利用這個客觀要求，外而甘心作史太林的爪牙，以社會革命為號召，哄動有志的青年人士。同時蔣氏政權的腐敗專制，殆尤甚於滿清，因而一夕之間，大陸易手。可惜這一次的革命，單就革命的對象而言，誠屬再應該也沒有了的，而主導的革命勢力，却不幸落在陰狠欺詐的毛澤東身上。忠厚的中國老百姓以至一部分知識分子都給投入了這大騙局。不過，舊社會裏的一些殘渣，倒也因此而冲洗淨盡，而一般人民經過了一十三年的政治激刺，人權意識反得覺醒起來，至少今日要求生存的飢火，已燃遍於神州。所以中國第三次的全民革命今已揭開了序幕。

如果黑格爾哲學中正、反、合的辯証進行，可以代表相當真理的話，辛亥革命可以說是「正」，中共革命是「反」，而這次的全民革命則是最後的「合」了。其所以是最後一次的革命之故，是由於世界反極權、反奴役、民主自由的大潮流已澎湃而不可遏；中國大陸易手後，陸續流亡海外的一羣反共愛國熱心真正民主自由的同道，和大陸上的義士、志士，以至一般民眾，都已聲應氣求，取得密切聯合，齊向毛共進軍。這種中國人民自動自決的崛起革命，不是任何外國所能阻止，更非日暮途窮的毛或蔣所得而鎮壓或鋤除。世道人心迫使中華民族作這最後一次的革命——以（一）政治民主，（二）經濟公道；（三）學術獨立的三大原則（取代三民主義及共產主義）為號召的全民革命。革命大業是艱鉅的，真自由不可不付代價；良知與血和肉，足為爭取自由的武器及長城。然而新中國的曙光，已由隱隱而幾微地吐出來，所謂有志者事竟成，只在我們盡心力而為之是了。

寫本文竟，適見本刊第一九[illegible]期有一位新近自大陸逃出來的大學生嚴端正君「讀者投書」，表示目今大陸大多數人民都期待着有海外的第三勢力出來統治中國。不錯，這真是中國一般民眾的心聲。正確地說來，蔣家政權和毛共政權的兩種勢力今已走入了死胡同或絕路，沒有任何力量可言。「以其時度之」，這兩者約摸將在同一時候同歸於盡；所以目下只有惟一的全民革命勢力存在，而這是本乎人同此心，心同此理的普遍要求。

一九六二、七、二自美東紐澤西寓

論第三勢力

孫寶剛

兩週前我因為讀者來函，寫了一篇「第三勢力何在」。接着便有許多人問我：所謂勢力，乃是代表一種力量，海外的中國人散居在各國的土地上，怎能成功一個力量，尤其是軍事力量？今天台灣，無論如何還有幾十萬軍隊，是一個軍事力量，為什麼不去利用台灣的力量而和台灣好好地合作呢？中共是一個不民主的力量，不民主的力量決不肯和平地轉移政權的，所以祗有用軍事來反攻大陸，才能夠把中共政權打倒，而代之以我們所理想的政權。

這個論據在表面上看來，似乎很有理由，但是似是而非的。第一正如我前文已說過，台灣也不是一個民主的力量，它願好好地和你合作麼？蔣氏當政三十餘年，三十餘年來，國民黨內的人和黨外的人，都試和蔣氏合作過，尤其在對日抗戰開始時，蔣氏見大敵當前，他個人的力量不足以抗日，號召國人共赴國難，換句話說，希望大家捐棄以往的成見和恩怨，大家以國為重。當時的國人也覺得非如此不足以使國家存在，相率共赴國難，可是我記得當時有一位淞滬抗日時的名將翁照垣，隨着李濟琛陳銘樞等赴南京共赴國難，蔣氏連見都不見他，因為翁以往是反蔣的，他們之間有着私人的恩怨，翁那時地位，並不需要蔣加以敷衍，所以連見面也不見了，於此可見蔣氏的心胸！至於其他黨派，當時因格於形勢，使蔣非敷衍不可，那時的民社黨的主席張君勱還和蔣交換文書，保証合作抗日，豈知國民政府退到重慶，日軍攻勢拙頓，不能長驅直入，重慶呈了可以暫時偏安的狀態，蔣氏的獨裁和法西斯作風又來了，他並不需要大家共赴國難。這不過另一個例子，証明和蔣氏是不可能好好地合作的。再証之勝利以後的協商會議，到三黨行憲，到現在台灣的在野黨情形，誰都不能否認，假如你能客觀一些，沒有幻想，不站在私人打小主意的立場，而站在國家的立塲上，便知不能和蔣氏合作的。

退一步來說，即使蔣氏和你合作，但蔣氏心目中祗有軍事。在今天要來反共，如祗重軍事而不注意其他方面，那麼我可以說，中共的軍事力量還可垂死掙扎，決不是蔣的軍事力量輕易打倒的。軍事學上有一條原則說，大熊——指蘇聯——是不可能征服的。這就是說，蘇聯的地方太大了，所以不可能以純軍事來征服。這個原則應用到抗日戰爭，日本所以不能征服中國，理由是相同的。今天的武器固然變了，對於距離上似不甚受到限制，在優勢武器之下，想攻擊，或破壞那裏，便可破壞或攻擊那裏。可是攻擊或破壞以後，誰去佔領呢？假如不能佔領的話，便不能說已經征服了。所以我常常說，今天的中共，已不是一個外來的力量可以用純軍事征服的。正如當時日本不能以純軍事征服中國一樣。在將來中共政權的倒下，必是中共內在的力量加上外來的力量，才能成功。那麼，內在的力量是什麼呢？必是應乎一般大陸人民需要的中共內部的反毛力量的興起，才有可能。據現在中共的徵候，這個力量可能會興起來的。依我的觀察，大陸上有少數人似在嚮往鐵托主義者的興起，其實鐵托主義乃是已經落伍的工團主義；[illegible]陸有些人受共黨的思想管制，腦子內的主義實在有限，因為中共在攻擊鐵托的修正主義，一般人民又略略知道鐵托的修正主義比毛等所提倡的史太林主義要自由一些，所以有人便嚮往鐵托主義。我們在海外的人們，思想自由的，研究思想的自由，更不用說了，所以我們在海外的人應該替大陸的人們做這個工作，應把鐵托主義作一個具體的研究和批判，証明鐵托主義並不適應於中國，而世界上除了史太林主義，鐵托主義，以及資本主義以外，還有其他主義，眞適合中國的，以我個人來說，我是相信民主社會主義的，這倒不是我和民主社會主義有什麼特別關係，而是因我經過幾十年的研究，認為是適應中國的一個主義。並且是世界的潮流所趨。中國人相信民主社會主義不是自我始，今天的中國人信仰民主社會主義的也不祗我一個人。而況中國的民主社會主義者還沒有形成相當規模的組織，更談不到誰在領導。台灣雖有一個民主社會黨，但我敢保証，其內容和民主社會主義絕不相干的。所以民主社會主義並不屬於某一派或一人的。當然，我也並不是要大家來研究民主社會主義，不過無論如何，我希望海外的中國人要多做一些思想的功夫，為大陸的人準備一條思想的出路。在信仰民主社會主義的人們，應為民主社會主義的思想體系多做些功夫。一旦大陸上的毛政權，發生變化，毛澤東思想當然不適用了，他們一定要有一個思想體系來領導，來號召，來團結。假如我們為他們預備了這套思想體系的話，便是增加了大陸上的不滿毛政權的人民以一個很大的力量，力量就是勢力。所以，我的心目中，民主社會主義也是第三勢力之一。

當然今天中國的事情，在受國際力量的影響，將來在大陸上興起的這個新力量，如能獲得國際間的瞭解和同情，甚至加以援助，對於這新力量，有致命的決定性。所以海外的中國人，應當時時刻刻在國際間，說明中國倒底需要怎樣一個力量興起，假如一旦眞的興起來，應當使國際間的友人們立刻瞭解甚至予以支援。我相信這也是第三勢力應當做的事。

我總括一句，第三勢力是在不同的環境下，二元發展的，主力是在大陸上，一部在海外，兩部力量配合起來，才成了眞正救中國的一個力量。

給尋找第三勢力同志們的一封公開信

第三勢力永遠和我們同在

歐陽芳

親愛的找尋第三勢力的同志們：

當我讀到了聯合評論上刊出的一封公開信以後，我的心情是何等的激動！說實話，你我深深的體會到，在海外為理想奔走的我們，並不是孤單的，因為我們年青的一群，雖沒有見過面，可是，正義和理想，卻像一股無形的洪流，早使我們緊緊地聯系在一起了。

是的，我們都不遠千里而來，並不是為了尋找個人的幸福，而是帶着一顆赤誠的心，和滿腔的熱情，來尋找革命，尋找正理，十二年來，我們痛恨共產黨對全國人民暴虐的統治，到了海外，我們恨不得立刻找到這一力量，打回去，推翻中共的暴政，但事實並不如我們所理想的，看到國民黨的腐敗無能，顯然地，這一歷史任務，無法由他們來完成，要知道，東山的老虎要吃人，可是，同樣地，西山的老虎也吃人，而我們中國人民所需要的是眞正的自由，幸福！可是，他們，……

今天，我們知道，要救祖國，要推翻强暴，不是一朝一夕的事，更不是一個人兩個人的事，而是全國人民的事；只有讓我們全國反迫害的人，都團結起來，才能成為一枝不可戰敗的力量！

活生生的事實告訴我們，幸福，自由，是要靠人民自己來栽培，想要依靠別人，讓我們來坐享其成，那是不可能有的事。今天，祖國人民的前途雖被矇上了一層陰影，但這只是暫時的，你們看，「不自由，毋寧死！」是我們自由人民許多年來的革命口號，歷史事實証明，再强暴，再殘酷的統治，從來也沒有征服過中國人民的心！

看吧！國內星星點點的革命火焰，已在遍地燃燒！國外，正義的人們早在支持這一鬥爭！同志，請不要悲觀，更不要失望。我敢說：「這些革命者，就是第三勢力，無論國內或國外，第三勢力不但存在，而且她將永遠地和我們在一起！」只要我們能堅强不屈地去找，是一定能找到的！

異哉所謂黨友運動！

楊潤昌

黨友運動是國民黨當權派天才發明的一個醜惡不堪和臭不可聞的名詞，這一個名詞之提出，不自今日始，卻一直為外間所疏忽，但國民黨當權派現刻卻正在台北加强和擴大這一陰謀，所以，我要大聲疾呼的揭穿這一醜惡活動，我要義正辭嚴的來斥責這一污穢活動了。

什麼叫黨友運動呢？國民黨當權派為什麼要推行黨友運動呢？黨友運動推行的現況怎樣呢？海外僑胞對這些問題也許還不明瞭。有些人也許還不知道國民黨當權派早已幹着這種醜事，更不知道它現今還在準備繼續幹這種醜事。

據台北七月二日中央社電：「中國國民黨中央委員會秘書長唐縱今日籲請海內外愛國人士，為反共復國的共同目標。團結邁進」。

又說「唐縱指出國民黨的推行革新運動，有三點主要意義，即提高戰時意識，建立組織與羣衆的觀念及革新領導作風」。

唐縱最後還說「現階段黨的擴大反共團結的工作方向，對內要强化黨的組織力量，並加强黨友工作，廣泛推進黨友運動；在黨外則要普遍致力於民族情感的增進，以消除畛域觀念，而使每一分心智力量，都團結起來，貢獻於反共復國的偉業」。

唐縱不過是國民黨中央黨部承辦事務的秘書長，他的這一講演，當然不可能是他自己的私人意見，而乃根據國民黨中央的決策。那末，問題很明白，國民黨當權派現在是正在準備而且還要廣泛推進這所謂黨友運動了。

人們知道：大團結是能否反攻復國的關鍵。要實現大團結，其基本前提尤在實現民主政治制度。而要實現民主政治制度，則非建立政黨政治不可。而要建立政黨政治，又必須先有多黨存在才行，所謂多黨存在，指的是在朝有執政黨，在野有反對黨而言。換言之，在執政黨與在野黨之間，還有友黨關係在。非如此，即不足以言政黨政治，即不足以言大團結。反之，則是一黨專政或獨裁政治了。獨裁政治當然不能實現大團結；一黨專政也當然不能實現大團結，既不能實現大團結，更何足以語復國與反攻！

然而，值得驚奇的，是國民黨當權派竟然一面高喊大團結，另一面卻不以廣大民主人士及友黨為團結反共之對象，而以所謂黨友為團結之對象。

黨友是什麼？原來國民黨當權派所謂黨友，指的乃是友黨中的不肖分子而言，國民黨當權派先用其從國庫中非法取得之金錢，在友黨中選擇有劣行有弱點之黨員，威迫利誘，加以收買，這便變成了國民黨當權派之所謂黨友，等到需要之時，再用國庫出錢，而由國民黨當權派控制之中央通訊社，為此等被收買之黨友發佈新聞，或邀約此等所謂黨友以友黨要員名義出席陽明山一類會議，從而替國民黨當權派搖旗吶喊，點綴場面，以遮飾國民黨當權派反民主之醜惡面孔，或用這些業已被收買之黨友，在友黨內進行詆毀、破壞、分裂等工作。所以，青民兩黨在台北之所以長期不能團結，青民兩黨之所以始終不能健全强壯起來給人一個印象覺得它們眞是一個像樣的在野黨，決不偶然，皆蒙國民黨當權派在這兩個友黨內收買了許多黨友之賜。對於海外民主人士，亦莫不然。不過，國民黨當權派在海外之收買工作不及在台北那樣順利罷了。

所以，國民黨當權派的政治把戲很簡單，拆穿來看：不過是它拜中共為師，以所謂聯戰工作學步中共之統戰工作而已；不過是它用黨友運動來破壞和分裂以至强奸友黨及民主人士而已。

說到强奸友黨，有人不免懷疑，友黨非男非女，如何可以强奸？實則友黨既各自有其黨格與主張，只因國民黨當權派無法隨意運用它們，遂出此黨友運動之下策，在友黨中收買少數邪惡之徒，於必要時冒友黨之名說話，或冒友黨之名出席國民黨當權派召開的什麼會議，試問國民黨當權派如此這般的攬黨友運動，非强奸友黨而何？如此這般的收買一二敗類，非强奸民主人士而何？

在此情形下，若還有人想以友黨身份與國民黨當權派合作，則此種自作多情，非愚即妄。若友黨中有志之士尚有人迷戀窮途，企圖在台北分享一杯羹，亦必合該自討苦吃無疑。

然而如此這般的黨友運動，還不是問題的全貌。還不過是國民黨當權派鞏固一黨專政遮飾台北獨裁政局的醜惡手段的一個方面，這醜惡手段還有另一個方面，這另一個方面便是亂加紅帽子的黨敵運動了。黨敵運動這一名詞並未出諸國民黨當權派之口，亦未見諸當權派之文，但既有黨友運動，焉得沒有黨敵運動？台北製造反共武器的本領雖屬低能，但積數十年之經驗，對於製造紅帽子倒別有心得；何況這一黨敵運動早已在事實上行諸國民黨當權派對其黨內有識之士及其它才智之士之身。由此可見，國民黨當權派現在之所以還要擴大推行黨友運動及黨敵運動，其目的無它，端在對付非蔣的民主反共愛國人士罷了。它現在顯然是以黨友運動及黨敵運動作一刀之兩刃，指向一切民主反共的愛國者，指向一切友黨：你不是我的黨友，便是我的黨敵，就一概贈以中共統戰分子的號名。好像只有國民黨當權派才是皇帝，別人的政治意識和政治立場都要由它決定似的。其實，呸！呸！呸！毛澤東自掘墳墓，早已衆叛親離，中共政權亦早已面臨最後崩潰，民主反共愛國力量亦正在波瀾壯濶，聲勢高漲，何來如此其多的中共統戰分子在為中共工作？有如台北之所云，台北如此云云，不過表明國民黨當權派龜縮台灣，患了虐疾，白晝見鬼，夢囈不堪，只知在主觀願望上怯懦自私，遂在客觀事實上為中共服務而不自覺而已。誇大了敵人的威風，削減了反共陣營的志氣，這就是國民黨當權派的另一罪過。

所以，歸根結底說來，國民黨當權派所謂黨友運動，實質上就是一種誣衊或打擊友黨和所有民主反共人士，分裂反共陣營，進而為敵人服務的一種罪惡勾當。如果國民黨當權派仍不即時停止這一陰謀，那末，民主反共人士及友黨都不要對國民黨當權派實現民主政治和實現大團結存任何幻想，自係當然的結論了。現留台北的一切友黨黨人，對此更應提高驚覺。時代正在呼喚新勢力之產生，大家應在海外共同發展共同創造才是。難道中共垮了之後的中國，還是國民黨當權派的天下不成!?

（七、六、於東京）

中共怎樣利用抗戰起家？

劉裕畧

眼光短淺的日本軍閥對中國發動侵畧的蘆溝橋七七事變，轉瞬就是二十五年了。

今年七七前後中共為了煽動大陸人民的反日仇日情緒，曾用各種方式在大陸各地不斷舉行集會。並且指責現時退僻到台灣十二年的中華民國政府對此似已全然遺忘，此外，中共還厚着臉皮硬說當年中國對日抗戰之勝利完全是他們領導的。

其實，中共利用抗戰起家才是眞的，中共利用中國人民的民族熱情而進行一個階段又一個階段的赤化陰謀才是眞的，民國廿六年十一月即一九三七年十一月毛澤東曾針對華北的形勢說：「在華北，以國民黨為主體的正規戰爭已經結束，以共產黨為主體的游擊戰爭進入主要地位」。這就可見在抗戰過程中眞正打硬仗的是國軍，不是共軍，共軍不過在利用國軍的撤退，再利用日軍只能控制點、線而不能控制面的事實，乘機坐大，以便戰後搶奪江山而已。所以，說中共利用抗戰起家，那是一絲一毫也不虛假的。

再看中共自己公佈的共軍在抗戰過程中迅速擴張之事實，更可証明中共當時完全是借抗戰之名，以欺騙反日愛國青年，投效共軍，從而壯大自己。否則，如果共軍當時眞的曾與日軍打過硬戰的話，則共軍之實力何以反會迅速增加呢？

中共最近公佈共軍在抗戰過程中武裝兵力逐年增長的統計數字是：

	八路軍	新四軍	華南游擊隊	約計
一九三七	八〇，〇〇〇人	一二，〇〇〇人		九二，〇〇〇人
一九三八	一五六，〇〇〇人	二五，〇〇〇人		一八一，〇〇〇人
一九三九	二七〇，〇〇〇人	五〇，〇〇〇人		三二〇，〇〇〇人
一九四〇	四〇〇，〇〇〇人	一〇〇，〇〇〇人		五〇〇，〇〇〇人
一九四一	三〇五，〇〇〇人	一三五，〇〇〇人		四四〇，〇〇〇人
一九四二	三四〇，〇〇〇人	一一〇，〇〇〇人		四五〇，〇〇〇人
一九四三	三三九，〇〇〇人	一二五，〇〇〇人	四，五〇〇人	四六九，〇〇〇人
一九四四	五〇七，〇〇〇人	二五一，〇〇〇人	二〇，七三〇人	七七九，〇〇〇人
一九四五	一，〇二八，〇〇〇人	一六八，五八一人	二〇，八二〇人	一，二一八，〇〇〇人

從上述數字，可以很明顯的看出中共是怎樣在利用抗戰起家了。當然，從上述數字也可看出中共當時是怎樣在包藏禍心，窺竊神器。但最不幸的事，卻是中共竟然達到了它的陰謀，從而竊據了整個中國大陸，而發動侵畧戰爭的日本軍閥則國敗身亡。所以，今日之中國人民與日本人民都應該深切反省，並且攜起手來，共同為反共而戰。中日兩國人民都要切實認定：共產黨才是我們眞正的共同敵人，我們今天必須共同起來打倒它。否則，不但中國要被赤化，日本也必將被赤化無疑。

中共敗象顯露軍心動搖

李金暉

近一個多月來，在香港經常可以聽到一些有關廣州市的消息。這些消息反映出廣州的社會秩序正在迅速地朝向混亂發展；同時也顯示更大的不安情況，會隨時爆發。

廣州市面上的不安情況，基本上當然是由於飢餓所引起，在難民從港九邊界湧入香港的前後，不安的氣氛籠罩着全市，廣九邊界經中共宣佈再度封鎖後不久，廣州車站上，曾發生了暴動，卒至要出動武裝軍隊，才能加以平息。據說在這次暴動中，曾生的汽車，也受到了破壞。暴動的起因是由於羣衆排隊苦候輪購不到至深圳的火車票，而有特殊關係者，則可不守秩序，在羣情憤激之下遂爆發了事件。

另一方面，廣州市面的黑市交易，已發展至難以管制的局面，從港澳寄去的糧食郵包，成爲黑市交易的主要物資。普通在香港寄出價值五十元左右的糧食郵包或日用品郵包，除留下一半自用外，餘下的仍可以賣得「人民幣」逾五十元！雖是黑市交易，其勢幾已公開。最近消息傳來，中共已有意加以澈底禁止。現在除糧食外，日用品和工業製成品的進口已受到相當限制，稅率已提高。在廣東其它縣市的居民或農民，則函告港澳親友，暫停郵寄糧包，因爲中共已開始對接受糧包者，逐步進行鬥爭中。

在廣州市區內，一年前盛行着搶糧票、搶配給的事情，已少有所聞，現在盛行的是搶郵包。有的人在搶得郵包，轉身飛奔之際，「好心」地扔下了一叠「人民幣」，作爲失主的補償。這誠然是一種極大的幽默，也是給共產黨社會的極大諷刺。

在較早時，從廣州來到香港的人，已經談起，市民因不滿現實，經常三五成羣，在街頭巷尾嚴辭抨擊共黨，有的甚至破口大駡，一般幹部對此固是視如不見，即公安員也不聞不問。在東山一帶，中共軍眷集中居住的地區，共軍眷屬，也同樣公開批評，不滿日常生活資料之貧乏。

飢餓固然是相當地限制了人民的反抗活動，但人們心頭的怒火，卻正因此愈燒愈旺。現在，這把火已經很顯然地在共軍中燃燒起來了！

共軍眷屬吃不飽，已不自現在始。即邊防地區的共軍，也因軍糧不够，而必須佐以蕃薯，同時也減少了肉食，這些情況，本刊過去已多有根據事實加以報導和評論。但是共軍在地方上形成大規模地影響社會秩序和破壞社會秩序的事，則是直到香港方面看到了六月三日廣州的「南方日報」後，才得以証實。

該日的「南方日報」上，載有粵共軍所發布的通告，意在力求維持軍紀。這樣的通告，在過去是不多見的。

通告中顯然透露出目前廣州境內的共軍，紀律鬆弛已成爲一大問題。通告中提出：

一、要求改善本地駐軍風紀；

二、飭令士兵要服從維持公共秩序；

三、要保護公共財產；

四、不論是本地駐軍或暫留及過境的軍人，凡穿軍服者，在公共場所，或乘搭公共車輛、船隻，均須遵守公共秩序；

五、軍車司機必須遵守交通規例。

對於像這樣的一個通告，可以有二種看法。一是把它看作最近廣東境內駐防共軍曾有大舉調動，開入接防的部隊軍紀差，因此共軍當局必須公開通告，加以整飭。一是原本駐在境內的共軍，並無調動，但不滿現實，情緒浮燥，以至目無軍紀，必須加以約束，因此發布該項通告。但不問究是何種原因，總之在廣州，共軍鬧事或闖禍的情況，已經是發展到帶頭破壞社會秩序，和毀壞公共財產的地步了。這樣的情勢及趨勢，自然是值得注意的。

在此之前，共軍在廣州市區鬧事或破壞社會秩序的事，尚很少聽見來香港的人談到，現在「南方日報」反映了出來，可見人心的浮動，已進而大大地影響了軍心。

近半年來，大陸各地城市都在大量壓縮人口下鄉，各大城市，早已「盲流」四竄，其中當然也有爲數不少的不願下鄉的退伍軍人或機關工礦幹部，因爲很顯然的，其中有的已經在五月間大量難民湧來香港、澳門時，乘機逃到港澳，即可反証內地的情況是如何了。

軍人，過去在社會比較安全的期間，他們的生活是比較優渥的，現在中共軍的生活也已一落千丈，誰無父母、妻兒、手足骨肉，眼看大家生活在飢餓綫上，中共過去宣傳的美好的生活，已成泡影，的軍人厭惡共黨的心理自然地便日益增強，情緒也不穩定，雖尚不能直接反抗，但在日常生活中一有機會就作些消極的反抗是可以的，在一舉手一投足之間破壞公共財產；在公共場所有意藉故生事破壞秩序；乘搭車船爭先恐後，或不買票，或強行霸佔坐位等等，都是可以想見的普通事情。

我們也切莫以爲，共產黨軍隊的紀律一定比過去大陸時代的國軍爲好。事實上，抗日勝利初期，先到淪陷區的國軍，軍紀也是相當好的。中共常常宣傳過江時期進入上海的部隊，紀律是如何地好，如何地受到歡迎，用來教育現在的新兵，但此一時彼一時，中共的一九四九年的「黃金時代」已成過去。政治、經濟的窳敗，是必然影響軍心軍紀的。

正因爲，我們今天已經看到了有眞實的事實，在說明中共軍紀廢弛，足以証明中共軍心已呈動搖，也証明了中共近二三年來不斷進行的軍中整風，並未收到實效。同時，也反映出共軍的幹部，也都未能切實做到約束部下，可見幹部的心理，也同樣對中共存有不滿的心情。

毛澤東的權力，基本上是靠槍桿兒來維持的。軍心既已呈動搖，我們也可以從這一葉之落，而知秋之不遠了！

唐榮廠又面臨難關

獨清

（台北通訊）唐榮廠自經改組爲新公司並由李柏齡出任總經理一職後，人們原以爲必可逐漸步入康莊大道，不負政府不惜枉法玩權百般栽培的一番好意。但新公司成立不久，最近又以週轉不靈，再次請求政府貸款以期維持。據說：李柏齡原希望中央投資九千萬至兩億元，並將償債業務公開。但經行政院發交經濟部研辦後，該部約集有關方面和專家多次商討，乃提出一項方案，主張由台灣銀行繼續貸款，以不超過原有貸款總額（七千萬元）爲限。同時又決定該公司現有署值一億五千萬元的不動產，應即出售，以作償還債務之用。至於該公司請求政府再投資一節，則不予考慮。

據該公司的一位高級人員透露：外傳該公司負債三億九千萬元，實則不止此數。目前該公司的新的債合計約爲六億元。因此，即使台灣銀行再借七千萬元，如不用以還債，則業務方面的週轉困難，自可解決。若用以還債，則仍將杯水車薪，無濟於事。至於限令出售不動產一事，在理論上說是對的；但事實上則因種種關係，非短期內可能解決。這位高級人員並指出，行政院在六月二十八日的院會，決定限令唐榮公司出售不動產時，即有人提出可否免繳土地增值稅（約爲八千七百萬元）的問題，結論雖然是礙於輿論，不便免繳；但於此可見此一問題之複雜了。

猶憶唐榮改組爲新公司之前夕，經濟部原有以該部次長兼處理小組組長董致誠爲總經理之意。繼因省政府認爲唐榮改組後係省營事業，應由省府派人負責，並使第一次的股東大會因而流會。結果，經濟部後退，省府乃決定以李柏齡爲總經理。現在該公司面臨困難，李柏齡希望政府再投資，並另籌償還舊債的辦法；而經濟部研究的結果，則認爲政府無再投資的必要，該公司所負債務，亦應以出售不動產及營業盈餘逐步清償。雙方距離如此之大，據傳：李柏齡表示，無法負責，將辭職不幹。報載：唐傳宗認爲有機可乘，已派人到台北及中興村積極活動，希望能捲土重來。

又據經濟部派來高雄實地調查唐榮廠業務及財政狀況的五人小組召集人宋作楠於六月三十日稱：「該小組基本任務，爲統計各項數字，然後自數字中顯示唐榮公司未來營運及財務的可能發展，」他說，小組對外不發言，將來提出調查結論時，將不評論該公司何者應行改善，僅以數字顯示。」但據接近該小組的人透露：宋等在調查中，已發現該公司有部份產品成本過高，人力浪費，記賬錯誤及外銷打不開等事實，認爲有改善的必要。

台灣簡訊

志清

一：縣議員詐騙有方

新竹縣議員朱金鳳利用曾一度在某飯店担任經理的羅明正及其新竹同鄉商人彭坤盛等誘騙彰化農人陳金調合股經營明利貿易公司，但全部資金及公司辦事處的房屋及設備等項，均係陳金調所出，朱金鳳等三人在事實上都是空頭股東。

朱金鳳在明利貿易公司成立後，又向陳金調領取二萬元，以該公司副經理的名義與經銷美國「豪斯通」防腐特效油的伍偉貿易公司接洽經銷；並自稱與某某華僑及某某外商均有往來。伍偉貿易公司以朱氏是明利貿易公司的副經理，又是新竹縣議員，不疑有詐，乃與簽訂經銷合約。朱在簽約後，回頭再向陳金調騙說，他費了大力才取得「豪斯通」的代理經銷全權。訂約一共用去十萬元，另外再抽取佣金二萬元，陳金調已如數交付。此外，朱金鳳又向台北機車公會理事長王清宗騙購摩托車四部，購款七萬餘元，及利用華僑林某騙購蒜頭數十噸。現經陳金調、王清宗等被騙人告發，台北市警局乃於本月三日傳訊原被告，並發現朱金鳳自四十九年至今因犯有詐欺及違反票據法前後被科刑七次，現仍被台北地院通緝中，當予扣押；並向檢察官申請延長羈押，以便擴大偵查。至於共同被告羅明正及彭坤盛兩人則因情節較輕，准予交保候傳。

二：合會經理吞款二百餘萬

新竹區合會儲蓄公司桃園分公司經理黃建祥侵佔公款二百餘萬元，潛逃無踪。據熟悉內情者透露：他侵佔公款的方式，約可分爲四者：（一）利用家屬名義套取鉅額會款，（二）以偷天換日手法盜蓋向公司領取會款人之私章，冒名領取會款，（三）將公司存戶的款項收賬後，以多報少。（四）以空頭支票請人作保向銀行貸借鉅款。上月下旬，新竹總公司得悉前情，乃將黃建祥免職，另派吳得旺接替。黃即潛逃。但該公司對於本案的處理卻頗爲奧妙。該公司一面向法院控告黃建祥；同時卻申請延期審理，並多方勸導各被害人不要提出告訴，據說：是爲了維護公司的信譽。若干被害人亦不敢吐露實情。聞黃建祥曾以數張遠期空頭支票以分公司名義向華南銀行桃園分行抵押借款十萬元，並由福安煤礦董事長顏天生作保。另外又開出空頭支票多張，據估計約爲二百七十餘萬元之多。

本案發生後，該公司雖不願擴大，正與各被害人談判條件。但治安機關則已請新竹地檢處下令通緝。足証內情十分複雜。

三：農會主任挪用巨款潛逃

台北縣金山鄉農會信用部主任兼出納李金河挪用公款十一萬七千餘元，經台北縣農會於本月二日派員至金山農會查賬時始發覺，李即於當晚十時潛逃無踪。據該會總幹事蔡聯源向警方報告，李所挪用的公款，可能是放高利貸收不回。但據警方的調查，他所挪用的數目不止十餘萬元，而是在二十萬元以上，現正嚴緝中。

（下轉第四版）

台灣簡訊

（上接第三版）

志清

四：聯合報嘆中信局何以取「信」

中央信託局年來貪污瀆職案層見迭出，前月二十九日聯合報在一篇題為「何以取信」的短評內，曾有一段極為精彩的描述，可以概見該局的全貌，特介紹於後：「近年來，在國營金融機構的各行局中，為各報社會新聞版製造消息，供應資料最多的，當以中央信託局首屈一指。如果我們站在新聞採訪的立場上，實不能不對該局的充分合作，表示最大的感激；但如果我們站在國家利益的立場上，却不能不對該局新聞特多，表示最大的遺憾。發生於中信局的若干社會新聞，如福利社主任、會計，共同虧欠公欵案，如副理、襄理等涉嫌便利商人、偽造文書、共同圖利案……以及最近正在發展中的伸鐵公司竊佔鉅量鋼鐵，使之神秘失踪，涉及該局易貨處部份人員受賄舞弊疑案……凡此種種，莫不暴露此一國營金融機構的弊端層出，誠不知將何以取信於人？」

五：防止刑訊的表面文章

由於近來一再發生刑訊的事件，台灣高等檢察處於日前通令各地方檢察處：對於司法警察機關申請延長羈押人犯，滿五天後即應移送檢察官，否則原核准之檢察官應負刑責，原令如下：（一）查嚴禁刑訊，早經本處三令五申，通飭所屬檢察官，對於司法警察機關刑訊被告，嚴密察查，厲行自動檢舉在案。邇來獲悉司法警察機關偵訊被告，間有刑訊情事，固屬司法警察人員玩忽法令，而檢察官對於交由司法警察機關帶同被告續行偵查之案件，未能就其辦案程序與方法嚴加注意，亦不無責任。

（二）按司法警察機關偵查犯罪，應於二十四小時內，將被告連同案卷一併移送檢察官核辦，如認為有帶同被告續行偵查之必要者，應經檢察官之核准，並嚴格遵守「台灣省檢察官與司法警察機關辦理刑事案件聯繫實施要點」第三項所規定五天之限制，該項期間一經屆滿，即應移送檢察官，不得以任何理由請求延展；檢察官亦不得以任何理由稍予寬限。嗣後如再發現司法警察機關帶同被告續行偵查，有超過五天之期限者，原核准之檢察官應負其責任，着由各該首席檢察官呈報本處核辦。

這一紙通令，據報載，是司法行政部長鄭彥棻所指示的。就表面上看去，似乎當權者頗具禁絕刑訊的決心。尤其是規定延長羈押人犯超過五天時，原核准之檢察官應負刑責，更可說是一個切實而有效的辦法。可是，由於今日的台灣，愈是表面好看的文章，其可靠性愈小。前此冤獄賠償法頒行，而却發生雷案，就是一個很好的例証。因此，這一篇皇皇大文，不過又是當權者欺世盜名的另一手法而已，絕不會有任何實效的。本月三日聯合報的黑白集，曾以速簡餐廳為題，對此有所譏評。其中有云：「最近台灣高等法院首席檢察官惟上通令各地檢處：如司法警察機關延長羈押人犯有超過五天限期者，原核准之檢察官應負責任。在此嚴格限制下，倘司法警察辦案時，無須進行「修理」，則五天的限期並不太短，當可從容不迫，好整以暇；倘竟進行「修理」，而且需要消滅「修理」的痕跡，則在五天裏勢必採取「速簡」方式，請被押人犯「吃大菜」了。

「事實上，吃一頓大菜並不需要五天的時間，台北市白宮計程汽車行司機黃文良，涉嫌違反交通規則，被交通警察帶往隊部偵訊，前後三個半小時，已經被「修理」得創傷纍纍。舊時刑求，多用竹槓打屁股，謂之「竹筍炒肉絲」；黃文良吃的這頓大菜，據說是由四五名交警隊員輪番拳毆，可以稱做「紅燒蹄脚」。

六：好的天然林木將伐完

林務局長陶玉田於本月二日向報界宣稱：五十二年伐木預定案，該局已編妥，即將呈送省政府核定實施，預定伐木總額為一二〇萬立方公尺，其中歸政府砍伐者（包括大雪山林業公司及橫貫公路森林開發處）約七十四萬立方公尺，標售林班交民間經營者約四十六萬立方公尺。

他並表示：該局伐木業務即將陸續結束，而將全部人力移轉於造林及一般林務行政工作。因本省好的天然林木即將伐完，現正致力於人造林培植及撫育工作。他向社會提出警告說：大家不要仍以為森林是台灣一大寶藏，如不及時造林，好的天然林即將伐完，剩下的森林面積雖然很大，但均是單位面積蓄量特低而無人願意投資經營者。陶氏指出：台灣全省林地面積雖號稱有一、九六九、五〇〇公頃，但每公頃林積在七五〇立方公尺以上者，不過一〇、五〇三公頃，其次七五〇立方公尺者有二一、〇六七公頃，五〇〇立方公尺者有一一、九六八公頃，四〇〇立方公尺者四四、〇二七公頃，三〇〇立方公尺者八五、三〇五公頃，二〇〇立方公尺者七〇、五八九公頃，一五〇立方公尺者一〇三、六二四公頃，一〇〇立方公尺者二三三、四四四公頃，另加上光復前造植的人工林三五三、八五九公頃，民國三十五年至四十年植造的人工林六二、〇〇二公頃，民國四十一年至五十年植造的人工林三五一、〇〇〇公頃；此外都是每公頃面積不足五〇立方公尺的天然林。光復以來，大家均選材積最多者砍伐，現在這些好的森林已快砍伐淨盡；餘下的均是在深山中單位面積很少的森林，他認為台灣伐木成本近幾年來越來越高就是這個道理。

七：體育界的怪事

日前報載：最近基隆市橄欖球隊遠征韓國。該隊是五月廿二日由該市副議長林太郎任領隊，七堵區公所秘書林水明任副領隊赴韓比賽。結果五戰五敗，弄得在韓華僑丟盡面子。

不特此也，輸球以外，該隊還發生下列的丟面子事情。在韓公欵被濫用，隊員因沒飯吃而打架。副領隊與隊員，在韓大談戀愛，夜不歸營。歸國道出日本，因「非法入境」，領隊被日方扣留七小時。管財務的副領隊在東京玩藝妓，花光公欵，全隊付不出旅館錢，被人家趕出來。在神戶解散十天，部份在日無親無友隊員，幾乎流浪在日本。回到基隆，全部行李又被海關扣留，怕他們帶私貨。此外，隊員廿三人，有六人是「遊埠」的，不能上場，以致兵員不足。

然而這樣名符其實的「烏合之衆」，基隆市府居然津貼十五萬元。據說副領隊是市長的自己人，而議會因為有副議長代表出去丟人，對於人民財產也就欣然核撥了。像這樣遠離體育的團體，出國要想不洩氣，才是怪事。因為他們出國的主旨不是賽球，到了國外各自追尋自己的目的，自然全隊大亂。而外國人及僑胞以正式球隊待我，看了自然會大驚失色。近年自由中國的體育及其他專門的、技術性的團體出國，照例要由外行人來領導或分一杯羹，才能成行。這類外行人包括黨政軍各界的管得着方面的要人，各階層的民意代表。如果沒有他們就敎你拿不到錢，走不了，雖然錢仍是納稅人出的。

劉愷鍾貪污瀆職案進入低潮

見微

（台北週訊）監察院秘書長劉愷鍾貪污瀆職案，雖經前月二十一日該院臨時院會（秘密會議），決議組織五人專案小組進行調查，並限於本月份舉行院會時提出報告；但據本月四日聯合報載：專案小組的調查工作却大出一般意料之外的緩慢，近期難望調查竣事。聞五人小組對於有關調整工作的某些問題發生歧見。例如前經金越光、陳達元等委員調查屬實並已列入檢舉書報告院會有案的事項，金委員等認為不必再進行調查；但五人小組中另有人主張仍應從新調查。小組對此曾發生激辯，迄今未獲協議。就目前情形看去，本月十日該院舉行院會時，專案小組已無法如期調查完竣。觀察家鑒於不久以前，立法院曾因被一位省議員指責接受廠商的銀彈攻勢而掀起一次頗為社會所注意的自清運動；但結果却是以不了了之。他們認為劉案未來的演變也可能如此。

又據民主中國半月刊透露：劉案發生之初，台北幾家民營報的記者曾往訪于院長，希望他對案情有所說明；但于院長均推說有病不能接見。當某報記者離去時，監察院平素與于院長接近的某秘書始於無意中透露于院長對於劉案感到非常困擾，足見此中大有文章。該刊又說：有些監察委員在舉行臨時秘密會議討論劉案之前，就已開始調查金越光等委員的調查報告「是不可靠」。這些委員，即是平素被稱為護航的分子。因此，該刊認為秘密臨時院會決議「澈底調查，依法處理。」無非是一種官官相衛，家醜不可外揚的代名詞而已。

總之，劉愷鍾是走蔣經國門路的人，自任監察院秘書後，舉凡該院委員有何評彈案件提出，他無不即時報告當權派有關方面。因此，儘管大多數的監察委員對他久已不滿；但當權者則認為他是一個頗為能幹的忠貞分子。他的兒子高中尚未畢業，即由教育當局以所謂「天才兒童」的名義免試送往外國留學，也是此一原因。現在他雖然因為幾位敢於在太歲頭上動土的監察委員出面檢舉，不得不表示辭職，稍避風聲；可是，如果以為他將遭受刑責，則可能會失望的。

明令褒揚胡適先生

直夫

（台北通訊）本月三日「總統」明令褒揚胡適之先生，原令如下：「中央研究院院長胡適，沉潛道義，濬瀹新知，學識宏通，令聞卓著。首倡國語文學，對於普及教育，發揚民智，收效甚宏。嗣講學於寇急患深之地，團結學人，危身明志，正氣凛然。抗戰軍興，特膺駐美大使之命，竭慮殫精，折衝壇坫，勛猷懋著，誠信孔昭。勝利還都以後，仍以治學育才為職志，並膺選國民大會代表，弼成憲政，獻替良多。近年受命出長中央研究院，鞠躬盡瘁，罔自顧惜。遽聞溘逝，震悼殊深。綜其生平，忠以謀國，孝以事親，恕以待人，嚴以律己，誠以治學，愷悌勞謙，貞堅不拔，洵為新文化中舊道德之楷模，舊倫理中新思想之師表。應予明令褒揚，用示政府篤念耆碩之意。此令。」

胡先生自返國任中央研究院院長後，因為他曾舉雙手贊成蔣「總統」反對修憲的主張，及鼓勵雷震等組織新黨，遂被當權者認為眼中之釘；甚至有人還公然主張將他空投到大陸去。如今却由「總統」明令褒揚，在胡先生個人來說，自然是受之無愧；但在當權者來說，當不無感慨吧？

大陸簡訊

中共竟要美國撤退駐泰美軍

藍星

美國派兵進駐泰國，原本是應該而且必須的，由於東南亞局勢動盪不定，中共且在已有的龐大武力之外，又繼續擴編正規軍與民兵，這尤使美國有將駐泰美軍繼續長期駐留下去之必要。但中中共代表章漢夫在七月二日的日內瓦寮國十四國會議席上竟藉口寮國問題已獲解決，要求美國撤退駐泰美軍。

章漢夫說美軍駐泰問題「絕不能輕輕放過」，又說美軍駐泰「不僅對寮國，而且其他所有的隣國都是威脅」。還說「如果美國政府眞有誠意要解決寮國問題，就應該把它的軍隊完全從泰國撤走」。

從章漢夫在日內瓦會議上的上述說話，可以很明顯的看出中共是在藉口寮國問題已獲解決而迫使美國撤退駐泰美軍，以利便中共爾後之侵畧和利便爾後寮國之赤化。事實上，寮國的聯合政府雖已組成，實際上是共產黨假借和利用寮國和平中立的手段得到勝利，並非寮國問題之眞正解決，況中共在東南亞各地久蓄陰謀，到處都正在策動顚覆性叛亂，爲了穩定東南亞的人心及局勢，美國都是不應該上中共的當以撤退駐泰美軍的。

蘇聯支援中共對台作戰

自中共於上月廿三日發表一篇有關台灣海峽之作戰聲明後，中共雖在共報轉載了許多所謂「社會國家」的支持的文章，但「蘇聯老大哥」的確切態度則消息全無。直到七月三日中共新華社才轉述塔斯社莫斯科二日電：「蘇聯部長會議主席民基塔・赫魯曉夫今天說：由於和平和社會主義力量的增長，帝國主義者在發動戰爭道路上的障礙，日益增大。他今天在電視廣播中報告蘇聯黨政軍代表團六月十八日到廿五日訪問羅馬尼亞的情況還指出，反動勢力力圖在世界上保持冷戰局勢，使各國人民處於緊張狀態，西方侵畧勢力正在準備新的世界戰爭，狂熱地積累核武器。赫魯曉夫說：老撾聯合政府的成立証明了這一眞理，只要有解決這個或那個問題的意願，那末不論遇到什麼困難，也終於會克服並達成互相可以接受的協議。他强調指出，但是，在和平解決老撾問題之後，在東南亞和遠東近來清楚地出現了侵畧勢力的意圖想建立新的軍事挑釁策源地，赫魯曉夫引述了蔣介石關於妄想反撲大陸的大吹大擂的聲明，他指出台灣正在準備這一冒險。赫魯曉夫指出台灣的打手們大叫軍事進攻，顯然是指靠美國侵畧集團的支持的。他指出，美帝國主義者表明它熱中於點起新的戰爭火苗，熱中於在遠東加劇國際緊張局勢。他說：這種冒險事業，如果眞的敢於付諸實現，它注定要徹底失敗。尼基塔・赫魯曉夫聲明：『誰胆敢進攻中華人民共和國，誰就必將遭到偉大的中國人民、蘇聯各族人民和整個社會主義陣營的毀滅性回擊。對於這一點，任何人都不要有任何懷疑吧』。『帝國主義企圖試驗蘇中友誼和社會主義大家庭各國人民團結一致的力量和鞏固性，已經不是第一次了，每一次他們都親身體驗到了，這種友誼是這樣一種不可摧毁的力量，我們敵人的一切陰謀碰上它都會爲之粉碎』。」

久矣乎不見共報將赫魯曉夫的談話登在第一版，但七月四日中共香港大公報破例將赫魯曉夫的這一談話原文登在第一版，而且以紅色大字體編作頭題，這就可見中共奴才是如何高興它的蘇聯主子所作的這一聲明。雖然赫魯曉夫這一聲明並非支持中共進攻台灣，但却是赫魯曉夫和蘇聯把中共視作殖民地視作保護國而顯然發出的一種爲防禦台灣反攻而作的可恥聲明，中共以此沾沾自喜，亦足見中共政權傀儡性之十足了。

至於國際間曾有人幻想中蘇共之間的關係會因赫魯曉夫與毛澤東的個人衝突而破裂，這一聲明則予以破滅性打擊。因爲赫魯曉夫雖與毛澤東有個人衝突，但毛澤東畢竟要仰賴蘇聯主子，同時，赫魯曉夫是仍然不會因與毛澤東的私人衝突而放棄中共的。這就可見赫毛內部雖有衝突，但對自由世界的侵畧和作戰則仍然是一致的。

中共對英貿易大減

程俊明

據倫敦「中國貿易協會」公佈：中共於五月份以前，一連三個月不曾以白銀輸往倫敦市場出售，但自五月份起，又恢復將白銀輸往英國了。中共在五月份內輸往英國的白銀，約合美金一百八十萬元，使本年度輸英白銀總數共值一千零二十一萬元。

又說：自本年一月至五月，雙方貿易數字均趨低落，計自中共輸往英國的數字，僅值九百十七萬磅，折合美金二千五百六十八萬元。其中且包括白銀之輸往在內。至於由英國運往中共的數字，則更見微弱，僅值四百二十一萬英磅，折合美金一千一百七十九萬元。

若以上述貿易數字與去年同期間之貿易額作比較，則由中共輸往英國者，約少一百八十萬磅（值美金五百零六萬元），由英國輸往中共者，約少一百四十八萬英磅（值美金四百四十四萬元）。

在本年上半年中共與英國間之貿易上之特點是中共又曾以水銀輸英，計值二十七萬三千英磅，而在去年同期內，則無此項物資輸英。其它輸往英國之物資，在數量上尚有增加者，計有：羊皮、牛皮、羊毛和夾板等，而猪鬃、茶葉和大豆等之輸英數字則一概劇烈減少。

以上是根據英聯合王國海關的統計數字作出的報告，故詳實可靠。

而由上述貿易數字中，可以確定的看出中共在大陸所搜括之物資數量，確已大減。此則因大陸工農業生產萎縮之故。至於羊皮、牛皮、羊毛等物資輸英數量之反見增加，則不過顯示中共現在對大陸各地物資之搜括，業已由大陸腹地延伸到大陸邊疆，蓋羊毛、牛皮、羊皮等物資在大陸內地原本缺乏，只有邊疆及內陸少數民族才擁有較多的這類物資，今中共增加了這類物資輸英，正說明中共已增强它對國內少數民族的搜括了。

中共水利設施錯誤

粵省空前慘重水災　百萬災民正在搶救

（本報訊）據中共廣州廣播電台七月四日廣播：由北江及西江所滙合而成的洪流，現正使廣東省許多地區遭受空前大水災。

該廣州電台引述初步災情報告說：現刻之災情尤甚於一九五九年之大水災。並謂廣東省很多農田現已被水淹沒。

廣播又說：中共廣州市市長現已率領人馬前往災區搶救，該支人馬在七月三日已有五十萬人，七月四日又更增加了五十萬人云。

根據以上廣播，可知廣東省目前所發生之災情，實屬空前，而其原因，則全因中共胡亂搞水利工作，故水利不成，反而造成慘重水災了。（雲）

僑鄉近訊

佛山公營機構一團糟

鍾之奇

中共雖以嚴密控制一切著名，實則在中共所嚴密控制的範圍內，無論政治、經濟、工商業機構的業務和賬項都是一團糟的。這原因就在於任何極權制度都只依靠由上而下的控制和支配，而缺乏由下而上的民主監督，所以，極權制度所控制的事物，表面上都很嚴整光彩，內容却總是一塌糊塗，廣東佛山市中共「五金電化工公司」的情況，正是一個典型例子。

對此，中共在廣州出版的南方日報曾檢討佛山市五金電化工公司的泰昌隆門市部的情形說：「泰昌隆門市部是佛山市經營五金鐵器、機械工具零件的一家零售商店，地點適中，牌子老，營業額大。但是一年多來，這家門市部的主任職工，對本店的資金和商品庫存的確切數字，一直是一個謎。去年六月盤點，賬貨比對少了一萬六千多元，到十一月盤點時，却又多出了二千多元。在日常營業中，錯漏現象也很嚴重，例如：出售一條二百五十元的膠管，只收一百五十元，一個八十六元的機械零件，衹作八元六角賣出，最近一次，還多付給三洲商店三十支鑽身，另一次，把價值一千多元的銑刀十把，遺漏在別人倉庫裏」。「在進貨方面，這個商店往往單純追求完成購貨計劃指標，而不考慮市場的實際需要。有些機器，零件購進來，但店裏的人員不知其名稱和用途。這種盲目採購的情況，再加上店裏的管理混亂，賬貨不符，就使得許多商品長期積壓下來，去年年底，庫存商品曾多達十九萬多元，其中十三萬多元是長期積壓下來的，這裏有價值一萬五千元的高碳鑽咀一萬多隻，全部不合佛山市工業的需要，也有十二年才能賣完的水坭匠專用的灰匙。因不合規格而閑置無用而變質報廢的商品一共有十多種」。「門市部的領導對建立企業管理的一些制度有抵觸思想，借口本店商品多，搞不來，差錯就免不了。對上級的帮助採取馬虎應付的態度，使核算制度貫徹不下去。最奇怪的是，這個門市部長期不建立賬冊，只有一個記事本子」云。

中共停收日用品郵包

在最初的時候，中共本來只允許大陸人民每個月接受由海外寄去的糧包，而且規定每月一次的糧包也只以兩磅爲限。隨後香港各代寄糧包之商店雖傳出僑眷每人每月可接收兩包或更多的糧包，但迄未証實。因之，凡由海外投寄大陸之糧包，僑眷們有接到者，亦有未接到者。

約一年前，又由於大陸人民衣着及日用品過度缺乏，中共遂又在非正式公布之情況下准許僑民向大陸親友投寄日用品包裹，惟仍以每包兩磅爲限，到六月中旬，忽又傳出消息謂中共已決定拒收日用品包裹，並自六月廿日起開始拒收云。迄六月廿日前後，各方雖仍有投寄，但能否收到，已更成問題，茲經正式証實，中共爲了多收外滙，確想停收日用品包裹，以迫使海外華僑改成滙欵，從而增加中共吸收僑滙但尚未採取拒收手段云。

英德縣人民公社賬目混亂

據六月廿一日人民日報說：「廣東英德縣望埠公社崗大隊，今年以來，各生產隊都配備了專職的財務管理人員，公社和大隊先後對他們進行了幾次的訓練。但是許多生產隊仍然沒有建立新賬，就是已建賬的隊，制度也不健全，賬目混亂。全大隊十九個生產隊，有十七個隊無法向社員公布賬目，大家意見很多。最近，縣和公社派出工作組到這個大隊進行調查研究，發現各生產隊賬目混亂的主要原因是：上級領導部門對生產隊的財務工作要求過高，並且要求一致，機械地把原來大隊的一套財務制度和辦法，搬到生產隊去。但是全大隊的十九個會計員中，除了三個具有高小文化水平以外，其餘都是只讀過三兩年書的青年，他們連基本會計常識都很缺乏，現在一下子要求他們管六本賬簿，每一次現金收入都要轉記在幾本賬簿上，當然是困難的。社員也認爲這種賬看不清，有些生產隊索性把那些賬簿擱下，改記流水賬，有些雖然勉强照着那一套賬目記，但差錯百出」云。

美國割棄寮國的後果

和平退出寮國

何之湄

寮國聯合政府的成立，使得甘廼廸與赫魯曉夫互電致賀，差不多把它認爲是解決國際糾紛的一個榜樣；因爲寮國「中立、獨立」，是上述兩巨頭在維也納所「約定」的。於是他們——甘、赫這兩巨頭，可能認爲他們有力量「約束」各自陣營中的份子，影响力及於東南亞這個偏僻的山國。他們的「約束」主義牛刀小試，便已見效，不難擴而展之，步向世界的和平。

可是身居東南亞的人們，却不作這樣的看法。沒有人否認寮國協議是和緩了局勢，避免兩軍對壘隨時發生射擊的可能性。可是從資產負債表上觀察，西方——自由世界顯然已劃上了一大筆的損失。

這項大損失的形成，追究根源，仍是以美國在寮政策失敗所導致。美國雖已出兵泰國，但對寮仍不能採强硬政策，依然採妥協的，甚至是撫綏的立場，使寮國右翼大受挫折，幾乎沒有可以立足的基礎。這就造成了寮國前途的「隱憂」。實際上，那並不是什麼過份的憂慮，而是形勢發展必然的事實，十分不利於右翼努力支持寮國中立的事實，已接二連三地顯露出來了。

美國的妥協；是基於所傳「割棄」寮國政策而產生的。而「聯合政府」便是「割棄」形式之一種——它只不過不在戰場上割棄，而是在議場上割棄。

轟了美國一炮

在寮國國內和談中，美國壓迫右翼讓步，讓出了國防、內政、外交三部，這三部可以說是最重要的部門，國防部控制軍隊，內政部掌握警察，在像寮國那樣非以民主政治解決國是，用武力從事鬥爭的國家，武力等於政黨命脈，也是爭奪政權的唯一工具。深受中共影响的寮共，必然守着毛澤東「槍桿子裏出政權」的原則。在兩軍對峙的時代，右翼尚可憑藉外援，與接受北越中共蘇聯軍援的左翼對抗，現在聯合政府成立，最上層是中立而左傾的傅馬，右翼「强人」諾沙旺的地位，尚在「赤王子」蘇發努馮之下，正是形格勢禁，恐怕是要結集及守住殘餘力量，也不可能。

這是有事實佐証的。傅馬赴法嫁女，指定諾沙旺率領寮代表團出席日內瓦會議，而首相一席，則由蘇發努馮代理。爲什麼「赤王子」不率代表團去日內瓦出風頭呢？只爲是便於掌握在混亂中的寮國。美國對此發生恐懼，但無法否定蘇發努馮代理首長，只好叫諾沙旺放棄去日內瓦，留在寮國「從旁監視」。可是雖然如此，問題仍隨告發生。

寮新政府成立甫廿四小時所發表的外交政策聲明：反對美軍駐泰，說是那樣會威脅寮國中立及和平。這就正面轟了美國一炮！本來，事件的性質是外交方面的問題，但寮共的馮維希——新聞部長，却搶先開了炮。

造成軍事危機

本來，在國內尚有極多問題還待處理的時候，而且有關寮國國際會議正在召開，外交問題儘可俟國際先行討論，最低限度，國家要表示外交立場，也應由議會，或者內閣會議，甚至由外交部決定發表。可是寮國目前「沒有議會」，永珍的議會，曾議決承認聯合政府的，見諸國王頒發委任聯合政府的詔書，但傅馬派，都拒絕承認有議會的存在，又是由美國壓迫右翼讓步，修改國王詔書，無形中解散議會。議會沒有了，國王權威失墜，誰來控制左翼份子的胡爲？

和談的協議中原來有相當的規定，有關國防內政外交重要事項，須得三派事先同意。換句話說，即職位雖照分贓式分配，但在政務處理上，仍應徵求三位重要股東的一致同意。可是發表抨擊美軍駐泰聲明，絕未經過此項諮商。

外交方面的另一笑話，便是「兩個中國」的先在寮國出現，台北中華民國，原在寮國設有代辦，事先與永珍政府商量使節陞格，改設大使，此事也由國王根據內閣決議，以詔書頒行，中華民國已派駐泰大使杭立武兼任駐寮大使，而杭立武也趕速走馬上任了。但泰新政府外交部，却接收了中共陳毅的承認，同意互派大使。大概不日中共新使也會前赴永珍就職。這不等于寮國、台灣、中共，一律承認「兩個中國」？是一種新政治協議麼？

寮國的另一政治動向，是聲明它不受東南亞公約保護，據說西方可能在日內瓦答允。那麼，接踵而來的必是高棉要求撤銷保護，並一致要求撤銷東約對南越的保護，進一步要求美軍退出南越，退出泰國。赫魯曉夫已正式聲明，南越乃是「內亂」，絕非北越干涉，（雖然國際監委會已作此証明）要求英國勸說美軍退出。而另一方面，越共正大舉由寮國進入南越。美國在寮的政治退却，毋疑的將造成泰越的軍事危機。·曼谷通訊·

寮國軍隊怎樣合併

·布化旺·

處在泰、棉、越及中共的夾縫中的「萬象之邦」寮國，雖然在整個亞洲局勢上似乎沒有甚麼特殊的價值，但在過去數年間，她却被國際共黨利用了作爲擴展勢力到東南亞去的走廊，因而挑起了其內部的紛爭，於焉戰火瀰漫，把世界人士的視線都吸引住了；其後幾經波折，一直擾攘至今年六月間，才由「三親王談判」獲致了協議，組織「聯合政府」，並即宣佈，實行全國性停火，這個紛亂之局，乃告暫時安定下來。

然而，仍留下了一個「再起糾紛」的癥結，那就是寮國軍隊將來如何合併的問題。這個問題的嚴重性，相信早已橫亘在三親王的心坎中；而東西方人士對此，亦必仍加以相當重視。美國國務院的一位發言人已這樣的表示過：寮國還有許多「肥大」的問號存在，最棘手的是如何將右派、中立派、左派的三枝軍隊合併，而改編成爲一枝不隸屬任何一派的國家武力。寮國三派人士，都是私見相當强烈的，他們能够把國家利益放在第一綫而將自己的軍隊毫無條件的交出來麼？目前這三枝軍隊的兵力是：（一）右派諾沙旺的有六萬人；（二）左派的蘇發諾旺的有一萬五千人；（三）中立的李江「傘兵」有五千人。而他們都是頑固的「個人英雄主義」者，同時也各有背景，再加上其中還有許多微妙的因素。凡此種種，都足以形成「軍隊合併」的障碍。

當然，在任何一個眞正的民主國家內，軍隊是國家所有，決不能隸屬於某一黨派的；同時軍人也絕不得直接或間接控制政治。祇有這樣，才算是政治上軌道；祇有這樣，才能使國家安定。否則，各黨各派擁兵自豪，勢必形成割據局面。而各黨派稍有意見紛爭，即遽行兵戎相見，亦屬意中事。這樣的一個國家，豈非仍將是一團糟？

寮國的「聯合政府」是組成了；但三派的軍隊如何合併？迄仍成爲今後寮局的嚴重問題。這個問題之能否順利解決，那就要看看三派份子是否能眞眞正正的化除成見來衷誠合作了。假如他們都能够無條件地把他們的軍隊全部交出，予以合理的改編、合併，成爲國家的軍隊，當然是「寮國之福」；但倘若萬一不幸，其中有一派不肯將他的軍隊交出改編，或提出無理的條件的話，則所謂「聯合政府」也者，便很容易被拖至再陷分裂，以致垮台；悲慘的局面將馬上重演。總理傅馬親王對該問題曾發表過一項意見：將三派的軍隊削減爲一枝國家警察部隊，被遣散的士兵，則送往參加建設的工作，如建築學校、醫院、鐵路、工廠等。——傅氏的意見是對的，但問題是三派的軍隊是否都無條件地支持他的意見？各派士兵的遣散數額是否能獲致協議？此外，外國軍事人員的撤退，無疑地，也是一個很傷腦筋的問題。

據永珍方面的消息：「聯合政府」已成立一個「三人委員會」，負責研究合併三派軍隊的方法。這「三人委員」就是由「停火委員會」的三派將領所兼任，包括有右派的韋尼旺蘇，中立派的布發，和左派的施普拉索。他們的「研究工作」，將來過程如何？進度如何？成就如何？對今後整個寮局，都將有決定性的影响。

至於停頓了已歷五個月的「十四國會議」，也已在日內瓦復會」。會議中除討論寮國的中立問題之外，當然也要商談到三派軍隊的合併問題。「聯合政府」中已有人透露過：寮國的國家軍隊祗需要一萬二千人；三派的軍隊合併成一枝國家軍隊後，多餘的士兵便要立刻「復員」。但目前問題的焦點，不在乎如何「復員」，而在乎如何削減；換言之，就是某一派軍隊所削減的數字。消息又指出：以目前的情形看，北越的軍隊撤出，是否也眞眞正正的從寮國撤出，也很成問題。那北越軍隊會不會僞裝着寮國左派軍隊而仍獲致在寮境內潛伏？這也是三派軍隊合併問題中的一項顧慮。——這項顧慮，顯然是相當重要。

研究三派軍隊合併問題的「三人委員會」已成立了；「十四國會議」也復會了；且看他們將來對這一問題作出怎樣的決定。（七月五日）

藝術人生詞話

遯翁

韋莊浣溪沙

勸君今夜須沉醉。樽前莫話前朝事。珍重主人心。酒深情亦深。

須愁春漏短。莫訴金杯滿。遇酒且呵呵。人生能幾何。

這一闋詞意，是最足以說明詞在唐五代，以致北宋蘇東坡黃山谷以前的作用與作風的。在此一時期，爲詞的萌芽，到茁壯成熟的時期，其作用，即爲飲席綺筵之間，代主人勸酒的聲樂，其作風，便足代玉手按拍，珠喉按歌的官妓女樂之流，爲賓主盡歡，作適合於軟語纏綿，淺斟低唱者的口吻。這些詞曲的聲調，在初唐時，只是雅樂以外的俗樂，這些唱詞，亦只是伶工樂伎，相傳相習的俚句，到太白作清平樂的時代，教坊才漸漸擇取當時名家的近體詩，强就之以作歌詞。到白傳作憶江南的時代，文人才偶然按照曲調的音節，寫成長短句的詞，但也還是偶一爲之，並不當他是正當的文學。所以韋應物、劉禹錫等人的詩集中，雖然也可以見到詞的留存，但均只聊備一格，只可算是作者的遊戲文章。直到唐代末年的溫飛卿，才是專門致力於詞的作家，而有握蘭集三卷，金荃集十卷的著作。但飛卿即以『能逐絃吹之章，爲側艷之詞。』致被當時視之爲『士行塵雜，不修邊幅』的無賴子弟，而潦倒終身了！大致有唐一代，詞曲的傳唱，雖然盛行於燕樂冶遊之間，但一般人，終認爲詞只是代俳優倡妓，教坊狎邪立言的東西，不能與於藝文之列，因此詞的作者，便要被人所鄙夷了。經過五季江南西蜀，兩國國主的提倡，一時君臣上下，莫不以作詞相尚，詞才成爲士大夫所艷稱樂道的一種文學，凡宴遊必按歌新聲，凡新聲必配以雅詞，這風氣傳到宋代而更爲普遍，不止於『家家香徑春風，處處紅樓夜月。』需有『清切之詞，用助嬌嬈之態。』即官式宴遊，軍中笳吹，也一樣要『打令』盡歡，吹簫低唱的。如范文正之爲窮塞主，歐陽公之譜臨江仙，且均成當筵的盛事，一時的美談。但其作用與作風，則仍爲代歌者立言，爲座客盡興，不出於韋莊此闋所說的範圍。因此：詞的作者對於詞的內容與風格，便自然不能自寫胸臆，作正襟危坐的道學語，也不能作拔劍斫地，激昂慷慨的悲歌，而只可於金碧輝煌之中？寫纏綿悱惻之意，使唱者爲之色授，聽者爲之神移，自花間集的作者，以及南唐君臣，下至晏氏父子，便莫不如此。所以以歐陽公一代儒宗，他的六一詞，即是這一作風，即不少風光旖旎之作，後人疑歐公必不作此等詞，乃小人或作艷曲，謬爲公詞，這是不明當時詞風者的判斷，實則歐公作詞，並非自寫胸臆，只是與之所至，隨順世俗，爲歌姬當妓，寫侑觴勸酌的游戲之詞，在當時乃是聊助解頤，無傷大雅之事的，也正是當時一般歌筵傳唱所尚的風格。這風格到柳屯田蘇玉局的作品興起，才起了大大的轉變。這一轉變，是詞的新途徑，與新國土的拓殖，也是詞本有充沛的生命活力必然而有的演進。在柳永以前的詞人，還只視詞爲文人的餘事，因而其作品，只是流行的小令與中調，但以能表達其纏綿悱惻的情調而已足。到柳永、張先等人，才是從事作詞的專家，開始作近慢之類的長調。從此詞的濶度，才由偏促於長沙小國的疆域中，放大而爲足供回旋馳騁的吳楚大國，這是詞境的一個大進步。再經東坡創爲自寫胸臆的洸瀁自恣之詞，將幾百年來，依附於紅氍毹上的綺曲，拓殖到廣漠無垠的純文藝的天地之中，進而與古近體詩，作分庭抗禮的爭衡，這更是詞境的一個最大的，劃時代的大進步。從此：詞既可以作嬰嬰宛宛，軟語纏綿的口吻，給十七八女郎，執紅牙去拍歌，更可以作筆墨淋漓，慨當以慷的揮灑，聽關西大漢，執鐵板去高歌。從此詞的作用與作風，脫出了韋莊所說的範圍，可以隨作者的性格與天才，作自由的紓寫。或爲悽惋之音，或寄俶儻之韻，或騁豪宕之氣，或托恬逸之吟，雅則鍾鼎山林，俗則吳音蠻語，清則芰荷薜荔，富則金碧珠璣。任情之所至，興之所適，嘯歌隨其愛樂，風月供我發揮，兩宋詞壇的鼎盛，其關鍵即在於此，所以後來劇曲興起，詞雖喪失了清歌妙舞的場地，馴至詞牌的樂曲也喪失了之後，在元之曲，明之傳奇，風動幾百年之間。仍能以無聲樂的徒詞，延續其演變的進程，終能復興於清代，這不能不歸功於柳、蘇兩人的轉捩。尤其是東坡之能充份發揮詞的作風，多方轉變詞的作用，乃是更爲偉大的。要知道無論何種體裁的文藝，如果不能將作者生命的活力貫入去，與之相互結合，則這種作品，即使堂皇瑋麗，也終於是優孟的衣冠。偃師的幻人，沒有其本身的生命，譬如凌霄之依喬木，鷦鷯之巢葦苕，一旦其所依附的木葦被摧，即必然會隨之而飄搖銷散的。自溫韋以來，詞的制作，雖則格式漸多，聲華日富，而代歌者立言，但聞燕語鶯啼，千篇一律，既無作者的內心，亦與社會脫節。只要歌筵冷落，綺席蕭條，即必然會走上響絕音沉，影銷影散的命運，例如連珠七發，非不瓌瑰鎓煌，因其僅有軀殼，而無靈魂，便只能存三五篇，爲文選中的古董，再沒有人去爲之繼聲了！詞經柳蘇將風氣扭轉之後，境界既以日新，國土也以日廣。後代詞家，於操觚染翰之際，爲循聲切響的琢磨，即不能不因流溯源，而花間作者，南唐詞宗，便是黃河的星宿海，爲鑄詞練字者，終古不廢的圭臬。假如沒有柳蘇這一轉變的開拓，則詞之一道，必眞有亡於劇曲與起時的危險，亦將即花間諸作，與連珠七發，同爲稽古者的資料，而無繼起的音響，這亦是我們研究詞學者所不可不知的一事。

暢然堂近詩

翁一鶴

寄懷叔雍先生

黃昏翠嶂閉門人，絕世文章老更醇。一字初無毫髮憾，平生但覺寸腸新。天邊龍象神如接，眼底雞蟲俗尚淪。故國新亭成悵望，風流寧負渡江身。

履川見示七疊風窮韻詩次韻奉和

書枚

太素發發生飄風，神州如墮榛薄中。九閽愔愔卒不語，坐令魑魅逞趫雄。我似賈胡到輒止，小桃著花歲歲紅。隱機蕭然開妙悟，世上何物爲非熊。微憐講授亦拙計，稍喜楮翰從羣公。黨庠傳詩如作畫，點染一洗凡馬空。酒邊塡詞臨江翁，豪情謖謖風入松。眉山雲礽今法嗣，置之大曆猶崔峒。自笑白戰每避舍，下駟幸藉錦爲幪。昔譏明人競門戶，今乃肆妄興口戎。木心不正脈理邪，注矢遠的豈良弓？韓陵片石未易得，時有鳴吠怡村翁。已辭伈俔媚曲學，且辦漁艇游滏濃。日月既出爝自熄，甲仗不假修羅宮。昨者圓玄整展齒，信步不問埭西東。十人分韻門能事，何蘇冥搜對千峰。松下徜徉同妙樂，獨少頌橘論心胸。夕照穿林鳥飛止，歸去四山聞暮鐘。一邱一壑皆足慕，安得畫手如王蒙？百年甌脫遠諸夏，舊國風流霧幾重。玄黃易絲陵谷變，一時文采氣吐虹，造次顛沛必於是，紛紛述作筆爲農。但惜渟涔一泓水，井鼃跳梁時迎逢。蓺壁寧知東海笑，一舉炎火燐飛蓬。嗜諛相譝推道統，居之不疑謖婦童。撦獺祭亦細甚，沾沾一得誠雕虫。詞章考據宜兼有，儒者所尚在博通。更聞性理在實踐，黎頰相對豈其宗?!管闚錐指稱顯學，利涉何由起蟠龍？文翁興化固不易，如此人厄非天窮。

關公死得灰溜溜

凌蘇

這檔事的罪魁禍首是郭沫若。他所表演的從史他林到毛澤東的拍馬絕招和隨之而來的以替曹操伸寃爲高潮的「翻案」文章，使明智者搖頭，低能者則惟他「老」「馬手是瞻」。（馬手，拍馬能手也，與「馬首」不同。）

武漢京劇團的「生關公」，即左報前時報導經已排除嗜好（？）的高盛麟，讀了老郭的如「醍醐灌頂的文章，「拍案稱快之餘，靈機一動，在他的拿手好戲「走麥城」中，把關羽之死「處理成舉起青龍偃月刀自刎」，因爲只有這樣才夠「壯烈」。

這一「新鮮事物」把去年的武漢京劇界和「戲劇理論工作者」們鬧個不亦樂乎，正如廣東話所說「倒瀉籮蟹」。將有關文章考究一番以後，才知道原來此中包涵了所謂「歷史劇」的奧妙。

武漢晚報專載此事的「爭鳴錄」中說：

「歷史戲不能不借用一些歷史事實，但在安排故事情節、塑造人物形象上，劇作者應該享有點染、加工、發展和再創造的自由。

「在今天舞台上演出的歷史戲，是以今天的觀衆爲對象的，强調符合歷史事實，有什麼必要呢？」

在讚美了高某「處理」得精彩以後，作者繼續說，看戲嘛，英雄總歸是英雄，敗走麥城也不能死得灰溜溜。

另一位「鳴」者更乾脆，他說：

「戲劇是戲劇，歷史事實是歷史事實，戲劇符合歷史事實，何不去讀「歷史教科書」。

上引幾次宏論，不禁使我想起了日前偶爾在九龍荔園劇場中瞥見的「張君瑞情殺賈寶玉」劇目預告。看來中共的「歷史劇」與殖民地的九流貨色十分相似呢。因爲它們共通的原則是「借用一些……事實」「點染、加工……自由」。不過這樣未免對「今天的觀衆」太瞧不起了，難道只有「昨天」的觀衆才讀過三國志、三國演義、以至西廂記和紅樓夢嗎？如果說兩者有什麼不同，大概是後者被人熟視無睹、見怪不怪；而前者則受到普遍的非難和杯葛。迫得中共不能不在「爭鳴錄」中以「應該像原來那樣死去」收場。但爲撫慰一下高盛麟的「積極」起見，找出下列藉口爲他開脫：

「有很多人爲關羽的死抱屈，不忍見關羽的『灰溜溜下場』。而高某爲了迎合觀衆心理才竄改情節」的。最後，解嘲地說：「讓關羽換另一種的死法，不像把關羽的籍貫改爲山東一樣不符合歷史事實。」

我們除了爲被莫明其妙的「迎合」「而無辜遭罪的「很多人」和「觀衆」「抱屈」外，必須指出，共產黨人心目中根本就無所謂「歷史事實」。黃巢、李闖、張獻忠可以成爲「革命」祖宗，殷紂王、秦始皇、武則天甚至隋煬帝都可以是「進步」人物，則關羽究竟是「灰溜溜地」被人砍腦袋葬無完屍，還是「壯烈地」自抹脖子全軀而終，實在無傷大雅，悉聽「共」便的。

抗戰回憶錄（二七）

張發奎

六、任第四戰區司令長官

但在一月下旬，敵由粵轉用近衛第一旅團，和第十八師團的一部。乘我後續兵團尚未到達之際，以約一個師團的兵力，沿邕賓路以北地區，向我陣地攻擊；其近衛旅團，則沿良慶津浦道佔我永淳，北渡邕江，迂迴崑崙關直指賓陽，我左翼兵力薄弱，由粵調來的第六六軍葉肇部，又以行動遲緩不能依期到達，故賓陽思隴於二月二日相繼失陷，三日敵一部復竄鄒墟，隔清水河與我對峙，此時我後方之柳州、宜山一帶均極空虛，如果敵人續渡清水河向柳州宜山北進，誠不需若干兵力，就可以使我們措手無策了。柳州方面已起了極大的驚恐，人民已在作逃避戰難的準備，凡可以使用的後方武裝部隊，乃至於尚在訓練中的軍校學生，都已準備使用於前綫，整個的桂南都已陷入慌亂中，而失却了戰鬥的沉默性了。

當桂南戰況緊張之際，最高統帥蔣先生迭次的電令，敦促我前往指揮桂南軍事，我當時實在躊躇莫決，我並不是因為戰況不利，想逃避這個失敗的責任，也不是我對於桂南的戰事，抱了悲觀絕望的心理，這是一個指揮職責和指揮效力的問題，我前面已經說過，廣西境內的軍事，是桂林行營直接指揮的，我認為在這一個戰況不利的時候，來更換一個指揮官是不適時機的。我深深的考慮，我應單獨來負起指揮的責任呢？抑與桂林行營共同負起雙重指揮的責任呢？如果我單獨負起責任，則對於前期指揮人員，將會發生什麼感想？而我又是否能在這種條件下發生什麼力量？如果雙重負責的指揮，則我除將居於傀儡或幕僚地位之外，我還能發生什麼效力呢？這都是我不願前去的問題；然而我終於在不計困難成敗，毅然西行了。

一月廿七日我倉促地僅帶了一個幕僚，到達遷江桂林行營指揮所，在我一切情況尚未明瞭之前，我第一件事，就簽署下達了一個正面部隊退却的命令，這命令是已經行營指揮所的人員寫好了的，好像是專待我來簽署下達。白崇禧將軍和林參謀長告訴我，當晚的情況已到了不容我絲毫考慮或片刻猶豫的急迫，如果我不立刻下達退却命令，崑崙關附近的部隊有被包圍殲滅的可能，這時我已成為十足的傀儡，一切都被幕後策動，我無可奈何，只好忍痛負起這個失敗的責任。

敵人的戰略確實相當的巧妙，它自二日起一週間，如狂風掃落葉似的陷我賓陽上林，侵入武鳴黃墟，竄擾鄒墟和清水河流域一帶，震撼了我整個黔桂後方之後，二月十日它便揚長而去。除以一部仍據守南寧和附近的主要據點外，其主力則紛紛南下，於欽州灣安全登船遠颺了，這完全是撤退前逆襲的行動，而我們却被這一個行動所眩惑而驚慌了。

這次戰役失敗的責任，是應由高級指揮官負責的，雖然葉肇軍的行動，和他不聽命令的態度，貽誤了重大的戎機，但如果我們對於一切的狀況和敵人的企圖，能判斷正確的話，亦決不致於這樣手忙足亂，幾至影響全局。我為這次的失敗感到非常的難過，雖然實際上不是我應負的責任，但我覺得一個指揮官，不能用冷靜的頭腦來思慮紛亂的戰況，和以毅然堅忍的處置來挽回這千鈞一髮的局勢，總有失於高級指揮官的條件。嘗讀日俄戰史，每對於克勞巴特金之遲疑不為，軟弱寡斷作詬病的批評，然這一次却患了同樣過失。

在名義上，我不能不分担這次失敗的責任，我向最高統帥自請處分，我們在柳州召開了一個會議，由蔣先生親自主持，來檢討這一次會戰的得失和功過的批評。一致認為失敗的原因，在於上級指揮官的判斷錯誤和處置的失當，而第六六軍更犯了行動遲緩與不聽命令之罪過，陳辭修將軍和白崇禧將軍均受了降級的處分，我雖蒙上級的諒解，亦被記了一個大過，葉肇將軍則被撤職和扣留審判。

這一個權責不明，雙重指揮的紊亂系統，在這一次會戰中又作了極大的教訓，我不能再為這個紊亂的系統而犧牲了自己的責任，必須謀以合理的解決，而且對於兩廣地形和交通隔離的狀態，關於戰區地境的劃分，亦有調整的必要，否則顧此失彼，牽制叢脞，增加指揮上甚大的困難。基於這個理由，我向上級提出特別建議，依兩廣的形勢劃分為兩個戰區，我並顧慮地方部隊的封建觀念，建議廣東的戰區，由余漢謀將軍負責，我自己則專負廣西方面；當這個建議提出之前，我的許多部下和幕僚都加以反對，他們認為這樣無異削減了自己的權力，同時也是一種逃避責任的表示，然而我則認為在國家生死存亡的時候，一個軍人只有自忖自己的能力，去做可能担負的事，私好權力的觀念是一個英雄思想或軍閥的野心。歷史上許多庸才攬權的人，都做了禍國殃民的事，所以我毅然排除了他們的反對而向上級提出劃分戰區的方案。最高統帥部最初亦未加允許，但基於我迭次的申述和請求，終於在廿九年九月間將廣東另外劃為第七戰區，以余漢謀將軍為司令長官，我自己則專負廣西方面第四戰區的責任。

中國現代史資料評介之一

（袁世凱與中華民國）

舜生

這本『袁世凱與中華民國』是遠在民國二十五年便已出版的。在未印單行本以前，已經在當時上海出版的「人文」雜誌上分期發表過。『人文』雜誌與黃任之的關係甚深，我曾問過黃，本書著者『白蕉』是誰，任之避免不答，所以我至今不知『白蕉』是什麼人。

這本書的好處，是把辛亥年（宣三）袁氏再出迄民國五年六月六日袁氏之死，一切有關袁氏的重要文件大部保存下來，儘管著者自己寫的文字不多，但只要把這些文件依次細看一遍，則中華民國最初五年一切大事的經過，以及袁世凱背叛民國這一醜劇，乃可大體明白。

但『大體』便只是『大體』，至於個別的重大事件，例如民元張振武案的始末，民二宋案始末，從這本書上便不能明白其真實情況。

就所保存的這一大堆文件而論，有許多却是現在所不容易看到的，例如當帝制論初起，美國古德諾博士的『共和與君主論』，楊度的上中下三篇『君憲救國論』，其他紀載洪憲一幕的書，便很少轉錄。如梁任公『異哉所謂國體問題者』一文，現存任公文集，當然容易看到；可是汪鳳瀛一篇『致籌安會與楊度論國體書』，裏面有若干論點比任公說得更為有力，如果這本書不把它保存下來，我們便很難找到。再如，康有為的兩封寫給袁世凱勸他撤銷帝制出國遠遊的信，大家所常談到的，只是他稱『慰庭總統老弟』的前一封，經過兩個月後又有一封稱『慰庭前總統』的，却很少有人提到。其實第二封比第一封罵得更痛快。從戊戌到民五，已經過了十八年的時間，大致老康滿肚皮的怨毒，到此始發洩殆盡。袁生於咸豐九年（一八五九）康生八年（一八五八）戊戌年袁四十，康四十一，袁死時五十八，康更活了十一年，故得年七十。康第一函說在強學會時代袁稱他為大哥云云，即指此。康只知道袁氏稱帝不可能，却不知道復辟也必然失敗，可見一個人要不為自己的主觀所蔽，真是談何容易。

此書另有一最有價值之點，即全書有二十餘處，經過張仲仁（一麐）手批。張為袁所親信之人，洪憲一幕經過，為張在北京所目睹，但張極端反對帝制，曾力圖補救而無效。在第一屆『國民參政會』我和張談過好幾次，其人有遠見，識大體，甚難得。茲錄其手批若干段如下，更可看出帝制運動內幕的一斑。

一、『民元倪嗣冲即有擁袁氏為帝之謀，袁止之，此袁自告予者。』（舜按：此批在本書敘述清帝將近退位的一段上面。）

二、『第三鎮兵變，據袁氏親信人言，當時北方軍人集議於袁公子邸中，即議黃袍加身之事。先攻東華門，時馮國璋統禁衛軍，不與謀而抗禦，軍不得入，乃成搶掠之局，不知信否？』（舜按：民元袁被選為臨時大總統後，不肯到南京就職，中山派蔡元培，汪精衛，宋教仁等北上迎之，袁即嗾使曹錕所率第三鎮兵變，白蕉謂係出自楊度計劃，而張批如上云云。可見楊與袁克定勾結，帝制蓄謀甚早。）

三、『宋案之始，洪述祖自告奮勇，謂能燬之，袁以為燬其名而已。洪即嗾武剌宋以索巨金，遂釀巨禍，袁亦無以自白，小人之不可與謀也如此。』（舜按：據在上海應夔丞家搜出密電，剌宋曾通過洪述祖，趙秉鈞向袁請示，謂袁不知，似不確。）

四、『張勳曾云：「余平南京後，有崇文門監督何棪者說余曰：君大功告成，盍請大總統為大皇帝？被余痛罵而去，此袁所以去余而代以馮也」。』（舜按：二次革命爆發，袁以武力鎮壓，張實首入南京。時余正由甯赴江北六合，曾親見張的辮子軍，破破爛爛實不成體統。張主復辟，蓋不以袁稱帝為然者。）

五、『段芝貴軍入南昌，李協和督署密電本未携走，遂為電局搜查譯出，致牽及民黨議員，致有此舉。』（舜按：二次革命後，袁下令解散國民黨，並取銷國民黨籍的國會議員，國民黨議員被追繳証書徽章者，多至四百三十八人，國會遂無法開會，後並將國會解散。）

六、『日置益公使與曹汝霖言，敝國向以萬世一系為宗旨，中國如欲改國體為復辟，則敝國必贊成云。』（舜按：此亦預為後來日本反對袁氏稱帝留一伏筆。）

七、『汪荃老一日袖此文命轉呈總統，余笑曰：公不畏禍耶？汪曰：余作此文時，即預備至軍政執法處矣。余乃代呈。老輩正言可敬。』（舜按：此即指汪鳳瀛『致籌安會與楊度論國體書』一文而言。汪固可敬，張肯為代呈，亦可敬也。）

八、『楊度往津勸任公毀其文，任公不允，斥之甚厲，面赤而退。』（舜按：此即指『異哉所謂國體問題者』一文而言。楊在日本留學時，甚為任公所重，時梁著『中國之武士道』一書，曾由楊作序。在清末預備立憲一段時期，楊在憲政編查館，梁重視楊如故，至此殆已完全絕交矣。）

九、『駐日公使陸宗輿，電稱籌安會召亂，請取締，又函致國務卿力爭。』（舜按：此說為余前所不知者。）

十、『此宜言書發表後，楊度忽夜間來訪，謂吾之於總統，不若君交情之久，今日忽有「不合事宜」之諭，究竟總統性情何如，請見告。余曰：然則君須以此事主動，勸告午詒云，乃可討論。楊謂吾本欲回湘，午詒云總統有大事須汝出頭，實則我亦被動非主動，但吾向主君憲之說，故願為之，何以有此異言？余曰：吾告汝二事，今一為前清預備立憲，一為滬杭甬鐵路，皆事前堅拒，事後翻然變計。公為此事，將來誅鼂錯以謝天下，公之首領危矣！楊聞之悚然。翌日朱桂莘等約楊談話，其意又堅，蓋又有人嗾之矣。』（舜按：時各省請願聯合會勸進已發動，袁派楊士琦到參政院宣言，認為『不合事宜』，故楊向張請教。午詒者，肅政使夏壽康也。）此外可注意者尚多，不具錄。

按白蕉此書，現由台北文星書局影印發行，每冊新台幣六十元。

本刊已經香港政府登記

聯合評論

每逢星期五出版

週刊

United Voice Weekly

第二〇二號

督印人：黃宇人　總編輯：左仲平

社址九龍大埔道一六八號南亞書局 805641

承印嘉羅印刷有限公司香港仔馬師道5號

總代理：友聯發行公司售價每份港幣一毫

本報美洲版總經售處美國紐約中美出版社

CHINESE - AMERICAN PRESS, INC

199 CANAL STREET.,

NEW YORK13 N. Y. U.S.A.

美洲航空版每份零售美金一角

力的世界與鬥的人生

李璜

筆者曾在本刊前兩期寫「生存在力的世界中」一短文，說明三百年來西風日勁，無非是力的表演、鬥的生活；我中華民國在今日的生存競爭中，如無力量的表現，則勢將爲西方人所瞧不上眼，而終必發生爲國際所抹煞的悲劇！而今形勢已漸陷於俯仰由人，將無法自主其命運；如不能及早竭海內外全民之力，趁大陸整個動搖，作殊死鬥，打回老家，則日復一日，中華民族的花果飄零必然更爲凋殘，而我們這一代有承先啟後責任的人們，其對國家民族的罪孽，眞是萬分深重！

去一看，兩月以來千千萬萬的大陸飢民逃了出來，形同餓鬼，要世界上各方面出錢出糧來救，以至運一些去入別國國籍，以求一飽，而我們所能貢獻於此一次逃來的飢胞，實已嫌太少太少，有愧於心！

試一想，大陸尚有以億萬計的飢胞，逃不出來，水深火熱，情何以堪！此香港反共各報紙，以至接近台灣的在港刊物，都一致主張及早反攻，言之急切，非有意與台北當局以刺激，實人情有所不能自已也！

目前情形，一面因中共自己心虛，大呼台灣要來反攻，而且調兵遣將，做起拚命的樣子，以聳動英美輿論；一面則英美自來便怕遠東有事，一味主張放平；因而台灣並無反攻跡象，也要來公開制止一番，國際間唯力是視，毫無人道與正義可言，於此又得一明證。

美何以怕中共？

美國爲何要怕中共，如此其利害？無非中共能够出其蠻力向外搗亂而已！十年前的韓戰，中共雖以人海戰術，枉死同胞二百萬，然而美國也傷亡十萬人，至今美人尚在心痛。因此筆者前文曾稱道祖國週刊所謂「美國自爲其美國人的利益打算」；此毫無足怪，實不必深責。我們反共的中國人，只自責何以十年來竟無力量的表現，而徒在紙面上宣傳中共之必亡，此美國人常常譏我爲「精神勝利者」！

以中共年來之對寮亂，對印邊，擾之不已，喊打不休，其目的很明瞭，也是在向英美示威的；然而威雖未必眞個有力，但是西方人容易接受强者的喊打喊殺這一套，而不大接受弱者的信義和平那一套！至於說，爲保衛民主，趁此惡魔已喪失民心應該及早消滅遠東和平的禍根，則中共一天兵力未完全喪失，則西方人總是害怕的啊！

鬥爭須靠自力！

近日多數港台反共刊物，責備美國政策，未免過甚一點，好像我們反攻復國的神聖使命與大好機會，經美政府一篇聲明，幾句談話，便爾完全斷送，因之抱怨不休。此種不求諸己，而一味靠人；不用己力以轉變外人心理，而徒爲口舌是非之爭，來見其可！筆者之所以一再爲文，指明力的世界須靠己力，鬥的人生須在能鬥，然後始有生存之可言，其用意卽在不必將反攻責任，向外人身上放去！

不自責・不反攻

李金曄

在海外，每一個反共的中國人，無不衷心希望成功的反攻大陸。由於大家對打回去的信念堅定，才產生了不懈的反共動力。但眼前的情況，這個希望的燈光在趨漸地微弱下去！當權派對反攻的實際行動，積極性的作爲，顯然是太少，而作僞的宣傳則顯然是太多！

據從大陸上來的人說，中共確是在不斷地宣傳着國民黨在美國的支持下，隨時要打回去。對於中共的宣傳，通常地說，它的作用主要是對內的。它的目的，也本是想通過這一類的宣傳，來推行它的暴政。任何一個逃亡出來的人，祇要在香港住上兩個星期，他就會了解，共產黨宣傳國民黨要反攻，原來是個大騙局；同時也明白國民黨獨立反攻的能力是不足，美國現時也並無意於協助反攻。當然，大家也逐漸地知道，如果國民黨眞敢於拚一拚，把火點起來，那末情況就立刻會不同的。因此，當我和任何一位不相識的逃亡人士交談時，最後他們總是這樣地問：究竟要在怎樣的情況之下，國民黨才會反攻呢？這是一個很難回答的問題。但是對於一個剛從大陸逃出來的人，既不忍心馬上把所知的情況分析告訴他們，也就祇有婉轉地說，你住長了一些時候，自然就會慢慢明白的。

當十二年前，我們從大陸上逃出來的時候，我們曾不斷地用口、用筆來報導中共的暴政和加以抨擊，這對久住在海外的同胞來說，連半信半疑的人也不多。他們往往會這樣地問：如果共產黨眞是如你所說這樣殘暴，江山那會是毛澤東的？今天，連香港的左派報紙的銷路，也已一落千丈，一方面有大量糧包寄去大陸，另方面又有數萬飢民擁到了港澳，共產黨的殘暴與醜陋，已經不待宣傳而人人皆知了。這是歷史爲我們的行爲作了很好的証明。

由於我們都是早年從毛澤東的魔掌中逃出來的，因此對於先後這兩個問題，可以說是看得很清楚的。

我還記得，一九五〇年逃亡的前夕，曾經寫了一封信留給一位相處了十年的朋友，指出了中共對財政經濟措施之不當、對知識份子政策的不當，和對宗敎信仰的管制，都將成爲這個政權的致命傷；並且還說，共產黨是不可能改變的，因此它的政權，也不會長期穩定的。現在大陸的情況，可以說已拖到了山窮水盡的境地，中共能够苟延殘喘下去，那完全是基於國民黨當權派未能振作有爲。

在二次大戰期間，初時誰能相信僅是一個戴高樂，便能保持了法蘭西的光榮。自由法蘭西的一舉一動，幾無一不受英國的譏諷和限制，但是戴高樂從未想到憑奇蹟的出現來打回法國本土，而一直是憑他的人格、智慧和不斷的苦鬥，才逐漸地爭到了行動的自由。但是有一點必須指出，戴高樂是一位永遠知道如何保護法蘭西主權的領袖人物。在這一點上他是絕不輕易讓步的。

由於最近台北官方一再地聲明，反攻必須先與美國諮商，令人覺得這本是人人既知，大可不必一說再說的事情，何以故要一而再，再而三的重復斯言呢，是不是有意藉這宣傳，而把不反攻的責任完全推給美國呢？

在這樣的一個最佳時機尚且不能行動，已經是令人失望了，如果眞是只知諉過於人，而不求自責，中華民國反攻復國，就不知要拖到何年何月了！

十四日中央社紐約專電：美國國務院遠東司司長答復中華五十萬人反共委員會的信中說，「美國正按照變化中的情況，不斷檢討它的政策，同時特別對中國大陸的政治經濟發展，保持注意。」——筆者雖曾被推爲中華五十萬人反共委員會常務理事之一，然並不認爲中華民族自救之事，要去上書美國甘廼廸總統爲合理。今得其遠東司司長代表其總統答復我會之言，却認爲很是合理的，因表示美國的政策並非一成不變，要看中國大陸變化的情況耳！

中國大陸情況之有無急轉直下的變化，是則在我們有無反攻復國，救民水火之決心與作法而已，喋喋向外，多所責備，殊無意義。

然則如何鬥爭？

筆者對軍旅之事，未嘗學問，不敢對反攻大計去妄立方案。但讀近來香港刊物中以及本報上所載諸軍事專家各提議，知今日反攻，大舉登陸，勢不可能，只有游擊作戰，局部反攻。然而游擊作戰，無論空投也好，偷渡也好，少數也好，多數也好，大體是義憤爲先，自動爲主，人自爲戰，前仆後繼；並不只是「立正，開步走」的一羣，而要的是有知識，有決心，有辦法的一羣，明白言之，這樣作戰法，乃是需要的孫中山先生的革命隊伍，而不一定是盲目服從領袖，千里之外，還得要聽統帥電話，然後纔能動的隊伍。

如果筆者的這個看法想法是看得想得不太離譜的話，則筆者覺得台北當局如有誠意要領導此一種鬥法，則須先行考慮者有三：一、是否照十十年以來，於今尤甚，愈縮愈小的政治辦法，囿於一黨一派，不事民主改革，而能號召天下，使智勇辯力者聞風興起，冒險前驅，效死無悔？二、是否依附當權，日言效忠，說話好聽的人，其反共便是眞的；既不甘心爲中共的順民，也就不樂意爲一黨一人的順民，其說話不大好聽的人，其反共便是假的？三、是否能將等於符咒的「團結」一等口號放下，不再去枉費錢財，開會以敷衍場面，而以行動來號召海內外？

以上三點；在一年來，筆者爲文，隨時提到，今言反攻，不過更感迫切而已。總之，物競天擇，此理常新，能鬥爭凡能合群，以鬥者始能生存，徵之歷史，一個人、一民族且然，一黨派、一政權，又何獨不然！

五一、七、一六

從大陸逃亡出來的人確也有這樣的表示：毛之今不如蔣之昔，但是逃亡出來的人也說了，人們之所以如此對比，主要是因爲飢餓，大家在思考上並不是首先就從政治上去比對選擇的。如果毛澤東政權，這些年來，能讓人民吃飽了，他的政權卽使有問題，還不會如現在這樣岌岌可危。我曾和一個從大陸上到了香港居住滿了三個月的人談過，他就說，除非國民黨能打回去，否則人們無從選擇。但是能够有了這樣見解的人，他也已明白，當權派在領導軍事反攻上之所以力不從心的原因了。

儘管實際情況是如此，但是摧毁中共必須要通過武裝反攻，而具備這個完整的條件的，也只有偏安在台灣的國民黨當權派。當權派現在既無心於行動，無形中等於與毛澤東合作，給毛以時間來慢慢地拖延。我們也很清楚，中美協防條約，對軍事反攻是具有相當的拘束力的，不過當權派眞要是立定了主意要打回去，美國也不會不作新的考慮的。如果當權派祇是故作姿態，一方面據此向美國別有需索，而另一方面又不圖改革，美國當然不會認眞地去考慮這個問題。

中共人物談論之一

劉伯承寂寞紅都

——流落征南將，曾驅十萬師。罷歸無舊業，老去戀明時。獨立三邊靜，輕生一劍知。茫茫江漢上，日暮欲何之？——

劉裕署

這是一首慨嘆一個善於打戰的將軍，罷歸後流落無依，不知所可的詩。詩是初唐詩人劉長卿寫來送李中丞的，但却也道出了古今許多名將的可憐遭遇。「美人自古如名將，不許人間見白頭」！古往今來，人們對於美人與名將的下落，總是關心。美人難得，名將難求，故漢高祖有「大風起兮雲飛揚，安得壯士兮守四方」之嘆。但美人與名將之下落，却往往不幸。劉伯承也是共軍中最突出的名將，二三十年來，替毛澤東和中共立下了不少功勞，但比起紅都其它新貴來，劉伯承却是中共建政權後最失意一個人了。

劉伯承四川鼎縣人，父親是一個吹鼓手。在封建意味濃厚的社會裏，專在紅白喜事場合表演的吹鼓手，常被視爲一種賤人和賤業。這也許就成爲他心理上的一種原因，使他少年發奮，很早就走上了從戎學武的道路，甚至後來還因此走上共產黨的道路。

劉伯承善戰，並非始自共軍，早在四川內戰時，民國十年左右，他已經在四川很有名了。他與賀龍一樣，曾是川軍第一軍軍長老國民黨員熊克武的部下。以作戰有功，升任團長，有一隻眼睛在內戰中受傷，故「獨眼龍劉伯承」之名，早播川軍中。熊克武於民國十四年由四川率川軍投奔廣東，參加國民革命，劉伯承才因不贊成熊克武的做法而在途中離去。

劉伯承一度到蘇聯學過軍事，算是共軍高級將領中眞正曾在蘇聯學過軍事的少數人員之一。抗戰初期，他的職位是八路軍第一二九師師長。民國廿六年九月底他率領了八路軍第一二九師繼一一五師和一二〇師之後由延安出發到達了山西，開始在太行山活動。

太行山是中國的名山之一，位於晉冀豫三省邊界，地形險要，山勢綿亘，且西有呂梁，北有五台，南臨黃河，東連冀魯平原，故進攻退守，皆甚方便，被中共視爲華北游擊戰的戰畧要地之一（八路軍其它兩師則分別以呂梁山及五台山爲根據地）。

民國廿六年十月十九日夜襲陽明堡機場，搶奪物資，是他進入太行山的第一戰，隨後又把所屬共軍編成許多組，分頭掠畧，以壯大自己。民國廿七年春，他在正太路突襲，並乘國軍在邢方面之敗退，收編了許多流散的國軍士兵，繳獲了許多國軍的武器。至同年九月，則更乘機佔據了臨清、高唐、臨漳、滑縣等二十幾個縣。進一步擴大了他的根據地和他的武裝。隨後繼續經營，到民國廿九年底，他以太行山爲中心的根據地便已擴展到太岳、冀南、冀魯豫等地區了。他所控制之地域已東至津浦路，西到同蒲路，北至滄石路、正太路，南至黃河及隴海路。中共因而由原有的太行山根據地，進而成立了所謂晉冀魯豫邊區。

民國三十年，日軍曾圍攻劉伯承，民國三十一年，他所控制的地區更有嚴重的災害，但他都設法渡過了難關。到民國三十二年迄民國三十四年四月這一段時間，他又重整攻勢，先後派遣了幾支部隊，開創了所謂豫西根據地，並擴大了原有豫東根據地，新佔了五十九座縣城。

抗戰結束後，劉伯承在抗戰期間所建立的根據地及所擴充的實力，更成了毛澤東實現野心的重要工具之一。這時候，中共已將其軍隊劃分爲四個野戰軍，每一個野戰軍都設有一個司令員，劉伯承便是第二野戰軍司令員，經常在華中戰場作戰。

就劉伯承在共軍中的地位及權勢來講，抗戰後，扶搖直上，已經顯然愈來愈高，但他並非毛澤東的心腹，故並不受到毛澤東的信賴。只因狡兎未死，劉伯承能打，故毛澤東予以暫時利用罷了。毛澤東對他頗不放心，所以派了毛澤東的親信而又是劉伯承的四川同鄉鄧小平作第二野戰軍的政委，以監視他。這時候，人們雖習稱第二野戰軍爲「二野」，但在共軍中，則一向稱第二野戰軍爲「劉鄧大軍」。

一九四九年，毛澤東派劉伯承率第二野戰軍全部三個兵團進軍西南。但佔據了西南之後，劉伯承所屬的三個兵團中之陳賡兵團雖據有雲南全省，楊勇兵團雖佔有貴州全省，但陳錫聯兵團則只佔有四川之一半，即川東與川南，而將川西及川北劃歸了第一野戰軍。

依照毛澤東當時對待四個野戰軍司令員的方式來說，毛澤東對第二野戰軍司令員四川籍的劉伯承與第三野戰軍司令員四川籍的陳毅的待遇，確實不如對待兩湖籍的第一野戰軍司令員彭德懷與第四野戰軍的林彪那樣優厚。

毛澤東當時派彭德懷以人民解放軍副總司令員的身份兼第一野戰軍司令員，再兼西北軍政委員會主席及中共中央西北局第一書記，又兼西北軍區司令；林彪當時亦是以第四野戰軍司令員兼中南軍政委員會主席，再兼中共中央中南局第一書記及中南軍區司令員。彭林二人顯然都在一個方面集黨、政、軍大權於一身，但第三野戰軍司令員陳毅進軍華東之後却只兼任了上海市長，對於華東軍政委員會主席及中共中央華東局第一書記、華東軍區司令員等職，均未能染指。劉伯承與陳毅所受待遇差不多。只獲得了西南軍政委員會主席一名空銜，至於極有權力的中共中央西南局第一書記，則由毛澤東派鄧小平充當了，西南軍區司令員則也由毛澤東派賀龍担任了。毛澤東對劉伯承歧視已由此逐漸暴露出來。

更值得玩味的，是西南軍政委員會既由中共中央劃四川、雲南、貴州、西康四省及西藏地區爲其轄區，在此轄區內之一切，自應一律皆受西南軍政委員會節制才是。但毛澤東另玩手法，毛澤東當時竟將川西地區另外又成立一個「川西軍政委員會」，派湖南籍的賀龍爲主任，而與西南軍政委員會平行。毛澤東把四川省軍政重心和富庶的川西地區撥歸彭德懷的第一野戰軍駐紮，而不交由劉伯承的第二野戰軍駐紮，已係怪事，把小小的川西另行成立一個軍政委員會，不歸劉伯承的西南軍政委員會統轄，而與西南軍政委員會平行，更是怪事。但這是我一九五〇年淪陷在川西時，親自看到的。

也許毛澤東自己也覺察到這種作法太不好，所以，川西軍政委員會成立不久就撤銷了。川西與川北仍在名義上隸屬西南軍政委員會，但我當時在川西又曾親自確切知道劉伯承從未到過四川省會成都，同時，劉伯承除了派過一個姓廖的到成都軍管會任辦公廳主任外，另外只派過一個視察到成都，該視察到成都後也根本無權過問川西與川北的任何事情。這尤可看出劉伯承在西南軍政委員會有名無實，有位無權的情況。

毛澤東開府北平後，劉伯承雖也被封爲中共十個元帥之一，但第二野戰軍及西南軍政委員會被撤銷了。他隨後的職位是國防委員會的訓練總監部部長。這是一個不甚重要的位置，他已經由一名威勢赫赫的指揮官變成幕僚性的次要人員了。比起其它幾個元帥，他們至少還擁有一個國務院副總理的銜頭，劉連這種銜頭也未取得，就更不要說兼什麼國防部長一類的職務了，其實，如果以能力和威望來說，中共國防部長一席當然應該由他担任。

但他後來甚至連訓練總監部部長的職務也不能保住，起因是他曾在共報寫過一篇談論新建共軍的文章，他批評而且認定新建共軍不能作戰。遂觸犯了毛澤東。而在他發表這一批評性文章後不過一個星期就被撤了職。隨後更有很長的時間無法在共報上找到劉伯承的名字，所謂「冠蓋滿京華，斯人獨憔悴」！正可作爲這一時期的劉伯承寫照了。直到三年前，毛澤東不再任中共中央人民政府主席，劉少奇由全國人代會委員長繼毛出任中共中央人民政府主席，朱德繼劉少奇而得到一名全國人代會委員長的傀儡名義，後朱德篤念舊誼，才替劉伯承在全國人代會找到了一名副委員長的空名義。

其實，毛澤東之嫉視劉伯承不自今日始，也絕不偶然。只因劉伯承一向被共軍中許多幹部視爲最能作戰的「戰神」，所以，不但功高囊主，而且成爲毛澤東最嫉妒的對象了。大凡靠軍隊打天下和統治天下的人，最怕別人具有聲光和威望，足以影響他的軍隊，朱德雖已年老，且並非以指揮作戰見長，但只因擁有虛名，故中共中央在軍隊制度上，除十名元帥外，雖尙有一名大元帥。依理這一名大元帥大經地義應給朱德，但毛澤東却吝而不與，至今虛懸，則毛澤東嫉妒劉伯承在共軍之聲威與才能，豈是偶然？

惟其如此，所以劉伯承在爲「中國人民解放軍三十年征文」而寫「我們在太行山上」的「革命回憶錄」時，就不得不一再大捧毛澤東了。他一再把大小戰役的功勞都歸諸毛澤東的領導與指示，且更進一步說：「毛主席的這些著作，武裝了我們的頭腦，使我們能夠清醒地來進行鬥爭」；又說：「在長期艱巨的鬥爭中，無數的事實都教育了我們，任何時候都不能絲毫違背毛主席的指示，只有跟着毛主席走，才能勝利」。這就可見劉伯承已被打擊得抬不起頭，同時，他自知處境困難，不得不一而再，再而三的來強調「毛主席」了。

論中寮建交問題

陳向南

寮國（老撾）雖是一個小國，但在東南亞的政畧地位與戰畧地位均甚重要，且中華民國爲了確保聯合國席位，爲了形成和創造亞洲有利的反共形勢，都必須爭取寮國。所以，在寮國聯合政府未組成前，刻在台北的中華民國政府竭力支持反共的文翁內閣和反共的諾沙旺將軍，都是絕對應該和必要的。但直到文翁親王和諾沙旺將軍親訪台北的時候，台北才決定與永珍互派大使，這已經有遲誤之感了。這種遲誤說明台北方面主持外交的人員頭腦麻痺，不夠敏銳靈活，更不知道爭取主動。

隨後，文翁親王與諾沙旺將軍既受美國對寮綏靖政策之壓力，復對親自巡廻訪問之各國失望，返國後，遂不得不委屈而冒險的組織聯合政府了。這聯合政府之組成，並非富馬中立主義之眞正勝利，而乃國際共黨陰謀及寮共之勝利，自爲有識之士所體認。而寮國聯合政府將在左傾勢力操縱下與中共建交，自亦必然有其可能。

那末，在此情勢下，中華民國政府究應如何確定其對此一問題之外交方針呢？客觀理論上遂有兩種方式：其一，是斷然放棄，不予承認；其二，是仍然盡力爭取。對此，西德政府毅然主動地採取了前一辦法，先自宣布不予承認；中華民國政府則採取了後一辦法。這也很對，因爲西德國勢强，處境亦不同，故各有決策理由。於是，台北在六月廿七日永珍王室政府公布其與中華民國建交之決定後，亦跟即派中華民國駐泰國大使杭立武兼任駐寮大使。這處置也不錯。

但奇怪而應予懲處的是杭立武大使奉命後，本應立即前往永珍進行一切爭取工作，因爲台北派出杭立武使永珍時，寮國聯合政府已表示將與中共建交了。而杭立武於六月三十日一度到永珍後，只在永珍停留了一天的時間，便逕自回到泰國，去頒什麼勳章，又宣慰什麼華僑去了。這雖然都是應做之事，但却都是不急之務。當務之急，是爭取與寮國建交，留在永珍與中共代辦劉春作外交鬥爭。然而杭立武大使滯留泰國直至七月十二日才再到永珍，試問台北當局用這種誤國的官僚對反共復國有什麼用？蔣先生身任「總統」，陳辭修先生身任閣揆，蔣經國又什麼事都在管，何以都不管這些事？立監兩院何以沒有人質詢查核？這都可見國民黨當權派整個組織腐敗已深，若不改造，就一定只有亡國了。

中共內部思想分歧形成的黨內鬥爭

李方叔

中共黨內現時似正發生着莫大的麻煩。本刊在四月廿日的一八九號上，曾有文章推斷中共將進行黨內鬥爭。現在可以肯定地說，中共黨內的鬥爭正在進行中。

共產黨內部的鬥爭，本是經常的事情。但這一次的黨內鬥爭，似不能以一般地情況來看待。因爲中共現時正是在「大躍進」的高峯上宣佈了滑退下來。直到目前爲止，雖然還沒有更具體的事例透露出來，可是「人民日報」在七月三日所發表署名李立的「正確發揚黨內民主的幾個問題」的這篇文章，却已透出了消息。

這篇文章明顯地向世人說出中共黨內現時的鬥爭，是基於「黨內思想上、原則上的分歧。」同時在各級黨委組織和幹部中正進行着的鬥爭，其方式也已越出了中共黨章所規定許可的範圍。按照中共的規章「在黨內鬥爭問題上」，只能「堅持說服教育」，而「不能採取簡單的、粗暴的、庸俗的方法。」但是現在發生的現象是完全相反的。文章要求「要及時發現那些壓制民主，對批評者實行打擊、報復、破壞黨章的惡劣行爲，給予嚴肅處理。」

自從毛澤東扯起「三面紅旗」的那天開始，黨內就已有了不同的意見。反對派的意見雖已被壓制了下來，但是事實証明「三面紅旗」的路綫是錯誤的。今年三月廿七日中共二屆三次「人代會」閉幕後的第三天，「人民日報」更發表了「穩扎穩打逐步前進」的社論，無形中也是否定了「大躍進」的價值，而强調「爲政之道」宜乎「穩扎穩打」，宜乎「逐步前進」。不過在表面上，中共一直到現在仍然死硬地咬定說「三面紅旗」是正確的。其實連虛張聲勢的作用也沒有了。

由於毛澤東在黨內控制實際的權力，並未旁落，故反對派也未能獲得抬頭，因此他們的意見雖遠較毛澤東所堅持的錯誤政策要實際一些，却也未因「三面紅旗」的失敗而能有所施展。我們於此遂可以推定說，中共現時所說之黨內的「思想上、原則上的分歧」，實際上在中共宣佈「三面紅旗」的時候就已開始產生了，祇是迄今未能獲得協調。這當係這次黨內鬥爭的主要原因。

毛澤東當時之所以不顧反對者的意見，推行他的政策，其所能用的力量不在中央，是在各省市地方黨委的書記或第一書記。所以他當時提出了「書記掛帥」的主張。現在，「三面紅旗」政策的實際的部份，雖已經受到了批評，且已由「大躍進」轉入了「穩扎穩打，逐步前進」，但很顯然各地方黨委的第一書記或書記，仍然把握住實際的權力。中共黨內「思想上、原則上的分歧」，自然也沒有能夠因時移景遷，取得協調，何況實權派仍多位居要津，這該是引起激烈鬥爭的主要原因。各方矛頭所指的，也還是集中在「各級黨委的書記（或第一書記）」身上。

七月三日李立的文章裏，就特別提出，要他們「在黨委內部認眞地發揚民主。」這雖然不足以說，在內部「壓制民主」的就是這些黨委書記或第一書記，但可能性是很大的。因爲今年四月間「人民日報」上已有兩篇文章是針對此而發言的。

四月三日的以柳冲爲名發表的「加强集中統一發揚黨內的民主」一文中，就曾經嚴厲地抨擊了各級組織中的書記或第一書記及一些黨委們的不合黨章規定的工作方式和領導方式。四月五日「人民日報」又以「本報評論員」爲名，發表了「更好地教育訓練黨員」的評論，表示了對「沾染上官僚主義的習氣」和「滋長驕傲自滿的情緒」的幹部，不論是新黨員或老黨員，「都要重新教育」。尤其是柳冲的文章中，一再地說，書記或第一書記「要站在集體之中，不能駕於集體之上。」並謂「書記和其他委員的關係，是少數服從多數的關係不是領導關係。……黨委會的書記或第一書記，個人或少數人不能擅自決定重大問題，更不能形成『書記制度』。」又說「個人或少數人包辦黨委會工作的行爲是違反黨的集體領導原則的。」

這些文章在「人代會」和提出了「穩扎穩打」、「逐步前進」的口號之後發表，當然不是偶然的。它一方面表明中共「大躍進」政策到此止步；另一方面則指出「書記掛帥」之不當，由書記或第一書記掛帥所形成的「書記制度」本是不合黨章的，應該即時廢棄。但是從四月三日起，事隔整整三個月，現在李立所寫的文章中，又再提出，「各級黨委的書記（或第一書記），要特別注意在黨委內部認眞地發揚民主，造成暢所欲言的批評與自我批評的空氣。」並且文章中也指出不應「壓制民主」和「對批評者實行打擊、報復」，於此可見中共黨內的鬥爭情況之激烈了。

現在我們沒有資料可供說明中共黨內鬥爭的雙方是那些人。或是那幾個派系聯合起來和另一個陣容對敵。但是由中共承認必須「解決黨內思想上、原則上的分歧」，和表示「我們不能掩蓋這些矛盾，廻避黨內的思想鬥爭」這點來看，在雙方其需要鬥爭，在雙方來說是一致的，反對的方面似乎並不以毛澤東在表面上的讓步爲滿足，而要求完全按黨章辦事，並且認爲非如此不足以發揮「廣大黨員的積極性和創造精神。」並且强調，「最有效的辦法就是組織自下而上的對於黨的組織和黨員實行嚴格的群衆監督」。

從一九五八年以來，毛澤東就領導着中共從過去錯誤的基礎上走向新的錯誤。但是由於他掌握了軍隊和特務，並獲得他寵幸的地方幹部的擁護，在中共雖有反對的意見，而仍能對置若罔聞，一意孤行。在我看來，現在反對派的鬥爭方式，是依循着中共的黨章行事，並在理論上充分地靈活運用毛的言論爲武器，要求一切合乎黨章制度，以釜底抽薪的辦法爲鬥爭的手段。雖然經已遭受到實權派的壓制、打擊或報復，不過鬥爭並未因此終止，而且中央方面還有人在作有力的推動，所以其未來的發展，是更加值得注意了。

劉愷鍾貪污瀆職案草草了事

見微

（台北週訊）監察院秘書長劉愷鍾被檢舉貪污瀆職案，在最初發生時來勢甚兇；但經當權者幕後的控制和疏導後，該院爲此而特別召開的臨時院會，忽然改爲秘密會議，以免家醜外揚，識者早已料到他既已簽請辭職，本案必將草草了事。果然，秘密院會的結果，雖然決定推舉委員金越光等五人組織專案小組，「澈底調查，依法處理，提報院會。」但本月十日小組所提的調查報告，則極盡舞弄文墨，避重就輕的能事。其所謂處理，更是將劉愷鍾的各種不法行爲化整爲零，分別向該院各有關委員會一推，藉以大事化小，小事化無。玆分述於後：

一、兼職既有未當，但仍免予置議

劉愷鍾自就任監察院秘書長後仍兼任經濟部顧問及台灣省合會儲蓄公司公股常駐監察人。調查報告認爲「依照公務員服務法第十四條之規定，公務員除法令所定外，不得兼任他項公職或業務。其依法令兼職者不得兼薪及兼領公費。經濟部顧問一職，並非法令所定得由監察院秘書長兼任者，縱屬空銜名義，兼任亦有未當。」但又說：「姑念該員未支經濟部薪金，擬請免予置議。」這無異是說，劉愷鍾仍可以顧問的身份，住經濟部所配給的房子，並隨時以各種名義要求修理甚至擴建。至於他兼任台灣合會常務監察人，並支領薪金一事，調查報告並未提出處理意見，似乎是有意放過了。

二、借住經濟部的房屋又向合會領房租津貼

劉愷鍾於民國四十三年由經濟部下令所屬台灣鋁業公司撥借宿舍一幢，供其居住，至今迄未歸還。他任台灣省合會公司常務監察人，又向後者按月領取房租津貼一千四百元，計至四十六年一月至五十一年四月，共爲七萬二千元。

劉愷鍾借住鋁業公司的房屋，四十五年六月曾由該公司爲其修理，支付工程費一千九百餘元。四十六年又要求修建圍牆，支付工程費四千六百餘元。四十八年七月他任職合會公司，又要求合會公司修理，支付工程費六千餘元。五十年四月二十九日，他任監察院秘書長，復藉口子女長大，原有房屋不敷應用，函請經濟部轉飭鋁業公司爲他擴建，並不待該公司同意即自行動工，報支擴建工程費四萬六千元。該公司最初以劉愷鍾已非所屬或有關機關的職員，該處房屋原係借住性質，早應收回；而其擴建工程，亦未事前徵得同意，擬予拒絕。繼因經濟部一再催促，又恐拒付擴建費，將來收回房屋時發生產權糾紛，卒同意如數支付。其中六千元，劉愷鍾至今仍未付與承造商。專案小組調查報告認爲：「劉愷鍾既住鋁業公司宿舍，自不應再向合會公司請領房租津貼，該合會公司亦不應以未奉省令，及礙於常駐監察人地位，仍予發給。且四十八年七月，既以該公司宿舍名義報支修理費，尤不應繼續發給房租津貼。」但處理意見，則僅是擬交由台灣省審計處查明依法辦理。

至於劉愷鍾任監察院秘書長後，迭次函經濟部及該部主任秘書轉飭鋁業公司撥付擴建費四萬餘元之多，調查報告認爲「瓜田李下，似不無假藉職務便利之嫌」；但却未提出處理意見。顯然並非由於專案小組各委員的疏忽，而是有意從畧的。

三、「天才畫家」出國留學的內幕

劉愷鍾之男孩劉熙原係建國中學學生，至五十年六月，依法已達服役年齡，有服國民兵役及常備兵役之義務。但五十年五月，以「自幼喜愛丹青，曾經舉行個人畫展，獲致中外贊揚，現已獲得西德慕尼黑大學藝術系給予四年全部獎學金請求准予出國深造」等情，呈教育部准予留學西德。經教育部主管人員簽署，內稱：「一、所習爲中國畫，國內有師範大學藝術系可資深造，至於西德慕尼黑大學，以無中國畫可資學習，與其本人興趣似不符合。二、復查劉君原呈，其年齡爲十八歲，正值兵役年齡，此時出國深造，似不合時宜。」但經劉愷鍾多方活動，教育部長黃季陸終以：「……高中畢業生留學考試，業經停辦。惟該生以弱冠之年，對於國畫獲此造詣，[illegible]才，所請前往西[illegible]深造一節，既已[illegible]可特准」爲詞，[illegible]經陳院長親批「[illegible]同年七月，劉愷[illegible]長，請其早日簽[illegible]請表內「沿途必[illegible]塡明「美國、瑞士、義大利、法國」[illegible]。而事實上劉熙[illegible]報告認爲：「劉愷鍾以監護人身份補送之劉熙獎學金證件，並非西德慕尼黑大學獎學金証明書及正式入學許可書，更無當地公証機構之証明文件，[illegible]足資確証，既與[illegible]出國成規不合：[illegible]部不應遽爾轉呈[illegible]予兵役制度及留[illegible]影響。」但處理[illegible]院國防、教育兩[illegible]

此外，有關劉愷鍾[illegible]的事件尚多，有[illegible]均採取能畧[illegible]將大事化小，小事化無的手法。

且說，本月十[illegible]會討論劉案，金越光[illegible]小組提[illegible]人認爲該[illegible]自問並無[illegible]避重就輕的[illegible]的調查[illegible]，的確也有少數[illegible]合會公司所領[illegible]爲教育部特准[illegible]利[illegible]逃避兵役[illegible]權者事前已有充[illegible]果仍決定照調查[illegible]才兒童」今後仍可長住美國，精研丹青」：即劉愷鍾也可繼續在新近擴建完成，名義上是屬於鋁業公司所而實則久借不歸已無異爲他私人所有的那幢美輪美奐的屋宅內逍遙自在。必要時，當然還可以恢復支領經[illegible]部顧問的薪津的。

台灣簡訊

志清

一、國際大販毒案偵察終結，警備部郵檢人員未被起訴。

轟動一時的國際大販毒案，自經刑警大隊及台北市警察局先後移送台北地檢處後，即由林榕濱檢察官負責偵查，經月餘的多方求証，已於本月八日提出公訴。被告連同王懷石本人在內共爲四十三人，其中下村泰三一名爲日本人，尚有女性劉麗香（王之姘婦），陳蕉惠（王父之姘婦），廖月英（日人下村泰三之姘婦）等八人。人數之多，爲過去同類案件所未曾有。報載：林檢察官在起訴書中，對王等控以戡亂時期肅清煙毒條例第五條第一項之罪。依據該項條例，販賣運輸，製造鴉片或毒品者處死刑。但最使人驚異的，是起訴書雖指出：「王懷石與警備總部派駐郵局人員宋峨卿、關玉斌、安玉民等爲知友，由王懷石出面向宋等疏通聯絡打通毒品進口之路。佈置既定，首批毒品即於本年二月十四日由香港夾寄於英漢字典內運抵台灣，第二批及第三批毒品則於三月三日及三月廿四密藏於聖經及三五牌罐裝香烟內先後運台。每次毒品重量均爲四兩五錢左右，由於警備總部派駐郵局之宋峨卿、關玉斌、安玉民事先已與王懷石勾結，毒品郵寄抵達台灣後，均由關玉斌親自潛將毒品送至王懷石家中，而由王懷石每次致送宋、關、安等人新台幣各四千元，經常至酒家宴請宋等三人，並做新西裝以作酬謝。」但林檢察官却網開一面，並未對宋峨卿等三人提起公訴。

二、警員要送鉅額紅包才能奉調風化區

本月九日省議員蔡李鶯在省議會省政總質詢中提出一項大家久已熟知但却不便明言的質詢。她說：有些地區的警察人員調動，要送鉅額的紅包才能被派到風化區及重要關口。因爲這些地區被警界人員視爲可以淘金之地，所以相率爭取。她舉出屏東縣屬枋寮、楓港、楓林等地的警察單位都被有背景的警察人員長期把持，視爲禁臠；他們在未到差時，即已獻出二三萬元的紅包。又說：前刑警隊長鍾金來自營私娼及地下舞廳。後經人檢舉，奉令他調，但仍常來屏東逗留；並對檢舉人施以威脅。她要求周至柔「督飭糾正，以正警風。」

周至柔答稱：「鍾金來涉嫌包賭包娼，經警務處派員調查，雖無確切証據；但該員行爲失檢確係事實，已記大過一次，並調花蓮服務。至於蔡議員所說鍾金來在外威脅檢舉人，當再澈查，如有事實，定依法嚴辦。關於屏東縣楓林等地入山檢查人員應經常調動問題，據警務處報告，自從枋寮地區入山檢查哨服勤人員玩忽職守後，對該地區服務的警察人員已全部更調，並通令各警察局今後對基層警察人員調動，應授權各分局主動調整。」至於蔡議員所云該區警察調職在未到差時，曾獻出鉅額紅包一事，周至柔則畧而不答。顯見他至少也認爲是事出有因的。但十三日，省警務處長郭永則又堅決否認有警察人員調職需要送紅包的情事。他說：「這種以訛傳訛，以偏概全的流言與指責，不但損及政府威信和個人名譽，而且使極大多數廉潔自持，爲國辛勞的警察人員，受到枉曲，這種精神上的殘酷打擊，勢必影響其工作情緒與工作效率。」

他指出：本省自四十七年實施警政改革以來，對於人事制度的建立和人事紀律的整飭，向予深切注意。如實施主官任期制度與內外互調制度，以促進新陳代謝，培養人才；同時訂定各種法規，使任免升調都有一定的程序和標準，以期公平合理，杜絕倖進。對請託鑽營，亦加禁止。如有違反情事發生，無不澈底查究，依法嚴懲。幾年來在全省員警共同努力下，警察人事可說已逐漸走上軌道。在此一軌道下面工作的人，只要有一分成績，就有一分前途，是絕對用不着鑽營請託，行使賄賂的。」

三、中油公司主計人員挪用公欵被扣

中國石油公司嘉義溶劑廠主計主任李夢熊挪用該廠八月份員工薪金一百餘萬元爲廠方發覺，交駐廠保警隊扣留。報載：該廠現有員工七百餘人，每月薪金均由土地銀行嘉義分行轉入每一員工帳戶，而由員工自行憑摺提取；但李夢熊未將八月份薪津存入。據悉：李已供認挪用公欵不諱；並表示係借給商人作短期週轉，將盡力設法歸還。

四、監察院調查合會大貪污案

台灣省合會儲蓄公司秘書兼事務科長詹德旺，於每次購置材物時，均串通商人僞開發票，以少報多；其所列物價，往往比市價超過一倍以上。他取得該項回扣後，即按比例成數分與該公司總經理馮慕鵠，會計室主任江國楷，稽核室主任孫延弢。以故每次申請購物，總經理等主管人員向不查詢緣由，事後亦從未派人複查複核，均予照准。總計其貪污所得，約在二千萬元左右。

又該公司在台北市雙成街原有日式平房一幢，租與張某居住。馮慕鵠欲收回供自己住用，張某不肯交還，曾涉訴訟。馮竟以修理總經理宿舍爲名，僞造六萬元之單據，於五十年十月出賬，即將此欵付與張某以作遷讓該處房屋的補償。張某君遷出後，馮又未經呈報上級核准及比價手續，即將原有房屋全部拆除，重新建築一幢富麗堂皇的洋房。計自五十年十月至五十一年三月，陸續付出修建費達四十餘萬元之多，均以變相的會計科目出賬。即先以會計主任江國楷的名義借用交際費每次二萬元至三萬元不等，由總經理批准照借；事後又向外取得僞造單據，以交際費科目冲轉。

以上兩案最近經該合會職員向監察院告密，該院財政委員會輪派張一中委員負責調查。本月十二日張委員率同財政委員會專門委員及秘書前往該會調查有關資料，並就若干問題，向馮慕鵠、江國楷、孫延弢及詹德旺等提出查詢。

該合會新任董事長劉潤才表示，對本案極端重視；並說除監察院已在進行調查外，合會本身也在查明這件事。

五、省議員指責政府官員兼任董監事

省議員陳愷於本月十一日在省議會省政總質詢中，指責政府官員不應兼任公營及民營事業機關董事及經理等職，以專責成而使各該機關能有專才發揮效能。他指出，糧食局長李連春兼任合作金庫理事長。李氏係糧食專家而非金融專才，而且合作金庫與農會合作社均有業務上來往，糧局又職管農會糧倉，對職權上易生矛盾，不應該兼任。其次合會儲蓄公司董事長由省府委員劉潤才兼任，大雪山林業公司董事長由省府委員楊肇嘉兼任；省府委員係監督審核各該單位業務計劃與年度預決算，且職位與廳處長平行，如此又受廳處長指揮監督，必有牽制。其他各廳處長或副首長兼任其他轉投資之事業機關董監事者爲數很多，甚至將已開放民營之選舉董監事予以控制。他認爲爲謀公營事業之發展及輔導民營公司之進步必須改革人事予以專才專職。

行行出皮漏

靜吾

（台北通訊）台灣第一商業銀行台北萬華分行放欵部主任劉英明自四十九年起，即因揮霍及賭場失敗，開始盜用公欵，總計達一百二十萬元之多。今年七月四日該行半年結賬後，發現他經手放欵的支票有二十六萬元退票，該行始知其侵呑公欵的情事。他即於當日潛逃。根據初步清查，劉英明除了侵呑上述二十六萬元而外，還挪用放欵客戶陳敏豐等六人的放欵共爲四十五萬元，又借用客戶信用放欵名義，挪用三十四萬元。

刑警大隊於七月六日凌晨零時許接到該行人事室主任陳忠清當面報告案情，並請求查緝後，即刻展開查緝工作，發現劉英明在七月四日知道案發後，曾於當晚由萬華分行陳襄理陪同去找他的哥哥劉英芳，請求代賠上述虧空的欵，但被拒絕，並受了一頓責罵。後來陳襄理又替他向劉英芳提出要求，請其簽字向萬華分行借一百二十萬元，暫抵劉英明虧空之數，然後由劉英明分期歸還，乃兄亦不允諾。陳襄理又陪同劉英明到該行經理黃國鎮家，一直談到五日凌晨二時許，無法可想，劉才離去。刑警大隊根據所得的資料，認爲劉英明必在基隆地區隱匿，乃將查緝人員集中該處，並與劉英明在該處的朋友取得聯絡，勸他們促劉英明自行投案。他自知難逃法網，始於六日晚九時四十五分向刑警大隊投案，其身上已無分文。據供認，他所盜用的公欵，大部份是賭輸了；小部份是揮霍了。刑警隊經數日的偵查，於本月十一日以侵呑公欵及僞造文書等罪將劉英明移送台北地檢處偵辦。

在劉英明案發生後，第一銀行即派員清查各分行賬目。六日查至南門分行時，發現主管放欵業務的周華榮亦有涉嫌侵呑公欵的行爲；但他隨即不知去向。該行又函請刑警隊查緝，周華榮復於十二日向高雄警局投案。據悉：周華榮於最近數月內在辦理甲種活期存欵時，利用結清戶名僞造圖章轉賬，將客戶存欵侵佔，根據初步調查結果，約爲三十六萬餘元。據他在警局供稱，其中十萬元已寄給他的太太，另十萬元則存放在他故鄉的斗六分行，其餘十六萬元，則已零星花在酒家及賭場上。又據該行與他友好的人士透露，劉英明到賭場豪賭慘敗，也是他拉去的。

聯合報於本月八日以糾正銀行界監守自盜的歪風爲題，發表社論，首述：「最近一年多來，我們這兒官場瀆職貪污之風未戢，銀行界監守自盜，挪用公欵，突然形成了一股歪風。記得自從去年七月，中信局和交通銀行的台北紡織廠，同時發生過公欵舞弊案件之後，接着時斷時續，華南銀行台中分行，郵政儲滙局台中分處，土地銀行，以及最近的第一銀行本市兩個分行，又先後發生了大同小異的舞弊案件。對於官場貪污歪風，我們曾經每次就事論事，予以口誅筆伐，以示深惡痛絕。如今這一股歪風，不幸又傳染到了銀行界，我們更慄慄危懼而難安緘默。」最後則說：「所幸這種風氣，在銀行界還是剛才開始傳染，如何隔離，如何避疫，不至於如官場貪污之風那樣，積重難返。深望監理銀行的財政當局和身當其衝的銀行界，劍及履及，急起圖之。」

該報同日還有一篇「行行出皮漏」的短評，裏面說：「從前人說：「行行出狀元」，現在却是「行行出皮漏」，自從「銀行的銀行」中央銀行行員張昌年侵佔鉅額庫欵，以致送了性命之後，繼之各行局發生監守自盜的皮漏，時有所聞。而最近，第一商業銀行大有後來居上之勢，在不出三天之內，無獨有偶的發生劉英明、周華榮兩位行員侵佔公欵、潛逃的皮漏。這些已經出皮漏的行員，經調查結果，莫不生活糜爛，在吃喝嫖賭上揮霍過度，有了虧空。準此以觀，其他若干銀行職員，平素奢侈淫逸，遠非其正當收入所能負担者，可能也做了皮漏，只不過出皮漏的時間，有早有晚吧了。」

既然是行行出皮漏，可知在今日台灣的銀行界，同樣的監守自盜事件，正不知尚有多少。

飢餓對共青團員的影響怎樣？

劉裕略

飢餓對共軍之影響如何？筆者已在最近出版的聯合評論上專文討論過了。現在再來討論一下飢餓對中國共產主義青年團團員之影響如何？他們對中共之重要雖不及共軍，但不可否認，他們也是中共黨政軍各方面的重要支柱之一。

在十二天前，我曾經接到從內地親友寄來的一封信。信上談到我這一位親友的家庭內部情形。它說：「像許多家庭一樣，吃飯問題現在也是我家內部不和的主要原因之一。二弟在讀大學，三弟在讀中學，又都是團員，所以每人每月配有二十二斤米。但他們却天天在嚷吃不飽。其實，我們大家爲了維護他們兩人的健康，已讓他們兩人吃過他們兩人應吃的份量了。爸爸、姆姆和我都一直忍着飢餓讓他們兩人多吃，但怪得誰呢？一點油水也沒有」。這就是說今日大陸之共青團員吃不飽的情形，正與別人相同。

再看六月十九日中共「中國青年報」，它說：「有些支團活動不經常，根本原因是支部教育不經常；有些支部作用不顯著，根本原因是團員覺悟不夠高；有些支部組織渙散，根本原因是思想渙散」。

又說：「有的同志認爲：目前情況下，團課制度建立不起來。有的同志認爲：建立團課也不能解決團的思想政治教育經常化的問題，有的同志認爲：支部戰鬥力量的强弱，不在於團課教育」。

中共青年報檢討了上述各項情況後，更進一步嘆息的說有些團員竟這樣說：「團員不團員一個樣，思想進步也不能當飯吃」。這就使人想到平時吃飽穿暖享受榮譽的那些團員之所以又紅又專又積極，有些人固然是由於思想，有些人却是由於有飯吃的緣故。

一旦吃不飽，有些人既認定思想進步不能當飯吃，所以他們便不紅不專不積極了。

那末，事態很明顯，大陸人民普遍飢餓的這一事實，確已對共青團部分團員發生了相當。否則，「中國青年報」不必如此嘆息了。

共軍司號員訴苦

徐遠聞

七月四日中共人民日報登載了一篇「元帥聽我吹號」的文字。是共軍司號員張自安的談話，而由中共新華社記者筆錄的。這一篇文字的主旨在宣傳中共國防部長林彪如何去檢閱軍隊，以及號兵張自安如何吹號給林彪聽的經過。但却暴露了中共軍官强迫別人當號兵的經過。

據張自安說：「去年三月，團裏成立司號員訓練班，連長對我說：小張，你不要當通訊員了，去學吹號吧！到訓練班裏學了一個星期，別的人能吹幾個音了，我連吹都吹不響。心裏想：這買賣不是我幹的，跑到通信股長那裏，要求不幹了。楊股長說：你不學號，將來打仗你們連裏沒有司號員，怎麼保証指揮呢？他說他也當過六七年司號員，開始也是吹不響，但他不灰心，不瀉氣，越吹不響越要吹，到底學會了。聽了他的故事，我才定下心來學號。每天天不亮，就爬起來練號，有時三四點鐘就起來，到野外拔音。嘴唇吹起了泡，潰爛了，號嘴一貼上就火辣辣的痛。……一天，我跟着部隊去打野外，剛衝上一個山頭，連長馬上命令我吹衝鋒號，當時我上氣不接下氣，哪裏還能吹號！連長說：這是戰鬥中最需要的，你還得加緊練習」。

這個號兵在强迫下後來誠然是會吹號了。但由這一個號兵的故事可以看出，張自安原本是通信員，連長却强迫他改行學號，他本不情願，而且也無吹號的天才，但連長却還是硬要强迫他吹。可知共軍中許多工作的安排和組成，並非基於自願。不自願，當然就很難有好效果。何況，依據練兵的原則，在挑選號兵時，原本就該根據體力與肺活量等來選定。張自安顯然不是一個肺活量大的人，顯然不是一個中氣充足的人，而且也缺少音樂天才，否則，何至學了一個星期，別人都能幾個音了，他還吹不響呢？從這一件小事來看：中共如此這般的來訓練它的所謂現代化共軍，則此等共軍戰鬥力之不强，由此可見。以前日俄戰爭時，日軍曾看見俄軍在大炮身上晒軍衣，日軍即斷定必可擊敗俄軍，事後果然，可知軍隊中之一件小事，所顯示的意義則極大哩！

大陸簡訊

白帆

中共强烈抗議印軍進入新疆

據新華社七月八日北平電：「外交部第一亞洲司副司長張彤今晨召見印度駐華大使館臨時代辦班納吉，向他遞交了中國政府的一項備忘錄，就一九六二年七月六日，印度軍隊約二十人左右侵入中國新疆地區的加勒萬河谷」，「深入中國境內約六公里，並企圖在該處建立新的侵略據點，印度這一入侵行動是嚴重的，他們顯然要通過對這一地點的侵佔來切斷位於加勒萬河下游的中國哨所的唯一後方交通綫。上述印度軍隊憑仗其優勢兵力對加勒萬河北岸的一小支中國巡邏隊進行挑釁。他們於十三時從南岸越過加勒河一直進逼到距離中國巡邏隊僅約一百米的地方」，因而「向印度政府提出最强烈的抗議」云。

黃河與長江均可能發生大水災

據七月八日北平人民日報說：難以數計的人民業已組織起來，以預防中國兩大河流長江與黃河之大水災。因安徽與河南兩省的河水正在暴漲，而新的豪雨又將來臨。故各地險象環生。據人民日報說：蕪湖地區的水離，距危險點已只有十寸。

人民日報還說：「由於幹部和人民的疏忽，已使長江堤防的某些部分遭受破壞。因此，某些地區正處在嚴重危險中」。「因此之故，防洪總部業已迅速加强，民衆也已獲有警告，應即增加他們的警惕」云。

古巴出版毛澤東劉少奇著作

古巴出版毛澤東著作，早已不是新聞，但出版劉少奇著作，則尚少見，中共新華社六月廿七日報導說：「早些時候古巴統一革命組織全國領導委員會出版了毛澤東主席另一著作『反對自由主義』和劉少奇主席的著作『論共產黨員的修養』各五萬冊。古巴革命教育學全國委員會出版了一本小冊子，其中收集了毛主席的三篇著作『中國革命和中國共產黨』、『新民主主義論』，和『改造我們的學習』，以及劉少奇主席著作『馬克思列寧主義在中國的勝利』。」

茅盾率代表團赴莫斯科

所謂「普通裁軍與世界和平大會」原是國際共產黨玩弄的把戲。據七月六日新華社說：「中國出席爭取普通裁軍與世界和平大會的代表團，由團長茅盾率領在今天上午乘飛機離開北京前往莫斯科。」

另據新華社說：茅盾到達莫斯科後，即對赫魯曉夫將支援中共對台灣作戰的表示作了感謝，而茅盾却是前些時候曾在歐洲另一會議中與蘇聯代表發生過爭執的。這就可見中共惟恐台灣反攻，聽說克姆林宮的主子將保護他，他又奴才相畢露忙着叩頭作揖了。

僑鄉近訊

鍾之奇

廣東多處大水災粵漢鐵路中斷

據由廣東逃抵香港之難民指出：廣東省目下正有多處發生大水災，中共已動員數以百萬計之人民往各地搶救。中共廣州抗洪指揮已派大部隊員到番禺縣參加石角圍之護堤工作，因該團乃廣東最大的堤圍，洪流已湧過警戒線，如發生崩潰，則珠江三角洲將有十幾個縣遭水災。

又綜合中共自己的報導，則謂此次西潦暴漲情形，實已開始進入高潮。新會、順德、中山、南海、番禺、三水、蘆苞各地已有不少禾田及民房遭受水淹，早造禾田顯已遭受重大損失。

又據中共消息透露：在廣東省區內之粵漢鐵路已有多處被水淹，故鐵路交通已暫行中斷了。

穗澳公路及船運均已受影响

另據旅行社消息：由廣州開往中山石岐的客輪已一度停航，據謂現仍暴漲之西潦已衝過若干縣的堤壩，成爲一片汪洋。不止禾田被淹，而且許多民房都已被水浸入，有些地區甚至業已浸至眉眼之高度，穗澳歧客輪暫停的原因即在此一片潦水，恐防誤駛航線，造成更大的意外災害之故。據旅行社說穗澳海航最嚴重之處在順德角。現中共正發動數萬人民在該處抗洪搶修中。至於陸路穗澳公路直通汽車，截至七月六日止，仍未復通，主要原因亦因沿途有水災云。

廣州近郊已成澤國

又據中共廣東抗洪指揮部透露：廣東省因西江、北江上游大量洪水湧下，下游又一時無法宣洩，致珠江三角洲之水情亦甚危急。由於洪水浸淹時間長，冲力大，廣州近郊各公社的堤圍又有十五處被冲潰。危險之堤段則尚有一百餘處之多，故目前廣州近郊已有多處地方成爲澤國。黃沙、西關等地積水最深，河南市區亦已被水淹，因之，中共廣東各機關、部隊、學校及工商群衆均已奉命參加抗洪防洪工作。

中共廣州市長不管水災仍在看戲

廣東省各地的洪水災情雖已異常嚴重和異常吃緊，但中共廣州市長曾生和各高級共幹却仍在觀賞上海雜技團之表演，對於水災則好少理云。

據中共最初之報導，則謂中共廣州市長曾生已率百萬人民前往水災地區搶險抗洪。但據七月九日中共香港大公報載：「上海著名雜技團老藝人孫泰、田雙亮最近隨上海人民雜技團到廣州來表演他們的口技和扯鈴絕藝」。「該團自五日開始在廣州文化公園紅星露天舞台演出，連日座無虛席。六日晚，曾生市長和林西副市長也到劇場與市民一齊欣賞該團的表演。演出結束後，曾市長還到後台與雜技演員們見面，稱讚他們的妙技表演」。這就可見曾生並未眞正前往搶救水災，而只是前往水災區看了一下便回廣州享樂了。

廣東進行新五反

在人民羣衆普遍飢餓聲中，廣東省高級共幹享樂看戲之餘，又對人民展開了「新五反」。

目前中共在廣東各地展開的新五反，是中共針對所謂「新五壞」而來的。中共現刻所謂「五壞」，指的是「反革命」、「土豪」、「地主階級」、「逃亡者家屬」、「破壞生產者」。所謂「新五反」則反這「五壞」而言。不過，目前情勢與以前有一點大大不同之點，那就是以前的三反五反，都由中共策動人民清算人民，現時之新五反，因人民已無興趣或不願清算人民，所以，現在的新五反，已由中共自己出面來清算人民了。

由於「逃亡者家屬」亦被列爲「五壞」之一，故不止許多逃亡者家屬人人恐懼，而前此未能逃抵香港而被遣回廣東之居民及工人，則更人人自危。

中共對這些曾經企圖逃出而未果的人，現已加强監視，七月六日，中山縣五區所屬前山，且已有兩名「五壞」分子被公開就地槍決云。

石岐飢民搶糧

據一名前往中山省親返港之香港居民說：彼於七月六日由石岐回澳門時路過華陀廟附近，突奉令不准前進，初以爲洪水冲來，隨後始悉該處附近頃間曾發生飢民搶奪軍糧事件，事後曾遠遠地看見共軍拘捕了數十名鄉民押着走過云。

印尼經濟瀕於崩潰

・戚與・

一個國家的經濟，在面臨崩潰前夕，必然出現種種不良的蹟象：第一是市面通貨膨脹，第二是人民囤積居奇，第三是公務員貪污腐化，第四是政府行政混亂。上述情形，印尼現已隨處可見；無可諱言，印尼已籠罩着經濟崩潰的危機。

印尼的輸出總額，在去年下半年中，已急劇下降，迨至年底，黃金和外滙的儲備額，更低跌到近於零，印尼政府雖然耍盡了戲法，仍然無法掩飾這個岌岌可危的事實。一九六〇年，印尼的糖類輸出額，曾賺進了三百萬美元，但去年已全無輸出。至於國內開採錫鑛的機器，目前也已有三份之一陷於停頓。石油、咖啡、椰乾、棕櫚油等，雖仍有輸出，但仍不能補償其他物品輸出的暴跌。而食米的進口，却日漸激增；城市的黑市米價竟比公價高出了二十倍。這些情況，都足以反映出印尼的經濟已轉向下坡。

蘇加諾為要挽救印尼經濟上的困難，曾於去年施行了一項「八年發展計劃」。依照目前的經濟混亂情況來看，那個所謂「八年發展計劃」，可以說是變成了「烏托邦」，簡直毫無成就。到了今年四月間，蘇加諾又要出了一套使人笑破肚的把戲，宣佈成立一個「經濟行動最高司令部」，所屬文員，也要穿上軍服，實行經濟軍事化。然而在經濟危機的影響下，商人囤積居奇，却變本加厲；公務員貪污瀆職，也愈弄愈兇；「經濟軍事化」云云，徒然是一枝虛有其表的幌子。「經濟行動最高司令部」，僅僅掛着了一塊招牌，除了穿起了軍服的文員進進出出之外，一點工作也無法展開，其成效如何更可想而知了。

更有一項可悲的現象：印尼的國庫是「空空如也」的！因此，印尼政府當局就不得不要從蘇聯方面借來約值四億英鎊的信用貸款。可是這筆偌大的貸款，却差不多有一半是用於購買各種軍需品。此外，另有一筆巨額貸款則用於「支撐門面」的建築亞洲運動會會場，及其設備的所需；亞洲運動會是將於八月間在雅加達舉行。

印尼政府當局以為可在這亞運會中吸收一筆數目可觀的外滙，故不惜工本來佈置一番。其能否如願以償固然要「且聽下回分解」，而目前增加了經濟力的消耗已是無可避免的事實了。

印尼政府當局還有一項「自尋煩惱」的措施，也足以加深其經濟崩潰的危機，那就是外長蘇班特里奧於月前訪問莫斯科時，曾向蘇聯開列了另一紙購買軍用品的清單。以印尼目前的財政和經濟狀況來說，如此大規模的購買軍用品，和她對西新幾內亞所採取的「武力政策」，都是自促經濟崩潰的愚笨行為；雖然國內是蘊藏有資源，但可惜還未達到自行開發的階段，而赫魯曉夫則早已看準了這機會，挑起了經援的担子，很有計劃地把魔手伸進印尼去作一次賭博性的投注。當然，赫魯曉夫詭計多端，他是有辦法在印尼的資源上撈回一筆的。這一來，損失的豈非也是印尼？

可是，蘇加諾却仍執迷不悟，依然耀武揚威，對西新幾內亞問題繼續準備加強軍事行動，於是更使印尼的經濟局面，陷於混亂的厄境！「彭克計劃」，本來是有利於印尼的；但蘇加諾因受到了蘇聯的唆擺，還要裝腔作勢，聲聲說要把荷蘭人立刻逐出，於是中正了赫魯曉夫的陰謀。且莫說蘇聯將來如何操縱印尼了，就以目前來論，蘇聯的飛機、槍械、炮彈、及軍事技術人員等，不斷地運往印尼，這便足够使印尼加重了經濟的消耗，這一來，印尼的經濟危局，更易陷進了無可挽救的境地！

也許，蘇加諾是存有一種自以為相當聰明的想法，以為藉着西新幾內亞問題來表現一下「英雄主義」，可以刺激起民心，更可以扭轉政治的頹勢，因而罔顧其本身的經濟危機，胡亂地加強軍事蠢動。共產國家對此當然暗自欣喜，深慶共產勢力得以獲致一個新的擴展機會；祇是自由國家人士不能不為之增加無限焦慮。蓋印尼的經濟越為混亂，則共產勢力的擴展越易得手，這決非「杞憂」之談，而是印尼目前的情況，確屬如此！

仰光大學大暴動內幕

沙温

仰光大學學生大暴動，震動了仰光和瓦城曼德勒，也震動了緬甸全國。現在暴動雖然已經過去，但留下的問題仍然沒有過去。為的并不祗是「學潮」問題那樣簡單。

大暴動和流血，發生於七月七日。學生先行暴動，軍警開到彈壓，學生與軍警衝突，軍警開火，造成了六十人的傷亡。事後當局關閉各大學及學院。這是尼溫總理不流血革命以來最大的流血，比革命當時的流血還要多。也許，這場流血也得算在不流血革命的賬上。

在校園流血

七月七日下午，仰光大學學生發動空前的示威，焚燬教授汽車，毀壞教授宿舍及他們家中的傢具，呼嘯成羣，聲勢洶洶。以致校方認為學生「威脅教職員及其家屬的生命」，急電警察開到維持秩序。警察到後即開始勸止及阻止學生繼續破壞，但約八十名的警察並不能制止學生，於是警局再向最高當局報告，請派軍隊增援，軍隊立時馳至，展開包圍陣勢，與學生對抗。

在軍隊沒有到達之前，學生曾集隊向警察示威，引起警察對學生領袖四人加以拘捕。在拘捕時，為首警察被學生毆擊，輕傷二人。大隊學生更用石頭木棍，密集攻擊警察，把警察趕退。警察報告請援時，曾將學生毆警情形，具報。

據說尼溫將軍據報，極為震怒。除派出軍隊強力彈壓外，革命委員會並發表聲明：「寧願關閉大學，決不向騷動的學生屈服」。在軍隊與學生衝突後，仰光並宣佈戒嚴。

軍隊趕到的時候，學生嚴陣以待。他們把仰光大學校長宇卡及一批教授和家屬等軟禁校內，以為威脅，要求軍隊撤退。軍隊則要學生散去，仰光區軍警主任丹仙上校，向學生警告，謂若警告三次，學生仍不散去，即行開槍。但學生不肯讓步，且於軍隊作三次警告後，發動用石頭向軍隊襲擊，軍隊即行開火衝鋒。仰光大學美麗的校園，在不到五分鐘內就成為一個慘烈的戰場。軍隊在當場又拘捕學生六人。

抗議宿舍條例

這次暴動流血的近因，可以說相當輕微。學生所示威抗議的，只是反對當局限於晚上十時，將仰大的宿舍門關閉，不讓學生夜遊，或從事其他夜間活動。看來學生方面好像是「小題大做」，但實際上學生方面是仍有背景，別有企圖，反對宿舍條例，不過是借題發揮。因為宿舍條例雖為學校當局所公佈，但出於革命委員會所授意。學生反對宿舍條例，也即是反對革命委員會，有想藉此給革命委員會一個「下馬威」。這與革命委員會所宣佈「不向暴動學生屈服」，恰是針鋒相對。

革命委員會最近曾抨擊各大學，包括仰光大學和曼德勒（瓦城）大學，謂大學秩序蕩然，教授懦怯鬆懈，學生不務學業，貪污賄賂，出售試題等等，將要「徹底改革教育」。仰大宿舍條例，不過是管理初步的一個步驟，學生恐怕革命委員會的多種限制，繼續推行。若干在學生會活動的份子，其中包括部份職業學生，即發動了反抗宿舍條例的大暴動。

政黨滲入大學

緬甸仰光大學，歷史上是政治家和政客們的發祥地，也可以說是革命的溫床。緬甸開國元勳翁山將軍，前總理宇努，緬共（紅旗派）領袖宇素，都是仰大出身的。過去在獨立運動及日本佔領的抗日時代，所有政黨人物百份之八十來自仰大。從在學時代即參加革命抗日的，不在少數，它成為政黨人才的來源，造成了政黨以仰大為幹部訓練培育所的情況。

無論是政治學生或職業學生，都絕對不是勤學用功的學生，缺課、拉攏教授、收買試題，藉學生會向學校謀取甚至不正當利益，是他們所優為的。革命委員會對學校「秩序蕩然」的指責，不是完全沒有根據。但這還不足構成革委會强硬對付學生的理由。革委會所以採斷然手段，是為對付職業學生，及澈底改革教育，改進大學的風氣。

原來緬甸學生會主席蒙得烏，和仰大學生會會長巴塞賴（均被捕），都是左傾的職業學生，受「國民聯合陣線」所指揮的，聯合陣線則是包括共黨地下份子的最左傾政黨。他們在宇努執政時，曾反對宇努。但上次選舉，却支持宇努，因為他們反對尼溫過於反對宇努。尼溫把宇努驅逐下台，推倒了他們的寄生樹，他們極為不滿。但尼溫握有軍警權力，又正在聯絡少數民族，他們無從下手，只好利用學生出面，向尼溫政權挑戰。革委會現已正式關閉仰大及曼大，同時將學生會連會址也炸燬了，顯示「鐵腕」的決心。但「聯陣」方面，還是要設法反抗的。

・仰光通訊・

藝術化詞話（二）

遯翁

詞到宋代，在文學上的領域，已經與駢散文，古今體詩歌，鼎足而三，成為文藝中三大主流之一。但詞的陶鑄與傳習，則一千多年以來，均只認為是文人的餘事；只有文章為經國之大業，詩賦為風雅的正宗，自唐代開始，直到清末，上自國家課士，下至師儒講授，即以此為準繩。故韓柳歐王之文，李杜蘇黃之詩，學者莫不家絃戶誦，童而習之。而詞則不惟被摒於塲屋之外，且視之為雜作，拒之為異端，父以戒其子，師以警其徒，避之唯恐不及，深恐沾染了穠麗側艷的氣息，會影響其八股之文，八韻之詩的風格。所以詞家，既無庠序的講授，又無師承的心傳，千多年以來的作者，即全出於業餘的自修，與酒後茶餘，見獵心喜的倣傚。或為嗜痂有癖，或為別有會心，或宦成名立者，藉此以陶情，或不得志於時者，托此以寄慨。詞的進程，即在這樣的人事環境之中，滋生蕃衍，而能不失其為長江大河，浩瀚萬里的流派，這不是奇迹，這正足以証明詞為中國語文特有的藝術之美，他如活力充沛的種子，不待加意播種，只要接近到泥土的氣息，即能發葉抽莖，開花結果的。所以在元明兩代時，詞風號為衰落，而仍能與正統文學的詩文，保持均衡比例的地位，及至清代，便再絕塵而馳，將南北曲與傳奇，拋棄在後面了！清初，浙西陽羨兩派的作家蔚起，繼承東坡稼軒白石玉田的作風而大之，尤以研究詞學的範典，搜集豐富，攷覈精詳，更為越過前代：上有康熙時的欽定詞譜，下有朱竹垞的詞綜，萬紅友的詞律，均能糾正流俗，標舉正鵠，足為自修者於詞之欣賞體味，陶甄寫作的津梁。故雖科舉的法規日密，制藝的文忌日嚴，而詞家之傑出者，仍然相繼出現於文苑之林，這又是詞的本身，具有其着土即生的活力之表現。但無可諱言，自清初至於道咸以前的詞壇，比之南北宋，則仍然大大遜色，這是什麼原因呢？我們知道：詞之盛於宋代，雖然由於歌筵飲席的傳唱，實則尤在宋初作家建立了一種普遍的風氣，理學名公如范文正寇萊公，文章宗伯如司馬光歐陽修，即為寫詞的名手。因此：後來的作者，便不分流品，風動雲興，蔚成兩代作家之盛。清初竹垞迦陵之時，詞的作者雖也有經學家如毛西河尤西堂等人，但同時興起的考據學家，與桐城古文家，即全是反對作詞的人物。這兩派的學者，佔了全國文人三分之二的人數，他們之中，間有一二偶然從事於詞的寫作者，到了晚年，還要將已刻的詞集，加以銷毀，在這樣風氣之下，詞的作家，自然不及兩宋之盛了。到嘉道之時，常州詞派的張惠言出，這一風氣，才漸漸轉變。惠言是經學家，又是桐城古文家的別派，然後古文家如惲敬子居，考據家如俞樾曲園，經學家如王闓運綺湘，才相率加入詞的行列中。到清末，才有詞人王半塘朱彊村等人，起而樹立現代詞風，翻印宋元詞籍，才有大考據家王國維等人，起而寫詞話，鼓吹詞學，作詞林的羽翼。入民國後，全國各大學，才普遍開設詞學之科，成為文科學生必修的科目。這樣，在大學中，普遍傳習詞學，乃是自有詞曲一千多年以來，未有的盛事，這才是眞正的，詞學復興的基礎。自詞學設科傳習到現在，已經四十多年了！

照理想說，有四十多年的探討，即應詞家輩出，上與兩宋爭衡了！但我們回顧這四十多年的成效，於詞的理論批評家，以及考據家，是確為造就了不少的專材，至於成功的作者呢，則似乎還是寥寥可數？這一原因何在呢？是不是詞已成為過去的文體，不適合於現代的發展呢？我們可以斷言之曰：不是的！除非我們廢棄現在應用的語文，則不但詞為不適合，即一切新舊體裁的詩文，也無一而可以為適合的。現在我們還是用着原有的語文，則詞的作用，正為語文藝美的昇華。正站在時代的前面，為發揮我們語文藝術之美的前導者。四十多年以來，大學講授歷代詞，而詞的作家，還是寥寥可數者，乃是另有其原因的。這四十多年以來，在大學講授詞科的導師，不少為對於詞學有甚深研究的專門學者，正因其太專門了，便要窮深極微，而不免於陳義過高，或則發揮其前代考據家的餖飣傳統，以肆其瞻博，或則演繹其西方的邏輯方法，以騁其辯証，如詞學史的鋪陳，至於毛細必舉，如詞家派別的分析，至於五花八門，如聲韻之辨及字源，雖骨甲文猶未足以竟其說，如平仄四聲之析及陰陽通假，雖沈約守溫亦未足以窮其源。其說既愈密而愈歧，其事則愈求而愈瑣。學者窮一二學年研習的時光，所得者，僅在欣賞與批評的探討，致者竟一二學年口講手畫的辛勤，而所傳者，竟無從及於寫作的指導。這樣詳於批評與考據，忽於寫作與運用的詞課，使學者但能外望宮墻，無從得其門徑，甚且耳亂五音，目迷五色，至於中道茫然，莫知所適。遂致詞學有復盛的基礎，而沒有收到復盛的成果，這即是原因之一。再則是：詞的文句，雖然介乎文言與口語之間，然必須有雋永的運化，與雅馴的貫串，才能有亂頭粗服，風韻天成之美。這又非於唐詩漢文，以及六朝的辭采，有一點認識與體味者不可。自五四以來，學者只取速成，羣趨捷徑，奉西方的分行詩為圭臬，視文言的文書籍為陳腐，以這樣毫無根據的心情，去聽河漢無涯的詞學講授，又自然會格格不入，而以虛應故事，湊足學分為事了。以我年來濫竽大學詞選講座的經歷，即發覺大學青年，不但對於學詞，有甚深的興趣，而且於寫作，具有天才者，亦幾於十人而八。雖然根底不深，但他們有的是靈敏的思路，知道如何美化日常所用的語文。只須指引他一個門徑，即能循着所指的曲折，從事寫作，只須糾正其錯悞，即能端正其方向。這即由於詞是多方面的，也是多采多姿，足以引人入勝的，又最為靈活的，最易於啟發寫作的情感的藝術文體。教者只須卑之無甚高論，先從寫作的習練入手，寫作之路既通，然後再指導其作淵源流派，音韻演變，比較批評的研究。必須這樣，我敢說不待十年。中國的詞壇，必然有壁壘一新的盛況出現。因為大學設詞科講授詞學，乃是千年以來，僅有的盛事，是詞學復興最優良而穩固的基礎。

過昭關

劍生

伍子胥過昭關是一樁極著名的歷史故事。「一夕昭關便白頭」，還不是這一故事著名的由來；伍子胥過昭關時遭遇危險所引起的同情，也還不是人們嚮往這一故事之所在；伍子胥過昭關時所懷的報仇動機，出昭關後艱苦奮鬥，終於成就了的偉大目的，才是使這一故事膾炙人口的眞正原因。

伍子胥當年由楚往吳為什麼一定要取道昭關呢？原來，在古代，長江渡口不多，渡河工具亦缺乏，要渡長江，就非經由渡口不可。而采石磯是長江南岸最接近吳國首都的渡口，浦江橋渡口則是長江北岸與采石機遙遙相對的一個渡口，若伍子胥能够安全走出昭關，那末，他出了楚國的昭關後，便可就近取道長江北岸的浦江橋渡口，橫渡長江，而到采石磯，轉趨吳國首都了。所以采石磯與浦江橋兩地，不但都是自春秋戰國時代以來中國歷史上的戰略要衝，同時亦長期的是橫渡長江南北的交點樞紐之一。

在這附近地區發生的另一著名歷史故事，是項羽被韓信圍困垓下，項羽苦戰突圍，左衝右殺，只帶得二十八騎到了烏江。項羽本對這一帶地形很熟，其所以取道烏江，也就因為烏江在今安徽和縣地方，接近浦江橋渡口，對岸便是采石磯的緣故。項羽兵敗之後，原擬循伍子胥當年所取路徑，經浦江橋渡口渡過長江，回江東重整旗鼓，但項羽在烏江江邊一望，只見僅有的一條小船，既恐這條小船是伏兵，又顧慮這條小船難把人馬一齊渡過去；何況，縱然渡過烏江，還得再渡長江。長江是天險，後面又可能再來追兵，渡得過嗎？項羽不免懷疑。假若中伏被俘，那就更將受辱。受辱是項羽所不願意的，加上，項羽既不心黑，也不臉厚，他沒有後來那些硬把打敗仗命名為「長征」的人的勇氣，也沒有不到長江「非好漢」的想法，遂在江邊飲劍自刎。

比較起來，項羽眞是更不幸了。以拔山蓋世之雄，未遂渡江之願，反不如伍子胥一介書生，成功地冒險出了昭關，雖然在吳國經過了一段流亡與困苦的生涯，却終於達到了報仇雪恨的目的。

最近讀到嚴端正先生在六月廿二日香港聯合評論（六月廿九日紐約航空版）上的一封信，說他這一次從大陸經深圳邊區過梧桐山逃出來，其目的非為個人自由，亦非為個人飢餓，而是為報仇雪恥，解救祖國而來。他之出走，有如伍子胥之過昭關一般，使我非常感動。這和那些數典忘祖的人是一個鮮明的對比，這和那些只顧自私，不顧國家民族的人也是一個鮮明的對比。我認為這才不愧是偉大的黃帝子孫，這才眞是流着中華民族血液的高貴靈魂和偉大氣質。我相信他和所有具備和他同樣偉大品質的人都會成功。不久的將來，將不會使伍子胥過昭關終於達成志願的故事專美於前了。

抗戰回憶錄 (二八)

張發奎

六 任第四戰區司令長官

回顧我担任第四戰區司令長官這一段時間的事情，我以為最值得檢討的仍是最高統帥部任意分割建制，混亂權責，破壞戰鬥區分的問題。

檢討起來，最高統帥部當時實犯有兩次嚴重錯誤。

第一次是根本不該把桂南地區的指揮權由第四戰區撥交給桂林行營；第二次是根本不該把第四戰區司令長官對廣東省西江、東江、北江地區的指揮權移交余漢謀將軍。

我這樣指摘最高統帥部的這些過失，當然都不是從個人權利出發，換言之，當然都不是任何私人權利意氣之爭，相反，都是從整個抗日作戰的體制及利益來着眼的。

以第一次錯誤來說：最高統帥部當時既已將全國劃分為若干戰區，廣東廣西兩省又既已劃為第四戰區之轄境，則廣東廣西兩省之內任何地區之戰鬥，自該由第四戰區司令長官指揮，無論誰作司令長官，其體制皆應如此，始能收統一與協同作戰之效。同時，亦庶幾台乎兵力編組及分層負責之原理。但最高統帥部却命令第四戰區長官部將桂南地區之指揮權撥交桂林行營，故首先就破壞了第四戰區之編組及權責。

由於最高統帥部將全國劃分成十個左右的戰區，且各戰區的轄境都相當遼濶，而戰術原則又昭示我們：各單位間之協同作戰至關重要；戰區與戰區間之接合部尤易形成弱點，為敵人所乘。所以，遠在重慶大後方的最高統帥部在桂林設置一個行營，就近指揮華東華中華南之第三第四第九戰區，使之行動協調，這原本合理而且必要。但桂林行營之指揮權亦應以此為限，若將第四戰區所屬地區，無論是桂南地區抑或其它地區撥交桂林行營直接指揮，那就失當了。

第四戰區既受桂林行營監督指揮，如桂林行營對第四戰區轄境內任何地區，無論是桂南地區，抑或其他地區，在戰鬥指揮方面有任何意見的話，桂林行營盡可按照指揮系統直接命令或通知第四戰區，但最高統帥部不此之圖，反將桂南地區撥交桂林行營，這樣一來，不但第四戰區的指揮系統被破壞，轄境被割裂，而且第四戰區的轄境也起了實質的變更。我在名義上雖然仍是統轄廣東廣西兩省的第四戰區司令長官，實際指揮的則不過只有廣東一省罷了。這是民國廿九年一月七日以前的情況。這種權責不一，名實不符的不正常情況，不消說，使我常常在人事職權上發生尷尬尚在其次，更重要的還是對第四戰區的作戰影響，從此無法收統一與協同之效。假如第四戰區之建制完整，我自可隨時根據任務、敵情及地形擬訂作戰方針，或攻或守，或相機規復淪陷區，或以桂南策應廣東，或以廣東策應桂南，皆可作適時適切之配合。但桂南地區一被分割，所有協同與配合均已不可能。所以，我認為將桂南地區從第四戰區撥交桂林行營指揮，是最高統帥部的一次嚴重錯誤。

對於協同作戰，我本來最重視。為此，我也常常盡各種方法以求之。猶憶民國廿八年冬，那時候，桂南已由桂林行營指揮，只因桂林行營主任白崇禧將軍一再電促我前往桂南開會，我就曾經於十二月六日驅軍赴衡陽轉赴桂邊之桂林行營還江指揮所，而於十二月八日到達並參加了那一黨政軍高級會議。當時桂南地區雖已屬桂林行營指揮，但因廣東省之西江南路與桂南鄰接，所以，我為了配合爾後之作戰，乃於會議後經柳州、平樂、梧州往西江視察。我在封川、都城、德慶、肇慶等地均曾召集各界舉行座談，隨後并擬再赴南路視察，適因粵北吃緊，始中止南路之行，而於十二月廿七日返曲江。

迄廿九年一月七日，蔣先生竟又命我將廣東省西江、東江、北江地區的指揮權交余漢謀將軍；我則轉而指揮桂南。這就使我更感困惑和憤懣。因為廣東所屬西江、東江、北江地區既均屬我第四戰區指揮範圍，余漢謀將軍所率第十二集團軍又歸我節制，我為什麼不可以指揮廣東省西江、東江、北江地區的戰鬥，而只能又轉而去指揮桂南之戰鬥呢？在此之前又為什麼只能指揮廣東所屬西江、東江、北江地區而不能指揮廣西之桂南地區呢？

所以，說來說去，都好像是一個笑話，我這個第四戰區司令長官，名義上和責任上雖然指揮兩廣地區的對日作戰，實際上，蔣先生賦予我所指揮的則始終只是兩廣地區之一隅。廿九年一月七日前，命我將桂南撥交桂林行營指揮，我所指揮的就只廣東地區之一隅；廿九年一月七日後，命我將廣東西江、東江、北江地區交余漢謀將軍，而再把桂南地區交還我，故我所指揮的又只廣西地區及廣東省南路之一隅了。我身處這樣一個名大權小的情況，而敵人則異常兇猛狡黠，所以，任何人都不難想到，要如何運用本戰區之全部力量才能抗拒和打擊敵人，實是我當時極費心思的事。

當民國廿九年一月七日我接到蔣先生命令，叫我將西江、東江、北江之指揮權移交余漢謀將軍，我則轉而指揮桂南時，我深感任務之遂行太困難，乃於一月十日遵命將西江、東江、北江之指揮權移交，但我決定不再前往桂南，而於一月十一日回始興老家休息。

但我回家後，陳辭修將軍、白崇禧將軍和當時蔣先生的侍從室張治中主任都不斷用電話或電報來勸我，我本不想前往，但我當時目睹國家的危難和抗戰的艱苦，而我又是一向主張堅決抗戰的人，覺得我個人的任何困難，都必須忍受和設法克服，所以，我在始興家裏休息不到十天，便又抱着為國家民族犧牲的決心，委曲求全的再幹，而於一月二日回到長官部，然後經衡陽往桂林，而於一月廿六日偕同陳辭修將軍及現已去世的李任潮（濟琛）到柳州，更於一月廿七日到達還江桂林行營指揮所。

但我到達還江後，桂南之戰實際也非由我指揮。因為此時的桂南之戰已失敗，我雖然只帶了一個幕僚同來，但我到達還江桂林行營指揮所時，桂南之戰的撤退命令已經由他們寫好。我的任務，好像就只是前來簽署這一撤退命令了。

中國現代史資料評介之二（上）

（辛亥四川爭路親歷記）

舜生

這本書是周善培在一九五六年他八十二歲的時候寫的。敘述辛亥四月清廷宣示鐵路國有政策，川人起而爭路，迄是年十一月初三（公曆十二月二十二）尹昌衡以兵圍督署，殺趙爾豐，全川獨立，歷時約七閱月。在這七個月的時間，四川境內眞是鬧得天翻地覆，不僅外省人不明眞相，即當地較有知識而又留心時局的分子，能在事後把這次大亂的經過，不夾主觀成見，作出一原原本本的紀載的，至少我還不曾見過。

周善培字孝懷，浙江諸暨人，辛亥六月以前，他在川任勸業道，後改提法司。在他任勸業道時，因川路與他的職務直接有關，他過問得較多；任提法司後，儘管他不必直接負責，可是因為他的性格勇於任事，同時他比成都其他的官方人士有辦法，也歡喜出主意，再加上他與成都的紳士們也大抵處得好，因此，在這一次大亂的演變中，他始終是要角之一。

我在抗日以前，因曾慕韓的介紹便和周認識，在他的上海寓所，曾和他談過好幾度。其時他還不到六十，健談，精神飽滿，自信力頗強，聽他的口氣，好像凡事他都有辦法。有一次，不記得談到一個怎樣的問題，他忽然慷慨激昂的高聲說：『蔣介石，假如他肯把一部份的責任交給我，如果辦不好，他可以殺我的頭！』語氣正是這樣，至今如聞其聲。後來我確有機會對蔣先生提到過他這位同鄉，蔣說他知道，但未置可否。我也知道孝懷和梁任公的關係甚深；民初，任公辦『大中華』雜誌，屢向孝懷索稿，他被催促不已，乃報以一短篇，題曰『辭窮』，即表示他已無話可說的意思（其時正是二次革命以後，袁世凱提倡復古，並醞釀帝制的時候）。民五任公南下討袁，曾於是年四月六日在南寧發有一電給孝懷，文曰：

『梧州鎮莫守使請轉周孝懷鑒：幹公（指陸榮廷）頃他往，尊電明日乃得達。幹對粵別有規畫，持之頗堅，弟初不謂然，今亦首肯。覺頓（湯）今日銜命東下，乞公小待，晤後請溝通意見，聯名電幹。啟超叩，魚。』

我只知道孝懷對討袁一役有所參與，究竟其時他扮演的是一個怎樣的角色，却不清楚。

中共佔領大陸，盧作孚原已到達香港，他其所以終於回去以身殉民生公司，聽說也還是由於孝懷的一信；又聽說毛澤東毅然把『中華民國』四字一筆勾銷而代以所謂『中華人民共和國』，也以孝懷主張最力；此兩事均不知確否？孝懷在臨死以前，還担任着民生公司董事長的名義，大致是事實。

孝懷寫這本『……爭路親歷記』的時候，年齡已在八十以上，且患頭暈甚劇，但仍力疾把它寫完：全書約四萬字，條理明白，純用流暢的白話，筆調非常有力，可證明他的神智始終未衰。張表方（瀾）死於一九五四，年八十四；他是在四川爭路風潮中被趙爾豐拘禁的一人，他本與孝懷相約要由他們兩人合力寫出這一部爭路的史料，但時間已來不及；因此孝懷在生前扶病把這部小書寫完，也算是實踐了對他的老友這一諾言。孝懷死於一九五八，他小於表方四歲，因此他的死年也是八十四。

所謂四川的爭路風潮，其最前的一段，實際只是官紳兩方的衝突，與革命不相干，與革命黨更不相干。孝懷在敘述這本書的一開始，便就當時的官紳兩方人物列成兩個表，一看便能使我們對當時的情況明白一個大概，極為扼要，現在我把這兩表的人物及其籍貫職務等錄在下面。

（一）官方人物：

王人文（采臣，雲南）護理川督，閏六月初一日卸任。趙爾豐（季和，漢軍旗）川督，閏六月初一日到任），玉崑（滿洲，將軍），奎煥（滿洲，都統），田邦振（山東，提督），尹良（惺吾，滿洲，藩司），劉嘉琛（幼樵，河北，提學司），江毓岷（江西，提法司，六月卸任），周善培（孝懷，浙江，勸業道，六月卸任，提法司，六月到任）楊嘉紳（彥如，江蘇，鹽運司），徐樾（季回，浙江，巡警道），胡嗣芬（宗武，貴州，勸業道，六月到任），朱慶瀾（子橋，浙江，陸軍鎮統），田徵葵（夢卿，山東，營務處總辦），吳鍾鎔（壁華，浙江，兵備處總辦），路廣鍾（巡警教練所長）。

二、紳方人物：

蒲殿俊（伯英，廣安，諮議局議長），羅綸（子春，南充，諮議局副議長），伍肇齡（崧生，華陽，翰林院編修），曾培（篤齋，華陽，鐵路公司總理），鄧孝可（慕魯，奉節，主事），顏楷（雍耆，成都，翰林院庶吉士），張瀾（表方，南充，鐵路公司），邵從恩（明叔，青神，刑部主事），陳崇基（子立，大竹，督署法學顧問），周鳳翔（紫亭，彭山，高等學堂監督），胡嶸（雪生，成都，電報局總辦），江山乘（大竹，諮議局議員），葉秉誠（諮議局議員），王銘新（諮議局議員），胡蘭芬（實業學堂），蒙裁成（西充，鐵路公司），王小舟（洪雅，鐵路公司），尹昌衡（成都，陸軍學堂總辦），葉荃（雲南，陸軍標統）。

聯合評論 週刊

本刊已經香港政府登記

每逢星期五出版

United Voice Weekly

第二〇三號

督印人：黃宇人　總編輯：左仲平

社址九龍大埔道一六八號南亞書局 805641

承印者嘉羅印刷有限公司香港灣仔馬師道5號

代理：友聯發行公司　售價每份港幣一毫

美洲版總經售處美國紐約中美出版社

CHINESE - AMERICAN PRESS, INC

199 CANAL STREET.,

NEW YORK13 N. Y. U.S.A.

美洲航空版每份零售美金一角

大革命前夜的中國

——從台灣海峽的緊張說起

胡越

最近由於中共向福建沿海集結兵力，造成了台灣海峽新的緊張。復由於美國及蘇俄相繼發表對立性的聲明，而增加了問題的重要性。有人猜測中共增兵的原因是由於台灣行將反攻大陸；有人則認為中共將進攻金門馬祖、「解放」台灣。更有趣的是有人竟認為將會引起三次大戰。七月五日以前曾任日本總理大臣的三位先生；東久彌稔彥、片山哲、石橋湛山，特為此在東京招待記者，並分向台灣國民黨總裁蔣中正氏及大陸「人民政府主席」劉少奇發出了呼籲和平的函電，主張和平解決台灣海峽的緊張。這等無關痛癢的聲明，本身並無甚麼見地，但是反映了台峽緊張所引起的驚慌。

中日新聞記者伊藤氏，曾來訪問作者對此問題的看法；我曾這樣答覆：

中共在福建沿海增兵，依我看有三個可能的動機。

（一）根據去年十二月中共公安部發表的資料，該年共檢舉鎮壓了廿餘萬「反革命」事件。（在實行大躍進、人民公社之前每年只有四萬餘件）其中必須出動軍隊鎮壓者有二萬餘件。我猜測在這二萬餘件當中，一部分是民衆的暴動，一部是軍隊的譁變。由此可知人民慘苦的生活情況已動搖了軍隊的士氣。而駐紮在福建前線的部隊，是中共軍的主力，如果動搖譁變，則直接危及中共政權的存在；因此這次的增兵，可能是中共最可靠的精銳部隊，用以監視、防制前線部隊的變亂。

（二）台灣當局高喊反攻十餘年，迄無行動表現，以往中共並不十分戒懼，但由於近年「三面紅旗」的災禍，造成整個大陸糜爛、遍地哭聲的局面；台灣如果揮軍反攻，實為前所未有的良機，中共為防萬一，不得不提高警惕，增兵固防。

（三）我斷定中共沒有大規模進攻的可能。不但「解放」台灣不可能，即進攻金門馬祖也不可能。因為今天大陸的民心士氣已到了接近瓦解的程度。試看一九六一年，一年之內中共實行了七次整風。一月間實行「四好連隊」運動（「四好」第一好是政治思想好）；三月間實行「憶苦」運動，以延安時代的苦與今天比較，來安定軍心；五月間實行「大講光榮傳統運動」，六月間實行「尊幹愛兵」運動，意在消除官兵之間的矛盾；七月間實行軍官下放連隊，建立「蹲點」，意在深入士兵掌握思想；八月間實行振興優良艱苦傳統運動，十月間對三軍士兵頒行「毛澤東著作選讀」。在所有這些運動中，皆強調「做毛主席的好戰士」，「永遠聽毛主席的話」。一年之中整風七次，反映了軍心動搖的緊急情勢。在這種情況之下，是不利於戰爭的。因為稍受挫折就有引起全面變亂的危險。但是我們不能武斷的肯定絕無任何進攻的可能。如果有的話，我推測可能對馬祖周邊的小島進行突襲。以絕對優勢兵力，圍殲少數兵力，捉幾個俘虜去大做政治宣傳。此舉有幾點便宜：（一）費力少而有絕對取勝的把握；（二）可以穩定軍心士氣，一方面表示軍力仍強過對方，一方面斷絕大陸人民期待反攻的心理；（三）可打擊台灣的士氣。因此台北軍事當局，對這一可能不可不防也。

關於台灣的反攻大陸問題，目前有左列各種論調：

（一）等待反攻論。認為打倒中共，只有台灣有實力，捨台灣反攻外，無第二途徑。因此只有鼓吹和等待台灣當局行動。雖然他們已經等了十三年，可是仍不灰心，其忠誠與固執是頗可欣賞的。問題是等到多久為止？如果這個指望落空了，又該如何？究竟是不是除了台灣之外，再無反攻途徑？是否除了坐等之外，不須做其他努力？

（二）部份反攻論。做此主張的先生們，或認為台灣當局沒有孤注一擲的決心，惟恐反攻失敗，台灣也保不住；因此勸誘台北當局做竄擾性的反攻，以期引起大陸內部烽起響應。這種主張顯然比等待反攻論高明，在反攻的技術上有一番苦心孤詣。但是似乎對於台北當局所以遲遲不反攻的原因，未能澈底了解。

（三）先民主而後反攻論。認為除非台北當局能夠恪遵憲法，改革政治，實現反共大團結，消融朝野之間、海內外之間的對立狀態，建立舉國一致的政治號召，則反攻便沒有正大的目標。因為只有在舉國一致的基礎上，才有共信公理，反共戰爭才是神聖的復國戰爭，人人才能感到匹夫有責而爭先效死。否則以「家天下」反中共的「黨天下」，不過是以暴易暴。這種主張，就政治見解來說，是光明正大，無懈可擊的。但是，今天的海外反共人士，是否僅以發表議論為已足，是否應該在思想文字以外，另有所努力？這是今天面臨的重大課題。

（四）在海外創造反攻途徑。做此想法的人認為台灣沒有主動反攻的可能。他們在坐等大陸起革命。而還得是大革命，大到中共不能殲滅的程度，然後他們才可能反攻；其實那已不是反攻，而是坐享其成了。到那時候，他們對中國還有多大發言權，已很成疑問了。台北當局所以不能主動反攻，根本原因在內部困難，其困難程度實不亞於中共，看在反共大義份上，在此作者不忍揭露出來。

所謂在海外創造反攻途徑，簡言之，是把海外的反共力量，留學生，大陸內部反共力量結合起來。以辛亥革命的方式，來掀起反共大革命。我認為在台灣不能反攻的情況下，這是黃炎子孫，唯一自救救國的途徑了。

本刊第四版的稿件來源

黃宇人

不久以前，我曾為文對本刊第四版的編輯方針有所說明，本文可說是該文的下篇。寫完以後，因鑒於海內外一致呼籲台北當局乘此有利時機發動反攻大陸，我不願意繼續揭發他們的醜行，故未發表。但近兩旬以來，來自台北的消息，都說當權者不但根本沒有反攻的決心和準備；而且連口頭上的反攻空言，也日趨沉寂。同時，蔣經國的特務走狗還不斷造謠，甚至向我在台北的一位親戚說我將投共；而其在香港的嘍囉也千方百計，設法阻止每一位由台北來港的朋友和我見面。因此，我覺得沒有將本文再壓下去的必要。

本刊第三四版所載的台灣消息，可分為二類：一是台灣通訊員所寫的通訊稿；一是我們根據台灣方面所供給的材料和台灣來客或台灣在港的某些工作人員口中所得的消息而編輯的。讀者也許會問：台北檢查郵電甚嚴，怎能寄出為當權派所不容許的稿件和資料？但事實上稍知台灣內情的人們，都深悉他們的一切政令多是有名無實的。郵件檢查，自然也不例外。那些奉命長駐郵局檢查信件的人員，或則心裏面就不願意幹這種無聊的事，因而敷衍塞責，並不認真工作；或則雖然發現了寄給我們的稿件或資料，但覺得其中所報導的正是他們所敢怒而不敢言的，也就網開一面，放其過關。有的郵件檢查員則利用職權走私販毒，他們所全心全力以注的，祇是如何使藏有私貨或毒品的郵件得以安全通過；自無暇再及其他。不久以前，台北破獲一個國際大販毒案，警備總司令部的郵檢組宋我卿等三人都牽連在內，就是一個很好的例証。此外，若干黨政人員或因激於義憤，或因派系傾軋，也有向我們投稿或供給資料的。他們更懂得如何避開檢查的方法。這種情形，並不是本刊獨有的。數月以前，偶然和本港某週刊的主編人談及此事，他說，台北某君任某黨報社長時，就曾不止一次的為該刊寫通訊，報導台灣的弊政。

因此種種，儘管當權者實施郵件檢查，我們一樣能夠收到寄自台灣的通訊稿或資料，不過有時略有週折而已。我說到此，也許讀者會問：「你這樣的公佈你們的稿件來源，豈不引起當權者對郵電檢查更加嚴密，而使你們發生稿荒」？我可以大胆的說，除非蔣先生或蔣經國親自檢查郵件；否則他們根本無計可施。因為所謂人同此心，心同此理，時至今日，還要食官家天下，凡有良心血性的人，誰願意自甘墮落，去做一人一姓的走狗？至於貌似「忠貞」之徒，則更不可靠。因為他們的目的，祇是騙取升官發財的機會，自不會死心塌地的為蔣經國竭智盡忠。因此，假如蔣先生或蔣經國要想追究，其結果適足以加速內部的離心離德，徒滋自擾而已。

除了通訊稿而外，我們也常常直接或間接的獲得有關台灣內情的各種資料；其中的大部份，還是「忠貞分子」們提供的。我在「斥蔣經國系的卑鄙行為」一文中，曾經提到陳建中和我初次見面時，即以大部份的時間描述台北某兩名大員的家庭穢事。他之所以如此，當然是別有用心的。他企圖利用這種方法刺激我們對那兩名雖然是蔣先生的親信而卻非太子派的大員猛烈抨擊，好讓太子派人得有機會取而代之（現在其中一位做院長的已被太子派所代）。又如去年太子派某君來港，曾向我的一位朋友歷述台北某巨公的夫人如何把持石門水庫的總務人事及強迫徐柏園任用她的親信某某為中央銀行的處長，無非也是同一的用意。同樣的原因，反對太子派的「忠貞分子」也常將蔣經國的種種黑幕向我們透露。至於並不屬於任何派系的人士，一到香港，立即覺得透了一口氣，無不將其在台所見所聞的一切，說一個痛快，藉以稍洩多年來的積憤。例如去夏某一官方人員奉命來港公幹，即情不自禁的向我們一班老朋友大談雷案的內幕，使人聽了以後，都有「危邦不可入」的感想。甚至就是蔣經國的人馬，也常因所求不遂，或激於良知，而有意無意的向我們暴露蔣經國的劣跡。例如非法總統誕生後，某君自台北返港，約我打牌消遣，常說「這個年頭，祇好打打牌了。」言外之意，對現狀頗表不滿。某次他在報上看見蔡某將出使東南亞某國的消息，即自言自語的嘆道：「呵喲，戴帽子的人也可以當大使」！我問他，你說的是誰。他也許自知失言，不再出聲。後來蔡某做大使的事雖未成為事實；但由此亦可見某君對於蔣經國為了玩一個有夫之婦，不惜以國家的名器去位置以戴綠帽為做官之本的蔡某，是很不以為然的。

（下轉第四版）

論中共民兵發展的五個階段及其今後作用

劉裕畧

我把中共民兵的發展過程分為五個階段，是純粹基於中共自己一直如此劃分而便於討論之故。現在中共又正在狂叫要「大辦民兵師」了。且來看看它今後的作用，六月廿八日中共人民日報有一篇題為「中國人民革命戰爭中的民兵」的長文，也曾討論這一問題。

民兵發展的五個階段

從國共合作時代的民國十五年到民國十六年四月十二日「蔣介石發動反革命政變」止，中共將以上劃為中共民兵發展過程的第一時期。其時「毛澤東同志在廣州主持的著名全國農民運動講習所，特別注重了軍事訓練，學習武裝鬥爭的知識，……隨着農民運動的蓬勃發展，許多地區建立了農民羣衆武裝組織，特別是在革命根據地的廣東省，到一九二六年五月，便已經建立了三萬多人的農民自衛軍。同時，在黨所領導的轟轟烈烈的工人運動和學生運動中，也建立了許多工人糾察隊、平民救國團等人民羣衆武裝」。

隨後，中共發動了南昌暴動，秋收暴動和廣州暴動等，並成立了所謂正規的人民軍隊——工農紅軍，毛澤東進入了井岡山，除致力於所謂「武裝革命根據地」外，又認為「紅軍必須繼續在武器上給赤衛隊以幫助，在不降低紅軍戰鬥力的條件下，必須盡量幫助人民武裝起來」（見毛澤東選集第一卷），所以，中共當時在各地總共發展了二百五十六萬赤衛隊和少年先鋒隊。中共這時是以所謂工農紅軍為正規軍，而以所謂赤衛隊和少年先鋒隊作為民兵組織。

從民國十六年南昌暴動起，到民國廿六年抗戰發生止，中共都算在中共民兵發展過程的第二時期內。對於這一時期民兵之得以大量發展，人民日報仍照例歸功於毛澤東，其失敗責任也照例歸咎別人，硬說：「左傾機會主義在黨內佔據了統治地位，排擠了毛澤東同志的領導，特別是在軍事上的領導，完全否定毛澤東的正確路線，使迅速發展的革命運動遭受了嚴重挫折。這一左傾機會主義路線在軍事上的錯誤，就是不了解人民戰爭的特點，用所謂正規戰爭代替正確的人民戰爭，因此不但使紅軍遭到極大的挫折和失敗，而且忽視民兵的作用，不正確的把一槍一彈都集中於紅軍，極大的削弱了人民的武裝」。

第三個時期，是指抗日戰爭時期。亦即中共洋洋得意所謂的「民兵大發展時期」。這是自民國廿六年下半年至民國卅四年的抗戰勝利止的一段時期，在這一時期。六月廿八日人民日報說：「抗日戰爭爆發以後，在毛澤東同志正確路線的指導下，中國共產黨領導的人民武裝，深入敵人的後方，發動廣大的人民羣衆，廣泛展開游擊戰爭，在華北、華中、華南敵人佔領的地區，建立了擁有人口九千五百五十萬，面積九十五萬平方公里的大大小小的十九個解放區。毛澤東同志的人民戰爭思想更加深入人心，全民皆兵的口號在各個解放區得到貫徹，民兵組織得到空前的發展。根據毛澤東同志的指示，黨派了大批優秀幹部去作民兵工作，在各個解放區的所有鄉村和城鎮，普遍地設立了民兵組織，一般村設中隊，區設大隊，縣設總隊，並且建立了民兵領導機關『各級人民武裝委員會』，使民兵有了統一的組織，統一的指揮，形成了統一的戰鬥體系」。據中共自己統計，在這一時期，中共已在它的各個統治區總共發展二百二十萬以上的正式民兵，並且又還發展了民兵外圍組織「人民自衛隊」一千多萬。

中共並承認在這時期的民兵，初時只有土槍、土炮、大刀、紅纓槍、和少量的手槍、步槍，隨後就使用步槍、冲鋒槍、輕機關槍、小砲、手榴彈、地雷等了。正因為中共民兵在第三時期即抗戰時期得到上述發展和壯大，所以它的正規軍也因此得到相應的發展與擴張，而這也就奠定了它在第四時期即自民國卅五年即抗戰勝利到民國卅八年打敗國軍佔領大陸的勝利基礎。從而在抗戰勝利後不過短短的三年，便席捲了中國大陸。

對於這第四個時期，中共名之曰「第三次國內革命戰爭時期」，對於第三時期，中共名之曰「抗日戰爭時期」，對於第二時期，中共名之曰「第二次國內革命戰爭時期」，對於第一時期，中共則名之曰「第一次國內革命戰爭時期」。中共於民國卅八年佔據大陸成立了所謂「中華人民共和國政府」後，民兵組織的形態又有了新的變更，中共但名之曰「進入了一個新的歷史時期」，而未名之曰第五時期。實則即是第五時期，亦即本文所謂第五階段。

毛澤東現在要大辦民兵師

中共民兵在第五階段（即目前時期）形態上所表現的特徵，是民兵師這一組織的出現。民兵師這一組織之出現則又是根據毛澤東的意見形成的。因為毛澤東在一九五八年九月說過：「帝國主義如此欺負我們，這是需要認眞對付的。我們不但要有強大的正規軍，我們還要大辦民兵師」（見紅旗雜誌一九五八年第十期第一頁——毛澤東同志在九月間的重要談話），所以，最近幾年，中共在民兵方面，就根據毛澤東一九五八年這一談話，從農村到城市，從人民公社到工礦、企業、機槍、學校，都普遍建立了民兵師，把建設現代化軍隊和大辦民兵師作為重建武力之雙軌道路。

以上便是中共民兵發展過程中的五個階段的概況。其發展固然與毛澤東的領導分不開。但卻也並非惟一原因。

嚴格說來，中共民兵運動的成敗，不但與毛澤東個人成敗的命運密切相關，亦與中共在整個鬥爭中的成敗密切相關。因為依照馬克思理論，共產政權之出現，應該在資本主義愈發達之國家愈易成功。此乃由於馬克思認定只有工人階級才是最革命的階級，而工人階級革命性的強弱與人數之多寡，又視乎工業發達的程度而定之故。工業愈發達，即是資本主義愈發達，那末，相應的工人階級的人數就愈多。但中國却不然，中國人口百分之八十五都是農民，而非工人，所以，要在中國搞武裝革命，便非發動農民不可。若能發動農民，則武裝活動成功的希望多，否則成功的希望少。毛澤東上井岡山初期的紅軍，雖名曰「中國工農紅軍」，實則工人成份極少，農民成份極多。毛澤東自己所搞的秋收暴動，便完全是以農民為對象。仔細研究毛澤東的建軍策畧，他初時是想發動農民，形成雜形的民兵，再由雜形的民兵，形成正規共軍。迨有了正規共軍之後，則仍發動人民，廣泛推展民兵組織，以配合正規共軍作戰。何況，中共武裝革命地盤原以控制面控制鄉村控制山區為甚礎，這更非發動農民不可。所以我說由農民羣衆形成的民兵武裝對毛澤東本人及中共的整個命運關係甚大，其故也就在此。毛澤東之所以重視農民，在北伐前一開始就搞農民運動，那是毛澤東頗有眼光的地方。

無可否認，中共對於發動民兵組織，在第一至第四的四個時期都確有它的一些手法。不過，人民日報把第一第二兩個時期中共民兵發展的功勞完全歸諸毛澤東，失敗的責任完全歸諸「右傾的機會主義」和「左傾的機會主義」，則絕不正確絕不公允，因為，毛澤東早已在遵義會議完全取得了中共的領導權，尤其是中共軍隊的領導權，這時候，正當中共民兵發展第二階段的中期，距離民國廿六年才開始的第三階段尚有數年，人民日報卻企圖以輕輕之筆，硬說那一階段民兵發展的失敗是由於「左傾機會主義在黨內佔據了統治地位，排擠了毛澤東同志的領導，特別是在軍事上的領導」，事實則恰與此相反，在那一時期的最後幾年，毛澤東已開始在共黨內取得完全的領導了。他把別人的領導地位排擠了才是眞的。這就可見：並不是毛澤東一取得民兵發展的領導權，中共民兵就一定會發展。其發展與否，仍待其它許多條件來決定。

中共民兵運動發展的原因

綜觀中共自民國十年創黨以來的全部過程，無論在黨、政、軍各方，自以在抗戰時期發展得最快和最大，而中共民兵之發展亦以抗戰時期為最甚，足見民兵發展之順利與否對中共整個命運之密切關聯。對此，毛澤東自己且不諱言。他說：「這個軍隊之所以有力量，還是由於人民自衛隊和民兵這樣廣大的羣衆武裝組織，和它一道配合作戰。：沒有這些羣衆武裝力量相配合，要戰勝敵人是不可能的」（見毛澤東選集第二卷第一〇四頁）。所以，檢討中共過去的民兵運動很成功，尤其在第三階段的抗戰時期很成功，那決不算錯誤。

中共民兵目前及今後的敗着

不過，這並不是說中共奉行的毛澤東的民兵政策，在目前和今後也一定會成功。

要明瞭目前和今後中共民兵政策的成敗，先要明瞭中共過去民兵政策何以成功之理由。明瞭了這一理由，那就足以推斷目前和今後的一切了。而中共過去民兵運動之所以有成，並非它故，亦只在中共過去之整個政策，貌似「土地改革者」，表面上有打倒地主，門爭劣紳清算惡霸以及分田分地等措施，故尚能以此手段激起貧雇農之擁護，乃使農民運動得以相當成功，從而又使民兵運動亦獲得相當的成就。雖然，從本質上看，中共農民運動原本就一直是一種欺騙，但能夠欺騙於一時，總算一時之成功。中共民兵第三階段，即抗戰時期之所以能將民兵運動更進一步發展到最高峰，則尤在利用人民之愛國熱誠與正在高潮中之民族情緒，以對外抗戰作號召，因而吸引人民而已。假使當時（第三階段）沒有對外抗戰作幌子，中共之民兵運動亦不可能高度發展，假使在第一第二階段，中共不以打倒地主分田分地作手段以吸引農民或國民政府早有進步的農民政策的話，中共之民兵運動，亦斷不會有相當成功。而目前及今後，中共既已再無分田分地等口號來吸引農民，又無對外抗戰一類之名義以資號召；相反，中共却以人民公社制度強迫加諸農民之身，不但使農民家庭離散，且使所有勞動果實均被中共詐取，農民本身已吃不飽，工人、學生及一般市民亦復如此，至於中共目前及今後雖仍可用「反對美蔣」口號以動員人民，但此一口號之不足騙人，已經是鐵的事實，此一口號之不足與對日抗戰相比，亦盡人皆知。所以，中共目前和今後雖自認民兵「一、是帶槍的生產者，是勞力與武力相結合的亦民亦兵的組織。二、民兵是自願的和民主的原則下組織起來的。在日常生活中，採民主集中制，民兵的各級領導幹部，在一般情況下都經過民主選舉產生。三、民兵是全民性的武裝組織」。但以上見諸人民日報揭載的這三點目標和特質而論，只不過是毛澤東企圖把人民的生活條件與戰鬥條件互相結合起來的一廂情願的想法罷了。事實上，中共的民兵制度既非基於自願，更不可能民主，今日中國大陸之人民恨中共刺骨，人民早已對中共在政治上經濟上奴役他們和壓榨他們的眞象，認識得很清楚，毛澤東還想，在人民離心的時候能像人民向心的時候那樣成功，實等於緣木求魚了。今日大陸人民本已反共恨共，但猶嫌缺乏組織與武裝，若中共今後普遍擴大民兵師，那就正好是替中共自己編組抬棺材的脚力。中共早已因毛澤東的人民公社制度而自掘了墳墓，現在又替它自己擴大送葬隊伍，這應是所有反共者所歡迎的。

美國的政策只適於偷安

道遠

有誰能預料中國大陸在一夜之間會發生什麼樣的事件呢？在經過了十三個苦難的年頭，而又值中共的步調愈來愈亂的時候。同時又有誰能否定中共正在加速腐爛的事實。但是對於正在腐爛中的中共，和正在被煎熬的中國大陸的人民，有能力協助解放鐵幕的美國，祇是採取了靜以觀變的立場，而有責任打回去的國民黨當權派，則又採取了「守株待兎」的態度。

美國說：「我們對遠東政策的主要目標之一是阻止國際共產主義的進一步擴張。我們與中華民國的共同自衛條約和我們繼續堅決反對中共進入聯合國，是此一基本政策的要項。……當然，美國正按照變化中的情況不斷檢討它的政策，在這一方面我們特別注意中國大陸的政治經濟發展。」（見美國國務院東亞司司長葉格爾覆「中華五百萬人反共委員會」函。）

這應該可以看作是華盛頓方面對中共的既定政策——守住現狀，並且也祇是盡可能地保護現狀，不被打亂。同時說明美國現在不欲再有任何進一步的作為。

至於台北方面，早就表示「人不犯我，我不犯人」了?!

在中共方面，它的最大的焦慮，也不是「美蔣」的反攻，而是恐懼內部不安情況的日趨嚴重。毛澤東現在需要的是爭取時間，以使能够從容地「穩扎穩打」。中共很清楚「美蔣」是不會冒險一逞的。如果我們說得刻薄一點，中共當前的敵人，已不是「美蔣」，而是天！外在的敵人的力量，在毛澤東看來，也遠不如六億餓漢來得「偉大」。

像六月間突然地在廣州車站暴發的暴動，才眞是使中共頭痛而難以捉摸的。相形之下，福建對海金馬的動靜，却反而是較易掌握的了。眞正有力的敵人正在中共的內部壯大着。西方的記者曾對此嘆息地認為，「假如當時即使是只有一團之衆在廣東沿海登陸，不知將會發生些什麼事，整個省份可能經脅而脫離共黨的控制，並與中華民國的軍隊携手。」洋記者的結論，未免是太過樂觀了一些，但是他所表示的惋惜，却也正是我們中國人所同樣具有的。

因此，我們必須指出，任何突發的情況固然是難以料斷的。可是準備好了力量，隨時適應配合突發，則是必需的。「守株待兎」，且又能一眼關三地注視狡兎的三窟，烹兎的機會仍是隨時有的。

中共經常的宣傳「美蔣」在台灣海峽製造緊張。這種莫須有的宣傳，在大陸上既能產生一定的作用，為何不乘勢加以眞實地擴大化呢？

為什麼不在金馬隔海炮轟呢？利用突擊部隊進行沿海地區的騷擾，不也可以產生一定的作用嗎？這些雖未能動搖中共的根本，但確能使中共寢食難安，使大陸人們相信中共宣傳的已是事實，這樣才能使暴動在各地區不斷地發生，互相影响，互相刺激，由小亂促成大亂，由各地區性的暴亂，促成聯繫成為更大規模的暴動。

美國當局現在的政策，無非是希望在不捲入、或不主動的情況下，期待中共內部的變化能够產生一個新的動人的轉變。因為波蘭在華沙事件之後，戈慕卡獲得了上台，並且和美國建立了過去所未有的關係，也接受了美國的援助。很明顯的，美國並不認為毛澤東是可以堅持下去，永不改變的。如果美國眞有這樣的幻想，那末台北方面就應該有勇氣去打破現狀。

不論毛澤東變或不變，對中華民國都是不利的。中共不變，固是難以反攻，設若眞的如美國所料變了，中華民國未來的地位與命運又將如何呢？中華民國的命運眞應該是放在會議桌上讓美毛談判來決定的？

美國現在祇是表示不准中共再作擴張，不讓中共進入聯合國。即使假如換個地位，來說現在的情況，美國的政策，對中共究竟產生多大的拘束能力呢？是不是中共會感覺到有更大的行動自由呢？從這個角度來說，美國的政策能算是一個現實的政策嗎？中華民國雖然是倖能仍然保有在聯合國的席位，但是在現狀之下，也能說是最現實的利益嗎？

中共不在聯合國之內，倒能享受行動的自由，而中華民國在聯合國之內，却反而喪失了行動的自由，得失之間的距離竟是這樣的遠！

在我們的記憶中，多少年以來，國民黨當權派在外交方面，從來未曾得利過。總是俯仰由人，中華民國的命運是太可悲了！

以美國現行政策，從當權派樂於偷安地角度去看，是有短暫的利益的，但就整個國族的前途去看，那就很不樂觀了。

美國的政策，已是逐漸地更加明朗化了。已經更清楚透露出了不會有更進一步的積極作用了。當然，在這樣的情況之下，當權派暫時繼續苟存於台灣是沒有問題的。然而除此之外，也就什麼也談不到了！儘管一夜之間大陸會有翻天覆地的變亂。

雙園堤防弊案層出不已

——市議員打通關節

靜吾

（台北通訊）台北市修建雙園堤防，曾發生經辦人員向堤外被拆遷戶主索取紅包及冒領補償費情事，迄今尚在法院偵訊中。但最近司法行政部調查局又發現堤內居民陳和發、李天旺兩人均以數百元的代價向警察及市府有關人員致送紅包而獲得堤外被拆房屋的証明書後，又透過區長胡謙與，請託一位市議員打通關節而順利的領得補償費二萬九千餘元。那位市議員曾分得活動費一萬元。調查局已將陳李二人扣留。據悉，同樣的舞弊案共有三十餘件，現正由台北地檢處檢察官陳光宇會同擴大偵查中。

在本案偵查過程中，又發生一件案中案。一名司法「黃牛」得悉此情，乃乘機向區長胡謙與敲詐，經由其所熟識的另一區長於七月六日中午邀請胡謙與到「月梅食堂」談判。適本省籍的另一現任區長也在該食堂，於是四人開始斟盤，司法黃牛當場拍拍胸膛聲言，他有辦法向各有關方面疏通，包準胡謙與不致被牽連在內；但需活動費兩萬元。經過一番討價還價，胡謙與允付現款一萬元，另為司法黃牛作保向合會借一萬元。後來由於胡謙與拖延不付，致被調查局查悉。

貪污治罪條例觸礁

獨清

（台北通訊）立法委員林樹藝等一百餘人於去年夏天向院會提出的戡亂期間貪污治罪條例草案，國民黨當權派原決定使其胎死腹中，所以一拖就是一年。繼因貪污舞弊案件層見迭出，輿論嘩然，若干立監委員又不斷的大聲疾呼，主張懲治貪污官吏應用重典，陶百川更在報刊上為文，呼籲大家為林委員的提案催生。國民黨當權派覺得不能再加阻止，才由中央黨部的所謂政策委員會召集有關黨籍立委指示機宜，於是在他們的默許之下，立法院又於上月將擱置已整整一年的林案提出院會討論。但某些因兼任律師致富的立委，仍企圖反對。他們強詞奪理，辯稱特別法太多，可能危害人權。卒以大多數的立委都主張有制定貪污治罪條例以儆貪風的必要，院會仍決議將林案交司法、法制兩委員會審查。人們雖然深知在蔣「總統」主政之下——尤其是在蔣經國當權之今日，貪污絕不可能根除；但仍希望該項條例通過後，可能多少發生一些駭阻的作用。然而就現在的跡象看去，貪污治罪條例的前途，實未可樂觀。

據本月十六日聯合報透露：「過去，有關方面邀集若干立委，舉行過政策會議，經過一番討論後，默認這個法案的提出，但自立法院司法、法制兩委員會聯席會議審查通過第二條條文後，各種不希望將貪污治罪條例通過的傳說不脛而走。修正後的第二條條文是『軍人、公務員、公職人員或受公務機關委託承辦公務之人，犯本條例者，依本條例處斷。

非前項人員而與其犯者亦同。

辦理社會公益或政黨之事務以公務論，其財物以公有財物論。』

此條文是明確規定貪污治罪條例適用的對象；但由於範圍較廣却引起有關方面的關切。例如：軍人是否應該列為貪污治罪的對象？有人認為現行陸海空軍刑法已足為懲治軍人貪汚的法律根據，貪污治罪條例中不必將軍人列入。又如「黨務」人員如有貪汚者亦將視同公務人員貪污的論處，此一規定是否恰當，見仁見智，各有不同。再如條文中列入「公職人員」雖獲大多數委員的贊成，但仍有少數委員認為這是作　自縛，而不表贊同。

有關方面本月九日下午邀請部份立委座談，就「軍人」及「黨務」人員的列入是否妥當問題，交換意見。因出席委員中有堅持不應將「黨務」人員排除於適用範圍以外，故座談無結果。後來又傳說有關方面現已變更了默認的政策，擬將該法案予以擱置。

日前司法、法制兩委員會集會時，有人提出意見，認為現在每週二次審查會，其中有一次與審查追加預算案的時間衝突，希望能將每週二次審查會減為一次，但此意見沒有被接受。會後有委員說，減少每週開會次數，就是想延擱本案的方法之一。

從司法、法制兩委員會審查貪汚治罪條例的過程來看，立委是謹慎而考慮週詳的，但「貪污治罪條例」的最後命運，仍有待院會的決定，院會時可以將若干條文作面目全非的修改，也可以將本案作重付審查的決定而延擱。參加聯席會的委員已感到如要在院會中順利通過，那將是一件頗為艱難的事，不過，大部份委員決心全力奮鬥到底。看樣子，將來還有一場熱烈爭辯在後頭呢。」

聯合報的這一則幕後消息，說明了貪污治罪條例已經觸了礁，將來是否能獲得通過，大成問題。國民黨當權派在表面上雖表示不同意將軍人和黨務人員列入；但其最關切的則是後者。因為軍隊方面，除了主管聯勤及政工業務的人員而外，各級部隊長很少有重大的貪污情事發生，這可說是政府退台以來的最大進步。但黨務工作人員的情形則相反。不但他們在辦理各項地方選舉時，幾乎都是以金錢收買為爭取勝利的重要條件；即國民黨員在爭取黨內提名時，也離不了送禮或其他方式的賄賂。據說：陳立夫上次回台時曾向蔣「總統」面陳：「過去在大陸時，官吏的貪污雖然甚為普遍；但黨務人員則多能潔身自好。而今日台灣的黨務人員則多有貪污情事」，他認為殊可憂慮；但蔣「總統」聽了他這番話後，並無任何表示，大約由於他深知今日的黨務都是太子派人物之故。由此可知：假如貪污治罪條例將黨務人員列入，不但各級黨部的太子派將人人自危，即國民黨對於各項地方選舉的控制也無法再確保必勝。為了貪風太盛，須行一項特別法來裝點門面；甚至把少數已經失寵的忠貞分子拿來作代罪羔羊，藉以顯示其確有懲貪污的決心，這原是國民黨當權派默許立法院討論林案的用意。但假如將林案的內容擴大，而影响到黨務人員，他們當然不能允許的。至於把公職人員應否列入的問題一併提出，這又是一種狡計。因為所謂公職人員，原包括立法委員在內。近年以來，某些立委（多是所謂忠貞分子）常利用職權及其特殊身份營利舞弊，甚至包攬詞訟。他們本來就反對將公職人員列入，以免作繭自縛；祇因理由詞窮，不敢力爭。如今國民黨當權派為了黨務人員的問題，幫助他們重提舊話，他們當然要竭力盡忠，力圖阻止本案的通過，藉以利「黨」利「己」，一舉兩得。太子派既如此攻於心計，善於部署，且看有良心血性的立委們如何應付了。

唐榮新公司近貌

（台北通訊）　見微

一、辦公人多，做工人少，新人高薪，舊人減薪

經濟部因唐榮新公司請求救濟，爲了明瞭該公司改組後的營業情況及財務狀況，特別組成一個核算小組，前往高雄作實地的調查。據本月十日報載，核算小組調查結果，發現該公司辦公的人多，做工的人少；而辦公的人中，新任職員的薪金特別高，原有的職員薪津既低，甚至還有被減薪的。該小組的數字指出：該公司的職員薪金，在改組前，每月支出四九九、七二四．一〇元；改組後支出五八一、一四三．〇〇元。二、工人（包工及臨時工）薪金，改組前每月支出二、九八一、六〇八．八三元；改組後支出二、四一九、八三八．七〇元。總計職員薪金支出較改組前每月約增加八萬餘元；而工人支出薪金則較改組前每月約減少五十七萬餘元。

又新唐榮公司成立之後，工人薪給雖照舊，職員薪給却有甚大變動。新公司裏的舊職員薪金照舊或減低；但新進職員皆支高薪，月自二千五百元到一萬元不等。例如該公司煉鋼廠長，服務近廿年，現仍支月薪一千六百元；而新進的人事室主任，月薪五千五百元，相差三倍半之多。

二、既浪費，又減產

依據核算小組所發表的數字，唐榮廠在監察期間，每月平均營業額三、六四六萬元，其中內銷佔百分之七六．四，外銷佔百分之二三．六。以軋鋼品爲標準，每噸內銷價格四、七一一．八九元，外銷每噸三、五二八．四九元。銷貨成本每噸四〇〇五．二五元，進口廢鋼原料每噸五四．〇四美元，平均每月毛利四〇五萬元。

處理小組期間，每月平均營業額三、八一八萬元，其中內銷佔百分之六〇．三，外銷佔百分之三九．七，以軋鋼品爲標準，每噸內銷價格四、六八六．八五元，外銷每噸四、六四一．七三元，銷貨成本每噸四、二三一．七五元，進口廢鋼原料每噸六三．四美元，平均每月毛利四八四萬元。

新公司成立以來，每月平均營業額三、五七五萬元，其中內銷佔百份之七〇．三，外銷佔百分之二九．七，以軋鋼品爲標準，每噸內銷價格四、六四五．九七元，外銷每噸四、八〇〇．一八元，銷貨成本每噸四、三三八．〇六元，進口廢鋼原料每噸四七．九七美元，平均每月毛利三四五萬元。新唐榮公司較處理小組每月約增一百萬元，處理小組每月約五八〇萬元。新公司約六八〇萬元。

自上述三時期之比較中，可見新公司進口廢鋼原料價格，較監查、處理時期，每噸約低，六至十五美元；但新公司的銷貨成本則較監查、處理時期爲高，所獲毛利亦少。此皆由於浪費、營業額減低及生產成本過高造成。

稽核小組的結論是：「唐榮廠仍有繼續經營的價值，如能善爲經營，可以在不增加投資的原則下，達成正常營運及逐步償債的任務。」

三、主管人員體弱多病，員工工作情緒不佳

又據熟悉內情人士透露：過去唐榮公司處理小組向台銀洽妥的七千萬元週轉資金貸款，除已借用之二千萬元外，現又有三千萬元正辦妥手續可以動用，資金週轉問題將可大爲減輕，公司如能好好經營，應可賺錢。因爲：第一、最近廢鋼跌價。過去監查小組監理時期，進口廢鋼六十二美元一噸，現爲四十七美元一噸，每噸成本即比過去低落十五美元。第二、伸鐵公司倒閉，內銷市場少一勁敵，現在規模遠比唐榮爲差的大榮鋼鐵公司，每月營業額達一、二〇〇萬元，除去約八〇〇萬元的開支之外可有四〇〇萬元的盈餘，唐榮公司每月按理應可比大榮公司賺更多的錢。過去在最艱難的理處小組時期，每月最高即賺過四五〇萬元，問題是目前唐榮公司員工工作情緒太差；加以部份主管人員體弱多病，對於產銷業務有不良影響。員工工作情緒壞，係起因於職員間的待遇過份懸殊，協理及處長級的人員，每月均有五、六千元，中下級人員只有二千元上下，而且新來人員多是高薪，舊有員工多是低薪，員工工作多不努力。

該人士並指出，唐榮公司水泥電桿業務是很賺錢的，該公司過去每月生產水泥電桿數百根，現在則沒有生產，這都是使該公司業務不能好轉的原因。

四、聯合報的評論

本月十一日聯合報發表一篇「唐榮廠將何以善其後爲題」的社論，大意如下：「在我們的記憶之中，似乎從來就沒有一家民間企業，曾經像唐榮鐵工廠那樣的，爲政府招來這麼許多的麻煩，並使其威信受到如此嚴重的損失。現在這家企業已經過一種特殊安排由民營改變而爲公營。在公營的新公司成立以前那個階段的種種紛擾，我們不擬再談。政府所損失的威信是否能夠挽回，要看新公司是否能夠如政府所預期的那樣。非常不幸的，新公司成立迄今才五個月，它在財務方面却又遭逢到幾乎是不可克服的困難。

唐榮廠在新公司成立之前，曾經過一段由經濟部派員監理經營的時期。在此監理時期，諸般情況一度好轉，每月最高曾做到有四百五十萬元的毛利。在新公司成立後，有兩項客觀因素應能使毛利增加，但事實上最近月份甚且發生百餘萬的虧耗，有每況愈下之勢。

我們始終未能瞭解唐榮廠經營的全貌，但根據各方面零星報導來看，這個成立才不過幾個月的新公司，却已經犯了甚至比一般老大公營事業尤爲嚴重的病症。就業務言，新公司把經常可以賺錢的水泥電桿之生產大量減少，但是一向虧本的硫化鐵渣鍊鐵，却照舊下去。就人事言，新公司增聘了三十幾位高級職員，但都是老弱多病之輩，對業務甚少幫助。這些新聘人員的月薪多數高達五、五千元，而舊員工的月薪，如服務近二十年的鍊鋼廠長，則祇有一千六百元。待遇如此不平，當然影響到一般工作情緒。單單這兩個事例，我們已不難窺見新公司的主持人是以怎樣一種方式與作風在經營這個正須要大力改革才能起死回生的事業。政府處理錯誤於前，而又託付非人於後，我們眞不知道這一副爛攤子將如何收拾，最後如何向人民交待。據悉，最近前往唐榮廠查賬的「核算小組」，在其所編造的報告中，祇擬列舉事實，不擬再提建議。其實我們可以想像得到，建議並不是無法作成，祇是不好意思提出而已。事情似已非常明顯，唯一有效的對策祇有澈底清理債務並再度進行改組，照目前這副光景却斷然拖不下去。但是，如此的一再改變，豈非跡近兒戲？看樣子，雖明其拖不下去，也祇好這樣拖下去再說了。沒有承認錯誤的勇氣，是不會把事情辦好的。」

五、李柏齡已打銷辭意

報載：「曾數度向省府請辭的該公司總經理李柏齡，現已打消辭意，並將大至依循經濟部的建議，在不增加投資原則下，設法克服該公司目前營運及償債上的經濟困難也。

現在正等待經濟部核算小組提出正式報告，將以該份對唐榮公司營運及財務狀況所作之客觀分析爲參考，在營運的若干方面，進行改善，以爭取較多盈餘。

一、請求政府准該公司緩繳土地增值稅，以便出售土地償債。

二、請求准許將借用之愛國公債，於到期時，轉爲長期貸欵。

三、依處理小組決定之舊案，繼續發行公司債三千二百萬元，已向經濟部辦理法定手續中。按處理小組決定發行唐榮公司債五千萬元，在處理小組期間已先發行一千八百萬元。

又據該廠一位高級人士向聯合報記者透露，新唐榮公司過去五個半月營運虧損，不如外傳嚴重，依該公司自行統計結果，五個半月實際虧損約一百卅萬元，相當於該公司的一天支出，今後在生產及業務等部門稍加改善，即可反虧爲盈。

本刊第四版的稿件來源

（上接第一版）

我當時對於此君出身特務而仍未失去是非之心，頗覺難得。其後不久，我又在一個吃飯的場合碰見此君。席間，有幾位教育界的先生談笑風生，對蔣先生和蔣經國頗多譏刺。我初以爲他必將起而抗辯；否則也會藉故退席。但事實竟出我意料之外，他却不發一言，並裝出一副無動於中的樣子。更足証明他並不感到他人當着他罵蔣先生和蔣經國而有所不安。

再說，某些與蔣經國沒有任何淵源而却被太子派認爲可供利用，或給以某項名義津貼，或邀請其入台觀光，並由蔣先生親自接見懇談的人們，我有理由相信他們多是「身在曹營心在漢」的。例如某次，友人結婚宴客，一位列名台灣在港某外圍團體的知名之士恰與我同桌，他高談闊論，自稱該團體已變成了蔣經國的特務系統，並詳述開會百態，在座的人都捧腹大笑。我向他開玩笑說：「你拿台灣的錢却說台灣的壞話，實在不像是一個忠貞分子。」他說：「我本來就不是他們的忠貞分子，我以後還可將有關該團體的消息供給聯合評論哩。」這說明有些人雖然在表面上似乎已被蔣經國「聯戰」去了；但其內心仍是很憤慨的；因而隨時隨地以洩露他們的內情爲快。

從以上的事實，可知我們如要搜集台灣的內幕消息——尤其是壞的一方面，實在是取之不盡，用之不竭的。不過，我們無意予以全部披露；我們只刊載其中有關國計民生和政風士氣的一部份，其目的還是希望能促成改革。

總之，台灣今日的局面已是千瘡百孔，病入膏肓。倘再諱疾忌醫，不知反省和改革，反而錯怪海內外報刊沒有將他們所作的壞事說成好事，其結果適足以加速崩潰而已。至於還怒於我，不惜造謠中傷，說我即將投共，則更顯其心勞日絀。假如我在台灣，太子派固然可以再製造一個雷案。可是，我如今却遠在他們魔掌之外，太子派又其奈之何？近年以來，我嘗想到我自二十歲加入國民黨，即開始反共，三十多年如一日。過去在大陸時，犧牲奮鬥，不遺餘力；但眼睜睜的看見國民黨一天一天的變質，國事一天一天的惡化，以致神州變色，未能有所爲力。如今流亡香港，更一事無成。足証自己的能力和努力，兩均不足，內心實有無限的慚愧。可是，一想到妻及子女每一個都熱愛國家和堅決反共，也就引以自慰了。因爲三十多年以來，許多反共的人士都難保子女不爲共黨所惑。即以將先生而論，雖然他被稱爲反共的老舵手，非他不足以領導反共；但當年他反共之初，其愛子蔣經國還當着俄共率先高呼「打倒新軍閥蔣介石」的口號。如今飽受俄共訓練的蔣經國雖然隨侍在側裝出一副孝順之像；實則仍是包藏禍心，別有企圖的。前月黃埔軍校第三期畢業的某君來港，曾面告一位過去在大陸時原是他的長官，現在則爲本港某大厦看門的第一期同學說：他已屬於太子派，不久的將來，蔣經國做了總統，他就可望升官，到時一定設法接這位老長官入台安插。這位一期的同學告訴他「你已上了賊船而不自知，我寧可在此爲人家看門，決不投靠蔣經國以自貶人格。」由此，可知蔣經國已經準備取蔣先生的地位而代之了。春秋時代，季氏將伐顓臾，孔夫子告冉有子路說：「吾恐季孫之憂不在顓臾，而在蕭牆之內也。」我今日也可以說：「吾恐蔣先生之憂不在主張民主反共的人士而在家庭之內也。」

中共承認兩廣最近曾發生人造水災

陸聞

對於廣東廣西各地最近發生洪水的情形，本報已迭有報導。但迄至七月十八日，中共「中國新聞社」才發表消息，承認了這一事實。它說「六月下旬到七月上旬發生歷史上少見的大洪水」。

又說「六月廿二日，華南地區曾兩次受到北方冷空氣的侵襲，廣西大部份地區和廣東北部，都從六月廿四日至七月三日一連九天大雨或暴雨，因此柳江、紅水河、鬱江、桂江、賀江等幾條西江的主要支流，都先後發生了洪水，幾條江的洪水併在一起，就大大增加西江的水量。此外，北江清遠縣以上的地區，在這九天裏也普遍下雨，致使原來水位已經很高的北江，出現了更高的洪水位。由於兩江同時發洪，洪峰碰在一起，又逢農曆六月份海水大潮頂托，再加上連年聯圍築閘，塞支强幹，泄水河道比過去減少，因此雖然這次北江自石角以上洪水並不算大，西江高要的水位和流量也還沒有超過特大洪水的一九一五年和一九四九年，但是兩江滙合後就出現了特大洪峰，整個珠江三角洲河網地區的水位都超有紀錄以來的最高水位一兩分米」。「這次洪水使西、北江下游和珠江三角洲商品糧產區受到嚴重的威脅。這些地區包括十個縣」。「由於此次洪水很大，加以洪水來的比較突然，仍然在局部地區造成損失，有部分較小堤圍被洪水冲崩」云。

中共的這一報導，雖然把兩廣此次大水災歸咎暴雨，而且說是「來得比較突然」，其實這完全是遁詞。因爲每年六七月照例是發洪的時候，今年洪水到六月下旬才來，已經算是較遲，豈能再說是突然。眞正原因，還是中共亂搞水利而造成，故中共在此一報導中亦不得不承認「再加上連年聯圍築閘，塞支强幹，泄水河道比過去減少」，所以，「西江的水位和流量也還沒有超過一九一五年」，但所造成的水災却超過了以往的任何最高紀錄。這就可見中共「聯圍築閘」之不當了。

澳穗通車仍須繞道佛山

何潤强

因水災而影響之澳門至廣州之公路交通消息，中共雖從未承認，但本報曾於七月二十日報導，謂「穗澳公路直通汽車，迄七月六日仍未恢復。主要原因亦因沿途有水災云」。茲據中共香港大公報七月廿二日專訊：「據澳門歧關車站消息：內地珠江洪水已全部下退，由今（廿二）日起，澳門至廣州間的客車復通，但爲安全計，車輛仍須繞道佛山前往。繞道後，多走廿五公里，車票酌量增加一元六角。今日起往廣州的車票爲港幣十二元四角」云。這証實了本報前此的報導。

事實上，目前洪水雖已稍退，但此次洪水使西、北江下游及珠江三角洲附近六百多萬畝耕地受到災害。北江大堤、中順大圍、樵北大圍、桑園圍、佛山大圍等重要大圍在此洪水湧現中，早已有部分堤圍崩缺，造成了非常普遍的災害。否則，洪水既已退去了許多天，爲何澳穗公路遲遲始到七月廿二日才恢復，而且還須繞道廿五公里呢？這就可見澳穗公路部分地區仍被水淹，故不得不繞過佛山哩！

大陸簡訊

藍星

陳毅出席日內瓦會議

共黨集團對寮國的部分陰謀已經由於寮國聯合政府之組成而實現了，所以，中共外交部長陳毅到達日內瓦開會時，也頗有得意之色。據新華社日內瓦七月十七日電：「出席和平解決老撾（寮國）問題擴大的日內瓦會議的中國代表團團長、外交部長陳毅今天乘飛機到達日內瓦，陳毅外長在機場發表談話說：他來日內瓦是爲了簽訂關於老撾問題的國際協議。這個協議的取得，是國際上的大事。他說：一個國家的人民，只要有堅强的意志，進行長期的鬥爭，就能實現他們的願望。老撾三種政治力量的合作，老撾臨時民族團結政府的組成，就是一個例証。這是對於各國人民的鼓舞」。

鼓舞什麼呢？陳毅沒有說。陳毅所謂鼓舞，顯然是指共黨叛亂而言。所以，從陳毅在日內瓦的談話，可以明白的看出：中共不止對寮國，對其它許多地區和國家，現時還正懷着侵略的野心，準備用所謂人民的長期鬥爭，來達成共黨集團對各該國家的顛覆目的。

北平集會支持北越反美

中共對於東南亞久蓄陰謀，企圖用內部顛覆方法赤化東南亞各國，原本是很明顯的。中共的這種企圖，現在不僅已從寮國問題表現了出來，而且更從北平舉行盛大集會以支持北越共黨的反美活動而大大暴露出來。

據中共中國新聞社北平七月十九日電：「北京各界人民今天下午隆重集會，向正在進行反對美帝國主義武裝侵略南越，爭取越南和平統一鬥爭的越南人民，再一次表示最堅決的支持」。「大會由中國亞非團結委員會主席廖承志主持」。「國務院副總理李富春、習仲勛，中國各民主黨派，各人民團體和北京市的負責人，越南民主共和國駐中國大使館臨時代辦黎新，參加了在政協禮堂隆重舉行的這個群衆大會」。「中國人民保衛世界和平委員會主席郭沫若在大會上作了長篇講話」。「郭沫若强調指出：越南人民的鬥爭和勝利也就是中國人民的鬥爭和勝利。在反美愛國正義鬥爭中，中國人民將永遠和英雄的越南人民堅決地站在一起」云。

郭沫若的話最有趣，他正面的暴露了中共對越南的陰謀。他正面的暗示了北越的一切顛覆活動都係聽命於中共。否則，越南了越南，中共了中共，怎麼會是北越的鬥爭便是中共的鬥爭，北越的勝利便是中共的勝利呢？可見，中共確係北越顛覆活動的幕後主持人了。

黃河正醞釀大水災

十年以來，中共對於如何治理黃河，可以說是已經在宣傳上早已宣傳千遍萬遍了。中共說它早已把黃河治好。但黃河現在却正在醞釀大水災，對此，中共新華社曾於七月十八日由北平發出電訊說：「中國人民解放軍鐵道兵團領導機關最近發出通報，表揚鐵道兵某部發揚英勇頑强的戰鬥作風，又快又好地建成河南廣（武）花（園口）、蘭（考）壩（東頭壩）兩條防汛專用線。這兩條鐵路專用線五月一日動工，六月十四日通車，七月二日交付國家使用。現在正源源不絕地把防汛物資運上花園口附近黃河大堤」。

試想：假如不是因爲黃河現正可能發生大水災，中共何必如此這般費時費事的趕修兩條防汛鐵道呢？又何必把大批物資趕運花園口黃河大堤呢？可見黃河之堤又出問題了。

僑鄉近訊

鍾之奇

曾昭科在廣州出席政協

在香港鬧得街談巷議的曾昭科案，因曾昭科之被遞解出境（遞解到廣州）而沉寂下來了。但曾昭科究竟是否與中共有關，則始終是一個謎。事實上，身任香港警司的曾昭科確實是中共潛伏在香港的特務，幸而英國的情報工作做得高明，所以才破了曾昭科的案。否則，曾昭科潛伏在香港警署內，利用其職權替中共工作，不但對英國有損，顯然也將妨害現在香港的一切自由反共愛國人士。所以，英國政府對曾昭科案的破獲和處理，都值得稱讚。

最近，香港方面曾有傳說，說曾昭科已在廣州被中共槍斃。但中共七月十六日却正式公佈了曾昭科現已出任中共廣東省政協委員的情形。

中共說：「政協廣東省委員會於七月十二日下午三時，在省迎賓館舉行了有部份常委參加的時事座談會，會議由馮燊副主席主持，參加會議的有張蘇村、楊康華、蕭雋英、梁廣、蟻美厚、羅明、黃濤、徐民綱、曾昭科、蔡孟康等人」。

中共又說「委員曾昭科、徐綱、楊漢光等作了發言，大家認爲：爲了徹底粉碎蔣匪帮在美帝國主義支持唆使下可能發動的軍事冒險，我們各階層人士，必須在中國共產黨和毛主席的英明領導下，努力生產，支持前線，肅清匪特，鞏固後方」。

由上述曾昭科在中共廣東省政協的發言，可見曾昭科確係中共特務，已是毫無可疑的了。

海南僑眷及歸僑被迫下田勞動

「優待僑眷」、「優待歸僑」雖然是中共不斷高喊的口號，但剝削歸僑，奴役僑眷才是中共的眞正事實。否則刻在大陸之僑眷，何必專靠海外僑胞寄一點點糧食包才能生活？關於强迫僑眷及歸僑下田作苦力的情形，共報迭有透露，茲據中共「中國新聞社」訊及圖片說：「廣東海南島著名僑鄉文昌縣白延公社，在今年早造收割後，又及時地開始了晚造備耕活動，並擴大了晚造種植面積。歸僑及僑眷和當地農民一起努力勞動，有的還被評爲勞動模範」云。附圖則說「文昌縣白延公社篤家生產隊的僑眷王玉卿和林惠秋，都是當地的插秧能手」。

僑眷婦女如此這般地被中共奴役，自爲海外僑胞所痛心，而中共迄今仍在以「優待歸僑」爲名以誘騙各地華僑回大陸，則更值得各地華僑之警惕了。

潮汕平原早稻較去年只高一成

大家知道：廣東潮汕平原去年的早稻收成是極惡劣的，中共新華社最近報導，今年只比去年提高一成而已，可見情況仍然惡劣。

新華社七月三日廣州電說：「從各地早稻收割情況來看，今年潮汕平原不論沿海或內地，重災區或是輕災區，收成都比較好。揭陽縣榕江平原的漁江、錫場、盤東等公社，實收的單位平均比去年增產一成左右」。又說：「潮汕平原各縣去年晚造連續遭受幾次暴雨洪水和十一級强台風的襲擊，受災比較嚴重。今年春耕插秧期間，部分災區又先後遭受乾旱、寒潮和陰雨的影響，生產上的困難較多。這些地區的廣大社員採取了各種辦法，對自然災害進行了鬥爭，終於使早稻獲得了較好的收成」。

然而所謂較好的收成，亦不過比去年的惡劣情況多十分之一罷了。可知潮汕平原今年的早稻收獲總量仍是很少的。

廣寧縣公社幹部素質差

廣東廣寧縣委通訊組在最近出版的南方日報通訊承認廣寧縣人民公社幹部品質差。它說「第一、有的單位在選舉時，沒有眞正發揚民主，使一些不稱職的人被選爲幹部。第二、領導上不注意培養提高基層幹部，使部分幹部不能適應客觀形勢的要求，結果在重新選舉時落選了。第三、領導上對基層幹部的愛護和關心不够。對某些缺點較多，能力較强的幹部則又表揚多，批評教育過少。這往往使一些幹部由小錯誤發展成大錯誤，最後不得不調換工作或者落選」云。

印共分裂危機已加深

·成光·

建黨已歷三十年的印共，由於受到中共、蘇聯意見分歧的影響，再加以黨的領導失掉重心，和對「中印邊境問題」各宗派的政策陷於混亂，因而引起了內部分裂的危機；這種危機，目前已很顯著地加深了。

印共為應付第三屆大選而在新德里召開「中全大會」的當日，其內部各宗派已在大會席上互相公開攻訐，脣槍舌劍的氣氛，立刻引致印共代表團出席蘇共廿二屆代表大會的報告書也不能不為之擱置討論。此外，某一宗派且在席上大聲指責赫魯曉夫為「修正主義者」，於是又立刻引起「莫斯科派」的怒吼，厲聲予以斥責，更影响到各邦黨委提請討論的若干議案，也不能獲得認眞研究，變成了會而不議，議而不決。此外，印共的基層黨部，對中央的決策也不予理會，祇知以本身的利益來決定其行動，如旁遮普的支部，竟然與被中央裁定為最反動的阿克里政黨合作，使中央的領導人物，經常陷於尷尬的境地。同時，在廣泛的問題，地方黨部也各行其是，於是一度發生了一部份共產黨員倡導「左翼團結」替代國社黨，而另一部份共產黨員則高呼「支持國大黨」口號的怪現象。凡此種種，都足以反映出印共分裂的危機，確已達到了巔峯。

猶憶在一九五〇年俄式革命方案正陷於失敗之際，印共的內部便開始呈現出四分五裂的迹象。黨內的各宗派，一直都是在互相磨擦中；此後黨的路線，曾一度仿傚中共，以發動農村叛亂為主。迨至「盲目的進行」遇到觸雷，乃於一九五三年轉而走上英共路線，並以反對「美帝」的姿態來大演把戲；可是這把戲卻也耍得太不像樣，因而更注定了印共分裂的命運。一九五六年，赫魯曉夫於第二十屆蘇共大會上清算了史太林；印共受到了這巨浪的衝擊，領導人物深感無所適從，其內部的紛亂，愈益劇烈。這時便形成了極顯著的幾個派系：一是依然忠於莫斯科的「老右派」；一是傾心於中共路線的「左派」；此外還有搖擺於上述兩者之間的「左中派」和「右中派」。演變至如此胡鬧的局面，當然會漸漸失掉工人團體的支持。

經過了數年的紛爭之後，印共幹部中，又出現了所謂「史太林派」，「赫魯曉夫派」，以至「毛澤東派」和「狄托派」，其分裂的情況，眞是五花八門，使人目不暇給。且其混亂迄未稍休，目前國際共黨人士，也對印共表示失望，認為印共可能在爭吵中喪失其地位！

最近印共「中全會」雖然終於選出了新秘書處，以丹治為主席，南布為秘書長，但不特未能挽救其分裂，且更使老的領袖增加疑慮；蓋由於丹治和南布是屬於各走極端的不同宗派的人物，其思想的歧異，鬥爭的尖銳，勢必更易引致分裂危機的愈益加深，把印共的前途弄得更為暗淡！

但話也得說回來，印共誠然是出現了分裂的危機，而這危機誠然是已越來越加深，不過它的勢力早已深入到一向為國大黨所控制的鄉村，也是無可諱言的事實。因此，印共的根基，暫時是不會發生過度動搖的；理由是印共在貧困無依的鄉人中，在不滿現狀的新興智識份子中，在待遇過低的公職人員中，在失業的青年中，仍然具有一股誘惑力。尤其是一些不容於國大黨的政客，他們會慣然投向印共這邊來。不過，印共在分裂的危機日益加深當中必然不能取得政權；印共領袖對此，也是點首默認的。

目前，印度一部份政客的腦海中，浮現出兩個有趣的問題：第一、在印共內鬨愈鬧愈大中會否另行引起一個左翼的進步運動，使印度走向非共的民主社會主義？第二、在印共分裂中會否誕生出一個既擺脫蘇共也擺脫中共的「獨立印共」？這兩個問題，印度部份政客刻已討論得相當起勁。但默察當前的情況，政客們談儘管談，而在印共分裂的迹象中迄未能找到甚麼有力的結論。

那末，印共將來的命運如何？這就祇有留待日後事實來作答覆了。

星馬合併壓軸戲開鑼

俊華

醞釀多年的星馬合併，目前快做到「壓軸戲」。在這個問題將要進入決定性階段的時候，主張合併和反對合併的雙方，正在出盡死力互相週旋。一方面是密鑼緊鼓，要把合併造成既成事實；另一方卻千方百計，要把合併打銷，扭曲它的進行，至少把它拖緩，希企在拖延的時間中，使出破壞的絕招來。目下正是壓軸戲的序幕開始，緊張的戲碼已陸續出台。

不信任案被否決

星洲總理李光耀，是極力主張星馬合併的正面人物，他認為設若星馬不能於今年合併，則星洲可能赤化，或者大亂。他之不惜委曲求全以求合併，就是基於這一認識。受國際共黨指揮的左翼政黨，立場剛與李光耀相反，他們的希望，就是星洲先大亂，後赤化。所以他們正在「無所不用其極」的，阻撓合併。

左派最先的戰畧，是擒賊先擒王，向李光耀來一個「中央突破」。他們在立法議會提出對李光耀不信任案，希望一鼓攻下合併派的堡壘，但在最後五分鐘，他們失敗了。

可是李光耀的獲勝，也不是獨力戰勝，而是獲得他的右翼政敵「無聲的支持」，林有福的人民聯盟，和星洲巫統，本來是視李光耀為左派的，但在李光耀受到他的左派——親共派總攻的剎那，右翼卻對李氏休戰，這就幫助了李光耀。

星洲議會全額五十一席，人民行動黨未分裂前佔四十三席，但先有王永元等的脫黨，繼有李紹祖，林清泉等的被開除黨籍，另組社會陣線，使行動黨的正統派只剩二十六席，近日又有何佩珠脫黨，以致李光耀派只剩二十五席，還要多有一席，才是多數。

但七月十四日的不信任案投票，結果李氏以廿四對十六票擊敗左派。因人民聯盟和巫統七票棄權。左派乃告慘敗。

右翼幫忙李光耀

左派以為人民聯盟和巫統，與行動黨向來水火，假如他們幸災樂禍的話，李光耀就非下台不可。政局一旦變動，後繼人選不易，混亂隨起，星馬合併即可成為畫餅了。

可是他們估計錯了。現在他們責怪右翼對李光耀休戰，他們認為，巫統和林有福，都是受馬來亞總理拉曼所影響，站在星馬合併的一邊。

其實民主政治下的鬥爭，儘管各黨在政見上互相攻擊，以至體無完膚，但對於國家大事，卻往往能夠放棄私見，一致行動。誰都看得到，星馬合併不能再延，因此也非支持李光耀不可，決不能幸災樂禍，「公報私仇」。這與左翼的「不擇手段，正是明顯的對照。

因為右翼採取顧全大體的態度，決定「由全民投票決定合併」的法案，也在議會通過。左翼方面，原來主張「各黨派政治協商」，不願由議會討論，也反對全民投票案。但議會代表人民，總勝於政黨代表人民，何況最後須經全民票決呢？

左翼在議會失敗之後，於是異想天開，要求聯合國干涉星馬合併，他們聯合了十九名議員，向聯合國上書，要求聯合國參加合併的討論。

聯合國拒左派申請

聯合國殖民地委員會於七月十八日討論星洲反對黨議員十九人的申請，終於決定對於「日來接到星洲方面連串的申請」，「不予以正式注意」。該案以舉手表決，十對二通過，五票棄權。「不予注意」案，是印度提出的。

印度代表巴卡瑪說明提案的理由說：「委員會只有認為星洲政府並非民選所產生，方可參加干預此一問題。印度對星洲政府係屬民選認為滿意，而申請干預者乃為此政府議會中之少數份子——此即反映渠等不受星洲政府及多數人民所支持」。高棉、突尼西亞等附議印度案。蘇聯波蘭則表反對，付表決通過了印度案，即聯合國不應干預。

這一案件的表決，雖在距星洲極遠的聯合國，但實際上，還是由於瞭解星馬內情的亞洲國家支持星洲政府，才能把反對派的申請否決。更主要的支持力量出自印度。原來李光耀早已預料到反對派可能有此一着，所以他於月前百忙中曾訪問印緬等亞洲國家，陳述星洲對星馬合併的立場，據說「獲得廣泛的瞭解」，李光耀固然可以說有先見之明，但也可以說是尼赫魯對星馬合併，助了一臂之力。

反對的五位領袖，代表五個黨派的，十八日還向英聯合王國駐東南亞高級專員遞交抗議書，認為合併中沒有把星洲人民列為大馬來西亞公民，將來「必不穩定」，對星洲及大馬來西亞「均屬不妙」。這抗議書表示他們還將再極力抗爭。

拉曼在倫敦與英國談判大馬來西亞合併，據說相當順利。但看左翼不擇手段的作風，在全民投票之前，必定會有罷工暴動等騷亂的發生。

·吉隆坡通訊·

卑劣的鱷魚之淚

凌蘇

海外共報在香港邊境難民蜂湧進入時所顯出的狼狽相，是大家有目共睹的。當時，筆者及朋友們曾設想過：除「西方通訊社發自北平的「中共業已向英國代辦表示注意到了此一局勢」的報導以外，中共大概不會再向大陸人民就這次出醜現世、喪盡體面的事件作任何交代了。誰知大謬不然。他們竟然恬不知恥地利用竹幕的存在，由把守着鬼門關的廣東當局，通過廣州的「羊城晚報」進行顛倒黑白，作危言聳聽的勾當，並對「向香港進軍」的難民表情十足地擠下了幾滴鱷魚的眼淚。在脫下了狼皮之後又披起外婆的服裝。在那裏聲嘶力竭地喊着：「乖乖不要走！聽外婆的話，香港是陷阱和魔窟，可去不得啊！」

這是廣州「羊城晚報」每周一次的港澳新聞專欄，時間是六月六日。距今誠然是一月有餘了，但這宗由工具們挖空心思「嘔」出來的「傑作」，應該拿到光天化日之下，見見陽光，使人們能從另一角度來認識共產黨人的醜惡和卑劣。

首先，先介紹那「精彩」的通欄標題：「香港歹徒橫施毒手，往港探親同胞遭歿。」對於這條標題，上句後文再論；下句照事實應該改為「遭歿同胞往港探親」。「親」字是廣義的。有親戚投靠是探親；無親戚投靠也可以是「探親」。因為海外有的是黃膚黑髮的同胞，而台灣也有個中華民國政府。否則，把逃亡的難胞，寫成以至印成「往港探親同胞」實在是匪夷所思！

說到內文更「妙」，是這樣的：「（香港訊）據此間許多報紙披露，香港近日出現了一種新的詐騙活動。有人組合成各種大小詐騙集團，以帶路、運送衣物、傳遞消息、訪尋親友等等作為藉口，專門向由內地來港探親的同胞下毒手，詐騙財色，無所不為。卽以反動報紙如「香港時報』、「星島日報』、「星島晚報』、「眞報』、「新生晚報』等來看，他們對於這種種罪惡活動，也無法完全掩蓋。」

以這一段文字結合事實查考，在當時熱情救濟和全力支援的善良同胞羣中，確實混有個別不肯之徒。但中共未免太「體諒」他們了，簡直在那裏為「詐騙」張目。因為它居然不忍登出法院判決和輿論譴責的情形。此外，還中共這股「正氣凜然」的勁頭，根據上述報導的邏輯，既然「反動報紙」「對於這種種罪惡活動」是在「無法完全掩蓋」的情況下才加以「披露」的，為什麼「代表港九各界」的、聲稱什麼「我們的報」的「同志」們在那段時間內一致有眼如盲、有耳如聾了呢？非常遺憾，在港九各界心目中，「無法完全掩蓋」「由內地來港探親的同胞」底難民逃亡實質的是中共的反動報紙，諸如「大公報」、「文滙報」、「新晚報」、「商報」、「晶報」之類。至於被中共煞有介事地指名誹謗的各報，是否有意向國際法庭或國際輿論公訴，筆者無從論定。

接着，在「蛇頭集團四處橫行、藉口帶路勒索巨欸」的小題下，中共引用了香港時報、新生晚報和星島晚報的片言隻語，向意欲逃亡的人們潑冷水。說什麼有人「對來港探親的同胞恣意恐嚇勒索、形同擄人標參。：奔走於香港同胞和前來探親的內地同胞之間，到處敲詐，小者勒索數百元，多者逾千元。」

躍躍欲試要逃亡的大陸人民，是具有各種不同身份的，上述區區之數的經濟恐嚇，可能收效不大。是於根據不同對象，中共要出不同的花招。

「據說有一蛇頭，發現一來港靑年的父母在美國經商，便認為『奇貨可居』，以帶路為藉口，勒索美金高達一千元。」這段話很明顯是對僑眷說的。

對於婦女所選用的字眼是令人發毛的，在「色鬼阿飛遍佈陷阱，强姦婦女迫良為娼」的小題下，把星島日報和眞報的報導歪曲成：「初到香港的靑年婦女，更是那些騙徒、色鬼的垂涎之物……把她們賣到九龍城砦當娼。……至於被誘奸、强姦之事，時有所聞。」

你是學生，想逃到香港繼續學業嗎？請看：「津貼學校僧多粥少，招生十餘名，投考者兩千」。「為什麼會有這種現象？眞是說來話長」。「原來香港的殖民地敎育是非常不合理的。」哪裡才合理呢？當然是「內地」囉！不信？有香港「商報」的「懺悔錄」為証：「我原在家鄉某農業專科學校讀書。該校不但免收學雜費。且供給我們一切費用。也許是上蒼作弄，四年前的一天，我竟然到這戰場般的「天堂』，從此開始我苦難的歷程。」

這段「懺悔錄」說得活靈活現，在備受勞役的大陸學生們看來，不啼笑皆非者幾希！此外注意「家鄉農業專科」字樣，裏面大有文章呢！誰不知道「人民公社」這把「上天梯」，帶來的地獄般的苦難？以筆者來說，對於夜以繼日的「大煉鋼」運動和「戰場」般的田間兵團作戰，就記憶猶新，永不能忘！

對於企圖逃亡來港就業的人更盡「心理作戰」之能事，除了「求職受欺騙、白送保証金」以外，還利用「香港小辭典」的名目解釋什麼叫做「些那堪」。說什麼「香港人譯意是猪仔舘……是專門販賣人口出外洋的魔窟」。言下之意是，你要逃到香港嗎？小心「魔窟」拿你當「猪仔」賣了！

最後，說到作為「先鋒隊」的工人。這個功勞又得讓「商報」去領了，因為它的「讀者〈？〉來信」正合需要。在「商報」原文之前，「港澳新聞專欄」的編者特加按語說：「香港一個失業工人，寫信給香港商報備述他在香港的種種不幸遭遇。他現在正處於徬徨無告的境地。備受親友的白眼，並曾試圖用自殺來控訴香港社會。原信在香港商報發表時，共有兩千多字，這裏發表的是摘要。」這個按語的行文很妙。照理說，欄目是港澳新聞，實在不必要在五六十個字中，多處使用「香港」這個字眼，就算是與澳門分開，用一個也就够了。唯一的解釋是編者故意在那裏製造香港去不得的氣氛。說到被編者「摘」下來的「要」，就更可怕了。為省篇幅，筆者也權且作個摘要的「摘要」。

「勞動量很大，勞動强度很緊張，而且不時要受老板的打罵，使我精神逐漸衰退，身體日益瘦弱……

「為了生存，我盡量控制自己去忍受一切難以忍受的屈辱和辛苦……

「現實是無情的，我的理想完全落空了。

「香港的機器行業，到處都有人滿之患，要找工作可不容易，就是解決個人的一宿兩餐問題也頗不容易。

「人們常常以白眼相待，……對於一切閑言閑語，我是聽在耳裏，苦在心裏。

「不如意事十常八九。由於工作過度辛勞，我的身體更加吃不消了。曾有一次暈倒在機器旁邊。工廠老板對我的健康不但毫無關心，最後甚至要我『另謀高就』。

「我現在正徘徊在歧路上，不知如何是好，我也想試圖了結殘生來控訴這不合理的社會，但內心也有矛盾……」

這位「失業工人」的內心矛盾的內容，被中共刪去了。大概是怕再「摘」下去會影響他們的讀者底「內心矛盾」！

上面的介紹，大致已包括了該期「港澳新聞」的「精華」所在。讀者可以自行作出判斷和結論。至於香港與大陸何者「合理」的問題，不在本文討論之列。但是，可以作這樣的斷言：如果不是英國迫使中共「注意到了」香港邊境的難民事件，則久經飢餓考驗和飽受折磨鍛鍊的男女，必然不怕「遭歿」而繼續蜂湧進入這個鱷魚為之流淚，「外婆」為之嘮叨的「陷阱」、「戰場」和「魔窟」的「天堂」！

長夏江村事事幽

劉裕畧

這幾天的香港，氣溫比較高，有些人已在大喊天氣太熱了。其實，比之南京、上海、漢口、重慶等地，香港夏季的氣溫還是比較低，只和我的故鄉成都最相像罷了。

成都附近的風景，很像江南。但氣候却和江南不同。在江南，冬天很冷，夏天也很熱；成都就不然，冬天不太冷，夏天也不太熱。最難得的是成都每每夜間下雨，一到天亮，雨便停了。這使成都的氣溫得到調節，同時，雨過天青，朝霞萬里，尤使人倍感舒暢。所謂「渭城朝雨浥淸塵，客舍青青柳色新」，「小樓一夜聽春雨，深巷明朝賣杏花。」正是這種寫照。

因為這樣，所以在成都夏季出遊，常常都是晴天，很少遭遇到雨。江南可不是這樣，那裏通常是「江雨霏霏江草齊，六朝如夢鳥空啼。無情最是臺城柳，依舊烟籠十里堤」；那裏是「亭亭畫舸繫寒潭，只待行人酒半酣，不管烟波與風雨，載將離恨過江南」。那裏是「千里鶯啼綠映紅，水村山郭酒旗風，南朝四百八十寺，多少樓臺烟雨中？」至於李白所說：「橫江館前津吏迎，向余東指海雲生，郎今欲渡緣何事？如此風波不可行！」以及蘇軾所說：「天外黑風吹海立，浙東飛雨過江來」的暴風雨情形，一律在成都看不見。香港的雨季和年年可來的台風，在成都的雨季，當然更找不到了。

成都雖然不太熱，但許多成都人還是要歇夏或避暑。他們有幾個去處：一個是峨嵋，一個是青城。這兼有遊玩和避暑的意思。但都只宜小住，因為峨嵋山頂，氣候很低，夜間須着棉衣，青城山中清寒，也得穿夾襖。況峨嵋山是全國著名的佛教叢林、青城山是馳譽遠近的道教宮觀。住得太久，畢竟乏味。另外一個好去處是灌縣靈巖，比較接近市區，不熱也不冷，風景幽美，顧名思義，那是一個容易誘發性靈的地方。在靈巖，可以遠遠望見大雪山伸首雲表，時隱時現，岷江且在這附近山區發源，只是地方小，住不了太多的人，所以成都人消夏的主要目標，仍然落在成都城郊各名勝和寺院。望江樓、文殊院等都是人們喜愛的地方。文殊院屋宇高大，佛像巍峨，既有庭園，又有素席；望江樓擅樓臺亭閣之美，門外有垂楊，樓下有流水，吸樓側薛濤井水泡的淸茶，沁人肺腑，登樓靜坐，尤易發思古之幽情；樓下籠竹叢生，像傘一般高高的遮着太陽，坐在那底下乘涼，別有一番風味。但亦以遊人太多，擁擠雜沓，便又顯得煩囂了。比較起來，最好的去處，還數成都城外錦江邊的幾處茶館，其中尤以江上村最佳。

江上村在南門外城牆邊，面臨錦江，對岸就是有名的風景區華西壩。舊名南臺寺，以闢作華西大學而改名。壩上楊柳垂垂，從江上村隔江遙望，但見翠綠一片。江上村左右，亦多芙蓉，夾竹桃和垂楊。這與杜牧所說：「數樹新開翠影齊，倚風情態被春迷。依依故國樊川恨，半拂村橋半拂溪」的情景眞是相似極了。

籠竹是川西的特產，遠在唐代，杜甫就很愛它。距江上村不遠的地方，就是杜甫當年卜居的草堂。杜甫曾在他的草堂落成時吟詠道：「背郭堂成蔭白茅，緣江路熟俯靑郊。榿林礙日吟風葉，籠竹和烟滴露梢。暫止飛烏將數子，頻來乳燕定新巢。旁人錯比楊雄宅，懶惰無心學解嘲。」誠如所說，這一帶籠竹確是特別多。江上村也就是利用江邊籠竹來設置的。所以，那裏的風景，就眞如杜甫所說：「淸江一曲抱村流，長夏江村事事幽」了。

江上村在江流環抱中，在籠竹陰蔭下，江水在面前流，江風在徐徐吹。到江上村去飲茶的人，人人都可得到這種享受。錦江的江風，不是一種狂風，錦江的江水，也非波濤洶湧。它是隨着錦江的發源地岷江吹來流來的！它掠過了大雪山，再從高處落到低畔。故風勢緩而爽適，它從大雪山帶來的涼氣，輕輕地襲在人身上，使人涼暢愉悅。

通常，一般茶館總是受着一些不必要的虛僞禮節的拘束，江上村全沒有這些。那裏的竹椅是隨隨便便擺在竹蔭下的：茶桌亦可隨着坐椅移動。你高興在這一堆竹蔭下飲茶，就在這裏飲茶，你高興移動移動，到那一堆竹蔭下飲茶，就在那裏飲茶，三個鐘頭也好，五個鐘頭也好，甚至一整天也好，茶房决不會來干涉你，更不會對你絲毫表示不歡迎，這是四川城鄉任何茶館的習慣，也是人類社會的人情味，誰說這些人情味不好呢！

江上村雖在城郊，却與成都最大而最有名的餐館之一的郊外竟成園連在一起。餓了可以到竟成園吃飯，茶座則照例可以保留。高興的話，僱一隻遊艇，上溯錦江到萬里橋，下泛淸流到薛濤故居崇麗閣。遊罷歸來，重登茶座，直到夜深，亦無不可。總之，江上村就是這樣一個自去自來，無拘無束的地方。以峨嵋與靑城來講，總不免稍嫌冷寂；以寺廟宮觀來比，亦不免稍覺森嚴。只有這裏，旣有陽光，又有竹蔭；旣有淸風，又有流水，來去自如，怡心適體，在最平凡中顯得最不平凡，宜乎許多成都人最喜歡這地方了。

抗戰回憶錄（一九）

張發奎

六　任第四戰區司令長官

回溯淞滬會戰初期，我原任右翼軍總司令。但頻臨淞滬會戰末期，最高統帥部已決定自淞滬前綫撤退時，我即被調任淞滬會戰的中央部隊總司令，負担了淞滬會戰的戰敗和撤退責任。這一次桂南之戰，歷史重演，我又被安排的担任了這一簽署撤退命令的角色。事後，我曾因桂南之敗受處分，但我對最高統掛部隨後因桂南之戰給我的處分並不慚愧，因為我實在並沒有指揮過這一場戰事。所以，在我担任第四戰區司令長官職務期間，最使我憾慨的，還是最高統帥部任意分割建制和隨便破壞我戰鬥區分的事情。我相信那不只使我個人尷尬，因為使我個人尷尬的事畢竟是小事，像那種世界戰史上絕無前例的作法，對第四戰區的整個作戰帶來的不利才眞正關係重大。

七、平靖的時期

日本乘法國戰敗之危，於廿九年冬侵略法屬越南，桂南的敵人為策應其海上進兵行動，自九月即將龍州南寧的部隊陸續抽調入越，至十一月末南寧的敵人，全數棄城由欽州灣登艦而去，在敵人鐵蹄下將近一年的桂南平野，全都歸回了祖國的懷抱，我們除了仍須看守幾處越桂邊境的國境門戶之外，此時戰區轄境已無敵人的踪跡。

因此我們有過一段平靖的時期，這平靖的時期一直延至卅二年秋方為桂柳會戰的炮火所打破。在這個平靖時期，我們也做了許多平靖的工作，這雖然不是直接的戰鬥動作，但所有工作的進行，都是基於遠大的着眼，為當時情勢所需要的。

第一件工作，當然仍是顧慮越邊的安全和沿海的戒備。其時我們決不能斷定敵人不會捲土重來；尤其要判斷當敵第二次重來的時候，其兇殘當更為加倍，桂越邊境的平孟隘、龍邦、水口、平而關、鎮南關、愛店，和粵越交界處濱海的東興，都是我們必須加強守備的國境要點。清代蘇元春鎮守桂西時，曾於鎮南關至龍州一帶設立炮壘數十座，並置有舊式大口徑炮於每一個可以瞭望越邊的高地，至今仍保存完整，當然這些炮火與設備，在今日已不適用，但亦可見當時清廷對於邊區的國防也曾特別重視。我當時曾向中樞建議，劃此地為要塞區域，設官專司其事。奈未為中樞所重視，隨後仍是門戶洞開，毫無國境設防的跡象，任令邊區的匪類，藉此作為逃逋地帶，自由出入其間。

在法國人統治越南時，我們在龍州設有汎警督辦公署，並有汎警數百人分布於各重要關隘，以辦理人民商買出入國境事務。法國人亦在龍州設有領事館，數十年來法國人尚無野心，使我們的西陲得以平靖無事。但後來就不同了，法國人已寄存於敵人卵翼之下，完全喪失了統治權力。敵人的行動，隨時都有可能竄入國境，以威脅我們。因此我當時雖被人喻為三代單傳（在南寧克服後，各部隊均調離他處，此時戰區僅轄有一個第十六集團軍司令部，和該集團軍所轄的一個第卅一軍），我雖僅有一個軍，也不能不把它的主力配置於國境線上。

南寧克復後，大部分的軍隊均離開戰區，調往別處作戰，在它們離開之前，我舉行了一次戰史旅行，在崑崙關南寧各處，考察敵人遺下在戰場的遺跡，這是極需要而有價值的事，敵人以少數兵力據守南寧將近一年，我們以十倍以上的兵力對它攻擊不下，這原因何在？我們必須研究。其他如敵人防禦的配備，陣地的位置，以及築城方法等都有考察的必要。

從戰史旅行的考查，我們明瞭了敵人防禦配備的情形，敵人的陣地是一個圓狀據點式的構築，每一個據點的周圍圍繞着許多衛星式的小據點，形成了要塞複廓的形狀。每一個小據點都能獨立作戰。而且各據點之間的火力都有互相的連繫。指揮的中樞在據點的中間，亦有其獨立防衛戰鬥的設備。各據點的位置很巧妙的利用地形，而且並不一定有整齊的前緣和開闊的前地，有時一個射界短狹而很蔭蔽地形，也被它們利用作為一個秘密的陣地，這和我們通常採取一個有廣闊的前地和射界而比較整齊的地形，連結步兵抵抗地帶而成的陣地大為不同。所以我們從一個正面去攻擊是常常不會成功。即令深入其陣地內部，亦不能撼動其陣地的聯鎖。除非把每一個據點逐一推毀，否則不易收到決定性的效果。

敵人的防禦戰術，亦不是專靠固守據點的戰法，它在據點中央與外圍還控置着相當機動的兵力，對於攻擊者隨時予以逆襲的行動。如南寧東的四塘和北側的三塘就都各集中有約一個聯隊的兵力，隨時策應崑崙關和高峯坳的戰鬥。（未完）

中國現代史資料評介之二（中）

（辛亥四川爭路親歷記）

舜生

『清史稿』有趙爾豐傳，孝懷把這本書寫完以後，取趙傳加以檢查，僅爭路迄趙被殺一段，即發現四大錯誤。我把孝懷這本書看過兩次，也取趙傳檢查，覺孝懷所指謫者，乃無可否認。

一、趙傳說：『川亂起，爾豐還省。』孝懷說：『路事起後三個月，趙督才到任，那時川並無亂，亂事是在七月十五誘拘諸人之後才起來的。』

二、趙傳說：『爾豐捕蒲殿俊等拘之。』孝懷說：『對蒲殿俊等並未用逮捕的方式，乃係藩台尹良趁藩署每日會議的時候，偽稱郵傳部有電來，誘諸紳到督署看電報，而拘留的。』

三、趙傳說：『軍民環請獨立，爾豐遽讓政權。』孝懷說：『並無軍民環請的事，只是趙督為大勢所迫自己不得已才把政權交出來的。我所記的移交政權一段才是事實。』

四、趙傳說：『標統尹昌衡率部入城。』孝懷說：『兵變之日，尹昌衡並未當標統。』

任清史館館長者為趙爾巽，為乃弟爾豐立傳僅四百餘字，竟錯誤如此之多，爾巽殆未一過目，其草率誠不可恕也。

平心而論，鐵路國有，原不失為一堂堂正正的政策；以事實來說，當時的粵漢、川漢兩路，涉及湖北、湖南、四川、廣東四省，名為商辦，而籌款的方法，川則按租抽股，湘更抽及米鹽、房屋、田畝各雜捐，人民實已感到非常吃力。以川路來說，在國有政策宣布以前，原已集有股款兩千餘萬（包括租股及認股），經過了四年的工夫，僅僅把路綫勘察了幾次，在宜昌築了三十里路基，已經把股款耗費了不少。再加上，川路上海分公司的經理施典章，更把存款拿去做投機，又損失了兩百餘萬，曾經川紳甘大璋、杜德興等參奏。當時經過盛宣懷和載澤（宣統二年冬盛與載澤分任郵傳部及度支部尚書，三年四月改稱郵傳及度支大臣。）授意主張鐵路國有最力的，有四品京堂鄭孝胥，給事中石長信；石的奏摺說：『…從前規畫未善，全國路政，錯亂紛歧，不分枝幹，不量民力，一紙呈請，輒許商修。乃數年以來，粵則收股及半，造路無多，川則倒賬甚鉅，參追無着；湘鄂則開局多年，徒資坐耗；竭萬民之脂膏，虛糜侵蝕，恐曠時愈久，民累愈深，一誤何堪再誤？……』這些話大抵都是很對的。

可是政策儘管不錯，所指商辦種種毛病儘管都是事實，但要由一個貪污有名的慶親王奕劻所領導的內閣來完成這樣一件大事，則畢竟不可能。原來自從光緒三十四年慈禧死了以後，清廷的最高政權，已落在一個少不更事的載灃之手。他執政以後的總方針，乃在藉預備立憲之名，行中央集權之實。所謂集權，第一是集軍權，第二是集財權。為集中軍權，他便首先去袁；為集中財權，他便用一個皇族載澤管財政，更用一個最長於借債的盛宣懷長交通。所謂鐵路國有政策者，一方面是集中財權的基本辦法之一，另一方面也就是大借外債最有效的方法之一種。再加上到了宣統的元二三年，革命的鼓盪，已達高潮，這次慶內閣成立，正緊接着黃花崗一役以後，載灃眼見漢人的排滿一天天趨於激烈，他覺得最有效的對付，便是針鋒相對的排漢，因此這次慶內閣的一十三個大臣，滿人佔去八個，蒙古一個，漢人只得四個；而八個滿人中，更有五個是皇族（除總理大臣奕劻外，度支部載澤，民政部善耆，海軍部載洵，農工商部溥倫），於是乃有『皇族內閣』之稱，不僅革命派振振有辭，即立憲派也大失所望。有人說辛亥革命為路潮所引起，實際相反，路潮乃正為革命潮所推盪。一個政府最不能失掉的，乃是人民的信任，信用一失，不僅做壞事人民要反對，就實際是一件好事，人民也還是要反對的。所謂鐵路國有風潮，簡單明瞭的說，即人民對這一『皇族內閣』根本不信任的一種借題發揮而已。

當鐵路國有的消息初到四川，反對的聲浪並不怎樣高，甚至還有有力人士，提出附條件的贊成。例如鄧孝可，他便主張政府將四年來用去及上海損失之款全部用現金歸還，他們便可連同未用之款改作四川的建設經費，而把完成川路交由政府去負責。後來其所以惡化到不可收拾，原因相當複雜。扼要言之，下面的幾點都相當重要：一、護督王人文對這件事是主張愼重解決的，他曾電奏政府，指出盛宣懷與四國銀團所訂合同損失權利太大，要求改約，並劾宣懷，結果被『傳旨嚴行申飭』（王電奏稿即由孝懷起草）。二、趙爾豐以前任川督的是趙爾巽，爾巽去川，乃改爾豐。其時爾豐任川滇邊務大臣，未即到任，故由王人文護理。政府以人文儒緩，促爾豐速來，於是爾豐以閏六月入成都。時川路駐宜昌總理李稷勳一聞鐵路國有，即與郵傳部商訂，移交工款；郵部招與密議，仍令接主宜歸路工。川人謂稷勳未經總公司通知，股東會議，決及川督命令，擅自達都，仍用川款築宜歸路，要爾豐代奏，黜退稷勳。爾豐也覺得政府過於操切，即據以上達。但郵部復奏請欽派稷勳管宜歸路事。於是川人大譁，謂郵部蔑法欺天，置全川出資築路商民於不顧，因有七月初一成都罷市、罷課，頂着光緒帝靈牌游行，並聲言不納稅，不出雜捐以抵股息的大風潮發生。三、川人推諮議局副議長蕭湘及劉聲元、阮恒等入都上書反對，均不得要領，結果聲元等被遞解回籍，蕭湘[illegible]南歸，也由載澤電湖廣總督瑞澂將其逮捕，囚於武昌。四、載澤、盛宣懷疑風潮為川紳所鼓動，認爾豐鎮壓不力，乃命『督辦粵漢川漢鐵路大臣』端方帶兵一協，入川勘亂，於是川人更為憤激。五．罷市風潮歷半月不得解決，趙怕端來他自己的地位不能保，又發現高等學堂學生閻士一散布所謂『自保商榷書』，亦疑蒲殿俊等所為，於是與藩司尹良密謀，於七月十五，誘拘羅綸、鄧孝可、蒲殿俊、顏楷、胡榮、張瀾、江山乘、葉秉誠、王銘新等於督署（初擬殺之，繼交將軍玉崑看管）。川民聞訊，因扶老攜幼，集督署環跪，為諸紳請命，趙見羣衆勢難遏止，乃命開鎗，當場死七人，傷無數，自是川亂擴大，各縣紛起民團，與官軍開戰，互有死傷，至成都閉門數日。爾豐誣奏羅倫等為逆焚攻督署，已以計先期捕獲，政府雖獎之，仍謂其不能已亂，於是乃更起岑春煊入川辦理剿撫事宜。

本刊已經香港政府登記

聯合評論

每逢星期五出版

週刊

United Voice Weekly

第二〇四號

督印人：資宇人　總編輯：左仲平

社址九龍大埔道一六八號南亞書局 805641

承印嘉羅印刷有限公司香港灣仔馬師道5號

總代理：友聯發行公司售價每份港幣一毫

本報美洲版經銷處美國紐約中美出版社

CHINESE - AMERICAN PRESS, INC

199 CANAL STREET.,

NEW YORK13 N. Y. U.S.A.

美洲航空版每份零售美金一角

東南亞近事二則

許子由

一九五六年我寫過一本小冊子，叫「東南亞的獨立時代」，由文光書局出版的。在短短的六萬字中，概述泰緬菲越寮棉印尼星馬等九個國家及地區戰後的簡史，大部份是她們獨立的經過和展望；因為除泰國外，其餘都是剛剛獨立或尚在爭取獨立中的國家。

在編寫的過程中我曾發覺了三個問題，可以說是東南亞國家的特質，有共通性的。概括的說來：第一，東南亞國家擺脫了舊殖民主義者而獨立，但在獨立還沒有完全完成的時候，就已經有了共產問題的威脅；看來東南亞國家還得要再擺脫新殖民主義者，然後能有完全的獨立。

第二，東南亞國家大多是領土較小，資源不能算是豐富的國家，在航空世紀核子軍備的現代，要一面建軍守衛領土，一面樹立國民經濟，未免太為艱難。換句話說，她們建國的基礎，實在過於薄弱。要補救這一先天的弊病，只有東南亞國家團結或聯盟等方式，方才可以糾正。

第三，東南亞國家的重要性，已超過了過去任何時代。過去亞洲事務是以日本中國為主角，可以說是東北亞時代。日本戰敗及大陸陷共，東南亞這新生的政治領域，相形之下就格外重要起來。東南亞的獨立時代究竟到來，有關方面就得從事這一歷史的使命。

我的呼籲是東南亞國家自謀團結。其次，華僑要協助所在地的國家及協助與鄰國合作。最後，要先進國家們對東南亞國家援助。如果東南亞國家搞得好的話，就可以在亞洲產生穩定局勢的作用——那是假定中共還沒有崩潰的話。

寮國協議的價值

六、七年來，東南亞最大的問題仍是新殖民地主義者的威脅。日內瓦分割越南協定墨瀋未乾，寮國和南越都有被顛覆之虞，引起了戰爭危機。南越的前途，是否再有奠邊府戰役可打，是否再有日內瓦會議可開，還得假以時日，看鬥爭雙方的下一步棋怎樣。寮國的「非分割而聯合」協議，卻是當前重大的考驗。

甘廼迪、赫魯曉夫、傅馬都捧寮國協議，幾乎認為是解決國際紛爭的榜樣。如果東西德能援引寮國的先進經驗，在柏林成立一個聯合政府的話，則巨頭們的說話似乎比較可以令人相信。其奈赫魯曉夫視西柏林如「骨鯁」，絕沒有與美國再合演一幕「禮尚往來」的雅量！

傅馬在華府保証「寮國能夠保持中立，因為他自己和百份之八、九十的人民，是贊成中立的。」但在同時，傅馬說他們被指責是「共產黨」或「親西方」，因為接受雙方的援助。傅馬慨歎地說：這是「中立國家的命運」！因為她不得不依賴「比他們強得多的國家援助」。

這誠然是良堪浩歎的事。如果沒有蘇機空運軍火接濟左翼，美國軍援裝備右翼，寮國人決不會自己打自己的，他們是世界上最和平的人民。可是這一事實，正足以反証，寮國人即使百份之九十五要中立，也還是無濟於事。問題也和南越之亂一樣，在於那些參加簽字的若干外國，要不要攪。

泰國對於寮局，認為共黨既成為政府中人，則「儘可為所欲為」。簽字者有北越中共在內，是否可靠殊成疑問。這倒是眞切之論！奉勸美軍不要自泰國撤退太早，假若月前美軍沒有東開，恐怕日內瓦還簽不了字哩！

大馬來西亞談判成功

英國與馬來亞馬來西亞談判的消息，今天傳來的是協議草案經已完成。雖然詳細內容猶未公佈，但從在最後幾天的爭議看來，能夠迅速協議，可能是出於英方的讓步。

北婆三邦何時與星馬合併而為大馬來西亞，以及在星馬合併後，北婆合併前的過渡時期，北婆三邦權力誰屬的問題，一度幾陷談判於破裂。麥美倫與東姑拉曼在鄉間別署的餐間會談，似乎把這兩個難點給解決了。偉大哉「大刀麥」，確乎有大刀濶斧的作風。

大馬來西亞的領域全部是馬來羣島，主要人口是巫人華人和達雅人，同時又同樣是自英國手中「和平的獨立」——並不像越南或阿爾及利亞，經過多年浴血苦戰之後，還是非獨立不可。在於及時放手和預為之所這些關口上，英國人是有其優良政治經驗的。基於這些情況，「大馬」的合併，確是順理成章。雖然三邦的合併，稍為急驟；但用刀叉吃西餐，固然斯文；不用刀叉，也仍是可吃西餐的。

新殖民主義者多方面阻撓「大馬」「各個階段的合併」，一言以蔽之：惟恐天下不亂！李光耀就指出過：共黨與其對付馬來亞有力的中央，它不如對付英殖民者。在北婆，他們也採同樣的態度，藉爭獨立之名，陰行滲透之實。再者，如果北婆三邦各自獨立，其輭弱將有如印支的三邦，可成為侵蝕的對象。

英國的當機立斷，值得喝采！這是大英聯邦在世界上蔚成一種新政治型式的理由。據說三邦人民過大半數贊成直接併入「大馬」，也是明智之舉。

東南亞人民已經覺醒了。（七月卅一日）

從一個口號到實現

孫寶剛

我國自清末以來，便口號充塞，有的口號喊了快一百年了，始終還是一個口號，完全沒有實現。這十餘年來，「反攻大陸」這個口號，更喊得高唱入雲，但是據最近自台灣回來而熟悉內情的人說，在台灣並沒有看到絲毫反攻的跡象。

我前些日子寫過幾篇文章，說明台灣在現階段不可能反攻大陸。許多主張反攻大陸的人們便認為我洩氣。其實，我難道不反對今日奴役人民的中共；我難道不在大陸上沒有親友；我難道對水深火熱中的親友，天天在飢餓的苦境下受中共奴役和迫害，無動於中，不想去拯救他們麼？台灣這個政權，我當然也不滿意的，不過在兩個魔鬼中叫我選擇時，台灣如能反攻大陸，把中共政權打倒，了，總比中共現在大陸上繼續奴役人民要好一些。所以我的贊成反攻大陸是不成問題的，我甚至贊成任何人去反攻大陸，把現中共政權打倒。

問題是在「反攻大陸」是一句口號，由口號到實現，距離很長，正如我們在清末時喊出的口號，到今天還沒有兌現一樣。

因為要實現反攻大陸的話，第一要估計敵我的兵力。今天中共的海陸空軍的質和量倒底怎樣？台灣的海陸空軍的質和量又怎樣？倒底有沒有很客觀而科學化的估計過？即使估計清楚了，雙方的士氣怎樣，這是最難估計的了。在抗日戰爭初勝之後，那時國民政府以三百餘萬的正規軍，中共的正規軍不到十萬。以常理說，那時國民政府的某些要員認為三個月可以剿除中共，也不能說太過誇張，可是他們對於士氣，尤其對於高級的人事關係和指揮才能，完全沒有注意到，所以結果不特三個月不能消滅中共，反給中共長大了。

當然有人說，中共現在士氣很差，此方一登陸，那邊便可響應。可是我們不要忘記，當古巴的反卡斯特羅部隊在古巴登陸以前，也不是如是估計麼？結果是怎樣呢？同時我也聽見過一個在台灣考察了一二年的美國的中國問題研究人員說，台灣的一般人民對反攻大陸並無十分熱忱。由此不能不使我們顧慮到台灣國軍在反攻大陸時的士氣了。

假如再進一步的考慮，國軍反攻大陸即使十分順利，中共節節敗退有土崩瓦解之勢，蘇聯會不會插足呢？假如蘇聯插足，美國又怎樣？假如美蘇都插足，會不會有世界大戰呢？那時全世界各國的態度又怎樣？所以喊出一句反攻大陸的口號是非常簡單，眞要去做，祇是在做以前的研究和考慮便不很簡單了。

假如再說到一步一步去準備而到實施，情形便更為複雜。等到實施了，實施時的情況是否合乎準備時的判斷，又是一個問題。要一切都很準確，一切都很順利，才是眞正收了反攻大陸的效果。

可見作為一個軍事家，或政治家或政論家、不能隨便喊幾個口號的。任意喊了，結果做不到，一般人民等待了很久，絲毫見不到反攻的跡象，這才使人民洩氣呢！等到人民洩了氣，完全失望了，當局者即使一旦發現有利時機，想眞正的準備反攻的話，那時民信不立，民氣渙散，即使能再鼓起民心；也是事倍功半！

我很奇怪這幾十年來的中國一般所謂政治家或軍事家，不客氣說一句，尤其是執政的當局，專喊毫無根據不負責任的口號，結果人民在期待很久之後，發覺這些口號，不特毫無根據，總無實現的跡象，甚至有相反的現象發生出來，這不是自己把自己的信用一掃而光麼？「民無信不立」，商鞅在為政之初，立木以示信等故事，是每個讀過書的人都知道的。一個政治家或一個政府，其所講的話或所制定的法令，假如沒有獲得一般人民的信任，認為政府眞要這樣做，或某個政治家眞的主張這樣做，並且眞的是應當這樣做，試問這個政府或這些政治家怎能領導人民，並獲得人民的合作，而眞的把他們的政策能有效的實施呢？

當然在現代的政府，除了立時要實施的短期計劃和政策以外，還有長期的計劃和政策，也可說是百年大計，在百年之後才能實現的。但是百年大計，決不是一個空洞的口號，也不是坐待百年後忽然由天而降而實現的。百年大計的實現也許須待之有年，但是百年大計的準備的開始，應從今日起。譬如以反攻大陸來說，我認為雖不一定是百年大計，也得要相當長時期的準備能！

假如對於準備毫無進行，而祇是喊口號，這便不能作為是一個長期的計劃或政策。但所謂準備，並不是完全屬於軍事的，即以軍事的而言，也不是養幾十萬兵就算是準備了。因為反攻大陸的對象是中共，中共不單是一個軍事集團。中共今天已有了崩潰的徵候，但這個徵候之來，是不在其軍事上暴露了什麼弱點，這是顯而易見的。可見在軍事之外，易言之，我還要引用日本大陸研究雜誌上，一些日本的軍事專家對台灣反攻大陸所下的結論，即是說：還是要七分政治，三分軍事。我希望台灣，以及喊反攻大陸的人們，都要瞭解這一點，一步步去準備，一面使人民瞭解已經做了多少。那麼，反攻大陸這個口號才不至落空。人民也不會洩氣，而有一天眞的能實現反攻大陸。

我在大陸歷受迫害及脫險抵港的經過

陳　德

編者按：陳君是青年黨廣東某縣地方黨部負責人，這篇經過是他逃出來後向該黨上級的報告。因為陳君尚有妻子及同志們在魔掌中，故將其報告中之家鄉地名及潛逃經歷地名都刪去了。

民三十八年秋，廣州淪陷於共匪後，繼而家鄉淪陷。我為了安排家人遷移，來香港事，於民三十九年春回家籌劃。豈料我到家後的第二早，即被共匪屠殺機關公安局的匪徒到家監視，並拿我到公安局審問。經過該偽局長反覆盤問後，罵我頑固不坦白，要我寫自從八歲至被拘捕止的坦白書。但連續寫了八次，仍舊說我不坦白，罵我是堅決抗拒到底的反動分子，對我加強監視，至同年十一月間被拘入獄。與我被捕同胞有七百餘人。

我入獄十天左右，匪局要把這數百人，來作屠殺步驟。首先把全數人犯集中在獄外的空地，作罪行輕重的分類，當時抽選三十六人為罪行最嚴重的人，我為三十六人中之一人，囚在一間雙重禁門的特別倉，其餘的分住在一至十一號各倉中。抽選完畢後，即趕歸各倉，我等三十六人歸倉後，腳上則加鐐鎖。每日都從我這倉提一部份去鎗殺。經數天後，每隔二三天又由其他的倉抽選人犯來這倉補充。當時我的心緒初期是驚恐的，經過一個時間後，已進入鎮定的階段了。我覺得驚恐也免不了受屠殺的，而且人生死亡只有一次，最寶貴的還是氣節，和不屈的精神，由此已是視死如歸。每日只望快點死亡，以免再受酷刑而已。

我在這個特別倉一直被禁了將近兩年時間，並未處死，至四十二年把我調到其他的倉了。但每隔一定時間，仍強迫我寫坦白書。我在堅持着不屈的原則下，以應付方式，按照以前原單寫給他。又被禁一年時間，一再寫了五六次的坦白書。及至我將出獄時，忽於深夜時候，提我到一間冷靜的房子。所謂官也者向我說：『因你一貫頑固抗拒，堅決不坦白，政府已要定你的死刑了！現仍給你一個爭取坦白時間，希望你能夠向政府坦白，不然的話，後果就是你自己負責了』。但我早已抱必死之念，雖臨千刀萬剮，也不能威脅我的意志。又經十餘天後，把各倉的犯人，抽調幾十個人集在一倉，名義上是學習，經一星期的學習後，把我這批人宣佈交給各鄉管制了。

我在獄三年，這次能得與親人見面，算是一件喜事，但共匪狡計多端，處處設陷阱，創造殺人的條件，我雖在受無限期管制，時時都有被殘殺的可能。我在家被管制期間中，除強迫我做砍柴割草最苦的工作，且每十天都要作報告，其內容是他們所指定工作我有無完成，有無做到真正孤立，有無不聽黨（匪黨）的話的事情，吃的粥是否合符規定。每到偽鄉府報告時，不但要受辱罵，甚且有時還要受鞭打。他們的用意，要使到受不起酷刑磨折的人，自動會去自殺，這就是他們另一種殺人方式，——被管制者常常自殺。

我住的是一間破爛不堪的小牛欄，（我自己的房屋及一切財產都被沒收了），這間牛欄是偽鄉府指定給我住的。由於我長期睡在濕地，和過度的勞動以及營養缺乏，而造成了瘦弱多病的人。當時我的形態眞是非人似鬼的樣子，匪帮們以為我是不久於人世的人，所以對我漸放寬鬆。我趁他們不大注意我的機會，我就打算由家鄉偸偸到廣州設法來香港。這是在民四十六年春幸運的到了廣州，一直躲藏了三年。結果於民四十八年冬被匪帮發覺後，又被牢禁在廣州北區公安局，判我五年勞改，解到花縣赤坭山地區勞改場勞動。我在該場勞改，將近一年時間。為了山水寒冷和挨餓過勞，造成了水腫病，全體腫脹，病勢日趨嚴重。雖然這勞改場有醫務所設備，但裏面醫藥缺乏，醫生是勞改犯人。當時醫生認為我病情複雜，很是危險，並斷定我是不治之症，故把我的嚴重病情報告上級。前後經四次報告，才准我回家醫治，送回原籍管制，這是民五十年冬的時候。我回家後，公社幹部們看我的形態，也是不久於人世的人，也無法強迫我去勞動了。因此我得在家一面醫病，一面計劃偷渡事情。

直至今年三月間，我的病已醫好了，我開始偷渡行動，利用大陸現時各地混亂情形，夜行晝伏的方式經了八天時間，到達了香港中英交界地。第二天不幸在偷渡中被匪軍發現，即日送回深圳，交匪帮寶安公安局處理。在深圳被禁了廿二天，每天六市両米，寒不給被，渴不給水，在一間十分狹小的倉房禁了二百餘人，擠迫得要命，連坐的位置都沒有，日夜都是這樣。至我釋放時，自覺飄飄欲倒，只剩一架骨皮而已。

我於五月七日釋放後，逃回廣州，由於得到港方親友的接濟，得在廣州休養了十多天。重整旗鼓，抱着不勝利不罷休的決心，於五月十九日由廣州直達深圳，即夜渡河越界。二十日早遭英差捕獲，即午解送深圳。這時深圳已不拘禁人了，所以我於即夜又渡河來英界。當晚過界後，又被英差抓去，在次日（廿一日）下午二時被解到深圳。即晚我又渡河過境，這第三次幸得鄉民肯於收容，通知友人到該地接來他家中。因此數晝夜，日坐車，夜又渡河，並不覺有什麼疲倦，這可能是志切忘倦的原故。這回我能够脫離了罪惡滔天，滿身血腥的魔掌、世界最殘酷的屠場，結束了我十三年的地獄生活，踏上光明幸福境地，可說是我再生之幸了。但我對這世界最兇惡匪帮，願不惜一切，堅決與同志們去徹底消滅牠；相信這深仇大恨；終有給我報復的一天啊！

致第三勢力的一封公開信

吳　可

讀諸先生們的大作我內心激起無限的激動，思想上响了鳴鐘，這是時代的警鐘，可以驚醒沉睡的人們，走向新動力的步伐。

凡是在暴政下出現屬於人民的新勢力，必然的遭遇被特權階級的戕害。原因第三勢力是人民的血液所生長的人民集團，她是被人民所熱愛，所歡迎的。

鐵幕內人民的思想即是要求能解放他們，至於社會思想問題，大陸知識份子已明白反映，諸如在鳴放時期，羅隆基、章伯鈞、費孝通、章乃器、吳晗等，教授如馬寅初、陳源、穆木天，沈志遠、葛明中、梁效雄等，均在思想上對共黨加以批判，致於各大學生所反映的思想情況，則更趨向民主自由，這都可見大陸知識份子和青年都傾向第三勢力。

大陸知識份子思想的動向，很激動，亦很冷靜，在她們的思想意識上是同一律的看法，認為國共兩黨是同一時代的產物，即是人民所不要的東西，各是半斤八兩。大陸雖有各種各式不同的暴動，絕無擁蔣口號出現，更足以說明未來中國和未來必將與惡勢力鬥爭到底。

所以，我們今天對共產主義與馬克思唯物史觀加以批判，實屬必要。對台北的獨裁統治加以指責，也非必要，因為只有這樣，才能把第三勢力的輪廓更加明顯的描繪出來，末了，謹致創建第三勢力的敬禮！

陳毅日內瓦談話係一種心理作戰

劉裕畧

據合衆國社日內瓦七月廿四日電：「中共外長陳毅在寮國總理富馬親王設的慶祝寮國中立協定的簽字酒會中，舉行臨時記者招待會，他公開承認蘇聯與中共間有歧見。記者問他中共與蘇聯間有歧見嗎？他答：『是的，我們彼此有歧見，我們是兩個大國，對於不同問題有不同意見，彼此不是衛星國』。他承認中共因歉收致有經濟困難，但中共不能接受西方的援助，因為西方的援助附有條件，『西方的援助總是有條件的，只有社會主義（共產）國家的援助是無條件的』。這是中共要人明白承認中共與蘇聯有歧見的首次，但他警告外間勿企圖利用這歧見。他並謂最近中共在金門對岸的沿海調東軍力，旣不能稱為防守性的，亦不能稱為侵畧性的。他說：『遇必要時，我們可再等二十年，但台灣是中國的一部份』。他說到中共與美國關係，謂美軍從台灣撤退，為改善彼此關係的最重要因素。台灣是中共與美國諒解的惟一大障礙。但他說：中共與美國關係已有若干改善。他披露哈里曼（美出席日內瓦十四國會議的代表、美主持遠東事務的助理國務卿）曾與章漢夫（中共副外長、亦中共出席日內瓦會議之代表之一）數度會談，美國與中共駐華沙大使亦有接觸。他並謂假如中共和美國彼此不曾作何讓步，則寮國問題就不能解決。但他堅謂美國佔領我領土台灣，中共『無讓步可能。如果有人扼住你咽喉，你是不能妥協的』。」

在上述陳毅談話中，許多部分本來不過是中共政權多年來一再強調過的舊調，不足重視。不過，由於陳毅在上述談話中，首次公開承認中蘇共之間有歧見，所以，便成了一條有特點的新聞，而為各方所注意。

再則，陳毅又在上述談話中公開談及中國大陸之饑饉和西方援助的問題，並又表示對台灣問題，中共願再等二十年等語，所以很像是中共要想與西方拉攏的樣子。而陳毅所透露美國助理國務卿哈里曼與章漢夫的接談，更誘人發生一種美國將與中共妥協之幻覺。

其實，拆穿來，陳毅七月廿四日在日內瓦的全部談話，都不過是一種心理作戰的攻勢，它是承接着六月廿三日中共台峽作戰聲明而連串發出的心戰攻勢的一部分，攻勢目標在多方面。

首先，我們應該知道：陳毅公開承認中共與蘇共之間有歧見，這並不是什麼了不起的事情。因為中蘇共之間有歧見，早已為西方國家所知，陳毅縱然不承認，大家也知道它們有歧見，現在予以承認，不過是把一件人所共知的秘密予以言語上的公開而已。初無特別意義可言。因此引起西方國家的幻想，從而對中共採取安撫、妥協和期待的政策，甚至因此加強壓制台灣之反攻，以等待中蘇共之間的進一步惡化，則是陳毅這一心戰攻勢的一個重心。因為中共內部目前正發生大困難，它惟恐國際間對它加壓力，它更恐台灣去反攻。

至於陳毅公開承認中共內部經濟發生困難，因而談到西方援助問題，這也顯然是一種心理攻勢。因為中共農業生產萎縮，收成本已不好，加上中共政權龐大，財經支出浩繁，若要改善大陸經濟問題，十年之內絕無希望，而蘇聯又不可能給予糧食援助，所以，中共自必希望西方給它。但它知道西方決不會無條件給它，而它的如意算盤則在謀取西方的無條件援助，以利用西方，從而壯大自己，再同時顛覆西方，侵畧西方，所以，陳毅故意說西方的援助都附有條件，非中共所能接受，陳毅的眞意，則在表明中共可以接受西方無條件的援助。從而在心理上引誘西方某些妥協分子而已。

至於陳毅故意表露美國與中共有妥協可能，而且故意指出哈里曼與章漢夫之會談，也顯然是心戰攻勢之一，這一心戰攻勢之目標指向台灣，企圖引起台灣與美國之間的疑忌與磨擦，從而影响台灣之反攻，試想：如果美國與中共眞的在日內瓦進行幕後交易已有所成的話，陳毅必嚴加保密，豈有反予以暴露之理？

所以，綜合觀察陳毅這次談話，完全是一種心理作戰無疑。其方法是引誘、迷惑、離間、挑撥，其目標則在美國、台灣和西方其它國家，陳毅這一談話之目的全在對外，更有一項証據可以十足証明，即中共報紙迄未刊載陳毅此一談話，可見陳毅這一談話，全在對外，而非對內了。

反攻口號被中共利用了

李金曄

今年五月中旬以來，中共一直從事着對內加強「美蔣」反攻的宣傳，大陸上尤其是沿海地區的氣氛頓時轉趨緊張。

中共為什麼要自相驚擾，當然不是沒有原因的。由於「三面紅旗」政策失敗。再加進年飢荒，大陸人心確是異常浮動，甚而各級——主要是基層的行政機構和公安機構的控制機能，已大不如前，社會秩序也較過去更為紊亂。

中共除了在沿海邊防地區分佈駐軍和在重要大城市駐有部隊之外，據逃亡出來的難民相告，其他縣市是很少（甚至沒有）軍隊駐守的。這種情況即在廣東省境內也一樣。在公社失敗後，實際上訓練也無形停頓了，雖有一些退伍的共幹在領導，已是相當的鬆懈。據一位青年難民所告，過去農村民兵，主要工作就是抓逃亡、和監視當地的「五壞分子」。公社雖有幾條破槍，每條槍只配發三粒子彈。民兵當初之所以尚能積極地工作，是因為每抓到一個逃亡份子，可以得到十元「人民幣」和五斤到十斤的食米獎勵。這位青年難民說：「十塊錢不算什麼，但是米的誘惑力極大。」因為有錢買不到東西，而米則是罕有的實物。可是這種獎勵的辦法，據說在今年初開始，就已停止了，在沒有物資刺激的情況下，民兵抓逃亡的主要工作，也等於停止了。這位難民還說：「不然大家不可能這樣方便地逃出來的。即使邊境的邊防軍不加攔阻也早已在逃亡途中給抓回去了。」

這一事實說明，在糧食極端嚴重缺乏狀態之下，它聯帶發生的問題和困難，不僅僅是只限於在財政、經濟這一方面，並且加速了對政治和社會秩序的破壞。沒有物質條件作刺激，便顯示中共的政策和命令，無法有效推行。大陸上發生的這些現象，才正是中共所真正恐懼的。尤其是五月間湧向香港、澳門的難民潮，是中共政權在人民腳下的最真實的考驗。中共面對現實危機，遂不惜乘機擴大宣傳「美蔣」反攻，從而伸出鎮壓的魔手。同時進行調整強化基層控制組織，重行加強民兵工作。

在城市方面，現階段中共正積極地製造緊張和恐怖氣氛，以圖增加人民對「美蔣」的仇視。廣州在七月七日，就曾舉行了一次大規模的防空演習。演習由廣州市防空總指揮部負責，調動了所有的警備總部、消防隊、救護隊和搶修隊。演習的幾個中心區是：「中蘇友好大廈」一帶；黃沙一帶；南站碼頭地區；第卅五號鐵路綫以及倉庫集中地區。根據七月八日「南方日報」所刊載的報導看出，演習的規模很大，實況也相當的緊張。

此外，據廣州出來的人說：中共刻正加強防特宣傳，工作重點對象是里弄婦女，旅店服務員和茶樓酒家的服務員。由於現時廣州市區內謠言滿天飛，中共甚至宣傳指示要公共場所的服務員們對「咬耳朵」的人加以注意監視，甚至要對之懷有敵意。農村的民兵訓練工作固已重行恢復，對於沿海地區的水上民兵的訓練，也同樣地加緊進行着。特別是在湛江（廣州灣）一帶，中共的報紙有很多關於這方面的消息，海上的巡邏工作，顯然比過去任何時期要緊張得多。

中共所以能自我製造緊張空氣，完全是基於它有效的愚民政策。除了膽大的人，敢於偷聽廣播，知道一點真實的消息之外，無人能夠知道大陸以外的情況是怎樣的。反攻的消息也是中共自己放出來的，其誇張之處也遠在台灣的宣傳之上。

對於反攻這樁事，據逃亡出來的人說，由於人們不能公開交換意見和談論，大家在談話時也都避免涉及這個問題。另一方面，大家對中共的宣傳，態度也是木然的，完全是毫不關心的樣子。這種不關心的態度，正是一種由衷地對中共政權厭惡而又無奈何的表示。

一個難民曾透露說：中共正從廣東境內拆遷一些工廠到內地去，而工人則被迫遣往農村，雖然拆遷是在宣反攻前後開始的，可是人們都明白，真正的原因還是生產本身有困難，原材料缺乏是主要的問題。

於是可以充分地看清楚，台灣的反攻宣傳，正好為中共利用來解決現階段的各種實際困難。一位新從上海到來香港的人也說：大家對於打回大陸這樁事，實在沒有什麼直接的表示，由於現實的日子太苦了，有時也覺得國民黨要是真能有打回來，總還能有改變現狀的一天。不過他也說：這種想法，在內地是很少能有機會表達或談論的，甚至沒有時間讓你去想這樣的問題。

就上述這些情況，我們可試作這樣的觀察。由於中共採取了隔離新聞的傳播，只有中共內部的高層份子，才能對全面情況有所了解，正因為此，他們才真正地知道本身政權危機的根源在那裏。然而中共政權已經存在的危機，卻又並非一般人民所能盡知。因為中共迄今在表面上，仍能維持着相當程度的控制力，人們對台灣的反攻能力又無從估計，對中共的實力又難以推測，所以儘管飢荒已連續超過了三年，雖客觀環境已具備了大動亂的條件，有組織的較大規模的反暴行動，卻遲遲未能發生。如果，現在這個時期，台灣方面不計成敗利鈍，能有行動，相信局面馬上就會起變化的，即使不能就此一舉擊垮中共，甚或是不免小有挫折，但是必能產生刺激人心的作用，為其後的反暴活動種下無窮的因子。這就是攻比守更為有利的一點起碼常識。

要是期待大陸內部的暴動，發展成為一個全面的革命形勢，而且是完全沒有外面的攻勢為策應的，其發展也一定是比較緩慢的，在發展的過程當中，而且是給了共產黨一些從容消滅反共分子的機會，犧牲必然很大，最痛心的是葬送了若干具有領導能力的領袖人物。

中共十三年來，不斷地搞各式各樣的運動，很顯然的只有三個目的。第一是從這些殘酷的運動中，使黨內外的反共的領導人物暴露出來，便於處理；第二是從這些殘酷的運動中，使本已具有毒辣的鬥爭經驗的幹部，更加兇殘；第三是通過這條路來穩定其政權。

在當權派久喊反攻而沒有作為之後，中共現在正利用着這一點來宣傳，來從事安排對內的新鬥爭。由於這些年來在大陸上已經犧牲千萬個具有領導能力的反共領袖人物，真是使人不敢再多作深一層的推想了。我實在不敢說當權派連這一點也沒有看清楚，但是既然不實踐反攻的諾言，也就祇有使人們更加對之失望了！

監察院將研討消弭殺風

——政治不良是主因——

純夫

（台北通訊）最近數年，台灣不斷發生兇殺案件，兇手多因細故而動殺機；其使用的手段亦至為狠毒。其最著者如北縣勵行中學體育教員崔蔭因與校長及若干同事不睦，竟持槍到學校擊斃校長夫婦、事務主計兩主任、文書、交際兩組長及教員一人，另傷教員一人及三輪車工友一人。造成七死二傷的空前慘案。崔在伏法時，尚稱如在地下遇見該校長，將再和他算賬。監察委員陳肇英等八人特於七月該院第七四三次院會提出一項議案，主張除應由司法機關對行兇者依法嚴辦而外；在社會教育方面，應促請有關機關注意培養人民相忍為善的美德，俾可以倫理道德的力量，消弭仇恨心理於無形。當經決議交內政、教育、司法等三處委員審查。

七月二十八日，內政、教育、司法等三委員會舉行聯席會議，各委員多認為政治不良，乃是兇殺案層出不已的主因。曹德萱委員指出：兇殺案件之所以層出不窮，乃由於下列數項因素：（一）政治不上軌道，逼人挺而走險；（二）由農業社會過渡到工業社會，失業者眾，生活沒有保障；（三）經濟制度不健全，富者可以敵國，貧者地無立錐，有人可以利用特權向國家借錢不還而發大財，一般老百姓祇有眼紅，於是發生不平之憤。

陶百川委員認為防止兇殺案，可分治標及治本兩方面着手。治標方面應建立法律尊嚴，使一般人遇冤屈時有處伸訴。目前因為人們感覺到法律途徑緩不濟急，因此便採取自力報復的手段；但須知自力報復是一種開倒車的現象，是一種原始的野蠻的作風。在治本方面應採取天下為公的政治風氣，選賢與能，真正做到「老有所終，壯有所用」的地步，同時還要做到「男有分女有歸」，則兇殺案件自然減少。他說：最近許多兇殺案都是單身的「光桿」作出來的。兇殺有如副霍亂，副霍亂的初期癥象是上吐下瀉，頭痛腳痛。假若醫生只當作副霍亂醫，然後頭痛醫頭，腳痛醫腳，則患者最後必然是一命嗚呼。醫治兇殺也是一樣，並不是孤立的問題，而是社會上各種不良現象的併發症，必須從社會、家庭、法律、教育等各方面同時着手，齊頭並進，研究對策，才能使社會上一股暴戾之氣化為祥和。」

聯席審查會討論結果，決定由三委員會召集人組成六人研究小組，定期邀請內政、司法行政各部、省社會處及各治安機關首長座談，交換意見後，再提有效消弭兇殺之道的建議案送請政府採納實施。

監察委員們如此關懷世道人心，自可敬佩；尤其是他們能指出兇殺案層出不已，政治不良實為主因，更是一針見血之論。可是，在現局之下，如果家天下的趨勢不立即終止，政治將永遠不會「良」的。不知監委們將來座談之後，能有足夠的氣魄提出此一建議否？

女議員提議征「蓄妾稅」

寓禁於懲歟，鼓勵納妾歟？

靜吾

（高雄通訊）自北伐統一以來，由於法律上規定一夫一妻制，達官貴人儘管也喜歡尋花問柳，或金屋藏嬌；但都祇能偷偷摸摸的去做，並不敢公開；而各級的所謂婦女領袖們，雖然也有在暗中和達官貴人結上了不正常關係的；但在大庭廣眾之前，無不主張男女平權，因而曾有「有權必爭婦女領袖」之說。但事有出人意料，日前高雄市議會開會，女議員謝友華卻提了一項別開生面，前所未曾有的議案，主張開徵「蓄妾稅」。其理由是「本省蓄妾之風甚盛，能享齊人之福者，多為家境優裕的殷商富豪，對之應徵稅金，以裕公庫。」他提議應以每月一百元為基數，並採累進稅率。由稅捐稽徵處進行調查，凡市民戶籍上有同居人（按：即妾侍之別名）之記載者，應按其人數之多寡，課稅，每蓄一妾一名，每月課稅一百元，多則類推。最可注意的，是本案的兩位連署人，也是女議員，足證是她們的公意。因為謝議員在提案的理由中，說明是「以裕公庫」，所以本案被列在財政案第一號。預料將來討論時，必將有一番美妙多姿的辯論。

有人說：謝議員的目的，在表面上似乎頗有寓禁於徵之意；但本案如獲通過，其可能發生的效果，必然是鼓勵達官貴人和富豪之家多蓄妾侍的。因為有資格納妾的人，自然對於每月一百元的區區稅款是滿不在乎的。在過去，由於妾侍在法律上沒有地位，不能獲得法律的保障，不但納妾者可被控告；即一般婦女也絕少甘願作妾的。而今既然規定蓄妾必須納稅，則納稅之後、自應受法律的保護。凡能月納稅一百元而有志蓄妾者，大可名正言順的公然為之，既不致受到法律的干涉，更可免於社會的非議，納妾的人可謂有福了。

又據熟悉內情者透露：現任高雄市議會有男議員三十二人，議長陳銀櫃擁有一妻兩妾，副議長王玉雲和其他七位男議員則均有一大一小，本案提出後，凡已納妾者，都準備再物色新人，其尚未納妾者也多躍躍欲試云。

台灣簡訊

志清

一、省議會要求反攻大陸及改選中央民意代表

正當反攻熱浪已趨低落之時，台灣省議會第二屆第五次大會忽於七月十六日通過李議員源棧的一項提案——爲反攻時機業已成熟，建議中央及時策劃打回大陸，拯救同胞。省議會的這個決議，正可給某些認爲台灣同胞對反攻大陸不感興趣的外國觀察家一個當頭棒喝；但可嘆民心雖然如此旺盛，而當權者則仍祇想在盟邦艦隊的協防下圖暫時的苟安呵！

省議會還通過另一要案——請中央依照憲法規定迅速改造中央級民意代表（按：即指立監委員和國大代表）。該案也是李議員源棧所提，並列舉改選辦法如下：（一）就各省市縣來台的同胞，代表各該地區舉行改選；（二）如不能全面改選，可先由台灣省進行局部改選；（三）台灣省爲反攻復國基地，人口已超過千萬，應增加立法委員名額。

二、洩露開征特別捐消息的又一案

在立法委員劉明朝，台灣合作金庫代理部經理黃福霖，副經理劉益通，台北市議員紀明等，於國防特別捐開徵前夕，大量收購食糖，企圖謀取不法利益的案件剛由嘉義縣地檢處提起公訴，尚待審判之時，有關機關又發現岡山縣水泥廠曾於事前獲得開徵特別捐消息，因而大量搶購水泥。事緣該廠於四月三十日深夜十二時起至五月一日上午八時止，先後用卡車三十餘輛運出水泥八百餘噸；而所開的貨單，則一律將出廠時間塡寫爲四月三十日。司法行政部調查局高雄站乃於日前持法院搜索票到廠搜查，發現可疑賬册有半卡車之多；並獲悉搶運出廠的水泥，均分別由火車或汽車送交各地的代理商。每一細節，調查人員均掌握了充分的証據，全案即將移送法院究辦。

據悉：調查人員認爲該廠何以預知五月一日將開徵特別捐而趕在四月三十日深夜大批出貨，顯然有人洩露國家機密，將進一步擴大偵查。

三、富家兒童游泳溺斃達官貴人治喪執紼

基隆華南造船廠董事長楊英的第四個兒子德良，現年十二歲，在國校五年級讀書，於七月二日在海邊游泳不愼，遭滅頂之禍。其父愛子心切，邀請僧道在家做「水陸道場」，並盛大舉辦喪事。

由於楊英是本省造船業首屈一指的實業鉅子，其子德良溺斃的消息傳出後，各機關首長都不敢怠慢，立即由民選的民社黨籍市長林番王及省政府委員謝炳煌，省議員張振生、謝清雲，市議會議長蘇德良，國民黨市黨部主任委員劉定國等發起組織治喪委員會，推林市長爲主任委員，謝炳煌等五人爲副主任委員；另有治喪委員多人，分別由市府各單位主管及社會名流担任，陣容的盛大，在本市可謂空前。並連日當地報紙上，出現大幅的新聞。

七日，治喪委員會爲死者舉行祭典，然後出殯，各治喪委員及各界名流多親往執紼，輓帳輓聯，更不可勝計。有的還寫「名垂千古」的金字。送殯行列過處，成千的市民夾道而觀，均驚嘆不已。

四、基隆市府列秘密預算爲前任市長購屋

基隆市政府在本年度預算案中，將一筆爲數二十五萬元的秘密預算，隱匿在其他科目之下，企圖蒙混通過。據說：這筆錢是預算爲卸職業已兩年的前任市長謝貫一購買房屋一幢，以酬其主持基隆市政的勛猷；一說，這是林番王和他所訂的一種秘密交換條件。眞象如何，局外人自不得而知；但一個現任市長要用偸天換日的方法，購置房屋，贈與前任市長，不但在台灣爲前所未有的事，即在其他國家亦未有所聞。可知這位民社黨籍的林市長之所以如此，一定有其特別原因的。聯合報認爲謝貫一果有「値得人民銘感不忘之處」，而又「上無片瓦，下無立錐」，亦應「由市民公開捐款」購贈。如出以「混賬手法」，列爲秘密預算，則不無假公濟私，私相授受之嫌」。

五、成衣業焦灼徬徨

外銷成衣加工工廠對於冬季用品的製造，原以每年七月底爲截止期限。自八月起，就必須生產春夏季貨。但因目前關於輸美棉製品的開放出口日期未定，紡織工業和成衣加工業對於外銷春夏季貨的生產均尚未着手。據成衣加工業有關人士向聯合報透露：假如在七月底前，開放出口尚未實施，則該業至少將被迫停工兩個月。因爲設使在七月底開放出口；但春夏季成衣廠所用的原料布疋既無成貨，祇有等待工廠再生產及染印整理後，才有布疋可供製成衣之用。以故目前成衣加工業者多感焦灼與徬徨。

六、法官利用職權貪汚將加重三分之一刑罰

正在立法院司法、法制兩委員會聯席審查中的戡亂時期貪汚治罪條例草案，七月十九日聯席審查會開會，經梁委員肅戎之提議，其他立委多人之附議，通過將第七條修正爲「有調查追訴或審判職務之軍人或公務員犯本條例之罪者，加重其刑至三分之一。」換言之，即軍法和司法人員如利用職權貪汚舞弄者，將被加重處罰。

七、谷正綱呼籲香港政府停止遣返難胞

大陸救濟總會理事長谷正綱於七月廿三日呼籲英國政府及香港當局基於人道立場，立刻考慮放棄其遣返難民的政策，而代以其他有效的援助方法。他指出逃港難胞被强迫遣返大陸，必遭受中共的屠殺和迫害。近據各地新聞報導：廣州、惠陽等處，均曾發生此種暴行。他預料今後此種慘烈人禍，還將繼續擴大。他並呼籲聯合國及自由世界各國政府與一切從事救濟難民的團體，應對逃離共區的難民，視爲自由世界的共同責任；並立即採取行動，發揮國際力量，共謀處理此一問題。他又說：他相信我海內外同胞基於責任感和同胞愛，除繼續支持政府接運難胞入台安置外，必將竭其所能與國際救濟機構充分合作。

八、『歌舞不昇平』

繼反攻熱浪逐漸減退之後，台灣省政府忽有全面開放舞禁之議。省議員郭石頭爲此特在第五次大會上提出嚴正的質詢。他認爲在反攻聲中，爲嚴肅戰時生活，不應有此現象。但省府當局則謂台灣並無舞禁，故亦無所謂開放。祇是準備修改有關特種營業管理法規而已。聯合報指出這個答覆，正像說：台灣並無報禁一樣，祇是對新聞紙有所限制而已。大概這就是所謂政治藝術了。該報指出在事實上舞場並不是隨便可以開設的。該報認爲台灣目前所行的「猶抱琵琶半遮面」的禁舞辦法，尚屬相宜，不應輕予變動。假如因爲稅收或其他原因，而使有錢一次付出一筆特別捐的人都可以開設舞場，雖美其名曰寓禁於徵；其結果必至舞場像花茶店一樣的隨處皆是，省府當局將難辭其咎。該報又以「歌舞不昇平」爲題，强調「赤禍方殷，國土未復，雖有此一狹小的安樂窩，亦不過爲偏安之局……當茲反攻前夕，倘竟躭於歌舞，而不汲汲於整飭社會風氣，厲行戰時生活，殊屬匪夷所思。」

九、殷台公司的存廢問題

經濟部長楊繼曾於七月二十五日下午邀請財政部長嚴家淦，外貿會主委尹仲容，美援會秘書長李國鼎等在該部會議，研究殷台公司的存廢問題。會中認爲依據該公司的財務狀況，實應任其宣告破產。唯念其爲中美合作的事業，並曾對台灣造船工業的發展有相當的貢獻；爲使其能繼續存在，中美雙方在財務方面有予以支持之必要。聞美援會每月一次的例會將於二十六日舉行，經濟部已決定將上述意見提供中美會報作進一步的討論和決定。該公司究將宣告破產或繼續營業，不日即可分曉。據測：中美會報可能決定建議該公司改組董事會及更易業務部門的負責人。現任總經理大約將去職。然後由中美雙方共同貸款。因該公司外籍高級人員辭職後，每月僅薪金一項即可節省新台幣四百多萬元。

據熟悉內情者透露：殷台公司自民國四十六年成立以後，由於原定計劃中的船台迄未能建立，修船及造船業務的不理想；外籍職員的薪金又高得驚人，致虧空達新台幣一萬二千餘萬元之多。每月負担利息極重。今後除辭退外籍高薪職員減少開支而外，最急要的問題厥爲建築船台，以便空出船塢，承攬修船業務（目前造船業務佔據船塢，致不能修船）；同時在一般機械工程業務方面，多多開展，營業即可望好轉，最低限度，是不會賠錢的。

十、一人有福，拖帶一羣

七月二十五日自立晚報載：省立宜蘭中學本年度招考新生原規定錄取三百五十名；但結果超額錄取一百四十名，合計爲四百九十名。據說：因爲該校長的一個兒子也投考該校，惟因成績欠佳，名次列在第四百八十六名。該校爲使校長的兒子不致名落孫山，一時又想不出其他的妙法，予以補救，乃決定多取一百四十名。至於是否尚有其他的特別原因，則不得而知。

十一、覃勤力求緩刑

立法委員覃勤因兼任中醫學院董事長超額錄取學生，妨碍兵役，前經法院判處徒刑。他不服上訴，亦經高等法院裁定駁回。但台中地檢處又於二十三日收到覃勤請求緩刑的請求書。據稱：因患嚴重眼病，正在台大醫院住院醫治，如因服刑中止治療，可能導致雙目失明。聞台中地檢處已決定仍照法定程序辦理，將再發出傳票傳喚覃勤到案執行。

十二、道德重整會又將物色新團員

世界道德重整會大會中國青年服務團團長何應欽將軍於日前在中國廣播公司的一項節目宣稱：該團今後工作動向，將以美國東部、南美洲、非洲、及日本等地爲主，刻正在國內物色新團員。他希望能接受重德重整意識型態的男女青年參加。男團員以身軀高大、大專畢業、善歌唱、及能在戲劇中担任演員爲合格；女團員以儀態端莊、身段健美、大專同等學歷、擅長歌舞及演技才能者爲合格。他說：道德重整運動可以改變人性，改變社會，改變國家乃至改變世界。

由於過去以道德重整爲名出國的，多是達官貴人有關係的子弟，或所謂青年反共救國團的團員，他們的目的都是藉此免除留學考試和其他種種限制而出國留學，社會輿論極表不滿。如今又將徵求新團員，雖然規定多種資格限制；但預料將來能入選的，也仍是那一批人而已。假如道德重整會眞可改變人性，人們倒希望何將軍能將他的工作重心放在台北，庶可使當權諸公也有機會改變一吓呵！

透視中共對寮國的外交陰謀

劉裕畧

對於寮國，中共的陰謀很多，初不限於外交一項。它的根本陰謀是最後赤化寮國，是通過聯合政府的形式，使巴特寮軍控制全國，從而使寮共統治全國。但在目前階段，外交方面的陰謀，則是中共的一項主要陰謀。

外交方面什麼陰謀呢？原來中共想把這一在表面上高叫「中立、和平、獨立」的寮國聯合政府拉在共黨陣營一邊，所以，中共不希望寮國與中華民國建交，而希望寮國聯合政府與中共建交，但早在聯合政府成立之先，永珍王室政府已公佈了它將與台北中華民國政府建交的決定，中華民國也相應的派出了駐泰國大使杭立武兼駐寮大使。現在，杭立武且已向寮王呈遞了國書，所以，中共雖然在杭立武呈遞國書之前就已派了一名外交特務劉春為駐寮外交代辦，且已在永珍活動。不過，迄七月廿五日止，寮國尚未正式與中共建交。所以，就表面形式看，台北方面算是棋先一着。

不過，值得警惕的，這並不表明中華民國與寮國之間的邦交前途一定將會長久順利。何以故？因為以富馬為首的所謂聯合政府，原本就傾向中共之故。截至七月廿五日止，寮國雖尚未與中共建交，但富馬政府外交部已於一個月前向中共表示願與中共建交；其次，寮國之所以與中華民國建交，主要原因在於寮王及文翁親王諾沙旺將軍等人的反共親華態度，而今後的富馬政府則與此相反；再加上劉春等中共特務在永珍的活動，故富馬由日內瓦回永珍後，台北與永珍的邦交，即將受到嚴重考驗。而劉春在永珍的活動則早已見於七月十六日所發聲明，他說「美帝國主義者正試行造成一種兩個中國的局勢，並陰謀破壞寮國與中共的友誼」又說中共政權在日內瓦會議是出席者之一，而國府並未出席此一會議。

他甚至還說：在簽署保証寮國中立協議的各種義務，都是由中共政權負起的。

其實劉春的談話，完全違反了一項事實，那就是寮國王室政府一向與中華民國建有邦交，中華民國早就在永珍設有領事館，只是未設大使罷了。況且，中華民國才是聯合國的會員國，中共政權則不過是暫時在大陸存在的一個傀儡政權，根本不能代表中國人民，所以，顯而易見，想要製造兩個中國的，決不是別人，而是中共。因為寮國現已與中華民國建立邦交，中共政權還想再與寮國建邦交，豈非逼迫寮國與兩個中國同時建交而何？那末，在事實上，造成兩個中國者，正是中共了。

最近，台北已對永珍提出抗議，抗議寮國容許中共特務劉春在永珍活動。但寮國尚無正式行動，把劉春逐出寮國，說明中寮邦交前途荊棘尚多。更說明中共仍在永珍進行其陰謀。對此，台北自應嚴加警惕，切實設計，以進行此一外交戰。

當然，不可否認，寮王與諾沙旺將軍今後在寮國的成敗是將與台北對寮外交之成敗密切相關的。所以，台北對永珍的外交還得特別從這方面着手才是。

外滙短缺本港又發現一樁

中共買貨不能付現欵奇聞

藍星

中共的外滙，全靠輸出物資得來。而今工業生產大半停頓，農業生產又連年萎縮，加以中共政權對內對外財經支出浩繁，所以，中共外滙數字越來越短缺。以致不能按期付現的事，已迭次發生。

茲據香港英文報前幾天消息，謂本港某一洋行，曾賣一批儀器給中共，議定價欵為港幣一百二十萬元，但在結付此一樁貿易時，却發生了意外的情況。

原來這一樁貿易，並非由某洋行直接賣給中共，而乃中共放出將買這樣一批儀器的消息時，即有專做大陸貿易的某一貿易行前往接洽，但這一專做大陸貿易之貿易行，其本身並無這種儀器，所以洽妥後便轉向某洋行購入。當時某洋行只以為某貿易行將以現金結付，某一貿易行當時亦只以為中共駐港貿易機構將以現金結付，故不虞有它。殊不知到達結賬時期，中共並未對某一貿易行支付現金，而只撥付了大批黃豆及其它一時無法脫手的大陸物資，而某貿易行則必須按期付現金給某洋行，所以，這一樁貿易事件，至今尚未了結，而仍在糾紛中。

考其基本原因，則由於中共外滙短缺，無法付現，而此一專做大陸貿易之貿易行平時常與中共駐港貿易機構有交往，既不敢開罪中共，本身又無一百二十萬元現金墊支，故發生了這一奇怪的事，現聞某洋行已向某貿易行追回大批儀器之原物，將來是否涉訟，尚不可知云。

本來，在商場上發生銀錢糾葛，亦係常事，但以一個政權有如中共者，而在貿易支付上實行無賴式的騙詐，則尚少前例云。

共軍哨兵與印軍哨兵在邊界發生小戰

退之

長久以來，中共與印度之間已在彼此指責對方侵略，演變到七月廿一日下午，共軍與印軍終於在邊界發生小型射擊戰了。

據中共新華社北平七月二十一日電：「侵入我國新疆奇普恰普河谷地區的印度軍隊，二十一日下午突然向當地我軍邊防哨所發動攻擊，造成中印邊界新的危險局勢，中國政府正通過外交途徑向印度政府提出嚴重抗議。並要求印度政府立即制止印度軍隊之攻擊，將印度軍隊從上述地區撤出」。

新華社又說：「據我新疆邊防部隊報告，侵入奇普恰普河谷地區的印軍二十一日下午十八時三十五分突然向位於約東經七十八度五分，北緯三十五度二十分的我國邊防哨所進迫，並不顧我邊防人員多次揮手喊話勸止，於十九時向我哨所開火射擊。我邊防部隊被迫進行自衛。根據最後消息，上述我國哨所仍處於印軍的攻擊下」。

根據新華社上述報導，已可看出共軍與印軍業已在新疆邊界一度開火，已係不移之事實。因為中共所謂「我邊防部隊被迫進行自衛」云云，即係共軍開火之別名。至於中共是否出於自衛？抑或中共先動手，則不得而知。因上述報導乃中共方面之片面之詞。而印度外交部則於七月二十二日正式宣佈：「印度與中共的軍隊昨天在拉達克區的兩個地方發生衝突，每一次都由中共首先開槍，印軍然後由於自衛而還擊」云。這就可見雙方各執一詞，別人無法明瞭真像。至於此一小戰是否將會擴大，則將視今後的演變才能決定。由於交通及補給之限制，目前中共與印度要發生韓戰式的大規模戰鬥，則不可能。

僑鄉近訊

健之寄

「伶王」薛覺先遺孀張德頤逃港

有「一代伶王」之稱之粵劇名演員薛覺先原是靠攏名伶之一。且曾被中共統戰部指定為「中國人民政治協商委員會」委員之一，以誘騙其它藝人靠攏。但薛覺先患高血壓症，中共則迫使他連場演出，有一晚，毛澤東在北平舉行盛大宴會時更叫薛覺先扶病演「胡不歸」，之後，病勢更加嚴重，回廣州後，又由中共安排在市橋、佛山等地巡廻演出，演出後，又常在深夜開戲劇檢討會，或開政治小組會，故終以血管硬化和腦充血等病去世。

以上有關薛覺先的情況，是薛覺先的遺孀張德頤透露的。

張德頤原是中共廣州市第二人民醫院的護士長，自小是薛迷，其結婚時間是在薛覺先去世前九個月。據張女士說：薛覺先的最後一次演出是一九五六年十月三十日的晚上，在廣州人民戲院（即前海珠戲院），演出的劇是「花染狀元紅」，此戲原是薛伶名劇，但當晚演出後，病情突然加劇，即送入廣州第二人民醫院醫療，但身心交瘁，平時勞役太多，故延至翌晨五時，即告不治云。

薛覺先去世後，張德頤悲痛逾恒，目覩廣東各地人民貧病交迫的情形，早欲逃出大陸，但苦無機會，直到最近始由穗逃抵香港云。

海南島早稻收成不佳

中共「中國新聞社」於七月廿三日由北平發出一篇大陸早稻收割概述。它說「目前最南方的海南島已經收完早稻，又進入晚稻插秧大忙；廣東、福建、廣西等地早稻還未收完；浙江、江蘇等地又傳來開鐮收割的消息，浙江全省已收割早稻三十七萬多畝，四川兩江兩岸從南向北相繼開鐮。與此同時，西北各地的春小麥、春青果，也已成熟，開始收割。寧夏回族自治區南起六盤山、北到銀川平原，普遍開鐮收割春麥」。但在上述報導中，並無一字提及豐收，亦無任何可望豐收之表示，對於海南島，雖曰「已經收完早稻」，但絕未提及收穫量，可見海南島今年的收成又是很不好的了。

人民厭聽共黨八股穗台只好播講三國

十二年來，中共一直以它那共黨八股灌輸人民，儘管人民早已厭惡萬分，但中共既以政治掛帥為宣傳原則，所以，人民儘管厭聞中共那一套臭不可聞的黨八股，中共却一直並不稍改。

及至最近，中共廣州廣播電台才改變了部分廣播內容，而在廣播電台上大談其三國演義了。

對此，七月廿六日中共香港大公報「羊城短簡」說：「廣東廣州人民廣播電台從廿三日起，分別連續播講出鄉風雲錄和三國演義。」廣州廣播電台何以忽然播講三國演義呢？這道理很簡單。只因目前廣州人心浮動，且又全省遭受大水災，人民既已厭聞黨八股，為了暫時投合業已浮動了的人心，為了加強吸引聽眾，遂不得不在黨八股之外，同時加插一些三國演義的人物故事了。

但由這一件小事來看，也可知道中共的政治宣傳完全失敗，正如它在海外的統戰報紙，只有出於加強黃色誨淫誨盜的小說，才能有少數人看正是如出一轍的了。

廣東各地耕牛缺乏

耕牛缺乏的情形，初不限於廣東，大陸各地，大都如此。但最近出版的中共南方日報却透露廣東各地耕牛缺乏的情況，已到達空前程度。

對此，南方日報提出的辦法是第一是聯購分銷，即由縣供應社將各階層供銷社的採購人員和資金組織起來，一起到產區去採購耕牛；第二是由缺牛的生產隊自籌資金，派有經驗的老農到產區去買；第三是由供銷社根據缺牛情況，到產區去買；第四是使各缺牛生產隊與不缺牛生產隊互通有無；第五是成立耕牛交易市場；第六是命令有多餘牛隻的地區將耕牛交出來，以資調劑云。

寮國怎能一山藏三虎

・屈塵・

俗語有說：一山難藏二虎。可是寮國目前的「聯合政府」却要一山藏三虎，由三派共同主政，變成了所謂「三頭馬車」的政府，顯然是困難的問題將接踵而來；其紛爭之再起，實屬意料中事。

果然，「不吉之兆」發生了：根據七月廿二日永珍方面的消息，「愛國戰線黨」的軍事代言人，已發出通電，譴責右翼軍隊在阿督坡南部挑釁，引起了駐在該地區的兩方面軍隊衝突。「愛國戰線黨」的西拉式，是指右派部隊於數日前對愛國戰線黨的部隊實施掃蕩的行動，而右派部隊的司令部則發表公佈，反斥「愛國戰線黨」的三百名武裝部隊進攻了右翼部隊的一個哨崗。——姑勿論誰攻誰，軍事衝突之再起，却是事實。這也可以說：自六月廿四日「停戰」以來，首次再掀起了軍事糾紛。此種糾紛，正顯示出「三虎」不能相容的預兆。將來三派的衝突，勢必陸續上演。

除了軍事衝突之外，「聯合政府」的外交政策，也正醞釀着一項重大的紛爭。原來「聯合政府」在三派親王的主政下，擺出了「中立」的姿態。「聯合政府」的發言人曾宣稱：任何一個鄰國，寮國都將和她保持外交關係。如果對方同意，則寮國將與北平建交，同時也與台北建交；將與河內建交，同時也與西貢建交；將與北韓建交，同時也與南韓建交；即對東西德也一視同仁。如此一來，更將促使「三虎」由怒目而視發展至揮拳相向。

「聯合政府」之成立，其本旨雖然是企圖把左派，中立派，右派來「一爐共治」，但是「三虎」共聚一堂，各有後台，各有背景，既成同床異夢，焉能相安共處？何況，「聯合政府」雖號稱「中立」，而富馬首相所施行的內政和外交，却是親共的路線，因而更易引起彼此間的誤會與衝突；「聯」而不「合」的陰影，勢必日趨擴大。這種情況繼續發展下去，其結果將難以逃出「凶終隙末」的命運。

抑尤有甚者：富馬目前雖擺出了「中立」的姿態來充任左、右兩派的橋樑，可是這位中立派的親王，其本身既無黨員來支持，其力量也缺乏軍事來作後盾；他是處在這樣的一個尷尬的環境中，於是他縱然不願以共黨同路人自居，但也不能不繼續期求左派人士的協助。然而這麼一來，就更為招致寮王和右派人士的嫉視。——分裂的伏線，今日已經可以給人清楚地窺察得出來。

依照「聯合政府」的規定，主要的工作是使左、中、右三派暫時各在其控制的地區內維持軍事和民政機構，一俟合併工作完成，就要舉行全國普選而成立正式政府。在這一段時間中，三派人士各出「法寶」自所不免。當三派的「法寶」一齊施出來的時候，必然的會互相夾纏不清而惹起磨擦，可能尚未達到「普選」便已鬧到一團糟。

祇以目前來說，我們已可以見到：第一、富馬是並未取得寮王的真正信任；第二、諾沙旺將軍和富馬之間仍在有很深的芥蒂；第三、左派人士的對富馬，依然是玩弄着利用的手法，其目的是企圖使寮共的潛力繼續獲得機會來擴張而已。三頭「老虎」，各懷「心事」，怎能相安？

既然不能「相安」，於是所謂「普選」也者，就很可能演變成「無定期押候」了。寮共是正在利用這「無定期押候」的時間和空間來加緊其對全國的控制力，並使其軍事力量強大至相當程度。到了寮共達成了上述的優勢時，它是否會製造一個新的藉口來再訴諸武力、重燃戰火？這當然是很值得憂慮的。

總之，一山必不能三虎。今日寮國「聯合政府」的所謂「三頭馬車」政治，在意見分歧下，必將鬧出岔子；這岔子，在寮國「聯合政府」目前的軍事、政治和外交上，都已浮現出很大的陰影。據一般觀察家的預料：寮國三親王，最先惹起爭吵的，可能是外交問題；因為他們雖標榜着「中立」，而骨子裏富馬是走近了親共的那一方面。當然，這就是很明顯的導火線啦！

馬來西亞談判觸礁

俊華

大馬來西亞計劃在倫敦觸礁的消息傳抵此間，整個吉隆坡為之震動。東姑拉曼總理在赴倫敦談判當時，對大馬來西亞計劃深具信心，表示很高度的樂觀，好像是談判不會遭遇什麼困難便可解決。吉隆坡高級人士也因此抱着興奮的心情，準備迎接吉隆坡成為大馬來西亞的首都，並從事於種種實際的計劃，配合大合併後這一大國的發展。而「談判觸礁」的消息，無異予他們以當頭一棒。原定政府局部改組的計劃，也因此而延緩了。

「分而吞之」的企圖

大馬來西亞計劃的藍圖確是令人興奮的，整個馬來群島納入一個國家，資源如石油、錫鑛、橡膠、木材、椰產物等，都足以傲視亞洲；並且由東南亞最安定的馬來亞擴展為大馬來西亞，可以成為東南亞區一個最大的安定力。從馬來亞的華巫合作，以至星洲來附，再加上北婆三邦的華、巫、達雅諸民族，又蔚成多種民族合組邦國的新展型。它的成功又可以杜絕共黨對各個分立小邦國的滲透，確是東南亞國家獨立史中一個空前重要的里程碑。

假如馬來西亞計劃由觸礁而擱淺，它給這個地區所遺留下來的圖畫是黯淡的。沒有了馬來亞獨立的基礎，後進的北婆三邦的獨立，可能相當艱難，幸而它們所在地區比較偏僻，不至像印支三邦那樣使世界頭痛。但實際上並非沒有滲透問題，只不過是滲透隱伏着罷了。況且這類太小的邦國，經濟力就難以支持一個政府的政費，也難以建立一枝可以守土的國防軍。

在政治上進步的星洲却在經濟上落後，它只有極少資源也只有很貧乏的工業。李光耀說：設若星馬不能合併，「一九六五年星洲就會赤化」。這就是他所以在星馬合併上遷就馬來亞諸條件的理由。可是李光耀明智的讓步却被包括共黨在內的左翼所激烈反對。共黨不希望合併，更不希望馬來西亞計劃實現，他們要「分而吞之」。

在聯合國「爭訟」

星洲左翼五政黨的四名代表，為反對星馬合併的全民投票法，已經前往聯合國要求殖民地委員會加以干預，目的是阻礙合併。人民聯盟的黨魁前總理林有福，特別對此發表聲明，指責四代表中「有共黨在內」。促起聯合國的注意。聯合國殖民委會在先原已通過印度代表的建議，即因星洲政府乃係民選，而投訴者係少數派，不獲政府及人民支持，聯合國毋須加以干預。但由於四代表只要求「聽取意見」，聯合國也接受予以聽取。不過事先李光耀已有電報到聯合國，請求在聽取在野黨代表意見之前，先聽取政府的陳述。李氏的突然自星洲飛赴紐約，便是為的打這一場官司。

可是在聯合國的星洲兩派爭辯還沒有開展，倫敦談判觸礁的警耗却已傳到，李光耀應英馬兩方之邀飛英，列席談判會議以備諮詢。李光耀是力主星馬趕速合併者，也同樣支持馬來西亞計劃，用不着說，他是站在拉曼這一方面的。假若英國再不讓步，拉曼、李光耀返回星馬，那就意味着談判的破裂。這麼一來，不但大馬來西亞的美麗計劃成為畫餅，以後的東南亞還可能產生另一個多事的紛亂的地區。

「夜長夢多」的險境

拉曼的倫敦談判最初傳出的消息，接二連三表示「順利」，因為所談的屬於技術問題。譬如大馬來西亞的財政，建軍，如何配合未來這大國等等。英在星洲軍事基地繼續使用的問題，也曾獲得相當接近的諒解。因為這些基礎的接近協議，拉曼也接受英方「分兩個階段」的計劃，即星馬先行合併是第一個階段，然後星馬再與北婆三邦合併作第二個階段，而在星馬合併後與三邦合併前，則稱為「過渡時期」。

這個「時期」就發生嚴重的爭議，拉曼要求以一年為限，至明年八月三十一日。但英方不肯定下確實的日子，理由是在過渡時期中，北婆三邦需建立他們的政治機構，推進社會文化經濟等，作合併前的準備，俾「保障三邦人民的利益」。

北婆三邦除了汶萊蘇丹已正式聲明願意合併，北婆羅洲和沙勝越，人民却意見不一。有識之士贊成合併俾能迅速獨立成為一大邦國，但不少人主張，「先獨立、後合併」。顧慮合併的條件問題，不能說不合理。但若干政黨人士，已經準備在自治或獨立時做總理或部長的，就不容易犧牲小我，贊成迅速合併。

三邦獨立前，馬來亞可與英國談判合併三邦，三邦獨立後，如果馬來亞向他們分別要求合併，又是否能得到接納？恐怕難免陷於夜長夢多的危險。更危險的是，倘若三邦合併無期，拉曼拒先與星洲合併，那麼星洲不久便會陷入動盪。「分而治之」無形中有利於「分而吞之」，吉隆坡的人們正希望最後的好轉，勿造成馬來羣島的悲劇。

・吉隆坡通訊・

藝術人生詞話（三）

遯翁

詞到宋代蘇東坡之時，乃於詞牌之外，另有了題目，這是一個大演進。在此以前，如晏同叔父子，及歐陽修等人的作品，大都承唐五代以來，以詞牌爲題的代言作風，詞的內容，便均不出於詞牌的涵義之外。此自南唐君臣，以及花間集所收，上溯至韋應物白樂天李太白，即莫不如此，我們從這一點，也可以看到詞的淵源，與其演進的關鍵之所在，而東坡先生，則是這一關鍵的轉捩者，可以說是詞學上一件最爲重大的要事了！本來在太白樂天的同時，及其以前的時期，詞只是尋常宴遊，歌姬女樂，唱以侑觴娛賓的小唱，並不是用之宗廟會同的雅樂。歌者爲增加其風雅動聽的作用，才多少取之五七言的近體詩，作爲歌詞，尤其以七言絕句的取用爲多。當時名家作品，凡情致纏綿清麗之作，即以助侑酒盡歡的詩，便均成教坊女樂，用爲歌唱的詞句。如清平調，渭城曲，柳枝竹枝詞，以及旗亭畫壁的黃河遠上，葡萄美酒之類，即是曲調之調的前身。當時所謂新聲，即是合於宴遊情調，有趣味的，能助興的，新的作品，所有此等作家，實只是作詩，並不是作詞。雖有作品爲歌者所傳唱，也還是名之爲詩，並不名之爲詞。自白樂天等人始，才有如憶江南，調笑令之類的，同一聲調的長短句之詞。自溫飛卿等人始，才有專爲合於出諸女樂口吻的纏綿香艷之詞。從此，詞才是專爲歌者歌唱之所作。這樣的作品，或出於文人學士游戲之筆，或出於歌者的請求，其目的即均爲歌筵舞榭，適於陶情助興之用的，並不是爲發揮作者本人情感的寫作。因此，便只須以詞牌爲題，一則從詞牌，即可知其內容之所在，便於歌者適事應景的運用。一則其內容，只是泛說，並不專指一事一人，便於任何場合，皆可以適用。所以自白樂天韋應物等人之後，詞的發展，即只有詞牌的漸漸增多，並無另標題目之必要，而這樣的作品，事實上也不可能另標題目。故自溫飛卿直到晏歐時代，詞的作者，即均只爲歌者求得新聲的條件之下，但在新穎的詞句上，爭妍鬥巧，至其內容，則可以說是千篇一律的男女愛怨之情，並沒有將自己溶入詞意之中。我們讀溫飛卿、馮延巳、乃至晏小山，歐陽公的菩薩蠻，浣溪沙，采桑子，清平樂，每一個疊至一二十首，這自然不是一時一地之所作，其詞句也自然每一首各有其不同的工整與美麗的面目，但其泛泛的內容，則大致沒有什麼很大的差異，這又自然只需有了詞牌即足，不需要另標題目了！雖然南唐李後主，到汴京後的幾首詞，是有其自己的作用的！但他寫亡國之恨，也還是爲歌者的歌唱而作。所以他還是就詞牌的意義，從本意作寄托，依然不出於嬰宛的口吻。迨至東坡耆卿時，才將詞的運用，視同古近體詩，藉詞的抑揚宛轉，以發揮個人蒼涼感喟，或者風流跌宕的情懷，然後每一首詞，即有一個題目。從此詞的作用與環境，才從代歌姬女樂，侑酒娛賓的口吻中豁出來，才不全是花間集那一類男女愛怨，纏綿悱惻之詞。從此其內容日以充實而宏肆，其語句也日以淵懿而奔放，成爲作者對酒當歌，臨風寄慨，自抒胸臆的寫作。於淺斟低唱之外，開拓了言志永言，與古近體詩，成爲分陝而治，旗鼓相當的陣容。可知詞之有題，乃是詞在長成中的一個最大的蛻變。他從此便不爲詞牌所局限，可以曼聲於紙醉金迷之地，可以高歌於解衣磅礴之時，可以雍容於壇坫之上，也可以馳驟於金鼓之中了。有人以爲填詞，在作用與意義上，有了詞牌的範圍，再加上一個題目的範圍，不是限制太多了嗎？怎樣可以說是詞的進步呢？我可以正告之說：這全是不肯動腦經，不知做工夫者的外行話！要知道詞的題目，乃是可以活用的！詞有了題目，便可以因題見意，借題發揮，而盡其比興之用。否則，只能就詞牌作敷陳其事的鋪敘，雖然有鏗鏘宛轉之音，雕鏤綿繡之色，不過是空中之花，水中之月，幻曜一時的眼日而已！但怎樣才能做到因題見意，借題發揮呢？這很簡單，就是作者胸中，本來蘊鬱有一種待於傾吐的情懷，須找到一個情緒來發洩一下的情懷，偶然興會所至，觸動了這一情懷之時，便抓住作爲題目，揮灑出來，這便是我們常常所說的靈機，而題目，即是這靈機的鑰匙。即有時題目不出於自己所選擇，而是別人規定的，但一樣可以發生鑰匙的作用，觸起胸中所蘊蓄的某一觀感，因而附麗到這一題目有關之點，作藉他人杯酒，澆自己塊壘的抒寫，這在寫作上，可爲運用與利用的範圍，便自然成了無限制的領域，而所寫出來的詞，也自然而是有血有肉，有聲有色，有靈魂的詞了！這又不但寫詞爲然，凡一切文藝之事，如詩如文如曲，如戲劇，如小說，如雕塑，繪事，也莫不皆然，有了自己的意境。如果漠然於因題借題的選用，只是對題刻畫，在繪事，即將成爲摹若照片寫的炭鉛畫像，在詩詞，即將成無病的呻吟，無表情的動作。我們看前人的詩，如淵明的飲酒，工部的秋興，即是將自己本已蓄有許多的感想，借這一題目來發揮。這正是古今詩人詞人作品成功的要着，而在詞的境界，則是尤爲重要的。詞如果不經宋代作者給與一個題目的發揮，由唐五代的作品，縱是詞藻清麗，音節悠揚，其價值便不過如現代毛毛雨，桃花江之類的時代曲，過了一個時期，必終是要如烟銷霧散的。因爲有了這一演進，詞的領域便能與詩分庭抗禮了，這不僅是由曲子詞轉爲文人之詞，文藝之詞的一個大進步，而實是詞之所以能光華日新而有其無盡的生命的一個新生；有了這一新生，然後曲子雖亡，而詞還是一樣滋生滋長，連帶那些初期的曲子詞，也爲後人循流窮源，如同羣山之有崑崙，黃河之有星宿海，一樣成爲詞家的寶典。自然，那些初期的詞，在句法上，在韻律上，在技巧與辭藻上，是有其示範的光輝，足以照耀今古之所在，也是詞由消閒助興的小唱，演進而爲最精美的文藝的一個環節，爲研習詞曲者之所不可廢，所以我們還是要尊之爲寶典的。

送金羽世小友之維也納深造

——蜷厂——

上國天才第一流，並時人物尙難儔，賞音莫謂無知己，年少聲名出亞歐。

名邦深造重師承，鵬展今看九萬程，舉世祥和在彈指，人間眞感是同情。

復國來會行即歸基隆書此志念

——蜷厂——

骨肉都分散，殊方獨爾親，幾年違一水，白首送流塵。才氣當英發，經營自苦辛，還家終未遠，慰彼倚閭人。

江介從先德，湖干有故居，往來懷少小，際會感乘除。歷劫人皆老，收京事豈虛，再來應改歲，短聚亦愁余。

谷兄六十壽言

——蜷厂——

萬類至不齊，人爲或天授，利濟出丈夫，窮達安從囿。識君過十年，事往情猶舊，當時衛國心，日望膺功奏。時君正強健，所歷多艱辛，曾少慕自長，有若平生親。烽煙漫華夏，兆姓憂沈淪，衆志挫愈堅，敵愾情能伸。少年事游俠，廣交到山海，功名竟何慕，德智翳我采。僉壬敗全局，勝利自相紿，遠略翻棄捐，至竟不知悔。無能抱殘闕，萬卷非吾私，上下四千年，董理須及時。豈期攙讒陷，一毀眞無遺，孤櫂去無言，故邦長別離。北岳雪皚皚，萬木南山陰，聲教原漢唐，衣冠殊古今。交知多時望，太學謀同任，集力邁前修，不讓商巖霖。劫火徧人寰，生民再塗炭，五載幾播遷，壯志薄霄漢。挐舟訪中國，遙指三山畔，舊侶半生存，未免興衰歎。八紘同一宇，共濟人所求，世運寧久屯，傑士懷遠猷。多君蓄道德，貞幹誰爲儔，經濟素所先，注洋收衆流。平生鮮寸長，所持但質率，律己希昔賢，用世冀其必。甲子君始周，康疆永如一，祝君躋上壽，枚策昇平日。

拾剩飯的孩子（上）

金陵

開飯的號音響了。

提着銹鐵桶和掛着破草籃的孩子們像一窩蜂似的湧了過來，在我們桌子一個相當的距離處，他們止住了腳，然後木彫泥塑似的瞪着大眼睛，望着我們每一張嘴的動作。我曾說：「哪兒來的？這羣沒有出息的野孩子！」

但是現在我很爲自己的那句話而後悔，因爲孩子們是無辜的，並且個個都很聰明，很有出息！

有一天中午，在我們離開飯桌後，一雙雙的小手正搶着把盤碗裏的殘菜剩飯往自己的鐵桶裏傾倒時，我攏過去抓着了其中一隻瘦小的胳臂，她驚慌失措的想掙脫，我忙擺出笑臉問：「小妹妹，這些東西拿回去作什麼？」

「我們要吃的！」孩子的嘴在打抖。望了我一眼，趕緊又把視綫轉到桌子上，我曉得她的心理，鬆開手，她連忙擠到孩子群裏去，可是每一隻碗盤已經像被洗過似的撈得一乾二淨，她失望的望着我，內心準在說：「都是你，害我少得到半桶。」

我摸摸她的下巴，蹲下來，湊到她的耳邊說：「明天來我多留些給你。」

她轉過臉來，低聲的說：「那我今天呢！？」

「啊！」沒等她再說下，我連忙掏出五塊錢放到那隻小手心上。

出我意料的；她並沒有把鈔票塞進口袋裏，反而退給我，臉蛋脹得緋紅的說：「我不要，老師說過：接人家的錢不是好孩子。」

我牽着她的手走到厨房，想找點剩飯給她，剛進門，她指着案板底下那隻木桶說：「這個可以給我嗎？」

我看了一眼，那是一桶煮飯剩下的鍋巴，本想說：「那是我們餵猪的，人怎麼吃呢？」我畢竟沒能啟口，立即把已經浸軟了的黑黝黝的鍋巴撈出來，她如獲珍品似的笑了，我發現在那幅菜黃色的臉蛋上，嵌着兩個深深的酒窩，等她跑出門時，看着那幅小巧的背影，我腦子裡在想：假如她生長在另一個家庭，誰能說這不是一個漂亮可愛的小姑娘，右手腕上的那隻銹鐵桶，可能也變成一隻洋娃娃了。

上個月某天晚餐後，我和同事李老師到校園附近去散步。李老師告訴我：這兒的老百姓因爲受過「八七」水災的洗禮，耕地損失不少，所以生活普遍都極清苦，又因老百姓有節儉的美德，……

「所以出來拾我們的剩飯吃！」我插了一句嘴。

李老師沒答應我，把臉轉到右側，停了一會說：「你聽，那邊好像有人在吵架，還有哭聲。」我們加快了腳步，順着小路走去。

在一間茅房旁邊，我們看見一個四十歲左右的婦人，正握着一根竹條向臥在地上的小女孩抽打着，嘴裏還不停的叫嚷着，在旁邊站了一會兒，我看那婦人的手似乎不會停止了，跑過去一把將竹子搶過來，擲得遠遠的，李老師也趕過去把小女孩抱起來。等她仰起臉來用袖子抹淚水時，我認出這就是曾經給過鍋巴的那個孩子。（未完）

抗戰回憶錄（三〇）

張發奎

七、平靖的時期

南寧的核心工事並不如何堅強，但它外圍的鳳山高峯坳、石埠墟都做了它堅固的衛星據點；而崑崙關和武鳴更形成了它前進的據點。它利用邕賓和邕田兩條公路的交通來機動使用它的兵力。

對於工事的位置，多構築於較高而暴露的防界線上，與我們抗戰中期力求低下蔭蔽的主義迥然不同，這或許是它對於空襲顧慮較少，與節約兵力的原因。但它有個補救缺點的方法，即對於工事的強度特別講求，它的胸牆和掩蓋，用了水成岩的小石塊凝結士敏土有極度堅強的抗力。

這些都是我們舉行戰史旅行的收獲，也是當時築城一個新的趨勢。據我們戰後的調查，廣州的敵人也是用這個同樣的主義，來編成廣州防禦陣地的。不過因為戰事的迅速結束，使敵人在廣州的陣地，沒有得以完成罷了。

民國卅三年春，戰區復舉行一次形式與戰史旅行相同，而性質不同的越邊參謀旅行演習；這是根據戰區實際作戰計劃而施行的。在太平洋戰爭爆發以後，我們始終以為南進的敵人，終有一天將會覆滅，自英美海軍在印度洋和南太平洋轉移攻勢後，這個判斷就益為接近事實。卅二年冬最高統帥部給戰區一個訓令，令我們擬具一個入越計劃和着手其準備工作；基於這個訓令的指示，我曾擬具一個以三個軍為基幹的入越攻勢作戰計劃。此時敵人對於湘桂的中原攻勢，尚無跡象可尋，為配合盟軍及滇境部隊入越攻勢作戰，誠大有可能。

越邊參謀旅行是基於這個計劃作成的想定。其內容以一個軍為基幹的主力，由靖西方面向高平前進攻河內；並預期與滇境入越的部隊齊頭併進；另一個軍由龍州方面向諒山前進攻河內，與由靖西前進的主力會合，形成兩翼鉗形攻勢；另一個軍為第二綫兵團，依狀況加入左翼方面，由諒山北側向河內攻擊前進。另一方面積極策動越南革命黨人散布恐怖宣傳，擾亂其內部秩序，並充份供給其軍火以為內應的力量。關於策動越南革命力量，是當時一個極大計劃的期待，其事實的經過，容次段詳述之。

參謀旅行約費了一個月的時間，所有預期參加實際入越作戰的部隊、指揮官及主要幕僚和後方勤務人員，都已參加演習。我們演習和研究的課目，包括集中、機動、展開，戰鬥前進，高平諒山堅固據點之攻擊，炮兵戰車使用，步炮協同，陸空連絡，與後方勤務等十餘問題。並為預防敵人之轉移攻勢，在邕龍路曾演習了防禦的戰鬥與追擊的行動，這是一個作戰準備實際的工作，也是一種現地的教育，使所有爾後有關參加作戰的人員，充分了解越邊的地形，和應有的作戰準備。

這裏不妨對於越南革命黨人的歷史和關係，就當時的情形來作一個概要的敘述，這是與國際有關，且很複雜的一個問題，許多越南人物與我有真摯的友誼，主要的也在這時間形成。越南自從法國統治之後，就過着亡國和奴隸的悲慘生活，但許多親歷亡國經過大一點年齡，或知識較高的人，沒有一刻忘記他們的自由獨立和幸福，他們都想作自由獨立的革命運動。但因為奴隸桎梏的時間過久，下一代和文化低落的人，也有些漸漸忘記了他祖國的歷史。因此越南民族就變成一部份是怠惰卑恥，另一部份是堅忍不拔，兩種絕不相同的性格的人。在這兩種矛盾國民性格之下，使幾十年來他們的獨立革命運動，就沒有得到一次真正的成功。

在過去數十年中，越南的革命勢力，受着中國國民革命直接的扶持或間接的影響極大，越南的革命黨派，才蓬蓬勃勃的在國內外分別組織起來，其中比較具有力量的，是阮海臣，農經猷，張佩公等所領導的越南國民黨，和胡志明等共產黨所領導的越南獨立同盟，同時廢王保大當然亦還保有他的偶像地位。

一九四〇年九月法國戰敗後，越南革命黨人向越南的法國統治者提出了自由獨立的口號，並對統治者的武力作了積極的抵抗；同時曾向日本有過請求援助與保証的夢想，並做了許多引狼入室的行動。但結果法國人固然沒有給他們自由，而日本人給他們也只是靈魂的污辱。卅年春在日法雙重壓迫之下，越南革命黨人，就不得不全部向安全地帶的中國境內撤退了。

公開收容越南革命黨人，並不是一件小事。它將引起法國人的反感和國際問題的關聯。但我認為扶持一個同文同種的越南民族的獨立，是中國責無旁貸的事。我們不但應該寄以同情，而且在國際外交上亦應代為爭取權利。我們並不是乘法國戰敗之危，而是根據民族自決的正義原則來處理的。所以我向中央極力請求，並提出收容與扶持的計劃，這提議很順利的得到中央的通過，並即派我為越南革命同盟會的指導代表。

越南革命同盟會於民國卅一年在柳州成立籌備委員會。仍以國民黨人張佩公、阮海臣、農經猷等為該會的中幹人物，但其中多是腐敗庸才，沒有一個人具有領袖能力與中心人物的條件，而且派別分歧，互相攻訐，徒尚空談，毫無行動。且有少數主要份子，仍染着卑鄙下流的性格，沒有一點革命的高尚人格，致令這個工作二年間沒有長足的開展，很令我失望。

（未完）

中國現代史資料評介之二（下）

（辛亥四川爭路親歷記）

舜生

六、春煊奉命入川，實七月二十三，已在川紳被拘，川亂擴大以後（春煊自著之『樂齋漫筆』，謂在辛亥六月，殆晚年記憶有誤），初電宣懷詢收路章程，盛復電謂：『朝廷命公剿辦亂民，不命公問收路事，』但以朝旨促其速行。春煊曾於光緒二十八年一度署川督，川民對之有好感，至是乃為書誥誡川人，持論平允，且動以舊情，川人甚為感動，日盼其來，亂已畧定。但春煊曾於光緒三十三年於慈禧前面劾奕劻貪污，奕劻恨之刺骨，此次起用非奕劻意，遇事必多方扼之；及八月抵武昌，與瑞澂議既不合；川官吏也怕春煊嚴厲，敢誅殺，更助爾豐造蜚語，謂春煊獨斷侵權（參看尚秉和『辛壬春秋』第二卷）；於是春煊知事不可為，因托病回滬。時武昌革命已爆發，川人知春煊不來，川亂因而蔓延愈廣。迄八月二十三，清廷命袁世凱為湖廣總督，春煊為四川總督，均督辦剿撫事宜，但春煊無一兵一卒，自然更無法成行了。

就大體說來，孝懷這本書，自不失為研究清末川路風潮的一良好資料，尤其可為我們了解川亂演變一大幫助。但有一點我們必須注意：即孝懷在臨死的前三年，所以扶病汲汲要把這本書寫成，為他自己辯誣，實為主要動機之一。

這話怎麼說呢？原來自八月十九武昌起義以後，更繼以各省紛紛響應，清廷的步伐乃趨於凌亂。本來清廷對處理川亂的方針，一直是主嚴厲的，其命端方帶兵入川，又命岑春煊入川剿撫，都是這種嚴厲辦法的表示。可是武昌革命爆發以後，他們乃完全軟化。八月二十四，詔王人文撤去侍郎銜，開去川滇邊務大臣，趙爾豐仍充川滇邊務大臣。九月初五，又詔奪盛宣懷官以謝天下。先是有川京官曾鑑等，合詞劾趙爾豐誣奏正紳為逆，戕斃無辜多命。事下端方，端覆奏屬實（端的態度也軟化了）。於是詔奪提法使周善培（即孝懷）營務處總辦田徵葵，候補道王揆、王梓官、徵葵並發往巴塘効力，候補道饒鳳璪降補同知，釋蒲殿俊、羅綸、顏楷、鄧孝可、胡嶸、蕭湘、江山乘（『辛壬春秋』作江三乘），葉秉誠、王銘新、張瀾諸人。九月十六，更命端方暫行署理四川總督。

當時被參的不止一個周善培，為什麼孝懷獨非辯誣不可呢？原來當時在四川境內，發生了一種普遍謠言，說七月十五川紳多人的被誘拘督署，係出自孝懷與巡警道王揆及候補道饒鳳璪的陰謀，勸爾豐捕首要定亂。假如他不切實辨明，不僅影響他的身後之名，即在當時也有生命的危險。現在看見端方大舉奏參多人，爾豐亦在其列，他認為這是他辯誣的一個最好機會，乃於九月初六，首先給爾豐一個呈文，原文云：

『大帥鈞座，敬稟者：竊七月十五日之事，究由憲台獨斷，抑有他人參議，署司（孝懷自稱）毫未預聞。乃自七月以後，外間紛紛造謠，皆謂十五之事乃由署司主謀告密。匪徒散布傳單，竟有欲得署司而甘心者。因值事變，大局方在危難之中，一身何復毀譽可計。且自路事發生以後，署司一念惟知大局，既未嘗取悅於上，又何必求諒於民？故聞謠謗之來，均只付之一笑。不意昨日得渝中報告，謂端大臣駐節在渝，博稽輿論，遂不免兼采謠言，謂必參署司以謝川人。報告所云，雖難保其必確；時勢至此，一官尤無足惜；惟是非所關，去留有道。倘憲台以署司七月十五以前不應力持和平辦法，責以姑息誤事，雖加嚴劾，萬無所辭。至於十五之事，署司方恨與聾聵無殊，端大臣采及謠言，署司豈甘以曖昧獲罪？應懇憲台將十五之事，究由憲台獨斷，抑由何人告密主謀，電知端大臣，俾免誤聽。至於署司前此不應力持和平辦法，若蒙憲台將署司立予撤任，奏請參處，以為姑息貽誤者戒，尤沐大德。不勝迫切待命之至，須至稟者。宣統三年九月初六日。』（舜按：原書誤九月為七月）

孝懷除上了這一呈文以外，第二天並跑去面逼爾豐，爾豐此時對端正大不滿，乃承認：『七月十四以前的端老四屢次催我拿人的。七月十四的最後決定是尹老四（藩司尹良也行四）力勸我拿人的，沒有第二個人參預。……』說完之後，並親筆對孝懷呈文擬了批，批文云：

『署總督部堂趙批：據稟悉。此次首要諸人，係因其借路倡亂，逆迹昭彰，迫不得已，遵旨拘獲。該署司並未預議，外間謠諑何足為信。端大帥尚未抵省詳查，何致以無稽之辭遽行參奏？該署司以力主和平，深自引咎；本署督部堂以前對於諸紳研究路事，亦何曾不力主和平？而彼時固有以和平為本署督部堂罪者，任事之難如此，不獨該署司一人已也。總之，毀譽難知，是非具在，切勿輕聽浮言，鰓鰓過慮，是為至要。繳。初七』。

孝懷得了爾豐這樣一個批，他自己已把立場站穩，乃寫一封數千言長信上給端方，痛述川變經過，對端加以責難，措辭咄咄逼人；並印了十萬份，專派四十人到全省一百四十二州縣各城鎮張貼（文長不錄，請閱原書，重慶人民公社出版）。九月二十二，端方已到達資州，終於不敢前進，與孝懷這封信大致也不無關係。

十月初七，端方被殺於資州；十一月初三爾豐被殺於成都，因不在孝懷此書範圍以內，姑存勿論。至於孝懷辯誣的經過，就當日被拘的張瀾和葉秉誠而論，前者和我有多年的交往，後者與我有多度的通信，從沒有聽到他們對孝懷有何微辭，則孝懷被誣大致總是可信的了。

（更正）本刊第二〇一期第八版，我所寫對『袁世凱與中華民國』一書的評介最後兩行，把『內史夏壽田』誤寫為『肅政使夏壽康』，經看報最細心的老友雷嘯岑先生指出，特此更正，並對嘯兄深表我的謝意。

舜生附白

本刊已經香港政府登記

聯合評論

週刊

每逢星期五出版

United Voice Weekly

第二〇五號

督印人：黃宇人　總編輯：左仲平

社址九龍大埔道一六八號南亞書局 805641

承印嘉羅印刷有限公司香港仔馬師道5號

總代理：友聯發行公司售價每份港幣一毫

本報美洲版總經售處美國紐約中美出版社

CHINESE - AMERICAN PRESS, INC

199 CANAL STREET.,

NEW YORK13 N. Y. U.S.A.

美洲航空版每份零售美金一角

毛澤東的死症—泛權力主義

李璜

這幾個月來，從黑暗的大陸逃出來的飢胞不但人多，而且其中不少對毛澤東及中共一羣有認識的知識分子。據筆者所接觸，而且曾在本刊第二版報導過的談話，其述說者有所謂「政協要人」的兒媳，所謂「中央人代」的子姪，他們大都已是四十左右的人，在中共「中央」服務過幾年，不但曉得中共動作的內幕，而且還了解毛澤東輩十年以來胡作非為的用意所在的。

筆者曾對這些難友們，不惜時間，事事詢究，從民四十左右的肅反鋤奸、肆行殺戮起，經過參加韓戰，三反五反，內而集體農耕，外而遠征西藏，一直到民四十六的家家煉鋼、人人煉鋼，完全使生產脫節，而還要接着厲行總路線，大躍進，人民公社，所謂「三面紅旗」，好像「催魂幡」一樣，硬把所有老百姓以至其幹部都弄得來精疲力竭，於今大家竟已陷入癱瘓狀態，無法活下去了！

毛澤東豈竟淺陋無知，而敢於顢頇至此！毛澤東如稍有所知，其如此胡來的目的何在？這些難友們都答復筆者，毛澤東對於這一連貫的胡鬧，其目的都在政治上，即他所稱的「政治掛帥」是。

然則毛澤東成為一個泛政治主義者了。但是政治在實施上看來，不過是執政者發號施令的一種行徑或手段，不能認其本身是一目的，毛澤東的一切都意在政治掛帥，而此「帥」也，並無戰果，一遇失敗，仍「掛」之不已，其目的乃無非在儘量擴張其個人及其共產黨的權力，且千方百計的務使此權力徹上徹下，無孔不入，明白言之，即泛權力主義。

即以毛澤東規定幹部待遇一事而論，其玩弄權力，便很明顯。中共的幹部分成三種：一為政治幹部（即我們常稱的共幹），二為知識幹部，（在各機構憑其知識技術服務的人，以及文化人，唱戲的也在內），三為軍事幹部（中下級軍官等）共分二十六級待遇，其間薪水不同，配給各別，連糖、油、豆類的數量都各有差等待遇，這真麻煩之至！據曾做過上海市政府職員，後當敎員，又被下放，終能逃出的一位告我，他就管過這一分級待遇的事情；一級到六級是毛澤東及其「中央」人員的待遇，六級以下纔輪到地方幹部以至知識幹部，但分級到了十八級以下，便不大吃得飽了。——像這樣的幹部，接受各級待遇的已有兩百萬人（士兵還不在內）。

筆者問他，毛澤東甚至要把六億以上人口的吃飯問題這樣大的一個包袱也揹在背上，所為何來？他笑道：「還不是為的政治」。換言之，毛澤東要使他的權力貫徹到每一個大陸上中國人的肚皮裏面去，誰不服從我毛黨的權力指揮，誰的肚皮便要發生問題，沒得飯吃！於是我們討論到人民公社上來。

毛澤東要厲行人民公社，也並不是為的增强經濟生產與平均分配，而仍舊是為的政治目的，因為家庭一天不拆散，人民一天有其家；即一天有其蓋藏，有其蓋藏，則毛黨的權力便不能完全貫徹於每一個人的肚皮裏去，所以人民公社的最大目的乃在拆散中國一向——或者人類自來有的家庭及其生產與消費的自然組合。

但是，毛澤東要厲行人民公社，只看到政治的一面，即他泛權力主義的一面，便未想到他管着每個人的飯碗中的飯是從何而來的！

飯為米與麥所做，而米與麥等還得要大陸百分之八十的老百姓一手一腳的，千辛萬苦的去生產的。並且在產米之區，要全家合作，晝夜不息的，伺候着兩暘時若，當心着一切災害，所謂「未雨綢繆」，所謂「勿奪其時」，這種自周秦以至民國亘二千餘年所經驗得來的中國家族社會的小農制度，又豈毛澤東為要貫徹其權力，而能輕易另變方式的！毛澤東只見着控制糧食在手的一面，而反美其名曰增加生產，這真成孟子所說的「揠苗助長」；以毛澤東生長於洞庭產米區域，且自命來自田間，而竟昧此理，是泛權力主義把他的頭腦冲昏了！

中國的農村作業，太辛勤，太費手續，如果未經大大的科學技術的改革，農民智識與環境交通的條件具備之後，是絕對受不住統制經濟的處理的。筆者親身就有此經驗。在抗日戰爭後，退守西南西北，政府為要爭取外滙，實行管制四川的桐油猪鬃兩種農村附產品，一律統收統購，統運統銷。為此訓練大批人員去到農村執行收購裝運的工作，又請國民參政會經濟建設期成會派員監督之。筆者便曾親往詳細視察。視察之後，報告本會，認為這一統制工作必然要徹底失敗。憶筆者報告書上說：（一）中國農村老百姓心理與中國官辦的那種精神有甚大距離。老百姓自來看見官中人便要頭痛，何況要去與官家講生意；即使賺錢，他已不願，加以還要折本受氣！（二）中國人舊日做生意辦法，其心理是所謂中庸之道，彼此吃點虧，或彼此過得去便算了。今天收購的官家則不然，幹部奉令辦事，成份、折耗、價錢、斤兩，一分一毫都得計較，規定如此，不容分辯。你如不賣，這是政府統制下的東西，你又從何處去找買主！（三）外銷的貨物還得講究標準化，這個「標準化」三字一來，老百姓更是頭痛萬狀，收購幹部更是藉此三字剝削農民，藉以牟利，大收其紅包；結果並未標準化，而官民成為仇敵了！果然桐油猪鬃的統制政策未到三年，桐樹已稀，鬃猪不見，收購無所得，統制只好停止了。

這還是政府花錢去向人民購買，且結果如斯，何況毛澤東還要老百姓將血汗所得完全奉送，而只給他們一份口糧！毛澤東過信他的泛權力主義可以支配中國農村，老百姓變牛變馬，都會服從他的「三面紅旗」的指揮，他簡直是在做夢！他不弄到今天這樣農村生產完全脫節，那纔是怪事咧！

五一、八、七

美國必要支持中國人民革命

謝扶雅

就美國基本的立國精神而論，它必定願見世界各國都有民主行憲的政府和自由平等的人民，反過來說，它必不贊成自己或別國有奴役壓迫人民的極權主義共產政權或法西斯政權。而自第二次世界大戰以後，美國既無法保持孤立主義，而不得不進而領導自由世界，跟那立意作對的共產集團抗衡，則對於世上各地人民的奮起爭取自由，反抗奴役，建立民主政治制度，勢必不限於消極地冷眼旁觀，或僅拍手贊和，而必將積極予以援助及支持。這是凡具政治常識者所皆能判斷的事。至於美國和中國的邦交，一向輯睦，而兩國人民間的親善友誼，幾乎凌駕它與英法關係之上。它今日對當年大戰敵人的德日，猶如此其盡力幫忙，便可以想見它真熱心對民主政治的扶持，對自由的傾慕愛好。自由神像是美國人一致膜拜的象徵。

但不幸近十三年來，中國大陸上出現了一個極度殘民以逞的毛共政權，假託「一面倒」一向馬列主義，與蘇聯互相利用，狼狽為奸，在內瘋狂扯起三面紅旗，違反整個中國國情和人民意旨；兼且不顧人民死活，和中國親仁善鄰的傳統精神，對外妄事侵略，滲透，甚至衝到美國的後門古巴；還要教唆大陸一般良善人民，日夕叫囂痛斥美帝國主義，尤其對甘廼廸政權極盡醜詆謾罵之能事。中國愛好自由民主的一羣海外志士和大陸義士，積憤十年，忍無可忍，惟有拼將血肉，本其良知，携手齊向毛共進軍，作中國最後一次的革命。美國當年十三州殖民地因不堪英倫的橫政暴歛，尚且起而流血革命，爭取自由獨立。今日大陸橫暴政權，比之昔時英國對美洲殖民地的措施，何止殘酷百千萬倍。中國人民既有一息之人性，怎能不企圖起義，推倒這慘無人道的魔王。

本來局處台灣的國民政府是負有反攻復國的絕對義務的。然蔣介石政權前以顢頇汚腐，不得民心，而致一夕之間喪失整個大陸。退台以後，毫無悔過贖罪之心，專倚美援，擁兵自衛，鎮壓反側，兼且依然貪汚公行，違法瀆紀，一面誅鋤異己，禁絕言論思想及組反對黨之自由。中國人民早已唾棄這種包而不辦，無能而又獨裁的政府。美國不願台灣淪於中共之手，我們固然極表同情，美國不願支持台北國府反攻，我們也深深了解；但美國認為毛共雖已遇見經濟大失敗，鬧成全面飢荒，而仍能控制大陸，把握政權，因而繼續與它保持非正式的接觸，希望能在放棄台灣之條件下，與美國建立正常關係，並讓聯合國內出現「兩個中國」，則我們認為絕對錯誤而且行不通。

美國人雖自信科學客觀，現實並持守實驗主義，但面對中國如此悠久深厚的歷史文化及民族性，終不能比之一個經常能深刻反省，平心靜氣，而亦習知西方科學方法的中國人，更能體驗及了解中國的問題。美國情報處和親身踏看過大陸的西方記者們，雖或得到所謂第一手的資料，然而一個民族，究竟不像一件機器，一座礦山，甚或整個的地球層面那麼簡單。對中國，你外表上所作的觀察，你在它近數十年歷史資料所得的鈎稽，究竟還不够科學地對這民族的最近將來，即可作準確無誤的判斷。

美國人應該多聽聽中國內行人的話。

我懂得，美國今不願更給中共刺激，而且寬大樂與人為善的美國人，尤期望着毛共政權這次深惕於全面飢荒的嚴重惡果，而敢思回頭，不再走極端左傾的路，以改弦更張，與世界其它各國共作和平的競賽；並且也還有人想像毛澤東今後可能不再學史太林，而轉向較和緩的赫魯曉夫，甚或變作南斯拉夫的狄托，以至印尼的蘇加諾，印度的尼赫魯，或中立寮國的富馬親王。然而美國人這種希望和夢想，我們除[illegible]的朋友們，與他來往過，[illegible]斷定這是絕不可能的。毛澤東的唯一下場[illegible]斷不會。[illegible]們並非信算命占卜，不過讀通了本國歷史，熟悉自己民族性，而又不[illegible]世界眼光的[illegible]中國知識分子，對中國的命運和出路，也較透徹得多。雖然，我們知道今日中國的革命，比辛亥革命發端百倍，但目下海外已潛伏着無數的無名[illegible]中出，而國內大勢人心之皆欲得毛而甘心，較之對清廷更萬二分地咬牙切齒。

（下轉第二版）

中共何故展開一連串的心理攻勢

劉裕畧

中共雖然是辨証唯物主義的信奉者，但毛澤東却最喜歡進行心理作戰的。自民國十六年八月一日南昌暴動，中共開始武裝叛亂以來，即在政畧戰畧戰術各方面玩過若干種心理作戰。甚至就在共軍內部，所謂參軍，所謂戰鬥英雄，所謂積極份子等名號，亦無不帶有心戰作用，僅僅這種心理作用在用以對內而已。

至於對外，毛澤東使用心戰的時機尤多。譬如釋俘，譬如陣地喊話，譬如洗腦，乃至對金門實施隔日炮戰等等，亦無一不是心戰。

十二年以來，中共經常迫令留在大陸的親友對海外華僑寫宣揚共黨成績的信，迫令國民黨和各黨派靠攏人士寫信給台灣的某人或海外的某人，香港共報經常把這些人寫的這種信公開刊登出來，叫收信人或回大陸，或向中共立功，也無一不是心理作戰。

毛澤東不殺溥儀，先則叫溥儀做園丁，後則叫溥儀到文史館服務，毛澤東故示寬大，故意表示對溥儀這種人都不殺；又中共故意叫曾經與共黨作戰多年的衛立煌等人作政協代表，也無一不是心理作戰，其目的，初無愛於溥儀，初無愛於衛立煌，更無愛於張治中、陳銘樞、章伯鈞、羅隆基等人，亦不過把這些人當心戰工具，以誘騙台灣和海外的反共人士而已，故其心戰作用亦極顯明。

在兩年前，中共曾經企圖與日本在香港及東南亞展開貿易競爭，大陸中共報紙及香港共報天天把抗日戰爭時的種種仇恨故事搬出來，又對經營日貨的正當商人誣以「新漢奸」的名號，亦屬中共心戰手法之一。僅其心戰範疇不直接在軍事政治，而在商業貿易罷了。

由上種種，可知中共的心戰攻勢，不但次數繁多，而且種類至夥。最近則因恐懼台灣反攻，更對美國及台灣展開一連串的心戰攻勢。

仔細閱讀中共六月廿三日有關台峽戰事聲明，不難發覺該聲明縱非完全出自毛澤東手筆，亦必經毛澤東親自大力修改，則無可疑。而該聲明就是充滿心戰作用的。

譬如：美國明明一直在拘束台灣反攻，但中共六月廿三日聲明，則一再指陳美國在支持台灣反攻。難道中共眞的不知道美國一直在反對台灣反攻嗎？中共當然知道的。那末，中共爲什麼硬要反說美國在支持台灣反攻呢？其目的就在迫使美國去更加約束台灣，更加制止台灣不要反攻。因爲中共知道大陸內部現今實在太糟，若台灣眞的反攻，則中共即將面臨重大危險。故中共極端不願台灣反攻。但台灣確有乘機反攻之可能，而能够及時制止台灣反攻的，只有美國。所以，毛澤東除了調兵遣將，故作一番戰鬥姿態外，就一口咬定說美國正在支持台灣反攻，以期在心理上影響美國，使美國再去拘束台灣。本來中共的這一心戰攻勢是很容易識破的，本來美國也不應該上中共的當，但天下事往往出人意外，美國却偏要上當，美國却就硬要達成中共心理作戰的願望，美國却就眞的向中共保証決不支持台灣反攻，此外，甚至又還眞正在約束台灣反攻。所以，不要以爲中共的心戰無靈，僅就六月廿三日中共聲明所含的心戰目的來講，它實已達到目的了。

再說：現代戰爭，不是依靠人多，而是需要現代化的武器。中共工業基礎不强，加以蘇援工業設備已因赫魯曉夫與毛澤東的個人衝突而中斷，故中共十二年來雖致力軍火工業及軍火生產，但基本計劃却未完成。只能造較落後的武器，根本不能製造現代化破壞威力强大的軍火，但中共不願對台灣示弱，而欲對台灣使用嚇阻辦法。所以，最近以來，中共除了針對美國施行了許多心理攻勢之外，又對台灣施行另外一些性質不同的心戰攻勢。

譬如今日大陸明明缺乏現代化的武器，而只有不到三百萬人擁有半現代化武器，其餘廣大民兵則根本只能部分使用落後武器，但中共却硬說今日大陸已能自行生產足够的武器，這顯然是故意遮飾蘇援軍火中斷的話。

當然，中共六月廿三日聲明對台灣的心理作戰還不止此。試看該聲明所說：「肯尼地政府爲什麼要唆使蔣匪幫竄犯大陸沿海地區呢？有頭腦的人都明白，美帝國主義一箭雙鵰的如意算盤是：蔣匪幫的軍事冒險，如果僥倖得逞，美帝國主義既可以在中國大陸建立橋頭堡，打擊中華人民共和國的威信；又可以使蔣匪幫兵力分散，財政困難，不得不更加對美帝國主義唯命是聽。反之，如果冒險失敗，那末，在蔣匪實力大大削弱的情況下，美帝國主義就可以比較容易地實現它多年來追求的目標，這就是一腳踢開蔣介石，用新的傀儡來接管台灣，實現它兩個中國的陰謀。美國紐約先鋒論壇報最近關於需要一個比蔣介石更英明的人物來統治台灣的談論，顯然不是偶然的」。毛澤東早就公開宣佈過：對內不施仁政；毛澤東又說過對敵人仁慈，即是對自己殘酷。然則毛澤東何以忽然由豺狼變成了仁者，甚至還替台灣算命，還替蔣先生算命，儼然以仁者之心說，反攻對蔣不利呢？此種貓吃老鼠式的假慈悲，當然畢竟是假的。毛澤東何嘗會爲蔣先生着想？更何嘗會替台灣着想？毛澤東的這些說法，不過顯示中共正在害怕蔣先生反攻，故歪曲此中利害，以暗阻台灣反攻而已，拆穿來說，這也正是一種心戰。

在六月廿三日中共聲明中，其心戰攻勢已概述如此。但中共仍在恐懼台灣反攻，故毛澤東的心戰攻勢，乃在六月廿三日之後，仍繼續一連串的在展開。

首先是陳毅以中共外長的身份發言，力言美國正在從台灣、南韓、南越形成三把刀的攻勢指向中共；到本年八月一日中共建軍節，中共總參謀長羅瑞卿也還承襲了這一濫調，硬說美國正在台灣、南韓、南越組成三條陣線包圍中共政權。陳毅與羅瑞卿的這些談話，都說明中共因內心之恐懼而企圖迫令美國停止美軍對南越共黨叛亂之干預，陳毅並在日內瓦揚言中共可以爲台灣問題等待二十年，這當然都是指向美國的心戰攻勢，藉以鬆懈台灣之準備及反攻，若台灣因此而偷安而苟安，自係中共求之不得的事。

在最近幾天，中共更先後發表消息，說大陸現有民兵三千萬，中共「中國新聞社」於七月三十日更自北平發出電訊說「共軍年來練兵中，出現數十萬神槍手」，又說「風雨射擊無虛發」，「無瞄準鏡亦命中」。且詳細報導說：「中國人民解放軍在一年多的軍事訓練中，湧現出數十萬名神槍手、神炮手和技術能手。這些神槍手、神炮手和技術能手，都有高超的軍事技術，每個神槍手都能極爲準確地命中目標，實彈射擊次次成績優異，不僅操作火炮準確迅速，而且能密切協同，在複雜的情況下彈無虛發，每個技術能手都是熟練或精通本職專業技術的優秀戰士。他們有這樣高强的本領，是天天練、經常練、反復練、堅持勤學苦練的結果，被人稱爲郝十環的神槍手赫石山，練得了一身硬功夫，白天晚上，風裏雨裏，都能槍響靶倒，槍槍命中目標。曾經受到某部表揚的神炮手楊愛貴，可以在幾秒鐘內，按着指揮員的口令，準確的瞄準目標，如果瞄準鏡在戰鬥中打壞了，他可以不用瞄準裝具，以火炮迅速指向目標發射」。

又說「在空軍部隊裏，有一批飛行員，不僅白天能飛，晚上能飛，在風雨雲霧的複雜氣候條件下能飛，而且投彈、射擊準確」。

以上都是中共在其八一建軍節前一天的故意吹噓，其目的亦在企圖以此誇張中共的軍力，從而嚇阻台灣之反攻。其實，今日大陸之民兵，皆來自民間，而人民極度窮苦，誰還擁護中共？人民平日已有與中共偕亡之決心，只因手頭缺乏武器，故無起義，此點，我已在前兩週分析中共民兵現況及其作用一文詳論之。故中共現今愈擴充民兵，恰巧是替中共自己擴充抬靈柩的脚力而已。中共愈把民兵擴充得愈多，對反共復國大業就愈好。

至於步槍射擊技術，這本是小技術，縱然精於步槍射擊，在現代化武器面前，亦不過義和團而已。何況，技術再高，兵心已去，一切皆等於零。更何況，中共所稱數十萬神槍手的話，又根本是吹牛呢？

說到中共空軍的技能，那就更是笑話了。在十二年來台灣海峽的空戰記錄中，中共空軍皆以技能低劣被國軍飛行員打得落花流水，每次的傷亡比率都是共軍大，國軍小，所以近年來，中共空軍已不敢到台峽上空挑戰。今中共竟欲以此作爲心戰材料，則遺笑大方了。

總結說來，中共這一連串的心戰攻勢也不可全然忽視，因爲它雖不足以欺騙國人，但却使美國上了當，以致眞的在勸阻台灣反攻。所以，今日之事，就在台北當局自己要把自己的命運掌握住，只有自己識破反攻之好機，運用好的戰法來打開天下，才是眞能反攻復國之保証。

美國必要支持中國人民革命

（上接第一版）

謝扶雅

人或慮蘇俄最後必出兵援中共，而以匈牙利失敗爲殷鑒。殊不知中國廣土衆民，非蕞爾匈牙利可比，姑無論蘇俄投師神州，將重蹈昔年日本皇軍「泥足」的覆轍，而且民族意識覺醒及熱燃的中共軍隊，必然羣起先驅胡虜，再撲賣國賊，而與人民大衆共收拾舊山河。這實在是比火猶明，不待詞辯的局勢。

目前中國大陸的毛共政權，已如一個患重病者的潰敗毒瘤，到了非開刀不可。山雨欲來風滿樓，大革命的爆發只是旦夕間事。這回主動的力量將完全屬於中國主人的人民。我們自己已儘具有外科醫生，我們會自動手，所缺乏者只是手術室中的現代刀圭和藥物；而這，正是够義氣的美國朋友們所必願，而亦必須援助的應急工具。坦白地說，就是接濟大批糧食，解決嗷嗷六億蒼生的枵腹問題便了。我深信：抱人道主義的美國人，必定十分樂意幫這回忙的；愛自由如命的美國人，必定萬分同情鄰友之反奴役、反極權暴政的革命的。崇拜自由神的虔敬信徒們啊，豈不將實行以愛神之心而愛鄰如己（新約馬太廿二章卅七至卅九節）嗎？

一九六二、美國獨立一八六年紀念後三週

寄自美紐澤西寓。

陳毅的秋波和美國的態度

李金曄

陳毅終於在日內瓦揭穿了華沙會談的內幕。他向西方記者透露，美國經已向中共保証，不贊同亦不支持中華民國反攻大陸。甚且還說：「但欲根本緩和緊張局勢，美國必須將其第七艦隊撤出台灣海峽。」

在此之前，西方記者在七月十二日華沙會談第一一二次會議之後，曾報導謂，在六月廿三日的那次會談上，美國大使卡波特經已向中共的王炳南保証美國不協助國府反攻，但也提醒了中共，不得進攻，因為美國有義務協防中華民國以使之不受攻擊。因此，即使陳毅不揭穿華沙會談的內幕，人們也早已知道他們雙方所談者是些什麼事情了。

不過，美國與中共在華沙會談，一向是雙方互守信用保持秘密的。以過去事實來說，從未有一方的參與其事者或較高一級的人士向外透露過其中內情。陳毅這次公然不守信約，當非毫無因由。尤其美國方面對此事毫無表示，似是默認確有其事了。

美國之不願積極支持反攻，態度早已是擺明了的。所以陳毅的話雖並不令人驚訝，卻能陷美國於尷尬的境地。同時也要讓世人知道，美國既向中共作了保証，中華民國的反攻，在現階段是無可能的。

因此我相信，陳毅這次在日內瓦的言行，是很令美國國務院感到困惑的。因為這種完全不顧外交習慣，不重信實的舉止，是西方國家在外交業務上所從來沒有的。可是回過來說，和共產黨交手，任何事情都不能用習慣的標準來看待。共產黨祇從現實利害上考慮，並加以運用，根本就不理會共黨社會以外的法則和習慣。美國方面如果眞是因此感到了尷尬，只能說是「咎由自取」了。

陳毅這次到了日內瓦，當然得好好地利用此行的機會，一方面展開國際統戰，另一方面是從事在西方國家間作挑撥離間。從基本上看問題，陳毅的一言一行，已值不得加以評談。而問題的重心，應該還是在反攻大陸這一點上。

美國的政策在現時看來是不會有改變的可能的，只要美國堅持着現行的實質政策一天，台北既不必再喊反攻大陸，北平也無庸高喊「解放台灣」。長期以來，美國實際上所努力的，也就是維持現狀。在台灣海峽是這樣，在中南半島也是這樣；對南韓是如此，對西德也是如此。這一系列的問題，沒有那一個是可以先行單獨得到解決的。可是從所有這些地區來看，最富爆炸性，和比較上最容易發生問題，而發生了問題又不會立刻引發世界大戰的，我看還是在中國。今天的情況很明顯，中國大陸上問題之嚴重，不必台灣反攻，它還是要繼續發展下去、惡化下去的；如果台灣能有行動，局面的變化比較會更快地發展。（或許美國也只是希望大陸內部起動亂，不致於成為國際化的戰爭，所以不願協助國府反攻。）

正因為大陸上原本存在着動亂的條件，我認為：陳毅固不必對美國的保証沾沾自喜，以為毛澤東的天下，在美國保証不協助國府反攻之下，可以太平無事；蔣先生也不必因此而沮喪，認為得不到美國的協助，就只有被牢牢釘死在台灣，另一方面，蔣先生也不要以為從此可以偏安無憂；而當權派也且莫以為可以橫行無忌。台灣內部的問題，祇要一天不眞正地實行民主政治，那些問題原是老瘡疤，也是一碰到就會痛的！就會發作起來的！至於毛澤東，更不要以為，在美國保証之下，便可以從容地收拾爛攤子，要知道坐在火山口上的人屁股移到東固是燙的，移到西也是燙的，毛澤東說中國的家底是「一窮二白」，但現在搞了十三年又成啥名堂呢？只是災難和飢餓成為歷史之冠！共產黨顯然也沒有給中國開出一張對症下藥的良方出來。何況其極權、其反民主、反自由，猶在國民黨當權派之上，這樣的政權，其不滅亡，是實無天理了。

中共雖具有必亡的因素，但中共也絕不會善能甘休地亡。沒有一個政權，在它死亡之前不作掙扎的。沒有反攻大陸的形勢，中共之亡或會因此推延一些時日。

在當權派不能改弦易轍之前，中華民國，自然不可能成為一個絕對的眞正民主國家。而這正是反攻準備之所以不足，反攻的力量之所以不強的原因。從事民主運動的人，雖相信中華民國一旦眞正實現了民主，就能使反共和反攻的力量集中起來，但當權派迄今執迷不悟，甚或認為這樣反適足以削弱力量，遂堅持過去的錯誤，也凍結了民主政治的實現。

至於美國，在這一方面，只知道如何事從事努力於維持現狀。當然現狀如被中共打破了，現時世界的「和平」自然也破碎了。但是眞正能有力和有效地維持現狀和超越現狀的辦法，看來並不是美國現行的政策能有效的。現在美國一方面支持國民政府，但又只限於她立於守勢之地；另一方面又和中共往還，予以辭色，容其在一定的範圍內擴張勢力，而不知中共原是慾壑難填，這種姑息政策，不過是給中共以機會培養更大的破壞力量。

過去我即曾闡述過，中共到此地步，是唯恐其爛攤子不够爛了，中共就是要利用中國大陸上六億五千萬人口，來威脅大陸以外的地區，達到它為惡敲詐為目的。所以陳毅在日內瓦即已表示，並不拒絕美援。他的態度是：美援吾所欲也，條件則吾所不欲也。在我看這正是他在日內瓦向美國送秋波。製造進一步與美國接觸的機會。假如一旦美國眞的為此而與中共談起來了，試問華府與北平之間還能說毫無關係嗎？現時美國與中共的關係，已經是够令人納罕的了。未來發展如何，眞是令人不敢想像。台北當局如眞還有強烈的國族觀念，尚有反攻復國的信念，似乎也不能對此默而不肯，不思振作了吧！

美國不要重蹈綏撫的覆轍

（讀者投書）

中共對美國的態度，最近突然溫順起來，頗有秋波頻送的情況，同時美國方面，對中共也似乎不若以前的深惡痛絕，甚且若隱若現的，華府可能正在試探綏撫中共的途徑。這種形勢，不能不說是遠東一項重大的危機。

由於所謂台灣海峽緊張，和寮國協定簽字，中共對美國，已一反過去只有惡罵的態度，擺出講理和讓步的姿態。美國雖然還沒有什麼明確的反應，但不能不說已有了一種傾向，即是把中共的諾言，依照票面價值予以接受。

中共在福建前線集結大軍的消息，並非由台北而由華府首先予以透露，這項事實是否與台灣的「反攻」口號有關？是否美國提醒台灣「反攻不易」？我們且不要妄度君子之腹。但接着華府的向台北表示不贊成反攻，已經明顯地說明：雖在大陸革命爆發前夕，美國對於中共政權，仍然要予以容忍，而不願試探它有沒有崩潰的可能性。

鬧閧閧的所謂台灣海峽危機，終於又沉靜了下來，累得飛班自永珍飛到台北準備採訪緊張新聞的記者，空跑了一場。高呼「反攻」的聲音已成不絕如縷。作進攻狀的一方，竟說是對台灣「可以再等待二十年。」

台北方面只是喊喊口號，以適應海內外要求乘中共政權大失敗時反攻的呼聲；明知口號喊了出去，美國一定會表示不贊成，就順水推舟地讓美國負担阻止反攻的罪名，掩飾本身沒有反攻的眞意。大陸方面的軍事調動，結果也証明進攻是「渺茫的」。只不過是利用「美蔣反攻」的口號，把認為靠不住的軍隊自福建調走，放上比較沒有造反可能的北方部隊。同時藉着防備反攻的口號，加緊抓逃亡，清反動，呼籲增加生產，去解救中共內部的困難。這軍事行動百份之百是為了內部問題，與進攻及反攻無關。

中共陳兵台灣海峽，已經十有三年。雖然口頭上說美國是紙老虎，但連到美國並沒有明言協防的金門馬祖，中共也不敢去碰一碰。現在大陸人民不穩，秩序已亂，中共更不會在此時對台灣用兵，中共自己有事自己知，絕對不可能在這個時候進攻。不但勝利絕無可能，引起大陸的變亂，倒是可以預料的後果。中共的調兵作態，完全是在於用政治手法遏阻反攻。

中共觀察其他問題，也許不無錯失。但對台灣當權派的認識甚深，觀察台灣問題，可是相當到家。中共知道，除非美國有意叫台灣試探中共實力，台北才會勉為其艱。若然美國搖頭說個「不」字，台灣就會偃旗息鼓，甚至連口號也少喊。所以中共一直叫嚷着「美蔣」，陳毅並公開談話，說若沒有美國支持，台灣就不會反攻。如果台灣反攻，就是美國指使。要迫美國對反攻問題，表示態度。

中共並沒有豪氣，像若干年前劉少奇對台灣所說的：「你們把六十萬兵開過來吧！」讓你們獲得橋頭堡，然後決戰。中共也並沒有向台灣發動和平攻勢。（只是綏撫內部的靠攏分子，作為調整的一個項目。）中共在恐懼反攻的杯弓蛇影當時，不知道美帝紙老虎的眞意何在，於是急急地召回王炳南到北平聽訓，而面授機宜叫王炳南盪回波蘭，要求美方召開特別會議，詢問美國究竟有沒有授意台灣出兵，結果由美駐波蘭大使正式答覆王炳南，「美國不支持台灣反攻」。中共方才放下了心頭的大石。

現在因為寮國會議，陳毅與哈里曼見面，在「日內瓦走廊」中，陳毅居然低聲下氣，說中共必定遵守寮國協定，請美國別要懷疑中共到處作亂，中共對於台灣，「可以再等二十年」。只是中共也希望美國放蔣介石出來惹事。哈里曼又對陳毅重申：「美不助台反攻。」這次是外長與助理國務卿級，比大使級又更進了一步。而陳毅乃有很得意的日內瓦談話，說倘若中共與美國不互相讓步，寮國協議何能成立？似乎頗似新拉攏上這位美國新朋友為榮。而「再等二十年」之說，就是給面子給新朋友，說「你既要用，就暫且借用吧，遲些再談也不要緊」——中共一向是認為「美帝霸佔台灣」的。

中共這一做法，與一九五五年周恩來要去亞非賣膏藥時的手法，如出一轍。時當韓越戰爭之後，中共黷武予世界以惡劣印象，為要向東南亞分化及滲透，周恩來乃在萬隆標榜和平五原則，甚至聲言「不以軍事解決台灣」。免除亞洲國家的疑懼。現在陳毅的對哈里曼，也就是同樣地表示「願恪遵寮國協定」，迎合哈里曼和平解決寮局原則，給他以「成功」的陶醉，連最桀驁的中共也聽命，豈不是政策的成功。不寧唯此，富馬還親向甘廼迪說：「中共不會干預寮國的」。寮國決停止共方自寮援越，北越軍必令其撤退。甘廼迪似乎也很「欣然」。其實富馬何嘗不是受中共主使，向甘廼迪做說客。

美國在日內瓦協定簽字後，華府曾發表聲明，說「此非承認中共之意。」但協定簽下來的結果，使寮國已承認中共，可能迫使台北使節自寮撤退。原因是中共乃日內瓦簽字國之一，而台北不與焉。

美國過去拒絕承認中共的理由，是中共參加過韓戰，但韓戰結束已快十年。美國的另一表示，是要証實中共「能遵守國際義務」。現在中共已乖乖地表示遵守寮國協定，甚且非正式地表示遵守美國與台北的美台聯防協定，不以軍事去干擾台灣，那豈不是已經遵守國際義務嗎？

中共也知道，美國不會輕信。所以陳毅說，美與中共關係，要「數年後」才能好轉，就是說中共要循規蹈矩數年給美國看。至於說及「西方援助」，陳毅的暗示，不就是「若無條件，郎可接受」嗎？這一切，都是「秋波」，勾搭迎合美國綏撫主義的做法。

美國百萬人委員會，早就重申反對美國承認中共，也反對以糧食接濟大陸飢荒。他們當是有所見而云。我們願意警告美國，不要重蹈馬歇爾綏撫的覆轍，它的代價是韓戰。現在縱使美向中共示惠，幫中共解決困難，一天困難渡過，中共還是要反噬的。陳毅說要追美國參加南越和平會議，不就是要暗中夥同作亂的明証嗎？

讀者　冷眼

台灣簡訊

志清

一、立委反對國大提前行使創制複決兩權

自三屆總統非法違任後,久失時效的第一屆國大代表除已爭得與立監委員同等的待遇而外,還以「憲政研討會」的名義進行研究修改憲法,企圖提前行使創制複決兩權。當權者雖極不以然;但因此乃當初誘致他們同意選舉非法總統的交換條件之一,自不便公然阻止。現在國大代表們經過了兩年的研討,已獲致行使創制複決兩權的初步結論,正式分送各有關機關徵詢意見。依照三屆非法總統選舉時的協議,蔣非法總統還將於本年召集臨時國民大會,予以討論。月前立法委員會為此舉行座談會二次,並推定委員姜伯新、李公權、蕭贊育等七人為召集人。另推委員張金鑑、邵鏡人、羅衡等九人為決議案起草人,以便繼續討論,作成決議。在上月三十日的座談會中,立委們指出此時此地不但不宜修憲,即修改臨時條款亦屬不可。至於國大代表們所稱行使創制複決兩權之法理根據,乃係依據國父遺教;但國父遺教明白規定縣為自治單位,人民行使兩權應自縣級開始。如今大陸淪陷,全國縣自治無法完成;即台省的縣自治,亦有名無實。人民既無法行使兩權,國大代表又何能提前行使?以故發言立委均表反對。

二、監委調查華僑投資被拒案

旅日華僑劉元禮前經僑委會的鼓勵和經濟部的認可,回國投資開設台北煤氣公司,在台北等候將近半年有餘,最初市政府延不批覆,繼經經濟部的一再催促,和外委會主委尹仲容的出面約請周百鍊和有關單位與劉君面談,周百鍊雖然面允,但仍拖延如故。前月市府忽以依據市議會決議為理由,正式批覆不准;而市議會隨即發表聲明鄭重指出該會決議僅為限定政府擬具整頓計劃提會審議,並無不准華僑投資之意;並責市府據此批駁劉君申請投資乃係曲解該會決議。經濟部又函催市府查詢拒絕劉君之情由,至今仍未核覆;而市府又於前月三十日發表申明,仍將依照市議會決議,擬具本市煤氣事業擴展計劃送議,並未曲解議會決議。但同時又說決籌資整頓繼續經營,無意開放民營。聞監察委員對此事極為重視,已由陳大榕、丁淑蓉兩委員親到經濟部調查。對劉君申請投資的事實及經過查詢甚詳。

三、台北工務局組長被糾舉

監察院以台北市工務局安全組副組長胡大彬,利用職權疏通違建造成紅包新聞,又建築管理課職員劉兆銘與胡大彬共同勾結積壓公文均屬違法失職,特依法提案糾舉,經監委張秉智、劉延濤、劉永濟、段克昌四委員審查通過,於二十八日移送台灣省政府依法處理。

糾舉案文於列述調查事實四點後指出該胡大彬於報紙登載工務局人員辦理人民申請建築執照,勒索紅包新聞後,初則心虛以館前街臨一號向鄉陳志雲違建案以不實事實矇混簽報機關長官期圖掩飾。迨市府派員調查時,發現該胡大彬又以另一違建案,以工務局秘書名義,派該局建築管理課何益豐持其名片向所屬拆除大隊關說,請多幫忙,同時將拆除大隊電請工務局派員指導拆除違建之公文,勾結建築管理課職員劉兆銘取出放置私人辦公桌內,達三四星期之久,使其活動疏通,致拆除大隊未能及時得到工務局派員會同執行違建案件,致造成紅包新聞之發生。該胡大彬身為主管違建機關工作人員,應負機關安全責任副主管人員,不能以主管官署立場依法為人民解決違建問題,乃利用職權向所屬拆除大隊請託幫忙說情疏通,造成紅包案之新聞,有損政府聲譽,建築管理課職員劉兆銘將本身承辦公文不及時依照規定辦理,接受胡大彬之要求取出近四星期之久而不收回,顯有共同勾結違法失職之嫌,實有違反公務員服務法第六條:「公務員不得假借權力以圖本身或他人之利益並不得利用職務上之機會加損害於人。」及第七條:「公務員執行職務應力求切實,不得畏難規避互相推諉或無故稽延。」第十五條:「公務員對於屬官不得推荐人員並不就其主管事件有所關說或請託」之規定。爰特依法提案糾舉送請台灣省政府懲處,以正法紀。

胡適紀念館之謎

靜吾

王世杰有文說明

(台北通訊)胡適之先生逝世後,中央研究院曾決定將「總統」撥款在該院為他特別建築的住宅改作胡適紀念館。但自王世杰先生接任院長後,消息即趨沉寂,近來甚至傳出胡先生前所用作的臥室將用作院長辦公室,其工作室將用作總幹事辦公室。聯合報記者曾對此有所報導,字裏行間,充滿了不勝感慨之意。日前該報又刊出王世杰先生所作「如何紀念胡適之先生」一文,對胡先生的墓地選擇,紀念館佈置,遺著整理及設置紀念講座等均有詳細的敍述。本文顯係對數日以前聯合報那篇報導的答覆,關於胡適紀念館的種種傳說,可望因而澄清。茲將原文介紹於后:

「胡適之先生去世已五個多月。國內國外敬慕胡先生的人,都在關切「如何紀念胡先生」這一件事,希望把這件事做得合適,做得妥當,做得足以表達大家對胡先生敬慕之誠意。各地的朋友常有來信詢問,或提供紀念的意見。本人對這件事接觸的機會較多,因此知道一些已在進行的情況,現在想分項談一談,作一個概括的報告與答覆。

一、營葬

胡先生葬事,正在治喪委員會主持,中央研究院協助下積極進行。墓地經參照胡夫人意見,在南港本院門前右面山坡間勘定,環境幽靜,照料方便,特別便於本院同人的瞻仰。治喪會因時會艱難,並體會胡先生歷來喪葬從儉的主張,委託基泰工程司在簡樸雅典、避免舖張的原則下慎重設計,現已着手建築,約在九月間可以安葬。林園道路當由中央研究院陸續佈置;並已同意北京大學同學會在墓旁築亭紀念。

二、佈置紀念館

中央研究院六月廿五院務會議,已依照院長提議,確定胡先生住所為胡適紀念館。為顧及公有建築物的不宜全部閒置,會議中曾考慮到此一紀念館合適利用的辦法。紀念館原有的客廳、飯廳及廚房,擬綜合佈置為陳列廳,陳列胡先生的遺著、遺物及生活照片等。胡先生原用臥室及工作室兩小間,則擬利用作院長及總幹事辦公室;來訪的中外賓客可就便在陳列廳瀏覽瞻仰,實際達到紀念的意義。秘書人員需用的簡單辦公廳,擬在附近增建平屋若干間,而胡先生原來的住宅,則完全保存原式,不令變更。中央研究院的蔡元培館,係用作禮堂及學人宿舍;傅孟眞館係用作史語所圖書館,都是配合紀念意義與實際利用的前例。

三、整理遺著

胡先生生前友好,對胡先生遺著的整理、編輯與刊印,及為胡先生寫作傳記之事,都特別關切。中央研究院現已組織胡先生遺著整理委員會,進行遺著之整理與蒐集,並從事於胡先生傳記之編寫。此一委員會由專家多人担任委員,並將聘請關係深切之國內外友好多人為顧問,總編輯一職正洽由毛子水先生担任。本院史語所與近代史所同人當然均可幫忙這件事。

四、設置紀念講座

胡先生在美的中美友人已組織紀念胡先生基金會,在美募集基金。此一基金會的計劃,要在胡先生的母校康奈爾大學及哥倫比亞大學各設置獎學金。聞說胡先生在該兩校的同學,很熱心此事,不久當可完成其募款工作。在台灣胡先生的朋友學生若干人,現已商定在台灣募集紀念基金,另自組織基金會,以基金利息在大學及研究所設置若干位講座,並酌設獎學金及學術獎金若干名。此事除由在台友人主持已先行成立籌備機構外,幾個曾由胡先生主持的文教基金機構,如中華教育基金會、國家長期發展科學委員會,均願意盡力協助。照多日來接洽推進的情形估計,此一基金之組織,基金之籌集及講座、獎學金之設置,可望在本年下半年度內陸續完成。

胡先生在學術工作上留下了永恒之紀念;大家紀念胡先生自應注重在學術工作上切實有效的紀念辦法。所以儘速完成遺著的整理及設置紀念講座這兩項事,實在特別重要,當然是所有敬慕胡先生的人的共同責任。」

從王世杰先生的這篇文章看去,胡先生生前的住宅仍將佈置為紀念館,但却將最有紀念意義的臥室及工作室用作中央研究院院長及總幹事辦公室,其用意如何,為什麼王院長和他的總幹事不在中央研究院原有的辦公室辦公,而特別看上了胡先生的臥室和工作室呢?這就有些令人莫測高深了。

官商勾結便利日片走私

獨清

(台北通訊)警備總部最近破獲一件便利日片走私進口及擅准延長日片映期的官商勾結舞弊案,主管影片進口及核發電影放映許可證的電檢處人員,管理影戲院及執行影片放映期限的警察局部份人員,及負責督導並檢查影片放映檔期和審查影片內容的有關單位的部份審查人員,涉嫌與代理日片的六大公司及全省各地百餘家放映日片的電影院負責人勾結,自四十五年迄今先後七年內收受賄賂達新台幣三百餘萬元。因有一片商不堪主管人員的一再勒索,挺身出而自白,此一牽連甚廣的官商舞弊鉅案,遂告爆發。據說:警備總司令黃杰暨副總司令李立柏,對此一官商勾結的舞弊鉅案異常重視,於十天前令飭該部政治部與該部遊查組組織專案小組,展開擴大偵查。該部為整飭紀律,嚴懲貪污,已先將所屬某單位檢查影片放映檔期涉嫌受賄的職員洪省忠予以扣押。洪初步供承自四十五年至案發,約計收受片商及戲院的「紅包」款新台幣七萬餘元,這些「紅包」大都是警局一個林課員轉送給他的,他最初不肯接受,林對他說:「電檢處李科長等「紅包」拿得更多,咱們又何必客氣呢!」洪在金錢誘惑下,又因結婚需用孔亟,所以誤蹈法網。

專案小組並且曾傳訊代理日片的六大公司負責人即大東影片公司(代理日活),遠東影片公司(代理東寶),永昌影片公司(代理東映),華盛頓影片公司(代理松竹),東南影片公司(代理大映),大江影片公司(代理新東寶)等,及有關的戲院數十家,就四十五年迄今,進口的日片數量,各戲院放映日片的期間,延長放映與違反影片管理規則處罰等情形,加以追究。並對被扣的洪省忠供述及其自白,積極查証。

醇酒美人紅包　貪取有增無減

據初步偵查:自四十五年至案發,電檢處共准許進口的日片三百餘部,內有便利走私進口的日片一百餘部,他們走私進口的方式很巧妙,先是代理片商運用醇酒、美女及「紅包」等將電檢處主管核發准演許可証的李功壽科長(已經司調局扣送法院偵辦)等予以勾結。李科長在利令智昏下,就准許那些改頭換面或截頭去尾的日片走私進口。每一走私日片的定額「紅包」多達數萬元。等到片商將放映權售給各戲院時,電檢處及警察局等有關單位的審查與主管人員,因深知個中奧妙,又藉機索取「紅包」,擅准延長放映。且數年來一直是有增無減。預料本案將有重大的發展。

中共企圖破壞中國參加亞運會

陸聞

亞洲運動會是亞洲各國比賽運動項目的一個國際性的運動會，多年來，中華民國一直在參加這一運動會。中共竊據大陸之後，雖屢欲在亞運會取中華民國而代之，但中共政權一直未能參加聯合國，故其企圖亦迄未得逞。

只以今年亞運會已定於八月廿四日至九月四日在印度尼西亞之雅加達舉行，而印尼一向親共，所以，中共現在便欲借所謂亞非集團及中共偽政權已與印尼建交之關係，破壞中華民國政府之合法地位。

對此，中共新華社曾於七月廿四日發出一篇專訊說：「新華社記者就美帝國主義支使蔣介石集團的所謂代表隊參加今年八月廿四日至九月四日在印度尼西亞首都雅加達舉行的第四屆亞洲運動會一事，訪問了中華全國體育總會負責人。體總負責人指出：舉世週知，蔣介石集團早已為中國人民所唾棄，根本沒有資格以任何名義參加任何國際體育比賽，盤據在台灣的蔣介石集團只不過是美帝國主義庇護下的傀儡。美帝國主義為了長期霸佔我國領土台灣，正千方百計地在國際上製造兩個中國。為此，美帝國主義一貫利用它的一些僕從，肆無忌憚的破壞國際體育活動的組織原則，用各種方法和名義讓蔣介石集團的所謂體育組織非法參加國際體育比賽，以此來達到他們的卑鄙的政治目的。體總負責人說：現在，美帝國主義又指使蔣介石集團拼湊了一些所謂代表隊員，準備參加第四屆亞運會，這又一次表明了美帝國主義又一心要在國際體育活動中造成兩個中國的局面，為其長期霸佔我國領土台灣製造借口，美帝國主義還妄圖以此來破壞中國和印度尼西亞以及其它亞洲國家人民和運動員之間的友誼，對此，中國人民不能不表示嚴重的關切」。

新華社上述報導，除了暴露了中共卑鄙無恥，滿口胡說八道外，當然，更暴露了中共企圖破壞中華民國政府在亞運會的合法地位的陰謀。

中共一再把中華民國政府派出的代表隊硬說是「蔣介石集團」派出的代表隊，這已經是信口雌黃；中共又一而再，再而三的把中華民國派代表隊出席亞洲運動會的事說成是「美帝」的指使，尤屬荒謬。試想：美國是美洲地區一個國家，中國乃亞洲地區一個國家，美國既無資格參加亞運，且亦根本不能預聞亞運籌備之事，這一屆亞運主持國家乃印尼，然則美國何能干預亞運之事？況中華民國出席亞運不自今日始，早已出席了幾十年，可見中華民國派代表隊繼續出席亞運，正是天經地義，只因中共偽政權故作姿態，企圖混進亞洲運動會，故口不擇言，任意胡說。

很明顯，中共除了詆毀中華民國政府之法統地位外，尚有一項陰謀，那就是意欲迫使印尼還就中共，使印尼縱然不拒絕中華民國代表隊，亦欲迫使印尼將中華民國隊改為台灣隊。以印尼一向遷就中共之卑鄙作風論，此一着誠然並非不可能，但印尼畢竟只是本屆亞運之主辦國家，並非亞運之永遠領導國家，而且印尼畢竟只是亞洲運動會諸多成員國家之一，若印尼自甘墮落，去上中共的當的話，那也不過表明印尼之無恥而已。事實上，印尼是一個新興民族，蘇加諾亦一直以民族主義在號召，為印尼國家之尊嚴與道義計，印尼政府也是不該曲從中共的。

大陸簡訊

藍星

農民大叫煤氣燈質量差

大陸連年災荒，煤氣燈也成了減災救災工具之一。但中共出產的煤氣燈質量太差，因而引起了大陸農民的普遍叫罵。

據七月廿五日人民日報的讀者投書說：「消滅水稻螟蟲的危害，是增產水稻的重要措施。做好螟蟲預測預報工作，就能準確及時地消滅螟蟲。目前螟蟲的預報預測工作，大都是採取點煤氣燈誘測的辦法。我們專區十二個測報站，就有十一測報站是用煤氣燈誘測的。但現在煤氣燈的質量不如前幾年好，專區測報站去年買了一盞三百支光的煤氣燈，只點了一個多月就不能用了。另外，煤氣燈的零件也經常買不到，僅專區測報站就有五盞燈，因為一個小零件壞了配不到，結果不能用。希望生產單位提高煤氣燈的質量，並多生產一些零件，特別是主要零件」。

以上是四川達縣一個名叫周良勛的讀者寫給人民日報的信：經人民日報核查屬實，故予刊出。這可見中共工業生產不但生產量萎縮，品質也越來越低，中共大吹大擂說自己的工業產品的質量幾年來越來越高，但這一小小的煤氣燈問題，已把中共工業的原形照得醜態畢露了。

保險燈不夠用

最近十年以來，中共雖夜以繼日的強迫奴役大陸的農民，但在夜間奴役農民的物質條件，却並不充分具備。如果是在月明之夜，中共尚可利用月光強迫農民工作，若在月黑之夜，則因中共各地夜間照明設備不足，中共雖欲利用夜間奴役，遂因缺乏照明而成為不可能。

對此，河北省高邑縣的共幹曾寫信給七月廿五日人民日報說：「我們這裏正在日夜輪班地突擊抗旱，但目前市場保險燈（有的地方叫馬燈）供應不足，夜間澆地缺少照明設備，很不方便，據縣有關部門調查，全縣五百七十五個生產隊，現在只有保險燈三百二十五盞，其中有一百三十二個隊沒有一盞保險燈，有一百六十二個隊只有一盞到二盞，顯然是不够用的。建議有關部門，迅速生產和調撥一批保險燈供應我們」。

這可見大陸各地農村缺乏夜間照明設備之一般，從而限制了中共在夜間對農民的強迫奴役。

華東又鬧水災上海市區被水淹

黃河長江有潰堤的危險，且正在花園口趕運器材搶救，又廣東各地曾發生大水災的情況，本報都已先後報導了。

茲據新華社八月三日報導，閩、浙、蘇、魯、遼、吉等省現在又正發生風災和水災。

新華社說：「受太平洋上一九六二年第七號颱風的影響，我國福建北部、浙江東部、江蘇東部、上海市、山東東部和遼寧、吉林兩省的東南部地區，從七月三十一日到八月三日先後出現了大風大雨，江浙沿海一帶和東北長白山區的局部地區下了暴雨」。

又說「八月一日颱風迫近上海時，帶來大風大雨，使處於大潮汛期的黃浦江水位猛漲，上海部分地區進水，郊區部分農田受淹」云。可見這一次水災災情之嚴重與猛烈了。

僑鄉近訊

鍾之奇

福建農藥器械不夠只好出租

農藥是防治害蟲的必須品，但大陸各地普遍缺乏農藥及器械，福建也不例外。

只因農藥缺乏，福建的共幹在無可奈何中，只好用出租方式來勉強供應。

七月廿五人民日報曾經對這件事有詳細說明。它說：「最近，我到福建惠安縣辦事，看到這裏的供銷社出租農藥器械，很受生產隊的歡迎。這個縣的供銷社在全縣建立了四十一個農藥器械出租點，出租的東西包括手搖、肩背等各種噴霧噴粉器械，租借手續簡便，租金低廉。在出租農藥器械時，供應社的工作人員還耐心地給社員講解農藥性能和傳授各種農藥的使用方法」。這可見福建農村缺乏農藥和農藥器械之一般情況了。

穗澳輪乘客被截回

在廣州與澳門之間，原本經常有輪船行駛，許多從大陸逃亡出來的人，一部份是取道深圳，越過鐵絲網和河流，再越過梧桐山以進入香港，一部分則取道澳門。

取道澳門的人，循陸路者多，循水路者少。這因為循水道的危險性較大，隨時有被中共截回之危險，但從內地各省逃到廣東的人士，則多半不明瞭此一情形，故在穗澳輪上被中共截捕者，多是從內地逃到廣東的重要人士。

上星期中共截捕輪上乘客的事又曾發生。據目擊者稱，從穗開澳輪船，走了一半路程，正向澳門行駛時，忽有中共巡邏快艇兩艘趕來，其企圖顯係攔截穗澳輪者，故穗澳輪當亦改開慢車，等待共幹登船。中共快艇果然靠近輪船，持鎗共幹十餘人蜂擁而上，登船後，立即命令乘客不得移動，聽候檢查，卒將乘客六名押上快艇，駛回廣州而去。

據目擊者談稱，此六名乘客，皆操內地口音，不是廣東人，且均年在中年以上，以貌度之，且皆係有地位人士。只以形勢緊無人敢於過問，故無法探知底細。而其它乘客則飽受虛驚云。

福建各地糧包無法投遞

福建各地是極多海外僑胞之僑鄉，自福建陷落中共之手以後，對於僑眷之安全與衣食，僑胞備極關心。初時，人們還很放心，因為中共報紙天天在吹今日大陸已變成天堂，僑鄉生活更幸福美滿。但層出不窮之事實証明中共這一切宣傳都是欺騙僑胞之謊言，僑眷在大陸挨餓才是真的，在大陸受凍才是真的。於是，海外廣大僑胞只好把辛苦得來的錢滙回去；但大陸各地的食物已被中共搜括，有的被北平共黨顯要所享受，有的送到了蘇聯，有的則輸出了海外，所以，僑眷雖有外滙錢，亦無法購買食物，不得已，海外僑胞才又改寄兩磅裝的糧食包去。說來，真也可憐，試問兩磅裝的糧食包又何能救入飢餓？但中共殘酷成性，不但不許僑胞郵寄更多更重的糧食包，只許每包寄兩磅。不特此也，中共初時更限制僑眷在大陸每人每月只能收受一次糧食包，換言之，即限定每一僑眷每人每月只收受兩磅糧食，兩磅糧食何足以充飢呢？中共則不管了，若超過兩磅，中共便予沒收。但海外僑胞對僑眷異常關切，通常都寧按月或按週多寄，以冀僑眷多收於萬一。隨後中共雖將僑眷收受糧包之數量，略予放寬，准許每人每月收受兩包兩磅裝之糧食，但最近忽又普遍限制，且因福建廣東各地軍運頻繁之故，內陸各地已有數月難於收受糧包了。

中共現仍在福建從事軍隊調動，且命令福建人民向湖南湖北江西等省撤離，故目前寄福建各地僑眷之糧食包均已無法收到云。

尼赫魯演出了另一醜態

·龐良·

尼赫魯這小丑，向以擅演把戲自詡：有時為着要使他的把戲演得出色，更動人，就不惜肉麻當有趣，以至醜態畢呈。——而這些醜態，尤以對中共為然。

誰都還記得，在「中印邊境糾紛」未鬧大之前，尼赫魯是不斷地向中共談友好，講親善的；並曾經無數次的對中共卑躬屈膝，獻盡秋波，裝盡笑臉，而且還厚着面皮，在國際間大聲疾呼，說「毛澤東是全世界最偉大人物之一」，又說「新中國（中共）已進步到成為世界強國」，更經常聲言「要支持中共入聯合國」。可是，他的醜態雖然演得有聲有色，但終於是「枉作小人」，他野心勃勃的毛澤東，絕不領他的盛情。霹靂一聲，「邊境爭端」，卒之爆發，以至日益加深，日益惡化；迨至七月廿一日，更釀成了再度開火衝突。於是，中共便馬上向印度提出「最強硬的抗議」，指是「印軍先開槍」，並要印度全負「後果」的責任。中共的抗議書說：「中國（中共）的邊防部隊在生命受到威脅時，被迫採取自衛措施；若因此而引起戰爭，印度須負完全責任」。中共指出：「侵入新疆奇普恰普汗谷地區的印度軍隊，於一九六二年七月廿一日十九時左右，向位於東經七十八度五分，北緯三十五度二十分的中國邊防哨崗突然發動武裝攻擊，印軍不顧中國邊防人員的多次揮手喊話勸止，竟自該日十九時起，向中國哨崗連續開槍掃射……」。中共這一抗議書，當即把尼赫魯威脅到忙亂起來，祇得也循例地向中共抗議，說是「中共軍最先向印度巡兵開槍的時候，印度兵並未還擊，但後來為了自衛，才不得不抵抗」。然而中共怎肯就此罷休？中共的外交部，最近已公開宣佈：中共與巴基斯坦，可能簽訂「互不侵犯條約」。顯然，這就是中共蓄意對付印度的一種策略；不特中共單方面的對付印度，而且還要聯同巴基斯坦攜手對付印度。這是印度所感覺到的一種最吃不消的未來態勢，立刻迫使尼赫魯上演了另一醜態！

尼赫魯這一次的新醜態，是自作「英雄主義」的表演。

據最近的印度電訊報導：尼赫魯曾在北印阿拉哈特對國大黨工人發表演說，謂印度軍隊現在已能夠在中印邊境很好的對中共軍隊作戰。他說，在過去二年，印度已在那邊建築了數千哩公路，印度的地位，已比二年前相當進步，現在印度已能在該地區用兵，對中共軍隊作戰，並可決定進一步的發展印度在那一邊的地位」。尼赫魯這一番話雖然是作「英雄」狀，但終難掩飾其誇大狂。在誇大狂的骨子裏，畏怯之情，溢於言表。夜行吹口哨，挺胸突肚表示不怕鬼，其實祇正是心驚膽跳，慄於鬼魅之來臨。

印度政府當局又表示：印度已決定再向蘇聯購買更多的直昇機和米格機，並準備運輸大量軍隊和裝備到那遙遠的邊區去。又說：國防部一高級官員，被派到莫斯科，商討購買米格廿一型超音速噴射戰機，和商討在印度設廠製造飛機的問題。——印度方面這些把戲，顯然是想憑藉蘇聯來威嚇中共。說得深刻一點，這也是屬於新的醜態。

一般人現在都已感覺到：尼赫魯已是一個疲憊的老人，而且尿道有病，臉龐浮腫，好像戴上一個假面具，他的精神和心力，已顯得萎頓不堪。在此健康欠佳的情況下，尼赫魯所要的把戲，就更容易暴露出其新的醜態來。這新的醜態，就是色厲內荏！

在印度目前的情形下，她雖然和蘇聯打着交道，但我們決不相信印度是敢於在克什米爾區境與中共進行一次戰爭。尼赫魯是會顧慮到一個微妙的問題的：蘇聯和中共的關係怎樣？假如印度和中共作戰，那時，印度和蘇聯的「交道」是否會有所轉變？尼赫魯對此，目前顯然是無法可以找到答案。那末，印度又焉敢向中共動手？

不過，中共和印度的「邊境爭端」，是必然的會繼續惡化；將來的「開槍射擊」事件，勢必接踵發生。我們也可以肯定地說：尼赫魯的新醜態也必陸續上演。

西島談判荷蘭大讓步

俊華

印尼與荷蘭有關西新幾內亞的談判，已在聯合國斡旋下獲致初步協議。協議的詳細內容現在尚未全部獲悉，但聯合國總部發言人宣佈「印荷雙方初步協議」，可見協議是相當實在的。正當西島戰爭快要從游擊戰的範疇內轉入陣地戰規模的時候，這項協議適時地避免了爆發戰爭。

在有關西島的談判中，荷蘭方面一再讓步，而最後這項初步協議的達成，也還是荷蘭的讓步。據說荷蘭方面「受到許多方的壓力」，而印尼方面則可謂「因緣時會」，意外獲得成功，主要是得到美國方面的助力。十三年前印尼獨立的當時，印荷的移交政權談判，由美國協助印尼在聯合國談判而成功，這次的西新幾內亞談判的進行，如出一轍。與其說是歷史重演，不如認為是時勢所趨。

歷史重演？

西新幾內亞島的土著民族是巴布亞人，並非如印尼人一樣屬於馬來民族；西島本身也不是印尼群島之一，本來可以說是與印尼無關。印尼爭取「收回」西島的根據，是十三年前印荷在聯合國的印尼委員會中談判的協定，內容為「移交荷印政權」同時並潦草地訂定「西島問題俟一年後再行討論」。荷蘭方面當時原不願意，但那時的美國務卿艾其遜曾警告荷蘭外長，謂若荷蘭拒絕接受，美國國會將會剔除美對荷的三億五千萬美元援助。其理由為「違反聯合國命令或要求」，使荷蘭終於接受與印尼妥協。這一回事，曾使印尼朝野，對美國甚為感激。

這一次印荷西島談判「本格計劃」，也是由美國退休外交家本格所提出的，本格曾任駐印大使，奉甘迺廸之派為印荷談判中之「第三者」，談判則由聯合國主持。本格計劃內容，為聯合國監管西島，二年之內逐漸移交印尼。此後當地土著應有權自決。印尼願以此計劃為談判基礎，荷蘭後來也勉强同意。

息事寧人

談判開始時，蘇加諾即要求西島須於一九六三年一月一日移交印尼，謂此為和平解決之條件，否則印尼將「以自己的方法」收回西島，暗示擴大戰爭。這時候，印尼空投或滲入西島的游擊隊，正逐漸集結，計劃進攻西島的荷方首府荷蘭蒂亞。荷駐西島總督已把自己的眷屬撤退，並呼籲西島所有荷籍婦孺全部撤退，準備於談判決裂，戰事爆發時，從事劇烈的戰爭。

荷蘭對於抵抗印尼進攻西島，一向認為很有把握。突襲登陸的印尼魚雷艇，全部被荷方消滅。印尼游擊隊若干隊伍被擊潰，也有一部份向荷軍投降。當然，印尼仍繼續派遣游擊隊進入西島，擴大擾亂。但主要問題不在於此，而在於蘇聯不斷以空軍軍機及戰艦支持印尼，這在一年前便已開始，最近加緊運送。蘇共頭子米高揚目前還特地訪問印尼，鼓吹戰爭。

英美對西島戰爭的觀點，採取息事寧人的態度。英國早已宣佈，英荷雖為盟國，但對西島戰爭，「無支援的義務」。美國更在暗中迫荷蘭對印尼讓步。本格計劃的提出，原已對印尼有利——因所談者是移交時間問題，而非基本的主權問題——根據本格計劃再退一步，就幾乎等於荷蘭無條件接受印尼的要求。

美國觀點

美國的息事寧人觀點，主要是針對蘇聯的挑撥戰爭而擬訂的。因為印尼為要奪取西島已不惜接受蘇聯的海空艦艇，其中少數是贈送，而多數是記賬購買。一旦戰爭爆發，作戰者是印尼人與荷蘭人，而蘇聯則可源源銷售軍火，及擴大印尼共黨的勢力，而受擾亂受破壞的，乃是東西亞區的印尼。無論印尼貧窮或赤化，對東南亞的壞影響都是鉅大的。而所爭的不過是半個西島。

西新幾內亞地域雖廣，但可以說是不毛之地，百份七、八十的土地是森林荒漠，荷蘭為維持該島，年付政費及投資三千萬美元，而「幾乎無收穫」。美國迫使荷蘭放棄該地，這也是理由之一。

據內幕消息說，印荷初步協議為：印尼所要求於六三年一月一日接收，延緩五個月至五月一日接收。但表示印尼主權的印尼行政機構及國旗，則提早於本月中旬進入西島，一切均在聯合國的監管之下。雙方請訓後，本月中旬即完成正式談判。照條件看，請訓不會發生問題。

美國認為這樣可向印尼示好，俾恢復十三年前印尼對美的好感，可以避免不值得的戰爭，可以保持印尼在自由世界，即使「中立偏左」，也無赤化的危險。同時，美國認為如此解決，可增加聯合國的威望。聯合國在剛果問題中已出盡力量，避免剛果赤化。現在在西島問題上，也採取同樣的態度和步驟。

·吉隆坡通訊·

孟樸人宜詞話（四）

遯翁

周美成的詞，自是宋代有數的，卓然成派的大家。後人推他為集宋詞之大成者，認為宋詞之有美成，如唐詩之有杜甫。近世吳梅的詞學通論，且謂自有詞人以來，美成為萬世不祧之宗祖。則未免阿其所好，推崇過實了。我們看張叔夏詞源所記：崇寧立大晟府，命美成諸人，討論古音，審定古調，——由此八十四調之聲稍傳。而美成諸人，又復增衍慢曲引近，或移宮換羽，為三犯四犯之曲，按月律為之，其曲遂繁。再看四庫提要：邦彥本通音律，能自度曲，下字用韻，皆有法度，貴人學士，市儈妓女，皆知其詞為可愛。這即是說明了，美成之詞之為雅俗共愛者，並不因其寫作詞句的文藝之美，為前無古人；而是因其通音律，如柳屯田一樣，能為自度的新曲，還能移宮換羽，連綴幾個舊曲的精采處，成為一個新曲，或者將舊曲的老調子，翻出新腔。同時，他又是大晟府的提舉，攷正了八十四調的古音，按照月律為演奏，這雖然是復古，也可算是新的創作，自然會一新當時飲席綺筵的耳目，聽者既喜其別致，歌者也自喜其為新穎了。我們又看看他的片玉詞，其冠絕當代之處，即在辭采的穠麗富贍，與謀篇琢句的細緻精工，極悠揚掩抑之音，盡璀璨輝煌之色，為花間集以來一個突出的詞人。但他既不能包有蘇黃揮斥八極的氣概，也不能淹有柳永一唱三歎的風致，則他之所集者，謂為集溫飛卿以下，至晏歐淮海諸家，華麗婉孌之一脈，與五代以後，歌筵綺席，日新月異，參差不齊的曲譜聲調之大成，是適當的。謂之為集宋詞的大成，則是過當的推崇。這又只須看，美成以後，不到二三十年，宋詞的壇坫，即為葉石林辛稼軒等人所分領。美成的繼起者，直須待夢窗草窗出，才能在白石放翁之間，分得一席的地位，這怎能說他是萬世不祧之宗呢！

美成有時用唐人詩句，隱括入詞。詆之者如劉潛夫，指為頗偷古句。譽之者如陳質齋，讚為渾然天成。近人贊美之者更多，以為這就是周美成的特色。平心而論，寫調如寫詩，必須自出心裁，才是妙手。暗用古人的語意，以托出自己的觀感，自然是可以的，如全用古人的字句，來點裝自己的門面，即使不是大盜，也不免於為穿窬了！例如美成的西河，詠金陵懷古：

佳麗地，南朝盛事誰記。山圍故國繞清江，髻鬟對起。怒濤寂寞打孤城，風檣遙度天際。

斷崖樹，猶倒倚。莫愁艇子曾繫。空遺舊迹鬱蒼蒼，霧沉半壘。夜深月過女墻來，賞心東望淮水。

酒旗戲鼓甚處是。想依稀王謝鄰里。燕子不知何世。入尋常巷陌，人家相對，如說興亡事。

這一首詞，即為譽之者的偶像，也為詆之者的口實。他不但全用山圍故國，與朱雀橋邊兩絕句的語句，而且意境，也全是兩絕句的翻版，沒有自己的境界，只能說是巧偷古句，實在說不上渾然天成。而且這樣的偷，雖然是巧，也還不見得是妙，只是為前人的幾句詩，裝頭着尾，作一個湊砌的延長。這如在曲本或傳奇之中，作打渾的開場白是可以的！用之於詞句，則是生吞活剝，只可以說是豪取巧奪了！再繹其語義，也是牽強而矛盾的：既說怒濤，即有澎湃之聲，既見風檣，即有婀娜之影，便不能說是寂寞、半壘霧沉，已說明是昏晦的天氣，忽又說月過女墻，可以東望淮水，也覺隱括不倫。第三疊，貫串王謝堂前的燕子，演成一想像中的故事，是頗為善巧的。但既已不知何世，而又能說王謝興亡之事，究是入巷陌去尋消問息與鄰舍人家對說呢？還是燕子與燕子對說，這語意既欠醒豁，即不免於矛盾其辭了。

美成之詞，雕飾工細，於穠麗之中，特具高華秀潤的風格，自然有其卓絕千古之處，其運用唐人詩句入詞，如滿庭芳：地卑山近。衣潤爐烟。人靜烏鳶自樂，小橋外，新綠濺濺，隱括杜工部詩句。黃蘆苦行，疑泛九江船，隱括白傳詩句，借前人所寫的情景，貫串出自己的意境，這樣信手拈來，自成妙諦，才可以說是渾然天成之處。但這樣的隱括，乃是詞家人人均能，極為尋常的事：以安石桂枝香金陵懷古，至今商女，時時猶唱後庭遺曲，隱括商女不知亡國恨兩句。東坡江城子：烟斂雲收，依約是湘靈。欲待曲終尋問取，人不見，數峯青。隱括曲終人不見兩句。白石揚州慢：杜郎俊賞，豆蔻詞工。青樓夢好，二十四橋明月。全隱括杜牧兩絕句。這樣的隱括，更不是美成一人之所獨有。至如右舉西河一闋的隱括，則不但不足稱賞，反而是片玉詞中不堪為法的『惡札』。稱賞這樣的惡札，即等於讚匍匐者為善步，美臃腫者為壯健；徒然惑悞學者的耳目，則是我們所以不能不加以辨別之的。不過西河一闋的偷竊古人詩句，却也不自美成始，宋子京便已作俑於前了。子京的鷓鴣天：畫轂雕鞍狹路逢，一聲腸斷繡簾中。身無采鳳雙飛翼，心有靈犀一點通。金作屋，玉為籠。車如流水馬如龍。劉郎已恨蓬山遠，更隔蓬山一萬重。

子京此詞，一句李後主，四句李商隱，可以說全是優孟衣冠，看不出有什麼好處，不過子京有一段傳奇式的內家車中美人相問的奇遇，這一闋豪奪巧取，拼湊而成的詞，便已膾炙人口而已！但子京隱括唐人詩句，却也還是有他的一手。如錦纏道：醉醺醺，尚尋芳酒。問牧童？遙指孤村道：杏花深處，那裏人家有！化借問酒家兩句十四字，為六句二十四字，描寫到更為入神入化，這即是善於融化前人詩句，至於天衣無縫的妙處。這種隱括，普通文法上，亦謂之使事，作近體詩，這種使事，用於項頸兩聯，須僅於一句五字七字中運化之，而詞則可以演為兩三句，如右舉東坡白石子京之例，實比詩之使事的規範為更寬，其技巧也更為靈活，但囫圇吞棗的使事，則是操觚家的大忌，又不獨作詞為然。昌黎論文之要，在陳言務去，在文必己出，在以剽竊為戒。此一定律，作詩文者應知之，作詞者尤應知之。因為詞的技巧，正界乎纖巧輕佻的邊緣，如沒有自己深心之中發出來的意境，而又出於剽竊之一途，即將流入儇薄淺陋之一途。楊守齋作詞五要云：要立新意，若用前人詩詞意為之，則蹈襲無足奇者。須自作不經人道語，或翻前人意，便覺出奇。這一主張是對的。如歐陽公南歌子：去來窗下笑相扶，愛道畫眉深淺入時無。將新婚靦覥之問，化為閨中女伴相謔之詞，借現成的古句，作觸手成春的運用，這便是翻新，這樣隱括前人詩句，即是妙手偶得之的天成文章。

拾剩飯的孩子（下）

金陵

第二天早晨，我買菜回來，在大羣撿拾菜葉的孩子中，沒有看見那個小女孩，一個比較長得高點的男孩子在我詢問下告訴我：小女孩是因為昨天拾回去的飯菜太少，所以才挨揍。他還向我透露：原來小姑娘是個養女。

我想再追問下去，他猛地抬起頭來，指着矮牆那邊說：「你看，她來了。」

順着他的手望去，果然是那個小女孩正朝着我們這邊走，步伐很慢，將到跟前時，我發現她的腿有些跛，我跑過去把她從水溝那邊抱過來。

「菜葉還有沒有？」她急促的問我。

我說沒有了。老李跟着說，假如幫忙摘四季豆，等會兒給她兩個饅頭。她使勁的點頭答應了。那雙小手不停的刮着豆莖，動作之快並不次於我們這幾對大巴掌。

「小妹，妳唸幾年級啦？」我看她什麼也不說，於是這樣問。

「二年級！」

「每次月考是第幾名？」我又問。

「上次月考是第二名。」她伸出兩個手指比劃着：「唸上午班容易遲到，老師扣了分數，現在是下午班了，一定。」

「一定可以考第一名了是不？」老李接着說。

她沒作聲，只是笑了。

像這樣勤快的孩子，上學會遲到，可想而知的；準是被早晨的雜務拖累了。

四季豆摘完了，老李從廚房裏拿出三個饅頭。她接過去時，輕輕的說了聲：「謝謝。」

我摸着她的小辮子，學着當年陳姐姐逗我的那種語氣說：「假如這次月考，妳得了第一名，我送一樣獎品給妳，妳喜歡什麼？」

那對大眼睛帶着猜疑的目光望着我。不肯開口。

「是不是沒把握拿第一名？」我故意這樣說。

「哼！一定可以考第一。」她不服氣的說。

「好，我也一定給妳獎品，告訴我，妳愛什麼？」

「饅頭、剩飯。」她的聲音很低，但極清楚。

我有些激動，又問：「還有呢？」

「和一支有橡皮的鉛筆。」

她掙脫被我拉着的手，跑了。

兩個星期過去了。前天傍晚，她如平常一樣的又出現在孩子羣中，當她看見我吃完了飯，走到水桶旁去洗碗時，連忙跑過來，扯着我的褲管說：「成績單發了。」說着遞給我一份『家長通知書』。

在學業成績的等第格子裏，很明顯的有兩個字——『優等』，右上角的操行成績是『甲』，兩項總平均分數，在全班六十名學生中，列入『第一名』。我又將視線轉到左下方，發現教師在健康欄內，批着：「該生營養不良，希貴家長應多加注意。」我的天！那位『貴家長』眞能被這幾個字所打動嗎！？

為了履行諾言，我從上衣口袋裏取出早已備妥的獎品——一支帶橡皮頭的鉛筆，又在爭得伙食委員同意下，盛了滿滿的三大碗飯，倒進她的小桶裡，我還答允明天早晨再給饅頭。

她像個奪得錦標歸的勇士，得意洋洋又回到孩子羣中去。

孩子們嚷着，為什麼不給他們幾碗飯，我蠻有理的說：「你們也考第一名嗎？」

「我是三年甲班的第一名。」一個尖下巴的男孩子說。

「我是二年孝班第一名。」一個圓臉的女孩子說。

「我是二年忠班第一名」。一個額角上有塊疤的男孩說。

「我是一年信班第一名。」一個長髮的娃娃也在嘮着小嘴。

「我是……」

「我是……」

「……」

孩子們的聲音堵住了我的嘴，我無言以對。看着這羣生長在貧苦家庭，而又肯上進的下一代，我該說些什麼？何況我的喉嚨已哽咽得難受。

天漸漸的暗了，面前的草籃、鐵桶慢慢散去。望着那一幅幅小小的身影，不由自主的眼角有些濕潤了。

我祝福這些拾剩飯的孩子；在未來的日子裏，你們都是社會的良材。我深信你們一定是的。

（完）

抗戰回憶錄（三二）

七、平靖的時期

張發奎

越南革命綱領，當時是以聯合各黨派先求越南獨立自由為方針，並以召開全國代表大會，成立革命同盟委員會，組織革命武裝，向世界發表宣言，以期在戰後和會中取得國際上正式承認它的地位為工作的步驟。

越盟籌委會經過半年的整頓，方畧見起色，內部工作亦較前緊張。卅三年春在柳州召開了越南全國代表大會，參加的有越南各黨派和人民團體的代表共百餘人（大部是北圻方面的代表）大會中通過了政綱政策，選舉了執監委員，並策定了今後工作的方案，會後他們分別返回越南，樹起了旗幟，建立了武裝。

當農經猷、王良等於卅年敗退來桂時，曾帶了五百餘的越南青年幹部來，我把他們成立了一個特訓總隊，經過了約二個整年的軍事政治訓練，於卅四年春在百色的時候，才以全部武裝遣回入越，這些人後來都成了越南的主要幹部，和担任了軍政各部門的重要工作。

卅二年秋，整頓籌委會陣容的時候，胡志明才乘機加入了籌委會。他是一個年齡已相當高的人，但精力强、見識亦較高，中、英、法文均有相當造詣，且刻苦耐勞，表面上謙恭誠懇，但他卻是一個對越南民族革命和國家獨立以外，另有共產陰謀的人。關於他與共產黨的關係，他說：「我是一個共產主義的信仰者，也是一個共產黨員，但我目前努力的工作，是為越南民族國家的自由獨立，並不是共產黨的工作。我提出特別的保証，越南在五十年內，是不能實施共產主義政策的。」這是卅三年他離桂入越時，親自對我說的。這當然是一個共產黨員偽裝民族主義者的照例口吻。我當時已想到下面幾個問題：越南共產黨取得政權後是否會危害中國的生存？越南共產黨與中共是否為同一性質？越南共產黨是否將與中國共產黨連成一氣，並執行或担任中共所指示之工作？胡志明說的話是否誠實可靠？因為像胡志明這樣一個比較能幹的人而是越南共產黨員，所以，我當時已預想到以後的越南問題很複雜，很值得我們注意。我當時已很躭心越南將來可能喪失在共黨手中的顧慮了。

關於越南民族革命力量的培養，我確實費了許多精神，幫助過他們不少的金錢和武器，來指導他們工作的發展，這指導工作，一直至抗戰勝利我自己的任務位置變更後，方才停止。現在越南已因胡志明的覇佔北越，而將越南的統一破壞了。越南的自由獨立，至今尚未真正完成，越南的人民仍在水深火熱中，但我始終對於越南的民主與獨立，寄以很大的期望，並祝他們成功。

至於我們中國，時間的指針，仍在這個平靜的空氣中，一度度的在旋轉，歷史的罪惡與災難，卻也和時間一天一天正在中國當時的社會裏增加。人民當時對於國家可盡的力量逐漸趨於枯竭，貧困、飢饉，蹂躪了整個後方人民的生活。疾病與死亡對農村作了普遍的襲擊，通貨膨脹非常可怕，物價的高漲有如飛機上昇的速度，所有的公務人員，都受着生活的威脅，連最低生活都無法維持，一切戰爭情緒都低落了，政府雖仍繼續努力，於爭取戰爭的勝利，但對於社會不安的一切現象，好像不太明瞭與故意忽視，而且有許多可以改善或避免的事，都沒有去做。

罪惡增加在許多特殊階級的身上，眼見當時把握特權的政府官吏、豪門顯要勾結巨商大賈，運用了官僚資本及其職權地位，大發國難財。屯積操縱，走私漏稅，無所不為。飛機、鐵路、汽車、輪船變成了特殊階級發財的交通工具。大官吏的生活特別腐化，驕奢淫佚的生活，較戰前的生活有過之而無不及，當時有「前方流血，後方流油。」「前方有什麼吃什麼，後方吃什麼有什麼」的流行讖語，但他們說起話來，仍是滿口仁義道德。

政府行政效率異常低能，表現十足的官僚政治作風，賣官鬻爵，賄賂風行，大官要送禮，小官要請酒，求官尋事要用錢，接洽公事要講交情，人情、面子、手段、金錢，是當時行政與法律的基準，我想自有中國歷史以來，其政治之腐敗，莫過於此。

中國現代史資料評介之三（上）

舜生

（樂齋漫筆）

『樂齋漫筆』是岑春煊的一篇自傳。全傳雖只兩萬多字，但敘述他在清末的一大段相當翔實。入民國後，他仍參加了『護國』與『護法』兩幕，在他寫這篇自傳的時候，因為和他共事的人生存者尚多，便不免寫得簡畧一些，但也只有隱諱而甚少歪曲。

「抱冰堂弟子記」述張之洞生平行事，託名弟子，實之洞自撰；雖文字簡潔，但微嫌太簡，非詳知當時中樞與地方政情者，未必完全懂得。

『容菴弟子記』為沈祖憲、吳闓生所編纂，述袁世凱生平到他五十三歲（宣統三年）為止，大抵為袁氏所口授；雖可供研究袁世凱者之一助，但曲筆與諛辭稍多，未必完全信史。

春煊較張、袁為篤實，其自傳文字，可謂文如其人，可相信是他自己的手筆。但他着手寫這篇『漫筆』，已在他民八退居上海以後，序文更是在民國十九年寫成的，其時他已七十，在記憶上亦不能完全無誤。

我的朋友沈雲龍，寫過一篇『清末民初之岑春煊』（為『現代政治人物述評』一書所載的七篇之一），吳相湘先生寫過一篇『岑春煊』（見他所主編『中國現代史料叢書』中『樂齋漫筆』一書的附錄），他們都除『樂齋漫筆』以外，參考了多種其他的資料，確能補春煊自述之不足。假定我們取沈、吳、岑三篇合看，則對於春煊一生及清末民初一段政局的了解，大致也就差不多了。

春煊原名春澤，字雲階，晚號炯堂老人，廣西桂林人。生咸豐十一年（一八六一），卒民國二十二年（一九三三），得年七十三，為清雲貴總督岑毓英第三子。幼隨父任所讀書，光緒五年（一八七九），年二十，始入居京師，以國學生加捐主事，分工部學習行走，兼習舉業。七年（一八八一），以疾乞假回籍；十一年（一八八五），應本省鄉試，中式第二十八名舉人。十四年（一八八八），回工部銷假；十五年（一八八九），報効海軍經費，旋值光緒帝大婚，奉特旨以應升之缺儘先升用。春煊自云：『計余在工部先後凡十年，見知於吳縣潘文勤公祖蔭最深……潘公治事精能，不畏强禦，與余戇直之性，雅相契合。……』同年六月，父卒官，奔喪赴滇，扶櫬回籍守制。毓英在滇二十餘年，平定回亂，恩信感人深，父老兒童皆稱『我老宮保』云。

十七年八月（一八九一）服滿回京，補授光祿寺少卿，旋遷太僕寺少卿，署大理寺正卿。春煊負氣敢任有父風，不耐久居此閒曹，會二十年甲午（一八九四），中日戰爭爆發，我陸軍敗於平壤，海軍熸於大東溝，廷議以劉坤一為欽差大臣，節制關內外各軍。劉受命遲遲未行，春煊見國事日急，而大臣畏葸不前，乃發憤上疏，請赴前敵効力，語頗訐直，主戰派軍機大臣李鴻藻、翁同龢頗賞識之，因奉旨交劉坤一差遣委用。劉以岑年少喜事，殊不重視，僅命其赴前敵繪圖，給以書手兩名，兵十名，岑又不願。於是翁同龢再為之函託吳大澂（時吳以湘撫幫辦前敵軍務），適其時山東告急，有旨命劉坤一派兵往援，劉因派岑往煙台總理營務，卒以頹勢無可挽救，不久即有馬關和會出現，等到條約訂立以後，岑乃自請開缺回籍。

岑之得以嶄然露頭角，實自光緒二十四年戊戌（一八九八）始。先是是年春，春煊送其弟春蓂會試赴京，以京堂銷假及大臣子弟資格到宮門請安，因獲召見，乃於奏對時大放厥辭，主張興學、練兵、講吏治、信賞罰為發憤圖存之計，並稱當時將領，僅一聶士成能戰，董福祥則驕蹇難御不可恃。繼又上封事（按此疏出張鳴岐手筆），謂：『賞罰者朝廷大權，今皇上徒有其名，而不得操其權，』致『是非不明，賞罰不當。』皆『樞臣誤國，蒙蔽聖明之罪！』時新敗之後，德又藉口教案，以武力佔我膠州，光緒帝方銳意欲有所為，聽了岑這番話，乃大為所動，因簡任岑為廣東布政使。

時粵有道員王某，為粵督譚鍾麟所信任，身兼多職，不法有據。岑到任，即有所聞，乃詳請撤去該員各項要差，嚴行查辦；譚不從，又面譚力爭，至彼此拍桌相罵。會不久岑奉召入京，譚慮其錄王某控詞全案以行，可能於入覲時面陳其事，亟輦金入京賄當道，阻其北上。岑果於行抵武漢之際，即奉調補甘藩無庸來京請訓之諭。岑到任後，終以譚王營私舞弊事具疏劾奏，有旨查辦，譚因罷歸，王亦革職，此可見岑風骨稜稜之一斑。

二十六年庚子，拳匪大擾津京，八國聯軍，京師危急。岑請於甘督魏光燾（『庚子西狩叢談』作陶模誤），願率兵勤王，魏以餉絀兵單為辭，頗有難色；岑以大義力爭，卒獲兵與餉若干以行，到京甫一入覲，而京師已陷，慈禧挾帝西幸，岑亟率所部，於南口途次迎謁，於兩宮護衛備至；慈禧感其誠，過懷來以後，即命其督辦糧台，而以原懷來縣知縣吳永及俞啟元（湘撫俞廉三之子）為會辦，一切應付頗稱妥善。慈禧到太原，恐聯軍再進，不敢久居，於是再幸西安。甫近潼關，即命岑為陝西巡撫，旋又命其改撫山西，結束若干教案，使聯軍無所借口，亦甚扼要。二十八年，調補廣東巡撫，未及赴任，又奉署理川督之命，蓋其時四川有拳匪蠢動，且有小部竄入省城，因命岑兼程入蜀，岑到任後，剿撫兼施，未及三月，匪患即告肅清。又參劾在任候補各官四十人，雖有慶親王奕劻為之關說者，亦置不顧，其不畏强禦，確有足多者。（未完）

本刊已經香港政府登記

聯合評論
週刊

每逢星期五出版

United Voice Weekly
第二〇六號

督印人：黃宇人　總編輯：左仲平
社址九龍大埔道一六八號南亞書局 805641
承印嘉羅印刷有限公司香港灣仔馬師道5號
總代理：方獎發行公司　僑售每份港幣一毫
本報美洲版總經售處美國紐約中美出版社
CHINESE - AMERICAN PRESS, INC
199 CANAL STREET.,
NEW YORK13 N. Y. U.S.A.
美洲航空版每份零售美金一角

歷史轉變的一個契機

——加大中國留學生十一人宣言讀後

胡越

自從大陸變色這十幾年來，要算是中國近代歷史上最黯淡的日子了。中共的暴虐、同胞的慘苦，自不必說；國民黨當權派的倒行逆施，胡作非為，將國家拖到絕望的邊緣，亦固然可悲；但是更深沉的悲痛，則是這一代青年對國事的冷漠和沉默！

當一個國家到危急存亡之秋，統治階層的腐敗專橫已無可救藥，這時候國家的命運就落在青年的肩上了。只要青年有志氣、有做為，則國家雖顛危而可望安定，雖覆亡而可望復興，雖一時黑暗，未來仍有光明。因此，唯有當青年們的愛國心，責任感亡了，那國家就真正的亡了。

今天中國青年被隔成大陸、台灣、海外三部分。檢討這些年來的情況，在大陸的青年處境最壞，但是他們表現最佳。在一九五七年，他們曾乘「鳴放」而進行了波瀾萬丈的「新五四運動」，高舉自由民主的旗幟，與極權暴政做殊死鬥！他們雖然遭受到慘酷的鎮壓與迫害，但是由於他們犧牲奮鬥所造成的反抗火種，仍一直燃燒到今天，並且正愈來愈熾烈了。去年中共公安部發表，破獲「反革命」活動廿餘萬件（較一九五七年以前激增五倍）其中發現的革命組織有廿八個，必須出動軍隊鎮壓的抗暴行動兩萬餘次；這些行動正日益增漲，正一個巨浪接着一個巨浪，撼動着赤帝瘟君的孤壘，叩擊着歷史黎明之門。現在從喜馬拉雅山到興安嶺，從渤海邊到蒙古沙漠，到處都在洒淚雨、濺血花；當我們正在有冷氣的咖啡店裏傾聽旋律綺妮的音樂，賞看七彩斑爛的燈光，坐在軟軟的沙發上，對自己的前途做種種彩色的幻想時；也正是千萬青年志士，拖着皮包骨的身體在像火燒似的烈日下被勞動改造；在不見陽光的監獄裏忍受折磨；有的已經流了最後一滴血，在無人知的地方寂寂的死去；有的則正在森嚴恐怖的監視之下，捧獻其寶貴的青春與生命，從事他們嚐不到果實的犧牲奮鬥！

與大陸比較，在台灣的青年，他們的處境要好一些。但是這些年來，也卻表現得最差，有許他們沒有找到奮鬥的途徑，而無法表現他們的意志和行動。唯一使人感到安慰的，是胡適之先生逝世時，那數萬青年洒淚送靈的行列。那行列的各個面孔，是悲哀的，軟弱的，必須從軟弱變為堅强，從悲哀變為憤怒。必須停住逃向美國的腳步，翻轉身來正視現實。

有人說近年來的新黨運動，類似清末的維新運動。維新運動，事在變法，志在保皇。但是維新諸君子竟被皇家所捕殺。新黨運動，所以建新黨，實為存舊黨；但是竟被舊黨當權派所摧毀。維新六君子為變法捐生，雷儆寰等諸先生為民主坐牢。前後輝映，同垂不朽！但是當年六君子多半皆二三十歲的青年，而今天的雷震竟是六十餘歲的老人。對雷震之寃獄，敢於挺身為之辯護者，唯宋文明、殷海光、夏道平三教授，敢於探監慰問者，唯胡秋原等三數人，而皆鬢髮蒼蒼中年以上之人。在台的青年，對新黨運動既袖手旁觀，對雷震之蒙寃入獄亦無任何反響，其冷漠與懦弱，不禁使人感到歷史的寂寥與民族的衰微！

與大陸與台灣相較，在海外的青年要算最幸運了。因為他們得享在大陸及台灣所不能有的自由。他們應該大有做為，可是事實却使人失望。在海外的青年就數量說以香港為最多，就質來說以旅美的知識份子及留學生為最優秀。據知留美的學生有五千人，畢業後旅居美國的有一萬多人，加起來差不多有兩萬人。這兩萬青年，是中華民族的精英，為復國與建國不可少的人才。他們的舉止動向是與國家命運息息相關的。可是他們的消沉與軟弱，與在台灣的青年相較，實不遑多讓。直到一九六〇年「海外論壇」創刊，晨鷄一鳴天下曉，才開始從逃避與感傷的噩夢中醒來。推波助瀾易，開創風氣難。在這裏，我對於排除萬難，創辦「海外論壇」的各位朋友，由衷表示感佩之忱。他們奮為前驅的堅苦奮鬥，我相信將在歷史上留下不可少的一筆。及至最近讀到該刊第三卷第六期，留加州大學十一位學生聯名發表的文字，我不禁興奮及熱淚盈眶，我直覺的意識到中國歷史已臨近一個新的轉機！

「我們不諱言，今日祖國的災難，是我們逗留異鄉徬徨苦悶的唯一原因。我們沉默的忍受這痛苦，逃避談論國家的問題，因為我們認為這些無補於事。我們都在耐心的等待，因為我們想，這種情形是不會長久的。『可是朋友！我們都錯了，除非你和我不許它長久，它是會長久的』。今天的問題，不是我們國家到了如何不可救藥的地步，而是我們這一代青年人，特別是我們這一群受高等教育的青年人，尤其是我們這一些不受任何惡勢力壓制，有完全自由去討論國是的智識青年人，逃避、消極、不去討論國是、不想解決問題。國家的前途原是在我們的肩上，我們有這個權利也有這個義務去負起這個責任」。

這一段話懇切而莊嚴，質樸而富有歷史的啟示，象徵着海外青年的覺醒。我虔誠希望每一位留學生都能仔細讀幾遍，收拾起夢想與閒愁；回到歷史的行列裏來！

我們要理論，也要實行

雷霖

蔣介石退守台灣已有十二年了，每年都高唱反攻復國的口號來欺騙國人，以挾寇自重的惡劣根性來鞏固他一人一家的政治地位和權力。他不想再回大陸嗎？決不，他天天還發着再來一次接收大陸的美夢的；可惜得很！客觀形勢是冷酷無情的，在原子彈局或國際均勢下，第三次世界大戰是很難爆發的。況且台灣海峽有現成的第七艦隊保衛着，不愁共軍進犯，最低限度父傳子，家天下，（偏安台灣）也可以安枕無憂，苦的當然是全中國的同胞們！

最近，台北方面又大叫大嚷要反攻了，可惜美國當局不點頭，這樣，不反攻大陸的責任就很巧妙地轉移一般人的目光看作是美國從中作梗，致失時機。自己的責任和罪過就可以推得一乾二淨，以冀國人的同情和原諒。實在，大家的眼睛是雪亮的，弄什麼手法却瞞不過廣大的羣衆。蔣氏既非笨伯，當權派的智囊人物多着呢，他們在蔣杜聲明或簽訂什麼協定之類的事前，也必然知道日後要發生這種不良的效果，雖然如此，也不失為長久偏安的妙計；我們又有什麼理由埋怨美國不予支持？讓我說到軍事方面吧，當然美國的軍隊不會貿然開進中國把毛政權打倒而請蔣氏去接收一切，我相信每一個中國人如有國族自尊心的話決不抱着這種希望的。那麼，只要美國幫助足够的軍需品吧，但假如大陸上沒有義師響應，給毛澤東來一個內外夾攻，反攻復國是一件很危難的事。蔣氏也有自知之明，那塊扔出大陸之外的破爛招牌是否可以號召大陸上的義師歸他自己一人指揮調動？不無有所考慮。大陸的革命組織自形成至擴大，試問有那幾個單位是屬於蔣家的？他自己也有明確的諜報，一切的一切自然心裏有數，用不着和毛澤東硬打硬的來一次火拚而同歸於盡或兩敗俱傷。有兵就有權，這是他唯一的政治哲學（？），蔣氏當然要保存實力，（軍隊和特務）在這種種矛盾的心理作祟下，局勢還要像十餘年以來一樣再拖下去。

無可否認，我們從事反共的同志不是為反共而反共，我們是因為共黨是獨裁專政的集團，不足言解決中國的問題。如蔣氏不實行政治民主學術獨立，也不足言能反共復國的問題。民主政府是有具體的政治措施表現，並不是空洞的口號有所假借，是黑白分明的，不容任何人指黑為白，一手遮掩得天下人的耳目。所以多年來海外及台灣的各位民主人士，常不惜詞費指出蔣氏種種不民主的行徑，要求實行民主，能實行民主才能團結海內外人心；能團結海內外人心才能反共復國。可是蔣氏反而變本加厲地控制言論，封閉報館，排除民主愛國人士，製造寃獄；甚至破壞堂堂的國家根本大法的憲法，實行三任總統。以陳誠之親信和資格實可登總統的寶座，但却被蔣氏強行奪去，安排那父傳子的計劃。現在，我們還苦口婆心地進言有什麼用處？向蔣介石要求政治民主和向毛澤東要求政治民主有什麼分別？一樣是與虎謀皮！

基於上述，我私人早就否定了蔣氏反攻這一回事；但奇怪得很，蔣氏年年說反攻，而海外民主人士也要求蔣氏反攻，不謀而合地配合着那反攻的幌子，不約而同的影响了革命進行擴大的效率。這一點，我應該公開向各位敬愛的民主先進提出異議。

事實擺在眼前，「兩個中國」的形成「實」已存在，所爭者「名」罷了。那麼，我們究竟是那一個中國的人民？說起來多麼傷心！像這樣被獨裁者控制下的政府，我們還有什麼等待？一分耕耘，就有一分的收穫，我們要一齊起來自力更生從事救國救民的光榮行動！

據我所知，在中國大陸的某單位革命組織常顧慮着受「政府」消滅，沒有足够的力量對內對外是不應該大規模發動革命的。雖然台北方面早曾說過承認大陸上的革命勢力，但革命分子却不重視這一號召。而我們的民主人士對大陸的聯絡和策反工作這兩件事做得也實在不够成績，在毛政權高壓下的秘密組織雖抱定政治民主的大目標而奮鬥，但客觀環境不容許他們有公開討論和起草各項建國問題那許多文件。現在，我很同意孫寶剛先生在聯合評論（美洲航空版第一八六號）的「論第三勢力」文章裏說道：「我們在海外的人們，思想自由，研究思想的自由，更不用說了，所以我們在海外的人應替大陸的人們做這工作。」「做什麼工作呢？因為「他們一定要有一個思想體系來領導，來團結。假如我們為他們預備了這套思想體系的話，便是增加了大陸上的不滿毛政權的人民以一個很大的力量，力量就是勢力。」

（下轉第二版）

中共何故重刊劉少奇廿三年前演說

劉裕略

本年八月一日，是中共在民國十六年八月一日舉行南昌暴動，開始武裝叛亂的紀念日。據中共自己說：「中國人民解放軍是在中國人民武裝起義中誕生的。一九二七年，正當第一次國內革命勝利發展的時候，以蔣介石爲首的國民黨反動派爲了阻擋革命徹底勝利和竊取革命的勝利果實，就和帝國主義、封建勢力勾結在一起，叛變革命，在四月十二日，對中國共產黨人、革命工人、農民和知識分子，開始了大規模極其野蠻的血腥屠殺。而當時中國共產黨的領導者陳獨秀却採取了右傾機會主義路線，反對農民運動，拒絕武裝工農，甚至於解除工人、農民已有的武裝。轟轟烈烈的中國第一次大革命終於失敗，但是中國共產黨和中國人民並沒有被敵人的殘酷屠殺吓倒，他們繼續高舉革命的大旗，進行着英勇的鬥爭。一九二七年八月一日，周恩來、賀龍、葉挺、朱德、劉伯承等同志領導在黨的影響下的北伐軍三萬餘人，在江西南昌舉行了武裝起義。九月，毛澤東同志在江西西部、湖南東部領導農民、工人和革命士兵舉行了著名的秋收起義。成立了工農革命軍第一軍第一師，並且開闢了井岡山區域的第一個革命根據地。在這前後，黨在湖北東部、湖南東部和南部、廣州市、廣東東部、海南島以及其他地方也組織了起義。一九二八年四月南昌起義的一部分部隊和秋收起義的部隊勝利的會師井岡山，成立了工農紅軍第四軍。從此，中國人民就有了一支完全在中國共產黨領導下的完全嶄新的人民軍隊」（見本年七月三十一日人民日報「中國人民解放軍建軍三十五周年」資料）。

因爲正式的共軍是從民國十六年八月一日南昌暴動演變成的。所以；中共軍隊的軍徽至今仍用「八一」作標記。同時，中共多年來即一直定「八一」爲建軍節。

在每年的八一建軍節，也正如每年的五一勞動節，中共照例要把它的軍力誇耀一番，檢閱一番。中共所有報紙也照例要在八月一日這一天以特大標題描寫閱兵典禮及演說。但值得特別奇怪的是今年的八月一日。中共人民日報第一版不但沒有刊登任何慶祝八一八股，相反，八月一日的人民日報與八月一日出版的中共中央黨的機關刊物「紅旗雜誌」却同時刊登了早在一九三九年就已發表了的劉少奇的「論共產黨員的修養」的文章。不止是人民日報刊登它，而且是以特大字體從第一版到第六版全部刊登了它。這就不能不使人感覺奇怪。

那末，中共爲什麼要在今年八月一日把劉少奇這篇廿三年前的講演重行在「紅旗」及人民日報發表呢？內中必有原因。

按劉少奇這一篇「論共產黨員的修養」的講演，原是劉少奇在一九三九年七月在延安馬列學院發表的。曾在一九三九年中共「解放」雜誌第八十一期、八十二期、八十三期、八十四期刊載過一次，在一九四二年中共進行整風運動時，這篇文章曾列爲幹部必讀的整風文獻之一。對當時整頓黨風，對當時黨員作風的糾正，曾經起過一定作用的。所以，中共今天把這一篇廿三年前的舊文章拿出來鄭重其事的刊登，拿出來特別在八月一日中共建軍節來刊登，顯然有重整軍風，尤其有藉以整頓黨風的用意在。否則中共不會忽然發瘋，在八月一日這一建軍節，不刊登別的文章，而來刊登這一篇文章的。

據「紅旗」雜誌八月一日重新發表劉少奇這一講演時所作按語說：「這篇文章在「紅旗」雜誌重新發表之前，又由作者校閱了一次，作了一些文字上的修改和內容上的補充。對於共產黨來說，在革命實踐的鍛煉中，不斷地加強無產階級思想意識的修養，具有極重要的意義」。那末，可見中共於今忽然重新發表此文，正亦有着極重要的目的。

目的何在呢？

就在藉此提高中共黨員之警覺；並欲藉此重行糾正和敎育黨員，以挽救目前大陸的危機而已。

今日大陸確實已對中共充滿危機。輕重工業建設失敗，還在其次，人民公社帶來的違反人性的制度也還在其次。農業生產萎縮再加上中共之不斷壓搾，不但使大陸數億人民普遍吃不飽，而且也使中共中下級幹部也吃不飽。這叫兩千萬中共黨員怎能不動搖？怎能不懷疑這究竟是什麼世界？這又叫共軍官兵怎能不關懷自己的家屬？怎能叫共軍官兵不同情飢寒交迫貧病相煎的大陸同胞。但中共是不願意中共黨員和共軍官兵有此「小資產階級意識」的，不願意中共黨員與共軍官兵有此溫情主義的憐憫心與同情心的。因爲毛澤東知道，劉少奇也知道，如果中共黨員和共軍官兵普遍發生和滋長這一類的溫情的話，則不但中共的嚴密控制，將趨鬆懈，反對與叛變的事亦可能隨着產生。而這就足以促使中共崩潰。故毛澤東與劉少奇非在中共黨員尤其在共軍官兵的意識形態上先謀挽救不可。爲了要把中共黨員和共軍官兵的人性打掉，爲了要把中共黨員和共軍官兵的溫情主義肅清，於是，毛澤東和劉少奇指責中共黨員和共軍官兵的人性和溫情主義是舊社會的產物，是舊社會的思想意識和習慣，作爲共產黨員就必須從新鍛煉和修養出一種不講人性不講良心道德的獸性來。有此獸性之後，毛澤東和劉少奇就不担心中共黨員和共軍官兵會因當前惡劣情況而動搖而懷疑了。兩千萬黨員和幾百萬軍隊不動搖不懷疑，毛澤東與劉少奇自可在懷仁堂憑武力和黨的組織以統治大陸。

揭穿來說這便是中共在今年八月一日忽然重刊劉少奇「論共產黨員的修養」這一篇文章的由來。劉少奇自己在這一篇文章中說：「革命實踐的鍛煉和修養，無產階級意識的鍛煉和修養，對於每一個黨員都是重要的。而在取得政權以後更爲重要。我們共產黨員不是天上掉下來的，而是從中國社會產生的。每個黨員都從中國社會來的，並且還是生活在這個社會中，還經常和這個社會中一切不好的東西接觸。不論是無產階級或非無產階級出身的黨員，不論是老黨員或是新黨員，他們會或多或少帶有舊社會的思想意識和習慣，這是不奇怪的。爲了保持我們先鋒戰士的純潔，提高我們革命品質，工作能力，每個黨員都必須從各方面加強自己的鍛煉和修養」。這很明顯的看得出，劉少奇想要共產黨黨員鍛煉的所謂「革命品質」，不是別的東西，就是鬥爭和殘酷，就是不同情不憐憫。對於這一點，劉少奇「論共產黨員的修養」的第二條「作馬克思和列寧的學生」一節裏說得很清楚了。他引恩格斯的話說：「鬥爭是他得心應手的事情。而他進行鬥爭的熱烈、頑強和卓有成效，是很少見的」。又說「我們之中，沒有一個人像馬克思那樣視野廣濶，在需要堅決行動時，他總能找出正確的道路；並立即將矛頭指向應當打擊的目標」。這是中共企圖鼓勵中共黨員和共軍官兵不要憐憫、不要溫情，而要多講鬥爭的明証。

「紅旗」與中共人民日報這一次重刊劉少奇這一篇文章，共分九部份。第一是共產黨員爲什麼要進行修養？第二是作馬克思和列寧的好學生；第三是共產黨員的修養和羣衆的革命實踐；第四是理論學習和思想意識修養是統一的；第五是共產主義事業是人類歷史空前偉大而艱難的事業；第六是黨員個人利益無條件地服從黨的利益；第七是黨內各種錯誤思想意識的舉例；第八是黨內各種錯誤思想意識的來源；第九是對待黨內各種錯誤思想意識的態度，對待黨內鬥爭的態度，其中最重要的是第六節及第七節。

劉少奇「論共產黨員的修養」第六節是叫黨員犧牲個人，服從黨的利益，從而去掉人性；以增強黨性。他說：「個人利益服從黨的利益，地方黨組織的利益服從全黨的利益，局部的利益服從整體的利益，暫時的利益服從長遠的利益，這是共產黨員必須遵循的馬克思列寧主義原則」。又說「在個人利益和黨的利益不一致的時候，能够毫不躊躇、毫不勉強地服從黨的利益，犧牲個人利益。爲了黨的、無產階級的、民族解放和人類解放事業，能够毫不猶豫犧牲個人利益，甚至犧牲自己的生命，這就是我們常說的黨性或黨的觀念、組織觀念的一種表現」；第七節則更叫黨員不要有個人主義、個人英雄主義、風頭主義、本位主義等。總而言之，都是麻醉中共黨員和共軍官兵的一些方法。其目的仍在繼續用愚民政策的方法以欺驅共黨黨員和共軍軍人。所以，我們從正面看：中共忽然重新刊登劉少奇的這篇文章是有如此其多的目的，從反面看，則又恰好由此反証中共黨的內部和共軍內部都已在思想上發生了問題，當然，毛澤東和劉少奇都不是止於言談的善人，與此同時，他們還會必然用殘酷的整風行動來整肅它的內部的。所以，中共忽然重新刊登此文，也可以作爲中共即將整風的信號看。

我們要理論，也要實行

雷震

（上接第一版）又同一期刊登謝扶雅先生的大作「中國最後一次革命」。說道：「這種中國人民自動自決的崛起革命，不是任何外國所能阻止，更非日暮途窮的毛或蔣所得鎮壓或鏟除。世道人心迫使中華民族作這最後一次的革命，以一、政治民主，二、經濟公道，三、學術獨立的三大原則爲號召全民革命。」是的，眞是一針見血之詞！世道人心迫使我們要起來革命了，我們應撇開台灣方面不談，應該注意自己的工作。把政治民主，經濟公道，學術獨立三大原則的內容，眞、善、美地詳爲公布各方。（在大陸方面最好用簡體的鉛字印刷）有專門學識的人員負起對於軍事，情報等分組工作。尤須注意愛惜人材，如時機沒有成熟應致意大陸同志們切不可擅自發動而遭受損失，應沉着苦幹以應萬一。至於外交方面，目前唯有國民外交可行；「在大陸興起的這個新力量，如能獲得國際間的瞭解和同情，甚至加以援助，對於這力量有決定性，所以海外的中國人，應當時時刻刻在國際間說明……，應當使國際間的友人立刻瞭解甚至予以支援。」這是引用孫寶剛先生的幾句話作爲本文的結束，願大家認清楚當前局勢，同一目標，分頭努力吧，自然是得道多助的！

一九六二、七月二十二日　寫於紐約

中共黨內大整風進入高潮

李金曄

八月一日，中共「人民日報」和「紅旗」雜誌，同時刊出劉少奇的「論共產黨員的修養」底長文。劉的文章原是一九三九年七月在延安馬列學院講演的講稿。「紅旗」編輯部的按語說明，該文「這次發表以前，因作者又校閱了一次，作了一些文字上的修改和內容上的補充。」基本上說，這是一篇舊文熱炒。惟其如此，就價值說不大；但在此時此際重行刊出，其意義就不同了。

劉少奇鬥毛澤東

新華社七月卅一日的電訊說，劉的文章，在「一九四二年中國共產黨的整風運動中」，「被列為全黨幹部必讀的整風文獻之一。它在中國共產黨的建設的歷史上，對於教育廣大黨員加強自己的鍛煉和修養，指導他們增強無產階級的思想意識，起了重大的作用。」劉文的重要性既是如此，我們也就不難想象，今日今時再度重刊該文的意義了。中共黨內究竟發生了什麼情況呢？從今年初以來，筆者曾在本刊數度為文，推論中共內部在逐漸醞釀形成一次大規模的鬥爭和整風。七月二十日，筆者又根據七月三日「人民日報」的一篇文章，在本刊以「中共內部思想分歧形成的黨內鬥爭」為題，作文指出中共黨內現時的鬥爭，是因有「黨內思想上、原則上的分歧。」同時中共的資料中也反映出，正在進行中的鬥爭，已發展成一種「破壞黨章」，互相打擊、報復的無秩序狀態。現在，劉少奇的文章重行刊出後，說明了以下幾點：

一、不辯的証明中共黨內在進行着鬥爭和整風；

二、間接說明中共現時正陷於一九四二年以來的最大困境之中；

三、雖尚不能肯定說毛澤東現時正處於逆境中，但至少可以說是頗尷尬的；如果大陸上的情況不能適時地好轉，毛澤東的未來地位將是一個值得注意的發展問題。

現在再逐次畧加闡述：

在中共黨內，劉少奇向來是一個以最懂得服從黨的決議並同時也最善於掌握黨章作鬥爭的人。在「立三路綫」時代，他一方面遵從「立三路綫」行事，另一方面遵循黨章和一定的程序作鬥爭和反對。他在黨內的聲光，也是那時際開始奠定的。李立三垮台後，他與毛澤東之間能够「拍檔」這麼多年，當是在反對「立三路綫」時開始彼此相知。但這些年來，毛劉之間有不能調和之處，也是人所共知的事。舉一例來說，自從毛澤東扯起「三面紅旗」以來，劉少奇很少在公開場所講話，或發表文字大肆捧場。他一直是默默無言地「追隨着」，這種態度，可以說是一種聰明的作法。但並不表徵完全贊同。當然「三面紅旗」既已是中共黨內的決策，少不免劉也要在某些場合，說幾句話，不過總是言有分寸，適可而止，不露痕跡。就這一點來說，較彭德懷之公開反對，確是陰柔高明得多了。

今年四月初以來，中共黨內就反映出一種凡事要按黨章辦理的呼聲。最喜歡不按黨章辦理的，當然是毛澤東。因此這種呼聲，就可以看作是一種遵循章則，要求實踐「黨內民主」鬥爭底開始。

由於劉少奇的「論共產黨員的修養」的文章再被刊出，中共黨內鬥爭的形勢，大抵上其輪廓已經是清楚了。鬥爭的焦點，屬於意識形態方面的，是所謂「黨內思想上、原則上的分歧」；在權力方面的，反對派所要求的是在於徹底棄除「書記掛帥」的制度，並認為「書記制度」的形成，是「違反黨的集體領導原則的。」可是就現實的形勢上觀察，「書記制度」——如一旦被連根拔起（主要是省市黨委書記的大權被剝奪了），毛澤東在政治上所能運用的權力，便要旁落。

「黨內的鬥爭」是在怎樣的情況下才會發生呢？劉少奇說，這是「因為各種黨員看問題的方法不同，就使他們處理問題的方法也各不相同，就引起黨內許多不同意見、不同主張的分歧和爭論、就引起黨內的鬥爭。」又說是「特別在革命的轉變關頭，在每一次革命鬥爭加劇和困難增多的情況下，……這種分歧和爭論也就必然更加激烈起來。」就劉的話來看，最值得注意的還是後半段，因為這是由一個客觀的特定的形勢所決定的。而黨內的不同意見，就因為彼此對出現的新的形勢，有了不同的看法，才因此產生。

廿年前的歷史重演

現在先讓我們根據中共黨史，看看一九四二年整風前後，中共黨內外的情況。

一九四一年和四二年，被中共稱為是「過度抗日戰爭的最艱苦階段」。這期間由於在戰場上失利，「八路軍由一九四〇年的四十萬人，減少到一九四二年的三十多萬人；新四軍由一九四一年的十三萬五千人，減少到十一萬多人；解放區和游擊區的人口從一億下降到五千萬以下；解放區的財政經濟也極端困難。」（註一）毛澤東曾對此時期形容說：「我們曾經弄到幾乎沒有衣穿，沒有油吃，沒有紙，沒有菜，戰士沒有鞋襪，工作人員在冬天沒有被蓋。」（註二）遇到了這樣的情況下，中共黨內自上層到下級，必然是各有看法不同，意見分歧，於是鬥爭和整風從中央開始，廣及全面。其時，中共中央以廿二篇文章編了一套學習文件，劉少奇的「論共產黨員的修養」是其中的第十四個文件，但並不是全文，只是其中的一部份。

廿年後的今天，中共雖然從延安發家，統治了整個大陸，但今日的內外情況，尤其是財政經濟上的惡化，比當年毛澤東所形容的，相去不遠。廿年前，毛澤東在鬥爭與整風中佔了上風，把一切的黨內的錯誤都算在前此的「三次左傾路綫上」，從而清算了「主觀主義，宗派主義和黨八股」這三股歪風」穩定了地位。其時對「左傾路綫」的總結是認為「不顧革命的客觀形勢，無視現實情況，在革命工作中急躁冒進，使工作遭受損。」（註三）按照這個定義，毛澤東從一九五八年以來領導中共所走的歷程和今日的結果，可以說完全是錯誤的「左傾路綫」。而今年自三月廿七日中共二屆三次「人代會」閉幕後，在同月杪「人民日報」發表了「穩扎穩打逐步前進」的社論後，「急躁冒進」的趨向，雖已有若干程度上的轉變，但基本上黨內所形成的不合黨章的「書記制度」，似尚未得到適時的處理。因此鬥爭從三四月間開始，便一步緊過一步，發展到目前階段。

劉少奇能佔上風嗎？

就現在的形勢來看，限於所能得到的資料，當然難以斷言鹿死誰手。不過根據歷次在中共機關報刊上出現的文章觀察，毛澤東似未獲佔顯著的上風。「一九四二年中國共產黨的整風運動，就是從毛主席作了兩個報告後開始的。」（註四）從這裏來看，中共黨內第一次整風運動，是由毛所發動並領導。現在，由於我們看到了當年被編排在整風文件中居於第十四位的劉少奇的文章，重行在「人民日報」及「紅旗」刊出，而數月來所見有關文章的論調，又多與毛不甚有利，雖不能說劉少奇已居於優勢的地位，但至少可以說，毛澤東是暫時屈居於下風。或靜以待變，徐圖還擊。

當然，在內外交迫的情況之下，黨內意見上和權力上的鬥爭固是一重大事象，另一方面一般黨員思想上的動搖也是一大基本問題。中共總是把鬥爭與整風作為「教育」看待。「胡喬木在「中國共產黨的卅年」一書中對一九四二年的整風，即說是「全黨範圍的馬克思列寧主義教育」。不論中共是如何地指稱，總之現在它又陷入了另一次的「艱苦階段」。但顯然比廿年前的困難是大多了。可惜的是國際上沒有新的反共的形勢出現，而台灣又不能適時反攻，結果是又不免坐讓中共挖肉補瘡，慢慢地收拾其爛攤子。

註一：繆楚黃編著：「中國共產黨簡要歷史」初稿一三二頁

註二：毛澤東「抗日時期的經濟問題和財政問題」

註三：畢植蒨編著：「中國共產黨第一次整風運動的偉大勝利」第十頁

註四：同上第十一頁

監察院討論防止兇殺惡風

宣平

（台北通訊）監察院內政、教育、司法三委員會於本月十一月舉行聯席會議，討論防止兇殺惡風的問題，內政部長連震東，教育部長黃季陸，司法行政部長鄭彥棻，台灣警備司令部保安處長劉醒吾及省警務處長郭永均列席報告。連震東說：內政部今後將積極倡導發揚民族固有道德，樹立國民守法精神，加強自衛槍枝管理，改善民俗厲行節約；並希望報紙和出版品對凶殺案件，不要過份渲染。他又說該部已令飭台省警務處採取下列五項偵防措施：（一）隨時調解人民紛爭，疏導仇怨以消弭殺人動機；（二）加強監視不良份子；（三）加強巡守勤務；（四）加強管理自衛槍枝；（五）充實刑事科學設備。

鄭彥棻說：依據過去十年來的統計，台灣凶殺案件有顯著的增加，民國四十一年凶殺案犯罪人數有一百九十五人，去年則有三百八十五人。並說：該部現正鼓勵各級法院，在確實的條件下儘速審結兇殺案件，量刑方面要多作客觀的分析，做到適當公允。

教育部次長鄧傳楷說：該部將提高學校軍訓教官和訓育人員的素質，加強中等學校的公民訓練，並對社會教育加強空中教學節目。鄧永說：今年上半年台灣全省發生的犯罪案件有一萬九千二百四十二件，較去年同期增加了二百廿二件。其中殺人案有五百一十七件，破獲了五百零九件，破獲率為百分之九十八・四五。他認為法律制裁過緩，量刑失輕，不足以懲奸肅邪，鎮壓犯罪，建議司法機關對兇殺犯科處重刑。至於今後破案方面，警方當更求迅速，以收鎮壓兇犯罪的效果。

兇殺何其多？社會有不平

監察委員陳肇英、錢用和、陶百川、陳志明、葉時修、王冠吾、陳訪先等均分別發言，其中以陶百川的意見最為中肯。他說：今日社會上，兇殺案件之多，乃由於社會上充滿不平的現象，希望當道建立申訴制度，隨時接受申訴，為人民「平其所不平」，如此，兇殺案必可減少。他認為內政部對於勞資糾紛制度，如老板有壓迫工人的情事，應建立申訴制度，應接受申訴，為他們平不平。教育部也應建立申訴制度，對於教職員的解聘，學生的開除，如有不平之處，亦可為他們平不平。在司法方面，更應注意有無冤獄。法院乃是最後申訴之處，如法院不能為人民平不平，甚至冤枉好人，人民有冤無處申訴，自不免要挺而走險，採取自力報復的行動。他透露監察院常接到人民申訴法院冤枉好人，但無權受理；充其量不過提案糾彈而已。他又舉出于院長平素所喜歡寫的一副對聯「與人樂其樂，為事平不平。」他認為政府當局果能為事平不平，則人民絕不會挺而走險了。

陶百川指出今日的台灣，不平的事太多和冤獄太多，乃是造成社會上充滿了戾厲之氣的主因，可說是一針見血之論。他主張建立一種申訴的制度，為人民平不平，在表面上也不失為平實之道。然而在現局之下，最大的不平，乃是把中華民國變為一人一姓的王朝，最大的冤獄乃是雷案！這又將向誰申訴呵！

台灣簡訊

志　清

一、市議員促請從速審結黃啓瑞案

台北市長黃啟瑞貪污瀆職，先後被台北地檢處判處徒刑及褫奪公權；但因藉詞不服上訴，至今二審尚無確期，黃啟瑞本人也就逍遙法外。台北市議會第五次大會開會，黨外議員張詩經、黃介信等提出一項臨時動議，請由議會去函司法機關，促請從速審結本市民選市長黃啟瑞所涉訟案，其主要理由為黃案迄今一年有餘，尚未審結，致因個人涉訟事件，影響市政建設大計，有違地方自治之原旨；並指出「現在外間流言頗多，蓋因公路局購料舞弊案發生在後，早經二審終結；而黃案發生在前，卻遲遲未結，因此引起市民議論紛紛，妄加猜測，不但影響社會視聽，而且有失法律尊嚴。」

這個臨時動議的消息一經傳出，國民黨當權派認為張詩經等的真正目的，乃在於爭取台北市長早日改選，使官派代市長的現局無法再維持下去，於是一方面召集黨籍議員舉行黨團會議，嚴令他們切勿參加簽署，並於該案提出時，予以否決；一方面由與張議員等有交情的市議員及市府官員設法勸張議員等不必將該案提出。黨部負責人也四出活動。據徵信新聞的報導，張議員等最初曾表示堅決的態度；但經有關方面多方斡旋後，卒允本案提出時，不堅持必須討論。因此，在市議會第五次大會閉幕之前一日，本案才跚跚的出現。張詩經在說明案由時，強調他們提案的動機，完全是為了維護法治和地方自治的基本原則，並不涉及政治問題。繼經國民黨籍議員指出黃啟瑞案既在上訴中，為維持司法獨立和尊嚴，應靜候法院之裁決，主張將本案保留，於是本案就被「保留」了。

國民黨當權派反對本案的原因，除了維護周百鍊就這樣的代理下去，使民選市長變為官派市長以便指揮如意外；還有另一個目的，即是盡量將黃啟瑞的貪污瀆職案拖而不決，使其雖被法院判處徒刑，但在「上訴」的藉口之下，卻可逍遙法外。民主潮半月刊說得好，這一臨時動議，提案人固然言之成理，主張保留的人也持之有故；但按之事實，均屬無關宏旨。因為法院處理黃案，不會因市議會通過張詩經等催促從速審結的提案而加快，也不會因此一提案之被保留而稽延。或快或慢，乃另有主宰在。這就是說，法院何時才將黃案審結，是另有主宰的。所謂主宰，即國民黨當權派是也，什麼司法獨立，在今日的台灣，根本是不存在的。

二、台北市宅會賣屋不過戶

立法委員侯廷督為台北國民住宅興建委員會出售市民住宅，有違約及舞弊情事，於本月六日向行政院提出一項質詢，據稱：民國四十八年四、五月間，台北市國民住宅興建委員會在報端刊登大幅廣告，公開預售台北市信義路四段二巷市民住宅一批，共計分兩期興建，共計四百餘戶。這批住宅是由市民出資，而由台北市國民住宅興建會代建，既無美援也無貸款。依照台北市國民住宅興建會的規定，須先與該會簽約，預付房價半數，待市宅始得承購，落成交屋時再付半數。市民認為台北市國民住宅興建會，即係政府機關，不疑有他，為了支持政府的興建住宅政策，乃紛紛向該會訂購。但是，沒有想到，市民承購之房屋繳清價欵後，至今已經三年多了，該會還是拒絕辦理過戶手續，不發給土地所有權狀，致使承購之市民，花了錢買房子，而無產權。據悉：該市民住宅之土地所有權狀為該會私下貸借與該會合作建屋人台灣化學公司，向銀行抵押貸欵三百餘萬元，至今未能償還，土地所有權既押在銀行裏，所以無法分割過戶，承購市民住宅的市民，也就無法獲得產權。

三、縣議員質詢「紅包」政治

桃園縣議會第五屆第五次大會自七月二十七日開幕至本月三日閉幕，在此為時一週的會期中，議員們對政府的施政總質詢，都是以「紅包」問題為中心。他們指責教育科任免各級學校人事要紅包，地政科辦理土地案件要紅包，稅捐處處理稅務案件要紅包，建設局拆除違章建築要紅包，事務股辦理採購也要紅包。陳福添議員甚至提出一個與縣長有關的紅包故事：有一位國民學校的教導主任為了想活動當校長，竟借了四千元換成票面一百元一張的新鈔四十張夾在糖果盒中送到縣長公館，他見着縣長時，說了幾句話，將糖果盒放下，隨即辭出。但回家後，就心縣長可能不知糖果盒內有錢，於是第二天又到縣長公館，說明盒內有四千元。不料縣長公館的人卻答以糖果已原封未動的送往糖果店換了煉乳，現經派人到該店要回，但店主說已經賣掉了。陳議員說此事曾經南部的一份刊物登載過，吳鴻麟縣長也表示默認，他要求吳向議會有所說明。吳則說：「如果有人送紅包，便是陳議員送給我的，別的人我不知道。」

四、市長不滿議員過問放租市場案

基隆市市長林番王對於市議會舊事重提，指責他不收回本市福德市場的天井空地，違反市議會的決議，指為「多管閒事」。他於本月五日在市府答覆幾位新聞記者的詢問時說：「此事是我決定的，由我自己負責；如有未當，可由省府糾正或處分，市議會何必多管閒事。」他並不隱諱市議會一再重提此事，使他感到困擾和不耐。林番王是民社黨籍的民選市長，他處理市政，不對市議會負責，而卻寧願對省政府負責，可謂民主憲政史上的妙聞。由此足見今日的台灣，雖然號稱民主憲政而實則根本不知民主憲政為何物者，固不僅國民黨當權者為然也。據悉，市議員們將再提出質詢。

五、伸鐵公司盜用廢鋼案　中信局四職員收受賄賂

台灣伸鐵公司盜用中央信託局鉅額廢鋼一案，前經該局函請司法行政部調查局代為調查。現已查明該局易貨處副經理江德潛，主管科主任梁惠東，二等專員兼基隆辦事處襄理崔祖義及駐廠職員余麗麟等四人均曾從中收受賄賂。該局局長於接到調查局的調查結果報告後，即將梁、崔、余三人開除；至於主犯江德潛則已於今年二月辭職。該局並已將有關人員的刑事部份移送台北地方法院檢查處依法偵辦。

六、立委不同意提高法官官等

司法行政部以司法人員時有瀆職情事，乃由於官等太低，所領薪俸不能養廉，因而主張將司法院組織法第卅四條及第四十五條予以修正，將低級法官的官等提高，以資補救。本月八日，立法院法制委員會審議行政院所提出的法院組織法修正案時，張子揚、朱文德、韓同、吳延環等委員先後發言，綜合他們的意見，約有下列數項：

（一）目前中央各部會及各級政府機構，對於簡、荐、委三任官等都有問題，並不是司法官單獨有問題，要修改應通盤考慮，以免顧此失彼。（二）修改司法官的官等，並不足以改善當前的司法風氣，司法行政部如能修訂司法人員任用條例，以制度來管理，可收更大效力。（三）三級院的官等，原應有所差別，如果地方法院有簡任司法官，高等法院及最高法院也有簡任司法官，則三級法院官等相同，並不妥善。（四）法院組織法問題太多，應全盤研討修正，而不單是修正第三十四條及第四十五條。司法官官等是極小的問題，整個的法院組織法才是大問題，而且修改法律不應今天修改幾條，明天修改幾條，視同兒戲，應整個就法院組織法來個徹底的修正。例如目前各級法院的「推事」，名稱上就不甚妥善。」

審查會沒有結論——決定下次會議繼續討論。

七、日影片走私案有新發展——警局課員被扣

在警備總部偵查中的日影片走私及延長映期的官商勾結舞弊案，本月七日又有新的發展。台北市警局主管戲院映期事宜的課員林貽藩已由負責指揮偵辦本案的台北地院檢察官下令扣押，並准警總延長羈押期間以便擴大偵查。

此一歷時七年，行賄總額達新台幣三百萬餘元便利日片走私及擅准延長映期的官商勾結舞弊案，偵辦機關係採取廣泛查証及由下而上的方式逐步展開偵查，先傳訊代理日本六大公司的片商及全省百餘家曾放映日本影戲院的負責人，繼將所屬某單位檢查戲院影片上演檔期的職員洪省忠扣押。洪在案中僅為分得一杯羹的關係人物。據洪的自白供認，數年間由林貽藩分給他新台幣七萬餘元，林貽藩為本案的主題人物，警總辦案人員從查証中發現林所收受賄賂的數字頗為龐大，而省警務處長郭永及市警局長張皝中以本案牽涉少數警察人員，本月六日乃主動與警備總部聯絡，希望依法嚴辦。經專案小組向負責指揮偵辦本案的檢察官請得傳票，於六日下午五時將林貽藩傳訊偵查，檢察官認為林涉嫌重大，即於七日下午諭令扣押，並准延長羈押交遊查一組繼續擴大偵查。

八、今年首期稻作空前豐收，可能超過百萬噸

據農村復興委員會經濟組的消息，依據台省糧食局的估計，今年一期稻作在台灣糧食生產史上已創下了一項新紀錄，全省收穫糙米將可能超過一、〇四二、〇〇〇公噸，超出所定目標一萬公噸，又較去年同期高出六萬公噸。該組說：今年插秧前水量充沛，米價較高，因而刺激農民生產，使一期稻作面積增至三四三、二〇五公頃，超出去年同期面積四千公頃。農民普遍採用抗旱、抗病新法及新品種，也是今年稻作增產的原因。其他因素尚有適時施肥和有效防治病蟲害等。

九、民社黨糾紛成訟

正在團結聲中的民社黨，竟發生一件別開生面的訟案。該黨中央監察委員馬永濟於月前向台北地方法院提出自訴，控告該黨中央總部主席團主席李緞，前任秘書長戴持平，前財務主任黃越萍等冒領反共抗俄宣傳費，擅自挪用車馬費，中飽侵佔及偽造文書，妨碍名譽一案，本月八日上午開庭審訊，三名被告均未到庭應訊。

據馬永濟在自訴狀中陳述稱：李緞於本年五月間脫離組織，冒充該黨名義向行政院領得四十八年度應撥付該黨的反共抗俄宣傳費十二萬元，未經主席團會議之決議，更不明白宣佈實領數目，含糊其詞，以便從中盤利侵佔。並串唆已被解除委託之前秘書長戴持平及前財務主任被告黃越萍，於本年七月二日通知該黨中央常務委員、中央委員、監察委員到內江街九十六號支領車馬費，將宣傳費變更用途以為掩飾。因此損害自訴人及該黨權益等語。

港府新聞處正式公佈

中共拒收投寄大陸日用品郵包

白帆

據八月八日香港報紙消息：香港政府新聞處已於八月七日晚七時發表消息：現時由本港用郵遞寄往大陸共區之日用品包裹，被中共予以退還。又據本港郵局發言人八月七日說：雖然本港郵局並未接獲通知有關限制或禁止小郵包日用品寄往大陸之措施，有任何改變，但郵局方面現已獲悉，在過去一週之內，寄往大陸共區之部份郵包，均被退還云。

按中共拒收日用品郵包之說，早已傳聞，不過，現在則已經過官方及郵局方面証實。

本來，投寄郵包往大陸，大陸僑眷是否能够收到，向為海外僑胞所關心。蓋大陸人民飢寒交迫，貧病相煎，急需日用品與衣物，故海外僑胞極願以自己工作得來之血汗錢買點衣物食品寄回大陸去接濟親屬。但奇怪的，是中共對於海外華僑投寄郵包問題，素無明白規定。所有投寄郵包的人都只有依靠傳說，多寄了，又怕中共不准僑眷收受，少寄了，又怕親屬在大陸受凍挨餓。其實大陸人民衣物缺之和糧食不够已是舉世皆知的事情，中共何必再半遮半掩，欲拒還收，欲收還拒？倒不如明白宣示何者可寄，何者不可寄，何者可寄若干？以便海外僑胞有所依循。但中共數年來却無半個字作說明，以致廣大華僑羣感惶惑，不知所措。

當然，中共之所以如此，亦自有其用心，它的用心，第一就是表示不負責任。因為一旦中共正式明白規定，則中共就得對所寄包裹負責。但大陸各地時有搶刼郵包事件，故中共不敢負責；大陸各地郵局職工亦常因本身飢餓而偷竊郵包，故中共亦不願負責。

至於中共最近之所以拒收日用品郵包，中共更有其用心。這是明眼人一看就清楚的。目前，中共外滙短絀，已是人所共知的事實。為此，中共極欲增加僑滙收入，故香港各中共銀行且不惜在各銀行門口張貼告白，說明凡滙欵人民幣一百元以上者，收欵人均將受到食物方面的特別優待，以廣招徠、

中共外滙短少和急欲爭取僑滙的心情既已如此，所以，與此相應的處置，停收日用品郵包，迫使華僑改用現欵滙交僑眷，以便中共增加僑滙之打算，自必隨之而來，且早在各方預料之中。不過，無論中共怎樣爭取僑滙，僑胞固無法干涉，但中共應將郵寄辦法明白公佈，則總是必需的。

又糧包迄今仍在照收，這却不可停止，因為糧包較日用品更重要。對於糧包惟一應該改善的，是中共亦應明白公佈郵寄辦法和收受量，此外更應設法將糧包迅速交到收件人之手，亦甚重要。因為現在中共寄遞糧包的不但時間太慢，寄廣東各地之糧包亦往往要一個月左右才能收到，這已經是奇聞，而寄大陸各地之糧包，收件人往往根本收不到，則尤顯示中共郵政之無效率了。

大陸簡訊

藍星

中共統計數字多半靠估

據中共七月三十日北平大公報說：中共的統計仍然做得非常不確實。其統計數字並非出自精確計算，而主要的是靠估。

該報並舉例說：「目前有些商業企業的統計數字作得不够準確。有的是統計人員把數字統計錯了，有的是統計方法有問題。例如：有些基層商店在統計機製紙的消售重量時，不分品種、規格，不論厚薄，一律以每令二十二公斤計算。其實各種紙張之間的差別是很大的，打字紙一般每令重量只有六七公斤，而書寫紙每令重二十五至四十三公斤，厚的牛皮紙每令有重六十多公斤的，統扯以二十二公斤計算，當然就不準確了。又如籃球的統計，按規定是不包括膠皮籃球的。有的單位却把膠皮籃球也統計進去了。甚至連一個球胆也作一個籃球計算。類似的情況，在別的科目上也有不少」云。

中蘇共貿易跌落百分之五十

日前外電雖傳北平的「靈通外交觀察家」謂中蘇共之間的關係，最近數月已有改善。但各種跡象和事實則証明北平的所謂「靈通外交觀察家」的說法，顯係別有用心。中共迄今未再獲得蘇聯之工業援助，這是中蘇共未趨和好的鐵証。而中共與蘇共去年貿易額之大跌，跌到了最近十一年的最低點，更是中蘇共未趨和好的旁証。

據維也納八月十一日合衆社報導：「本日獲悉，捷克國家設計委員會一委員曾稱：中共經濟依然過分落後，不能容許其加入蘇共集團之經濟互助理事會。此項報導係在公佈蘇方統計數字後不久發出。該統計顯示：莫斯科對中共貿易去年已跌落百分之五十左右，為一九五一年以來之最低點，捷克之支泰拉博士在最近出版之捷克工會日報稱：中共尚未取得加入經濟互助理事會之地位」。

捷克共黨官員之這一談話，當然是對中共的嚴重歧視。因為中共工業再落後，也不會比外蒙更差。而外蒙則由赫魯曉夫允准參加蘇共經濟集團，中共則不被允准，那顯然是蘇聯把中共的地位看得比外蒙還不如。否則，外蒙既可以參加，中共當然也可以參加，赫魯曉夫卒不許中共參加，這對中共不但是一種歧視，而且也是一種極大的侮辱了。毛澤東天天自吹自打的誇誇其談，這不是數風流人物，還看今朝，而是數無恥人物，還看今朝了。

缺乏木枕津浦路改用水泥軌枕

數十年來，中國大陸各鐵路的軌枕一向使用木枕，故平日一般人稱之為枕木，但中共統治大陸後，木料竟亦大感缺乏，故枕木亦發生恐慌。為此，中共已將津浦、滬寧、滬杭、浙贛四條鐵路已開始改用水泥軌枕。對此，新華社八月十一日曾報導說：「津浦、滬寧、滬杭、浙贛四條鐵路，已有九十公里線路使用上了鋼筋混凝土軌枕，用鋼筋混凝土軌枕代替木枕舖路」。「據工程技術人員說，用鋼筋混凝土軌枕代替木枕，是鐵路部門節約木材的重要技術改革之一，按照我國鐵路舖設情形計算，每公里可以節約木材二百立方米左右」云。

這都反映中共現時又已發生木材荒。

中共挖掘南唐二主之陵

為了搜集珠寶及其它地下財，中共經常在大陸各地發挖歷代帝王之陵寢。南唐烈祖李昪之陵及中主李璟（李後主之父）之陵，最近亦被中共挖掘出來了。

南唐二陵在江寧縣所屬丹陽鎮，距南京約二十餘公里。二陵形式大致相仿，但李昪之陵的規模更大於李璟之陵，這是南唐中主時，宋兵已南下，南唐江山已動搖，財富亦已不足的緣故。

據中共說：李昪之欽陵的地宮，從宮門到宮內，分為前中後三正室，前中室東西兩面各附一側室，後室東西兩面又各附三側室，正側共計十三個室，全長二十一公尺多，寬十公尺多。前中二室係磚建，後室係石建，後室是放置棺材的地方。李璟之順陵則較小，而二陵之結構均甚複雜，建築價值及文物藝術價值均在成都前蜀王所建永陵之上。

又據中共說：這是中共十三年來所掘出的較大的兩座帝王陵，所獲財寶頗不少云。

僑鄉近訊

鋒之奇

中山境內反共志士活躍連續發生爆炸

從逃港難民口中和中共報紙証實，廣東境內反共志士已日趨活躍，僅在中山縣中共控制區內，最近就已連續發生三次炸彈案。一次是七月三十一日由澳門開往廣州之客輪「紅星一一五號」客輪上，曾檢獲炸彈。另一次是八月四日澳門對岸共區內石角嘴爆炸；再一次是八月五日中共拱北關發生爆炸。

據中共報紙透露：七月三十一日紅星一一五號客輪駛穗途中，客輪上之厠所曾發現炸彈，內有計時炸彈一枚，惟尚未到達爆炸時間，被共幹發現，乃將信管拔去，共幹然後在靜默中監視全船乘客之動態，終以其中兩位乘客不時檢視手錶，形跡可疑，遂以嫌疑被捕。

七月四日石角嘴發生之爆炸案，據中共幹部透露，係因反共漁民泅水上岸，將炸彈埋下，因而爆炸者。

至於八月五日中共拱北關之爆炸，則係入境旅客所為。因此，中共曾將當日入境旅客全部截回查訊，其後在中山縣第五區大金頂之某居民卒被寃枉被捕云。

深圳糧倉亦爆炸燃燒

最近數日，除廣東中山縣境中共統治區連續發生爆炸，並有死傷外，本月十日凌晨，接近香港之深圳共區東邊之糧倉亦發生爆炸。

據目擊者稱：被爆炸處係共軍糧食倉庫，爆炸時曾發生巨响，隨後烈燄飛天，跟即燃燒，共軍派隊在四週防守，人民無法接近，故無法探知其詳，但該被爆炸之糧倉，直至天光後始行熄滅，則為衆人所見云。

另據本港新界居民稱：十日晨中共深圳倉庫確曾發生爆炸，新界方面亦可遙見其燃燒。該倉庫之位置則在新界打鼓嶺對面之共區境內云。

閩南荔枝收成不佳

龍海縣是福建南部著名的水果之鄉，但今年的產量却不如中共的期望。

據七月廿八日人民日報說：「今年天氣不正常，荔枝越冬期降霜，揚花期吹東北風，分粒期連續二十來天下黃梅雨」。總之，對於任何農業生產或附產，如果生產量不佳，中共就照例怪天氣，好像上天專門與中共作對似的。其實，上天並未與中共作對，而是中共在與上天作對，人民公社制度又帶來天怒人怨，那末，包括荔枝在內的一切東西又安得不減產？

三水縣大批共幹重返生產隊

生產隊是中共農村人民公社的基層勞動組織。在這一組織中勞動，自較在生產大隊或公社裏作幹部辛苦，所以，許多生產隊的老幹部便乘機脫離了生產隊，上爬到生產大隊部或公社裏去作事。雖然，在生產大隊裏或在人民公社裏作事仍然很辛苦，却已比生產隊好多了。但中共廣東省三水縣黨委發現了這一件事，據七月二十日人民日報專電說：「前些時候，中共三水縣委書記鍾志誠帶領工作組到楊梅公社優護大隊，調查研究有關辦好生產隊的問題，在錢東生產隊召開的一次社員座談會上，社員說：生產隊長的强弱，是決定生產隊辦得好壞的一個重要因素。工作組還在楊梅公社一個大隊了解這樣一個情況，這個大隊七個生產隊中，土地改革和合作化時期的老幹部只剩下四名，近年來新當選的幹部中許多人對生產領導還經驗不够」。結果中共三水縣委「便根據生產隊和社員提名，從縣和公社抽調了一百五十三名土地改革、合作化時期在農村基層單位工作過的老幹部，重返生產隊和生產大隊，同時，又從生產大隊抽調五百多名幹部回生產隊」云。

中共各地人民公社比較得力的老幹部，利用機會向上爬，以逃避生產的辛苦勞動，不止是三水縣一縣的現象，而是大陸各地的普遍現象。但中共地方黨委强迫這些早已上爬了的幹部重回基層勞動，他們的勞動熱情已完全低落，則是無疑的，所以，這也不足以挽救生產隊的消極怠工現象哩！

南越展開了「直昇機戰術」

黎文展

南越政府的軍隊，最近利用了直昇機來掃蕩越共游擊隊，當地人士稱之爲「直昇機戰術」。這種「直昇機戰術」，果然頗奏膚功。目前在南越活動的越共游擊隊，已給南越政府的突擊隊殺得死傷枕藉；其傷亡人數已比南越軍隊的犧牲者幾高出兩倍。越共的武裝配備，被南越軍隊奪獲的也比以前激增。顯然，南越的「直昇機戰術」已給予越共游擊隊以嚴重的打擊。此外，還有兩項極爲顯著的收效：其一是越共在南越的直昇機追剿下，已感到走頭無路，因而向南越軍隊投降的已越來越多；其二是用恐怖手段來控制蒙塔納族人山區的越共軍政人員，也不得不在直昇機的襲擊下四散流竄，蒙塔納族人乃得逃脫了越共的殘酷統治，數以千計的湧入了南越政府管轄區，並且投効了政府軍，入營受訓，成爲將來政府軍的新血。

然而，這祇是南越政府軍短暫時間的勝利而已！

越共游擊隊被追擊得傷亡慘重以後，現在仍然獲得了補充，那就是他們日前潛伏在寮國的游擊隊，透過了「中立」的寮國而滲入南越。據當地軍事人員的觀察，越共游擊隊經過補充了後，可能靜候至雨季來臨時，才再發動大規模的攻勢；那時南越的直昇機已受到了豪雨的限制，正是越共游擊隊再度活躍的時機。——這點，確是很值得憂慮的！

據一個曾追隨南越政府軍追剿越共游擊隊的當地記者報導，說他在距離西貢約十英里的一個小市鎮裏，目擊着森林中一場小型戰爭。他指出：越共游擊隊不僅能够控制鄉村，而且能够隨意進入市鎮；他們不僅能向民衆徵收稅欵，還能在民間暗藏武器。這種情況，正反映出南越政府的政治還未能深入到鄉村。倘若雨季來臨，南越政府的直昇機受到影響，那時越共游擊隊大舉反攻，當然很有可能迅速地回復他們的軍事優勢。

那末，南越政府的反共軍事若單憑「直昇機戰術」顯然仍是應付不來。當地人民，目前都已意識到，南越局勢的主要關鍵誠然是軍事問題，但除了軍事之外，還需顧慮到政治改革，經濟復興，心理建設等一連串的反共措施；而這一連串的措施，又決非南越政府所能單獨幹得來。換言之，南越政府是需要美國的援助；這援助，不僅是要使南越政府的軍事力量增强，還要協助南越政府在政治、經濟、和人民心理上予以全面的改革，然後才可以在反共局勢中獲得肯定性的勝利。

至於目前的「直昇機戰術」，美國尤應迅速地再加强其協助，使之馬上成爲一枝强大的機隊，趁在雨季之前，閃電般的把越共游擊隊痛剿得一敗塗地，並立刻堵塞及切斷共補充路線，使越共游擊隊潰敗了之後不能再翻身；這才是把握反共軍事優勢的治標上策。說得淸楚一點，就是目前南越政府的「直昇機戰術」不應僅用於剿擊越共游擊隊，還應迅速擴而大之，要把這種戰術同時用於堵塞越共的補充路線，消滅越共滲入的兵源。如果美國能够予以大力支援，相信「直昇機戰術」在這一方面的任務必定也能再奏奇效。

翻閱最近「直昇機戰術」的戰續紀錄：（一）去月中旬，南越政府曾派出直昇機，運載突擊隊飛至西貢附近的一個越共游擊區，突擊隊從機中躍下禾田裏，馬上排成一個彎月形，朝向叢林邊緣的運河方面前進，而另一架直昇機則在低空翺翔，並投下火箭和燃燒彈，迫使叢林中的越共游擊隊走出，然後由突擊隊予以射擊；這一役，擊斃了游擊隊逾五十名。（二）本月一、二兩日，突擊隊在直昇機指引下，在湄公河三角洲和越共游擊隊作戰時，由於獲得直昇機直接和間接的協助，轟斃游擊隊三十多人，並摧毀了越共的一個重要基地，搜獲大量文件和武器。——倘若在雨季前繼續使用「直昇機戰術」來截擊越共的補充兵力，和堵塞越共的補充路線，當然可以消除日後的隱憂。

除了加强「直昇機戰術」的運用外，當然，政治、經濟、和人民心理等，也要全面改善，才得竟其全功。

星馬總理的凱旋

俊華

罕見的場面

星、馬兩總理李光耀和東姑拉曼的「凱旋」，出現了空前未有的盛大場面。幾年前星洲制憲代表團赴英談判成功歸來的熱鬧，不過是小巫見大巫；只有馬來亞獨立時的默廸卡慶祝，堪與昨晚的盛況媲美。

星加坡機場張燈結綵，旗幟飄揚！在朝方面的人物冠蓋雲集，在野的是鬢影衣香；各政府首長，社團領袖，婦女代表，學生和工人，尤其是包括華、巫、印各族的人士，各種不同的膚色和服式，充份象徵多種民族團結的和諧。

拉曼和李光耀魚貫下機，接受社團代表獻花的時候；群衆歡聲雷動，眞是震耳欲聾。巫統行列持着「馬來亞之父」的旗幟，讚揚拉曼爲馬來亞的締造者；現在，又由於拉曼的倡導和努力，馬來亞已經決定擴展爲大馬來西亞，成爲這一地區的大國。

這個月剛好是八月份，馬來亞獨立於一九五七年八月三十一日，而大馬來西亞也已定於明年八月三十一日成立。

拉曼對歡迎羣衆的致詞說：「大馬來西亞不但爲我們這一代服務，而且也爲我們的後代！」不錯，一個國家的成立和擴大，一個地區多種人民的團結，是要經許多艱難波折，方才能够產生的，而這一規模的將垂久遠，成爲各族人民共同安居的樂士，並不祇是爲了這一代人。

李光耀對於英、星、馬三方的誠意，加以讚賞，强調各方熱心於「此一新國家之建立，及此區域之和平」。

各民族平等

北婆羅洲、沙勝越、婆羅乃的人民代表們，也參加歡迎的行列。拉曼特別向他們保証：他們將被看作「大馬」家族中兄弟之一員。拉曼說：不同種族的不列顛人尚且能够照顧他們，同一種族同一膚色的馬來人，當然能够更好地照顧他們。李光耀也强調地說，在大馬來西亞聯邦之內，各民族一律平等。

北婆三邦加入「大馬」一事，曾經成爲英馬談判中的難題，以至於談判一度「觸礁」，原因是北婆三邦對於參加「大馬」，意見紛歧。在反對參加者之中，有一部份人士僅是不放心合併後能否獲得平等的待遇。但另一部份則是立心破壞者，他們把馬來亞比作帝國主義者，說三邦不應「由一個殖民者移交給另一個殖民者」。其次，他們所使用的另一手段也像在星馬一樣，挑撥種族糾紛，向華人團體遊說，促使他們反對大合併。也有一些短視的社會領袖，以爲在一個小地區獨立以後他們便可以做總理或部長的，圈於私見，不贊成「大馬」迅速成立。因此英國在三邦的調查報告中，儘有種種主張的反對或延緩合併論存在。

據說拉曼與麥美倫的最後決定性會談中，拉曼就提出過那班別有用心破壞「大馬」者的危機，指出如果還延時日，發生糾紛，究非英國之福。因此英方終於決定，接納星馬於明年八月與三邦合併的建議。

沙勝越的古晉，週前曾宣佈禁止在當地及郊區集會，這項法令現仍有效。這一措施，就是針對那批有組織反對「大馬」者而發。

新國奠立了

李光耀在對歡迎者致詞中，特別强調孤立的星加坡將受共黨威脅，而「大馬」乃是安全的唯一途徑。他指出共黨在當地進行破壞，是一種國際性的活動，因爲蘇聯與波蘭也在聯合國中極力企圖破壞「大馬」的成立，蘇波曾要求聯合國進行干預，以爲阻撓，但敵不過亞洲國家維護和平的勢力，如印度、緬甸、高棉、叙利亞等，都支持星馬，卒之否決聯合國干預此事。甚至南斯拉夫對此事也表示中立，不支持蘇聯而投棄權票。

倫敦所簽的條約共有二份，一份是馬來亞、星洲、北婆羅洲、沙勝越、婆羅乃，五邦合併爲「大馬」。而一份是星、馬合併的。李光耀說：兩項的條件，「都很公正」。

英國與馬來亞間尚有若干問題，但屬於「枝節」的，拉曼說。主要的是安全問題，「大馬」成立之後，英馬聯防條約範圍將作適應的擴大，包括整個「大馬」地區。對於星洲基地，李光耀主張暫緩談及撤廢，因星洲政府財政及人民生活，對基地的倚賴性極大。縱使裁撤，也應採漸進分期的方式，「大約二十年」，李光耀說。

拉、李兩氏對大馬成立大抱樂觀，認爲前途沒有多大的困難。而他們兩人也都將前赴北婆三邦，解釋星馬「歡迎三邦兄弟」參加的誠意。拉曼因出國甚久，已即晚趕回吉隆坡。但仍可能在最短期間邀同李光耀，聯袂作三邦的訪問。

拉曼、李光耀像是凱旋的英雄般受到人民的歡迎，到底是他們爲人民做了重要的事——一個新的大國的基礎奠立了。多方破壞者，只落得心勞日絀。

吉隆坡通訊．

藝術人生詞話（五）

邈翁

詞之名，亦謂之詩餘，大抵以詞爲詩家的餘事，這是前人一般的見解，我們以爲詞固可以謂爲詩餘，但這所謂餘，不能僅說是餘事之餘，應該說是羨餘之餘才對。凡洋溢的情欵，小德出入的境界，通俗而雋永的語句，爲天地間必然而有，不忍遺棄的妙文，在詩爲體制所限，不能悉予容納者，自然要找到一個能以發舒，能以涵濡的場地，在這一要求之下，所有詩不能消化的羨餘物資，便自然會潴積而成爲一片湖澤，一股洪流，這即是詞之所以爲詩餘的所在，如同文之爲鋪序之美者，必演而爲賦，乃是一理的。詞：即是一種能對詩國羨餘物資，作兼收並蓄的大園地，這園地，並不是廢材的堆積所，而是肥沃的，有雨露滋潤的膏腴之地，所有羨餘材料，在詩的國土中。是雜亂瑣碎零星的廢物，一到詞的園地之中，即會生根發葉開花結實的，這便是詩餘。我們必須以這樣的看法，去重定詩餘之名的意義，才能豁出詞的眞價值，認識詞的眞地位，才能對詩與詞，作出正確的界限，不致有將詞視爲詩之附庸的錯覺，才知道怎樣去利用詞的這一文藝之美，去儘量發揮中國語文的藝術。我們爲此說，並不是阿其所好，故意抬高詞的身價，爲詞作誇張，而是事實告訴我們，應該作如此的看法的。

當詞在中唐發軔之初，作者如白居易、韋應物等人，亦確是視詞爲詩人之餘事的。那時所有作家，對於詞的文句組織，又是從近體五七言詩的句法，從古樂府的聲調意味中變化而來，確也是詩的餘事。但這一具足文藝之美的文制，又確是有其能移殖詩國羨餘的容量，因此：一經出現之後，便源源滾滾，爲衆流之所歸，自白、韋以後的詩家，便漸漸相率，走上這一條新闢的道路，到五代時，即有專門的詞家，以作詞爲正事，再不視之爲餘事了。本來詩與詞，對於中國語文藝術之美的利用與發揮，乃是兩個珠聯璧合，互相輝映的巨星。詩：譬如是垂紳束帶，雍容持重的縉紳；詞則是倜儻風流，翩翩濁世的佳公子。縉紳只能宜揖讓於廟廊之上，悠游於鄉黨林泉之間，而翩翩的公子，雖不能坐而論道，却可以出入縉紳之門，又可以徵逐於鬥雞走馬，北里章臺之地。故詩的高華樸茂，爲詞所不能到，而詞的輕巧細膩，也非詩的風格所宜有，因此，便只有各擅其勝，在文藝之苑，各爲分道揚鑣的發揮了。至於詩詞的道路，也是各有其易途，亦各有其難的分途。以格律言，則詩的矩範，如古風樂府，字句可以任意多少長短，平仄音韵，可以自爲通轉抑揚，近體律絕，其章句不出五言七言，比之詞牌之多至千餘，其音韵一調有一調的定式，其字句又一闋有一闋的限制，這樣詞式繁雜，詩式簡單，自然覺從事於詩者爲容易熟習其規例，於寫作上也爲容易入門的。但正爲詩的方式太調了，雖然古體詩多一點變化的自由，而其句法章法，必須清健高簡，其鑄詞運字，必須典有則，否則即成山歌，即成不堪入目的蓮花落，在這樣單調的規範之下，學者欲求出奇制勝，即等於一羣畫工，同爲一個對象寫生，而能獨爲傳神阿堵，即確爲一件不容易的工夫。至於詞則不同了。詞的調曲既多到千個以上，凡宜嘽宜喜，宜剛宜柔的格式，無所不備，儘可作任意的選擇，而且宜莊宜諧，宜濃宜淡雅俗並包的境界，又可以作任意的排遣，工具如此其繁多，材料如此其豐富，既可以左宜右有，各取所需，而其章句節奏，意境曲折，在緊要之點，又處處有作提示的路牌，——這一點說來很長，乃是詞家文法的關鍵，當於另篇詳說——實乃最容易取法，容易學步的藝事，只要一入門徑，則頭頭是道，處處獻妍，極容易啟發學者的心靈，發揮作者的天才，雖然初學之時，比詩爲複雜，爲繁難，但一認清其面目之後，則比詩爲易能，爲易工，這即是詞與詩在文藝之苑，珠玉交輝之所，所，我們無所用其軒輊，也不能爲之軒輊的。

由於前人有了以詞爲詩之餘事的一個錯覺，因之，在唐五代之時固然視詞爲俳優之事，自宋以後，一般自居於正統派的古文家，與專治經史的理學家攷據家，也一樣諱言作詞。我們看清代詞家，除清初有幾個經學家曾作詞外，以後直至嘉道之世，張臯文之前，所有桐城古文家及清史儒林傳中的人物——指道光以前——即沒有幾人，如歐陽修、朱熹、魏了翁一樣去作詞的。在他們的眼光中，還是視詞爲俳優一類的東西，漢晉以後的俗體小品，如楊雄所言：辭賦小道，乃是壯夫所不爲的。即一般詞家，也因此一錯覺，而不免有自卑感，如宋元詞人，即多以詩餘名其詞集，雖然半出自謙，但亦確認詞爲詩的餘事，因而不敢自居於雅言之列的，實則是不免過於菲薄了詞的地位，因此：詞在文苑的發展，便不能不稍受其影響了。好在詞本其實大聲宏的本質之美，雖在這一錯覺的歧視之下，仍爲富於審美興趣的文家所愛好與追求的，仍能視爲專攻的正事，而不礙之爲餘事，一千多年以來，一樣是源長流遠，並不斷絕，這即是詞的眞正價值。

詩自唐代始，直到清代末季爲止，即爲法定的，科場制藝的科目。讀書人欲求出身，非能詩不可。因此：童蒙入塾，詩即與五經四書，同爲必修之科，詞則只是消閒的寄興的吟誦，文人往往是在成學之後，隨其興趣所至，才從事引商刻羽的欣賞，不經師承，但由見獵心喜，冥搜暗索，從事詞的寫作。既非以求功名，要投合主司考官的好惡，亦非以裝點德業，要作正襟危坐的莊言，因此其作品便往往是天眞的，不矯飾的，能爲興之所至的揮灑的。這樣的渾灑，在詩的境界上，不但是有顧忌，也確會破壞詩的風格，而在詞的風格上，則正是純粹的，美化的藝術，所以我們說，天地間必然而有不忍遺棄的妙文，既有詞的一格，可以消納，可以移殖，則自然不會爲文人所放棄了。宋朝類苑記和凝有豔詞一編，名香奩集。後貴，乃嫁其名爲韓偓，又自爲游藝集序云，予有香奩籯金二集，不行於世，蓋避議論誨其名，又欲使人知，故於游藝集序實之。實則這是不足怪的事，這可以說明天地間的妙文，本爲不忍遺棄之物，故雖爲時論所譏毀，而作者興之所至，機之所發，也還是要寫，還是不肯拋棄之的。我們知道晏元獻同叔是性情剛峻的人物，他的珠玉詞，即全是婉麗的，香艷的作品。歐陽公爲有宋一代儒宗，他的六一詞，更是纏綿旖旎艷冶入骨，與其文起昌黎以後之衰，詩振晚唐以來之靡的風裁，竟然相反若兩人，這是人人知道的。還有我鄉大名鼎鼎的先賢，那位繼老杜而起，爲西江詩宗派之首的黃山谷先生。他的詩清剛絕俗，兀奡排空，固然不用說，即其詩中遺詞使事，也是不含人間烟火的。他不用『於古無徵』的詞語，乃是極端嚴格的。他的門人任子淵，爲他的詩集作註解，便說到：山谷老人之詩，一字一句，有歷古人六七作者，這可見他用字用事，『月鍛句鍊』，未嘗輕發，必有所考，』的一毫不肯苟且了！現在我們可以看他作詞，一反作詩那樣嚴肅態度的大胆，例如其歸田樂令：

引調得甚近日心腸不戀家。寧寧地，思量他，思量他，兩情各自遺，甚忙咱。意思裡莫是賺人吵。噉奴眞箇嘚：共人嘚。

轉調醜奴兒

濟楚好得皆。憔悴損，都是因他。那兒得句閑言語，傍人盡道你管，又還鬼那人吵。得過口兒嘛。直勾得風了自家。是即好意也毒害你，還甜殺人了，怎生申報孩兒。

後山詩話，謂骫骳從俗，世人因爲柳耆卿爲能用俚俗之語入詞，實則柳詞之用俗語，凡沒有山谷這樣的大胆，這兩詞所用的語句，竟與後來元曲的俗語詞句一樣，全爲當時的方言。不但不是儒釋老莊之奧』的『英華』。——任子淵序文贊山谷語——更不是曾歷古人作者的故實，山谷老人對作詩如彼其嚴謹，對作詞如此其縱恣，雖然是游戲之筆，也就是胸中所蘊，口中欲言，筆尖所集者，不容發之於詩的，既然有詞的領域，便要向此一領域中，作盡情的馳騁了。這又是詞之所以能囊括包納詩之的羨餘之一例。所以詞雖被歧視，仍能繼長新生，我們要爲詩餘之一名稱，再爲確定其意義，這即是事實的証例。

太孫·太保·太歲

鄒眉

最近，蔣介石的令孫、蔣經國的令郎蔣孝文在美國失了寶——傳家寶與鑽石珠寶，據說爲數達三萬美元。

由於其顯赫家世，無論在台灣或在美國，蔣孝文一直風頭甚勁。在台灣是路人爲之側目的大太保（阿飛），被推爲「蔣家雙煞星」的老大，其他一蔣是國軍總政治部主任蔣堅忍的公子，據說是由孝文「帶壞」了的。在美國，如果讀者不是健忘的話，想必記得這位「留學生」曾因違犯交通規則而被扣留在警察局，卒之由總領事出頭以外交豁免權搞妥。這次神氣了，一洗以往的被告記錄，做了原告。但實質上卻如論者所說，是一位被小偷在頭上動了土的「破財太歲」而已！

關於蔣孝文赴美事，有兩種不同的說法。

第一種說法是：雖然蔣先生一生唯曾文正公的治國齊家之道馬首是瞻，但對這位寶貝孫子實在沒有辦法。在各普通學校一致杯葛之餘，下了一張嚴加管教的條子把他送到陸軍官校去。結果鬧得校長把辭職書附在開除蔣孝文的命令後面一起呈達「總統府」，在老太太慈祥的轉圜之下，老先生也就聽了「不痴不聾，不作家翁」的俗語，由得下人糊里糊塗地送蔣孝文出國了之。

第二種說法是：蔣孝文入了陸軍官校不久，老先生忽然心血來潮，要到該校視察一番。做孫子的消息靈通，知道自己的一場糊塗成績難免要見家翁。抓耳撓腮了一陣，終於在「太保參謀部」的指點下，昂然的走進校長室，說：「我老祖春秋已高，如果知道我在軍校也不學好，一定氣昏腦袋、漲破肚皮。他老人家是黨國的中流砥柱，反共抗俄事業的靈魂。有什麼冬瓜豆腐，你可負得起這個責任？」校長一聽，乖乖不得了，問題果然嚴重，馬上下令造一份成績單。老先生後來看到這份成績單，讚了一句「吾家千里駒」之後，很快就送他出國「深造」了。

兩種說法雖有出入，但蔣孝文去了美國確是真的，而且連「傳家寶」也帶去了，不久又搞了個名副其實可以將蔣家一直傳下去的活寶——第三代的蔣夫人。

這次蔣孝文夫婦在美國所失的寶，折台幣達一百二十萬元，合救濟難胞捐欵的百分之三十幾。論者曰：對蔣家來說，不過是九牛之一毛。以牛毛來喻傳家寶貝，筆者甚覺擬之不倫。因爲以常情度之，老先生和老太太在交托此寶時，必定是鄭重出之，否則何謂「傳家」？他們實在希望小兩口能在美國傳家。誰知，他和她未能善體親心，偏偏在美國銀行保險櫃的諸多物事中選出來作爲尋常擺設，以至讓「傳了兩百年」的「家寶」和日常「珠光寶氣的必需品」一起失掉，眞是罪過。儘管所失爲數不菲，但只有儘子才會認爲蔣氏將無寶以傳家吧！蔣家「死寶」多矣，子孫才是「活寶」呢。因爲在老先生看來，蔣孝文前次以「飛車」向鬼門關挑戰而毫無所損，實乃「大難不死，必有後福」的「福星」一顆。正是：

福星當頭照活寶
壽公臨老遞龍袍
父以傳子子傳孫
江山永在蔣懷抱

抗戰回憶錄（二二）

張發奎

七、平靖的時期

走私營謀成了大部份人民唯一的生計，昆明、廣州灣和廣東西江的蘆苞、三水，都是走私的滙湊地點。外來的貨物可以從這些地方偷運進來，內地的產品，也可以從這些地方偷運出去，不過附帶有個條件，大量的走私營謀，必需有權力的背景或有特權與機會可以利用。政府宣佈經濟統制，並設立檢查制度，但是犯法的人，大多就是執法的人，曾經有一大批鴉片由重慶經曲江、運至廣州灣出口，但據我所知卻是經過了軍政大員的許可放行的。

原本就不健全的征兵制度，後來是愈弄愈壞了。應征的壯丁，有如囚徒，需用繩綁索綑，押赴前線。政府規定的士兵待遇，業已少得可憐，但還要經過辦理兵役人員的層層剝削，他們待遇新兵，根本沒有當作人來看待，簡直如同畜類。重慶有一個兵役機關，爲防止●征新兵的逃亡，他把士兵的頭髮，雉得僅留有頂上的一小束，這樣在消極上可以認識逃亡新兵的標誌而易於捕獲，在積極上可以防止新兵不敢作輕易逃亡的嘗試，這確是一個妙不可言的方法，但我想創製這方法的人，一定是個極無人性的傢伙。因此人民對於兵役，視同赴十八層地獄，窮苦者逃避，富豪者則用金錢買人頂替。

士兵的生活，苦得可憐，除了每日可以得到二十五兩的食米外（有時還要短缺），副食費不够一日的薪資，營養不足，缺乏衛生，沒有藥品（當時每人每月的醫藥費僅有二元，但一顆奎寧丸的價格就需要幾百元）。草鞋費每人六塊錢，買不到一束稻草，衣料鞋襪完全缺乏，到了嚴冬，棉衣尚未發下，可是到了初夏，他們又穿起了新發的過去一年的棉衣了。好的部隊長，有時會想點辦法，來顧慮士兵的生存，養猪、種菜、砍柴，以馱馬車輛代運貨物，利用士兵勞力代人勞作，去換取副食津貼，這個辦法固然可以幫助士兵的生活，但還能談到作戰與訓練嗎？我的特務團就陷入這個狀態，我責備他們：「特務團可改成生產團了」，但我又有什麼辦法來答覆對於他們生活如何解決的問題呢？挨餓、害病、死亡普遍的成了當時部隊最大的威脅。

這一切現象，都在這個平靖的時候暴露了，而且在加劇的進行。史迪威將軍曾有過當時一個觀察的結論：「腐化、玩忽、混亂、愛錢，重征暴歛，屯積居奇，進行黑市，與敵人通商。」

我不過是一個軍事大員，我除了傷感之外，還能說什麼話，做什麼事呢？

（未完）

中國現代史資料評介之三（中）

舜生

（樂齋漫筆）

光緒二十九年三月，岑奉旨調署兩廣總督，督辦廣西軍務。岑籍廣西西林（上期誤排作桂林），以桂人而官本省督臣，可見淸廷用岑之意，實着重肅清廣西匪患。岑到任後，首將不職縱匪的廣西巡撫王之春及提督蘇元春奏劾革職，並調兵遣將，定四路包圍剿撫兼施之計，歷時三年，始將四十八峒及十萬大山等處匪巢次第蕩平，最後並擒斬柳州餘匪陸亞發。他在這一段剿匪期間的最得意之作，便是拔識了龍濟光和陸榮廷，入民國後他還有一段政治活動，多少便有龍陸兩人的關係。

岑在兩廣任內，依然發揮了他大刀濶斧懲治貪污作風，計兩省不法的文武大小官吏被他參劾去職的，凡一千四百餘人，如貪污的南海縣知縣裴景福，經他奏准遣戍新疆；殘酷的廣西某縣知縣陳景華，經他拿辦；均爲人所樂道。時粵海關爲廣東一個最濶的衙門，監督例由內務府奏派，一年一換，旗員視爲利藪，戶部定每年徵稅五百萬兩，從未交足。光緒三十年，慈禧特命岑兼任監督，經派人整理，一年中乃得稅收六百六十萬兩，較定額且超過四分之一。又該海關有庫書周榮曜者，以一簿書小吏，侵蝕公欵至數百萬兩之多，且因重賂慶親王奕劻，居然簡放出使比國大臣，經岑發其姦罪，乃奏准革職查抄。像岑這一類的做法，表現於光緒末年，誠然難能可貴，但以其時一般腐化的情況來說，亦終無救於淸室之亡。

原來淸廷經過庚子一役以後，一時創鉅痛深，未嘗不想有所振作，但一經回到北京以後，便一切故態復萌。二十八年，一個重要疆臣兩江總督劉坤一死了，還剩了一個長江上游的張之洞，一個北洋新起的袁世凱；二十九年，在中樞握有大權的榮祿死了，慈禧乃不能不一切仰賴資格最老的奕劻。袁的年齡與官階均較岑早兩年，但一以戊戌告密，一以庚子護駕，爲同爲慈禧所信任。奕劻以貪污視岑爲眼中釘，袁則以爭寵必以去岑而後快。袁近在天津，有干與中樞的便利，確又相當能幹，更不惜以金錢迎合奕劻，於是袁與奕劻乃勾結甚深，而且形成了一條排岑陣綫。岑到三十三年卒不得不鎩羽而去，便是慶袁合力排岑的一個結果。

先是，三十二年八月，春煊改任雲貴總督，岑知係慶袁詭謀，故意使之與中樞疏遠，乃稱病不行，留滬就醫。延至三十三年正月，又奉旨調補四川總督，毋庸來京請訓。岑知仍出慶袁之意，因於道出武漢時，即電請順道入覲，不待允許，逕乘京漢車北上。慈禧的性格，從一方面看，本來是婆婆媽媽的，庚子一役，他和岑共過一次患難，因此對岑確有好感，岑到京後，一連被召見四次，岑記某次他向慈禧的面奏，確能道出淸末政情眞象的一斑，現在我用對話形式節錄一部在下面：

岑：近年親貴弄權，賄賂公行，以致中外效尤，紀綱掃地，皆由慶親王奕劻，貪庸誤國，引用非人，若不力圖刷新政治，重整紀綱，臣恐人心離散之日，雖欲勉强維持，亦將挽回無術矣。　太后：（初聞此言，頗有怒容）何至人心離散？汝有何証據？可詳細奏明。

岑：天下事人同此心，心同此理？假如此間有兩御案，一好一壞，太后要好的，還是要壞的？　太后：當然要好的。

岑：此即是人之心理。臣請問今日中國政治，是好是壞？　太后：因不好纔改良。

岑：改良是眞的還是假的？　太后：（又現怒容）改良還有假的！此是何說？

岑：太后固然眞心改良政治，但以臣觀察，奉行之人，實有欺矇朝廷不能認眞改良之據。請問太后記得在岔道行宮時，蒙垂詢此仇如何能報，臣當時曾奏云：報仇必須人才，培養人才，全在學校。旋蒙簡授張百熙爲管學大臣，足見太后求才之切。惟此刻距回鑾已將七載，學校課本尚未審定齊全，其他更不必問。又前奉上諭，命各省均辦警察，練新軍，詔旨一下，疆臣無不爭先舉辦；但創行新政，先須籌欵，今日加稅，明日加釐，小民苦於搜括，怨聲載道。倘果眞刷新政治，得財用於公家，百姓出錢，尚可原諒一二；現在不惟不能刷新，反較從前更加腐敗：從前賣官鬻缺，尚是小的；現在內而侍郎，外而督撫，皆可用錢買得；醜聲四播，政以賄成，此臣所以說改良是假的。且太后亦知出洋學生有若干否？　太后：我聽說到東洋學生已有七八千，西洋尚未詳悉，想必也有幾千。

岑：以臣所聞，亦是如此。古人以士爲四民之首，因士心所尚，民皆從之也。此去不過數年，伊等皆畢業回國，眼見此政治腐敗如此，彼輩必聲言改革，一倡百和，處處與政府爲難，斯時即人心離散之時，到此地步，臣愚實不敢言矣！（岑說至此，不覺失聲痛哭。）　太后：（亦哭。）我久不聞汝言，政事竟敗壞至此！汝問皇上，現在召見臣工，不論大小，即知縣亦常召見，均勗以激發天良，認眞辦事，萬不料全無感動。

岑：大法方能小廉，慶親王奕劻貪庸如此，身爲元輔，何能更責他人？　太后：汝說奕劻貪，有何憑証？

岑：納賄之事，惟恐不密，一予一受，豈肯以憑據示人？但曾記臣在兩廣總督兼粵海關任內，查得新簡出使比國大臣周榮曜，係粵海關庫書，侵蝕洋藥項下公欵二百餘萬兩，奏參革職查辦，斯時奕劻方管外務部，周犯係伊所保，非得賄而何？　太后：奕劻太老實，是上人的當。

岑：當國之人何等重要，豈可以上人之當自解？此人不去，紀綱何由整飭？　太后：懿親中，多係少不更事，尚有何人，能勝此任，汝可保奏。

岑：此乃皇太后皇上特簡之員，臣何敢妄保？此次蒙皇太后皇上垂詢時政，是以披肝瀝胆，不敢一毫隱瞞，惟啟程之時，因應奏之事極多，而牽涉奕劻，關係重大，不得不入京面陳，故特冒昧前來；今在京數日，尚覺所懷未盡，又須遠赴川省，臣不勝犬馬戀主之情，意欲留在都中爲皇太后皇上作一看家惡犬，未知上意如何？　太后：汝言過重。我母子西巡時，若不得汝照料，恐將餓死，焉有今日？我久已將汝當親人看待。近年汝在外所辦之事，他人辦不了，故未叫汝來京，汝當知我意。

岑：臣豈不知受恩深重，內外本無分別，惟譬如種樹，臣在外，係修剪枝葉，樹之根本，卻在政府，倘根本之士，被人挖鬆，枝葉縱然修好，大風一起，根本推翻，樹倒枝存，有何益處？故臣謂根本重要之地，不可不留意也。　太后：汝所言極是，好在外邊現已安靖，我亦望你在京辦事，明日即可下旨，汝先下去。

果然，經過這次召見，第二天便任岑爲郵傳部尚書，而該部侍郎朱寶奎剛好正是一位因納賄而得官的，岑乃首先將其劾罷。　慶袁覺得岑果久留中樞，他們將無法安枕，乃不惜以重賄運用宮眷，卒出岑再任兩廣總督，蓋其時革命黨在兩廣鬧得最凶，袁認非粵督周馥（袁的兒女親家）所能了，所恃以鎮壓革命的陸榮廷、龍濟光，又適爲岑之舊部，故以岑代周最爲順理成章，不由慈禧不聽。岑知仍出慶袁排擠，乃稱病逗留上海不進，遷延兩月有餘。可是袁終慮岑去粵，仍於他在全國樹黨營私的做法有妨，於是乃更有僞造一張岑與梁啟超站在一塊的照片出現（一說由端方承慶袁之意所造，一說出自蔡乃煌，另一說更離奇：乃謂蔡與陳少白合作。但其時民黨不願岑督粵則係事實。）並密呈慈禧，以爲岑勾結黨人之罪証。慈禧驚愕至於淚下，但仍不願過度與岑以難堪，僅命其開缺調理了事。至此，岑與淸廷的關係乃根本斬斷，雖辛亥再起督川，也終於無法到任了。

聯合評論

週刊

本刊已經香港政府登記

每逢星期五出版

United Voice Weekly　第二〇七號

督印人：黃宇人　總編輯：左仲子

社址：[illegible]　電話：805641

承印：嘉羅印刷有限公司　香港灣仔馬師道5號

總代理：方聯發行公司　售價每份港幣一毫

本報美洲版總經售處美國紐約中美出版社

CHINESE - AMERICAN PRESS, INC

199 CANAL STREET.,

NEW YORK13 N. Y. U.S.A.

美洲航空版每份零售美金一角

聯合國組織竟自不中用了嗎？

——對美國胡佛前總統之言有感

李璜

昨十八日始收到十一日紐約前鋒論壇報，內載有胡佛先生八十八歲生日演說，及其面對三千人講話的照片。這位年過耄耋的老人，精神還是那樣壯健，姿態還是那樣挺立，且其演辭充滿了爆炸性，大大足以鼓動美國的群衆，足見此老生命力之強；其退休已三十年，而在野不斷的活動仍於國家影響甚大，誠如杜魯門前總統所稱道，此老在大戰中爲他幹了很多艱難工作，並挽救了百萬人的性命。——這足見一個政治家並不必要去做終身總統，方足以有所作爲；退職後，只要願意負責做事，也一樣的，或者更能有效的造福國家。

筆者雖很是佩服胡佛先生老而不衰的精神，但對於他生日講演所主張在聯合國外，另設「自由國家議會」（Council of Free Nations），並不完全贊同。因爲，在這裏有一個前題要先弄清楚，即自由國家，特別是美國，其對世界和平的究竟看法，及其對處理和平的精神與態度如何。誠如胡佛先生所言，「今日聯合國，被共產黨會員國的分離力量將它破壞，已不足以給我們以長久和平的希望」，然而是不是「一個新的自由國家的「世界組織」便真能「同着氣魄與決心去爲自由堅強鬥爭」呢？

筆者是曾參加聯合國製憲的一人，當一九四五年四月二十五直至六月二十五，雖費時整整兩月議憲，但其間爭論巨強的否決權，便佔去兩週時間，中強小強有理甚多，卒不敵蘇俄之堅持，美國之贊成，而聯合國憲章上竟有了五常任理事國的否決權規定！一個號稱各會員國主權平等與同心協力去實現自由的尊重及和平的維持的國際組織，而乃任由巨強之一不滿其意即將議案加以否決；世事之如此其不公道，在理論與事實上都無法說得過去；聯合國之終於不能健全，筆者當時在場即已料到了一半。但筆者仍有一半相信聯合國對於世界和平與人類正義應有所貢獻者，即美國發起聯合國時，當時羅斯福總統即首先贊成蘇俄所提議的巨強否決權方式（世稱之爲雅爾達方式），而制憲會議中，美國代表團包括朝野兩黨重要人物，亦莫不支持此一方式；且美代表曾在會議場中公開說明，此一組織發起之初，即已議定否決權，換言之，聯合國組織之發起，即決定應由巨強，特別是美俄兩國所左右者，參加者應早知此義而來，否則聽便。以一九四五既戰勝德日之美國，而在聯合國製憲會議中大有「九合諸侯、一匡天下」之概，故筆者當時認爲美國政治家既一向醉心自由，而又不惜放棄其門羅主義，如此其犧牲，將右傾的、極權的好戰者的德日打倒，應該是今後絕不再放鬆左傾的、極權的好戰者；且以其國力之富強，更應該是「一怒而天下懼，安居而天下息」，因是筆者對於聯合國的希望，當時仍抱着一半的信心。

猶憶一九四五年六月二十五日，杜魯門總統自美京到舊金山參加聯合國製憲大會閉幕式之前夕，請各國代表團齊集一大廳中，依國名字母一一傳見，大有「萬國衣冠拜冕旒」之概。當時法國代表團中有老外交家保祿彭古（Paul Boncour），年已八十，頗不服氣，奉召不入，拉筆者進入酒吧間中，舉杯爲彼我老民族弔，曰：「是誠新大陸之世界！我老矣，君其勉之！』筆者寬解老人，爲述中國齊桓晉文故事。當此之時，筆者之一半信心，乃在以美之雄，或能假聯合國爲周天子，而挾之以霸也。——想當時參預會議的各國代表，與我同此感想者必不在少數。

惜乎，美國人雖崇尚自由，美國政治家也對本國人的自由再三注意，而乃未能對世界陷於鐵幕中人民的自由同樣珍重；因是美國近十年來的和平政策，竟成爲苟安主義，而處理和平的辦法，如對蘇俄坦克大炮之侵入匈京，殘殺匈人，只以譴責了事；如對中共之奴役中國大陸人民，弄死千萬，而尚不斷加以撫綏；如對肘腋之下的古巴，小小共黨橫行，也還在長首長尾，而莫能如之何！表現如斯，「蘇俄的一百次否決與其他的紅色策略竟將聯合國的和平行動擋住了」（用胡佛演辭中語），又豈偶然！

在胡佛先生看來，聯合國因有共產國家在內，所以竟不中用了，其實其不中用的癥結所在，乃在近十年來，美國政治家對左傾的，極權的好戰者一再遷就，因之使弱小的自由國家，爲自保計，不能不去接近左傾極權的好戰者，於是在自由國家中的中立主義風尚日盛一日；年來使美國在自由國家羣中也感到了孤立，因此美國政府竟公開贊成中立，而且用力量以追成寮國之中間偏左，此之謂和平政策，眞成爲江河日下！

聯合國的組織本身，在筆者看來，並未嘗不中用，實美國政治家有負發起聯合國的初衷，既未能趨赴憲章所標之正義理想，又未能爲自由而有勇敢的行動，一味苟安，名之和平，乃美國的現政策太不中用了啊！

胡佛先生如不能將美國對共黨的現政策根本糾正過來，有所振奮，而任由國內一部份作風老是在那裏長他人志氣，滅自己威風，其勢必將世界上的自由國家都逼上中立主義一條路去，胡佛先生雖欲另組新國聯，又誰願再來與美國人共同奮鬥下去呢！

五一、八、一九

和謠與蔣經國

黃宇人

八月十二日，倫敦觀察週報發表一則消息，略謂，「蔣總統的家屬和中共頭目之間已秘密和親陸的成立了一項協定，雙方同意台海休戰；同時，台灣將繼續由蔣總統及其繼承人統治至少十年，然後成爲中共的一個自治區，但仍受國府控制」。

台北官方的否認

這一消息傳播後，台北官方立即發出一連串的否認。外交部和我國駐美大使館發言人首先斥其爲「荒謬無稽」；十三日，行政院新聞局沈劍虹局長更發表一篇被外國通訊社稱爲不平常的書面聲明，原文如次：

「這個無稽的謠言，顯然又是共匪有計劃的製造出來的。利用和謠來達到政治上分化離間的目標，是共匪一貫的卑劣伎倆。歷年來，共匪知道絕無用軍事力量侵吞台澎金馬的可能，乃不斷製造和謠，妄圖利用謠言攻勢，淆惑人心；但這種詭謀，早經我軍民上下所洞悉，自無從得逞。在目前階段，共匪又放出這種荒誕無稽的謠言，主要動機實由於大陸人民全面反共抗暴革命的形勢已經形成，共匪正面臨崩潰滅亡的末日，妄想利用和謠來緩和大陸人民反共抗暴的高昂情緒，藉以苟延其殘暴統治；另一方面，繼商談寮國問題的日內瓦會議之後，國際間重行勾起妥協苟存的幻想，共匪乃乘此散播謠言，與國際間之綏靖份子相呼應，妄想分化自由世界，特別是離間中美兩國間的團結。

「徹底剷除共匪的邪惡統治，解救我大陸億萬同胞，爲中華民國政府的基本國策與神聖責任，絕無絲毫變更妥協之餘地。共匪的滅亡，已指日可待；其於此時散播和謠，更適足反證其迫近末日之恐懼掙扎。國際間的明智之士，對共匪的內部危機及其一貫詭謀，當有確切瞭解，對和謠必不予置信。這種無稽的謊言，亦將如過去的情形一樣，不攻自破。」

又據中央社聯合國總部十四日專電，我國駐聯合國常任代表兼駐加拿大大使劉鍇在參加多倫多華僑龍岡公所全球大會的開幕典禮時，答覆該地環球郵報記者的詢問，曾就倫敦觀察報有關中華民國政府與中共成立秘密休戰協定的荒謬謠傳，予以嚴詞駁斥。他並要求參加龍岡公所大會的代表們再獻身於漢賊不兩立的祖先遺訓。

由此，可見台北當局對於這個謠言的重視。

兩點疑慮

一、中央日報爲何隻字不提？

二、蔣經國爲何一言不發？

每一個反共的中國人和關心中華民國前途的國際友人，自然都希望觀察報所載的上述消息，祇是一種無稽的謠言；更希望台北官方所作的這些否認，能發生澄清的作用。然而台北方面的某些表現，卻使人如墮五里霧中。

我首先要指出的，是過去數日，台北各民營報都以顯著的地位，不厭其詳於報導官方發言人的談話和聲明；有的，還特著社論，對政府的表明立場，予以熱烈的支持。可是，遍查台北中央日報，反而沒有片言提及此事。甚至沈劍虹局長那篇連外國通訊社都認爲不平常而紛以專電發出的書面聲明，中央日報也隻字不刊，顯然是別有用意的。是不是該報認爲該項聲明祇能代表行政院而不能代表國民黨中央？

復次，依據觀察報的報導，與中共成立秘密休戰協定的，是「蔣總統的家屬」，而非政府負責當局；但台北官方的幾次否認，均僅就政府而言；對於蔣「總統」的家屬，則避而不提。至於那位家屬爲何人，誰都知道指的即是當年留學蘇俄，爲了對共黨表示忠貞，曾在莫斯科大庭廣衆之前，做出不惜「大義」滅親的姿態；近十二年來，雖然稱霸於號稱反共抗俄的台灣，但仍事事以共黨爲師的蔣經國。可是，此君自始至今，竟坐視政府發言人手忙腳亂的否認，再否認，而一言不發。照常理言，不否認，即等於默認。再加上中央日報對政府發言人有關此事的談話和聲明，採取反常的態度，一概予以封鎖，就更令人不能不疑慮了。因爲如所週知，今日的中央日報，形式上雖是國民黨中央的機關報，實則祇聽命於蔣經國的。

反攻與反美

本來，澄清一切和謠和疑慮的最佳方法，是反攻大陸。而且，縱然拋開救國救民的大道理不談，爲了挽救蔣先生個人每況愈下的信譽計，也應乘目前的有利時機，將其久未兌現的諾言付諸實施，發動反攻的軍事行動；最低限度，也必須設法將戰爭帶進大陸去，這才是自救的正道。然而，多年以來，有一個現象是大家都耳聞目覩而却不一定予以應有之注意的，即自中美聯防條約訂立後，台北當權派不但從未認爲有所未妥，反而再加上一個蔣杜聲明。但每當海內外同胞一致要求反攻大陸時，他們立即發動修約的宣傳，似乎這個條約又是反攻的唯一障碍。而事實上，他們所謂修約，並不祇是希望解除某些條款的限制；而是要求美國先寫下一張保票，保証給予他們以所想望的一切支援。他們的想望，不消說，又是以維護一人一姓的利益爲前提的。他們明知以若所爲，求若所欲，美國決不能同意；但如此一來，不能反攻的責任就很輕易的推到美國的身上去了。於是，許多渴望反攻的同胞也就對他們諸多諒解而對美國則漸生怨憤。這種手法，從一方面說，是推過卸責；從另一方面說，是人民要求反攻，他們便導演反美。因而中美的關係，不時呈現低潮。而每當中美關係逆轉時，即往往有所謂和謠傳出，官方迭次予以否認；但台北方面存此妄想者，顯然不是沒有人的。

中共如何歪曲美國的總戰略

劉裕略

在自由世界，從來很少人討論美國總戰略究竟是什麼，因爲自由世界中的許多人，並不覺得美國有什麼總戰略。所以，總戰略這幾個字也一直很少人提到。但居心與世界人民爲敵的共產黨，居心幫助蘇聯協同蘇聯赤化世界的中國共產黨，却替美國製造了一套總戰略，而且加以歪曲。中共人民日報在本年七月廿二日曾發表「美帝國主義反革命總戰略的透視」一文，對此多所論列。

它首先說：「肯尼地之流近幾個月來所大肆宣揚的這套總戰略，是美帝國主義向世界各國人民進行全面進攻的一個反革命計劃，是美帝國主義企圖獨霸世界的一個極端狂妄的綱領」。人民日報說的這一段話，在自由世界的人民看來，不但驚奇，而且還感到怪誕。因爲自由世界的人民在最近幾個月來，並沒有覺得甘廼廸總統在大肆宣傳什麼總戰略。同時，自由世界的人民都知道美國是今日世界從事反共鬥爭的一個領導國家，因此，美國應有一套從事反共的總戰略，那是決不奇怪，但却沒有感覺美國對此總戰略作什麼大事鼓吹。

再說，自由世界的人民當然都相信以美國爲首的民主集團正在與共黨集團鬥爭，但却從來沒有感覺美國有什麼獨霸世界的計劃。美國是一個民主國家，是一個崇尚自由的國家，在本質上，它根本就不可能獨霸世界，而且也從無此打算。只因爲共黨集團想獨霸世界，而美國正在不斷阻止它，它便反過來硬說美國企圖獨霸世界了。這對於美國正在爲偉大的自由民主所從事的反共鬥爭來說，無疑，正是一種有意的誣衊。

它又說：「肯尼廸總戰略的基本戰略方針，是以美國控制下的西方陣營爲戰略基礎，在保衛自由邊疆、防止共產黨顛覆活動的掩護下，加緊準備全面的核戰爭，在一旦美國認爲力量對比對帝國主義有利並且有機可乘的時候，就發動『先發制人』的戰爭。同時，它以核威懾力量和『有限戰爭』來威脅社會主義國家，企圖阻止社會主義國家支持亞洲、非洲和拉丁美洲的民族民主運動，以便於它用『特種戰爭』和其他方法來撲滅亞洲、非洲、拉丁美洲民族民主革命運動。」

說美國正在保衛自由邊疆，正在防止共產黨的顛覆活動，那誠然不錯。但人民日報所說美國準備發動先發制人的戰爭，那就違離事實了。嚴格的說，美國在全球反共鬥爭中，確應先發制人。因爲只有先發制人，才能制敵機先，才能掌握主動，才能擊敗敵人，也才能減少自己的損失。但最遺憾的，就是美國迄今沒有辦到這一點，對於這一點，少數有遠見的人雖已一再提到，但迄今並未成爲美國全球戰略之基本方針，加以美國是一個民主國家，不是一個極權國家，極權國家容易先發制人，此所以希特勒向波蘭進軍是閃擊，日本轟炸珍珠港也是閃擊，而民主國家則因一切均須通過國會，所以，在制度上，美國便難於先發制人，而只有被動了。事實上，美國參加第一次世界大戰和第二次世界大戰的經過都如此。那末，說美國正在準備先發制人，自係完全的胡說八道。中共之所以偏要如此說，實係企圖掩飾蘇聯將要先發制人的一種詭計。

中共說美國正在企圖「用特種戰爭和在其它方法來撲滅亞洲、非洲、拉丁美洲民族民主革命運動」，那更是笑話。

誰都知道：美國一向以自由民主立國，而且也一向主張民族自決，菲律賓從前是它的屬地，但它很早就讓菲律賓獨立了。同時，在第一次世界大戰和第二次世界大戰後，美國也一直在支持亞非兩洲的民族獨立運動和民主運動，中共之所以把是非顛倒過來，無非說明共黨分子極欲假借民族民主革命運動之名，而行顛覆之實。須知，美國和整個自由世界雖共同一致歡迎民族獨立運動和民主運動，但假若共黨分子假借這一招牌以進行陰謀的話，老實不客氣，美國和自由世界各國當然都是要予以打擊和鎮壓的。

中共又說：「在肯尼廸政府的『總戰略』中，軍事戰略佔有極重要的地位。他們公開叫嚷，他們要準備打三種戰爭：即要準備進行全面的核戰爭，又要準備進行常規部隊的『有限戰爭』，還要進行所謂『特種戰爭』，即『反游擊戰』。其中，核戰爭主要是針對社會主義陣營，『特種戰爭』主要是針對民族解放運動，而『有限戰爭』即可以用來鎮壓民族解放運動，又可以用來向社會主義國家挑釁。」

人民日報這一段文字，把美國的軍事戰略，總分爲三種戰爭。尚無大錯。它說『核戰主要是針對社會主義陣營』這一句話，也有一半對。因爲美國的核戰準備確實是針對共黨政權的。不過，並不是針對所有共黨國家，有如人民日報所云「社會主義陣營」，而只在針對蘇聯。至於中共，不必自我誇大，你還夠不上是美國核戰準備的針對對象，在一九五二年一九五三年的韓戰中，美國不使用原子武器對付中共，只使用有限度的戰爭對付中共，難道中共還不清楚嗎？

至於美國的有限戰爭和特種戰爭，那確實有意用來對付共黨的顛覆活動。不過人民日報故意把它說成是針對民族解放運動而發，則意在蒙混，意在把共黨在各地的顛覆活動，說成是眞正的民族解放運動了。

眞正的民族獨立運動，是美國所支持的，但共產黨人假借的民族解放運動，則爲美國和整個自由世界所不許。但在美蘇未發生核子大戰前，共產黨的主要策略却是假借民族運動來進行顛覆，所以它也就最怕美國認出它的這一陰謀，從而加以鎮壓。於是，人民日報就特別強調特別歪曲特別誣衊美國總戰略的中心任務，在撲滅民族運動。所以它又說：「肯尼廸政府把撲滅亞洲、非洲、拉丁美洲的民族解放運動，維持和鞏固它對亞洲、非洲和拉丁美洲的新殖民主義統治和侵略基地，作爲它的「總戰略」的中心任務。」

「作爲帝國主義的主要堡壘和殖民制度的主要支柱的美帝國主義，把亞洲、非洲、拉丁美洲的民族民主革命運動的高漲，看作是他們面臨的最大危機。肯尼廸之流深知，這些地區的被壓迫民族都得到徹底解放，那麼美帝國主義就要陷於絕境，無法生存；反之，如果能把這些地區置於美帝國主義的統治和控制之下，那就不但可以延長美帝國主義的壽命，而且可以直接威脅社會主義陣營，把社會主義陣營包圍起來，並且取得發動世界戰爭的極有利的條件。」

其實，不管共產黨人怎樣誣衊怎樣歪曲，稍有智識的人都可看出人民日報的信口雌黃，它居然說亞非兩洲的人民得到澈底解放，美國就無法生存。假如這「解放」二字，眞如共產黨所解釋，只有接受共產黨的那種殘酷統治才算解放的話，那末，亞非兩洲人民若被共產黨所「解放」，美國確也無法生存。不過，假若解放二字不是共產黨那樣解釋，而是艾森豪最先指出解放政策準備把鐵幕揭以解放的那樣解釋的話，則由眞正的民族運動所帶來的解放，對美國的生存決無妨礙，實可斷言。

爲了保衛整個自由世界的生存，爲了謀取美國的繼續生存，美國和整個自由世界自應確立一定的政策，先把共黨洪流圍住。而眞正的民族獨立運動和眞正的民主自由運動，都是防堵共黨洪流的主力，所以，與其說美國正在反對眞正的民族獨立運動和民主自由運動，倒不如美國正在歡迎眞正的民族獨立運動和眞正的民主自由運動。因而，美國正在亞非兩洲支持眞正的民族獨立運動以對抗共黨的陰謀，那也是事實。因而，美國盡可能的在亞非兩洲形成一個包圍共黨集團的網，那也與事實並不違離。正因爲美國的戰略眞象原本就如此這般，難怪共黨集團要用誣衊挑撥等手法來企圖突破這一包圍網，從而反誣美國想把這些地區變成殖民地了。

總之，中共人民日報的這一篇文章，除了充滿歪曲與誣衊外，對於它內心所打算的事與所恐懼的事，却也暴露無餘，中共內心打算什麼呢？它的中心打算便是想在核子戰爭沒有發生的情況下，假借民族運動以進行顛覆。而它內心所最恐懼的，則是美國在鬥爭過程中採取主動，因而先發制人。所以中共人民日報再三提到先發制人的事。當然，在此之外，中共尚有一個陰謀，那就是希望美國不要先發動人，然後由蘇聯來先發動人。

中共加强援助北越

黃遠文

對於越南，共黨集團已暴露了它的野心。陳毅在日內瓦出席寮國問題會議時，就正式向美國表示，希望南越也照寮國方式成立中立的聯合政府。越盟也作了同樣建議。美國對此雖已通過美國駐泰大使楊格發表拒絕接受的談話，但陳毅又曾作很狂妄的表示，如果西方不接受這一建議，那末，越南人民就將用武力把你打得來終要接受。陳毅所說越南人民，指的當然就是越南的共黨分子，因爲共產黨人所謂人民，實即共黨分子之別稱。共黨分子在各地進行顛覆或統治時，照例都是假借人民這一招牌的。而其所謂西方終將在戰爭形態下接受它們的建議，則更無異是要把越南共黨武裝叛亂加强和擴大下去之謂。

中共今日之情況，內部誠已動搖，糧食也儘管不够，不過，它畢竟是一個窮兵黷武的政權，不到黃河心不死，在最後崩潰前，它仍然是要作垂死掙扎，甚至還要向外擴張的，何況，南越的武裝叛亂，規模畢竟甚小，中共再窮苦，也還可以担負這一小小地區的小戰。所以，中共現在又以科學技術合作爲名，加强援助北越了。

據新華社八月一日訊：「中華人民共和國和越南民主共和國科學技術合作執行機構第二次會議於七月廿七日至七月卅一日在北京舉行，並於七月卅一日簽訂了關於兩國科學技術合作執行機構第二次會議議定書。會議一直在誠摯、友好和互相諒解的氣氛中進行。

議定書規定進一步加强科學技術合作，在農業、林業、水利、冶金，機械、化工、地質、交通、輕工業和醫藥衛生等方面相互派遣技術援助專家、考察專家和實習人員，並提供科學技術資料實物樣品。在會議議定書上簽字的，中國方面是中華人民共和國科學技術委員會副主任武衡，越南方面是越南民主共和國科學技術合作委員會主任鄧曰珠」云。

協定中所謂相互派遣，當然是一種飾詞，因爲北越的科學技術都異常落後，有什麼專家可以派遣？這不過是中共借科學技術合作爲名的又一對北越的實際支援而已。

已是清算毛澤東的時候了

李金畔

儘管蘇聯在不斷地射人進入太空，也儘管美國在這方面的成就顯得是遲緩了一步，但是在地球上，在人所需要的生活資料方面，蘇聯的落後，却不是一步就可以趕上美國的。

在香港，儘管所有的左派報紙，都在宣傳聲、色、犬、馬以整版的篇幅刊載食經，但是這也並不表徵左派仁兄和他們在大陸的家屬，個個都已是吃飽了。

五月份以來，中共的宣傳一直處於不利的地位，那是因爲超過五萬名的大陸飢餓同胞進入了港澳的結果。其後由於赫魯曉夫公開聲明，若大陸一旦遭受攻擊，蘇聯即予中共以支持，於是左報的宣傳才起勁起來，嗣後蘇聯連續射了兩個太空人，左派的宣傳機器，以近乎忘形的姿態來歌頌，圖在宣傳上爭取新的有利形勢。

畫餅，原不能充飢，望梅雖能止渴，也只能是一時的，即使蘇聯同時射出二十個太空人，蘇聯本土的糧食，肉類固然仍然缺乏，中共統治下的大陸飢饉情況，也還是不能好轉。

中國共產黨過去似乎一向是表現着帶有自己的民族特色的，當然毛澤東在某些時候，也確能顯露一下中國共產黨與莫斯科之間的「對等的」關係，可是再從他一面到的政策，一路看下來，其崇蘇、媚蘇的姿態，確也夠令人深深爲之肉麻！

若干年前，中國人已經懂得民族自尊心的重要了。美國人的月亮既然沒有中國的亮，蘇聯的月亮又怎會大過中國呢？

客觀的承認一個國家的科學上的成就，是應該的，否則那是「有眼無珠」；但是因而盲目地崇拜，一如中共之媚蘇，以求精神上的自慰，那就未免是作踐自己了。自從中共公開承認中俄共間有矛盾，和表示「不憤不啟」的決心之後，似乎表現得頗是「有志」於自立門戶，擺脫莫斯科的羈絆了，單就這一點來說，如果中共眞是立意如此做下去，倒是頗值得鼓掌的。尤其是當我們耳食中共各地方高級幹部曾在今年初向若干知識分子和人民傳達了中央的反赫魯曉夫的報告，更是覺得其「志」不小。但是想不到一經赫魯曉夫開一張空頭支票，中共的骨頭，馬上就又輕過了四兩重。

中共一直在向台灣宣傳和離間中美關係，希望台灣的當權派不要依賴美國。不過，就最近中共態度之輕狂來看，足見中共之沒有骨氣依舊。蘇聯如果眞能慷慨地支持中共，又何須在中共的最困難時期向中共索還韓戰債欵；蘇聯如果眞是以「無產階級的友好關係」，對中共又何止於撤退了所有的顧問，還帶走各項建設藍圖。向中共索債的是赫魯曉夫，聲稱支持中共的又是赫魯曉夫，老赫的面孔既然善變，中共理應且慢高興。

延安時代的中共和今日的中共，顯然已有絕大的不同。那時候的中共却還能表現出一種從艱苦中獨立奮鬥的作風出來，但是自從毛澤東說了一面倒向蘇聯之後，延安的作風，就一天天地退色了，一九四九年以來的十三個年頭中，中共一直跟在蘇聯的後面唱和與乞憐，甚至還做了貓脚爪。「三面紅旗」不過是在蘇聯壓力之下的一種虛驕的表現，「三面紅旗」全面失敗後，現在是連這一絲微弱的虛驕氣焰也維持不住了。何況又轉過頭來再欲媚蘇，赫魯曉夫該已看透了毛澤東。

以中共現在的尷尬情況，我估計它在莫斯科的時價，既不如東德，更不如波蘭。即使是在西方國家的眼裏，人們除了覺得陳毅的外交詞令尚堪欣賞之外，毛澤東這一隻紙老虎的原形，業已畢露。

這些年來，中共雖然通過統戰，籠絡了一批高級知識份子和科學家，也擺出了力求盡快地實現工業化，不過現有的事實，証明毛澤東輩的頭腦，最多不過是等於李鴻章或張之洞。中共從理論到實際，全是不科學的，甚至是不符合常識的。從「土法煉鋼」到「以糧爲綱」；往「大躍進」到「穩扎穩打」，兜了一個大圈子，其不調和，恰如淸末的辦洋務和義和團。因此中共的絕不科學，和那拉氏的王朝相比，不過是五十步之笑百步！毛澤東在基本上，還祇是一個黃袍加身的土皇帝，與現代的民主國家的領袖相比，相去固遠，即使和共產附庸領袖波蘭的戈慕卡相比，也還是弗如呢！

中共的治國能力，至此已表露無遺。共產黨唯一的長處，只是在於擴大破壞，利用各種矛盾，以求生存。在中國戰亂的是代，在交通與文化不發達的西北，治理一個窰洞的天地，尚能以示其長；到了「北京」，大興土木，大蓋琉璃瓦大幅頂的建築，也尚能以擺濶，充場面見稱，至於眞正有利國計民生的建設，中共除了信仰蘇聯之外，是一籌莫展，但現在蘇聯也甩手不理了。

中國大陸不是沒有世界一流的科學家，其奈在毛澤東領導下，無能爲力，無施展的機會何！以錢學森爲例，如不回大陸，這幾年來其成就當更可觀；以梁思成爲例，「北京」城的大帽頂建築固是他的手筆，但沒有「黨的支持」，梁思成也無能爲力，至於說大小機關的厠所也用琉璃瓦蓋大帽頂，這只是幹部的無知，與梁思成又何干？如果當年梁思成因此造成「浪費」風氣而須要清算，那末毛澤東的小高爐煉鋼，和密植高產所造成的全面性禍患，又該如何呢？

毛澤東數盡了中國歷史上的風雲人物，雖曾自鳴得意於一時，但現在看來，不過是他善於玩弄權術，而不是他眞有治國平天下的本領。儘管他曾罵所有的知識份子「五穀不分」，其實他對農事所知固不多，對如何過渡工業化，更是莫明其妙了。

這樣的毛澤東，還有什麽面目以對六億五千萬的中國人民！現在該是他接受人民清算的時候了。

「神龍見首不見尾」

見微

（台北航簡）台灣道德重整會所組織的龍劇團在國外獻技年餘，於日前凱旋歸來，宣稱：此行所收到的效果很大。但團員人數却比去的時候少了一大半。據說，是因爲有一部份已經先期分批回國了；但有人傳說，乃是由於有辦法的團員都留在外國進學校去了。眞象如何，局外人自不得而知。聯合報在一篇短評內，指出龍劇團出國時人多，回國時人少；而短少的人又不知去向，正是「神龍見首不見尾」的現象，可謂幽默之至。短評又說，這些具有道德重整意識形態的團員們正和朝聖團的團員一樣，利用機會享受免試留學的特權，雖然破壞了國家的法律，但誰也莫奈之何。何應欽將軍在不久以前還宣稱道德重整會將再物色新團員，又說，道德重整運動可以改變人性，改變社會，國家乃至世界，希望他將來物色到的新團員們不再發生利用道德重整的活動而享受免除各種留學限制的情事，就差强人意了。

財務法庭的存廢問題

見微

（台北通訊）台北市政府在五十一年度追加預算中編列補助財務法庭經費五百二十六萬五千五百二十二萬元，市議會審議時特組五人專案小組調查研究。本月十五日，小組向各審查會聯席會議提出報告如下：（一）查本省財務法庭成立於民國四十九年十二月一日，全省分設台北、台中、高雄三處。所需經費核定計劃爲一四、二七三、二六〇元（包括開會費、辦公費、員工薪資等）並分別由中央負担總經費三分一；尙餘三分之二爲九、五一五、四八四元中，再由省負担三分之一外，共餘三分二爲六、三四三、六五四元由縣市負担。本市應負担之額數25.29%，亦即三、三一七、〇九二元；而台北縣僅負担二五三、〇〇〇元（按係以欠稅率之高低爲負担比例）。

（二）上項補助欵，據列席人員報告，開辦費即達二百餘萬元，其餘爲增加員額七十七人（台中五十六名高雄卅八名）暨案件執行費等之支出，至此有關此項補助欵之用途已明其大概。至其詳細內容因財務法庭係隸屬司法行政部非本會職權所及，無法作進一步之調查。

疑義及建議事項：

（一）此項補助據查係省方規定由舊欠專戶解繳財廳，其繳額規定至應負担爲止，而後由財廳解繳財政部撥交司法行政部統籌分配各財務法庭，其餘額再歸市庫列爲歲入總存欵收入。此項預算既屬地方財政，依程序自應先由縣市議會予以審議，依據「財務法庭」之工作計劃核定其所需預算，始爲合理。惟財廳並未循此程序辦理，有無侵越縣市議會職權不無疑義之處，嗣後應請加以重視及改善，藉平爭議。

（二）有關台北財務法庭年需經費若干，應請編列預算並由市府轉送本會審議，自不宜由上級政府擅予核定後列入追加預算送請議會追認，此種措施亟有待研議，以昭大信。

（三）查財務法庭之成立係以協助各轄區內縣市追征舊欠稅爲目的；至其所需經費除中央、省應負担比例外，其地方應負担之經費似應以所轄縣市負担爲原則。然核算五十年度本市負担計25.29%之比率實有超過台北財務法庭所需經費額，其超過部份不無挪移其他用途之嫌。應查明超過欵額之去處並建議上級政府變更負担辦法以免本市負担過重之慮」。

上述報告提出後，各議員爭先發言，多認爲「費鉅額經費來催收欠稅，實在「不合算」」主張將財務法庭撤銷。但因權在中央，市議會祇能「希望」而已。故未作成正式決議。討論結果，祇對稅捐處提出如下的指責：「稅捐處之設置，係職司有關稅捐稽征，擧凡稅捐之査定、征收、催繳均屬該處職責。財務法庭之設立，在體制上業已疊床架屋，權責混淆，而稅捐處又復放棄催征舊欠稅之職責，一味依賴財務法庭代征，致使本市對舊欠稅之征起數每元損失達八角四分之鉅，減少市庫之收入，影響地方建設，至深且鉅。」

台北地方法院院長的談話

雖然市議會在對稅捐處的決議中，祇指出該會未盡催收欠稅之職責，致使本市對欠稅之征收起數每元損失了八角四分之多，減少市庫收入甚鉅；但因決議文中「有財務法庭之設立，在體上業已疊床架屋，權責混淆」一語，已將市議會主張撤銷該法庭的原意表露出來。那位職掌法院却好發表談話的台北地方法院院長陳宗臯即一馬當先，立即向新聞記者對財務法庭的工功成績，作了一番自我表揚。據稱：「財務法庭成立於四十九年十二月，迄今不過一年又八個月。據財務法庭自五十年一月至五十一年六月這一年半的統計，共執行收得金額與田賦征實稻谷價值共爲七八、〇二八、三〇八·六八元；而在財務法庭未成立前的一年半自四十八年七月至四十九年十二月，所收得金額爲三一、九三六、四九四·五八元。兩相比較，計增加稅收四六、〇九一、八一四·一〇元。」又說：「財務法庭去年一月至六月，執行收得金一九、三四〇、〇一二·四七元，食物四九、三七二·〇〇公斤，經費支出一　一八一、三一九·〇〇元，佔百分之六點一。去年下半年至今年上半年（五十年七月至五十年七月至五十一年六月）執行收得金五七、三一三、四三二·一三元，食物一七〇、四〇七·八〇公斤，經費支出四、二七四、九二八·〇〇元，佔百分之七點七八。」

陳宗臯的這番談話，似乎言之有據，但在不明瞭他的現職的人看來，却要誤認爲他是司法行政部長呵！不知鄭彥棻亦有同咸乎？

台灣簡訊

志清

一、竟有立委主張恢復新聞檢查並授權軍事機關約制出版物

立法委員白如初在不久以前將所著「倫常新說」一書（開爲二十四開本，共一百二十八頁）由各縣市政府代爲銷售，每本價欵四百元。上月中旬新竹縣政府竟向所屬各單位硬性攤派；市公所被派五十冊，並於發給該所補助費時逕行扣除，引起市民代表會四十餘位代表的公憤，一致決議將該書退回。本省各民營報刊揭露此一消息時，字裏行間不免對白如初有所諷刺。白因銷書的原計不遂，遷怒於新聞記者，乃於日前以立法委員的身份向行政院提出一項長達四千餘言的書面質詢，畧謂：「中央政府遷處台灣，十三年來，依據憲法，對出版事業仍本其一貫政策，輔助扶持，更依出版法之規定，提供許多優遇與優待；惟出版事業與從業人員，其工作行爲有不能一一符合事業旨趣者。故提出「挽救之道」六點：（一）中華民國卅二年國民政府制定公布之新聞記者法，當時格於特種情勢，展緩施行，但仍爲有效之法律。應請適應現在情況，依照法定程序，加以修訂，明令施行。（二）內政部新設之出版事業管理處，應擬具針對時弊之管理方案，切實執行。（二）行政院新聞局，應對新聞事業爲作風上技術上之嚴格管理。（四）司法行政部，應就刑法上之誹謗罪法條及審判程序，提出適度之修正。（五）國防部應就戒嚴法之規定，審度現況，授權地方最高軍事機關，對出版物加以約制。（六）酌量恢復抗戰時期之圖書雜誌及新聞事業審查與檢查機構，爲更有效之管理。」

白如初原是一個藉藉無名的立委，有人說，因當權者認爲他所著「倫常新說」一書，對於「領袖不可替代」和「家天下主義」頗多發揮，故指示各縣市政府應助其推銷。新竹縣政府操之過急，才出了毛病。白如初所以於事發一月之後才提出上述的質詢。據說，也是經過深思熟慮，並獲得太子派的認可和支持才敢於如此的。不過，這樣一來，未免對我們自稱是有新聞自由的國家的種種對外宣傳又加上了一層陰影，且看行政院如何答覆。

二、警員要求調動向警務處主辦人行賄

嘉義縣有一個山地分住所所長張建新因管區缺少「油水」，曾於去年秋天請求警務處調地服務。據說，因該員績分稍差，警務處在辦理年度統調時，未准所請。事隔數月，台中警察局有一刑事組長出缺，警務處人事室經辦科員李鴻高乃簽請以張建新調補，並經核定。但該命令下達時，張建新已調往另一分駐所所長。他不願到台中，於是先着其妻到台北活動，接着他本人也來了兩次，並以二千元交與李科員的妻子，請求設法不要調動。案發被送台北地檢處偵辦。

三、合作金庫課長貪污有術——收取回扣達四百萬元

監察院於日前接獲一份具有眞實姓名的函件，揭發合作金庫總庫庶務課長周朝金有勾結商人，收取回扣等情事。據稱周朝金自接任以來，每值採購公物，即與商人串通，虛報貨價一成或五成不等，作爲回扣。經將其歷年來購辦公物的報價與當時市價比較結果，確係超過一成至五成不等。總計其經手購物欵項已達兩千萬元以上，平均以二成計算，已取得卽回扣不下四百萬元。投函人强調所舉盡屬事實，決不虛構；並要求監察院暫時不可公開其姓名，以免影響現職。該院財政委員會於本月十一日舉行會議，討論結果，決議推派委員進行調查。

四、公賣局週轉失靈——繳庫均靠舉債——

菸酒公賣局原爲台灣最大的企業機構，財政當局亦視菸酒公賣爲最大的財源。四十九年政府公佈獎勵投資條例時，因對工商業的營利事業所得稅率降爲百分之十八，同時又對新興工業免稅，以致稅收減少六億元，即曾以提高菸酒售價的方式，將此項短少的稅收轉由公賣利益來彌補。今年開征國防臨時特別捐，菸酒售價又於四月二十八日從新調整。不料售價提高後，銷路頓形減少，數月以來，公賣利益反而不及調整售價以前之多。如四月二十八日以前，公賣局營業額每月達三億二千萬元，調整後即立見下降。近兩月雖已恢復原額；但因售價提高，故實際售出的菸酒數量仍不及過去，與薄利多賣的原則大不相符。

由於銷路大不如前，每月所獲的營業利益不能達到預期的數字，因而公賣局對於政府規定本年度應繳交國庫的公賣利益三十四億餘元（比上年度增加六億六千萬元），頗感無力承担。不得已，乃向銀行借債補足，以致該局迄今已負債五億餘元。再加以該局過去數年所積存的超額盈餘一億六千萬元，早已作爲資本支出（購買機器及擴建廠房），政府最近亦指令應繳交國庫，該局祇得借債抵付。因而更使該局的財務調度幾乎到了非舉債不能週轉的境地。

五、聯合報評貨物稅

本月十四日，立法院舉行立法院會，三讀通過修正貨物稅條例，將水泥稅率及調味粉增加百分之四，飲料品增加百分之六，平板玻璃增加百分之八。另增新稅目十三項，計蔴紗課稅率百分之十，人造與合成纖維紗課百分之二十，混紡紗課百分之二十五，塑膠課百分之十七，橡膠車胎課百分之十七，果汁課百分之三十，汽油課百分之四十八，柴油課百分之二十八，煤油課百分之二十，燃料油課百分之二十，天然氣課百分之十，壓縮天然氣課百分之四十八，液化石油氣課百分之五。

聯合報於本月十六日發表一篇以「間接稅的道路越走越窄」爲題的社論，首述政府提請修改貨物稅條例的理由，是原條例自四十七年一度修正後，爲時已久。今日社會經濟情況日有進步，課稅品自與應徵稅率自宜及時調整；但實際的原因，則是爲了財政上的需要，致使政府又一次以增加間接稅的手段來籌措經費。繼指出乞靈於間接稅，乃是一條越走越窄的路。並指出其壞處不但妨碍生產事業之發展，而且日久稅收還將減少。該報並舉公賣局收入爲例，過去政府每以增加賣品價格爲籌措經費的手段，公賣收入在預算中越列越大；但最近數月公賣品因價格一再提高，銷路劇減，迫使公賣局不得不舉債度日。社論認爲間接稅是落伍的稅制，現在台灣的國民所得，如以四十一年爲基期，十年來平均每人增加百分之三十二點九，而課稅負担則增加百分之五十四。又因這些課稅都是間接稅，所以這百分之五十四的負担事實上多在窮人身上。長此下去，社會購買力必趨衰弱，工商業市場更將因此萎縮。該報主張建立直接稅制，發掘財政活泉。並指陳現在國民所得已超過五百億元，其中可收稅所得應有一百多億，如以百分之十計，亦可收十億以上的稅收；但五十年度的綜合所得稅僅爲一億餘元。社論最後詰問當局，既然政府的財政赤字逐年在擴大，爲何不從直接稅方面發掘，而一再採取這種殺鷄取卵的辦法？該報認爲除非是人們所謂「爲政不得罪於巨室」的政治哲學，當局實在找不出一個確切的理由可以說明。

台北市中小學教育之患

教員被調常川在市府辦公，仍在原學校支薪

靜吾

（台北通訊）台北市政府在黃啟瑞任內即因任用許多祇領薪不辦事的私人，以致所屬各單位均感辦公無人；於是，異想天開，將市立各中小學校的教員及工友調到市府辦公。甚至調用一位國民學校的教員到市屬肥水會辦理總務。此項弊政，在周百鍊代理市長以後仍繼續存在，至今仍有中小學校教員及工人近百人在市府辦事。市政府雖然多了一大批祇辦公不領薪的可用人員；但被調用的教員既然仍在各該學校保留原職原薪，學校當局自不能另聘他人接替。因而他們原來担任教授的課程，勢必任其停頓，也就可想而知了。

市議會提出異議

本月十三日市議會教育審查委員會開會，許多議員提出指責，討論結果，通過決議如下：「依據省令中等學校及國校教員不得外調。查市府各單位調用中等學校暨國校教員及工友等共九十五人之多，依法不合，爲顧及業務需要，應由市府向省府呈請擴大編制，並將教員分期調回原單位（如不調回其薪俸由調用單位負担），尤其教育以外的其他各單位，因與業務無關，應迅即調回原校服務，否則由本年九月份起一律停薪，市府並應將分期調回辦理情形提下次月會報告。」

市議會既指出市府調用學校教員及工友於法不合，却又網開一面，示意市府應向省府呈請擴大組織；甚至被調用的教員及工友，亦祇要求分期調回原單位。據說，此乃國民黨籍忠貞議員從中斡旋的結果。如此一來，在省府未准市府擴大編制以前，市府仍可我行我素的。

周百鍊的聲明

代市長周百鍊於市議會審查會通過上述決議後，發表六點聲明如下：（一）市政府調用國民學校教員，是自卅八年開始就有的現象，不過最近一年來已盡量避免調用國校教員到市府工作。（二）市府調用國民學校教員，其動機是派在教育當局辦理教育行政業務。（三）至於市府人事室秘書室等單位，過去調用之國民學校教員，都是在這些單位辦理與教育行政有關的業務。（四）有關教育局編制的擴大事項，市府正報請省府就本市教育發展上的實際需要作合理的調整。（五）有關水肥會調用之國民學校教員，係於數年前調至該會辦理總務事宜，當發現此事後，已令水肥會有缺額時即予調整，不能再調國校教員至該會服務。（六）市府決遵照議會決議事項予以執行，除今後不再調用國校教員外並將設法使各調用人員歸還建制。

周百鍊的這篇聲明，顯然在推卸責任。因爲調用中小學校教員到市府辦事，雖然他並不是始作俑者；但他代理市長已非一朝一夕，不但未加改正，即今經市議會提出異議，亦祇說不再調用；並未立即將各調用人員歸還建制。尤其是對於水肥會調用國校教員去辦總務達數年之久，他也祇說已令該會有缺額時即予調整。換言之，在未有缺額前，那位國校教員不但無法回校任教；而且仍將繼續辦理水肥的總務。至於他解釋調用教員的動機者是派在教育局辦理教育行政業務，其被調在人事室秘書室者，亦係辦理教育行政有關的事。他顯然認爲調中小學校教員到市府辦理教育行政，乃是理所當然。但問題是調用以後，仍在原學校支薪，使學校當局無法請人代替，因而貽誤學生學業。由此，足見這位代市長對於受影響的數千學童迄未注意了。

大陸簡訊

藍星

中共向加拿大購六千萬美元穀物

據渥太華十六日合衆社報導：「昨天的消息說：中共和波蘭將於下次向此間購買加拿大的穀物，總值可達一億美元。消息說：該兩個共黨當局，不久將有代表派來渥太華，以與農長韓彌登進行談判，俾便完成購買合約，確實數量雖未達成協議，但預期中共所購的穀物價值計為六千萬美元。約為四千萬蒲式耳的數量。波蘭則為一千三百萬蒲式耳，計值三千萬美元之譜」云。

中共已佔克什米爾區萬餘平方哩

關於中印邊境之糾紛，中共與印度一向各執一詞。茲據新德里八月十六日路透社電：「印度總理尼赫魯今日在國會答覆一項問題說：中共已非法佔領喀什米爾拉達克區一萬至一萬二千平方哩地方。他說：由於拉達克的該一部份的地勢和其它因素，致使準確估計中共佔領的地區發生困難。印度已採取行動以阻止中共對印度領土作進一步的侵略，但中共軍隊並未曾從其佔領的崗位撤退」云。

華北東北普遍發生水災

在最近一個月以來，東北和北方許多地區已連續發生水災，且有一部農田被淹，這是本報最近接到大陸親友來信報導的。非常可靠。

另據中共新華社八月十一日報導，亦証實了上述消息。

新華社說：「七月下旬，冀北灤河，遼西大凌河和內蒙古東部西遼河的上游的老哈河，表來河等水位猛漲；八月初，黑龍江北部，松花江支流的呼義河，通肯河等水位也猛漲，這些河流的水位都一度超過了歷年最高水位。處於冀北灤河流域的樂亭，昌黎，遼西大凌河流域的朝陽，錦縣，內蒙東部老哈河，敖來河流域的昭烏達，哲里木等部分地區和黑龍江北部呼義河流域的北安，海倫等縣市，都有一些農田先後受澇」。

上述新華社的報導，間接証實了本報所得消息，可見東北、華北今年又有水災，而大陸其它各地普遍發生水、旱、蟲災的情形，已誌本報，益可斷定今年大陸收成又將很不好了。

毛澤東親自煽動拉丁美洲人民

對於拉丁美洲人民的煽動工作，中共一向進行得不遺餘力。除了文化宣傳之外，中共曾經派過各形各色的訪問團前往拉丁美洲。最近，毛澤東復於百忙中，抽出時間來接見拉丁美洲的人，這都可見中共內部，雖遭遇極度困難，但它對外的擴張和侵略工作，則仍未停止。

關於毛澤東在北平親自煽動拉丁美洲人民的情形，八月八日中共新華社曾有扼要報導。它說：「毛澤東主席八月七日下午接見正在我國訪問的一批拉丁美洲國家的朋友們，向他們進行了親切友好的談話。這些拉丁美洲國家的朋友，是：墨西哥和平代表團團長吉列爾莫．蒙塔尼奧和夫人，團員馬克里納．拉瓦丹夫人，奧爾維多．薩拉莎夫人，古巴保衛和平和各國人民主權運動全國委員會委員梅爾巴．埃爾南德斯夫人，委內瑞拉和平代表團團長埃爾皮迪奧．拉．里瓦．馬塔，團員多馬爾．魯姆博斯，佩德羅．羅亞，阿梅里科．查孔，赫蘇斯．阿方索，拉斐爾．安德爾．巴萊托，巴拉圭的安東尼奧．卡塞萊斯，巴西經濟學家阿爾維斯．平托和夫人。接見時在座的有：國務院總理周恩來，副總理陳毅，中國人民保衛世界和平委員會主席郭沫若，副主席廖承志」云。

中共新華社所云：「進行親切友好的談話」，親切友好云云，正是毛澤東進行煽動和誘騙之別名也。

黃河水位上漲隨時有潰堤危險

黃河與長江，最近都已發生水災，威脅的情形，本報早已記述。中共新華社鄭州十八日電訊報導，更進一步証實本報以前的報導。

據新華社說：「黃河入汛以來第一次漲水，十六日下午三時，花園口（鄭州以北）水文站出現的流量接近六千多秒立米。這個流量持續到下午六點開始減弱。十七日下午七時已降至四千六百二十秒立米。目前，河南各地仍在時斷時續的下雨，黃河還有可能上漲。沿河人民正在密切注意。」又說：「這次漲水前，黃河防汛指揮部通知河南、山東沿海各地作了防汛的必要準備。沿河各地已加強了對水情的監視，並加強了對個別險工堤段的防守」云。可見水情緊急之一般。而中共數年來一直宣傳着的所謂治理黃河已著成效的謊言，至此又被天公全部予以揭穿了。

西藏拉薩也發生水災

共產黨眞是一個災星，它似乎與災害是孿生子。它走到哪裏，哪裏就有災害。數十年難得一見災害的西藏，最近幾年竟然也一再出現災害了。

據新華社拉薩八月十八日電：「拉薩市的居民、機關幹部和中國人民解放軍官兵，正在同近年來少見的洪水展開鬥爭」。

又說：「今年西藏高原雨水多，進入八月後，拉薩地區雨量大而集中，拉薩河水一直上漲。十四日傍晚超過危險水位四十三公分。十五日中午，水位雖有回落，但仍處在近八年來的最高水位」云。

中共特務劉春繼續在寮活動

張遠謀

對於寮國，中共是一直存在着陰謀的。它雖以赤化寮國為最後目標，目前的努力，則在破壞寮國與中華民國之外交關係，並進而建立中共與寮國之外交關係。故中共早就派了一名名叫劉春的特務以「中國駐老撾大使館臨時代辦」的名義到永珍活動。

本來，這名義根本就是不通的，因為中共根本不能代表中國，更何能冒中國之名在永珍設置大使館。再說，要設置大使館，也只能限於已建立外交關係才行。然而寮國至今尚未與中共建交，那末，劉春所謂「中國駐老撾大使館臨時代辦」之名，當然更是非法，更是招搖撞騙了。

對此，台北方面曾通過駐永珍大使館代表中華民國提出抗議，並要求驅逐中共非法人員，但永珍方面未作正式答覆。事實上，寮國國王及右翼的文翁親王和諾沙旺將軍是支持中華民國的，中華民國之得以與寮國建交，亦全靠他們的幫助。但寮國聯合政府總理富馬及左翼領袖蘇發努馮則是或中立或左傾的，他們都主張與中共建交，或同時既與中華民國建交又與中共政權建交，以形成兩個中國。在此情形下，如果中共眞有意反對兩個中國的話，中共便不該再到寮國去活動，便不該再去和寮國建交。因為，那樣一來，就勢必在事實上造成兩個中國了。

但據中共「中國新聞社」北平十七日電：「萬象消息：中國駐老撾大使館臨時代辦劉春十六日上午拜會了老撾臨時民族團結政府首相梭發那．富馬親王。在拜會富馬親王以前，劉春拜會了外交大臣貴寧．奔舍那」。而這位貴寧．奔舍那即是打着中立招牌經常來往北平和莫斯科的左傾人物，這可見中共現今仍然正在寮國攪陰謀哩！

僑鄉近訊

鈞

東江共軍偽裝國軍登陸試探民心

中共是一個任何卑鄙狠毒的事情都能做得出來的政權。在今天這一恐懼國軍反攻聲中，共軍為了測驗人心，以試探反共人士的反應，最近竟在東江偽裝登陸，以觀察潛伏的反共分子。以上是最近逃抵香港的東江籍的一位青年學生透露出來的。

據說：七月上旬，海豐縣屬汕尾鎮，突開來兵艦一艘，艦上官兵皆着國軍制服，登岸後即與居民紛紛連絡，並致送香烟糧食等。居民聞訊，皆表歡迎，平日痛恨共幹的人，更乘機發動羣衆，準備撲殺共幹。殊不知，這突然開來的兵艦，並非國軍艦隻，而乃中共兵船所偽裝，艦上官兵，亦係共軍官兵。其所以突然如此偽裝如此登陸如此與居民故意聯絡，其目的都在測探人民之反應。而反共民人均被共軍這一毒計所騙，所以，當地居民中許多反共人士均被共軍逮捕云。

粵沿海共幹冒充船戶誘捕逃民

近年來，廣東各地逃往海外的人民特別多，其中尤以居住在沿海的人民，因容易覓得船隻，故逃亡數字特別大，共幹有見及此，最近乃採用下流手段，由公安部隊派人偽裝船戶，隱藏在艙內，或正式冒充水手，迎接逃亡人民，問明逃亡人民之姓名及所欲逃往之地點後，即露出身份，將逃亡人民拘捕，現聞在此方式下被害之人民已不少，但共幹之這一詭計，最近亦被廣東沿海人民識破，故上當者已愈來愈少云。

粵共嚴密檢查糧食包

茲據澳門來客談：自鄰近澳門之中山縣拱北關在八月五日發生爆炸事件後，粵共即拒收澳門僑胞在拱北關投寄糧食包。如此者達十天之久，復經澳門各代寄糧食包商店聯合要求，並與拱北關共幹一再接洽，粵共始規定拱北關今後收受糧食包之辦法，規定各商號投寄糧食包時，必須提前一天將所投寄之糧包開列清單，送交該關檢查，經檢查合格，再行批准，經批准後，各商店始可於次日送拱北關投寄。

又據代表澳門各商店與粵共接洽之某商人透露：今後各地僑胞投寄大陸之糧食包，均將由粵共予以細密檢查，對罐裝之生油及其它罐裝物品，如共幹認為有危險顧慮時，將不予運遞，同時，共幹亦將自由將其沒收或毀去，其理由即在惟恐有人裝置炸藥云。如此一來，大陸糧食包之運輸工作及投交時間又將更遲更慢，而且又將更無保障了。

閩粵沿海各縣情形仍混亂

自六月上旬以來，中共即在閩粵兩省增兵。尤以福建沿海各縣增兵最多，當時，車轔轔，馬蕭蕭，一批又一批的軍隊，不斷從後方調到前方。而福建沿海各縣本已缺糧，加以中共歷年來都將沿海糧食後運，故了無積蓄，今忽然增加偌多共軍，故糧食供應即刻成了問題，而中共的政工人員把「支前」口號叫得轟天響，人民更無法不忍受剝削。於是，人民的配給亦隨着中斷了許多天。

隨後，中共又勒令人民向後方疏散，中共揚言沿海即將發生戰爭，人民乃在慌亂中離去。農業生產亦因而中斷。戰事雖迄今未發生，但共軍仍不准已疏散之人民回家，故人民仍在無可奈何中在湘浙贛等省邊境流徙。至於沿海各縣之社會秩序，亦至今仍極混亂云。

廣州共特嚴密盤查旅客

自本年五月廣東各縣人民擁向粵港邊境，大批冒險逃入香港後，因其中雜有一部分共軍官兵及機關幹部亦乘機逃去，故最近數月，中共對廣州過境旅客極具戒心。因中共中央惟恐中共高級幹部或大陸民主人士亦乘機逃亡，故中共中央已密令廣州公安部門及中央情報總署廣州搜索站明密查訪，對過境旅客務必嚴密盤訊，毋使漏網。

廣州公安部隊及情報搜索站接到上述密令後，現已會商辦法，由公安部門派武裝部隊正式公開盤查，廣州情報搜索站則派便衣暗中秘密調查監視云。

星馬對印荷協定的反應

上次戰爭教訓

俊華

印尼與荷蘭有關移交西新幾內亞的協定，十五日在聯合國簽訂。在密邇印尼群島的星馬地區，對這一協定多數表示歡迎。無論解決的辦法是否合理，但解決總比較不解決好些，因為解決了可以避免戰爭。

就在上週印荷雙方代表已赴聯歐作最後談判的時候，印尼傘兵還大舉降陸西島，準備一旦談判發生障碍時，與荷蘭守軍決戰。以過去印尼的戰爭來說，無論是獨立前後的印荷戰爭，或幾年前的革命軍與印尼中央的戰爭，對星馬都沒有發生什麼影响，只是使星洲一批商人，尤其是走私者，獲取了鉅利。可是這一次的印荷戰爭，一般却並不希望它擴大，星馬當局的看法，認為戰爭如果全面爆發，可能擴大及牽入鄰近的國家，以致這整個區域受到戰爭的威脅或洗禮。

蘇聯的正式支持及煽動印尼與荷蘭進入戰爭，是使情勢複雜、戰爭擴大可能性增强的因素。印尼空軍軍力的增强，已成為東南亞第一；而在這羣島之國所缺乏的海軍艦艇，也已由蘇方逐漸加以補充中，似乎務必要達到足以抵抗老大的荷蘭海軍的趨勢。在幾個月談判拖延期間過去後，荷蘭似乎已經發覺，在全面戰爭中它不能操勝算的左券。

荷蘭在戰後曾為整個印尼羣島而與印尼從事戰爭，荷軍曾經佔據幾乎全部的島嶼並俘虜了蘇加諾等七名政府首要，但後來荷軍終於在談判中交出了荷印羣島。戰爭的勝利並不能使荷蘭在保護屬土上勝利。

巴布亞人問題

現在對於用戰爭來保持屬土，有着過去失敗經驗的荷蘭，可能說已經失却了信心。何況西新幾內亞的價值和印尼群島相比，簡直是小巫見大巫。荷蘭每年要付出三千萬元西島的駐軍及行政等維持費，但幾乎不能從該島取得什麼酬報。大部份的西島還是不毛之地；近年的開發因投資未久，也還談不到收益。英國方面說移交西島「可使荷蘭節省經費」，倒是一句實話。

不過雖然如此，荷蘭實在也並不願意將西島移交給印尼。從比較長期的來說，偌大的土地，開發是有希望的，而且，它是澳洲的門戶，荷蘭很希望能够為西方而保持它。再說，荷蘭對於印尼的「索回」這個並非印尼羣島的島嶼，同時也並非印尼人馬來族所住居的地方，也並不認為有充份的理由。可是上次荷印協定所留下的一條尾巴，使印尼有了向荷蘭索取西島的根據，當時的協定說，西島問題「俟一年內重行談判」。印尼强調，它所接收的應是「整個荷印」包括西島在內。嚴格來說，「荷屬東印度只是荷屬印尼羣島，地理上不包括西新幾內亞。但如果說荷印政權的領地，則西島也包括在內。

不過荷蘭爭持的論據究嫌薄弱，那就是這麼距離遼遠的一片屬地，並不能如法國對亞爾及爾一樣，認之為本土的一部份。無論如何，這是殖民地，而應予以獨立。於是荷蘭只有從在當地七十餘萬大多數巴布亞人著手，予他們以自治，試行讓他們懸旗，塑造一個巴布亞國的胚胎。可是在今年著手這事，究竟太遲，印尼的游擊已兵臨城下。

美國綏撫政策

於是在荷印談判中，荷蘭只有强調巴布亞人的自決問題。因此這項自決也列入了重新談判基礎的「本格計劃」之中。現在已簽訂的協定是：一九六九年舉行公民投票，但在明年五月，該島政權已先移交印尼，印尼軍隊同時開入，印尼法律在當地有效。那麼，在一九六三至一九六九這七年當中，印尼是否還會讓巴布亞人屆時能有自決的力量，實在是一個大大的疑問。荷方認為這只有看看「印尼是否有此雅量」，言下不勝諷刺。事實上，聯合國對於七年後的西島投票，只有「維持各島之交通以便自由投票」的一條規定，作為「保障」。在七年後的屆時，印尼軍政力量的控制之下，能有投票反對印尼而讓巴布亞人獨立，乃是奇蹟。換句話說，所謂「巴布亞人自決」不外是一句掩飾的話，用以作為將西島交給印尼的滑稽油[illegible]

由印度借債說到印美關係

單瑛

正在印度和中共「邊境衝突」的氣氛日趨緊張之際，世界銀行又於去月杪在華盛頓召開「印度債權國代表會議」了。這是本年度的第三次會議，第一次是在一月召開，第二次是在五月舉行，都是為着討論印度所要求的第三次五年計劃第二年度的經援（借欵）問題的；印度所要求的經援是十億美元，惟此次會議並未作出任何決定便「馬馬虎虎」的宣告散會。當然，印度碰上這一鼻子灰，是感到失望；而且還在失望中引起了無限怨懟。

印度目前的債權國，是美、英、法、加、日、和西德，而印度此次再要求的經援則打着這樣的如意算盤：就是該十億美元貸欵中，希望由美國借五億美元，美國以外的其他國家則借二億八千萬美元，不足之數，再向新債權國借貸，湊足十億美元的數額；印度是必需獲得十億美元的貸欵，才能在「邊境糾紛」白熱化當中渡過其嚴重的經濟難關。然而華府方面，邇來已對印度政府的種種措施感覺到兀突，因此對印度這一趟的要求就不能不要作一番詳細而深刻的考慮；而英、法、加、日、和西德等，則當然是唯美國的馬首是瞻。於是，尼赫魯便受到重大打擊。

近年來，印度的經濟，確已陷入萬分困難的厄境；而且在「邊境糾紛」緊張聲中，軍費又必然的急劇增加，尼赫魯在一籌莫展下，惟有出於借貸一途。七月初，尼赫魯便派出財政部長廸塞前往訪問歐洲各國，目的當然是作將伯之呼，可是歐洲各國的政府當局都了解到尼赫魯這傢伙是一個投機取巧，「見高就拜、見低就踹」的政客，所以都祇是對廸塞採取敷衍的態度；因此，廸塞此行是得不到符合理想的成果。迨至世界銀行對印度的求援，又在美國的暗示之下演出個「拖」字，使尼赫魯更為之困態畢露。其後，又有一項內幕消息傳出，說印度之所以急於向西方國家貸欵，乃是想用這筆欵來向蘇聯購買米格機。消息並指出：尼赫魯已派出代表前往蘇聯接洽米格機事宜。於是，西方國家，尤其是美國，對印度之傾向蘇聯，又增加了一重憤恨。——而印度之對美國，也從此湧起了不滿的心情。

印度的輿論，最近已愈來愈顯露地對美國表現出敵意，這正反映着印、美間的關係已蒙上了濃厚的陰影。

美國的基本政策，是對「態度不鮮明」而又具有某種野心的亞洲國家絕不可能予以大量軍、經援助的，是以印度此次的企圖再次舉債，便使美國不感興趣，這固然是印、美關係轉變的原因；而除此之外，還有其他「前因後果」。第一、印度以武力收回果亞，美國認為印度操之過急，此舉實有違背印度的所謂「非暴力」的原則，而印度則認為美國對印度的「反殖民地政策」未有予以積極支持；第二、美國參院「對外關係委員會」主張削減對印度的援助百份之廿五，使尼赫魯有點光火；第三、印度人懷疑美國人是在進行着「給印度一點教訓」，因而聯合國就突然會辯論起「喀什米爾問題」，印度人認為這是美國存心使印度在國際聲譽上染着污點。第四、印度在「邊境事件」是要出了一齣「特殊把戲」，竟然計劃着用親近蘇聯的姿態來壓制中共，進行接受蘇聯的軍援，購買蘇聯的米格機，這樣，美國就毫不客氣地表示謂「如果印度購買蘇聯的武器則美國之援助印度就變成絕無道理」。——這些都是印、美利害衝突的重點，而令到印、美關係的陰影逐漸擴張，直至最近印度向「世界銀行」再度提出借欵為止，印、美之間的關係似已益轉惡化！

依照實際情形來說，尼赫魯在國際上玩弄着狡猾的手段，確是最容易引起自由國家的反感的。尼赫魯個人或許自以為左右逢源是相當聰明，然而在肯定性的東西方集團鬥爭中，他顯然是個「聰明的笨伯」。目前印度的經濟已陷入極困難的境地，如果尼赫魯還不改變他的頑劣的作風，則印度不特很可能失掉美國的友誼，而且將給蘇聯利用而終於失敗到萬劫不復！

[illegible]

益智仁室詞話（六）

遯翁

詞：本以文采鮮明，熱情搖漾為勝場，故不妨為輕艷，為綺麗。但這樣的艷麗，必須是香艷而非淫艷才好，若一入淫艷，即不但為靡靡之音，而且是拙工之筆了！怎樣使艷而能香，這才是詞家的眞工夫，若仗妖淫來烘托其所謂艷，則在詞藻上，已經是東施的捧心，鳩盤荼的施脂粉纓絡，不僅為鄙俗粗惡，直是羅掘無方，才不得不乞靈於色情的刺戟，徒見其技巧的拙劣而已。我們試舉歐陽炯的一首浣溪沙來看看：

相見休言有淚珠。酒闌重得敘歡娛。鳳屏鴛枕宿金鋪。

蘭麝細香聞喘息，綺羅纖縷見肌膚，此時還恨薄情無。

這一首詞，從字句上看，確是夠得上美，夠得上艷的！詞藻的配合，音節的調和，在穠麗的景色之中，而有走盤轉珠，風韻天然的面貌，可以說是美妙極了。至其描寫男女之事，自別後重逢，對酒言歡，上床解衣，至於玉體橫陳，香聞嬌喘之際的繪影繪聲，層次井然，淋漓細膩，極盡旖旎的風光，又自然是艷冶極了！但按其描寫的技術，即不過以一幅妖精打架圖來引人入勝，靠色情的戟刺作為技倆，雖然有蘭麝可聞，實不過以妖淫為艷，這樣寫艷字的技術，是拙劣的，乃是我們所不敢恭維的。蕙風詞話於此闋以為自有艷詞以來，殆莫艷於此矣！半塘僧鶩曰：奚翅艷而已，直是大且重，苟無花間詞筆，孰敢為斯語者。蕙風這一贊賞，我們更不敢恭維。以這種詞筆為絕艷，只從艷字說，自是各有是非，以這種艷的寫法，即謂之為重且大，則陳後主的玉樹後庭花，應該尊之為清廟的雅樂，而重與大的意義，也須要來過一次質素的再估定了！此詞第一句：相見休言有淚珠，與末句：此時還恨薄情無，其情致與氣氛，本是很好的。如果要重要大，則應該有比這兩句更風流蘊藉，情致溫存的語句，從垂淚，轉到不恨薄情上去，才是眞重眞大。現在只是一幅雜事秘辛，與控鶴監記的秘戲寫眞，凡休言有淚，不過為了這回事的需要，而不再恨薄情，也不過為了這回事的滿足，所謂重，所謂大的詞法，竟是如此這般的拙劣，這是值得我們必須加以檢討的問題。

說到重大兩字，在詞家的境界中，自然是不可少的條件，但決不是從淫艷上去重大，而是要從香艷上去重大才對的。怎樣是重大，就不過是從輕中見重，細中見大的一門，如和凝的采桑子：

蝤蠐領上訶黎子，繡帶雙垂。椒戶閑時，競學樗蒲賭荔支。

叢頭鞋子紅編細，裙窣金絲。無事嚬眉，春思翻教阿母疑。

這一首詞，是差可以為重與大的標準的。這詞寫一個初解風情的少女，穿着時髦，生活優裕，畫出一幅天眞而有稚氣的璇閨行樂圖。在清麗的詞藻中，本沒有什麼凸出。但接上一句無事嚬眉，問題便來了，如同在搖漾的微波之中看出了一尾將欲躍過龍門的鯉魚，平淡的漣漪，便要翻起巨浪，這即是小中見大的技巧。由此便自然而然有了春思翻教阿母疑的最後一句，即是從輕中見重的手法。這兩句的重與大，將全詞的平淡氣氛，完全轉為生動而凸出了。寫出一個少女之成為問題，舒裕的生活，不能阻過其搖漾的春思；學樗蒲，賭荔支；不過是百無聊奈的消遣，繫訶黎，垂繡帶，着叢頭鞋，曳金絲裙，也成為不可少的裝點，這即是眞重眞大，也就是香艷。又如李後主的菩薩蠻：

蓬萊院閉天台女，畫堂晝寢人無語。拋枕翠雲光。繡衣聞異香。

潛來珠鎖動。驚破銀屏夢。臉慢笑盈盈。相看無限情。

我們曾指出李後主另一首菩薩蠻：奴為出來難，教君恣意憐，討論其為淫艷而非香艷，至於這一首菩薩蠻，則恰是香艷而非淫艷的佳品。看他寫偷窺晝寢之時，只是溫存而沒有淫褻的描繪，這技術便高明了！異香微聞，與羅綺麝蘭的氣息正同其旖旎，但不必乞靈於見肌膚聞喘息作薄情的滿足，只是臉笑相看，而無限之情，不宣之意，盡在不言之中，這即是重與大，這樣含蓄的寫法，即是蘊藉，也即是善巧的技術。艷詞之所以為艷，必須這樣，才是香而非淫的艷詞，否則不僅是淫，而且是藝術拙劣的濫調了。

詞家用香艷的氣氛，以寫男女的情愫，原是曲盡人情，無傷大雅之事。一部成為經典的三百篇，開首第一篇的關雎之詩，求之不得，寤寐思服，悠哉悠哉，展轉反側。與求之既得的鐘鼓樂之，琴瑟友之，就是香艷之詩，只要樂而不淫，哀而不傷，就是性情之正。詞家也是這樣，只要艷而非淫，艷而不失為香，即不妨其為艷。在五代兩宋的詞家，能寫這樣艷而非淫的香艷之詞者，自然是不少的；本文不過就眼前所常見的作品，隨手舉這兩首，作一個說明的証例。並非說只有這兩首，才是標準，但從這兩首的探討，使我們能瞭然的香艷與淫艷之分，則也還是可以算作一個標準。

益智仁室詞

遯翁

滿江紅　香港初夏

蘆橘黃時，屈指正，江南四月。念鄉味，東園蔬筍，西江藜蕨。杜宇聲催春過眼，薰風吹到情懷熱。況頻年香港客中身，怎消渴。

休悵惘，芳華歇。且打點，清和節。看楊梅紫熟，荔支凝滑。淺水灣頭潮可弄，太平山下冰堪雪。但江關吟望總傷神，渾難說。

阿傳　競渡

雲淡。風軟。鼓淵淵。打槳南溟浪翻。爭先不分唐與番。喧喧。錦標誰奪還。

漁父舊曾相問訊。甘獨醒。江介傳哀郢。到而今。江水深。揚舲。空聽簫鼓聲。

臨江仙　入夏久雨

報道夏來俱苦熱，方欣一雨成秋。誰知鳩婦日啾啾。閉門聽淅淅，秋事轉成愁。

搔首看天天正晦，低雲逕到樓頭。霉潤蠹魚遊，但添庭草綠，仍為捲簾鉤。

鳳凰臺上憶吹笙（女弟子王婉洲在珠海從余學詞七夕前三日結婚賦此闋為催粧）

綵結青廬，橋填烏鵲，銀河恰到秋晴。喜人間雙璧，天上雙星。今夕瓊華樓上簫史，細弄秦箏。齊歡唱：天孫下嫁，引鳳吹笙。

詩賡，束薪束楚，舉杯祝綢繆，見此良人。記恰從絳帳，詠絮才清。料得夫隨婦唱，勻螺黛，時譜新聲。張郎筆，蛾眉好描，麗句同尋。

踏莎行　香港銷夏

石澳烟波，荃灣洲渚，海濱盡是招涼處。磯頭好釣退潮鯿，波間更狎忘機鷺。

燈火樓臺，園林雲樹。居然身在蓬山住。調冰雪藕泛珠船，薰風吹散愁無數。

從天聲得鐵英女史台北書失喜卻寄

——蝸广——

百花洲畔舊行吟，往迹曾傳聖潔心，二十四年人世改，傷情彈指去來今。

幕府當時半少年，功名風月盛無前，寧知中有憂時士，獨對江山感昔賢。

雙棲庭院善經營，入座能歡客思清，不意豪情出紅粉，洪州風骨本天成。

天傾地坼賴人扶，已分相捐七尺軀，聖戰八年終自毀，長安一局早全輸。

書生枉識平治策，時衆寧無濟難心，功罪是非憑辨取，瞭瞻掛史慨前今。

身當世難邦危際，家在蓬飄梗斷中，百國興亡齊到眼，此心猶望九州同。

兵塵久客詎相忘，千里音書喜寄將，漫說交知徧寰海，人間眞感此中藏。

垂老難空述作思，甘貧惟有寸心知，五千年緒安能絕，終信人天合一時。

芳鄰（上）

蔡文甫

程太太跨出短巷，轉過身來，正走向斜坡。

在轉身的當兒，忽見許大媽咧着嘴對她微笑。她猛吃一驚，忙把紮在頭上的花綢巾往下扯，遮住自己眼前的陽光；又把夾在左臂的銀灰色鉛面盆，掉換在右手上。她裝作沒有見許大媽，或是說看到許大媽時，正忙着做這些動作，來不及還她的招呼。她現在瞧不起她，不喜歡她，也不願意理她。

她和許大媽合住一棟房子，在院子中間用竹籬笆隔開；雖不從一個大門出入，兩家的人在門口講話，卻可以互相聽到。許大媽手裏提着竹籃，籃裏堆滿又髒又皺的衣服；一件粗藍條的長袖，像猪腸似地吊在籃口邊呀邊的；褐色洗衣棒粗大的一頭撅在籃外。一看就知道許大媽和她一樣，是往石橋底下的淺水旁洗衣服的。

她已很久沒有看到許大媽來這兒洗衣服了。時間可算不準，只記得那是在許大爺和他丈夫吵架之後。以往她們兩個人常常蹲在一塊凸出水面的石頭旁，一面搓揉着衣服，一面談天，許大媽總告訴她，許大爺的脾氣壞，家中一切都不管，成天在外面打牌，她對那生活過得厭透了，如果不和別人談談，不知要悶成什麼樣子……可是，在兩個男人吵架後，許大媽不到橋下洗衣服了；也不在院中扯着喉門喊：「程太太，走啊！去買菜呀！」她們在屋角、菜市場或是短巷內相遇時，許大媽卻恨起她來了。

說起來怪難為情，吵架是為了雞毛蒜皮小事。一天晚上，她丈夫在浴室裏洗澡，肥皂擦滿全身，忽然水籠頭沒有水，便大聲嚷着要許家把籠頭關掉，因為兩家的自來水是一條水管。籠頭較低的許家用水時，他家就無水可用。這在平常是很自然的事，許大媽定會關掉水籠頭；誰知這次卻是例外，許大爺接着吼了起來：「不關又怎麼樣？講話要客氣點嘛！」

於是，他們隔着板壁吵了起來，互相用刻薄的話嘲笑對方。許大爺罵她丈夫是癆病鬼，只長骨頭不長肉。她丈夫指許大爺是流氓、賭鬼，一定會得不到好死。一會兒他們兩個男人都打着赤膊跳在院中，眼看着就要動武了。還是她和許大媽二人各自把丈夫拖住，連說帶勸，雙方才停止吵罵。她覺得許大媽很懂道理，沒有像一般女人似地幫同丈夫吵鬧，所以，在吵架的第二天早晨，便對許大媽起了幾分敬意，從這斜坡經過時，碰到許大媽便很親切地打招呼。誰知許大媽把臉色一沉，兩道眉毛豎起，接着頸子就扭轉過去。

她氣得嗓子冒青烟，很久說不出話來。吵架的是她們丈夫，她們的感情原是挺好的。許大媽為什麼要做出這怪樣子？做妻子的就不能有主張，一定要跟着丈夫的意思，決定自己的喜怒哀樂？她愈想愈不明白，許大媽平時那樣討厭丈夫，怎麼一下子就向着丈夫，把她拋得遠遠的？

抗戰回憶錄（三二）

張發奎

八、桂柳會戰

桂柳會戰是我在八年抗戰中最愛回憶的戰役。它是日軍侵華戰爭中，在華南的最後一次强大攻勢；也是我在偉大抗戰中，於指揮業務上一件極富戰術意味的事。此役特別包含了一個內線作戰指揮運動的典型，一切的態勢和地形交通，都好像爲演習內綫作戰而特別選定的條件。會戰雖然是失敗了，但我自己認爲亘全會戰的作戰指導來說，無論判斷、決心、處置，都吻合了戰術的原則，如果在學校裏練習應用戰術的話，則我這樣的答案，必能與敎官的原案完全相符。

本會戰開始時間，是在卅三年九月初旬，這是敵人次於長沙會戰後的一個行動，亦即所謂在敵人中原攻勢中的一個會戰。敵人發動中原攻勢的動機，是由於美軍在太平洋攻勢的猛烈、和緬北盟軍攻勢的順利，同時美駐華空軍已在中國各戰區普遍建立了空軍基地，對於敵人的海上交通與其本土的安全，均受到莫大的威脅和打擊；復以其重工業資源的枯乏，無法取得海空軍的優勢，以爭取太平洋的控制權，而確保其南洋佔領地的資源區；且陷其南進軍於孤懸海外連絡中斷的情勢，因此乃夢想由我東北至華中華南亘印度支那半島打通一條大陸連絡綫，並進而佔領我鄰近海洋各地的空軍基地，以減少其海上交通及本土的威脅。因此粵漢路和湘桂黔桂路都是它必須佔領的路線。而桂柳的空軍基地，更成了敵人眼中之釘。這一個攻勢，在敵人侵華的整個戰略上說是消極的，但它的行動計劃，使用兵力的强大，和攻勢的徹底，可以說是它侵華以來規模最大的一次。

八月初衡陽失陷，敵沿湘桂路西犯本戰區的企圖日益明顯。最高統帥部給予戰區的任務爲確保桂柳。達成這任務是相當困難的，戰區當時僅僅有第卅一和第四六兩個軍，每個軍僅有兩個正規編制師和一個沒有裝備的後調師、我們當時計算，僅爲固守桂林柳州兩個城市及其附近的機場，亦須七個師的兵力，如欲拒敵人於戰區轄境外，以黃沙河附近地帶爲對北之正面，加以西江和廣州灣及對越各方面，則其正面約達一千五百餘公里，而且年來戰區原以對越攻擊爲一切作戰準備的基準，現則須把重點轉置於對北的正面，亦增加了許多作戰準備上的困難。我急促的構築桂柳的城防工事，和黃沙河全縣的前進陣地。同時我向最高統帥部申述，如果沒有必要的兵力增加，則我的一切的防守計劃，均將無法實施。

第九三軍新調來桂，這是生力軍，使我迅速的決定了初期的部署，我以主陣地帶置於湘桂路的正面，以第九三軍担任全縣及黃沙河的守備，第卅一軍守備桂林，並以第十六集團軍副總司令韋雲淞將軍爲桂林防守司令，以參加衡陽會戰後之第四六軍的第一七五師集結柳州機動使用。西江和桂南方面，雖然完全空虛，但我此時之着眼，僅爲確保桂柳兩個據點，同時我判斷西江和越邊的敵人，或許可能與北正面的敵人相呼應，但決不是主攻擊的方面；如果第九三軍能在全縣遲滯敵人較久的時間，則西江越邊的敵人，或不致有積極的動作，萬一這兩面的敵人先動手，而我在兵力不足與任務固定的條件下，亦只有忍痛放棄了。

衡陽外圍的野戰軍於九月初旬被敵突破，戰區北面的情況立即緊張起來，九月五日我由柳州飛桂林，並帶了少數幕僚組織指揮所，八日我到全縣，視察第九三軍的部署，並對陳軍長說明我命令的意旨，我對他說：「委員長給你的命令是死守全縣，我却不同意這個命令，如果我照樣給你這個命令，我十分爲你就憂，我一向反對『死守』這兩個字，我以爲在軍語上或戰術上都不應該有這個『死守』的名詞，防禦的意義在消極上是以空間換取時間，在積極上他是攻擊前的一種手段；死守有什麼意義呢？死了人如果無補於事，則這犧牲是沒有價值的。所以我改變你的任務爲遲滯敵人的行動。但我希望你能在這裏作一個堅强的抵抗，時間愈長愈好，但你應特別記着，撤退的時機，應待我的命令。」然而他却於十日晚至十二日夜之四八小時內，未經激烈的戰鬥也沒有我的命令，就輕易的把這個戰區的門戶放棄了。後來，他在軍法的制裁下喪失了他自己的生命。

從十二日起我在桂林的一週間，感覺異常的痛苦，全縣的失陷是這樣的突兀。同時粵敵第十九旅團亦乘虛竄擾懷集信都，雷灣敵第卅三旅團又同時蠢動由粵桂邊境竄容縣，企圖與懷集之敵合擊梧州。而桂林城市亦就於此時被不肖奸人放火焚燒，陷於極度紛亂的狀態。這好像暴風雨將臨前的一切恐佈情況，使我感受到一種令人胆寒的心境。雖然從第九戰區轉進的楊森集團（指揮第廿軍第廿六軍第卅七軍共五個師）及第六二軍第七九軍與由七戰區轉進之第六四軍，統歸戰區指揮使用。但如果桂林以北的戰況不能穩定，則這些部隊的進路，均必被遮斷而無法轉進。「第九三軍應於興安大小溶江靈川間利用險路行逐次抵抗，遲滯敵之南進行動，於九月廿八日以前不得令敵人通過大小溶江東西之綫。」對此，我下了這樣嚴厲的命令，這是最緊急而重要的關鍵。

如果分由道縣和賀縣向平樂方面轉進的楊集團與第六四軍，能够變換行進方向，以楊集團向全縣興安之綫進出，第六四軍向信都梧州前進，各以側擊態勢襲擊向南北分進敵人的側背的話，這是於我最有利的行動，我當初曾作過此種考案，但轉念這些部隊類皆連月苦戰，殘破不堪，其兵力不及編制四分之一，不但難以希望他們達成這個任務，恐反使戰區兵力分散，爲敵各個擊破，乃決心先行集中兵力，以實行純粹的內綫作戰。

（未完）

中國現代史資料評介之三（下）

（樂齋漫筆）

舜生

入民國以後，岑春煊仍有過三度的表演。

袁與岑在清末已造成一兩大莫能相容的形勢，光緒三十三年（一九〇七），岑既以岑梁合影事件去職，次年冬，袁亦終被載灃驅逐回籍養痾；這可以說是他們兩人同陷於一個最不得意的時候。辛亥革命成功，袁因緣時會，並憑藉他過去所培養的實力，居然取得中華民國的臨時大總統，其時岑正閑居上海，無所事事；內心雖不無怏怏，但亦無可如何。袁究竟不失爲一眼明手快之人，他覺得岑正當有爲之年（其時袁五十三，岑五十一），斷不自甘落寞，也決不願以遺老自居；再加上上海情況相當複雜，多的是政治販子，假定岑一旦被他的政敵勾搭上（袁自始即準備與民黨爲敵），這顯然對他不利，於是他乃對岑裝出一棄仇尋好的樣子，刻意與之交歡，一會兒願意把他安頓在甘肅，一會兒又想叫他去山陝或四川，最後乃於民元的秋冬之交，用岑做了一任福建宣撫使。岑總算也爲福建去了一個禍害（時福州有警察總監彭壽嵩擁兵踞城，貪殘妄殺，岑一到便把他趕走了），但結果終無可爲，仍悄然回滬。

袁知道廣西的陸榮廷，廣東的龍濟光均岑舊部，假定把岑安頓在兩廣，當不難收龍陸以爲對付民黨之用，因而又有一度以岑爲廣西民政長之擬議。可是袁之忌岑，類似曹操之忌劉備，總怕他一旦『蛟龍得雲雨，終非池中物』，岑向他索欵兩百萬作爲赴桂的條件，袁卒吝不肯予，事亦不果實現。

民國二年二月，袁以岑繼黃興爲粵漢鐵路督辦。時袁與國民黨的衝突已漸趨尖銳，鐵路督辦可藉護路爲名養若干軍隊，袁並指定岑由閩帶回之衛隊千名，龍濟光在桂舊部六千，田中玉駐兗州之一師，統歸岑節制（田亦岑舊屬），岑以一下便能擁兵兩萬，故對袁此一命令乃欣然同意。正當岑整裝準備赴鄂之際，袁忽變卦：謂岑衛隊勾結土匪，應予遣散；同時武漢更發生岑借張鳴岐赴鄂將奪取湖北都督及民政長的謠言；袁即利用此項謠言，電岑將龍部留滬，田師亦緩撥；偷龍轉鳳，使岑在一轉移之間仍變得一無所有，僅存一督辦空名，於是岑更恨袁刺骨。

民國二年三月二十日，宋敎仁在上海滬寧車站遇刺，延至二十二日晨三時，卒以傷重死於滬寧鐵路醫院。在二十三二十四兩天，先後將謀殺犯應夔丞（即應桂馨），凶手武士英（即吳銘福）捕獲，並於應宅搜得密電及密電本多件，知主謀者尚有國務院秘書洪述祖及內閣總理趙秉鈞，且涉及於袁世凱。四月二十六日，江蘇都督程德潛，民政長應德閎乃將全案證據宣佈，於是國民黨與袁的破裂，已如箭在弦上。再加上本月二十七日，袁向英、法、德、俄、日五國銀團借欵二千五百萬金鎊簽字，更有恃無恐，乃決心以武力對付國民黨。六月，贛督李烈鈞，粵督胡漢民，皖督柏文蔚先後免職。七月十二日，李烈鈞在江西湖口發難，自任討袁軍總司令；黃興、陳其美分別在南京，上海發動；皖柏文蔚，粵陳炯明，閩孫道仁，湘譚延闓也通電聲援。實際則意見絕不一致，步伐也欠整齊，袁則早具決心，早有布置，命令也完全統一，因之僅及兩月，討袁軍乃完全失敗。岑對這一幕是參加的，且曾親赴廣州，派人持手書勸龍濟光觀光兄弟反正，並親往陳炯明軍中慰勉，但龍不聽，陳部也生了變化；岑不得已去香港，英人不許登岸，乃亡命南洋，且以首要資格與黃興並列被袁通緝。未幾，國會也被袁解散。

民四袁氏稱帝，十二月二十五日蔡鍔起義於雲南，國民黨方面僅有與中山稍稍立異之歐事研究會及水利速成社分子李根源、李烈鈞、楊永泰等首先參加，岑亦投袂奮起，並偕章士釗、張耀曾赴日本，以個人名義取得日方百萬現欵及兩師裝備的實力援助，陸榮廷擁岑，龍濟光亦被逼附和，故岑在這一幕的地位相當重要，初任兩廣護國軍都司令，繼設軍務院，岑又以撫軍代唐繼堯執行撫軍長職務。袁以人心已去，武力不靈，內部亦發生離異，結果撤銷帝制，並於五年六月六日憂慚以死。此爲岑倒袁的一大成功，亦即岑自清末以來與袁積年衡突的一最快心之事。

袁死，黎繼，國會重開，段祺瑞任內閣總理，藉名參戰，實欲取得日本援助，以謀武力統一，研究系贊助之，國會仍以國民黨佔多數，因而參戰案不獲通過。段所親國務院秘書長徐樹錚跋扈囂張，致造成黎段間的府院之爭，黎免段職，未幾，有督軍團出現，逼黎去位，並以解散國會爲罷兵條件。黎挽張勳作調人，張即率領辮子兵兩千人到天津而不卽入京，黎乃解散國會以順其意。繼而張勳到京，實行復辟，段又以推翻復辟再起，黎去而總統由馮國璋以副總統代理。其時被解散的國會議員紛紛南下，於是孫中山於六年七月，有護法一役的發動，所謂護法者，護民國元年所訂之中華民國臨時約法也。國會在廣州開非常會議，但軍政府，中山爲大元帥。但西南實力派與中山意見不一，如唐繼堯，陸榮廷被推爲元帥即始終未就職。七年五月，更由政學系策動，改組軍政府大元帥制爲總裁制，推中山及春煊，陸榮廷，唐繼堯，唐紹儀，伍廷芳，林葆懌七人爲總裁，中山卽於是月退職回上海，開始著書。春煊於七月就總裁職，旋被推爲主席總裁。自此春煊周旋於南方軍閥與政客之間，凡兩年以上，實際乃被人利用而一無成就，延至九年十月，不得已乃與陸榮廷林葆懌等宣告解除軍政府總裁，岑的政治生命也到此終了。其間經過異常複雜，爲『樂齋漫筆』所不詳，余此篇在評介漫筆，所以也只好到此爲止。

聯合評論 週刊

本刊已經香港政府登記

每逢星期五出版

United Voice Weekly

第二〇八號

督印人：黃宇人　總編輯：左仲平

社址九龍大埔道一六八號南亞書局 805641

承印嘉羅印刷有限公司香港灣仔馬師道5號

總代理：友聯發行公司售價每份港幣一毫

本報美洲版總經售處美國紐約中美出版社

CHINESE - AMERICAN PRESS, INC

199 CANAL STREET.,

NEW YORK13 N. Y. U.S.A.

美洲航空版每份零售美金一角

美國在幾個危機地區的政策

許子由

（一）柏林又緊張

當前世界危機地區，柏林可以算是首屈一指。無論邊界共軍射殺一名逃亡者，或者自由區人民向蘇軍巴士投石，都會成為特大的緊張新聞。但這並不是說，柏林的危機最接近射擊的邊緣，而完全因為柏林是西方的「神經地帶」。因為歷史地理所形成的關係，柏林已成為自由德國的象徵，北大西洋公約的前線，也是西方國家面子的所在。共黨在柏林的一項小小動作，西方對它都有特別的敏感。

最近因為蘇聯撤銷東柏林的蘇軍司令部，作為蘇聯暗示「與東德締和」的前奏行動，同時也因鐵幕築牆週年，發生示威的浪潮。西方國家便相驚伯有，以為柏林危機重起，不勝緊張。及到高潮過去，恢復平靜，又不禁表示「興奮」。一若過去並沒有過應付柏林危機的經驗，又好像蘇聯能讓西方留駐柏林，不加騷擾，便很值得欣幸似的。

實際上柏林是一個戰後最古老的危機，自一九四八年柏林封鎖以來，已有十五年的歷史，數不盡次數的「危機」，雖由蘇方不斷製造出來，但迄今並無損於西方在柏林的地位。原因是蘇聯在柏林只能有適度的困擾，卻不敢有過火的行動。有人把柏林比作一個水喉，開關掣卻在蘇聯手上，它可以隨時扭開水喉，放水騷擾西方，但如汜濫成災，蘇聯自己亦要掉在水裏。那就是蘇聯直到現在還沒有宣佈與東德訂約確實日子的緣故。西方只要堅定立場，蘇聯便祇有知難而退，這差不多是屢試不爽了。

但是西方應該警惕的是，「柏林危機」往往是共產集團的一種障眼法，如「柏林封鎖」前後，也便是中國大陸陷共的時候。這種「聲西擊東」的詭謀，已是共黨的慣技。

（二）高棉的威脅

另一危機地區的東南亞，寮國協議雖已簽訂，但並不顯示印支半島可有一個時期的相安無事。第一次日內瓦協定由於割棄北部越南給共黨吞下、消化，維持了六、七年比較平靜的日子。而這次寮國協定能否解決寮國問題固未可知，南越的游擊戰還在繼續卻是事實，前途的展望似乎沒有前一協定那麼樂觀。高棉的叫囂着要與中共簽訂軍事同盟，可能便是新危機的訊號。

高棉與泰國因邊界糾紛而發生邊境衝突；與南越因共軍假道棉境侵越，也曾發生射擊。無論這些紛爭的誰是誰非，究竟是屬於一種地方性的局部事件。因為儘管高棉的領導人施漢諾在叫嚷「泰越侵略」已經數年，但數年來泰越軍隊並沒有一次是整隊侵入棉境，高棉的領土絕對完整無缺。並且高棉還在國際法庭打贏了官司，爭得原在泰國手中的拍威限山古寺。可是儘管實際如此，高棉還是高呼「泰越侵略」，要求美國「約束泰越」，要求召開十四國會議「保障高棉邊界」，並要求南越償還高棉十億瑞爾的舊欠債務。若然不達目的，就要放棄中立政策，與中共締結同盟，中共方面也發表談話，對高棉予以支援的響應。

按一九五四的日內瓦會議，在越棉寮都設有監察委員會，邊界上發生的糾紛，涉及共黨問題，均可由委員會處理。為什麼「舊日內瓦」不能負責而必定要來一個「新日內瓦」？無非是中共要高棉擺脫東南亞公約名義上的「保護」，並為未來爭取「南越中立」打開途徑。寮國既可放棄保護，名為中立實則親共，為什麼高棉南越不可以照樣呢？美國在寮國的過份讓步，實際鼓勵了中共。但美國還在華沙向中共保証不支持國軍反攻，這無異告訴中共，可以放心向東南亞顛覆。

（三）古巴更惡化

美國在寮國和古巴的失敗，其後果還在繼續發展中。蘇聯軍事人員及裝備，在古巴指摘「美機侵境美國侵略」聲中，正積極進入古巴。據美國官方所公佈的，謂蘇軍進入古巴已達五千人，軍事裝備之中，且有些可能是飛彈設備。古巴簡直已成為蘇聯在美洲的前進軍事基地了。

自卡斯特羅對蘇一面倒以來，美國只採取經濟封鎖，外交制裁等不切實際的措施，並沒有什麼決定性扭轉局勢的行動。古巴流亡份子在邁亞美海灘所組成的登陸軍，結果替卡斯特羅送去了人質。最近古巴流亡學生的用軍艦炮轟夏灣拿，只轟倒了幾層樓以為快意。這些類似開玩笑的行動即使與美國無關，但剛好對美國的「沒有行動」發生極大的諷刺。

流亡古巴革委會秘書長認為，古巴對美洲為永久性的危險，美洲四分五裂的日子，已不在遠，除非用武力作有效反擊以求解決。

古巴是美洲的「後院」，正所謂「臥榻之側」。美國早就應該舉着泛美的大旗，進軍維持拉丁美洲的秩序。蘇聯之不能過問，正如美國不能過問匈牙利事件一樣。美國若然不能安定美洲，美國的盟友們更不敢相信美國能維護中東遠東自由的邊界。

（八月廿八日）

武力，財力和勇氣

孫寶剛

前幾個星期，因為我在本刊上寫了兩篇關於第三勢力的文章，便有幾位沒有見過面的朋友，寫信來贊同我的主張，不過他們問我關於第三勢力的武力和經濟力量怎樣建立起來。我認為在討論這個問題之先，我們應先有一個觀念，即是說：第三勢力是一個革命的，或祇少是促進改革的一個組織，它站在人民的立場，使為害人民與國家利益的現政權顛覆，或加以徹底的改革，使其所作所為能符合人民和國家的利益。我們絕對是一個為了達成這個理想而組織的組織。絕對不是糾合了一批親朋故舊，以形成一個力量，把現政權征服，並取而代之。所以我們和現政權是正義和不正義，自由和不自由，平等和不平等的鬥爭，絕不是權力的鬥爭。

知道了上述的立場，可知我們也絕對不是一個封建的組織，所以全國的同胞，不論現在在大陸上，或現在在台灣，以及在海外，不論他是一個平民，或是一個公務員或軍人，祇要他也痛感到現政權的不良，違背了人民應該享有的正義，自由和平等之權利；也痛感到現政權應該被革命或須徹底的加以改革，都可成為我們的同志，都可以來參加，共同去從事革命或改革。

即使他們沒有來參加，我們也絕對不籠統地把屬於現政權的人們都認為是革命的對象，一律加以敵視或歧視，待我們一旦革命或改革成功，即不分皂白，一律加以排除，甚至處以刑罪，像中共在佔據大陸以後，祇要你在國民政府服務過，一律治罪，甚至有些在抗戰中被國民政府徵去服兵役的人，也是有罪的，中共的這種作風，絕對不稱為革命，他們是征服了國民政府，也征服了中國的人民。我本人就是在國民政府內服務很久的一個，其實我在十幾歲時就反對國民政府的許多作為，我就是懷有革命和改革的決心，才去國民政府中服務的。

實在因為國民政府太腐化了，所以我雖服務了很久，不特無補國是，祇被當局者奴役一番。同時我可証明，絕大部份在國民政府之下服務的人們，也是和我一樣被奴役和被壓迫者，他們受着不公道的待遇，目睹許多不合理之作為，無可如何而已！今天在大陸的中共統治下，這一類的人更多，我們當然要設法使他們鼓起勇氣，參加我們這個革命或改革的第三勢力，來促成革命或改革，我們絕不可以歧視或敵視的。

這一個觀念如能確立的話，關於第三勢力的軍事力量在那裏，怎樣建立？應該明白了罷！大陸上有幾百萬軍隊，台灣有幾十萬軍隊，這幾百萬和幾十萬的軍人，他們個個都是中國同胞，他們中間有些果然頭腦封建，是奴才，沒有正義感，也不知道自由平等為何物，他們祇知道服從他們的主子，奴役他們的同胞，為害他們的國家，那當然是我們革命的對象。但是我相信絕大多數的人，必有是非之心，必有正義感，也必知道今天中國非達成民主政治不可的。不過他們看到中國是這樣一個大國，六七億的人口，他們在他們的崗位上站着，與中國之大相比較，他們是太渺小了，所以他們不敢動，祇有忍氣吞聲地苟全性命於亂世。在這個情形下我們海外的同胞，比較是自由的，如能夠先形成一個第三勢力的雛型，提出一套真正能救國的主張，完整而適合的，我相信他們必定心心相印，較有勇氣的一部份人也就來參加了。我們讀古今中外的歷史，一個革命的興起，在最初階段，祇是少數志士，奔走呼號，然後參加的人多了，就有羣衆運動發生，那時當局必然用軍隊來鎮壓，必至於軍隊動搖了，不聽命於當局，而同情群衆的行動，而參加革命，當局才進入了末路，革命的力量才能自秘密的而至公開，才能替當局的政權而代之。可知，武力的問題是革命的後期的問題，假如能進入到後期的話，武力問題自然會解決的，第一步是少數志士的奔走呼號，也即是宣傳。試問我們今天，能真真獻身於奔走呼號的有多少人呢？已具規模的宣傳機構，共有多少呢？以我在海外十餘年的觀察，真是不很樂觀。一般人一談起反共，或民主改革台灣，便先講錢，講打游擊，這都是捨本而求末，上面不已說過，打游擊是革命的後期的行動，奔走呼號的初期，是不需要什麼錢的。

中國是一個古國，數千年來在專制政制之下，使一般人根本就不關心政治，民國以後，又不幸遭遇到國共兩次的專政，便使一般人談虎色變，認為政治是危險的，是污穢的，遂使像國民政府那樣的無能的政府，也能苟延了數十年，至今還回光反照於台灣。現在中共也弊端百出，民不聊生，但一般人仍裏足不前，不敢大聲疾呼，起來號召組織，以準備行動，這是很痛心的事，西洋人有一句名言：「人的快樂的秘奧，應在自由中求之，而自由的秘奧則在勇氣，易言之，沒有勇氣，便沒有自由，也就沒有了快樂。」我們每個人都不願做奴隸，都願意在快樂中生活，那便須提起我們的勇氣，來從事建立這個第三勢力罷！在現階段而論，僅有少數人來奔走呼號，是當然的現象，不需要因此而減少我們的勇氣的。

「一個勢力」・「一個」中國

謝扶雅

第十七屆聯合國大會開幕在卽，年年要被提出辯論的中國問題，今次又將怎樣呢？中共會搶去中國代表權嗎？或是，會出現「兩個中國」嗎？

早在十年前，張君勱先生在印度作了一系列的學術講演，以「第三勢力」爲題；後來這部英文冊子"The Third Force"在美國出版，飲譽國際政治思想界，被列爲各大學遠東政治課程的參考書。近月以來，自中國大陸逃出香港的一些有心人士，宣稱他們並不是爲逃亡而逃亡，却是來到海外找尋「第三勢力」。他們認爲大陸人民已都厭惡中共，但亦不再望蔣介石自台灣回去統治中國，所以只有新興的第三勢力才能把新中國建立起來。果使他們這番話代表今日中國大多數人民的公意，毛共與蔣家雙方皆已對中國人喪盡信用，而自再無「勢力」可言。然則所謂「第三勢力」，情勢演進到了今天，實成爲中國人民所共企嚮的「唯一」勢力，不必說什麼「第三」不第三了。

在它未掛出三面紅旗以前，大陸中共確曾佔了一大勢力。國際政壇都贊認它在大陸上的有效統治，而且以廣土衆民的潛在力量，將必影響世界甚鉅。可是，自毛澤東內受鳴放的暗氣，外碰蘇聯的大釘以後，惱羞成怒，悍然扯起三面紅旗。其結果造成全面大陸災荒，人民痛恨入骨，到處燃燒抗暴之火，將秧歌王朝的國歌改唱『起來起來，不願做飢民的人們……』。縱使目下中共政策已向老農打拱作揖，並對右派知識分子低頭。然而當軸威望既已掃地以盡，大家誰再信它？尤其是，餓火中燒的肚皮，決不肯與毛共甘休。全國都布下了陳涉吳廣，嬴秦之滅亡指日可待。向日不可一世的「勢力」早已完全沒落了。

另一方面，依中華民國憲法而產生的五院制國民政府，本來具有至少法統上的勢力；自喪失了整個大陸，退守台灣，偏安了十三年。所幸領導自由世界的美國，一直還承認着國府而不承認中共。中華民國本身又以創始會員國的身份，在聯合國內佔着安理會永久常務理事之一席。去年十六屆聯大會中決議通過對變更中國代表權須得三分二以上票數的贊成。按照聯會目前形勢，全然排拒中華民國代表而代以中共之贊成票，似不可能遽達三分之二以上。所以在名義上及法理上，國府總算對外代表中國。然而政治行市是講現實的。控制着大陸六億人民之衆的統治政權，歷十三年之長久歲月。局處台灣的國府，因循不能實現反攻，已失海內外全體華人之望。而況自身專依賴美援以爲活，猶復違憲連任，政治不修，惟務誅鋤異己，惴惴焉欲保蔣氏一姓之小朝廷而猶不紛，那還有什麼「勢力」可說呢？

如上所述，今日大陸和台灣，實質上兩皆不具什麼勢力。然而，顛沛海外，飽經家國劇變的一些孤臣孽子，耿耿磋礪，歷十餘年辛苦掙扎的民主自由運動，終於造成了一種不可侮的新興勢力；又加以近兩年來，大陸抗暴義士，風起雲從，內外暗相結合，組成了革命性的「中華自由軍」，以急起解救顛連於水深火熱中的六億同胞爲職責。同時，超黨派及全球華人聯合性的自由中國大同盟，行將組織就緒，標榜（一）政治民主，（二）經濟衆有，（三）學術獨立三大原理，以建立眞正民主憲政之中國自期。在這一全民革命運動中，實已包含着無數的無名孫中山黃興，而大陸上亦潛伏着不少如黎元洪之輩，所以它的成功，直是指顧間事。史例班班，殷鑑不遠。政治誠然是現實的，但現實可由理想之要求而造成。路是人所走出來的。孔子早說過：『人能宏道，非道宏人。』

國家的主權端在人民。民意之所在，卽國家之所在。今日中國人民的公意，既已唾棄那不爭氣的國民黨當權派，又正相率起義以推倒毛共政權，而欲自己建立一個眞正自由民主的國家，則世界上任何國族及任何政團，自皆不能不予以尊重及承認。當然，就今時今刻而論，國際上都就現實狀態而認有「兩個中國」。卽一向强硬反對「兩個中國」的中共本身，最近亦揚言「可對台灣等候一二十年再說」；而台北雖屢次聲明反對任何「兩個中國」形式，其實，它主觀條件的鬼胎，和客觀條件的美援，實在只好泄沓苟安，而暗與大陸雙簧對峙下去。然則「兩個中國」之唱導者固爲國際上的某些政治經紀，而其贊和者實爲毛蔣兩個非法政權。從中國人民的立場，中國決乎只是「一個」領土主權完整的中國。我們絕對無意要回復中華大帝國，也不願將來的新政府採取强霸的中央集權制。但中華五族共和，具有悠久歷史及深遠的文化背景。它日中央政府（或中華聯邦政府）與地方政府（或自治領）的關係，將於革命成功後，開全國代表會議協商決定。這種內政建置，純乎是中國人自己的事，非任何外國所得置喙干預。「兩個」「三個」……不過爲抑就毫無基礎的一時現狀之飾詞，主人的中國人民若不承認，又誰得而承認之？

中國人民到了今日，已經醒覺而抬頭；眞正的主人要站出來說話了。

一九六二、八、二二
自美紐澤西寓

中共鐵道兵學校概況

海客

中共爲養成鐵道修築專門人材，特設鐵道兵軍事學校；（某君卽曾進入此校，故言之較詳）其一般情形分述如左：

（一）校址　該校設在河北省石家莊火車站近郊。

（二）面積　該校面積約等於九龍官塘徙置區平民樓十座之總面積，外築水泥圍牆，牆高約六公尺半，牆上粘以玻璃碎，距牆八公尺，再以鐵絲網圍之。校分東西南北四大門，各築炮樓一座，設哨崗守之。東爲學員宿舍，係一式平房，每間各設哨所。中央爲運動場，首長總辦公廳設於其間。西爲校務室，再偏東轉東北角，實驗室在焉。西南爲儀器設備保管室。校務室之西爲學員課室，平分三行，共八十四間。再西爲操練場，其旁爲首長家庭宿舍。該校形勢：西靠城市，東有兩小山，山頂設有堡壘二座。校之四圍，種有樹木，分六七行，把整個學校圍住，在外面觀之，以爲是大森林，不知其內有軍校也。

（三）人事　（甲）校長　正校長林雄（少將），副校長林鐵梅，吳剛，李業忠，均大校級。（乙）政委　王芳（中將），副秦勝，鄭乃雲，均大校級，一九五六年晉升少將。其組織內容如次：

一、司令部　以校長爲司令，下設作戰計劃科，作戰訓練科，資料室，（掌理軍事教材）通訊科，（內分無線電、雷達，電台、電訊等）保密室，（掌理印發軍事秘密文件）打字室，（印刷普通文件及教材）。

二、政治部　部設主任一人，主任劉萍（上校），負責專管政訓工作及政治教育。下設教育科，組織科，軍事法庭，（專門審理犯罪軍官學員，及掌理黨團員檔案資料。）群衆科，（管理人民來訪及來信，解決學員生活，家庭婚姻，及地方羣衆關係等。）

三、後勤部　部之下分設倉庫主任，給養科，軍需科等。

四、軍械部　管理全校武器彈藥等。

至於學員所學習之科目，約分軍事政治兩種。軍事方面；以炮科步科爲主，學習迫擊炮，高射炮，各科武器使用性能與戰畧、戰術。政治方面；以馬列主義及毛澤東思想，定爲訓練中心。技術方面：學習鐵路一般搶修方法，以及各種機械之使用。

最後談到學員就業情況：已在該校畢業之學員分爲兩科：（甲）第一科，原定修業期間爲四年，提前二月畢業，隨授予軍銜，使之到差。時爲一九五六年埃及發動蘇彝士運河事件，中共恐世界大戰爆發，對成績較好之學員，特提前畢業，大部份授予少尉，個別爲中尉或准尉，此屆畢業學員約爲七千人。（乙）第二科，畢業學員約爲六千人，此項學員先派赴部隊充見習，一年後，按其成績，分別授予軍銜。自此以後，每年有一萬多人畢業，隨卽招考補充入校。某君自稱於一九五三年入校，至一九五六年第一科畢業，其時全校人數有三萬多人，學員來自各省，其成份，百分之九十爲工農子弟，及其他成份較低之平民。距今多年，以前校長敎師，去向不明，惟知政委王芳因犯右傾錯誤，被中共調往它處去了。

呼籲中共不可拒收糧食包（讀者投書）

張橫一

編者先生：這是我決意呼籲中共不要拒收糧包的一封信。務請刊出！因爲中共故意積壓郵包的事，已愈來愈多，不但浪費了我們僑胞節衣縮食以購郵包的錢，而且也直接阻碍我對仍居大陸父母妻子的救濟。

我們曉得：中共爲了爭取僑滙之增加，已不惜停收日用品郵包了。對於這一點，我本來懷疑，大陸人民今日正缺乏衣物與藥品，由海外僑胞寄一點去，既對中共無損，又對僑眷有益，中共爲什麼要拒收？所以，當市間正在傳說中共已拒收日用品郵包的時候，我還不信。後來，經過八月八日香港各報登出的消息，說香港政府新聞處已於八月七日正式公佈；中共已拒收日用品郵包，且已有一部分郵包被中共退還，我才相信確有其事，這眞像晴天霹靂一般的轟擊了我，因爲我很對我的父母妻子抱歉，他們久已渴望我寄的日用品郵包，却因我前些時候一時無錢，以致未能寄去，因而再也不能寄去了啊！

但我仍期望中共無論怎樣，決不要再停收糧食包，因爲我知道像我這種作苦力的僑胞很多，大家節省錢下來，都希望縱然寄不成日用品，總能够多寄點糧食包去。我知道糧食包對我父母妻子的重要性比日用品郵包更重要啊！

但使我驚懼的，是最近以來，市面又在傳說中共又要停收糧食包了。雖然這傳說迄今尚未証實，但將於九月一日起停收的傳說，早已見諸新聞。所以，我但願這一傳說不實在。

本來，我們寄往大陸的糧食包，大陸親友也未必包包都能收到，但能够收到一些，總比完全收不到好，更比完全拒收好。因爲，倘若中共完全拒收，我父母妻子便完全絕望了。至於途中被偷食竊取，我亦原諒。因爲人人都飢餓，共幹也飢餓，他們既一樣飢餓，有什麼辦法要求他們不偷食或竊取一部分呢？至於中共運送糧食包太慢太遲，我們也予原諒，因爲大陸的情況已混亂，又要優先運兵，又怎能不遲不慢呢？總之，遲也好，慢也好，能够收到總是好的，就只怕拒收。所以，我特別寫這一封信，請聯合評論發表。因爲中共當局留心聯合評論的言論，人民日報去年八月的外交論文還在引去年四月聯合評論的文章，足見中共當局對聯合評論之留心。那末，現在也請中共當局留心，請中共首要，不要停收海外糧包，至於中共懼怕糧包有炸藥，那就由中共當局派人在邊境仔細檢查好了。

蔣經國與和諧的關係

李金曄

從倫敦傳出來的有關國共的和談，指明了是與「蔣總統的家屬」有關的！

但是不論從任何角度去觀察，中華民國未來的命運，斷非操於「蔣總統的家屬」的手裏。儘管現在追隨着蔣家的人不少，靠「蔣總統的家屬」提拔、支持做官的人也不少，但是這些人與有良知良能的人相比，只是少數的少數。就即使是在「蔣總統的家屬」的集團裏，相信也有很多人，是並不甘心於做長期的家奴的。

因此，不論從倫敦傳出來的消息的眞實性有多大，其能成為事實的可能性則是微不足道的。不過由於「蔣總統的家屬」長期以來，與行政當局之間「各行其是」，予外界的觀感甚壞，使世人覺得「蔣總統」所駕馭的「兩頭馬車」，現在固然已出現步調不一，未來自然是問題更多，這完全是由於「蔣總統家屬」可以參與政務，干涉政務，而又能不負政務上的過失與錯誤的責任，所造成的惡劣現象。

正因為有這樣的惡劣現象存在，不明底細的外國記者，才會覺得「蔣總統的家屬」，具有太上權力，以至輕信所獲得的不正確情報，並散佈不實的消息。

因此就常識來判斷，從倫敦傳出來的消息是不值得一笑的，然而當前台灣政治上的「兩頭馬車」不能協作的問題，確也是極嚴重的。

從國民黨的歷史來看，雖然過去黨內派系林立，但蔣氏家屬是沒有地位的。在抗戰前國民黨領導着中華民國，其可資談論、批評的地方雖也不少，但是國民黨當時總還能不時流露着過去手創革命的朝氣，黨內派系權力的消長，固是蔣先生統御黨人的權術，然從另一角度去看，可也還顯露出彼此有競爭的景象。這種競爭不論其目的是為了爭寵，或是為了爭權，但還沒有人會說，那種競爭是為了蔣家的利益。抗戰後，在近十五年內，蔣氏家屬在國民黨內逐漸成為一個新的實力集團，而這個家族集團還具有極其尖銳的排他性，遂終於成為國民黨有史以來，最令黨內黨外所齒冷的一個組織。

自從蔣氏家屬進入到了國民黨內，獲得逐漸膨脹其勢力之後，近十五年來的國民黨，就一直領導着中華民國走在失敗的道路上。國民黨完全喪失了中山先生時代所遺留下來的風格和氣度。即使是蔣先生本人自己，也因此完全變得和他英年時代的氣概絕然不同了。現在，蔣氏家屬成了國民黨內眞正的當權者。

「蔣總統的家屬」顯然很不願意人們指稱他及其集團是當權派，但又隨時處處流露出他們有解決一切問題的權力和影响力，只要有求於他或有求於他集團的人，甘於鑽入他們的門路。但是任何一個在國民黨內具有歷史的人，却認為如果蔣「總統」沒有一個這樣的家屬，尤其是這樣的兒子，國民黨近十五年來的命運，當不會是這樣的。蔣先生既只知有子，只要兒子而不要黨人同志，則黨人同志又何所愛於黨，愛於蔣先生呢？事實上蔣先生的事業（不論成敗如何）是與國民黨分不開的——沒有國民黨，焉有蔣介石。蔣先生如果不是一個國民黨員，不是得到了黨內的擁戴，又那裏會有後日的發展。事實是蔣先生的一生並不是出於他家屬的塑造。蔣經國未免太愚昧無知了!?

這種性格或許正是一個深受共產黨教育的人所必然具有的。如果從蔣經國自認不幸為蔣氏子和毛澤東的狂枉對比，可以看出他們之間的意識根源是完全相同的。

這當然也不是他人虛構的故事。蔣經國早年曾担出打倒新軍閥蔣介石的口號。過去既有如此心懷，今日再油然而興不幸身為蔣氏子的感慨，也是很自然很邏輯的發展了。

事實告訴我們，凡深受共產黨教育的人，對一切都採取否定的態度；也只有深受共產黨教育的人才是對一切可資利用的條件必加以利用，而不顧原則，不顧立場，一旦到了認為已無再繼續利用的價值的時候，就絕然地拋棄它。

蔣經國今天靠他的父親而得勢；但他對他的父親，對國民黨究竟有多少愛意呢？蔣經國對中華民國的歷史和前途，究竟有多少誠意呢？人們對蔣經國究竟是應該從他的表裏一致去看呢？還是只接受他的外表的「樸實」，而不計及其宅心的險狠呢？

較早，我們曾看到一二鼎左的人在極力描繪蔣經國的可愛處，他們的用意是什麼，已無法再加說明；現在，我們有時又聽到一些和蔣經國握過手、談過話的人，把他捧上了天，說成是一個有為的人。這些先生們都沒有眞正地把蔣經國介紹出來，因為他們有的顯然別有目的，有的則是還沒有接觸到蔣經國的靈魂。

斯大林在沒有死的時候，有人認他眞是像「太陽」那樣光明、正直，可愛而又威嚴；但是只有像赫魯曉夫那樣的人物，眞正地曾經接觸過斯大林的靈魂的人，才能說是對死者最具「權威」的了解者。就像人們無意中打破了一座銅像，它的裏面，那有它的外面那樣的光滑可愛呢！

我無意於對任何個人攻擊。只是覺得有些人對「蔣總統的家屬」的看法太異乎尋常了。

我們常聽見有些人以台灣的橫貫公路來看蔣經國，果如此，那麼可以就一條長江大橋來看中共的人物了。如果我們認為長江大橋不能代表中共，那麼橫貫公路自也不能代表蔣經國。任何人如果忽畧了蔣經國原是和毛澤東一樣，同是在一個後台，跟一個師父學戲的這個事實，現在所不同的只是因為他們從不同的門裏走到了前台，而認為就有分別的，那個分別是太有限了。

蔣經國現在雖然是側身於反共的陣營中，但是只要他一天不拋棄共產主義的思想意識，而這種赤色的思想意識仍潛伏着，仍不時活動着，那末他對中華民國的歷史和前途的意識，就該是個問號！這或許也正是為什麼謠言和「蔣總統家屬」聯系在一起的道理吧！

「不能將人民生命作兒戲」

（讀者投書）

編輯先生：這次台灣發生副霍亂，我在報上看見當局雖然手忙脚亂地作臨時抱佛脚的緊急救治，甚至行政院還成立了一個專案小組來加强應付；但成效似乎並不太好。台北民營的報紙，也承認副霍亂發生為日已久，當局迄未能控制，是一種可恥的現象。最初，我很不明白當此醫藥發達的時代，霍亂並非不可控制的疾病，而台灣方面何以竟一發而不收拾？本月十九日我在本港一家上海理髮店理髮，看見上海日報「集成」君所寫的一篇文章，才知道原來台灣各防疫站為人民注射霍亂疫苗時，竟發生集體中毒的事。據說高雄楠梓區有二百多人中毒，台南縣區有三百多人中毒。該文的題目是「不能將人民的生命作兒戲」。茲將原文介紹於後，藉明眞象。

「台灣副霍亂症的發生，我國政府在事前未能作防疫的措施，已使港澳僑胞感覺不滿，不過台灣十三年來係第一次發生，總算大家還加以原諒，未曾作嚴格的苛責。日前又傳來一個不幸的消息，據稱「台灣各地有很多人接受了霍亂疫苗注射後，發生集體中毒。據初步統計，台南縣西港鄉中東村集體中毒者有三百多人，高雄楠梓區有二百多人。人們對當時使用的疫苗的性質甚多懷疑。」

台灣各級從政人員，最大的毛病，是逢一件事情發生，起因多係事前未禦防及考慮周詳，發生後又未能切實研究，如何針對下藥，使之萬無一失。如這次不幸事件的發生，政府祇知强迫全體注射，但未將供應各縣市的疫苗加以嚴規檢驗疫苗製成的時間、性質、以及必須檢驗的程序，所謂防霍亂控制中心，亦事前均未有注意，竟使數百不應死的人民，反而因强迫注射以致身亡，簡直是將人民生命作兒戲，如果這些「問題疫苗」，為台灣大官員注射，發生了同樣的後果，不知我國政府又如何處置？豎橫老百姓的生命不值錢，死了數百人算不了一回事，實質上是台灣政治措施上重大的損大。確令海外僑胞為之惋惜！

民主政治，最主要者是保障人民生命的安全，美國一個人民，如被中共或俄共拘留，竟不惜用種種方法交涉，甚至不惜用武，使之安全歸來。何況台灣這次因注射而死亡了數百人之多，眞令人感慨無已！」

上海日報與台灣官方和黨方的關係，原是很好的。該報有關台灣的消息和言論，決不會有所誇張的。上面這一篇文章所說的種種，如果刊載於平素對台北有所批評的報刊，台北方面的某些人，一定又要說是虛構故事和存心毀壞「政府的信譽」；但如今竟見於上海日報，我就不能不信以為眞了，但不知當權者又有何說？

蔣不仁上

殷台公司將黯然結束

純夫

（台北通訊）一度自吹自擂認為前程似錦的殷台公司，即將黯然結束。

該公司於民國四十六年宣告成立，登記資本總額為美金二百一十萬元，係以美國賴比瑞亞殷格斯造船公司名義向我們政府註冊，美國股東出資一百萬美元，中國航業界出資十萬美元；另一百萬美元原計劃發行公司債。美方主要股東為中國基金會，佔總資本額百分之五十四，殷格斯造船公司高級人員佔百分之四十六。故事實上與美國殷格斯造船公司無直接關係。

該公司成立後，適值國際間航業不景氣，除了製造「自由號」與「信仰號」二艘三六〇〇〇噸的油輪外，一直未有接到大的造船業務，目前製造中的兩艘一二、五〇〇噸貨輪，還是經我國政府交通部的協助，始獲承造的。但因用人不當，浪費過甚，如第一任總經理麥克勞林，月薪高達三千美元，而且大部份生活費用概由公司支付；在造船業務極端不振時，還私自製造了二艘豪華的遊艇，供其私人享受，致使發生鉅額虧累。據估計，該公司所有機器設備，現約值一百多萬美元，但負債超過資產約新台幣一億餘元，以積欠美國銀行借欵為最多，達一百多萬美元，目前已到發不出員工薪水及有原料中斷的窘境。

在殷台公司與台灣造船公司訂立租約時，曾規定滿五年後，彼此間如有正當理由，可以請求對方終止。計自四十六年訂約至今，恰為五年，該公司董事長葛古森因於前日自美國致電我國政府，表示決定中止租約，請我國政府派員接收，所有過去盈虧由該公司負責；以後發生盈虧，由我負責。我政府基於該公司上述請求，因即決定恢復台灣造船公司原有建制，並派王世圻為董事長，陳垚為總經理。

王係交通大學畢業，原任經濟部國營事業司長，後改任殷台公司駐廠董事，以迄於今。陳曾任台肥公司協理，台灣造船公司董事長，現任台灣機械公司總經理。原定於八月二十二日接收，但屆期又因原任因時間迫促，不及辦完移交手續，雙方同意改於九月一日再行交接。

警察圍毆記者

獨清

一、警官一再動手，引起衝突

（台北通訊）八年十六日上午被譽為亞洲鐵人的楊傳廣，因奉命參加亞運會回到台灣，各新聞單位競派記者到松山飛機場採訪此一熱門新聞；各大報所派出的記者有多達四五人。由於各單位平素所獲松山機場的採訪証祇有兩張，此時均發生証少人多的問題，以致許多記者都不得進入機場。但咱們中國的事，一向是個人的關係重於法令的規定的，有幾位與當值警官葉長青有交情的記者雖無採訪証，却由葉長青護送入場。新生報記者劉芳剛睹此情形，自以為他是官報的記者，當然他可以援例進去採訪；不料却被葉長青阻止。劉芳剛有些生氣，指着那兩位無証入場的同業向葉長青說：「他們為什麼又可以進去？」葉說：「因為我認得他們是記者。」劉芳剛於是拿出新生報的服務証，說道：「我也是記者，你為什麼阻止我進去？」

當劉芳剛和葉長青爭論時，中央廣播公司記者洪縉曾走過去作和事老，他向葉長青証明劉芳剛確係新生報記者，勸葉讓劉入場採訪。不料葉長青一面用力將他一推，並喝道：「關你什麼事？」一面一個箭步，以老鷹抓小鷄的姿態提起劉芳剛的後領，把他摔出機場。新生報的另一位在場記者劉世珍向葉長青抗議道：「你身為警官，不應如此兇惡？」葉長青又向他猛力一推，劉世珍當即倒在徵信新聞報記者錢艾其的身上，幸而還不致裁倒在地。錢艾其睹狀，不由火起，乃指着葉長青說：「你為什麼這樣蠻不講理？」並以其人之道還治其人之身；向葉長青一推。於是，錢、葉兩人便開始拉扯。可是，葉長青雖然首先向洪縉曾、劉芳剛、劉世珍動手，却非錢艾其的對手。在拉扯中，錢艾其攔腰一抱，便將他摔在地上。在場值勤的五六名警員即一湧而前，將錢艾其圍毆；各採訪記者亦紛紛加入為錢艾其作護衛，情況近於混戰。幸此時楊傳廣所乘的西北航空公司班機業已降落，亞運代表團總幹事林鴻坦向雙方排解說：「請住手吧，楊傳廣已經到了，警察先生快執行職務吧！記者先生們也快開始工作吧！」於是「戰鬥」才告停止。但葉長青從地上站起來後，却怒罵道：「他媽的，老子去拿槍，看你們誰能活着出去。」邊說邊走，便離開機場不見了。在機場迎接和候機的許多市民和外僑眼見葉長青面孔鐵青的出去，都預料到必有事發生，不約而同的違聲呼道：「穿花格子衣服的快躲一躲。」（按：錢艾其穿的是花格子香港衫）教育部次長鄧傳楷也向中華日報記者施克敏說：「幸而葉長青沒有帶槍，否則事情恐不可收拾。」

二、警察先卸佩章，然後動武

據聯合報報載：葉長青跑出機場向一位高級警官報告說，他被打了，那位高級警官不准他拿槍，但却指示他打電話多調一些人來。當各記者採訪完畢準備離開機場時，一名已將佩章除去的警察首先抓着洪縉曾左手，便用擒拿術一拐，將他拐入旁邊的警察辦公室。中央日報攝影記者郭琴舫攔住道：「你憑什麼扣留人？」鎂光燈隨之一閃，這名警察也許心虛，誠恐被攝入鏡頭，才將洪放過。錢艾其還不知道洪的遭遇，從從容容的從機場的檢查室走出，葉長青迎面攔住說：「不要跑，跟我到那邊去。」隨即有四名警察一湧而前，其中有兩名架着他的兩臂；唯一尚未及除去佩章的〇六七二號警員用手槍指着他的咽喉，另一名警察在後力推。錢在四人的控制之下也盡力掙扎，不肯隨走，葉長青又對着他的小腹踢了兩脚。公論報體育記者蔣得禮見着錢艾其被羣警圍毆，情勢危急，乃奮不顧身的奔過去，擋在錢的前面，予以掩護；不料警察立即轉移目標，對他拳足交加，他便呈不支。各報在場的記者也有多人前往援救，都嘗到了警察的拳頭。

三、拳王智勇救人

亞洲拳王張羅普是時也在機場接楊傳廣，他看見蔣德禮被警察兇毆，跑過去攔住警察，並大聲說道：「你們不認識他是蔣主任的公子嗎？」「蔣主任」三字一出，羣警便立即住手。他們又知道他是重量級拳王，不能不賣幾分賬，才倖倖地的放過錢艾其、蔣得禮兩人，由他護送離開機場。據悉：拳王口中的蔣主任原指的是前政治部主任蔣堅忍；在打人的警察初聽之時，却誤以為是蔣經國，所以才驚惶失措的罷手；否則蔣得禮可能被當場打死哩。

當警察們圍毆記者之時，松山機場曾先後有四班飛機起飛或降落，中國人目睹此情，多搖頭嘆息，外國過境旅客則紛紛取出照相機，攝取鏡頭。有的還說，能有機會親眼看見中國警察如此文明，實在是眼福不淺。我們訓練有素的警察們，眞為國家爭光不少呵！

在錢艾其和蔣得禮二人被送離開後，省警務處發言人張珍和兩名警官才以匆忙的姿態，乘着紅警車「趕」到松山機場。張珍說：在第一次事件發生後他就接到洪縉曾的電話報案，曾電令機場不得輕舉妄動。因須向郭永處長請示及會同督察外事兩室同時行動，就誤了十幾分鐘，不料竟發生第二次風波。」此時打人的警察都避而不見，但扼住錢艾其咽喉的〇六七二號却仍在場。亞運籃球隊員羅繼然指着他對張珍說：「他就是打人的警察之一。」〇六七二號警察却不知威風何去，竟哭喪着臉向羅哀求道：「羅先生，我是你的球迷，一向很崇拜你，請幫幫忙吧！」羅坦然答道：「崇拜我也不應打人呀。」張珍祇得將〇六七二號的號碼記下。據悉：打人的警察都是保警隊員。葉長青便是該隊的分隊長。

這一幕警察圍毆記者事件，最值得注意的有兩點：第一、葉長青先向高級警官報告請示後，才調來多名警察到機場行兇，足証警察的暴行是事先得上級准許的；至於警務處發言人張珍說，他曾電令警察嚴禁輕舉妄動，不過是掩耳盜鈴的手法而已。証其蹣跚來遲，而對當場被指出行兇的〇六七二號警察，也祇記下一個號碼，就可知了。第二、打人的警察除了〇六七二號未及卸除佩章外，其餘都是先將佩章卸除，然後行兇的，足証他們事前也自知其非。既知其非而却又公然為之，其有所恃而無恐，事屬顯然。

四、立監委員均甚注意

事件發生後，據說：內政部曾令飭台省警務處查明處理，省府新聞處長吳紹遂亦於十七日奉周至柔之命，趕來台北與警務處長郭永會商處理辦法。行政院新聞局長沈劍虹更表示：「這事件，從每一個角度看來，都是很不幸的。」立法院內政委員會召集人楊寶琳、張子揚、李公權均發表談話，指出警察圍毆記者，不但違法瀆職，而且有損國家的名譽，認為政府應迅予嚴辦。監察委員金維繫、陳訪先、王槐華、張維翰等八人，更於十七日上午上書于院長指出此種無法無天的事件，不但破壞新聞自由，而且妨碍人身安全；而要求迅予派員徹查。于院長即於十八日派陳達元、劉耀西兩監委負責調查，調查的結果如何，尚不可知。據八月二十二日聯合報透露：圍毆記者的警察，警務處已和過去處理太原路派出所警員集體收受紅包一樣的調離管區——松山機場，使其能還地為良。看情形，本案也許又將不了了之的。

台灣簡訊

志清

一、監察院彈劾農林廳長

台灣省農林廳長金陽鎬，林務局長陶玉田，作業組組長陳龍馨，林產分處課長徐邦鐸，技正賴阿慶，技佐張燕清等，非法圖利，顯違法失職，經監察委員陶百川、高登艇二人提出彈劾，並經該院審查成立，於八月十七日正式移請公務員懲戒委員會依法懲戒。

彈劾案畧稱：台灣省政府農林廳林務局辦理銷韓枕木案，係以林班標由木材業者承製枕木，依照所訂合約，凡延誤交貨日期者，每逾一日處罰違約金百分之一。本案合計應處罰違約金一千八百九十七萬三千三百九十九元四角二分，而林務局竟於事後擅改為逾越合同最後期限未滿二個月者一律免罰，逾四個月以內者，每日減罰千分之一，超越四個月者，每月減罰一千五百分之一。如此減免結果，僅處罰十四萬四千八百九十元一角四分。該局此項違法行為，農林廳長金陽鎬指導無方，監督失常，推拖敷衍，縱容圖利，林務局長陶玉田，作業組長陳龍馨，林產處分課長徐邦鐸，技正賴阿慶，技佐張燕清等，非法擅毀契約，違抗命令，孤行妄為，非法圖利，顯屬違法失職，特依照監察法第六條之規定提案彈劾。

二、台北市政府更調國校校長的紛擾

台北市政府最近更調大批國民學校校長，總數達三分之一以上，與本年六月省教育廳通令，每年不得超過十分之一的規定不符。而被調動的校長中，又多為成績卓著者。以故各有關家長會紛表異議，並多方活動，或向市府陳請或準備晉省請願，有的還不惜走小路，而奔走於周百鍊的所謂智囊團之門，有的家長甚至去找監察委員。

上述消息傳出後，教育廳誠恐事態擴大，於日前電台北市教育局長代理局長盧啟華，乃國校課長李明來省面詢一切；指示應重新考慮。聞該廳對市教局呈請調動國校校長的呈文已予以批駁，並列舉批駁之理由如下：（一）調動人數過多，與本年六月教廳通令限制只能調動十分之一的規定不符。（二）許多位由教員或督學調任校長的資歷証件，送審時間過於倉促。（三）在呈報之前消息外洩，不好處理。

但因周百鍊的堅持，教育廳長劉眞卒收回前令。有人說，這是一幕陳誠與蔣經國派系消長的鬥爭，勝利則屬於後者。

三、實踐學社副主任購鋼轉賣圖利

台北市宇宙行職員王志銓勾結實踐學社副主任張伯亭，總務組長史子經，教管張本仁等，於去年以謀該社員工福利為詞，於函請台灣鐵路局優先配廢鐵，乃向鐵路局，省交通處審計處展開活動，並持徐康良介紹名片，請交通處方副處長關說幫忙，治鐵路局決定以議價方式配售廢鋼軌後，經王志銓取得實踐學社之介紹委託函，提前接洽配銷，同年十二月六日獲准配售鐵路局廢鋼軌三千公噸，每公噸做價三千一百五十元，即由王志銓以每噸三千三百五十元代價，轉售一千噸與北市東光鋼鐵公司，約定分期提貨付款，王志銓即與章本仁、史子經、徐康良商妥，以所得之每噸二百元利益除開銷外均分，同年十二月九日先提貨三百公噸，由東光公司簽發台銀南門分行支票六萬元，付與王為每噸二百元差額價款，因該支票受款人係實踐學社，遂由王志銓偽刻該學社之長戳加蓋支票上領款，王自得二萬六千元，餘分與張、史、徐等三人。

今年元月廿日東光公司又提貨四百公噸，由該公司開出八萬元支票，王志銓以同一方式領出後除開支外，張、史、徐共分二萬元，王得二萬九千元，並由王志銓請張伯亭出具証明書偽証明所另加之二百元係為管理費，交與東光公司代發統一發票。經警備總部查獲，於日前將王志銓移送台北地檢處偵辦。至於章本仁、史子經、張伯亭等三人則因有特殊身份，由有關機關另行偵辦。

企圖爆炸澳穗輪被查獲 反共志士伍珠殉難廣州

黃遠文

八月十七日香港本報（八月廿四日紐約航空版）曾在「僑鄉近訊」欄報導，謂：「廣東境內反共志士已日趨活躍，僅在中山縣中共控制區內，最近就已連續發生三次炸彈案，一次是七月三十一日由澳門開往廣州之客輪紅星一一五號客輪上，曾檢獲炸彈。另一次是八月四日澳門對岸共區內石角咀爆炸，再一次是八月五日中共拱北關發生爆炸」。此外，本報報導當時又說：「七月三十一日紅星一一五號客輪駛穗途中，客輪上之廁所曾發現炸彈，內有計時炸彈一枚，惟尚未到達爆炸時間，被共幹發現，乃將信管拔去，共幹於是在靜默中監視全船乘客之動態，終以其中兩位乘客不時檢視手錶，形迹可疑，遂以嫌疑被捕」云。

本報上述消息，茲經中共新華社予以完全証實。據中共新華社廣州八月十九日電說：「受蔣介石匪帮特務機關派遣，陰謀爆炸航行廣州——澳門的一艘輪船，殺害船上旅客的特務分子伍珠，已為廣州市公安局及時逮捕，並於八月十九日被廣東省高級人民法院依法判處死刑，立即執行」。

新華社又說：「這個特務分子，在澳門接受了蔣匪帮特務機關的破壞任務，於七月廿九日攜帶美製定時爆破和縱火器材，偽裝旅客，混在當日由澳門開往廣州的紅星一一五號客輪上，陰謀進行爆炸。當輪船抵廣州的時候，機警的工作人員發現在更衣室的鏡子後面，藏着一個劉科記肉心杏仁餅的鐵盒，重量超常，引起了警惕，立即報告了公安人員。經檢查，發現盒內裝有美國製的硝化棉烈性炸藥、鎂粉縱火器和電池定時器。這些定時爆破和縱火器材如果發生爆炸和燃燒，輪船將受到嚴重損毀，船上幾十名旅客和工作人員將有很大傷亡。公安人員當即採取措施，排除了危險，保障旅客和輪船的安全。廣州市公安局立即開展了調查工作，在旅客和船上工作人員的積極協助下，放置定時爆破和縱火器材的兇犯伍珠當場就被查獲」。

新華社報導反共志士伍珠之赴穗日期與在輪上放置炸彈的地方雖與本報上述報導稍有出入，但這已充分說明反共志士最近在廣東境內之非常活躍了。至於反共志士伍珠是否係由台北派遣，抑或自動前往，則暫時無法証明。因為，中共對於所有反共志士，尤其對於採取流血反共行動的志士，一向照例加上一頂「美蔣特務」或「蔣匪帮特務」的帽子，故不能因為中共如此公佈，便認定他沒有自動前往之可能。

總之，不管反共志士最近在大陸各地之活躍，究竟是出自台北之派遣，抑或出自各人的內心，但中共在大陸的統治已愈來愈不穩，則是鐵一般的事實。因為在幾年前，在廣東境內總是沒有連續出現若干爆炸案的，而最近則連續出現了。可見最近的形勢已與從前大不相同。反共力量已在大大增漲了。這使人想起滿清末年大陸各地不斷發生爆炸案之情況。

大陸簡訊

白帆

吉林旱災之後又水災

中共雖然天天在吹人定勝天，實際上，所謂水利建設則恰巧是既不能防旱，又不能防水。反而是一不下雨便鬧旱災，剛一下雨又鬧水災。這種典型例子，正可以從吉林最近發生的旱災之後又水災的情形看出來。

據八月十二日新華社長春電：「雨季集中於夏末秋初的吉林省，在剛剛解除旱象之後又轉入了緊張的防汛鬥爭。七月，吉林省平均降雨量比歷年同期多二十毫米左右。特別是七月下旬，由於颱風的影響，通化、四平、長春、白城等地的部分地區下了大雨或暴雨。局部地區發生了水澇災害」云。

廖承志劉寧一煽動日本訪平青年

對於日本的各階層人士，中共是一向不惜工本不惜時間精力來煽動的。尤其最近中共在日本廣島禁止原子彈氫彈大會上打了一個敗仗，因而與日本社會黨及日本總評發生糾紛後，中共更在加緊努力誘騙日本青年。

而在八月中旬，日本傾左的日中友好協會青年學生代表團和日本民主青年同盟代表團的全體團員又前往北平訪問，故中共中央特別指派了一向從事日本方面統戰工作的廖承志和劉寧一予以接待和煽動。

據新華社八月十五日訊：「亞非團結委員會主席廖承志和中華全國總工會主席劉寧一在十四日下午接見了日中友好協會青年學生代表團和日本民主青年同盟代表團的全體團員，並共進晚餐」。可見中共仍在處心積慮對日本各階層人士做工夫。

中共與東德簽文化合作協定

據新華社柏林十六日電：「中華人民共和國政府和德意志民主共和國政府關於文化合作協定一九六三年執行計劃的談判，已於八月十四日在柏林完滿結束。在執行計劃談判紀要上簽字的是：中國駐德意志民主共和國大使王國權和德意志民主共和國外交部副部長保・汪載爾」云。

中共誣衊美國的「爭取進步聯盟」

「爭取進步聯盟」本來是美國對拉丁美洲提出來的一套善意而改良的計劃。但因該計劃之實現，足以阻礙共產黨人在拉丁美洲之陰謀，故中共人民日報八月十六日特發表專文指責和誣衊美國的這一計劃。

中共說這是「美國對拉丁美洲的新殖民主義政策」。

又說：「去年八月十七日，美國策動召開的埃斯特角泛美經濟會議通過了肯尼地的爭取進步聯盟計劃，成為美國政府在拉丁美洲正式推行這一新殖民主義計劃的起點」。

又說：「這個計劃是在古巴革命冲破美國在拉丁美洲統治的鎖鏈，拉丁美洲各國民族民主革命運動空前高漲形勢下提出來的。爭取進步聯盟計劃標榜以援助來促進拉丁美洲經濟社會發展，而實際上它是一個矛頭針對古巴和拉丁美洲革命人民的侵畧計劃，是一個保持和鞏固美國的殖民統治和經濟掠奪的計劃。它是肯尼地政府在拉丁美洲施展的反革命兩手中一個重要組成部分」。以上都可看見中共之蓄意曲解和誣衊。

中共說印軍仍在邊境開槍

據新華社北平八月廿五日電：「侵入中印邊界西段中國境內的印度軍隊最近又連續向中國邊防部隊開槍挑釁和進行武力威逼。」又說：「在新疆加勒萬河谷地區，八月廿一日十時三十分左右，入侵的印軍向中國邊防部隊打了兩槍。二十二日二十時左右，印軍四人逼近到距中國邊防部隊的陣地僅二百米左右的地方又打了兩槍，二十五日十八時左右，入侵的印軍又向中國邊防部隊開槍四發」。

又說：「在西藏班公湖地區，八月廿三日十四時左右，印軍乘汽艇兩艘侵入中國境內班公湖的水面，反復航行偵察，並開槍九發」。

從各種趨勢和具體條件看：中共與印度現在是不會發生大戰的。但邊境雙方哨兵的槍戰，則可能在長時間中都不能免，擴大則不可能。

僑鄉近訊

鍾之奇

廣州共幹率獸食人

自古仁道的統治者，莫不關切人民衣食。如果人民衣食不足，便認為是治道有虧。今中共則不然，中共雖明知大陸人民貧病交迫，但中共却仍將糧食輸出，而且也絕不減少中共政權的各種龐大消耗。凡不急之務，中共仍在努力推行，以點綴太平，以裝飾門面。

香港共報最近又大事宣傳說：「一批新來自印尼的珍禽異獸，最近在廣州動物園展出。其中有體型特大的猩猩、花白的爪哇野牛、西里伯斯黑猿、食蟹猴、黑犀鳥、掠鳥以及羽毛彩色斑斕的各種鸚鵡」等云。

但據廣州來人說：「人民對中共此種小心飼養鳥獸之舉極有反感。蓋人民普遍飢餓不堪，中共不談如何解決人民飢餓問題，而只向人民吹噓鳥獸如何養得好長得好，故人民認為中共此舉，是恰巧符合孟子的一句話，這叫做率獸食人」云。

共軍派官兵向人民吹噓戰蹟

由宣傳人員替共軍吹噓戰蹟，原是常有的事，但由共軍自己派官兵向人民直接吹噓自己的戰蹟，則事屬少聞。

據中共新華社八月十二日電：「福建前線和廣東、浙江等沿海地區，許多戰鬥英雄和在對作戰中創立功勛的官兵向人民羣衆報告了前線三軍英勇奮戰、痛擊蔣匪軍的鬥爭事蹟。一九五八年七月在汕頭上空一舉擊落蔣機三架的空軍某部飛行員趙德安，向廣州市六百多名先進工作者和青少年報告了他和他的戰友在這次戰鬥中創造三比零戰蹟的經過以後，許多少先隊員表示要學習解放軍叔叔英勇機智的戰鬥精神，作革命的接班人」。

顯然，中共如此不憚煩的派共軍官兵親自向閩粵兩省人民吹噓戰蹟，其目的，就在鼓起人民對共軍之信心，而其所以要採取這種手段來鼓起人民對軍隊之信心，則又顯然是大陸人民已對共軍失去了信心的緣故。

廣東各地加强養護公路

最近，中共中央已下令廣東共幹，要他們特別注意公路之養護工作。

據八月十五日人民日報說：「現在以廣州為中心，全省四通八達的公路網，聯結着粵北韶關、粵東汕頭、粵西湛江、粵中佛山、江門、肇慶等中等城市，以及全省上千個縣城墟鎮，平均每天有兩千多輛專業車輛往來」。

又說：「廣東省公路部門很重視現有公路的養護工作。目前全省有十九個養路工區，在公路幹線和重要支線上，每隔三、五十里便設有道班管養固定的路段。這些養路道班逐步建立了一套經營管理制度，並且推廣革新的養路工具，提高養路效率。現在每個養路工人養護公路的里程，普通比一九五八年以前提高了一至二公里。無論在粵中平原平直的公路上，或是海南盤曲透迤的環島公路上，人們隨時可以看到養路工人駕着畜力車，辛勤地平整路面，保証正常行車」。

中共為什麼要勒令廣東共幹督促廣東各地加强公路養護工作呢？便於疏運徵集及收購之物資，固為一大原因，而為了防備台灣反攻，以便沿海各地運兵，則是另一主要原因，中共之所以把廣州作為中心，而把韶關、汕頭、湛江、佛山、江門、肇慶等重要城市密切聯絡起來，其原因亦在此。

福建大量用人工孵化魚苗

魚是中共主要出口物資之一，因其可以換取外滙，故中共勒令福建廣東等省就近養魚，以便運到香港出售。

但過去福建每年放養的魚苗，都是從江西、湖北、廣東、廣西等省採購，由於長途運輸，故死亡率極高，影響淡水魚的發展。為此，據中共八月十五日人民日報說：乃從「一九五九年，龍海縣水產養殖場和莆田縣望江養殖場經過反復試驗，先後用人工孵化出鰱、鱅魚苗十萬尾，今年，全省人工孵化魚苗點增加到四十三個，孵化下塘的魚苗，佔全省魚苗需要量的百分之四十左右」，而「福建省今年從四月到七月，人工孵化下塘的鰱魚和鱅魚魚苗有二千六百多萬尾」云。

泰棉武裝衝突的幕後

交惡加劇中

何之湄

東南亞的「多事之秋」，似乎還沒有過去。寮國的「三頭馬車」政府，還在那裏分道揚鑣，攪出「沒有越共參戰」、「兩個中國鴿型」等笑話。南越的共軍攻勢，一直沒有稍停下來，而且變本加厲。比較靜寂一時的高棉，最近又與泰國發生邊境武裝衝突。以奉行中立政策有成效而自詡的施漢諾親王，又在大聲呼喊要求召開十四國會議了！

究竟，這些是偶發事件？還是別有背景？

高棉與泰國的糾紛，自從高棉「中立」而後，便不斷地發生。這一篇流水賬，難以縷述。總之，在泰國方面，國家比高棉大，且以爲有功於高棉的獨立，又因爲高棉中立的跡近標奇立異，逢事自不肯對高棉讓步。高棉方面的施漢諾元首，却自認行使中立政策，今天罵美國，明天罵共黨，却同意接受東西雙方的援助，頗以要手法要得好而自鳴得意，對美對蘇尚且能「不客氣」，自然不會把泰國放在眼內。於是在泰棉之間，不但沒有鄰誼互讓的祥和，反而是「小事化大事」，糾纏不清，非至兇終隙末不可。泰棉這種交惡，更因電台和報章的互相攻訐而加劇。這種情況，自有明眼人看在眼裏，而加以利用。在受煽動被支持之下，鬥爭就更激烈。這已經不是爲了事件的本身，而是爲了「背景」的問題了。

像最近惹起事件的隆端寺，泰棉雙方對該寺的爭奪，便是屬於「小事化大事」的一例。顯然地是意氣之爭。

隆端寺衝突

泰棉邊境的隆端寺，由國際法庭判定主權應歸高棉，泰國朝野憤怒，且曾因美國前國務卿艾其遜充任棉方律師，遷怒美國，一度拒絕出席東南亞公約及十四國會議，並聲明不自隆端寺撤退。此事經美方極力解釋：艾其遜充高棉代表律師與美國政府無關，並力勸不應違拒國際法庭的決定。泰方才派出內政部長巴博到柏威限山，將在隆端寺的泰國旗降下，算是遵照國際法庭的決定。但法庭的判決，止是隆端寺的廟宇，並沒有涉及附近的領土以至道路等等。因爲訴訟的「標的物」只是一寺，自然不涉及其他問題。在爭寺時，高棉唯恐不能獲勝，不敢涉及其他枝節，引起領土之爭。及至判決下來，却感到這座位居山巔的寺廟，從高棉方面沒有道路可登，成爲「可望而不可即」。

泰國方面，却正因爲有這種自然形勢而自認爲得計。原駐寺中的泰國邊警，遵令撤退只撤退在寺前。對高棉那些以爬山英雄姿態攀登的警察，大作議笑。八月十二日隆端寺附近雙方邊警衝突開火，便告發生。雙方互有死傷，雙方也互相指責「越境挑釁」。高棉的邊警，且有軍隊爲之聲援。

曼谷方面認爲，高棉最近已沿着泰國邊境增兵，自暹羅灣的海岸毗鄰地帶以迄泰東北部山嶺地區，都有大批棉軍開到邊境，「並至少有兩名棉軍越境侵略」，其原因之一可能企圖侵入泰境去「接管」隆端寺，即佔領屬於泰國的通往該寺的道路。另一目的則可能屬於防守的。那是因爲隆端寺衝突後，泰方增派自衛隊加強邊警的陣容，高棉恐怕他們越境。

中共的露面

這類邊境衝突中，「誰先開火」誰應負挑釁之責的問題，照例是沒有下文。說到指責，却雙方都有一套。高棉方面又指責泰國海軍於十五日在暹羅灣的高棉岸登陸，「四百名全副武裝及有約十名美國顧問」。但泰國海軍副總司令山昂上將，十七日發表聲明，斷然否認泰軍登陸棉境之說。泰海軍山昂上將說：泰海軍是日正在暹羅灣外演習，除了水上警察而外，沒有任何泰國軍事人員接近過高棉的海岸。泰國並且因爲高棉已在邊境增兵之故，已警告泰國漁民勿到暹羅灣中接近棉境的島嶼捕魚，以免發生意外或誤會。

可是施漢諾已大爲喧嘩，認爲泰國有意侵略高棉的領土，要求召開十四國會議，「保障高棉的邊境」。施漢諾說：「我們本可要求更多（的領士），但現在只求保障現有的界線」。他也要求美國「抑制泰國及南越」，要他們不「侵犯」高棉。否則，高棉將請求共產集團的援助，因爲「蘇聯中共都對高棉協防許下諾言，並且將遵守諾言」。「最近中共還建議可以替高棉『解決一切題問』，但如果有其他解決辦法，也許較爲妥善」。

中共的露面支持施漢諾，正說明了事情的內幕，有如美駐泰大使所說：「共黨詭計要引起東南亞戰爭」。原來美國在寮國問題讓步，實際鼓勵了共黨，他們要高棉、南越都脫離東約的「保護」而中立。並且不由原來一九五四年的日內瓦監察委員會保障中立，而要由十四國予以保障，因爲後者有中共與美國共同簽字。在南越，他們用「打」來達到國際會議。在高棉，施漢諾的「危言聳聽」正好利用。・曼谷通訊・

越共也圖玩弄「兩手畧策」

蟻潛

寮共的「兩手策畧」顯然是大功告成了。——所謂「兩手策畧」，就是一手製造事件，向政府當局發動戰爭，建立對立性的政權，一手進行談判，要求承認事實，藉此達成其在陰謀中之目的。現在，寮國的「聯合政府」已組成，「中立協定」也已簽訂，到了目前的階段，佔着極大優勢的當然是左翼份子，而寮共的潛力也得到了進一步的擴張。於是，寮共這種「兩手策畧」的成就，便無形中給予越共以鼓勵和誘導。

現在，越共對這種「兩手策畧」果然也起而效尤！

越共之侵畧南越，刻正計劃着改循「兩手策畧」的途徑來進行。據當地人士透露稱：越共刻正加緊準備對南越先來一次大規模的襲擊，然後提出談判的要求，建議在南越組織「聯合政府」，實現其奪取整個越南的陰謀。

越共奪取整個越南的計劃，本是遠在一九五四年日內瓦協定劃分南北越的時候便已擬訂下來，那時越共經已把一批曾受嚴格訓練的幹部留在南方，到了一九五八年以後，即不斷展開活動，由小規模的游擊戰，發展到大規模的進攻；而北越「勞動黨」（越共）更訂定了「在北方進行社會主義革命，在南方進行民族主義革命」的方針，但越共在南越的「革命」，迄仍未能獲致預期的成果。迨至寮共的「兩手策畧」完成了後，越共馬上「見獵心喜」，迅即把他們的「革命」手法，轉向「兩手策畧」的途徑來施行。

最近，越共方面已推行了「反美鬥爭月」運動，不僅在鄉村、市鎮、學校、和機關展開加強反美和反吳廷琰政府的宣傳，並在軍區和各部隊中雷厲風行地推動了「反美、吳集團」的精神動員，這顯然是準備將更多的正規部隊來投入南越地區，發動新的強烈攻勢。其次，在越共指揮下的「南方民族解放陣線」，也於最近向日內瓦會議提出「備忘錄」，要求各成員國制止吳廷琰政府的剿共行動，要求着令美國停止軍事援助南越，並撤出在南越的軍事人員和戰爭物資，而使南北越代表，得以進行談判，希望在南越成立一個「民族團結聯合政府」。——這豈非正是依循着寮共先例的「兩手策畧」嗎？

當「南方民族解放陣線」向日內瓦會議致送上述「備忘錄」的時候，中共「外長」陳毅也立刻呼應着，謂「寮國問題解決後，南越也應該通過和平協商，停止軍事行動」。這正反映出國際共黨也是在支持着越共來向寮共「看齊」，援用寮共的「兩手策畧」來擊破「美、吳集團」，以完遂其併吞整個越南的野心。

南越人士，目前已意料到，在今後數月內，越共必在南越發動一連串大規模的戰爭，並於佔據着一個地區或數個地區之後，迅即成立地方政權，造成「既成事實」，然後迫使吳廷琰政府與他們舉行談判，把南越逐個地區來變成北越的一部份，那時就迫使美國退出南越，進而完成其「南北越統一」的計劃；換言之，就是攫取整個越南。

也許有人說：南越的形勢和寮國截然不同；美國不可能再在南越退却。美國國防部長麥納馬拉已重申了一項意見，坦白地說明了「西方國家終將在南越擊敗越共」。目前美國駐在南越的軍事顧問人員約達八千名，他們是經常協同吳廷琰政府的部隊踏上戰場，並深入越共盤據的腹地，指導和協理吳廷琰政府的軍部作戰，此種積極性的行動，正顯示出美國對付越共的態度，是相當堅強。

然而，當地人士對美國這種「堅強的態度」仍不能完全沒有懷疑。據當地人士指出：越共游擊隊的背後支持者就是中共，他們現在已在「中立寮國」中暗地裏打通了「胡志明走廊」，使北越，寮共，和中共的部隊都能源源不絕地轉運到南越，不久之將來，極可能使美國遭受到更重大的壓力，那時美國將更可能感到因援助南越而陷入吃不消的田地，因而湧起了「態度轉變」的矛盾心情，越共由寮共那方面學習得來的「兩手策畧」便會立刻乘機運用。

目前越共雖是表露着這種意圖；至於美國是否再次受愚，那是另一回事。

藝術化的詞話（七）

遯翁

詞雖出於詩之一體，至其境界，則與詩截然不同。詩以溫柔敦厚爲本，故必須典重樸茂，宏恢淵懿，有雍雍，乎廟廊之！，恂恂。乎鄉黨之中的風度，才可以爲格高韻雅之詩。凡輕巧纖細側艷的語句，只是使小聰明，凡打趣詼諧的口語，雕琢刻畫的鍛鍊，只是使小技倆，在詩家的規範之中，其品格是卑下的，而在詞家，則正是新穎婉麗靈活細膩的藝術，只看如何運用而已！如何用得當，即正是詞家的勝境。詩格不能有此，詞的風格，則必須有此一境界，才可以爲詞，否則即是釋氏的偈頌，羽流的道情，不成其爲詞了！近代王半塘先生論詞，主重拙大，自不失爲詞家一個新的指針。所謂重拙大，當然爲對輕巧細而言。我們以爲這只是補偏救弊之說，只可以爲知輕而不知重，知巧而不知拙，知小而不知大者的救治之藥，並不是詞家治生養命的菽粟。詞家的生命，在新穎，在風趣，其菽粟即是輕巧細，如只講重拙大，則全是詩的氣息，沒有詞的風趣，何不徑作詩，何必去作詞？而且那些在文藝上，奔放而洋溢，悽艷而綿麗的花朵，只適宜於疎簾曲檻，拳石清池之間者，而要移植到連山巨壑，長林古木之中去，即不爲風雨所摧殘，也會爲遮蔽所枯萎了！詞之必須輕鬆，靈巧，細密，才有風趣，才見超妙，這在詩爲病，在詞則是精神。我們知道：晚唐的詩，是以纖巧雕琢，爲世人所薄視的。而溫庭筠韓偓等人，即是晚唐詩人的代表者。他們以輕艷纖巧，雕琢細密的筆法作詩，走上了繁縟靡艷，浮薄低沉的風格，於溫厚淵懿的境界，不惟不足以望盛唐的項背，且不足與中唐比肩，這已是古今言詩者的定評了！但他們以這一筆法去寫詞，即皆風華掩映，氣韻飛動，情致新穎，突過白居易，劉禹錫等人的長相思憶江南柳枝詞，成爲詞家百代不祧之祖。這可見詞的丰神趣味，在此而不在彼，他與詩乃是不同其境界的！試以白居易與溫庭筠兩首柳枝詞來作比較看看：

一樹春風千萬枝，嫩於金色軟於絲；永豐西角荒園裏，鎮日無人屬阿誰。　白居易

宜春苑外最長條，閒裊朱門伴舞腰；正是玉人腸斷處，一渠春水赤闌橋。　溫庭筠柳枝詞八首第一首

這兩首同是柳枝詞，又同是界乎詩與詞之間的作品。如以詩論，則溫作朱門舞腰，玉人腸斷，赤闌渠水，宜春長條，極盡穠麗雕鏤之工，實不如白詩信筆寫來的渾成。如以詞論，則溫作，即以細膩的刻畫，出以鮮潤顏色；寫出纖綿悽艷的丰神；又爲白詞的淡淡着筆者之所不及。溫詞這樣的細膩雕繪，即是詩家所病的纖巧，也就是詞家所尚的熨貼，這熨貼，即在能善於用輕用巧，用細，用之得當，即是詞家的三味，這亦即是溫韋等人，詩格爲世人所薄視，而詞格則爲開源的宗匠之所在者！至於這一三味，將怎樣用之，才爲得當呢？簡單一點說：即不外輕中有重，巧中蘊拙，細中見大，再簡言之：就是輕而不佻，巧而不露，細而非小，這樣：即能在輕鬆，靈巧，細密之中，不失溫柔敦厚的風致，所謂小德可以出入，大德不可逾閑，即是善巧的運用。這裏我們又可以舉李後主與和凝的兩首詞，作一個比較的研究：

花明月暗籠輕霧。今朝好向郎邊去。剗襪步香階，手提金縷鞋。畫堂南畔見。一向偎人顫。奴爲出來難。敎君恣意憐。　李後主菩薩蠻

披袍窣地紅宮錦，鶯語時囀清音。碧羅冠子穩犀簪。鳳凰雙颭步搖金。肌玉細勻紅玉玦，臉波微送春心。嬌羞不肯入鴛衾。蘭膏光裏兩情深。　和凝臨江仙

李後主詞筆之佳，既香艷，又悽婉，世人公認爲五代之冠，但這一首的寫作，則未免輕佻到一瀉無遺，只看到淫艷，而看不出香艷。和凝這一首，雖然比李後主所寫的更進一步，到了將入鴛衾，短兵相接的場合，可以說是細膩極了！但於嬌羞不肯之下，即接上蘭膏光裏兩情深一句，將要到緊張的，如此這般的場面，轉爲溫存蘊藉的描寫，並不作敎郎恣意憐那樣的昵狎，這即是細膩而輕鬆靈巧的藝術，也就是含蓄的善巧運用。在盡情描繪之時，留下有餘不盡的境界，在筆墨淋漓之際，留下事在意中，意在言外的境界，在繪影繪聲之中，從不爲人所注意之點，放大之，成爲凸出的特點，明白此一善巧運用，即不妨爲輕爲巧爲細，亦不致失爲重爲拙爲大，李後主這一首菩薩蠻最後兩句，在文法上，本也可以算是重寫之筆，惟其失於一瀉無餘，則不止失去了有分量的重，反而成爲輕薄之輕了。但李後主畢竟是詞家的聖手，我們再看他的虞美人：

春花秋月何時了。往事知多少。小樓昨夜又東風。故國不堪回首月明中。雕欄玉砌應猶在。只是朱顏改。問君還有幾多愁。恰似一江春水向東流。

此詞將春水比愁，由小樓的東風，而回首月中的故國，卽是巧而不露。又如溫庭筠的更漏子：

玉鑪香，紅蠟淚，偏照畫堂秋思。眉黛翠薄，鬢雲殘，夜長衾枕寒。梧桐樹，三更雨，不道離情甚苦。一葉葉，一聲聲，空階滴到明。

不用作坐以待旦的敘述，而以葉葉聲聲到明的雨聲，卽將竟夜不眠的味況寫出，卽是重從輕出，又如薛昭蘊的浣溪沙：

傾國傾城恨有餘。幾多紅淚泣姑蘇。倚風凝睇雪肌膚。吳主山河空落日，越王宮殿半平蕪。藕在菱蔓滿重湖。

寫吳越興亡大事，撇去霸圖王業，而以尋常所見重湖菱藕作結，卽是細中見大。這卽是作詞的關節所在，唐五代以來，詞家莫不能之，凡成功的詞曲，也莫不從這一矩範之中，陶鑄而出，但終身由之而不知其道者衆，乃是自古已然的，故雖名家大家，有時但縱筆之所之，恣意之所至，遂往往會有泰山毫毛之失。半塘翁提出這一點來，雖然不是詞家的菽粟，然使從事倚聲之作者，有歧路當前的警覺，得補偏救弊的方針；我們從此進一步，知道運用輕不遺重，巧不忘拙，細不失大的技術。則還是要當他爲海中之燈塔，循着這一燈塔，自能艷而不淫，縱而非恣，這卽是溫柔敦厚的詩意。

芳鄰（下）

蔡文甫

好吧，失去了許大媽的友誼，她一點兒都不在乎。眼看着吵架的事一件跟着一件發生。許家七歲的男孩，用石塊砸破她家玻璃窗，她丈夫吆喝了一聲，許大爺衝出來抓着小孩的胳膊往內拖，口裏嚷着：「一塊玻璃有什麼了不起，用得着嚇唬小孩？」聽聽那種口氣，像是她家玻璃窗應該被打壞；或是說，對做錯事的小孩就絕對不許鄰人張口。她丈夫忍不住這口氣，又互相嘲罵了。

爭吵的事一天天多起來，許家的一隻孱弱的黑色小鷄，死在她家院中，許大爺說是她丈夫打死的。繞在兩家屋簷下的陽溝阻塞了，誰也不讓誰家的臭水流出。許家清除廁所中的糞便，總是在她家吃飯的時候：她眞愁這樣僵持下去，兩家的感情更惡化，人們將無法相處。現在好了，許大媽已經和她打招呼，就要和她說話了。是啊，許大媽腳步停下來，攔在前面等她。

「程太太啊，妳知道嗎？」許大媽撩起籃口上的衣袖擦眼睛。「昨兒晚上，他們在胡先生家中碰杯在一道喝酒了哩！」

她忽然明白，那是他們兩個男人和好了，所以許大媽此刻才和她搭訕。她丈夫昨夜參加胡先生兒子的婚禮，喝得醉醺醺的回家，沒講一句話就躺在床上。她眞想知道他們是怎樣和好的？經過朋友的勸說，兩人才開始握手；還是他們自動的開始講話，像許大媽剛才對她這樣……？

「程先生眞好，」許大媽繼續說，他們已併肩走在堆滿貝殼和碎石子的河灘上。「他答應幫忙，我們眞感謝他！」

這時她突地替許大爺難過起來。她知道許大爺是爲了要請求別人幫忙，才向她丈夫低頭的。她雖沒看到他們兩個是怎樣開始講話，但可以想像得出：她丈夫在很多賓客中間高談濶論，忽然許大爺縮手縮腳地走到她丈夫身旁，靦覥地說：「我……我和你談句話好嗎？」於是她丈夫用懷疑的目光看他一眼，然後挺着胸硬着頦子跟他走到黑暗的牆角，許大爺把手伸向她的丈夫，說：「我很抱歉……」

想到這裏，她眞感到有點噁心。一會兒工夫，就覺得許大媽和許大爺一樣地令人討厭。他們夫妻倆都是這樣淺薄，俗不可耐。她實在不願意和他們親近，和他們來往。現在她和許大媽走在一道，彷彿已受了無限屈辱，能立刻趕走她，心裏才會舒服。

「我一點兒都不懂，」她忽然開口了，一股悶氣衝向嗓門，聲帶被扭曲。「那死鬼會那樣下賤，會答應——」她無法接着說下去。難道她不准丈夫和鄰人和好嗎？那是沒有道理的。兩家如再不和睦，將不知會鬧出什麼事來。可是，平時她受了許家那麼多的委屈；就這樣輕易地談和，未免太便宜許家了。此刻，她走在許大媽身旁，眞想把許大媽摔倒在地上，用手中的鋁質面盆，猛敲着她的頭，或是檢起一塊石頭，捶着許大媽的眼睛、鼻子、嘴……才能發洩心頭的怨恨。在敲擊時，她還要一句連着一句地問：「妳該懂得道理了吧？爲什麼不好好的對待我們？」一直等到許大媽討饒了才歇手……

「什麼？」許大媽尖叫起來。「妳先生和他講話就是下賤！妳願意大家鬧下去？」

她用鼻子出氣，聲音哼得很長。「是的，我願意鬧下去。」她說：「看他們究竟鬧成什麼樣子？」

「好奇怪！」許大媽站在後歪頭看看她的眼睛，說：「妳的想法，多怪？」

許大媽說完，硬着頸子一直向前衝，她倒僵住無法移動了。只聽到許大媽木拖鞋踏着碎石子「卜碌禿」的响，像是全身的重量，都運在兩雙腳上踢着、踏着。她有一個意念湧現在心頭和腦海，她要趕上前去，擒住許大媽，問她爲什麼要那樣傲慢無禮。她要捉住她。倒着頭把她放在河裏——她自己相信，她是有足夠的力量可以辦到的。她比許大媽年靑，也比許大媽高大——但她爲什麼要這樣做呢？一下子就覺得許大媽和她並沒有那麼大的怨恨。只是吵架之後，許大媽沒有理她。現在她們的丈夫和好了，她又來和她拉交情。好像許大媽並沒有錯，錯的是她自己，她爲什麼要把人與人之間的關係看得那麼重要那麼認眞？許大媽這時一定要恥笑她幼稚和可憐了！究竟是誰錯了呢？

許大媽沿着河旁一直向前跑，藍底黑花的長裙被風捲起又摔下，敲擊她瘦削的小腿。她縮回目光飄在眼前的河裏，河水碧綠，綠得使岸上油加利的樹葉映在河中變成黑色，黑得看不到天空的星星……她又錯了，現在她想起這是早晨，早晨有太陽時會看到星星？還有這河中的水一向是渾濁的，泥沙在上流被河水捲來滾滾地流着，水怎麼會是綠色？她對世上的一切都迷糊，一切的知識好像都走樣了。

她倏地拔起脚步向前跑，一面跑着一面喊：「許大媽呀，等我一起走啊……」

這時許大媽回轉身來，用疑惑的、不信的目光看她。那有什麼關係呢？她想，她要和許大媽一起蹲在凸出水面的大石塊上搓呀揉呀洗衣服，一面聽許大媽談許大爺三個月來的情況……她們又變做芳鄰了，她要問許大媽，許大爺請她丈夫幫忙的是什麼事……？

抗戰回憶錄（三四）

張發奎

八、桂柳會戰

九月下旬我在荔浦指揮所明瞭了下述的各種情況：

一、敵人分三路向我戰區前進，企圖以分進合擊態勢侵我桂柳。

二、湘桂路方面之敵為第四〇師團與第一一六師團刻在興安以南與我第九三軍對戰。

三、龍虎關方面之敵為第三、第十三師團已佔領我龍虎關。

四、西江方面之敵為第一〇四師團第廿二師團，獨立第十九旅團第廿三旅團已陷我丹竹平南。

五、我楊集團和第六十四軍大部已到達平樂荔浦附近集中。

六、我第九十三軍仍在大溶江東西之綫阻敵前進。

七、我軍校第六分校之一部武裝學生配合鍾山富川的民團在龍虎關附近阻敵前進。

八、第一三五師和第一五五師已到達桂平南佔領陣地拒止西江敵之前進。

九、桂林城防工事已大致完成，柳州工事正在趕築中。

任何一方面敵人的兵力都相當的龐大，如果全面採取守勢，則我們任何一方面都沒有足够的兵力，只有絕對處於劣勢的地位。反之如果攻擊敵人，雖然也是一件異常困難的事，但此決心基於內綫作戰的戰法，和根據任務與有利的地形交通的條件而正確創立了。

十月上旬，副參謀總長白崇禧將軍偕軍令部的作戰廳長張秉鈞到了桂林，我們決定以內線作戰的戰法對敵人攻勢作戰。

我們由武宣經荔浦至桂林劃一弧形，作為戰畧上的利害轉變綫，希望在這一個綫上來各個擊破陷於分離狀態的敵人。夏威將軍指揮第卅一、第九三、第七九等三個軍，担任桂林正面的作戰。楊森將軍指揮第二十、第廿六、第卅七等三個軍，担任荔浦方面的作戰。鄧龍光將軍指揮第一三五和第一五五師，担任西江正面的作戰。以比較精銳的第四六、第六四兩軍集中於荔浦附近，待機適切投入於攻勢方面，以為對敵攻擊之主力。這裏讓我特別附帶說明一點，關於戰場內部地形和交通的狀態，這是一個對於內線作戰極有興趣的地形，桂平以北荔浦以南，和荔浦以北桂林以南，有兩個猺山地帶，雖非攀不得過，但均在一千公尺以上的標高，山內都是猺民，語言習慣不同，且少與外間往來、形同另一世界；在兵團的運動上，成為一個天然的地障。因這兩個猺山的隔絕，使西江荔浦和桂林各方面的敵人，自然陷於分離的狀態。戰場內部，我們有一條自桂林至來賓南北貫通的鐵道，和與鐵道成直角自柳州至荔浦的公路，柳江水道有更大的運輸能力，這一切的交通於內線作戰的轉用兵力軍需供應均有特別的便利。

計劃的決定以桂林為守勢方面，西江和荔浦方面則依情況而轉為攻勢，桂林有一個特別利於防守的地形，周圍矗立的水成岩，緊密的包圍着這一座美麗的城市，形成為一道堅不可破的天然濠障。岩石下洞穴很多，可以作兵器的掩體，亦可以作人員彈藥的掩蔽，其於防空尤有絕對的效力。當桂林防禦計劃策定的時候，史廸威將軍到了桂林，白副參謀總長拍拍自己的胸膛對他說：「如果我們可以得到更多和新式的美國兵器，我保証桂林可固守三個月的時間」，他復強調如果敵人進犯桂林，他將在戰史上成為遠東的列日要塞。美國副總統華來士到桂林時白也這樣說。史廸威將軍為了白將軍的一席話，把許多的美國新式步兵火器和彈藥都由飛機運來，配給這些守城的廣西部隊。

應先求那一方面的敵人攻擊呢？道是一個困難的決心，須要綜合各種的狀況，方能作正確的判決。當初我認為龍虎關方面的敵人，給予我們最大的威脅，由平樂荔浦向柳州前進，是一條便捷的道路，在地形上亦比較容許大兵團的運動。如果敵人置主攻於這一方面，實是一個至當的部署；同時九月下旬蒙山南側的三江口陳村塘，已發現梧州方面敵人的竄擾。由此判斷梧州方面的敵人，由蒙山北進與龍虎關的敵人相會合於荔浦的公算甚大。所以我當初以先求龍虎關方面之敵而擊破之為決心，令楊集團於荔浦平樂間利用山地險路作巧妙的部署，誘致敵人渡過灕江後而殲滅之。我和白副參謀總長曾親自去偵察這個預定的戰場，他還回憶起過去內戰時的一段歷史，說是在這同一個地點，他親自擊潰了廣東的軍隊，並將當時的戰鬥經過如數家珍的講得津津有味，我們相互大笑，希望這是未來戰爭勝利的預兆。

可是這一個計劃沒有實施，原因是龍虎關和興安方面的敵人截至十月中旬，都沒有積極前進的行動，而西江方面的敵人，以其水道交通的便利和兵力絕對的優勢，知節節進迫，渡過邕江連續陷我平南桂平，有向武宣來賓直趨柳州以附我背的模樣。這是一個最感痛苦的威脅，如果敵人越過我武宣來賓，即進入了我利害轉變綫的限制，其危害的程度，立刻可以波及柳州和黔桂路後方的安全，那時我縱然能在荔浦方面取得勝利，亦無法補救大勢了。我立即決心將第四六、第六四兩軍轉用於桂平方面，先期擊破桂平之敵，以排除柳州側後的威脅。一個守勢方面不能得到預期的時間，是內綫作戰不易成功的事。在戰史上亦為內綫作戰最易失敗的教訓。

（未完）

峨嵋山月半輪秋

劉裕畧

「峨嵋山月半輪秋，影入平羌江水流。」這是李白在鄰近峨嵋山的地方，看見峨嵋山上，半輪秋月，映入江流，因有所感而吟出的詩句。

月亮本來是在天上，不在峨嵋山上。但站在峨嵋山附近看月亮，却覺得月亮在峨嵋山上似的，也覺得月亮是專在照着自己似的。其實，「月兒彎彎照九州」，它照射着四方，也照射着每一個角落，但月亮之妙，就妙在它能够使地球上的每個人都覺得它在照射自己。「別夢依依到謝家，小欄回合曲欄斜。多情惟有春庭月，猶為離人照落花」。「暮從碧山下，山月隨人歸。却顧所來徑，蒼蒼橫翠微。……」詩人們早已道出這種感覺了。

在月亮的照射下，與月最有緣份和配搭得最好的是水。在人們眼中，月亮本來就很美，月下觀景物就像燈下觀美人，在程度上會增加景物之美的。當月亮映入水中的時候，水月與景物交輝，就顯得更美了。

通常，說到景物之美，一定要推春天。但說到月亮，就不期然而然的要說秋月比春月好。人們平時愛說「春花秋月」，而不說秋花春月，這固然是秋花不及春花，主要的却還在春月不及秋月。秋月的好處在它本身的月色好，加上「天階夜色凉如月」的環境陪襯，就特別顯出一種吸引人的幽美來。在審美心理上，一個濃粧艷抹的女人，雖往往吸引人於一時，但眞能够長時間吸引人的，却還是淡粧和她的幽靜。月亮就是這種淡粧和這種幽靜的化身，月圓如鏡的時候是這樣，月缺如勾的時候也是這樣，這就難得了。月亮本來是沒有生命的，但它那幽美的清輝照射出來的時候，却像有生命一般。「今夜月明人盡望」，有生命就更吸引人了。

月亮映在水中，溶溶漾漾，那也情意盎然。這映着月影的水縱然只是一條小溪，它也常能平添無限景色。李白：「月落沙明天倒開，波搖石動水縈洄，輕舟泛月尋溪轉，疑是山陰雪後來。」儲光羲：「花潭竹嶼傍幽蹊，畫檝浮空入夜溪。芰荷覆水船難進，歌舞留人月易低！」這所謂「輕舟泛月尋溪轉」，「畫檝浮空入夜溪」說的還不都是小溪中的月色嗎？至於月夜泛舟西湖或太湖，那自然會更使人留戀了。袁子才夜遊西湖的詩說：「今宵眞是可憐宵，柳下呼舟月下搖。」這「可憐宵」三字，可謂體會入微。非性靈中人，對此不易了解。白居易詠西湖的詩：「松排山面千重翠，月點波心一顆珠。」他把映在平靜湖心的月亮，比作一顆珠子，就比蘇東坡：「銀漢無聲轉玉盤」，把月亮比作玉盤更好了。試想浸在水中的月亮和懸在空中的月亮，清光四射，玉潤珠圓，怎不更像一顆珠子呢？白居易夜遊太湖之後，寫詩給元微之說：「告君一事君應羨：一九宿澄波皓月中。」又試想：一個人自由自在的沉浸在澄波皓月中，又是何等羨人？那不但是詩境，而且是畫境；那不但是月亮照射下難得的美景，那更是人事煩囂中令人神往的意境哩！

除了詩人外，對於月亮，反應最敏感的要算女人，尤其是那些懷着深閨怨的女人。崔鶯鶯不消說了，她在月下，就和張生一問一答的寫過這樣的詩來：「月色溶溶夜，花陰寂寂春；如何臨皓魄，不見月中人？」「蘭閨深寂寞，無計度芳春；料得高吟者，應憐長嘆人！」而宮中的怨女呢？唐代大詩人王昌齡已一再以春怨和秋怨作題來描寫她們月下的心事：「芙蓉不及美人妝，水殿風來珠翠香。却恨含情掩秋扇，空懸明月待君王！」「西宮夜靜百花香，欲捲珠簾春恨長。斜抱雲和深見月，朦朧樹色隱昭陽。」王昌齡這首秋怨、這首春怨和他那首著名的閨怨：「閨中少婦不知愁，春日凝妝上翠樓，忽見陌頭楊柳色，悔教夫婿覓封侯。」正有異曲同工之妙。自古以來，在月下，最使人有所感觸的另一種人，應是征人。王昌齡「從軍行」說：「烽火城西百尺樓，黃昏獨坐海風秋。更吹羌笛關山月，無那金閨萬里愁。」征人見月，愁思湧來。對此，岑參的磧中作：「走馬西來欲到天，辭家見月兩回圓，今夜不知何處宿？平沙萬里絕人烟！」也曾曲曲道出了。

其實，不僅征人，就是一般遊子，對於月亮，也最容易引動情懷：「月落烏啼霜滿天，江楓漁火對愁眠。姑蘇城外寒山寺，夜半鐘聲到客船。」「寒江近戶漫流聲，竹影當窗亂月明。歸夢不知湖水濶，夜深還到洛陽城。」「烟籠寒水月籠沙，夜泊秦淮近酒家。商女不知亡國恨，隔江猶唱後庭花。」這些都是在月下道出感情的名作，這些名作雖然只是張繼、戎昱、杜牧寫的，却寫出了一般旅遊在外的人的心聲，而這種心聲，自古迄今，並無區別。試問：今天流亡在海外的人，在月色下，誰不思念大陸上的田園？誰又不有國破家亡之感呢？

本刊已經香港政府登記

聯合評論

週刊

每逢星期五出版

United Voice Weekly

第二〇九號

督印人：黃宇人　總編輯：左仲平
社址：九龍大埔道一六八號南亞書局 805641
承印：嘉羅印刷有限公司　香港灣仔馬師道5號
總代理：友聯發行公司　售價每份港幣一毫
本報美洲版總經售處：美國紐約中美出版社
CHINESE - AMERICAN PRESS, INC
199 CANAL STREET.,
NEW YORK13 N. Y. U.S.A.
美洲航空版每份零售美金一角

像印尼這類國家！

李璜

筆者對於蘇加諾及其左右所領導的印尼這個國家，一向有說不出的厭惡心情，倒不在這次對我國運動員的無恥排除行動上；她的絕對無聊，乃在一九五八年殘酷的排擠我旅印尼三百餘萬僑胞，並不必要的令我僑胞損失很大數字的財產以至生命，而於印尼政府及其人民且無絲毫的好處！

憶筆者於民四十八年一月十六日，在本刊上第一次發表論文，題為「如何解救印尼僑胞的苦難」，就曾寫道：「最近在南洋英屬殖民地旅行，筆者隨時遇着坐小舟飄海，逃出虎穴的印尼華僑，據他們說，印尼政府最厲害的是不但不許我僑胞做生意，加以嚴格限制，而且蘇加諾諸人聽任印尼暴徒霸佔僑胞財產，加以刼掠，以至殺人放火！……因是僑胞立墮黑暗地獄，無法生存，只得逃亡。……而且印尼政府如此蠻橫，不講人道，乃以打擊國民黨分子名義出之，台北國民黨當局，如不甘受人欺侮，應立採報復手段！……」

筆者在這篇論文末段，曾提出三項報復辦法，而今事過境遷，不必再提。但事不過只隔三年半時間而已，蘇加諾政權之一向無聊無恥的媚共，藉以取得中俄共的幫助，同時又換另一面孔去騙得美國人的金錢物資。——這一種流氓地痞式的政府及其國家——，必然是要隨時做出欺軟怕硬，欺善怕惡的勾當來的，我國運動員之要受無端端的排除，毫無足怪，所可怪者，我們自由中國的人們未免健忘而已！

像印尼這類國家，無獨有偶的，還得數拉撒總統所領導的埃及，也同為脫出殖民主義而獨立不久；其初，拉撒媚共敲詐，裝瘋騙人，與印尼同為地痞流氓式的國家！但是拉撒近兩年來比較的規矩一點，不敢動以左傾來恫嚇人。因為拉撒曾碰了兩次大釘子；一為英法聯合大舉轟炸埃及三天，炸得拉撒抬不起頭，幾乎垮台；二為侵略以色列，以為可以倖勝，藉此取得所有回教國家的領袖地位；但竟被小小的以色列打得大敗，丟臉之至！

一個初獨立的國家，自身問題本來甚多，其領導人不知去先行振刷其內政，團結其人民，從事經濟建設，以改善多數生活，以爭取國際的信譽，而乃藉裝瘋以騙飯吃，且還要發狂去耀武揚威，擾亂和平，這在歷史往事上看起來，簡直是在自作孽，絕無好下場的；而且在提倡民族自決，獨立建國者，其初心，並不是要落後民族都組成流氓地痞式的國家的。

但是，今日在新組國家中，流氓地痞風氣正在普遍流行，其根源是蘇俄這個大流氓在那裏提倡無聊無恥的原故！史太林就是標準的流氓頭兒，他曾騙了羅斯福許多金錢物資，而反臉不認賬；最大的騙局，莫大於將一千一百餘萬平方公里的中國大陸騙到了手，且將大陸的大量食物騙走，使六億中國人今日陷於飢餓！現在又來一個赫魯曉夫，專以「和平共存」的把戲，東騙西騙，已騙到美國後門的古巴去設立軍事基地了啊！

蘇俄大騙子的喝哄嚇詐的伎倆，十餘年來如此其着着生效，處處得法，故國際間已為此流氓地痞風氣所污染，而不學無術，投機取巧如蘇加諾、拉撒之流，自易為此一空氣所中，不斷的在表現小流氓的手法，徒使其國格低落而已，哀哉！

雖然，國際間的流氓地痞作風日益披猖，民主國家，特別是以領導自由世界為己任的美國政治家，也要負大部份的責任！十餘年來，英美政治家都以一味苟安的辦法去乞致和平，於是，綏撫國際敗類，忍氣吞聲，委屈求全，在所不惜，因使這班敗類，胆子愈來愈大，問題也愈來愈多。

往事不提，即以此次印尼要求西新幾內亞的統治權而論，美國也為苟安一時，而不惜犧牲其「民族自決」的傳統原則，去遷就蘇加諾的狂妄要求！西新幾內亞這塊地方，在歷史上從來與爪哇人沒有發生過任何關係，連人種都是另一棕色人種，宗教更是與回教兩樣。在聯合國會章的宗旨第一章第二條的「平等權利與自決原則」上，美國並未尊重新幾內亞島上巴布亞人的權利，而便贊成一年以後交與印尼去統治他們。現在荷蘭人已宣稱不滿，澳洲與葡萄牙也暗中緊張起來，據我看，後此的問題還多呢！——希圖苟安，到處對國際敗類去敷衍，絕非獲和平之道，因為在正義上說不過去，即無理由足以服人；無理由足以服人，則所謂治絲愈紛，實成釀亂之道。

聯合國今日又牽入新幾內亞來日必有糾紛的問題中，將使聯合國終於又要下不了台。聯合國本身並無罪過，其罪在支持聯合國以求所謂和平者，太不識大體耳！

五一、九、五

印尼在亞運會歧視中以兩國的不智

孫寶剛

最近在印尼舉行的亞洲運動會，因為印尼不批准中華民國及以色列的運動員們入境，所以中國和以色列的運動員便無法參加亞洲運動會。據熟知內幕者說，中華民國運動員的不能入境是印尼受了中共的壓力，以色列的所以不能入境是印尼受了阿拉伯國家的壓力。易言之，前者是受了政治的影響，而後者則為民族主義的。

在冷戰彌漫世界，且無所不用其極的今天，中共利用政治壓力，使台灣不能參加亞運，阿拉伯國家利用民族主義，甚至回教的壓力，使以色列不能參加亞運，本來是不足怪的事。那末我為什麼還要斤斤於此呢？原因是我在青年時也是一個運動員。所以至今在我的腦海中，還留着「運動員精神」這一個辭。這一個辭的含義，第一是公道，第二是合作。誰都知道，凡是運動競賽，總是在衆目睽睽之下舉行的，而且有一定規則，由評判員執行，所以運動競賽是最公道的，評判員很難偏袒甲方或一方的。講到合作，乃指球賽而言，一隊球員一定要互相合作，依據整隊的形勢而作進攻和防守，不可有某一個隊員突出地有顯身手，不和其他隊員合作，因為這樣做，不特全隊會失敗，即以那個突出的隊員說，也必一無成就的。

因為運動員精神含有這樣兩個意義，所以凡是做運動員的人，多少已受有一種訓練或教育，即對內不歧視任何一個隊員，對外也不歧視任何世賽的隊。這種精神如能發揚起來，世界的永久和平便不難達到的。在世界運動會的時候，東西德的運動員都參加了運動，我見到了非常高興，認為運動員倒底比政客們要進步，也可說，德國這個國家也真是一個優秀的國家，可以為世人效法的。不意這一次亞洲運動會竟鬧出了這樣一個笑話，而笑話的主角，還不是敵對的雙方，而是一個第三者，受了雙方的壓力，而破壞了運動員精神，這真是非常可惜的，我不能不說印尼當局的非常不智。

當然有人說，歧視或偏見是深植於人類的生理的和心理的天性之中，是人類的獸性的表現。我們看無論那一種野獸，無論遇到其同類或異類，祇要是初次相遇，都有一種嫌惡心理，怒目敵視。祇有人類因為文明進步，頭腦和意識的境界擴展了，才知新來的人不一定是敵人，凡非敵人便不須怒目敵視，也就是說，不須加以歧視，或存什麼偏見的。今天中國和以色列的運動員去印尼參加亞洲運動會，對於印尼來說，很顯然的可以知道，決無敵意。所以印尼以怒目相視，不使他們入境，這不是獸性的表現麼，除了給世人以印尼缺乏文明基礎的印象以外，一無好處。

即退一步來說，印尼是一個新獨立的國家，政治不上軌道，經濟頻於崩潰，國勢危危欲墮，不能抵抗中共和阿拉伯國家的壓力，所以兩者的壓力一至，印尼祇有俯首臣服，此乃不得已也。我想這個說法，是很難令人置信的。印尼的政策雖然是對共黨國家一貫的討好的，但是由於排華的激烈，華僑被害者不可勝數，中共雖未曾盡其執政者的責任，嚴重交涉，以達成保護華僑的任務，但是我們看中共十餘年來的作為，對於民族主義也很重視，中共也許格於形勢，所以在印尼排華之時，不能採有效的舉措，但是眼看同胞受害，當然是忿怒非常的。所以這一次印尼對中國運動員參加亞洲運動會一事來討好一下中共，這不是和淳于髠所說的笑話一樣：一個農人，拿了一個猪脚，一壺酒，對上帝祝禱，要保佑他五穀豐收，全家福壽麼？是所予者小而所求者實在太多了。上帝怎會做這樣的賠本生意呢？而況以中共來說，是根本沒有道義的，你今天對他有作用，今天買你賬，明天沒有作用了，在他的需要下斬你割你在所不惜，所以印尼討好這一次，在我看來是多餘的，徒令世人嘆惜而已。

說到拒絕以色列運動員入境，那更是毫無意義了。以今天自稱欲領導阿拉伯集團的拉撒，豪氣已非當年，據有些西方人士去埃及考察的報導，拉撒的集團也明知要毀滅以色列的不可能，祇是宣傳已經中了毒，對老百姓一時轉不過來，所以祇能作劍拔弩張的威脅，其實也止於威脅而已。印尼的當局是明智的話，應當洞其實情以運動員精神來婉拒阿拉伯國家這次的壓力，是輕易的事，不幸不此之圖，而為虎作倀，真是愚蠢了。

我們厠身東南亞，而印尼以版圖來說，是僅次於中國大陸的一個國家，所以印尼對東南亞的外交，政治經濟的動向，與有重要的關係。這十年來，印尼的一切的一切，不客氣地說，令人滿意的地方，實在太少了。這次拒絕中以運動員入境，意義雖似重大，究竟還是件小事，我希望印尼當局，能夠由這次的錯誤中猛省，而印尼的人民，也應該善自覺悟，不要使當局們胡作胡為。

最後，我重覆一次，歧視或偏見是人類的獸性的表現，人類的文明的進步，已自一個民族的或一個宗教的偏狹的意識，進步到全人類的境界，而各種宗教也應該合作起來，隨着時代的進步而進步，最近羅馬教皇已有化除天主教，正教，基督教和英國國教的偏見的顯示，就是一個很好的例子。世界今天的政治雖然分了東西兩大陣營，這祇是少數野心者所形成的，我們立在人民的立場上，總希望有解決的一天，但要這樣做，千萬不可再助長偏見和歧視了。

中共對日本左傾勢力影響力正在減退

劉裕畧

日本是整個世界中亞洲方面的一個政畧戰畧要點，它的工業生產力，雖不及美國，但却在亞洲首屈一指。所以，民主集團一直在爭取它，共黨集團也一直在用國際統戰方式，先孤立它，然後再赤化它。

在共黨集團孤立日本煽動日本的工作中，中共比蘇聯担負了更重要的角色，這一方面誠然是中日同文同種，中國與日本的密切程度，遠超過蘇聯與日本的關係，故由中共對日本做工作，比由蘇聯做工作方便。另一方面，則日本國內左傾勢力又恰巧傾向中共更超過傾向蘇聯。所以，共黨集團對日本左傾勢力的工作，便自然的落在中共肩上。何況，在赫魯曉夫與毛澤東的私人衝突中，毛澤東更欲拉攏日共及日本左傾勢力以自重呢？

回顧中共與日本左傾勢力十三年來的關係，可以說：中共對日本左傾勢力的影響力是一直在向上發展着的。中共策動左傾的日本社會黨和左傾的日本「總評」以及左傾的日本青年學生舉行連續不斷的大示威，卒至迫使美國總統艾森豪臨時取消訪日，以及迫使日本前首相岸信介暫時下台，那正是中共影響日本左傾勢力達到最高峯的表現。

隨後，中共雖然又一再派遣以劉寧一為首的工會代表團到日本煽動，期將原有的示威的狂潮更加強更擴大起來，但兩年來，日本左傾勢力在日本國內的搗亂工作，只像微波一樣，再也沒有出現過以前那種洪峯了。這說明了中共對日本左傾勢力的影響力已不及以前那樣從心所欲。直到最近，中共連續在「廣島禁止原子彈氫彈大會」上和在「東京禁止原子彈氫彈和阻止核子戰爭的世界大會」上的兩次挫敗，說明了中共對日本左傾勢力的影響力已呈減退之勢。因為中共這兩次挫敗都是由一向左傾的日本社會黨與日本工會總評議會給予打擊從而造成的。而這一現象，從所未有。所以，值得特別注意。

對於中共在日本的一再挫敗情形，西方國家的記者本來無所報導，但中共人民日報却因支持日共對日本社會黨及日本工會總評議的抨擊，而自己暴露了出來。

據八月九日人民日報說：「日本共產黨廣島縣委員會和民主青年同盟廣島縣委員會於八月七日發表聯合聲明，說廣島禁止原子彈氫彈大會主席團非法宣佈的『廣島呼籲書』和抗議蘇聯進行核試驗的決議是完全無效的。廣島曾經於八月六日舉行禁止原子彈氫彈大會。出席大會的有二千六百名日本代表和十七名外國代表，在開會以前，代表們決定由廣島禁止原子彈氫彈協議會對這個呼籲書草案進行修改，然後再提交大會表決通過。但代表大會上，主席團突然宣讀了未經任何修改的廣島呼籲書草案。共產黨和其它代表要發言，表示不同的意見，但是主席團却不許他們發言。這個被非法宣讀的呼籲書硬說核試驗的惡性循環是自蘇聯去年的核試驗開始的，呼籲書還要求美國和蘇聯都停止核試。這個大會的主席團還不顧代表們的強烈反對，便決定打電報給美、蘇兩國首腦表示抗議。」

八月九日人民日報又說：「在會上要求對廣島呼籲書表示意見的中國代表也受阻未能走上主席台講壇。在這種情況下，中國、蘇聯和朝鮮的代表退出了會場」。

於是，出席廣島大會的中共代表楊朔就向日共赤旗報發表談話說：「廣島呼籲書在內容和形式兩方面都完全是無效的錯誤的。」

楊朔又向赤旗報說：「很明顯，當核武器掌握在蘇聯和其它社會主義國家手中的時候，它就是保衛和平的強有力的武器；當它掌握在帝國主義手中的時候，它就被作為兇惡的武器來使用。看不見這種差別，是錯誤的。」

從楊朔的上述談話，可以很明顯的看出：原來中共出席廣島禁止原子彈氫彈大會的目的，不是在呼籲原子彈和氫彈在美蘇雙方都一齊禁試，而是只在誘騙日本人民專門反對美國核試，而不要反對蘇聯核試，那末，可見中共代表之到廣島，原不是為什麼「和平禁試」而來，乃為誘騙日本人民而來，乃為玩弄日本社會黨及日本總評而來。揭穿說：中共的目的很簡單，就是派楊朔為首的代表團到廣島來牽着日本社會黨和日本工會總評議會的鼻子走，走向反對美國核試之路，走向擁護蘇聯核試之路。試想：這是何等矛盾啦！這是何等輕視日本人啦！中共以為日本社會黨和日本工會總評議會都是中共的奴才，所以才敢以楊朔所說那種蘇聯擁有原子彈氫彈就是對的，美國擁有原子彈和氫彈就是不對的荒謬說法，誘騙日本人民，中共太輕視日本人民了。中共眼目中把日本人民看得太無知了。當然，這也並不奇怪，左傾的日本人民過去的表現亦確實顯得太無知，日本社會黨和日本工會總評議會過去幾年一直甘心作中共的奴才與附庸，才造成今日的這一結果。假如日本左傾人民不是那樣對中共表現奴才相的話，中共何至敢於如此輕視日本人民呢？

由此可見，左傾對日本的國格是最有損的。左傾的結果，就只能一方面遭致自由世界的敵視，一方面遭致共黨集團對日本人民的輕蔑。所幸日本左傾人士，尤其日本社會黨和日本工會總評議會在這一次的廣島大會上，沒有完全上中共的當，甚至還給予了中共以教訓以打擊。

但中共對廣島的挫敗是不甘心的，因為它知道日本左傾人士中仍有着很多賤骨頭，所以，中共又在廣島大會之後，緊接着又派出了以巴金為首的代表團在東京重新與少數日本左傾人士另搞一個東京大會。務期將中共的歪曲觀點加在日本人民頭上，以強奸日本民意。這跟即在東京舉行另一會議，便叫「第八屆禁止原子彈氫彈和阻止核戰爭世界大會」。

對於這一大會，雖然由於中共與日本少數左傾人士的操縱而使中共得逞，因而在形式上通過了所謂「東京宣言」的兩個文件。但日本社會黨和日本工會總評議會在中共這一連續性的陰謀活動中，始終堅持打擊中共的作風，這就使得中共在廣島大會的失敗，是肯定的失敗，是從形式到內容的徹底失敗，而中共在東京大會的收獲，也不過是形式上的收獲。對於這一點，中共八月九日及八月十二日人民日報都已透露了。

八月九日中共人民日報所刊「日共中央政治局就禁止原子彈氫彈大會發表聲明，譴責社會黨和總評代表的分裂活動」說：「這一聲明是由日共總書記宮本顯治在一次記者招待會宣佈」，「聲明強烈抨擊某些社會黨代表採取猖狂的做法，使用致使大會人員受重傷的暴力，企圖把社會黨『積極中立』路線強加於大會，無視外國代表和主席團，企圖使大會不通過文件而閉幕」。

「聲明說：總評和社會黨領袖們的這種行動將成為日本反對原子彈氫彈運動歷史一個可恥的污點。他們應在日本和世界和平力量面前對自己的行為感到羞恥」。

嚴格說來，日本社會黨的所謂積極中立政策，也根本是一種未能分清敵友的錯誤政策，也根本是一種足以導致日本於孤立的懦弱而膚淺的政策，與日本的國家民族利益絕不相符，也與整個人類世界的利益絕不相符的。因為在整個人類社會面臨共產主義挑戰之際，是不應該採取中立態度的。不過，這比較中共企圖把日本誘騙到擁護蘇聯可以保有核武器，美國不可保有核武器的荒謬怪誕之路，總算稍勝一籌，因而日本總評及日本社會黨在廣島和在東京兩次大會中給予中共的打擊，也還值得讚許。雖然，這種打擊仍是非常的不夠。但假若日本總評及日本社會黨能因此認識中共本來的猙獰面目的話，從而徹底擺脫中共對日本總評及日本社會黨的奴隸鎖鏈的話，從而完全揚棄中立主義的卑劣濫調而走上積極的反共的路的話，則日本總評及日本社會黨仍有前途。

不過，我們應該知道：中共對日本的陰謀並不會就此中止的，中共對日本總評和日本社會黨的統戰活動也不會因此中止的。它仍然而且必然會繼續再去誘騙日本總評及日本社會黨的。因為毛澤東早就說過，革命的進行是一波一波的。有高峯，也有低潮。日本總評及日本社會黨這次給予中共的打擊，中共只會把它當低潮看，它決不會因此灰心，更不會因此放棄它對日本的陰謀。除非日本總評及日本社會黨繼續不斷的給予打擊，那末，中共的頭腦也會因嚴重打擊而清醒過來，因而不敢再玩弄日本人民。

但據中共「中國新聞社」八月廿五日北平電：「中華全國總工會書記處書記康永和二十四日在日本工會總評議會第十九次代表大會上講話中說：中國工人始終不渝地堅決支持日本工人反對中日兩國人民的共同敵人——美帝國主義，和爭取民族獨立、維護和平、爭取民主權利、要求改善生活的鬥爭」。「康永和熱情讚揚了日本工人階級在反對美帝國主義和日本壟斷資本主義的鬥爭中所取得成就」

顯然，中共的陰魂不散，又從另一條道路去煽動去玩弄日本工會總評議會這一組織了。那是中共在日本廣島及東京兩次大會挫敗後的又一攻勢。當然值得日本人民的警惕。其實，中共把中國大陸統治得一塌糊塗，中國大陸民窮財盡，人人飢餓，日本左傾人士早應該有所覺悟了。

讀者投書

請反共人士提出救國具體方案

陳國清

聯合評論並轉全體反共人士公鑒：溯自中共竊據大陸以來，於茲又已十三載矣，人民塗炭，實已開中外古今之新紀元。所幸「天作孽，猶可為。自作孽，不可活」，由於中共倒行逆施，天厭天棄之後，又民怨民恨之矣。就今日大陸之整個情況論，人民與中共之關係，實已達到我先聖先賢所說「時日曷喪，予及汝偕亡」之境地。確無可疑。且又由於毛澤東之狂妄自大，業已與蘇聯之赫魯曉夫發生裂痕，內則由於胡作亂為而使農工兩業減產；災患頻仍之後，繼之以軍心喪失；軍隊動搖。今日之中共已面臨全面崩潰之邊緣，已屬明顯。

論時論勢，此固台灣反攻之最好機運。但蔣氏父子以偏安為滿足，以苟安為得計。只空言反攻以騙人民，並無實際行動以解大陸人民倒懸之痛苦。言念及此，悲憤良深，恐反攻復國之大好良機，就此輕輕過去，故鄙人特函全體反共人士，務必奮起以救國家。

蓋「天下興亡，匹夫有責」。何況吾人流亡海外，斷不容長此偷生。更何況諸君平日好作大言，動輒以反共復國為號召，又動輒以實現自由民主作宣傳。試問當此天亡中共之良機，諸君尚不投袂奮起，尚對得起自己？對得起國家？對得起大陸同胞？對得起中華民族之列祖列宗乎？倘若諸君只以日事苟安為心，倘若諸君專以個人生計或妻室兒女之事為務，倘若諸君仍殷殷以入外國籍為念，倘若諸君竟以畏難為辭，則不知諸君平時又為何要喊反共復國口號？更不知諸君與蔣氏父子之祇知一黨一派一家一姓一人之私又有何區別？「行己有恥」、「明恥教戰」、「知恥近乎勇」皆中國先聖先賢之古訓，但願諸君當此國家危急存亡之秋，中共已露敗徵之際，切實提出具體方案與國人共同救國。勿再以空談自滿，更勿以高論自欺欺人。夫然後才對得起國家和自己。鄙人不敏，亦願以熱血擁護諸君，盼共鑒之！

南越的今天與亞洲的明天

李金瞱

近三個月來，很少能在報紙上看到有關南越的政治新聞。但是南越的剿共勝利的消息，却不斷的傳來。

吳廷琰總統對南越來說，很像是當年的李承晚之與南韓。在李承晚政府因政變垮台之後，南越人民的情緒，也曾一度相當的激動。南越的政治，嚴格地說，已是與吳氏家族的關係分不開，吳廷琰的聲譽，也因此受到了損害。西方的通訊社和雜誌，曾多次地報導有關吳氏家族集團，在南越的種種有失體統的事態，其予人的印象，實在是欠佳的。人們都知道吳廷琰是一個當今南越的人傑，人民就對他不能任用賢能，而把國家政務委之於家族份子一點，愈加地表示了不滿。「內舉不避親」，固無不可，但是「內舉不避親」在民主政治的現代，多少是有點格格不入的。除非內舉之親，眞能公忠體國，愛民如子，否則對實際政治，必然是害多利少，必然是弊端叢生。南越的軍人，曾數次發動事變，包圍槍擊總統府有之，駕機轟炸總統府有之，這些軍人即或是背景有問題，但是他們的行動，無不是針對着南越政治上的寙敗和失望而發的。這樣的情況如果再拖延下去，吳氏家族的權位固然難保，整個南越的安全也已亟亟可危。

就在這樣的情況之下，美國表示了對南越的態度，希望南越政府有所改進。吳廷琰初時對美國的態度，感到異常的不滿，認為事屬干涉內政，然而美國則認定，如不改革，不待北越共軍南下，西貢事實上已為越共游擊隊所包圍。軍人不滿現狀，將士不肯用命，吳廷琰事實等同坐在火山上。不加改革，美國雖援助不絕，勢也難起挽救危亡之效。在經過不斷的磋商後，吳廷琰終於在原則上接受了美國的建議，答允改革政治，而美軍在南越，遂直接從事領導南越軍對越共的戰鬥。

南越現在軍事上的情況，正在節節進展中，雖不能說勝利在望，至少西貢的威脅已是早經解除了。

祇有共產黨，才會說是美國侵略了南越，也祇有具有共黨意識的人，才會用狹隘的眼光來看現在美國與南越間的關係。就像過去，有些人用懷疑的眼光來看馬來亞的剿共，因為馬來亞的剿共勝利，事實上也仍是未曾離開英國的協助的。南越如果不經過必要的改革，如果吳氏的家族不知自斂，沒有人能再相信她能安然無事，不被越共吞噬。如果吳廷琰虛驕自大，不思改革，不作讓步，美國必然在愛莫能助的情況之下，看着南越日甚一日的惡化下去。南越內部也必然因此會發生混亂，甚且是發生政變或軍人干政，一旦這樣的亂局迭起，共黨的活躍必然加強，發展必然迅速，結果是官逼民反，越共便可坐大，毀了吳廷琰，也毀了南越。

因此，雖不能說，南越是在美國的搶救之下得以保全，至少也可以說，吳廷琰畢竟還有自救之明。在吳廷琰，可能有時會自感羞愧，但是如果他能想到這是唯一自救救國之途時，他該感到對人民慚愧的是他過去的錯誤。正如李承晚如果他能眞正了解人民對他的尊敬和愛護，他就不會利用這份深厚的敬意和愛意，來培養私人的勢力，不會妄圖做終身的總統了。

在東方國家，一些政黨領袖，往往會濫用他個人早年對國家民族貢獻得來的地位和權力。他們往往覺得既是功在黨國，就祇有一條路可走，永遠把持着權力和軍隊，一心一意地往國家元首的寶座上爬，然後就是戀戀不捨。李承晚、吳廷琰，都是深受西方教育的，都是對民主政治有相當認識的，尚且不免墮落到權位慾念的深淵之中，則那些本是受極權思想培養的霸主，自是更加的熱衷於獨裁政治了！

我從這樣的角度來談論南越和吳廷琰，完全是根據事實，為的是要從這個事實來說明民主政治是絲毫不能假的，是假不得的，是不能夾帶一絲一毫個人的權利慾念的。領導一個國家是如此，領導一個政黨也是如此，即使是領導一個小小的團體，也應該是如此。

我從這個角度來談論南越和吳廷琰，也不是為了要捧美國政府和美國的軍隊。美國政府和美國軍隊，在亞洲地的功過是非如何，顯然也有定論。從現實的方面來說，美國的政策就是一個利己的政策，她幫助你，也還是為了利己，幫助你站起來，是為了多一個具有實力的盟友，而不是為了多一個具有實力的敵人。美國人儘管對阿登諾、戴高樂感到頭痛，但是對於這樣強硬的盟友，她仍然能夠感到安心；對於懦弱的盟友，對於祇能消耗美國援助的盟友，即使美國人能對之頤指氣使，但是她反而會因此感到恐懼和不安。

在韓戰期間，李承晚的強硬是可愛的。他甚至曾經不顧一切釋放戰俘，不顧一切寧可杯葛美元而不貶低韓國的幣值。這些他都得到了勝利。但是當他把這種頑強的情操用到政治上去，而意圖變相地實行獨裁之後，他就失去了民心，失去了軍心，也失去了與美國站在平等地位上交涉折衝的能力，也就無法對現實政治發揮其權力和影響力了。因此，我認為，吳廷琰尚不失是一位「識時務者」。當然，除非吳廷琰能眞心的下定決心，在現在的基礎上，作進一步地改革，調整家族份子在實際政治上的職位和地位，因為南越人不會相信人才祇有出自吳氏家族，祇有徹底地大公無私，天下為公，才能為南越的前途帶來光明。

目前吳廷琰正在受着考驗，如果南越眞正地走上了民主的道路，則不啻是為了亞洲其它國家的民主運動帶來了曙光。

紡織業面臨難關

直夫

（台北通訊）台灣全省共有二十四家紗廠，由於營業不振，已面臨最惡劣的困境，各廠負責人，每日多忙於奔走張羅，週轉頭寸；大家都深感如果目前的情形不能改善，則可能造成嚴重的倒風。目前各廠均曾向台灣銀行和其他銀行貸借鉅額，總額達十億元以上，而且是彼此互相聯保。一旦有一部份發生倒閉，則牽連所及，全部紗廠均無法生存。

各紗廠為穩定內銷價格，自本月十一日起，已開始聯合集中掛牌出售；但迄今僅售出四百餘件。場外交易則極為踴躍，成交價格均較牌價為低。其原因不外各紗廠為解決本身週轉的急需，不惜破壞公約，削價拋售。可見集中掛牌的計劃已行不通。為穩定紗價，挽救危機計，唯一的辦法，似乎祇有將各廠所生產的棉紗，集中經營，嚴禁私售。但此項辦法，非由政府當局負責督導，則仍將重蹈集中掛牌的覆轍。

合併經營的擬議

據政府有關方面透露：挽救本省紡織業危機的切要之道，應取銷原棉聯購處，並將中華、中國兩貿易公司合併，進而將全省二十四家紗廠合組成一個機構，統一經營，才可望減低成本，提高品質，進而穩定內銷價格，打開外銷市場。由於目前原棉聯購處採購物品方式不當，名為聯購，實則各廠各自為政，有的從中抽取佣金，無形中增加了棉紗的成本；有的以低級棉花濫竽充數，以致品質不良。因此，必需取銷原棉聯購處，而改組另一機構，澈底改變採購方式，然後棉花底價才可能減低，品質才可能提高。

至於中華中國兩貿易公司根本就是一個矛盾現象。因為兩者的業務完全相同。為求紡織業的步驟一致和節省費用，實有合併之必要。再說到二十四家紗廠合組成一個機構，不但可以減少支出，而且還可以提高效率。過去在大陸時，亦曾將紗廠合併經營，成績甚佳，即為顯例。聞政府有關方面已在進行研究，預料不久，可能對本省整個紡織業，將有一番整頓。

立委洩密被處徒刑八月

見微

（嘉義通訊）立法委員劉明朝於開徵國防臨時特別捐前夕洩漏國家機密及台北市議員紀明乘機賄通糖廠經辦人員，購囤食糖四千餘包案，八月二十四日在嘉義地方法院開庭辯論，由黃一石推事任審判長，被告二十二人均出庭，並延請端木愷等十三位律師辯護。

立委律師有妙論

立委兼律師的端木愷指陳檢察官起訴劉明朝洩漏秘密的唯一事實，是劉在立法院開會後到合作金庫取錢，該庫代管部副理劉通益問以加捐的事，他答「哼哼」兩字，端木律師認為哼哼兩字雖可表示有加捐的事；但祇能說沒有否認，不能說是洩密。因為劉明朝身為立法委員、法律又不能教人說謊，自不能以不否認為洩密。況立法委員代表老百姓說話，又豈能用謊言瞞騙老百姓？又說：憲法上沒有立法院開秘密會議的規定，雖然立法院的組織法有此條文，但此乃立法院開會的一種程序，不能約束會議的結果。因為加稅是增加老百姓的負担，應該讓老百姓知道，不能秘密。端木律師對於檢察官把立法委員當作公務員，因而控以瀆職罪，認為也是錯誤的。他舉出公務員懲戒的對象，並不包括立法委員，足見公務員一詞，指的祇是政府任命的行政人員，民選的立監委員並不在內。

沈榮律師還引用英國和日本的律，指陳提高稅率，並不是一種秘密；而且我國法律也沒有禁止對外洩密的條款。張廷柱律師則辯稱紀明等所購食糖的總量，在本省市場中不過九牛一毛，實無囤積居奇，操縱市場之可言。其他的律師也多妙論。記者分屬老百姓，對於立委端木律師的論點，更有莫測高深之感。他既承認「哼哼」兩字是表示加捐，却又說不是洩密，顯屬前後矛盾。最奇怪的，是他說憲法沒有規定立法院開秘密會議，雖然該院的組織法有此條文，但此僅係開會的一種程序，自不能約束會議的結果。似乎他認為立法院秘密會議是違憲的，立法院開會的結果是應該的了。如果此說可以成立，則劉明朝洩密事小，立法院違憲事大、端木立委為什麼從未在院會上有所爭論，而要等到劉明朝因洩密被控才提出作辯護？是不是劉明朝若不被控，立法院舉行秘密會議就不算違憲了。現在端木立委既在神聖莊嚴的法庭提出此一妙論，今後立法院倘再舉行秘密會議，他是不是將要提出反對？否則，他在立法院作委員時是一套，在為他人作辯護律師時又是一套，未免變化太大了吧？至於沈榮律師引用英國法律，指陳提高稅率並非秘密，如非他自己無知，更是他認為法官可欺。第二次世界大戰以前的英國聯合政府，張伯倫財相向國會提出預算案，增加茶葉菸酒等的稅率，事為殖民地大臣工黨議員某君無意之間洩漏，結果由內閣組織特別法庭偵訊，該殖民地大臣不但立即去職，而且連議員也一併辭去，從此退出政壇。由此可知沈榮律師所談的英國法律，祇是信口開河而已；所幸各大律師雖然妙論連篇，法院仍判處劉明朝徒刑八個月，但紀明與劉通益則宣判無罪，亦可謂有幸有不幸了。

台灣簡訊

志清

一、監察院再次彈劾林務局長

週前監察院以農林廳長金陽鎬，林務局局長陶玉田等為辦理枕木銷韓將違約木商應繳罰款擅自減輕，非法圖利，經監委陶百川、高登二人提出彈劾，並經院會通過，移送公務員懲戒委員會依法懲戒。二十五日，陶、高兩監委又對陶玉田、作業組長陳龍謦、主計室主任趙馥郁（現已調升台北市政府主計室主任）等三人提出另一彈劾案。據彈劾案所列舉的事實，林務局（時為林產管理局）歲計課長黃錦源等，於民國四十七年參加銷韓枕木投標，首次得標五七六、〇九一根，其生產方式除以林班標換枕木，並由該局所屬林場自行生產外，另以該局貯木場檜木標換枕木，此項目標定為一一〇、九三九根。依照該局與木商所訂合約，應於木商繳交枕木後，該局方予償付檜木，乃該局竟變更契約，准許木商提供担保品先行提領檜木，此項措施，實屬違約。其中永豐、枋寮、新乾記、拓林等四家先後以軸承、鋼鑽為担保，作價五百餘萬元，提領檜木三千餘立方公尺；但均違約，不交枕木，總數達二萬八千餘根，涉訟經年。迨訴訟獲勝。法院處分担保品時，發覺其担保品俱為廢物，無人承購。保証人之財產又不足償付欠枕，現雖進行責成另一保証人負責償還；但已歷時四載，將來能否如願，此時殊難預卜。陶委員等又查出永豐、枋寮、新乾記等均係同一木商（吳興）之化名，而彼等申請標換枕木案自陶玉田於四十七年五月二十三日批准交公証估價，即於同月二十六日亦辦完一切手續，提領檜木，前後僅歷時三日；對公証行之信用亦未加調查，其事前與木商吳興已有勾串，從中取利，實屬不可掩飾。其後永豐等三家皆違約欠枕，該公証行亦宣告倒閉，致使國家財物所遭受之損失，至今未獲賠償。陶委員等認為陶玉田等四人奉職無狀，涉嫌圖利，違法失職，不可曲宥，特提出彈劾，以肅官箴，當經監委段克昌等十人審查通過成立，於本月二十五日由該院送請公務院懲戒委員會議懲。

二、警務處股長貪污被扣

台灣省警務處經濟科股長馮萬青於兩年前任台北市警察局行政課長時，與日本影片商人及戲院負責人勾結，便利日片走私，收受鉅額賄賂，經警備總司令部遊查組第一組調查屬實，於八月十七日報由台北地檢處下令扣留。

據悉：警備總司令部在日片走私案中，查悉除行政院新聞局電影檢查處有勾結片商及戲院收受賄賂情事外，其所屬某單位職員洪省忠亦從中分取賄賂；乃將該員交軍法處偵辦。該處連日開庭偵查；並借提業經被押於台北法院看守所之台北警局行政課員林貽藩與洪對質及傳訊有關片商及戲院負責人作證。洪始承認數年以來，林曾以繳會款方式每月送他五百元至一千元不等，合計約有九萬餘元。林貽藩則供認七年來，曾與馮萬青及電檢處科長李功壽等多人與日片商及放映日片的戲院負責人勾結舞弊，收受賄賂總額約為三百餘萬元；但他祇分得十六萬元。此外，還有一筆二十餘萬元的賄款，則是奉命收取的。至於奉何人之命，則尚未供出。此為目前遊查一組的偵查重點，顯示本案可能尚有發展。

遊查一組在馮萬青被牽涉後，先從側面查証，迨獲得具體事証，才秘密送達台北地檢處。又經地檢處研究結果，認為嫌疑重大，才於二十二日晨開出傳票交遊查一組持往訪晤警務處長郭永，郭對辦案人員說，他將限馮萬青於下午六時來到該處應訊。隨即面囑經濟科長何丹轉知馮務必按時前往。何科長發現馮未到公，深恐發生意外，立即四處找尋，直到下午七時許才找到。馮初請求不到遊查一組而逕赴法院報到，被辦案人拒絕，遂於八時前往該組，由地檢處檢察官林溶濱負責偵訊。他最初堅不承認有收受賄賂情事，繼因得知將與洪省忠和林貽藩對質並有片商及戲院負責人作証，才供認收受三萬元；但辯稱該款是片商和戲院對「警局的便利與協助」表示「衷誠的感謝」而自動心甘情願的送給他的紅包，並非賄賂。

林檢察官以洪省忠被扣之初，僅承認收受賄賂七千餘元，繼經查証，則有九萬餘元；林貽藩被傳訊時，亦祇供認收受賄賂三千餘元，繼經扣押查証，竟達十六萬餘元之多，因而馮萬青供認收受賄賂三萬元，是否可靠，尚需查証。即傳令將馮扣押，發交遊查一組繼續偵查。

三、「遠東大學」流產

前任教育部長張其昀前以發揚東方文化，促進亞洲團結為號召，又得海外華僑之熱烈贊助，發起在台灣創設遠東大學，並正式成立董事會，由張自任董事長，聘請教育部前任政務次長高信為校長。人們原以為張董事長既得「兩朝」的寵信，又有華僑的支持，遠大的前途必然更加遠大。不料，在擇吉開張的前夕，現教育當局實地視察，覺其所具條件太差，依法不能設立大學；如准予設立，必將引起立監兩院的抨擊及社會輿論的指責。乃婉勸其先辦研究所，再徐圖發展。張其昀無可如何，乃將遠東大學改為中國文化研究所，並經教育部正式核准，現已錄取新生八十名，定於十一月一日開學。據稱：該所仍分研究部與大學部兩部，明年即將籌辦後者。但將名為中國文化學院。至於前經聘定之遠東大學校長高信，則已受聘為私立蓬甲學院院長矣。又報載：中國文化研究所，在基金及校址等各方面，均能得道多助，進行頗為順利。第一座自建四層大樓，名為大成館，預定雙十節前可完成，面積合計為三千二百坪；附近另建明倫樓為女生宿舍。第二座建築為大同館，圖則業已完成，包括可容大學部新生八百人之課室、宿舍、餐廳及風雨操場。

四、唐榮公司的沉痾難起

政府不惜玩法弄權，以大力支持的唐榮廠，自增資改組為新公司後，不但宿疾未癒，而且又染上新病。在改組時，盛傳新公司的總經理人選，將由監察小組組長潘鋕甲和處理小組組長童次誠兩人中擇一而任；但因省政府從中作梗，甚至還使新公司的首次股東大會流產，結果，才由省府支持的李柏齡出任。不料李柏齡接管不久，即提出非再增資不能維持的要求。於是又報請省府轉呈行政院，提出增資的要求；但經濟部、財政部、外貿會有關機關及會計專家宋作楠的調查研究的結果，均認為該公司如能善為經營，每月仍可望有相當的盈餘，以作償還債務之用。

行政院方面，亦因該公司是經過委託中華開發信託公司好幾個月的監理清查，由潘鋕甲簽註意見，認為是可救濟及值得救濟，始由行政院引用國家總動員法，頒發救濟令；同時，又經過行政院處理小組好幾個月的處理，把債權債務處理原則及公司業務經營方針擬妥之後，始移交於現任總經理李柏齡接管經營。如今為時未幾，若又因其不能維持而准其增資改組，豈非把過去監查小組及處理小組的意見完全推翻，並使政府失去了一貫維護唐榮不令其宣告破產之立場？因此行政院目前對於此項問題之處理，不能不十分慎重，以免以後再發生問題。

據熟悉內情者透露：無論行政院和省府如何決定，李柏齡之去職，幾乎已成定局。目前唐榮公司所遭遇的困難，多由於人事問題。他本人體弱多病，難任繁鉅；而其所任用之若干高級職員或因病請假，或以其他事故，事實上從未以全力貫注於該公司的業務。例如主任秘書陳文彬到職不久，即病故；繼任人張人鏡亦體弱多病，每天上班的時間甚少；工務處長林松濤亦因肝疾住院醫治；業務協理江德潛則牽涉於中央信託局被伸鐵公司盜賣廢鋼案被控，數月以來，都是忙於訟案，更無暇兼顧公司的業務。再加上不斷發生人事糾紛，該公司的業務自然大受影響了。

五、伸鐵公司又一舞弊案

前以盜賣中央信託局大量廢鋼被控，繼又以負債纍纍，無力償還呈准宣告破產的伸鐵公司，現在經各行局債權人清點其貸款抵押品時，又發現有以同一抵押品，作二次以上的重複抵押借款情事。台灣銀行、中央信託局及第一、華南、新化等銀行已聘請律師會同中國生產力及貿易中心與省建設廳所派人員於二十五日開始清查，預定六天完畢。據初步估計，該公司重複抵押所騙取的貸款，約有一億元。據悉：本案之發現，乃因台灣銀行擬將查封該公司的抵押品提出拍賣，始查出該項抵押品，曾同時抵押與日商江商分公司，貸款金額為新台幣一百餘萬元。各債權行局聞悉前情，始聘請律師會同省府建設廳前往清點抵押品。中央信託局並發現若干抵押品不知去向，有的抵押品，則被掉換。據悉：伸鐵公司所以能重複抵押，詐取貸款，其關鍵在省建設廳。因為依照法令規定，凡以工廠不動產及生產設備向該廳辦理財團登記時，必須開列清單，機器設備，更須註明號碼。但伸鐵公司竟將已抵押之機器設備重複向建設廳辦理財團登記，該廳不經查明即予批准，此為該廳無法推卸的責任，其中顯有弊端。至於各行局貸款，則又僅憑建設廳財團登記的證明，並未調查徵信，亦與其一向對於辦理放款備極慎重的傳統作風不同，亦不免令人懷疑。報載：此事發生後，各行局債權人曾指責建設廳辦理財團登記時為何不調查核對其財產目錄。該廳代表答稱，該廳辦理財團登記時，對於申請人所提供的財產目錄，有時調查核對，有的則沒有，全憑申請人平素的信用而定。當時伸鐵公司被認為信用良好，故未調查。聞各行局將於日內召開會議，討論共同解決辦法。該公司的現有財產，將由中國生產力及貿易中心估價，然後公開拍賣。至於重複抵押及被調換或盜走的抵押品，由於追繳困難，各行局勢必祇有自受損失。又訊：伸鐵公司倒閉後，廠內封存的抵押品，僅有中信局職員一人負責看管，力量單薄，如不早日處理，恐將繼續失竊。

正在社會上對伸鐵公司竟能矇過省建設廳及各行局騙取貸款的新案，咸感驚異之時，承辦偵訊該公司串通中信局、外貿會人員、官商勾結，盜取廢鋼案的台北地檢處，忽准在押的該公司董事長吳能輝以五萬元交保，貿易科長周瑞昌以五千元交保，兩相對照，就令人不能不佩服吳能輝之神通廣大了。

六、球隊訪韓，竟出售護照

基隆市副議長林太郎在不久以前，曾組織橄欖球隊，並自任隊長遠征南韓。最近，經人向刑警隊舉發，該隊「幹事」楊飛所領的護照，是用一萬〇八百五十元向該隊買的。因楊並非該隊的幹事，買得護照後亦未隨隊赴韓，祇偷偷的去了日本一次。刑警隊於八月二十二日傳訊楊飛，據供：他係向該隊副領隊取得護照，然後單獨赴日本觀光十二天。他先後兩次付給副領隊林水明共一萬〇八百五十元。第一次付三千元，係每隊出國職員必須繳付的；第二次於五月二十七日又付給七千八百五十元，其中八百五十元，指明是一套西裝的代款。但據林太郎所發表的聲明則說：林水明曾在籌備會議席上報告楊飛願贊助該隊三萬五千元；後來又表示不願出國，所以該隊並未收到分文。至於楊如何取得護照，他也不知云云。

八月底深圳連續被炸

反共志士活躍

綜觀

近來，由於大陸內部之混亂與動搖，又由於海外僑胞反共情緒之急劇提高，所以，由反共志士主持的反共爆炸案，已不斷在大陸內部暴發。這是過去十一年從未有過的現象。這些連續發生的爆炸案，充分反映了中共內部實已到達崩潰邊緣。因爲，人們都知道中共對大陸的統治，一向是異常嚴密的，一向是不易把炸彈帶到中共境內的。但今天已經能連續不斷的由反共志士帶進去，這說明中共的對內控制，確已漏洞百出了。若非內部業已混亂與動搖，這種漏洞百出的現象也是不可能發生的。

中共廣東境內又發生爆炸案是八月廿九日早晨發生的。九龍新界的居民曾聞爆炸聲。隨後，並由來港旅客帶來消息說，此一爆炸案至少已造成二死五傷。所以，許多旅客都認爲中共既已無法控制其境內之安全，僑胞還是不到大陸去做買賣不去省親的好。

對此，中共報紙已公開承認這一爆炸事實，且已公開承認中共的檢查員已有死傷。

據八月三十日中共控制的香港大公報「廣州三十日凌晨一時電話」說：「昨廿九日八時三十分（北京時間），香港蔣匪特務利用旅客回鄉的機會，在旅客行李中安放了定時爆炸物，繼本月五日在拱北製造血案後，再一次在我深圳邊防檢查站製造了殺害我邊防檢查人員和香港澳門回鄉僑胞的血腥爆炸事件。蔣匪特務製造的這一爆炸事件，當場重傷旅客黃炳昭、褚大良和我方檢查員陳治文等三人。輕傷旅客區小荷一人和我方檢查員三人。爆炸事件發生，受傷旅客和檢查員立即被送往寶安縣人民醫院施救，廣東省人民醫院和當地駐軍醫院得悉這一不幸消息後，也立即派出醫生前往支援。旅客黃炳昭和我方檢查員陳治文因傷勢過重，經醫院施救無效，於當天下午死亡」云。

又訊：繼八月廿九晨深圳邊防檢查站被炸之後，八月卅一日，中共控制之沙頭角至深圳之公路，又發生橋樑被爆炸事件，被炸地點，在沙圳公路黃貝嶺西南端，乃中共之邊防要道，亦軍用道路之樞紐，正因爲該道路之橋樑對中共異常重要，故被反共志士在橋下埋下了炸藥，卒將該橋樑炸毀，而共軍亦有多名當堂死傷云。

大陸簡訊

藍星

中共支持高棉開中立會議

高棉（即柬埔寨）也是在亞洲鬧中立的小醜之一。最近，高棉元首施漢諾曾提議召開中立會議以保証其中立地位。對此，當然就給了蘇聯及中共以進一步插手高棉的機會，所以，除了蘇聯立即表示支持施漢諾的建議外，中共亦以應聲蟲似的姿態，立即步蘇聯後塵，表示支持。

中共的支持，表示在一項廣播中，該項中共廣播係於八月三十日由北平播出。它說「政務院總理周恩來已致函柬埔寨元首施漢諾親王，表示完全支持施漢諾所提建議」。

此外，中共廣播又引述蘇聯總理赫魯曉夫的話說：「蘇聯政府同意上述建議。……並表示願意參加此一會議」。

又說周恩來告施漢諾的建議稱：「依據施漢諾的建議而召開解決寮國問題之日內瓦會議，乃是緩和東南亞全地區緊張情勢之開端」。「但是由於美國處心積慮進行其侵畧政策，並恣肆地擴張越南的緊張局面，而感到困擾與不安的」。

該中共廣播又引述周恩來指責美國說：「將其侵畧的箭頭指向柬埔寨王國而煽動泰國和南越對柬埔寨發動的軍事挑釁，因而嚴重地破壞了柬埔寨的中立及其領土完整」云。

中共向非洲增加廣播

中共雖然早已民窮財盡，內部一團糟，但對外侵畧，卻未停止。最近，中共又配合蘇聯增加了它們對非洲的廣播量，這可見中蘇共把赤化細菌繼續擴大傳播到非洲去的計劃，仍在積極進行。

對此，美國新聞總署曾於八月十九日報導說：「蘇聯與中共已於最近增加其向非洲的廣播達百分之八十，以作爲增強全世界性共黨宣傳努力的一部分」。

該署又說：「蘇俄的國際廣播到一九六二年上半年已擴展到每週一千一百二十八小時之多。蘇聯目前使用非洲的斯瓦哈里，阿姆哈勒，蘇瑪里及哈沙四種語言向非洲廣播」。

中共仍圖在剛果造亂

共黨集團在剛果早已打了一個敗仗，因爲共黨集團在剛果收買的傀儡盧蒙巴早已被人消滅了。但中共現在對剛果仍不死心，希望再製造一個共黨傀儡在剛果作亂。中共所希望的傀儡人選則是基贊加，但基贊加早已被囚，最近且自動絕食，於是中共及共黨尾巴們乃大加叫囂，要求釋放基贊加。其實，基贊加絕食是他自動的事，如果因此發生性命危險，也是他自己的事，與人無尤。但中共現在却又支使它的御用統戰組織「中國亞非團結委員會」來要求釋放基贊加了。這充分說明中共仍在隨時隨刻再度點燃剛果內戰的戰火。

對此，中共「中國新聞社」於八月三十日自北平發出報導說：「中國亞非團結委員會今天發表聲明，要求恢復剛果基贊加的自由。聲明說：美帝國主義打着聯合國軍旗號侵入剛果以來，就一直不斷地策劃消滅剛果愛國反帝力量的陰謀。它顛覆代表剛果民族利益的剛果合法政府，謀殺了剛果民族英雄盧蒙巴，接着又施展種種卑鄙手段推翻了基贊加政府，並非法逮捕了基贊加。聲明表示中國人民一貫支持剛果人民反對帝國主義、反對新殖民主義和維護民族獨立的鬥爭。聲明說：美帝國主義和聯合國軍必須從剛果滾出去」云。

中共抨擊日本新鈔用伊籐博文像

郵票及鈔票上所用人像，各國政府本來喜歡用各國人民自己所喜歡的圖案。各國政府也各有其自己決定之全權，他人固不能亦不應予以抨擊或干涉。

但八月卅一日的香港大公報刊登「時事社東京三十日電」：「大藏省政府次官原田，二十九日在政務次官會議中報告說：預定於明年發行的新千圓卷的圖案決定選用伊籐博文像」之後，加以「編者註」說：「伊籐博文生於一八四二年，是日本老牌侵畧家。他曾在明治二十五（一八九二）年，三十一（一八九八）年，三十三（一九〇〇）年數次組閣。明治十八（一八八五）年日本侵畧朝鮮簽訂「漢城條約」，他爲併吞朝鮮之第一『功臣』，一八九四年甲午之戰，亦由伊籐親自參與，並由伊籐和李鴻章簽訂敗戰條約」。其意顯然在暗責日本。伊籐誠然是老牌侵畧家，但史大林更是老牌侵畧家，除了侵畧和我國經濟利益外，又支使中共參加韓戰，從而殺死了百萬以上的中國兒女，又嗾使外蒙獨立，把我外蒙地區變爲蘇聯之殖民地，爲什麼中共還在大捧史大林呢？難道伊籐博文的罪過還大過史大林對中國的罪過嗎？這倒要請蘇聯的奴才們解釋解釋。

僑鄉近訊

鍾之奇

中共在深圳實施逐個嚴密檢查

由於澳穗邊境之拱北關，及港粵邊境之深圳連續發生爆炸，故中共廣東省公安部已嚴令中共廣東邊防部隊嚴密逐個檢查進入內地之僑胞。同時，中共中央公安部又已立即嚴令中共廣東省公安部隊加強邊防檢查外，更應立即加強監視和盤查業已進入廣東各地之旅客，故廣東各地謠言蠭起，人心極爲浮動。

對此，八月三十日大公報亦承認：「廣東省治安當局爲了嚴防蔣匪特務的罪惡活動，保障邊境安寧和來往旅客的生命財產安全，自即日起，已採取必要措施，以加強深圳橋頭拱北關口和有關口岸的檢查，對進入我方之旅客，實行逐人檢查通過的辦法」云。足見中共各級幹部內心異常驚懼之一般。

海南及湛江等地物資空運出口

由於外滙缺乏，中共在內地的搜括，現已更爲加緊。爲了爭取時間，海南及湛江專區之物資，中共現亦採取空運辦法，以便經由廣州迅速出口，從而快捷的換取外滙。

據中共大公報記者于人在「廣州海口民航線上見聞」錄說，他曾經在旅行中「看到海南和湛江專區出產的香料油類空運廣州出口；也看到湛江的凍猪肉空運到海口加工」云。

廣州共幹盡情享受歌舞

歌舞本來應該是太平時候民安國富時候才宜提倡的，但中共政權則不然。它既把秧歌和秧歌舞帶來了全大陸，現在聽厭了看膩了，秧歌和秧歌舞之後，竟又在人民貧病交迫衣食兩缺之時，到處提倡外國歌舞以資享受。八月三十日中共香港大公報「羊城短簡」說：「華南歌舞團最近增加了一批新人，十九名廣東舞蹈學校的首屆畢業生分配到團担任舞蹈演員。他們經過三年苦練已紮下良好的舞蹈基礎，現已打算排出印尼傘舞和巴基斯坦舞在九月份演出」云。

許多旅行福建旅客均被扣留

海外僑胞以原籍福建廣東兩省爲最多，今中共雖殘酷而暴虐的統治着閩粵僑鄉。但一有機會，海外僑胞仍冒險返鄉探親。但自本年五六月份後，返福建探親之僑胞，現仍有多人被扣。蓋當時正值中共增兵時期，中共深恐這些僑胞回到海外，將軍情洩漏，故迄今仍予扣留云。

汕頭女共幹講究髮型

在今日大陸婦女吃不飽的情況下，當然無人再有閒情逸緻去講究髮型了。在今日大陸仍有餘興和餘錢去講究髮型的，就只有高級共幹的太太及高級女共幹了。

但正因爲還有這些少數高級女共幹和高級共幹的太太講究髮型，所以，理髮師還得爲她們嘔心泣血來創造髮型。據九月一日香港大公報華南新訊說：「汕頭市的理髮師們，近兩年來創造了四十多種髮型，受到婦女們的熱烈歡迎。如鳳凰波瀾式，堅強式，散花式，青年波瀾式等等，分別適宜於不同階層不同年齡的婦女」云。看起來，婦女的髮型也已在大陸分階級了。

南海冬瓜被搜括出口

中共一向的作法，是凡能換取外滙之物資，一律搜括，除供高級共幹享受外，其餘皆予以運送出口，南海縣以盛產冬瓜著名，自亦在搜括之列了。

九月一日香港大公報華南新訊亦証實了上述消息。它說：「南海縣黃歧公社以盛產冬瓜著名，在中秋節將臨的時候，這裏一船一船的冬瓜源源運到廣州的糖果廠，製成應節的冬瓜糖。黃歧公社的冬瓜，還有不少運往香港」云。

廣東水產研究所人工繁殖對蝦

對蝦也是可以換取外滙的物資，中共除勒令沿海漁民大量捕撈外，又命令廣東省水產研究所試行人工繁殖。

茲據廣東共幹公佈：「省水產研究所從去年開始，便選擇我省沿海常見的個體大、生長快的白刺蝦進行人工繁殖。經過十多次的試驗，終於取得初步成功。去年四、五月份孵出的幼蝦，目前體長已達十多厘米。今年該所又先後孵出六批，生長也很茁壯，與海洋自然生長的無異」云。

星洲全民投票的前夕

最後的一夜

俊華

決定星馬合併條件的全星洲公民投票，明天就要在當地舉行。星洲左翼政黨向在朝的政府及其與黨作攤牌戰，這將是最後的一幕；而在全民投票前夕的今天，也就是最後的一夜。

「訴之人民」原是最激底的也是最後的辦法，以解決政黨間所爭持的歧見。不過這祇是民主的方式，而在像星洲那樣左翼政黨擁有工會機構和相當羣衆的情形下，他們會不會使用非民主的手段，作最後一擊，以阻碍星馬合併的全民投票？

像星洲這樣的彈丸之地，而且執政黨與反對黨，原來本是一家，不過是由人民行動黨的分裂而形成的。因此雙方的重要行動策劃，大抵不能瞞得過對方。迄今爲止，政府方面並沒有獲得反對黨會突然發動罷工或暴動的情報；但如果反對黨不採非常手段的話，他們就可能來不及爭取這最後的一夜。所以當局仍然以審愼戒懼的心情，採取戒備的措施，俾保障人民表達公意的全民票決。警察的全面戒備經已開始。據說英軍的防暴隊伍，也已接獲通知，預備一旦有事，立即出動。當局已經準備，即使有事，也能夠迅速處理，決不改變全民投票的日期。

一般的預料，明天的投票將會順利地舉行，即使有什麼枝節，也將不過是「最後的意外」，只要投票完成，此後星洲的騷亂等意外事件必會減少，因爲星洲祇將是馬來西亞的一州，再沒有什麼所謂「星洲政府」的政權爭奪。目標既小，也就不重要了。

野黨的法寶完了

星洲的人口估計一百二十萬左右，但有資格投票的選民只約爲六十二萬四千人，他們將決定星馬合併的條件。這些條件已經星洲議會討論，決定由全民票決。在議會中，政府黨及其與黨——即行動黨、人民聯盟、巫統，已經以僅少的多數擊敗在野黨。合併的條件計分三項：A項，依照以前星洲政府發表的合併白皮書，即李光耀與拉曼談判的結果。星洲公民與馬來亞公民同爲合併後的公民，星洲的教育與勞工由星洲自行處理。B項：星洲合併馬來亞後，與馬來亞聯合邦其他各州地位相同。C項：星洲加入馬來西亞，但條件不遜於北婆三邦之優厚，其細則另議之。後者二項，係上屆議會中補充的方案，

無論選民投選任何一項，對於反對黨來說，都會是他們的失敗，因爲他們原意是反對合併，而不是斥斥於合併的條件。他們的抨擊合併條件，原不過是一種阻撓合併的手段。

照在野黨原來的計劃，是反對由政府主持談判，反對由議會票決，而強調「政黨、團體協商」，「可以代表民意」。如果採協商方式，他們就可以提出條件，爲馬來亞拉曼所不能接受的，使談判不能成功。可是星洲議會原是民選的，不能夠說它「不能代表民意」。議會通過了，反對黨只能申訴到聯合國去，聯合國根據「議會民選當可代表民意」的原則，聽取申訴而不採干預，反對黨的政治法寶也就沒有什麼可以「祭」起來了。現在是，無論投選任何條件，都要合併。

民意的測驗

所以反對黨的呼籲是：「投空白票！」空白票，即對合併作無言的抗議。又如空白票的票數，是超過投票總數之一半的話，投票本身將會是無效的，因爲那表示選民對三項辦法俱不滿意——雖然不能表達選民反對合併的意見，但至少得另找合併的條件。那就有推翻馬來亞所能同意的合併條件的危險。

野黨曾經利用南洋大學的學生，用政治科學聯合會名義，作全民投票的「蓋洛普」民意測驗，意在藉此作反對合併的宣傳，當局當將爲首四名學生拘捕，當日有數十名學生分乘八輛「巴士」抗議，並警告謂將有「可怖之後果」。經當局將被捕學生訓斥後交保釋放，此事似乎已告一段落。

野黨方面，原來係以「五政黨」爲號召的，並設有聯合辦事處，他們同聯合國投訴時，便是用的五政黨的名義，由他們在議會的議員簽署。但自聯合國失敗歸來後，民主社會黨即聲稱「任務經已完畢」，退出該一聯合機構，「五政黨」聯合已告解體。現在的敵對行爲主要爲最左的「社會陣線」，即自行動黨脫黨的李紹祖林清祥那一批人，和馬紹爾的工人黨，從旁推波助瀾。

由於「五黨聯合」的解體，號召及活動力量的削弱，同時越軌的行動如暴動破壞，則在週密的監視之下，野黨的最後一戰，戰績可能不怎樣高。另一方面，馬來亞同意改選合併條件，原來星洲公民合併後「須申請成爲馬來亞公民」已改爲「自動成爲馬來亞公民」，也給民間以良好的印象。更加倫敦談判的決定合併，使人認識合併確有好處，同時也是「大事已定」。一般的預料是，星洲政府明天將會通過全民投票而獲得勝利。（吉隆坡通訊）

巴布亞人將來的命運

（童亨）

印尼依靠着中、蘇共的勢力，迫使荷蘭當局不能不要接受了聯合國代理秘書長宇丹的「特別建議」，而跟印尼簽訂了「解決西新幾內亞糾紛」的協定。顯然，印尼獲得勝利了；祇是西新幾內亞的七十萬名巴布亞人將來的命運，却從此陷在蘇加諾的支配中！他們將要屈辱在一段漫長的時光裏，直至一九六九年；他們能否「翻身」？那就惟有聽天由命！

印尼和荷蘭所簽訂的協定，其主要的內容是這樣的：（一）荷蘭於本年十月初，將西新幾內亞的主權，移交聯合國臨時行政署接管；（二）聯合國於明年五月一日，將西新幾內亞主權移交印尼政府，屆時駐該島之聯合國軍，將由印尼軍隊接替，印尼的法律，即於是日起在該地生效；（三）印尼政府在該地所負的責任，是促進教育及改善當地的社會情況；（四）明年五月一日之後，聯合國僅留少數專家在該島，其職務爲顧問；（五）西新幾內亞舉行公民投票自決之最遲日期爲一九六九年；（六）駐該地的聯合國臨時行政官員負責保障當地人民的言論、集會、及行動等的自由；（七）荷蘭與印尼兩國政府，於本年九月中旬，將該項協定予以批准，並提交聯合國作最後的批准。——這個協定，雖說解決了荷蘭和印尼爭持了十三年的糾紛，但在距離該協定舉行簽訂儀式之前的數小時中，西新幾內亞尚發生着小規模的軍事衝突，這就使人意味到「扭轉該一地區的局勢」確是包含着無限困難。同時，更使人意味到當地巴布亞人將來的命運，可能受到不愉快的安排。

這是如所週知的事實：印尼總統蘇加諾曾氣燄萬丈地說過，「我們要在雄鷄於新年那天啼叫之前便接管西新幾內亞」！他並警惕印尼人民，着印尼人民小心，謂該地區絕大多數居民就是土著巴布亞人。紘外之音，就是促醒印尼人民要對巴布亞人予以控制，並使之同化於印尼人。此外，更有一點尤其是暴露了蘇加諾的猙獰面目的：蘇加諾所採取的第一個「接管」步驟，是先將印尼的傘兵降落在別人的領土上，充份地表明了他的「武力主義」的措施。在蘇加諾「武力主義」擺佈下，巴布亞人的命運，寧堪設想？

在目前，顯然已有部份人士認爲在歷史和地理的兩種因素下，印尼是可以去控制荷蘭那個前東印度帝國的每一部份土地。他們以爲就地理立場來說，東印度羣島是一個整體，因此在行政上也應該整體地實施。他們又從歷史上來引述，說由於荷蘭過去統治的是蘇門答臘、爪哇、和西新幾內亞，現在蘇加諾既然統治了蘇門答臘與爪哇，因此他也可以連同統治西新幾內亞。——然而，這祇是一項特別滑稽的見解。如果美國也依據着這一項見解，那末，華盛頓當局便可以立刻去攫取加拿大了。這豈非天大的笑話？

不過，蘇加諾的魔手伸入了西新幾內亞，已成事實，還有甚麼好說哩！現在唯一值得注意的，就是該島土著巴布亞人將來的命運吧了！雖然在該協定內規定到了一九六九年，七十萬巴布亞人在聯合國的協助和監督下，可以自行投票決定其前途。但是，在該協定的各項條欵被實施時，將否會發生弊端而剝奪了巴布亞人的「翻身」權利？這還是一個相當嚴重的問題。荷蘭駐美大使洛仁在聯合國總部參加簽署該項協定的儀式後曾發表說：「整個世界現正注視，同時歷史對我們剛告完成的任務所作的判斷，將深切觀察着我們這項協定的各項條欵如何地被實施，然後才能決定巴布亞人的幸福」。從洛仁這一番談話中，我們可以領悟到巴布亞人將來的「自決」是多麼的暗淡！而事實上，目前關於巴布亞人的投票自決效力問題，現時確還在爭辯中。蘇加諾早就說過：「我們對西新幾內亞的鬥爭，要達到全部目的才止」。所謂「全部目的」，當然是蘊藏着「佔領」的野心。因此，若干觀察家現在已作出這樣的預測：蘇加諾可能永遠盤據着這塊土地；巴布亞人的命運，將永遠操在印尼政府的手中！

十年一覺揚州夢

符兆祥

老張又輸了，拿了個酒瓶跑上甲板去。

我正倚着欄杆望着漆黑的海發怔，看到他感到厭惡，他躲到救生艇下，舉着瓶嘴，一口口把酒往喉嚨灌，咕咚咕咚的聲音，單調刺耳。

船正無聲的往前駛，海風不時捲起一陣浪花，不久，又回復平靜，海上的生活，竟是如此枯燥，與我小時候所嚮往的，乘長風，破萬里浪的豪邁，完全不同，白天，猛烈的太陽無情地把船艙晒得跟蒸籠一樣，下雨天則悶在艙底，加上大風浪，船顛簸得使人難過得想死，那種生活，眞不是一般人所能想像的。

我是去年被介紹到船上來的，這艘船並不大，經常在東南亞一帶行走。

我的家庭環境不壞，所以高中畢業那年，父親要我繼續上大學。但，爲了多年的夢想，我終還是上了船，我是快樂的，我覺得人活着快樂才有意義。

家裏的人覺得我拋棄了進大學的機會而感到可惜，父親甚至不再理我。但，我不在乎，我認爲遨遊海上，四海爲家，懂得的東西決比學校所能學到的多、實用。

可是，上了船，很快我就失望了，它與我所想像中的生活相差太遠，更談不到那詩情畫意的享受了。

我是一個機械練習生，工作的地方在船艙下機器房內，單調的生活，使船上的人工作一旦完畢，祇有拿酒與賭來增加生活的情趣。而我，却連這一份情趣也沒有，伴着我的除了無言的機器外，就是一望無際的海洋，這種日子使人難耐。

「怎麼，還不去睡？」老張的聲音，不知幾時，他走到我的背後，一身酒精味。

我沒有回頭，也沒有回答，祇懶懶的搖了搖頭。

「是不是在想愛人羅雲？」他嘲笑地問。

我用不着否認，在海上的日子，我是加倍的懷念她，也祇有她那常帶三分笑的臉龐，是我生活的慰藉。

船上的人全都知道我和羅雲的事，那是有一次，不會喝酒的我，爲了寂寞與感觸，在老張的打賭下，我喝了個爛醉。醉中，我後悔上了船，我痛快地對羅雲傾訴我的憂愁。並且，也細訴那使我朝暮難忘的戀情，醒過來後，羅雲的事就成了他們開我玩笑的資料。

「你爲什麼要上船來呢？」他突然這樣問。

在船上一年，沒有人問過我，「爲什麼」我要來做個水手，他的話使我感到奇怪。但，也使我反感：

「怎麼？難道我不夠資格當水手。」

「你不適合。」他眯着眼打量我：「你還年靑，你應當繼續上大學，那裏才是你的天地、那裏才有前途，水手。」他低喟地：「水手是傷心人的工作。」

「小的時候，」我掩飾她：「我是一個愛海勝生命的人。」

「現在呢？」嘲笑又顯在他的臉上。

「現在？」我遲疑了半晌。

「現在後悔了，是不？」

我無法對他的揶揄忍耐，我掘强地說：「一個人不能樣樣都稱心如意的，船上的工作雖然單調無味。但，能賺錢，是不？」

「賺錢？像你這樣的年齡要那麼多錢幹嗎？」他奇怪地，繼而：「哦，爲了結婚？」

我順着他的口氣：「可以這樣說。」

「結婚有什麼好處？」他怔怔地說。

「我分不清他的語氣：「你結過婚沒有。」

他今年大概有五十多歲了。照年齡來說他不會是光桿。

「水手很難結婚，」他喝了口酒：「卅年前，我曾有過一次結婚的機會。但，後來却失去了。」他頹喪地拍拍我的肩：「如果爲了結婚，小伙子，我勸你，船到了岸趕快下船吧，水手與幸福是無緣的。」

「你似乎有點迷信。」輪到我來嘲笑他了。

「卅年前，」他沒有理會我的話，自個自地說：「喂，卅年，很久以前了。」

「怎樣呢？」我問。

他抬起頭來，望着我：「卅年前，那時我跟你一樣年靑，一樣充滿了幻想。」他回憶地說：「說起來好像有一點傳奇。」他說「有一次，海上風浪太大。船臨時在一個小漁港下了碇，在那小鎭裏，我」認識了一個女人。」

「女人？」我有興趣地問。

「她叫月鳳，那時是個賣唱的，那時候，我人既年靑，手頭又有幾個錢，所以，停留在那個小鎭的兩天中，我倆一直廝守在一起，她是我第一次看到風塵中少有的女孩子，忠厚、善良、我愛她，告訴她我要娶她。」

「娶了？」

「她的養母要我給她一筆錢，才肯放她，爲了錢，」他嘆了口氣：「我又回到船上，希望好好積幾個錢，下來和她走得遠遠地……」

「後來，」我說。

「後來？」他順着我的口氣，接着聳了聳肩：「船再也沒在那小港停過，而我也永遠積不了那麼多的錢，」他頹唐地：「我的錢永不夠喝酒，不夠撈本……」

「唉，」我嘆了口氣。

「有幾次，船經過那小港，我眞難過、痛苦，我曾告訴她，我愛她，會娶她，我要她等我，可是，我是一個水手，一個無情的水手、」他含着淚：「我知道，這一輩子是無法再娶她了，我只合隨浪逐波，過一輩子像浮萍似的生活。」

「你不可以不喝醉嗎？不可以不賭錢嗎？」

「我比你還清楚。」他說：「但，無法拒絕魔鬼的誘惑，就像你，你也開始喝酒了，是不？」

「我？」我吃了一驚：「可是馬上解釋：「海上的生活太寂寞，一切可想的都想光了，我只喝一點解悶，只一次。」

「是的，只一次，接着就有無數次了。」

我一下子怔住了，無法回答他的話，也許他的話是對的，在海上，意志是無法固執的。

「……想來，月鳳還在痴心的等我，」他內疚地說。

我拍了拍他，安慰地：「月鳳不會等你的，她知道你只是一個路過的水手。」

「不，」他痴情地：「我知道她還在等我，她是一個忠厚善良的女孩子，她一定會等我，她說過的，可是，我却欺騙了她。」誰又知道了？卅年後來談起這已褪色的戀情，我抱歉無法使他解憂。

海上風浪變大，浪濤異樣兇湧，我說：「你大概醉了，應該去睡了。」

「是的，」他打了個哈欠：「也該休息了。」

說罷，蹣跚地向扶梯走。

經過四五天後，船又回到碼頭，等貨物都卸下後，我悄悄提起簡單的行囊，走下跳板，踏上碼頭。

回過頭來，看了看和我相處一年多的船，現在，它是寧靜的躺在港口內，有誰會知道它在海上感受的辛酸？

回到了家，我對父親說，我要準備功課，考大學。家裏的人都很高興，尤其父親，他認爲我終於聽了他的話，走上有出息的路了。我沒有這樣認爲，因爲我了解自己比他清楚。

魔鬼的愛情（上）

喬又陵

王泉是一位老教授，一九四九年大陸易手後，他匆匆地從廣州逃來香港。後來，不知怎地却又趕回大陸去靠攏。而且，居然做起『二級教授』來了。

現在，這位先生不但是紅教授，抑且又是共產黨員了。其實，王先生本來不是馬列主義信徒，過去，他出身於地主階級家庭，受的「美帝國主義」教育，滿腦子是腐朽的資產階級思想：講求享受、貪安苟逸。準此，就註定他缺乏共產黨入先天條件。換言之，他不可能成爲共產黨員。可是，王先生在「大鳴大放」期間，立過了功，協助黨攻破了一個思想頑固堡壘——鬥倒了歷史學權威湯傑人。學校的黨委書記認爲他有「統戰」價值。是以，對他另眼相看。果然，王先生不負所望，在反右之後普遍「交心」運動中，共產黨利用了他又揭發一個爲「反革命份子服務」的外語系講師陳臻禎秘密：說他受的是人民薪金，但却經常與海外某大學教授有信件往還和交換學術研究心得……

由於他有這種『貢獻』。所以，學校的黨委書記便把他「吸收」入黨了。從此，王泉搖身一變爲中國共產黨黨員。如今，中共黨內又掀起大整風運動，廿年前的延安時期，整風歷史又告重演。表面上，整風目的在於純潔革命隊伍，或者不斷地加强無產階級思想意識修養。實際上，中共中央藉此提高黨員警覺，並欲重行糾正黨員錯誤。雖然，整風運動還不曾大張旗鼓展開。可是，每個黨員都在惶恐中生活着，特別是像王泉教授這種黨員，大半生命就在舊社會，一小半生命活在新社會，無疑這是「最佳」整肅對象，自然，共黨也不會放過他。

現在是深夜二時，王泉拖着疲乏的身體回家睡覺。但，睡下去却無法入夢，沒有辦法，唯有死去了這條心，坐在床前拼命地思想鬥爭自己，困擾的問題在他眼前恍來恍去：小組檢討會上衆矢之的要他交代過去的歷史，學校裏黨委書記硬要他承認是潛伏在黨內的匪特……

王泉有一個兒子叫王雄，學校中實驗室裏管理員，卅來歲，靑年團員，近年來政治覺悟不高，落後份子。自從他的愛人黃佩雲被扣上『右派』帽子後，情緒更加低落，對團裏的事情漠不關心。可是，當他知道了父親遭遇後，益發沉痛，爲了挽救父親，這幾天忙着拜訪師友，設法替老子洗脫罪名，因爲「匪特」罪名不是說玩笑，槍斃的份兒也有。某一天，當他從二馬路折入西濠口的時候，驀地，跟一個女人碰個滿懷。一看之下，他怔住了，衝口嚷道：「你不是梁翠喜嗎？」果然那個女人就是他中學時代的舊情人，過去兩人打得火熱。後來，她被一個高級共幹搶去。這次兩人驚喜相逢，寒暄過後，她邀他到愛羣大厦十樓坐一坐。起初，他有點躑躅，後來接納了。而且還將父親的境況告訴她，求她幫助。她說：「最好別提那個問題，因爲這是牽涉溫情主義啦！」

「我不能不提。」王雄說：「父子親情是難捨難割的，我能眼光光看着他毀滅嗎？」

「你要求我怎樣？」她表示考慮。

「請你——」王雄期期艾艾說：「——他已經認錯了，他寧願戴上一頂『右傾機會主義的帽子。』但，絕不能自認是匪特——」

「誰要他自認匪特？」她抬起眼皮問。

「學校裏的黨委。」

「……」她低下頭不響。

「阿翠，」他眼眶通紅，泪着淚，蹲下去拖住她的膝：「我求求你。也許我錯了，可是，你應該原諒我丟不掉倫常觀念。因爲我的生命一半活在舊社會裏；一半活在新社會中，卽使這是錯誤，我也祇好錯誤一次——」

「我……」她似乎受感動了：「我恐怕無此能力。」

「祇要你答應去做。」他有點發急：

「阿翠，你能——」

「噢！」她說：「你這人也太溫情主義，自私自利。」說着，她伸手把王雄摟抱在懷裏，吃吃地笑起來。

這麼一來，王雄說動了梁翠喜之後，心情不再那樣沉重，立刻冒着星夜，踱步回家。王泉的一家人還不曾睡覺，燈火通明，坐在廳子上，當王雄走進客廳便意識到什麼回事；他知道整家人都在爲父親分担着憂傷，爲父親徹夜籌謀着對策。

抗戰回憶錄（三四）

八、桂柳會戰

張發奎

史迪威將軍來到柳州，這個老頭子（他能說中國話，在印緬作戰的時候，他常到中國部隊去和士兵談話，他的容貌和談話的態度，像老人一樣的誠懇，他雖然有一副銳利而閃閃發光的眼睛，但並不妨礙他整個面部和藹可親的神色，士兵都稱他為老頭子）。他非常關心這個會戰，他同意我的決心，並答應可經常保持五十架以上的飛機，來協助我對桂平的攻擊。我們以全副精神來完成這個攻擊的準備，我們很精密的來計算攻擊間充份使用的彈藥數量，通訊與補給衛生諸後方事項，我們都特別的顧慮週到。白將軍並且向老頭子說他將同我親自前往指揮，並發動組織廣西的民團，全面協助軍隊抵禦敵人的侵略。他說廣西的民團有過光榮的歷史，他的力量，將使敵人感覺為一種最偉大可怕的壓力。白將軍常常帶了一架播音機到各縣對民眾演講，播音機成了他的命令傳達器，人民聽了播音機的聲響，會立即下意識的動作起來，這個神秘的人物，他於廣西的社會，確有絕對的統治權力。不過，我得補充一點，關於廣西民團的事，廣西在抗戰之前，為了擴充其本身的力量，以抵禦一切外來的壓力，曾以組織民團的制度，實行三自三寓的政策把軍政教成為三位一體。當時的廣西眞把內部整理得很有成績，譽為全國的模範省。不幸這個制度，因抗戰而取銷了。這次在湖南戰況緊急的時候，我建議黃主席恢復了民團的組織，不過時機太晚了，恐怕這個力量不如白將軍所估計一樣的高。

桂平攻擊戰鬥，是一個很活動精彩的鏡頭，在戰術上亦有很多足以研究和回憶的價值。戰鬥雖沒有得到預期的效果，復受了桂林方面的影響而中止攻擊，但這次的戰鬥中一種特別興奮的情緒，和陸空配合的攻擊戰鬥經驗，在八年抗戰中，我還算是第一次。戰場上的直接指揮人員，沒有和從前一樣的提心吊胆的驚恐，他們沒有側翼和背後的顧慮，沒有如防禦戰時處處被動的不安狀態，後方的供應是滿足的，傷病者可得舒適的療治和安全的後送。他們常在一個接近第一綫的高地上，目視或用望遠鏡去看士兵的前進，和前面村落的佔領。第一綫的官兵們只有向前匍運動和射擊。敵人的抵抗雖是異常的頑强，偶然鄰兵傷亡的叫囂，固然是十分淒慘，但從自己頭上向敵人陣地飛過去間間斷斷的隆隆炮聲，和從天空中一顆顆向敵陣地落下來的爆裂炸彈聲，消滅了一切的恐怖畏怯、疲勞和同情的心理，一種敵愾同仇的觀念和殺人的技術，支配了他們全部的思想，只有殺敵第一！致勝第一！這是攻擊者的口號！主宰戰場及勝利的唯一目的。

攻擊部署態勢的優越，會符合理想嗎？由蒙山南進的左側支隊第九五師，其正面恰對由平南西進敵人的側背。左翼隊第一三五師展開於平南西側之江口墟附近，有天然險峻之高地，猺山與柳江為其左右兩翼之依托，成為理想的守勢方面。對桂平的攻勢方面，雖然邕江和柳江限制了我須作正面的攻擊，不能作任何的迂迴或翼側的攻擊，但因其正面的狹小，和敵人背水與陣地淺短的不利，可使我集中絕對優勢的兵力，作一舉攻畧的部署。

第六四軍的三個師和第四六軍的兩個師，都使用於主攻方面。桂平敵人為第廿二師團約一個旅團的兵力，在兵力對比的計算上，我將兩個軍重疊使用，以第六四軍三個師展開攻擊，以第四六軍作為戰術兼戰略的預備隊。如果第六四軍的攻擊得手時，我即使用第四六軍於邕江右岸，向平南藤縣間進去，作深遠的溢出追擊。但我的一部份參謀幕僚，則以為我不將兩軍併列使用，以泰山壓卵之勢對敵攻擊為失當，致羈延時日，不能得到預期的成果。這雖然不能以成敗作為定評，但見仁見智，在戰術上確有耐人尋味之處。

桂平攻擊戰鬥於十月廿一日開始，我原期於三日內攻略他的外圍蒙墟據點，五日內攻略桂平城；但攻擊開始後三日，想不到在這季秋的時節，會降落連續不斷的霪雨，使我們的空軍與步兵運動，遭受了意外的限制。因此我們對於外圍的攻畧，就超出了三日的時間。廿七日當我們掃蕩了敵人外圍的據點，繼續向桂平城區擴張戰果的時候，一個致命的惡耗又傳來了，桂林方面的戰況陷於極度的不利，我桂林外圍的野戰軍，受了敵主力第五八師團第十三師團第三師團第一一六師團第四〇師團各以主力齊頭併進的壓迫，突破了我桂林外圍陣地，已進出了桂林東郊及平樂陽朔永福附近。夏集團所部已呈不支狀態，同時桂平左翼守勢方面的第一三五師又以脆弱無能，使敵人神奇傳似的飛過了石狗嶺的天險，我還能期望這攻擊的成功來挽回大局嗎？我能不顧桂林方面的不利戰況而向西江方面趨進嗎？柳州已受了直接的威脅，空軍基地的活動距離已縮短到不及一五〇公里，確保柳州的任務，已迫使我不能不放棄這個攻擊的決心，想於外圍山岳地帶，以內綫作戰戰法，達到各個擊破敵人的美夢，終於消失了。

西洋史研究之重點

——中國書院暑期講演會講稿——

李璜

本院要我講這一課題，題意應重在研究之重點五字上，即是說，應將研究的重心放在何處。不過重心的集中，則在研究者之觀點如何而定。所謂觀點（Viewpoint），就是從那一個角度，用那一種精神去觀察史實；因之我在這兩點鐘講演，舉出（1）哲學的觀點，（2）科學的觀點，（3）社會學的觀點，畧為分別說明之。

一、哲學的觀點——讀史或研究它，注重在統整的觀念，即史事的一貫性與共通性，所謂「千古興亡一例看」，所謂「萬變不離其宗」，即足見其概觀之意。並舉例明之：

a.孔子——殷因於夏禮，所損益可知也；周因於殷禮，所損益可知也；其或繼周者，雖百世可知也。——這一「因」字，便是孔子研史所具哲學觀點之重點所在。

b.孟子——天下之生久矣，一治一亂。——治亂循環論是孟子研史觀點之重點（中國小說上「話說天下大勢，合久必分，分久必合」，即本於孟子，也本於中國一般的人生觀與宇宙觀而來）。

c.史賓格勒（Spengler德人，以著西方之衰落一書而享大名）——用歷史有機體的觀點，說明一民族的歷史發展，有如一人身之生老病死，有其青春壯盛之可羨，即有其衰落僵化之可悲；有似中國「盛極必衰」的見地，但又無「剝極必復」之一義，故其結論悲觀；惟其悲觀，所以震驚當世。

d.湯恩比（A. J. Toynbee英人，以歷史的研究鉅製享名今世）——他的哲學觀點在：一民族之歷史發展，或興或衰，要看他禁得起時代與環境之考驗與否，並且他以三字概括這一考驗，即：挑戰（Challenge），應戰（Response）與退却（Withdran），詳見其「文化在考驗中」一書中。

二、科學的觀點——它與哲學的觀點有性質之異：哲學觀點在求統整，科學觀點在求確實；前者所用的精神是明敏精到，後者所用的精神是細密不苟；前者可以說是「大題小做」（即一言而論定千古，以簡御繁），後者可以說是「小題大做」（即為一字一句而不惜千言萬語考訂之，務求正確）。

近兩百年至今，科學觀點的歷史研究，無論在中國，在西方，都比較發展。在西方史學的科學研究，分工甚細，茲無暇詳說，只大別為四大類工夫：

a.史料的整理——就已有之史料，而加以考訂，其間仍分門別類，加以訓詁考據，有如中國清代樸學所為，且比較詳盡；故今之西史，對西洋古典文化部份，已整理得相當明晰。

b.史料的追求——受進化論所影響，追求史事淵源，甚至千年萬年以至數十萬年前的地下挖掘，這有賴其它學科，如古生物學，考古學，人類學等之助。

c.史料的批判——來源的批判與信實的批判，務求精確，其間工夫甚多；大抵中國清代樸學家也甚為注意及此，對於中國經史的貢獻甚大，而西史近百年來之改觀，也至賴此一工夫。

d.史料的綜合——類別、滙合、調理、總括，稱之為綜合工夫，史料經批判考証後，必要經過此四項工作，然後始能稱為正確的歷史。

科學觀點，為求正確，窮年纍月，費神甚大，這中間全靠兩種精神，即「大胆的懷疑」與「小心的求証」。——這十個字由胡適之具體的提了出來，有衛道之士要批判胡適，還在批評這十個字，其實「兩眼自將秋水洗，一生不受古人欺」，即孔子孟子也有此精神的：

a.孟子——盡信書則不如無書，吾於武成，取二三策而已。——尚書的一篇武成，至少要用百十個竹板（策）來寫，而孟子只信其二三個竹板為眞，這眞是大胆的懷疑！

b.孔子——夏禮吾能言之，杞不足徵也；……文獻不足故也；足，則吾能徵之矣。——徵就是求証，孔老夫子認為文獻作証不足，就暫時只言一個大概，這足見他求証的精神，衛道之士至少應注意孔孟這一方面的精神！

三、社會學的觀念——社會學自孔德創立以來，即分社會靜學與社會動學兩個研究。社會動學，其實，即是歷史哲學。不過社會學的哲學觀點，與前面所說明大不相同。因為除了孔德的實証哲學上歷史進化三階段，畧涉及其個人主觀，去求統整與共通外，其在論及實証階段，已於社會動學中主張：（1）溯源論，（2）環境論，這兩個近於科學的方法論。

溯源論是追求歷史人事的淵源，愈古愈遠，求得根源，然後從源到尾，理出一個演變的綫路來，這一方法論給予近一百年西洋史研究的啟示甚大，而今日西洋古史，特別是上古史，如埃及史，巴比侖史等的溯源追求，向源頭處已上伸至幾萬年前，使從前大家認為枯燥無味的上古史成為了西史中最有興趣的研究。

環境說是一民族文化，從源頭處理起下來，看它的演變時，要去留意它的所以演變，乃係受環境各種條件，自然的或人文的種種因素，適應與滲合。譬之大江，日夜東流，從源頭出發，中間要經過若干山迴路轉，無數支流滲混，然後始成其為「大」的，各個高級文化，無論中西皆然。

以西洋文化史實而言，則固源古希臘的科哲文藝，但又加上了古羅馬的政治法律，是為西洋史上所稱的古典文化。但又不能忽視中世紀所滲入的希伯來的宗教文化與日爾曼人的尚自由，好鬥爭的精神與習俗。因此，從社會學的環境說見地，來把握西洋文化的重點，則不但要了解西洋文化之源於二希（希臘與希伯來），羅馬與日爾曼人的種種素質，而且要了解它從源到尾，如何滲合法的，演變法的，這就是社會學上所指示出自然的與人事的影響與條件之所謂「實証」。

近五十年來編西洋史（以至中史）的作家，無論談到那一民族，其開始總是要首先指明：（1）自然環境的影響，（2）民族發展的條件，（3）由此影響與條件，然後此一民族才能因勢順時，向前進步。——這一種編法，在五十年前，便不盡相同，而總把神話時代放在第一章。只要留意今之史的寫法，便知道這是受了社會學觀點的影響。

時間不多，講得粗畧，如有興趣，請閱我去年再版的一本拙作：歷史學與社會科學。五一、八、二九

本刊已經香港政府登記

聯合評論

週刊

每逢星期五出版

United Voice Weekly

第二〇一號

督印人：黃宇人　總編輯：左仲平

社址九龍大埔道一六八號南亞書局 805641
承印者：嘉耀印刷有限公司 香港灣仔馬師道5號
總代理：友聯發行公司 售價每份港幣一毫
本報美洲版總經售處 美國紐約中美出版社
CHINESE - AMERICAN PRESS, INC
199 CANAL STREET.,
NEW YORK13 N. Y. U.S.A.
美洲航空版每份零售美金一角

左仲平啓事

本人因事須離港半年，所有本刊總編輯職務，已由本社同人公推李學鈍先生暫行代理。

九月十四日

從「革命的解剖」看中共的命運

胡越

最近獲讀布靈吞（C. Brinton）教授所著「革命的解剖」（The Anatomy of Revolution）一書。本書主要內容是以一六四二年的英國革命、一七七六的美國革命、一七八九年的法國革命及一九一七年的俄國革命為基本材料，用近代科學方法，來探求革命的規律；從革命的比較研究，試行建立革命社會學。這是一部極具創意的著作，早在一九三八年出版，今天才得讀到，不禁有相見恨晚之感。

全書計分九章，最引起作者興味的是第二章，分析革命發生的徵候。布靈吞氏把革命譬做一種熱病，在熱病發生之前，恆出現左列病徵。

（一）政府的財政發生赤字；

（二）民衆對課稅的不滿；

（三）政府對少數人利益的特別庇護；

（四）行政的混亂、不斷引起糾紛；

（五）知識份子對統治者的離叛；

（六）多數統治者喪失自信，對民衆的反抗內心傾向同情；

（七）統治階級的特權，成為社會咒咀的對象；

（八）社會對立的激化（即階級對立的激化）；

（九）顯達的機會不均等；

（十）經濟力量與政治權力以及社會榮譽的分離。

以上十項徵候，是從前述四大革命的史實歸納出來的，並未經過有系統的整理，所以不免有些拉雜瑣碎。同時許多東方國家的歷史事實，及二次大戰後發生的新事態，都未能概括。例如貧困與飢荒每成為中國社會動亂的導火線；宗教的或思想的嚴酷統治，及民族壓迫（如一九五六年匈牙利及波蘭的革命）所引起的反抗，都是促發革命的要因及徵候。但是布靈吞氏所舉列的十項徵候，畢竟有充分的歷史根據，並極有參考價值。尤其（五）、（六）兩項，對於了解今天大陸的情勢，估量中共的命運，特別具有深刻的意義。

中共力量的成長，本是一羣知識份子組織了與控制了農民，他們硬說是無產階級如何如何，全是瞎眼說瞎話。直到今天，中共的黨仍是以知識份子為骨幹。它的控制系統可以做如下的解說：毛澤東控制黨中央，黨中央控制全黨，黨員控制有思想人，透過有思想的人控制無思想（無自覺了解之意）的民衆。其中普通黨員及有思想的人，都是知識份子。因此知識份子是中共控制民衆的關節，這個關節一斷，民衆就如脫韁之馬，就有行動的機會了。所以知識份子的離叛，雖然是任何政權面臨革命的徵候，對中共來說其意義特別深刻。而中共由於「鳴放」、「反右」、已澈底得罪了知識份子，一九五九大搞「下放運動」以來，已經把知識份子趕到無路可走。現在約一千多萬知識份子正被迫在農村安家落戶；要知道在都市生長的知識份子，下放到農村去，等於把魚兒扔在陸地上一樣，其委屈與憤懣，不是任何政治口號可以消除的。他們必將成為反共大革命的火種，乃毫無疑義。

中國絕大多數老百姓，不喜歡共產黨，是不須說的；但是，在一九五八年實行大躍進及人民公社之前，痛恨共產黨的人還不構成絕大多數。一九五八年以後，中共的政治刺刀，刺進了每一個家庭，剝奪了大陸同胞自由喘息的最後根據，大陸反共的民意才百分之百的成熟了。但是單只民意成熟是不够的，餓得發昏的民衆縱然不斷掙扎反抗，但是在五千萬中共幹部的森嚴控制鎮壓之下，是不能發生決定性作用的，因此必須到「多數統治者喪失自信」，傾向同情民衆的反抗，進而參加反抗的行列，換言之，必須統治機器破毀失靈了，革命才有發生的可能。現在從種種跡象來看，這個時機已經來臨了。

試拿去年大陸發生的「反革命事件」來說，竟多至廿數萬餘件，可以說無日無之；其中必須出動軍隊去鎮壓者竟達兩萬多件。這兩萬多件，一部份可能是羣衆的暴動，一部份必是中共軍隊的叛亂。五月初逃到香港來的難民當中，已發現有「勞動英雄」，大學教授，公安局長，軍官，及很多年青的黨員、團員；這些人都屬於統治集團的。據曾親赴新界送糧食給山中難民的朋友告訴我，當逃亡達到高潮之際，寶安縣、中山縣的公社幹部，多有自動協助農民逃亡的事情，甚至開動卡車運送難民。這一切都充分表現了，農民生活的慘苦，已引起了中共幹部的同情；換句話說他們對自身的統治已發生罪惡感。而隨同民衆一齊逃亡的人，則顯然是投身於叛離的行列了。

仔細推敲布靈吞氏所列的十項徵候，今天大陸差不多都已齊全了。以上我們不過舉出兩項加以印証而已。

客觀形勢是成熟了。今天在海外有志於反共復國的人士，面對一個迫切的課題，是怎樣把大陸內部的反共潛力及海外的復國活動結合起來，在台灣之外建立一反共復國的革命運動。

今後五年到十年是大好機會。因為這個期間，中共的經濟崩潰、政治危機將繼續深化、惡化。除非發生下列三種情況；（一）外國的大量援助，（二）政策的根本轉變，（三）毛澤東的失勢或死亡；中共的革命危機是無法消除的。可是這三項可能都極微。就第一項來說，今天只有美國與蘇俄較有力量援助中共，美國絕無可能，而赫魯曉夫正乘機追討舊債，迫毛澤東垮台，期待親蘇派當權。就第二項來說，毛澤東果真扯下「三面紅旗」只少把一半經濟生產恢復私有，則情勢可望穩定恢復，但是毛澤東的堅持「三面紅旗」，已經實行兩次清算（一九五八反促退派，一九五九反右傾）；甚至把他的第一號心腹彭德懷都清算了，而且他是一共產主義，大踏步走回資本主義去，是斷無可能的事。就第三項來說，親蘇派未嘗不想乘機舉事，親蘇派當權，隨着赫魯曉夫的修正主義走，中共的危機雖不能根本消除，但是裏在共產集團之內可以苟延殘喘，但是毛從死人堆裏走出來的人，在防制宮廷之變一點，他特別的精幹；無權無勇，因此親蘇派發動政變的可能性甚小。至於他何時死亡，這是一未知數，他再活七八年，也不稀奇。而他的活下去，對反共復國革命實在有百利而無一害。中共的得勢與覆亡，皆在此人身上！

中立主義開始崩潰

許子由

中立主義已在開始崩潰。即使不是迅速地崩潰，祗少也已經有了崩潰的跡象。差不多可以斷定的是：所謂中立主義集團，除了在聯合國投票上發生多少效力而外，很難以在國際政治上發生多大的作用。它的前途不但不見得光明，而且很可能逐漸分崩離析，祗成為歷史上的一個揷曲。最近國際上所發生的若干事件，對於中立主義來說，正是「一葉落而知秋」，可以預卜它的凋落的命運。

九月初在耶加達所發生的印尼暴徒搗毀印度大使館事件，給予中立主義同盟以莫大的諷刺。如果說萬隆會議是中立主義的孕育所，那麼印尼就是中立主義的發祥地。假如說蘇加諾是中立主義的助成人，尼赫魯就更應該是中立主義的盟主。可是九月三日印尼首都那班以軍隊為首的暴徒，却幾乎連印度大使館的印度國旗也給扯下來。而在蘇加諾給「亞運」各國代表的餞別宴中，竟沒有送給印度代表一張請帖。這位代表還是在桑第被迫離開印尼之後，留下來參加會議，目覩埋葬桑第「改名」的提案，含羞忍辱，並沒有以拒絕出席來抗議印尼搗毀他本國使舘那種暴行的。這不僅暴露印尼的器量，並且暴露了印尼的瘋狂。萬隆會議大言炎炎：要設法「把世界從恐怖中解放」，而印尼可沒有辦法在議場上壓倒印度代表的提案，竟使用恐怖的暴動方式，搗毀使舘、搜索旅店，僅用以對付一個體育界代表的桑第！這種無往而不用其極的流氓手段，剛剛就用以對付亞非盟主的印度！

當印度國會議員詢問駐印尼大使舘「損失若何」時，尼赫魯的答覆是：「損失事小，與印尼友誼損失事大」。這話確是言之沉痛！也可以說，尼赫魯已為此事而預見到他和蘇加諾這一班人所領導的中立主義前途黯淡，因而發出這麼苦痛的呼聲。在「亞運」糾紛之中，尼赫魯並沒有替中以兩國張目，他並且訓令駐印尼使舘勸說桑第不可操之過急，也正式通知印尼，指出桑第的主張乃限於個人行動。可是印尼絕不體諒印度政府維護兩國友誼的苦心，為了桑第個人的提案，竟毅然以印度整個國家為洩憤的對象！如果說這就是亞非精神，應該稱之為亞非流氓精神！

印尼這種特殊的亞非精神最近之所以特別發揮，與西伊里安事件不無連帶關係，印尼的「收回」西伊里安，也是威嚇勒索而得來的，勝利冲昏了頭腦，於是無往而不使用其恫嚇。實際上西伊里安乃是棕色人種巴布亞人的西新幾內亞，印尼把它囊括了。又何曾不是對萬隆會議「民族自決」原則的重大打擊？

另外兩個在波動中的中立主義國家，是最近由十四國保証中立的寮國，和十四國會議建議人高棉。寮國在萬隆會議中走中立路線，但所謂中立主義集團自萬隆會議以迄一九五八年七月，在三年多的長時間中，並不能給中立政府的傳馬以支持；而同是亞非一員的中共，却着打向寮國進行赤化，結果造成了內戰。現在傳馬要求數約一萬至一萬五千的北越份子，依照日內瓦議定書撤出寮國，而蘇發弩馮竟答覆說「沒有越共」！這難道是三派擁護的傳馬發出謊言？不過是巴特寮軍在寮國三派中是最強者而已。這樣的中立，正不知如何維持下去？

高棉日來的強調與蘇聯中共締結軍事同盟，又可能是它將廢棄中立的前奏。高棉不滿於西方對它中立的保証，中立集團又不能予以保証，它就要投靠共產集團以取得保証了！結果如何雖未可知，但中立主義集團的站不住脚，從在這些事實，已可以獲得充份的証明。

像蘇加諾、施漢諾這一類的人材，如果能够安定本身的國家，已經是近於奇蹟，屬於因緣時會一類。如果因為他們的標奇立異，組織什麼所謂國際集團，而以為他們能够在國際上發生什麼力量作用，那就會是大錯特錯了。

沒有獨立，便沒有中立。沒有足够保衛獨立的武力，也應該有獨立的人格和國格。但這些却不能求諸目下大部份中立國家及其領袖。世界只有走向兩個極端？這不是太可悲嗎？

從法德合作看中日合作

劉裕畧

在二次大戰後不久，法國與德國的關係，即開始有了改善的迹象。但這一向着改善方面的發展，也不是完全順利的。這一方面因爲德是世仇，要在剛剛打完戰之後，立刻就把世仇的觀念拋開，原本不是一件容易的事。所謂「除山中賊易，除胸中賊難」，而世仇這個東西，則恰巧是胸中之賊；另一方面，共產黨又從內到外，多方挑撥，惟恐法德兩國合作，足以阻礙蘇聯在歐洲各個擊破法德等國的政畧陰謀，所以，蘇聯除了利用法共在法國內部搗亂外，又利用種種手段散播仇恨種子，甚至挑撥英國的關係。

但法德兩國的關係向着改善的路線轉變，畢竟不是蘇聯所能破壞的。主要原因之一，是法德兩國都已覺悟只是法德兩國之間的互相征戰，無論誰勝誰敗，都不能眞正永久解決問題。第一次世界大戰的結果，已經對此給予了敎訓，第二次世界大戰的結果，對此又給予了敎訓，法德兩國的基本政策自應因而改弦易張；主要原因之二，是第二次大戰後，整個世界的形勢和歐洲大陸的形勢，都已發生了突變，德國既不再是法國的敵人，法國也已不再是德國的敵人。法國的敵人是蘇聯，德國的敵人也是蘇聯。所以，法德兩國面對了共同的敵人，德兩國當然便該拋棄前仇，改走團結的路以共同奮鬥了；主要原因之三，是第二次大戰後，法德兩國都恰好出現了兩位偉大的領導人。他們兩人都有開濶胸襟和深遠的眼光，他們看到了兩國客觀形勢的轉變，看到了歐洲大陸所受的整個威脅，也看到了法德兩國的基本政策都應該轉變。於是，他們把法德兩國傳統歷史之舵同時轉變了方向，由世仇的方向，轉到親善的方向，由敵對的方向，轉到團結的方向。這兩位偉大的領導人，一個就是法國的戴高樂，一個就是德國的阿登諾。

在二次大戰剛一結束的時候，法德兩國改變政策的迹象還不甚明顯。隨後，戴高樂在法國東山復起，法德親善之路就更加平坦更加寬濶了。

如果按照馬克思歷史唯物論的看法，生產工具與生產關係才是歷史變化的重心。那末，法德兩國關係之轉變，也應該是什麼生產工具或什麼生產關係在影響在決定了。但我不是歷史唯物論者，我怎樣也找不出法德兩國關係之轉變與任何生產工具或生產關係有關。在我眼中，我只看見由智慧所表現的心靈作用、由共產主義挑戰所表現的客觀形勢、以及由偉大人物的領導所發生的政策變易在活躍。這一活躍直至最近就達到了最高峯。因爲戴高樂在阿登諾訪法之後，又以法國元首之尊作爲第一個訪問德國的人物而前往西德了，他們在萊茵河上泛舟，又在舟上欵欵深談，法德兩國的歷史關係遂翻開了新的一頁。

據西德慕尼黑八日路透社電：「戴高樂總統今日對這個巴伐利亞首府的居民致詞時，讚賞法國和德國南部省份巴伐利亞居民之間的長久友誼。在慕尼黑的奧廸安廣場，對羣衆致詞時，他說：「不論在過去法國人和巴伐利亞人之間的衝突如何，每個人皆知道，並且儘管有此事，然而互相瞭解和特別親善，是存在於巴伐利亞與我國之間的」。「但在今日，法德面臨了同樣的威脅，而且，在此新世界有許多事要一起克服，則只有一件事——團結。因此，這種友誼，是的，法國人和巴伐利亞人之間的友誼能夠，而且必需成爲目前及將來的一個重心」。

此外，戴高樂又說法德之間的關係，現在已是一個大革命。是的，確實是傳統關係的一個大革命。這一大革命顯然是由於共同的覺悟與共同面臨的威脅而來。但我們知道，今日之中華民國與今日之日本，又何嘗沒有在亞洲面臨同一威脅呢？但中國與日本却至今未能表現出現在的法德關係那樣良好。客觀形勢相同，如果歷史唯物論正確的話，那末存在決定意識，中日兩國的合作要求便應該和法德兩國的合作要求一樣了。其結果也應該一樣了。然而客觀形勢儘管相同，結果却不一樣，就可見存在不一定能夠決定意識，領導人的決策以及胸襟和眼光更有決定作用。目前，國民黨當權派固然無人，日本政壇也還未能表現出這種偉大氣魄。就當前事實講：日本的態度更關重要。因爲中國業已偏安台灣，日本則正在欣欣向榮，循着復興之路在發展，故法德合作之盛事能否在亞洲出現，能否促成中日合作一如法德，就全看日本方面眞正有無特出政治家了。

讚揚菲總統之反共決心

並盼改善華僑政策

陳欣

自中國大陸淪陷十三年以來，在亞洲各國中，特別值得讚揚的，是菲律賓，尤其是菲律賓總統的反共決心。

當然，說到菲律賓就不免使人觸發菲律賓的排華舉動。不過，本文的主旨不在討論菲律賓排華問題，所以，對於那一問題便畧而不談，主要的，還在討論菲律賓，尤其菲律賓現任總統馬卡柏佳之反共態度。

我們曉得：菲律賓的反共態度本來一向就是很堅强的。菲共曾經猖獗一時，但卒被克服，這是它在內政方面的重大成就。可以說，在亞洲諸國中，共黨勢力比較小，還只有它和馬來亞。馬來亞曾經和它一樣，也遭遇過馬共的武裝叛亂，但英國和馬來亞合力圍剿，足將馬共完全制服，算是全世界肅清共黨武裝叛亂的一個典型。到今天，馬來亞的堅決反共態度之所以值得敬佩的原因也就在此。

在菲律賓以往的幾位總統，季里諾也好，馬獅獅也好，加西亞也好，無論他們對內治績如何，反共的態度却都很堅決，這已經是難能可貴的。而現任總統馬卡柏佳的反共態度，則更屬堅決明朗，值得喝睬。

據九月五日馬尼剌電訊報導：馬卡柏佳曾於九月四日外國記者聯誼會發表講演，强調反共決心。

他說：「我們與任何共黨國家沒有關係，我們無意在可以預見的將來，有這種關係。」他又透露蘇聯最近曾建議與菲律賓建立外交關係，但菲已予拒絕。因爲他認爲這種關係的利害比較，將有害於菲律賓的國家利益。

馬卡柏佳的這一斷然不與共黨國家建交的明朗態度，實在足以爲許多亞洲國家之模範，亦足以爲非洲新興國家之模範。在今天，國際間道義原則沉淪，充滿了眼光淺短的現實主義者，故小醜跳樑，有等小國竟然以中立主義取媚於國際間，竟然以與共黨結盟爲向民主集團之要挾。以此等小醜來與菲律賓相比，誠有天壤之別了。而馬卡柏佳之拒與蘇聯建交，則尤屬二十世紀世界歷史上大書特書的事。

關於中共問題，關於中共方面的貿易問題，馬卡柏佳也表示他的明智看法。他說：對於那些被與中共貿易想像的利益所迷惑的人，我的答覆很簡單，那就是「中共不會，也不可能比我們目前的顧主們對一磅椰子、一磅糖、一磅鐵砂或一磅乾、一磅木材多付一點錢」。這也說得很乾脆，事實上，中共豈但不可能多付錢，由於中共缺乏外滙之故，中共對於貨欵，勢必賒欠，而中共政權必垮，凡中共政黨對外之賒欠，當然都不是中國人民所能承認的。所以，有些國家把米麥賒給中共，將來一定是貨欵無着，自己倒霉無疑。馬卡柏佳不爲中共的貿易所惑所迷，這自然更是高人一等的見解了。

至於菲律賓排華問題，我以爲菲律賓政府當然應該放大眼光，擴大胸襟來改善。因爲，今日之亞洲形勢很簡單，台灣乃太平洋上的中流柱砥。不但屏障了整個太平洋海面之安全，而且也掩護了中共對菲律賓的直接威脅，僅此理由，菲律賓也應該好好優遇反共的華僑了。對於那些親共的華僑尤其那些華僑中之共黨分子，菲律賓政府當然可以嚴刑以處，格殺勿論。把華僑社會中之共黨分子消滅，不但不會受到中華民國人民的反對，甚至還會受到歡迎的，故菲律賓政府應對華僑的政治立場加以區分。對於反共的華僑，因爲他們足以幫助非律賓安定當地的社會，菲律賓政府應該予以保護才是。

颶風斷樹目擊記

鐵聲

編者按：月之一日，「溫黛」颶風襲港，造成極大災害：財產生命損失數字尚未調查完畢，本港各報連日登載甚多。茲特選登鐵聲先生目擊記來稿，以備美洲及各地僑胞關心者見其一斑。

九月一日是記者節，「溫黛」小姐光臨香港，自上午六時起至下午二時止，風的中心經過長洲島，連續大吹大打八小時；死百餘人，傷近千，無家可歸者達四萬六七千人。沉船計一千宗，吹落屋招牌光管不計其數，救急消防車被毀二十五輛，火警百餘起。颶風半徑如以長洲島爲中心，則，香港，珠江口，澳門，上下川島，中山，新會，台山，南海，東莞，寶安，惠陽，皆在其吹打範圍之內。

但，這位小姐姍姍來速有什麼好處？二十四小時中，得水十寸半，署解香港四百萬人的水荒威脅。嚴格說起來，代價不可謂不大了！

我的家住在荃灣芙蓉山脚，荃灣正位長洲北面，當風力中心最强的邊緣。而且，後面是大帽山與芙蓉山，風到山南爲勢所逼，自必急轉直下，掠山降地，又復上衝而出，所以風勢特別强。

八月卅一日晚，天文台已有指示，「溫黛」小姐九月一日上午六時抵港，這個預言比劉伯溫準確得多。到了那個時候，不由你不歡迎，也不由你不作準備。

我有什麼準備？關窗子第一，睡覺第二。

八時半醒來，風已吹了大半天，漱了口，洗了臉，從玻璃窗望出去，雨不甚大，但風却猛。

爲了雨密天霾，我老以爲是大清早，屋後遮陽的大樹，不曉得什麼時候被扭斷，靠在大石頭上。如果這株樹因風力而加上壓力向我的屋頂的話，我的房子非塌便倒，自可預卜，而且，傷人也在意中。

就爲了這株樹從不平安中保証了我的平安，所以我可從窗口望着斜對的三丈餘高的柳樹，以及高可觸天的桄榔樹。

桄榔樹被狂風牽引着，時而南向，時而西向，時而北向。我的房子因風力倒捲的震盪，偶然間也顫動着。

柳樹挺立於狂風暴雨中，東一拜，西一拜。柳枝正如婦人的細髮，時而委地，時而拂天，低昂揚抑，要說折腰，這才是眞正折腰的時候。然而折腰是免不了殺身之禍的。風愈來愈猛，它說不盡的搶地呼天！忽然風姨好像在用巨斧，先裂其東幹，後裂其西幹，餘下的只是中間將斷未斷的一幹，枝葉早已無存，成了電線桿一樣，眞所謂「敗柳」了！

下午三時，風稍停，雨稍止，我出荃灣街望着芙蓉山；滿山都是白點，那是斷樹的新創痕。我們村子的前後，老木屋不是倒地，便是揭蓋，是折枝斷樹，也多塞坑阻途。宇宙間，好事與壞事往往連在一起，老子說：「禍兮福所倚！」所以，「溫黛」小姐帶給我們不少好處，但也帶給我們許多壞處，這個問題要怎樣解決？不能不寄望於新的科學家了。

美國嘗到了後園的苦菓！

看甘迺廸能否拔去卡斯特羅

李金曄

　　自由世界軍備最强大的國家，當然是美國。但是美國不僅在二次大戰後未能確保盟國的安全，鞏固自由世界防共防線，及至今日，美國後園火起，似乎自身也岌岌可危了！

　　因為中國大陸的變色，對自由世界所起的影響，已是有目共睹的事；韓戰本該是勝利之戰，美國以優勢軍力，可勝而不取勝，板門店談和，徒然助長了共黨國家的兇焰，在東南亞地區，美國一直是舉棋不定，越南一分為二之後，美國最後還是得出兵南越，從事特種戰爭；寮局雖在美國的壓力下，以成立中立的聯合政府終場，但未來的命運難卜，泰國因此深感不安，對美國開始有了怨懟與不滿。美國在遠東的行動，只有一語可以形容：即「扶得東來，西又倒。」

　　在中東與近東，在地中海與東歐，美國的政策，也未能逐一兌現。東南亞公約固是被人喻為「無牙的老虎」，中央公約國家也是怨聲四起。伊朗與土耳其，在抱怨美援被無情地削減；相反的狄托與納薩，却獲得了美國特殊的青睞。解放鐵幕後國家的呼聲，現在已不再聽到美國叫喊了，事實上匈牙利抗暴革命，是在無援之下，被蘇聯紅軍踏平的，人們記憶猶新，明白美國並不會在解放鐵幕後國家的呼聲之下，即起行動的。

　　西歐，正在戴高樂與阿登諾的協作之下，向第三勢力的方向發展，從經濟的合作，取得了經驗，共同市場國家，從而力謀結成政治同盟，西歐雖在美國的援助下復興，但現在她對西歐的影響力，已減退了。兩次大戰，使西歐國家在慘痛的教訓和經驗下，懂得了共存與團結的重要。同時又發覺美國對共產國家的政策是不能堅持强硬的，與其跟隨在美國之後，難料前途，何如擺脫美國，自立自決。

　　在中南美洲，這兒本是美國的勢力範圍。由於對古巴的卡斯特羅估計錯誤，就像廿年前把中國共產黨看成是單純的土地改革者那樣，美國現在是真正的嚐到了後園的苦果了！

　　甘迺廸現在要求國會授權給他，俾能召集後備兵員正式服役，用來穩定美洲的局勢。

　　當然，二次大戰以來，美國對自由世界，對全人類的貢獻是極大的。但是在摧毀了納粹、法西斯蒂和軍國主義之後，美國顯然是寬容了共產主義，這罪過也顯然是不小！

　　國際共產黨在世界上每一個國家內部的成長、活動與發展，就國家內政觀點來說，是不宜美國插手的，但是美國一開始就錯誤地妄圖與蘇聯取得某些妥協，使其它國家的共產黨得到了間接的鼓勵。美國也不是真正的絕不干涉他國內政的，對那些接受美援的國家，還是不時在運用其影響力，但是由於政策的搖擺不定和若干官員的顢頇，一方面是欣賞着那些共產黨偽裝的新鮮姿態，一方面又支持着腐朽的政權，而沒有真正地看清楚這些國家所以混亂的真正面貌和原因。因此美元固滿足不了腐朽政權的揮霍，民主政治也難填共黨奪取政權的慾壑。因為在這些國家，投下了如許浩大的物力、人力，而絲毫看不到改革和進步，在厭煩不耐之下，美國最後的政策，就是拋棄她們，於是共產黨就趁勢奪取了政權。

　　中國是在這樣的情況下陷共的；古巴的卡斯特羅也是在同樣的情況下樹立了共黨政權。這兩個國家的不幸，是如出一轍的，我們雖不能說美國應該負全責，但顯然美國政府是難免不內疚神明的。

　　以美國的實力，以卡斯特羅的寙陋，兩相比較，卡斯特羅能有今日，豈非異數。如不是美國政府內部的姑息主義者勢力獲得了抬頭，左右了政府決策，卡斯特羅政權的命運，應該只能曇花一現。在卡斯特羅奪到政權之初，我想他從未想到美國會對他如此的優容。

　　現在，為了對付一個卡斯特羅，甘迺廸竟要求國會授權他便於召集最高數額可達十五萬人的後備兵員。儘管美國後園的情況，已如此危急，也儘管共和黨的國會領袖們已提出議案，要求國會授權甘迺廸總統，於必要時使用美軍對付古巴，但是執政的民主黨的領袖，卻仍不以為然。參院民主黨領袖曼菲爾在參院發表他的妙論說，任何授權對古巴用武的決議，「似乎意味一項軍事進攻——一項侵畧行動，一項美軍對該島的好戰行動，數以千計的古巴人，將死於此項進攻行動，數量不明的美國人亦然，此是否為需要之行動？」我相信這不只是曼氏的短視。當大火尚未燒及美國都門時，美國的姑息主義者，一定仍然認為美洲是唯美利堅合衆國獨尊的。他們好像從未想到卡斯特羅背後的力量，也沒有想到卡斯特羅的牽綫人是誰。

　　如果對古巴的卡斯特羅用武不是一項好辦法，那末還有什麼更好的途徑呢？安撫已失敗，談判嗎？事實上卡斯特羅早已身不由己了。和他談判能有什麼結果呢？

　　從美國在古巴的失敗，更可証明美國當局一直就沒有固定的對外政策，美國當局似乎對所有內政上有問題的國家，只是執行一條絕不聰明的政策，即不是扶持腐朽的舊政權，就只有對共黨寬容，從未曾考慮到在兩者之外，爭取新的盟友，因此結果不是吃力不討好，就是讓共產黨坐大以至奪取政權。

　　同時，美國的顧慮也太多了，甚至就對付卡斯特羅來說，居然還考慮到西半球其他的國家能否同意此舉，似乎完全把卡斯特羅存在的空間位置記憶錯了，大概以為卡斯特羅政權是在愛爾蘭吧！？

　　不錯，蘇聯一直是未曾放棄過對西方恐嚇的機會。正當甘迺廸要求國會授權徵召之際，蘇聯的「紅星報」又表示，一旦宣戰，馬上毀滅英德日。為什麼蘇聯不直接恐嚇毀滅美國呢？當然赫魯曉夫明白，直接恐嚇，遠不如間接的恐嚇有效，只有這樣的恐嚇才能使某些國家去扯美國的後腿。

　　現在流亡在美國的古巴人的地下組織發表報告說：「駐防古巴各省的外國軍隊，刻已超過了一萬人，預料更多的外軍將繼續登陸。」並且還透露說：「一俟佈署完成，古巴還將參加東歐華沙公約。」

　　在這樣的現況之下，美國能避免一戰而解決卡斯特羅嗎？如果美國不直接下手，是不是已有更妥善的安排了呢？這樣的局面，長期地拖下去，將會使整個中南美洲動搖的，卡斯特羅政權不倒，共產黨將會用類同的手段，逐個地向其它國家進行赤化。

　　甘迺廸如果不能拔掉卡斯特羅，中南美洲的形勢，就將像中南半島的局勢那樣潰爛下去，不堪收拾！

　　甘迺廸如果不能拔掉卡斯特羅，同樣地將使整個自由世界的國家感覺到，美國是個儒夫之國，與美國結盟，就變得不可靠了！

黃啓瑞貪污案草草了一半

見微

　　（台北通訊）台北市長黃啓瑞因市宅會貪污案及市公車處貪污案，前經法院偵訊屬實，接連判處徒刑共七年。當時，官方宣傳機構自稱這是政府決心整飭吏治和司法獨立的明証。但自黃啓瑞提出上訴後，久無消息，人們都知道變化來了。八月三十日下午高等法院合議庭果然不出多數人所料，推翻了地方法院的裁定，對於市宅會貪污案，改判黃啓瑞夫婦無罪；惟同案的市宅會職員則僅獲得減刑。據承辦推事石明湖當庭宣稱：判決書尚未擬就，其改判黃啓瑞夫婦的主要理由有二：（一）原審所謂許富江、楊逢春交付一百萬元與黃朱金鳳，但被告均稱為借欵，並有黃朱金鳳的借據為憑，因而不可謂為賄欵。（二）第一期市民住宅利潤祇六十萬元，尚需扣除捐稅，如何能分潤一百萬元與黃啓瑞。因而改判黃啓瑞夫婦及承包商許富江、楊逢春等四人無罪。猶憶去年八月基隆地檢處檢察官葉正青在起訴書中，曾指出市宅工程估價每棟高出六千元，共有額外利益三百萬元，市宅會經辦人員孫世柱等要求原包商杜山杉提出四分之二（即一百五十萬元）與黃啓瑞，其餘之數則由杜山杉與興建會人員平分，杜不允才被迫將承建權轉讓與包工許富江、楊逢春兩人。黃啓瑞又代許富江向土地銀行借欵三百萬元，因而取得賄賂一百萬元。石推事所謂住宅利潤僅為六十萬元，顯屬抹殺事實之論。至其謂許富江給與黃啓瑞妻黃朱金鳳的一百萬元，乃係借欵，並有後者的借據可憑。但在初審時，許富江並未提呈此項借據，足証這是案發後才補寫的。而且許富江僅為一包工，承建市民住宅，尚需黃啓瑞代向土地銀行借欵三百萬元才能興工，又何來一百萬元借與黃朱金鳳？由此種種，可見高院石檢察官宣判黃啓瑞夫婦無罪，乃是另有原因的。至於判決書尚未擬就，據悉：亦由於某有關方面尚在核定中。

　　黃啓瑞夫婦在市宅會的貪污案雖然被宣判無罪；但在市公車會的貪污案，却祇被減刑，黃啓瑞減為三年，黃朱金鳳減為一年，並確定黃啓瑞夫婦所收受的賄欵為六十三萬九千二百九十八元。據熟悉內情者透露：這也是當權者故佈的疑陣。因為若將黃啓瑞的兩案一併作一百八十度的轉變，改判無罪；黃啓瑞自應恢復市長的原職。如此一來，不但又要引起內部派系的一場惡鬥，其結果可能還要互揚更多至今未為人所知的家醜，有損「黨」和政府的「威信」；而且以一個接連被判徒刑和褫奪公權的人，又捲土重來，坐上自由中國首善之區的市長寶座，也自覺太不光彩。所以才玩一個手法，將兩大貪污案分別處理；一個完全推翻，一個則減輕一部份，為將來最高法院作無罪宣判預留地步。這是「司法配合國策」的又一杰作。

台銀顧問知多少

直夫

　　（台中通訊）台灣省議會若干年來即不斷的指責台灣銀行及各省營事業機構的顧問太多，其確實數目，一向保守秘密，他們大都無事可做，其中有些人更是不學無術，或年老多病，不能做事，而且徒擁虛名，從不辦公，實屬浪費公帑，主張應大量減削。但省府當局則充耳不聞。最近，由於省議會的不斷查訊，省府才於本月二日將台灣銀行的顧問人數函覆。據稱：該行目前共有顧問八十四人，其中五十五人係奉令分發聘用，二十九人則由該行自行聘用。並說：該行自本年度起，對顧問人員之聘用，已改為視實際事業之需要，每年改聘一次。

還要上訴

　　在黃啓瑞的市宅會貪污案被改判無罪，市公車會貪污案被減刑半年的消息傳出後，國民黨籍的市議員和他的若干親友都紛紛到黃公館向他夫婦道喜，一時「恭喜，恭喜」之聲，不絕於耳。據說：還有十幾個市民前往安慰。黃啓瑞也顯得氣色很好，連向往訪的人說：「還有一半，還有一半」；並向聯合報記者透露：他對法律很有信心，高院的判決，鼓勵他再作一次上訴；今後仍不擬常出門，將專心進行公車案的再上訴。是的，不但黃啓瑞對法律有信心，任何一個台灣的老百姓對法律都有信心，却深信法律是跟着當權者的意旨而定的。黃「市長」祇要繼續在家退思補過，不作任何怨懟的表示，讓周代市長能繼續代下去，俟當權者對於台北下屆市長選舉的部署完成時，他一定會被宣判無罪的；也許還將重邀主子的寵信而榮膺新職呵。

立法院的醜劇

靜吾

（台北通訊）本月一日，立法院開始辦理委員報到手續，不幸竟發生前所未有的怪現象。雖然為時僅有一瞬，但已傳遍社會和騰笑海內外，茲將經過情形報導於后：

各委員會有冷熱門之分

依組織法的規定，立法院設內政、外交、國防、教育、財政、經濟、交通、預算、法制、邊政等十二委員會，由委員自由參加，每一委員會的人數以九十人為限，並互推三人為召集人。自該院成立以來，立委們都是按其學識、經驗而參加其興趣所在的委員會。但近若干年來，卻出現一種反常現象，許多立委對於財政、經濟和預算三委員會最為熱心；其次是外交、交通和教育。至於邊政等委員會則是冷門，幾乎無人問津。據熟悉內情者透露：其中原因，乃是參加前三個委員會的好處甚多。例如參加財政委員的人，在審議財政案時，往往有許多商人自動交結，奉上種種「禮品」，或請求對政府增加某項捐稅的事，設法維持原案，或作某些修正，以求有利於本行本業，或打聽機密消息，以便從中取得暴利。廠商們欲向國家銀行借款，如能與財政委員會的立委們拉上關係，不但包準借到，而且還可懶債不還。因而這些立委都成了商人們競相爭取的對象，而又往往是但求爭取得到，不計代價的。這些立委既受人之托，當然也很忠人之事，假設主管當局敢不「賣賬」，他們就利用職權，或在院會借題發揮，不時予以猛烈的抨擊，或在審查會中對有關該部會的議案作不利的決議或阻撓其通過。由於今日的達官顯宦多非「眞金」，最怕「火焚」，所以幾乎沒有一位部會的首長不對立委不「賣賬」。而這些立委有時也並不諱言他們是「黑吃黑」。這是這幾年來財政、經濟及預算三委員會成為熱門的基本原因。

再說到交通和教育委員會的好處，雖然遠不及上述三委員會，但也有生財之道。覃勤開辦中醫學院所以能獲得立案，其主要的關鍵，就是由於他是立委。被控妨碍兵役後，在立法院為他辯護的立委，據傳，也獲得可觀的報酬，就是一個顯例。至於參加外交委員會的委員，雖無這類的好處；但卻有出國公幹的優先機會。因此，這三個委員會也成了半熱門。

財政委員會報到演醜劇

由於衆多有「抱負」的立委都爭先恐後的參加上述的三個熱門委員會，其中抱負大的還要競選召集人，於是每一會期開始報到時，都有粥少僧多的恐惶，捷足先登者自然得其所哉；而後至者則不免有望塵莫及之嘆。本一會期，據悉：許多委員都特別看上財政委員會，于錫來、劉全忠、謝健華、杜均衡等四委員，更準備競選召集人，杜是上一會期的召集人，于、劉、謝三位則是新的問鼎者，他們各懷必勝的決心，均於事前邀約友好參加財政委員會，以期增加選票。為了爭先報到，有一部份立委，竟於先一晚提前到立法院聯誼廳的門外守候，事為其他有志參加財政委員會的立委所悉，也紛紛相率前來，東方還未發白，人數已達九十人的飽和點以上。上午八時，聯誼廳的大門開啟，守候的立委即一擁而入，競向左邊的財政委員會報到處簽名。劉委員全忠因四處挪朋友來幫忙，遲到了一步，他眼見財政委員會等候報到的長龍如此擠擁，誠恐額滿見遺，失去競選召集人的資格，於是企圖乘人不注意時從偏門搶到長龍的前面，不料，卻被其他立委發覺，立即指其不守秩序，他反唇相稽，因而你一句，我一句，卒至由口角而拉扯，並各伸出拳頭作動武狀，簽到的辦公桌也被推翻，秩序隨之大亂。幸而有一位其他委員會的立委及時走過來，力勸各位同仁務必互相諒解、互相尊重；千萬不要鬧出丟臉的事，讓外間引為笑談，大家都不好看。然後才未演成全武行。

財政委員會指向廁所

當這些立委擁向財政委員會之時，有一位參加其他委員會的立委目睹此情，心有所感，走過來將那塊「財政委員會由此進」的指標牌移向附近的廁所；並指着廁所大聲說道：「財政委員會在裏面。」在場的職員和工友都作會心的微笑。但也許是一種笑罵由他笑罵的心理作用，守候在財政委員會報到處的立委們都故作不見。過了許久，才由有志侍機競選召集人的侯廷督委員親自將這塊指標牌移回原處。

由於這一幕前所未有的醜劇發生，有許多原欲參加財政委員會的委員都改變了主意。于委員錫來當場聲明退出競選召集人，其他三位表示放棄，至二日下午尚未報到。三日，也祇有一人報到。但至四日晚上，報名參加財政委員會的立委，仍有六十人之多，比較之下，還是很為踴躍的。至於邊政委員會則僅有三人而已。

聯合報的短評

本月三日，聯合報有一篇短評，題為「財門之戰」，原文如下：

「日前立法院辦理委員報到時，各委員會均為冷門，門可羅雀；獨財政委員會為熱門，門庭若市。不唯「擠擠多士」，大擺長龍；且有捷足先登，早在凌晨二時即已鵠立「財門」，熬過漫漫長夜，守候迄於天亮者。

緣立法院為求各委員會平均發展，乃規定每一委員會以九十人為「滿員」，並互選三人為召集委員。此次財委會有四位委員競選召集委員，勢必成為「三吃一」之局。故於報到前分別動員，四路進兵，爭先恐後，趕往排隊；乃使財委會之門，形成會戰之地。

初有某立委感於其同僚如此熱中於「財門」，乃將置於甬道上「財政委員會由此進」之指路標牌，移轉方向，指往廁所。此一小動作雖迹近惡作劇，惟寓意深長，殊足發人猛省。旋有競選召集人之某立委，到場較遲，排隊落後，不甘別人擋了「財路」，乃越隊搶先報到，一時秩序大亂，始而互相口角，終於亮出拳頭。所幸立委諸公多已年邁，心有餘而力不足，雖然展開戰鬥，尚未發生傷亡，差堪告慰於國人。

立法院財委會前曾一度為「銀彈攻勢」之謠的風風雨雨所困擾；然冒「彈雨」而叩財門者，不唯大有人在，乃至趨之若鶩，其勇也誠屬可佩，惟古人「知恥近勇」之說，不復能徵之於今日矣。」

幾句公平話

聯合報的這篇短評，很可說，也能反應一般老百姓的意見；但平情而論，立法委員們也確有好的一面。今日的台灣，雖然號稱民主憲政，實則乃是一個家天下的局面，人們所以有時尚能聽到少許微弱的正氣之聲和感覺到少許稀薄的民主氣氛，主要即在於立監委員之心尚未死完。雖然近年以來，兩院的有識之士，在當權者的層層控制之下，多已憂讒畏謗，絕少發言，因而若干唯利是圖之徒乃能大行其道；但就一般來說，絕大多數立監委員都是頗能潔身自好的。即以極少數不肖分子而論，也祇是環境使然。因為在家天下的局面之下，大家均深感國家和個人兩無前途，於是產生一種變態心理：拚命找機會撈錢，以期安度餘年；錢多的還想溜到外國去當寓公。這是今日台灣貪風處處吹的主因。據熟悉內情者透露：某某兼任律師大發其財的立委，原是北伐時期的革命青年；某些組織集團公開要錢的立委，原是東北陷日時期的愛國鬥士；某些因受人錢財，在院會上作吼子嘯的立委，原是三民主義的忠實信徒。但如今都一個一個的變了。然而從財政委員會報到發生紛擾後若干原欲參加該會的立委都裹足不前，而有志競選召集人的四位立委中已有三人放棄這一現象看去，可知立委們的羞惡之心還是存在的。單憑這一點，在今日的台灣，就已經難能可貴了。

台灣簡訊

志清

一、議員與股東互控，兩敗俱傷

前任台灣省議員廖月娥於四十三年及四十六年兩度競選時，負債一百九十餘萬元，未能償還，四十七年，她與乃弟廖煌焜約同友好張登財夫婦共同發起組織隆泰農林公司，由張負責向外借款三百餘萬交廖煌焜保管，以作公司發展的業務資金，廖月娥即挪用二百餘萬償還私債及個人活動費用。事為張登財等所悉，乃控告廖月娥姊弟二人侵佔會欵，廖等亦反控張夫婦二人侵佔會欵十餘萬元，經台北地方法院偵訊，雙方所控均屬實情，乃判處廖月娥有期徒刑二年六個月，廖煌焜二年，張登財一年，緩刑二年，張妻一年，緩刑一年六個月。

二、高縣發生政治暗殺

高縣議員林燕務，現年五十六歲，住永安鄉永華村九十號，於本月一日深夜十時在該鄉永華路八十八號門前，被一蒙面壯漢舉刀猛刺，重傷倒地，為家屬送往醫院急救，延至三日始恢復知覺，據稱：他於被刺前一瞬間，似乎見有四個人，一人持刀動手，其他三人則在後幫兇。

報載，永安鄉有兩派，十餘年來，一直在尖銳的鬥爭中。一為黃派，現在的領袖是縣議員黃清和；一為林派，現在的領袖，就是林燕務議員。第四屆選舉，黃派支持戴良慶，林派支持余登發，選舉結果，林派獲勝。黃派對該鄉政事一向都佔上風；但近三年來，林派逐漸得勢。鄉長和鄉民代表會的代表幾被全部奪去。林派不得不退而求其次，向漁會和農會兩機構發展。該鄉人民多稱林派為政治派，黃派為經濟派。最近政府當局飭令永安漁會與路竹漁會應行合併，永安漁會是由黃派所主持，自然希望保持現狀，立表反對合併。林派為求借機會插入，聲稱贊成合併。於是各出奇兵，僕僕於省縣道上多次，卒因合併兩漁會乃是政府的既定政策，林派的目的達到。上月兩漁會舉行合併改組後的首次代表會議，黃派代表多未出席，原欲藉此表示抵制之意；但如此一來，林派便輕而易舉的在選舉理監事時，幾乎贏了一個清一色。黃派既已退向經濟領域活動，如今失去了漁會的地盤，根本發生動搖，於是對林派更加仇恨。

在林派一方面，自競選縣長勝利後，復在鄉長及鄉代表會的選舉中獲得大勝，如今漁會選舉又意外的獲得全勝，乃乘勝向縣議會進攻，該會議長吳尚鄉乃黃派要角，自然成了林派的中心目標。即利用吳議長於縣議會第五次大會中對縣府賒用三百三十八萬五千元的義務勞動工程材料費用，表決不當，認為公然舞弊，發動罷免，黃派自然要以全力維護。同時該鄉鄉民代表定二日改選，黃派也欲捲土重來，林派當然也不甘讓人，於是雙方的鬥爭更趨尖銳，大有勢不兩立之勢。據說，這就是林燕務議員突被暗殺的背景。

兇案發生後，林派縣議員林季容等十九人，於三日下午發表一篇緊急聲明，指出兇殺與罷免議長案有關，要求治安機關迅速破案懲兇，以平民憤，余登財縣長也限令縣警局於三天內破案。聞已查出相當綫索。

中共將在西藏進行假選舉

綜觀

選舉制度，本來是人類社會的一種進步的制度，但這種制度却必須植基自由與民主基礎上，否則，所謂選舉便不能自由，不能自由的選舉，當然就不是一種眞選舉而是一種假選舉了。它之所以是一種假選舉，乃因這種選舉只有一個由共黨指定的候選人，並無兩個以上的候選人由選民選擇，選民更無競選的自由，所以，這種選舉自然而然的就成了一種欺騙人民的手段。

西藏地區情況特殊，自中共對西藏實施殘酷統治後，卽激起了西藏人民的反抗與叛變，達賴喇嘛亦由此出走，這是舉世皆知的事實。

為了欺騙西藏人民，於是，中共最近就決定繼續以班禪作傀儡，在西藏成立「自治區選舉委員會」，以便用假選舉的方式，達到欺騙西藏人民的目的。

據新華社八月廿六日拉薩電：「西藏自治區選舉委員會在廿五日正式成立」。並說：「這天選舉委員會舉行了第一次全體委員會議，會議由西藏自治區選舉委員會主席班禪額爾德尼．却吉賢贊主持」。「在這次會議上，宣佈了國務院批准的西藏自治區選舉委員會組成人員名單。班禪額爾德尼．却吉賢贊担任自治區選舉委員會主席，張國華、阿沛．阿旺晉美、帕巴拉．卓列朗杰、周仁山、協繞賴珠為副主席」云。

事實上，除張國華外，其餘的人都是傀儡。張國華則是西藏的太上皇，班禪卽是張國華手上的工具。張國華乃中共西藏地區黨委，又是中共駐藏部隊之政委及一切行政工作的最高負責人，所以，中共所謂以班禪為西藏選舉委員會主席云云，都不過是中共進行假選舉時玩的把戲。直接玩弄這一把戲的丑角，則是中共派到西藏的黨政軍負責人張國華。

大陸簡訊

白帆

農村交通工具缺乏中共趕製應急

農村各項工具缺乏，早已是今日大陸之普遍現象。但直到今年，中共才撥出一部分木材與鋼材等供應製造單位，以便趕製應急。

據新華社八月十八日訊：「各地手工業部門為農村修理和製造了大量畜力和人力車輛。據有關部門統計，今年上半年各地修理了四十萬輛畜力大車和一百八十多萬輛手推車，製造了九萬多輛畜力大車和一百零八萬輛手推車」。

又說：「各地為農村製造的大車，有東北、內蒙古和華北等平原地區適用的膠輪，木輪及鐵輪畜力大車，其中的膠輪大車，以載重量為一千斤左右，一頭牲畜就能拉的佔大多數，各地製造的適合田間運輸用的手推車，大部份是雙輪手推車。這種手推車比獨輪手推車載重量大而且平穩省力」云。

但仔細算一筆賬，今日大陸約有六億人在農村，但却只製造了九萬多輛畜力大車和一百零八萬輛手推車，其比例之微，簡直不可想像。算起來，平均只替六千人才製造了一輛手推車，六萬人才製造了一輛畜力大車而已。則其不够廣大農村之需要，至為顯明。

中共婦聯會煽動日本婦女

日本的婦女雖以順從聞名全世界，但中共現今却正在煽動她們參加政治活動，參加反美鬥爭。

據八月十八日新華社訊：第八屆日本母親大會預定八月十九日開幕，中共則命令其御用的婦女團體寫信給日本婦女，慫恿她們反美，原信說：

「我們以無限敬佩的心情注視着日本母親運動這一年來的發展。越來越多的日本婦女從親身體驗中，清楚地認識到：剝奪日本婦女兒童生活權利和民主自由的眞正敵人是美帝國主義和它在日本的代理人」。「全中國的婦女對妳們在反對美帝國主義的戰爭政策和侵略政策、保衞亞洲及世界和平的鬥爭中樹立的光輝榜樣，致以衷心的敬意」云。

中共又與古巴簽科技合作協定

在赫魯曉夫與毛澤東的個人衝突中，古巴的卡斯特羅雖然已經顯然的站在赫魯曉夫的一邊，但中共為了加強滲透中南美，為了加强支助古巴，却一點也沒有放鬆中共對古巴的援助。

據新華社哈瓦那八月廿三日電：「古巴經濟部長雷希諾．博蒂和中國駐古巴大使申健今天在哈瓦那簽訂了兩國科學技術合作協定一九六二年議定書。出席簽字儀式的有古巴外交部長勞爾．羅亞，中國駐古巴大使館的參贊和古巴經濟部及外交部官員」云。

畢業論文替張獻忠翻案

十三年來，中共為了歪曲歷史的面貌，已經對許多歷史人物翻過案了。但直到今天，還沒有人能够替張獻忠「辯誣」。對此，中共當局當然還是耿耿於懷。因為中共當局覺得，如果不能替張獻忠這一殺人魔王的顏面重新粉飾一番的話，就無異沒有替毛澤東這一殺人魔王的顏面搽粉是一樣。而張獻忠的殺人故事，家喩戶曉，在民間流傳最廣，故中共史學方面的御用文人，曾經一再企圖替張獻忠洗刷，却一直由於缺少人証物証而不敢隨便動手。

直到今年夏季，四川大學歷史系的某一位紅色教授才對本屆畢業生袁庭棟作了指導，指導他以替張獻忠「辯誣」為畢業論文。此文一出，果然獲得中共教育當局的靑睞，八月廿六日中共人民日報更以巨大篇幅刋登了這一件事。

據人民日報說：四川大學畢業生袁庭棟曾經說過：「我寫作這篇論文的目的，是替張獻忠辯誣，不澄清反動史家在張獻忠殺人問題上的誣衊和歪曲，這位農民起義的領袖的眞面目就永遠不會為人民所認識」。

人民日報又說：「袁庭棟講述了他論文中三部分主要內容。首先，他廣泛引用史料說明張獻忠農民軍具有嚴明的軍紀，不會肆行殺戮。但是在革命鬥爭中，使用暴力手段是不可避免的。張獻忠殺的只是王府宗室、貪官污吏、地主豪紳和頑抗的明軍，這是為保衞農民革命成果所必需的。……正是由於張獻忠對封建統治階級的堅決鬥爭和鎮壓，因而引起統治階級史家們特別多的誣衊和歪曲，許多誣衊得最厲害的史書作者，都和張獻忠有殺父殺兄之仇。最後，對於歷代史家用以証明張獻忠殺盡四川人的一件重要事實——明末清初四川人口的減少和經濟的殘破，袁庭棟通過許多史料的分析，指出其原因不在於張獻忠，而在於明、清統治階級對四川人民的殘酷壓迫和殺戮。他們正是妄想掩蓋自己屠殺四川人民的罪行，因此才千方百計地把罪責推卸到張獻忠身上」云。

這算是別開生面，硬要顚倒史實的謬論了。

僑鄉近訊

鍾之奇

廣東境內軍火庫亦被爆炸

繼穗澳邊境之拱北關及港粵邊境之深圳連續發生爆炸案之後，反共志士仍在大陸各地活躍。茲據新由廣州抵港之旅客稱：九月四日夜，廣州附近之共軍軍火庫又發生爆炸。該旅客在廣州居留之旅館距離該軍火庫不算太遠，因該軍火庫爆炸時曾發生隆然巨响，並有黑燄冲天，隨後又有火光，故廣州一部分居民曾耳聞或目見，該旅客亦卽耳聞目見者之一。不過，由於中共公安部隊在街頭阻截行人，且無人敢在夜間出街，前往觀看，故無法知悉爆炸詳情。

惟據廣州居民次日耳語運動密談，則謂九月四日夜間之爆炸，係反共志士所為。只因該軍火庫之堆存品係火藥，而非彈藥，故尚未發生彈藥之爆炸事件，而僅發生火藥之爆炸事件。房屋倒塌，共軍官兵死傷者達十餘人之多云。

國軍蛙兵在福建前線試行登陸

蛙人部隊是近代海底作戰及登陸作戰之先鋒部隊，關係戰幕之展開甚鉅。茲據美聯社台北三日電：「中華民國國防部週一（九月三日）報導了國軍果敢蛙兵之壯舉。該部並稱：星期日晚有一隊蛙人十八名，冒着他們的生命危險，將一面國旗，揷在共軍之大登島上，此島在國軍的金門島以上三英里處，共軍戒備森嚴，該部並稱：全部蛙人均經安然回來，他們於國軍的軍人節前夕出動負起此項危險任務，作為紀念軍人節之表演」云。

中共再度提高僑滙收款人之額外配給

為了爭取僑滙之增加，以增加中共之外滙收入，中共曾訂定僑滙收款人在大陸可獲額外配給之優待。其辦法，中共駐港各銀行曾在門口張貼佈告，以廣招徠。

茲悉：自九月一日起，中共由於外滙短缺，乃更進一步提高僑滙收受者之額外配給，其辦法是按一百元人民幣起算。凡僑眷一次收到一百元以上人民幣之滙欵者，由中共額外配給之白米由三十斤增至八十斤，比前配額增加五十斤之多。

按中共最初此一優待辦法時，每一百元人民幣只配白米二十斤，肉豆類兩斤，後改為白米三十斤，豆五斤，現復改為白米八十斤。糖最初是二斤，後改三斤，九月一日起再改為五斤。油初定為二斤，後改三斤，現改為四斤，肉類亦由一斤改二斤再改三斤。布則由十尺增至十一尺，現再改為十五尺。

上述額外配給，中共規定均照公價發售。並又規定在八十斤米中，可買餅乾五斤，麵六斤，豆類四斤，其餘六十五斤亦可改購麵粉，此外尚可到華僑商店購四十五元日用品如肥皂香烟之類物品云。

不過，中共所訂上述爭取僑滙之辦法，收效仍然不算很大，一方面是每次必須滙一百元人民幣值港幣二百四十元之譜。一般華僑實無按月一次滙二百四十元港幣之財力。再則從大陸傳來消息，謂凡屬僑滙眷屬，中共認為既有僑滙來維持生活，乃將中共之日常配給取消。故一般華僑誠恐大陸一旦有變，僑滙如果不通，而僑眷之基本配給又因收受僑滙而取消，故反慮其將來有變時陷於餓斃云。

廣東福建晚稻基本揷完

據新華社廣州八月廿二日電：「廣東各地晚稻已基本完成揷秧計劃」。「今年廣東早稻前期雨量又較少，因而全省晚稻栽秧期比去年推遲了十天左右」。另據新華社福州八月廿二日電：「福建以晚稻為主的[illegible]種工作已基本結束」云。

廣西肉桂豐收

肉桂是一種著名的中藥材，有健胃、驅風、滋補等功效，為可以換取大量外滙的物資之一。而肉桂却是廣西的著名特產，故中共乃勒令廣西高級共幹，務必千方百計爭取肉桂豐收。

茲據八月五日中共人民日報稱：「著名的廣西特產——肉桂，今年豐收。據自治區醫藥公司統計，已收購桂皮、桂枝、桂尖、桂葉、桂粉等五百四十萬斤，已超額一倍完成了今年的收購計劃」云。

印尼的政治型式

俊華

因「亞運」事件而發動的印尼搗毀印度大使館示威，事情雖然已經過去，但這一事件所啟示的印尼國內外問題，可還沒有成爲過去，而且在發展之中。

這所涉及的，是印尼的政治型式問題，是民主？是獨裁？還是共產？它本身的前途趨向怎樣？它與它的鄰國友邦的交往，又將會如何？在亞洲的這一個地區，印尼既已是一個大國，它的本質和動向，也就在它的鄰邦的注視之中。尤其是這次的搗毀印度大使館，在印尼首都來說，已經是它威脅外國大使館的第五次。使人們覺得對於印尼政治前途的過慮，不爲無因。

國家策動的示威

據參加「亞運」歸來的目擊者說，那天印尼搗毀耶加達印度大使館的示威，確是龐大壯觀的。參加行列的諸色人等，少說也有五、六萬，尤以軍人、工人、學生爲衆多，這些都是有組織的團體羣衆，容易於召集的。陸、海、空軍人員的參加此一示威行動，如果不是「奉令」，至少是被「默許」。一般的說，當人民有何示威騷動時，軍警照例是站在鎮壓、或維持秩序的一方。但印尼這次的情形軍隊却與隊伍混在一起，參加——並且可以說是領導示威，及着手搗毀。

自隊伍在民族陣線大廈前廣場出發時，軍隊便一直居於前導，這種向印度大使館進軍，秩序井然，與數年前搗毀荷蘭使館及荷僑商店時情形迥異。後者的表現極端紊亂，是因爲荷僑商店散處各街道中，而前者對付印度大使館則是目標統一；但更主要的原因却在於後者確有多數民衆參加，而這次的活動却是有組織的隊伍爲主幹。

且不說外國使領是友邦元首的代表人，就一般來說，祇少也是「客人」，在自己的首都向外國使館示威甚至搗毀，等於是在自己家裏鬨毆客人，這當然是輕而易舉的事，何況更出動軍隊呢？難怪尼赫魯怨聲載道，說印尼當局對搗毀事件，「事前必已與聞」了。

軍人參與示威，是証實「當局與聞」的一點，印尼駐蘇大使亞當馬拉領導羣衆到印尼豪華大旅館搜索桑第，又是另一項「當局與聞」的証明。亞當是印尼駐外官員，與民衆運動有何關係？選擇這麼一個駐共產國家的大使來領導這次反印度、反中華民國、反以色列的運動，若然不是爲了討好共黨國家，就是爲了帶領示威隊伍中的共黨份子。

民陣與共黨的聯合

印尼共黨與執政黨的關係，一向便在很離奇中發展，它好像守着一個共黨定律：「鬥爭又聯合」。無論在蘇加諾的國民黨時代、或近年的民族陣線時代，都是如此。

以前搗毀荷人商店、騷擾荷人住宅的時候，是由印尼共黨領導的總工會，擁護蘇加諾反荷而取得了承辦權，紅色工人糾察隊立時便取得了部份等於警察的權力，情形發展到蘇加諾不能放心，他立刻下令由各軍區司令接辦反荷的業務。收回西伊里安運動的情形也相類似，蘇加諾讓共黨發動青年參軍，而把訓練權交給軍部。搗毀印度大使館原因，是爲了桑第要求「亞運」正名，因中華民國、以色列不獲入境証參加亞運的緣故，其主要策動人乃是中共，同時又值中共與印度因邊境衝突交惡中，尼印共黨對此事自然特別賣力，號稱有會員數十萬的印尼總工會，召集三兩萬工友示威遊行，一呼即至。於是示威一役，變成民族陣線與共黨的聯合行動。其他各政黨「被邀」派代表參加，倒是沒有什麼作用的。

印尼的其他各政黨，如瑪斯友美黨，神學會，社會黨等，飽受當局限制，停止活動，解散等制裁，更受多次黨獄的打擊，早已沒有什麼活動力，除蘇加諾的國民黨及其後的民族陣線（黨）是第一黨外，上述政黨的排列第二、第三、第五的地位，早已失去。而原列第四的共產黨，則已駸駸成爲第二大黨了。自一九五七革命軍反中央軍事行動，以至最近爭西伊里安勝利結束，印尼政黨成份已有極大的變化。

過去雖是國民黨當政的時候多，但瑪斯友美黨也曾組閣，與神學會社會黨等有許多部長，形成民主政治的牽制力。但自瑪斯友美黨中一部領導份子參加革命軍後，民主政治在印尼已成過去了。

「民族陣線」一表面是黨，而實質不是黨，它一面代替以前幾個政黨的位置，但性質上不過是蘇加諾的諮議會，情形近似戰前日本近衛領導政黨大聯合那樣，是一個獨裁者的擁護及承辦機構。

共黨善於看風駛舵，在政黨遭殃期中沒有受到打擊，在蘇加諾利用他們搞民運中，他們也利用蘇加諾而樹植基層勢力。除非與蘇加諾有大衝突，否則不會被削弱。六、七年來，卻沒衝突發生過，可能因蘇加諾走着與他們相同的方向。「獨裁與共產的混合」？「亞運」事件不過是表現之一而已。

・吉隆坡通訊・

馬卡柏佳的作風

喬荷

菲律濱總統馬卡柏佳就任迄今雖然僅是短短的七、八個月的時光，但他已充份地表露出他的堅強而卓越的作風來：那就是注重實行。換言之，他在施治上是講究行動，而不賣弄手法；尤其是當他推動一項政策的時候，定必率直地，果敢地，勇往直前，爭取成效。他這種作風，刻已迅速地獲得當地人民的擁戴。

馬氏上台後的第一個重大行動，是撤銷「披索」的嚴格管制，藉此刺激起曾經一度黯淡無光的經濟的生機；這項突然的措施，是在本年一月實行的，在這短的時間內，現在當然還未能估計其成果，但菲島的經濟界人士，對馬氏的毅然撤銷「披索」管制，並未予以劇烈的抨擊，由此便可以反映得出馬氏這個行動是正確地適應了菲島目前的國家經濟環境的要求。同時，更可以顯示出馬氏這種注重行動的作風是聰明、決斷、而具有無比的胆量和魄力，使當地人民對他們這位充滿活力的總統，寄予無限信心。

馬氏的第二個重大行動，是當本年春季美國國會否決了那項七千三百萬美元的賠償菲律賓戰時損失法案的時候，他立刻宣佈取銷訪問美國，並下令將菲律濱的國慶日由七月四日改爲六月十二日，使之不與美國的國慶日日期相同。當然，這是馬氏的向美國「還以顏色」。馬氏這種用行動來反映政治的作風，以該一事件來說，更迅速地獲致了當地人民的歡迎。（最近美國衆議院已通過了該項賠償法案，菲美友誼不會受到影響。）馬氏的行動，已使當地人民產生了新的民族意識，故當地的政治家，都一致對馬氏這種注視行動的卓越作風，表示欽佩。

馬氏的第三個重大行動，是雷厲風行地推動反貪污運動。在這反貪污運動中，連美國的千萬富翁史東希爾也要被遞解出境。據說：菲律濱的貪污舞弊的風氣，以前確已蔓延至每一角落。當地人民曾經有人慨嘆地指出，謂在菲島境內致富捷徑就是深入政治圈。其實際情況如何？馬氏當然十分了解。

據側面的消息：以前的菲律濱高級官員，都可能有不少人接受過美國香烟大王的秘密津貼，而史東希爾也曾經說過這樣的一句豪語，謂『我可以將菲律濱的任何一個官員，依着「熟性」的手法予以聯絡』。但是，在馬氏登台了後，史東希爾却大大的碰釘子了。馬氏不獨是十分廉潔的誠實者，同時還是十一個痛恨貪污的強人，因此，他立刻向史東希爾「開刀」，並將兩名內閣人員及十五公務人員解職，更堅決地聲明：「必要肅清在菲律濱境內的史東希爾式人物」。

在馬氏的重視行動的作風中，最近，菲律濱的司法當局，還以刑事程序控訴一個參議員，指該參議員「破壞參議員不得參與商業合同」的法例。這正好說明了馬氏肅清貪污舞弊的行動是推行得如何凌厲和堅強。當地的商界人士和政界人士，刻都抱着一股敬長的心情，正視着這位重視行動的總統將怎樣地繼續着揮動其撲滅貪污的大刀濶斧，怎樣地露出其新作風的鋒芒。

雖然，也有少部份人士認爲馬氏這種純以行動來加強其政治的作風，未免有點偏激。這少部份人的意見是：政治不同科學，故執政者不能像科學家的祇走着一定的公式；執政的人必須具有「手腕」，而把衆人的事處理得圓圓滑滑，順順利利，緩緩地推進，慢慢兒弄好，按着步驟來幹，這樣才可以辦理得「得體」。——而馬氏則認爲這種說法是迂腐，是遷就環境而不是創造環境。至於誰是誰非？菲律濱的人民自然會用他們的雪亮的眼睛來觀察得很清楚，不必貿然替他們解辨。

馬卡柏佳本人，則直至現在，還是強調「一個國家的元首最重要的原則就是行動」的。當地人民，也很崇拜他是個「力行人物」。因此，我們可以預知的，就是馬氏這種重視行動的作風，必不致驟然改變；同時，也不致會遭遇到「絆腳石」。爲的是：非律濱人民對這位總統，是衷心的擁護和尊敬；是深切的了解和體諒。

藝術化的詞話（八）

遯翁

柳屯田作詞用市井俚俗之語，前人疵其骫骳，近人則譽爲新境。在詞的風格與取材，如韋莊的對酒笑呵呵，人生能幾何。李後主的一片芳心千萬緒，人間沒箇安排處。本來就不忌俗語。詞之可以用俗語，正是詞對於中國語文之美，能兼收並蓄的一種藝術，我們論詞的作法，當然贊同近人對於柳詞的評價爲適當。但用俗語，並非不分皂白的用，如南蠻鴃舌，格磔鉤輈的方言，潑婦罵街，淫娃搔首，以及村童牧豎，口不擇言的穢語，是不可以入詞的。用俚語入詞，還是要有一個尺度，一種技巧，才能用而得其當，用而顯其美。因此：我們要爲市井俚俗四字，再來一個定義，才不致悞用濫用，才不致走入鄙俚穢俗的途徑。

所謂市井，應是對文林翰苑而言，所謂俚俗，應是對典雅則而言。市井，即是城市鄉井，爲衆人遊息之所在，俚俗，即是通俗，爲不必見於經傳的口語。凡通於城鄉市井而皆喻，公於大羣廣衆而不可宜的語言，即是市井俚俗之語。從這些俚俗之語之中，擇其雋永的，有趣味的，爲衆所共喻的，才是可以入詞的俗語。又必須順手拈來，自成妙諦，才能有風韻天然的情趣，這即是尺度，即是技巧，若故意攔入，或任意湊砌，則不但是傖荒，是粗惡，而且破壞詞的和諧，成爲濫調與惡調，即使意境尖新，也只是劇曲之詞，而非詞之詞了。凡劇曲作用，在搬演社會上的百態，下流卑鄙穢惡的口吻，精靈古怪的語言，都要惟妙惟肖的摹寫出來，故往往有傖荒粗鄙的詞句，如元曲無名氏的紅繡鞋：

老夫人寬洪海量。去筵席留下梅香。可可的今朝恰停當。欵欵的分開羅帳。慢慢的脫了衣裳。呸！却原來紙條兒封了褲襠。

這樣穢褻粗俗的語句，在元曲中常常可以見到，因爲劇曲是要描寫衆生相的，如同攝影機之拍攝照片，不能將俊的變醜，也不應爲醜的加俊；所以寫輕薄子無賴子之時，便要活畫出輕薄無賴者的塑像。至於詞，則是丹青的畫筆，必須作慘淡的經營，在奇葩異卉之旁，可以加怪石小草，但不可着惡石蓬蒿，在琴樽棋局之間，可以位置漁樵，但不可有一乞丐。柳屯田自然是被認爲第一個用市井俚俗之語入詞的人，如他的鶴沖天：

假使重相見，還得似，當時麼！悔恨無計那，迢迢長夜。自家只恁摧挫。

即是當時通行的口語，非典非則，不見經傳古籍的詞語。這詞語是衆所共喻的，既非鉤輈格磔，也不穢褻粗惡，即是經過選擇的俗語。不過在溫庭筠韋莊的作風之中，是認爲不足以登大雅之堂的，故當時聽慣晏歐花間，風流典麗之詞的人，便要指之爲骫骳了！實則這樣的俗語入詞，即不過是去雕琢而用白描的筆法。如他的晝夜樂：

洞房記得初相遇。便只合長相聚。何期小會幽歡，變作別情離緒。況值闌珊春色暮，對滿目亂花狂絮。直恐好風光，盡隨伊歸去。

一場寂寞憑誰訴。算前言，總輕辜負。早知恁的難拚，悔不當初留住。其風流端正外，更別有繫人心處。一日不思量，也攢眉千度。

屯田這一首，即典型的俚俗語，除洞房一名詞，是介乎口語與雅詞之間的名詞外，其餘即均是不見經傳，於古無徵的市井通行之語。實際就不過是白描的筆法。凡白描的詞句，即自然而會近於口語，亦即自然會用到口語，只須將通行的共喻之語，加以修飾到合乎平仄的和諧，成爲流行的文句，即是美化的輕鬆瀏亮的詞句，也就是藝術的運用了！有了這樣的藝術技巧，則如自家只恁摧挫，早知恁的難拚之類，十足的地道的市井俚俗之語，也成爲雋永生動的詞句了！如果不分皂白，不加擇別。則不止是市井俚俗，而是粗野了！稍後於柳屯田的黃山谷，即是濫用俚俗之語詞人。我們試舉一首他的鼓笛會來看看：

見來兩個寧寧地。眼廝打過如拳踢。恰好嘗甞香甜味。苦殺人，遭誰調戲。

臘月望州坡上地。陳着你影蹉村鬼。你但那甞一處睡。燒沙糖，管好滋味。

山谷此詞，可以說全搬的是口話，而且全是方言。在當時當地的人聽來，或許會博得一陣歡笑。而在異時異地之人的眼中與耳中，即不止味同嚼蠟，而且使人莫明其妙，比殷盤周誥還難懂，更說不上寫作的美惡了！故俚俗語儘可以入詞，但不是毫無選擇的亂收，必須有一個尺度。這尺度如畫家之取景，在繁花細柳之中，某處宜着亂石，在春林木之間，某處可加棘枝，即是慘淡的經營。畫家這樣的經營，嘗會有可以意會而不可以言傳的神秘意味，詞家的尺度，要賣關子，也可以說到不可捉摩，莫測高深的境界；現在我們揭開來說，則是很簡單的，即不過作者記着自己的立場，了然於詞是美化語文的，不是將語文化爲粗濫的作品，這即是尺度。例如要寫花間那一類的曲子詞，即應瞭然此爲代鶯啼燕囀之吟，如用屈佶聱牙，鴉鳴鴉噪的俗語，還有什麼軟語纏綿的風致呢？

又如爲自寫胸臆的純文藝之詞，則我們是生長於此市井之人，當然可以用市井俚俗之語。但我們平時語言，還要出詞文雅，不作樵童牧豎的村語，羞聽淫娃潑婦的穢語，現在寫言爲己出之詞，而口不擇言，那將視自己爲何物呢？明白了這兩點，即能自得其尺度，即可以運用市井俚俗之語，以豐富寫詞的資料，增加詞句的生動美，並且可以化俚俗爲雅言，這即是技巧，這即是藝術。

魔鬼的愛情（中）

喬又陵

「爸，你的事情大抵沒有什麼問題了！」王雄打破客廳沉默氣氛。客廳上每個人對他投以驚異眼光。

「……」良久，王泉說：「爸爸把生死榮辱置於度外了。大不了就是死而已。」

「爸，」王雄拖長了聲音：「你不要太悲觀。」

「但是，不容許我樂觀。」

「爸，」他再重喚一聲：「你已獲得救星了，我的一個同學梁翠喜答應拯救你。」

「誰是梁翠喜？」大家都不約而同地問。

「她是我高中時候要好的同學，中學畢業後，升入北京大學讀書，一直躭在北京工作，平常我們很少通訊。但，彼此都在惦記着。」王雄說得興緻勃勃展起笑容：「這幾天來，我爲爸的事躭心着，多方設法營救，不圖剛才我在西濠口碰上了她——」

王泉答訕道：「小小年紀的女孩子，那有能力？」

「爸！」王雄眼光一亮：「你別小看她。我心裏有數，她這個人大有來歷，祇看她住在愛羣大廈便知道了。」

「哦！住在愛羣大廈！」大家都吃驚了。

愛羣大厦在廣州人的心目中已成『禁地』，猶似上海的摩天樓那麼不可思疑，能在這些『禁地』中居住的人什九是新興貴族——高級共幹。何況，梁翠喜又是一個女子，這就更不可思疑了。

經過這一場談話，大家都寬了幾分心，不再像適才那樣憂傷得不能入睡。

第二天，王雄又到摩天樓去找梁翠喜。恰巧，梁翠喜剛想外出。於是，王雄便將自己的來意直截對她說：

「阿翠，今晚有空嗎？」

「有什麼事呢？」

「我想請你到我家裏吃晚飯。」

「是嗎？」她嬌笑：「那我先謝謝你啦！」

「就是怕你不習慣吃粗茶淡飯。」

「噢！你又來了。」她格格地笑起來，把他往懷裏一抱，說：「雄，我好愛你——」

「唔！」他漫應着，推不開她的緊緊摟抱。

「我爸爸的事情怎樣了？」他忽地從她懷裏鑽出頭來。

「今天晚上才告訴你好不好？」她漫不經意地說。

他沒有反對，點了點頭。

晚上七時，王家燈火通明，欵待這一個來自北京的上賓。大家胡亂地閑話了一陣，然後進餐，王雄就更是忙個不了，一方面要製造「熱鬧」氣氛來歡迎這位上賓。另一方面處處伺候梁翠喜，唯恐捧待不週。

吃過了晚飯，翠喜這樣提議：「我聽王雄這樣說過，王伯伯是一個出名的業餘園藝家，家裏院子種植了許多花卉，不知王伯伯肯賞臉帶我去開一次眼界否？」

王泉心裏有數，事先知道翠喜這妮子來頭不小，而又是能把這次風波平伏下來的人。所以，慌忙的道：「哪裏話！哪裏話！」說着便帶着翠喜進入後院花圃。

王雄似乎也有了默契似地，故意沒有跟進去。而且，用眼色止住了大家：「千萬不要跟去！」

此刻，他知道，如果翠喜眞心幫忙父親，就一定不希望別人知道，因爲有第三者知道，翠喜可能被上級指爲犯了錯誤。

良久，良久，王泉始與翠喜走出來，王泉臉色有點木然；翠喜則臉掛笑意：「各位坐坐！我先走了。」

「坐一會吧！」李太太連忙勸阻。

「改天吧！今晚我還有應酬。」

「翠喜有正事要辦，我們也不必留難。」王雄站起身打圓場：「反正我們不用客氣，大家混熟了就成一家人。」

大家又一次口頭上敷衍了一番，才送她到門口，再由王雄單獨送出大街。

「怎麼樣？」他邊行邊問。

「他已想通了。」她笑道：「在小組討論會上，他祇須檢討自己過去的錯誤，就可以從被告到原告。……」

……

「我不懂你的話！」他心裏有點沉重。

「當然你不能懂。」她斜睨他一眼：「所以，你應該努力學習，才配作一個毛澤東時代的青年。」

他苦笑一下，笑中有點傷感。

「傻子，你還在呆想什麼呢？」她用手肘衝了他一下：「我已拯救你的父親了。」

他止住步，正色說：「眞的嗎？阿翠。」

「我沒有理由騙你相信。」她臉色嚴肅起來：「不過，你不能將這個事對人說，包括你的父親。」

「我知道。」他答得很率直。在他心裏，一切已不在乎，主要的還是他的父親能救。

他把手抑入她的臂彎，跨開步伐在走着。

「你這人眞溫情主義，實在不配做一個青年團員——失掉一個父親就這樣痛苦。」她從心裏笑了出來。

這時他們已走到一德路，她說完就跳上了三輪車，向他做了個告別手勢。

王雄目送着她，直到她的背影消失在自己的眼底。

（未完）

抗戰回憶錄（三五）

張發奎

八、桂柳會戰

十一月初旬兵團向柳州近郊轉進，這是甚於我對桂柳兩據點防禦命令的行動，部隊由積極的攻勢行動，一變為轉進消極的防禦，這情緒足以表現他們的沮喪和士氣的低落。何況他們原是連月苦戰疲勞殘缺之師，我向最高統帥部請求，如能將到達南丹附近的第九七軍推進於柳州增加防禦的力量，則對於確保柳州的信心，仍有相當的把握；否則只有在時間上努力，來拖延這個會戰的中止；但統帥部却給我一個絕望的答覆。

我重新考慮如何指揮桂柳兩據點的防禦，根據一切戰史和最近據守衡陽四十八日而終於失守的教訓，我大胆的變更了統帥部的指示，我把柳州的防禦指導於時間的爭取，而不把數十萬的生靈關閉於死城之內作無謂的犧牲。我以為對桂柳的防禦，固應竭盡我最後的血汗，但到了絕望的關頭時，亦只有忍痛的放棄。「不成功便成仁」的哲學，不過是强調做人的道理，並不是防禦戰術的原則。凡爾登的要塞爭奪戰是成功的，史達林格勒的防禦戰也是成功的，但他們成功的條件，決不是在乎成仁的消極決心，而是有新血液的注入和攻勢轉移的行動；但我們一切都是消極的，新血液的注入是無望的，攻勢轉移更是不可能的事，那麼我死守一個城市等待死神的降臨，又有什麼意義呢？

最堪憂慮的是桂林方面，他自十月廿八日起即接受了敵人的攻擊。自我外圍的野戰軍被敵擊潰後，他已陷於孤立戰鬥狀態中，他們固然有三個月作戰準備，但三個月以後又怎樣呢？我曾向白將軍提出這個問題，他沒有答覆，我想誰也無法答覆我這個問題。桂林孤立的戰鬥，雖然限於最高統帥部嚴格的命令和白將軍親自的指導繼續下去了；但我身為戰區司令長官，眼見這個防禦不會得到成果，而白白的將數萬守軍趨入死亡的墳墓，在戰術上與人道上都使我感覺難忘的痛苦。

柳州的防禦部署，是一個河川決戰防禦的計劃，鄧集團佔領自遷江至象縣、紅水河北岸、柳江兩岸之陣地。楊集團以一部連繫鄧集團於象縣鹿寨、沿河西岸佔領陣地，並以主力固守柳州。夏集團連繫楊集團沿永福河西岸，由黃冕至百壽間佔領陣地掩護側翼。第四六軍為預備隊控置於柳州西側，乘敵攻擊柳州據點時，協同守備兵團轉移攻勢。這一個計劃沒有澈底實施，因為在各兵團尚未完成部署時，夏集團即被敵擊潰了。十一月五日夏威將軍和他的參謀長韓鍊成很狼狽的來到我柳州司令部，報告部隊已脫離掌握，敵人現由黃冕渡河向中渡柳城移動，有迂迴柳州左側背的模樣，這使我乘敵渡河施行決戰的計劃又告失敗了。

十一月六日紅水河、柳江、及柳州、柳城各方面全綫展開了激烈的戰鬥，一切的狀況顯示着只有時間上的掙扎，所有部隊的戰力，已達到了只有最後的力氣，而無法作長久的支持了。柳州的固守是動搖的，如果我不迅速作脫離不利態勢的決心，則楊、鄧兩集團恐將蒙受敵人包圍殲滅的命運。十一月七日我命令開始破壞柳州的機場和柳州附近的鐵道，我很感謝美國的空軍人員，他們已努力至最後一刻，美空軍司令蘊索將軍對我說：「在我的柳州指揮所沒有移動以前，一小部的飛機當繼續翱翔於柳州的天空」，同時他本人決不先我向後方移動，這一種責任感和親熱的友情，令我感動而慚愧。

物資的移動和難民的遷徙，使一切的交通受了行動的妨碍，而形紊亂的擁塞，同時使兵團的運動上受了莫大的羈絆。我命令燬滅一部不需要的物資，和指導難民從旁側的小道疏散行動，千百輛的破舊車輛，和千百萬如潮水似的羣衆，一切都是極端的紊亂，指導疏散的工作比一切都困難，這是戰禍賜予的悲慘與戰敗者的悲哀。

十一月十一日，柳州據點被敵突破，守軍兩團被圍，蒙受重大的損失。同日我桂林據點的守軍發出了悲慘的呼聲，敵人已由灕江的東岸渡河，突破了核心工事，第一三一師師長闞維雍將軍自殺。東岸各獨立據點的守軍，成千成百的被敵人的毒氣窒息於岩石的洞內。城防司令韋雲淞在電話中同我說了一句：「桂林已無法支持了。」之後，一切的電訊經已中斷。事後才知道這遠東的列日要塞，已變為第二次世界大戰的挨爾本要塞一樣，不到兩週的時間就被敵人的鐵蹄踏破了。這是守軍戰力的關係呢？還是要塞在現代兵器威力的下，失却了它本身的價值呢？也是值得我們研究的問題。

桂柳兩大據點的命運已告終，戰事的一切條件已臨尾聲。但在這個失敗已成定局之下，我還沒有悲哀與消極。戰鬥的進行，雖必須變更狀態，然時間與空間的爭取，仍屬我應有的最後努力。十一月十一日我將各兵團的主力撤退於黔桂鐵路的宜山正面，並於懷遠南丹部署數道抵抗綫，以遲延會戰終結的時間，並最高度發揮這些疲殘部隊最後的戰力，這數道的抵抗戰鬥經過都十分劇烈，眞是一寸山河一寸血。戰術上的運用，雖是在交換退却的簡單方法下進行，但由於這個有計劃的實施，使二百公里的距離變為敵人三週的行程，而我們疲憊不堪的部隊，亦沒有陷於紊亂與崩潰。

中國近代史四講自序

舜生

這部書是我近九年來在香港兩處大專級學校講中國近代史的一種講義。

普通講中國近代史的，大率從鴉片戰爭講起，迄民國以來為止。我覺得這段時間雖不算太長，而必須詳細講明的大事太多；學校對這門功課的規定，授課時間共為兩個學期，少者每週兩節，多者三節，每節僅四十五分至五十分鐘不等；而香港的學校除例假外，又有公衆假期及各種紀念或慶祝的放假，因此，為學生們上課的時間實在不够。

假定我們把這一百多年間的大事，依先後次序逐一的講下去，這會近於一篇流水賬，看來應有盡有，實際按之無物，可能引不起聽者的興趣，講者的責任感也未免過於輕鬆。

我曾這樣想過，也曾在大陸的復旦大學和中央政校這樣的嘗試過：如果要把鴉片戰爭和英法聯軍的來龍去脈講得清清楚楚，其勢必須對西力東漸的經過也要有所說明。要把太平天國十五年的歷史講得生動活潑，使學生們聽得津津有味，便必須對曾、胡、左、李以及洪、楊、石、李這班人的行事說得如見其人，如聞其聲，其成敗得失之故，也能使聽者心領神會。此外，還要把與太平天國一幕有關的捻亂經過，附帶的加以叙述。更進一步，自同治初年迄中日甲午戰前約三十年間的『洋務運動』或『自强運動』，其弱點是召致甲申中法甲午中日兩役失敗的原因，同時也就是後來政治和文教改革運動的前奏，確實非常重要，也非使學生們知道一個大概不可。不過要這樣講，單只這一史程的前段，就花上一學年的時間也不見得怎樣充裕，這當然不是現在的大學課程所許可的。

我因為深切感到這種困難，近年在香港乃只講『甲午戰爭』，『戊戌維新』，『庚子拳變』以及『辛亥革命』這四大段。我所持的理由如下：第一，中國眞正的政治和文教改革運動，確實是自甲午後才逐漸起來的。第二，儘管我的講稿主題僅從甲午開始，但要追溯這四件大事的根源，則自江寧條約訂立以來的若干事實，仍不能不有所涉及，這不僅我在口頭上的講述如此，即在這部講義文字中的表現也是如此。第三，現在各大學的必修科，另有中國通史，通史的講法如何我不大清楚，但我相信自五口通商迄甲午戰敗的經過，也一定會講到，因此，像我這樣一種的講法，對聽講的人也不見得會有什麼不能連貫之處。

至於進入中華民國的這半個世紀，當然可以劃入現代史的範圍，應由各大學另開課程講授，不過目前知不容易講得好就是了。最多在民國十四年中山先生逝世為止，還可理出一個眉目，過此以往，則事實繁複，是非顛倒，恩怨尚存，主觀難免。比較可靠的史料，還有待於繼續出現；搜集整理這類史料的機構，還有待於擴大充實；這決不是還少數私人的力量所能勝任愉快的。一個理想的中華民國國史館，必須超出於一切黨派與政治力量之外，讓一部分的純粹學人專力圖之；研究編寫的機構，也必須集合若干志同道合又確有研究的朋友們來分工合作；否則決不會有一部眞正可靠的信史出現，即有也不過一種無聊的宣傳品而已，如何能信今傳後？當前的現象，不僅國家已陷於存亡絕續之交，即國史也有中斷的危險，這確實是有心人最感到怵目驚心的一件大事。

我這部簡陋的講義是一面編寫，一面發表，發給學生們為他們聽講後整理筆記的參考用的；其目的在使他們知道清代之所以亡，與民國之所以興，而禍根所以伏，已貽害及於今日。每月約寫一萬字，前後延續了兩年半的時間，寫完後加以訂正補充，又花去工夫不少，但限於學力，所鑑別的史料不一定正確，錯誤及叙述不妥之處一定很多，我惟有希望對這方面有專精研究的朋友們，不吝給我以嚴格的指正，這確實是我衷心所期待的。

友聯出版社給我印行這部書的機會，我也必須在這裏表示深切的謝意。

中華民國五十二年八月二十八日，時在香港。

本刊已經香港政府登記

聯合評論

週刊

United Voice Weekly

每逢星期五出版

第二一一號

督印人：黃宇人　總編輯：左仲平

社址：九龍大埔道一八六號南亞書局 805641

承印：嘉羅印刷有限公司 香港灣仔馬師道5號

總代理：香港書報發行公司 每份售價港幣一毫

本報美洲版總經售處 美國紐約中美出版社

CHINESE - AMERICAN PRESS, INC

199 CANAL STREET.,

NEW YORK13 N. Y. U.S.A.

美洲航空版每份零售美金一角

古巴問題與和平共存

李璜

這一向，因為古巴問題的嚴重和柏林問題的緊張，似乎將「處世以和為貴，萬事放平算數」的美國最高決策人物激動了一下，於是我在美國電訊上一連兩次看到這兩句話，對於蘇俄而說的：「我的還是我的，你的拿出來討論！」

這兩句話，足以表明美國國務院中人已經了解到，同蘇俄去談判，乃是必然折本的生意。因為蘇俄的是不拿出來討論的。而拿出來討論的，都是別人的東西；討論的結果，蘇俄總是多少有錢可賺的；即使無錢可賺時，蘇俄絕不折本的。

不過，這一了解，仍是敷淺；只見到蘇俄的國際外交活動的表面，並沒有見到蘇俄侵畧世界的內心。俄共，以至中共，以至一切國際共產主義者的內心，是比前兩句話還要更進一步，它是：「我的自是我的，你的也是我的」！

當其史太林指揮中共在中國與我們談判時，我們已深深的認識到這兩句話的獨霸含義及其作法了。我們的經驗，深知國際共產主義者對於世界任何方面都意在「全牛」；在他心目中，本是「有共無人，有人便無共」的；他之所以要與別人談判，無非是爭取時間，玩玩手法而已；其實，他的真正目的，乃另有所在；目的為何？乘隙攻瑕，到處放火，終於令自由世界陷於無救；其間，美國也當然無救！

不聞赫魯曉夫對美國人親口所言嗎？他遊美時曾說：「你們美國人的孫兒子一代便都會變成共產主義者的。」這個話是赫魯曉夫故意開玩笑的嗎？不，照赫魯曉夫所打算，其目的本是如此的。他以何方法達到這目的呢？曰：和平共存！

自赫魯曉夫登台以後，向自由世界唱出和平共存的調子以來，不知與自由世界各國開過好多談判了！或巨頭會議，或裁兵會議，或四國外長會議，或十四國日內瓦會議等，其間還有開不完的專家會議，隨時在往還的副總統，國務卿以至赫魯曉夫本人親赴美國的會商等，這類談判，六七年來，數之不清，試問，那一次有一個真正的結果？甚至，那一次有一個像樣的眉目？

然而，就在這以和平共存為口號的不斷會議談判中，六七年來，俄共所放的火，却遍於歐、亞、非、美各洲中了！

舉其著者，則對非洲先在埃及放火，引起了以埃戰爭，英法聯合攻埃的戰爭；後在剛果放火，把聯合國弄得狼狽萬狀，甚至將聯合國秘書長搞死！對亞洲則先在西亞放火，如伊朗，也門，阿佛汗，等地，使英國勢力站不住脚，以便自己插脚；次對東亞放火，如印尼，寮國，高棉，火頭正在加大，情勢正在擴展中；復次還值得注意的，是在亞洲的印度放火，要賣米格式戰鬥機與尼赫魯，淺識者以為這一下中俄共立於正面衝突了；其實，中共向印度進攻，俄共鼓勵尼赫魯作戰，乃是一個事，乃是要整爛印度的一個目的中的兩面手法，這就叫作正反合的辯証法的實施！

現在則一不做，二不休的簡直在美國的後門口放起一把火來，將古巴赤化的事變擴大，問題加深，令美國以至美洲部份國家都大為緊張起來！這就叫作和平共存嗎？我讀本月四日的紐約前鋒論壇報，其中兩大版述及「蘇維埃化的古巴」，最後報導者都對赫魯曉夫的所謂和平共存懷疑了起來！

然則，美國最高決策者會因後門起火，便放棄了和平共存的想法，而進兵古巴，與俄共正面衝突起來嗎？我認為不會的。否則，蘇俄看見美國議員們這樣對古巴問題緊張法，而會對古巴卡斯特羅的扶助止步，便不再運軍火與戰鬥人員前往嗎？我認為，也不會的。那嗎，美國一方面對古巴的蘇維埃化日趨緊張，而蘇俄又不停止其對卡斯特羅的扶助，豈不會美俄正面衝突終於難免！我認為，還是不會的！

何以故？和平共存這四個字，由赫魯曉夫數年間唱去唱來，已把英美兩國朝野人們，特別以做生意為人生唯一目標的英美人們唱得被麻醉了！這四個字等於雅片烟一樣，凡吃慣雅片烟的人們，睡在牀上，舒服之至，雲裡霧裏，何等享樂，那肯放手；即使氫氣彈已懸在雅片烟癮者們的頭上，他們還得要設法先燒兩口再說，何況卡斯特羅所得赫魯曉夫的武器，還只於是用來防守，不是作為進攻之用的（？）呢！

赫魯曉夫就看準了這一點，所以他在六七年來，拿着和平共存的招牌，到處招搖，特別向英美人賣弄，而他暗中向亞非美各洲的落後國家中不斷的滲透，煽動，以至公開放火，無往不利！

赫魯曉夫固然看準了資本主義者總是企圖苟安與享受這一心理，同時他也看透了世界落後國家中，有數不盡流氓地痞類的領袖人物，如印尼的，寮國的，高棉的，埃及的，黃金海岸的，古巴的……等等，大可利用，以之擾亂世界視聽，赤化落後人民，最後使英國屈服，美國孤立，然後再一舉而統一世界，赤化人類。

赫魯曉夫的和平共存的手法，的確比史太林的公開侵略來得高明，着着收效！遲鈍的毛澤東或者已開始懂得赫魯曉夫這一修正主義者，大有辦法，可以學習，所以陳毅在日內瓦也說出愛好和平的話來；而且英美人一聽見陳毅的這種話，就認為受聽、過癮，因為是有雅片烟的味兒啊！

五一、九、一九

知識分子與國運

黃宇人

一個國家的盛衰，與知識分子的風氣常有密切的關係。尤其是像我們中國這樣的國家，幅員廣大，交通不發達；人口衆多，教育不普及，知識分子所處的地位，更為特殊而重要。他們的言論和行動，不但影響當時，亦且啟發後世。中國歷史上的盛世，無一不有知識分子的心血在內。而每當亂世，更全憑知識分子能倡大義，持大節，成仁取義，在所不辭，才能為我們的國家民族寫下無數可歌可泣的詩篇；而使中華民族成為一個最有正氣和最重正義的民族，卓然屹立於天地之間而無愧。這是中國知識分子對國家民族的偉大貢獻。

然而在另一方面，由於中國知識分子在傳統上大多沒有恆產或不重視恆產，也常常有人因為不能耐窮而半途變節。雖然孟子曾說「無恆產而有恆心者，惟士為能」；但他所謂「為能」，似乎祇是「可能」之意，而非有其普遍性和必然性。孔子說，「君子固窮，小人窮斯濫矣」。又說，「歲寒然後知松柏之後凋也」。足見窮而不濫，祇能期望於君子。而誰是君子，誰能固窮，正如松柏一樣，必須經過嚴冬的考驗，才能顯現。換言之，窮而不濫，並不是一件容易做到的事。孔子對於顏回能以簞食，瓢飲和陋巷為樂，一再特別嘉許，大概也就是這個原因。

因為窮而不濫並非易事，所以儘管中華民族是一個最有正氣和最重正義的民族，而一般知識分子又常以「餓死事小，失節事大」為口頭禪；但每一個朝代，都有或多或少的高級知識分子因窮變節，成為千古笑罵的罪人。尤其是時至今日，人類生活條件的需要，一天比一天複雜，簞食，瓢飲，陋巷被視為不合衛生的可恥生活；知識分子的生活慾望也就大為提高。於是為求生活的滿足，紛向政治圈內找出路。這與所謂學而優則仕的傳統觀念，表面上固極吻合；實則大相逕庭。因為學而優則仕，則一入仕途，必須行其所學；若發現所學不能行，自應毅然引退，如孔子之去魯與孟子之去齊是。但今日的知識分子從政，則除了滿足個人的生活享受這一點最為顯而易見以外，很難看出他們有何政治上的抱負。中國知識分子的風氣敗壞，大有江河日下之勢。

我覺得我們國家民族所以淪於如此的境地，當權者的愚昧自私，胡作亂為，固然是主要的因素；但我們這一代的知識分子確也應負相當的責任。我常想，民初袁世凱從修改約法，擴大總統權力和延長總統任期以至帝制自為，假如沒有那許多負盛名的知識分子供其驅使，他也許不敢如此悍然為之，中華民國的國運，可能也就有所不同了。其後軍閥割據，全國人民無不痛心疾首；但首倡變法維新名揚中外的康有為，竟自甘墮落，於吳佩孚五十歲的生日撰寫一幅阿諛逢迎的賀聯為他祝壽。這不僅是康有為個人的墮落，也可說是中國高級知識分子的悲哀。民國十七年國民政府完成北伐，蔣先生當權，就我個人的體念，他原不是一個不可與為善的人；而且，又有中山先生的遺教被奉為治國南針，他縱然想實行獨裁統治，也為黨內外的環境所不容。不幸，卻有不少的高級知識分子，其中還有五四運動和新文化運動的健者，眼見他大權在握，可以使人升官發財，不惜阿其所好，處處先意承志，以邀恩寵。甚至國民黨內的革命先進，亦有因年事漸高，不堪窮困，而放棄一切主張與風格，自甘含垢忍辱，任一閒職，以備終老者。於是，逐漸養成蔣先生剛愎自用，玩法弄權的作風；而且產生一種錯覺，以為祇要不吝惜國家的名位和金錢，任何人都可收買，任何事都可解決。因而政風日益敗壞，士風日益衰頹。兩者相較，後者比前者更為嚴重。因為政風的敗壞，祇須當政者確有決心整頓，就不難於一年半載之間收到實效；而士風的衰頹，則不是三年五載所能挽回的。

自大陸變色後，流亡在外的許多知識分子，首倡反共產，反極權的自由民主運動。這可說是「順乎天理，應乎人應，適乎世界潮流，合乎人群需要」的一種運動。然而十餘年來，一無所成。有人歸咎於台灣方面的破壞。但根據我的身歷目睹，我認為最大的原因，乃是由於標榜自由民主的若干領袖人物對於自由民主的真諦，並無深切的認識和了解。（下轉二版）

來函更正

頃閱　貴刊一九六二年六月八日第一九六號所載「本刊第四版的編輯方針」一文中涉及曾在羣聲雜誌負責人莊某者，查本人為經香港政府註冊之羣聲雜誌東主兼督印人，茲向　貴刊鄭重申明，本人雖屢次返台省親，迄未謁見政府任何當局，該文所載本人先到台北探聽行情，並坦率報告主張國共和談的事以及本人回港後托人介見曹某其人一節，全非事實，損害本人名譽，為此函請　貴刊予以更正以正視聽為荷

此致

聯合評論社

莊鶴仍啟

一九六二、九、十

「兩個中國」之不可能性

——從中華文化及其現代化的觀點

謝扶雅

國際上流行着「兩個中國」之說，已經好幾年了。尤其是，每當聯合國大會開幕初期，此說必更甚囂塵上。美國當局一方面固然一向承認中華民國政府，但另一方面也和中共政權不斷保持接觸，開過一百幾十次——當然還要再開下去——的大使級會談。美國更有不少民間團體或個人，以至現政府裏面的大批所謂進步開明分子，則公然屢次主張「兩個中國」，即是：一方面不許台灣反攻復國，另一方面又謀求在中共不以武力解放台灣的條件下，考慮承認「中華人民共和國」。上屆聯大開會時，美國「智囊團」裏即曾暗藏「繼承國兩分」的策略，以抵制蘇聯集團排斥中華民國出會的無理要求。這個策略，只因會場後台做了一批黑市交易（迫令國府放棄否決外蒙），遂不曾，亦無需使用。然而自由世界和中立集團諸國，大致都傾向維持大陸和台灣兩相對峙的現實局面，則斷斷無庸諱言。

誠然，政治是講現實的，不過從中華四五千年文化歷史的背景，來考察，中國的政治一向與整個中華文化的演進有密切的關聯，而未許獨立或分割地予以處理。就一般中國人的觀點，政治只是倫理的一環。孔夫子「政者正也」的教訓，一直支配着中國人的心理。中國人看政府（或朝代）和人民的關係，也只是依着孔夫子所簡括垂訓的八個大字：「君君臣臣，父父子子」。印度佛教傳來以後，雖曾有極少數人出了家，做尼姑和尚，但並不等於西方所謂無政府主義者。迺遷至近百年來，西方文化輸入，康梁變法維新，孫中山倡建五族共和，「五四新文化運動，中國人於是拋棄了「君臣」（或君民）的倫常關係制度，而採取了西方近代國家民主憲政的制度。然而對於孔子「政者正也」的政治學說，我們仍覺可與西方「人權」觀念調和。因為西文"Right"一詞，恰應漢譯為「正」字，而與我們通常沿襲日人所譯的「權利」字樣不相脗合。前時嚴復曾把這個政治名詞"Right"譯作「直」字，這亦與孔子所說的「人之生也直」的意義相符合。人民的一些基本權利，如生命財產言論集會自由以及男女平等，都是天生天賦，並不是從任何團體，或某人特別承得。基本人權是先國家，先政府而已存在，不是由國家或政府後來賜給。反之，國家或政府之所以存在，則恰為謀求保障這些基本人權之不容褫奪。所以中國人對於政治和國家的觀點，不論從傳統倫理思想，或從近百年來西化的政治思想，都認為「人民」首要，「民意」至上，而「君為輕」（孟子語），政府實是人民之公僕。我國從前雖無人民立法機關而僅有選舉及監察制度，但一與西方代議制相接觸，便即稱善而欣然採行。清室終歸非退位不可；袁世凱想再做皇帝，張勳想復辟，無不立遭全國唾棄而予以排除。從知，無論新皇帝，新統治階級，法西斯制度，或共產集權政府，苟其反民意，反人權，決乎不能更在中國大地立足，絕對要給中國人民推翻。

這樣，毛共政權雖霸踞中國大陸十三年，蔣氏雖可非法三屆連任總統，繼續把持國民政府，然而他們既然同在欺騙人民，同在壓迫及蹂躪中國老百姓的人權，則擁有數千年中華優良文化、孔孟傳統敎義，且已歆慕及吸收了西方近代民主自由思想的中國人，必然一齊痛惡「桀」「紂」之為「獨夫」，而興「時日曷喪，予及汝偕亡」的公憤，必然要效陳勝吳廣之揭竿起而打倒贏秦，也必然要喊出「不自由，毋寧死」，和揭出「人生而平等」的宣言，而發動全民革命。這是勢所必趨，理有固然的因果定律。儘管國際可就「現狀」而承認甲政權，承認乙政權，承認「兩個中國」的存在，但主人的中國人民，若已厭棄這種政府，必會由公共意志而造出另一個新政府，以取代腐敗殘暴的舊政府。民族自決的大潮流如不可能逆轉，則任何外國皆無法能越組植立傀儡政權於中華。即或暫行製造於一時，亦決不能維持於永遠。所以討論政治學或國家學，雖然應取現實的觀點，但它決不是純物理的，却必兼涵心理的，並且心理因素往往勝過物理因素。這至少在研究中國政治史，文化史，而考察中國問題所必須認識的重要之點。

當然，中國人自己也說慣那些「分久必合，合久必分」的話，而實際上我國歷史確有過三國，南北朝，和遼金宋一類分裂現象。然而三國不等於「三個中國」，南北朝不是南中國和北中國。任何强迫的外力的劃分，終歸不能與中國民族心理及文化為敵的。除非甘做赫魯曉夫的尾巴，世上任何有理性及良知的男女，決不會說應該承認東德和西德，而分日耳曼為兩個德國。南北韓及南北越亦皆然，中國又獨何不然！我們中國人要等到換過血統和靈魂，一致背叛孔子，而改倡『人之生也「曲」』和『政者「邪」也』的怪誕學說之後，才可能自己認許「兩個中國」。今日偶有個把台灣人在高唱「台灣獨立」，實不過為求台澎免彼淪入於大陸中共魔掌的短視而已。外人不了解中國的民族性，遽據此以杜撰「兩個中國」的方案，無非各為自便私圖，然而專從自國利益出發，不顧別國民族心理，來謀求世界和平，則世界永不能走上和平的正道。

西方人論國家學，每側重土地、人民、主權三要素中的「主權」一項；中國人毋寧一向珍重土地和人民。中華神州百二，一片渾成，不似英與美之文化系統雖同，而地理却大西洋隔斷。中華民族共相敬天尊祖，親親仁民愛物，雖不絕與人爭，但決不甘認賊作「父」，懾服暴政為「君」。服膺林肯 of by and for "People" 的美國朋友們，務請體會及尊重鄰國六七億人民的眞正意志；而且，你們只要就近叩詢一下這裏華埠的任何一個「唐人」，看有無成立「兩個中國」的可能性。再者，聯合國的磐石如果眞是基本人權和民族自決的話，則也不應在會場內外傳播一些關乎任何形式的「兩個中國」之流言。須知這些調言是為全世界人類四分一以上的心靈所深惡痛絕的呀！

第十七屆聯大開幕前夕

寄自美紐澤西寓

知識分子與國運

黃宇人

（上接第一版）由於認識不夠，他們雖然滿口自由民主，而却沒有信心。既無信心，自更不能耐窮。我常見某些朋友在寫文章或談話時。處處表現其決心為自由民主之實現而奮鬥；但其行則與其言並不相符，甚且完全相反。等而下之者，更利用自由民主為敲門磚，藉以敲啟台灣的大門，大門不開，走後門亦所願意。有人駡台北常用收買手段來破壞自由民主運動；可是，假如沒有人想賣，他們又怎能收買呢？何況，有的還是自己先伸手向他們討錢呵？

總之，不能固窮，似乎是中國知識分子的通病；並不限於自由民主陣營才有此現象。但在自由民主陣營中的知識分子，尤其是所謂領導階層人物，假如不能自己首先除去這個致命的痼疾，則影響所及，更將增加自由民主運動進程中的困難，而延長國家民族的災難。

最後，我還想向台北當權者說幾句話，你們不要自慶錢能通神。就算你們能利用金錢的魔力把香港的一切反對言論完全毀滅了，對於你們的家天下，恐怕還是無所補益吧？

中共錫蘭貿易規定繼續糧食輸錫

劉裕畧

中共與錫蘭之間的貿易談判已結束，談判的結果，已就第三個五年為期的支付條欵達成協議，並已訂妥明年換貨議定書。此外，又還初步談商了經濟技術合作的事。其中最主要的是中共仍將以糧食運錫蘭。

但值得特別注意的，是中共的「中國新聞社」發佈此一消息時，却例外的不發表公報全文，而只節錄了公報的一部分語句。對於輸送糧食到錫蘭的事，則隻字不提。

中共「中國新聞社」北平十七日電訊原文如下：「科倫坡消息：錫蘭政府十五日發表了關於中錫貿易談判的新聞公報。」

「公報說：中華人民共和國政府代表和錫蘭政府代表在科倫坡舉行談判後，就第三個五年為期的中華人民共和國政府和錫蘭政府貿易支付協定的條欵達成了協議。」

「公報說：雙方還就中國和錫蘭一九六三年換貨議定書達成了協議。」

「公報說：雙方代表還就兩國間的經濟技術合作問題初步交換了意見。」

「公報說：中國政府邀請錫蘭貿易、商業、航運和糧食部長特·勃·伊蘭加拉特尼訪問北京以簽署上述文件，並商談關於兩國間的經濟技術合作問題。」

「公報最後說：會談是在非常友好和融洽的氣氛中進行的。」

而來自錫蘭政府之另一報導：則說在一九六三年中，中共將向錫蘭購買三千公噸橡膠，中共並將向錫蘭輸出二十萬噸糧食。

來自錫蘭政府之這一報導當然非常可靠。因為，如果中共不向錫蘭輸出二十萬公噸糧食的話，錫蘭政府決不會捏造這一貿易協定的內容的。中共平時與外國締結貿易協定時，照例要將協定原文全部公佈，而這一回却只節錄原文之一部分，其目的也就在隱去中共將向錫蘭輸出糧食的這一協議。

中共為什麼要隱去這一協議呢？在以往，中共是並不隱去這一事實的。現在之所以忽然省去，這一方面確實是怕因此刺激大陸人民的反感，另一方面又怕遭受物議。不過，中共與錫蘭之間的貿易內容，誠然可以用隱藏的手法欺騙大陸人民，但海外數以千萬計的華僑却可以從錫蘭政府的公佈獲知眞相。

海外華僑獲知中共仍在以糧食輸往錫蘭以交換不必要的樹膠後，其反應如何呢？不消說，毛共政權之殘民以逞的眞面目是再一次使廣大華僑加深了認識。中共自己常常在清算大陸人民，我們現在若把中共這一次輸往錫蘭的糧食計一條數，便知道這一條數對海外華僑和大陸正在飢餓的人民有何關係。

根據中共與錫蘭締結的這一協定，中共應即運送二十萬公噸糧食到錫蘭。二十萬公噸究竟是幾多斤糧食呢？屈指算來，便是四億斤糧食。這四億斤糧食折合成磅來計算，便是四億四千萬磅。而中共規定寄往大陸之糧包，每包不得超過兩磅。那末，這四億四千萬磅糧食便是二億二千萬個小糧包。香港現有人口三百五十萬，並非人人都在按月向大陸僑眷寄小糧包。假定全香港三百五十萬人個個都按月寄一個小糧包的話，全年也不過共寄四千二百萬個。今中共與錫蘭因買樹膠便一運就運出了相當於二億二千萬個小糧包之糧食，故中共運送到錫蘭的糧食即等於全香港華僑足足需要寄五年之需的數量。所以，這是何等驚人的事！

再說，大陸人民在中共殘暴無能之統治下，陷於飢餓以來，全香港在不到五年時間所寄糧包總量，實尚不足二十萬公噸。然而，這些寄糧包的錢，都是廣大華僑辛苦工作的勞動血汗，得來正自不易，中共却揮霍之如泥沙，這也就更足證明廣大華僑若要眞正拯救大陸親眷，就只有大家起來共同推翻中共不可。

中共作賊心虛，也怕大陸人民與海外人民共同起來聲討，所以，在報導中共與錫蘭這一協定時，不敢將糧食運往錫蘭之事公佈，以免引起正在飢餓線上掙扎的大陸人民的反感。但我們相信海內外不願做奴隸的人民和不願繼續遭受剝削的人民終將起來打倒這一不顧人民死活只知殘民以逞的政權。

評甘廼廸對古巴局勢的聲明

李金曄

根據美國新聞處華府十三日電訊，甘廼廸是日在記者會上，對古巴目前情勢及美國對古巴問題的立場聲明稱：「如果美國一旦認為它有必要對古巴共產主義採取軍事行動時，所有共產黨供給卡斯特羅的武器和技術人員，都不能改變美國行動的結果，也不能拖延美國實現這項行動所需的時間。」他又說：「在目前，古巴顯已在西半球陷於孤立，美國不需要也沒有理由採取單方面軍事干預行動；很遺憾的是，美國國內之侈談這種行動，可能使共產黨有牽強的合理藉口，指稱有這樣的威脅存在。但是讓我們再說明一次：如果在任何時期，共產黨在古巴的集結兵力，在任何情形下危及或干涉到我們的安全，包括我們的關培那摩基地，我們通行巴拿馬運河的權利，我們在坎納維拉岬的飛彈與太空活動，或者美國公民在這裏的生命；如果古巴意圖動武或武力威脅西半球任何國家輸出它的侵略目的，或者變成俄國強大的攻擊性軍事基地，美國將採取各種必需行動，保護其本身及其盟國的安全。」

至於目前美國的對策，甘廼廸說：「我們將與那些像我們同樣獻身於求取古巴重獲自由的古巴流亡領袖繼續合作，我們將繼續使美國人民及國會充分獲悉這方面的情勢。我們將加強對整個加勒比地區的監視。我們不發動在西半球的侵略，但也不允許西半球有侵略事件發生。」

現在我要說了，如果不浪費這五百字的篇幅，不把甘氏所說的話引述出來，不再重讀一遍甘氏的聲明，我們實在難以指出其錯誤之所在。從表面上去看，這種「人不犯我，我不犯人」的政策，頗為高明。但若是深加推敲，不僅敗筆甚多，抑且是錯誤百出了。

我首先要問，古巴是孤立的嗎？不錯，單從中南美洲的地理環境上看，孤立她是很容易的。但是卡斯特羅的政權既是奉行共產主義的，就不能從狹險的地域觀念看她，並說她是「孤立」了！甘廼廸為什麼不從情報檔案中去搜集一些有關古巴與西半球以外的那些共黨國家或非共及親共國家的往還紀錄看一看呢？難道甘廼廸就從來沒有聽說過蘇聯和中共是如何地支援着古巴嗎？也不從報紙上去獲得有關的資料，以豐富對古巴局勢的觀察能力嗎？

再就「孤立」這一點來說，卡斯特羅原本是山區打游擊的，他的情況比中共當年在井岡山和延安的局面更不如，因此我要說，美國當道者們的眼力固是不差，對客觀存在的事物是多大，就看成多大，可惜悟性與聯想是太差了！美國是不是將用武力來封鎖加勒比海地區呢？假如並無這樣的決心與計劃，所謂「監視」也者，是既不動人，也不嚇人的。西德不來梅航海研究院十四日發表資料稱：在過去六週內，從蘇聯集團國家載有貨物開赴古巴之船隻共九十七隻，大多數是從黑海方面的蘇聯港口開行，載貨總噸位為一百三十八萬八千噸，其中懸掛蘇聯旗的共四十二艘，從蘇聯集團其它國家開往者九艘。掛南斯拉夫旗的四艘。其餘皆為非共及親共的西方國家船隻。

如果美國沒有決心在加勒比海域內武裝干涉援古商船隊的航行，所謂「古巴已陷於孤立」一說，是難以成立的。

其次我要問，卡斯特羅會愚蠢到首先向美國動手嗎？假如卡斯特羅不對美國先放第一槍，而又不斷接受來自蘇共和中共的援助，甘廼廸總統是否就將認為是共黨的古巴不會危及或干涉到美國的安全呢？不會產生對中南美洲的威脅作用呢？試想卡斯特羅又將會如何來理解甘廼廸的聲明，因為聲明中列舉指稱不容古巴染手的只是美國的基地、巴拿馬運河的航行權利、美國的飛彈及太空活動，以及美國公民的生命。甘廼廸這樣劃下了一條與共黨古巴「共存」的界綫，就能阻遏卡斯特羅政權危害中南美洲的影響作用了嗎？

儘管共產黨徒說得好聽，「革命不是靠輸出的」，但這話是不能輕信的，共產黨仍有其奪取政權的一套辦法，古巴既能產生一個卡斯特羅，美國又怎能認為在其它的中南美洲國家內，不會產生卡斯特羅第二呢？如果甘廼廸政府現在根本沒有勇氣拔掉卡斯特羅，則其聲明適是以產生鼓勵其它國家共產的活動。

因此，我需直率地指出，甘廼廸的聲明，在這一方面來說，正是暴露了其政府的弱點，間接還暴露了甘廼廸本人知共的深度如此的警人之淺！甘廼廸及其幕僚，似乎迄今還沒有搞清楚共產黨的對外侵略的方式是怎樣的。對自由世界來說，這豈不是太可悲了！

在我們看來，如果有一天，當美國的總統先生一覺醒來，發覺古巴的形勢已經發展到強大到了表面化時，恐怕更不是美國願意採取所謂「各種必需行動」的時候了。因為那時所付的代價必將超過現在不知若干倍了。那時候，不要說「保護其本身及其盟國的安全」成問題，事實的結果必是自誤而又誤人。美國以現在這種掉以輕心的態度，以現在這種自大的觀點來看卡斯特羅，上述推斷將是雖不中，而又不遠哩！

美國的圍堵政策，事實上早已過時了，而且過去的實際效果也並不大。甘廼廸對古巴的聲明，看來也不過是圍堵政策的翻版和移植，國際共產黨在過去對付圍堵政策中，已經吸取了很多經驗，他們今天看到甘廼廸這樣一位年輕的總統，在反共的智慧方面，只不過是停滯在老一套的陳舊觀點和辦法之上，我想從赫魯曉夫到卡斯特羅，都會因此發出會心的微笑。

過去，美國只是着力於如何把共產主義的發展拒於美洲大門之外，當這種努力尚未著有成效之際，卡斯特羅在古巴奪得了政權，並且也擊碎了美國一貫對卡斯特羅的幻想，現在所能為力的，只是限於想如何地把卡斯特羅的古巴「孤立」於加勒比海中，過去既沒有計劃如何澈底消滅美洲的共產黨，現在又沒有拔去卡斯特羅的決心，目前這種畏首畏尾的做法，不僅不足以圍堵赤色的古巴，卡斯特羅不去，終必養癰為患，甘廼廸竟然出此與卡斯特羅力求「共存」的論調，誠是出入意料之外的，美國與古巴，兩國距離最近之處，不過一衣帶水，美國現時雖不患赤色古巴的侵略，但是其它中南美洲國家的共黨，勢必因美國正陷於尷尬局勢之下，而加強其活動。一個卡斯特羅，或尚非美國之患，但焉知今後發展如何。顯然美國後園已起了大火，撲滅一個火頭不難，若是幾個火頭並起，勢必手忙腳亂，誠不知美國將如何應付了！

甘廼廸的對古巴局勢的聲明，實在是他就職以來最軟弱，而又喪失原則的聲明。甘廼廸怎能想着和他背上的芒刺共存！

農林公司欠債不還實錄

靜吾

（台北通訊）本年春，監察院以台灣農林公司先後拖借台灣銀行鉅額款項，經院會決定交審計部派員調查。本月十三日該部提出調查報告，據署稱：（一）農林公司原有股本為四、五五一萬六千元，結至四十七年五月卅一日止，實際虧損五、四一六萬元，已超過其資本及資本公積。政府為使耕者有其田政策之成果不致受損起見，經濟部曾奉層峯指示勿使倒閉，乃於四十七年五月底派員實施監理，並召集有關單位會商結果，擬具改進方案十三條，其積欠各銀行之利息一千九百八十四萬九千元，業經由各行庫分別轉為投資，至積欠本金四千九百三十五萬元，則迄今仍未能清償，利息亦予停計。

（二）台灣銀行對該公司舊貸款之情形：承受公營時期之分攤虧損貸款六、一九二、〇〇〇元，搭債貸款七、〇六九、〇四六．〇七元，美援麵粉貸款六、四〇〇、〇〇〇元，四十六年度緊急貸款一〇、〇〇〇、〇〇〇元，以上為監理前之舊欠，共計二九、六六一、〇四六．〇七元，至其積欠該行之利息，計五、六四九、九九九．五三元，該行業已奉令轉作投資。

（三）農林公司在政府監理時間，復向台灣銀行請求週轉貸款一千六百萬元。四十八年九月，新舊監會成立，以製茶週轉需款，又向台銀貸款二千萬元。以上兩筆，利率為月息九釐九，以茶園土地為担保。四十九年台銀復奉省令，准以放租茶園作抵，專案無息貸與新台幣四千萬元，為期四年，以期內由該公司自行處理茶園土地時儘先陸續歸還。該行奉令後，乃於八月二十二日邀約該公司總經理等商獲結論三點：「一、目前台灣銀行與農林公司不但具有債權債務關係，且佔有二五%強之股權，為該公司最大之股東，為維護台灣銀行利益，今後對農林公司之業務經營，台銀應加強支持監督。二、農林公司為健全公司財務，申請省府收回放租茶園合作造林等土地一案，已奉准由台銀免息貸借四千萬元，為期四年，除已透支之三千六百萬元外，並續借四百萬元，以利該公司週轉。至於該公司建議將來四千萬元由該公司出售土地參照土地銀行扶助自耕農購地放款辦法分年歸還辦理，擬即另與土地銀行洽商決定。三、該公司經政府扶助後，明年度起停止虧損或稍有盈餘以後，業務可逐漸好轉。為免蹈過去該公司董監會受少數民股董事操縱之覆轍，在該公司對台銀新舊債務未清還前，政府對該公司董監會之動向，應予密切注意」。並於八月廿四日由該行總經理將上情簽報周主席。至請自七月一日起停息一點，因辦理技術有困難。經該行提報常董會決議，准予轉入「催收款項」，對內不再計息，對外仍保有催收利息之權，但其實際停息時間，經查為四十九年十一月九日，原欠利息共為五二八、二九三．九〇元。

（四）關於該行貸款與該公司美金一百七十五萬元，查改進台茶品質問題，迭由外貿會邀集有關單位會商檢討結果，僉認以應督導粗製廠收購茶菁不得低於一心三葉綠茶，不得滲粉着色，一方面為安定毛茶價格及保障茶農利益，應消滅中間剝削，及拖欠價款等利害。該行為配合上述目標，訂有「台灣銀行上等外銷茶葉週轉金貸款辦法」。貸放該公司此項週轉金，即係根據外貿會檢送茶葉檢討會議紀錄、茶葉貸款辦法辦理。農林公司經擬具粗製廠貸款之具體標準，選擇關西龍潭兩地較有信用之粗製廠貸與週轉金，共貸出十八家計九十萬元。關西龍潭兩地估計可收購毛茶六〇〇萬鎊，需週轉金四千萬元，由該公司提供茶園土地作為第一担保。因茶季瞬屆迫切，需要動用貸款，故在茶園土地抵押權手續未辦妥前，經該行業務部簽請擬同意該公司提存精製茶之提貨單，先行准予動用。並經常董會通過，訂立透支額度為美金一百萬元，利率月息五厘。該公司又於五十年八月函請台灣銀行，以本度預定收購及製造毛茶六百萬磅之目標，在春夏兩季業已順利達成；目前秋季即將開始，估計尚可收購造毛茶三百萬磅，原有週轉資金額度顯不敷用，茲為貫徹該項措施起見，擬請援照前例增加週轉額美金七十五萬元，（連前共計一百七十五萬元）以應需要，並另以該公司總經理名義簽呈台銀董事長署以：「本公司擬在秋茶結束前，再陸續收購紅茶及綠茶約三百萬磅，估計需要週轉金約美金七十五萬元，除已另函台銀增加貸款額度外，茲以辦理設定質押手續需時，而需款殷切，查本公司前提供作為美金一百萬元貸款，第一担保品之不動產估值新台幣六二、七六四、〇〇〇元，當時係按七折折值計算，惟該項貸款本公司必須以同額之茶葉進倉後方能動支，事實上等於雙重担保茲擬：一、第一次美金一百萬元貸款已設定之第一担保品，請准免予折扣以餘額移作第二項美金七十五萬元之第一担保品不足之數額，由本公司另行補足，（亦請十足計算未予折扣」。二、在第二次貸款手續抵押不辦妥前，以需款迫切，請准在已設定抵押品數額範圍內先行動支」案經該行董事長批示「原則可行」，復由業務部簽准在辦理抵押權手續中之餘額二、二〇〇萬元部份憑等值之茶葉保管証先行動用。

（五）查上項貸款，截至五十一年四月十九日結欠餘額為美金九四三、七六六．四〇元，並非一百七十五萬元。

各監委在討論本案時又指出，該公司原有很多財產；但自開放民營後，已被瓜分得殆盡，例如原有房產，或被變賣，或被估住不交出。監委們所謂主管首長，動輒以「手諭」通令台銀借貸與該公司，置有關貸款的法律法令於不顧，更為憤慨。決議由經濟委員會推派委員二人澈查。

台灣簡訊

監察院提消弭殺風意見

志清

監察院前以台灣兇殺案迭出，而且逐年漸漲，本年上半年即已發生二百三十一件之多，曾交由內政、教育、司法三委員會邀請政府有關各部門首長研擬消弭意見。本月十一日，三委員會提出七項意見報告院會，經監委們詳加討論及修正後，於十三日正式決議函送行政院注意。該項意見首先指出：『今日社會風氣之頹壞，由於人心之偏私。欲厚風俗，須正人心。欲正人心，先儆官邪。大公陰符云：「治亂之要，其本在吏。」孔子云：「其身正，不令而行。」顧亭林云：「朝廷有教，則士人知廉恥，士人知廉恥，則天下有風俗。」此雖往昔陳言，仍切今日時弊』。其次歷述「自政府還台以來十有三年，利雖已興，弊未能除，有待補葺罅漏之處正多，尤以整肅政風為不可緩。今日不肖官吏或藉勢以圖利，或假公以濟私，苟可夤緣而致，必然多方夤緣，但有機會可撈，決不放棄機會。在官者之行為如此，影響於社會人心可知。熱中勢利之徒，幾乎不以廉恥為可貴，而以貪官為可為。奸偽相吞，變詐相角；賄賂公行，視法律如弁髦，監守自盜，據公帑為私財；且有因而發生兇殺案者。以十年生聚教訓之反攻基地，而竟有此不可思議現象，何足以復大陸而致中興？」監委們這一段文情並茂的文章，顯然是對非法臨時總統而發的。他們引孔子「其身正不令而行」的話，而故意畧去「其身不正，雖令不從」一句，就更可看出監委們的命意所在了。因為今日的台灣，如要說到偏私，當然莫過於蔣「總統」的家天下主義，說到官邪和賄賂公行，也應首推他為求非法連任，不惜以增加國大代表的待遇，來換取他們的選票這一件史無前例的醜行。至於監委們提到所謂新生活運動，那更是可笑之至了。君不見新生活運動所標榜的禮義廉恥，早已被蔣「總統」自己視若廢紙，予以撕毀了嗎？

二、嘉義市長違法失職——省令先行停職——

嘉義市民選市長蘇玉衡荒廢職守，並有挪用公欵情事，經省政府指派委員侯全成率領專案小組前往調查，發現：（一）該市為副霍亂緊要區，該市長身為防治隊長，不但從未進行各項防疫工作；而且市區每日所產的垃圾約一百噸和水肥一百二十五噸均未處理，以致垃圾堆積如山，糞便不時外溢。（二）侵吞公欵，計有一、以發故市府員工五月份薪金為名，向第一信用合作社借欵三十萬元，挪作私用。二、以支付市工程費名義向魚市場借欵卅一萬元，迄未交主計室入賬。三、以市公所名義向溶濟廠預借五十二年度法人戶稅十萬元，迄未交主計室入賬。四、以解繳縣政府貧民施醫費名義，由市公所提出三萬七千元，但縣府迄未收到該欵。五、該公所報購消毒用漂白粉一百噸，噴霧器一百個，並已付清價欵；但市衛生所迄未收到該項漂粉及噴器。六、該公所為建員工宿舍，曾於去年三月撥付購置房地欵十三萬元，地主迄未收到。七、該公所為收購國校用地支付十八萬餘元，但地主所出具之領欵日期與市庫發欵日期不符，顯曾挪作私用。八、該公所為收購土地，擬建垃圾工廠，付出價欵十萬元；但地主領欵收據並未依照規定註明地址，顯有偽造之嫌。九、該市自發現副霍亂後，依據賬務記載，已支付防治經費十四萬二千八百五十元，但防疫工作毫無表現。（三）該市長當選後，很少到市公所辦公，對員工薪金亦不按月發給，以致公所員工渙散鬆弛，達於極點。而又扣發里辦公費和里長事務費，使基層行政，大受影響。省府據報，即於十四日電令嘉義縣政府將該市長停職，並先行派員代理。至於有關刑事部份，據說將移送法院偵辦。

據悉：蘇玉衡經商失敗後，乃妙想天開，向國民黨當權派活動，居然被提名為該市長候選人並獲當選。但因競選費用支出龐大，使他債上加債，就任之初，即感無法應付；祇好挪用公欵，以填補私債。本案發生後，他已潛來台北活動。

三、基隆市長被控收取回扣

年來為了家庭糾紛鬧得滿城風雨的基隆民選市長林番王，本月二日被該市信義區公所幹事李錦向法院指控其在辦理議員選舉時，曾收取回扣八千元，又收受福德里市場承租人的二萬五千元賄欵。基隆地檢處於十日上午開庭審訊，已向原被告發出傳票。

四、警察收紅包被扣

本月十三日為中秋節，中午十二時許，有兩個市民走到火車站派出所前，一人留在外面「把風」，一人直入所內，將一個紙包放在巡佐孫維贊的辦公桌上，即退出。當時孫巡佐正在審閱一份送紅包商人的名單，還未及打開這個紙包，即被奉命偵查警局人員有無利用過節收取紅包情事的督察員郭光炳查獲。警務處已將本案交由台北市警察局偵辦。據說：這是新任警務處長張國疆到任後決心整飭警風和嚴查警察人員收受節禮的先聲。

五、國營事業多有虧損

國營事業機構五十年度決算審核報告，經監察院推定委員陳慶華等七人審議，於十四日提出審議意見，畧謂：在三十八個單位中，決算盈餘未能達到預算者，有二十二個單位，決算虧損者竟達十個單位之多。由經濟部直接管轄的十五個單位，即有台灣糖業公司、台灣礦業公司、中國紡織建設公司、中國煤礦開發公司、中國機械工程公司、台灣金屬礦業公司、台灣電力公司、中國漁業公司、聯合工業研究所等十個單位的決算盈餘未能達到預算所例之數。其主因即在於公營事業機構組織龐大，開支浪費，成本增加，生產減少。又各國營事業機構單位墊撥員工福利週轉金以供營運，近年來頗為普遍，五十年度借墊之週轉金五千一百一十二萬餘元；其中以台糖公司的一千七百四十七萬餘元為最多，次為電訊總局的九百萬元，再次為郵政總局八百萬元。其餘由數十萬元至數百萬元不等。未借墊者僅中央標準局、台灣工廠等十一個單位。此項週轉金各福利社以之作為營運資金者固屬甚多；但亦有一部單位以之轉存生息分利。各監委認為企業原以營利為目的，如因意外事故或一時之特殊情形而發生虧損情事，自易補救。若由於內部存有嚴重的病態，即屬值得注意。已決定交由該院經濟委員會研究處理。

監察院決追究殷台殘局

見微

殷台公司原是騙局

（台北通訊）監察院於本月十二日的院會，一致決議組織專案小組，對殷台公司結束案進行徹查。該案係由陶委員百川所提，他說：「殷台公司早已是一個轟動中外的大騙局，遠在四十五年時，本人即已預料將來造船完成，運油業務展開後，友邦人士必然感到目的已達，無所留戀而撤退，就現在來看，眞是不幸而言中。」他追述當時台灣造船公司的財務情形，是提成拆舊後尚盈餘台幣三百二十餘萬元，雖不能說是有很大的發達，但確已達成小康的局面。因為蘇彝士運河事件發生，國際航運價格暴漲，有幾位在美的華人，事實上就是所謂中國基金會，與中國石油公司洽訂運油合約，而且時間長達十年，這樣可以發上一筆大財。但運油必須有油輪，當時情形買油輪並不上算，造油輪反而上算。於是這幾位在美華人（即被立監委指責的「油蟲」）就動腦筋想到日本去造船；然而在日本造船需要美金一千一百餘萬美元，他們沒有本錢，日本不願承受。於是他們又靈機一動，想到台灣來，利用台灣造船公司的設備，來建造油輪。幾經洽商，當時我國主管官員認為此一合作造船計劃，眞是「後福無窮」，終於同意由我國貸給九百萬美元的外滙保証（自一千萬美元減為九百萬美元）。合同訂定後，又有十年運油合約之簽訂，這就是殷台公司的由來。

幾次糾彈，均無結果

陶委員又說：當時監察院看見該公司享有甚多超越中國法律的特權和特惠，而且顯然是一個騙局，曾先後提案糾正及彈劾，被彈劾的人員包括前經濟部長江杓，中國石油公司總經理金開英和石油公司駐美代表夏勤鐸。兩三年前本人至美國訪問時，發現曾代表中國石油公司與中國基金會接洽合作造船的夏勤鐸，已在中國基金會服務，另一交通部的代表，當時也是代表中國政府與美方洽商的官員包可永，也已經在中國基金會工作。由此不難看出其前後的實際內情。當時糾正案沒有收到什麼效果，因之就有彈劾案及第二次彈劾案之提出，但案移送到法院檢察處時，檢察官又決定不起訴，後來這位檢察官被彈劾，經記過一次後，在不到一個月的時間，又調升到高雄去。

洋人溜了，留下爛賬

最後，陶委員指出：殷台公司自美方人員撤退後，現有財產估計不到三十萬美元（約合新台幣一千萬元）。但積欠台灣銀行台幣二千五、六百萬元，台灣造船公司租金三十餘萬元；據說除前數外，尚欠美國政府和一家銀行共一百八十餘萬美金。似此情形，其債務如何收回？包袱如何負担？職工生活如何維持？殘局如何收拾？殷台公司有無背信？在在都是問題，因此有追究調查處理之必要。他認為由少數人串演這個大騙局，來我國發了一筆大財而去，我們原本希望自此之後也能建造大型油輪，提高國際聲譽，但至今仍無法達成此一理想。陶委員說：政府對此事，始終諱莫如深，而社會上各方對此案之發展又是如此關切。忝為監察委員，不得不就此中經過情形進行調查，他主張應由該院經濟、財政、交通三委員會負責徹查。

監委吳大宇支持陶百川的提案，他說：當年監察院對殷台案曾不斷有所表示，但沒有被重視，才有今日這種情形發生。我當年原希望監察院的看法有錯，因為監察院錯了，行政方面就是成功；但今日本案之提出，可說當初監察院不幸而言中。

他對陶委員有這樣大的勇氣提出本案，深覺令人欽佩。

他指出：當初原企望我們也能達成「在國際上有造大船的信譽」，但經過這幾年之後，留下來的祇是一批爛賬。他認為這個大騙局如何收拾，監察院有責任去調查，他同意交由經濟、財政、交通三委員會組成專案小組進行徹查。

討論結果，院會無異通過陶百川委員的提議。

中共在華東擊落台北之U二機

中共藉此在大陸發動反美
中共並為此向美國提抗議

綜觀

九月九日上午，在中國大陸忽然爆出了一件舉世觸目的新聞，那就是中華民國政府自台北派往大陸偵察之U二型高空偵察機忽被中共擊落。

我們知道：U二型高空偵察機乃一種性能最高的高空偵察機，可以飛到六萬八千呎以上，原是美國手裏一種用以偵察蘇聯境內軍事行動的秘密武器。它的續航力極長，機上還有特殊廣角照相設備，可以任意選擇七個艙口之一進行拍照，而且可以連拍四千張照片。照片拍攝地帶的寬度則達一百廿五哩。同時，機上還有特殊的無線電裝置，可以截聽各種雷達信號，更可以判斷這些雷達信號發出的地點。故美國以前一直用它來秘密偵察蘇聯的軍事動作，而為蘇聯所不知。不幸這一飛機於一九六〇年忽因意外而在蘇聯被擊落，以致造成極大的國際事件。赫魯曉夫當面侮辱艾森豪和不參加高峯會議的藉口也是為了這一飛機。其後，美國表明不再使用這一飛機飛入蘇境。但台北也忽然擁有這種飛機，而且也在多次飛行之後忽然被中共擊落，所以便立即成為新聞了。

幾乎是在台北公佈U二機失蹤的同時，中共也公佈了它在華東地區擊落U二機的事。

台北方面對此同日發佈了兩則公告。一則是由行政院新聞局發佈的。它說：「我政府為明瞭大陸匪情，曾於中華民國四十九年七月間向美國洛克公司購得U二高空偵察機兩架，並於同年十二月將該兩機運返台灣使用」。另一則係由中華民國空軍總部於九月九日晚間發表，它說：「我空軍U二型高空偵察機一架，於九月九日上午在匪區執行偵察任務時失踪。」

另一方面，則中共新華社則於九月九日自北平發出電訊說：「美製蔣匪幫U二型高空偵察機一架，於九日上午竄至華東地區上空，被我中國人民解放軍空軍部隊擊落」。

不消說，台北之所以忽然公佈曾向美國洛克公司購買這兩架U二機，也正因為九月九日上午這一架飛往大陸的U二機出事的緣故。在空軍總部公佈失蹤消息之外，另由行政院公佈購買U二機之經過，其用意端在說明這一被擊落之U二機並非美國之U二機，而乃中華民國政府所有之U二機。而中國大陸，無論華東也好，華南也好，華西也好，華北也好，固皆屬於中華民國政府之領土，故中華民國政府有權派U二機飛往偵察。況政府多年來即在用武力剿滅共軍，今共軍既仍在天天向金門打砲，又時常在華東調動軍隊，政府為明瞭共軍動向，當然更有用U二機去進行偵察之必要。

所不幸的，是這一U二機竟被擊落。當然，任何飛機本來都有被敵人擊落之危險，因為飛得再高的飛機也可能因發生故障或其它原因而低飛，低飛的時候，當然就可能被敵人擊落了。現在，雙方尚未公佈擊落之詳情經過及原因。但憑U二機之性能來說，它既可以飛六萬八千呎，如果它保持這一高度的話，中共空軍中的任何飛機是無法把它擊落的。因為中共空軍之任何飛機都不可能飛到六萬呎以上，所以，便不可能飛上去把它擊落。但U二機如果臨時發生故障而低飛，或因便於投糧食及傳單與大陸人民而低飛，則低飛之後，就可能被中共空軍所擊落了，當然更可能被中共的地對空飛彈所擊落了。不過，照中共的公佈文字看，擊落U二機者似為中共之空軍飛機。蓋地對空飛彈屬防空部隊，而防空部隊不得稱為空軍部隊，只有空軍中的飛機及駕駛員才能稱為空軍部隊，故中共空軍部隊之所以能夠擊落這一U二型高空偵察機，大抵，還是由於這一飛機在華東地區低飛的緣故。

但不管原因如何，中共現在却企圖把這一事件擺在美國頭上，硬說這是出自美國的指揮。其實，台北之需要明瞭大陸匪情，與美國之需要蘇聯境內之軍事動態是相同的。何況，美國亦極需要明瞭中國大陸之共軍動態。所以，美國國務院批准洛克公司把U二機賣給中華民國，那是完全合理的。台北派它去大陸偵察，也是必要的。連續偵察了將近兩年的時間才被擊落，也算功業彪炳了。

僑鄉動態

白帆

返鄉客未住滿期不得離鄉

近來，由於廣東境內不斷發生爆炸，中共認為皆係進入大陸返鄉之旅客或旅客之親友在大陸所為。為便於監視及盤查，中共現已不准返鄉旅客提早離開大陸，必須在大陸住滿批准時間，經調查無嫌疑後才准離境。而以往則返鄉客是可以隨時提早離境的。中共現在之所以如此，當然是惟恐從事爆炸之返鄉旅客提早逸去。

又悉：只因許多返回閩粵原籍之返鄉旅客不知道中共已在深圳及拱北關實施了這一新規定，故提早返港澳之旅客，現均被截留，被中共勒令仍回原籍住滿批准時間始准離境云。

中共在深圳實行過三關檢查制

據旅運業消息：深圳共軍最近對於本港旅客入境之檢查，由原日之一度檢查辦法，加強為三度檢查辦法。衆信共軍此舉，乃在防止爆炸品之秘密運入大陸，因近來一個月內，深圳邊境連續發生爆炸事件多次。

由香港進入大陸之第一個共軍檢查地點，乃在中港交界處羅湖橋之中央，此乃新增之特別檢查站。由香港經九廣鐵路前往大陸之旅客，於到達羅湖站後，例須步行越過羅湖橋，然後進入大陸。鐵橋之兩端，亦有香港警察或共軍把守，鐵橋中央列為不管地帶。但今日共軍竟在鐵橋中央施行檢查，窺其用意，似在防止秘密運入之爆炸品，於抵達大陸邊緣之前，即被搜獲。甚至如一旦搜獲爆炸品而竟至爆炸時，亦不致損害及中共轄下之土地，受損者祇為三不管之羅湖鐵橋而已。

第二個檢查地點乃在深圳車站附近，即原有之檢查站。第三個檢查地點為深圳車站，在入境旅客再登上華段九廣列車之前，再施行一次檢查。各旅客合計須經過三次檢查，始能完成進入大陸手續。

僑鄉近訊

鍾之奇

寶安縣又發生爆炸

茲從港粵邊境得來之消息，中共現今雖已加强旅客之檢查，但爆炸事件仍未在中共境遏止。毗鄰澳門邊境曾於九月十一日發生爆炸，隨後不足四十八小時，距離香港甚近之廣東寶安縣竟又發生爆炸。

此一爆炸發生於九月十二日凌晨六時，曾炸傷共幹多人，中共寶安縣黨委陳某亦被炸傷。

被炸地點係一倉庫，中共寶安縣黨委本不常在倉庫。只因廣東境內中共各倉庫最近曾連續發生爆炸，中共中央密令各級黨委深入調查，以便了解情況，防止事端，故陳某乃前往此一倉庫與守衛倉庫之人員談話。當日夜間並宿在此一倉庫，殊不知，此一倉庫即在當夜被爆炸，故陳某連帶受傷。

爆炸事件發生後，守衛倉庫之邊防民警，即荷槍出動，大事搜索，並暫行封鎖通路，歷時甚久仍未能恢復秩序，人民亦無法近前觀看，故損毀詳情則不悉云。

中共請香港協查入大陸旅客

中共一向以嚴密統治著名，亦以嚴密控制自詡。但最近在廣東境內連續發生之爆炸事件，已使中共當局失去了信心，再不敢自信它自己能夠嚴密控制大陸。更不敢相信它自己可以有效的控制對外交通孔道和來往旅客。所以，自八月廿九日深圳海關發生爆炸後，中共廣東省當局即請求香港政府協助中共檢查進入大陸之旅客云。

廣東各地烟葉均被强迫收購

大陸各地災荒遍野，民不聊生，但中共在此情況下，却仍未放鬆它對人民的搜刮工作。舉凡可以換取外滙之物資或可供製造之有用物資，縱然不是農產品，也一律在强迫收購之列。茲據八月卅日人民日報說：「廣東烟葉收穫完畢，各烟葉產區普遍獲得較好收成。到七月底，全省已超額完成了國家烟葉收購計劃」。又說：「廣東烟葉加工後，主要有黃烟，紅烟兩種。其中南雄黃烟每年除供應本省各地外，還運銷外省及南洋各地」云。可見中共在廣東各地用强迫搜刮的方式，「完成了國家烟葉的收購計劃」，決不偶然。志在刮龍，至為明顯。

廣東積極培養中醫

由於西醫西藥缺乏，而病人又特別多，所以，中共最近通令大陸各地多培養中醫，並加緊培植中藥。蓋自中共佔據大陸以來，各級共幹不明白中藥之重要，盲目執行農業增產計劃，以致將許多原本生產中藥之土地改種糧食，從事中藥生產之農戶又多被指為地主或中農而被清算，有的已被鬥爭而死，有的則流徙他方。所以，不但中藥生產量銳減，而許多名貴中藥甚至因此瀕臨絕種邊緣。大陸中醫之命運，亦幾乎與此相同。蓋中共初則輕視中醫，以致許多中醫亦被列為地主而被清算，有的則逃亡海外，所以，中醫異常缺乏。為此，中共近年來才勒令各地共幹大量培養。

茲據中共人民日報八月廿九日載：「廣州市首批中醫學徒七十六人最近領到了廣州市衛生局頒發的廣州市中醫學徒出師考試合格証明書，大部份人不久即將開始正式行醫」。又說：「這批中醫學徒有一半以上是老中醫的子女和親屬，文化程度大多在高中以上。他們跟隨自己的父兄或老師，學習了五年多。在最近全市中醫學徒出師考試中，經過筆試和臨床鑑定，証明他們確已符合出師標準，可以獨立進行診療。著名正骨老中醫何竹林的兩個兒媳潘少卿、楊寶娟這次考試合格，成為本市新一代的正骨女中醫。祖傳數代的著名內科中醫梁端儕，把他的家傳醫學經驗傳給了兒子梁念祖，這次，梁念祖也考試合格」云。

泰萊的東南亞旅行

「自我瞭解」的旅行

何之湄

將於下月出任美國聯合參謀主席的泰萊將軍，自十一日至十六日到中南半島作為期六天的訪問，旅程經過越、棉、泰三國，與三國元首、總理會談；雖然泰萊的行程來去匆匆，但卻具有高度的重要性。

泰萊是甘廼廸總統的「武胆」，所謂「甘廼廸戰略」的創立者。這次泰萊於就任聯合參謀主席之前，特地撥冗作遠東「自我瞭解」的旅行，可見他對於遠東軍事問題的重視。

當然的，並不是遠東方面的重要或緊張，會超越乎歐洲之上；至少可以顯出，在泰萊的心目中和美國軍事政策此後的趨向上，亞洲的比重會增加一些。因為由泰萊所擬具的「甘廼廸戰略」，其「三部曲」是核子戰爭、局部戰爭，和特種戰爭。

美國對核子戰爭方面，無疑地已有確定的部署；局部戰爭，也因寮國停火而減少了爆發性；只有「特種戰爭」，是美國前此所未曾從事過，而由泰萊本人於一年前所親自佈置的——包括派遣美軍參加南越作戰和駐防泰國——它的發展及效果如何？有沒有補充或更張的必要？是甘氏戰略與泰氏政策的成敗之所在。泰萊的「自我瞭解」，將是他未來施政的依據。這麼一來，泰萊的決定，對東南亞這一地區最近的前途，也將會有決定性的影響。

對泰方一再保証

泰萊將軍抵達曼谷後不久，即與乃沙立元帥及泰方高級將領舉行秘密會議。與會者雖都是軍事人員，但據說會議並不是純軍事性的。因為目前寮國局面雖未穩定，但對泰軍事威脅已大抵消除；只是傳說流亡寮國和中共的泰國失意政客，仍有策劃在泰國東北建立游擊區及偽政權的圖謀。這屬於滲透叛亂的陰謀，大部份要由泰國本身予以防範。所牽涉到美方的，只是駐在該地美軍的進退問題。據說泰萊已有表示，現有三千餘名美軍，暫不撤退，直至情況絕對安定，必要時仍可增兵至達以前最高峯時期（五千二百名）的數目。而且即使準備撤退的話，也必先與泰方作詳慎的諮商。這當然獲得泰方完全同意。泰方原來是不贊成美軍撤退的。

比較難於向泰方解釋的，是泰國與高棉糾紛的問題。泰國對於美國決定軍援高棉，深表不滿，副總理乃他曇及內政部長乃巴博將軍，均曾發表激烈的談話，認為美國「背棄盟友」泰國，甚至說到泰國將會「改變親西方的政策」。

乃沙立元帥比較穩健，他曾於事後發表談話，指責要改變泰國現政策乃是「不智」，並謂美國有權軍援任何國家。但當美大使楊格晉謁沙立元帥報告美國軍援高棉時，卻並不能獲得他的瞭解。

綏撫高棉的成敗

沙立元帥發表談話和會晤楊格大使後，乃他納外長仍指美國軍援高棉，足以引起東南亞地區的緊張，因為施漢諾近日的抨擊，集中於對泰國越南「侵略高棉」，無一語及於中共北越，而美國予以軍援，乃為「防共」。顯然摸錯了題目，可見沙立元帥也並非同意這項美對棉軍援。

可是這已是美國的一項既定政策，泰萊將軍訪問金邊，便是與施漢諾談商軍援問題。美國的原則是：「防衛東南亞是不可分割的」。即不能把高棉放棄，只防衛泰越兩國。由於最近施漢諾要求召開十四國會議保障高棉邊界，「否則將與中共結盟」。而美泰越不贊成舉行此一會議，美國乃產生出綏撫高棉的政策，予以軍援，即可以說是，由美國保障高棉邊界，及承攬處理調解高棉與泰越間的紛爭。

泰萊在越南答覆詢問，說他未研究到越泰棉間的「地區性問題」。倒是楊格大使，已決定到泰東北「旅行」，然後再謁乃沙立元帥討論。據說泰萊就此事向乃沙立元帥保証，泰方也只能勉強同意，「且觀其後」。這就涉及軍援高棉數量的多寡，及軍援後高棉敵視泰越態度有無改變，泰越與高棉糾紛的能否逐一解決。

泰萊在南越對美軍與越共作戰深表滿意，尤其是不吃西餐，與越南人同甘苦，更是難得。由英國和馬來亞所貢獻的「戰略村」辦法，維護動亂地區人民安全及生業已有成效，也使泰萊極為讚許，認為可以積極擴大推行。他認為在戰略村能普遍保衛人民之後，再加經濟援助，農村社會經濟困難就可迎刃而解。

不過問題仍然存在着，那便是泰萊所說的：那抵是「美國所作某程度的國家運動」。還得再來一個「南越及南越人反抗危險、殘忍敵人的運動」。言外之意，泰萊認為越方的努力不夠。

此外，「越共自寮境滲入南越乃是第一號問題」，泰萊說。對於在寮境內突然失踪的一萬五千名越共，這可能便是他們的尾閣。可是泰萊並沒有提供對付的辦法。在寮國的國際監蔡會對此大概無能為力，這可能要延長美軍在越的作戰時間。

・曼谷通訊・

寮國經濟計劃將受「中立」影響

寮國「聯合政府」成立了後，現在政府當局的唯一希望，就是使這個東南亞的小王國能夠在「左右逢源」的政策中獲致「中立」的成果。然而，這祇是一個希望而已。眞正的「中立」，談何容易？「左右逢源」更可能變成了左右都吃力不討好。這點，正是寮國前途的隱憂！

這個向有「萬象之邦」號稱的小王國，其天然資源原是相當充裕的。在平原地區內，遍種着米稻和菜蔬；在河流溪澗裏，養滿了魚蝦。但可惜的是，當地人民文化水準極低，科學技術尤其極端落後，因此，對天然資源從來沒有發展，更談不到開發，以致國家經濟陷於衰落，長期闊窮，連獨力養活其國內二百萬人民的力量也大感不足，糧食也要經常依靠外國輸入。據當地有關方面統計數字所顯示，在一九六〇年內，她的輸入品總額值英鎊三百一十五萬七千餘鎊，而其中糧食的輸入額就佔七十三萬五千鎊；此外，紡織品，紙，鞋，帽，雨傘等，也要靠外地大量輸入。她的出入口貿易比對額，歷年都是出現着龐大的赤字的。這種情形，當然是會把國家經濟引致極度困難。於是，「聯合政府」成立了後，便立刻草擬着一項「發展經濟計劃」，以圖挽救其目前因受「貧困」打擊而招致的一般性危機。

據當地人民所獲悉，在該項「發展經濟計劃」中，被放在優先進行地位的，就是建築現代化的道路、橋樑、和火車路。但是如何推動上述建設呢？當然非財不行。在今日的寮國來說，若要需用到大量資財，那便非靠「外援」不可。職是之故。一個「政府發展署」的機構在不久的將來就要成立。據「聯合政府」的財政部長稱：這個機構的任務，是專責設法尋求外國的援助。雖然這位財政部長還指出：「我們並不是單靠外援，如要徹底改善國家經濟，最基本的還是改革農業生產，增加糧食的自給」。不過，改革農業生產的首要先決步驟，就是建設好道路交通，使土地肥沃的中部和南部地區，獲得調節和運輸的便利，然後始能獲得實質的增產。因此，這位財政部長又憶述着說：「在第二次大戰前，法國人曾在最肥沃的南部高原區內種植樹膠和咖啡，而咖啡的產量則一度達到年產二十萬噸的最高峯。「英美烟草公司」亦曾試圖在南部高原區種植烟草，其後為了勞工缺乏，運輸困難，才告放棄」。由此可知交通的改善，實為發展農業生產的大前提；蓋在發展農業生產的進行中，勞工、器材、肥料、以至將來產品的轉運，都要靠道路交通來輔助，才能達成目的。他又說：除農業可供發展外，國內的煤、鐵、銅、鋁、金及寶石等礦產，蘊藏也很豐富，開發這些礦產，當然對改善國家經濟也有很大的裨益；但開發礦產的工作也是首先要改善了交通才能進行。

——這位財政部長所說的話是很有見地的，問題是在今日困窘的寮國中，這種發展經濟計劃初步所需的金錢，她已負担不來。

「聯合政府」最近已宣佈過：「中立」的寮國準備接受東方和西方的兩大集團國家的援助。在「聯合政府」的本身來說，運用這樣的所謂「中立」政策來接受外援，當然是「密底算盤」而兼「如意算盤」。然而，俗語說得好：「針無兩頭利」。「聯合政府」的左右逢源是否可以行得「通」？白偶一「逢源」不來而「順得哥情失嫂意」的時候，是否會反招致不良的影響？這就很值得考慮了！

最近寮國在外交方面因為宣佈了與中共建交便立刻引起中華民國的反感而馬上與寮國斷絕外交關係；外交問題在「左右逢源」中既可立刻觸雷，外援問題又何獨不然。

在寮國的「中立」態度下對於「蘇援」和「美援」是否可以「兼收並蓄」？是一個很重大的關鍵。但一般都認為，除非出現着很特殊的奇迹，否則更易於引出蘇方或美方的不滿。到了那時，「聯合政府」將反而變成受到某一方面政治力量的控制。她的經濟計劃，在這樣的「中立」情況之下，勢必遭遇極惡劣的影響，自不待言。

・源光・

藝術化的詞話（九）

邈翁

杜工部詩云：新詩改罷自長吟。作詩須要改，作詞一樣也須要改，不改便會失之粗疏，能改，才是細密的功夫，才能成綿密警練的作品。賈島詩：僧推月下門，自己不知用推字還是用敲字為好，韓文公為他定敲字，遂成名句，因此：後人便以爭一字之奇險，為改詩改詞的功夫。我們以為一句的詞語飛動，從一個兩個字去推敲自然是鍊句之法，但只在一句一字上用功夫，則將有愈改愈纖巧的毛病，這也是詩家與詞家所不可不知的。現在我們論詞，且專就改詞上說，先舉一個例來講好吧！東坡合張志和顧元員的漁父詞作浣溪沙云：

西塞山前白鷺飛。散花州外片帆微。桃花流水鱖魚肥。自庇一身青篛笠，相隨到處綠簑衣。斜風細雨不須歸。

黃山谷見此詞，擊節稱賞，且曰：惜乎散花與桃花字重叠，又漁舟少有使帆者，乃巧取顧張二詞更作一闋云：

新婦磯頭眉黛愁。女兒浦口眼波秋。驚魚錯認月沉鈎。青篛笠前無限事，綠莎衣底一時休。斜風細雨轉船頭。

東坡為作跋云：魯直此詞，清新婉麗，以山光水色，替却玉肌花貌，眞得漁父家風。然才出新婦磯，便入女兒浦，此漁父毋乃太瀾浪乎！山谷亦悔其未工，乃改作鷓鴣天云：

西塞山邊白鷺飛。桃花流水鱖魚肥。朝庭尚覓玄貞子，（張志和號）何處如今尚有詩。青篛笠，綠簑衣。斜風細雨不須歸。人間欲避風波險，一日風波十二時。

這一故事，即說明了改詞，並不是一字一句的爭奇，而是要檢討全篇對時間空間，與自己觀點三者的配合，有無遺漏與矛盾之處，如有遺漏與矛盾，即是大毛病，即必須加以補救。至於重複一字兩字，自然也是毛病，也須斟酌避免，但那是小毛病，也是極為容易發見，極為容易改正的。只有遺漏與矛盾，作者於抽毫落紙之時，往往會為興會淋漓，好語奔集，而忽畧了時空的協調，以致自成矛盾而不覺，這一忽畧之過，乃是我們行文時所常會有的事。譬如印書對稿，自己校對自己的詩文時，因為太熟了，便往往會滑眼，有時一個錯字，一經過三四校，還是看不出來，即是同一理由。此幾首詞，黃指蘇花字重叠，乃是小毛病，指漁舟使帆，則是大毛病。蘇指黃的漁父出入新婦磯女兒浦之為瀾浪，自然也是大毛病，即在忽畧了空間的熨貼。兩公之所以會出這樣的毛病，即因散花洲外片帆，微景色太好了，新婦磯女兒浦的屬對太巧了，在興會淋漓之際，在得意忘言之下，便會縱筆寫去，即寫成之後，也會不自覺而忽諸，這即必須手腦經冷靜之時，再為檢察，才能自己發覺。至於一字的推敲，一音的響澀，能改，固然盡美，即忽而未改，亦無傷大雅。只有時間空間上的自為矛盾，如不作慎密的檢點，則是一個大漏洞，所以改，罷之後，還要長吟，這即是細緻綿密的功夫。在山谷集中，即保存有滿庭芳，木蘭花令，醉蓬萊幾首原作與改作，並存之詞，可以供我們作自己檢討，自己改正的取法。下面抄出他的木蘭花令來看看：

當塗解印後一日郡中置酒呈郭功甫

凌歊臺上青青麥。姑熟堂前餘翰墨。暫分一印管江山，稍為諸公分皂白。江山依舊雲空碧。昨日主人今日客。誰分賓主強惺惺，問取磯頭新婦石。

又　竄易前詞

翰林本是神仙謫。落帽風流傾座客。坐中還有賞音人，能岸烏紗傾大白。江山依舊雲橫碧。昨日主人今日客。誰分賓主強惺惺，問取磯頭新婦石。

這兩首木蘭花令，後作與前作不同處，在後片只將第一句雲空碧改成橫碧，前片則四句均改了，這一竄易，即不是對詞藻上的推敲，而是對空間與自己感想相結合的斟酌。按山谷老人于哲宗紹聖元年，被新黨所誣陷，貶黔州安置。元符三年，才得昭雪，又二年，召為吏部員外郎，上章乞郡，得知太平州事，到官只九日而罷。此詞前一首上片後兩句，不免有失意不平之氣，下片第一句雲空碧的空字，也太顯露了一點，這一空間的氣氛，與自己感想相配合起來，似乎塊壘太多了，所以要改寫。改易之後，即換為另一洋洋如平時的意態，又將為諸公分皂白，改為酬郭功甫之能岸烏紗傾大白，全詞的氣氛，即比原作為蘊藉，為含蓄，這即是契題的敲推，從全篇作慎密檢討的改作。

水調歌頭

幼椿

民國二十三年春，吳淞及長城義勇軍抗日之役，既先後為政府和議所敗，予遁跡青島；忽得家人書，赤匪徐向前部竄入蜀東，兩川大震；成都父老均盼予歸，以敬恭桑梓之義，亦不得不歸，時政府尚覓予踪跡也。

歌別魯中同志。

不憂人漸老，但恨計成空；幾回聚散，依舊人在亂離中。莽莽沙原望斷，灩灩江頭血冷，都誤於和戎；故園春正好，回首又秋風。

酒宜飲，詩宜作，氣宜雄，漫嗟百年身世，道大總難容。莫負拏雲心事，記取揮戈時節，共挽夕陽紅。千古風流夢，付與大江東！

又

朱毛竄川，過大渡江，進逼邛崍，成都父老推予赴京請求派飛機助戰，事畢，獨酌秦淮，時為中秋節之次日，九一八紀念剛過去也。

今朝杯獨把，去夜月當空，江山如畫，竭來深悔十年中！惆悵五陵年少，辜負萬千心事，徒自恥臣戎！民慍何時解，翹首望薰風。

悲朔漠，思紫塞，枉稱雄，而今裝點敵慨，要為死人容。對此南朝金粉，更有一廳歌舞，誰聽泣鵑紅！孤鶴歸來後，還否認遼東？

魔鬼的愛情（下）

喬又陵

回到家裏，大家還不曾睡眠，見了他，立即圍攏着他問這問那。王雄搖搖頭：「阿翠告訴我，爸已給她說服了。至於事情眞相如何？她不肯說，也教我們不要問爸。」說着他見大家的臉孔都很難看。於是，強展笑容安慰說：「我相信阿翠是有辦法的——」

「但願如此！」王雄的媽說。

「爸呢？」王雄眼光一掃，問。

「他睡着了。」王雄的媽壓低聲嗓：「你一出去，他便回到房內，一直沒有出過來。」

第三天，王雄又來到梁翠喜居住的愛羣大厦。

「嗯！」翠喜第一眼看見了他，便恍異起來：「王雄，出了什麼事？」

「我父親死了！」他一個一個地說出。

「怎麼死的？」她退後一步，盯視着他。

「死在鬥爭……」他梗咽得不能說下去。

「為什麼？」她出奇了：「整風鬥爭大會還沒有開始，」

「他是死在自己思想鬥爭上，因為他知道與其跪在衆人面前被鬥爭不如用刀片割斷自己脈門來得痛快，」突然，他彷彿想起一件什麼重要事情一樣，眼光閃亮：「阿翠，你怎麼來知道整風鬥爭大會還不曾開？」

她聳聳肩，把雙手交义在胸前：「我知道的。」

他鐵青着臉說：「阿翠，你沒有向上級疏通嗎？」

「我……」

「……」他迫近她一步。

「我盡力幫忙了他——」她頓了頓：「誰知道會有這樣結局。」

良久，他續道：「阿翠，你眞的無私地幫忙了他。」

「眞的。」她眼睛閃爍不定。

「那末，你應該為他哀痛，為他流淚。」

「呸！」她啐了一口：「你眞荒謬，你父親死了跟我有什麼相干？他又不是我的父親。」

「但是，你是殺死他的兇手。」

他陰惻惻對她冷笑了。

「……」她不斷往後在倒退，一直到觸着床沿始留住脚步。

王雄慢慢地從口袋中抽出一疊寫滿着字的紙擲在她跟前，說：「你既然為整風運動而來，你豈可無權放過我的父親？你知道他出身於地主階級，受的資產階級教育，滿腦子資產階級思想，缺點很多……你為什麼還迫死他？迫他誣友為奸？迫他出賣自己也陷害別人？」他續道：「我不怪你殺人，但我却恨死你在殺人之前還要殺死他的心，殺死我的心！阿翠，你好——」

他的感情太激動了，激動到無法抑制，於是，舉起手摑了她兩巴，罵道：「你為了自己立功，你為了實現向上爬理想。所以，作不惜去殺人，你這淫婦，我眞後悔認識你。」

她聽着，沒響。淚水往面頰直淌。忽然，她走前一步，又把他抱入懷裏，叫嚷：「王雄，我錯了——」

他拚命告訴自己：心腸不要軟，手脚不許動。

「我錯了！」她嗚咽起來：「我錯了，請你饒恕我吧！」

「我怎能。」良久，他淡然迸出這三個字。

「我錯了，我以後不再犯——」她摟得他更緊。

「你無法抑制自己不能再犯，因為你的靈魂已售給魔鬼，即使是你親生父親，你也用盡方法來完成黨交給你的任務。於是，你就拿這些去向黨邀功。是的，這是個錯誤時代，我們都是個錯誤的人，」他憔悴地低下頭。

「你教我怎麼辦？」她仰起頭凝視着他。

「除非你立即死去，這樣才無再犯的機會。」

「好吧！你親手殺死我！替你父親報仇吧！」

「我不殺你。」他搖頭：「祇有你才能救你自己！」

她掩臉大哭起來：「王雄，我好愛你。」

他推開她，退後一步又一步，然後，拉開房門。

她更速號哭，希望以女人的眼淚打動他的心弦。但，他連一點回顧念頭也沒有，走了。

他看了她一眼又一眼，心裏說：「我不管你死你活了。總之，我永遠離開你這魔鬼。」

半响，房門始掩上，她霍然站起，舉起雙手去擊着房門，高嚷：「王雄，我愛你，我永遠愛你——」

聲嘶力竭，她委頓在地上縮成一團，像一顆憔悴的蒲公英，又像已告凋零的殘花……

她低唸：「這是一個錯誤的時代，我們都是錯誤的一羣。」

一直等到她站起身子來的時候，天已黑下來了，街燈照耀着整個房間，一條長長的孤零黑影留在房中，沒有人相伴，也不可能再有人相伴，一個幽靈從頹廢陷落中，在試着掙扎蠕動……

一星期後，王雄被共青團開除團籍了：因為他立場不穩，思想動搖，因為他是個極端溫情主義者，因為：……

一切惡毒罪名都加在他頭上，他無法不能不低頭。鬥爭會開始，那主持鬥爭會的人就是梁翠喜。如今，他明白了：魔鬼的愛情是那樣不可靠，它害死了父親，也害了自己。

（完）

抗戰回憶錄（三六）

張發奎

八、桂柳會戰

十二月一日戰區北面的地域，已由南丹的失陷而告終結。湯恩伯集團在黔境的獨山開始接替了敵人的攻擊，貴陽的市面和桂柳撤退時一樣的驚亂。在最高統帥部已準備放棄貴陽退守烏江，而且後方的一切部署都在手忙足亂中，我當時對於最高統帥部的指導，起了異常的懷疑，為什麼對桂柳會戰不注入生力的兵團，而取束手旁觀的態度呢？為什麼不在爭取時間空間上着眼而將湯集團和第九七軍停留黔境達月餘之久，而不允我的請求推進於柳州方面呢？又為什麼在桂柳會戰達三月之久，而在後方尚無週到的準備呢？更使我憤怒的，當戰區在黔桂路上作逐次的抵抗，而地域即將告終的時候，最高統帥部對戰區以後的行動，竟沒有一個明瞭的指示，使我們受到如戰敗國的軍隊退入鄰國境內一樣的待遇。

這裏穿插着兩個悲慘的遭遇，在我生命史上是一種創傷最深的印象，我現在作這個回憶，內心仍不免酸楚萬分。戰爭原是一個災難，戰爭所造成的是死亡、離難和一切形式的破壞。但這樣的遭遇，却是僅有戰爭失敗者，才能獲得的厄運。這是當我由懷遠前綫歸時的經歷，和在六寨看見的一個悲劇。

大概是十一月十七日，懷遠敵我的炮戰正在猛烈的進行，我親自在懷遠的橋頭，在炮兵陣地觀察彼我的戰況。逃避戰禍的難民不盡止的向後方逃亡。時間與他們的負累限制了他們的行進，當太陽西沉的時候，他們不顧一切敵情和在天空中急馳的彈光下，一羣羣的在部隊直後的公路兩旁躺了，準備露宿來恢復他們一日的痛苦與疲勞。啼哭、慘叫、離散和人世間一切的悲痛的景象，都活生生的映入我的眼簾，使我坐在車裏如看一部悲劇的電影，一幕一幕的過去，在一處凄冷的彎曲道上，一團蠕蠕欲動的黑影，伴住了我的汽車，俄而發出了「媽媽」的叫聲，我喊司機緊急剎車，當我出車來看的時候，原來是一個被母親遺棄下的三歲女孩，她不知道她的家鄉和姓名，她只知道不見了母親，戰爭的災難，波及了這無知的孩子，而她的父母也竟為逃生而忍痛拋棄了她，親愛的女兒，一個戰爭失敗者的罪過，使我感受異常的痛楚。我把這個女孩帶回交與我的妻子撫養，並即取名「懷遠」，以紀念我在懷遠心情的創傷，但不幸在數月後，這個懷遠的小生命與那個懷遠的清風明月都一樣消逝了。

六寨是黔桂公路上一個市鎮，幾十萬的難民和很多後方機關和人員，麕集在這個環幅不及三公里的街市，為指揮南丹部隊作戰，我的指揮所亦設立於此。十一月廿七日兩翼上有明顯五角星徽的盟機十七架，低飛掠過市空散發傳單，大家都以近來盟國空軍的優勢，和明認自己的飛機，而毫無空襲的顧慮，不期而擠在水洩不通的市街裏，和馬尾的鐵路車站，目視着盟機的翺翔。但奇怪的這些盟機突向我們投擲了大量炸彈，頓時烟火彌天，慘聲遍野。血肉橫飛，未死的人像瘋狂似的向四郊狂奔。事後追查據說是由於無線電譯音中「六甲」被譯為「六寨」之誤。但這個誤會造成了自有戰爭以來最大的悲劇，死亡人數是無法統計的，所有一切後方的物資都燬於火海中，我自己歷年來所有的日記和在戰爭期間的一切的資料亦在這裏燬滅了。這是我一生最難忘的一幕，對於盟機的作戰史上亦是荒唐愚昧的一幕。一個中將、兩個少將、八個上校和二百多名官長、八百多名士兵都葬身於盟機的炸彈下。民衆的死亡最少在五千以上。當每個部下死亡消息傳來的時候，我悲痛、流淚不能自止，這些久經征戰的官兵和義民沒有死在前綫，誰想到盟機反奪去他們的生命呢？

這一次會戰，經歷了三個月的時間，這是我軍人生活中最難忘的一戰，我為了它而興奮、憂慮、悲痛和憤恨。在戰爭中堅決應變，遭遇失敗亦會不屈的奮鬥，我更了解高級指揮官與道德的眞諦，但這是我的責任，這是戰爭的災難，這是上帝的主宰。

（未完）

西化問題與衛道思想（上）

讀湯恩比著「世界與西方」有感

李璜

近讀英國史哲家湯恩比著之世界與西方（A. J. Toynbee——The World and the West）四章，其中第四章「遠東與西方」，論到日本、中國之接受西方文明，其前因與後果一節，立論精到，頗合我心，同時引起我的一點感想，特介紹出之，並加以己見。

一

湯恩比氏在本章中，首先提出何以西方文明侵入日本、中國，在十六至十八世紀皆被排拒，而到了十九世紀再度捲土重來，始得立脚？湯氏在事實上的答案，與我國學人所見相同，就是，到了十九世紀，西方經過工業革命之後，船堅炮利，這次配備着新式武器前來，其勢非遠東人所能抵禦，於是當時日本、中國的政府為自救計，既無法再保有「退隱者的王國」，永遠閉關，「就只有自動的把遠東門戶開放，給西方的技術進來，以適應並推行此一學習如何製造並使用西方的新式武器，而去反抗西方以圖自存的變通政策。」——湯氏此一說明，頗足以形容出十九世紀中，中國創辦漢陽兵工廠的張之洞的「中學為體，西學為用」之那一個「用」字的心理狀態。

不過，湯氏更進一步說明，為何自十六世紀至十八世紀西方文明在日本、在中國都遭受到了峻拒？對這個答案，湯氏頗有精到之處：湯氏認為十九世紀之前，西方文明來到遠東，都是由於傳教士以宗教的姿態出現，一下子就要用基督教的信仰，來攫取初次見面者的靈魂，於是必被排拒無疑。湯氏說得很有意思：

『在第一次的遭遇中，當時日本的政治家們所面對的直接危險，還不曾看到他們的國家會被西方優勢的武器所征服，而他們見到的危險，是其國人在西方傳教士宣導之下，那種改信具有不可抵制的誘惑力的西方宗教。……日本政治家長懼其國人之改信基督教，即可能染上了西方基督教的狂熱精神，在這種邪風影響之下，日本人可能變為今日西方人所稱的「第五縱隊」。假使這個可疑的詭計獲得成功時，即使那時的葡萄牙與西班牙本身不致成為日本的嚴重威脅時，而最後亦可能設法假手日奸，自內部加以征服……。』

湯氏這進一步說明，雖只限於日本，然而把中國清代士大夫反對洋教，以致引起許多「教案」及義和團事變的心理狀態都表明無遺了。

湯氏說完前因，論到後果，更令人要發生感想。他說明遠東人對西方文明前後的挑戰不同，而反應亦有異，對奇異的宗教難於接受，而對於科學的技術則不能不接受，因為接受者覺得「技術只運行於生活的表層，因此，採用一外國的技術，不致使自身陷入自己不能支配自己的危險」。但是湯氏認為這個採用外國技術的打算，或者以為這樣只負一有限度的責任，而在其他方面，仍我行我素，這種打算是可能錯誤的。他說：

『眞理似乎是，在一文化體中之一切不同的成素，相互之間，均有一內在的關聯，因此，假使一個民族，放棄了他傳統的技術，而代以外來之技術時，則此影響就不只僅限於技術生活的表層了；它將逐漸深入到整個傳統文化底層之內，而整個的外來文化將一點一滴的透過外來技術的楔子，在一文化防衛的外圍所洞穿的缺口中，湧了進去。』

在中國，來証明湯氏這裏所謂之眞理，至少我這個六十以上的人，是從有知識以來，親眼看到這整個的外來的西方文化一點一滴的透過外來的技術楔子，逐次滲入或湧了進來！

為學習西方科學技術，（當清代同治年間，中國士大夫稱之為西藝，西法，）最初只限定於學習軍事方面，造船，造炮，漸進始注意到開鑛與織布，雖所學有限，但不能不派遣留洋學生，去遠道求師。（同治十一年——一八七二，曾國藩、李鴻章同奏派遣學生赴美國留學，後此復公費派學生留英、留日。）然而一位派學造船的學生，嚴復，他會自然的注意到西方的邏輯思想，社會科學，三權鼎立說，生物進化論等，而聚精會神的譯出西哲鉅著，影響於清末一代的思想甚大，其影響力可說已開始取中國五經思想而代之。再一位學醫的學生，孫中山先生，他會醉心於西方的「民有、民治、民享」的民主政治制度，而毅然主張革命，其影響竟推翻二三千年君主專制之局，而創立中華民國。清末光宣時代，留日學生大增，而在日本學製造、測量、陸軍、師範的學生大半都厭棄了當時的舊政權，而變成了革命黨，大大增强了同盟會革命的隊伍。到民國來，在五四前後，大學教授及大學生的思想，大多數已不復能為中國的舊有傳統的習尚所羈牽，而羣起倡導文學革命，思想革命，家庭革命，甚至喊出：打倒吃人的禮教！

中國的人生範疇，在理論及其實踐上說來，本是以家族主義為其本位的，而實踐的規律，即是禮教，眞正為中國人一向所普遍奉行的經典，乃是「孝經」。我們可以在這部「聖經」上去考察一下，如果我們考察結果，覺得孝經每一節的意義及其指歸都已與這四十年來中國人的生活趨向不復能相契合，徙見其相反而無由相生，則我們不能不承認前面所引湯恩比之言，「整個的外來文化一點一滴的透過外來技術的楔子，在一文化防衛的外圍所洞穿的缺口中，湧了進來！」

本刊已經香港政府登記

聯合評論

週刊

每逢星期五出版

United Voice Weekly

第二一二號

督印人：黃宇人　總編輯：左仲平

社址九龍大埔道一六八號南亞書局805641

承印嘉羅印刷有限公司香港灣仔馬師道5號

總代理：方聯發行公司售價每份港幣一毫

本報美洲版總經售美國紐約中美出版社

CHINESE - AMERICAN PRESS, INC
199 CANAL STREET.,
NEW YORK13 N. Y. U.S.A.

美洲航空版每份零售美金一角

留美學生開始動了

黃宇人

自從海外論壇創刊後，我對中國留美學生卽抱着很大的希望；因而每一期我都未曾放過。然而，讓我坦白說一句，也許由於希望過高和過切的關係，在今年六月以前，我不免感到有些失望。我想，留美學生對於我們留在香港的民主反共人士，也可能有同樣的感想。可是，自六月一日海外論壇第三卷第六期起，在最近的三期中，我對留美學生的希望又逐漸恢復。這兩個多月以來，我常向朋友們說：「留美學生似乎開始動了」。

我爲什麼對於留美學生抱有很大的希望呢？因爲我認爲：第一，今日留美學生不但人數衆多；而且大都學有專長，他們在量和質兩方面都遠較當年中山先生在東京成立同盟會時我國留日的學生爲强，可以說，是集中中華民族這一代的精英於一地。假如他們也對國是採取不聞不問的態度；我們的國家民族還有什麼希望？第二，今日美國是自由世界的領導國家，又是聯合國的所在地，留美學生因地利之便，與美國朝野和各國人士接觸較易，在推展對外宣傳和爭取國際同情方面，可收事半功倍之效。第三，留美學生長期生活於自由民主的國度中，對民主與法治的認識，自較一般空談理論，毫無實際生活體驗者更爲正確而深切；由他們來推動民主反共運動，才可希望此一運動不會中途變質。同時，美國政府對於中國人的反共活動又很少限制，他們更可一切放手去做，不必有所顧慮。基於以上的理由，我認爲今日如欲在海外形成民主反共運動的大聯合，必須以留美學生爲主幹，庶可有所成就。不久以前，我與謝扶雅先生和一位留美的親戚通訊時都曾提到此一意見。

本來，過去曾有不少的人希望中國留港的民主反共人士能在這一方面有所作爲。可是，由於主觀條件的不健全和客觀環境的限制，這一希望至今並未實現。根據十餘年的實地經驗，我認爲香港方面祇能負起一個前哨站的任務，而却不足以形成一個發動的中心。這是我對留美學生的動態特別重視的的原因。現在再提出幾點具體的意見以供參考。

一、確立共同目標——反攻大陸與改革台灣

有人說，爲求集中反共力量，不應談民主改革台灣。與當權派有關的言論，更强調如向政府爭取民主，卽是破壞反共的領導中心；他們甚至主張關於反攻大陸的問題，也應靜候當局的決定，不應妄加討論。可是；事實上，今日的台北當局，不但不願聞民主改革，而且根本沒有反攻的打算。他們處心積慮，祇想利用現局在台灣關起門來實行一人一姓的家天下。我認爲反攻是中華民國唯一的生路；在目前的國際形勢之下，我們更必須以自己的力量，作死裏求生的奮鬥。但以言反攻，絕不是單憑赤手空拳的數千留學生和海外民主反共人士的口誅筆伐所能濟事的。我們必須效法當年孫中山先生之所爲，不斷的向大陸發動起義，然後可望於最近的將來，在大陸上建立强固的根據地而致中共的死命。如要發動此項軍事行動，又必須在大陸邊緣先有一個補充訓練的基地。台灣是中華民國尚未遭受共禍的唯一領土，又有數十萬可戰之兵，如果我們能齊心協力，於最短期間促成民主改革，使其從一人一姓的家天下進而爲海內外一切反共力量的滙集地，對於反攻大陸自可收事半功倍之效。反之，若再任由當權者倒行逆施下去，不但此一反攻基地不能發揮其應有的作用，而且前途岌岌可危。因此，我以爲我們的最終目的，固然是反攻大陸；而最初的着眼點，則應爲民主改革台灣。這並不是當權者所謂反台甚於反共；而是爲求反共有效必須採取的步驟。

二、從小範圍的結合到廣大的聯合

在現局之下，我以爲如要很快的建立一個强大的組織，事實上尚有許多困難。簡而易行之道，莫過於由留美學生和華僑就自己相知有素，志同道合的朋友先結合起來。這樣的結合，不但比較自然；而且容易確立共信互信。等到美國若干重要地區的中國人都有了類似的組合，而畧具基礎時，再進一步而形成一個較大的聯合，並逐漸發展到其他地區。若干年來，香港方面亦曾數次醞釀大團結運動，至今未有所成。民主反共人士毫無組織，大家都祇是孤家寡人一個，以致聯合既無强固的基礎，又無確定的對象，實爲其中的重要原因之一。當年中山先生在東京成立同盟會時，假如不是先有他自己的興中會和黃克强，宋敎仁先生等的華興會以及章太炎，蔡元培先生等的光復會做基礎，恐怕也不容易如此順理成章的組織成功，更不可能立卽就發揮了如彼的偉大力量。因此之故，今日留美學生倘能由座談國是進而形成一個有明確主張和有工作表現的政治性組織，對於促進海內外民主反共大聯合運動，必有良好的貢獻。

三、樹立民主與法治的制度

今日留美學生醞釀組織，一切均須從頭做起，我希望他們能有一個好的開端。除了人的因素應十分審愼而外，我認爲更應確立民主與法治的制度，以資信守。無論團體如何微小，對於事務的處理，必須依循一定的程序；對有關政策性的問題，則應先經會議的討論，俟與會者盡其所言後，再取決於多數。有時一次會議不能獲得結論，可繼之以二次乃至多次的會議，必須獲得結論而後已。此雖是老生常談；實則關係重要。曾憶一九四九年底，我們一些朋友與一位讀書明理，博古通今的老先生共同發起一個刊物，原定爲週刊。但因那位老先生自告奮勇，願任主編，大家不好意思督促他，於是，第一期遲遲出版後，經過兩個多星期才有第二期。第三期的出版更是在一個多月以後，而且從此無疾而終。我們當時還有一筆不大不小的錢，我曾在會議中提議存入銀行，並推出三人爲財務委員，負保管與審核之責，經大家一致同意。後來，我發現前項決議並未實行，主張提會追究，許多朋友都勸我不必，他們的理由是恐怕有傷彼此的情感。當時我對於他們祇顧情面不講是非，表示很不同意；但因多數同仁均作此想，祇得作罷。以後該刊一經停止，餘錢也就不知去向了。這就是不能確立制度和祇顧情面不論是非所發生的毛病。我希望留美學生在醞釀組織之初能以此爲鑒。

顧亭林與朱舜水的一生

李金曄

在明末的大儒中，值得今人仰慕學習的，實在不少。儘管當時與今日時代不同，但彼此身受家國之痛則一。因此，有時翻翻他們遺留的著作，卽使是一知半解，對我來說，也好像是觸及到了他們的心靈深處，好像是可以用他們的語言來洗滌自己的靈魂。在諸大儒中，基於自己的偏愛，我尤其喜歡顧炎武和朱之瑜兩位先生的遺著。可惜我所讀甚少，悟性也差，僅能涉事涉獵。但就在這翻翻看看之間，似乎也眞能得到開卷之益哩！

顧炎武先生（一六一三——一六八二），字寧人，江蘇崑山人，在當時的學者們都稱他爲亭林先生。青年時代，他就參加過復社活動；明亡之後，就投身於抗清的武裝行列，雖敗，仍繼續致力於秘密進行中的復國運動，他走遍了南北，一方面是講學著述，廣播種子，一方面是組合同志，以圖再舉。他是在中國自己的土地上窮其一生艱苦反清的一員主將。

朱之瑜先生（一六〇〇——一六八二），字魯嶼，號舜水，浙江餘姚人，一生不服官，南京淪陷後，移居舟山，力圖據舟山以抗清，結果失敗，亡命遠走日本、安南、南洋等地，成爲在海外從事反清的主將，一直到他客死日本，他的奮鬥才告終止。

這兩位先生雖非同年生，却是同年死，他們可稱是畢生盡瘁於愛國和復國的兩大運動。

就他們一生來說，其行迹固是可愛，其品德尤令人崇敬。亭林先生不僅是强調「博學於文」，且是堅主「行己有恥」的人；舜水先生亦主張從「日用之能事」做起，達到「明德篤行」的境界。

在今人眼裏，或將認爲他們爲人做事的調子未免是太高了。可是再看他們一生的言行，確是知行一致的。可見他們並不是只擅空談，要別人實踐；並不是只立標尺，用來量度別人的。事實上以當時淸室所用以羈縻立場不穩、態度不明的前朝士人的手法來說，這兩位先生所要求於自己和志士的，也實在並不爲過。試想在反淸失敗之後，旣無雄厚的武力，又無堅强的組織，志士散居各處，爲堅持不懈的鬥爭，强調氣節，就成爲人人自我下工夫所不可少的了。

亭林先生更是深知文人的一言一行，影響時代，影響世道人心至大，所以他說：「君子之爲學也，非利己而已也，有明道淑人之心，有撥亂反正之事，知天下之勢之何以流極而至於此，則思起而有以救之。」舜水先生也說，「武夫悍將詆譏文人無用者，彼只見迂儒小生，三村學究，膠杜鼓瑟，引喩失義者耳。如王欽若龔閉戶誦經，賦詩退虜者耳。若陸宣公、李長源、王文成、高文襄輩，圖度虜情，如指諸掌。雖健將累百，有能出其範圍者哉？」可見在他們的心目中，唯有做個眞正的文人，做個眞正的君子，才能產生無比的影響力，但這個力量，其源還是在於要有氣節，而不僅是有識見。事實也是，沒有旁礴的正氣支持，沒有堅貞的德操爲本，雖其才如吳梅村，其識如洪承疇，最後也就只有走投降的一條路！

所以「博學於文」與「行己有恥」之間，看似無關，實則惟「行己有恥」者，其「爲學也」，才能從「非利己」的方向出發。如果不能在消極的「出處、辭受、取與」之間做到恰有分寸，又怎能希望當時的文人起來肩担撥亂反正的大業呢！

明末淸初之際，眞是個考驗人的時代，在那個激流中，不知有多少能人才子被利慾名位吞噬了。可想顧朱二位先生之力主有恥明德，實在是必要的了。

他們離開今人，雖已有二百八十年了，但我們仍能從他們的遺著中索塑出他們的音容；對他們雖缺乏偶象以資禮拜，但是他們的靈魂的光澤，却歷二百八十年而沒有退色。正因爲如此，他們就享有了後人所給予的崇高的歷史地位。

中共的新恐慌

——在共產集團中孤立的顫慄

許子由

（一）對狄托的毒罵

中共人民日報發表「請看現代修正主義者墮落到何等地步！」對南斯拉夫總統狄托作惡毒的謾罵，這一「文件」，可能是劃時代性的——象徵着所謂「社會主義陣營」，也即是共產陣營蛻變的前途。

中共的抨擊南斯拉夫，原不自今日始，或許以爲不足爲怪。可是露骨的毒罵，竟至不顧與共世界（共產世界），卻以此爲首次。這種毒罵，正如毛澤東在北平懷仁堂搶過梁漱溟的「米高峯」，直罵「你很臭」！一樣是潑婦罵街式。（見周鯨文著「風暴十年」。）而其所以作如此毛澤東式的毒罵，正反映出中共內心無限的恐慌。

中共的這項恐慌，反映出中共在共產陣營中的孤立；孤立的形成，正是毛澤東大躍進慘敗之後，地位低落的結果。而中共的對狄托毒罵，也說明了，原本高踞共產集團第二把交椅的中共，已經跌落到了與共產主義的「異端」、幾乎是共產集團「外圍」的狄托，妬寵而爭妍取憐。如果套用毛澤東式的術語，便祇有一句話對毛澤東說：「你很臭」！

另一方面，中共對狄托的齟齬，說明了共產集團，已有局部在開始蛻變，它是以南斯拉夫爲首，而蘇聯也或多或少地有這種傾向。而蘇聯的傾向支持狄托，加深了中共的孤立。

同時這可以得出另一個結論：即是中共與蘇聯之間，並沒有如何縮短它們的距離——那是爲公社事件赫毛交詬以來的鴻溝。

（二）「替美帝擦粉」說

中共謾罵狄托「爲美帝效勞擦粉」，「誣衊中國（中共）、枉費心機」，因此，南斯拉夫「已經不是什麼社會主義國家」。最後中共還祭起「馬克思列寧主義」的符咒，預言「現代修正主義」的狄托，必將徹底失敗！」但如果依照現實的情勢觀察，蘇聯既然站在狄托的一邊，則失敗者將非南斯拉夫而爲中共，將非狄托而是毛澤東的失敗。狄托與美國及蘇聯的關係，也遠勝中共與美國及蘇聯的關係。

中共抨擊狄托「替美帝擦粉」，指的是狄托沒有指明美國是「世界」和平的敵人」，因爲狄托認爲世界所以存在着戰爭危機，乃因「大家」都「武裝到了牙齒」。中共的不忿，就是「狄托沒有單獨強調「美帝武裝到了牙齒」，而泛論各國的武裝競爭，這便可能包括蘇聯與中共也正在武裝進行之中。可是事實上是蘇聯首先恢復核試，阻撓裁軍，美蘇均在軍備競賽。說「大家」武裝，毋寧是公平的。而歪曲事實的，乃是中共自己。

這點歧異，不但中共與南斯拉夫間如此，即在中共與日本左翼之間，也是如此。東京的「世界和平大會」，是由共黨與左翼聯合召開的。但日本左翼的社會黨，就反對「單獨譴責美國武裝」，於是中共又把該黨領袖之一的江田三郎，臭罵一頓。

同樣是左翼和共黨聯合召集的廣島禁止原子彈氫彈大會，發表了分向美、蘇兩國要求「停止核試惡性循環」的呼籲書，其中迹及因蘇聯去年首先恢復核試而引起惡性循環。廣島共產黨、日共赤旗報，與中共人民日報，同樣強烈與大會以攻擊。因中共代表當時無法左右二千六百名國際代表的大會，而退出會議。（參閱九月七日本刋二〇九期劉裕畧「中共對日本左傾勢力影響力正在減退」一文。）

看來，中共已與這些左傾勢力，比較承認事實的左傾勢力，發生分裂。這即是說，雖然是左傾或親共的勢力，但他們對於世界和平的看法，也認爲應該是美蘇雙方的共同約制，而不是單獨抨擊美國；不容許蘇聯作核子擴張而要美國束手，不但非公道而且不可能，抑且那樣反而會引致發生大戰的後果！

（三）「誣衊」中共？

在抨擊狄托「誣衊中國」這個課題中，中共恨得牙癢癢的，是狄托說「中國在國際國內、頗爲獨立地採取各種行動」，而這乃是「特殊的道路」。而蘇聯對此，（對中共「特殊」的行動）正在起着「鎮定」的作用。

這話確實揭痛了毛澤東的瘡疤！

毛澤東「特殊」地實行公社，而赫魯曉夫認爲，「非待物資充盈，公社不能實行」。毛澤東一意孤行的結果，乃因物資缺乏發生飢荒而失敗。中共強調對帝國主義戰爭「必然並可能很快爆發」，而赫魯曉夫堅持和平共存及競賽，相對地壓制了中共的擴張企圖。如東西陣營在寮國妥協，蘇聯不肯「損鑊」去滿足中共取得台灣的慾望。都是毛澤東「飛不出五指山」的恥辱！狄托把它指出了，毛澤東焉得不惱羞成怒？

那麼，中共如果堅持它的「特殊」是對的，中共就吾行吾素好了。可是不然，中共卻認爲這是狄托「挑撥中蘇關係」。

假若中共與蘇聯之間沒有裂痕，又何必解釋？更何必因共產「異端」親美的南斯拉夫「挑撥」而解釋？中共又何必信誓旦旦，說維護共黨共同綱領，一九五七及一九六〇的莫斯科共同宣言與聲明！

中共正是恐怕蘇聯聽信狄托向莫斯科對中共「進讒」。亟亟向蘇聯自辨，「自矢無他」這種類似妾婢爭寵的狀態，「臭」的程度，「足與天公共比高」！

若果說是「墮落」，倒不是早已接受美援而能與斯太林赫魯曉夫分庭抗禮的狄托，而是想要以「理論」領導赫魯曉夫而告慘敗的毛澤東。中共在大躍進中已經慘敗，現在又要在共產理論上慘敗！

（四）勝利將誰屬？

中共在罵狄托的結論作預言說：「相信修正主義必將失敗」，而沒有能夠指出何以會失敗，祇是籠統地說「馬克思列寧主義必將在世界勝利」。事實上「馬列主義」不是一把尺，莫斯科那一把馬列尺與北平那一把，其長短大有距離。馬克思預言「資本主義國家先共產」，事實已証明其錯誤，因之「馬列主義」決不是「劉伯溫的燒餅歌」。

這是因爲資本主義已有所修正，如承認民族獨立而擺脫殖民地羈絆，取消了列寧「反殖民主義」是與帝國主義決戰重要武器之一的預言。而在未開發國家中對於「經濟及民主」的推行，（有如狄托所指出的）減少了「貧窮製造共產主義」，也減少了封建獨裁有利共產革命的機會。狄托所說「和平進入社會主義」並非不可能，不一定要世界大戰大流血。

共產國家的蛻變，南斯拉夫就是一個例子。而蘇聯也不是一個亟於大戰的國家。蘇聯雖是暴發戶但以發達到快晉入紳士的階段，它雖擁有中共這類流氓打手，但它不輕易使用拳頭。由於核子戰爭的不易爆發，（蘇聯爲古巴的說法，只是說說而已）共產主義的必然趨向於右傾的修正，也是時勢所必然的。

我「相信」中國人民不願隨毛澤東而毀滅，即使毛澤東及中共已經毀滅，中國人民與世界仍將長存。

還有一點值得注意的，便是中共大罵狄托勾結美帝，似乎也有「嗑醋」的作用。中共當台灣揚言反攻大陸之際，便要求美國在華沙開特別會談，由美國保証不助蔣反攻大陸。現在中共一面發動抨擊美國U2機，一面又要求美國再舉行華沙特別會談，可能又是要求美國限制台灣騷擾大陸。這是借着潑辣來引起注意，暗送秋波。豈非明罵狄托，而汲取了狄托的先進經驗。

美國爲中共的「反美」，已禁U2機售給台灣，這正適合中共的願望。美國應該知道，中共今天在理論在實際均告失敗，在國際在國內都孤立無援。而美國患不着加以援手。

即使美國不採取任何行動去加速中共的崩潰，也應該祗讓中共自生自滅。看看中國人民與毛澤東集團的鬥爭，決不能採取有安定中共政權的行動，那樣做法，不啻犧牲了中國人民。（九月十八日）

中共即將加强支持南越游擊隊

劉裕畧

對於北越與南越之爭，共黨集團採取了另一手法。即不由北越向南越直接攻擊之手段，而採取了由北越派游擊隊到南越打游擊，而誘稱這些游擊隊是南越內部人民之手段。

「南越解放陣線」則是這些由北越滲透到南越，而冒充南越人民之正式名稱。實則「南越解放陣線」即是北越派到南越之第五縱隊。不過，僅僅爲了避免形成北越侵略南越之正式戰爭，所以，就把這些來自北越的游擊隊說成是南越內部自己的人民而已。

中共對於東南亞一向抱着極大野心。它不但想把寮國赤化，而且也想把南越赤化。

爲了赤化寮國，中共已因寮國成立聯合政府而獲得初步勝利。在這一勝利的情況下，中共已乘中華民國自寮作外交退出之便，派中共特務劉春正式作了駐寮大使。但爲了更進一步赤化寮國，毛澤東又把寮共首腦蘇發努馮邀到北平，毛澤東本人且已於九月廿三日親自在北平接見密談。

爲了赤化南越和爲了進一步支援南越的游擊隊，毛澤東則更於同日（九月廿三日）把「南越解放陣線」的代表團也邀到了北平。

據中共新華社北平九月廿三日電：「站在反對美帝國主義鬥爭最前線的越南南方人民的使者——由越南南方民族解放陣線總書記阮文孝率領的越南南方民族解放陣線代表團，今天下午乘飛機到達北京。受到首都各界著名人士和一千多名羣衆的熱烈歡迎。」

「中國人民保衛世界和平委員會主席郭沫若在機場上致歡迎詞，他代表首都和中國人民，向親密的戰友表示最熱烈的歡迎和崇高的敬意。……郭沫若在結束講話時熱情地高呼英雄的越南南方人民萬歲！中越人民的偉大友誼萬歲」！

「阮文孝團長在熱烈的歡迎掌聲中發表講話，他說：代表團這次訪問中國，其目的在於進一步加強越南南方人民和中國人民之間的團結。……阮文孝熱情地表示感謝中國政府和人民始終不渝的同情和支持越南南方人民的反美愛國正義鬥爭。他在講話中還讚揚了中國人民高舉三面紅旗在社會主義建設中取得的巨大成就」。

顯然，阮文孝的話已透露出中共過去一直在支持南越這些以「南越民族解放陣線」爲名的游擊隊，而且，這一次到北平也正是爲了更進一步加強這種團結與支援。所以，很容易看得出來，中共目前雖因內部經濟困難而暫時不能用正規軍直接侵略亞洲，但它野心未死，卻隨時在用其它手段，包括滲透顛覆和武裝叛亂等來間接進行擴張和侵略。中共內部經濟困難一旦緩和或解除，則中共將會不惜用正規軍來明目張胆的進行侵略了。否則，中共爲什麼要養幾百萬大軍呢？如果僅僅爲了對付台灣，中共是大可不必養這幾百萬大軍的。這幾百萬大軍當然不足以對付美國或英國，足以對付的就只有亞洲各個國家。所以，中共乃亞洲禍根，從它養這幾百萬大軍的這一事實亦可明顯看出。

至於「南越解放陣線」代表團抵達北平時，不由中共政府首腦或中共中央黨的首腦出面歡迎，而由郭沫若以「中國人民保衛世界和平委員會主席」致歡迎詞，中共亦有用意在。蓋中共意欲暗示「南越解放陣線」乃南越人民「反對美帝」「保衛南越和平」的一種組織，以反映「美帝」在南越之行動乃侵略行動，以反映「南越解放陣線」乃一種被「美帝」所迫，不得不起而反抗「美帝」侵略的隊伍，因而更加誣衊美國在南越之正義行爲而已。否則，無論把「南越解放陣線」作爲一種政治組織看，抑或把它作爲一種黨組織看，中共都是應該由黨或政出面而不應該只由「中國人民保衛世界和平委員會」在機場出面的。

卡斯特羅不去，美國永無寧日

方叔

這是鮮明的事實，赤色古巴當然是俄共的衛星，是現階段拉丁美洲唯一的共黨衛星國。卡斯特羅已爲共產國際進軍拉丁美洲開闢了橋頭堡！

卡斯特羅政權之在拉丁美洲出現，就像當年中共在亞洲出現一樣，對共產國際赤化全世界，具有歷史性的意義。這是任何一個對共產黨活動有深刻認識的人所必能洞察和肯定的。美國的當政者，不要以爲共產黨在古巴奪取政權這樁事，是微不足道的，雖然最近美國政府和議會，對古巴局勢的發展，已予以一定程度的注意，並設計了一些對付卡斯特羅政權的辦法，但就現在美國的行動來看，實不足以顯示可以拔掉卡斯特羅。這一方面固是由於美國的行動底決心不夠堅強，另一方面可以看得出美國始終並無消滅卡斯特羅的願望，而是希望在某種情況和一定程度上和他共存。一直到現在爲止，我們也沒有看見流亡在外的古巴人民，有一個堅強的反共團體出現，有一位舉世公認的有力的反共的領袖。美國似乎也並未對此加以重視。在古巴國內，很顯然，也沒有一個較大的或若干個較小的反共組織在活動，似乎卡斯特羅的政權是有相當的穩定性。向以消息多而靈通的美國新聞界，也沒有能夠眞正搜集到一些有關古巴現狀眞相的報導，公諸於世。使人覺得古巴鐵幕之深厚，不在任何早已成熟的共黨衛星國家之下。

目前的情況是，俄共和中共分別在支持赤色古巴，兩者之間尤以俄共的大規模的支持，目的是要把卡斯特羅扶植成爲在拉丁美洲進行向美國作鬥爭的有力的工具。不僅此，從較廣闊的角度去看，俄共有意把卡斯特羅在拉丁美洲共黨中提高到首席的地位，使他具有一定的號召力、影響力、領導力，使古巴成爲訓練拉丁美洲各國共黨分子的基地。

就現在俄共在古巴的活動看起來，如果美國不予直接而有力的打擊，俄共工作人員勢將長期留駐下去，重要的工作就是軍援武裝卡斯特羅的部隊。卡斯特羅已無疑地承認了這一點。中共新華社十一月哈瓦那的電訊透露說，卡斯特羅在該日「市教育委員會第三次全國代表大會」閉幕會議上說：「古巴把金錢用於安全和防務方面」，「古巴不僅進行了反抗和站穩腳跟」，而且從它在國外獲得支持和同情中得到了力量。」在十四日的中共新華社電訊中更透露出，古巴經已成立了坦克部隊和防空炮兵部隊。現在在古巴沿海的沼澤地帶，正積極從事訓練「起義軍和民兵」。

由於古巴反美的狂熱刺激，其它一些拉丁美洲國家的左翼活動，顯然比過去活躍了許多。「玻利維亞民族主義革命運動黨」；「厄瓜多爾大學生聯合會」和「工人聯合會」；「烏拉圭左派解放陣綫執行委員會」；墨西哥的「墨西哥民族解放運動」等各類組織，都在蠢蠢欲動。其中尤其是墨西哥的左派，反美的活動最爲積極。因此，美國在對付古巴之餘，應該把視綫同時掃射到其它拉丁美洲國家內部情勢的發展。卡斯特羅問題，事實上已不再僅是屬於古巴一個國家的問題了！卡斯特羅不去，拉丁美洲便永無寧日。

在美國民間，人們對於古巴的局勢，深感不安，輿論關心的正是希望除了古巴之外，美洲不再出現第二個卡斯特羅型的政權。參衆兩院也不乏積極份子，主張以直接行動來對付他。「紐約郵報」就曾經主張，「最好是由美洲國家組織通過它的軍事委員會採取行動，在古巴沿海的中美海面進行海空巡邏，從而來確立對所有通向古巴的海上運輸進行視察的權力」。儘管卡斯特羅對類似的建議，深表憂懼，而表示需「在國際法允許的範圍內」作反美的鬥爭，但是美國當局的態度，似乎尚在好整以暇，並無意於立即採取行動。這眞是令人難解的！

我們姑且不談什麼「門羅主義」。美國除非決定單獨把自己國家孤立起來，才可以完全對美洲地區的任何情況不加關心。否則他就應該以劍及履及的迅捷手段拔掉卡斯特羅。美國當局迄今仍有一種錯誤觀念，以爲運用不徹底的經濟制裁或封鎖，就能困死古巴。「監視」、「封鎖」除非是做得徹底，即使是徹底，也未必就能有效，因爲封鎖或經濟制裁，對於工業國家，所起的作用是顯著而迅速的，會產生成效的，但對於落後地區的國家，其成效則是難以肯定的。人們在共黨的控制下和思想改造下，遠較工業國家的人民和軍隊，更能夠容忍物質缺乏的壓力，但對於直接的具有毀滅性的打擊，則是任何共產黨徒所恐懼的。因此，以美國人的生活方式的水準，來衡量古巴，「封鎖」所能產生的效力，眞是太微弱了，何況古巴還能夠靠共黨國家的些少援助來苟喘。

美國現在已有人認爲最後終難免與古巴一戰的。如果這眞是無可避免的事，則何不及早進行。如果美國不想直接插手，那末就應該更積極地扶植古巴的流亡者，就這一點來說，不僅僅是武裝他們，給他們以武器，更重要的是要武裝這些自由古巴人的頭腦，讓他們要知道這戰爭不是爲美國人打的，更要讓他們眞正懂得民主政治的價值，懂得如何建立民主制度，如何成立民主的政府。如果不澄清這些問題，反共的古巴軍，會誤認自己只是美國的僱傭兵，是爲美國而戰的。

對共黨的戰鬥，是艱苦的，因爲這種戰鬥主要的不是武器對武器，而是思想對思想，反共的自由古巴人，如果不能認清這一點，那就變成以散漫的無組織的烏合之衆，去與卡斯特羅的有思想組織的力量對仗，勝敗也就可以預見了。

對美國來說，只有拔掉卡斯特羅才是上策，此舉也是對全球的反共行動有利的。所以這一個戰鬥的回合，應是直接、迅速、猛烈而又徹底，若是猶豫、遲緩、拖泥帶水、畏首畏尾，則徒然是爲卡斯特羅貼金。這是不能失敗的戰鬥，卡斯特羅不去，美國永無寧日！

各行局庫歷年呆賬驚人

宣平

（台北通訊）由於若干享有特權的人常假借名義借貸鉅款不還以及官商勾結營私舞弊的結果，台灣各行局庫都有爲數可觀的所謂呆賬無法收回。根據審計部的調查報告，詳細數字如下：

一．經確定已無法收回，於近五年內以損失出賬者，總計有新台幣一〇、九四八、二一九・九一元，美金一二〇元，港幣六四五、一三一・七〇元。內屬於中央銀行港幣三〇四、三八八・六一元。中國銀行港幣五〇、〇〇〇元。交通銀行港幣二七三、七八〇・九八元。中國農民銀行港幣一六、九六二・一一元。中央信託局台幣三八三、[illegible]元。台灣銀行四[illegible]元，美金一二〇元。土地銀行台幣七四、〇〇五・七〇元。第一商銀台幣一〇五、一五〇・二九元。華南商銀台幣一、四六二、六八〇・四四元。彰化商銀台幣三〇九、七九五・四五元。合作金庫台幣二九五、六八八・五三元。台灣合會儲蓄公司三、二四五、二三五・六一元。

二、歷年貸放款項於到期後，經催收程序，未能收回轉列爲「催收款項」者，截至五十年底，總計有新台幣一六七、〇三九、〇二〇・七三元，美金四四、四五八・五二元，港幣六〇、七一〇・七九元，英鎊一〇二—九—八，意大利幣二一、二五三・〇三，德幣九三五・七〇，法郎五六、三五五・七一，印度幣二、一五七—八—六。內中國銀行台幣六〇、〇〇〇元，港幣三〇、〇〇〇元。交通銀行港幣三〇、〇〇〇元。中信局台幣三一、一九〇、五二四・三七元，美金四四、四五八・五二元，港幣七一〇・七九元，英鎊一〇二—九—八，意幣二一、二五三・〇三元，德幣九三五・七〇元，法郎五六、三五五・七一元，印幣二一五七—八—六。台灣銀行台幣一〇二、八〇一、九七七・三五元。土地銀行台幣三、二一〇、八五五・八五元。第一商銀四、九七八、四三一・八七元，華南商銀九、三六六、二七〇・九六元。彰化商銀一〇、三五五、八六二・一〇元。合作金庫四、二二六、五六五・八一元。合會公司八八四、五三二・四二元。

三、各種「應收款項」經懸賬已逾二年以上，未能收回者，截至五十年底總計有新台幣一五、五一四、三八八・九九元，美金六一、九九一・三五元，港幣八一、六六一・四四元，英鎊七〇七—一三—一，菲幣一四、九四五・五六。內中央銀行台幣三八九、二二四・六八元，美金三六、四一九・三五元。中國銀行台幣九五、一五九・〇一元，美金五、五〇〇元。交通銀行台幣二二、六七二元，美金二〇、〇〇〇元，港幣八一、六六一・四四元。中國農民銀行台幣九二、三六〇元。中央信託局台幣四、四〇二、四五九・九五元。台灣銀行台幣三八八、七七六・六九元，英鎊七〇七—一三—一，菲幣一四、九四五・五六披索。第一商銀台幣七七、五三〇元。華南商銀台幣七、五一七・四六元。彰化商銀台幣四七九、〇一八・四四元。合作金庫台幣三、〇四三、九一〇・八七元，台灣合會儲蓄公司台幣四、二六〇、四四六・五九元。

本月十四日，監察院討論此事，各監委指出當初台灣銀行發行額不過二億元，而近五年來，各行庫的呆賬中，僅是新台幣一項即達一億餘元，實屬驚人，認爲應專案檢討，並邀請財經首長列席說明及查訊。

民營報的評論

本月十七日，聯合報特著社論，對各行局庫的呆賬，予以抨擊。該報說：審計部的報告，祇描畫了一小部份，對於唐榮和股台等積欠貸款事，尚未列入；但已令人讀後掩卷太息了。繼指出各行局庫放款的弊端。下列三種情形最爲嚴重。

第一是專案貸款成了對特權份子的酬庸。銀行的借款，大多數是根據行政機關的行政命令或是主管首長的「手諭」，而置借貸款項的法律於不顧。

第二是轉投資成了消除呆賬的手法。銀行對許多特權份子企業轉投資，事實上都是利息無着甚或借款本金無法償還時的一種銷賬方法。

第三是銀行對特權份子企業的監理成了以債養債的掩飾。銀行貸款到了轉投資仍無法扭轉財務上的危機，滿足特權份子的要求時，當在監理的名義下，不斷重行借貸或增加轉投資，而究其實際，却是以新債養舊債。

該報認爲近年以來國家各行局庫作此等貸款，已是層見不鮮。不管輿論民情反應如何惡劣；而政府仍我行我素，政治風氣的敗壞，實莫甚於此。多年以來，政府不斷高呼改善投資環境和鼓勵投資，而却不能吸引投資，主要原因，即在於沒有建立投資生產的法治精神與自由競爭的公平制度。政府既已自行破壞法令，對特權份子如此縱容與優待，外來的投資者自然要裹足不前了。該報對審計部此一探索眞相的調查報告表示欣賞，但婉惜該部未能利用事前與事後審計的職權，對各行局庫的呆賬與不法貸款作有效的處理。該報希望在此審計獨立有名無實之時，監察委員能發揮監察權，挑起審計部所不能爲的工作。對各行局庫的業務貸款，再作普遍而深入的調查，將種種弊端公諸於社會；並對以行政命令或主管首長手諭通知各行局庫貸款與特權人物等事，依法提出糾彈。即使監察院本身無力打老虎，也可喚起人民來打老虎。該報最後結論說：當前的問題是大家自己忽視了本身的責任與可能的貢獻。例如立法院握有預算審核權，在審查各行局庫預算時，若對其資產負債與損益下一番分析、探討、糾正的功夫，不稍假借，事情一定會好得多。怕的是握有對行政部門制衡權的人，本身要求特權，或爲「特權」護航，那就無法立起是非標準來了。

立法院報到糾紛餘波蕩漾

見微

（台北通訊）本月一日立法院開始辦理委員報到時，有志參加財政委員會的立委們因粥少僧多搶先報到，在報到處發生紛擾，雖然隨即平息；但已引起不少的街談巷議，都認爲這是該院成立以來前所未有的醜劇。

本月十八日，該院開始進行議事，若干立委先後提出三個臨時動議，首先於是日上午提出的是郭委員登放等一〇六人聯署的「本會期委員報到發生破壞秩序事件，爲懲前毖後計，請修改有關法規，並嚴紀律案。」提案原文如下：

「查本院委員報到，參加委員會，每會期均係依到達先後，遵照各委員會組織法第四條之規定：「依次登記之，至滿額爲止」。遇有競選召集委員超過規定名額時，其參加委員，爲爭取九十名額內之席位，多在規定報到時間開始前，即集合於指定之報到處所依次排隊，等候登記。過去敎育、財政、經濟、預算等委員會，有超額競選人時，均係如是辦理。行之多年，從無疑議。故在本院現行制度下，欲作參加委員會之競爭，爲免落後，只有早到，捨此別無他途。蓋人人皆可儘早，機會仍屬均等，揆之民主精神公平競賽之原則，實亦無可非議。

本會期開始報到之日，參加財政委員會委員於登記時，不幸發生破壞秩序事件，依據在場委員目睹口述情形如左：

一、本會期秘書處布置報到場所，一切均照向例，事前聞悉財政委員會有競選情事，特依歷屆處理競選慣例指定交誼廳右旁第二門，專爲參加該會委員報到入場之處，並於通門走廊兩邊，安置坐位九十席，俾早時到達委員得循序依次就坐，而於康園門首起，一路又設有「財政委員會報到由此進」之指標，布置週到，一目了然。

二、本月一日開始報到，參加財政委員會委員，到達較早，清晨已告滿座足額。此時在坐委員，計支持謝委員建華者二十五人，支持杜委員均衡者二十三人，支持于委員錫來者二十六人，支持劉委員全忠者因有部份委員到場較遲得座僅十餘人。

三、當時支持劉委員全忠競選之委員劉明侯、侯庭督、曹俊等見大勢已去，即蓄意破壞秩序。七時許，劉委員明侯首先發難聲稱：「你們排隊的地點弄錯了，應該坐在大門口才對」。在座委員，明知場所布置，是屬院務行政範圍，委員個人，焉能逕行否認變更？蔡其用心，無非在擾亂秩序。多數委員，對此小伎，均未之理。彼見此計不售，又曰「我才去山上幾天，你們把立法院弄得亂七八糟，還成什麼樣子？」面對全場同仁，竟敢以管敎者自命，不但有失身份，抑亦爲對本院同仁公然侮辱。旋又將財政委員會指標牌，移向厠所門前，高聲叫曰：「財政委員會在這裏，大家到這裏來！」凡此言行，不僅破壞院務行政，而且敗壞院譽。

四、八時正，開始報到，委員劉明侯、侯庭督、曹俊等，夥同少幾後到委員，分由另門蜂擁進入報到場所，不依秩序，搶先登記，全場譁然，秩序大亂。幸在場多數委員，見彼等已無可理喻，不屑與之作無秩序之競爭，當場宣佈放棄，相繼退出，風波得以暫息。財政委員會雖繼續辦理登記，而按之依到達先後「依次登記」之法定程序與歷屆慣例，則不無悖謬矣。

本院此次不幸事件，固應由上述破壞秩序之委員負其責任，但現行報到制度亦有亟待改善之處：查本院組織法第十九條「……以九十人爲最高名額……」因此引起競先報到爭取額內登記之現象；又查各委員會召集委員選舉辦法第三條第一項「各委員會應依委員登記之先後次序於選舉前二日編定召集委員選舉人名冊分送各委員」，第二項「前項選舉人名冊編定後不得變更」。文字間顯示編定前可以變更，則所謂依登記次序者等於具文；而登記委員，變動不居，選舉紛爭，於焉大起。爲免此類事件之重演，茲動議：

院會修改本院組織法，各委員會組織法，及各委員會召集委員選舉辦法：（一）本院組織法第十九條內「以九十人爲最高額」一句刪去，其尾加「報到登記後不得退出」一句。（二）各委員會組織法第四條末句「至額滿爲止」刪去。（三）各委員會召集委員選舉辦法第三條「編定召集委員選舉人名冊」句移列於「於選舉前二日」之前，其第二項「前項選舉人名冊編定後不得變更」刪去。

本院爲國家最高立法機關，不可一時無秩序，不可一事無是非，此次財政委員會報到秩序公然遭受破壞，同仁受其侮辱，院譽被其毀損，演出本院成立以來從所未有之怪現象；如果不對肇事委員予以處分，在此無秩序無是非之場合，今後何以表決法案!?何以辦理選舉?!茲動議：

院會嚴申紀律，對破壞秩序委員迅予議處」！

第二個臨時動議，是閻委員孟華等四十九人於下午提出，案由是：「擬請修改立法院各委員會組織法第四條條文，並議處本會期報到處所破壞秩序，妨害公務之委員以申院紀。」內稱：「一、本院組織法規定各委員會委員最高額爲九十人，已逾本院實有人數六分之一以上，依院會分十二個委員會之實際需要，各委員會最高限額自不宜再予放寬，以免各委員會間人數過予偏枯。

二、各委員因競選召集委員常有於委員報到之初邀集友好佔據額限名額，然後再予變更替調，以致造成糾紛。針對此弊允宜於原組織法第四條句末增列但書「但一經登記，不得變更」，藉杜流弊，而清本源。

三、九月一日本會期首日報到之前夜，聞有部份委員羣集於本市東方及富國等旅社，於深夜二時許集體排闥到院，佔列交誼廳邊門，鵠候天明，實爲本院十餘年來未有之怪現象，社會輿情，亦多議評。查本院三十會期委員報到注意事項第三條規定報到開始時間爲九月一日上午八時，第四、五兩條則載明「委員報到處之佈置如附圖」每一委員會置備報到簿一本，並於桌面樹立簡單標幟，藉資區別。（上項附圖明示交誼廳大門爲報到出入口）「委員報到時，如自願參加某委員會，祗須查閱標幟走近桌面，出示出席証……」，若干委員依照上述規定準時由大門進入報到處所，並隨指示標幟走近桌面，辦理報到，以致與深夜鵠候邊門（依報到佈置圖並非出入口）之若干委員發生秩序爭執。懲前毖後，對於此種深夜排門及臨時變易出入口處之措施，應查明責任。

四、當委員報到已約五分鐘時，忽有委員潘衍興、胡鈍俞、段焯等咆哮謾罵瘋狂呼打不准報到，潘段二委員並先後以洋傘猛擊台桌撥翻墨硯，及將報到桌子予以推倒，瘋狂無理，造成本院未有之混亂現象。茲爲維持本院秩序明辨是非，對於此次公然破壞秩序妨害公務毀損公物之委員自應迅予議處而伸院紀」。

第三個臨時動議，是魏委員惜言等三十九人所提，內容很簡單，主張在立法院各委員會召集人選舉辦法第三項後增加「委員參加委員會後，在本會期內不得退出」一項。對於一日所發生的糾紛，則未提及。

最堪注意的，是郭案與閻案形成尖銳的對立，前案所指破壞秩序毀損院譽，應予議處的劉明侯、侯庭督、曹俊三位立委，都是後一案的連署人；而後一案所提爲破壞秩序妨害公務應予議處的潘衍興、胡鈍俞、段焯的三位立委，也名列前一案的連署人中。前一案所指的破壞秩序事實是劉明侯等夥同少數後到委員分由另門蜂擁進入報到場所，搶先報到，以致全場譁然，秩序大亂；後一案所指的破壞秩序事實則是，若干委員依照規定報到時間（上午八時）由大門進入報到處，辦理報到，以致與深夜鵠候邊門之若干委員發生秩序爭執，潘等三人咆哮謾罵，狂呼「打，不准報到」，並將報到桌子推倒。據未參加兩案簽署的立委透露，雙方所舉均屬事實。並暗示假如對這兩個臨時動議處理不小心，可能引起派系間的大糾紛。

本月十八日下午，立法院將這三個臨時動議合併交程序委員會排定日期討論，依照目前的議程，將來當在兩月以後。爲期如何解決，雖斷難預測；但看大勢所趨，該院各委員會的組織法必得有所修正，似已成定局。

台灣簡訊

志清

一、雙十國慶仍將擴大慶祝

月初，政府當局曾宣佈今年雙十國慶，不舉行閱兵，人們以爲其他的例行慶祝節目也將隨之減少。但本月十九日下午，民衆團體活動中心主任委員忽又奉命召集有關機關開會，決定擴大慶祝，並組織國慶籌備委員會，推舉立法院長黃國書爲主任委員，錢思亮、黃朝琴、周百鍊及張寶樹等五人爲副主任委員，谷正綱等五十八人爲常務委員，即日在活動中心開始辦公。至於慶祝要點，亦已規定如下：

「一、慶祝大會：定於國慶日上午在總統府前廣場舉行，恭請總統、副總統接受歡呼致敬，並邀請金馬前線三軍代表、反共義士及接運來台的大陸逃亡難胞參加大會，接受致敬。

二、慶祝國慶大遊行：慶祝大會後從總統府前出發大遊行。

三、特技表演：由各文武學校、軍事機關於當日下午分別舉行特技飛行表演、蛙人表演、體力技能表演、三軍儀隊表演及飛彈模型展覽，並放焰火汽球等。

四、化裝車隊及提燈遊行：（一）由各機關、團體、學校、公營事業單位及工商界籌備精美化裝車、燈隊若干隊，於國慶日晚間整隊遊行；（二）車輛及提燈以下列主題爲原則：（1）闡揚「革新、動員、戰鬥」的偉大號召。（2）宣揚國民革命的光榮史蹟。（3）揭露匪俄暴行宣揚抗暴事蹟。（4）宣揚經濟建設成果及工商業的繁榮。（5）宣揚三軍戰鬥精神及整備武器的優良。（三）邀請中國小姐參加花車遊行。

五、展開民間遊藝：（一）請各單位於國慶前後舉辦國劇、話劇、電影、音樂或綜合性慶祝晚會。（二）請各區公所於國慶前後，分別舉辦電影、地方戲或歌舞慶祝晚會。（三）請民間樂社的龍燈、獅燈、高蹺等分別於國慶日下午展開活動。

六、組織各種代表團（各地來台僑胞、最近來台義胞、邊疆民族、山胞、前線軍民等）參加慶祝大會。

七、推派代表慰問傷患官兵及來台義胞」。

今年既然仍如此盛大的慶祝雙十國慶，爲什麼單把蔣「總統」特別嗜好的閱兵節目取銷呢？據悉：唯一的原因，乃由於蔣「總統」自施行手術後，健康尙未恢復，不能在閱兵台上久站的關係。每年一度的閱兵典禮，既然都是爲他一人的興緻而舉行，如今他有所不能，當然要取銷了。

二、國防部組織法提不出 陳揆請立法院原諒

本會期立法院開會，立委劉錫五就國防部組織法何時始能送到立法院審議一問題，提出第二十五次的質詢。他在過去十二年中，已連續提出此一質詢二十四次。陳院長在答覆時，委婉曲折的說道：「劉委員對國防組織的問題，極爲關切並熱心研究，本席至表欽佩。在此非常時期，政府一切措施，均以準備應變和反攻爲主，三軍的編制與裝備，隨時都在改進之中，爲適應事實需要，單位、編制亦時有增減，因此，行政院目前尙未能將國防部組織法送請貴院審議。政府各部會均應有一合理的組織，但現在時值非常，如何適應國防軍事的實際需要比其他更爲重要，尙請貴院和劉委員原諒。」

周恩來告松村謙三

中共堅持雙方關係三原則

綜觀

日本自由民主黨顧問松村謙三最近前往北平訪問中共，曾引起有關各方之注意。其實，日本的左傾人士或日本右傾人士中的糊塗或投機分子儘管對中共存着幻想，但因中共政權的本質及中共與日本之間的不可調和的基本矛盾，再加上中共與日本之間的貿易衝突大於貿易方面的某些微小利益，中共是不會按照日本某些人士的如意算盤來行事的。相反，中共却一直在想日本能完全按照中共的如意算盤行事。所以，不說一個松村謙三到北平，不能解中共與日本之間的諸多問題，就是十個松村謙三到北平，又何嘗會解決中共與日本之間的問題。如果有人躭心松村謙三此行就會把中共與日本拉在一起，那未免太淺見了。

不過，松村謙三此行雖不能獲致正面的答案，但松村謙三此行如果只在藉談貿易為名，而以到北平觀察情況為實的話，則松村謙三此行自必大有收獲。

松村謙三此次在北平雖曾受中共政權首要之欵待，但眞正結果却是很少。據中共新華社北平九月十九日報導：「日本自由民主黨顧問、衆議院議員松村謙三，今晚在這裏舉行宴會，向中國各方面辭行。周恩來總理應邀出席宴會，並且在宴會上作了講話。」

「周恩來總理說，中國政府一向並且仍然堅持，中日兩國關係應該建立在政治三原則、貿易三原則和政治經濟不可分的原則之上。我們認為，兩國的政治關係和經濟關係既要能够結合起來發展，也要能够平行發展。而且這兩方面的關係要能够互相影响，互相促進，而不是相反。」

「周恩來總理說，我們同意，我們兩國，首先是兩國人民，應該採用漸進的積累的方式，把兩國政治和經濟關係發展起來，以利於促進兩國關係的正常化。」

「周恩來總理說，在這個意義上說，松村謙三先生及其一行來中國訪問，是作出了貢獻的，我們對此表示歡迎，表示支持」。

看周恩來的談話，顯示中共對日本仍以政治友好為促進貿易之先決條件。換言之，中共仍堅持日本在政治上必須先向中共低頭妥協，才可對中共作貿易交換。周恩來所謂「政治經濟要結合起來發展」云云，便是這一內容。

但日本政府會因為求取若有若無的貿易而倒行逆施向敵人繳武器以陷自己於孤立嗎？只怕不會。所以，松村謙三此行除了可以對現階段正陷於窮困的中共政權作一番觀察外，另一收獲應該是因此更加瞭解到：中共政權縱然在目前這種困境中，由於中共政權本質之限定，要與日本進行大規模無條件的貿易，中共却仍無此意願的。何況，中共外滙短缺，大陸一切都在嚴密控制下，人民早已破產，中共根本不可能向日本買消費性的日用品呢！

大陸簡訊

白帆

蘇加諾夫人抵北平

據新華社北平九月廿三日電：印度尼西亞共和國總統蘇加諾的夫人哈蒂妮．蘇加諾已於廿三日乘專機抵達北平。

新華社說：「蘇加諾夫人是應劉少奇主席夫人王光美的邀請來我國進行友好訪問的。劉少奇主席和夫人王光美，周恩來總理，陳毅副總理和夫人張茜等前往機場熱烈歡迎」。看樣子，中共是準備在十月一日中共偽政權之「國慶」典禮中把蘇加諾夫人作為一個點綴品了。

古巴總工會代表團抵北平

為了點綴十月一日中共偽政權的「國慶」，中共一向不惜舖張浪費。何况在此工農業破產和對蘇關係惡化聲中，中共更不惜人民血汗以張揚這一慶典。可以斷言的，是中共最近還將盡量邀請各方人士訪問北平，以湊熱鬧。因此，就正像封神榜上的群妖會一般，在最近幾天，還會有許多人被邀到達北平的。古巴總工會代表團則算是到達得比較早的一起。

據新華社說：「應中華全國總工會邀請前來我國進行友好訪問的革命古巴中央工會代表團一行二人，在團長古巴皮革工會總書記沃勒特斯．戈麥茲率領下，二十二日到達北京」。

蘇發努馮到達了北平

為了接受中共的指示，以便進一步發展寮國內部的顛覆活動起見，寮國的共黨領袖蘇發努馮又已到了北平。按之過去，蘇發努馮是常常前往北平的。不過，寮國聯合政府成立蘇發努馮出任副總理後，這一次却是他出任副總理後的第一次。不消說，他這一次到北平自與中共在寮國今後作法極有關係。

正為了這一原因，所以，毛澤東這一次特別接見他，當面指示機宜。

據新華社九月廿三日電：「毛主席今晚接見老撾愛國戰線黨主席、老撾臨時民族團結政府副首相蘇發努馮親王，同他進行了親切友好的談話。接見時，陳毅副總理在座」云。

中共指責印度驅逐華僑六十名

自從印度與中共建交後，中共即用威脅與誘騙兩種不同之手段，使留印華僑替中共幹特務工作。其中明智而勇敢的反共華僑很多都未上當，但亦有部分華僑被中共所驅使。印度政府對此一向採取嚴厲措施，將親共華僑一批又一批的驅逐出境。

但中共對此則極端不滿。據新華社九月廿三日電訊說：「據本社記者自有關方面獲悉，兩年多來，印度當局已經無理驅逐了二百名華僑離印。而今年以來，印度當局迫害華僑的情況越來越嚴重。在短短半年內已有近六十名華僑被迫限令離境，印度當局限令華僑離境時，從不講任何理由，但印度政府却在議會一再誣衊華僑從事反印活動、間諜活動等。據印度報業托辣斯報導，印度內政部國務部長達塔爾在議會宣佈，從今年一月到六月共有五十六名中國僑民被驅逐出境，說他們由於危害印度國家的活動而被驅逐」云。

其實，印度的行動是對的。因為替中共作間諜活動的親共華僑，既從事親共工作，便喪失了華僑身份。凡屬華僑，各國政府皆應保護，但因親共而喪失了華僑身份的共黨分子，則只能算是中共的工作人員，這些工作人員既不是華僑，印度當局當然有權驅逐他們，嚴格說來，不僅印度，就是東南亞各國各地，凡屬親共華僑，各該國該地政府都應予以驅逐出境，因為他們已不是眞正華僑而變成了共黨特務之故。

中共又與北韓簽科技協定

據新華社九月廿二日電：「中朝科學技術合作委員會第五屆會議，簽訂議定書，規定中國將接待朝鮮科學技術人員在中國的冶金、化工、機械、輕工、紡織等方面進行考察和實習並提供機械農作物等方面的技術資料……」云。

僑鄉近訊

鍾之奇

中共境內共軍防地又被炸

自本年八月以來，中共統治之廣東境內，無論粵港邊境或粵澳邊境，均已多次發生爆炸。實為中共統治大陸十三年從來未有之現象。

茲據九月廿二日澳門專訊，澳門灣仔對面之共區，今晨三時五十五分許突又發生隆然巨响，爆炸聲音之大，又為歷次爆炸事件中，最大之一次。由於此次爆炸聲音特別大，所以，整個澳門均受震動。全澳居民皆被驚醒，中共與澳門邊境之水警輪，亦立即開到邊境戒備，以防意外。

當中山縣境內發生爆炸時，正值行走港澳之德星輪停泊碼頭不久。部份乘客仍熟睡未醒，忽從灣仔對面之北山區傳來巨响，乘客皆吃一驚。海旁各地均感受震動，故全澳門居民均顯然察覺，爭相查探事件之實際情形。只以共軍在邊境守衛森嚴，澳門居民既不能自由進入共區，故爆炸眞象一時未能查出。

但延至九月廿三日，共區爆炸眞象即因中山來客而逐漸明瞭。據中山來客談，發生爆炸之地點，係在灣仔區「南屏人民公社」至北山村間之一個小村中。該村名三古錢村，乃中共邊防部隊之駐宿地，爆炸聲即起自該中共邊防部隊之駐宿地，但因共軍於爆炸後即將該村封鎖之關係，故死傷及損毀詳情則尚未完全明瞭云。

福建人民大批過穗赴港澳

據廣州來客談：最近，由於中共自福建前線附近地區撤退了很多居民無法安置，且利便今後繼續撤退前線附近居民計，中共已特別准許大批福建人民離鄉前赴港澳。其中，尤以先赴澳門者為最多。因之，近日經由廣州轉往港澳之旅客為數極多云。

廣州公安廳已恢復申請出境

茲據廣州來人談：廣州公安廳最近已恢復接受人民申請通行証出境，若干且係前經申請未獲准而最近復獲准出境者。但彼等一經中共批准出口，其配給糧食的糧票即被收回，故除非彼等獲得港澳親屬糧包接濟，否則必須出境，因此若干最近雖曾接獲港澳親友或旅行社通知，因港方查蛇嚴密着暫勿來澳，但仍因在廣州已無配給供應亦迫得前往澳門暫住。

同時自本週開始廣東中山縣五區方面，又大量放寬邊境居民前往澳門，每日約有七八十人自共區出口，使澳門市面大陸客大量增加，漸見滯留情況。

中共在澳門實行糧包托辣斯政策

九月廿三日澳門專訊：謂澳門糧包商人，前晚曾舉行緊急會議，在會議中，宣佈了中共在澳門立即實行糧包寄遞方式的托辣斯政策。

在此一會議中，一向與中共有密切聯繫之有關人物曾在會上提出報告，謂已接得中共訓令，規定了寄遞糧包的新辦法。

這新辦法包括兩點：

一、光顧拱北關「中國旅行社」供應食糧者，應按照中國旅行社所訂公價以現金購取。即買即可寄出。供應種類，目前則只限於麵粉，生油，白米及罐頭等四類。

二、糧包商可在澳門運入食品以寄往大陸各地，但中共不保証此項運入之食品何時可以由拱北關起運。

故各糧包商認為中共此一新辦法雖包括兩項內容，表面上似亦准許各糧包商自運糧包入拱北關以運寄，實則，中共既不保証何時起運，勢必變為無限延期，那末，就變成了由中共「中國旅行社」壟斷一切糧包之事實。故澳門各糧包商對中共此舉極為不滿，而香港方面之糧包商聞訊後，亦頗震驚云。

菲島華僑遭遇政治瘟疫

龍溪人

菲律賓的華僑正遭逢一項「政治瘟疫」。這兩旬來的「僑社」，滿城風雨，人心惶惶。所有的華僑，無論是新客、老番（老「過番」之謂），誰都不知道自己明天的命運，將會受到拘捕？抑或驅逐？

遊客遊入「水牢」？

這確乎像是一場大瘟疫，等如霍亂，能够於短短的時間中，取去了精壯男女的生命。這項對於在菲華僑——包括已歸化菲籍華僑的瘟疫，傳染之廣，爲害之烈，即使在素以排華著稱的菲律賓，也是史無前例的。

今天（九月十八日）是所謂「逾期遊客」被驅遣的最後一天，上百的逾遊客已趕搭班機逃回香港，也有在前十天便趁海輪離開的。但是由菲赴港的海空艙位有限，而這一類——被稱爲「第二類」、即近期來菲的「逾期遊客」，估計人數達一千五百人，事實上不可能全部離境！

這留下來等待飛機輪船客位的幾百人，會不會被拘捕起來，關入「水牢」或臨時集中營，聽候强迫遣配？會不會如菲當局早先宣佈的，被沒收以前繳存菲政府的保証金？

飛機和輪船的不足，是現實問題。而且返回香港或在香港過境，要有打防疫針六日以上。此間僑團已向當局呼籲，只要這批遊客能在可能搭儀的第一架飛機或第一艘輪船離境，便勿沒收保証金，及免予拘捕。因爲保証金正好做回程的旅費。但不曉得當局是否自明天起，便實行對這批人拘捕。

「無家可歸」的遊客

以上是所謂「第二類」的逾期遊客，即一九六〇年以後來菲的。另外尙有一批「第一類逾期遊客」，是一九四九年前後來菲的。這一批人，菲方曾向中華民國接洽，要遣他們「返回」台灣，（雖然他們中大部份是自大陸、香港來菲的。）可是台灣不予接納。一直就在談判。這批人的數目，爲二千七百名，被稱爲「無家可歸」的遊客。

中國大使段茂瀾，九月十三日曾訪問菲司法部長李維格，討論這一批人的命運。要爲他們「爭取留菲的權利」，因他們留菲均已超過十年，並且無家可歸，與第二類的有家可歸、也非自大陸或台灣赴菲者不同。台北對於第二類者不予置理。對第一類者，則根據以前中國大使陳之邁與菲外長施蘭諾的協議，「以外交談判處理」。

但是菲代外長洛比茲却發表談話說：所有逾期華籍遊客之必需遣解，實不成問題。此局勢毋需商談，商談者僅爲（遣解的）程序，以減少損失與不便而已。因爲此乃主權國家固有之權利。

看情勢，台北的外交努力，不會有什麼效用。

「遞奪公民權」花樣

第二類遊客的「遊子不顧返」，可能是爲了生計的問題。而第一類的，分明是「有家歸不得」，不願、也許不敢返回大陸。但問題並不只是遊客，已經歸化菲籍的，又發生了被「褫奪公民權」的問題。

第一批被褫奪公民權的菲籍華僑五十五人，其中包括菲律賓中華商業聯合會會長楊永泰，菲島香港烟廠老闆莊清泉，他們都是千萬富翁，著名的僑領。其他同在名單中的，還有著名僑領陳敬志等數人。

多年前已入菲籍而被取銷菲籍，是令人震動之一。取銷菲籍的「褫奪公民權」措施，竟施行到華僑領袖的身上，是令人震動之二。

有「身家」的人都在震動！整個僑社在震動！褫奪公民權的理由，是說他們於歸化時，「只在憲報發表一次」，與條例「在憲報發表三次」規定不符。實際上，憲報是政府機關報，「發表」並非刊登廣告。當局既准其僅刊登一次而批准入了菲籍，有什麼理由在多年之後再來挑剔？

如果不是「樹大招風」，就是「象以齒而焚身」。因爲他們「太富了」，招忌所致。

松柏能「後凋」嗎？

此外還有一批不受歡迎人物，是司法部叫治安當局提供的，第一批一百六十人，第二批一百人，可能還有第三批，這些人曾以「開賭、縱火、吸毒、販毒、走私」等嫌疑被捕過的。台北說可以接受他們遣往台灣，但須經審訊其犯罪屬實。

面對這樣的大地震，大瘟疫，僑社（華僑社會）已莫知所措。著名的新閩日報和晨報發表聯合社論：「歲寒然後知松柏之後凋」，列舉「爲禍僑社的四騎士」：一曰紀律散漫——人性澆薄，物慾橫流，目覩動盪，放羣邪侈，無所不爲。二曰黨同伐異，薰豬同器。三曰醉生夢死——惟錢是尙，窮奢極侈。四曰清議消沉，善乏讚揚，惡無指摘。「這樣的社會（僑社），即使無外來禍患，若能長治久安，也是奇蹟」。

僑論所說，當然有其根據。但華僑無家可歸，已因消極而變質，無復勤儉好名的美德。受人排擠，更不知財產何日失去，也是奢侈所由來。不能不說「情有可原」。歲寒然後知松柏之後凋，說的不錯。但若果使用刀鋸或連根拔起，松柏怕也不能免呢！

·馬尼剌通訊·

北越華人受歧視

（河內通訊）賀敏。

今年七月間，曾有幾位東歐的共黨要員被歡迎到北越來觀光過，事後他們發表了一項簡單而中肯的觀感。他們說：北越是一塊嚴肅而樸素的土地；那裏的老百姓好像螞蟻一般的由天亮做到天黑，而且能够抵受飢寒。

他們所說的確是實情，祇不過在語調上却運用得較爲「雅觀」一點吧了。事實上，所謂「嚴肅」，就是「恐怖」；所謂「樸素」，就是「貧乏」；老百姓確是給共幹奴役着，驅策着，性命好像螞蟻般微賤，從天明以至入夜，不停的被壓榨着勞力，身體健康當然受到重大打擊，而勞動之後，却反而被迫着以孱弱之軀來抵受飢寒，在痛苦煎熬中苟延殘喘。當地土人的命運固然如此，居留在該處的華僑或「明鄉籍」人士（即中越混合種），其悲慘的遭遇則更如身陷十八層地獄。部份華僑，雖然已歸化了越籍，但終不免被歧視而加重迫害！祇有由中共派來的政治軍事人員和技術人員，才得到刮目相看。

北越的首都河內，就是越共的大本營，胡志明發施號令的所在地。這一個都市，在法國統治時代，原是最繁盛的地區之一；到了現在，那些曾經被裝飾得富麗堂皇陳設很燦爛美觀的商店，却已大部份被封閉，或被迫停業；而華僑所經營的商業，更橫受摧殘，損失數字，簡直無法可以統計。市內的所有紀念碑和公共建築物，都已陳舊破毀不堪，既不予以修葺，也不加以重建，凋零圮落，無復舊觀。惟一主要的新建築物，祇有一家位於市郊的技術人員寓所；當然，祇有「特殊人物」才有資格在這裏居住。

現年已高達七十二歲的胡志明，是經常在市區內出現的。他那瘦削的面孔，掛着一把鬍鬚，身上穿的是企領「卡幾」文裝外衣，足登綁帶便裝鞋，從外表上看來，是充滿着「胡伯伯」的氣氛，——越盟人員多數稱他爲「胡伯伯」的——但任何人士都知道，他正是東南亞中最大野心的惡魔之一；奸險、刻毒，兼而有之！目前，他正指揮着他的幹部和武裝部隊，不斷地向南越進攻！

北越在政權上是沒有界限分明的權位組織的；胡志明的主要助手就是總理范文同。不過，范文同却不爲越共的高級幹部所擁戴。現在越共中最有權力的，除胡志明外，便是統率由三十五萬人組成的正規部隊的武元甲，擁有勞工潛力的鄧孫古，和原是南越人而投身北越且領導越共進行向南越鬥爭的首腦人物李端。但這三個傢伙，是意見分歧而經常互相傾軋的。

北越政府雖是接受中共和蘇聯雙方援助的，可是當中共和蘇聯發生思想歧見時，它却能巧妙地避免捲入漩渦。這個在胡志明領導下的政府，刻仍陰謀進行着以種種手法去把整個「印度支那」的財富和資源的控制權都奪取過來！

河內市區內，日用品的供應異常缺乏；其他鄉村地區當然缺乏得更可憐！在河內的政府商店門前，是經常出現「人龍」輪購物品。有一家較爲大間的「無敵百貨公司」，所出售的全是蘇聯、東德、捷克、保加利亞等地的產品，而價錢則昂貴得驚人的一般普通老百姓是不敢前往問津的。在國營酒舖中，則出售着波蘭釀製的酒類，和中共、蘇聯所製的拔蘭地，及蘇聯著名的「伏特加」，然而能够飲得起這些「佳釀」的，當然不是普通的老百姓了。

華僑，包括越籍華人，他們的工資都是比當地土人爲低的。舉個例來說：有一家水泵製造廠，技工的月薪，如果是當地的土著就四十「鐳」（即共等於美鈔十二元），但如果是越籍華人，就祇三十六「鐳」而已。

北越的重要實業，現在已完全收歸國營了；次要的實業，則准予公私合營。至於理髮匠，造鞋匠，裁縫匠，及零碎品物（包括食物和用品）小販等小生意，則仍准私人經營；而幹這些生涯的，全部是當地土著，沒有一個是華僑。這些小生意的經營者，目前的情況，尙屬差堪自給。

農業方面，由於土地貧瘠，是不會有振作的。幸而礦產的蘊藏，頗爲豐富，可以作爲越共政權的活命泉源；祇是開發的技術，仍要依靠蘇聯和中共的援助吧了。

藝術人生詞話（十）

遯翁

山谷老人是我鄉先賢，我於論詞時，數引老人的作品，以作雅俗的分辨，這樣唐突前哲，實在是罪過。由於行文之便，正惟是鄉先輩，我對他的詞太愛好，大熟習了，所以隨手舉例，便會如數家珍，唐突到山谷老人的藩籬之外，等於有意來開玩笑。山谷的詞，雖然是東坡豪宕的一型，但他並沒有如東坡之全以詞爲詩，還有一部份的寫作是在作曲子詞。因此他的詞集中，便有許多首，只是逢場作趣，曼衍遊戲，以資笑樂的作品。正爲他是豪宕的一型。所以對這樣遊戲笑樂的曲子詞，便任情任意，不免因放浪形骸，而至裸裎袒裼。如我們以前所引的幾闋，便是這一類的寫作。至於他精心注意眞爲自寫胸臆之作，則是截然不同的。如清平樂的：春歸何處，虞美人的天涯也有江南信等闋之膾炙人口，是古今公認的名作外，即如水調歌頭：

瑤草一何碧，春入武陵溪。溪上桃花無數，枝上有黃鸝。我欲穿花尋路，直入白雲深處，浩氣展虹蜺。祇恐花深裏，紅霧濕人衣。

坐玉石，倚玉枕，拂金徽。謫仙何處，無人伴我白螺杯。我爲靈芝仙草，不爲絳脣丹臉，長嘯亦何爲。醉舞下山去，明月逐人歸。

水調歌頭，乃是一個直下直落，一瀉千里，不容徘徊瞻顧的聲調。山谷這一首，與東坡的明月幾時有，稼軒的四坐且勿語，丰神氣骨，瀟灑流利，眞可鼎足而三，而山谷筆法的迴環靈活，似比蘇辛，還要生動。這一方是自寫胸臆，所以毫不苟且。一方則是純文藝的結詞，也自然而不會苟且。山谷集中，如這樣的好詞，是佔了十分之六七的。如沁園春：

把我身心，爲伊煩惱，算天便知。恨一回相見，百方做計，未能偎倚，早覓東西。鏡裏拈花，水中捉月，覷着無由得近伊。添憔悴，鎭花銷翠減，玉瘦香肌。

奴兒又有行期。你去即無妨我共誰。向眼前常見，心猶未足，怎生禁得，眞箇分離。地角天涯，我隨君去，掘井爲盟無改移。君須是，做些兒相度，莫待臨時。

這是一首等於曲子詞的作品，在山谷集中，也可以說是逢場作戲之筆。全篇俱是白描，也全用的是俚俗之語，但與我們以前所引鼓笛令等詞的怪聲怪氣，則大不相同了。此詞言言輕鬆而深刻，句句流暢而淺顯，向眼前常見，心猶未足，怎生禁得，眞箇分離，幾句尋常的口話，一貫串起來，即成迴腸盪氣之詞，既能昵而不褻，愛而非濫，而又充份表達了誰能遣此，無可奈何的情緒，尤其最後兩句，俚俗語的叮嚀，更用得恰到好處，這即是經過擇別與昇鍊的俗語運用，故只覺其靈秀，而不覺其鄙俚，只覺其雋雅，而不覺其粗俗，這才是山谷老人的眞功夫之所在，也是以白話入詞的模範作品。

香港詩壇編印時賢詩選徵稿簡例

一、來稿請附小傳一篇（百字以內）。
二、請選寄平生得意之作。
三、無論登否稿不退還。
四、入選後需要本書若干請預約。
五、稿寄九龍河內道二十一號二樓郭亦園收。
英文地址：Mr. Guo Yih Yuan, 21, Hanoi Road 1st. Floor, Kowloon, Hong Kong.

友聲集

亮齋雅懷高致，徵求友朋詩詞，將刋選集。予既以近年所得佳什應命，復錄拙作數首，藉助其興。

移港逢春

幼椿

三十年間事總哀，萬寃成刼劫成灰，從知百姓爲芻狗，又見中州闢草萊。落木經霜思故國，環峰迷霧阻春臺；癡兒不解移家意，還說成都歸去來。

中秋送左舜老赴美講學

亦園

稀齡意氣尚縱橫，吾道能西重此行。觀化十年容野遯，著書千卷慰平生。學專近史名俱遠，才異羣流世所驚。今夜月圓秋朗朗，長空萬里最關情。

中秋感事二首

閔生

風露平添如許秋，高寒應悵住瓊樓。可憐南渡隨烏鵲，猶滯西征放馬牛。薪胆輕拋閒歲月，蒓鱸久負故山丘；蓬萊清淺何須問，鳳泊鸞飄總是愁。

西風吹送半庭秋，隔海兵塵壓小樓；眼底紛然陳下駟，胸中誰復解全牛。未能亂世營三窟，敢望餘生專一丘。莫笑孤吟多苦趣，還搖破筆寫新愁。

海

金陵

「風又吹，松樹搖，長長的影子搖又搖，射在細細的沙灘上，藍色的海激起白色的浪，打在細細的沙灘上，啊——我愛海，我愛藍色的海……。」她又在那兒唱起那人人喜愛的歌兒。

——我去吓她一下好嗎？

——不，不，這不好，媽說吓人的孩子不乖，而且吓壞了還得「收驚」呢。

——不然我去揪她一下辮子也好。

——不好，這也不好。還是……嘿！就這樣好吧！

沙灘上，一個影子靜悄悄地印下一連串的小脚印。那個影子接近了另外一個較小的影子。

「咦，是誰？誰蒙住了我的眼睛啊？」

「呵呵，妳猜，妳猜是誰啊！」

「咦——是——是小忠吧！」

「不是。」

「那麼——那麼是阿良。」

「也不對，妳再猜猜看。」

「我猜不着，饒了我吧！」

「不成！」

「啊——不要這樣嘛，快放手呀！」

「那麼讓我親親好嗎？」

「……好，好吧！」她想一會兒，答應了。

「要守信用啊！」我鬆開了蒙在她眼睛上的手。

「噢！原來是你，我不來了。」她連頓了幾個脚，在沙灘上留下幾個深深的脚印，甩了辮子，跑了。

我趕忙追上了她：「妳何必生這麼大的氣呢？反正將來長大了，還不是我的媳婦兒。」

「哼！才不呢，誰願意啊？」

「別生氣了吧！我給妳磕頭好了。」

她沒有答腔，只是嘟着小嘴，望着海出神。我可慌了，馬上眞的跪下去了。

噗嗤一聲她笑出來了。

「妳笑，妳笑什麼呀？」

「我啊，我笑你——。」

我見她不生氣了，連忙站起來對她說：「那麼妳不再生我的氣吧！」

「呵哼，只要你不再壞，我也不再生氣。」

「好，我也不再惹妳生氣了——我問妳，妳來這兒幹嗎？」

「我，我等我爹，你呢？」

「我也來等我爹來的。」

「那麼我們一起等吧！」說着她自己先蹲下去了。

「好啊！」我也隨着在她旁邊蹲下。

靜靜的，誰也沒有開腔，光聽着那「沙沙」的風聲和海浪打在岩石的「嘩啦嘩啦」聲，海風迎面吹來，舒服極了。

可是，蹲了一會兒，我再也耐不住了，就站起來對她說：「我肚子餓了，要回家啦。」

她聽我那麼說也就跟着站起，用手指着我說：「哼！我說呀！你——你就只知道吃，餓鬼！」

讓她這麼一說，我倒不好意思回家了。可是，我又不願意光蹲在那兒直等。因此，我的眼睛一直找，一直找，想找出一個新奇的玩意兒。最後我的視綫落在沙灘上——那兒有一隻爬動的「寄生蟹」。於是我對她說：

「喂，咱們捉那隻寄生蟹去好嗎？」

「好哇，我們來比賽，看誰捉得多。」

這小東西可眞精，牠一見人來了就直往洞裏鑽。我們一連幾次都落空了，只好一人檢一個貝殼死命的把牠挖出來，

「嗨！你捉幾隻了啊，我已經捉到兩隻呢。」她向我示威了。

我不甘示弱也回她一句：「兩隻有什麼了不起，我早已捉五隻了。」

「那不成，你得給我兩隻。」

「好啊，可是……。」

「可是什麼呀？」我本來想再說：「可是妳得給我親一親才行。」但怕她又生氣了，也就換了口氣說：「可是天快黑了呢，咱們回家好嗎？」

「不，我還要等。——你看，那太陽多美麗啊！」她指着水平綫上的夕陽對我這麼說。

「可不是，美麗極了，我知道太陽是從東邊出來從西邊下去的。」

「我也知道，可是爹怎麼還不回來？他說要打好多好多魚回來呢。」

「嗯，我爹也這麼說，他還告訴我現在烏魚很多，打了烏魚作成『魚子』，賣了，給我作件新衣服。喂！我也叫我爹買個髮夾子給妳好嗎？」我問她。

「那敢情好，我要一個紅的。」

這樣說着，說着，太陽已經不見了，天黑了，月亮出來了，可是爹還沒有回來。她已經伏在我的肩膀上睡着了，我不敢驚動她，只用手輕輕地拍着她的背，慢慢的，我也有點睏了。

抗戰回憶錄（三七）

張發奎

九、百色整軍

安順的嚴冬特別寒冷。人民因爲戰事的接近也呈現些微的騷動與不安之狀。我們在這裏停留了兩週的時間，來調整司令部的內部、收容落伍離散，和因任務派遣而須返部覆命的官兵；而最高統帥部對戰區今後的任務，亦必須在這裏等待指示。

眷屬是一個累贅的問題，許多官員在動亂與災難中，都去顧慮自己眷屬的安全，無形減低了工作的效率，甚至放棄了本身的職責。他們爲眷屬去打理一切的瑣事：如尋覓交通工具、綑綁行裝、護送至安全地區等，使他們大部份的精神去憂慮眷屬的安全。我雖曾極力設法來解決她們生活與安全的問題，但這羣無紀律的婦孺，却不能如軍隊一樣接受一個命令而作統一的行動。

還有少數的幕僚，發生了自私的憂慮，而呈搖動的心理。他們以爲戰區可能解體，或將在敵後過那游擊辛苦的生活，他們想脫離我而另覓出路。我對他們毫不存慰留與惜別之念，一個人不能於危難之中過着共同患難的生活，是沒有氣節與道誼的表現，我除了保留我的大部忠貞幹部之外，對那些動搖的人，都把他們淘汰了，讓他們去找自由意志的選擇。

敵人在獨山中止了攻擊，並把它前進部隊撤退至河池，使黔境的部隊獲得暫時的喘息。最高統帥部這時給了我今後的任務，他要我向桂西的百色前進，命令中並且規定了除楊集團改歸湯恩伯指揮外，[illegible]集團的第卅一、第四六軍，鄧集團的第六二、第六四軍均將轉入桂西，受戰區的指揮與整編。民國卅三年就將過去了，對於來年我將怎樣的來努力前途呢？桂西是一個偏僻之區，我希望在這裏以臥薪嘗胆的意志，來發奮圖強，以轉變這個西南邊陲的局勢。

博文上校來到我的司令部。他對我說：「他已奉到命令組成一個美軍戰地連絡團，他將跟隨戰區長久的行動，担任盟軍的連絡並協助我們作戰，請示行動日期。他並且說：「麥克魯將軍原想派他去担任湯恩伯集團方面的連絡主任，但他拒絕了，他表示能够和我一塊共事，感覺得是一件光榮而快慰的事。」這一個性情有點怪僻和面部總是鐵一樣冰冷的美國軍人，以他誠懇、熱心和特別高超的思想，我表示十分歡迎他的共事，但我對他說：「我將暫以百色爲我司令部的地點，那是桂西一個偏僻荒凉的重鎭，恐怕會委屈你過着很苦的生活。他很幽默的答覆我說：「我想百色飛鳥的歌唱會比都市舞廳的爵士音樂來得幽美，百色的月亮會比都市的電燈來得明潔而光亮。我想從百色去發現一個奇蹟，這個奇蹟好像如一顆石子投在水裏，他的小小的波浪會掀起太平洋的洶濤，把我倆的像片在全世界的報紙上受着人們的崇拜。」我們握手大笑，並訂了出發的日期。

恢復由百色經安龍、與仁至沙子嶺與滇黔公路接我的黔桂公路，是我們向百色前進首先應解決的工作。這一條路關係我們的前進和一切車輛物資的輸送，而且將來戰區與昆明貴陽後方的連絡，及所有軍需品的供應，亦必須靠這條公路的完成。在戰前這條路原已粗具規模，惟以所經過的地區都重山峻嶺人烟稀少，對於旅客的往來與商業上的交通需要價值不大，致年久失修，在地圖上已失了他的記載，誰知今日他將恢復了它的光寵，而負担起大時代的任務呢？不過聽說現在它又埋沒在萋萋的草莽中了，它與過去的戰爭一樣被人遺忘了。想起了銅駝荊棘石虎荒蕪的故事，眞令人有點興亡盛衰之感。我過去在廣西的時候，曾經歷過這個地區，對於它的位置與狀況都有相當的印象，現在正好來幫助我省畧一部分偵察的工作，和決定這條路的使用價值。

西化問題與衛道思想（下）

讀湯恩比著「世界與西方」有感

李璜

二

我平日常想，如果在十七世紀以來，西力不曾東漸，或者，在十九世紀中，沒有鴉片煙戰爭，强迫我國開關接受西方宗敎及其後來的科學技術，則我中國仍舊閉關，自守其業，自樂其道，那就永遠不會有西化問題的發生，如前面湯恩比所說，科學技術的楔子也不會透入我文化深處，使我舊有思想爲之動搖。

到今天來，有這樣多的留學生去學西化，學成歸國，差不多要佈滿敎育界以至行政界，而且自由中國朝野將湯氏所謂「不易接受」的基督敎都接受了，在台灣已同西洋神父牧師禮拜禱告了，乃反而對於主張懷疑與求証的科學思想，認爲有動搖中國禮敎與王權之勢，因之對於五四精神加以批判，又想回到五四以前，使學子去注重籠統而空洞的正心誠意，以至一味服從敎條式的履進履退。這在我看來，乃是與講求事理的分析，實証的觀察，五十餘年來學校敎育的工夫，不可能去配合或調和，而使之兩者「道並行而不相悖」的。

今之衛道思想，其目的旣要科學及其技術，而同時又不許科學的懷疑與求証思想去動搖其尊王復古的主張，我認爲這是互相矛盾的，只有阻碍國家的進步，而竟會使之終於無救的。——我總希望，今日的衛道之士能够去深刻觀察現狀，透澈的去想一想，而勿爲思古幽情與事變錯覺所障蔽！非然者，則不如去學淸末同治年間，一個衛道之士，大學士倭仁，他還比今日衛道之士見解透澈得多。同治六年（一八六七）大學士倭仁上書反對西法、西藝，說道：『竊聞立國之道，尙禮義，不尙權謀，根本之圖，在人心，不在技術，今求之一藝之末，而又奉夷人爲師，無論夷人詭譎，未必傳其精巧，卽使敎者曾敎，學者曾學，所成就者不過術數之士，古來未聞有恃術數而能起衰微者也。天地之大，何患無人，如以天文算學，必須講習，旁採博學，必有精其術者，何必夷人！何必師事夷人！……議和以來，耶穌之敎盛行，無識愚民，半爲煽惑，所恃讀書之人，講明義理，或可維持人心，今復舉聰明儁秀，國家所培養而儲以有用者變而從夷，正氣爲之不伸，邪氣因而彌熾，幾年之後，不盡驅中國之衆，咸歸於夷不止！』

然而今日要回到倭仁時代，惜乎業已不可能！卽還想抱着張之洞時代的「中學爲體，西學爲用」來塞住科學與民主精神的進展之路，爲時也太晚。如果今日衛道之士死不甘心，而仍要假借政治力量，來對重視懷疑與批判，分析與實証的科學精神，與乎本此科學精神而來的思想、信仰、言論等自由的民主社會生活，加以壓抑，加以阻遏，則其勢必再致橫決，將再釀成不可收拾的禍患！湯恩比在本書本章卽深慨前日的日本、中國、或維新、或革命，摩仿西方，只知注重科學技術，而未能注重西方的根本思想及社會生活方面，其結果都失敗了；「在日本培植了軍國主義，在中國帶來了共產主義，這兩個前日政權都遭遇到慘痛的後果」。（有「」中句子，係引用湯氏原文，下彷此。）

三

湯恩比在第四章上，論日本及中國從事西化，所以失敗的理由雖已顯明，然而閱者還須注意其第二章，「伊士蘭與西方」的一章，論土耳其西化之成功，兩相比較，便更可把這理由了解得較爲透澈。

湯氏論土耳其的維新過程，比較凱末爾之革命運動與在此運動前三十多年愛伯戴爾．海密德蘇丹（Sultan Abd-al-Hamid）之訓練新軍，前者何以成功，而後者何以失敗，其叙述事實，解釋理由，卽更明白。海密德只注重西方軍事技術，只准其軍人研究西方的軍事敎科書，而「把西方的自由主義認爲危險思想，實行壓迫，書籍須經過嚴格的檢查，敎育也受着控制」。其結果，「只是使土耳其的士兵身上，穿上西方的制服，手裏拿着西方的武器，並且給土耳其的軍官以西方的職業訓練就行了。他們要保持建立在伊士蘭傳統上的土耳其生活中其餘的一切。」爲什麼此一最少限度藥劑的政策會歸於失敗？湯氏狠精透的接着寫道：

『西方在十七世紀以後的戰爭技術上，所表現超乎世界其餘民族的優越的秘密，僅只是在西方的武器、操作、和軍事訓練上是找不出來的。甚至於僅在提供軍事裝備的民用技術中，也是找不出來的。若不同時也對那個時代的整個西方社會思想和靈魂加以深究，那是無法瞭解的。這個眞理是，西方的軍事技術永遠只是西方生活方式之一個層面。因之，一試圖獲得技術之外國社會，若不探求該等技術所自出的社會生活之底蘊，那是注定不能掌握此技術的。反過來說，一個俄羅斯、土耳其、或是其他非西方的軍官，假定他的職業已經成功的達到正常西方的標準時，則其所以能達此標準者，那必是他除了在敎科書和操場上訓練以外，更認識更多西方的文明事物。其實，土耳其長期尋求企圖獲得最低限度去解決最經久之西方問題，其結果是一點也未解決。最後，此土耳其西化的歷史故事之實際發展，只有兩個處置之可能：在結局時，土耳其人或是自食其從西化中採用最少量藥劑的錯誤政策之累，而歸於破滅，要不然，就得全心全意，全副力量的去從事西化，俾從滅亡中把他們救了出來。在他們長期的選擇頭一條路子，而把他帶到了毀滅的邊沿之後，但還不算太遲之前，在凱末爾領導之下，土耳其人乃翻然踏上無限制的西化之路，因而將土耳其的命運從毀滅邊沿上拯救了下來。』

湯氏很佩服凱末爾的聰明與能力，認爲他獨能看到了這長期的「半量西化」，其結果總使土耳其每況愈下，也深知如果仍「把這種半西化的政策繼續下去，就是土耳其完蛋的時候」了；而另一方面，凱末爾也有推動他的國人跟從他領導的特別能力，因此凱末爾是「指向西方生活方式，毫無保留的使土耳其作一澈底的翻轉」。接着湯氏叙述凱末爾以鐵腕獨裁的手法，有系統的推行一連串的根本改革，如同西方的宗敎改革，文藝復興，科學革命，工業改進一樣，而後來又能由「成效甚爲顯著的一黨專政，不暴動流血的改爲兩黨交替柄政的民主憲政制度，奠定了接近西方文明中心的議會憲法制度」。湯氏最後說：

『在過去很多世代之中，土耳其的政治家曾試圖只採用西方的戰爭技術，但是現在看起來，遠的比戰爭技術離西方文明中心較近的西方議會憲法政府的制度，已經在土耳其生根了。假定如此的話，我們西方自信，這個公平競爭及政治的中道主義之顯明勝利，實是西方能够給於世界的美好禮物之一。』

本世紀中我們也是在長期的半量西化，或者也是只主張學西藝，且只特別講求西法練軍者之一。現在中華民國的境遇，雖未到滅亡邊沿，但無容諱言，已是殘破之餘。到今天，我認爲，我們不要再怕全盤西化了，我們的舊文化，舊思想，只要禁得起時代的考驗與批判，是必然不會被消滅了去的。——望勿過慮！

聯合評論　週刊

本刊已經香港政府登記

每逢星期五出版

United Voice Weekly

第二一三號

督印人：黃宇人　總編輯：左仲平

社址九龍大埔道一六八號南亞書局 805641

承印嘉羅印刷有限公司香港灣仔馬師道5號

總代理：六聯發行公司售價每份港幣一毫

本報美洲版總經售處美國紐約中美出版社

CHINESE - AMERICAN PRESS, INC
199 CANAL STREET.,
NEW YORK13 N. Y. U.S.A.

美洲航空版每份售美金一角

中共俄共的分合問題

李璜

可以說，自從一九五七俄共撤退了大部爲中共服務的技術人員起，也可以說，自一九五六毛澤東對匈牙利事變的態度閃鑠不定起，中共俄共早已表露出彼此不大合轍的情形來。此後，中共俄共彼此鬧別扭的事件隨時在發生，茲爲短文所限，不能詳述；但在大體上，毛澤東對赫魯曉夫，一直到阿爾巴尼亞事件之前，還是相當把俄共當作首領這一國際共黨塲合敷衍住的。從阿爾巴尼亞事件起，中共纔開始在鬧原則，鬧主義，甚至與俄共背道而馳，毛澤東去公開的袒護阿爾巴尼亞，並批判修正主義了。因是大爲引起世人注意，對中俄共的分合前途，一年以來，自由世界不斷的一再予以檢討；但檢討下來，見解不但不能一致，而且有時相反到兩極端的都有。

有認爲中共不再服從俄共，反抗日形尖銳，使俄共大爲警戒，甚至赫魯曉夫可以把西方放鬆，而將力量用去嚴防中共，如前兩月法國文化部長馬爾諾在日內瓦之言，就是一個極端（其言且爲紐約前鋒論壇報專欄作家所重視）。但相反的，如今日（九月廿九）中央社電訊報導倫敦視察週刊之言，又認爲「如果假定中共與莫斯科之間只有衝突，那將失諸輕率。如果我們注意莫斯科與北平高階層的策畧的方向時，我們將發現他們的合作並沒有增損。」——這又是一個極端。

筆者覺得，說赫毛近年的合作並沒有增損，這是不合事實的；但說赫對毛就因毛鬧別扭而緊張到嚴防反噬，也是神經過敏，自我陶醉的看法。因此筆者願對此一問題，試先從赫毛兩人的心理狀態，次從中俄共近幾年來的交往事實，畧加分析，以覓分合的端倪，而見今後的國際共產運動的趨向。

赫魯曉夫一登台，雖然反史鞭屍，大唱集體領導的調子，但對於史太林生前所厲行的國內個人絕對獨裁，國際共黨聽候指揮，仍舊「服從領袖」，繼承遺志的。不然，馬林可夫、莫羅托夫、伏羅希羅夫等赫的同僚便不會被打倒；而匈牙利的共黨頭子不會被囚殺；東德、保加利亞、阿爾巴尼亞的共黨首要也不會被貶責了。——赫魯曉夫對國內及國際共產黨的專斷心理，是本於傳統意識，不待詳爲分析，便可以理解得到。

至於毛澤東服從蘇俄「祖國」的心理狀態，則較爲複雜，要從毛的個人身上及其對赫魯曉夫的見地上，畧爲分析，纔比較的能見其前後有變化之處。大家都明瞭毛澤東自民十八上山爲寇起，一直至民三十八襲取大陸，坐了江山，二十年中，都是由史太林一手扶持，特別是予以在東北的槍砲與地盤，方助之一舉成功，高居人上。這在毛是不能不感到天恩高厚，而一到俄京朝拜「老師」，便聲言一面倒的。故史太林在世之日，中共之服從俄共指揮，甚至於去賣命以「反美援朝」，毛澤東都是心甘情願的。

至對赫魯曉夫，則毛澤東只有感到其刻毒可恨！赫一登台便鞭史屍，毛即表示難堪，不願服從；史像在俄及國際共黨各處都已拋在毛厠去了，而至今中共還不肯拋棄，高高供起，此事雖小，已足見赫毛心理之兩歧。偏偏赫氏又會算賬，逼着中共還債很緊！韓戰已把中共打窮，難於渡日，而赫氏討債並不放鬆，至令中共爲之痛心（其假口龍雲罵了出來，痛心足見）。兼之俄國顧問本事既差，薪水又大，供給不起，痛心之餘，就只有大批解雇了。

說到赫魯曉夫的和平共存主張，也是與毛澤東的擴展心情大爲刺謬的。毛之受致與起家，都是本於「反帝」之一義，四十年間，已成定型，無可更改。故毛對於從事貿易的資本主義者，永遠認爲是經濟侵畧，老是去想自給自足，或者是去打劫鄰邦，而絕對不願與資本主義者有共存之一日的。固然赫魯曉夫的和平共存也是假的，本想偷渡一關，和緩英美，假以時日，以求實力的儲存的。然而，毛澤東在大陸，竭澤而漁，已到水清見底，却等不得老大哥這樣緩進法；再不向外打刼，則將索毛於枯魚之肆；故中共不耐，而便自動向亞非美各洲，凡可以便於擴展之處，並不再聽俄共的指揮，便自行滲透揷足，甚至以武力擴展起來！

修正主義與敎條主義之爭，從心理到事實，乃緣此一路線而起，明白言之，則毛澤東自始至今，尚深深的認爲資本主義國家爲毒蛇猛獸，只有與之一拼，而無共存之可能，他反對赫魯曉夫緩和了世界革命的趨向，將使他及資本主義國家裏的共產黨人都陷於困境了！

本此看法，在自由世界的印象裏，當然中共是好戰的，不只是如昨日非律賓副總統所說，繼續對於亞洲鄰邦從事侵畧與顛覆行爲的，而且對美洲、非洲等落後地區，中共還是在從事滲透煽動的。

然則，中共俄共從此便一分而不能復合，甚至中俄共竟會成仇備戰，如法國文化部長所推見了嗎？這又絕對不會的。何以故？因爲赫魯曉夫並末放棄世界革命的做法，古巴事變，就是很明顯的一例！假使古巴事變能擴大起來，或者中美南美，俄共更有所擴展，俾美國受其牽制，而予中共在亞洲放手侵畧的機會，則毛澤東又會奉赫魯曉夫如史太林，中俄共終於合作無間的。

五一、九、二九

理論體系與主義

孫寶剛

有人說：共黨有了龐大的理論體系，所以我們如反共便也須有一套理論體系，也有人說「共產主義的理論體系，不待別人攻打，却教共產政權將它全部碎爲粉末」，所以我們今天反共已不需有理論體系。在我看來這兩種觀點都有問題。基本上，我根本反對以反共爲我們的中心理想或中心任務。我們的中心理想或任務，是要使中國人民獲得快樂的生活，因爲共產黨是阻止人民有快樂的生活，或甚至在迫害人民，奴役人民，所以我們才去反對共黨。不然的話，即使把共黨打倒了，最多如民國十六年的打倒軍閥一樣。那時國民黨以及一般擁護國民革命的人們，注意力集中在打倒軍閥，沒有把革命的重點放在實施三民主義上，所以軍閥一旦打倒，三民主義和建國大綱上所說的一切都成了具文，蔣介石執政三十餘年，其所作所爲，不特沒有一天天在實行三民主義，反一天天在遠離三民主義。所以就造成了共產黨的興起的機會。假如那時的一般參加革命的人們眞能瞭解到國民革命的任務是爲全國人民謀幸福，而謀幸福的方法是在實施三民主義，因爲要實行三民主義，所以才去打倒軍閥。我相信三十餘年的國民黨當政，決不至如此，而共產黨也無法興起。

今天我們決不能踏北伐以後的覆輒，易言之，決不可把重心專放在反共上面了。我們要把重點放在爲人民謀福利上，但要謀福利，便須有一套謀福利的方法，並爲了使人們瞭解起見，便須有一套理論去說明這套方法的可以謀福利，和其內在的關聯性，這不就是理論體系麼？

事實上，這個體系是非有不可的，不然的話，怎樣可以團結同志呢？有人當然說以反共來號召，不就可團結麼？我們都知道：貪官，污吏，放高利貸的人，剝削工人的人，以及志趣純潔的青年，和法西斯主義者，民主社會主義者，無政府主義者，都是反共的，試問這許多人可以團結在一起麼？卽使團結在一起了，一旦反共成功，這個團體內的紛爭將成什麼狀態，國家在這樣一個團體主政之下，又成了怎樣狀態？我相信人民到那時，受害之深，不會少於今日的共黨的。所以必須先有一套理論體系，眞眞能爲人民謀幸福的理論體系，再在這個理論體系之下號召成一個龐大力量，一旦打倒了共黨，按着這個體系，一步步去謀人民的幸福，人民才有幸福可言。

所以我認爲，我們的須有一個理論體系，倒不是因爲共黨有了理論體系，乃是客觀的要求上，非有一個理論體系不可。再進一步，不管共產黨政權是否已將共產主義的理論體系全部碎爲粉末，我們還是需要一個理論體系的。

又有人說：在共黨的理論體系以前，不已經有！政治？有的朝代也幹得很好，但沒有聽說有理論體系。我們有一個方向就夠了，何必有理論體系呢？這句話我認爲是似是而非的。中國幾千年是一個農業社會，政治經濟都非常簡單，所以新皇帝主政，發一篇宣言（詔書），喊幾句口號，指示一個方向，要是方向對的話，確可以國泰民安的。而況實際上，也並不是沒有理論體系。我們沒有注意到：中國幾千年來受儒家學說所支配，所以幾千年的政治都在儒學的理論體系的範疇內，怎能說沒有理論體系呢？祗是那時還沒有這麼多新名辭，我們不知不覺罷了。

講到西方國家，自十九世紀到現在，大體上還在國家主義和資本主義的理論體系之下，所以保守性的政黨，總是以上述兩個主義爲其理論體系，西方國家的人民，政治知識水準較高，知之有素，所以保守性的政黨，比較注重政策，不須再重複地宣傳他們的理論體系。但是除了保守性的政黨以外，社會黨等就不同了。他們是很注意理論體系的。因爲在現代的國家，情勢與前大不相同，所以政府不得不在政治財政之外，要干涉金融經濟，文化敎育，以及社會福利等問題。至於國防外交，今天也非常複雜，遠非昔比，所以今天的一個政治團體，如想執政而爲人民謀幸福，實須作非常深刻的調查和研究，在一定原則之下，卽在一定的理論體系之下來調製整套的綱領政策，決計不是任意提出幾點意見，就可把國家治好的。所以整套理論體系爲現代政黨所必需，再由這些理論體系，再演譯成整套政策，以及方法，使一般關心政治的人們都能瞭解，知所取捨，才能號召團結，形成一個政治力量。我們今天想挽救中國也是非如此不可的。

但是話又進一步，等到理論體系和政策等等形成以後，你總得取一個名字，使人一聽到你提起這個名字，便會想到在指那一套理論體系，一般慣例，便稱爲什麼主義，我上文中已經提出法西斯主義，資本主義，社會主義，共產主義等，每個名字祗有幾個字，但是一經提出，內行的人便知道指的什麼。假如沒有這些名字，於是每次提到時，不就須長長的寫了一大段，甚至一大篇，豈不是很麻煩，有時也是不可能的。所以主義便成了政治上非常需要的一個名字，中國人因爲在這幾十年來，受到了三民主義的賺騙，（其實三民主義沒有欺騙，是國民黨賺騙了老百姓，沒有實行三民主義），法西斯蒂主義的恫嚇，和共產主義的奴役，所以一談起主義，便如談虎色變，這實在是因噎廢食。什麼主義，其實就是那一套理論體系的名字，不須去懷着絲毫恐怖的。我們旣要談理論體系，便不可能不談主義的。

毛澤東在中共八屆十中全會的兩大意圖

劉裕畧

據中共新華社說：中國共產黨第八屆中央委員會第十次全體會議已於九月廿四日至九月廿七日在北平舉行。由毛澤東主持。參加會議的，有中央委員八十二人，候補中央委員八十八人。此外，還有中共中央有關部門和各省、市、自治區黨委的其他工作同志三十三人也列席了會議。只從上述報導看，毛澤東不遲不早却於中共政權建立十三周年前幾天舉行，不能使人無突然之感。會議後發表之公報說：「參加會議的有中央委員八十二人，中央委員會候補委員八十八人」亦頗費猜疑和思索。因爲，依照一般議事規程，中央候補委員在未正式補爲正式委員前，是無資格參加會議，而只能作爲列席人員的。但新華社北平九月廿八日發表的「中共八屆十中全會公報」，却將八十八名候補中央委員列在「參加會議」的行列之內，而不是列在列席人員之內，而且參加會議的候補中央委員人數竟多過正式的中央委員人數，這是我們細讀公報全文時不能不特別注意的地方。

而中共這一次召開八屆十中全會的決議，幾乎全部印証了我個人前此的若干觀察，兩三年以來，只因中共曾對人民公社制度的枝節部份作過某些權宜之計的小修改，所以包括香港在內的許多海外研究中共問題的專家，曾誤認中共業已放棄人民公社。實則，俱如解散人民食堂，准許人民擁有自留地，准許甚至鼓勵人民養猪種菜，乃至在農村中准許小型自由市場的存在，都決不等於中共業已放棄人民公社制度，因爲這都不過是人民公社制度方面的枝節問題，而非人民公社的本質問題，更非構成人民公社的因素問題。所以，兩三年來，我一直在指正許多人的這些錯誤看法。而中共中央這一屆大會的公報，則不但証明中共從未放棄人民公社，毛澤東現在且更進一步要加強和鞏固它了。

人民公社之不得人心，原係事實。人民公社不但對大陸人民帶來災禍，同時還對中共自己帶來厄運，也係事實。依理，人民公社確實早該取消了。然而，這問題確如民國四十八年九月我在本刊所寫「中共何以繼續搞人民公社」一文所說：「這主要的就是因爲人民公社乃出自毛澤東的主動的緣故。因此，今日大陸內部反人民公社的鬥爭，便在這一問題上本質地成了反毛澤東路線的鬥爭。然而毛澤東今日仍然是權勢顯赫聲威巨大的人物，一時還不容易倒下來，所以，這一次會（指四十八年八月二日至十六日中共在廬山舉行的八屆八中全會）便仍在毛澤東的親自主持下決定繼續搞人民公社，經過這一次鬥爭（指彭德懷黃克誠等正式反對毛澤東的人民公社制度的鬥爭），毛澤東的命運是與人民公社的命運更加緊密了」。這是我在三年前的看法，三年來，我至今仍保持這一看法，而這一次中共舉行的八屆十中全會則在人民公社問題方面再度印證了我的這一看法。

本來，從去年十月一日毛澤東站在天安門只閱兵不發言，而由劉少奇發言，劉少奇發言時却說「由人民聯合起來的人民公社」等語句，以及中共宣傳人員最近在海外一再強調「人民公社是農民自動要求，繼高級社而產生的。決非北京政治領導者所提倡」的故意違離事實的宣傳手法看，已可看出中共中央，包括劉少奇在內，已經有意替毛澤東卸除首創人民公社的重大責任，從而對人民公社制度的放棄或改變舖平道路。但毛澤東最近看到大陸今年的農業生產可能比去年稍好的時候，於是，毛澤東又想利用大陸農產「去年比前年好，今年又比去年好」的情勢，作爲恢復和挽回大家對他漸漸失去了的信心的資本了。而他之所以忽然在九月廿四日到廿七日召開八屆十中全會的用意和目的也就在此。久矣乎不見共黨報紙把毛澤東的名字和人民公社聯在一起，最近却又一反常態，一再強調毛澤東與人民公社的關係的原因也在此。

總之，從中共八屆十中全會的召開及其公報看，毛澤東是全面的操縱了這一會議。毛澤東在這一屆會議中，絕未遭遇到四十八年八月中共八屆八中全會所發生那種彭德懷黃克誠等的出面反對情形。當然，彭德懷黃克誠等前車之鑒，也許正是其它諸人不敢挺身而出的背境。

而在中共八屆十中全會中，毛澤東的另一收穫，是他更加強了他對黨的特務控制。有人說，中共八屆十中全會把黃克誠譚政兩人的中央書記處書記撤掉，是毛澤東在整肅方面的重大收穫；其實，黃克誠與譚政兩人的失勢，是早已隨彭德懷的被清算而共同發生了的。這一次正式把他們兩人公開撤除，則不過是形式上的手續，嚴格說來，毛澤東在這一屆大會中，正面而公開的加強其特務控制，才是他的眞正重大收穫之一，因爲他今後自以爲可以更安全了。據中共八屆十中全會的公報說：「全會還通過了關於有計劃地交流各級黨政主要領導幹部的決定。全會還決定了加強黨的各級監察委員會的工作，並且增選了中央監察委員會的成員，全會增選陸定一、康生、羅瑞卿三同志爲中央書記處書記，同時撤銷黃克誠、譚政兩同志書記處書記的職務」，這都可說是毛澤東加強他對中共內部特務控制的具體措施。因爲所謂交流黨政主要領導幹部的話便可藉此排除異己，加強黨的監察的話，則是加強他對一般黨員的監視，而康生與羅瑞卿兩個特務頭子之担任中央書記處書記，則更是毛澤東進一步用特務手段控制黨的明顯做法。所以，總括起來，毛澤東在中共八屆十中全會中是有着他的收穫的，因爲他一方面利用豐收恢復了黨員對他的部分信心以重整他自己的威望。另一方面則進一步用特務控制了黨。

近事答客問

——蔣經國陳建中的臉譜

黃宇人

客：聽說最近有幾位先生由台灣來到香港，都受蔣經國和陳建中之托，要和你聯繫，不知可聞其詳否？

主：C君曾來過，還有一位據說是陳建中的好朋友也來過。C君在未和我見面以前還請本刊的一位朋友爲他先容，我向那位朋友表示，我雖然不以C君近年的所爲爲然；但他和我畢竟可說是二十年以上的朋友，如果他來看我，我當然還是以老朋友待之。隔了兩天的一個下午，C君就來我家，談了幾點鐘。久別不見，他滿面風光，顯得入台以後的生活環境很不錯。他先向我詳述在台朋友的近況和他們對我的關切，我也請他回台後代向各友好問好。這一席話，可謂十分融洽。以後C君又請我到格蘭酒店午餐。餐後，他說，陳建中有一位好朋友要想見我，希望我答應。我當面拒絕。話剛說完，就有一位先生忽然來到我們的餐桌，並先向我招呼。他說他也是軍校畢業的。我們既屬先後同學，祇好接談下去。原來他就是C君所說的陳建中的那位好朋友。此君談吐爽快，據稱，在對日抗戰期間曾參加特務，勝利後厭惡了這一行，改做生意。祇因與陳建中的私交甚好，多次接到陳的來信，要他務必來看我；惟以沒有適當的朋友介紹，不敢冒昧。他說陳建中雖然身爲特務；但並無一般特務人員的壞氣息，他希望我能多多諒解和指導。他認爲今天在香港的特務專造假報告騙上級，百分之八十都應該殺頭，這也是他不願再幹特務的原因。此外，還有一位我的朋友，最近曾去台一行，他回港後，先後向本刊兩位朋友說，蔣經國曾拜托他向我致意，並有話要向我轉達；但至今並未見面。

客：C君除了和你話舊而外，是否也談到蔣經國和陳建中？

主：是的。C君說，他在來港前，蔣經國和陳建中都一再告訴他務必來看我，代他們致意。經國還說，我是老大哥，雖然我在聯合評論上對台灣多所抨擊；但並不能怪我，祇怪他們沒有做好。經國又說，他在過去數年曾多次向我伸出友誼之手，我都拒絕。他很誠懇的表示，希望能和我多多聯繫云云。我聽了這番話之後，反問C君：「是不是蔣經國和陳建中想投向中共，希望我和他們兩人介紹呢」？C君莫明其妙，我向他解釋道：「近兩年來，台灣特務編造許多謠言，說我投共。不久以前，陳建中還寫信給在香港負責的某君，把孫家騏出版那兩本書都說是經我介紹，由本港某共報總編輯撥欵給他印行的。他們既然說我投共，現在又要和我多多聯繫，這不是希望我介紹他們兩人投共又是什麼呢」？C君說，「這一定是他們下面那些人亂攪的報告。在台灣的朋友，沒有一個人會懷疑你的反共立場，蔣經國和陳建中更是如此。總之，他們兩位對你都是很尊敬的」。我說，「不論你怎樣說，陳建中祇是一個特務小頭目，一切唯主子之命是從，我對這種人一向是不理的。至於蔣經國，你知道我和他並無任何個人的恩怨。我並不是認爲他做了蔣先生的兒子就不能担任黨政的職務。我反對的，祇是他處處行使學自共產黨的那一套；而又處心積慮要做袁克定第二。我對於蔣先生，在私人的關係上說，他是校長，我是學生，他自始至今，並沒有什麼對我不起。過去在大陸時，雖然我對他的若干措施，猛烈抨擊，堅決反對；好多次還當面冒犯他的威嚴，都承他優容備至。現在我反對他，有時也覺得過意不去。然而爲了國家民族的前途，蔣先生困守台峽十餘年，不但一再貽誤反攻良機；而且加強極權統治，一心一意想實現家天下。這是任何一個有良心血性的中國人都應該反對到底的——尤其是像我這樣曾經爲中山先生所倡導的國民革命，流血流汗，毀家蕩產的人。可是，話說回來，我們仍認爲台灣是反攻的唯一基地，我們對於寶島的前途備極關心，對於中華民國在聯合國的席位，也極力維護。因此，我們的一切批評和報導，都是很保留的。假如蔣先生能大澈大悟，改弦更張，實施民主改革，發動反攻大陸，我們就會暫時放棄其他的不同意見而積極予以支持的。今年五月間，大陸難胞湧入香港之初，台北竟採取隔岸觀火的態度，我曾在本刊爲文抨擊，但後來陳辭修先生一經宣佈不計一切困難，接運自願入台難胞，我們就立即表示支持，就是一個顯例。反之，假如蔣先生仍一意孤行，我們自將繼續反對。造謠固然嚇不了我，分化也是枉費心機而已。」

客：蔣經國陳建中既然編造許多謠言，企圖對你有所中傷，現在忽然又作一百八十度的轉變，四處托人向你疏解，你認爲他們的用意何在呢？

主：還不是那一套傳統的本事：打擊無效，回過頭挪攏；現在挪攏不成，他們也許又要恢復造謠了。

「在內憂外患中前進」的中共

李金曄

九月廿八日，中共發表了八屆中委會第十次全會的公報。先不談公報的全部內容如何，如若是要想先知道中共在這次會議上，究竟對當前面對的形勢，作何種估價時，我認為九月廿九日香港「大公報」的新聞評述專欄「縱橫談」的標題眞是一語道破的，那是說中共在「內憂外患中前進」！

「在內憂外患中前進！」這八個眞是可圈可點。

在公報中，就中共所列舉的，加以歸納，屬於內憂外患的有以下各種情：

一、由於「三面紅旗」的失敗，政策作了調整，過去的一批紅員有者將成為待罪的羔羊，會議遂「一通過了關於有計劃地交流各級黨政主要幹部的決定。」這意味將有許多居於重要和較重要地位的幹部要撤換。事實上黨內鬥爭也一直是在暗中進行着。

二、「全會還決定加強黨的各級監察委員會的工作，並且增選了中央監察委員會的成員。」這反映出黨對黨員的信心大減，必須更加強化監察權以應付事實的需要。

三、黃克誠與譚政在中央書記處的書記職務正式決定撤銷，顯示中共軍隊政治工作有失敗的事實，同時也是對反對者或不滿者予以懲處。

四、陸定一與康生、羅瑞卿被「增選」入中央書記處任書記，意味中共今後將更依賴宣傳和特務來穩定政權。

五、承認今年夏收只「比去年略有增加」，對秋收雖有「也將比去年增產」的估計，但基本上今年仍將是缺糧的一年。

六、工業在今年仍無發展的餘地。據說主要是為了「支持農業生產」。實則，由於連年經濟作物欠收減產，和煤、礦等資源產量銳減，工業只能勉強「按照目前的原料、材料和勞動力的可能性，進一步地進行合理的調整」。

七、商業──主要是市場供應的情況，依然緊張，公報也只能以掩蓋事實的手法說，「市場供應的情況比以前好了些。」

綜合農工商而言，中共承認「還有一批生產隊、一批工廠、一批商店，由於領導人員不得力因而減產或者不受歡迎。」

八、公報說「國內沒有改造好的地主分子、富農分子、資產階級右派分子以及殘餘的反革命分子：：妄圖乘機活動」。把一切反共的善良人民歸入「五壞」之內，不僅反映出中共未能達到「改造」人的目的，且說明反共的分子是「野火燒不盡的」。

九、公報反映出中共承認現在「社會上還存在着資產階級的影響和舊社會的習慣勢力，存在着一部分小生產者的自發的資本主義傾向」，並謂他們「一有機會，就企圖離開社會主義道路，走資本主義道路。」進而謂「這是黨內產生修正主義思想的社會根源。」

十、這次會議的結論中認為主要的問題還是在如何設法「集中全黨全國的力量在物質方面、技術方面、財政方面，在組織領導方面、人才方面，積極地、盡可能地支援農業，支援人民公社集體經濟」，可如不能達到支援的理想程度，人民公社就將是岌岌可危了。但目前、商業、農業生產仍在萎頓狀態中，中共也承認「我們生產的物資仍然是不夠的，仍然不能滿足城鄉人民的需要。」人民的生活既難望得到應有的改善，也就是說中共內憂的基本因素也仍然存在。

十一、「帝國主義、各國反動派、現代修正主義者」，顯然被中共認為是主要的外在敵人。中共說他們對「三面紅旗」「大肆攻擊，演出了囂張一時的反華大合唱」。

十二、中共當然沒有忽略中華民國的存在。

十三、關於「現代修正主義」，事實上是國際共黨內部的意識形態的分歧所形成的內部鬥爭，但是由於赫魯曉夫結好狄托，中共在國際共黨內部顯已陷於孤立。

中共承認「國際範圍內的階級鬥爭正在激烈地進行着。」並認為「這場鬥爭是長期的、曲折而複雜的」。中共也特別提到了要「反對大國沙文主義和狹隘民族主義」，這話顯然是針對蘇共而發的。

中共面對着這樣的形勢，也就只有承認困難之存在了。但這些困難，都是出於「咎由自取」，試問十三年來，中共何曾讓人民有過一天好日子。

共產主義的教條，本已違反自然，再加以共產黨的組織之無人性，和毛澤東的「小資產階級的狂熱性」的作祟，這個政權，就完全成了一個殘民以逞的政權。

「民為邦本」；「民以食為天」，這些古訓，在狂熱的共產黨徒的腦子裏是根本不存在的。中共自建黨以來，以迄奪取政權，至今，就從未眞正地看清楚中國所需要的是什麼，中共黨內曾歷經數次大規模的清算鬥爭，主要的還只是政策路線之爭，在毛澤東之前，那些被清算掉的，固是犯有錯誤，但也都是在黨內未曾擁兵自雄之徒。這就反而顯得毛澤東比陳獨秀、瞿秋白、程紹禹以迄李立之為「高明」了，因為他不僅掌握了軍隊，並逐次建立了特務，發展到今天，已變成了用特務來控制軍隊、左右政治的特務政治了。這也正是毛澤東至今可以苟延於位的主要原因。然而從歷史上看，固未見有馬上治天下者，更未見有可以特務治天下者。即使強悍狡黠如斯大林、貝利亞，最後也難善終。

毛澤東固當今中共內部一世之雄，不過就今天「三面紅旗」的錯誤來論，他在中共黨內也難逃公論的。斯大林生前何嘗會料到赫魯曉夫會掘他的墳墓呢！

就當前的形勢看，儘管反共的路上，是有一些困難存在，但是如站在中共保衛政權的立場看，其所面對的困難，實千百倍於我們。失去了民心的中共的來日好景也就不多了。

（九月卅日）

陳誠談整飭政風不易

靜吾

（台北通訊）行政院陳院長最近在立法院答覆質詢，坦率承認整飭政風不易。他說：這件事做起來並不簡單，但將盡力為之。他並舉出實行一人一職為例，表示他個人固然贊同，惟因事實環境所限，容有難如理想之處。

太保太妹，多屬要人子女

關於不良少年滋事問題，陳院長說：這是一件很頭痛的事。據查中央五院若干高級官員的子女，即常在外滋生事端，擾亂秩序。因此，祇是靠法律和警察當局，是不夠應付的。他透露：台省新任警務處長到職後，曾向他請示若干問題，特別提到不良少年的處理問題。因不良少年大部份都是大官的子女，一旦犯罪被捕，常常被保出去，以致犯案纍纍，却能逍遙法外。陳院長說：他已面告新任警務處長，不良少年滋事，必須依法辦理；有地位人家的子女滋事，更應先予拘捕嚴辦。他希望各方面能夠配合，官宦家庭對子女的管教更應從嚴。但話雖如此，陳院長如要言出必行，事實上也是不可能的。因為蔣「總統」就有一位大太保無惡不作，誰又能奈之何？

永和建堤係受民意代表壓迫

陳院長又向立法委員公開承認台北永和建堤的錯誤。他說：過去經過許多專家的調查，都認為該廠不宜建堤；但經不起民意代表的要挾和脅迫，終於犯了大錯。這可說是一項驚人的透露。九月二十四日監察委員陶百川特就此提請該院派員調查處理，提案原文如下：

「報載行政院陳兼院長在立法院公開承認永和築堤之錯誤，並謂係受部份民意代表之威脅或要挾。於是羣情惶愕，議論紛紛，迄未休止，足見民間對此之重視。究竟永和築堤有何必要？是否兼顧台北市之安全？農復會十五項意見之內容如何？是反對築堤抑或僅為補強之建議？水利局已否採納抑或置之不顧？所謂威脅或要挾政府之民意代表究係何人？何人受其威脅或要挾？詳細情形如何？行政院於省政府請求分担永和築堤經費時是否同意墊付一千四百萬元？此項墊付是否適當？本案既經陳兼院長之指摘而引起社會各方面之嚴重關切，本院職司監察，自應加以徹查，為此剪附各報紀載或評論，簽請批交本院內政委員會調查處理」。

聯合報慨乎言之

聯合報於九月二十三日以「做一兩件事，辦一兩個案」為題，發表一篇社論，頗中時弊。社論首述：「立法院第三十會期開始，施政質詢的階段正在進行。每逢這個季節，有關政風民風的許多問題，我們總能聽到立法委員和政府主管之間的許多一問一答，前者激昂陳詞，後者委婉解釋。但是，一年兩度這種質詢和答覆，多少年來，對於政風民風的改善，究竟收到了多少效果，恐怕誰也只能會心一笑，無語問蒼天而已。

「大凡談到整飭改善政風和民風，我們常常聽到的兩句口頭禪：一句是，這個問題談起來容易，做起來並不簡單。一是，如有眞憑實據的不法情事，一經舉發，決予嚴懲不貸。

「由第一句口頭禪引伸開去，乃演繹成一套理論體系：政風民風，和我們所處的這個時代環境有關。欲求整飭改善，必須從教育、經濟、社會、家庭、個人和團體各方面同時入手，方克有濟。如果單方面進行，則必然扶得東來西又倒，難得根除。於是乎，例如以言整飭貪墨，則必以改善待遇為先決條件；以言改善待遇，則必以寬裕財源為先決條件；以言寬裕財源，則必以發展經濟為先決條件。於是乎，經濟一日不發展，寬裕財源即無望；寬裕財源既無望，改善待遇即沒辦法；改善待遇既沒辦法，整飭貪墨即無從做起。由此，「國家之敗，由官邪也」，這句話固然成了廢話；「化暗為明，化繁為簡」，這口號也自然成了具文；至於稅政稅務的改革，在坐待經濟發展那個鴻鵠飛臨之下，更成了不急之務。

「由第二句口頭禪引伸開去，乃演繹成了又一套理論體系：今天的政風民風，固然必須整飭改善。但是，我們是處在一個既要反共抗俄，又是民主自由的此時此地。為了反共抗俄，凡是有利於敵人而不利於我們的事，愈少宣揚愈好。於是乎，如果我們經常強調我們政風如何失墮，強調我們民風如何頹靡，必然長敵人志氣，滅自己威望，徒令親痛仇快。這是說，即令職司聞風言事的有司或者清議，也應該口下留情，筆下留情。同時，民主自由，乃時代潮流。於是乎，違法舞弊和種種特權享受，遂可假民主自由之名，予取予求。因為局外人既不可能拿到眞憑，也不可能抓得實據。局內人則或者早已串通一氣，或者不得不掩飾了事。」

社論認為政府應就事論事，徹底做一兩件事以樹立風聲。嚴厲辦一兩個案以恢復威信。例如公教待遇這個問題，政府既然喊出了「化暗為明，化繁為簡」與公平兩個原則，那就應該下一個大決心，化一番大工夫，眞正做到化暗為明，化繁為簡。例如消滅特權這個問題，鬧得烏烟瘴氣的永和築堤一案，政府現在已公開承認，當時受了部份民意代表的要求壓力，沒有顧到專家們的反對意見，這就是眞憑實據。政府在當時如果公開此一眞憑實據，以之訴諸輿論的公斷，又何致像今天這樣，討好了極少數人，招怨了絕大多數人。再如為了處理不良少年案件，陳兼院長既已面諭新任警務處長，要人子女滋事，應先予以懲處，那就應該把那些不良少年持槍勒索的份子辦個清楚。」

「我們深信，整飭政風，改善民風，其事固然顯得盤根錯節，欲理還亂；其實則只要徹底做一兩件事，嚴厲辦一兩個案，必能收樹立風聲，恢復威信之效。一旦威信重建，風聲所被，則不肖之徒，固必知所斂跡，政風民風之全面整飭改善，也必事半功倍也。」

殷台公司還想再騙

立法委員猛烈質詢

見微

（台北通訊）繼監察委員會之後，九月二十五日立法院在施政總質詢中，對於殷台騙局，亦提出猛烈的質詢。

莫宣元委員說：回憶五年前殷台公司成立之初。本院同仁多認爲係一個有計劃的官商勾結騙局，曾經熱烈的質詢與討論，最後決議九項，移請行政院辦理；但行政院迄未照本院決議辦理，仍然核准原定計劃：將台船公司的全部資產租給殷台公司，由中國石油公司以高運價承租兩艘大油輪，並由台灣銀行放出巨額貸款。現在殷台公司經營失敗了，美方股東要求退出，有計劃的騙局原形畢露，本院同人看法不幸而言中，我們不能不遺憾行政院當時考慮的欠周到。本席認爲行政院的政務官，應對他所主持的政策負成敗的責任，政策成功了是他的功勞，政策失敗了，也應是他的過錯。過去行政院的政務官既那樣堅決的不顧本院的決議，支持殷台案；現在殷台公司失敗了，也應該有勇氣承担政策失敗的責任，不知陳院長是否同意我的意見，就是是否同意政務官應對其所主持的政策的成敗負責任？他又指出：行政院四年前答覆本院九項決議第二項書面說明中，謂殷台公司資本總額爲美金二百十萬元，殷格斯公司及其主持入佔百分之五四，中國基金會所屬聯合油輪公司佔百分之卅六，中國航業界佔百分之十。但殷台公司去年改組後出任副總經理的柳鶴圖在今年一月十七日對記者發表談話說，殷台公司董事會係由中美雙方股東組成，殷台美國一個財團投資一百餘萬元，佔股本百分之九十，中國航業界投資佔百分之十，殷台公司和殷格斯公司除了技術合作的業務關係外，在資本及財務方面，二者並無絲毫關係。以上兩項紀錄之間，有很大的出入。行政院說美國殷格斯公司及其主持人投資百分五四，但柳副總經理却說殷台公司與美國殷格斯公司在資本及財務上毫無關係，究竟那個紀錄正確，應請行政院負責聲明。如果柳副總經理的報告對，則殷台公司的資本總額在租賃合約中，雖定爲美金二百十萬元，但實際投資額僅美金一百餘萬元，這顯然是一個騙局。如果行政院主持殷台公司的官員，當時被蒙在鼓裏，實在不知道，那未免太低能太顢頇；如果知道而裝作不知道，那其中必有官商勾結的文章。他認爲行政院主持殷台案的官員，絕對不會連資本額多少，實際投資者何人都不知道，其中必有內幕，請問陳院長要不要調查調查，以免不法者逍遙法外。他又說：最後，我還要請經濟部長說明恢復建制後的台灣造船公司現狀如何？業務將如何恢復與展開？今後與殷台董事會的關係如何？對殷台公司前所接受的業務是否繼續負責完成？例如殷台公司爲招商局及台航公司承造的兩艘貨輪，台灣造船公司是否繼續負責？如繼續負責，殷台已拉用的造價向誰要取？如由台銀借款，是否間接由台銀塡補殷台的虧空？

楊繼曾還說不要落井下石

經濟部長楊繼曾答覆說：殷台公司案政府的措施有無錯誤，監察院方面已在專案調查檢討，相信一定會有明確的結果。該公司現仍舊存在，美國股東並沒有向我們要求退出，也沒有要求破產。我們因爲不願再借款給他們，但是，一方面因爲殷台公司有許多員工的生活應維持，我們還有二艘貨輪在造，中信局代購的材料已運到，另一方面因爲殷台公司欠我們造船公司的租金無法交付，現已把船塢交還造船公司，並由造船公司代爲將二艘貨船建造完成。至於殷台公司的股份，計有一萬五千六百股優先股（每股美金一百元），九萬五千七百〇八股普通股（每股美金一元），殷台公司贈送二萬五千股給美國的殷格斯公司爲技術方面的貢獻，佔總額中的百分二・一，中國航業界參加十八萬美元（其中一萬股是普通股，另十七萬是優先股），佔總額百分一五・六四。

他又說：據我們知道，很多人以爲所謂魏重慶者是殷台公司的重要份子，現在已知道魏過去是聯合油輪公司的雇員，現已被開除解雇。殷台公司造船時，頭二條輪船的造價，就虧二百多萬美元，但不影響我國的船價，我們規定最高價格，超過最高價格我們不付。至於殷台公司的虧損總額，詳細數字不得而知，大致是二百萬美元左右，大部份是欠美國政府的款項因爲殷台公司貸款時曾由美國開發基金會提供担保，殷台不能還款時，由開發基金會代付，此款約九十萬元，另有九十萬元爲建造船台。殷台公司欠我國借款三十萬美元，有抵押。由於殷台欠美國政府的錢，因此必須與美國政府洽商。今日造船公司恢復建制是沒有辦法下安排的臨時工作，並不是接收殷台公司，殷台公司至今日仍然沒有撤銷。至於殷台的損失如何處理，須與美方協調後才能決定。

關於莫委員所說政務官應對其所主持的政策負成敗責任的問題，楊繼曾不但避而不答；反而提出一項意見：在歡迎外資聲中，對殷台公司最好不要落井下石，使以後的投資者望而却步。

郭登敷繼續質詢

郭委員指出楊部長對莫委員的答覆不能令人滿意。他說：政府對殷台公司案，缺乏決心與誠意向老百姓交代。殷台公司僅憑一塊招牌來造船，其軀殼和設備都是我們的，現離軀殼而存在，眞是所謂陰魂不散。現在可說已是蓋棺定論的時候，過去的幾位財經首長在立院辯論時，曾慷慨激昂說是一項了不起的工業，強調屬於國防的需要，建立造船工業，甚至運油問題，失業問題都可因之而解決；有的官員曾表示此工業建立之後可促進其他工業之發展，將來造船定單會源源而來；還有的官員說如果殷台案我國不同意，外國將有壓力不准我參加運油，甚至會影響邦交，這些話立法院均有紀錄可查。今日要請問楊部長，殷台公司對國防工業貢獻了多少？對造船工業，對失業問題究竟有多少幫助？運油情況是否因此而好轉？在外交上究竟好轉了多少？當時一部份官員振振有詞，請問現在的情形是怎麼樣？他又指出：當時台銀貸款，強調有抵押，貸款可有保証，造船貸款雖已收回，但尚有四筆貸款尚未收回，一架起重機的抵押，如當廢鐵出售，我們賠了錢，還得再賠運費。至於現在二艘貨船要建造，錢是由殷台花了，船却未能動手造。殷台公司開業之後，年年虧本，造船價格比外國貴，過去幾年所造的船，總共約值九億台幣，造價比日本造價高百分六十，我們損失了三億四千萬元，這種經濟上的損失應由誰來負責？不知行政院有無精確的賬目可以交代？此外還有無形的損失，更是無法估計。最後，他表示：今日提出這個問題，不是苛責什麼人，也不是眼看殷台失敗而幸災樂禍；實在是痛定思痛，不希望再有類似的情形發生。但聞該公司面臨失敗之今日，仍然提出新的條件，眞是令人觸目驚心，他們希望本息能繼續暫欠，繼續再貸新借款，並由我方保証每年六百萬美元的造船生意。這些條件幸而沒有被楊部長所接受，否則，將來不堪設想。由於時間上的限制，質詢尚未完畢，決定下次會議繼續質詢。

伸鐵公司盜鋼案被提起公訴

宣平

（台北通訊）伸鐵公司董事長吳能輝賄通中央信託局易貨處科主任及駐基隆辦事處襄理崔祖羲，盜取該局大量廢鋼一案，自被調查局查獲移交台北地檢處偵辦後，該處業已偵查終結，分別以盜竊及瀆職罪提起公訴。據起訴書指出：被告吳能輝自四十八年起，因政府鼓勵外銷，伸鐵公司遂獲得行政院外貿會核准，由台灣銀行或中信局向國外以D/A（賒賬）方式，陸續購買廢鐵，進口達二萬餘噸，惟該批廢鐵台銀担保部份是由台銀委託中信局代爲管理，而依據中信局和台銀共同訂立之控制廢鐵辦法規定，伸鐵公司提用廢鐵時，必須先以外銷成品結滙，台銀根據結滙款額，核定應提數額，通知中信局辦理。吳能輝竟於四十九年元月某日間，與該公司貿易課長周瑞昌前往基隆，到負責保管該批廢鐵之中信局基隆辦事處襄理兼儲運課主任崔祖羲家中，由周將台幣一萬元交與崔妻陳素萍，轉交其夫；又於去年二月間某日，單獨前往北市建國北路主管鋼鐵進出口業務之中信局易貨處第七科主任梁惠東家中，送台幣四千元與梁。後又經常請崔、梁二人上酒家取樂，並自四十九年至五十年間，逢年過節，分別贈送禮物，每份價值二千元以上。崔、梁二人接得上述賄賂及不法利益後，對其職務上應該注意控制管理之該批廢鐵，竟不依規定，命伸鐵公司以鐵絲網圍隔；而任由散放該公司各處，使吳能輝任意挪用。至四十九年十月間，伸鐵公司因擴充過速管理不善，公私貸款增達台幣一億數千萬元，每月須付利息數百萬元，加以鋼鐵成品價格大跌，同時由美國出品原料上漲，成本加重，而陷於週轉不靈，吳能輝又異想天開，連續乘駐廠員余麗麟不注意之際，竊取中信局放置該公司內之廢鋼，至去年七月止，達一萬二千噸之巨。又中信局自四十九年底，因唐榮鐵工廠發生虧空情形後，於去年初，即不接受台銀之委託，代爲管理伸鐵公司以D/A方式進口之廢鐵，台銀乃於去年三月間，轉託物資局代爲管理，同年五月間，伸鐵公司因申請由交通銀行爲其担保發行第二期公司債台幣一千萬元，所提供担保之鋼鐵成品等，亦由交通銀行委託物資局管理，當時伸鐵公司已週轉困難，因而吳能輝又乘駐廠員謝世勛不注意時，竊取該局存放於其臨時倉庫之廢鐵及成品，自五十年七月至九月止，共達一千七百餘噸。

民間輿論的諷刺

九月三十日，台北某民營日報，有「落阱記」的一篇短評，頗足以代表一般老百姓的看法，特照錄於后：

「曾被供奉如司「洋財神」的殷台公司，終於拆下一屁股爛污，一走了之之後，立監兩院以及輿論界，基於維護國家利益之立場，自不能不對之有所檢討與批評。現任經濟當局雖非輕於核准之於前，究屬疏於監理之於後，旣未引咎自責，以謝國人；復未懲前毖後，以儆來茲。似此已覺有失政務官應有之負責精神；乃竟反謂對此檢討與批評，爲「落井下石」的一此「井」字似應訂証爲「阱」字，用撰「落阱記」以誌其事。

緣於大陸陷匪之前後，國步維艱，國事多乖；有所謂「油蟲」集團者，乘機勾結外人，以串通作弊行騙，出賣國家利益爲能事，蝕國家財產，常使政府落入陷阱，蒙受重大損害。如衆所知的米青號油輪案，即一典型的例證。此輩「油蟲」既有外援，復有內應；於食髓知味之餘，得悉政府有歡迎外人投資之意，於是搖身一變而爲造船企業家，挾外人以自重，捲土重來，致有殷台公司一幕騙局之演出。當時洞燭其奸者固大有其人在；奈何經濟當局以「發展造船工業」，乃至於「促進國民外交」、「充實反攻準備」……等大帽子，一手掩盡國人之耳目，一手堵住民意與輿論之喉舌，而以「跳井」爲樂事。勸君莫下石，免傷井底蛙。」

中共僞政權慶祝十三周年

毛劉朱周等在天安門檢閱未發言 陳毅份量越來越重代表中共致詞

綜觀

對於十月一日中共僞政權成立紀念，中共一向着意舖張舉行。大陸雖然連年工農業生產萎縮，但中共今年對於這一慶祝典禮之舉行，仍未稍爲節約。

據中共新華社北平十月一日電：「首都五十萬人慶祝中華人民共和國成立十三周年的盛大典禮，中國各族人民的偉大領袖毛澤東主席，中華人民共和國主席劉少奇、副主席董必武，全國人民代表大會常務委員會委員長朱德，國務院總理周恩來，中共中央總書記鄧小平等黨和國家的領導人參加了慶祝盛典，檢閱了遊行隊伍。

城樓正中懸掛着毛澤東主席的畫像。馬克思、恩格斯、列寧、斯大林的畫像高高樹立在城樓對面。孫中山的畫像高高樹立在廣場南部。廣場兩側和東西長安街的高大標語塔和標語牌上寫着：「高舉總路線、大躍進、人民公社三面紅旗奮勇前進！」「爲把我國建設成爲一個偉大的社會主義强國而奮鬥！」「艱苦奮鬥，勤儉建國！」「大力支援農業！發展農業生產！」「完成工業生產計劃，努力提高產品質量！」「一定要解放台灣！美國侵略者從台灣滾出去！」「反對美帝國主義的侵略政策和戰爭政策！保衛世界和平！」「堅決支持亞洲、非洲、拉丁美洲各國人民的民族民主運動！」「全國各族人民大團結萬歲！」「社會主義陣營大團結萬歲！」「全世界人民大團結萬歲！」「馬克思列寧主義萬歲！」「中國共產黨萬歲！」「毛主席萬歲！」等。城樓前的觀禮台上站滿了首都各方面人士，十時，中共北京市委書記處書記、北京市副市長萬里宣布典禮開始。」

據新華社又說：「中共中央政治局委員、國務院副總理陳毅接着作了重要講話。他說，過去的一年，是我國各族人民在中國共產黨和人民政府的領導下，積極向困難作鬥爭，取得了巨大成就的一年。現在我們的經濟情況，無論在農村和城市，正在一天一天地好起來，去年比前年好一些，今年比去年又好一些。

陳毅副總理指出，現在我們全國各族人民的偉大任務是：響應中國共產黨中央委員會第八屆第十次全體會議的號召，貫徹執行毛澤東主席提出的以農業爲基礎、以工業爲主導的發展國民經濟的總方針，把發展農業放在首要地位，正確地處理工業和農業的關係，堅決地把工業部門的工作轉移到以農業爲基礎的軌道上來。他說，我們要繼續加强我國的國防力量，保衛社會主義建設的成果，保衛祖國的安全。」

由上述報導觀察，我們可以得到的初步印象，是中共仍將繼續高舉三面紅旗，毛澤東的個人地位在形式上仍未動搖，陳毅的份量已越來越重。

大陸簡訊

白帆

中共「國慶」前夕周恩來招待外賓

中共僞政權係於一九四九年十月一日在北平成立，所以，每年十月一日，便算是中共僞政權的國慶日。每臨此日，中共照例要在北平舉行盛大的閱兵儀式，毛澤東更照例要在天安門聽五十萬人高唱「東方紅，中國出了一個毛澤東」的歌。最近幾年，中共雖已民窮財盡，敗象日顯，但對於僞政權的此一慶典的舖張浪費却從未放鬆，十月一日前夕，周恩來等更不惜人民血汗，奢華浪費的招待各國各地前往北平的共黨分子或左傾人士。

據中共「中國新聞社」北平十月三十日電：「國務院總理周恩來今晚在人民大會堂舉行盛大招待會，慶祝中華人民共和國成立十三周年。今晚來自世界五十多個國家和地區的貴賓，同中國領導人和各界領導人和各界人士歡聚一堂，……中華人民共和國主席劉少奇、副主席董必武，全國人民代表大會常務委員會委員長朱德，在招待會結束以前來到宴會大廳，並且登上主席台向全體來賓致以熱烈的節日祝賀。……周恩來在招待會上說：「十三年來，中國人民主要做了兩件大事。一件是社會主義革命，一件是社會主義建設。現在，在中國的土地上，社會主義制度已經鞏固地確立，一個獨立的，完整的，現代化的國民經濟體系已經具備了初步基礎。同舊時代相比，中國的面貌發生了翻天覆地的變化，這是中國人民在中國共產黨和毛主席的領導下，進行了偉大的創造性的革命實踐的結果。這是中國人民在黨的社會主義建設總路線、大躍進、人民公社三面紅旗的指引下進行了努力的結果」。

看周恩來的面對豐富酒菜談的這些話，使人想到今日大陸人民普遍飢餓的實情，又想到「朱門酒肉臭，野有餓死骨」的慘狀，眞不知所謂「天翻地覆」的意義究竟在那裏？中共已由土匪流寇變爲中國的新統治者，誠然不能說不是一種天翻地覆的變化，但中國人民又何貴乎有此一變化呢？

人民日報說最困難時期已過

人民日報是中共中央黨的機關報，其言論一向反映中共中央的意向。每年十月一日發表的社論，對中共的動向尤有代表性。本年十月一日，中共人民日報又以「爲爭取我國社會主義事業的新勝利而奮鬥」爲題發表社論，它說：「過去的一年，是我國人民在克服經濟困難的鬥爭中取得重大勝利的一年，……我國人民在毛澤東同志、黨中央和人民政府的正確領導下，繼續高舉社會主義建設總路線、大躍進、人民公社三面紅旗，堅持不懈地進行了英勇頑强的鬥爭，使我國的經濟情況日益好轉，去年比前年好一些，今年又比去年要好一些。……總之，在過去一年中，全黨、全國貫徹執行黨中央關於國民經濟的調整、鞏固、充實、提高的方針，努力和加强農業戰線，見效很快，成績很大，我們最困難的時期已經勝利地渡過，我們的經濟情況正在一天天的好起來」。

其實，今年的農業收穫究竟是否比去年好一些？仍是問題。就縱然好一些些，也只是好一些些而已。因爲所謂好一些，不過只是稍微好一點罷了。中共的困難日子還在後頭，即使大陸農業生產全部轉好，也根本不能解決中共的龐大問題，何況，在共產制度下，最沒有辦法的就是農業呢？這一點，已從蘇聯革命了四十年的農業慘敗的情形可以証明，所以，人民日報所說最困難的時期業已渡過的話，作爲欺騙大陸人民的宣傳文字看則可，若中共中央自以爲如此，那就未免喜歡得過早，一定要招致失望了。

僑鄉近訊

鍾之奇

反共志士在廣東各地繼續活躍 吳伙桂葉登等六人被中共逮捕 新華社報導反共志士活躍情形

最近兩三月以來，中共統治下的廣東境內，不但反共志士空前活躍，而且港粵邊境、港澳邊境及廣州近郊均連續發生爆炸事件多起，炸傷炸死共幹多名外，又炸毀共軍倉庫等多處。這都是中共統治大陸十三年來，反共志士趨於活躍的新現象。

對於這一現象，中共最先採取諱莫如深的保密手法，不肯將實情外露，但最近由於此類事件層出不窮，各方均已深知，故中共亦不得不予承認。

中共新華社九月廿三日由廣州發出的專電就承認了以下的事實。

「新華社廣州二十三日電：廣東省公安機關最近逮捕了蔣匪帮特務機關從香港、澳門派遣來的六名特務分子，及時粉碎了敵人的破壞陰謀。

特務分子吳伙桂，受住在九龍油蔴地旺角的蔣匪特務麥浩的指使，於九月十二日從香港流浮山出發，潛入我廣東省寶安縣深圳附近海灘，當即被我邊防人員逮捕，並當場查獲兩鐵盒重四磅的烈性硝化棉炸藥，兩個定時器，兩個雷管和反動傳單。經公安機關審訊查明，特務分子吳伙桂潛入的目的：是準備在當晚爆炸深圳至南頭公路上的第二十四號橋樑。

特務分子甘二，八月初携帶特務活動經費和密寫藥等，以回鄉探親爲名，從香港潛入廣東省新興縣，散播謠言和書寫反動傳單，並企圖縱火焚燒當地糧食倉庫，但他還來不及動手，就被我公安機關逮捕。甘犯是今年三月初在香港加入蔣匪特務組織的，並接受了特務機關的破壞工作訓練。

特務分子葉登，今年七月間，領取了特務活動經費，潛入廣東省陽江縣，搜集我軍事、政治情報，調查爆破目標，還進行其他破壞活動，被我公安機關及時逮捕。葉犯原名葉嘉登，是今年二月由澳門「天成礦務公司經理」、蔣匪特務林德雄介紹加入蔣匪帮特務組織的。

特務分子周經偉，今年一月由香港蔣匪特務機關派遣，携帶密寫藥和顯影藥，潛入廣東開平縣，進行收集情報等特務活動，被我公安機關逮捕。他是去年八月在香港由特務分子黃苟介紹加入蔣匪特務組織的，並接受了收集情報、通訊聯絡等特務訓練。

廣東省公安機關最近逮捕的另外二名蔣匪特務是陳求慨和劉德佳。特務分子陳求慨、劉德佳，都是在今年六月間由香港蔣匪帮特務組織派遣來廣州市的。陳犯於今年四月在香港參加了蔣匪特務組織，受過收集情報、密寫通訊等特務訓練。潛入廣州市後，陰謀進行破壞活動，還到梅縣、大埔、潮州等地，搜集我軍事、政治、經濟情報。劉犯是在今年五月初加入在香港的蔣匪特務組織的，受過行動破壞、散發反動傳單等特務訓練。來廣州後，劉犯被派遣進行了書寫和投寄反動傳單、散布反革命謠言等破壞活動。」

印尼菲律賓夾攻「大馬」

俊華

「大馬來西亞」新國的成立，星馬、英國、北婆三邦剛獲協議，又經過星洲全民投票的難關，可以說是規模粗定。可是一波未平，一波又起；內憂纔過，外患還來。印尼與菲律賓這兩個鄰國，又對這個尚在誕生中的新邦，發出了重大的威脅。

做人客，罵主人

印尼外長蘇班德里奧，九月廿七日自紐約返回耶加達，在星馬停留的廿四小時中，於吉隆坡對英文海峽時報發表談話，對「大馬」作爆炸性的警告！

蘇班德里奧說：在「大馬」成立之後，假若在汶萊、沙勝越、及北婆羅洲三邦中，「有任何一個軍事基地之建立，則印尼也將被迫採取對抗性之行動──若此基地為美國基地，我人將在我人部份之婆羅洲，進行安排使蘇聯在該區建立基地」。

印尼屬的婆羅洲，印尼稱為加里曼丹，與北婆三邦同屬一島。蘇班德里奧根據這形勢說：現在印尼與馬來亞間，尚有一海之隔，但「大馬」成立之後，即與印尼有共同邊界，「印尼何能漠不關心」？

蘇班德里奧最後這一句話，是對馬來亞總理拉曼作反駁的──拉曼前天曾於巫統的政訓班中演說，警告印尼「勿干涉及過問大馬來西亞的一切事務，因為我們從未干涉過印尼或其他國家的內政」！

蘇班德里奧到馬來亞雖然僅是過境性質，但特別選擇在馬來亞首都來發表反擊拉曼的談話，等於是「做人客，罵主人」，可見印尼氣燄之一斑。

不准許，建基地

拉曼對印尼的談話，本來算是相當審慎，也相當客氣的。拉曼所根據的，是印尼前總理沙斯特魯米佐約最近突然發表談話說：「印尼對於馬來西亞計劃絕對不會一直保持毫不相干的態度，現在正在密切注視其發展中，看着大馬概念的實現，究竟對印尼將發生有利或不利的影響」。而拉曼的答覆，只採解釋和保留的態度說：「我不知道佐約這一番話是否代表印尼政府的意見，但佐約是印尼的大員之一（蘇加諾國民黨重要領袖，歷任總理多年，駐外大使及出席聯合國首席代表。）或有所本。我不明白印尼何以要考慮大馬成立對印尼有利或不利，過去許多年來，馬來西亞地區一直保持着整體的關係，從未干涉印尼事務，將來大馬成立後，也不會干涉印尼的事務」。

顯然的，印尼並不滿意於拉曼這種「一向友好」的解釋，和「互不干涉」原則的提出。蘇班德里奧的「印尼何能漠不關心？」就是對拉曼談話的反擊。

而且，蘇班德里奧以外交部長的身份發表談話，就把拉曼談話婉轉的一部份──「我不知道這是否代表印尼政府的意思」給抹消了。同時還強調印尼不許大馬在北婆部份建立基地，否則「對抗」，若是建美國基地的話，印尼屬的婆羅洲就要建立蘇聯基地。

這麼一來，印尼的要求明朗化了：要限制大馬不得在北婆（大馬的領土內）建立基地。

這可能是印尼在索取西伊里安得手之後，以勝利者姿態發展它的帝國主義擴張的新步驟。它所倚恃者是蘇聯，而抨擊的是美國，縱然美國以壓迫犧牲了荷蘭，把西島交給印尼。

拒說客，起風波

西伊里安「糊里糊塗解決」的結果，還影響到菲律賓要求索取北婆羅洲。菲副總統兼代外長巴勒茲九月廿七在聯合國大會演說，聲明菲律賓決心加緊提出對北婆的領土要求，巴勒茲並且拿出印尼向荷蘭索取西伊里安一事做例子，說希望此事能與解決西伊里安問題之「同樣的和平精神」，在最近予以解決。

菲國「索取」北婆最近突趨急亟，已引起北婆民衆的憤怒。北婆首府亞庇的北婆新聞時報，已著論促北婆人民「準備全力對菲作戰」！該報指菲當局無理取鬧，對人民捏造北婆領土主權說，但「北婆人民包括菲僑民在內，都不要菲律賓」。菲國要與英國談判，何如與北婆人民一較高下？

菲國「索取」北婆的根據，是昔年汶萊蘇丹曾將北婆贈予蘇祿蘇丹，蘇祿的後裔奇蘭「公主」，現為菲國公民之一。並謂蘇祿蘇丹當年係將北婆「租予」英國公司，並非「出售」。

英國却堅持北婆是蘇祿蘇丹「賣出」予英國北婆公司的，英方僅能考慮對蘇丹後裔的優待。即不談主權，僅談利益。

拉曼在先認為此事乃英、菲間問題，馬來亞不予參與。但曾有一名菲領袖奧斯曼尼亞到吉隆坡，要爭取馬來亞支持菲方索取北婆，又有「英、菲、馬」三角會議討論北婆之說。拉曼又被迫對菲發表談話，說英國在北婆之主權，百年來無人疑問，若菲國繼續此一爭論，渠將不赴菲京開「東南亞協會」會議。

拉曼又說，他沒有接見奧斯曼尼亞，「於是他到印尼去，爭取印尼人的支持」。這就形成印尼菲律賓夾攻「大馬」的形勢。

．吉隆坡通訊．

「世界屋脊」砲聲響了

正當世界人士的目光都集中到東西德、巴西、以及台灣海峽的時候，另一個被稱為「危險地帶」的喜馬拉雅山區突然傳出轟隆的炮聲，震撼了地球上每一角落的人的心弦；原來，印度和中共在那「世界屋脊」上為着邊境糾紛而斷斷續續的互相小規模槍擊了一個長時期之後，終於演進成為炮轟了！

據中共方面的報導：印軍已闖入扯東的邊界地區，並由九月廿一日廿一時三十分至廿三時，曾經兩度開炮，向駐防在擇繞橋以西的哨崗的中共部隊猛烈轟擊，迫使中共部隊為自衛計而迎戰。九月廿二日七時五十分至廿三日二時十二分，印軍再向中共防衛區轟了炮彈五發，中共部隊也被迫進行自衛還擊。在廿一日炮轟事件發生後，中共即向印度提出一項最強硬的抗議，要求印方立刻停止進攻，馬上從扯東和擇繞橋等地區撤出；中共還聲明保留向印度政府要求道歉和賠償的權利。中共的抗議中運用了極度強烈的語調來說明：「如果印度政府不立即接受中共政府的要求，則中共政府為了保衛擇繞橋以西的邊防部隊的安全，將不得不採取必要的防禦措施；如果印軍仍繼續開炮來威脅，則中共部隊將必堅決自衛。印度方面在中共自衛火力下的任何傷亡，都必須由印度政府自己負完全責任」。中共的「人民日報」，也於九月廿二日立刻發表了抨擊印度的言論，大力指出「所謂麥馬洪線完全是非法的，從來沒有得到中國歷屆政府的承認。從麥馬洪線以南到喜馬拉雅山麓的廣大地區，歷來是中國領土，祗是在一九五一年以後，印軍才進佔了這些地方。而印度政府竟得食無饜，又於一九五九年越過麥馬洪線，侵佔線北的中國一些地方，硬說這些地方是在麥馬洪線以南，現在更進一步深入中國領土，進佔扯東、擇繞橋等地，「中國政府」對此，無論如何都不能忍受」。──這暗示着：中共邊防部隊為着要保衛領土，將必堅決還擊。

至於印度方面，則她的政府發言人承認「印度和中共軍隊在「邊界」東段的斥侯戰，九月廿二日仍繼續進行」。該發言人又說：「在印度，西藏，和不丹三角地帶附近地區，自九月廿一晨以來，即發生時歇時起的互相槍擊，以至開炮」。但他對此次炮戰，拒絕作進一步的詳細說明，祗謂：此次衝突乃發生於雙方在這兩英里的高地增兵以後，印軍沒有越過擇繞橋，印度以它為「邊界」。──印方這種說法，也反映了印度政府對「邊境糾紛」的態度。

於是，就立刻使人意識到：「世界屋脊」的炮轟事件，勢將不斷演出；戰火因而日益擴大、蔓延，亦屬意中事。

當「世界屋脊」的炮聲響徹雲霄的時候，曾屢向中共拋媚眼、送秋波的印度總理尼赫魯，正在參加英聯邦會議後返國途中道經巴黎，並在巴黎發表了有關「炮轟事件」的談話；他說：「印度仍希望與中共和平解決邊境糾紛，但我們不能容忍這些入侵，我們必須保護我們的邊界」。又說：「最近的消息，中共軍隊已越過我們東北部邊界二百碼，而且和我們的巡邏隊有許多小衝突」。這位小丑並於九月廿二晚在電視廣播中指出：「他相信蘇聯誠懇希望和平，並沒有執行擴張政策，但我對中共，却不能說同樣的話，中共過去時常是擴張主義者，而現在則擬侵略印度」。──尼赫魯這種醜惡的嘴臉以前也是曾經向中共表演過的，現在他却轉向蘇聯來表演了。但是他却忘掉了他曾經極力支持過中共，企圖把中共拉聯合國；到了今天，他才說出「中共過去常是擴張主義者」，這顯然是尼赫魯的自動公開出醜，自動公開自掌嘴巴。尼赫魯今日再擺出這醜惡的嘴臉，顯然是想拉緊蘇聯，藉着蘇聯的壓力來遏制中共。然而，尼赫魯的狡計可以得售的嗎？可以預言的是：「世界屋脊」的炮聲響過了後，該項糾紛的態勢，必然更趣緊張。

中共向喜馬拉雅山的推進，原是國際共黨在亞洲區的一項有計劃的重要性行動。中共奪取這一個山區的目的，就是要打開共產黨進一步南侵的路線；蘇聯是決不會賣交情給印度的。相反地，蘇聯且將利用印度的弱點，而實施其滲透政策。此時此際，尼赫魯祇有自嘗其苦果吧了！

壽圖。

不穿衣服的女人

蔡文甫

眞羞死人啦，身上一絲衣服都沒有，而且有那麼多人瞧着妳，妳怎麼辦呢——她儘量低下頭，蜷縮着身體，眞想鑽地縫；可是光滑的水泥地，一個窟窿都沒有，現眼要算是現透了！

現在，她恨煞黃曉白了。如果不是他纏着她，她不會做這樁錯事，就不會丟這麼大的臉——丟臉還是小事，還不知這些人拿她怎麼辦？是打她？罵她？殺她？凌辱她？還是遊街——她小時候聽說，捉住奸夫淫婦，光着身子綁她們在一起，敲着鑼，打着鼓，喧嚷的人們出來觀看，牽着他們從南街走到北街，東街到……啊！有許多人認出妳：那不是娟娟嗎？那個女的，是我中學裏的同學啊？她會這樣不要臉……？喂！你看！多滑稽，那是我們的「公司之花」陳娟娟啊！她是那麼賤，那麼愛虛榮……她感到房屋、桌椅等都跟着地面旋轉，好像她已不能再支持，她已失去控制自己的力量——做人的勇氣，活下去的勇氣和力量都沒有了，怎麼辦呢？

她扭轉頭，偸窺了丈夫一眼。他仍兩手緊抱屈起的左膝蓋，直視着門外。如果屋內只是他一個人，她會求他念三個月的夫妻情感，擲給她一條內褲——給她一塊手帕遮遮身體也好。但現在屋內有那麼多人，而那些人都在喊喊喳喳地談論她。其中有些人是和她丈夫一道去捉她的，現在他們正把經過的事告訴另外一些人。從他們的語調中聽出他們對做這樁事非常得意，絲毫沒有想到他和她的丈夫——她眞不明白她的丈夫爲什麼會找他們幫忙？人們都愛看別人的夫妻和家庭鬧笑話的呀！此刻，他不是也很難過嗎——他難過不難過和妳有什麼關係？妳現在需要的是自己的衣服，是一個人關在房裏蒙頭睡覺、大哭、能夠自殺更好，但衣服是不會給妳的了。

她的衣服和黃曉白的衣服捲成一團，摔在那柳條椅前的地上，她的手和脚踝如沒有被縛住，定會走上前去，搶件衣服穿在身上；可是，她丈夫和那許多人會讓他這樣做嗎？只是綁她一個人在這兒還好辦，但現在黃曉白也和她一樣地赤身露體。眞憑實據抓在別人手內，她還有什麼理由爲自己辯白呢？

畧一轉側，便見到黃曉白那種怪樣子。不穿衣服的人，是多麼醜惡啊！她很奇怪自己曾經那樣喜歡他，現在爲什麼會如此討厭他？是爲了他害她到這地步，還是她愛他的熱潮退了呢？

現在，她不想那些無關緊要的事了。只愁怎樣才能渡過這難關。聽哪，他們又在討論她了。

「要吊死這兩個不要臉的東西嗎？」

「不要。」她丈夫說。

「你眞是傻瓜，」另一個人岔嘴了。「把他們吊起來，用皮鞭子抽他們，抽一下，便問他們一句：『痛快了嗎？』唔！這是你做丈夫抬頭的時候了。」

她丈夫停了片刻。說：「那樣太野蠻了一點，對不對？我……我已想好處置她的辦法了。你們等着瞧吧！」

「不對，不對。你的辦法一定不高明。不是我們支持你，你不是讓他們『不要臉』哩！」

說着，那許多人已鬧嚷嚷的準備繩子、梯子，開始吊他們了。她丈夫站起來，揮舞着手臂喊道：「不要，不要這樣做。我已派人通知她的父母，通知警察——」

大家都靜了下來。顯出很失望的神情。他們預期的一場精彩戲劇，無法上演，怎不使人掃興呢？

他們討論她時，她緊張地聽着，她的命運是決定在那些與他無關的人的手中哩！此刻還是她丈夫勝利了，她不要受皮肉之苦——什麼？她的爸爸媽媽會來？媽媽看到她這樣赤身裸體被綁在衆人面前，一定會羞死……

「嗡——」她覺得耳中突然嗚嗚地叫了起來，再聽不到他們說什麼了。現在她却希望他們吊她、打她，而不願父母看到她在此處丟臉。她丈夫爲什麼會這樣狠心，用這惡毒的辦法待她？她眞活不下去了。

「自强！自强！」她扭轉頸子看着丈夫，帶着哭聲喊道：「我求求你，求你給我一把刀子！」

她擒住丈夫的目光了，但時間是那麼短暫，只是一瞬兒工夫，她的目光又飄落在水泥地上。他說：「要刀子有什麼用，殺人？還是自殺？現在妳求我，有什麼用？妳記不得我求妳的日子嗎？」

絕望了，完全絕望了。她丈夫的眼中沒有一絲溫柔或熱情。語調中更充滿了冷酷和諷刺的意味。他不會想起夫妻的感情了。這能怪他嗎？如果以前，她能爲他想一想就好了。是的，他曾求過她。他說：「娟娟，我愛妳。我用整個心靈愛你。妳說妳也愛我的——不愛你不會和你結婚啊。我求求妳，妳也用全心靈愛我吧！妳的做法，我眞受不了。我是男人，男人是不能忍受妻子不忠實的——噢！是的，我沒有証據，沒有親眼看到。但旁人閒言閒語我受不了。假使妳知道我現在的內心是如何痛苦，妳一定會同情我，安安靜靜地待在家裏——是的，出去沒有錯。等妳錯了，我親眼看到，抓着証據，妳後悔就嫌遲了……」遲了，現在眞的遲了。明明知道黃曉白不愛妳，只是玩弄妳，妳負氣結了婚。婚後妳還聽他的花言巧語，和他玩在一起，終於落到這樣下場。那能怪誰呢？怪妳自己低賤下流……

他不給妳刀子，妳死不掉。母親來了，妳怎有臉見她呢？媽媽說過：「出嫁了，娟娟！把玩野了的心收起來吧。媽媽只有妳這麼一個女兒。爸爸老說我寵壞了妳。妳不會替我丟臉是吧？做個好榜樣，給爸爸看——」

天哪！爸爸和媽媽一道來了。走進門就會看到他們的女兒赤着身體和奸夫綁在一起，他們掉頭就走，她想，她的丈夫和另外許多管閒事的人，一定會攔住他們。他們怎麼辦呢？打女兒嗎？殺女兒嗎？互相抱怨對方沒有嚴格管教女兒才會做出這無恥的事……？

「看在夫妻的情份上，你給我一把刀子！自强。」她的聲音抖顫地喊着：「我要殺死他，殺死那玩火的人，然後再殺死自己。他們大家都看到的，我自己負責，求求你，給我一把刀——」

大家都靜下來，驚奇地看着她。閉着眼皮的黃曉白也睜開眼來，扭轉頭看她，向她發出冷笑，好像在說：「妳推卸責任，逃避責任了？我沒有强迫妳，是妳願意跟着我走的。女人都是弱者，在緊要關頭總要將做錯事的責任推在別人身上，表示自己是清白的、無辜的……或許他不這樣想，却在認爲她是裝癡裝瘋，要想贏得別人的同情……總之，她是失敗了。沒有人會了解妳的痛苦，妳的感覺。他們都已確定妳是一個沒有靈魂、沒有善良本性的人，妳到什麼地方去傾訴自己的苦衷？

「你們吊我起來吧！打我吧，我求求你們……」

她的聲音愈說愈低，低得只有自己聽見了。忽然，她覺得憤怒控制了她，她憎恨他們——她的丈夫，管閒事的人們，黃曉白，以及她的父母。假使世界上沒有他們，她自己不會存在，也不會受到侮辱。爲什麼大家都願意看到他受侮辱呢？人類就具備這殘酷的本能嗎？大地毀滅吧！人類毀滅吧！幸災樂禍的人們同歸於盡吧！你、我、他都不存在了，誰又存在呢？

「哈……哈哈……」她縱聲大笑起來。「同歸於盡吧……」

一個人說：「她瘋了？」另一個人說：「是裝瘋啊！誰相信？」又一個人插進來說：「她過去是瘋子，現在可能清醒了。」

「哈哈，瘋子，眞有趣——」她尖聲地說。但她的狂笑聲被走進來的警察吆喝聲打斷了。他說：「你們都是些瘋子，給他們衣服。穿起來。」

她看到她丈夫，彎下腰去撿那包揉成一團的衣服，但她已覺得穿不穿都無所謂了……。

海（下）

金陵

風大了，浪也高了，我眞担心在海上的爹。猛然地，一陣浪擊在我的身上，我打了一個寒戰，睡意全跑了。「嘩啦」又是一陣浪，忽然一個念頭閃過了我的腦中——漲潮了。

我連忙把她喊醒，她說：「怎麼，爹回來了嗎？」

我說：「不是，是漲潮了，快跑！」說着，拉着她就跑。但是我們跑得快，海水可漲得更快，潮水從四方八面湧過來，一會兒就淹過我們的膝蓋。她吓得走不動了，我趕忙把她揹在我的背上。

我揹了她，跑得更慢了，潮水已經淹到我的胸部了。她急得大叫：「快點呀，快點呀！」我不能回答，因爲海水又淹過了我的嘴。

「嘩啦！」一陣浪把我們冲散了，我趕緊把她捉住，可是，一陣浪又來了，這回我只拉住她的辮子，「嘩啦！」一陣浪又把她打走了，我手中剩下的就只有她那紅色的髮結。又一陣浪把我們冲得更遠了，我大聲叫着她，可是「嘩啦嘩啦」的海浪聲掩過了我的叫聲，也代替了她的回音，她，終於不見了。「嘩啦！」一陣浪把我冲得更遠了——我什麼都不知道了。腦子裏就只有她的影子。

「嘩啦！」我彷彿看見一陣浪把她捲走了——我叫了一聲「救命」——我醒了。

月亮還是那麼圓，那麼亮，靜靜地掛在松樹梢上，幽幽的散出銀白的光輝照耀在平靜的海上。我一個人躺在沙灘上，四週都是沙，全身是那麼冰冷。

忽然我看見了一樣東西——紅色的髮結，我的面前好像浮起了一個人，她說：「呸！原來是你，我不來了。」我伸手去拉她，可是又不見了，我想喊，喊不出，想站起來去找她，又沒力氣，只好握着那紅色的髮結，哭泣——哭泣。

也不知道過了多少時候，我的眼前好像出現了幾個紅燈，從搖幌的燈光中，我看出提燈的人是——爹、媽和她的父母。我見到他們，一高興，也不知那兒來的力量，一站，居然站起來了。可是，又倒了，又昏了。

矇矓間好像有個人把我抱起來，我的身子好像飛了，心可是飄的。那「嘩啦，嘩啦！」的浪又衝進了我的耳朵，同時也好像聽見她叫着：「快點呀！快點呀！」

那「嘩啦，嘩啦！」的浪聲遠了，又近了。我聽出來了，那不是海浪聲，而是一個人的哭聲——不，是兩個女人的哭聲——媽、和她媽。我睜開了眼睛叫了聲「媽！」她們倆一見我醒了，不再哭了。趕緊走到床邊來看我，她媽更用那雙淚汪汪的眼睛望着我，我沒有氣力的搖搖頭，張開手，讓她看那紅色的髮結，她見了，又哭了，哭得更傷心了。我的耳邊又响起她的聲音！她說：那敢情好，我要一個紅的。

媽問我：「你餓不餓，吃點稀飯好嗎？」我點點頭。

媽端稀飯來，餵了我一口，我問她：「媽，天亮了沒有？」

媽笑了說：「天都快黑了呢，你一睡就睡了兩天，可眞把我急死了！」

我轉過頭來向窗外望去，可不是，天都快黑了，紅色的大太陽染紅了藍色的天也染紅了藍色的海。

「風又吹，松樹搖，長長的影子搖又搖，射在細細的沙灘上。藍色的海激起白色的浪，打在細細的沙灘上，啊——我愛海，我愛藍色的海……。」不知道是誰又唱起那歌兒來，我要跑過去叫他不許唱。因爲，因爲，我恨海，我恨海，我恨藍色的海。

抗戰回憶錄（三八）

張發奎

九、百色整軍

我很感謝興仁的專員徐實甫先生，和安龍、冊亨兩縣政府和人民，他們對這條路盡了最大的努力。當我通知他們我希望利用這條路前去百色之後，他們竟然能於兩週短促的時間，使我們的車輛安全通過了。冊亨有四萬多的人口，大部都是苗民，散居在深山幽澗之中，過着前一世紀人的生活。據說爲這一條路應征的工人，就有二萬多，他們自己攜帶食糧，露宿路旁，胼手胝足日夜不停的工作，故能使這條路很快的修復起來，但這並不是他們出於愛國家民族的動機，而是服從的行動。統治一個文化低落的民族眞比統治一個文化較高的民族容易，因爲他們無知、馴良、忠順，如果統治者對他們的生存不加危害的話，他們會對統治者視爲神明，並絕對服從統治者之命令，這就是德意志人民的觀念，日爾曼民族超越一切人類的優秀，他有權和可能去統治整個的世界，然而，我却對他們表示十分的同情，我答應償還他們一切勞力的所值。

十二月廿二日我們離開了安順，數十輛汽車在冰天雪地中沿着公路前進。第一日我們在南安宿營，這裏是兩條公路交接點附近的一個城市，也是一個苗民聚居的山城。據史冊考據，漢代的鬼方，就是這個地區；現因爲戰時的交通要道，而繁榮起來了。爲與黔滇後方的交通和軍需品的轉運，我留置了一部後勤人員，在這裏辦理處理與轉運後方物資的工作。

次日，我們在沙子嶺的交接點處折向南行。在荒僻的山巔上，遍地都是一片銀白的雪景，樹枝和樹葉披上了皚皚的白雪，好像珊瑚一樣的可愛，蘆葦閃出光輝，矮草有如銀絲罩地，電綫桿上的電綫凝着冰雪，就好像一條玻璃的眞空管懸在空中。這一幅雪景，任何畫家都不能描繪出來，也是我平生尚未見過的大自然的圖畫，我們都下了車，來飽覽這大自然的景緻；博文上校說：這是我們南進的第一件的收獲。他用咖啡代酒，來欣賞這個雪地偉大的風光。

村落的稀少有如晨星，茅瓦竹牆，人畜同居，其窮困之情形，誠非在都市中坐在象牙塔裏面的人可以想像。在這樣寒風凜冽中，男女僅有一件單衣蔽體，小孩們則仍有赤身裸體，以抵禦寒冷者，這是人類的生活嗎？使我發生了很大的人類貧富懸殊之感？

。然而在這偏僻荒野之處，他們仍手持着原始時代的武器，執行巡視守望的工作，來維持我們這一羣人行動的安全，中國民衆是可愛的，不過統治者都摧殘了他們的幸福。

當日我們到了安龍，在那裏度了一個特別趣味的聖誕節。聖誕節的晚上，安龍的人們開了一個盛大的晚會，來表示對我們的歡迎，苗女的歌舞，使美國的朋友們感到特別的興趣，他們並分送美國朋友們每人一件聖誕的禮物，有的是一張豹皮，有的是苗女們手製的刺繡，都是本地的產物。美國朋友們異常高興，他們認爲這是在戰爭中特別珍貴的紀念品，每人都把這些禮品，很鄭重的寄回祖國，以顯耀他們在遠東的光榮。

安龍是一個高原的盆地，文物尚盛，是一個有歷史記載的城市。張之洞的父親，曾在此作過縣宰，他對於安龍的文化是有極大的影响。又據一個老者對我說：「明末桂王被吳三桂追逐，由廣西經過於此，勾留數月，復被清兵追躡，始續向滇境逃亡，嗣於緬境被捕而卒。三幼王聞訊後殉難於此葬於湖濱，復有烈士十七人同時被害。至今尚有三王塚及烈士祠遺留，每年祭祀以紀念忠烈。」老者復喟然長嘆說：「這裏是一個蠻荒之區，自桂王以後，就沒有偉大人物足跡到此，今將軍到來，實爲三百餘年以來安龍第一次的光榮，我們怎不簞食壺漿以迎王師呢？」

廿六日我們辭別安龍繼續南進，經過建立於半山，戶口不及五百的冊亨縣城。全日的汽車，均在下坡行駛，公路是新成的，路幅狹小，路基不堅，彎曲和崎嶇，隨時都有可能令我們陷入深淵的危險。我沿途留意兩側的地形，以爲兵要地理之參考。我想這些地帶，固然是不利於大兵團的運動，但敵人此時爲欲澈底以武力征服中國，則以一部從這間道出黔滇，以配合由越境進出昆明的主力，則其成效，亦足以撼動整個西南的局勢。

八渡是蜿蜒下坡公路的終點，也是黔桂兩省的交界，一條約廿尺寬，但深不可測的紅水河，天然的劃分了兩省的地界。兩省有一個很奇異的跡象，僅僅隔離着廿公尺的距離，會顯示着一切不同的地理，河北的黔境是重山疊嶂，烟霧彌天，寒氣襲人，一切都使人感到窒息；河南的桂境則一片平原，晴空如洗，和風拂面，一切使人感到愉快。不知當時劃分省境的地理家們，還是根據原有的疆域而確定的，抑是基於這個迥異的地理跡象而劃分的。我們是薄暮到此的，廣西地方政府已派人在此照料，並準備了渡河的船舶。我以任務的關係，在此略事休息後，即乘夜色繼續前往舊州宿營，而一羣善感的美國朋友，他們以在黔境一月不見天日，現在仰望皓月當空，歡喜欲狂，決定就搭起了帳幕在此過宿，無綫電機播出的美國歌曲，和熱氣騰騰的咖啡，有如詩人對酒高歌一樣的生活，在那個明月照耀的河畔上歌舞起來，博文上校說：「我們從黑暗中找到了光明了。」眞是三月不知肉味，過屠門而大嚼呵。

（未完）

台游印象記（上）

鐵髯

一、台灣鳥瞰

當翠華機接近台島邊緣的時候，我俯瞰台灣，眞是廣大的寶島！日朗天清，萬里無雲，海是一片藍，山是一片綠，河流、城市、鄉村、湖泊，幾爲青天碧海所吞沒。總之，這是中國古代神話中的三神山之一，名叫圓嶠，與指日本的蓬萊，指琉球的方壺，是互相對舉的。

飛機漸漸地降落，山好似梯田，緩緩地入於平地。其間田園廬舍，河港池塘，坦坦蕩蕩，使我彷彿認爲這是中南半島的曼谷平原。

抵步以後，覺到機場很濶大；入城以後，覺到人口很稠密，好像南京一樣。一路上房子並不高，也雜有許多新建築。馬路極寬濶，非香港彌敦道所能望其項背。這便是中華民國復興的基地台灣，這便是流亡台灣的中華民國政府所在地的首都台北市。

二、人民生活概觀

爲了要瞭解人民最低限度的生活，我次日早上跑到市上吃燒餅油條和豆腐漿；算起來，每件各合新台幣五毫，計共一元五角，等於港幣一毫八仙。中午跑到山東館子吃牛肉拉麵，每一海碗合新台幣四元，鹹菜一小碟，任你吃，不算錢。由此我得一結論，市面最低生活每日三餐要九元五角，等於港幣一元二角。如果平常居家，加上油火房租人工，大概每人每日十五元新台幣可以够開支。

至於酒館茶樓，上席約八百元至一千二百元之譜，中席五百至八百，倘入花天酒地之境，那麼例外的支付就很難計算了。其中還有許多小吃館，價錢也很便宜，大概四個人四菜一湯，合一百二十元至一百五十元之譜。

在克難風氣中，簡陋生活中，也有特別去處，是北投、新北投，以溫泉爲號召。這裏劃出所謂「風化區」，被「風化」了的女人可以應召奉陪一切，叫條子一百或二百元，漂亮的女人隨你選定。還有溫泉浴龍，旅館茶廳，吃風一小時，一百至二百不等；這算是最貴的生活了，却也有人趨之如鶩。因爲那裏保險不出事，沒有警察或保安人員找你麻煩，所以郎情妾意可以隨便。

上等的舞榭亦如雨後春筍，如有知心人者，可以帶到那裏去。

這些地方除了享樂之外，也便是冒險家的搖籃，與貪污講價的場所。

公務員的待遇不高，生活很苦，幸好有配給，所以養得兩口子。如果生兒育女，爲子女教育打算，那麼問題便多了。

新建築的房子很多，不大租得出去，所以房租不貴。千元台幣可租得一廳三房，合香港幣只一百二十元，住得很舒服。可是能够拏出千元租屋的人，非有五千元收入不可，部長也沒有這個資格。但，我所見的政府高級公務員與國大代表、立法委員、監察委員等，都住得很好，那多是公家配給，或分期還欵起蓋的。

行的方便，交通四達，搭客非常守秩序。但也如香港，擠得一點。

至於衣，有位朋友慨歎地對我說：從前初由大陸撤退入台的時候，人穿得很漂亮，台灣人則穿得極素樸；現在我們穿得素樸了，台灣人却穿得漂亮了。不錯，我到鄉下，鄉村姑娘穿得和小姐一樣。到了朋友家裏，下女來開門，我疑心是主人的女公子，問起來才知道，這是用人！

三、台灣人爲什麼不滿政府？

政府穩定台灣的政策，在政治上目的是仍舊貫，希望沒有新風潮發生。所以，新黨在台灣不受歡迎。依我調查，廖文毅在台灣更不受歡迎。所得，雷震的失敗，在頗受台灣人的歡迎的原故；廖文毅的失敗，也因他是台灣人。不過，廖文毅是三七五減租與耕者有其田的大地主，要說出發點，廖文毅是自私的，雷震尚有不可非議的地方。但台灣人不管怎樣，對於政府不見得有什麼好感，

其實，中華民國政府之於台灣，從日本手中拏回來，使台灣人今日在政府中，佔有立法院院長一席、內政部部長一席、省議會議長自然是台灣人，而各市市長由選舉而出，也多是台灣人。較之日治期間，進大學不准讀文科，做官不能超過胥吏，眞不可同日而語。可是台灣人對於政府還是不滿意，這爲什麼緣故？第一法令太繁，病民於不知不覺之間。第二捐稅太多，人民直接受其害。第三繁苛之政，再加上貪污之風，所以即予以少數的大官，不足以償多數的禍害；即有善政，不足以補當前之損失，這是台灣人不滿政府的由來。

然而，政府也自有其苦衷，全國性的官吏及民意代表，百分之五十到台灣來，六十萬的政工兵員開支亦非全由美援所負担。舉全國三十六省的精華，以一半負担加諸三萬六千方里的台灣一省，其竭蹶自非言語所能形容。所以老百姓的生活即管有改善，而取之於民終嫌過量，且通貨不免膨脹，也自在意中。

四、國防特別捐與反攻

爲了赤字無法彌補，除乞靈印刷與增加捐稅之外，實在找不出更好的辦法。

但增加捐稅用什麼名目？最大的籌碼拏出來了，理由爲了「國防」。國防似乎大空洞，只好宣傳反攻，作爲國防二字補充的資料。我想，作這個計劃的人，頭腦實在太簡單，何以故？

爲了財政赤字，用國防特別捐的名義來斂財，今後如果眞有一天反攻，又拏什麼名目來號召？就爲了這個號召，大陸人民紛紛響應，趁着中共乏糧，集體出走，結果，犧牲了不少忠貞分子。

爲了反攻是宣傳，國防特別捐是彌補赤字，內失信於台灣人，外失信於海內外及大陸如大旱之望雲霓的人民，這不特是失策，而且是兒戲！

在事實上，國防特別捐增加的結果，物價隨着捐稅刺激而暴漲，損失的是消費者，不是生產者，消費者是誰？是公教人員！

（未完）

聯合評論 週刊

本刊已經香港政府登記

每逢星期五出版

United Voice Weekly

第二一四號

督印人：黃宇人　總編輯：左[illegible]

社址：九龍大埔道[illegible]號南亞書局 805641

承印：嘉羅印刷有限公司 香港灣仔馬師道5號

總代理：友聯發行公司 售價每份港幣一毫

本報美洲版總經售處美國紐約中美出版社

CHINESE - AMERICAN PRESS, INC

199 CANAL STREET.,

NEW YORK13 N. Y. U.S.A.

美洲航空版每份零售美金一角

國慶日，想着民國的前途，因

懷念蔣先生的健康，並進一言

劉裕畧

聯合評論出版四年以來，它一直被人目為是一個既反共又反蔣的刊物。可以說，在聯合評論上，從未出現過懷念蔣先生健康的一類文字。我現在忽然來寫這樣一種文字，有些人也許會覺得奇怪，難道劉某這一個「反蔣」分子，忽然變成了「忠貞」分子不成？

其實，我覺得這是一點也不值得奇怪的，因為反對蔣先生連任總統，甚至在總統兩個字的上下加配『』引號，與我現在懷念蔣先生的健康，完全是不相關的兩個問題。至於我現在要向蔣先生進一言，那更是第三件事了。

論私人關係，我也算是蔣先生的學生。我曾在他作校長的學校裏讀過四個年頭的書，師生之誼，無從否認。依照中國的傳統，尊師重道，亦極應該。不過，我今天和蔣先生討論的問題，不是私人問題，而是國家大事問題。所以，我覺得如果把私人問題擺在談國家大事問題中間，那就未免以私害公，極不合理。因此，我就從來不從私人觀點看與蔣先生有關的一切問題。

記得兩年半以前，台北方面曾派國民黨中央常務委員胡健中先生來港和聯合評論社的同人交換團結問題的意見。張向華（發奎）先生邀約我們和胡健中先生聚談。在六小時的長談中，我就曾經一再率直的向胡健中先生表示，蔣先生是我的先生，我雖愛我的先生，但我更愛我的國家。說到愛國家，我就絕不相信蔣先生能夠反攻復國。正因為我絕不相信蔣先生能夠反攻復國，所以，我便不能因為蔣先生是我的先生而擁護他。胡健中先生聽見我說出上述一番話之後，當時曾走到我的面前來，拍着我的肩膀說我的判斷太武斷。

是的，我的判斷也許太武斷。因為判斷一個人的未來絕不能怎樣，這在性質上講，至少有點近於武斷。不過，兩年半以來的事實，究竟是我判斷錯了呢？還是胡健中先生判斷錯了呢？如果僅就這兩年半以來的事實看，蔣先生至今未能反攻，這至少證明我的判斷沒有錯。

其實，我並不希望我的判斷沒有錯。相反，我內心倒真的希望我的判斷終於錯了。因為我的判斷如果被證明是錯誤，那就將顯示蔣先生並不是不能反攻。本來，能夠反攻是蔣先生之幸，也是國家之福，在此一情況下，我的判斷雖被証明為錯誤，我也樂於看到。

我之所以絕不相信蔣先生能夠復國，能夠反攻，主要原因，並非我震於中共之龐大外形，因而認為蔣先生之六十萬軍隊不足以反攻復國。相反，我一直認為中共不值一擊。我更不認為六十萬大軍為數太少。問題只在蔣先生本人的戰法和用人不當。

說到蔣先生本人的戰法和用人，誠然不可忘記他曾經主持北伐和領導抗戰都終於取得勝利的功勞。不過，在反共剿共過程中，蔣先生的戰績却並不佳。當年少數共軍在井岡山，蔣先生數度合圍，親自督戰，結果還是被共軍逃竄了，未能予以聚殲；後來少數共軍盤據延安，蔣先生擁數百萬大軍，亦未能早日進而犂庭掃穴，掃蕩羣魔，後來反而把整個大陸失掉。那末，蔣先生今以垂暮之年，退居台島，僅剩原有兵力六分之一，又如何能使人相信可以轉敗為勝，可以旋轉乾坤而反攻復國呢？因此，我就絕不相信蔣先生真能反攻復國了。

不過，從另一方面看，中共內部近年的演變，却對蔣先生越來越有利。假如蔣先生真能乘今日大陸之飢餓、混亂與空虛而反攻的話，則我的判斷或將全被粉碎。為了國家，我倒希望我的判斷被粉碎。也因為這樣一種原因，所以我對蔣先生便在不相信之中，浮起了期望與懷念。

我尤其懷念蔣先生，是蔣先生的健康。據台北傳來消息，蔣先生因攝護腺病而開刀。開刀後至今未愈。從輕的方面看，這原也不過是一種老年病。但老年病畢竟也是一種病。今年雙十節，蔣先生便畢竟因為這種病而不能長久站立，而被迫將台北慶祝雙十節典禮中的閱兵式取消了！閱兵式既可因病而取消，然則，蔣先生因健康欠佳，對反攻復國大業究竟又將有什麼影響呢？

蔣先生原本就是一個以意志堅强和精神旺盛見長的人，一生事業的主要的就靠他的精神與意志。今後要想反攻復國，也要靠他精神與意志。倘若因健康欠佳而影響了他的精神與意志的話，那我就對他能否乘中共之危而反攻而復國的最後信心也不敢有了。反之，蔣先生的精神與意志如不因健康欠佳而受影響，採用新的戰法，起用新的人物，乃更毅然奮起，以其餘年從事反攻，則更是國家之福。

現在蔣先生究否因健康欠佳而影響他的反攻決心？我不敢完全肯定。但有一點，我是可以肯定的，也是我要進言的，那就是蔣先生應在健康欠佳的現況下，一方面愛惜他的精力，一方面利用他的威望和影響力，來培養和建立中華民國的政治制度和人事制度。老實講，我是一向反對把國家的命運寄托在任何一個人身上的。無論這一個人是蔣先生或其它的人，原則上我都堅決反對。

所以，多年來我一直反對有些忠貞分子硬要把國家命運寄托在蔣先生一個人身上的做法，也反對蔣先生自己把國家命運聯在他本人一起的做法。亞里斯多德說得好，凡人皆有死，亞里斯多德是人，故亞里斯多德必死。同樣的理由，蔣先生也是人，所以，蔣先生也必然有死的一天。既然蔣先生終有死的一天，如果將國家命運寄托在蔣先生一人身上，那末，蔣先生一旦死了，國家豈不完了？然而，任何人都可以死，國家却不可以死的。我們也決不能讓國家死。人亡政息是封建社會的人治悲劇，我們現在必須從建立人事制度和政治制度來挽救和解除這一切毛病，尤須從建立民主制度來解決問題。我們必須把國家命運寄托在政治制度上，蔣先生更應該以其餘年之威望與影響力來為國家樹立制度。庶幾人亡而政不息，庶幾國家的命運不會因任何人死亡而死亡。

再就身為總統的人來說，他也是應該為國家着想而不應該只為自己着想的。若身為總統的人不把國家的命運和自己的命運分開，而胡亂把它攪在一起的話，則這種行為何異乎是一種自私！又何異乎對國家是一種危害！蔣先生現在的健康既已欠佳，所以，在我看來，如果他真是一個意志異常堅強的人，則他現在和今後都應該不受健康欠佳的影響，他更該努力反攻復國。如果他真是愛國的話，他也更該利用他的威望與影響力來培養和建立民主制度，使台灣的偏安局面不因他之存亡而混亂，使反攻復國的行動更不因他的存亡而廢弛。

再說我個人對現階段中國整個形勢的看法：我總認為現階段的中國問題實包括反攻復國與民主建國兩大問題。大家對這兩大問題必須兼籌並顧。而要達到兼籌並顧的目的，則必須以民主為基礎，對這兩大問題作有計劃的創進。而蔣先生若能在憲法規定下，利用其威望與影響力來對這兩大目標作有計劃的推進的話，則不但反攻有望，復國可期，而且中華民國所需要的政治制度可以建立起來，不幸而蔣先生一旦死亡，則軍政大局仍可憑藉正常的政治制度而不致混亂。如此，則蔣先生對國家的貢獻便是永遠的了。

五一年國慶日

留港民主人士共同慶祝國慶

十月十日正午會在凱斯飯店聚餐

（本報訊）一年一度的雙十國慶現在又來了。而今年的雙十國慶則似乎使得人們更熱烈更興奮。所以，香港九龍各街道、各村落、各工廠、各商店，都紛紛的掛滿了中華民國國旗。這比之於十月一日中共慶祝其偽政權成立時，整個港九，只看得見中共駐港機構所掛的幾十面五星旗，誠有不能比擬之感。對照之下，這真使任何人都可看到一邊是極度冷落，一邊是極度熱烈。

雙十國慶本來不但是中國歷史上一個轉變的日子，它曾經結束幾千年的帝王專制統治，而光榮的創建了中華民國。先烈們當時是以熱血和頭顱來寫下這一頁光榮歷史的。所以，每年到了這一天，人們便自然而然的感到驕傲和喜悅。

先烈們創建了中華民國之後，依理，中華民國便該從此走上自由民主獨立繁榮的坦途。但先則有袁世凱的竊國，繼則有北洋軍閥的割據，再則有國民黨當權派之誤國無能，因而於十三年前將整個大陸斷送於中共賣國賊之手。所以，民主人士對於這一天，是感慨最多，反省和思索都最多的。

也正因為這一種原因，所以，留港民主人士特於雙十節正午假九龍凱斯飯店聚餐，一面慶祝，一面沉思，一面互相勉勵，一面對國事交換意見。

大家認識中共政權在最近兩三年以來，已愈變愈壞，中共全面崩潰的敗徵也已顯露無餘，故大家一致認定台北當局應即對大陸施行反攻云。

十月十日前往參加雙十慶祝的民主人士，計到有：王世昭、李璜、李任難、李芝興、李金曄、岑盛軒、梁友衡、許子由、許冠三、徐亮之、勞思光、張煥華、黃宇人、陳芝楚、陳健人、陳傑三、孫寶剛、劉子鵬、劉裕畧、羅鴻等數十人云。（華）

讀者投書

書生造反，何以三年不成？

楊用行

編者先生：我也是貴報的長期讀者之一，自貴報出版的第一期起，我即開始閱讀，對於貴報的言論，不消說，我是異常同情的。不過，四年以來，每讀一次貴報，同一的問題就重複的在我的腦中浮現一次，什麼問題呢？那就是秀才造反，三年不成的這一問題。

本來，這問題也不僅止是最近四年，才在我腦際沉浮，事實上，自大陸淪陷，民主反共愛國人士到香港創辦刊物，發爲民主自由言論，隱隱中被人目爲第三勢力，或自稱爲第三勢力，我就已經廣泛地閱讀民主人士所創辦的各種刊物，然而，很不幸的，所有言論，最多都只不過是書生論政而已。書生論政，論得精彩的地方，警闢的地方，確也有過很多，當火氣足的時候，實已不止於理論，更很像已不止於空談，然而一按實際，則又皆無下文，所以，多年來，不客氣的說，民主人士的言論，無論怎樣火氣足，結果總還是秀才造反，三年不成。

本來，在中國歷史上，秀才造反的事很多，不說三年不成，就是八年十年不成，也沒有什麼關係。因爲秀才造反之成不成，原只不過是企圖造反的那一秀才的自己的事。但今日之事則不然，今日秀才們的奮鬥目標是長遠而偉大的，不止要反獨裁，而且還要反共，不止要改造台灣，而且還要反攻大陸，不止要推翻極權，而且還要建立民主。眞可謂任重而道遠。眞可謂這是爲國家民族打算，不是爲個人利益打算的偉大奮鬥。因而也就與中國歷史上那些從事造反的秀才之只出於個人英雄主義者，在本質上自又不可同日而語了。也就因爲這種緣故，所以，十年以來，我一直沒有把民主反共愛國人士在海外的奮鬥，看成是某些民主人士個人命運的奮鬥，相反，我一直把民主人士的奮鬥，尤其是貴刊的奮鬥，看成是有關國家民族命運的奮鬥。

惟其是如此關係重大的奮鬥，所以，我覺得我有把我的觀感和意見提供貴刊，並通過貴刊，提供給全體民主反共愛國人士。

我的意見是什麼呢？

主要的，我的意見就在我覺得海外民主人士言得太多，而行得太少，甚至我根本看不見民主人士改造台灣之行和反攻大陸之行究竟在那裏？

以我所知，近代中國之產生，實肇基於康有爲梁啟超的維新運動與孫中山黃興的革命運動。孫中山黃興更是直接締造中華民國之偉人。

以康梁與孫黃比，康梁等人之言並不下於孫黃等人之言，康梁等人之行，則不如孫黃等人之行。然而，這並不是說康梁等人完全不着重行，只着重言。相反，康梁等人除了言之外，亦是頗有其行的。戊戌政變是康梁等人着重行且確有行動的具體表示。故康梁等人之論政，尚不完全算是書生論政，換言之，尚不完全算是怯於行動的空談。僅僅與孫黃等革命家之特別着重行，稍遜一籌耳。

只因孫黃等人比康梁等人更能着重行，故孫黃等人之最後成就比較大，亦比較具體。

以今日中國之整個情勢論，反共大業之艱巨，實百倍於推翻滿清，改造台灣之不易遂行，或更甚於改造慈禧太后。故今日中國需要民主反共人士之行，實又更甚於康梁或孫黃。然而，十三年以來，民主人士的行動在那裏呢？不說趕不上孫黃等人之拋頭顱灑鮮血，甚至也比不上維新諸君子的行動吧！於是，這就使人覺得貴刊和民主人士的言論，在主觀意願上，雖然是高明的，客觀內容上，雖然是充實的，但若察其言觀其行的話，就不免有秀才造反之感了。

當然，我也不能完全抹殺事實，說民主人士毫無行動。沖繩練兵，滇緬邊區建基地，甚至前兩年七十二君子之發表反對蔣連任總統，何嘗不算是行。雖然這些行已失敗，但其爲行則一。因爲成敗是另一個問題，曾否去行又是一個問題。行之後失敗，並無損於行之偉大，最可怕的，則還在只好空談，而根本不去行。

我常常在想：秀才造反，何以三年不成呢？主要的，就因爲秀才們着重空談，不務實際，更不去行，所以秀才們造反，便不但常常不成，而且常常是八年十年不成了。

當然，在中國歷史上，秀才造反而有成的也自不少。只因秀才造反有成之後，大家便不把他當秀才，所以，仍把他當秀才看的，便都是造反不成的秀才了。實則，用造反兩個字來說明今日中國的形勢和急切需要，並不適合。不過，反共也好，反蔣也好，既以反爲始，所以，把反攻復國和民主建國大業說成是秀才造反，亦不算大錯。問題還在反不反得起來。反得起來，便是國家之福，反不起來，便是時代的悲劇了。

四年來，我還在貴刊屢次看到鼓勵青年志士團結起來的文章，譬如：美國方面最近有留學生舉行座談會，貴刊就立刻寄予希望，歐洲方面有留學生共同創辦刊物，貴刊就立即予以宣揚。貴刊的這種用心，自屬非常可佩。但我不客氣的說，座談也好，創辦刊物也好，固然都是好事，固然都應鼓勵的事。但如果大家只是座而不談，談而不攏，攏而不行的話，則座談之後，又縱多創辦一個刊物，在所辦刊物上又多寫幾篇推翻中共改造台灣的文章，誠不知與打倒中共，建立民主，還有多遠？所以，我覺得：給青年志士打氣，固然是對的。但所有民主人士，無論老的少的，大家應該由言論更進一步到行動，實最重要。區區此意，我不僅要提供給貴刊，同時也更希望通過貴刊提供給一切年青的和年老的志士。今後大家固然要多言，但更要多行！

再論反共與理論體系

孫寶剛

我原想寫一套關於理論體系的文章，以引起大家討論，而形成一個反共人們的共同信念，作爲團結的基礎，爲國家做一些事。不過根本反對有理論體系的人也不少，除了別有用心的人以外，也許有許多人不瞭解反共與理論體系的重要關聯性，所以還是再寫這一篇「反共與理論體系。」

首先我們不可否認的，在北伐之時和這次共黨的所以獲得大陸政權，是靠着理論體系。我記得在北伐之初，孫中山先生已經去世，國民黨內其餘的人，蔣介石也好，其他參加北伐的人也好，在國內並不爲人所熟知，所以那時如靠蔣介石或國民黨的其他要人來號召人民，尤其是知識青年，令他們在北洋軍閥之下，爲國民黨工作，是不可能的。那時全靠國民黨有了三民主義和建國大綱這一套理論體系，爲一般有理想的青年所嚮往，認爲是建設新中國的藍圖，所以才秘密地參加國民黨作地下工作，才使國民黨的北伐順利的獲得了勝利。這次共黨的佔據大陸，很明顯的，也因爲有許多人信仰了馬列主義，爲馬列主義的理論體系所陶醉，所以處處爲共黨做先鋒，使共黨順利地佔有了大陸。我不相信有多少人爲了崇拜毛澤東或周恩來等人而參加了共黨的。

今天我們要反共，也得要團結成一個組織，也即是要號召人們來參加這個組織，對現在大陸上的工農來說，也一定要號召他們起來，和我們的組織配合行動，以打倒毛政權。但是他們在採取行動之先，一定要問：毛給打倒了，你的辦法怎麼呢？要是不能言之成理，使他們信服，你的辦法確比毛好，並且唯有這樣做，才能爲他們謀福利，我想很難使他們來配合行動的，不要說來參加組織了。即使退一步說，人們都因爲反共而都來參加行動了，毛政權是不可能在一夜之間，全面都倒下來的，假如先在某一省份，譬如說廣東先倒了，你於是去接收廣東，或和原在廣東工作的人們合作而到廣東去。那時便立即發生了幾個問題：第一是人民公社應該怎樣處置？一般的工業應該怎樣辦？人民的生活應當怎樣改善？其他次要的問題且不談。

講到人民公社，依我所知道，就可分成幾種不同的意見。有些人還在夢想恢復共黨未來以前的私有制度；有些人認爲今天的農田，已由小耕作單位擴成大耕作單位，小耕作單位時的阡陌已經沒有，地主的田契也已經沒有，怎麼可以恢復以前的私有制呢？所以他們認爲祇能改爲合作社方式，即私有公耕，就是現在的耕者使其爲合作社的土地的主人翁而公耕之。但也有些人認爲公社不過是大規模性的合作社，祇要把共黨的虐民的許多辦法取消；分配方面另訂使農民滿意，站在改良鄉村經濟的立場上，公社比合作社更好！我相信這三種想法，相互間的距離就很大，事先要是沒有周密而客觀的研究，並作廣泛的宣傳，使大家在行動之前，已有一個具體觀念，而要在反共行動之後，隨便處置，必至意見紛歧，內部就鬥了起來，而農民們的反感也不會小於他們今日的反對共黨的。

至於工業問題，也是如此。完全忽畧了輕工業，而注全力於重工業嗎？還是全力注意輕工業，而置重工業於不談！還是相互間作一個比例而進行呢？還是恢復自由經濟制度，政府根本不理經濟，由人民來自由投資？但這樣做時，對於共黨政府所擁有的工業，又怎樣轉移爲私有呢？這許多問題都牽連到理論體系問題，假如理論體系不決定，這許多問題，眞是無法決定的。

人民的生活水準問題，實際上就牽連到國家的理論問題。即國家是爲了人民，還是人民爲了國家。我們中國在這一百年來，因爲國勢衰，處處吃虧，所以許多有志之士，動輒以建立一個富强的中國爲其目的。但是所謂富强，是政府富，並擁有强大的軍事力量，使人不敢侮！還是藏富於民，以國民經濟力量的發達，使人不敢侮。這中間大有出入的。易言之，我們如站在民主政治的立場，當然贊成，國家爲了人民，即是說，國家是人民謀幸福的一個工具，一個個的人民，獨立的生在世界上，有時不能抵禦外禍，或追求幸福，所要團結起來，成了一個國家，而集體地去抵禦外禍和追求幸福。但在法西斯主義者看來，人民是爲了國家的，他們抹殺了人民的個體存在，一切都站在集體的立場上，所以爲了使國家富强，不惜犧牲人民個人的幸福。我們對於這種問題，如於事先不作愼密的研究，決定走怎樣一條路線？試問一旦把共黨打倒，怎能進一步去建設國家？我常常感到，在軍事，政治，經濟，甚至外交文化等等，許多眞理，和社會上所流行的一般常識，不一定一致的。今天的政治（廣義地說）實在已經相當專門化，所以必須經過許多人的研究，才能決定出一套眞適合於國家的政策來，等到決定之後，還須作詳盡而廣泛的宣傳，以教育人民，人民才能瞭解的。無論什麼政策，沒有人民的瞭解和合作是不能發生良好的效果的。所以我們不要以爲整個理論體系的研究和宣傳，不須急急去進行。

有許多人太注重軍事，以爲把軍隊登陸，把共黨的軍隊打敗，把主要的共幹逮捕，一切問題都解決了，這是中古以前異族征服另一民族的把戲，在今天決不適用的。

從共黨國家賀電看中共處境

李金曄

中共的第十三個「十、一、」過去了。

這是中共十三年來最淒涼的一個「十、一、」。天安門上的貴賓只能以印尼蘇嘉諾總統夫人為首席了。過去從不經常公開露面的江青、王光美等，也成了報上的新聞人物，尤其是劉少奇的「夫人」王光美也因此而上了天安門。或許正因為此吧，這次天安門上未見宋慶齡的影子；在中共發佈的照片中，也沒有任何民革份子的影子。

當再翻開十月一日及二日的「人民日報」，列出的賀電雖是不少，經過逐一仔細分析，却可以看出共產集團內的分子所表露的態度則各有不同——而且有很大的不同，因此他們對中共的立場也就極其鮮明了。從這些賀電中，也可以看出這些所謂中共的兄弟國家，對中共的感情，真是冷熱互見。大抵分類：熱面孔的是阿爾巴利亞；冷面孔的是蘇聯、波蘭；騎牆而陰陽怪氣的則最多。

這裏按「人民日報」編輯所排列的次序，逐一分述之：

蘇聯——賀電中沒有恭維毛澤東的句子。也沒有提到支持中共「解放台灣」的字樣。對中共反對的修正主義，自是一言不發。它所強調的是，蘇聯過去在中共「爭取解放的革命鬥爭的艱苦歲月中，始終同中國人民在一起」。同時表示「將像保護眼珠一樣維護蘇中友誼。」在表示了反帝反殖民主義後，蘇聯又強調了要「爭取和平和和平共處」。就這一點來說，和中共的立場剛好相反。

阿爾巴利亞——在賀電中熱烈地頌讚了毛澤東，說他是「中國人民親愛的兒子和久經考驗的馬克思列寧主義者」，並稱頌了「總路綫的正確」，且謂「以極大的喜悅和欽佩的心情來看待兄弟中國人民的這些勝利，並把這種勝利看作是自己的勝利，是整個社會主義陣營的勝利。」這樣的態度，恰是蘇聯所沒有的。在反對修正主義這一點上，賀電中是極盡了唱和的能事，並說中共「對保衛馬克思列寧主義的純潔，……作出了巨大的貢獻。」電文中特別感謝了中共所給予阿爾巴利亞的「慷慨的國際主義援助」。因此也表示了「預祝」「解放台灣」的勝利。

保加利亞——賀電中無一語恭維毛澤東；未提「解放台灣」這個問題，避談反修正主義。只是對中共在蘇聯和其他共黨國家「合作下，爭取祖國的社會主義建設的鬥爭中所取得的卓越成就感到由衷的高興。」

匈牙利——像保加利亞的態度那樣，只是表示了一抹淡淡的「由衷的高興」。沒有一語恭維毛澤東；對「台灣問題」不發言；對反修正主義問題避而不談。

北越——北越賀電的態度是很特別的。相當有分寸的恭維了毛澤東，但只說他是「中國人民……自己敬愛的領袖。」胡志明表示了很欣賞中共的「和平共處五項原則」，這反映出北越托庇在中共「大國」面前的自卑心理。賀電中表示支持中共「收復：：台灣的正義鬥爭」因此也表示了反美。儘管賀電一再強調中越共的唇齒相依的關係，也表示了「永遠感謝」中共所給予「全力援助和深厚的同情」，但是對反修正主義一點，胡志明在賀電中保持了緘默。就這一點說來，和東歐共黨的傾向是一致的。

東德——東德的賀電和北越有異曲同工之妙。電文內提到了毛澤東，但是並無特別對他個人恭維的意味。雖然也對中共「在為社會主義和和平的鬥爭中所獲得的成就真誠的感到高興」，但更突出的強調了「蘇聯在共產主義建設和宇宙研究方面所取得的成就」，認為這才是「不斷地向全世界顯出社會主義力量的增長。」因為中共支持蘇聯和東德關於締結對德和約和解決西柏林問題的建議，並且還表示過反對西德在美國支持下武裝，因此投桃報李地表示了其「一貫的立場」，認為「台灣是中華人民共和國不可分割的組成部分」，並要求「恢復」中共在聯合國的「合法權利」。對於修正主義的是非問題，則禁若寒蟬。

北韓——北韓的賀電看來是煞費苦心的。賀電中提及毛澤東，把中共的「成就」歸功於是中共「和毛澤東同志英明領導的結果」。因此也突出地提到了「三面紅旗」（這是在北越的賀電中未提到的）。儘管賀電中又一次把兩者間的友誼宣染成是「鮮血凝成的」，可是對中共所熱中的「反修正主義」和「解放台灣」問題，竟無一語涉及。這充分表現了金日成在兩大之間難為小的手法：中共所好者為之，俄共所惡者惡之。

外蒙——賀電中對毛澤東沒有表示態度。也沒有對中共所主張的反修正主義表示意見。對「台灣問題」和中共入聯合國問題的態度則和東德相近。

波蘭——波蘭的賀電完全是官樣文章，其短一如保加利亞和匈牙利，賀電內沒有提到毛澤東，沒有涉及到修正主義這個問題，但是有一句話頗堪中共玩味——「我們的友誼服務於我們兩國人民，符合於我們兩國社會主義建設事業的切身需要。」當然，波蘭更不會在此時關心中共之欲「解放台灣」這個問題了。

羅馬尼亞——賀電中反映出她的態度一如波蘭，但較之似猶冷淡。賀電內文沒有提到毛澤東，當然更談不上恭維了。不提「解放台灣」問題，當然更不會談修正主義這個問題。祇表示「願羅馬尼亞人民和中國人民之間的兄弟友誼萬古常青！」可謂極盡敷衍之能事了。

捷克——其態度可由賀電中的這句話看出來：「捷克斯洛代克社會主共和國政府和人民今後仍將繼續遵循馬克思列寧主義和無產階級國際主義原則，努力增進我們兩國之間的友誼和有益於兩國的合作，從而促進社會主義陣營一致與團結的鞏固。」這好像是表示捷共是置身於是非之外的。電文中也根本沒有提到毛澤東和對台灣問題的態度，當然更不會去涉及反不反修正主義的爭論了。

古巴——古巴的賀電不直接提到毛澤東，只是技巧地表示「我們再一次重申我們支持英雄的中國人民及其英明的領導，」對台灣問題和中共入聯合國問題，只是對中共所作之有關反美鬥爭表示了「最崇高的敬意」，這顯出古巴的態度是不夠積極的。對修正主義的爭論，賀電中也未有涉及。

其它如——柬埔寨、老撾、幾內亞、阿爾及利亞等的賀電，可用「餘不足觀」一語概之。

從以上所分析的各節觀察，不難可以看出中共現在在國際共黨內部的處境是如何了。真所謂是「冷暖自知」，那末今年「十、一、」的冷落，也就不是偶然的了！

（十月七日）

政府對日本電影及歌舞等入口處理不當

——監察院提糾正案

宣平

監察院對歷年來日本電影、唱片、歌舞及馬戲等進口，政府處理多有未合，特於本月六日提出糾正案，列舉應予糾正的事實甚詳，計有：

（甲）關於影片者：由於本省同胞多曉日語，遂成為日片的最佳市場，除大城市外，而各縣鄉鎮幾為日片所獨佔；又以政府對日片進口規定限額，以致求過於供。片商因有厚利可圖，不惜重資賄賂。日本製片商更乘機搾取刁難，強迫片商購買額外影片，並提高片價，我國片商利慾薰心，一任擺弄。額外日片進口，多循非法途徑，片商或將已經核准進口之日片，於申請第二拷貝進口時請求改換片名或原片准演限期屆滿申請改換放映執照時，而以另一部影片冒充進口；或將日片先行運往香港加接國片片頭後，冒用國片名義進口；或利用政府對日本短片不限制配額，將長片分割為數部短片進口；甚或官商勾結，走私進口。上述日片進口後，片商多利用本省東西交通不便及高山偏僻地區，勾結當地警員，常以依法登記的執照，放映非法進口的日片，或私接未經核准的鏡頭，藉以吸引觀衆，增加不法利益。而經核准進口的影片，亦多以怪力亂神及低級趣味為主。此等影片在日本國內尚不受歡迎，而竟在台大行其道。除刺激人心，增加好勇鬥狠兇殺奸淫及刧奪外，一無是處。

（乙）關於唱片者：由於本省灌音設備極少，進口外國唱片可獲厚利；而以日本唱片的輸入為大宗，據唱片公會估計，每月翻製日本唱片少自十餘萬張，多至四十萬張。政府當局迄未有適當的監督，僅由警察機關負責審查，寬嚴不一，弊端叢生。

（丙）關於歌舞及馬戲等：政府自四十八年八七水災後，為厲行節約，對外國游藝團體等申請入境作營業性演出者，概予拒絕。但四十九年內政部忽批准日本東方歌舞團進口；繼有日本矢野馬戲團閃電入台，而且一再延期，以後外國游藝團乃源源而來。社會上盛傳日本游藝團體之能於節約聲中，入台演出，乃係某些特殊人物為之奔走活動的結果，謠言紛紜，騰笑外人。

基於以上的事實，監察委員們認為依法應予糾正，經一致決議送請行政院注意改善。

官商勾結走私日片案移法院

直夫

（台北通訊）台北市二十五家影片負責商人賄通電影檢查官吏，走私日片及違法延長映期案，經警備總司令部遊查一組長期慎重偵查，全案真相業已大白，聞即將於日內移送台北地方法院法辦。

片商與官吏串通圖利

本案開始於四十六年七月間，當時日本影片在本省的賣座甚佳，而配額又極有限，片商乃賄通電影檢查處第一科長李功熹，台北市警局行政課長馮萬青（現已調任省警務處經濟科股長），課員林貽藩，某單位（按即蔣經國屬下的特務機構，台報向例以某單位稱之）職員洪省忠，省警務處某股長等有關人員大量走私日片進口；並以正式進口獲准上映之日片申請上映，然後延長映期而以走私日片演出。片商在走私日片時，還進口成本較低的短片，而用上述同一手法，冒充長片上演。此外，依照規定，進口日片的映期，在台北市首輪戲院不得超過十日，二輪戲院繼映，亦以十日為限。但如祇在首輪戲院上映，則可延長到十五日。如日片賣座甚佳，片商認為延長映期可以圖利，亦賄通李、馮、洪、林諸人於二輪戲院繼續演出，不受上述的映期限制。李等則掩耳盜鈴，故作不知。

需索無度，片商被迫報案

此項違法舞弊情事，因雙方均有不法利益可圖，故四年以來，一向嚴守秘密。不料，去年七月間走私日片案突被司法行政部調查局破獲，片商大為斂跡；但李、馮、洪、林諸人仍不斷需索，有的片商，不堪其擾，迫得向警備總部檢舉。經該部遊查一組進行偵查，各片商均供認行賄不諱，李功熹亦供認曾收受賄款六萬餘元，馮萬青供認收受二萬餘元，林貽藩則供認收受十二萬餘元，洪省忠供認收受七萬餘元。經台北地檢處林榕濱檢查官下令將馮、林兩人扣押，洪因有特殊身份，另由警備總部軍法處扣押，李功熹則以另一賄案早已扣押。

台灣簡訊

志清

一、懲治貪污條例草案審查完畢

去年六月間立法委員林樹藝等一百餘人向院會提出的戡亂時期懲治貪污條例草案，當權者曾多方阻撓，企圖使其胎死腹中，其所持的理由有二：一為此項條例一經通過，無異示世人以台灣的貪風甚熾，有損政府的威信；二為特別法太多，將侵害人民的自由權利。實際的用意，則是由於今日的台灣，正以貪污來獎勵文武人員對一人一姓的家天下効忠。因而貪官污吏多為所謂忠貞分子，當權者對於懲治貪污一向不能不有所顧忌。但畢竟時代不同，在監察委員不斷催生和社會輿論的督促之下，立法委員們終於打破了「護航隊」的重重阻碍，於本年六月開始審查此案。經過該院司法及法制兩委員會二十餘次的聯席會議，本月四日已宣告審查完畢。報載：貪污治罪條例草案，不但規定收受賄賂或其他不法利益者得處死刑，而且把黨務工作人員亦列為適用的對象。如所週知，今日的大貪污案多與黨部辦理選舉有關。哄動一時的台北市長黃啟瑞案，就是由於他在國民黨內活動提名及提名後從事競選時曾花費大錢，不得不於當選後多方設法撈回，所以才發生市公車處和市民住宅興建會的兩大貪污案。立法委員們在審查林案時將黨務工作人員列入，可說是正本清源的要圖，因而甚獲社會輿論的支持；但將來提出院會討論時，是否能獲得通過，尚未可知也。

二、經濟繁榮之謎

最近行政院向立法院提出本年上半年度台灣經濟情況的報告，據稱：「在這段期間，整個經濟仍繼續上年的趨勢，在安定中成長，尤以生產與貿易的數字，特別令人興奮。在重要農產品之中，砂糖雖告減產，但食米產量則創第一期稻作的新紀錄，新興產品洋菇的產量更是突飛猛進，一月至四月份的工業生產，包含糖產在內，較去年同期增加五．七五%，不包含糖產則增加一〇．七三%。半年內的輸出金額，共達一億二千八百六十萬美元，較去年同期間增加二千七百七十萬美元，增加率高達二七．四五%。」

但鐵一般的事實是，首屈一指的糖業年來業經萎縮；鋼鐵、造紙，都有困難。紡織一直在鬧着減產，封錠，以及外銷聯營，內銷統一報價等不景氣的現象。這與當權者口中的繁榮，似乎已是一個尖銳的對照。就是經濟部長楊繼曾在面對立法委員的質詢時，也不得不承認目前的經濟確有危機存在。

本月五日，有一位立法委員在院會指出：「依據經濟當局分析，半年來核准設立工廠二四七家，出口金額超過上年同期百分之二七．五，物價穩定的情形也為十餘年來所罕見。但照民間的體驗，工廠的資金，技術與銷路均有困難，本年九月分証券市場成交額僅二千五百萬元，可見一斑。商場上的情況既不像平時，也不像戰時，對外貿易雖出超二千萬元，但未計算美援物資在內。況且現在的出超，不是全由國產貨品之價廉物美，而是得力於內銷補貼外銷，和美國限制了美援的採購地區。至於物價穩定的因素，好壞參半的因素，好的因素是物資充裕，人民對國幣的信仰提高；壞的因素則為購買力低落。由於工業產品消費無多，生產者、貿易商，甚至批發、零售商之間，均有惡性競爭，商業道德日益敗壞。」他認為：經濟當局的分析與民間的體驗應同樣的重視。

由此，可知當權者所謂的經濟繁榮，祇是專揀好的一部份來自我宣揚而已，而整個的經濟面貌則並不如此。

三、立法院繼續質詢殷台案

立法委員繼續對殷台公司案提出質詢，猛烈抨擊政府處理不當，且有官商勾結事情。黃煥如委員更提出一項書面質詢，他說：殷台騙局自開始至今，可分為三個階段。第一階段是魏重慶、屠大泰等人運用在美所組之通用油輪公司串通中國基金會，以兩架將報廢的起重機來換造兩艘三萬六千噸的新油輪，控制台灣十年高價運油的利益。殷格斯來台人員均為財務管理人員，坐領乾薪，技術員工全係我方原有人員，所謂擴充造船設備，提高造船技術，顯係自欺欺人，這是騙局第一階段。造船工作開始初期，魏重慶等因台灣原油需要量逐年增加，國際油輪噸位日趨加大，為圖全部控制台灣油運，增加造船利益（噸位愈大造價愈低），又透過中油公司矇請經濟部批准擴大油輪噸位，由二萬六千噸擴為三萬六千噸，結果魏等獲得造價低廉與運量增加的雙重利益，我方反遭受了十年高價運油的長期損失。同時國內油輪又因原油大部份為信仰、自由二輪所運，乃發生停航問題，增加政府停航補貼的負担，此為騙局的第二階段。殷台在建造油輪期間，利用台銀借款與造船材料，建造遊艇，恣情揮霍，提高待遇，任意浪費，以致油輪造價超過預算。俟兩艘油輪完成之後，魏重慶等人以目的已達，且正值國際船價跌落，殷台無利可圖，首先抽回股款，美方部份借款即係供此用途。葛里古森為掩飾騙局，推卸責任，巧詞讓出部份股權，讓我方派員加強管理，實係金蟬脫殼。從此停付台船公司租金，一切開支由我方負責，台銀借款，逐步增加，交通部造船，硬性指定招商局及台航兩艘貨輪交由殷台承造。日本每艘造價僅三百一十萬美元，殷台造價，每艘竟高達四百萬美元，兩艘差價達台幣七千餘萬元，為國庫直接損失。最後愈累愈重，薪津亦不能發出，員工怠工，只有破產與改組兩途。乃由美援會根據中美調查小組意見，提出處理方案，由中美共同監理，並提出三項無理要求：(一)舊債暫時凍結，(二)新債由我負担，(三)每年介紹六百萬美金造船業務。但美方仍不同意，復不顧破產，由殷台總經理柯克里通知我方，以無力撥付租金交還承租設備，仍保留繼租權利，保留招牌，繼續詐騙，同時逃避破產責任，我當局竟又受其欺騙，接受退租而不宣告破產清理，此為騙局第三階段。」

楊繼曾答覆時，除了概括的否認官商勾結而外，還自稱我國損失並不嚴重。他又說：「有人事後有先見之明」。彭善承立委立即表示異議，並指出「五年前立監兩院就曾言之在先，有紀錄可查，何得謂為事後有先見之明？」會場空氣，頓時緊張。幸而因時間關係，改下次會議再繼續質詢，才算告一段落。

胡秋原控告文星雜誌

見微

（台北通訊）自胡適之先生死前不久發表那一篇「科學發展所需要的社會改革」演講後，台灣即興起一連串的所謂中西文化論戰。半年以來，此一論戰的主要戰場均在文星雜誌，參加論戰的文章層見迭出，胡秋原、居浩然和李敖等三位先生均是該雜誌的主要撰稿人。但由於胡與居、李兩位所撰的觀點不同，一開始就針鋒相對，繼而更從理論的爭執演變而為對人身的攻擊。最近文星雜誌出版「閩變專號」，對胡秋原當年置身福建「人民政府」的若干往事有所揭露，胡一怒而中止論戰，改為向法院控告文星雜誌發行人蕭孟能與撰稿人居浩然、李敖等誹謗，並於本月三日上午在立法院第五會議室舉行記者招待會，報告經過，另委托周漢勳律師具狀向台北地方法院提出自訴。

閩變專號是導火線

「胡秋原說：文星雜誌最近刊載專文，肆意攻擊，並以紅帽子相加。我是個不設防的城市，現在打到自己，祇有自衛。但自衛不是專為自己，也是為了保障人民的安全，希望能由此而使自由中國不再有亂抛紅帽子的事情發生。」他又說：「我是個不信邪的人，現在要打起戰來就打堂堂正正的正規戰，要打就打到底。利用權謀詭辯，我不幹。」因此，他對於對方的攻擊，表示不再為文答辯，將靜候法律的裁判。

誹謗國家元首(？)

胡秋原除了指控文星雜誌誹謗他個人而外，他還指出該雜誌所影印的民國政黨史，竟把蔣「總統」列為中共的發起人之一，乃是對國家元首的誹謗。雖然該雜誌負責人業已公開聲明，事出疏忽，但他認為刑法上祇有「過失」與「故意」的規定，並無「疏忽」二字。因此，不能這樣就算了。

文星雜誌發行人蕭孟能於三日晚向往訪的記者表示，這次由於東西文化論戰而演成目前的局面，是一件很不幸而令人遺憾的事。他不承認給別人戴過紅帽子，並說「文星書店並不是一個帽子店」。他表示對胡秋原的控訴，願靜候法律解決。關於民國政黨史影印時所發生的錯誤，他也願意聽候政府處理。

聯合報呼籲勿算舊賬

聯合報在一篇社論中，指出：「這次文化論戰，我們不止一次的看到爭論雙方或揭隱私，或戴帽子，乃至撫拾文章中一二筆誤的字句，作為反攻對方的武器，把所有不通膚淺，幼稚等不堪入目的詞彙，都加在對方的頭上。甚且互揭已往的歷史，清算舊賬，將幾十年前軍閥及敵偽時代的陳事古蹟，翻了出來，以一頂大帽子扣在對方的頭上。這種作風，實在逾乎學術文化討論的範圍」。該報認為「近數十年來在中國歷史上是一個變動最大的時代，今日在台灣的人，大都歷盡滄桑，從時代的巨浪中翻騰過來。無論他過去的歷史如何，祇要在抗日時期捨身報國，在戡亂時期矢志反共，此時此地，大可不必再算舊賬。尤其是文化論爭，此舉更屬多餘」。該報的結論是：「國家多難，前途多艱，對一切問題，都應訴諸理智，摒除情感，更必須杜絕一切無意義的紛爭。」

旁觀者清

聯合報不要再算舊賬的主張，可說是一般人均有同感的。根據此一原則，文星雜誌出版閩變專號，顯然不為大衆所同情。胡秋原若能以輕描淡寫的態度處之，必將更能顯出他的雅量。不意，他却訴諸法律。但法律上似乎至今尚無專條限制他人不能重提立法委員過去的政治行為呵。最令人百思而不得一解的，是胡氏竟利用立法委員的身份，在院會上提出質詢，指責文星書店所影印的民國政黨史有誹謗國家元首的事實。雖經該店負責人聲明事出疏忽，他仍認為不能就這樣算了。這顯是企圖藉以挑動當權派對該書店及其發行人採取某項行動。其用心的可謂狠毒之至。否則該書店縱有誹謗國家元首的事，也應由檢查官依法提出控訴，與立法委員何涉？

中共何故召開空軍黨代表大會

綜觀

據新華社九月廿日北平訊：「中共中央主席毛澤東，副主席劉少奇、周恩來、朱德，總書記鄧小平，政治局委員彭眞、陳毅、賀龍、柯慶施、李井泉，候補委員康生，書記處書記李雪峰、候補書記劉瀾濤，今天下午接見出席中國共產黨空軍第三屆代表大會的全體代表。陪同接見的，有聶榮臻、葉劍英、羅瑞卿、宋任窮、陶鑄、謝富治、劉亞樓、吳法憲等」。

從上述新華社消息，可以看出中共曾在九月二十日左右，即中共於九月廿四日至廿七日舉行八屆十中全會的前幾天，舉行過空軍黨代表大會。

中共為什麼要召開空軍黨代表大會呢？中共為什麼不在八屆十中全會後舉行傳達性的黨代表大會？而要在八屆十中全會直前舉行空軍黨代表大會呢？這是一個值得注意的問題。因為，依照常情，中共空軍第三屆黨代表大會是應該在八屆十中全會之後召開，以便傳達和接受中共中央的決議的。它之所以不應在八屆十中全會前召開，則因中共八屆十中全會的代表，早經中共第八屆全國代表選出來了，並不需要空軍方面的黨組織選代表來參加，故空軍黨代表大會不必在八屆十中全會前召開，而應該在八屆十中全會後召開。

然而，中共空軍黨代表大會畢竟還是在八屆十中全會前召開了。我覺得這有兩個理由。

一個理由，是黨性要求與技術要求，本來一直是中共空軍部門長期存在的一個難予解決的矛盾。就中共一切均以政治掛帥的要求說，中共着重的，本來一直是黨性強的飛行員，而不着重黨性弱的飛行員。所以，中共曾經一度有過發動工農子弟當飛行員的想法。但飛行問題和在飛行中的戰鬥能力問題，却是一個智能和技術問題，尤其是近代空軍，甚至還是一個高度科學和技術的綜合問題。中共平時既只着重黨性強的飛行員，而黨性強的飛行員未必一定飛行技術高，黨性弱的飛行員又未必一定飛行技術和戰鬥能力弱，所以，中共平時一味着重那些黨性強而飛行能力並不一定強的飛行員，便在中共空軍內部造成一項極難解決的矛盾。許多飛行技術和戰鬥能力強的飛行員固不受中共重視而離心，同時，整個中共空軍也因而走上素質低劣的路。這是使中共早就頭痛的問題。加上邵希彥劉承司等先後駕機起義，投奔台灣，故中共不得不在八屆十中全會前，召開一次空軍黨代表大會，就這些問題提出意見，以供八屆十中全會討論和決策。

共次，九月九日中共空軍部隊在華東地區擊落了台灣派往大陸的U二高空偵察機，中共一方面又需要如何加强共黨對共軍官兵之控制提出方案，所以，便趕在中共八屆十中全會之前數天召開了空軍黨代表大會。

大陸簡訊

白帆

蘇加諾夫人離大陸返印尼

據新華社報導，「由於劉少奇夫人王光美的邀請」，印尼總統蘇加諾的夫人最近訪問了北平。

在蘇加諾夫人訪問北平期間，中共曾予盛大招待，十幾年來，從未露面的毛澤東的老婆江青（即電影明星藍蘋）這一次也因招待蘇加諾夫人而破題兒見到了照片。中共竭力招待蘇加諾夫人由此可見一般。

中共為什麼這樣招待蘇加諾夫人呢？原來這是蘇加諾現刻最寵愛的一個妻子。蘇加諾近年來曾患腎病，在歐洲屢醫無效，中共派遣了一個由中醫為主的醫療小組到耶加達，專為蘇加諾醫腎。據中共公佈，經過四個月的時間，終於把蘇加諾的腎病恢復正常而不必開刀了，大抵，為了報答中共為蘇加諾醫好腎病的盛情，所以，蘇加諾夫人訪問了北平。

另一方面，這當然也是中共對亞非集團進行國際統戰的一種手段。因為自從第一次亞非會議在耶加達舉行以來，中共已與當時亞非集團中的大國如印度如埃及都鬧得很壞，加以近年來中共大陸工農業減產，聲望低落，中共在亞非集團中已陷於貧窮與孤立狀態中，而印尼却有意再開亞非會議，所以，中共便特意籠絡蘇加諾了。

彭眞訪問北越

彭眞是中共中央的要員，其地位之重要，僅次於毛澤東、劉少奇、周恩來、朱德、陳雲、林彪及鄧小平而已。他不但是毛澤東的親信，而且也是中共僞政權的「北京市市長」。此外，中共全國人民代表大會常務委員會委員長雖是朱德，但常務委員會副委員長兼秘書長彭眞才是中共人代會的眞正負責人。

對於日本，當日共「反美」示威趨於低潮的時候，中共就曾經有意派彭眞赴日訪問，但遭到了日本政府的拒絕。日本政府的這一拒絕當然是對的。因為彭眞到日本，對日本是絕不會有利的。

近年，中共更屢次派彭眞出國訪問，半年前，中共已派彭眞訪問過北韓，現在，中共又派彭眞訪問北越了。

據中共「中國新聞社」北平三日電：「河內消息：越南民主共和國國會常務委員會主席長征，二日晚上在國際俱樂部舉行盛大宴會，熱烈歡迎以彭眞為首的中華人民共和國全國人民代表大會代表團」。可見，中共正在不斷加强中共與北越之關係。

中共以棉紡織廠及火車援助錫蘭

中共政權眞是殘民以逞到極端了。中國大陸之人民目前正缺乏衣着及糧食，這是誰也知道的。但中共與錫蘭於十月三日在北平簽訂貿易協定時，竟又以成套的棉紡織廠設備及數以百計的布機及車輛等援助錫蘭，此外，竟又以大米輸往錫蘭換取不必要的橡膠云。

據中共新華社說：「中國政府和錫蘭政府第三個五年貿易協定，中錫經濟技術合作協定和中錫一九六三年換貨議定書，今天晚間在北京簽訂。簽字以後，對外貿易部長葉季壯設宴慶賀協定的簽訂。周恩來總理和陳毅副總理出席了在人民大會堂舉行的簽字儀式。今天同時簽訂的，還有中國錫蘭一九六三年大米，橡膠合同」云。

另據十月四日中共人民日報發表社論說：「十年以來，兩國之間的經濟貿易聯繫不僅從未間斷，而且與時俱增。第一個貿易協定還只限於大米和橡膠換貨，現在已經大大超過這個範圍。經濟技術合作內容也不斷地豐富了。它包括由中國向錫蘭提供成套的機械設備，例如提供在錫蘭建立一座棉紡織廠的成套設備和技術援助，以及提供數以百計的布機和鐵路車輛等」云。

僑鄉近訊

鍾之奇

反共志士在東江一帶活躍

由人民自動自發起來組成的反共游擊隊現在雖然尚未正式組成，但個別的反共志士已在廣東境內各地活躍，則已是鐵的事實。對此，中共報紙已無法加以否認了。所以，廣州中共特務機構最近曾捉了六個反共的歸僑，指為特務，加以殺害，以圖鎭壓。不過，中共殘暴政權不垮，反共志士的活躍是不會停止的。

最近，東江沿海惠來縣一帶，已不斷發現爆炸事件及反共標語，這都可見反共志士仍在廣東各地活躍中。

江門市缺乏農具

江門市是中共統治下屬於廣東省區的一個中等城市。由於這一個城市的手工業一向比較發達，故中共在行政系統上，把它闢為一個市。

但中共統治的結果，不但未把這個市的固有能力加以發揮，生產量及農具供應情況，却反而日見絀劣。到本年夏秋之交，江門附近各地的小農具缺乏情形已愈來愈顯著了（由於大多數農民內心不滿中共，故對小農具不願細心保養，甚至一有機會，就將它損毁）。中共迫不得已，才對「江門市優先調撥了大批優質鋼材、木材，為市郊及附近各縣農民生產小農具。今年一月至八月，江門市工人、手工業工人一共生產了各類小農具五十多種，共五十九萬多件」云。

按中共平時將一切鋼材木料等製造大小農具的原料掌握在手，不肯撥出，每到秋收前或夏收前才命令工人趕製，故趕製的結果是往往趕不上秋收或夏收時間，而勉强趕製出來的農具，也大多是粗製濫造的東西，一經使用，便又損毁了云。這是大陸農村因缺乏農具而影响收穫及各地始終缺乏農具的基本原因。

颱風在廣東造成水災

颱風溫黛小姐在香港肆虐後，即在廣東沿海登陸。

廣東沿海一帶的民房設備當然不及香港房屋建築堅實，同時，廣東沿海也沒有避風塘。所以，颱風在廣東登陸時，沿海海邊漁船被吹沉吹損者極多，漁民傷亡數字極大，廣東沿海民房受損尤大。茲據九月十一日中共人民日報說：「廣東在第十三號颱風登陸以後，全省晚稻解除了乾旱威脅，但是汕頭、佛山、肇慶三個專區的沿海也有部分農田受澇」云。

佛山肇慶等地缺乏農具

缺乏小農具，乃廣東各地之普遍現象。不僅江門如此，佛山、肇慶兩個專區也如此。惟其在秋收前仍是那麼嚴重的缺乏小農具，所以，一如江門的情形，中共廣東省當局是直到眉毛尖才迫不得已才製造小農具的材料撥到該地去的。然而，對於需要來講，已經有遲誤之感了。

據新華社九月十日廣州電說：「第三季度，國家物資部門分配給珠江三角洲，佛山、肇慶兩個專區的鋼材、桐油、木材等比第二季度增多。其中分配給兩個專區手工業和五金行業的一千四百多噸鋼材，大部都已在七、八月份撥到使用單位，並已投入生產」。

新華社同一電訊又說：「如專門供應沙田地區的禾鐮，過去刀口沒有銼鋼，使用起來不鋒利，第三季度有關部門給佛山專區撥足够的銼鋼後，生產出來的禾鐮刀刃都比較鋒利了。過去給沙田地區的牛鼻圈子供應得少，因而影响了許多耕田的使役。最近物資部門給佛山專區調撥了十五噸鋼材，供手工業部門製造牛鼻圈。這批鋼材可以加工十二萬個牛鼻圈」云。

根據新華社以上的報導，已可看出小農具的普遍缺乏狀況。而新華社所說第三季度一千四百多噸鋼材，大部份已在七、八月份撥到使用單位云云，則更可見中共調撥此批鋼材之遲誤。蓋七、八月份已臨秋收前夕，鋼材才撥到，又如何可以趕應秋收之急呢！

泰國往那裏去？

乃沙立「闢謠」

何之湄

泰國對美國在東南亞的政策發生反感，因而有醞釀改變政策的趨勢；來自華府的報導，根據泰外長乃他納在聯大的演說，公開表示不滿美國在東南亞的舉措，說泰國可能「改變政策」；一時「聯合國走廊」中，盛傳泰國「將轉向中立」。

乃沙立元帥為了這項報導和傳說，已於本月一日發表談話，加以否認，說「泰國不是中立的——是獨立的而非中立的」。所傳中立，乃因報導錯誤之故。乃沙立元帥的外交顧問蘇拍拉蒙高更補充說：泰國外交政策未有改變，將來大概也不會改變。泰國外交政策的主要目的，在維護國家的利益，此仍有賴乎對西方之友誼，及履行對聯合國的責任。

蘇拍拉蒙高的說法，比較明朗說明泰國政策的穩定，明指要維持與西方友誼，應該可使西方放心。可是發自曼谷的外電，仍然附上一條尾巴，說由於美國軍援高棉，泰國不滿及公開抨擊美國，同時泰國已決定與蘇聯開貿易談判，作為實行「泰國主義」政策的一部份，故外間對於泰國可能趨向中立的推測，更為增加。

泰國本身的「闢謠」、解釋與一般的「看法、推測」，中間究竟有什麼不對呢？泰國的政策，究竟是「變」抑或「不變」？變的話，泰國往那裏去？

反美情緒萌芽

這倒是「說來話長」的事。泰國與美國意見相左，最初是為了寮國事件。自一九五五寮國動盪以迄最近，泰國因泰寮關係密切，多次自願出兵援寮，但要求以東南亞公約名義，及公約國共同出兵，並徵得菲律賓也同意出兵。可是英法反對，美國也沒有採納泰方建議。泰國即有「東約無用論」的發表，並要求改變東約「一致通過」制為「多數通過制」。此案將在不久召開的東約巴黎會議討論。到了寮國聯合政府協議，美國高興非常。泰國則不滿美國在和談中對寮國右翼施壓力，堅認傳馬並非中立而為親共，聯合的結果，右翼必被左翼所吞沒。中間雖因美軍開泰協防，一度撫慰了曼谷的感情，但泰國幾位巨頭，心中仍不無怏怏。

在泰方久積不滿的心情上，突然適逢國際法庭將泰屬拍威限山古寺判歸高棉事件，惹起泰國對高棉示威，及開始發生反美的情緒。指責美總統顧問（前國務卿）艾其遜充任高棉方面律師，乃對泰不友好。當時泰國為古寺而民情鼎沸，泰政府曾召回駐法大使，停止對波蘭輪船及波蘭人入境簽証，抗議這些國家在國際法庭投票支持高棉。可是對於美國，他們除了言論的抨擊外，卻不能有什麼行動的報復。雖然那時曾一度聲稱拒絕將古寺移交，並將拒絕出席東約及十四國會議。後來經美方的勸釋，總算沒有退席會議，並派內長乃巴博，到拍威限寺去降下泰國旗，表示服從法庭的判決。

「獨立非中立」

最近美國實行軍援高棉，對於走下坡的泰美關係，形成「火上加油」的形勢，一如泰國所抨擊：美國此舉，乃「在東南亞已經緊張的關係上、『火上加油』「一樣。（乃他納在聯大演詞中警句。）美國對泰的解釋，說高棉接受美國軍援，乃用以防共，東南亞防務不能割裂。泰國則堅持高棉不斷抨擊泰越，而對中共北越絕無微詞。「高棉乃親共者，施漢諾絕不會對共黨作戰！」那麼，高棉得了美援軍火，勢必用來對泰越磨擦，以至作戰！

就是那位到拍威限山下旗的內政部長乃巴博，憤激異常，說話也最露骨，他說：美國在世界各地「都想挽回面子」，又企圖維持所有的中立國家，「甚至不惜犧牲像泰國這樣的盟友而討好像高棉那樣的『中立』國家！」若然如此的話，「泰國將改變政策！」

乃巴博是泰國三巨頭之一，（其他兩巨頭為沙立，他儂。）他的話不會沒有來由。他不止說要改變政策，而且繪畫出所改變政策的面貌來：

乃巴博說：我們既不親共黨，也不親西方，更不是中立，而是「泰國人的泰國」政策。

這最後一句話，就是乃他納在聯大演說的真意。也就是乃沙立所指的「報導誤傳」，照乃沙立的解釋，是「獨立而非中立」的獨立政策。

獨立政策的具體實施又怎樣呢？巨頭們所透露的是：「只要對泰國有利，不理他們是東方抑西方。」那麼，對蘇聯展開貿易談判，進行擴大貿易，就是在這個原則下進行的，不理它刺激了西方。從西方的角度看：不親西方不親共，就是中立；從限制對蘇貿易轉到擴大對蘇貿易，也是「轉趨中立」。

但泰方否認「左、右、中」，稱之為「泰國的」，乃巴博說：「那將是一種使泰國可以保持其數世紀來獨立自主的有泰國特性的政策」。

泰國五世皇（電影「國王與我」中那位狄波拉嘉的學生，泰國現代化的改革者）說過：「泰國是小國，立國必須八面玲瓏」。被奉為泰國外交的金科玉律。這原則直到鑾披汶時代仍被奉行，第一個一面倒親西方的，就是乃沙立！可是現在，他們覺得一面倒之不可恃了。

·曼谷通訊·

南越人民不會受愚

冼一平

南越局勢最近似乎又有一些新發展和新轉變：一是美國的軍援吳廷琰政府已漸漸加强、加速；一是越共的南侵行動顯得是有陰謀地由軍事而轉向於政治。——前者是華府當局在泰勒將軍視察過南越局勢之後而作出的適應南越當前需要的措施；華府方面也許已從泰勒將軍的報告中認識到南越的戰爭將趨於長期性和全面性，故不能不要對吳廷琰政府加强和加速其軍援，使之在此鬥爭中爭取主動。至於後者，則是共產黨方面企圖把他們用於寮國的詭計轉到南越來「翻版」；換言之，就是共產黨要使南越變為寮國第二，利用「談判」來玩弄「把戲」，更藉着「聯合政府」來作武器，俾得打垮吳廷琰，而使南越也逐步赤化。

這後一項的新發展和新轉變，是很值得注意的。

共黨的爪牙「南越解放民族陣線」，早已在河內的廣播電台發出了一項聲明，其中曾說到：「假如寮國的反對力量所造成的結局是合理的，那末，南越人民亦應該達成一項同樣的適當解決」。該廣播中還作出這樣的建議：「美軍撤退，停止援越，雙方停戰，用談判方式來建立一個包括所有政黨集團的聯合政府，自由選舉南越國會議員，訂立國際條約去保証南越的中立和主權」。而河內的越共也就跟着召開了一個擁護此種主張的所謂「民衆大會」，讚揚這種主張，說是切合南越現局，及有利於整個印度支那，以至東南亞的和平，並呼籲南越人民迅速接納這一項主張。顯然，這是越共利用它所控制的「南越解放民族陣線」來放出「試探氣球」，看看南越人民的反應。

所謂「南越解放民族陣線」，據莫斯科的「新時代」雜誌所報導，它是由「民主黨」，「急進社會黨」，「人民革命黨」等聯合組成的。「民主黨」的成員，包括有失意的知識份子和小商人；「急進社會黨」則為强烈傾向於「中立」的政客所主持；「人民革命黨」表面上是農工份子所組織，而實質上已受越盟幹部支配。從他們這些質素來看，就可以立刻知道這個「陣線」是站着怎樣的立場。

果然，「南越解放民族陣線」提出了上述的主張之後，北越和中共都相繼響應。北越政府發言人，曾數度發出公開呼籲，要求召開國際性會議，以解決南越問題。而中共外交部亦即對此發表意見，說「寮國問題的達成解決，是令人滿意的；希望這項辦法得以成為和緩東南亞局勢的開端，更希望越局也循此原則來作和平協商」。其絃外之音，當可使人立刻領悟出那是國際共黨的一套陰謀。

「南越解放民族陣線」的秘書阮文恢，則更發表了進一步明顯的「心聲」；他說「南越解放民族陣線」擁有二十個不同的政黨、宗教、和人民團體，目的是要求組織「中立」的南越聯合政府；待南越聯合政府搞好了後，再和北越政府談判統一全越」。從阮文恢這幾句「心聲」裏，當然我們立刻可以看得出他們的意圖。

這顯然是共黨在寮國所演的把戲的老調，其最後目的就是使越共得以透過「聯合政府」而逐漸接收整個越南，正如今日的寮共在寮國聯合政府中逐漸進行控制整個寮國一樣。

然而，共黨這種陰謀能夠瞞得過已經有了進步和成就的南越政府和南越人民嗎？南越政府的政治改革和反共鬥爭，都已收穫了頗合理想的成果。而南越人民（包括歸化越籍的華人）對共黨倒行逆施殘民以逞的手段，也早已深惡痛絕，並在南越政府的領導下站穩了反共的立場。南越土著固然不會受愚；而南越的明鄉籍人（中越混合種）和歸化越籍的華人，則由於他們在其有關親屬或朋友中早已獲知中共在大陸上的種種暴行，因而對共產黨有了極度惡劣的印象，當然也不會受愚的。換言之：就是每個南越人民，都是熱烈擁護南越政府；每個南越人民，都是堅强反共。共黨對南越的陰謀，無論如何，勢必不能實現！

至於有關美援加強的第一項新發展，能否迅速紛碎越共的軍事行動，那就要視乎美國派駐南越的軍事顧問和南越政府間的舉措如何來決定了！

焦文姬（一）

（版權保留）

黎　明

第一場：

景：鳳翔旅店的一個小房間，室內陳設簡陋，窻外大雪紛飛。轉場爲廳堂、大門、及門外之路。

時：北宋某年十二月的一個中午。

人：滿尙智、店小二、焦大郎、小三。

滿尙智：（焦灼地在室內踱步，忽而憤然地）店家！店家！店家！（越喊越高聲）

店家：（急上）來了！來了！（及見尙智，臉色忽然沉下來）喂！喂！我說你瘋了嗎？這樣大呼小叫地，你倒的裏是算那一行呀！

滿尙智：啊，店家！小生餓了呀！

店家：你餓了；是嗎？

滿尙智：是呀！

店家：你餓你的，關我什麼事？！

滿尙智：如此，你與我拿來！

店家：拿什麼？

滿尙智：飯呀！

店家：（旁白）他倒會裝蒜啦！待我來泡製泡製他。（也模仿尙智的聲調）如此，你與我拿來！

滿尙智：拿什麼？

店家：錢呀！（直伸左手，岸然而立。）

滿尙智：哎呀店家呀！（唱）我本淮南貴公子，金銀財寶有的是。父母雖然亡故早，叔父當朝一品樞密使。宗親冠蓋滿京華，但我不願求人只求己。平生所樂在壯遊，因此獨自離鄉里。探親遇盜剩空囊，衣衫當盡壯士恥。我若有錢定還賬，你不開飯好少理！

店家：（旁白）喲，唱了半天，還是不給錢，要吃飯；我不免再來泡製泡製他。（轉向尙智）啊，滿相公！你要吃飯是不是？

滿尙智：正是。

店家：（招手）隨我來！

滿尙智：這便才是呀！（欣然跟着店家走）（轉場）

（店家引尙智出房門，過廳堂，至大門口，用力一推）

店家：你給我滾出去！

滿尙智：哎呀！

（焦大郎頭戴風帽提着酒葫蘆上，恰和尙智撞個滿懷，酒葫蘆被撞跌在雪地上。）

焦大郎：啊喲！什麼事？什麼事？（口裏雖這麼說，眼睛却只跟着酒蘆葫轉）慢來，慢來！（連忙拾起酒葫蘆，看看並沒潑失，欣然自得。）

滿尙智：老丈，救命呀！（含淚跪下）

焦大郎：喲！（連忙拾起的酒葫蘆從右手遞給左手，以右手扶起尙智）快快請起！什麼事？什麼事？

店家：啊，焦大爺！（搶着說）請您老評評這個理！他吃飯不給錢，不給錢却要吃飯，您說有這個道理沒有？

焦大郎：哦，哦！

滿尙智：啊，老丈有所不知；並非小生吃飯不給錢，只因一時手頭不便。他不該不開飯吃，存心不良，四九寒天把小生推了出來。

焦大郎：哦，哦！

店家：大爺您別聽他的話，他實實地只想吃白食。

滿尙智：老丈您別聽他的話，他實實地只想趕走我。

焦大郎：你兩個且休囉嘈！（端詳尙智介。旁白：）我看這一書生，堂堂一表，倒不像是個吃白食之人。我不免周濟周濟他便了。（轉向店家）啊，店家！敢莫這位相公欠了房飯錢麼？

店家：不錯；是欠了房飯錢。

焦大郎：欠了多少，都上在老漢賬上就是。

店家：旣然大爺開了金口，他再住多久，再吃多少，我也不敢趕走他了。

滿尙智：（破涕爲笑地）萍水相逢，怎好就要老丈破費？（旁白）這就好了！這就好了呵！（轉向焦大郎）請問老丈尊姓大名？

焦大郎：這鳳翔城內都叫老漢做焦大郎，相公你也就叫我焦大郎好了。

滿尙智：不敢！原來是焦大爺小生滿尙智乃是淮南黌門秀才，家中薄有資財，只因探親旅途被刼，才致囊空如洗，一俟雪霽天晴，即當前往關中，尋訪相知救助，定當拜還嘉惠。

焦大郎：哦，原來是滿相公！些須小事，何勞掛齒？外面天氣寒冷，相公且回到店中歇息去吧！老夫家下離此不遠，等會待叫小廝熱了酒菜，送過來給相公暖胃，就是！請！（拱手下。）（未完）

友聲集（二）

與懷園同學再游西林寺

幼椿

丹葉在林新綠長，幽篁掩徑小山深，重逢再到沙田寺，屐齒蒼苔識舊岑。

題公遂梅花條幅

韋齋

投窻淡影認橫斜，舊是中原第一花。猶記錦城常醉倒，沈園香雪又誰家！義甯詩筆最高寒，餘緒丹青遺夜殘，莫作市人皮相語，平生風骨此中看！

西林觀梅呈老秋索和

懷園

何處沙田好，西林似到家。山中藏梵宇，嶺上種梅花。四坐春如海，一菴僧嗅茶。橫斜疏影意，明月載歸車。

次韻叔海感懷長句

亮之

筆底風霜不可當，賡歌莫笑接輿狂。士生亂世餘長歎，山立危城見大剛。難得江湖供嘯傲，剩餘杯酒閱滄桑。修齊絕學恫瘝在，劍氣婆心爾許長！

六出祁山與五出祁山

劍生

世傳諸葛亮六出祁山，但考之蜀志，他只出師五次。

第一次，是後主建興「六年春（公元二二八年），揚聲由斜谷道取郿，使趙雲、鄧芝爲疑軍，據箕谷。魏大將軍曹眞舉衆拒之。亮身率諸軍攻祁山。陣色齊、賞罰肅、而號令明。南安、天水、安定三郡叛魏應亮，關中響震。魏明帝西鎭長安，命張郃拒亮。亮使馬謖督諸軍在前，與郃戰於街亭。謖違亮節度，舉動失宜，大爲郃所破。亮拔西縣千餘家，還於漢中，戮謖以謝衆。」

第二次，是「六年冬，亮復出散關，圍陳倉，曹眞拒之。亮糧盡而還。魏將王雙率騎追亮，亮與戰，破之，斬雙。」

第三次，是「七年，亮遣陳式攻武都、陰平。魏雍州刺史郭淮率衆欲攻式。亮自出，至建威，淮退還，遂平二郡。」

第四次，是「九年，亮復出祁山，以木牛運，糧盡退軍，與魏將張郃交戰，射殺郃。」

第五次，是「十二年春。亮悉大衆由斜谷出，以流馬運，據武功五丈原，與司馬宣王對於渭南。亮每患糧不繼，使己志不伸，是以分兵屯田，爲久住之基。……其年八月，亮疾病，卒於軍，時年五十四。」

據此，諸葛亮只出師五次，就中又只有第一、第三、第四次是眞正出祁山。其餘，一次是出散關；一次是出斜谷。

諸葛亮第二和第五次出師，雖然不是眞正出祁山，但與出祁山政畧意義戰畧意義同，加以，其後四次出師，都是第一次出祁山的繼續行動，所以一齊把它說成出祁山，並無不可。諸葛亮明明只有五次出祁山，而一般人却都說是六出祁山的話，我想：那就只有把建與八年的一次算上去了。據蜀志後主傳說：「八年秋，魏使司馬懿由西城，張郃由子午，曹眞由斜谷，欲攻漢中。」諸葛亮則待之於城固、赤阪之間。這一帶，東控黃金戍，西控樂城，都極險要。但當魏軍分進時，適逢大雨，前後三十餘日不絕，魏軍不得不退，於是，這一戰就沒有眞正打得起來。這一戰如果眞正打起來的話，勢將三面應敵，諸葛亮還得頗費心思呢！這一件事諸葛亮傳沒有記載，是否也可以把它算作出祁山的一次，因而也就很難說。因爲諸葛亮這一次採取的是防禦戰，而且這一戰也根本沒有發生。當然，我們也有理由把這未曾發生的戰事拿來湊數。因爲「渭悉大衆由斜谷出，……與司馬宣王對於渭南」，這一「對」字，也可以說是一戰的。

關於出師伐魏問題，諸葛亮隆中決策。原本說過是要待「天下有變，則命一上將，將荊州之軍以向宛洛，將軍則身率益州之衆以出秦川。」建興六年，荊州既失，天下又未有變，諸葛亮何以一定又要出師呢？是好戰嗎？抑或還有其他理由？出師表說得很清楚了。它說：「今天下三分，益州疲弊，此誠危急存亡之秋也。」此危急存亡之秋，就是他要改變原定策畧採取出祁山這一攻勢防禦戰畧的理由。他知道只有這樣，才能避免敵人進攻，從而爭取時間，以待天下之變。

攻勢防禦的要義，是對曹魏採取攻擊手段，使曹魏集中兵力來防禦蜀漢。這樣，它就不能再對蜀漢採取攻勢。倘若不如此，則兵法所謂處處防守，處處薄弱，就會成爲蜀漢的致命傷，後來，鄧艾偸渡成功，就是這一危險的具體說明，諸葛亮深悉兵法，當然早就知道這一個道理，所以，他在危急存亡之秋，就斷然採取攻勢防禦即以攻爲守的戰畧，以確保蜀漢的安全。至於伐中原，在這一段時間，則不過一種幌子罷了。否則，諸葛亮既已知道「益州疲弊」，他是不會隨便興師動衆的。試看建興元年，「南中諸郡，竝皆叛亂，亮以新遇大喪，故未便加兵。」對於用兵，他是何等愼重！

實際上，他「分兵屯田，爲久住之基」，就已經說明他無意採眞面目的攻勢。惟其採的不是眞面目攻勢而是攻勢防禦，所以魏延出子午谷之計，他便不能採用。假如諸葛亮取的是眞面目攻勢的話，魏延的意見很寶貴。但因爲是攻勢防禦，所以魏延之計就不合於這一戰畧要求了。戰術的考慮，本來應該符合戰畧的要求，魏延始終不明瞭諸葛亮的戰畧要求，故魏延對諸葛亮不滿。在蜀漢，除了姜維以外，誰也不懂這一戰畧呢！

至於六出祁山，在兵要地理上是因爲祁山在今甘肅和縣西北，可以順渭水東下，從而可以造成由漢中取道斜谷夾擊長安的戰畧優勢，另一方面，因爲漢代兵制，規定漢室皇家軍的組成是從天水、安定、隴西、北地、上郡、西河六郡的良家子弟來徵集，所以這一帶與漢室的關係特別深。漢代名將亦多由此出身。蜀漢繼承漢緒，諸葛亮又是漢相，向這一帶活動，正具備着非常優勢的政治條件和人事條件。也可以說，諸葛亮不斷攻向這一與漢室有深厚的淵源的地帶，它也是最具有極高的心理作敬仰似的。只要看一看，諸葛亮第一次出祁山，南安、天水、安定三郡便立刻叛魏應亮，就知道諸葛亮之出師祁山是具有何等眼光了。

抗戰回憶錄（三九）

九、百色整軍

張發奎

十二月廿七日我們到了目的地的百色，廣西省政府亦同時搬遷到此，久別重逢，大家都有一種說不出的快慰之感。百色是桂西最大的都市，平時的人口約有四萬，為桂滇黔越各邊區的交通中心，因為地處邊陲，政治的力量不能澈底施及，所以又成為桂西及黔滇煙毒的集散地。桂西原為一個人口疏稀、文化低落的地區，但百色因為煙賈的聚集之所，却成了一個小型的都市，他在桂西好像在荊棘叢中特別爆出的一朵鮮艷的玫瑰似的，這裏有現代建築的街市，有新式的洋房住宅，有偉大的學校建築、有戲院、咖啡館、西餐廳、電燈和女子理髮院，還有三四百妓女聚居在河艇上的特察里（廣西省政府規定妓女集居處稱為特察里），一切現代都市的條件，這裏都粗具了規模，加以現在作為軍政的戰時中心地點，人口激增至十餘萬，更增加百色畸形的繁榮，也是百色的黃金時代。

卅三年的除夕，我們就在這桂西的山城平靜的度過去了。對於來年的展望，我將作如何的計劃呢？盟軍的海上戰艦，已逐漸逼近了日本的海岸，史廸威公路的車輛也連續不斷的向東行駛，這一切的進展和支援，我們很敏銳的感覺強烈的反攻戰鬥，必會在卅四年爆發。

雖然卅四年的開始，我在這山城中度着孤寂冷靜的生活，而對於興奮的展望與可怖的現狀，却使我心頭上感着特別的嚴重；在戰爭歷史大轉變的範圍中，戰爭形式特別的擴大，戰爭的重點已由歐洲而移到遠東，對於中國戰區無疑的，華南的戰鬥將作決定的部份，而我就將負担這重要一環決定的工作。但是如何整編在這前面少數的殘破部隊及怎樣取得可能補充的軍需供應，使我如何焦慮的想着怎樣才能克服這嚴重的難關？所以在我敘及前一段行軍經過之後，我將特別來回憶在百色幾個月來痛苦的經過。

整軍與作戰，都是同時需要的。但這工作須在矛盾中去努力，經過了一個大會戰後，不論部隊及所有各級的指揮機構，對於裝備、軍需、補給、交通、通訊，都須加以極大的整頓。現在戰區的範圍，縱深不及三百公里，這狹小短淺的地域，是戰區生命最後的寄托，如果我再不能保存這個彈丸的地區和這幾個殘破的軍，則我的軍事生命恐將在抗戰史中中途停止，這是當時的趨勢，也是在另一個對我歧視的觀念上，最高統帥部會對我這樣處置的。為完成整軍的工作，我們實需要部隊的集中與休養，但假如越南南寧和河池各方面的敵人，如果再向我前進一步，則希望的靜止會立刻變為動盪，而且會把一切的整頓計劃立刻無法實施。所以在靖西方面的第六二軍、南寧方面的第六四軍和河池方面的第四六軍，都必須仍舉起他們窳敗的槍械，去監視敵人的行動，才能掩護後方整軍工作的完成。因此我在這個狀況中去完成兩種矛盾的工作，確實感覺十分的艱苦。固然，如果當面的敵人決心繼續對我們攻勢作戰，那我決毫無辦法來避免這個被殲滅的厄運。然而我不能不這樣的做，我一半寄托人為的努力，另一半則只有禱告蒼天的幫助了。

我迅速的在百色召開了一個檢討會議，這是戰後必需的一件事。失敗是教訓，我們要從失敗中去求出失敗的原因，要從教訓中去改正以前的過失。還有在戰鬥間，各級指揮官出於自私與畏怯的動機，而有意發生的罪惡，亦須作一個公正軍法的裁判。還有對於今後整編部隊與當前作戰的指導，可以使他們表達各人的意見。

會議得到了三個重要的結果：第一我們策定了一個對敵人山地作戰的對策，我們將效法敵人編組若干特別裝備的突擊隊，完全以飄忽敏捷的行動來担任戰鬥。第二我根據了各軍師的現狀報告，得到了一個減少番號充實單位的縮編方案。第三、桂林防守軍長賀維珍，和平南方面作戰不力，致影響桂平攻擊戰鬥的第一三五師師長嚴僧武，和桂綏第二縱隊司令唐紀，都公開判定了應受的處分。

縮編方案經最高統帥部批准，取銷了第卅一、第卅七兩個軍的番號，和第一三五、第一七〇師三個師的番號，這是依據戰績和部隊狀況而確定的。對於桂林的防守，在戰鬥上第卅一軍應負責任的，雖然白崇禧將軍把他的建制第一八八師臨時抽出，改歸第四六軍指揮，是一個含有偏頗的錯誤處置（第一八八師師長海競強是白將軍的外甥），但該軍長賀維珍的懦弱無能、不指揮錯誤與掌握不確實的種種罪過，都是應負責任的。當我授他防守桂林任務的時候，他就對我表示着一個弱者的流淚，如果不是白將軍的意見，我在那時就想更換他的職務和任務的。所以我認為這一個番號的歷史，是一種恥辱，沒有保留的價值，但為紀念那忠勇殉國的師長闞維雍，我却保存了原屬該軍建制的第一三一師的番號。第卅七軍則以該軍從九戰區轉入于戰區序列時，僅有一個第九五師的兵力，其餘兩個師仍為九戰區所留置，軍部實為一個多餘的階層。第一三五和第一七〇師原為第卅一、第四六兩軍的後調師，當時以桂柳會戰的需要臨時裝備參加作戰，他沒有表現什麼戰績，兵員裝備均缺額太多，應加以淘汰。第六四軍的一五五師以還就軍的師額編制，也一併列於裁銷之列。這時戰區所保留的僅有第六四軍（屬以新一九、一七五、一八八三師），第六二軍（屬以九五、一五一、一五七叄師），第六四軍（屬以一三一、一五六、一五九叄師）等共三個軍，所有編餘的兵員裝備，都撥歸三個軍缺數的補充，經過這個整編之後，在各軍的編制上得到了劃一的數字，在實質上亦得到了戰後補充的機會，雖然各軍師的兵員缺額，仍未達到編制充足數字，但窮苦的戰區，已無新兵可以補充，也只好做這個挖肉補瘡的辦法。

台游印象記（下）

鐵髯

五、甚麼時候反攻？

要說政府沒有反攻復國的企圖，那是不確實的！經常集中六十萬兵員在訓練，是其明証。可是，要保護台灣一千二百萬人民的安全，似乎不必那麼多的兵，有五萬人也就够了。如果為了防衛台、澎與金馬，三十萬人也就够了。多了為什麼？我想是反攻。

這許多年來，政府為了要安定台灣，糧食已可自給，教育文化事業頗發達，工業日日都在進步，水果出口量增加，加工品及木材，尤為日本、香港及其他各國所需要。若論水利建設，比日治五十年超過一倍。為了耕者有其田，人民不愁穿，不愁吃，這都算是成績。

管子說：「衣食足，而後知榮辱；倉廩實，而後知禮節。」後顧無憂，自然才可以談反攻。

反攻也有兩種，一種是配合的反攻——與美國一致；一種是不配合的反攻——即單獨登陸。單獨登陸是主動的反攻，與美國一致，就要看客觀環境的容許了。主動反攻又限於行動補給與飢民救濟，這眞是一個難題。記得政府為增加國防特別捐，大倡其反攻理論，像煞有介事的時候，人人磨拳擦掌。但當中共增兵沿海，以國軍反攻號召人民的時候；甘廼廸總統表示今後戰爭將放棄被動；赫魯曉夫亦表示中蘇一體，痛癢相關。這個時候，台北的報紙，便一變其態度，謂：中共無力攻金馬，其增兵的目的，在鎮壓人民。一場風波，漸趨平息。這樣看起來，中共怕反攻是實，台灣要反攻也不假，但甘廼廸與赫魯曉夫針鋒相對的一篇閒話，化台灣海峽的干戈為玉帛，這一幕戲，還在我的腦海閃動着。

因此，希望台灣單獨反攻的公算很少，希望中美聯合反攻的公算是大成問題的。好像來日方長，大可不必着急，但這也大有研究餘地。

六、時間是台灣的大敵

蔣總統今年七十五歲了，也有人說是七十七歲；不管他七十五好，七十七也好，總算是高齡的了。最近為了小腸疝氣，開了一次刀，不曉得健康上有沒有多少影響。我總覺得這位老人，崛強成性，國民黨的天下由他一手打成，也由他一手失去。失去當然是要拏回來的，看他的復任總統，看他的三任總統，自然是有這個決心的。當我住在陽明山的時候，有位政要對我說：「蔣總統就住得很近。」當然，只要我表示，自然可以見到他的。可是我却想一想，如果和這位老人見面，要談些什麼？交淺不可以言深，別躭擱他的時間，成就我的虛榮心，似乎大可不必。因此我反問：「總統開刀後，政躬還好嗎？」「很好！」朋友答。

我很躭心他老人家的健康，因為台灣這個地方，中華民國這個國家，以及國民黨本身，如果少了這位老人，不曉得要變成什麼樣子！反對黨如果少了他，眞像諸葛亮缺少了周瑜一樣，既可痛，也覺到可愛的呢！

不過，台灣是中華民國人的台灣，台灣之存亡絕續，與海內外以及大陸上受苦的人民息息相關。我們如果不需要中華民國，也就罷了；如果需要中華民國，那麼台灣便是中華民國復興的基地，台灣的成敗利鈍，我們却不能不管的！

七、台灣與第三次世界大戰

要說台灣在地理形勢上，北起南韓、日本、琉球，南至菲律賓、南越、泰國，成為一條綫，這一條綫，是美國用以保衛太平洋的安全的。反之，又為東北亞與東南亞的封鎖綫，蘇聯的亞洲，以及北韓、中共、北越，都在這封鎖的範圍之內。記得抗戰期間，我們曾得過教訓，起初是吃日本人的大虧，後來是吃英國人的大虧，使我們透不過氣來。今天中共雖有蘇聯、北韓與北越，可是吃的苦頭還是不少。東北被南韓塞住了，南海被南越塞住了，太平洋邊，又是日本、琉球、台灣、菲律賓把它塞住。因此，他拚命地在鑽寮國、在鑽柬埔寨、甚至在鑽印度。

許多人都以第三次世界大戰形勢是蘇聯取得主動的，其實他們沒有看清地理，至少在遠東，美國也可以居於主動地位。

不過，今後的原子戰爭，封鎖的價值是有限的，原子、核子、高空的競賽彼此都封鎖不了，假如是戰爭眞起來的時候。氫氣巨彈，美蘇都盡量花本在製造，蔣百里先生生前說過：「治兵將以求戰也，不求戰而治兵，其禍將不可收拾者也！」

八、為香港人打算

住在台灣的人，頗躭心我們住在香港的安全。我說：我躭心台灣，我不躭心香港。因為大戰如果爆發，台灣是第一綫，重要地區如行都，如軍事基地，頗有原子彈投擲的危險。香港則否，民主國家如採取主動攻勢，中共必然守不住東南沿海，香港可獲安全。極權國家如採取主動攻勢，香港至多畧為抵抗，未必受大破壞。那時我們自由知識分子有三條路可以選擇，其一跳海或自殺，其二經過清算鬥爭，受勞動改造亦如今日大陸人民去當共產黨的奴隸。其三如果還有剩餘價值，也可以拼一下！這是我個人的看法。

我還有一個想法，住在香港的人，應該向大英帝國求得保証。在大戰來的時候，請問英國政府要不要香港？不要，讓我們自己管理自己；要，請武裝我們的人民，給我們更多的軍火與戰鬥的武器。橫直都是死，與其作待罪的羔羊任人宰割，還不如轟轟烈烈來得痛快些。

香港是民主國家的一環，我們住在香港的人，萬萬不能菲薄自己，像問天打卦一樣毫無計劃，作一個晦氣的皮球，一味靠滾！

聯合評論
週刊
本刊已經香港政府登記
每逢星期五出版
United Voice Weekly
第二一五號
督印人：黃宇人　總編輯：左舜生
805641
總代理：友聯發行公司　售價每份港幣一毫
本報美洲版總經售處美國紐約中美出版社
CHINESE - AMERICAN PRESS, INC
199 CANAL STREET.,
NEW YORK13 N. Y. U.S.A.
美洲航空版每份零售美金一角

論「政治上以衆擊寡」之道

李璜

在前幾天雙十國慶日，政府最高當局發表了兩篇文告；國慶文告，堅強有力；約章十條，明白具體；而且在文告裏不少警句，如「共匪的口號：不是同志，便是敵人；而我們反攻復國的信條，却是：不是敵人，就是同志」。又如「武力上做到以寡敵衆，政治上做到以衆擊寡」。

如果這一類「見道」之言，不只是說說而已，而是眞正要照着實行的話，則每一句話都有其應去實踐的內容，茲試論之，並特別來談談「政治上以衆擊寡」之道。

在武力上做到以寡敵衆，其實不難，這要看決心與勇氣如何，所謂戰志是也。在中國歷史上的有名戰役，並不是以衆敵寡，而大半是以寡敵衆；如淝水之役，謝玄以兵八千大破苻堅的百萬之衆，更是顯著的例子。年來大陸上天人怨，反攻機會業已成熟，因為政府當局的戰志不足，故海內外反共同胞多有怨言。今之國慶文告，似已有箭在弦上之勢，但千萬不可說了算數，又冷下去！

至於說在政治上以衆擊寡，則應該注重的是一個「擊」字！如果只是各地僑胞都有觀光團、慶祝團等到了台北，或者各地都當此節日有專電表示擁護政府，這至多只表現出一個「有衆」而已，並未能就算得「擊寡」。如果要這個有衆都能像抗日戰爭中那樣有力出力，有錢出錢，踴躍的捐輸與拾命，這纔夠得上說是擊寡，因為這一來，這有衆的力量纔眞的發揮出來，用之戰陣，並不徒用之於文字上。

然則，如何的使這政治上以衆擊寡眞的發揮出力量來呢？這也不難，無非先去眞正實行文告上反攻復國的信條：「不是敵人，便是同志」便得了！

不過，要眞正實現「不是敵人，便是同志」的信條，則首先要求於當權者的是，特別恢弘其度量，虛己以下人，不遑官威，包羅萬象！誠能如此，即民主政治也不難實現。因民主之義，不外自由、平等、博愛三者而已；當權者的度量果能恢弘起來，則至少言論的自由可以開放，不獨海外，而且台灣，言者無過，聞者足誡。再能虛己以下人，則除作惡多端，至死不悟的共黨首要外，凡為中華民國的愛國民衆皆同為一體，作平等觀；其間並無不受批評，只須擁護的特權階級的存在。更能不遑官威，則軍警特務乃所以對付敵人，而非用以對一致反共的同志者；同志之是否忠貞，乃在其反共復國言行上的誠意與實幹，而非在官場勢力趨赴下的表演與雷同；在此一義之下，智勇辯力之士纔感到確能發揮其所長，而樂於為國家、為戰鬥去效死不悔！

寫到此地，往事忽上心頭！全面抗戰初期，日軍壓境，全民憤慨，在有敵無我，有我無敵之下，當時今之當局曾感到，這一長期的全面抗戰，不勝不休，因之，自廬山會議，起直至退守西南止，四年之間，却能開誠的與在野黨派及無黨無派平等合作，確是辦到了「不是敵人，便是同志」的信條；即以國民參政會這一戰時民意機關的第一屆參政員而論，名額二百，政府黨只佔八十名，在野黨派合佔五十名，無黨無派佔七十名；即此一點，已表示出政府當時並無包辦把持之意，而有以衆擊寡之誠！並且當時最高當局對在野黨派及無黨派的參政員甚為信任，不但對其坐而言，每多虛己以聽，不嫌其忤；而且請其起而行，對於徵兵征糧，募集公債，與乎監督前後方的軍風紀，均付以重託，為伸民隱，而妨阻一切貪污違法之事。

抗戰之初，前三年中，朝野合作，軍民鼓舞，盛況空前，絕非偶然！然而一旦日寇被阻於虁門之外，遲遲無法再進，當局的坦白胸懷漸變為狹小氣度，於是全民合作的一致對外之局，竟在特務監視之下，成為朝野互相猜忌之勢；黨權高漲，民意難伸，我那時（民三十左右）雖仍在大後方川康兩省為徵兵征糧，跑個不停，然而被「中統」分子隨時追躡其後，儼如芒刺在背；令我發現之後，不能不向張岳軍、陳布雷、陳立夫諸位爭論，且向蔣先生力言，此種特務刺探工作者之言行，除化同志為敵人之最大作用外，於抗戰建國只有百害而無一利也！

以抗戰末期比之抗戰初期，除中共自來別有用心外，朝野團結精神業已相差太遠，政府黨的主持者對在野黨已在處處設防之中，而為美國主張所影響，為堵塞中共宣傳與發展，又要行憲！行憲而召開國民大會，能辦選舉的地方，讓人民公開競選而已；不能辦選舉的地方，由政府設法遴選而已；從坦白心情去觀察起來，這並不是一個可怕的非常之舉，因為民國元年就已公開舉辦過。不料政府黨的主持人乃怕得要命，死死勒住選舉不放手，想盡方法，禱張為幻，硬要弄到「抬棺材」！這不但對野黨化友為敵，而對本黨也使多數同志變為敵人，反予中共以可乘之機，而民主主張因之反為世所詬病，是豈民主憲政之過，乃主持者太不相信別人，而只圖自己一黨以至一派包辦把持，結果債事誤國耳！

陳立夫先生近日已在紐約向左舜生兄太息：「同是天涯淪落人」，此一心情，我能了解；我還寫出前面一段來，並無意向他個人算舊賬；因前事不忘，後事之師；柄國鈞者，要團結大衆，則心懷總得坦白一些，度量總得恢弘一些，如心中只知有本黨本派，而口裏再天天說團結，叫合作，則以居高淩下之勢，處處設防之中，不是思想有問題，便是批評無善意，分別既多，所能團結到手者，只是雷同相從之輩，自少拼命向前之人，此云有衆，豈能擊寡！五一、十、一五

古巴問題與世界大戰

古巴正在嚴重地困擾着美國

許子由

「柏林與古巴」，已被列為相持並論的問題。這並不是說，這兩者之間有什麼重大互相的影響，而是它們的重要性，差不多可以媲美。

柏林足以引起世界大戰，已成定論；誰說古巴不能引起世界大戰呢？

這一說法，絕不是為赫魯曉夫的恫嚇張目。赫魯曉夫雖多次強調：「美國若攻古巴，即可引起世界大戰」。但任誰都能看得出，赫氏這一空言恫嚇，只是要使美國，對解決卡斯特羅政權發生遲疑。如果美國實行對古巴弔民伐罪，赫魯曉夫也還是只能隱忍的。正如艾森豪眼巴巴看着布達佩斯被屠城，心中雖萬分不快，但在行動上反而採取嚴格不干預的壁上觀態度一樣。

事實上，這世界有的仍是「勢力範圍」。古巴的屬於門羅主義的範圍，正如匈牙利之仍是鐵幕內國家一樣。

蘇聯如果蓄意要世界大戰，它不必拿古巴做藉口才發動；蘇聯如果還不想要世界大戰，即使美國捉住卡斯特羅，交給古巴流亡份子像殺害納基一樣處死，蘇聯也不會對美國有任何軍事行動。

而在現階段，蘇聯不希望世界大戰太早爆發的，在軍事、經濟、社會健康等許多方面，共產社會還不及這個被宣傳為「腐爛了」的資本主義世界。蘇聯不但難操勝算的左券，而且很可能敗北。

「不打無把握的仗」的共產黨，在可以預見的將來，不願發動大戰。為古巴而戰，更是師出無名，蘇聯與中共即使如何狂妄，也不致認為本身有資格有能力武裝干預世界任何國家。

蘇聯的世界大戰觀，毋寧是長期的、「鬥爭的而非戰爭的」，所謂「和平競賽」，就是蘇聯用來避免（或延緩）世界大戰、代替世界大戰的掩眼法。其實「和平競賽」並不和平，十多年來，有不少外國支援的所謂「內戰」，有多國參與的「局部戰爭」，有美、蘇空投軍火的游擊戰，有滲透、顛覆、政變，多種的花樣，成為兩大集團世界性鬥爭的具體表現，它們正代替世界大戰，不斷地被發動，不斷地在擴展中進行。

如果把這些鬥爭的成果羅列起來，便可以看出是誰多有了收穫。杜魯門主義曾在希臘土耳其戰勝；西德空運解除了柏林之圍，韓戰打成平手，都收到「遏阻」的效果。可是中國大陸的變色，越南十七度北的割讓，伊拉克政變嚴重打擊巴格達公約，運河事件使中東失去平衡，寮國勉強的休戰，削弱南越剿共地位也造成東南亞公約徒具虛名；這些都是西方的「負數」。由政變而產生的卡斯特羅，還不過是其中之小者。

不過古巴距美國只有九十英里，且是個小國而又屬於門羅主義的範圍。更加上蘇聯明目張膽地對古巴軍援，還在「漁港」的名義下建立蘇聯基地。它對美國的刺激，反而比其他重大事件更形激動。美國朝野不少要求進兵或海軍封鎖的軍事行動，就是因為古巴影響美國的面子，太過厲害，古巴赤化對美國的安危，太為迫近。

美國政府對於古巴問題的憤激，實際上也不下於朝野那些主戰之士。「我們是大國，我們將採取我們認為必需的行動！」——魯斯克對赫魯曉夫「大戰」恫嚇的答覆，不能說沒有包含着憤怒，當然也說明了「如需進攻古巴，將不理會蘇聯恫嚇」。但奇怪的是美國政府雖然已獲國會授權徵士兵及必要時使用軍隊，却好像只作為一種嚇阻的姿態。美國本身反而承認蘇古軍援屬「防衛性」，而對蘇古的警告，只是古巴不得向南美輸出共產主義，不得威脅美在古基地，巴拿馬運河區，及飛彈中心坎納華拉角。若果南美諸國有顛覆侵略來自古巴，美國將採「必要行動」。如後三者涉及美國本身的，美國則將「迅速反擊」。

可是任何人都會知道，蘇聯的軍援古巴，建立「漁港」基地，決不是立刻把所有飛彈和太空船搬過去，就近與美國決戰；古巴正在自顧不暇，也不能在短期內向南美諸國顛覆侵略。他們只不過是看着美國可能容許，就乘機設備起來，以為他日之用。日積月累，到「軍援飽滿，古巴人民全被裹脅，卡斯特羅力量充足的時候，它的作用和出路就只有一條：侵略南美，威脅美國。

美國誠然是「一個大國」，以她戰後澎湃的力量，足以保障世界弱小國家而有餘。但自韓戰中自己定下「不打最後勝利的戰爭」——麥克阿瑟評語——以來，在越南因沒有英國的共同行動而退縮，在寮國因係叢林戰而畏葸，然而仍不得不在南越從事叢林戰，但依然自己綁自己地把戰爭限於防堵，不知勝利何日？現在又把古巴看成「蘇聯人軍事泥沼的陷阱」了！

不錯，蘇聯確是在世界各地在挖泥沼，等待美國陷了下去。但如果美國早加制止的話，許多泥沼就不會挖成功。如果蘇聯挖了一個，美國就避開一個，蘇聯必定一直挖下去，直到美國陷落。即使美國進攻古巴，也絕不會引起世界大戰；但如果美國對解決古巴問題畏縮，它就是世界大戰的根源。（十月八日）

我對中共印度邊境衝突的看法

劉裕畧

中共與印度在中印邊境的衝突，現在已是惹起全世界共同注視的新聞了。根據最近的消息來看，這一衝突仍在繼續發展，且有立即演變成中共與印度之間的大戰的模樣。但我的看法則認為在明年夏季之前，中共與印度之衝突，實無演成大戰之可能。

中共與印度的這一衝突，遠因是由於中共進軍西藏，迫害藏胞，大批藏胞組成武裝，起而反抗中共，跟即逃往印度。隨後，達賴喇嘛亦被迫逃往印度。印度既按國際法收容了逃入印境的藏胞，又極有禮貌的庇護了達賴，於是，中共與印度形成了正面衝突。中共並進一步派軍進駐中印邊界。從而在中印邊界形成雙方的對壘。

近因是印軍前哨與中共邊防部隊之前哨發生槍戰，雙方各執一詞，各自指責對方挑釁，於是，邊境衝突遂有由哨兵戰擴大為小型戰之趨向。據中共新華社十月十日發出報導說：「在中印邊界東段非法侵入所謂麥克馬洪線以北扯冬地區的印軍，經過八九天準備之後，並猖狂的越過克節朗河，侵入扯冬西北地區設立據點，擴大侵略範圍，並連續地發動武裝進攻。九日，印度侵略軍越過克節朗河上游，在河的北面的扯冬附近設立了據點，並於十日上午九點二十分向我扯冬附近邊防部隊發動進攻，打死打傷我邊防部隊十一人。我守衛在扯冬附近的邊防部隊，被迫進行了還擊，戰鬥還在繼續進行中。十日九點四十分，盤據在扯冬的印度侵略軍，還向我守衛在自采的邊防部隊開槍挑釁。上述情況表明，印度侵略軍已經由連續武裝挑釁發展為武裝進攻，使這個地區的形勢，更加惡化。中國有關當局正嚴重注視這個地區形勢的發展」。此外，中共又說印度正在對中共準備發動有限度的進攻。

在此情勢下，中共則一面向印度提抗議，一面下令中共邊防部隊備戰，另一面則叫印度派代表團於十月十五日到北平作無條件的談判。從表面上看，似乎中共有意循談判之門解決問題。實則，這却不過是中共根本無意談判，但又要將拒絕談判的責任擺在印度頭上的一種宣傳詭計。因為，印度與中共間彼此之地位原本平等約。印度既非戰敗國，又非中共之附庸或藩屬，中共怎能儼然以上國自居，隨意自定地點時間，而叫印度派代表團於中共所指定的十月十五日到北平來談判？而且，還要作無條件的談判呢？印度又怎能接受這種無理且又帶有侮辱性的和談邀請呢？印度不派代表來談和，中共便自以為在宣傳上振振有詞了，這是十月十二日以前的情況。

正因為印度必不能接受中共的這種指定性談和，所以，印度除了根本不派代表到北平之外，更聲稱印度不能接受投降式的和談。惟其不能接受這種投降式和談，所以尼赫魯就在十月十二日正式宣稱他已下令印軍，要將中共軍隊驅出印度領土之外了。此外，印機又一再出動偵察拉薩，印機甚至還把印軍空投在印度前線。而全世界也就因此傳出中共與印度之間即將爆發大戰的消息了。

在此情勢下，我之所以仍然認為中共與印度之間目前不會發生大戰，則因中印邊境目前實仍缺乏爆發大戰之條件之故，這裏所謂大戰條件，乃指中印邊境之戰鬥空間與戰鬥時間而言。

我們曉得：任何一場大戰之發生，兵員與戰鬥地域都是必備的。戰鬥地域即是戰場，即是戰鬥空間。沒有兵員固然不能作戰，沒有空間也一樣不能作戰。因為兵員正像演戲的角色，戰鬥空間則像演戲的舞台。要把一齣精彩的戲劇排演出來，演員與戲台都不能缺。以中共與印度來說，中共統治着六七億人口，印度亦擁有四億左右的人口，兵員正自不成問題。但中印邊境却是高山峻嶺之區，且恰巧以世界最高峯喜馬拉雅山為界，不但交通不便，而且人烟稀少，根本不能容許大兵團之運動與展開，而大型戰鬥之爆發，必以容許大兵團之運動與展開為前提，而中印邊境無此條件，所以，雙方不可能在中印邊境展開大戰。必也其中一方先進入對方之境內始可形成大戰，但這不是任何一方目前所能辦到的事，所以，戰鬥空間便制約了中印邊境之大規模戰事的爆發，因而它們的衝突便最多只能由哨兵槍戰演變成小型戰。

何況，到了最近期間，時令又有了轉變。天候已由秋季轉入冬季。而中印邊境之嚴寒乃世界所聞名。那裏不但拔海甚高，而且冰天雪地，根本不容許任何部隊的長途活動。它比之蘇聯境內之冰雪更兇惡，俄國雖以寒冷與冰雪著名，但仍根本不能與中印邊境喜馬拉雅山附近地區之寒冷程度比。況俄國境內交通發達，並非喜馬拉雅山式的高峻崎嶇，故拿破崙可以征俄，希特勒也可以征俄。而中共與印度，則都是科學技術落後及經濟生產落後的地區，嚴格一點說，中共也好，印度也好，實在都沒有在中印邊境的冬季冰天雪地中打一場大仗的資格。所以，我敢斷言明年夏季前中印邊境決不可能爆發大戰。正因為中共與印度目前不可能在中印邊境展開一場大規模的爭奪戰，所以，印度要想把中共驅出所謂印度領土之外，事實上，便也不可能。尼赫魯明知其不可能，所以他才又說他雖已下令印軍驅逐中共軍，但自謂不知何日始能完成。

據十月十六日的消息，印度總統普拉薩已呼籲中共軍隊自動撤退，尼赫魯則於十月十五日在錫蘭重申中共不撤兵，則印度即不與中共談判之決心。但中共會自動撤兵嗎？除非中共內部發生突變，除非印度與中華民國結盟以軍事夾擊中共，否則，中共是不會從中印邊境自動撤兵的。

最近留美學生及華僑的動向

——答黃宇人先生

謝扶雅

本刊二一二號黃宇人先生所寫的「留美學生開始動了」那篇文章，給予這裏的留學生和華僑無限激勵。照我所接觸到的，海外首先要求並喊出「反攻大陸」的吼聲的，要以旅美華僑為最焦急。十三年來，他們曾期待着台北飛速出兵，為大陸上的眷屬戚友解救倒懸，好讓他們快快回鄉團聚。然而耐心忍候有其限度，等到他們發覺國民黨政府實無誠意，無決心揮師西指，他們就絕望，痛憤，而希望另有一群血性志士能直接發動大陸的革命起義了。有些人更移其憎恨於蔣經國，認為他是台灣今日的最大禍根，這都無非表明華僑的單純而率直的性格。華僑為革命之母，亦素來講究義氣，洪門『忠誠救國，義俠除奸』的口號，一直流行。他們深信大陸上一班忠義同志，時機一到，都會聚集在反共革命的大旗之下的。

當然，這裏也有個把「御用」僑領，但在一般華僑青年以及留學生間，全不發生任何「領」的作用。至於這一代，即較年青的留美學生，雖然大多數都有父母或伯叔輩在台灣做事，都持有國民政府的護照，但他們對於蔣家政權通統是失去了信任的。他們現在所唯一顧慮的，只是台北當局如把他們的護照取消，就不能不被美國的移民局撥解出境，而回台灣就縛；所以他們如作反蔣或其他政治活動，就不敢用真姓名。僑胞中也不免有所顧忌。然而這些外來的逼迫和威脅，反倒增熾了內在的憤火和熱情。像海外論壇六月份裏所發表的加大學生十一人聯合宣言，只是革命大潛流中所湧出的一個小波浪。我剛為該刊十月份寫了「辛亥革命東京回憶」一文，說到辛亥五十二年後的今日，海外發動革命的策源地，不是在日本的東京，而是在美國的紐約了。至少由留學生的人數統計，當年東京有近萬人的中國前進知識分子，目下的留美學生，未畢業和已畢業在此做事的，就合成了大約這個數目。所不同的，從前東京的革命力量頗為集中，而今美國的留學生散播於殊為寥濶的四處地帶，大舉集合不易，縱然航械電話還是有很迅速的交通。

因鑒於近年大陸的全面飢荒，人心思變，山雨欲來，我們切感不容更徘徊坐失良機，所以這裏一些熱心愛國而崇尚民主自由的新舊僑胞們，透過港澳近年自大陸出亡的一批志士，與國內各地抗暴義士，暗暗結合起來，組成中華革命軍；議定：（一）政治民主（二）經濟衆有（三）文敎自由三原則，以復國建國為其莊嚴的使命；把大家商決草定了的討共檄文，由精幹機警的同志，帶到及分播至大陸各地區，分別組織小單位，滲入中共各種軍政機關，以待時機成熟，一齊起義，各方響應，遍地開花。我們不怕在這裏公然露布，因為我們的結義弟兄，滲透在大陸各機構裏工作，都表顯出非常積極前進，你決分辨不出誰是忠實共幹，誰是革命同志。小單位弟兄們彼此相通的暗號是練熟了的；不過甲單位和乙單位等等，並不接頭，以免遭一網全部成擒的後果。革命軍的大本營是在美國，而前哨基地則有多處。日本是北翼，星馬是南翼，都已成立了我們的分部，一齊指向大陸挺進。這是中華革命軍的大體陣容。

較長一輩的留學生，對美國民間，國會，和行政當局，都作了親切的接洽。從前美國朝野都相當重視毛澤東，並素懾於我大陸廣士衆民的潛力。但信奉實驗主義的美國人，目擊現今毛共政權下的經濟大崩潰，難民逃出浪潮，皆已逆覩國內革命之可能性很高。他們只熱誠地問我們隊伍當中誰是「孫中山」。我們答復：有名的「孫中山」要到相當時機來到才被簇擁出來，但無名的「孫中山」，則幾乎到處都是，或在大陸，或在海外，或就在這裏留學生中間。我們並不央求美國代我們出兵，我們只要求她幫助糧食。而這美國有的是過剩的大批米糧，真所謂惠而不費。今日無論民主黨或共和黨，皆無不有志於爭回大陸中國。美國兩黨的政治首腦，都在我留學生密洽之中。不煩他們的任何軍事動作，而可以為其一舉爭回大陸中國，任何政權也是最樂意和我們携手的。

現在我可以確實答黃先生說：的確，留美學生開始動了！

辛亥革命五十二週年前夕
自紐澤西寓

台灣應愼防「兩個中國」活動

余思明

美國的「紐約時報」，對蔣先生的雙十演詞，很快地就有了反應。但是這種迅速的反應，看來只能說是一種對蔣先生的刺激，而不能說是一種鼓勵。

蔣先生在他的雙十節演詞中，曾謂將予大陸的反共游擊隊以空投物資的支持，針對這項承諾，「紐約時報」認為較過去之呼籲起義是進了一步。但是它說，「如果反應很少，這就難望美國支持此事，而且更足見兩個中國是解決這個問題最合理的辦法。」又說，「如果這種反應果然是廣泛的，蔣介石就必須憑着美國所允諾的供應品及空中援助乘勢前進，而美國對蔣介石的空軍違反目前美國在台灣海峽主持的暗中休戰的襲擊就必須決定其態度。」「但是如果蔣介石的呼籲在大陸激不起反應，這便構成極有力的反証——正如外界人士早已見到的——表示蔣介石對大陸人民並沒有什麼吸引力，這樣，蔣介石回大陸的希望，便很少了，同時也難希望美國對他這種計劃有什麼援助。」

在我看「紐約時報」的論調本不值得重視，儘管公認其言論有時是反映了美國官方的態度。重要的問題還是在蔣先生是否眞能言出必行。從樂觀的方面去看，蔣先生如眞能行動起來，使大陸上的反共形勢出現了新的面貌，美國就不能再繼續坐視下去；反過來說，沒有行動，只有承諾，那末大陸上就不可能發生廣泛的反應，美國固然是繼續以其實力維持台灣海峽的休戰狀態，而國際上的「兩個中國」的暗流，就將逐漸激盪下去，最後的結論也就是可以想見了。

就目前的形勢看來，可說是非常的好，用一句現代的話來說，不僅是「人心思漢」，可以說是「人心歸漢」。大陸上逃亡出來的人也說，當人們飢餓時，大家確是想到往日蔣總統在大陸上的日子好過，但是這麼多年了，台灣一點動靜也沒有，大家儘管心裏恨共產黨，也只能恨在心裏，不敢輕舉妄動。

從搞革命的角度去看，一方面固然須要審愼，但是更重要的是要大家能夠眞心覺得成功在望了，才會產生出行動的力量出來。現在形勢固然不錯，可是當權派缺乏行動的勇氣與能力，即使是從鼓勵大陸人民起義，組織游擊隊反共這一點說，也顯示進行得遲了，何況現在仍不過是隔海倡說，並無實際的行動，事實上這類行動是必須加以有效的領導的。

「紐約時報」社論的態度，可以說也是針對這一點而言的。當然，就其全篇言論的觀點來說，是不能令人折服的，因為這種觀點是先決定了結論（「兩個中國」）之後才產生的，這也是任何中國人不能苟同的。「紐約時報」的社論中，予人一種印象，即美國在台灣海峽所努力的，就是促成雙方「暗中休戰」，而長期的「暗中休戰」的狀態，事實上又做成了「兩個中國」的態勢，儘管美國的對華政策對此尚未有正面的表示，但這種態勢，卻使國際上的姑息主義分子，認為美國已在事實上進行「兩個中國」的工作，因此國際上「兩個中國」的活動，也就愈來愈積極了。

有人說，台灣現在雖有一個中華民國，但事實上已成為美國的「基地」。從全球反共的觀點來看，此時此際這樣的爭論，是毫無價值的，因為以今日的台灣和二次大戰時的英國來比較，如果說今日的台灣是美國的「基地」，那末當年的英倫也是美國的「基地」了。不過，當權派如果再繼續不能有突出的作為，不能在反攻工作上直接而有效地推進，而必須靠美國的「暗中休戰」來保持台灣的安全，豈那樣長此下去，是久存之計。

反攻的問題，發展到現階段，已經不應再是繼續空談的時候了。蔣先生今年的雙十演詞，雖比往年要前進了一步，可是就實際情況相對照，距離行動，還有一段相當長的距離。對於這樣的問題，原本是不預備多談的，因為明知多談無益，可是當看到了外電報導了「紐約時報」的社論之後，深深感到「兩個中國」的陰影已日益擴大，對中國的壓力也日漸增加，因此更加覺得這時候，蔣先生要能以實際的行動來面對現實，而不能再繼續空言高論了。

創制複決兩權論戰復起

靜吾

（台北通訊）自三屆非法總統選出後，關於國大代表爭取提前行使創制、複決兩權的醞釀，表面上似乎暫時告一段落；實則一步一步的走向更尖銳的發展。因為當時蔣「總統」為求達非法連任目的，自不能不對於國大代表們的要求作某些讓步，藉以交換他們的選票；而國大代表們也看準了如不利用此一有利形勢，為自己的利益作長久的打算，則一旦非法總統選出，慣於「過河拆橋」的蔣「總統」必然又將棄他們而不顧。因此，他們在未選「總統」以前，即提出兩項要求：其一：為提高待遇與立監委員同等；其二：為提前行使創複兩權。關於前者：他們並非不知依據憲法規定，國大代表六年才開會一次，因而除於開會時得支取交通出席等費外，平素自不應如終年均須開會的立監委員一樣有固定的薪給；關於後者，他們更知道無論依據憲法的規定或中山先生的遺教，創制複決兩權的行使均應從縣級開始，如今地方自治尚無一縣完成，作為國家主人的人民尚未有機會行使這兩個權，久已過時的國大代表又焉能越殂代疱？但因為今日的台灣，大家都深感國家和個人兩無前途，於是，自然而然的走向自私自利的途徑，以圖暫時的苟安，蔣「總統」為了要做終身總統，以便傳之子孫，不惜違憲連任，國大代表們既無力維護憲法的尊嚴，拒絕他這種無法無天的行為；也就乘機混水摸魚，以求個人有所收穫。這是他們提出這兩項要求的動機。就法理言之，當然說不過去；但就人情言之，亦無怪其然也。

國大代表要行使兩權的由來

當年國大代表提出這兩項要求之初，當權派曾大為震恐；卒因他們非達目的即拒選「總統」，於是經過幾場打鬥和幕後交易以後，終由蔣「總統」親自允許對於他們增加待遇的要求完全接受；對於提前行使創制複決兩權的要求，則原則上接受，實施的步驟及日期，祇允於三任總統期間再召集國大臨時會議來討論決定。國大代表們為恐再一次受騙，仍不罷休；於是才有在三屆非法總統選出後由國民大會設立一個憲政研討會研討修改憲法各案，並規定於三年內提出報告。這並不是因為國大代表們對於行使兩權特感興趣；而乃是由於假如他們一旦放棄行使兩權的事不提；他們的既得利益，即無法維護。換言之，行使兩權是手段，提高待遇和爭取特權，才是目的。

本來，在法理上和中山遺教上，兩權的行使，乃是對行政權力的一種制衡作用；但蔣「總統」獨裁成性，厭聞任何對行政權力有所限制的言行。國大代表們為了避免刺激他老人家，乃宣稱他們要行使兩權，祇是對立法院的一種制衡，藉使該院不能對政府措施多所阻碍，而使政令得以容易推行。因為如此，立法委員們亦深恐自己已經很有限的一點權力再受限制，於是也就格外的顯得關切，而率先表示堅決的反對。

立委與國代展開論戰

九月初，憲政研討會經兩年餘的分組和綜合會議，關於提前行使兩權草案，業經擬定；乃進而廣泛徵求各方意見。若干立法委員即針對此一草案組成座談會，並推由薩孟武等三人起草一項長達三千言的書面意見，現正徵求該院委員簽名，然後公開發表。立委們根據學理，遺教及憲法，認為「此時此地，不宜由國民大會提前行使兩權」；並指出倘照憲政研討會所擬的行使兩權辦法草案，「不但理論與事實格格不相入，且尚須經過修憲，其影響國本及當前國家的利害，將何等的深切與嚴重？是非禍福，一念之間。」更說：立委們心所謂危，不能不言。

在立法委員座談會的消息見諸報端後，雖然立委們所提的意見尚在簽署並未正式發表，但國大代表憲政研討會於九月二十四日舉行兩權行使問題各方意見整理委員會第二次會議時，即表示強烈的反感。據聯合報的消息，雙方針鋒相對，業已到了劍拔弩張的階段，並說：國民黨當權派正在研究一項辦法，希望能夠予以緩和。

聯合報「請息兩權論戰」

聯合報於本月四日發表一篇「請息兩權論戰」的社論，首述：「國民大會應否立即行使創制與複決兩權問題，現又再度成了報端的熱門新聞。國大代表的憲政研討會和立法委員的座談會正分別部署，大有短兵相接之勢。」繼指出：「兩年半前國民大會討論此一問題時，內部也曾引起激烈的爭論，經過執政黨中央的疏通協調，終於通過「在戡亂時期未終止前，得於適當時期由總統召集國民大會臨時會討論兩權的行使問題」。」該報解釋此一決議無異授權總統決定應於何時召集國大臨時會議來討論此一問題。現在既無召集國大臨時會議的跡象，該報認為「國大與立委竟為此展開論戰，豈非枉費精神？」社論又說：「國大代表研討憲政，可以研討的大題目甚多，而獨對行使兩權製成草案，發動宣傳攻勢，主張提前行使，跡近逾越職權。而立法委員既不採取見怪不怪，其怪自敗的態度，又不以人民一分子的身分發表個人意見，竟然以立法委員對國民大會行使兩權問題座談會的方式廣徵簽署，集體反對，也不免有小題大做之嫌。」社論最後呼籲：「此時此地，反攻為先，兩權論戰應即停止。」

聯合報的呼籲，頗可代表一般老百姓的意見。可是，蔣總統為了一人一姓的利益而違憲連任，既已許下了諾言；國大代表們為了確保自己的利益而力爭行使兩權，立法委員誠恐自己的既得的權利遭受損失，起而抗衡，正是上下交征利的必然結果。該報儘管呼籲，倘若當權派不給予國大代表們以若干實際的利益，他們決不肯輕易罷休的。

台灣簡訊

志清

一、蔣「總統」的雙十文告

今年雙十節，蔣「總統」又照例發表一篇很長的告全國軍民同胞書，裏面說：「全民革命，全民復國的時機已經成熟。」又說：「國軍反攻準備業已完成」；但對於全國人民所渴望的反攻問題，僅說：「政府將從空中、海上、敵後，給予所有反共民衆、反共組織以旗號、械彈、裝備、糧食均優先支援；中正並將立即督率台澎金馬的國軍將士，來和一切反共革命的隊伍、反共革命的志士仁人，携手會師，對匪合圍。」此外，其中有一條是：「依循憲法規範，賦予人民宗教信仰、學術研究、集合結社、居住遷徙的充分自由。凡參加反共工作的政治集團，民間組織，不論過去政治立場如何，一律循憲法規範享有平等合作權益。」有一位監察委員說：蔣「總統」如能在台灣首先實施，人們就可相信他言出必行了。可是，事實上今日的台灣，人民既沒有遷徙，特別是入台的自由；而為了着手組織新黨，雷震還遷空被扣上一頂紅帽，判處徒刑十年。蔣「總統」之所言如此，而其在台灣之所行又如彼，他這番甜言蜜語，又怎能使人相信？有一位立法委員更指出，蔣「總統」在這一條「約法」中並未提到言論自由，而其所列舉的各項自由，則不說「保障」而說是「賦予」，可見他在觀念上，根本認為人民的自由是由政府所賦予的，因此政府也就有權不賦予或收回了。

二、聯合報主張追究唐榮、殷台責任

聯合報於十月四日發表社論，主張追究唐榮案和殷台案的責任。畧謂：「政府的施政，不可能惠及於所有的國民；但是，假如有一項作法，只為極少數人獲得惠益，而為絕大多數人民所反對，其錯誤是不可爭辯的。像唐榮、殷台一類的事，政府有關官吏雖然曉曉善辯，可是社會上對此等問題的定論，却成了對政府的「不信任票」。在目前的政制與實際情況下，人民的反對也許缺乏對政府的約束力；但是民心的制裁，對於政府是更可警惕，而影響更為深長的。現在我們不擬再就唐榮與殷台等案說話，我們要問的是：政府的作法為了什麼？基於怎樣的要求，又顯示什麼政策？誠然，政府曾抬出過許多堂皇的理由，說是為了維持鋼鐵生產、吸引外資。可是，此等理由並不能便認作政府必須不權衡利害得失，不考慮成敗利鈍的盲目滿足唐榮暨及殷台公司的不合理的予取予求。任何一種投資，決然不能僅僅因為投資的理由而不顧到有無投資的價值與收益的。如果政府因為為了維持鋼鐵生產便以整個新台幣發行額三分之一去救濟唐榮（新台幣發行總額迄今為三十三億元，而唐榮廠的新舊債已達十一億元）；為了要吸引外資，便無條件的接受殷台的勒索，那要不是愚昧，便有令人難以理解的動機。因此，我們必須追究責任。政府施政的錯誤即使是無意的，事前不可預測的錯誤，都應有責任關係。何況唐榮、殷台等案，一開始便受到社會輿論的敦勸、質疑甚至於反對。政府在那個時候應該已有周全的考慮與策劃。現在事情已證明了當時大家反對的正確，證明政府措施之不當，這責任問題便不能不交代明白。我們的政治制度是責任內閣制，不可能對於如此巨大之事，沒有一個部或一個主管負其責任。應該有人秉着政治家的風度走出來担負責任，否則，政府必須叫應該負責的人去承担錯誤的後果。」

三、警察打死疑犯賠錢了事

台北市警察局迪化街派出所於九月廿九日捕獲一個在逃疑犯郭惠義，次日清晨即被發現浮屍於淡水河中，雙手帶銬，郭之家屬認為郭係被警局打死；然後棄屍河中，警局則說郭是帶銬逃跑，致被溺斃。經市議會提出指責及議長張祥傳從中斡旋結果，由警局為死者籌喪費及家屬撫恤金共九萬元，最初原擬責成警民協會出面募集一部份，繼以該會基層人員羣表反對，結果全部由警方自籌，並由張祥傳以個人身分先墊一萬元與死者家屬。

據市警局張局長在市議會答覆質詢時稱，該局對管區分局長及當日值日官以行政處分；至該派出所主管及逮捕郭惠儀的四名警員，則將以妨害自由罪嫌移送法院法辦。

四、兵團司令之子持械刼賭場

行政院陳院長於上週向立法院宣佈，大官的兒女在外不法滋事，更應嚴辦後。監察院於本月十一日舉行院會，決議推派委員調查警局處理本年八月間某兵團司令羅友倫的兒子羅文濤夥同其他不良少年持械勒索賭場案的經過情形。該案係由監委王枕華等三人所提，原案如下：

『據本年八月二十三日報載台北市警察局破獲不良少年持槍連續勒索賭場案，七名疑犯中包括老四海幫太保王春明、李可萍以及虎盟幫老大「小施」等持卡賓衛鋒槍及白郎甯手槍，乘吉普車連續在北投賭場勒索未遂，復在台北國泰旅社及新生北路二段賭窟內各刼走現欵四千元；並在國泰旅社勒索旅客一萬元。其中王春明及羅文濤被逮捕後，羅文濤一名，因罪嫌不足，被家長保釋。又據同日自立晚報載稱，因偵破四海幫歹徒聚衆持衛鋒槍搶刼賭場案，承辦該案之台北市警局已經遭受到強烈威力之壓迫。警方對於嫌犯等持以行刼之白郎甯手槍之來源均拒絕作進一步說明；刑警隊長羅仲銚並且說所謂搶刼賭場之衛鋒槍只是一只類似槍管上帶洞的改裝獵槍，根本就不是衛鋒槍。由刑警隊長之說話態度上看來，可以証實此一壓力之存在，和可能這件在戒嚴地區聚衆持械公然搶刼的案子，將就此大事化小，小事化無，不了了之。查嫌犯羅文濤，係第×兵團司令羅友倫之子，該羅友倫平時既不善盡父責，教育子女，致其子羅文濤夥同不良少年，連續持械搶刼勒索，案發後，復恃其權勢，以高壓手段，威脅辦案人員，勸令保釋並在報端作歪曲事實之報導，以圖推卸責任。蓋法之不行，自上犯之，我國過去在君主政治時代，太子犯法，尚且與庶民同罪，而不能享有免罰減刑之特權，現在我國實行民主政治，在法律之前，人人平等，達官貴人之子女犯法，自當依法懲處，而不能有所例外。最近行政院陳院長表示，對於要人子女滋事，如係不良少年，應先嚴予懲治，今羅友倫意圖恃其權勢庇縱其子，免受刑責，影響政府威信、法律尊嚴者至巨，應請澈查糾彈，以平與情而維法治。』

各委員對於羅文濤等不良少年，連續持械搶刼賭場及勒索旅客，市警局將他們逮捕後，復准為首的羅文濤、王春明兩人保釋，其家長顯有恃勢勸保之嫌，市警局亦難辭枉法循情之究，均表憤慨，經一致決議由國防委員會推派委員一人，內政委員會推派委員二人會同進行調查。

五、亞洲史學會選舉會長有波折

在台北舉行的亞洲史學會第二屆大會於本月九日閉會後，大會發言人張隆延曾招待記者，宣佈我國出席該會之代表團團長張永貴教授已當選該會第二任會長，代表團代表之一的陳奇祿，已受聘為該會的秘書長。但次日，該會第一任會長亞培拉博士又致函各報社，據稱：該會第二任會長現正徵求當選人同意中，一俟接受，即將儘速宣佈。並說：除會長外，九日選出的新人，計有第一副會長亞培拉（菲律賓），第二副會長張永貴，第三副會長蘇蒙耶狄（泰國），秘書長崔廣寧（新加坡），執行委員會主席哈利生（香港）。

又據十二日聯合報載：我國中央研究院院長王世杰於十一日晚向該報記者說：他已同意出任亞洲歷史學會第二任會長。

嘉義市長的紅包案

孔亮

（嘉義通訊）嘉義民選市長蘇玉衡因虧空公欵三百餘萬元，以致員工薪津無法發出，市府行政陷於停頓，卒被省府明令停職，並移送嘉義地方法院檢查處偵辦。

自蘇玉衡被法院扣留後，外間傳說他所挪用的公欵，其中有為數頗為可觀的一部份，係作為紅包，送給地方有力人士。若干曾收受紅包的人物連日紛紛與蘇妻接洽，希望蘇不要將他們的姓名供出，有的還將紅包退還。

縣府補助費要收回扣

報載：本月四日蘇玉衡在地檢處已供出一筆一百廿萬元的用途和受欵人名單，其中包括嘉義縣政府的五個高級人員及十六個市民代表。據蘇玉衡的供認說：市公所因財政困難，除東挪西借而外，唯有向縣政府爭取補助。但縣府的助補欵却必需交付百分之五的回扣，始能領到。起初他還不相信，後來屢請補助不得，他才透過一個鄉鎮公所，找到門路，如法行事。他記得有兩次數目較大的補助欵，曾按百分之五的比率，付出約三十萬元的回扣。這筆錢係由縣政府財政科普通財務股長郭達城經手。當時郭建城曾告訴他說：此欵並非一人獨得，尚需分給縣長黃宗焜，機要秘書江炳焜，財政科長伍曰藹。蘇玉衡又供稱：由郭達城經手的回扣，祇有他自己和市公所財政課長鄭橫兩人知道；希望地檢處即將鄭橫扣押，以免串供，因為他得悉，郭達城已向鄭橫保証，不會因市長案而使其失去現職。

縣長願接受調查

由於蘇玉衡供稱他向縣政府請領補助費時，要繳回百分之五的回扣與政府高級人員朋分，包括縣長黃宗焜在內。地檢處所獲的資料，又証實去年蘇玉衡擅自改建東市場圖謀不法利益時，縣府接到密告後曾派員調查，蘇即以紅包四千元送與黃宗焜，第一次經黃退回；但第二次送去時即未再拒絕。黃宗焜乃向往訪的新聞記者發表談語。他說：去年尾市公所無錢發給員工薪津時，向縣政府借支三十萬元。蘇玉衡恐遭拒絕，曾送紅包五千元，但他立即將蘇玉衡叫到縣府，當面將紅包退還，並加以勸誡。他表示願意接受司法機關的調查，以証其清白。

縣市政府有關人員多被扣押

截至本月十日止，因蘇案而先後被嘉義地檢處扣押的市公所職員，計有財政課長鄭橫，主辦支付處職員賴森林，出納員黃永樟，主計員蔡榮緝，助理主計員林清山，前任財產組長林茂釗及漁市場會計郭茂林等五人。縣政府財政科普通股長郭達城亦於八日下午被檢察官下令扣押，因而証明蘇玉衡所供向縣府請領補助費須付回扣一事，乃係事實。

反共愛國老婦人
携彈入拱北關炸傷共幹

陸　聞

（本報訊）近日以來，廣東境內連續發生爆炸，炸死炸傷共幹，炸損炸壞中共倉庫房屋情形，已連續發生多起，均已刋載本報。茲據確息：十月十三日中共設在澳門邊境之拱北關又發生爆炸。

由於此類爆炸近月不斷在港粵邊境之中共境內或澳粵邊境之中共境內發生，所以，中共已嚴加戒備，周密檢查所有旅客和行人。因之，從前只設一道關卡者，現已加設三道關卡。十月十三日發生之爆炸，則在距離澳門葡國防守駐軍僅五丈左右之中共拱北關第一度檢查站。當塲將中共邊防幹部一名炸傷，並同時將另一不知身份之人炸傷。而携帶炸彈者，則為一名反共愛國老婦人。

據目擊者稱：該携帶炸彈進入拱北關第一檢查站者係一年約五十餘歲之老婦。身體健旺，由澳門直入共區。炸彈則藏在行李內。共軍邊防幹部檢查行李時，發覺其中藏有罐裝物品，疑係炸彈，乃用力向遠處拋去。殊不知，此一罐裝物品，因被共幹拋擲而受震動，隨即冒出白烟，並即隆然爆炸。

爆炸時間發生在十月十三日上午十一時零七分左右。當時正有不少旅客進入拱北關之第一檢查站接受檢查。當此一老婦之行李被打開時，見其中有生油罐頭一個，立即發生疑慮。故將之拋擲丈許。但丈外拋擲之處雖係無人空地，爆炸之破片却仍然炸射回來將該邊防幹部之背部炸傷。於是，中共邊防軍乃將兩名受傷者立即用汽車載往石岐醫院留醫，而此一携帶炸彈之老婦人亦立即被共軍拘捕。

事件發生後，即有大批中共邊防軍開到拱北關，施行警戒，檢拾炸彈破片，並一一盤查所有旅客。由於此一爆炸事件接近澳門，故澳門進出拱北關之交通亦為停頓了一小時云。

中共勾結日本社會黨安保會

熊志文

日本社會黨安保會是日本社會黨左翼親共分子的小組織。最近，由於日本社會黨與日共在中立政策上發生了分歧，又因廣島及東京兩次禁核大會之衝突，日本社會黨中央已與日共逐漸疏遠，所以，中共便又揷手日本社會黨之內部矛盾，加强支持日本社會黨安保會，以分化日本社會黨，從而進行中共對日本之一貫陰謀。

對此，中共「中國新聞社」北平十月十三日電訊說：「中國人民外交學會代表團和日本社會黨安保會議員訪華代表團今天在北京簽署會談紀要」。「會談紀要說，目前中日兩國人民正在根據各自不同的條件和處境，同共同敵人美帝國主義進行着自主鬥爭。這是反對帝國主義的國際性的共同鬥爭，共同任務。所以這些鬥爭是相互支持相互鼓舞的」。

又說：「在會談紀要中，日本社會黨安保會議員訪華代表團表示：為了粉碎日美反動派和右翼社會民主主義者的陰謀，他們決心根據三條方針進行鬥爭。這三條方針是：正確地繼承和發揚淺沼精神，為廢除日美安全條約鬥爭到底，在發展這些鬥爭中促進日中兩國邦交的正常化。中國方面對此表示敬意，並且指出日本社會黨安保會議員訪華團這次訪問中國，為堅持和發揚淺沼精神和增進中日兩國人民之間的戰鬥友誼作出了貢獻」。從上述報導可以看出日本社會黨左翼分子實已投靠中共，而且在中共手裏領取了收買費，所以甘心作中共之走狗了。

海豐少女殺父奇聞

覺　迷

記得少時在學塾念書，讀至「吳起殺妻求將」故事，竊訝其薰心利祿，斥為忍人。不謂時至今日，在共黨暴政之下，竟有以一弱女子，受匪幹之欺騙，手殺其父，以求得一共產團員以為榮者，予近聞其事，認為曠古駭聞。因知共區之內，毒素所播，絕滅人性，忍心害理之事，不一而足。茲編所述，又九牛之一毛也。

緣有女子鍾秀英者，海豐縣汕尾鎮人，當在小學讀書時，受共匪地下教員宣傳，已心醉共產主義，其平日言動，早為父兄所不滿。及共匪佔據縣境，女即出而參加共匪工作，招搖過市，風頭十足，共幹常聳動利用之。當三反五反雷厲風行之時，有共幹翁域（翁亦為汕尾人，為一中學生，現任偽海豐彭湃中學校長）謂女曰：「吾人處此新時代，身為青年，應有驚人舉動，又必須加入共產陣營，始能為人稱譽，揚名於世。汝為女兒身，若能有所表現，出名當更為易也。汝為」女聞言，陸生虛榮心，躍躍欲試，因問翁將何以致此，並請翁加予指導。翁告之曰：「此事關鍵在汝身，汝能不惜一舉手之勞汝之成名，當可立致。」女不解所謂。翁因正色告之曰：「汝父為地方敗類，為時代所不容，政府將行繩之以法，死期在邇；汝今若能先向政府檢舉汝父之劣迹，大義滅親，予將力保汝加入共產青年團，一為團員，則名聞全國，前途光明，汝豈僅在汕尾一隅出風頭而已哉。」女時年僅十八，受其麻醉，如飲狂藥。於是乃向汕尾鎮公所控告其父，翁域教之也。共幹拘其父至，公審之日，女登台當衆宣布其父之罪惡，一五一十，如數家珍，即家庭閨房瑣事亦涉及之。一時台下叫好，掌聲如雷。女樂極忘形，面紅耳赤，共幹隨以手槍付之，令其執行槍殺。女喜形於色，受命不辭。（按之當日情形，縱女欲能亦不能，共幹必不許女臨陣退縮。）乃押至海灘執行，觀者萬人空巷，爭睹女之面目，女對父瞄準射擊，一發而畢其父之命。消息一播，哄動全縣，傳為新聞。女殺父之次日，乃向共幹要求履行加入共產團手續，並述翁域保舉之言。共幹責之曰：「汝知之否？予觀汝殺父之時，汝手顫動，汝眼角似有淚，可知汝尚有父女溫情存在，如此之人，尚不配為共產團員，汝宜再加努力，觀汝後效，再行議定。」共幹令其退出，以後女被鄉中冷眼看待，女受如此打擊，如夢方醒，既為里巷所共棄，無地自容，乃逃往廣州，過其飄零之生活。曾對予友張君言：共匪狠毒可畏，近之者如飲鴆藥，罔有不死，予以稚年受騙，竟至手殺吾父，追悔莫及。世人認清共匪面目，毋再蹈予之覆轍。又據鍾女又云：在同一時期中，縣屬一區謝道山鄉葉史卿之死，亦由其子親自執行槍決云。

×　×　×

僑鄉近訊

鍾之奇

中共才在福建開始水利設施

中共佔據大陸十三年了。在這十三年中，中共天天都在吹噓它的水利設施。但中共新華社却於本月十二日發自福州的一篇電訊報導中，透露了直到現在中共才在福建建立第一座電力排灌站。而所謂大型又不過只能灌溉面積五萬多畝農田。最使人奇怪的，是這福建的惟一一座電力排灌站，迄今並未建成，而止初步完成了第一級工程罷了。

對此，新華社十月十二日福州電訊說：「福建省第一座大型電力排灌站——漳州天寶電力排灌站的第一級工程，已於最近竣工。這座排灌站建設在漳州西郊的天寶附近。這裏地處九龍江畔，是一片冲積平原，也是水稻增產區和聞名的天寶香蕉產地。由於地勢低窪，過去這裏經常因旱澇成災，電力排灌站全部建成後，可灌溉漳州市郊和龍海、南靖兩個縣的五萬多畝田。其中第級一程竣工後，可以為一萬六千畝農田排澇」。究其實，中共吹了十三年的水利，也就不過如此而已。

海南島發現野生千年荔樹

早在兩年前，由於大陸饑荒，中共就已號召大陸人民向野生植物進軍。隨後，又將大批人民驅入深山叢林去自謀生活。為了研究如何利用野生植物起見，中共又派了許多所謂「科學家」組成所謂「科學工作隊」到各地荒僻之區考察。而進入海南島原始森林的一名工作者，最近則在海南島發現一片野生千年荔樹。

據中共「中國新聞社」說：「一位研究果樹資源的科學工作人員薛日輝最近說，他不久前在海南島找到一片野生的荔枝樹林。其中有不少是千歲以上的荔樹。他說：這些千年荔樹很粗，一人兩手竟圍不攏來，樹上還有青青的果實。摘下來，剖開一看，核很大，肉很薄，放進口裏則很酸。但是不要小看這荔樹，它們實在就是今天荔枝的祖先。海南島野生荔林的發現，證明了「荔樹原產華南」的說法確是有根據的」。

新會至古井公路修了三年

對於交通設施，如像對於水利設施一樣，中共是一直在大吹特吹的。實際上的情形，則常常出乎人們意料之外的糟（就工程質量而言），也常常出乎人們意料之外的慢（就工程速度而言）。十月十四日香港大公報刋登了一段中共「中國新聞社」的報導，題目是「新會至古井新公路通車」。表面看來，這是一條替中共宣傳公路建設的消息。但它的原文是「廣東新會縣城至古井沙灘的一條新公路，現已開始通車，這條公路，全長四十三公里，從一九六〇年初開始建築，今年十月一日正式通車」。

細讀之下，立刻可以發覺中共的這一條宣傳消息，是有着多方面的毛病的。第一，中共統治大陸業已十三年，然而直到今天才把這短短的四十三公里的公路修通，已經是修得太遲了。再說這條本來不過短短的四十三公里路程，但「從一九六〇年初開始建築，今年十月一日通車」，細算時間，却整整修建了兩年又九個月，換言之，即整整修建了三十三個月的時間才把這短短的四十三公里的公路修通，那末，平均起來，每一個月差不多只能修建一公里的公路了。工作效率之低，是異常驚人的。

廣州中醫學院畢業生到處拜師

由於西醫西藥缺乏，而大陸病人又多，於是中共只好多開辦中醫學院，以多培養中醫。但中醫學院水準很低，所以中醫學院各畢業生畢業後仍不得不分別拜師以求精進。據中共大公報廣州專訊說：「廣州市衛生局最近為廣州中醫學院十六名應屆畢業生舉行拜師大會，分別拜廣州十五名老中醫為師」云。

共黨烟幕下的寮國

一顆「定時炸彈」

何之湄

「墨瀋未乾」的寮國中立協定，已面臨嚴重的考驗。這項考驗是雙重的：其一是作爲日內瓦簽字國的中共與越共，是否願意履行此項協定？或許它們只是接受蘇聯的壓力，簽字在協定上而陽奉陰違？或者它們表面上承認協定的存在，而在背地裏樹植勢力，以準備下一回合的鬥爭？

這雖是寮國國外的問題，可是鑒於過去，外國勢力對寮國國內影響的深刻，因之，中共越共的意向，也就嚴重地影響到寮國國內三派的態度；這便是考驗之二，迄今爲止，「三頭馬車」的聯合政府，已經做過了什麼聯合的工作，是有助於所謂中立獨立原則的？反之，對於勾心鬥角，明爭暗鬥，又是在一種什麼情形下在進行？

西方在永珍和曼谷的觀察家們，感到「聯合的寮國」內外問題，千頭萬緒，曾經很慨歎地說：「寮國仍是一顆定時炸彈」，他將在適當的時候爆炸！這一說法，深得曼谷泰當局的同意，泰國對於寮局，自始至終即不抱樂觀的態度，而只是加強東北邊防的軍事警戒，以及防止顛覆的措施。因爲在寮國「和平」聲中，國際共黨將在泰北建立地下共黨政府的情報，反而頻頻傳到，那麼，「和平」也許只是一項烟幕？

「沒有越共」之謎

外軍撤出寮國問題，似乎已成爲一項僵局，把剛才簽訂不久的日內瓦協定凍結起來。協定原定寮國所有外國軍隊，限於十月七日以前，經由寮國三派所共同指定的出口處，離開寮國；並在離開時由國際監察委員會於出口處舉行登記。這項辦法決定之後，最先遵行的是右翼方面，由舊永珍彭庵政府所聘請的非律賓技術人員四名，作第一批撤出，在永珍機場舉行登記。其次是諾沙旺部隊中的泰國人員，他們有些乘機返回曼谷，有些渡河過泰境廊開。而大批的美軍顧問，在兩個星期的部署之下，也都全部實行撤出寮國，並完成向監察會登記的手續。南越政府的幾名代表，也與一批轉往西貢的美軍人員，同時撤走。

左翼方面所撤走的，只有六名中共人員，和越共四十餘人，據稱這些是應以前川壙政權的聘請而來的，而只是這五十餘人，北平與河內方面，便已宣稱他們「已完成撤退」。

那麼，在寮戰中協助左翼作戰，被稱爲「穿黑軍服」的「寮共」，那一萬幾千人那裏去了呢？傅馬總理認爲：「幾千人總是有的」。而蘇發努馮副總理卻說是「沒有」。當然，說「沒有」的說法不能令人置信，以前曾與越共作戰的部隊，以及俘虜左翼士兵的作供，都証實越共起碼有數千人在寮作戰。現在他們「突然消失了」。那除非是他們「去時與來時一樣」——秘密參戰而又秘密撤出？

泰總理乃沙立卻是認爲：他們大可換上平民服裝，而在寮國共區安頓下去。因爲越寮邊境的越共軍，能說寮語，面孔也與寮人一樣。

美國現已要求監察委員會對於此事展開調查，並指責中共破壞日內瓦協定。但中越共堅稱已完成撤退，更反唇相稽，說美泰人員於撤退之後，仍以平民身份進入寮國。

左右翼「防區」之間

指責是針鋒相對的，而實際上卻有雲泥之別，因爲以軍人身份集體撤退後，再有個別個人以平民身份入境，不但工作不同，並且也是合法的。不若越共軍的「集體消失」而實際上可能集體留駐，那樣性質嚴重。本來，這種事件應該可以查個水落石出的。可是監察委員會卻訴苦說：儘管赤王子蘇發努馮告訴他們，監委會的人員「無處不可去」。但實際上，在北部的「老共區」，寮國北越邊區，寮南走廊與南越邊區，這三個地區，監委會人們都曾遭受當地左翼軍擋駕。

這就涉及寮國內部問題了，儘管蘇發努馮與諾沙旺，在永珍一同會議，一同吃飯，可是左翼軍與右翼軍，卻仍然各有他們的「防區」，防區之間的情形，與戰線沒有什麼分別，一樣是哨崗密佈，守衛森嚴，發生衝突及射擊，也是老生常談，自從停火以來，「最少就有四十餘次」。

怎樣去統編軍隊呢？現沒有討論及它，也似乎沒有人想到。雙方都在加緊訓練，倒是事實。就在小小的永珍城中，左翼軍可以「自願自」地舉行永珍政變紀念，蘇發努馮在會上演說，強調他們曾經打敗右翼軍的「光榮」。這不祇是無意聯合，而且是懷有敵意的示威行動。

對於這類尊情，傅馬似乎不能阻止。如執掌外交的左翼份子強行認中共，迫走中華民國大使，[illegible]有要求諾沙旺[illegible]。傅馬正[illegible]整以暇地談論遷都琅吧喇邦，及準備訪問泰國求取諒解。

永珍右翼議會已通過諾沙旺的提案：「授權傅馬一年」以處理重要政務，這是右翼給予傅馬的有限期信任投票。傅馬能否約束左翼使之就範？中越共是否要叫蘇發努馮造反？這是誰都不能肯定的。

·曼谷通訊·

印度的「五隻手指」

（新德里通訊）

華宏

兩年前，當中共還未撕破了對印度「親善」面孔的時候，印度總理尼赫魯確曾天眞地墮入了周恩來的圈套，深信中共的所謂「和平共存」原則，是相當可靠，於是放下了對中共的顧慮，忽畧了邊防，而致其全力於國家經濟和福利的發展，於是緊接着第一個五年計劃和第二個五年計劃之後而進行第三個五年計劃，連整個國防政策，也暫時丟在腦後。尼赫魯這種措施，在表面上原是合情合理的，因爲印度自脫離英國而獨立以來，人口激增，根據一九六一年的估計，已達四億三千六百萬多人，成爲世界上三個人口最多的國家之一，這種人口衆多的負担，迫使尼赫魯不能不要以發展經濟爲當務之急，祇是他却忽視了國際共黨的侵畧陰謀，更忽視了中共就是國際共黨侵畧亞洲的先鋒，以致誤中了中共「和平共存」的狡計，迫至最近中（中共）印邊境的炮聲和槍聲一起再起，局勢日趨嚴重，尼赫魯才驚惶失措，急謀應付，不擇手段的拉攏着蘇聯，意圖憑藉蘇聯的勢力來遏制中共。但蘇聯原是向世界侵畧的主謀者，必不會獨厚於印度；將來印度勢必陷於「一錯再錯」的厄境，乃可斷言。現在，對印度和中共的「邊境衝突」的目前局勢暫且撇開不談，先來報導一下與「邊境衝突」有關的印度「五隻手指」的情況；這「五隻手指」對印度的影響也是相當重大的。

印度的「五隻手指」就是：（一）拉達克，（二）尼泊爾，（三）不丹，（四）錫金，（五）東北邊省。

拉達克是喀什米爾的東北腰部地區，人口約有八萬，是不毛的高地，有一個突出的山峯叢林，被稱爲「危險地帶」。印度和巴基斯坦在爭取控制喀什米爾的劇烈爭奪中，曾提出了拉達克的領土要求；因此，印度的防衛部隊，除了防範着巴基斯坦的軍事行動外，到了此時此際，更要注意到中共在這地區的動態。——不僅是對中共的軍事部署要處處提防，還要連中共在該地區的特務活動也要小心應付；尤其是在中共正和巴基斯坦進行着勾結聯繫的當中，更使印度政府爲之惴惴不安。

尼泊爾雖是獨立王國，但她在經濟上和軍事上都是實實際際地要依賴着印度的。換言之，這一個小王國是一向在印度的控制中。可是由於印度對這個小王國的野心邇來已越來越大，且常常支持着尼泊爾的叛徒反抗他們的政府；並容許尼泊爾叛軍以印度爲活動基地，向他們的政府進行突襲，因而引起尼泊爾王譞漢德的憤怒，而漸漸向中共親近。這一來，中共便乘機派出了不少軍事特工和政治特工進入尼泊爾。顯然，這對印度是具有極大的威脅性。尼泊爾國內，現有人口約九百五十萬。據說：如果把適齡的男丁徵召入伍，加以訓練，可以把現有的軍隊擴展至一百萬以上。印度方面，將來所受到的威脅當然更嚴重了。

不丹人口約有七十萬，號稱自治王國，而外交事務是歸由印度處理的，但最近中共却直接向不丹政府提出了經濟援助的建議，而故意把印度在不丹的「外交權力」丟在一邊。當然，這是中共有計劃地向印度搗蛋的；尼赫魯也看透了中共的陰謀，因此也趕着派出了一個小型軍事代表團到不丹去，控制着不丹的軍事。然而，中共的特務鬥爭一向是卓越而凌厲的，不丹境內的共特目前已向印度的軍事代表團人員施行逐個收買的政策，極可能在短期內使印度軍事代表團陷於瓦解。

錫金是印度的保護地，人口約十四萬。最近，這一個彈丸地區也已接到了中共「直接援助」的建議；同時，錫金境內也漸漸增加了不少來自中共大陸的華人，他們負有怎樣的任務，雖一時未能詳悉，但不利於印度，自可斷言。

東北邊省人口約四十五萬，名義上是屬阿森姆省，但她與印度其他地區是幾乎完全隔離的，且在政令上向由印度的中央政府直接行使，其情形是顯出有點特殊。目前，中共的特工已滲入了這「特殊」地區而挑撥着當地土人反抗印度中央政府的政令了。

在中共和印度的「邊境衝突」惡化當中，現在已可以看得到這樣的事實：中共是在加緊利用印度這「五隻手指」來困擾印度！

焦文姬（二）

（版權保留）　黎明

滿尙智：不敢不敢！請！（拱手）（旁白）唔，這就好了！這就好了也啊呵！（樂得骨酥介）

店家：（仿尙智聲調）白食定了！白食定了也啊呵！

滿尙智：店家！（傲然地）

店家：相公！（禮貌地）

滿尙智：小生餓了；開飯！

店家：啊，是是，相公隨我來！（同進大門）（移）。

第二場：

景：焦家廳堂，左爲大門，中爲掛有布幔可通後堂的圓門。室內陳設富有北方中等家庭的樸厚氣。門外路邊，積雪成堆，表示已經人掃過，

時：除夕的前一天中午，雪霽天晴。

人：焦大郎、焦文姬、小三、青箱、滿尙智。

（焦大郎據案獨酌，小三旁侍。）

焦大郎：（忽然想起一件心事似的，停杯笑問）小三！

小三：咋！

焦大郎：昨日要你送酒菜與滿秀才，他是怎麼樣了？可有甚言語交代？

小三：那秀才見了酒菜，對大爺只是狠呑虎嚼一般……。

焦大郎：嗯！怎麼是對你家大爺狠呑虎嚼起來？

小三：大爺您別急呀！我說的是：那秀才對酒菜是狠呑虎嚼一般，對大爺是千恩萬謝不了。

焦大郎：唔、還說了些什麼？

小三：他問大爺是甚等樣人，是否家道富有，何以如此情長？

焦大郎：你對他怎樣說來？

小三：我說道：我家大爺「富有」「不「富有」倒不知道，只不過是有一種老「否（丕）」」氣……

焦大郎：老「脾」氣。

小三：哦，對了，老脾氣。

焦大郎：什麼老脾氣？

小三：──就是見死「不」救……

焦大郎：見死「必」救。

小三：哦，對了，見死必救。

焦大郎：還說些什麼？

小三：他說一俟雪霽天晴，還要登門叩謝大爺。

焦大郎：還說了些什麼？

小三：沒有了。

焦大郎：下次說話不准演文！知道麼？

小三：啟稟大爺！不是小的演文，也只不過從我家小姐口裏撈到一兩句罷啦！

焦大郎：嘿，渾小子！你懂得什麼！──快請小姐出來！

小三：咋！大爺有請小姐！

焦文姬：來了！（從圓門後上）

可歎母親去世早，
父女相依度春秋。

女兒參見爹爹！（施禮介）

焦大爺：罷了，一旁坐下。

焦文姬：女兒告坐。啊，爹爹喚女兒出來不知有何訓教？

焦大郎：兒呀！（唱）

昨日見一小郎君，
人才出衆貌超羣；
他本鴻門一秀士，
探親被盜受苦辛。
爲父有心約他度除夕，
兒要安排酒席宴嘉賓。
有道是「在家不解迎賓客，
出外方知少主人。」

焦文姬：女兒遵命。

（滿尙智上）

滿尙智：山窮水盡疑無路，柳暗花明又一村。來此已是，待我叩門。（叩門介）焦大爺在家麼？

（大郎、文姬聽了叩門聲，俱各一震。）

焦大郎：小三，外面何人叩門？

小三：（走向大門邊）何人叩門？

滿尙智：焦大爺在家麼？小生滿尙智求見。

小三：（轉向大郎）啊，大爺！滿相公果然來了。

焦大郎：快快請進。

小三：（開門介）滿相公請進！

（文姬起身迴避，但故意遲遲其行，和尙智打了一個照面後，始掩袖含羞，匆匆而下。）

滿尙智：（旁白）好一位美人兒！（及看見大郎起身相迎，連忙撲地跪倒）恩公在上，請受小生大禮參拜。

焦大郎：（慌得連忙攙扶）哎，哎！相公何必如此？快快請起！快快請坐！

滿尙智：小生告坐。

焦大郎：小三！快添一副杯筷來，老夫要與滿相公痛飲幾杯。

小三：咋。（下）

滿尙智：到此又要叨擾恩公了！

焦大郎：哎，昨日老夫已經說過，人家叫我「大郎」，你也叫我「大郎」；何言「恩公」二字，豈不羞煞人？

滿尙智：豈敢！豈敢！大爺此恩，沒齒難忘；日後倘有用得上小生之處，赴湯蹈火，萬死不辭！

焦大郎：扶顚濟困，義所當爲；何足掛齒？相公乃是功名中人，日後青雲得路，能記得這個山州草縣還有我這樣一個老朽，也就儘夠了。（小三已擺好杯筷斟好了酒。）唉！不用談了；還是吃酒要緊。請！

滿尙智：請！

焦大郎：啊，相公！如今年深歲晚，有何打算？

滿尙智：不瞞大爺說，小生原欲往關中尋訪相知，正因年深歲晚，又兼囊中羞澀，只好在店中且過了年，再作道理。

焦大郎：店中冷落，怎好度歲？相公不嫌淡薄，就搬來舍下，與老夫同住幾日，過了歲朝，再作區處如何？

滿尙智：（故作遲疑）小生店中用途，已是叨忝大爺不少；如今又來打擾潭府，如何過意得去？此情只好心領！萬萬不敢承當！

焦大郎：什麼這個那個！小三！你快去店裏把滿相公的行李和賬單取來！就說滿相公已搬來我家居住了吧！快去快去！

小三：咋。（一揖，出大門，下）

焦大郎：青箱那裏？

青箱：來也！（上；向大郎施禮）參見大爺。

焦大郎：你快把東廂打掃乾淨，滿相公要在我家安歇了。快去快去！

青箱：是。（下）

焦大郎：（興高采烈地）相公！咱們還是飲酒吧！（舉杯一飲而盡）乾！

滿尙智：（受寵若驚地）乾！（移）

（未完）

文聲集（三）

已亥夏余將南遊以餞因答謝二絕句　幼椿老兄贈詩

君左

候鳥南飛四海空，君如春燕我秋鴻。祗憐鵬翼無由展，長負雲山十萬重。

詩心亦即故人心，詩律還同酒細斟。恰似梁鴻將適越，五噫挾婦作長吟。

酬友

幼椿

十年磨劍起靑霜，詎論恩仇只自藏，千古不平王霸事，一時儌倖姓名香。閒中歲月多懷舊，夢裏河山未忍忘，朋輩好談新戰國，每緣興廢熱中腸。

雨中登太平山

韋齋

淫霖未息暮雲稠，信是春時今作秋。大地烟籠風北渡，數峰骨立海東流。甯無俊傑供靑眼，分有文章待白頭。龍血玄黃哀閉隱，書生忍悴稻粱謀?!

敬和老秋元日寄懷原韻

懷園

十年香島我重來，故國江山劇可哀。遼左戍兵悲甲帳，洛陽花好委蒿萊。三春草木經冬盡，一代衣冠付劫灰。獨對層樓看海市，伶仃洋上宋王臺。

羊落虎口（上）

金珂

每當窗外下着毛毛雨的時候，每當我抬頭看着陰雲滿佈的天空的時候，這個不可磨滅的影子又爬進了我的腦海。跟着，痛苦像一條蟲似的在呑噬着我的心，我的心開始隱隱地作痛。

那是個下着濛濛細雨的黃昏，我的頭髮和衣服雖被雨淋濕了。可是，我仍照例地去看看丁老師的弟弟。因爲他從淮河工地回來已二個月了。在這二個月中，他每天躺在病床上，從沒有起來過，雖然每天看醫生、吃藥、打針，可是總不見好轉。我們大家都爲他焦慮、担心、更爲他婉惜。

當我一踏進他家的門，使我吃了一驚，室內站滿了黑壓壓的人羣，都是他的姊姊妹妹們，他們都站在他的床邊流淚。

我剛一踏進門，丁老師第一個看到我，他像見了親人似地撲過來，一面抓住我的手，一面說：「小珂，他不行了，今天醫生已爲他打了六次强心針，才拖到現在。唉！」

「……」我沒有回答她的話，只是難受地搖搖頭，焦急地抬起頭去看躺在床上有氣無力的坤。只見他痛苦地呻吟着，隔一會兒，他睜開眼來向大家看看，然後輕輕地說：

「你們不要爲我多打針了，這樣下去，不但不能解決問題，而且更增加我的痛苦……」他說話的聲音雖是那樣的輕。可是，從他頸子上露出的筋來看，這一輕微的聲音，還是在用足力氣拼出來。

講完了話，他睜大了眼睛，又是感激又是抱怨地看了大家一眼，再沒有聽到他講話，只是閉上嘴，靜靜地躺着。

停了一會，他像想起了什麼似地，又斷斷續續地說：「反正我是個快要死的人了。我想……頂多他們再把我這把骨頭抬了去……」說到這裏，他呼吸急促得鼻子和嘴吧一起用都來不及，胸腔的起伏是那麼快。由於他內心的氣憤和激動，微微的紅輝又爬在他臘黃的臉上。

看了這一現象，丁老師更着急了，她知道這不是好現象，立刻「迴光反照」這四個字，很快地掠過了她的腦海，她驚慌地走到床邊：「坤弟，別說了，這樣講話會累壞你的，靜靜地休息，待病好後再講。」

坤感激地看了她一眼，但並沒有聽從她的話，只是搖了搖頭，又繼續地說下去：「我今年已是三十九歲的人啦！照本來應該在社會上好好地奮鬥一番，可是魔鬼偏殘酷地奪去了我的生命。對這，我並不婉惜，因爲人生的甜酸苦辣我都經歷過，一切我都看得開，死原來並不是一件了不起的事，因爲一個人總是要死的。唉！現在只有一件事，使我死不瞑目……但有什麼辦法呢？我，我實在……」說到這裏，他再也說不下去了，他吃力地呼吸着，二顆豆大的眼淚從他的眼角滾下來。

站在床邊的人們，都在掩住嘴哭泣，丁老師哭得最傷心。二手用力地掩住嘴。不讓哭聲露出來。而眼泪却像斷了綫的珍珠，簌簌地直往下滴。從小就不愛流泪的我，面對着這樣悽楚的場面，也禁不住地熱泪滿眶了。

淚，大家都在流淚，站着的人在流淚，躺在床上病着的人在流淚，淚呵！你不能彌補人們心底的創傷，更不能洗去人生的恥辱。（未完）

抗戰回憶錄（四〇）

九、百色整軍

張發奎

我以良心的保証，這個整編方案是公正的，我沒有存一點歧視異己或人情愛憎上一點私見，更沒有存一絲封建的觀念。相反的，我想乘這個機會來滌滅封建意識的存在，我認為一切都是根據戰績及現狀而確定的。但當我確定這個方案的時候，確排除了許多將來結果如何的顧慮，和用了很大的毅力去破除一切情面的決心。因為這個方案的實施，在事實上我保留了第六二、第六四兩個廣東的軍，而且增加了第六二軍所屬的一個師，而廣西的部隊則削減了一個軍和兩個綏署的縱隊。我曾經說過，廣西部隊是廣西唯一的財產；如果站在廣西人的利害上說，這是廣西最大的損失，而且確立這個方案和處分幾個廣西將領之前，都沒有先向白將軍徵求他的同意，即直接向最高統帥部提出了建議，會不會因此而引起廣西人士和白將軍的不諒解呢？我沒有作過這個考慮。

突擊營的編組，在當時的戰術上和運用上都是成功的。這是交由美軍直接編訓的，因為所有的兵器器材，除了步槍以外，都是向美軍總部請求裝備的。我當時的計劃是每一個師編組一個隊，但因為經費與裝備不能完全解決，僅於兩個集團軍先各編成一隊，突擊營是由兩個步兵連和一個輸送連編成的。因為他有強大的運輸能力，特別增強了他的機動性和持久性。步兵連有四個排，三個戰鬥排，一個彈藥排。據我們的計算，戰鬥排每一次的突擊戰鬥，須要三小時的猛烈射擊，其所攜帶的彈藥至少可以維持至七次的戰鬥；每一個戰鬥排配有三挺輕機槍，一具火箭炮；六個擲彈筒，一挺戰車防禦槍和十八枝的步槍，火力是相當的強大，電氣通信亦遠比我們部隊原有的來得靈敏，當有一具無線電收發報機，並且可以對空通話，我常以L——五小型飛機和他們連絡通話，營連間之通訊，均配有Walkie talkie短距離通話機，對於指揮增加了許多的便利。他們的待遇也是不同的，除了有完備的裝具之外，副食費增加了原有數百分之二百，這是我特別的支給，我以為要求他們發揮高度的戰力，則對其體力必需的營養應予充分的給與，以當時每個兵卒僅能購買半斤青菜的國家給與的副食費，怎能維持他們的體力，而驅他們去做出生入死的工作呢？這是建軍首應解決的條件。

突擊營屬於戰區直接的使用，但戰鬥的指導是由美軍官協助的。據說這些派出協助指導戰鬥的美軍官，都曾有在歐洲戰場突擊戰鬥的經驗，二個月以後，由於他們體力的強壯和訓練的良好，在邕龍路上表演了五次輝煌的戰績，使敵人對於邕龍的交通感到莫大的威脅，這是物質條件與戰力成正比例的一個証明。

在百色我們遭遇了一個最艱苦的飢饉時期。也可以說是戰區處境由苦盡甘來的一個徵象。我們每日約需廿萬斤的糧秣供應，使我和我的後勤幕僚及兵站人員、省政府田糧處人員，大家弄得焦頭爛額；但這是生存唯一的需要，決不能使約廿萬的人員，餓了肚子去執行他的工作。雖然每日討厭的糧食會議，和幕僚們對於糧秣短缺的重複報告，使我感到十分的不安，亦不能使我停止這個工作於置之不理，大概約有兩個月的時間，我每日以大部的時間精神，來對付糧秣問題的解決，黔南和桂西都是貧瘠之地，民衆平時就過着以雜糧代替的生活，他們雖願意幫助軍隊，但可能供給軍食的剩餘米糧，究竟為數極少，南寧產米區業已淪陷，從敵後偷運的數量又不多，糧食部和後勤部，除答應給與代金外，對於嚴重的軍食恐慌，似乎不是他們的責任，因為這一個無米之炊，就難為我這個巧婦了。這是中國指揮官與外國指揮官不同之處。

部隊在這個飢饉時期中，食粥和間斷挨餓的事常常發生，至於每日食量的不足，更是普遍的事情，假如不是民族國家的戰鬥與中國士兵的忠順，恐怕早就會革命起來了。凌雲的第六分校軍校學生，他們要以二日的行稃，成羣結隊的來百色，運輸他們自己少數配給的食糧；担米的工作，代替了他們的軍事訓練，一個學生對我說：「我們的願望是來學習肩步槍，可是現在是來學習抬扁担了」。更不可以理解的，是糧食部和後勤部的人們，他們不但對於糧食不負直接運濟的責任，而所發的代金不及當地市價的三分之一，我不明瞭他們的用意，是以為可以用這樣低價的規定，去壓迫民衆接受採購呢？還是以為可以從規定代金所購得的數量去減少給養的數量。

民主，西方的這一禮物！

李璜

筆者讀英國史哲家湯恩比著「世界與西方」，曾寫感言，刊於本評論二一一與二一二期第八版。湯氏對於民主之義，認為是「這個公平競爭及政治的中道主義之顯明勝利，實是西方能夠給於世界的美好禮物之一。」——這是湯氏在其著中的第四章最後兩句話。對於這兩句話，使筆者感想不絕於心，因再寫此文。

湯氏所稱「不易接受」的西方宗教，如天主教、耶穌教、以至「共產教」（中共以馬克斯為教主，列史為使徒，崇拜而迷信之，視為權威，儼然西方式的宗教風尚），都被國人接受了；科學及其技術，無論左傾右傾，也都在近年以來，聲稱要迎頭趕上；然而何以對這民主的大好禮物接受起來，或感非常困難，或且深閉固拒，民主自由之說，至今竟成為左傾與右傾的中國當權者同時認為邪說異端，而要加以摧毀，與前清中葉，朝野排斥西方科學與宗教的情形相仿？

民主因素不備

筆者論事，好用自然的條件（環境）與人文的條件（傳統）兩者，來說明歷史事實或當前情況的成敗與得失，因此對於民主這一禮物，中國竟至今未能接受，也願從這一觀點論之。

中國人提倡民主憲政的改革，至少要從戊戌維新說起，從康有為、梁啟超，以至甘為君憲制度去犧牲生命的譚嗣同說起，距今已六十四年。孫中山先生雖以民族主義去革掉清廷之命，然而他的建國的指歸，還是民主主義。要說國民黨人都未曾服膺其總理的三民主義，這不是事實；始終追隨中山，為革命犧牲者，不乏醉心民主之人。然而革命並未成功，中華民國至今還是專制，不是民主，還是人治，不是法治，要為事實：這顯然是中國的民主因素未備，環境與傳統有以使之然。

民主工商產物

在環境方面立論，筆者很同意牟宗三先生在祖國週刊四四九期上所說：「民主政治不出現，中國商人有一份責任。歷來中國特重知識分子，但知識分子不能單獨負此責任。知識分子無根，在社會上是流蕩的；單獨以天下為己任的意志是不夠的。」牟先生在前面曾說明，「西方民主政治的出現，階級的作用很大」，意指貴族、僧侶、工商，這三個階級。因為有了商人階級在中世紀的末期形成，在十七八世紀壯大起來，來與貴族僧侶爭奪政權，乃有十八九世紀民主政治之在歐西發皇，這是很明白的事實。故牟先生說：『中國無嚴格的社會階級，但在一統王朝之下，有特殊勢力，所謂一朝天下一朝臣；但是特殊勢力變動不居，故不能形成嚴格階級。無階級故不能產生社會的對抗和競爭，這是民主政治不能出現的一個現實原因。』

然而，如牟先生所說，筆者對於中國的民主前途，還是抱樂觀的。因為現代立國，非發展工商不可；要發展工商，一黨專政下的經濟統制，等於官僚經濟，無論左傾右傾，終必徹底失敗；失敗之後，工商的自由經濟仍必向前發展，中國的第三階級或中間階級終必出現，而將中國的民主政治領上軌道，筆者一向主張，「民主乃有業者之事」，也是這一意思。

民主首重民智

民主這一禮物，至今尚未能為中國所接受，還有一個民智不足的原因。在中國士大夫這一階層，歷來的知識分子，其在中國文化上的造就成績，本是相當高的，故拿中國的文哲藝術來與西方相比，同為高級文化，毫無愧色。

然而以一般中國老百姓，農村中人，特別是貧苦的農村，則其知識水準，便與西方一般農工的知識相差太遠，足見中國文化歷來有偏枯的現象。西方學者到中國，深入農村觀察，便很容易發現中國文化偏枯的狀態。

憶我曾遇一位上海教書多年的德國教授對我說過，他來中國，與大都市的教育界，工商界的知識分子往還，見着禮貌的週到，腦筋的細密，計算的合適，不愧為有三五千年文化淘鎔的民族！但他一入鄉村，特別是江北，河南的農村，去與力作的農工周旋，情形便很兩樣。這些苦力者多半是文盲或識字不多，儘管人很樸厚，但生活內容卻甚粗陋，胼手胝足，終歲但求一飽。——這兩個階層，以文明程度言，相差確實太遠，不能不令他們西洋的觀察者裴驚異了，好像中國都市中的優秀與鄉村中的苦力不是在一個文化系統中，或甚至不是在一個民族中生長出來的一樣！

德國教授這一席話，又可以表明中國之所以難於接受民主這一禮物的原因所在，無他，大衆的民智不足以過問政治，只有聽任少數人的為所欲為。我們要知道，德國在一七〇一年便已開始了全民的強迫教育，而西方的英、法、意、美均隨之注重兒童的入學讀書與公民教育。中華民國建國到了民十八才開始國民小學的普遍設立；但政府且未能徹底實施，而貧苦大衆也未了解到義務教育的重要；故在民二十四五，政府為準備抗戰，開始組訓民衆，而內地農村，仍是文盲遍地。——熱心民主建國，筆者深感普及教育的重要——

政權未客觀化

中國大多數老百姓無智，即無能過問國家的政治，則中國政權的更替，完全由少數人去爭奪，爭奪得來，便成為一家一姓的私產，於是政權終於不能客觀化，而天下為公這一道理，也就不在當權者意中了。牟宗三先生因道：『因為政權是打天下得來，大權是一家一姓之私，治權雖然公開，人人有做宰相機會，但是政權仍操在皇帝手中，相權不能獨立，不能發揮民本思想，而民主政治的基本意義是：政權公開和客觀化。』

反共需要民主

但是情形逼到今天，要反共復國，不能再用打天下的老辦法，而全靠軍事也不行，這是大家已經見到且已經說過的，我不必說。反共復國，必須全民努力，尤其須在中共壓力下的民衆去犧牲，這也是很明瞭的事實。要大家都去犧牲，則必須使大家有一個光明的前途，所以在抗日戰爭中不但要喊「抗戰必勝」，而且少不了「建國必成」的口號，乃是一樣的道理。

固然，有人說，今天來反對中共，已用不着什麼萬應如意的理論體系了；然而，理論體系固不見得有助於戰鬥，又來為一人一黨打天下，是不是就有助於反共復國的戰鬥呢？

筆者覺得，今天反共復國的戰鬥，比抗日戰爭還要艱難一點，而用以為戰鬥號召的作法，今天在台北乃還不如從前在重慶時的民主作風，能與天下人以共見。反共需要民主這一義，筆者已言之三十多年，今讀湯恩比之書，不得又一次感到其言之重要性。

本刊已經香港政府登記

聯合評論 週刊

每逢星期五出版

United Voice Weekly

第二一六號

督印人：黃宇人　總編輯：左仲平

社址九龍大埔道一六八號南亞書局 805641

承印者嘉羅印刷有限公司香港灣仔馬師道5號

總代理：友聯發行公司每份售價港幣一毫

本報美洲版總經售處美國紐約中美出版社

CHINESE - AMERICAN PRESS, INC
199 CANAL STREET.,
NEW YORK13 N. Y. U.S.A.

美洲航空版每份零售美金一角

印邊的烽火

黃宇人

最近中共與印度從互相指責和抗議越界侵犯，進而發生邊界前哨的不斷衝突。這幾天來，情勢更加惡化，印度所謂麥馬洪線的東西兩端，均發生劇戰。戰事的詳情，雖未經公佈，但雙方均不隱諱傷亡甚重。近十餘年以來，曾爲中共入聯合國問題，奔走呼號，不遺餘力，因而聲名大著於世的印度國防部梅農部長且聲言，印軍寸土必爭，將戰至最後一人。尼赫魯總理更向全國廣播說，「我們的自由正面臨最大的威脅」，其言之哀，是前所未有的。可知印度方面認爲局勢已很嚴重。

中共的用意何在

印度所謂麥馬洪線，原是英國帝國主義佔領印度時代的一個侵畧遺跡，侵犯了中國一大片領土，中國政府迄未承認。然而，印度在獲得獨立後，對於英國侵畧的果實並不放棄，因而繼續佔據「麥馬洪線」。毛澤東輩沐猴而冠之初，不但不以爲非，反而和印度互相吹捧，大唱其所謂和平共存五原則的美調。何以如今又忽然越過克節朗河而南，竟以武力自印軍手中接連奪取了許多據點呢？揆其用意，可能有三：

第一，自達賴喇嘛逃往印度後，中共即加强對西藏的控制。聞自青海至西藏的鐵路正向拉薩推進，由新疆至西藏和由拉薩至印邊的公路早已完成，到尼泊爾的公路亦在興建中。由於交通的擴展，中共可能認爲已有足够的力量和印度清算舊賬，藉以擴大和鞏固西藏的領域，消滅印度對西藏的殘餘勢力，並防止西藏人民的抗暴力量自邊境滲入。

第二，因爲天候和地理條件的限制，中共於此時此地向印度發動一次邊界大衝突，是確有把握不會失敗的。毛澤東輩可能鑒於目前大陸人心思變，共幹動搖，台灣方面又不時傳來反攻大陸的呼聲，因而有意利用此舉以顯示其尚有强大的武力可以一戰而勝，藉以嚇阻台灣的反攻企圖和懾服大陸人民的異動。

第三，印度在最近數年中，已逐漸疏遠中共而親近俄共，不久以前，俄國且有以飛機售與印度之議。俄共與中共的不睦，又因新近俄共與南共關係的好轉而更加惡化。在此情形之下，中共可能企圖利用此一邊界紛爭，先給印度以打擊；同時，間接警告俄共，倘再相逼，他們即將在東南亞製造事端。據二十一日美聯社和路透社的莫斯科電訊，俄報和電台對於過去三日「中」印邊界衝突事件，隻字不提，可能即是俄共深知中共的用意所在，故作不聞不問之態，以觀局勢的發展。

印度自作自受

中共不惜對印度使用武力，無論其動機和用意如何，可以說，完全是由於印度自作自受。在中國大陸變色之初，反共的中國人即大聲疾呼：「東亞將從此多事」；但與中國有悠久歷史文化關係的印度，却似乎以爲中共爲他們帶來了福音，處處以中立的姿態爲中共作義務的宣傳。甚至在中共公然介入韓戰，被聯合國譴責爲侵略者以後，仍執迷不悟，不斷的在聯合國大會提議應准許中共加入；而且屢提屢敗，不以爲恥。

印度對中共如此奉承備至，除了由於認識不清，對中共盲目崇拜而外，可能還有一個自私自利的打算。尼赫魯總理也許自以爲如此必能長保「麥馬洪線」的既得利益；同時又可藉中共以自重，從而抬高印度的國際地位。在最初的數年中，他的意願似乎業已順利達成。但自達賴喇嘛不堪中共的鐵腕統治而逃往印度以後，中共與印度的蜜月即告終止。中共軍隊隨即逐漸推越「麥馬洪線」，佔領了若干原在印軍手中的零星據點。印度初時尚以爲可以運用外交手腕，藉俄共的壓力以迫中共有所退讓；却不料中共反而得寸進尺。本月十八日，印度政府發表白皮書，大罵中共忘恩負義；實則印度政府果真知恩重義，那麼，中華民國政府過去對印度人民爭取獨立運動，一向支持，爲什麼近十餘年來印度反而以怨報德，不惜公然落井下石呵？

由於中共已向印度暴露其猙獰的面目，尼赫魯總理和梅農部長對內對外所面臨的尷尬局面，人們可以想見；但不知他們今後有無亡羊補牢之計？至於一向被矇在鼓裏的印度人民對此將作何感想，我們更不便多所推測了。

亞非國家應有的警惕

就目前的種種跡象觀察，中共與印度的衝突，仍將繼續下去，可能還有較大規模的戰事發生。但無論如何，決不致演成全面的大戰，則是可以斷言的。然而從中共對印度的態度証之，可知北平所謂和平共存五原則，實是一種麻醉他人的武器。一旦他們認爲時機已至，可以用武力取勝時，他們即將自揭其和平的假面具，斷然使用武力，毫不猶疑。在另一方面，也十足証明所謂中立政策，並不是一個足資自保的良法。尤其是面對共產强敵的威脅，而採取中立的途徑，更適足以自誤。首倡中立的印度如今當已飽嘗到苦果了吧？因此，我希望一切標榜中立的國家，千萬不可再對中共存任何幻想了。

日來，聯合國大會正在討論所謂中國代表權問題，假如印度尚能迷途知返，梅農部長正宜乘此時機，在大會上現身說法，指出中共的好戰成性和印度過去主張准許中共加入聯合國的錯誤，以免其他亞非國家再受其愚。顧拭目以待之。

民之所好者、獨裁政權必惡之
——從「大學生活」被禁入台說起

李金曄

讀十月廿一日香港出版的第一三一號「大學生活」半月刊，得知該刊接到國府僑務委員會九月十九日致該刊的信，署謂：內政部以「核准進口內銷之香港『大學生活雜誌』屢刊不妥言論，經決議『該刊內容有違法令，規定應予撤銷其內銷登記』，除註銷其內銷証外，並將該刊之內警僑台誌字第四九號內銷登記催繳註銷」。簡單地說吧，就是創辦了八年的「大學生活」半月刊，從第一三〇號起，就不得再在台灣銷行了！

創辦銷行了八年的「大學生活」，對於國內外文化、教育、出版和新聞界以外的人士，或許是比較陌生的，但是對於上述生活圈子裏的人來說，尤其是對國內外的大專學生和高中以上的學生來說，那是很熟悉的，他們一定會認爲這本出版行銷了八年的「大學生活」，既不評論國民黨當權派的政治，也不談台灣的一般庶政，何來所謂「不妥的言論」。因此，我相信任何曾經閱讀過這本雜誌的人士，都會覺得所謂「屢刊不妥言論」；所謂「該刊內容有違法令」等等，全是莫須有的罪名！

當然囉，像在香港出版的「兒童樂園」，尚且在一度被准予內銷台灣之後，又復被禁止內銷，那末「大學生活」之終將不得入台，也就不足爲怪了。如果再就過去在香港出版又一直在台灣行銷了九年的「自由人」三日刊和「祖國」周刊等之終於在無形和有形的壓力與禁令之下不得入台，以致使前者夭亡的情事來說，「大學生活」又豈能獲得倖免！更何況像在台灣出版的「自由中國」、「公論報」等，也尚且難逃厄運，那末「大學生活」能够被「格外開恩」遲至今日才被禁止入台內銷，眞可謂是幸甚了!?

這些年來，經國民黨當權派之手扼殺或禁止的書報刊物，在人們記憶中的實在是够多的了，因此像「大學生活」之難免不遭當權派的迫害，實在是必然會出現的結果。事實上，即使至今尚被准予在台灣銷行的僑報——主要是香港出版的民營反共報紙，也經常有被扣留或禁止行銷的情事。所謂出版，言論的自由，在號稱「自由中國」的台灣，實已早不存在了！

如果要問國民黨當權派，對於查禁書報刊物，以致加以扼殺使之停刊，究竟是根據什麼原則？倒底有無公正的標準？我相信當權派是要辭窮的。

根據民主政治的原則，像上述這些報刊，毫不懷疑的應該享有出版和發行的絕對自由。如果根據極權專制的原則，像「兒童樂園」那樣的娃娃書，我想也不應該受到不應有的歧視。而現在國民黨當權派居然這麼做了，可見他們是另有一套原則的。

再從上述這些先後遭到厄運的報刊來說，我敢大胆地說，都是擁有相當數量的讀者，或爲某一些專門研究中共問題的人士所重視的。從它們在海內外的銷行面的廣濶，足見這些報刊都是在社會上生了根，開了花，結了果的。十三年來，它們對苦難的中國，對中華民族文化的存續，對積極反共，對主張民主，都已盡了應有的努力和責任，在這十三年來的不幸的歷史上，都有它們應被存在的價值。事實上當它們還繼續存在時，固有其一定的影响，即使對於那些已經在壓力之下被迫夭亡了的報刊，至今也還是經常地爲人所樂道，爲人所懷念與追憶。

因此，我要指出，國民黨當權派查禁或扼殺報刊是有原則的，那就是凡爲民衆所好者，必爲其所惡！有了這樣的家天下的原則，再運用其强迫立法院贊同的「出版法」，於是就形成了「順我者生，逆我者死」的局面。任何報刊，只要經常反映民意，主張民主，批評現實政治，就隨時有被送上斷頭台的可能！相反的，凡是以喊「總統萬歲」，歌功頌德，唱「太平調」的，不僅有「不虞恐懼的自由」，而且還可以獲得宣傳津貼或特別津貼。反正這類御用的報刊爲數也不少，自然也爲當權派的亂糟糟起了一些「歌舞昇平」的作用，裝點了一下門面。所以我認爲，像這類全無是非的事情，與國民黨當權派去談道理已是多餘的了。因爲今日的國民黨當權派中的那一撮走紅的角色，在思想意識上，本早就是共產黨的俘虜，他們所知的和能够做的，只能學樣於共產黨，既只知學共，根本早已喪失了獨立的意識和靈魂。他們既像共產黨那樣地嫉惡民主，自由，當然也就不會放過主張民主自由的報刊，和放過由主張民主的人士所辦的書報刊物了！

面對着十三年來沒有進步的國民黨當權派，我們還能再說什麼啊！

由中共農業失敗說到中共必亡（上）

姜士毅

予一向在廣東濱海農村中任小學教師，當十年之前，中共初來，予曾爲吾朝夕相處之農民喜，而樂爲中共宣傳。不意十年以後，予竟不堪暴政與糧荒，逃來香港。今述所見所感如下：

（一）

當中共竊據大陸的初期，爲了取信於民，曾一度實行分田，一般工農階級，自以爲是工農當家，眞個窮人翻身了。這時候，農民分到田地後，滿懷高興，確曾努力耕耘，生產因之增加不少，除繳納公糧外，尚有盈餘，足以溫飽。於是中共便向海外誇張其詞，說什麼祖國生產大躍進了。依據吾國國民智識水準，一般農民絕少政治意識，但求得安居樂業，足食豐衣，什麼張三稱王，李四稱帝，都在所不管。過去農民大半爲佃農或僱農成份，生活實在過得不好，所謂「鐮刀吊起，米缸沒米」，正爲這些人寫照。忽見生活比前要好，自然對毛澤東歌功頌德了。曾幾何時，毛澤東給神催鬼迷，農業合作化之後，又驀地攪出什麼公社制度來了。這個法寶，「老大哥」蘇俄所不敢爲者，毛澤東竟毅然決然爲之；今已失敗，猶不翻然改圖，尚欲以專制魔王的權威悍然執行，堅持其三面紅旗。依我個人的看法，這不是毛澤東有心造作，而是所謂天誘其衷，以速其疾而死也。

（二）

人民公社實行之後，農民前此分得的田地，一律收歸公有，由公社開辦大農場，日夕驅農民從事勞役，日幹其一天十四小時的田作，晚上又要上其「大課」，來一個疲勞轟炸，弄到農民食不飽，睡不足，神疲力竭。農民於耕作之外，又要參加所謂水利建設，築大水庫，此外，又攪什麼高爐鍊鋼等那一套，連神主牌也搬作燃料全都燒光了。農民是血肉之軀，不是鐵打的，那能當作機器用！正因這樣，農民便開始對中共不滿，由不滿而憎恨，由憎恨而開始怠耕了。這麼一來，以前之所謂大躍進者，今乃變而爲大躍退。我們不妨舉出事實以爲証：

（一）中共竊國的初期，自大陸運來香港套取外滙的東西，什麼都搬出來了，即小如青蛙（俗叫田鷄）大蝦等。如今試到市場一看，你還能看到這些青蛙、大蝦嗎？舉此一點，即足以証明大陸生產之躍退，已到了羅掘俱窮，一窮二白的境地了。

（二）中共初年運港的果類，有新會之蜜橙，韶關之南華李，惠陽之淡水梨，廣九鐵路沿途各縣，所產之各種荔枝等，到如今，這些著名水果，市面全都少見了。因爲農民憎恨中共，以賤價收購，連留些自吃的也要納稅，農民在淫威之下，無可如何，只有設法使果樹枯萎，或於開花時故落其花，以洩其憤，因此果品也減產了。他如甘蔗，苧蔴，藥品等等都類此。

（三）公社實行後，中共派赴縣鄉指導農作之共幹，大都爲土頭土腦之老幹部，或不學無術之輕薄少年。他們對於耕種的常識，自然萬萬不及老農，但他們奉命辦事，作威作福，硬生生要執行其密植計劃，不分田地肥瘠，一律要密植，並且以鹹田淡田一樣看待。農民閒或稍加解釋，輒遭呵斥，或加以破壞政策罪名，農民只得被迫照辦。結果，肥田因秧苗太密，反而令到禾穗過度繁茂而朽爛；瘠田則因肥料不足，禾苗不能生長，不到一尺高便結穗了，每穗穀子不過十粒廿粒，且又細小。這一來，肥田瘠田同樣得不到好收成。又如栽種蕃薯，以前每畦是種一行的，共幹硬要加種雙行，謂可增加收穫，殊不知因土壤和肥料的不足，到了收割時，小的如人之母指，大的亦僅如鷄蛋一樣。這種密植的推行，引起農民極端不滿，爲造成農民怠耕農業失敗的最大原因。

（四）人民公社施行後，農民辛苦耕作，不得一飽，恨從心生，暗想：所收得的稻穀，橫豎是自己無份的，又何必爲中共愛惜物力，此念一萌，於是對於稻穀便任意蹧蹋了。例如早造收穫時期，時爲農歷六月，水滿禾田，農民將稻把打入穀桶時，一起一落，落時不用力打下，起時便把稻把用力向後抛，於是穀粒大半墮入水中，眼也看不見。（冬季則穀粒落田，妨碍春禾生長。往年中共曾發動農民拾回田間遺粒。）這樣一來，眞不知耗廢了多少可貴的穀粒。但共幹監視不週，顧此失彼，農民則一唱百和，相率效尤，大家作會心的微笑。

（五）在公社制度下的農民，耕不得穀，食不得飽，肚子餓了，當然不肯坐以待斃，於是偷盜之心以起。當稻穀將屆成熟時，所有村中各家兒童或成年，不分男女，各於夜間爬入田裏，盜採穀粒回家，偷偷去殼煮吃，不使共幹知之。及至收割時，農民乘共幹監視不及，咸將稻穀暗放入衫袋裏，人人都是如此。至於蕃薯亦然，未及成熟長大，即有人黑夜盜挖，相習成風，家家如是，你不敢說我，我也不敢說你，這樣下去，消耗將不知要多少，其能入到中共糧倉的，自然是很少很少。於是中共農業生產，乃至一造不如一造，一年不如一年了。

（六）中共既視農民如機器，農民亦不得不以機器自待，動則行，不動則止。若共幹一日不指派工作，彼等即按兵不動。譬如雨下得太大，田水滿了，便應開隙洩水，以免浸及田禾；天久不雨，田水涸了，應行引水灌田，以免禾苗枯焦。但是共幹如一時未能顧及，農民便不聲不响，視若無睹，水滿讓禾浸，水涸讓禾枯，如秦人之視越人，肥瘠無動於中。農民有所藉口，共幹也沒奈他何。由於農民之怠耕，生產自然大大減退，何況近年共幹也都不滿現實，大家心灰意冷，紛紛遠走高飛哩！

我簡單地舉出上面這些事實，便可以知道中共的農業，是敗落到甚麼程度了！再加上連年天災，死亡枕籍，眞是瘡痍滿目，鬼哭神號，到了這地步，中共還能誇稱祖國大躍進，人民得安樂嗎？

（三）

由於中共內部困難重重，日趨嚴重，現在中共已不能不公開承認農業失敗，急急謀所以補救了。最近九月廿四日至廿七日在北平舉行之中共八屆十中全會，由毛酋親自主持。據公報發表，除加強毛酋個人領導地位權力外，今後一切着重對內放寬，圖以鞏固其政權，爲針對現實，因應環境，不能不放棄「工業建設」，轉而全力注重「農業生產」了。這一轉變，表面看來，似乎可以扭轉當前的危機和挽回已失的民心。但深一層觀察，我可以斬釘截鐵地說一句：中共農業失敗，中共覆亡是註定的了！除非中共有奇蹟出現，能聚沙爲米，不然的話，敗亡是難免的。這裏，我可以舉出幾點事實來：

理論體系與基本概念

孫寶剛

要討論理論體系，須先有幾個基本的概念，作爲理論體系的出發點，然後依據了這幾個概念而演繹出整個的理論體系，庶幾這個理論體系沒有內在的矛盾性。

那麼，我們應該以那裏幾個概念，作爲我們的理論體系的基礎呢？我們今天談的是政治，也就是在談國家與人民的事。以現世界而論，有兩種國家觀，一種是以國家爲至上，或集體至上，這是法西斯主義，和共產黨的理論，兩者却認爲人民是爲了國家，爲了國家或集體，個人的利益可以任意剝削或犧牲。另外一個原則是國家爲了人民，這即是說：當上帝造人，起初祇有阿當和夏娃，後來子孫漸多，一個個子孫如散居地球上，不相團結，沒有組織，便不能抵禦外來的侵害，並且有的福利也非團結不能獲得的。所以團結而組織起來，漸漸發展成現代的國家，於是集體而又是分工地來抵禦外來的侵害和謀集體的利益，依照一定制度和法令同時也可制止內在的矛盾，使所有人都能安居樂業。當然在某種角度來看，爲了國家，人們不免犧牲一部的自由或權利，但是把自由和權利的總和來說，這樣辦法，可以使個個人的自由和權利都增加了。所以我們說這種國家觀是以國家爲了人民，也可以說，以個人爲主體的。今天的自由國家，大體以此爲原則的。

我們，祇少我個人，不是法西斯主義者，也不是共產主義者，所以我們是採取了後面的原則。假如我這樣說法是同意的話，我們才可進一步的討論個人要做到怎樣，才說是做到以個人爲主體了。是不是每個人須有一輛汽車，或是每個人每天須吃一個鷄，才說以個人爲主體了呢？這個基礎是太狹小了，不能作爲我們奮鬥的目標，並且物質的條件有一定的限止，有時也做不到。我在上面說過，政治是在討論人民的事，即人與人的事，所以這個標準，應該是倫理的。照現在一般的學說，就是要確認個人的尊嚴，也可以說，使每一個人要像一個人的活着。不管那個人的財富，出生，信仰，皮色怎樣，我們都是人類，我們有我們的尊嚴，我們在這個範圍內，我們應獲得維持這尊嚴所應有的一切。換句話說：一切人們在某些方面都是平等的。

人們生來，原是不平等的，在人格和能力上，有着天賦的差別，因了環境的不同，更增加了他們間的差別。但是我們所要平等的，不是指這些方面，因爲這不是我們的權力所能及。同時也不必去消除它，因爲如此反可使社會多采多姿。我們所要使平等的，第一每個人要有作爲一個人所應有的衣食住行。不要使他天天在憂慮明天的生活，而使他除了爲掙扎生存而活着以外，絕無別的生活。因爲人之所以爲人，不祇是活着就算了事，應該使他的人格有充分自由的發展。所以每個人除了生活以外，社會上有許多機會，可以使他發展其人格的，應該使他也有平等的機會。換句話說是機會平等。說到這裏，可見自由和交契精神是非常重要的，一個人除了他爲着生存必須去工作以外，他必須有空暇的時間，也就是說仍有一些自由，而社會上也須以交契的精神去對待他，不去剝削他的自由，而去扶持他，他才能以其才能，依其興趣，來發展他的人格。

這裏所謂的自由，當然不是說毫無拘束，人們在共同生活中，是互相依存着，所以一個人的行動，可能侵害別一個人的自由，這就須要每個社會，用法律及習慣來對每個人的行爲制定某種拘束。也就是權利和義務。不過這一條界線必須定得十分公正。不是因爲某些人是强者，就有利些。所以自由兩字，我們可以解作是個人充份發展人格的基礎，包涵着不受別人不正當干涉的積極內容。

一個人生存在世界的某一部份，或某一個國家，假如他的生活計劃，完全由人們替他指定，或所有的人的生活都是一律的，這不是和一部機器一樣麼？作爲一個人，究有什麼價值呢？又人不可能生存在一羣無關係而自私的個人的社會中，而單憑法律的力量來約束着的，因爲每個人的生活不可能一點都沒有影響到他同伴的生活的。所以自由和如兄弟般的交契精神，亦是維持人的尊嚴所不可缺的。

上開的三個概念——平等，自由，交契——所以是維持個人的尊嚴的基礎。個人的尊嚴得以維持了，人才活得像一個人，這個國家，才叫做以個人爲主體的國家，也就是國家爲了人民。人們生存在其中，才有意義和價值。所以我認爲我們的理論體系，應當以這幾個概念爲基礎來討論。

錢學森、竺可楨為毛澤東搽粉

李金曄

從最近中共的報章雜誌上看，特別是在中共八屆中委會第十次全會的公報發表以後，已有好些文章和言論，是在為毛澤東所犯的錯誤和應負的責任作洗刷的，主要的目的，似是在為一九五八年以來農業生產的大失敗的責任作清洗。

過去，為毛澤東說話的，多屬中共黨內的「理論家」或者是中央的及地方的重要幹部。而最近為毛澤東說話的，竟然是一些科學家——像錢學森、竺可楨、華羅庚等。當然，這些人不會從正面去為毛幫腔，惟其如此，才使人覺得這些具有學者、專家頭銜的人士來為毛澤東說話，其聲勢就有點不同了。而十三年來每當毛澤東遇上了困難，在黨內有迴旋之難時，每每就有一些共黨的色彩比較淡的人士，或「民主黨派」的人士來為他幫腔，敲邊鼓。

現在，我開宗明義地先把有關的文字抄引幾段出來，就可以讓我們明白這些人這次說話的目的和用意了。

錢學森說：「在展望今後我國科學技術工作的時候，必須注意到農業科學技術工作的重要性。幾年來，我國科學技術工作者，對毛澤東同志所提出的農業為基礎的指導思想是認識不足的。要知道，農業不但在今天是一個非常重要的現實問題，而且在將來也是一個重要問題。因此，我國科學技術工作者必須認眞研究如何支援農業……。」（見一九六二年「紅旗」十九號）

竺可楨用比較手法從反面說：「以我的本行氣象事業而論，這本是和航空、農業都有密切關係的一門學科。許多資本主義國家，都能廣設台站，收羅情報，預報颱風霜凍，以免社會生產因對災害無備而遭受巨大損失。蔣介石政府卻指靠英國人控制下的舊海關沿海沿江廿餘個站，在耶穌會教士所設的上海徐家滙氣象台指導下作出預報來應付門面。……解放後有了共產黨的領導，情況就大不相同了。」（同上）

華羅庚說：「這一年來，科學工作者對毛澤東思想領會得更全面，更深刻，特別是認識到這樣一個重要精神：必須把思想改造同提高業務密切地結合起來。……在整個科學戰線上，出現了空前的大團結。黨與非黨之間，科學家之間，科學家與行政幹部之間，形成了前所未有的融洽局面。……」（同上）

以上三個人的說話，都是從側面着力的。現在再看十月十六日「人民日報」登載的一篇署名鄭遠寫的文章。他說：「凡是認眞地學習毛澤東同志的這個思想（按指毛澤東的「以農業為基礎，以工業為主導發展國民經濟的總方針」），並且不打折扣地按照這個思想去辦事的時候，我們的國民經濟的工作就取得成績；相反地，凡是沒有認眞地學習，因而在實際工作中沒有眞正得到貫徹的時候，就一定完不成黨委托的任務，甚至可能會犯這樣那樣的錯誤，給工作造成損失。」這篇長文章雖不知其眞實的寫作者是誰，但就這短短的一節，已很清楚地可以看出其目的所在了。所以我說他是正面為毛澤東卸責任的。

此外在十月十一日和十二日的「人民日報」上，中共發佈了「最近邀請各個學科的一些農業科學家在北京舉行會議」的消息。據說出席者有：水稻專家丁穎，小麥專家金善寶、蔡旭，植物病害學家沈其益、林傳光等六十多人。據周恩來的談話，會議討論的中心問題，是如何「把科學研究工作和農業的技術改革緊密地結合起來」。同時對「解放以來，特別是一九五八年以來的農業科學研究工作認眞地進行了檢查和總結」，而主要的是：「抗拒農業自然災害，提高糧棉作物的單位面積產量，發展畜牧業，發展經濟特產作物，擴大耕地面積」等。十二日該報的社論，就直率地呼籲要科學家們「用現代技術裝備來武裝農業」，並表示雖「不能照搬外國的經驗，但是，外國有益經驗，都值得我們研究和參考。」

現在，我們再來回顧一下一九五八年以來的事情：搞「人民公社」，種「試驗田」，亂搞「水利建設」，這些事情，在過去和今日看來，都應該列入錯誤項下的。毛澤東在當時，不僅自己凡事不從科學觀點出發，而且還大張「興土滅洋」之風，結果農業生產在一方面既不尊重科學家的意見，同時又輕視老農的領導及不顧農民的反對，竟然根據書記的「試驗田」為標本，全面推展「密植高產」；同時又由於亂搞水利，舊有水網系統迭遭破壞，再加大搞土法煉鋼，山林砍伐過甚，水土保持失調，人禍加重了天災，遂造成了連續三年的大災害。

現在關於這些錯誤，從「人民日報」的社論中，反映出來，已是得到了應有的評價，承認了「過去密植也會減產」的科學事實，同時也強調「至於開墾荒地，興建水利工程，必須有堪察、設計和周密的安排」，這意味着將否定過去那套書記掛帥亂搞的辦法。但是我們從追究原始責任這方面來看，毛澤東對一九五八年來，在領導上所犯的錯誤，是罪不可恕的。因此，像錢學森所說的，認為科學家們「幾年來」對毛澤東的「指導思想」、「認識不足」的批評是站不住的，儘管錢學森個人在科學界的聲望很高。試問當時在毛的狂熱之下，在書記掛帥的淫威之下，有誰能有力量反對荒謬的「密植高產」。書記可以利用一切不科學的條件，像玩盆景那樣種「試驗田」，在「試驗田」裏搭了架子作管理和施肥，但這種辦法，豈能強迫普遍推廣，勒令施行。為什麼當時所有的農業科學家對此事一聲不響呢？如果不是在箝制之下！為什麼許多能幹的老農，都從領導生產的崗位上被撤換下來，代之以一些只會興風作浪的小伙子担任生產隊長，顯然因為老農們是反對毛澤東的辦法的。

竺可楨的話也是沒有意義的。儘管中共十三年來建立了很多的氣象站，但是一九五八年以來地面上的水災和旱災卻不是氣象專家所能左右的，造成這種廣大的災害固然說明出於中共的暴政，也反映出中共起始也沒有重視科學家。今年的情況或好轉了一些，但是也並不見得：就如華羅庚所說「在整個科學戰線上，出現了空前的大團結，黨與非黨人士之間，高級知識分子與行政幹部之間的牆與溝已經拆掉填平了，那是瞎話。中共容或會對一些特殊有成就的高級知識分子予以優渥，但一般地說來，還是另眼相看不信任的。

照中共的說法，今年的農業生產情況像是穩住了，因此極力宣傳今年好過去年和前年。從一些對人民管制的措施上來看，也好像是放鬆了一些。可是十三年來中共統治的一貫地手法便是鬆鬆緊緊，就緊的一面來說，是一次緊過一次。因此，不論中共用任何手法來宣傳，毛澤東利用任何人來為他搽粉，他們的罪惡是永遠抹不掉的！因為中國大陸人民的日子基本上並不好轉。當然，那些已經厠身入新階級集團的分子，或許會感到一時「心情舒暢」，所以像老舍那樣的人就會舞文弄墨，表示：每逢到十一，就覺得年輕了一些——不，不止是年輕了一些，簡直是返老還童，像個孩子了！」（見一九六二年「紅旗」十九號）因為只有這些人，才會覺得中共統治下的日子好過?!

台北市公車處集體貪汚案的畸形現象

志清

一、主犯黃啓瑞今尚逍遙法外從犯呂志超則刑滿出獄

（台北通訊）去年哄動一時的台北市公車處集體貪汚案，主犯黃啓瑞和黃朱金鳳夫婦二人雖然被判徒刑各為三年零六個月；但因藉口不服上訴，至今仍逍遙法外。而同案的公車處長呂志超，夫婦雖是被拖下水；但呂卻被扣押，呂妻羞憤服毒自殺。呂被判徒刑一年又六個月，雖不服上訴；但自被扣押於台北看守所以迄本月十三日，為時已逾一年半。是日上午七時半，被提出法庭，由石明江推事諭知其刑期已滿，但因該案正上訴於最高法院，准以五萬元書面交保釋出。當權者所謂人人在法律之前一律平等，原來就是如此。

呂志超被釋的消息傳出後，台北市府及公車處的職員百餘人，均到法院接他，代市長周百鍊亦偕省議員陳愷前往呂宅慰問。因他暫住郊外親友處，未曾返家，周等均留名片致意。

二、國大代表套購木材　監察院派員澈查

國大代表每二十餘人分為一組，向林務局套購木材轉賣圖利。其中一組因分贓不均，竟致互毆成訴。本月十二日監察院經濟委員會開會，認為林務局配售木材早有明文規定，國大代表有何憑藉，該局竟准配售大量木材，是否有互相勾結舞弊情事，國大代表套購木材是否涉及貪污及妨害經濟，均有澈查的必要，一致決議推派委員澈查。據悉：本案乃由一位市民向該院提出控告，並附有九月二十七日刊載國大代表套購木材，分贓不均，互毆成訴的報紙多份。

三、蘇玉衡案又有新發展

嘉義停職市長蘇玉衡貪污瀆職案，本月十六日又有二人被扣，一為市公所前任秘書黃瀛洲，一為市民代表鄭聰明。前者因經辦蘇玉衡私人賬務，後者因被指為私刻三十餘個圖章，蓋在市公所支付書上，冒領公款。據悉：嘉義地檢處於十六日對蘇案擴大偵查，曾傳訊市公所前主任秘書林雲卿，市民代表鄭水木、江清水、黃庭漢等十八人及上屆代表會主席林金獅，均分別以一萬元交保。偵查重點，為市公所收購蘭潭國校建校用地及以劉厝里市有公地交換港子坪民地從中圖利部份。林金獅雖否認交換該項土地時，曾由市公所地下出納黃永漳交付二十七萬元分給市民代表；但鄭水木則証實港子坪土地一千多坪交換劉厝里四百餘坪市有土地時，曾有十萬元補貼。江清水亦供認在領取蘭潭國校建校用地收購費時，曾得到六萬元，其餘十八萬五千元係被他人偷刻印章冒領。

四、孔祥熙將返國

在美國久居的孔祥熙聞將於月內來台。據說：他在不久以前，曾由紐約打電話給蔣「總統」，表示年高體衰，願回台灣終老，當局幾經考慮，雖然深恐他來到台灣後可能有些尷尬，但卻無法拒絕。因此，祇好答應他回來小住一月，即行返美。並聞當年在大陸時代名震中外的孔二小姐亦將同來。

又悉：前立法院長孫科先生也興故國之思，數日以前，某立委還在立法院中提出一項質詢，王雲五答稱：陽明山第三次談話會的名單原有孫科先生，政府很歡迎他回來云云。但如今三次談話會既已無期延期，孫先生如要回國，是否很受歡迎，似乎還有問題。否則也就不必勞某立委提出質詢了。

此外，另一在美久居的陳立夫先生於最近和香港去美的某君見面時，曾嘆道：「我們都是天涯淪落人！」可見他是怎樣的心情了。以上三位都是當年紅極一時的顯要，對國家雖不一定有功；而對蔣「總統」則確已有不可磨滅的勞績；而今卻祇得淪落天涯，要想回國終老，都非先經特許不可，家天下的範圍愈縮愈小，今日台灣的忠貞分子也應該有所警惕了吧？

胡適紀念館一波三折

見微

（台北通訊）胡適之先生的遺體，已於本月十五日安葬於南港中央研究院對面的半山上，一代學人從此長眠地下。這天雖然細雨紛紛，但送葬的行列仍有幾千人，到靈前致祭的人也很多，其中還有一批一批的市民。可見，胡先生逝世雖已半年多了，人們對他的懷念，依然沒有被時間冲淡。

在胡先生逝世之初，很多人主張將他在中央研究院的住所改作胡適紀念館，以供給後人的憑弔，當時代理院長李濟先生曾表示完全同意。三月一日住宅前門還貼了一張封條，大意說：這棟房屋正準備改為胡博士紀念館，非經胡博士家屬及遺囑執行人開啟，別人請暫勿入內。

不料，自胡先生生前好友之一的王世杰先生接長中央研究院以後，情形忽然發生劇變。王院長要把胡先生的臥室改為院長辦公室，其書房改為總幹事辦公室，這是任何一個人都料想不到的。本月十七日聯合報還出現一則消息，內稱：據中央研究院有關負責人於六日向該報記者表示：「胡先生所住的宿舍，是行政院撥款交中央研究院興建的，它的產權屬於中央研究院。」言外之意，似乎認為王世杰既已接任院長，就有權支配該宿舍的用途。這顯然是對外間認為胡先生的故居是由「總統」特別撥款興建，中央研究院不應收為己用的輿論而發。胡先生的遺體剛還出安葬，其故居即發生產權問題，王世杰院長可謂獨具匠心矣。該有關負責人又說：現在準備把胡先生的故居命名為胡適紀念館，作為中央研究院的辦公中心，使大家在工作和研究的時候，精神上仍跟胡先生連繫在一起，這樣紀念，更有義意。」這就是說，胡適紀念館，祇有一塊空招牌而已。同日聯合報又載：中央研究院當局，已通知胡祖望先生快將適之先生留在書房及臥室的東西搬走。

王世杰也許別有苦衷

據熟悉內情者透露：王世杰院長將胡先生的故居改為中央研究院辦公室，也有不得已的苦衷。他半身從政，都是靠善體上意得寵。不料在總統府秘書長任內，一不小心，竟招來「矇混舞弊」的罪名而被撤職；如今好容易坐上中央研究院院長的寶座，自然更要萬般謹慎。他集過去三十年的經驗，深知當權者在表面上雖然對胡先生表示非常尊敬，實則為了他鼓勵雷震等組織新黨，至今仍有餘恨，尤以太子派人為甚。於是，靈機一動，便想出這一個使胡適紀念館變為有名無實的妙法。這是一位與王院長很接近的人向筆者所透露的，當非毫無根據之論。

胡先生的住宅現狀

胡先生的遺體安葬之日，他在中央研究院的住宅也開放任人參觀。書房內的大書桌、書架、坐椅，一切都還保持着原樣。桌上的日曆正翻到二月二十四日，星期六。那一天，正是胡先生離開這個世界的日子。書桌上放着八只毛筆，還有胡先生正在寫中國思想史的原稿「記嵩山老安」、「七修類藁木的六祖」，和來自美國的一封函件。桌子的另一角，放着高率放大鏡和兩隻眼鏡。放大鏡是胡先生生前用來看小字書的。那些毛筆現在都枯乾了！硯台裏也沒有了濕潤的墨香。綠絨布的窗帘低垂着，電爐靜靜的擺在一邊。書房中寧靜得和過去一樣。架上的書，有的傾斜着，蒙上一層薄薄的灰塵。一本日文的敦煌變文集和一本大藏經正擺在靠近窗帘的桌角上。客廳中，放着他生前所喜愛的塑像。過去那個塑像沒有戴眼鏡，但昨天塑像上却多了一付眼鏡，據說是胡夫人在他逝世後，替他戴上的。他生前接待訪客的簽名簿依然放在塑像的座台旁。那個簿子中，有中國人、美國人和日本人的簽名；有鋼筆寫的，也有毛筆寫的。靠窗邊的長廊中，放着籐椅。一切的擺設都保持原樣。

在臥室中：衣掛上放着整齊的幾套西裝。另有一件皮袍，上面寫着：「此件狐皮袍，是適之先生的祖父魁兆公傳下來的，裁製的最初穿用時間，是在清咸同間（一八六〇年左右）。皮袍的旁邊，則掛着一頂舊呢帽，衣櫥上放着一件漿洗好的白襯衫。

臥室的小床桌上，放着兩瓶藥。一瓶是Chclion，日子是五十年十一月四日。另一瓶是Sceonal，日子是五十年九月二十二日。床上覆着古銅色床單。也保持胡博士逝世當時的原樣。

每一個參觀的人，都認為應該保持現狀不動，才能富於紀念的意義。又誰知王世杰院長別有見地呵！

聯合報對王世杰的諷刺

本月十七日，聯合報的黑白集以「死活不分」為題，發表短評對王世杰院長頗有諷刺，其中有云：「在胡適博士安葬之後，很多人談論到他的故居改設紀念館的問題。其在南港中央研究院的故居，本不很大，僅為一廳三房的小型住宅而已。既經決定改設紀念館，依照西洋人慣例，自應儘量保存原來面目，俾後人前來憑弔時，入其故居，睹其遺物，有如見其人之感。否則當不若在台北市區，另覓場所，陳列胡適博士的手稿、藏書、以及其他紀念物品，供人參觀，何須設於遠在郊區的南港？又何須選中那幢不很寬敞的住宅？

「聞胡適故居改為胡適紀念館的原定計劃，便是將其臥室、書房等全部房間，保持胡適博士在世時的原狀，以資紀念。但自中央研究院易長之後，聞又變更計劃，擬將胡適博士臥室改為院長辦公室，將胡適博士書房改為總幹事辦公室，而以剩餘部份作為胡適紀念館。在房舍的利用上，固屬很經濟；然「胡適故居」將因此而面目全非，當有損其紀念價值。尤其是活人辦公與死者紀念館設在一起，殊覺「死活不分」。倘前往憑弔「胡適故居」者不認識活人，殆將疑其為死者紀念館中的陳設品矣！」

十九日，黑白集又有另一短評，大意說：有兩個堪輿家到南港看過胡先生的墓地以後，又到中央研究院胡先生生前的住所端詳一番。有人問以此宅的風水如何，他們祇吞吞吐吐的說：「無怪胡博士死於住所。這所住宅作為死人的紀念館，固頗相宜；但若作為生人的辦公室，則不便說」。

黑白集的這兩篇短文，對於王世杰院長的諷刺，可謂謔矣。他縱然很想好官我自為之；但畢竟也曾是一位學者，自不能笑罵由他笑罵呵！

院士和職員聯合表示意見

在王世杰院長決定將胡先生生前的住所改為辦公室後，社會輿論均大不以為然。本月十七日，中央研究院院士，研究員及職員陳槃等八十餘人發表共同書面意見，主張將此一住宅全部作為紀念館，宅中一切，都應保持現狀。原文如下：

「胡適之先生的葬禮已過。我們現在想到「胡適紀念館」應當如何成立，我們願表示我們的意見。

保存前代偉人哲士的住所、遺物，作為民族重要文物的一部份，在當世文明國家已成為通例。此不但可以啟發後世對前賢的景仰追思，且可以保留生動寶貴的史料，永久供學者觀摩研索。

德國富蘭克府的哥露館（即哥德逝世前的住宅）及所在的街道，在二次大戰時被燬。戰後德人照原式重建此館及整條街道，將戰時預先妥藏的館中遺物全部照原式安置館內。這是一個最好的榜樣。事實上，各國的學者、文人、藝術家……地位不及哥德的，往往也得到他們國人的愛重。他們的住宅、遺物，都被珍重保存。

我國近世多難，文物保存事業不及外國發達。但愛重文物的觀念，在讀書人或非讀書人，同樣具有。

胡適之先生把他最後的幾年生命獻給了本院和中國的科學發展。他在南港大約四年的生活，將是本院及中國學術史上重要的一頁。他在南港住所中留下的書籍、衣物，以及尚可想像的他在此宅中幾年工作與生活的情景，將是後世研究這位哲人的最寶貴資料。

而且，我們的總統當初指示特建此一住宅的深長用意，在歷史上也將永垂典式。

因此，我們認為胡先生此一住宅及宅中遺物，應當全部照胡先生逝世前的原式永久保存，構成一個「胡適紀念館」，足以為一部活的胡適傳記的一章。

為了作成這樣的一個紀念館，我們認為應當循着外國同類紀念館創建及保管的常軌，作到下列四件事：

（一）我們贊助胡適之夫人及其他有關的人，將胡先生在此宅中的遺物全部捐給整個社會。

（二）我們應當由適當人士發起在國內外募集一筆相當於此宅建築及佈置內外環境的費用的錢，交付給有關方面，使此宅得成為一個永久性的胡適紀念館。

（三）我們認為還應當募集一筆錢，作為此胡適紀念館的基金，並組成一個永久性的財團法人，負責籌劃並實施此館的建立和管理。

（四）我們認為此紀念館的一切規程和辦法，應當模倣外國的完善成例，一定要妥當詳密，不可草率簡陋。

我們要請人特別注意：此紀念館的成立，乃是胡適之先生和他的遺族對社會和民族的大貢獻。因為，即使單從物質觀點論，胡先生的遺物，包括他的手稿（當然不包括著作的版權），其金錢價值是難以計算的，是比我們上面所主張籌募的錢要多出許許多多倍的。

我們盼望本院和院外一切敬愛胡適之先生的人士同情，贊助我們的意見。

我們盼望我們的意見立刻引出具體的工作，使這件為社會所期待的事業能夠成就。

陳槃、石璋如、芮逸夫、丘其謙、王萍、高去尋、嚴耕望、董同龢、楊時逢、李亦園、劉斌雄、許倬雲、徐高阮、張存武、王叔岷、陳文石、王璽、黃彰健、張以仁、王爾敏、楊君實、金發根、鮑克蘭、藍乾章、楊兆慶、吳善澤、管東貴、戴新生、成道學、徐之勇、吳信淦、桑秀雲、史靜波、廖源雄、楊希枚、張秉權、王聿均、賈廷詩、管式昭、李念萱、袁守方、劉鳳翰、傅權、劉津月、趙中孚、吳旭初、張玉淑、譚玲、孫本芳、石磊、呂仲篪、王崧興、劉學備、羅松年、任紹廷、歐麗澤、宋淑貞、王恒餘、莊以寬、鄭隆村、張曙明、王之士、戴文華、林飛棧、潘木良、楊子儒、彭啟權、林忠、余壽雲、周龍、段慶貴、陳耀玉、楊瑞雀、鄭麗卿、呂克華、陳仲玉、呂承瑞、鄭再發、芮榮。」

王世杰臨崖勒馬

事情發展至此，顯然大出王世杰院長的意料。假如不迅即臨崖勒馬，必將因紀念館的問題而演成中央研究院內部不可收拾的紛爭，其結果還可能失去此一幾經慘淡經營，得來殊為不易的院長寶座。王院長是何等的聰明人，他見大勢不好，立即於十八日上午召集中央研究院院務會議，並親自提議將胡先生在中央研究院的住所全部作為紀念館。

因為原來想改作辦公室的不是別人，正是他自己，所以，他一經提出，參加會議的各研究所所長及各單位主任均一致同意，於是便無異議通過。胡適紀念館館址問題，總算獲得了完滿的解決。據中央研究院透露，該院將成立一個「胡適紀念館管理委員會，負責佈置和管理之責。委員會的委員，除了中央研究院的人員而外，還將請與胡先生有關的人士參加。至此，胡適紀念館的初步阻礙業已除去，至於是否尚有其困難，則仍難斷言也。

疆藏邊境兩軍接戰

中共提最緊急最嚴重最强硬抗議 同時向前推進摧毀印軍邊境哨所

綜觀

關於連日在中印邊境發生的戰事情形，對於挑起戰爭之責任，一直雙方各執一詞。不過，根據雙方發表的報告看，中共儘管在宣傳上硬說戰爭的責任是由印軍挑起。但印軍並未前進，向前推進且又連續摧毀印軍邊境哨所的是中共，一再擊落印度直昇機的也是中共。

對此，印度國防部長梅農十月廿一日在新德里宣佈說：「進攻中的中共軍隊，今天仍繼續在兩個遠距離的前線上，向印度境內前進。並在沿途上摧毀了印度的防衛哨位」。

梅農還說：「中共在喜馬拉雅山的東北和西北前進時，曾在其大規模的人海攻勢中，在大炮支援下投入兩萬名士兵，把南卡朱河（按即中共所稱的克節朗河）以北的所有印度哨位，悉予摧毀，並渡過該河，繼續向南面的印度後方陣地，實行炮轟。南卡朱河位於印度禁區東北的前線和西藏之間的邊界上，與該邊界適成平行，與不丹的邊境相接」。

以上是合衆社的報導。該社又報導說：「梅農在昨天的一項簡報中說，印度在敵人優勢兵力第一天的攻擊下，已陷落下三個哨位」。

又據印度政府於十月廿一日正式公佈：「二萬名中共軍，分成兩路，昨天在一項不宜而戰的邊境戰爭中，以人海戰術攻擊中印邊境的兩個地點，制服了若干印度哨站，並進入印度境內三哩至四哩。局勢是那末的嚴重，以致印度國防部長梅農在晚上召開了今日的第二次記者招待會，指責中共一邊在談和平，一邊却準備着處心積慮的攻擊。他說兩師共軍（每師一萬人），在激烈的大炮和機關槍的炮火掩護下，制服了東北邊境十五哩至二十哩長一帶的印度哨所，迫使印軍後撤」。

另據中共新華社北平二十一日二十時十五分報導：「據我西藏邊防部隊報告，盤踞在我克節朗河（即印度所稱卡朱河）地區的印度侵略軍二十日晨七時（北平時間）向我發動的進攻被我邊防部隊擊潰後，二十一日晨八時二十分在猛烈炮火掩護下，又向我邊防部隊再次發動進攻。我邊防部隊進行了自衛和還擊。截至發電時止，戰鬥仍在激烈進行中」。接着，中共新華社又於十月廿一日二十三時電訊報導說：「據我西藏和新疆邊防部隊連續報導，由印度侵略軍所挑起的在中印邊界東西兩段的武裝衝突，今天仍在激烈進行。中國邊防部隊經過堅決的自衛和回擊，在東段收復了絨不丟，扯果布，克寧乃，日挺布，湯，娘巴，仲昆橋等地；在西段，又清除了印度侵入的幾個據點，現在戰鬥仍在進行中」。

從上述印度與中共雙方之報導來比較，很容易發現蓄意攻佔和摧毀印軍哨所的是中共。何以見得呢？中共儘管口口聲聲說戰鬥起於印度之挑釁，又口口聲聲說中共只是「堅決自衛」和「還擊」，但是，中共的報導却露出了窮兵黷武的馬脚，而不能自圓其說。因爲，如果中共眞的只是自衛和還擊的話，則中共軍隊不應前進三哩到四哩，更不應該進佔絨不丟，扯果布，克寧乃，日挺布、湯、娘巴等地，經過戰鬥後，原由印軍據守的絨不丟，扯果布等地到了中共軍隊手中，那末，事情很顯然，決不是印軍進攻中共，而是中共軍隊進攻印軍了。

最妙的，却還是中共的宣傳手法。儘管事實上是中共軍隊進攻印軍，而且進佔了原由印軍防守的據點，但中共却反轉來硬說是印軍進攻印軍挑釁，從而一再提出嚴重抗議之後，中共外交部更由副部長一名於十月廿一日淸晨四時把印度駐北平大使館代辦班納吉召到中共外交部去，面交照會一件，向印度提出「最緊急最嚴重最强硬的抗議」。這就更是惡人先告狀了。

中共告這一狀，表面上看來也有一個很像樣的理由。因爲尼赫魯於十月十二日曾宣佈要把中共軍隊從印度領土上清除掉。所以，中共便以此爲藉口以此爲佐証，企圖証明中印邊境之戰鬥是由印方發動。殊不知，尼赫魯說過這話之後，却到錫蘭訪問去了，而且尼赫魯當時還附帶的說過，雖要把中共軍隊從印度領土逐出，但自問無把握，不知何日完成。這就表明尼赫魯並沒有要印軍立刻進攻，事實上，尼赫魯也必然深知中印邊境必將降大雪，戰事是必然不能長久進行的。要打也得要到明年春季天暖雪融之後才能打。

那末，無論是由中共一方進攻，或是由印度一方進攻，印度便無戰意嗎？當然也不是的。中共有意打擊印度和尼赫魯的威望，那是無可置疑的，中共有意藉此向巴基斯坦及尼泊爾示威，從而刺激巴基斯坦及尼泊爾反印，更是中共在政畧上孤立印度在戰畧上包圍印度的一貫作法。

至於印度，至於尼赫魯之所以揚言要驅逐中共軍隊於印度領土之外，那當然也有他的理由。他的理由除了保衛他所認定的印度領土之外，藉此爭取外援，自亦是必有的打算。

其實尼赫魯還是太軟弱，有些人也對中共政權的本質認識不清。印度要想進佔中國領土，中國人自然不會答應。不過，目前的問題，不是印度進佔中國的領土問題，而是印度和中共這一個根本不能代表中國的僞政權的爭執的問題。由於中共是中國人民的共同敵人，也是亞洲的禍根，所以，印度如果眞能打擊中共，那無疑是中國人歡迎的，也是整個亞洲和自由世界所歡迎的。不過，爲了這一點，印度應該撤銷對中共的承認，並與中華民國結盟以夾擊中共才是。

中共不保護人民捕食 大陸珍貴動物將絕種

近年來，中共曾强調大力挖掘野生動物資源，作爲支援出口物資和解決一部份糧食問題的重點措施之一；但是，中共每一項暴政措施，總是犯有過尤不及的通病，挖掘野生動物資源的活動亦不例外。據「新華社」最近發出的消息稱：由於大家挖掘過了頭，一些珍貴稀有的野生動物，行將絕種了。僞國務院頃又在迫不得已的情況下，下達「緊急指示」，要求貫徹「護、養、獵並舉」的方針，積極保護和合理利用野生動物資源。

該項「指示」首先指出：近年來，許多地區對於挖掘野生動物資源，均偏重獵取，保護不够，一些在科學上或者在經濟上價值較高的珍貴鳥獸資源，正在急劇下降，有的甚至瀕於絕種。據謂，獵狩活動，應該貫徹「護養並舉」的方針，有組織有領導地進行。因此，中共根據各地區野生動物資源情況，制定公佈臨時的狩獵管理辦法，没有狩獵証絕對禁止獵取。

中共在「指示」中還規定：對於大熊貓、東北虎、野馬、金絲猴等珍貴稀有的或者價值特高的鳥獸，必須嚴禁捕獵；另外一些經濟特産而數量已甚稀少的特産鳥獸，如紫貂、小熊貓、雪豹、野驢、麝、水獺，以及一般猴類等，也要禁止獵取。

「人民日報」根據僞國務院的「指示」，對於今後挖掘野生動物資源還作有如下補充：

第一，根據中共規定，應當採用不同的工具和方法，分別對待一般野生動物和特産的稀有動物。有許多需要活捕飼養的動物，更須特別小心，不可任意傷害。

第二，爲了不損傷毛皮，保証肉類無毒、清潔，藥用適合季節和活動物成活率等等，必需要求獵人不能用散彈來獵取珍貴的毛皮獸，不能用套索來獵取有蹄類的肉用動物。

第三，爲了不影响野生動物的繁殖，必須禁止採用毒藥、炸藥等不分對象、不分公母、成幼一律獵殺的工具。特別是機動車輛追捕，會造成大量死亡，更需禁止。

第四，大規模圍捕，會消滅大群動物，是違反永久利用的原則的，也必須加以禁止。

第五，燒山驅獸，可以發生火災，破壞森林、草原，使野生動物失去棲息隱蔽的場所與飼料來源，要加禁止。

僑鄉近訊

鍾之奇

南方日報承認廣州共軍紀律差

（倫敦廿日路透社電）中共報紙「南方日報」稱：中共當局已要求駐紮廣州之防衛部隊，改良紀律。該報稱：廣州防衛區總司令部本年七月曾發出一項通告，要求共軍推行軍紀，遵守交通規例，保持公共秩序，及保護公共財物。

該通告稱：軍隊離開其宿營時，應穿着制服，態度良好，重視及盡彼等之義務，軍車則應遵守交通規例。

肥料種子缺粵冬耕無法展開

粵省農業生產困難重重，尤其是受水、旱災害較爲嚴重的珠江三角洲各縣及湛江、汕頭、肇慶、韶關等「專區」。該等地區的冬種工作，幾陷於停頓狀態。

據中共「中國新聞社」廿一日供認，這些地區的冬耕冬種無法按照計劃開展，主要是因遭受自然災害侵襲的結果。不僅缺肥，缺耕畜，缺種子和農具，連各「公社」農民的口糧也發生問題。其中以中山、東莞、寶安、番禺、韶關、順德等廿餘縣最爲困難。

廣州共幹最近拘捕了千多人

大陸各城市社會秩序極端混亂。關於這種情況，可從各地共報的報導中窺知其嚴重性。據廣州「南方日報」說，穗共近在各區逮捕了一千餘人，罪名爲「嚴重破壞社會秩序」。據指出：這些人中，有的是專向各工廠、商店及倉庫偷竊。有的攔路搶劫。有些則是聚衆鬥毆和調戲婦女。北平「大公報」說：北平盜竊罪犯甚爲猖獗，例如：有一個偷竊集團，經常在「國營」商店活動。這個商店的商品，在不到幾個月內，被偷竊幾達存貨百分之二十。上海情況最嚴重。

「亞洲納薩」蘇加諾

俊華

印尼總統蘇加諾，最近與美國太平洋總司令費爾特將軍，發生了一次「隔海罵戰」。這事的發生似乎很偶然，其實却有着它的根源，即爭取西伊里安勝利後印尼的態度和動向。從另一個角度看，也可以看出東南亞的離島地區，仍然是整個區域另一冷戰的中心，即使西島問題已告解決。

從西島說起

西伊里安已進入聯台國代管階段，而將於明年五月移交給印尼。為了這項移交的決定，荷蘭朝野大感喪氣，認為美國「改變政策」對荷蘭施加壓力，荷方迫得「無可奈可」。荷蘭的經營西島，是一種「業餘的癖好」，自一八二八年以迄本年十月一日移交聯合國止，荷蘭在西島一貫做的是賠本生意。直到西島着手開發的現階段，由於美國最後決定對印尼加以綏撫，荷蘭乃被迫將西島放棄。

荷蘭是北大西洋公約之一員，年初北約在雅典開會，西島問題曾經提付討論。西島的東部新幾內亞，是澳洲的管領地，澳洲曾宣稱「密切注視」事件的發展，並提出美澳紐的坎培拉會議討論。當時荷蘭曾一度增兵西島，準備作戰應付印尼的威脅。但美國於四月間決定遷就印尼，荷蘭的作戰計劃如空運海運的中繼站等，受到西方國家一系列的杯葛，事情就急轉直下。印尼可謂不費一兵一卒，「冷手執個熱煎堆」。

美國的賭注

荷蘭所指美國於四月間「突然改變政策」的原因，華盛頓雖然沒有透露，但依照美國在現階段政策的基調推測，可能是為了「不要跌下共黨佈置的另一陷阱」。印尼為了海空軍力不及荷蘭，就向蘇聯要求並已獲得飛機戰艦的支持。一旦兵連禍結的話，美國就得決定她應該如何作左右袒，但是美國無意為西島而與印尼作戰，華府的策劃人把這類戰爭的性質，都列入「陷阱」的一類。

另一個使華府顧忌的，是印尼共黨乃亞洲第二最大的共黨，它僅次於中共。迄今印共在國內是合法的，其成員並在政府佔有席位。如果印荷戰爭發生並且長期化，共黨勢力可能乘機膨脹，終則脫離蘇加諾的控制。印尼一旦赤化的話，東南亞的局勢就會不堪問了。

美國退休政治家彭克所提出的解決西島計劃，即是現在已告實現的，使得西島可於明夏移交印尼。這是美國對印尼極大的綏撫，也是仍然對蘇加諾投下信任票的賭注。

可是蘇加諾似乎並不如何對美國領情，一如一九四八年前後印荷圓桌會議中，美國大力幫助印尼建成了國家，蘇加諾仍然「貪天之功」一樣。

聽的挑

共產集團一向想極力促成西島戰爭，俾使印尼投向共黨。蘇聯對印尼軍援，及中共聲明以大米支持對荷作戰，都是向印尼收回西島的意願，作火上加油。美國竟把西島交給印尼作為釜底抽薪的手段。共黨自然無可如何，但它們仍不放棄搗亂的努力。

它們不斷對印尼發出「提醒」的警告，說荷蘭以前在西島搞「巴布亞國」的問題，仍然沒有成為過去，巴布亞人可能對印尼反抗，這是一點。其次，它們說聯合國代管可能是代美國管理，不過是由「荷帝」交給「美帝」，剛果事件前車可鑑。這些話對於印尼當然動聽，事實上，西島乃巴布亞人的西新幾內亞，一九六九年還有一次公民投票自決——獨立、或合併印尼。

印尼就不斷派兵到西島去，以作先期的控制，印尼決不會在八年後准許西島獨立。

飛彈艦隊問題

印尼在取得西島後仍然擴軍，西島本身是一個原因。同時也可撫慰陸軍方面，使他們嚐一點勝利的果實。但軍隊擴大了就難免要求使用，人們已看到印尼在蘇加諾在「勝利冲昏了頭腦」後的侵畧性，它可能不利於它的鄰國。印尼最近干涉大馬來西亞計劃，與東姑拉曼發生齟齬，已打破了十餘年來馬來羣島與印尼群島的友好。

費爾特上將以美國太平洋司令的地位，注視東南亞局勢，他特別指出兩點，即寮戰停止後，共黨目標仍然指向泰國。同樣的，西島「解決」後，印尼的建軍「似已超出它在該地環境中的需要」。費氏指的，是蘇聯助印尼建立的飛彈艦隊。

蘇加諾在陸軍節（十月六日）仍說帝國主義要「包圍印尼」，不可放下武器。他的海軍副參謀長扎夫更對費爾特談話作出譏罵，說美國太平洋艦隊「休作任何『保衛』印尼的想像，無論印尼從蘇聯獲得飛彈艦隊，『自由世界』是否感到興趣，但此與費爾特無關。這簡直是干涉內政！」

雖然印尼對大馬來西亞計劃發生大反感，目前也未能預見印尼會對「大馬」地區如北婆羅洲加以干預。但東南亞區可能因印尼而走入軍備競賽並趨向緊張。因為印尼之收回西伊里安，正有如埃及之收回運河，蘇加諾可能是亞洲的納薩。

·吉隆坡通訊·

泰國轉變了麼？

。香仲郎。

泰國轉變了麼？

由於美國最近實行軍援以「中立」為標榜的高棉，馬上引起了泰國的反感。泰國內政部長乃巴博，憤然以激烈的言論來責難美國，並指出：第一、這是美國甘願取媚親共的「中立國家」而犧牲堅決反共的盟友；第二、充份顯露出美國重視「騎牆派」，不惜損害了同一陣線的盟邦利益；第三、美國是祇顧及與其本身利益有關的問題，自私心過重，忽畧了盟邦的安危；第四、泰國今後應該警覺，改變現行的親西方政策，重新訂立「應付時局方針」。

泰國總理乃沙立，也緊接着發出了一項震駭人心的談話：「泰國可能被迫採取極端出人意外的行動，屆時希望泰國人民保持鎮靜，聽候政府當局的安排」。繼而泰國國會也迅即通過了一項「奇突的議決案」：授權外交部與蘇聯商訂貿易協定。——其實際情況如何，雖然迄今仍未詳細獲悉，但蘇聯大使館的發言人已作出這樣的宣佈：「蘇、泰官員使到兩國貿易成為正式化的問題，已開始舉行初步會談，可能有所成就」。

以上述泰國的種種動態來觀察，泰國政府似乎已發出了「轉變」的警號；但從其內裏的實情來分析，便可以知道乃沙立和乃巴博等的行動，祇不過是一時的意氣用事吧了。若說到政策的轉變，顯然仍有很大的距離。

自第二次大戰以後，泰國就依賴着美國生存；而美國也視泰國為東南亞最可靠的反共支柱。特別在越南分裂，緬、棉、寮「中立」以後，更促成泰國和美國「相依為命」。美國之援泰，確是無微不至。東南亞公約成立之始，在美國策劃下，該公約的總部便設在曼谷；越南分裂前後，美國即將援助東南亞的指揮中心移到泰國；並在已故國務卿杜爾斯的「共同安全」原則下，派遣軍援代表團團長赴泰從事訓練和加强泰國的七個陸軍師。迨至今年三月間，泰美的關係又更進一步的加强，雙方成立了一項單獨的防衛協定，取代了東南亞公約的地位。這協定是由美國務卿魯斯克和泰外長乃他農聯合發表的，其內容是：「美國保証泰國於受到侵畧時可獲得安全；美國部隊可於廿四小時內到達泰國，協助泰國抵抗共黨的侵畧；泰國於一九六二年底根據美國軍援計劃可獲得價值五千萬美元的軍用設備」。此外，美國還特別保証：即使事先未有東南亞公約組織的任何會員國同意，也將單獨援助泰國抵抗共黨。——由此可知，泰美間的關係，是如何的密切！

而泰國和蘇聯，則一向是站在極端相反的立場。雖然在第二次大戰後雙方曾建立邦交互派使節，但泰駐莫斯科的公使却早已因「經費問題」而撤回。蘇聯對泰雖然存有很大野心，曾於一九五五年七月由米高揚以副總理身份親自赴泰，表示願與泰國商討貿易問題，可是泰國朝野人士反共意志堅强，卒使米高揚撲了個空。——這可以顯示出泰國決不會驟然對蘇聯發生「貿易上的興趣」。

至於最近泰國的態度，對美國確是有無限怨懟的。起因是在去年十月間泰棉兩國斷絕了外交關係以後，為了邊境那座古廟的爭執，雙方一直吵個不休，甚至一度瀕臨戰爭邊緣（此事件目前已告解決），而高棉元首施漢諾則以「不惜投共」的取巧政策來恐嚇西方國家，迫使美國不得不以軍火援助高棉，藉以緩和當時的局勢。於是觸怒了與高棉對立的泰國。甘廼廸為此，已派遣了泰萊將軍赴泰向乃沙立解釋一番，並坦白地說出：一、美國明瞭和同情泰國對此事的關心；二、美國決不會供給武器予他人來破壞美國的友邦，尤其是對泰國；三、美國絕沒有存心引起泰棉越的糾紛；四、美國軍援高棉，純然係使之抵抗共黨。這一連串解釋，雖仍未獲得泰國諒解，泰、美關係，目前仍陷於低潮，但若因此而發出疑問：「泰國轉變了麼」？則答案是一個「否」字。泰總理的外交顧問江諦已發表過：泰國政策仍將維持與西方國家的友誼，並履行對聯合國的義務。

焦文姬（三）

（版權保留）

黎明

第一

景：焦家客堂，紅燭高燒，桌幃椅墊字畫陳設一新，充滿新年氣象。

時：元旦清晨。

人：焦大郎、焦文姬、青箱、小三、滿尙智。

（焦大郎上坐接受文姬以下的拜年）

焦文姬：（施禮介）恭喜爹爹！賀喜爹爹！添福添壽，萬事如意！

焦大郎：（歡喜不迭，用手攙扶）好、好，起來起來！

青箱：（施禮介）恭喜大爺！

焦大爺：好、好，大家恭喜。

小三：（施禮介）大爺！我不演文了；恭喜發財。

焦大爺：好、好，大家發財。

（滿尙智潛上）

滿尙智：大爺恩義深似海，小姐容貌美如花。哎、好煩惱也！自從那日和焦小姐打過一個照面，我這魂靈兒卻早飛上她的粧台了。無奈礙着大爺，一時倒不好下手。今乃元旦佳期，方才分明瞧見小姐盛妝去到前堂，想是與大爺拜年去了；我不免趁這機會也去前堂拜年，飽餐秀色一番者。正是雖不得肉且快意，無奈眼飽腹中飢！（突入前堂，跪在大郎面前，文姬廻避不及，只得脉脉含情，站在大郎旁邊。）恭喜大爺！賀喜大爺！

焦大爺：啊喲，不敢當！不敢當！（邊說邊攙扶尙智）老夫也要恭喜滿相公，今年一定狀元及第，平步青雲。（說罷一揖）

滿尙智：（還禮；眼睛卻睃着文姬，恰好四目相接，羞得文姬連忙低頭。）但願如大爺的金言。

（文姬假意拉青箱一同迴避；青箱也看出了兩人的心事，故裝不懂；文姬對她作嬌嗔介。尙智卻全看在眼中。）

滿尙智：（旁白）妙呀！

焦大郎：兒呀！快過來見過滿相公。（轉向尙智）啊、滿相公！這便是小女文姬。

焦文姬：（羞答答地）恭喜滿相公！（施禮介）

滿尙智：不敢，不敢！恭喜大小姐！（還禮時目不轉睛地盯着文姬）。

（文姬俟尙智還禮後，仍回到大郎身旁；青箱向她作了一個鬼臉，她則故作怒容地橫了青箱一眼。）

（小三向青箱努嘴示意同向尙智拜年）

青箱、小三：恭喜滿相公！（同施禮介）

滿尙智：（以手示意止禮）大家恭喜！大家恭喜！

焦大郎：相公請坐！

滿尙智：謝坐！

焦大郎：（轉向文姬）兒呀！今天新年新歲滿相公不比外人，你也坐下來吧。

焦文姬：（似卻非卻，活潑伶俐）爹！您陪滿相公坐；女兒要到廚房整茶菓去；一會兒再來奉陪吧！

焦大郎：嗯、也好，也好。

焦文姬：（與大郎耳語介，但聲音卻故意在使尙智聽見）爹！女兒還給爹爹您備好了一壺美酒啦！

焦大郎：哦、哦，哈哈哈！這才是你爹爹的好女兒啊！

焦文姬：唔、爹你又來！（嬌憨地搖撼大郎）我不許你贊！

焦大郎：（慈祥而樂豫）好、好、爹爹就再贊這麼一次吧！下次再贊，你只多給爹爹備點美酒也就是了！哈哈哈哈！

滿尙智：（拊掌旁白）妙呀！

焦文姬：（憨態可掬）爹爹老是愛笑人家；女兒不去了！

焦大郎：好、好，爹爹不笑了，爹爹不笑了；兒呀你來看，爹爹與滿相公都給你說得嘴饞了，都等着要吃你的美酒呢！（樂忘了形，給尙智丟了一個眼色）哈哈哈哈！

滿尙智：不妨事，不妨事呀！哈哈哈哈！

焦文姬：唔！（向大郎故作嬌憨式的恨聲；立即斂容施禮）爹爹陪相公寬坐！（向青箱招手）青箱隨我來！（興孳孳地急下）

青箱：來了！（下）

焦大郎：哈哈哈哈！

滿尙智：（旁白）妙呀！（轉向大郎）眞乃冰雪聰明！（移）

（未完）

友聲集（四）

送友人赴香港講學

閔生

海上相逢晚，綢繆得未嘗；六年思胡國，匹馬去殊方。殘局爭興廢，孤懷異狷狂。亂離千萬意，迴盪賦河梁。

衰疾仍爲客，艱屯此送君；歡情隨逝水，別緒逐行雲；把贈惟肝胆，相期在典墳。所嗟知己少，直諒況多聞。

碩果懸孤島，遲遲去國情；乘桴懷舜水，覆軫弔延平；親老難爲別，時危壯此行。離筵須盡醉，滄海正潮生。

文物罹千刼，江山爵百哀，一匡秦失道，三戶楚多材。邪說從誰闢，橫流倘可迴；海隅宏正學，新運待重開。

南溟鵬振翼，飛動意何如？陵谷供歌哭，風雲待卷舒。艱難天下計，浩瀚古人書；莫遣芳華老，蹉跎壯志虛。

慷慨君南渡，香江我昔遊；儘多懷舊意，不敵別離愁；閱世桑生海，感時葉報秋；殷勤商後約，惆悵獨淹留。

羊落虎口（中）

金珂

慢慢地，躺在床上的坤又微睜二眼，臉上在痛苦地抽搐着，想開口再講下去，只是嘴唇微微地抖動一下，沒有發出聲音來。

他向站在床邊的人指劃了一下，喝了幾口開水以後，又閉上了眼睛，養了一會神，然后又輕輕地說下去：「過去，我曾經有過理想。這，好像是個夢，我恨……我恨共產黨。它，它毀滅了我的理想，又葬送了我的前途，更奪走了我的生命……我，我在那裏整整地勞動改造了六年，可是，我還不知道到底是犯了什麼罪，到今天，我已經完了，我沒有出這口氣，感到不甘心，我沒能親眼看到推翻暴政，我總感到死不瞑目呵……」他的心情雖是那樣的激動，可是講話的聲音卻是越來越低，低得幾乎使人聽不見。呼吸也更急促了。從他起伏的胸脯來看，吐出的氣要比吸入的氣來得多。他看着大家，勉強地抬起了手，向大家招了招，要說話，再也沒講出來，眼淚又從他的眼角旁流下來。

站在床邊的人，看着他那彼一陣陣痛苦抽搐着的臉，和漸漸變黃的臉色。大家知道，死神已在向他招喚了，他馬上要離開人間，大家的心裏雖是那樣的焦急，可是，誰也沒說話，室內仍是寂靜的一片。

丁老師一面流淚，一面還想找醫生給坤打針，我看着丁老師着急的表情，又看看躺在床上奄奄一息的坤，我禁不住地問：「丁老師，醫生是怎麼說的，坤的病還能不能醫治？」

「唉！能醫治還會不醫嗎？回來的那天，醫生就說了，他患的是惡性貧血，無藥可救。今天，我對他這樣，不過是延長一些時間……」丁老師一面搓着雙手，一面失望而又痛苦地說着，說到這裏，她咽住了。一頭倒在身旁的一張椅子上，雙手擦住了臉，在抽抽噎噎地哭着。

在床上躺着的坤，伸直了四肢，靜靜地躺着，在他的臉上，再也找不到一點紅輝，只是一臉的腊黃，嘴微微地張着，氣在不斷地往外吐，已很少有吸入的氣了。

他最後一次地睜開了眼睛，兩眼已失去了光彩，他還要想說話，只是嘴唇微微地抖動一下，再也沒有發出聲音來，他想舉手向大家告別，但已失去了抬起來的力量，只用眼光有氣無力地掃射了一下大家，又慢慢地閉上了，臉上現了個苦笑，漸漸地，他的胸膛平伏了，頭歪向一邊……

丁老師剛抬起頭，看到這一情景，她不顧一切地撲過去，伏在坤的身上，一面搖晃着她的頭，一面喊：「坤弟，坤弟……」

「坤弟，坤弟……」室內的人都跟着喊起來，哭泣聲和叫喊聲響成一片。可是，在床上躺着的人，卻還是那樣躺着，任憑你千呼萬喚，他的眼睛再沒有睜一下，手再也沒有動一下，永遠這樣靜靜地躺着……

× × ×

窗外的雨還在不斷地下着，天空仍是佈滿了厚厚的雲層，室外是一片陰暗，室內更顯得黑暗而又悽涼了。我低頭看看手腕上的表，才六點鐘，因爲下雨，天也就黑得特別早。我回頭扭亮了天花板上的電燈。唉！不知怎地，今天在我看起來，什麼都是陰暗悽涼的。再側過頭去看看躺在床上的坤，他仍是那樣靜悄悄、直挺挺，一動也不動地躺着，這時已再也看不到他腊黃得可怕的面頰，來代替它的是一塊潔白的面巾。

丁老師忙了一陣以後，她走過來疲勞地倒在我對面的一張椅子上，她眼睛是紅紅的，而且有點兒腫，也許是因爲受了這個打擊的緣故，她的臉上蓋滿了愁雲，她把頭枕在椅背上，二眼看着天花板出神。她手指上夾着的烟捲已快燃點完了，可是，她還沒有把它扔掉。過了好一會兒，她像想起了什麼似的，從椅背上昂起頭來：

「小珂呵！不是我思想落後，我弟弟的死，實在是枉冤的，你想，過去在家鄉只掛了個名譽鄉長的名，他既沒有害過人，更沒有殺過人，還被蒙上了一個反革命分子的罪名，拉了去勞動改造了六年，到今天爲止，已被活活地折磨死了，唉！我眞恨……」她說到這裏，回過頭去狠狠地瞪了她六妹妹一眼。

「名譽鄉長，寃枉死……」這些話在我的耳邊迴盪，到底是怎麼一會事呢？我是越聽越感到奇怪，爲了明白眞相，我又急急地追問：「丁老師，他這樣年輕輕的，怎麼會當鄉長呢？你能告訴我嗎？」

「唉！這些事說來話長了！」她痛苦地睜大了眼睛，重重地嘆了口氣，嘴裏在喃喃地說着，顯然我的問話又引起了她對過去的回憶。

那是十五年前的事了，崑山，雖說這是個方圓並不十分大的一個小市鎭，那裏的人民都過着豐衣足食的富裕生活。它離上海只有百把里路光景，正因爲它離上海很近，再加上上海沒有山，因此這裏也就成爲遊客們的遊覽勝地，每逢假期，或星期日，由上海到這裏遊覽的人也就特別的多。

在崑山的鬧街中，有一個非常大的宅院，這就是我們的家，一到崑山，問丁家是沒有人不知曉的。我們祖居在這裏已有好幾代了，不但是代代豪富，而且又是舉善人家，所以在這個地方，我們的名聲也就特別的大了。

在這所大宅裏，除了祖父母、父母親以外，就是我們這八個孩子了，在這八個孩子當中，偏偏只有一個男孩子，祖父母常常說：「唉！我們丁家樣樣都好，祖上沒有缺過德，偏是人丁不旺，幾代都是單丁……」

抗戰回憶錄（四一）

張發奎

在我迭次的電報文件中，都告訴他們當地的市價，和請求代金的增加，但他們始終沒有給我一個圓滿的答覆。更有一件怪事，當我向他們請求對於以前短發的食糧，應將欠發的數量償還部隊的時候，他們竟以「往事不必追究」的幽默口吻來答覆。給養額是官兵規定的享受，他們因短發給養而受的飢餓，這個損失就應補償才是合理，我為了這一件事曾在重慶軍事會議中作過激烈的抨擊，並了解他們為着撙節國庫的開支，原來採用「到期不發，過期不補」的政策。

這個糧秣問題，直至我們於五月間克服南寧後，才獲得澈底的解決，然而我們總算渡過了這個嚴重危險的時期，為着渡過這個嚴重危險的時期，我首先應該感謝美國的朋友，他們幫助我解決公路的運輸，特別是後方主要交通線的黔桂公路，他們盡了一切的力量，使這條路得到完好的運輸。其次對於百色機場的恢復，增加了空中補給的力量，在一個最嚴重的時期，曾由昆明空運來大批的食糧。

敵人也像是疲勞了，各正面除了斥候的活動外，都沒有大的戰鬥行為，使我們安全的渡過了這個難關，和完成了我的整軍工作。

十．第二方面軍

第二方面軍，在我是一個光榮的名詞。歷史雖不會重演，但有時會很奇巧的，令人去回味着前後一樣的故事。在過去革命史中，第二方面軍是曾威震中原、躍馬豫鄂、有過赫赫戰績的革命戰鬥集團。詎料十八年後，這一個名詞又落在我的頭上；而且它的光輝，展開了抗戰勝利的端緒。

自何應欽將軍出任陸軍總司令，建立陸軍總司令部於昆明後，美國為急謀解決遠東的戰爭，應允以大量的裝備和充分的炮兵火力，來裝備西南的卅六個步兵師，並計劃於裝備完畢之後，配合美海軍，在西南沿海地帶，轉取攻勢。為了適應攻勢作戰的需要，遂將含有消極作戰意義的戰區名稱，改為比較含有攻勢作戰意義的方面軍，這是卅四年三月間實行的計劃。

當這個計劃發佈之前，我曾到昆明，由何總司令告訴我這個計劃內容的要旨，但對於各方面軍的人事和區分却不明瞭。等到正式命令頒布，才看見盧漢、湯恩伯、王耀武分任一、三、四各方面軍的總司令；並規定滇越方面為第一方面軍的作戰方面；黔桂鐵路方面為第三方面軍的作戰方面；湘西為第四方面軍的作戰方面；以我所指揮的戰區的地域，為第二方面軍的作戰方面。在兵力的配置上，第三第四兩個方面軍各指揮十五、六個師之多；一、二兩方面軍則僅各指揮八、九個師；而據所得到的內幕消息，美國的裝備將儘先裝備第三第四方面軍的部隊。

各方面軍序列的頒布，使許多人大為詫異，認為人事上不很適當和有欠公平。他們以為我的資望最高、經歷最深，而且是現役的上將，不應與資歷尚淺、而又無出色戰績的王耀武等同列。對我而言，在某一種觀念上，這確是一種藐視和侮辱。當時這個念頭，曾有片刻侵入了我的腦裏，我想提出辭職，並推薦原任戰區的副司令長官夏威將軍出任方面軍總司令的職位。但我轉念軍人只有服從，不應作地位上的爭執，如果國家認為我應該担任這個職務，我只有從這個職務上去努力，我必須控制我的感情，平心靜氣，顯出沉靜超然的態度，以免失去軍人的風度。我在努力克制之中，總是時時想到國家的安全與勝利的爭取，這是使我可以自制的唯一良好而簡單的方法。

在我指揮下的兩個集團軍（第十六集團軍和第卅五集團軍）與方面軍的改制同時撤銷。夏威、鄧龍光兩位集團軍總司令調任方面軍的副總司令，各軍直屬於方面軍的指揮。其實我們只有三個軍；在指揮上倒可以免去一層中間轉折。司令部的組織也同時改變了，參謀處總攬的作戰、情報、後勤業務，現在已變為一、二、三、四處，分別掌管（美軍稱為 G-1,G-2,G-3,G-4）。這個制度，據我的幕僚們的意見，認為業務上比較單純而各有專責，但於連繫上，沒有以前那樣密切，這或許是因為習慣與熟練上的關係。

變更最大的是補給機構，兵站總監部的名稱改換為補給區司令部，副司令和一部的經理人員，任用了美國軍官。事實上整個的後勤，已由美軍主持，昆明的後勤總司令亦已由美國人出任。這在主權方面，似乎有點越俎代庖；然在工作上說，美國人亦確實比較負責。同時，大部份的供應物資和交通運輸工具，都是美國運來的。以我們過去後勤工作和軍需分配之腐敗黑暗，美國人自然有點不太放心。他們不但想革除後勤工作的營私舞弊情事，而且認為每一種軍需品應確實使用於前線、並使用於需要的方面。過去我們的軍需品往往儲藏在後方倉庫而不發給部隊使用，以及分配之不公允情形，他們亦很明瞭。他們的長處是比較認真負責，但短處就在有時過份遵守硬性的規定，而有呆板拘泥之病。如金錢之支付，他們非得到部隊的報表就不肯預行發給，不知部隊常因作戰或駐地分散及交通不便的原因，很不容易將報表按期送到，因此缺乏經費及不能按期發餉的事也有時發生。不過他們對於整個的籌劃與不推諉的精神，倒分担了我對補給顧慮的大部精力，並使我渡過了飢饉的難關。

抗戰行列中的見聞雜憶（一）

李璜

前言

說來慚愧，以筆者的體力瘦弱，又從來沒有受過軍事訓練，本來夠不上參加戰爭行列的。不過，日閥來侵，全民奮起，筆者以國民一分子，見着別人冒險犯難，暴骨沙場，便不顧老坐後方，高談闊論。適逢在陪都重慶的國民參政會提案，為整肅前方軍風紀起見，主張設立各軍區的軍風紀巡察團，得軍事委員會贊同，立即組織之。

軍風紀巡察團是由一位中將銜高級軍官任團長，兩位軍法高級執法官，一位國民參議員，一位監察院委員組成之；外帶憲兵兩排，開赴前方各軍區；其任務在消極方面，問民疾苦，監察軍風紀，並賦有就地審判處罰亂兵游勇之權；在積極方面，則組訓民衆，認清敵我，務期軍民合作，使前方政治與軍事配合，以免為敵所乘等項任務。

記得民二十七年七月中提案，九月初各團組成，筆者是被國民參政會推舉去參加第三軍風紀巡察團的，是即開赴武漢，前去參加保衛大武漢之役的第一個團。筆者既被推舉，欣然應命；由團長送來一套茶色嗶嘰軍服，配以粉紅色邊的少將階級的胸章；關起門來，團長教筆者同那位年近六十的監察委員以行軍答禮的手式，只此一式，其餘無暇學習，便於九月八日五人同機飛赴武昌。到達之後，與武漢衛戍總司令陳誠見了一面之後，再見軍事委員會辦公廳主任賀耀祖一面，得憲兵兩排，卡車二輛，小汽車一輛，立即向前方出發，一日行程，於九月十二日達到了前方的咸寧、通山一綫，因是時我軍正在陽新、瑞昌一綫壘戰中，即所謂「田家鎮之役」是也。

保衛大武漢之役，這個仗是如何打的，筆者雖在第二綫駐上十二三天，又從通山隨同軍隊退到通城、修水一線，繼續駐了十二三天，然後再退往湖南平江，其間近一月，過的完全是戰地生活，但是對於作戰情形，前綫進退，因為外行，無從了解（請看本刊張發奎將軍的抗戰回憶錄）。這一個月，只是白天進入戰壕裏，或避入森林中，以避敵機的不斷偵察與更番轟炸；夜晚始到城村，與當地民間父老接觸，或赴傷兵臨時救護所，或組織民伕去任臨時担架隊，或收容沿途臥在路邊田間的病兵，或審問前綫逃下來與落伍了的散兵們，等等亂糟糟，無法做出有頭緒像樣的工作。

經過這一個月簡直無法工作的工作，令筆者當時便感覺到，以這樣一種知識缺乏的民衆與士兵，以這樣一個毫無組織能力的後方勤務部，以這樣的公路、交通、以及交通工具的不足，以這樣的缺少高射炮及空軍去對付敵機的橫行，這一次與日軍爭戰的現代戰，眞是無法打得像樣的！現代戰爭確是一個總體戰；當時我們在大後方，也高唱總體戰；一到前方，筆者才知道，這一總體戰談何容易，這必須澈上澈下，訓練有素；而且一般的知識水準都要有相當程度，一切人們的動作都要靈活並配合，順着一個軌道進行，等於一副機器樣，然後才能應付現代戰爭。因之，筆者感到抗日這一戰，眞是虧得中國人去打，打得眞慘，犧牲浩大，浩大得有點不必要！假如我們的民智、軍訓、準備合理、上下合軌、以及高級人員凡事均能用腦經，盡責任，愛惜人命的話，則兵民的生命犧牲，不會得如筆者親見之慘烈的！

前事不忘，後事之師，因此筆者願意將這一類犧牲慘劇，憑我記憶，一點不增，一點不減的寫了出來；寫法是以一事為一段，因之各段有長有短；但其間大概是對壞事加以批判者多，對好事加以歌頌者少。可歌可泣的抗日的全民鬥爭，自勝利後，紀載足以歌頌的事蹟已經很多；事至今日，已用不着再來歌頌，應該是付之史筆的時候了。

付之史筆，寫成歷史，貽諸後人，則應使後人得個歷史的教訓，知所以自勉，而能勝過前人。故以史家的立場言，史材不應該只是好人好事，而同時也不廢棄壞人壞事。且今之史家眼中的壞人壞事，本社會學觀點，並不認為某一人對某一事，未嘗盡責，某一事未能小心慎重而竟草菅人命或遺誤國家，便指目此一人，謂為罪大惡極，不容恕饒；要皆傳統有原因在，環境也有原因在，此佛家之所謂「共業」是。譬如官僚化（只知做官，不知任事），即在我國中有數千年的歷史業障；而在兵凶戰危中，凡百職司，一有官僚化的習慣發揮，則軍民生命便立受其害，而遭莫大的犧牲！又譬如鄉野小民，從來畏官如虎，畏兵如狼；官威在上，小民對之，戰戰兢兢，連一句話都說不成功了！

凡此，筆者皆曾於巡察前方軍風紀中，或曾於後方川康視察團中，深入民間兵間，每有見聞，且多觸目驚心，令人至今莫能忘者！然而抗戰已過幾及二十年，何以筆者竟未將此雜憶詳為寫出發表（偶然也曾發表片段）？因為抗戰中與我在前後方共過事的同事，有許多人都還健在（雖然大多數筆者已不知其飄零何所），這些人並非大奸大惡，其失誤之處，在中國人隱惡揚善之道，不好指名指姓的寫出，不寫出姓名，又覺得是一缺憾，故爾遲遲下筆（我寫雜憶，對名姓，能隱則隱）。

今者，中共倒行逆施，已使大陸上大怒人怨，反攻復國這一戰爭，猶如抗日一樣，終是要打的！這又是一個全國全民的聖戰，天經地義，大家應該為國家民族前途，去貢獻，去犧牲！但是，要使得這犧牲，不要再像抗戰中那樣的不合理，則筆者趁此時將我在抗戰行列中的見聞雜憶寫出，實感必要；何況反攻復國的聖戰，比抗日戰爭還更須留心於愛民愛兵啊！

五一、十、二十

聯合評論 週刊

本刊已經香港政府登記

每逢星期五出版

United Voice Weekly

第二一七號

督印人：黃宇人　總編輯：左仲平

社址：九龍大埔道一六八號南亞書局 805641

承印：嘉羅印刷有限公司 香港灣仔馬師道5號

總代理：友聯發行公司 售價每份港幣一毫

本報美洲版總經售處：美國紐約中美出版社

CHINESE - AMERICAN PRESS, INC

199 CANAL STREET.,

NEW YORK13 N. Y. U.S.A.

美洲航空版每份零售美金一角

美國應進一步向蘇俄攤牌

李璜

蘇俄赤化古巴，在美國佛羅里達州一衣帶水之隔，去建立飛彈基地，這不啻在美國的軟下腹揷上一把刀，或打算將山羊鬍的山姆叔脚脛用鐵鍊鎖起來，使他動也不敢再動一步！這無怪美總統甘迺迪偵得飛彈基地建立了之後，立即大舉用艦隊封鎖古巴，不但不許再有攻擊性武器運往古巴，而且必得將古巴已建或正建的飛彈基地拆除。

當十月二十二日，甘迺迪總統宣佈封鎖古巴時，世界言論的看法，有謂甘迺迪的突然大舉，乃是為的下月民主黨的選票企圖，選舉過後，便會緩和，即美國報紙也有此論。這未免把以「勇者」自命的甘迺迪認為凡事都出諸兒戲了！又有謂，美政府是對英國人只想賺一點船運水脚，便宜稱要以軍艦護航前去古巴；甘迺迪實在嘔氣不過，而乃大舉封鎖古巴；這議論也未免所見甚小，而且不通；因為這只須美政府向英國人下一警告，即足以制止英船，英國人豈肯為幾個水脚錢，而便與美國翻臉的！

因之，這一次的美國封鎖古巴，甘迺迪必已胸有成竹，即使要冒全球性的原子大戰，也得去冒一冒，而務必達到第一將古巴的飛彈基地拆除，其次將卡斯特羅的政權打倒！

赫魯曉夫這個投機主義者（也可俗一點說是偸鷄派），其聰明就在這裏，他却看清楚甘迺迪這一動作的嚴重性了！如果他再強硬一下，美國便逼着要大舉轟炸古巴的；一大舉轟炸，便使他下不了台！一臨戰爭邊沿，赫魯曉夫是敢打不敢打呢？這在他本人，心中有數：俄國老百姓都還未吃飽，衛星國多半不濟於事且在動搖中，美國原子彈的數量也比俄國多，這大戰是成算甚少，且注定要失敗的。因此，赫魯曉夫在甘迺迪動作的次日，便立刻表現軟化，一連軟化到無條件的拆除基地，運回飛彈為止！

這兩天，世界輿論又認為甘迺迪在這一動作中大獲全勝了。其實未必。因為赫魯曉夫這一很快而且徹底的軟化，其不得已而思其次的乃在保存卡斯特羅的赤色政權。試問，卡斯特羅這赤色怪人一天在美國的臥榻之下，又豈有不繼續作怪？美國又豈有撤除封鎖，便能安枕而臥嗎？據今日（十月三十日）港報載華盛頓路透社電：「卡斯特羅已下令在拉丁美洲各地執行全面性的恐怖活動，此舉包括委內瑞拉油田遭受破壞行動在內。委內瑞拉政府已通知美國說，他們已截獲古巴下令爆炸行動的無線電。據美政府官員稱，他們相信這樣的命令已頒給其他拉丁美洲國家的共黨集團。」

卡斯特羅奉莫斯科的命令，在古巴以及拉丁美洲潛伏以至公開活動，已有三年以上的工作，其勢力所及，當然足以威脅美國以及拉丁美洲各國的安全，這一點毫無足怪。所可怪者，乃是美國這兩三年的疎忽，一直要等到飛彈都向美國腹部抵住了，然後纔一下警覺，大為緊張！但是緊張得利害，而一經赫魯曉夫表示軟化，就好像天大的禍事已成過去樣，這又未免樂觀得有點天眞了！

如果美國還想以自由世界的領導者自任，我認為，到今天來，甘迺迪總統正好進一步向蘇俄攤牌，不但對古巴的怪人卡斯特羅必得要逼他下台，而且把冷戰以來的賬得徹底清算一下！

自甘迺迪就任總統以來，赫魯曉夫在歐洲，則對柏林問題不斷的吵鬧，吵得幾乎使西德、法國對美國發生誤會；在亞洲，則對東南亞不斷滲透與鼓動，鼓動印尼索取西新幾內亞，已令荷蘭對美國生出反感；滲透寮國，逼美撤兵，又令泰國對美不滿；對非洲，則胡攪一通，攪得許多非洲新興國家的淺薄頭兒都發了狂，大有將聯合國拖垮，使美國失所憑藉之勢！

近有客自非洲公幹回台過港，也有客自東南亞游歷歸來，承他們對我詳述兩方各況，結論同樣道：『這些新興的國家，幼稚的領袖，由美國用金錢、物質、人才、技術、以至軍事來扶持，替他們想辦法，長治久安的辦法，都大費氣力，不易奏效；而共黨一旦滲透其中，加以鼓動，並分化，加以秘密組織，令其向美搗亂，則大是容易，到處達到破壞的目的。』言下不勝感喟。

溯自威爾遜總統宣布民族自決原則後，又由羅斯福總統主張各國人民應自由選擇其政府以來，美國在近二三十年中，確能本其立國原則，做了不少「興滅國，繼絕世」的工夫。如果沒有美國的反殖民地主義，我認為聯合國裏今天不會增加上三十餘個脫離殖民主義羈絆的新興國家。這些新興國家對美國的幫助也並不是沒有好感，然而因為美國若干年來的執政者見解不够，氣魄太差，以致為中俄共所乘，令這些新興國家大半被誘而趨向於中立主義；中間且易偏左，偏左便為中俄共的第五縱隊所滲透，而向美國人搗亂起來，以致好心腸的美國人反而到處不討好，受怨恨，綜其根因所在，乃美國人誤信赫魯曉夫的「和平共存」，有以致之。

今日赫魯曉夫竟打算以飛彈抵住美國的下腹部，他所謂的「和平共存」，美國人總應明瞭了；而赫魯曉夫既不敢戰，又要求開談判，則美國政府便應不只就古巴談古巴了事，而應進一步澈底的談一談，將所有冷戰事件一齊放在棹上攤牌的談一談！否則仍舊像數年來的冷戰下去，世界和平是終於難保的啊！

（五一、一〇、三〇）

古巴印度局勢合論

許子由

最近世界兩大危機地區——古巴和印度局勢的演進，雖然還沒有達到結束的階段。但照着當前整個政治局勢，配合這兩個緊張地區發展的趨向。似乎已可看出事件前途的端倪。同時這兩項事件也給自由世界以莫大的啟示！

在可以預見的未來年度中，世界之為禍為福，可能要看我們這自由世界，能否從在古巴和印度問題中，汲取到充份的敎訓。

蘇俄「核訛詐」的失敗

赫魯曉夫「下令」自古巴拆回飛彈，這「下令」當然不大光彩！早知今天拆卸，何必月前安裝？如果說是屈服於美國的「核訛詐」一如中共所叫囂的，蘇聯已經有失於它的中共夥伴的期望，正如廣東話所說的「丟左架」。中共是如何渴望蘇聯「決不屈服於美國的核訛詐」啊！然而，蘇聯竟屈服了！使慷他人之慨的毛澤東，空餘叫囂！其實，並不祇中共暗示：它的老大哥蘇聯將會為了古巴，使用核子彈來對付美國的核子彈；就是赫魯曉夫本身，何曾不說過「古巴可以引起世界大戰」？何曾不說過要為古巴而以飛彈對付美國？可是現在，赫魯曉夫却「下令」把在古巴可以就近轟炸美國的飛彈拆卸回去，搬運入艙。這事情的過程，充份說明了蘇聯正在進行「核訛詐」。

假使美國不是震怒而採取行動的話，蘇聯的飛彈必定源源運到古巴，把整個古巴裝成飛彈基地。而卡斯特羅也必在幾年之內，把大部分古巴人民，裹脅成為準共產黨，替所謂「社會主義的祖國」蘇聯効忠。到了那個時候，若設遠東或柏林有事，蘇聯就會把手指放在古巴飛彈的「撳掣」上，叫美國注意自己「腹背受敵」。

筆者在二一五期本刊「古巴問題與世界大戰」一文中，已指出了「即使美國進攻古巴，也絕不會引起世界大戰；但如果美國對解決古巴問題畏縮，它就是世界大戰的根源」。現在總算美國在非共區域做了一次警察，阻止或延緩了世界大戰的危機。

「古巴骨鯁」的教訓

從在中共的所為：沒有原子彈而叫囂「不屈服於美國的核訛詐」；從在蘇聯的所為：聲稱要為古巴而使用飛彈炸美，却終於卸拆在古巴的飛彈。可以見得共產集團的手法，不外是「偸鷄」兩字，偸得到嗎就偸，偸不到嗎就算；就算是已偸上手再放回原處，又有什麼要緊呢？滲透和顛覆，原就是偸摸的一套！

偸摸的好處，就是它可以「修正」，說成是無心之失，最多是「完璧歸趙」，總可以免揍一頓的。而且，放回原處之後，並不是就不可以再偸，只要美國這頭老虎「瞌眼瞓」的時候，不是就可以得手嗎？

中共會同寮共策動李江武裝叛變，達到寮國「三頭馬車」政府的目的；中共會同越共在南越攪游擊戰，希望把反共的南越變成「中立」。蘇俄向遙遠的寮中平原空運武器；用飛彈艦隊接濟印尼。這一切的一切，何曾不是在非共地區放下火種，製造糾紛？但美國僅只在南越防堵，却承認了寮國和印尼的局勢。難怪泰國總理乃沙立評論古巴事件說：「美國現在才知道與共黨國為鄰的痛苦！」

美國如果能够從在古巴事件汲取教訓的話，那便是要清楚地認識：共黨國家一切所為，都離不了「虛聲恫嚇」和「試偸」。美國認眞不容許而採取行動，它便會放手，也不能不放手。同時，美國要是痛感「古巴的骨鯁」的話，也應該能「推己及人」，知道寮國對於泰國乃是骨鯁；印尼對於馬來亞可能會成為骨鯁。不要因為他們僅是「盟邦」而忽之。一個小小的古巴不是美國的盟邦，華府便得採獅子搏兎之姿，出九牛二虎之力！

中共對印「戰勝求和」

中共在古巴事件中，沒有核子彈可帶去南美訛詐，却派出一些「估哩」，到古巴的蘇聯基地去「担嘢」（抬東西）。差不多五十年以前，中國「執政」段祺瑞派十萬勞工到法國去，作為「中國參戰」，播為「美談」！却想不到五十年後的風流人物毛澤東，竟能與先執政媲美！段祺瑞地下有知，當大嘆「我道不孤」！

中共以「十五年趕上英國」的口號，已進行了十三年的所謂「建設」。可是迄今仍然是一個「人國」，除了人口而外一無所長！這實在是老大弟拖垮老大哥的原因。蘇聯不得不對美國屈服，就為中共東德之流，實在不堪一戰。

可是中共不得志於台灣海峽及東南亞，却在喜馬拉雅山脊，向印度使用人海戰術。中共軍打了一場勝仗，周恩來竟向尼赫魯求和！咄咄怪事！不願和的竟是尼赫魯！

「軍事是政治的繼續，外交是內政的繼續」。政治路綫錯誤，軍事冒險決無成功？內政「烏里單刀」，外交那要出花樣？中共若然與印度兵連禍結，先垮台的一定是毛澤東，而不是尼赫魯：——大陸飢民千萬，印度也有饑民千萬，毛澤東如果到印度插「三面紅旗」，秉管全印人民公社，不「攤命」才怪呢！

這裏可以下個結論：即是對付共產集團，第一是「跟他戰」，它不能戰的。第二是「不跟他和」，它不是「堪拖」的。不戰、談和，讓它侵蝕、消化，就有一天坐大。

但話得說回來，美國也勿以為「勝利」而沾沾自喜。飛彈雖拆，「泛美」機構已在解體中。美國對古巴，開刀施手術太遲，可能也割不澈底。中共即使與印度以麥馬洪綫為界，也不就是印度的勝利。紅軍出擊，目的不外保障西藏。老赫「和平共存」，仍要向南美滲透。中共「和平五原則」，終必侵略東南亞。

（十月廿九日）

戊戌變法與新黨運動

——紀念雷儆寰先生入獄兩周年

胡越

雷儆寰先生於一九六〇年十月被捕入獄，到今年十月已經兩年了。遙念雷先生在獄中的磨難，伏思當前國勢的困頓，悲憤激越，不能自已。

在「歷史轉變的一個契機」一文中，我曾提及戊戌變法與新黨運動，而意有未盡；茲再加引伸比論；以展示新黨運動的歷史意義，並獻給為民主憲政坐牢的雷儆寰先生。

戊戌變法發生於一八九八年。新黨運動雖然早就開始醞釀，但是認眞採取行動是在一九五九年。二者相距六十年，恰好是一個甲子。六十年已經是兩個世代了，許多國家進步翻新不知有多遠了，可是我們所追求的基本目標。差不多原封未動。這不但發人深省，並實可痛哭！

戊戌變法與新黨運動，在背景上頗有近似之處。簡單來說有三點：（一）外有強敵，（二）內有隱患，（三）當政者的昏昧專制。

戊戌維新的思潮起於甲午戰爭的刺激。在甲午之前，中國在列強環伺之下，雖然已有一大堆喪權辱國的紀錄；但是曾李諸人能夠掃平洪楊之亂，所推行的洋務運動亦頗有成績，一時號稱中興；使世界各國不得不另眼相看。可是甲午一戰，敗給蕞爾三島的日本，虛有其表的洋務遂告土崩瓦解，紙老虎被撕破了，於是列強復倡瓜分中國之說，國人乃有危急存亡之痛。甲午戰爭發生於一八九四年，康有為領導公車上書在一八九五年，可見維新思潮的根底是救亡意識。為了抗拒侵略，競立圖存，因而要求政治改革。

近年來的新黨運動及民主憲政的主張，在根底上也是救亡意識。因鑒於中共竊據大陸已經十年，國際上兩個中國的陰霾日趨濃厚；偏安之局持久下去，中共進入聯合國乃勢所必然，中華民國將困死在台灣。以今天的形勢與戊戌當時來比較，存亡之感雖不及當時之危急，但是存的希望之少，亡的可能之大！則遠超過戊戌當時。正因為存亡之感不甚迫急，在美國第七艦隊的護衛之下，當政者的苟安心理日益滋長，一般人心多麻木不仁，而不覺中華民國正一步一步走近斷頭台也！

面對上述深刻的難局，我們必須集中一切可能的力量和條件，庶可期望死裏求生，旋轉乾坤。誰都知道，要想解決這一難局，唯一途徑是打翻中共，光復大陸。但是甚少人清楚，台北當局為甚麼不能反攻。怨謗美國人干涉，分明是推卸責任，是可恥的謊話。美國只有拒絕援助反攻大陸的權利，並沒有干涉反攻大陸的權利。反攻不反攻在台北當局，不在美國。問題是台北當局，直到現在並無破釜沉舟的決心，其所以無決心，是因為政治的敗壞，造成內部亂如蔴的矛盾，幾乎使所有的力量都互相抵消了。這些矛盾歸納來說有四：（一）是民眾對台北當局的怨憤，以及在野人士對與國民黨當權派的對立；（二）台省同胞由於厭惡腐敗統治而發生的排外的錯覺；（三）海外反共力量及華僑力量與台灣之分離；（四）國民黨內部合法派（陳誠）與當權派（蔣經國）的紛爭。上述重重的矛盾都產生於一個原因，那就是一家一姓之私。新黨運動的目標在建立一獨立的在野黨，負起監督政府的責任，建立兩黨競立的軌道，恢復憲法的尊嚴，重建自由，煥發公道；期能一新國是，振奮人心，消除一切內爭，實現反共團結；然後併力西向，與惡貫滿盈的中共作殊死的決戰，則反共復國庶可有望。新黨運動的基本想法不外如此，其根底也是救亡意識。

戊戌變法的中心主張是立憲，新黨運動的主要目標是行憲。立憲與行憲，目的皆在結束腐敗的專制，以「張民權，伸民志」以集結民力。無論是當年的維新志士以及今天的新黨人物，他們都是溫和的改良主義者，對於當政者皆沒有敵意。當年康梁諸人固然以忠君保皇自命，今天的新黨人物，也大半是國民黨黨員，他們建立新黨之目的之一，在激勵國民黨當權派的改革，從布爾雪維克式的獨裁政黨，進向遵守憲法的民主政黨。所謂「毀黨造黨」的話，實含有存黨愛黨的苦心孤詣。而他們曾一再表明，新黨成立在光復大陸之前，既不擬改變國民黨的繼續執政，也不影響蔣氏的繼續領導。

如上所述，儘管戊戌變法及新黨運動，動機如何純正，性質如何溫良，對當政者如何體貼周到，可是皆不蒙當政者的諒解，皆遭受了殘酷的鎮壓。實為中國近代史上無獨有偶的悲劇。

在戊戌政變時，譚嗣同赴義就死，悲壯偉烈，一幕永耀千秋。他說，查考各國的改革運動的成功，沒有不流血的，中國改革運動也需要有人流血，那麼先從我開始！在六君子被殺之後，上海字林西報曾這樣評論：「我們常對中國表示灰心和絕望，但是任何一個國家能產生像這樣一些烈士，是沒有理由對他絕望的。殉道者的鮮血，是教會的種子，同樣的，這六個青年的鮮血，也將是新中國的種子」。

早在新黨事件之前，雷儆寰先生就日夜遭受特務的跟踪，備受凌辱與威脅。據一位在一九六〇年雙十回台「觀光」的人士親自告訴我，就是在雷先生被捕的前夕，他去訪雷先生，親眼看見雷先生的門前停有兩輛吉普車；他們兩人在室中方開始談話，從外面忽然飛進一塊大石頭，把玻璃窗砸得粉碎，那位先生駭得不知所措，雷先生忙告訴他，這是家常便飯，不必見怪。而那位先生只因此一席談，幾乎在台北被扣，險些陪雷先生坐牢。

雷先生早知道，只要他還着良心繼續堅持民主憲政的主張，一定要出禍的。因此從一九五六年起，就立下遺囑，準備就死或坐牢。這種崇高的傻氣、犧牲的決心，正不讓戊戌六君子專美於前。現在雷先生可以說是求仁得仁了。在這裏，謹向獄中的雷先生遙致虔誠的敬意。

由中共農業失敗說到中共必亡（下）

姜士毅

（一）自公社施行後，以前農民私有農具，一律收歸公共，即一雞一彘也沒收入社。農民無可奈何，只有含恨在心。以前農具是私有的，自然加意愛惜，年年加以修補或添置，家家戶戶都是這樣。現在就不同了，既不是自己私有的，用後放置田間，任由日蒸雨淋，也沒有人去收拾管理。十年以來，各鄉農具日見減少，中共又未加添置，現在什麼都沒有了。又如耕牛一項，自變為公有後，只有使用，沒有人加意飼養，何況還有鄉民暗中宰食充飢，連耕牛也快要絕種了。據最近由鄉來港的人告訴我：現在鄉中一切農具都已用光，連一把鋤頭都沒有了，鄉中耕牛也寥寥可數了。

（二）農民資以耕種的農具既然沒有了，就令中共變更政策，再給田地與農民，但叫農民們憑什麼耕種呢？且如犁、耙、水車之類，既然沒有了，又叫他們用什麼來翻土呢？用什麼來灌田呢？當初中共誇稱耕者有拖拉機可使用的，但至今連影兒都不見，農民太失望了！農民已知道受騙了！（鄉間當年曾將田塡築為路，準備給拖拉機行駛，不知荒廢了多少田地。）我們套共黨慣用的一句說話，「人民的眼睛是雪亮的」！一騙再騙，現在農民再也不受騙了！假令共黨再分田，叫農民自置農具，農民還敢相信嗎？同時民窮財盡，農民也沒有財力了。

（三）連年以來，大陸人民因迫於飢餓，逃亡港澳者，已是不絕於途，尤以今年五月逃亡潮，來得有聲有色，震動全世界。從來農民安土重遷，足不出州縣，何忍別妻離子，遠離鄉井，冒着不可測的危險呢？這足以証明大陸內地已一窮二白，遠景無望，人民度日如年，已到忍無可忍，待難再待的境地，便不得不挺而走險，冒死逃生了。目前大陸情形，正是老弱轉乎溝壑，壯者散而之四方，大家日思夜想，只謀求如何來逃開魔窟，一日平安一日福，今朝有酒今朝醉，也不作長遠計較，也不計生死存亡，正符合「民不畏死」這句話。中共縱然翻然改圖，換過面目，叫他們再事耕耘，他們只有望望然去之，連頭也不回掉過來了。一般青年農民，既已多數逃亡，不斷逃亡，中共將靠何人來生產？難道中共要靠八十老翁，三歲孩童來增加生產，挽救危機嗎？

（四）古人說得好：「得民者昌，失民者亡」，現在中共已失了民心，這正如當年國府之失民心一樣，雖有億萬兵馬，也難以控制已失的民心。事實擺在眼前，今日大陸人民對於中共，已由向心轉為離心，進而加以反抗了！民心一失，大勢便去，雖有烏獲孟賁之勇，也莫之能禦，中共將憑甚麼來阻擋已失的民心呢？

依上所舉事實，可知中共已面臨重重困境，現在雖然極力挽救農業失敗，以鞏其政權，但民心已根本喪失，時勢亦大大轉變，農民再不肯回頭來從事農業生產了。糧食問題，既無法解決，老百姓固可置之不理，讓其淪為餓殍，可是百萬軍隊，難道也肯甘心俯首，束手待斃嗎？我不知中共將何以善其後？

話又得說回來，我國以農立國，農民佔全民百分之八十以上，毛酋政權未固，不從發展農業，增加生產着手，反而亟亟於工業建設，侈言東風戰勝西風，一天等於廿年，可謂荒謬之至！但毛酋何以狂妄若此，千言萬語說不盡，一言以蔽之，這分明是天意。毛酋公社制度之推行，乃天之所以加速中共政權的崩潰哩！

我不是什麼研究中共問題專家，沒有什麼特別的理論，可是我來自田間，深知農村情形和農民情偽，我在這裏所說的，句句是事實，句句是眞言實語。我可以明白地說一句：中共農業失敗，一蹶已難再振，由於農業的失敗，我可以斷定中共必亡。書曰：『撫我則后，虐我則仇。』大陸人民已視中共如仇人，仇人見面，分外眼明，中共還能長久堅持活下去嗎？易：『履霜堅冰至』，中共的崩潰，只是時間問題而已。

逃出大陸記

鍊瀾

（編者按：最近香港報章盛傳華界方面曾一度集中了大量飢民，俟機越界進入九龍，該項傳說雖經港府加以否定，但共軍在華界邊防地區之檢查確已從嚴，而人們對於五月間的難民潮印象猶深。本刊今得一位五月間來港的難胞投稿，縷述當時逃亡情況頗詳，爰特刊出，以饗讀者。）

首兩次失敗

一九六二年二月間，我在中山從水路偷渡失敗後，為了避免被捉判刑，我即逃出廣州成為一個無戶口的黑人。但為爭取自由，我又進行第二次的偷渡計劃——指向梧桐山邁進。逃亡中我們共四人結伙，在三月廿六日搭上廣州至淡水的火車，車一開動就有公安員來查問（因當時凡至淡水一帶的旅客都要有一定的工作單位的証明），當我們示出由工廠弄來的假証明後，即發覺有人在監視我們。車一開往到樟木頭站，我們四人即提早下火車計劃步行至淡水，因經驗不足，翌日我們步行至東莞縣的堂頭厦車站時，就給公安軍捉拿解送到東莞縣大朗的「處理偷渡外流工作站」去勞審十七天。這個監獄大約關有七、八百人之多，分開男女倉，專監禁本縣偷渡犯和路經本縣地區的嫌疑偷渡犯，犯人每天做十小時苦工，分水稻田、舂粉、養猪、磚廠、竹器等勞動小組，每日供應兩餐飯，一級勞動力的吃四大両米，二級勞動力的吃三大両米，三級勞動力的吃二大両米，每天獄方供售木薯餅，一元買得四個，凡身上帶有錢的犯人都可不限量買得來充飢，我們每天苦役後沒有水洗面冲涼就像咸魚一樣給鎖入監倉蓆地而睡，如果本縣偷渡犯有公社証明來領即可由公社領回去勞動一頭半月，外地人受役，小者五、六天，多者一個月，屢犯不改的即要監禁兩、三個月才釋放，凡犯人期滿後都要各人付清伙食費和糧票，即時付不上的，可放回家後郵寄結賬，我這次的無辜受了十七天的苦役，心實不甘，再進行第三次的偷渡計劃——再次指向梧桐山邁進。

第三次再來

王×是在本年四月間向梧桐山偷渡一次被捉入深圳監獄幾天後釋放的，有了逃亡的經驗，那麼我就在四月中旬的一天去找他，不過，有點失望，眞巧，在五月八日晚上，我們在下九路相遇了，我一聲歡叫：「老王，何日去旅行？」（我們以旅行為偷渡的暗話），因為我們過去有一個時期是同過患難，說話是可以開門見山了，老王正在籌備此事，我即參加這行列——一共卅二個青年所組成的逃亡隊伍。

這卅二人包括有學生、失業青年、工人、農民、司機、婦女，主持人是老王、亞嫂、歐×等，他們都是先後偷渡被捉入深圳監獄，在監獄中相識的，密謀出獄後聯合組織進行再次的集體偷渡，而這次就是他們的集體籌謀了。

渡，首先是要解決攜帶糧食問題，其次是如何買上由廣州開往惠州的船票，因為攜帶有糧食怕在路上給公安軍檢查出，就會被捉去勞審，又近來因同道中人甚多，買船票非要隔日排隊輪買不易得到。而買票的人過千，每日售出票額只有三百多張，說不定一有臨時措施，就要有証明才能買票，所以我們就分工，一部份人負責買票，一部份人負責糧食。結果利用人事的關係，向票房優先買上五月十一號的船票，糧食方面，每人自備兩斤炒米，加上一些餅食、糖果等，炒米裝成條包束，緊在自己身上，糖果、餅食裝上手抽、鐵罐、旅行袋等，扮成像探親樣子，由我們三個婦女攜帶，男的像出公社時攜輕便的行裝，各人備有由農業社和工廠弄來的出差証明，以防備在半途被檢查。

五月十一日中午，我們踏上開往惠州的輪船，十二日下午到達惠州，大家分散在路上、車站、茶樓等行企，約好下午五時在惠州食堂晚膳，跟着就三三兩兩接踵踏上惠州至寶安縣龍崗的公路，我們都有同一樣爭取自由的信心，愉快的心情開動着壯健的步伐，路途上有些鄉民見了我們也會意了。說道：「你們今晚可以在香港飲茶了，祝你們順利。」有的小孩叫我們為「偷渡鬼」，我們又感動、又好笑，前走的十多個的小伙子，行錯方向，一個農婦見到了很着急，同情的大聲叫道：「走錯了，應該向左方行。」我們連忙向她道謝。

天快黑了，我們會集在公路傍山崗邊，各人換上自備的黑衣服，束好乾糧餅食，撕毀假証件，我們商議，在途中如遇到大隊武裝，即分散逃走，若遇上三幾個民兵阻路，即齊心合力上前設法繳他們的槍械與他搏鬥。旅途間相遇無數逃亡隊伍，分別向平湖、淡水、龍崗各路前進，分途上我們互道：「成功」、「梧桐山上會師」、「香港見面」等語，我們到達了離龍崗約一公里的小山崗，大概已是下半夜兩點多鐘，一共走了九小時的夜路，大家都覺得疲倦了，脚底也起了水泡，如果要當夜突破龍崗這一邊防關，沒有足夠的精神和機智，恐怕會失事，所以我們商量結果，隱藏在山坑間休息，等待明晚偷越第一道防綫——寶安縣的龍崗。於是我們即先爬上山崗，山崗上佈滿了無數陷井，約八市尺深，下面有水，聞說是一九五八年大躍進時開挖的煤井，我們手拉着手在黑夜中探索着摸向前進，有兩個不小心掉下井去，大叫救命，一個重傷得迫轉回廣州，一個輕傷的照樣跟着隊伍前進，天亮前我們躲藏在山坑間休息，白天也不敢出來，下午給一個農民發覺了，叫我們不必怕，說邊防區在前五、六天開放了，我們半信半疑地出來，果然，見公路上逃亡行人如蟻，我們越過了龍崗的邊防卡也無人過問，黑夜，我們露宿在距離白沙兩公里的山崗上，十三日早晨轉入山路爬越過幾重大小山頭，歌聲鼓起了勇氣：「山過山來灣過灣」，李×唱起水滸傳裏，時還引徐寧上梁山的一段唱詞。越過了梧桐山就看見了香港邊界，入夜，人如潮湧的衝到鐵絲網邊，防守的共軍見我們也不理會，只不斷地放射照明彈，這時飢民已滙合有二、三千人，喊衝之聲不絕，衝入時，我們全部給英警捉了送入粉嶺差館，翌日，把我們送回深圳。

第四次成功

我們被解送到深圳橋傍，排成長長的隊伍，由英軍給守橋共軍名單一份，依序點名接受，幾個接受共軍無精打彩地照單點名接收，我們所報的都是假姓名，避免眞正身份，以免他們日後會追蹤我們呢，名字一點過，我們就可自由行動，在深圳車站，老王登高一呼，我們失散的隊伍又重行會合了，這時車站給逃亡者擠得水洩不通，一隊隊的長龍在等候共軍設的施粥站施粥充飢，有的躺在路傍，三五成羣，有的再研究偷渡戰畧，有的呼爹喚娘，找尋失散的親人，這時候不會感到枯獨無援，只要你對任何一個人點點頭，就會像如逢知己，共同籌謀今晚再逃亡的路綫，和交流失散原因的經驗。深圳的街市、食物館，都為逃亡者所擠滿，最大一間的深圳食堂幾天來的飯量供應不夠，吵鬧之聲不絕，這天他們全體職工開會決議後，當衆宣佈他們保証充足供應茶飯，不影響顧客的前程，只要我們有糧票，就可以任吃餅食和飯菜，沒有糧票的人可以在街邊買些生熟番薯和一點茶水等來充餓，當晚飯後街上更顯得熱鬧，戲院門口、騎樓下都睡滿了疲乏的飢民公路上人羣結伙在考查今晚的偷越路綫，三三兩兩的巡邏軍，他們的任務只是維持秩序，見到成萬的逃亡者也不理會，我們三十多人的隊伍露宿在公路傍，商量今晚深夜向車公廟方向偷越。當晚十二點鐘過後，我們起行至河邊時，防守共軍却指點我們，只要游過六十公尺的河面就可到達九龍邊界，再跨過一度鐵絲網，就進入香港了，但一匪軍恐嚇我們說：「英界鐵絲網有電，更有狠狗協助巡邏！年青女子過去會給英兵拉上炮樓强姦」，他們編造謠言恐嚇我們是企圖想我們憎恨英方，放棄逃亡，當有些人下水後，共軍即用手電筒示意英界迫我們被捉吃一點苦頭，我們有些人不善於游水的即退回深圳，再找別的路子。也有認為偷渡成功希望很微的，就打算回廣州。二十五歲的亞芬也鬧着要回去，三嫂嘶啞着聲音說：「芬，要抵受着痛苦，難道你已忘記了勞改的丈夫，三個弱小受餓的兒女，和年老的婆婆麼？他們却在默禱你能偷越成功，好寄糧包去接濟他們啊！」亞芬流下了幾點辛酸的淚水。這話更感動了我，我的逃亡意志更堅定，我再不能回到大陸等待鄉間來追捕，十多年的痛苦生活，我不能再忍氣吞聲地忍辱下去了，只有轉戰到糧乾力盡重整裝備，再戰邊防，不到黃河心不死，就在十五號的晚上，在傾盆大雨過後，我們一共九人，像落湯雞一樣，衝過文錦渡防綫，十六日會見了在港親人，從此呼吸着自由廣濶的新鮮空氣，永別了那罪惡深重的大陸。

立委報到糾紛不了了之

靜吾

（台北通訊）上一個會期，立法委員王長慧因為台灣省議員指責立法院財政委員會在審查某一稅案時，曾受商人銀彈的攻勢，曾提出一項自清的議案，經過許多委員的熱烈討論後交付審查。當時社會輿論曾寄予很大的希望，大家對立委們能夠公而忘私，發動一次自清運動，都表敬佩。但後來該案竟不了了之。本會期報到時因衆多立委競欲參加財政委員會，有人在凌晨二時就守候於報到處門外，後至者則欲勇往直前，於是發生糾紛，喧騰報章，傳為笑話。事後各有關立委又糾合友好，分別向院會提案，互相指責。國民黨當權派認為家醜不可外揚，從中疏導，十月二十三日該院將上述提案提出討論，由張貞委員等一百六十七人提出處理意見如下：「（一）本院本會期財政委員會報到，詎有委員未照本院指定路綫循序進入依次登記，以致影響秩序，殊深遺憾。（二）郭委員登敖一百〇二人，閻委員孟華五十七人，魏委員惜言等三十七人，朱委員如松等三十一人提案關於修改立法院組織法、立法院各委員會組織及各委員會選舉辦法部份，併交法制委員會審查，限本會期內提報院會。」

此項處理意見提出之後，由陳紫楓代表提案人說明。他說：郭登敖等的四個動議案，精神相同；所不同者因參加財政委員會之委員較多，而對路綫指標忽畧，以致發生不愉快的事情。此實由於現行法律有漏洞，因此提出以上的二點處理意見，這項處理意見是事前經過各方協調同意者，希望委員能支持。

這個處理意見，就是國民黨當權派幕後疏解的結果，因而陳紫楓委員一經說明，全場即熱烈鼓掌，主席乃宣佈無異議通過，於是一場前所未有的所謂家醜糾紛，便這樣不了了之。

又因發生報到糾紛，參加財政委員會的立委大為減少，原準備競選召集人的各立委也臨時改變主意，紛紛告退。於是財政委員會召集人又發生無人競選的現象。東北籍的孟廣厚委員，乃在同鄉立委的支持下，不競而當選。但孟委員原是一位好好先生，不願介入，因而堅決辭職，雖經該委員會推派委員當面慰留，亦未打消辭意。補選結果，東北籍的立委侯廷督當選。侯委員在報到糾紛時曾將財政委員會報到處的木牌指標移向廁所，並大聲說，財委會在裏面，如今他却做了該會的召集人，也許是久而不聞其臭的關係吧。

懲治貪污條例遭受阻力

從蔣經國打老虎的往事說起

見微

（台北通訊）當年政府發行金元券之初，蔣經國曾奉命親往上海主持經濟檢查工作，由於他取締囤積居奇和一切操縱物價的不法行為，顯得十分認真，那位稱霸上海的聞人之子杜某，也吃了他當頭一棒，一時有「打老虎」之譽。但後來他遇見了一個頭號大老虎，却發現原是自己的一家人，於是，立即鳴金收兵。事隔十餘年，如今頭號老虎自海外歸來，台灣的顯要却傾巢而出，前往歡迎，蔣經國也在其中，假如他們尚還記得往事，不知將作何感想。

但事情也許是太偶然了，正當頭號老虎回來之時，十月二十三日，立法院却開始討論林樹藝委員等一百餘人所提的戡亂時期懲治貪污條例草案，若干委員都主張要打老虎，這顯然是一個尖銳的對照。不但與當權者歡迎頭號老虎的融和氣氛不大調和；而且這種一方面熱烈歡迎大老虎，一方面又高呼打老虎的情景，也未免太過自我諷刺了。尤其是若干立委主張應將國營事業的人員列入首要的懲治對象，不免要使頭號老虎啼笑皆非。因為說到國營事業，頭號老虎就是靠此發了大財，十餘年來，子子孫孫在海外過着窮奢極侈的生活也享受不盡。如今在台灣的那些勾結商人，盜取國家財產和放呆賬的關係人物，可以說，都是他的徒子徒孫。在此情形之下，立委們縱然費盡心思，必然也是徒勞的。

立委的意見仍不一致

由於當權派的幕後指使，懲治貪污條例草案，雖在社會輿論的不斷呼籲之下，步過了審查的階段而進入正式討論的程序；但就立法院十月二十三日及二十六日兩次討論的情形看去，本案的前途仍難樂觀。邵華委員說，根絕貪污，原是全國人民的聲望；但現在的問題，是不是通過一個懲治條例，便可收效？他認為貪污是一個政治問題，如果不從政治革新着手，單靠法案，不會有很好的效果。言外之意，即是根本反對本案。此君在本案初次提出時，還有妙論。他說：特別法太多，容易侵害人權。由此，可知他的命意所在了。民社黨的周樹聲認為草案第二條所列「辦理政黨有關政治事務以公務論」不夠明確，他說：如所指的是辦理選舉的事，就應該寫明。民社黨新近正有人向法院提控該黨某領袖貪污自肥，周委員的意見，也許與此有關。但如此一來，國民黨當權派可喜出望外了。因為他們正想將這一項畧去，以免辦理選政時受其影響呵呵。國民黨籍的陸宗祺委員也反對將黨務人員列入，據說：他是國民黨當權派指定的發言人之一。程烈委員則認為不應將民意代表列入，顯然是為自己預留地步。據熟悉內情者透露，這原是若干立法委員與當權派的交換條件（即黨務人員與民意代表同樣不列入）。以上這些委員，多主張將本案重付審查。所謂重付審查，即使其在本會期不能通過，此乃當權派預定的阻撓辦法之一也。

此外，對本案表示積極支持的也很多，谷正鼎委員指出今日的大貪污者，大多數是國營事業機關，年來好幾件官商勾結，盜取國家財物的大案，幾乎都是屬於此輩。又如銀行的呆賬，好像天文數字一樣的大，顯見其中毛病甚多。他主張貪污治罪條例，應將國營事業人員列於顯著的地位。他又說：今日發生大貪污的，不是沒有錢的窮公務員；而是官越做得大越貪污，他懷疑本法制定後，司法機關能否執行。他對監察院並未將應該彈劾的大貪污案提出彈劾，亦表示「失望」。郭登敖委員主張公務人員及民意代表應辦理財產申報，如持有股票應即賣出，如兼任民營機構董事長等職，也應辭去。他說，有些人利用職權做生意，有的人在外面掛招牌，藉名胡為。他認為貪污治罪條例應將適用範圍擴大。楊一峯、劉兆勛兩委員認為原草案的處法仍嫌太輕，還沒有做到治亂世用重點的原則，主張貪污確定者，其貪污所得的財產，應該沒收。否則縱然被處決有期徒刑，服刑期滿後，仍可收到貪污的果實，享受豪華的生活。即被判處極刑，其後代子孫，亦可繼續享受，無形中仍有獎勵貪污的意味。潘廉方委員指出：本案在委員會審查期中，各報均以大篇幅報導，足見社會輿論之重視。今如以重付審查的方式予以擱置，則無法向社會交代。他認為將政黨人員列為本條例的適用對象初審時的看法是正確的。他主張大家如有修正的意見，可於逐條討論時提出；但堅決反對重付審查。佘凌雲委員亦表示支持本案。其他尚有委員多人要求發言，因時間關係，決定下次會議繼續大體討論。

聯合報表示憂慮

聯合報在刊載立法院討論本案的新聞時，其大標題為「懲貪條例，遭遇阻力」。該報又於二十八日以「驚聞懲貪條例遭受阻力」為題，發表一篇社論，首述：這一多災多難的草案，硬是瓜熟而蒂不落，在立法程序的最後階段，重又面臨了難產的厄運。因此，原以為不必再事鼓吹的我們，不得不再作一次最後鼓吹，為這個懲貪條例最後催生。繼指出立委對本案的意見，大體分為四派：第一派是根本反對制訂該條例。第二派是原則上不反對該條例，但却以審查案內容不健全為由，而主張重付審查。第三派是積極支持審查案的立法原則與精神，但認為內容上頗多缺失，不能針對時弊，因而提出補充意見。第四派是積極支持審查案，並主張儘速結束「大體討論」，進入逐條審議。該報最後對前兩派意見逐項擬斥，並主張迅速結束大體討論而開始逐條審議，速議速決，早日完成立法程序。

台灣簡訊

志清

一、楊繼曾呼籲各界共挽經濟難關

經濟部長楊繼曾於十月十八日在立法院經濟委員會呼籲各界共同努力克服經濟難關。他說：今天的經濟情況，就一般來看，大體還算不差，但分看各業，則各有許多困難。例如漁業，由於漁場減少，漁船增多，遠洋漁業需要較多資本，漁船必須在三百噸以上才可，近洋漁業，則以近海面積不大，生產有限，該業目前的艱難，不是簡單可以解決的。再說林業，由於木場成本太高，本省天然林多，人造林少，一甲山林能出四百立方公尺，採伐才能經濟，如果一甲山林只有一百立方公尺，其採伐就不經濟。今年木材產量已較去年減少百分之七．四，目前的問題，是如何改變天然林的林相，如果祇圖採伐而不投資，林業的前途，殊不堪設想。至於工業方面，亦有許多難題。而以紡織為甚，我們的紡織業雖有歷史，但至今尚無一位能够對棉花檢驗和分類的專家。皮革業，還是請義大利人來協助，才能將品質改良，並把製造過程從過去的四十天減為一個星期。楊部長認為目前的經濟情形，祇是遭遇困難並非絕路。他呼籲大家應以共同的努力來克服當前的困難。並表示他是以如臨深淵，如履薄冰的心情，小心從事。因為他認為隨時都可發生許多問題，不容有絲毫的鬆懈和疏忽。

二、警官拒收鉅額紅包

在紅包滿天飛的今日台灣，最近台北市警察局却發生一件很不平常的警官拒收鉅額紅包的事，正所謂十室一邑，必有忠信也。十月十九日晚，市警局泉州街派出所巡官趙太和率領幹員數人，緝捕毒犯周明標、梁笑貞夫婦二人未獲，二十日上午，有一個叫周連枝的男子，找到趙巡官，自稱為周明標之弟，表示願意送巡官五萬元，希望將本案涉及周、梁二人的部份私下了結。並當場拿出一個一萬元的紅包放在趙巡官面前，作為「定金」，其餘四萬元，則說，一俟案結即行補送。趙巡官立予拒絕，周連枝見計不售，竟雙膝跪地哀求；但趙巡官仍不為所動，並將經過情形隨案呈報警局。聞趙巡官是山東人，現年三十六歲，現任泉州街派出所主管。當此一消息傳出後，各報記者，均紛紛前往訪問，但他不願多談，祇說：已經報告上級了，一切聽候上級辦理，並沒有一點誇言之色，給記者們的印象甚佳。省警務處長張國疆，曾於二十一日親赴該派出所，欲向趙巡官當面嘉勉，但後者公出未遇，乃於二十二日予以召見，並讚趙巡官這種廉潔的作風，不但是他個人的榮譽；同時，也為警察人員樹立了良好的模範。

又省警務處人事室科員丘保珍，現年三十七歲，廣東人，經辦警官任免調升業務，日前有一警官活動調地工作，曾向他致送五百元的紅包一個。他將此紅包原封未動的報請上級處理，經張國疆處長查明屬實，認為廉潔可風，特發獎金一千元。至於那個送紅包的警官，聞將從嚴懲處。

三、經濟部發表處理殷台節畧

由於立法委員對殷台公司案不斷質詢，經濟部推無可推，特於十月十七日向立委們分送三項有關文件：（一）處理殷台公司經過節畧，（二）殷格斯台灣造船公司考察團考察報告，（三）美國普來斯華特豪斯公司（會計師）對殷台財務報告。據該三項文件顯示，殷台的虧蝕，乃在於開支浪費，美籍人員的待遇特高，又非盡屬專家，而總經理柯克里又時常離台，以致員工普遍不滿，工作效能低落，僅就該公司承造三萬六千噸的兩艘油輪而論，即已虧蝕美金一百七十七萬四千八百二十三元。殷格斯公司的考察報告並提供兩項意見：

（一）宣告破產：如宣告破產則清算後之資產變現價值為新台幣二千七百七十九萬九千元，除以二千二百七十六萬八千元償還優先債務外尚餘資產五百零三萬一千元，須以之償付無担保之債務新台幣一億零八百四十四萬一千元，如平均攤償則每一元無担保債務，僅能獲償約四分六厘。

（二）繼續經營並予以改組及縮減開支：如維持殷台必須大規模經營，保持最大生產能量，並須舉借新債再將舊債延期償還本金免除延期內利息。下列措施為繼續經營所必要：

一、延長租約十年（原約於五十六年二月滿期）。

二、恢復美援修船貸款。

三、增添基本設備，俾能在最高生產能量下經營。

四、改組該公司並㩦節開支。

五、一二五〇〇噸貨輪兩艘仍應繼續建造以至完工，以免政府受損失。

據經濟部的處理經過節畧稱：該部曾於本年七月邀集交通、財政兩部及美援會等有關首長，就上述意見加以研討，曾由美援會擬訂處理方案，認為如繼續經營，美國政府必須同意：（一）暫時凍結開發基金債權。（二）繼續貸予新資金，俾充實設備及供業務週轉。但美方表示不願接受中美雙方共同監理的意見，可由殷台總經理自尋途徑。該總經理自願交回對台灣造船公司的承租權，該部即指示台船公司派員接收。

重施談談打打故技

中共忽向印提和談建議
印度要中共先撤退再談

劉裕畧

隨着中共軍隊連續摧毀印軍邊境哨所之後，中共國防部正式宣佈共軍之作戰地境不再受麥馬洪線之拘束。換言之，中共國防部之此一宣佈，即在表示中共將再越過麥馬洪線進入印境。從中共國防部之這一宣佈來看，很像中共決意再擴大其中印邊境之佔領區。

然而，就在中共國防部宣佈共軍將要越過麥馬洪線之次天，忽又向印度提出了三點和談建議。

這三點和談建議，據中共新華社北平十月廿四日報導，其內容是「一、雙方確認中印邊界問題必須通過談判和平解決。在和平解決前，中國政府希望印度政府同意，雙方尊重在整個中印邊界上存在於雙方之間的實際控制線，雙方武裝部隊從這條線各自後撤二十公里，脫離接觸。二、在印度政府同意前項建議的情況下；中國政府願意通過雙方協商，把邊界東段的中國邊防部隊撤回到實際控制線以北，同時，在邊界的中段和西段，中印雙方保証不越過實際控制線，即傳統習慣線。有關雙方武裝部隊脫離接觸和停止武裝衝突事宜，由中印兩國政府指派官員談判。三、中國政府認爲，爲了謀求中印邊界問題的友好解決，中印兩國總理應該再一次舉行會談。在雙方認爲適當的時候，中國政府歡迎印度總理前來北京，如果印度政府有所不便，中國總理願意前往新德里，進行會談」。

又說「中國政府呼籲印度政府對上述三項建議作出積極響應。中國政府呼籲亞非各國政府作出努力，推動上述三項建議的實現。中國政府呼籲一切愛好和平的國家和人民爲促進中印友好亞非團結和世界和平，貢獻自己的力量」。

中共爲什爲忽然提議談和呢？第一，是中印邊境即將降大雪，不久之後，戰事根本不能再進行，現在，自然落得提議談和了。第二，中共在中印邊境發動戰爭的目的，原本在打擊印度及尼赫魯的聲望，這目的現已達到。第三，中共在中印邊境發動戰爭的另一目的，原本在刺激和鼓勵巴基斯坦與尼泊爾，這目的現在亦已達到。第四，是蘇聯壓迫中共與印度談和，若中共與印度談和，則蘇聯有站在中共一邊之跡象，故蘇聯打破長期緘默，忽然贊成中共與印度談和之際，中共也同時發出了談和的請求。第五，是中共仍然企圖在亞非集團中孤立印度。因中共明知印度不願而且也其勢不能與條件談和，故特別籲請亞非國家幫忙。若印度拒絕亞非國家之調停，則印度孤立了，若印度接受亞非國家之調停，則在中印邊境的戰鬥中，遭受損失的是印度，獲得實際利益的是中共，因爲中共在談和要求中，提議中共與印度各自就其實際控制線撤退二十公里。而中共的實際控制綫早已逾越原有陣地，印度的實際控制綫則早已退離原有陣地。若依中共之要求雙方各自再退二十公里，則中共無土地損失，印度則將更有損失，故領土的損失，亦必然屬於印方。

那末，印度是否接受中共的提議呢？依據印度的初步反應，印度業已拒絕了中共的提議，而作了有條件的反應，這附有的條件，便是叫中共後撤，然後有和可談。現在，中共尚未接受印度的此一反提議，所以，事態的演變，就只再看某些亞非國家和蘇聯的調停如何了。

支持古巴人民反美

中共在平舉行大集會

黃之容

大陸現在雖然在中共統治下民不聊生，也儘管中共並無眞正實力去支援古巴，因爲中共既無海軍，又無長程飛彈，而中共距離古巴甚遠，但中共賊性不改，侵畧性與擴張仍隨處暴露，所以，又在北平舉行大集會支持古巴人民反美了。

據中共新華社十月廿八日電：「首都各界人民一萬多人今天下午隆重舉行盛大集會，堅決支持古巴人民反對美帝國主義的戰爭挑釁」，並致電卡斯特羅說：「六億五千萬中國人民永遠是古巴人民最可靠最忠實的戰友」又說「中國人民將盡一切可能，從各方面支援你們的鬥爭」云。

僑鄉近訊

閩粵僑滙與糧包均銳減

鍾之奇

在最近幾個月中，大陸人民的生活並無絲毫改善，但閩粵兩省及大陸其它各省僑眷收到的滙欵及糧食包數量則已銳減。這是香港有關方面透露的。

本來，中共爭取僑滙的花樣已愈來愈多，何以，僑滙却反而減少呢？

這主要原因就在中共雖對海外華僑施展了許多爭取僑滙的手段，但中共却在僑鄉及大陸各地太過於壓搾僑眷的滙欵。目前，中共幹部壓搾僑眷滙欵的辦法是：一、凡屬數量較大之僑滙，則共幹規定一律要先存人民銀行，然後勸收到該筆滙欵之僑眷將該筆滙欵之百分之八十投資在中共的公司，以建設祖國。其餘百分之二十，收欵人亦不得隨意支取，而只能按月支取少數。二、凡屬小額僑滙，則共幹亦必到收欵人之家勸購公債，甚至私自借貸，大家分用，根本不還。而僑眷在共幹淫威下又不敢聲張，故其結果，所謂僑滙，便也根本不能改善僑眷之生活，因而廣東僑鄉流行一首歌謠，說「滙欵一到，幹部駕到。留命要錢，一了百了」。

至於糧食包，則中共運送太遲，就延時間太久，不說大陸其它省份，只把廣州近郊來說，由香港寄去之糧食包，通常亦要一個月左右才能收到。華北西南西北各省，則通常都要兩個月以上才能收到。何況，由港澳寄往大陸各地之糧食爲數甚多，積壓在廣州郵局者堆如山積，而中共又未使用很多的郵工來清理這些堆積的糧包，故久而久之以後，損毀者有之，被共幹及飢民偸竊者有之，甚至長期堆壓者亦有之。故僑眷不能收到糧食包，許多糧食包根本送不到僑眷之手，以及糧食包送到後，共幹登門享用分用，僑眷不能不給，亦成爲許多僑眷對糧食包減少希望之原因。

由於大陸僑眷傳出無意收受僑滙及糧食包不能送到之消息後，所以，最近數月，不但僑滙減少，而且寄往大陸之糧食包也銳減了。

廣州成立說書學會

說書是中國古代歷傳下來的一種民間文藝活動。遠在唐宋，說書的風氣已經很盛行了。這不僅見之於雜聞，而且也見之於唐詩的記述。蓋說書人繪聲繪色的講述人物故事，不僅能够引人入勝，而且也實在是足以調劑人民工作與勞動的一種娛樂。所謂「身後是非誰管得？滿村聽說蔡中郎」。那正是農村人民在農忙之餘的一種娛樂活動。這種娛樂活動，自古迄今，從未衰歇。

直到中共統治大陸，中共認爲說書上平時說的多是忠孝節義的故事，實爲麻醉無產階級的一種意識，遂不許說書人在街頭巷尾說書，只准許說書人講共黨八股及共黨的所謂英雄故事。殊不知，大陸人民對中共的這一套完全不感興趣，所以，中共才在不得已的情況，重新准許說書人說書，但恐散播「反革命」思想起見，又從而加以組織的控制，但不能不把共黨八股取銷，仍代之以傳統故事，則是鐵的事實了。

據十月廿八日香港大公報羊城短訊說：「廣州說書學會，西關文化公園於前幾天舉辦說書集錦專場，由說書藝人胡千里，侯佩玉，廖華軒舉講『李白開科場』、『十八相送』、『智擒八虎』、『許雲峯正氣伏群魔』等古今說書節目」云，可見人民對共黨八股之不歡迎，而只愛聽傳統節目之一般了。

廣州抽調青年參軍

由於中共與印度在中印邊境發生武裝衝突，又由於古巴局勢影響，中共現已在廣州抽調青年參軍，因此，引起廣州青年之普遍恐懼，都想向港澳逃亡。以上是昨日由廣州抵港之婦女所透露云。

印度拒作城下之盟

絕望的戰爭

慕禪

經過與中共軍一個星期的激戰之後，印軍在第一個階段可以算是失利。麥馬洪線被突破，而塔旺也告失陷。塔旺這個極北市鎮，位於印北及西藏與不丹之間，達賴喇嘛自西藏出奔時，便曾經此地進入印度。這個城市是一個宗教城，有許多古老的寺廟，但重要僧侶們已預先撤退，當中共軍的箭頭指向塔旺時，印軍便已知道該地並不可守，因爲它是一個暴露於曼尼奧山險外的城市。

中共軍如果不理會不丹的地位而橫過不丹，便可以進入印度平原；否則還須繞道東線以東，從阿薩密省迂廻西向。照中共在這次戰爭前對不丹的表示，它應該不至蹂躪不丹的領域的。新德里印方權威人士，也作同樣的看法。這麼一來，戰事似乎還不至有什麼急轉直下。

像印度與中共這樣兩個廣土衆民的國家，僅只一星期的戰事，數十里的進退，是不能算什麼勝負的。即使中共軍分兵數路，像目前那樣，自東線扯冬和西線拉達克區侵攻，鉗形進入印度平原，似乎也不能就說是勝利。

有着過去日本進攻中國的戰爭爲例，佔領若干城市與戰爭的勝利無關。何況過去日本進攻中國，是從海岸向內地進攻，封鎖了中國的對外交通。但在中共進攻印度的場合，却是由山區攻下平地，而印度的後方又是漫長的海岸線，絕不受到封鎖的威脅。反而是中共軍，越過了喜馬拉雅山險之後，越遠離西藏新疆，後勤接濟就越困難。雖然中共是個大陸軍國，在對付印度這樣的國家，也看不出能獲得什麼決定性的勝利。反過來說，印度的對於中共，也是如此，即使印軍打到拉薩，也與中共的軍事失敗無關。說將起來，這是一場絕望的戰爭，雙方都絕望的戰爭。

要中共撤兵

以尼赫魯的深謀遠算，他自然是看到這一點的，所以在塔旺失陷之日，他更大聲疾呼，向着執政黨領袖們，呼籲抗戰到底。「無論軍事如何逆轉」，印度決不屈服！這是尼氏的新聲明，表示他決意與「大規模之中共侵略」者，進入全面的戰鬥。

不過由於塔旺的失陷，和西線拉達克糾紛區也被中共佔領，在印度內部已引起一種波浪，要求撤換國防部長梅農，認爲他軍事部署不當。國大黨不少領袖們指責梅農應負初戰失敗之責，要求尼赫魯自己兼負國防部的責任。尼赫魯極力爲梅農解釋，說數年來邊境已加緊佈防，不過中共集中軍力達數萬人，戰爭的性質已超過了邊境衝突的型態，印度的軍事計劃，確有再行加强部署的必要。應該像邱吉爾那樣「在軍事逆轉中團結國家，直至最後勝利！」尼赫魯的發言，獲得國會熱烈的鼓掌。

軍事逆轉似乎反而引起民氣的昂揚，這可能是中共軍已越過麥馬洪線南侵，使印度感到「被侵略」之故。新德里民衆接到前方失利的消息，就向還沒有撤退的中共使館示威，投石並焚燬毛澤東像，高呼「中共滾出去！」執政黨和國會領袖，絕沒有提出考慮各方面所建議的「停火和談」，無論這些建議是來自蘇聯，或來自中立國家。至於中共本身對印度所建議的直接和談，却已立即遭受了拒絕。印度的立場是表示不能作城下之盟。印度向中共提出的反條件是，要中共軍在東線撤出麥馬洪線以外，在西線也撤出拉達克區，然後印度才肯坐下來談判。

拋棄中立政策？

先行撤退侵印的中共軍然後談判，中共當不易接受；印度的强項，更使中共不相信印度有和談誠意。一星期來中共的集中軍力猛攻，原來是希望在一擊之下，把印度拉回到會議桌上。却料不到這一擊的後果，更激動了印度人民對中共的敵氣，中了尼赫魯「在危難中團結國家」之計！

國會領袖們已開始作長期戰爭的打算，他們向尼赫魯要求，開放外援的途徑，爭取軍火，尤其是各種新式的快速武器，俾應付中共人海式的戰爭。本來在不宜而戰之先，印度只向各友邦洽購軍火，聲明「毋須援助」，並以現款購買，但初次交綏的形勢，已指出了印度如欲擊退中共，須比較强大的戰爭規模，可是已有的軍火極感不足，同時國庫現款支絀，要大量購買頗成問題，於是乃寄望於友邦的軍事援助。

印度原定的不接受軍援政策，是因爲恐怕影響到「中立主義、不結盟」國家的地位，本來，對此是頗爲堅持的，可是現在在被侵攻和求勝利的環境刺激下，「堅持中立」的顧慮漸漸稀淡了。

尼赫魯對國會領袖們的答覆是：印度固願接受友好國家之援助，「任何國家願作援助，均可爲之」。這一說法雖然還很矜持，但已說明尼赫魯決心不惜代價，與中共週旋到底了。・加爾各答通訊・。

寮國聯合政府由於三派人士同牀異夢，「三頭馬車」失靈，在「聯」而不「合」的尷尬情況下，目前已顯露了裂痕。自十月上旬內閣總理傅瑪在議會中獲得了爲期一年的特權之後，左翼首腦（包括寮共的愛國陣線）人物，譁起嘩然，交相指責傳瑪；說傳瑪這一行動是「破壞六月十二日平原會議的三親王協定」。新聞處長馮維吉（左派）並代表寮共正式宣佈反對傳瑪該一項措施，他說：他們決不能承認議會給予聯合政府的全權。傳瑪的行動，是破壞三親王協定的；該協定曾有聲明，任何重要決定，須得三方面完全同意，而傳瑪該項行動，事前却並未與左翼政黨會商。至於傳瑪親王，則斷然反斥左派人士專事製造藉口，醞釀糾紛。在他們這樣的互相詬誶中，我們就可以立刻窺察到三派首領仍是意見分歧。此外，寮共「愛國陣線」的武裝份子，也公開指責右翼份子在中、南部佔奪他們的防地；而右翼份子則一再抗議寮共部隊四出挑釁。這種見諸行動的裂痕，目前且在日益加深中。

還有北越共軍的撤退問題，更易引起寮國「聯合政府」分裂的危機。當地人士業已一再指出：依據日內瓦寮國協定，駐於寮國境內的外國軍事人員，應於簽約後七十五天內全部離開寮境；但北越共軍竟拒絕依約而行。尤其狡獪陰毒的，就是還有部份北越共軍僞裝寮國軍人，潛匿在寮共部隊中，企圖覬準機會協助寮共繼續擴展活動，以遂其控制「聯合政府」的陰謀。當地人士到已意料到：共黨對寮國將必作出進一步的侵略。到了那時，所謂「聯合政府」也者，如不是四分五裂，就必是僅得回一塊招牌。

寮國華僑遭共特嚴重威脅。

屠展。

在目前「聯合政府」裂痕初露的環境下，當地華僑已開始受到共特的威脅。尤共是在十月一日拒絕懸掛五星旗慶祝「僞慶」之後，當地華僑所受到的威脅愈益嚴重。

中共特務在寮境活動，原是由來已久；當「聯合政府」成立前後的一段時期，則曾一度稍爲歛迹。惟自中華民國駐寮大使撤退了後，共特便又再張牙舞爪，分別把他們的魔掌伸進僑團和僑校，運用出威迫和利誘的卑鄙手段，迫使華僑就範。可是當地華僑均深明大義，並深知共黨的暴行；其中且有不少華僑，他們的親屬或戚友刻仍在大陸而正在受到中共殘酷的迫害者，因此他們早已對共黨切齒痛恨，故對共特的威迫利誘毅然挺身拒抗。十月一日拒絕懸掛五星旗的動人心弦的一幕，於焉在當地華僑社會中光榮地演出，把共特打擊得焦頭爛額。擔綱這一幕劇的主角，一是中華會館，一是寮都中學。前者是最高的僑團，後者是最高的僑校。在十月一日前數天，共特便已開始向會館和學校當局展開壓力，那時共特們曾邀集了十五名僑領開會，討論慶祝「僞慶」事宜。該十五名僑領中，有兩三名是由共特的尾巴來扮演的，他們想藉着這一兩條尾巴來「强姦」僑意，決定於十月一日那天懸掛五星旗，和放假一天，以示慶祝。但是，大部份僑領對此拒絕接納。結果「僞慶」那天，中華會館和寮都中學都堅決不懸五星旗，也不放假。中華會館和寮都中學這種堅强不屈的行動，正代表了寮國絕大多數華僑的意志，充份表現出寮國華僑的反共精神！

這一打擊，立刻引起了共特的老羞成怒，加强了對華僑的威脅行動：第一，派出兇徒（即共特的行動組）向中華會館的當事人作個別恫嚇，威脅其生命、財產和事業的安全；第二，向寮都中學的校董和職教員實施壓力，運用恐怖的手段强迫他們就範；第三，對一般華僑展開進一步的威迫利誘，如有親人居留大陸者，則以其親人的生命作要脅。總之，其陰險、惡毒，無所不用其極。

「聯合政府」出現了裂痕之後，共特的叫囂愈益熾烈，其威脅華僑的詭計更花樣百出，而共特行動則由掩蔽而轉爲半公開，除了恃着已建立邦交的背景外，並把握着「聯合政府」的弱點，肆無忌憚的進行控制僑社。目前，華僑所受到的威脅確已倍爲嚴重了！（永珍通訊）

羊落虎口（下）

金珂

「單丁」，正因爲是單丁，所以祖父、祖母、父親、母親，都把坤當作是人中之寶。

坤也遠爭氣，並沒有因爲長輩的寵愛而變成不成器，他不但作風正派，而且學習也很用心，在學校裏讀書，總是站在前三名，從來也沒有落在人后過。當他每一學期結束，把成績單拿回家的時候，四位老人家總是眉開眼笑的，特別是祖父母，有好幾天稱讚呢！

坤從小就是沉默寡言的，在一天中，難得有幾句話說，除了埋頭看書以外，總是一個人漫步在園子中，抬頭凝望着遼濶的天空。

這是他高中畢業的那一年，已經是考完了畢業考試，可是，他的心情不見舒暢，反見沉重，每天眉毛蹙得緊緊地。一連串的理想，在他的腦海中盪漾，工程師、醫生、文學家……

隨着暑假的結束，坤也離開了家鄉，他去上海交通大學學工程。從此，像把家裏的熱鬧都帶走了似的，大家總覺得像少做了一件什麼事。特別是四位老人家。他們缺少了談話的資料，代之而起的是每天計算時間，每天等待星期六，因爲在每個星期六的下午，坤總是要回家的。

那是坤在進大學後的第一個暑期，在家鄉要改選鄉長，那時，鄉上的人們都要父親來担任鄉長，父親雖以年老體弱來推托。可是，在盛情難却下，父親只得同意由坤來担任名譽鄉長。

雖然在名義上是有這樣的一件事。可是，憑良心說，他沒有一天進過鄉政府的門，他一直在上海讀書，開頭還能每星期回家，但後來由於校中工作忙，回家的次數也越來越少了，卽使在暑假或寒假，也只能回家住上十天，八天的。

在他讀大學二年級的時候，祖父母爲了抱孫心切，就在那年的寒假，迫他結了婚，過不了四個月，祖父母去世了，眞所謂禍不單行，福無雙至，相隔不滿一年，父母親也相繼去世了，這樣一個美滿的家，隨着他們的去世，也就風消雲散了。把這個家稍一安排以後，由大姐姐看着，我們都搬來上海居住。從此，崑山的家，變得既冷靜又淒涼了。

坤在大學畢業的前半年，不幸染上了肺病，在中途就休學了，這樣一直病了三年，以後也沒有繼續求學，病好以後，只找了分設計師的工作。

沒多久，上海解放了，他的工作也就沒有了。當然，不工作，按照家裏的經濟條件來說，他坐着吃，是絕對沒有問題的。可是，他是個要爭氣的人，他覺得有孩子、有老婆，而自己本身又是個年輕的人，坐在家裏吃，太不像話了，因此他到處找工作。結果，化了九牛二虎之力，找到的工作，還是學非所用。

他的工作雖是這樣的不理想，但是他始終還是堅持下去，他覺得教書和工程原來都是一會事，只是具體的分子不同而已。

雖然他工作是那樣的認眞負責。可是，因爲他是出身在地主的家庭裏，在校中大家都認爲他歷史有問題，誰也不敢接近他。

在一九××年×月開始了鎮壓反革命分子運動，當時提出的口號：「坦白從寬，抗拒從嚴！」凡是在解放前當過保長的都要向公安部門進行登記。

坤當時的思想鬥爭很劇烈，他覺得自己曾當過名譽鄉長，雖然一天也沒有做過具體工作，可是從頭銜上來看，已比保長要大得多了。他始終在猶豫。當時我是絕對反對他去登記，正在商議，六妹妹來了，她在公安局做事。當時，她的思想非常進步，她來，並不是爲了別的，而是來找坤，動員他去登記的。

坤至公安局登記了，雖在口頭上是那樣的講：「政府從不記舊賬，只要坦白交代，就能獲得寬大處理。」可是，事實並不是這樣，他去登了記以後才十天——一九××年的四月二十七日，這一天，這一天的晚上，他被捕了。

被捕以後，在提籃橋監獄裏關了三個月，就被送去修淮河工地進行勞動改造，從被捕的那天起，一直到因病重保外就醫爲止，這整整的六年，他的罪名始終沒有判。他到底爲了什麼被抓去的？到底爲了什麼要勞動改造的？他到底做錯了那些事？要這樣活活地被折磨死？唉！不要說死的人不知道，我們活着的人又何況會知道呢？

講到這裏，她又回過頭去，瞧了她一下僵臥着的坤，二顆晶瑩的淚水又從她的面頰上滾下來。

「唉！怎麼說呢？丁老師，死的已經死了。當然，人死不能復生，多悲傷沒有好處。是的，我知道坤是冤枉死的，但我們再把範圍拉大了來看一下，像他這樣含冤而死的人不知有多少。你想，這不是一個人與一個家的問題，而是整個社會……」

「是的，我知道，我也看得很清楚，但是對赤手空拳的我們來說，除了悲痛和流淚以外，還有什麼辦法呢？唉！我們是羊落虎口呵！」

「唉！羊落虎口！」我重覆了這句話，「是的，事實的確是這樣！」我意味深長地說。

（完）

文聲集（五）

毅菴招賞杜鵑花次韻奉酬

韶生

花開緩緩問歸期，流轉風光遣客悲。頗憶團城矜玉貌，却憐衆女妒蛾眉。銀瓶水暖添清供，屋角餘霞繫遠思。寥落天涯容酩酊，綠章遙奏費扶持。

躑躅窗前着意吟，且憑花氣散煩襟。室虛生白披肝肺，樹杪啼紅識苦心。狀物偶從詩律細，飄茵知共漏聲沉。繁枝開落何須管，聊托壺觴酒自斟。

謁蔣百里墓

世昭

萬里金風入袂寒，漫天月影照孤巒。千家燈火浮霜白，半嶺松楸帶淚看。賸有丹忱縈禹甸，再無消息到人間。平生躭讀國防論，一瓣心馨欲起韓。

踏莎行　感事

書校

旅雁聲微，候蟲吟細，井闌墜葉窺秋意。千巖午夢不逢人，却驚黃犬搖佳睡。

桃李迷蹊，薔薇蓄刺，尋芳誤入蓬萊地。小樓一角亂鴉啼，煙波浩渺歸無計。

嗚呼、芷町死矣！

徐亮之

嗚呼、芷町死矣！

自芷町的死訊從台北傳來，我想：凡是他在香港的朋友，都會覺得可惜的。

當今之世，人而能有像芷町這樣的朋友，我認爲乃人生之驕傲。因而對芷町之死，而來一套尋常的與世俗的哀悼，我認爲實未免是多餘。

但我却是應該哀悼芷町的；不過我的哀悼之辭，如果芷町死而有知，能否得其首肯，我實毫無把握；我祇是覺得：芷町死了，我是應該而且也不能不哀悼他而已。

我對芷町所最不能忘懷的，便是他書生本色的個性；關於這，我在拙著「亮齋雜筆」中，曾這樣寫過：

「陳方字芷町，江西石城人。與陳布雷有蔣幕『二陳』之目。性方嚴，擅才辯；每坫壇會議，私室譚讌，義理如或未安，則馳騁往復，機鋒爛發，非羣情冰煥不止；人亦遂以此多之。善藝事，詩書畫三絕；所畫竹尤得蒼古沉厚之趣。往齊白石來白下，藝流頗以執贄門墻爲名高；張道藩至陳報蔣氏夫婦，遍招白下名宿，騰耀報章，冀共觀其所執弟子禮，謂可重師道而鍼薄俗；且詔衆曰：『自我師之後，餘人不得更師！』方獨折之曰：『子安足師白石？唯吾乃庶幾耳！』道藩問故；曰：『尊師所以重道，子習西畫而白石擅國畫；道既不同，師於何有!?』道藩無以難，而方亦卒不師白石。方與羅隆基交厚，而議論每不協。一日、贛國大代表某招飲龍門酒家，期隆基久不至。方笑曰：『吾在，隆基固不來也。』語未已而隆基來，一座皆笑。隆基知所笑在己，因目方曰：『又已罵我乎？』方亦大笑；乃賈其後至，强之酒；漸入月旦，各嚴溝塹；辭氣橫厲，駸駸崩裂。某因蹴余足附耳曰：『獨不能相解耶？』余笑諾；乃手巨觥起設辭曰：『龍門酒不惡；政治非下酒物；今夕不譚風月，寧不可惜！』遂盡歡而散」。

不過、芷町的個性雖然很倔强，我却從沒發現過他曾倔强到有不合理性的任何跡象。恰恰相反，他乃最講道理的人。在任何和他辯論的場合，他祇要你理直氣壯，或者談言微中，他便立刻可以棄甲曳兵而走的。

記得在南京時，我因做公務員辦公辦得膩了，曾以當代人物爲對象，用「潛龕」的筆名，給南京的新民報寫「散值餘談」（即入港後收集而交自由出版社出版的「亮齋雜筆」）。在「散值餘談」中，我對陳布雷的文章，曾有過「長於報章評論，而文告微嫌繁富」的評語。（見「亮齋雜筆」「人與文」篇。）不知怎麼，我這筆名却給芷町打聽出來了。一天，他突如其來地對我說：

「布雷很佩服你的文章……；」

我聽了打了個突；暗想：不妙；麻煩來了！祇得硬着頭皮，聽他繼續說下去：

「他說你的筆觸有晉人風趣。什麼事情經這傢伙一寫，便都雅了起來。」

「老大哥別開玩笑！」我這才知道沒事而篤定下來；「——我祇是無聊消遣，天籟自鳴罷啦！」

「不、他是很誠意的；他說：你對台上台下任何人儘管繼續罵下去；但他希望你對共產黨也能給他們來幾筆。」他說到此地，頓了一頓；接着不太自然地又說：「小京官，自古窮；老弟！你的情況我知道；這樣做最少可以抵上你兩個簡任官呢！」

「謝謝布雷先生！」我毫不猶豫地答覆：「我已經說過了，我的胡謅，祇是無聊消遣，天籟自鳴；一有機心，便非天籟的了！」

芷町聽了，連忙掉轉話頭，改談他事。談完了仍是毫無芥蒂，歡然而別。（未完）

抗戰回憶錄（四二）

十・第二方面軍

張發奎

自第二方面軍成立後，我和美國朋友的接觸特別多，尤其是博文上校的連絡部，更和我們有十分緊密的連繫。不管是關於前綫的作戰，或後方的勤務，他對我都有極大的幫助。就是他派往各軍師的連絡人員，也表現了同樣的努力，因此，彼此間幕僚們的感情頗親切，一切事都能够很順利的進行。博文上校因為努力的結果，升了准將的階級。昆明美方人員對我們亦有相當的認識，魏德邁將軍和麥克魯將軍，都曾親自來到百色，他們都得了一個好的印象回去，而且在多次的接觸中，我們已變了並不生疏的朋友。

我想在這裏對於這三個美國朋友，即魏德邁將軍、麥克魯將軍和博文將軍，加以回憶的插話，也可以說這是我對這些朋友一種懷念的表示。魏德邁將軍是一個比較聰明而富於理解力的人。他有魁梧奇偉的體格，而又帶有紳士的風度和儀表，言談、生活和行動，都比較沉默而嚴謹。他大概對於戰爭指導與軍事組織上有特別的天才，對政治也有相當的了解。他對中國情形頗為明瞭，他接替史廸威將軍出任駐中國美軍總司令後，就參預中美間關係的一切問題——不論是政治或軍事問題。不過他是一個現實主義者，他以現實的資料來解決當前的問題，和史廸威將軍的遠視並過於理想迥然不同。他以正常、公正、近乎人情及保持鎮靜去對付問題，絕沒有怪僻與偏頗的見解。我雖然沒有和他共事或有過合作的生活，但從我們多次的接觸，和他在戰後來華任特使的工作上來觀察，對於這個評價，或許不會有很大的錯誤。

麥克魯將軍和博文將軍都是美國的典型軍人。美國軍人特有的性格就是天眞和熱情。前者我對他的認識較淺，不過從他的言行觀察，可以判斷他是一個很時髦而富於幽默感的人。他大概善於帶兵和勇於作戰。有一次他和我去巡視一個兵站醫院，那裏有幾個年輕的女看護，他對一個傷兵說：「有這樣一個漂亮的女人在你旁邊，應該可以使你的創傷早一點的痊癒。」這對於傷病者會感到很大的安慰。又有一次當方面軍的作戰方針決定了攻勢作戰之後，我們討論攻擊方向是否向西指向越南的敵人？他卻給我一個幽默的答覆：「或許向東更有價值吧！」我當時非常詫異，東邊是湯恩伯將軍的作戰地境，而擺在我們正面的，却是越南和南寧的敵人，無論任何戰畧家，都不會把箭頭指向東邊的，然而他的答覆却預示了三個月後的作戰計劃。他是西南方面美軍的指揮官，在短短的幾個月中，他使西南方面的中國部隊，有了一個劃時代的改觀。

博文將軍，和麥克魯將軍的性情恰恰相反。博文將軍沒有半點幽默感，沉默、寡言和不太快慰的感情，老是顯露在他的面部。他固執而遲鈍，但有堅强的自信力。他腦中充滿着希望，憧憬着一個偉大事業的成就。為達到這目的，他常常不顧事實而努力冒險，也常常感情用事並堅持成見。不過他和我相處一年多，他的感情和成見，都是為幫助我而出發的。他對我眞摯而熱情，一切都為我的利益而計劃。有一次他為了我的關係，對何應欽將軍有過不少的批評，使他幾乎受了降級的處分，經過我對上級解釋後，他的一顆銀白的星階，才得免於從他的肩上掉下來。

四月以後，後方不斷的補充，恢復了部隊的生氣，而且有一個遠大的憧憬，使大家的心情逐漸振奮起來。這時陸軍總部雖然尚未允許我們作積極的行動，但第一綫的部隊由於他們旺盛的企圖心，已在敵人的面前異常的活躍，小部隊的出擊，突擊營的活動，越北革命黨人的響應，以及不間斷的翺翔於百色上空的盟機，均足以使敵人感到萬分的惶恐，並顯示着一切的態勢都轉變了。

當時我令情報人員以全力偵察南寧的敵情。由於他們的努力，使我得到許多有價值的報告，從這些情報中得知：第一、南寧敵人第廿二師團的主力，奉令向越南秘密移動，僅留置不及兩個團之兵力於南寧及其附近各據點。第二、從突擊營在被擊斃的一個少佐軍官身上搜獲的文件，有第廿二師師團長對南寧守軍的訓令，其中有：「如受壓迫，得向諒山撤退」的詞句。第三、很詳細的明瞭了南寧敵人防禦配備的情形。因此我決心作克服南寧的嘗試，我想如果敵人眞的授予我良好的機會，我決不待上級的同意，而獨斷的向南寧攻擊。自然我不能由於虛榮心的驅使，而冒昧從事，或妨害整個的作戰計劃，我不過僅想利用敵人的弱點，來一個反攻計劃的提早實施而已。

五月初旬，集中兩個突擊營於邕龍路的兩側地區，遮斷南寧敵人與越南的交通。五月中旬令第六四軍的一部潛過左江，在南寧側後活動，並令該軍主力推進於南寧近郊，以壓迫敵人的態勢，嚴密監視敵人，伺機攻佔南寧。同時先以一部便衣隊，利用情報人員之活動，潛入城內，待機內應。復將第四六軍主力推進於上林賓陽附近，對邕賓路敵各據點作游擊式的攻擾。五月廿五日南寧之敵，果然不堪我各方面的壓迫，將城郊據點逐次放棄，並呈現動搖的模樣。我第六四軍的主力乃於廿六日拂曉向市區突擊，經一日之戰鬥，卒將這個淪陷半載的名城，又第二次重回祖國的懷抱，並從此展開了最後勝利的端緒。誠如博文將軍所說：「這一顆小石子的波浪，掀起了太平洋的洶濤。」

抗戰行列中見聞雜憶（二）

李璜

通山被炸記

通山城在湖北武昌南面，位與陽新與通城之間，在小山夾谷中，富水流貫其間，四野農莊，民風樸質，為鄂東南比較富庶地區。其城被敵機所炸，大火不及半日，全城盡燬，死傷枕積，為我第三軍風紀巡察團達到該城的第五日事。我曾於被炸後即寫有「通山被炸記」，寄登於重慶與成都報紙，所以儆戒前方政工人員組織民衆之不應過重形式也。

緣我團到後，前方政工人員與縣黨部書記均感興奮，特約定日期，召集全縣鄉鎮長及縣府等工作人員，會於城南一小學中，聽我們訓話，並從事民伕組織，以應軍事需要。我團團長允之，但囑於黎明之前集合。我知道後，便感到不大妥帖，因其時敵軍已在廣濟，終日有敵機至，又來不及警報；集合多人，雖在午夜後，亦非所宜；況在前三日便發出普遍通知，安知消息不為敵人偵知。但此輩政工人員青年好强，急欲表現成績，我未力阻之。

果也，有一定的時間，有一定的地點，聚集二百餘人，便為敵所偵知。是日，天剛一亮，敵機即至，大事轟炸，全城遭殃，我也幾乎不免於難！——至今我猶痛感疏忽，未加力阻之過。

我團團長雖與政工人員約定午夜後開會，黎明前即散會。但一因中國人，特別是農村社會中人，皆不守時。我們午夜後三點到達城南小學中，來會者寥寥，直等到四時齊集，距黎明已為時不多；再因主席不肯犧牲其形式主義，定要按照慣例，必得向國旗及總理遺像行禮，唱國歌，請訓話等等，乃又費去半個多鐘頭，然後才說到正題，每鄉每鎮出若干民伕，運送傷病兵於通城，因通城其時有臨時傷病兵醫療所。只此一事，才是工作，其餘時間，都在說廢話，費去一個半鐘頭，天一放光，而敵機便臨頭上了！

敵人必有間諜的報告，一來即向通山城南投彈。我們立即奔出小學，仆於階下。幸小學背後，便是城門，城門外即有防空壕，因冒險逃入壕中，回顧小學房子業已炸垮，不知有多少人葬身其中！

防空壕，為民衆臨時所掘，既不深，而土又鬆，須坐臥其中，始勉强掩蔽，壕外中彈，則土粒一齊擁入，愈來土粒瓦塊愈多，即不中彈，也有被土淹埋之可能。且天已漸明，仰臥壕中，可以看得見敵機及機中之人，足見敵人在機中也能看得見我們。回頭又見城中火起，光可照人。我認為困此壕中，大為不妥，乃拉着那位湖南籍監察委員及一位高級軍法官，一同冒死逃出防空壕，矮着身子，奔往二三百尺外一墳垣中，各臥於兩墳堆之間，仰面以觀敵機之動靜。

猶憶一彈投中所臥不及二十尺之墳上，震我眼不能開，自然的翻身以腹向地，而後頸足跟皆為如雨的飛沙走石所中，一摩滿手是血；我呼軍法官再同逃較遠之地，但監察委員仆地氣促，無法使之行動；我兩人只得棄之，又拼命逃往墳垣坡下一竿荷田中。其時竿荷正茂，可以掩蔽，惟下皆濫泥，足陷過踁，本團憲兵大半伏於其中。經一小時，逃過此刦！（敵機尋去後，覓得監察委員，雖未受傷，然因年老受震過度，已脚手不靈，抬往後方，送回長沙家中，臥床多日後死去。——此老也可算為國犧牲了啊！）

敵機更番轟炸時，投下甚多硫磺彈於城中，全城大火，時正午前七時半，敵機去後，本團同人羣集城外公路旁，但見路旁或樹上，或人腿一隻，或人腸一串，東也是屍體，西也是屍體，令人不忍細看！

本團團長集合所率憲兵及駐兵（憶為雲南隊伍，營長及士兵皆樸質沉着，紀律甚好，後同我們退往通山），下令入城滅火救人。通山城甚小，四面正在焚燒，已成為一座火山，這火如何滅法？我看大是問題。但軍令所在，總得服從，於是憲兵排長與滇兵營長商量之下，令士兵們砍伐路左竹林，各人手執長竹竿一根，並將衣服弄濕，一百餘人打向火窟中去！但入火中不深，衣皆着火，一一逃回，不過中有手拖燒得半死之人，救出約二十餘人，陳於路側，焦頭爛額，不忍卒睹。

營長詢問情形後，向我團團長報告，云：火無法救，因救火工具完全缺乏，如此大火，又豈幾個水盆水桶所能濟事，大家只好聽之。本團團長令滇兵營長與憲兵排長各自集合，點查自己隊伍受傷有幾。幸軍隊素有訓練，滇兵只傷二人，憲兵只傷一人，傷皆不重。

但是，大問題發生了！司機前來報告，我團卡車二輛，炸壞一輛，小汽車車頭全毀，只餘一輛卡車能用了。我團長官四人，憲兵兩排，一輛卡車，如何够用。然而這在前方第二線，第一線隨時可能撤守，於是大家都恐慌起來。午後，本團四人聚商，必須有人回返武漢，去到後方勤務部請補發小汽車一輛，卡車一輛。團長嘆氣，認為這事不好辦，後方勤務部最難說話，軍事如此緊急，他們那還能特別來照顧我們這種無關緊要的軍風紀巡察團！他笑問我道：『除非李參政員親自去一趟，或者可以要得到車輛。因為國民參政會開會，動輒公開彈劾大官，他們還有點怕參政員。』我立允之，因車之需要確關係本團官兵生命安全，我也考慮到，我去，比較這退了伍多年的中將與軍事執法官要有效一些。因此，次日早起，即帶憲兵兩人，乘僅存之一部卡車，動身回武漢。

本刊已經香港政府登記

聯合評論 週刊

每逢星期五出版

United Voice Weekly
第二一八號

督印人：黃宇人　總編輯：左仲平
社址九龍大埔道一六八號南亞書局 805641
承印嘉羅印刷有限公司香港灣仔馬師道5號
總代理：友聯發行公司售價每份港幣一毫
本報美洲版總經售處美國紐約中美出版社
CHINESE - AMERICAN PRESS, INC
199 CANAL STREET.,
NEW YORK13 N. Y. U.S.A.
美洲航空版每份零售美金一角

印度將往何處去？

黃宇人

（一）

自印度與中共的邊界糾紛從冷戰變爲熱戰後，印度政府卽指責中共爲侵畧者。我原希望經過這一次的事實敎訓，尼赫魯總理對於中共的猙獰面目當已獲得了較正確的認識。而聯合國又適於此時再度討論所謂中國代表權問題，我更曾希望印度能採取一種新的態度——縱不投票反對中共，至少也應棄權，庶可內而告慰熱烈請纓抗敵的印度青年，外而爭取國際的同情。可是，成功湖畔的消息傳來，印度竟仍投票支持中共如故。依照聯合國憲章的規定，必須愛好和平，接受憲章，願意及能履行憲章所規定之義務的國家，才有加入的資格。印度既已認爲中共是侵畧者而又支持其加入聯合國，豈非存心公然違反聯合國憲章？反過來說，假如印度認爲中共合乎憲章的規定，理應加入聯合國，那就無異於印度自己承認中共並不是侵畧者。果如此，印度政府如今號召人民奮起抵抗中共的侵畧，並呼籲國際間予以同情及支援，又豈不成了無的放矢？

（二）

復次，十餘年來，尼赫魯總理首倡中立主義，實則處處爲共產集團幫腔；更與周恩來一拉一唱，顯得格外的情投意合，識者固已早知其必將自食其果。如今中共果對印以武力相見，使印度自獲得獨立以後首次遭受強敵的威脅。平素與印度眉來眼去的共產集團則主張印度應與中共就地停火談判，卽是要印度與中共作城下之盟。原已應允以飛機售與印度的赫魯曉夫，更自食其言，致使尼赫魯總理原欲藉蘇俄供應的飛機以壯聲勢的幻想，頓成泡影。至於所謂中立或不結盟國家，也僅以第三者的姿態，希望雙方言歸於好，除了錫蘭而外，迄無一個國家對中共稍作譴責。埃及總統所提出的調解方案，在實質上可說與蘇俄的所謂就地停火談判，並無二致。祇有美國能濟印度之危，立卽助以軍援。英國和加拿大澳洲等國，除了正式表示支持印度而外，亦正考慮進一步的軍援。凡此種種，十足証明中共才是印度的眞正大敵，共產集團終究是中共的伙伴，中立或不結盟國家在危急時也不可靠；唯有自由世界才能予印度以支援。

（三）

本月五日，新德里銷路最大的「印度快報」有一篇文章說，「在和平和反戰爭中，美國顯示出她是一個自由印度的朋友。美國和蘇俄的友誼觀點，大不相同，後者專與侵畧者在一起。我們必須認識共產集權與民主國家間永不能有眞實友誼的時候到了」。該文又指出：「印度可能必須參加西方軍事同盟，遏阻中共」。我相信時至今日，大多數的印度人民都有與此同樣的感想和認識。但據法新社稱新德里的四日電訊稱：「今日雖無外交發展，但頃從各方面獲悉，現在似乎愈加確信，蘇聯雖保持緘默，並不坐視。官方雖支持中共，但將施壓力於北平，阻中共軍事行動。據報此種壓力不僅由蘇聯使用，他國共黨亦將施用之。因他們目擊印度投入他們所謂「帝國主義」陣營，將大感不快」。此訊如確，卽是印度政府今日仍幻想蘇俄能壓迫中共有所退讓。這可說是執迷不悟了。

無可懷疑的，蘇俄並不希望印度因與中共的衝突而投向西方，因而他們也必然會對後者施以某些壓力。然而至多祇是勸誡中共應適可而止；決不會，也不可能壓迫中共接受印度所提的條件——退回九月八日以前的地區，由印軍重返原來的陣地。而且，縱然中共有所退讓，其所加於印度的威脅，依然存在。因爲他們隨時都可不宣而戰，捲土重來。現在蘇俄的種種裝腔作勢，其目的僅在於誘致印度對共產集團仍存幻想，以便繼續利用。假如尼赫魯總理仍以爲依藉共產集團的壓力，或對中共表示仍有餘戀之意，卽可解除邊境的危機，則將一誤再誤，招致不易收拾的惡果。

（四）

此次印度在聯合國投票繼續支持中共一事，不但自相矛盾，而且是自我否定。我想印度青年眼見自己的政府一方面號召他們奮起與中共作戰，一方面却又和其他國家在聯合國支持敵人。他們的心理一定會對這場戰爭的意義和價值發生根本的懷疑。日前印度國大黨已迫使梅農去辭，正是一種不可忽視的徵兆。尼赫魯總理一生爲印度的獨立自由而奮鬥，卒使印度從英國的殖民地主義下解放出來。如今印度又面臨中共的侵襲，爲了他個人的光榮歷史，爲了印度的前途，似乎都必須對其所謂中立或不結盟政策，作一番徹底的檢討吧？上文所述印度快報的那篇文章說得好，「印度必須認識共產極權與民主國家間永不能有眞實友誼的時候到了」，何去何從，尼赫魯總理正宜有以告慰於印度人民！

論中國歷史上的第三勢力與現代的第三勢力

劉裕畧

關於第三勢力的問題，原本牽涉甚寬。首先，究竟什麼是第三勢力？其次，第三勢力的時代背景，第三勢力的政治目的，第三勢力的基本形態，第三勢力的組成方式，第三勢力的政畧戰畧和運用等，在在都是問題。在在都是關心和從事這一活動的朋友們應該深思熟慮明辨篤行的問題。本文限於篇幅，不及一一討論，但願先從一般概念上，對中國歷史上的第三勢力與現代第三勢力描畫一個輪廓。

現在，大家一提起第三勢力，很自然的就想到了中國抗日戰爭期間及抗戰結束初期的中國民主同盟，認爲它是中國現代的第三勢力。其實，我認爲當時的民主同盟，實在僅僅只有調停於國共兩黨之間的第三者的作用，本身並未發展成爲一個眞正自立獨立，眞正與國共兩黨鼎足而三的第三勢力，它的未來更不足以言代第二勢力代第一勢力而統治中國。所以，我個人總覺得當時的中國民主同盟實在還不能算是眞正完整健全的第三勢力。

因爲，最主要的，是當時中國並沒有民主軌道，而國共第一第二兩勢力都是在喊打以奪江山的。

究竟什麼才是一個完整而健全的第三勢力呢？我以爲它本身至少應該在力量上是自立獨立的才行。如果只是像民主同盟那樣，只在國共和談期間起一些徵弱的奔走調停作用，還不配稱爲第三勢力。

因此，所謂第三勢力，它本身也一定應該有它自己的基本戰鬥組織和基本的政畧戰畧乃至政治運用才是；既曰第三，勢必就與第一第二有異，既曰第三，勢必就爲第一第二所不容，既曰第三，其本身就勢必要有壯志雄圖，取第一第二而代之，最後成爲國家民族的主宰，因此，所謂第三，便只是它在與第一第二勢力同時存在的一種過程。而當時的中國民主同盟，仰鼻息於國共之間，何曾談得上本身的政畧與戰畧？又何曾談得上取第一第二而代之而統一整個中國呢？

說到這裏，所以，我很想從中國歷史上舉出一個眞正的第三勢力的例子，來說明第三勢力究竟應該是怎樣一個形態，怎樣一種力量。

我覺得，東漢末年，群雄並起，曹操佔據北方，孫權佔據南方，劉備從北方逃到荊州，其本身並無基地，訪諸葛亮於草廬之中，諸葛亮對劉備說的一席話，以及後來的一切奮鬥，算是中國歷史一個最具體最明白不過的第三勢力的典型例子。

因爲當時的形勢，誠如諸葛亮所說：『自董卓以來，豪傑並起，跨州連郡者不可勝數，曹操比於袁紹，則名微而衆寡，然操遂能克紹以弱爲強者，非惟天時，抑亦人謀也。今操已擁百萬之衆，挾天子以令諸侯，此誠不可與爭鋒。孫權據有江東，已歷三世，國險而民附，賢能爲之用，此可與爲援，而不可圖也。荊州北據漢沔，利盡南海，東連吳會，西通巴蜀，此用武之國，而其主不能守，此殆天所以資將軍，將軍豈有意乎？益州險塞，沃野千里，天府之土，高祖因之以成帝業。劉璋闇弱，張魯在北，民殷國富，而不知存恤，智能之士，思得明君。將軍既帝室之冑，信義著於四海，總攬英雄，思賢若渴，若跨有荊益，保其巖阻，西和諸戎，南撫夷越，外結好孫權，內修政理；天下有變，則命一上將將荊州之軍以向宛洛，將軍則身率益州之衆以出秦川，百姓孰敢不簞食壺漿以迎將軍者乎？誠如是，則霸業可成，漢室可興矣。』這是諸葛亮所提出的一套建立第三勢力的政畧與戰畧。

諸葛亮的這一套計劃和策畧之所以說得上是中國歷史上的一個創建第三勢力的典型例子，主要的是因爲劉備本無基地，本不成爲曹操孫權之外的第三，但諸葛亮既把曹操孫權列爲第一第二，又再提出了跨有荊益的第三條路，所以，便成爲眞正的第三勢力了。正因爲諸葛亮的這一方案，是眞正的第三勢力方案，而且該方案後來又得到具體的施行。所以，就形成了中國歷史上的三國局面。

僅僅形成三國局面，當然還不是諸葛亮的原有目的。換言之，古代的第三勢力也好，現代的第三勢力也好，它的最終目的，當然應該在代第一第二勢力而統治中國，並不只是在形勢上多一個第三，更不只是僅僅在第一第二勢力之外，另掛一個旗號而已。嚴格說來，第三勢力只是它的創建和發展過程中的一個階段。它是隨時可以而且也是隨時應該由第三變第二，再由第二變第一的。正因爲第三勢力的第三，並不是它的永遠形勢，而第一第二與第三之間，又必然充滿鬥爭與運用，所以，要維持第三，固然要有它的單位性，固然要有它的基本組織和基本立場，而要進而克服第一第二勢力，它也是更需要政畧戰畧的運用的。何況，今日之共黨，乃靠「武裝革命」起家，國民黨也一直以革命作號召，若第三勢力本身不能先自成爲與第一第二勢力鼎足而三的一個戰鬥單位，試問，又何有第三勢力之可言？可以說，對於第三勢力，諸葛亮決不止於空想，更決不只是一個以第三爲滿足的實行家，它的着眼，初步誠然在如何先形成鼎足，但他的最後目的，則尤在統一中原。（下轉二版）

長短期的興利計劃與除弊

孫寶剛

物質落後國家的政治家們看到先進國家的物質文明的進步，都有想迎頭趕上的心理，尤其看到蘇聯在四十年前還是一個半落後的國家，經過幾個五年計劃以後，現在已成了除美國以外，生產力最大的國家，所以更覺得迎頭趕上，不特有其必要，並且是可能的。我們中國自共黨專政後，也在這樣做。但是到現在止，這許多新獨立的國家的成績却不很好，中共的成績更壞，人民已在反感和怨恨而怠工，大有危及政權的基本之勢。這是什麼緣故呢？

在這裏，我們首先須瞭解政治上的一條原則，即是說：一個政權，沒有獲得大多數人民的擁護，這個政權便很難鞏固的。但是怎樣可以獲得大多數人民的擁護呢？當然要看這個政權是否能替人民謀幸福，不過在人民的心理上，大都向往於即時的幸福，他們對於未來的幸福比較不重視。所以一個政權如忽畧了這一點，即使眞正在爲人民謀幸福，人民不是最歡迎的。假如太忽視了人民的即時的生活，使他們在眼前的生活太苦的話，他們會抱怨，甚至會反抗。什麼叫做即時的幸福呢？用通俗些的話說，就是要使人民過着快樂的生活。但快樂究竟是什麼呢？不加思索的話，似乎個個人都知道快樂和不快樂是什麼，其實深刻一些說，快樂是一個虛無飄渺的名詞。有的人以爲看電影是快樂的，如使他一天到晚去看電影，且天天去看電影，就覺得不快樂，甚至是痛苦。也有人以爲飲酒是快樂，但一天到晚飲且天天飲，也就痛苦了。其實所謂快樂和所謂痛苦，問題是在能否適應人的欲求而定！人是必有其欲求的，由欲求而感到需要，由需要而得不到便成痛苦，假如得到了便覺得快樂。所以電影看得太多以後，便有一種不欲看電影的欲求，如能眞的不需要再去看，便覺快樂，反之，人好久沒有看電影，產生了想看電影的欲求，便有了看電影的需要，那時如眞的獲得了看電影的機會，便覺得快樂。可見所謂即時幸福，就在政府能不能把人民已經感覺得的過與不及的欲求，加以調整。

我們瞭解了這個原則，才能瞭解到怎樣去爲人民謀即時的幸福！不然的話，人的欲求是無窮的。今日科學日進，發明日多，人類的欲求也隨科學的發明而日高。百年以前，晚上燃點油燈，便已滿足我們的欲求；後來有了電燈，於是非電燈不可，近來更有弘光燈，便覺電燈也不滿足了。但是話雖這麼說，在中國鄉村中的農民，還是以油燈爲滿足的。假如沒有人去提高他們的欲求，他們根本就沒有用電燈的欲求。非至連油燈也沒有時，他們才不會滿意。這是因爲中國幾千年來是一個農業社會，物質文明遠非西方物質文明可比，所以數千年來一般人民過着很簡單的生活，在物質上而言，祇要能安居樂業，可以溫飽，便算滿足，西方文明東漸以後，城市中受影響較大，一般農村還沒有遠離上述的欲求標準。在精神方面來說，正因爲是農業社會，過着自由自在的生活。但國民黨執政了幾十年，倣效了法西斯主義者，特務橫行，公務員貪污無能，遂使人民不特缺乏自由自在的生活，連安居樂業而溫飽也不可得。在這樣一個情況之下，明智的政治家，應該從人民的安居樂業和溫飽，和恢復他們的自由入手，才是對症下藥，以滿足人民的欲求，人民自會合作，可惜中共不此之圖，一味宣傳要建設這個，建設那個，並要想在幾年內追上英國的生產力，這都是庸人自擾。

但有些人會說，一味注意即時要求，對於未來的危機，如國防的危機等等不加注意，一旦危機來臨，不是不堪設想麼？以我的看法中國自抗戰以後，國防建設的需要，已不若戰前的重要，今天除了蘇聯以外，並沒有一個國家會貿然來侵畧中國的，但蘇聯的力量，决不是以現階段的中國的幾個長期計劃可以應付的，中國唯有靠集體防禦，才能免除蘇聯的可能侵畧。而況自聯合國成立以後，儘管聯合國的成績，不能令人滿意，但因爲有了聯合國，却增進了國際間的合作，和國際間的制裁，所以以國防爲目的，長期計劃决不是急務。也許祇有在交通，水利和農業方面，才需要一部份的長期計劃，那倒底有限。中國的眞正急務是上文所述，安居樂業，溫飽和較大的自由。而這幾點中間，又可分爲積極的與消極的兩種，積極的如農事上的許多建設，和農業加工品的製造建設等等，消極的乃在除去以往政權的積弊，如官吏的貪污無能，特務之橫行，司法之獨立，先從執政者開始，守法精神之培養，惡勢力之劃除等等。這許多工作，一個良好的政府一定可以立即辦到的，假如能做得很有效果的話，人民便可安居樂業，恢復了許多自由，那麼對於積極的即時的建設工作，即使做得慢一些，也可以彌補人民的不滿。所以我重複地說一遍，長期計劃儘可稍緩，以很小一部財富去進行即可。即時計劃才是今日的急務，而即時之中，又以除弊急於興利。能如此做，人民自會擁護政府，一步一步的，長期計劃也可以完成的。

論中國歷史上的第三勢力與現代的第三勢力

劉裕略

（上接第一版）

他在政畧上主張聯孫抗曹，他在戰畧上，把荊州作爲蜀漢的一翼，把由漢中出秦川作爲蜀漢的另一翼，正是他企圖稱霸中原統一中國的鉗形戰畧攻勢。也正因爲諸葛亮有着他的一套藍圖與一套健全可行的政畧戰畧方案，所以，他的一切活動，也才正像一個大藝術家一樣，他不止有他精思的圖畫，而且有他一筆又一筆的藝術結晶。他的藝術之筆，是曾經一筆一筆的在荊州，在益州，在瀘水，在祁山畫了下去的。最初，更在赤壁畫下了關鍵性的一筆，從而才奠定三分的眞正基礎。抗戰結束前的中國民主同盟如何呢？那裏談不上這些？今日之第三勢力又如何呢？也那裏談得上這些？今日之第三勢力與中國歷史上的第三勢力誠有不同，但需要組織，需要號召，需要政畧戰畧，需要眞正的戰鬥則一。所以，對於這些問題，我倒希望各方都能深思，庶幾才會眞正有成。

大陸風光

望晴

（一）毛澤東像太陽

在大陸，我們常常餓着肚子在烈日當空之下有氣無力地在田裏掘土、打禾、車水：：。

饑餓常常使我們發暈倒地，炎陽還是猛施其淫威，想搾取我們最後一滴汗。

在這種情景下，我們常常恭頌：「毛澤東像太陽」！

（二）共產黨不要錢

四月間，我還未離開大陸。當時，我們村裏阿達的母親要來港靠其子供養晚年，便到支部書記呂士心家裏去，說明願奉送人民幣一百五十元作爲茶資，請幫助辦理申請來港手續。可是，出乎阿達母親意料之外，當士心一聽到人民幣便發了火，把她罵得個狗血淋頭。他說：「你明白嗎？共產黨是不要錢的！」

第三天，阿達母親從已批准來港的港僑家屬阿豐家裏得到秘訣以后，即拿了一條麵粉和二公斤生油到士心家里去。晚上她回來時，笑迷迷對我說：「多謝天地神明！批准了。」

可不是麼？當百貨脫銷的時候，共產黨要錢來做甚麼呢！

（三）簡化漢字国产厂石

今昔試比，獨夫與帝王何嘗有異！簡化字初興，有人提議國簡爲囯，難怪不獲毛王批准，因爲整個共黨的專政和毛王的獨裁有甚差異！

毛王異想天開，農業畝產一萬斤。可是產量數字雖有明文，但惜老天爺不做主，有产無生，笑料多此一則。

農業躍進了，工業也得跟上去呀！不然，是無法在國際上樹立威信的。於是乎，「洋土結合」，大搞工廠啦。斯時也，眞够得稱「全國開花」了。可是今天呢？百物脫銷，原料缺乏，工人下放，留下空「厂」關門大吉。

若談生活，可恨人生個口。六億人民六億個口，天天要吃眞够難支。要大事節約勤儉建國，因此簡化漢字就也提出了一個美妙的暗示——有頭有百無口不用吃。說明爲了建「国」，不給人民以糧食，也是應該的呀！

（四）鋼鐵產量超過英國

唱了三年口號，搞了兩年突擊，高爐林立，氣象一新。用農民的杉木用具和神主牌作燃料來熔廢鐵，稱之爲「土法掛帥」。「洋土結合」，「全國開花」，報章一版兩版三四版，滿是鋼言鐵語，眞够稱字字鋼鐵，句句高爐，國際輿論不免爲之駭異！於今也，誰都知道，要在大陸找一根小鐵絲和一支小鐵釘也不容易。這正所謂牛皮專家專吹牛皮！

（五）營養食堂

水腫之人幸運之際，得到共黨恩准，進入了水腫食堂，每天多吃二両米和一頭大蒜。雖然區區二両米，可是人多數大，開支不少。爲了縮少開支，聰明的共幹們對待水腫病的人，也來一個政治攻勢！辯論會中指出有不少人是故意多飲水而致水腫以騙取二両米和逃避勞動。（天呀！）

儘管你怎樣辯論，然而忍辱爲二両米的人却愈來愈多，食堂門前「腫友」們每餐排隊領飯的長龍，從村頭接到村尾。××縮少水腫病人數字的辦法雖然美妙，可是，弄巧反拙，此路行不通，氣之甚也，錢花了而這個極不好聽的名詞——水腫食堂依舊存在。

隔了些時，在羣衆會中支部書記說：「患水腫病的人們，不是因飢餓而水腫，而是欠缺營養吧了。因此今后我們把水腫食堂改爲營養食堂，你們誰都不准再叫水腫食堂了。」

大概他們意會到「水腫食堂」這個名詞簡直是自己打自己的嘴吧了。

（六）六億人民一條心

「六億人民一條心」是共黨自上而下所唱慣了的高調子。

他們唱得十分恰當。不相信的話，請看看五月逃亡潮，看看共區城市、農村的罷工罷課和罷耕，看看共區的連續爆炸，看看共軍的起義，看看今年港九的「十一」和「雙十」，看看：：：。

不要讓古巴成爲「慕尼黑」

靜觀

由於蘇聯對古巴問題採取「拖延戰術」，古巴問題並沒有迅速趨向了結，一如美國當初所估計的一樣，以爲赫魯曉夫答應拆除飛彈，便會很迅速的做到。卡斯特羅拒絕聯合國監督飛彈拆卸，更提出美國廢除在古巴關塔那摩基地的交換條件。中共對古巴事件亟圖挽回面子的推波助瀾，指責拆除飛彈爲「慕尼黑」，逼迫蘇聯在古巴事件上對美國頑抗。顯示共產集團並沒有對古巴事件放手不攪。

本來共產集團如果眞個有意避免戰爭危機的話，蘇聯在古巴的人員就應該迅速拆除飛彈，並施用壓力使卡斯特羅接受聯合國監督拆卸。那麼當可換取美國的解除封鎖古巴，恢復到蘇聯把攻擊性武器運至古巴以前的狀態。以赫魯曉夫的權力，這並不是難以做到的事。根本上是蘇聯裝配的飛彈基地，蘇聯自可有權拆卸。對付核子大戰的是蘇聯，而不是中共；蘇聯自可不理會卡斯特羅「反對」的意見，也可不顧慮它的共產夥伴「對美强硬」的要求。因爲蘇聯在古巴裝設飛彈是一種估計錯誤，現在拆卸飛彈只不過是修正錯誤，根本絕對不是什麼「慕尼黑」！

古巴事件的發展，已可看出赫魯曉夫絕不是要爽快地結束古巴事件，而是仍然利用它來對美國從事冷戰。他不但要撫慰他的共黨夥伴，並且也在使用狡獪的謀畧。卡斯特羅態度的改變，米高揚赴古巴的任務，都是一項佐証。

卡斯特羅於赫魯曉夫答應拆除飛彈時，曾經大罵蘇聯「出賣」古巴，但是現在他已認爲一切都可協商，「絕不影響蘇古友誼」，可見他們是另有陰謀的——卽蘇聯已有其他對美的計劃，告訴卡斯特羅，並已獲得卡斯特羅的諒解。中共致函古巴敦囑「必須參加協商」，雖說是附庸們挽回面子的一項舉措，但反面的意義，也等於承認飛彈必須拆卸，祇不過要在拆卸技術，如監督問題上要花樣，及就拆卸一事爭取條件代價而已。顯然的，他們原則上已遵守了蘇聯拆卸飛彈的決定，只不過要求蘇聯支持向美國方面多所爭取。卡斯特羅的堅持「拒絕視察」，和撤廢美海軍關塔那摩基地，乃是他們所希企的代價。

米高揚的赴古巴任務，絕不如美國事先所預料的那麼簡單。在卡斯特羅與聯合國代秘書長宇丹談判監督拆卸問題破裂之後，美國還在期待米高揚到夏灣拿對卡斯特羅「施壓力」。這種看法未免失諸天眞，他低估了赫魯曉夫的狡獪，並且以爲蘇聯也是「美國作風」——決定或承諾了，就如議進行，如有關友邦的，派大員告訴他或施壓力。那知蘇聯絕不是直綫做法，而是習慣使用曲綫做法。

米高揚在紐約機場大罵美國對他的夏灣拿之行「妄事推測」，同時宣佈蘇聯支持卡斯特羅的「五條件」，打破了美國準備與蘇聯「共同安排世界和平」的幻想。

卡斯特羅的五條件，除了解除「古巴海上封鎖」一項，可以視作與卸除飛彈事件有關外，其餘四項，都是額外的要求。美國封鎖古巴，因飛彈事件而起，若飛彈問題解決，封鎖自可撤除。甘廼廸已有申明，海軍封鎖及空中偵察，直到有令人滿意的國際監督保証蘇聯撤回他們在古巴的武器爲止。可見只要卡斯特羅接受國際無論是聯合國或紅十字會的視察，美國便可解除對古巴封鎖。卡斯特羅一方面「拒絕任何視察」，而竟要求解除「封鎖」，當然絕不可能。

卡斯特羅的其他四條件：撤廢關塔那摩基地，解除對古經濟裁判，停止侵入古巴領空，結束「顚覆活動」等等。都說成古巴似乎是一個「被侵畧者」。可是事實的根源，是因爲卡斯特羅向蘇聯一面倒，在南美洲輸出共產主義，實行顚覆委內瑞拉、巴西等國家，美洲組織方才對古施行經濟制裁。同時古巴的流亡份子反對古巴共產化，進行在國內革命，也一如卡斯特羅取得政權前的革命一樣。卡斯特羅卻藉着美蘇因飛彈事件的糾紛，向美國提出這類防範古巴顚覆南美活動及制裁的要求。請問卡斯特羅下令共產黨徒破壞委內瑞拉油田這一類行動，古巴今後該如何向南美國家保証？卡斯特羅强硬地堅持古巴是共產主義在美洲是橋頭堡的地位，美國怎能撤廢關塔那摩的海軍基地？

米高揚宣佈蘇聯支持古巴五要求，認爲「正當」，說明了蘇聯對美國就古巴事件冷戰的意圖。赫魯曉夫宣稱拆除飛彈，不過是爲了阻止美國進攻古巴，保障卡斯特羅政權，不得已的決定。現在得到美國沒有對古巴動手，蘇聯要保障古巴——保障古巴向南美顚覆而不受制裁不受禁止的「權利」。這就是共黨「退一步，進二步」的策畧！

美國參議員高華德說：「假如我們作出永不進攻古巴的保証以交換拆除飛彈，共黨就會獲得重大勝利」。美國以不惜從事應付大戰的決心去解決古巴問題，應求取徹底的而不是草率的解決，否則它將不會是共黨的而是自由世界的「慕尼黑」。

可是美國已在蘇聯答允拆除在古飛彈的時候，宣佈過美國不進攻古巴，依照這個基調，除非有什麼突變的刺激，美國是不會進攻古巴的，雖然那只是一種「弔民伐罪」的推翻卡斯特羅政權，使古巴重回古巴人民民主政體，及走回與南美鄰邦友善的路綫。這樣做法，「俱將使拉丁美洲人民暴怒，他們曾經充份表現儘早將卡斯特羅共產主義逐出西半球的迫切願望。」一如高華德參議員所指出的。

就「國際視察」的課題上說，聯合國視察與國際紅會視察，表面上似乎沒有多大分別。但實際上對今後的影响，關係相當重大。聯合國是世界政府的機構，它可以經常長久監督古巴不能有攻擊性武器，也可以處理古巴向外顚覆事件。並且在接受投訴之後，依照憲章權力進行調查及執行。國際紅會若非有大國協議及授權，就無從採取行動。蘇聯主張大國協議的做法，正是打擊聯合國的權威。可是美國又已同意由國際紅會視察了。美國在古巴，千萬不要「虎頭蛇尾」！

談國民的等級

讀馬五先生的文章有感

（讀者投書）

編輯先生：

日前在自由報上看見馬五先生「談國民的等級」一文，我想凡是留心國是的人，一定都有同感，特將其中最重要的兩段介紹於下：「有人說現時的中華民國國民，可分爲四等：第一等國民是海外的一班電影明星，她或他們一到台灣，各界士女歡迎若狂，讚頌不已，連國家元首亦對她或他們另眼看待，特予優遇，如茶會招待，共同拍照之類；第二等國民是所謂僑領，這些人到了寶島觀光，參加國慶典禮及祝壽時，朝野人士皆視之爲「國賓」，優禮有加，他們如果順便帶些名貴的禁制品，做做單幫生意，也無所謂；第三等國民是台省同胞，在政治上享受地方自治權益，在經濟上獲得異乎尋常的特惠權利，如唐榮公司之專靠國庫開支，卽其明証；第四等國民就是那兩百多萬從大陸上播遷入台的蚩蚩之氓了。這些人除卻極少數的特權階級成員外，都是越過越窮困，抬不起頭來的政治難民，爲着生活而辛苦掙扎，動輒得咎，自傷淪落，自慚形穢。這說法固然是「笑林廣記」性質，但亦有若干妥當性。「最近我發現還有一種特等國民，那就是某些在大陸淪陷前卽跑到海外去作寓公，認爲「國家事管他娘」的濶老之流，經過十幾年置理亂於不聞的安樂生活之後，閒得無聊，偶爾到台灣蹓躂一下，竟傾動朝野，且受到國家元首屈尊折節，親赴機場迎接的殊榮。咱們想想：自中華民國政府遷到台灣以來，本國國民從海外歸國之際，幾曾見有荷蒙行政元首到機場或碼頭親自迎接過的第二個人嗎？他當然屬於特等國民無疑也。這位特等國民駕臨台灣之日，台北一家民營報紙更寫文章對他大捧特捧，說是希望他長久留在國內，使下一輩的青年瞻仰他的典範哩！」下畧。

自由報是被允內銷台灣的報紙，我對馬五先生這種敢言的精神，十分欽佩。然而尚覺文中所言種種，仍有未盡之處，茲擬借貴刋的篇幅，畧作補充。

一、馬五先生認爲有人把今日中華民國的國民分爲四等，亦有其妥當性。但他還發現另有一種特等國民，並舉某濶老在外國「閒得無聊，偶到台灣蹓躂一下，竟傾動朝野，且受到國家元首屈尊折節，親赴機場歡迎的殊榮」一事爲例。馬五先生對於那位濶老過去的一切避免提及，祇輕描淡寫的說他「在大陸淪陷前卽跑到海外去作寓公，認爲「國家事，管他娘。」」想來也因爲他是特等國民，不能不有所保留之故。事實上在家天下的局面之下，凡屬「皇親國戚」都是特等人物，他們早已不屬國民之類，而乃在國民之上，馬五先生謂之爲特等國民，我以爲「特等」固屬正確，「國民」兩字則仍與其身份有所不符，似不若謂之爲特等貴族，還較恰當也。

二、馬五先生認爲台灣籍同胞比大陸來台同胞高了一等，並以唐榮廠爲例。我有兩位朋友不很同意。他們的理由是：今日在台享有特權最多的，還是大陸來客。向銀行借貸鉅欵不還等事，已爲衆所週知，且不詳述。僅就國大代表與立監委員而論，他們早已過時，如今却仍處處爭權奪利，以致迭演醜劇，騰笑中外，足証大陸來客遠較台灣一般同胞的等級仍要畧勝一籌。唐榮廠之所以能享受特惠，也是因爲大陸來客在該廠放有鉅額的高利貸，不得不利用國家的補助，以收回他們私人所受的損失；並不是由於唐榮是台灣人。但我以爲這仍是就少數人而言，若就一般人的情形看去，台灣同胞在政治上所受的迫害，確實遠不及大陸來台同胞之甚。例如三年前，當權派舉行所謂大陸來台國民調查，凡是大陸來台的同胞，都要報清三代，這種暴政，不但是對大陸來台同胞的一種人格侮辱；而且使他們無時無地都是在恐懼之中。上次世界大戰時，同盟國所宣佈並經中國認可的所謂四大自由中的一項，卽是免於恐懼的自由，今日大陸來台同胞是做夢也想不到的。又如兩年前，雷震、高玉樹、李萬居三人被新黨籌備會推爲發言人，結果是雷被判徒刑十年，高、李二人則倖免。這就是因爲高、李是台灣人的關係。因此，我對馬五先生的論據仍然同意。

第三、我認爲今日的中華民國國民，除了馬五先生所說的五等而外，還有一等更爲可憐。此卽流亡海外的數百萬同胞，他們十餘年來過着顚沛流離的生活，不但非有特殊關係，或可供宣傳之用，不能入台居住；卽欲前往會晤親戚故舊者，亦必須有當權者認爲可靠的人担保並經過層層調查後，才能獲准入台一行。而入台以後也祇能停留被允許的期間。假如有人誤以爲到了台灣便是到了自己的國度，因而多逗留幾日，沒有事前呈經核准，他和保証人都要招來很嚴重的後果。前年曾有一個廣東青年，在香港投考大陸救濟總會所主辦的什麼訓練班，被錄爲備取生，不能獲得入境証。他因投奔祖國心切，逕行乘四川輪赴台，但到基隆後，卽被扣留一天一夜，然後押上原船，遣回香港。似此情形，當權者顯然已把流亡海外的中華民國國民的國籍取銷了。要不然，就是他們把台灣當作自己的家天下，而不當作是全國人民所共有的國家。否則中華民國的國民爲什麼不能自由進入中華民國政府的所在地呵？

長期讀者朱國則上

海外觀光客口中的「太子代表」

為公

（台北通訊）最近由於雙十國慶和祝壽辰，若干有關僑領都紛紛回國慶祝，藉便觀光。筆者會見一位來自港澳的老友，由台灣在海外的工作情形談到有一個以蔣經國代表姿態出現的某甲，值得畧予報導。

身份不明，自稱代表

據說：台灣在該處原有若干公開或秘密的機構，或為文化團體，或為救濟機關，或為特務組織，或為報社，或為書店，名目繁多，式樣各異，均分別隸屬於台北的黨、政、軍各部門，各有一定的任務。他們經手的經費，雖是大半歸於私囊，但數目仍有一定。唯有此君，既不在上述的任何工作系統以內，似乎也沒有一定的固定任務，而其生活享受卻遠在一般工作人員之上，就是在國民黨內頗有歷史和小有地位的某一知名之士，也常受其牽制。他隨時隨地均以蔣經國代表姿態出現，據說：如果走他們門路，不但可以直接通到蔣經國，而且可以上達蔣「總統」。因而人謂之為「太子代表」，一些趨炎附勢，唯利是圖之流，對他都很重視。

閩變小卒，是其同類

「太子代表」的眞正任務如何，迄未告人；但所謂「欲知其人，觀其所與」，人們從他最喜歡接觸什麼樣的人這一點看去，也就不難有所了解。他到此地後，來往最密的人約有兩類：一為當年閩變分子或過去的共黨（是否眞屬過去，尚待証明）；一為主張台灣應與中共談和的人。有一個在某小報寫專欄的閩變小卒，在大陸變色之初，又想向中共靠攏，並在中共的某週報上寫了一篇「請容我說幾句話」的文章，表示他對共產主義和中共堅決信仰，乞求中共收容他；但未如願以償。「太子代表」來到以後，認為他原是「老同志」，於是另眼相看，僱為打手。從此，這個當年反蔣反國民黨的閩變小卒，在投共不遂之後，忽然一變而為台灣天下的忠貞勇士，祇要有人對家天下的局面稍作批評，他立即以不共戴天的姿態出現，在專欄上為文破口大罵，把他腦海中所有的一切下流字句，盡都使用出來。「太子代表」還以為這是他的工作成績，蔣經國也甚為嘉許，還特別引他晉見蔣「總統」。

辱罵甘迺廸

據說：閩變小卒在三屆總統非法連任和雷案發生時，曾經使出了吃奶的力氣，為當權者辯論，自認為勞苦功高，要求重賞，「太子代表」也因有五萬元的一筆欵子在手中尚待藉名報銷，以便從中撈些油水，於是，互相勾結，即將該欵出版定期刊一種，表面的理由是鼓吹團結，加強「聯戰」工作，實際的用意，則是進行反美宣傳。他們對於美國甘迺廸總統，似乎更有一種仇恨在心，常於字裏行間，予以侮辱。而每當美國在國際間遭遇困擾時，他們即以幸災樂禍的心情，大罵美國的不是，似乎美國的失敗，就是他們的勝利。其用心如何，頗令人懷疑。不久以前，該刊還發表一篇社論，說「美國正在箭如雨下的坟心」，其中還說甘迺廸是「初露頭角的小子」，又有妙句說「赫魔既敢於面辱大戰英雄的艾森豪，自不會把區區太平洋戰爭中的魚雷艇長放在眼內。」由此，可見「太子代表」和閩變小卒的心目中，不但認甘迺廸總統為「小子」為「區區」；而且對赫魔仍有一種說不出的崇拜心理。筆者的朋友認為「太子代表」向蔣經國拿錢在海外辦報刊，竟對盟邦及其元首採取如此的態度，顯然是有計劃的。

側身學院，發展特務小組

「太子代表」最近還升任某學院的訓導主持人，表面上並不常到校辦公，實則暗中佈置在該校建立特務小組。據說：「太子代表」因自知不學無術，語無倫次，常受到他人的鄙視；又以沒有正當職業，不能領取身份証，誠恐被驅出境，乃利用台灣方面每年對該校有一筆經費補助的專為壓力，要求該校當局給以訓導名義。他一方面利用訓導的地位，從事特務活動；同時又可自企於教育界之列，藉以掩蓋其特務頭目的可恥身分。但筆者的朋友說：今日的學生絕大多數對於特務分子都是很厭惡的，「太子代表」能否達到目的，恐怕尚有問題。

經常聚賭

「太子代表」對於打麻將特感興趣，常說：來到此地以後，技術大為進步。某刊物每週舉行會議一次，會後照例約上最高一層樓打牌。那個以罵人打牌為祖傳特技的閩變小卒，當然是不可少的一角。他們往往通宵達旦，輸贏的數字，多在美金百元以上。「太子代表」除了在某刊物每會必賭而外，其家中也經常聚賭，幾乎無日無之。有時鄰居不堪其擾，訴之於有司，「太子代表」內眷則運用台灣盛行的紅包政策，終能百無禁忌，我行我素。

為大陸戲宣傳

「太子代表」除嗜賭而外，對於大陸戲也有特好。什麼「楊門女將」與「紅樓夢」等影片和舞台戲，他連看數場愈看愈有興緻；即地方戲，他也從不放過。由於大陸遊藝團來此經常都是於期前分派有關機構推銷門票，以免虧本，以故臨時購票，頗不容易；但「太子代表」則有辦法隨時取得戲票。而且向友好宣傳大陸戲如何如何盡善盡美，勸人非看不可。筆者的朋友說：他有一位同事的小孩考取台灣大專學校，經特務人員調查，認為他曾在商務印書館購大陸出版的書籍（據說還是翻印的線裝書），思想有問題，不准入台升學。而「太子代表」卻公然看「匪」戲，而且為「匪」戲宣傳，可見其中別有奧妙所在了。

筆者的朋友還說：「太子代表」雖然為「太子」工作；但有時也大發牢騷，因而不知不覺間洩露太子派的許多醜行和太子本人的許多穢事。因篇幅所限，暫從畧。

台灣簡訊

志清

一、唐榮廠舊債未償，新債又增，立委再提質詢

立法委員黃煥如於十月二十九日再就政府當局處理唐榮鐵工廠股份有限公司案提出一項長達二千言的書面質詢，他指出：「一、舊債七億元中，國庫負担達二億二千萬元：（一）銀行貸欵一億一千萬元（包括新公司股欵一億元）；（二）其他負担二億七千餘萬元中，公營事業機關約佔一億半，這一億三千餘萬元的債欵，應屬國庫負担，（三）中信局廢鋼欠欵二千八百萬元，是在監查報告以後發行的，亦應屬國庫負担。二、新債四億七千萬元中，除尚保留未借之三千萬元及公司債五千萬元外，公債一億三千萬元與購料貸欵一億五千萬元，不能不算是國庫負担，再加銀行團借欵一億一千萬元，總數共為三億九千餘萬元，連同舊債二億七千萬元，國庫負担總數達六億六千萬元。」黃委員問：「究竟新債抵銷舊債多少？除公債一億三千萬元及已發行之公司債二千萬元係指定抵銷民間借欵外，此外其他負債二億七千餘萬元中，究竟還了多少？希望能有一個明確的答覆」。他又指出：「事實上唐榮因產品滯銷，存貨堆積，舊債未減，新債又增，所以唐榮負債總額應為新債加舊債，減去已償還債欵，估計應在九億以上。原來國庫負担不到三億，現已超過六億，整理不到兩年，唐榮增加負債，又逾兩億，國庫增加負担，超過一倍，這是整理唐榮的成效，此種整理政策，應否及早結束？應否根本改圖？」

黃委員在結束他的質詢時又說：「楊部長說整理政策不能結束。眞正的整理——汰舊換新，劃除浪費；減低成本，提高技術，改良品質，有計劃的生產，有計劃的外銷，爭取國際市場，加速經濟發展，我是贊同的；如果像唐榮一樣的整理，慊國庫之慨，濟一家之私，變為無底洞的長期救濟，請問國庫能否如此長期供應？」

二、省運會產生「女鐵人」

自楊傳廣被譽為亞洲鐵人，前往美國深造後，本屆省運動會，又產生一位女鐵人紀政。她是苗栗縣鳥中二年級的學生，芳齡十八，在女田徑方面，一連創造四項全國紀錄和三項省運會新紀錄，全能的四一四二分，還超過楊傳廣崛起的初期，低欄、跳高和跳遠，也與最近耶加達運動會的紀錄相差很微。因而大家都一致認為她是女鐵人。許多人都主張政府應以公費保送她在美國深造。據說：教育部長黃季陸即將與省政府主席周至柔會商決定。

三、懲貪治罪法案議而未決

立法委員林樹藝等一百餘人所提的戡亂時期，懲治貪污條例草案經過一年多的擱置和長期的審查，目前總算進入了二讀的階段。不料立法院前兩次的會議竟有人仍企圖以「重付審查」的方式將其再度擱置。爭論之點：則在於黨務人員和軍人應否列為懲治的對象。有一部份立委還主張民意代表不應包括在內。但若干憂時憂國的立委，則認為將上述這些人列入，正是本法案的特色之一。他們更主張加入「公營事業人員有盜賣侵佔情事者」一欵。其中以郭登敖委員的意見最有代表性。他說：「現在貪污有四種：一是由經濟實施管制而產生的貪污，例如政府核准某甲設立某種工廠而不准他人設立同類工廠，成為一種獨佔的有形的或無形的暴利者。二是辦理公營事業而使老百姓受到捐失者，例如公營事業買賣借貸業務便利私人獲得暴利，而使社會大衆受到損失。三是由民主制度而產生的貪污，如民意代表掛牌執業，或担任董事長、總經理等職，競選人拿錢給政黨為其活動等情事，都應絕對禁止。四是各機關辦理福利而貪污者，辦理福利應有其限度，超過限度則屬貪污。」郭委員同時強調民意代表及政府官吏應申報財產，建立一個廉能的制度。他和其他許多委員都認為應該結束大體討論，而進行逐條討論，將有關意見分別修正。但因時間關係，立法院仍決定下次繼續大體討論。

不意，當本案尚在議而不決之時，提案人林樹藝委員竟於十月三十日病故，林委員是浙江人，享年才五十五歲。據悉：他前數日尚抱病出席立法院會和審查會。眼見本案所遭受的種壓力和阻碍，不勝怨憤。如今壯志未酬身先死，許多友好都很哀悼。聯合報的「黑白集」以「人亡政舉」為題，指出「大陸之廣袤空間為共匪所竊據，因素固多，而貪污之腐蝕人心，敗壞風氣，正所謂「物必自腐而後蟲生」，當為重要的因素之一。今日我們退處台澎一隅，以此僅有之空間作為反攻復國之基地，倘猶不能整飭吏治，杜絕貪污，則將何以振奮人心、激勵士氣？更將何以致力中興，光復故土？林委員有鑒及此，汲汲乎以制定特別法律，從嚴懲治貪污，為當前迫切之要務。是以念念在茲，鞠躬於斯，盡瘁於斯，以致積勞成疾，志未酬而身先亡。但願人亡而政舉，徹貫其主張，慰其靈爽，兼以慰國人喁喁之望。」但不知某些存心阻撓本法案的立委，是否也有同感？

四、高雄議長控縣長

高雄縣議會議長吳尚卿，卅一日向高雄地檢處具狀控告該縣縣長余登發，利用縣長職權，故意扣壓議會經費，使議會會務無法正常進行。此項告訴使傳說已久的高雄縣府會交惡趨於表面化，地檢處已依瀆職罪嫌，着手偵辦中。據悉：縣議會的經費，係編列預算，經該會通過省府核准，然後由縣府撥交議會使用。因年來高雄縣庫鬧窮，議會經費據說自五十年七月至今年六月，尚未撥付，使議會經常處於拮据狀態中，議會方面為順利推行會務，經向縣府商議，決定先撥二個月的經費，約廿餘萬元，案經議會備文按規定請領，並經縣府財政科、主計室會簽同意，然後簽呈余登發縣長批准，不料該領欵公文到了余縣長處，以縣庫無欵為理由，竟積壓下來。事後議會查悉縣庫尚有存欵百餘萬元，因而認為余登發係故意扣壓，乃由吳尚卿代表縣議會出面向法院控訴。

大陸簡訊

黃之容

周恩來宴高崎及日本貿易代表團

以推展中共與日本之間的貿易爲目的，而由日本自民黨政客國會議員高崎達之助率領的貿易代表團已抵北平。他所率的日本貿易代表團是繼松村之後前往北平作貿易活動的。到達後，周恩來曾於十月廿九日舉行宴會歡迎他。

據新華社北平十月廿九日電：「周恩來總理曾在宴會上講話」。「周總理說：正如高崎先生所說的，他這次來我國訪問是要繼續實現松村謙三先生留下的任務。在上次松村謙三訪問中國的時候，中國方面重申政治三原則，貿易三原則和政治經濟不可分的原則。並且認爲這些原則繼續有效」。「周總理希望，高崎先生這次能够在這個政治諒解的基礎上，進一步促進和發展中日貿易關係」。「周總理說：一切事物的發展，大都是由小而大，由少而多逐漸地積累發展起來的。」「中日貿易的發展應該用漸進的，積累的方式進行。毫無疑問，中日兩國互通有無的需要是很多的。但是，在世界上，在日本，確實還有一部份人不願意看到中日兩國人民友好，因此，我們要對他們提高警覺」。

看上述新華社的報導，已可看出周恩來的談話，已較從前軟了一些。這當然是因爲中共近年內部情況惡劣之緣故。但值得注意的，是周恩來仍在話裏言間，透露了中共的一貫陰謀。這一貫陰謀就是以貿易作餌希圖與日本建立政治關係。而且，還在話裡言間挑撥自由世界和日本內部的人民。所以，周恩來這一較軟的談話，正合一句中國古話，叫做「口蜜腹劍」。

然而，高崎的反應怎樣呢？據新華社報導：「他說：他來中國訪問的目的，就是要實現上次松村先生在中國訪問時，同中國方面就兩國貿易關係所達成的協議的。松村先生已同他說到周恩來總理在他的講話中所宣讀的那些話」。高崎甚至還說：「他和松村經常談到，要把各自的餘生用在促進中日邦交正常化方面。在此以前，兩人都不要死亡」。

由此可見，高崎與松村兩人，不但甘心作中共之走狗，而且還準備爲中共賣命了。高崎與松村兩人縱然想長壽，以爲中共服務，其奈中共政權即將被中國人民打倒何！

中共號召棉油發展作物

人民日報是中共中央黨的機關報。它的言論一向反映中共中央的政策趨向及措施。十一月三日人民日報發表了一篇以「大力發展棉花等經濟作物」爲題的社論，實可作爲中共號召大陸人民和强迫大陸發展棉油等經濟作物的號召看。

社論說：「現在已經是爭取經濟作物生產情況好轉的時候了」。

社論又說：「大力發展經濟作物，是爲解決城鄉人民的吃穿用問題。是從農業方面爲輕工業提供原料，同時經濟作物產品和它們的加工品，有不少又是農業所必需的生產資料」。

社論又列舉了「要發展的經濟作物，有棉花，油料，糖料，蔬菜，瓜菓，麻類，蠶絲，羊毛和烤烟」。

社論又說：「從當前各方面的實際情況來看，用比前兩年較大力量來發展經濟作物，是完全可能的」。

社論又還指出「現在發展經濟作物比過去更爲有利的條件，在於人民公社集體經濟已經走上了健全發展的軌道」。

無疑，中共中央的這一號召，却充分暴露大陸人民缺乏棉油等物的實況。那末，中共又怎麼眞能發展棉油等經濟作物呢？依中共的理論，它認爲「人民公社集體經濟已經走上了健全發展的軌道」，所以，發展棉油等經濟作物便也成了可能。但是，如所週知，中共在大陸推行的人民公社制度，最先就很糟，迄今仍無任何改善的迹象。所謂人民公社已走向健全發展的軌道之說，既然全屬子虛，則中共欲以此一子虛爲基礎來發展棉油等經濟作物，自係幻想了。

中共與尼泊爾樹永久界椿

爲了故意表示一種和平姿態，以掩飾中共在印度邊境之衝突，中共已與印藏邊境之小國尼泊爾樹立永久界椿了。這當然是中共欺騙尼泊爾的一種手段。

據路透社加德滿都十一月三日電：「中共及尼泊爾已在中尼六百哩長的邊界上豎立了九十六個永久性界椿。中尼邊界首次豎立界椿是根據一九六一年中尼邊界條約內的條件豎立的。」

毛澤東乘機搗亂

一面挑唆卡斯特羅反老赫　一面指責聯合國担任視察

綜觀

對於古巴問題，中共目前所表現的方針，顯然是一面挑唆卡斯特羅反對赫魯曉夫的決定，一面反對聯合國担任對古巴的視察，從而破壞美蘇協議，從而進行更積極的反美政策，更從而把卡斯特羅爭取到中共的懷抱來。爲了對付毛澤東的企圖，赫魯曉夫已不得不派米高揚到古巴安撫卡斯特羅，並設法抵抗中共的挑唆，而重行彌補蘇聯與古巴之間的關係了。

米高揚到古巴後，雖然妻子死在蘇聯，也不得不在古巴繼續停留，其原因之一也在此。

照十一月五日中共人民日報支持卡斯特羅，斥責聯合國監視古巴拆飛彈的社論來看，中共現今仍正繼續它的這一反對赫魯曉夫的圖謀的。

人民日報社論說：「對於已經站起來的古巴人民，還企圖玩弄什麼慕尼黑的陰謀，注定是要徹底破產的」。這些話，顯然是中共正在指責赫魯曉夫。

社論又說：「古巴人民絕不會在核訛詐面前屈服，絕不會向任何實力低頭，也絕不會受任何花言巧語的欺騙」。這些話，顯然是指米高揚而言。所以，可以很明顯的看出，中共正在利用古巴問題，結成反赫陣綫咧！

僑鄉近訊

鍾之奇

反共志士續在廣東各地活躍

最近幾天，粵港邊境和粵澳邊境雖然沒有爆炸事件發生。但反共志士在廣東內地的反共活動並未停止。散發傳單，破壞倉站的工作，仍不斷在廣東省內發生。

據中共報導，不但潛伏在省內居民中之「反革命份子」已逐漸暴露「反革命面目」而在各地作破壞活動，「反革命份子」更不斷喬裝歸僑回大陸省親或採購貨而滲透到大陸。最近，甚至還有反共的武裝人員穿着中共軍隊之制服，二三十人一批，分批由閩粵沿海乘漁船進入大陸。爲此，所以，中共中央已特別加强了沿海省份的公安部隊和駐軍。對各交通要道及廣州等過境城市，則更加强盤查旅客等措施，可疑份子則紛紛被傳訊及入獄。據廣州來客談，僅在最近一個月，廣州人民之被中共公安機關拘捕者即達三千餘人之多云。

港寄糧包在廣州積存霉爛

由香港寄往大陸的糧食包，每天絡繹不絕的用火車運到廣州，火車裝運之不足，有時甚至還要再用輪船循水道裝運才能完成運輸任務，足見由香港寄往大陸糧食包包數之多。

廣州是所有糧食包運到大陸後，轉輸大陸各省市之總樞紐地。故廣州郵局之糧食包堆如山積，乃經常現象。

茲據廣州來客談，中共廣州郵局對於處理糧包雖已動用了很多的人。但集散糧食包之效率則愈來愈低，尤以近來爲甚。故廣州郵局積存之糧包，常因堆積時間過久，而常常霉爛，有的積壓在下面，則更常常發生損毀情形。

據云，中共廣州郵局處理糧食包之效率所以愈來愈低之原因，主要在於中共幹部現已奉令嚴密檢查所有糧食，惟恐糧食包內裝有炸藥，故因拆開檢查，而損毀之糧食包爲數本已不少，加以，檢查手續繁複而慢，拆開之後，必須重新包裝，故費時費事，以致有等糧食包乃被長期堆壓在下面，而無機會被檢查被轉運，因之霉爛損毀者乃越來越多云。

韶關專區以南雄縣糧產最差

據中共「中國新聞社廣州十一月四日電：「晚稻成熟較早的粵北韶關專區進入秋收大忙，……全區到十月廿九日止，已收割晚稻五十多萬畝。……全區十八個縣市，除南雄縣因插秧後遭受連續七十多天的嚴重乾旱和禾苗抽穗揚花時遭受風災而減產之外，其餘各縣的收成都比較好。去年晚造嚴重受災的清遠、龍川、河源、英德、始興等縣，今年晚稻獲得增產」云。

中共强迫廣東農民養猪

猪隻不但是一種食物，同時，也是可以換取大量外滙的一種物資。以往，香港市面日用猪隻，就大多來自大陸，故用猪隻輸出來換取外滙，是一件比較簡便的事。何況，中國農民一向善於飼養猪隻。

但自中共統治大陸以後，猪隻對海外的供應量，却並沒有絕對性的提高，相反，最近幾年，還一再在低落。

考其原因，主要就在中共推行人民公社後，農民生產情緒低落，故不但無心從事農業生產，而且也無心發展農村副業。中共有見及此，最近才强迫廣東各地農民多養猪隻，並對收購猪隻問題，稍爲放寬。據中共「中國新聞社」廣州廿九日電：「目前廣東省農村七百多萬戶中有六成以上養了猪，生猪數量逐步增加。據八月底統計，全省生猪存欄數比去年底增加了百分之十七點五云。

印度部署長期作戰

慕禪

當印軍在東北部風雪的前線穩定了陣線之際，印度國內正發生着重大的醞釀：——準備全國一致，對中共長期抗戰。

雖然尼赫魯曾經說過：「作戰，直到勝利為止」！那是上週所說的；但那時的態度，乃是「騎上虎背」，表示「不得不如此」的。因為，既不願在中共軍侵境的時候作城下之盟，實際上就只有打下去再說。實際有沒有作戰的把握？還很難說，更用不着說是勝利的把握了。但一週來的情勢，已有顯著的轉變，似乎使得印度雄心萬丈，決定眞正的與中共作戰到底。

前線戰事看法

新德里的外國觀察家們，對於前線印軍「轉處上風」的初步報導，在先還不肯依照票面價值予以接受。自印京發出的報導，仍然列舉三項可能的理由，即（一）印軍戰勝。（二）風雪影響，難以作戰，以致前線膠着。（三）中共軍不願深入。但續到的情報，說明了印軍在東北和西北兩線，都克復了幾個據點，並不只扼守在中共軍最南進的線上。據說，印軍之所以能一鼓作氣，一則憤於中共軍隊的冒進，一則因受全國的指責。因為梅農已因戰事失利被調職，由尼赫魯兼長國防。這項堅持作戰命令的抵達前線，也替印軍打了一支興奮針。

據說尼赫魯在致給前線將領的電令中，特別强調印軍的勇敢，以及在冰雪中重裘不足而作戰的卓絕，祗因軍器不如對方，以致轉進。但此項急需的軍備及裝備，現已獲得友邦之助，即將空運前方。這一說法，也給印軍以很大的鼓勵。

英國軍火抵印

以前線戰事好轉為契機，眞正的長期戰爭部署，似乎已在着着開始。基本的當然仍是本於民氣，但主要却有賴外援。英女王聲稱援印，英內閣指責中共侵略，使印度感到她是在聯邦關係之中；尤其大批英國軍火的運抵印度，等如雪中送炭。這邊英國實質的援助，與那邊蘇聯對中共的空言同情，自不可同日而語。

英聯邦之一的加拿大，也與倫敦採取平行的步驟，一面指責中共侵略，同時宣佈軍火援印。法國與印度的供給軍火談判，這時也已因中共軍入侵，巴黎方面迅速同意，以步兵裝備供應印度。此外譴責中共侵略的國家，函電紛馳，都給尼赫魯打了氣。

最重要的當然是美國，她早已對印度敞開軍援之門，表示可以供應「足够的武器」。無論是援助，租借，或延期付欵的購買。無論採的是什麼方式，印度已能够取得足够的軍火，自無疑問。更重要的是這些國家的「右袒」表示，使印度感到，即使與中共長期作戰下去，也可不虞匱乏；她已有許多朋友。

對巴基斯坦禮讓

反之在共產集團方面，正面站在中共一邊的只有北韓和阿爾巴尼亞，那是兩個共產小國，與印度距離窵遠，可以說絕不發生作用。在東南亞的共產國家北越，提出了調解，這也不為印度所重視。蘇聯的態度也許會令尼赫魯考慮的，可是蘇聯祇是停止米格機輸印，但印度在蘇空軍人員，還繼續接受訓練中。蘇聯建議印度在聯合國內以中共三條件為和談基礎，看得出只是對中共敷衍，因為蘇聯並沒有向印度施加壓力。所以尼赫魯已答覆赫魯曉夫，說他願與中共談判以獲得光榮的和平。但先決條件仍須中共軍退出入侵前的戰線。

這樣祗不過是委婉地，可是等於拒絕了蘇聯的建議。據說尼赫魯認為，自赫魯曉夫決定拆卸在古巴的飛彈以後，中共對蘇聯的不滿比前更為昂揚。赫魯曉夫絕不會在中共與印度的大規模邊境衝突中，採取任何實際支助中共的行動，它更可能是採取一項態度：坐山觀虎鬥。

印度的內部調整似乎也已在進行中，所有華僑被限令不得離開住所廿四小時以上，這當然苦了那些並非親共的華僑。實際上明顯親共者已被監視，反共者則否。

新德里印共辦事處昨天被民衆搗毀，這不但因它與中共同為「共」黨的緣故。據說印共雖曾聲明「支持麥馬洪線」。但這不外是掩眼法，印共「中央」發給各省的指示，仍說「反動份子與美帝」製造中印衝突，中共已對馬列主義有確切解釋，各黨部幸勿亂發聲明滋生分裂云云。這項消息外洩，便造成了對共黨黨部的搗毀。

最重要的一項行動，是尼赫魯已從喀什米爾調兵開到喜馬拉雅山前線。喀什米爾向為印度重兵駐在地。因為英美已向巴基斯坦勸告，請勿在現階段與印度為難，俾印度能對中共自衛。尼赫魯也親函巴總統阿育汗說：「印度正抵抗中共侵略，現力謀求取巴基斯坦之同情，俾支持在危機中之印度。此匪僅邊境紛爭，乃為世界和平」。這項對巴的低首下心，無非為集中兵力作戰。

·加爾各答通訊·

寮越泰共聯繫已加强

崔哲

寮、越、泰共黨現已打通了呼應的路綫而加强聯繫起來了！讀者諸君如非健忘，當還記得寮共有一枝武裝部隊於九月間進入桑信向苗人襲擊時，泰共和越共也迅即派出武裝部隊分途策應；這豈不是正反映出他們的「同路人」已作出了進一步「朋比為奸」的實際行動麼？

國際共黨所豢養的各國「同路人」都是互相勾結而聯同向外擴展的，這是他們基本的陰謀。在西歐，中東，固然如此，在亞洲又何獨不然？寮、越、泰共之緊密携手，乃屬意料中事；祗不過，在寮國尚未以「中立」姿態組成「聯合政府」之前，他們的互相支援尚難以順利進行，現在寮國「中立」的「聯合政府」成立了，他們就正好利用這時機，把他們的聯繫作閃電式加强，使他們的實力驟增，其活動也就更為「多姿多采」了！

寮共對泰共的協助，目前已開始唱「主題曲」：寮國境內，現在已有「流亡泰人」的組織；寮共特工，且已潛入泰國東北各省，煽動泰人參加「流亡泰人」集團。此後他們的工作，定必變本加厲。

寮共之對越共，其協助力更强。照目下的形勢看來，寮共顯然已把握到機會控制着寮越邊境；這樣，他們當然可以給予越共便利，使越共得到補給和立足點，然後指向南越。最近更由寮越邊境的當地士人傳出一項相當值得注意的消息：原來寮共現已經常化裝為農民，由寮走私軍火入南越，供應潛伏在南越的共黨游擊隊。而部份由寮國撤出的越共部隊，也在寮共掩護下從寮邊轉入南越。這兩項活動，將使南越局勢再趨緊張。

另一消息指出：參加寮戰的北越共軍共達萬人，而現在正式撤出寮境的不足二份一，餘大部份係仍逗留在寮越邊境的山區，且有不少已編入寮共部隊；形成寮越共的混合隊伍。顯然，對寮國「聯合政府」和對南越政府，都是極度不利。當地人士都已知道，這正是國際共黨利用寮國聯合政府來作擋箭牌的一項最好險的行動！

至於越共和泰共的協助寮共哩，照目前情況來說，除了使寮共本身在其「聯合政府」中可以逐漸擴展實力外，還要支援寮共隱伏在山區的武裝部隊去對付他們的勁敵苗族。據當地人士稱：山區的苗族土人，是最憎恨共黨的；這些苗人，身健體碩，力大如牛，登山涉水，步履如飛，勇悍好鬥，且大多數練就了一副發射毒箭的技巧，有百發百中之妙；多少年來，潛伏在山區的寮共已經被苗人射殺了不少。「聯合政府」成立了後，山區裏的寮共一方面為着要作有計劃的擴充地盤，另方面則企圖向苗人報復，於是不斷地向苗人進襲，但是苗人已獲得了外來的接濟，他們屹立在寮共基地綫欵省的最高山頭來向寮共對抗，使寮共傷透腦筋。苗族領袖杜比利方和苗軍司令官汪保，都曾對寮共公開聲言過，謂「苗族戰士決不惜任何犧牲，一定要維護其八萬苗民的生存」。絃外之音，就是「決不向寮共屈服」。照這樣情形來看，寮共和苗人的互相撕殺，確是陷入膠着狀態中。寮共對此，也決不甘能休的，現在他們正好利用「聯合政府」的「中立」罅隙和時機，馬上把與泰共、越共的聯繫路綫增强，由泰共和越共派出武裝部隊來支援，分頭向寮國邊境的苗人合擊。戰火因此逐漸蔓延，以致影響寮國全局，也是極有可能。

在寮越泰共的聯繫已加强的今日，顯然，符馬是面臨着最危難的考驗了！第一、如何才可以使到寮共和苗人的「火併」趨於平息？第二、如何才可以釜底抽薪，使曾經參加寮戰的越共部隊完全撤離？如何才可以制止泰共滲入協助寮共的擴展？

如所週知：這些問題都是有很複雜內幕的；同時，也都是共產國際的一項陰謀。蘇聯的所以促成組織「聯合政府」，正是他們的陰謀中的一條「伏綫」。時至今日，共黨在寮已佔了「上風」，且看符馬的動向和手法如何吧！

月夜憶西湖

裕畧

在香港住久了，心情沉悶，每當春去秋來清風明月之夜，總不免懷念舊遊，神飛萬里。西湖尤其是我常常懷念的地方。

可以說，一年四季，西湖都是很好的。春來了，披上春裝後的西湖也就顯得很美麗。所以白居易就曾說「湖上春來似畫圖」呢！

在白居易眼中，它究竟是怎樣的一幅畫圖呢？他說：「湖上春來似畫圖，亂峯圍繞水平鋪。松排山面千重翠，月點波心一顆珠；碧毯線頭抽早稻，青羅裙帶展新蒲。未能拋得杭州去，一半勾留是此湖。」他的說法很不錯，春天的西湖確實美麗得像圖畫一樣；在平靜湖水周圍的山上排列着一重一重的松樹，水裏的月亮又像一顆明珠一樣安放在湖心，月光與松樹的翠色交輝，真是異常動人的春夜景色啊！宜乎到過西湖的人都留戀西湖，沒有到過西湖的人，只要他讀過這首詩，便也嚮往西湖了。

我初到西湖是民國三十七年。但遠在民國二十五年我就有機會到西湖了。當時正是陽春二三月，楊柳齊着花的時候，我從南京到杭州附近住了三個月，足跡走遍了嘉興、海鹽、乍浦、澉浦、海寧、平湖，以及江南盛產美人的名區嘉善，但我却始終沒有到西湖。當時為什麼沒有到西湖呢？說起來也很可笑，只因我那時候覺得這些地區太美了，我心裏暗想，西湖儘管有名，但有名的風景區並不一定真美，即使美，也未必會比這些地區美到那裏去，這樣，我就沒有去。甚至，有一次，我和朋友到海寧去觀潮，海寧距杭州很近，而且交通方便，朋友約我到杭州我都沒有去。

直到民國三十七年秋，我才第一次到西湖。那時候的西湖早已看不見白居易在唐代時候所看見那種松排山面千重翠的景色了。但它却仍然有着宋代大詩人蘇東坡所說：「水光瀲灩晴偏好，山色空濛雨亦奇。若把西湖比西子，淡粧濃抹總相宜」的美麗情調。本來，一年四季，西湖都有它的各種風韻，如果我們不太固執的話，我們大可從各種角度去欣賞它。不過，在一年四季中，春秋兩季當然又比冬夏兩季好。蘇東坡所謂淡粧濃抹，也還指的是春天和秋天。秋天氣候高爽，它更顯得素淡；但春天的西湖却有生氣和秀氣。蘇東坡認為西湖的春天和秋天的美差不多，所以他說它淡粧濃抹總相宜；白居易則似乎更喜歡春天的西湖，所以，他所寫有關西湖的詩差不多都是春景，除了湖上春來似畫圖這一首外，他另外一首傑作：「孤山寺北賈亭西，水面初平雲脚低。幾處早鶯爭暖樹，誰家新燕啄春泥？亂花漸欲迷人眼，淺草纔能沒馬蹄，最愛湖東行不足，綠楊陰裏白沙堤。」寫的也還是春景。

遊過西湖之後，再來回看我從前遊歷的許多地方，使我感到西湖的美在江南的一般風景中，它實在是具體集中。江南風景，本來有名，杜牧寫江南的一般風景說：「千里鶯啼綠映紅，水村山郭酒旗風。南朝四百八十寺，多少樓台烟雨中。」我們讀了這首詩，再把眼睛閉着一想，烟雨中的江南不就正像小杜所說的那樣呈現在我們幻影中嗎？但無論如何，這畢竟不過是一幅印象派的詩中畫境而已。說到具體的美和突出的美，還是要數西湖。如果我們也像蘇東坡一樣把西湖的風景美和美女的美拉在一起來說的話，那末，我們便可以說整個江南像一個美女，西湖則更像美女臉上的兩隻眼睛，這兩隻眼睛特別動人的吸引着它的欣賞者哩！

有人說：「西湖風景六條橋，一株楊柳一株桃。」遠望湖堤，淡綠的楊柳和粉紅色的桃花，一株一株的相襯，確然很美！不過，我總覺得這還只是一種形象美，嚴格說來，這也有點近於庸俗。如果春夜泛舟西湖，那就會發現一種由幽靜中產生的情感美了。夜間的幽靜本最動人。近代詩壇鉅子前清翰林趙熙（堯生）曾經替川戲編過一句名叫「情探」的戲，詞句很美，其中有「更闌靜，夜色哀，月明如水浸樓臺，透出了西風一派」。這一段，尤膾炙人口，細細體味，它的美，就在它的月、夜、水所構成的一種幽靜氣氛。這種幽靜，比形象的美更難得。記得三十七年秋月夜泛舟西湖的時候，我自己就曾經做詩吟詠過它。也曾把清代詩人袁子才所說：「今宵真是可憐宵，柳下呼舟月下搖。」的句子一再尋味。

白居易又曾經做過一首詩說：「柳湖松島蓮花寺，晚動歸橈出道場。盧橘子低山雨重，栟櫚葉戰水風涼。烟波淡蕩搖空碧，樓殿參差倚夕陽。到岸請君回首望，蓬萊宮在水中央。」據此，白居易似乎很喜歡夕陽西下時的西湖，但我却喜歡西湖的夜景。其次，我就喜歡春風細雨的西湖和雨後西湖了。在濛濛細雨中，西湖另有風致。蘇東坡說山色空濛雨亦奇，我以為極有道理。西湖雨後清新，山色凝翠，湖水澄碧，柳枝和樹枝到處呈現着生氣、秀氣和嫩氣，這又是任何圖畫都不能描畫出來的了。

西湖，它最可值得欣賞的地方，當然是風景。有人想從風景以外強調一下它的形勢，如像譚嗣同的詩，就曾經這樣說過：「莫言南宋小京都，勾踐錢鏐有霸圖。」顯然這是想從政治、經濟等方面來着眼和強調一番，但也沒有說出一個所以然來。此外，白居易也似乎曾經試圖從它的形勢來說一下，所以他有一首題為「餘杭形勝」的詩，劈頭兩句就是「餘杭形勝古今無，州傍青山縣枕湖」。好像煞有介事，準備大說特說的架勢，但是下文呢？「繞郭荷花三十里，拂城楊柳一千株。夢兒亭古傳名謝，教妓樓新道姓蘇。獨有使君年太老，風光不稱白髭鬚。」說的仍然完全不是西湖的形勢哩！

由於西湖的風景極美，所以古往今來西湖的韻事也就特別多。白居易作過三年太守之後，將要離開西湖時，留別西湖的詩說：「征途行色慘風烟，祖帳離聲咽管絃。翠帶不須留五馬，皇恩合許住三年。綠藤陰下鋪歌席，紅藕花中泊妓船。處處回頭盡堪戀，就中難別是湖邊。」其中「綠藤陰下鋪歌席，紅藕花中泊妓船」兩句，可以說已經把他自己的冶遊生活完全描寫了出來，難怪中共文人在蘇聯沒有出版白居易詩集並譽之為平民詩人以前，攻擊他說他簡直是一個濫嫖客了。白居易在西湖的生活如此，其它的人可想而知。

西湖不但風景美，古蹟也很多。可以說在一般風景區中，古蹟之多很少有如西湖這樣。但古蹟多，對湖山並不減色，相反，它反倒更能增加遊與，刺激遊興。因為它不但可以發思古之幽情，有時甚至還可發人生之感觸。比如名妓蘇小小是錢塘人，袁子才就在他自己的墨盒鑄着「錢塘蘇小是同鄉」的句子，別人都賤視妓女，高攀達官貴人，但他却鑄着這樣幾個字，我們走到蘇小墳前就很容易想像到袁子才那種不是幽默，便是風趣的神態。

岳飛的墓地和蘇小小的墳相距很近，前人有句說「岳武墳前蘇小墓，英雄兒女各千秋。」我們遊到這附近，再唸這兩句詩，又何嘗不是感慨萬千呢！西湖古蹟既多，像這類的懷感自會隨處都有，所以，遊西湖時，它常常會突然把我們的感情帶到另外一個境界，而這又不是其它風景區所能有的，當然更不是今日香港所能有的了。

焦文姬（四）

（版權保留）

黎明

第四場：

景：焦家東廂，門半掩，門外為花園一角。

時：數日後一個上午。

人：焦大郎、滿尚智。

（滿尚智和衣醉臥東廂，外衣被風吹開，露出女裝紅襖及繡花香囊。焦大郎由花園蹣跚上）

焦大郎：人生有酒須當醉，一滴何曾到九泉。這幾日被酒友們拉去閑飲春酒，通宵達旦，不曾回家；未免冷落了滿相公。我且去到東廂和他閒叙一回去者。待我叩門；（見門半掩）喲、門却開着的；待我進來。（見尚智醉臥，不覺微笑）喲、原來他也喝醉了。（見紅襖香囊失驚介）吓！——哎呀且住！想這紅襖香囊乃是我女兒文姬之物，為何却會在他的身上了呀?! 這這這却為何會在他的身上了呀?! 嗯、這內中定有蹊蹺！我不免將他喚醒，問個明白。（憤然地）秀才醒來！秀才醒來！

滿尚智：（驚醒介；忽見紅襖香囊外露，急斂衣而起）啊、原來是大爺！小生失迎了。

焦大郎：（大郎怒目迫近尚智週身打量介，尚智迴環退搁失神遮掩介）

焦大郎：（聲色俱厲）秀才！我來問你：你這內襖香囊從何而來？

滿尚智：（驚愧交併）這個？

焦大郎：我問你從何而來？

滿尚智：那個？

焦大郎：什麼這個那個？快快說來！

滿尚智：哦、大爺問的就是這？（掀衣出示紅襖一角）哎呀大爺呀！只因連日春寒，小生委實捱受不住，萬般無奈，只好向令嬡討借大爺舊衣權抵一時。想是令嬡忽忙之間拿了女襖來與小生。

焦大郎：嗯、噢！我來問你：這香囊又從何而來？

滿尚智：這香囊麼？（畧加思索）啊、是是是了！它乃夾在襖袋之內，小生一時不及奉還，故而權且佩帶在內。

焦大郎：嚇！嚇！你要衣服，為何不與老夫言講？——這這這分明是……哎！（頓足介）真真氣煞老夫也！（憤然拂袖而出，且向花園的另一頭急急走去，邊走邊喊「青箱！青箱！」）（移

友聲集（六）

山中嬾起

世昭

晨鳥初歌唱，迷濛對此天。
露凝噤宿蚱，霧霽每聞蟬。
一笑仍豪鼻，三竿尚黑甜。
不關家國事，高臥亦神仙。

朝窗雨後

前人

山遠疑成畫，風多不礙簷。
窗林餘一間，細葉動千泉。
虛室涼生席，瓶花笑欲顛。
此中有真味，何事問桃源？

中州劉延濤以雙竿比玉圖見贈題詩其上依元韻賦謝

前人

湖遠同鄉里，訂交雜舊新。
文章今莫逆，問道一畸人。
草聖三原紹，雙竿比玉親。
會將歸海國，消息敢辭頻。

題卓韻湘姻親寫竹

前人

是鳳噦，是龍吟，高標千古屬知音。
多君移得瀟湘種，讓我明窗對古琴。

更正：友聲集前一期，世昭先生詩第一句，袂字被手民誤排為褲字，特此更正，並向作者致歉。

抗戰回憶錄（四三）

張發奎

十、第二方面軍

殘敗的敵人，分向邕賓邕龍路逃竄。我以第六四軍的一部向越邊追擊。另以第四六軍遮斷向邕賓路逃竄之敵，並即乘勢向柳州攻擊。第四六軍的一部於六月七日克思樂，八日克明江，七月三日克龍州憑祥，驅逐了敵人在國境以外。第四六軍在邕賓路上到處截擊了殘敗的敵人，使它狼奔豕突的向柳州逃竄，並於六月上旬以神速之前進，到達柳州近郊，會合第三方面軍對柳州之攻擊。

在南寧克服後的第三日，我到了南寧，設立了指揮所。南寧即很迅速的為盟軍所利用，雖然敗瓦頹牆，十室九空的戰後南寧景象，令人感到一種凄涼與太息，但勝利的興奮情緒，決不會因南寧的光復而感到滿足。

我自己認為對敵人來一個無情的追擊，和乘勢向越北前進，是一個至當的行動；於是，我命令第六二軍和第六四軍的一部，由靖西與鎮南關方面，向越北高平諒山的敵人攻擊前進，令第四六軍可不待第三方面軍之到達，以主動先對柳州施行攻擊，並以一部迂迴柳州向雒容附近進出，以遮斷柳州敵之退路。這個命令是六月十一日在南寧下達的。我當時估計這命令的結果是這樣的：柳州的克服僅是時間問題，因為敵人從桂柳撤退已是敵人的預定計劃；但柳州敵人之撤退是否可以得到安全，則對於第四六軍的行動能否迅速有絕大的關係；至於越北的行動當然不能期望對河內長驅直入，但佔領高平與諒山卻有可能。這個處置，我決不承認是急於功利或冒險的指導，但陸總部卻以命令制止我的行動。他命令第六二軍和第六四軍的一部不能輕率暴進，應暫停止於國境。第四六軍不能單獨行動，並應撤回於來賓、武宣、紅水河地區，以掩護第三方面軍對柳州之攻擊。對這個命令，我和博文將軍都表示不滿。這個錯誤實由於陸總部過份重視西江方面之敵情，而忽畧了桂平平南各附近的敵人亦正在作同樣的退卻。

六月下旬，柳州繼續克服。華南的一切情勢均已轉變。陸總部以為這個軍事形勢的迅速有利發展，對於預定秋季在華南發動攻勢之計劃，有提前實施之可能，於是南寧、柳州立即變為策劃攻勢的基地。陸總部推進於柳州，並於南寧設立指揮所。新一軍首先由緬北空運到南寧，入於本方面軍的序列。第五四軍、第八軍亦由滇境陸續開入桂西，南寧、北海機場均大事加以擴充，以為作戰空軍的基地。此外並於各部隊所在地的附近，普遍開闢小型機場，利用L5，以為連絡傳達指揮之用。這時士氣之振奮，是抗戰以來罕見的現象。

七月中旬，陸總部下達了向廣州攻擊的命令。這一個大攻勢計劃的內容如後：

一：作戰方針

中國陸軍總司令部，以打通廣州海口之目的，先以有力部隊攻畧桂林，奪取雷州半島，再分別攻擊衡陽曲江；並牽制越北之敵，以主力沿西江流域攻畧廣州。

二：作戰指導

1．第一方面軍盧漢部，轄第五二軍、第六十軍、第九三軍、第九三師，應固守滇南原陣地，阻止越北敵人之出擊，保障我向東作戰之安全，並以第五三軍位置路南、彌勒、開遠地區，為其第二綫兵團。

2．第二方面軍張發奎部，先以一個軍，於九月一日前攻畧雷州半島，並確保之，以為補給基地，其在桂越邊境之部隊，則應加强防守保持接觸。以後其主力部隊，由梧州攻擊廣州之西正面。該方面軍之[illegible]兵團為五[illegible]，位置於南寧。

．越北之敵，如企圖破壞我軍之向東作戰，以主力北向雲南進攻時，則第二方面軍應以第二第一兩綫兵團大舉入越，進擊該敵之側背，並直趨河內海防而佔領之。但該敵如以主力東攻南寧，或並攻百色時，則第一方面軍應以主力入越進擊該敵之側背，並與第二方面軍之主力會殲該敵，佔領河內海防。

4．第三方面軍湯恩伯部，應於七月底以前攻畧桂林，以後以一個軍由全縣、零陵、衡陽道會攻衡陽，並依其攻勢之進展，掩護第四方面軍之右側背；另以一個軍由賀縣進攻曲江，再南下攻擊廣州之敵。此際其廿七集團軍則向樂昌、宜章、郴縣之綫前進，截斷敵軍南北交通，使衡陽曲江方面之我軍作戰容易。

5．第四方面軍王耀武部，則以主力兩個軍，由寶慶衡陽道及其兩側地區前進；於攻畧衡陽、寶慶後，另以一個軍由新化進攻永豐、湘鄉、湘潭，牽制長沙方面之敵，使衡陽之攻畧容易。以後則協同第九戰區，攻畧長沙，繼續北進，進出汨羅江修水之綫，並確保之，使我攻擊廣州香港之兵團，不受北面之威脅。

6．第三、第七、第九戰區各以有力部隊，會同肅清贛州至曲江翁源之敵；並由第九戰區另以有力一部協攻衡陽。又另由第三、第七、第九戰區各抽出一個軍先集結於長沙附近，依空運補充相當數量之軍械後，即向梅縣、興寧、五華地區推進，對汕頭、陸豐、海豐、稔山一帶，選擇敵軍薄弱地點，攻佔一個可通內陸之海口，接收美潛艇運來裝備，增强戰力後，以一部攻畧汕頭；以主力向龍南河源之綫前進，以增加廣州東面之壓力。

7．為保証廣州攻擊之成功，在攻擊廣州之同時，第三戰區應對南昌之敵實行牽制攻擊。其它一、二、五、六各戰區，均應攻擊當面之敵，阻止敵之兵力轉用。

8．中美空軍之主力，應協助地面部隊作戰，並奪取戰場之制空權，一部則轟炸海上敵船艦之活動。

9．在攻擊雷州半島及廣州香港之同時，希望美國海軍協同作戰，阻止敵之增援，使作戰容易。

（未完）

抗戰行列中見聞雜憶（三）

李璜

傷病兵問題

在最前方重傷或重病的士兵，情形究竟如何，照料得究竟怎樣的，我沒有逼近過火綫，我不敢懸揣這類痛苦而無告的情況；至於在最前綫的後方，則我見輕傷及有病的士兵，到處都是，一任他們三三兩兩，走走又停停的，向後移動，不絕於途，而絕無人照管。

這有幾個壞處：一是輕病走成重病，輕傷走成重傷，以至死在半途田間，不裹屍於沙場，而倒斃於後方；二是一任傷病兵向後方自由行動，難免有擾害後方民衆之處；三是老遠從大後方徵集來的壯丁，又費神費錢加以訓練，而因小病輕傷，便令之走死道途，這未免太不經濟且太不人道了！

我於通山城被炸之次日，為本團向後方勤務部要求補發車輛，乘一卡車，帶憲兵二人，從通山打回頭開赴武漢，開行不到二十里，即發現傷病兵問題之嚴重性。因我卡車正行之間，忽遇五個傷病兵攔路擋着，不讓過去，要求搭載。我在司機台與司機並坐，立令其停車，下車問訊其情形。據報告，彼五人，三為病兵，二為輕傷兵；傷者傷在手脚，病者為痢疾與瘧疾。我詢以何不去通城臨時醫務所，彼等答稱，長官叫他走起去，走到此地，傷與病皆加重，實在走不動了；要求搭車載回漢口云云。我立允之，令憲兵扶之上卡車，坐於卡車中，然後開行。

車開行後，司機告我：『李委員，前面這種傷病兵多得很，如果要一一允其搭載，不說是一個卡車，就是十個卡車都裝不完啊！』果然，行不數里，又有四個傷病兵當路攔車，並有一個滿頭是血的臥於公路旁邊！我又令停車，詢問亦如前說，其路旁流血者，則因攔車求搭載，不得允許，而且被車猛烈開行時所撞傷。我聞之，心中甚為難安，這些傷病兵皆是大後方安居樂業的壯丁良民，不遠千里而來，為國抗敵，而竟落得如此待遇，豈不要令後來者聞之灰心喪氣嗎！於是我又令憲兵將此撞傷者抬上卡車，其他四人隨之上車，於是卡車中就加上十人了。

我再上車，與司機談天，說：『大家都是出門人，為什麼這些司機這樣沒良心，看見別人已經有病受傷，不顧搭載罷了，反把別人撞傷，眞是該死！』這位司機是湖北人，他答道：『你家不知道，當司機的，也有苦衷，像我們在漢口受雇於後方勤務部的司機，是限定多少時間將軍用品運往前方，交付清楚，取得收據；又限定多少時間，就須返回總部報告；就延時間，而說不出理由，便要受處罰的。至於傷病兵在中途要求搭載的事，不是從今天才有的。上面認為隨便搭載，不合規定，不准許的。好心腸的同事，不是沒有，偶然中途搭載一兩個傷病兵，不等逹到武昌城，便要令他們下車，否則被官長發覺了，也要處罰的。剛才上車的撞傷者，不是我們在漢口當老司機的人幹的啊！』我問：『那嗎是何人幹的？』他繼續道：『有一百多個華僑青年前來投効，都當上了司機，他們既不會說普通話，語言不通，而車又開得野，橫衝直摧，那管這路上行人死活，何況還要去攔住他們的車！請委員留意一下，沿途兩邊都壞得有車，這大半是投効的青年朋友愛快而出事弄壞了的。』

我一留意，果然兩旁所停壞車不少，兩三里路中，總要發現一輛，不是倒在路旁田裏，便是摧在樹頭弄壞了的卡車。

還沒有走上三個鐘頭，我的卡車又摧上第三批攔路的傷病兵了！我又叫司機停車。司機道：『像這樣走走停停，今下午趕不到武昌城了啊！你家不是有緊要公事辦嗎？』我說：『不錯，停下再說！』車一停了，路左又走出數人，一看，有九人之多！

憲兵前來報告：『病兵在車上流出屎來了！臭氣甚大！』我怒道：『不能搬動！你聞不得，坐在前面司機台來，我到後面卡內去好了！』憲兵不敢再開口。我忽想出一辦法，命令兩個憲兵用槍為我攔阻後面來的空車，不服從，便向空中鳴槍，非擋住不可！一會兒就擋住一輛回武昌的空卡車，我立令憲兵將這九人送上車去；那個空車的司機見我穿的軍服，佩的少將胸章，又指揮着憲兵行動，不敢再反對，而且分了一個憲兵坐在他的司機台上，他更不敢再開口。於是兩車同時開動，我心中大為痛快！

我旁邊這位司機究竟在社會上混得久，會說話。他道：『李委員，像你這樣好心腸，眞是難得啊！我很感動。假使我被拉去當兵，遇着你這樣的好官長，那就幸運了！不過你家不要忘了你有重要公事啊！這件傷病兵沿途受苦的事，我想你家回武昌與總部說，上面知道了，一定會有辦法，你今天是救不了這沿途這多的人啊！』

我一想，覺得他此言有理，好罷，我便閉着眼，讓兩卡車開起快車前進，忍心不再叫停車了！

本刊已經香港政府登記

聯合評論 週刊

每逢星期五出版

United Voice Weekly

第二一九號　督印人：黃宇人　總編輯：左舜生

社址：九龍大埔道一六八號南亞書局 805641
承印：嘉羅印刷有限公司　香港灣仔馬師道5號
總代理：友聯發行公司　售價每份港幣一毫
本報美洲版總經售　美國紐約中美出版社
CHINESE - AMERICAN PRESS, INC
199 CANAL STREET.,
NEW YORK13 N. Y. U.S.A.
美洲航空版每份零售美金一角

蘇聯不會為古巴而戰

李金暉

照共產黨在一九五八年前的宣傳所稱，卡斯特羅只是一個小資產階級出身的法學家；美國當時一些有關主持外交事務的官員，也認為卡斯特羅不過是一個不滿現實的「改革家」；莫斯科方面當然根本否認他及其黨衆是一個共產黨的組織。這種把卡斯特羅裝點成為灰色人物的手法，可以說是卡斯特羅能够在古巴、在美洲不被人重視而逐漸壯大到終於奪得政權的有利的因素之一。

當然，今天的卡斯特羅，他已直認不諱自己是一個不折不扣的馬列主義者了。其實從共產黨在古巴的生長和發展的歷史看，卡斯特羅的活動應該是早就無法掩飾的了。古巴的共產黨在一九二五年八月就宣告了成立，即使這期間古巴的共產黨組織內沒有卡斯特羅，但是在一九五三年的「七・二六」事件時，卡斯特羅是實際領導「武裝起義」的領袖。再早，他在大學讀書時代就已經是一個搞運動的職業學生了。五三年的武裝起義失敗後，他被判十五年徒刑，幸而在入獄的第二年因巴蒂斯塔出任總統，獲得釋放，旋即逃到了墨西哥，在山區組織古巴逃亡在外的「愛國青年」作秘密訓練，於一九五六年的十一月十五日夜晚，率領了八十二名黨衆駕小汽艇「格拉馬號」潛回古巴，只是能够安全進入沼澤和深山野林，從事游擊活動的僅得十二人。到一九五七年他的游擊隊經已擴充到了二千人，及一九五八年[illegible]季時，游擊隊擴充到了一萬多人。這主要是靠了古巴的共產黨地下組織及其同路人的接應。根據卡斯特羅這樣的背景，在現在來說，無可否認，卡斯特羅早就是拉丁美洲的傑出的共黨領袖了。

正因為卡斯特羅的古巴，是一個眞正的國際共黨在美洲的橋頭堡，所以才能獲得莫斯科的武裝和物資的支援，才能獲得中共的聲援。因此，在現階段若認為因赫魯曉夫對美國的讓步，就足以使卡斯特羅垮台，是言之過早了。反之美國若不作徹底的乾淨打算，沒有最後拔掉卡斯特羅的決心的，卡斯特羅的古巴，仍將是美國後園的定時炸彈！現在美國國防部官員並不認為古巴只有已撤走的蘇聯飛彈四十二枚，其實這是任何人根據常識的判斷，也能得出來的結論。但是飛彈尚不足懼，可怕的還是中途妥協！另一方面似乎也不能因為中共與蘇共之間有某些意識上不協調的因子存在，就認為蘇聯會因此必須縮手，那就是，我們不能因為赫魯曉夫曾經表示了與西方國家可以共存和戰爭是可以避免的這些觀點，而認為蘇聯眞的會在古巴問題上對美國讓步，尤其是美國的朝野人士千萬不能對此心存幻想，在現階段，唯有堅持原則，一步不讓才是上策。

赫魯曉夫現在的讓步，絕不是為了要証實和兌現他的戰爭是可以避免的和共存的理論，在我看，那是在現實上他有必須讓步的理由。赫魯曉夫初時對美國的態度是强硬的，其後又暗示了欲以古巴問題交換柏林問題，卒因西方國家態度一致，使赫魯曉夫一貫用以恫嚇英國以索掣美國的策畧，也因英國亟欲加入共同市場，技不得施。但是蘇聯與西方的關係，在當時實已走到了「戰爭邊緣」，形勢很顯明，除非蘇聯先行軟化、先作讓步，按鈕戰爭可一觸即發。但是為古巴而戰，畢竟是克里姆林宮現實算盤上所打不響的，同時戰爭的後果結局，絕不會局限在加勒比海，在新帝國主義的侵畧算盤上，最重大的利益，還是在東歐，不是在古巴，無論從任何角度去衡量，東歐之對蘇聯的重要，遠在古巴之上。蘇聯豈能見不及此，這不是什麼馬列主義理論上的問題，而是現實利害之所繫！因此，儘管卡斯特羅也像毛澤東一樣以「正統」的馬列主義者自居，認為蘇聯之在重要關頭退却是一個違背了馬列主義底原則的問題，但是在蘇聯現實利害的觀點上，保護整個東歐的鐵幕，其重要遠在古巴之上。如果戰爭在加勒比海爆發，對蘇聯來說，其不利是可想而知的，即使這場戰爭仍然是一場普通武器戰爭，但是古巴在地理上的地位，絕不能與北韓相比，萬一因戰爭影響，聯帶使東歐鐵幕分崩離析，便會形成了對蘇聯的危害。現在的東歐，即使不包括南斯拉夫在內，其面積有一百零一萬四千五百廿三平方公里；人口有九千一百六十六萬；重要的資源：煤的蘊藏量有一千二百九十六億四千萬噸；鐵有十二億七千七百萬噸，至於石油，僅羅馬尼亞其油區面積即達二百多萬公頃。此外在捷克和羅馬尼亞尚有鈾礦和金礦。不論是為了保衛這些衛星國家，還是為了保蘇聯自身，我們不難想見赫魯曉夫是會考慮到在加勒比海作戰的得失的。

當然，如果完全根據教條主義的觀點，不僅是赫魯曉夫的行動要遭受到卡斯特羅與毛澤東的反對，也會使一般人在看古巴事件時感到迷惑的。惟其如此，我覺得現階段蘇聯在古巴事件上對美國的屈讓，只是暫時權宜地退一步。也為此，西方國家的步調固須一致，尤其是美國千萬不能在古巴事件上退後一步，同樣地應該站在現實利害上和蘇聯談判，而不僅是止於不以古巴與柏林做交易，這樣才能使赫魯曉夫認眞地考慮問題。

至於從全球反共戰綫上去看，甘廼廸如不能乘此拔掉卡斯特羅這顆痛牙，或有效地遏制其發展，一個共產黨統治的古巴，將陷西半球於永無寧日之境了！

民主政治與政黨

孫寶剛

有許多問題，在西洋已成為普遍的常識，但在中國還沒有被一般人所瞭解，甚至在智識份子中間也形成了許多誤解和偏見，所以在討論理論體系之先，非先行討論這些問題不可，政黨問題就是其中的一個。

中國人中間流行着兩個觀念，一個是貞操觀念，另一個是君子不黨的觀念。因為黨是「尚」和「黑」兩字合成的，這就意會着一群人組織起來去做不光明的事，所以君子就不黨了。貞操觀念是意味着從一而終的意思，一個女子嫁了丈夫，不能再嫁，同樣的，一個人假如加入了某一黨，便不能改進另一個黨。中國到今天為止，所有的政黨，成績實在太壞，為正人君子所頭痛，所以更加深了君子不黨的觀念，但如有一個正人君子因為熱心國事，一時受人的慫恿而加入了某一個黨，假如那個黨的發展非常壞，大出他入黨時的初衷，但是因了貞操觀念，他祇有嫁犬隨犬，嫁鷄隨鷄，隨波逐流，助紂為惡，最多取消極的態度，但遇到有人在攻擊他的黨時，他也許還會袒護一下。所以那些被惡人控制的黨，便可任意作惡，因為黨人們，不管好壞，都會消極或積極的支持着的。其後果便使沒有參加黨的正人君子，即使熱心國事的，聽到了黨這個字便頭痛，不願加入，而中國的政黨政治，便不堪設想了。

但是民主政治是以政黨為基礎的，沒有了政黨便不能有民主政治。因為民主的意思，就是要以多數來決定政治的路線，而同時也尊重少數的權利。所以一個國家中，至少要有兩個以上的黨，一個是多數，另一個是少數，易言之，一個去執政，另一個或另幾個在野，執政的決定政治路線，在野的便取了監督的地位，至少要代表少數，使執政黨要尊重他們所代表的少數的權利。

再進一步說，一個政府，一定要有它的整套政策，作為處理國事的指針，這就更需要政黨的存在。中國幾千年來是一個農業社會，儒家思想統治了幾千年，所以一切祇要蕭規曹隨就可以了。現在受了西方的影響，思想的分歧已經很利害，社會也複雜很多，政府的施政範圍也擴大了。人民對國事的意見大體來說，果大有出入，但都是一知半解，零零碎碎的，所以嚴格地說起來就他們根本不知道對政治方面的路線和政策應怎樣決定。所以今天的政治，必須有幾批人，專門從事於政治的研究和行動的，他們代表着幾種不同的路線，組織幾個政黨，以他們所知來宜傳給人民，人民中同意那一黨的路線和政策，便支持那一個黨，假如甲黨的路線和政策最獲得選民的擁護，有一天在選舉中獲得了多數時，甲黨便去執政。反之另幾批的人以其另幾個見地，組織另幾個黨的，便為在野黨，這些在野黨中，難免有一兩個黨，連極少數支持者都沒有，那麼那個黨就祇有被淘汰。

從上文的說法可知政黨是非常重要的，沒有政黨，人民便不知政府的政策應怎樣才好，甚至被選舉作為議員和部長的人們不知道怎樣決定政策才好，所以政黨已成為民主政治下的必需工具，假如一個人贊成民主政治而不贊成參加政黨，這個人的思想定有問題。

同時我們當然也清楚，政黨不是一羣人結合起來做不光明的事。政黨是由一羣思想路線大體相同的人團結起來，共同去研究國家的一切問題，於是對一切問題發表他們的共同的意見，或形成具體的政策，同時批論不同於他們的意見的意見，或政策的政策，使選民知道那一個問題的那一個黨的意見是對的，對在什麼地方，其他的黨的意見為什麼不對，不對在什麼地方。同樣也使選民知道那個黨的那一條政策是對的，那一條是不對，於是在選舉時便選他所最贊成的那個黨的候選人。所以政黨是研究，宣傳，也可以說是教育人民關於政治方面的多種問題和政策的一個機構，同時也是提出候選人，和準備執政或在野監督的一個機構。這是現代政治所絕對需要的，也是每一個積極做政治活動的人所必需參加的。

不過話又說回，人的思想隨時在發展或演變，所以今日所贊成的事物，未必永遠贊成下去，隔了相當時候，便會變了。政黨也是如此，因為那一羣人在主持那個政黨，隨時有變更，或有時主持的那群人雖然沒有變更，但那些人的思想或有些觀念有些變更，便會使那個政黨的面目全非。我們看以往中國許多政黨，大都在提倡民主政治的，但民主政治，當然以自由選舉為前提，以往執政者當然沒有舉辦過眞正的自由選舉，所以那些政黨便天天攻擊執政者的不民主，但是一旦和執政者有妥協的可能或有被收買的可能性時，這些政黨便閉着嘴去分脏了。所以在西方國家來說，一個政黨的人員，流動性是極大的，有時因為個人的觀念變了，有時因為黨的主張變了，於是使他不得不離開那個黨去參加另一個同於他的思想路線的黨。我們看邱吉爾就出入自由黨和保守黨有幾次之多。這種行動是非常對的，因為不如此，各政黨的分野便分不清楚，使失去了政黨的作用，而會眞正成為結黨營私的中國古時所謂君子不黨的黨。

可惜中國的人們給貞操觀念所迷惑了，所以中國到今天還不能產生現代化的政黨。貞操觀念是封建時的遺物，是主子駕馭奴才的一套說法，贊成民主政治的人們不應再有這一套舊思想的。

國府反攻的又一次良機

謝扶雅

失掉了整塊大陸而退守台灣的國府，理應刻刻伺機實行反攻復國，以副海內外每一個中國人的喁喁之望，尤其是全球華僑的內心迫切要求。諺曰：「困獸猶鬥」，而況國府尚擁有六十萬海陸空新式裝備的精壯軍隊，不能說是「困獸」。加以十三年來，反攻的機會屢次而不一次：最初當然是韓戰；其次東歐匈牙利革命也不失為我們可以反攻的一次機會；又其次，毛共鳴放「陽謀」及反右運動狂沸，正是台灣乘勢崛起號召復國的良機；最近大陸全面飢荒，抗暴之火四燃，更是所謂裏應外合再好不過的時會。然而無能亦實無誠意和決心的台北當局，竟一一都讓這些機會錯過了，這是有志之士所為跌足太息而切齒憤恨的事。古語有云：「天予不取，反受其殃」。現在再有一次——也實在是最後一次的反攻大好機會來到，國府若不奮起抓住，則機會之神霎那振翅飛去，悔恨千古難追，不但中華民國在最近的將來，必由「兩個中國」而演變為「台灣國」，而且整個大陸億兆蒼生，勢將永作俄帝控制下中共極權的奴隸，芻狗。

這一次給我們反攻復國的機緣，是恰逢有兩個火頭湊在一起燒着：一是美蘇由柏林問題的高度冷戰進而蹈入古巴危機的熱戰邊緣，另一是中共對印度在邊界進行劇烈戰爭，英、加、及美均源源輸印軍火支援。雖然第三次世界核子大戰未必就因此爆發，但自由世界與共產集團間尖銳對立，無法轉圜的惡化局面，已全盤暴露無遺。儘管國際掮客又在運動最高層的甘赫會議，赫魔自己亦屢表示要在十一月初美國國會議員選舉告竣之後，親來紐約一行，然甘廼廸怒火已升，自十月廿二晚作了世界性的電視廣播，指出蘇俄在古巴建立飛彈基地，威脅整個西半球的安全，嚴重警告一旦該基地向南北美任何地區發射飛彈，美必立即向蘇作大規模的報復行動。這一宣布發出之後，海軍即在古巴海域實施蘇輪停候檢查，聲明如有拒絕，即予擊沉。全國聲勢洶洶，支持當局，強硬到底，非迫蘇古拆毀這種基地不休。蘇俄始而掩飾，欺謊，繼而揚言該基地係助古巴作自衛，並趁勢要挾美國亦須撤除其在土耳其的基地。這種爭持，不但無法解決，而若神經變態的卡斯圖，一旦甘替蘇俄放火，像往年毛共在韓國為史太林火中取栗，那樣，則前途莫可預測。

本來美國有不少思想左傾的所謂進步開明分子，素為卡斯圖政權辯護，曾認其為不過國內社會改革，一如前對毛共占據大陸後之夢想其為「狄托」。自去年卡斯圖明白宣言自承為共黨，立意赤化古巴，並替赫魯曉夫在美國後園搗亂；加以上月蘇更在古合建漁港為名，而建軍港為實，於是海上可有潛艇襲擊美洲，陸上可有飛彈直射美國。現在這些進步分子才掩口不再衛護卡斯圖，一致同意竭力扶植古巴流亡政府，加緊訓練而協助其反攻。這些人亦本對中國問題屢唱「兩個中國」之說。但在本屆聯合國大會辯論蘇聯所提中共取代中國代表席位案時，美國官員及輿論界，已不再作「繼承國兩分」的可笑理論。美首席代表史蒂文生更抓住目下中共對印度的侵略行為，以反擊蘇代表團重炒冷飯之無理取鬧。一般都認今屆聯大討論本案之表決結果，必比去年之三十七（贊成蘇案）對四十八（反對蘇案）還要差減。要是按照去年大會所通過的五國提案「任何變更現行中國代表權需要三分之二以上票決」的話，目下聯大會員共為一百十國，則對蘇聯提案需要有七十票贊成；這，以中共今在國際上的聲勢日落，顯然是絕對辦不到。所以本案的連日辯論，已不成為什麼新聞。

反之，近十日來，轟動美國各報的頭條新聞，除古巴的危急關頭外，就是紅遍喜馬拉雅山的戰火。中共在印邊東線已越過所稱「麥馬洪線」挺進，奪取三個重要據點；在西線也直向拉達重鎮進軍。蘇聯雖勸雙方停火談判；但為印度拒絕。尼赫魯宣布緊急狀態，號召全國動員，並分別向英、加、美接濟大批軍火。這場戰事顯然還要延展下去，而成為無可了之的不了之局。前些時，中共在閩粵一帶大舉增防，今又在印邊故意尋釁，無非為轉移情緒憤懣的老百姓視線，而鎮壓全國的混亂飢民潮。然而第四年的農業收成又告失敗，整個經濟枯竭，民心士氣已皆無法維持；而對東南亞所謂和平共存五原則早已信用毀滅無存。這樣，中蘇共皆不過口唱和平，而實行猙獰面目，血腥手爪的侵略。我國無論為自由世界，為自己光復大陸，援救垂死掙扎中的六億同胞，都應迅速乘此機會，軍事出動。不論反攻的方式為何，總之一面要實行出兵，一面運用外交，爭取與國，尤其對美國——正對國際共黨一貫侵略危害有了覺悟的美國，亟應及時說服，取得支持。這回真是千鈞一髮，自助人助的急迫機會了。

要之，自由中國對極權中共的鬥爭，是生與死不兩立的鬥爭。有力要鬥，無力也要鬥；有美援要鬥，無美援也要鬥，窮也要鬥，沒有一矢一彈，肉搏也還是要鬥。這就是所謂「困獸猶鬥」的至理；和實逼處此的情勢；何況今有天予的良機，怎能坐失之而坐以待斃呀?!

一九六二、十、三十　自美紐澤西

中共陷於飢餓深淵了

犀照

（一）

中共自實行公社制度後，一方因下鄉幹部指導生產失當，造成嚴重錯誤；一方因農民食不得飽，引起羣衆不滿，發生普遍集體怠耕。因是之故，大陸農業生產，遂至一落千丈，一年不如一年，其中如風、雨、旱、蟲等災，連年相繼發生。一般農民因日夜勞動，體力不支，有病不得休息，病了無藥可醫，以致因餓而病，因病而死者，十三年以來，真不知多少。生產勞動力既日見減少，生產數量自然日見退化了！據前在粵東某縣偽府担任文化工作之黃君，前次逃亡來港，近語人稱：該縣全人口為四十餘萬，人民大半因餓病而死亡，其死亡最多者為縣屬第九區，該區人民死亡率，據伊統計所得，約佔該區全人口百份之五十以上，該區共幹曾為此事遭受上級訓斥。全縣各村壯丁，除遭清算處決和飢餓死亡外，大部份已經逃亡，所餘者為老婦和弱童，真是人跡滅絕，鷄犬無聲，滿目荒涼，慘不忍覩！黃君復言：渠過去因年稚誤信共黨宣傳，曾參加共黨工作，後見重要共幹所作所為，騎在人民頭上，視人民如芻狗，既不顧及情理，更無人道可言，感覺與個人當初理想大相剌謬，知不可以共處，乃決意反共，於五月逃亡來港。為反抗極權，逃奔自由，像黃君這樣的人更不知有多少？

在今年農曆六月大暑前後，稻穀成熟，正是大陸忙於收割的時候，中共總希望來一次大豐收，以彌補往年的荒歉。可是人算不如天算，在濱海的廣東、福建兩省，祇在三週之內，就有三次颱風，摧毀了無數的田禾。他如貴州省則鬧着旱災，也枯死很多禾苗；吉林省則淫雨連綿，延遲了春麥的播種，直至前月才開始成熟。這種種的情形，與北平政權的安危關係是很大的。為了一連三年的歉收，令到全國人民陷入飢餓和疲病狀態中，已使毛澤東的工業大躍進，陷於停頓破產了！（據美國專家密斯根大學教授厄克斯坦說：現在中共的工業生產，比一九五八年和一九五九年已降低了。但降低了多少，厄氏未說出確實數字。）最近中共八屆十中全會公報發表，也不能不公開承認糧荒的嚴重，改變經濟計劃，放棄工業生產，亟亟謀所以挽救農業危機了。

（二）

當着一九五八年的時候，毛澤東趾高氣揚，正在厲行大躍進計劃，口口聲聲號召全國人民，大力支持工業生產，其時曾大事宣傳，揚言中共大陸工業要超越過英國和德國，成為世界第三最大的產煤國，（二億七千萬噸）鐵砂生產在一九五八年要增至兩倍，至一九五九年又增加兩倍，（二千萬噸。）所謂東風戰勝西風，一時叫得囂天價響。可是，樣樣東西都一律要增產，事實上那能辦得到呢？何況中國根本是個老大農業國！人民受着重重的壓制，迫得放棄農業生產，於是大躍進一開始，就危害了中共自己，減少了農業的收穫，種下今日的困難和危機，這是毛澤東意料所不及的。

這是中共所公佈認為最得意動聽的統計數字：在一九五八年大躍進的年頭，良好的氣候，使全國穀物的收成，由一億八百五十萬噸增加二百一十萬噸。北平的計劃人不僅宣告穀物收穫增至兩倍（三億七千五百萬噸）而且聲言次年會增至五億七千五百萬噸。可是在實際上，次年的收穫，反跌回一億八千五百萬噸，以後每年的收穫，祇停留於這一數目內，而且有減無增。這到底是什麼緣故呢？說穿一句話，這僅是白紙黑字數目上的增加，而不是穀物實質上的增加。據我所知，因為共幹奉派下鄉督導增加農產，為了向主子邀功，硬迫各鄉幹部報告生產數量，倘若鄉幹照實報告，便受批評處分，於是不得不虛報擴大生產數字，共幹據以上報，於是生產大躍進了。這樣一來，只苦了一般農民，舐米及糠，悉索以供，而所謂生產大躍進者，却原來是這麼一回事，中共可謂盡滑稽荒唐的能事了！

（三）

中共一年年在歉收了！他們宣告歉收的理由是：頻年發生一連串的風災，水災，旱災，和蝗災。不錯，災害，誠然是事實，不過這只是原因之一，最重要的原因，還是大陸農民普遍怠耕。他如耕地未能盡量擴大，（現在只佔土地百分之十）肥料缺乏，（全國最少需要三千萬噸化學肥料，現在只得三百萬噸）種子欠優良等等，這都是重要的原因。這一切一切，中共目下實在沒法獲得解決，他們只倚靠唯一的泉源——人力來進行農業生產計劃。

中共驅使農民大軍，日以繼夜從事勞動建設，可是他們建築的水壩，因土質鬆懈，是容易崩潰的；（據鄉民所說，中共督建水壩，因[illegible]死亡者不計其數，年來水壩[illegible]固，崩潰者已有多起，[illegible]及下流農村）他們挖掘的河道[illegible]度不大，是容易淤塞的。還有[illegible]伐樹木來增加耕地，可是樹木[illegible]後，土地就易成乾旱；同時[illegible]，雨水一冲入河，河床也就[illegible]是氾濫成災了。稻苗則因為[illegible]，也多枯槁而死了。這些都是[illegible]災害，造成極大極大的損失[illegible]怎樣利用科學的方法來灌溉，中共對此，始終未見有切實[illegible]農業失敗，生產銳減，農民萌[illegible]，便相率逃亡，逃亡之念一[illegible]不願再回頭了。據逃亡來港的[illegible]：中共甜言蜜語，游說我們回[illegible]我們深切了解中共的狠毒，寧[illegible]港餓死，也不願返大陸了。[illegible]就可知道人民憎恨中共，是達到什麼程度了。

（四）

現在中共的糧食問題，日趨嚴重，已陷於深淵，難以挽救了。[illegible]起，不得不仰給於西方了。[illegible]民脂民膏辛苦換來的外匯三億[illegible]，向加拿大，澳洲，和法國[illegible]購小麥五百五十萬噸，最近又向[illegible]購小麥，預計今年購入的小[illegible]達到四百萬噸。可是這些小[illegible]以給養軍隊的。毛澤東自以[illegible]隊，便可以鞏固政權，老百[illegible]，是不放在他的眼裏的！毛[illegible]做法，顯然是失敗的；他的[illegible]免太過簡單了！

這些都是中共政權崩潰的預兆。論語說：『百姓足，君孰與[illegible]姓不足，君孰與足。』如今[illegible]過着飢餓的生活，幹着非人[illegible]民氣銷沉了，民力枯竭了，[illegible]沮喪悲憤和失望的心情，實[illegible]說：民心是失去難回了！我[illegible]進一步說：在今後五年內；[illegible]敗，可能成為最重要的發展[illegible]覆亡，正是『理有必至，事有固然』的啊！

從孔祥熙回台看蔣經國

文正

孔祥熙終於在蔣先生的歡迎之下回到了台灣。

孔祥熙這次回國，究竟是小住還是久居，是不值得去推測的，因為他既已回到了台灣，小住或久居就不成問題了。

從新聞報導上所知，孔抵台時蔣先生固是親至機場歡迎，蔣經國而且還遠自登飛機去接待他。

蔣氏父子與孔祥熙是至親，從這一角度去看，蔣氏父子之歡迎接待孔，是理所當然的。這舉竟是私情的一面，外人自是難以對此舉置喙。

但是人們沒有忘記，蔣孔之間過去還有公的一面關係存在，雖然雙方之間這一方面的關係，在蔣氏父子最後退出大陸前的那個階段，是並不很愉快的。因此當孔這次回台之前，曾先用電報徵求蔣的同意。他們過去的關係如果僅是至親，又如果他們兩家過去並未因為公的一面的關係搞僵而紅臉甚或交惡不相容，孔祥熙之回台灣，自然不必遲至今天，甚至於是他大可來去自如，不必先用懇求許可的態度取得蔣的許可，人們也自然不會注意這個問題。

由於十三年前後蔣氏父子對孔家的態度，有了天與地的轉變，使我覺得蔣氏父子連最後一點原則性的立場也放棄了。所謂這最後的一點原則性，就是他們父子當初在台灣改造國民黨的原則性。

說到了國民黨的改造，又不禁令人想起了當初蔣經國的那股蠻勁；從這裏回想開去，還可以想到他當年在上海扣押孔家少爺孔令侃的事。從當初這些事情上去看，好像蔣經國是一個先公後私的人，專講是非的人，是一個有原則和立場穩定的人。正因為此，不知道當這次蔣經國去飛機場並登上飛機去接待孔祥熙時，是以什麼樣的心情和態度來對待這樁事的。如果他是以蔣氏子孫的心情和態度來對待這樁事，他可以不必感到慚愧；不過如果他還能想到自己原本是上海灘的「打虎英雄」時，我想他應感到無地自容了！

從孔祥熙這次到台灣的盛況來看，他簡直像是個「凱旋的英雄」，但是經過了已經改造的國民黨的立場上去看，他原是個黨國的罪人，是這十三年來，無形中已被逐出了國門的罪人。

這十三年來，不知有多少立志報國的人，入台無門。在這十三年中間，也不知有多少人曾這樣慨嘆過：「上天難，入台更難！」

這十三年來，不知有多少心向祖國的學人，希望能到台灣去看看，但是都被拒於「忠貞」的門外。即使是負有言責者，也都曾被拒於這道鐵門之外十年。

但是這道鐵門，現在被孔祥熙輕輕地就敲開了。

孔祥熙當然是個「忠貞分子」，是沒有任何人會對這一點懷疑。但除此之外，根據國民黨改造的標準來看，則又並不盡然。現在孔祥熙畢竟是已經到了台灣，可見國民黨改造的標準和結果，還是有問題的，不過是以蔣氏父子一時好惡為轉移而已！那末也就可見所謂國民黨的改造是怎麼一會事了。

當然，人是念舊的動物。做人是應該有點恕人的精神，何況中國古人早說過，做人應該不念舊惡。應該做到得饒人處且饒人。不過這些話似乎只適於用在純粹的私人關係和私人間的問題上。像孔祥熙之與中華民國的關係，和國民黨的關係，這些古來之言就並不很合適了。

這也是當然的事。在蔣氏父子心中，天下既是蔣家的，而國民黨又同樣是蔣家的，那末處理像孔祥熙這樣的問題，自然很簡單了。

我不知道蔣氏父子會否這樣想過，只要有一個黨員並不甘於居於家奴的地位，他將會怎樣來看孔祥熙回到台灣，並且還受到這樣重大歡迎的這樁事呢？要是有這種想法的黨員，在黨內並不止於一人，而是一個不小的少數，這事又將會產生怎樣的影響呢？又假如不幸對這樁事敢怒而不敢言的竟然是黨員中的多數，雖然這多數是完全在黨內沒有職權的，這又將會產生怎樣的影響呢？

我不知道蔣經國本人對此有什麼想法。但是我想在那些對蔣經國抱有幻想的人之中，是一定會有少數的人會因而感覺到詫異的。對於那些把蔣經國看作是武松的英雄人物的人，也會感到這位「打虎英雄」今非昔比了。當然這樣的事情，在一些只想在蔣經國周圍混飯吃的人是無所謂的，反正他們抱定了蔣經國所好者好之，蔣經國所惡者惡之的宗旨，便做官不成問題，吃飯也不成問題了。

有人說，政治本來就是一套戲法，對這樣的事何必如此認真。但是當我們再想一想，國事之所以糟到這步田地，不也正是這些應該認真的問題沒有被認真看待的結果嗎？

為了博取和建立個人的聲望，蔣經國一度曾以「打虎英雄」自居；為了挽救國民黨免於最後的崩潰，蔣氏父子曾以改造黨的手法，不准像孔祥熙這樣的人物入國門，用以刺激黨人。

現在，一切都又恢復舊觀了。事實證明蔣孔之間的關係，終究是血濃於水，蔣氏父子率百官以迎孔祥熙的一幕，對有良知的國民黨員，無異是上了一堂課，對於那些對蔣經國心存幻想的人來說，也無疑是多了一次擦亮眼睛的機會，這回我想他們該是可以把眼睛擦亮些了。至於對那些甘為家奴的人，他們當然會興奮地說：「經國先生是有了真正的進步了！」

海軍毆傷市長

劍平

（高雄通訊）十月十一日晚高雄市長陳啟川在市中一路厚德福飯店門前，被海軍某單位的曾慶彪等數人毆傷，其經過情形，頗足以概見今日海軍風氣之一般，特報導於後：

坐車鳴喇叭，招來一頓打

據陳市長向往訪的新聞記者稱：他當晚八時許應水泥公司董事長林伯壽邀請，到厚德福晚飯後，走出飯店，坐進汽車，準備回家。因為面前一輛計程車擋住車頭，不能開行，他的司機即按喇叭，不料竟激怒正欲擬乘坐該計程車的五、六個衣冠不整的壯漢。他們立即圍攏了他的坐車，破口大罵，其中一人還將燃着的半截紙烟，投進他的車內。他推開車門，正欲問個究竟，一個壯漢竟不由分說的向他揮拳打來。這人手上帶有鐵拳頭的兇器，以致他的右眼被打得鮮血迸流，隨即被拖出車外圍毆，他本能的用手抗拒，左手指也被擊傷。此時，他的臉上，胸衣和手上都染滿鮮血，情勢甚是危急，幸而旁觀市民大聲呼呼：「他是市長，打不得！」暴徒們才跳上計程車遠去。陳市長很感慨的說：「過去，我時常聽說高雄市常有任意打人的事發生，想不到我自己也被打了！」

兇徒原是海軍

事後，經高雄市警察局局長余公炎，刑警隊長張鵬翼率領警員親赴現場調查，終於查出行兇的暴徒，均是海軍某單位的人員，據說：僅有曾慶彪、李厚德、雷正國、黃致祥等四人，並非五、六人。他們均已承認當晚在厚德福參加一個退伍海軍為其子滿月所請的滿月酒後，在厚德福飯店門前叫計程車時，忽聞後面的汽車鳴喇叭，一時衝動，致與陳市長「拉拉扯扯」，並否認帶有鐵拳頭武器。刑警隊發現曾慶彪的衣服上染有血漬，彼承認即是陳市長的血。因為這幾個兇徒都是海軍人員，市警局祇得請他們的所屬單位自己訊辦。刑警隊長在答覆新聞記者的詢問時，亦是含糊其辭。陳市長更表示不欲追究。報載：省府主席周至柔，國民黨中央黨部秘書長唐縱，內政部長連震東等黨政要人均打電話向陳市長慰問。海軍總司令黎玉璽還送他一隻花籃，並表示對本案將嚴加查究。

這一件事的經過說明了以下三點：（一）海軍人員動輒出手打人，視為常事；否則他們叫計程車時，擋住了其他汽車的車頭，他車的司機鳴喇叭，何致竟會激怒他們？更何致動武？（二）陳市長是一個六十五歲的老翁，他們四人都是年富力強，除非他們平素以打人為樂，縱然由於一時的激動，又何致以四個壯漢，圍攻一個老翁？（三）他們把陳市長打得鮮血淋漓後還不肯放手，假如不是旁的市民高呼他是市長，打不得！」他們顯然還再圍毆下去，似乎至少也要將他打個半死，這四名海軍人員是何等的兇狠，於此已可概見。因此之故，假如本案竟不了了之，今後這些特殊人物，勢將肆無忌憚，愈加橫行，高雄的市民更將人人自危了。十一日上午，高雄市女議員謝太華在市府門首高聲嚷叫：「連市長都被打了，今後一般老百姓怎麼得了！」市議會議長陳銀櫃也向新聞記者表示，他正在考慮，於晚間夜出時，頭戴鋼盔，以防被暴徒襲擊。議員和議長的感想尚如此，一般老百姓的心情如何，也就可想而知了。

檢察官的聲明

這一件事，顯然不會再有下文。黎玉璽所謂的嚴加查究，也不過是一個應酬話而已。但高雄地方法院首席檢察官吳兆濂却發表書面談話稱：「本案本處尚未接到告訴，依一般傷害案件，須告訴乃論。本人聞訊後，經向陳市長詢問詳情，並致慰問。據市長告：行兇暴徒係攜有兇器，事態即較嚴重了。且陳市長為地方政府機關首長，竟為暴徒圍毆，影響地方治安至鉅。其間有無別情，本案已令該管警察機關迅行查報外，本處並派專員負責徹查事件真相，以憑法辦」。

陳市長已表示不願追究，市警察局因無權處理才請海軍某單位自己訊辦，且看吳首席如何「法辦」吧？

唐榮廠內又有波瀾

劍平

（高雄通訊）改組後的唐榮工廠，不但經濟狀況繼續惡化，而其內部又起波瀾。據悉：該廠自改歸公(省)營後，原有人員未見減少，新進人員反而日漸增多；而且其中多為辦文書及管人事的行政人員，絕少直接參加生產或營業部門的技術人員。這些新進人員，原來從事政府工作，他們做慣了官，因而也將唐榮廠當作衙門。他們的所領薪津均遠在舊人之上，以致引起後者的普遍不滿。本月一日唐榮工務部舊有重要職員五十六人聯名致函新任總經理曾桐，指出新舊員工待遇相差懸殊，影響工作情緒甚鉅。他們舉例說，同屬課長級人員，新進者月支三千元以上，舊任者則祇拿老待遇，月支二千元以下。煉鋼廠及軋鋼廠長的任務較人事室主任為重，但前者的月薪不到三千，後者則為五千五百元。他們說：如比不合理的差別待遇，舉不勝舉，希望曾經理能早日予以解決。

「革新」，「動員」，假戲假做

獨清

（台北通訊）最近若干天以來，台灣各報紙均在本地新聞欄內，以顯著的地位接連不斷的刊載下列三項消息：第一、是國民黨的革新運動，第二、是立法院正在討論戡亂時期懲治貪污條例，第三、是監察院舉行年終檢討會，監委痛陳貪風盛行。這三項消息，表面上看去，似乎是一個運動的各方面；但進一步探討，則發現原來是互相矛盾，等於自我否定。

從「革新、動員、戰鬥」的號召說起

所謂革新運動，據說，即是響應蔣「總統」的革新、動員、戰鬥三大號召。這三大號召的內容如何，因為蔣「總統」就未曾講明，人們自然莫明其妙。而且由於蔣「總統」一向是講了不做或講了之後剛好做的反面，人們最初根本就沒有留意。但最近忽然說要造成一種運動，於是報上就出現了一連串的消息，說國民黨早已開始在內部默默的推行了黨的革新運動，即將進一步推動從政黨員，實施政治革新云云。至於國民黨已經革新了什麼，也許是事關黨的密秘，報上仍是含糊其辭。自此一消息傳出後，本年雙十節慶祝大會，又由主席團提出了一個「革新、動員、戰鬥公約」，當經大會無異議通過。原文如下：『我們自動自發，戒除不良舊習；我們積極革新，改造社會風氣；我們一致動員，參加反共行列；我們聯合戰鬥，爭取全面勝利；我們効忠國家，實行三民主義；我們擁護元首，完成中興大業。』

這個公約的內容，雖是空空洞洞，言之無物；但據說，還是國民黨當權派幾經研討，並報告蔣「總統」認可後，才授意雙十節慶祝大會主席團向大會提出通過，以示隆重。本月一日，這個主席團又奉諭舉行會議，在立法院長黃國書主持之下，再通過一項「革新、動員、戰鬥公約實施辦法」，並決定自即日起，在全國各地普遍推行，儼然以「革新、動員、戰鬥」運動者自居。有人說：雙十節慶祝大會主席團在慶祝大會早已烟消雲散之後，還繼續存在，而且公然開會，決定什麼辦法，限定全國推行，這豈不是怪事？但今日的台灣，正所謂怪事年年有，因而人們也就見怪不怪了。否則堂堂的立法院長又何致會主持如此的怪事呵？

所謂實施辦法，尚未正式公佈；據報上的消息：將從日常的生活中選擇平實易行處着手。規定的要項是：辦公集會，遵守時間；處理公務，迅速確實；簡化婚喪喜慶，宴客力求簡約；愛惜人力物力，革除奢侈浪費；遵守公共秩序，保持環境整潔；善盡國民義務，養成儲蓄習慣；提倡正當娛樂，維護身心健康；表彰好人，宣揚好事，改善風氣，匡正人心；敬愛軍人，支援軍事，一切為前綫，一切為勝利。據說：農、工、商、教育、青年及婦女等團體，還要分別舉行策進會，按各行各業的特定性，訂定項目，積極推行。

關於政府方面，報載：國民黨已於本月一日透過從政黨員的努力，在政府各部門推行革新工作，包括清除官僚主義和形式主義，以促進廉能之政治風氣。並說：此次各機關舉行革新工作，重在行動，不在命令。行政院秘書長陳雪屏於本月七日向報界發表談話稱：「行政院遵照總統「革新、動員、戰鬥」的指示，一年來隨時都在謀求進步。各級政府在過去一年內，也作了不少革新工作，而且都很有成效。今後政府將繼續努力，以期達成革新要求。」

他認為：「革新、動員、戰鬥」應從每個人做起，然後由個人到團體，到機關，全力推行。他在答覆記者詢問時特別指出：「社會上對於政府常有指責，有些人認為政府的效能甚低，事實上，我們却在默默中做了許多事。」

為什麼政府默默的做了許多事而老百姓還看不出呢？這當然是老百姓太無慧眼了。

除了行政院而外，考試院也於本月六日發佈消息，說該院響應「總統」的「革新、動員、戰鬥」號召，在過去一年中，無論在財務和事務上都積極做到了着重實際有效，講求新速實簡。並說：現在已訂定四項推動革新的計劃，包括「守時，公文即到即辦，節省公帑、公物和禮貌運動」。

革新其名，貪風仍舊

在革新聲中，立法院除了在報到時，財政委員會曾發生前所未有的醜劇，經國民黨的當權派幕後疏導，終以不了了之而外，目前正在進行討論的戡亂時期懲治貪污條例，亦發現重重阻力。照常理言之，當權派果真有意革新，則嚴懲貪污，應為首要之圖，為何懲貪條件反而節節受困呢？由此，可見他們之所謂革新，至少是並不包括肅清貪污在內。

本月六日起，監察院開始舉行每年一次的年終檢討會，連日各監委發言，均認為目前政風敗壞，係有特殊背景，支持其發展。至於此一特殊背景是什麼，監委們雖未明白道出；但大家的心裏都明白。葉時修委員認為貪污之風所以愈來愈盛，乃因法律不嚴。他希望立法院能早日完成貪污治罪條例的立法程序。他指出該條例陷於膠着狀態，由於若干立委反對將辦理黨務工作的人列入懲治的對象；其實這是沒有什麼可爭的。因為如所週知，今日黨部所用的一切經費，都是從國庫開支，黨務工作人員自應和一般公務人員一樣受懲貪條例的約束。黃實委員也說：貪風已經侵入政黨和學校，黨務人員在辦理選舉時收取鉅額的所謂支持費，法律根本無法約制。曹德宣等委員則主張監察委員應多多自我檢討。他指出監察院對劉愷鍾案之處理，使監察委員們在外面幾乎無法抬頭。有些貪污案在監察院內鬧了一陣便無下文，也使社會人士不能諒解。他認為黨務工作人員更不容有貪污情事，不但以黨領政的執政黨應如此，即在野黨也不能例外。孫式蕃委員說：十餘年來，監察院每年的檢討會均以消弭貪風為主題，但貪風至今有增無已，這不是由於監委們不夠努力，而係另有原因的。他指出現在多數人均笑貧不笑貪，祇要有錢便受人尊重。有些不法商人為求不法利益，不惜拿出交際費請政府官員到大飯店、大舞廳去尋歡作樂，而被邀請的官員亦樂此不疲，就是很顯著的例証。王樹霖委員說：監察院年年檢討，將大家的意見分別整理，送請行政院注意改善，但行政院往往以「推」、「拖」、「拉」的方式應付，直到第二年檢討時，才草草函覆了事。他並舉出法院改隸問題，早經大法官解釋，至今仍未遵行等事為例。

監委自認只打老鼠，不打老虎

陶百川委員說話更為坦白，他說：葉時修委員六日發言時說，有一件由經濟委員會決議要提出彈劾的案件，結果沒有提出，大概是指唐榮案而言。唐榮鐵工廠未付所欠電費，而電力公司不予照章剪綫。電力公司這種做法是違法的，我們本可彈劾台電高雄服務所負責人甚至電力公司總經理。可是，電力公司曾將此事向經濟部請示，經核准繼續供電，所以要彈劾就得彈劾經濟部長。而經濟部長是政務官，因為這種小事加以彈劾，影響未免太大。又如唐榮未繳清欠稅，但稅捐處仍照發給納稅証明卡，本來可以彈劾，然而稅捐處曾報省財政廳，轉奉財政部核准，如果要彈劾就得彈劾財政部長，因而承辦該案的監察委員不肯下此辣手，以免損及國家的體面。他又舉出劉熙案，認為教育部准許劉熙出國有五點違法：第一、他已經十八歲，不能算是天才兒童；第二、他未通過天才兒童的審核程序；第三、他並無慕尼黑大學的入學許可証；第四、他的國外獎學金，祇憑私人的一封電報，不能証明他確已獲得；第五、他已屆兵役年齡，依法應受軍訓才能出國。陶委員說：這樣的違法處理，本來可以彈劾教育部長，惟此案曾經教育部呈報行政院批准，如果彈劾，就得彈劾行政院長，於是辦案委員深感為難，結果僅提糾正案了事。

陶委員鄭重地說：年來很多下級官員遇有違法的事，自己不能做的時候，便向上級請示，上級居然接受，居然批准，代部下負起違法的責任，這種風氣實在要不得。他以「投鼠忌器」一語來形容監察委員同仁承辦唐榮案、劉熙案時的心情。他說：我們不是不敢投鼠，也不是不能投器，只因那一類器乃是國寶，有如夏、商、周時代的古物一樣珍貴，因而，我們只能希望今後做國寶的不要被老鼠利用，使我們可以放手去打老鼠。

陶委員這一番話，無異自己承認祇能打老鼠，不能打老虎。他所舉出的這幾項例子，顯然都是避重就輕的。曾憶雷案發生後，監察院曾掀起一陣的暴風雨，後來推出陶委員等五人成立專案小組進行調查，但結果却認為警備部之拘捕雷震及審訊過程雖然頗多未合，但或由於積習難改，仍擬免予以糾彈。人們當時均驚異莫名；如今經陶委員這一說，大家也就有所省悟了。因為雷案如要追究，就得彈劾蔣家父子，但他們更是「國寶」，監察委員們更要投鼠忌器了。

聯合報評為假戲假做

聯合報於本月十一日發表社論，開首說了一番客套話，讚揚國民黨中央和政府一年以來，正在默默的展開革新運動，該報對這種祇說不做的新態度和新作風，願意表示敬佩。繼指出：如果容許就事論事，則人們所得的印象，就不免感到有些革新措施，似乎急其所不當急，有些動員措施，似乎並未抓到要領。該報進而就陳雪屏秘書長所作的革新成果報告予以評論，認為「有關法令規章的修訂者，多只是補苴罅漏，而缺乏操刀一割的精神；有關具體行動者，多只是枝枝節節，而有失把握重點的原則。

例如關於財經改革部份，列了六大子目，却無一提到如何加速建立以直接稅為中心的合理稅制的問題。又如關於司法革新部份，列了六大子目，却無一提到法院改隸何時可見諸實現的說明。而像這兩個例子所涉及的兩個問題，前者為多年來各方所一再熱烈呼籲，後者為一年來各方所高度密切注意，行政院推行政治革新而不及於此，豈非不急其所當急？」該報又說：「規劃動員準備工作的成果，陳秘書長所列舉了三大項目，二十二個子目。但除了國防臨時特別捐之征收這一措施，曾經是並且迄今還是為大家所感到有點動員的氣息之外，其他諸如經濟動員部份的物資預算，人力動員，交通動員，以及民防部份的應變準備之策劃實施，似乎一般人民，絕大多數都沒有一份準備動員或者從事動員的感覺。有之，也祇是報紙上所刊出的片斷方案和計劃，街頭舉行的某種假戲假做的演習而已。或者動員真相，事關國防機密。可是，上上下下，嗅不到一點點準動員的氣息，看不到一點點真動員的跡象，則誰也會覺得奇怪。」

該社論最後指陳：「政府不談整飭政風則已，真要談的話，第一必須權衡緩急，徹底做一兩件事以樹立風聲；第二必須斟酌輕重嚴厲辦一兩個案以恢復威信。最近政府已公開表示，要革新，要動員，則我們有理由舊調重彈，革新要革得乾脆徹底，動員要動得像個樣子。」

從聯合報這篇社論中，更可証明當權者雖然自稱他們早已默默的進行革新，而且在各方面都已收到成果；但事實上人們從上上下下，壓根兒就沒有嗅不到一點革新、動員的氣息。該報喻之為假戲假做，可謂一針見血之論。

評析伍修權在保共大會的講演

劉裕畧

保加利亞共產黨最近在索非亞開第八次全國代表大會，中共中央委員伍修權代表中共於十一月八日上午致詞。

在致詞中，伍修權公開抨擊保共，暗責蘇聯。並提出了共產黨政權間的平等獨立問題，而伍修權的致詞，一開始，就更集中的辱罵了美國及美國對古巴的政權。

據中共新華社十一月九日索非亞電：「伍修權說，目前的國際形勢正在朝着更加有利於各國人民的方向發展，社會主義陣營的力量，日益壯大。全世界人民反對美帝國主義的侵略政策和戰爭政策的鬥爭，正在繼續高漲。……在今天，美帝國主義，其它帝國主義及其在各國的走狗，他們的處境都是不好過的。最近，美帝國主義公然採取一系列軍事挑釁的措施，妄想用武力封鎖或進一步的軍事行動，扼殺偉大的革命的古巴，這一新的軍事挑釁又一次証明，美帝國主義是世界和平最兇惡的敵人」。

「我們各兄弟黨和兄弟國家之間的關係，是以馬克思列寧主義和無產階級國際主義爲基礎的。每一個共產黨，每一個社會主義國家的事業，都是國際無產階級革命事業的一部份，必須互相支持，相互援助，進行共同的鬥爭。同時，每一個共產黨，每一個社會主義國家，又都是獨立的，平等的，必須互相尊重獨立和平等的地位的權利。……而任何違反這種共同準則，不利於團結的言論和行動，在各社會主義國家人民面前，在全世界人民面前，都是通不過的」。

「伍修權說，令人感到十分遺恨的是，在你們黨的這次代表大會上，我們聽到了片面無理地指責阿爾巴尼亞勞動黨的言論。我們認爲，在我們需要加倍努力維護我們社會主義陣營和國際共產主義運動的團結的時候，一個黨竟然在自己的代表大會上公開攻擊另一個兄弟黨，這樣重複破壞無產階級國際團結的惡劣做法，從根本上違反了馬克思列寧主義原則，違反了莫斯科宣言和莫斯科聲明所規定的關於兄弟黨、兄弟國家相互關係的準則，決不是馬克思列寧主義的鄭重態度」。

我們曉得：伍修權就是曾經代表中共爲韓戰問題，到聯合國胡鬧過的人。他是軍人出身，曾任林彪的參謀長。隨後調充中共外交部副部長，以迄於今。這一次，伍修權又在保共大會上爲阿爾巴尼亞問題罵座，當然都決不是伍修權個人的性格如此，而是中共中央訓令他如此，尤其是毛澤東訓令他如此。

毛澤東之所以訓令他如此，是因爲赫魯曉夫與毛澤東的個人衝突愈來愈尖銳。阿共領袖謝胡與霍查一直站在毛澤東一邊，擁護和維持個人崇拜的現象，以維保私人的名位，而赫魯曉夫則欲憑藉蘇共在共黨陣營的領導地位來打擊毛澤東，所以，毛澤東現在就叫出各兄弟黨各兄弟國家間應該獨立平等的口號，以爭取其它共黨的支持，從而孤立和瓦解赫魯曉夫的地位。

在以往，完全與毛澤東站在一起的只有阿共，比較接近中共的則有北韓、印尼、日共與北越。最近則因赫魯曉夫未徵得古巴同意即將飛彈拆除，因而引起卡斯特羅的不滿，所以，古巴共黨（即卡斯特羅領導的古巴統一革命委員會）也似乎傾向毛澤東，再就這一次保共召開全國代表大會之前，赫魯曉夫毅然支使保共清算保加利亞總理尤高夫的情況看，則尤高夫似亦有與毛澤東暗中勾結的迹象。因爲保共總理尤高夫這一次被清算的罪名，也是有着個人崇拜那一條罪名哩！

正因爲東歐附庸一向是蘇聯最可靠的衛星國，保共前總理尤高夫竟然不穩，這對於赫魯曉夫的威脅太大，所以，赫魯曉夫就不顧一切斷然支使保共內部之親蘇份子將尤高夫整肅了。

同樣的理由，正因爲蘇聯把暗中與中共有勾結的尤高夫整肅了，所以，毛澤東也就不能忍的要叫伍修權在保共大會上公開抨擊保共暗中抨擊蘇聯了。

當然，迄今爲止，毛澤東始終只敢暗中若隱若現的抨擊赫魯曉夫，無論在阿爾巴尼亞問題上，無論在古巴問題上，也無論在保共大會上，這都表明毛澤東畢竟還是奴才性太重，不敢公開破裂。再看伍修權在保共大會致詞的最後一段，說「我們誠摯的希望，大家以團結爲重，有爭執和分歧的各兄弟黨、兄弟國家，本着無產階級國際主義精神和互相尊重獨立和平等的原則，通過協商來解決他們之間的一切問題」。毛澤東既然至今仍在盼望與蘇聯協商來解決一切爭執和分歧，所以，毛澤東目前仍不敢而且不致立即與蘇聯破裂，是很明顯的了。

×　×

大陸簡訊

周恩來巧辯所謂實際控制線

中共對於印度，本來是聲勢兇惡的。所以，中共軍隊才在中印邊境一再攻擊印軍，並進佔若干原由印軍據守的若干土地。但現在的形勢，却愈來愈對中共不利。於是乎毛澤東最近有從印邊龜縮的迹象。

這一龜縮迹象主要表現在十一月四日周恩來致尼赫魯的信上。

周恩來十一月四日的信說中共所指實際控制綫「爲一九五九年十一月七日當時存在的實際控制綫」。而非現在雙方軍隊所實際控制之綫。這當然是周恩來在這一封信上的巧辯。因爲中共原先所指的實際控制線，指的乃是目前雙方各自控制之線，而非一九五九十一月七日之綫，周恩來之所以忽然如此解釋，理由很簡單，無非表明中共現刻已深深的感到它與印度的武裝衝突，已對它愈來愈不利，所以，毛澤東有意從印邊龜縮，而使周恩來故意作如此退讓性的解釋，以求得印度允許和談而已。在此情形下，凡反共愛國的中國人，都應該乘機與印度夾擊中共，使中共進退失據，深陷在中印邊境的泥淖中才是。

陸奇

陳毅呼籲亞非集團調解

正因爲中共惟恐它自己深陷在中印邊境的泥淖中不能自拔，從而拖垮中共政權，而中共又看到印度不願輕易私解，不肯接受對中共有利的和談條件，所以，中共便又寄希望於亞非國家，希望亞非國家來促使印度接受中共的提議，從而解中共之危。事實上，有些亞非國家已經覺悟了，它們不會幫中共的忙，埃及原本有意調停，但埃及最近的言論已有轉變，轉而譴責中共了。所以，華僑仍必須把腦筋放清醒些，確實認清楚中共根本不能代表中國。在中共與印度之爭執中，中共既不是爲的愛國，所以，中共的一切行動都不值得我們支持。若誤認此點，便在客觀事實上上了中共統戰分子的當，變成中共的走狗了。

僑鄉近訊

鍾之奇

廣州繼平津疏散人口

自中共下令疏散城市人口後，迄今仍未澈底完成。蓋中共原定計劃各大城市必須將原有人口百分之四十疏散下鄉，以迫使人民從事農業勞動，同時，減低城市人口之壓力。茲綜合中共報紙之有關消息，顯示中共最近對於上海、北平、天津、漢口、廣州等各大城市之人口疏散工作，更在加緊。茲據廣州來客談，中共刻在廣州加緊人口疏散工作，勸令無業居民一律下鄉，此外，又勒令各工廠各國營公司各機關因緊縮而失業之工人及幹部一律下鄉，僅僅對於有僑滙收入之僑眷始稍客氣，以免影響僑胞對中共之觀感。

此一最近由廣州抵港之某君說：廣州市民一般皆不願下鄉，蓋各該市民平時既非農民，自問不慣農業勞動，況農村之糧食配給量比城市更少。而且城市居民下鄉後，多被中共集體移往西北及西南邊區荒涼地帶去開墾，故一般居民均不願疏散。但中共初步雖採勸告方式，現則進一步改採停配口糧辦法，以强迫市民疏散云。

中共加緊搜括福建薯類

福建省的薯類，近來已經成熟。只因薯類現已成爲大陸之珍貴糧食，故中共對此搜括亦不遺餘力。

茲據中共報紙透露：福建省中共行政部門，已命令各地加强收購工作。爲了便於收購，中共福建省商業部門更加撥了銅、鉡等物資，趕製「薯切」（一種對薯類加工的工具）二十七萬片，目前且已趕製出切咀鋒利，切絲均勻的「薯切」三萬多片。

此外，福建省共幹還調撥竹、木、鐵匠到薯類生產地區幫助生產隊進行工作。

據中共透露，福建省商業部門之所以必須加强薯類收購工作之另一理由，係因福建各地本年糧食收成不佳，必須多收薯類，以代替米谷而作主糧云。

粵共子弟在穗享受特權

中共內部平時雖强調所謂民主與同志愛，但黨齡之高低與職位之重要與否，仍形成一種絕對的階級區別。

就一般來說，共幹固然高踞在人民頭上，但就共幹內部說，却又是一級又與一級不同的。不僅共幹本身如此，共幹之子弟亦復如此。

通常，沒有中共黨籍的幹部，無論他是軍幹或政幹，他們的子弟按照軍屬優待條例稍受優待，却只能進入普通學校的，有黨籍的共幹則不然，他們的子弟，皆進中共黨辦的特別學校。

最荒謬和最滑稽的，是這些可以進入黨辦學校的子弟，仍有嚴格區分。他們被區分的標準，並不是各該子弟的天資或學養，而乃視他的父母在黨的黨齡及職別爲標準。在軍隊裏，則少將級以上軍官的子弟是可以進入特種黨辦學校的。行政方面，則必須相當於行政專員級而又有黨籍的幹部始可進入。該特種黨校，每日有牛奶等配給，冬季衣着皆係羊毛織品及呢絨，故無異乎是一種貴族子弟學校。此類子弟通常以前可直接送往蘇聯留學，目前雖因中共與蘇聯關係惡化而少送子弟往蘇，但該等貴族式子弟仍可優先進入中共在北平所辦的中央黨校云。

正因爲共幹子弟享受特殊，故在廣州各級學校中和各學校與黨校之間，形成一種尖銳的階級對立現象，因而偶亦發生互罵互毆事件。蓋年青學生，少不更事，初生之犢不畏虎，眼見共幹子弟豐衣足食，甚至還有汽車代步，而人民子弟飢寒交迫，故雙方遂逐漸形成了一種仇恨心理云。

梅農去職前後的印局

表示效忠

慕禪

在國際舞台上大出風頭的印度第二號人物梅農，終於以「辭職」而退出內閣；這不能不說是印度一項極重要的變動，為立國十餘年來所未有的。十多年來，梅農以尼赫魯的副手姿態，在印度歷長外交、國防等部，充任印度出席聯合國代表團團長，遍訪莫斯科、北平，與共產集團人物握手言歡；而在國際壇坫上，屢屢給西方外交家以難堪的，也是這位被懷疑為準共產黨的梅農。可是現在，被認為親共的梅農，卻在印度對中共戰爭的初期中去職了。

梅農一向雖被認為親共，但在對中共的邊界戰爭中，他卻是堅持印度的民族立場的，當印邊大衝突發生之前，與北平發表針鋒相對的言論，梅農更多於尼赫魯。可是，似乎梅農在以前所種下的惡果，並不因他最近的表示對印度耿耿忠心，而消除，以至印度多數人民和政治家，不容許他再有表現洗刷的機會，雖然尼赫魯對於梅農仍持諒解，極力給他解釋掩護，也終無濟於事。

梅農自國防部長調充國防生產部長，已是尼赫魯為緩和反對梅農者的一種措施，希望給梅農留一餘地，以觀後效。但是反對梅農的力量來自各方面，要求梅農不能有所保留，必須「滾出內閣」，尼赫魯也終於不得不表示無能為力，接受了梅農的辭呈，讓他去投閒置散。

被迫下台

在印度政壇上稱雄十餘年的梅農，終於不得不「掛冠」而去。雖然這並非印度與中共關係丕變的關鍵，但卻是雙方關係趨向惡化的一個訊號。

梅農原來仍然是企圖戀棧的，他否定周恩來三建議的照會，强調印方，堅持中共退出九月八日以前陣線立場，便是表示他自己也是「抗戰派」。但在另一方面，他也並非不知道他自己地位已經陷於危險，所以他更就他個人的立場發表聲明說：我論我是「在內閣、在國會、或甚至只是一個餐室的侍役」，我對祖國「也是忠心耿耿的」。

可是，這些表示已經太遲了。反對黨反對他，執政黨也反對他；執政的國大黨在國會的議員二十四人，代表國會多數的意見，向尼赫魯遞送，等於哀的美敦書的一封函件，要求將梅農逐出內閣以外，其所列述的理由，是梅農部署邊境防務多年，但印軍與中共初次交鋒，極為失利，傷亡慘重，梅農應司其咎。再者，全國上下，對梅農深表不滿，如仍任令厠身內閣，實屬影响全國團結云云。由於反對梅農者的衆多，尼赫魯只有宣佈「接受梅農辭職」。

曾經有一項傳說，說是西方國家對梅農不表信任，在印度要求西方軍火的時候，梅農的「掛冠」是有外交上的原因。但更重要迫使梅農去職的力量，是來自印度國內，反對黨、國大黨、和陸軍本身。梅農過去親共的態度，深為反對黨所不滿。在執政黨內，他抹煞了其他領袖的勞績。而在陸軍中，梅農更以國防首腦部的地位，與地方軍事司令官意見相左。如把重兵佈置在防禦巴基斯坦方面，便是梅農否定陸軍將領加强北部邊防意見的獨斷措施。有了這麼多方面的前因後果，所以對於梅農的下台，全印度竟無一人表示惋惜。

雖然梅農並不是在「清除不穩份子」的名義下而被清除，但或多或少卻反映了這種意識。另一方面，也反映了印度要求對中共作戰的民意。

結盟問題

印共的親中共派（國際派）領袖拉納戴夫的被捕，象徵着同樣「清除」的意味。印共一向就有國際派與「民族派」之爭，國際派在黨內較佔勢力，月初印共新德里大會，民族派要求一致譴責中共侵略，因國際派份子之反對，未能達成決議。結果發生分裂，民族派聲明追隨政府抵抗中共，國際派卻向分部發出秘密指令，着令「採取隱蔽的保護色」，此事遭民族派份子向當局揭發，遂發生逮捕國際派份子事件。這是以「預防監禁」法例拘捕的。

尼赫魯在接受梅農辭職之後，已發出了總動員的呼籲，他說：戰爭所耗將達數億元，除中共或希特勒外，無人能輕易作此開支。故須動員一切資源，以對抗此一世界上最龐大之陸軍國，而他們已有三十年作戰經驗者。這是殘酷的長期戰，我人將再遇挫敗，但必獲最後勝利！

美國自西德空運印度的軍火，已陸續抵達加爾各答。這是以每架載三萬噸，每三小時一架的速率趕運的。其中的自動武器及大型迫擊炮，已由印機轉運前綫。英、加、法各國的軍火，首批亦將於日內到達。據說印度仍無意改變「不結盟政策」，西方國家也已聲明，不影响印度此項外交政策。

可是對放棄不結盟政策的呼籲已被公開發表，由前陸軍總司令卡里巴提出的，認為倘到危險之際，再求外援，恐已太遲，故在更大戰事爆發前，應決定「接受外援」之作戰原則，「中共在西藏囤有重兵，非如此不能驅之出境」云云。

蘇加諾想玩弄甚麼把戲

舒山

印尼總統蘇加諾，日前曾大力倡導於本年底在萬隆舉行第二次亞非中立國家預備會議；他向亞非各國發出了這一個「綽頭」，究竟是想玩弄甚麼把戲呢？

亞非兩洲的國家，其內情是極度錯綜複雜的；其立場與背景，尤為混亂離奇。最明顯的，就是有些國家屬於共黨集團，而另一些國家則屬於自由陣綫；即使其中有些國家是完全標榜「中立」，但骨子裏也是分別與「共黨集團」或「自由陣綫」有着相當微妙的關係。這麼一來，彼此之間在外交政策上就必然的難免有所顧慮。譬如：印尼在亞非會議中拉攏日本，而排除中華民國和大韓民國，但是日本壓根兒與中華民國有相當密切的關係，她對此自然要熟慮深思。此外，亞非兩洲中有不少是新興國家，雖然口頭上高呼「亞非團結」的口號，甚至進一步地計劃看在美蘇兩大集團之外另行組織一個「中立集團」，但她們由於環境不同，內在情況各異，其外交政策，又焉能一致？在「互相尋求其本身所需要」的情況下，同「洲」異夢已是意中事，不同洲的當然更形成了意見分歧。那末，「亞非聯成一氣」云云，其想法如何？真使人高深莫測！

而且在亞非兩洲的家中，有部份國家領袖正是「風頭主義」者，他們無非是想藉此來提高其本國及本人在國際上的地位，卻並不是為着亞非各國的共同利益；相反地，彼此之間是勾心鬥角，互用陰謀。我們不妨回憶一下在七年前舉行第一次亞非會議時的情形：那時有些已脫離了殖民地統治而獨立的新國家，意氣何等激昂？情緒何等熱烈？在會議席上輕鬆地使通過了「和平十原則」，可是在大會閉幕後，曾幾何時？亞非各國就出現了裂痕！現在印尼又來策動召開第二次亞非會議，意義何在？

抑且亞非的新獨立國，由於經濟基礎還未穩定，為了解決經濟上的困難，唯一的辦法，祗有爭取外來的援助；而在目前的世界態勢中，顯然是介於「齊、楚」之間，不是「美援」就是「蘇援」，捨此別無他途可以解困。於焉「親左」，「親右」，各取其便。惟其接受「美援」，接受「蘇援」者，就不能「親蘇」；接受「蘇援」者，亦不能「親美」，斯乃情勢使然，亞非集團便因此而發生了離心力。面對環境迫人的事實，那末，「第二次亞非會議」還有召開的必要麼？

可是蘇加諾卻不理會「上文因果」，已向亞非各國發出呼籲，倡導於本年十二月在萬隆召開第二次亞非中立主義國家預備會議。顯然，他是想藉此玩弄出一套把戲來。我們可以斷言：蘇加諾此舉是具有很大的野心！

蘇加諾於獲得收回西新幾內亞之後，躊躇滿志，現在，他想進一步爭取領導亞非集團的地位！

然而領導亞非集團的，第一個是印尼總理尼赫魯，第二個是阿聯總統納薩。印度和阿聯，在亞非集團中均以大國自居，何曾把印尼放在眼內？蘇加諾雖欲强自出頭，但尼赫魯和納薩怎甘「讓賢」？故在蘇加諾發出呼籲後，印度和阿聯都表示「時機未成熟」；這種態度，顯然是含有藐視成份，而作「有禮貌的杯葛」。

蘇加諾卻不知自量，滿以為印尼是「接近」蘇聯的，他的倡導當可獲得亞非那些在「蘇援」中的國家的支持，可是他意料不到這正招來印度和阿聯的嫉忌而使到他的「如意算盤」打不响；最低限度，目前已陷在尷尬狀感中！

此外，日本方面的反應，對蘇加諾的野心打擊也很大。此時此際，日本在亞非兩洲的地位，無疑地是相當重要。蘇加諾想玩弄把戲，當然極需要拉攏日本來助陣，藉壯聲威，可是當日本接到了印尼的邀請時，也表現出「趦趄不前」，使蘇加諾為之嗒然若喪。

於是，蘇加諾便要懷着一股沉重的心情前往日本「旅行」！他已於本月二日經港赴日；陪同他「旅行」日本的，據說有隨員三十名，預算在日逗留兩週。這就使人意味到，蘇加諾此行，是與他的「把戲」有關。

焦文姬（六）

（版權保留）

黎明

第五場：

景：焦家花園。

時：接上場。

人：焦大郎、青箱。

（焦大郎在花園裏焦灼地邊走邊喊青箱，青箱應聲急上）

青箱：來了！來了！（忽見大郎怒容滿面，氣急敗壞，不覺心中一凛，怯生生地施禮）大爺有何吩咐？

焦大郎：嚇！嚇！你這個死丫頭！（略略調勻了氣息後）你、你、你！快快把小姐與滿秀才之事說與我知；如有半字差錯，小心你的狗命！

青箱：小姐與滿秀才之事？（心知肚明乃是東廂事敗，口裏却只想抵賴）回大爺的話：我家小姐和滿秀才並沒有什麼事兒呀！

焦大郎：住口！我來問你：你家小姐的內襖香囊爲何却會在滿秀才他、他、他的身上？

青箱：這個？

焦大郎：你說！你說！

青箱：那個？

焦大郎：什麼這個那個？不准吞吞吐吐，你快快與我從實招來！（急得頓足搓手）哎喲、哎喲！活活地氣死我了！

青箱：啊、大爺問的是那內襖麼？

焦大郎：不錯；正是那內襖。怎麼樣？怎麼樣？。

青箱：（故意延宕時間，以便尋求抵賴方案）它乃是紅色的；啊、不、不、不是，它乃是紫色的。

焦大郎：我不問是紫色紅色；我只問你家小姐爲何將自己貼身的內襖送與那滿秀才？

青箱：大爺原來問的是這個？（仍在延宕中）

焦大郎：嗯、怎麼樣？怎麼樣？

青箱：哦！（抵賴方案草成了）只因大爺有所不知；只因小姐見大爺十分敬重滿秀才，說秀才「不比外人」（四字說得特別高聲，大郎聽了，爲之一楞），所以小姐也十分敬重他。昨日他對小姐言道，衣衫單薄，難抵寒冷；故而小姐隨手把了一件衣服與他穿着，倒是有的；可沒有「怎麼樣」呀？

焦大郎：那香囊呢？

青箱：那香囊麼？

焦大郎：嗯、怎麼樣？怎麼樣？

青箱：哦！大爺有所不知；只因小姐隨手把了一件衣服與秀才，故而不知不覺隨手把香囊夾在衣服之內，也是有的；可也沒有「怎麼樣」呀！

焦大郎：嚇！沒有怎麼樣？女兒家敢把自己的衣服香囊送與他人，還說沒有怎麼樣嗎？（怒斥）你說！你說！

青箱：這個？小婢倒不知道。

焦大郎：胡說！我再來問你：這幾日我都不在家中，今日一早回來，滿秀才滿口酒氣，又是那裏來的？

青箱：這個？小婢越發地不知道。

焦大郎：越發地胡說！賤人！這件事兒方才滿秀才已都對我實說了；你若還不從實招來，我便立刻活活地打死你！（欲打介）呸、招打！

青箱：（撲身哀告）大爺息怒！事到如今，小婢就對大爺實說了罷！

焦大郎：快說！快說！——氣死我了！

青箱：大爺呀！（唱）

自從秀才到我家，
小姐啊、和他一見鍾情果不差。
那秀才是：滿腹文章風流種，
小姐是：含苞待放上苑花。
郎才女貌天作合，
乾柴烈火怎支叉？
昨夜雙雙飲肯酒，
山盟海誓載滿車。
內襖香囊做紀念，
紅羅帳裏樂無涯。
大爺呀！木已成舟悔無益，
順水推舟去路賒。
才子佳人成鴛偶，
前人羨慕後人嗟！
倘若大爺不分皂白逞意氣，
少不得驚動外人閒磕牙，
翻說你家女不女來爺不爺！

焦大郎：好！好！好！你們都做得好事，做得好事！待我找那畜生算賬去！（踉蹌下）

青箱：（望着大郎的背影得意地微笑）這個賬末？大爺、我估量你算不得了！喲、壞了、壞了！這件事兒小姐還不知道啦；我不免報與小姐知道去來。（青春而活潑地，急下）（移）

文聲集（七）

庚子九日豪華酒樓餐會賦呈同座諸公

書枚

秋花著處卽東籬，欲試題糕意轉疑。已辦佳辰圍釘坐，却尋高會起吾伊。千音寫鳳成今夕，萬彙承雲有夙期。萸菊向來消世難，長房於此亦堪師。

題董小宛畫蘭

前人

舊院笙歌接貴遊，披圖葉葉見風流。分明九畹騷人佩，卻起南都異代愁。

次韻太希見寄

遯翁

已分愚同陋巷顏，如何有舌又班班。括囊未解占无咎，蒿目寧堪問兩間。閣上草玄人笑白，窮邊遁迹海成灣。隔洋賞我驪黃外，我正逃禪欲閉關。

次徐文鏡颶風拔茅屋韻

前人

抱琴棲隱樂風騷，夜聽秋聲屋角號。正訝應該成變徵，遽驚拔海捲狂濤。安危已分忘欣戚，餓溺能毋感惕忉。且喜絲桐並無恙，坐看掉尾毒龍逃。

嗚呼、芷町死矣！（二）

徐亮之

由此可見，芷町的律身行己雖有其嚴正的尺度，却並不勉强別人也採用他的尺度，更不屑用他自己的尺度去衡量別人。這風格，無論如何說，都是正常的，是值得欣賞的。

還有一事可以看出芷町這一風格，即三十八年一月蔣先生以促進國共和談爲名而下野的一幕。事情是這樣：一月二十日，江西主席胡家鳳和幾個省政府的負責人來南京公幹，芷町約了他們在家裏晚飯，並邀在南京的「老表」王平秋、盧濵生、鄧子康、秦振夫（和老表關係很深的雲南人）和我做陪。平秋借了車子，要我先到他家裏然後順道接盧秦兩位同去；不料我一進門，平秋便問：

「看了『南京日報』沒有？」

「南京日報？——」我由平秋說話的神態，知道一定有事故，便連忙追問：「有什麼好的消息嗎？」

「我才從立法院趕回來，報紙貼在牆上，因爲沒帶眼鏡，只能看見標題。」

「標題怎麼說？」

「大標題說：『蔣總統光榮出遊，以利和談。』小標題說：『職權由副總統代行』；『即派張治中赴延安』；『陳立夫大哭不已』。」

「你以爲這消息靠得住嗎？」

「不管靠不靠得住，我以爲你還是告訴德公，不能不有此準備。」

「今天上午開最高國防委員會，我想、回頭問問振夫一定知道清楚。」

「嗯、也許。」

說着便一同登車而去。但等到問振夫時，回答的却是：「今天的國防會議連一釘點兒有刺激的議案也無。」及到了芷町家裏，更只見一羣人都圍着看他畫竹子；再加上鄧子康又說「南京日報」的主持人根本就是神經病，慣造謠言做噱頭；於是我和平秋的一天疑雲便頓時爲之消散得無影無蹤。

可是、大家約莫飲到九時左右，蔣先生官邸找芷町的電話却來了。芷町約莫去了一小時方回；一回來便拿起酒杯說：「糟糕！今天還要寫文章！——來來，方才失陪，對不起；乾！」

「我們都喝够了。你既要做文章，便少喝點了罷！」我說：——我的疑雲又不禁油然而興了。

「笑話！不喝酒還會有文章？到十一點動手不遲；還是喝酒要緊。」說着一飲而盡。

這樣再鬧了一陣，大家便一齊告辭。

「你等會兒走！」當我跟着大家告辭時却給芷町止住。我便好奇地坐了下來；同時却也對芷町文章的內容猜中了八九分。一會兒，芷町送客回來，我便迎着問他：

「南京日報的消息是眞的？」

「是。」

「你今晚就草文告？」

「是。」

「那末、伙計：李德鄰不是外人，和談不是小事；你可千萬不能走！」

「這怎麼成?!」他勃然變色；「我當然要走的。」

「你要走？我却有辦法綁住你。走着瞧吧！」

說完，我也告辭；背後只撇下他「你別胡鬧」和「你不能胡鬧」的聲音。

第二天一早，我去看李先生，談了一些別的事情後，便單刀直入地請他出面挽留芷町；他欣然答應，同時問我：

「聽說他是你們江西的才子；是不是？」

「不但是江西的才子；」我傲然答復：「而且也是江西的正氣！」

然而我畢竟無法綁住芷町；李先生代行總統職權後，曾三番兩次地對他懇切挽留都沒用；結果發表他做國策顧問，他不好再拒絕，才算是給了我一點的小面子。（待續）

抗戰回憶錄（四四）

張發奎

十・第二方面軍

至是，麥克魯將軍前些時對我所說：「對東更有價值」的話應驗了。而且從上面作戰指導的規定，我是負担對廣州攻擊的主作戰方面。這任務我不敢說是艱難或容易，在敵軍敗潰的現狀下，我軍士氣的振奮，和裝備優良的新一軍加入戰鬥，攻畧雷灣是一定成功的。但攻畧廣州就恐怕要費很大的力量和犧牲了。敵人的防禦精神和戰術原亦有特長，冲繩島琉璜島的戰鬥可以証明。但我可以肯定的說，我一定可以成功，地形的熟識和民衆的協助，都是我附加有利的條件，我將以智慧和努力來達成這個任務。現在我除了指導作戰達到大獲全勝的結局外，沒有任何旁的工作與思想。

基於陸總的作戰指導，於八月一日我決定了先以攻擊雷灣為主的作戰計劃，並依此而下達了命令。至於攻擊廣州的攻擊計劃，則須俟此一期的作戰完畢後，依當時的狀況方能決定。但由於敵人八月十五日正式宣佈了無條件投降，這一個計劃和命令，竟然變為我在八年抗戰中最後一次作戰指導的文件。為紀念這個最後的作戰文件，我特別將它的內容要旨附錄如下：

甲：作戰方針

一、方面軍為掃蕩轄境內殘敵，以利爾後之作戰，各以一部守備桂越邊境及欽廉沿海地帶，另以必要之兵力攻擊雷灣，主力分別集結於田東、南寧、鬱林各附近地區，準備爾後之作戰。

攻擊雷灣開始時間預定八月五日。

乙：指導要領

二、以六二軍及六四軍主力，配置越桂邊境及合欽沿海担任守備，嚴密監視越南之敵，並掩護南寧百色之安全。

三、以四六軍為基幹，由廉化方面攻擊雷灣之敵，進出廣州灣海岸，將敵壓迫於海灣而殲滅之。

四、在雷灣攻擊兵團集中期間，以粵桂南區之現有部隊與敵保持接觸，並封鎖敵之行動，不得已時亦須確保茂名、水東各要點，以阻止敵之東竄，並為我爾後攻勢之支撐，及協力東主攻擊方面之作戰。

五、運用預行布置於雷灣偽組織之武力，以為攻擊雷灣時之內應。

六、新一軍集中貴縣鬱林公路沿綫，隨時作前進之準備。

該軍新卅八師須有隨時參加雷灣方面作戰之準備。

七、五四軍為南寧守備軍，除担任南寧之警備外，應以一部隨時準備策應龍州與欽防方面之作戰。

八、第八軍集中田東，須有隨時策應靖西方面作戰之準備。

九、在本期作戰間，關於空軍之協同作戰，與美方連絡部協定之。

雷灣之敵為獨立廿二旅團之一部及獨立廿三旅團之主力，人數約六七千人。鑒於敵人工事的堅固和其防禦戰鬥之精神，曾以新一軍的新卅八師加入作戰，並以鄧龍光為攻擊兵團總指揮統一指揮作戰，期以牛刀殺雞之力一舉而攻畧雷灣。

雷灣攻擊開始時間的決定，須依彈藥補給狀況和砲兵進路的完成而決定。因為我將使用新一軍的重迫擊砲和砲四團的十榴，因此開闢一條由鬱林至廉江可以通過砲兵使用的道路實屬必要。關於彈藥補給問題，當時有一段很有意義的爭論，我的幕僚們計劃對於雷灣攻擊，應使用的彈藥約為五個基數，但必需於攻擊開始前以水陸的運輸，屯積於廉江附近，俾免有彈藥告乏之虞。博文將軍反對這個運輸方法，以為空中的補給可以節省人力，並可求其迅速，他舉出空中運送的力量可大於現有水陸工具運輸的十倍，五個基數的彈藥只須一天空軍的力量。當我提出氣候限制飛行的問題時，他答覆：「決不會五天之內沒有一天的晴空的」。結果八月五日至十日每日都是陰霾低霧，使我們攻擊開始的日期，不得不延遲一週的時間。博文將軍承認他的計劃失敗了。但就因此一個計劃的失敗，却救活了千萬的生靈，因為恰巧我剛下令八月十五日開始攻擊的時間，日本就正式宣佈投降了。這好像是上天好生之德和冥冥之意。

八月十五夜，我在收音機前聽到了日本天皇正式頒布投降的勅令之後，我的耳邊突然聽到外面一陣沸騰囂叫的音響，繼而滿天爆竹的火光，在天空交錯的飛舞。我即刻率領了所有的高級幕僚，携了兩瓶威士忌酒跑到何總司令的行館（因為那時何總司令適在南寧），高舉酒杯在大家狂歡中互祝抗戰的勝利。

八月十六日，我奉了上級的意旨，對各部隊頒布了中止戰鬥的命令，並附說明日本已宣佈投降，我軍即在原地中止戰鬥，靜候後命的簡短訓令。

抗戰最後勝利了，一切戰鬥行動都停止了，我對於國家民族所負的責任也就告了一個段落。雖然還有許多戰後的工作，仍須待我去做，但這是另外一個天地了。

勝利、光榮、幸福一切都擺在我的眼前。

抗戰行列中見聞雜憶（四）

李璜

如此的後方勤務部！

當其日閥佔領南京後，敵兵正在整頓，將沿江而上，進攻武漢的時候，我軍事最高當局決心作一次大規模的武漢保衛戰，因此先行將政府各機關遷往重慶，只留軍事委員會所屬機構於武漢，國民參政會也在還渝之列。當時搬運工作，大都由後方勤務部負其責，而因為要上溯川江，於是徵用民生公司的輪船較多。

在這一次大舉遷渝的運輸情況上，我對後方勤務部的工作毫無計劃與凌亂不經濟，便發生不良的印象；如首先運輸要人汽車、抽水馬桶、漂亮家俱，以至幾大籠肥鷄肥鴨之類，都是我在船上親眼所見，而問起原由，又確是後方勤務部中人監督辦理的。大家到了重慶，在陪都第一次參政會集會時，我曾為此向政府提出口頭質詢，希望當局對後方勤務部工作有所糾正。

這一次，我自前線乘卡車回到武漢，一到，次日晨便直赴後方勤務部所在地，會見一位廣東籍的參謀長，說明在前方任務，要求另撥小汽車一輛，卡車一輛，並且要求迅速辦理等情由。那位參謀長對我甚為客氣，說呈明，俞部長便趕速照辦，並命人送我過江，把我安頓在甚為舒適的一家洋式旅館中，睡的是洋牀，吃的是洋餐，並且伺候起居的還是白俄少女。

我自前綫那樣亂糟糟的生活中走回來，忽然如此享受着，好像在做夢一樣！但睡在既軟且暖的榻上，一想到我的同事們正在敵機不斷偵察與轟炸下，等待我來要的汽車，我反而無法安睡。第二天一早，我又跑到後方勤務部去，要求見部長，等到午前十時半，幸而將俞部長見着了。他對我也是很客氣，並且說，他已知道了；還立刻叫那位參謀長來吩咐，叫立刻為李參政員辦妥，請我回去等一下。

那知我輕信其言，一等便等了兩天，毫無消息到來。於是在我到後如坐針氈的第五天早晨，又去到後方勤務部，俞部長仍舊很客氣的接見我，但我有點沈不住氣。我一見他，便問：『部長說是立刻撥小汽車與卡車各一輛，何以立刻變為兩天，還無消息？』俞部長又照例叫那位參謀長來，問道：『為什麼為李參政員準備的小汽車與卡車還未準備好？』那位參謀長答道：『小汽車沒問題，卡車因為前方運輸需要甚急，還一時撥不出來。』我插嘴道：『我在路上看見那樣多的空卡車返來，至少在百輛以上，為什麼一輛都撥不出？』那位參謀長立刻答：『李參政員等我去查一查！』我回頭對俞部長說：『部長，你所管轄的究有多少輛卡車？新車多少？舊車多少？每天開出多少？回來多少？部裏應該每天造表，交到部長手裏；然後撥付車輛，才有所依據，不能臨時問下屬，憑他們說有就有，說無就無啊！』不料這位俞部長乃對我答道：『我不曉得他們怎麼搞的啊！』言下好像不勝感慨之至。

我正要發皮氣，乃忽然聽見「報告」一聲，說，委員長叫俞部長立刻去，有要緊的事。於是俞即刻站起來，請我等一下。我警覺這情形，非得抓住一個負責人不可，部長與參謀長都不大可靠，再跑來，或者便會見不着人了。因立刻道：『俞部長，請你指定一位負責人與我接洽；他說：『好的』，便指定他旁邊一位張參謀與我接洽。俞部長走後，我再三拜託這位張參謀而去。

回旅館等到第二天午後一時，這位張參謀跑來了。他見我便道：『李參政員，部裏實在亂得很！部長只會下命令，而從來不問結果如何；參謀長又愛打牌，每夜打通宵，白天精神不好，諸事亂敷衍；我實在不敢負撥車之責，我怕誤你的事，特來說一聲，恐怕你還是找部長去；但不要說出我來向你說過什麼話！』我答：『好了，我不會怪你的。』

這已是回返武漢第六天了！我一想，與這樣昏庸之輩再去糾纏，白費時間。想到前方同學正在着急等待我所要的車輛，對不住，我只得為此小事前去驚動一下蔣委員長了！於是我於三時便去了委員長的行營，投名票進去，一會兒，辦公廳主任賀耀祖便出來見了我。

賀耀祖打着湖南官話，詢問我自前方歸來情形，我說我特別返來，報告蔣委員長以後方勤務部種種溺職，以致軍民都受其害的情形。此人見我氣色不佳，知必有故，乃更為笑容滿面的道：「李參政員何妨告我一二，我立刻代為轉達如何？」我說：「不行，我非見委員長面陳不可！」他立答：「可以可以。但我也有責任，我願領教一下。」於是我便將歸途所見種種，以及我回武漢要卡車及轎車各一輛等事，一口氣說完。賀靜聽之後，便立即表示車輛他可以負責代辦好，明日準可辦到。至於委員長處，他也立即簽呈上達，請我明日下午在旅館等候消息。

中國官場，習慣一套官官相衛這一次，我試驗出來了！

第二日，下午六時，賀耀祖同着後方勤務部那位廣東籍參謀長來到旅館。一見面，那位參謀長便先開口說他代表俞部長來看我，並說卡車與小轎車各一輛都準備好了，其狀極為謙恭。賀耀祖並且道：『小轎車後方勤務部的盡是舊車，我特在軍委會的撥了一輛新車，交與第三軍風紀巡察團以免抛錨。』參謀長又表示，這回李參政員來，沒有招待得好，並且就誤了幾天，俞部長非常抱歉，尚望李參政員不要見怪云云。這兩人一唱一和的，我已知其要勸我不見委員長了。

果然，賀耀祖接着說：『李參政員昨天曾說，貴屬同事等候車輛甚急，而委員長因前方軍事緊急，又事情太忙，恐怕一半天抽不出工夫來。可否李先生下次返來再見？至於昨日對我所談一切，我定代為轉達，力謀改善。』我想了一想，我已返來七八天了！不能再就誤時間了！因答賀道：『也好，一切煩為轉達，我不見委員長了，我明日一早即動身回前方。』賀等滿意而去，我知道，賀耀祖一定很高興他的應付成功了！

本刊已經香港政府登記

每逢星期五出版

聯合評論

週刊

United Voice Weekly

第二一○號

督印人：黃宇人　總編輯：左仲平

社址九龍大埔道一六八號南亞書局 805641

承印嘉羅印刷有限公司香港灣仔馬師道5號

總代理：友聯發行公司售價每份港幣一毫

本報美洲版總經售處美國紐約中美出版社

CHINESE - AMERICAN PRESS, INC

199 CANAL STREET.,

NEW YORK13 N. Y. U.S.A.

美洲航空版每份零售美金一角

再論中俄共的分合問題

李璜

我在本刊前月初，曾說過中共俄共的分合問題；在那篇文字裏，我是先從毛赫兩人的心理狀態，去看出其所以分，但又從其共產革命的企圖方面，去看出其終於合。

事隔一月，赫毛兩人的距離似乎愈來愈大，而彼此公開辯論的觀點也似乎愈來愈顯明。共產黨的作風畢竟是「西化」的，雖然一向是同志，共同打刧的夥伴，見解一旦有異，便毫不客氣的叫了出來，大事批評一番；不像中國人老習慣的口和心不和，大家假面孔，，叫了出來，便容易傷感情，揭面子，，仇恨便永不可解了！

因之，我再論中俄共的分合問題，還是只從中俄共兩方的現階段的政策、戰略方面去談，而不涉及所謂「面子」問題，何況唯經濟史觀的共產黨人一向並不注意甚麼叫做面子，他要的只是裡子！

這十天以來，毛澤東及共報在高叫「維持馬列主義的純潔」，在長篇大作的批評赫魯曉夫及俄共「對古巴撤退，是向美帝國主義公開投降」，這明明是中共反對俄共在現階段的政策上，去向資本主義退却，而對世界革命有所遺誤的。「紅旗」與「人民日報」的這種高喊痛責，在自由世界的評論家便認為異常嚴重，甚至十八日合衆社電稱，美助理國務卿哈里曼認為，他們二者之間「存有這一種根本的分歧」，非到「有一次足以陷共產主義運動於危機的重要戰爭，纔能使他們重行結合」。

但是赫魯曉夫的看法，便與哈里曼不大相類，因為赫氏叫俄共公開答復中共的叫囂，便比哈里曼的看法輕鬆得多。莫斯科十八日美聯社長電中一段說：『蘇俄答復中共阿爾巴尼亞其在與加勒比海危機有關的問題上，開始一項特別可恥而挑釁的運動，……最近他們正公開的主張一項防碍和平共存和推使人類進入核戰的路綫。他們正出而反對和平解決國際問題，又反對以各種不同方式過渡到社會主義，反對為裁軍而鬥爭。……』看報人都明白，這個阿爾巴尼亞當專指的是中共；但最妙的是結尾該答復文章說：『美國過去曾有一句口號說，「誰不同我們在一起，誰便是反對我們」，但這句話現在已變成這樣說了：「誰要是反對蘇俄共產黨和俄國政策的，誰便是我們的同道」。』（詳見十九日香港時報）

固然赫魯曉夫也有點怕毛澤東的叫囂，去影響他東歐的衞星國家，所以趕快整肅保加利亞的所謂史太林派頭子，而易以親赫派。但是俄共是不怕中共竟因飢火中燒，走頭無路而會從此對俄共掉頭不顧，走得很遠而不回頭的！在這一點上，倫敦的星期日快報說得很好：「中共領袖毛澤東在決定與蘇聯公開破裂以前，可能會以極當心的態度，去對此加以考慮」。這位星期日快報的記者說：「其所以如此之理由是：中共需要蘇聯。他們正需蘇聯的糧食，蘇聯的拖拉機和油類的供給。非至中共能完成其計劃，成為一個重要工業國，並可能成為一個核子強國時，就去談到他們間的完全分裂，那是不現實的」。（倫敦十八日路透社電）

現在來分析一下中俄共兩方的不同的現實罷。俄共的現實，目前已擺得很明瞭，古巴的進攻基地，卡斯特羅的猛進不已，乃是為美國所不能忍耐，不忍耐就會引起戰爭；如為古巴（亦如為中共），而要俄共去同美國作核子戰爭的冒險與決鬥，赫魯曉夫是不幹的，不幹就只得讓步，讓步就只得撤退飛彈與攻擊性的武器，這也可以說是赫魯曉夫的聰明，也可以說是他的不得已而思其次，在現階段的政策與戰略中，總以先保存了這一個古巴的赤色政權為要，此米高揚之必須親自出馬，不惜在古巴長蹬下去，非要怪人卡斯特羅就範不可！

但在中共，則餓得心慌，除非冒險，不能去對內以資鎮壓，對外以求出路，因之他的現政策是要潰決的橫衝一下！此時俄共要能與他的這政策相應，要能對美打起戰來，豈不使中共這一現政策大為得手，不但足以渡過飢餓的難關，而在美國無暇東顧的當兒，毛澤東還可以眞正的去實現他的「風流人物」的夢想啊！

然而毛澤東的這種「餓起肚皮打爛仗」（這七個字雖是四川土話，但現階段的中共政策卻如此），在赫魯曉夫看來，便認為太不唯物史觀的了，更太不現代化想法的了！——這只是中國古代皇朝末的作風，非所語於科學戰爭，更談不到馬列主義的世界革命！

更明顯的看得出，俄共之所以在「美帝國主義」之前屈服、退却，還不是因為自己國內物力不足，人民沒有吃飽，不過比之中國大陸上的現狀要好得多罷了。我想赫魯曉夫的心裏或者在說，你毛頭小子認為我赫魯曉夫去打美國，就像你打素無準備而且也未吃飽的印度那樣容易嗎？那簡直是不知天高地厚的昏小子啊！

因之，毛澤東愈在高叫戰爭，愈在印度前進，而赫魯曉夫乃在天天談，農業問題重要，滿足人民物質要求為先。昨日（十九）莫斯科路透社電：「赫魯曉夫今日在此間對俄共中央委員說：本黨未來的活動焦點，應在提高生活水準，以滿足蘇俄人民的物質及精神的需要。」並且「為重行組織黨對工業的建設及農業的控制」，赫氏還說，「要向資本主義國家去學習」呢！——這類話，赫魯曉夫說得這樣明顯法，一半是針對毛澤東之不顧人民死活，在施以敎訓；並且這敎訓，中共終於要在事實之前，向「老大哥」屈服的。核子戰打不起來，中共那能老餓着的窮混得下去！到必要時，赫魯曉夫還是對中共加以援手的，到那時，中俄共又復合作了啊！

一一、二〇

毛澤東四面楚歌

許子由

毛澤東今年似乎是「流年不利」，突然之間走進了窮巷。曾經自誇「風流人物」不可一世的毛澤東，他今天的窮境，決不是局外人所輕易能夠予以想像的。

說毛澤東陷於「窮境」，可能會被認為是過於保守的說法。儘管中共軍還在印邊戰勝，但中共却是「走頭無路」，也許說毛澤東是面臨「絕境」亦不為過。不過，實際上毛澤東還沒有到了「坡下之圍」的時刻，雖然他已聽到遙遠的「四面楚歌」之聲了。

目前毛澤東的窘境，是「三反」「五反」所造成的。這「三反、五反」，當然不是中共奪取政權前「反飢餓……」那些口號，也不是中共執政後「反貪污……」的那一大套。對外衆說，中共正在「反美，反蘇，反印」，對內來說，他正在「反人民，反反對派」；這就是三反和五反。

誰都知道，美、蘇是世界上兩個最強的國家，但中共在「反美」之餘，還要「反蘇」。印度是僅次於中國的世界大國，但中共突然反印，甚至以兵戎相見！

中共反美或反蘇，當然絕對不能使美國或蘇聯有什麼動搖；印度軍力雖弱，可是從在廣土衆民的條件來說，也絕非中共所能征服。毛澤東下出了這麼危險的一盤棋，難道是「癲了嗎？」中共眞個要應驗那一句格言：「上帝要使人毀滅，必先使人瘋狂」？

中共自「落地哭三聲」時，便已「反美」。以拘捕美駐瀋陽總領事，迫走美大使司徒雷登，更奉史太林之命替蘇聯打韓戰，弄得全國瘡痍滿目，戰債到現在還沒有還淸。那是為了對蘇聯效忠「一面倒」，以為有老大哥做靠山，將會無往而不利。不幸史太林死了，赫魯曉夫不買毛澤東的賬，在蘇聯專家撤退，藍圖帶走之後，「士洋並用」的大躍進只好「收檔」，人民公社也同樣完蛋了。

中共「反美」，蘇聯「不反美」；或者說，中共主張直線反美，而蘇聯主張曲線反美；這是毛澤東痛恨赫魯曉夫的原因。但是這決不能怪赫魯曉夫，在國際共黨中被稱為「托派」，冒進的毛澤東，才會在韓國替蘇聯做「貓脚爪」。而被毛澤東譏為「修正主義」的穩健派赫魯曉夫，無論如何是不肯替中共在任何地方做「貓脚爪」的。

古巴事件，中共怪蘇聯害怕「世界大戰」而不能打。其實讓中共設身處地，又何曾能打？（中共打韓戰，是獲印度得自英國的消息，知道美國決定打「有限度戰爭」，才參戰的。）中共如果打美國，「大把」地方可打：名正言順，打台灣。在寮國，可協同寮共打，不必簽十四國和議。現在中共大力抨擊美國「侵略越南（越盟）」，大可以與胡志明簽一個軍事同盟，打到西貢去與美國一較高下。

中共自己不打，只叫蘇聯打，蘇聯當然不打。中共憤而指桑罵槐罵蘇聯，蘇聯也反唇相稽中共「幼稚病」，淸算保共，殺鷄儆猴地予以批判。中共雖召回駐東歐的使節，却不敢召回駐蘇聯的使節。中共的「反美」，止於不斷的空言。中共的「反美」，也不外一句廢話。

說到反印，原是中共不得已而求其次的做法。本來以台灣與西藏的地位相較，對中共而論，台灣要比西藏重要上一百倍。台灣在國府手裏，有反攻之虞。西藏在中共手裏，沒有印度進侵的憂慮。但是中共不敢進攻金門馬祖，却派十幾萬兵到遙遠冰天雪地的喜馬拉雅山脊去「爭界」。

積堆「反美、反蘇」而不能有具體行動的怒氣，放着金門馬祖而不敢攻的悶氣，因躍進、公社失敗權威失墜的惱羞，深恐如果無所作為便會發生人民大舉反抗的恐懼。使中共決定「轉移對內為對外」，利用邊界問題希圖解決內部的困難。

毛澤東選擇了尼赫魯做戰爭的對象，其先一定是以為「智珠在握」。認為不堪一擊的印軍，在「一擊」之下，一定是會「屈膝」的，這正如日本軍閥當年對中國的看法一樣。那知道毛澤東看中了尼赫魯的軍事弱點，尼赫魯却摸淸了毛澤東的政治困難。現在兵連禍結，倘若成為全面戰就一定是長期戰，那就只是一個「鷸蚌相持」的局面。印度固然可能疲憊不堪，山河破碎；中共却更可能因得不償失，更加深他不治之症。

這就是中共為什麼「戰勝而求和」的原因，一而再之「請尼赫魯先生再想一想」，尼赫魯說「不考慮」了，中共還重托亞非國家如蘇加諾等，轉向印度「討人情」。因為中共實在不敢再打下去了。

中共在國內一貫地「反」，自反「反革命」、三反、五反、反右、反「反躍進」，反「反人民公社」，等等，數不清的「反」，都是反人民，反黨內的右派。但這一貫的「反」什麼的，都隨着躍進與公社的失敗而失敗了。今年五月中港邊境的逃亡潮，中共公佈大陸幾千次的騷動事件，都是人民集體反抗中共的開始。中共黨內的親蘇派，也必然是堅強地暗伏着，在窺伺毛澤東的再失敗。這兩者都要推倒或爭奪毛澤東的政權。而如果中共對印戰爭長期化的話，毛澤東的塌台、中共的瓦解，都是不會太久的事。

「棋差一着，滿盤皆輸」。這是毛澤東今天面臨的局面。如何加速中共的敗亡？該是當前緊急的課題了！

自由青年的後顧與前瞻

孟戈

（一）

中國歷史翻到二十世紀中葉，我們會發現還是一個黯淡、蒼涼、而又悲壯的年代。這一代的自由青年，誕生在災難中、茁長在一連串的禍亂裏，鬥爭在反共產主義的戰線上。況且，肩負家門的慘變、馱載着國家民族的仇恨，而途窮路遠，天南地北的流徒……面對現實，樣樣都艱難困窘，樂天知命的或者會聊以「天之將降大任於斯人也」去自慰，而悲觀的命運論者就祇好自怨「時運不齊、命途多舛」了。

橫阻在我們面前的是一柱洶湧的紅潮——還氾濫的淹沒了中國大陸。一閉我們的眼睛，網膜就浮現「聖經」說的「四大魔王」——正在共產黨徒嗾使下，騰雲駕霧，而戕害億萬的世界人類。可悲的是五十年代的動亂祖國，給共產黨徒製造出一個「新奴隸社會」，而新奴隸主瘋狂奴役新奴隸。他們迷信一個教條——馬克思主義、膜拜一個教主——毛澤東大獨裁者，寄望於一個虛無縹緲的天國——「共產主義社會」，從而滙成一個嶄新的強度剝削階級，和一樁毫無理性又最無人性的政治暴力。因而，今日的中國青年，恰巧承當起撥亂反正的歷史任務。在這生與死、自由與奴役、文明與野蠻……猛烈鬥爭的漩流裏，我們必須企定正的一方、眞理的一面和勝利的一邊做一個反共復國的自由青年，為民主、自由、和平而戰鬥。

自由青年，正是二十世紀七十年代的天之驕子！

（二）

遠在一千七百六十多年前，竊國大盜曹操，驕橫跋扈，「建安七子」之一的文學家陳琳，曾寫了一篇「為袁紹檄豫州」的檄文說：「……是以有非常之人，然後有非常之事；有非常之事，然後立非常之功；夫非常者，故非常人所擬也。」歷代皇朝遞嬗，代出英雄豪傑，這班「非常之人」，就曾幹出了驚天動地的「非常之事」。他們更換了天下面目，創造了新的歷史局面，改善了人民的生活環境。而今，事隔一千七百六十多年，中國歷史上又出了一個「蕭瑟秋風今又是，換了人間」的新竊國大盜毛澤東，他不但要滅絕中國歷史傳統，而且要毀壞人類的自由世紀。我們正生逢於此時此地，作為一個「非常之人」，就要做出「非常之事」，就要重寫中國歷史的自由篇頁，要恢復六億大陸人民的自由生活方式，要重建一個自由民主與富強康樂的中華民國。這正是自由青年可以「大獻身手」的時代了。

然而，世界似乎太狹窄些，人為的藩籬，築起一堵牆、又一堵牆。我們浮沉在小而又牢的小天地裏，幾乎到處碰壁。活動範圍被壓縮到小焦點上，生活——特別是流亡生活被迫搾於極端惡劣的程度間。雖然，明知反共產主義的通衢大道，是一條光輝燦爛的前路。但，如何走呢？走得動麼？何況，還要滌除扯後腿的魑魅魍魎，還要對付攔截去路的牛鬼蛇神……「行百里者半九十」，很多人往往就在最末的路程倒下來。今日的自由青年，亟需要正確的誘掖和指引！

（三）

需要一整套反共產主義的「理論體系」麼？

我們並不需要一整套的反共產主義的「理論體系」。

具有民主法治觀念的人，都應該知道，我們的所謂反共產主義的「理論體系」就是中華民國三十五年十二月二十五日國民大會通過的「中華民國憲法」。這是一部含孕有民主主義和自由主義及科學精神的憲法。

憲法第一章總綱，第一條「中華民國基於三民主義，為民有民治民享共和國」。

「三民主義」是不是金科玉律呢？算不算反共產主義的天書靈符呢？講民主法治的人，都懂得在民主法治國家裏，任何政治學說和政黨政綱——「理論體系」——絕不當為「絕對的眞理」。我們的憲法第一百七十四條規定了「憲法之修改，應依左列程序之一為之：（一）由國民大會代表總額五分之一之提議，三分之二之出席，及出席代表四分之三之決議，得修改之。（二）由立法院立法委員四分之一之提議，四分之三之出席，及出席委員四分之三之決議，擬定憲法修正案，提請國民大會複決。」因之，國大代表和立法委員都具有修改憲法的一定權利，也即具有修改「中華民國基於三民主義」變為「基於國家主義」、「基於民主社會主義」、「基於乜乜主義」，或者乾脆不要「主義」——事實上，就不必要這類字眼——底一定權利。明乎此，就知「三民主義」是可以修改的，亦應該作適當的修改的。它祇可說是一枝機動的反共產主義底「思想武器」而已。

我們行憲已悠悠的十五年了！丟掉中國大陸也過了漫漫的十三長年！試想，「創」一整套反共產主義的「理論體系」時，是不是和算不算一單「好嚼」。此固屬可慮，就連如何來建立和如何來實踐這單「好嚼」？亦係十分可疑的！

其實，任何的「理論體系」，都是一個「假設」或是一個「假說」。它必須通過長期間的證驗，無限大空間的證驗，才足以知是且非也。然而，共產主義的思想體系就迥然不同。共產黨徒卻本末倒置，祇有一個合稱肯定唯物主義的宇宙觀、歷史觀、社會觀為「絕對的眞理」。試問，當我們新「創」一整套反共產主義的「理論體系」時，那是學共產黨也來一個憑空的全稱肯定的結論呢？抑或仍是一個待考驗的假設呢？

要面對共產主義的「理論體系」開火，上乘的戰略是以其矛攻其盾，看看馬克思教條靈驗不靈驗，經不經得起現實的考驗。且談所謂人類歷史蛻化的機械規律吧！他們認定「原始公社社會」必然轉形「奴隸社會」——讀過中國「周禮」的人，雖可查到「男子入於罪隸，女子入於舂槁」的記載，亦可看到奴婢僕隸的殘餘形象，卻難於找到像歐洲中世紀的「奴隸社會」形態。他們又認定「資本主義最後階段」是帝國主義獨佔時代，但當我們放眼於今日世界時，歐洲的「共同市場」，偏使「無產階級」的工人變成「中產階級」的勞動者，這活生生的例證已否定了它的謊言，也證實「——歷史將不是埋葬高度的「資本主義」國家，而是埋葬枯朽的「共產主義」的教條和天國，試看，我們又何需乎一整套反共產主義的「理論體系」呢？

讓我們回顧一下二十世紀十年代、二十年代的祖國吧！當時中國青年底思總是錯綜分歧的，舊的未死，新的方生，而青年的觸鬚，卻伸展到時代的前端去。因而「共產主義」的一套似是而非的「理論體系」，就乘機「劫奪」這一段的思想眞空，馬克思細菌遂擴散和繁殖到四方八面，一直殘存到今日。然而，丟掉大陸的記憶猶新，中共之所以席捲中國，並不是單單憑藉「共產主義」的「理論體系」，而是——特別是借賴「民主自由」的謊言，欺騙了知識份子；利用「分田」「共產」的動聽口號，蠱惑與煽動了工人和農民。我們知道，當年靠攏的「民主人士」究有幾人讀過了「共產黨宣言」？而當日的歡呼鼓舞的大學敎授和青年學生又有幾人研究過了「資本論」呢？

毛澤東在印邊戰鬥成功政略戰略失敗

劉裕畧

以整個中共與印度的戰事來說，中共到現在止一直是沒有在戰場上吃敗仗的。自本年九月八日以來，中共軍隊擊破了原由印軍據守的若干據點，又在反擊的名義進佔了原由印軍守衛的若干領土，雙方傷亡的詳情雖不得而知，但印度方面公佈只俘獲了中共軍五十餘名，而中共軍則俘獲了印軍九百二十七名，其中且有准將旅長一名，上校七名之多。這都可見中共在印邊戰場上，無論東段或西段，皆在戰術戰鬥上獲勝，印軍則皆在戰術戰鬥上被擊敗。

正因為中共軍隊在中印邊境是如此這般的獲勝，所以，眼光淺短的毛澤東便躊躇滿志，一心以為中共與印度之戰，勝利業已在握。於是，毛澤東就命令中共國防部於十月廿二日發表了一個不再接受麥馬洪線約束的聲明，說：「中國方面正式宣告：為了防止印軍捲土重來，再度發動進攻，我邊防部隊在自衛戰鬥中，沒有必要再受這條非法的麥馬洪線的約束」。這顯然表示毛澤東又因勝利沖昏了頭腦，借自衛之名，實行冒進戰略，準備深入印境」。

殊不知，毛澤東雖然隨時鼓吹辯証唯物主義，強調辯証法，却因缺乏國際大場面上的政略戰略眼光，不知道綜合各種因素來看問題，更不知道從各個角度來看問題，只把中共與印度的問題孤立起來看，只把戰術與戰鬥的結果與影響片面的在看。實則，中共對印度表現得愈強橫，對中共就愈不利，印度愈打敗仗，對印度就愈有利。所以，中共在戰術上戰鬥上的收獲，就正將產生政略戰略上的惡果。大抵，毛澤東的這一冒進政策，因受到蘇聯的警告才稍為清醒過來，所以，中共國防部於十月廿二日發佈了不再受麥馬洪線約束的聲明後不過一天，緊接着就由中共政權正式提出三點和談建議，要求印度談和，隨後周恩來並向尼赫魯致私函，又對所謂實際控制線作巧辯的解釋，企圖以恢復一九五七年十一月七日的態勢作和談條件。但尼赫魯拒絕了。

就印度的利益來講，尼赫魯當然應該拒絕中共的和談要求，因為中共今天是愈戰愈在政治形勢上孤立，而印度則愈敗愈得美英法德意日加拿大乃至馬來亞等國之支持，損失的只是中印邊境極小的荒涼之區與少數的印軍，所得則是軍火與金錢乃至糧食的龐大支助，那末，印度何樂而不為呢？

依照新華社十一月十八日公佈的戰報：「據我西藏邊防部隊報告，達旺河以南西山口地區的印度侵略軍，自十六日下午向我發動進攻以來，遭到了我邊防部隊有力的自衛回擊，經過兩日的激烈戰鬥，我邊防部隊已勝利的擊退了印軍的進攻，並於十八日中午進駐西山口。截至發電時止，戰鬥正在西山口東南地區激烈進行中」。這是靠近麥馬洪線西端的戰況。

另據新德里十一月十八日合衆社電：「印度政府今日宣稱，中共軍隊的人海攻擊，已在東北邊區兩個地區的印度防線上擊穿了很深的洞子。國防部一位發言人說，緬甸邊境附近的華朗昨晚已告陷落，中共軍隊像洶湧的浪潮般向南推進了十哩至十二哩。直指阿薩姆河谷。他說激烈戰鬥仍在進行中」。則說明中共軍除在麥馬洪線之西端達旺地區推進外，更又在麥馬洪線附近東端之華朗地區同時推行。東線共軍更有越過山區進入印度腹地之模樣。這當然沒有說明別的，而僅僅說明了毛澤東已在勢成騎虎的情況，採取冒進政策，繼續蠻幹。而這種冒進政策，表面上是勝利的，實則仍然只是戰術和戰鬥方面的勝利。既不能結戰鬥之局，其所招致的政略戰略上的損失，簡直無法估計。

單以亞非集團來說，毛澤東原本希望從他們之中孤立印度的。但截至十一月十八日止，依據中共新華社的報導，只有幾內亞和坦噶尼喀兩國提出的和談建議比較對中共有利，而被亞非集團中大多數國家支持的阿聯總統納薩提出的方案，則對中共極不利，而對印度有利。因而周恩來已於十一月十八日覆電納薩，認為納薩的提議「不能構成一個合理的和解基礎」。這就可見中共不但已在整個世界中孤立，已在共黨集團中遠離，而且也在亞非集團中孤立了。而這也就顯然是毛澤東在印邊的戰鬥中，戰術與戰鬥方面雖獲勝，政略與戰略卻已明顯失敗。

再就反攻、團結的問題談一談

李金暉

國民黨的第八屆中央委員會第五次全體會議，於十一月十二日在台北舉行。在十四日下午第四次大會中，通過了政治報告的決議案。在該決議案中，有二項是值得在此提出來談一談的，請先看所引決議案原文：

「全會明白指出，我們從來沒有寄望於全球核子戰爭來解決中共問題，更不能坐待共匪自己崩潰。討逆戡亂是我們國家主權的行使，而救中國也一定要依靠中國人民自己的力量和自己的奮鬥。深信我們台灣基地的反攻力量與大陸同胞的反共革命運動，互相策應，必能摧毀共匪極權專制的暴力，重建中華民國為獨立統一的國家……。」

「因為光復大陸要依靠中國人民自身的力量和中國人民自己的奮鬥，所以我們今後一切的努力，都要以團結海內外反共力量和策應大陸反共革命為中心。

本此原則，我們要對於團結和發揮全國同胞的力量作進一步的努力。光復大陸是海外僑胞一致的要求……。」

由於國民黨這次的特別「指出」看來意在否認過去那種「寄望於全球核子戰爭來解決中共問題」，和強調「更不能坐待共匪自己崩潰」的事實。因此似乎可以說國民黨好像已有了某種程度上的醒悟了。正因為有了醒悟，所以我也雅不欲在此提出證據來作為辯論的材料，用以證明國民黨過去確有那樣的「寄望」，雖非一定是「寄望於全球核子戰爭」，至少是期待另一次的大戰來解決中共。至於十三年來是不是在「坐待共匪自己崩潰」，也是不必爭論的事，因為從「更不能」這三個字上，已經有很好的說明了。

儘管國民黨十三年來的作為如何，均有事實佐証，但是這不是今天我們須要辯論的問題，而眞正值得討論的還是上述行文中的那些較具積極意義的問題。

就反攻來說，台灣的力量與大陸反共革命運動「互相策應」，這政策是正確的。但是兩者之間，何者應該為主動，也是很明確的。十三年來國民黨內的當權派，僅有喊口號，沒有行動，遂使所謂「互相策應」，變成了「坐待共匪自己崩潰」。大陸同胞的反共情緒十三年來在不斷高長，但是零零星星的扣暴活動，怎能對抗中共的鐵蹄，民間自發的地下活動，也因為中共的特務政治深入社會基層，看來也頗難由互通聲氣進而發展成為壯濶的洪流。要打破這種形勢，老實說只有國府的力量才堪勝任，即使不可能以大戰決勝，也應該不斷在沿海地區進行突擊，用不斷爭取小勝的策略，擴大戰果，擴大影響，動搖共軍士氣，助長大陸沿海地區民間自發反共的力量的壯大。也唯有在不斷地小型攻擊之下，才能激起內地民間的力量和共軍中反正起義的力量相滙聚。如果國軍毫無行動，又怎能要求大陸同胞單方面行動起來呢？在中共的壓力之下，我相信人民並不畏死，但人人在起雖就義之前，卻有權要先了解是為了什麼而死，死了之後能起什麼作用，能有多大影響，在他決心行動之前，至少要讓他能眞正的知道，中華民國政府並沒有在睡覺，讓他感覺得國民黨還是一個有力量，有希望領導光復的黨。但可惜十三年來國民黨在今之當權派的掌握之下，實在是太令人失望了！

只要國府存在一天，反攻的事當然是中華民國主權內的事，何用申說。國家主權之能不能夠申張，主要的是看這個國家能否善用主權，抑或是自己在有意無意之間拋棄了它。

就這上述兩點來說，二次大戰前的戴高樂的自由法蘭西是一個很好的榜樣。就他當時來說，寄人籬下，那有今天台灣這樣好的形勢，但是他就像徵了法蘭西，也充分地發揮了法國的主權作用，而這些全靠着自由法蘭西的努力，英法海峽和德軍的防衛，均未能阻擋他的自由法蘭西運動的擴展。在國際上沒有人因他寄居倫敦而輕視他，本土的人民，人人知道戴高樂將軍並沒有睡着。

現在再談團結的問題。

在當權派的「聯戰」活動之下，我認為根本早已無團結之可言。就這一點來說，是值得國民黨內部應該好好地檢討一下的。所謂「聯戰」，事實上就是效顰中共的「統戰」，這些年來，當權派一貫地利用在野黨派的內部糾紛，或對個別的人士，進行挑撥、收買，以達到分化，而根本沒有做到，有力的在野黨和衆多的超然獨立的人士對國家對國是所起的作用。

當然，當權派在「聯戰」之下，所動用的人力和物力不少，但眞正的來說，被那些掛名的學者，和御用刀筆中飽的也不少。

如果國民黨從事「聯戰」的本意是正確的，當初又為何不慎於用人。如果「聯戰」是一椿很重要的事，為何迄今仍被把持在一批小人之手。以不當之人行不當之事，「聯戰」那能會有效果！所謂「團結」也就更談不上了。

國民黨內並非無上駟的人材，其奈不為當權派用何！

儘管國民黨的八屆五全大會已開過了。但這類的問題，我想仍值得國民黨內上下開誠布公地談談吧！

聯合評論 合訂本

第七冊已出版

自第一五七期至一八二期（自中華民國五十年九月一日起至五十一年三月二日止）訂為一冊，業已出版，售價每冊港幣四元，裝訂無多，購者從速！優待學生，每冊減售港幣式元。

聯合評論社經理部啓

台省黨部總幹事貪污案發

見微

（台北通訊）國民黨台灣省黨部主管「調查」工作的總幹事金遠詢於本月十一日因牽涉嘉義市長蘇玉衡貪污案被嘉義地方法院檢察處扣押。

事緣蘇玉衡在第一次參加市長提名登記時，金遠詢適為該縣黨部主任委員，蘇曾向金及市區黨部負責人孫文光，縣黨部第四組長李守讓，主辦選舉業務的第一組副組長段一之等致送活動費十萬元，但縣黨部舉行黨員假投票的結果，蘇以一百票之差，未獲提名。金乃退回三萬五千元與蘇，並許以第二次市長候選人提名時，一定設法使其當選。去年嘉義市長改選，孫文光和李守讓又向蘇先後收取活動費八萬元，經金遠詢的佈置，蘇玉衡果得最多票數，隨即由金親往省方活動，蘇卒被提名，並當選為嘉義市長。不久金升任省黨部調查組長，蘇又送黃金十兩及三兩重的金牌一塊。

蘇玉衡貪污案發，在尚未投案前，曾在台中向金遠詢請示機宜，並在金的寓所住了兩晚。金又為蘇安排送價值十五萬元的厚禮與負責調查蘇案的省府某官員，但被該官員拒收。金遠詢始覺案情嚴重，惟苦於無法助蘇逃走，乃教唆他在投案後如何供答。蘇投案後，其妻又四度前往台中向金報告本案進行情形並請示應付方法。蘇妻回到嘉義，每乘蘇被地方法院提出審訊其他民事自訴案件的空隙時間，傳遞金遠詢所授的機宜，繼因蘇在押日久，逐漸感到金對他無能為力，始將其眞相供出。據云：他在未參加市長競選前，曾聽人說過，如要在嘉義競選，必須與金遠詢拉上關係，而要拉上關係，則非金錢不可，他當時乃向金身邊的兩個紅人段之一、李守讓各送一萬元厚禮，因而獲得了接近金的路綫。

報載：金遠詢向競選人需索活動費事，已非一日，兩年以前，曾有人想透過嘉義縣議會，向上級檢舉，但檢舉書被議會黨團壓下，最近因金被扣，才透露出來。依據檢舉書所列，金遠詢尚有其他貪污的事實如下：

一、嘉義縣第三屆議員候選人提名時，嘉義客運公司已故董事長林抱參加競選，金派向林索取美金三千元及新台幣七萬元，保証其被提名，為林所拒。後來被提為候選人的劉傳來身為國大代表，臨時被宣佈不能參加省議員競選，省方指定以次多數遞補為候選人，林抱乃得參加競選。但金以索錢不遂，多方打擊，卒使其落選。事後林曾告到國民黨中央黨部，但無結果。現任省議員蔡錦棟競選時，金又派段一之和他談判支持條件，談妥後果得順利當選。事後蔡心有不甘，曾由其女婿向警總遊查組告密，亦無下文。

二、嘉義第三屆鄉長選舉時，東石鄉黨內候選人蔡榮木向金求助，金索支持費一萬元。又唆使其賄通林子分局長馮萬害，以警察力量支持其當選。布袋鎮長選舉蔡崇烈當選後，落選人蔡寬控其違法。蔡崇烈請黃朝琴寫信與金，請其設法疏通；又着其好友蘇明安向金密送三萬元。金即出面調解，由蔡崇烈委派蔡寬為鎮公所秘書，誘迫蔡寬撤銷控案。六角鄉長選舉，黨外候選人呂憲發着其妻呂鍾葉（國民黨員）以四千元現金交段一之轉金，請其支持，並許當選後再送一萬元。金即親到六角區黨部召集黨內幹部及從政黨員談話，主張競選要合理合法，不得非法迫黨外候選人。選舉結果，呂憲發當選，呂妻乃親送一萬元紅包與金。水上鄉長選舉時，在投票前二日，金尚未決定將南靖糖廠的選票給與黨內候選人黃鍾靈，後來黃送了一萬元，金始予以支持。

三、嘉義第四屆議長選舉，國民黨中央指定王國柱為候選人，金向王示意要活動費五十萬元未遂後，即發動與王派不合的李茂松派議員多方予王以打擊，又運用議會黨團的力量，企圖迫王就範。王雖獲當選，但隨時都怕金使用毒辣手段，因而稱病在家，謝絕一切應酬。並向其子王家聲說：要賣地產房屋，供金勒索。其子不同意，主張向中央檢舉。王說：你不知金有多少厲害呀！他曾害死了朋友，還要強奪人妻哩！從此王即憂鬱成疾，卒至自殺身死。國民黨中央曾於王死後派馬超俊前來調查，金指出某將軍從中解說，結果仍化為無事。第四屆副議長選舉時，黃清江送了三萬元與金，果獲提名當選。

本案發生後，聯合報以國民黨遭遇亂戰為題，特著社論有所批評。該報說：「過去台省舉行自治選舉，黨務人員辦理候選人提名，曾有許多可怕的傳說，種種有關黨務人員貪贓操縱的繪聲繪影說法，令人半信半疑。現在，蘇玉衡案牽出了一位台灣省黨部的高級幹部，並且還牽出了嘉義市黨部與縣黨部的高級幹部。……坦率的說，社會上對國民黨所強調的革新運動，多抱懷疑與等着的態度，乃由於過去的一些官傳與運動，多流為口號與形式。」

該報又指出：「既然發現金遠詢等人的貪污行為，証實了社會上對黨由來已久，且愈演愈烈的傳說，便必須緊緊把握住金遠詢的案件，深入的，擴大的對過去辦理自治選舉的幹部，作全面的調查，勿使任何一個像金遠詢一類的，甚至嫌疑更大的，地位更高的黨員得以逃避紀律的制裁。」

聯合報是國民黨員所辦的報紙，該報對國民黨的希望，也正是一般對黨尚存幻想的黨員所共有的感想。可是，在今日的局面之下，正所謂竊鈎者盜，竊國者侯，那些比金遠詢嫌疑更大、地位更高的人，都是朝中親貴，當權者將金遠詢交法院已經是難能可貴了，豈能再希望他們辦那些親貴啊。

台灣簡訊

志清

一、貪污市長複判無罪，檢察官不服上訴

台北市長黃啟瑞前因牽涉市公車處及市宅會兩大貪污案，各被判處徒刑三年半，不服上訴，前一案已經高等法院複處無罪，後一案高院亦於日前宣判無罪；但檢察官不服，於本月十五日向最高法院提起上訴。

據上訴書指出：「原判決撤銷第一審判決，諭知被告黃啟瑞、黃朱金鳳、許江富、楊逢春等無罪，無非以被告許江富之妻許珠枝串飾之詞，及被告等事後之翻供爲論據。惟查許江富繼杜山杉建造市民住宅，預計連第二期工程可獲利三百萬元，由許江富、楊逢春、黃啟瑞三人平分，並先送黃啟瑞一百萬元，其先後如何洽談，欵項如何交接等情，迭據許江富、楊逢春，在偵查中供認在卷。」

上訴書又指出：本案移送基隆地方法院審理後，「院方即准許接見，並自同月廿一日起，該許江富即與其妻許珠枝會晤，以後隔日與其妻或外人接見，均有被告接見紀錄卡可查。……許珠枝於該院允許接見期間，乘監視人員不注意之際，教唆其夫許江富僞稱該一百萬元係楊逢春借與黃太太等語，亦據許江富供明在卷。原判對案卷未加詳細審閱，對事實更未詳加調查，遽憑被告等事後翻異供詞，認爲可信，顯有失出。再許江富被羈押後，於四十九年十月間，黃朱金鳳通知楊逢春去其住宅，以事後虛立借據交與楊逢春收受，並囑如有人調查，須承認係向其（指楊）個人所借，又借據所記「四十八年十月十三日入來十萬元」，實是四十九年十月十三日退還等情，亦據楊逢春在基隆地檢處偵查中歷次供述甚明，並經楊逢春與黃朱金鳳在該處對質不移。……原判偏聽被告等事後串供辯解，予以諭知無罪，對於証據之取捨，殊屬不合論理法則，而於採証之經驗法則更屬有違，其判決自難謂無違背法令，應請撤銷原判決，另爲適當之判決。」

檢察官雖然提出上訴；但黃啟瑞夫婦仍將逍遙法外，則是可以預料的。因爲他原來是忠貞分子，祇以一度見疑，其貪污案才被揭發。據悉：由於最近一年多來，他頗能退思補過，當權者已經表示將不再追究了。

二、特權階級侵蝕行庫貸欵

監察院本年度總檢討會中，監委孫式蕃於本月十四日就巡察台灣省政府及所屬五十九個單位的情形提出報告，據悉：關於普通行政方面，省府仍有若干單位權責混淆不清，每生牽掣磨擦，影响工作效率至鉅。如農林廳與糧食局，教育廳與社會處、新聞處，均有部份業務劃分不明，實有徹底調整之必要。省府二、三級機構仍有若干在台北市辦公，公文輾轉往返，不僅影响行政效率，指揮監督亦多不便。財政、主計方面，省營事業普遍經營不善，財務情況紊亂，弊端叢生。特權階級侵蝕行庫貸欵遷來花樣翻新，既損失公帑，又造成社會之不平，應以最大決心予以遏止。台灣合會公司總經理假借招待所名義，耗費五十一萬元鉅欵修建公館，設備富麗，生活豪華，靡費公帑，誠屬罕見。教育方面的最大問題，是教師福利制度有名無實，惡性補習之風，依然存在。建設方面，過去製冰業與紙業變相聯營，現在有棉紗之集中銷售，壟斷市場，狡取暴利。各城鎮的都市計劃，有的沿用日據時代所訂，也有光復後規劃，前者多已不切實際需要，後者又往往失之草率，錯誤百出。至於工業建設，各類地下工廠充斥全省，低劣產品混入市場，情形也很嚴重。

三、某立委的妙論

——爲反攻復國，反對懲治貪污——

立法委員林樹藝等所提的戡亂時期貪污治罪條例草案，雖然提案人已經積勞病故，直等於以身殉之；但草案仍遭遇阻碍重重。本月十三日立法院繼續作大體討論，竟有國民黨籍的某立委持根本反對的態度。他的理由也很別緻。據稱：他是爲了利於反攻復國，而反對制定草案。因自四十三年懲治貪污條例後，一方面反應我國政治清明，一方面使匪區同胞對我反攻復國的信念益趨堅定。現在政府一再宣稱反攻時機業已成熟，國內外人士亦莫不堅信反攻在望，立法院忽然提出全面懲治貪污的條例，不僅國內外同胞深感駭驚，國際友人亦頗驚異，共匪更將使用其欺騙人民之慣技，作不利於我的宣傳。」在貪污遍地的今日台灣，這位立委竟認爲政治清明，不需要懲治貪污，而且還說：如通過本案，即於反攻復國不利，實令人嘆爲「觀止」。但嚴廷颺委員最後發言，則强調今日貪污的方法無孔不入，無微不至，無奇不有，認爲本條例的修訂，實有特別的必要。這無異是給某委員一個當頭棒喝。

四、嘉義市公車處也有貪污

報載：嘉義縣公車處前以負債無法招標比價爲由，以超過市價六成的高價，購入柴油引擎車十五架，當時的市價爲每架五萬元，而公車處的購價則爲八萬元，其所超出的價欵四十餘萬元，則由公車處及政府有關人員分肥。嘉義地檢處在偵查蘇玉衡和縣政府的貪污案中，又獲悉該縣公車處出租嘉義舊有車站房屋，有關人員曾收取二萬元紅包。這座房屋，因車站新厦建成後，分爲四間，出租給商人開設商店，公車處方面每間舖面收到二萬元保証金，但每一承租人則付出二萬五千元。最近有一間脚踏車站頂讓他人，索取權利金時包括「這筆五千元紅包，因而被人揭發。聞地檢處已於七日將公車處秘書兼購料長張順利扣押。

五、台北代市長向盲相士問官運

本月十二日台北聯合日報發表一篇「問道於盲」的短評，頗值得向海外讀者介紹，原文如下：

「據昨日某晚報所載，台北市代理市長周百鍊，對於競選下屆市長一事，頗爲憂慮，經常耿耿於懷，難以自安。最近爲想預卜未來的前程如何，曾遠走嘉義民雄，近走新竹關西，求教於當地兩位長於摸骨的盲相士，請其指點迷津，俾決進退。聞兩位瞎子均異口同聲的盛稱周氏福星高照，官運亨通，如競選下屆台北市長，必可順利當選。周氏對此，初猶將信將疑；於是喬裝化名，再度前往關西摸骨。那位瞎子伸手一摸，立即驗明身，認出是周代市長，當告以「你要問的事情，上次不是對你說了嗎？」周氏經此証實之後，乃對自己的官運深信不疑，精神爲之爽朗。

「自民選市長黃啟瑞因案停職之後，當局指派周氏代理，其屬意於周氏競選下屆台北市長，早已意在不言中。是以周氏之競選，原爲順理成章之舉，實無須徘徊瞻顧，猶豫不決；更無須「問道於盲」，必待聽到一番「瞎說」之後始覺心安理得。惟選舉仍須求之於選民，決之於選票；而爭取選民之方法無他，端視其在市政建設及公共關係上的成績以爲定，此兩項成績，均須由自身力行以致之。與其迷信星相，實不若自信施政之成績。」

周百鍊是國民黨當權派爭取台北市下屆民選市長的王牌，他們不惜以司法配合「國策」，使因貪污案被迫停職的黃啟瑞繼續保留台北市長的名義，俾周百鍊得以長期代理下去，以使有很從容的時間來佈置競選，國民黨當權派對周百鍊的扶植和提携可謂至矣盡矣；然而他在代理市長一年有餘之後，仍感競選沒有把握，而要去「問道於盲」，其思想和知識如何，由此已可概見。國民黨當權派以這樣的人爲王牌，更不惜枉法以就之，亦可哀矣！

六、台北出現違建大樓

台北市警察當局爲執行拆除所謂違章建築，還成立了一個「拆除大隊」」專司其事。該隊備有種種拆除工具，凡升斗小民如未經辦理好建築許可，擅自搭蓋「克難」房屋，聊避風雨，拆除大隊一經發覺，無不以雷霆萬鈞的姿態，風馳電走而至，不消多少時光，便拆成斷壁頹垣，使他們頓失安居之所，因而很多次發生慘劇。可是，拆除大隊對於特殊人物違章而建的高樓大厦，其中有些還侵佔道路用地，或妨碍都市計劃，則多採取視而不見的態度。兩年前某汽車公司在圓山飯店前興建了一幢鋼筋水泥的汽車房，以便就近襲斷該飯店旅客租用汽車的生意，被同業檢舉爲違章建築，經警察局某分局長督促所屬予以拆除，事後其所屬長官還受到最高當局的申斥，因而將該分局長免職，曾引起輿論的公憤。但自此以後，拆除大隊對於特殊人物的違章建築更不敢過問矣。不料，這些特殊人物似乎有意和拆除大隊開玩笑，最近台北市館前街竟出現一幢高達十一層的大樓，據悉：自六層以上，即未經公務局許可，但他們仍然照樣施工，一般市民多謂之爲違建大樓。本月十三日，某民營報亦以違建大樓爲題，著爲短評，諷刺拆除大隊「明足以察秋毫而不見輿薪，其中微妙不言之處，當可不言而諭。」但最微妙的是公務局長在答覆市議員的詢問時，一方面否認該局曾收受紅包，同時卻說此一大樓是否將發生安全問題，正請專家查看，該局將尊重專家的意見。他避開該大樓原經核准的圖則僅有六層，而現在所建築的則是十一層。爲什麼未經該局事前核准，屋主即可擅自加高五層的問題不談，而祇談安全問題，顯然是存心對屋主的不法行爲予以維護。市議員張立中更明白指出：「台北十幾家六層以上的高樓，在申請建築時，都祇說在六層以下，六層以上的部份，都是施工時加上去，然後申請變更設計的，通通都沒有問題，爲什麼館前街這一棟就有麻煩？」可見違建大樓，在市議會內也有後台的。

七、大閘蟹入台

台灣一向不准大陸貨物進口，其理由是避免資敵。因此，就是大陸翻印的古版書，也在被禁之列。但大陸的山珍美味，則可於大酒家得之，據說：這是因爲適應達官貴人和特權人物的需要。他們所特別喜歡的祇是穿和吃，穿當然有的是洋貨，吃則唯有依賴大陸來貨，此輩有時雖提倡讀經，大談我國固有文化，但對古版書籍則素無興緻，事實上也看不懂，所以台灣禁止大陸貨物入口，對於古版書籍絕不放鬆，而對山珍美味，則隨時放行。現在時屆深秋，正是吃螃蟹的季節，說到螃蟹，當然以洋澄湖所產者爲上品，因而每年此時都有大批洋澄湖名產之大閘螃蟹入口。最近台北某酒家，竟在報上大登廣告，俾嗜好者先期訂購，迄未受到有關當局的干預。不料這批大閘螃蟹於本月十四日運抵基隆時，海關人員即予扣留，其理由是香港尚屬疫埠。但事隔兩日海關又在報上公開拍賣大閘蟹每隻定價六十元；可見其中之微妙了。

中共處讚卡斯特羅大罵赫魯曉夫

綜觀

為了古巴問題，尤其為了赫魯曉夫擅自決定拆除古巴飛彈問題，毛澤東是更加明責狄托暗罵老赫了。

在毛澤東的這一意旨下，在北平出版的大公報，光明日報和工人報都在十一月十八日同大發出了支持卡斯特羅和責罵赫魯曉夫的社論。其中，尤以十一月十八日人民日報以「古巴主權神聖不可侵犯」專題的社論，對赫魯曉夫罵得最厲害。雖然，中共至今為止，一直在責罵文字中未提蘇聯或老赫之名，但言外之音，誰都知道那是暗指蘇聯和老赫的。

人民日報社論說：「卡斯特羅總理在信中重申古巴主權不容侵犯的正氣凜然的壯語，顯示了古巴人民威武不能屈，貧賤不能移的革命氣概」。

又說：「在蘇聯撤除了在古巴的導彈武器之後，美帝國主義得寸進尺地要求進一步蹂躪古巴的主權。美帝國主義的走狗狄托之流，千方百計對古巴人民施加壓力，脅迫他們接受喪權辱國的安排，滿足美帝國主義無饜的侵略慾望」。

又說：「目前加勒比海的緊張局勢，並沒有因為在古巴的所謂進攻性武器按照美帝國主義要求撤除，而獲得眞正的緩和。美國對古巴的封鎖並未撤銷，……所謂和平已經得救的一類說法，完全是一種自欺欺人之談」。

人民日報的話，當然都是針對赫魯曉夫而發也，當然都是毛澤東挑撥卡斯特羅反赫之詞。而米高揚在古巴之所以不能與卡斯特羅達成協議，與毛澤東從中挑唆當然亦有重要關係。所以，中共與蘇聯為古巴問題而爭吵的一幕，顯然沒有說明別的，卻把毛澤東乘機搏亂的心情，卻把赫毛個人權利衝突更加烘托出來了。

大陸簡訊

黃之容

武漢長江大橋發現沉陷現象

武漢長江大橋是中共一向最自誇的建築工程，但由於建造時鋼樑不够標準以及其它種種原因，該橋現已發生毛病，而有沉陷現象了。

對此，中國橋樑專家茅以昇首先透露。他說：「橋樑情況更加嚴重。以武漢長江大橋為例，它是鐵路公路聯合橋，可能有火車和坦克車同時過橋，而過橋的方向又可能相同或相反，會使震動影響更加複雜而嚴重了」。

又說「橋樑的下部結構即橋墩，隨時受着水力的冲擊，橋樑的上部結構，即桁樑，隨時受着風力的推蕩，水和風以相反或相同的方向同時進攻，橋樑所受的壓力更加厲害」。

又說：「武漢長江大橋位於武昌蛇山和漢陽龜山之間，地勢雖然不錯，但也正因為長江為兩山所夾，水深流急，高水位時，水深達四十一公尺，高低水位相差達十九公尺以上，流速每秒達三公尺，而全年高水位的時間竟佔八個月之久，因而橋墩所受負担之重，是極為罕見的」。

又說：「長江大橋在這樣震動、水力、風力等不利影響下，它在地基上的沉陷，就很均勻了」。

又說：「一扭曲，就到處受力不勻，而且愈扭愈曲造成危險」。

總而言之，茅以昇是在替武漢長江大橋的沉陷扭曲現象作辨解。但武漢長江大橋現在成了問題，則是千眞萬確的。

全大陸共二萬六千餘人民公社

自毛澤東在大陸推行人民公社以來，城市人民公社是中途停頓了。但農村人民公社則在大陸各地普遍推開，除西藏等地區尚無法推行外，其它各地農村是一律組成人民公社了。

那末，全大陸究竟有好多個農村人民公社呢？據十一月十一日中共人民日報透露，全大陸現有農村人民公社之總數是二萬六千餘個。

這二萬六千多個人民公社的基本情況如何呢？人民日報沒有詳述。但人民日報於十一月十一日卻為這二萬六千餘個人民公社發出號召，叫公社幹部要「千方百計發挖公社內部潛力」。人民日報之所以發出這一號召之理由，則是因為各公社之經濟狀況，普遍貧困。中共人民公社檢討其原因，則又認為廣大社員對集體生產缺乏積極性，乃一切基本原因。故人民日報從而將「千方百計發挖公社內部潛力」列為「頭等的重要任務」云。

西藏各地推廣農業生產互助組

中共與印度在印藏邊境的戰火越來越激烈，中共在西藏地區的軍事控制和經濟組織也隨着更加緊張了。而農業生產互助組則是中共目前在西藏地區推行的生產與控制合一的組織型態。

顧名思義也知道所謂農業生產互助組是一種打擊和消滅個人獨立生產的一種組織。這一種組織是把原本獨立自由的個體農民用互助為名來加以控制的。正因為它是置個體農民於互助之中，所以它便成了使農民互相控制而又由中共加以總的控制的一種方式。通常，這種方式也曾在大陸實行人民公社之前推行。所以，朝前看，這正是中共將來必在西藏地區推行人民公社的一種準備。

至於中共目前在西藏地區推行農業生產互助組的程度，則據新華社拉薩十一月一日電：「西藏地區已有百分之九以上的農民參加農業生產互助組，全區組織起來的互助組共有二萬二千多個，參加的農戶有十六萬多戶」云。

華北和西北又發生乾旱

據新華社訊：「華北北部和西北部分地區的秋旱仍在持續。有些冬小麥產區準備抗旱種麥。最近幾天，我國北方由於受冷空氣影響，下了小雨」。「上述地區自八月以來一直少雨，其中河北和山西省北部地區八月份雨量比常年同期少百分之五十以上，北京少百分之八十多」云。

中共與日本簽五年貿易協定

據新華社十一月九日電：「廖承志和高崎達之助今晚十一時簽訂了一項備忘錄。備忘錄說，雙方同意發展長期綜合的易貨貿易，自一九六三年到一九六七年作為第一個五年貿易安排，要求平均每年進出口交易總額約為三千六百萬英鎊。周恩來總理參加了簽字儀式」云。

僑鄉近訊

鍾之奇

粵共開會承認低產田無法增產

為使水稻低產田增加生產，中共廣東糧油學會最近在廣州舉行了一次學術討論會。據十月廿三日新華社電訊說：「廣東省的一些水稻低產田土質含沙過多或粘性過強，地力過於貧瘠，加上有些地方勞動力過於缺乏，耕作粗放，以致產量很低。要使低產田達到中產或高產的水平，根本途徑是做好水利建設，增施肥料，同時實施先進的耕作技術。但由於目前全省低產田面積還比較大，要在很短的時間內全面完成大規模的水利建設，大量地施用化肥和使用機械耕作是很困難的」。

由此可知，中共平時所吹廣東水利建設已達到美滿程度，肥料供應已適應所需等宣傳全是鬼話。否則，何以粵共開會商討的時候，何致忽然承認水利建設既未搞好，肥料亦極缺乏，甚至根本不能改善水稻低產田的情況呢？其實，粵共糧油學會的討論也根本是多餘的。因為大家只敢胡講一些技術問題，而不敢涉及不能增產的眞正原因。不能增產的眞正原因何在呢？只在中共不該推行違反人性的人民公社而已。其餘都是隔靴搔癢之談罷了。

福建農村亦缺乏肥料

據最近帶到香港的中共「福建日報」透露：現刻，福建各地人民公社亦極缺乏肥料，甚至綠肥亦成了問題。該報曾檢討全省肥料問題時說：「就福建全省綠肥生產的現狀看，卻是不能令人滿意的。綠肥種植面積遠遠不能適應農業生產發展的需要」云。

中山人民飢餓大捕水鴨禾花雀

自中共高呼向野生植物野生動物進軍後，隨着大陸人民的飢餓，各地人民確實是一再向野生植物或動物進軍了。據十一月十二日中共控制的香港大公報華南新訊有關廣東中山縣的情況說：「沿海各地正在捕捉水鴨、禾花雀。近月來已捕獲禾花雀二三十萬隻，水鴨數千隻。水鴨為北方候鳥，每逢秋季自北方飛來，每隻體重一斤左右，味鮮香爽口，遠勝家鴨」云。

廣州秋季交易會閉幕

一年一度在廣州舉行的秋季交易會又閉幕了。這秋季交易會是中共從各地搜括來的各種出口物資集中出賣以換取外滙的地方。所以，這也正是中共大批出賣大陸人民血汗結晶的地方。

在今年的秋季交易會上，中共又出賣了多少人民血汗呢？

據中共「中國新聞社」廣州十一月十六日電訊報導：「在廣州舉辦的一九六二年秋季中國出口商品交易會已經在十五日閉幕。交易會期間，中國對各對外貿易公司組成的各交易團，同來自世界各國各地的貿易界人士進行了廣泛的接觸。雙方本着平等互利、互通有無的精神，達成了大批交易。成交金額達人民幣三億五千多萬元。折合五千一百多萬英鎊。比今年春季和去年秋季交易會的交易額都有增加」云。

日商在廣州交易會成交兩千萬美元

在亞洲的反共國家中，日本部分商人和日本部分左傾分子，都是最莫名其妙，最眼光淺短，最只知圖利不知反共的。

據法新社東京十一月十六日的電訊報導，謂「日本國際貿易協會說，日本公司在廣州的中國商品交易會上，簽訂了七十億日元（合一千九百四十萬美元）的貿易合同。雙方出口的物資中，日本方面有人造絲、尼龍綫、鋼材和紙張等。中國方面有大豆、煤、蝦、桐油和其它原料等。中國商品交易會已於昨天閉幕，進一步的貿易將移北京舉行。日本國際貿易協會人士預料，最後的合同總額將達九十億日元。在已簽訂的合同中，計日本輸華總值為二十五億日元，中國輸日總值為四十五億日元」云。

印度幾個鄰國的態度

等待政治變化

慕禪

喜馬拉雅山脊南面的印度與中共兩軍，在對峙狀態中維持差不多原有陣線，已有兩個星期之久。本月十三日的所謂「東綫大戰」，雖是印軍自十月二十日失敗以後的首次反攻，但仍不能說是全面或大規模的。印方的公報，仍稱述此項華朗西北的反攻使用強大的「巡邏隊」。中共指責印軍反攻的報導，說在重炮掩護下進攻的印軍只有「一千名」。實際上，這些只是若干小據點或高地的爭奪，雙方都要加強在未來可能爆發的大戰中的形勢；而大戰本身，實際上還沒有爆發——也許大戰本身，必須等待政治環境的成熟，才會爆發。

印度這一方面，準備長期抗戰已是密鑼緊鼓地進行，可是要達到所謂「驅共軍出境」的戰鬥，是要以月計算，或甚至要超過一年以上。中共雖然勞師遠征，但在西藏的部署已有多年，兵力約在十萬以上，足夠跟現下的印軍，打這麼一年或十個月的仗。尼赫魯總理曾向公衆警告，謂新德里及加爾各答、孟買等城市，可能被中共機轟炸，便指的是共方駐紮在藏邊的飛機。尼氏亟亟要求蘇聯依約將軍機交付印度，便是爲了空中防衛。印度前總司令卡巴里，也強調中共駐藏的兵力，對印度來說已是一場吃力的戰爭，「不可忽視」。

三小國動態

可是戰爭的發展，往往更少決定於軍事的而更多決定於政治的因素。蘇聯的態度，是重要政治因素之一。自月前蘇方停止以米格機輸印，一般以爲蘇聯左袒中共。但尼赫魯仍指令其駐莫斯科大使，謁赫魯曉夫進行商談，竟獲得意料不到的結果，即蘇機仍依約按期交付印度。此事已經尼赫魯在國會宣佈，謂蘇聯對印度中立的立場，已漸獲瞭解云云。這無異在印度與中共爭衡的大秤上，在印方放下一個相當重量的籌碼。

喜馬拉雅山麓幾個小邦國，錫金、不丹、尼泊爾的態度，在中共與印度作戰聲中，對未來雙方軍事發展，也有很重要的關係。不丹對於爭端表示中立，中共亦曾聲稱：尊重不丹的領土主權。它將來是否會成爲第一次大戰中的比利時，得待下文分解。但錫金則已決定支持印度，錫金國王古瑪已正式宣佈支持印度的立場，並稱一倘若中共軍進侵，錫金「將盡力作戰」。針對中共在錫金西北境外集有重兵，一向軍事由印度負責的錫金，已在「印援」之下加速建軍對抗。

尼泊爾年來曾受中共的滲透離間，首都加德滿都方面，爲了尼泊爾流亡份子曾自印境出發，進入尼境襲擊鄉村警所，致對印度發生齟齬，但鑒於尼、印過去關係密切，尼王仍擬訪印晤尼赫魯，以求澄清。但自印邊烽火，尼泊爾國會經已通過，呼籲流亡份子暫停反對皇室的行動。尼泊爾流亡份子對此，已作肯定的反應。這也即是調整流亡份子與皇室間的關係，改善尼泊爾與印度隔閡的關係。尼泊爾流亡份子，已由印度尼泊爾聯誼主席里雅爾，向加德滿都發出反呼籲，要求當局派遣戰鬥部隊，協助印度對中共作戰。理由是「當印度已被攻擊時，尼泊爾不能祇「爲安全」的了。看來，中共對這三小邦的滲透，仍未成熟。他們依然傾向印度。

巴基斯坦問題

巴基斯坦態度，當然是印度最大的問題，即使巴基斯坦不至助中共對印作戰，但只要它向印度施加政治或軍事壓力，對於印度卻有莫大的制肘作用。爲美國軍火輸印，及土耳其擬予印度軍火，喀喇蚩曾有反對此舉的示威巡行，巴基斯坦報紙，更出力抨擊，甚至有激烈到主張「退出中央公約」的。巴基斯坦會不會眞個採取不合作行動以困擾援印的西方。或更採取邊界軍事行動來困擾印度？正是印度外交中最受到顧慮的題目。

尼赫魯曾經親函巴總統阿育汗，解釋目前喜馬拉雅山之戰，「並非是一個邊境問題」，而是對抗侵畧爭取和平的世界問題，從而要求巴方的同情及支持。此函迄未接到答覆，這說明巴基斯坦還沒有達到諒解印度的階段。

不過巴基斯坦也不可能要求印度在作戰中不接受其他軍援，而係採取釜底抽薪方法，向華盛頓交涉，認爲印度獲得軍援，將來可能轉用於對巴施用壓力或戰爭。因而要求美國停止援印。

美國一度宣佈運印軍火「告一段落」，便是還就巴基斯坦的意見，援印「適可而止」。但實際上印度方面卻停止不來，因戰爭在發展中，印度仍須加強火力，方足以與中共週旋。現在印度要求美國供給運輸機，華盛頓又只得聲明「優先考慮」了。

尼赫魯已作保証，謂外援軍火只用以對共作戰，決不用於他途。據說美國也已答應。以相當武器援巴，巴基斯坦會守中立，又是沒有問題的了。（十一月十六日）

印度華僑面臨厄運

唐第華

我國和印度，同是東方最具有悠久歷史的文物之邦，國土固然相接，而文化的交流，也相當深長和密切。遠在二千年前，我國便有商人通過緬甸而到達印度。後來又由於印度佛教的傳入中國，在宗教上更發生了關係，於是中、印之間的接觸就越來越頻繁。其中最爲歷史家所稱道者，爲東晉安帝隆安二年（公元三九九年）法顯高僧的取道和闐入印，及貞觀元年高僧唐三藏的赴印取經；前者曾著有「佛國記」，後者且留印十六年，遍遊印度全境，著有「大唐西域記」，均成爲佛學家及史學家研究中、印文化的珍貴資料。而我國先後安居於印度的蒙古人也不少，因此，我國的士風人情，便也有不少流傳到印度去，且在人種方面也有不少和印度人構合混成血統，如印度阿薩密省西北部的人民，便有大部份爲黃色皮膚，並具有蒙古人的個性和面型。由此可知中、印的關係是如何的深切了。迨至近世紀以來，由印度之被英國統治以至印度之獲得獨立，中、印邦交，亦素稱友善。迨至大陸易手以後，中共始與印度醞釀着微妙的鬥爭，而尼赫魯則極力運用「滑頭政策」，不斷向毛澤東討好，以謀苟安；然而中共的魔掌是要向四方八面伸張的，它又怎會輕易把印度放過？邊境衝突，於焉發生，發展至今，局勢顯已日益惡化了！

至於印度和中共的火拼，將來發展至怎樣田地？目前一時尚難逆料，祇是旅居印度的華僑，卻已注定了面臨厄運！據筆者最近從旅居新德里的友人中所獲得的消息，已透露出印度人業經掀起了排華的行動。據稱：加爾各答的華僑，目前都表現出高度不安的情緒，和恐懼的心理，因爲印度土人已顯露着對華人敵視的行動，勢必引起進一步的迫害；印度政府方面，亦可能下令凡無護照的必須領取護照，否則迫令離境，而已領有中共護照的，則又有「遣送」之虞，被強迫遣回大陸；還有「集中管理」，「沒收財產」等措施，印度政府亦可能相繼執行。（中共的中國銀行，其資金早已被印度政府下令凍結）。因此，旅印華僑，無一不懷着沉重的心情，惶惶不可終日！該消息並指出：當地華僑，事實上早已遭受到印度政府的限制和印度土人的威脅，即如十月卅一日，印度政府已限制了孟買二千多名華僑的行動，作爲「中印邊境衝突」的保安預防。這些華僑，均受命留居其原住的工作地點，每次離開住處不得超過廿四小時；又如十一月一日新德里的暴動，一群印度學生竟向中國飯店，古玩店，鞋店等攻擊，雖然沒有傷人，但這些商店的財物損失，相當重大。而類似的事件，在印度土人的激昂意氣中，勢必繼續發生。顯然，對華僑是極度不利！

旅居印度的華僑，據目前估計，約有三萬餘人，以居留於加爾各答者爲最多，該處共有華僑達一萬五千餘人，其他則分別居留於新德里、孟買等大城市。華僑的籍貫，粵、閩、鄂、魯、江、浙、桂、及藏等省均有；而粵籍者則以梅縣人爲最多。華僑在當地的工業，商業，教育，文化等，經百餘年來的經營和發展，現在已步上繁榮的階段。單以加爾各答來說，華僑的工商業計有製皮革，製鞋，製紙花，鑲牙，絲綢，首飾，飯店，旅店，洗染，縫級，理髮等，業務都相當蓬勃；文化教育方面，則有中學一所，小學六所，及有一家「印度日報」，一家業已停版的「中國週報」。上述六所小學中，以建國、梅光、培梅三所辦理得最爲出色。「印度日報」係創辦於一九三三年，乃當地華僑合股開設的，雖然每天銷紙僅三、四千份，但已成爲華僑的喉舌，頗具權威性。「中國週報」則創辦於一九四二年，但已於一九四六年停版。現在加爾各答的華僑，領有中共護照的約二千人，取得印度國籍的約四百人，無任何護照而僅具備身份証的則達一萬二千餘人。倘若印度和中共一旦正式宣戰，則所有旅印華僑，必受到嚴格管制行動或進入集中營的處置。當地華僑所面臨的厄運，照目前情況來看，說句不中聽的話，就是「凶多吉少」！

嗚呼、芷町死矣！（三）

徐亮之

在和談期間，芷町去了上海，我們一直沒碰過面。到了和談破裂，南京廣州相繼淪陷，我來香港居住，碰面的機會却多了。

這時，鎮海陳仁濤君有一個氣氛很不壞的小俱樂部，在那兒可以隨便圍棋、畫畫、飲酒、賦詩、抽烟、打牌；同時因爲仁濤又是一個有名的收藏家，在那兒更可以常常看到許多名貴的書畫和古物；於是我和芷町便成爲這個小俱樂部的每天必到之客了。又恰好這時仁濤正想把他收藏的古物來一個歷史性的考証，材料差不多都已準備好了，並有一部份已經起好了初稿，急需要一個總纂和最後校訂的人；而芷町知道我正窮，便介紹我担任這個工作，而由仁濤供給我的生活費；因而我在香港的生活也便這樣地穩定了下來。我和仁濤這樣地合作，前後直達十年之久；十年以來，我之幸而免於凍餒，不能不說乃仁濤之賜，更不能不說乃芷町之賜的。

我和仁濤合作第一部出版的書是「金匱論古初集」。這部書編定時，芷町仍在香港。這書共包括論文二十一篇；差不多每篇芷町都看過了；而他也便成爲了我和仁濤意見衝突時的調解人。我在這書的序文（署名徐鎔）中，曾有如左一段話：

「己丑秋，余流寓香島；今年春，以友人陳君荒齋（卽芷町；他也替這書做了一篇序，卽署名「陳荒齋」）之介，識金匱主人陳仁濤君，因得縱觀其所藏古器，及所著「金匱論古初集」手稿，並受任校訂之。主人固嗜古成癖者，而余亦客居多暇，乃益日相與切磋琢磨。或一語之未安，共徬徨於斗室；或一書之未備，動蒐求於千里；或一義之爭持，至面頳而耳熱；或一解之有得，復會心於忘言；而荒齋則往往居間調護之，如世俗之排難解紛然。實則當今之世，殆無人知吾三人之樂，亦或無人如吾三人之樂也！」

這段話寫的正是當時的實情。而我後來敢於放胆寫「中國史前史話」，可以說正是曾摸過這類材料的結果。無論我這書客觀的評價如何，而追本窮源，仍不能不說乃拜芷町之賜的。

可是、人間無不散的筵席；一天，仁濤告訴我，芷町準備去台灣了。我毫不考慮地說：「他當然要去台灣的；只恐怕他去得太遲了！」仁濤也明白我這話的含義，聽了很是同情。因爲芷町既決定要去台灣，我便找了個機會和他談了如左的一席話：

「您去台灣，決定了？」

「那邊已給我準備好房子了。」

「您以什麼身份去台灣？」

「您這話是什麼意思？」

「我以爲您去台灣，可以有兩種身份。」

「什麼叫兩種身份？」

「第一種身份：子弟回老家。」

「什麼叫子弟回老家？」

「這還不明白嗎？您和蔣先生共機要這麼些年；如今蔣先生退居孤島，您却嘯傲香江；異地而處，情何以堪？您如以這種身份去台灣，請準備挨罵。」

「還有一種身份呢？」

「政治家回祖國。」

「此話怎講？」

「現在台灣不是討厭香港的『第三勢力』嗎？您可以大拉拉對蔣先生說，台灣的作風不對。您在海外住了這幾年，見聞較切，理解較深；只消蔣先生肯發表三百個字的談話，不但第三勢力，第三百個勢力也必然打倒。」

「您且說怎樣談話法？」

「很簡單，就說：某與中共不共戴天。大陸淪陷之責，某一人負之。某必收復大陸，以向國民贖罪。至於海外民主人士，祇求衷心反共，反某亦無所謂，切盼來台，共同奮鬥。待至大陸收復，某決解甲歸田，以讓賢者。——看來還不消三百個字呢！您如以這一身份去台灣，便可以罵他。」

我這席話，也許說得咄咄逼人，但芷町聽了却並沒有反駁，只是搖頭歎息而已！

不久、芷町去台了。我自知乃台灣某些人士認爲不祥之人，所以一直不敢和他通信。然而、從台灣傳來的有關芷町的消息，却也一無祥瑞之可言。直到有一年蔣先生壽誕徵言，我看了倒有幾點和我對芷町說的話暗合，不禁心中暗喜；却不料蔣先生言猶在耳，圍剿響應壽誕徵言的「自由中國」的豪傑們便蠭湧出動了；我只是淺薄地空喜歡一趟而已！

我不能够肯定芷町回台後曾否和蔣先生說過什麼話；但却敢於肯定從古到今實際政治或幕後政治之全爲醜惡。甚至我還敢認爲：書生論政可，參加實際政治或幕後政治却萬萬不可：實際或幕後政治，最少在未來中國的三二十年中乃某種特殊人物和政客們的專利的東西；而芷町却並不是這樣的材料。

記得芷町在由京去滬前，曾特別留我在他家裏品五十年的白蘭地，我嘗認爲乃我生平無上的口福。其實、這種酒在香港求之並不難；我在香港，就曾經喝過來。芷町如果一直留在香港，喝這酒的機會是有的是的。然而不幸，他却已經作了古人了；嗚呼哀哉！

（完）

一萍齋集（八）

過亮齋

公遂

坐擁書城起百歡，吾鄉孺子氣桓桓。懷文猶足傾蠻越，築宅難忘樹茝蘭。醉後銷愁千萬斛，興來寫影兩三竿。望洋日倚欄干遍，最寂寥時倘自寬?!

次韻公遂見過

亮之

份抱叢殘汲古歡，海隅山角得盤桓。恰宜小築遠霜雪，真見當門鋤蕙蘭。客裏光陰書萬卷，酒邊意氣竹千竿。莫辭好句快先覩，人境爭如詩境寬!?

柳花

遯翁

桃已成陰蝶已稀，憐渠仍向路旁飛。春隨笛裏吹愁盡，風約萍邊逐水歸。誰謂顛狂偏作態，正緣飄泊故沾衣。淡黃深綠俱曾識，一例悽涼憶合淝。

臨江仙 海灘

書枚

小艇殘荷出沼，翻疑畫境重經。晚來風動水搖汀，游鱗吹細浪，淺藻掣寒星。閬苑音書望斷，閒聽簫管泠泠。天涯誰識此時情？秋痕凝樹黯，鐙影逼簾青。

焦文姬（七）

（版權保留）

黎明

第六場：

景：文姬臥室，窗外可見花園一角。

時：接上場。

人：焦文姬、青箱。

（焦文姬手持紅羅，流淚滿面，從窗口急步，死勁把門關上，回身倒伏床上痛哭）

青箱：（急上，拍門介）小姐！小姐！開門來！小姐！小姐！快快開門來！

焦文姬：（拭淚開門，見了青箱又哭）啊、噎噎噎！

青箱：咿！方才大爺和我的說話小姐你都聽見了!?

焦文姬：（哭得更厲害，掩面哮啕。）

青箱：唉咦！小姐您別只管哭呀！

焦文姬：（拭淚）青箱妹！事到如今，我還有什麼面目活在人世？（忽然奮起把紅羅抛掛床柱）倒不如死了乾淨！

青箱：（奪過紅羅，正色地）我說小姐！您怎麼聰明一世，糊塗一時？事情有轉機了呀！

焦文姬：（拭淚驚問）你才怎講？

青箱：事情有轉機了。

焦文姬：怎見得有轉機了？

青箱：好不明白的小姐呀！（唱）

我看大爺口緊心量寬，
他難道不想小姐結鳳鸞？
他此去，必然問，相公定親也未？
問清了，沒定親，心中自安。
這才是，水成渠，米成白飯，
月到中秋自然圓。
有了我，做大媒，保你無事，
要尋短見爲那般？
我敢保，好消息，轉眼便是，
小姐呀！你謝媒的禮兒莫孤寒！

焦文姬：（轉悲爲喜）啐！都是怪你這個死丫頭，現在還說嘴啦！

青箱：哎呀我的好小姐呀！（嬉皮笑臉，唱）

當年若沒紅娘嘴，
那有韻事傳西廂？
今日若沒我青箱的嘴，
大爺怕不早打折了我的背脊樑!?

（白）小姐您等着！我到東廂聽好消息去了。（欲下）

焦文姬：回來！

青箱：何事？

焦文姬：無論消息好壞，休要瞞我。

青箱：曉得哉。（跳跳蹦蹦下）（移）。

抗戰回憶錄（四五）

蕭毅肅

十一·廣州進軍與受降

勝利的歌聲、歡呼、笑語包圍着我的四週。戰爭結束了，侵畧黷武者已放下了他的武器，人類希望的和平，終於顯出了一綫的曙光。

八月廿一日我奉令偕同美軍連絡部的博文將軍和我的作戰處長李漢冲，由南寧飛往湘西會戰的芷江，去參加初步受降協商會議。這是我最高統帥部命令日本駐華派遣軍總司令岡村寧次派代表前來芷江接受中國陸軍總司令何應欽將軍之命令的第一個行動。敵乞降代表總參謀副長今井武夫等六人，乘一架棕綠色、兩翼末端拖着兩條紅色布條、有特別標誌的飛機，在我盟機的監視下降落於芷江機塲。他們的沉默與憂鬱，代替了驕縱的表情，他們在南京的昂頭傲慢，已變為低首馴服了。

這是受降與接收工作的開始。今井武夫在廿二日上午洽降典禮舉行時，呈獻了日軍駐中國台灣及北緯十六度以北安南地區內所有日軍的戰鬥序列、兵力位置、及指揮系統區分等各種圖表，及接受何總司令授與的第一號備忘錄。該備忘錄指示日軍投降應行準備的事項。乞降代表們，在一種不安和惶恐的表情之下，俯首貼耳的表示了他們的服從。

從乞降代表携來的一束資料中，我不但明瞭了敵人在中國的全般兵力部署，而且很詳細的明瞭了廣東方面的敵廿三軍轄有104D、179D、130D，和第八、十三、廿二、廿三四個獨立旅團，及海南島與香港的防衛部隊，總兵力為十三萬七千三百餘人。再從他們防衛廣州的部署與陣地設施上觀察，令我當時咋舌大驚。如果我進攻廣州行動在勝利以前實施，誠不知須費如何的心力和犧牲若干的生命。在這裏我感覺到敵人雖失敗了，但他們軍隊的戰鬥精神和韌強不屈的情緒，以及井然不亂的紀律，依然是值得重視的。

在芷江，我接受了接收廣州、香港、雷州半島及海南島等地的受降官。廿四日，我啣命返南寧。當即擬定受降接收計劃之步驟及要領如下：

（一）受降步驟

（子）接防日軍佔領區：規定各受降部隊接收地區任務，迅速推進，接防日軍佔領區，並規定移防後日軍之集中地點。

（丑）解除日軍武裝：規定日軍於移防之時，僅准其暫行携帶其配帶之步槍、輕機槍及少數彈藥，其餘武器彈藥繳交受降接收部隊，日軍於移防集中後，開始解除全部武裝。

（寅）集中管理日俘：日軍集中全部解除武裝後，即視為戰俘，送至指定之集中營，受我軍監視，教育管理。

（二）接收要領

（子）日軍本身之裝備，直接繳交受降部隊接收。

（丑）日軍日偽所控制下之工鑛、工廠、倉庫、公營民營事業等，均先交由受降部隊警戒，仍留原負責人看管，列冊移交中央各部會特派員、地方機關之主管代表接收，整理利用。

（寅）受降部隊所接收之一切武器彈藥器材等，一律轉交各主管部門之接收代表接收。

（三）受降部隊任務區分及行動

（子）粵桂南區總指揮鄧龍光，指揮第四六軍、雷州獨立挺進支隊、及沿海警備大隊。以第四六軍主力進駐雷州半島，以一個師進駐海南島，負責接收各該地區日軍投降及地方綏靖。

（丑）新一軍孫軍長，指揮重迫擊砲營、及第十三軍之第八九師，即由現地經梧州三水向廣州推進。該軍主力配置於廣州市，各以一部分置於三水、順德，監視該方面日軍及受降實施。

（寅）第十三軍（欠八九師）繼新一軍後，即沿梧州、三水、廣州推進，以主力配置於廣州（不含）至九龍廣九鐵路沿綫，以一部推進香港，監視該方面之日軍、及受降實施。該軍主力到達廣州時，第八九師即歸還建制。

（卯）第六四軍沿合浦、化縣、陽江道，向開平、台山、新會附近推進，以主力配置於新會、台山、鶴山地區，監視該方面日軍、及受降實施。

（辰）各部隊接近日軍防區時，得直接與日軍交涉接防事項，並令其按照指定地點集中。

日軍移防後之集中地點及我接防部隊：

（1）第廿三軍軍部及軍部直屬隊集中河南，由我新一軍接防。

（2）第廿三獨立旅團集中河南，由我新一軍接防。

（3）第十三獨立旅團集中石圍塘，由我新一軍接防。

（4）第八混成旅團集中芳村花埭，由我新一軍接防。

（5）第一三〇師團集中新會，由六四軍接防。

（6）第一二九師團集中東莞，由我第十三軍接防。

（7）香港守備隊集中寶安，由我第十三軍接防。

（8）雷州支隊集中海康，由我第四六軍接防。

（9）海南島守備隊集中瓊山，由我第四六軍接防。

軍隊是由作戰的態勢迅速的向指定地區前進，除原在越桂邊境的第六二軍，改歸第一方面軍指揮，向河內海防担任受降任務外，餘均向東行進。敵人自宣佈投降後，已將其外圍部隊向後逐漸集結。新一軍、第十三軍、第六四軍均很順利的開進指定地區，沒有遭遇任何抵抗或阻梗的情事。同時，我與日軍第廿三軍司令官田中久一、亦於九月一日由我派遣飛赴廣州的參謀人員開始了連絡的工作。

抗戰行列中見聞雜憶（五）

李璜

捉住了敵探日本人！

我從武漢要到車子又返前方，軍風紀巡察團同人已向後步行到了通山西鄙的崇陽縣境內，駐紮在一個相當新色的農家莊子裏面。白日無事，為要避免敵機來炸，便總在樹林裏面，小山坡下，看農人們安安靜靜的在田間做活兒，如無遠處隱隱可聞的砲聲，這簡直是一片太平景象啊！

鄂省東南的農田並不壞。雖然比起我鄉成都府屬的川西壩子要差一些，但農民生活總算過得去，有小山，有遠水，一望稻田，仍是一個魚米之鄉。我們住宿在這農莊的一個四合院的兩廂；上房三大間，是屋主所居，不敢驚動他們讓出來。但有一趣事，那屋主的耕牛是住在上房的！我到達後的次日下午，看見收童將耕牛牽入上房，經過堂屋，而進入左邊寢室，我還認為我們同來憲兵把他牛圈都佔去了。後來一問，才知屋主的耕牛自來便住上房，這恐怕是偷牛賊太猖獗了的原故。然而這裏的耕牛身份也就特別濶於別處了！

在黃昏時候，聞一憲兵言，前天老百姓捉住一個日本人，說是敵人的偵探，經高級軍法官兩位親自審問後，認為確是日本人，打算送往後方去。我乍聽其言，甚為奇怪，為什麼這個日本奸細這樣笨，竟會被老百姓捉住了？吃夜飯時，團長與兩位高級軍法官都同在座，我問起這件事，兩位高級軍法官都答稱，十之八九都是日本人，問了一點多鐘，都不答話；偶說一句，無人能懂，頗似日本話的口音。本團的團長是東北人，他懂日本話。據他說，他也同四個憲兵親自到住屋後面，拘留奸細的柴屋去問過話。團長說：『可惡之至！我用日本話問他，明明他懂的，也不答覆我，假裝傻子，我打算明早晨把這個敵探槍斃了事，送往後方太費事。這年頭，還講究那麼多手續做什麼，斃了省事！』

我覺得，這樣乾脆，未免要草菅人命，因為沒有口供啊。看見兩位執法官沒有開口，我便道：『你們武審過了，等我來文審一堂如何？昨天在路上奔命一天，今晚我不打算同諸位出去工作，橫順休息，我便藉此消遣一樣。』於是待團長與所有同事官兵都出發了，我便換上便衣，令兩個憲兵也脫了軍服，點着一支洋蠟燭，往後院去。慢行之間，我問憲兵，何以會相信此人是日本人，而且是偵探？據憲兵言，軍法官無論用什麼話問了他半天，他都答不出一句；而且軍法官查他的脚，他脚上大指叉得很開，是日本人的大脚指，便是這樣的。我問：『還有什麼証據？』憲兵答：『手執一個磁飯碗，是青花的；腰間褲帶上繫着一個有眼的青銅錢；執法官說這青銅錢已很少見，必然是帶在身上用為敵探接頭時作信物的。』另一憲兵插嘴道：『這傢伙好吃得啊！下午我給他一盆剩飯，足足四五大碗，他一口氣便把它吃光了！』

我一考慮，中國窮鄉的從來不穿鞋襪的農人，脚指叉開很寬的是我所常見；腰褲帶上繫一個有眼青銅錢，也並不足奇異，不一定便認為是奸細信物；至於日本人的食量大，據我所知不會一頓便能吃上四五大碗，如我國的苦力一樣。我認為大有問題，非詳細盤問一下不可！我便對兩個便衣憲兵道：『你們要像我這樣文雅，不要露出兵大爺的樣子，去恫嚇這個奸細，你們讓我來細細盤問，少開口！』

我們進入柴房，蠟燭放在板櫈上，將睡在地下，鼻息如雷的所謂敵探喚醒。我一看，五短身材，肥而且黑，真像一個日本人！我笑容滿面的問他：『吃飯吃飽肚沒有？』說時，以手拍着我的肚子。他立答我：『吃得好飽！』我一聽，原來是甘肅比川陝交界還硬的口音。我本原籍陝西，自幼就會陝西腔，不過多年很少用罷了。於是我繼續打着陝腔，不減笑容的彼此站着談天，便問出，他是甘肅兩當縣的人，姓黃，因為從小便放牛，名字也叫阿牛，在隊伍裏，也只叫黃大牛。

說來可憐；當年二月，他正在地上放牛，便被人用粗繩子綁住，拉起走，走了好幾天，到達潼關（這是所經之地惟一說得出來的地名）入伍，後來便被送上火車，運來前方，開上火綫了。一切的一切，他都說不出一個所以然。我問他：『為什麼往後方逃來了？』他答：『日本人砲火利害，他看見別人往後跑，他也往後跑；別人脫了軍服，入民家吃東西、拿東西，他也一一隨着照辦；不過他只拿了一個碗，好喝水。』至於我問他那枚青銅錢那裏來的？據他表示，自來便老繫在腰邊的。但我問他：『為什麼官長曾再三問話，但你不答覆？』他說：『我聽不懂官長的話，並且憲兵在兩邊都用槍指着我，我更說不出話來了。』我笑道：『不要怕，他們不會打殺你的！』

我走出來，吩咐守柴房門的憲兵，不要再帶着槍進去，於是我回入廂房，睡在行軍牀上，等候同事們回來。憲兵們的口真快！團長與軍法官一進大門便已知，李委員將日本人問成甘肅人了。因此那位湘西籍的軍法官進房來便向我道：『你的文審法比我們武審法有效多了！』但我們團長的難題來了！他說：『我們總得有個交代，請李委員去問他是屬於那一師那一團的。』

於是我又帶着一個便衣憲兵再去問，可憐這位粗人！他對師的番號，師長、團長等姓名都不曉得，他只知他的連長姓張，排長姓鄭！於是我很喪氣的對這個難題交了白卷。後來只好將此人交與同行的滇軍，去當火伕。

——唉！這就是我們鄉鄙的同胞！這就是我們抗戰所拉來的補充兵！這樣的愚蠢法，如何的去打現代式戰爭！

本刊已經香港政府登記

聯合評論 週刊

每逢星期五出版

United Voice Weekly

第二一二號

督印人：黃宇人　總編輯：左仲平

社址九龍大埔道一六八號南亞書局 805641

承印嘉羅印刷有限公司香港灣仔馬師道5號

總代理：友聯發行公司　售價每份港幣一毫

本報美洲版總經售處美國紐約中美出版社

CHINESE - AMERICAN PRESS, INC

199 CANAL STREET.,

NEW YORK13 N. Y. U.S.A.

美洲航空版每份零售美金一角

論蔣先生所謂革命民主政黨

劉裕畧

說中國國民黨乃一個「革命民主政黨」，是蔣先生說的。就在本年十一月十二日該黨在台北舉行第八屆五中全會時，蔣先生也還如此說過。

有些人則認為蔣先生這一說法欠妥當。

不過，以我個人來看，我認為蔣先生這一說法倒不一定不妥當，也不一定妥當。其妥當與否，不在名詞本身，而在蔣先生對這一名詞所賦予的含義。更在蔣先生對革命和對民主的一套基本看法。

值得驚奇的，是蔣先生對中國國民黨的基本性質或目的雖有如此重要的說法，但國民黨的宣傳刊物或書報卻從未對此有所闡揚。因此，蔣先生所謂革命民主政黨究竟指的什麼？人們無從知道。大抵，國民黨當權派中的大多數人平時只知在名利場中角逐，所以，對於所謂理論，所謂信念，便也少人理睬。

記得中山先生曾解釋「主義」兩個字。他說主義就是一種思想，一種信仰，一種力量。我青年時期讀三民主義就常常想替中山先生把這一解釋稍為修補，我覺得就三民主義及中國國民黨而言，所謂主義，應該是一種思想，一種信仰，一種組織，一種力量。若不根據思想信仰而行組織，則力量無從來，而黨也不會成為一個黨，將僅僅只是一個人事集團或一個官僚集團罷了。當然，這也不只中國國民黨如此，民社青年兩黨又何獨不然？

有些人之所以認為蔣先生所說革命民主政黨不妥當，是因為有些人認為民主與革命相衝突：是民主，就不是革命；是革命，就不是民主。在性質上，是民主政黨，就不是革命政黨，是革命政黨就不是民主政黨。因而，便認為蔣先生把革命與民主混合使用在一起，而名之曰革命民主政黨，便是不妥當。

而我之所以認為蔣先生所謂革命民主政黨之說不一定不妥當，主要理由則在各個人對革命與民主之間的關係各有不同看法，尤其對革命與民主何者是手段何者是目的，這進一步的問題亦有不同的思維。

我和很多人一樣，也認定民主政治思想確從西方產生。而其所以達成之道，在西方，基本上也只有兩型。一型是英國式的，一型是法國式的。

民主政治制度在英國的建立，曾經悠長歲月。它是一點一滴從議會爭得來的。它沒有經過流血或革命，而只在和平奮鬥及不斷改良中實現。所以直到今天，英國仍保有皇帝，構成一種虛君制的民主政治制度。對此，我名之曰「漸變型」。亦名之曰英國型」。其好處在不流血，其壞處則在經歷的時間太長。

民主政治制度在法國之出現，又與英國不同。它是經過流血經過戰爭的。此即所謂法國大革命。它既不是依靠民主人士在議會用和平手段逐漸得來，而乃經過全國人民為理想而戰鬥，流血犧牲所致。所以，我對此名之曰「突變型」。亦名之曰法國型」。其好處在迅速痛快，其壞處則在需要經過流血和犧牲。

事實上，西方民主政治制度的出現，實不外以上二型。美國民主政治制度之建立，亦可歸屬於突變型，即法國式的一型。何以故呢？因為民主政治制度在美國之建立，係隨美國獨立以俱來，而美國的獨立是經過流血與戰爭的。所以，便該把美國之所以得以實現民主，歸納於法國式的一類。

中國數十年來亦時常有人呼籲實現民主並從事民主運動。但究竟如何在中國才能真正實現民主呢？卻很少深入研究。如果大家所嚮往的就是西方的民主政治的話，則達成西方民主政治制度的道路，既不過只上述二型，那末人們所強調的究竟是上述二型中之那一型呢？是否還能從西方找出我所未能說到的第三型第四型呢？否則結論便很簡單，用改良的漸變的方式誠然是達到民主政治目的的一條道路，用革命作手段也正是可以達到民主政治目的的另一手段。

正因為用革命作手段亦可達成建立民主政治的目的，所以，假如蔣先生所說革命民主政黨這一名詞，確像我這樣解釋的話，我認為這一說法並沒有什麼不妥當。相反，倒正可以說明中國國民黨的一貫歷史和中山先生創黨的一貫宗旨。因為中山先生把中國建國程序分成三大段落，即軍政時期，訓政時期與憲政時期，顯然說明中山先生是倣效法國革命的突變型，再加以逐步前進的辦法，用革命作手段，以實現民主政治制度的。那末，蔣先生把中國國民黨說成是一個革命民主政黨，有什麼不可以呢？何況，今天還非對中共用兵不可啦！

說到這裏，有些朋友也許奇怪，我寫本文的目的，是在擁護蔣先生的這一主張。其實，蔣先生所意識的革命民主政黨，在含義上究竟是否如我上文所述，已是問題。而我個人對中國如何實現民主之道，卻在上述漸變型與突變型之外，另有想法。我把我所想的那一型，名之曰「特變型」。但非本文所討論的主題，故暫略而不贅。

這裏，我要進一步特別向蔣先生提醒的，則還在望蔣先生留意突變型，即用革命作手段來達到民主政治制度這一目的往往容易發生的附作用。尤其提防它的變質。

我們應還記得，法國大革命誠然確曾轟動而偉大。但正也就在此一轟動而偉大的過程中，出現了拿破崙那種人物。拿破崙當時就曾利用大革命而做皇帝。蔣先生今天當然不會做皇帝，但必須提防，如果過於膨脹革命手段，而把民主目的擺在革命成功的最後階段的話，則往往會只有手段沒有目的了。至少會容易使人只看見蔣先生的手段，看不見蔣先生的目的了。

事實上，當前中國確有兩大任務同時存在，一個任務是反攻復國，一個任務是民主建國。兩者必須兼籌並顧才行。同時兩者又必互相配合互相依靠才行。要反攻復國，當然需要戰鬥，國民黨人愛把這種戰鬥稱為革命，就國民黨的立場來說，自無不可。不過，今日中國有一部份人犯了一種毛病，認為中國的一切事，只要民主就行了。殊不知，民主之外，同時還要從事反攻復國的艱苦戰鬥，認為民主是當前中國的惟一任務，未免稍偏；另一部份主要的是台北當局則犯着另一毛病，他們認為今日中國的當前任務只在革命與反共戰鬥，而不需要民主，這也同樣稍偏。如果蔣先生真想以革命作手段來實現民主的話，則蔣先生萬萬不可繼續偏在革命的一邊，而把目的放輕。事實上，蔣先生今天是大可在兼籌並顧的原則下，通過綿密的計劃，一面進行反攻復國，一面儘可能推行民主制度的。

現實主義外交的懲罰

胡越

最近美國對於蘇俄在古巴建立飛彈基地，感到忍無可忍，斷然採取阻止行動，一面對古巴實行海上封鎖，一面擺出不惜一戰的態勢；同時在外交上進行廣泛的接觸，除爭取國際的同情與諒解，並主動向蘇俄要求談判。甘迺迪氏這一智勇兼備、軟硬齊施的戰略，終於迫使蘇俄讓步，自動把基地取消了。美國獲得了決定性的勝利，這是甘迺迪氏就任總統以來的一大傑作，也是自由世界在冷戰上由畏縮退讓到堅強反擊的轉捩點；這些都是可欣慰的。但是在這場冒核子戰爭危險的鬥爭當中，我們可以看出美國當局的緊張和痛苦，以及心理的尷尬。因為這次美國對古巴強行封鎖雖出於不得已，但是理由畢竟不夠充分。這有如刑法上的過當防衛。美國發現古巴建設飛彈基地，等於一個人發現懷有敵意的鄰居購買手槍。在手槍還沒有人手之前，你就採取防衛行動豈不太過大嗎？因此美國雖然獲得了勝利，但勝利的果實是苦澀的。在冷戰心理上要遭受相當的損失。

在今天冷戰形勢中有三個最醜陋的惡漢。一是埃及的納薩，一是印尼的蘇加諾，再一個就是卡斯特羅。而以卡斯特羅最潑辣惹火。對這三個惡漢及其政權的任何打擊，都使人擊掌稱快。但是問題並未徹底解決。美國經過這次奮鬥，雖然免除了近距離的核子威脅，但是卡斯特羅政權的存在，仍是美國的背上刺，眼中釘。在政治作戰上，美國仍要繼續蒙受難以忍受的創擊。甘迺迪氏似乎早有此了解，因此上台不久，即有古巴流亡政府登陸反攻的行動。可惜失敗了。據說，古巴反攻的失敗，嚴重影響了美國當局對台灣反攻大陸的看法。其實這兩者的形勢是根本不同的。

一個政權是否到了被推翻的時機，有三個主要關鍵：（一）被絕大多數人民所憎恨；（二）在內部已形成有組織的反抗力量；（三）統治階層的徬徨動搖、以及離叛。以這三個條件來衡量今天的卡斯特羅政權，第一項早已不成問題，但是第二項、第三項則仍未俱備。這因為卡斯特羅取得政權時間太短，他的幹部們正陶醉於革命蜜月，革命的英雄主義心理仍未腐壞，況有蘇俄及中共在幕後撐腰，所以仍有戰鬥的士氣。反之多數古巴人民雖然恨透了卡斯特羅政權，但是在內部並未形成反抗組織，無組織的個人是無法與有組織的武力對抗的，在反攻當時幾乎未起作用，以致反攻行動一敗塗地。由這我們得到一切實的教訓，單是人民的厭恨情緒是不能推翻一個近代政權的。

今天的中共則完全不同了。就第一個條件來說，百分之八十以上的中國人民，從中共政權建立之時起就痛恨它了。可以說多數中國人從未真正喜歡過共產主義，中共之取得政權，完全由於國民黨的腐敗無能。就第三個條件來說，在一九五七年以前，中共幹部雖經「鳴放」及「反右」的挫折而開始喪失信心，但是仍未到達動搖離叛的階段，從一九五八年的「反促退」、及一九五九年的「反右傾」，加上「大躍進」、「人民公社」的慘敗，情況乃直轉急下。尤其「人民公社」的失敗對中共幹部思想的打擊特別深刻。所謂「共產主義是天堂，人民公社是天橋」，現在天橋斷了、天堂塌了。教條主義的狂信是共產黨人力量的源泉，一旦所信的主義受到破滅性的打擊，那力量的基礎就開始崩潰了。因此今年五月的大逃亡；逃亡者已不止是人民，其中有黨員、中上層的幹部、勞動模範、甚至有市級的政委。已充分說明中共統治層的動搖和離叛。就第二個條件來說，我們從報章上及逃亡者談話中，得知大陸已有無數的地下反共組織出現。一九六一年遭中共破獲的就有廿八個。這些組織，正在從小變大，由星散而聯合的發展中。因此上述的三個主要條件，今天已具備了兩個半。因此我相信，如果從大陸以外發動反攻，決不會像古巴那樣曇花一現的失敗。一定會引起廣大的響應。即使外部的反攻不可能，內部反共力量發展到一定階段，終也要爆出來。除非中共政策再大步向右轉，恢復半資本主義，對上述的判斷，我是堅信不移的。

（下轉第二版）

自由青年的後顧與前瞻（下）

孟戈

其實，「共產主義」這一套理論體系，祇帶來人類的空前禍患！共產黨徒强調「共產主義」一是「絕對的眞理」，難道我們也來這一套玩意而强調所謂一整套的反共產主義「理論體系」也是「絕對的眞理」麼？共產主義的「思想體系」龔斷了鐵幕和竹幕裏的人類思想，難道我們也來搞這齣戲法把所謂一整套的反共產主義「理論體系」用來龔斷自由民主世界的人類自由思想麼？事實上，中華民國憲法上開宗明義說的「三民主義」，尚不能龔斷我們——甚而執政黨員的自由思想。今天，要「夾硬」搞出一整套的反共產主義「理論體系」來，叫我們這樣想，叫我們這樣做，叫我們這樣走，如非癡人說夢，就是白日做夢。

到了二十世紀七十年代的太空科學世紀，自由青年的腦袋是清晰明朗的。我們不妨把馬克思主義、列寧主義、毛澤東思想……一頁頁翻開來，一章一章來研究討論；所謂共產主義的「理論體系」，那一點是「眞理」？那一個地方站得住脚？那一件事物是「科學的臆斷」？這是「絕對的眞理」呢，還是「百分之百的謊言」？共產黨徒製造了一套曠代的謊言，難道我們也要來學習製造謊言的伎倆，創作出一整套的反共產主義「理論體系」麼？共產主義導致了「無產階級政黨專政」，難道我們再搞出一整套的反共產主義「理論體系」又來導致另一尊政麼？

說一句公道話，一八四七年馬克思主觀的思維，直覺的臆斷寫出「資本論」卷一時候，他絕不會存心說謊，但到了今日的歷史發展眞象，証實了那是一片謊言。鑑古觀今，假使今日我們也眞想出了一整套反共產主義「理論體系」時候，當然更不會存心說謊，然而再經歷若干年月又焉知不是一派胡言呢？

來迴顧今日的民主自由世界，美國從「門羅主義」到「援外法案」，西歐洲從「馬歇爾計劃」到「共同市場」，自由主義慫恿了人類自由思想，民主主義改良了公平合理的法案，科學的實驗主義証驗了某些新「理論體系」正確……。這正是不斷的創造，不斷的改良、不斷的進步的方式方法，我們講民主法治的人，是應以民主主義，自由主義、科學的實驗主義作為反共產主義的思想體系的。

我們絕不讓也絕不會讓人家叫怎樣想、怎樣做、怎樣走。而是我們自己去認識和瞭解應該怎樣想、需要怎樣做、必須怎樣走。作為一個自由青年，動用本能的智慧、使用所知的學識，利用民主自由的客觀環境，認量熟識世界，才能改造世界和創造世界。

（四）

需要批評朝政與臧否政治人物麼？我們是需要批評朝政與臧否政治人物的。

中華民國憲法第十一條，「人民有言論，講學、著作及出版之自由。」作為一個自由青年，就享有言論自由，也就必須使用言論自由的權利。

先要確定一個正確的觀念，中華民國係我們效忠的國家。

中華民國憲法雖然規定「人民有集會及結社的自由」，但是不規定「政黨有武力暴動的自由。」毛澤東違背了民主政黨和平奪取政權的基本原則，公然組織軍事力量而發動暴力叛變，改變了國號，撕毀了國旗，徹底破壞了法統和政制，因而，中國共產黨徒是中華民國的叛逆，中華民國人民的公敵，中華民國憲法的蟊賊。對於他們，我們不祇是動用言論來攻擊，而且要使用國家軍隊來除滅、來平亂、來剷洗淨盡。

至於在中華民國的國土裏，現在祇揷在台灣的青天白日滿地紅底旗幟下。我們捧着的是中華民國憲法。維護和實行着這部中華民國憲法。

在民主法治的國家裏，批評朝政與臧否政治人物，就是在擁護憲法，反之，便是違背憲法。

我們翻開一九六二年三月，紐約城的「現實者」雜誌來看，居然出現大字標題：「關於甘迺廸總統第一次結婚的內幕故事」——這故事誣詆美國總統約翰，甘迺廸曾經在一九五三年於羅德島的新港和一個離婚兩次的婦人秘密結婚。這是十分荒謬的侮蔑性謠諑。

但，這件在共產主義國家法律裏認為大惡不赦的「侮辱元首」的刑事罪証，而在民主法治國家元首心目中，祇僅僅「有則改之，無則再勉」而已！

作為一個自由青年，一定要有一個政治見解，或者會同情甚至參加一個政治黨派。姑不論他是執政黨、是與黨、是反對黨、是無黨無派份子，既應該關心朝政，亦必需留意政治人物，好的固然要褒揚，壞的尤須加以貶責。執政黨贊揚它的從政黨員，這是它的本份，而在野黨「攻訐」執政黨的從政黨員，拼也是它的政黨政爭的合法合理手段。如果凡是指責今日朝政或貶謫政治人物的人，就用個大帽子壓下去，說是「匪諜」、指為「反蔣」份子，若非惡意中傷，就是缺乏民主政治的起碼常識而已！

讀「戰國策」，上有一段十分精彩的記載：「鄒忌入朝見成王曰：『臣誠不如徐公美，臣之妻私臣，臣之妾長臣，臣之客欲有求於臣，皆以美於徐公。今齊地方千里，百二十城，宮婦左右，莫不私王；朝廷之臣，莫不長王；四境之內，莫不有求於王。由此觀之，王之蔽甚矣！』王曰：『善！』乃下令，「群臣吏民能面刺寡人之過者，受上賞；上書諫寡人者，受中賞；能謗議於朝者，受下賞。」令初下，群臣進諫，門庭若市，數月之後，時時而間進，期年之后，雖欲言，無可進者。燕趙韓魏聞之，皆朝於齊。此所謂戰勝於朝廷。」

我們的國家是多難，反共產主義的鬥爭是艱巨困苦的，面對今日偏安台灣的政權，自由青年不學鄒忌的直諫，也應效群臣吏民的進諫，從而推動政治上軌道，促使人民力量大團結，而加强反攻復國的極端有利條件。

（五）

我們這一代的自由青年，有的挨受過抗戰的離亂生涯、有的煎熬了共產黨的奴役日子、有的嚐盡一切流亡滋味和苦楚。好在，反共產主義的信念不變，消滅共產黨徒的鬥爭始終不懈。中國是得救的！

老祖宗叮囑過兩句格言：「君子謀道不謀食」、「士忘於道，而恥惡衣惡食者，未足與議也。」可說是語重心長的。

中國古之所謂「道」即是現今之所謂「眞理」，反共產主義的鬥爭——反極權與獨裁政治的鬥爭，是這個世紀這一年代的眞理，也是自由青年身體力行的大「道」。為了「道」！為了「眞理」[illegible]我們祇要能還[illegible]雙拳打出出路[illegible]怕是低劣而又[illegible]的職業，能在[illegible]世界生存一日[illegible]好過共產主義[illegible]的新奴隷社會[illegible]十年。

對於出賣[illegible]而盜名欺世的[illegible]對於找門路尋[illegible]而飛黃騰達的[illegible]對於打情賣俏[illegible]狗皮假膏藥的[illegible]對於「在乜言[illegible]而脫離政治現[illegible]人……這一類[illegible]行屍走肉，我[illegible]足羨慕，而是[illegible]於鄙賤的眼光[illegible]

[illegible]

現實主義外交的懲罰

胡越

（上接第一版）

從以上的比較，得知美國當局因古巴反攻行動的失敗而判斷中國反共力量之不足有為，顯然是不正確的。

回顧中共的歷史，它由當初的廿幾個人的馬克斯主義研究會，而能有今天的形勢；原因固極複雜，其中有一不可忽署的因素，那就是十月革命以後的蘇俄，聲明放棄帝俄時代在中國的特權，以及對孤立無援的孫先生領導的革命力量之援助。這兩件事，現在雖已証明是一種策略，是培植中共的手段；但是這種貓哭老鼠假慈悲的表演，却打動了那一代的中國知識份子和青年，造成了中共發展的客觀形勢。與此相較，當時列強（美國除外）仇視革命力量，並分別拉攏軍閥，希望中國保持割據局面，從而維持其在華權益，是多麼鮮明的對照！這一段歷史敎訓實在太沉痛了！

古云：有俠客，無俠國；我們很難期望今天美國能够行俠仗義。被經驗主義與功利主義桎梏的撒克遜民族的心智，很難看見理想主義的陽光；在美國歷任總統中，威爾遜總統最具有理想主義精神，可是他却因此而遭受了挫敗。反之主張美國至上，美洲自掃門前雪的門羅總統，留下的影响一直延續到今天。美國對古巴問題之所以有積極的表現，實仍受門羅主義的鼓舞。

在世界政府建立之前，國家至上主義，實也未可厚非，無奈廿世紀的交通技術，已把全人類緊緊的縛在一起。南越的炮火不止在炸裂越南的土地和殺傷越南人的生命，並且打擊着華盛頓當局的神經。美國早已被迫干預世界問題了，今天美國已不祇是美國的美國，而同時是自由世界的盟主。美國要想保存美國，必須保存自由世界。我想這是美國當局所瞭然的事實。現在的問題，是如何保存自由世界。具體言之，美國對自由世界諸國的外交基本方針如何？目前所採行的現實主義外交政策，是否已到了從頭反省的時候？

今天卡斯特羅政權的作怪，是美國現實主義外交的一個懲罰。假使美國在卡斯特羅率領游擊隊革命時，對那腐敗專制的政權能及時改變政策，只少不再積極支持它，那麼今天的卡斯特羅政權，或許不致於變成共產集團的爪牙。只少不會向美國尋仇報復。當一個政權已明顯背叛了民意，成為人民咒詛的對象，那麼援助這個政權，就等於助紂為虐，與那一國家的人民為敵！例如援助李承晚，弄出了青年學生的革命；援助保大弄出了奠邊附的悲劇，援助吳廷琰而使美國陷於剿共戰的泥淖。

今天美國在外交工作上存在着顯然的矛盾。一面在宣傳上鼓吹和傳播自由民主，但是在實際行動上又與獨裁者朴結納；美國所以如此，當然有其困難，一是格於危急的反共形勢，如南韓及南越，可能在共產黨的進攻矛頭之前，不暇考慮自由民主的原則，捨援助既有的政權以外，其他辦法都緩不濟急。二是許多國家的人民，還缺乏自由民主的自覺，如泰國、高棉等落後國家，任何黨派、任何個人當權，都必行獨裁。美國對這些國家被迫只存一個希望，只要堅決反共就够了。對於後一情況，可說是無可奈何的事實，情況可存而不論；就第一種情況來說，實大有商量的餘地。美國人每好把某某獨裁政權視為反共的工具。這種想法對不對是另一問題，現在要究明的是做為反共工具是否有效？過去的事實證明是無效的，並且還發生反效果。事實迫使美國再降低期望，只期望這些國家不落入共產統治。但是這一期望是否有保障？從古巴、北越的情況來看並無保障。今天南韓、南越等地區，都需要美國的軍力來担當防衛，否則早已變色了。於是援助這[illegible]維持[illegible]義了[illegible]外交[illegible]

由世[illegible]是長[illegible]紀也[illegible]盟主[illegible]脫出[illegible]道是[illegible]。對[illegible]由價[illegible]要的[illegible]主的[illegible]視各[illegible]。唯[illegible]才是[illegible]自由世界中不再是專惹麻煩的負號，而同担當責任，平等互助，共同作戰的友軍。

貪污與極權

李金曄

記得當年美國的現任駐聯合國代表史蒂文遜競選總統時，攝影記者獲得了一個特有的鏡頭，那就是他脚上的那雙皮鞋，鞋底上清清楚楚地有個大洞。尼克遜是美國前任的副總統，當他上次參加競選總統失敗後，他立即表示，當務之急，是要找一份職業。

這兩個實例，生動地擺在人們的眼前，使人覺得在民主政治制度下，有資格參加總統競選的人，並不以脚穿破鞋和公開表示求職為可恥。我相信，史蒂文遜絕非是故意穿了一雙破皮鞋參加競選的；尼克遜也不是為了裝窮。他們都是很自然地表露出了眞情，其間並無矯柔做作。

這也是民主政治的可貴，沒有人因為史蒂文遜的破鞋和尼克遜的嘆窮，便把他們看低了一等。但是在民主政治制度下，有一樁事情是不容忽視的，人們必然是慎於選擇他們國家的最高公僕，對於這樁舉手之間就能決定的事，他們眞是做到了縝思慎行。正因為此，尼克遜在上次參加總統競選時失敗了，這次參加加州州長競選時，也是失敗了。而他也自認從此結束了他的政治生命。

在同一時間內，有廿八年歷史的共和黨衆議員周以德，也在競選中失敗，據說他之所以失敗，是因為他錯誤地嚴辭譴責了甘廼廸總統封鎖古巴的強硬政策，觸發了選民的反感，遂被年僅卅六歲的對手佛烈賽取勝。

周以德是以堅決反共著稱的衆議員，何以會在美國對古巴加以堅持封鎖的時候，轉變了態度來攻擊甘廼廸呢？這是令人費解的，如勉強地找一個理由，只能說他是錯誤地用了一貫站在反對立場的地位，不分青紅皂白地攻擊甘廼廸的結果。但是這畢竟還只是表面的理由，據說共和黨份子的連串失敗，事實上還是他們的政策，得不到人民的贊成。

現在我們且不談美國共和黨的政策問題，而主要的是要談談在民主政治制度之下，作為一個從政的黨員的個人的德操問題。談到這一點，我們也就聯想到為什麼愈是在極權政府的統治之下，貪污之風會興盛，甚至如蘇聯那樣嚴密地統治之下，貪污依然盛行；而在中國大陸上，在中共黨內，也經常地要大興反貪污、浪費之風。在台灣，則立法院內居然還有人反對通過懲治貪污法案的。據說理由是為了反攻故不主張通過該案，這就眞是令人哭笑不得了！

外國的月亮當然不會比中國的亮些，因此談這樣的問題，並沒有意思在為了「長他人志氣」，而是就事實來說，在民主政治制度之下，貪污雖非絕無，但確是沒有在極權統治之下那麼黑暗。

毛澤東輩，迄今仍在向年青的一代宣傳什麼「延安作風」，其實「延安作風」自從他們一九四九年從石家莊到達「北京」之後，就已經烟消雲散了。請看今日的毛澤東以次，那一個中共頭子由頂至踵還有半分延安的土味兒。十三年來，中共上層的領導核心分子，每一個人都已是腦滿腸肥，大權在握，根本用不着用貪污的手段來斂財，據早年一位由湖南來港的逃亡人士說：王首道曾經說過，「論做官，國民黨的官遠不如我們今天的有權有勢。」從這句話裏反映出一條道理出來，就是掌握了權勢的人，他就可以予取予求，那麼等而下之的幹部也就可以無法無天了。

退守到台灣的國民黨當權派，在十三年來，初時尚不聞有貪污案或大貪污案發生，確還有一點「臥薪嘗胆」的風氣，但是近三五年來，不僅「紅包」之風大盛，而且還發展到了集體貪污的田地。以前台北市長黃啟瑞的貪污案為例，即是一個很好的說明。

窮根究底，貪污之盛與極權政治是雙生子，是權勢集中而沒有民意監督的必然結果。而且所謂民意還必須是眞正的民意，不是假民意、御用的民意，才能發揮高度地監督實際政治的效果。因此中共的「人代」固非民意，如果像懲治貪污條例也一旦不能在立法院通過的話，那麼立法院竟究還能有幾分民意，也就大有問題了！

尼克遜走出了白宮，他會有失業的感覺，因此迫切地表示要找一份職業，而沒有作寓公的打算；史蒂文遜，儘管是參加總統競選，但仍能保持知識份子能受窮的本色，不必為他的破鞋掩飾。這些作風，在今日的中國，雖非絕無，但至少在有權有錢的達官貴人中，似乎還未有所聞呢！那麼也難怪乎貪污之風要大盛了！

防止中共「拆更大的爛污」

許子由

（一）印邊戰事已國際化

印度事件和古巴事件發生在差不多同一個時候，所以很多人把兩項事件拿來互相比較，認為古巴事件要嚴重得多，而印度事件，即使不是必然地局限於有限度戰爭，也總是比較輕微，或者說，比較緩性的。

古巴問題曾有幾天瀕於飛彈戰爭的邊緣，這是美蘇雙方事後所承認的。印度問題要達到那樣危險的程度，可能要以年為單位來計算，就是有什麼急轉直下的突變吧，也必須有幾個月的醞釀。所以上述那一看法，在原則上應該是對的。

不過，過份忽視印度問題可是不合理的，也是危險的疏忽。目前中印邊區，已是一個幾十萬人的戰場，雖說迄今為止仍只是地面戰爭，但倘若戰爭再起，戰爭就必定立體化。而且，不少雙方以外的國家，已很明顯地，有或淺或深程度的牽入，這也即是說，它已經國際化了。加上了中共印度都是大國，它的影響也決不會太小。

古巴事件還不能算完全結束，但最高潮的危機已過，所謂「花事開到荼薇」。中印邊境雖在停火聲中，却是「春雲初展」，可以醞釀着無限的變化，影響世界尤其是遠東的局勢。正確地檢討印邊事件的發展，是重要的。

（二）中共不肯輕易罷手

印邊停火之後，能否進入和談而至和解？是當前第一個關鍵。中共停火求和，因為它國內不穩、國際孤立，攻佔印度，勢不可能，勞師遠征，補給難繼；這些原因，論者多有指出。西方國家集體赴援印度，更加使到向來「口硬脚軟」的中共退縮，也至明顯。不過要認為中共就此認輸罷手，也未必然。中共還有許多統戰的、外交的、牽制的、搗亂的方法，可以運用行使。

最近中共建議與巴基斯坦訂互不侵犯條約、助巴國「抵抗侵畧」，並聲稱不影響巴基斯坦在「中約」、「東約」的地位。後者顯是受了美國援印「不影響印度不結盟政策」的啟示。而前者暗示要助巴基斯坦對付假想敵印度，更是一種顛倒的說法——因為中共與印度已經開戰，印、巴還沒有開戰，所謂「中共助巴」，實是「要巴助共」罷了。可是這麼一個，就使得哈里曼和桑第斯都得趕到巴基斯坦去進行綏撫了。中共的利用矛盾，這不過是一例。

本來，中共如認為印邊這一盤棋是輸數多，「再下不下去了」，那就應該像印度所說的：「若眞有誠意言和，乃可退至九月八日之綫。」雖然這是有失面子，但須知以美國之強，韓戰打了幾年仍在「三八綫」原地了結；以赫魯曉夫之狠，也只好「狐掘狐埋」地搬回古巴的飛彈。中共自印撤兵，能算得是怎麼一回事？毛澤東在不得已時，也可能做得到的。但目前中共一面邀請調人（對亞非國家），一面要求「幫兵」（挑撥巴基斯坦），可見它還不想罷手。

（三）西方「消耗中共」的打算

印度對中共的私議，雖正式要求澄清內容。但似乎只是外交手腕。因為它同時抨擊中共所稱「實際控制綫」為「欺騙」，又堅持照「九月八日綫」，方肯談判。強硬的態度，看得出「絃外之音」：假如尼赫魯不是早已開過價格（九月八日綫）的話，則印度可能沒有盤口開出來，即是乾脆不談。因為英美的「無條件、無限度」援印，已使得早晚時價不同。美國一向不主張進攻中共，可極喜歡「消耗中共」；以日本印度「抵銷」中共，是美國亞洲政策的原則。紅軍來到阿薩密的邊緣，對華府來說乃是「來得正好」！劍及履及，自不消說。英國與中共始終「虛與委蛇」，但十三年來，小事和協而大事不和協；有了英印聯邦的關係，英國也老實不客氣的似乎要大大幫忙印度一番。對於英國，這不是沒有前例的，一九五〇年英國承認中共，但同年出兵打韓戰，與中共軍交鋒，並不影響英與中共的「邦交」。

加上了蘇聯沒有明顯表示態度，納薩、狄托等傾向同情尼赫魯，印度的強硬及準備再戰，可說是呼之欲出。「亞非六國調停會議」，在中共來說，是無論為和為戰，盡力爭取與國（錫蘭、緬甸、印尼、高棉等）。對印度來說，它們的影響力並不大，問題仍繫於調處方案——實際條件上。那便是說，尼赫魯可能仍然堅持：中共退回九月八日之綫。

（四）可能影響港澳台灣

中共可能退回九月八日綫的，但除非被迫，它不輕言撤退。那麼，它將有什麼方法可以使用呢？

在原則上，中共是對印求和。但在方法上，不一定限於「呼籲」式的求和。如潑辣地挑撥巴基斯坦，表示擴大戰爭威脅，本質上是「以進為退」的求和手法。「拆更大的爛污」，使蘇聯不能欲理不理的：使美美感覺麻煩，面臨「進攻中共」或「在某一階段予以綏撫」的選擇；（過去，英美多次選擇後者。）使亞非國家恐懼牽入戰禍，而羣起呼籲「放過中共」。若說這類方法的具體舉例，只要大驅飢民來香港或澳門，或製造一些台灣海峽海空戰，便足以困擾西方，轉移視聽。

用印度消耗中共是西方如意的算盤，不是不可打此算盤，但中共決不會乖乖地儘向喜馬拉雅山下去消耗。美國在古巴是「獅子搏兎」用全力，所以得勝。中共問題若牽涉到全面，就比古巴更大。所以英美應預作全面的、長遠的打算，不要受中共「拆更大爛污」的要挾。台灣對於「進攻退守」也應有所準備，勿以為「坐山觀虎鬥」！

（十一月廿六日）

欲知台灣政風，請看蘇玉衡案

獨清

（台北通訊）嘉義縣屬市公所民選市長蘇玉衡貪污案，日來奇峯突起，國民黨台灣省黨部的大員數人，均被牽連，街談巷議，多認爲此次省黨部主任委員突然易人，亦與此有關。蘇玉衡雖然僅是一個縣屬的小小市長，論地位並不重要；但他走上貪污的經過情形，却正是今日政治圈內的典型現象，值得向海外讀者報導。因爲觀此即可知道蔣「總統」父子統治下的台灣是如何的烏烟瘴氣了。

爲了競選，花費數百萬元

蘇玉衡原是嘉義一間合作社的副理，並沒有讀過幾年書，祇因有錢肯花，岳父又是富翁，四十四年金遠詢來嘉義接任國民黨縣黨部時即特別賞識，認爲是一個「可造之材（財）」。於是，要他拿出十萬元的活動，爲他佈置競選嘉義市長。蘇玉衡當然喜出望外，立即如數奉獻。但那一次國民黨的黨內提名，是先由黨員投票預選。預選結果，蘇以一百票之差落選。金遠詢爲了鞏固他的信心，退還三萬與他，其餘七萬元，據說留作爲他競選縣議員之用。不久縣議員選舉，蘇果以最高票數當選。從此，他對金遠詢的誠意扶植，深信不疑。因而也就儘量「孝敬」。據熟悉內情者透露：他競選縣議員共花了二十八萬元。但他認爲頗爲值得，得意之色，不時溢於言表。

依照國民黨中央的規定，黨員當選縣市議員後，須到台北「實踐研究院」講習一月，以便親聆最高領袖的訓示和接受蔣經國的領導。但蘇玉衡因爲識字有限，誠恐受訓後不能及格而影響前途，於是，又由金遠詢爲他設法免除受訓。據說：他是該縣黨籍議員中唯一免訓的人，因此，他對金遠詢又特別報效一番，以酬其大力掩護的盛情。前年嘉義市長改選，蘇玉衡在金遠詢的支持之下，不但在國民黨內獲得提名，而且很順利的當選市長。據說：他爲爭取黨內提名及活動選舉，共花了兩百餘萬元。單是國民黨省黨部某大員就得到四十萬元。其他有關的省級和縣級大小黨官，當然也要有所奉獻。

挪用公款達六百萬元

由於金遠詢及黨部其他有關人員的需索不已；蘇玉衡又常常自動陪同這些黨內「知己」花天酒地，一擲數千金。經過數年的消耗，他自己的錢財也就日漸不濟，其岳父鑒於他揮霍無度，拒絕支援，前年，他當選市長後，即開始挪用公款，以填私囊。消息外洩，若干市民代表乘機對他有所要挾，他初出茅蘆，做賊心虛，深恐被他們告發，於是，紛紛致送紅包，以期大事化小，小事化無。如此一來，紅包愈送愈多，公款也就愈挪愈多，在短短的兩年期間，竟達六百萬元之鉅。以致市庫空虛，有時連員工的薪津亦無法發出，迫得向縣府借款。縣府經辦人員，自然也是吃「紅包」有素的能手，索取回扣百分之五，他爲了應急，祇得同意。去年年關，他向縣府請求特准撥借三十萬元，竟被迫送回扣二萬五千元之多，據說：其中五千元，還是送給縣長黃宗焜的。

青年黨委居然實行黑吃黑

青年黨嘉義縣黨部委員胡能晃在縣府任視察，得悉蘇玉衡挪用公款，乃向蘇表示將策動青年黨籍的嘉義市民發起罷免市長的運動。蘇挽人疏通，胡索取紅包六萬元。雙方談妥條件後，蘇又挪用公款一筆付給胡能晃，所謂罷免案也就烟消雲散了。十餘年來，青年黨在台灣歷受國民黨當權派的壓迫分化，隨時向人訴苦，而胡能晃獨能壓迫蘇玉衡奉獻六萬大元，亦可謂「能」矣。

縣長及黨部要員被傳訊

蘇玉衡被嘉義地檢處扣押後不久，即傳說他已交出一分黑名單，凡曾接受他的金錢的人均在內，因此，許多地方聞人均紛紛向蘇妻疏通，要求她轉告其夫萬勿將他或他們的名字列入，據說：有的還表示願意退錢。但事實上，被法院傳訊或扣押的人，日有增加，首先祇是市公所的職員和若干市民代表，接着是縣府的財務股長郭達成也被扣押了。日來奇峯突起，縣長黃宗焜也被傳訊，已升爲國民黨台灣省黨部調查總幹事的前任嘉義縣黨部主任委員金遠詢及其親信幹部李守謨等三人亦被扣押，省黨部專門委員甘炎慶及台北大世界戲院（國民黨中央經營）經理台北第一人壽保險公司副理上官業傳均被傳訊，顯見本案頗有擴大之勢。據說：蘇玉衡在被偵訊時所供出的名單，大都是些不甚重要的人；至於收受紅包的委員，他都是以「吃不清，等我想想」等詞搪塞。金遠詢也是由檢察官用撥繭分絲的方法查出的。

十兩黃金，一句考語

甘炎慶之被傳訊，乃由於蘇玉衡在競選市長提名時，金遠詢玩了一個手法，他將縣黨部投票時得票最多的前三名，一併呈報省黨部。省方認爲嘉義乃縣轄市，金又是省黨部最信任的幹部，其市長候選人提名可由縣黨部決定；但金表示仍請省方核定，以昭慎重。省黨部乃派當時任第五組視察的甘炎慶前往嘉義作實地調查訪問。甘到嘉義後，蘇玉衡即親自到其所住的旅館面請他幫忙，以期達到被提名的目的，並送黃金十兩爲酬。甘滿口答應，回省後即在嘉義縣黨部呈報嘉義市長名單的公文上簽註「經查，蘇玉衡最爲適當」，省黨部主任委員上官業佑即批「如擬」兩字，於是，蘇玉衡就獲得提名了。據熟悉內情者說：這是金遠詢有意向省黨部推卸責任的一種安排。

由蘇玉衡案看台灣選政

蘇玉衡的貪污案，充分暴露了今日台灣選政的弊端。本來選舉的功用，是依循民意的向背，決定官員的進退。然而在家天下的現局之下，當權者既然不顧國家民族的利益，而祇爲一人一姓的政權打算，等而下之者，自然也就唯利是圖了。因此之故，不但縣市長和縣市議員選舉，國民黨員如要競選，必先結交黨部人員，然後可望獲得提名；即鄉、鎮長和鄉、鎮民代表的選舉，也是如此。而接交黨委的要訣，即在紅包，誰送得多，誰就被提名。在競選時，不消說，也是以花錢的多少爲決定的因素，誰花得起大錢，誰就可以當選。提名既以金錢爲取捨的標準，當選又非金錢不爲功，因而當選以後，也就必然千方百計的要將本利撈回，這可說是全省一致的公式。台北黃啟瑞的貪污案，其最大原因即在此。蘇玉衡的貪污不過是又一例而已。其他和黃啟瑞、蘇玉衡有同樣情形的縣市長，正不知有多少。一言以蔽之，這就是今日台灣的政風。

台灣簡訊

志清

一、民社黨籍市長又演醜劇

基隆市民選市長林番王（民社黨籍）自四十九年六月就任以後，迭起官非，先有他的大小姐被指責在幕後操縱市府的人事，市府第一任主任秘書吳彥在到職的當天即憤而辭職不幹，並登報諸多指責。稍後他的長子在市公車管理處福利社主任任內又被檢舉挪用公款，至今未決。最近他的長孫林文杰又因偸竊市立第三中學的日光燈及擴大器正被法院檢查官提起公訴。此外，他的兄弟林培鈞被市議員指爲「二王爺」，有包攬招標等情事。他的第八個女婿也發生依仗他的地位毆打他人的事。他自己又曾與其妻朱鳳娥一再發生家庭糾紛，幾次鬧到市府並告到法院，經過若干市議員和市府重要官員的百般調解，才免强和平解決。由於這一連串的事件，致使林番王成爲本省家喻戶曉的丑角。去年七月他和其妻和解成立在市長官邸宴客時，曾舉杯向後者敬酒說：「我很感謝你使我成名」，可見他本人也深知其臭名遠溢了。

也許是由於他們還嫌聲名不夠狼籍吧，本月二十日上午林朱鳳娥又到台北市地方法院檢察處按鈴申告林番王，據她向范秉閣檢察官稱：她與林番王市長結婚以來已有三個子女。自從其夫當選基隆市長後，即經常不回家；後來聽說其夫在台北市與一個酒女謝阿足姘居，但苦無證據。至十八日下午其夫又去台北市，她乃邀同張建中帶照相機跟蹤到台北市，探悉其夫與謝阿足姘居於北市吉林路一〇六巷二號之一的樓上，即於昨日凌晨四時五十分，報請北市警三分局派員會同前往捉姦。當她與警察人員及張建中上樓時，其夫僅穿着汗衫短褲躲在浴室內，謝阿足亦僅穿內衣褲。張建中曾將此情形拍下照片以作證據。她要求檢察官嚴辦他們兩人。檢察官當即受理，並諭知她先回家候傳訊。

此事發生後，這位已達六十四高齡，且曾結婚兩次，並有七男九女十孫的市長自認祇是逢場作戲，與他姘居的女人也說她與林番王的關係；祇是暫時的，因爲她們做這一行的祇是錢而已。林的所謂智囊團認爲基隆市長明夏即將改選，若再鬧下去，勢將影響前途，勸他早日和朱鳳娥和解。他也深覺有此必要，曾囑他和朱所生的兒子林幼文勸她回基隆來當面談談；但她仍逗留台北不理，據稱：「這一次一定要幹到底，寧可同歸於盡」。本月二十一日，聯合報以「新現形記」爲題，諷林番王既已演了這一幕唱做均佳，令人叫絕的壓台戲，應該及早下台，以免再辱市譽再玷官箴。

二、懲貪條例過了頭關

立法院正在討論中的戡亂期間貪污治罪條例草案，經過多次的廣泛討論，於本月二十三日就程序問題進行表決，朱如松委員所提予以撤銷的意見，雖然經過他大力奮鬥，仍祇有三十五人贊成，未獲通過。程烈委員所提的重付審查意見，亦祇有八十五人贊成，仍屬少數。蓬一委員要求清點在場委員人數，重付表決，結果在場委員二百四十七人，贊成重付審查者僅有九十人，仍未達到過半數，依法不能通過。主席乃宣佈進行逐條討論，至此，本條例總算度過第一關了。

三、省府令台銀減少顧問

台灣省政府依據省議會的決議，於日前再令台灣銀行將顧問名額減少。據稱：省議會以該行現有顧問，仍達八十四人之多，應適時減少。至於減少若干，何謂適時，則未限定，看情形，大約還是原封不動。據悉：此係國民黨籍在省議會內運用的結果。聞省政府鑒於省議會一再指責各公營事業機構的顧問名額太多，又祇拿錢不辦事，已向中央建議，請將中央分發各公營事業機構爲顧問的退役將級軍官名額改派中央各機關及直屬於中央的各國營機構，並指定單位專司其事，其需經費亦應由中央編列預算，在國庫開支。

四、台北市府非法佔用煤氣公司員額，監察院提出糾正

監察院於本月二十日以一項糾正案送請行政院令台灣省政府轉飭台北市政府遵辦。據糾正書指出：煤氣公司編制員額共有六十八名，自民國四十六年起，台北市政府及其所屬機構，始則暫借該公司職員辦事，繼則佔用名額，久假不歸。且舊人請辭之後，即自行遞補新人，亦不徵求該公司之同意，至今仍佔用十三名之多。佔用機構包括台北市政府、市議會、警菜市場、綜合運動場、水肥會、民蔬協會等（其中以市政府佔用六名爲最多）。此種情形，影響該公司業務甚重。而各機構佔用名額之後，據傳大多用以位置私人，此種行爲亦爲法所不容。爰依監察法第二十四條之規定提案糾正，請移送行政院令台灣省政府轉飭台北市政府注意迅予改善。

五、駐日大使張厲生請辭未准

我國駐日大使張厲生最近回台出席國民黨中央評議會議，再度請辭大使職務，報載：他向蔣「總統」及陳院長報告，及請示時都是熱淚盈眶，一再表示，希望允許他擺脫現職。據政治圈內的人士透露：張大使的懇切請辭與前次黃少谷請辭駐西班牙大使的情形極爲相似，其內心都有說不出的苦悶。聯合報亦曾著論，主張應准其所請，但當局仍未允准。張大使祇得抱着沉重的心情，重去日本任所。

毛澤東何以突然下令對印停火撤軍

劉裕畧

正當十一月十六日中共在中印邊線戰線上之一翼攻佔瓦弄，另一翼攻佔西山口之後，毛澤東却突然於十一月廿一日自動下令停火了。除自動規定於十一月廿二日零時起全線共軍停火外，中共並正式宣佈，將於十二月一日起，將前綫共軍撤退到一九五九年十一月七日之實際控制線以北二十公里，以求印度與中共之間的和談。

毛澤東何以突然下令自動停火且又撤軍呢？這誠然出乎一般人之意外。不過，就我個人來說，我是一點也不意外的。事實上，遠在毛澤東下令停火前十天，我已經在香港大晚報我所撰寫的「時事論析」專欄以「毛澤東有意從印邊龜縮」為題，指出毛澤東有意打退堂鼓了。

當時，曾經有朋友向我說，印軍官兵的戰鬥力不是中共軍官兵的對手，又說印軍打不過中共軍。我說這看法一點不錯。不過，我說：關於中共與印度的戰爭最後的勝負問題，却必須辯明下列數點：

一、個別官兵的戰鬥力的優劣，並不等於全軍戰鬥力的優劣。

二、軍隊與軍隊間之優劣縱然很明白，但也並不等於一個國家與另一個國家或一個政權與另一個政權間之優劣。

三、軍事問題並不是孤立的。更不是不變的。戰鬥力的優劣的變化，尤經常受到許多因素的影响。它不但與其它許多問題聯繫着，而且也常因其它因素而不斷變化着。

四、戰鬥或戰術的成功，並不等於就是政畧和戰畧的成功。

五、戰鬥過程中，一時的勝利和局部地區的勝利都並非最後的勝利。相反，初期的失敗和局部的失敗也決不是最後失敗和全部失敗。

正因為如此，所以，我們誠然承認中共軍之素質及戰鬥力現在是高過印軍，但這不是說它將永遠高過印軍。中共與印度的雙方情況更不是說不會轉變。

試想：在中國抗日戰爭中，日軍節節勝利，難道不是既佔我上海，又佔我南京，既佔我大武漢，又佔我華北華南嗎？但中日之戰的最後結局如何呢？在長期戰的情况下，在擴大戰的情況下，數百萬日軍最後還不仍然就在他們所佔領的土地上無條件投降嗎？這就可見，戰爭的最後勝負，確實不是決於一城一地之得失，尤非被初期的戰况所決定。

而中共軍之與印軍作戰，中共軍是愈打愈强的，印軍是愈打愈弱，中共軍愈深入則愈對中共不利，印軍愈敗則對印軍愈有利。同時，毛澤東在印邊的戰鬥中，戰術與戰鬥方面雖獲勝，政畧與戰畧則已明顯失敗，這些論點和觀察也早在我為本刊寫的論文中評述過。所以，毛澤東突然於十一月廿一日下令停火撤軍，決不偶然。

他眼見中共軍進佔瓦弄及西山口之後，印度已有立即向中共宣戰之意。同時，毛澤東原本想在政畧上孤立印度，戰畧上包圍印度，但中共不但未能在整個世界中孤立印度，而且也根本未能在亞非集團中把印度孤立。在亞非集團中，除錫蘭、印尼等二三國外，其餘大多數都支持納薩的提議，納薩的提議顯然對中共不利。何況，再打，則大量美援即將到達印度。再打，中共更將陷在與印度的長期作戰中。再看十一月廿二日中共人民日報社論說：「中印邊境長期化和擴大化，只會給印度帶來無窮的災難，特別嚴重的是，如果容許美帝國主義插手進來，目前中印邊境的衝突會擴大成為亞洲人打亞洲人的戰爭。這完全是違反印度人民利益的」。試想中共何來這樣的好心，居然還會猫哭老鼠似的替印度打算。這所謂替印度打算，當然是假的。為中共自己打算才真。但這却更加透露更加證明毛澤東正在害怕印邊之戰長期化，怕擴大化了。它怕因此帶給中共無窮災難，所以迫不得已，只好片面的突然下令停火了。然而，毛澤東到今天，才看到這一步，這已經說明毛澤東過去在中國內戰期中雖有戰畧眼光，但在今日的國際大場面上却眼光遲鈍哩！

大陸簡訊

白帆

紅旗再斥赫魯曉夫

中共中央理論刊物「紅旗」半月刊繼人民日報之後，又於十一月十六日發表社論，以「保衛馬克思列寧主義的純潔性」為題，明責狄托，暗罵赫魯曉夫。它的主旨在斥責所謂修正主義誇大美國的力量，而為美國效勞。

它說：「在目前條件下，主要的危險是修正主義，或者說右傾的機會主義。它是資本階級意識形態的表現，它麻醉工人階級的革命意志，要求保存或者恢復資本主義。……現代修正主義的產生，是適應於帝國主義的需要，特別是適應於美帝國主義的需要」。

又說：「現代修正主義者在美帝國主義的實力政策面前嚇破了胆。他們拋棄了馬克思列寧主義的階級分析方法，宣揚帝國主義已經改變自己的本性，美化壟斷資產階級及其代表人物」。

又說：「中國共產黨過去，現在和將來，都堅決地徹底地反對資產階級民族主義，既堅決地徹底地反對大國沙文主義，也堅決地徹底地反對狹隘民族主義。在兄弟黨之間和兄弟國家之間的相互關係上，大國沙文主義的危害性更為嚴重」。

這些論調都顯然是針對赫魯曉夫及蘇聯現政權而發。

中共俘獲印軍官兵九二一七名

據新華社北平十一月十六日電：中共外交部已通知印度說：「從印度侵畧軍向中國西藏地方和新疆地方邊防部隊發動武裝進攻以來，我邊防部隊在自衛還擊中，共俘虜印軍官兵九百二十七名。其中包括印度步兵第七旅旅長達爾維准將，七名校級軍官和九名尉級軍官。中國西藏地方和新疆地方的邊防部隊，本着中國人民解放軍寬待俘虜政策，尊重被俘印軍官兵的宗教信仰和生活習慣，妥善地安排了他們的生活，使他們有足够的禦寒衣物，對於病傷人員予醫療處理」云。

中共軍攻克印邊瓦弄

據新華社十一月十七日訊，中共軍隊「在擊退了印軍的多次衝鋒後，舉行了有力的反擊，印軍不支向南逃跑。我邊防部隊乃於十六日十六時三十分進駐瓦弄」。

按瓦弄在中印邊境的東段戰線上，乃中印邊境的戰畧要點，中共進攻瓦弄，並予以佔領，表面上是一種勝利，實則只是毛澤東的一種戰畧冒進。

中共軍攻克印邊西山口

中共軍隊在東段攻佔瓦弄後兩日，據新華社報導：達旺河以南之西山口地區亦於十六日起，「經過兩日的激烈戰鬥，我邊防部隊已勝利地擊退了印軍的進攻，並於十八日中午進駐西山口」。

按西山口亦係印邊戰畧要地，中共軍攻佔西山口後，雖然實現了毛澤東的戰畧冒進政策，事實上却必然招來對中共極不利的政畧戰畧惡果的。

從毛澤東在印邊從瓦弄及西山口的冒進，已可確証毛澤東的泥足已在印邊越陷越深了。

僑鄉近訊

鍾之奇

海外寄大陸罐裝食物均須撬開

近半年來，港澳寄返大陸之糧食包已在數量上逐漸減少。其原因不在大陸僑眷之生活業已改善，而在海外寄返大陸之糧食包已極難收到。而廣州共幹檢查海外糧食包時，每每將罐裝食物撬開，譬如：一般海外僑胞多向僑眷投寄猪油或生油。而猪油及生油例係罐裝，由廣州共幹打開後，即無法還原，故被廣州共幹藉口裝璜已損，無法再運，遂將所裝食物吞沒或瓜分，僑眷因而無法收得糧食包云。

以上是最近逃抵香港之廣州來人所談，事極可靠。

廣東沿海各地共軍加强戒備

又據廣州來客談。自中印邊境戰事爆發後，廣州人民之情緒異常興奮。此一興奮並非由於大陸人民支持中共作戰，而乃由於大陸人民極盼國軍反攻，更盼世界戰爭爆發，庶幾中國大陸可重獲自由，而中共政權可被打倒。

廣州共幹目前雖奉令發動民衆支援古巴及反美反印，但一般共幹也心知肚明，知道一般人民對中共具有幸災樂禍心理，故最近又借「冬防」之名，實行宵禁。對於海外歸僑或過路客商，中共駐廣州之公安部隊更嚴密盤查，惟恐「美蔣特務」及反共志士混入大陸。

最近，由於印邊戰事發生，中共尤恐台北反攻，故廣東沿海各地皆加强戒備云。

蘇聯顧問已在廣東各地絕跡

在以往，中共雖一再在宣傳上强調中共與蘇聯乃兄弟之邦，一切皆應一面倒向蘇聯，但自赫魯曉夫與毛澤東發生個人權利衝突後，一般大陸人民皆已深知中共與蘇聯之關係業已有了微妙轉變。中共報紙雖然沒有指名蘇聯或指名赫魯曉夫加以責罵，而只在以修正主義一類名抨擊狄托之流，但大陸人民眼睛雪亮，皆知中共目前所責罵者，正隱隱的是指着赫魯曉夫的。這一點，據廣州來客說，這差不多已是公開的秘密了。同時，偶而有人問及共幹，共幹雖支吾其詞，不敢作正面答覆，但亦從未正式否認，再看往日在廣州市內横行之蘇聯顧問及蘇聯技術人員皆已絕跡一點，大陸人民皆早已意識到蘇聯人員已從大陸撤退了。只是中共當局迄今未作任何正式宣佈耳。

廣州開菊花展覽會

正因為大陸人民窮苦，兼以人心惶惶，故共幹們特針對這一現象而採取了若干粉飾太平和從旁安定人心的辦法。最近，廣東共幹特別在廣州舉辦菊花展覽會，也正是為這一目的而來的舉措之一。

據十一月十八日中共香港大公報廣州專訊說：「繼羊城菊會之後，又一個盛大的菊花展覽，十七日在廣州文化公園開幕。南北佳菊，一千餘種，八千多盆，爭奇鬥艷，蔚成大觀」。又說「藝菊館最富於詩情畫意，每一盆藝菊，均經過盆栽瓶花藝術家的精心設計，活像是一幅立體畫，在這裏可以看到宋元的山水畫一境，四王及吳昌碩、居古泉等名畫家的筆意」云。只看大公報這一專訊的描述，便知中共這一舖張浪費的菊展，完全在供少數特級共幹的清賞，試問一般老百姓和無產階級飯都沒有吃，又如何能懂得欣賞「宋元的山水畫境」。難怪大公報這一廣州專訊絕口未提「人民踴躍參觀」的情形。事實上，人民都已在踴躍勞動了，何能再來參觀菊展？

共幹在廣州加緊收購農產品

現在已是秋收季節，為了換取大量外滙，廣州共幹又在加緊收購農產品了。

據中共「中國新聞社」廣州十六日電：「近來郊區和隣縣運來廣州的農產品不斷增多，從化的蜂蜜，花縣的花生、花生油和生猪，順德的塘魚，郊區的家禽，水菓、瓜菜、鮮蛋，都有大量上市。……每天從各公社運來的蔬菜達二百多萬斤，每天都有上千農民挑來」云。

尼赫魯何去何從？

憤怒的反應

慕禪

中共在印度邊境前線突然的停火，顯然使新德里陷於步調的混亂；比較共軍攻下華朗之後快要進入阿薩密平原時，更給予尼赫魯以强烈的震動。世事往往就是這麼複什的。中共在軍事勝利之際，突然停火求和，固然是別開生面的動作。就印度來說，在兵敗如山倒的前線軍情逆轉時候，對方的停火應該是一個良好的消息吧？可是新德里的反應，大體上說的反應卻是「憤怒」，好像還怒於對方的玩弄狡猾一樣，而且似乎心有不甘。卽使不說這會超出一般常理，也應該說是一種奇異的反應吧？可是，印度一般的反應卻是如此，似乎是「被愚弄」一樣。

其實這到也不是十分難於瞭解。當中共軍破竹似的前進的時候，前綫混亂，外僑迅速自阿薩密撤退，印度民衆紛紛南逃，防軍司令部所在地的第二綫地帶，也形成陣脚動搖的情況，阿薩密平原似已無可扼守，對於印度政府的首腦部來說，顯然是一個艱危的局面，可是印度當局卻視爲當然，似乎僅因爲那是在他們的意料之中。尼赫魯早就明言，「對方是大陸軍國，而且有三十年的作戰經驗」。在中共軍侵入阿薩密邊緣時，他並且再度申言：「還有更大的軍事挫折」。坦然準備再接受這更大的挫折。

這完全是因爲中共部署這一場「邊境戰爭」的規模，完全超出邊境戰爭的範疇以外，以致印度早就認定中共野心不只在「爭界」，而含有擊敗印度的成份。印軍的敗績，引起了對「積弱」的檢討，有「知恥」的警覺。共軍的入侵，反而加深了敵愾，激起了抵抗的決心，決心抵抗，無可避免地要隨伴着犧牲，犧牲也就成爲當然的了。

民意拒和議

「和比戰難」往往是一般交戰國所感到的常態。中共突然停火談和，確實使印度的長期抗戰步驟，受到打亂，而突然面臨談和的局面。和呢？還是不和？如果和的話，又是如何和法？當然的，在不願和的一方面，自必是再戰，對於再打下去前途的展望，也需要同時來一個估計。後者的這一個估計，在軍事上也就產生了新的問題。

在中共軍馬不停蹄的情形下，抗戰是無可選擇的。但在停火以後，戰與不戰，印度卻可能有所選擇。在抗一戰中屢戰屢敗，可以說是不成問題，因爲印度並非挑釁者，進侵者。可是在停火後再戰，那就不能屢戰屢敗了。印度所標榜的是「驅中共軍出境」，當然是印度方面所指的麥馬洪線。能不能够驅得出去呢？印度似乎還不能作出一個可能的估計。

雖然前線已經實際停火，雙方面的停火，但可不能說印方已接受中共的停火建議。因爲實際上印軍在新敗之餘，正在收容整補，絕不能儘快對戰勝的中共軍發動反攻，卽使政治上有此要求的話。政府發言人的談話相當模糊，可以說沒有明確的指標。卽使尼赫魯本人的表示，也是如此。他沒有說印方停火，而只說實際停火。他不滿於中共的停火條件，但沒有否定印方決不與中共談和。他沒有宣言再戰，但他隨後對少年發表訓話，卻說戰爭「可能打到你們成長，可以去接替防務的時候」。

倒是議會和民氣是憤激的。議會聲明堅決反對和談，因爲他們已一致通過對中共抗戰。他們認爲中共停火，乃是「打亂我們全國團結一致陣線的狡計」。議會爲恐尼赫魯突然軟化讓步，已通過延長會期至十二月中旬，要監視堅決抗戰。

尼赫魯的遲疑

尼赫魯的眞意如何？沒有人能够瞭解。似乎他仍在估量局勢，軍事局勢尤其是國際政治的局勢。在估計中共停火原因中，認爲共軍補給線太長，如若戰爭長期化，必然陷於補給不繼，是一項重要的因素。認爲中共其先認定印度不致向英美乞援，但印度竟接受英美軍援，而且數量龐大及迅速空運抵達，又是另一項重要的因素。這樣，將使印度在戰爭中的補給，比中共軍良好或甚至可以說能操最後勝券。那麼，目前中共軍雖然戰勝，很可能有一天就失敗下來，如果再戰的話。據說在議會的辯論中，雙方補給問題是一個中心問題，所以議會在決議拒絕和談的同時，並再度正式呼籲友邦軍火的援助。

尼赫魯大可以順着民意的要求，宣佈再戰。但他也有足够的權力可以談和。他將如何決定，就全憑對軍事和政治局勢的估計。英美兩個代表團的抵達可能有助於尼赫魯解決這個困難，英美的無條件澈底支持，很可能使他試圖再賭一局，而不理會那些受中共所託求和的亞非一部份國家的建議。

不過有一個還沒有揭露的因素，那便是蘇聯的態度。中共似乎沒有請託蘇聯向印度求和，蘇聯目前也沒有採取主動的干預。如果蘇聯也出面調處的話，尼赫魯可能會加以考慮。因爲印度雖在艦尬的局面下亟圖一戰以求雪恥，但迄今仍未對中共絕交也沒有放棄中立的立場。

·加爾各答通訊·

在中共印度夾縫中的不丹

房君上

素有「隱士王國」之稱的喜馬拉雅山小國不丹，一向是與世無爭，與人無尤，嗅不到火藥氣味；在第一、二次世界大戰時，她依然是「世外桃源」。到了最近，她的東西兩大强隣中共和印度發生了日趨嚴重的邊境衝突之後，槍聲、炮聲才由遠而近的傳入了不丹人民的耳鼓。於是，這一個安靜的小王國，便開始人心惶惶，深恐中共和印度的戰火，會把他們的國家捲入漩渦。雖然中共已於十一月廿二自動停火，並聲言將於十二月一日撤回實際控制線之後廿公里，但不丹人民，對此未敢表示樂觀。

這一個小王國，是信奉佛敎的，加以位處崇山峻嶺，故在數個世紀以來，都實行「閉關自守」；國內人民，則稱自己的國家爲「龍國」，稱他們的國王爲「龍國人民之王」，或「雷神之王」，他們自己都能和諸相處，並從來不與外間人士發生任何糾紛國內充滿了，「獨善其身」的風氣。直至中共佔據了大陸，於一九四九年派兵「解放」西藏，共軍實施了殘酷的屠殺政策，引起了藏人的反抗，逃亡；那時不丹才開始受到了波動，受到威脅。其後中共「擴展」的箭頭，直指向印度，邊境衝突終於發生，而不丹的國土正處在這兩大强鄰的邊緣，其所感覺到的危機，當然十分嚴重！

不丹的地位，是相當特殊的：她雖然是個獨立國家，但她的對外關係，是與印度訂有條約、規定「須接受印度指導」的。現在印度和中共既燃起戰火，不丹的處境就顯得更困難；其所遭遇的危機，也顯得更重大！

猶憶十月下旬不丹首相格梅．多爾吉正抵達新德里訪問之際，剛是印度和中共邊境衝突炮聲初起，那時尼赫魯使立刻拉緊了格梅．多爾吉，就地舉行了一次會議，商討印、不關係和邊境局勢，當時尼赫魯並卽席要求格梅．多爾吉允許印軍開入不丹，藉以加强印、不防務。尼赫魯這一項要求，自然是「另有用心」，於是中共馬上提出指責，並聲明「中印的軍事衝突，祇限於中印邊境」，機且强調指出：「中共和不丹是存有攸久的友誼、和平的邊界；中共決不會威脅不丹，印度不應把不丹拉下水。」這番話，紘外之音，顯係對不丹充滿警告性。

不丹方面哩，當然，她對中共是不敢開罪，以免惹禍上身的；但倘若將來中共和印度的「邊境戰爭」再起，而印度爲着戰畧關係，眞的要派兵開入不丹，那時事實上不丹也必無法遏阻。不丹處此夾縫中，其惶惑，憂慮，恐懼，與時俱增，自不待言。

不丹全國面積，僅得一萬八千平方哩，人口約有七十萬，是個極度落後的小國，國內交通固然崎嶇不便，對外交通也相當梗阻，因此影響到她的人民生活，文化，和經濟，都停留在差不多是六世紀以前的社會狀態中，直至前年，始由印度建築了一條道，通往她的腹地，其後再伸展至西部的中心地區巴羅，從此增加了對印度的貿易，同時也加强了與印度的關係。而原有的狹險得僅可以容納驟子通行的路綫，則以東印度的平原爲起點，沿途經過無數峯巒，斜坡，蜿蜒至不丹南部的森林大山中。這南部地區，約佔不丹全部面積三份之一，雨量特別多，每年雨季，卽成澤國，行旅裹足。中央地區，則爲四週高山環繞的盤地，寬濶約達四十英哩，土地肥沃，是農民的聚集處，兩層式的農民屋宇，密如昆羅棋佈，冬天麥熟收割後，不久田畝卽爲雨水所淹，便不適合於夏季種稻；此乃天然的優異條件，實爲當地農民所利賴。除此盤地約兩哩的高原，則爲北部，有蜿蜒於西藏邊境的山峯，這高原正是當地土人的收場，蓄養的牲畜以牛爲主，數量頗大，成爲當地士人的肉食來源。在北部邊境處，有個高約三英哩的險隘，通過這險口便是西藏；目前不丹已加派民兵去駐守。印度日前所要求的派遣軍隊進入不丹協助防務，對這一個險口極表重視。當然，印度這一下手法，必不僅是爲着一協防」。中共方面早已指出：印度的要求派兵入不丹，係欲假道不丹來在東北邊疆上加强其對中共作戰。因此，中共便向不丹發出「暗示的警告」。

不丹處在這兩個張牙舞爪强隣夾縫中，其處境的危難，概可想見。今後稍一應付不愼，這一個小王國便很容易遭受池魚之殃！

我懷五坡嶺

陸安仁

談到「五坡嶺」這三個字，凡是讀過宋末歷史的人，相信是不會感到陌生吧！我們讀正氣歌裏面有：『嗟予遘陽九，隸也實不力！楚囚纓其冠，傳車送窮北』這些句子，就是文天祥叙述在五坡嶺被執的寫實。為了文天祥在此地被執，五坡嶺三個字也跟着而留名青史，傳播人間，這眞叫做「人傑地靈」了。

五坡嶺在廣東豐縣城北里許，山脈從蓮花山蜿蜒而來，左為五獅埡，右為大雲嶺；將及嶺，化為平原，穿田過脈，再突起，狀如鳥頭；東西有兩小山，形像鳥的雙翼，堪輿家叱名為「飛鳳入山」。龍津溪發源於蓮花山麓，橫繞嶺之東，諸水均滙此溪入海。舉目四矚，山川形勝，入我襟胸，令人神為之怡。偏西有仙公洞（亦名幾希洞），怪石嶙峋，清泉見底，暇日逍遙，樂而忘返，眞是郊遊的一個好去處。

據元史所載：宋末，元兵入寇，文天祥應詔勤王，曾率師駐於此，時元將張宏範從潮州來襲，方飯之際，元兵突至，衆不及戰，皆頓首伏草莽，文公遂被執，解至燕京，囚獄三年，作正氣歌以見志，終不屈而死。後人於此建祠祀公，歲時致祭。祠一連三座，中座塑文公像，名曰表忠祠。後座為方飯亭，鐫文公石像，道貌岸然，使人肅然起敬。亭之兩旁，滿鐫名賢及歷任縣官題詠。前座為雙忠祠，祀張巡、許遠二公。筆者昔年遊其地，曾有五坡懷古五言排律一首：『日暮過坡嶺，停驂謁國公；登堂歌正氣，拜像仰英風。俎豆千秋薦，姓名萬代崇；山連獅埡壯，水赴龍津雄。古木齊雲際，昏鴉噪樹中；哲人去已遠，臨眺思何窮！』這就是五坡嶺山光水色的素描。

滿清末年，邑庠生陳炯明競存，首倡推倒滿清，參加革命，曾與同志秘密組織於此。入民國後，於此地設立海豐縣立中學，建宿舍廿四間，中學歷辦五屆；隨後又建師範樓一座，附設完全師範，僅辦一屆。惠陽名士戴德芬先生曾長是校，邑人孝廉何林徽舜廷，拔貢呂心焯見三，均被選任教席，一時士子知學，絃歌不輟，文風興起，蔚然稱盛。迨民國九年，陳炯明主粵政，設省教育委員會，改縣立中學為廣東陸安師範學校，時海豐陸豐兩縣青年均就學於此。會邑人彭湃（為縣立中學畢業生）自日本早稻田大學學成歸國，受委為海豐縣教育局長。彭醉心共產主義，藉學校為宣傳機關，先後聘梅縣廖伯鴻，東莞黎樾廷（均係共產黨）來縣長校，暗中鼓吹共產主義。彭原為富家子弟，以曾受邑中勢紳壓迫，取報復主義，故思想趨於偏激。于時彭蓬首跣足，日與農民為伍，向農民宣傳煽惑，寖而組織農會，反抗政府。一般趨新青年多中其毒，紛紛加入，以彭湃一人之好亂，遂造成後來惡果。民國十六年，粵局不靖，彭湃乘勢奪取海豐政權，槍殺政府官吏，成立蘇維埃政府，擴充農民自衛軍，殺人放火，造成赤色恐怖。為時僅四月。黨軍入境，舉行清黨，邑中青年為左右兩派而犧牲生命者不可勝數，人材損失不少，至今思之，猶談虎色變。不謂若干年後，紅羊浩刧，又重淪為共產魔窟，殺人盈野，流血成渠，人間何世！吾民何辜？興言及此，曷勝感慨繫之！

在清黨時期，地方匪氛未靖，匪徒出沒無常，不敢在五坡嶺復校，地方當局將原日校舍材料拆卸，另建中學於城區南門湖畔。於是五坡嶺乃夷為平地，昔日黌宮，鞠為茂草。而原日方飯亭題詠石刻，悉被毀滅，歷史文化古蹟，蕩然無存，言之扼腕！抗日時期，又在此地草草建立忠烈祠，祀抗戰陣亡將士。共黨佔據縣境後，於五坡嶺建彭湃中學，嶺前無數墳塚，悉令遷移，闢為廣場，種以果樹，今已綠陰處處，別是一番風光。聞昔日文公石像，猶巍然獨存，亦文公正氣有以懾之也！

『趙家塊肉付零丁，嶺上猶餘方飯亭，丞相英風千古在，丹心長與五坡青。』這是筆者五坡懷古七絕之一。五坡！五坡！文丞相之忠魂永棲於此！海豐過去地方興衰，多少與五坡發生連帶關係。五坡！五坡！你佔了海豐興廢史重要的一頁！如今，你沒在烟雲裏，何年再相逢，誦李白「舉頭望明月，低頭思故鄉」之句，也只有借酒澆愁，「把酒問青天」罷了！

記得在民國卅一年，筆者曾於重陽節偕友謁文信國公祠，歸來曾學填天仙子一闋以志景仰。今為錄出，以殿本文：

『孤臣被虜送窮塞，燕京就義全忠介；五坡此日仰英風，趁佳節，登臨快，巍巍別是尊嚴界。早學得廬陵一派，却遂與永叔一解；浩然正氣塞蒼冥；人已遠，魂不壞；瞻崇細認公衣帶！』（壬寅十一月十五日作）

友聲集（九）

與舊友夜坐聽歌，聞歌紅豆詞者，忽觸往事，因成三絕，即以柬幼椿、舜生二先生

章齋

江南紅豆當時曲，唱到哀憐倍入神；此夕酒邊迴破夢，十年魂礌付何人。

玄黃世運竟如何？按玉參差尚聽歌，縱使閒情容謝傳，東山剩士已無多。

慣聽風雲莽蕩言，幽思絃外暗銷魂；英雄自有平生債，莫向人前說怨恩。

憶貝暄山館梅花

遯翁

七年回首謝公墩，猶有寒梅尚負暄。滿徑橫斜存老宿，數枝標格自晨昏。記同羣屐花前酒，已隔人天夢裏痕。吹笛山陽一惆悵，縱傳三疊向誰論。

齊天樂　旅思

書枚

行雲不濕華胥夢，聲聲遠雞嘶曉。拍枕聽濤，迴鐙煮字，誰省羈人幽抱。遙天吐縞，正衰柳蕭疏，暗帆低小。極目吳淞，畫屏煙雨似三茆。

相攜北雁舊侶，翠尊尋淺醉，重印泥爪。膩水凝情，蒼波無語，依約神龍天矯。銅仙貯淚，最怕過殘碑宋王臺道。別浦新霜，鬢絲疑又老。

伏犧重卦問題

一、與亮之論重卦書

——高燿琳——

亮之吾兄有道：昨承招飲，至感。復承詢重卦之義，當以應派生氏分部離居後，社會複雜之需要為對。及歸思之，其意頗不盡。復玩焦氏易知所謂重卦，伏犧氏之作也；且為古代婚姻制度之實錄。唯焦氏之言隱約不顯，請為兄詳言之：焦氏原卦云「陸賈新語云『先聖各畫乾坤，以定人道，民始開悟，知有父子之親，君臣之義。夫婦之道，長幼之序。』」又引白虎通云：「上古之時，氏人但知其母，不知其父；於是伏犧因夫婦，正五行，始定人道。畫八卦以治下。」又云：「譙周古史攷云伏犧制嫁娶以儷皮為禮。伏犧之前，有男女而無定偶，則人道未定。伏犧定人道而夫婦正，男女別。（中畧）」然則伏犧之卦可知矣。為知母不知父者示也。故乾坤定位，而後一索再索三索以生六子。有父子而少長乃可序。吾知伏犧之卦，必首乾而次坤。」依焦氏此言，所謂易八卦者確立婚姻制度之用也。伏犧之前為母系社會，為「彭里魯亞」，西人言之詳矣，中史亦不能例外。伏犧之後，轉入父系社會，男子性獨佔，為人性之本，然則婚姻制度，必然產生矣（多妻），此八卦之義也。焦氏又云「伏犧之卦；首定乾坤也。乾坤生六子，六子共一父母，不可為夫婦，則必相錯焉。此六十四卦所以重也。猶是巽之配震也，坎之配離也，兌之配艮也。在三劃則同一父母之所生，在六劃則已為陰陽之相錯；相錯者，以此之長女配彼之長男，以彼之中男少男配此之中女少女。一相錯而婚姻之禮行，嫁娶之制備。八卦成列，因而重之，吾於此知伏犧必重卦為六十四。或謂伏犧但作八卦不重卦，則所定夫婦之禮，即用一父母所生之男女矣；伏犧必不爾也。故傳曰：有男女然後有夫婦；不贅於乾坤，而贅於咸恒；明伏犧之定人道，制嫁娶，在相錯為六十四也。」焦氏此論，微妙精深，達於極端；唯必加闡釋，其義乃能明。所謂伏犧氏稱也，非人名。畫卦之伏犧重卦之伏犧時間有先後之不同，然皆一氏之所為。當畫卦之時，初定嫁娶，自為內婚制。及氏族繁衍，分部離居，則改內婚為外婚，實則仍己姓之內婚。但區域有別耳。姬、姜、偃、嬴所謂古五十二姓者，實皆己姓之分歧也。卦以乾坤為主，母氏也。坎、離、震、巽、艮、兌，為子氏相錯而為婚姻也。焦氏此論發於乾隆丁未之後，二百餘年，人莫或知，與吾兄豈不為之共歎乎？古之攷據在求眞，今之考據則求僞，立異以沽名，亂實以惑世，又多盲從西人臆說以為榮，哀哉！弟年來讀書，排悶消日待死而已；其口三緘已久，今幸以兄之問而立說，未知尊意以為然否？匆匆敬頌撰安。弟高燿琳再拜。

十月十九日

二、覆燿琳論重卦書

——徐亮之——

小夫吾兄著席：前月十九日惠書拜悉，為之驚震不已。弟於易實淺嘗；手邊焦氏易、僅易通釋易章句及周易補疏，三者，所說均不如原卦之鑿破洪濛。大底此文或在雕菰樓集中也；而弟處則無之。然伏羲重卦之說，雖非發自焦氏，而焦氏以嫁娶立論，實遙較前人「兼三才而兩之」之說為勝。再得吾兄如是引而申之，則尤勝矣。唯弟竊有所不能釋然者，焦氏治易雖絕劬，（其易通釋叙目嘗謂「專理此經，日坐一室，終夜不寐。」）然實先懸一「聖人之義，精矣妙矣！後生末學，寧能洞澈其全」（叙目語）之鵠以治之者。吾兄如是引申，得毋予人以仍有比附西說之嫌之咸耶？又兄既承認伏羲重卦之說，則似對於易繫所謂神農取諸「益」、「噬嗑」，黃帝堯、舜取諸「乾」、「坤」、「渙」、「隨」、「豫」、「小過」、「睽」、「大壯」等云：亦不能不一併承認之。夫如是，亦即似等於承認所謂「三皇五帝」之時已與周人同科而有以六十四卦為占卜之事矣。則何以解於殷人卜辭中絕無卦象痕迹之事實耶？凡此所云，或甚淺陋，然實弟所亟欲待決之疑，尚祈不吝有以進而教之。久不報，由課冗與雜務多之故，罪甚罪甚！並乞雅量不宜。祗頌著祺

弟亮之手上

十一月七日燈下

抗戰回憶錄（四六）

十一・廣州進軍與受降

張發奎

敵人停止了一切行爲。由於他們良好紀律的保持，我們的受降工作再沒有感覺如何的困難。但如何處置敵人所卵翼的僞軍，及僞組織的地方政權，倒是一件最頭痛的事。他們在急轉直下的局勢中，難免有驚惶的騷動和畏罪避死的行爲。因此應如何安定他們的心理，使他們不致因恐懼而發生罪行，同時又使他們維持原地的秩序，實爲當時一件最重要的措置。

我原定於九月三日在南寧舉行正式的受降，使後方自由區的人民，得到一種八年苦難的慰藉，隨後奉陸總部的命令，改廣州爲正式受降地點。因此，特先組設廣州指揮所，担任傳達本部命令，並令中將高級參謀張覺非爲主任，率領官兵百餘人於九月六日，乘盟機八架由南寧起飛前往廣州。當飛機起飛時，南寧民衆不下萬人，圍集機場，歡送他們東飛。

對於香港受降任務，我特別感到興奮。香港在中國人的心中，是一個國恥的創傷。在過去，它是罪犯的避風港、資本家和官僚們的樂園。廣東風氣的敗壞，以及廣東政治的商業買辦化，均直接受香港的影響。盟軍最高統帥部首劃定香港地區歸中國接收，根據戰後領土主權完整及民族願望的觀點，是有充分理由的。英國政府借此時機將香港歸還中國，未始不是外交上明智的行動。但唐寧街的紳士們竟見不及此，至使中英邦交在戰後仍保留着一種冷淡的友誼。在黑德蘭會議後，羅斯福總統本來很想使香港歸還中國，並使之變爲一個自由港。波茨坦會議對香港戰後的地位，亦有同樣的建議。但均遭受英政府的反對。中國接受香港的規定，遂因之而中變。

當我獲知受降各部隊依次到達指定地點，新一軍亦已確定接防廣州之後，我於九月十五日上午，率同主要幕僚乘機飛廣州主持受降。我與廣州別離十五年的悠久歲月。這一次戴着勝利之冠榮歸故里，雖無晝錦堂記中所描寫的那樣心情，但亦不禁感想萬千了。尤其當我的座機翺翔於穗市晴空的時候，俯視白雲珠海，念茲一片錦繡山河，和數百萬中華兒女的久受敵人的蹂躪，更令我心頭湧起了無限的傷感。飛機在市空旋轉兩週才緩緩的降落。我接受了歡迎者的熱烈歡呼、檢閱了歡迎行列及儀隊後，即率領新一軍的部隊，舉行廣州進軍的盛大儀式。汽車縱列，騎兵部隊和全副美式裝備的步兵，以雄壯威武的姿態，通過了莊嚴而輝煌的凱旋門，巡行了市區的主要街道。當時我和博文將軍以同盟國並肩作戰的象徵，站在吉普車頭，沿途受着全市夾道歡迎的民衆的瞻望和歡呼，國旗凌空飄展，爆竹聲震雲霄，不但激動了我的感情，而博文將軍也在被這東方式的熱情所激盪，認爲畢生第一次的愉快和光榮。

九月十六日受降儀式在中山紀念堂舉行。上午十時代表廣東地區投降之日軍第廿三軍司令官田中久一中將、及其參謀長富田少將、海南島日軍指揮官代表肥后大佐等三人，首先向我鞠躬致敬，挺直的立在我的面前，很沮喪陰沉的聆聽我下達命令；並戰慄慄的簽署了降書。站在面前的敵酋，他們的內心是悔悟？抑或是憤恨？我固無從推知，但我看到的，是玩火者的悲哀，玩火者的埋葬。

抗戰行列中見聞雜憶（六）

夜行軍

李璜

本團在崇陽的巡察工作，完全集中在傷病兵與逃兵後方游兵的疏散與安置。因爲前綫已不穩定，傷病兵愈來愈多，臨時醫療所無法應付，同時散兵逃了來的也愈來愈多，深恐後方要大受擾亂。我們所帶的憲兵兩排人數太少，已有不敷分配之勢；幸與我們一起的滇軍一營，紀律甚好，營長也很沉着、服從，簡直成了本巡察團的派遣工作隊伍。

到了第四天，本團團長得通知，囑咐所有疏散與安置，切勿再向北來，一律令往南去；我便了解前方要撤退，或者武漢已進入緊急狀態了。本團四人會商，限定本日下午將工作署爲結束，即讓同駐的滇軍先行開拔，開向蒲圻。因這滇軍一營已另有任務，先開一卡車憲兵向通城前進駐紮，我們四人坐小汽車於午夜與另一卡車憲兵出發。

商定後，本團團長笑問我道：『李參政員，我們要夜行軍，請你去睡一下，夜半摸路，雖坐在小汽車上，也够辛苦的啊！』連日緊張工作，我也有點疲乏，我就聽他吩咐，睡了一下午，直到晚飯才起身。幸而有這一下午休息，坐在車上，眞正無法入睡，因爲公路不好，車子動得利害；同時開行不到夜午後兩點，司機便隨時把車子開向路旁田裏去，幸好都是早地，然而也是危險的。

我們四人中以一人與司機去同坐，輪流與司機「喂煙」：看見司機的頭向下一點頭，同坐者立刻燃一枝香煙，向他口裏一喂，就這樣輪流的喂，到了臨晨五時半，算是達到了通城。司機笑道：『多謝團長與諸位委員的香煙！』團長道：『你快去睡，够了今夜再這樣，我就對你不客氣了！』因爲團長看見將近城邊時，情形已有點不平常，不但散兵傷兵到處可見，而且老百姓，在這黎明時，即已站在路旁看望我們，我也感到恐怕此地也停留不住了！

我一夜未睡成，實在支持不住，早飯後，我便又在通城南門外一個憲兵引導去的人家去睡了。睡到下午頭昏只得休息，以待今夜又必然要再來一個夜行軍。幸好這第二夜的夜行軍，司機與我一樣，休息得很充分，並沒有出問題。但是我們直往南開，開入江西省的修水縣境內去了。

達到修水縣境，已近黎明，在這裏，我一氣之下，主張槍斃了一個兵，至今猶引爲憾事！

我們的車，正在晨霧中進入一個鄉鎮的鎮口時，忽然人聲雜亂，喊打之聲不絕，我們立刻叫將車子停下，後面卡車也隨之停下。我們剛下車，即見對面跑來了赤裸裸的一個人，只有短褲一條署蔽下體，那時已是涼秋九月的天氣，我們莫明其妙，團長立令憲兵們把那個「光人」捉住。剛一捉住，鎮裏便趕攏一大批人，排在我們面前，中有鄉農衣着的老人，立刻跪在我們面前，大呼：「官長申寃啦！這個兵把我的媳婦强奸了啊！」

團攏來的鄉民、傷兵、散兵們在百人以上，眼睛都集中在我們身上；其中有年少氣盛者口裏還在喊打。團長立刻向老者答道：『好！我來審訊！你去把他衣服找來！』於是我們這一行，憲兵們押着「光人」，進入鎮內的一個廟宇中；後面跟着的人羣將廟內戲台前的廣場擠着佔去大半；我們便令憲兵們在廣場靠大殿階下，以兩張方桌並起，後放兩個長櫈，設成一個臨時露天法庭。

因爲這是江西地界，我們便推那位江西籍的高級軍法官主審，湖南籍的一位便作了臨時書記官，團長與我是陪審員。這時「光人」已穿上了軍服，軍服上還表示出是一個上士。主審開始訊問他的姓名、番號，爲何到這裏來？這傢伙一開口，便把我氣惱了，原來他說的是成都話！團長向我低聲道：『並不是江西老表，是你的同鄉，與你口音一樣。』這個逃兵是屬於王陵基部的機關槍第某營的上士，不承認他是逃兵，說是奉營長命令，派遣到後方查拿逃兵的。他確有手槍一支，但並沒有公文在身；言語也顯得枝梧。於是主審將手在桌上一拍，叫道：『明明是一個拐槍向後轉的逃兵！該死！』隨即問他爲什麼目無軍法，胆敢帶着槍去强奸民家婦女？他更是枝梧，說不出一個道理，只說是「寃枉」。主審笑道：『你帶着槍的，別人敢把你衣服脫光嗎？別人把你衣服脫光做什麼？你又爲何光着身體往鎮外逃？』這幾問，問得他啞口無言，而聽審羣衆都笑了起來。

主審於是叫憲兵把犯人押到左邊廊下去，但羣衆並不散去，要看我們怎樣發落。主審低聲說：『團長，怎麼法辦？』團長說：『當然該槍斃！』主審說：『這是王陵基的兵，他的部隊就紮在銅鼓、修水，靠九嶺山一帶，是不是應把口供錄出，派憲兵押送與他去辦？我們固有權法辦擾亂民間的逃兵；但由我們來處決，是不是有傷王陵基的面子？這位軍閥的皮氣不大好咧。』團長想了一下，說：『這樣多的散兵傷兵在後方，擾亂民間，我們正當殺一儆百，何況這傢伙，帶槍强奸民婦，死有餘罪的。』他回過頭向我道：『這個兵是李參政員的同鄉，看李參政員怎樣主張？』

我聽見同鄉兩字，氣又來了！立答道：『團長說得很好！該當殺一儆百！眼前這麼多兵民望着我們，我們萬不可馬胡了事；要防羣衆鼓噪！本團既負有可以法辦一切軍民違反風紀的責任，則在軍法上，帶槍闖入民居，已經應槍斃，何況還有强奸民婦的大罪！至於王芳舟，我同他相熟，槍斃了他的兵，是出於非常；不如此，不足以安定後防！我另寫一詳信，將經過情形告訴他好了；還是立刻槍斃，以快人心，以儆游兵爲要！』

我們四人商定之後，主審立即向聽衆高聲宣判：「逃兵某某，持槍闖入民居，强奸民婦，實犯軍法某某條，着即就地槍決，以儆後來！」宣判既畢，團長是個急燥性子，立即起坐，走到廊下，向那個死犯臉上，重重打了一個耳光，說：「你把我們當軍人的臉都丟光了！」便命四個憲兵押向鎮外，他跟在後面，羣衆大批也隨着去了。一會兒，子彈聲兩响，這傢伙仍舊光着身體回老家去了！

本刊已經香港政府登記

每逢星期五出版

聯合評論 週刊

United Voice Weekly

第二二二號

督印人：黃宇人　總編輯：左仲平

社址九龍大埔道一六八號南亞書局 805641

承印嘉羅印刷有限公司 香港仔馬師道5號

總代理：友聯發行公司 香港每份售價港幣一毫

本報美洲版總經售處 美國紐約中美出版社

CHINESE - AMERICAN PRESS, INC
199 CANAL STREET.,
NEW YORK13 N. Y. U.S.A.

美洲航空版每份零售美金一角

談革新

季璜

台北當局近倡革新之議，報紙闡揚革新的精神，監委提出革新的主張；據昨（四日）報載的國民黨中央黨部秘書長報告，則革新的重點，又重在「加強自信，充實自我，以掌握時代的樞紐，進而完成革命的使命」。

今之台北主政，仍是在大陸時候的當局，其主中華民國的黨政軍已有三十餘年的歷史，今言革新，令人想到民國二十三年左右，在江西剿匪時期所表示的革新之論，所謂「革命先革心，變政先變俗」，於是曾有新生活運動，訂定規章，頒行全國，一時「居敬行簡」，告誡諄諄，但久之並未能移風易俗，主張與信條，只餘具文而已。

本來儒家為政，重在在上者的正心修身，期於化民成俗；故有「君子之德風，小人之德草，草上之風必偃」的看法與作法。這個看法和作法並不是沒有它的至理存焉；然而古之為政也簡，古之治道所望之於民也不奢；且古之中國人民數字不大，鑿井而飲，耕田而食，生活簡單，風氣樸厚，其所望於上者，毋擾毋慢而已，故「一正心而天下定」，或可辦到。秦滅漢興，文景恭儉，清靜無為，天下以治，史家尚之。然至唐貞觀君臣論治，其旨趣已有變遷；因按其所論，治道已繁；唐太宗與羣臣魏徵、裴矩、房玄齡、杜如晦等所討論的國政多端，已超過今台北監委馬空羣先生的革新八項有多。因是今言革新，提綱絜領，究應從何革起，何點新起？大可一談。

即以昨日唐縱先生所論及，「加強自信」與「充實自我」，可歸入正心修身一類，應該應該。但加強與充實的用意乃在「掌握時代的樞紐」，其時代樞紐為何？唐先生指得很明白：三民主義的趨向是也！——這算是說到了綱領，所謂畫龍點到了睛！但今之中華民國不是已由全民推出代表，在民國三十六年，製訂並通過一部本於三民主義原則的憲法了嗎？而且今之政府及其當局，也都是本於這部憲法而產生與存在的！

因之，今言革新，似不應只如監委馬先生之八條，去學古人，而實應規規矩矩的大家把本於三民主義的精神與原則的這部中華民國憲法拿出來一一奉行，則台局不必言革新，而自會革新了！

譬以「廣言路」而論，則中華民國的憲法上明明規定有言論、出版的自由；如能眞正照着憲法做，言論與出版能有眞正的自由，則言路之廣，比之唐太宗只以魏徵等幾個公卿之言為鏡子，以自見其形，為有效多了！又如「明賞罰」一端，則中華民國憲法為此所規定，不但條文有五六條之多（短文所限無法列舉），而且為此設有監察院、考試院、銓敘部、大法官、各級司法機關，皆所以為明賞罰也！馬監委所主張的革新的其它六點，均可以一一納入憲法所賦予的權能之內，茲不具論。

總之，今倡革新，恐成虛語，尚不如昔日所倡之「崇法務實」四字。對此四字，在我的了解，崇法乃尊重憲法之義，務實乃不徒有形式主義，而事事能照着憲法所規定，實實在在的去認眞辦到，如是而已。

但是，何以不能崇法務實呢？香港有兩位政論家說出了端倪；一是黎晉偉先生論革新，以為「國民黨存有一股歪風」，並稱此一「歪風」，影響於海外，則有「歎善怕惡」之病，足令好人失望；在台北，則「大圈子中又有小圈子」，因之人才却步，賞罰不明，無非蔽於私情，蔽於私見」。「如果不能把這蔽字打破，則無論革新口號如何響亮，總不會眞正革出道理來的」。

另一香港的李燊先生論「革新政治的有效方法」，則以為制度、法令、人事三方面都有問題。如果眞正革新，則制度因機能既已萎縮僵化，必須加以修整；法令因大小衙門權責不分，干擾太甚，必須加以簡化；人事因敷衍偷惰，相習成風，大家不負責任，必須新陳代謝，振刷一番！

黎李兩先生所寫之報均能內銷台灣，如此直言，至為難得，令人佩服！不過，兩先生之論，雖能鞭辟入裏，但對於台局，似尚有未能洞見癥結。在我看來，台局之所以難於革新，乃是當局在表面上既不能不敷衍民主憲政那一大套辦法與設置，而骨子裡又實不顧放棄獨裁專政的多年來種種掌握一切的作風；於是表裏不能如一，辦法互相矛盾；兩套設施，功用不但無法合轍，而且彼此相消，終成兩敗；此之謂禮樂（即制度）不興，刑法不中，小官與小民均無所措其手足了！

故言台局革新，當從解開矛盾表裏如一始！

五一、一二、五

亞非國家調處與亞非集團分化

許子由

調解失敗因素甚大

錫蘭總理班德蘭乃克夫人所提倡的亞非調解中印邊境戰爭會議，前途不但夜長夢多，並且展望也相當黯淡。由於中共與印度的各持己見，也由於亞非諸國的見解不同，使得這一次可倫坡會議，在還沒有開始以前便已顯出荏弱無力的狀態。

中共與印度的各持己見，距離相當遙遠；亞非國家無法說服任何一方遷就他方；亞非諸國意見不同，就很難求出一個折衷的辦法，更用不着說使這辦法可令雙方接受。最近實際軍事形勢的發展，印度固然增兵備戰，中共的「後撤」也變為一種姿態，很可能在印軍前進的時候再度南向反攻。停火現狀的能否持久已成問題，說要調解談判更是為時過早。

亞非國家調解中共印度的衝突，失敗的可能性比較成功的希望大了許多。第一是由於中共和印度的本質和傾向。第二是由於亞非集團的機構及聯繫的散漫。第三是受到了時局——即其他勢力影響——的限制。

亞非國家調解如果失敗，更會引起亞非集團的分化。分化要是達到嚴重的程度，可能造成亞非集團的解體，失却了「第三方面」緩衝的效用，而在他們紛紛分化而分別傾向於兩大集團的時候，也即是意味着兩大集團的短兵相接，更進一步。

中（共）印都是沙文主義

印度抨擊中共侵略，而中共大罵印度沙文主義，其實雙方都沒有罵錯了對方。印度固然是發起亞非會議的盟主，中共却以亞非的後台老闆自居，兩者都是大國。中共因為不讓印度看不起，不惜起大釁用大兵；印度為維持本身面子，雖戰敗仍謀再戰。它們這種大國沙文主義的本質，非亞非諸國所能滿足其慾望，也不可能聽從亞非諸國的勸導。

中共雖也參加亞非會議，但它只想利用整個集團或個別國家，並非一個起碼的平等成員，而且它並非「不結盟」的。中共現在出兵打了一個大的亞非國家，而叫若干小亞非國家去調解——去要求印度接受中共條件。難怪印度譏笑中共：「認他本身是亞非，而把別人（印度）除外了」。中共一面在亞非集團中造成嚴重糾紛，一面又呼籲亞非團結。要求由印度讓步去謀團結，這又那裏能做得到？

納薩是亞非巨頭之一，狄托是中立巨頭之一，但納薩接近尼赫魯，狄托則與中共在交惡的峰巔。他們那會聽受印尼錫蘭的擺佈？

由於狄托要求參加可倫坡會議，中共已極力拒絕。納薩主張延會，從長計議。亞非調解會議的召開，已見夜長夢多，即使開成，可能較有利於印度，而為中共所拒絕。

由被爭取而至分化

就時局方面來說，國際形勢完全對印度有利。首先，在巴古勝利之後，西方似乎決定放手支持印度。其次，蘇聯中共的理論及戰術鬥爭，使蘇聯仍沒有出面庇護中共，並依約以米格機供印。最後，中共的反狄和一度反對納薩的調解試探，使它在亞非集團中爭取不到有力的與國。

這種形勢，也就是印度決定打下去的原因。最低限度，若果中共不接受印方的條件，印度就不和解。中共利在速戰速和，印度就聲稱作長期戰爭。中共既在進攻中仍標榜「和平五原則」，說用兵「止於中印習慣線」。自不能下阿薩密而趨新德里，抑且難以下此一決定。那麼，無論戰爭擴大或對峙僵持，印度都居於以逸待勞的優勢。印度固不顧和，中共也不易讓步而和。亞非諸小國絕對拿不出什麼力量來追他們就範。

從上述幾個角度看來，亞非國家調解印度中共戰爭，成功的希望極微。但目前中共與印度雙方，都極力向這些國家爭取遊說，這除了「以壯聲勢」而外，可能他們並不是想爭取整個集團，而只想爭取集團中的若干國家，支持自己。而這樣，也就可能形成亞非國家的分化。有些親中共，有些親印度，有些親西方。而事實上親印度的這一系，也應該算是比較親西方了。

「亞洲人打亞洲人」問題

這種分化的可能，說明了亞非集團基礎的脆弱，經不起「內爭」的考驗。因為亞非集團，主要只是在聯合國投票中，發生重要作用，在國際事務上，尤其是涉及戰爭的範圍，究竟起不了有力的作用。它並不像「歐洲第三勢力」，有德國的工業成就，六國共同市場的經濟力量，戴高樂——阿登諾有經驗的政治領導，法國名義德國技術的「原子俱樂部」會員証，能夠使英美綢眉，蘇聯頭痛。

亞非集團本身，有着分化的必然性。但促成這種分化的，乃是中共與亞非的大國沙文主義。中共叫印度勿與中共作戰，稱之為不要讓「亞洲人打亞洲人」。難道中共打印度，就不是「亞洲人打亞洲人」嗎？中共率同北韓去打南韓，策動北越去打南越，協同北寮打南寮，難道那些都不是亞洲人嗎？

亞洲有了好戰、沙文主義、口是心非——口稱「和平五原則」而慣於使用武力的中共，口叫「亞非團結」而打亞非發起人印度的中共，亞洲人就無法不打亞洲人！除非亞洲人能夠全部醒悟，先把亞洲的害羣之馬中共打倒下去。

共產國家與非共產國家交友，一旦勢力或利益衝突，他便會兵戎相向。中共印度事件就是現實的例子。亞非國家別要妄想在調停中討好中共，更應該認識那一個政權是亞洲禍亂的根源！（十二月四日）

中共廣東交通業務患了癱瘓症

老楊

共區交通事業頻臨癱瘓，症狀表現如下各方面：

一、交通阻滯，運輸任務不能完成。例如：共區的大小車站、碼頭，排長龍購票的現象從未消滅過，而且日見嚴重。廣州航海大樓門前，就發生過婦女因搶票被人羣踐踏至流產的事例，每個候車室，地板上總是橫七豎八地躺滿旅客，廣州至汕頭的汽車，購票後至少要等七天才能乘上，黃埔碼頭，有糧食發霉的奇跡（這些糧食是從緬甸買回來的）。韶關火車站，曾受到廣東運輸局的公開批評，因為他們積壓了大批木料至十三月之久……凡此種種，都說明了交通阻滯，交通當局不能完成運輸任務。

二、交通工具殘缺。從大陸來的人都或多或少會看見到：公路上經常有汽車拋錨，司機汗流夾背，曝晒在烈日下當修理工，旅客坐在路旁唉聲嘆氣，謾罵詛咒，為什麼？汽車太老了，殘了。十三年來，共產黨從沒有給人民新的交通工具。各地的汽車修理廠，真是生意興隆，破破爛爛的車輛堆滿塞海，廣州造船廠的船塢上，泊滿了等待修理的大小輪船。有些地區，公路旁邊積上了木炭，人們挑着重担在公路上奔忙——挑担隊出現了，共產黨本來就把人當工具，何況車輛不足？！廣東沿海，如惠陽、海陸豐一帶，十多年前盛行的「雞公車」也出現了，並且成為民間運輸的主要工具。……這一切，說明了共區交通工具奇缺，不得不拼命「利用廢物」，「土洋並舉」！

三、道路失修，河流阻塞。近年共區公路失修，敗壞程度簡直是驚人的，「解放」初期，共產黨曾強迫人民大修公路，築公路，每條公路開好地基後，還要舖上石頭，然後再蓋上坭沙，不想一去十年，虎頭蛇尾。現在，很多公路怪石嶙峋，凹凸不一，旅客乘車，猶如熱鍋炒豆。更可笑的，共產黨曾奪取良田，開闢無數「國防公路」，「躍進路」，要把公路網建立起來，如今，除了少數幾條眞正的國防公路外，有的被山洪冲垮，有的雜草叢生，有的竟成為沼澤水氹。東江河本有汽船直達紫金、和平，現在只能到老隆、河源了。很多的小江河亦同此命運。

這些現象之所以發生，歸根結蒂是社會制度的惡果，但這樣的結論未免太攏統了。就交通事業而言，必有其內在特徵：

共產黨是黷武主義者，他們不顧一切地擴軍備戰，因而，在交通事業上，他們不能不適應其「國防」之需。為了滿足這點，民運部門被抽調大部份最優良的工具，因而造成交通工具奇缺。共產黨徒們成天叫嚷，說他們能造飛機、火車、輪船，還抬出江南造船廠的萬噸巨輪「民生號」來招搖街市。其實，假如共產黨不給人民找麻煩，民間交通事業就不會造成這個局面，他們所標榜的製造業（如江南造船廠）全是把民間優良的東西拿來改裝，以適應軍事需要，所以拼出來的所謂「民生輪」，下海三天又拖回去重拼了，什麼式的飛機還不是一樣！

好的抽調了，舊的殘破了，新的還沒有，這是交通工具殘缺的原因。

別以為車站、碼頭貨物堆積如山是共黨經濟繁榮的現象。其實，這只說明了共黨經濟工作的大混亂，例如，廣州鐵路局曾接到這樣的任務：要把十二萬斤蕃茨苗運往長沙。為什麼會有這樣的怪現象出現呢？因為湖南饑荒比廣東嚴重，蕃茨苗都吃光了，現在要從廣東運去接種；又如，「大煉鋼鐵」的時候，共產黨強迫人民，逐個山頭把「鐵礦」挖起，然後再運到遙遠的城市去煉……諸如此類，大大加重了運輸系統的負担。

其次，共產黨對人民的搜刮是最有本事的，一年兩次「公糧」「餘糧」，糧食堆山積海，運到城市糧倉，然後再由當局統一發配，部份又運回鄉下。因此，每逢收割期過後，車輛船隻必然大忙特忙，客輪改作糧船，客車改作糧車……

饑荒迫使大量農民流向城市，流向他鄉，流亡香港澳門，黑市買賣的興起與蓬勃發展，造成居民的大量流動……這一切都加重了運輸負担。

道路破壞，一方面由於人民對共產黨的不滿，進行了反抗，共產黨掠奪了農民的土地來造公路，農民大有意見，往往因此產生破壞道路的反抗行為，修路工人吃不飽，也懶得去修理。更且，自從共產黨號召開發「自留地」之後，農民為了活命，管他是公路旁還是什麼地方，道路的破壞更嚴重了！

共產黨以「人定勝天」論者自居，不顧人民死活，不考慮具體條件，更沒有科學知識，糊裏糊塗，年年強迫農民築山塘，建水壩，攔河抗旱……結果河流阻塞了，一場暴雨，那些豆腐堤壩通通冲垮，河水泛濫，河堤坍塌，房屋被毀，道路斷絕。這些便是交通脈胳的結癥。

大陸人民，不知航空為何事，可憐的航空事業全由紅朝要員獨佔了，這些人會議多，愛遊山玩水，「國際友人」來了，又要充充體面，所以航空事業根本可以不列入交通範疇，買張飛機票，得要省交通廳發給証明，由此可想而知，航空事業被少數統治者獨佔，也或多或少地加深了交通事業的癱瘓。

面對這些現實，共產黨採取什麼對策？

基本上還是老一套：「縫縫補補又三年」！他們「發動」修理工人通宵苦戰，廣州造船廠工人，至現在為止，每日仍工作十八小時。工人的家屬也被強迫到各個地方去「尋寶」，把廢料拾來充數，把零件「獻給黨」。在可能的條件下，出洋的船隻就到外國去修理，「利用資本主義技術力量」……希望這樣能拖下去。

其次，共黨不斷派出爪牙，四處搜括交通工具。香港、澳門……，很多「老爺車」被偷運到廣州，共產黨把這些「又便宜，又抵食」的「老爺車」當寶貝。

「人是活的因素」——共產黨徒們的口頭禪，他們無時無刻不在人民身上打主意。想盡一切辦法，把潛力挖了出來，並繼續挖掘，挑担隊，雞公車隊……十八世紀的交通重演了，共產黨唯一的法寶——拿人民當機器，當牛馬！

和其他事業一樣，共產黨這一手也挽救不了交通事業的癱瘓。因為其本性已經決定其不能放棄武力，因而他們的字典裏永遠沒有「民生」這個辭兒。越補越爛，越拖下去陷得越深，越壓榨得兇，人民反抗就愈激烈……總之，用共產黨一句話——社會制度決定一切，這種現象是必然的，除非共產黨改變其罪惡的社會制度。

共區交通事業癱瘓了，我們好像看到毛澤東的血管已經阻塞，共產黨快完蛋了。

談「貞操」問題

孫寶剛先生大作讀後感

（讀者投書）

編者先生：

貴刊宗旨純正，態度光明，言人所不敢言，尤其園地公開，細流不擇；對於國家民族問題，能見其大，獨抒偉論，使我們一般青年，加強當前政治的認識，決定應走的道路。貴刊眞不愧為「黑夜的明燈」啊！

近讀孫寶剛先生大作「民主政治與政黨」一文，拜誦之下，於孫先生的見解和論據，除一部分為大家所共同認識外，有若干地方是未敢苟同的。爰就鄙見分述如下：

孫先生說：「民主政治是以政黨為基礎的，沒有了政黨便不能有民主政治。因為民主的意思，就是要以多數來決定政治的路線，而同時也尊重少數的權利。所以一個國家中，至少要有兩個以上的黨，一個是多數，另一個是少數，易言之，一個去執政，另一個或另幾個在野，執政的決定政治路線，在野的便取了監督的地位，至少要代表少數，使執政黨要尊重他們所代表的少數的權利」。孫先生跟着說：「一個政府，一定要有它的整套政策，作為處理國事的指針，這就更需要政黨的存在」。……

不錯！孫先生所說的民主的意義，是大家所應該了解的；孫先生所說的在野黨的地位和執政黨尊重在野黨的權利等等，那是民主政治的眞諦，必須如此，才算是眞正的政府，同時也才配談得上民主國家——這就是我們大家目前所共同努力斲求的最高理想。孫先生大聲疾呼，當然可以博得大衆的共鳴。

談到政黨問題，孫先生說：「中國人中間流行着兩個觀念，一個是貞操觀念，另一個是君子不黨的觀念。……中國到今天為止，所有的政黨，成績實在太壞，為正人君子所頭痛，所以更加深了君子不黨的觀念」。最後，孫先生一口咬定地說：「可惜中國的人們給貞操觀念所迷惑了，所以中國到今天還不能產生現代化的政黨。貞操觀念是封建時代的遺物，是主子駕馭奴才的一套說法，贊成民主政治的人們不應再有這一套舊思想的」。

孫先生這一段說法，肯定中國今天不能產生現代化的政黨，就是「貞操觀念」的「舊思想」在作祟；而且進一步要贊成民主政治的中國人來揚棄貞操的了！我認為孫先生這種論調，是片面的！是一偏的！貞操的反面就是變節。一個女子嫁丈夫，事前不認清對象，一時感情衝動便嫁了他，到了意見不合，發生勃谿，便逕情任意，下堂求去，一嫁再嫁，人盡可夫，這是應該的嗎？（做一個黨員也應作如是觀）像這樣的女子，是香呢？還是臭呢？這是我所未敢苟同的地方。

向來中國人——尤其是士大夫階級，多數言不顧行，行不顧言，立身處世，不以正義為依歸，而以利害分去就，利祿薰心，朝秦暮楚，所以弄到國家社會日趨敗壞，終至不可收拾，往史具在，不勝枚舉。左傳說得好：「國家之敗，由官邪也」！官何以邪？明白說一句，就是他們不從正道去做，取「入事出舍」的態度，秉「東食西宿」的利益，國事那得不敗壞呢！一個人本身沒有政治的認識和抱負，看見人家入黨，他也學學時髦，跟着人家入黨，事先絕不考慮到這個黨是否有遠大的政治理想，一到他自己佔不到地位利益時，便悻悻然去之，「蟬曳殘聲過別枝」了！這不是我們知識份子所應該做的！

遠的且不說，在國民政府的末期，那些國民黨籍的高官大將，身縮要職，不重國家民族的氣節，為了私人利害恩怨，便陣前起義，搖身一變，又為毛朝大官，衾影有愧，人格何存！我們應該知道：他們不是對蔣介石不忠，而是背叛中華民國，是國家民族的罪人！簡單說句話，也就是他們沒有貞操觀念的緣故。你看！這些人會有好的收場嗎？

我的意見是：智識份子是國家的骨幹，要想攪好中國政治，起碼還是要知識份子具有貞忠不移的「大丈夫」的精神，磨而不磷，湼而不緇，義之所在，生死與之！對黨應該如此，對國家更應該如此。「看風轉舵」，「有奶便是娘」，那就是投機善變，這種行為是要不得的！

質之孫先生以為然否？

長期讀者韋冬青上

十一月十八日

× × ×

中共已號召「儲糧備荒」

文　正

在十一月底前，「人民日報」於廿六日、廿七日和廿八日連續發表了二篇社論和一篇由「本報評論員」出面的評論，三篇文章的題目是：一、「明年看今冬」，主要是在宣傳今年冬季對來年農業生產的重要性；二、「克勤克儉儲糧備荒」，目的是為了要大家省吃儉用，對荒年要預作準備；三、以「副業——冬季的正業」為題，強調把冬季的副業轉為正業以增加生產。

把這三篇文章孤立起來，從正面看去，都是很堂堂皇皇的，但前後聯系起來，情況不竟是不同，而且還透着緊張，尤其是在中共前一陣剛剛大肆宣傳過今年的農業收成是過去二年來比較最好的一年，現在時隔不過二月，就又顯得如此的緊張，可見當時的宣傳是屬浮誇其辭，不盡不實，糧荒的緊急情況，並未有顯著的轉機。不過中共迄今對此仍未直接承認，只是間接地說：「我們經濟形勢一年比一年好些」，至於前所宣傳的明年豐收的可能性如何，則推說「在很大的程度上要看今冬做得怎樣」了。（見廿六日「人民日報」社論）

就現有的迹象來看，目前最大的問題，還是分配問題。這些年來在大躍進和公社化的錯誤之下，農民已毫無生產積極性，對此起影响作用的另一因素，就是分配失當，從表面上看去，中共是有規定的，但政策總不能兌現，農民也因此一直在飢餓狀態中。雖然現在中共已比較明瞭問題的嚴重，但由於公社軀殼仍然存在，農民的生產情緒並未有提高，容或有些地區分配情況已稍有改變，但人民實際所得却未有顯著增加。這也正是所以必須特別強調要在今年大搞冬季副業的原因。另方面，由於連年災害的影响，農村本身的經濟原氣大傷，已完全談不上有什麼生產資金的積累，在過去甚至連留下的種籽，也因抵受不了飢餓，予以吃光，至於中小型農具，耕畜等的缺乏問題，也更加突出地嚴重。

農村經過了三年多的災害，和中共十三年來的搾取，事實上已被羅掘一空，但較早些時，中共却還強調「尚有潛力可挖」。可是在十一月廿七日的社論中，則已肯定現在的情況「糧食不是很寬裕的」，口糧既不足，農民還是吃不飽，所謂「潛力」就不知從何產生。

就整個分配問題來說，中共的規定是：「首先要完成向國家交售糧食的義務」；其次「要滿足集體經濟擴大生產和適當的長期積累的需要」；最後才是「給社員分配口糧」，但是還必須「要遵守經過社員討論通過，上級批准的分配制度」。因此經過一重一重的關口，農民辛勞所得實在是很有限的。

現在，又有新的號召來了，那就是「儲糧備荒」！

「儲糧備荒」當然是好事，但是在實行公社化之後，私有制度已完全廢除了，口糧的分配有固定的定額，如有災荒發生，救濟的責任實在應由中共負責，但是現在中共規定，「社員家庭的儲備糧，主要靠多勞多得和省吃儉用，細水長流，長期積累。」事實上農民過去、現在和將來，多勞並沒有多得，在飢餓綫上也根本無從談什麼省吃儉用，肚子餓空了，顖子餓細了，除了中共手裏控制了有糧食以滿「國家機器」支耗之外，民間本是家無隔宿糧，何能再作「長期積累」的打算。這些都是事實問題，又那能是中共做幾篇文章就能夠解決得了的!?

相反的，從「人民日報」廿七日的社論中反映，農民不僅不作「克勤克儉」的打算，而且「有一些公社、大隊和生產隊動用集體生產的糧食和資金，以慶豐收為名，唱戲請客，大吃大喝；有些生產隊和社員大量熬糖、蒸酒，用種種名目、大擺筵席；有些單位辦劇團、添戲箱等等非生產性開支最近也多了起來。」這是可以相信的事實。可是農民為什麼不能瞻前顧後的打算呢？很顯然的，那是在長期遭受中共欺騙之後所積累出來的經驗，何況中共還在一再的喊着要挖農民的潛力。

在以往，各級能夠產生統治力量的「國家機器」，都向農民徵取「儲備糧」，農民除了「向國家交售糧食」一顆粒不得短少之外，「儲備糧」是很重的重担，但是這種由「專署和縣、公社和大隊」所留的「儲備糧」，並沒有在必要時嘉惠於農民。那裏去了？農民儘可以有疑問，却無權可以查問追究，而這正是造成浪費、貪污的原因之一。現在照中共新的規定，「生產的儲備糧數量要有一定限度，尤其要制定和遵守嚴格的保管、使用制度。」還說「儲存和動用，都應該經過社員民主討論，有一定的批准手續；保管人員應當由社員大會選舉。生產隊的儲備糧由生產隊自己保管，各級管理機構都不能調動。生產隊裏的任何幹部和社員也都不能私自動用集體的儲備糧」，並且還規定凡是「違反制度的，應當經過社員討論給以適當處理，情節嚴重的應當交由人民政府依法處理。」

新的規定與舊的辦法既有這麼大的不同，按說「儲糧備荒」的問題，就不應該再責成每一個農民自己「省吃儉用」了。一方面有了新規定，一方面還要農民在飢餓中勒緊褲帶，可見新規定仍然具有欺詐的成份在，只不過是換一套新的說辭而已，因此我們對於農民之只顧「大吃大喝」求一時的痛快的這種普遍情況，就很容易了解了。

從中共之號召「儲糧備荒」，來看今冬，再作對明年農業生產情況的推測，看來中共的樂觀乃是完全無根據的！

監察院的聲音

靜　吾

一、呼籲消滅特權

本月二十二日監察院繼續舉行年度檢討會，監委馬空羣呼籲取銷特權政治，他說：「特權是政治上的毒瘤，不知破壞了多少法紀，損壞了多少威信。要維持法紀的尊嚴，一定要使法令貫徹，不論任何人都在法紀的約束範圍之內。然而，今天權貴的兒子持槍勒索人民，可以特准保釋，達官的子女可以特准出國，顯要的大厦可以特准興建，這些舉不完的事例，沒有一樣不是特權在作祟。尤有進者，一個私人的企業，明明是在騙政府的錢，並經有關機關警告和糾正，竟仍可享受特權的待遇，得到種種特許，如過去的楊子木材公司，和最近的農林公司，殷台公司，唐榮鐵工廠等。」

二、呼籲平衡待遇

馬委員又指出公務人員的待遇不公平，他說：「待遇不怕低，怕的是不公平。如果今天苦到只能吃粥，應該大家一樣吃粥，現在正是臥薪嘗胆的時候，應當憂樂與共，甘苦共嘗。可是，事實上目前苦的苦到該死，不苦的總是錦上添花。安份守己全憑固定薪水生活的公務員，在政府加稅加捐，公營事業領導漲價兩者夾擊之下，物價天天往上爬，已經快要無法活下去。再看另一面，那些本身有收入的機關，公營事業機關，和沾點洋氣的單位，有的待遇根本就高高在上，有的則在一般待遇之外，用各種名目另加津貼，待遇既高，津貼又厚。地方政府的要員，一個人更可以享受公家供給三棟公館、兩部汽車的待遇。高級的將領儘管自己有了公館，還可以得到一座華麗的大厦，和每月若干萬元的特支費，低級公務員和許多下級幹部因為沒有住的地方，必須在低微的待遇中勻出一筆錢去租房子，少數人為生活所迫，只好容忍太太去做傭工。這種現象，都不是今天我們這復興基地所應有的。」

馬委員認為：「現在大家都會體諒政府財政困難，一時不能提高軍公人員的待遇，只要能夠平均，大家就沒有話說了。關於這個問題，監察院曾經多次予以調查並提糾正，但迄未見有所改善。長此以往，影響工作情緒與行政效率尚在其次，那股不平之氣，若任其潛滋暗長，實堪憂慮。」他認為「要解決這個問題，有兩個步驟，第一步要求公平，取消那些不合理、不公平的優厚特別待遇，拿來增加低級人員的待遇，卽使每人僅增加十元或一元，也表示政府關切低級人員之意。第二步再設法提高待遇，在行政方面切實整頓稅收，剔除中飽，在支出方面力求儉節，肅清弊端。公私應酬及慶典均應盡量減少，並縮小規模，譬如上月國慶日的花車遊行，花費當在一千萬元以上，對國計民生有何好處？不斷的開源節流，自然可以提高公教人員待遇的力量。」

張岫嵐委員也認為如能拉平待遇，和減少不公平不合理的現象，政治風氣自然會好轉。她說：「由於待遇不平，最近連教育界，也有風風雨雨的傳說。」

三、達官貴人兼職統計

金越光委員提出一項長達十萬字的書面資料，列舉中央及省、縣各公營事業機構的兼職人員計有五百一十六名，退役將官之担任顧問者還不在內，其中國大代表六十七人，立法委員六人，監察委員一人，省議員六人，縣議員三人，而為數最多的還是各級政府的官員及公營事業機構的高級人員共有四百三十三人，包括五院院長、各部會首長、省府主席及各廳處長。據說：祇有中央銀行的理事和監察人是依法令而兼任的，另有少數事業機構的董監事是代表官股而由有關機關指派兼任。其餘絕大多數的兼職人員，均於法無據。又兼職人員中，一人兼兩職以上的有五十四人，一人支領兩項兼職以上待遇的有二十一人，其餘絕大多數的兼職人員雖未兼薪，但仍支領車馬費自二百元至一千二百元不等。還有一部分人是藉兼職名義配住房屋及車輛，事實上就等於把公家的房屋和汽車永遠據為己有，而且保養和修理費也由公家付給。例如國大代表嚴某早已奉派到香港工作；其兼任中信局顧問的職務，亦已解除，但仍佔據該局的宿舍一幢不允歸還。聯合報譏此等兼職人員為「能者多撈」。該報說從前祇以說「能者多勞」，現在這些兼職的人當然是「能」者，但却多了一隻手，故成了能者多「撈」。

四、盡說好話，專作壞事，問題多半在上級

曹啟文委員痛陳：「環境不允許我們再苟且偏安，敷衍塞責，祇唱高調，不採取實際行動；也不允許我們專作表面文章以欺人欺己；更不允許我們自私自利，盡說好話，專作壞事。」袁晴暉委員指出：「現在政治上的問題多半是在上級政府，不是在地方政府，更不是一般公務員所能負責。」他說：「現在一般公務員不但不被尊重，而且窮得可憐，長官對屬員也往往視同僕役。至於有權勢的人，則可於法外獲鉅額收入，不切實際的建築及浪費動輒百萬。其實，現在的公務員大半都是好人。我們的社會尚能安定，就是靠這批無名英雄來維持的。」

五、彈劾中信局九職員

監察院以中央信託局易貨處前任經理王愼石，現任經理林榮基，副理江德潛，第七科主任梁惠東，基隆辦事處經理應家秉，前任襄理兼儲運課主任崔祖羲，現任主任許傲霜，高雄辦事處經理趙雅虔，儲運課主任陳葛武等九人辦理唐榮和仲鐵公司廢鋼事項循水舞弊、違法失職，致使政府蒙受重大的損失，於十一月二十八日提出彈劾。

台灣簡訊

志清

一、台省米谷生產量，創有史以來的新紀錄

據省糧食局發表：本省本（五十一）年第二期米穀生產量經初步調查估計結果，達糙米一、○四八、六五七公噸，較去（五十）年同期增加一四、三四七公噸，連同本年第一期米穀產量一、○五七、四一七公噸合併計算，本年度全年米穀生產量共達糙米二、一○六、○七四公噸，再創本省有史以來之最高紀錄，與去年產量二、○一六、二七六公噸比較，增加八九、七九八公噸之多，計增加百分之四．四五。目前第二期收成已達百分之八十以上，尚有一部份正在繼續收成中，實際產量可能較此項初步調查估計為高，可望超過二百公噸之計劃目標。

關於本年米穀增產之詳細情形，據該局發表如左：

（一）稻作方面：全年稻作實際種植面積為七九四、二六六公頃，比較計劃目標八三○、○○○公頃，減少三五、七三四公頃，計減少百分之四．三一，比較去年稻作面積七八二、五一○公頃，則增加一一、七五六公頃，計增加百分之一．五○。

（二）生產量：全年米穀產量為糙米二、一○六、○七四公噸，比較計劃目標二、一一○、○○○公噸，減少三、九二六公噸，計減少百分之○．一九，比較去年生產量二、○一六、二七六公噸，增加八九、七九八公噸，計增加百分之四．四五。

（三）每公頃平均產量：全年平均每公頃產量為糙米二、六五二公斤，比較計劃目標二、五四二公斤，增加一一○公斤，計增加百分之四．三三，較去年之二、五七七公斤增加七五公斤，計增加百分之二．九一。

本年米穀增產之主要原因，據糧食局分析如下：

本年第二期稻作，雖有多次颱風，惟損失不多，又在彰化、雲林、台南等地區發生燒根病，畧有損失以外，全省其他各地區，由於：

一、在稻作種植期間雨量比較充足，加上水利施設及地下水開發進展，故種植面積比較去年同期增加七、五八七公頃，並且日照及氣溫等比較去年同期增加。

二、推行優良品種更新，近年來大量供應優良品種。

三、肥料供應增加，並獎勵農民提早領肥儲備，農民均能適時施用。

四、大量廉價供應農藥，迅速有效防治病蟲害等。

二、苗栗發現新油礦

中國石油公司在苗栗鐵砧山所鑽的第一號探井，已獲得台灣有史以來最驚人的發現，俟將來大量開鑿開發井後，將可為台灣石油工業及石油化學工業開一新紀元。據日前試採結果，該井一日間可生產十三萬立方公尺的天然氣，較錦水丹八號井日產十萬立方公尺尤多，為目前本省油氣井產量最多的一個，其蘊藏量也可能比錦水氣田更龐大。

鐵砧山一號井簡稱TCS-1，位於鐵砧山及大安溪之北，苗栗苑裏鎮之東約七公里。自該鎮通達山腳村的鄉間公路乘汽車僅五分鐘即可抵達該井，交通甚為便利。由於該井大量天然氣的發現，啟示台灣還有若干處碳氫化合物（即石油與天然氣）的蘊藏，正待鑽井探勘。

鐵砧山一號井深度達四、二四一．三○公尺，為中油公司目前在台灣所鑽最深的一口新井。該井自本年六月廿六日開鑽，經過一一五天的工作，終於順利到預定的深度。當鑽至二八○○公尺以下時，即發現在砂層有了油氣徵跡，至四、二一○公尺以下，所謂木山層，即相當於出磺坑油田的第六層，估計地層壓力可達每平方吋一萬磅，鑽井工作必需大量以重晶石粉的泥漿來克服困難，因井中有地層鬆散，漏失泥漿，致耗掉六百噸重晶石粉。據稱：如繼續下鑽，尚需進口更多的重晶石粉始能工作，目前只得暫時停止鑽進。該井在深二、八二四至二、八七一之間，鑽進，打鹿坑頁岩石內時，在砂層中即發現油氣徵兆，探勘工程人員曾先行借機試驗蘊藏量，結果甚為圓滿，使工作人員增加無限的興奮。

三、省議員痛斥台灣選風

省議員蘇振輝、姚冬聲於十一月二十六日在省政總質詢中，對於今日台灣的選風有坦率的指陳，蘇議員說：目前本省各種選舉，形成了非錢莫選的怪現象，因之，縣市長當選後，大多負債纍纍，為了要償還選債，不能不貪贓枉法，他認為這是促成政風敗壞的重大因素之一，希望民廳積極設法糾正。

姚議員指出：目前台灣的選舉風氣，一年比一年壞，不亟謀有效對策，設法改善，則將來由選民可產生的鄉鎮縣市長以及各級民意代表，將發生兩種惡劣現象，一種是地方政權治權將永遠操縱在有錢有勢人的手裏，專為有產階級謀利益。另一種是為撈回選舉費用，不惜作奸犯科，弄得地方自治一團糟。如政府不自選舉方法上澈底改善，選風難望改良。

民政廳長陳錫卿的答覆，則完全是一套所謂「官話」，他說：今後將遵奉「總統」革新的指示，嚴格整飭吏治，肅清貪污不法人員，對於選舉風氣之改善，自當嚴加查察，依法取締。

四、台北市積壓公文月達三千件

台北市議員尹毅、帥學富、洪禮錠等指責市政府積壓公文月達三千件之多，實在駭人聽聞。尹議員說：這是推行便民運動的一大諷刺。沈應松議員則指出魚市場本年度預算及上年度決算迄不送議會審議，其中顯有弊端。張曰英議員認為市府秘書室越組代疱，包辦各單位重要業務。有違體制。他指出：秘書室除本身業務外，又有代購公共汽車底盤，代購兒童戲院電影機，代辦煤氣公司事業，代財政局籌設電器屠宰場等。顧問兼秘書室主任賴春貴集各重要事業及採購業務於一身，各單位隱辦的事均由他一人來辦。他問這樣成什麼體統？

代市長周百鍊藉口因時間關係，改期再答覆。

五、訓育會建議：專上學校增設德育課程

「中國訓育會」於十一月二十五日在台北實踐堂舉行五十一年度會員大會，由丁作韶教授主持，師範大學教授孫邦正，政治大學校長劉季洪均發表有關訓育問題的「學術」演講，國民黨第一組主任倪文亞也在會中說話，主張學校訓導人員應把「總統」「訓詞」帶進學校，作為學生進德修業的準繩。討論結果，決議建議教育當局「在修訂專科以上學校課程時增列有關道德教育的課程」。

六、省議員餞別周至柔　有人竟獻「萬民傘」

年來深得蔣「總統」父子信任，且一再盛傳將繼陳誠為行政院長的周至柔忽然從台灣省政府主席奉調為「總統」府參軍長，十一月二十七日台省議會特設宴餞別，由議長黃朝琴代表全體議員致詞並贈送紀念冊。台南縣長胡龍寶還在會中向他呈獻一把「萬民傘」感謝其商請農村復興委員會撥助鉅款整治該縣鹽水溪的德政。周至柔忽然被打入冷宮的原因，傳說紛紜，但人們想到當年孫立人被免去陸軍總司令時也是調為總統府參軍長，不久即幾乎身陷囹圄的往事，都嘆「天威莫測」，不禁為他耽心呵！

七、供出縣長收回扣　「家狗」愧悔欲死

嘉義市長蘇玉衡因貪污案被法院扣押後，曾供出該縣縣長黃宗焜收取回扣，經手的縣府事務股長江松濤因而被押，十一月二十四日江被檢察官提訊時，提出一份自白書，供認：「縣府事務股收取市公所的二萬九千元事務費回扣，有二萬元曾親自放入黃縣長辦公桌的抽屜中。這二萬九千元是分二次拿的，第一次一萬二千元，一萬元送給縣長，二千元貼補縣府事務費之不足，第二次一萬七千元，一萬元仍送縣長，五千元被經手人黃育吞沒，餘二千元仍移作縣府事務費。」

據悉：江在被押之初，曾矢口否認曾經收取回扣，嗣經與另一經手人黃育對質，始無話可說，遂寫出一篇文情並茂的自白書，詳道其中經過情形。黃宗焜得悉此事，即指江為「家狗咬人」，因江曾跟隨他九年之久，備承提攜，才能做縣府事務股長。江在獄中與難友談及時，亦承認受到黃家很多照顧，本想一人頂罪；祇以偵辦機關追問甚緊，不得不直說，深感對不住黃宗焜，很想以一死報之。報載看守人員深恐他自尋短見，已加意防範。

大閘蟹闖關餘聞

子明

（台北通訊）上月中旬「四川」輪從香港帶來一大批洋澄湖的名產大閘蟹，在基隆港口上岸時，檢查人員以香港為疫埠，將其沒收。但事隔兩日，海關當局忽又將這批大閘蟹交由原來訂購的台北餐館公開拍賣，每隻定價六十元。轉瞬即被特權人物訂購一空，有的即集約友好在該餐館大吃大喝，有的則派人攜回家中與妻兒共享。此事連日經民營報紙紛紛揭載，某民營報還於短評內以「橫行闖關」為題，指出這批大閘蟹既能橫行數千里而來到基隆，自亦能橫行闖「關」，而安然入境；台北市的大餐館，既已公然登報預告將有大閘蟹應市，自亦能打通「關節」，設法將他們提出以應饕餮客之需。

也許由於輿論的譏諷，內政部衛生司司長張智康於二十四日發表談話。他說：「當他在晚報上看見海關拍賣大閘蟹的消息後，立即與基隆檢疫所連絡，並去函海關查詢，據檢疫所負責人在電話上答稱，海關在拍賣大閘蟹前曾邀請派員前往檢驗，但當檢查人員抵達拍賣地點時，海關人員則告以業已拍賣完畢，因此並未檢驗。」張司長並強調：「此事必須澈底追究責任。」二十六日報載：台北關稅務司吳熙認為「這批大閘蟹之被沒收，並非為了大陸有霍亂而是由於無人認領。如有人承認是貨主，即應予以課稅。假如大陸來的大閘蟹要銷毀，那麼，其他如金針菜、中藥等、有的機關進口出售，有的則被海關沒收後拍賣，豈不也是應該全部銷毀？」吳熙的談話乃是針對張智康的談話而發，聯合報在刊出時標題為「螃蟹早已入肚，兩部爭執沒完。」二十七日，基隆海港檢疫所一位不願透露姓名的職員又向聯合報記者稱：今後如有從香港運來的洋澄湖大閘蟹，該局將主動查驗，並作適當的處理，包括「銷毀」在內。二十八日，航行高雄香港線的興中、建華兩輪進港後，高雄檢疫所查出大閘蟹、甲魚、鱔魚一批，即會同台南關等有關單位迅予銷毀。同是大閘蟹，其命運不同有如此者。

二十六日，聯合報又發表一篇短評，對此事頗有指責，海外讀者於此，當可窺見今日台灣的政風，特介紹於后：

「近年來，共匪對外推行一項「土產攻勢」；即將大陸各地著名土產，加以搜刮統制，大量向外傾銷，用以換外滙，作為續命湯，挽救其危在旦夕的經濟命脈。於是派遣大批匪幹，在香港廣設「土產公司」，經營此項業務。所謂「大閘蟹」，當為香港匪方土產公司所供應者。

「台北若干餐館喪心病狂，竟與共匪間接通商，將大閘蟹接運來台，不僅公然橫行闖關，而且居然通行入市。雖檢疫機關有鑒於本年副霍亂為患已甚，知所警惕，認為這批螃蟹來自大陸，經過香港，此兩地區尚有霍亂流行，深恐螃蟹帶來病菌，重興虎疫，乃主張予以銷毀。而基隆海關竟如魔術師，使出障眼法，以處理「最機密」「最速件」的高度效率，來個迅雷不及掩耳的「拍賣」，將違法走私變為合法標購；仍由原貨主得標，將螃蟹提出應市，其顢頇橫行，殆可稱之為「蟹關」矣！

「台灣走私進口的奢侈品，充斥市面，妨害民族工業，腐蝕社會風氣，莫此為甚，誠不知海關為國家之關防，抑為國家之漏扈！」

× × ×

中共利用撤軍對印進行心理作戰

劉裕畧

中共決心從印邊龜縮了。為此，中共國防部曾於十一月卅日發表撤軍聲明。它說：「根據我國政府十一月廿一日零時的聲明所宣告的決定，在中印邊境全線，我西藏地方的邊防部隊，將自十二月一日起，開始從目前的駐地向一九五九年十一月七日實際控制線中國的一邊二十公里以外的地方主動撤退。預定在十二月一日當天，在中印邊界東段，我進駐吉莫山口，打隴宗、比里山口、鷹窩山口的邊防部隊，將全部撤至坦加帕尼河以北地區；我進駐吉拉、薩木維爾的邊防部隊，將全部撤至本羌山口等地。」

另駐中共新華社瓦弄十二月二日電：「本社記者報導：根據我國政府十一月廿一日聲明所宣佈的決定，我進駐瓦弄地區吉拉、薩木維爾的邊防部隊一日已經主動後撤至本窮及其以北地區」。

此外，新華社還作了一套共軍後撤時的自我宣傳。它說：「從十一月卅開始，我邊防部隊就把駐地打掃得乾乾淨淨，並且分頭替房東背水砍柴，向駐地羣衆告別。各單位借用羣衆的物品，都及時送還了原主，並且挨門挨戶向羣衆徵求了意見。進駐薩木維爾地區的邊防部隊在了解當地竹篋溜索遭到戰火破壞以後，撥出四十塊茶磚給當地人民作為修復溜索的費用。……在吉拉、薩木維爾，我邊防部隊在撤離前夕，還撥出了一部份物資對遭受印軍炮火襲擊而損失了住屋和財產的貧民進行了救濟。在烱明村，我邊防部隊協助被印軍燒掉房屋的居民重蓋新房，並且在後撤前夕，帮助他們搬進新居」。

我們知道，毛澤東雖然是一個辯証唯物主義者，但却最愛使用心理作戰。這不僅在國內戰爭時為然，就在目前，毛澤東除已下令共軍重施故技，沿用他在內戰時期的一套老辦法，利用戰俘進行心理作戰外，現在，他又顯然在利用共軍後撤的機會，對當地印民進行心理作戰了。新華社的上述報導，很可能是真的。因為中共軍一向最善「演戲」，中共軍之黨委及政委，尤善於做假仁假義的事情，以誘騙羣衆。過去，中共軍打內戰時曾由毛澤東親訂三大紀律，八大注意。內中有不取民間一針一線之規定。共軍初到時，亦往往真能表現其紀律。但人們後來才知道中共之所以不取人民一針一線，是因為中共所要的乃是人民的全部財產甚至人民的生命，一針一線當然是共軍所不要的了。看中共自薩木維爾後撤時對印民如此故意示好，適足反映中共對印度正抱有無限野心。因為中共在印邊如此賣力的收買印民之心，十足証明中共軍準備捲土重來，為異日統治印度和征服印度打基礎哩！

大陸簡訊

白帆

中共與蘇聯簽民航新協定

據中共新華社十二月一日報導：「中華民航總局代表團和蘇聯民航總局代表團於十一月廿六日起在北京就修訂中蘇民航間議定書進行了友好融恰的談判，並在今天簽訂了中蘇兩國民航總局關於互助提供服務和航空運輸的議定書。在議定書上簽字的是中國民航總局代表團團長何鳳元和蘇聯民航總局代表團團長達尼雷切夫」。

為求與印和解中共派黃鎮遊說亞非

自毛澤東在印邊的冒進政策失敗後，中共雖於十一月十六日分別攻克了印邊的瓦弄及西山口，但孤軍深入，後方聯絡線及運輸線太長，已犯兵家之大忌。何況，英美大量援印，亞非集團中之大多數亦站在阿聯總統納薩一邊提出不利於中共之和談建議，於是，毛澤東不得已乃於十一月廿一日突然自動宣佈停火撤軍。並於十二月一日起，自印邊前線後撤，直撤到一九五九年十一月七日雙方實際控制線並又再退二十公里為止。

毛澤東此一急流勇退之作法，原想在政畧與戰畧上彌補冒進政策招來之嚴重惡劣後果。但印度却拒絕了中共的這一停火撤軍的和談建議。印度認為中共軍撤退得不够徹底，必須撤退到今年九月八日的原位置去。毛澤東現刻仍在遲疑，不肯太失面子，於是派遣大員，到處請人出面調停。最近派到印尼及錫蘭等地去叩求出面調停的則是黃鎮。

黃鎮現任中共外交部副部長，曾任中共駐印尼大使，因對東南亞國家情勢稍為熟悉，故毛澤東派了他出來到處叩頭。

茲據法新社錫蘭科倫坡十二月一日電：「中共外交部副部長黃鎮，今天就中印邊界衝突問題與錫蘭總理班達拉奈克夫人會談了三小時。與黃鎮一同參加會談的有中共駐錫蘭大使謝克西以及其它中共官員們」。

而黃鎮到錫蘭叩頭之前，又曾到印尼向印尼總統蘇加諾叩頭，在到印尼之前，更曾到高棉及緬甸叩頭，都是為了代毛澤東請人出面調停云。

中共聲明共軍自十二月一日起後撤

據新華社北平十一月卅日電：中共國防部發言人今日發表聲明說：「根據我國政府十一月廿一日零時的聲明所宣佈的決定，在中印邊境全線，我西藏地方和新疆地方的邊防部隊，將自十二月一日起，開始從目前的駐地向一九五九年十一月七日實際控制綫中國的一邊二十公里以外的地方主動後撤。預定十二月一日當天，在中印邊界東段，我進駐吉莫山口，打隴宗，比里山口，鷹窩山口的邊防部隊，將全部撤至加帕尼河以北地區；我進駐吉拉，薩木維爾的邊防部隊、將全部撤至本窮及其以北地區；我進駐古里，博涙，達東等地的邊防部隊，將分別撤至打秋山口，更仁，梅楚卡等地。預定在同一天，在中印邊界西段：我邊防部隊將撤出奇普恰普河谷地區的四個哨所，喀拉喀什河源地區的兩個哨所和巴里加斯地區的卡日果，羌山口等地。」照中共國防部這一聲明的文字仔細推敲，已可看出毛澤東有割地求和之意在其中了。

中共政權正式聲明支持古巴反美

據新華社北平電：中共政權曾於十一月卅日以「中華人民共和國政府」名義正式發表聲明說：「古巴人民堅强的革命意志，也反映了全世界一切反對帝國主義堅持革命鬥爭的人民不畏强暴，不怕困難的英雄氣概。中華人民共和國政府完全支持古巴統一革命組織全國委員會和古巴政府的嚴正立場和正義要求，六億五千萬人民永遠同兄弟的巴古人民站在一起」云。

僑鄉近訊

鍾之奇

廣東共幹秘密釋放反共志士

最近半年以來，反共志士在大陸各地之不斷活躍，已是人所共知的事實，而共幹暗中秘密釋放反共志士的消息，則尚未為各方所深知。

茲據廣州來客談，廣東共幹目前眼見中共政權倒行逆施，人民飢寒交迫，故對中共政權莫不敢怒而不敢言，對於反共志士，乃發生一種同情心與示好心。蓋各級共幹目睹中共統治下的社會慘狀，固無法不對反共志士之艱決奮鬥不予以同情也。

另一方面，各級共幹亦深信如此中共政權，終必垮台，為求未來生存計，故亦有示好與故意聯絡之心。

正因為廣東各級共幹中不少此種對反共志士具有同情心及示好心的人，故各地反共志士不幸而被共幹發覺時，如果所遇見的共幹係頑劣殘暴份子，則此一反共志士自必遭受中共政權之殘暴迫害。但若所遇之共幹係對反共志士暗藏同情心或示好心者，則往往被共幹暗中秘密釋放。此一廣州來客說，她的一位親戚卽係極活躍的反共分子，曾不幸被捕，但旋卽因由共幹暗中釋放了云。

至於該親戚之姓名及該共幹之姓名，為免洩露計，記者僅遵此一廣州來客之囑咐，不予發表。

中共廣東縣委書記承認廣東各地水利設施一團糟

對於水利設施，中共一直在自我吹噓，不是說廣東現在的水利建設如何好，便是說廣東的水旱災全靠中共的水利設施挽救轉來。究其實，則廣東水利設施在中共統治下是愈來愈糟的。

最近，中共廣東省徐聞縣委員會書記梁甫在十一月十九日的北平人民日報發表了一篇以「維修配套是水利工作的當務之急」的文章，把中共統治下廣東各地水利設施一團糟的情形，完全暴露了出來，因為梁甫所說的雖然只是徐聞縣一縣的情形，但廣東各地的情形正與徐聞縣差不多。

梁甫的文章首先說：「近幾年來，徐聞縣興修了不少中、小型水庫。全縣水利工程蓄水量共達一億一千多立方米，原計劃可灌溉二十八萬多畝，但是實際發揮的灌溉效益，距離原計劃很遠」。

他又說：「為什麼會出現這樣的情况呢？」跟着，他又進一步解釋說：「徐聞縣現有水利工程未能充分發揮灌溉效益，有如下幾種情况：

「一、水庫渠道沒有挖通，水利工程未能發揮應有的作用。如下橋公社的合溪水庫，蓄水達四百一十三萬立方米，本來可以灌溉一萬多畝，但由於渠道長期沒有挖好，現在只能灌溉二千多畝。錦和公社的邁千山塘，蓄水達七十多萬立方米，原計劃灌溉一千五百多畝，由於渠道不通，只能灌溉二百多畝。

「二、有些水庫的主渠修通了，但支渠毛渠修得不好，浪費用水，影响了灌溉效益。……如海安分渠的渠道不合規格，漏洞多，放水四天，水還流不到田。又如北潭第九分渠，原定可灌溉北潭公社下井大隊的七百畝水田，但由於分渠遲遲沒有搞好，現在只能灌溉四百畝，其餘三百畝今年因此受旱失收。

「三、前幾年堤圍、水庫、渠道的歲修工作抓得不緊，有些地方已經出現了險段，妨碍了放水灌田。如竹山公社的南山海堤，由於這幾年沒有修理，現在涵洞已經漏水，有些土堤已崩塌了半邊，如不及時修理，南山大隊的二千多畝良田，就有被海潮侵襲的危險。前山公社的黃竹水塘，原計劃灌溉一千一百畝，這幾年涵洞壞了沒有修，已經兩年沒有蓄水，今年這個灌區的曹家大隊受旱，早造幾乎全部失收，晚報生產也不好」云。

桑第斯遊說阿育汗

棋先一着

慕禪

英國聯邦關係大臣桑第斯，日來僕僕風塵，奔波於新德里與洛瓦爾品第之間，對於拉攏印度與巴基斯坦改善邦交，有意外的戲劇性的演出。如果十四年來互相仇視的印、巴關係，眞個能够由此而改善的話，在英聯邦的「聯邦關係」上，要算是首屈一指的成就，而桑第斯也該居爲首功。

桑第斯原來是奉命前赴印度，「估量」印度與中共邊境戰爭的局勢，主要的是印度對於和戰的態度，和邊境實際軍事情況。在倫敦出發之前，並未準備到巴基斯坦的。可是當他在新德里逗留了幾天之後，却突然地飛到巴基斯坦訪問，這可以說是戲劇性的第一點。

這項臨時改變行程的突然訪問，可以說是由於「估量」印度局勢而產生的。「估量」之一是尼赫魯的印度「不肯在武力下屈服」，傾向於對中共作戰下去。於是便牽涉到「估量」的第二點：印度必須調出在喀什米爾的重兵，開往北邊的東西兩線準備作戰。

中共的突然向巴基斯坦大送秋波，提出互不侵犯以至助巴國抵抗侵略的方案，更邀請巴外長阿里訪問北平，更促成了桑第斯趕飛巴基斯坦新都的原因。當英國正欲助印抗共之日，中共却要巴基斯坦助共攻印！倘若不棋先一着，萬一印巴邊境響起衝突的槍聲的話，南亞大陸的情勢就不堪問了。

桑第斯就於此時飛赴洛瓦爾品第，而美國助理國務卿哈里曼，也接着於遲一天由印飛巴；哈里曼也與桑第斯一樣，原來並沒有預算訪問巴京的。

「第一號死敵」

桑、哈兩氏訪巴之日，正值巴國反美情緒高漲的時候。「反美」是一種時髦的感冒症，而在巴基斯坦患上這種病症的時候，其本質是「反印」、內容也附帶「反英」；因爲英美以軍火供給印度抵抗中共，巴基斯坦深恐印度將來利用這些西方軍火，在爭喀什米爾事件上對付巴基斯坦。這已是衆所週知，不在話下。

巴基斯坦的反英美援印運動，最先是報紙的言論，學生的巡行，向美領館及英專員公署示威。接着議會中的反對黨議員，政府部長，也先後發表了不滿英美的談話。反對黨議員在議會建議，巴基斯坦應該退出中央公約，退出東南亞公約，退出一切有美國參加的條約，「巴基斯坦應儘快轉向中立」！

反美之餘，下文就是走向中立，以至支持印度的敵對者中共的立場。阿里外長在國會的演詞，對西方似乎已沒有什麼保留。他抨擊美印條約（印度可接受軍火援助），說印度的「不結盟政策」是假裝的。邊境衝突應照中共呼籲，談判解決，「那並不是一件大事」，印度誇大危機爭取外援，最終目的在於對付「第一號死敵」巴基斯坦！他說，英美援印，並不先與巴國諮商，他們雖保証援印軍火不用以對巴，「但我們如何能信任印度？」印度曾經食言，拒絕在喀什米爾舉行公民投票！

阿里並說，他已接受周恩來的邀請，將「儘速」訪問北平。

這是一個「山雨欲來」的局勢，洛瓦爾品第有罷市和示威，美新聞處、英文化會被包圍，聯合國辦事處被擲石，「打倒帝國主義」的口號也喊出來了。

「保密」的飛行

桑第斯却在圍牆塗有「美國人滾回去」的議會內，靜聽議員咒罵英美「自私」，說巴基斯坦若然選擇共產主義而非印度帝國主義，西方該不以爲怪。桑第斯祇以「有趣」兩字，概括議員們的憤激。並謂他此來只在解釋英巴間之「誤會」。這一幕，也是很富戲劇性的。

實際上那並不是輕鬆容易解釋的誤會，但桑第斯與哈里曼分頭並進。由哈氏公開宣佈，保証（一）暫時不以特殊武器援印。（二）如巴基斯坦要求，美決以援印之同樣武器援印。（三）若印以美武器攻巴，美將考慮對巴作安全防衛。同時他更强調兩點：印、巴並非相互的威脅者，但印巴兩國的眞正威脅，乃「來自北方」。其次，在戰畧上，南亞大陸的整個防衛，「不可分割」。（必須包括印巴兩國。）這些保証，多少有助於疏解憤激的巴國朝野民情。

桑第斯與巴總統阿育汗的會談，包括聚餐在內，一共會談了七小時。這是戲劇性的「大壓軸」。突然，桑第斯「保密」飛新德里，廿九晚上，又由新德里再飛回洛瓦爾品第。

桑第斯飛印時，巴方某一參與密勿的官員說：「某些大事已在發生」。原來，桑氏已攜同阿育汗函件給尼赫魯，同意印巴直接談判喀什米爾問題。十五年的「世仇」一旦坐到會議桌上！這確是戲劇性發展的最高峯。

阿育汗總統是被說服了，不過並不是絕對地被說服。據說，說客們原來希望印巴「共同抵抗外來侵畧」，但阿育汗只同意「討論亞洲和平」。這種措詞，反而合了尼赫魯的胃口。

・加爾各答通訊・

尼泊爾國內局勢陡告緊張

邵元珍

中共對印度的戰事雖然宣佈「停火」，但中共派入尼泊爾的特務，與由印度支持的反國王派展開鬥爭，却愈趨激烈；因此，尼泊爾政局便陡告緊張！

如所週知：尼泊爾早有倒入中共懷抱的迹象。在中共和印度作戰時，尼泊爾且曾暗中協助過中共，反國王派人士對此，當然極表不滿，於是立刻加強「打倒國王」運動，其時尼泊爾全國便頓然陷入動盪不安的狀態中。

印度之所以支持尼泊爾的反國王派，爲的是尼王已勾結上了中共（那時中共和印度的邊境戰爭還未爆發），獲得中共外長陳毅答允予以軍事上的協助；這在中共來說，當然是一種利用尼泊爾來作爲進攻印度的據點的陰謀；而印度方面，也立刻警惕到這種威脅是非常重大，因此便對尼王恨之入骨，當即唆使親印的尼泊爾人反對國王，並予以大力支持。明爭暗鬥，於焉日益擴大。

尼泊爾原是蕞爾小國，面積僅十四萬方公里，人口祇得七百餘萬，但因她適位處中共和印度的夾縫間，故中共和印度的鬥爭，很容易把這個喜馬拉雅山麓的小王國也捲入漩渦。

尼泊爾的種族，共分兩系：一是來自西藏的尼哇爾人；一是來自印度的廓爾喀人。由於全境都是崇山峻嶺，故交通極爲不便。居民信奉佛教，古剎叢林，遍佈全國，僧侶具有無上權威，其潛力足以左右國王的施政。在遜清乾隆時代，我國曾將之征服，置爲藩屬，其後因管治上有感於鞭長莫及，便無形中逐漸將之放棄。迨至一八一四年，英國佔領印度以後，曾進攻尼泊爾，割去其東部兩地，但尼泊爾的獨立國地位，仍獲得保存。

尼泊爾的民族性，是十分强悍的，成年男子，經常攜帶小刀，藉以表現其尚武勇敢的精神；但可惜民智未開，宗教迷信觀念太深，以致工商業，教育，和生活方式，均異常落後。幸其國內中部，有恒河支流經過，土壤肥沃，農產物豐富，人民食用，尚可以自給自足。當英國統治印度時期，尼泊爾人民很喜歡到印度去當英國的僱傭兵；英人也喜其英勇善戰，大量僱用，施以科學化訓練，使之成爲精幹部隊，曾替英國立過不少戰功。

第二次世界大戰結束以後，尼泊爾首都加德滿都才開始染上了一些近代文明的色彩，房屋也有些建成洋樓式的了，人民也有些穿着西裝革履的了，但是山區村落裏却依然是原始形態。鄉間根本沒汽車、公路；輪船和飛機，更加連做夢也都未曾夢見過了。

迨至我國大陸易手，中共「解放」了其近鄰的西藏，於是尼泊爾便開始受到赤色氣氛的影響。其後中共且派出特務人員潛入尼泊爾作政治活動，而尼王馬亨德拉一方面懾於中共的聲威，一方面也惑於中共的宣傳，於是漸漸親向中共。印度對此，當然深感不安，因而也派出政工人員深入尼泊爾，唆使親印的尼泊爾人向馬亨德拉責難，尋且組成「反國王派」，企圖發動政變，把馬亨德拉推倒，雖未獲致成功，但逃至印度的反馬亨德拉份子，印度仍予以大力支持，使之繼續活動，以此更觸怒馬亨德拉。他爲要保存他的王位和政權，遂不能不要再進一步的靠緊中共。其後「反國王派」人士竟公開叫囂「打倒國王專制政治」；馬亨德拉認爲「情況嚴重」，便馬上向印度抗議，强硬指斥印度援助及指揮尼泊爾「叛民」造反，係屬極不友好行爲。尼泊爾和印度的外交關係，從此陷入尖銳的惡化。

到了中共和印度「邊境戰爭」爆發，尼泊爾爲着自身的利害關係，當然她要站在中共的這一邊。

既而中共於佔盡優勢之後，突然宣佈自動停火；尼赫魯雖然畏懼中共，但對尼泊爾王馬亨德拉却無論如何都不肯放過，遂乘此機會，又再唆使「反國王派」立刻加强其打倒馬亨德拉活動。因此，尼泊爾的國內局勢，便又再度緊張起來。據說：馬亨德拉現已與共特作出一項默契，由共特協助馬亨德拉的親信去和「反國王派」展開正面鬥爭，一切必需的「物資」，都由中共供應；如必要時，則邀請中共軍隊進駐尼泊爾境內。這一來，對印度當然更爲不利了！

焦文姬（七）

（版權保留）

黎明

第七場：

景：焦家東廂。

時：接上場。

人：滿尙智、焦大郞、靑箱。

滿尙智：（在房裏焦灼地踱步，指手畫脚，自言自語。）適才聽得靑箱這個丫頭，在花園之內，竟把我和小姐之事全說與大爺知道了；這便怎麼處？這便怎麼處？——哎呀有了！（忽然轉憂爲喜）橫豎木已成舟，米已成飯；上次店家說我吃白食，這回我不吃白食也就是了。

焦大郞：（剛踏進門，恰好撈到了尙智的話尾。）好一個吃白食的秀才，這回倒吃到我閨女的身上來了。（說着氣鼓鼓地坐了下來。）（這時靑箱也跟了上來，正在窗外貼耳偸聽。）

滿尙智：慚愧呀慚愧！（同時以袖掩面。）

焦大郞：就是慚愧了事嗎？——來來來！別光慚愧慚愧，坐下！坐下！

滿尙智：哦、是是是；小生告坐。

焦大郞：（怒氣稍消，顏色稍霽）秀才我來問你：你既讀聖人之書，便該知周公之禮。男女婚姻大事，沒有父母之命，媒妁之言，斷難成功；你這樣糊裏糊塗就玷汙人家閨女，到底算是那一行？你說！你說！你說！你本窮途落魄，我好心把你招來我家居住，倒變了引狼入室，試問你如何對得住我？你說！你說！

滿尙智：（一時天良發現，連忙離座跪倒）小生罪該萬死！小生身受大爺深恩，已難爲報。如今爲兒女之情，一時不能自禁，犯下滔天大錯，實乃萬不應該。如蒙大爺寬免這遭，小生誓必粉身碎骨，以報大恩大德！（說罷連忙叩頭。）

焦大郞：放屁！放屁！再放你耶嘟嚕個屁！這種事兒也要敎大爺寬免得來？眞正豈有此理！豈有此理！活活氣煞老夫了！（忽然若有所悟）哦、嗯、慢來慢來，秀才我來問你，你在家中到底可曾討過媳婦兒沒有？

滿尙智：小生一向放浪江湖，並沒曾討過媳婦。

焦大郞：什麼？你沒曾討過媳婦兒？

滿尙智：小生委實沒曾討過媳婦。

焦大郞：（轉怒爲喜）這便還有商量；快快請起！快快請起！

滿尙智：謝大爺！（起介）

焦大郞：秀才，我再來問你；你看我家女兒如何？

滿尙智：小姐麼？眞乃才貌雙全，人間少有！

焦大郞：那末，你並不是想「白食」，而是實實地中意我家女兒的了？

（靑箱偸聽至此，幾乎想笑出聲來。）

滿尙智：小生和小姐嘜，可說一見鍾情，三生石上，緣份早定；海誓山盟，白頭到老的了。

（靑箱聽到此處，連連拊掌點頭。）

焦大郞：那末（右手向滿伸出、）拿來！

滿尙智：（惶惑地）大爺！拿什麼呀？

焦大郞：父母之命，媒妁之言呀。

（靑箱聽到此處，幾乎又想笑出聲來。）

滿尙智：大爺呀！（唱）：

我愛小姐果是眞，
三生石上有夙因。
恨我無父又無母，
那有親命可遵循!?
獨在異鄉爲異客，
何處去找說媒人?!
夫妻但求情義好，
有情有義好婚姻。
倘若大爺不嫌棄，
小生情願結朱陳。

焦大郞：（旁白）瞧他說得倒怪可憐的！是呀！他父母都已沒了，那兒再去找這「父母之命」呀？他身在客中，人生地不熟，更那兒去找這「媒妁之言」呀？這不是秀才做得對，我倒老糊塗了嗎?!（轉向尙智）滿相公！你是眞眞中意了我的女兒了嗎？

滿尙智：小生對小姐如有半點虛情假義，將來定然天誅地滅，不得好死！

焦大郞：好！好！好！老夫就權且把這勞什子「父母之命，媒妁之言」，丟去茅厠坑裏，由老夫作主，成就你們這對寃家的好事吧！

滿尙智：（大喜逾望，立即跪下叩頭。）如此岳父大人在上，請受小婿大禮參拜。

焦大郞：（連忙扶起）賢壻少禮，快快請起，快快請起，啊哈哈哈哈哈哈哈！（喜孳孳出門大呼）靑箱！靑箱！靑箱！

靑箱：（一閃而出）來了！來了！來了！

焦大郞：快快與你姑老爺準備喜酒去！

靑箱：遵命。——我早就已經知道了。（向大郞做個鬼臉，跳躍下）

焦大郞：（望着她的背影）這個臭丫頭！哈哈哈哈哈哈！（移）

（未完）

劍門天下險

劉裕畧

「峨嵋天下秀」、「靑城天下幽」、「夔門天下雄」、「劍門天下險」，是四川民間的幾句流行語。這幾句流行語却道出了四川山水的奇特處。

劍門關在四川劍閣縣。坐汽車從成都出發，經過新都縣、羅江縣、廣漢縣、德陽縣至綿陽縣，這是川陝公路的第一日行程。從綿陽縣到梓橦縣，再到劍閣縣，是第二日行程。在第一日行程中，汽車都是在綠野平原中馳騁；第二日行程，便在崎嶇的山道上爬行了。

劍門關是我多年嚮往的地方。我當時冒險從北道而不從東路出川，也還是爲了要看劍門關。所以，當汽車快到劍門關時，我向前遙望，希望能够早點發現劍門關，但一直沒有看到任何雄險山勢的影子。我忙問同車的人。他們指點我，循着公路綫向西北方看：前面那一羣小山峯便是。「啊！那就是劍門關！」我倒不免驚奇起來。我注視着它，在很近的距離，那一羣山峯還是那樣小，這如何够稱天下險呢？我心裏着實懷疑。

可是，等到汽車通過劍門關的關口，我向前一望，才發覺羣峯低繞，雲樹淒迷。劍門關雄據羣峯之上，眞是氣象萬千啦！

那時，汽車一出劍門關即循着公路向下直落，我回顧劍門關，削壁相對，直如一座鐵門，左右兩翼，連峯疊翠，每一山峯，都崢嶸壁立，形同寶劍的手柄一樣，刃的部份，揷在土中，柄的部份留露山上，一柄一柄的緊密的排列着，有如城牆垜子一般，雄奇險峻之狀，誠有言語不能形容之慨。在用短小兵器作戰時代，這眞有一夫當關、萬夫莫敵之勢。

我目擊劍門之險要，誦着李白「劍閣重關蜀北門，上皇歸馬若雲屯」的詩句，覺得他用字用得很有道理。原來，劍門關在川北，而且又面北，難怪我由成都向北行，就無法從遠處看到它的雄險形勢。但從陝西入川，或出劍門關後回頭南望，則所見劍門關正面，就完全不同了。劍門關之北，還有西秦第一關（卽秦嶺），它也是坐南向北的。所以，秦嶺算是四川以北的第一門戶，劍門關則算是第二門戶。正因爲它是第二門戶，所以，李白「劍閣重關蜀北門」句中所用的「重」字就特別有意思。

出了劍門關以後，沿途都是曲折、狹隘、傾斜角度極大的下坡路。兩側則爲削壁似的高山，綿亘幾十里路之遠。如果我們從用兵和地形來看，可以說：在那一段狹長山道中，每一段道路皆可阻絕，每一處山坡皆可據守。如非身歷其境，就很難了解諸葛亮愛在這類地區用火攻的理由。往常，我總懷疑他在新野用火，在征南蠻時用火的事，以爲三國演義作者過份誇大，因爲你用火攻，敵人大可落荒而走！但從劍門關以下的一段狹長山道看來，在這一類的地點，確實可用火攻。你若能先讓敵人進入狹道，再將兩頭阻絕，然後擧火的話，敵人眞將無路遁逃。

由於這種形勢，許多用兵的人只知道據守劍門關那一險要關口，而不知道利用劍門關下這一狹長山道，顯然錯誤和疏忽。爲了促使人們注意這一狹長山道的作用，我想：我們對這一狹長山道，應該給它一個名字，叫劍門峽才對。

通過劍門峽，汽車沿着曲折的山道疾馳，我們仰望環繞着的羣峯，和峯上的白雲，那一份心情自亦非常愉快。那時候有劍關門關的人物故事和詩句，也都很自然的湧現到我們的眼前和腦際來了。我先想起唐玄宗那首「幸蜀至劍門」詩：「劍閣橫雲峻，鑾輿出狩回，翠屏千仞合，丹嶂五丁開。灌木縈旗轉，仙雲拂馬來。乘時方在德，嗟爾勒銘才。」就情不自禁的笑起來。他明明是避亂往蜀，却偏偏說：「鑾輿出狩回」；明明是因爲玩女人玩出了亂子，却又偏說：「乘時方在德」，自欺欺人，好不肉麻！倒是陸放翁的「衣上征塵雜酒痕，遠游無處不銷魂。此身合是詩人未？細雨騎驢入劍門。」確有相當意境。此外，出劍門關時，我又想起安史之亂，杜甫避亂入蜀的往事。杜甫當時是在國破家亡，靠沿途挖草藥維生一路循着我們走的道路從相反的方向入川的。所以，慽慨之餘，我當時也在隻身逃到劍門關時，作過一首詩：「一路銷魂又斷魂，重關古道獨潛行，輕車慢走雲端裏，指點羣峯出劍門。」出秦嶺過中原時，又作過一首：「一出秦關不計歸，長途孤旅趁斜暉。此行不爲中原鹿，却逐閒雲斤片飛。」屈指算來，這又是一九五〇年淸明時節的事情了。當時是抱着還我河山的雄心、信心和決心逃出來的，當時也還只三十剛過的靑年，意氣豪放，但歲月催人，轉瞬又是十三年了。十三年的時間不算長，也不算短。寄身海隅，一無所成。懷念前遊，不勝惆悵，乃於今年生日信筆再寫了一首詩：「逐鹿無關後與先，成功端在着奇鞭；海天自鏡心無怯，且喜中年勝少年！」亦聊以自慰而已。

趙叔孺先生遺作展覽序

徐亮之

余讀鄞縣趙叔孺先生年譜傳記及所爲詩文已，不禁喟然歎曰：先生固非欲以藝事名者也；而卒以藝事名於時，乃先生之不幸而亦先生之大幸也。以余觀先生之爲人，大底其志潔，其行廉；廉則不强求於人，潔則恒取足於己；恒取足於己，故樂於與人爲善而常若不及；不强求於人，故善能急流勇退而無所容心。而先生之所以卒能幸而從容自全於亂世保淸名而享大年者，其在玆歟!?其在玆歟!?雖然、其於藝事也亦若是而已矣。世固視先生爲萃書畫篆刻三絕於一身者，然三者之中，固無一而不有先生者在焉；其書畫之醇正而閑雅，樂易之襟抱也；其篆刻之淵穆而裔皇，沉潛之志節也；是皆先生之所得於天而盡於己者也；夫豈尋常藝人所得同日而語哉！月之十九日，吾友馬積祚君將擧先生遺作及所藏古今名蹟，共展覽於香港大會堂而徵言於余，故樂爲之序。壬寅初冬徐亮之。

抗戰回憶錄（四七）

張發奎

十一・廣州進軍與受降

我當時下達的命令如下：

中國戰區陸軍第二方面軍命令國字第一號

第二方面軍命令中華民國三十四年九月十六日于廣州司令部

一、日軍駐華派遣軍總司令官岡村寧次大將，已遵日本帝國政府及日本帝國大本營之命，率領在中國（東三省除外）越南北緯十六度以北台灣澎湖列島之日本陸海空軍，於中華民國三十四年九月九日在南京簽具降書，向中國戰區最高統帥特級上將蔣中正，特派代表中國陸軍總司令一級上將何應欽無條件投降。

二、遵照何總司令命令，及何總司令致岡村寧次大將中字各號備忘錄指定日本及本官所指定之部隊，接收廣州、雷州半島、海南島及其各附近地區，日本第二三軍所屬各部隊，與海南島日海軍部隊，及其輔助部隊之投降。

三、上第二項之日本軍隊，應於中華民國三十四年九月十六日，照下列規定切實施行。

1．所有本受降區內之日本陸海空軍，及其輔助部隊，應即停止敵對行為。遵照本部第四號備忘錄，及申魚未國基電所規定之日軍初步投降移防規定切實辦理，候令解除全部武裝。

2．所有本受降區內之日本陸海空軍，及其輔助部隊武器、彈藥、裝具、器材、文獻、檔案等，應集中保管不得破壞，並造具詳細清冊，靜候本官派員點收。

3．所有日本部隊解除全部武裝後，仍保持紀律，至解除全部武裝後之集中地與給養輸送等項另令之。

4．在本受降區內，所有日軍控制下之車輛船舶（包含商船），及一切軍用物資，除依照本部第四號備忘錄規定，業已移交者外，其餘均須停留於現在之位置，不得移動或破壞；並須立即取銷所裝載之爆炸物，搬移於安全地點，妥為標誌封存。特別指定航行內河之大小船舶，全部集中於高要。航行海洋之大小船舶，分別集中於黃埔及廣州灣。

5．所有本受降區內之軍事或非軍事之一切交通通訊設施及器材，均須保持完整，不得移動或破壞，並造具圖表，靜候接收。

6．所有本受降區內之一切軍事設施及建築物，如陸上水上海空軍基地場站設備、領港設備、防空設備、軍需倉庫，暫時或永久性之陸上或海岸防禦工事、砲台、要塞，連同一切有關軍事生產發明之計劃與設施等，皆須保持完整，維持良好狀態，靜候接收。

7．所有本受降區內，關於軍事控制下之民用財產（包括日本僑民）均不得移動，或使用與破壞，並造具清冊靜候接收。

8．所有本受降區內之日本僑民，應就現地靜候命令，但應即呈出名冊及居留地點，其所有之武器，亦應列表呈出，由本官派員驗收。

9．在本受降區內之盟國戰俘及被拘人民事項特規定如下：

（甲）盟國戰俘及被拘人民之福利及安全，在未正式接收以前，必須立即恢復自由並妥為維護，所有一切管理及生活物品、衛生，應予充份供應，直至正式接收後為止。

（乙）盟國戰俘及被拘人民之拘留地點，所有一切設備、儲藏、記錄、械彈、衛生器材等，在未正式接受以前，應負責保管完整。

（丙）在本司令官所轄部隊進駐地區內之戰俘及被拘人民，應遵照本司令部備忘錄第四號所規定辦理，交由接防部隊接守。但在交接時，應由日方供給彼等十五天之充份給養及生活用具，並先行指派該戰俘及被拘人民中之高級人員暫時負責維持管理。

10．貴官奉行本命令時，應立即呈出如附表所列各種圖表冊。

四、上項應即切實遵照，並即通令所屬各部切實遵照實施。

右令

日軍第二十三軍司令官田中久一中將。

司令官陸軍上將張發奎。

抗戰行列中見聞雜憶（七）

李璜

自平江退到長沙

本團達到江西境內，而江西還有另一軍風紀巡察團時正南昌，憶其中參政會所公推之參政員為梁上棟先生，其人魁梧奇偉，曉暢民情，惜即在此次巡察團工作中，為敵機瘋狂投彈所傷，斷其一臂，我聞消息，自幸在通山城遇炸，得以倖免於難。我們在接近前綫之後方工作，並無多大危險，因隨前綫隊伍進退，不致與敵鋒相值；所可慮者，只是敵機一遇天氣晴朗，即不斷飛來頭上盤旋；覓得目標，即施轟炸以致有時白日無法工作，工作與行動均須卜夜，而白日則藏於水邊林下，有時且須進入防空壕中；且不但無法工作，飲食皆須夜間食畢留下，白日則以冷飯和開水充飢，使敵人之空中偵察，不見爨煙也。

我團一離開湖北而進入江西之西北，即感語言不大能通，贛西北之語音重濁，而我們所密切接觸者為鄉村老百姓，能普通話者甚少，工作至為困難。且其時田家鎮之役不利，前綫完全動搖，本團也無法在修水長駐下去，於是開拔南行，又中途在銅鼓轉進而入於湖南之平江。

當抗戰時，有一特別名辭，即我軍敗退，放棄一地而退守某地，在報紙上稱退守為「轉進」，從方一閱轉進二字，即知又退却一綫也。因是本團達到江西修水三日之後，即每天都在轉進，奔馳道途，令人疲憊不堪。不過距敵較遠，則飲食與睡眠問題較易解決，白日不再逃避敵機之偵察與轟炸，而巡察工作也較方便。

中華民族真是世界上最天真的和平民族！雖然自民國以來，歷經內戰，但此種戰亂只及於交通要道與軍事所必爭之地，對於較偏僻之縣邑及其農村，太平日久，並不感到戰亂之可怕。故我們自江西銅鼓而進入湖南平江，一路夫耕婦饁，童牧販載，竟不知日閥來侵，敵騎將至，乃甚為可怕之事！

我們達到湖南平江之後，巡察工作，在情形上，有告一段落之勢，乃通知長沙湖南省政府；得當時湘省主席張治中復電，歡迎本團前往長沙小住，並會商一切。於是在平江休息三日之後，即開赴長沙。一到長沙，算是離去了戰時生活，我被老友晏陽初兄接往其所寓長沙城南、湘雅書院附近之一相當整潔的新式屋宇中。

時晏陽初兄正為湖南省府所辦之省訓團工作，從事所謂對民衆之「保教養衛」四大工作訓練。省訓團學員多係招考之大學生，候補前往縣長、區長及軍事政治工作者。陽初要我將在前方之工作情形與自身經驗，告給學生，因為我訂出日程，講演四次。第一次，張治中也來聽講。因省訓團之組織為軍法部勒，一律軍裝，外觀甚為整齊，而張治中在場，更顯肅敬；我講話整一小時，全場鴉雀無聲。但中間曾使我大吃一驚！因我講演中偶然提到「蔣委員長」四字，而張治中及全體學員一百餘人忽然一致肅立，而且全體腳下皮鞋相撞一下，合奏巨響，然後又復就坐。我一驚之後，心下明白張治中之訓練團，無非注重形式主義，藉以取悅其領袖而已！但後此講話，特別小心，不敢再提及此四個字，以免講室又發巨響。

第一次講演後，次日即有留法同學張君來訪，多年未見，甚為親切。我詢以何必前往省訓團受訓，使我感到其無聊；彼稱，要為國家做點事，對抗戰效點力，此一受訓經歷實難免者。後此張君並約來一位留法老友陳君，陳君係在交通處工作，專管汽車汽油，工作比較輕鬆，抽暇特來陪我游玩長沙城內外各名勝，並陪我吃李和盛之牛肉、牛百葉多次，此為我之口福，至今不能忘者。（後來離開長沙，得陳君之助甚大，詳見下節）。

長沙係省會，不似平江，每當日晴，即有警報，因敵機時來偵察，惟尚未投彈，故其時人民也尚未有防空壕可入；只是警報一響，不許人民出街亂跑。遇有警報，我亦蟄居晏寓，寫對參政會之報告書，並擬向參政會大會開會時之提案，因感到大後方種種現象，立須陪都政府設法改革者甚多，如後方勤務部之無濟於事，如輕傷病兵之各處漫游，如疏散難民工作之遲緩零亂等等，一一擬就提案，先行寄回重慶，因其時距大會之期，只有十餘日也。但因陽初兄殷勤招待，並要我代擬戰時政治訓練一兩種綱要（因他長於平民教育，而對政治尤其戰時情形比較隔膜），堅留多住幾時。於是在長沙共住了十四五天，直至武漢開始撤退，我才同陽初倉卒動身西行，沿途大受困苦，真活該也！

如果我不在長沙耽擱，而於到長沙應酬張治中後，立即仍同第三軍風紀巡察團同人一齊自長沙直返武漢，則當時有車，有憲兵，而且走的是通都鐵道，方便之至。武漢一經撤退；使我無法北去；且既脫離團體，成為單人一個，在這兵荒馬亂之中，誰來特別照顧你這個無關輕重的國民參政員！——這些道理，當其我被陽初留下時，都未想到，及武漢既已開始撤退，而參政會大會會期又迫，秘書處來電催返重慶，我才感到事態嚴重，只得向西落荒而走。至今憶及，當時只趁工作興趣所至，却對自身安全未曾計及。

本刊已經香港政府登記
每逢星期五出版

聯合評論 週刊

United Voice Weekly
第二三二號
督印人：黃宇人　總編輯：左舜生
805641
承印：嘉羅印刷有限公司 香港灣仔馬師道5號
代理：友聯發行公司 每份售港幣一毫
美洲總代理：美國紐約中美出版社
CHINESE - AMERICAN PRESS, INC
199 CANAL STREET.,
NEW YORK13 N. Y. U.S.A.

是「忠貞」反共，還是愛國反共

李金暉

隨着今年五月間的逃亡高潮，大陸上有許多知識青年先後到了香港和澳門。集中在香港的，爲數大概不會少過一萬人。暑假期間，絡續又出來了一些僑生，他們都是取得雙程出入境証的，但暑假後，絕大多數的都留在香港，不再回到大陸去了。這期間，還有比較少數的，是從廣東沿海各縣逃亡出境的，其中多數是從海上而來，就所知有的是買通了邊防軍警隨漁船逃出的；有的是取得了他們的同情，網開一面放生的；有的是通過公社幹部「偷」得了公社的小船逃生的。儘管逃亡的方法不同，路線各異，其目的則一，他們是爲選擇自由而來，不僅是爲了飢餓。

爲選擇自由而逃亡，很顯然他們都是具有强烈的政治意識的，也就是說，他們都是反共的。因此固然有自由主義份子，也有不滿中共的黨團員或幹部。

從這樣衆多的逃亡出來的知識青年身上，使我們體會到在他們的背後，還有更大的亟待爭取自由的羣力存在！因此事實上對已經逃出來的每一個知識青年，就不能把他們當作一個個體看待，應該正確的把他們估計爲是一個或大或小的羣體。再者，從他們的願望中，我們也感覺到，他們心中那團熱烈的反共火燄，並不是個人的情感在燃燒，並不只是個人對共產黨的憎惡，而是聚集了他們在大陸上耳濡目染的中共罪狀，和受到了朋友們、同學們、同志們和親人們的鼓勵和期望才凝聚成的。因此這團烈火是有基礎有力量的。他們此來，固是不惜個人的生命，也是爲了更崇高的目的而來——爲打倒共產黨挽救衆人的生命，和建設一個民主的中國的目的而來。

這些知識青年來到香港之後，除少數可以投奔親友之外，絕大多數是在這現實的社會上，從艱苦辛勞中掙扎生活、求學；其實這種自强不息的努力，還並不限於他們，在一九五六年「大鳴大放」後逃亡出來的知識青年，迄今仍有很多還在生活綫上掙扎，但是他們心中的那團烈火，顯然也還沒有熄滅。

在香港這個現實的社會裏，求學和求生活都不是容易的事，然而就是在這樣艱苦的環境，其中還有許多青年朋友想着具體而微地做點文字上的反共宣傳工作，一方面是煆煉自己，一方面也可藉以文會友的方式，期能聯絡更多志同道合之士。當然，他們所做的，文字上的反共工作，多是很直接了當的，因爲他們既看不慣香港那種黨八股式的反共報刊，對那些以黃色吸引讀者的反共報刊也同樣不順眼；他們既不願看國民黨老爺的冷面孔，自然也無法和形而上的學究們接近。迫於客觀形勢和主觀的要求，我們也曾徵聞，他們在自主的原則下，有個別的群體，也曾接受過若干貌似友善的人士的支持，出版了幾期刊物，但是隨後，這些僞善者的幕後人物，就要他們交出名單，繕寫身世，甚至交代在大陸上的同志關係和情況，否則就不再繼續予以支持，這些情況當然是他們事先所未料到的，但是一旦臨到攤牌的時候，他們自然會覺悟到後果是如何的可怕了，他們方始明白所遇非人，他們方始明白祇爲了愛國家，愛民族而反共，還有意想不到的阻碍，除非是能夠卽時擠進「忠貞」隊伍，表示此生對一姓不二，否則不僅刋物辦不成，甚或還要影響到獎學金。

用這樣冷酷的手段對待一羣赤子之心的青年，無疑是太過殘忍了！我們懷疑擬定這種政策和執行這種政策的人，是否還有心肝!?如果他們還自以爲是中山先生的信徒的話，他們不應該不知道當年中山先生奔走領導革命時是何等的心懷，何等的氣魄。中山先生從不對向他表示反淸革命的人懷疑他們是騙徒，經中山先生努力捐來的經費，雖不免有一些是被宵小之徒騙取中飽了，但面對中山先生那樣坦誠的胸懷，和只希望百中得一的人格感召，誰不爲之感動，誰不願爲革命流血；以之與今日之斤斤計較要先表示了「忠貞」，而後才有所予的作風，眞是有宵壤之別了！當然，這中間是有很大的區別的。中山先生是把每一個表示願意獻身革命的人，眞正地當一個具有獨立人格的人看待的，而不是要糾合他們做自己的「馬仔」、家奴。試問處在今天國家這樣多難的環境之下，對待一些剛從毛澤東地獄裏逃生出來的青年，先不予以堂堂正正做一個獨立的自由人的機會，和鼓勵培養他們恢復獨立人格，增强做人的信心，鞏固其反共的志氣，而竟然要用各種手段戕賊他們的勃勃生氣，用形勢來迫他們先做家奴，交出名單，否則便斬斷「援助」，不僅使之志不得申，而且還要面對生活威脅，這眞是聽來太令人髮指了！我們眞不知道這種作風和辦法，是否也能算是「政治反攻」!?老實說，這比十三年前在大陸時代的反共方法，不知更要落後多少步！

明儒黃梨洲大師說得好：「天下之治亂，不在一姓之興亡」。以之視今之當權派而要仁人志士先表示對一姓之「忠貞」，庶幾始能承認你爲一反共的愛國者，無乃是太可笑了!?

杵不磨不成針！但願在這大時代裏，年青的知識分子們眞能經得起磨煉，不必爲所遇非人而氣餒。無論多艱難的路總是得自己走下去的；也只有走下去，才能走出一條光明的大路來！

共黨集團內部之新演變

劉裕畧

世界上的一切事物，原本都不是不變的。正因爲一切事物都是在不斷變化中，所以共產集團內部關係一再發生變化，也是毫不奇怪的事。

說到共產集團之內部變化，實應首先回溯到二次大戰後之蘇南關係。

在二次大戰結束後，南斯拉夫原本是整個共產集團中之一員，但在蘇聯不斷從經濟上壓搾南國之餘，蘇共領導人史大林復輕視南共領導人狄托，遂造成狄托脫離共產集團而走上獨立之路的分裂形勢。這固然是史大林一生少有的大失敗，也可說是共產集團內部破天荒的首次分裂，這一內部分裂，當然是整個共產集團內部關係的一大演變。

而在目前，共產集團之內部關係，可說是又有了一個新轉變。這一新轉變，是由於中共與蘇共之衝突與矛盾而可能將共產集團內部分裂爲二。

誠然，蘇共與中共的衝突與矛盾，原非發生於蘇共與中共之間，而乃最先發生於赫魯曉夫與毛澤東之間。但赫魯曉夫既是蘇共領導人，毛澤東既是中共領導人，所以，赫毛的個人衝突便不可避免的表現在蘇共與中共之間。

本來，中共與蘇共之間的矛盾與衝突既導源於赫魯曉夫與毛澤東個人之間的權位鬥爭，所以，假如赫毛兩人中，有任何一人死去或垮台的話，蘇共與中共之間的矛盾與衝突，便也可以隨之而結束，無如直到今天，赫魯曉夫在蘇共內部的領導地位，不但並未削減，且仍在加强，毛澤東對中共內部的控制亦復如是，所以，除非情況有變，除非等到他們兩人中有一人死去，那末，蘇共與中共之間的矛盾與衝突，勢必還要繼續下去。

僅就目前的趨勢看，如果赫毛個人衝突不再立刻躍進到分裂階段的話，則此一矛盾畢竟還不足以言共產集團內部業已因赫毛個人而破裂。因爲狄托所領導的南共和史大林所領導的蘇共，當年原是公開破裂的。至於毛澤東領導之中共則至今尚未發展到與蘇共公開破裂之程度，有如狄托之與史大林。

但，值得注意的，是一切事物的本身固然不斷在變，而與此事物相關聯的一切事物却亦同時在變，甚至還在互相不斷影響着而變。所以，一切事物的變，便不是孤立的變，而是聯繫的變。蘇共在共產集團內，原非孤立，中共與共產集團內其它共黨有聯繫，固皆人所深知，所以，共產集團內的共它分子，便也不可避免的在中蘇共衝突中，圍繞着中共或蘇共，而各自歸向蘇共或中共之一邊。於是，這就逐漸形成了共產集團內部的另一轉變。這一轉變，就使得原本只是共產集團內部的個體矛盾個體衝突，進而演變成共產集團內部的小集團與小集團之間的矛盾與衝突。更具體的說，整個共產集團內部，除了狄托已分裂成單獨一股以外，原本與狄托對立包括中蘇共在內的這一股，又正在分裂成兩股：一股由蘇共領導，一股由中共領導。由蘇共領導的一股，目前有保共匈共捷共義共等。由中共領導的這一股，目前則有阿共韓共日共印尼共等了。

因而，共產集團內部目前正向鼎足而三的局面變。這是十三年來，共產集團內部由一變二，再又由二變三的新分裂。我想這是我們應注意的。

同時，還有極值得注意的另一個問題，便是共產集團內部由人事矛盾而演變出來的理論鬥爭。

以往，全世界各國各地的共黨，無不崇奉蘇聯爲共產主義祖國，無不承認蘇聯在共產集團內的地位高出一層。正因爲過去的形勢如此，所以，作爲蘇共領導人的赫魯曉夫便在他對蘇共的控制地位鞏固以後，躍躍而欲領導世界共黨，有如史大林當年成爲共黨世界之王一般。但中共的毛澤東及阿共的霍查等人則反對赫魯曉夫走上這一地位。因爲赫魯曉夫欲以反對個人崇拜的手段來打擊毛澤東霍查等，從而奠定自己的個人崇拜地位的做法，正與毛澤東等人的私人利益發生嚴重衝突，故毛澤東不得不起而保衛自己，並相應的打擊赫魯曉夫。然而，除非蘇共內部能推翻赫魯曉夫，毛澤東霍查等人是無法直接打倒赫魯曉夫的。何況，縱然打倒了這一個赫魯曉夫，誰能保証沒有第二個赫魯曉夫出現？而要根絕這一威脅，自以根本否定蘇共在共產集團內部之特殊地位爲最上策。而要根本否定蘇共在共產集團內部之特殊地位，則必先從建立共產集團內部各兄弟黨各兄弟政權之間的平等獨立地位做起。所以，中共阿共近年特別强調共產集團內部的平等獨立地位之理論，絕不偶然。它顯然想對共產集團內部之結構促起鉅大變化。如果這一理論被世界各國各地共黨普遍採用，無疑，蘇聯在共產集團內部就勢必要失去一種特別優勢，不能再憑理論而只能憑藉實力來領導共產集團了。

今後中國的政治

孫寶剛

我在前幾篇文章中，已經把理論體系的必要說明了，接着又提出了幾個基本觀念，作爲理論體系的基礎，並說明政黨是使理論體系付之實施的一個必要工具。現在應把理論體系的本身，分篇討論。首先從政治說起。

在歐美的民主先進國家來說，現在已都集中注意力在經濟問題上，對於民主政治這一方面，已在十九世紀做到了大部份，所以不甚爲人們所注意了。但是我國這幾十年來，有志之士，不斷在爲人民奮鬥的還離不了爭取民主政治，因爲我們至今還在統治階層的暴政之下。

所謂民主，簡單的說一句，就是以多數人民來決定政治路線，但同時也需要尊重少數人民的權利。從這一句話引伸出來，第一需要一個眞正代表人民的議會，普通稱之爲立法機構，把人民所決定的政治路線，制成一套法律條文。第二需要一個向議會負責的行政機構，負責去實施這許多條文，也就是去執行這一條政治路線。第三需要一個獨立的司法機構遇到糾紛時去審判誰是誰非，以保障這條政治路線，實施時的準確性。假如能做到了這幾點，大體上說，已經是做到了民主政治。但這僅可以說是實施政治的一套手續，並不是政治的目的。所以我從前常常提出，祇提倡民主是不夠的，理由就在這裏。

那麼政治的目的是什麼呢？大體說來，是要建立一個自由平等與正義的社會，使每個人都能維持其作爲一個人的尊嚴，進一步可以自由發展其人格，而快樂地生活着。

上述的這句話，分析起來，我們又可以說：建立自由平等而正義的社會是方法，而個人尊嚴，發展和快樂生活才是目的。所以主體還在每一個人，不是整個的社會或國家。那麼怎樣才算做到了個人尊嚴，發展和快樂生活呢？在今天一般人所公認的，就是要保障基本人權。基本人權的內容，聯合國的人權宣言上已說得很詳細，舉幾個例子來說，因爲人是有思想的動物，每個人腦中，對於國事有不同的想法，想過之後，還想說出來，說出來之後，還想糾合同樣想法的人集合討論，甚至形成永久性的組織，這就是政黨，以要求全國多數人民的認可，以貫徹他們所想的。假如一個國家能允許每個人民這樣做，人就有了其尊嚴，也發展了他的人格，這也就叫做有了思想、言論、集會、結社的自由，假如任何一個國家不允許人民那樣做，而加以干涉或阻擾或拘捕，人民的尊嚴沒有了，他的意旨不能發展了，也就是他的人格不能發展了，他當然也就不快樂了。

再在另一方面來說，每個人有其一套生活方式，假如他的生活方式，並不妨碍其他的人，而政府去干涉他，這就叫做干涉了私人生活的自由。我們舉個很小的例子說，有夫妻兩個人喜歡跳舞，或甚至約幾個朋友在家中跳舞，跳舞的聲浪並沒有妨碍隣居，警察便去干涉，不准他們跳舞，這便是妨碍了他們私人生活的自由，他當然也不快樂了。所以在政治方面來說，最低限度，我們要做到保障基本人權。

我們中國自辛亥革命以來，雖也頒佈過幾次憲法和各種立法，表面上也承認要保障基本人權。可是，第一沒有眞正爲人民服務的政黨，大都是爭權奪利的政黨，所以也沒有眞正的選行自由而秘密的選舉，易言之，遂使立法機構的立法人員，並不是眞正人民的代表。因此立法機構的立法，不一定在保障人民的基本人權，甚至做了行政當局的御用機構，憲法和刑法等的條文上雖對人民有着保障，但是立法機構往往藉着種種名目，制定了許多臨時性的條欵，把人民的自由都剝削了。司法機構名義上雖是獨立的，但因司法人員本身的品格上有問題，再加上行政當局的干涉，有法等於無法，人民並沒有受到法律的保障。

所以今後中國的政治，在現階段來說，主要地還在防止行政當局的專權，而使立法機構眞正成爲人民的代表機構，司法要眞正的獨立，如此之後，才能做到對於基本人權的保障。等到人民的基本人權有了保障，才能進一步積極地爲人民謀幸福。我想這個標準，總算是最低的標準了罷！可見我們時時要求立即實行自由而秘密的普選，並不是高調。

不過話又說回來，要做到自由而秘密的選舉，首先還得對政治有興趣的人要多一點，不特去研究今日中國應取怎樣一條政治路線，同時還應依着政治路線而結合起來，組成政黨，自由而秘密的選舉才能做得到。我們切不可再停留在君子不黨的立場上，使中國的政治運動，始終是一盤散沙，更不可站在封建的意識上專去捧人。假如大家都能這樣做，易言之，監督選舉的人就有了力量，當局要選舉不自由和不秘密，使不可得。其結果立法機構自然地眞正成爲人民的代表；剝削人民的基本人權的特別法令也就不會通過了。在這裏我還要插一句話，中國地方太大，風俗習慣各地懸殊，所以全國性的立法，應當富於彈性，並且應當簡化，而應以各省的立法機構的立法和高等法院的判例來輔助全國性的立法，或許較爲適合中國的實情。當然全國性的立法本身要趕上這個時代，與時代的潮流相配合，更是最重要的。

至於司法，我們一定要其獨立，法官是終身職，待遇要優厚，人事制度切不可受行政的干涉，司法機構才能作爲人民的保障。

末了說到行政，行政當局應該絕對地向立法機構負責，而行政制度的本身應當取分權制，這就是說，一切政令爲縣與市所能辦到的，應當由縣與市來辦，縣與市不能辦的才歸省，省不能辦的才歸中央。以往中國所實施的中央集權制是最不宜於今日的中國的。其理由非常簡單：第一因爲中國今日還處於專制的暴政下，就是爲了中央集權，第二，中國各地情形不同，所以中央集權，所施政令，往往不適於各地方。第三，中國人民對於民主政治還不習慣，地方分權，使人民易於生應盡義務的感覺，由此可以培養起對於全國政治的責任感。

大陸風光

望晴

（一）農業大躍進新名詞解釋

「雙一運動」——「蕃薯畝產一萬斤，水稻畝產一千斤」，這叫「雙一運動」。這個農業生產指標，是在「水稻畝產一萬斤」的口號破產之後重新提出來的。後來中共海豐縣委爲了使這口號「大衆化」點，所以把它改叫「萬斤蕃薯，千斤水稻」。可是農民們太不學乖了！根據他們每季的收穫情況，只有頑強地叫做「蔓根蕃薯，脊箕水稻」。是的！這確是最眞實的解釋。因爲所收穫的蕃薯只有一些蔓根，水稻只得一脊箕之多呢！

「深翻改土」——農業領導者規定：每塊稻田都要把一公尺深的黃土翻上來，再把肥沃的垉土覆下去，這叫做「深翻改土」。他們說：「翻土翻得深，黃垉變成金。」可是經過這麼一翻，田土變質了，肥田變爲瘠田了，冤枉之極！收穫時，一脊箕之多，確實是有的！

「土地三三制」——一九六○年，毛澤東的命令下達到了人民公社，他說：「根據科學原理，土地要有一定時間的休息，才能積蓄肥源，打下高產田的基礎。」於是公社大力推行「土地三三制」了。即是說：每十畝田中，三成三作爲高產試驗田，生產糧食作物；三成三種植經濟作物，（即甘蔗豆類等），三成三讓它休息。到了明年，才讓休息了一年的田地作爲高產田，原來的高產田輪着去種植經濟作物，而原種經濟作物的田，則可幸運地獲得「休假」。這條翻天覆地的改革方法，宜傳了一個相當長的時期，可是結果未見執行。不過農民們倒很聽毛主席的話，超額完成了這個任務。不信的話，請看看我們公社，從「撬潭」到「火燒湖」的一片好田地，不是已經休息了好幾年了嗎！

「家庭肥」——本來這個名詞，是用不着解釋的，像屎、尿、柴草灰等等都是。不過有一種是連「晶報」裏的通天曉先生也可能不大曉得的，那就是這裏說的「舂尿缸」。據他們說：尿缸日日夜夜吸收了尿的精英，年長月久，這種東西，必定是「肥中之實」了。人民公社的領導幹部們，認爲這是最新的發明，於是一聲命令，立刻要各生產隊，將各家戶尿缸全部徵用，舂碎充作肥料。這麼一來，眞個是「打爛尿砵」！弄得婦女們日夜忙於奔走則所之門。而「肥中之實」下田後並不見得有甚麼效果，只可憐社員們在下田除草時，兩個膝頭兒給尿缸碎割得鮮血淋漓，這正所謂「頭可破，血可流，任務不可不完成！」了。（按中共標語原文：頭可破，血可流，任務不可不完成。）

「單株密植」——即水稻（一×一）的單株密植。每科只限一株秧苗，橫直相距不得超過一寸，插秧時，每人都用特製的「揷秧船」坐着揷。比之從前，每畝田需要多幾倍的人力才能完成。而每畝田的收穫量，最多不會超過廿人的一餐的飯。農民們都說：「單株免食」，確是不錯的。

「移植」——就是把已經揷了將近一月的禾苗拔了起來，再揷到其他的田裏去。也是單株的，其密度更甚於上述的「單株密植」，它的行科相距是（0.5×0.5，）即不能超過半寸。揷完以後，看來簡直是一塊秧苗地，這種做法，據說是根據「華南農學院」試驗成功証實，奉令推行的。於是全縣各地全面實行了。可是到了收穫時，不論那一村，每畝產量都不會超過一脊箕稻谷，海豐農諺說得好：「做三唔對二，擔田去揷秧。」這句話，在今天十足兌現了！

「雙龍搶珠、八仙過海、螞蟻出洞」——高產蕃薯田，每畦種兩行的叫「雙龍搶珠」，種八行的叫「八仙過海」，更多行的叫「螞蟻出洞」。根據他們的原則是：「多株多蕃薯，萬斤有保証。」可是「天殺地」，收穫時，不見蕃薯只見根。農民們就把這麼多的怪現象，說成諧聲怪話，把「萬斤蕃薯，千斤水稻」叫成「蔓根蕃薯，脊箕水稻」。這眞是道得十分切合，恰到好處。

（二）縣委書記試驗田

在這一個時期，中共海豐縣委書記姜綏之爲了搞好生產，負起帶頭作用，曾於海豐縣城北郊觀音堂畔搞了一塊面積一畝的高產蕃薯試驗田。他提出口號：「頭可破，血可流，任務不可不完成。」並對幹部宣稱，一定要爭取達到十萬斤產量。於是，他不惜成本人力，花了一千二百元的人民幣，才搞妥了這塊試驗田，並在田頭釘着牌示，文曰：「縣委書記試驗田」。他採用了「八仙過海」的方法，生長時間歷六個月之久，在生長過程中先後召集了全縣幹部「觀摩學習」二次。到了收穫時，出乎意料之外，所得僅是蕃薯仔二百餘斤。這些蕃薯仔，按當時牌價出售，僅可收回廿多元，姜綏之太不高興了！幸而好，蕃薯根仔可以作爲麵粉的代用品，製成每個一元的高級飽。不然的話，我怕姜綏之這個「清官」，眞要蝕本蝕剩「兩袖清風」了！

（三）五斤二兩七

在「農業大躍進」的號角中（其實是大躍退），在「農業技術革新運動」後，糧食的確成爲「寶中之寶」了。我們生產隊每五天發糧食一次，在發糧食之前，照例，保管員必先公佈各戶所得數字。這數字的公佈，在社員們來說，是多此一舉的。我呢，因爲識上了幾個字，總得要看一看。榜上寫得很簡單，就我記憶所及，那一次記得較爲清楚的「坦白」寫出來：「茲將本期各戶得蕃薯數量列下：某某戶五斤二兩七，某某戶十斤四兩三，某某戶三斤七兩四……」。天呀！蕃薯也要算兩計錢了！難怪他們說糧食是「寶中之寶」啊！我想了一下，我可爲這個保管員担心：這些不體面的事情，如果給縣級幹部知道了，總得要給他來一次懲罰的。因爲他給予共黨領導農業的諷刺，是過於生動逼眞了。

這是一場筆桿與槍桿之戰

文正

自一九四九年中國大陸為中共統治以後，中國的民主政治，就面臨了歷史上最嚴重的劫運！跟共產黨談民主政治，那是對牛彈琴，向共產黨爭取民主政治，也是與虎謀皮；但國民黨自執政以來，也從未真正徹底地實行過一天民主政治，因此嗣後雖有憲法，憲政不能實現，法治不能確立。

可是自清末以來，中國知識份子一直努力追求的，却是要使真正的民主政治之中國實現，故不論是國民黨或共產黨，他們在某些個階段，都不能不同樣標榜以實現民主政治為號召，以吸引中國的知識份子參加政治鬥爭行列，即使是對日抗戰期間，在轟轟烈烈的大時代中，人們所憧憬的，仍然是希望在經過了這場對外的戰爭之後結束一黨專政。當這樣的希望隨勝利而變成失望時，中共却正從各個不同的角度，展開了奪取政權的陰謀。事實也終於使人們醒悟，只要國共兩黨不放下武器，中國的民主政治就很難出現，儘管是如此。但中國當代的知識份子並未因此氣餒；儘管筆桿在現實鬥爭中敵不過槍桿，但是知識份子如果放下了筆桿，放棄了對民主政治的宣揚，離開了民主中國運動的行列，無異等於軍人放下了武器。軍人既視武器為其第二生命，那末從事追求民主政治的知識份子，也就不能也不應該輕易就放下手中的筆桿！放下了筆桿，也就等於是向極權主義者投降！

有人說，民主政治在中國是不可能出現的；也有人說，中國只能實行獨裁政治。但是中華民國立國已五十一年了，那拉氏的王朝在這期間結束了，袁世凱的帝夢也粉碎了，我們怎能只看眼前，不看過去。眼前本是一個苦難的時代，但它總是要過去的。

在筆桿與槍桿之間的鬥爭，從長遠去看，歷史已經不止一次證明，勝利是屬於筆桿的。但是正如同作戰一樣，那最後五分鐘，永遠是很長的，而且是很艱苦的，可也是必須堅持下去的。在堅持這艱苦的最後五分鐘時，可能只有一個人了，因為同志們有的是倒下了，也有的是轉變了，退却了，或灰色了，不過這場為民主而戰的鬥爭却不是孤寂的，因為還有千千萬萬人的眼睛來為此作証。

在民主政治運動的鬥爭中，必然是有高潮低潮的，不必為潮退沮喪，要緊的是在退潮之後必須準備迎接第二個、第三個……高潮的來臨，而更要緊的是在於能適時地再推動那第二個、第三個……高潮的出現。

向極權主義者鬥爭，當然不可能是旗開得勝的，獨裁者是不會輕易的讓步的。由於趨向民主思潮的人，熱愛民主政治的人畢竟是多數，因此最後失敗的當然還是獨裁者。歷史最後必然把獨裁者埋葬掉。

不必為民主運動行列的不純潔担憂。因為只要是有人呼吸的地方，就必然有塵垢。在人的社會中是不可能沒有渣滓的。如果自己並不懷疑自己的脚步有錯誤，就應該大胆地走下去，步調儘可不同，方向却要不變。

不必苛責那些暫時放慢了脚步的朋友，如果他只是想暫時喘息一下，但是却要提醒那些衝力太弱的伙伴，整個的運動不是靠少數的英雄主義色彩濃厚的人來支持的。

對一時迷失了方向的朋友，應該盡可能的寬容他，因為沒有什麼痛苦比人自己受良心的責備更痛苦的了！

整個的運動是需要各方面的力量來努力的，因此實也不能要求每一個從事民主運動的個人或團體，以同樣的姿態或方式出現，與其勉強劃一，不能各盡所能，各展所長，不如異中求同，滙同聚力，分頭以赴。

在極權者的陣營裏，他們內部的問題與矛盾，是很多的，由於他必須維護既得利益，因此看起來他們的情況是頗調和的，看中國共產黨是如此，看國際共產黨亦復如此，看任何假冒民主的政黨都是如此。

敵人並不比我們更強大，但敵人也不會自動地倒下來，關鍵是我們要能善於掌握敵情和分析敵情，隨時喚醒民眾，讓他們看形勢看得更清楚些。知敵人之不可怕，才能產生更大的力量。而如何使民眾能更多地了解敵人的這個工作，就是當今從事民主運動的知識份子的不可推諉的責任了。

因此，現有的陣地要使它更穩固下來，未動的筆桿，要使它動起來，這是一場筆桿與槍桿之戰，是必須堅持下去和永遠戰鬥下去的。

誰給我的印刷費？

孫家麒　（文責自負）

本年五月十八日的聯合評論上，載有黃宇人先生「斥蔣經國系的卑鄙行為」一文，內容和我有關，該文開始這樣說：

「月來，蔣經國系的特務嘍囉編造一個謠言，說不久以前，孫家麒君所印的那兩本書（蔣經國竊國內幕和我為什麼脫離台灣國民黨），曾先經我看過，我很賞識，介紹與程思遠；再經程君的關係，找到中共新華社駐港負責人，然後由他交香港某共報總編輯拿錢給孫君出版。並說此一消息，是英國的情報機關供給他們的：：我最近又得悉，陳建中居然寫信來香港，强調此一謠言：：」

十月五日黃先生另一篇「近事咨客問」的文中，重又提到此事。

自從我把「蔣經國竊國內幕」那兩本書公開發行之後，左右兩派的尾巴報，都先後對我作誣衊的造謠：右派的尾巴報誣我「××經過程某，據傳給他一萬元購買南洋地區的版權」；左派尾巴報則乾脆譭謗我「被美國的黃金美鈔所收買」。據他們估計縱然花一千兩黃金也算便宜，或者竟是三千兩、五千兩也說不定。三千兩黃金相當於一個大馬票頭獎，而最便宜的一千兩，也抵得上一個大馬票二獎；啊喲我的天！平地一聲雷，我老孫真的無端端發達了！

本來左右兩方的報社、通訊社，一律是製造謠言的大本營，何況他們的尾巴報！不過左派尾巴報的謠言造得太豈有此理了，它竟敢肯定地誣我為美國人所收買，我寫的兩本書，都是美國對蔣介石的心理作戰。把我罵得簡直和他們的主子毛澤東一樣——不顧國家利益祇知一味賣身投靠；「是可忍孰不可忍」了，於是我便委託律師通知該報，要求更正、道歉以及賠償名譽損失。不料，尾巴報自以為有中共在背後撐腰，有的是向善良人民刧奪來的血腥錢，對我的律師通知，不加理睬，準備法庭相見了。由於請不到廉價的律師，所以現在還未進行第二步。

除了黃先生兩次提到的陳建中誣我接受中共的萬元幫助之外，還由蔣家的走狗們到處散佈另一個謠言：誣我已參加了本港××部工作，待遇為每月一千元，近幾次台灣特務人員之被治安當局大量拘捕，便是我提供的資料；甚至說我隨同指認。台灣社會人士可能也會信以為真，把我反對蔣氏父子的正義行為，歪曲成背叛國家的瘋狂行為了。

事實是：兩書的初稿，我在民國四十九年的九月上旬，便已完成了十之八九，那時恰值雷震被蔣氏父子以莫須有的罪名逮捕了去。我深知蔣氏父子對雷氏早已恨入骨髓，必欲置之死地而後快，我以為及時發行這兩書可能於營救這位民主鬥士有所補益；然而遺憾的是竟沒有一個出版者，敢於替我出版！

因為稿子找不到人出版，唯一的辦法祇有自己印行；但印刷費如何籌措呢？這樣又拖了整整一年。一天我看羣英會的影片，當我看到草船借箭時，不覺心中暗想：用敵人的武器來打擊敵人，真是最高明不過的辦法，我何不遵古泡製呢？於是我在作了一番準備之後，便約國民黨港澳特派員和第三處處長見面。屆時後者未到，我和前者先談些閑話，接着又談到我的問題，他表示愛莫能助；最後我拿出兩部書的稿子讓他看，他嚇得什麼似的要求我不要公開發表。我便向他提出條件：將兩稿的版權賣斷，定價美金五萬元，如要先看貨色須交一萬港幣的保證金，限二十四小時內交到，否則一切作罷。

第二天中午十二點，國民黨港澳特派員的第三處長謝君，像蔣幹送箭似的親手送來五千元保証金，雖然祇有我叫價的半數，但已够我發動一次攻勢而出版這兩本書了。

國民黨港澳特派員的第三處長在系統上是屬於陳建中的第六組。他們必將拿出一筆錢來阻止兩本草稿的出版，是我事前料定的，恰像孔明之斷定曹營非放箭不可一樣；因為這是「攻其所不得不救」。

有了印刷費，於是半月之後兩本書便出版了。

看了以上的事實，便可以知道那兩本書的印刷費是國民黨港澳特派員的第三處「慨」然相助的。所以如果有人問誰給我的印刷費？我將毫不考慮而又理直氣壯地答道：

「我的印刷費是國民黨港澳特派員第三處處長謝君親自送給我的。實際就是陳建中給的，因為謝君是陳建中的直屬部下，非有陳建中的指示，他絕不敢如此的。同時也是太子蔣經國給的！」

這筆印刷費的來源，無論如何都扯不到中共的頭上，外人不知就裏，可以胡亂造謠，祇有陳建中是給錢人，自己做了丟臉的事，還添枝帶葉地賴在別人頭上，這真是「賊喊捉賊」無恥之尤！

至於第二個謠言，說我參加了香港××部工作，每月有一千港幣可拿。誤信的人可能更多。但須知我現在雖然激烈的反蔣，但反的是蔣家父子「竊國篡黨家天下」的罪行，並不反對中華民國。我在去年今天已經正式聲明脫離台灣國民黨了，我為什麼特別標明「台灣」二字呢？因為台灣的國民黨已成了不折不扣的「蔣家黨」，所以我才毅然脫離。換言之，如果另有一個真正信奉孫中山先生三民主義的國民黨存在或重新組織，我還願意做一個國民黨的黨員的。

所以，我的基本態度乃是：「一個三民主義的信徒，站在中國人民大眾的利益立場，既反對殘民以逞的共產黨，又反對被蔣介石攘為私有的「蔣家黨」，更反對「竊國篡黨家天下」的蔣介石和他那狠狽為奸的兒子蔣經國！」

因此，我對於台灣在此地的所有工作人員，絲毫也不願加以仇視；因為我曉得他們也和我一樣的不滿蔣家父子。我和他們同病相憐，自己剛剛自蔣家的奴隸羣中解脫出來，怎忍再向可憐的舊時同伴下手呢？何況歷次被捕的人員中，沒有一人和我相識，這筆賬怎能算到我的頭上來？

台灣派在此地的工作人員有兩種：一種是對敵鬥爭的，工作地區在香港；一種是以本港為轉運站，由此前往其他地區，從事各種地下活動的。前者的工作因為是屬於「聯戰」範圍，雖有活動但不妨害本港治安，後者的工作對象則不在本港，幾次被當局大批遞解出境的有關人等，便是屬於此類。我所瞭解的是前者，而本地治安當局所最注意的是後者，他們怎會每月拿出一千港幣僱用一個毫無作用的人呢？

明乎此，第二個謠言便不攻自破了。

嗚呼！造謠專家的蔣朝紅員們，當可以休矣！

又此文全長萬四千餘字，原載香港「風雲茶座」B．C．兩期。作者以此事乃蔣家「戴帽子」醜劇又一精彩演出，特為摘述如上，以為聯合評論讀者茶餘酒後的談助。

作者並識

國營事業經營失當，監察院決議澈查

獨清

（台北通訊）監察院於日前決議對經濟部主管的十五個國營事業進行澈查，因為監委們認為這些事業經營失當，影響國家經濟發展甚鉅。

本案乃由監委曹啟文所提，他在提案說明中指出：「經濟部主管之國營事業共計十五單位，資金總額二百二十四億餘元，佔直接經營國營事業資金總額百分之四十八强，均係國計民生關鍵事業；且規模龐大，列為第三期經建計劃之骨幹，更作為加速經濟發展之起點。其經營之良窳，不徒關係經建成敗，亦為國脈民命之所繫。而年來經營成果，以言獲利能力，則日趨下降，甚至反盈為虧者，達三分之二弱。以言法定預算之達成，則不達標準者，達三分之二弱。以高資本結構堪稱正常者，有四廠僅佔四分之一弱。以言繳庫盈餘，與二百二十餘億元之資產總額相較，僅為百分之三弱；即以五十年度總盈餘十四億計算，亦僅為資產總額百分之六强。以究其財務狀況，則負債達一百三十餘億，而平均償債能力，流動負債償還能力均不能達到普通標準；若與固定負債償還能力合計，其能有立即償還能力者，僅為二分之一强。以究其人事，則職員人數與工人人數之比，最高者為一比五·二强，最低者為一比一·五强。再究其推銷費，管理及總務費用，則數字之龐大，實為驚人，凡此諸現象，顯係坐食山空，夭折經濟發展。主管部部長，迄未聞提供挽救方策，亦未聞對不克完成使命之部屬，予以相當處分，且反以不實不盡之虛偽表報數字欺矇國人，掩飾部屬腐蝕國家艱難籌措之有限資金。」

曹委員在口頭補充說明時認為應提案彈劾國營事業之主管經濟部長，他並主張推派委員三人進行澈查，以明責任之所在。

事實斑斑，多屬反盈為虧

曹委員在提案之後並附有兩項『事實與問題』的資料，其一是他檢視國營事業機關五十年度綜合決算書之審核報告後發現事實如下：

一、盈餘未達預算標準者，經濟部主管之事業單位，有台灣糖業公司，相差百分之一七·七八，台灣機械公司相差百分之八五·〇二，台灣造船公司虧損達預算盈餘額百分之四八一·九三（反盈為虧），中國紡織公司虧損達預算盈餘百分之一五〇·七八（反盈為虧），中華機械工程公司，盈損達預算盈餘額百分之九〇八·〇二（反盈為虧），台灣金屬礦業公司相差百分之八五·一六，中國煤礦開發公司，虧損達預算盈餘額百分之五二二·〇五（反盈為虧），台灣電力公司相差百分之七·七八，中國漁業公司，相差百分之二二·二七，經濟部聯合工業研究所，虧損達預算盈餘額百分之二六七·二〇，（反盈為虧）共十個單位，佔該部所主管者三分之二。

二、在與盈虧有關之經營效能方面，就經濟部主管十五個單位之經營比率（即營業收入除營業支出，不包括營業外支出之百分比，比率高者效能高，低者效能低，）觀之，其較四十九年度提高者，固僅有台糖、台灣鋁業公司、經濟部中央標準局台灣工廠、台金、中紡、台船、中煤等七單位，似經營效能有過半數較佳，實則比率降低者中，除台電、中國石油公司、台灣肥料公司、台灣碱業公司、中漁、台機六單位外，其餘中工、聯工二單位無不係反盈為虧者，以此二單位與前七單位合計共九單位，故經營效能不佳者，實佔經濟部所主管者，三分之二弱。

三、在與盈虧有關之獲利能力（即年初淨值除本年純益之百分比）方面，該十五單位中，較四十九年度提高者有中油、台鋁、台碱、台肥、台電、中漁、及聯工等七單位，其餘八單位均行降低，但聯工仍反盈為虧，故實際獲利能力低落者，為九單位，佔經濟部所主管者三分之二弱。

四、經營情形既如上述，故就繳納國庫盈餘言，該十五單位中以盈餘繳庫者，計台糖二四九、一三四、六八八·〇〇元，中油一八五、二三七、六三六·七九元，台電一一九、二二二、二〇〇·七三元，台肥三四、二七六、八九九·七五元，台鋁一四、五八三、八五六·四三元，台碱七、二九七、八二八·二二元，台機五八七、三七三·一一元，標工三、九〇〇·〇〇元，計共僅六一〇、三四四、三八三·〇三元，（見決算審核報告第四十三頁）其雖有盈餘，而以之抵補虧損者為台金及中漁兩單位，其餘均反盈為虧，無可繳納。以六億餘元與二百二十餘億元資產總額相較，僅為其百分之三弱。如就經濟部國營事業司負責人發表該部主管國營事業，五十年度盈餘十四億餘之數字言，則繳庫之欵，尚不及其二分之一。而此數亦僅為上述資產總額百分之六强。獲利之微，殊屬出人意表。

聯合報評為石破天驚

聯合報在刊載監察院上項決議的消息後，曾在短評上以「石破天驚」為題，對經濟部長頗有議評。原文說：「監察委員曹啟文，昨日在監察院中揭發一件巨大的黑幕，指出經濟部主管的十五個國營事業，資金總額為新台幣二百二十四億餘元；由於年來經營不當，負債竟高達新台幣一百三十餘億元，顯係坐吃山空，斲傷國家經濟命脈，至為深鉅。

「曹委員復指稱經濟主管當局迄未聞提供挽救方策，亦未聞對於不克完成使命的部屬予以相當處分。且反以不實不盡之虛偽表報數字欺矇國人，掩飾部屬腐蝕國家艱難籌措之有限資金。若非昏庸無能，督導乏術，即屬貪戀祿位，罔顧政務官對政策及計劃執行失敗後，應謝罪而去之光明態度。

「我們聆悉曹委員這一席義正詞嚴的指斥實不勝其悲喜交集之感。悲的是：國無人乎！竟容許國營事業慷公家之慨，蝕國家之本，虧損達於如此驚人的浩大數字！而主管當局既未嚴加整飭，反而巧事掩飾；所謂政務官也者，誠不知其責任心何在？羞恥心何存？喜的是：國有人焉！此一矇上欺下的大黑幕，終有鐵面無私者予以揭發，而使舉國上下不再被蒙在鼓裏面，此一黑幕雖然比不上「鐵幕」，但也堅厚如石；未卜石破而天驚乎？」

經濟部還說「難能可貴」

繼監察院的決議之後，經濟部於本月十四日以發言人的名義發表談話，據稱：「所屬各國營公司多係由光復後接收敵偽產業改組而成，十多年來政府並未增加投資，這些國營事業用於擴充設備的長期負債，多係美援貸欵，僅用作週轉資金的短期負債是向銀行借來，除了向政府繳納為數很大的各種稅捐及盈餘之外，仍能有今日的生產規模，已經算難能可貴。

「以每年向國庫繳納的盈餘為例，五十年國營事業繳庫總盈餘十四億五千九百多萬元，就台電來說，該公司獲利能力最大，但電價由於不能按照生產成本隨時調整，目前台灣電價為世界上之最低者，假如能調整至與世界各國的中等電價看齊，台電每年即可增加好幾億的盈餘，而事實上並非如此。其次肥料及石油等售價，均與電力一樣，受種種限制，不能任意調整，所以論國營事業不能單論其負債之增加，同時亦應注意其資產的增加及對於國家社會之貢獻。

「至於整個國營事業流通資產與流動負債之比為一五六·九比一〇〇，即一元負債有一元五角六分多的資產可以抵償，比之一般民營企業，償債能力並不算壞」。

美援機構疊架屋

監察院除了決議對經濟部所屬各國營事業機構進行澈查而外，關於近年以來該部動用美援設置許多機構，是否允當，監委陳彥修、曹啟文、陳訪先等三人亦有提案，主張交經濟委員會派員調查。原案如下：「查經濟部近年申請美援設置之機構，計有煤礦探勘處、礦產測勘團、水資源統一規劃委員會、証券管理委員會、職位分類推行委員會及工礦計劃聯繫組等六單位之多。究其所經辦之業務，均不乏主管部門，如就煤礦探勘處言，該部所屬中國煤礦開發公司成立之初，即以探勘全台煤礦為主要業務之一，如該公司對煤礦探勘及開發有兼顧之必要，則設立較早經辦探勘業務之探勘處繼續存在，是否重複？如就礦產測勘團言，該部所屬中國石油及金屬礦業兩公司均有礦產測勘之優良設備與附屬機構，而台灣省建設廳亦設有礦產測勘之主管機構，另行設團是否必要，業務似屬雷同。如就水資源統一規劃委員會言，其名稱雖新，實則仍係水利方面機構。而屬於此方面機構，在該部有水利司，在農復會有水利組，在台灣省政府有水利局，計劃、業務，均有專管者，該部早應將臨時性質之水資源統一規劃委員會撤銷或合併，方為適當，何須屬為申請增多美援，將其擴大編制機構，侵奪正式編制機構業務？如就証券管理委員會言，該部商業司自所主管之國外貿易業務劃歸行政院外匯貿易審議委員會，國內商業管理業務委託或授權台灣省政府辦理之後，司務甚為輕簡，對其應行掌管之証券管理業務，自可應付裕如，初非必須另行設置管理委員會始能辦理。如就工礦計劃聯繫組言，該部工業、礦業及國營事業各司均為工礦專管機構，及復設立編制龐大之工礦聯繫組（尤其工礦計劃聯繫小組），其原有各該司，所司何事？如謂該組之設，旨在聯繫，則在對內聯繫方面，各該司均為部內機構，自應有內部行政程序可循；而在對外聯繫方面，各該司自屬責有專屬，均非有待於設置專組。又就職位分類推行委員會言，職位分類之推行，為該部人事處之職掌，初不必另行設有委員會，縱以此項業務係屬新創，原有機構難赴事功，須有專設機構方可，其編制亦不應過於龐大。以已有主管部門經辦之業務，另行設置機構辦理，是否必要，而又必須申請美援以設置之，且其中水資源統一規劃委員會及証券管理委員會，並均已由國庫撥有經費，職位分類推行委員會，亦已由各國營事業機構分攤經費。又各該機構均屬臨時性質，每屆年度終了，經濟部即為之申請繼續延長，視同永久機構。有無必要，均須加以研究。

「又查美援本應用於經濟建設，經濟部申請美援設置之上述六單位，即屬必要，亦應以美援經費儘量用於事業費方面。據聞各該單位辦公廳及設備或屬近於豪華，而其職員待遇，專任人員無論矣，即調用人員之津貼或車馬費，亦由數千元至數百元不等，已與美援運用委員會相伯仲。此類支出究與事業費有何關係，有何必要？

「綜上所述，經濟部之措施如實係以不易爭取之美援設置不必要之機構，或又支用不當，似不無雙重浪費之嫌，亟應予以調查，以期明瞭其實況，而予以適當之建設。」

從這兩案的提出，監察院似乎大有打老虎之勢，但鑒於該院的作風一向是雷聲大，雨點小，可能仍將不了了之，兩年前的雷震專案小組，不就是一個很明顯的例証嗎？

中共拒絕退回九月八日線

綜觀

中共與印度在邊界發生之戰爭，是否可以因中共自十二月一日起撤回一九五九年十一月七日線就可完全解決，是否仍將繼續變爲長期戰爭，其演變關鍵全在：一，看印度是否滿足中共這一退回一九五九年十一月七日實際控制線；二，若印度對此不滿，則要看中共是否再向本年九月八日之原陣地撤退。因爲中共若允許再向九月八日線撤退，那末，中印邊境之戰爭，當然也將暫時結束了。

但據中共新華社北平十二月八日電：印度總理尼赫魯於十一月十四日給周恩來的覆信，再次拒絕中共的提議。新華社並說尼赫魯堅持要中共恢復一九六二年九月八日所存在的邊界原狀。並說「這是最低限度的，必要的糾正行動」，「我們就不能比這做得更少了」。又說「不管後果如何，不管鬥爭可能多麼長久艱難」。

而十二月九日自北平發出之外電則說中共外交部十二月九日曾指責印度之停戰要求，係「無恥要求」。又說是「絕對不能接受的」。

中共外交部並表示中共之建議係唯一可以接納之基礎。而印度外交部則和尼赫魯的話一樣，認爲必須維持九月八日原狀，然後可望解決邊界糾紛。

中共又說：中共宣佈單獨停火及撤軍已有十七天之久，但未得到印度之任何響應，印度政府在遲遲不答覆之中，繼續提出無意義及困擾之問題來要求解釋，印度不僅未有直接答覆，而且提出不合理之要求。

外電又說，在中共外交部拒絕印度要求的聲明中，並未再提其它折衷建議。

根據上述外電所報導的情況來看：印度現刻是仍然不滿中共只撤退到一九五九年十一月七日實際控制線的這一提議的。印度甚至還堅持中共軍必須撤退到本年九月八日之線。而中共又堅決拒絕撤回九月八日之綫，所以，如果目前的形勢不再變化的話，中印邊境爭端勢將繼續下去。換言之，中共與印度的戰爭勢將長期化。

當然，國際形勢是會隨時變動的。中共與印度之間的爭端亦必然如此。不過，有一點却可以肯定，那就是印度愈把戰爭長期化，就愈對印度有利；另一方面，印度愈把戰爭長期化、就愈對中共不利。所以，今後可能改變態度的，將是中共。

而中共可能改變態度，再向印度屈服的時機，近則在最近舉行的可倫坡亞非六國會議之後，因爲中共如要乘勢屈服，也以借亞非六國調停爲名而比較光彩。當然，這也還得要看毛澤東究竟有無羞恥，是否一度龜縮之後，而再度龜縮了。

最後消息：

廣九鐵路華段被炸
——印度駐中共大使館秘書梅農遲抵香港

黃之華

（本報特訊）據日前抵達香港之某僑胞談，彼此次由廣州乘廣九鐵路返港，曾在中途發生意外。緣某僑胞於十二月六日返港時，在中共統治區內之廣九鐵路北段，曾阻延甚久，原因是深圳稍北地區之廣九鐵路，適在該列火車經過前被炸，後經中共派出大批鐵路工程師及工人趕到搶修，始行通車，但仍被阻延達一小時之久。

另據十二月六日由北平撤退返印經廣州乘火車抵達香港之印度駐中共大使館二等秘書梅農說：他所搭乘的火車，曾在途中阻延了一小時，據中共人員告訴他，謂火車遲延是因意外事件所引起云。

大陸簡訊

白帆

中共助寮國建工業簽協定

據中共新華社十二月四日發佈消息說：中共已與寮國（老撾）在北平發表聯合公報，決助寮國建設工業，並考慮將雲南通豐沙里的公路修至南塔。

公報原文說：「中華人民共和國國務院副總理兼外交部長陳毅和老撾臨時民族團結政府副首相兼財政部長富米·諾薩萬閣下進行了會談。中國方面參加會談的有：國家計劃委員會副主任兼對外經濟聯絡局局長方毅，外交部副部長姬鵬飛，對外貿易部副部長盧緒章，外交部第二亞洲司司長周秋野，老撾方面參加會談的有：郵電大臣西蘇曼·西薩鑾薩親王閣下，經濟計劃國務秘書坎番·杜那龍閣下，坎番·班雅閣下，財政部辦公廳主任西沙瓦·蘇萬拉西先生，外貿局溫·英塔馮先生，老撾軍隊參謀部坎孔·布達馮准將。……在會談中，雙方就發展兩國之間的經濟技術合作和貿易問題交換了意見。……：中國方面同意向老撾提供長期貸款，爲老撾王國建設一些工業項目，並提供技術和設備。老撾方面要求中國修建的、作爲無償援助老撾的從中國雲南省邊界到老撾豐沙里的公路完工後，繼續延伸到會晒省的南塔」云。

中共與北越簽通商航海條約

據中共新華社北平電：「標幟着中越兩國經濟貿易互助合作關係獲得進一步發展的中華人民共和國和越南民主共和國通商航海條約，以及中越兩國政府關於一九六三年度相互供應貨物和付欵的議定書」，已於十二月五日在北平簽字。

中共釋放首批戰俘

爲了實現毛澤東利用戰俘進行心理作戰的策畧，中共已於十二月五日把所俘九百二十七名戰俘中的六十四名戰俘移交給印度紅十字會了。

據新華社邦廸拉電：「我西藏地方邊防部隊今天在邦廸拉釋放了向我邊防部隊發動進攻的而被俘的印軍傷病人員六十四名。這是我邊防部隊釋放的第一批被俘印軍傷病人員。我邊防部隊將上述被俘印軍傷病人員交給中國紅十字會人員後，今天下午，中國紅十字會人員和印度紅十字會派來的人員辦理了交接手續」。另據法新社新德里十二月六日電：則說「到邦廸拉（印度東北邊區）接傷兵的印度紅十字會人員，接到了中國部隊交還的傷病兵士六十四人。今天已回到山脚下，他們並搬回已死印度兵的屍體一具」云。

由此可見，中共這第一次送還印度的戰俘，並不是身體健壯的戰俘，全是傷病戰俘。其中甚至還有已死的屍體。而其所以儘先把傷病戰俘送還者，實以該批戰俘傷病最重，有隨時死亡之危險，中共迅即予以釋放，一則故意示好，一則正是卸除責任之計。否則，爲什麼不把健壯戰俘先行釋放呢？把傷病戰俘醫好再放呢？中共之所以不立即釋放健壯戰俘，顯然還是正在對健壯戰俘進行洗腦工作哩！

僑鄉近訊

鍾之奇

反共志士炸毀陸豐金鑛場

茲據廣州來人談：本月二日凌晨一時，確有武裝反共志士七人合成一組，從廣東海域潛行登陸，至陸豐縣甲子鎮作試探性進攻，結果異常順利，除搜索各種資料外，並將陸豐金鑛場之發電機炸毀。此一金鑛場，即是中共所謂「八一金鑛」。

據昨日抵港之廣州來客說：因彼本人係陸豐人，且距甲子鎮甚近。故所知較詳。緣此反共志士七人，在未出發前，已與廣東境內之反共志士聯絡，更與陸豐縣反共地下組織有密切聯繫，於本月二日凌晨乘汽艇携備輕武器及爆炸品，在海岸潛行登陸，因中共之「八一金鑛」鑛址臨海，僅距海岸數百碼，故反共志士得以利用黑夜將高度爆炸藥放置於金鑛鑛場之發電機附近，然後撤退至海邊，按掣將該鑛場予以爆炸，因而反共志士全體亦得以安全下海回航海外。

當反共志士潛登海岸時，附近共軍全未發覺。因守備共軍大部亦因營養不良，精神疲憊，夜間皆已熟睡，金鑛場雖有衛兵輪流值夜，但亦未能察覺。迨爆炸聲響震驚駐防附近之守備共軍時，共軍始於黑夜中盲目追至海邊，以機槍向海中掃射；但反共志士早已遠走高飛了。

當金鑛場被爆炸時，曾有勞改犯人乘機欲逃，但均未能如願。因其中一部被亂槍射殺，另一部分則在海邊被截捕也。

按中共在廣東陸豐縣開設之「八一」金鑛場，係一處規模頗大的金鑛場，最高產量每日可達五千兩砂金，故包括下放幹部及勞改犯人共有五百人之多。此次被反共志士炸毀其發電機，預料短期內將無法恢復原狀云。

珠海中共造船廠發生大火

據澳門專訊，澳門對岸灣仔共區，於十二月四日上午曾發生大火，此次大火開始於上午十時三十分左右，起火地點是中共「廣東省國營珠海縣灣仔造船廠」。當時該廠突然火燄冲天，濃烟密佈，風勢甚大，故瞬即蔓延至漁民新村各木屋。站在澳門海傍觀看，亦可遠遠望見該廠正在燃燒之情形。由於中共缺乏消防設備，故多時未能救熄。至於起火原因，究竟是由於反共志士之燃放，抑或出於意外，則尚無從知悉云。

廣東沿海各地反共志士活躍

沉寂了一段時間之後，反共志士最近又在廣東沿海各地活躍起來了。小組武裝突襲大陸海岸線上的中共營房，倉庫或其它工廠鑛場，是一種方式，進入沿海腹地在各交通綫上從事破壞與宣傳，是另一種方式。

據一位剛由廣州抵香港的僑胞說，彼此次由港前往廣州參加中共秋季貿易大會，購買中共出口貨品後，復向中共當局申請，准回家鄉探親，故得以隻身深入遠離廣州之地區。彼因不願暴露身份，以免中共查究其本人及在鄉親友，故彼綜合各地實情而作了以下的透露：

他說，各縣人民生活之痛苦，更比廣州爲甚，而廣州人民反共情緒之高，亦達到一經點火即將爆炸之情勢。中共仍在各地推行人民公社，但人民公社管轄下之農民，無不抱消極怠工情緒，再加以缺肥缺農具缺種籽，所以，農業生產在人民公社制度下根本不可能轉好。

而在廣東各地交通線上，俱如廣深鐵路之石灘，常平，寮步，橫瀝，樟木頭，塘頭厦，天堂圍，平湖各站，以及莞樟，惠樟，樟溪各公路，均時有反共志士出現。除散發傳單，貼寫標語外，並對倉庫橋樑等實施破壞，遇共軍追捕時，各地人民亦常故意對反共志士以掩護。而共軍士氣離散，不比四五年前，亦往往只在形式上追捕一番即罷云。

印度在蛻變中

「意外」的重複

慕禪

一週來的印度，仍是整個在動、在變、在「蛻變」中。這也許是「歷史的步伐」，必然的，不容許標榜和平而致力五年計劃的印度去埋頭於經濟建設。可是由中共來刺激、促成印度的這種「蛻變」，却似乎有些意外。

中共與印度之間倒有些糾葛，那就是西藏。但西藏之對於中共，並不十分重要，最少在「國防」關係上並不十分重要；它的地域，位於大陸的大西北與喜馬拉雅山之間，僅有最南的三個小山隘通往不丹尼泊爾印度，為驢馬貿易的孔道，並且那差不多是原始式的。印度，雖然不滿意中共在西藏把宗敎、社會、人民生活方式都連根拔起的所為，但並不見得尼赫魯會派兵把達賴喇嘛送回拉薩去。

至於「邊界」，那原是海拔一萬多尺、一年中半為冰封的山脊高原，下一世紀是否能够開發到那裏去也還是疑問。可是「一代天驕」的毛澤東却已派遣幾十萬大兵到那個地區去，要効法拿破崙進攻莫斯科的故事，即使這山脊並不是另一個國家的首都。這不是很意外嗎？

假使拿破崙會預知進攻莫斯科失敗的話，他可能不會勞師遠征莫斯科的吧？可是歷史上究竟寫下了這位歐陸梟雄戰爭天才的敗績！毛澤東當然沒有預料到一場「邊境衝突」，會至於今天哀鳴求和的地步。然而儘管戰勝的中共多方哀鳴求和，戰敗的尼赫魯却好整以暇，着着部署他的「最後勝利」。這豈不是更意外嗎？

「國破山河在」

這完全是意外，有如尼赫魯所說的：「我們意外地在軟腹上被咬了一口」，但「即使我們被開始襲擊後，我們仍然如此其愚蠢地認為：我們不會被人大規模攻擊」；可是結果我們受到的正是「正規的大規模的攻擊」！

尼赫魯巡視印北邊區，演說中所說的這些話，是有煽動性的，有煽動敵愾的作用。他並且告訴民衆說：五年計劃必須改變，以適應「緊急狀態」的需要。「我們整個思想在於和平進步，因此忽略了軍事」。他是把不能繼續埋頭經濟建設的罪過，也歸咎到印度的「敵人」了。

在源出西藏的雅魯藏布江岸阿薩密省重要城鎮軻哈狄，尼赫魯以沉痛的口吻主持一個類似收復失地後再行誓師的集會。雖然阿薩密並沒有經過「淪陷」，但當上次邊境大戰中共軍以破竹之勢到達這一省境時，尼赫魯曾經在國會以黯淡的語調說過：「我對阿薩密人民表示抱憾！」那時認為「阿薩密完了」那種手足無措的狼狽之情，用不着說是一種抱憾。而今天尼赫魯來到「國破山河在」的阿薩密，不啻是向阿薩密人民宣誓守土抗戰。「這無損於我們的信心」，（即使軍事敗績、五年計劃停頓），這將「加強我們，團結我們，協助我們計劃主要部份的發展，這對印度是好的」。這麼說法，大概是要在戰爭中磨煉之意，要做一頭「火鳳凰」了。

「歷史的轉捩」

這將到達「世界歷史上的轉捩點」，這也就是「世界何以注視着我們的理由」。尼赫魯似乎認為他所爭的不是一城一地，而是使用武力抑和平共存的原則，並且認為印度得道多助，如果他真個得到最後勝利的話就可以把歷史相當地轉捩過來。

而印度的邁向這一個目標、決心長期作戰以求最後勝利的目標，也正在不遺餘力的進行。自與巴基斯坦總統聯合聲明印巴談判後，原駐巴國邊境的約三十萬防軍，已大部份開上北邊東西兩面前線去。同時當局並已宣佈，要訓練一百五十萬以至二百萬民兵。實際上這些新兵招募處已在各省各市鎮設立，通過檢驗體格後進入新設的營地。一項普遍的募捐運動也已發動，婦女們捐輸金飾，縫製戰士棉衣，頗似中國抗日初期的情景。

對於民兵和軍隊的訓練，尼赫魯已宣稱「將有種種色色的顧問團來到印度」工作，只不過「沒有要求派遣地面部隊的問題」。這也就是說，除了派兵以外，印度將接受任何友邦的武器及顧問人員的協助，尼氏並對「提供援助之快實在感謝」。

事實上這些是早已決定下來的了，早在英國桑第斯和美國哈里曼的印度訪問團回國報告中，都已強調印度長期作戰的決心，「不論邊境戰事之是否繼續」。在後者的報告中，更指出印軍教育水準及軍事智識的落後，對於使用西方援助的武器還有距離，而這些就必須派遣多數有關的顧問團，到印度從事指導及訓練。

「邊境戰爭」是否「繼續」呢？要看他們（印度中共）走多遠？共軍有沒有退到九月八日之線？而在印尼建議同樣計劃中，中共却無論如何是反對的。「意外被咬了一口」，這禍是闖大了，印度已經大步伐走向長期備戰，雖說「無論「邊境戰爭已否停止」，但備了戰就影響到爭界爭面子。印度是由此「蛻變」了，也許這就是「歷史的步伐」，不能預見的。但，這步伐走向那裏去呢？

・加爾各答通訊・

北越共軍仍潛伏寮境

招仲蘭

寮國聯合政府成立了後，駐寮美軍業經撤走，可是北越共軍却沒有遵守「協定」，而仍有泰半在寮境逗留。據當地人士透露：寮境內的北越共軍原有萬人，目前已潛入南越的雖約有三千餘人，但最少尚有六千五百人仍匿在寮國，且有部份已混入「巴特寮」部隊中。由於北越人和寮國人在外貌上是極難區別的，因此他們若化裝為寮兵，或扮作寮國平民，都很容易「魚目混珠」，局外人簡直無法可以分得出他們究竟是北越人抑是寮國人；於是寮國左派人士便藉此取巧，玩弄手法，把「日內瓦協定」視同具文。

聯合政府總理富馬親王（中立派）也公開承認過：「我們已知道駐寮美軍確經完全撤退，但北越共軍仍然留在寮境協助巴特寮，根本沒有履行內瓦的寮國國際協定」。富馬的隨員薩美貞（右派）則清楚地指出：「北越共軍大部份已化作寮國平民，他們將構成寮共的一項新力量」。寮國的右派人士，也經向他們的聯合政府內的「日內瓦協定履行委員會」提出書面抗議，指出「北越共軍現仍有數千人潛留寮境」；認為這是「違反協定」。

受寮國問題影響最重大的泰國，其對北越共軍的撤出寮境這一協議的如何履行，當然是十分關懷；最近，乃沙立元帥亦從各方面獲得了消息，証實北越共軍並沒有全部離開寮國，因此乃沙立也公開聲明：「對寮國境內的北越共軍的撤離是極表懷疑」。他還說：「由於北越共軍尚未完全撤出寮境，寮國問題可以說仍未徹底解決」。

此外，美國方面，也獲得了若干情報，証實寮國境內確仍有數逾五千名的北越共軍。美國國務院也經已向「寮國國際監視委員會」提出一項請求：「依照日內瓦協定所規定，駐寮國境內的外國軍隊，其撤出期限，早已告滿，但仍有數千名北越共軍留在寮境；請即對此加以實地調查」。

北越共軍之潛留寮境，已是無可否認的事實；不過由於他們的面貌，身材，生活方式，與寮國人民大同小異，再加以「巴特寮」的掩護，於是他們就很容易搖身一變而變成寮國人的身份，實行增強了寮共的實力。巴特寮雖然參加了聯合政府，但巴特寮所控制的北部兩省沙姆納瓦和豐沙里，迄仍未准許聯合政府的官員進入；「國際監視委員會」的委員，更被拒絕踏入半步。這兩個省份，便是寮共培養實力的溫床，也是北越共軍的集中地帶。

巴特寮這樣的與北越共軍「朋比為奸」，當然是懷有很大的陰謀。我們不妨翻開「舊案」一查：巴特寮首領蘇發努馮親王曾於九月廿三日藉詞治療耳疾，取道中共的北京，轉赴莫斯科。當蘇發努馮抵達北京時，即與毛澤東舉行秘密會議。迨十月十三日到達莫斯科後，又進入克姆林宮與赫魯曉夫「密斟」了一番。從這些蛛絲馬跡來窺察，巴特寮顯然是國際共黨的爪牙。北越共軍潛留寮境協助巴特寮的擴展，正是受命於國際共黨，培養他們的爪牙的壯大。這正反映出：寮國聯合政府的前途，殊不樂觀！

寮國聯合政府目前最大的隱憂，就是「改編」軍隊問題。聯合政府所擁有的軍隊，共有三派。雖然富馬總理早已說過，在新政府組成後，三個月至四個月期間內即可將三派軍隊統一「改編」；但是怎樣「改編」？刻下連「原則」還未獲致協議。而巴特寮則不特不聽命於新政府的指揮，反而收容着北越共軍藉此進行積極擴展。河內和北京源源不絕地派遣軍事幹部潛入巴特寮的控制區，並秘密運輸軍事裝備給巴特寮，支持「巴特寮」的擴充實力。那麼，「改編」云云，實從何說起？

照今日的形勢來看，巴特寮已毫無疑問地行出了第一着棋，那就是已經和北越的胡志明取得了密切聯繫，寮境內的北越共軍無論如何都不會完全撤走。如果「國際監視委員會」與寮國聯合政府真的要採取行動的話，則寮局將出現怎樣的情況？當然，目前是很難估測。但可以預料的是：聯合政府勢必趨於分裂！

談八陣圖

劍生

功蓋三分國，名成八陣圖；江流石不轉，遺恨失吞吳。

這是杜甫詠八陣圖的詩。諸葛亮雖不因八陣圖而成名，但說八陣圖是諸葛亮的傑作之一，那並不錯。

八陣圖之所以特別有名，主要還是由於三國演義一書的渲染。它說諸葛亮如何未卜先知，陸遜如何被困陣內，黃承彥如何救他出來，說得天花亂墜，於是，八陣圖便成了神奇的傳說。

也許由於把它說得太神奇，所以有人懷疑八陣圖的事是否眞實。其實八陣圖是確有的，神奇的話雖不可靠。

這裏先說八陣圖何以確有的道理。

據蜀志諸葛亮傳：「亮性長於巧思，損益連弩，木牛流馬，皆出其意，推演兵法作八陣圖，咸得其要云。」三國志係陳壽所作，陳壽之父曾經在蜀漢做過馬稷的參軍，馬稷違亮節度，失街亭，被諸葛亮所斬，稷父亦坐被髡。陳壽與諸葛亮的關係如此，其所說，應爲不虛。惟八陣圖乃推演兵法而來耳。

正因爲八陣圖是推演兵法而來，所以我們可以想像八陣圖所顯示的也無非只是兵法上的八種陣勢而已。

孫子兵法說：「善戰者以陣合，以奇勝。」岳飛好散戰，宗澤戒之，岳飛說：「陣而後戰，兵法之常，運用之妙，存乎一心。」可知古代作戰，一般都很講究陣勢；練兵、敎戰亦不可不從陣勢開始。甚至封神榜描寫神仙打仗，也還得說姜子牙展開杏黃旗，衝入十絕陣的話。本來，在古代作戰，由於所使用的是短小兵器，基本上就不得不使用密集隊形，既要使用密集隊形，自然就得講究陣勢。諸葛亮也是處於那樣一個時代，那末，身爲軍師的諸葛亮，安得不經常用心研究兵法？他從舊的兵法推演出一些新的陣勢來，正是非常合情理的事。

寰宇記說：「夔州奉節縣，本漢魚腹縣。八陣圖在縣西南七里，聚細石爲之。各高五尺，廣十圍，凡六十四聚。」東坡志林又說：「諸葛亮於魚腹平沙之上，壘石爲八行，相去二丈，自山上俯視八行爲六十四蕝。」歷代研究八陣圖的人又說：「八陣即：天、地、風、雲、龍、虎、鳥、蛇。」然而八陣圖是諸葛亮推出新的東西，其眞象如何，只有諸葛亮自己最清楚。他自己當時既未作詳細紀錄，其餘諸說，顯然皆屬於揣測之詞。故其內容是否如上說，那就很難確定了。我們今天所能看見的，只有夔府江邊那些石頭而已。

而那些石頭，東一堆、西一堆，現在業已不成形勢。大抵年代久遠，當年所聚巨石，有的早已被水冲去，殘存的，也未必就在原來位置。那末，我們今天又怎能重見一個完整的八陣圖呢？

當然，我們也可以問：諸葛亮的八陣圖是否眞正擺在魚腹縣？因爲陝西沔縣定軍山下，也有一個八陣圖的遺跡。諸葛亮在沔縣一帶用兵多年，定軍山下的八陣圖豈不更較可靠？諸葛亮傳雖然並沒有說明八陣圖究在何處。但該傳說：「建安十六年，益州牧劉璋遣法正迎先主，使擊張魯。亮與關羽鎮荊州。先主自葭萌還攻璋，亮與張飛趙雲等率衆泝江，分定郡縣，與先主共圍成都。」又據蜀志說：「璋遣劉璝、冷苞、張任、鄧賢等拒先主於涪，皆破敗，退保綿竹。璋復遣李嚴督綿竹諸軍。嚴率衆降先主，先主軍益強，分遣諸將平下屬諸縣。諸葛亮、張飛、趙雲等將兵泝流，定白帝、江州、江陽。」白帝即白帝城，爲益州巴郡魚腹縣治。由此可知諸葛亮曾經率兵到過白帝，已無問題。據此，我們何妨試想諸葛亮溯泝江而上，見三峽之中，皆懸崖絕壁，只有魚腹縣江邊有一處大沙堤，於是他就在大沙堤上聚石爲陣以敎士卒，這豈不很有可能。

至於說他未卜先知，先在那裏替陸遜佈置一個陷阱，那就完全是神話了。事實上，陸遜把劉備打敗，是在虢亭。蜀志說：「先主在虢亭返秭歸，收合離散兵，遂棄船舫，由步道還魚腹，改魚腹縣爲永安。吳遣將軍李異、劉阿等踵躡先主軍，屯駐南山，秋八月，兵收還巫。」又據吳志陸遜傳說：「又備既住白帝，徐盛、潘璋、宋謙等各競表言『備必可擒，乞復攻之。』權以問遜，遜與朱然、駱統以爲曹丕大合士衆，外託助國討備，內實有姦心，謹決計輒還。」這又可見陸遜根本未到過白帝附近，到達白帝附近南山的，只是李異、劉阿兩人，也只在南山駐屯，並未交戰。徐盛等主復攻劉備，遜且駁之。則陸遜困陣之說，顯係小說家筆下的一幻影了。不過，這一幻影寫得很好，於是，八陣圖就更傳得有聲有色了。

焦文姬（八）

黎明

（版權保留）

第八場：

景：焦家客堂，紅燭高燒，酒餚羅列，有做喜事的氣氛，但實際上並不是做喜事，只不過是一席突如其來的餞別宴而已。

時：接上場，晚上。

人：焦大郎、滿尚智、焦文姬、青箱。

（焦大郎和滿尚智在席上焦灼地等候着。焦文姬扶着青箱從後堂徐上，青箱邊走邊催。這時文姬內心又羞愧，又喜歡；又害怕，又堅定；又興奮，又凄涼；五神不安，表情複雜，左顧又盼，低徊不前。幕後合唱）：

只因當時一念差，
堂前無面見親爺。
她本是白玉無瑕金閨女，
翻做了怯風怯雨野草花！
她本當不想上前去，
又恐怕冷落了她那小寃家；
她本當上前向爺認個錯，
又恐怕親爺扳起面孔責怪她。
左思右想沒主意，
只覺得心中亂如麻。
一着棋輸滿盤錯，
千羞萬恨只爲他！

（至此文姬忽然覺得還是不去的好，突向後堂疾走，却給青箱攔住。恰好這時焦大郎因等得不耐煩，離席而起。）

焦大郎：青箱！青箱！

青箱：（聞聲急推文姬向前）來了！來了！

（這時大郎文姬正打照面）

焦大郎：（不覺心酸）兒呀！

焦文姬：（一撲向前，哭喊跪倒）爸爸！

（父女痛哭移時）

焦大郎：兒呀！兒的心事，爲父盡已知曉。今日由爲父作主，已把兒的終身，許配於滿相公了。

焦文姬：（哭得更厲害）。

焦大郎：（以手扶起文姬）兒呀！不必啼哭，今日乃我兒大喜之期，還是陪爲父與新姑老爺吃酒去吧！（說着回座，轉顧青箱）青箱！替小姐斟酒者！

青箱：知道了。（扶文姬入座；文姬拭淚，青箱給三人次第斟酒。）

焦大郎：兒呀！（唱）

我兒不必流雙淚，
且聽爲父說從頭。
男大當婚女當嫁，
天上織女配牽牛。
洞賓曾把牡丹戲，
仙家韻事傳九州。
相如琴挑卓氏女，
紅葉傳詩各千秋。
今日與兒成好事，
萬千幽恨一筆勾。
夫妻總要情義好，
賢婿呀！年邁人但願你（轉向尚智）
切莫始亂終棄成薄倖，
永結同心到白頭。（待續）

唐詩偶釋（一）

鄧中龍

前言

民國三十八年春，南京淪陷，余避地穗垣。客居多暇，輒以評詩自娛，積稿寖多，遂投刋廣州中央日報「朝暉」副刋，顏曰：「唐詩偶釋」。未三月，而廣州陷，倉皇來港，餘稿置行篋，不復省記，至是已十餘年矣。會徐亮之先生主編聯合評論文史版，數以撰述事見囑，不敢辭，而苦無以應。一日，先生謂余：「曩在穗垣發表之『唐詩偶釋』，尚復憶及否？」余喟然良久，應之曰：「是誠有之。獨是少時習作，安足登大雅之堂！」而先生固索不已，因發篋，則餘稿猶存，畧加改易，遂以應命。至知我罪我，非復意之所存矣。是爲序。

登岳陽樓　杜甫

昔聞洞庭水，今上岳陽樓。吳楚東南坼，乾坤日夜浮。親朋無一字，老病有孤舟。戎馬關山北，憑軒涕泗流。

登岳陽樓詩，此爲絕唱。並世僅孟襄陽之「氣蒸雲夢渾，波撼岳陽城」，尚可比擬。後此難乎爲繼矣。本欲言「今上」，却先說「昔聞」，逆入有力。昔聞洞庭之水，今始得登斯樓以縱目，即此一「聞」字，已包含多少雲夢。故三四句脫口而出，八百里洞庭，盡伏筆底，是其才大處。

物無定形，率因比較而見其微妙。或由小以見大，或借遠而說近，或因高而形下，或就實以襯虛。盧允言之「雲騎閒嘶宮柳外，玉人愁立草花中。鐘分寺路山光綠，河繞軍州日氣紅。」小大是也。柳子厚之「驚風亂颭芙蓉水，密雨斜侵薜荔牆。嶺樹重遮千里目，江流曲似九廻腸。」遠近是也。崔司勳之「武帝祠前雲欲散，仙人掌上雨初晴。河山北枕秦關險，驛路西連漢峙平。」高下是也。韋蘇州之「寒樹依違遠天外，夕陽明滅亂流中。孤村幾歲臨伊岸，一雁初晴下朔風。」實虛是也。唐人詩中，率有此法；明其變化之迹，便識調色之方。宋元以來，雄厚者多病於臃腫，亦未見其雄厚；清瘦者，多病於纖弱，亦未見其清瘦。究其故，殆未知反其道以相濟，而用之以相形耳。此詩項聯如是宏放，腹聯若是歛抑，結聯又一筆撐起，廣狹肥瘠，大不相侔，而適以是相濟而益彰。人第知項聯結聯高視百代，不知五六二句，正非偶然也。

三四二句，寫盡洞庭湖光景，下即對景生情，爲全詩別開脈絡，此律詩常法。

颶風阻港不能歸山居得二十韻

遯翁

兩月苦旱望雲霓，一宵風雨來喧豗。市人額手正稱慶，待有霈霢盈陂池。夜深孤館獨仰屋，屋頂龍門搖坤維。簷前奔溜吼作瀑，楊畔篆漏旋成泥。推床就乾席不煖，撤架避濕書頻移。但祈三日得霑足，不計阻我延歸期。朝來遽訝鷁退飛，海濤拔岸如山排。沙田大埔盡漂沒，陸沉地陷驚須臾。起看邸報目爲怵，不意伊血紛蛟螭。水塘挹注尚未滿，生靈傷慘先成災。作霖原自應天道，肆虐何乃憑風姨。市樓兀兀坐累日，悵望窗外猶昏霾。抽毫欲作綠章奏，爲德不卒成何居。雖云禍福相倚伏，毋乃變幻同兒嬉。嗟茲不仁之造化，芻狗無告之元黎。樓頭積塵憶震蕩，斗室顧形添徘徊。我家亦寄山一涯，音問斷絕難相知。夜來狂飈撼屋角，家人念我應攢眉。誰知我正自好事，不計客邸何安危。但悲天下有溺者，手無柯斧空嗟噫。

抗戰回憶錄（四八）

張發奎

十一・廣州進軍與受降

第二方面軍國字第一號命令並有附記如下：

1．在本命令下達以前之所有本部送至貴官之備忘錄所規定任何事項，仍應切實遵照。

2．本命令由本官面交田中久一將軍。

中國戰區陸軍第二方面軍命令國字第一號附件

（1）所轄區內日本陸海空軍兵力駐地表。

（2）所轄區內日本陸海空軍人員、馬匹、械彈、器材、飛機、車輛、及其他一切之裝備、種類、性能詳細數列清冊。

（3）所轄區內日本一切現役、未能服役或尚在建築中之船艦、潛水艇、暨其他軍備之數量、種類與駐地狀況圖表。

（4）所轄區內一百噸以上現役、未能服役，或建築中之商船（包括前屬於任何盟國而轉入日本手中者）種類、數量與駐地狀況一覽表。

（5）所有一切裝置障碍物地帶及位置種類詳圖。

（6）所有日本軍事，或半軍事組織所統制利用，或直接間接擁有全部或一部之工廠、工場、研究所、實驗所、試驗所技術圖表、模型、計劃圖樣等用具，或用以生產或製造有關日本軍事或半軍事組織所用之戰爭工具器材及產業等之位置狀況及說明書。

（7）所有軍事設施及設備，包括機場、水上基地、防空陣地、海港、海軍基地、倉庫，暫時或永久性之陸上及海岸防禦工事、堡壘，及其他設防區墟之位置及說明。

（8）所有日本控制下之民用財產，包括日本僑民之財產狀況數量表。

（9）所有軍事或非軍事交通通訊狀況圖表。

（10）日本僑民姓名，人數、居留地，及其所有之財產武器一覽表。

（11）盟國戰俘及被拘人民姓名及集中營位置表。

（12）偽軍偽組織之主要人員姓名，及其部隊機關狀況報告書。

日本降書則如下：

田中久一受領証

謹收到

中國戰區陸軍第二方面軍陸軍上將張發奎國字第一號命令一份，當遵照執行，並立卽轉達所屬及所代表各部隊之各級長官士兵遵照，對於本命令以及以後之一切命令或指示，本官及所屬與所代表之各部之全體官兵均負有完全之責任。

日本駐華南支派遣軍第二三軍司令官陸軍中將

田中久一。

這個歷史的任務雖已完成，可是整理受降後繁雜的任務，却令人感到不快。這固然因勝利的突然來臨，使我們於倉卒間不能預作詳密的準備，而我們行政之低能與社會人心之腐敗，也於勝利後不久，暴露無遺了。社會秩序的混亂，加上奸莠乘機搶掠，接收情形的紊亂，和混水摸魚的貪汚惡行，眞令我感到我們雖贏得了勝利，我們先哲遺下來的「禮義廉恥」觀念，却已蕩然無存了。

首先我應述及關於接收的事情，這是戰後行政的最大汚點。第一是中央對於接收問題，根本沒有一個全盤的計劃。凡接收機關的派遣，接收部門的分類，接收物資的處理，都沒有清楚的規定。如當我成立接收委員會時，中央僅派有軍政部、交通部、財政部、中宣部和航空委員會的特派員到來；至於其他中央各部門有無派遣人員，及應接收何物，均無指示。但事隔月餘，經濟部、農林部、教育部、社會部、海軍部等特派接收人員又陸續到來，致已接收之物資，又須遞轉移交；如海軍的船艇就須由軍政部的特派員再行移交於海軍部的接收人員；有國營性的生產工業，就須再移交經濟部的接收人員；甲移交給乙，乙又移交給丙，其中損失和舞弊情事，就不難想象而知了。其次則物資分類又沒有詳確的規定，如通訊器材究屬於軍政部？抑屬於交通部？軍用的化學工廠究屬於軍政部？抑屬於經濟部？凡此均引起了接收工作不少的糾紛。接收委員會最初雖有一個概要的規定，但因中央各部門的步驟紊亂，亦無法順利進行其工作。這些都是當時的行政院應該負的責任。

（未完）

抗戰行列中見聞雜憶（八）

李璜

走新野、奔樊城！

憶在長沙秋高氣爽的農曆八月下旬，敵機每晨必來盤旋於衡嶽洞庭之間，頂上軋軋之聲，忽然加緊，我寓城南郊外，有林木之盛，敵機當頂，輒避入林中，每須二三小時，警報尚不解除，令人想及武漢抗敵戰事，必然不佳，否則敵機不會忽然飛到湘北湘中，偵察我方動態。

二十七年十月二日之夜，張治中讌何應欽部長於其官邸，有我在座；何氏與我同席連坐，我以低聲詢問武漢之保衛戰情形如何，何不答；但也輕聲道：『李先生，我看，你不必再在長沙住了，早點回重慶開會去罷！但不可北上，必須向西繞道而回，方易通過。』我立答：『多謝厚意。』讌罷未散，我卽與晏陽初兄商定，向張治中要一輛小車，準備行長路，能支持，不會拋錨的好車。張也立刻應允；我與陽初當晚便與主人道別，云明日一早，卽離長沙西行回渝，不再來辭行了。

次早黎明，小車來寓，我與陽初及其少子共三人携簡單行李上車。我一問，汽油只三桶，計十五加侖；我認為不够，因西行不知路之遠近，中途何從去買汽油，非向省府去再要三四桶不可。陽初認為如此就延時刻，天一大亮，警報一鳴，到衙門找人不易。我忽然想到了陪我游玩的留法同學陳君，立命司機將車開至其家，晤後立促其同赴交通管理處取汽油。陳君正任處長，此事毫不困難；同到其管理處中，加上四桶汽油。但司機見七桶裝入一車，不知行往何處；他表示，當此兵荒馬亂，有老母少妻在長沙，不能遠離，且西行如何走法，從未去過，堅辭差事，不願開行。

陳君認為坐客與司機皆不識路，如此盲人瞎馬，大是問題；因在管理處中另覓司機。適有一湖北荊門縣籍司機鍾君自告奮勇，云識西行之路，並且一人在此工作，早願回鄉一行，允早飯後卽來服務。我們聞之大快，也同陳兄赴飯館早餐，八點半鐘，便離開長沙，向寧鄉進發。

過寧鄉，經益湯，午後一點卽到常德。到達常德，須渡沅江，而汽車過河，仍係用木船擺渡，大費時間，因一船只載兩車，上下非常麻煩，且我們到時，已有數車在前，須輪班次。我們一面在渡頭午飯，一面等待依次上船，竟因之費去兩個鐘頭，始得渡過不寬而流急之河口。

常德城甚為熱鬧，規模不小，往來者衆，但我們無暇細玩，卽令司機繼續前通，車離常德，折西北行，司機云：『今夜只好停在澧縣了。』因常德之北，卽有山路，公路修得馬胡，路小而不平，車行便慢了下來；且人在車中，坐得不安，甚感疲倦。黃昏時，始達到澧縣。

臨行時管理處陳兄贈有一軍用交通圖，湖南湖北俱在圖中，甚為適用。晚飯後，陽初與我叫司機來，三人燈下觀圖，覓取前去宜昌路徑。據司機表示，有兩法可行：一為北上經公安，過孟湖，至沙市，上船；一為至沙市，仍坐車西北行，過荊洲，沿去荊門之路，再折向當陽，而去宜昌。不過，公路愈走愈不好走而已。我笑道：『後一走法，有點像劉備當年走新野，奔樊城了！』陽初笑道：『去弔一弔三國時代的古戰場，也是有意思的。』

惜乎次日向公安前進，雨就來了，而且冷風凄雨，下得不停！幸沿途皆傍小河，盡是沙土，車行其上，尚不沾泥；但路上人跡愈來愈稀，一望平沙，頓感荒凉；午飯竟不得一個可食之地！在荒村中，幸有白飯與鷄蛋，然碗筷甚不潔淨，至令陽初先要滾水，大事冲洗。車到公安城，我們往詢縣署以武漢消息，知已在大事撤退，其秘書並云：『沙市湧擠不堪，恐不易覓船也！』

陽初本就不想在沙市覓船。這位仁兄自來就以興緻高，不畏難見長！出縣署，入茶館休息，他與我商量，決定穿過沙市北行，我也認為如有大軍撤防，沙市恐難停留，允之。陽初問司機道：『你去過長坂坡沒有？我們是不是北行可以經過長坂坡？』司機答：『從荊門去，則必須經過的。』陽初笑道：『我們就到長坂坡去看趙子龍能！』其十七歲的少子聞之，大為高興。（現在想已是四十餘歲的博士先生了。）

車再北進，至孟湖附近，已遇北來卡車，中多武裝衛士，停軍問訊，証明沙市、江陵、與其北之十里鋪皆車輛湧塞，秩序不佳。於是，這位在軍隊服務一年，有經驗的司機告我們：「今下午天黑以前非衝過十里鋪不可！」但一過孟湖，公路便被雨水透濕黃泥路面，成為一兩寸深的泥滑滑的爛路，車輪粘滿黃泥，則東滑一下，西偏一下，路左又有深溝，一滑出來，則車墮人翻，大為危險！司機手足並用，執舵難穩，紮車不住，滿頭是汗，直是太息！

我見路左有人家，卽令司機停車，前去人家買稻草。陽初問我「買來何用？」我說：「鋪路」。車夫似乎了解到了，立去買了幾捆稻草來，放在車頂。等到滑得利害，車子東偏西蕩的地方，我們便都下車將稻草鋪在泥路上，然後讓空車從草上開了過去；我們又將稻草收好，然後再上車。如此行行鋪鋪，草雖逐次減少，而這幾公里的黃泥公路總算渡過去了！陽初笑道：『你老兄那里得來的這一經驗？』我答道：『我們四川各防區軍人競賽修公路，拉民伕來修的路，不就是這樣的泥路嗎！四川司機都有這本領啊！』

泥路走完，快到沙市，小憩於路側三家村茶店中，司機請我們將車子加上官廳標幟，並請穿軍裝的我坐在車的前面，以避免過沙市及十里鋪時，或者有人抓車，或者有人強搭。我立索筆墨，寫了「第三軍風紀巡察團官長車」幾個大字，貼在我座前玻璃窗上，又復開行。

果然，此十一字大為生效！過沙市，在人車湧擠，秩序混亂之中，武裝朋友都讓我們平安渡河，達到江陵，在江陵城外匆匆用飯後，又闖十里鋪，在這一節路中，更為混亂，倒臥在田裏的卡車，左也有，右也是，公路旁站滿了人；我們不顧一切，衝過十里鋪，直開向荊門而去！

× × × × × ×

聯合評論 週刊

本刊已經香港政府登記

每逢星期五出版

United Voice Weekly

第二二四號

督印人：黃宇人　總編輯：左舜生

社址九龍太子道一六一號南亞書局 805641

承印：嘉羅印刷有限公司 香港灣仔馬師道5號

總代理：方聯發行公司 每份售價港幣一毫

本刊美洲版總經售處 美國紐約中美出版社

CHINESE - AMERICAN PRESS, INC
199 CANAL STREET.,
NEW YORK13 N. Y. U.S.A.

美洲空郵版每份零售美金一角

大國主義與平等聯合

有感於婆羅乃事變而言

李璜

近年世界上，在少數的國家行為中，表現出兩個相反的作法，而且兩者是恰恰矛盾的現象，這現象是：有些素來本是從擴張去得大一統的大國，自二十世紀這五六十年以來，竟拋棄了大國主義，只求平等的聯合，以遂其生存。反之，有些新興的獨立自主國，自身尚未站得穩，其國內經濟的獨立與人民生活的改善，都還沒有達到一班像樣的水準，乃便想向外擴張，或用陰謀，或用武力去吞併鄰國，其野心只足以使國際間時時發生騷亂，而終為國際共產黨所利用而已。

前者的作風，最足令人明白的是大英帝國，在二十世紀這五十年以來，一連串放棄了加拿大、澳洲、紐西蘭、南非聯邦，以至印度、馬來亞聯邦等的舊日的混一的殖民統治，而只求得今日平等聯合的公共福利集團（Commonwealth）。其他如法國、西德數世紀來彼此吞併的世仇國家，在今天變成了密切的平等聯合，以此聯合，並影響於荷、比、意、盧森堡，而成立六國的共同市場，也在為求得公共福利的目的；本此目的，甚至有歐洲共和政治集團的傾向。

後者的作風便恰恰相反着的在進行大國主義，如埃及獨立不久，便首先以宗教與種族為號召，而去合併敘利亞，改國名為阿剌伯共和聯邦，並且總想吞併以色列，不惜數次用兵；於是埃及總統拉薩因要遂行其大國主義，竟不惜去受蘇俄的有毒素的軍援。拉薩的大國主義並未成功（因既打不贏以色列，而敘利亞也鬧翻了），而幾乎上了赤化的大當！但非洲的新興獨立國家的其他領袖，如加納總統恩克魯瑪目前還在效法拉薩，想從「卡港集團」中去遂行其大國主義，因此恩克魯瑪也在左傾，去接受惟恐天下不亂的蘇俄及其共黨附庸的聲援。

在亞洲，這次婆羅乃（Brunei譯汶萊）的事變，又証明兩個新興的舊獨立國家在想遂行其大國主義。一是馬來亞聯邦，一是印尼！

馬來亞聯邦總理東姑鴨都拉曼，要想在很短期間便實現其大馬來西亞聯邦，這一想法與作法，都犯上了大國主義的毛病。東姑總理雖然並不是用陰謀或武力在進行吞併鄰國，然而這一理想中的大馬來西亞，既以馬來亞為中心，而又想迫促的將北婆羅洲三邦一年之內聯成為一大國，而此三邦可以說連自治都還沒有完成；相形見絀，齊大非偶，於是三邦人士不免要心懷疑懼，生出反感，而自易為國際共黨所乘，從中煽動，以致引起亂子來了！

印尼總統蘇加諾，其為人之狂妄甚過拉薩與恩克魯瑪，其夢想成為東南亞的大國，不惜與國際共產黨勾結，已經是世人們所共知的事實，而又因其擴張領土，小試輒效，西新畿內亞的吞併成功，大足以鼓勵印尼國中的共黨向北婆羅洲去力求擴展，因之利用北婆三邦人民反對馬來亞聯邦的大國主義，從事煽亂，藉以遂行其印尼的大國主義，乃意中事。

何況此次婆羅乃人民黨領袖阿薩哈里又與印尼早有淵源，並且一向左傾，其易受人利用，自屬必然。阿薩哈里在婆羅乃組黨活動，已有八年之久，其一露面北婆政壇，卽已劍拔弩張，有左傾表現；筆者在北婆時，卽已感到此一回教馬來青年活動，暗中必有牽線的人。而且今次動亂首先佔領之油城詩里亞，在七年前，其城內學校卽曾發生左派學生的搗亂，打敎員，佔校舍，一如新加坡左傾學生之所為，足見國際共產黨早有意於此富於油田的婆羅乃，伏根不只一日，不過為英國當局未十分了解而已。

今幸印尼共黨本身之力尚小，而予婆羅乃人民黨的助力也至有限，故婆羅乃亂事易於平息下來。但是，如果馬來亞聯邦的大國主義不因此次事變，趕快放下，則印尼的大國主義終有機會再向北婆三邦去發揮其作用的。

故為今之計，明智的英國政治家，應設法去影響馬來亞聯邦主持者，放棄迅卽成立大馬來西亞，而假以時日，聽北婆三邦去趕速自治獨立成功，然後再行平等聯合；這比較自然，免為國際共黨所乘，而引起更甚於新加坡的共黨搗亂。

筆者去過北婆三邦七次，前後旅居計三年之久，對此三邦之資源特別豐富，人民安居樂業，甚為欣羨，誠不願其為共黨惡勢力所又來加以破壞。且我華籍三邦之人，對於此邦此土，曾經篳路藍縷，以啟山林，從閩粵前往的僑胞費了數代心力，始獲今茲建國的希望，故筆者因愛護三邦前途，願主持三邦大計的英國政治家，對於三邦的建國，宜較為重視三邦華籍人民之所言。

筆者曾細讀「葛波德委員會報告書」（北婆羅洲與沙勞越人民對馬來西亞建議的意見），主席葛波德爵士與英政府所派委員以民主的精神，周諮博訪，羅舉民意無遺，一大冊四十二頁，可謂詳盡。但玩味報告書的結論，似對三邦先行自治獨立，然後再與馬來亞平等聯合之論，有點覺得緩慢；且恐因此緩慢下去，而便為「改革之風所吹變了方向」。因此在報告書中數次提到下面的話：「有一部份人寧願先爭取獨立，然後才加入馬來西亞。」「那些置獨立於馬來西亞之前的人還須考慮一下馬來西亞計劃失敗的後果，有一件事情可以確定的是，世界上有一些勢力集團是不會錯過利用這形勢的。」這足見英國政治家的明智與苦心。

但是在今次婆羅乃事變中，這個「勢力集團」已經在利用這一形勢了！而強行成立大馬來西亞，在今次事變後，又更難於安排！然則奈何？

筆者仍願英方及馬來亞主持者重視一下婆羅洲與沙勞越華籍人士之言（葛波德報告書似較為重視土著人士之言）！兩邦中的華裔公民約佔百分之四十弱，其向葛波德調查團所提的備忘錄不少，多數皆贊成大馬來西亞，但要求若干保障；其大意，如「勿將三邦為馬來亞之一州看待」，「憲法須新訂」，「無需有國教」，「無需以馬來話為國語」，「過渡期為七年」，「有權退出大馬」……。凡此，並未反對大馬來西亞，不過要求平等聯合而已。

五一、一二、一八

婆羅乃叛亂的分析

許子由

（一）新闢的游擊戰場

婆羅乃「人民黨」份子發動的叛變，經英軍緊急空運赴援，在六天戰門之後，大體已告平息。但叛軍在婆羅乃及沙撈越兩地，尚有零星活動，殘餘主力，則已走入森林。由於叛變背景的複雜，和當地社會政治的存在着太多的問題；叛亂不但沒有完全過去，而且很可能是剛在開始。東南亞或者要開闢一個新的游擊戰場，這似乎不是過敏的推測。

這次叛變的得以迅速救平，英軍緊急動員的完成戰果，當地人民的不肯盲從附亂，是兩個決定性的因素。不能不說是不幸中之大幸！假便還延時日，讓各地亂事纔起，恐怕局勢就難以估計了。

叛軍的計劃，原在擄脅婆羅乃蘇丹；利用其名義號召；同時控制詩里亞油田，實行對英方威脅。也幸而蘇丹賽福丁未遭魔掌，得以發電星洲請援，及欖召軍民討逆。否則英軍不明變亂狀況，赴援或不如是之速；地方亂落，勤王之師，也必不能出動，都足以影響局勢惡化，地方靡爛。要是油田眞個被叛徒破壞，更足以造成長期的貧困。叛徒的陰謀，不能說不毒辣！反映起來，星洲英方對於馬來亞總理拉曼事先的警告：「有印尼人參加的「北婆國民軍」在邊界活動」，未予重視，實在有點疏忽，幾釀不可收拾的大禍。今後有關方面，幸毋掉以輕心！

（二）靠外國力量的政變

婆羅乃和沙撈越的「人民黨」反對加入擬議明年成立的大馬來西亞聯邦，主張北婆三邦「先行獨立」，或退而思其次地要求在合併後保留退出之權及若干地方特權。他們向各方面呼籲，促使人民支持他們，有關或附近各方同情他們，以至向聯合國訴願。這些都是合法及被容許的。可是當婆、沙兩個人民黨正在進行種種「反大馬」合法活動的時候，竟突然爆發出大規模奪取政權的武裝叛亂！這不但出乎三邦首府的意料之外，而且可以說是出乎大部份人民黨人士意料之外；因為這只是人民黨中一部份激進份子，長久秘密聯結外國力量而發動的政變。

婆羅乃人口僅八萬多人，佔人口半數的達雅等部族及華人都沒有參加叛亂；所餘四萬馬來族人除老弱婦女，服務政府及在油田工作者外，可以說是「家家可數」，竟突然有阿薩哈里所號稱「二萬」的幾千叛軍，武器服裝及旗號，這些實可以令多數人「出乎意料之外」。其所以感到意外，就是沒有把近鄰大國印尼計算在內。

（三）印、馬邦交急劇惡化

印尼前總理執政黨要員沙斯特羅米佐約，早就說過「注視大馬成立對印尼的利害如何」，而與吉隆坡發生罵戰。印尼為什麼這麼喜歡管別人的事呢？（一）印尼是南海中唯一的大國，它不願見同地區有另一大國而主要又同是馬來族的。（二）蘇加諾投機的政治路線與拉曼的穩健政治路線大相逕庭。（三）僥倖獲得西伊里安後獲得鼓舞的大國沙文主義。（巴布亞人的西新幾內亞可以攫取而為印尼的西伊里安，為什麼在加里曼丹島而為有馬來族居住的北婆三邦，不加入海洋王國而參加海峽的馬來亞？）說到這裏，不能不承認美國把西新畿內亞綏撫印尼是太過份了。印尼在蘇援下已建成「東南亞最強」的空軍，和可能就會是最強的海軍。蘇班德里奧（印尼外長）在吉隆坡機塲向拉曼挑戰，有「決鬥」的姿勢。印、馬邦交在急劇惡化中，發展到馬來人自相踐殺不是奇事，如果那樣，皆拜蘇聯「武裝落後國家」和美國的「姑息中立國家」之賜！

（四）記取「馬共」的教訓

蘇加諾雖然投機，但並不是沒有他的「機智」。以接受蘇聯軍援換取美國綏撫，犧牲幾條登陸艇「進攻」荷軍就取得西島。這「機智」說明他決不硬碰硬的。他現在的要求提前於明年一月（原定是五月）接管西島，却說明他在得寸進尺。現在，蘇聯是否仍要大力支持蘇加諾的投機野心？西方是否要再次「相對滿足」蘇加諾的擴張慾望？

蘇加諾應該不是也不能沒有止境的，但共產黨就「沒有止境」！蘇加諾有內部困難：其一是反荷及討回教軍以來的經濟凋蔽，其二是上述兩運動造成了尼共「第二大黨」的地位。內部困難迫使他向外擴張，尼共則在內裏鼓動，以造成既成事實和形勢。尼共要儘量利用蘇加諾，因利用而毀滅蘇加諾也在所不惜！祗要達到他們擾取，或僅是破壞、造亂的目的。

婆羅乃叛亂就是尼共一手造成的。耶加達否認參與其事，應該可信，因為那不像一個政府參加的規模，而拉曼也只指責「印尼某些政黨」製造此次亂事。可是尼共領頭的婆羅乃叛亂，蘇加諾已跟上去讚為「新生力量」，印尼國會也宣佈支持這「人民革命」了，至於中共的聲明支持，更是必然的。

共黨反對強大的馬來西亞出現，已在星加坡公民投票失敗，它只好發動武裝叛亂，「有如一九四八年馬共走入森林」。馬來亞以十餘萬英馬軍警，圍剿號稱「五千」的馬共，歷八年始漸歸平息，而主要也還是馬來亞獨立的政治路線，使馬共失去「反殖民」的藉口。這教訓值得記取。

共黨必然利用印尼發動對三邦的游擊戰，軍事和治安的大規模預防必須預早部署。但在「大馬」計劃中，地方人士若干保留要求，應儘可能予以適應；華人深怕淪為「次等民族」的恐懼，必須予以解除。這是英方和拉曼總理所應注意的！

談「貞操」問題

復韋冬青先生

孫寶剛

韋冬青先生的來函恐怕對我的「民主政治與政黨」一文的內容有些誤會，也或許因為那篇文章說得不很清楚，所以我就韋先生所提出的意見，補充一下。

第一我說的貞操觀念，祇是對入黨或退黨而言，請不要牽連到其他問題上去。第二，這個觀念也祇影響了民主政黨的形成的一部份，並不是全部，我想前文中已提出「君子不黨」這個觀念，已經可以說明了。

我在前文中也已經提出，政黨祇是一個幹政治的工具，政治家對於國家的看法，有其整套的主張，所以有時要自己發起一個新黨來貫澈其主張，也有時會參加或與自己主張相同的政黨去合作。但有時自己會發覺自己的看法根本錯誤，也有時自己會發覺他所參加的那個黨在掛羊頭賣狗肉。如在前者他不得不脫離原有的黨，轉而追求他在發覺以後的新主張，歐美有許多成名的共產黨人，起初信仰共產主義，後來發覺到共產主義完全錯誤，而改信其他主義或主張的，例子很多。這在他本身來說，以往走了這麼長的錯路，也許國家和社會已蒙其害，是非常遺憾的，但在國家或社會來說，當然應歡迎他自新，不能說「你應嫁犬隨犬，嫁雞隨雞，一直和共黨幹下去！」

如在後者，那他更應退出原有的黨，以免一誤再誤。至於說在入黨之前，為什麼沒有看清楚呢？這在事實上不很容易。一個熱心國事的青年，在十八九歲已經躍躍欲試的去參加實際的政治運動了；但他所能看見的各政黨，祇是表面而已，要眞正的去認識某一政黨，老實說一句，非登堂入室，做了該黨的高級幹部，才有可能。民主政黨的秘密比較不多，但人事的變遷，在你入黨時是這一批在領導黨，到了相當時期，換了一批人在領導黨，那時也許面目全非，使你覺得和你初衷已距十萬八千里，雖然不能說完全敵對，至少也不能說是同志了，這時你仍和他們幹下去，我認為是愚忠。

即使退一步來說，你入黨時的原有的領導黨，但是那批領導人正如你所說的：「言不顧行，行不顧言」。當他們還是一個小黨，還沒有參政的機會時，是熱血沸騰，批評這個不對，那個不對，提出一套主張，確也語必中肯。及至他們所領導的黨有了相當聲勢，可以參政時，便「以利害分去就，利祿薰心，朝秦暮楚。」你還跟在他們背後幹下去麼？假如如此，我也必認為是愚忠了。

所以一個有品格和有主張的政治工作者，必須取合則留，不合則去的態度。然後可使政黨以主張為分野，政黨政治才可納入正軌，而民主政治才有希望。我記得唐時魏徵對唐太宗說過，「我希望主上使我做賢臣，不要希望我做個忠臣」。賢臣者是對原則的堅決遵守，忠臣者是對皇帝個人的忠心不二。魏徵在帝皇封建時代，已經對唐太宗這樣說；我們生在民主時代，應作何感想。

我不願意討論到男女離婚的問題，因為不是本文的問題，不過我可以揷一句話。全世界各國都有離婚，法律也都認可離婚，可見離婚有其必要性。並且在一個頭腦不對建的社會裏，不會以離過婚的女人為不名譽或不潔之物的，我們應當同情他不幸的遭遇。更不會說，離過婚的女子是人盡可夫的，因為離婚和人盡可夫，根本是兩件事。對於一個遭遇不幸的女子來說，離婚結婚好幾次，也是可能的。我們也不應說離婚結婚好幾次的女子一定不是個好女子。

韋冬青先生的來函下半篇，所述官邪一節，在這幾十年來，我所親眼目睹的，確是如此，我也非常痛恨這些邪官，所以我從青年時起就參加了改革中國的運動。而「國民黨籍的高官大將，身縮要職，不重國家民族的氣節，為了私人利害恩怨，便陣前起義，搖身一變，又為毛朝大官」，我也認為他們是沒有「人格」的。不過話又說回來，假如他們內心中眞的痛恨了蔣介石的暴政，而被共產黨的宣傳所矇蔽，以為共產黨來會對人民有利的，所以他們陣前起義了；在我看來倒是很有勇氣的，有什麼不對呢？放下屠刀，立地成佛，不是大家也都認為很對的麼？我希望韋先生不要以共黨今日的暴行再來和我辯論，因為我已指出他們是受到共黨的宣傳所矇蔽，他們沒有眞正認識共黨。所以我相信，他們可能又在等待機會，搖身再變。我對這批人是同情的，也可說是可憐的。我有許多朋友，就是這樣，所以我領略得到他們的情形。

最後我總結一句。在信仰民主政治的人們來說，黨也好，國家也好，都是為人民謀幸福的工具，主體是人民，所以為了謀人民的幸福，毀黨造黨是不足為奇的，為了謀人民的幸福，有時就要犧牲國家的主權，北大西洋公約，歐洲共同市場，以及聯合國等等，都是很好的例子。今天的世界文明已經漸漸的給世人以曙光，我們要奮鬥的是人類的正義，人類的自由和平等，使全世界的人民都能兄弟般的友好的活着。狹義的國家至上，或盲目的忠於一黨或一人的時代已經落後了。

中俄共關係惡化了

犀照

此次匈牙利共黨第八屆全國代表大會（並慶祝匈共成立四十週年），中共俄共均派代表參加，在大會中，雙方公開發表激烈對立之演說，指桑罵槐，各不相下。蘇聯代表庫西寧（蘇俄政治局委員）抨擊阿爾巴尼亞之教條主義（其實是指斥中共），隱隱約約地指責中共乃不負責地危害世界和平的極端派，企圖破壞共產陣營的團結。中共代表伍修權則猛烈抨擊南斯拉夫之修正主義（其實是斥罵蘇俄），指摘蘇俄對古巴問題的讓步妥協，並無能力對抗帝國主義者之侵畧，乃共產陣營的背叛者；並為阿爾巴尼亞辯護，反對匈共頭目加達對阿爾巴尼亞所作之指摘。在這種水火不相容之氣氛下，中俄共的關係，已日趨惡化，醜態畢露，正是掩之無容掩，藏之不必藏啊！

我常常說：中共雖一面倒於蘇俄，奉蘇俄為老大哥，但終有一天，中共會為蘇俄所出賣的。此次蘇俄對美國屈服，撤除古巴飛彈基地，中共認為是極不尋常的舉動，蓋以為蘇俄此種出賣盟友之手段，今日可以施之於古巴者，明日也不難施之於中共；所謂『兎死狐悲』，物傷其類，不然的話，中共究何愛於古巴！往者，赫魯曉夫徵聲發色大罵阿爾巴尼亞，甚且不惜與之絕交，可是中共偏偏要與之親善，結為共產盟國，予以支持援助，這在赫魯曉夫看來，無疑地認為中共是有意丟他的臉了！中共一向是不滿意南斯拉夫的，赫魯曉夫為給中共一點顏色，故而極力支持南斯拉夫。正是汝絕交，我親善，汝反對，我支持，大家心裏有數。至於中印紛爭，蘇俄既不肯挺身作調人，反而以物資支援印度，這更越發使中共難堪了！

有了以上種種因素和不尋常的迹象，中俄共的關係，遂由陰化變為陽化，而急激地趨於惡化了！雙方反唇相稽，鈎心鬥角，各思借題發洩其心頭的憤恨，仇人見面，分外眼明，而在這次匈牙利共黨大會中，竟然公開表演，暴露無遺了！這是『兄弟之國』共同主演的一幕好戲。

我們知道赫魯曉夫是鞭笞史達林的。史達林死於一九五三年三月，死前曾告其部屬稱：『當余死後，汝等亦皆不能幸存，帝國主義者將扼殺汝等。』赫魯曉夫有意公開嘲笑其老上司之嚴重預言，最近在蘇聯共黨中央委員會稱：『但吾人現尚未死，吾人現皆存活及工作，而且以壓力加諸帝國主義者，現正極力壓抑彼等。』並將其國經濟之失敗，歸罪於已死之獨裁者，謂史達林違反列寧『黨團控制組織』的原則，謂史達林不信任工人，甚至於在生之時，恐懼其國之人民。把一切罪惡都歸在史魔身上了！可是毛澤東呢，竟然不識相，偏偏要捧已死之史達林，這分明是不拜生人，而拜死鬼，分明有意與赫魯曉夫爭共產陣營領導權了！這在「予智自雄」的赫魯曉夫怎能甘心忍受呢！毛澤東是口口聲聲在痛罵西方的，而赫魯曉夫最近在蘇共中委會報告，竟謂蘇聯共黨應準備從西方學習，倣傚資本主義制度中的『有利的和好的』的計劃了。這正是針鋒相對，赫魯曉夫的矛頭，在在處處已指向毛澤東的了！

最近匈牙利共黨大會，該國總理加達主張非共人士出任最高級公職之「溫和」式新路線。此一大會料將順利通過加達的新政策；加達將不顧匈共黨內少數史達林份子之反對，而強使此一政策獲致通過。由此事觀之，匈共之所以改變作風，自然是接受蘇俄的領導，奉旨行事的。

這樣看來，赫魯曉夫形勢要比毛澤東強，毛澤東實難與赫魯曉夫爭！而況中共農業失敗，人心崩潰，對印戰爭又打成死結，欲罷不能，內憂外患，交相煎迫，眞敎毛澤東窮於應付。最近波蘭一名外交人士稱：保加利亞最近整肅史達林份子和親中共派，足見俄方顯然已將柏林問題置於次要地位，暗示蘇俄在大舉努力，加強準備，俾與毛澤東全面攤牌了。另一外交人士稱：中俄共裂痕加深，彌縫之道已絕。更從中共召回駐波蘭大使王炳南一事觀之，已暗示波蘭不再成為中俄兩國調人；並且認波蘭在共產集團內（或對美國），已失「調停」之價值了。

中俄共意見之分裂，已不自今日始，但由於最近古巴與印度情勢，而演出最近之事態發展後，雙方裂痕，日益加深，已無彌縫之道了。此路不通，中共還有別徑可尋嗎？

「既不能令，又不受命，是絕物也」。國際共產陣營情勢若此，毛澤東憑着什麼法寶來和赫魯曉夫爭呢？憑着『渡江泳』的好氣力嗎？憑着勾引「藍蘋」的妙手段呢？還是吟其『沁園春』與『天公比高』呢？這，只有毛澤東自己才曉得！

法院改隸聲中，當權派又掉花槍

見微

（台北通訊）自政府退守台峽後，當權者卽發明了一個所謂司法配合國策的妙法；而其所謂國策又完全是以一人一姓的利害和好惡爲依據。從此我國司法遂完全失去其獨立性，對於一切案件的審理和判決，多以當權者的意旨是從，祇要被認爲是一人一姓的忠貞分子，卽罪行昭著，罪証確鑿，亦可逍遙法外，曾哄傳一時的所謂奉命不上訴案，卽爲最顯著之一例。反之，任何人若一旦被當權者所憎恨；卽往往被以莫須有的罪名而陷身囹圄。以致大大小小的冤獄疊疊，社會上充滿了不平的氣氛。數年以前，當權者爲了企圖緩和民怨，曾頒佈了冤獄賠償法，但施行以來，大的冤獄，從不敢有人提出，如雷案是。至於小的冤獄，其所得的賠償，也僅是一種象徵性質，無補實際。因此，立監委員和社會輿論不斷呼籲應將各級法院改隸司法院，以爲正本清源之計。但呼籲自呼籲，當權者仍置之不理，最後，監察院乃將此一問題提請大法官解釋，幾經催促，大法官們總算激於良知，於四十九年七月通過了一項解釋案，認爲高等以下各級法院應改隸司法院。自是以後，行政院不得不和司法院開始會商改隸問題，但會商復會商，依然沒有改隸的跡象。監察院又於數月以前推定王冠吾、丁俊生、陶百川、王文光、黃寶實等五委員，組織專案小組負責，調查法院改隸問題。本月五日，小組提出報告，並附具處理意見如下：「高等以下各級法院之改隸，爲國家行憲之重要措施，乃自四十九年七月大法官會議解釋後，歷時二年有半，行政司法兩院仍在準備實施會商座談中，按之行政效率，殊不無可議。現有關調整司法監督之重要事項，雖經兩院分別同意，但有關法案及預算總務等問題準備工作仍未完成，擬交本院司法委員會繼續注意，務期迅速實施改隸。」

王冠吾委員代表調查小組提出前項意見後，委員多人先後發言，咸認爲依據憲法及大法官會議解釋，高等以下法院，應隸屬司法院，已無疑問；法院改隸不容再行拖延，應迅速付諸實施。陳肇英委員說：法院改隸問題拖延多年不付實施，予社會上印象太壞，影響政府威信，應早日實施改隸。王冠吾委員指出：行政當局多少有故意拖延的企圖。行政院與司法院爲求解決法院改隸問題，先後開會十三次，但其中有五個月之久沒有開過一次會，可見顯然是想延期實施。金越光委員認爲法院改隸本來輕而易舉，但卻延至現在還不實行，實是百思不解的事，行政院方面不無責任。院會旋卽作成決議，本案連同各委員意見，交司法委員會會同調查小組迅速依法處理。

當權派又掉花槍

陶百川、丁淑蓉兩委員又提出一項提案：「爲各級法院依照大法官會議解釋改隸於司法院後，其推事之任免轉調，自應由司法院依法掌理。若由其他機關掌理推事任免轉調之權，不獨對司法權爲不合之割裂，且足以妨碍司法獨立及司法行政效率，自屬不合，擬請交本院司法委員注意，並於必要時提報院會，送請大法官會議，依據憲法予以解釋。是否有當，請討論案。」

陶委員並作書面補充說明，略謂：「頃悉行政院曾擬就一項法院推事檢察官人事審議委員會組織條例草案，呈請「總統」核示，其第五條規定各級法院推事（按：包括法院院長及庭長）之任免轉調，應由……本會審議通過後行之」。又第二條規定：「本會隸屬於總統府，設主任委員一人，由副總統兼任，副主任委員二人，由行政院院長、司法院院長分別兼任」。又第三條規定：「本會設委員八人，由行政院、司法院就富有司法經驗或對法律有素養之公正人士，各提相等人數，由主任委員聘任之」。又第四條規定：「本會設秘書長一人，由司法行政部部長兼任」。又第七條規定：「該會之決議須有委員三分之二以上之出席（按爲八人）及出席委員過半數之同意，方得爲之。」

綜上所述，有兩點頗堪注意。

其一、主管長官對其屬員，依法依理應負監督之責，故亦付與監督之權，今乃將司法院對推事任免轉調之固有監督權，付與不負監督責任之一委員會，則應負監督責任之司法院，必將因其監督權之被割裂，而不克遂行其監督任務，其利弊得失，應甚顯著。

其二、世界自有憲法以來，其思想之主流及各國之通例，顯爲司法權之離開行政權而獨立。今若使行政人員或行政權力享有對推事之任免轉調等監督大權，不獨係開倒車，抑且有背五權分立之精神，是否違憲，殊堪注意。

按各級法院依照大法官會議解釋改隸於司法院後，其推事之任免轉調自應由司法院依法掌理。若由其他機關掌理推事任免轉調之權，不獨對司法權爲不合理之割裂，且足妨碍司法獨立及司法行政效率，自屬不合。爲此提案，擬請交本院司法委員會予以注意，並於必要時提報院會送請大法官會議依據憲法予以解釋。

陶委員說明後，院會卽決定交司法委員會併同前案辦理。

從這個所謂司法推事檢察人事審議委員會的組織條例看去，當權派感於輿論的壓力和立監兩院的督促，雖然不得不準備將法院改隸案付諸實施；但仍不肯放棄其以行政干涉司法的傳統作風，故又企圖於司法院之外再成立一個直屬總統府的委員會；掌握司法人員任免的大權。而此一委員會的組成，又是由行政院長和司法院長各提出八人。換言之，卽行政機關對司法人員的任免權掌握了一半。因此，法院縱然改隸，實質上也還是不能獨立行使職權的。監察院雖然決議交司法委員會注意，也無非是應有的官樣文章而已。

監察院年度檢討會閉幕

宣平

（台北通訊）監察院一年一度的檢討會，歷時一個多月，已於本月八日閉幕，于院長致閉幕詞時指出：「這次檢討會所提到的肅清貪污、改良政風、整頓稅制、消除特權和浪費，以及提高待遇等問題，雖不免舊話重提，但今日政治上最大的癥結，仍在於此。如果這些問題不能立卽改善，則其他一切建國設施，都得落空。」

于院長這幾幾句話，把今日台灣的政情說得十分清楚，年年監察院都提肅清貪污和清除特權等問題，但貪污和特權依然存在。他祇指示這是「今日政治上最大的癥結」；卻未道出癥結的原因，當然是因爲有所忌諱的。

唐榮案小組嘆心情沉重

年度檢討會在閉會時，曾聽取調查唐榮專案小組的報告，調查委員熊在渭說：該小組曾南下作實地調查兩次，開過小組會議達二十八次。除對行政院引用國家總動員法是否適當，已請大法官解釋外，並就主管機關措施不當部份，先行提案糾正。其他有關唐傳宗涉嫌刑事責任部份，亦將調查報告分送司法機關注意偵查中。現所進行調查者，厥爲查究主管機關對於便利唐榮之各種措施是否涉及有官商勾結與行政責任之問題，因該公司爲一民營企業，賬目不實不全，無從發現。其次是關於唐榮所欠電費及稅欵部份，政院是否給予唐榮方便，有無計算遲延利息問題，最近始據台電公司查覆。唐榮鐵工廠四十九年底以前之利息及五十年利息合計九〇六、〇六九元，其他欠稅滯納金亦已函請省府財政廳查詢，尚未據覆。此外關於顧問部份，亦爲調查小組注意重心之一，經函銓叙部查覆到院，其中具有公務身份者二人，並以桑錫青一人曾任行政院副秘書長，其前後任職期間，是否相同，亦尚在查詢中。至於法院方面對於唐傳宗涉嫌刑事責任各節，偵查年餘，迄未結束，也在函催辦理中。又曹啟文委員所提之有關唐榮公司鉅額貸欵及浪費問題，雖交由小組調查；但以事項簡單，爲節省旅費，經函請唐榮查覆。

熊委員又說：唐榮案因爲各項資料尚未齊全，故不能早作片段結論，更不能憑推理而入人於罪。各同仁如發現確實資料，儘可自動調查，或自行提案糾舉，此皆憲法賦予相同之職責。

調查委員吳大宇提出補充報告，略謂：調查小組處理本案，心情非常沉重，有一階段曾想向院會提出報告，糾正後還要追究行政責任問題，但本案很複雜，牽涉很多，追究到行政院。在我們接觸中，政院有許多理由，例如鋼鐵是重要工業，又如該廠有數千員工，生活應予顧及等，雖然仁者見仁，智者見智；但這許多理由值得研究，因此還在調查研究中。

陳訪先委員對於小組遲遲未提出報告，表示不滿，他說：「這樣重大的案件，不能長久拖延，如果再像這樣的調查下去，恐怕再過五年，也提不出報告來。」吳大宇委員曾於此時和陳委員發生爭執，他隨後又表示他們幾位委員調查唐榮案的心情是很沉重的。他說：陶委員（指陶百川）所瞭解我們的心情，但我們很慚愧，信心被人誤解。不過，我們一定盡最大的努力，調查唐榮案並沒有不可告人之處，不要存心認爲幾年拿不出來，相信負責調查的專案小組，一定忠於自己的職務。

從于委員所謂心情沉重的一語觀察，監察院的唐榮案調查小組，縱能有朝一日，提出一項報告，至多也不過是向少數小蒼蠅放放馬後炮而已。

台灣簡訊

志清

一、尹仲容呼籲紡織業減產

外貿會主委尹仲容於本月七日呼籲紡織工業切實履行去年八月間簽的產銷合作公約，才能挽救目前紡織工業的危機。根據產銷合作公約，必須先從減產百分之二十五着手，才能談到解決內外銷困難的問題。他說：本省紡織業目前所遭遇的問題，是生產數量過多，只有想辦法減產。就像一杯水，已經過多了，除非是任其流掉，再不然就是要擋住水源。他拒絕紡織業者提出由台灣銀行信託部統籌辦理紗布內外銷的建議，其理由是：台灣銀行信託部並非貿易公司不能代辦；即使代辦，也只能代替紡織業者將棉布出售，如果虧本，還是要業者負担，總不能說，也要信託部賠本。他認為要使紡織工業產銷走上軌道，以渡過今後的難關，必須做到下列三點：（一）紗廠所用的棉花，統一採購。這次台灣銀行信託部標購棉花，有人指出台銀受騙，經過調查之後，完全不確，足証紗廠和棉花供應商並沒有勾結。（二）紗廠生產的棉紗，要分開。例如，紗廠可以製細紗的，就不應該製粗紗，製粗紗的紗廠，更不應該製細紗。內外銷棉布的生產，也要分開，內銷布應由內銷機器製造，外銷布則由外銷機器製造，才能符合需要。（三）各紗布廠的生產數量，必須定出一個限額。只有如此，一步步進行，最初的時期，可能各廠要虧本的，但是慢慢就會好轉。他又指出中華和中國紡織貿易公司的同時存在是不合理的。由於兩公司的互相傾軋，反而忽畧了外銷的努力。他說：紡織業者天天叫苦；事實上，他們各懷鬼胎，從他們訂了合作公約，就沒有好好做過。他們的心理，都是希望別人都遵守公約，而他自己可以找便宜。結果，一次又一次，大家都不再是傻子，大家都不遵守公約。所以，不管是政府的命令，或是合作公約，都是徒具空名，於實際無補。他又說：關於減產百分之廿五一節，有許多紡織業者反對，認為減產之後，就要增加成本。其實生產過剩，成品賣不掉，則連一個本錢都撈不回來，不減產難道成本就不會增加嗎？

二、省議員指陳八大歪風

台灣省議員陳愷於本月十一日在民政質詢中指出今日社會上有八大歪風，計：一、奢侈之風，二、逢迎之風，三、紅包之風，四、報復之風，五、虛偽之風，六、色情之風，七、賭博之風，八、頹唐之風。他要求政府官員率先以身作則，庶可轉移風氣。他又提出有關人事代理制度的不合理現象，例如台北市政府市長是代理，處長，局長是代理，主任代理，課長也有代理，這樣一代演成十幾代，結果一代不如一代。有些臨時雇員，受雇了已達十年之久，還未補上實缺，他問這是什麼人事制度。

關於陳議員所提的歪風問題，民政廳長未即席答覆。人事制度問題，省政府人事處長徐巽華則說今後將儘量避免此種現象。

三、國際大販毒案判決

哄動一時的官商勾結，國際販毒大案，經台北地方法院刑庭推事郭文彬於本月七日宣判，主犯王懷石處死刑，其餘黃增仁等三十二人分別被處無期徒刑或有期徒刑兩個月至十八年不等。在逃之日人下村泰山及嚴謙傑等八人則俟通緝歸案後另行審判。至於與王懷石等勾結的警備總司令部郵政檢查組組長宋我卿等三人，却沒有提到。

四、市府與餐館競向議員發動酒肉攻勢

台北市政府為了規定餐館食堂必須使用「筵席登記專簿」，特由稅捐處長饒運炎，顧問賴春貴，第三課長崔立權於十一日晚在第一大飯店宴請十一位有關議員，因為其中有一位女性議員，有人覺得未能盡興；於是又於宴後邀請其中八位議員到北投新生莊別館去「沐浴」，使他們飽飲醇酒之後，再享受「番美人之福」。此事市府方面本保持高度的秘密，不料因研究這筆特殊開支的「報銷技術」問題，以致消息外洩。烹飪業公會得悉此情，立即舉行緊急會商，一致推出三個大牌酒家——東雲閣、萬里紅、鳳林、於十二日特設盛筵，宴請有關議員，並動員名酒女陪宴，實行以酒色攻勢對酒色攻勢。據聯合報透露：「其戰果之輝煌，自不在話下。」

此事經民營報紙揭載後，十四日省議員李源棧曾向省府財政廳長周宏濤提出質詢，要求整飭稅務風氣。周表示重視，並云將派員調查事實眞象，依法處理。

立法院秘書處的風風雨雨

直夫

圖書室主任首揭弊端

（台北通訊）立法院於本月十日舉行動員月會時，圖書館資料室主任黃國樑，秘書梁世德，內政委員會秘書韓兆波等三人公開揭發該院總務人員有勾結商人收受紅包情事，計有：（一）新建議場前庭園中所植的龍柏，據說每株價格自一千八百至二千六百元不等，而市價每株一尺高者約為十五元，二者相差太多。又庭園內水池中的一座假山，耗費台幣五萬元，價欵太高，其中有無弊嫌，難免不令人啟疑。（二）新建禮堂之百葉窗，在未公開招標前，總務組曾派員至一商店洽商。聞該一人員曾向商店透露立院將採購大批百葉窗，暗示該商店可向市面先行收購，以便獨家做這筆生意。不久以後立院招標，其餘商店因缺貨而未參加投標，結果該商店在無對象比價的情形下以高價得標，得標後，立院某單位派員至該商店要求減價，否則這項生意不給做，迫使商人奉送紅包。（三）立法院至今無福利委員會組織，不久前有人擬訂了「福利委員會組織規程」一種，但被人反對。立法院內部有康園餐廳及武昌街十八號俱樂部的餐廳，均係由商人承包，外面風風雨雨傳說不少，有人說是每月二餐廳要送五千元的紅包給有關單位，餐廳所需之家具均由立法院供應，康園每月的電話費也是由立法院公費開支，餐廳既不納稅，又不抽取福利基金，不久前有人主張應仿照外間若干福利餐廳抽取福利金百分之十，但却被有力人士所反對。（四）前任秘書長陳開泗家中，原用工友一名由立院供給薪餉，陳辭秘書長職後，工友也沒有了，但是，工友的薪餉却一直由總務組私刻圖章領下。（五）立法院中曾失竊錄音帶九十盤和幾十廳地板蠟，經警方調查後，至今沒有下文，詳細如何，不得而知。（六）在人事上無制度，全憑主管好惡，上次動員月會時，有人提人事統籌調整建議案，至今沒有下文，希望今後人事能公開。

秘書長有說明

十一日該院舉行秘密會議，立委王開化等三十二人提出一項臨時動議：「為報載本院職員有勾結商人不法圖利之嫌疑，應請秘書處予以詳細說明，從速處理。」當經院會決議請秘書長提出說明。

尹靜夫秘書長說明如下：（一）關於假山用欵新台幣五萬元一節，經查全部水池、假山五座、連同水管、噴水器、水蓮、白石子等，用欵共約二萬元。園內種植龍柏，多數為二尺高，每株二十元，十尺以上共僅六株，每株最高價八百五十元。決無每株一千八百元至二千八百元情事。（二）百葉窗比價，係由採購委員會主辦，並有遷建指導委員五人蒞場指導。當時參加比價廠商共有十三家，經三次公開比價結果，廣豐行以最低價格十一萬二千元得標。報載獨家以最高價得標，並非事實。（三）錄音帶於上年五月間發現遺失，當經函請刑警大隊偵查，經該大隊移送台北地方法院檢察處偵辦，旋聞因罪証不足，曾交回刑警大隊繼續偵查、本院復於最近分函警務處及刑警大隊，請迅速偵辦。（四）報載康園餐廳向主辦人員送紅包五千元一節，前經經費稽核委員會查明，並無其事。（五）本院前秘書長陳開泗之工友所領上年六、七兩月份薪餉，據主管人員報稱，已繳回國庫。（六）關於報載人事不公開一節，經查黃院長到任後，從未帶用一人，本人到職後，即工友亦未隨帶一人，所有人事出缺，均由舊有人員升補。除專門人才外，從未增用新人。（七）關於各報所載經費不公開一節，經查本院財務收支早經建立良好制度，經常經費之開支，按月由委員選出之經費稽核委員會審核；重大遷建工程費用，概經委員選出之遷建指導委員會審核通過，依法公開投標辦理。至於一般物料採購、工程發包，亦由職員選出之採購委員會依法處理。黃院長到任後，為求財務收支更加核實起見，並指派職員三人為驗收稽核委員，任期半年，經常負責財物工程驗收稽核事宜。足証本院經費公開。

聯合報的諷刺

十二日聯合報又刊出一則消息：「立法院圖書館資料室主任黃國樑及秘書梁世德等人於本月十日在立法院動員月會發言揭發院內若干弊端後，已引起各方的重視，昨日立法院上上下下均以此作為談話資料。據悉：黃國樑及梁世德於昨（十一）日曾遭到有關人士的壓力，要他們去函報社更正，但此事為黃國樑及梁世德所拒絕，他們表示他們是在公開會上發言，不能更正。」

十三日，該報的短評又以「報載云云」為題，有所譏評，畧謂「立法院的家醜外揚，引起立委在該院秘密會議中提出臨時動議，該院秘書長曾提出說明，都說是報載如何如何，似乎此事乃報紙所揭發。但事實是：此一家醜乃該院圖書館主任黃國樑等響應「革新」的號召，在該院動員月會上公開揭發的，何得推為「報載云云」？」繼謂「新聞紙正如一面鏡子，其所照出來的人物或事物乃是客觀的眞實反應，而非鏡子在主觀上所能憑空製造。有時妖魔鬼怪被照得原形畢露，是為照妖鏡。據說從前曾有一位女皇因年老貌衰，禁止宮中懸掛鏡子，實則鏡可鑑人，何罪之有？」

立委致函院長限一天答覆

立法委員吳延環於十二日致函院長黃國書，請其說明該院本月動員月會時有人提出涉及前任院長的事，報載：黃院長希望吳委員能給予一段時間，以便答覆，吳同意以一天為限。屆時前者又希望能將時限延緩，後者又同意延緩一日（即十四日為限），並表示無論黃院長如何答覆，他都要將來往的函件公開。但本文寄出時已是十五日夜，尚未得知黃院長是否答覆，亦未見吳委員公開函件。箇中眞象如何，局外人自不便妄加推測。

監察院要調查

據十五日監察院方面消息，立法院職員又具名向監察院檢舉，立法院總務部門貪污舞弊情事達十一項之多，監察院值日委員葉時修認為應「輪派委員二人調查」，于院長即可派定人選。黃國書得悉此情，深感若再拖延下去，對立法院必將產生不良影響，乃臨時決定將秘書兼總務主任李啟元的總務主任兼職免去，並發佈明令：李啟元、梁世德、黃國樑三員據報有言行不檢之嫌，交尹秘書長查明辦理。據熟悉者透露，黃國書雖然很想不了了之，但恐怕為時已晚矣。

捷共大會攻擊中共伍修權發表反駁聲明

白帆

最近，歐洲方面的共黨，先後有保共匈共義共捷共等召開全國代表大會。在這些會議中，中共代表團都被邀請出席並致詞。其中，代表中共出席保共匈共捷共的是中共中央委員伍修權，代表中共出席義共大會的，則是中共候補中央委員趙毅敏。趙毅敏出席義共大會，被義共領袖痛罵了一頓，隨即避不出席。而其代表團中之另兩名代表雖出了席，但當義共大會各代表指摘中共時，此二名出席之中共代表則只以報紙掩面，未作正面還擊。至於伍修權，除在保共匈共大會指桑罵槐，明責狄托，暗責蘇聯之外，到捷共於十二月八日結束第十二次代表大會時，由於捷共第一書記諾沃提尼曾於十二月四日曾攻擊了阿共，而蘇共代表團團長，蘇共中央主席團委員勃列日涅夫又曾在同日攻擊了阿共及「自稱為馬克斯思想主義者」，所以，伍修權便於十二月五日以中共代表團團長身份向捷共大會發表了一項聲明，其中有警句說：

「在你們的大會上，捷共的一些同志和某些兄弟黨的同志，利用這次代表大會的講壇，繼續攻擊阿爾巴尼亞勞動黨，並且大肆攻擊中國共產黨，這種做法，不符合莫斯科聲明，不利於社會主義陣營的團結和共產主義運動的團結，不利於反對帝國主義的鬥爭，不利於爭取世界和平的鬥爭，也是不符合於社會主義各國人民的根本利益的。對於這種違背馬克思列寧主義和無產階級國際主義的行動，我們不能不表示最大的遺恨」。

又說「這種錯誤做法，已經產生了嚴重的後果，如果繼續下去，勢必還要產生更加嚴重的後果」。

又說「在這次代表大會上，一些同志對一貫堅持馬克斯列寧主義根本原理的中國共產黨進行攻擊，這並不能給我們帶來絲毫損害。中國共產黨幾十年來就是帝國主義者、反動派和修正主義者、機會主義者辱罵和攻擊中壯大起來，並且取得一個又一個的勝利的。這一時期，在國際上確實存在着從帝國主義、反動派和修正主義方面來的反華大合唱。這只能証明中國共產黨堅持了眞理，堅持了正義的鬥爭，我們的鬥爭利益有利於世界人民爭取和平、民族解放、民主和社會主義的事業，而不利於帝國主義者，不利於反動派，不利於修正主義者。中國共產黨將永遠堅持馬克思列寧主義的基本原理、堅持莫斯科宣言和莫斯科聲明的立場，永遠不會拿原則做交易。我們認為，利用某一個黨的代表大會攻擊另一個黨或一些黨，甚至採取喧嚷、噓叫等不正常的方式，並不能証明自己是有道理的，也是無助於問題的解決的」。

又說「為了解決國際共產主義運動中若干重大問題的分歧，中國共產黨和一些兄弟黨曾經提議召開世界各國共產黨和工人黨的代表會議，弄清是非，加強團結，共同對敵，我們認為這是解決問題的惟一正確方法」云。

× × × ×

中共首次正式指名攻擊蘇聯

張盾

中共與蘇聯因赫毛個人衝突而發生矛盾，由來已久了。但兩年來，中蘇共雖在言論上時常反映這一矛盾，但一直並未指出對方之名。蘇聯通常只以責罵阿共代替責罵中共，中共則以抨擊南共代替抨擊蘇聯。迄十二月初捷共舉行大會時，大會席上始有人正式提出中共之名而抨擊之。隨後，赫魯曉夫又在莫斯科指名責罵中共，中蘇共之衝突，至此實已發展到一個新階段了。

對於捷共大會指名中共而加以抨擊，當時已由伍修權以中共代表團長身份予以反駁，但仍未直指蘇聯之名。至十二月十五日北平人民日報發表之一篇社論，始正式提出蘇聯之名而加以指責了。然而人民日報十二月十五日這一篇社論仍未直指赫魯曉夫之名加以指責。而赫魯曉夫最近固曾抨擊中共，質問中共何以不從英葡兩國手中奪回香港澳門也。赫魯曉夫此一指責，原係對中共不斷指責蘇聯不該從古巴撤退飛彈而發。但由於中共人民日報已首次指名蘇聯而抨擊之，而人民日報乃中共中央機關報，一向代表中共發言，故不能不視為中共與蘇聯之間的矛盾方面的一件大事。茲僅節錄部份原文如下，以見一般。

十二月十五日中共人民日報社論的題目是「全世界無產者聯合起來反對我們的共同敵人」。

它說「一年以前，在蘇聯共產黨第二十二次代表大會上，第一次出現了利用一個黨的代表大會對另一個兄弟黨發動攻擊的錯誤做法。……某些兄弟黨的領導人，不但沒有考慮改變這種錯誤做法，反而變本加厲，沿着分裂主義的道路，愈走愈遠，以至這種錯誤做法最近接連出現在歐洲四個兄弟黨的代表大會上。在這裏，我們要說一說捷共代表大會上發生的事情。在捷共大會上，一些捷共同志，和某些兄弟黨同志，任意地誣衊和攻擊中國共產黨是『冒險主義』、『民族主義』、『分裂主義』、『宗派主義』、『教條主義』。」

又說「在如何對待帝國主義和一切反動派這個問題上，中國共產黨一貫認為，在戰略上要藐視它，在戰術上要重視它。這就是說，一方面，從戰略上看，從長遠的整體觀點來看，歸根結底，帝國主義和一切反動派是一定要失敗的，人民羣衆是一定要勝利的。」

又說「中國為和平解決中印邊界問題的一貫努力，是舉世公認的。奇怪的，倒是有些自稱為馬克思列寧主義者的人，竟然把馬克思列寧主義忘記得一乾二凈，他們根本沒有從馬克思列寧主義的階級觀點出發，來分析一下尼赫魯政府挑起中印邊界衝突，一直不肯和解的反動政策。他們既不願看到這種政策是出於印度大資產階級大地主反對印度人民、反對印度進步的需要，也不願看到這種政策正是適應了帝國主義，特別是美帝國主義的需要。並且得到他們的支持。事實上，近些年來，尼赫魯政府越來越殘暴地鎮壓國內人民，越來越投靠美帝國主義，在許多國際事件中，例如剛果事件中，充當了美帝國主義的幫兇。尼赫魯政府堅持反華，正是它對內政策越來越反動的結果。那些攻擊中國把尼赫魯政府推向西方的人，恰恰是倒因為果了。他們在中印邊界爭端中，自始至終，不分是非，裝作中立的樣子，嘴裏說中國是兄弟，實際上把印度反動集團當作親人。這些人難道不該撫心自問，他們的馬克思列寧主義丟到哪裏去了？他們的無產階級國際主義丟到哪裏去了？」

又說「他們同帝國主義就那樣迎合、彼此讓步，而對兄弟黨兄弟國家就這樣誓不兩立」。「對敵人是那樣和，對兄弟黨和兄弟國家却是這樣狠」。

又說「却有一些共產黨人把共產主義叛徒狄托捧上了天，同狄托集團搞得那樣親熱。」

又說「我們只服從眞理，服從全世界人民的根本利益，決不服從任何反馬克思列寧主義的指揮棒。」

細讀人民日報這一社論，可以很明顯的看出，中共現在眞是愈來愈孤立了。不但它在整個世界孤立，而且也在共黨集團中孤立。以往只傳聞中共與印度衝突，蘇聯是站在印度一邊，而中共人民日報這一社論，對此亦已予以証實了。

僑鄉近訊

鍾之奇

海豐惠陽人民公社均被炸

茲據香港出海作業之漁民返港後談稱：當彼等在惠陽縣海域捕漁時，曾目覩惠陽縣所屬地區發生劇烈爆炸。另據海豐方面來客談，十二月九日，惠陽人民公社確曾被炸。公社所屬運輸船隻被炸毀者尤多云。

海外反共志士時常突襲粵東

海外反共志士由機帆或漁船利用黑夜，登陸粵東地區，以襲擊中共倉庫及交通要點，現在已不算是特別新聞了。因為，在最近幾個月，這類事已層出不窮。

茲據粵東方面經由廣州抵港探親歸來之某君談，反共志士最近確曾在粵東地區所屬澄海、潮安、惠來、陸豐、海豐各縣沿海一帶活動。十一月廿五日深夜，惠來縣神泉港忽突然而來四艘小型登陸艇，載來反共志士十餘人，對神泉人民公社之糧食運輸船展開襲擊，當即將該地所泊三艘中共運輸船破壞，反共志士然後離去云。

閩粵各地共青團員胡作亂為

福建廣東各地中共青年團團員現在是越來越不成話了。他們不但不起好的「模範作用」，相反，他們的胡作亂為，倒變成了壞人壞事的模範。正因為福建廣東各地以及大陸各地的共青團團員的行為皆如此，所以，北平出版的中共「中國青年報」於十二月六日及八日均不得不公開提出呼籲。它說：「目前農村有不少團員不傾聽羣衆正確的意見，任意進行瞎指揮。或者多吃多佔，攬特殊化，違法亂紀。有的在碰到天災或暫時困難的時候，或在具體工作中發生一些缺點和錯誤的時候，還不習慣於依靠集體的力量去克服困難，對農業集體化的道路發生了懷疑、動搖。對破壞農業生產和集體經濟，不愛護公共財物的人，也熟視無覩。甚至害怕打擊報復而不敢干涉和檢舉」。

中共「中國青年報」同時也說「村看村，戶看戶，老百姓看的是黨團員和幹部。如果黨團員不起模範作用，就會損害生產隊的利益，影響社員的生產積極性，對發展生產是極不利的」云。

清遠縣既有旱災又有水災

中共雖然年年都在自吹其水利建設，究其實際，却是越來越災。清遠縣的情形，更是如此。據中共「中國新聞社」消息：「清遠縣地處北江中下游，部分地區地勢低窪，洪澇旱等經常為害，生產很不穩定。今年晚稻剛插下不久，又遇到洪水為害，全縣有八萬多畝禾苗受淹。八九月間，又遇到秋旱威脅，受旱作物面積達十三萬多畝。以後晚稻還相繼遭受兩次寒露風的襲擊，局部地區又發生蟲害」云。

私藏廣州古城磚被勒索

古董是一種文化結晶，也是一種藝術結晶，愛好文化藝術的人常常為了保存和購買這一些結晶而付出極大的代價，這尤以社會秩序不正常和戰亂時代為然。但中國古董卒因許多有心人對此加意保護而得以存留下來，直到中共統治大陸，才以強迫手段勒索私藏者獻出。最近，中共廣州美術學院教授盧振寰所珍藏的一批廣州古城磚又被中共搜查到而被沒收了。據香港大公報十二月十七日說：「這批城磚絕大部份都有文字，如「景定元年造禦修磚勇敢黎」「廣州修城磚勇敢造」「水軍修城磚」「端平三年摧鋒軍監造」等宋代廣州城磚，可以考見廣州在宋代不但屯駐有「勇敢」「忠勇」等名號的廂軍，水軍，還有宋史沒有提到的「摧鋒軍」，頗具文物價值云。

婆羅乃叛亂的背景

意外的叛變

俊華

婆羅乃的亂事很突然地爆發了。當叛變接近敉平的時候，方才檢討到這叛變的規模不小！難怪這次叛亂的領導人阿薩哈里，自稱爲總理兼國防、外交部長，在馬尼拉大肆叫囂，要求承認北婆三邦屬於他的「加里曼丹國」呢。對這次突然叛變感到意外的，包括許多方面，計有英國遠東軍部及東南亞英行政當局，吉隆坡的馬來亞政府，在婆羅乃城的婆羅乃蘇丹，以及三邦的大部份政黨，那些比較右傾的、或中立的，甚至大部份被認爲屬於左傾政黨的人士，對於叛變，事前也絕無所聞。

英國駐東南亞的軍政當局，和馬來亞政府，對於馬來西亞計劃，是抱着極度樂觀的。他們以爲明年秋天，包括星馬及北婆三邦的大馬來西亞國，便可以順利實現。婆羅乃蘇丹賽佛丁，已贊同馬來西亞計劃，願於屆時放棄統治權而成爲馬來亞各邦的蘇丹之一。三邦許多政黨，雖對於三邦合併於大馬來西亞一事，諸多疑問，但他們所向英馬方面提出的，多是公民權、財務權、移民權等保留的技術問題。劇烈反對合併者極爲少數，更從來沒有過武裝反對合併的問題。他們都以爲三邦人口稀少，生活單簡，近乎原始，誰是「壞份子」不難分辯。却料不到，突然發生龐大武裝叛亂，經英陸軍出動數千人之力，歷時一週才告敉平。

兩個人民黨

原來那是「共黨」！擅於滲透和發動突然政變的共黨。

在英國和馬來亞聯合調查北婆三邦人民對大馬來西亞意見的報告書中，就曾提及「人民黨」正面反對大馬來西亞計劃──反對合併。該報告書稱「『葛波德報告書』──三邦人民對馬來西亞之徵詢」。因該調查委員會係以英國葛波德爵士爲領導，馬來亞議員王保尼亦係委員之一。該書中紀錄「人民黨」反對合併，也明指人民黨已「被共黨滲透」，並暗示屬於人民黨的這一部份華人反對合併較爲强烈，因馬來亞係在馬來人控制之下，故他們深恐合併之後，會成爲「次等民族」。可是現在發動叛變的，却以土著份子爲主要。

「人民黨」並不是一個而是兩個，在婆羅乃有婆羅乃的人民黨，沙勝越有沙勝越的人民黨，他們各有機構，但政綱政策大同小異，內裏當然互通聲氣。他們在各當地都是最大的政黨，婆羅乃人民黨在議會佔有壓倒的多數，但那議會是參議性質，最後決定權力仍在蘇丹手中。

兩個人民黨的被滲透也只是一部份，可能有如星洲的人民行動黨分裂前一樣。但自「反大馬」運動發生，黨機構的行動有激烈左傾的作風，沙勝越曾下令禁止請願示威，便是針對的預防。不過「做夢也沒有想到」會有武裝大叛亂。

幕後支持者

星馬當局倒是「微有所聞」的。當婆羅乃叛變發生，李光耀最先便問：「武器是那裏來的？」那便是說，如果沒有外來的武器，叛軍就不可能發動奪取政權的叛變。但李氏並沒有明言，是誰以武器支持婆羅乃叛軍。

可是馬來亞總理拉曼却明顯指出：某些外國政黨，正以軍火及金錢接濟婆羅乃叛黨，他們想把北婆羅洲的領土，置在外國統治之。他們「在馬里魯鎮替叛黨訓練軍事人員」，該等外國，應對婆羅乃亂事負其責任。

「馬里魯鎮」在印尼的加里曼丹（南婆羅洲）近沙勝越第四省「林夢」，距婆羅乃城一百五十英里。印、沙邊界係森林地帶。叛變發生後，婆羅乃人士方才指出，有若干同情印尼的當地青年，被送入森林受訓。

印尼政府雖正式聲明與婆羅乃亂事無關。但蘇加諾總統則明言同情叛軍，指爲「新生的力量」。約三個月前，印尼前總理沙斯特羅米佐約，已曾說過印尼注視「大馬計劃之對印尼，將爲禍抑爲福」。致與吉隆坡發生舌戰，事實上，印尼不喜歡有一個强大的馬來亞。

拉曼所指的印尼「某些政黨」，是印尼共黨，和執政的國民黨。國民黨報紙，是正式支持叛軍的，這麼看來，婆羅乃叛軍殘餘走入森林，由山脈便可通達加里曼丹邊界。叛亂雖已敉平，但游擊戰的威脅可能長久存在。

．吉隆坡通訊．

婆羅乃爲甚麼發生叛亂

嚴力

越、寮局勢，動盪未已；霹靂一聲，婆羅乃也發生了武裝叛亂！據沙撈越人士從有關方面獲得的消息：該一英國保護地──婆羅乃──此次的叛亂，係由一批自稱爲「列基埃黨」的黨人所發動，乃因反對婆羅乃蘇丹之同意參加馬來西亞聯邦而欲推翻賽佛丁政府者，並盛傳已發現了一個地下組織，其領導人阿理查，是左派份子。另一傳說，且謂彼等係獲得印尼的支持。印尼是親共的，此中蛛絲馬跡，及其箇中因素，當然極耐人尋味。

婆羅乃位於婆羅洲北岸，是一個盛產石油的小國，面積僅二弍二六餘方哩，海岸線則長約一百英哩，地勢崎嶇，遍佈熱帶草木，相當豐茂。人口稀疏，全國總計約八萬五千人，首府婆羅乃城，亦不過三萬餘人而已；居民複雜，有馬來亞人，蓋達仁人，茂烈特人，刁辛人，印度人，中國人，及歐洲人。以回教爲主要宗教；語文則爲馬來文及英文。國內經濟，完全爲石油支配，自一九五一年以來，每年輸出石油達五百萬噸。人民除受僱於石油業機構外，大部份以耕種、捕魚維生。

婆羅乃雖稱「自治國家」，國王賽佛丁賦有最高權力；但畢竟是英國保護國，其對內對外之重要措施，仍須聽從英國安排。根據一九五九年新憲法的規定，政府中設有立法部，執行部，及樞密院；國王將替人民作民主政制鋪路。

一九六〇年，馬來亞總理拉曼，建議由馬來亞，星加坡，沙撈越，北婆羅洲，及婆羅乃等，聯合組織爲大馬來西亞聯邦；這一建議提出了後，立刻轟動了整個婆羅乃。蘇丹賽佛丁，是贊成這項建議的；他認爲將來組成了大馬來西亞聯邦之後，則婆羅乃可獲致領土上的安全，和經濟上的擴展，建設上的繁榮。對婆羅乃的前途，顯屬有利。可是有一個有地位的政黨「列基埃特黨」却大表反對，於是引起激烈的磨擦。今年九月選舉時，在地方立法局之五十五席，竟被該黨佔去五十四席，該黨潛力，遂益趨强大。該黨與親印尼人士互相勾結，並由親印尼人士策動組織所謂「國民軍」，其叛亂的陰謀，早已醞釀了多時。尤其是在近數月來，大馬來西亞計劃將告實現，「國民軍」的活動遂立刻加强。據婆羅乃人民透露：自十月下旬以來，該「國民軍」的武器和糧食，都已告顯著的增加，當地的警察，曾加以數次搜索，並已捕獲其領袖若干人，因而彼等乃終於在十二月八日凌晨三時發動叛亂，向婆羅乃城及塞里亞若干警察局襲擊，並迅即佔領了警察局數所。政府方面，當即出動平亂，而英國方面，亦迅即自星洲趕運軍隊馳援。這番叛亂，姑勿論其是否迅即被遏止，而在實質上，反映出東南亞方面又燃起了一個火頭，乃無可否認的事實。

在叛亂事件發生後，更有一項奇突的傳說，謂可能與菲律賓有關：蓋叛黨領袖的宣言中曾透露：「革命行動已與菲律賓保持聯繫」。由於菲總統馬卡柏佳曾於今年六月間提出過要求，索取北婆羅洲，於是這一傳說，當地人士也疑信參半。但有關方面則坦然指出：這是叛黨的「嫁禍」。而菲律賓政府對此，也加以正式否認了。

然則叛亂究竟怎樣發生？據沙撈越人士所獲悉，確是由於左傾的阿查理領導「列基埃特黨」反對參加大馬來西亞組織的一項有預謀的行動，其支持者是印尼共黨。婆羅洲的南部加里曼丹島，是屬印尼統治的，印尼共黨利用該小島來做據點，支持婆羅乃叛黨襲擊婆羅乃政府，是輕而易舉的一回事。沙撈越人士還指出：大馬來西亞組成了後，對共黨在東南亞的潛力顯然是有重大的打擊；最低限度，在將來的大馬來西亞聯邦中，婆羅乃成爲該聯邦的一環，共黨力量便不能再透過印尼而滲入婆羅乃，甚至連潛藏在星、馬的小部份共黨份子，也將有被澈底消滅的可能。因此，國際共黨乃唆使其爪牙──印尼共黨──煽動婆羅乃的「列基埃特黨」稱兵作亂，給予大馬來西亞計劃一個嚴重的打擊。其結果如何？目前當然不能逆料；但無疑地，這將使東南亞掀起新的混亂！（沙撈越通訊）

婆羅乃，北婆羅洲，婆羅洲

發生叛變的婆羅乃，又稱「汶萊」，爲「北婆三邦」中之一小邦，屬英國保護地。[illegible]

再與亮之論重卦書

高耀林

亮之吾兄史席：承復前書，竝以卜辭絕無卦象痕迹相質詢；其治學之勤，用思之苦也若是；至佩！然則卜辭者，貞卜之辭也，非古史；古之文物，不見於卜辭者衆矣，況卦象乎？兄何疑焉？弟治甲文三十年，從未敢以古史視之，以爲古代文物之一，據以考証古史則可耳。近世研究甲文者，每以卜辭所不見者，皆指爲僞，作繭自束之論也；兄何取焉？雖然，易自來皆視爲卜筮之書，與卜辭之龜卜同，而卜辭中竟不見卦象，宜乎兄之不能不疑也。實乃概念涵義混淆之故；易與卜辭，本風馬牛不相及也。況龜卜行而易道已晦乎？夫易之爲書，非爲卜筮而設也，伏犧氏敎人改過遷善之書也，焦孝廉言之詳矣。其原筮云：「夫聖人作易，僅以供人之筮，吾疑焉。及觀春秋傳諸筮法，又與聖人作易，迴乎不同，吾益疑焉。春官筮人掌三易以辨九筮之名，一曰巫更，二曰巫咸，三曰巫式，四曰巫目，五曰巫易，六曰巫比，七曰巫祠，八曰巫參，九曰巫環（鄭注巫讀皆當作筮。下畧。）夫易有聖人敎人改過之書也，『更』者改也。（下從畧）己有過，宜『更』人者有過宜感，『咸』者感也。『式』者法也，謂先二五以爲則也。『目』者條也，謂初四，三上從乎二五以爲之應也。何以更，何以改，則必以二五交易之，故曰易，二五交易，可爲法式矣，而初四從之，則爲比；比即輔相之也。初四比之，而三上又從之，則終止也。窮矣；必使終則有始，乃爲續，終，故謂之祠。『祠』者，猶繼續也，不成，而既濟之祠。『參』猶睽也，兩旁謂曰睽，謂旁通也。『環』猶周也，謂反覆其道，周迴不已也。『環』從九者作易之指也。」此氏所以釋易，爲改過之書也。又云：「聖人作易，非爲卜筮而設也，故易有聖人之道四，卜筮僅居其一而已。君子居則觀其象而玩其辭，動則觀其變而玩其占；所謂以言者尙其辭，以動者尙其變，不必卜筮，而尙自合乎易之道，唯是百姓日用而不知，未可以道諭也（中畧）。聖人神道設敎，即以所作之易，用作卜筮，因其疑而開之，即其欲而導之，緣其忌以震驚之，以趨吉避凶之心，化而爲遷善改過之心，此聖人卜筮之用，所以爲神而化也（中畧）。傳云，是以明於天之道，而察於民之故，是與神，特以前民用（畧）。君子自明其德，百姓不能自明其德，而神道設敎以明其德（中畧）。易之用於筮者，假筮以行易，非作易以爲筮也。易爲君子謀，用易於筮，則爲小人謀（畧）。善哉，顧氏亭林之言曰，卜筮者，先王所以敎人去利懷仁義也，是以嚴君平之卜筮也，與人子言依於孝，與人臣言依於忠（畧）。君子將有行也，將有爲也，聞焉而以言；其受命也，如嚮告其爲也，告其行也，則無可爲也，無可行也，不當問，亦不必告也。易以前民用也，非爲人求前知也；求前知，非聖人之道也。」此氏所以釋筮以前民用也，非卜前知也。又云：「春秋時，九筮之法，筮者不知，而別爲筮法，則不特失因貳以濟民行之本意，而謬悠虛妄，私造繇辭，以爲占法；陳敬仲之生也，則謂昌於異國；秦伯之戰，則以爲必獲晉君（中畧）。唯子服惠伯論坤之比，謂忠信之事則可。又云：易不可以占險，此古占法之猶存一綫，異乎諸術士之談，（聞港大諸君子有繇辭不同爻辭之辯，似未觀斯文）古之卜筮，所以敎人寡過也，而春秋時之占法，固已大謬于聖人；彼辛廖卜楚邱卜徒父史蘇之徒，與後世京房管輅大珠林飛伏納甲之法相同，豈聖人作易之敎乎？」蓋謂古占法久亡，後世所爲，皆謬悠虛妄，卜前知者也，與易大異其趣，故繇之不同於爻也。唯古占法非亡於春秋，氏僅據春秋傳言之耳。易於黃帝之時，其道稍晦，當是時，歸藏易與，與易並行，史稱歸藏爲黃帝而殷因之是也，太平御覽引歸藏易云：「黃神與炎神爭鬥涿鹿之野，將戰，筮於巫咸，巫咸曰：果哉，而有咎」，足以爲証；安爲術數家言，卜前知者也。而焦氏言之尤信，其論歸藏云：「歸藏當如徐敬可之說（畧），十二辟卦是也（畧）。取十二卦以屬十二月，以爲消息，於重卦序卦之外，別一取義（畧），與五運六氣之說相表裏，後世讖諱術數之家多本之。」

余嘗思其義，伏犧之卦，明人道者也；歸藏，明術數者也。鄭康成云：『殷陰陽之書存者有歸藏』，謂陰陽之書，則陰陽五行家言也（畧）。其始本不與設卦觀象之意相混淆，而自爲用。夏、殷以來，術士之說行，而伏犧之卦，漸失其本。殷人尙鬼，蓋更有甚者。其季世之人（畧），不知其爲天道人倫之學，故文王取伏犧之卦而繫以辭（畧），而陰陽術數之從雜，一概屏之。周公制官，以歸藏存諸太卜，示卜筮之占可參用之而已。孔子贊易，直本伏犧，以及神農、黃帝、堯、舜，而夏、商絕不言（畧）。蓋其時（指黃帝至唐、虞之時）伏犧之數明而未晦，雖有歸藏，而自別行（畧）。殷季易道晦而術數之說惑人，故文王屏歸藏而繫辭（畧）。文王之易，晦於春秋（畧），故凡左傳諸說易，皆不得復引以爲易義。「道不同不相爲謀，當殷之時，易道已晦，歸藏大行，與卜辭皆卜前知者也。卜辭之辭，其或以歸藏爲據乎？宜乎易之卦象，不入其中也。至繫下所稱十三蓋取，皆明制器尙象之事，備物制用，立成器以爲天下利，變通盡利之義（用焦氏語），其理簡明而具體，通其變即得之，絕非術數之說，益証重卦出於伏犧，傳所云作結繩而爲綱罟，蓋取諸離者，離以坎交，坎二之離五，坎成比，離成同人，比初之同人四，比成屯，同人成家人，家人上巽爲繩，故曰結繩而爲綱罟蓋取諸離也。又日中爲市（畧），交易而退，蓋取諸噬嗑者，離上本日中，坎三之離上，坎成井，井即市也，今猶言井市，離成豐，井與噬嗑交，故井舍豐而通噬嗑也；井二再三噬嗑五，井成蹇，噬嗑成无妄，蹇无妄相錯成遯；遯者退也，故交易而退也。舉一可以反三矣。夫易，源本於古曆法，或即所謂上元太初曆乎，而以古五行爲用，初以便農事，史記曆書所謂天有五星，地有五行（非漢五行）。易傳所謂「明乎天之道，而察於民之故」是也。曆或始創於伏犧氏，故伏犧又稱太昊。昊者明也，謂能明天道也；古天道即曆法，其後子氏金天氏稱少昊，世守其職，春秋傳言之詳矣。伏犧氏爲「己」姓，非「風」姓；「風」爲「伏」之轉音，其後世有以氏爲姓者也，即「華胥」亦「伏犧」之轉音；「華」古本讀「敷」，原本爲「庖犧氏」，古無輕唇，古今音異耳。「己」爲蛇，或即吾兄「中國史前史話」所稱之蛇圖騰，蛇古讀移，詩「委蛇委蛇」，釋文云：「蛇音移」；「移」、「己」「易」，同出淺喉，故「易」亦「已」也。少昊嬴姓，「嬴」、「己」同聲異字，一姓之分歧也。夫易有三變，亦稱三劫，一變於黃帝之歸藏，（連山爲神農氏之易，非伏犧，神農本列山氏，即「連山」也，其性質未明：似不能一本焦氏之說。）雜術數家言，而極於夏、殷，西周之初，雖文王依伏犧之卦而重演之，（文王重卦說即「重演」之「重」之誤）然至春秋之世，術數之說又起，傳稱史墨對趙簡子稱君臣無常位，引大壯雷乘龍爲天之道，其時筮法，皆雜日者之言，非古占法也。再變於二漢，漢諸子言易，皆歸本於玄，要非易之本義。京房輩又從而亂之，以漢五行之邪說，易道盡失矣。降而至於魏、晉六代，易且爲道家之坿庸。三變於兩宋，周、邵、程、朱輩依太極圖說河圖、洛書以說易，謂之爲理學則可，謂之爲易則非也。謂其說出和尙經則可，謂出於易經則非也。有清一代，治易者衆矣，而能明易之本義者，焦孝廉一人而已。雖然「日坐一室，終夜不寐」；憂憂乎其難哉！因小畜小過「密雲不雨，止我西郊」之兩兄，悟旁通，時行，交錯三者變化之理，復聖人敎人改過遷善之義並探二五爲太極，初四，三上爲兩儀之眞傳，誠伏犧之勳臣，姬、孔之元戎也。微焦氏，吾人皆爲漢、宋儒所誤矣。然猶謂「後生末學，寧能洞徹其全」者，或以易始乾終未濟之故；終未濟，則永不得其全矣。易道變則通，故終未濟而不終既濟；終未濟，則變化不能已矣。至於吾兄責弟「予人仍有比坿西說之嫌」，比則有之，坿則未也，又何嫌焉？西人治西史，豈可厚非，其方法之精，實有非吾人所能望其頂背者，歷史之發展，自有其通則，中外一例也，若能於中史中持之有故，則未嘗不可比引其通則而用之，以言之成理。若於中史中持之不能有故，則比引而用之，亦不成理矣，吾不取也。西人言其古代社會，自母系轉入父系，驗之中史，古初母姓父氏，姓合而氏分，其理與西說大同小異也，比而用之，又何不可？商子及白虎通諸書，言古者知母不知有父，與西人言羣婚，亦類而似之矣。歷史固不能重演，然其演變之法則，固多比較相同處（非絕對同）。[illegible]西人治中史，雖[illegible]有一二言可采，[illegible]以典籍之奧未明[illegible]訓話之理未通，[illegible]每以臆測爲辭，[illegible]文生意，雖傑出[illegible]高賓漢之論左氏[illegible]秋，亦食哀家梨[illegible]論耳：讕陋如弟[illegible]，未嘗敢坿也。[illegible]平生最慕嵇叔夜[illegible]嫩與慢相成，性[illegible]迅也，幸少蝨，蛃[illegible]！又慕陶淵明，[illegible]書不求甚解（弟[illegible]好讀書，故刪「[illegible]」字。）即孔丘[illegible]而不作，疑亦嬾[illegible]故。兄今罰我抄[illegible]，眞苦煞嬾人，右[illegible]矣！（左手幸閉[illegible]可以吸煙。）以[illegible]兄治古史勤，故[illegible]縷而陳之耳。尙祈敎而正之。耑此敬復，並頌撰安。

弟高耀林再拜

十二月十二日

唐詩偶釋

（二）

鄧中龍

登高　　杜甫

風急天高猿嘯哀，渚清沙白鳥飛迴。無邊落木蕭蕭下，不盡長江滾滾來。萬里悲秋長作客，百年多病獨登臺。艱難苦恨繁霜鬢，潦倒新停濁酒杯。

前半寫登高聞見之景，後半寫登高感觸之情。大凡前景後情，不可硬分兩截。蓋因景生情，意實一貫也。

八句皆對，律詩一格，起聯對起用韻，格奇而變。李義山籌筆驛詩：「猿鳥猶疑長簡書，風雲常爲護儲胥。」與此例同，可參閱。

末聯語對意串，若平排便不見精緊，此對結之法也。然非才大，不宜輕率出此，恐力不能勝，反易流於軟弱。

「風急」、「天高」、「渚清」、「沙白」、「猿嘯」、「鳥飛」，均尋常景耳，鍊以「哀」字「迴」字，便覺韻味悠然。此等處乃見大家筆下之不輕率。

七律句法，貴意思層叠，乃能曲而有致。即不能實疊數層，亦應於句中作幾番停頓，方成句法。如此詩腹聯，登台一層；獨登台又一層；病中獨登台，其苦可知，此爲第三層；其又奈多病獨登台乎！此爲第四層；而況乃百年多病獨登台，益覺愁思茫茫，無以自解，此爲第五層。上句解法與下句同，觸類旁通，自有神會。

停杯不舉，已不堪其苦，一層；而乃新近停杯，其苦更甚，兩層；其又奈新近停杯，乃由於病中潦倒乎！末聯一句三層，上句解法與下句同。

風急天高，渚清沙白，睹無邊之落木，對不盡之長江，句句有悲秋意，五六句直點出悲秋二字，括上啟下，此律詩常法。

「哀」字，「愁」字，「苦恨」字，「潦倒」字，全見於詩，具見當時作者心境。第不善安排，即易涉俗。宋人詞中，常多此等字眼，人或之。蓋以善爲文者，不言悲而自悲，不言苦而自苦，一經明言，乃鮮內蘊。然此固不足以爲杜老病也。

首聯寫景，後四句抒情，項聯即景生情，觸於景，乃以疏落之筆之，藉以調和前後矜鍊之句。格高遠，不可逼視。大家布局之妙，至如此，此其所以爲千古名句耳！

胡應麟曰：「五十六字，如海底珊瑚，瘦勁難移，沉深莫測，而精光萬丈，力量萬鈞，章法句法，前無古人，後無來者，當爲古今七律第一。」

附李義山「籌筆驛」詩：「猿鳥猶疑長簡書，風雲常爲護儲胥。徒令上將揮神筆，終見降王走傳車。管樂有才元不忝，關張無命欲如何？他年錦里經祠廟，梁父吟成恨有餘。」

抗戰回憶錄（四九）

張發奎

十一・廣州進軍與受降

多數接收人員的低能和貪劣，更直接造成了接收工作的混亂。接收人員，爲個人打算的多，爲國家設想的少；藏匿埋沒，折扣報銷，貴賤調換，敲詐勒索諸事，層出不窮。結果發財的是私人，吃虧的是國家，軍政部特派員莫與碩和他的辦公廳主任李節文的正法，亦不足以轉變此種風氣。發「勝利財」與「劫收」的名詞，就在這時候添入了辭典。於是，人民由希望的高峯跌進了失望的深淵。勝利的光榮，也這麼黯淡褪色了！

聽說戰後法國槍斃了數萬的奸僞人員。國家的正義與民氣必須伸張。文天祥的浩然之氣，實足以代表一個國家民族的存在條件。奸僞的政治主張，雖有其不同的角度，但賣國求榮的行爲是罪無可逭的。所以在勝利後，我就確定以嚴厲的態度來處理奸僞人員。陳璧君、褚民誼、周應湘、汪宗準、何文燦等，首先就進了我的縲絏。呂春榮、范德星、李劍琴、符永茂等就立卽上了斷頭台。這決不是殘酷，這是歷史自然的淘汰。

廣州區的僞軍有廿餘個單位，人數六萬二千人，內中還有四個僞軍正規陸軍師，這是一個相當數目和值得注意的問題。戰後的社會，須要安定，如果對於這大量的僞軍處置失當，很足以影響整個社會的不安。東北局勢的混亂，雖因潛伏長白山脈十五萬的武裝日軍，發生了協助共軍訓練作戰的酵性作用，但龐大僞軍之未善爲利用，致令共軍勢力突然膨脹，未始不是一個主要原因。第二方面軍受降部隊未開進粵境時，僞軍大部散佈在廣州附近及廣九鐵路沿綫。對這個足以影響受降工作的威脅，我開始卽作妥善的考慮。我訓令他們嚴守紀律，不得妄動，並暫負所在地治安維持之責，聽候中央的處置。中央對於僞軍之指示，原以自動繳械解散爲原則。但在戰爭勝利之前，大部僞軍都已暗中受過軍委會的核委名義，爲顧慮地方的治安，和昭示中央的威信，我對他們作開誠布公的處置，除一部繳械解散外，餘均加以改編撥歸國軍或保安團隊之補充。這是一件最爲辣手的工作，在二個月內的時間，却很順利的解決了。

另一個困難的工作，是十三萬七千餘日俘的處理問題。廣東地區的日軍，自卅四年九月十六日開始分區集中後，於是年九月廿四日實施解除武裝，進入指定的集中營，施以戰俘的管制。我成立了一個日本官兵管理處，並於瓊州、東莞、順德分設三個分所，掌理其事。

日本官兵對投降繳械所表示的態度，頗爲誠摯懇切。在集中營內，一般均能服從命令，恪遵紀律。他們雖是解除了組織的戰俘集團，仍能保持他上下的禮節；而對於日常生活之規律，尤爲井井有條，整潔洗刷，不遺餘力；並能利用廢物，自行建造營舍，且於各集中營區內，開闢園圃，種植蔬菜，全無一種戰敗、沮喪、頹廢的表現。這不可否認是日本建軍的成功，也是值得我們注意的事。

我對於日本官兵的生活，完全施以優待的恩惠，這並不是出於海牙公約的限制，而是表示寬大爲懷的意旨。民族的仇恨，固不易於頃刻之間消除，然人類的同情，是應該獎勵的道德。所以雖然在貧困的供應境況下，我對於他們的生活條件，總是時刻的注意。同時我對於日俘的敎育，更爲特別的重視，且認爲管理日俘乃最重要課題。自民治維新以來，他們都受侵畧黷武思想之薰陶，且具有濃厚之民族優越感，儼然以亞洲領導者自居；雖然八年之對華戰爭已稍改變其對我之認識；四年之太平洋戰爭，亦已挫殺了他們不可一世之氣燄；對同盟國之無條件投降，更已澈底揭穿了「皇軍不可勝」的愚妄；但戰敗並不是毀滅，日本民族今後仍將在亞洲、在世界生存。如何使七千萬飽受侵畧主義荼毒的日人，從根改造過來，接受民主思潮的洗禮，實爲同盟國的重要任務。而盤據在華南、親歷其「武運」盛衰的十餘萬日俘，應利用其集中等候被遣回國之期，予以澈底之感化敎育，實爲管制日俘的工作中心。

對於韓、台籍之戰俘，爲示特別優待起見，曾把他們與日籍軍民隔離，並不以俘虜的身份待之。我且命令撥還他們本身的財產。這一處置，當時有少數人認爲不合理；他們認爲韓、台籍人，在華南的罪行，較之日人有過之而無不及，不但應受日俘同樣的待遇，更應嚴究其罪行，加以嚴厲的懲處。我以爲這是一種短視的見解，台灣是中國的故土，台人是祖國的人民，他們受了五十年的奴隷生活，受着日人敎育和思想上的鞭笞，如果他們有助桀爲虐的行爲，也是祖國放棄了他們才養成的罪惡。韓國爲我們兄弟之邦，他們和台人同樣過着悠久的亡國生活，我們爲扶助弱小民族，爲爭取今後的與國，對於他們，都不能與日人作同樣的看待。

卅五年三月廿一日，第一艘美國自由輪由虎門開出，船上載有日僑四千餘人。嗣後每次均以四千人爲準陸續遣送。此十餘萬窮兵黷武之徒，終於其勝利幻夢破滅後，懷着痛創的心，踏上凄凉的歸途。

四月廿五日，全部日俘日僑遣送完畢。我得到幕僚們的報告，也覺得盛衰無常，不勝感慨繫之！

抗戰行列中見聞雜憶（九）

李璜

自荊門返至宜昌

過荊州（江陵）之十里鋪，本可以折向西行，沿川漢未成鐵路之一路綫，直赴宜昌，其道較近而便。但路經十里鋪時，見人馬雜沓，恐有阻碍，乃向北直赴荊門，得以安宿一夜，恢復疲勞。

杜詩：「羣山萬壑赴荊門，生長明妃尚有村。」荊門縣治正在荊山山脚下，而荊山北連武當，西連巫山，再西通於大巴山脈，橫斷迤邐，中多壑谷，山川尙稱秀麗，故在山間水畔，能生長出漢朝昭君這種有名的美人來！（昭君村在秭歸縣北香溪水畔。）

我們一行在荊門早飯後動身，向當陽進發，因公路新修，雖修得甚爲草率，只是將大道畧爲塡寬，並未深築路面，幸天晴無風，沿途尚稱平順。惟將到當陽縣城，車渡淸溪河，畧爲費事，因河流雖小而流緩，但無渡車船之設備。幸我們所乘爲小汽車，車小而輕，可放在三板之船頭；空車而渡。但須覓木板自岸搭向船頭；四個厚木板平鋪，兩頭用人拉穩，然後自岸車入船頭，費了一個鐘頭有多，然後幸未翻車；過河又如法泡製，又費許多時間，厚贈船家四個銀元，不半小時，便至當陽城。

在當陽城午飯，詢明長坂坡，卽在縣西南不遠，距大道亦甚近，並不必繞路，且不須步行甚遠，便可見長坂坡，並有張飛、趙雲合祀之祠廟可以參觀。晏陽初兄聞之大喜，認爲不負此繞路以致多費一天的辛勞。

飯後復上車，出當陽縣西門，行不過三十里，詢之路人，云已近趙雲廟，因下車，請村店一小童作嚮導，只半里路，便達到了長坂坡。坡爲長圓形，類似香港之「跑馬地」，但要大三四倍的樣子；坡自北而南，畧爲斜傾，但中甚平坦，北面爲一山埂，並不高，可以俯瞰全坡，作爲將帥指揮軍隊決戰之用，恰到好處。陽初與我察形勢，想當年，依稀趙子龍匹馬單槍在殺進殺出，也好像曹孟德站在對面山坡上在發號施令的模樣！

穿過長坂坡，山半有廟一座，並不大，中只供趙子龍與張翼德兩人泥塑像一龕，餘無他像。但張趙兩將軍的塑像不小，並坐一龕，高約兩丈餘，全身盔甲，狀甚威武，一如戲台上所見之形像，彩色猶新。據小童云：兩年前曾刷新過來，每年正月，城村大衆都要來燒香游玩也。詢小童以當陽橋何在，彼竟不知。我笑向陽初道：『看了長坂坡，還想當陽橋！當陽橋不是在三國演義上說過，早已被張翼德折去了嗎！可以行矣。』陽初高叫一聲，「張翼德請了！再見！」我們酬過小童，上車而去。

車抵宜昌，已是黃昏，滿街燈火，人聲喧嘩，又復落入戰時兵民無秩序的進退紛擾狀態中！我們知旅舍難覓，乃車至民生公司宜昌辦事處。因在平時，陽初與我往來長江一帶，停宿碼頭，多半打擾民生公司，宿在其職員宿舍或招待所中。因民生公司總經理盧作孚兄素性好客，安置過客友人特別週到，而宿舍與招待所中的茶房（侍應生）也曾特別加以訓練，應對進退，彬彬有禮；宿處雖樸素無華，而打掃則相當潔淨，故我輩便不客氣的每次要白白的住上一兩日。（抗戰時在大後方旅行的寄宿處，則以陳光甫先生的中國旅行社招待所，有此同樣的周到潔淨，如內江等處，爲我們所樂於投宿。）

我們車至民生公司門前，看見內面擠滿了人，行李攏滿地，人聲亂糟，其辦事處經理汪君雖立出而招待我們，但此一平素笑容滿臉的經理先生狀至疲憊，不及寒喧，便喚茶房立帶我們去宿舍休息。我道：『從來未見你們這裏這樣的亂法！』汪君道：『一言難盡，回頭來看你們再說。』

直至夜午，我們用飯、沐浴後，已將上床，汪君始返宿舍。見面卽向我們道歉，事太忙，未招呼得到等語。我問：『何以一二十位丘八老爺來辦事處吵？不是有軍事委員會與後方勤務部在招呼軍隊嗎？』汪君作苦笑，回答：『本公司的船已全部打差，被軍委會封了的，照道理，我不賣票，我不安排客人，大可淸閒一下；何況軍委會與後勤部又各派有一參謀一科長來，照料安排，我更是沒有責任了。但是，軍眷陸續到來，一定要優先上船，住進大餐間或頭等艙。船上有兵守着，非得駐公司的那兩位參謀與科長關照，不能上船。因此這幾十家的軍眷所帶的副官，馬弁便來公司索取上船通知。而軍眷盡是太太、小姐、少爺，合起來，在百人以上，上船如何安排，已成問題。何況軍委會並無可搭軍眷的通知，但這些軍眷來頭不小，不是軍師長的，就是部次長的，軍委會的參謀與後勤部的科長都不敢得罪他們，已去電請示，尚未得回電，於是他們兩位便溜開了，請我暫時應付一下！你們想，這是好應付的了嗎？』

陽初兄道：『這就是川戲裏所說的「大家保家眷」，這個抗戰的傢伙，所以打得來如此其不專心去對敵人啊！』我說：『這一來，我們要在此，吃你們公司飯，多吃幾頓了！我們還敢去與太太、小姐、少爺擠先嗎！』陽初說：『我們不在乎，慢幾天上船不要緊，敵人還未進入武漢，又何必後退得如此其狠狽呢！』

但出我意想之外！次日重慶參政會秘書處轉來一電，叫宜昌民生公司探投李參政員，電言：我父親病危，速返。這一下，把我急煞了！幸當時有只容四人，只飛五六百尺高的小飛機，可由宜昌以兩三小時飛重慶。中有一個位，本由民生公司漢口經理早訂下的，特讓與我；我便抛下陽初，搭上小飛機飛返重慶，這個抗戰兩個多月的前方工作，到此告一段落。

本刊已經香港政府登記

聯合評論 週刊

每逢星期五出版

United Voice Weekly

第二五二號

督印人：黃宇人　總編輯：左仲平

社址九龍大埔道一六八號南亞書局 805641

承印嘉羅印刷有限公司香港灣仔馬師道5號

總代理：友聯發行公司售價每份港幣一毫

本報美洲版總經售處美國紐約中美出版社

CHINESE - AMERICAN PRESS, INC
199 CANAL STREET.,
NEW YORK13 N. Y. U.S.A.

美洲航空版每份零售美金一角

中俄共在分裂邊緣上

胡越

本年十月間，在一個日本文化界人士的座談會上，討論中俄共分裂的可能性，有人問我的看法，我曾這樣說：關鍵在俄共與南共關係的發展，如果俄共與南共言歸於好，南共重新回到共產集團裏來，那麼中共便絕難忍受了。最近狄托訪俄，果然造成了中俄共罵戰的新高峯，二者的關係達到了分裂的邊緣。但終由於俄共與南共之間的懸案未獲解決，南共未能重返莫斯科集團，中共的反蘇叫囂，也就暫時緩和下來。

觀察這次赫魯曉夫約狄托訪蘇的情況，他似乎已下決心爭取狄托歸隊。南共與中共在某種程度上，都是俄共的叛徒，但是就目前彼此歧見的距離來看，俄共與南共愈來愈近，與中共卻愈來愈遠。當一九五八年五月南共舉行第七次代表大會，發表新綱領的時候，曾遭受莫斯科猛烈的攻擊。

那個新黨綱值得注意的內容有五：

（一）認為「近幾十年來馬克思主義思想落後於現代社會的發展了」，針對新情況，必須建立新的共產主義理論體系，以「豐富全人類共同的社會主義的實庫」。這可以說是修正主義的宣言。

（二）關於實現社會主義的途徑，新黨綱認為資本主義社會可以不經流血革命，由和平改造升進到社會主義社會。並承認資本主義社會若干進步的事實。

（三）關於黨與工人階級的關係，新黨綱認為以黨代替工人階級專政「在理論上是不正確的，在實踐中也是有害的」。主張工人階級在政治上應有更大的發言權。

（四）關於國家的消亡問題，否定了無產階級專政可使國家自然消亡的理論，認為階級專政會造成更嚴酷的國家統治，唯有擴大民主權力，才能促進國家的消亡。

（五）關於民族主義與國際主義問題，主張共產國家應完全平等，嚴格遵守不干涉內政的原則，並指出「一些社會主義國家，可能剝削另一些社會主義國家」。強調各民族以各自的情況，以不同的道路走向社會主義。

從上述五點來看，近幾年由於俄共大踏步的向修正主義邁進，在（一）（二）（三）（四）各項，俄共已經差不多與南共看齊了。唯有第五項，俄共還不能滿足南共的要求，這可能是這次赫魯曉夫爭取南共歸隊失敗的主要原因。因為俄共還不能放棄對東歐各共產國家的控制，並且還要維持對那些國家的經濟剝削。

赫魯曉夫不惜與中共決裂而爭取南共，還有一實際的原因，那就是南共在東歐各國共產國家當中，是唯一反抗蘇俄爭取自主而獲成功的國家，狄托不但在南斯拉夫人民眼中是英雄，並且在東歐人民眼中也是英雄。五五年東德的波茲南暴動，其後波蘭的反蘇運動，匈牙利的革命，實都受狄托思想的影響。因此南共獨立於共產國際圈外，對於東歐國家，是一個誘惑和鼓勵，是東歐內部不安的一個重大因素。假使南共能回到共產集團裏來，對東歐將發生重大的安定作用。此外由於狄托對印度、埃及等中立集團有密切的關係，爭取南斯拉夫則確實有利於蘇俄在冷戰上的聲勢。

根據上述情況，我們可以如此觀測未來的發展：（一）俄共與南共關係的發展，對中俄共關係將發生決定性影響；（二）俄共與南共能否解決懸案，要看俄共能否放棄對東歐共產國家的控制與剝削。（三）俄共能否放棄對東歐共產國家的控制與剝削，要看修正主義在俄共內部發展的程度，及俄共經濟發展的情況。

當然，我無意說除了南共的因素以外，中俄共就絕對不會公然決裂，不過南共問題最尖銳最富爆炸性而已。目前二者關係已在分裂的邊緣上，再加一分衝突的因素，隨時就可以從邊緣上滾下去。現在雙方幾乎都有決裂的意圖，其所以仍然各拿一張紙，來掩蓋鬥爭的怒火，只因為受共產國際的壓力。避免造成分裂的責任。觀之最近蘇俄在眞理報上頻頻刊載捷共，意共，法共抨擊中共的言論，又鑒及中共要求召開世界共產黨大會，似乎二者都想在共產國際中爭取多數的支持，尋找最有利的分裂時機。由這我們可做一推論；當中俄共任何一方，在共產國際中，取得了絕大多數的支持，那麼決裂的時機可能就成熟了。

今天世界上計有八十六個共產黨。其中一部分是取得政權的共產黨，除中共俄共之外計有：捷、波、南、保、匈、東德、羅、北韓、北朝、阿爾巴尼亞，共計才十個。單就這個分野來算，中共只獲得阿共及韓共的支持，北越則舉棋不定，而俄共則獲得其餘七國支持，二者對比為八對三，俄共絕對優勢。但是在未取得政權的七十餘個共產黨中間，中共可能稍佔優勢。因為這些共產黨多數都盼望天下大亂好乘機奪取政權，赫魯曉夫的和平共存政策，對他們是不利的。

不管中俄共何時公開決裂，二者之間的對壘今後日益劇烈。而俄共對中共的壓力愈大，中共內部不安也愈大。這一發展對於中國反共復國革命顯然是有利的。

斥毛澤東製造三個中國

——中共與外蒙訂邊界協定即是賣國

劉裕畧

據中共新華社北平十二月二十三日電：「中華人民共和國國務院總理周恩來十二月十六日致函蒙古人民共和國部長會議主席尤·澤登巴爾，邀請他來北京簽訂中蒙邊界條約。澤登巴爾於十二月十八日覆函，表示接受這一邀請，周恩來總理的信內稱：我榮幸地代表中華人民共和國政府，並以我個人的名義，熱烈歡迎你於十二月下旬前來北京簽訂中蒙邊界條約，我們深信，中蒙兩國邊界條約的簽訂，對於進一步鞏固和發展我們兩國人民之間兄弟般的深厚友誼和加強社會主義陣營各國的團結將作出有益的貢獻」。

由於中共對外蒙的這一邀請，所以澤登巴爾便於十二月廿五日由外蒙乘飛機到了北平，中共並以「國賓」之禮歡迎了澤登巴爾。

此外，中共所謂全國人民代表大會常委會於十二月廿四日還決定了派周恩來為「簽訂中華人民共和國和蒙古人民共和國邊界條約的全權代表」。於十二月廿六日簽訂了邊界協定。

現在，且不討論中共此時此際何以突然要與外蒙簽訂邊界協定，也不討論邊界協定本身之得失，但我全國同胞首先必須要認清的，則是中共與外蒙簽訂邊界協定的這一舉措，在性質上講，完全就是一種賣國行動。

何以說呢？因為外蒙原是中國領土的一部份，正如台灣、廣東、江蘇、福建、新疆、內蒙、河北、遼寧等乃中國不可分割的地區正是一樣。外蒙之所謂「獨立」，原是蘇聯帝國主義侵畧我國土地之別名。所以，任何一個眞正愛國的中國政府，必以取消外蒙獨立收復外蒙土地為無可旁貸之責任。但中共今日不此之圖，反而邀請外蒙傀儡澤登巴爾到北平簽訂兩「國」「國」邊界協定，正式承認外蒙是另一「國」，這顯然是無恥之尤。不但暴露了中共一向高喊的「愛國主義」是幌子，而且也証明中共所謂「敢於與帝國主義鬥爭」完全是謊言。否則，為什麼不向蘇聯帝國主義索回外蒙，反而承認外蒙是「獨立國」呢？反而要與外蒙劃分「國」「國」界呢？

所以，道理非常簡單，中共與外蒙簽訂所謂邊界協定，無論邊界協定的內容如何，這一協定的本身便是一種喪權辱國的做法，乃全體中國人所不承認。

事實上，中共與外蒙簽訂邊界協定，亦即無異把我們整個中國劃分為三個中國，即：中華民國，「中華人民共和國」與「蒙古人民共和國」。

在以往，中共報章雜誌一直誣衊蔣先生（蔣先生對內不民主是另一問題）和民主反共人士製造兩個中國，有時，又指責美國少數人在製造兩個中國。其實，如果所有中國人都不承認都不製造兩個中國的話，任何美國人要想妄圖製造兩個中國也都必然碰得頭破血流，此路不通的。說蔣先生或民主反共人士製造兩個中國，當然更與事實絕對不合。無論民主反共人士，無論蔣先生，到今天，都一直奉中華民國為正朔，只認中華民國為惟一法統，但遠在中華民國四十八年十月一日，中華民國暫時偏安台灣，中華民國政府並未滅亡，仍在中華民國領土台灣省行使政權的時候，中華民國政府仍在聯合國安全理事會擁有永久常務理事席位，仍在充當聯合國大會會員國及其它一切國際組織中之成員國的時候，毛澤東及中共中央諸首腦竟在北平另行成立所謂「中華人民共和國」。可以說，這就是毛澤東及中共中央諸首腦正式製造兩個中國之開始。

其後，無論在聯合國，無論在亞運會，也無論在寮國以及其它許多場所，凡中華民國已擁有惟一合法外交地位的地方，中共都想以「中華人民共和國」的名義鑽進去，以造成「中華人民共和國」與中華民國並存的事實，而不是等到中華民國完全滅亡之後，也不是等待中華民國從這些國際組織退出之後，這不是毛澤東在事實上蓄意攪兩個中國而何？

今毛澤東忽然又邀澤登巴爾到北平，由所謂「中華人民共和國」政府與所謂「蒙古人民共和國」政府簽訂「國」界，使外蒙古在所謂「中華人民共和國」之外，另成一「國」，這就更在事實上把中國劃成為三個了。然而，這是任何愛國的中國人所不容忍所不承認的。因為，中國原本只有一個，而且自夏商周秦漢隋唐以來，中國都只有一個，就只有包括外蒙土地在內的這一個。這惟一的一個中國，當然不是毛澤東於中華民國四十八年十月一日製造那一個「中華人民共和國」，也當然更不是「蒙古人民共和國」，而只是中華民國。

為了解除國界糾紛，中國與相鄰的任何一國訂立無損主權的協定，當然都是應當的。但絕對不能與外蒙劃定國界，因為外蒙只是中國的一部份，何來劃界之可言。中華民國政府雖然也曾經承認過外蒙的獨立，但隨後業已廢棄那一承諾。所以，毛澤東現在進行對外蒙劃界的這一行為，實在就是一種賣國。對此，我們必須先斥責它，然後再以反攻復國行動粉碎它。對於毛澤東和澤登巴爾等人都必須治以叛國罪和漢奸罪。

軍事政策

孫寶剛

依我個人所知，以往也許有人談過國防，但很少有人談過軍事政策。這當然是不足奇的，因為中國政府在這幾十年來根本沒有整套的政策，所以軍事政策當然也沒有了。也許有人以為國防問題已經包刮了一切，所以軍事政策便被人所忽畧了。這是一個錯覺。因為國防計劃是軍人的業務，軍事政策才是政治家所討論。一個國家須有了軍事政策，才有國防計劃。軍事政策和經濟政策或外交政策一樣，是屬於整套政策的一部份。一個執政的黨有其整套的政策以為執政的基準，其中的一部份就是軍事政策，參謀本部才按照軍事政策所規定的來計劃國防。國防計劃是牽涉到執行軍事政策的許多軍事設施，軍事技術，以及軍隊的編練等軍事問題，往往是秘密的，祇有參謀本部及其他中央軍事機構才知道，但是軍事政策是公開討論的，是要全國大多數的人民所熟知的。它不是一個秘密，正如經濟政策等不是一個秘密而為人民所熟知的一樣。

那末軍事政策討論的什麼呢？大體說來，第一要知道作為一個國家，處於世界上，是要向外擴張呢？還是要和其他國家和平相處？是要保持已有的領土和權利呢？還是在不得已時可以相當的犧牲一部份？假如要向外擴張，那麼向那裏擴張呢？在軍事上應作怎樣的準備？假如要和平相處，但事實上有沒有要來侵掠的敵國呢？假如有敵國的話，那麼，願意犧牲一部份領土或主權來滿足敵人的野心，以求和平相處呢？還是須保持原有的領土或主權不可。於是在軍事上應作如何的準備？對於有殖民地的國家，是否願使殖民地獨立，抑或仍須保持，這對軍事政策的決定便有不同。第二對於人民服兵役的時期，和軍費在國家支出中的百分比等，都是討論軍事政策時應該提起的。

但是在決定那些問題時，並不是專靠主觀的願望來決定的。第一要看敵人的形勢和力量，第二要看國際間的形勢和力量。第三要看我們的人力物力以及幹部的素質和數量。然後乃能作出決定，是擴張，還是和平相處？還是須在不得已時犧牲一部領土或主權？所以軍事政策是和外交，經濟，政治，及社會政策相配合的，是一個整個體，決不是軍事的突出的。

為了使讀者明瞭起見，我們可以把印度來做一個比喻。印度這個國家，自從獨立以後，縱然在標榜中立主義的和平相處的政策，但因積極性的國家主義或民族主義的色彩相當濃厚，因此對果雅，卡希米亞和喜馬拉雅山麓的幾個小國，以及中印邊界甚至西藏等地區，使發生了問題。結果果雅是用軍事佔領了，喜馬拉雅山麓的幾個小國都作了印度的附庸國，卡希米亞還在和巴基斯坦相持不下，陳兵相對，而西藏和中印邊界問題竟造成了今日的中印的邊境衝突。

我們站在軍事政策上來說，印度對於果雅，喜馬拉雅山幾個小國和卡希米亞以及西藏，還沒有多大錯誤，但對中印邊界問題來說，在軍事政策上是犯有錯誤的。現在事實也已經証明，以印度現有的戰鬥力要强迫中共承認麥馬洪線是不可能的。並且進一步來說，印度也根本不能決定一條軍事政策，强使中共承認麥馬洪線的，因為軍事政策是以國內的經濟，和社會為背境的政治。在戰畧上有一條原則，假如知道和敵國的軍事力量絕對不相敵，而又明知敵人對我的企圖極有限，不足以損及國本，賢明的政治家就應避重就輕，作自動的犧牲，免致一旦戰爭爆發，淪國家於不可收拾的局面。我認為印度的當局在決定中印邊境的軍事政策時，似乎沒有考慮到這一條原則。好在中共現在能自動停火，亡羊補牢還沒有晚呢！

最後說到中國未來的軍事政策。我們應當還是站在自由，平等及民主的基本觀念上。易言之，我們主張自由，所以也贊成人們自由；我們主張平等，當然以平等的態度來對待隣國，我們主張民主，邊界的糾紛應以當地的民意為歸依，所以我們的軍事政策不站在擴張主義的立場上，完全是防禦性的。假如在防禦力量不够的時候，我們應該形成集體防禦，以為補救，我們不贊成愚蠢的中立。預測將來的中國，除了蘇聯以外，和中國接壤的國家的軍事力量都很有限，所以這些國家要來侵掠中國的土地和主權是不大可能的，有之，那是他們自己犯了錯誤，所以中國的軍事政策，應該取防禦性的精兵主義，人民服兵役的時期應以必要的最低限度為準，召集的兵額也應以最低限度為準，同時應與友邦形成集體防禦來彌補本身力量的不足。一面應該注意國防交通設施，使精兵主義弗因地區遼濶而蒙受不利。最後對於軍隊怎樣使其絕對的國家化，不受任何黨派和私人的操縱，也是今後中國的軍事政策上的重要部門。

以往中國，因為沒有整套政策，所以也沒有軍事政策，甚至也沒有國防計劃。軍隊的擴充或縮編，以及裝備和編制，完全和國防計劃無關，祇作為野心家在國內爭權奪利的工具而已，更談不到和外交，經濟，社會，政治相配合，而使結果成了民窮財盡，內戰不已。一般談政治的人們亦不知軍事政策的重要，所以很少人談到這個問題，這是很可惋惜的一件事！

我們必須共同渡過苦海！

啟明

（一）

大陸「土改」以後，我家庭破產，經過了好些曲折，纔孑然一身的逃來香港，寄居在堂兄振英家裏。由於家鄉的傳統觀念──出國，最初我是希望能去美國，做上一二十年苦活，從中幫助家庭，並積蓄些，作為個人「安身立命」之打算。

但是，到美國去的希望沒有成功。不久，因為偶然的關係，我進入文化界工作，也因此之故吧，新的人生觀逐漸形成，所以等到後來我的堂兄叫我去南美時，我便婉拒而留在這裏了！

二十多歲的青年，在這一階段，總需要一個「對象」來追求的，這無論是金錢、名位、或者是異性……而我自經過不成熟的戀愛以後，况且親身體驗過一次「翻天覆地」的社會變革，有錢的人，旦夕之間化為烏有，並還要受苦難，所以，我對金錢沒有什麼大的興趣，因而轉到思想活動方面；這種「苦行」的工作，不過在大體的維護下，以求取「個性」的伸展罷了！

這世界是個苦海，你要登上幸福的彼岸嗎？那就要有很大的毅力，所以我想，橫豎留在這裏是「不够理想」了，不如去渡一渡吧！渡不過，小小的一條生命，溺死算得什麼？也許，這種啟示，是由於我不滿意共產世界，才對這個社會認識，然後有進一步要求。

人──總是靠刺激才進步的，由一個大腦運用，創造一種美麗的、更美麗的，無止境的創造下去。所以共產黨把人的「腦袋」一元化──用腐蝕劑來消滅腦袋，使它不能受刺激，不能受感應，而人類具有向上的靈性，因此變成乾巴巴的死物；如果否定了人的「腦」的價值，也就否定了人的本身價值，因為論體力，人不如牛馬；論感覺，人不如某些細小的昆虫動物；論靈活，人不如飛鳥；試問：宇宙間假如只有一種工具駕馭了人的意識，這世界無疑將是奴役的、暴戾的，永遠的黑暗的……。

要戰勝共產主義，必須在思想意識上提高──自由，這才是一種原動力；否則，以共產主義的思想方法去反對共產主義，即使是「勝利」了，那也只是變相的更換另一批人統治，這統治──可說仍是「共產黨」的。因此，在目前的反共陣線，還有一批人的觀點和「自由」絕對的對立，他們甚至咒詛「自由」，這真是和共產黨同一鼻孔出氣！

但是，時代的巨流──自由主義，終有一天沖垮種種障碍，而使人類獲得真正解放；所以，我懷着這樣的信念，在現實的苦海，向彼岸渡去……。

（二）

中國的未來，未來的中國，這是多麼多麼美麗的遠景；可是回頭一看，啊！那真是失望之至。我們知道，反動的勢力，對於新生的思想，是還要千方百計地摧殘的，他們最禁忌的是「童子操刀」，認為這麼一來，「其傷也多」的了。他們把社會的罪惡，推給新一代的人承當。然而，在他們心中，最好不再有「造反」的事發生，好讓他們的統治寶座，萬世一系的延長下去。

該厭惡的就厭惡吧，壞透了的東西，根本就沒有再存在的價值；中國人一向聽其自然的態度，對於什麼「天下大勢，合久必分，分久必合」，到現在總算認識怎樣才「分」，怎樣才「合」的道理了。因此，治中國社會的病，顯然已不能靠「鋸箭法」，更不能寄望在官塲中混久了的人，所以在這一前提下，年青的一代，必須抬起頭來，掌握方向，駕着時代的巨輪前進！

對於你們──國民黨當局我實在感到失望，在過去四年中，我跟你們「合作」，像許多人一樣，希望你們打破歷史記錄，在短期間，能真的「打回大陸」去，但是，當我愈了解你們，就愈改變我當初的態度了。別的不說，就此間的一家晚報而論，在還未成為你們「據為己有」的時候，可以說，還像個樣子；可是一做了你們的「喉舌」以後，就不堪一看了，這是什麼原因？

况且，台北的官塲中，還盛行「捧、貢、鑽」的三字訣，雖然有心的人，提出「革新、動員、戰鬥」，但由於積毒太深，這口號徒然作了「應景」而已！

我時刻想，如何才使國家走上康莊大道，有時徹夜不眠。大陸的一些朋友最近來信，他們已由希望「反攻」而大發牢騷了，說他們的心「已死了」！同時，在國外留學的朋友，他們對台灣也時有微言，最初，我是做折衷人的，說國家在危急之秋，應以反共第一，可是，人畢竟是有耳目的，再加上國民黨當局的宣傳拙劣，於是「好事不出門，醜事傳千里」，就很難為人們所接納了。

因此，我在反覆思量，左右比較，中國的反共革命勝利，必然是要靠一種新興的勢力的，只有這樣，中國才有前途！人民才有幸福！

馬來西亞的內外問題

（一）

天民

婆羅乃叛亂的突發，揭露了印尼共黨製造武裝動亂的眞相，採取軍事行動破壞大馬來西亞計劃的陰謀。中共立刻宣佈支持叛軍，顯示出中共、印尼共、馬共一系列的共同行動，它們已不惜正面地與馬來亞、馬來西亞、以及英國對立，並引用婆羅乃人民黨部份激進份子如阿薩哈里等，在東南亞開闢一個新的游擊戰場。當然的，它們還會利用離間、破壞、罷工、暴動等，以聲援他們在森林中的戰爭。

另一方面，印尼總統蘇加諾聲言同情婆羅乃叛軍之後，印尼聯合政府中的兩個最主要黨派——國民黨和共產黨，已對婆羅乃叛軍採取共同支持的立場，並且已開始實際支援的行動。由於北婆三邦在地理上不過是印尼加里曼丹的一小部份，如果印尼要認眞及不斷困擾及窺伺北婆，對於三邦當然構成嚴重的威脅。

印尼困擾北婆三邦直接打擊了馬來西亞，也等於對馬來西亞的其他兩個單位——馬來亞和星加坡，加以直接的打擊。因為馬來羣島的亂事，與馬來半島息息相關。同時以星馬與印尼地理的接近，過去貿易交通等關係的密切。若果繼續干預三邦，星馬與印尼的邦交必然更趨惡化，甚至發生武裝衝突，也不是意外的事。那樣便會造成東南亞新興國家間嚴重的分裂。

馬來亞是與英國聯防的國家，而三邦目前更是由英國直接防衛。星洲更是馬來西亞和英國的海軍基地。（這是共黨所亟欲加以破壞的一個原因。）而印尼則是接受蘇聯軍援的國家。印尼與馬來亞衝突的背後，又隱約可以看到英蘇兩大軍事力量在這一地區的衝突。

菲律賓因為對北婆羅洲領土主權的要求，使得她一反一向支持取捨的標準——過去菲律賓在共黨與反共或非共之間，她只有支持後者。而在這次婆羅乃事件，却採取一反向來的態度。究竟菲律賓在這一場牽涉甚廣的糾紛中，將要扮演什麼腳色？

馬來西亞本身，無論星馬之間，馬來亞與三邦之間，也確實存在着若干問題。如果星馬與三邦五個單位，朝野對於合併都是心悅誠服的話，即使有共黨和印尼的挑撥，也沒有人民黨可供利用。那麼，在馬來西亞計劃的進程上，如何調協加強內部以應付外來的挑戰？不但是馬來西亞而且也是馬來亞的課題——因為如果處理不當的話，不祗馬來西亞前途多艱，可能連馬來亞也要被「拖下水去」。

（二）

大馬來西亞計劃誠然是一項「偉大的構想」。以資源豐富和在東南亞最安定的馬來亞，和年來在這區域內等如「世外桃源」的北婆三邦，以及星洲進行合併，納整個馬來羣島於一個國家，合華、巫、印、達雅等多種民族，一爐共治。有石油、膠錫木材等世界著名的重要資源，有星加坡這遠東交通樞紐及良好海港。在分裂混亂貧困騷動的東南亞，馬來西亞確乎給予人們以一個建樹理想國家展望。

戰後東南亞國家，多數與戰爭結上不解之緣，即使沒有外憂的也有內亂。由殖民地進於獨立的問題未了，共黨的滲透及侵略已到；國與國間的疆界或經濟貿易的糾紛，和政治路綫不同引起邦交不睦。這些固然是主要的亂源，但基本上，這些國家本身確也有許多弱點。

東南亞國家除印尼外，都是領土太小、資源不豐的國家——這並不是說他們的人民生活有何困難，而是他們不可能一面建軍自衛國士，同時又安定提高國民經濟。加上種族的複什，沒有偉大的領袖人材，這些都是立國困難的所在。

為了防衛和建設有賴外援，形成了走政治路綫的問題，出現了反共親共及所謂中立而偏左偏右這些錯綜的現象。種族的複什易受挑撥離間而利用，共產集團則極力向任何矛盾加以利用。至於領袖人材如自以為縱橫捭闔的蘇加諾者流，對於安定國家既有問題，對於和協鄰邦也有疑問，恐怕到底並非他們本身國家之福。

馬來亞自剿共成功後，隨着緊急狀態的解除，內部由軍事而轉入建設，在外與泰菲等國成立東南亞協會，成立共同市場之芻型，一時頗有新興的氣象。政治上她不參加東南亞公約，也不與中立主義同流，相當穩健。如果能聯合三邦而成立馬來西亞，只有星洲這一個「問題孩子」（拉曼語），可能不失為東南亞的一項安定力量。若能和洽內部各民族，開發資源從事建設，前途當未可限量。

當然這會引起共黨的不滿。「共黨寧願對付英殖民地主義者，而不願對付一個強大的馬來西亞中央。」（李光耀語。）共黨反對馬來西亞計劃，乃要將五邦「分而吞之。」（拉曼語。）

這就是婆羅乃叛亂的根源。共黨為什麼要反對馬來西亞，挑撥及引導印尼反對馬來西亞，即此就足以說明。

（三）

馬共軍事失敗後，共黨活動集中於星洲多次暴動及對政權的爭奪。可是人民行動黨分裂，李光耀掌握議會僅少的多數，並藉拉曼及右翼林有福等之助，在馬來西亞問題的公民投票上，擊敗了脫黨另組社會陣綫左翼。共黨不能以合法方式阻撓馬來西亞，就採取了非法武裝叛亂的最後方式。

拉曼倡議馬來西亞是不是為了「大馬來」主義的動機？這或者不能說有明顯的跡象，因為事實上一半也是迫於形勢——馬來亞不能「閉關自守」。星洲明年必須制憲，政治變幻未可知，而李光耀力竭聲嘶，呼籲星馬合併，說星洲現狀不能維持多久，因為它的經濟不勝負担，勞工問題將成絕症。拉曼知道星洲若果赤化，則馬來亞不能獨善其身，因此他也致力於星馬合併，從而發展為馬來西亞計劃。

據說拉曼的馬來西亞計劃，主要作用「冲淡」新國家中華人的成份。因為若祗星馬合為一國，華人人口將超過馬來人，有執掌吉隆坡政權之虞。但在北婆三邦，華人較少而馬來人較多，其他土著可能對馬來人更為接近。所以拉曼不肯與星洲先行合併。也不肯讓三邦先行自行合併，然後與星馬合為大馬來西亞。

僅僅作為馬來亞一個政黨「巫統」的領袖，上述想法未可厚非。但作為「華巫印聯盟」及國家領袖，馬來西亞領袖，甚至倡導東南亞聯合的領袖，拉曼這種想法是不够。一個是以多種民族成立的國家，只能以各民族平等為原則號召，決不能以最多數壓次多數、逐級地壓抑少數民族。這樣就適足為造亂者製造口實。如在星洲，左翼不敢公開反對星馬合併，却反對合併條件，如議會席數比例，如公民權等等。實際在這些問題上，李光耀確是對拉曼讓步了的。

在北婆三邦，合併於馬來西亞也即是三邦的獨立。共黨份子不便反對獨立，他們便鼓吹三邦先行合併獨立。他們的藉口便是不要「由英帝國主義讓渡給馬來亞帝國主義」，不要「由殖民地轉為殖民地」，華人不要「成為次等民族」等等。在事實上，三邦不少人民確有不贊成以回教為國教，以馬來語為國語，並主張不能無條件承認馬來亞憲法，因其帶有「馬來人優先」的性質。

這些問題都是實質有理由根據的，即使沒有共黨及印尼的打攪，為馬來西亞本身亦應善為消納處理的。三邦人民意見，英國的徵詢報告書中多已備載。該書勸說三邦人民勿令馬來西亞計劃失敗，以致被「某些勢力集團利用這一形勢。」但英國及馬來亞須知：若要馬來西亞計劃成功，就必須做到「某些勢力集團不能利用這形勢。」而那也即是說，要平等合併，尊重傳統。不要藉口恐某些勢力集團利用形勢，抑壓民意，從而把自己造成另一個「勢力集團」。

據說菲律賓已向英方保証與婆羅乃叛亂無關，希望她能進一步保証對北婆要求，不作非法的干預。至於印尼，英國雖希望它能與菲國作同樣保証，但印尼羣眾大會已在焚燒「英帝」的草人，蘇加諾給予英國的答覆是否定的。蘇加諾是被印尼共黨牽着鼻子走的話，馬來西亞正是前途多難，恐怕非羣策羣力就不易推上軌道。所以各方還得放棄權術，衷誠合作。

旅社老板檢舉警員後忽被刺殺

靜之

（台北通訊）彰化縣旅館業公會理事長，員林鎮第一旅社老板張清泉於本月七日下午七時許在員林鎮前任鎮長張春松家吃完拜拜酒後歸家途中被該鎮林厝里里長謝清再行刺重傷，經送醫院急救，於清晨四時不治死亡，兇手一度逃匿，至十一日凌晨二時又向警局投案。據供稱：他當晚在員林地政事務所前遇見死者，即詢以為何在四十九年一月鎮長選舉時叫七八個人打斷他的手，不料死者回答說：「你是個打不死的人嗎？」語罷即衝過來，他性急才抽出身上所帶的扁鑽子予以猛刺。但當時與死者同行的吳朝乾則指証兇手並未向死者發一言。再証以兇手預藏兇器，顯見其行刺乃是預謀。

遺孀指控警員教唆殺人

由於死者曾於月前向省警務處檢舉員林警察分局刑事組長王樹眞貪污枉法事件達三十餘起之多，且於日前親往台北向警務處長面陳一切，而兇手又是王樹眞所雇用的「綫民」，社會人士多懷疑本案必另有隱情。死者之妻汪碧雲於八日下午向新聞界發表書面談話，指出謝再清預謀刺殺乃夫，刑事組長王樹眞等實有背後教唆的重大嫌疑。同日下午彰化縣警察局長劉清池舉行記者招待會，對汪碧雲所指各節，予以否認。並云為了避嫌已將王組長調返總局服務，他保証該者接受偵查和國家法律的裁判，決不會畏罪潛逃。九日夜十時半，汪碧雲到台中地檢處按鈴申告，指控員林警察分局刑警黃伴涉嫌教唆謝再清殺害乃夫。梁挹清檢察官對此極表重視，即於十日指派戴中流檢察官抵達彰化實地進行偵查。十四日，汪碧雲又向台中地檢處補具告訴狀，指控員林分局刑事組長王樹眞教唆殺人。

王樹眞說冤枉

十三日，王樹眞向新聞記者發表談話，堅決否認他與張清泉的命案有關，並發表一篇「我的控訴」的文件。其中指出死者原是「逼良為娼，敲詐勒索，集夥毆鬥，魚肉鄉民的流氓」，其所檢舉他的四大罪狀，上級一再調查，均未發現証據。如他有教唆殺人情事，他請求不需審訊，即予以槍斃；否則也希望給他一個清白。同日下午，他又到台中地檢處呈送自白書。

聯合報有微詞

聯合報在本案發生後，先後在「黑白集」欄內發表兩篇短評，其一指出：「關於死者的人品，據當地警局宣稱，為一登記有案的「甲級流氓」。而其家屬則稱其為深明大義的愛國青年，並列舉「二、二八」事件時曾與暴民苦鬥，保護政府人員，經政府頒給「義勇可風」的匾額，最近復經縣長頒獎為「優良理事長」等事實以為佐証。究竟他是好人？是壞人？實在很難判斷。然而，無論其人品如何，人民向政府檢舉不法公務人員，却是合法的。即使檢舉不實，涉嫌誣陷，固可依法追究其責任，而檢舉人的生命，却應受到安全的保障。」其二以「誰是牽綫人」為題，原文如下：「員林兇殺案，其中情節的撲朔迷離，令人深感困惑。但有兩項事實却是確切而無可置疑的：第一、死者張清泉的遇害，正是他向警務處檢舉員林警察分局刑事組長王樹眞三十餘項不法事件之後的第二天；第二、疑兇謝清再為當地的「綫民」，當與刑事警察具有關係。（下轉四版）

台灣簡訊

志清

一、建廳官員利用職權勒索商民 申請登記，非送紅包不可

省議員陳愷於十二月十八日在省議會建設部門質詢中，對建設廳官員利用職權勒索商民，提出指責。據稱：向建設廳申請一張登記証，或一項許可，非拜托、請客、送紅包不可。有建築商一人為申請升等，雖有省府官員代奔走說項，仍然是祗認紅包不認人，一拖再拖，等到紅包到手後，才將公文批下來。又有一位商人因申請礦業執照，被建設廳一壓就是一年多，任憑如何催促，均置之不理，一直到了紅包送去，執照才發下來。他指出過去一年中，建設廳商業、工業和礦務各科，曾發生此種利用職權向商民勒索的事件達九次之多。其中最巧妙的是商業科，竟利用廠商申請登記，故意製造雙包案，然後串通商人，取得相當代價之後，將登記撤銷退還。因為公司法規定開業公司不得同名，前此日商來台投資設廠「日運」、「瑪利香皂」和「益和輪船公司」，均曾發生類似的糾葛。

建設廳長林永樑在答覆時，承認關於辦理營造商的升等事件，可能發生弊病；但經辦人員如有故意刁難或需索情事，任何都可以檢舉，一經查屬實，必予嚴辦。又說：營業管理規則，亦有很多不切實際之處，已予修訂，正向中央建議中。

二、嘉義市長瀆職案提起公訴

轟動全省的嘉義市長蘇玉衡挪用鉅額公欵案，經嘉義地檢處曹祖慰先後指派檢察官三人指揮司法行政調查局嘉義調查站人員，先後傳訊有關人等達二百餘人之多，歷時一百〇三天。據悉：全案業已於十二月十八日偵查終結。三位檢察官漏夜趕寫起訴書，準備於十九日送呈曹首席批准後，即提起公訴。

被起訴的被告共二十七人，分為九部份：

一、嘉義市長蘇玉衡，市公所財政課長鄭璜，主計員蔡榮緝，助理主計林清山，財政課長賴森林，魚市場出納郭茂林等六人塡發支付書作奸犯科，似瀆職罪起訴。

二、嘉義縣長黃宗焜，政府事務股長江松濤，前任股員黃育等三人向市公所索取事務補助費，以瀆職罪起訴。

三、嘉義縣政府財務股長郭達成一人簽撥市公所補助欵，收取蘇玉衡回扣，以瀆職罪起訴。

四、國民黨台灣省黨部第五組總幹事金遠詢，省黨部專門委員張炎塵，嘉義縣黨部第三組組長李守謨，大甲區黨部書記孫文光，嘉義縣黨部前任第二組副組長段一之，黨報顧問劉慕耘等六人收取蘇玉衡賄賂，以詐欺罪起訴。

五、嘉義市公所前任人事管理員程蘇旺一人替他人活動秘書職位收取活動費，以侵佔罪起訴。

六、嘉義縣政府視導、青年黨嘉義縣黨委胡能晃一人揚言罷免蘇玉衡，收取疏通費，以恐嚇罪起訴。

七、嘉義市民代表會前屆主席林金獅，前屆秘書楊葉華，市民代表及出納黃滿（女）等三人冒領考察旅費，以詐欺罪起訴。

八、嘉義市民代表鄭聰明、李春旺，市公所財務課公產組長林茂釗，市公所秘書黃永漳等四人偽造市公所臨時工人工資名冊，以偽造文書罪起訴。

九、嘉義市民代表何長吉一人假借審查預算名義，用公欵飲酒作樂，以詐欺罪起訴。

據嘉義地檢處偵訊結果，蘇玉衡共先後挪用公欵五百三十餘萬元之多。報載在押的蘇玉衡、金遠詢等十人，均准交保候訊，蘇玉衡的交保金額為十五萬元，胡能晃為三萬元，金遠詢則由國民黨嘉義縣黨部担保，足見忠貞分子畢竟與衆不同的。

三、國大代表即將舉行年會

國民大會代表已定於十二月二十五日舉行五十年度年會，爭取提前行使創制複決兩權，二十日年會籌備會發言人劉心皇發表書面談話，據稱：由於創制複決兩權之行使尚付厥如，政權未能利用，治權未能適當協調。為期在憲政體制中提高行政效能，以利動員戡亂，國家的政權與治權之行使，自應求其平衡。本會同人由於客觀環境的要求，認為創制複決兩權之行使，已不再容緩，爰依照動員戡亂時期臨時條款之規定，完成研擬「國民大會行使創制複決兩權行使辦法草案初稿」一種，公告全國，博採衆議。現該行使辦法草案，及各方意見彙編，已彙咨總統，一俟召集國民大會臨時會討論通過，即可付諸實施。國大聯誼會研究、宣傳兩組並就立法委員書面反對國民大會行使創制複決兩權意見提出辯正，認為國民大會行使創制複決兩權，係基於當前事實需要，實行國父孫中山先生之遺教。

歷次國大代表集會均要演出許多醜劇，今年又是非法總統選舉時答應他們定期召集國大臨時會議，討論提前行使創制複決問題的期限，也許更有好戲可看了。

國營事業弊端叢生

獨清

監委指出人事包袱太重

（台北通訊）兩週以前，監察委員曹啟文在該院年度總檢討會，曾就其所得資料指出經濟部所主管的十五個國營事業單位，多屬反盈為虧。日前他又向新聞記者表示，其他部門的國營事業單位，情形也好不了多少，祗因他手頭的資料不全，所以未曾提出。他認為目前我國國營事業之不如理想，乃由於權責不明，配合不好，管理不善等所致，曹委員根據一項經濟參考資料，指出國營事業經營不善之基本原因是管理不善，尤以人事包袱無法解開。據統計國營事業職員與工人之平均比率是一職員管理一・七個工人，最高的比率是一職員管理二・五個工人，由此可見國營事業是被人事包袱拖垮的。

立委指出五大缺點

立法院預算委員會委員佘凌雲就五十年度的預算情形，指出：國營事業預算中的生產總值佔全國國民生產的百分之廿，其收入幾與中央政府的總收入相等。國營事業機關產品的輸出總值佔全國輸出總額的百分之四十，至於其所負担之營利事業所得稅，亦在營利所得稅中佔很重要的比重。國營事業在國家財政預算的範疇中所佔的地位是值得重視的。他分析國營事業機構有下列各項缺點：一、營業費支出高於收入費。二、產品單位成本不斷提高，超過產品單位售價。三、用人費用比重太大，人事包袱日益加重。四、資本結構不健全，負債總額佔資金總額的百分之九十六，長期舉債佔百分之二十六。五、盈餘逐漸減少，能達法定預算盈餘之事業機關一年不如一年；相反的，虧損之事業之機關不斷增多。他又說：除了上述的情形外，還有一項很重要的事實，即專家與專門技術人員的待遇，與一般人員相同，因此，優秀的技術專家不斷被若干待遇優厚的民營企業請去，此對國營事業亦有影響。

針對上述各種情形，佘委員認為今後國營事業機關的應興應革要特別注意：財務結構之健全，對有前途之機關，銀行貸欵應轉作投資；實行超然主計制度及稽核與保証制度，以防止監守自盜情形之發生，應對技術專家，給予特別待遇；將各事業機關的研究單位集中，使其發揮力量；產品之品質與成本應有統一標準，以利外銷。此外，他認為目前國營事業實行董事會制，並沒有收到良好的效果；如能實行總經理制，由總經理全權處理，可能較有效果。

企業家指出轉移民營才能有救

據聯合報載：一位不願透露姓名的民營企業家認為公營事業經營之為人詬病，由來已久，如何整頓公營事業呢？似乎只有把非獨佔性的公營事業移轉民營，才有希望刷新積弊，起死回生。他說：公營事業的所以難辦，積弊固然很多，其最大的弊病，莫過於人事受到牽掣。有能力而眞正想做事的人才，無用武之地，能夠敷衍應付政府機關首長及民意機關代表者，即使無能且又無意辦好事業，却可把持一個公營事業。他指出，目前所有公營事業當中，除了少許美援方面派員協助下的事業，在經營上已有重大的革新，少數專家尚能發揮其最大能力，謀求企業經營的合理化外，其餘大部份的公營事業，其主持者都不把它當作一個企業經營，盡是設法應付各種勢力，浪費公帑，尤其以應付民意機關代表為甚。試想，一個企業不謀求經營的合理化——設備的更新，技術的提高，品質的改良，生產的成本降低，又怎麼能够把它辦好？別的不談，就是人事的問題，我們不難發現公營事業的冗員實在太多。最近有些民意機關代表列舉當前公營事業的許多弊病，但在我們看來，並沒有搔着癢處，各公營事業的人事既然受到牽掣，也就有利用各種勢力安揷冗員的情事發生，包括董監事、顧問、專員以及一般職員。在這種情形之下，不僅提高了生產成本，且又破壞了整個工作情緒，使一般工作效率跟着減低。就是有能力的人，有時候，也無法克服環境的條件，想要眞正做事的人，容易得罪人家，結果，還是到處碰壁，也就慢慢的灰心了，除非另有高就，否則只好變成消極的混飯吃的份子，終使整個企業一蹶不振。

該企業家繼稱：公營事業所以辦不好，其最基本的因素，在於企業的盈虧成敗，與負責人的利害關係不甚密切，浪費已成習慣。從董監事、總經理到一般員工，大家都是薪水階級，企業賺了錢拿薪津，企業虧了本，還是照樣拿薪津，亦即缺少了企業精神。在這個人辦一種企業時，其情形即大不相同，企業成功了可以致富，事業失敗了將傾家蕩產，所以無不盡其所有力量謀取經營的合理化和企業利潤的提高。這不但是我國情形如此，就是歐美各國的情形亦如此。他認為公營事業移轉民營，才是比較有效的途徑，而且此係國民經濟體質的一大改善，亦即加速經濟發展的重要關鍵之一，是件刻不容緩的事，非獨佔性的公營事業，政府當局實可迅速開放民營。

旅社老板檢舉警員後忽被刺殺

靜之

（上接第三版）

「我們不願對這件正在偵查中的兇殺案加以評論。我們深信治安當局對於這件兇殺案將進行嚴密的偵查，更深信司法機關對於這件兇殺案將予以嚴正的審理。但從這件兇殺案中却引出一個問題：即刑警與綫民的關係如何？「所謂「綫民」，顧名思義，在他們的後面當有「牽綫人」。質言之，綫民是由刑警所掌管者。這些能為刑警充當綫民而且「勝任愉快」的人，自必多為黑社會人物。在刑警的眼中，視其為綫民；而在綫民的眼中，却視刑警為「靠山」。彼此之間，「和平共存」；久而久之，殆將養成「有福同享、有禍同當」的情誼。刑警固然可以利用綫民的綫索「破案」，綫民又何嘗不能利用刑警的包庇「做案」？治安當局對於這個問題，似不能不作深入的檢討。」

從這兩篇短評看去，可見民間輿論對本案的看法如何了。

廖承志發言反擊赫魯曉夫

綜觀

自中共與蘇共發生互相指名責罵的衝突以來，蘇聯方面固早已有人在捷共大會指名中共而加以責罵，中共之回罵則尚止於人民日報之社論，伍修權雖在捷共大會亦有回罵，但尚未針對赫魯曉夫之指責。直到十二月二十日，中共在北平舉行集會慶祝所謂「越南南方民族解放陣線成立兩週年」時，廖承志在該集會上的談話，始算中共要人中在北平對赫魯曉夫發出之首次抨擊。不過，廖承志的談話，仍嫌軟弱。第一，是廖承志的談話雖針對赫魯曉夫的話而發，但却未提赫魯曉夫之名；第二，赫魯曉夫曾責問中共，何不從英國和葡萄牙手中收回香港澳門？對此，則不但中共人民日報，就連廖承志的這一談話，也未正面或側面觸及，由此可見，中共的態度，是至今仍不敢直接提赫魯曉夫之名而罵之。對於赫魯曉夫質問中共何不收回港澳之言，更無辭以對。

廖承志十二月二十日的反蘇談話則如下：

「那些要人民相信甘廼廸的明智、善良願望和保証的人們，實質上是幫助帝國主義來欺騙世界人民，麻痺各國人民的鬥爭意志，削弱各國人民反對帝國主義的鬥爭。

「帝國主義和一切反動派都是外強中乾欺軟怕硬的紙老虎，不管他們怎樣張牙舞爪，只要在戰畧上藐視它們，在戰術上重視它們，敢於並且善於同它們進行鬥爭，就一定能夠取得勝利。相反地對帝國主義採取綏靖政策，屈辱讓步，就只會助長它的侵畧氣燄，使它得寸進尺。有些人認爲把帝國主義看成紙老虎，就是冒險主義，這只能說明他們自己被帝國主義表面的強大嚇破了胆。對世界人民革命鬥爭完全喪失了信心。

「不管各國反動派如何更露骨地爲帝國主義的利益服務，不管現代修正主義如何更加卑鄙地背叛共產主義的事業和迎合帝國主義的需要，這一切都無法阻擋世界人民革命鬥爭的勝利前進。」

××××

大陸簡訊

白帆

蘇聯人員自上海全部撤退

在以往，蘇聯是在上海設有領事館的。但據倫敦十二月十九日美聯社報導，中蘇共之間的分歧與衝突已愈來愈分裂，故蘇聯駐上海的貿易團已正在撤退。代表團的團員們，自十二月中旬以來，即已忙於收拾公家檔案及財物，預料短期內將不復能在上海再找到蘇聯人員之踪跡。而蘇聯過去在上海開設之領事館則早已與哈爾濱蘇聯領事館同時關閉。故早在本年九月二十七日左右，蘇聯駐上海之人員即已接獲蘇聯領事館通知，其後有關領事館即由蘇駐北平大使館直接主持云。

中共公安人員搜查俄僑社團

另據倫敦十二月十九日同一電訊報導，謂中共公安局曾於本年九月七日包圍並搜查駐哈爾濱的俄僑社團，並扣留了二十五個人。並說蘇聯駐哈爾濱領事館曾被中共公安人員包圍。自九月廿六日以後，中共公安人員即不許任何人行近該領事館云。

中共將於明夏開人代會

中共所謂「全國人民代表大會」雖然只是中共殘暴統治下的一個點綴品，但所謂人代會乃是中共理論上的所謂全國最高民意機關，故中共對內對外採取特別宣佈或行動時，仍常常假人代會之名以施行。

茲據中共北平廣播電台於十二月十九日宣佈：中共全國人民代表大會將於一九六三年第二季度舉行。並說現下第二屆全國人代會即將於明年上半年改選。

這一在理論上屬於中共最高機構之人代會，其代表總數原約一千二百人。名義上係由各省及中央直轄市，以及國內少數民族，陸海空軍各部隊，共黨本身及各御用黨派，各親共華僑中之共黨分子或尾巴分子所選出，實則全係中共中央所指派。因中共所謂選舉，向由中共黨方提名，而又只提一人，並無第二候選人，更無任何形式的自由競爭也。

中共全國人代會第一屆產生於一九五四年，第二屆產生於一九五八年，依中共規定，所謂全國人代會應每四年改選一次。但因去年大陸情形混亂，中共無法召開一九六一年度之全國人代會，直到一九六二年春季始行召開，故原應於一九六二年改選之全國人代會乃拖延至明年始能改選云。

中共將在巴西舉行經濟展覽會

蘇聯雖已自古巴撤走飛彈及轟炸機，但中共却正在拉丁美洲進行滲透和顛覆工作不遺餘力。只因中共表面上採取的是經濟和文化手段，故往往爲人忽畧。實則，中共對巴西的滲透工作，是正在發展着的。中共實已計劃把巴西變成第二個古巴。可笑的而又可鄙的，是許多中國有錢人十年來竟然一直把巴西當成世外桃源，他們以爲囊括自己國家的財富，便可遠走高飛，安然享受。實則毛澤東早就宣佈過，任你走到天涯海角也要抓回來。所以，僑居在巴西及其它拉丁美洲的人必須知道，對於赤禍，除了自己挺身而鬥之外，並無其它道路。而巴西總統古拉特接見著名的國際共諜中共經濟貿易訪問團團長冀朝鼎，則已充分顯示中共對巴西滲透工作之相當成功。我們知道，冀朝鼎原就是曾經滲透到美國，然後由美國介紹給國民政府，然後滲入南京，佔據財經重要位置而專替中共作間諜工作的一名共黨分子。據中共新華社十二月十八日里約熱內盧電：「巴西總統古拉特今天早晨接見了中國經濟貿易訪問團團長冀朝鼎。雙方進行了親切友好的談話。冀朝鼎向古拉特總統談到中國經濟貿易訪問團訪問巴西所取得的成就，並且談到有關明年將在巴西舉行的中國經濟展覽會的問題」。

新華社還說「古拉特總統表示準備努力促進巴中支付和貿易協定的實施。他還表示歡迎在巴西舉行的中國經濟展覽會，並表示準備爲此提供積極的支持。巴西總理兼外交部長利馬今天也接見了冀朝鼎，雙方表示了發展兩國間的貿易、友好關係的共同願望，並且指出發展此種關係的良好前景」。

如所週知，巴西總統古拉特在未作巴西總統以前，就曾訪問過中共政權的。足見古拉特本人左傾，益以中共特務份子冀朝鼎等人之滲透工作，所以，巴西的前途是很可慮的。

僑鄉近訊

鍾之奇

廣州共幹强迫人民支持南越反美

整個越南早已像整個韓國一樣，被共產黨的武裝叛亂，劃分爲南韓北韓，南越北越了。但中共仍不死心南越之未被赤化，而欲將南越亦完全置之於共黨控制之下。故中共又唆使北越共產黨人假借南越人民之名義，組織了一個「越南南方民族解放陣線」，作爲在南越進行武裝叛亂的工具。此一組織成立於一九六〇年十二月二十日。所以，本年十二月二十日便是該一叛亂組織成立之兩週年。中共爲了加强南越共黨分子對中共之向心力，及加强華南地區對南越鄰境武裝叛亂之支持，乃在十二月二十日由中共中央命令廣州等地共幹强迫人民舉行集會，支持南越叛亂分子反美。

對此，中共「中國新聞社」北平十二月二十日亦有電訊報導說：「上海、天津、廣州等地人民今天集會熱烈慶祝越南南方民族解放陣線成立兩週年，堅決支持越南南方人民反美愛國的正義鬥爭」云。

另據昨夜由廣州抵港之來客談，彼本人雖已被中共當局批准出口，但在未動身前，亦被迫奉令參加了廣州的這一集會。據指稱，所有被迫參加集會的人，除在形式上照例恭聽共幹的講演及照例高呼口號外，羣衆本身對此一集會毫無熱誠云。

廣州郵局糧包堆積如山

正當香港各郵局投寄大陸糧食包人頭擁擠，排隊輪次大擺長龍之際，廣州中共郵局之糧食包更堆積如山，此係廣州來客所談。

據廣州來客說：中共廣州郵局之糧食包收受量，更比香港各郵局爲多。因中共廣州郵局除收受香港運往之全部糧食包外，尚需收受澳門方面運往之大量糧包。

僅以香港而論，由於香港郵局辦事人多，且不拆包檢查。加之，香港廣州之間火車運輸頻繁，且容量大，再加以香港郵局在糧食包太多之時，除用火車運往廣州之外，更用船隻裝儎前往。故香港方面對僑胞投寄之糧食包素無積壓現象。

廣州則不然，中共既早已一再裁減郵政人員，使之下放農村，而廣東共幹又一再堅持對港澳運往之糧食包必須逐件檢查，故費時費事，當此農曆年關將屆，港澳僑胞增寄糧包之際，廣州郵局之糧包乃更堆積如山，越來越多，期望收受糧包之僑眷，皆望眼欲穿，不知何日始能領得糧食包云。

閩粵各地房屋倒塌多

十三年來，中共雖然天天在吹噓各種建設，但按之實際，則建設少，而破損多。對於人民之房舍，則尤破損不堪。

本來，中共確也在大陸修築了一些建築物。但這些建築物都是公共建築物。至於民房民舍，中共照例不予修建材料，同時，一般人民也根本無財力無時間來修補。而閩粵各地，每年都有風災雨災。在風雨侵蝕下，民房民舍大多破損不全。因之，倒塌者有之，被風吹散者有之。

據中共「解放軍報」最近透露，閩粵蘇浙四省「烈軍屬」多因房屋倒塌無處棲身。因之，常露宿公共建築物之屋簷下及其它處所。中共「解放軍報」認爲此一現象，實足以動搖軍心，削弱戰志，故提出呼籲，務請閩粵蘇浙四省對中共「烈軍屬」善於安置。中共爲了欺騙共軍官兵，一向優待所謂「烈軍屬」，今「烈軍屬」之遭遇尚且如此，則一般人民之痛苦遭遇更可想可知云。

印尼介入北婆叛亂

傾向不同

俊華

馬來亞和印尼的邦交，目前正面臨嚴重的考驗，在短短的兩個月之內，兩國的邦交急激地惡化。馬來亞駐印尼大使日昨回返耶加達任所的時候，曾說「但願上蒼保祐」，希望和好解決兩邦間的「誤會」。可是，如果問題是不止於「誤會」的話，又能不能够和好解決呢？可能只是剩下「但願上蒼保祐」罷了。

北婆叛軍問題自然是馬來亞與印尼交惡的最大原因，但如果廻溯過去，便可以看出這兩個隣近而同族的國家，那種「分道揚鑣」的情況，已足以說明：即使沒有其他糾紛的發生，兩國的邦交也不會太好。

印尼在反荷風潮中，發生了地方秩序和經濟的混亂。在多種民族組成而與西方人友好的馬來亞看來，那些舉動是不必要的，毋寧說是看不順眼的。吉隆坡當道人士，也曾有談話對印尼動向表示「惋惜」，認爲那樣是太不「穩定」，而馬來亞，則是極力向着穩定方面緩進的。

印尼革命軍反耶加達中央的戰爭，爆發於馬來亞獨立之前，新成立的馬來亞雖與印尼立即訂立邦交，但對於逃亡的革命軍份子及官兵，却依國際法予以庇護，朝野人士實際是同情革命軍的。這不祇由於革命軍是由回敎的瑪斯友美黨所領導，那些右翼政治領袖，與星馬人士有較深的淵源；另一可能的原因，他們實在不喜歡耶加達印尼中央太不穩定的左傾動向。雖然馬來亞保持不干預介入的態度，但印尼仍對馬方予以指責。

妒忌「大馬」

拉曼發起大馬來西亞計劃，分別與英星及北婆三邦展開合併的準備工作，這事與印尼絕對無關，當然用不着向耶加達有什麼諮詢。即使對於「要求北婆領土主權」的非律賓，拉曼也並沒有對非發出半字的批評，而只說「那是英國與非方的事」。可是馬來亞沒有介入印尼中央與革命軍之爭，也沒有討論過印尼要求西伊里安的誰是誰非問題，而印尼竟對大馬來西亞計劃表示不滿。

最先，印尼國民黨要員前總理沙斯特羅米佐約突然發表談話，說印尼「要注視大馬來西亞的成立，對印尼究竟有利抑或有害」。拉曼當即予以糾正，說「馬來亞沒有干涉印尼任何事情，現在馬來亞的事情，當然也不希望印尼來干預」。拉曼並補充言：雖然那不一定是印尼政府的態度，但沙氏乃執政黨要員，故不能不予辯明。

不料拉曼的聲明却得到耶加達意外惡劣的反响，印尼海軍副部長說：北婆羅洲與印尼有漫長的邊界，如果馬來亞將來容許美國在北婆設立基地的話，印尼也將要請蘇聯在那一地方（婆羅洲）的印尼部份，同樣的設立基地。

支持叛軍

婆羅乃叛變發生，震盪了星馬當局。他們原來預料，明年秋天便可以看見「大馬」成立的。於是李光耀立刻責問說：「叛軍的武器是那裏來的？」事實上，他們對此已早有所聞。據拉曼事後說，他在個多兩個月前，便已知道婆羅乃有些同情印尼的青年，三五十成羣地被送到（印尼屬）馬林那地方受軍事訓練，他已告訴英方，但英方不予重視。叛變發生後，拉曼公開指責「印尼某些政黨」在馬林那訓練婆羅乃叛軍，及供予武器。却不料這又遭到印尼外長的回擊。

蘇班德里奧自錫蘭會議返回耶加達，在星洲機場發表談話，說拉曼這些說法是「謾罵」，印尼，如果繼續謾罵的話，印尼是「將要暴怒」的，「這種敵性、侮辱性的聲明必須停止！」蘇班德里奧憤怒地叫嚷。有人認爲，這是對拉曼的「挑戰」。

就在差不多同一個時候，蘇加諾總統發表婆羅乃事件係「新生的力量」。於是國民黨的報紙與共產黨的採同一調子，呼籲支持這一「新生的力量」。接着，印尼國會聲明：婆羅乃的「人民革命」必須全力予以支持。理由有三：第一，這是本着蘇加諾「新生力量」的意旨；第二，它符合印尼政策及萬隆會議原則。第三，它是反帝、反殖民地的。

印尼態度既已攤牌，事情也就轉變到了另一階段——由議論轉入行動的階段。印尼航空工會，聲明「杯葛」英馬澳的飛機，以示他們支持婆羅乃叛軍。印尼退伍軍人會，婦女會，聲言「援助」及「支持」婆羅乃叛軍的解放。而一個「北婆民族團結革命委員會」，也在耶加達成立，他們要求印尼政府，採取政治外交步驟，「協助革命」。這個由印尼及北婆份子組成的會，其中婆方領袖法廸拉，「叛軍總理」阿薩哈里聲稱將委他爲首任駐印尼大使。

說到阿薩哈里，他在非居留期滿，英國護照已被吊銷。聯合國又不批准他前往美國。他只有潛回婆羅洲森林游擊戰，但更可能，是先到印尼，獲取實力支持然後，才回婆羅洲。這麼一來，印尼與馬來亞的對立，只有更表面化，更加惡化。

馬來亞駐印尼大使已携同政府抗議返耶加達，但一般預料，印尼介入北婆的行動，不會停止。

·吉隆坡通訊·

印巴敵對心理未能消除

龍禾悅

印度和巴基斯坦對喀什米爾問題的糾紛，於一九四七年印度宣佈獨立時即告開始；當日由於喀什米爾那位信奉印度敎的統治者，表示要和印度合併，因而立即引起該區百份之八十的回敎徒激烈反對，卒爆發了流血暴動，雖經聯合國建議由公民投票決定，作爲解決紛爭的一項辦法，但印度堅決拒絕，於是從一九四九年起，祇得在聯合國的監管下沿喀什米爾劃下了一條「停火線」，而維持了「微妙的和平」。那「停火線」，使印度控制着喀什米爾區三份二的地方，巴基斯坦當然憤憤不甘，是以在十五年來的悠長時間中，這個糾紛一直還是夾纏不清；雙方都是怒目相向，彼此間的敵對態勢，迄今仍是牢不可破！印度的卸任國防部長梅農曾這樣的說過：「印度的主要敵人是巴基斯坦」！由此可知印巴交惡的程度是如何的嚴重了！

迨至此次中共和印度因「邊境事件」而爆發了武裝衝突之後，中共一方面向巴基斯坦要出了拉攏的把戲，一方面則向印度展開了軍事行動的壓力，遂使印度感覺到自己是處在「兩面受敵」的劣勢中。其後梅農丟了烏紗，而尼赫魯仍手足無措地未能應付中共；繼而中共單方面的「停火」，「撤兵」，同時向印度提出警告，意圖追使印度就範，作城下之盟。無疑的，處此實際的不利情況下，尼赫魯顯然是既狼狽而又尷尬。畢竟是形勢比人强，尼赫魯這傢伙，終於要厚着面皮，向西方國家求取援助。

英、美兩國，對印度的處境當然表同情和關懷；因此，除立即相繼以軍事裝備供應印度外，並企圖藉此時機，迅即替印度解脫「兩面受敵」的局面，於是英聯邦關係部大臣桑第斯，和美國專責遠東事務的助理國務卿哈里曼，都不辭勞瘁地僕僕於印度新德里及巴基斯坦洛瓦爾平第之間，分別向印度和巴基斯坦當局舉行一連串會談，其目的當然是計劃替印度尋求出一項方案來解決對巴基斯坦喀什米爾問題的糾紛，使印度「無後顧之憂」，而得以集中全力來應付中共。英國的桑第斯已坦白地表示出：除非喀什米爾問題獲得解決，否則印度將無法有效地防衛其邊區。美國的哈里曼也率直地說過：印度爲了喀什米爾問題，以致有四師精銳部隊無法調離印巴的「停火線」，致令印度東北邊境的防衛力陷於異常空虛。桑第斯和哈里曼都曾將一項快將出現的危機，告知尼赫魯，那就是中共現正試圖與巴基斯坦締結互不侵犯公約；這是意味着中共和巴基斯坦將聯同對付印度。如果尼赫魯還不迅速地跟巴基斯坦解決了喀什米爾糾紛，其演變將不堪設想！

尼赫魯本已一度接納了桑第斯和哈里曼的意見，寫了一封信給巴基斯坦總統阿育布，聲言願意和巴基斯坦談判解決喀什米爾問題，而阿育布也表示贊成；旋即雙方發表公報，同意談判。這時，印巴糾紛本露出了一線曙光。詎尼赫魯這傢伙不知怎的又改變了初衷，竟然在國會裏發表了一項談話，謂「任何改變喀什米爾現狀的安排，都將屬有害」。於是，立刻引起了巴基斯坦的反感，認爲尼赫魯完全沒有談判的誠意，險些把局面鬧翻，幸而桑第斯和哈里曼都能耐着性子，再費了一番唇舌去說服了阿育布，把他的激動情緒平復下來，才不致弄出僵局。

然而印巴所發表的公報，並不就是保証這兩個爲喀什米爾問題而紛爭了十五年的國家在談判上可以達成協議，尤其是在印度方面，尼赫魯這傢伙是一向堅持喀什米爾是印度領土的一部份的，這般固執的成見，能够跟巴基斯坦談得合攏麼？在中共大軍壓境的時候，不錯，尼赫魯是會放軟一些兒的；但在中共已停火的今日，尤其是印度已獲得了英美的同情和支持，尼赫魯會仍是「善男信女」嗎？

加以印、巴兩國，「世仇」的氣氛還是很濃厚，即使他們的首腦真的坐下來談判了，恐怕也不會談得出怎樣的結果。原因是：他們的敵對心理，直至目前，還是牢牢的留存着，一點兒沒有消除！

子午谷

——三國人物故事評論之一

劉裕畧

　子午谷是由漢中附近到長安去的一條山谷通道，也是由漢中附近到長安最捷近的一條谷道。這一條谷道全長六百餘華里，橫貫秦嶺，北口稱子，南口稱午，故名子午。北口在今長安縣南，南口在今洋縣東。自古以來，山河雖然多變，但這條谷道至今尚存，祗是這條谷道今天已經沒有什麼作用，我們走到那裏去看，也看不出什麼吧了。但在歷史上，子午谷一直是諸葛亮戰畧和魏延戰畧的爭論焦點，這爭論可以上溯到王船山以上乃至兩晉的時代，許多人因爲不懂得諸葛亮戰畧的深遠意義及其所由出。（蔣百里先生曾說：政畧者，戰畧之所從出也。政畧定而戰畧生焉，戰畧定而軍隊生焉。）又鑒於諸葛亮後來六出祁山之無功，以致終於死在五丈原，所以有些人每一提起六出祁山的事，就爲諸葛亮嘆息，嘆息他當初爲什麼不接受魏延兵出子午谷之計，其實，這一嘆息完全是多餘的。

　不可否認，魏延確實是蜀漢諸將中的一位突出的人物，說地位之崇高，人事關係之親密，魏延都不如關雲長與張飛，但說頭腦，說戰畧戰術思想，魏延却在他們之上，實在也在趙雲、馬超、黃忠等人之上。以全部蜀漢人物來看，超出魏延以上的，實祗姜維一人。惟其如此，所以劉備得了西蜀以後，荊州與漢中原是劉備的兩翼，這兩翼在戰畧上的地位對西蜀極關重要，荊州由關羽去守，自在情理之中，漢中既是重鎮，人皆以爲派張飛去守，殊不知劉備却拔魏延督漢中爲鎮遠將軍領漢中太守，該方面的軍政大權，集於魏延一身，魏延原是行伍出身，初從劉表，赤壁之戰以後，才進入劉備集團，以戰功升牙門將軍，不過與趙雲相同而已。劉備拔魏延督漢中的時候，因事出意外，故全軍皆驚。考劉備之所以拔魏延，諸葛亮也未加反對，那就因爲魏延有才的緣故。

　但我們又必須明白，魏延之才乃戰將之才，乃軍事技術上戰畧戰術之才，並不是深通韜畧，兼長政畧之才；相反，對於諸葛亮之策畧和由其最高政畧所產生的最高戰畧，魏延却是不懂得的。諸葛亮是從蜀漢與曹魏的全盤關係情況來看問題來決定策畧的，魏延則只是從純軍事技術看問題去決定戰畧，故結論相異。事實上，諸葛亮在六出祁山時的整個策畧，便是以攻爲守，爲什麼要以攻爲守？這是敵我整個形勢使然。我攻則敵人備多力分，我防則敵人可以集中兵力，突破我之任何一點，從而深入西蜀。數十年後魏兵偸渡陰平，因而覆滅了漢蜀，是諸葛亮戰畧正確之最有力的反証。不過，在當時諸葛亮又是不能而且也不應該把這一戰畧秘密和這一自身弱點洩漏的。但他仍在出師表裏說得很清楚，他說：「今天下三分，益州疲弊，此誠危急存亡之秋也。」既然這是危急存亡之秋，爲什麼還要出師北伐呢？很顯然地，這出師北伐已經不是爭中原，而祗是以攻擊爲手段來保衛蜀漢，這是針對那危急存亡之秋之險惡形勢而發的。本來，自從荊州失去以後，蜀漢的形勢已經很不好。很多人只知道隆中決策的時候，諸葛亮曾經預定伐魏之計，於是，就把諸葛亮六出祁山的事情誤以爲就是隆中決策的執行。殊不知，這却恰恰是兩件事。在隆中的時候，諸葛亮原定計劃是「若跨有荊益，保其巖阻，西和諸戎，南撫夷越，外結孫權，內修政理，待天下有變，則命一上將將荊州之兵以向宛洛，將軍則身率益州之衆，以出秦川。」然而諸葛亮六出祁山的時候，荊州已經失掉了，天下亦未有變，原先預定的計劃是用荊州之兵與漢中之兵以鉗形攻勢，夾擊曹魏，但這時候已根本不可能，不但不可能，而且形勢危殆，反而不得不用攻擊作手段來掩護自己的安全了。這形勢是與諸葛亮原有想像不符的。然而諸葛亮對此又不能對大家說明，當然也就不能對魏延說明，假如蜀漢當時的形勢，仍然保有荊州，而且天下又有變的話，那末，魏延兵出子午谷之計，自必爲諸葛亮所接受，甚至不待魏延提出，諸葛亮自己也許早就想到了。但形勢既變之後，諸葛亮當然不能再用魏延之計了。因爲魏延之計不足以攻下長安，即使攻下長安，也不能擊敗曹魏，相反而很可能把曹魏的重兵吸引到子午谷附近來攻蜀漢，這對蜀漢是一樁很危險的事情。王船山曾經看到諸葛亮戰畧的一部份理由，所以他在「讀通鑑論」裏說：「魏延請從子午谷直搗長安，正兵也。諸葛亮繞山而西出祁山，趨秦隴，奇兵也。高帝會棧道而出陳倉，以奇取三秦，三秦之勢散，附其背而震驚之，而魏異是。非堂堂之陣，直前而攻其堅，則雖得秦隴，而長安之守自有餘，魏所以必守者長安耳。長安不拔，漢固無如魏何。而迂迴西出，攻之於散地，魏且以爲是乘間攻瑕，有畏而不敢直前，則敵氣愈壯，而我且疲於屢戰矣。故陳壽謂應變將畧，非武侯所長，誠有謂已。而公謀之數年奮戰一朝，豈其不審如此哉？果畏其危也，則何如無出而免於疲民耶？夫公固有全局於胸中，知魏之不可且夕亡，而後主之不可起一隅而光復也。其出師北伐，攻之特以守之耳。以攻爲守，特不可示其意於人，故無示服魏延之心，而貽之以怨怒，秦隴者非長安之要地，乃西蜀之門戶也。天水、南安、安定地險而民强，誠收之以爲外蔽，則武都陰平在懷抱中，魏不能越劍閣以收蜀之北，復不能繞階文以搗蜀之西，則蜀可以鞏固以存，而待時以進，公之定算在此矣。……是以從祁山出師，非公初意，主闇而敵强，改圖以保蜀之計耳。分蓋有不得已焉者，待未可一一與魏延輩語也。」

　但王船山也只看到一部份理由，因爲諸葛亮兵出祁山，以攻畧天水、南安、安定三郡，不僅三郡可作蜀之外蔽，有如王船山所說，而另一方面，則是因爲這一戰畧兼可分散魏之兵力，且將魏之兵力吸引到廣濶的西北地區去，從而減輕或根本避開曹魏對蜀漢之直接威脅，而天水、南安、安定三郡的政治背境又對蜀漢極端有利，對曹魏極端不利。這是由於漢代兵制，漢室皇家軍素來規定由天水、隴西、北地、上郡、西河等六郡良家子組成，所以天水一帶的政治軍事社會關係，與漢室特別親切特別深，漢代名將之所以多由這一帶產生，也是基於這一緣故。蜀漢乃漢室之繼統，諸葛亮既以「漢賊不兩立，王業不偏安」的名義出師，其本身又是有名的漢相，所以諸葛亮兵出祁山，實具有非常的心理作戰條件。正因爲諸葛亮懂得漢代傳統和漢代一般政治社會背境，又懂得心理作戰，他才把攻擊重點指向西北荒凉地區。至於這一地區，當渭水上流，若天下有變，可以順渭水東下，從而可以造出由漢中取道斜谷、子午谷夾擊長安的戰畧優勢，則尤其餘事耳。

　事實証明諸葛亮的策畧非常正確，所以諸葛亮第一次出祁山的時候，天水、南安、安定三郡就立即叛魏應漢，關中響震，魏明帝亦不得不西鎮長安。但諸葛亮以外的人不只魏延，就是費褘蔣琬等却都不懂得諸葛亮這一戰畧意義的深遠。所以諸葛亮死後，蔣琬總攬軍事，他以爲孔明六出祁山且皆失敗，乃主張改用水師，出兵漢水，費褘姜維認爲不妥，才作罷，但費褘也不懂得孔明之意，他把重兵駐在漢、樂二城，形成專守防禦，只叫姜維領少數兵卒經畧隴西，這與諸葛亮攻勢防禦的策畧大異其趣了。嚴格說來，在蜀漢眞正懂得諸葛亮用兵深意的就只有姜維一人，他之所以九伐中原，正是承認諸葛亮六出祁山的戰畧，而其所以特別着重隴西聯羌兵一策，則是因爲姜維乃這一帶長大出身的人，對地理形勢和社會人情更明瞭，因爲更加大胆的關係。

　不過，魏延出兵子午谷的意見雖沒有爲諸葛亮所接受，但諸葛亮派魏延率軍担任最西的一綫作戰的時候，他平定羌中，勇於作戰，且每戰必勝，立了許多戰功，却也是特別值得一提的。

　至於諸葛亮六出祁山對後世的影響，最顯著的莫過於曹魏，因恐蜀漢利用諸羌，乃將諸羌遷入關中。到了西晉，却醞釀出五胡亂華，成了中國歷史上的大事，這是諸葛亮始料所不及。但這也就可以見到諸葛亮六出祁山的策畧對當時的曹魏是如何的嚴重了。

問令尊

一人外出，臨行囑其子曰：「如有人問你令尊，可答以有事外出，然後請進拜茶。」又以其呆，恐子忘之，乃書紙付之以備查。子置袖中，時取看，至第二夜仍無人來問，以紙無用，遂付之燈火。第三日忽有客至，問令尊，急覓袖中紙不得，因對曰：「沒了。」客大驚曰：「幾時沒了？」對曰：「昨夜沒了。」

友聲集（一〇）

屯門湯展雲墓下作　遯翁

重認松楸徑未荒。喬公墓下對蒼蒼。鶴歸華表覘佳氣，客有心花作瓣香。（余問亦園忘備生花答云未忘以花正在心中）晴鳥一啼風颯颯，斷雲低逝海茫茫。望中杖履曾遊處，惆悵屯門日載陽。

過元朗葵園時主人已下世矣　一鶴

舊約山靈喚欲譍。來尋陳迹倚蒼藤。三年避地饒還往，一水因人有廢興。秋色無多花讓竹，瞑陰未盡月輪燈。迴車怕就黃罏醉，向夕聊爲白薤蒸。

蝶戀花二首　步遯翁韻　書枚

織就相思無寄處，萬水千山，夢也難飛去。小研紅牋訝紙故，鐙前擲盡金錢數。　陌上花開遊女誤，綠遍江南，那有尋春路？記得分襟鶯與絮，殷勤後約休輕負。

好夢醒來無覓處，報道春來，一霎春還去。客館淒清誰訪故，何郎珠玉投無數。　鵲噪晴簷休再誤，三徑園荒，望斷斜川路。碧落蛛絲粘粉絮，多情怎忍將情負。

木蘭花令　·平凡·

月光流瓦清如水，
倦旅愁深深幾許？
茫茫又夢舊谿山，
小園踏遍無重數！
從來寂寞藍橋路，
衆裏休尋千百度！
獨憐猶記綠羅裙，
當年曾濕西湖雨。

抗戰回憶錄（五〇）

張發奎

十一・廣州進軍與受降

抗戰勝利以後，我時常回憶抗戰過程中的事，也時常聯想抗戰結束以迄大陸淪陷以來的許多事。總括說來，我覺得有三點值得特別提出來一談。

第一、我國在抗戰期間所表現的民心。

對於這一個問題，一般人當然都早已認識到我國民心之可貴。但作爲戰地指揮官的我，由於我在各戰場所目睹的一切現象，實使我對我國人民勇於犧牲的愛國熱誠，有更深刻的認識。

我們知道，從抗戰開始，直到抗戰最後勝利。先後曾經八年時間。而在這八年中，除戰鬥外，許多時間都在退却。因爲我國當時的最高戰畧指導，就是以空間換取時間，使敵人愈深入，就愈把敵人陷在泥淖中。但這是指撤退軍隊而言。至於國民政府對於如何撤退老百姓，事前並無周詳計劃，更無妥善安排。而所有同胞又無不敵愾同仇，不願在敵人鐵蹄下生活。所以，每當一個會戰結束，軍隊向後撤退之際，戰地同胞亦無不爭先恐後隨軍隊撤退。他們扶老携幼，萬里奔波，決無怨言。我曾經多次探問他們，準備退到什麽地方去？他們總是回答不出他們究竟準備撤退到何處去。他們總是天眞純潔的表示，要隨軍隊後撤。軍隊退到那裏，他們便撤退到那裏。他們信任軍隊，熱愛軍隊，他們決不肯接受敵人的統治的愛國愛軍熱誠，眞是動天地而泣鬼神。我也常常爲他們的那種盲無目的地的奔馳而感動。他們當中的許多人，當然因此而家庭離散，甚至因此而犧牲，但他們的這種堅貞行爲，却充分的表現了中華民族的偉大。中華民族之必不致於被滅亡，中華民族之必不致於被任何殘暴政權所長久統治，於此又多一証明。

第二、是我國在八年抗戰過程中所表現的軍心。

說到軍心，當然不免就要聯想到我國的軍隊。說到軍隊，當然就不能否認我軍無論在裝備與訓練等方面都不如敵軍的這一事實。然而，在極端艱苦的情勢下，軍隊始終對敵人保持高昂鬥志，這也難能可貴，非常值得敬愛了。其所以如此，當然都由於軍隊官員具有高度愛國心的緣故。眞正歉然於心的，則還在徵兵的弊病和未能眞正對軍屬烈屬進行優待與撫邺方面。

我們曉得：當時的徵兵工作是有很多弊病的。徵兵本是現代國家的一大要政，其基本要求首在公平與公允。凡屬男子，達到一定年齡，而身體健壯者，便均有服兵役之義務。政府亦應基於公平與公允之原則予以徵召。初無貴賤之分，更無貧富之別。但政府辦理兵役不善，官家子弟和有錢人的子弟極少被徵，窮苦者則多被强迫徵去。加以後勤補給及管理不好，於是，壯丁被虐待，捆綁者有之，餓斃者有之，冷凍者有之，回顧起來，實爲八年抗戰中之一大恨事。而壯丁從軍後理應優待其家屬，官兵陣亡後，理應撫邺其烈屬。政府當時雖對此訂有明文，但均未能眞正切實施行。回顧起來，這也不能不說是八年抗戰中的另一恨事。

抗戰行列中見聞雜憶（一〇）

李璜

徵兵、征糧、募公債

對日抗戰，全民齊心，期於必勝，日寇既進逼不已，我方應抗拒不休，因之，大後方之出人力、出錢財、出糧食，要求均甚爲大量，而且要長期辦理徵兵、征糧與募公債等工作。

募公債一事大抵施之於都市中，事尙易集，而徵兵與征糧，則必須遠及窮鄉，而且工作至爲煩難。工作既煩，且須長期辦理，於是政府便須特設各級官吏以司其事。但中國官僚主義的弊端，藉官歛財，以至貪贓枉法，草菅人命，已成爲歷史的常事；深入民間的官吏一多，則貪污枉法的事隨之而多，因之民不堪命，必致影響大後方的人民愛國熱情與政府抗戰法令。

以徵兵而言，在大後方各省設有軍管區、師管區、團管區等，層層節制，從省會分佈於各縣以至於各鄉鎮，特別是各鄉鎮的營管區的主持人，直接人民，關係甚大，弊端亦甚多。我國歷代習俗，「好男不當兵」，人民以服兵役爲畏途；因自來，我國當兵的待遇都差，何況兵凶戰危，還是要命的生活；於是逃役的情形甚爲普遍。有此情形，鄉鎮保長與團管區軍官便不免要發生以下三大弊病：

第一是拉伕抵額。壯丁既要逃役，爲應付上面的功令，限期集合，無以交差，便只得抓人，這在大後方叫作「拉伕」。拉伕拉得利害，則逃役愈逃得普遍；窮鄉僻野，有弄得路斷人稀，家中只餘老弱者！

第二是得錢賣放。鄉鎮保長與營團管區中人良莠不齊；兵役既未能公道合法的辦理，而須加以强迫或竟自抓人，則其中，亂抓之後，必有亂放之舉；因之，怕抓者實施賄賂，被抓者送錢得放，所在皆有；甚至有出財買人頂替，而所買之人大抵皆非善良之輩，得一筆錢，替人入伍，而乘機又逃之夭夭，又往他處求售，於是產生一大批營混子，擾得兵役一塌胡塗。

第三是虐待壯丁。壯丁多係鄉愚，易受人欺，入營之後，一面受訓，一面待送往軍區。在此期間，有傷天害理的團營長官，扣去其糧餉，使壯丁入伍，便食不得飽，衣不得暖，竟自被餓瘦餓病；而病又不得良好醫藥，（衣食醫藥，其實主官皆有充分的規定與發給，皆被此輩敗類剋扣了。）甚以病死亦不得好好埋葬！（不但糧、藥被盜賣，且公家規定的燒埋費也被吞沒，而予死者以藁葬！）

大後方的徵兵要政，既發現如此之不良現象，於是各縣被推選之士紳所組成的「省臨時參議會」，便將各議員所見所聞的眞實狀況，一一發表出來，省參議會的陳述彙成鉅冊，並擬改良方案，上呈軍事委員會與國民參政會，要求迅速設法，以申民困，以利抗戰。

軍委會爲此要政，費了甚大的氣力，三令五申不得作弊造孽之後，又曾明察暗訪，發現貪污虐待情事便加處罰，且動即處以死刑。然而大後方地域如此其廣，窮鄉僻壤的老百姓如此之愚而毫無智能以與貪污者相抗，故前方催收壯丁之補充愈急，而後方之抓人勒贖的風氣愈不可遏止。

爲此，重慶陪都政府乃與國民參政會商決，由參政會組織幾個視察團，分團出發，分區視察，務及窮鄉，據情查辦，並加改革。在參政會同人議決用意在：一、爲正本清源，須到處講演，宣傳抗戰，使各地人民雖身在後方，亦能明白亡國慘痛，前方情形，以激發其愛國情緒，以免普遍逃役。二、爲罰一儆百計，對抓人賣放，虐待壯丁之徒，無論鄉鎮保長與營團軍官，罪有應得者，經視察團一經查明有據，電請辦理，便請立以軍法從事。三、縣長爲親民之官，應能深識民隱；抗戰以來，大後方的縣長權力爲軍管、糧管、黨管等等侵蝕太多；縣長不能駕御各鄉鎮保長，則親民之官便無法直接民衆，下情難於上達，此爲弊端由來之一，因是視察團必得與縣長合作，士紳通氣，然後始能得眞象，除弊端。

參政會大會決議至爲詳細，而且扼要，但這一視察團的後方工作比前方巡察工作便更爲難做了！因爲前方的軍隊是紀律之師，正與敵人作戰；且巡察均在點綫之中，耳目能够周到，而後方視察，則須及全面；且大後方的組織鬆懈，耳目難周，一縣數日，豈能處處深入！——不過參政會同人智者勇者不少，各告奮勇，趨赴事功，亦有成績也。

至於說到征糧，也爲參政會視察團所必得留心者，特別是對於產米之區的四川省，兵源固有賴四川的人多，而軍糧也至賴其多事輸將。然而抗戰期間的糧政困難，也不亞於兵役，徵兵固弊端百出，而征糧也問題甚多。

我們南方人的主食——米之爲物，嬌貴得很，不易保存！在平時小量的儲存，少不當心，即遭蟲傷或霉壞；大量存儲的糧戶們家中皆有特建的倉庫，有專人料理翻晒通風出氣等工作；但這種平時所謂大量，比之抗戰時在四川所征集的米石，眞可謂太倉一粟了！——所征之米，秋收之後，在川西各縣，堆積如山，這一來，蟲、鼠、霉爛等等問題便大爲嚴重起來！

民二十七開始征糧，且爲前方迫切需要，時間限制甚嚴；爲減少運輸担負，又要米不要穀（稻穀則較淨米爲易保存）。於是在手忙脚亂中，管理又不得其法，米便大批遭受損失與霉壞，一經發酵霉壞成塊，喂猪猪都不吃；軍糧接濟，因之大成問題了。軍委會對此軍糧難於供應得上，大傷腦經，再三拜託國民參政會川康視察團諸位參政員特別爲此設法糾正與改良儲運等辦法，因之視察徵兵之外，又須特別留意於征糧各問題了。

本刊已經香港政府登記

聯合評論

週刊

United Voice Weekly

第二六二號

每逢星期五出版

督印人：黃宇人　總編輯：左舜生

總代理：友聯發行公司　售價每份港幣一毫

本報美洲版總經售處美國紐約中美出版社

CHINESE-AMERICAN PRESS, INC

199 CANAL STREET.,

NEW YORK13 N.Y. U.S.A.

美洲航空版每份零售美金一角

迎新年，論反攻

黃宇人

今天又是中華民國五十二年的元旦了。

自大陸變色後，流亡在外的中國反共人士，凜於自身的花果飄零和大陸同胞的苦難日增，常有度日如年之感；尤其是每逢佳節，我們的心情，更有種種說不出的悵惘。然而時間一年一年的過去，如今我們又踏上流亡中的第十四個年頭，從一方面來說，我們天天口誅筆伐，強調反共，而北平偽政權依然存在，顯然是一個失敗。但從另一方面觀察，我們經過了十三個不算太短的歲月，遭受了許多折磨，至今仍高舉反共的大旗；而中共初期，那種不可一世的聲勢，則已黯然失色，每況愈下，也正是我們很大的成功。當此一元復始之時，檢討過去，瞻望未來，我們深覺得，祇要全國同胞能繼續奮鬥，反共的前途，實在一年比一年更有希望。

反攻良機不容再誤

在過去的一年中，我們曾看見中共的空軍人員駕機投奔台灣，外交官員請求美國政府庇護，其他軍政幹部棄暗投明的事，亦時有所聞。尤其是五月間數以萬計的難胞越過邊界湧入香港，十足証明毛澤東輩已面臨衆叛親離的前夕。

再加上北平與莫斯科的裂痕，愈來愈大；而過去為中共馬首是瞻的若干亞非國家——尤其是印度，又因印邊的烽火，對其所謂和平共存五原則的廬山真面，已有新的體認，目前中共在外交上亦陷於前所未有的孤立。

這是反攻大陸最有利的時機。這個時機，開始於三年以前，去年即已大為成熟；但我們絕不能希望其長期的延續下去。因而今年可能稍縱即逝，成為反攻大陸的最後關頭。

不可對美援再存幻想

我在本刊曾不斷指出，政府當局對於反攻大陸，原存有兩種幻想：其一，是第三次世界大戰很快即將發生；其二，是希望美國以大力支援我們。由於國際局勢的發展並不如我們所願望，近年以來，他們似乎已不再存有前一幻想；但對於後一幻想，則仍不肯面對現實而予以揚棄。因而每當民間發出要求即早反攻的呼聲時，當權者常很巧妙的將這種呼聲轉移到要求修改中美聯防條約方面去。由於美國無意於此時考慮修約的問題，以致每一次的反攻呼聲徒造成中美之間的若干不愉快氣氛。結果，當權者誠恐影響到已經獲得的美援，反而又向美國保証，非經對方的同意，將不採取反攻大陸的軍事行動；同時，並向國內主張及早反攻的輿論施用壓力，迫其停止。有時他們在海外的報刊和僱用論客，甚至還要發出反對反攻的言論，藉以証明當權者對不以武力反攻大陸的中美共同聲明，信守不渝。這樣的事，近年以來，已數見不鮮。

不可對大陸革命過存奢望

政府當局除了對外援存有一種適足以誤國誤民和自誤的幻想而外，近年以來還抱着另一奢望——大陸革命。遠在兩年以前的元旦，蔣先生就曾呼籲大陸同胞起而以鋤頭，火種及拳頭等為武器，向中共作戰；並說，國軍將及時予以接應和支援。但兩年以來，官方報刊雖然不止一次的報導大陸同胞抗暴的消息，而國軍的應援則迄未見諸事實，顯見蔣先生所期望的大陸革命，不易實現。我認為縱然台灣方面永不反攻，大陸同胞終必起而將中共偽政權推翻；然而時間却不能逆覩，台灣的現局是否能支持到那時，也頗成問題。因此，一個負責任的政府，果真有救國救民和自救的決心，就不應把這種可望而不可即的事，作為反攻大陸的先決條件。

反攻應先盡其在我

我一向主張反攻大陸，應先還自己的力量。我們必須效法辛亥革命時中山先生的戰畧與戰術，即時選派有力的部隊，以各種方式，分區分期進入大陸，或名之曰局部反攻亦可。總之，要把戰爭的火種帶進大陸去，實行避實擊虛，此剿彼竄，再接再厲，持之以久；然後才能轉移國內外的視聽，內而激起大陸同胞的響應，外而取得盟邦的支援。因為欲求大陸同胞與台灣方面發生裏應外合的作用，絕不是空言所能號召的。必須登陸的部隊，先用事實証明其確有和中共博鬥到底，義無反顧的決心和完全為國為民而非為一人一姓的誠意，才能換取他們的信任與合作。就美援來說，美國是一個注重實驗的國家，祇要我們能憑自己的力量在大陸獲得立足之地，他們就可能轉變態度而樂於修約的。南韓少壯軍人發動政變之初，美國大不以為然。可是，後來軍政府用事實証明他們能清除貪汚，穩定韓局，美國也就另眼相看了。假如朴正熙將軍當時必先爭取美國的同意然後行事，他們根本不可能有今日。但這並不是說，我贊成南韓軍人之所為；我祗是借以說明美國是勇於承認事實的。

因此，當權者不知先憑自力發動當年中山先生起義式的反攻，而斤斤以修改中美聯防條約為反攻的先決條件，實在是不智之舉。就最近的種種跡象看去，我們有理由相信美國的態度業已開始轉變。過去對中共曾有幻想的哈里曼助理國務卿於上月二十六日在華盛頓公開表示，他認為中共對自由世界的危險性威脅，與日俱增，比蘇俄尤甚。二十九日，合衆社華盛頓電，「中共宣稱，「台灣所派的九個間諜小組已被肅清。他們在過去三個月中，沿海岸登陸，企圖為進攻大陸打開一條游擊走廊」。美國官方對此尚未作正式反應；但此間西方外交官說，自由中國游擊隊登陸大陸，和使用美國裝備，不足為奇」。足見，祗要台灣方面能先盡其在我，盟邦的支援，不是沒有希望的。

天下為公是發揮自力泉源

要以自力發動中山先生起義式的反攻，目前台灣在軍事方面的條件，業已具備；其所缺乏的，乃是政治方面的條件。一年多以前，蔣先生提出革新，動員，戰鬥三個號召，最近數月，黨政各方更顯得為此而忙。他老人家在國大年會致詞時，又強調所謂革新，動員，戰鬥，應注重精神方面，顯見他也認為政治方面的缺點非改善不可。國民黨在還台以後曾經過一次可謂徹底的「改造」，如今為時未幾，為什麼又需革新？政府十多年來，一直就是在動員戡亂時期，台澎全部地區亦已早在戒嚴之中，為什麼還缺少動員、戰鬥精神？我以為此中原因雖多；但最重要的，乃是由於沒有建立一個基本觀念。因而一切措施都祇具軀殼，沒有靈魂。這個基本觀念為何；說起來原是國民黨早就有的；祇是到了台灣以後，就把它喪失了。這就是天下為公四個字。因為倘能天下為公，則人人均可本其愛國的熱忱，作最大的努力，從而也才可望將一切潛力的都發揮出來，滙為反攻之用。反之，在家天下的局面之下，一切以一人一姓的利益為前提，與衆無關，自然而然要產生種種離心離德的現象。年來蔣先生雖然強調革新，動員和戰鬥，而台灣的黨政圈子中却仍充滿了貪污腐敗，因循泄沓和醉生夢死的氣息，我以為就是這個原因。

（寫於元旦）

共產集團弱點的暴露

許子由

一九六三年開始的世局展望，各方面都有「看好」的趨向。所謂「和平年」的說法，雖然比較稍為樂觀了一點。但如赫魯曉夫所恫嚇的：「碰到比較古巴更危險的危機」，却可能不至發生。冷戰仍將持續，不過熱戰的爆發可能性，無疑已告減少了。

可是，避免大戰、維持和平，決不是輕鬆的樂觀可以濟事；也不是歌頌赫魯曉夫的「和平」政策對世界的賜予。雖說中共想「埋葬資本主義」更急於蘇聯，但「埋葬資本主義」原來以至現在也仍是赫魯曉夫的口號，蘇聯與中共的政策各有他們形成的背景，急進不一定是兇惡，而緩進也決非「好心」這是起碼的常識。必須瞭解共產集團各方面形成現有政策的那些背景何在？然後才能夠針對着正確的形勢進行鬥爭，維護和平並確保冷戰的勝利。

一九六二年的最大事件，世界一致認為是古巴問題。實際上，古巴事件是一個大轉捩——赫魯曉夫從戰爭的邊緣退了回去，它可能要影響世界其他東西爭執的問題；而在時間上，還可能繼續影響到相當的年月。就說整個一九六三年會受古巴事件影響，也不為過。

誰都知道因為美國決心一戰的強硬決定，使赫魯曉夫退却。但更重要的，却是要知道赫魯曉夫何以不願訴之一戰？美國可以為古巴事件向蘇聯致哀的美敦書，但美國決不能就任何糾紛事件，對蘇聯致送哀美敦書。那麼，蘇聯的「戰爭邊緣」究竟在那裏？蘇聯的「戰爭邊緣」，就是戰爭與和平的分野，也即是冷戰成敗的分野。

蘇聯革命四十餘年——尤其是戰後十餘年的成就，使它的當政者不願把既有的地位孤注一擲，固然是赫魯曉夫不輕言大戰的原因。但共產集團的內部困難，也絕對不能忽視。其一是共產地區普遍的農業失敗，其二是共產國家的紛崩離析。

共產集團農業失敗，使「共產主義」與「飢餓」成為剪不斷的連鎖，對馬克思所說：工人「將僅失去一條鎖鍊，而得到的却是全世界」，作了無情的諷刺，也打擊了整個「共產天堂」。東柏林的建立圍牆，香港邊警為難民而頭痛，都是共區飢餓的大暴露！如果有規模比較大的戰爭，首先內亂政變的，便是若干共產國家。

共產集團的興起，靠着所謂「馬列主義」的符咒，然而奇怪的，也許他們將來的失敗，就是為了這符咒。對史太林來說，赫魯曉夫「反史」是修正主義，終至與反史的狄托修好。但東德、波蘭、匈牙利暴動，莫非想做狄托。共產國際由蘇聯頭子絕對控制的時代已過去了！赫魯曉夫知道，他不能驅使東歐附庸從事戰爭。

因此，無論赫魯曉夫如何叫囂柏林問題，他已不可能為奪取柏林而戰；更過多次試探，他更清楚知道，西方不容改變柏林地位的決心。

拉丁美洲方面，美國對解決古巴雖不徹底，但已獲得世界性的勝利，今後防止滲透的加強，進一步團結南美，有較佳的展望。

中東的環境比較複什，不過納薩年來因叙利亞的離心力，他並不事事順手。看到蘇聯的自保政策，他可能不顧過份做「貓脚爪」，這就減少了危機。

在非洲，聯合國軍開入卡登加，終止了剛果分離狀態。這是自由世界迅速採取主動的成就。自由世界的成就，也就是共產集團弱點的大暴露，而自由世界已取得了主動。

現在只有在亞洲的中共，在叫囂着戰爭，叫囂着蘇聯「不利用核子波幅稍大的時候」就古巴問題對美國擲牌。

可是值得注意的是中共只要求蘇聯與美國戰爭，中共本身却不敢與美國戰爭。中共抨擊蘇聯自古巴退却，而中共自己却正從印度退却。當去年台灣一度揚言反攻大陸時，中共即急急要求美國聲明不助台灣反攻。甚至最近廣東沿海「特務」游擊事件，中共也向美國質問。中共的「紙老虎」，眞相已經畢露了。西方如不「重歐輕亞」，台灣也能再接再厲，在亞洲方面也一定會有成就的。

（六三年元旦）

從國民黨開除吳相湘黨籍說起

孟戈

（一）

據聞國民黨八屆五中全會，曾發動一套「維護黨紀和革新運動」，對於台北「文星」書店出版的「民國政黨史」編輯吳相湘教授，開除黨籍，並命令內政部從政黨員，對「文星」書店「違法」處，研議懲罰辦法。作為一個黨外人，對於執政黨內的「整肅」動作，自不必談其好歹是非，而對於內政部能否「研議出懲罰辦法來」，更無須乎言之過早。不過，在我看來，一個眞正對個人事業與學問負責、而又對中國歷史和文化盡忠的歷史學人，能够脫開三十多年來與中國國運密切聯結的所謂「革命政黨」約束，未始不是一件快事。就一個嚴格要求黨員對總裁絕對效忠的「革命政黨」言，能剔出對政黨首腦的誠信不如對學術的良知的游離份子，亦算是一件正正當當的行為，這可以說兩全其便了。

今年台北「文星」書店，出版了一部「中國現代史料叢書」，第一次編印書目共三十種，第一輯「建立民國」史料中，有一冊是謝彬著的「民國初年試行政黨政治的翔實著述」底「民國政黨史」。「史料叢書」出版時間，剛好是台灣因胡適在「亞東區科學教育會議」作出「科學發展所需的社會改革」的演詞而引起中西文化大論戰期內。「文星」書店的「文星」月刊却被兩位參加文化論戰人士「控訴」「誹謗名譽」。而其中的一位是立法委員胡秋原，他在九月十九日向行政院提出一項質詢：「最近某書店及其出版之某雜誌在所謂文化問題之討論中」，「公然主張及實行人身攻擊」，「對余以匪諜相誣。而彼等習於誣衊，可以同類侮衊手段亦施於其他反共作家；且竟不知檢點，至於侮辱元首見之。」他所提出的証據是「某書店出版的」謝彬著底「民國政黨史」，「誣指國家元首係中國共產黨之組織者」。

九月二十日，台北官方「中央日報」的消息是說吳相湘對這個質詢的答辯却是十分光明正大的，他說：「政府有法律，如果有錯誤，他願意接受處分。」而胡秋原則認為「這樣重大的錯誤，不能以疏忽為藉口而輕予原諒的。」言下之意，當然主張國民黨政府去「嚴辦」了！

因此，在國民黨員的內政部長連震東，還不曾「想出懲罰辦法時」（侮辱元首在刑法上無明文規定，但若干年前立法院通過的『出版法』上有處罰辦法，根據『文星』月刊，李敖的『胡秋原的眞面目』記載，當年胡立委是『堅決』反對通過『出版法』的），就先用國民黨的黨紀將吳相湘開除黨籍了。這是國民黨的著名文化人，繼雷震被開除黨籍的第二人；亦算是他們忠於個人理想與事業而又公然違反所參加政黨黨紀的無獨有偶者。

（二）

關於「民國政黨史」的內容如何，我不知道。至於它涉及「侮辱元首」部份的史實眞確性又如何？上了六七十歲而關心政治史的老一代，大概應該知道來龍去脈的。如果吳相湘編輯的書冊，居然大意「疏忽」至此，確未免太粗心了。但如果確是歷史眞象時，那就算不了一回事。孫中山先生可以主張「聯俄、容共、工農」政策，蔣先生如曾「係中國共產黨之組織者」難道就是「罪失」麼？我們知道發現放射性元素的物理學家，當年萬萬想不到會製造毀滅世界的核子武器來，陳獨秀——這個寒酸文人搞出「中國共產黨」來，當日他更想不到會出了一個殺人不眨眼的地煞星毛澤東的。

何況，歷史是不朽的，過去中國皇朝遞嬗交迭，聖主與魔王的眞面目，一一要呈現在我們的面前。即使利用權威竄改歷史，結果不是照本歸眞麼？今日國際國內的研究中國近代史的學人大多，國際國內的圖書館儲藏關於中國史籍更不少，是非曲直，絕對不是一紙公文可以解決的。反而恰恰會製造出相反的結局來。對於這件大事體，確乎不可不審愼處理的。

事實上，國民黨中平日研究歷史與政治「學者」與「專家」，似不乏其人。如果吳相湘編輯的謝彬原著「民國政黨史」，純出惡意造謠。我認為與其開除吳相湘的黨籍——甚而處以應得之罪，就遠不如寫出一篇負責的「研究近代政黨史」的東西出來，把歷史眞實攤在億萬讀者面前，由此以斷定是非曲直，這不更有價值？這不是起了更大的作用麼？

而且，祇有使用這種方法，來對付一個無兵無將的文人是再好不過的了。一來可使他個人聲譽破產，二來又可使他自慚形穢，三來出版商亦會任由這「不盡不實」的所謂「怪書邪說」自生自滅。這無形的懲罰，會比有形的刑罰重得多。何必動輒使用「法」——所謂「出版法」，來對付一間書店和一個窮文人呢？

千秋萬世之後，人們不會懷疑這是排除異己的絕招麼？人們會完全相信這是空穴來風的謠言？

何況，祇有以筆伐筆才足於現出公道。今年，美國國會議員及州長中期選舉時候，不就出現過誣詆甘廼廸私蓄情婦的新聞麼？然而，這位年青的總統，並不認為是政治攻訐，而祇一笑置之而已。美國公民就不曾叫囂過「汚辱元首」，而代表美國公民的國會議員，更不會出面要政府「用法嚴辦」老百姓的。

（三）

不過，吳相湘被開除國民黨籍，確給這個「革命政黨」領導的首腦一種嶄新的認識，吸收黨員是千萬不可隨便的。同時，亦給我們知識份子一個嚴格的教訓參加「革命政黨」尤更不可隨便參加。

今日的中國人，對政黨政治認識太差，而中華民國實踐「民主政治」太淺。因而「脫黨」和「跨黨」都視同天大事件，開除國民黨籍，不但被危害到政治生命，甚至會影響到職業生活，被視同政治叛徒，望而生畏，可怕呀！

中國傳統的壞觀念是「學優而仕」的，國民黨一掌遮天三四十多年，某些派系拚命拉「黨員」，某些「黨員」又搏命加入國民黨的「派」「系」，冀圖攀結權勢而陞官發財。因而愈招愈濫，愈濫品質愈差，國民黨員對「革命政黨」認識固不深，而「革命政黨」對黨員的約束尤其弛懈。吳相湘在忠於黨紀和「總裁」、或者忠於歷史和學人誠智間，他選擇了後者而否定了前者。這種意念形成是兩方都應該負責的。

因而我一直認為國民黨吸收學術界人士及利用青年學生入團入黨，至少不是「革命政黨」所必需的！

吳相湘事件，就是一件典型例証。

本報啟事

逕啟者，本報所有贈閱，自中華民國五十二年一月起，一律停止。敬希鑒諒！

聯合評論社敬啟

大陸見聞（上）

望晴

一、沼氣發電厠所煮飯

「沼氣發電厠所煮飯」，這個名詞，令人看了，既感新鮮，又覺驚奇。任何對於理化常識有多大修養的人，亦未必能盡曉其詳。本人來自大陸，深明底細，茲特寫出此項事實，藉供港島人士茶餘飯後談笑的資料。

在共黨「挖掘勞動潛力」的口號下，不僅男人們天天日夜勞動得透不過氣，甚至農婦們斬柴割草的時間，亦被認為是影響農業的非生產時間，而被列入改革之類。掛了紅牌子的科學人員們，絞盡腦汁，終於想出了一個不愧為「洋土結合」的好辦法：利用便溺的沼氣來發電生火，為柴薪代勞。

他們有了新的題材了，於是，他們便大事宣傳說什麼沼氣可以發電，厠所可以煮飯，並同時動手，像煞有介事的搞起沼氣發電來了。他們每個公社都搞了幾處，每處都花了成千元的建造費。他們把原有的厠所，四圍用英坭封密，使不透氣，只在頂端留一小孔，裝上膠管，直通到公社的辦公室，然後裝以特製的燈紗、火爐，這樣就建成了「沼氣發電站」。看樣子，厠所快將要結束它那段下賤的歷史，而負起所謂崇高光榮的，為人民服務的職責了。「沼氣發電站」建成了好幾個月，而且經過一次又一次的試驗，結果總是爐不生熱，燈不發亮。有些社員曾偷偷地劃根火柴想替他點燃燈紗，可是依舊是不靈驗，但只見那燈紗頭「不！不！」的發出一響一響的臭氣。眞是白天見鬼，眞是放屁而已！啊！難怪共產黨慣於放鬼屁，因為厠所畢竟是厠所，裏面裝着的是永久也不會改變的穢物呀！

二、萬頭猪場空頭肉票

中共為建設「萬頭猪場」，硬把農民家裏養着的大猪、小猪、公猪、母猪，全部賤價收購（當時中共為緩和農民的不滿情緒，每頭猪由公社發給十多斤或廿多斤的肉票），送到山邊海角去集體飼養。這樣叫做建設「萬頭猪場」。入了這「萬頭猪場」的猪們被編成若干隊，每隊又編成若干班，每班住在一個山洞或地窖。管理員們日常在訓練着牠們過集體生活。有時訊號一響（用銅鑼），一羣笨猪被嚇得魂飛膽散，東奔西竄，於是公猪逐母猪，大猪咬小猪，弄得叫聲震天，狼狽不堪。倒霉的是小猪和弱猪，不上幾天，總要有十頭八頭受傷或死亡。

自從喊出糧食是「寶中之寶」的口號以後，猪呢，根本就不能嘗到米糠和蕃薯根的滋味，因為這些東西，已被人作為主要食糧了。在「找竅門挖潛力」的號召下，不知那位仁兄發明了用「牛屎喂猪」的「好辦法」來。新鮮的牛屎，直接可以給猪吃；隔夜的牛屎，則下鍋煮過才給猪吃。可是這個「好辦法」推行後，只看見肥猪變瘦猪，瘦猪變病猪，管理員食指動了，正好趁此機會，乘猪兒尚未斷氣時，便把牠殺了吃個痛快，他們只向上頭報個猪瘟數字了事。就這樣，管理員一月一月的上報猪瘟數字，萬頭猪場的猪兒，一月一月的進入管理員的腸肚去，不上一年工夫，萬頭猪場空空如也！至於養猪戶們的欠款，現在仍是記在「信用合作社」的賬簿上。何時歸還？天曉得！

公社施行的第二年，農村裏斷了猪種，市場上沒有了猪肉，社員們也因此忘記了猪肉的味道兒了。原日發下的肉票，也只好讓社員們珍而藏之，遺給後人，作為中共「德政」的眞材實料。

三、尼古丁嚇不了烟友

糧食生產不如意，經濟作物生產更不如意，烟草生產亦不能倖免地一落千丈。可是，吸烟的人們，一股不滿的情緒，却一躍萬丈了！

為了緩和烟友們的不滿情緒，唯一的辦法只有大力宣傳烟草含有「尼古丁」毒素，讓人們知道不吸烟可以「延年益壽」。奇怪得很！「幹部同志」們都是要烟不要命，老癮總是戒不掉。他們是整日整夜的吸着「大中華」「紅雙喜」。

在城市，在農村，在工地，在田裏，人們都在罵！在咒罵！在破口大罵！唯有不吸烟的人們，默不做聲地在搖頭表示同情。罵聲響澈雲霄，人民更不滿了，幹勁更消沉了，怎麼辦呢？尼古丁宣傳又告破產了！弄到這田地，少不得要再來第二套。於是便大力收購香蕉樹皮、木瓜葉、芋葉、山竹企等野生植物，作為烟葉的代用品，製成烟絲應市。然而這種代用品的害處比尼古丁還厲害，它給烟友們帶來了咳、暈、多痰等的疾病。

在城市，在農村，在工地，在田裏，人們依舊在罵！在咒罵！在破口大罵！這種咒罵聲，與共產黨的利害關係，甚於吸烟人與尼古丁毒素的利害關係。

從台北的英雄政士大會談起

海鷗

據台北十二月廿九日消息：一百卅六位國軍英雄和六十位政士，今日上午九時半，分坐專車到台北，參加第十五屆國軍英雄政士大會。

這些英雄和政士們，都是在戰鬥、訓練、教育、克難創造，和學術研究上有卓越成就和貢獻。當他們列隊走出車站的月台時，受到了國防部總政治部主任高魁元上將，和陸、海、空、勤、憲，警備高級官員，及全國各機關首長代表們的熱烈歡迎。四十多位漂亮的小姐，分別在英雄和政士的胸前佩戴了紅花，車站廣場響起了一片樂聲掌聲和鞭炮聲。

接着，這些精神飽滿容光煥發的英雄政士，坐上吉普車，在八輛摩托車和國防部示範樂隊的前導下，從火車站經中正路、重慶南路、衡陽路、延平南路的國軍英雄館，沿途受到一萬多羣衆的歡迎，各商店行號還燃放爆竹，表示敬意。

在遊行行列中，最受人注意的是兩位女英雄周彩華和陳信妹，和兩位女政士高麗冰和林碧海。

他們當天下午在英雄館舉行記者會，向記者們講述當選英雄和政士經過，晚間參加了軍人之友社總幹事陳炳寰的歡宴，他們對於卅日以一整天的時間，參觀台灣北部的工業建設，晚間參加全國各界在台北中山堂舉行的慶祝元旦晚會；卅一日上午在中山堂舉行英雄政士大會，中午參加國防部長俞大維和參謀總長彭孟緝上將的招待，下午分別拜訪陸、海、空、勤、憲、警備總部。

他們將於明年元旦參加各界慶祝元旦及歡迎國軍英雄政士大會，晚間離台北分別返回防地。

讀過上述消息後，使人發生許多感想。首先，使我想到的，也是常常有人提到的，是說這些做法，縱然不是從共產黨那裏學來，也與共產黨的做法差不多。因為自史大林在統治蘇聯的初期起，即推動了所謂史坦漢諾夫運動——一種高度壓搾勞力的增產運動，最近十三年，中共則亦在大陸推動了各種英雄、勞動模範的選舉和鼓勵，所以，有人認為台北舉行的這一些什麼英雄政士等做法，是與中共相類的做法。但在我看來，這做法之有無價值，還在這做法的本身，換言之，還在這做法是否適合台北現階段的需要，而不在它是否與中共的做法雷同。所以，我倒並不因為它與中共的做法有類似的地方便抨擊它。

相反，我對於這一做法，倒相當的讚揚。

這理由有兩個：

一個是台北的政風和社會風氣實在太壞了。誠如一般輿論所指責，許多青年都以到美國鍍金為榮，很少人才以復興國家復興民族為職志，選舉英雄與政士的做法，假如在選舉的標準上尺度上眞正做得公允而適當的話，則一方面可以鼓勵士氣，一方面可以改造存在於台北的那種偏安苟安和奢侈浮華的氣氛，則尚未嘗不是國家和民族之福。

當然，這問題的關鍵在於選舉英雄政士的標準尺度是否適當。不過，據台北的消息報導，國防部總政治部主任范光華空軍少將於十二月廿九日在台北國軍英雄館介紹第十三屆（本屆）英雄政士時曾說：今年當選的英雄中，有經常深入大陸沿海偵察匪情的陸軍健兒，有駕駛飛機到大陸執行偵照任務的空軍英雄，也有發明「人工心肺機」的軍中醫官。他指出，今日國軍的進步，就是戰勝共匪反攻復國的保證。

這位空國少將說：陸軍成功隊的英雄，經常深入大陸沿海，偵察匪情，曾給予共匪嚴重的打擊和困擾。他指出：「在這些英勇機智的健兒中，有位張林少尉，就是在執行『忠誠』、『慧星』、『春雷』計劃的屢次進入匪區，不顧生死地達成任務，確是一個了不起的人物。」

范光華說，張林英雄曾於今年九月三日軍人節前夕，帶領他的伙伴，登上共匪佔據的大登島建築鐵塔處，升起兩面青天白日滿地紅的國旗；並在鐵塔的四週，埋了大量地雷，使匪軍不敢去拆除。他強調張林的英勇行為，對於大陸民心和共匪士氣，有很大的影響。

他說：馬祖列島和東引島進入冬天以後，氣溫已降至〇下四度，但是海軍英雄為了清除航道，使原來無法靠船的灘頭，變成優良的軍港。登陸的船艦，能夠順利靠灘。他指出，担任這種艱苦任務的海軍上尉馮潛，有時曾潛在寒冷的海水裏三十多天，充份表現出革命軍人戰勝自然克服困難的偉大精神。

他說：神勇的空軍將士，經常派遣飛機深入大陸，冒着匪軍陸空攔截，狙擊的危險，完成對大陸廿三省匪軍重要軍事設施空中照相的任務，對反攻復國的戰略運用上，有很大的貢獻。

他指出：空軍一等空投兵李順發，有一次飛到大陸空投後，回航時，不幸在澎湖上空失事墮海，受了重傷；但是這位台灣省籍的戰士，非但不顧自己的傷勢，反而去搶救另一位遇難的蕭豐耀班長。後來蕭豐耀體力不支逝世，李順發仍然抱着蕭豐耀的屍體，在海上掙扎了三小時，把屍體帶回岸上。

他說：這次當選的英雄中「有一位女播音員周彩華，從民國四十九年參加金門前綫喊話工作以來，三年如一日，曾先後在大膽島和金門島播音站担任對匪攻心戰的工作，表現了不怕苦敢冒險的精神，曾榮獲蔣總統召見和嘉獎。」

范光華說：今年當選英雄的海軍士官長陳雪良，也是一位了不起的英雄。他曾經在外島冒着共匪炮擊的危險和風浪，架設海底電纜，替國家節省了新台幣一千萬元，被美國和日本架設電纜的專家們認為奇蹟。

他說：今年副霍亂侵襲台灣省時，國軍軍醫人員曾發揮高度的工作效率，為全省軍民實施預防注射，撲滅了這種可怕的傳染病，在建些軍醫人員中，有實施「支氣管導管術檢查」的謝遠清少校，和設計製造「人工心肺機」的郭繄安中尉，對增加國軍實力和維護官兵健康方面，有很大的貢獻。

根據范光華的報告，這就可見台北現在舉行的英雄政士大會，其選舉和確定的標準，尚能以各該當選人本身的工作和事蹟作標準尺度，這不是像共產黨那樣一切都以「政治掛帥」為標準尺度，而今日中華民國需要眞正的鬥士，需要超級的工作人員，則又是事實，所以，我以為在自由散漫的風氣中，在個人自私自利的官僚風氣中，在國民黨當權派的爭權奪利擾攘不休的風氣中，能夠眞正的面對工作，並且從實際工作中，選拔英雄與政士，我以為並沒有什麼不適當。相反，我倒覺惟恐這一選拔工作是否眞能打破人事圈子而更眞正公正。而以往，國民黨當權派做這一類事情的時候，是向例做得不夠公正的。惟其做得不夠公正，所以，往往不能產生正面效果，而反而產生了反面效果。

其次，是我總覺得台北官場平時總在提倡對「總統」個人的「忠貞」，這是一件大壞事，這不但把國家民族的至高無上地位否定了，而且也容易養成封建意識和官僚習氣。當然，我並不是說國民對國家元首不應尊敬，但國民對國家元首應有一定的尊敬，乃全世界各國一致的禮貌，但這種應有的禮貌是一件事，硬要人們對「總統」「個人」「忠貞」則又是另一件事。這一次，細讀台北有關選拔英雄與政士的報導，其中尚無把對「總統」個人「忠貞」列為必要事項，總算難得。

不過，我細讀這些消息和讚揚這一做法之外，我却要訊問國民黨當權派，你們自己是否曾經檢討互相勉勵去向英雄政士看齊呢？你們是否也做過那些值得讚揚的工作呢？你們除了自命為天生的統治者外，你們是否在反攻復國的大業上作這貢獻配稱英雄政士呢？你們是否在民主建國的大業上作過貢獻稱為英雄政士呢？這一點，我倒要請國民黨當權派中的每一個人都自我反省一下，最好，當然是互相檢討一下。

為查國營事業監委幾乎動武

純夫

（台北通訊）月前監察院舉行總檢討會時，監委曹啟文曾提出經濟部所主管的國營事業十五個單位經營失當，影響經濟發展至鉅，擬請派員徹查，當經決議交經濟委員會處理。十二月二十九日上午該院經濟委員會開會，進行討論本案。委員曹啟文、吳大宇、金越光、陳廣華、葉時修等先後發言，討論結果，決議組織五人專案小組，負責徹查；調查內容，應包括各國營事業之資本構成，經營方針及營業情況等項。當討論五人小組人選時，監委鄧景福發言，他說：專案小組由五人組成是可以的；不過，原提案委員不宜參加，應該迴避，以避嫌疑。」此話一出，原提案人曹啟文委員立即站起來用很激動的聲音抗辯道：「鄧委員所說原提案人不宜參加調查，應迴避以避嫌疑，這幾句話我不能接受。我是提案人，我對我的提案負責，有什麼嫌疑可避？鄧委員你說這話，是什麼意思，簡直莫明其妙，有意侮辱人！」同時，右手握着拳頭，用力在桌上一擊，砰的一聲。

鄧委員也跟着站起來拍桌子並大聲說道：「我說原提案人應迴避，不應參加調查，監察院有很多慣例，你這種態度才莫明其妙。」接着兩人即破口大罵，你一個混蛋，我一個混蛋，還有好幾隻茶杯被摔碎，茶水飛濺，茶葉滿地。在場的其他委員，紛紛勸解。鄧委員手法敏捷，竟在勸解聲中，提起一隻靠背椅，準備向曹委員擲去，幸為葉時修委員及時阻止，才沒有流血。

經過在場委員和新聞記者的一再勸說，總算把一場監察院前所未有的鬧劇平靜下來。經濟委員會於十一時四十五分繼續開會，出席委員經過這一場大吵大鬧之後，情緒很不平靜，但仍決議專案小組委員，由張一中、王樹霖、毛以亨、張靄眞、曹啟文五委員担任並推張一中為召集人。鄧委員景福憤然表示要退出經濟委員會，旋即離開會場，金越光委員曾加勸解，但沒有效果。

鄧委員對於調查經濟部所屬國營事業機構案，反對曹委員參加，當然不是沒有原因的。至於原因如何，院內院外曾有種種傳說，筆者是局外人，不便妄加猜測。但從經濟委員會不顧鄧委員的反對，仍推曹委員為五人調查小組的委員這一事實看去，足証大多數監委並不以鄧委員的意見為然的。

二十九日的經濟委員會中又決定輪派陳委員訪先調查經濟部所屬由美援擬欵設置各機構的經費開支情形是否允當。此案原係陳翰修委員所提，經院會決議交經濟委員會處理。

由於經濟委員會一連決議進行調查的兩案均與經濟部有關，有人認為監察院已有決心要打老虎，不免躭心楊繼曾部長流年不利；實則該院雖然派定委員進行調查，將來也還是不會有什麼結果的，雷案調查小組報告就是一個顯例。

小啟：

本刊第二三三期所載「誰給我的印刷費」一文，因限於篇幅，曾由編者將原稿刪去五百餘字。茲接作者孫家騏先生來函，謂被刪去之部份，他認為甚為重要，囑轉告讀者：欲知全部事實，請參看本港出版的「風雲茶座」B．C．兩集。此啟。

——編者——

台灣簡訊

志清

一、蔣「總統」以「守信、守法、守分」與國代共勉

國大代表於十二月二十五日舉行所謂年會，蔣總統親臨致詞，除了對國大代表們慰勉一番，並強調其動員、革新、戰鬥的號召而外，還提出守信、守法、守分三者來與他們共勉。他說：要以守信來發揮政治的道德，以守法來保障民主的精神，以守分來確定自由的分際。」又說：這與培養民主的生活規範有關。很多人覺得：以言信守，蔣總統在政府退台之初即申言一年準備、二年反攻、三年掃蕩、五年成功。第三屆非法總統產生後，他又說，將於六年之內回到北平。但如今不但仍無反攻行動，而且反共的聲音也日趨沉寂。以言守法，三屆總統的選舉，就不是依法行事，政府所作的違憲措施，幾乎隨時隨地都有。以言守分，蔣「總統」隨時超出總統的法定分際而干預行政乃至司法的事，更是司空見慣。如今蔣「總統」又提出守信、守法和守分三者與國大代表們互勉，而且還強調他「當隨時自我鞭策」，但願其不再徒託空言。

二、國大代表發起自律運動

國大年會開會，人們多以為他們又會為爭取提前行使創制複決兩權而演出種種醜劇；但會議結果，却無人提出此一問題。據說乃由於他們已經自動的發起一種自律運動，實行互勉互勵，自律自重。報載：國民大會為響應「總統」的革新號召及執行年會決議，已發出一項代電如下：「本會同人，均係全國各界碩彥之士，受選民之愛戴，被選為國民大會代表，依照憲法規定，代表全國國民行使政權，一言一行，極為各方所重視，十餘年來，多能謹言慎行，為民表率，如有少數同人，偶因言行失當，難免遭受社會物議，甚至以偏概全，損及全體，影響本會聲譽。是以五十年年會中即曾通過決議，籲請同人自律自重。當茲國難方殷，總統復正號召革新、動員、戰鬥之際，本會同人，確應自律自重，互勉互勵，共同維護國民大會及全體同人之聲譽，藉以促進社會風氣與政治風氣之改善，進而增強反共復國力量，達成拯救大陸億萬同胞之神聖使命。」

雖然在此一代電中，國大代表們還自認為是全國各界的碩彥，受選民之愛戴，不免令人看了要感肉麻，而其所謂自律又是空無一物，但他們也知道應該自律，在今日的台灣，就算難能可貴了。

國大年會中，代表多人曾提出促請政府早日反攻大陸，不宜一再遲延或期待案，可說正是全國人民的心聲；但討論結果，卻祇決議「送請政府參酌辦理」，足見其僅為應景文章。假如這些自以為是全國碩彥之士的國大代表們能以當年爭取增加待遇的那股勁來督促政府反攻，那就可謂代表民意了。

三、陳誠說反攻大陸在眼前

在國大年會開會之前一日，以國大代表為主幹的光復大陸設計委員會也舉行每年一度的全體會議，行政院陳院長以兼主任委員的身份致詞，引述胡適先生所說光復大陸的日期遠在天邊，近在眼前的話，他認為遠在天邊一語，已可畧去，因為光復大陸的時機已經是近在眼前了。這可說是政府負責當局對反攻大陸時機的最新表示。他強調反攻準備必須盡其在我，「我們要立不敗之地，策必勝之謀，存戒懼之心，行犯難之事。」在原則上說，當然是很正確的。然而今日之事，空言祇能增加國人的失望和減低軍隊的戰志。政府當局過去所作的空言，已經太多了，關心國是的人們，都希望陳院長在說了之後，能有事實表現才好。

四、聯合報呼籲局部反攻

聯合報於十二月二十七日發表社論，呼籲發動局部戰爭的反攻。該報過去曾作了一次同樣的呼籲，後來由於當權者的壓力，才中途停止。最近因為國大「年會」曾有建議政府在大陸沿海建立游擊走廊，以為反攻大陸之準備的提案，該報認為與其平素主張以局部戰爭展開全面反攻的論據若合符節，以故重申前論。社論歷陳不能等待不可期望的第三次大戰替我們打開一條反攻的路，也不能等待中共的自行崩潰。主張應乘目前大陸經濟危機嚴重、中俄共的矛盾日增、中共又與印度陷於長期糾纏的最有利時機，向大陸沿海和華南地區發動局部戰爭，打擊中共軟腹部份，奠立全面反攻的基楚。聯合報的主張，可說是海內外人民的共同呼聲，然而祇顧緊閉國門，加強家天下統治的當權者是否會有所感動，顯然還是有疑問的。

五、黃朝琴決定離開議壇

連續主持台灣省議會達十七年之久的黃朝琴，於二十一日宣佈放棄下屆省議員競選，從此退出議壇。據稱：他已「心力交瘁」，希望省議會的人事也來過新陳代謝，讓活力比較充沛的能有機會多做一點有益於國家和地方的事。」他並說：「根據過去十七年的經驗，政府所訂的法令，多如牛毛，往往使老百姓有無所適從之感，這實在是當今政治上很大的一個缺點。歷屆的省議會大會中，均曾提出有關簡化法令，以求便民利民的問題，但並未受到政府當局的重視。」他認為「這是直接關係萬千老百姓的切身問題，不容再被忽視。」他希望「政府機關今後應該在簡化法令方面多下功夫，力求改革」。

繼國民黨台灣省黨部改組之後，省政府主席周至柔又忽然奉命辭職，社會上盛傳乃由於他自恃兼得蔣「總統」、蔣夫人和蔣經國三人的寵信，平素飛揚拔扈，不可一世。但自前年訪美回台後，蔣經國對他忽起疑心，認為他有討好美國和結納台灣人，建立自己的派系，企圖有朝一日繼承大統之嫌。最近嘉義市長蘇玉衡因虧空公欵案被周下令停職移送法院偵訊，牽涉省黨部要員，蔣經國更認為周有意打擊他的幹部，於是在乃父面前密奏一本。周至柔雖然是蔣總統多年的寵將，一向愛護有加，但畢竟不及愛子之親，乃示意他辭職了事。因念其過去忠貞不二，特調為總統府參軍長。因此之故，黃朝琴此次決心不再參加競選，有人認為其主要原因乃是由於平素與周至柔太過接近，周既去，他當然不能安於位了。除了黃朝琴而外，還有十五個國民黨籍的省議員也沒有登記參加下屆省議員競選。但黃朝琴在周主省政的期間，主張府會一家，並不是對周有特別的關係，而乃鑒於周是蔣家的寵兒，原想透過周以討好於蔣；如今却因周忽然見疑而被牽累，未免殃及無辜。然而這是家天下局面的必然現象，黃朝琴幸而是台灣人，尚未遭受其他的不幸，還算得一個光榮的下台。祇要他能不發怨言，仍對一人一姓忠貞不二，將來自不難再蒙恩寵的。

六、警務處長對刑訊的新表示

——寧可破不了案，也不採用刑訊——

年來刑訊之風，日甚一日，一般人民均有談虎色變之感，立監兩院和社會輿論，亦不斷提出抨擊，但當權者仍無動於中，繼續使用刑訊。不久以前，曾有一個現役軍人請假回家，被警察誤為逃犯，予以拘捕，施用刑訊，死在警局，竟將屍體拋入河中後，聲言被其逃去。此事發生後，死者家屬曾向法院呼冤，軍事當局亦表示重視，但至今仍無下文，由此可見刑訊的方法是何等的殘酷。但十二月二十二日省警務處長張國疆應邀列席立法院內政委員會報告，竟出人意料之外，以肯定的詞句，宣稱已決心禁絕刑訊。他坦率承認過去曾有過刑訊，但近年以來經過民意機關、社會輿論、上級官長和警務處自身的教育與查禁，已有很多改進。他認為刑訊是司法黑暗時代的產物，是落伍的、可恥的和醜惡的，不容復活於今日的民主法治時代。他並說：寧可破不了案，也不願用這種不光明的手法去破案。他主張應從加強法律教育和充實科學設備雙管齊下，一方面使員警能深刻認識現代刑法以証據認定犯罪的原則，一方面藉助科學方法蒐集罪証，使犯人無法狡辯和翻供。張處長這種坦率而懇切的表示，頗得輿論的讚好。聯合報特著短評，譽其為態度開明；並指陳：「關於禁絕刑求一事，民意機關與輿論界業已呼籲多年；直到今日，聽到張處長這一席話，總算有了一個確切的結果，令人頗感欣慰。多年來，治安機關在偵查刑事案件時，每每急於破案，乃至敕令限期破案，辦案人員為了交差起見，自不免要借助於刑求。久而久之，甚且養成一種習慣：遇見人犯先行「修理」一番，來一個下馬威，作為見面禮，似此「修理業」，藐視國法，侵害人權，莫此為甚。有人稱此為「甯枉毋縱」；殊不知有枉必有縱，因為枉屈無辜，當必寬縱眞兇；徒足暴露司法的黑暗，而使人民對之失却信心。張處長之言，頗有「甯枉無縱」之意。乍聽之下，似覺矯枉過正；但揆諸一般民主國家，這正是執法當局應有的開明態度。」但願張處長能言出必行，台灣刑訊之風，也就可望中止了。

七、監察院派員赴嘉義查案

監察院於十二月二十四日派專門委員溫松康抵嘉義查案。據悉：該院曾接到檢舉案，指供縣長黃宗焜歷年辦理各項工程，官商勾結，貪污舞弊。溫委員於上午九時抵達縣府後，即邀集建設局長賴麟章，土木課長翁魁，秘書陳鍌及有關職員蔣東梧等人詳詢各項工程發包、招標、驗收等經過，並携走有關案卷多宗。隨後又到財產股調查縣府放租宿舍建地詳情。再後又往市郊參觀黃縣長的別墅及橋林。

又由於蘇玉衡等忽然在被檢查官提起公訴後，交保外出候訊，省黨部調查總幹事金詢遠更由縣黨部保出，此一哄動全省牽連甚廣的大貪污案大有不了了之勢。據傳，乃因為再追查下去，還可涉及某些若干更高級的黨務人員，當權者為了維護「黨」的信譽，指示司法當局應將大事化小，小事化無，發揮司法「配合國策」的傳統效能。以故黃宗焜縣長雖然已被提起公訴，省政府方面決定暫不採取行動。過去台北市長黃啟瑞的貪污案發，他在檢查官提起公訴之後，即被省府停職，另派周百鍊代理，純因其失寵見棄之故。如今黃宗焜縣長能暫保現職，則是由於本案的主角金詢遠是蔣經國系統內的特務小頭目，太子派既已決定要維護他，同案的其他人等也就因而沾光了。

又聯合報載：蘇玉衡案餘波蕩漾，一位在嘉義服務的高級司法人員被人向司法當局檢舉，指出濫用職權以不法手段向雲林縣政府申請獲准一塊放領土地，經營農場，已由司法當局發交高等法院台南分院進行調查。承辦的檢查官已於二十日傳訊有關人士，該分院對該黨內情，持高度機密。據稱：該案的爆發與蘇玉衡有關云。為什麼該司法人員被檢舉利用職權向雲林縣府申請土地辦農場會與蘇玉衡有關呢？平素對台灣政情畧有了解的讀者當可思過半矣。

八、稅員少收賄欵，多要紅包

高雄商人柯欽，本開設五金行，頗獲厚利，稅捐處於四十九年底派員調查該行營利所得，核定為十六萬三千○四十六元四角，應繳所得稅二萬二千七百六十元。柯某為圖減少稅額，央請熟悉門路的高吉祥設法活動，並申請複查。高某遂向稅捐處審核員兼業務室主任廖環，稅務員王三彬、孫耀鵬等三人接洽，結果，由高致送孫、王兩人各三千五百元，廖一千五百元。廖等在複查時，遂將報的全年所得減為五萬三千九百三十元。但延至五十年十一月間，稅捐處對柯的減稅案未予審查通過，柯向廖等索還賄欵，事遂敗露，經高雄地方法院審訊終結，廖等三人收索賄路各被判處有期徒刑一年六個月，柯欽本向公務人員行賄處有期徒刑十月，高吉祥處有期徒刑三月。

中共公安部正式承認

最近三個月十組反共武裝突襲大陸 八組登陸台山等縣另一組空降陽江

綜觀

關於反共志士突襲廣東沿海的事，本報迭有報導，然中共在香港控制之赤色報紙一向認為中共統治區是銅牆鐵壁，武裝反共志士不可能登陸沿海，不可能深入大陸爆炸破壞，更不可能空降內地。海外少數失敗主義者，亦往往認為突襲大陸為不可能，實則，大陸內部異常不穩，施行局部反攻是完全可能的，而且是必然行得通。而中共現在且已正式承認從一九六二年十月一日至十二月廿九日，廣東沿海已有十組反共武裝對大陸施行突襲，且有一組空降陽江山區了。

對此，中共新華社於十二月廿九日自北平發出電訊說：「中華人民共和國公安部於一九六二年十二月廿九日發表公報」。公報原文如下：

「從一九六二年十月到十二月，我廣東沿海地區人民公安機關、人民解放軍邊防部隊、廣大民兵和人民羣衆密切配合，全部、乾淨、徹底地殲滅了從海上登陸和空投的九股美蔣武裝特務，粉碎了美帝國主義及其走狗蔣介石匪幫對大陸進行騷擾破壞的罪惡計劃，取得了對敵鬥爭的又一重大勝利。美帝國主義和蔣介石匪幫這次連續地派遣武裝特務竄犯大陸，是他們在今年夏天企圖竄犯大陸的軍事冒險陰謀破產後又一次新的冒險行動，他們妄想在我廣東沿海地區建立所謂游擊走廊，為進一步竄犯大陸的軍事冒險創造條件。這個龐大的武裝特務竄擾大陸的計劃，是美蔣特務機關中美聯合情報中心和國防部情報局一起製訂的。計劃分別以『海威』、『班超』為代號，他們挑選和搜羅了一批職業特務、蔣匪軍官、慣匪首領和逃亡地主、富農、反革命分子，給以專門的特殊訓練，從十月一日到十二月六日，先後分九股秘密由台灣高雄乘船出發，偷渡我廣東沿海的海豐、惠陽、惠來、電白、台山五縣登陸。這九股武裝特務，除了潛入惠陽縣海面未敢登陸逃往香港的一股以外，其餘八股登陸後全部就殲。另在廣東省陽江縣山區空投的一股武裝特務，也被全部殲滅」。

根據以上新華社的報導，可知台北對大陸已採行小型突襲，從而啟導局部反攻，再進而啟導全面反攻，而由中共公安部自北平發出上述公報，尤見毛澤東及中共諸首腦已對此震駭驚懼，這也是中共軍隊不得不自印度邊區向後撤退的一大原因。

至於中共公安部所說已將反共武裝突襲部隊全部殲滅之說，則全屬謊言。事實上，這九組反武裝向有多人現在大陸游動，而前往大陸登陸的反共武裝則更不止這九組云。

大陸簡訊

白帆

中共與外蒙簽訂兩「國」邊界協定

外蒙本是中國領土，由於蘇俄侵略中國，曾假借外蒙以「投票自決」的名義，將我外蒙分裂，而形成所謂「獨立國家」。但中華民國政府已廢棄該一承諾。不圖毛澤東及中共中央諸漢奸，竟又把外蒙偽政權之傀儡總理澤登巴爾邀到北平，正式簽訂兩「國」邊界協定，這眞是喪權辱國和無恥之尤了。

邊界協定之詳細內容目前尚未公佈，但據中共「中國新聞社」北平十二月廿六日電：「中華人民共和國和蒙古人民共和國邊界條約今天下午在北京簽訂。周恩來總理和尤．澤登巴爾主席分別代表中蒙兩國政府在條約上簽字。劉少奇主席、董必武副主席等國家領導人參加了簽字儀式」。又說「劉少奇主席今天下午接見蒙古人民共和國主席尤．澤登巴爾，周恩來總理今天上午前往賓館回訪澤登巴爾主席，並同他進行了會談」。

此外，中共還在北平發動萬人大集會，無恥慶祝所謂「中蒙邊界條約的簽訂」。據中共「中國新聞社」十二月廿六日報導：「大會在人民大會堂舉行。下午三時三十分，周恩來總理和彭眞市長等陪同蒙古貴賓登上主席台上，彭眞市長和澤登巴爾主席在大會上先後發表講話。彭眞市長在講話時，首先代表北京人民和全中國人民向蒙古貴賓表示熱烈的歡迎，他在講話中指出，中蒙邊界條約的簽訂，表明兩國政府完成了一項具有歷史意義的重大任務，兩國人民的共同願望得到了實現，標誌着中蒙兩國人民的兄弟友誼的進一步鞏固和發展」。

彭眞又還無恥的說：「中蒙兩國政府在很短的時間內圓滿地解決了四千多公里的共同邊界問題，這說明在社會主義兄弟國家之間，不論存在着什麼問題，都可以而且也應該按照馬克斯列寧主義和無產階級國際主義的原則，根據莫斯科宣言和莫斯科聲明所規定的處理兄弟國家相互關係的準則，找到正確的解決辦法」。

總之，從中共與外蒙簽訂兩「國」邊界協定，已把中共政權的賣國本質和毛澤東劉少奇周恩來等人的漢奸本性揭露無遺了。

中共將與日本互辦商展

據中共「中國新聞社」十二月廿七北平電：「中國國際貿易促進委員會和日中貿易促進會、日本國際貿易促進協會關西本部今天下午在北京簽訂了一項有關中日貿易的議定書。中日雙方在議定書中再次表示支持中國政府提出的中日關係政治三原則、貿易三原則和政治、經濟不可分的原則，並表示在堅持這些原則的基礎上，繼續為加强中日兩國人民間的友好貿易關係和促進中日兩國關係正常化而共同努力」。「議定書中規定：雙方同意相互在對方國家單獨舉辦商品展覽會，日本方面的定於一九六三年內在北京展出，然後繼續在上海舉辦。中國方面定於一九六四年內在東京和大阪舉辦」。由此可見日本卑鄙而短視的商人是愈來愈墮落了。

中共再向澳洲賒購大量小麥

茲據本港可靠消息，中共為了解救大陸之嚴重糧荒，但又無大量外滙可以付現，故最近曾向澳洲及加拿大要求賒購小麥。

依照民主集團與共黨集團之整個鬥爭形勢看，依照中共正在蓄意在亞洲各地進行之武裝侵略及顚覆活動看，所有民主反共國家，當然都不應該以物資供給敵人，使敵人壯大起來之後再來對付自由世界。但有些眼光淺短只顧現實的國家，卻常常犯此毛病。

茲悉中共代表團與澳洲代表團在香港進行之談判，澳洲已答應於明年以超過兩億蒲式耳之小麥售給中共。此項談判已在兩週前由澳洲小麥局局長巴烈特率領之小麥局人員到香港與中共購麥人員談妥。每一蒲式耳等於三十六公斤，故此一賒購量為數頗大。

另據澳洲小麥局一名官員透露：截至本月二十日止，澳洲售與中共之小麥已有三億四千萬蒲式耳。最近出售之一批，已於一九六二年十月成交，為數為二千五百萬蒲式耳。預料明年（一九六三年）度澳洲小麥產量將達二億七千萬蒲式耳，除供本身所需約六千萬蒲式耳外，其餘均將售予中共。

此外，加拿大出售小麥之代表團，最近亦曾與中共洽商小麥售賣問題。據悉亦有協議成交，惟詳情尚未透露云。

僑鄉近訊

鍾之奇

廣州醫生護士虐待病人

中共雖然常常吹噓他們如何替人民服務，如何替病人服務。實則，整個中國共產黨自從掌握大陸統治權以後，便已逐漸官僚化起來。最初，這種官僚化，還只限於中共統治集團之高層，到現在，這種官僚化則已普遍到下級了。

再加以大陸經濟破產，一般共幹及工作人員都吃不飽穿不暖，因之，工作情緒異常惡劣，所以，各種惡劣現象普遍發生。而廣州醫院方面也發生許多怪現象了。

這些怪現象，本已由廣州來客描述得很清楚。中共在廣州出版的「羊城晚報」，更於十二月五日刊出的一篇「醫院門診擠擁問題剖析」透露得極明白。

它說：「據瞭解，主要原因在於各醫院門診部的醫務人員服務態度不好。例如，有一些護士常常憑自己的好惡，粗暴的對待病人，甚至動不動便拿病人來出氣，如市工人醫院有一個護士，服務態度很惡劣，常藉故斥罵病人，增加病人的痛苦。有些醫生，對於技術為誰服務缺乏明確的認識，對工作缺乏熱情和責任心，因而他們對病人馬馬虎虎，態度不好。有些醫生甚至盛氣凌人地對待病人，說什麼我不給你看病，你又怎麼樣等等」。

足見廣大僑鄉之衆多病人，在中共統治下是如何的不幸了。

廣州中共經營企業長期虧本

在今日大陸，中共經營的所謂國營企業，公營企業以及所謂公私合營企業都是中共最重視的。同時，中共並不準備在這些企業身上虧本，相反，而是打算在這些企業身上賺錢。其所以如此，則因為中共政權財政開支浩大，財政來源枯竭，故中共政權一直想在這些企業身上賺取盈餘，彌補財政開支。故中共對經營企業曾有其一定打算，並曾將經營企業之盈餘列入財政收支之預算項下。但實際結果，則恰巧與中共政權之打算相反。據中共廣州出版的南方日報透露：這些國營企業却是長期蝕本。而且生產越多，蝕本就越多。在此情況，廣州全市國營企業均在長期虧本狀況中云。

當然，這現象也不止限於廣州一隅。事實上，大陸其它各地許多中共所經營之企業，亦皆如此。

據南方日報所舉「遠東」、「健康」、「東南」三個化工廠之例子說：「這三間化工廠都是生產立德粉的。但長期虧本，尤其是最近幾年虧損更為嚴重，有不少職工和幹部認為生產得越多，虧損也就越多，不如不生產或者少生產為好。」

又說「幾年來各廠也曾想辦法改變這種長期虧本現象，總是找不到眞正的原素。「健康」廠的領導幹部曾認為生產立德粉虧損多，因此，他們企圖拋開立德粉而去生產一些高產值、利潤高的產品來彌補企業的虧損。但結果企業虧損的問題仍然沒有得到解決」。

長期虧本的原因究竟在那裏呢？南方日報說「主要是一，片面追求產值和產量，不講求經濟效果。盲目採購原料，而且只憑貨單入賬，從不過磅驗收。加上保管不好，浪費很大；二，財務管理制度不健全，用款沒有計劃，管理費的開支很大；三，沒有嚴格的切實可行的經濟技術措施，生產調度不善，計劃訂得不够周密，生產設備也沒有定期進行檢修，因而不能保証均衡生產。投料配方和生產操作又不統一，原材料的消耗指標高，浪費很大；四，利用粗料和提高回收率等一些技術問題，未妥善解決」。

由此可見，中共在廣州經營的所謂國營企業之所以弊病叢生，原因並不簡單，中共南方日報雖面對問題提出分析，但廣州方面的中共財經幹部却仍束手無策，眼見此類企業還將繼續虧本下去哩！

馬來西亞加緊部署成立

俊華

儘管發生了婆羅乃的亂事，馬來西亞仍決定於本年八月成立，在發起並促成馬來西亞計劃的吉隆坡，正在採取加緊的步驟，以使馬來西亞計劃底於實現，尤其是如期實現。但無可否認的，爲了馬來西亞問題，吉隆坡當局也正陷於馬來亞立國以來前所未有的窘境。

馬、菲的蒂芥

拉曼總理曾經以他超然的外交風格，獨來獨往，好像渾洒自如，也經過了相當長久的時期。他不讓馬來亞參加東南亞公約，且拒絕英軍由馬調往寮國。但他也「不理會中立主義」，聲明支援印度而抨擊中共，說是「一馬來亞得預期有一天面臨與中共的戰門」。他所組織的泰、菲、馬「東南亞協會」，也是經濟性的，並且預期讓政治態度不同國家參加的。這些都顯示出：在「不歸於楊，即歸於墨」的東南亞環境中，他的獨樹一幟的超然態度。可是，今天他已似乎到了被迫表示態度的階段，事情究竟來到自己的身上來了。

東南亞協會會議，原定去年梢在馬尼刺召開，這個被認爲東南亞共同市場雛型的組織，業已參加的泰菲馬三國，對它寄與很大的期望。可是這個會議，已突然陷於停頓，由於馬來亞提出無限期延會，以致作爲東道主的菲律賓，一時停止籌備工作，大感無趣。那是爲了婆羅乃叛軍首領這次在馬尼刺聲稱成立「革命政府」的緣故。拉曼說：「當阿薩哈里仍在彼處的時候，余何能前往該地？」

菲總統馬卡柏佳，卻不以拉曼的態度爲然，他認爲婆羅乃事件是一事，東南亞協會又是另一事，「怎可以拉在一起？」但儘管如此，會議還是沒有開成的展望。泰外長乃他納將訪吉隆坡及馬尼刺，爲此事調解奔走。但是馬來亞爲婆羅乃事件對菲發生蒂芥的感情，還得有一段時日，方能冷卻。

印尼拒英請求

非律賓雖然否認英美對非「警告」勿干預北婆，但極可能接受到「勸告」，勿影響東南亞協會的前途及已有成就。而且據說英國已獲得非方不干擾北婆三邦的保証，儘管非方仍保留對北婆羅洲的主權要求。從另一方面看，菲方的態度可能是穩健而不操切的，因爲阿薩哈里的顧問，非前總統之子小奧斯敏納，已告訴阿薩哈里說，「菲律賓不能與有爲」。暗示要他還地爲良。由於小奧斯敏納曾替阿薩哈里到吉隆坡及耶加達奔走遊說，雖在吉隆坡未獲官方的接見，但阿薩哈里是信任他的。因此阿薩哈里已經決定離菲，轉程赴「另一同情他的國家」，這當然是印尼了。

印尼首都的「支援婆羅乃人民革命大會」中，有派志願軍赴婆羅乃的要求，也有「發印尼護照給阿薩哈里」的要求。（阿氏的英國護照已被吊銷，而聯合國也不批准他前赴美國。）而一個常設機構，「婆羅乃革命支援委員會」，也已在耶加達成立，那些左翼團體，已紛紛表示他們願意出志願軍，或以能工杯葛英美在印尼企業去支援婆羅乃叛方。這乙切，表示印尼有意把婆羅乃亂事承攬起來。阿薩哈里前赴印尼，正可以藉着印尼干預北婆的野心，去發展他的革命事業。

印尼也已經正式拒絕英方「不干預北婆」的請求，英國原希望印尼保証，除了同情之外，不採任何干預北婆三邦的行動。但耶加達悍然拒絕了。蘇加諾上月廿七日的談話，更否認印尼係受共黨煽動，而係基於「萬隆精神」同情婆羅乃革命。他說：「有些人因我們同情北婆人民而憤恨我們，又恥笑我們受共產黨人操縱，其實他們錯了！」

蘇加諾這句話，是對拉曼而發的。拉曼在憂慮印尼志願軍越境入北婆羅洲時說：「如此等志願軍抵達，彼將不怪責印尼政府，因爲此應歸咎於印尼共黨」。他相信蘇加諾聲明同情婆羅乃叛亂，「乃係尊重印尼共黨二百萬人之力量」。拉曼並認爲，共黨一天獲許在印尼公開活動及有發言權，印尼與馬來亞關係將會繼續疏遠」。

叛軍尚未瓦解

實際上，馬來亞當局已召開高級會議，檢討馬來亞與印尼的關係，並決定（不顧印尼之將如何）如期成立：馬來西亞。拉曼說「最少，北婆和沙勝越，兩邑是不受影響的，馬來西亞將會如期於一九六三年八月卅一日成立」。言外之意，即是說，即使婆羅乃仍有亂事，也非成立「大馬」不可。

馬來西亞聯邦協定，將於三月在倫敦由英國及星馬沙婆各方簽署，議席分配爲北婆十六席，沙勝越廿四席。婆羅乃蘇丹賽福丁即將來訪吉隆坡，再決定婆羅乃併入「大馬」的事項，趕於三月一併在倫敦簽署聯合協定。

婆羅乃各城鎮早已恢復常態，但森林中的叛軍殘餘，還沒有完全解體的報導。英軍在阻截着不讓他們衝入印尼獲得庇護，可是那一帶的崇山峻嶺，英軍也認爲是理想的游擊戰地區。一旦印尼出而接應，戰亂必定死灰復燃。

吉隆坡通訊。

沙撈越人民聯合黨近態

葉松

沙勝越目前共有四個政黨：一爲「人民聯合黨」，一爲「尼加拉黨」，一爲「國民黨」，又一則爲「華人公會」。在這四個政黨中，以「人民聯合黨」成立於一九五九年爲最早，規模最大，黨員也最多，現有地方黨部達四十六所，分佈於全邦，黨員約四萬人，以華裔爲骨幹，在政壇上具有相當潛力，黨員中有很多在政治上佔有優越的地位。

沙勝越對「參加大馬來西亞」這一問題，當地人民很明顯地分爲贊成和反對兩派；這兩派孰強孰弱？在明年大選中，便可見分曉。明年的選舉，是第一次普選，凡年滿廿一歲的公民，都有投票權。而人民聯合黨則屬於反對派的；除非贊成參加大馬來西亞的政黨能夠出奇制勝，把一向擁護人民聯合黨的大多數公民都能爭取過來，在普選中獲得勝利，否則「大馬來西亞計劃」也許還有風波。

在預定構成大馬來西亞的成員中，反對派本多屬在野黨。如馬來亞，反對的是極左派和極右派；如新加坡，反對的是極左派；惟沙勝越則大不相同，反對的却是在政治上有地位的人民聯合黨，而該黨在來年大選中可能執政的機會是最大。這情形，是頗使人感到訝異的！

人民聯合黨何以反對參加大馬來西亞呢？據該黨的高級人士透露，係因爲他們都極相信，在明年大選中，該黨是穩操勝券的，因而可按照該黨的黨綱，來改進沙勝越的前途，如果一經參加大馬來西亞，則他們便失掉了這個機會，同時也使沙勝越人民將來的幸福亦同受影響。

在不久之前，曾有少部份執政者，指責人民聯合黨，該黨內潛伏有共產份子；而贊成派亦曾藉此大肆宣傳，極力攻擊人民聯合黨，甚至說人民聯合黨的最後目標爲赤化沙勝越。但這種指責，當地大部份居民都不予置信。當時曾經有人當面質問過該黨的主要領袖之一史諦芬·楊：「你是否共產黨員？你們的黨內是否有共產黨員？」他很肯定地答覆說：「我愛沙勝越，祇知對沙勝越効忠；人民聯合黨也是効忠沙撈越的」。接着，他反問：「是否因我們反對參加大馬來西亞，你就說我們是共產黨」？

據史諦芬解釋稱：「人民聯合黨的所以反對參加大馬來西亞，是因爲一個尚未取得自治的小邦，一旦與一個獨立的大國聯合，這兩者的關係是很難基於平等的基礎。因此，我們主張沙撈越如與他邦合併，必須取得一項先決條件，那就是先使沙撈越人民獲得自治與獨立。惟有經由人民普選產生，並具有明確授權的政府，始能與其他國家討論合併的條件和程序」。他這番理論，不少沙撈越智識份子都爲之折服，認爲他們的主張確很高明。

人民聯合黨的領袖們都是有着很豐富的政治經驗的；而且他們也很獲得境內的資產階級和智識份子的支持，故潛力龐大，遠非其他政黨所能抗衡，他們之自信能在明年大選中獲得優勝，決不是空洞的妄想。

贊成大馬來西亞計劃的人士也很知彼知己，他們現在已進行着一項團結運動，希望能夠把其他政黨調協起來，聯成一氣，然後集中各政黨的力量，去和人民聯合黨對抗，藉此可望於明年大選中打垮人民聯合黨，以達成其參加大馬來西亞的目的。當然，如果其他各政黨都能意志相投，合作無間，這一股力量，確是足給人民聯合黨以嚴重打擊的。據贊成參加大馬來西亞的人士指出：各黨派領袖都已深知聯合力量的重要性，而且目前已至情勢緊張的階段，故他們都已多方設法促使各政黨間化除成見，聯成一致，協力以對付人民聯合黨。其中的尼加拉黨對這問題尤爲進行得積極，該黨刻已組成一委員會，負責進行與其他各政黨協商團結合作的事宜，現正展開工作中。

至於人民聯合黨，他們也早已獲悉贊成派人士的行動，並經擬訂好對策，準備在大選之前的一段短時間內，與對方展開劇烈的鬥爭；他們現在已擴大了反對參加大馬來西亞的宣傳，實行爭取人口佔全邦百份之五十的士著的擁護。這正是他們將來成敗所繫的一項要着哩！

巫山巫峽氣蕭森

劉裕畧

玉露凋傷楓樹林，巫山巫峽氣蕭森，
江間波浪兼天湧，塞上風雲接地陰，
叢菊兩開他日淚，孤舟一繫故園心，
寒衣處處催刀尺，白帝城高急暮砧。

這是杜甫的名作「秋興」八首的第一首。那時，他剛離開成都草堂，乘舟東下，由於旅途勞頓，走到夔府就病了。於是就寫了這一首詩。

本來，蜀道艱難，由來已久，其在巫山巫峽等處，如果溯江而上的話，即在今天，也還相當艱險。

我第一次過巫峽，是民國十六年。那時候，峽中土匪爲患，到民國二十年以後，匪患才算敉平。

巫峽居長江上游，也是屬於長江的一段。不過，在習俗上，宜昌以上，通稱川江，以下，通稱長江。其實，三峽之中，西陵峽也還是屬於湖北省。但由於航行上的關係，宜昌以下，船大，馬力小，可以夜航；以上，船小，馬力大，不能夜航，所以，對於宜昌以上，就一概稱爲川江。

所謂巫山巫峽也不過是一種概稱。嚴格說來，它應該稱爲長江三峽才是。因爲巫峽不過是三峽之一，其餘尚有西陵峽與瞿塘峽。

長江下游江面很寬，流速也較緩。宜昌附近，江水陡了些，但江面還有相當寬度。再上去，情形就完全變了。

上行輪船，通常都是清早從宜昌開出，開行不久，就到了南津關。南津關的江面又比宜昌窄了一些，江水也陡了一些。過南津關，便正式進入西陵峽。

從西陵峽起，江面更窄了，江水也更陡了，水從上游急流下來，因爲江底多石頭，所以，江面上到處釀成漩渦。西陵峽，已經很險，但西陵峽又名夷峽，夷者，平坦之意也，在三峽之中，它還算是最平坦的一峽哩！

由西陵峽到巫峽，沿途有許多小峽，如崆岭峽、兵書寶劍峽、黃牛峽、牛肝馬肺等峽都在這一帶。

在峽裏行走，要想望得很遠，已辦不到。因爲山石迂迴，江流轉折，向前望，彷彿山窮水盡，無路可通，稍一轉折，才又入於另一境界，但這一境界也沒有好遠，便又得再轉入另一界境。總之，湍急的江水，在羣山萬壑中奔流出來，輪船便也得在這種回環曲折中逆流而上。李白的詩說：「朝辭白帝彩雲間，千里江陵一日還，兩岸猿聲啼不住，輕舟已過萬重山。」這是說船隻順江而下，速度極大的話。但溯江而上，航行就極慢了。

在峽裏有一處矗立的石壁上，懸掛着兩塊大石頭，形狀和顏色，一塊像牛肝一塊像馬肺，這地方就叫牛肝馬肺峽。

在又一個石壁上，有一大幅有點像壁畫的東西，其形狀極像一個人揹着一把刀，手上牽着一條牛，這地方就叫做黃牛峽。

在另一個山上，有些形狀像書一般的石頭，又有些像寶劍一樣的石條，蜀人把這些形狀的石塊故事化了，說是諸葛武侯遺留下來的兵書寶劍，於是就叫它爲兵書寶劍峽。

又在一個石壁的夾縫中，藏着很多像風箱的東西，那些東西究竟是石頭呢？還是什麼？從船上看不清楚，但其形狀完全與風箱一樣，這地方就叫做風箱峽。

這些峽的形勢都長得很險，尤其是崆岭峽。

本來，三峽之險，還不在它的形勢，而在江中特別多險灘。如像新灘、洩灘、觀音灘等都是很有名的。從前，許多馬力較小的輪船上這些灘的時候，都要在岸上拉牽才能上駛。但航行在川江的木船的船夫則說：「新灘洩灘不算灘，崆岭才是鬼門關！」崆岭之險，於此可知。

過了西陵峽，就是巫峽。在三峽之中，巫峽最長，有八十里，瞿塘峽最短，只有十四里。最險的是瞿塘峽，風景最美的却是巫峽。構成巫峽之美的主要骨幹，是所謂巫山十二峯。這十二峯，有的在江邊，有的不在江邊，烟雲縹緲，變化莫測。而神女峯綽約多姿，若隱若現，尤爲纖麗美妙。在昔，楚襄王做夢所謂「朝爲朝雲暮爲神女」者，指的即這一峯。後世常常以這一峯作爲表達某些浪漫意識的隱喻。唐代大詩人白樂天曾經巫峽到蘇州，那時候，秭歸縣的繁知一聽見樂天將過巫山，便於樂天未到之前，在巫山神女詞的粉牆上寫了一首詩道：「忠州刺史今才子，行到巫山必有詩。爲報高唐神女道，安排雲雨待清詞。」樂天看了大笑，笑什麼呢？笑的還是這一峯所包括的故事。

事實上，神女峯附近並沒有什麼，只是猴子很多而已。李白詩所說「兩岸猿聲啼不住」，樂天的竹枝詞所謂「寒猿晴鳥一時啼」，就是這一寫景。

巫峽的尾段，有一個灘叫做下馬灘，在那附近有一條小溪滙入長江，兩條流水，互相衝激，在江面上構成許多漩渦，像開水沸騰一樣，到處濺起水花，這漩渦叫做狀元堆。

狀元堆前面，羣山相抖，高聳入雲，看來簡直無路可通，但走上前去，懸崖絕壁間，又有一綫江流，勢如奔馬，從上面直衝下來，這便是瞿塘峽了。

「瞿塘峽口冷烟低」，白樂天這一句詩說得很不錯，因爲瞿塘峽裏陽光很少，氣象特別顯得蕭森哩！

瞿塘峽裏有一個黑石灘。江水自上而下，直碰石壁，然後折而東流，在航行上，是一處極爲危險的所在，舟子把舵不穩的話，就立刻會碰到石壁上，撞爲粉碎。

過黑石灘不遠，便到了夔門。「夔門天下雄」，固人所周知。不過，夔門是面向上流的，所以，必須過了瞿塘峽之後，轉頭回望，然後才可以看見夔門夾岸對峙，鐵壁崢嶸，高處直伸雲霄，低處潛沉江底的雄偉形勢。

過了夔門，就到了白帝城。白帝城是劉備託孤之所。這裏隱藏着一段悲劇，劉備當年不納諸葛亮的建議，不該伐吳而伐吳，不該戰敗而戰敗，失敗後，看起來，好像很能反省，不大好意思回成都，就在白帝城駐下來，並且把白帝城改爲永安宮，顧名思義，永安二字，說明了劉備似眞有長久駐蹕之意了。

白帝城地方很小，在長江北岸一座小山上，山上古樹參天，除了少數幾戶人家外，就只有一座破舊的亭子和幾間敗瓦頹垣的古廟。前人詩說：「白帝城邊草木稀，」看來，白帝城的荒涼，是不自今日始的。沒有到過那裏的人，久聞其名，到達那裏，就不免有些興亡之感了。

白帝城下江面上，有著名的灩澦堆，橫亘江心，作鑽空狀，周圍怒濤澎湃，泡沫橫飛，船夫羣中流行着一句經驗的話：「灩澦大如象，瞿塘不可上，灩澦大如馬，瞿塘不可下。」這樣，灩澦堆的水位就成爲木船在瞿塘峽可行與不可行的標識。

過了灩澦堆就可以望見一個大沙堤，堤上擺着一堆堆的石頭，地名本叫魚腹浦。說魚腹浦，大家有點生疏，說它就是「八陣圖」便是婦孺皆知的一個名蹟了。

這沙堤附近就是夔府縣城。自宜昌經過秭歸，巴東到夔府，只有夔府縣城比較大。其餘的縣城，有些只有一條短街。但這已縱走過三峽了。

唐詩偶釋

（三）

鄧中龍

漢江臨眺　王維

楚塞三湘接，荊門九派通。江流天地外，山色有無中。郡邑浮前浦，波瀾動遠空。襄陽好風日，留醉與山翁。

平平引起，中二句乃是臨眺。江流於天地之外，山色在有無之中，此聯爲詩中畫龍點睛處，從大處寫。郡邑若浮，波瀾競動，從小處寫，力較弱，殆所以敷衍上文。七句一頓，總括上六句，至此宜體會全文意境，始覺其跌宕之妙，律詩中此格最多，要在博覽而綜觀之。

以漢江起，以漢江結，中四句寫臨眺光景，是全章大結構。於臨眺又分兩層，是小結構。每層之中，又一岸一水，銜連而下，是又結構中之結構。此古人常用之法。

詩中每有一二爲警句，惟於警句之後，即宜暗換關節，不可重述。唐代諸大家，恆多注重此等處之變換，故能免平板枯燥之弊。良以詩中警句，多經久鍊而後工，不論描摩風物，刻劃人情，有此數字，便覺金光燦然，從此縱五色繽紛，亦自難乎爲繼。謀篇至此，萬不可再作東施效顰之句，以其並不能勝上文，且足以令全詩減色也。大家之詩，於和平之後，恆易以挺拔；於陡峭之後，恆以緩脉。上聯放開，則下必收鍊；上聯散行，則下必矜鍊。必若是始足以見詩中之變化。杜子美之「吳楚東南坼，乾坤日夜浮」（登岳陽樓），寥寥十字，寫盡洞庭形勝，聲勢百倍，氣象萬千；下即接以「親朋無一字，老病有孤舟」，絕不言洞庭風景，以損上文之美。如此收歛，具見筆力。孟襄陽之「氣蒸雲夢澤，波撼岳陽城」（臨洞庭上張丞相），聳然挺拔，不可仰視；下即接以「欲濟無舟楫，端居恥聖明」，從景物描繪，暗轉至心情刻劃，行文亦空靈清淡，了無硬轉生承之弊，是其才大處。摩詰此詩，項聯亦極矜鍊，爲不可多得之句，第以未能適可而止，便覺腹聯近於空洞敷衍，是殆未能注意謀篇之故。詩家用筆雖無定規，而綜覽大家之得，命意遣詞，每多相似處，蓋不如是即無由攝其神味與韻致。此子美襄陽登岳陽樓與臨洞庭之詩，所以能獨步千古歟！

附孟浩然「臨洞庭上張丞相」詩：

「八月湖水平，涵虛混太清。氣蒸雲夢澤，波撼岳陽城。欲濟無舟楫，端居恥聖明。坐觀垂釣者，徒有羨魚情。」

附杜甫「登岳陽樓」詩：

「昔聞洞庭水，今上岳陽樓。吳楚東南坼，乾坤日夜浮。親朋無一字，老病有孤舟。戎馬關山北，憑軒涕泗流。」

文藝集

（二）

過黃竹坑舊寓　一鶴

聽鶯舊館且呼凫，坐愛秋光載筆俱。人挾濤聲喧野渡，鴉將暝色下平蕪。詩情似水何妨淡，吾道如雲不厭孤。此日尊前供一慨，題襟影事已模糊。

敬次幼椿先生寄印農先生韻　閔生

遙想深居意氣融，木棉花映酒顏紅。千秋事業浮名外，一代興亡默省中。喜見新詩酬北海，轉從遺稿憶南豐，天荒地變風流歇，傾倒平生蜀兩翁！

敬和幼老除夕見寄　懷園

南來還客儘籌邊，除夕新詩到隔年。爆竹夢回黐酒後，春燈人壽趁花前。潮聲近岸成狂倒，柳眼留青好畫眠。浮海記曾商去住，扶搖萬里共晴天。

新界登高有感　世昭

天際雲山耀眼明，九龍入海亂珠橫。地連五嶺孤峯外，人重中華一脈情。四十里分新舊域，百餘年變古今名。阿香爐火知何處，空指新安故寨城。

抗戰回憶錄（五一）

張發奎

十一・廣州進軍與受降

第三、是抗戰勝利後，政府不但未能掌握復興機運，繼續苦幹建國，且由於對共黨問題，時和時戰，舉棋不定，以致終於喪失了大陸。

就我個人來說，我是堅決反對與中共妥協的。記得抗戰剛一結束，政府當局便因馬歇爾將軍之調處，而議定國軍與共軍停火。

當我正担任廣州行營主任的時候，軍調部突派來一個三人小組。這三人小組是由政府人員一名，中共人員一名及美國人員一名組成的，他們要把中共在廣東的曾生的東江縱隊及在海南島的馮白駒縱隊調到北方去。我當即向派來的這個三人小組表示：廣東方面根本沒有中共的軍隊，有之只有土匪。故斷然拒絕了這三人小組的調處。因此，馬歇爾將軍便認爲我破壞了他的調處，而告知蔣先生。蔣先生還電召我到重慶，面告我必須遵守調處。我當即詢問蔣先生爲什麼本黨要與共黨妥協舉行政治協商會議？據蔣先生指示：一、軍隊疲勞與空虛；二、官兵精神鬆懈，志氣消沉，士氣不振，紀律廢弛，漠視命令；三、民衆痛苦，經濟凋零，社會困擾；四、國際上，美國希望中國統一，希望現政府成爲強有力的政府，但不希望一黨專政。基上原因，所以不能不與共黨妥協舉行政治協商會議。故本會議可說是一種政策，吾人應當遵守。又共黨加入政府後，我們困難當然增加，希望大家忍耐，站在本人崗位上埋頭苦幹，克復困難。我當即告訴蔣先生，我相信以廣東現有國軍兵力，短期內必可將兩股匪肅清。蔣先生仍要我忍耐，並謂應准許他們將曾生東江縱隊調走，以應付馬歇爾，至於馮白駒縱隊，可以拒絕調走。

其時，馬歇爾將軍告知張治中約我晤談，準備勸我接受調處。但我因反對馬歇爾將軍那一調處，便斷然拒絕了與馬歇爾將軍會面。我想，當時正有許多人求見馬歇爾將軍而不可得，像我這樣斷然拒絕馬歇爾將軍的約會的人似乎不多。

當我奉蔣先生電召到達了重慶時，周恩來曾要求見我。但他到我的寓所來時，却不止他一人，而有一個我不認識的人與他同來。他們兩人進到我的客廳後，與周恩來同來的那一個人，便氣勢兇兇的先自拍桌指責我，說曾生縱隊及馮白駒縱隊明明是中共軍隊，如何說是土匪？指手劃脚，不但毫無禮貌，而且顯然意圖脅迫我，期望用硬的方法，強迫我接受調處。我見其人如此無禮，便立即指斥他：「你不配和我談話，請你立刻出去！」周恩來見我發怒，才立刻裝出笑臉，向我介紹，說那人是中共宣傳部長王若飛。周並一再向我解釋。我當即對周恩來表示：對於曾生縱隊及馮白駒縱隊的調處問題，我堅決拒絕接受，無談判餘地。這樣，周恩來才失望的率同王若飛一同離去了。

但周恩來、王若飛離去不久，葉挺打電話給我，要來拜訪我。葉挺本是我年輕時的同期同學，隨後，我作師長時，他又曾在我手下作過團長。我到達重慶時，他剛從監獄釋放出來，我們的私交一向很深，依理，我應該接見他。但我知道他是一個老共產黨員，所謂要來拜訪我，不過是想來和我談廣東方面調處的一個藉詞。所以，我堅決拒絕了他的拜訪。當夜，廖承志又打電話來，請我說話。由於我和廖仲凱先生一向很好，廖承志一貫呼我爲張伯伯，他在電話中說他一定要來看我。我揣想廖承志也一定是爲曾生縱隊及馮白駒縱隊的調處而來，所以，我當即在電話中拒絕了廖承志的請求。因爲我知道共產黨的那一套，原本詭計多端。周恩來把王若飛帶到寓所來，原想用硬的方法脅迫，脅迫不成，便由周恩來裝出笑臉來介紹來解釋，再不成，於是就用葉挺及廖承志以私情來軟求。他們本來善於做戲，但我早知中共的這一套，所以，無論軟硬，我都一概拒不接受。

在曾生縱隊兩千多人全部撤出廣東運往青島後，駐粵國軍也奉命北調，因而對海南島的馮白駒縱隊也就無法清剿。隨後，我所担任的廣州行營主任更奉令移交給宋子文先生了。

由此可知，政府當局在勝利後，對共黨問題未能儘早作出適當打算，這與日後大陸之終於淪陷，實有重大關係。

抗戰期間，大陸沿海省區曾大多淪陷於日軍之手，但經我中華民族全民浴血抗戰，終於光復了祖國。現在大陸各省又皆淪陷於中共之手，我相信不久的將來，大陸各省必然仍將重光。回憶八年艱苦抗戰而終於勝利，應更能鼓勵我們從事今後之反攻復國戰爭。

抗戰行列中見聞雜憶（一一）

李璜

國民參政會川康視察團

國民參政會同人對長期抗戰，十分熱忱的都想作點實際的貢獻，尤其對大後方的徵兵、征糧，關係於抗戰前途甚大，這兩項要政，不能聽其弊病百出，必須親身加以視察後力求改革；於是參政會大會決議設立兩個團：國民參政會川康視察團與西北視察團，之後，自動參加的參政員有五十多位，類皆老成碩望、精明諳練的有名人士。

不過，其間有一個困難存在。因爲這個視察團的任務是要深入民間，勤求民隱；又要宣傳抗戰，俾衆同心；這一工作乃是要親身接近各縣區、鄉，以至窮鄉僻壤的老百姓，去用口講和面對面的談話的。而諸位熱心的參政員，除北方籍者外類多江浙兩湖等省籍的；語音便難於使鄉下人能夠完全聽懂，甚至於完全聽不懂，如褚輔成先生，則其尤著者；但此老最爲熱心，而且要靠他的老黨人的公正權威去影響各級政府，又不可少了他這類人物。因之參政會便推舉我做川康視察團的團長，來安排這個團的內務組織與工作分配，使諸老辛苦奔馳，精力不至白費，而能收到改革的效果。

這在川康兩省，情形我比較熟習，而且我也覺得兵役、糧政這樣胡搞下去，浪費白米與犧牲民命，終會搞不動的；希望川康視察團的工作有成效，我對此團長一職義不容辭。因之，凡願參加川康視察團的，地區與人數便由我來分配，計分川東、西、南、北與西康共五組，每組配置一位能說四川話的參政員，而每組的秘書一人，幹事一人中，總要有一位會說四川話的。

民二十八年四月，兩團組成，分道出發，相約所到之縣，不駐衙門，不受招待，各帶被包，在重要而通公路的城鎮，尚有旅館可住；一到僻地，則有時荒村野店，有時小廟茅菴；老年人如褚慧僧先生任川東組長，還能走上大巴山脈，如莫柳忱先生任西康組長，竟冒寒衝上哲多山（一名大雪山）；我則川西、川南、西康各處奔馳，一方面爲照料諸老的工作，俾其順利進行；一方面彙集工作報告，提綱作結，送重慶大會駐會委員，請其提出改革辦法，送與政府辦理。但諸老之中，有火氣大者，在地方上發現有貪污違法或草菅人命之事，立即電告重慶軍委員，要求澈查並以軍法從事；軍委會派員覆查屬實，有奉令就地槍決犯官之事，公佈於川康兩省各縣，皇皇告示，俾衆周知，一時政風，爲之肅然！

本來，不深入農村，不會知道中國老百姓之怕官如虎；其愚而易欺，員是十分可憐的！「山高皇帝遠，獮猴充霸王」，行政官如一個小區長，軍管區如一個小營長，如遇上壞人充任，在小縣窮鄉中，直是土皇帝一樣，小民簡直不敢對他們出一口大氣，聽憑他們舞弊、勒索，要錢、要米、要吃、要喝，供應頻煩；這種種意外的花費，比對國家的正供還要大得多啊！

自有糧政與役政以來，爲徵兵征糧，無一縣不有新設的這類軍管糧管的小官兒，即無一鄉無人坐索催收，於是「暮投石壕村，有吏夜捉人」的情景到處皆是！但是拉人去當兵，眞是爲的「努力事戎行」，或「急應河陽役」，情猶可原；而拉來的人，有時得錢又賣放了，這就等於綁票匪的擄人勒贖，兵役更使老百姓不相信是眞正在爲國家了！——這樣的軍管人員，已應該拿來槍斃，何況還到處都有虐待拉來的壯丁，爲剋扣伙食，把壯丁餓瘦餓病，因是參政員視察報告中，詳載這類事項的最多，而爲整頓兵役風紀，軍委會正法了的團營管區中軍官不少；甚至蔣委員長一怒，將中央兵役署長陳澤潤中將都交軍法裁判後槍斃了！

至於征糧，則國民參政會川康視察團所注意的，除弊而外，還得在儲存與運輸方面，要實地觀察後，想出改良的辦法，以免浪費太大。

先說這除弊一事。公家徵收實物，名之曰課稅，古者稅畝，按田收入而取其實物什一，後來改實物爲貨弊，稱爲錢糧，行之已久，想即因收集實物，弊端甚多，且不易保存之故。自民二十七，前方軍糧需要甚大，乃改田賦爲實物徵取，而且要糧戶（川人呼地主爲糧戶）照稅則繳出白米。

白米是人人所需要，到處能賣錢，不論大斗小升，一旦偷到手，便易賣去，而且不易辨別公私，因爲此物是不能打上一個記號來的。因之，糧戶叫佃戶將米運去鄉鎮公所交與公家收糧機構，先經「斗手」（即專門用斗來量米計數入倉的人），即容易與上糧的佃戶通同作弊，在斗手的手法上，略爲變幻，每斗可以少一升，九斗可以叫十斗，入倉之後，便無從辨別了！

再有守倉之人與管糧之人，也常有監守自盜之事發生。出倉交運時，往往一百石米，覆斗一量，要少上八九石，詭稱爲「蝕耗」；如果蝕耗太大，交不出來，則只有推卸責任。一縣的縣府人手既少，監督不周，蝕耗愈來愈大。在其初，縣長爲此免職丟官者不乏其人；後來才於各縣設立糧食局以專司其事。糧食局大半用青年大學生受過「省訓」，已懂得征糧種種弊端者去處處加以注意，然後這類蝕耗才慢慢的減少下來。（第一年征糧，公家所得白米，蝕耗在百分之二十以上。）

但是，由地頭起運，將米運往前方，蝕耗仍大。因爲米一上路，或車運，或船運，所有車夫船夫沿路食用，順手取携，只要將蔴包弄一個洞，用碗接着，最方便的事；等到辦理交代時，就稱爲蔴包路上有損，漏掉了，這說來也是事理之常，無法深究。因之視察團研究結果，要軍方收米時，對負責運輸的船家或車行，將折耗規定出來，其蝕量不得超過百分之二，超過了，就得賠償。（當然在路上遇雨受潮，霉爛問題，不在此限，其改革辦法詳後。）

至關於防止霉爛一事，視察團歷訪地方耆宿，請教改革辦法。有曾辦過清季積穀倉的老先生指示，要不霉爛，最好存穀不存米；要運走時再將乾穀磨成米，然後趕運；但有一問題，即川康各縣並無大量碾米的機器，各鄉都只有小水碾，緩慢而不能應急；佃戶各家小量的分別自行覓碾，其事易辦，而大量同時的交碾，則萬難應付需要。

公家爲減少運輸的重負而要米，米入倉後或在運輸中又最容易發霉成塊，變爲廢物；於是再三研究下來，就發明了一種抗戰期中所稱的「八寶飯」！八寶飯是米中滲有砂子、石炭、穀糠，以至小石子之類；爲甚麼要費神將白米弄成這樣不白且帶些雜質，成爲甚爲難吃的糙米呢？就是要它能經久保存，不易稍沾潮濕便發酵生霉，固然這個八寶飯不大好吃，但是「粒粒皆辛苦」的嬌貴的米，總算能夠保得到輸往前方，不會成廢物，免強可供抗戰的軍食了啊！

本刊已經香港政府登記

聯合評論

週刊

每逢星期五出版

United Voice Weekly

第二二七號

督印人：黃宇人　總編輯：左仲平

社址九龍大埔道一六八號南亞書局 805641

承印嘉羅印刷有限公司香港仔馬師道5號

總代理：友聯發行公司　售價每份港幣一毫

本報美洲版總經售處美國紐約中美出版社

CHINESE - AMERICAN PRESS, INC

199 CANAL STREET.,

NEW YORK13 N. Y. U.S.A.

美洲航空版每份零售美金一角

對兩個國際組織的比較觀

李璜

這裏所指的兩個國際組織：一是聯合國，一是共產國際。

近來看到中共與俄共彼此公開辯駁，唇槍舌劍，不留餘地。阿共、韓共，以至古巴附和中共，要對以俄共為領袖的共產國際的多年組織加以破壞，有不惜分裂之勢！但同時又看見聯合國的「十年發展計劃書」，從今年起，要在「十年之內，賴國際合作，去由聯合國裏的特別基金，世界銀行，技術經驗，糧農組織，以及教育科學文化組織，一齊動員，來對付由來已久的人類敵人：疾病、飢餓、無知與窮困等等；特別要在此十年之內，奠定各新興國家經濟及社會發展的基礎」。

前一個共產國際正在鬧分裂，後一個自由國際則方興未艾，因之引起了我的比較觀。

原來，列寧所發起，史太林加以强化的共產國際組織，其初滲透世界各國，到處有共國際的支部組織，俄共指揮裕如，其宣傳主義，動亂人國，本有其相當力量的；不然，則在歐西於第二次大戰前，人民陣線不會那樣風起雲湧，支配一時；而在中國，中共於民二十五六左右，也不會那樣發展得快的。

但是，共產國際組織，其實專以破壞見長，其破壞人國的目的，乃在取得其自身的權威與利益的，直言之，這是一個强盜集團的組織；俄共便是强盜頭子，其附和之而願為之在其本國造亂，如中共等，乃是一些小强盜。强盜們的合作，本所謂「雞鳴而起，孳孳為利者，跖之徒也」，其間並無所謂甚麼主義，甚麼國計民生，更無所謂人類幸福，就連彼此之間的道義都一點說不上，雖然口裏時常講着「弟兄之國」在。

共產國際的大混亂，第一次是在一九三九年八月二十三日，史太林忽然與希特拉簽定互不侵犯協定，共同瓜分波蘭的時候。這個共產國際的領袖竟與所有國際共產黨人都認為惡魔的反共納粹領袖合作起來，共同打刼，於是西方各國共黨大為喪氣，都感到史太林之無恥，而紛紛退出共產黨，共產國際大受影響。如果希特拉不是那樣的魯莽，而善於運用的話，則共產國際早就大現原形，不復有絲毫號召之力；幸得希特拉攻俄失敗，纔把史太林的立場挽救了，但從此共產國際業已無有第二次大戰前支配各國共黨的那樣權威了！

這個往事已經證明了俄共身為領袖，而只顧自身利益，便不惜與反共的納粹去合作，這在中共頭子們，恐怕那時業已有了相當的印象的；不過當時毛澤東輩的羽毛未豐，還得靠史太林的卵翼，所以「鋼、太陽、一面倒、老大哥」等逢迎的話頭，還是不斷的喊着，以圖騙取俄共的助力，錢財與槍械，米格式機與工業顧問。一直到史太林死後，赫魯曉夫更是只為俄共之私，而迫着中共要粮食，要肉類果品，去抵償欠債，然後毛澤東的態度便漸漸轉變，此所謂「利盡而交疏」；在一九五七年，毛頭等人迫得要改用土法鍊鋼，隨卽對俄國顧問逐次解雇，這便已足以看出中共對俄共的剝削弟兄之國這種政策，開始不再加以信任了，所以毛澤東曾在一九五六年便長篇大論的責備蘇俄的大國沙文主義，而反對狄托主義也就在那時候開始。

今天中共對俄共不惜公開分裂，並不是為的甚麼主義，還不是為的自身利害，至少這一鬧翻，俄共不能再向一窮二白的中共追欠債，而同時中共還打算煽動其他附庸國來對赫魯曉夫有所要挾，所以赫魯曉夫還是對毛澤東不能不有所顧忌！

有人說：「中共之突然反俄共，如此其鑼鼓喧天，足見中共不願以堂堂中國再去服從俄共，乃是毛澤東在愛國。」這簡直是笑話！証之毛澤東等以往的言論與行為，無時不在賣國，他們還懂得「愛國」兩字的含義嗎！這猶如說，赫魯曉夫陰謀詭計，動亂人國，已經多年，而他今天來談和平共存，乃是在愛世界人類，一樣的可笑的啊！——强盜集團中人，那知道甚麼是愛呢！

現在我們再來一看聯合國的行動，這個自由國際，乃是各國自願的加入，自動出錢財，出物資，出人力技術去帮助落後地區的新興國家從事建設的工作；在十年來，大家挖荷包從事救濟，改良，撲滅傳染病，移徙流亡者等工作，已經在聯合國二十億美元花掉了！但蘇俄及其附庸國，雖也為聯合國會員國，便不肯慷慨的對此出錢出力，最近聯合國要募公債，他們也置之不理。

過去十多年來，聯合國的經濟暨社會理事會及其屬下專門機構，曾從事於（一）防止傳染病，如防治天花，撲滅瘧疾，制止肺癆的傳染等，遍及於世界各地，特別是亞非兩洲的落後地區，都大見成效，一九六三年為此工作通過的預算是三千萬美元；（二）技術的援助，聯合國經社理事會派往各國從事的專家，如改良農業，動力工程，防止災害、建立工業等等，日有進展，卽中華民國的專家也在徵聘，竟使人才有供不應求之勢，而去年特由經社會設立獎勵金來爭取與造就為亞非地區技術服務的人才；此外如（三）國際難民的救濟與移徙，（四）文教組織的掃盲運動，（五）兒童福利的各項補助，（六）防止非法販毒的行動等等，無一不是在造福人類，且藉以在新興國家中防止共產毒素的發展。

以聯合國這樣的積極建設工作，來比較共產國際一向的消極破壞作法，就足知强盜集團終不能敵自由集團，而共產國際的瓦解也是必然的結果了！

五二、一、九

請蔣先生把局部反攻的尖刀插入毛澤東的心臟

——兼論中共公安部十二月廿九日公報的用意

劉裕畧

我一向主張反攻，而且，在現階段，我一向主張施行局部反攻。根據最近台北在廣東沿海各縣所採取的突襲行動來看，根據中共公安部十二月二十九日所發表的一項公報來看，無疑，這正是國軍施行局部反攻行動的前奏。因此，我要在這裏特別予以讚揚，並表達我個人對國軍此一行動之熱烈支持。

據中共新華社十二月廿九日自北平發出電訊說，中共公安部於一九六二年十二月廿九日發表公報說，現刻偏安在台北的中華民國政府正在企圖反攻，它說「他們妄想在我廣東沿海建立所謂游擊走廊，為進一步竄犯大陸的軍事冒險創造條件。這個龐大的武裝特務竄擾大陸的計劃，是美蔣特務機關『中美特務聯合情報中心』和『國防部情報局』一起制訂的」。又說「從十月一日到十二月六日，先後分九股秘密由台灣高雄出發，偷渡到我沿海的海豐、惠陽、惠來、電白、台山五縣登陸，這九股武裝特務除了潛入惠陽縣海面未敢登陸逃往香港火頭盆島的一股以外，其餘八股登陸後全部被殲。另在廣東省陽江縣山區空投的一股特務，也被全部殲滅。」又說「在戰鬥中，總計殲滅美蔣武裝特務一百七十二人」云。

從上述中共公安部的公報，已可看出現刻偏安在台北的中華民國政府確已對大陸採取反攻性的突襲行動了。雖然，論規模，這些突襲小組的兵力與理想的局部反攻比較起來，還嫌其太小，還嫌只在沿海地區而未能深入毛澤東的心臟。但從另一方面看，用這些武裝小組來突襲大陸沿海，却有非常重大的意義。不失為富有政畧意義和戰畧意義的戰術行動。

以我個人來講，我是主張以一兩千人，兩三千人或五六千人，分別編成兵力大小不同的二三十個輕裝小型兵團，從大陸沿海的空隙及大陸腹地交通不便的山區（尤其少數民族居留地區），有的乘船登陸，有的空投的。這些小型兵團進入大陸後，初期，應以避免作戰為原則，應以遊而不擊為原則，盡可能的發動人民武裝，盡可能的擾亂秩序，破壞交通，盡可能的爭奪糧食械彈，然後，在不斷壯大中逐漸形成運動戰，再啟導全面反攻。因此，目前，這種小組突襲，便不能產生我所說的那種局部反攻的效用。不過台北目前採行的這種小組突襲方式，亦不失為一種火種。它雖然容易被殲，但仍有下列作用：

一、它可能啟導局部反攻。

二、它可能把中共的武裝部隊吸引到沿海來防備，因而對內陸腹地形成相對的空虛。

三、它可以搜索敵情和探測大陸沿海各地的虛實。所以從純戰術看，它也正是一種攻擊前應有的「威力搜索」行動。

四、它可以測驗中共民兵制度及人民公社戰志戰力以及中共對「綫」對「面」的控制力的强弱。

五、它可以迫使中共上下緊張，從而虛耗其軍力、民力、經濟力和心力。

六、它可以刺激大陸各階層各地區反共意識之高漲和發展。

所以，我以為台北派遣武裝小組在廣東各縣分途突襲，雖尚不能達到局部反攻的效果，却仍有上述各點意義而值得讚揚。

至於說到犧牲，「兵兇戰危」，那原本不可避免。要反攻復國，安得不有犧牲？據中共公安部十二月廿九日公報，自十月一日至十二月六日，中共總共不過殲滅反共志士一百七十二人。以如此小小的犧牲，換取中共如此巨大的驚懼，換取中共如此巨大的慌張，換取中共如此巨大規模在廣東、福建、江蘇、浙江乃至華北沿海各省之全面動員和戒備，不但刺激了大陸的人心，浮現了推翻中共政權之希望，而且還阻礙和打亂了大陸沿海各省的經濟生產秩序，牽制了中共軍隊的調動和佈防，則此區區一百七十二位英雄人物之作用，可謂大矣！他們應被歌頌，他們應被讚揚，自屬無疑。若把他們與其它只知爭權奪利，只知保家保身，只知向民主人士進攻，而不知向敵人堅持鬥爭的人相比，其賢不肖，相去何其遠！

何況，他們這一百七十二人縱然全體犧牲，但他們也已以他們的生命，他們的鮮血，向全中國人民，全世界人民，戮破了中共的鐵幕，証明中共平時所說中共鐵幕戮不破的話完全是鬼話。

（下轉第二版）

今後中國的外交

孫寶剛

在討論外交政策之前，我們應當先有一個國際觀，卽是說，我們對林立在世界上的各國怎樣看法，中國古代時的國際觀，是以所有的國家却是夷狄，這當然是不對的。但資本主義的國家，把所有國家都看作一個個的市場，也未嘗正確。我認爲今後我們要看所有國家爲兄弟之邦。因爲在今天這樣交通一天天地發達，國與國間，國民與國民間的關係一天天地密切，假如視之爲夷狄，視之爲求利的對象，或更不幸地夾雜了一些優越感而對某些國家有些歧視，糾紛便難免了，易言之便不能和平共處。在不能和平共處的世界中，卽使做了一個強國，也是不能獨自安居的。今日的世界情形，就是一個教訓。所以我認爲我前文所提出的幾個基本觀念，卽正義，自由，平等，和交契精神，不特應實施於國內，爲立國的基本，也應施之於國際間。以中國之大，人口之衆，如以這樣一個國際觀來對待世界各國，我相信影響世界是不小的。

假如我們同意這樣一個國際觀，我們便可演譯出一套外交政策來。第一我們是主張和平的，不過我們在這裏要弄清楚一點，卽是個人間的和平主義的信念是和我這裏所說的和平主義大有不同，誰都知道中國古語說，寧人負我，毋我負人，乃是和平主義的最高表現，乃是一種美德，這是因爲一個大丈夫，主要的在作大我的奮鬥，小我的利害是有限得很，根本不必計較。在國與國之間的和平相處，決不是一味的退縮和放棄，所以應有一定的限度。我們應以做到善意的和禮讓的爲限度來對待所有的國家。

在反面來說，我們要反對各種方式的國際壓迫，也反對一個國家宣稱要用力量來對付另一個國家。每個國家不論怎樣小，都應有自由。一切的衝突都應依照聯合國憲章的精神來解決，不得訴之力量。我們主張以國際法來統治國際秩序。也可說把保障人權的精神和民主的精神，以及法治的精神應用到國際上來。

第二，我在前文中也已提及，我們贊成集體防禦的。上述第一條是我們的理想，但是我們中國並不是世界上最強的國家，我們不特在行使第一條的政策時，會受到阻碍，因爲今天的世界各國，包括強國在內，並不如我們所理想的好相處，反之，也許還有某些強國要來侵畧我們呢？所以我們祇有和政策相同的國家結盟，作集體的防禦。今天在世界上有許多國家唱中立主義，其實觀其本質，與其說是中立主義，不如說是機會主義。他們利用今日兩大集團的缺乏理想，太注意現實，缺乏魄力，太注重姑息和籠絡，所以就給這許多機會主義的國家玩弄其間，收漁人之利，嚴格地說一句，自己沒有防禦的力量，怎麼可以中立呢？

第三，我們是贊成互助的。在今天的資本主義的社會裏，人與人間的剝削已爲人們所共惡，難道國與國間還可以繼續剝削麼？所以先進國家支持落後國家的辦法是急不及待的。現在世界各先進國家果也在倡議支援落後國家，但是說話多而行動少。我們今後中國，應該廣泛地展開這個運動。說到這一點，也許有人以爲不切實際，因爲我們自己不也是一個落後國家，也須人來支持麼？我倒不能完全同意。今天我們在物質文明方面較歐美的先進國家爲落後一些。但在精神文明方面我們確可給世界各國以很大的貢獻，我們政府在這方面以往沒有盡過力，是很大的遺憾。卽以物質文明方面來說，又可分爲物質和技術兩方面。我們有許多人材，國內既不去利用他們，爲什麼政府不出一些力量組織起來，使他們可在許多落後的國家去服務呢？卽使以物資來說，也總不能說不能抽出一些來支援比我們更缺乏的國家。

第四，我們相信戰爭不是不可能避免的，所以我們應促成世界各國的普遍裁軍。像今天這樣，直線式的擴軍以保衛和平，必至有一天全世界的財富都耗於軍備競賽的。並且一旦眞不幸而爆發戰爭，眞能使全世界人類殲滅！

第五，我要提到，和平與自由是不能分離的，所以我們不特要使現在還在做殖民地的人民獲得自由和解放，我們還要使每一個所謂獨立國家，都要尊重聯合國的人權宣言。易言之要保障全世界所有人類的人權。今天的世界已進化到許多問題應以全世界爲本位。絕對的國家主權論和民族主義論已不適應於今日的世界。易言之，國家的主權已經不是絕對的。正如今天，在國內的一個省，其主權不是絕對的，省的法令不能和整個國家的法令相矛盾一樣。

我相信，假如我們能照我上述的外交政策爲政策，我們在世界上決不孤立，我們固然會遭遇到敵人，但一定會有許多朋友。有些國家的野心的執政者也許仇視我們，但一般的人民，一定友視我們的。這是一個積極的外交政策，對於世界的一個眞正的貢獻。以往國民政府根本沒有外交政策，祇是辦一些外交事務。中共似乎有一點，也是不夠積極，並且基本上的錯誤太多，是有害於世界的外交政策。所以在某一個短時期中，矇蔽了許多小國家，而使中共似乎在某一個短時間內在國際間相當活躍，得到不少友人。但是今天怎樣呢？不是又孤立了麼？正義，自由，平等和交契精神，是今日立國的鐵則，不按照這些基本觀念來決定外交政策，外交一定在最後是要失敗的。

請蔣先生把局部反攻的尖刀插入毛澤東的心臟

——兼論中共公安部十二月廿九日公報的用意

（上接第一版）

劉裕畧

照中共平時所說，台灣要反攻是完全不可能的，因爲國軍根本不可能在大陸着陸。但這爲數不過區區一百七十二人，而且分成九組，平均每組不到二十人，而竟然全體順利的在大陸着陸，不但順利着陸，而且全體在大陸停留了相當時間，沒有一個人是在海邊被共軍或中共誇張的民兵組織擊斃在海裏，這就可見中共控制下的大陸，仍然相當空虛相當脆弱。毛澤東說「帝國主義和一切反動派都是紙老虎」，其實，這一百七十二人已証明中共才是紙老虎。

正因爲中共是紙老虎，所以，毛澤東在議笑赫魯曉夫從古巴撤退之同時，中共自己更厚顏無恥的從印邊自動撤退了。且至今欲與印度談和而不可得！

也正因爲中共是紙老虎，所以，台北只派了區區一百七十二個人就可以分九組在廣東沿海隨意登陸。那末，假如台北派二三十個各擁千人以上的小型兵團分途進入大陸，其後果又將如何呢？中共屆時豈不只有逃亡和投降的份兒嗎？

仔細分析中共公安部一九六二年十二月廿九日公報及最近十天中共宣傳機器連續不斷發出的各篇有關報導，都一再強調「廣東軍民佈下天羅地網」「全殲九股美蔣武裝」。而且特別強調中共民兵的作用。我發覺這都是中共內懷怯懼，毛澤東對台北發出的一套心理作戰。

何以說這是毛澤東的心理作戰呢？因爲中共公安部的公報及中共人民日報香港大公報等均一再強調九組武裝反共志士共一百七十二人全數被殲，而且強調這主要是由於中共民兵立的功勞。但我以爲中共之此一宣傳手法，露出馬脚，只在「一味靠嚇」，更企圖用以阻嚇台北武裝前往突襲，企圖以此阻嚇反共志士不敢前往大陸沿海登陸而已。故可視爲反「反攻」的一種心理戰調。這與一九六二年夏中共在閩浙一帶調動軍隊以玩空城計的反「反攻」心理戰正自相同。

假如今日廣東果然眞如中共報紙所言，全境都已佈成天羅地網，則中共何必懼怕台北派人來襲擊？台灣現有國軍不過六十萬人，如果中共眞有天羅地網在大陸的話，應自歡迎台北反攻之不暇，因爲台北去反攻豈不正是送上門來殲滅，中共空喊了十四年的「一定要解放台灣」的口號，豈不從而輕易達成？然而，中共不此之圖，却在宣傳上大誇其天羅地網，一若有意維護國軍不可來攻一般，這就使人懷疑，弄巧成拙。試問：毛澤東何愛於國軍？而竟自如此誇張其天羅地網，惟恐國軍之前往送死。這就可見中共不是不怕國軍反攻，恰恰是懼怕國軍反攻了。

所以，今日之事很簡單，仔細檢討大陸今日之形勢及中共公安部的公報，卽可發覺今日大陸確已到了中共內部極度動搖空虛最適宜於台北施行局部反攻的際會，小小的突襲已使中共如此緊張喪胆，如繼續施行此類突襲並將此類突襲擴大而爲局部反攻的話，實足以致中共之死命而無疑。

因此，我認爲蔣先生應將局部反攻的尖刀深入大陸腹地，插入毛澤東的心臟。

檢討全盤情況後，也有一點是值得特別提醒台北當局的，這便是如何挑選突襲或局部反攻的人選問題。我個人始終認爲所有執行突襲任務或執行局部反攻任務的反共志士，除應予以特別訓練外，最主要的，尤在必須依據自願原則來挑選來組成。換言之，所有派赴大陸執行工作的人，必須基於他自己的自覺，而決不可用命令方式或強迫方式來挑選。因爲只有自動自覺的人才會眞正有所作爲，眞正能夠個別作戰，眞正能夠視死如歸。否則，戰志不高，戰意不濃，便很容易作俘虜！。

此外，我還要向蔣先生特別提出的另一點，便是當此反攻前夕，政府亟應進行海內外民主大團結。因爲，要達到反攻復國戰事之順利開展，必須大陸人民對蔣先生對政府有向心力。而要他們有此向心力，則蔣先生與政府當局自應竭盡所能，以團結海內外民主人士。因爲，這不但足以團結而將反共力量加強，更重要的，尤在能因此而對大陸反共力量作成號召。假如蔣先生和國民黨當權派只知對海外民主人士進行分化和拆台，只知以消滅異己爲得意，則大陸反共人士豈不將見蔣先生而寒心？所以，假如台北不能在反攻前夕開誠團結各方，則大陸反共人士亦勢必不能相信蔣先生和國民黨當權派眞能與他們團結了。何況，多年以來，蔣先生一直號召大陸人民從大陸內部發動反抗；排末，如要大陸人民眞能信任政府信任蔣先生，國民黨當權派自亦應該先在海外做點團結工作來作榜樣不可。否則，蔣先生的政治號召，又何能取信於大陸人民呢？又何能取信於大陸反共人士呢？如蔣先生的政治號召不能取信於大陸人民和大陸反共人士，則蔣先生對大陸所呼籲的反暴號召，又豈不要落空？其對國軍今後的反攻，無論是小組突襲，無論是局部反攻，又論是全面反攻，又豈不將發生嚴重影響？

再從另一方面看，如果政府眞的施行反攻，我相信海外所有民主反共愛國人士都必將全體一致支持政府。因爲反攻復國是所有民主反共愛國人士的一致要求。所以，海外民主反共愛國人士對其它政治問題縱有不同意見，亦必先行團結，把國土恢復再說。而這就足以將會與抗戰期間一樣出現一種堅強團結了。

正由於我一直認爲政府是否願意對海內外進行民主大團結，不但是反共力量能否集中的關鍵，而且也是對大陸發出政治號召能否有效的試金石，所以，爲了整個國家的利益着想，我不能不在這裏大聲疾呼提請蔣先生注意。

至於台北和香港少數對團結存心破壞，對民主反共愛國人士心懷敵意，蓄謀拆台的人，我認爲他們是一些不明大義缺之遠見的人。須知，國民黨當權派今日縱然把海外民主人士全數殲滅，孔也不算英雄，不算好漢。因爲當此大陸淪陷，政府偏安之日，眞正的英雄好漢，眞正能夠獲得人民愛戴擁護的人，只有那些眞能對中共堅持艱苦鬥爭，且終能打倒中共，從而恢復大陸的人。所以，我現在不但希望國民黨當權派都把矛頭指向大陸上的敵人，更希望蔣先生把局部反攻的尖刀插入毛澤東的心臟。

監察院的唐榮案調查報告

——雷案後又一傑作——

獨清

（台北通訊）自政府引用國家總動員法維護唐榮鐵工廠後，民間輿論大嘩，立監兩院先後發出怒吼，監察院認為其中必有官商勾結，營私舞弊情事，曾推出熊在渭、吳大宇等五委員組織專案小組進行調查，大有山雨欲來風滿樓之勢。當時許多善的心，都希望監委們能執法如山，把唐榮案的弊端揭發出來，予以糾彈，庶可對今日上上下下幾乎無官不貪，無商不賄的末世風氣有所改正。不料該院專案小組經過一年多的「努力」，小組委員們還煞有介事似的親去高雄從事實地調查，却遲遲復遲遲，不能提出報告。去年該院舉行年終檢討會時，監委陳訪先催詢調查報告何以尚不能提出，還引起吳大宇委員的不滿而發生口角。當時吳委員曾表示專案小組的心情非常沉痛，人們才知道他們在當權派高壓與疏導兼施的情形之下，不會有任何結果的。

果然，十二月二十九日，專案小組向該院經濟委員會提出了此一難產調查報告，內容極盡敷衍塞責的能事，茲摘要報導如下：

欠稅四百六十餘萬元

調查報告首述：經查政府對於便利唐榮之措施中，以核准欠稅可暫緩移送法院強制執行。最招物議。查唐榮公司自四十九年五月以後，即未繳稅，依法本應移送法院強制執行。唯唐榮於四十九年九月間，因資金週轉失靈，先後向行政院請求三項緊急救助，其第（三）項內稱：「各種欠稅乞轉知高雄市稅捐稽征處暫緩催收」。當經經濟部邀集有關會商結論：「（一）各種稅款依法不得緩繳，但可考慮暫緩移送法院強制執行。（二）該廠為繼續營業，請發必需之納稅卡及統一發票，請由財政部洽商台灣省政府，轉知有關機關考慮辦理。」旋又呈奉行政院令准施行，台灣省政府財政廳遂核定三項辦法，轉令高雄市稅捐稽征處遵辦：（一）該廠截至四十九年十一月底以前，已確定各項稅款，應遵照院令核示原則，暫緩移送法院強制執行，仍應由該分處積極催征，限期繳納。（二）十二月份開征之各項稅捐，仍應依法辦理。（三）為扶助該廠恢復生產，繼續營業，其所需申請結滙用之納稅證明卡，准由該廠提供相當欠稅數額之担保，取具保証切結後，於納稅証明卡內註明「已提供担保」字樣，發給應用。唯詢據高雄稅捐稽征處所稱：「接到上項廳令時，該廠已由中華開發公司監查小組接管，亟待恢復營業，納稅証明卡至所必需，然該廠全部財產已奉令凍結，無從提供相當數額之担保，另覓其他保証，亦為當時客觀環境所不能。而納稅証明卡乃以行政命令控制欠稅，苟如欠稅有一適當之保証可予清繳，行政機關自可權宜決定，令其提供保証後核發稅卡，繼其營業，以保稅源，此於唐榮案發生前，廳令已有釋示前例？……監察小組負有處理該廠所有資產債務之權責，乃准該小組四十九年十二月二十八日，向本處提供保証書一紙，由該小組負責清繳欠稅後，……該發納稅証明卡」云云。其後監查小組結束，繼由處理小組接辦，據稱該處亦準此方式，由該組提供保証書後發卡。唯目前該公司業已改組，前此欠稅，本處已洽催繼續清繳，並應提供担保，但該公司對於提供担保一節，以唐榮現係省營事業，請准免提供，經該處將情呈報財政廳核示中等語，該廠欠稅，包括本稅及防衛捐滯納金，截至五十一年二月底，尚達四、六一三、三二六．六○元。

欠電費七百一十餘萬元

調查報告繼稱：唐榮公司結欠電費一節，亦係該公司四十九年十月五日向行政院呈請緊急救助之一，其中列舉「轉請電力公司仍准照常供給電力，結算電費暫緩繳付」，案經經濟部准予照辦。台電公司奉電後，即於同年十一月廿一日，呈請經濟部，請求「除該廠八、九、十，三個月積欠電費，聽候大部解決外，十一月份起，請每月繳付，以免愈積愈深，並請援中信局撥付廢鋼辦法，請經濟部洽商台灣銀行担保」。復詢據該公司聲述，唐榮結欠電費追繳經過，略以唐榮四十九年八月份電費二百六十二萬餘元，原望其原照舊例，於九月底給付，適逢該廠週轉失靈，未能照納。當於十月三日函該廠限於十月五日付清，逾期停電。是日接該廠書面要求，請展延一星期付費，本公司鑒於該廠以往並無欠費情事，於十月八日覆函同意，並寬限至十月十二日付清，逾期於十月十三日上午十時，照章停電。當時該廠九月份電費，業已結出二百六十七萬餘元；連同八月份電費，共計積欠二個月，電費計五百三十萬餘元，經一再催收，均未獲要領。本擬按時執行停電，旋據該廠簽告：「本廠已於九月間請求政府救濟中，若一旦停電，將迫使本廠陷於癱瘓，數千員工生活瀕臨絕境，要求體諒實際困難，稍緩時日。」本公司在政府對該廠問題未有所決定前，未能立即採取停電措施，以免該廠陷於停頓，而有所藉口。至同年十月廿六日，即接奉經濟部電令，「該廠結欠電費，准予暫緩繳付」。又據稱：該廠自四十九年八月份起至十二月十四日監查小組正式成立前，共結欠電費一一、二四九、五七二．七○元，（未包括延期利息）另照該公司所定契約結算欠電費，仍應計算利息，據該公司函稱：「一、唐榮鐵工廠自四十九年八月至十二月份電費，因均未於本司發行收據後十日內繳付電費，故依約按月發行收據後十日起計利息，例如八月份電費，係指八月一日至卅一日止之用電電費，於九月二日發行收據，倘於九月十一日前（十日內）未繳付電費時，即自九月十二日起計算遲延利息，利率係按照雙方訂定之特種供電契約核計。二、該廠四十九年底以前之利息，計共二三六、四三六．八○元，五十年一月一日至六月廿四日止之利息，計六六九、六三三．二○元，合計九○六、○六九元。又依該函附表所列說明第四點載稱：「按照經濟部令，該廠欠費自五十一年一月份起，分二十個月償還，目前正履行中。截至五十一年十一月底止尚欠七、一一九、二○四．九○元」。

官商勾結，查無實據

調查報告雖引述監察院對唐榮案的一項決議：「依刑法第一三一條規定，公務員對於主管或監督之事務，圖利他人者，縱未收受賄賂，亦有瀆職罪責」；但不敢指出政府特許唐榮公司欠稅准予暫緩移送法院強制執行，及結欠電費請予暫緩追繳，照常供電等措施，顯為公務員對於主管或監督之事務圖利他人。依刑法的規定，縱然未曾收受賄賂，亦應負瀆職之罪責。而僅輕描淡寫的說是「自係屬於使利唐榮繼續生產營運之特殊措施，綜其所為，顯皆出自行政院令由所屬財經有關主管會商決定而來，援其責任，亦自無所辭其咎，唯其中是否涉有官商勾結，迄無其他資料，足以印証。」由此，足証現代御史們的神筆是何等的靈活和神妙呵！

顧問身份，殊難查核

在唐榮案發生之初，社會上盛傳該公司為勾結當權派，曾先後聘請與他們有關的人員一大批為顧問，每月付出鉅額的薪金；唐傳宗並曾一度以公開「化名顧問」名單為恐嚇。當時監委們羣情憤激，要求「一定要查出這些化名顧問而予以糾彈」。但調查報告僅說：經檢送唐榮公司歷次所列顧問名單，所列顧問五十九名內，僅四十九年九月卅日送來者，註有解聘月日，多在四十九年九月前後，却無聘任時間。嗣向唐榮公司追詢，又據該公司前會計處長黃國華稱，所聘顧問係援助性質，並無正式聘請手續，所有支付費用，均由唐傳宗暫付款內開支，帳冊內並未列有顧問薪津科目，其地址籍貫，亦無資料可考等語。是則究竟其中何者具有公務員身份，殊難查核，又經將該項名錄，函請銓叙部查復結果，僅有趙促成一員，四十九年原任司法行政部調查局副處長，現尚在職，王唯英一員，四十九年原任台灣省政府專門委員，現亦仍在其職，餘均無資料。另按唐榮公司所送資料趙王二員各月支津貼一、○○○元，並均於四十九年九月卅日解聘。次查顧問名單上；尚有施復昌及桑錫菁二員，依該公司附表所列，施員曾任招商局輪船股份有限公司總經理，月支津貼五、○○○元，實際任職僅兩個月。桑員係行政院職員，月支津貼二、○○○元，均係於四十九年九月卅日解聘。經分詢據招商局及行政院查復，施員於四十三年一月底辭去總經理職，郎未在該公司担任任何職務。桑員係行政院前副秘書長，於四十三年六月一日到職，至四十七年七月十四日離職。復查桑員並曾任中央銀行顧問，亦詢據該行函復，桑員係於四十七年至四十九年充任該行顧問職務等語。基上述情形，該項顧問名單中在四十九年九月卅日以前，任職唐榮公司顧問，又具有公務員身份可考者，似只有趙促成、王惟英、及桑錫菁三人，其餘是否為公務員均無所可考。趙、王、桑三人所兼該公司顧問，並非基於法令所定，情節至明；唯因顧問並不執行何種業務，所領車馬費並非薪給，是否可稱公職或執行業務，不無疑問。

法院偵訊，不無違誤

關於唐傳宗涉嫌刑事部份，調查報告說：唐傳宗違反票據法案，業經上訴審判，處罰金五萬銀元。其以員工化名存款，涉嫌偽造文書一案，自五十年五月經高雄地方法院移送高雄地檢處偵訊後，至今年餘，仍無結果。此外監察院報告指其設立地下錢莊，虛報資金，應負刑債等案，經最高檢察署轉令台灣高等法院檢查處遵辦，亦由該處轉交高雄地檢處偵訊。但地檢處則報稱：「設立地下錢莊，虛報資金，與負債等部份，究竟有無構成犯罪，調查資料廣泛，且該公司改組以後，人事迭更，調查週轉費時，以致影響結案時間。」專案小組認為：「關於各級檢察機關，受理唐傳宗涉嫌刑事各案，雖有逾一年以上，尚未偵結，依法不無違誤；惟以該案案情廣泛，查証亦頗不易，似宜依法責令儘速結辦見復，以憑核擬。」

此外，調查報告又指出唐榮廠仍欠各銀行貸款四億○八百萬餘元和民間債款二億四千四百二十九萬餘元，合併負債六億五千二百二十九萬餘元。

雷案後的又一傑作

如此的一個調查報告，無疑是為當權者擬一份變相的辯護書。唐榮案果真如此，當初監委們那麼慷慨激昂，羣情兇湧，大有非打老虎不可之勢的表演，豈不成了無的放矢嗎？記得雷案發生時，監委們也有一番極為精彩的表演，許多人都以為他們一定能為雷案平反；然而，該院始則成立雷案專案小組，繼則小組遲遲行事，直到好幾個月才提出一份報告，說當權者拘捕雷震手續雖然有所未合，審訊過程亦嫌太過倉卒，採証不週；但或係習於傳統，或係儆於環境，不擬予以糾彈。換言之，即無異認為雷震被判徒刑十年，尚無大錯。如今唐榮案的調查報告，也有異曲同工之妙，可說是監察院在雷案以後的又一傑作。

台灣簡訊

志清

一、蔣「總統」親讀新年文告
——沒有廉價自由，勝利不能坐享——

蔣「總統」於五十二年的元旦日上午十時親臨主持中樞各機關的開國紀念典禮和團拜，政府文武官員、國大代表及立監委員等一千餘人均參加。他先作簡短的致詞，「希望我們能在這新的一年中，順利完成反共復國的大業。」隨卽宣讀其告全國軍民同胞書，歷時二十五分鐘。其中頗多警句。他指出「反共產，反極權，反侵略，復國建國勝利成功的鎖鑰，已經掌握在大家的手裏」。他把反極權和反共產列在一起，顯然已經悟到多年以來官方宣傳策士和傭用論客們所謂「民主不能反共」那一類的陳腔濫調再也不能騙人了。他又說：「中國大陸的共產災禍，必須要由我們中國人自己來推翻，來摧毀的，歷史上沒有廉價的自由，更沒有坐享的勝利……絕不能錯過這千載一時的機運」。筆者讀了之後，也不禁讚道：「旨哉斯言」。但是否仍是徒托空言，則尚有待於事實的証明。

蔣「總統」在主持團拜以後，又於十一時到中山堂向國軍英雄政士訓話，點名並召宴，他對不久以前駕U2飛機偵察大陸失事殉難的陳懷生烈士，極爲贊許。陳烈士生前曾遠飛華北東北和西北等地區，完成了很多次的重要任務，他希望大家要立志以陳烈士爲榜樣。

二、台北國民住宅，去年未建一屋

台北市國民住宅興建委員會自黃啟瑞的集體貪污案發後，工作卽陷於完全停頓。去年一年連一棟房子也未曾動工，省政府考績結果，評爲全省倒數第一，得的是〇分，這可說是對周百鍊的一種最大諷刺。

依照預定的計劃，台北市去年應興建完成的國民住宅有下列四項：（一）配合重要地區違章建築拆遷計劃，興建房屋九百四十戶，以供違建戶拆遷居住。（二）配合雙園堤防外民房拆遷計劃，興建房屋一百戶，以安頓堤外居民。（三）辦理市民自備土地申請貸款興建國民住宅、勞工住宅共二八五戶。（四）辦理鼓勵投資興建國民住宅二百五十戶。

台北市去年對於國民住宅未能興建一屋，不是由於經費無着，因爲市府已按各項興建計劃，列有七千五百萬資金的預算；也不是由於找不到土地，因爲早在黃啟瑞的時代，就已在三張犂購置了一萬多坪。其主要原因，約有下列四端：

一、不顧市民需要，祗顧市容「美觀」。台北市府爲了配合雙園堤防的興建，解決堤外居民拆遷的困難，經徵得省府同意，利用興建國民住宅專款，以貸款方式興建一百戶住宅，供堤外居民遷住堤內，以保安全。這一計劃可說是一項「德政」，並預定在去年颱風季節前興建完成，俾堤外居民能及時遷住堤內。但這一計劃迄今沒有實施，癥結在於「樓數」的爭執。起初市府依照省府所頒訂的都市計劃區域內興建國民住宅須「二樓」以上的辦法，規定該一百戶住宅應爲二層樓房的建築，但堤外的居民，以他們均係農民，樓房不宜於住用，要求興建平房，雙方因此僵持了一個時期。最後，由於市府堅持省府的法令規定，堤外的居民只好讓步，勉强同意興建二層樓房。然而，當這一「同意書」由興建會送達市府後，市府又改變主意，提出市容「美觀」爲理由，硬要將這一百戶住宅設計爲三層樓房的建築，堤外居民不再同意，這事就被延擱下來。

二、無法爲違建戶解決生活問題：台北市府爲了配合違章建築的拆遷，除了在去年興建國民住宅計劃中編列三千多萬元，預算興建九四〇戶公寓式連棟式的住宅外，並特別成立了一個專門負責重要地區違章建築整建的機構，由主任秘書潘敦義主持策劃。其所以迄今尚無法執行這一計劃，主要在於無法爲違建戶解決生活問題。因爲市府所計劃拆除的違章建築，大都是位於交通上和有關市容的重要地區，該等地區的違建戶，他們不僅是住家，而且是做生意，如要他們拆除，還往郊區新建的國民住宅，雖然可以解決他們「住」的問題，但他們無法在郊區做生意，因而解決不了他們的生活問題。

三、法令欠完備：興建國民住宅的工作，在我國尚是一項「新興」的行政工作，因此，從事這工作的人員都缺乏經驗，亦無先例可援，關於原則性的規定，尚可參照外國的通例辦理；至於必需因時、因地制宜以及技術性的措施，則只好「嘗試」。其中自難免錯誤和不完備的地方。譬如上述辦理自備土地申請貸款興建國民住宅的辦法規定：凡自己有住宅者不得申請。這規定自然合理；然而負責審查者怎樣才能知道申請者有無住宅？法無明文規定可以遵循，與建會就找稅捐處借調戶稅的資料參閱，但被稅捐處拒絕了。據說依照稅務法令規定：戶稅資料是不得對外公開的。可是，與建會的審查，不根據戶稅資料，又根據什麼呢？以後，經再三的交涉、洽商，稅捐處仍然不答允調借戶稅資料，而只答允與建會查閱。這才勉强完成這一道手續，不過，審查的時間却因此還延了一個多月。據熟悉內情人士透露：稅捐處所以如此有意爲難，乃因鑒於與建會與建國民住宅有大把油水可撈，藉此追使他們送些「紅包」去分享。

四、與建會很難集會：國民住宅與建會是一個委員會的行政機構，主任委員是代市長周百鍊，其他委員是市府各單位的主管，由於周代市長到任後，爲了佈置競選未來的市長，每天奔走應酬甚忙，根本未曾重視與建國民住宅的工作；一說，因爲市宅會原是一個肥缺，他不願旁人有所過問，所以很少召集會議。有時召集一次，其他委員又多借本身工作繁忙，不能分身，紛紛請假或缺席，因而出席委員常不足法定人數，祗好臨時宣佈流會，以致有時一個月還不能開會一次。於是，一切計劃均徒有其名，從未實行。

以上四個原因，以第四項最爲重要。因爲假如周百鍊不是別有用心，稍加注意，又何致連一棟國民住宅都未與建呵！不料，省政府考績結果，給他一個〇分，未免大殺風景。但也祗限於殺風景而已，因爲今日的台灣，服務成績的優劣，原與人事的升遷調動沒有直接關係的。

三、鐵路公路不勝「義務負担」

台灣鐵路和公路的收入，去年均大不如理想。據公路局長林則彬說：公路局是公用事業，而非公營事業，政府要該局負担過多的義務，致使該局無力再作建設性的改良和進步。鐵路局長亦有類似的表示。所謂過多的義務負担，據說：卽指軍公人員、民意代表和某些特殊人物（按卽指蔣經國手下的特務人員）坐車不給錢，甚至黨務和所謂靑年救國團一類的幹部亦常需索長期免票。因爲今日的台灣，這些人原是滿坑滿谷，不可勝計的，而最活躍和走動最多的也是這些人。年來所謂觀光號火車或長途汽車，常常見這些人及其眷屬湧來湧去。鐵路公路局對於他們服務，祗有支出，毫無收益，鐵路公路局長被迫發出「義務負担過重」的呻吟，已非一朝一夕之故矣。

四、藥店吹倒風　廠家苦難言

年來台灣各縣常有人組織合會或慈善會等廣徵會員，收取會金，等到會金達到相當的數額，卽宣告倒會，藉以騙取鉅款。最近此種倒風，忽然吹到藥店商，各地藥房不支倒閉者時有所聞，尤以中南部各地爲甚。負債金額少者幾十萬元，多者以百萬元計，國內外製藥廠吃倒賬者比比皆是。據熟悉西藥市場實際情形人士透露：近來西藥業不支關門者，以惡性倒閉者居多。蓋按照目前西藥零售商門面設備情形而言，如有十萬元的藥品，卽可擺設得琳瑯滿目；但最近倒閉的西藥零售商一倒就幾十萬元，甚至一百多萬元。如此鉅款購進西藥，必須設有倉庫始可裝得下。但當西藥零售商宣告倒閉之時，店裏庫存藥不多，淸償債務僅有兩三成左右。這是因爲不法份子抓住國內外製藥廠商拼命推銷的弱點，以幾個月之長的遠期支票大量採購貨品。起初是殺低售價脫售求現；後來甚至疏散貨品至別處。遠期支票到期不兌現，便宣告倒閉；並製造許多假的債權人，參加淸理，把倒人家的賬再吃回去，過了幾個月又悄悄地換了另一個招牌重新開店。藥廠因西藥交易不開統一發票者很多，告到官裏去又怕被查出漏稅，好像啞巴吃黃連有苦說不出。

五、省議員組慈善會詐財
——千餘人受騙——

台灣省議員陳世叫組織慈善會宜蘭縣辦事處騙取會費達八十萬元之多，被騙會員林西等十餘人心有不甘，於去年十月向宜蘭縣地方法院提出控訴，經承辦檢察官先後開庭偵訊四次，於十二月三十一日提起公訴，陳世叫則以二萬元交保。

據起訴書稱：「陳世叫自五十年十二月初起，至五十一年六月底止，於羅東鎭民權路六十號之三，創設台灣省慈善協會宜蘭縣辦事處自任主任，竟未經主管官署之核准許可，藉救濟貧民爲名，擅自徵求會員，辦理會員死亡之慰問救恤等類似人壽保險及合會儲蓄等業務。因獲取不法利益。被告身爲台灣省議會議員，致無知鄉民不虞有詐，加入者衆，慰問組會計有張林阿快等九百人，儲蓄組會已近千人，會員每人於入會之初，應納入會手續費新台幣四十元，外納慰問金卅元，計十餘次不等。被告每月所獲卽達新台幣十八萬元之鉅，均悉數歸入私囊。迨台灣省政府發覺被告徵收會員所辦事業有違法令，經通知解散淸理結束。被告仍然繼續收取會金吸收會員，惟對於會員林西等十四人之父或母於五十一年一月至五月間發生之死亡事故，應予廿日內給付之慰問金各六千元，共計八萬四千元，則分文不給。於同年六月一日宣佈解散後，卽以未經警局上級機關核准覆示爲由諉御淸理，繼而避不出面。」

檢察官認爲陳世叫「自始卽有藉慈善美名，歛財爲私之惡意。殊難任令諉詞脫卸刑責，其先後多次之犯法，出於概括之犯意，應請依連續犯論罪，加重處刑。

六、市代表索工程回扣被押

屏東市修築市區福州街等六條馬路柏油路面及廣東路延長開闢，曾發生官商勾結；收取回扣案。最近該案又有新發展。根據承辦商的私賬記載，共支付回扣及招待費七萬餘元，其中五千元，係由市民代表王淸和經手。在押的營造廠商老板吳明在屏東地檢處供稱：這五千元是屏東市長邱德慶的公子結婚時，他託由王代表送去的禮金，王則辯稱乃係吳還與他的借款。承辦檢查官爲防止串供，乃下令將王收押。此一工程回扣案，所扣押的疑犯至此已增至六人。

中共公開抨擊意共領袖陶里亞蒂

綜觀

以往，中共雖已承認共產集團內部有分歧，但中共的抨擊對象，卻只限於指出南斯拉夫一國，指出狄托一人。而其抨擊赫魯曉夫及蘇共中央之處，也一直只限於以明罵狄托，暗責老赫而已。迄一九六二年十二月卅一日人民日報發表以「陶里亞蒂同志與我們的分歧」為題的社論，則進一步指明義共領袖陶里亞蒂及義共中央諸首腦而大罵了。所以，這充分反映共黨內部的分歧又進了一步。

不過，值得注意的，則是人民日報在這一篇抨擊陶里亞蒂的長達兩萬多字的社論中，雖較以往不同，進一步正式指明義共加以責罵，卻仍只對赫魯曉夫加以激烈的暗罵，而未指名攻擊。可見毛澤東及中共至今仍心存畏怯，不敢正式公開指名赫魯曉夫及蘇共中央而罵之，亦由此可見中共迄至目前止仍無意與蘇共公開破裂，有如一九四八年狄托之與史大林破裂然，毛澤東之始終不如狄托，毛澤東始終畏懼蘇聯，毛澤東對蘇聯始終帶有奴才性，於此又得一證明。

人民日報以「陶里亞蒂同志與我們的分歧」為題的社論檢討義共代表大會說：

「陶里亞蒂和某些人熱中於宣傳核恐怖，並且公然說：在美帝國主義玩弄核訛詐面前害怕得發抖，是有道理的，陶里亞蒂還說必須不惜任何代價來避免戰爭。按照陶里亞蒂和某些人的這種說法，對於美帝國主義的核威脅和核訛詐政策，豈不只有一個辦法，就是無條件屈服，就是把一切革命理想、一切革命原則，一古腦兒拋棄嗎？」

「陶里亞蒂在意共這次代表大會上的總報告中說：『肯定帝國主義是一隻簡單的紙老虎，用肩膀一推就倒，是錯誤的』，還有人說，現在帝國主義是有核牙齒的，怎麼會是紙老虎呢？」

「一九四六年八月間，毛澤東同志同美國記者安娜·路易斯·斯特朗談話的時候，第一次提出了這個論點。當時，中國人民正處在困難的情況中，美帝國主義大力支持的中國國民黨反動派，擁有兵員上和裝備上的巨大優勢，開始發動了全面內戰。在敵人的瘋狂進攻面前，在美帝國主義的無敵神話面前，敢不敢鬥爭，敢不敢革命，敢不敢勝利，這是關係到中國革命和中國人民命運的最重大問題。正是這個關鍵的時候，毛澤東同志用『帝國主義和一切反動派都是紙老虎』這個馬克思列寧主義的觀點，武裝了中國共產黨人和中國人民的思想。毛澤東同志說得很清楚：『一切反動派都是紙老虎，看起來，反動派的樣子是可怕的，但是實際上並沒有什麼了不起的力量。從長遠觀點看，真正強大的力量不是屬於反動派，而是屬於人民』。『蔣介石和他的支持者美國反動派也都是紙老虎』。……一九五七年十一月，毛澤東同志在莫斯科召開的社會主義國家共產黨和工人黨代表會議上的講話中，又一次闡述了這個論點。他說『一切所有號稱強大的反動派統統不過是紙老虎』。『為了同敵人作鬥爭，我們在一個長時間內形成了一個概念，就是說，在戰略上，我們要藐視一切敵人，在戰術上我們要重視一切敵人。也就是說在整體上，我們一定要藐視它，在一個一個的具體問題上，我們一定要重視它。如果不是在整體上藐視敵人，我們就要犯機會主義的錯誤。馬克思、恩格斯只有兩個人，那時他們就說全世界資本主義要被打倒。但是在具體問題上，在一個一個敵人的問題上，如果我們不重視它，我們就要犯冒險主義的錯誤』。毛澤東同志的這個科學論斷早已為中國人民的偉大革命勝利所証實，……歷史上有過無數的事實，証明帝國主義和反動派都是紙老虎。……那些攻擊『帝國主義和一切反動派都是紙老虎』這個論點的人，顯然喪失了一切革命者應有的革命氣質，變成了鼠目寸光膽小如鼠的人。我們奉勸這些人，還是不要把自己的命運同帝國主義的命運連在一起吧！」

這顯然說共產集團內部矛盾一直是以毛澤東個人的思想與行為及利害為中心哩！

大陸簡訊

白帆

新疆發生反共大暴動

據加爾各答一月三日合眾社報導：「據傳抵與西藏毗隣的錫金之消息說：在中共新疆省擁有勢力的回教人士曾於十一月中旬反叛中共。加爾各答印度斯坦日報之錫金首府剛渡通訊員引述該區來客之言而報導此叛變消息，據稱在衝突中雙方均使用蘇製武器」。

北平盛大歡迎錫蘭女總理

據中共「中國新聞社」一月三日電：「北京各界一萬多人今天下午隆重集會，熱烈歡迎正在中國進行友好訪問的錫蘭總理西麗瑪沃·班達拉奈克夫人及錫蘭全體貴賓。周恩來總理，賀龍副總理，郭沫若、陳叔通副委員長出席了歡迎大會」。

「班達拉奈克夫人在掌聲中登台講話，說：「我願再次表示，我讚賞中國政府單方面宣佈在全線停火的這個具體步驟。科倫坡六國會議和全世界大多數人民都讚賞這個步驟。我們認為，這是向問題的最終解決前進了一大步」。

看這位錫蘭女總理在北平的這一談話，很顯然的看得出她是很糊塗的。而且她是傾向中共而違離印度的意願的。所以，可以斷言，她的任何努力，都不會得到印度的衷心的歡迎。

周恩來聲言必須印度單方面讓步

在一月三日的晚上，錫蘭女總理班達拉奈克曾在北平設宴邀請中共政權首腦和科倫坡六國會議的有關人士參加。周恩來曾出席此一宴會，並發表講演說：

「目前，談判的障礙不是來自中國方面。我們衷心的希望，在總理閣下和參加科倫坡會議的其他亞非國家領導人的影響之下，印度能夠平心靜氣地坐下來談判」。

周恩來的這幾句話，無異乎是說中共已無意在邊境衝突中讓步。而必須印度方面作出讓步。然而，尼赫魯早已聲言中共必須撤回到一九六二年九月八日的原陣地，印度始可與中共談判。故錫蘭女總理及科倫坡六國會議之有關人物雖欲出出風頭，乘機插手中共與印度之邊境衝突問題，但殊難獲得實際效果也。

中共願全部購下巴基斯坦出口棉花

據美聯社卡拉奇三日電：「這裏今天宣佈：現在這裏訪問的中國對外貿易部副部長林海雲說，中國願意購買巴基斯坦出口的全部生棉。」

另據中共新華社卡拉奇五日電：「中華人民共和國政府和巴基斯坦政府於一九六三年一月五日在卡拉奇簽訂了貿易協定。規定由中國出口的商品包括：五金、鋼鐵產品、煤炭、水泥、機械、化工產品、原料和糧食。由巴基斯坦出口的商品包括：黃蔴、棉花」等。

當此大陸嚴重糧荒之際，中共仍以糧食輸往巴基斯坦以分化印巴關係，足見中共陰險狠毒之一般。

僑鄉近訊

鍾之奇

中共財經幹部貪贓枉法的事情，現在是愈來愈多，愈來愈普遍了。以廣州市來說，不但糧食配給掌握在中共手上，一般飲食業也都掌握在公營的共幹手上，所以，弄虛作假，賤收高賣，投機倒把，偷漏稅款的情形，不一而足。這些情形，如果由一位廣州來客談出，香港各級共報一定又會說這是反共人士造謠。然而在廣州出版的中共「羊城晚報」於十二月七日卻有極詳盡的描述。茲照錄如下，以見僑鄉的共幹和飲食業一場糊塗情形之一般。

十二月七日的「羊城晚報」發表該報記者陳克的一篇報導說：「根據調查和糧食管理部門的檢查材料，飲食行業中出售食品斤両不定，偷減用糧，欺騙顧客的現象是相當普遍的。據糧食管理部門最近對全市（包括近郊區）四百五十四家飲食業合作商店進行檢查的結果，從今年一至九月份，有偷減食品，用糧行為的即達二百十七家，佔總戶數的百分之六十。他們刮削顧客的糧食總數達三萬三千三百三十四斤之巨，這些刮騙得來的糧食，有些被他們私分私吃掉，有的甚至拿來投機倒把。僅根據這百三十五戶的自報，這些商店的人員，採取二両當一両，或四両當一両的辦法，私分私吃掉的食品，折合粮食即達二萬四千三百零六斤。這種刮削顧客而自肥的勾當，是多麼驚人啊！」

該報導跟着舉出一些最近發現的情況說：東山區飲食管理部對全區五十五戶飲食合作商店的食品規格作一次檢查，發現有偷減食品用糧等行為的有十六戶，其中廣九市場興華飲食合作商店出售的油條、鹹水角、饅頭等小食品，每件都偷減了用粮三成以上。許多顧客吃東西後都大呼上當。」

該報導又說：「有些飲食業小商販，不僅刮騙顧客的粮食，還用減少用料的辦法，變相抬高食品的售價，再撈一把。比如：一德西路新成合作商店出售的油炸粽，每件用粮偷減了五成以上，但售價仍然不減，因此經營毛利高達百分之六十四點三十七，遠遠超過有關商業管理部門關於毛利的規定。這家合作商店採取這種手法，僅九月份的違法收入即達三百八十二元多。珠光路合隆飲食合作商店，在十一月廿一日出售的牛肉粥，雖然售價與別的商店相同，但由於他們每碗少放了牛肉三錢，無形中多收了顧客幾分錢。這種現象也是相當普遍的。據越秀區飲食管理部檢查，在該區一百四十七戶飲食合作商店中，十月份非法取得利潤的即有四十戶，總共多收了顧客五千五百九十五元。

「還有不少小商販，表面上掛着『合作商店』，『合作組』的招牌，骨子裏卻幹着危害國家利益和消費者利益的違法勾當。前幾天，記者根據綫索，打聽別一家所謂『毛利低，月月虧』的小食品店的『秘奧』。這是座落在龍津西路的合記小食品合作商店，這家食品店地點適中，每天早午晚三市，顧客盈門，但據說是『月月虧本』。你不相信嗎？拿該店的帳目來看，明明白白地寫着：今年一至十月累計，共虧損了五百二十六元一角三分。然而『紙包不住火』，經過荔灣區光復稅務所的檢查，這家『月月虧』的『窮店』的真面目暴露出來了：從去年八月至今年八月的一年時間裏，該店以偷減食品用粮等手法，騙取顧客粮食共一千零四十三斤三兩；私分店裏現金和食品（折合現金計）共六百八十四元多；財務員貪污四百多元；虛報成本三百卅六元多；瞞報營業額三百五十七元多。這家合作店的違法行為，使消費者吃了大虧，還偷漏了國家一筆稅收。

「像合記這樣投機倒把的店子也不是個別的。據說，飲食行業不少小商販都有一本所謂『良心賬』，他們見利忘義，施展各種投機伎倆，蒙混國家稅收人員的耳目，『偷稅漏稅』，中飽私囊。如前些時候被稅收部門揭發出來的東山區八旗大馬道健康飲食合作商店，僅今年頭七個月，就偷漏了國家稅收八百九十多元。

「個體經營的小商販，更為突出，目前全市飲食業小商販中，有營業執照的個體戶七百八十三戶，沒有營業執照的尚無法統計，據越秀荔灣兩區在十一月上旬一天的檢查，沒有營業執照的小食品個體戶即達一千戶以上。其中有些人在白天在合作商店中營業，晚上幹個體販賣，另有些人清早先幹個體經營粉麵粥品，到了上班時間才回商店工作，有的人雇替工到商店工作，自己則專心一意去搞個體投機活動，有的有營業執照的個體戶，還擅自超越經營範圍，大搞批發，進行中間剝削；更有的人掛着商店的招牌，實際上幹着個人的違法買賣……他們欺騙顧客，投機倒把，偷稅漏稅等違法行為，比之上述那些合作組、合作商店，有過之而無不及。」

馬來亞將為「大馬」而戰

候迎婆羅乃蘇丹

俊華

一九六三年展開了它的序幕，馬來亞的建國又進入了第五個年頭。五年來馬來亞由戡亂而進入安定，建設也欣欣向榮；經濟和政治的發展，給這個新興國家與人民以長遠的期望。直到去年年梢，突然發生了婆羅乃叛亂，使到發展的前途，受到了多方面的阻力。似乎需要有堅毅的力量，方才能够突破困難，邁步前進。吉隆坡當局正在抖起精神，應付來自多方面的，對馬來亞的壓迫和搗亂。

縱然發生了婆羅乃叛亂，「馬來西亞計劃」仍決照原議進行。這便是說，英、馬及北婆三邦代表人士所協議的；馬來西亞聯邦仍將於本年八月三十一日成立。「不管屆時有何變故發生」。這一句話，是向那些叛亂者、覬覦者、挑釁者，予以一視同仁的警告。

婆羅乃蘇丹賽佛丁正式宣佈：「婆羅乃決定加入馬來西亞」。這一宣佈，給予吉隆坡以興奮，有如新年的賀禮。其先，蘇丹雖有傾向於參加馬來西亞的表示，但尚未作最後的決定。當地事變之後，蘇丹態度如何？又使人頗有懷疑之感——因阿薩哈里的人民黨，在婆羅乃議會擁有絕對民選的多數，蘇丹會不會有所顧慮呢？

現在蘇丹的宣佈，說明了叛變不但不會使他對加入「大馬」有所猶疑，反而是加強了他的決心。當叛變發生的直後，蘇丹除電請英軍平亂外，更同時致電拉曼總理，請空運馬來亞警察，到婆羅乃協助維持治安。這樣，蘇丹便可藉馬警之助處理行政，毋須英軍介入內務。他已通緝若干名參與叛變陰謀的議員，而綏撫那些事前並不知情及事後聲明脫離人民黨者，頗有大刀闊斧的作風。

賽佛丁蘇丹已定於本月內來訪吉隆坡，此間當局已準備盛大歡迎，並安排他與北婆及沙勝越代表人士的會晤。馬來西亞協定雖仍將遲至三月間簽署，但馬方當局已認定婆羅乃蘇丹的來訪，是大馬計劃一次定局性的會談。

英菲北婆會談

婆羅乃參加馬來西亞已不成問題，也即是三邦的參加已不成問題。因為北婆羅洲方面，主張參加馬來西亞的政黨較佔多數，反對力量極為薄弱。沙勝越的人民黨雖有力量，但他們過去只提出若干修止案，並沒有在基本上反對參加。這麼一來，反對「大馬」計劃的力量已經不是來自三邦本身，而是來自馬來西亞區域以外。和在馬來亞及星洲之內。

菲律賓的對北婆羅洲領土主權要求，當然是反對力量之一。菲律賓根據蘇祿蘇丹後裔「奇蘭公主」的請求，謂北婆羅洲曾由婆羅乃蘇丹統治時，由婆羅乃蘇丹贈送北婆予渠之先人，其後英荷婆羅洲公司，向其先人租得該地，故可証明渠有承繼北婆全土之權利，但其先人與英荷公司之租約，則已遺失。菲政府承認奇蘭公主的主張，認為北婆應屬於蘇祿，也即屬於菲律賓。

據說阿薩哈里曾要求菲律賓助他搞三邦獨立，而願以北婆「歸還」菲律賓，以為交換。此說雖經菲當局否認，但一般仍認為係屬「空穴來風」。不過菲律賓沒有接納阿薩哈里各種可能的談判，則是事實。因菲國一則已向英方保証，謂以前沒有而以後也不介入三邦任何叛亂，同時菲當局也已示意阿薩哈里離開菲島。英國當局卻已向菲律賓及印尼強調，謂英決不在外力壓迫之下，放棄其在三邦的主權，並且將按原定計劃，使三邦與星馬合併，對於菲方領土要求，英國也表拒絕。英方認為蘇祿蘇丹昔年係將北婆售賣予婆羅洲公司。再者，菲律賓與美國所訂條約，承認美國與其友邦所訂各約，而美國固早承認三邦屬於英領，因此菲律賓沒有理由節外生枝。現英、菲已定於本月末在倫敦討論「東南亞安全及雙方利益問題」。一般的看法，認為英方試圖向非律賓疏解，可能會有成效。

印尼咄咄迫人

印尼干預三邦的問題，比菲律賓的要求似更難以解決。印尼拒絕英方「不干預三邦」的請求，並且舉行支援北婆革命大會，焚燒「英帝」的造像。同時，在婆羅乃戡亂的英軍，搜獲許多有關叛亂文件，及訊問所拘獲的俘虜，已証明婆羅乃叛軍之中，有七、八百人是曾在印尼境內接受過訓練的。這也即是說，印尼過去業已干預，而現在及以後也不願停止干預。

馬來亞對於印尼這麼一個鄰邦大國，實際是無可如何。拉曼的造像，在印尼羣衆大會中，與「英帝」一併被焚燬。同時，馬來亞被議為「帝國主義者贈送的獨立」，所以要「協助帝國主義者鎮壓人民獨立」。這些話，出自印尼總統蘇加諾之口的。在耶加達，在泗水，在蘇門答臘，到處有羣衆大會，馬來亞都被當作「帝國主義的代理人」，「婆羅乃人民」的敵人，因而也應該是印尼人民的敵人。

印尼是不是要出動「志願軍」進入三邦作戰呢？拉曼對此不敢肯定，他只說道，若有那麼一天，將是蘇加諾總統「尊重印尼共黨」的緣故。蘇加諾會不會採取、或縱容「志願軍」自印尼境越入三邦，目前似乎尚在醞釀。印尼共黨已在進行組織志願軍之中，但據說納蘇賢部長卻表示反對。最後要看蘇加諾如何決定。

英國的宣稱「決不為外力而放棄三邦主權，及馬來西亞計劃」，主要是對印尼而說的。據說婆羅乃英軍「阻止叛軍逃入印尼」的部署，實際上乃是防止「叛軍」續自印尼滲入三邦的部署。

幸而是三邦尚在由英國主持的期間，同時也因英馬聯防，軍事方面有英國出頭。否則面對印尼的猖狂，馬來亞恐怕非放棄馬來西亞計劃不可。

馬共死灰復燃？

在馬來亞內部，反「大馬」運動是早已被策動着。這運動分為兩條路線，一條由印尼共黨指揮星馬的左翼，從事合法的鬥爭。一條由中共指揮馬共，進行武裝的鬥爭。

星洲的反「大馬」運動，在星馬合併公民投票中，已告失敗。馬來亞方面，乘着當局派遣警察赴婆羅乃，左翼也展開「干涉婆羅乃內政的抨擊」。副總理拉查克對此的答覆，謂此乃應婆羅乃蘇丹之請求，絕無干涉內政之可言。若反對黨認為此舉不合，政府可以付諸信任投票。

如果僅是循合法投票，政府黨也必然確保多數，而反對黨也必定失敗的。但反對黨中，一部份僅是左翼，而不少卻屬於滲透份子，後者的份子中，有一些竟秘密攬支援「婆羅乃革命」的小組織。經當局發覺，已在檳城拘捕了六人，其中有些屬於「社會陣線」的黨員。

久已沉寂多時的馬共，最近忽又趨活躍。據原來的估計，馬共殘餘僅約三百人，因共匪居泰馬邊境的大森林中心，許久沒有出外活動，故森林邊緣也久矣入於平靜狀態。但在六二年年梢的廿九及三十兩天，報稱是中共份子的馬共，約百多人武裝進入泰馬交界的「勿洞」鎮，向商人強行「捐」欵，並擄去一名他們認為向泰警告密馬共行動的華僑。

馬來亞方面，在北婆事件後已注意到馬共可能的響應，早已加強泰馬邊境的查察。馬共的進入泰境墟市，是否僅為示威恫嚇，抑已獲得外來的增援？尚難確斷。如果是前者，倒也沒有什麼了不起的；假如是後者的話，那就會是外來有計劃的「響應」行動了。馬國防部長現已邀泰國派出大員來吉隆坡會議，將要求泰方再派軍隊，協剿邊境馬共，以補泰國邊防警察力量之不足。總的說來，馬來亞正在為馬來西亞而鬥爭，不像年來的逍遙自在了。

．吉隆坡通訊．

尼赫魯將走回舊路嗎？

房敏乙

印度總理尼赫魯的最近動向，是值得注意的。有不少人從下列的迹象中，懷疑他將走回舊路。

第一、印度境內，現已普遍地物價飛漲，囤積居奇之風，十分熾盛，資產階級固然恐懼戰爭，而一般老百姓也懾於中共的聲威，早已成為驚弓之鳥，尼赫魯既沒有辦法穩定國家經濟，更沒有辦法可以鼓舞得起民心；因此，任是英、美如何激厲，如何支持，可是尼赫魯在目前情況下，似乎業經「喪胆」！

第二、尼赫魯曾說過，印軍之失敗，不應由梅農負責。而最近，尼赫魯又對美國赫斯脫系報紙的總編輯發表談話，暗示着「被擠出內閣的梅農，可能經過一時之後，重新入閣」。——梅農，正是不結盟政策的倡導者。

第三、據倫敦「星期電訊報」報導，也說明了尼赫魯於中共軍隊已撤退戰火可能不致重燃之後，已和執政黨的左翼議員及梅農等，共同泛起了一項奇妙的感覺，在他們的心目中，刻又再度認為，拯救印度於危難境地的，依然是蘇聯人。尼赫魯現已拘捕三名贊成「印巴聯防」的有力份子，這三人就是盧甫．納拉揚，達哈蘭．戴爾，和N．M．德達；而另方面，則靜悄悄地釋放了不少印共人物。——這正使人意味着尼赫魯的回復舊咀臉是信而有徵。

第四、直至目前，尼赫魯仍表示應予邀請中共進入聯合國；並繼續堅決反對聯合國或美國提出的「喀什米爾公民投票自決」的計劃。這正反映出尼赫魯這傢伙將再玩弄着他的舊把戲。不結盟派人士，將再告抬頭。

然而，尼赫魯果真走回舊路嗎？我們在批判這問題之前，是應該再深入一點來觀察清楚印度方面的目前處境的！

如所週知：尼赫魯是個擅於看風頭的人物。倘若在目前形勢下，「不結盟」仍然對印度有利，則尼赫魯當然仍會抓回不結盟主義；反之，這個八面玲瓏，圓滑得像水晶般的傢伙，難道他不懂得順風駛悝嗎？

印度的國內經濟，誠然是尚未穩定；但正因為這樣，她就需要外國的援助。尼赫魯的最初打算，是要爭取多方面的外援的，尼赫魯最近曾經解釋過他的外交政策：「印度的建設，是需要龐大援助的，如果僅是獲一兩國的固定援助，那是不够的，祇要獲得各方面廣泛的支援，才對我們非常有利」。

這一段話，正反映出其不加盟政策的內在主因。由此我們就不難想像得到，在尼赫魯直至現在仍然得不到其他方面的「甜頭」的時候（蘇聯祇口頭上答允供應印度米格機，和援助印度建設工廠，但迄今尚未見諸實行，這無異是一紙空頭支票），將泛起了怎樣的反感？更何況正當被中共軍打得棄甲曳兵的當日，西方國家的援助便立刻坐言起行，軍用裝備源源運至，難道尼赫魯不懂得講究現實嗎？

尼赫魯在此次接受英美援助時說：「我們接受西方國家援助，無論如何這是使到我們的不加盟政策會受影響，然而這是在無可奈何的情況下才不得不如此……」。絃外之音，很容易便可以窺知其意向。至謂印度人民現已如驚弓之鳥云云，這與尼赫魯的是否行回舊路，似乎沒有甚麼關係。俗語說得好：「財壯人胆」。假如印度獲得了西方國家足够的援助而軍事力量壯大起來，則印度人民又何嘗會再長懼中共？至於尼赫魯目前之仍然標榜着不加盟政策，和暗示出梅農可能東山復起，這不過是他對西方國家「討價還價」的「作狀」吧了！餘如釋放印共，及繼續表示應邀請中共入聯合國……等，那就完全是「作狀」中的幾度「散手」。我們不要忘記：尼赫魯是著名的國際小丑呀！

然則，尼赫魯究竟將否走回舊路？要作出公平而又中肯的推斷，那就應該以西方國家能否合理地滿足其要求為依據。尼赫魯這個人，是「唯利是視」的；倘若西方國家對印度的援助是較為有利，則尼赫魯的政策未嘗不可能有所改變，不一定走回舊路的。現在，尼赫魯不是正為着要接受西方國家的援助而策動把去年所制定的五年計劃修正為「戰時經濟政策」嗎？

風流名士袁子才

徐學慧

清初詩人，其名聲之著者莫過袁枚。這位先生的隨園詩話，雖然不算精整；但他那一片名士風流的態度，倒也是別饒風味的。他的詩文甚富，交遊亦廣，同時人趙甌北（翼）蔣心餘與袁雖稱為「三大家」，但趙蔣的聲名不及隨園，可能是由於隨園好收女弟子的緣因吧！

在江寧城西的隨園，四面並無牆壁遮攔，每遇春秋佳日，遊人絡繹不絕。中有所謂「倉山雲舍」、「蔚藍天」等廿四景，均有題詠。門前懸一聯，集唐人句：「放鶴去尋三島客，任人來看四時花。」客廳中懸有其自撰聯云：「不做公卿，非無福命終緣嬾；難成仙佛，既愛詩書又愛花。」

從四十歲致仕歸隱，一直到八十一歲，他那後半生的生活，倒眞是過得相當寫意的。他主張詩本性靈，頗為時論所尚，所以他的詩也就淺近易讀。嘗有詩云：「但肯尋詩便有詩，靈犀一點是吾師。夕陽芳草尋常物，解用都為絕妙詞。」這意思是說作詩要全憑靈感，不可有絲毫勉強，立論本來是不錯的，可惜，末流所趨，多是浮華空泛，終乃至詩道大乖。溯本追源，袁子才的「性靈」說不能辭其咎。

他與蔣心餘趙甌北同列為三大家，他們之間的私交也很好。蔣心餘善度曲，偏偏袁子才就不歡喜作曲，竟因此而產生了一個饒有趣味的笑話。一日，心餘以其所撰曲本前來，子才一見，問是何物？心餘明知他是不喜歡度曲，便道：「就算先生小病一場吧！拙撰曲詞，寵賜披覽。」子才聽他這麼說，不得已只好接過曲本，讀了幾闋。大約有一半光景，蔣心餘問道：「也還有可取之句嗎？」子才也毫不客氣的說道：「只有兩句。」「有兩句也好，你且說是哪兩句？」子才答道：「任你忒聰明，猜不出天情性。」蔣心餘聽了，不覺大笑道：「先生究竟是詩人，不是曲客。」袁子才愕然，心餘續道：「你知道我這十一字的藍本嗎？」子才想了一會，搖搖頭。蔣心餘道：「你不是有兩句詩嗎？造物豈憑翻覆手，窺天難用揣摩心。這就是我這十一字的藍本啊！」袁子才一陣大笑。

袁子才的詩，究竟怎麼樣呢？空說無憑，且先錄幾首詩。

「華表淩霄落照遲，一腔孤憤萬年知。梨花寒食燒香女，纖手都來折桂枝。」

「江山也要偉人扶，神化丹青卽畫圖。賴有岳于兩少保，人間方覺重西湖。（謁岳王墓）」

寫到這裏，筆者倒記起了一個故事。民國卅八年春，筆者居西湖，一日，與錢公來先生泛舟湖中，（錢先生，東北遼寧人，時年六十餘，善詩。現任總統府資政。）舟過蘇堤六橋，錢先生笑謂不可無詩，乃請先吟。詩為七言絕句，第一句為圖字韻，第二句押湖字，三句押蘇字，猶憶錢詩第二句為「人間畢竟重西湖。」余曰：「先生為此詩時，胸中得無有袁子才謁岳墓之句乎？」錢先生大奇曰：「你年事尚輕，居然記得起袁子才的詩句，那你一定喜歡讀隨園詩了。」余應之曰：「少時候最喜歡讀他的詩，但現在涉獵較多，覺得也不過如此。這些詩都是以前讀過還有些印象的。」當卽步錢先生原韻奉和，詩云：「柳眼花鬚勝畫圖，比來遊屐遍西湖。甘棠畢竟多遺愛，一道長堤尚姓蘇。」錢先生看完，輕敲船邊以示讚賞道：「老弟，你這首詩勝過隨園多矣。」余曰：「要說勝過隨園，那只是錢老先生的過獎。不過，隨園的詩，也還是跳不過晚唐詩人的圈子。我的詩雖然不好，但其志亦不在隨園的。」

經過十幾年來的磨鍊，我個人對於隨園詩的觀感，並沒有改變。也許有人並不同意，於我對袁詩的評價，事實上，評詩編詞，也是各有各的標準，很難得完全相同的。

大抵清初詩人，多學唐代，道咸而後，乃極力摹擬宋詩。可惜，都跳不出唐宋人的圈子，這倒是時代使然，大概也是屬於無可如何的。

袁子才提倡以性靈為詩，在原則上並不錯，問題却在，他之所以提倡性靈，只是怕埋沒了自己的天才，乃欲假性靈之說，來掩飾其詩之不工。不然的話，「江山也要偉人扶」這樣的句子，怕也不能傳至今日吧！

畢竟他是一個聰明人，他懂得宣傳之術。為了要樹立在詩壇的地位，便將生於其前的大詩人王漁洋攻擊得體無完膚。他的論詩絕句有云：「一代正宗才力薄，望溪文集阮亭詩。」（阮亭為王漁洋的別號）言外之意，只有他的詩才配稱為一代正宗，那也就未免過於自負了。

王漁洋的詩，要成為一代正宗，當然不够。但無論如何，總可以與袁子才較一日之短長。且莫說王漁洋足以與袁子才抗衡，就是同時代趙甌北與蔣心餘的詩，較之袁子才也是不遑多讓的。

照我個人的看法，袁子才他們這些性靈派的詩人，最多也不過是像呂東萊的「東萊詩議」一樣，故意賣弄些小聰明，作作翻案文章，以求其炫世惑俗而已。怪不得洪北江批評袁子才是「勇天神狐，醉後露尾」呢！

文聲集（一二）

謝王世昭先生以山居詩見贈

劉延濤

博學名王後，揮毫命意新。一心憂祖國，四海作遊人。稍覺論交晚，未妨相見親。輿居如有記，寄我莫言頻。

鐵髯藏秦瓦硯南雅搨作書箋

泗英

南雅書封舊有名，秦磚漢瓦甚專城。輸君搨得羲之硯，解識阿房尚姓嬴。

夜歸卽事

韋齋

生涯漸覺解枯禪，午夜孤吟月在天。海內文章艱片石，酒邊哀樂逼中年。殘山寥落仍偷活，芳草流連偶結緣。乞謝壯懷舒醉眼，朦朧朱碧且成憐。

曉窗書懷

前人

憂患頻年意寡歡，南窗瞑坐品朝寒。齒牙自昔多言誤，興廢如今袖手看。詩愛獨吟稀示客，學無他得但知難。乾坤幾息斯文絕，分許船山拾墜殘。

工部草堂

劉裕畧

以前，我已寫過一篇「記草堂祠」的文章，不過那是偏重談草堂風景的，這裏，我想再來談談草堂以外的景物和杜工部當年的心情。

草堂，顧名思義是結草為堂的意思，但以草堂外圍景物來說，杜甫當年所營建的這一個草堂，却也正是在花草叢中呢！這一點不僅可以從現在草堂附近的風景得知，也可從杜甫當年寓居草堂時所寫的大部份詩篇中得知。

杜甫向以儒學自居，他與李白的道家路綫不同，所以杜甫的詩時常談國家大事，談人生，談感慨，談抱負，專門寫花草魚蟲雪月的就很少，但杜甫在唐肅宗乾元二年卽公元七五九年冬天到達成都之後，他在成都西門外草堂居住的這一段時期，歌詠自然，寫花草魚蟲雪月的詩却特別多，譬如：「楊柳枝枝弱，枇杷對對香；」「細雨魚兒出，微風燕子斜；」「隨風潛入夜，潤物細無聲；」「雲掩初弦月，香傳小樹花。」「啅雀香枝墜，飛蟲滿院遊。」「舍南舍北皆春水，但見羣鷗日日來，」「暫止飛鳥將數子，頻來乳燕定新巢」等等，花木中包括了楊柳、桃、李、荷花、枇杷、桑、竹、丁香、梔子、榿、柟等，鳥類中包括了黃鸝、燕、鷗、鷺鷥、鶯、鴨等，昆蟲中包括了蜻蜓、蝴蝶、蜂、蟻等。那末，這是不是杜甫在草堂這一段時期拋棄了國家觀念和國家抱負呢？不是的。那末，又是不是杜甫的生活稍為穩定，於是就走向風花雪月的路呢？也不是的。實在說來，杜甫居住草堂這一段時期的物質生活，雖然比他在秦避亂的時候稍為好一點，但也好得極為有限，他到成都築草堂，還是為了避亂，和今天許多人到香港的情形正差不多。再說，在公元七六二年他雖一度被西川節度使嚴武薦為節度使署中的參謀、檢校工部員外郎、賜緋魚袋，但在沒有担任這一項官職的長時間，他的生活仍然不安定，草堂這一茅屋的建築費也還是他的表弟王十五司馬送的，草堂的各物，也多是向朋友要來的：桃樹秧就是向蕭實要來的，竹子就是向韋續要來的。為了要向韋班要瓷盌，他還向韋班寫過這樣的詩：「大邑燒瓷輕且堅，扣如哀玉錦城傳，君家白盌勝霜雪，急送茅齋也可憐。」不止此也，事實上杜甫這時候連吃飯也時常有問題。譬如：公元七六〇年，杜甫的好友高適担任彭州刺史的時候，杜甫就寫過很坦白的詩向高適求助，說：「百年已過半，秋至轉飢寒，為問彭州牧，何時救急難？」這就可見杜甫居草堂的前後六年中，物質生活仍然不好。那末，為什麼這些花草蟲魚又會忽然湧現在他的詩篇中呢？第一是因為杜甫一生，除了少年時代，肥馬輕裘，環境優遇以外，大部時間都很艱苦，而且大半生活在北方和西北，他雖然曾經一度作江南之遊，但為時很短，而且年紀太輕，對於景物之欣賞和領會也未能深刻，川西則近似江南，自然風景原本就很美，杜甫初到成都的時候，原本住在西郊外浣花溪寺裏，後來他之所以在西郊外一棵相傳有二百年的大柟樹下建築起這一座茅屋——草堂，可以說那正是因為他被那一帶的自然風景吸引了的緣故。所謂「榿木礙日吟風葉，籠竹和烟滴露梢」等就是吸引他和引誘他的自然風景。所以他不居在成都城區，而擇居在西郊外。但他雖然居住在郊外，物質生活雖然有時匱乏，精神生活却是愉快的，而且，他對大局的展望也是開朗的。安史之亂雖一直未平，但賊勢已頹，他那樂觀的心情表現在這樣的詩篇裏：「洛城一別三千里，胡騎長驅五六年。草木變衰行劍外，兵戈阻絕老江邊。思家步月淸宵立，憶弟看雲白日眠，聞道河陽近乘勝，司徒急為破幽燕！」雖然，對於惡勢力，他當時也非常痛恨，因而在那一時期，他也寫過「自茲藩籬曠，更覺松竹幽；芟夷不可闕，疾惡信如仇！」以及「新松恨不高千尺，惡竹應須斬萬竿！」的詩句，但是他隨時在勉勵他自己的鬥爭精神，為此，他曾經請名畫家韋偃在他的草堂東壁上，畫了兩匹雄勇的駿馬來鼓勵他的雄心。他不僅勉勵他自己，而且他以此勉勵他的同黨的嚴武。在送別的時候，他對嚴武說：「公若登台輔，臨危莫愛身」這都說明他不但充滿了戰鬥精神，而且也充滿了勝利的信心的。

公元七六三年，史朝義被縊死，賊將田承嗣、李懷仙投降，安史之亂終於告一結束，而杜甫也就在川西唱出「劍外忽傳收薊北，初聞涕淚滿衣裳，却看妻子愁何在？慢卷詩書喜欲狂；白日放歌須縱酒，青春作伴好還鄉，卽從巴峽穿巫峽，便下襄陽向洛陽」的名句來了。我們今天重讀這一詩篇，不免終為這一位卒能看見故國河山重光的詩人慶幸哩！

憶陳果夫先生（一）

宇人

我知道陳果夫的名字是在十五年夏。當時我尚在黃埔軍校肄業，蔣先生在三月二十日中山艦事件發生後，開始採取若干限制共產黨的措施，五月國民黨二屆中央第二次全體會議開會，決議改組中央黨部推蔣先生繼跨黨分子譚平山為中央組織部長，稍後，又推果夫先生往代理部長。大約是十月光景，我已畢業黃埔軍校，在軍隊裏面當見習官，駐防廣州東郊，市上發現一份傳單，對果夫先生猛烈抨擊，並說他不過是上海的一個錢莊老板，祇因蔣先生的提攜才有今日。不消說，這張傳單是共產黨所散發的。由此，我才知道果夫先生與蔣先生很有關係，而且是一位反共者。由於當時國民黨中央負責人中能堅決反共的可說是寥若晨星，所以這張罵果夫先生的傳單，反而使我對於果夫先生油然而生敬佩之心。此後不久，中央黨部派張道藩、商文立、李一之和我一共四人回貴州籌備黨務，我才由組織部秘書吳倚滄先生引見果夫先生。我當時所得的印象是：他很冷靜而實際，雖然看不出有什麼高深的理論和熱烈的情感（這兩者是當時的時尚）；但卻平易近人，毫無官僚氣息。

次年四月，北伐軍攻克京滬，國民黨中央決定清黨，各地已向國民政府「輸誠」的軍閥多藉此機會將平素被認為不利於己的國民黨人殺害；貴州的周西成當然也不例外，於五月三日晚向我們四個人動手。張、商被拘，李被活埋；我本來是周西成最憎恨的人，而又早已自度和公認為必在貴州犧牲，但臨時卻倖免於難。我的年近六旬的父親和年僅十齡的幼弟均被捕入獄，家產亦被沒收，貴陽各學校平素與我熟悉的男女青年百餘人雖無任何罪證，也被迫去城隍廟，焚香燃燭，排排的跪着發誓，聲明和我並無政治關係。當時盛傳周西成事前曾電令他的駐京代表譚某向果夫先生請示我們四人是否共黨，據說：果夫先生答以張不是，黃、商、李三人則不知。我於六月初逃抵南京，即懷着滿腔憤怒之情去見果夫先生，準備當面質詢他為何向周西成的駐京代表說出那種全不像一個中央負責人所應說的話；但見面以後，他對我慰勉有加，並囑我列席中央常會報告經過。中央黨務學校開辦，我介紹一同逃出的青年同志任君投考，果夫先生也應允予以錄取。蔣先生和馮玉祥舉行徐州會議後，果夫先生又要吳倚滄先生徵詢我的同意，擬派我為河南省黨部委員（繼因馮玉祥的態度變化，未成事實），處處表現出對於我們十分信任，我才知道上述傳說，乃係周西成所製造的謠言。果夫先生和吳倚滄先生更成了當時中央黨部裏面和我最接近，而為我所仰賴的兩位先進。

十七年春，國民黨二屆中央第四次全體會議在南京開會後，我在報上看見蔣先生再度被推為組織部長，果夫先生為副部長，兼代部務，乃寫了一封短信給他，大意說：「前此奉中央之命回黔辦黨，沒有成績，甚覺慚愧。現在中央改組伊始，如有機會，仍願從事黨務工作。」隔了數日，即接到果夫先生的親筆回信，約我即去中央黨部見面。記得我是三月十一日到中央組織部見着他的。他囑我隔一日到普通組織科工作，因為次日為總理逝世紀念日，中央黨部放假。

到普通組織科後，得知我被派為指導股幹事，從此對果夫先生更有較深的認識，其中若干經過，頗值一述。

是年冬，國民黨中央決定於次年三月二十九日召開第三次全國代表大會，組織部乃招考臨時工作人員數十人做夜工，趕製黨證，以便及時發交各省市黨部，使其得以早日成立正式黨部，選舉出席三全大會的代表。所有各省市黨部陸續彙送中央的黨員登記表數十萬份，均由組織部普通組織科登記股作最後的審查，認為合格者，發給新黨證；認為不合格者，即喪失其黨籍。因為審查表格的工作未受重視，僅由助理幹事負責。我認為黨員總登記的成敗，關係黨的前途至鉅，而審查登記表格，決定是否合格，乃是總登記最重要的工作，不應委之於助理幹事。即在每週一次的部務會議中提出指責，主張縱然中央委員太忙，無暇親自審查黨員登記表格，亦應由組織部指派主要職員組織審查委員會，鄭重其事。果夫先生即席接受，並指派我和指導股的同事吳任滄（對日抗戰勝利後任中央信託局長，後已故），楊興勤（現任國大代表，在台北）和其他兩位幹事（已不記得是誰）。共五人為審查委員，以我為召集人，我們五人每天除了辦理例行公務之外，再加上此一繁重的工作，往往要加做夜工（當然是義務的），才能將一定數量的登記表格審查完竣，送與登記股的臨時工作人員製發黨證。因為假如是我們稍一鬆懈，這些專製黨證的臨時工作人員即無工作可做。我們對於審查工作十分慎重，凡稍有疑問者，必經過會商，然後決定。

抗戰行列中見聞雜憶（二）

民之情偽與浮語虛辭

李璜

在我國的史書，左傳上曾說過，「晉公子重耳十九年在外，民之情偽盡知之矣。」後漢書上也寫過，光武答隗囂書，「吾年垂四十，在兵中十年，厭浮語虛辭，即不欲，勿報！」

中國的知識分子，尤其是近三四十年，在通都大邑學校生活中長成熟的，或者是外國留學回來的像我們這種人，對於中國社會的基礎，其結構與其習性，可以說了解不多；深入中國的社會各方面既不够透澈，則輕言改革社會，或者用政治力量與其政治集團的少數分子的幹勁，便想去大轉舞台，演出新戲，那就真所謂「戲」而已矣！

這一次我國的全民對日抗戰，乃是國史上破天荒的舉動，不得已而必須施行西方現代化式的徵兵、征糧，並募公債，然而一向政治上的作法，並沒有完成現代化的國家條件。如戶口調查在都市，已只有其形式，生死無報，登記無專管；而在鄉村，則並此形式無之；這如何能產生合理合法的徵兵制度！又如國民所得不清楚，利得稅初行，而無科學技術以勾稽，不信假賬，則只有由稅局與商家彼此喊價還價，毫無法則，因此募公債也成為勸捐性質，找着有錢人去曉以大義或說說人情，有時還得逞官威去壓搾士肥，這一募公債事也並不公道！

只有征糧，還靠得有一本多年糧冊為根據。但這各縣糧冊，雖曾經田畝丈量的，但並不確實；除卻謊報虛墳無從深究外，而江山有改，肥瘠易位，以及人力日增，闢田日廣；在四川來說，佃戶與自耕農以其人手與勤力，所得比之糧冊租石所載者，便較地主所得為多；而上糧納稅，從來只由糧戶出錢；今照錢出米，則公家所收之米與真實應納之糧，便大為不合實際。

即以川西壩子而論，產米最為豐盛之區，政府對成都府內十六屬各縣產米若干，從來便無統計。然而一經了解一兩家大的糧戶，其所收之佃客租石數目，與其所繳納公家的米石數目比較之下，則其所繳，已佔其所得十分之二弱。因糧戶與佃客在川西壩子的租田協議，大都是主六客四，即田裏收米十斗，佃戶只繳地主六斗，而小春豆蔬之類，盡為佃戶所得。因是糧戶在此次徵糧實施之後，大感所納以奉公之米石太多，而佃戶同為國民，則對抗戰所應盡之繳納所得之義務，便完全沒有盡到。

因是徵糧之後，軍方接收分配，一旦感到不足以應前後方軍隊與壯丁的食用時，陪都政府又要拜託國民參政員與四川省參議員，向成都內十六屬各縣的大糧戶分別勸他們樂捐米石。這一種沿門托缽，按戶勸捐工作，一縣一縣的走，挨家挨家的勸，方使我和好幾位議員先生深切的了解從糧冊依據之不可靠，主佃關係並不是左派所說的封建與農奴那樣，而小糧戶則既上了正供之後，一家所需至迫，真樂捐不出多少來了！

但這種情形，很多親民之官的縣長，學校出身，訓練及格者，便多不了解；縣黨部書記中少年氣盛者，更不去求了解，因之，重慶中央下令「樂捐」，便奉令強迫一律樂捐，於是樂捐活動便大為摧壁，因此才來請求參政員與參議員出馬。我尚記得，我在重慶得着了政府的請求，準備回川西去勸捐時，臨行與當時的蔣委員長單獨談話時，為此樂捐一事，我們兩人還說得不大對勁，面紅耳赤，結果還是照我辦法，只要能早日將二十萬石米樂捐得到手。

因為當時蔣先生所得他的幹部報告，總說「川西紳士糧戶不愛國」，而不知既曰「樂捐」，即不能強迫一律從事的！何況當時運輸工具不够，軍部接收而未運走的米，還在成都府屬各縣存得不少；軍部說不够，他有統計數字，我能相信，但不了解前後方有多少軍隊與受訓壯丁若干的老百姓心中，便認為公家還存得有未經用去，怎說不够呢。凡此皆非向大糧戶個別的去詳細解說，並激發其樂捐之忱，不易集事的，又那是官場習慣作風，「等因奉此，着即一律樂捐，不得延悞」這種勸捐法，所能如期辦得到的。

我們這班參政員自成都、華陽兩縣開始，去一一視察川西各縣徵兵征糧各況時，其初以為先在縣府，請縣長約集各機關法團主持人，開座談會，必可得一個大概真象。殊不知這種座談，因縣長有紳士在場，紳士因有縣長及黨部書記在場，於是雙方都打官話，多是浮語虛辭，將我們的誠心去勸求民隱的辦法，認做臨時的官場應酬的敷衍了！因為這一班人都不了解中央來的議員先生是何性質，把我們當作過境的大官，至少住兩三天，能應付過去，不發生問題，就算了事。

我們一行，方感到民國雖二十八年，而千年來的老官場的結構及其意識，仍舊根深蒂固，並沒有多大變遷；我們也只有用老辦法，去暗中訪問一切不利於役政與糧政的情形，這還是八府巡按，喬妝打扮，私查暗訪，那一套老辦法，比較合宜，因為真實輿論，仍舊在縣城以外的鄉村老百姓及其所常到的茶館酒店中。我們也知道了一兩位久不出門與公家相混的士紳，必定輕車簡從的去拜訪他們，且以誠懇的為國家生存與人民死活的心情與言辭去打動他們，然後方得着真話，認識真情。不然，我們視察，只是公開的談講一番，便會摸不着弊病的根源，又如何去謀求改革的方案呢！

這一種私下訪問正紳，（大抵正派的士紳，老年鄉居，多是不願沾染公事的，）我們還得力於成都的所謂「五老七賢」的介紹信。成都自民十左右起，省會士紳中，有所謂「五老七賢」的產生。這些「老」與「賢」，都是前清的進士舉人或做過府道之類，外省籍的官員留寓成都以頤養餘年者，他們大抵有點國學底子，做一兩首詩，寫一兩筆字，而從前做事又還留有清望的老先生。自民十左右起，四川軍閥混戰不休，總以爭奪成都為目的，或兵圍成都，或竟演成都巷戰之局，便必得由這班老先生出面來和解兩下，罷兵，以免多傷百姓；於是成都城的二三十萬民衆，隨時要依靠他們與軍閥說情，而每次被請求出來的這班老先生，便被稱為「五老七賢」了。

五老七賢在這十年混亂時期中，卻也養成了一種紳權，他們以紳士的力量，便能號召川西一帶各縣的士紳，去與軍閥有時相抗；軍閥所委任的各縣官吏，有時也有點怕他們。因為這些地方官吏過於為非作歹時，各縣士紳與成都五老七賢聲氣相通，後者便要向盤據成都的軍閥抗議，往往這班走狗官吏也就為之丟官了。但一到國民政府的力量達到了四川，各縣設有國民黨的縣黨部以後，國民黨的各縣書記是要打倒土豪劣紳的，因之真正的土劣才願與公家合作，出來當公事，而稍微自愛的士紳更是深居簡出了。然而輿論所在，衆望所歸，還是在這班退隱的士紳那裏，所以我在成都要出發視察時，早知此理，便先從五老七賢那裏要了好幾十封介紹信。

聯合評論 週刊
本刊已經香港政府登記
每逢星期五出版
United Voice Weekly
第二八二號
督印人：黃宇人　總編輯：左仲平
社址九龍大埔道一六八號南亞書局 805641
承印嘉羅印刷有限公司香港灣仔馬師道5號
總代理：友聯發行公司　售價每份港幣一毫
本報美洲版總經售處美國紐約中美出版社
CHINESE - AMERICAN PRESS, INC
199 CANAL STREET.,
NEW YORK13 N. Y. U.S.A.
美洲航空版每份零售美金一角

美國應調整在亞洲的政策

許子由

最近時局的發展，顯示出美國的亞洲政策，有加以調整——加强的必要。所謂調整、加强，當然不是要求一旦改變美國在亞洲的政策，而是認爲原有的方針是正確的，不過應該更爲主動、機動，富於想像力和嘗試，有進一步的準備，然後方才可以扭轉一九四九中共佔據大陸以來的頹勢。

日前美國認爲：蘇聯尚可談判和平共存，而中共則仍兇狠好戰；似乎對蘇聯尚有某種期望，而對中共則無可奈何。事實上蘇聯把飛彈運到古巴，不能說是不兇狠好戰；祇不過美國不能容忍而採强硬的攤牌態度，赫魯曉夫才不得不知難而退。雖然這有損於蘇聯的「面子」，卻保障了卡斯特羅政權。（筆者在古巴事件初發時，便預料美國對此事「可能做得不徹底」。）現在古巴事件落得「不了了之」，實地視察沒有下文，等於蘇聯食言自肥。雖說美國也不保証不進攻古巴，但現在卡斯特羅仍在眩耀他有地對空飛彈，正不知美國還有什麼機會或藉口去進攻古巴？

這又是一如筆者當時所預料的：蘇聯撤回飛彈，僅祇是避過美國「在氣頭上」，一旦美國認爲適可而止，蘇聯便會拿古巴問題與美國從事冷戰。不寧唯此，蘇聯還接着提出柏林及核子禁試問題。這種做法，不外是以柏林問題控制西方的神經，用「禁試」誘導美國共存的幻想，把美國重新拉到冷戰的會議席上，不要在進攻古巴的軍事準備下有新的進取。結果美國當然不能在會議桌上得到什麼，卻憑空失去了「乘勝追擊」的機會——一如李璜先生在本刊所主張：美國應該乘着在古巴獲勝，把戰後共產集團所竊取的一一清算。

筆者無意過份批評美國的政策。兵兇戰危，「穩健」並不是不好，而像古巴那樣不流血的勝利，也是戰後空前的。不過因爲戰後共產集團所獲極多，自由世界所失不少；蘇聯雖祇不過是在古巴「止步」，美國便已覺差堪滿意。實則美國勝利而後，冷戰的現實仍存，現狀改變不了多少。倘若因此而對與蘇聯談判存有幻想，或以爲蘇聯中共「分裂」如何可資利用，都很可能貽誤。如何採取行動的步驟，去改善或扭轉現勢，才是當務之急。美國的政策設計者，頗有「和平世紀即將到來」的一面想法，事實上如果和平能夠延續的話，也唯賴堅決而合適的行動。古巴事件便是一例。

回頭說到中共方面。美國對於中共的「兇狠好戰」，似乎無可如何。但實際上，這種認識及對付方法，都有錯誤。中共誠然兇狠好戰，但本質上的兇狠好戰，卻給它的「不能戰」所拖垮，而只「死剩一把口」罷了。

中共若然能戰，何不向侵境的美機美艦炮擊？而只是作二百餘次的空言「抗議」，有如老舍「貓城記」所描述的？實際上中共唯恐若向美機美艦開炮，萬一換來一陣轟炸或炮轟，豈非「無仇可報」而大損面子？依照目前中共的態度，就算美機結隊飛到天安門上巡遊，中共也只有發表「最最嚴重的抗議」吧。

印度事件，若果不是英美迅速赴援，難道中共軍不開進阿薩密平原，迫尼赫魯訂城下之盟嗎？其所以撤走，不外見唯恐不速，英美經已支援印方，深恐兵連禍結。如果早知必須退回原來的地位，當時又何必進軍呢？這何嘗不是中共「不能戰」的原故？

實際上，蘇聯是「外圓內方」：它高唱共存，强調談判；卻切實維繫東歐，拉攏狄托，保存古巴，尊重印度。中共卻是「外方內圓」，無論在古巴、寮越、印尼、北婆，它一貫叫囂戰爭，但美軍已有十年找不到一名中共軍來交手。

不過，如果用不着中共拋頭露面而可賣弄風情的，中共卻極喜歡參與其盛。東南亞自北婆至印尼，由星加坡經馬來亞泰國以至越棉寮三邦，除印尼北越共黨已有基礎，中共只是協助而外，其他地區共黨差不多都靠中共領導。星馬泰當局，一貫把他們境內共黨稱爲「中共」。可是美國經略寮國多年，落得一個所謂「聯合政府」，卻讓寮共擊落運糧的美機。在越南出了九牛二虎之力，以配有美顧問的數千政府軍進攻數百的越共，竟在一次戰役中被擊傷擊落十四架直昇機中的十一架，弄到要派太平洋司令到西貢去檢討！

能夠就古巴事件照會莫斯科：「唯蘇聯是問」的美國，爲什麼不發一次小脾氣：唯中共北越是問呢？所謂「把戰爭帶到北越」的設計，爲什麼不付諸實行或試辦呢？當然，這裏所指的不是要求美軍登陸海防。用越南海軍或游擊隊的突襲，總該可以算做是「越南北部人民革命」吧？一年到尾儘是捱打，而讓禍首罪魁逍遙法外，這未免太不智了！

就是「防堵」也不能把行動約束在一個「防」字之內，攻勢防衛不也是一種戰略嗎？最少「請君入甕」是可以照樣「回敬」的。以游擊起家的中共今天竟在小股的游擊突襲之下戰慄！與其說這是歷史的重演，毋寧說是「十年人事幾番新」，今昔異勢，正如賈誼所說：「仁義不施而攻守之勢異也」。

對於台灣派往大陸的游擊隊伍，美國正不必說什麼「無大效用」，也不必替中共解釋，說糧荒之後北平「已藉嚴格分配緩和局勢」。須知在瑞金、在延安、甚至戰後的八路軍，也沒有任何人估計它能夠擊敗中國政府四百萬大軍的。這類游擊隊，正應再接再厲地遣送向大陸去，就算只作爲火種，星星之火，也可燎原的。

經過古巴和印度事件的嘗試，美國應該有所憬悟。即是唯有採取實際行動，主動前進，然後共黨方肯退縮。美國不能儘是純粹防堵好戰者所製造的戰爭，而應該把戰爭帶給好戰者。（一月十四日）

寄語流亡青年朋友

胡越

去年五月的逃亡潮，是一九四九年以來的黯淡歲月中，使人振奮的一件大事。從大陸逃出來的十萬向胞，不但沉重的打擊了中共的政治宣傳，鼓舞了反共陣營的信心，並且給中華人民爭取自由的奮鬥，增添了一支朝氣蓬勃的生力軍。逃到香港的同胞們，尤其是青年朋友，在自己的生活還沒安定，環境還沒熟悉，就坦坦蕩蕩發出了討共的吼聲，加入了反共復國的行列。在顛連困苦、忍飢挨餓的狀態下，寫文章、搞活動，湊錢辦刊物；這股傻氣，這股幹勁，這份洋溢奔騰的熱情，就像暗夜裏的一支火把，照耀着這紙醉金迷，沉沉昏睡的港島！

青年的熱情和勇氣，是改變歷史的動力，大家必須珍惜它，愛護它，不要使它再浪費了。因爲百年來無數次的浪費，今天已經浪費不起了！本着這種心情，我有幾句老實話，獻給各位流亡的青年朋友。

一、大家要找出中國的禍根和亂源。中國近百年史，是一頁傷心史！自從鴉片戰爭，西方努力敲開了中國的門戶，有識之士就已察覺，將面臨千古未有之變局，並且非應變以圖存不可。其間經過洋務運動，戊戌變法，辛亥革命，五四運動，北伐、抗日，愈變愈壞，結果出現了極權肆虐，大陸沉淪之慘禍！追根溯源，都因爲當政者的昏庸與專制，未能建立民主，安定國家。因此今後要想救中國，必須針對這個禍根亂源痛切反省，對於自由民主要踏踏實實下一番功夫。

二、要保持獨立自主的氣概。在共產黨的統治之下，所有的人民都是黨的工具和材料。現各位獲得了寶貴的自由，開始以自己的思考來決定自己的行爲，自己是自己的主人。不需再向任何人卑屈匍匐，高叫「萬歲」。因此暫時不必介入任何一黨一派、任何一集團的小圈子裏去。放開眼睛多看看，沉下心思多想想。站在大公無私的立場做一愛國者。而愛國不等於愛政府、愛黨、愛領袖。政府、黨、和領袖，都會犯錯誤、都會有私心的；而國家是不會犯錯誤，不會有私心的。一個民主國家的國民，他的職責是監督政府、批評政黨、選任領袖的主人翁，與在共產黨治下，只能做服從政府、擁護政黨、歌頌領袖的工具，是恰成比照的。這個分別異常重要，這是獨裁與民主、主人與奴才的岔路口。

三、要堅定反共大團結的信心。今天中華民族的一切痛苦，都來自毛澤東及其政權；爲了推翻這個多行不義；殘民以逞的罪惡集團，必須集中每一個人的每一分力量。這是無須多說的。但是大陸以外的反共力量，迄今並未能融合無間，誠大可遺憾。而所以造成這種可悲現象的原因，則因爲當權者不能遵守憲法，實行民主。但是只要大家都愛護中華民國，都決心反共，就有團結的希望。所有反共的人，都不要放棄這個希望。各位新從大陸出來的青年朋友，更要堅定這個信心和希望。不要聽信任何自相爭殘和中傷的毒言鬼話。反之，要堅持民主的眞理，來促進團結的實現。

四、要做一番思想的準備。歷年來從大陸出來的青年朋友，在思想上都經過一個青黃不接的時期。在這個時期思想是煩亂渾沌的。例如有人只反對共產黨，但是不反對馬列主義；有人雖反對馬列主義，但是不反對社會主義；有的人則並社會主義、資本主義一齊反對。關於民主，有的人雖反對民主集中制，但卻又反對個體主義；既反對階級民主論，又贊成集體主義，究竟甚麼是社會主義，甚麼是資本主義？究竟甚麼是民主？它有沒有客觀尺度？共產黨的民主，究竟算不算民主？共產黨以及他的同路人，糟蹋個體主義，說它是自私自利，自由散漫，眞的是如此嗎？所有這些問題，都迫於需要解答。思想是照路燈，在思想有疑惑的時候，行動就缺乏力量。大家立志反共復國，就必須在思想上做一番準備。思想通達了，對於目標才認得清信得過，然後你才能理直氣壯，勇往直前。

五、請不要因失望而灰心。當踏過深圳邊境時，大家或許曾經熱烈的想望：一到自由的世界，即將是罪惡、黑暗、冷酷的結束，同時馬上可以參加到有秩序的反共行列裏去。如果你曾這麼想，現在一定失望了。因爲這裏是外國的殖民地，雖然居民百份之九十八是華胄同胞，但是大多數人對大陸同胞的慘苦這樣冷漠，對於國家命運這樣忽視，你一定會感到難過的。其實這並不值得驚異，歷史的光明都是少數先覺者帶頭闖出來的，從古到今，多數人向來是後知後覺，不知不覺的。孫中山先生在遺囑中說過：「余致力國民革命凡四十年，積四十年之經驗，深知欲達到此目的，必須喚起民眾」；明白了他這段話，就不要灰心了。所謂志士豪傑，只因爲能做到眾醉獨醒，眾濁獨清；因此必須不怨天不尤人，担起喚醒民眾的使命。要耐心的，一點一滴的聚集力量，一尺一寸的艱苦前進，終有一日，滙成洶湧的大流，翻開歷史的新頁！

今後中國的經濟政策

孫寶剛

這幾十年來，為民主政治而奮鬥的人果然不少，但許多人都忽畧了政治民主須有經濟民主為輔助，才能真真地完成民主政治。假如再進一步說，假如窮人們連要生活下去都沒有辦法的話，即使給以政治民主，他們怎樣能行使他們的責權呢？

在內地旅行過，尤以去過西北和西南地區的人們都見過，有許多同胞是活活地餓死的。抗戰期中，我在首都重慶就看到天天有人餓死在街道上，政府却視若無睹，沒有救濟的辦法，這真是人間的慘事。所以我們如研討中國今後的經濟政策，第一就要承認每個人是有生存權，然後談得到進一步的經濟民主。這句話初聽起來似乎是多餘的，因為決沒有人在反對人是應該活下去，假如你殺了一個人，你就得償命。易言之，不給他活下去，你就得償命。但是我們如冷靜地去觀察今天的社會，直接殺人果然要抵償，簡接不知道殺死了多少人，誰在抵償呢？

舉例來說，當一個窮困的婦人受了孕，因為營養不足，沒有合理的休息，或在生產時沒有給她妥當的接生，她可能便遭死亡，她的孩子也便夭折了。即使幸而生產下來，但是那個孩子仍是在營養不足之下生活着，也沒有合理的教育，等到長大了，也沒有給他謀生的技術，所以也祇能做些吃不飽餓不死的小工，這個孩子可能仍是夭折，壽命不會很長；也可能流為盜賊，為害社會，他自己也作了監獄的經常顧客，毀滅了一生。即使他真的幸運，真真例外地活到老，除了做乞丐以外，也一無其他的辦法。到頭來倒斃道路上，三尺的棺木也沒有。這真是世界的一件慘事。但是大部份的窮人都經歷着這個過程，中國是窮人特多的一個國家，這種人佔中國人口的極大多數，表面上雖然沒有人去殺死他們，但至少可說是窮殺死了他們。假如他們沒有這樣窮，他們便不會夭折，也不會流為盜賊而被法令所處死，但是他們怎會這樣的窮呢？是社會上富有的人，以及有權力的人，以及有智識的人所應共同責任的！強調地說一句，這些人謀殺了他們，可是並沒有去償命！

所以我們談今後的經濟政策，第一個原則是要使所有的人能作為一個人似的活下去！這在政治經濟學上就是要實行所謂社會安全政策。即是說，我們對於衛生和教育要在國家支付中佔一個很大的數目，其他如各種保險，養老金，補助金以及救濟金等項目，在國家的支出中，也都應佔極重要的地位。

不過話又說回來，上面也說過，中國是一個窮的國家，假如全國的總收入有限，政府的收入更有限，上述的政策便不能實行，而況上述的政策是偏於消極性的，我們更應該積極地去做。所以增加生產和使人民充份就業便成了今後的重要政策。這即是說政府除了鼓勵人民或自己去投資以增加生產以外，政府還應為了減少失業起見，特地作某種投資，以使失業的人有工作。誰都知道，失業的人有了工作，所得工資便可自己養活自己，也就是說，可以藉其自己生產所得來消費一部份生產品，這又間接的鼓勵其他的生產或投資，這個政策在今天已經成了每一個現代國家的執政黨的重要政策。執政黨的成功或失敗，這條政策是最大的考驗。我們中國在國民政府時代，當然沒有想起過這條政策，今天中共好像在特別努力做，不過他們的目的，不是在幫助失業的人，而是在剝削一般的人民，所以失業者也不能例外地叫他們也來被剝削一下。這是國家資本主義的做法，比私有資本主義的作風更壞。

說到這裏所以我們又有一條新的政策，今後非實行不可的。即是提高人民的生活水準。易言之，增加生產的目的是要使每一個中國人的生活水準提高起來，使他們都能像一個人地活着，假如增加生產以後，一部份的資本家更富有了，或政府是更富有了，而一般人還是很窮，那末，即使增加了生產，或即使每個人有了工作，決不是我們的希望。社會還是不安定的。所以不特政府的投資，不應以利潤為目的，私人資本家的投資，也祇可以合理的利潤為限度，不能一任其剝削的。在這裏又有一條政策，即是我們要全國的人民，不要貧富懸殊，務使在經濟上要走上經濟平等的路上去，到了那個時候，我們的經濟民主才可以說有了一個頭緒。

我於此總括一句，今後的經濟政策，第一是社會安全政策，第二是增加生產政策，第三是充分就業政策，第四是提高生活水準政策，第五是經濟平等政策。這幾條政策，實際上已成為第二次世界大戰後的各個現代國家的一般的政策，不過有的國家重視某一點，另一個國家重視了另一點，大體上都離不開上述的五條政策。我們中國本不應例外，可惜今天自台灣以至大陸，都沒有注意到這幾條政策，更沒有注意到這幾條政策的內在的關聯性，以及實施的步驟和方法，這是很可痛惜的。

在我看來，第一條政策，即安全政策是當前的急務，第二第三條政策要看國家的財力而作適當的推進，像共產這樣不顧國家的財力把大部國家收入都投資到生產計劃上去，也是很大的錯誤。第四條第五條政策是實施了第一第二第三條政策後的必然結果，不過我們在計劃第一第二第三政策時就要以第四第五政策為目的，不然便走上國家資本主義的道路上去了。

記公平大水庫

——是共產黨罪惡的實錄——

朱赤兒

公平是廣東省海豐縣一個市鎮，位於縣之東北，為東通揭陽河婆，北通紫金高潭孔道。中共竊踞大陸後，於公平鎮東北郊建築大水庫，動員民工，日夜勞役，歷兩年餘，始克成功，規模之大，號稱全國第一。茲所記者：為中共建築該庫時對老百姓奴役虐待之一般情形。

公平大水庫動工於一九五九年春，至一九六〇年冬基本完工，一九六一年仍做些添補工作。當時中共海豐縣地委會書記姜綏之，縣長梁萬福（均為東北人）為大力建設水利，爭取全國第一，不惜以暴民手段，驅迫縣民築此水庫。該水庫位於公平鎮之東北，東連大嶂山，北接日中墟，整個水庫輪廓，係利用東北西三面大山，作為天然堤壩；其南面之堤，則用民力從平原建起。該壩分主堤副堤二段，共長約十六里，堤高約等於本港十二層樓。由公平東郊勝高樓村起，經舊墟至日中墟等處，凡十餘村，盡被遷移。一時無家可歸者達三千餘人，後來中共為此等鄉民建築新村。唯因材料窳劣，工程草率，次年倒塌者百餘座，村民叫苦連天，中共置之不理。時姜綏之為加緊完成此一工程，於是驅迫民工，不分日夜，繼續勞作。參加之民工，每日約三萬人，其中有男人，有女人，在最初期間，還有童子，老人，及孕婦。喊出什麼「挑燈夜戰」，什麼「七日七夜大衛星」等口號，按日派出共幹分頭督率民工不停工作，並令其作挑坭競賽，每担有挑重至八畚箕者，（重在百斤以上）共幹揮旗尾其後，以促其快步速行。另設音樂助興，鳴鑼擊鼓，配以吹班（狀若喇叭）大吹大擂，日以繼夜，一刻不停，以致打鑼鼓者手為之腫，吹吹班者口為之漲，猶不得休息，日夜聲音震天，民工耳為之聾，如是者凡六閱月。方動工之始，舉行奠基儀式，姜綏之對民工宣稱；為爭取時間，首先必須「七日七夜大衛星」，即每日夜工作二十四小時，過此以往，可減為工作二十小時，每日有四小時之休息。詎一七日七夜大衛星」過後，適有北京代表團，香港歸僑觀光團相繼蒞縣，姜綏之為誇示其能，導往參觀。如是又連接兩天，前後合共九天，每日廿四小時不停工作。民工每日兩餐，僅得大米十三市兩，在大衛星九天內，夜間則多三市両米稀粥。有些民工自己備錢，購買什粮補充，一被共幹發覺，即予以沒收，並架上罪名加以鬥爭。民工日夜工作，已覺體力不支，又因食不得飽，於是相率病倒，共幹視若無睹，既不施以醫治，又不許其休息，乃至因餓而病，因病而死。計是庫之成，死者百餘人，輕傷者數百人，其因過度疲勞，造成慢性神經病，及因重傷殘廢者，凡達三千人以上。當大衛星九日過後，民工一得休息，個個倒地而睡，不食不動，恍如春蠶冬眠狀態。時值春寒，夜雨菲菲，雖雨濕衣服，猶不知醒，其疲勞之狀，於此可見。（此為曾參加築庫現已來港之某君之現身說法）又當工作期間，除共產黨員外，一切工作人員及民工，一律不得請假，一言請假，動輒開會辯論，而所謂「辯論」者，即飽以老拳之謂。凡受辯論之人，家中老幼同時停餐。如此「辯論」，亦見共產黨之巧於運用名詞也。該水庫建築所用材料，除主壩有小部份應用水坭外，其餘大部份均用黃坭，雨季一至，輒生崩決，每年均動員民工搶修。聞現有小汽輪及航船，往來公平鎮日中墟，除此之外，實無多大作用。中共以人民骨肉築成此一大水庫，羌無實而容長，只見其勞民傷財，浪費人力物力而已，建設云乎哉！

中央社發表我游擊隊進入大陸活動的詳情

純夫

（台北通訊）自上月中共廣播在過去的三個月中，已消滅九個派自台灣的「間諜小組」以後，此間人民才在報上看見官方有選派游擊人員前往大陸活動的消息，但仍不得其詳。本月九日，中央通訊社，忽發表公佈兩篇頗為詳盡的報導。

四次英勇戰鬥

中央社的第一篇報導說：據自有關方面獲悉，曾受過游擊作戰訓練的國軍幹部，在大陸反共人民的要求與敵後工作人員的導引下，自去（五十一）年七月下旬起，加強對大陸滲透行動，大部份已滲透成功，在大陸若干地區建立了秘密基地，並與台灣保持密切的聯繫，部份則在登陸時或登陸後與匪軍遭遇，經過激烈的戰鬥後壯烈成仁。此一部份，亦即共匪偽公安部去年十二月廿九日發表的「公報」中所稱，在廣東的海豐、惠來、電白、台山等地登陸的九批反共游擊隊。

目前，我們在大陸已建立秘密基地的反共游擊基幹隊伍，正與我敵後地下工作人員及大陸反共人民配合對共匪展開激烈的鬥爭行動。其詳細地點及活動情形，有關方面為了他們的安全，未加說明；至於登陸後與匪軍遭遇，發生激烈戰鬥的九批反共游擊基幹隊伍。他們英勇的犧牲，也獲得了應有的代價。根據可靠的情報，共匪為了圍攻這九批反共游擊基幹隊，伍，曾動員了約十萬人的匪軍部隊，壓迫五個縣的民兵組織，作了三個月，緊張而全面的搜索，匪軍傷亡至少在七百人以上，並有偵察機一架被我反共游擊隊擊落。又據共匪廣播說，有二千多人因搜捕反共游擊隊「有功」而「受獎」；而最近幾個月來，共匪在廣東地區特別增調匪軍駐防，加強對所謂「五類份子」的鎮壓，嚴密對戶口的管制與人員的檢查，使廣東地區充滿了草木皆兵的氣氛，可見共匪的張皇失措。

我反共游擊基幹隊伍滲透大陸後，曾與匪軍遭遇而發生戰鬥者，其英勇戰鬥經過，主要的有下述四事：

一、惠來地區的若干反共游擊戰鬥：

我反共游擊隊一批若干人，去年九月廿六日乘船自基地出發，向大陸滲透，途中曾遭遇強大風浪，但各健兒不長險阻，毅然前進，終於九月卅日在甲子角地區登陸成功。

這批游擊健兒於登陸成功後，即照預定計劃輾轉向普甯山區挺進，為避免與匪軍發生硬性戰鬥，均採晝伏夜行方式，並避開匪軍的大部隊。不幸於十月中旬，在普甯大南山地區與匪軍大部隊遭遇，經過一度激烈戰鬥後，指揮官認為所攜帶彈藥有限，勢難與匪作持久戰，乃決定突圍，擺脫匪軍。然指揮官判斷情勢，發覺如全體突圍，勢難擺脫匪軍的追擊，乃決定部份人員突圍，迅速脫離戰場，期能抵達預定目標地區，組織並領導反共人民，與匪作長期鬥爭；部份人員則抱必死決心，與共匪作殊死戰，阻止匪軍對突圍人員追擊。結果，部份人員突圍成功，大部份人員則與衆寡懸殊的匪軍激戰後，因彈藥用盡而壯烈成仁。

二、反共游擊隊與匪軍遭遇戰：

我反共游擊隊一組若干人，由吳××少校率領，於九月廿七日自基地向大陸滲透，廿九日抵達目標區海域，因風浪太大，能見度不佳，一度曾誤駛到汕頭港，旋即退出，然已被匪南澳島雷達站發覺，共匪並派出炮艇一艘截擊。同時，我基地也接到敵後工作人員密報，目標區已為匪嚴密監視，登陸恐有困難，為安全計，我基地乃指示該組向基地返航，十月五日再由基地出發，於十月七日在惠來登陸。這組游擊隊登陸後不久，即與匪軍遭遇，發生激烈戰鬥。在數小時戰鬥中，匪軍傷亡甚夥。而我游擊健兒，則僅有一人陣亡。可是戰況劇烈，彈藥消耗太快，指揮官見難以長期支持，乃率衆突圍。惜匪軍人數衆多，雖死亡甚多，游擊健兒未能突出包圍，而傷亡數字逐漸增大。指揮官乃下令各自為戰，分別突圍，結果僅有少數人員逃出，餘均壯烈成仁。

三、平海灣登陸戰：

我反共游擊基幹隊伍一組十餘人，於十月四日自基地出向大陸滲透，於十月七日在平海登陸。他們登陸後不久，即為共匪發覺，派出兩百餘匪軍前往圍攻，這組游擊健兒，均抱不成功便成仁的決心，與匪展開激戰。因人人抱必死決心，戰鬥精神旺盛，彼此一心一德，故能與為數十倍以上的匪軍，作一夜激戰，斃匪甚多，使匪軍為之氣餒。然終因衆寡懸殊，經一夜激戰後，這組游擊健兒除有兩人得突出重圍外，餘均壯烈成仁。

四、以寡敵衆的壯烈戰鬥事例：

我反共游擊基幹隊伍一批二十餘人，於十月三十一日自前進基地分乘漁船兩艘向大陸滲透，十一月一日駛抵目標區，準備登陸時，與共匪巡邏艇遭遇。匪艇追令停航檢查，我船見難以逃避，即開火射擊。惜我游擊健兒所携均為輕武器，未能予匪艇以重創，匪炮艇以炮轟擊，我漁船一艘當即被其擊沉。另一艘則向腰古方向航行，並強行登陸，一面戰鬥，一面向山區轉進，在轉進途中，游擊隊員一人負傷後自戕成仁，餘均進入山區。共匪旋調集大軍四千餘人前往圍攻，我游擊健兒沉着應戰，屢予匪以重創。匪圍攻數日後，獲無所獲，乃以狠犬廿餘隻進攻，企圖消耗我游擊人員彈藥，並連續喊話，要求我游擊人員放下武器，我游擊健兒均置之不理，匪無計可施，乃加強包圍，並以強烈炮火攻擊。我游擊人員不氣餒，不時集中火力，向匪衝擊，相持到十一月十九日，戰鬥始完全結束。計擊斃匪軍一百六十餘人，傷者無算，我游擊健兒亦因彈藥耗盡而全部壯烈成仁。

這次戰役，我反共游擊健兒僅二十餘人，與四千以上匪軍作十七天的戰鬥，雖經共匪包圍喊話，威脅利誘，我反共游擊隊絲毫未加理會，終至彈藥用盡而全部陣亡。其忠勇事蹟，真可以動天地而泣鬼神。

五項輝煌成就

在同日的另一篇報導中，中央通訊社又說：據自有關方面獲悉，我反共游擊健兒，去年十二月滲透大陸，對共匪倉庫場礦和交通設施作重大破壞，其主要事實，有如下述：

一、破壞陸豐縣甲子鎮上墩村匪八一金礦場發電廠及第二淘金場：這個金礦場的設備和匪軍防衛情形，我方早已獲有完全而準確的情報，乃決定進行破壞。我反共游擊隊一組，於去年十一月卅日乘船自基地出發，十二月一日夜，抵達目標區海岸，與我潛伏敵後的工作人員取得聯絡後，乘夜深人靜時登岸，在其率領下向目標潛進。到達目標後，迅即控制現場，部份人員在週圍警戒，部份人員以極迅速行動將爆炸器材裝置於該金礦場發電機及油料儲存庫內。至十二月二日凌晨開始起爆，響聲巨大，火光冲天，附近二十里均可聽聞。復由於該儲存庫存有部份開礦的爆炸器材，因而引起一連串的爆炸與擴大燃燒。這次爆炸事件，計炸毀匪八一金礦場發電廠一座，死傷駐場匪軍一百餘名，炸斃蘇俄技術人員六名，使該廠短期內無法開工。我反共游擊人員則全部安返基地。

自此一爆炸事件發生後，次日匪汕頭軍區專員及陸豐縣長等均到甲子鎮調查，除對甲子鎮公社外，海船禁止出口外，並對由海外歸來船隻加以扣留。一時海陸豐境內風聲鶴唳，盛傳國軍突擊部隊作試探性反攻，大規模的正式反攻，即將繼之而來。匪軍不勝惶恐，乃於沿海一帶灘頭趕築瞭望台警戒，並調大批匪軍駐紮甲子鎮。

二、縱火破壞中山灣仔修船廠：五十一年十二月四日，我敵後工作人員利用機會，將縱火器材投入匪船塢葵棚內，不久即起火燃燒，除焚燬匪修船廠外，並波及匪廣東LOM造船廠灣仔分廠，灣仔漁民子弟學校等處，燃燒達兩小時。事後匪曾在該區濫捕無辜居民十餘人，我工作人員則安全無恙。

三、破壞黃埔碼頭匪造船廠倉庫：黃埔碼頭匪造船廠倉庫，經常儲存有大批軍用彈藥，我敵後工作人員早已決心破壞，可是這個倉庫的匪軍守衛極嚴，接近非常困難，然我敵後工作人員並未因困難而中止其破壞。十二月十九日，獲悉共匪又將有一批物資運入該倉庫，我健兒認為破壞時機到來，乃將爆炸器材偽裝混入共匪物資內運入該倉庫，引起爆炸。因該倉庫儲存有大批軍火，爆炸一起，即引起一連串爆炸與燃燒，致使與該彈藥庫毗連的其他三座倉庫地同時被焚燬，並炸斃守庫匪兵六十餘名。事後匪除在該區濫捕無辜二百餘名外，並加派匪軍前往黃埔防守。

四、破壞中山縣大涌附边公路橋樑：五十一年十二月廿二日，我敵後工作人員將爆炸器材放置於大涌附近公路橋樑支柱上，將該橋樑炸燬，附近居民聞知，極為興奮。

五、破壞中山縣石岐市長堤尾張溪口公路橋樑：五十一年十二月廿三日，我敵後工作人員將長堤尾橋炸毁，使石岐到澳門的交通窒息兩天。事後共匪惶惶不安，在中山縣實施全面戒嚴，而一般人民則極為興奮，奔走相告，咸認國軍不久即將反攻。

試探美國的反應

除了中央社以上的兩篇報導而外，國民黨中央黨部第二組組長葉翔之又於本月三日在電台廣播。他說：由台灣所指揮的游擊隊活動，正在西藏、雲南、新疆及西南其他省區內展開。他們已獲得政府的「充分供應和有效指揮」。他又說：游擊隊經過難言的艱苦奮鬥後，已與大陸上的反共分子建立聯絡，並已建立秘密基地。

為什麼官方如此不厭其詳的報導派遣游擊隊登陸大陸活動的情形呢？據說：是藉以測驗美國的反應，看白宮方面究竟對於我們反攻大陸的眞實態度如何。人們很耽心此一策署是否能獲得預期的效果。有一位觀察家指出：毛澤東所以渲染他們已殲滅了九個派至台灣的所謂「美蔣特務小組」的詳細經過，並不是由於他們不怕引起大陸人民的不安；乃是籍此刺激美國，使其及時勸阻國軍的反攻活動。正如一個無賴漢在破困時，他人還沒有觸到他的身體，他就大呼救命的一樣。因為毛澤東深知美國絕不會於此時支援台灣反攻大陸的。在他看來，祇要能激起白宮對台北施用壓力，國軍就不曾乘時採取反攻的行動，中共就可望安然度過目前的危機了。因此，這位觀察家認為當局果有決心從事反攻，最好是多做少說。像目前這樣微乎其微的活動，不但不宜過於渲染；而且也不宜以此為得計。聯合報在一篇社論中，即指出游擊隊犯了「戰署上攻堅的錯誤，以致造成重大傷亡。」人們認為應即速選擇更多的地區，派遣更多的精銳，對大陸作大規模的襲擊，才可打開反反攻大陸的良機。必須先造成一種既成的有利事實，然後才可希望盟邦的態度有所轉移。假如不先求其在我而竟希冀以目前游擊隊在大陸上的細微活動，測驗盟邦的反應，說不定適足招來反面的結果呵。曾憶在中共宣佈已消滅國軍的九個間諜小組之初，華盛頓方面尚表不足為奇；但本月九日，國務院新聞官懷特却說：美國的基本政策溯到蔣「總統」與杜爾斯國務卿的聯合公報。其要義是重申中美共同安全條約的防禦性質，不以武力返大陸。他又說：「中華民國政府在對大陸作任何軍事攻擊之前，應顧及中美兩國間的一項協議。」似乎華盛頓方面已開始表示態度了。又英文日報記者於本月十一日，往訪美國協防台灣司令梅爾遜中將，請其對我游擊隊在大陸活動的問題發表意見，他答以「對於美國及其他國家政府之間現有條約及協定的解釋，並非軍方的職權。」前述那位觀察家認為此舉不但是多餘的；而且根本不應於此時向盟邦駐台最高軍事指揮官提出這樣問題。因為尚幸梅爾遜中將擅於外交詞令，假如他率直表示美國反對我們反攻大陸，我們又將如何？

總之，反攻大陸應先盡其在我，實事求是，多做少說，才是正道，倘若再作過分的宣傳，不但於事無補，還可能招來外交上的困擾呵！

台灣簡訊

志清

一、僑務政策將有重大改變

本月四日僑務委員會一位高級人員向新聞記者表示：「政府希望僑胞根據他們在當地生活環境的實際利益，對國籍問題作自由的選擇。」報載我國駐美大使蔣廷黻亦對合衆社記者發表談話，指出解決東南亞華僑國籍問題，應使僑胞加入僑居地國籍。國民黨中央黨部第四組主任謝然之更向中國郵報記者發表談話，認為政府應鼓勵海外從事文化工作的僑胞，多創辦當地語文的報刊，供應僑胞閱讀。以上三人的談話，均於最近數日連續見報，顯見並不祇是他們個人的意見，而乃是官方既定的或計劃中的僑務政策。在過去，我國華僑多不願意放棄國籍而加入所在國，更要千方百計，在所在地興辦華文學校使其子女能接受祖國教育。經濟環境許可者，還要將子女送回國內進學校。但自大陸淪陷後，台灣又施行入境管制，非經種種煩難的手續及當權派的恩准，不准入台，僑胞既不願意將子女送回大陸，又不能自由入台。更由於我國國際地位一落千丈，在所在國辦華文學校，常受所在國政府的干擾，甚至被禁止。經營商業者，亦處處遭遇困難和迫害。可以說，茫茫大地，已無一處可作中國僑民安身立命之所。中共政權但求達到毛澤東輩少數人的慾念，不顧國家民族的利益，他們對於僑民的死活向不重視。台灣方面，雖然口不離華僑，而事實上對於最近若干年來華僑在所在國所遭受的種族歧視和迫害，不但不能為力；反而由於他們在外交上的處置失當和某些海外工作人員的胡作胡為，更增加僑胞的困難。如今政府當局不但鼓勵僑胞自由加入在所在國的國籍，而且還希望他們多辦當地語文的報刊，似乎希望僑胞於放棄祖國國籍之外，連中國語文也一併放棄了。中華民族之花果飄零，竟至於此，尚復何言？

二、不限制紡織廠遷海外

據本月五日聯合報載：工業主管當局為挽救台灣紡織業之危機，現已擬訂一項具體方案，除說明省內紡織廠欲遷往海外如非洲之利比亞，及東南亞之馬來亞與香港地區將不加限制外，認為在設備方面，應就本身資力所及，汰舊更新；生產方面應改進生產技術，提高品質及降低成本；銷售方面應推廣銷售地區，建立合作外銷制度，要點誌次：

（一）健全財務結構：不論棉紡、人造棉紡及毛紡業，今後擴充設備時，在業務方面應確保外銷市場，財務方面必須現金增資，以便減低利息成本。

（二）加強生產設備：棉紡業設備過去因保養效率太差，檢驗設備亦不齊全，過去曾以長期貸款供其更新及改善，今後將着重於生產設備之修護，並視其財務結構情形，准其逐步更新及改善。

（三）改進原料核配辦法：原料及人造棉之核配，均係按照各該業之外銷實績，羊毛則按毛紡業外銷實績核配，同時亦可由其他紡織業之登記外滙進口。實施以來，該業已具有外銷能力，其不願外銷原因，乃由於內銷利潤較佳，原料之取得過於容易。為促進其外銷，今後羊毛進口外滙，仍依各廠外銷實績核配，各毛紡廠可以外銷實績轉讓，但不得以其他紡織業登記外滙進口原料。

（四）推行縱向合作外銷辦法：國外市場競爭激烈，以一業或一廠的力量勢難應付，紡織業必須集中力量，組織紡織染整成衣等業之縱向合作，詳細分工，劃一品質，共謀發展。

（五）建立國外貿易網：外銷地區不宜過份集中，應共同合作建立國外貿易網，隨時發掘非洲、澳洲、歐洲、南美及星馬地區等新市場，初期拓展雖有困難，如聯合努力，定可獲得效果。

（六）加強推銷技術：推銷品類應視市場需要，隨時研究製造，並經常派員向國外推銷，或與國外代理商加強連繫；同時應合組堅強的貿易公司，專以推廣貿易為目標，使生產與貿易單位分開，分工合作，以求生存。

（七）推行工廠專業化：使工廠與工廠之間實施產品分工，藉以簡化廠內工作，減少儲存原料種類，提高效率及改良品質。

三、去年華僑愛國捐款達三十五萬美元

據中央社的消息：全球各地華僑去年一年內的愛國自動捐獻，共達美金卅五萬零五百卅四元三角一分，折合新台幣一千四百零二萬一千三百七十二元四角。據僑務委員會統計：這些捐款中，用作勞軍的共有美金一萬八千二百廿三元一角三分，救濟大陸災胞共美金一萬三千三百九十七元九角八分，救濟大陸逃港難胞共美金廿三萬九千九百五十二元六角三分，一般救災捐款共美金五千零六十二元九角八分，其他捐款共美金七萬三千八百九十七元五角九分。

該會又說：去年海外華僑愛國自動捐獻及捐款在僑居地舉辦慈善公益事業，合於「反共抗俄時期華僑愛國自動捐獻獎勵辦法」的規定，經僑委會報請副總統兼行政院長陳誠題頒匾額的有八人，發給金質獎章的有十二人，銀質獎章五十四人，獎狀四百卅九人。

四、花蓮縣府的奇事

——庫存僅六十元，縣長想晉省借款，苦無旅費——

報載：花蓮縣政府，由於平時支應浩繁，調度無方，以致在會計年度剛剛過了一半的今日，已經將全年度的預備金及臨時費墊付一空，縣政府窮到連財政局長和建設局長因公出差的旅費，也無法支付。際茲農曆年關在邇，商人紛紛前來縣府索討欠款；每日債主盈門，擠滿了出納室。日前出納室開出二萬餘元公庫支票，付給討債的商人；但事後發覺庫存空虛，公庫支票成為「空頭」。據該縣府主計人員稽查結果，全部的庫存只剩下六十元。不僅外面的債主紛紛來討債，而且內部的員工數百人，也需要一筆可觀的款項應付年節之需。柯丁選縣長在此內外夾攻之下，決定親自晉省，請求省府支援，俾能渡過年關。惟縣府庫存僅有六十元，尚不夠做縣長晉省的旅費。

五、監察院彈劾縣建設局長

監察院監察委員馬慶瑞為台北縣政府建設局長林福老、都市計劃課長張文良、技佐孫天來處理汪士輣違章建築事件，涉嫌違法徇私，特提案彈劾，經監察委員曹德宣、張國柱、陳葵仙、曹啟文、劉永濟、李正樂、葉時修、陳訪先、張岫嵐等九人審查成立，業經監察院移送公務員懲戒委員會依法懲戒。據彈劾案稱：台北縣景美鎮居民汪士輣於民國五十一年五月間，以擬在該鎮萬盛街六十六巷七弄內搭蓋雞舍及管理工程為名，向台北縣政府建設局請准發建築執照，竟違反規定，擅行改建鋼骨水泥之磚造永久性房屋計四房二廳一大幢。為鄰居羅甸服等人發覺，向台北縣政府檢舉違章建築，經縣府通知「應即停工並依照核准圖樣自行折改補正以符規定。」但未依法飭該管區派出所察看是否遵照辦理。汪士輣於接奉該縣府前項通知後，誘稱其並未違建，將羅甸服等檢舉案解釋為道路糾紛，呈復縣府。縣府不加調查，聽信其片面之詞，遂於同年九月十七日通知羅甸服等人，略以：「本案道路糾紛及土地業權問題，汪君既已依法向法院告訴，應依法解決，在未經法律途徑解決前，行政上之處理暫緩處理，至於新建圍牆違章一節，除有建築法第三十一條之情形外，不包括違建取締範圍之內」。羅甸服等人認為該府將拆除違建與產權糾紛混為一談，顯有避重就輕，違法循私等情弊，經具呈監察院查辦。該院調查屬實，認為本案景美鎮萬盛街六十六巷七弄，係屬農業區域，早經台北縣明文規定不得建屋有案。該汪士輣不循正當途徑先申請變更土地使用，再行建屋，竟以申請搭蓋雞舍及管理工程為名，於領到執照後，竟建築鋼骨水泥之磚造永久性房屋一大幢。其違反規定，構成違章建築，殊屬顯然。該台北縣府經辦人孫天來，課長張文良，局長林福老等既未能發覺於先，自應以羅甸服等檢舉時，嚴格執行取締，以符規定，經查該員等於明知汪士輣違章興建後，始則虛應故事，僅通知汪士輣自行拆除，並不察看已否遵照辦理或停工，繼則變更立場，聽任汪士輣繼續興建，並採取汪士輣片面之詞，通知原檢舉人謂為係土地道路糾紛，避重就輕，前後矛盾，企圖不了了之。目前該違章建築早已完成，該經辦人等明知而不追究，且誘稱為產權問題，呈省核示；對於當初核准搭蓋雞舍而竟一變為高樓大廈之不合法行為，則避而不談，其罔顧法令怠忽職責與偏私袒庇之處，殆屬顯然。實有違背公務員服務法第六條前段「公務員不得假借權力以圖本身或他人之利益」之規定，合依監察法第六條之規定提案彈劾，以肅官箴，而儆效尤。

六、花蓮前任縣長侵佔鉅款被通緝

花蓮縣前任民選縣長與第三屆省議員林茂盛，頃因侵佔東豐公司股金案，被花蓮地檢處下令通緝。據花蓮地檢處在通緝令中說：林茂盛在縣長任期中，與省議員選舉期中，兩度與實力相當的楊仲鯨競選，結果雖將對方擊敗；但因此負債甚鉅，乃於民國四十七年籌組東豐公司，自任董事長，將公司資金廿萬元席捲逃匿。

七、台北縣將擴大供應學童午餐

台北縣實施供應國民學校學童營養午餐，除木柵、屈尺、西盛三所國校已開辦外，縣府決定再增加山佳、柑園（均樹林鎮）、三峽、萬里、烏來五所國校，定今年秋季開始舉辦。

縣府教育科於五日召開實施國校營養午餐會議，上述八所國校校長及教育科督學、股長均參加，會中決定：（一）定今年開辦營養午餐之五所國校，訂期觀摩業已開辦之三所國校。（二）希望縣府增加該八所國校職員及工友名額。（三）開辦營養午餐之開辦費，除添建廚房，農復會與縣府將酌予補助外，其餘添置餐具等費用，由地方自籌。據悉：木柵、西盛、屈尺等三所國校辦理供應學童營養午餐情形順利，甚獲學生家長好評，該三校決定今年擴大舉辦，增加供應午餐人數。木柵國校決定由四百人份擴充至八百人份，屈尺國校決定由二百人份擴充至四百人份，西盛國校決定由三百人份擴充至七百人份，對象均為全日上課之高年級學生。該三所國校校長在會議中報告其開辦供應學童午餐經過情形稱：（一）學童營養午餐食物之來源，主食有麪粉、麥片、營養粉，均由農復會補助供應；副食：蔬菜大部份是學校自己種的，每日另向市面買豆腐、小魚乾、海帶等，菜單也時常調換。（二）各校均飼養毛猪、兎等，亦作供應午餐之食物，木柵國校飼猪三十頭，兎數十頭，今年決定增加飼養。（三）對供應午餐之學童酌收費用，貧者每月十五元，富者每月四十元。（四）各國校校園空地到處都種滿果樹，有番石榴、木瓜、蓮霧等，亦供學童進食。又據屈尺國校校長報告：該校以前發現患有疑似白癬之學童一百八十餘人，後經國防醫學院細菌專家到校檢查，認為不是白癬，係營養不良所致。該校去年開辦供應學童營養午餐後，現在此種疑似白癬之學童，已減了一百四十餘人。

甘廼廸在鯊魚海域游泳 毛澤東聞訊後大吃一驚

（本報來自北平權威人士特訊）對於美國，毛澤東一向認爲是全世界的第一個敵國，對於美國現任總統甘廼廸，則毛澤東尤一貫認爲是比艾森豪「更兇狠」的敵人。因此，北平方面，自毛澤東以下各中共首腦，無不隨時留心研究甘廼廸個人之性格、思想與作風。

而國際合衆社於一九六二年十二月廿三日所報導的下列消息：「甘廼廸總統在鯊魚出沒的海中游泳，夫人積嘉琳則作滑水戲。儼記者的漁船船長說：此地鯊魚充斥，就是給我一萬元要我在這裏游一會我也不幹哩！」傳到北平，並傳到毛澤東耳裏後，毛澤東曾爲之大吃一驚。

蓋毛澤東平日常自誇其游泳，又常自誇其「橫渡長江」，因而曾經游給英國的蒙哥馬利將軍看過，更攝成電影，放映給大陸及海外僑胞看過。但毛澤東「橫渡長江」時，前後左右共有七八十名游泳健將及衛士護衛，又有小船隨行。且長江水中並無兇惡魚類，而甘廼廸則遠遠超過毛澤東的胆量，竟自在吃人的鯊魚充斥的水裏游泳，故毛澤東乃爲之大吃一驚云。（音）

大陸簡訊

藍星

中共海關又變更粮包寄遞量 收件人每月限收糧食包兩磅

數年來，中共不斷變更港澳寄遞糧包之辦法。早已使港澳僑胞無所適從，而中共幹部每每不將糧食包交到僑眷之手，尤使廣大僑胞憤慨。茲據中共海關正式公佈（見一月十二日香港中共大公報）……一、進入大陸之港澳旅客，每携物品最多不得超過二十公斤。而油糖所佔數量，總共不得超過二公斤。二、並規定今後港澳郵包商號不得把郵包自運往深圳，且不准在拱北郵局投郵。三、又規定由港澳郵局寄出之小件郵包，內地收件人每月只限收取一次。在不超過到岸價格人民幣五元範圍內完稅進口。四、通過中旅社代寄入內地之糧食、副食品郵包，則准每月限收一次，每次可到二十公斤。但卻同時規定其中油糖仍只限每月共兩公斤，若超過上述數量，則由中共按價收購云。

依上述中共規定，可知中共又在減少港澳郵寄糧食包數量，而有意培植中旅社代運，從而奪取郵費以充外滙。

港寄糧食包在深圳爆炸 兩名共幹檢查時被炸傷

中共統治下的大陸各處，近來已時有被反共志士破壞或爆炸出現了。對此，中共宣傳機構已透露了或公開承認了一些。

而一九六二年十二月卅日中共幹部在深圳邊境檢查港寄糧食包被炸之事，最近亦已由中共報紙刊載出來了。

據本年一月十日中共控制的香港大公報的「本報廣州專訊」說：「最近，深圳海關人員在檢查經深圳進口的香港郵袋時，從一個小件郵包中發現一盒烈性炸藥。」

又說「這個安放炸藥的小郵包，寄件人署名九龍紅磡啟明街十九號萬金蘭，收件人署名上海市寶山路四百九十九弄二百零五號萬木蘭。標籤上說明內裝有腊腸二磅。這個郵包約長一百六十五公厘，寬一百二十公厘，高八十公厘，內層是白色帶蓋鐵盒，揭開食蓋是一方形電木盒子。特務機關就在這個盒子內安放了烈性炸藥和爆破裝置。鐵盒的其餘部份裝有腊腸一磅。經有關方面查明，這個郵包在去年十二月廿八日下午五十五分由香港九龍郵局從尖沙咀倉庫裝上英方四五四八四號郵車，於廿九日上午七時四十四分由九龍開出，九點三十分到達深圳。三十日，深圳海關工作人員張永錫、唐國裕照例對進口的物品進行檢查，發現上述暗藏炸藥的郵包，當他們揭開鐵盒子進行檢查時，炸藥突然爆炸。張永錫被炸重傷，唐國裕受輕傷」云。

承認九個武裝小組突襲廣東後 中共又承認國軍時常突襲福建

在以往，中共一直是在誇稱它的鐵幕是戮不破的。但最近十天，中共除了由中共公安部於一九六二年十二月廿九日發表公報公開承認台北曾派九個武裝小組登陸和空投廣東沿海地區外，復於一九六三年一月九日公開承認最近一年，台北國軍曾不斷派人突襲和騷擾中共之福建前線。

據中共新華社福建前線一月九日電說：「中國人民解放軍福建前線陸、海、空三軍，去年在廣大民兵配合下，沉重打擊了蔣匪軍的騷擾和破壞活動。」

又說「一年來，前線三軍將士在面對海峽的千里海岸線上，日日夜夜，百倍警惕地守衛着祖國的陸地、天空和海洋。……去年春天，一艘美製蔣軍軍艦竄犯我前線海域，我强大的海岸砲兵立即以猛烈的砲火予以迎頭痛擊，這艘蔣匪軍艦當塲被擊傷，狠狽的拖着濃烟逃竄。」

又說「人民解放軍的有力助手——福建前線廣大民兵，去年也進一步同海防部隊加强了軍民聯防，使狡猾的敵人無機可乘。去年夏天的一個早晨，從敵佔金門島上偷渡過來一個『水鬼』，他剛剛爬上海灘，就被警惕地民兵發現，一聲呼喊，這個『水鬼』立刻被四面八方趕來的民兵、解放軍戰士和漁民團團包圍在瀾泥灘上；」又說「九月廿八日的深夜，馬祖島一股敵人乘着兩艘小艇竄入我方的一個海灣，企圖進行偵察襲擾。這股敵人鬼鬼祟祟剛爬上灘頭，就遭到我密集砲火殺傷，連爬帶滾地逃下海去，灘頭礁石上留下了匪徒們斑斑的血跡，被打壞的橡片船、無線電報話機和用來進行破壞的工具都丟下了。」

以上是中共新華社的報導，雖然它在自誇勝利，但這些事實一方面說明了台北國軍不但已在廣東沿海採取突襲行動，而且也已在福建共軍前線經常採取突襲。另一方面，則更說明了就是在福建共軍前線，國軍突襲部隊也是可以登陸，而且又可以在登陸後隨意撤退的。這當然就把中共鐵幕戮不破的神話完全戮穿了。

僑鄉近訊

鍾之奇

廣九路中共密佈共特

自從半年以來的爆炸案層出不窮，以及武裝反共志士分批不斷突襲廣東沿海各縣後，中共現已加派受過特別訓練之共特到廣九路中共所控制之自廣州至深圳段，沿途加强和加緊盤查及戒備。

據來自交通界的確切消息說：粵共現已在廣東全省城鄉各地加緊佈置一個嚴密的監視網。除已由中共中央調到大批正規共軍增防廣東各戰畧據點外，同時並正加緊整頓民兵。此外，又由中共公安部自北平派了一百多名中共認爲黨性强而又精幹的特務工作人員到達深圳。廣九鐵路沿線各站及各公路要點，均加派了特務人員。由廣州至廣東其它城市及附近鄉村，特別是在前往四邑僑鄉的水陸交通工具上，中共更經常派遣特務，喬裝旅客，混在回鄉旅客中，一方面監視各回鄉旅客之行動，另一方面則與回鄉旅客藉故攀談，甚至故意發出不滿言論，以試探回鄉旅客內心之眞實情意，故在此春節期間，由港澳回鄉探親之旅客皆應特別小心云。

又中共最近已在閩粵各地加强組織「歸僑聯誼會」以監視和控制回鄉旅客之活動，由港澳回鄉探親之旅客，對此亦應特別注意。

中共命閩粵各地組反突襲部隊

據廣州來客談，自台北於最近數月，不斷分批派遣武裝突擊小組突襲閩粵沿海各地，或在沿海登陸，或在山區空降以後，中共中央已感極度緊張，誠恐因此引起人民羣衆之大批參加，從而形成局部反攻之形勢。故中共中央除頒令閩粵各地駐軍、公安部隊、民兵、各機關團體、工礦企業及農村人民公社提高警惕，加强戒備，增防沿海外，近又命令閩粵共幹首腦在閩粵各地分別成立「反武裝突襲殲滅隊」。而由省共幹在各該省會成立「反武裝突襲殲滅隊總指揮部。」

據廣州來客談：中共規定此一「反突襲殲滅隊」必須在每一鄉村成立一個分隊，各分隊之組成分子則以所在地附近之共軍、民兵、公安部隊、情報搜索站、積極分子等中挑選組成云。

福建全省災害頻仍

中共「中國新聞社」雖然於今年一月八日自福州發出了一篇報導，說一九六二年的收成比一九六一年稍好，但語句之間，仍然暴露了福建全省去年災害頻仍的實況。同時，中共的報導，並未舉出實際數字，所以，僑胞們眼睛雪亮，一看就知道去年的福建，仍是一個多災多難的福建。

俱如該綜合報導所用「過去三年不少地區遭受嚴重災害的福建省」。「在這一年中，農村人民公社繼續在農業技術改革、抗擊自然災害中顯示出强大威力」、「閩北山區秋季雖然遇到歷史少見的山洪冲擊，幾百萬畝晚稻和秋蕃薯……」等詞句和敘述，都可概見福建全省的糧產情形不佳。

粵退伍共軍常與共幹衝突

據廣州來客談，由於退伍共軍都是共軍中之老共幹，而這些老共幹又是替毛澤東打天下時立過汗馬功勞的。所以，自被裁汰後，內心實憤恨不平。加以新共幹趾高氣揚，待遇較優，故雙方時生衝突。

茲據中共在廣州出版之「廣州日報」透露，亦謂「各地退役轉業共軍」常與當地「民政人員」及「公安幹部」不時發生衝突。主要原因爲各地行政機關及公安部門不能滿足此等「退役轉業共軍」之要求。中共「廣州日報」並承認這是一個嚴重的社會問題云。

南越戰爭要「變質」了

轉入陣地戰？

林世賢

在新曆新年和舊曆年底前後，西堤的華僑正準備着渡歲之際，但傳到西貢來的西貢外圍戰報，都令人發生相當的担憂，尤其是華僑方面更能敏感地覺察到的，那便是南越的戰爭已在變質——在趨向擴大。

南越游擊戰爭的熾烈原已不自今日始。在美國泰萊將軍到來考察並決定美軍「顧問式參戰」以前，各省區已有多處變亂。比較糜爛的有三個區域：一是西貢西南沼澤地帶，還沒有分割南北越以前的越共「老游擊區」。一是東北部高原，這雖然屬於「新游擊區」，但有山岳的掩護，有東海岸線的外來補給，越共很快便建立了游擊根據地。另一地區是南越與高棉邊境，那裏的越共源源自境外滲入，西貢當局曾指責高棉，以棉境為越共補給基地。高棉元首施漢諾矢口否認，實際上越共行踪飄忽，到底也無從証實他們的來處。因為毗鄰的寮南走廊，已屬於寮國左翼軍的控制區，越共從在那三國邊境交接的「三不管地帶」滲入及出擊，也是輕而易舉的事。倒是分離南、北越的十七度線附近，反而比較平靜。這也許是越共的計劃，可能之一是如果他們抹煞了十七度線，把戰場打成一片反而對他們不利。可能之二是把北越共軍由海上或寮國派到南越來，會符合於他們所稱的「南越人民革命」。

儘管北越把南越的亂事稱為「人民革命」，但盡人皆知，南越的游擊戰隊伍是北越軍的一個支流，正如美顧問團所配屬的特種部隊一樣。換句話說，南越戰爭老早便已經國際化了。既是國際化了的話，「擴大」不是不足為怪的嗎？

如果僅是游擊戰的擴大，從較少地區發生暴亂到較多地區發生暴亂的話，那實在是不足為奇，因為越共今天對付西貢的戰術，正像他們當年對法軍作戰時對付河內一樣——是以破壞為手段的。破壞公路和內河的交通，軍隊的車運和貨物的航運。發生一次破壞事件，便可能造成多一次的游擊戰。

可是今天西貢所感覺担心的問題並不是游擊區的加多——所謂「擴大」方面。而是戰爭在逐漸的「變質」，多少已達到「游擊」的高峯並且可能超出它的範圍。似乎有由游擊戰轉入陣地戰的趨勢。華僑們更敏感地覺到這是一項中共的戰畧，其一是「以面吃點」；其一便是由游擊戰轉入陣地戰。

如果正式進入陣地戰階段，問題就不能說不較前嚴重了。

新年兩戰役

新曆新年的兩個戰役，可以說已震動了西貢。一月二日西貢西南（約四十英里）「翁蒲」的戰鬥中，南越政府軍所發動的攻勢，却得到了相反的結果。十四架運兵參戰的美軍直昇機，竟有十一架被共軍炮火所擊中，其中五架且被擊落，美軍死者三人，傷者十人，這是美軍在南越各役作戰中傷亡最重的一役。

直昇機多架遭遇襲擊並造成很大的擊傷擊落比率，已使進攻的政府軍感到意外。他們懷疑越共獲得「厲害」的新炮火的接濟，因而有一連部隊遲疑不敢推進，不肯應美顧問之請趕往援救被擊落的美直昇機機師。同時另一枝政府軍，正在被越共圍攻中，政府軍的裝甲車部隊也同樣遲疑不往救援，他們因鑒於直昇機的被擊落，不肯相信美顧問所說「這些炮火打不穿裝甲車」的話。最後當越共撤退之時，一隊政府軍降傘隊被派往攔截，他們却攪錯降落的地點，以致越共退入了沼澤的森林地帶。政府軍所發動的攻勢，反而以挫敗終結。

一月六日西貢東北近海岸高地「東洞」的戰役，政府軍被擊斃二十餘人，受傷十餘人，失踪廿餘人，被俘五十人。東洞「戰畧村」被攻破了，並被鹵去一批武器。這些戰畧村是仿照馬來亞征剿馬共時所施行的辦法，把附近鄉村的農民住家完全移入戰畧村中居住，耕作早出晚歸，由碉堡的駐軍保衛他們的安全，以便他們被越共抓去當兵或勞役，或被迫脅供給情報及糧食。在有些地區如高棉邊境方面，毗邊的村莊被遷徙入住距邊六、七里的戰畧村，造成了邊境五里的無人地帶，境外共軍便不能由鄉村滲透進來。這些戰畧村的建立，當然遭到越共的妒忌，但意料不到的是他們竟一次出動數百名携有強大火力武器的部隊，正式攻陷作為防衛堡壘的戰畧村。

越共現在已可隨時出動到較大兵力的單位，有時是一營或者多些，而且往往是採取進攻。同時這些進攻是先經縝密計劃的，除了主力的進攻之外，他們先有一連串的進行有關的破壞，破壞交通，阻截應援，部署撤退的斷後等，有了陣地戰的規模，絕不是隨便的游擊了。

「翁蒲」戰役的失敗，使美顧問團方面大為不滿。因為原來有計劃的進剿越共行動，却因「麻木不仁」，不能合作配合而失敗。因此西貢外電發出了政府軍「不聽指揮」的報導，實際上這是一項用語的誤用，嚴格的說，應該是說政府軍某部軍官「不接納建議」，因為美軍顧問並沒有規定或受命指揮作戰的，縱使他們草擬了作戰計劃。美國務院也已正式聲明，美顧問只係做顧問，「從不發號施令」，同時說美顧問與南越政府軍關係良好，並盛讚政府軍作戰勇敢。但這只不過沖淡了所謂「不聽指揮進攻」的問題。對於像翁蒲之役所發生的失敗問題，依然沒有解決。當越共攻勢轉劇的時候，這類「配合」、「合作」的問題，却是必須澈底改善解決的。

旁觀者清？

西貢方面的疑問，很快地便反映到華府去。議員們已經發表疑問：為何直昇機一次被擊落許多架？若然如此，這戰術是否需要改變？即是否仍可把作戰計劃放在主要使用直昇機運送特種部隊？再者，最近兩次戰役，據報導說：此為一九五四年休戰以後最劇烈的戰役，倘若繼續如此擴大下去的話，我們（美國）在越南的戰爭「前途如何？」

這些雖還不是在國會中的正式質詢，但既出諸議員之口，馬上就入於總統之耳。於是甘廼廸總統也要求來一個詳細報告了。照議員們的言外之意，是要求必須改善戰術，使戰鬥能有效獲勝。否則的話，就要問及「戰爭前途」，打下去的展望如何了？假如不能提供滿意的答覆，議員們是不難發出孤立主義，要求考慮停止論調的。

美空軍部長瑟加特宣佈「空軍突擊隊」將行擴大，似乎是對直昇機問題的非正面答覆。他說：空突隊不久將由一千擴至三千人，「因在南越作戰著效之故」。該隊在越訓練南越空軍轟炸森林中共黨目標，空投兵員及供應品，都有成效，同時，南越有空軍掩護的村莊，也未為越共所攻佔。不過他說，增編二千人，不一定為了要派去南越。瑟加特說：對與南越共軍戰爭求取勝利，「不是一朝一夕之事，這將是一段艱苦的歷程。」

軍方對議員們的要求，乃是「時間」，有如泰萊將軍當初所預料的，是「長期的游擊戰」。

話雖這麼說，軍方也並不是認為照老樣子打下去，祇需時間便可達到勝利，不成問題。太平洋美軍總司令費爾特將軍突然有西貢之行，可能就是軍方本身對最近及未來的戰爭要進行一次檢討。據說，費氏到西貢後，已譴責那位發出南越政府軍「不聽指揮」電訊的記者，並對於「配合」問題設法處理。此外他要調查「直昇機問題」。最重要的，他將與南越重要武裝長官及司令晤談，最後向吳廷琰總統重申美國的保証——保証支援南越的安全。

據一些法籍顧問的看法，認為美政府和軍方大致會堅持南越戰爭依照原計劃打下去，只作枝節上的修正。這是基於美國「强硬但不冒險」的政畧原則。雖則南越政府已正式指責中共干預南越的亂事，因去年梢政府軍擊斃一名越共上校杜文江，係中共游擊軍事學校所訓練者。南越政府已向國際監察會對北平抗議。同時對於蘇聯代表團最近訪問河內，而南越戰事突然加劇一事，各方也多所推測，懷疑共產國際是否要在中南半島增加重大壓力。但美國縱明知中共幕後大力支持南越叛亂份子，也仍認為不妨「彼此消耗」，最少再過一個相當時期再說。

但法國人却對於當年紅河三角洲及奠邊府之戰印象極深。他們指出，在一九五二年，也不過是一種破壞的暴徒集團，但五三年末到五四年，他們却在大陣地戰中着着勝利，終於擊敗了法軍。他們認為南越政府軍的戰鬥力未必比法軍强，越共「游擊隊」既由北越中共實際支持，實在不容易像馬來亞一樣贏取勝利。除非是美軍直接參戰，並且採取打擊北越的戰畧。

中共和北越是不是要長期跟美國「消耗」下去呢？如果是的話他們就得保持游擊戰的範圍。反之如果陣地戰擴大的話，美國也似乎被迫不得不考慮改變新的戰畧。

・堤岸通訊・

憶海鹽城

劉裕畧

海鹽是杭州灣海岸上的一個小城，屬浙江省。通常，我們循滬杭鐵路，在嘉興下車，改乘小火輪東南行，不過六十華里，便到達海鹽城了。

江南是水國，暮春時候，雖然有點春寒陰晴，細雨霏微，但水秀山明，畢竟風景優美，何況，許多溝渠都通小火輪，所以，前往海鹽，不但沒有旅行上的困難，相反，在那些小河裏航行，倒覺非常寫意，尤其像我這樣在西南山區住久了的人，一旦置身其間，更有舒暢怡適之感。

如果不走鐵路水路，改走滬杭公路到海鹽城也很方便。因爲滬杭公路大部份是沿着杭州灣海岸建修的，海鹽正在滬杭公路中心點附近，由上海坐汽車出發，通過奉賢，便駛進了海岸綫，如果是在春天，汽車在海岸上疾馳，右邊是綠色無垠的原野，左邊是一望無際的碧海青天，原野上，雜花生樹，羣鶯亂飛；碧海上，孤帆遠影，沙鷗翔集，那眞是詩一般的畫境呀！如果在秋天，大地上舖滿了金黃色的稻谷；大海裏，風濤萬頃，秋水共長天一色，春濃秋淡，景物亦至怡人。然而海鹽之常被人提起，還不只在它的美，而在它的重要地位。就整個東南沿海來講：杭州灣的戰畧地位原就是超越一切的。明代倭寇之入侵，海鹽一帶，固已首當其衝，抗戰初期，日軍也還曾在附近之金山衛登陸，杭州灣外圍之舟山羣島，至今仍爲兵家所必爭，這都說明了海鹽縣在軍事上的重要。至於縣屬乍浦鎭與澉浦鎭，則是中川先生東方大港的理想地區。乍浦鎭居北，在海鹽縣與平湖縣之間；澉浦鎭居南，在海鹽縣與海寧縣之間。乍浦澉浦各距縣城十六公里，均在海邊公路綫上，成一弧形，控制着整個杭州灣，而與舟山羣島遙遙相對；乍浦鎭突出海角，形勢尤好，宜乎遠在元代，乍浦就已經是海舶集散之所了。明代防寇，更在此築有城防，所以它是歷史性的我國海防重鎭之一。建國方畧所說的東方大港，就是以乍浦與澉浦爲基點來建設的，不過，後來東方大港始終沒有建成，所以，海鹽便一直仍舊保持着它的本來面目。

海鹽城是小小的，陳舊的，黃色石板路在雨過天青之後，太陽照上去，映着黃色的光輝，街道雖然不怎樣整齊，而且也無現代化的立體建築物，但很清潔，街上商店少，住家人戶多，有一所圖書館、藏書頗豐，圖書館的房舍也很清幽靜雅，除了潮濕一些，對圖書的保存有顧慮以外，一切都很適當，因爲那是一所中國舊式建築。民二十五年我到海鹽的時候，在那裏停留過三個月，就常常去看書。海鹽郊區有很多家絲織工廠，這並不奇怪，因爲這一帶原是盛產蠶絲的地方。海鹽縣政府當時爲此特別開設了一個蠶桑訓練班，全部是女生，共有一百餘人，在海鹽城裏，最具特色的是四家私人花園，那四家花園都是中國舊式亭園一類的造型，樹木花草，佈置幽雅，但却都只是整個風景中的點綴，主要的景物是拱形的半月橋，以及人工堆砌的石山和人工挖掘的小池小湖，據說，這些花園都已有三百年以上的歷史，經過了不斷的維護與培修，才留到今天。抗戰前後，這幾家花園的主人，都在上海經營醬園，但他們還算不錯，他們沒有關閉這些花園，它們長期開放着，任由人們去玩去遊覽，只是本地人都遊膩了，去的人很少，每次去的都差不多，都是外來的遊人，人數却非常的少能了。

當然，人工培砌的亭園，縱是如何巧奪天工，玩久了，也總覺得不夠味道，但海鹽這地方却能供給你另一個境界，你只要沿着街上的石板路向東走，街上沒有什麼車輛，走起來倒很愉快，不過十分鐘，你便到達海邊了。那裏海濶天空，鳶飛魚躍，又是一個天地。在大海之濱，如果你喜歡靜默，你儘可坐在海邊的碼頭上沉思、默想和遠望；再不然，如果你高興看的話，你儘可以看沙灘上成千成萬的小洞，成千成萬的螃蟹從小洞裏偷偷的出來橫行，但一有聲音，它們又統統躲到洞裏去了的景緻；再不然，你也可以閉着眼睛聽潮聲，海潮自遠而近，海灘是平平的，伸向大海的，初時海潮似乎還很遠，但一波一波的向你面前奔來，一次又一次的，不到半小時，海水已經從五六里外冲到你的脚下來了，如果不趕快離開，一個淚潮冲向碼頭；會把你連人捲下海的，記得有一次，我一個人在那裏靜坐，就幾乎被捲下去唎！

當時在歸途中，我就曾經想到：啊，許多人的人生遠不就是這樣嗎？如不留心的話，左一個唯物主義的思潮，右一個唯心主義的思潮，還怕不把你捲入其中，予以沉溺！

友聲集（一三）

壽幼椿　陳八

滄海橫流到此身，風雲長護徙薪人。扶天松柏欣栽子，要種寒心萬畝春！

韋齋東示三絕句，和韻報之　幼椿

莫道江南行樂事，秋風故國正傷神！交親泰半隨流水，獨對殘篇憶故人。

秋風吹夢夢如何？塞上重臨放淚歌。歇浦潮平燕市冷，江湖豪士已無多！

此情欲辨已忘言，譜到英雄始動魂，千古魯連樹一義，義無反顧豈辜恩！

浣溪沙　題劉祖霞椰風集　水心

蕉雨椰風暮復朝，樓臺挂夢故山遙，劉郎才氣不能消！

金雀鈿蟬蕃女怨，銅琶鐵板念奴嬌，一彈三嘆付漁樵。

木蘭花慢　韋齋

濃霞收晚紫，又散髮，倚新涼，夢江左樓台，故家池館，寶鴨爐香。衣冠一時盡改，竟何人彈劍，醒枯腸。寂寞燈前彩筆，幽微鏡裏清霜。少年悔絕疏狂，言未了，意成傷。枉海上棲遊，人前笑傲，誤入名場。流連酒樽幾度，漫仰看一鳥下斜陽。枕上維摩經在，了吾百劫行藏。

歲暮雜感

劍生

陽曆新年已過，農曆新年又要到來了！

在全國各地，農曆新年是一向被重視的。這當然並不奇怪，因爲中國各地原本就以農業經濟生產爲主，加之，農曆新年是中國社會幾千年的傳統習俗，大家熱熱鬧鬧來過它，實在應該。

眞正奇怪的，倒還是香港這種工商業社會，一般人也居然重視農曆新年遠於陽曆新年。

每屆臘月下旬，照例有團年之舉。記得在我幼年的時候，我們家裏也照例要在十二月廿四日團聚一番。那一天，家裏的大人，尤其我那些伯娘嬸娘總照例逗着我玩，說：「今天過小年，是你過年喇！」那時候，我也不曉得什麼小年不小年，只要看見大家都穿新衣服，人人喜氣洋洋，自己便也非常高興了。

我家吃團年飯是在晚上，神龕上點着大紅蠟燭和香，還燒着檀香，我的父親和叔叔很少在家，祖父和伯父就穿着長袍馬掛規規矩矩向祖宗牌位行三跪九叩禮。祖父行禮的時候，還要放很長的鞭炮，祖父在前清時候做過總兵和道台，平時溺愛我，也不覺得他有什麼莊嚴，只常常看見他坐在大廳門口抹鬍子，印象甚深而已。等到過年的時候，看他那副認眞的嚴肅樣子，才覺得他儼然還在做官咧！

當然，除了祖父和伯父拜祖宗牌位以外，我也照例要被拉着對祖宗牌位叩幾個頭。他們都說我又是一代人啦！

敬過了神就吃團年飯，祖母總是再三叮囑我們，說：吃團年飯的時候，什麼都可以吃，只是不要吃魚呀！爲什麼不要吃魚呢？我不明白，只是聽說：有一年，一個客人在我家團年，祖父照例客套的請他吃魚，他竟不客氣的就吃，而且還先挖了魚的一雙眼睛，結果，使得祖父大發脾氣。說魚是取其吉慶有餘的意思，此人先挖了魚的眼睛，未免太毒。所以，以後團年，祖母照例要告誡大家不可吃魚。說也奇怪，這雖然是我祖父的脾氣，但我後來發覺我父親也染上了這一脾氣，甚至，我雖從不信這些迷信，但直到於今，每當年初歲暮，朋友請我吃飯的時候，我下意識的也從不去吃別人的魚。其實，我幼小時，最喜歡的是臘肉燉的蘿蔔，當時覺得好吃，現在回味起來，也還覺得清甜適口哩！

年初，大人們都忙着彼此拜年，你來我往，敦睦友誼的溫情穿織着整個農村和城市。說起來，這實在是人類社會的一種好現象。以我在南北各地所看到的地方，說到過年的認眞，恐怕還以成都爲第一。可惜，現在都破壞了。

在香港這幾年，因爲我是單身漢，每逢歲暮，總有朋友約往團年。不過，除夕之夜，幾年來，我總是婉謝了朋友的邀約，獨個兒跑到牛池灣，迎着凜冽朔風的吹拂，沿着斧山道，向山的深處散步和徘徊。我覺得這該是我每年一度應有的最佳反省時刻了。

唐詩偶釋（四）

鄧中龍

夜泊牛渚懷古　李白

牛渚西江夜，青天無片雲。登舟望秋月，空憶謝將軍。余亦能高詠，斯人不可聞。明朝挂帆席，楓葉落紛紛。

第一句，其蹟。第二句，其景。第三句，詩中過脈，所以引出第四句之情。五六二句，暗點「懷」字，「斯人不可聞」，亦所以應上「空」字。

牛渚十字，攝起全神，非尋常率爾語。朗吟至此，次聯便應聲而出矣。此前四句結構。

前四句均爲緣蹟而興懷。抗懷古人，尚未說到自身，故腹聯折落以申言之，然後氣足神完，步驟井然。此前六句結構。

前六句一片空靈，如濯魄冰壺，雅韻欲流。結聯忽點入蕭散之境，與「聽蜀僧濬彈琴」詩一樣錘鍊。此全詩結構。

詩中結句，貴能一筆放開，則遠神遠韻，自然摩盪而出。此等處，太白優爲之，然無其才，亦恐未必能有此瀟灑筆墨。

青蓮近體，亦如其古風，以其奇氣雄才，一氣驅遣，乃能得心應手，處處合拍。此詩八句皆不對，律詩中此格最少，蓋無其才，不能達其境，率爾爲之，每易涉俗。試體會其登舟望月之時，便自然興卽景懷古之感，則謝將軍之憶，固自有不得不爾者。自負高才，苦無知己，斯人既不可見，則將軍之憶，亦屬徒然。必有第六句，而後上文「空憶」二字，始有着落。張叔夏評白石詞曰：「如野雲孤飛，去留無迹。」明乎此，此足以論青蓮風骨。陸劍南評東坡詞曰：「取東坡詞讀之，覺天風海雨逼人。」悟乎此，始足以攝青蓮氣魄。

八句特平常字眼耳，經高手安排，便覺冷氣逼人。第七句一放，第八句明爲寫景，實乃抒情。寓情於景，雖亦詩中常法，要在安排妥貼，方能令人悟景外之情。楓葉落紛紛，亦尋常景耳，使置於第二句第四句或第六句，則純爲描景語，便入下乘矣。詩中句有重如泰山者，此詩末句是也。

附李白「聽蜀僧濬彈琴」詩：

「蜀僧抱綠綺，西下峨眉峯。爲我一揮手，如聽萬壑松。客心洗流水，遺響入霜鐘。不覺碧山暮，秋雲暗幾重。」

憶陳果夫先生（二）

宇人

當我們審查上海特別市黨部所送來的黨員登記表時，發現楊虎的登記表也在其中。當時盛傳他在十六年上海警備司令任內，曾利用職權，假清黨之名，勒索商民並殺害許多無辜青年，一時有狠虎成羣之謠（所謂狠虎即隱射楊虎，所謂成羣，即隱射當時上海警備司令部政治部主任後來做漢奸被正法的陳羣），我們一致認為不應予以合格。由於大家知道他和部長蔣先生的關係很深，相約不要出聲。迄後不久，蔣先生交下一張名單，吩咐組織部提名為第三次全國代表大會的代表，據說：他們還可能是三屆中委候選人，其中赫然有楊虎之名。依照代表選舉法的規定，必須總登記合格領有黨證之黨員才有被選為代表的資格。部長室將這張名單交登記股查對黨證（總登記後，黨證由中央組織部統一製發，凡經登記合格，領有黨證之黨員，登記股均有卡片，一查便知），該股在已領黨證之黨員卡片中查無楊虎之名。果夫先生原想不到像楊虎這樣的「黨國要人」竟會被我們審查不合格；他以為楊虎的登記表必尚在上海特別市黨部審查中。經過查詢後，得知上海市黨部，早經送呈組織部。他又交登記股再查，該股才在登記不合格的表格中發現楊虎的一份。於是，果夫先生叫我到部長室去，他說：「楊虎在黨的歷史很久，二次革命時，肇和軍艦在上海起義，他還是首功，應該給他合格。」我說：「肇和軍艦起義，是十多年前的事，他做上海警備司令，距今尚不過年餘。一個黨員不能因為在黨的資格很老，曾建大功，就可以無法無天，甚至做出勒索商民和殺害青年的暴行。此次總登記的意義，標明是要淘汰一切腐化和惡化分子，像楊虎這樣的行為，可以說，腐化惡化兼而有之，還不應該淘汰嗎？」果夫先生說：「這是蔣先生的吩咐。」我聽了這句話之後，一時頗為激動，馬上沉着臉向果夫先生說：「蔣先生今天的地位是總司令，是部長，我祇是一個小幹事，在職權上說，他當然可以命令我。但他做總司令，做部長，是為革命，為實行黨的主義；我做小職員也是為革命，為實行黨的主義。不能因為他的地位高就可以隨意破壞黨規。像楊虎這樣行同軍閥的人，因為和蔣先生有關係，便可登記合格，而且還要提名為全國代表大會代表，這一次的總登記還有什麼意義？」果夫先生見我如此激動，不但沒有發怒，反而很平靜的說：「讓我再考慮。」就是這樣，楊虎的登記表即被擱下，因而也沒有被提名為三全大會的代表，更失去做第三屆中央委員的機會了。

照當時的實情來說，假如果夫先生向我打一句官腔，問我楊虎曾勒索過那些商民和殺害過那些青年，他們的姓名為何，證據何在，我都將無言以對。因為我所說的，祇是當時社會上盛行的種種傳說，雖然深信千真萬確，但却舉不出具體的事實。又假如果夫先生不夠開明和寬容，我對長官如此出言不遜，一定要受到很嚴重的處分：他更不會因為一個小職員的反對，將蔣先生交辦的事擱置下來。這種崇高的風格，絕不是後來國民黨中央那些祇會打官腔、擺官架，毫無是非羞惡之心的大員們所能企及的。

三全大會開始沒有幾天，即決議警告汪精衛，並開除陳公博、顧孟餘的黨籍，一部份代表大為憤怒，當塲宣佈退席。在此以前，我早聽說組織部為了對抗丁惟芬先生（時有蔣家天下丁家黨之說）的北方同志大同盟，在四中全會後即已聯合段錫朋的AB團和原屬於大同盟的與中、實踐兩社人士，組織中央俱樂部，簡稱CC（即Central Club），據說：這些退席的代表，多與CC有關，CC也就隨之解體。我當時雖然尚不十分知道其中的底蘊，但對懲汪案亦不以為然。

除了懲汪而外，三全大會又通過一個嘉勉蔣先生的議案。嘉勉文由葉楚傖先生寫在一張精美的紅紙上，我也沒有簽名。而且為了這兩個決議案，心中悶悶不樂，一時不知所措。次日即未出席。張道藩、楊興勤兩兄見我未出席，到中央黨部職員住宿找我，我適不在，道藩留字說：我所提的修改總章案，審查會幾已全部接納，下次大會即將提出討論，希望我屆時出席。他並將總章審查會所通過的報告留下一份給我，記得其第一句便是「奉交審查代表黃宇人同志，委員蔣中正同志等，關於修改總章的提案共××件（已不記得數字）」。我之暫不出席，原與當時退席的代表無關，祇是眼見黨的分裂，一時情緒不佳而已。後來聽說：汪精衛已與李、馮、閻各總司令及四川軍閥串通，即將有軍事行動，我對他的信仰，更一落千丈；再加上在道藩的留字中，得知我所提的總章修正案被審查會接納，所以次日即照常出席三全大會。不過，在許多問題上，我和組織部所提示的原則仍不盡相同。雖然我在三全大會中並不完全遵照組織的意見行事；但大會閉會後，中央黨部改組，我却意料不到的被提升為普通組織科指導股的總幹事，而且，成了組織部最重要的職員之一。無論任何省市的黨務發生問題，果夫先生都派我去視察，我在十八十九兩年間，足跡遍佈江蘇、浙江、安徽、江西、湖北、山東、河北、青島、北平、天津各省市，在張學良將入關未入關之時，組織部還一度準備派我去東北一行。我出外視察時，一切全憑自己愛國愛黨的良知去做，很少向組織部請示，有時在人事處理上還與部定的原則有所不合。但每次回京報告經過時，果夫先生和井塘兄均表滿意。

記得是十八年冬，安徽省黨部召開全省代表大會，選舉執監委員，果夫先生派我去監選。時陳調元為省政府主席，為了大局，蔣先生對於陳調元是籠絡有加的，組織部當然更不想開罪他。但我到安徽後，發現陳調元企圖利用不法手段，揷手於省黨部執監委員的選舉，省黨部委員和省代表大會代表多引以為慮。我即在省黨部省政府宴請代表的席上，當着陳調元公開宣佈：「我決定維護選舉的自由，倘有以不法手段從事競選者，希望各位代表隨時檢舉」。當時我明知如將此事請示中央，組織部很可能要敷衍陳調元的。為了維護黨的尊嚴，我決定採取堅強的態度，不惜與陳發生正面衝突。結果，陳調元縮手，省代表大會終得順利完成。

抗戰行列中見聞雜憶（三）

李璜

視察在臨邛道上

二十八年四月我偕川康視察團川西組諸參政員，歷經成都、華陽、新都、金堂、廣漢、德陽、羅江、以至綿陽，又由綿陽折回，經綿竹、什邡、彭縣、新繁、而返成都，自四月初至五月初，凡二十餘日。每經一縣，大縣三日，小縣兩日不等。時我年始四十四歲，奔走考察，照料諸老，並要留心所有隨行人員及憲兵的行動，以免為人誘賄等事，尚不覺勞。但每至一縣，必有兩次露天羣衆大會，一為對士商民衆，一為對中小學生，如該縣有壯丁訓練營之地，尚須加一次大會；露天大會必需有長篇講演，所謂宣傳抗戰是。

這種露天講演，動須向千人說話，而又無擴音器，且必須描述日軍侵略、殘暴諸罪行、前方浴血抗戰諸偉舉，要說得慷慨激昂，真是大費嗓子！因之，我每次講畢，必大食甘蔗一隻，以潤喉舌；如一日須講演兩次，則力未竭而聲已嘶。

因是，五月初回成都，我本打算小休，而五月八日，川南組又須由成都出發，向臨邛道，西南入於舊四川所轄之寧遠府屬各縣；組為林虎、冷遹兩參政員所領導，堅約我同行。我見莫德惠參政員年長於我十歲，且於前一日領西康組西向康定，我也不敢偷懶；而林虎參政員的桂林官話說得很好，且實大聲洪，我便與之約定：講演事由他包辦，我只接洽、調查、以及照料一切瑣務。又幸此行得視察團秘書劉東巖同志同行，人極精明能幹，一切皆能為我代勞，且比我這團長親自辦得更好。因之，五月八日由成都出發，向臨邛道，我便有閒心去留意山川人物及出產天富，令我精神為之一弛。本來，「一張一弛，文武之道」，做事情要持久其功力，則自己的精神，是不應張而不弛的。

四川的臨邛，在漢初即有名，因為在漢武帝時，產生了一位從事實業的卓王孫，他以開闢農田鑛山致富，名動京師，與巴寡婦齊名。卓王孫又有一個漂亮的女兒卓文君，愛上了成都的大文豪司馬相如，風流韻事，千古流傳，為此邦生色不少！

臨邛今稱邛崍縣，其縣正位置於邛崍橫斷山脈的東部支脈下，而邛崍山各支脈色調皆極其秀美，風物怡人，小山蒼翠，小河潺湲，而尤以青衣江流域的雅安、名山、洪雅、眉山為最，古昔此一帶稱為臨邛道上，無怪東坡有句：「我家岷蜀最高峰，夢裏猶驚翠掃空」也！

由成都出發，過新津縣，即至邛崍縣，縣城中有公園，公園中有一井，名曰「文君井」；相傳司馬相如以賣酒，文君當鑪，即在此井畔，而以此井之水釀酒，酒味特別甘烈，這無非是酒家附會之說。但邛崍白酒確不亞於綿竹大麯酒。林隱青（虎）兄之酒量特大，講演既畢，謝絕應酬，約冷禦秋（遹）與我共飲於文君井畔，隱青能飲白酒十餘大杯，我則三小杯已微醺，禦秋促我以詩紀之，因即席成一絕句：「有女當鑪艷跡傳，臨邛弱柳綠依然；春風鬢影一神往，醉倒文君井上泉！」因憶李長吉曾有「彈琴看文君，春風吹鬢影」的妙句。

由邛崍西南行，一日半始抵名山縣。此縣自來以產茶知名，即所謂蒙頂茶是。四川西部到處產茶，因山高而土潤，又多雲霧，茶樹最易茂。成都人也就講究吃茶：青城葉子，成都人曬乾食之，名曰「毛茶」，因水面有細毛浮着；此種食法，尤宜嫩葉，稱為「毛尖」；對於蒙頂茶亦然。不過蒙頂則常用茉莉花烘之，即一般之「香片」是。但成都之茉莉花，因氣候夏不大熱，而冬又較冷凍，只在人家以堂花供養之，不似南省之賤。因之成都之香片，其茉莉皆從人家搜集得來，物以稀為貴，於是成都之香片，並不像南省之片片皆香，令人食之氣悶，成都之蒙頂香片，舉盞輕嘗，只是暗香浮動而已。既到名山，因亦有句：「舊耳蒙山頂山茶，還宜錦里院中花，請君試汲雪濤水，莫憶西湖滿壠芽！」（龍井茶以西湖滿家壠產者為最）

過名山，西行半日程，即至雅州，今名雅安縣，此縣為西通康定（打箭爐），南入寧屬之要衝，城市規模較大，商賈輻輳，人物俊美；因青衣江發源於城之東北，兩三支流環繞縣城，水深而多石帶藻，故成都人艷稱雅河之魚，過年臘味中，必有雅安臘魚一味。其實魚雖嫩而肥，一經鹽漬煙薰，已非本味，徒有其名而已。今到雅州，焉能放過食魚機會！

彼時，劉文輝正以西康省主席而長駐雅州，（西康省會本設在康定，而康定遠在邊關，往來成都不便，劉尚在覬覦川西，故長駐雅安），招待甚殷，得飽食雅河肥魚，細味蒙山新茶；而城北泉水尤甘，因亦有詩紀之：「源在雪峰最上頭，出山依舊一清流，泉甘魚美真堪隱，更愛名城號雅州。」

在雅安流連四日，送莫柳老一行西向康定後，即偕林隱青、冷禦秋、劉東巖諸位向南進發，一日緩行，即至滎經縣。此縣在中國歷史上早就有名，因既產煤鐵，又富銅鑛。漢文帝時，鄧通得帝賜蜀嚴道之銅山，使自鑄錢，鄧氏錢布天下，因以大富。此一銅山即在滎經縣西南，至今其處尚有鄧通城故址，廢墟依稀可辨，而銅山之銅外露，太陽下發光眩目，政府竟久廢置之（抗戰後期，資源委員會始於其處設銅鑛局，加以採冶）。我亦紀以一絕句：「滎經煤鐵舊知名，茶葉輸邊亦有聲，天厚吾民民久困，令人低首鄧通城！」

本刊已經香港政府登記

聯合評論
週刊

每逢星期五出版

United Voice Weekly

第二二九號

督印人：黃宇人　總編輯：左仲平

社址：九龍大埔道一六八號南亞書局 805641

承印：嘉羅印刷有限公司 香港灣仔馬師道5號

總代理：友聯發行公司 售價每份港幣一毫

本報美洲版總經售美國紐約中美出版社

CHINESE - AMERICAN PRESS, INC

199 CANAL STREET.,

NEW YORK13 N. Y. U.S.A.

美洲航空版每份售美金一角

本報啟事：本報下一期出版時間，適逢春節。依照慣例，工廠放假，工友休息，故本報香港版及紐約航空版均休刋一期。以後仍照常繼續出版，謹此敬告讀者。

聯合評論社啟

又是一年春！

季璜

在流亡生活中，歲月過得眞快！不覺得，又是一年春了！

在這臘盡春來的農歷除夕，我相信流離轉徙的僑胞們，無人不在思念故國鄉園！在過去臘月的一月，香港郵局的粮包堆積如山，以千萬包計，僑胞特在此時寄與大陸故鄉的親友，這就是思念鄉園的表現；能够回鄉一行的廣東籍的僑胞，據報載，在近日，朝陽初上，尖沙嘴車站四週，早就站着一條長長的人龍，輪流購票，以赴深圳，轉車回鄉一行；甚至有在車站內露宿的候車者，構成一幅離亂流亡圖，使人見之心酸淚下！

中國人何以在這春節中，如此其重鄉情，懷故國？這一莫能自已的深厚情懷，大抵緣於兩個社會因素，一是農業社會的結構，一是家族主義的思想。

中國以小農制度立國，於今有近三千年的歷史。這一歷時既久的社會結構，乃是與家園土地生了根的，生於斯，長於斯，釣游於斯，耕作於斯，哀樂而歌哭於斯，死葬而廬墓於斯；祖而父，父而子，子而孫；一水一山；一草一木，無不與此社會結構有關；故中國人多不輕去其鄉里，而游子多在思念其故鄉，故鄉之物特別好，故鄉之水份外甜，瓜也，果也，魚也，鳥也，烹調也，糕餅也，各省籍的僑民，相聚一堂，莫不各誇其鄉里之所長，而津津樂道之，是即爲從農業社會結構而生出的一種羣的意識，中國人之所以爲中國人，要即有此意識的表現的原故。

農業社會結構，特別是小農制度的社會，又最易產生家族主義的思想。因爲小農社會，一向合家協力，從事生產，上代勞力，蔭及子孫，特別是在中國南方鄉村，無論種稻種蔬，全憑一手一脚，一概園藝作業，（西方稱園藝作業，乃指耘土上肥，均經過細緻的手工之意，）故其耗人力也特大，而經時照料也特勤。於是家人合作，各盡其力，互助之情，更加深骨肉之義！我們試去讀詩經「七月流火」起之八章，其中「同我婦子」，「嗟我婦子」，即已足見其合作互助之情；更進而讀蓼莪六章，其中「缾之馨矣，惟罍之恥」，又足知父子相需，以至相依爲命之情！

上述的農業社會與家族主義，本由於中華民族得天獨厚，而順應自然之所形成，且自漢代之初，皇朝即因之而提倡「孝弟力田」之義，以爲士夫之本，此一社會結構及其孕生的家族情感乃歷時愈久，而其意識乃愈强固。中國人到今天，無論在生活內容，羣衆意識，政治見解，以至哲思文趣等之所以有異於西方工商業者的根本所在，我認爲其旨趣的依歸便在於此！

固然在三十餘年以來，中國的大都市，因辦新教育，吸收了少數知識分子，離開了農村，而在漸次發展工業的社會中去改變其意趣；但中國的工商業都市並不多，無非上海、天津、廣州、寧波、廈門等十個八個通商口岸，這種點既少，面猶全面爲農業的舊的社會結構所佔據，並沒有多大的改觀。因之在中國來談政治改革，已經應該十分留意這廣大的全面，而眼光不可以只囿於幾個大都市中；而來談社會改革，更應該認識清楚，這幾千年來根深蒂固的小農社會結構及其家族主義的思想，不是可以用一個政團及其少數幹之力，便可以大轉舞台，使之突變的！

毛澤東及其一羣，今日之所以幹得一場胡塗，在中國的社會改革上完全失敗，無法收拾，其原因便在於此！

毛澤東自命來自中國田間，但對於中國的農業社會結構的建架，並未懂得清楚；毛澤東又自命正統的馬克思主義者，但對於馬克思否定農業社會能實現共產革命的說法，又甚爲缺乏了解。其初，毛澤東似乎感到，中國人與土地分不開，佔據大陸後，特別用分田制去收買人心，在他或者想先加速建立起工業，擴大了工人社會，然後再去向農人施行集體主義，比較順當一些。但毛及其一羣，要想建立大工業，而自己能力與知識既太不够，且中國本身的各種條件也太缺乏，花大錢請來的俄國顧問也是三五等人才，拿不出適當的辦法，說是只要二十年便趕上英國，其實，在新式工業上，除了毛未佔大陸前的一點舊基礎外，他們新的作法，可以說，毛及其一羣自以爲百廢俱興，事實上乃是百事無成！結果，毛澤東「毛」了，乃意想天開，一味顢頇，來一個土法鍊鋼，從此使人力白費，生產脫節，便注定了「完蛋」之局！

毛及其一羣，總以爲天下事經他們一玩戲法，就可以突變、「奧弗黑變」！他們對馬克思所認爲社會革命必須是在工業發達的場合，既然無法完成這一場合，於是便成爲馬克思的另一種修正派，即在中國根深蒂固中的農業社會中，來實現其共產革命，用他們的人民公社的辦法，把中國的農業社會結構，用武力來一氣打翻！

在毛及其一羣早就感到，中國人的家族主義的溫情團結實在與他們的共產主義的政治團結大爲不利，因此一據有大陸，便强迫兒女整父母，教唆小孩子再不要爸爸媽媽；但用盡蠻力，並未生效，只是大失人心而已！於是毛澤東一不做、二不休的簡直去把家庭一律用武力來拆散，不許人人再有個家，家家再有個灶，叫大家都拋棄家庭來吃人民公社的大鍋飯，但這大鍋裏漸漸便沒有了米，大家都被人民公社餓困起來，飢寒交迫，不是逃亡，便只有造反了！——五月的逃亡潮與近來的游擊隊不斷在廣東擴大，便是鐵的証據！

又是一年春！反毛的同胞當此春來，被大自然的景象所掀動，在思鄉與重整家園的情緒下，勢必更要與毛及其一羣拼老命的！毛黨的機械主義終必敵不住我農村的自然主義，此之謂「爾曹身與名俱滅，不廢江河萬古流！」

毛澤東無以自圓其說

劉裕畧

對於共產黨，我們本來不必和它談什麼理論。因爲像它那樣一個憑藉武裝暴動起家的殘暴政權，我們要對付它，除使用武力之外，並無它法。但，假如我們在準備武力和使用武力之餘之外，再細心冷靜的看看中共的言行，尤其中共領導人毛澤東的言行，立可發覺他的諸多矛盾，完全不能自圓其說。

最近，由於蘇聯自古巴撤退飛彈，引起毛澤東及其左右對赫魯曉夫的譏抨，認爲那是向「美帝」低頭，認爲那是被「美帝紙老虎」嚇破了胆。赫魯曉夫忍無可忍，始在最近舉行的蘇維埃最高會議席上發表講演，回敬毛澤東一杯，並以教訓口吻訓示毛澤東，說美國這隻紙老虎不好惹，是長得有核子牙的。並暗示毛澤東，說蘇聯之所以自古巴撤退，非爲胆怯，乃一種策畧。赫魯曉夫當時並挪揄毛澤東，說「中國朋友」爲什麼不從英國和葡國手裏收回香港澳門呢？還不也是因爲一種形勢使然嗎？

對此，毛澤東本人及中共任何人，甚至包括人民日報在內，都未對赫魯曉夫的這一挪揄這一質問提出答覆，事實上赫魯曉夫確有兩手，詞鋒銳厲之處，像尖刀一般，直指毛澤東之要害，把毛澤東問得啞口無言。

其實，毛澤東不能自圓其說的事滔滔如長江之水，數也數不完。赫魯曉夫還只道出其一能了。

中共人民日報曾於一九六二年十二月卅一日以「陶里亞蒂同志與我們的分歧」爲題發表社論，指責意共領袖陶里亞蒂。原因是陶里亞蒂曾在最近的意共大會上抨擊毛澤東胡說八道。因爲毛澤東自一九四六年八月以來，即常常盲目的說「帝國主義及一切反動派都是紙老虎」。毛之左右，檢拾牙慧，從而和之。不止在中共統治區內大彈此一謬論，而且也在國際聚會上大放厥詞。最可笑的，則是中共官員如伍修權一類毛之親信走狗，甚至還在國際共黨聚會場合把毛澤東的這種胡說八道，奉爲信條與準則，以抨擊別人。於是，難怪陶里亞蒂才毫不客氣的以訕笑和教訓口吻斥責毛澤東，說「肯定帝國主義是一隻紙老虎，用肩膀一推就倒，是錯誤的」。

但毛澤東不服氣，親自撰稿，由人民日報和「紅旗」半月刋還敬陶里亞蒂。但毛澤東的說法，全是强詞奪理。何況，鐵的事實証明中共連紙老虎都怕，既不敢進軍台灣向「紙老虎」挑戰，甚至「紙老虎」的飛機軍艦進入大陸區域二百餘次，中共都只敢空提「嚴重抗議」，而不敢對「紙老虎」有任何實際行動。那末，道理很簡單，要就美國不是紙老虎，要就中共是紙狗。因爲紙狗才會見到紙老虎就怕，只敢遠遠狂吠，不敢近前一門啦！

人民日報曾替毛澤東辯護，說毛澤東所謂「帝國主義及一切反動派都是紙老虎」這一句話，指的乃是「帝國主義及反動派」的最後必將失敗，故毛澤東又有「戰略上藐視敵人，戰術上重視敵人」之言。殊不知人民日報這一辯護，更顯得毛澤東用詞命意不當。因爲，說某一種人最後將歸失敗，其含義的重心在時間上，而「紙老虎」一詞給人的意象，則顯然在指結構與本質。並非時間之推移或時間的演變。因爲所謂紙老虎者，以其構成之質係紙，故不足畏耳。何嘗有最後失敗的意義隱含其中呢？所以，無論從什麼角度看，毛澤東所謂紙老虎之說，都是不能自圓其說的。陶里亞蒂予以指斥，正是理由充足。

再看，毛澤東上次往蘇聯時，曾在莫斯科公開宣佈「共產集團必須有一個頭，這個頭，就是蘇聯」。但毛澤東現在由於個人權利與赫魯曉夫衝突，又命其左右，高唱「兄弟黨之間應一律平等」。那末，問題便在如果「兄弟黨之間應一律平等」，則毛澤東四年前何以又高唱「蘇聯是頭」的卑污論調呢？如果「蘇聯是頭」的這一論調正確的話，則毛澤東現在何以又忽然要高唱「兄弟黨之間應一律平等」呢？

再看，外蒙原是中國領土，當蘇聯侵佔外蒙時，毛澤東曾官稱這是由於中共未在中國執政之故，若中共統治大陸，則蘇聯必將外蒙歸還。今中共統治大陸十四年了，不但蘇聯未將外蒙歸還，相反，中共反而卑鄙無恥的與外蒙訂邊界協定，不惜割讓土地以稱兄道弟。然而，外蒙至今却仍然倒在赫魯曉夫一邊以反對毛澤東。那末，試問毛澤東平日强調的愛國主義又到那裏去了呢？中共與外蒙訂邊界協定，還不又是「周郎妙計安天下，賠了夫人又折兵」嗎？

再說，前幾年中共鼓吹的千斤畝萬斤畝，現在又那裏去了呢？土法煉鋼，土洋並舉，一天等於二十年，十五年趕上英國又那裏去了呢？深耕密植又那裏去了呢？百花齊放，百家爭鳴又那裏去了呢？……總而言之，統而言之，無論從那一角度看，毛澤東前言不對後語，都是無法自圓其說的。

計劃經濟

孫寶剛

前文已經把經濟政策大體說過，我們要保障人民的經濟安全，增加我們的經濟生產，使全國人民都要就業，進而提高人民的生活水準，和使人民間的經濟平等化。但是這幾條政策的實現，決不是任由人民自由生產或自由分配便可完成的。所以計劃經濟便與上述的政策結了不解緣。易言之，我們須有一個中央計劃機構來計劃全國的生產應該生產些什麼，如何生產，和生產的數量多少。然後生產也增加了，經濟安全措施所需的經濟和物資及設備都有了着落；並且生產也不會過剩；人民都有了工作的機會，易言之却有了生活費用；於是藉着公道的分配，而每個人的生活水準都能漸漸提高，人與人間的經濟平等化也漸漸達到。

在計劃經濟之下，有兩個措施是必然免不了的，第一就是國有或公有化，第二就是統制經濟。一般人聽到了這兩個名辭，都有些恐懼，尤其嘗到過共黨執政後的國有化政策和統制經濟以後為然。其實這兩個名辭祇是政府經濟行為的一種方法而已，並不是政府經濟行為的目的。共產黨為了要鞏固其政權，甚至要實行世界革命，他們需要物資，期以實現上述的目的，所以不分皂白的把人民的生產工具搶去國有或公有化或加以統制。今後中國的經濟政策既如前文所述，所以決不是不分皂白的儘量國有或公有化的，也決不是任意加以統制的。並且就是以國有或公有或統制的工業來說，也是為了全體人民。我們可以把工業分為三類，第一類是獨佔的工業，如鑛業，鐵道和公道，船業，銀行，煤油等等。第二類是關於人民日用必需品，如衣履，牛乳，麵包，肉食，等等，第三類是上述二類之外的工業。我認為第一類是應該國有或公有化的，第二類最好用合作社的方式來經營，不得已時才准私營而加以統制，第三類還是私營。在我國以往來說，第一類的項目，在國民政府時代，已經很多國營的了，不過那時國營的目的也在謀利，在替政府謀利，這是國家資本主義的作風，所以雖然國有或公有化，一般人民並沒有覺得好處。我們今後的目的是要實行上文所述的政策，所以目的不在謀利；其後果當然就不同了。第二類的項目以往都是私營的，但因其是人民的必需品，將來最好以合作社經營，以避免中間的剝削。但如合作社不能普遍地立即成立，仍須有一部份私營的話，那麼對於這些項目，政府便應加以統制，不特使其僅僅獲得合理的利潤，也應當使其生產量不會太少或過剩。第三類的可以私營，因為這一類的工業，既然獨佔性，也不是人民的必需品，不會影響到人民的基本生活，自可自由放任。其實，在今天的工業中，這一類是佔極大的多數。可見私營的範圍還是相當大的。

我想假如這樣做，表面上對[illegible]要經營這些被國營或公營，或被統制的企業者干涉了其自由，這究竟是極少的人們，並且他們也沒有理由一定要去經營這許多國（公）營或被統制的企業，但是對全國的人民是有利益的，也適足以增加了全國人民的經濟自由。而況我所述的計劃經濟和統制經濟的一切措施是經由人民的代表來決定，易言之，須由議會通過一套的法令來施行一切的措施，目的當然也為了全體人民，所以說這是促進經濟民主的一部份方法。

說到這裏，我們須注意一點，即是計劃經濟是指一個國家全面地配合地，制定出輕重，緩急，先後，多寡，和有目標地，有步驟地建設和發展經濟的藍圖。是一個必須適於國情的實際而公道的科學計劃。它是一種全國性的合作計劃，由國家管理，為人民而生產。所以在制定這個計劃以前，必須有詳盡而確實的調查和統計，知道人民需要的是什麼和多少，而全國的人力物力有多少才能作出計劃，不可主觀的任意決定的。今天中共，也在實施類似的計劃經濟，姑不論其目的何在，即以計劃經濟的本身來說，缺乏科學頭腦，缺乏實際，所以人民是吃了大苦，中共的本身目的也完全不能實現，這是今後實施計劃經濟時應十分注意的。我國對於一切的調查和統計還沒做得十分徹底，所以今後我們所要實施的計劃經濟，應該是很富於彈性的，而計劃經濟下的許多計劃，也不應十分龐大，和好高騖遠。對於統制方面，也應以此為原則，才使私營的部門，不致感受苦痛。

最後我總結一句，一個國家既然有了經濟政策，當然希望政策的實現，但是在自由經濟之下，決不能實現所定的政策的，於是政府非起而干涉人民的經濟行動不可，有一部份的經濟活動，且須由政府自己担當起來。對於自己担當的那部份來說，便產生了國有或公有化的問題，對於干涉的那部份來說，便產生了統制問題。兩部份是依照了一個藍圖而實施的。這就是計劃經濟。所以在計劃經濟之下，有國（公）營的，也有被統制的，也有完全自由生產或貿易的。易言之，在計劃經濟之下是公營和私營相輔而行，而私營的範圍還是非常廣泛。計劃經濟並不是根本取消私人企業之謂，不過由國家防止資本家濫用其經濟權力來謀利，以剝削了公衆的利益，並由國家管理若干有關社會的經濟生活與安全的主要企業，調整若干不合理而無效率的企業而已。私人企業仍有充份活動的天地。有時國家且會幫助私人企業增加生產，使對公衆有更大的貢獻。而最要注意的是計劃經濟這個名辭，是屬於經濟方法的範疇，計劃經濟乃是一種已決定了的經濟政策在其實施的一種階段上所採行的一種手段。我們今後的種種經濟政策，假如是以達成經濟民主的話，正如我上文所述，那便毫無足以恐懼的餘地。

寮國裁軍協定將枝節橫生

牛靈

寮國聯合政府，由於三派人士「聯」而不「合」，故成立了半年來，都在「同床異夢」的情勢下，以致毫無成就；總理富馬親王，目睹閣中左右兩派依然意見衝突，影響到政令無法推行，曾一度憤然表示要辭職。其後，左右兩派人士終於畧為讓一步，才得達成了裁軍協定。這一項協定是規定每一派的軍隊，都要裁減一萬人的。目前，寮國三派的軍隊數目，是右派七萬人，左派（巴特寮）一萬八千人，中立派一萬二千人。此協定達成了後，永珍的有關方面迅即傳出一項消息，謂協定雖然達成，但實行仍是遙遙無期。更可慮的是：一開始實行，便會立刻節外生枝！

該消息還指出：現在各派的內部，都已發生了許多對立的意見，這對該項裁軍協定，無疑地是有了嚴重影響！

各派內部意見對立得最顯著的，要算左派（巴特寮）。巴特寮的軍隊中，有所謂「蘇聯派」，「中共派」，「北越派」。「蘇聯」和「中共」這兩派，業已形成了尖銳衝突；而北越派之內部，又再分成親蘇聯派和親中共派。此外，巴特寮的首腦蘇發努馮親王雖然當了聯合政府的副總理，但其部內的彭比基特（現任聯合政府情報部長）却不聽從他的命令，甚至對外發言也獨斷獨行，這一來，就使到巴特寮無形中出現了兩個首領；而且這兩人已有了互相爭奪領導權的迹象。這一派的軍隊，要裁的話，必然引致了許多枝節問題。

中立派哩，在聯合政府中當外交部長的菲瑟納，最近對富馬總理之過於接近右派，也深表不滿。這個菲瑟納，在中立派軍隊中，是掌握着大部份實權的，他既不滿意於富馬親王，則對富馬親王和右派的諾沙旺、左派的蘇發努馮所共同簽署的裁軍協定，將來當然也會提出異議。

至於右派，內部意見雖沒有分歧，但該派本來是不願意參加聯合政府的，後來因迫於環境，迫於大勢，才在無可奈何的情況下參加，但其憤恨的情緒，仍然蘊藏在心裏的，因此，該派對於裁軍協定顯然並不熱誠擁護，反之，他們將提高警惕，提防戰火重燃。

在該三派的上述情形下，裁軍又怎能實行得來？

富馬總理其初對「中立」的聯合政府，是抱着一團高與的；滿以為此聯合政府成立了後，將可使落後的寮國，得以按步就班，走上新生建設之路。詎料他這個理想，竟告幻滅；聯合政府的實質，竟然越來越糟。他感覺到「總理」這個職位，簡直形同傀儡，政令不出永珍首都；不但巴特寮所控制的地區垂下了鐵幕，壓根兒就不接受聯合政府的命令；而且右派方面，也因為嚴防巴特寮份子的滲入，就連中立派官員也不能在右派地區活動。這樣的「三頭馬車政治」，漸漸的便互相怒目敵視，使整個聯合政府陷入癱瘓狀態。三派人士的明爭暗鬥，現已隨着時間的進展而日趨擴大，甚至連表面上苟安的局面，也將維持得不長久；甚麼發展生產，甚麼加強建設，自然更談不到。而所謂裁軍云云，協定雖是簽署了，但如何實現？恐怕將祇是長期地留下着無數「？」的符號吧了！

尤為值得注視的，就是巴特寮和富馬親王之間，最近也顯透出很深的裂痕。第一、富馬曾於去年十月十四日訪問泰國，雖然他是聲明「此行是私人行動性質」，但巴特寮就馬上意識到，富馬已有放棄中立而傾向右派的趨勢，因而嫉恨富馬益深；第二、巴特寮首腦蘇發努馮也訪問過北平和莫斯科，分別與毛澤東及赫魯曉夫密談，所談何事？外間當然無法獲悉，但富馬親王對巴特寮這種活動，自然猜疑更大了。——這樣的爾虞我詐，若要實行裁軍，可以肯定地來說一句：必然會引起許多枝枝節節的糾紛！

從寮國聯合政府首腦人物的動態來看，他們一方面是各派內部都有歧見，另一方面各自找尋國際關係，在此凌亂的態勢下，顯然對於軍備仍極重視，若要真的實行裁軍，當然不受歡迎；於焉枝節橫生，阻撓重重，實屬意料中事。

趙福回國的第一天

鐵君

（台北通訊）唾棄中共偽政權，於去年八月投向自由陣營即獲得美國政治庇護的趙福，於本月二十日自美飛台，據說：他的主要目的是參加「一二三」自由日九週年紀念大會。他下飛機後，先接受中國小姐方瑀的獻花，繼在機場貴賓室對擁擠不堪的中外記者羣發表簡短的談話，有位記者問他將在台灣逗留多久，他答以還沒有一定，也許三月五月；他希望長住下去。他在機場時，始終滿面笑容，並被歡迎的羣衆高高舉起來。聯合報記者曾有一篇特寫，題為趙福回國的第一天，特介紹於後：

記者昨天追踪趙福五小時的結果，我們的談話的總合，不超過十幾分鐘，所謂「結繩」式的採訪，意思是說：我們剛剛談上幾句話，便被打斷了，好像一條繩子，剛打了個結又斷了！斷了再打個結接上去。因為這些談話，有的是在房門口，有的是在電梯中，有的是在汽車旁邊，有的是在走廊上，把許多結接起來，却也成了輕鬆的短文，因為這裏面有趙福的風趣、豪爽，以及他樂於和記者交談的風度。

不是異鄉人了

在東方飯店的電梯中，趙福爽朗的告訴記者說：「我要回大陸，便堂堂正正的打回去，從正門回去，我決定不會被他們抓去宰割。」

趙福是在答覆記者問他想不想家時，豪爽的說出他心底的話。趙福自逃出於瑞典匪偽大使館後，作了四個月的異鄉人，他說：他現在已經不是異鄉人了！在自由祖國，他雖然沒有親戚、朋友，但他對這地方一點也不陌生，因為祖國的人，現在都是他的朋友，這裏充滿了自由社會濃厚的人情味。

趙福用左手搖動他的小呢帽，告訴記者說：「我在這裏——東方飯店六〇八號房間——睡了一個舒適的午覺，洗了一個溫水澡」。記者問他，午睡時是否做了一個夢，他說：「沒有」，我這人，很少幻想，所以也不大做夢。不過我非常重視現實。記者先生：誠如你所知，大陸上的人，已經給共匪整慘了！我所說的現實，是考慮考慮，我對國家和人民，能夠供獻出一些什麼力量，期有助於反攻大陸，解救正在受難的大陸人民。

閒話家常

趙福自從離開匪偽駐瑞典大使館後，已經由「機械人」變成「自由人」，他告訴記者說：全世界的自由人對我太好了！他們愛護我，並不是愛護我趙福這個人，而是愛護自由，反對共產主義。

趙福在大陸救濟總會秘書長方治的午餐桌上，喝了些紹興酒，在三軍軍官俱樂部的樓梯上他告訴記者說：「我從來不喝酒，但是今天我喝了些。」誠懇而眞摯的方治，昨天中午辦了一桌酒席，在三軍軍官俱樂部的「致美廳中」，招待趙福，趙福邊吃邊談，談得很興奮。記者在門外，可以聽到趙福爽朗的笑聲和陪客包華國的用四川官話問長問短。這個青年人像回家和家長們話家常時，無拘無束的談着共匪的暴政和美國給與他的熱烈接待。

趙福昨天一直在輕鬆中有些興奮，偶爾也顯得激動。他的飯量不錯，在方治的午餐席上，他吃了許多紅燒魚和青豆，從門縫中透出的爽朗的笑聲，對於一個新聞記者頗具誘惑力，要不是致美廳已經關上門，記者眞想溜進去，多聽些風趣而輕鬆的談話。

在午餐以前，有三名記者，也坐在旁邊聽趙福爽朗而又文雅的談吐，趙福告訴方治，他在美國參觀過西點軍校，那裏的校長和青年人熱烈的歡迎他，他說：他也到過聯合國。在自由世界中，他更發現了人性的尊嚴，與自由的可貴，他說：他在一九五五年加入共黨，曾經眞正的擁護過他們，因為當時未看穿共匪的欺騙，但是當他覺醒時，他又眞正的反對共黨，成為共黨的死敵。方治笑着說：你眞是一個有希望的Young man——年輕人。

新聞人物

趙福自去年八月三十日逃出匪偽駐瑞典大使館後，在一夜之間，他成為舉世矚目的「新聞人物」，儘管他自謙說：他是一個「小人物」，然而在新聞記者眼中，他確是够份量的新聞人物。在三軍軍官俱樂部的走廊他告訴記者說：共匪越走越孤立，已經快到日暮窮途。但是他不願答覆匪俄之間衝突的問題，他說：他還看不清楚這個問題，至於現在是否我們反攻的最好時機，他也不願下結論，他笑着說：這問題是個大問題，不是三言兩語所能答覆的。

趙福非常願意和新聞記者接觸，而且有問必答，答得也恰到好處。他說：自由世界對於共產黨最重要的瞭解應該是：凡是共產黨所反對的，一定是美好的，共黨如果說某一地區是地獄，那地方一定是個天堂。

幾支小插曲

趙福在昨天下午未正式舉行記者招待會前，有關方面，不願意新聞記者追踪採訪，怕他們材料說光了，在招待會中沒得話說。但是趙福却有一腦子材料，他不但機智而且勇敢，對於新聞記者，他在西德、在美國，已經應付得裕如，所以記者問一句，他可答三、四句，而且有他的註解。在他所乘坐的汽車中，他和記者談到他的故鄉時，他說：那裏的人們太苦了！記者提到東北的本溪湖，他立即說：「我到過那地方，我看過那裏的煤礦。」在我們正要繼續聊天時，一位接待人員，勸記者離開，給趙先生一點休息的時間，他又爽朗得笑了！事後他告訴別人，全自由世界的新聞記者都是那麼熱情，對於採訪工作，都是那麼認眞。

他告訴記者，對於祖國的一切，他都熱愛，他在機場時接受的一束鮮花，更特別熱愛，因為它代表着祖國同胞的熱情，因此，他在抵達東方飯店後不久，那束鮮花被插在他床邊的茶几上。

春天終會到來

一週以來，寒冷的天氣，昨天突然轉暖，趙福所住的東方飯店六〇八室，從窗子射進柔和的陽光。走廊邊擺着一盆小松樹，趙福曾經告訴訪問他的人員說：「春天到了！這裏的空氣是寧靜而溫和。」

趙福的舉止言行，不像是受過共黨訓練的人，他沒有共產黨徒的陰森的氣息，和說話時作深長考慮的習慣，他說：對付共產黨要勇敢些，為了爭取自由和維護人性的尊嚴，否則便將永為共黨的奴隸。

趙福說：他不論在國內或者在國外，總希望把他的力量貢獻給反共黨的事業上，他希望能夠貢獻出他的一切，甚至是生命。他說：春天終會到來，大陸上人民不能永遠地被共匪宰割，我自己便是一個榜樣。

官商勾結走私日片案宣判

致明

（台北通訊）曾轟動一時的官商勾結，走私日片及延長映期一案，經台北地方法院刑庭推事彭國勳審訊終結，於本月十六日宣判。被告林貽藩、馮萬青及永昌影業社經理周順增等三十人，分別依瀆職、偽造文書、詐欺、行賄及違反票據法等罪判處徒刑，或易科罰金，賄款總額十四萬七千元沒收，及走私日片「決門日光山」、「新龍虎寶藏」、「美女與軍隊」、「女武士」、「黑巾大俠」、「艷妓」、「二等兵物語」、「東國飛虎傳」等八部影片均沒收。至於中國電影公司董事長杜桐蓀等七人判決無罪。

被判刑的三十名被告中，以台北市警局行政科員林貽藩，市警局前任行政課長馮萬青兩名公務員判刑最重，林被判有期徒刑五年六月，所得利益三萬七千元沒收；馮被判有期徒刑一年，所得利益一萬六千元沒收。其餘二十八名被告判處刑期如次：周順增（永昌影業社經理）判刑八月。劉天經（大陸影業社經理）判刑二月，如易科罰金以銀元三元折算一日。張博明（大陸影業社職員），徐魁一（前永豐影業公司負責人）各判刑二月，如易科罰金以銀元三元折算一日。高尚義（美强影業社經理）判刑十月。朱春海判刑二月，如易科罰金以銀元三元折算一日。鄭倫（大通影業社經理）判刑十月。毛烱（華龍影業公司經理）判刑六月。于觀璧（亞洲影業公司經理）判刑八月。高綏之（世界影業公司董事長）判刑六月。吳報錦（萬象影業社經理）判刑六月。周志誠（台灣戲院經理）判刑二月，如易科罰金以銀元三元折算一日。林春木（信成影業社經理）判刑六月。林明章（凱達影業社負責人）判刑四月。郭鑑塘（六河影業公司經理）判刑三月。林溪濱（新和興影業社經理）判刑三月。石宗五（復且影業社職員）判刑六月，如易科罰金以銀元三元折算一日。王承芳（遠東影業公司經理）判刑四月，如易科罰金以銀元三元折算一日。陳船興（太平影業社經理）判刑四月，如易科罰金以銀元三元折算一日。謝劍平（義强影業社經理）判刑三月，如易科罰金以銀元三元折算一日。林子張（中外影片公司董事長）判刑四月，如易科罰金以銀元三元折算一日。賴春波（大東影片公司經理）判刑六月，如易科罰金以銀元三元折算一日。梁蘊明（名姝影業社經理）判刑三月，如易科罰金以銀元三元折算一日。孔志明（中國育樂影業公司董事長）判刑三月，如易科罰金以銀元三元折算一日。劉盛財（泰山影業公司董事長）、李春德（泰山影業公司經理）各判刑三月，如易科罰金以銀元三元折算一日。王雨時（電檢處第二課長）違反票據處罰金銀元八百元，如易服勞役以罰金總額與六個月之日數比例折算。

上述三十名被判刑被告中，有林貽藩、馮萬青、高尚義、鄭倫等多人對判決不服，表示要上訴台灣高等法院。

另有杜桐蓀（中國電影公司董事長）、張志（中國電影公司經理）、劉介宙（永昌影業社負責人）、劉華卿（中美影業社）、張呈祥（中國電影公司總經理）、賴春和（東方影業社會計）、蔡天賜等七名被告均獲判無罪。

片商非法放映，警官趁機撈錢

判決書事實記載：政府對於外國影片之輸入自四十三年六月起須有管理辦法，採取配額制度，按年核定公佈其輸入總額及各國配額，凡影片商輸入各國影片正片，須在核定之年度配額內先向行政院新聞局電影檢查處申請核准轉函台灣銀行簽証，方能結匯進口，准原經核准進口之外國影片之複製片及未滿一千二百尺之外國短片，則不列計配額；但輸入時仍須向電檢處申請轉函簽証方能結滙進口，本省因對日片欣賞之觀衆甚夥，多數日片賣座頗佳，而歷年日片之輸入配額有限，一般片商為圖非法牟利常超額輸入日片及假冒原經核准進口之日片複製片名義或日本短片名義向電檢處申請核准轉函簽証，而實則以其他正片或長片矇混進口，進口之後又因依電檢處檢查法之規定，凡影片須送經電檢處檢查領有執照方得放映，而映演之時尚須將執照送當地警察機關核准登記發給准演通知始得上片放映，各影片商以前述方法假冒名義，矇混進口之私片自無法送檢領照，為求非法上演營利，乃又冒用合法影片之名義及執照交各戲院向當地警察機關登記映演；又外國短片因依新聞局命令必須核配各該國長片映演不得單獨或核配其他短片及其他國家長片映演，均於執照內有所註明。各影片商為圖取巧，又常將一部短片或二部短片冒用長片名義及執照交由戲院向當地警察機關登記映演。又台北市影片商業公會因鑒於日片賣座甚旺，為免同業之間惡性競爭，乃自四十三年起歷年均有日片映演場地的約定，排定在各家日片之上映檔期次序及大數，由台灣警備總部及台北市警察局執行。惟各影片商為圖本身營業，乃常有不遵協議映演逾檔情事。基於上述冒映或映演逾檔情事，各影片為免取締下片，乃主動向台北市警察局主管人員行賄，有時主管人員亦自動向各片商索賄，計林貽藩三萬七千元，馮萬青一萬六千元。

台灣簡訊

志清

一、國民黨又舉辦黨員總登記

在政府退守台灣以後不久，曾經徹底「改造」過一次的國民黨最近又決定舉辦一次黨員總登記。據悉：凡是不願意接受黨的決議和不服從領袖命令的黨員，可以不必登記，即自動失去其黨籍。反之，凡願意接受黨的決議和服從領袖命令的黨員，祇要在登記表上面簽名蓋章，就可保存其黨籍，不必再經過審查的程序。他們說：這次總登記的最大意義，是使黨員得以自己的自由意志，決定是否仍繼續作國民黨的黨員，似乎是有意為那些不願意再做黨員的人開一條脫黨的方便之門。但其真實的用意，顯然仍在於提醒黨員不要忘了頭上的那個緊箍咒，以便加強控制。因為在今日的台灣，雖然絕大多數的國民黨員都已對黨失去了一切信心和希望；但為了避免可能遭受到種種的不幸，他們還是沒有勇氣脫黨的。因此，儘管當權者很客氣的向他們說：「你們完全可以自己的自由意志，決定是否繼續做一個黨員，假如不願意接受黨的決議和服從領袖命令的，可以不必登記，大家好來好去。」但在他們聽來，這無異是叫着「有誰不接受黨的決議和服從領袖命令的，站出來！」在如此的環境之下，又有誰敢不登記呵！

據熟悉內情者透露：總登記分三批舉行，第一批是五院正副院長秘書長，各部會正副首長，三軍將領，立監委員，國大代表及在中央文武各機關供職的黨員。登記的期限是去年十二月二十一日至三十日。總登記的結果，已有百分之九十九點九的黨員辦理登記，在一千多名有黨籍的國大代表中，僅有三名未辦登記，在四百多名有黨籍的立法委員中，僅有二人未辦登記，而八十名有黨籍的監委則全部都登記了。他們說，這是說明中央級民意代表對於所獻身的國民黨，仍十分忠誠的。

聞第二批的黨員總登記即將開始，範圍是省縣級民意機構的黨員和省縣級從政府中的從政黨員，期限也是十天左右。到第二批的總登記辦完以後，再辦一般黨員的總登記，亦即最後一批的黨員總登記。

據一位已經登記的立法委員向筆者表示：「今天他們要我們登記，在現在的環境之下，誰敢不照辦呢？但是假如他們要進一步要求我們一經登記後必須無條件的服從，那就是另一回事了。」由此觀之，國民黨所謂黨員總登記，不過又一次的庸人自擾而已。

二、國民黨對省議員選舉的新方針

據聯合報的消息，台灣省議員將於今年春末夏初舉行改選。國民黨為了配合革新運動，對於輔導黨員競選，已決心以人才為第一，凡是為人正派，學養優良的黨員將被優先考慮。同時，在進行競選時，也將以「君子」的風度，與黨外人士競爭，寧肯犧牲一些選票，也不失去民心。關於縣市長和縣市議員的選舉，也將本此原則進行。一定要做到公平與合法，使本省的各級選舉充滿一片清新的空氣。即使某項選舉失敗，也必須失敗的光明磊落。人們認為倘若國民黨能早日如此，台灣的選風就不致這樣的敗壞了。但鑒於該黨一向是長於說好話，短於做好事，此次能否言行一致，仍有待於事實的證明。

三、監察院彈劾中紡公司總經理、董事長另案議處

中國紡織建設公司總經理蔣廸光涉嫌勾結商人，循私舞弊，致使該公司有一千六百餘萬元的賬款本息無法收回，經監察委員丁淑蓉、陳大榕等提出彈劾，業已審查成立，由該院移送公務員懲戒委員會依法懲戒。

據彈劾案稱：蔣廸光主持中國紡織建設股份有限公司，迄今十有餘年，對於該公司一切規章當所深悉，市場貿易，素富經驗，倘能恪守成規，循序推進，不難日起有功；乃竟私心自用，不惜毀棄辦事細則，破壞售貨程序，違反收款付款辦法，到期支票，不介銀行，對舊賬未清及銀行拒絕來往之客戶不予追究，反而繼續准其購貨，期以新貨款還舊貨，致造成愈賒愈多，愈欠愈久，對於出售外滙實績，原為爭取現金，乃竟接受毫無保証之私人空頭支票。凡此種種措施，無非欲取得獨斷獨行之權力，以達成勾結商人相互圖利之目的，置公司之損害於不顧。依據五十一年十月十八日該公司第八屆第十二次董監聯席會議紀錄所附之收賬明細表所載，截至五十一年六月底止，滯收賬款連同利息及欠退稅證件，共計新台幣一千六百六十五萬一千五百五十六元八角一分，其中常川往來客戶利成公、丸東、許福生併福隆及廣隆併光隆等四家，即佔一千五百五十五萬二千〇七十七元。查該公司原股本為三千二百萬元，而現有滯收賬款，已佔股本額百分之五十。最近該公司以客戶貨款不能收回，週轉極感不靈，原料因之缺乏，生產頓趨萎縮，竟至發生廬報產量情事，大有捉襟見肘之勢。倘不急謀整頓，前途殊堪隱憂，此皆由該總經理蔣廸光措置乖方，不遵法制有以致之。除依照公司法第二百二十條之規定，對不能收回之貨款，應負賠償責任外，仍不能瀆職之嫌。該公司董監會原負有考核監督之責，董事長秦汾且常川駐會辦公，乃竟充耳不聞，熟視無睹，對於總經理之種種措施，雖明知其不當，亦徇情敷衍，不予隨時糾正；甚至連同一氣，曲為庇護，亦屬不忠職守，已喪失監督之效能。除秦汾部份另案處理外，爰依監察法第六條之規定，特提案彈劾。

聯合報在一篇短評中，指出中紡原是規模最大的公營事業之一，在一般公務員的待遇中，公營事業機構的從業人員已經較為優厚。國家授以厚祿，目的在於養廉，乃竟有身任總經理者，食國家之厚祿，腐政府之重命，反而不忠不法，一至於此！實令人為之髮指！該報認為中紡的黑幕雖已揭開，而公營事業機構中有類似此種情形者，恐仍所難免，主張監委諸公鼓其餘勇，一一加以「體檢」，庶幾維護國家的利益。

四、布廠倒風稍有轉機

陽曆年關前，一時鬧得相當厲害的布商倒風，到最近已較稍斂，目前布市雖然仍有零星的倒閉發生，但已較前些時候穩定得多。不過過了春節之後，是否將更加轉穩，市場人對此仍然關心。據業內人稱：過去一段的布商倒閉，係布匹小批發商或零售商，不堪賠累虧損，關門歇業清理，但設倒賬者以布匹中盤為最多。可是布匹小批發商或零售商，除現款交易之零售交易外，對於服裝加工業之賒售，概過了春節後為期限的期票而交易。所以過了春節後，如果這些服裝加工業者所開出的期票，能夠按期兌現，則布商倒閉的不安局面，可更進一步改善。

由於倒風之影響，在農曆年關前，中盤布商對於小批發商或零售商之交易，除現款交易者外，都採取較消極態度。而廠盤與中盤商之交易，因農曆年關接近，故已呈現跡近於休息之狀況。幸而近十天來，一來因農曆年關，二來因連日天氣酷寒，布匹零售商的銷貨情形已轉趨熱鬧。

五、防止春節物價波動　實施臨時定價

省警務處於十六日下午二時，邀集財政廳、建設廳、農林廳、社會處、物資局、糧食局、鐵路局、漁管處、度量衡檢定所、台北市政府、市警察局、各公營事業單位與有關同業公會在該處研商台北市本年春節物價問題。座談會由該處李副處長主持，並請經濟部及台灣警備總司令部派員列席指導，會中經各有關機關報告春節物資儲備情形，關於糧食、豆類、油類，糧食局、物資局儲存甚豐，已大量供應市面。台糖公司食糖及中南部產地毛猪亦大批運抵台北，魚類因出海作業漁船返航過年，大批魚貨陸續湧入市場，其他鷄鴨南北貨罐頭蔬菜等來源均極充裕，供應不虞匱乏。各業公會代表一致保証今年春節物價決不致波動，並約束會員遵守規定，以公平價格應市，不得投機取巧，高抬物價。會中並商定公平價格，由台北市政府公告，如有少數不明大義商販為抬物價，將請由警方取締之。

座談會後，警務處又正式宣佈：本處為防止春節物價波動，將於一月十九日起，至二月四日止，全省實施為期十六天的春節臨時定價，價格以一月十五日當地價格為準，各商店市場，均應依照各縣市政府公告以內價格出售，不得超過規定價格。如有違反，即依違警罰法第五十四條規定，處以七日以下拘留，或五十元以下罰鍰，其情節重大者，並得停止營業或勒令歇業。如有囤積居奇情事，則依有關法令，從嚴法辦。希望各地商民，切實合作，遵守規定，穩定物價。

六、美援貸款將以外銷有前途者為限

美援及台幣貸欵運用重心，在下月間，將有重大改變，有關方面表示：將以該項工業之產品，有外銷前途者，為第一優先貸放之對象。目前，美援貸欵審查的對象，係以該工廠之財務情況如何為主要條件。惟今後除安全性之條件外，對于該工廠之產品應否予貸款，其效果如何，將為考慮的重要條件。惟原則上，該工廠之產品應有外銷希望。美國援華公署白慎士署長已返美述職，預料返美之後，對於美援貸款運用計劃，將重新安排。由於白慎士署長期望台灣經濟四、五年後達到自給自足，今後美援貸款運用，將較目前更為嚴密，乃係發展所必需。

聞美國援華公署尚未與美援會正式研商如何加強運用貸款，但對貸款案件，審核亦較為慎重。目前，已轉送美國援華公署審查之申請案件，在白慎士署長未返任之前，尚難核定。

又聯合報消息：美援會說，美援小型民營工業台幣貸款利率低為月息一分二厘後，美援台幣利率問題，已獲得解決。惟原定新利率應追溯至去年八月八日，其後因鑒於小型民營工業台幣貸款係委託銀行承辦。美國援華公署同意降低利率係在今年一月。而去年銀行之賬目均已結清，乃改自今年一月一日起計算。至核對公營事業之貸款，由於利率較低，不予調整。

七、屏東縣議會揭發回扣案

屏東縣議會檢舉縣政府，水利會，市公所，竹西鄉公所及縣屬佳冬農業職業學校，明正中學等單位發包工程，索取回扣案，其中佳冬農職部份業經地檢處偵查終結，十七日將該校總務主任梁國光、前任訓導主任白移成二人，一併以瀆職罪提起公訴。

承辦本案的檢察官孫森淼在起訴書中指出：被告梁國光、白移成，在該校興建單身宿舍時，不但向承包商東營造廠主吳明，股東黃振厝分別索取賄賂，或接受招待，並任其偷工減料，觸犯刑法第一百二十二條第二項工務員對於違背職務行為收受賄賂之罪，要求地院刑庭依法論科，至於涉嫌行賄、偷工減料的吳明，黃振厝則另案偵辦。

又訊：屏縣工程回扣案，除佳冬農職部已偵結起訴外，尚有縣府、水利會、市公所、竹田鄉公所等部份，尚在地檢處繼續偵查中。

中共去年鐵道建築成績低落

綜觀

交通建設是中共一向重視的。這不僅爲了經濟貿易的方便，主要的，更爲了軍事方面的運輸，和對大陸各地的便於控制。故中共佔據大陸之初，即對交通設施，尤其鐵道設施之進行不遺餘力。

但從中共「中國新聞社」一月十一日自北平發出的一篇報導來看，顯見中共去年度（卽一九六二年度）在鐵道方面的成績却是很低落的。

它說：「中國人民解放軍鐵道兵部隊，在去年鐵路工程建設中，超額完成了國家交給的施工任務。」

又說：「這一年，鐵道兵担負的十九個工程項目，有的線路連接着重要的工廠，有的伸向藏量豐富的鑛山，有的通往水利電力工程。現在已經建成通車的一條鐵路，不僅有力地促進了工業生產，而且對沿線發展農業生產也起了重要的作用」。

又說：「去年春天，國家在河南修建的兩條防泛專用鐵路，從設計到施工，不到兩個月就建成了。在山東的另一鐵道兵部隊，一鼓作氣，提前完成了泰（安）肥（城）鐵路舖軌到穆莊的計劃，這條鐵路最近就要開辦臨時運輸營業。在華中和雲貴高原的鐵道兵部隊也相繼傳出捷報」。

細讀上述報導，無論如何也找不出中共去年度的鐵道建築有何特別成就。因爲它沒有完成任何一條幹線，也沒有把任何一條幹線作特別延伸，它雖然提到華中和雲貴高原的築路問題，但只淡淡的說那只是「也相繼傳出捷報」。什麼捷報呢？什麼具體成就呢？中共的宣傳機器雖欲加以鼓吹，但也吹不出來。而只能含混其詞的提上一筆。

至於，中共宣傳機器所提到的泰肥路，那本來就是一條短短的路，說不上什麼成就。它所說在河南建築的兩條防泛專用鐵路，那也短得可憐。而中共所强調的「有的線路連接着重要的工廠，有的伸向藏量豐富的礦山，有的通往水利電力工程」則更是短到極點的補助運輸線，何嘗談得上那是什麼了不得的鐵道建築！

所以，中共的這一篇報導，原意雖在宣揚中共鐵道兵部隊的貢獻和鐵路建築的成績。然而，却恰巧暴露了中共政權去年在鐵道建築方面成績的低落。

當然，這也並不奇怪。因爲今日大陸許多鋼鐵廠及其它工礦企業都已因蘇聯之中止援助而停工，再加上中共控制下一般材料之缺乏，那末，所謂龐大的鐵道修建計劃又怎能不成畫餅呢？

大陸簡訊

白帆

中共與尼泊爾簽建路協定

爲了使中共的經濟貿易和政治軍事壓力能够更進一步深入尼泊爾，以控制尼泊爾，以威脅印度，中共又與尼泊爾簽了一個建路協定。

據中共新華社加德滿都一月十三日電：「中國和尼泊爾政府今天下午在這裏簽訂了一項關於修建加德滿都到拉薩公路的議定書。這項議定書是在兩國政府指派的代表根據中華人民共和國政府和尼泊爾王國政府於一九六一年十月十五日在北京簽訂的關於從中國西藏地區到尼泊爾的加德滿都修建一條公路的協定在加德滿都進行了友好的會談之後締結的」云。

共特冀朝鼎在墨西哥活動

共特冀朝鼎是抗戰前由美國推薦給中華民國政府，因而滲透到國民黨政府的財經部門從而佔據政府財經要津而替中共做特務的國際共諜之一。自中共在北平建立其傀儡政權後，冀朝鼎更被中共經常派往拉丁美洲作特務活動。除本報前已報導冀朝鼎已前往古巴及巴西等處活動外，茲據確息，冀朝鼎現又到了墨西哥作活動。

對此，中共新華社也已於一月十四日自北平發出消息予以証實。它說：「墨西哥城消息：前墨西哥總統卡德納斯將軍十一日在他的家裏舉行午餐，歡迎以冀朝鼎爲首的中國經濟貿易訪問團。許多著名的墨西哥人士參加了午宴。午宴在友好的氣氛中進行。卡德納斯將軍八日曾經接見中國經濟貿易訪問團。墨西哥國家對外貿易銀行行長里卡多·何塞·塞瓦達十日也接見了代表團，並且向代表團就建立和發展中、墨兩國銀行關係的具體步驟交換了意見」云。中共又在勾引和誘惑墨西哥，於此可見。

大陸各地患眼病的特別多

由於營養不良，由於衛生設施缺乏，大陸各地人民患病的眞是越來越多了。可以說，自中共統治以來，中共政權屠殺了千萬以上的同胞，固然是中華民族的重大損失，而中共政權的殘暴與對人民的奴役，則更普遍的戕害了中華民族人民的健康，實乃中共的又一最大罪行。在諸種疾病中，眼病亦是目前大陸各地最流行最普遍的病患之一，而在諸多眼病中，則又以患砂眼和青光眼者爲最多。

據中共新華社九日鄭州電：「一百多位來自各地的眼科專家，不久以前在鄭州聚會，共同商討了眼病中致盲率最高的砂眼和青光眼的防治工作」。這尤可見中共現在也覺察到眼病在今日大陸的嚴重了。

新華社又說：「對於今後砂眼的防治工作，大家一致認爲要以農村爲重點。專家們希望省市醫療機構中的高級眼科醫生能深入到縣和公社」。

又說「他們還建議全國的眼科醫務工作者在下鄉防治砂眼時，要盡先爲因砂眼致盲的患者作開盲復明手術」。

又說：「在青光眼的防治方面，與會者也進行了認眞的探討。這是一種新出現不久的眼疾，致盲率僅次於砂眼」云。

從上新華社的報導中，可以很明顯的看出今日大陸不僅砂眼流行，很多人因此失明，另外一種致盲率僅次於砂眼的青光眼也在新近流行各地了。

說起來，這些都不奇怪。因爲中共既一方面大力壓搾人民的體力，使他們過度勞動而不得休息，另一方面，又食不飽，穿不暖，營養根本不够，那末，又怎能不流行砂眼和青光眼，以致很多人因而變成瞎子呢？

對此，中共以爲召集一百多名眼科專家到鄭州開會便可解決。其實，這完全是中共的幻想，因爲一百多名眼科專家無論如何也不够全大陸的需要，何况，更根本的問題是生活問題，若不能替人民解决生活，使之吃飽穿暖，疾病原本是不可能免除，而且勢必還會流行的，而此則非先把中共推翻不可了。

僑鄉近訊

鍾之奇

粵共屠殺各地歸僑

最近半年，由於反共志士在廣東各地積極活躍了起來，所以，粵共當局及共幹都慌了手脚。除加强軍警戒備外，又拘捕了數百名歸僑加以審訊，並於最近公開宣佈了十五名歸僑的死刑和徒刑。

據粵共公佈：最近在廣州、中山、寶安、惠陽、海豐、曲江、鬱南、英德、新興、陸豐等地屠殺和迫害了歸僑共十五名，其中除「楊科堂」、「陸三」兩人因中共擬對他們加以利用外，其餘則有葉秀、周珍光、何萬勝、黃本、陳岳南等五人被槍斃。曾相、黃忠元、李鑑等人則被判處死刑，緩期二年執行，在緩刑期間强迫勞改。另外，尚判處陳伯超無期徒刑，康有十八年有期徒刑，李宏光十五年徒刑，黃衡十年徒刑，黎慶七年徒刑。

粵共對這些歸僑所加的罪名，是說葉秀及黃衡二人企圖爆炸廣深鐵路和樟木頭人民會堂及糧食加工廠。周珍光企圖爆炸中山縣麻子冲至錨山公路的橋樑。何萬勝及黃忠元二人企圖爆炸中山小欖米步橋。黃本企圖爆炸惠陽縣稔山至吉隆的公路橋樑。陳岳南企圖爆炸海豐縣人民公社的水產站，曾拍在海豐及汕尾進行爆炸活動。李鑑在廣州散發和張貼反共傳單，並企圖縱火焚燒中南木器生產社。陳伯超在曲江進行傾覆列車的破壞活動。康有企圖在鬱南破壞公共汽車和散發反共傳單。姚宏光在英德、清遠等地進行爆炸、縱火、散發反動傳單等活動。黎慶企圖縱火燒毁新興縣麗聲戲院和倉庫，破壞公路橋樑等云。

粵共以黃金白米獎勵檢舉

由於反共志士在廣東之積極活動，而一般人民又內心絕對同情和支持反共志士之活動，故中共除以嚴刑拷打牽連無辜人民外，又恐一般人民故意掩藏，乃又威脅之不足，復加之以利誘。據廣州來客談，粵共現已規定採取實物及現金獎勵辦法，以誘騙人民檢舉反共志士。凡檢舉一名「反革命」份子，決予獎給白米六十斤至一百二十斤，視被檢舉「反革命」份子身份重要之程度，而決定獎予白米之多寡。如逮捕一名「反革命」份子則獎給白米一百五十斤外，另給現金人民幣二百元，倘被捕的是武裝反共游擊隊則所獎之米與幣皆更加多。據聞此一獎勵檢舉辦法，已在中共於各地發動之「慶功大會」上宣佈云。

廣東各地缺乏農業人材

自從毛澤東提出政治掛帥的口號後，工農業都爲之發生了惡劣影響。因爲好的農業人材和好的工業人材，並不一定是毛澤東所說的那種黨性强而好的政治人材。而毛澤東却硬性規定一切工農業的人材選擇，都必須政治掛帥的，所以，好的工業人材與好的農業人材便沉淪了下去，而根本不懂工農業的共幹却反而上升了起來，從而在各地工農業機構中，取得了領導地位。於是，人材缺乏的感覺便也愈來愈甚。爲此，中共特在廣東許多地方開辦了農業學校，據中共「中國新聞社」北平一月十四日電：「廣東省中山、韶關、高要、潮安、梅縣、欽州、海口等七間農業中學技術學校，今年舉行春季招生，專爲人民公社培養農業技術人材」云。足見中共農業人材缺乏之一般。

廣西各地農村疾病猖獗

由於營養不良，飢寒交迫，再加上衛生環境不好，醫藥缺乏，故廣西各地農村病人極多，據中共「中國新聞社」北平電訊報導，「廣西衛生學校不久前派出三位經驗豐富的教師到農村深入研究農村常見的各種病例和防治方法，充實講授內容，使學生所學更能符合農村需要」。遲到今天才派三個人到廣大農村去研究，可見廣西衛生學校平日多尙空談了。

寮局在醞釀分裂

何之湄

當南越政府軍與越共游擊隊戰鬥方酣的時候，寮國方面似乎表現得頗爲平靜。如果從表面的「平靜」徵象來看，或者有人會說，那是拜日內瓦——四國協定所賜，有了聯合政府，才有今天這麼的情況。但在實際上，外表「平靜」的寮國，內部所充滿着的矛盾和明爭暗鬥，其劇烈卻不下於南越。誰也不能預料寮國目前的局勢正在孕育着什麼變化，如果一旦突變起來會是一個什麼樣子？也許比南越的局面會更具有爆炸性。爲的南越共黨力量雖有增加，但究竟在比數上仍不足與政府軍的數字及武器比並，而今天寮共的武裝及活動力量，已非當年吳下阿蒙。即使沒有中立派李江的軍隊與他們並肩作戰，他們也很可能搗亂寮國全境而有餘。而寮共最近所採取的方針，便是排擠李江的中立軍，擴充自身的力量。

傅馬的困惱

寮國「聯合政府」，原是美國助理國務卿哈里曼先生的傑作。這項在日內瓦簽訂的寮國協定，與一九五四年同是在日內瓦簽訂的越南協定而屬艾登先生的傑作，同樣是一項綏撫式的條件，不過越南協定是明顯的割地求和，而寮國協定却用不着割地劃界，只戴上一項聯合政府的帽子，只求其大體上已經停火，這就算事。

左翼、右翼、中立三方面的軍隊，各照原有佔據着自己的地盤，但政府所在地仍在右翼地區的永珍，但政府人物卻更多來自川壙。政府部門表面上係各有職司，但重要事項須得兩親王，及諾沙旺將軍的協議。所謂「一國三公」，政出多門，正是「和平」以來寮國政府的寫照。

如果沒有李江，就沒有所謂中立派，如果沒有傅馬，就不會有什麼聯合政府。那是追溯寮國近年政情的人所共認的。要是沒有李江的永珍政變，寮共今天可能仍龜縮在豐沙里桑怒的一隅之地吧。那麼李江政變後要是不捧出傅馬做他的中立派總理，而逕自與寮共合流的話，恐怕寮共與右翼的聯合政府也會聯合不起來吧。這一說法，大致上也沒有任何人加以否認。那麼，聯合政府的基礎，實際上只寄託於傅馬一人。這該是多麼脆弱的基礎？

在寮國及國際上，傅馬是被公認有聲望、有手腕的。但是那是基於他的非共及愛國的立場而獲致的信任。可是對於傅馬的這兩項素質，寮共卻不予信任，因爲「非友即敵」，非共即等於反共；而就愛國這一點來說，也與「國際主義」及受外國指揮的寮共，格格不入。這就造成傅馬總理今天的困惱。

說公道話「撞板」

傅馬原是中立軍與寮共所共同擁戴的川壙政權總理。在寮國談判當時，右翼的彭庵親王和諾沙旺將軍，以至泰國的乃沙立、乃他農將軍等，都不願意成立聯合政府，就因爲傅馬親共。可是到了聯合政府在永珍成立不久後，傅馬站在國家立場，力謀協調左右兩派。進行日內瓦協定所規定的外軍撤出寮國。和計劃合併左、右、中三派軍隊，「還軍於國」的主張，逐漸獲得右翼的信賴。在施政方面，反而獲得右翼諾沙旺將軍及以右翼份子佔多數的議會所支持，而寮共方面卻反而轉變爲反對傅馬。破壞及阻撓他的施政。

永珍議會差不多通過每一件傅馬所提出的議案，祇有很少的修正。事實上如整編三派軍隊的提議，既是日內瓦所規定，尤爲一個國家統一軍隊所必需的，也沒理由不予通過的。但寮共卻認爲整編軍隊會影響他們的軍權，他們由於背後有外國指揮，是不可能服從聯合政府的。於是，他們抨擊「傅馬與右派合流」。

在「撤出外軍」的題目上，寮共指責右翼方面若干外國軍沒有撤出，又指責美軍事顧問撤出後，再以文裝的資格返回寮國等等。右翼則指責越共軍「二萬餘人」並未由寮境撤出，「並無一人」向國際監察會的出口站辦理撤出登記的手續。河內及寮共方面，堅稱越共並未參戰，其有在寮境者也「已經撤出」。傅馬犯不着說公道，謂越共未撤出寮境者「可能有一萬人」。這句話便犯了寮共之大忌，認爲傅馬再不給他們掩護圓謊，已經不是他們的朋友。

外軍出境問題

事實上越共參與寮戰，已是贓真證實。聯合政府成立之初，諾沙旺將軍即曾釋放六名越共軍份子，着他們正式登記出口，並把他們所供認越共參與寮戰情形的口供，送國際監督會參考。但寮共堅持沒有越共參戰這麼一回事，他們來了，說沒有來；去了，也沒有人知道。也許他們根本並沒有離去呢？誰能知道？這一筆爛賬，現在要留給國際監察會去「實地視察」。可是平時國際監察會人員並不能隨意進入寮共的防區。到了交涉清楚前往視察時，當然可能不會有越共在那兒呆着歡迎查察了。

「防區」與防區之間，實際上等如割據，無論監察會或聯合政府中央官員，前往各個「防區」，都必須先行諮商各該派系駐軍的軍方，得到同意，然後才能前往。至於他們本身，防區間的衝突開火，簡直是家常便飯。「大吃小」或「起義、策反」，都在勾心鬥角地進行中。尤其在左翼軍與中立軍之間，這種情形更爲顯著，比較右翼與左翼軍及中立軍間的策反更甚。

原因是李江部隊與右翼軍的各守防地，造成了休戰狀態，相安無事各不侵犯。這是基於諾沙旺認爲李江是傅馬的軍隊之故。再者，軍隊既要整編，一律歸權中央，爭奪也無多大意義。但左翼已不信任傅馬，故志在掌握優勢的武力，他們難於侵犯及分化右翼軍隊，便向中立軍「埋手」。他們認爲傅馬月前訪泰，與乃沙立會談融洽，並獲泰方粮食的援助，乃傅馬「受美泰反動派收買」，失却中立立場。所以他們要侵蝕傅馬系統下的李江部隊，反對傅馬政策，垮傅馬的台。

擊落美機事件

李江被刺和寮共擊落美機兩事，便是左翼向中立派進攻的表面化事件。李江去冬在川壙被刺，彈中左胸，當用飛機送至河內就醫，現已醫癒仍在休養中，但據說已可能不能帶兵了。因爲兇手在逃沒有証據，但推測可能是左派的陰謀。

寮共擊落美機一事，原因是休戰後美方應傅馬之請，繼續對右翼軍作糧食的補給，同時並補給給他的中立軍。寮共軍隊於中立軍「接受美援」，認爲乃大逆不道，極力反對，但傅馬及李江的主張，他們也無可如何。事實上戰後糧食缺乏，寮共軍祇以一部份什糧果腹。因爲寮共與中立軍曾經共同作戰，以前等於一家。因此共軍份子不少因爲糧食而脫離寮共部隊，投入中立軍隊伍的。寮共於是發出對美方的警告，謂美機如仍續送補給，「將予擊落」！

中立部隊的代表對於寮共此舉，却發出了反警告，該部隊參加混合停戰委會的代表頌漢上校，就曾發出警告，謂若寮共擊落補給中立部隊糧食的美機，則中立部隊也將擊落補給共軍的蘇聯飛機，以爲報復。

結果寮共終於實行擊落美機，美方已就此向聯合政府抗議，因爲那是非武裝機，而且是給寮國軍隊補給粮食的。這事情難爲了傅馬，在形勢上，他不能向寮共「開刀」。但寮共給他的中立部隊及他的政權信譽的威脅，却在有增無已中。最後傅馬終於想出「苦肉計」的辦法，說擊落美機可能是「中立部隊中的反動份子」所爲，由他本人向美大使正式道歉。但是傅馬這樣對寮共「包涵」，也並不能解決問題的，寮共給傅馬找麻煩，終於一天達到他不能忍受的程度。

・曼谷通訊・

印尼擴充軍備自食惡果

喬仁居

印尼擴充軍備，已歷四年。她的陸軍，是在一九五八年爲了應付在外國島嶼地區的叛亂而增強的；她的海、空軍，是爲了收回荷屬西新畿內亞而擴充的；現在，她已成爲東南亞軍事實力最強的國家之一了！而這個島國現時所擁有的軍備，無可諱言，是大部份來自共產集團！

最近據西方觀察家估計，印尼從蘇聯方面獲致用於購買軍火的貸款，已相當於四億美元；這個數字是單純指從蘇聯方面得來的吧了，若由整個共產集團國家所給予印尼的貸款來統計，則可能接近十一億美元。

印尼既獲得上偌大的欵項來擴軍，那末她目前的軍事實力究竟增強至如何程度呢？

印尼目前的空軍，係由九萬人組成；在裝備上，是優秀的。她以前所擁有的飛機，是「達科特」型，「野馬」型，「吸血」型，「B廿五」及「B廿六」型，但現在則已具備了來自蘇聯的下列各類型的新式飛機了：（一）八架米格廿一型噴射戰鬥機，時速是一千二百哩的；（二）十架米格十九型機；（三）五十架米格十七型機；（四）四架米格十五型機。此外，還有下列數字的轟炸機：（一）二十架「穴熊十六」型長程噴射轟炸機；（二）二十架「伊魯辛廿八」型短程噴射轟炸機。防空設備，則擁有一中隊蘇聯製造的地對空導向飛彈。

海軍實力，則擁有戰艦二百五十艘，總噸數是三十五萬噸，海軍人員約五萬名；現停泊於耶加達港內的重一萬九千噸巡洋艦「伊里安」號，也是蘇聯建造的。還另有一艘巡洋艦刻正由蘇駛印途中；相信在此文列出之日，已經抵達而移交給印尼了。至於潛水艇，目前則有十二艘，全部是蘇聯製造的長程「W」級。另一艘潛艇指揮艦，及一中隊反潛艇的直昇機，則在向蘇定購中。

陸軍部隊，正規軍約有三十五萬人；後備兵則倍於此數。全部正規軍分爲一百三十師，分駐於國內各地。此外還有其他部落的民兵，但人數多少，他們的軍部也沒有正式統計。正規軍的裝備，以前是美製的小型軍火，現在已換上了蘇聯的新式武器；各部落的民兵，則使用另外六個共產國家所供給的裝備。據最近所獲悉：印尼陸軍刻已擁有五十七粍口徑的蘇製高射炮，並附有雷達。近兩三個月來，還獲得了蘇製的榴彈炮一百零五門。當地人士並透露：陸軍當局現已進行着若干降傘部隊的訓練；大量降落傘，也是由蘇運來的。

印尼早已成立了一個「最高作戰行政署」的機構；表面上，這個機構是由蘇加諾總統領導，但實權已操在陸軍部的手裏。而印尼陸軍部的政治色彩，是相當複雜的；共黨份子和親共份子，在陸軍方面的潛力，尤爲重大。

印尼的軍事實力擴充了後，顯然已比她的鄰國澳洲、菲律賓、馬來亞等爲強大。因此，也就引起了澳洲、非律賓、馬來亞等國的懷疑。但蘇加諾總統則作如是解釋：「從純軍事比較的觀點來說，印尼人口有九千八百萬，上述的海陸空軍人數，並非過份」。這個解釋是否適當？抑另有野心？頗令人置疑。爲的是：蘇加諾總統最近已公開地支持着北婆羅洲的叛亂。有關方面且已獲得了証據，指出北婆羅洲叛徒，曾在屬於印尼的那部份婆羅洲地區內，接受了若干訓練，和獲得了若干補給。

印尼接受共產集團的支援來擴充軍事實力，使共產勢力在印尼日趨膨脹，這對東南亞局勢固然有相當重大的影響；而其不自量力的增強軍備，對她的內部也加深了經濟的危機。印尼的經濟基礎，本早已瀕於崩潰，現在顯然更出現了極度不穩的狀態。據最近吉隆坡方面的報導，印尼首都耶加達，配米制度已告垮台；因印尼政府現已無米可配，使首都區的三百萬居民陷於徬徨。萬隆地區，則有七千人因窮困，飢餓而死亡，尤以兒童的死亡率最爲駭人，其數字竟達百份之六十五。

印尼之擴充軍事實力，顯已自食其惡果！

元押與銅十字

謝扶雅

中國的古器文物，隨着近年游美知識分子的高潮，流入此邦者，越來越多也越普遍。像我在美東鄉郊這一間小大學裏，就有二三美國教授蒐藏着不少中國古物。有一位授教會史的教授，給我看最近校中博物室所得的好幾十枚「靑銅十字」，其大小形式約如中國舊府縣衙門簽押房所用的銅印。多作黑褐色。重量約自十格蘭姆至五十格蘭姆，間有鐵質的，則達七十餘格蘭姆。印面大致爲十字形，勾畫種種花紋，間或作中國「福」、「壽」篆字。十字形而外，有梅花形，方形，圓或橢圓形，以至魚鳥鹿犬形不等。印背如紐；通常紐柱有四，略如亭蓋之四脊。二柱者有尖，弧，方諸式。甚或竟如鼻形。紐孔用以繫繩索或皮帶，孔痕損壞，表示積久的強烈摩擦使然。

這些原始粗樸的靑銅印，查於民國二十年前後，自內蒙、綏遠、包頭一帶出土，在北平古董舖裏常有出售，商人通稱爲「元押」，意思是，元朝的某些蒙古氏族所用的押印。當時好奇的西宣敎士，有鑒於印形多作十字，相率考定爲元時基督敎徒的遺物，曾屬爲文載上海之英文敎報。北平（後調濟南）郵務長英人聶克遜(F.A.Nixon)，收藏了彼此全不相同者近千枚。齊魯大學、國學研究所英人明義士(James M. Menzies)曾爲拓印及撰文載齊大季刊（民二十三年十二月出版第三、五合期）。中世紀羅馬天主敎在中亞細西亞流行的一派，名爲聶斯脫里敎，於七世紀時，傳至唐的長安，華名景敎，有一六二五年長安西郊出土之大秦流行景敎中國碑爲証，已爲中西學人所俱知。唐末中原混亂，景敎隨以衰逝，但在蒙古境內，仍未絕跡。後來成吉思汗爲他兒子娶了開爾脫部落的公主別吉爲妻，即是入主中國的元世祖忽必烈的母后，她就是一個虔誠的聶斯脫里敎徒。聶斯脫里的蒙古語叫也里可溫，元史稱也里可溫敎。該敎因受元室提倡，一時鼎盛，大江南北風行，但後亦隨元亡而俱消滅。

由此之故，這些原始押印，給有基督敎成見的西方人見到，遂認其爲一種十字架的標記，因緣附會元代在內蒙一帶曾盛行過的也里可溫敎，而遽斷爲該敎信徒的遺物。出土後，法國，瑞典，英國，和日本的博物館裏都購藏了若干。法人漢學家伯希利曾認爲蒙古部落某族所信奉的護符或鎭物，爲了這些符印大抵由鄂爾多斯河套區的故墓裏所掘出來的。原始民族的宗敎信仰質樸，跡其印紋有些作魚龜鳥類形象，或屬宗敎史上所謂圖騰社會的作品，亦未可知。但不得竟認爲屬於基督敎的十字架象徵。前時有西人某神父証言，曾見塞外人每於出門旅行時，將泥封其戶，而加押印於其上。他又說：這符印也常被懸在腰間或作駱駝馬鞍的鈕扣之用。它也可作烟袋的墜子。有人曾問過我考古學家羅振玉，據答是一種印章。其實十字形在漢族很早就已發達。古篆「行」字即爲東西橫衢、南北直街的十字形，「田」字和「井」字也都作十字狀。一向民間田契屋契或其它券據上，在不識字的老百姓們都用「十」字畫押。當時盎格魯撒遜族人的畫押則用十字交乂。推之當年蒙古社會，可知這些原始銅印，社會的意義多，宗敎的意義少，其與基督敎的關係則更少而又少了。這問題的確實解決與最後斷論，當有待於蒙古學專家和元史學者。現在我們對這些古物，蒙古語作何稱，都還不知道哩。

大體來說，這押印是一回事，基督敎是另一回事。自然，當時蒙古的也里可溫敎徒中間亦必隨俗通用此物，但不能因其中具有十字形者遂謂受了基督敎影響後的產品。晚近美國大學設置中國語文系及漢學研究者不少。其主持的西人，每對中國歷史問題持與我學人不同的見解，認爲我們懷有民族偏見。隨而一般對於中國時事及反攻大陸問題，總不願接受我們的看法。這也就是現下國際了解上尚極困難的一端。

一九六二歲暮美東麥廸臣寓

亮之按：扶雅先生此文，認爲這些「十」字狀的銅印，「社會的意義多，宗敎的意義少，其與基督敎的關係更少而又少」云云，確爲的論。因爲習慣上不識字的中國人簽押時確多簽的是十字。至於十字押始於何時，雖不可得而知，但畫押者並非蒙古人更非信仰基督敎之人，則凡生長在農村的五十歲以上的中國人，實全可以作証。不過，我却懷疑蒙古人的這種簽押法，可能並非創自蒙古，而實爲中國傳統簽押法之沿襲與印章化。城子崖的下交化層，乃公認的先殷文化層；在這個文化層中，就曾發現刻有「↓」和「丨」的記號的陶器；而這個記號和甲骨的「十」字正復相同（前三、二三）。有人認爲這可能是記件的記號，即記第十件；我在八年前出版的「中國史前史話」即採用此說。但由於扶雅先生此文的啟發，我倒認爲可能這種判斷乃屬錯誤。因爲城子崖的下文化層並沒有發現文字；既沒有發現文字，便不可能有等於文字發明後某一數字的字；所以我認爲與其說這乃記件的記號，實不如說這乃作器者的一種簽押之爲愈。此一推測如非過於離譜，則中國以「十」字形式爲簽押的習慣，眞可謂源遠流長的了。

題趙叔孺先生畫馬

鮑少游

壬寅孟冬，鶴琴兄爲紀念令叔叔孺先生逝世十一週年，舉行趙公遺墨展覽會於香港大會堂，琳瑯四壁，薈萃精英，家學淵源，尤精鞍馬，誠近日藝壇盛事也，承鶴翁之囑，謹奉蕪詞，藉誌景仰。

李唐趙宋藝文昌，神駿曾數江都王，成都錄事傳鞍馬，曹公懿蹟珍庋藏，卷軸乍展氣生動，少陵詩贊史增光。將軍往矣鷗波逝，人世無復眞乘黃。北宋名高仰李公，白描人馬與神通，免冑圖中千百匹，龍眠腕下忽生龍。二千年來寒暑復，斷風又見丹靑軸，海上爭傳趙叔孺，筆底騁馳驚駿足，五花照夜恣犇騰，芳草平沙戲相逐。墨妙傳神氣韻揚，昂頭奮鬣而騰驤，不愧子昂紹仲穆，煒煌四壁盡琳瑯。憶昔少年嘗學此，東遊載筆西京市，霜蹄蹴踏試寫生，盡日桃山長楸裏。細研驥足絕塵時，起落屈伸涵至理。廿年香海住愉園，天馬騰空飛萬里。（民國廿二年國民政府選拙作「天馬」出品歐西，獲柏林金牌獎）漢皇長恨紀興亡，騄駬圖中並轡繮，歸來池苑騎先導，翠華鳳輦旌旄颺。二馬驕行宮柳綠，龍媒獅子紛低昂。（拙作長恨歌詩意廿五幀中多畫馬，歸來池苑皆依舊一幅二馬，一昂首長鳴，一低首振尾。）三十年間久寢饋，乃知畫馬難乎難。趙公淵源筆有自，神乎其技豈爲艱，筆隨意轉眞龍出，怡情令我開心顏。古來善馬更何人，於今空憶曹將軍。幹惟畫肉不畫骨（借句），杜老猶嫌未逼眞。漪歟盛事說香江，百家彩筆燦無雙。藝苑爭妍春爛熳，畫花畫鳥皆稱王。君不見或以國粹附庸畢加索，新潮洶湧勢如狂。抽象縱橫六法弛，嗚呼中華傳統其淪亡。或云老拙言落伍，吾行吾素庸何傷。應師古人師造化，不即不離有主張。嘉會今看典型在，撚髭一笑眉軒揚。

焦文姬（十）

（版權保留）

黎明

第八場：

滿尙智：岳父呀！（唱）

岳父但把寬心放，
小壻不是薄倖人。
我與小姐呵！
千里姻緣牽一綫，
恩情似海深又深。
岳父又無多兒女，
小姐就是你命根。
小婿門衰兼祚薄，
堂前早故二老親；
漫說是女壻情份只半子，
我情願就把岳父當爹尊。
從今後，响寒問暖盡子職，
生養死葬我担承。
恩報恩來義報義，
情連情來心連心。

焦大郎：這倒不敢！但願你夫妻恩恩愛愛，讓老朽安安逸逸吃吃喝喝，直到不安不逸不吃不喝的那一天，也就是了。

焦文姬：爹爹呀！（唱）

我們門祚更衰薄，
思前想後淚酸辛：
上無兄來下無弟，
承歡只有女兒身。
可歎母親逝世早，
墓前綠樹已成陰。
可歎爹爹年紀邁，
頭上白髮爛如銀。
家財萬貫中何用，
人生所貴是知音。
爹爹呀！
您借酒消愁愁難了，
女兒我是早已……
瞧在眼中痛在心。
爹爹呀！
難得滿郎情義好，
陌路翻成親上親。
從今後，兒主內來郎主外，
同奉甘旨省晨昏，
子即壻來壻兼子。
一株楊柳兩家春。

焦大郎：好一個「一株楊柳兩家春」！兒呀！你口口聲聲說我借酒消愁，爲父的今天，那愁末？却早已飛到爪哇國去了！好！來來來，賢壻！我兒！今天咱們爺兒們要痛痛快快的乾一杯。乾！（說着一飲而盡。）

滿尙智、焦文姬：交換了一個眼色，表示會心地湊興）乾！（也同時一飲而盡）。

（青箱與孳孳地再給三人添酒）

焦大郎：（態度忽然嚴肅起來，掃了尙智和文姬一眼）賢壻！我兒！爲父有一言，你們且聽者！（唱）

爲父雖然年紀邁，
精力不讓少年人。
頭上雖有如銀髮，
面借酒紅也生春，
男兒自有四方志，
家中瑣事不足論。
如今東京出了招賢榜，
各方秀才會如雲。
賢壻休往關中借錢去，
我家自有金和銀。
速速東京去應舉，
金榜題名好成親。
今晚即便收拾好，
明天相送十里亭，
再與賢壻乾一尊。

滿尙智：這個？（陡聞此言，不覺驚疑叢生，連忙以眼色徵求文姬的意見；文姬表示同意，始勉強地答復）哦、是、是是，小壻遵命就是。

焦大郎：這便才是呀！青箱！明天一早準備好酒席，給你家姑爺長亭餞別者！

青箱：是（以無可奈何的神情答）（移）

本報啓事

逕啟者，本報所有贈閱，自中華民國五十二年一月起，一律停止。敬希鑒諒！

聯合評論社敬啟

憶陳果夫先生（三）

宇人

十九年夏，中央黨部決議改組江蘇省黨部，原任整理委員張道藩、吳保豐、葉秀峯三位辭職照准，朱堅白調回，派我和馬元放兄兩人繼任。由於省黨部此時僅有整理委員胡樸安、祁錫勇、張淵揚三位，胡先生又是省府民政廳長，事實上無暇兼顧黨部的工作；在分配職務時，我一人竟兼常務委員、組織部長和財務委員會常委。同年冬天，中央增派楊興動、曹明煥兩兄為整理委員，我才將常務委員和財務委員會常委辭去。這可說是我過去半生中，最能放手做事，不受任何牽制的一個時期。至於我在中央組織部普通組織科的總幹事職務，則仍保留，不過祇在週末（通常是星期五下午和星期六全日）回部一次而已。

三全大會後，江蘇省有一部份與與中會實踐兩社有關係的同志被疑為對中央不忠，多受歧視。與立夫先生是有深交的某君更想乘機取他們在本省黨務上的地位而代之，朱堅白就是這樣被調回的。因為他並無任何過失，故名為調回，實則即是撤職。在此以前不久，還有另一位整理委員武葆岑也是由於同樣的原因被免職的。我到江蘇後，發現這些同志，雖然對中央的若干措施頗為不滿；但也祇限於不滿而已，並無對中央採取敵對行動的意圖。我原是一個不滿現狀的人，也就一視同仁。因而很快的便將江蘇省黨務從紛亂中穩定下來。直到如今，江蘇一般同志仍認為此一時期，是蘇省黨務最有生氣的時期。當時曾有人向組織部進讒言，但果夫先生並沒有對我的作法表示不滿。同時，我深信他對這些同志仍是很愛護的。

我到江蘇省黨部不久，即有若干縣的民衆團體發動一次破除迷信運動，紛紛將城隍廟裏面的塑像拆去。果夫先生寫了一封很長的親筆信給我，大意說：城隍廟原寓有勸善懲惡之意，破除迷信，應從普及民衆教育着手，如果無人再信城隍，城隍廟不拆而自拆了。倘於此時操之過急，反而容易與迷信城隍的民衆發生衝突，引起社會的紛擾。他要我立予制止。我當時覺得在原則上說，果夫先生的指示原是很正確的。但在事實上，省黨部既未發出拆除城隍廟塑像的指示，各縣黨部也祇是在幕後支持；而在拆除的過程中又迄未遭遇任何阻撓。若竟由黨部出面制止，豈不等於黨部要保護城隍廟塑像？因而沒有遵照果夫先生的指示辦理，也沒有寫回信。我原想週末回到普通組織科辦公時，才當面向他陳述我的意見；但一連幾個星期都沒有看見他到組織部來，我也沒有向井塘兄提及。一天，我在江蘇省政府開會，財政廳長陳其采先生向我透露：果夫先生曾大病一場，不過現在已經完全康復了。他說：果夫先生早感身體不適，在家休息，後來在報上看見江蘇省若干縣城有拆城隍廟塑像的消息，他就心可能引起紛擾，寫了那封長信給我。大概因為寫信的時間過久，太過勞果，信寫完後，就發高熱，以致病倒一個多星期。我聽了其采先生的話以後，很感不安。但尚幸當時我因為懶，未曾寫回信；否則我在信中，難免沒有幾句衝關他的話。此後，我見着果夫先生，他並沒有提及此事，我也沒有覺得他對此事有所介意。

二十年春，胡漢民先生被扣留的事發生，全國震動，江蘇省黨部同人於次晨見報後，立即舉行臨時緊急會議，一致通過致電中央詰問三事：（一）個人是否能代表黨？（二）中央是否應受武力支配？（三）軍人黨員以非法手段扣留黨內最有歷史，且負政府重責的先進同志應否受黨紀和國法的制裁？同時決議通電各省市黨部一致主張，並通告各縣市黨部轉全省黨員知照。這個電報的措詞，完全是針對蔣先生而發的。胡樸安先生參加會議後回到省府，即將情形報告主席葉楚滄先生。葉先生馬上趕來省黨部勸阻我們，當場受到一陣猛烈的的指責。我們向葉先生說：中央發生了這樣前所未有的劇變，像葉先生這樣地位的人，原應率先起而予以制裁，不應輪到我們來說話。現在黨的先進同志們禁若寒蟬，不敢出聲，我們發出了一點細微的抗議，葉先生反而要阻止，我們問他有何理由。我們又說：蔣先生連胡先生都敢予以扣留，難道他日他不會以同樣的手段來對付你葉先生嗎？葉先生眼見我們如此羣情憤激，也就廢然而返了。

這一個電報，本是省黨部全體同人的公意，電文還是宣傳部長馬元放兄起草的；但中央組織部則認為是我的主意。當天下午就打電報到鎮江，要我即日回部，有事面談，我預料即是為了此事。傍晚回到南京，立夫先生（時任中央黨部秘書長）約我晚餐，並有井塘、道藩兩兄在座。飯後我們四人談到深夜，井塘兄一言未發，立夫先生向我解釋，胡先生辭去立法院長，是出於自動，其辭職書還是胡先生親筆。邵允冲繼任立法院長，和胡先生移居湯山，都是出自胡先生的意思。道藩還和我發生言語衝突。那天晚上的談話，也就無結果而散。第二天，我回鎮江，報載胡先生在湯山絕食，蘇省黨部又向中央發出一個措詞激烈的急電。我在省黨部的總理紀念週報告此事，大罵蔣先生此舉乃是軍閥行為。後來還是葉先生再三向我們解說，如果胡先生不辭職，則中央召開國民會議和頒佈約法的議案將無法通過，時局可能又發生變化，他力勸我們以大局為重。我們因為鑒於張學良入關時，原是以調解的姿態出現，一方面要閻、馮服從中央，一方面請中央採納閻、馮的主張召開國民會議和頒佈約法。聽了葉先生的勸說以後，覺得他所講的可能也是實情。同時，中央黨部對於我們先後發出的兩電均委婉解釋，並保証胡先生的安全絕無問題，我們也就逐漸軟化了。

此事發生以後，中央組織部並沒有把「反蔣擁胡」的帽子扣在我的頭上，果夫先生更未因此對我有任何的懷疑，我也就繼續在江蘇省黨部和中央組織部安心工作下去。（待續）

抗戰行列中見聞雜憶（一四）

李璜

抗戰期中四川的經濟統制

二十世紀三十年代，在西方社會主義的政治集團，無論左傾與右傾，都侈言經濟統制，特別是極權主義者，強調集體利益，以壓倒個人利益，一反亞丹斯密的「經濟的人」之義，而在國家至上或階級至上的原則下，要將經濟的生產、分配全權掌握在政府當權者手中，聽其支配，動輒五年計劃或十年計劃的預立方案，假想收穫，以為這一種「神燈」、「寶盒」，要什麼就有什麼了！

此風傳到中國，想法既相當動人，而當時的當權者又正感其權力尚未深入民間的全面；因之一方面為着國家財政上的迫切需要，一方面要試去伸手於老百姓的生產的統一管理，於是在民國三十年，抗戰正艱難中，便未詳加考慮的，在四川試行一部份農業生產的統制經濟。

四川農業中有兩樣特產，一是猪鬃，一是桐油，兩物一向運銷歐美各國。猪鬃是一種白色的大猪，背上生一叢長約一尺，光細而韌力極強的鬃毛，拿來做一種洗機器的刷子，為工業國家之所需，特別為美國所重視，因之，足換外滙，商家樂為收購，而四川隆昌、富順沿成渝公路中段農家飼養者在民初便盛了起來。

桐油則不只四川各地產有，湖南、貴州也產。不過民二十左右，川東有人提倡，沿涪陵、萬縣、西陽、秀山等縣長江兩岸地所產特富。此桐油樹農曆春三月開花，要經過一度料峭的春寒，四川人所稱的「倒春寒」，而結實始茂，出油始多。桐油在農村中用處甚廣，以之點燈，以之做漆，以之防腐，以之混合石灰粘木器之裂縫，惟不能食，食則下瀉。不知何時傳入歐美，多年來成為工業國主要原料之一，每年輸出不少。

既然猪鬃與桐油兩物足換外滙，因此經濟專家便決定來統制一下，由經濟部與財政部合作，且由貿易委員會專管，派員赴農村去定貨收購，不再許私自出售，商家染手於其間。於是為收購猪鬃，便在隆昌縣城設立收購處，命令養猪之家，有鬃必須送來，不送來而私藏者，查出充公；為收購桐油，則在萬縣、涪陵、秀山等縣城也設立收購處，一時之間，便添設了許多衙門，內裏裝滿了許多委員與辦事員，有下鄉調查的，有坐候上門交貨的，有會計，有掌秤人員等等，便先花了財政上不少的開支！

但第一年還不錯，這因為一是外運長江交通已斷，走滇緬路也不便，外輸必須政府才有飛機或驛隊，故吃點虧也只好賣與官家；二因地主的糧食租石且被徵而白送與政府，何況桐油猪鬃本是農家副業，賣與官家，還能收回一部份成本，為表示愛國而幫助抗戰，又何樂而不為。

不過第二年，桐油猪鬃到了收購的季節，委員與辦事員雖更增加了，而收得的貨品，比之頭一年就大量的減少了！而且到第三年，桐油樹大部份被老百姓砍來作柴燒了，特種白毛長鬃的猪也沒有人飼養了，收購的數量可憐得很，得不償失，政府便只好放棄這一個經濟統制了！

據我當時調查此中原因，大致可以分列如下：（一）中國老百姓，與中國的官府向來有一種甚大的距離，老百姓看見官就有點頭痛；何況去與委員老爺、辦事先生講生意，即使能賺大錢，也非素習所願，何況並無錢可賺呢，（二）因中國老百姓做生意，一向講的是中庸之道，彼此吃了虧，或彼此過得去，就馬胡算數。而收購的官家則不然，成份、價錢、稱兩、一分一厘都要計較得清清楚楚的；上面規定如此，下面不容分說；你如不賣，這是政府統制下的東西，你又敢拿往何處去！這一來，老百姓便叫苦不已，寧願不再去生產了。（三）政府又要賺外滙，同時又捨不得多給點法幣；當時收購的價錢，在政府認為法幣很有價值，而老百姓的算法不是這樣。四川老百姓算賬，每每將白米來作為評價的；所謂「斗米丈布」，他們就以這種觀點來計較他們的桐油或猪鬃是否值得生產的。因此，政府的算法與老百姓的算法根本不同，老百姓認為算不過賬，便壓根兒不再幹這行業了。（四）外銷物品必須講求標準化，這是一點不錯的，所以各國政府都設有標準局；不過標準二字是要有科學的精確精神；收購的委員辦事員們並無此精神，而憑他們自己各有不同的看法去定標準，於是甲委員與乙委員對此標準的態度就有鬆緊之不同，甲地與乙地收購的同類貨物的成色就不一樣，如果老百姓照慣例送一點禮物，則收購的成色更可以大打折扣，而因此各地收購的桐油貨色並不一致，而且有時因之起了糾紛，引起農家的不平，鬧出風潮，我曾前往調查過，故深知其中弊端。

調查後返到重慶，我曾參加貿易委員會的座談，將各種情形說與在會諸公聽過。（我記得當時有童季齡、何淬廉諸位經濟專家在座。）大家都認為統計經濟在中國頗不易辦，尤其是在中國農村，農人的生產既零碎而散漫，集中管理與收購，不是限於交通的不便，就是限於人力的不濟；農家要走幾百里路，翻山越嶺；來賣自己所收的幾桶油，而所得又不多，必然感到頭痛；派人深入山鄉挨家收買，則費事費錢更不經濟。何況普通職員大抵沒有科學頭腦，而測油的成色的科學工具又感缺乏；因之，討論結果，並無良策，只得放棄這一經濟統制。

但當時，也有強調集體主義的朋友，認為這是沒有將農民組織起來的原故。我曾為這班朋友說過，馬克斯都承認農民散漫，有如一口袋的洋芋，裝入口袋不粘合，倒出口袋散一地，故馬克斯只是贊成工廠工人的組織的。今証之中共，在農人組織上特別失敗得慘，中共的農業經濟統制完全破產，足見馬克斯有先見之明！

本刊已經香港政府登記

聯合評論

週刊

每逢星期五出版

United Voice Weekly

第二三〇號

本報美洲版總經售處美國紐約中美出版社
CHINESE-AMERICAN PRESS, INC
199 CANAL STREET.,
NEW YORK13 N.Y. U.S.A.
美洲平空版每份零售美金一角

遏阻東南亞新的戰爭

馬來西亞的評價

許子由

由「大馬來西亞」計劃所引起糾紛，牽涉的範圍已越來越龐大，從在各項醞釀的事件顯示，一項巨大的變亂正在被發動，南中國海將會波濤洶湧。北婆三邦與星馬的合併，不會因婆羅乃叛變已被壓服而終止，新的長期的戰爭必然開始，叛變祇不過是一個短暫的序幕。

北婆事件以至馬來西亞問題，從在各個不同的角度，產生了各種不同的看法。立場相反，論調各異。是不是能夠尋求比較客觀的評價，採取即使不是最好而是較好的辦法，謀求消弭這一場快將爆發的戰爭？

馬來西亞計劃，儘管在其以馬來西亞為主體而與星洲及北婆三邦合併來這原則，及其合併條件，都不無可議之處。可是從大體來說，它不失是一個良好的設計。東南亞的政治問題，是殖民主義。經濟問題，是產業落後。社會問題，是貧、弱、愚，部落式的社會。更有一個戰後新的禍患：共產主義。而馬來西亞的成立，解決了五邦中四邦的殖民殘餘。合星馬北婆豐富資源，作較大規模的開發。從而提高人民生活和智識，以較大的國家單位求獨立，不受鄰邦的侵凌與共產主義的干擾。這些都是對五邦有利的地方。就東南亞來說，馬來西亞的擴大而安定，總勝於印支半島的臠割而紛亂。所以只要馬來亞採取「夥伴」的態度，儘可能接納其餘四邦的要求，通過民意而合併的馬來西亞，應該是肯定的，也應該獲得東南亞以至亞洲支持的。

印尼的擴展野心

可是照阿哈薩里的說法，把馬來西亞乃是「馬來亞殖民主義」！把北婆三邦，『由「英帝」手上移交到「馬帝」手上』。所以他要武裝爭取婆羅乃獨立。但阿哈薩里既擁護蘇丹，却反對蘇丹的決定。他所屬的人民黨，却在議會佔多數選議席，他却不發動民意，而採武裝叛亂。事實上「擁護蘇丹」不外是權宜之計。人民黨多數議員也並不與聞叛亂計劃。這証明阿哈薩里已失去了「婆羅乃立場」，非王室的也非人民的。他反而是一個利用外力企圖統治自己國家者，這外力就是印尼，阿氏本人就是印荷戰爭時期印尼軍中的軍官。

印尼支持阿薩哈里「馬來亞殖民主義」的說法，蘇加諾總統把阿薩哈里及他那些受印尼訓練的婆羅乃叛軍，稱之為「新生的力量」。這些力量之所以為「新生」，當是在印尼予以訓練及接濟之前它還是沒有的的緣故。奇怪的是蘇加諾對於不久前西新幾內亞的巴布亞共和國運動，却不肯稱之為「新生的力量」？

可見這不是蘇加諾所稱的什麼婆羅乃亂事「合乎萬隆原則」，什麼民族自決的原則問題，而祇問它是不是合乎印尼自己的原則。什麼是印尼的原則呢？說將起來很是可笑但也很是可能，那就是「印尼殖民主義」。

把並不屬於印尼羣島也非印尼馬來族人住居的巴布亞人的西新幾內亞，用戰爭及戰爭威脅的手段奪為己有，是最近一項前例。對婆羅乃事件，拒絕英國「不插手」的要求，陳「志願軍」於印婆邊境；與同族而貿易關係甚深的馬來亞不惜抨擊至於交惡。在在都可以窺見印尼對北婆的野心。印尼不顧見有強大的馬來西亞出現，要讓三邦仍在較弱的分割狀態，以便稍後加以掠取。到了目前這個階段，已可以說是「司馬昭之心」了。

美國該採實際行動

如果問題是止於印尼，事情還不至十分嚴重。更嚴重的是印尼的擴展野心被利用，在東南亞製造新的戰爭。星洲共黨為「反大馬」而準備暴動，便是印尼與某種力量勾結的連鎖，它們在「反大馬」的一點上結合了。星洲暴動計劃，是承繼着若干次的星洲暴動，由大部份中共份子的「馬共」所策動，而由中共所指揮，印尼共所協助的。自一九四八「馬共」走入森林以來，一貫反馬來亞獨立，反星加坡求獨立，現在更在盡最後一逞，反對馬來西亞獨立。

在國內有二百萬共黨力量壓迫的印尼，由玩弄國內左右均衡、國際東西均衡而倖未跌下鋼線的蘇加諾領導下的印尼，因獨立解放及爭西新幾內亞勝利民意奔放的印尼，加上蘇聯軍援而成為東南亞軍力最強的印尼，正像一團火燄，它不惜凌迫馬來亞並準備與英國作戰。

英國正為歐洲問題而頭痛，能夠付出若干力量來維護她與馬來西亞的同盟，固是問題。即使英國盡其所能，但以廣土衆民，與北婆有九百里邊界的印尼，一旦出而騷擾三邦，戰事已非「馬共」之役可比，可能超過北越用於南越的力量。這一新戰場若果開闢，火頭就不易熄滅！更危險的，是在戰爭中，印尼本身可能蛻化為共產國家，証諸印尼每一次大「運動」或軍事行動，共黨次力便相應擴大一次，這決不是「聳聽」。

而因為有着困擾馬來亞，凍結星加坡，破壞馬來西亞，損害英國在遠東地位，及赤化印尼等作用，「共黨主戰派」中共，正力求北婆戰爭爆發。

觀察家認為美國「必被捲入」的看法，相當正確。但等到「被捲入」的時候，恐怕有如南越局勢，太難收拾。實際上印尼已陳兵待發，目前止是緊要關頭。

聯合國已注意北婆局勢，美國也發表支持「大馬」的聲明。但這些不能阻止進攻。美國該有實力後盾的聲明，方有遏阻戰爭爆發的希望。

（二月四日）

論東西集團的內部衝突與美國的領導

劉裕畧

馬克思主義對舊的世界進行挑戰，並不自二次世界大戰結束後才開始。遠在一九四八年，馬克思與恩格斯發表共產主義宣言時，思想上的挑戰，便已開始了。第一次大戰時十月革命成功，帝俄垮台，蘇維埃政權在俄國建立，更可以說是馬克思主義對舊世界的挑戰，在行動上具體的邁進了一步。但那時候，正是列強忙於彼此爭奪利益的時候，舊的世界對馬克思主義並無深切認識，不止在思想上對它缺乏認識，而且，也對它的挑戰行動缺乏警覺。所以，在第二次世界大戰前，由羅斯福領導的美國，還只把德意日三國的法西斯當作主要敵人，而未把蘇聯的共產主義當作主要敵人，甚至還協同蘇聯幫助蘇聯對德國作戰。迨二次大戰結束，蘇聯乘機赤化了東歐，建立了許多衛星國，並支持中共攫取了中國大陸，以蘇聯為首的共產集團與以美國為首的民主集團的對立形勢才正式明顯起來。

嚴格的說，馬克思共產主義對整個世界帶來的威脅，實甚於法西斯對整個世界帶來的威脅。因為法西斯帶來的威脅，還不過只是一種制度性質的，而馬克思主義帶來的挑戰，則是文化的、思想的、全面的。而對這一挑戰，依理，以美國為首的民主集團就更該精誠團結，以對抗以撲滅它才是。在另一方面，以蘇聯為首的共產集團也該更加團結，更加向外齊一鬥爭步伐才是。然而，最近以來，人們習稱的東方集團（指共產集團）與西方集團（指民主集團）却彼此都不斷以內部衝突聞，這就成為一種似乎出人意料的怪事了。

其實，事必有因。我們如果能夠冷靜的把東西兩集團的內部情況加以客觀分析的話，不難發覺，東西兩集團目前所發生的這些內部矛盾，一點也不奇怪。

先以共產集團即一般人所謂東方集團來說。（我一向認為把共產集團稱為東方集團把反共的民主集團稱為西方集團原本就不妥。因為反共與不反共，並非東方與西方之分，尤非地域之別），只因共黨組織一向以堅強嚴密見長，一向以齊一對外見長，故共產集團內部忽然呈現矛盾與衝突，不免使人意外。殊不知馬克思主義原就認為一切事物是在矛盾中存在，一切事物都在矛盾中發展。史大林且更一再強調矛盾乃是發展和演變的必要條件，雖然，馬克思在辯証唯物主義與歷史唯物主義中所說的矛盾與一般人所說的矛盾，在意義上稍有區別，因為辯証唯物主義所謂矛盾含有對立、制約等義，而一般人所謂矛盾，則只指對立的衝突而言。然而對立的衝突亦確在唯物辯証法之中，那末，共產集團內部之忽然呈現矛盾，之忽然呈現衝突，又何足怪？何況，共產集團內部之這一矛盾，在性質上原本還不過是一種過程，而不是一種永久情況呢？

再說，任何一國一地的共產黨雖然都在強調思想與組織，雖然都在宣揚理論與階級鬥爭，雖然都在高唱革命，但事實上，無論他們之中，那些人是真心誠意相信這些宣傳，那些人是只把這些宣傳當個人權利鬥爭的工具，歸根落底，任何共黨組織的中央最高核心部份，無不充滿個人權利鬥爭的黑幕則是事實。列寧死後，史大林通過集體領導的階段走向至尊無上的集權過程，以莫須有的罪名，殺戮自己同志之多，稍為明瞭聯共黨史的人，無不明瞭，赫魯曉夫於最近七八年，亦已予以不斷揭發；再以赫魯曉夫本人來說，他首先結合馬林科夫布爾加寧朱可夫莫洛托夫等人鬥倒他們自己的同志貝利亞後，又結合布爾加寧朱可夫等人鬥倒他自己的同志馬林可夫與莫洛托夫，繼之，又結合布爾加寧鬥倒朱可夫，隨後，又再結合米高揚等人鬥倒布爾加寧。豈貝利亞、馬林可夫、莫洛托夫、朱可夫、布爾加寧等人盡皆「帝國主義的代理人」嗎？當然不是。然而，蘇共中央政治局的同志們在克姆宮之中就如此這般肆無忌憚的一幕又一幕的演出如此殘酷的個人權利鬥爭，這就可見，在共黨內部，不但經常有着馬克思所說的那種理論上的矛盾，而且，共黨首腦們，是更在馬克思理論範圍之外，把個人權利看得比馬克思主義更重。只有那些年輕而純潔的左傾青年才把馬克思主義看成聖經着成真理，不斷為它流血犧牲為它奮鬥，而共黨領袖們，則早已變成老奸巨滑，唯權利是視，專門利用青年熱誠與熱血的魔鬼了。所以，誰要以為共黨內部沒有理論鬥爭，誰就是對馬克思主義無知；誰要以為共黨內部只存在理論鬥爭，不知尚有殘酷的個人權利鬥爭，誰就是天真。

（下轉第二版）

今後的中國農工業（上）

孫寶剛

中國是一個農業國家，百分之八十是農民，但是中國農民的耕作法是落後的，種子不良，肥料也不足，因此每畝地的生產量並不高。反之，中國人口則在不斷的增加，早已有人滿之患。以今天的可耕地和人口作比例，人口是過剩了。所以每個中國人的平均收入實在太少，如和先進的西方國家的人民的生活水準相比較，一般中國人是過着非人的生活。因此增加可耕地和改良農業是使中國人不再過非人生活的唯一辦法。但如可耕地的增加有限，而改良後的農業生產也有限，那麼，發展工業，以吸收農業過剩的人口，遂爲必須採取的方法。這就是說：全國的總收入，須於農業之外，藉工業生產而大量的增加，才能以合理的分配，使一般人民的生活水準提高。說到這裏，似乎共黨在積極改良農業和發展工業，不是很對麼？爲什麼現在發生極大的危機呢？這是因爲他們的目的不正確，他們在建立國家資本主義，不是爲着人民，他們要實行擴張主義，進一步實行世界革命，所以他們把重點也放錯了，他們太重工而輕農，尤其太注意重工業。最後他們的方法也錯誤，他們取的是革命大躍進的方法，他們又忽畧科學，這不是太笑話麼？因爲農工業本身是一件科學。

所以首先我提出的第一點：建國是百年大計，我主張要站在現有的實際基礎上來改良，而不贊成用革命的手段。因爲從事農工業的是農人和工人，他們已有着傳統的觀念和方法去從事農工業，一下子變革太大，他們不易接受和合作，他們不合作，怎可以求農工業革命的成功，所以應取比較慢而溫和性的改良手段，比較能獲得農工人的合作。而況急烈的革命，那有這多的資本、技術人員和生產的工具及材料呢？再進一步來說，改良是比較有把握，效果易見，容易獲得人民的信心，革命的方法因爲離開現實太遠，有時在事先不能確定方法的一定準確性，萬一技術上或方法上有了錯誤，那眞不堪設想。這十年來共黨在大陸上的所作所爲，已可說明我的理論了。

第二點：我提出我們的改良和建設，目的不在求一國的自給自足，我們要爭取國際間的合作。所以改良和建設的結果，我們可以銷出某些生產品，另方面也可銷入國外的某些生產品的。又對於國外的資本和技術人員，祇要條件不苛刻，我們當然也歡迎。最後我們要信賴科學，不能閉門造車。

明瞭了這幾點，所以我認爲在農業方面來說，共黨的人民公社走得太快了。發展農業合作社才是一個妥當的途徑。

中國在共黨執政以前，都是小農。每塊農地的面積太小，要機械化是不容易的，但不採取機械化，一切都用人力和畜力，那末，每個人的平均生產量非常有限，易言之，農人便始終停留在窮困中。而況種子和耕作方法的改良以及政府的津貼和協助等工作，在小塊耕地之下實施起來很困難。所以我主張應聯合孤立的農地，使成爲一個合作社。這在中共執政了十餘年以後，個人的所有土地的界限，已經沒有証據可以証明，所以也祇有這個辦法才行得通。

假如農業合作社能夠普遍組織起來的話，少數的農民合爲一個合作社，每個農民是合作社的主持人，農民較容易瞭解到生產和分配的關係；不會有現在在中共人民公社下的怠工心理，並且可以進一步的監督比較懶惰的其他社員。在這裏我要强調，這種合作社完全應由合作的農民自主，合作社的所得，全部歸給社員，政府的技術人員祇是站在協助和顧問的立場。又政府對於每個農人所得的徵稅應和一般人民一樣。其次我認爲政府要加强鄉村教育，多設示範農場，多做農業知識的宣傳是非常重要的。一面應該有農業的研究所從事農業科學的研究。中國是一個幅員很廣的國家，各地的氣候不同，土壤也不同，在大體上應當先確定某一地區生產那一種農產物，全國的消費量多少，海外的市場如何，都應有計劃。然後再由政府的力量改良種子，獎勵農民採用。一面指導農民怎樣改良耕作方法。對於資金不充份的合作社，政府應有專設銀行予以貸款。有許多需要大量資金才能購置的農業生產工具，如由一個合作社所擁有時，如不能儘量的利用，這種工具便應由政府設站，隨時租給合作社使用。

所以在我看來，改良農業這一件事，並不是把農民組成許多合作社就算了事，在組織合作社以前，第一步是在各地區設立農業研究所，第二步是教育，即在每一個區域，政府應設立農業學校和示範農場，以培養農業技術人員，同時使鄉村小學的教材應與當地農業相配合，第三步才加緊組織合作社，設立農民銀行，工具租用站和指導中心和肥料供給站等等。使一旦合作社成立，農民立即感到在改良後的種子和耕作方法，以及耕作組織之下，生產量眞的會增高的。然後農業改良可以確舉成效。這樣做，似乎需要相當時期才能完成農業合作社的計劃。這倒不須過慮的，因爲我們並沒有需要在多少年以內，一定追到英國或美國，中國人民本來已安於極低的生活水準下，祇要每年確在提高每人的生活水準，人民自會樂於合作。至於要提到怎樣高，倒不是一件重要的事。

最後我要提出的是農民絕對有自由可以放棄其土地而遷移到他處而從事其他工作的。

對於貧弱的農人，政府應予以津貼，而一切的社會福利事業，在農村中應與工業部門一樣，以同樣的原則去實施。對於農人妻子的家庭工作，政府也應注意其家庭設備，使減少困難。

假如能這樣做，不是多少解決了中國百分之八十的人民的生活麼？積以年月，自可趕上世界先進國的人民的生活水準的。

論東西集團的內部衝突與美國的領導

（上接第一版）

劉裕畧

然而，自由世界之內許多人卻不知道共黨內部原本應有一種理論鬥爭，而一般共產黨員，雖然知道由理論鬥爭形成的內部矛盾乃是共黨內部的常態；卻又並不知道個人權利鬥爭經常在他們的最高領導階層內尖銳的存在着和殘酷的發展着。而國家單位與民族意識正與個人觀念一樣隨時襲擊共產思想與共黨組織，從而形成不同性質不同强度的本位主義以與黨的要求作互相消長的抗衡，這也就是今日共產集團內部諸多矛盾和諸多衝突的又一由來了。

不過，看了矛盾的一面之後，必須回頭再看統一的一面。因爲，一切事物原本不斷的在變，時間的持續，帶來了變化的必然性。由過去到現在，既可以由統一到矛盾，則由現在到未來，安知不再由矛盾到統一。何況，把共產集團的整體來看，它雖有可變與必變的部分，卻也有不變的部分。不變的部分何在呢？它們致力世界革命，企圖赤化全世界的目標，卻絕不變。由馬克思到列寧，固然如此，由赫魯曉夫到毛澤東，一是如此。他們兩人目前雖正在發展一種個人權利鬥爭，且公認此一內在矛盾尙在繼續向可能的尖銳化發展，但他們兩人中，卻無任何一人，準備放棄世界革命企圖。這就可見它有不變的部分在，變的只是人事現象和權力中心，變的只是赤化世界的手段。這也正是共黨內部無論怎樣存在和發展它們的內部矛盾，除非民主集團能及時奮起，從根消滅它，把共黨統治根本推翻，則共產集團對民主集團所帶來的勢不兩立鬥爭，仍永久的存在。

民主集團尤應注意者，是赫毛個人衝突所形成的中蘇共目前這種衝突，今後雖然可能再有發展，但這一矛盾這一衝突最後卻仍可能消滅。因爲它的發展只會在赫毛個人生命活着時存在，此由於他們的矛盾與衝突乃基於個人而來，倘若赫毛兩人中有任何一個人死亡，這基於個人存在而來的矛盾與衝突，便又將發生變化了。換言之，屆時，中共與蘇共又很可能由內在矛盾移行到統一了。所以，民主集團若專心等待共產集團內部的這一矛盾的發展，以爲共產集團就將由這一內在矛盾的發展而崩潰而死亡，那就恰恰是一種大錯，最後必將失望。須知，共產集團的內部統一性原本大於它的矛盾性。矛盾原本只是屬於過程，而非終極。

再把南斯拉夫從蘇聯集團分裂出來後所表現的鐵的事實來看，狄托誠然已經與蘇聯分手十五年。但狄托的分裂，又何嘗阻止了共產集團的强大呢？又何嘗消除了共產集團赤化整個世界的企圖呢？那末，形勢很明顯，共產集團內部縱然再出現一二個狄托，共產集團並不會因之而垮，實屬必然。共產集團對民主集團的危害與挑戰，還是始終如一的。

明乎此，我們就有充分理由有必要來提醒自由世界和民主集團了。民主集團內部萬萬不可粗心大意，以爲共產集團內部既在鬧矛盾鬧衝突，民主集團內部自亦可以因東西兩集團的對立形勢稍趨緩和而各行其是。戴高樂的眞正意圖目前尙未全明，如果法國拒絕英國加入六國共同市場，眞是歐洲內部分裂的開始的話，那就顯然是民主集團的一種悲劇，而將貽禍無窮。

何以說呢？

試以東西兩集團內部衝突對其本身之影響來比較，則西方集團內部衝突對西方集團本身所引起的損害，實遠超過同樣情況之予東方集團。因爲所謂東方集團既指的是共產集團，而共產集團一向有嚴格的組織，故它們內部雖然有時有矛盾，但這種矛盾一說消除，便可消除。且一旦消除之後，便又即可共同對外。而西方集團則不然，一向是散漫的，本位性個別性一向大於整體性，所以，平時把西方國家團結起來已自不易，就在今天，自由世界之內尙有許多國家投機取巧，走中立主義之路，與堅決反共的民主集團遠離，足見西方集團的團結性原本難於東方集團。而今日之反共鬥爭，時間是關係成敗的一大因素，內部能否迅速團結又是間接關係全局直接關係時間的另一重要因素。所以，東方集團發生內部衝突對其本身的危害小，西方集團一旦發生內部衝突，對其本身之危害則極大。

至於西方集團因此坐失解放鐵幕，從而根除共黨禍根之良機，更不必說了。

說到這裏，不能不檢討到美國的基本政策及其領導問題。因爲美國是今日自由世界尤其民主集團的事實上的領導者，若美國領導有方，而且以崇高理想與積極政策爲目標的話，則民主集團未嘗不可避免內部的重大衝突。但這必須美國先要有一個堅定而具戰鬥性的世界政策才行。最基本的，尤在美國的領導必須以全世界的共同利益爲目標，而不是僅以美國一國的利益爲目標，那末，民主集團內部自亦可望彼此放棄局部利益，若美國處處只替美國自己的利益着想，則民主集團各國在共產集團有嚴重危害時，雖不得不暫時依靠美國，但此一來自共產集團的危害一旦轉趨緩和，則民主集團各國便必然也就各以其本國利益爲重，從而形成民主集團之內部矛盾與內部衝突了。

當此共產集團內部分崩離析之際，原本是民主集團應該乘機予以解放之時，倘美國眞能勇敢的掌握此一千載一時之機，則不但民主集團內部可以避免分離與矛盾，而可以避免若干國家自行其是的行爲，而世界新秩序亦可在擊敗共產集團後奠定始基。否則，夜長夢多，若美國不以戰鬥性的積極政策爲領導方針，若美國只以美國的利益爲重，若美國只以和平共存爲標的，則舉世各國誠無理由在和平共存的情況中來擁護美國的領導咧！

日本應明朗確定政治態度

蘇子翰

日美安全會議在東京開幕，這項根據日美安全（聯防）條約而召開的會議，主要自是爲了日本的安全，但會議中也檢討亞洲的局勢，因爲亞洲的安全也即是日本的安全。換句話說，日本的安全，不外是亞洲安全的一環。

在會議中，美方代表詳細報告越南的戰局，印度與中共邊境問題的現勢及看法，雙方並對中共問題交換意見。大致上說，它已很扼要的討論了亞洲幾個重要問題。

據透露，美國敦勸日本對南越作非軍事性的援助。美國並傳美方曾對日本警告，謂日本幸勿對於中共軍力作過低的估計。這些討論和提供意見建議，能否達到結論或結果？現尚言之過早。但可以確定的是，日、美雙方對於亞洲主要問題的「看法」，存在着若干的距離。因而在「做法」上也可能有程度上的差異。也即是說，對於未來的方針，尚有待於協調。從在美太平洋區司令費爾特上將和日外相大平正芳的談話，可加覆按証實。

費爾特將軍在東京發表南越談話，主要在對一月二日戰役政府軍「失敗」闢謠，謂交通補給均有改善，解釋則共形勢，順利。並謂因中共比蘇聯更冒險，可能採「不明智的行動」對南越共軍支持。最後強調：「南越若失陷，將等於東南亞之喪失」。而在另一談話中，費爾特謂中共可能於一至二年內作原子彈試驗，但須十年後方有原子武器。

日本外相大平的談話，說日本與美國「對中共之看法並無不同，而僅有極微的差別」。渠對於美方認爲日本「過於低估中共軍力，殊屬危險」的見解，認爲兩國對中共歷史關係不同，「些微歧見」在所難免，但願繼續協商，以謀解決」。

按在會議之前，已傳美國對日本在亞洲自由陣營担任較重要角色，寄予殷切期望。如要求日本支援南越，即其一點。費爾特謂南越失陷等於東南亞失陷，毋異對日本「貿易生命綫」的東南亞危機，提醒日本利害關係的注意。中共在東南亞的搗亂，日本亦已不能置身事外而不聞不問。

日本對中共態度問題，自從高崎達之助等「擴大對中共貿易」，美方已對日本此舉作懷疑的關懷，甘迺迪提出對日本協同防堵中共，也未達到具體的結論。大致日本認爲中共內部困難，對外侵略力量尚欠充沛。費爾特又針對這一點，強調中共向外冒險性，及「原子情報」以爲警告。前者指出中共侵略及於日本的貿易生命綫，後者則謂不久將對日本本身構成威脅。

日本戰後復興，最突出在經濟方面，增長率爲世界之冠，於今已是「家給戶足」，入於康泰之境。這固是日本朝野努力所致，但美國在韓作戰掩護日本獨立，在越防堵潰圍讓日本做生意，這種安全的環境，是美國所提供的。現在日本在經濟成就之後，應在政治上、軍事上求較平衡的發展，對亞洲安全應有所貢獻。而這也是爲了日本自身的安全。

池田首相聲明「不負責」高崎（與中共）貿易備忘錄，和日本讓步對韓賠償，以及自民黨十二屆年會呼籲「對亞洲繁榮穩定應有貢獻」，都是日本從做生意中逐漸覺醒的表現。但因對中共敷衍而欠明朗，故對韓復交遲滯，在東南亞負責不够，這些都違反日本的基本利益。應該明朗確定政治態度，大刀濶斧，才能有眞正的建樹。（一月廿一日）

嚴霜爲害農作物

靜之

（台中通訊）最近本省天氣奇冷，發生霜害，影響農作物甚大，如香蕉、甘蔗、鳳梨、洋菇、香茅草、菸草、樹薯及蔬菜等，多已發生部份枯萎，甚至死亡的現象，茲依據省府消息，分別報導如次：

甘蔗：台中、虎尾地區受害較嚴重，高雄、屏東地區較輕，總受傷面積有二萬公頃左右，均將減少糖產六、七千噸。據台糖公司負責人表示：該公司爲求補救，現正採取下列二種措施：（一）本年期成熟甘蔗，對於遭受霜害者，提前收割壓榨，尤其對契約蔗園，特別優先收割，以防甘蔗死亡，糖份發生變化，（二）對於下年期（四二、四三年期）甘蔗幼苗，應加強灌溉，以求復活，該負責人說：上年期產糖量爲七十六萬噸（粗糖值），本年期雖受霜害，預計總產量仍可超過上年度而達七十七萬多噸。

香蕉：關於香蕉的損害，詳細災情尚未調查完成；但據台中青果運銷合作社的初步估計，損害程度約在百分之五十左右，對於今後一兩月之香蕉供應難免有所影響。至於高雄地區香蕉之損害，則較微少。

鳳梨：鳳梨因冬季鳳梨生果收成已接近尾聲，故雖有霜害，但受害率不大。

洋菇：洋菇繁殖，因冷氣苗長不出來，產量激減，洋菇罐頭工廠之原料供應，一時稍呈不甚順利；但只要天氣回暖，可立即大量生長出來供應，不致影響全年度的生產計劃一百萬箱之產量。

菸草：據公賣局人員表示：由於霜害，台中地區減產一百萬公片，嘉義地區要減產二、三十萬公斤，共約一百多萬公斤，約佔總產量百分之十強，爲求補救，現正向財政廳請求對受害菸農予以免息貸款中。

該有關人員又說：最近一個多月來霜害最厲害者共有七次，計一月七日、八日、十四日、十五日、二十六日及二十七日。現關於上旬、中旬受害詳細情形還不知道，以上僅是約略估計數字。

香茅草：約佔全省產量三分之一的苗栗產地，香茅草的損失嚴重，有的已被凍枯，必須等到氣溫升高之後，始可把泥土上的草葉割掉，讓其重發，因此，產量將略受影響，生產勢必拖延，原來在四月份即可有大量香茅油登場者，或將延遲到五月份，始有大批貨品上市，南投、台中等中部地區亦有損害：惟並不嚴重，台東、花蓮等東部地區則未受到霜害。

甘薯、樹薯：遭受霜害者，以中部地區居多，因此影響到省產粉的生產，邇來蕃薯粉、樹薯粉身價抬高，昨市蕃薯粉二十四公斤裝袋索價一五〇元，太白粉二十二公斤裝袋亦需八十八元，較前普遍上揚一成之譜。

其餘農作物：除秧苗、蔬菜的霜害較重外，玉米、豆類等雜糧，亦有損失。

聞省政府黃杰主席已派省府委員王民寧率同農林廳與糧食局人員，即日前赴各地視察災害情形，以便設法補救。

台灣的糧食問題

純明

糧食增產再創紀錄

（台中通訊）台灣五十二年度全省糧食增產會議於一月二十三日在台中市立第一中學禮堂舉行，全省各縣市政府及農業有關人員均出席，省糧食局長李連春在檢討去年糧食生產情形時報告：五十一年一年中，本省糧食生產成果，據初步調查統計，糙米生產量已達二、一〇六、〇七四公噸，又再創一次有史以來最高紀錄。雜糧生產部門各項產量雖因種種情形，有一部份未能達到計劃目標的，但亦相當良好，糧食局在此方面之重要措施，以獎勵有效利用土地，增加中間作雜糧生產爲主。對於今後糧食增產工作，李連春提出三項努力目標：（一）在增加米谷生產方面，將積極擴充稻作面積，提高單位面積產量，特別加強推行正條密植，補助農民購置正條密植器。（二）增加雜糧生產方面，將以維持雜糧合理價格，及貸放優良雜糧種子及供應生產必須資金與肥料等物資。（三）增加養豬養雞方面，將充份供應農民所必需的飼料及資金。

至於五十二年度米穀生產目標，已定爲二、一七〇、〇〇〇公噸，較五十一年度計劃目標增加六萬公噸，除充份供應軍糧民食外，並繼續供應外銷，爭取外滙。全省糧食增產會議通過各項作物預定種植面積及生產目標如下：

米穀：第一期種植三五九、〇〇〇公頃，生產量一、〇七〇、〇〇〇公噸，第二期種植四七六、〇〇〇公頃，生產量一、一〇〇、〇〇〇公噸，合計種植八三五、〇〇〇公頃，生產量爲二、一七〇、〇〇〇公噸。

甘薯：種植三季，面積共二二三、〇〇〇公頃，生產量三、二二〇、〇〇〇公噸。

小麥：五十一——五十二年期，種植面積二〇、〇〇〇公頃，生產量四二、四〇〇公噸。

落花生：春秋二季，共種植一〇四、〇〇〇公頃，生產量一一六、四八〇公噸。

大豆：種植三季，面積共七八、〇〇〇公頃，生產量九三、六〇〇公噸。

玉米：春秋二季，種植面積共一八、〇〇〇公頃，生產量四一、四〇〇噸。

油菜：五十一——五十二年期，種植二〇、〇〇〇公頃，生產量二八、八三〇公噸。

爲穩定糧價限期出售餘糧

又據省糧食局負責人稱：上年本省第一、二兩期稻作，各地普遍豐收，糧源充裕，惟邇來糧價略見波動，且青黃不接期間，即將來臨，爲防止部份糧商及業戶農戶基於舊觀念，囤存觀望影響市場糧食供應，特照往例依違反糧食管理治罪條例，宣佈實施限期出售糧食，藉以疏導糧源，穩定糧價，茲摘錄限期出售事項如下：

（一）各地區業戶農戶現存穀或米，除依照規定保留其應繳本期（五十一年第二期）田賦，隨賦征購，承領公私耕地地價稻穀，承租公私耕地之佃租穀，換肥稻穀，償還生產資金貸欵利息穀，暨其他應還本局交換物資之稻穀（上列各項除承租私有耕地租穀保留至本年二月底外，其餘各項准予保留至征收期間屆滿日爲限），以及自食糧（按家屬人數不分年齡，性別以每人每月需稻穀廿一公斤計算，台中、台南、高雄、台東地區計算至六月底止，新竹、台北、花蓮地區計算至七月底止），雇工食糧（按五十二年第一期耕地面積每甲三十公斤計算），種子（按五十二年第一期稻作田地面積每甲六十公斤計算）外，其餘米穀一律按附表所定期限及最低數量分期出售，如有藏匿或規避不售者，決依上開條例第三條第一項第三款及第四條等有關條文論處。

（二）各糧商（或農會、合作社）庫存糧食，應隨時出售，其於一月廿五日以前購進之米穀，最遲應於二月四日以前銷售完畢，自一月廿六日起至五月卅一日止每日所購進米穀最遲應於購進後十日內銷售完畢，不得藉詞存積，如遇糧價低落無法銷售完畢時，尚將屆期未能依隨出售之米穀數量，報請當地糧食事務所或分所處理，倘有違反，決依上開條例第三條第一項第二款及第四條等有關條文論處，惟澎湖地區情形特殊，糧商每日購進米穀得於十五日內銷售完畢，如遇糧價低落無法銷售完畢時，並得免填報表報請處理。

（三）凡持有台灣省實物土地債劵者，其已到期本息屬於兌付稻谷部份，應即領取稻谷併入現存米谷計，除業戶、農戶、糧商（或農會、合作社）依前列第一第二兩欵規定出售一般民戶或公私機關團體。應依上開條例第五條規定保存其自食糧外，其剩餘米谷應於公告之日起二十日內出售完畢，如不能依限售畢時，得比照第（二）欵之規定報請當地糧食事務所或分所辦理，其違反者，決依同條例第五條及第七條等有關條文論處。

（四）前三欵所指穀或米，不包含糯穀或糯米。

至於業戶、農戶餘糧出售期限及數量如下：

高雄地區（包括高雄縣市及屏東縣）：在五月十五日以前每半個月各售餘糧七分之一。台南地區（雲林縣、嘉義縣市、台南縣市）及台中等地區（台中縣市、南投縣、彰化縣）及台東地區：在五月底前每半個月各售餘糧八分之一。新竹地區（桃園縣、新竹縣、苗栗縣）、台北地區（台北縣市、宜蘭縣、基隆市、陽明山）及花蓮地區：在六月十五日以前每半個月各售餘糧九分之一。

台灣簡訊

志清

一、國民黨將召集九全大會

國民黨剛於去年年底開始辦理黨員總登記，尚須數月才能完成，聞已決定於三月二十九日召開第九次全國代表大會。據宣稱：該黨中央委員於上次的全體會議中，曾決議召開九全大會的日期由總裁決定。蔣總裁因鑒於目前是反攻大陸最有利的時機，故決定及早召開，以便提出一種新的政治號召，用作團結內外，共同反共的綱領。但據一位消息靈通的人士透露，其主要原因，乃是蔣經國為了防範萬一，才催促乃父趁其健康恢復後，迅作有效的安排，藉以確保並擴大他對該黨的控制。預測九全大會改選中央委員時，很多現任的中委將被打入冷宮——評議會，改由太子派人馬出來接替。例如周至柔是否還能再當選，尚須看他最近在二、三月內能否重獲蔣家父子的恩寵而定。總而言之，太子派人一致認為太子繼承乃父大業，目前實已達到瓜熟蒂落的階段，處處均表現一種迫不及待的心情。

二、立委勾結官員非法營利　監委要調查

去年有一位姓周的立委涉嫌在茶室內向商人詐財，曾引起在報紙上許多繪影繪聲的記載。立法院周委員厚鈞曾在該會中提出一項詢問，請政府徹查，事後又杳無下文，真象如何，局外人自不得而知。本年一月初，監察院國防委員會又接獲一封具名的告密信，列舉一個姓周的立委涉嫌五項不法行為，有勾結政府官員非法營利情事，並指出該立委乃是前在茶室詐財案的背後主持人。監察院國防委員會討論本案時，曾有激辯。有的監委認為依據憲法規定，立法委員不是監察院行使監察權的對象，如進行調查，恐遭物議；但多數監委認為本案是政府官員是否有將土地財物供某立委作非法的營利。其主要對象應為政府官員而非立委，故仍決定派員進行調查。

三、彭孟緝代表三軍　向宋美齡獻軍徽鏡

參謀總長彭孟緝上將於一月二十八日在台北三軍俱樂部以軍徽鏡一座呈獻給蔣夫人宋美齡，參加獻禮的各軍種高級官員和官兵眷屬代表八百餘人，各國駐華使節亦被邀到場觀禮。彭孟緝致獻詞時說：「國軍所以具有如此的士氣和成就，都是靠「總統」的領導和「總統」夫人的慈愛育護和關切照顧，夫人對國家民族的豐功偉業，不僅值得國軍全體將士衷心敬仰，也受到舉世的敬佩。」同時，三軍俱樂部還舉行「總統夫人嘉惠軍眷資料展覽」，陳列了許多有關的圖片和模型，任人參觀。

蔣夫人接受軍徽鏡以後，並致詞勉勵三軍將士在此反攻大陸的前夕，應加強互助合作，效忠國家早日完成反攻復國的神聖使命。但她並未提到「效忠領袖」的話，是日蔣經國也沒有在場。

四、有關當局力挽棉紡危機

有關當局為挽救本省棉紡工業，已研討擬訂一個有效可行的方案，一俟各有關方面同意，即可付諸實施，並將作為今後處理棉紡工業產銷的最高原則。

據悉：此係採納經濟部及外貿會等各方面的意見綜合訂定而成。對於現有二十四家紗廠將不作硬性封碇的措施，積極扶植各廠向外發展，擴展美國以外的國外市場。對於外銷情形能達到原訂目標者，不但不予限制產銷，且用種種方法加以輔導，促進其繼續增加外銷；惟對於未能達到目標者，則將嚴格執行封碇減產，對於外銷所需資金將要求有關當局低利貸出長期資金，藉以減低成本。

聞經濟部原訂儘量避免封碇減產，讓各廠家自由競爭，對於外銷沒有能力者，始予封碇減產。外貿會方面則以此案未便徹底執行，必須硬性規定各廠封碇四分之一。經濟部認為如此硬性規定，新的廠家，機器設備新穎，不僅內銷無問題，即使外銷亦無阻礙，硬性要它封碇減產，不太合理。同樣的，機器設備舊老，內外銷都有問題者，讓其享受同樣條件，在經濟原則上實不合現代的要求。從有關方面屢次開會研討，才訂出上述折衷方案。

又經濟部籲請棉紡與織造兩業密切合作，訂定長期供銷棉紗合約。台灣區針織工業同業公會原則上已表示贊同，並提出下列各項條件：

（一）須經棉紡與織造兩業代表公開討論協議，決定合理的紗價。

（二）織造業必須有充份自由選擇紗牌、紗支、紗量的權利。

（三）供紗量不受內銷三〇%的限制，亦即視實際需要由紗廠盡量供應。

（四）織造業者每月十五日以前向所屬用紗公會登記所需紗牌、紗支、紗量，請紗廠依照訂購數量按月生產交貨。

（五）訂貨時由各織造廠家開出紗款期票藉以保証依照所訂紗出量悉數採購；紗廠不能交貨時亦相對的交付違約罰金。

（六）內銷補貼外銷方案，應適用於織造業，使其能與紗廠兼有織品生產廠家公平競爭。

經濟部認為棉紡織業早日訂定長期供應合約，並切實遵守，政府對於加工外銷所需原料進口後，將准予存入特設之保稅倉庫，並設法降低貸款利息，以減輕業者負担。

據該部官員表示：政府對於紡織業者只能輔導，不能硬性干涉，但如紡織業者請政府出面硬性監督時，自當別論。該官員又說：現在紡織業者所以發生困難，主要原因即是不能互相合作，紡紗業與用紗業彼此之間亦多勾心鬥角，對於已經簽訂的外銷合作公約不能嚴格遵守，致陷於內銷過剩，外銷市場難以打開之困境，如果只要互相訂定公約並嚴格遵守，問題即可獲得解決。

五、國營事業機關多未依法

立法院於一月二十三日三讀通過民國五十二年度國營事業機關綜合預算案，並附六項意見請行政院注意辦理：

（一）中央銀行法修正草案及貨幣條例迄未送審，請行政院查照二十七會期及二十九會期院會決議於本院下會期函送審議。

（二）國營事業管理法第十一條規定：「國營事業之組織應由主管機關呈報行政院核轉立法院審定之」，應請迅將各該單位組織法案送審，又各國營事業機關之董理監事每多相互兼任，核與國營事業管理法第三十五條之規定不符，並請行政院予以改善，以臻健全。

（三）各國營事業機關會計人員每由機關長官自行保用，與法殊多不合，應請行政院依照主計人事法令規定辦理，俾充分發揮職權，加強內部稽核工作。

（四）各國營事業機關附屬單位預算書所列「其他營業外支出」科目列數龐大，用途亦多未說明，嗣後編製預算時，應請明列詳細科目名稱與用途，並應照審定數額嚴格執行不得超支。

（五）中國紡織建設股份有限公司、台北紡織股份有限公司、雍興實業股份有限公司年來虧損過鉅，主管機關應研究具體改善計劃函送本院。

（六）各國營事業機關本年度所列應納繳所得稅科目及數額，在修正所得稅法公布後，應由行政院自行調整，其合於修正所得稅法第四條第十五款規定之單位者，應免繳納並分別列入適當科目。

據一位熟悉內情的立委透露：國營事業各單位的組織法所延而不送交立法院審議的主要原因，乃由於主管部門多在所屬國營事業機構內任意位置私人之故，至於各機構首長自行保用會計人員和以其他營業支出名義，開列龐大預算，也無非是為了使於營私舞弊，立法院雖然在每年審議預算案時都有類似的意見提出，但從未發生效力。

六、台灣將有TVA型大水壩

我國政府為調查及規劃濁水溪及烏溪的水壩工程，已向聯合國特別基金會申請撥贈八八五、〇〇〇美元。據經濟部水資源委員會主任委員衣復德表示：是希望將這兩條溪的整個流域，與美國TVA一樣，包括給水、灌溉、防洪、發電、海埔地及觀光事業等全盤性的開發。計劃開發的範圍，比石門水庫及達見水庫均要大。將來擬訂施工計劃時，打算建立四個壩，俾將上述兩流域多餘的水蓄積起來，用作下流兩岸的灌溉及發電。

衣氏說：此類開發計劃，乃係國家經濟建設所必需，聯合國此次撥款援助的目的，是協助我們調查規劃，俾能擬訂用錢最少而收效最大的經濟開發計劃。所撥款項依照規定將用於下列三途：（一）派技術專家來台協助我們從事調查規劃工作。（二）由我國選拔青年幹練的工程師到國外實習研究。（三）購買儀器設備，以作調查規劃之用。

衣氏說：上述撥款之運用，尚有待於正式簽訂合約，一俟合約簽妥，即可正式展開工作。

七、訟案一擱八年，——書記官忘記了——

民國三十九年間新竹縣黃坤恒向地方法院控告戴金旺、戴石水欠地租谷二千斤，被判決敗訴，黃不服上訴高等法院，並串通陳木進偽証，事被戴等獲悉，向新竹地檢處檢舉，經新竹地院判處黃、陳二人有期徒刑各三月，緩刑二年，黃等不服上訴於高等法院，改判無罪。高檢處檢察官不服，於四十三年十一月間提出上訴。因檢察官之上訴理由書，應由高院刑庭附卷一併送最高法院，但高院刑庭書記官朱沛然，却因一時疏忽，把這件案子忘了，擱置了八年之久，未將卷案送最高法院。後來檢處因未獲得最高法院判決結果，乃向高院刑庭查詢；同時原檢舉人戴石水亦向監察院檢舉，經調查後始發現該案仍擱在高院刑庭。新接任的高院孫德耕院長，即將該案卷轉送最高法院，並將失職的朱沛然書記官移付公務員懲戒委員會議處。

八、省府決貸鉅款協助農民增產

台灣省府對於五十二年度糧食作物生產和農村各項副業的發展，決定以新台幣三億八千餘萬元資金，及大批肥料、種子、機具、藥劑、布疋等物資供應，用以幫助農民們生產，增加收益，促進農村經濟繁榮。省粮食局對該項資金及物資的運用，分為米谷生產和雜粮生產兩部份，訂定了卅四個實施計劃要點，並經於一月廿三日全省粮食增產會議中討論通過施行，其內容為：

資金運用方面，計劃用於：（一）貸放粮食生產資金七千萬元。（二）貸放農民購置耕耘機資金六千萬元，（三）貸放設置抽水機及水利設施資金一千五百萬元，（四）全省地下水開發計劃資金四千五百萬元，（五）補助病蟲害及鼠害防治農藥費用一千九百萬元（六）貸放農民養猪資金八千萬元，（七）貸放農民養禽資金一千七百五十萬元，（八）貸款農民採購噴霧（粉）器資金八十四萬元，（九）平價配售農藥資金一二、六一一、四五一．五〇元，（十）補助農戶舖設水泥曬場四千處（每處二十坪）經費二百六十萬元，（十一）補助農戶購置水稻正條密植器一五、〇〇〇架（每架補助最高一百二十元）經費一百八十萬元，其他有補助農戶新建堆肥舍八千棟，設置塑膠布保溫示範秧田一千處。

物資供應方面，計劃供應的：（一）各作物化學肥料六六一、一三九公噸；（二）補助農戶交換良稻種五、五〇〇、〇〇〇公斤，（三）推廣耕耘機六千架，（四）免費供應解毒劑巴姆一萬支，（五）棉布六萬疋，（六）飼料豆餅豆粉七二、四七〇公噸，混合飼料一二、〇〇〇公噸；甘薯簽一二、〇〇〇公噸，花生餅三、八二一公噸，菜子餅三、五九六公噸。

同時，五十二年度雜粮生產，粮局計劃撥出大筆資金收購，預定收購目標：（一）甘薯簽一二、〇〇〇公噸，小麥五〇〇公噸，落花生一六、〇〇〇公噸，大豆五〇〇公噸，玉米二、〇〇〇公噸，油菜子六、〇〇〇公噸。

共軍士氣低落家屬吃苦
中共推開擁軍優屬運動

綜觀

當此台北隨時可能展開局部反攻，而中共蘇聯關係又日趨不恰之際，毛澤東對於共軍軍心士氣之情況，異常密切注視。而共軍之軍心士氣，無可否認的事實則是越來越低落，共軍家屬的生活也越來越艱苦，後者又更影响了共軍之軍心。爲此，毛澤東最近乃勒令中共中央從北平做起，向全大陸推開一個擁軍優屬運動。所謂擁軍，即是叫大陸人民必須在任何時間任何地點擁護共軍官兵之謂，所謂優屬，即是中共各級機構，尤其人民公社，必須對軍隊家屬予以優待之謂。毛澤東之所以勒令中共中央加速推開此一運動，當然不是毛澤東對共軍官兵有什麼眞正的愛意，而只是一種誘騙共軍官兵的一種權術。因爲，毛澤東依靠軍隊起家，深知有軍權然後有政權，有政權然後有財權乃至一切統治權，而收攬軍心又是鞏固軍權的不二法門，故數年來，雖然大陸人民普遍吃不飽穿不暖，毛澤東仍一貫命令中共各級機構對擁軍優屬活動，不可放棄。但大陸各地財經情況普遍困難，而中共軍隊人數既多，家屬亦衆，各地共幹對毛澤東所謂擁軍優屬運動遂告鬆弛和忽視。故毛澤東最近乃又重申前令，而叫中共中央總書記鄧小平及北平市長彭眞利用舊曆新年出面在北平做一種模範性活動，以推及全大陸。

對此，中共新華社曾於一月三十日自北平發出報導說：「首都各界人民，今天舉行盛大的擁軍優屬聯歡晚會，向祖國社會主義建設的保衛者——中國人民解放軍、中國人民公安部隊以及光榮的烈士家屬和軍人家屬們，表達崇高的革命敬意。

中共中央總書記鄧小平以及黨和國家的其他領導人彭眞、李富春、譚震林、陸定一、康生、薄一波、李雪峰、程潛，國防委員會副主席傅作義、蔡廷鍇，最高人民法院院長謝覺哉，最高人民檢察院檢察長張鼎丞等，出席了聯歡晚會，祝賀全國軍民親如家人的偉大革命情誼。

由中共北京市委和北京市人民委員會舉辦的這個聯歡會，在人民大會堂舉行。今晚，這座人民宮殿燈火輝煌，喜氣盈盈，到處呈現出軍愛民、民擁軍的歡樂景象。當天安門廣場華燈初上的時候，中國人民解放軍高級將領王樹聲大將、蕭華上將、張宗遜上將、彭紹輝上將、張愛萍上將、劉亞樓空軍上將、李聚奎上將、陳伯鈞上將、李志民上將、陳士榘上將、謝富治上將、李達上將、楊至誠上將，以及陸海空軍各部隊的四好連隊、五好戰士、神槍手、神砲手、技術能手的代表、民兵代表和他們的家屬們，一批批地先後來到人民大會堂。這時，彭眞和北京市其他黨政負責人劉仁、鄭天翔、萬里、陳鵬、鄧拓、陳克寒、吳晗、程宏毅、賈庭三、樂松生、王純，以及各界人民代表、各方面的模範人物、先進生產者等，分別在大會堂的各個大廳，熱烈地歡迎前來參加聯歡會的人們，並且祝他們在保衛祖國和建設現代化革命軍隊的偉大事業中，獲得新的成就。

一共有三萬多軍民參加了今晚的聯歡會。」

大陸簡訊

白帆

中共首次指名責罵赫魯曉夫

中共與蘇聯因毛澤東與赫魯曉夫發生個人權利衝突而隨着產生矛盾，已是舉世皆知的事實了。但在此以前，赫魯曉夫既未指毛澤東之名而責之，毛澤東亦從未指赫魯曉夫而責之。中共採取的手法，一貫是明罵狄托，暗責蘇聯，蘇聯則一向是明罵阿共，暗罵中共。直到本年一月十五日至廿一日德共舉行第六次代表大會，中共代表團長伍修權在會上公開被辱被噓被制止發言以後，情勢才又有了轉變。因爲一月廿七日中共人民日報雖以「在莫斯科宣言和莫斯科聲明的基礎上團結起來」爲社論題目，但該社論之主要內容，則較前更進一步地把矛頭指向了赫魯曉夫，正式首次指名赫魯曉夫而加以駁斥了。這是值得注意的一項發展。

人民日報一月廿七日社論說：「當應邀出席這次大會的中國共產黨代表團團長，在致詞中引証和闡述莫斯科聲明對南斯拉夫修正主義批判的時候，大會的執行主席一再阻止中國共產黨代表團團長繼續致詞，在這樣的導演下，會場上出現一片噓叫聲，吹口哨聲和蹀脚聲，這眞是國際主義運動中令人難以置信的怪現象。」

跟着就引証赫魯曉夫從前抨擊南斯拉夫的談話，以反証赫魯曉夫的前後矛盾與自我反覆。人民日報說：「大家記得一九五八年六月，赫魯曉夫同志在保加利亞共產黨第七次代表大會上講話中曾經說過：『中國同志和其他兄弟黨一樣，對南共聯盟綱領草案修正主義原則的批評，都是十分正確和十分深刻的。』大家還記得，正是在德國統一社會黨上次大會上，赫魯曉夫同志當時還曾說過：『南斯拉夫反馬克斯主義的、反列寧主義的觀點，受到了中國共產黨、德國統一社會黨和所有其它兄弟黨的深刻的原則性的批評。各黨在領導機構的決議中和黨的文章中，都採取了譴責這些觀點的明確立場，十分注意於批判分析這些觀點，這是很對的。』…」

於是人民日報就反駁赫魯曉夫說：「我們不能理解，有些同志過去對批判南斯拉夫修正主義採取了正確立場，爲什麼在現在却來了一個一百八十度的大轉變呢」？又說：「特別令人驚異的是，某些人公然宣稱莫斯科宣言和莫斯科聲明是死板的公式，他們不允許任何一個兄弟黨揭露和譴責南斯拉夫修正主義，誰如果譴責南斯拉夫修正主義，誰就是『使用資本主義世界的野獸的法律』，就是堅持『野獸的道德』。請問：把八十一個兄弟黨一致協議的莫斯科聲明，說成是死板的公式，說成是什麼資本主義世界的野獸的法律，究竟目的何在呢？是不是要撕毀莫斯科宣言和莫斯科聲明呢？如果根據莫斯科宣言和聲明譴責南斯拉夫修正主義，竟然成爲『野獸的道德』，那末，違反莫斯科宣言和聲明，恨不得咬死一個兄弟黨、兄弟國家，又算是什麼道德呢？」

僑鄉近訊

鍾之奇

粵共加强統戰活動

統戰活動本是中共用以欺騙動搖分子和爭取及運用某些人士的一種陰謀。從而達到孤立敵人打擊敵人的目的。故中共中央爲了從一工作，多年來即有「統一戰線工作部」之設。而其工作範圍，雖有白區與赤區之分，即非統治區與統治區之分，但它的工作重點，却一向指向白區，即非統治區。

但中共中央統戰部部長李維漢最近却命令粵共統戰部在廣東各地加强了這一活動。此其原因則在海外反共志士最近半年已對大陸沿海不斷展開突襲，而廣東各地人民之反共情緒又繼續普遍高漲，所以，爲了安定一部分人士，並爲了分化和迷惑僑鄉各地人民計，乃於最近，例外地，加强了統戰活動。

據中共南方日報透露：粵共曾於一月廿九日在廣州舉行過一次規模頗大的集會。該會係由中共廣東省委會統一作戰工作部長楊康華主持，而中共廣東省委第一書記陶鑄也特別到會作了講演，並對「國內外大勢」作了對中共有利的歪曲分析。

又據新華社說，這一集會的主題，是旨在討論「如何加强廣東各地及海外的統戰工作」。蓋廣東各地僑眷甚多，與海外關係密切，故中共乃挖盡心思，以圖用各種手法誘騙海外僑胞云。

朱德賀龍到廣州活動

往年過舊曆新年的時候，中共中央諸首腦都是在北平過年的。因爲他們要歌舞慶祝，粉飾太平。他們有時分往大陸各地過節，但也只限於去慶祝五一勞動節一類的節日，從未分往各地過農曆新年。只有今年，中共中央諸首腦是分別前往各地過年的。除周恩來已往上海過年外，到廣州過舊曆新年的，則是朱德賀龍兩人。

據中共新華社一月廿五日（農曆正月初一）廣州電：「今天上午，中共中央中南局、中共廣東省委、人民解放軍駐廣州部隊領導機關，聯合在廣州體育館舉行春節觀賞大會。正在廣州的朱德委員長、賀龍副總理，以及中共中央中南局第一書記陶鑄、廣東省省長陳郁、廣州市市長曾生、各民主黨派負責人和民主人士張醁村、蕭雋英等和廣州市民五千多人參加了體育觀賞大會」。

從表面上看：朱德賀龍到廣州只是爲了與廣東軍民共同過年。但來自廣州方面的秘密消息，則謂中共中央此次之所以特派朱德賀龍這兩個軍人出身的人到廣州，則除了與廣東駐軍民聯歡外，更重要的則還在加强中共廣東駐軍之士氣與鬥志。蓋半年以來，台北已在不斷派遣突襲小組突擊廣東沿海各縣，並曾空降廣東山區，故中共不得不派在共軍中稍有聲望之將領至廣東打氣云。

一萬多人在廣州等待出境

廣州是從陸路進出大陸的唯一必經城市，故海外回鄉探親之僑胞，欲回僑鄉，固必須經過廣州，而由大陸各地前來海外之人民亦必取道廣州，這是廣州近年來旅店經常客滿的原因。

同樣，也是中共特務機構在廣州特別嚴密的一個原因。

據廣州來客談，近來由大陸各地取道廣州欲來香港，而仍滯留在廣州者，至少在一萬五千人以上，彼等皆持有出境証，但由於出境名額有限，故每日離穗到港之人數並不多。若照目前限額過境，此一萬餘人必須到明年始可完全出境。然而大陸仍源源不斷有人至廣州等候出境。遂發生下列兩現象。一、共幹勒索銀財，然後先行放走；二、少數人乃採取冒險偸渡之辦法，共幹亦從中包辦，這也就是近數月香港海域許多偸渡船隻溺死大批難民之由來云。

印尼援婆「志願軍」

「血腥戰爭」的預言

俊華

距離大馬來西亞成立的日期，祇不過有七個整月，可是對於「大馬」的阻撓力量，却正在不斷地發生，從在外部或內部，分裂或破壞「大馬」的成立。當前這幾個月的時間，正是大馬來西亞運動面臨最嚴重考驗的階段。

吉隆坡有關當局，正以萬分焦急的心情，注視着這種種事態的發展。

就馬來亞本身來說，自從她獨立建國以來，還沒有曾經歷過像今天那樣艱難的窘境。馬來亞雖然成立於內部剿共戰爭之中，但一直獲得軍事和政治的勝利，達成內部安全進入經濟建設，從來就沒有遭遇重大的棘手。可是今天為了「大馬」，却遭受到來自外部的威脅，甚且威脅及馬來亞的本身。對於馬來亞這個強大鄰邦印尼，馬來亞本身簡直找不到辦法，去對付已經武裝了的印尼那種張牙舞爪。

曾經在星加坡發表抨擊馬來亞談話的印尼外長蘇班德里奧，獲得了蘇加諾總統頒給勳章，印尼外交部一月廿六日為此舉行慶祝會，蘇班德里奧又發出「印尼「對抗」馬來亞」的談話，謂此乃因馬來亞對印尼仇視，印尼被迫而採取的政策。甚且認為此乃印尼獨立後「所受之考驗」，印尼必須繼續為其獨立而鬥爭。不因名義上獨立已被承認而算數。蘇班德里奧並謂：拉曼且已開罪另一鄰國菲律賓。

更為令人聳聽的，是蘇班德里奧在曼谷所發表「亞洲將有血腥的戰爭」的預言。蘇氏自椰城將赴印度，昨天道出曼谷，蘇謂「亞洲將有血腥的戰爭，一如在非洲一樣」。這顯然是把北婆羅洲的局勢，與「剛果」局勢互相比擬。

印尼，是不是已準備要在亞洲製造血腥的戰爭呢？

「戰事蔓延」的警告

印尼空軍的飛機，已日夜巡邏於星馬的邊界，使星馬感受到印尼實際的威脅。據椰加達空軍發言人廣播，謂此項TU十六型噴射機，及大力士型運輸機（均係蘇製飛機），已日夜派至星馬及其他邊界巡邏，此行動係「月光作戰計劃」。更早的時候，印尼已發表聲明，如有任何飛機越境，印尼將予擊落。

由於印尼這項戒備式的示威，和蘇班德里奧「對抗」馬來亞的談話，馬方自不能再守緘默，拉曼總理乃發表談話說：蘇班德里奧「對抗」談話，不知含義何所指？若為經濟之「對抗」，則印尼與馬來亞間，將無貿易之可言，但貿易停頓對印尼害處更大。假如指的是軍事「對抗」，印尼已有強大的陸軍，更有「蘇援」的飛機與兵艦，而從未計劃與人作戰之馬來亞，海陸空軍均一無所有，誠不足與印尼「對抗」。但馬來亞與英國訂有聯防協定，倘馬來亞遭受外來之攻擊，英國即將赴援，則「戰火將漫及全球」。

拉曼並警告印尼慎勿干預「大馬」計劃說：印尼指馬來亞為「新殖民主義者」，實則馬來亞正好「以其人之道，還治其人之身」，印尼今天正在共產勢力下討生活，如若揭去外殼，便可見到另一種形式之殖民主義。倘印尼不受共黨影響，則印馬之間，根本不會發生任何問題。

拉曼的談話，除了在「殖民主義」上對印尼反唇相譏外，總算是表示馬來亞背後有英國的軍事力量，可以與印尼作軍事「對抗」。

只待蘇加諾的「訊號」

儘管拉曼如此警告，印尼是不是會接受警告呢？答案可能是否定的。印尼並非不知英馬之間已有聯防條約，但並非不知北婆尚是英領、和「大馬」計劃已得英方同意。但印尼已正式拒絕英方對印尼「不干預大馬」的要求，其聲言「擊落越境飛機」及實行巡邏領空邊境，實在是對英機而發，可見印尼志在不小，蘇班德里奧把北婆比擬剛果，和亞洲將有「血腥戰爭」的預言，也許不是全無內容。

就在這個時候，傳印尼「志願軍」出現北婆邊境，英傘兵二千名已在北婆沙勝越叢林區空降，同時，倫敦已緊急召集二千後備隊，作七十二小時的候命，準備空運星洲增防。因北婆形勢，可能需要更多兵力，星洲方面，自部份英軍調婆羅乃後，防務也見空虛。

駐婆羅乃英陸軍當局，雖否認印尼「志願軍」經已越境之說，並解釋謂二千英傘兵出動乃是「例常任務」。但發言人並不否認將來印尼「志願軍」有越入婆境的可能。印尼方面，海軍發言人也謂「志願軍」入婆之說「毫無根據」。可是事實上婆羅洲印尼部份的首府坤甸，軍運頻繁，印尼正作軍事集結，不但為英方所注視，且已引起菲律賓的注意。印尼陸軍司令金奈少將率領精銳的傘兵突擊團巡視沙勝越邊界一帶，雖也可解釋為「例常」行動，不過由於採「戰鬥姿勢」的蘇班德里奧獲授勳章，人們不能不懷疑，翻雲覆雨的蘇加諾總統，要對婆羅洲採怎樣的要法？至少，馬來亞人士正深深感到困惑。如果以軍事力量，強大的印尼為背境，向婆羅乃沙勝越發動游擊戰爭，其規模及延續性；可能困擾英軍的程度，一定超過當年「馬共」之上。

據吉隆坡獲得的情報，自印尼屬婆羅洲坤甸至沙勝越邊境一帶，印尼「志願軍」估計有六萬人，一部份是印尼左翼團體所徵集的，而另一部份的基幹，可能就是印尼正規軍所改裝的，正如當年中共入韓「志願軍」一樣。

印尼還沒有承認所謂婆羅乃革命政府，但它已接受阿哈薩里派遣的駐椰加達代表。而阿哈薩里則已正式接受印尼「志願軍」援婆。蘇加諾認為阿哈薩里的爭取婆羅乃獨立，合乎「萬隆原則」，「應予支持」。那麼，目前尚未明瞭者，是蘇加諾是否及於何時遣派印尼「志願軍」出動。

美國會「虎頭蛇尾」麼？

阿哈薩里的自馬尼拉「失踪」，更增加印尼「志願軍」的神秘性及緊急性。其先，阿氏曾警告說：「接受外國志願軍，他本人要返婆打游擊，「戰至最後一人」，而現在他的失踪，就傳說是潛赴印尼，去發動婆羅乃的「游擊戰」。

在這同時，婆羅乃將派一代表團前來談判，「弄清楚大馬合併的條件」。婆羅乃電台也突然播稱：「加入「大馬」事體重大，尚未作硬性決定。」反蘇丹在該事叛亂發生後聲明「決定加入」的聲明。此事內容如何，此間尚未獲有關情報，但一般很關心北婆三邦內部，會在外力高壓之下，發生變化。幸而蘇丹本人已定期來訪，當局希望能向蘇丹解釋一切，先獲蘇丹的首肯。

差強人意的是一向緘默的美國，正式發表支持大馬計劃的談話。國務院發言人懷特，敦勸菲律賓勿反對「大馬」；與英方取得協議，「願見非英協議穩定東南亞」。美國認為「大馬」成立，是最好的方法，可以改善該地區的政治與經濟」。美國尚未獲得印尼「志願軍」威脅婆羅洲的第一手資料，但美國不希望印尼干預「大馬」，正與不希望菲律賓阻撓相同。

大馬來西亞有豐富的資源，能夠成聯邦，經濟發展自有最佳的展望。而美國的所謂「政治改進」，其一是指「殖民主義的消滅」，此正與印尼所指的「新殖民主義」相反。[illegible]

吉隆坡通訊

印度中立政策瀕於破產

華若

印度總理尼赫魯，最近曾公開發表談話，指責「中共係披着共產外衣的法西斯帝國主義者」。他這番含有爆炸性的言詞，就使人意味到他所倡導的「中立」政策，不僅發生了動搖，且已瀕臨破產！

自命智慧不凡的尼赫魯，曾先後訪問過北平，莫斯科，開羅，伯爾格萊德，華盛頓，東京，及東歐各附庸國，自恃其具有圓滑的手腕，實行左右逢源，東西討好，儼然以「國際橋樑」自居；也確曾聲譽煊赫過一時。然而「小丑」畢竟心勞日拙，「中立」兩字到底不是一道「靈符」。於是，印度終於受到中共的武裝威脅而被打擊到手足無措；尼赫魯在徬徨無計之下，卒之要向英、美求援，進而接受了西方國家的支助！

印度疇昔之所以標榜中立政策，據國際觀察家的分析，是有下列四個原因：（一）她是想以道義上的力量，壓制別一個國家對她進行侵略；（二）她是為着要爭取外國的援助，來發展自己國內的經濟；（三）她不想接受外來的任何一種主義；（四）她要利用機會來提高自己的國際地位。此外，美國外交政策聯合會的台拉維拉．狄恩女士對印度採取「中立」政策之觀察，則具有另一項見解。

狄恩女士指出：尼赫魯之所以倡導中立政策，純然是企圖在國際上出風頭。狄恩女士還舉出了這樣的例子：尼赫魯曾屢次替中共奔走說項，對韓戰，越戰，都儼然自視為調人，並力袒共黨，公開反對東南亞公約，反對巴格達公約，又聲援埃及之反英運動，拉攏亞非國家反西方運動；這都是「出風頭」的手法，實際上，跟「中立」的本質是有一段很長遠的距離。其次，印度曾於一九五六年發動若干亞洲國家企圖在聯台國打擊以美國為首的二十國譴責蘇聯提案（匈牙利事件）；這更與「中立」的意義背道而馳。——從上述兩項理論來批判，可以斷定印度的所謂「中立政策」也者，壓根兒就是一個假面具！

印度既然祇是戴上「中立政策」假面具，當然經不起國際局勢轉變的考驗，很容易地，這副假面具就被撕破下來，而露出了狡獪、猙獰的真面目。如：向喀什米爾進攻，向葡萄牙挑戰。這都給予世界人士以很惡劣的印象！

時至今日，我們可以清楚地了解到：印度的「中立政策」，完全是一齣絕對自私把戲的「戲目」；利之所在，尼赫魯便立刻提高嗓子，朗聲哼出「中立」的腔調，但一到了引不起「顧曲周郎」的興趣或甚至喝倒彩的時候，他自然要迅即閉幕停演。目前，尼赫魯的「中立」調子已唱至力竭聲嘶，而換來的反應，祇是中共的進攻，因而尼赫魯就不能不嗒然若喪，把「中立政策」丟在一旁。

我們當還記得：尼赫魯曾於一九五七年九月訪問東京，從事游說日本首相岸信介承認中共政權，並大放厥詞，鼓其如簧之舌，儘量替中共在亞洲舖平道路；其後，又屢次在國際上表示，謂中共應進入聯合國。尼赫魯要出這些手法，顯然係「投桃」，而希望中共「報李」。可是，這完全是尼赫魯的妄想，中共對印度的窺伺，始終沒有放鬆。不特沒有放鬆，而且還加緊了軍事推進，中共的武裝部隊，毫無忌憚地經由西藏[illegible]麼力量抵抗中共？既然要依靠西方國家的支援，那就一定要接納西方國家的意見。細察近一兩個月來印度在外交上的動向，就可以知道其「中立政策」確已臨近破產邊緣！

鴛鴦湖

劉裕畧

鴛鴦湖在嘉興城南，烟雨樓則在鴛鴦湖之中。湖以鴛鴦爲名，已很動人，加上烟雨這兩個字帶來的風姿與神韻，不消說，這就更容易使人在想像上，產生綺旎的畫境和幻境了。

鴛鴦湖一名南湖，湖的面積並不大，湖水也並不很清。但在蘆葦和烟雨中，另有一種風味。湖上的船娘很有名，江南本來盛產美人，距嘉興六十華里的嘉善尤其是出產美人的名區，不過，船娘與美人畢竟是兩會事。如果有人抱着欣賞美人的目的去欣賞船娘，他必將失望。那裏的船娘並沒有替鴛鴦湖生色，相反，她們却反而使鴛鴦湖庸俗了。

最使鴛鴦湖生色的是烟和雨。就整個江南來說：烟和雨原就是一大特色。杜牧韻江南春景絕句說得好：「千里鶯啼綠映紅，水村山廓酒旗風。南朝四百八十寺，多少樓臺烟雨中！」除了春景，江南的秋景，杜牧也曾經描述說：「長洲苑外草蕭蕭，却算遊程歲月遙。唯有別時今不忘，暮烟秋雨過楓橋。」此外，宋代詩人也有同樣看法：「亭亭畫舸繫寒潭，只待行人酒半酣。不管烟波與風雨，載將離恨過江南。」這可見無論在春天或在秋天，烟雨都是江南風景的素描。而鴛鴦湖却是把整個江南的烟雨風景具體化了。雖然鴛鴦湖的範圍較之整個江南是小得多，但它却更迷人了。近視則烟雨籠罩着整個鴛鴦湖，籠罩着整個烟雨樓，也籠罩着我們每一個自己。烟烟雨雨在我們自己左左右右，我們自己好像置身在雲霧中一般。隱隱約約的使我們失掉了眼前的一切，但當我們閉上眼睛冥想的時候，它却又替我們帶來了鴛鴦湖畔歷史的故事。這鴛鴦湖畔的歷史故事，是許多站在烟雨樓上冥思的人所想到的。

鴛鴦湖畔的歷史故事非常有名。它是一次戰爭。那一次戰爭的一方是吳王闔廬，戰爭的另一方是越王勾踐。

那一場戰爭導源於吳楚之爭。在春秋時代，吳與楚是相鄰的兩個大國，那時候，各國互相爭伐，戰事頻繁，吳楚兩國也如此。周敬王姬丏十五年，即公元前五〇五年，吳國伐楚，吳國打了勝仗，並且入了楚國的郢城，但越國却趁吳國勞師遠征的時候，乘虛入吳，並且還佔了吳國的一部份土地。因此，吳國對越國非常懷恨。十年後，周敬王姬丏二十四年，即公元前四九六年，吳王闔廬爲了報復越人乘虛入吳之仇，起兵攻打越國。

這個時候，越王允常死了，允常的兒子越王勾踐剛剛即位，闔廬以爲勾踐是新君，威信未立，誠信未孚，正是吳國報仇的好機會，便逕自出了兵。但越王勾踐是一個行動敏捷的人，在吳軍還沒有進入越境之前，便指揮越軍進入了吳境。越軍走得很快，終於與吳軍在吳國的檇李地方接觸。這檇李即是今日的嘉興；所以，這場戰事就發生在鴛鴦湖畔，吳越兩軍當時在鴛鴦湖畔對陣，勾踐上陣後，首先就發現吳軍陣容嚴整，有不可侵犯的樣子，他心裏很顧慮，便在軍中挑選了一批勇士組成敢死隊去衝擊吳軍，他的目的是想用敢死隊去把吳軍的陣形衝亂，然後乘亂襲取它。殊不知第一批敢死隊衝過去，全被吳軍活捉了。勾踐又指揮第二批敢死隊衝過去，但也全被吳軍活捉了。越王勾踐見敢死隊不行，才心生一計，把越國的罪犯們弄上陣來。命他們排成三行，每一個人都用實劍指着頸項，一齊走到吳軍陣前，大聲說：在兩軍對陣的時候，我們得了干犯旗鼓的罪，我們不才，我們無能，但我們不敢避罪，也不敢逃刑，我們現在願意在兩軍陣前自殺。說完之後，便都很英勇的以劍刎頸，一齊自殺了。這行動使得吳軍奇怪，吳軍的官兵都注視着這一樁怪事，勾踐見吳軍兵心已經因這樁怪事分散，便揮動大軍進攻吳軍，吳軍果然大敗，不但吳王闔廬受傷，闔廬後來，甚至因傷致死了。

闔廬死後，他的兒子夫差即位，力圖報仇，但再後越王勾踐又在歷史上創造了輝煌的戰績，他不但把越國復興，而且更進一步又把吳王夫差擊敗並且更進一步把吳國滅掉了。歷史上所謂「臥薪嘗胆」、「十年生聚、十年教訓」等膾炙人口的故事，便是越王勾踐在復興過程中的著名史實。而這一切又都是導源於鴛鴦湖畔的那一戰。所以，我們在鴛鴦湖畔或烟雨樓閉目退思的時候，這一幕英勇的輝煌的故事便往往不知不覺的在烟雨中幻現出來。

現在，我們遠處海外，是不能自由自在地去遊鴛鴦湖了，但遙望江南烟雨，我們不禁要問究竟誰是今日的越王勾踐呢？

×××

文聲集（一四）

無題　庚子三月

韋齋

未必餘情戀落花，偶然春盡恨天涯。當時欵語心猶曲，遙夜親陪分已賒。蘭芷泥中傷氣類，龍蛇腕底惜詞華。朱欄指點黃昏路，頓覺塵生七寶車。

魏其自喜武安驕，紛雜虞初說遜朝。姊妹趙家傳粉墨，笙歌粵市出嬌嬈。人間幾免登場笑，天末生憐落葉飄。無賴媚川珠滿眼，種花誰護上林苗？

凋落詩心逐歲華，詞章今已厭名家。雲生海上觀游蜃，月滿江南起暮鴉。換羽移宮纔曲半，辭秦過楚總天涯。涎狂魏野徒誇世，紅袖何曾勝碧紗。

梁氏眉妝若可侔，一番淺笑一含愁。最宜通語三更月，乍聽呼名七夕秋。鼇禁帖書陳玉几，星家術數演金鈎。向來才是人間累，阿母簾前莫怨尤。

熒惑狂侵局已非，補天大小願同違。雲深是處迷黃鶴，斗轉誰家卜紫微？新釀不成前日醉，輕羅稍念舊時衣。頻年楊秉安淳曰，肯化蒙莊蝶亂飛。

唐詩偶釋（五）

鄧中龍

雜詩

沈佺期

聞道黃龍戍，頻年不解兵。可憐閨裏月，長在漢家營。少婦今春意，良人昨夜情。誰能將旗鼓，一爲取龍城。

起聯敘出事實，爲一篇張本，結聯即回合之。首尾包筆，與杜審言「和晉陵陸丞早春遊望」詩同格。中四句由第二句開出，亦與杜詩同。惟杜詩中四句平排寫景，微嫌平板；此詩五六二句暗轉以起結聯，爲較優耳。凡讀詩必先審清章法，合彼此以參觀，就同異而比較。積累既多，自然胸有成竹。

起聯不著意，僅平平引起，其著意固在三四句也。亦有起聯著意者，則三四必以平淡之句承之。此詩中調色之方，亦作家不易之法。

項聯輕捷，腹聯乃承以矜鍊之句。與駱賓王在獄詠蟬之詩，同一機杼。讀者可互閱。杜工部登高詩項聯：「無邊落木蕭蕭下，不盡長江滾滾來」亦極輕捷矣。腹聯即承以「萬里悲秋常作客，百年多病獨登台」，句亦矜鍊。蓋輕捷之後，非用健筆不能振起，此亦律詩常法，殆學者不察耳。

五六句，第五句承次聯說，第六句暗轉啟下，句法渾成緊鍊，爲詩中過脈，應特別注意。

「長在」或作「偏照」。以上文論，則長在與頻年相承；以字法之活脫論，則偏照較優。

作詩之道，僅說一面則寡味。一筆寫兩面，定是佳句。此詩三四句，畧同於李太白之「當君懷歸日，是妾斷腸時。」均爲一筆寫兩面。淺者不察，徒賞其佳，而莫知其所以然，烏從學步。

前四句一氣呼吸，不假修飾，輕逸之至。然前半如此，五六定宜矜鍊，不然，便失之單而猾。元明以來，知此道者鮮矣。

附杜審言「和晉陵陸丞早春遊望」詩：

「獨有宦遊人，偏驚物候新。雲霞出海曙，梅柳渡江春。淑氣催黃鳥，晴光轉綠蘋。忽聞歌古調，歸思欲沾巾。」

附駱賓王「在獄詠蟬」詩：

「西陸蟬聲唱，南冠客思深。不堪玄鬢影，來對白頭吟。露重飛難進，風多響易沉。無人識高潔，誰爲表予心。」

心曲

劉沛霖

又一次，我來到干諾道中的海傍。

天星碼頭的自鳴鐘剛敲響。

海傍一帶的霓虹燈廣告牌，還在發出絢麗奪目的光彩，在爭妍鬥艷，反映在水面，七彩繽紛，像一首抒情詩，更像一幅活油畫，美極了！

沿着岸邊，我慢慢的向東方前進，每越過一柱路燈，就把數座高樓大厦拋置背後。我繼續向前走，嘴裏哼着輕快的調子，腦袋充滿一切美滿幸福的期待，心是那麼歡悅，步伐是那麼輕鬆和富旋律，一如勞倫斯的圓舞曲。

皇后碼頭、愛丁堡廣場、天星碼頭的走廊、和大會堂，一反往日寧靜的常態，熱鬧起來；停泊在維多利亞海港的商船軍艦都燃亮了燈光，歡樂的歌聲隱約聽見，穿梭的渡海輪，把黑黝黝的港口點綴得更嫵媚，別有一番韻味！

此刻，每個人的臉孔都緊張起來，等候着新年的來臨。而我，却想着很多過去的往事。

……

突然，海上傳來氣笛聲，忽長忽短的喊嚷起來，天星碼頭的自鳴鐘也不放過機會，陪着教堂底莊嚴的聖鐘，在叮噹作響，把我從沉思中帶返到現實來。

現在，軍艦的探照燈向着高空炫耀，和疏落的寒星媲美。輪船的氣笛聲、汽車的訊號、鐘聲乃至人們的歌聲交織着，有如一首美妙的交響曲。雖然沒有指揮，却奏得異常悅耳。

舊的一年逝去了，新的一年正開始。一瞬間，人們內心的愉快和幸福的光芒，都無遺地表露在每一張臉龐上，我也被這種歡樂的細菌傳染了！

忽兒，在朔風凜冽中，我看見一面紅白的米字旗，在歡樂歌聲夾雜之中，緩緩的在一座大厦的樓頂升起，頓然我又惦念着咱們那面劃時代的「青天白日滿地紅旗」來。何日她才能在廣濶的大陸上普遍升起呢？我無言，低下頭，默默的走着。一股又一股熱騰騰的血貫注在我身上流轉！

良久，我抬起了頭，向老遠的北方眺望。此刻故鄉的景象怎樣呢？童年的伴侶又到了那方呢？我不敢想下去，一種沉重的感覺，正重重的壓在我的心房！但當我想到黑夜即將消逝，黎明即將到來的時候，但當我想到寒冬已過，春天即將到來的時候，我又興奮起來了。

憶陳果夫先生（四）

宇人

九一八事變發生後，全國各地學生紛紛罷課，從事反日救國運動。北京、上海的學生還晉京請願，國民黨中央黨部的政策，是不希望學生罷課的事件繼續發展下去，尤不願意學生們晉京請願；因而密電各省市黨部設法勸阻，以致引起學生的不滿。浙江、上海、北平、陝西等省市黨部均被學生搗毀，中央黨部也被北平來京請願的學生入內滋擾，蔡元培、吳稚暉兩先生代表國民黨中央出來接見，還被學生們拖進他們遊行的隊伍中，走了一段路才放回。此時，江蘇省的學生也醞釀晉京請願抗日，中央黨部聞訊，迭來電報電話，令飭務須阻止。我當時對學生抗日運動極為同情，因為我想到假如我是學生，我也一定和他們採取同樣的行動。而且，事實上，如果不是為了上海五卅慘案發生，全國各地學生掀起抗日運動，我根本就不會拋開書本，跑到黃埔去。所以，我主張對於學生的抗日運動，祇宜積極領導，不應阻止。我在鎮江各界的反日大會上，更對中央的對日外交政策及外交部長王正廷先生猛烈抨擊。我們和學生代表時有接觸，他們罷課遊行和宣傳演講，省黨部均予支持；祇勸戒他們不可無限期的罷課和不能有任何擾亂秩序的行動發生，學生代表們也很同意。蘇省黨部對中央黨部制止學生抗日運動的電令，累提異議；我們更認為各地學生代表晉京請願抗日，乃是一種民氣的表現，因而不顧中央的電令，仍協助蘇省學生代表前往南京。他們到京以後，先向國民政府和中央黨部呈遞請願書，然後在市區遊行一週，即日返蘇，自始至終，秩序井然。事後，我得知果夫先生對學生罷課和請願等事，本極不以為然，繼因我們堅持己見，並保証蘇省學生代表入京不會發生滋擾情事，即吩咐組織部不必再加干涉。

由於國難的嚴重，國民黨各派系又在精誠團結，共赴國難聲中，實現分而復合。第四次全國代表大會開會前數日，我和已到京的各省市黨部出席的代表五十餘人集議，決定共同提出三大案，其一為糾正第三屆中央執監委員會案，除對政府貪污腐化和三屆中央的種種失職，詳舉事實，主張應予糾正而外，還指出胡、汪、蔣三位先生及若干元老於總理逝世後，不但不知團結奮鬥，反而各立門戶，致使本黨一再分裂；尤其對於蔣先生引用北洋官僚政客，排擠黨內同志，造成軍事北伐，政治南侵的現象，指責甚嚴。其二為確定四屆中委人選標準，建立統一而健全的中央案，主張嚴立限制，把黨內一切有歷史有節操有才幹的同志團結在一起；同時更應妨止舊軍閥、舊政客及一切宵小之徒混入。以上兩案由我起草。其三為確定抗日國策案，主張對於暴日的侵略，應實行不宜而戰，處處抵抗；反對不抵抗主義。由河北省黨部鄭國材同志起草。

因為事機不密，消息外洩，立時引起黨內各方面的震動；糾正三屆中央的提案更成為衆所注意的目標。代表大會開會之日，各審查委員會的人選均沒有我們這些被認為是三大提案的主動分子在內，顯然，是存心防止我們。鄭國材兄向立夫先生提出抗議，他表示乃出於無意；並乘機勸阻我們不要提出糾正三屆中央的議案，他說：黨內許多先進都責怪果夫先生有意縱容我們，因為我們多屬中央組織部的職員。我們沒有接受。

果夫先生乃實行釜底抽薪之計，親訪各省市黨部出席代表，力勸他們沒有簽名的不要簽名，已經簽名的撤銷簽名。記得有一天我在中央飯店（代表多居此處）的走廊上和果夫先生相遇，他面色陰森，故作不見，我也就沒有向他打招呼，當時我心中暗想，從今以後他可能不再理我了。但我仍未氣餒。不料其他各省市的代表，均被果夫先生說服，紛紛動搖，上海和浙江的代表首先請求撤銷簽名，於是，一二日之間，我們原來集議決定共同提案的五十餘人，已有大半中途退出。此時，正值黑龍江失陷，蔣先生突然向代表大會發表演說，畧謂他即將出發率師抗日，但要求大會接納事前黨內各方面代表在上海所達成的協議，以一、二、三屆中央委員為第四屆中央委員，以期實現黨內的大團結，讓他能全心全力的去抗日。他報告完畢，即要求大家起立，表示贊成。絕大多數的代表均起立，他即宣佈「通過」。我們雖然認為這種四代同堂的選舉辦法，無異視中央委員為終身職，不但違法亂紀，而且貽害無窮，但無法阻止。且就程序言之，蔣先生僅在演說中提出此一意見，既未依照提案手續，作成提案，又未經過附議及討論，所謂表決也是由他請大家起立，並不是由大會主席依法提付表決，因而從頭到尾，可說是處處非法。我當日即致書大會主席團，大意說：蔣先生既認為非如此即不能實現黨內的團結，非如此即不能使他全心全力的率師抗日。在如此的形勢之下，我自不便堅持異議；但不得不指出蔣先生的辦法已將本黨的法治基礎毀去，黨的前途將從此不堪設想，要求主席團將我的意見紀錄下來。信寫完後，劉不同看見，很表同意，也簽了名。至此，我們所提的確定中委人選標準案即已歸於無效了。

稍後數日，中央黨部又向代表大會提議，凡過去因政治關係而被開除黨籍的同志，一律恢復黨籍。在此以前，汪精衛、孫科、李宗仁、白崇禧、閻錫山、馮玉祥及西山會議的許多革命元老都已先後被開除黨籍，居正先生還被上海警備司令熊式輝誘捕身陷囹圄。本案提出後，鄭國材兄首先表示贊成，但他指出過去因政治關係，不但有很多的同志被開除黨籍，而且還有更多的同志變成殘廢或犧牲了生命，我們隨時隨地都可以看見這些傷殘的官兵和許多孤兒寡婦。他問被開除黨籍的同志現在固然可以給他們恢復黨籍，但對那些傷殘和死去的同志又將何以慰之。他說時聲淚俱下，一時全場黯然，很多代表都痛哭失聲。蔣先生起立發言，自認這都是他一個人的罪過，他將畢生不能忘。隨即全場起立為因政治關係而犧牲的同志默哀三分鐘。

抗戰行列中見聞雜憶（一五）

李璜

管制物價與掌握物資

在抗戰末期，民國三十二年春季的時候，因為四川及大後方支持抗戰的人力物力已到了漸就困乏的情況，日用必需品的市價，如米糧、布疋、油、柴等類，便高漲了起來！重慶陪都當局決定在幾個重要都市來管制物價，政府還聲稱要掌握物資。

先是，在民國三十一年，國民參政會，大會已通過了成立國民參政會川康建設期成會，以應政府的「抗戰必勝，建國必成」的號召。（建設期成會與憲政期成會兩案先後通過，關於憲政期成會及其座談會留待後述。）在民三十一年秋，即於成都設立國民參政會川康建設期成會川西辦事處，並推我担任辦事處主任之職，因為前此視察團中的徵兵、征糧任務未了，我仍在往來成都重慶協助兵役署與糧食部的工作，隨時報告於參政會駐會委員會；同時我在參政會大會一向担任財政經濟組召集人，此次政府用意要平抑物價與控制物資，而建設期成會的組織任務又多在經濟調查與開發方面，故議會及政府都要求我駕輕就熟的去勉為其難。

所謂勉為其難者，因抗戰支持到五年之後，日寇既逐次深入，到了廣西與貴州，而汪偽組織又已成立於南京，陪都政府深恐大後方的軍心民心受影響而動搖。當時四川的軍閥劉文輝、鄧錫侯、王纘緒等各據要津，反側堪慮，政府全靠張岳軍（羣）一張王牌，任四川省主席，在那裏應付，而張則必須緊拉住四川的有力士紳來共同維持這一場面，以減民怨，以應軍需，且以之在精神籠罩下控制着暗與汪記政權勾結的劉、鄧等軍人。

因之，川康建設期成會川西辦事處成立時不限於參政員的參加，而尚有四川省參議員共同參加，且無論參政員與參議員，大抵皆四川的紳者，如邵從恩、黃肅方、周鳳池、張瀾、諸參政員，尹仲錫、徐申甫、曹叔實諸省參議員，類皆「五老七賢」人物，向來對於川局都為四川老百姓之所倚重者。故此會由我主持，我事事便憑會議方式決之，每次我任主席，都讓諸老盡量發言，登之報端，藉以造起輿論，一方面固用以控制軍閥的反側心理，一方面也使中央不要在川康任意行事，引起不良後果。後一義便不免常使陪都中央的部會首長的打算與作法，碰上不大不小的釘子，因對於議員仗着紳權，阻碍中央政令，每懷不滿，抱怨起來！幸張岳軍了解此一作用，因之，蔣先生也就放心了。

因是，建設期成會川西辦事處在成都成立不久時，便給予財政部要員一個釘子碰，大是有趣，至今記憶猶新。財政部在三十一年夏，為充裕財源，忽然意想天開，要在川滇邊境及西康寧屬地區收購鴉片烟，運往淪陷地區發售；且有川滇商人包收包賣等計劃，由財政部某次長借侍從室秘書陳芷町持計劃來與張岳軍商量並着手辦理。張甚了解，如果此計劃付諸實行，則不須一年，川滇康三省便重行成為清末民初的鴉片烟國，而且地方軍人與土豪必藉之大發其財，甚至要爭奪種烟好地，演成鴉片烟戰爭。

經民國以來的三令五申，並且在此三省地，不知道處罰了多少私自種烟的人，然後始將鴉片烟的種與售，在民國二十年左右，在此三省的中心及其通路附近禁絕了。然而在邊區，特別在少數民族的區域，所謂夷區，尚未禁絕，而由當地駐軍與土豪庇護、包辦，大發其財。如果今由中央明令收購，不啻公開弛禁，則老百姓種糧食之好地均會相率效尤，重行種起鴉片烟來，這還得了！但張不願對中央要員明說與打回，便請他們來向辦事處諸老說明，然後方易着手。

我與陳芷町有文酒之交，多年相識，他先來找我，聲明某次長要他同來，就是為的來結人緣，方易辦事。我說：「芷町，對於此事，人緣不大好結，必碰釘子無疑，我勸你溜之乎也！」芷町不信，次日期成會辦事處開常會，諸老照例每會如時齊集。某次長報告中央為解決財政困難，要在川康邊區收購鴉片，運往淪陷區域發售之事。諸老聞言，立刻冒火！歲數最大的尹仲老首先太息：「怎麼想錢想到這上面來了啊？這班聚斂之臣眞是盜臣了！」周鳳老說：「我當督軍的時候，為禁烟，特別禁種，在川西就槍斃過人，我若贊成這件事，我就對不住死了的罪犯！」邵朋老火氣最大，他質問某次長，運鴉片去毒日本的兵嗎，還是去毒淪陷區的老百姓？你是不是想拿鴉片烟槍去打退日本兵？」說還未了，便拿起手中的長一尺有餘的葉子烟桿向某次長的頭上打去，要予以痛擊一下，我趕忙擋住，並用眼色示意陳芷町，他懂得，芷町立刻拉着某次長退出會場而去。

財政部這一收購鴉片的決心至此冷了一半，但還要等到當年參政會大會，參政員大大質問孔祥熙一場，然後才將偷偷摸摸的進行，完全取消。（孔在參政會大會大談鴉片烟好處的笑話，當時載之各報，茲不具述。）

現在說到管制物價與掌握物資。此事在抗戰末期，也曾試行而未見效用，徒有具文；也幸得建設期成會隨時加以監督與調劑；方才將這類統制經濟專家的理想，一再修正，以免鬧得物價反而高漲，物資完全逃避的現象。總之，在中國邊省的農村，近於原始農業經濟，而且交通不便的農村，要實施經濟統制，未有不失敗到底的！

（未完）

本刊已經香港政府登記

聯合評論

週刊

United Voice Weekly

每逢星期五出版

第二三一號

督印人：黃宇人　總編輯：左仲平

社址九龍大埔道一六八號南亞書局 805641

承印嘉羅印刷有限公司香港灣仔馬師道5號

總代理：友聯發行公司售價每份港幣一毫

本報美洲版總經售處美國紐約中美出版社

CHINESE - AMERICAN PRESS, INC
199 CANAL STREET.,
NEW YORK13 N. Y. U.S.A.

美洲航空版每份零售美金一角

畧記旅美四個月的一些實感

左舜生

一、引端

去年秋天，因爲一個偶然的機會，我曾到美國作了一次較長時間的旅行。

去年九月十五離開香港，一直延到今年的一月二十四日夜半的十二點以後，才匆匆由東京飛回。

其時正值舊曆的除夕，我的飛機一經到達港九的天空，便看到燈火萬家；等到接近地面，更聽到爆竹之聲，不絕於耳。

究竟是大家在準備過年，機場檢查證件和行李的人員，都異常寬大（實際我在檀香山和東京卻也不曾打開過）。大致不到十分鐘，我便很輕鬆的走出了機場的大門。其時站在機場出口接我的親友們仍有四五十位，而且我知道內中有兩位近來的健康情況不甚良好，這眞是我衷心所感激的。

我離開香港的時間共爲四個月零十天；在美國境內停留四個月，這是我原定的計劃。可是另一計劃打算在歸途對日本作兩個星期的訪問，卻沒有完全實現；僅僅在東京一間舒適而清靜的旅館好好睡了三晚，以恢復我旅途的疲勞。自一九五六年我第三次訪問過日本以後，我對這一個隨時都想多了解一點的國家，又已濶別了六年；這次因爲健康的關係，只能悄悄而來，又悄悄而去，連若干我所渴盼一談的中日友人，多數都來不及通知；六年來日本若干的變動，我也無暇細問；這確使我感到非常的惆悵。

我是第一次到美國。我平日對於美國的了解，大抵都是耳食，皮毛，零零星星，不成片段；甚至連美國立國精神所寄托的一部美國歷史我既知道有限；中美兩國間開始建立關係以迄今日，已經有了一百八十年，在這一悠長歲月中，發生於中美兩國間的若干事實，在我的腦經中也只有一個粗枝大葉的輪廓，從來沒有作過一點比較深入的研究。可是，在過去的若干年，我依然追隨時賢之後，高談中美問題，對美國作過若干無謂的歌頌，若干不中肯的非難，甚至還對美國存了若干絕無可能的期待，現在偶一回想，眞使我汗顏無地！

自從中美有了交往以來，中國的學士文人，到過美國或留學過美國的，眞也不在少數；尤其是今天，包括在學的青年（去年六月底的統計，在美國各級學校留學的爲七千三百十八人，現在或已接近八千人），已學成在美國各方面服務的少壯分子，加上中國外交界在美國及其他國際機構做事的若干人士，更加上數字相當可觀的許多寓公，高等難民，以及從事商業，宗教，及其他文化事業的人士等等，中國的高級智識分子，現在散居在美國各地的，何止一萬五千人至兩萬人以上！他們中間的大部分大抵學有專長，外國語言文字也過得去，更優秀一點的，還可以用中國文字從事寫作；可是一看中國的出版界（包括台灣，大陸，香港，南洋等處），想要找幾部留美諸君的著作，足以說明美國各方情況，可增加國人對美的了解者，則仍等於鳳毛麟角。

六十年前（一九〇三，即光緒二十九年），梁任公曾在美國有過十個月的勾留（其時任公三十一歲），寫了一部十幾萬字的『新大陸遊記』，涉及美國的範圍頗廣，尤詳於當時留美僑胞的情況，觀察銳敏，文字條暢，其有裨於國人對美的認識者，確實很大。

三年前，程天放先生寫了一部三十萬字的『美國論』，胡適之先生從頭讀了兩遍，他恭維這本書『是一百多年來中國學人寫的介紹美國，說明美國，了解美國的一部最好的書。』他並且說：程先生『在這本書裏用的歷史敘述方法』，『是一本很好的美國史教本，比一些形式的歷史教科書更可讀。』這次我剛一到達紐約，便在百老滙路一間旅館的十層樓上，以兩晚的時間，把程先生這本書從頭細細讀了一遍，我覺得胡先生恭維程先生的話，絕非過譽。尤其，我把梁先生六十年前在他所寫遊記上所列舉的若干統計數字，與程先生所舉一九五八到一九六〇的數字逐一比較，我覺得美國人在這六十年間的突飛猛晉，確實令人可驚。

中國在最近這六十年的演變，我是知道一個大概的，持以與別人的進步一比，中國所以鬧成如目前這一如此這般的現狀，我乃深深的知道：絕非偶然。日本人在戰後，懂得他們的鍊鋼設備，比之美國落後了十年，因此他們汲汲與美國交涉，澈底換了一套新的，這對於日本近年的復興工作，確實起了一方面的決定作用；可是咱們的毛老大，卻在中國大陸來過一次神話式的『土法鍊鋼！』連赫魯曉夫到美國作過一番視察以後，他也承認美國是一個不容易戰勝的國家，而毛老大卻要硬派美國是一隻『紙老虎；』甚至他在與赫魯曉夫門嘴的時候，還要強調：『郎令這隻紙老虎是裝了核子牙的也不足怕！』他不懂得美國的實況是冷戰則弱，熱戰則強；在他們領導別人的時候，確有不少的毛病，等到他們自己起來硬幹的時候，卻有一種舉世無與倫比的龐大實力。這不是我故意爲美國張目，有在第一第二兩次世界大戰中他們所表現的事實可証。單就這一點而論，我覺得不把大陸上這一羣『土包子』趕快收拾，他們可能更要把中國陷於萬刧不復啊！

當我到達美國還不到兩個月的時候，香港一位曾在美國住過二十年的小姐便寫信問我：『您對美國的感想怎樣？』當時我卻是難於置答；我僅僅攏統的說：『假定中國的學生要專攻理，工，農，醫，經濟，銀行，商業管理……這類的科目，不妨到美國來；假定要研究哲學，文學，美術，音樂，……一類的東西，最好還是到那個文化老家的歐洲去。把百分之九十以上的留學生都集中到美國，至少並不怎樣理想。』現在想來，便連這類的話，我也不敢十分肯定。

回到香港以後，仍有不少的朋友，向我提出許多有關美國現狀的問題。我因爲病後精神不繼，說得過於簡畧，無已，我只好以筆談代口述，隨便寫出一些留美四個月的實感；我知道我了解美國的基本條件太嫌不够，一定要說上許多主觀，武斷的外行話，這便只好請求原諒了。

亂勢稍緩，危機仍在！

胡越

從一九五八年起，毛澤東燥急獨斷所行的「三面紅旗」政策，所引起的混亂和危機，到一九六〇年下半期達到了最高潮。當時士地荒蕪、工廠關閉，失業羣衆與逃難農民，充塞城市，到處遊竄，幹部無措，軍心動搖，反抗事件激增，大有一夫揭竿即成燎原之勢；毛澤東針對這一危急情勢，乃在杭州擬定了「農村工作緊急指示」，發動整社整風來搶救危機、收拾殘局。一九六一年一月召開十中全會，所通過的以農業爲基礎的調整方針，以及其後根據調整方針所頒行的「農業六十條」，「工業七十條」，「文教六十條」，都是從「農村工作緊急指示」伸展出來的辦法。其中心目的都在安撫人心、穩定形勢。

「農業六十條」裏最重要的措施，是恢復農民每戶一畝自留地，開放農村集市貿易。工業七十條最重要的措施，是恢復都市裏的小商小販、裁併工廠，把遊動開散的人口下放農村。文教六十條最重要的措施，是恢復老教授的地位、放鬆「紅」的政治要求，讓白色專家安心做事。此外對農工文教各界普遍的一項殊恩，是澈行「勞逸結合」、（實際上停了大躍進，」保証八小時睡眠，假日充分休息，減少開會，讓每個人都喘口氣。

除了上述幾套安撫措施以外，毛澤東還有計劃的轉移注意，推卸責任。

一、把農業歉收的責任推在老天爺頭上，誇張自然災害數字。拿一九六〇年來說，謊報大陸受災面積達九億畝，超過全部耕種面積之半數。

二、把「人民公社」的責任推在下級共幹身上，誣指他們「未能正確執行黨中央的政策」，「亂吹共產風。」

三、把工業失敗、經濟困難的責任推在蘇聯老大哥的頭上，（一九六一年十一月大陸曾秘密舉行反蘇集會。）指蘇俄立逼還債，撤走專家、帶走了藍圖。

以上就是中共從一九六〇年末到一九六二年末、爲搶救危機、遏止動亂所採行的主要辦法。

本年元旦「人民日報」以大紅字標題發表了「鞏固偉大成續，爭取新的勝利」的社論。誇張經濟情況已基本好轉，並在一月上旬小題大做，鑼鼓喧天的發表了在去年下半年殲滅台灣九股游擊隊的消息。還特別渲染民兵的力量；故意造成一種印像，叫人相信大陸的形勢已經穩定，動亂的危機已經過去了。某些外國觀察家曾說過「大陸隨時可發生意外」的，現在緘口無言了；尤其是左傾成癖的日本報導界，一向過信中共是不會垮的，現在不禁快意自己有先見之明了。與此相反的，若干反共報則以爲，中共的危機是直綫上昇的，今天大陸的形勢比一九六〇年更壞。筆者則認爲當前的大陸與一九六〇年相較，雖是亂勢稍緩、危機仍在！

首先我們必須察看一下，中共所面對的有那些危機、以及危機的性質如何、程度如何。然後再看毛澤東的緊急對策可能抵消那些危機。據筆者研究中共遭遇的危機有左列六點：

（一）由於農工生產的突降、糧食及消費品的奇缺，飢民流動求食，引起的社會混亂、人心浮動；

（二）由於政策的劇烈搖擺（五八年「反促退派」、五九年「反右傾」、逼幹部左傾冒進；六〇年整社整風，又打擊左傾冒進的幹部）造成黨內尤其是中下層黨員的動搖與背離；

（三）由下放政策，把兩千萬都市居民驅往鄉村安家落戶，這些知識份子及工人實具有爆炸性的背叛意識。

（四）地方主義及少數民族潛在的敵對意識，尤其西藏、青海、新疆、寧夏爲嚴重，至今西藏康巴族仍有數千游擊隊在活躍。這一潛在危機並非「三面紅旗」造成的，但是由於「三面紅旗」政策而有表面化的危險。

（五）危機的產物——反共地下力量的活躍。一九六一年中共破獲了八個反共組織，它們有黨旗、黨章和武器。尚未被舉發的類似力量，還不知有多少。

（六）中俄共爭端表面化造成的危機。蘇俄的經濟壓力、在共產集國家中孤立，都可增加中共黨內的歧見與不安。

從上述六項危機來看，毛澤東那套辦法只能緩和第一項的危機。由於恢復自留地把農民吸任在士地上了，他們不致於離棄農村到處「盲流」了；由於恢復都市裏的小商小販，減少了失業遊民；這都可以發生相當的穩定作用。但是經濟萎縮的基本問題並未解決，自留地只佔耕地的百分之五，百分之九十五的公社地仍然沒有起色。「自由市場」恢復後，雖可緩和副食品供應的困難，但是供應距需要相去太遠，價值之昂只有少數收入較高的人可以購買，大衆生活仍繼續在煎熬狀態。

其餘五項危機，不但不能消除，並且可能更形惡化；從而得知，今天大陸，比較去年，亂勢稍爲緩和了，但是禍根和亂源依然具在。因此當前中國，仍是天下未定之局；重大的關鍵，要看今後十年的變化。

美國華文報紙時有傑出言論

（美國通訊）　永華

（美國通訊）無論孫中山的革命運動也好，康有為梁啟超的維新運動也好，海外華僑都居重要地位，留美僑胞，向不後人，更是此中翹楚。他們都曾對推翻滿清政權，出過大力。不但出過錢，而且流過血。

留美華僑何以如此熱心國事呢？這一方面是任何僑胞，僑居外國，除了少數甘心作洋奴者外，總都不免落葉歸根之思，年輕英壯的華僑，更多國家民族之情感。另一方面，美國不但是一個工業先進國，而且也是一個自由民主的國度。在美國居留久了的華僑，自然而然地都帶有民主自由的傾向。此所以僑胞在美國所辦報紙，除堅決反共外，常常更能對現在偏安在台北的國民政府作諍言，甚至予以嚴厲的公正的猛烈抨擊，香港聯合評論之所以在美國暢銷，所有留美知識份子之所以人手一紙，爭以先睹為快者，亦以聯合評論之言論與留美廣大僑胞之心之聲異常合拍故也。

而在美國出版的華文報紙中，民主反共立場一貫堅定而且深受讀者歡迎者，在紐約則有聯合日報。這是吳敬敷先生主辦的一份報紙。它素以敢言著稱，吳敬敷先生本人除苦幹外，筆鋒銳利，觀察正確，兩三年前，聯合日報所發表抨擊蔣連任總統之文，至今膾炙人口，吳本人原係國民黨人，但却是國民黨人中的開明份子，絕非爭權奪利者流，故台北召開第二次陽明山座談時，吳敬敷雖在被邀之列，但吳並未前往，這都可見吳為人的風骨。而吳所主持的另一刊物——中美週報，則更是銷路最廣的報紙，深受讀者歡迎，值得特別一提。

在舊金山，則世界日報是其中巨子。世界日報與康梁的維新運動素有淵源，故其言論，也一向以民主反共為依歸，該報除中文外，尚有英文，近年更獲得張君勱先生經常撰文，所以也是台北和香港均予矚目的一份報紙。

其他各報，如謝扶雅先生常在民治日報寫文章，紐約的「海外論壇」，雖不是日報，但以言論犀利，亦極受各方重視，而時有傑出言論。

最近，支加哥的三民晨報亦登過一篇該報主筆潘賢模所寫的三篇社論，一篇以「有黨必爭」為題，一篇以「黨員進退」為題，一篇以「黨內有派」為題，雖其言論不是對台北當局的尖銳批評，但其所論及其所含蓄的意旨，完全是站在民主自由觀點說話，所以，也不失為一種有價值的言論。

它說「黨爭一詞，在華人眼中，談虎色變。黨爭如此可怕嗎？在民主社會中，有黨必有爭，這是正常現象，也是民主社會得能進步的基石。政黨係政見的結合，既有兩個以上不同政見的集團，當然應該此爭彼執，經過辯論及爭執，廣大民衆纔能選擇決定，何者為他們所贊成，進而投票讓其執政。

黨而不爭，則何貴乎有黨？不敢爭、不願爭、不能爭的政黨，不外兩種典型：第一係喪失立場，喪失活力之腐敗政客的組合，他們組織政黨不是為着政見與主張，只是盜竊政黨之名，交官結吏，坐地分贓。」

又說「第二種典型係政黨共名，獨裁其實。第二次世界大戰前德國希特勒的國社黨，義大利國墨索里尼的黑衫黨等，以特務手段，控制全國政權。該黨領袖如「朕即國家」的皇帝，壓制其他政黨、不同政見，無法抬頭。在這樣方式下，自可消弭黨爭於無形。」

又說「今日，在合理的社會中，不談民主的政黨政治則已，若要追求民主，爭取進步，所有政黨都必須以合理的方式來「爭」取人民的信任。政黨之間必須互相競爭，不爭則何必組黨？」

又說「一切政治活動的基礎在於人，沒有群衆基礎的政治黨派、政治理論，都是紙上談兵，無裨實際。以政黨言，基礎在於黨員。黨員多寡及其熱情，決定政黨的盛衰榮枯。沒有黨員的政黨，雖有招牌、主義、黨綱，猶如建築在沙漠上的高塔，表面冠冕堂皇，實則不堪一擊。

「黨員與政黨之關係，既如此密切。因之，有些政黨不擇手段，強拉黨員。舉例言之，中國國民黨在大陸時代，以執政黨地位，一度通令全國，凡公務人員，均必須為國民黨黨員，以此強制方式，使凡欲在政府中混一官半職，養家活口者，均不得不變為黨員。量雖增多，質實降低，國民黨竟變成藏污納垢的總滙。國民黨之所以失敗，大陸淪亡，退守台灣孤島，實非無因。

「參加政黨，作某黨黨員，應完全基於政治認識與瞭解。黨員參加或退出某一政黨，出於自由意志，應該獲得社會的尊重。因為，這是任何人所應享的基本人權之一，時人不察，以參加政黨喻為忠貞烈婦，從一而終。此實昧於政黨之義。政黨的政策並非一成不變的，社會形勢的需要也隨時而異。孫中山先生革命過程中，由興中會而同盟會，由中華革命黨而中國國民黨。絕沒有保守成規，蓋因時代思潮有所變易也。黨員中贊成興中會的主張，未必贊成同盟會的見解，他們自有充份權利退出組織。

「以忠貞言之，首先要求是忠於自己的見解。當黨員發現該黨現時的原則，基本上與自己不能相符合時，為着忠於自己，實不宜作違心之言，混跡其中。道不同不相為謀，合則留，不合則去。這是堂堂正正的行徑，新時代政黨黨員應有的風度。」

又說「政黨之間必須互相競爭，以期取得人民信任，能為國家謀取最大福利。因之，各該政黨的本身，也要依循競爭方式，使最善最優者，出而代表其政黨。政黨是政見的結合。結合黨員的政見只是大原則，用如何方式表達及實行此一原則，各人看法並不相同，也無須強不同而為同。

「時下黨人，多諱言黨內意見紛歧。宛如有不同的意見，即不足以言團結。須知團結之義，即在調和歧見，折衝容忍。假使只有一個意見，一個看法，這是一條鞭政治，有何團結可言？堅尼地總統有言：政黨若不能容忍歧見的存在，實非政黨，乃係中國的下流幫會。誠哉斯言，黨內有派，係民主政黨的健全現象，吾人固不必加以鼓勵，歧見乃係自然產物。歧見產生派系，派系促進競爭，政黨能夠推陳出新，日新月異，故即在此。

「美國民主黨為今日的執政黨，但是，北方的自由派分子與南方的保守分子，各持不同觀點，互相牽制。民主黨在國會佔有多數席次，而民主黨所提之議案，多得不到南方民主黨的支持，不能為所欲為。共和黨亦然，紐約省省長洛克費勒為自由派，而亞里桑那省參議員高華德所領導的保守派，則與之為敵。

「最具有戲劇性，為吾人所共見者，當係四年一度各黨總統候選人的提名。黨內競爭角逐，情況之激烈，絕不稍讓於正式總統的競選。東方人見之，或將驚詫欲絕，認為共和黨或民主黨將告分裂矣。實則不然，經過此競爭方式，各派不同意見，均得表達，則所擬訂的競選政策，可將各派意見兼收並蓄。所產生之人選，可折衷至當。競爭意在團結，含義深遠，豈可忽之。

「民主政黨不能「定於一尊」的，以一人高高在上，決定一切，不容有所異議，美其名為領導中心，稱其說為統一意志，實與民主政黨的真義，背道而馳。政黨並非軍隊，不能以軍官指揮士兵的態度，指之東則東，指之西則西。政黨者，係在一定大原則下，結合最大多數的意見，進而發揮其力量。不同意見，產生不同派系，仁者見仁，智者見智，兼收並蓄，滙川成流，此政黨之所以存在者，何懼乎黨內有派？」

看三民晨報之名，使人聯想到三民主義與國民黨。因而使人容易引起一種感覺，覺得三民晨報是與國民黨當局有關，至少有淵源的報紙。但是該報的社論却又如此的倡導民主，對政黨政治有如此深刻的認識，這就可見民主自由實在是今日世界的主流，無論在國民黨的黨內黨外，都到處存在着開明進步份子。所以，台北當局實應反省，除非政府徹底進行民主改革，廣大僑胞是很難完全同情政府的。

綜合研究出版社新書預告

賓宗一先生著••「李鴻章年譜」

賓宗一先生是留居美國的中國學者，先後費十餘年之時間，自中國及英俄德法日諸國搜集秘密外交檔案及有關資料，撰寫此書，現交本社出版，正排印中，特為預告。

誠如賓宗一先生所說：「李鴻章所生的時代是中國在滿清帝國所代表的中國文化發展的曲線由極高點開始下降的局面，而李鴻章所處的世界却是歐洲民族所創造的民主科學與工業的現代文化發展曲線開始上昇到極高點的階段。滿清帝國開始崩潰而洪秀全們的革命運動爆發之時，便是英國工業革命發展到高潮，達爾文的物種原始，馬克思的資本論問世，議會民主在歐洲各國風行之日，當曾國藩李鴻章們壓服太平天國扶清中興之時，便是歐洲資本主義成長向外擴展殖民，近代美國大規模開發，煤油鐵路鋼鐵大王出現，近代德國，近代意大利和東方日本興起維新之日，這個一起一伏的曲線交叉點，便是李鴻章個人的悲劇，和他所影響的中華民族的悲劇」，難怪梁任公把他所作的李鴻章傳叫四十年來中國大事記，而本書都四十萬言，搜羅中外資料之豐富，非任何同類的書可與倫比，故賓宗一先生此一巨著實為對近代中國歷史之空前貢獻，幸留意焉！

台灣與美援

美援贈款全停，貸款須還美金

（取材自台北聯合報）

效微

美援現已開始改變方式，贈予性的援助，自一九六二年會計年度起幾已全部停止，改為貸款。據美援會消息，計分下列六種：（一）贈款方面，除開發贈款供技術協助之用外，均已停止。（二）以開發貸款取代原來之贈款，借款須以美金償還，但還款期限可以延長至四十年，不收利息，僅取千分之七‧五貸款費用。（三）各受援國獲得援款之多少，胥視所提計劃而定，特別注意計劃之技術及財務是否建全，經濟效益大小，以為准貸與否之標準。（四）原則上着重於民營事業之發展。（五）強調受援國應有長期建設計劃之制訂，以作為美援配合之依據。（六）因美國黃金外流，已改變單獨援外方式，呼籲其他經濟發達國家，共同承担協助落後地區開發之責任。

美援改變後的影響

據美援會負責人稱：我政府為配合美援轉變的情勢，鑒於國內資本形成與國民所得的增加率不如理想，在民國四十九年即制定十九點財經措施，以求經濟加速發展，減少美援或停止後所發生的影響。據該會的分析，美援改變後所發生的影響可分為二類：

關於進口物資

進口物資方面，以往是由「非計劃型援款」項下贈予，其中農產品部份改由四八〇公法項下供應。過去每年供應金額約一千多萬美元，現繼增至五千萬美元。為彌補贈予援款的減少，現在美同意以此項農產品在台出售所得之價款百分之五十贈給我國，百分之十貸給我國，作經濟開發之用，所以在這方面的影響不多。至非農產部份，現有「物資貸款」，此項貸款去年有二千萬美元，供我進口各種物資之用，惟一不同的，是過去為贈款，現在為貸款，因貸款償還期限長至四十年，所以在目前的外滙收支上沒有顯著的影響，但增加了將來償還的負担。而過去贈與的美金購進物資出售之後，所得的台幣可由政府運用，現在所得的台幣則須保留準備將來結滙償還貸款之用，不過貸款未到期前，我們仍可以利用。

關於建設計劃

建設計劃方面：自四十六年美國設立開發貸款基金以來，即已逐漸改為貸款，這都屬於生產計劃，應當有償還貸款的能力，應不至因美援改變有何影響。其中又可分為四方面：（一）公用事業方面，如電力、鐵路、自來水、煤氣等等，這些企業單位應當使之企業化，以電力為例，過去十年的平均統計，其投資的資金約百分之七十係外來資金，百分之三十是自籌資金。台電公司自籌資金如此低微，可知其財務結構不理想，如果能夠改善提高其自籌資金至百分之四十以上，則當更易借得外資。（二）公營企業方面，政府在決策上既不擬增加更多的新的公營事業，則問題不多，現在公營事業的更新或擴建，其所需進口的設備，大多用長期分期付款的方式購進，在目前的外滙支出上還沒有重大的負担。但增加將來外滙支出的負担。（三）民營企業方面，問題較少，現在美援和國際開發協會分別有一千五百萬美元的工業貸款，只愁用不掉，不愁無來源，問題在於我們能否培養形成更多的新工業。（四）美援台幣，過去每年由美援美金產生的台幣大約有二十億元左右，其中約半數為貸款之用，半數為贈與之用，貸款部份不受影響，仍可繼續供應，贈與部份，則可以分析其性質，將其中一部份由贈與改為貸款，其餘一部份必須以贈與支出的，則將之列入政府預算，也不發生什麼重大的困難。

平衡國際收支端賴美援

我國的國際收支情況，從四十七年外滙貿易政策改革以來，雖已逐年有改善，但每年尚需依賴美援，以平衡國際收支，根據官方統計：

四十六年：（一）貿易收支：出口一六、八五〇萬美元，進口二五、二二四萬美元，差額八、三七四萬美元。（二）貿易外收支：收入三、九七七萬美元，支出五、三九〇萬美元，差額一、四一三萬美元，（三）美援：一〇、四七八萬美元。（四）美援彌補後差額六九一萬美元。

四十七年：（一）貿易收支：出口一六、四四三萬美元，進口二三、二七八萬美元，差額六、八三五萬美元，（二）貿易外收支：收入：四、八二二萬美元，支出五、一〇三萬美元，差額二八一萬美元，（三）美援八、七二九萬美元，（四）美援彌補後差額一、六一三萬美元。

四十八年：（一）貿易收支：出口一六、〇五四萬美元，進口二四、四三七萬美元，差額八、三八三萬美元，（二）貿易外收支：收入五、四一一萬美元，支出四、九六二萬美元，差額四四九萬美元，（三）美援七、六九〇萬美元，（四）美援彌補後差額二四四萬美元。

四十九年：（一）貿易收支：出口一六、九八七萬美元，進口二五、二二二萬美元，差額八、二三五萬美元，（二）貿易外收支：收入五、六五五萬美元，支出五、一五六萬美元，差額五〇二萬美元，（三）美援：九、九〇〇萬美元，（四）美援彌補後差額二、一六七萬美元。

五十年：（一）貿易收支：出口二一、四〇四萬美元，進口二二、三五七萬美元，差額一〇、九五三萬美元，（二）貿易外收支：收入六、九六四萬美元，支出六、〇五三萬美元，差額九一一萬美元，（三）美援一一、一一三萬美元，（四）美援彌補後差額一、〇七〇萬美元。

五十一年度尚在預計中。

從上述國際收支統計數字來看，很顯然地，我國的國際收支，依賴美援平衡，在四十六年，我們得到美援一億餘元，使國際收支比較支出尚多了六百九十一萬美元，四十七年獲得美援八千七百餘萬美元，使國際收支比較支出多了一千六百餘萬美元。四十八年獲得美援七千六百九十萬美元，而國際收支比較支出，尚差二百四十四萬美元。四十九年獲得美援九千九百萬美元，使國際收支比較支出多了二千一百餘萬美元，五十年獲得美援一億一千餘萬美元，而國際收入比較支出，尚差一千萬美元，因此，假定美援此時停止，對我國的國際收支平衡，勢必發生很大的影響。首先我們必須在每年的貿易進口和貿易以外的支出三億餘萬美元中，減少八千萬至一億萬美元的支出，這是非常艱難做得到的，而所引起的嚴重影響，是不堪設想的。不過，美國方面仍望我國經濟發展在數年後，可以達到自給自足的地步，而停止美援是勢所必然。因此，我們在這一段期間，不得不必有所準備。據有關方面說，去年度美援改為貸款方式，雖然美援尚未中斷，對於國際收支沒有多大影響，但是，這是一種貸款，在十年後開始償還。因此，我們要了解的是我們目前正在向外借款以平衡國際收支，發展我國經濟，在十年後，我們必須面臨着償還美援貸款的新局面。所以，美國積極希望我國在數年後，經濟可以達到自給自足，是相當有理由的。

紗廠面臨封錠減產難題

宣平

（台北通訊）由於紗織業的不景氣，全省二十四家紗廠恢復硬性封錠減產四分之一，其餘四分之三紗錠開工生產，並以三成內銷七成外銷，以內銷補貼外銷。各該廠產品外銷逾越七成時，始可啟封，內銷則嚴格規定不得超過三成。

台灣區棉紡工業同業公會，原定二月七日召開理監事聯席會議，就二十四家紗廠上項合作公約條款提出研討，尤其對於政府所提內銷補貼外銷方案：（一）自進口棉花價款征收百分之二十五作為合作基金，棉紗外銷時取回百分之二十。（二）棉紗以外的棉布、毛巾、印染、針織等紡織品外銷時，按外銷金額百分之五補貼獎金等節，將作廣泛的檢討；擬訂妥善可能的具體辦法，定期實施，藉以挽救本省棉紡工業所面臨的危機。

各廠家意見不一致

繼因封錠減產有關問題，內容複雜，各廠家的利害大不相同，該會理事長李占春又適因公赴台中，不克主持會議，乃由各廠家自行先作慎重考慮研究後，再定期集會研議。

此項紗廠產銷合作公約草案，不論設備陳舊或新穎？管理好與否？任何一家紗廠都一律嚴格執行封閉紗錠，減產百分之二十五，其餘百分之七十五紗錠開工生產，對於棉紗品質良好，生產成本低，除已遭限額外銷的美國市場外，開闢澳洲、非洲及東南亞等新市場似無問題的廠家，亦同樣封錠減產，已有部份廠家表示反對。他們認為目前台灣紡織業並非每一家紗廠均生產過剩。一般設備好，管理好，生產成本低的紗廠，外銷成績很好，並無減產之必要，所謂生產過剩，乃是設備陳舊及管理不良的紗廠所造出來的，如要封錠減產，應以這類落伍的紗廠為目標。

但另外一些廠家，則又認為除非將現有紗廠機器設備拆遷國外，否則普遍嚴格執行封錠減產才是唯一可行的辦法，且原案既有三成內銷七成外銷，外銷逾越七成時可予啟封的條款，對於外銷成績良好廠家的生產，不但沒有影響，且有鼓勵其向外發展的意義。同時，該項草案，擬自進口棉花價款征收百分之二十五作為合作基金，外銷棉紡織品出口，按外銷金額百分之五補貼獎金的內銷補貼外銷辦法，又有些廠家認為征收合作基金過高，內銷價格似未能比例增加，如何以內銷補貼外銷？在技術上亦有商榷之處，各紗廠之間的意見未趨一致。

政府的態度

據對外貿易委員會表示：紗廠減產，勢在必行。為徹底解決目前紡織工業面臨的危機，機動減產，必須徹底執行。目前，政府先讓紗廠業者自行商定辦法，如果業者在最近期間內，尚不能決定，則政府將出面干涉，強迫執行，紗廠減產計劃，必須在今年上半年以前實現。

該人士說，紗廠產銷合作公約，以前係有名無實，現在，政府決定徹底執行，雖然尚有一小部份紗廠表示反對，但政府決不予考慮。

又據工業主管官員稱：政府為解除紡織業生產過剩危機，已通知棉紡織業應嚴格執行過去所訂合作公約，以三成內銷，七成外銷，只要業者能履行公約，政府對於紡織業所發生的困難，是可以幫忙解決的，否則，政府將愛莫能助。該官員並表示：如業者感到自己難以執行公約，請求政府出面監督時，政府願意派人監督執行，但業者可以合作共渡危機。

輸美限制，可能放寬

據棉紡織業界有地位人士透露：自從我國棉紡織業赴美代表團到達華盛頓，向美國政府提出交涉，要求放寬台灣棉紡織品輸美限制後，美國政府對於我棉紡織品銷美情形，較前已加深了解，對我國今後棉紡織品銷美可能酌予放寬，我代表團現仍繼續與美國政府商務部等有關部門積極交涉中。

我國棉紡織業赴美代表團一行七人，由團長吳舜文女士率領，元月十三日啟程赴美，並於十九日在我國駐美大使蔣廷黻陪同下，與美國政府主管遠東事務的助理國務卿哈里曼商談放寬台灣棉紡織品輸美限制事宜，哈里曼對我棉紡織業處境表示同情，並允予交與主管部門研討辦理。此屬外交辭令，惟據美國進口商方面透露，在目前既定限額，不超百分之十的範圍內，美國政府或考慮准予入口。同時，對於我方要求取消四季限額一節，並可在每年限額不超過的大原則下，予以放寬，改以整年輸美量為計算依據。按：過去台灣棉紡織品輸美，以每三個月為一季，並以運到美國港岸為計算根據。由於生產有季節性，且因中美航運不便等關係，對我棉紡織品銷美頗為不利，有時到貨過量，美方加以限制，有時却又達限額，我方乃要求改以簽証出口為計算根據，並請就整年輸美量加以限額。

台灣簡訊

志清

一、黃啟瑞等集團貪污案發回更審

台北市長黃啟瑞夫婦及市公車處長呂志超等十人的集體貪污案，在一、二審的初高級法院中，均被依據刑法第一百二十一條公務員對職務上之行為收受賄賂罪，分別判處一年六個月至三年六個月的有期徒刑，呂志超且已服刑期滿出獄。其他人犯除了主犯黃啟瑞夫婦尚逍遙法外而外，均一直被押於台北監獄。黃啟瑞上訴於最高法院，該判審理後，認為彼等所得回扣之款並非商人交付之賄款，而係刑法一百三十一條所稱公務員對於主管或監督之事務直接或間接圖利；若黃等明知商人將回扣之款加在於所出售之貨價內，則又係觸犯刑法三十六條所定公務員於職務上侵佔之罪，原審未就此詳加研審，竟混為一談，以收受賄賂罪定讞，故應將原判撤銷，發回更審。就種種跡象看去，黃啟瑞夫婦的貪污案，可能又將不了了之，這正是「司法配合國策」的必然結果。

二、省議員組會騙財案定期審期

台灣省議員陳世叫於前年十二月間組織慈善協會宜蘭辦事處，吸收會員千餘人，收取會款八十萬元，去年六月宣告倒閉，所收會金迄未退還，會員林西等十餘人乃向宜蘭地方法院提出告訴，經該院檢察官王錫汾於去年十二月三十日提起公訴，該院已定本月十八日開庭審訊，將由庭長張準審理。

三、台省成立經建委員會

台灣省政府為配合反攻需要及加速經濟建設，決定將原有的經濟建設審議會報擴大為經濟建設及動員計劃審議委員會，由黃杰兼任主任委員，省府顧問朱致一任副主任委員，已於二月一日改組成立，並將聘請專家參加工作。該會的任務，是在研究和審議各種長期經濟建設計劃和人力、物力、財力各方面的動員事項。各縣市向省府申請補助的各專案計劃和美援的協調運用，亦將由該會負責審議和處理。

四、法院推事索賄案發被拘 曾三度抗傳不到

台東地方法院推事曾秉鈞去年承辦東鎮福建路「四五六餐廳」老板李阿蓮的租屋糾紛案，向李索取賄賂一千八百元。李因官司仍然敗訴，不甘損失，乃將曾索賄情事向高等法院檢舉，經高院下令停職，發交台東地檢處偵訊。

台東地檢處奉令後，曾先後開了七次偵查庭，曾秉鈞最初舉出三個有利於他的証人，均因涉嫌偽証，被該處扣押。此後即連續三次抗傳不到，台東地檢處乃下令逮捕。

前月三十夜十時後，曾秉鈞到高雄地方法院訪友。被認識他的法警數人看見，立向高雄地檢處檢察官孫烱明報告，孫即發出拘票，當場將曾秉鈞押在看守所，並於次日押解到台東地檢處歸案。

五、民社黨省議員要求整肅市長有辱官箴

省議員張富，七日在省議會省政質詢時建議政府，應重視輿論，對敗壞政風，損害官箴的官吏，嚴予整飭。張議員引述報載基隆市長林番王出入酒家，並與酒女同宿，不斷發生糾紛，他的太太時而至市府大吵大鬧，時而向法院控訴，喧騰海內外，敗壞政風，請省府查辦。

黃主席因時間關係，改用書面咨覆，但據省府負責官員表示：林番王行為不檢，有辱官箴，業經省府派員徹查，關於該市長違反公務員服務法部份，已將全案移送公務員懲戒委員會審議。

六、蔣經國與童男童女合影留念

明朝監國魯王墓於二月四日還於金門太武山麓新建墓地，舉行還葬公祭典禮，蔣經國和鄭彥棻都前往參加，並有四名傑秀的少男和四名美麗的少女穿着明代童男童女的服裝護靈。為什麼其他的人又不穿明代的服裝，而獨要八名少男少女來扮明代的童男童女呢？據說：這是主其事者的特出心裁，用以博取蔣經國的歡心。果然，蔣經國看了之後，非常高興，還和這些童男童女們合影留念，他站在一位美麗的童女身後，喜氣洋洋。有人說：假如他也穿上鄭塊的服裝，那就更相得益彰了。

七、國營事業虧損問題有關部會研究中

五十年度各國營事業中，共有十個單位虧損，其中中國煤礦開發公司虧損一千六百多萬元，中華機械工程公司虧損一千七百多萬元，雍興實業公司一千三百多萬元，台北紡織公司一千三百多萬元，中國紡織建設公司二百多萬元，台灣造船公司七十多萬元，新中國工程打撈公司五十多萬元，中國產物公司三十多萬元，聯合工業研究所十萬餘元，中國農民銀行二萬餘元。總共虧達六千餘萬元之多，立監兩院和社會輿論迭有指責。行政院有關部會為研討國營事業虧損問題，於日前舉行會議，與會官員一致認為企業以營利為目的，如因意外事故或一時特殊情形而虧損，在所難免，但如由於企業本身有問題而發生虧損，或客觀環境欠佳而缺乏適應能力，則問題較為嚴重。至五十年度各國營事業虧損之原因，不外銷售量未達預期計劃，成本高過售價及財務利息負担過重。為改進起見，今後各該國營事業應切實加强企業管理，提高工作效率，加强品質及物料管理，建立標準用量，研究利用廢料或更新設備以增加產量。在財務方面應增加資本，增募民股，如確無經營之必要者，則應停辦清理，或出售民營，以免長期虧損。

八、政院核定國營事業方針

經濟部所屬國營事業五十二年度經營方針，業經行政院核定，仍以配合第三期四年經建計劃為主，在工業方面，利用與國外廠商之技術合作，以改進生產技術，提高產品品質；電業方面，配合工業之發展，繼續增闢電源，加緊完利各項發電工程；礦業方面，加强探勘工作或爭取外資合作開發礦產資源；漁業方面，積極發展遠洋鮪釣漁業及習維拖網漁業之經營；在其他工業方面，就各項農工業實用問題及石油化學品中間原料之利用等列入專題研究，以求配合農工業之發展。各國營事業經營重點如次：

台糖公司：繼續執行十年更新計劃，穩定產量，決計開墾荒地，改良邊際土地，以增加自營農場面積。

台電公司：繼續執行電源開發計劃，五十二年度之主要工程計有：南部火力發電擴充工程，達見水力發電工程，谷關水力發電增建第三、四兩部發電機工程。

中國石油公司：繼續推進石油化學工業，積極從事製造方式之研究，加速探勘台灣油源，並與美商合作。

台肥公司：為配合氰氮化鈣增產及市場需要，第四廠更新設備，專產電石。

台鹼公司：為配合北部用戶需要，利用閒置設備，在台北近郊建立分廠。

台灣機械公司：進行與國外工廠技術合作。

台鋁公司：加速進行煉鋁設備更新計劃第二期工程，預計本年六月底可以完成。

台灣金屬礦業公司：繼續開發八坑及尾砂填充計劃，並積極開發已發現之金包。

中漁公司：繼續籌措資金，增建鮪船，發展遠洋漁業，並洽商「中日」、「中馬」、「中賴」、「中越」鮪釣及拖網漁業合作，以利經營。

蔣宋孔三大家族大團圓

褚乃則

（台北通訊）自蔣「總統」於民國十八年主政後，蔣、宋、孔三大家族即突然興盛起來。在大陸未變色以前，國家行政首長，除了蔣自兼以外，以孔祥熙和宋子文負責的時間為最久。國家的財政和金融系統，更是非孔即宋。孔家的少爺小姐固然權傾一時，宋氏的兩位兄弟也是譽滿天下。而慶齡、美齡兩位女士，都先後成為我國的第一夫人，前者至今尚是紅朝的顯要。靄齡女士雖然沒有坐上第一夫人的寶座，然而對於宋、孔兩家族的興起，卻有開創之功。翻開我們中國五千年的歷史，如此滿門大富大貴的盛事，實未多見。

不幸，正當蔣、宋、孔三大家族登峯造極之際，神州突然變色。蔣「總統」雖然尚能退守台峽，狹美國第七艦隊雄據一方，一樣的發號施令，稱孤道寡，威風不減，而且經國、偉國又均脫穎而出，允文允武，各有專長，孝文公子更是英傑瀟灑，克紹箕裘，因而尚能合家歡。但孔、宋兩大家族，則高飛遠走，寄居異國。雖然仍能享有豪華的生活，保全我國大家族高貴場面；但因洋鬼子勢利成性，祇知崇拜富蝍，對於孔、宋兩家族暫時出居彼邦，富而不貴，未能予以應有之尊敬，因而使孔、宋二博士常存故國之思。聞宋子文博士在數年以前駕臨香港時，即欲往台灣一行，但未被歡迎，祇得包了一架豪華專機，取道菲律濱依然回到美國。畢竟孔博士的人緣較好，去年以回國為蔣「總統」祝壽為名，即獲准入台。他在台北機場下機時，當年在上海打老虎的蔣經國先生還親去機場笑臉相迎，足見其至誠感人之深，有如此者。

且說孔博士到台之日，雖然發出消息，說小住數日，仍將回美；但據說：後來和蔣「總統」夫婦見面數次以後，舊情完全恢復，因而將長住下去。國大代表還開會歡迎他，對他過去功在國家，備極稱頌，各報章的言論，也一致予以讚揚。

日前，宋子文博士又接踵而至，也受到熱烈的歡迎，現已與孔博士同去南部某地和蔣「總統」見面懇談，報章也稱讚他是中國的理財能手，功在國家，不可磨滅。

總之，蔣「總統」固然是中華民族的救星，萬能萬是，理應世代相傳，永保大統；孔、宋兩大家族，也是中華民族兩枝並秀的精英，多財、多藝，亦應長保富貴。中國大陸的淪陷，完全由於老百姓罪孽深重，致遭天譴。那些主張民主和法治的人，更是罪大惡極。應該說與蔣、宋、孔三大家族毫無關係。如今要反共復國，祇有靠蔣「總統」父子來領導，更要蔣、宋、孔三大家族團結奮鬥，才能為功。因此之故，孔祥熙、宋子文兩博士相繼來台之後，預料子安、子文昆仲和令侃兄妹，亦將繼之，當年在大陸上的盛況可望完全恢復。在億萬中國人家破人亡中，蔣、宋、孔三大家族始終保持完整重慶大團圓，亦天祐中國之盛事也。

又訊：因反攻在即，闊孔、宋兩博士均將各輸鉅款，以助軍需，有人說，果能如此，則當年取之國，今日用之於國，亦應耳也。又有人說，果能如此，則今日之投資，正可望他日能有更多的收穫也。因孔、宋兩博士均是處理財政的能手，當年北伐軍興，他們尚能白手興家，今日既有資可投，他日反攻成功，其興旺，更可預卜也。

中共煽動亞非團結大會反美

劉裕畧

所謂「亞非人民團結大會」原是共黨集團用以赤北亞非人民的一個國際統戰機構。此一機構最先就是由蘇聯與中共利用埃及的納薩共同組織起來的。所以，此一所謂亞非人民團結大會的經費也一直由蘇聯、中共與埃及作了主要負担。在以往，蘇聯與中共在這一大會上的調兒當然是合拍的又唱又做。但這一次，即二月四日在東非新國坦葛尼噶的莫希市召開的第三屆亞非人民團結大會却遭遇了新的情況。這新情況，第一，是中共與蘇聯最近發生了日趨公開的矛盾與衝突，它們之間已不斷在互相指責，那末，中共與蘇聯在這一屆亞非人民團結大會上是否仍能合拍的唱做呢？抑或一反常態，從而互相明爭暗鬥呢？這便成了一個問題；其次，是中共與印度已兵戎相見。雖然，中印邊界的衝突，已因中共自動後撤而在形式上趨緩和，但中共與印度的互相敵對與互相仇視的情勢，則絲毫未減。而這也是第一第二兩屆亞非人民團結大會未曾發生過的情況。所以，這一屆亞非人民團結大會，從大形勢講，便有着對中共不利的上述形勢。

不過，話說回來，在另一方面，這一屆亞非人民團結大會，却又尚有着對中共有利的因素。什麼因素呢？第一，是埃及對這一次的亞非人民團結大會並不像以往那樣熱心，因而對於埃及對這一屆大會有着不想多管的樣子；第二，是蘇聯對這一屆亞非人民團結大會也沒有以往那樣起勁；第三，是毛澤東的著作，近來被亞非各國的共黨分子及左傾分子翻譯得不少，介紹得很多，而赫魯曉夫則在著作方面不能與毛澤東相比，所以，亞非各地的那些幼稚的左傾分子在思想上，便有許多人接近中共。

也許正因為有着上述三點對中共有利的因素存在，中共便對這一屆的亞非人民團結大會特別賣力，企圖心也特別旺盛，不但想誘導這一次的大會明反美暗反蘇，更有意把這一次的大會和這一機構今後都由中共牽着鼻子走。

除中共代表團在開羅機場遇見蘇聯代表團彼此各不理睬，顯示它們的矛盾以外，周恩來於二月二日致賀電給第三屆亞非人民團結大會。

「電報說，亞非人民反對帝國主義和新老殖民主義的鬥爭，正在不斷地取得輝煌的勝利。以美帝國主義為首的戰爭勢力和侵畧勢力，雖然受到了沉重的打擊，却仍然用盡一切辦法，包括比以前更加狡猾、更加惡毒的辦法，來侵犯亞非各國的獨立和主權，破壞亞非人民的團結，危害世界的和平。目前，亞非人民不能對帝國主義抱有任何幻想，而需要更加緊密地團結起來，加強鬥爭。在這個鬥爭中，中國人民將永遠同亞非各國人民站在一起，加強團結，互相支援。

電報衷心地祝願大會進一步維護和發揚萬隆精神，為亞非人民反對帝國主義和新老殖民主義、爭取和維護民族獨立、保衛世界和平的偉大鬥爭，為發展和鞏固亞非人民的團結，作出積極的貢獻。」

跟着，中共代表團團長劉寧一更在二月四日下午舉行的亞非人民團結大會上發表了激烈的反美講演。他的講演共分六個要點，亦即六點建議。即：「一、加強亞非人民對反帝國主義和反殖民主義的鬥爭；二、呼籲亞非人民和全世界支持國家獨立的正義鬥爭；三、無論大國小國，一律平等，彼此尊重主權的獨立和領土的完整，互不侵犯；四、亞非國家加強在經濟文化上的合作，進一步發展友好關係；五、宣佈亞非人民堅決支持古巴人民，為反對美帝國主義的侵畧而作的正義鬥爭；六、聯合全世界反帝國主義與愛好和平的力量，共同反對帝國主義的戰爭侵畧政策」。其間，劉寧一更曾強調反對以援助為手段，把受援國當籌碼，並說不能由一二國家決定全世界重大問題等語，都是含有既反美又反蘇的意義的。

而所謂亞非人民團結會議第三屆大會秘書長沙伯所說美國英國及日本是落後國家的帝國主義式的敵人，又說：國家完全獨立之爭鬥已獲優勢，以美為首的帝國主義者已趨弱等語，可以反映這一所謂大會完全操縱在共黨分子手中。雖然，印度代表曾於二月六日在大會上抨擊中共，尼赫魯給大會的賀電中亦提到中共的「侵畧」而抨擊中共，但據中共新華社二月六日莫希電則說：「巴基斯坦代表團長薩明汗在發言的時侯說，巴基斯坦衷心支持中國代表團團長在會上所作的精采發言中提出的六點建議」。看起來，中共對這一屆的亞非人民團結大會所抱的操縱陰謀，相當得逞。

大陸簡訊

白帆

中共又向印度提嚴重抗議

據中共新華社北平二月九日電：中共「外交部七日把一件照會交給印度駐華大使館，嚴重抗議印度軍隊在中印邊境全線主動停火和後撤以來，不斷侵犯中國西藏斯潘古爾湖地區，破壞停火，製造邊境緊張局勢」云。

劉少奇與英共領袖高蘭會談無結果

據中共新華社北平二月九日電：「中國共產黨中央委員會副主席劉少奇，在英國共產黨代表團在北京逗留期間，接見了英共總書記約翰·高蘭和英國工人日報主編喬治·馬修斯，進行了友好的會談。在會談中，雙方各自表達了對於有關問題的觀點。接見時在座的，有中共中央政治局候補委員、書記處書記康生同志。」又說高蘭等一行已於二月九日離北平返英，前往機場送行者只有中共總書記鄧小平及書記康生。

從上述毛澤東並未親自接見高蘭的情形及會談並不太融洽的情形看，顯示毛澤東目前似未在北平。但依往例，對此英共領導人毛澤東亦應在所在地接見，然而，並無此事，且與劉少奇陪同接見的只是一個中央政治局候補委員康生，這都可見中共與英共之間並不融洽。

施漢諾訪問中共

近年來，專在國際政治舞台上，挾中立主義之名，以幹卑鄙無恥勾當的小國領袖頗不乏人。

高棉的國家元首施漢諾最近到過錫蘭之後，又到過印度，據中共報導，他又於二月八日到達昆明，這是他第四次訪問中共了。看來，他是很想調停中印邊境衝突以見重於國際的一個人。這當然很合中共口胃，故中共對他甚歡迎。因之，周恩來及中共外交部副部長姬鵬飛前往昆明專程接待云。

僑鄉近訊

鍾之奇

羅瑞卿陳毅到廣州活動

自中共中央派朱德賀龍借慶祝春節之名到廣州後，朱德曾帶了幾盆蘭花到廣州展覽，算是「與民同樂」。據說，這幾盆蘭花是朱德在四川及雲南等省親自採選的。不過，廣州老百姓對於朱德帶來的蘭花並不感興趣，前往捧場的，都是共幹。老百姓對蘭花之所以不感興趣，是因為多年來，廣州人民一直吃不飽穿不暖，老百姓此時此地所需要的，不是什麼花，而是糧食與衣着。而朱德不帶糧食與衣着來，却帶了蘭花來，所以，在飢餓線上掙扎的廣州人民，便對蘭花不感興趣了。

事實上，在今日大陸，對蘭花感到興趣的，就只朱德一類位高無權，享受好而又空閒的人。但朱德却還以為人們對他帶來的蘭花感興趣，所以，過了春節，朱德便也帶着他的蘭花到別地去展覽了。這位過時了的共軍最高統帥，却一直糊裏糊塗的以為可以憑蘭花來與各地的飢民同樂。

朱德走後，賀龍仍留在廣州。賀龍雖和朱德一樣，同是毛澤東所封的十個元帥之一。但說到實權，賀龍與朱德恰又同是只負虛名的人。所以，朱德與賀龍到廣州來，對共軍的主要作用，只在利用他的虛名來給低落了共軍打氣而已。

至於對正在多事之秋的廣東各地作戰鬥部署，加強中共公安工作與特務工作以抗擊台北可能繼續派來的小組突襲，則中共中央於春節後，又派了眞正具有實權的羅瑞卿一度前來。

論地位，羅瑞卿誠然不及朱德與賀龍，因為朱賀都是中共的元帥，而羅瑞卿則不過中共的大將，論聲光，羅瑞卿當然也不及朱、賀，但論實權，今日朱德與賀龍却又遠遠不能與羅瑞卿相提並論了。因為羅瑞卿不但是毛澤東的心腹，而且還是今日中共政權國務院副總理兼中共人民解放軍的總參謀長，此外，在黨的方面，羅瑞卿還是中共中央書記處的書記。何況，羅瑞卿多年來還一直是中共公安部隊的首長，所以，羅瑞卿春節後忽然到廣州，絕不偶然。他是針對廣東目前的內部混亂與台北空降游擊隊等情況而來的。但羅瑞卿畢竟不是素有作戰經驗的指揮官，故羅瑞卿到廣州的主要目的仍在加強特務組織。據昨日剛抵香港的廣州來客談，羅瑞卿此次到廣州，共軍及中共公安部隊均顯得特務繁忙和緊張，並說，最近一週，廣東各地即有二千餘人被捕。至於軍事部署，則中共中央更加派了陳毅到廣州幫助羅瑞卿策劃云。

方方黃長水召訓歸僑及僑眷

因廣東是海外僑胞之主要僑鄉，故中共之一切措施，均直接間接影響海外僑胞之心理與視聽，當此中共在廣東各地加強特務控制之際，自不能不得僑眷與歸僑下一番工夫。所以，中共中央最近又派偽華僑事務委員會副主任方方黃長水及偽歸國華僑聯合會副主席王源興到廣州配合羅瑞卿的特務工作云。

福建仍缺肥料

缺乏肥料是今日大陸各地農村的普遍嚴重情形。雖然中共最近揚言已逐漸解決肥料荒，但事實却並不如此，中共「中國新聞社」曾於二月九日自福州發出一則電訊，說福建各處水利設施又成了問題，因此中共已勒令「省內各地成千上萬個水利工程上，有三十八萬人在開渠築壩，修整渠道」，又說「化學肥料幾年來雖有很大增長，但還遠遠不能滿足需要，公社社員正從各方面來努力多積農家肥料」。這就可見福建各地仍是異常缺乏肥料了。

李光耀與林清祥

歷史的諷刺

俊華

林清祥，星洲第一號問題人物，星洲拂曉大逮捕中最響亮的名字。外國記者從星洲拍出去的外電說：最左翼的「社會陣線」如果奪得政權的話，林清祥便會是星洲總理，像目下李光耀的位置。可是今天的李光耀與林清祥，正是「座上客」與「階下囚」。這不能不說是歷史的諷刺——或者可以說，是現實對歷史的諷刺。

李光耀曾經以去就力爭林清祥的釋放，如果當時的英國總督當局不肯釋放人民行動黨林清祥、方水雙等八名幹部的話，李光耀便拒絕就任總理之職。那時人民行動黨以四十三席的壓倒優勢贏得星洲首次大選，氣勢極盛，民意所歸。英督在接見李光耀遵悉他以去就力爭之後，終於把林清祥等八名幹部釋放出來。人民行動黨為歡迎他們的英雄出獄，曾舉行盛大的慶祝。林清祥等固然備受慰勞，李光耀更成為擁戴的中心，他的黨員們在慶祝會中把他整個給抬了起來。

曾幾何時，人民行動黨分裂。李光耀成為左派的右翼。而「左派左翼」的林清祥他們，益發表明極左的姿態。「社會陣線」就在行動黨脫黨的議員們領導下組成起來。「陣線」的主席雖由議員李紹祖担任，但林清祥仍是該黨的靈魂。

林清祥和方水雙他們，控制着大部份有力的職工會，而工會則是星洲政治活動的中堅。過去在英治時代，馬紹爾、林有福的試行自治時代，整個人民行動黨尚被列於左翼之列，由該黨領導了多次的罷工，罷工及「同情罷工」，更有學生的支援罷工，終於爆發了多次的暴動，震動了東南亞，林清祥就是暴動的領袖。

林清祥首次被捕，是在林有福担任總理的時代，也是星洲最後一次大暴動。當時，工人與軍警槍戰，軍警圍攻職工會，而林清祥就在會所中指揮戰鬥，至被捕獲。當時他的身份還是立法議員，但因領導暴動證據確鑿，終於被判下獄二年。

據那時林有福政府的發言人說，罷工和暴動雖是人民行動黨所領導，但他們明瞭到行動黨中有溫和派與激進派，前者主張合法的罷工鬥爭，而後者藉罷工挑釁引起騷動，達到暴動的目的。前者「只是左派人物」，而後者則「是共產黨」。他們就只拘捕共產黨。認為非共的左派，均不加拘捕。

今天看來，當年的林有福政權不但對行動黨份子的政治分野，瞭如指掌，抑且似有先見之明。以前掛名「行動黨左派」的共黨份子，已經以李光耀為死對頭了。而在李光耀就職時保釋出來的林清祥，現在又在李光耀尚在任職的時候被捕。

北婆叛亂反應

當「拂曉大逮捕」已經執行了的時候，李光耀曾經表示過，如果是完全由他主意的話，他是認為不必執行逮捕的。一則他認為他的政府有力量應付強有的反對派，再則他不顧被人議為使用手段打擊反對黨。但是對於治安當局所公佈的，這些被捕份子反對馬來西亞，並且計劃暴動，他並沒有否認。

在吉隆坡決定大逮捕的會議中，李光耀及他的星洲代表們是否棄權，抑或全部投反對票，事關機密沒有任何透露。由於星洲負責治安的「內部安全委員會」，係由星方三人、英方三人、馬來亞代表一人所組成，只要有四票便成多數。所以即使星方三代表全部反對施行逮捕，只要英馬四代表同意，逮捕仍得執行。而英、馬兩方，用不着說是主張先發制人的。

英方對於馬來西亞的成立，一向認為不成問題，因為在調查北婆三邦的民意中，他們發覺人民對英籍官員的信任，也即對英方俱有好感。所以當馬來亞拉曼總理向英方提供情報，說有親印尼的婆羅乃青年進入森林受訓的時候，英方並沒有因此而採軍事戒備。婆羅乃叛軍突然爆發。這一次意外，使英方特別警惕，注意到星洲內部的動態，當查訪到星洲「社陣」中的共黨份子與印尼連結反對馬來西亞，並計劃罷工暴動時，他們就採取斷然的處置。

馬來亞當局對於星洲的政局，一向視為極端危險。拉曼總理常說：星洲是「問題兒童」，意指為馬來西亞家庭中的壞孩子。他甚至曾一度準備封鎖柔佛與星洲間的長堤，把星洲隔絕。這次採取嚴峻的手段，馬方代表（內政部長）自是堅決支持者。拉曼說：在婆羅乃事件上「我們已為人所乘」！言外之意，便是這次決不再予人以可乘的機會。

說將起來，大逮捕這鎮壓行動，雖說是為遏阻暴動，但未始不可以說，是婆羅乃事件反激而成的，是一項對婆羅乃事件的報復。

使用外力報復？

社會陣線人士曾經表示，要使星洲成為「馬來西亞之古巴」，即破壞馬來西亞，要由星洲開始。這種說法，當然引起內部安全會的注意，也引起馬來亞的恐懼。治安當局，從各方面跟查「社陣」活動的情況，終於達到一個結論：

社陣雖是公開的政黨，但黨秘書長，組織秘書，中委，均由共黨份子如林清祥方水雙等担任，從而，社陣乃成為共黨所運用之工具。

社陣中的共黨份子們，與婆羅乃叛黨領袖阿哈薩里，過去曾有會商，現在也仍秘密聯繫。

馬共雖已被擊敗，但有數百人仍匿居森林中，與星馬泰各方共黨，仍有聯絡，準備俟機死灰復燃，武裝奪取政權。

因此，結論是必須對付「社陣」。當內部安全委員會在吉隆坡通過執行逮捕的當夜，星洲方面搜查行動便於深夜二時開始，直至越日。繼續搜查各工會及拘捕主要負責份子，多數是共黨份子。合計拘捕一百零七名。據說，還有十八名共黨漏網。

由於漏網的共黨份子中有些被認為是「大魚」，所以當局仍慎防會有罷工暴動一類事件發生，故軍警繼續採取戒備的狀態，以防意外。李光耀自吉隆坡返星時就特別提出警告，說大逮捕僅能使共黨挫折，但並非謂星洲共黨威脅經已消除。他解釋說，施行大逮捕是不得已，但却是必要的。逮捕的全部理由「未便公開透露」，但其間有一項理由是：「我們的鄰國產生了微妙危險的局面」。這個「鄰國」，是否指的是印尼？尚不得而知。可以見得，內部安全委會所公佈逮捕的理由，也並不是全面的，可能還有些內幕。

李光耀昨曾致函林清祥，建議他「獨自決定」離境，而勿徵求黨的意見。他以前曾擬往印尼，現如離境，可准渠前往。並限於廿四小時內答覆。但林清祥已表示寧願坐監，拒絕離境。這一次李光耀再不會以去就力爭釋放林清祥，林清祥又有第二個獲釋的傳奇性機會嗎？無論如何，林清祥的表示，是他仍然要與李光耀鬥爭。

不出李光耀所料的，社陣人士對於大逮捕的抨擊。一則說是使用陰謀手段對付反對黨。再則說任由（內部安全會」「干預內政」。但反對黨而有共黨份子，及「與印尼共黨聯結」，與婆羅乃叛軍聯絡，如李光耀及拉曼所指出的。那似乎就不能說是「陰謀手段」吧？在星洲尚未完全自治時，內部安全會是合法的機構，大逮捕又怎能說是干預星洲內政呢？「社陣」將派代表到亞非會議攻擊星洲政府，政府方也將派代表團前往，解釋星洲加入馬來西亞乃係經過公民投票決定。為防止暴動及秩序被破壞，也非執行逮捕不可云云。

由於安全會的先發制人，在可預見的將來，共黨似無在星發動暴動的可能。但在馬來西亞成立之前，（八月末）共黨必然也來一次報復行動。但會不會是「外力」呢？這倒是人們所關心的。

．吉隆坡通訊．

南越共黨游擊隊再度活躍

黎文田

南越共黨游擊隊在去年雖已給駐越美軍及吳廷琰政府軍團剿得傷亡慘重，潰不成軍，但到了今年一月，却突告再度活躍，不特於一月二日擊墜過美國的直昇機，且於近十天以來，更顯出了將要向美越聯軍大舉進攻的姿態，使南越局勢，又籠罩上異常緊張的氣氛，吳廷琰總統固然特別苦惱，駐越美國軍事顧問尤為傷透腦筋。

美國之援助南越，確已煞費苦心，除每年給予四億美元軍事援助外，並派遣大量軍事專家赴越協助策劃，又制定了「斯廸雷計劃」，藉作長期性的支持吳廷琰，一方面強化其作戰部隊，一方面扶植其政權壯大；可是，到了目前，似乎還沒有收穫到合乎理想的成果。

「斯廸雷計劃」的最大特色，是在以強大軍事力量剿討共黨游擊隊的同時，還建設起南越的「戰略村落」，將難以統治的地區的居民集中在一個指定的區域內，周圍架設鐵絲網，使之與共黨游擊隊隔離，並用種種宜傳辦法，改變其思想，藉此建立「新共同社會」基礎，作為強化南越政府的基本政策。這種「戰略村落」，去年已設立了一萬六千三百多個；南越已有三份二人口被集中在這些「戰略村落」裏。當時，美、越當局，都滿以為此舉可告成功。然而，與事實却依然還有很大的距離！到今年一月開始，共黨游擊隊又告蠢起，考其原因，顯係「戰略村落」的成立手法出現漏洞，使共黨得以緊握着把柄，展開宣傳反擊，煽動了民心，於是還有部份鄉民仍甘受其利用，共黨游擊隊因而繼續獲得掩護，甚至獲得供應和情報，雖一時被擊潰，但化整為零，隱藏在民間，迨經過補充後，即可待機而動，故美、越聯軍無法將之徹底消滅。

據聞越共的反宣傳是這樣的：「吳廷琰政府藉着美軍的力量，任意捕捉鄉民，用強制手段把他（她）們集中到一個囚牢般的地區去，這就叫做戰略村落。鄉民一被送進戰略村落，就完全失掉自由」。姑勿論越共的反宣傳是否事實，但的確是早已引起人民對戰略村落加以惡劣的批評，指謂「南越政府和美軍聯合推行的戰略村落等同共黨的強制收容所，或是集體農莊，這種措施，和共黨的集中營沒有甚麼分別」。顯然，這是導致了人民發生極不滿意的反感。

或謂「戰略村落」是倣做馬來亞的剿共辦法，馬來亞可以行得成功，南越當然也可以行得成功。殊不知南越和馬來亞的實際環境和地方情形有許多不同。第一、馬共游擊隊的逃匿地方是泰國，但泰國也是反共的，他們很難獲得立足據點，而越共游擊隊的逃匿地方是他們的母體北越，隨時可獲得支援；第二、馬來亞的森林和農田有極明朗的區別，如馬共逃入森林區，可封鎖其糧食供應，南越却大部份是平原，越共到處可以攫奪糧食；第三、馬來亞人民多屬錫鑛和樹膠園工人，他們去到甚麼地方都可以謀生，但南越人民則多為農民，他們又怎肯拋棄其土地跟隨去集中，要是強制執行的話，則他們便逃向越共游擊隊那邊去。因此，南越的「戰略村落」不能收到預期的成就，反而發生了相反的效果；甚至可以說是種下了禍根！

這是屢見不鮮的事實：美、越聯軍對越共展開軍事行動時，往往找不到越共游擊隊的影子。每每在某據點受到越共游擊隊襲擊，而當美軍直昇機和機械部隊馳援時總是撲了個空，或是中途中伏，此種情形，不難使人意味到由於人民的反感而反向越共游擊隊走漏了消息。

美、越聯軍的剿共既鬧出蹩扭，那末，越共游擊隊之能夠迅速地再度活躍，並不是一件稀奇的事。

最近電訊的報導，說北越共軍不久即大舉進攻南越。這一消息，似乎尚有令人懷疑之處；但越共游擊隊的已獲得補給，準備再次出擊，則確已顯現了若干迹象。且聞越共游擊隊此次活動，除了軍事襲擊外，還特別加強政治滲透，藉以使吳廷琰政府的內部發生動搖。越共這一套陰謀，可能表演得相當毒辣！

介紹菲僑領施性水先生的一篇文章

徐亮之

我在去臘曾因出席菲律濱筆會主辦的亞洲作家會議之便，想乘機多瞭解一點僑胞在菲的處境與生活，所以在會期完畢後多留了十天；並在開會期間開小差飛到菲律濱第二大都市僑胞很多的宿霧去。共計留菲時間恰好半個月。

以僅僅半個月走馬看花的觀察，自然是表面的表面；但縱使是這樣表面的觀察，也使我對僑胞在菲的未來地位不寒而慄。（這話說來話長，現在暫且不說。）但僑胞的地位雖然危機四伏，而對祖國的熱愛卻是無條件而固執的。關於這，遠的不談，僅舉出我在菲親眼看見的兩件事，便足使我們在「海水鹹、人情淡」的香港住慣了的人為之感慨萬端：

一件是台灣一個雜技團體在宿霧演出的失敗；失敗的原因很多，諸如宣傳不够，陣容不大，節目不多，內部人事不調協等都是。這時我和曾后希兄正在施維雄兄的家裏作客，看了這情形，便對維雄說：「這個團體是台灣來的，而你則是這裏的僑領；台灣來的團體，在你的家鄉失敗回去；這對你來說是很難為情的。」結果，閑話一句，維雄登高一呼，名單一開，酒席一擺，酒席筵前，你名下担任幾百，他名下担任一千，前後不到兩個鐘頭，不但該團演出的全部損失一筆勾銷，而且皆大歡喜而去。

一件是后希在岷尼拉的舉行畫展。后希這次的畫展乃聯合國文教組織所主辦，所選的地點乃岷市最漂亮的菲美保險公司，可說乃最理想的畫展場所。卻不料畫展舉行了兩天，參觀和定畫的除菲人西人外，僑胞竟然寥寥無幾，因之后希和我都感覺得很奇怪。到了第三天，我因為約好了上午八時去參觀莊萬里先生的收藏，參觀以後，無意中和莊先生談起這件事，他說：「在這等地方開中國畫展，華僑是照例不會去的。」我說：「什麼道理？」他說：「他們認為這乃洋化區域，所以都不願意去。」於是我立即恍然大悟，便對后希說：「你必須放棄回港過年的計劃了。在這地展覽完畢之後，立刻在華僑區的中心地點再舉行一次；否則，僑胞對你是會不諒解的。我希望你寧可因不回家過年而使太太對你不諒解，卻不希望僑胞對你不諒解。」后希欣然答應。我回港後，果然沒見后希回家過年，大概已實行了我對他所說的話了。

這兩件事雖然都是小事，但從小可以見大，亦即從這些小事裏面，實可以看出僑胞對祖國固執與無條件的熱愛的一斑。不過，華僑對祖國的熱愛如此，我們的祖國對於華僑所給與的卻是些什麼哩？於此，我便不能不介紹最近（一月二十四日）施性水先生在岷市「新閩日報」所發表的關於華僑轉籍問題對蔣廷黻大使談話的反應的文章了。

蔣大使發表這篇談話時，我正在宿霧，許多僑胞看過報紙後，都紛紛來問我的意見，其中比較激烈的甚至說出「這簡直是漢好意識」的憤氣話來；逼得我當時只好苦笑，只好說「這乃他個人的意見」以作解嘲。後來我回岷市，僑胞激昂的情緒亦復如此。其中有一位教育界的朋友更對我說：「你瞧着吧！菲律賓的華僑斷然會對這種亡國論調嚴正聲討的；你瞧着吧！」我想：性水先生這篇文章，也許就是菲邦僑領對蔣氏這論調聲討的第一炮吧了！然而他的文章裏面卻祇是娓娓申情與欵欵說理，並無過份的刺激話語，更無濃重的火藥氣味，而亦唯有如此，便值得祖國的有心人士平心靜氣地去讀一讀它。

最後，我並願意奉勸台灣的大官們這樣的一句話，卽是：你們還是安心做官吧！不顧份際不負責任的廢話還是少說幾句為妙！

×××日前報載我駐美大使蔣廷黻博士向美聯社記者發表談話，大意說：華僑要轉籍，才得以適應環境，華僑子弟不必一定要認識中文，好像僑美的華裔子弟都不會說中國話、認識中國文字，他們可以從英文書籍中認識中國文化云云，聆悉之餘，深感惶惑。茲就本人觀感所及，特述管見，藉以就正於高明。

（一）分佈在全球的華僑，據估計有一千四百萬人，除勤儉刻苦耐勞外，不消說還有適應當地環境的本能，他們和各當地的政府、人民和平相處，而且建立了深厚的友誼。如所週知，僑胞向來就具備了這種優良的傳統美德，故能在海外發榮滋長，歷久不渝，否則早已被淘汰無餘，那有今日的地位。老實說，祖國一向積弱，過去的政府似乎把華僑當作海外遺民，任由自生自滅，迨至國民政府成立後，雖訂有保護華僑政策，然而執行者對於僑情，每多隔閡，就是政府擴遷到台灣之後，台菲僅一衣帶水之隔，往來頻繁，可是對於僑情仍不甚了了。如數年前，零售菲化律將通過，竟有人說，零售律如通過，華僑儘可轉業好了，言下之意，好像都以為當地政府的限制，並沒有妨害，此途做不得，不妨轉進另一途，殊不知此中困難重重，步步荊棘，說倒容易，做卻困難。至於入籍，固然可以袪除了許多限制，但入籍也並不是容易的事，就菲國來說，有天生與歸化之別，權利義務都有不同。政府且規定了許多條例，入籍的時候，予以種種考核與挑剔，一有不合，麻煩立至。記得去年一大批入籍的同僑，有的因住址不符，有的因沒有登外報三天，有的因問答不合意思，以至被擯斥的，甚至已入籍好多年了，偶爾犯了芝蔴綠豆大事情，便被取消資格也不在少數。這裏不同美國，外僑在美誕生的後一代就自動成為美國國民。一千四百萬的華僑，多數分佈在東南亞，旅居在歐美的究屬少數，站在歐美的立場來看東南亞的華僑，自然是差之毫釐，謬之千里。

華僑入籍原則上我們是贊同的，由於華僑要適應這樣環境，自行轉籍原無可厚非，如果公然鼓勵，則似有未宜。因為一個國家有一個國家的尊嚴，一個國家有一個國家的國格，有個國家有權威的人叫他的僑民做別國的國民，雖說不是完全代表政府的意思，究竟在國際上，不免有輕率之嫌。我們久居在這裏就有許多就例，他們的祖先是道地中國人，到了他的子孫就完全變質了，他們多數不但不承認他們是中國的後裔，甚至許多排斥中國人的案子據說都是他們攪出來的。政府負有重任的人應該想辦法如何保護僑民的權益，如何為僑民解除痛苦，而不是隨便的叫僑民做了別國的國民，因為這並不是根本解決問題的辦法。很明顯的，你要集體歸化，他們卻偏不肯讓你這樣便利，他們有他們的政策，他們有他們的辦法，集體歸化只是單方面想法，將來被人拒於千里之外，才是沒趣。

（二）一個國家能够屹立在世界上，必有其立國的基本條件，當然文化是其中一重要的因素，譬如我國的語言文字，我們有我們的獨特文化，我們才能够在世界上持續了五千年歷史而不墮。華僑歷來的熱愛祖國，有了「華僑為革命之母」的美名，也有了內在的祖國文化作主力，外在國際地位的低落目擊身受而激發的，其來有自，並非偶然，倘沒有祖國文化的薰陶，要不數典忘祖，淪為異族者才怪。又如我們要從英文中放進中國的文化教材，那簡直是無可能的，不但辦不通，而者是自滅自己的文化。即以菲律濱來說吧，英文教科書是政府編定發行的，我們根本就沒有這種權利來編入我們的教材。退一步說，我們自己編定適用於華僑子弟的教材，但正式教授英文的，是菲律濱的教員不成，華僑入籍的究竟不多，讓他們來教中國的歷史、文物，無異以盲導瞽。欲希望其具有民族性，能够愛護祖國，那簡直是妄想。如果這樣廢棄了祖國文字，恐怕數代之後，號稱一千四百萬華僑，老一輩的去了，新的一代敢說不知道什麼是祖國文化，就使知道，也不屑承認他們是中國人，那麼華僑熱愛祖國的美名就成為歷史的陳跡了。

年來世風日下，國內一班有地位的人都爭先恐後的把子女還沒有受過中國的基本教育就送到外國去，他們的子女中國文儘管不認識，外國文字非精研不可。造就出來的，至多不過是一個十足洋化有名無實外國月亮比中國圓的中國人罷了。記得數年前一位美籍華裔議員到此間來，也曾經說過要華僑同化，最要緊的就是關閉僑校，現在蔣大使主張從英文中學習中國文化，娓娓道來，更是別開生面，令人詫異。前者已是歸化的美國人，還有可原，後者是政府的駐外人員，而且本身曾受過中國高深的文化，竟主張海外華僑要放棄本國文字，也許蔣大使過於沉浸在外國語言中，遂以為外國文可以代替中國文字來教育華僑子弟。

蔣大使說這話，如果出之於普通一般人的口中，影響還不大，但是像他這樣有聲望者一說，流風所及，大家奉為金科玉律，那就貽誤不淺了，心所謂危，難安緘默，中關華僑文化的存亡問題，不得不略陳利害，以正視聽。

還有據報載最近菲教育部六月間對於僑校將有一番大改革，不外是削減中文課程問題，如果認為從英文中可以用來傳播中國文化，否則護僑當局就要邀集有關單位，作未雨綢繆的策劃，以免臨事周章，招致僨事。

文聲集（一五）

壬寅歲暮久患胃疾寄懷舜老　韋齋

眞覺枯腸苦日增，搜詩饜肉兩難勝！危言舛俗成千里，悟境忘憂史一層。豈待多金親季子，倘容高嘯擬孫登。人豪幾處同蕭瑟，始信回天勢不能。

癸卯元旦作　公遂

樂事華年不可攀，海風梳影鬢痕斑，溫馨小酌銷寒涕，爛漫朝陽晾劫顏，辟地空餘桑下顧，扶吟賴有畫中山。搖紅翻翠春燈亂，目送羣飛燕雀閒。

次韻奉和公遂兄癸卯元日詩　書枚

眼中梅柳欲先攀，亦見池塘點玳斑。漫以深衷縈晚照，尚容淺醉著酡顏。春燈祇覺層層障，曉霧時迷隮隮山。闌噎九衢惟閉戶，此心乞與綠蘿閒。

奉和公遂先生元旦之作　幼椿

一例豪情老莫攀，空餘文藻尚斑斑。身如浮艇還依岸，春轉流光不駐顏。寄傲南窗懷錦里，牽愁北雁話殘山。難安袖手看危局，刼急爭先豈等閒！

憶陳果夫先生（五）

宇人

我們所提的確定中央委員人選標準案既已歸於無效，糾正三屆中央執監委員會的提案更受了四面八方的壓力。縱然不顧一切，仍予提出，也將在審查階段失敗，形勢已極顯然。最後立夫先生約集我們提案人中始終不允撤銷簽名的二十一人商談，提出一項妥協的辦法：糾正案不正式提出，其中指責三屆中央及政府的意見，在黨務報告和政治報告決議案中儘量接納；有關胡、汪、蔣三先生的部份，俟代表大會閉會後，請他們約集我們提案人舉行一次座談會，由我們當面提出。我們提案的目的，祇在於給胡、汪、蔣和中央黨政的其他負責人一些刺激，希望能藉此促醒他們的良知，實現團結和改革；並無其他的存心。例如當時曾有好些同志主張我競選中央委員，而且在事實上，也可說是輕而易舉的；但我自覺才疏學淺，不足膺此，故迄無競選之意。記得當時張冲「此君是中統的重要發起者」很有意競選中委，因見我決心不競選，也就作罷。因此之故，我們對於立夫先生所提的折衷辦法，表示同意。於是，一場大有山雨欲來風滿樓之勢的幕後活動，即烟消雲散了。我雖然覺得心情頗為沉重，但中央負責人都感到鬆了一口氣。

至於確定對日外交政策一案，並未遭受正面的反對，祇是在戴季陶先生所主持的一個名為「對日專門委員會」中，把它併入其他同類的提案一同審查，結果也是等於無疾而終。

四全大會以後，我和各省市黨部一部份同志又到靈谷寺去集議一次，相約以後隨時保持聯繫，對於時局問題，常交換意見。此後有一時期，華北八個黨部（即北平、天津、河北、綏遠、察哈爾五省市黨部及平浦、平漢、北寧三鐵路特別黨部）常舉行聯席會議，發表共同主張，即基於此。

四全大會期間，曾盛傳果夫先生對我約集各省市黨部的若干代表秘密會商共同提案的事，大為震怒；有人還說，糾正三屆中央的提案，我把許多黨的先進都得罪了。但事後，我並不覺得果夫先生愛護我的態度，有何改變。祇是立夫先生却似乎對於我們的活動，頗為注意。記在靈谷寺談話會後數日，楊興勤兄見着他，他曾詳詢一切。

此後，中央黨部各部為了容納汪精衛派，改部長制為委員制，果夫先生即離開組織部，由立夫先生任組織委員會主任委員，谷正綱副之。此時，江蘇省黨部已召開全省代表大會，正式產生執監委員；我雖然仍當選執委；但自己認為奉派整理江蘇省黨務的使命業已完成，除了省執行委員會開會時，前往鎮江出席而外，經常都在普通組織科工作。很少和果夫先生見面；但我對他的崇敬並未稍減。

二十一年夏組織部又恢復部長制，立夫先生任部長，他為了從新調整內部人事，約了一部份同志到他的府上茶敘，我也在內。立夫先生宣佈秘書及科主任人選時，表示我早就希望有機會出國求學，過去因工作關係，不能分身；現在組織部改組，他和果夫先生商談過，可讓我於此時出國求學。由於四全大會後，我因改革無望，內心正感苦悶和徬徨，當時得此消息，眞喜出望外，隨即將蘇省黨部的執委一併辭去，於八月初到上海補習英文，預計次年去英國。所需補習費用，由果夫先生按月派人送來。此時，我的幼弟因周西成在貴州內戰中喪生，早已恢復自由，來到南京，正在進中學，各項費用，原由我供給，果夫先生也自動的表示，在我補習和留學期間，由他負責。

計自民國十七年三月至二十一年八月，我在中央組織部工作四年有半，對於做人做事各方面，受果夫先生的影響甚大。上文說過，他並不是一位有高深學問和熱烈情感的人；他感人最深的，是那種樸質的作風和誠懇的態度。後來很多人都批評果夫、立夫兩先生心胸狹窄；但我當時的體驗，深覺果夫先生的襟懷開朗，對於青年同志更能曲予優容，愛護備至。他雖然對蔣先生忠貞不渝，但對於一些對蔣先生的若干措施常表不滿的青年同志，祇要他們沒有反對中央的激烈行動，他還是一樣愛護有加的。他為蔣先生所做的化敵為友工作，實不可勝計。

果夫先生平素很少和同志們接近，從表面上看去，他對同志的態度很冷；但他從不擺官架子，也不打官腔。記得有一次他約了很少的幾個同事到他的府上商談問題，在吃茶時，他會向我們述及他的一段往事。他說：他祇進過三個小學，浙江的湖洲小學、湖南的明德小學和南京的陸軍小學。因而學識甚淺。十五年初在報上看見本黨第二次全國代表大會選舉的結果，中央監察委員的名單中有陳果夫之名，他以為一定是同姓同名的另一人，因為他自度沒有資格做黨的中委。後來接到廣東方面的通知，才去廣州，並代理組織部長，他總是以一種戰戰兢兢的心情，小心從事。每逢中央開會，他必將一切議案帶回家來詳細閱讀，藉此學習，才慢慢的懂了一些。我當時聽了他這番話以後，不但沒有半點輕視之意，反而對他更加尊敬，自己在心中勉勵自己，應該效法他那種苦學精神。

在四全大會後不久，若干黃埔同學即着手組織一個秘密團體，人們稱為藍衣社，實則叫做復興社。我沒有參加的原因有三：一、他們主張擁護領袖，復興民族；我則認為必須先確定一些基本原則，蔣先生祇有依據這些原則行事才能予以擁護，假如他違背了這些原則，還應予以反對。其二、他們認為蔣先生將黨務交與果夫先生負責，實為所托非人，我則對果夫先生頗為敬仰。其三、我不贊成小園子的做法，我認為要改革黨政，挽救國家，必須團結全黨人才，方能有濟，不應以黃埔同學為中心。

我在上海補習英文期間，復興社已有長足的發展，中央組織部也急直追，決定建立一個同樣的秘密組織，雖然也是以擁蔣為名，實則乃與復興社抗衡。張冲曾來上海，勸說我參加發動，俟組織成立後，再出國求學，他說：組織的事，蔣先生業已認可。並說，為確保我將來出國求學絕不致發生問題，他們可以先將我的留學費用存在銀行，以便我到時動用。劉不同也來上海談過，但我沒有應允。

抗戰行列中見聞雜憶（一六）

李璜

管制物價與掌握物資（下）

抗戰時的川康兩省，其重要性在供給軍糧與壯丁，這都是素具天富的農村社會所優為之的。特別是天府之國，沃野千里的成都府內十六屬各縣，水利自秦代以來，便有了基礎，從無乾旱之災。照中國農家之善於蓋藏，享用節省，所謂「三年耕則餘一年之糧，九年耕則餘三年之糧」，至少在川西壩子是辦得到的。而且川西人民在百年以來，便無亂離，大半安居，因之農村人口密度，可以與江蘇浙江的蘇、滬、杭一帶鐵路兩側農村人口相比。因之，抗戰到了民國三十一二年，雖徵兵、征糧仍在加緊進行，但仍未感到十分困難。

然而物價却在上漲了！這裏所謂物價之物，不過只是油、鹽、柴、米與布疋而已，農業之民的需要也只是以此五者為主，其它如住與行，在工業城市認為緊張的問題，則在農業社會，茅茨土階，兩脚會走，殊不感到嚴重。但何以陪都政府要來管制物價與掌握物資，乃是為的後方幾個重要都市，如重慶、成都、瀘縣、萬縣等等都市，在戰前人口不過二三十萬的，抗戰末期增到了六十餘萬市民。——政府之所以認為緊張者在此。

至於都市以外的農村，其物價也是無從管制的，而其物資更是無法掌握的。當其經濟部特別在成都設起「經濟部物價管制與物資調劑特派員公署」，第一任特派員梁穎文君與我相熟，前來請求與川康建設期成會川西辦事處合作辦理平抑物價事，我便與他設計，這種管制物價的事，在成都只能辦到「徒有其表」，只能設法在精神影響上使成都的大糧戶不要囤集其所收的租石，樂於出售，而令成都南北兩市天天有多量的米糧出售，則物價自不會大漲。因為成都人習慣以米價核算其它的物價，只要米不漲價，其它的日用必需品就不會漲價；至於鄉下，萬不宜派人去干涉農人的市場買賣。

其初，穎文並不以我之說法為然，因為我說了只能辦到「徒有其表」，這四個字，他覺得有點滑稽，且令他這經濟統制的特派員不好交差。後來，穎文虛心的走向成都紳耆諸老一一請教，他便恍然大悟，深覺我的話不錯，在成都市來管制物價，只能用精神影響力，而不能用官廳的硬性規定物價；至於掌握物資，則更談不上。因為政府對於油、米、柴、布（鹽是政府早掌握在手的，素有官價）的生產數量，在出產之區都算不出來，又如何去掌握法呢！

而且油（一種菜仔搾出來的青油），是從成都市以外各縣，每縣並不大量，由負販，一担一担的，日行百里，經一日或數日程，挑起入城供給的；如果去嚴格管制，則這些負販便立刻視為畏途；一天停止不挑起油担來，成都人便要發生油荒了！米也是用小車，一車數斗推起來的；柴用小船從小河運來東門外，凡此都花費人力甚大，而且這些人一向都怕官管，一聽有官在伸手，便會認為問題嚴重了！

因是穎文決定每半月，約定我與徐申老，以及成都市總商會主席，在他的特派員公署聚議一次，將成都物價細細研討其漲價情形；研討得着結論後，並不由官廳懸牌規定必需品的限價，而是由總商會會長將此結論，去與各行商議，總使這幾種市民的日用必需品不要漲價得太快，合理的慢慢的漲，使官與民彼此相安便了。

至於囤集租米不賣的，成都人人都知道，是那幾家大糧戶，而且大半是已故或正握兵柄的軍閥及其親戚，他們多是田連阡陌，白米盈倉，希望賣貴米得厚利的，這就全靠紳耆們去親身勸勉他們了，經濟部的特派員是無奈之何的！但這個勸勉常是相當有效的，因為諸老不是國民參政員，便是省參議員，勸勉無效，諸老一發脾氣，便要向議會提案，公開宣布囤集居奇，影響民生及抗戰的罪狀，這是不無相當輿論制裁力量的！

至於鄉村小市場，即十日三場的集市，更是無法干涉的原因，後來梁穎文兄一去調查，比我更為了然他的管制辦法是難於下手了！因為距離成都不過百里之遙，稍稍偏僻一點的農村，農民們還在偷偷的以硬銀幣作為交換的媒介物，法幣已經通行了近十年，這些農民們還是相信「袁大頭」或「孫大頭」的，甚至廣東雙毫子，民十以後在上海通用而民二十五即已不再見面，在四川鄉村裏，還保存得不少，視為可靠的財富。故在當時成都西南鄉村之物價，可稱為「大頭」式，或「雙毫」式的，而並不是法幣式的，大頭與雙毫的交易，其價格乃與抗戰前相去不遠，一元大頭，可以吃「九斗碗」之筵席一桌，八個人可以酒酣肉飽一場，豈當時成都市民所能想像！

本來，在民三十以後，陪都政府手中已握有米石不少，而洋布也由政府以收購的棉花換來，故中央公教人員一律配給米與布，飽暖已無憂。後來，四川省府也仿中央辦法，配給省級公教人員及其家屬以食米，在當時俗尚樸質，生活簡單的情形下，知識分子已是有米萬事足；只餘小市民，本其勤苦作業，油鹽柴米布大可自了，不必公家為之操慮了。且以成都市而論，可以說，這是一個糧戶城。在民三十的戶口調查報告，成都市有百分之四十以上的住民是職業下寫明粮戶的。這類糧戶市民，因民十以來，四鄉不靖，移住城中，衣租食糧，無所事事，每日以上茶館談天度日，此成都茶舖之盛又一原因也。

本刊已經香港政府登記

聯合評論

週刊

每逢星期五出版

United Voice Weekly

第二三二號

督印人：黃宇人　總編輯：左仲平

社址：九龍大埔道一六八號南亞書局 805641

承印：嘉聯印刷有限公司 香港仔漁師道5號

總代理：友聯發行公司　售價每份港幣一毫

本報美洲版總經售處：美國紐約中美出版社

CHINESE - AMERICAN PRESS, INC

199 CANAL STREET.,

NEW YORK13 N. Y. U.S.A.

美洲版空郵每份零售美金一角

2

小談馬來西亞

韓非

沒有人喜歡馬來西亞，沒有人認為馬來西亞是一種妥善完美的政治組合，但馬來西亞却非實現不可。

從五邦中的主腦馬來亞說，它實在沒有資格來把東北婆羅洲歸納了去——這說法有點不妥，它們是合併，而不是誰歸併誰。但實際上則等於歸併給馬來亞，祇是換了個新名字而已——它決沒有力量來保衛北婆羅洲，現在沒有，將來也不會有。而事實上它也沒有這種願望。它本身還有百分之六十的土地未能開發。

五邦之中，只有星馬的合併是必然的。政治傾向的殊異只是一種一時的因素，合併是個遲早的問題。但對北婆而言，那就完全不同了。無論從地理上說，人類學上說，文化系統上說以至經濟關係上說，都沒有非合併不可的理由。

就是以民意而言，合併也是極勉強的。婆羅洲的土著和中國人大體上說，都不喜歡馬來人，甚至看不起馬來人。馬來人在那裏又只是少數。當馬來西亞的計劃初在報章出現，人們還未明其底細的時候，便都心存反對，不為別的，就是不願意馬來人躍居主要民族和統治民族的地位。婆羅洲的土人，除近年來受了一點粗淺的教育者而外，原都不知道政治為何物。他們只願保持原狀，不願有所變更。後來經過官方多方的解釋，才糊裏糊塗的說也贊成馬來西亞。至於中國人，到今天為止，恐怕也還是反馬來西亞的佔大多數。目前到處的中國人都多少有左右之分。左者自然反對，但即使右者也多所猜疑。單是以回教為國教，以馬來文為官用語言這兩點，就夠使他們不高興了。

但馬來西亞又何以非成為事實不可呢？因為它是沒有辦法中唯一可行的辦法。

第一，殖民主義之必須消滅，在我們這一時代看來，已是天經地義。不單全世界的共產黨人以及殖民地人民都在這樣吶喊，就是殖民主義者也已不敢戀棧。英國要是留戀着北婆羅洲，不單會在國內國外以至聯合國遭受譏誚抨擊，還可能有一天得在森林裏和共產黨打游擊。以英國統治殖民地的方法來說，由於其事事拘泥法律程序，它多留一天，共產黨的勢力便只有更深入一層，更漲高一度。因之，英國近幾年來的政策，只着重於培養當地自治的能力，以便它一旦將政權交還時，有既成的力量可以承繼。

但婆羅洲的人口實在太稀少了，文化水準也實在太低落了，地理條件也非完全有利，南面是印尼的加里曼丹。讓這樣一個地區獨立起來，其內部一定一團糟，而對外也永不會有自衛的能力。誰都可以指出婆羅洲獨立後兩個必然的前途：其一是讓印尼歸併了去。新近兩三個月來的事態恰好証明了這種推測之有據。印尼剛把西伊利安置其狠吞之下，而西伊利安都是一個無論在人種上，歷史上文化上都和印尼無關的地區。以此類彼，北婆羅洲也正合式，而又富庶得多。其次是遙遙地成為中共的衛星國。這聽來離奇，但可能性却非常之大。多年以來，北婆三邦表面十分平靜，內裏則受共黨的滲透甚烈。婆羅乃的叛軍，切不要以為他們是民族主義者。到了他們可以揭下其面具的時候，他們就會成為不折不扣的共產主義者。北越的胡志明，古巴的卡斯特羅……的事例皆可鑒取。反帝國主義統治的武裝，其開始時可能是一些激烈的民族主義份子，但在其發展的過程中，為了聲勢和物資人力的援助，總是漸漸變質而成為國際共產黨的一支縱隊。他們的幼稚和共產黨人的狡詐都使此種變化難以避免。至於一開始便由共產黨操縱的，那就更不用說了。北婆三邦，以沙拉越為首要，沙拉越的政治運動則深受星加坡的影響。人民行動黨在星加坡的成功給沙拉越從政者以極大的鼓勵。兩三年來沙拉越的人民聯合黨在該邦的政治運動中已取得了絕對的優勢。一旦獨立，人民聯合黨之將取得政權，蓋無疑義。而這個政黨的政權之將如初期的星加坡人民行動黨一樣的傾向北平，也無疑義。這裏有一個必須加以注意的事實。星洲受制於馬來亞，其左傾無法超過某種限度，其穩健派的勢力亦多有奪取優勢地位的機會。但沙拉越却與共黨充斥的印尼為隣。

在這種必須獨立而又不能獨立的情況之下，另一種獨立的辦法便被採用了，那就是馬來西亞。馬來西亞是一種沒有更好的辦法中所勉強採取的辦法。在馬來西亞成立以後，北婆三邦算是獨立於馬來西亞之內，同時因英國和馬來亞的防禦協定必將擴展為英國與馬來西亞的防禦協定而受到保護。

但馬來西亞雖然必須實現，馬來西亞的安全却是極成問題的。騷擾將來自印尼，這早已成為頭條新聞了。（下轉第四版）

署記旅美四個月的一些實感

左舜生

一、加州初旅（上）

由香港乘汎美公司（P.A.A.）的飛機赴舊金山，中途須停東京，檀香山兩站。東京停一小時，檀香山一小時半。在東京機場休息室和老友崔萬秋兄談了四十分鐘，於深夜一時再飛檀島。次日午後兩點後到達檀香山，即算到了美國境內，旅客例須於此報關並檢查行李，（經過這次檢查，入美國本土後，即通行無阻。）我因為有駐檀胡總領事及王領事在場照料，一切免除。在休息室和胡王兩位談了一點鐘，把本年五月大陸難民湧進香港的經過，向他們說了一個大概。四點續飛，十點左右即到達三藩市，時間多了一天，仍為九月十五。到機場接我的有總領事翟因壽先生。亞協的袁倫仁先生，吳坤淦醫生，世界日報的呂超然先生，曹桂芬先生，郭長城先生等十餘人，除吳博士係我在中央政治大學敎書時的老同學外，其餘均屬初見，甚可感也。

我因為連續坐了二十幾小時的飛機，頗感疲乏，原想到預定的旅館休息，但吳先生勸我放棄旅館，到他家去住；並且說：陶鵬飛先生家中，尚有多人，可以一見，並可一看舊金山夜色；因分乘兩車，開赴陶家。車行自由大道（Free Way），來去的車輛分別行駛，可以開足六十買，路上僅見車輛，不見行人，道路砥平，燈光耀眼，見有幾處疏疏落落的住宅，却不見警察一人，舊金山給我的第一印象，眞所謂『泱泱大國。』

在陶家見着陶君夫婦（陶夫人係張漢卿的女兒，神情酷似漢卿的少年時代），藍妮母女，K.K.吳的夫人，此外也還有其他的客人，小坐二十分鐘，署進茶點，即坐吳先生夫婦的車子同到他們的家裏，來去車行約兩小時以上，到吳家已在一點以後了。浴後酣睡五小時，兩天來的疲勞，乃全告恢復。

我這一次的加州初旅，整整延續了一週——（九月十五到二十一），所會到的舊雨新知甚多，見所末見，聞所末聞的事實確實不少；以之與後來在美東的聞見一加比較，我總覺得美西更有朝氣，生活也更為合理；甚至以三藩市的唐人街與紐約的一比，也覺得美西的要整飭得多，而內容也更為充實。

這次在舊金山所見到老一輩的朋友，有張君勸，顧孟餘，董時進，蔡增基，吳尚鷹，呂超然…………各位，他們的態度有的是溫溫爾雅，有的是慷慨激昂，但他們一種關心祖國，維護民主和反對共產的心情，却毫無二致。

君勸先生於上半年赴德講學，回到金山以後，偶因不愼跌了一交，背部輕傷，我兩次和他見面，都在聖瑪利醫院。他已高齡七十五六，依然健談，精神旺盛，除讀書研究以外，他似乎不感到其他的事更為可樂；談到近年留美學生成續的優異，他更是眉飛色舞，高興非常。後來我在波士頓入醫院的前夕（十一月一日），深夜不能成寐，起來靠在余傳韜客廳的沙法上休息，看見壁上有君勸四年前為傳韜寫的一幅單條，文曰：『於是背玄灞而延望，指葱山而矯迹，川陸綿長，備嘗艱險，陋博望之非遠，嗤法顯之為局！』（按原文見『大唐西域記』張說寫的一篇序）他殆以玄奘自期，亦以此期待於今日留美的青年也。

顧孟餘和董時進兩位先生都住在三藩市對面的Berkeley，到他們那裏要經過一道長八英里以上純鋼的港灣大橋（Bay Bridge），我生平所見過的大橋，以此為第一。二十日王天循先生陪我去參觀加州大學，我們乃首先去看顧先生，和他談了一點鐘以上。他對國際的一般情況仍異常關心，手邊的西文書報不少；近年參加美國方面一種研究工作，每天總得去一去。顧先生的年齡七十四五，比較七八年前在香港見面時雖稍見清癯，但精神依然很好。王先生約他到加大去午餐，他却是婉辭謝了。

王先生是加大畢業的老學生，對加大各部門的情況都非常熟悉，由他師導我去參觀，雖只花了半天的工夫，看見的東西可眞不算少。據他說：加大共有八個單位，學生迈十萬人，研究原子能的一個機構設在山上，參加研究的就有一千多人。全校究竟有多少中國學生，王先生不能確指，但就我所看見的，已知道人數不少。該校經費充足，設備無不新之又新；敎授們的待遇也特別優厚。據說歷屆得諾伯爾獎金的學者，也以該校為最多，其為美國西部各大學的一重鎮，自屬毫無疑義。

參觀加大以後，到王先生家小坐飲茶，其夫人福建人，菲律賓華僑，除英語外，並能操西班牙語，國語亦能說能聽，原在加大研究英文學，以初生小孩須照料，暫輟學一年。王先生研究中國思想史，有英文著作，正繼續寫作中，秉營商業，甚得法，其住宅頗講究，一切新式設備。

離王家後便和王先生一陣去看董時進先生。董王兩位本來是四川同鄉，但却不太熟。當董先生開始和我長談的時候，王先生乃抽空回家休息，並約好再來同進晚餐。董先生為留美人士中熱心國事的一人，我們隨時都有機會讀到他說明中國情況的講稿。他儘管是一位農學專家，但他的興趣相當廣泛。他有一本敘述中共初期在大陸各種措施的大著，頗博得美國出版界的好評；近年他更有文藝作品出版。這一天和他至少談了三四小時，一直到晚餐桌上還沒有停比，他對台灣仍有甚高的期待。他的夫人姓朱，是熊秉三先生的朱夫人的內姪女，她算是朱經農的同輩。她比之董先生似乎更是多才多藝：現在留在美國的太太們能畫幾筆中國畫的頗多，但董夫人却能畫富有東方情調的洋畫，最近開過一次倆展，被美國人買去不少。在他們的壁上，還掛了好幾幅她的近作，一幅好像是寫三峽的，給我留下的印象頗深。她又能自出心裁製作一種盆景，即擺在日本人所製的盆景中，也一定可推為上品。晚餐桌上擺出好幾樣菜，四川湖南的口味兼而有之，當然也都是董夫人親自操作。我打趣董先生說：『在我還沒有欣賞您的文藝創作以前，您的作品是否能超出您夫人的繪畫與盆景之上，我暫時還只能採取保留態度！』

晚餐後又小坐一會，已將近十點，仍由王先生開車，送我回到K.K. Woo的家裏，我感到這一天的生活內容，確實相當豐富。

談中國的農民革命

李璜

一位來港研究中共的美國學人向我問及，史太林曾說中共是農民革命者，究竟毛澤東從前拖起人馬上山，後來以打游擊起家，是不是與中國農民革命的歷史有關係？我因爲之談中國的農民革命。

談到中國的農民革命，須得先行了解中國傳統的社會結構及其社會意識，因此不能不拉長一點來說中國二千多年（自漢武帝起）的小農制度的經濟社會，以及家族主義的思想與其組織的。這一中國的自給自足的農業經濟，其耕作全憑人力，其收穫用以供家活口、長養子孫；男耕女織，衣食無缺，樂天知命，只要向官家繳納了很輕的田稅，一切無憂。因此，農村社會中人，在他的家族社會生活籠罩中，很少覺得自身與政治社會有何關係。所謂「日出而作，日入而息，鑿井而飲，耕田而食，帝力於我何有哉！」這一生活情緒，以及歷代田園詩人的抒情詩，大體均有無政府主義的「各盡所能，各取所需」的傾向；中國的兩大聖人，孔子與老子，其思想都有自然主義、放任主義的色彩甚爲濃厚，也大抵源於這一傾向。因之中國自漢代以來，所謂太平盛世的皇朝統治，對於老百姓的管理，大都異常鬆懈；其統治權力很少及於中國的農村中，而一任中國農村的家族長老去敎管其子弟，人人勤於耕作，安份守己，就算達到了郅治之世。故中國皇朝的地方官吏，去管理老百姓，歷來都尚政簡刑輕，便可得到美名，反之，便要得到罵名。

不過，中國大多數的老百姓，雖不去或不知道過問政治，對於政府，只求兩下相安；但政治有時是要去擾亂他們的。這常是遇着了好大喜功的皇帝，他要從事征伐四夷的時候，要壯丁去服兵役，要較多的糧食或錢財去充軍用；這樣的興師動衆之下，農村老百姓便因之失却自然主義的常軌，而抱怨皇帝起來！特別是這一農業社會結構，人與土、家與其鄉，乃是粘連着，難於分開的；所謂桑梓之地，父母之邦，是不能輕於離去的。如人民被强迫離開家鄉，出征異域或遠戌邊疆，這一皇朝的政治作法必被稱爲暴亂，而民間詩人必不斷要加以諷刺，以至咀咒，藉以爲人民伸其怨怒，對皇帝有所抗議。從中國較古的詩經國風上，一直到近人的詩歌上，深入人心的詩句，大抵是怨別傷離，思鄉懷土之作，很容易使一般人都記在心上，唸之口中。而且這怨怒以及抗議，並不辨別興師動衆，皇朝目的的好壞，或是抵抗外敵的侵入，或是開發邊疆的富源，或是徒逞皇帝個人的欲望，只要在上主政者把安居樂業的家族社會的常軌一經擾亂，家人父子一終身聚居的生活一經分散，就足稱爲是暴亂之行。因之，秦皇雖能拒胡，漢武雖能開邊，將中國的大一統做到相當成功的地步，但中國詩人還是致以諷刺，中國的歷史批評家並不大贊成這類多費民力的開疆闢土之君。至於要爲皇朝君臣自身享樂，大興土木，重稅或抽民伕去從事建設，其必視爲暴亂之君與聚斂之臣，更是不在話下！

中國大多數的農村老百姓遇着這種種的政治上的紛擾，已是認爲不幸了。更不幸是，加以天災流行，雨水太多或太少，以至蝗災、河患等等，使農作大受損害，收成大成問題，既怨望而又乏食，於是爲覓食而離開農村，集體流亡。在這種流亡載道的情形下，再加以野心家出而利用，便羣聚而上山爲寇，甚至影響待遇並不好的飢軍也加入爲同夥，便造成了中國歷來常見的「據山稱大王，四竄成流寇」的所謂農民革命。中國的皇朝換代，由前一朝代末，大亂數十年，轉換出新的另一朝代，多半是緣於這一農民革命的。即使有時換朝代，乃是由於中國北方的異民族入侵中土，但在異族入侵之前，往往有中土飢民造亂爲之先導；或內異族更侵入了，而飢民之亂更是擴大，這就形成內憂外患，相乘而來，皇朝便迅速的崩潰下去。

說到這一農民革命的屢次發展，可以說自秦漢之際（西紀前二一〇—二〇二）就已開始，陳勝、吳廣就是農民革命的有名創始者。但我們須再注意到，這一農民革命力量是具有中國民間一向的宗敎社會的甚大影響力！中國在儒家所提倡的正統文化，家族主義的祖先崇拜之外，尚有普及於民間的多神敎義及其宗敎社會的結構。這不只是在漢代以後受了印度敎影響的原故，而是在漢以前，在春秋戰國，南方文化起來時，中國的方士文化就傳佈日月星辰等七星的占星術，金木水火土等五行的定命論，以及神仙鬼怪之說；到了秦始皇時已大盛發展；到了漢武帝時，儒家思想也受其感染；到了東漢以至北魏，道家竟被方士之說改爲道敎，流行民間，構成了又一個特別的宗敎社會。

中國自來是儒、釋、道三敎並行於民間，而民間之儒不同於士大夫階層之儒，較重禮敎修養；它是特別以漢族爲正統的中心思想上，對一種能攘夷排外，或能安定民生的英雄人物加以崇拜，成爲偶像，集團奉祀。民間之釋，也不同於士大夫階層之釋，較重佛家哲理；它是附會印度的小乘敎義夾雜起中國的方士信仰，迷信鬼神變化莫測，生死相通的輪迴之說。民間之道，並不絲毫含有老子道德經及其理想國，而也是由於印度敎敎義的一部份與方士道術的一部份，湊合而成的人神相通，足以求福免災的信仰與法術。

這種種相當複雜的中國民間的宗敎意識的形成，都有其宗敎社會結構，爲之凝固其信仰生活。在平時，則頗能發揮安定社會的作用，故中國皇朝以至民國政府，雖對民間的集團迷信不大放心，但只要不發生政治方面不能相容的事態，也就未加以嚴格禁止。有時且因皇帝的一時高興，信奉了民間的神鬼，而加以提倡，私祀成爲官廟，皇帝竟命官吏去一律崇奉，定期爲官式的祭祀；如在清季，我們七十左右的人，猶能親見縣官府官，奉皇帝命，除祀孔外，對於關廟、岳廟、五嶽之神，縣府地隍等等，都定期的前往祭拜，而在今日廣東福建人之特別崇奉天后，南洋華僑之家家供有關帝，當足見此類宗敎意識之普及。

這種種宗敎社會生活及其結構，却對於中國的農民革命，往往發生出甚大的作用，可以說，在中國歷代以來，無一次的民間發動亂事，沒有與這類宗敎社會生活及其結構不發生關係的！當其天下太平日久，農村生齒日繁，地力不足以養，農村充滿失業青年，爲家族社會所不足以維繫時，這類農村流氓多成爲這類宗敎社會的皈依分子，藉以謀生或安身立命。一且，一省或數縣之地遭遇着天災，民不得食，老百姓逼得造亂以求生存，也往往要靠這類宗敎社會及其意識來從事號召與團結。因之，這類足以聚衆造亂的宗敎性質的社團，其組織自來嚴密，入社有一定的儀式，相守有一定的規律，進退有嚴格的秩序與班輩；加入之後，信徒必須絕對服從領袖（或稱敎主，或稱大王，或稱大哥與老頭子不等），觸犯戒律或違背領袖，則有刑罰，且有被處以死刑的。

自最初有紀載的農民革命起，如陳勝、吳廣之篝火狐鳴，漢劉邦之斬蛇起義，便已具有宗敎的迷信號召意義。愈往後，則其義愈顯：東漢之末的黃巾賊寇，傳敎授徒，稱五斗米敎，有衆數十萬，燒掠府邑，天下震動；唐禧宗時的黃巢，富資財，尚任俠，喜養亡命（這就是中國一向的哥老社會結合的宗旨所在），揭竿而起，亂及全國，且稱皇帝；其他如南北宋之羣盜，元末明初之妖人，或因金人外患屢侵，集衆據地；或因反抗元朝暴政，各有宗敎迷信的號召與集結；自元以後，中國的形形色色的異敎社會，便習慣成爲農民革命的中心，特別以清代中葉的敎匪爲甚；清末之哥老社會亦盛行各省，即孫逸仙博士的初期革命行動，也甚爲借重於哥老社會。因是，毛澤東之能毅然放棄史太林所指揮的都市革命路線，不惜在危難時，與李立三分裂，而拖了一部份徒衆，去「上梁山」與江西據山爲寇的項英合夥，也不能不說是緣於這一中國向有的社會結構與意識爲之指導的。

五二、二、一六

送壬寅年迎癸卯年懷梁任公

陶元珍

（台北來稿）梁任公先生如果還活着，現在也不過九十一歲，可惜他五十七歲那年（民國十八年，一九二九）便過世了。以他在世不到六十年的成就，和許多活到八九十歲的人比較，都有過之無不及。當代人物儘有剛做九十大壽的，能夠和三十幾年前便已身故的任公先生比嗎？

回首清光緒壬寅（清光緒二十八年，一九〇二），任公先生正三十歲，他所作三十自述開頭便是一首詩：

風雲日以多，日月擲人急，
如何一少年，忽忽已三十！

那時的任公先生正在如日中天之候，戊戌維新雖失敗，而經過庚子拳亂，辛丑和約，維新已成國是。他在海外所發表的文章，因科舉廢八股改考策論，以及新式學校的創建，一時成爲應考者及在校學生的揣摩範本，內地書賈有刻木板翻印的。邵陽李劍農先生於所著最近三十年中國政治史中，有「言論界之驕子梁啟超」一章，專寫任公先生彼時在論壇的地位。次年癸卯（光緒二十九年，一九〇三）中式的舉人，再次年甲辰（光緒三十年，一九〇四）登第的進士，其考卷大體都受了飲冰室主人（任公別號）的影響。這批舉人進士以及學校畢業生，多數均到日本留了一趟學，獲瞻任公先生的言論丰采，回國之後，積極推動憲政，與革命黨的革命運動是相輔相成的。從壬寅到壬子（民國元年，一九一二），不過十年，共和國體即告實現，任公先生實有很大的功勞。中華民國之開國於壬子年，他在所寫「新中國未來」記小說中已經預言到了。

從壬子到壬戌（民國十一年，一九二二），任公先生已坐上全國名流的第一把交椅，恢復舊國會使黎元洪繼續行使職權的辦法，便是任公先生領銜提出的。由於北洋軍閥的專橫和舊國會的拆爛汚，任公先生對政治灰了心，專意講學著述，著述雖未盡完成，講學的影響則很大。前此若張君勱先生、曾慕韓先生之久列任公先生門牆，固無論已，次若胡適之先生、常燕生、張曉峯先生，或與任公先生有忘年之交，或得任公先生心傳，可說都是任公先生的繼承者。至於清華國學研究院經任公先生造就的幾十位專家，分佈各大學講席，影響之普遍，更不用說了。

壬寅，任公先生一生，祇遇着一個；民國的第一個壬寅，已在任公先生沒後三十幾年，清光緒壬寅的任公先生，真是光芒萬丈！民國第一個壬寅的任公先生，則未免有點冷落，當然是由於慕韓、燕生兩先生均已前沒，適之先生又恰在民國第一個壬寅開頭故去，君勱先生遠在海外，有鬱鬱靡所騁之感。（案任公先生生於清同治癸酉年正月二十五日，在今九十一歲，正是誕生九十週年（今年國曆二月十八日），紀念還是來得及的。）聽說共匪在大陸頗假借故去的任公先生招搖，章士釗寫給張君勱先生的統戰詩，便用頭打賭，設任公先生如果活着，必然贊同共匪，這全是章逆的睹說，但我們如果對任公先生稍形冷淡，豈不給共匪以招搖的機會嗎？

任公先生與中山先生的交情，不同浮泛。中山先生曾請他做興中會的副會長，他因不忍違背師誼，故爾謝絕。及至中山先生逝世北京，任公先生親往吊喪，一進門，喊打之聲不絕，若非汪精衛解圍，也許要吃一點虧，這眞是具有絕大的勇氣！一生一死，乃見交情，任公先生爲人之篤厚，於此可見了。

汪精衛是民報的第一枝健筆，他和任公先生筆戰，曾使讀者爲之觀止，但氣盛而理欠充實。辛亥革命發生後，汪氏寫信給任公先生，自居晚輩，先生遜辭謝，並滙兩千元給任公先生過年，事過境遷，說的都是眞話。如果抗戰時任公先生還在，或能使汪氏不落日閥圈套，汪僞的一幕醜劇，也許是不會出現的。

任公先生係於民國十八年一月十九日去世，到今年一月十九日已三十四周年，中國尚始終未能實現健全的兩黨政治，如果任公先生還在，以他的重望，領導一部份人士組成一個黨，如果與國民黨成輔車之勢，並不較新逝的適之先生更爲適合嗎？

蕉業界的自擾

運銷合作社圖佔日市場

靜吾

（台北通訊）台灣青果運銷合作社聯合社總經理謝敏初，最近在日本與日本東京中央市場批發業者團體、日本全國芭蕉加工業聯合會兩團體，以民間業者的商業合同方式，簽訂台蕉銷日的三年長期契約，內容重點為：（一）日方兩團體關於台灣所能供應的台灣香蕉，應予全部接受，其供應價格，每年平均價格每籠在CIF值七美元以上為原則，還供需實情隨時調整。（二）日方兩團體，關於台蕉增產所需的資金，在儘可能範圍內協助供應。（二）在本年四至九月間，於日本實施香蕉自由化後，日方兩團體立即向青果聯合社開來訂購香蕉的信用狀一千萬美元。

謝氏携帶該合同正副本返台後，對記者強調稱：此項香蕉供應三年長期契約，係仿照台灣省紅糖公會與日本紅糖進口公會所簽約紅糖供應長期合同而簽訂，係一種純粹民間的商業合同。又稱：與青果聯合社簽訂長期合同的日方兩團體，在日方有強有力而完整的銷售機構。

台蕉改進會主任委員陳杏村也就中日商人簽訂台蕉供應長期契約事發表談話，表示支持。

省農會首持異議

台灣青果產銷聯營委員會香蕉輸日自由化研究小組隨召開首次會議，討論日本進口香蕉自由化從，台蕉業應如何適應新情勢，以發展業務等問題。該聯委會組織份子的台區青果輸出公會，省青果運銷合作社聯合社，省農會等三團體均派代表參加。因各方堅持各自的提案，未獲得結論。省農會於九日發表聲明，要求加強台灣青果產銷聯營委員會組織，並由該聯委會與能代表多數日本青果商之代表團體，簽訂長期契約。因此省農會反對省青果運銷合作社聯合社與日本全國芭蕉加工聯合會等團體所簽訂的長期契約。

省農會的聲明又稱：青果合作社應專責辦理改善香蕉產地集運、報驗、包裝、運輸工作，而將外銷業務交青果輸出公會及農會辦理。並要求政府准許農會恢復辦理香蕉的集運工作。據悉：省農會為爭取輸日香蕉長期契約，經與日本農民團體全國購買聯合會接洽簽訂長期契約，俟政府輸日香蕉原則確定，即將簽約實施。

青果業公會也不同意

台區青果輸出業公會亦於九日召開臨時理監事會，討論輸日香蕉長期契約及省青果運銷合作社聯合社要求產銷一元化問題，結論為，輸日香蕉長期契約應由台灣青果產銷聯營委員會出面簽訂，並由青果輸出公會承辦外銷業務。如果生產者團體的青果合作社，或非青果輸出公會會員之一般進口商欲辦理外銷業務時，必須先行加入青果輸出公會為會員；否則香蕉外銷業務將發生重大的紛亂。該理監事會又認為青果運輸合作社應集中努力於香蕉之增產，而不宜增加辦理外銷業務。

會後該公會理事長陳查某呼籲本省青果產銷各界團結合作，集中力量，針對日本香蕉自由化政策，為台蕉外銷創造更大成果。陳氏認為輸日香蕉長期契約，我們應該保障日本的台蕉業者之利益，即經常經營台蕉業務之旅日僑商，與日本經營香蕉進口之日商。因兩者之業績若不予保障，將導致他們不滿而改向中南美洲購蕉，而形成對於我蕉業之損害。如果我們尊重過去對台蕉有貢獻的僑商日商之利益，即可調節中日間香蕉貿易的平衡。陳並呼籲香蕉生產者團體，急起直追，以確保日本市場。

合作協會小組表示支持

中國合作事業協會合作政策研究小組，暨民意機關關係小組，於九日上午十時假台灣合作金庫會議室舉行聯席會議，該會討論有關青果合作社與日本全國香蕉加工批發合作社聯合會及各大都市市場等訂立合約問題，會議係由兩小組召集人樓桐孫、楊家麟會同主持獲致結論兩點：（一）台灣省青果聯合社與日本全國香蕉加工批發合作社聯合會及各大都市市場業者所訂銷售香蕉合約，係蕉農直接出口香蕉，既足以保障蕉農利益，並可擴大外銷數量，降低銷售成本，增加外滙收入，符合憲法之基本國策，應轉請政府採擇實施。（二）政府應對青果合作社加強督導監督，必要時由有關機關組成專案小組規劃辦理，尤應切實實施按社員交易額分配盈餘制度。

青果運銷合作社聯合社方面亦召開臨時理監事會，檢討該聯合社與日本全國芭蕉加工聯合會等所簽訂三年台蕉供應長期契約，並交換對實際業務方針之意見。全體理監事，一致支持該長期契約，認為藉此可以奠定台蕉銷日之基礎，強化對中南美洲香蕉之競銷力量。同時為了達到生產者自行出口目的，此項產銷一元化，應不計較任何犧牲，而推動。該理監事會並表示，反對台灣青果產銷聯委員會出面與日商簽訂台蕉輸日之長期契約，認為聯委會不過是一個駢枝機構，同時為過去「實績」之既得權利之代表而已，為香蕉生產業者所不能忍受者。

日商代表紛紛來台活動

日本的香蕉進口商，基於切身利益，紛紛來台，要求參加簽訂長期契約，最初向外貿會申請簽訂長期契約的日本香蕉輸入協會副會長中山信一，亦已來台，並向記者報告，過去與外貿會交涉，簽訂長期契約經過，略稱：我等去年十二月中旬來台，首先向外貿會故尹主委接洽簽訂台蕉供應長期合約，經獲得尹主委同意，惟因尹主委要求簽約保証金，故經於本年一月十九日向外貿會繳交保証金，以待正式簽訂合同。是時主委因病，未能處理此項事宜。中山氏憑此要求外貿會照尹氏所承諾，指定業者團體與彼等完成合約之簽訂。

又日本香蕉輸入團體協議會關東地區現場運營委員會委員長新村已喜次，亦由日本趕來，要求參加長期契約之簽訂。新村稱：我等無論如何反對生產者團體之青果聯合社與全芭聯等所簽訂之契約，但要求台方出口商團體與日本香蕉進口商簽訂契約。同時，如果中山信一等一派的長期契約，有意獨攬台蕉生意，我等也要反對。但如果可讓其他青果進口商參加，則我等要求參加列在其簽訂者中。

政府的五原則

由於日本有關香蕉團體代表紛紛來台；中日青果商人爭取台蕉長期供銷合約的重心，已由日本移到台灣來。據日本方面消息：日本政府對於建陽集團、聯合社集團等簽定之台蕉長期供銷合約，並未支持，日本青果業者對於究竟應該參加一集團，置身於五里霧中，故對於三個集團重複參加以期獲得經營台蕉進口之把握，日來已趨平淡，因為日本政府實施香蕉自由化，仍將有所限制，尤其為防避日本國內香蕉販賣情形之紊亂，各地區之青果輸入者，均可獲得經營台蕉機會。因此，日本青果界靜候各集團發起各集團發起人返回日本後，再商討具體辦法。

政府對台蕉輸日的政策，連日經過有關單位的慎密研究，聞已決定五項原則如下：

（一）日本香蕉自由化後，為確保台蕉輸日市場，應由中日雙方簽訂長期供銷各約，其期間可在五年以上。

（二）對於過去中日雙方產銷業者經營香蕉的實績，應予顧及，因此，對於過去有實際經營香蕉輸日的有關團體會員，均應使其有繼續經營台蕉的機會。

（三）為強化今後台蕉在日本市場銷售關係，對於日本方面經營台蕉輸入者，應保証在台蕉可以供應時，優先採購台蕉。

（四）根據中日雙方簽訂台蕉長期供銷合約，每年可以規定供銷金額，再分為四期，每期三個月，在三個月前，由本省出口香蕉業者代表通知日方可供應台蕉的數量；並由日輸入商人開來信用狀。如果實際上不能供應預定數量時，其剩餘之信用狀，可以退回。

（五）在日本的華商部份，應予支持。

基於這五項原則，政府有關當局表示，決不可能單獨支持目前正在活動中的任何一個香蕉集團，希望各集團能捐棄前嫌，通力合作，取得協議。否則政府可能將香蕉輸日業務，改由中央信託局辦。

中日蕉商分成三派

據熟悉內情者透露：目前中日雙方蕉業商人已分成三派：其一為建隆貿易公司陳查某與日本香蕉輸入協會等，其二為省青果合作社與日本全芭連加工業等，其三為陳杏村與日本輸入協會松本博等。現據日本方面消息，另有少數日商，將不參加此三個集團，而另外單獨與本省青果產銷業者簽訂合約。有的日商於參加青果合作社派後，同時又參加建隆派，顯示日本香蕉業之混亂。在台省青果合作社與日本全芭連等簽訂台蕉銷日三年契約時，曾彼此取得默契，如不能實現時，即此一計劃，日本全芭連等團體會員將拒絕進口台蕉而台省青果合作社亦表示，此計劃不能實現時，將放棄今後辦理台蕉業務。由青果合作社與日本全芭連結成之集團，尚有東印、東京中央青果、大阪青果、神果、京果、北九州青果、福岡大同青果、石川縣青果。另外，由建隆貿易公司陳查某為主之集團，則與日本青果輸入團體訂日本三年合約，並揚言可獲得此項合約，可獲得我國政府之同意。據日前報載：台中、高雄等生產香蕉地區的青果運銷合作社，正在發動擁護省青果運銷合作社聯合社與日本全芭聯等所簽訂輸日香蕉長期契約運動。他們表示，將緊急呼籲內政部、經濟部、外貿會、農復會、農林廳及中國合作事業協會，檢討過去輸日香蕉的弊害，支持他們的主張，核准聯合社所簽訂的合約，俾輔導他們發展自行外銷的業務。

政府採取擱置態度

由於中日雙方青果業者為爭取台蕉輸日長期契約，展開激烈的爭執，省內香蕉產銷雙方業者不能協調，意見分歧，生產團體的省青果合作社聯會合主張產銷必須一元化，且與日本全國芭蕉加工聯合會等團體簽訂長期契約，省農會也要辦理香蕉外銷業務；而青果輸出商方面，則認為產銷權責必須劃分，分工合作，但他們却又與日本香蕉輸入商（包括華商在內）密切聯繫，分成「中山」、「建隆」兩大集團，向我政府要求簽訂長期契約，邇來中日香蕉業者到處大肆活動，鬧得滿城風雨，外貿會認為國內產銷雙方業者未能協調，頗有鷸蚌相爭，讓別人坐享漁翁之利的危險，乃要求產銷雙方業者放棄單獨爭取外銷權的想法，互相取得協調，坦誠通力合作，謀求香蕉的增產，並共同一致爭取進口自由化以後的台蕉日本市場，抵制中南美香蕉的競銷。會囑省農會總幹事劉金約（兼任台灣青果產銷聯營委員會產銷研究小組召集人）出面，邀集青果輸出商代表各三人，於十一日舉行會議，並請其以超然的立場從中斡旋，謀取產銷雙方業者協調，團結合作，對外一致爭取台蕉增加輸日。會議結果，產銷雙方代表團，均認為確有與日方簽訂長期契約之必要。但關於我方應以什麼團體出面代表簽訂該項契約問題，青果輸出公會及省農會均主張由具有整個產銷代表性之台灣青果產銷聯產委員會為宜。但青果運銷合作社，則主張為實現產銷一元化，應由該聯合社出面簽訂。因此之故，政府有關方面，決定在產銷雙方未能合作以前，對於任何一方與日商所簽的合約，均暫予擱置。並通知香蕉業者，未經政府核准，私訂合約，一律無效。

台灣簡訊

志清

一、監察院將彈劾財經交各部會首長　為殷台案一錯再錯

監察院經濟、財政、交通三委員會於本月十一日舉行聯席會議，聽取該院殷台公司專案小組的調查報告。該小組是由陳肇英、吳大宇、陶百川、金越光、陳志明等五委員組成，在聯席會議中，提出長達七千餘言的報告，分為三大部份，由陶百川代表說明，據稱：殷台公司之應以演變成今日不堪收拾的局面，使國家蒙受重大的損失，單是債款一項，就有五千餘萬元，尚無着落，乃由於政府有關官員一錯再錯所造成的結果。其前後經過，約可分為三個階段：始誤於引入以人人公司為背景之殷台公司，租以船廠，貸以鉅金，致成厲階；再誤於既知殷台公司辦理不善，虧負甚鉅，乃又繼續貸以鉅款，並交建船隻，以致愈陷愈深，更難自拔；三誤於在殷台公司撤退時，又無條件接受其無理之要求，以致加重損失，遺留後患。聯席會議在討論如何處理調查報告時，陳肇英、陳大榕、王澍霖、王文光、曹啟文、張岫嵐等五人相繼發言，多主張應對政府失職官員經濟部長楊繼曾，財政部長嚴家淦、交通部長沈怡、外貿會主任委員尹仲容（已故）等四人提案彈劾，以正紀綱。討論結果，一致決議，應報告院會，提出彈劾案。

二　胡秋原控文星雜誌案繼開二審

立法委員胡秋原在所謂東西文化論戰中，被台大研究院學生李敖在文星雜誌上提到他參加閩變的往事，遂認為受了誹謗，於是以立法委員的身份，在會院上（胡委員已四年未到院開會）提出質詢，指責文星書店翻印中國現代史料一書，內將蔣「總統」列為中國共產黨發起人之一，侮辱國家元首，主張對該書店負責人蕭孟能按刑法第一百條科刑（按即死刑），雖然內政部長連震東，國民黨宣傳主持人陶希聖均認為該店翻印該書事僅是一個單純的疏忽問題，但胡秋原仍認為刑法上並沒有疏忽罪的條文。除此而外，他又向台北地方法院控告蕭孟能，居浩然和李敖三人，後來經人調解，對居的控告撤回，但對蕭李兩人的控告仍進行下去。去年十一月二十二日已開了第一次調查庭，本月十一日又開第二次，原被告均出席，首由胡秋原陳述他自訴補充五點理由，指李敖及蕭孟能在文星雜誌上刊登攻擊他的文章，涉及誹謗他的共有二十二項，請求庭上處以誹謗之罪。

李敖在庭上辯稱：他在文星雜誌刊登「胡秋原的真面目」純係辯正胡秋原曲解近代史，此外別無其他動機，更無誹謗胡秋原之意圖，因胡秩原在世界評論刊登一篇關於「閩變」的文章，將「閩變」解釋為「一件不必要的事，起因實在是一種誤會」，但他認為「閩變」是一羣軍人、政客、文人，以武力佔據一個地方，改變國旗，更改年號，是一種叛變行為，所以才寫那篇文章，他所寫那篇文章的資料，是根據民國二十二年十一月份天津大公報的通訊、社論，二十三年二月份的東方雜誌、以及日本外務省情報部公元一九三三年的「福建革命與黨的關係資料」。

庭上問：所謂「閩變」此為過去的事，現已時過境遷，你為何一再在文星雜誌上重述此事，用意何在？李敖答：我是研究現代史的人，故對曲解現代史加以辯正。

庭上問：你是否為「中西文化」論戰而演變為對人身攻擊？李答：不是的。

庭上繼問蕭孟能：李敖在你雜誌所登的文章，是否有攻擊人身之處？蕭答：我認為這是學術的辯論，並不是攻擊人身，同時根據法律定如有不實之處，胡先生可來函更正，但胡先生並未來函。

庭諭定期再審。

由於胡秋原在雷案發生時，曾為文替雷震有所辯護，以後又寫過一本「同舟共濟」的書，許多人原認為他是一位富於正義感的人。但就他利用立法委員身份，企圖藉翻印中國現代史料一書的事，激起當權者對文星書店負責人士開殺機，公然敢為「忠貞」分子連震東、陶希聖之所不敢為，這一行動看去，似乎又是一個陰毒險狠的人，可說是大失人心。因此，他將來縱能勝訴，實亦得不償失也。

小談馬來西亞

（上接第一版）

韓非

印尼之阻撓馬來西亞的成立是頗難索解的。可說是馬來西亞會構成對印尼的威脅那是沒有人會相信的。即使加上北婆羅洲的一百十萬人，馬來西亞的人口也遠低於印尼的十分之一。以軍力而論，那就相差得更遠了。

問題卻在印尼今天正在一班莫名其妙的人物領導之下。蘇加諾這個人最愛虛名而不務實際，把國內搞得一榻胡塗而偏愛在世界舞台上出風頭。他可以無視印尼若干歷來大量出口的物產變成非大量入口不可，可以無視印尼人在河邊把屁股朝着他的總統府大便，無視成羣的男妓在總統府的附近招搖，卻非向外惹事生端不可，印尼而欲向北婆羅洲搗蛋，那是可以做得十分從容而有效的。邊境綫那麼長，出入又那麼容易。還有，事情鬧大了，它又可以有蘇俄和中共撐腰，名義上卻還是反抗殖民主義。

要是印尼真的非搗亂不可，則無論它用的是正規軍或志願軍，防禦的責任都落在英國肩上。戰爭的規模愈大，則其所包含的政治意義也愈大，牽連的國際糾紛也愈多。拉扯得遠些，甚至香港也可能受多少震撼，因為中共一定會給印尼以聲援。

目前要判斷事勢的發展還嫌太早。就英國和馬來西亞的地位來看，事情鬧大了終歸是不利的。為了使事情不至鬧大，決不能是遲延以至取銷馬來西亞的實現，而是應該立即作強大的軍事準備，使蘇加諾望而生畏。另外一件小事情也無妨做做：發動某些國家——最好是南美——邀請蘇加諾去訪問。這傢伙最喜歡旅行出風頭。當他的衝動在南美佳麗的腰肢上找到了發洩的去處之後，他可能就把北婆羅洲忘記了。

陳舜耕忽被調職

達明

（台中通訊）台灣鐵路局長陳舜耕，素有任勞任怨，敢作敢為之譽。最初主持台航，去冗員，除浪費，卒使之起死回生。前年調主台鐵，大刀濶斧，痛加整頓，建樹甚多。最近擬訂該局五十二年工程計劃，包括（一）工務部份：計新台幣七千八百萬元，包括台中線大安溪、大甲溪及屏東線下淡溪橋抽換鋼梁，大肚溪橋改建，加強軌道，改善站房、天橋、月台、雨棚、倉庫、平交道等設施，以及增建員工宿舍。

（二）機務部份：計新台幣八千二百三十九萬一千元，包括新造客貨車、客車鋼體化、客車更換轉向架，改裝翻背椅客車，增添柴電機車配件，以及研究自製所需機具設備等。

（三）號誌電訊部份：包括裝設海綫CTC新設平交道自動保安裝置，以及增設長途加入電話綫路等，計需新台幣九百三十三萬八千元。

（四）東綫部份：包括新設花蓮玉里通訊綫路，第三期初鹿尾溪護林以及更換拖車轉向架等，計需新台幣四百六十二萬二千元。

（五）其他：包括裝卸機械材料儲存設備，診所醫療器材，以及研究發展等，共需新台一千七百六十四萬五千元。

在防洪工程方面，五十二年度將採取重點政策，所有沿綫一般堤防之興建及河牀之疏濬，均擇要列入經常維修項下施工。重點防洪工程，有下列二處，約需新台幣一百十三萬元。

（一）宜蘭綫大新興橋加高工程，為配合宜蘭縣政府及水利局興建攔砂壩及加高堤防等治水計劃，擬將該橋及附近路綫提高二公尺，以期有效防洪。預計工程費為新台幣六十二萬元。

（二）縱貫綫鳳山溪橋上下行橋墩保護工程，估計工程費新台幣五十一萬元。

鐵路局負責人說：陳舜耕局長對台灣鐵路現代化的發展，也擬有一套計劃。這個計劃是分「每年需要」和「將來需要」兩部份。它的要點是：

甲、每年需要：

（一）建築物更新：鐵路局現有建築物約五十萬平方公尺，每年更新百分之三，需款新台幣一千五百萬元。

（二）補充新軌或新車輛：逐年補充新軌三千二百噸至三千五百噸，新機車六輛，新客貨車百分之三至百分之五，每年需款新台幣一億六千萬元。

乙、將來需要：

（一）橋樑更新：擬於五年內抽換大橋樑七座，小橋二百九十三孔，需款新台幣九千萬元。

（二）客貨車更新：如客車鋼體化，換裝翻背椅，改裝電燈，貨車換裝風軔，換裝轉向架等，共需四億二千萬元。

（三）建造新車場：新建北部、南部、中部調車場，共需三億五千萬元。

（四）增設新式號誌：新設山綫CTC，台南高雄間ABS等，共需一億二千萬元。

（五）提高基隆至高雄間行車速度至每小時一百一十公里，必須改善路綫，加寬路基及新建平交道立體交叉三十處等，共需五億四千七百萬元。

以上五項計劃，預定十年內完成，共需新台幣十五億三千七百萬元。

該負責人又說：陳局長另外還有兩項發展計劃，一為完成環島鐵路計劃，包括加寬東綫輓綫，共需新台幣十八億元。一為完成幹綫電氣化計劃，約需新台幣十七億元。

全部計劃，已經呈奉省府批准，投資總額約為五億二千餘萬元，據說除添置柴電機等設備約需美金八百二十萬元，擬申請美援或其他貸款外，其餘資本工程與防洪工程約需一億九千三百餘萬元，將在減輕「義務負担」及爭取減免盈餘繳庫兩大途徑設法解決。

不料忽奉省政府令，准其辭職，另派徐人壽繼任。陳局長事前似乎一無所知，還前往東綫鐵路巡視。他於八月自蘇澳返回台北時，新聞記者問以辭職的原因，答以「我未提出辭呈，這件事說來話長。」並否認將任其他重要職務。據鐵路局一位高級職員透露：六十二歲的陳舜耕，原打算再做三年，把台灣鐵路事業帶入一個新的境界，然後退休的。至於曾經宣佈用人唯才的黃杰，為什麼突然將這位成績卓著，幹勁十足的鐵路局長免職，據說：主要原因有二，其一、他要求減輕「義務負担」，所謂義務負担，主要的而是與蔣經國有關的那些特殊人物的免費旅行。今日的台灣，乃是此等人的天下，因此開罪了他們。其二、是他要求減免盈餘納庫，這與省政府和某些特殊機構的私利衝突。

總而言之，像陳舜耕這樣祇埋頭理事，不走門路的人，在今日的台灣，是站不穩的。

北平慶祝中共蘇聯同盟
中共巨頭無一前往出席

白帆

中共與蘇聯締結的友好同盟互助條約，又已十三年了。在此十三年中，民主集團與共產集團的對立形勢未變，但共產集團的內部，卻已發生了相當的變化。其中，最主要的，是中共與蘇聯的關係已因毛澤東與赫魯曉夫的個人權利衝突而發生了變化。雖然，目前它們的關係尚未到達分裂的階段，雖然，將來它們的關係也可能復合，但中共與蘇聯關係現階段正陷於低潮，則是無疑的。

正因現階段的中共蘇聯關係已陷於低潮，所以，最近北平舉行的中蘇友好同盟互助條約十三週年慶祝會也因之黯然無光。中共巨頭竟無一人前往出席，前往出席者竟皆二三流人，這就可見中蘇共關係不愉快之一般。

據中共「中國新聞社」北平十三日電：「中蘇友好協會總會和北京市中蘇友好協會今晚舉行晚會，慶祝中蘇友好同盟互助條約簽訂十三周年。中蘇友好協會總會、北京市中蘇友好協會和其他方面負責人吳玉章、郭沫若、廖承志、陳叔通、李四光、劉長勝、黃鎮等出席了晚會，慶祝晚會由中蘇友好協會總會副會長吳玉章主持。中蘇友好協會總會代理秘書長張致祥、蘇聯駐中國大使契爾沃年科先後在慶祝晚會上講了話。」

慶祝中共與蘇聯兩個政權之間的同盟友好互助條約，而只由中蘇友好協會的代理秘書長致詞，這已經有黯然無光之感。更值得注意的，是張致祥及契爾沃年科兩人的致詞，都只強調中共人民與蘇聯人民之間的友誼而根本避開中共政權與蘇聯政權不談，已相當的反映了中共政權與蘇共政權以及中共黨與蘇共黨之間的矛盾與衝突。

而張致祥致詞的最後一段話所說：「中國人民在中國共產黨和毛澤東主席的領導下，一貫為維護和增進中蘇兩國人民的友誼和團結而努力。今後，我們將一如既往，在馬克思列寧主義和無產階級國際主義的基礎上，在莫斯科宣言和莫斯科聲明的基礎上，為維護和加強中蘇兩國人民的團結和世界人民的團結而竭盡自己的一切力量。我們堅定的相信，不管出現怎樣的風暴和波濤，中蘇兩國人民偉大的友誼和團結，是沒有人能夠破壞的。帝國主義、各國反動派破壞不了它，以南斯拉夫鐵托集團為代表的現代修正主義也破壞不了它。中蘇兩國人民、社會主義各國人民、世界人民終將粉碎敵人的一切陰謀詭計，掃除一切障礙，更加緊密的團結起來。」則尤其值得尋味。蓋張致祥上述談話，表面上雖在強調中共人民與蘇聯人民之間的所謂友誼，實則已經是借題發揮，指桑罵槐了。因為張致祥所說以鐵托集團為代表的現代修正主義等語，全是責罵赫魯曉夫及蘇共中央的。因為自毛澤東與赫魯曉夫發生個人權利衝突以來，一直認定赫魯曉夫及蘇共中央走的是現代修正主義的路，並且指責赫魯曉夫是破壞中共與蘇聯團結關係的人，當此北平慶祝中共蘇聯盟約時，中共竟以慶祝為名，責罵為實，亦可見毛澤東氣量狹窄之一般了。

另據中共「中國新聞社」北平十四日電：「蘇聯駐華大使館今晚舉行友誼晚會，慶祝中蘇友好同盟互助條約簽訂十三周年，薄一波副總理、林楓副委員長等應邀出席了。契爾沃年科大使和薄一波副總理先後講了話，祝賀中蘇友好同盟互助條約十三周年」。

當蘇聯駐北平政權之大使館慶祝此一條約時，中共也只派遺了薄一波、林楓一類的人前往出席，而無任何中共巨頭前往出席，都可反映中共蘇聯現階段的情況之矛盾與不愉快。

大陸簡訊

藍星

中共與高棉商經濟合作

中共對於柬埔寨（高棉）是處心積慮要加以運用的。但中共在運用高棉時，卻在技巧上很小心，以滿足高棉元首施漢諾的虛榮觀念。故施漢諾一到昆明，不但中共立即派遣了中共外交部副部長姬鵬飛前往迎接，甚至中共政務院總理和親自飛到昆明去招待。中共如此這般的優禮施漢諾，當然不是中共對施漢諾真有什麼好感，而只是中共企圖運用施漢諾使其在國際間為中共之走卒並在經濟上政治上巧妙的滲透高棉而已。

據中共「中國新聞社」北平十四日電：「中華人民共和國外交部副部長姬鵬飛，今天上午同柬埔寨國家元首私人顧問松山就中柬兩國間的經濟合作問題舉行了會談」，「中國方面參加的，有對外經濟聯絡總局副局長楊琳、中國駐柬埔寨大使陳叔亮、外交部第二亞洲司司長周秋野、紡織工業部建設司司長李竹平等。柬埔寨方面參加會談的，有柬埔寨駐中國大使西里克．馬塔克，國民議會議員洪金寬．寧尼隆及國會議員哈蒙桑等」。

朱光率中共文化訪問團由非返平

前任廣州市長朱光自因偷到香港玩女人，被下放勞改之後，又調到中共對外文化委員會當副主任委員。這主要是朱光也能寫幾首歪詩，而又性格浪漫，故毛澤東「知人善任」，就把朱光這一位「長征」老幹部給了這樣一個隨時有機會出外冶遊的優缺。

故朱光就任對外文化委會副主任不久，便以訪問非洲為名，組織了一個六人代表團前往非洲訪問。據中共北平電訊報導：由朱光率領的「中國文化友好代表團」一行六人，在訪問了坦噶尼喀、烏干達、蘇丹、索馬里、阿聯等國後，已於二月十二日返北平云。

大陸各地趕造肥料

肥料缺之始終是存在於今日大陸的一個嚴重問題。中共對此亦始終未能予以解決，而只能命令機械工業盡力貫徹以農業為基礎之方針，從而加強肥料生產。據新華社北平十三日電：「目前我國有一百多個機械工廠和電器工廠固定為氮肥工業製造成套設備。據第一工業部負責人說：這是我國建立完整的化肥設備製造工業的開始，也是機械工業貫徹以農業為基礎方針的一項重要措施」。

中共統治大陸十四年了，到今天才開始注意肥料之製造，則中共十年內仍不能解決肥料荒，自可斷言。

僑鄉近訊

鍾之奇

廣東廣西可能發生春旱

主要僑鄉廣東和廣西兩省，今年春季又可能發生旱災了，這是中共中央氣象台的預測，自為海外廣大僑胞所關心。

據中共「中國新聞社」北平二月十三日電：「中央氣象台工作人員談目前中國的氣象情況。中央氣象台天氣圖表明，在立春（二月四日）前一個多月時間內，中國大部地區雨雪是偏少的。但是，長江、淮河、黃河、漢水一帶的主要農業區，由於去年初冬雨雪比較充沛，一月份耕作層土壤的濕度大多仍在百分之十五到二十五之間。最近幾天，江淮流域和嶺南地區有了較大的降雨區，對冬麥、冬油菜和小春作物等生長都是有利的。當前中國缺雨雪的地區是華北北部和同它接壤的內蒙古部分地區和東北西部地區。這一塊不小的地區去年秋冬以來雨雪一直很小，春節期間雖然有些地方下過雪，雪量僅有一兩毫米，最多才三毫米，現在這個地區耕地土壤的情況很不好，此外，西南部分地區也有冬旱的現象。立春以後，天氣情況雖然開始轉變，但是歷年春季少雨的華北地區，今年春雨還可能比常年偏少，西北和廣東、廣西也容易發生春旱」云。這就可見廣東廣西兩省今春將可能發生旱災了。

廣州又加緊籌備舉行交易會

中共的外滙現在是愈來愈短絀了，而出口貿易是中共獲取外滙的最主要來源。所以，作為進行出口貿易主要方式的廣州出口商品交易會，便也成了中共政權上上下下密切注視的措施了。

原來，中共是通過所謂出口商品交易會來與海外商人，無論外商或華商來進行交易的。故每隔數月，中共便命令它那幾個壟斷性的貿易公司，把在各地搜括得來的物資運到廣州，進行交易。

算起來，一九六二年度秋季出口商品交易會閉幕尚不太久，但中共財經共幹現在卻又在廣州緊張的籌備所謂「中國出口商品交易會」的又一次會了。舉行時間現已預定一九六三年四月十五日至五月十五日，地點則已確定在廣州市所謂中國出口商品陳列館。據籌備此一交易會的共幹透露，它們的標語雖然是「有賣有買，公平交易」，但它們的交易重心，顯然在賣，而不是在買。換言之，顯然在將中共政權在大陸各地搜括得來的物資出賣以換取外滙，而不是把中共的外滙去買進口物資，故其標語乃標明「有賣有買」，而非「有買有賣」，正因為它們的目的是賣而非買，所以，它們的另一口號，也是它們的工作重心，便在如何吸引世界各地的商人到廣州來進行貿易，從而擴大中共的出口。因而「歡迎世界各地貿易界人士來會洽談出口進口業務」的標語，也就成了此一交易會的工作重心。

目前，為了進一步加強對各國各地商人，尤其左傾商人的吸引，已由中共政務院貿易部、外交部、對外經濟聯絡局等密切聯繫，作出種種宣傳，其中包括公開的宣傳及個別的私人宣傳在內。

據悉，參加四月十五日在廣州舉行的「中國出口商品交易會」的中共貿易機構，已由中共貿易部確定為：「中國糧油食品進出口公司」、「中國茶葉土產進出口公司」、「中國蓄產進出口公司」、「中國紡織品進出口公司」、「中國輕工業進出口公司」、「中國化工進出口公司」、「中國機械進出口公司」、「中國五金礦產進出口公司」等八個單位。

事實上，在每屆出口商品交易會閉幕的間竭期中，上述八個公司即已忙於搜括人民血汗，以便換取外滙云。

印尼馬來亞醞釀戰爭

李光耀的矛盾立場

俊華

印尼與馬來亞為了「馬來西亞」問題的「隔海罵戰」，逐漸趨於激烈。雖然樂觀的觀察家們，像星加坡總理李光耀，認為印馬之間的緊張局勢，有可以改善的希望」。可是實際情況的發展，似乎不是走向鬆弛而是日見緊張。人們正在担心，這兩個同是馬來族人的毗鄰國家，可能會在不久的將來，兵戎相向。如果那樣的話，此將會是東南亞地區一塲最大戰爭的大爆發。

星加坡總理李光耀，正是對印尼與馬來亞交惡最感頭痛的一人，因為他的立塲是矛盾的。為了星洲不能獨立生存，必須與馬來亞合併；但因為星洲華人佔有壓倒多數，單是星洲加入馬來亞的話華人有執掌政權的可能，馬來亞的拉曼總理不贊成單純的星馬合併，從而設計出與北婆三邦聯合的「馬來西亞」計劃。李光耀既已予以支持，並在星洲全民投票中出全力通過了星洲加入馬來西亞。以至最近發生了彈壓暴動的大逮捕，星洲騷動可能發生的問題還沒有過去，而他雖然不大願意也「必須」使用「鐵腕」去採取鎮壓。在這個觀點上他是強硬支持馬來西亞的一人。

但是對於反對馬來西亞的印尼，李光耀却似乎不無予以諒解的成份和論調。雖然對於星洲左翼共黨的反對「大馬」而計劃的暴動，李氏曾經指出它是受着印尼共黨所指揮。但他並沒與參加馬來西亞問題的「隔海罵戰」。吉隆坡與耶加達的對罵，星加坡似乎處於「中立」的立塲。印馬緊張「可改善」說，便是由於這項中立思想而產生的。在印尼與馬來亞的衝突中，李光耀在現實的觀點上與馬來亞一致，但在思想上却諒解印尼。如果印馬交惡而至於斷絕貿易，對印尼貿易佔總額百份之二十五的星洲最受影響。處在「磨心」地位的李光耀，渴望印馬關係的鬆弛，也許是他的「緊張可改善說」的另一原因。

反「大馬」的形式與內容

李光耀本月十二日對記者評論印馬緊張事件時說：此事「我以為有相當可能把事情弄出一個頭緒，迄今為止，仍可說『事在人為』，但人也可以不為」。他說：「蘇班德里奧（印尼外長）已經說得很清楚，他們（印尼）所反對的不是組織馬來西亞的名義之類，而只是反對『某種態度及環境』可能會因有了「馬來西亞而出現。李光耀還加上說：「倘若對基本問題抱有誠意，而印尼也不反對馬來西亞，那麼，我倒有信心認為這些問題可以解決，友誼關係一旦建立，緊張便會鬆弛了」。

蘇班德里奧於上週五經過星加坡時，曾與李光耀會談「大馬」問題。李光耀說，他曾告訴蘇班德里奧：星洲及北婆三邦堅決加入「大馬」，如果他反對馬來西亞是「就馬來西亞名義」予以反對的話，問題就難以解決。

照李光耀這樣說，不能就「馬來西亞名義」反對馬來西亞，那麼，應該是容許就「馬來西亞內容」反對馬來西亞了。而李光耀對此是予以諒解的。

在耶加達的蘇班德里奧評論李光耀的談話說：「總理（李光耀）瞭解我們（印尼）的觀點」。

蘇班德里奧的聲應，承認了印尼的態度有如李光耀的說法。印尼反對「大馬」，不在名義而在內容，不在聯邦形式而在國家精神——也許可以說，是「立國精神」。

從印尼方面所發表過的談話闡釋，如印尼外長所說：馬來西亞與我們」有六百餘里的共同邊界，『而馬來亞又是反印尼』的，這就是印尼「關切」——聲稱反對及將加干預「大馬」的理由。若照李光耀所解釋及蘇班德里奧所承認的來說，便可以倒轉來列出下列的方式：如果馬來亞不反對印尼，則共同邊界也就不成問題了。

馬來亞「覬覦蘇門答臘」

「馬來亞反對印尼」這話，是沒有什麼事實根據的，但蘇班德里奧却有「驚人透露」，說是當一九五七—八年印尼革命軍反耶加達時，馬來亞曾與革命軍有過秘密商討：「由馬來亞全力支持革命軍奪取政權，而後革命軍把鄰近星馬的印尼屬蘇門答臘島，割讓給馬來亞」。印尼方面往後是不是會製造出一些「叛軍口供」，以支持這一說法，自未可料，但馬來亞朝野重要領袖，實在沒有任何人與印尼革命軍有何聯繫，更談到「囊括蘇門答臘」的大胆設計，實際上，經印尼革命軍的起兵以至失敗，馬來亞並未有一兵一卒或一槍一錢予以支持，那是印尼也不能否認的。不過有些事情馬來亞方面也沒有否認的，那便是印尼革命軍曾有一炮艇戰敗，有武裝革命軍三十九人在該艇上駛入北馬港口，經繳械後獲得當局予以政治庇護，那是依照國際慣例中立的態度。此外印尼革命軍從在國際走私集團就星馬地區購得糧食物資甚至軍火，有時也不是星馬當局所能監察得到的。但印尼却指責星馬成為革命軍的「補給基地」而念念不忘。

除了這些「舊恨」之外，印尼還有一些「新愁」。那便是印尼空軍副司令所發表的，說印尼要請蘇聯在加里曼丹（南婆羅洲）設立軍事基地，「如果那一地區北部要設立美國基地的話」。印尼對於「大馬」的恐懼。就是認為以馬來亞為領袖的「大馬」，基於馬來亞的政治態度，在印尼認為是右傾的，加上英馬聯防的關係——英國又是東南亞公約國家，與美國同為東約盟員之一，從而，婆羅洲如加入馬來西亞，有一天北婆可能會設立美國基地。對於接受蘇聯軍援的印尼，早就抱着這種疑惑，就為了這些疑惑，印尼要先發制人，阻止馬來西亞的成立。

戰爭「不可避免」論

印尼總統蘇加諾的聲明，却比蘇班德里奧的種種解釋更為露骨。蘇班德里奧的說法，還只是就「大馬」對印尼本身「未來可能有不利」立論。但蘇加諾二月十三日在耶加達的公開演說，却已指名譏罵馬來亞拉曼總理為「新殖民主義者」，並謂「大馬」計劃，目的在「為帝國主義者搜羅樹膠、錫、和汽油」。馬來亞、沙勝越和婆羅乃，正以上述資源豐富而著名。

蘇加諾在耶加達體育館的羣衆大會中，對馬來亞作上述指罵之後說：基於上項理由「余茲正式聲明：印尼反對馬來西亞。馬來亞總理拉曼及其國家之領導階層，倘若繼續採取此項（大馬）政策，則印尼決在政治上與經濟上與之對立，而且『在一切方面』與之對立」。

蘇加諾強調印尼支持婆羅乃叛軍「反殖民地革命」，是必然的，因「我人之原則為反殖民主義、反帝國主義」。蘇加諾又說：印尼今日仍受帝國主義及殖民主義勢力所包圍，「余茲願就此點特別强調告訴三軍』，印尼必須對抗「外來之挑峠！」

蘇加諾前此對於婆羅乃事件，只不過說是合乎「萬隆會議民族自決」的原則，只是應予以同情的支援，似與印尼本身無干。但現在的說法已進了一步，認為「大馬」為帝國主義服務，是一種殖民主義「包圍印尼」的計劃，而蘇加諾已昭告三軍，要對抗這種「挑峠」。

馬來亞拉曼總理還沒有正式指出印尼的名字，但在聽過蘇加諾演說之後，他向一個有二萬人參加的回教頌經會說：我不能不指出的是「某一鄰國」以為來侵我們的時機已到，我之提出此點並非輕視與我們同族的弟兄。但我人並未干預他們的事務，故我仍希望阿拉警醒他們，知道對別國干預威脅的罪過。不過在目前來說，「馬來亞人民必須準備出盡全力，以至犧牲生命，保衛國家」。

馬來亞緊急閣議已通過擴充三軍，以應付印尼的「對抗」政策。照一般看法，印尼持此態度不變，則與馬來亞的戰爭，「恐難避免」。這種「不能避免」說，也正與耶加達的說法一致。

·吉隆坡通訊·

拉曼恨透了印尼

吉布光

去年十二月八日，婆羅乃突湧出了一批叛軍，以疾風迅雷的行動，閃電般佔據了兩大油田——詩里亞和馬拉奕——，並很有計劃地切斷了水電路線，使當地立刻陷於混亂。這雖是星星之火，但已影響到南洋風雲頓告險惡。迨至最近，婆羅乃的叛亂雖已被英軍敉平，可是由於叛軍是由印尼所支持，內幕複雜，因而引致了馬來亞和印尼互相指摘；這一局勢，遂仍外弛而內緊。其後印尼更磨拳擦掌，躍馬橫戈，一面聲言要派志願軍馳援婆羅乃逃入森林的叛軍，一面展開恫嚇性軍事行動，派出蘇聯援助的噴射轟炸機沿印尼與星、馬邊境飛行，擺出了將與馬來亞一戰的姿態。於是，更引起了馬來亞聯邦總理拉曼的憤怒，認為印尼的支持婆羅乃叛軍，係接受了共產黨的擺佈，藉此來破壞大馬來西亞計劃。

當婆羅乃爆發叛亂之初，印尼政府即已悍然公開表示要援助叛軍，聲言「為對付殖民地主義者，不惜捲入正義鬥爭的漩渦」；其後，印尼政府果然准許其民間團體組織「志願軍」。據當地有關方面獲得消息：目前印尼準備開入婆羅乃的志願軍，除有退役軍人三萬名外，並有在西伯里島南部招募的三萬餘人，他們都是計劃滲入婆羅乃與逃竄入山林區的叛軍合流，而協助叛軍進行「解放戰爭」的。因此，馬來亞聯邦總理拉曼更恨透了印尼！

印尼國內，刻有共產黨員約二百萬至二百五十萬人；目前印尼政府各機關的領導權，確已被共產黨員所掌握，而海陸空三軍裏，亦確已被共產黨員所滲透；總統蘇加諾，祇是一個被共產黨玩弄着的傀儡木偶吧了。印尼共黨是直接受蘇聯指揮的，照目前的形勢來看，印尼已是蘇聯的準附庸。拉曼的指責印尼接受共產黨擺佈來破壞其大馬來西亞計劃，是把握着相當充份証據的。

印尼外長蘇班特里奧曾於一月二十日針對拉曼的指責發表過一項聲明，他說：「我們現在要把對荷蘭控制伊里安島的鬥爭精神，去和帝國主義及殖民地主義者展開鬥爭，馬來亞是帝國主義者及殖民地主義者的爪牙，我們決定與之鬥爭到底」。蘇班特里奧這一番話，顯然是充滿了火藥意味。而邇來印尼的空軍飛機，則不特沿婆羅洲邊緣飛行，且在星、馬國境線的上空往來翱翔，此種行動，顯然是示威而兼挑釁。拉曼之赫然震怒，係完全由印尼在國際共黨唆使下演出了軍事威脅行動所引起。

此次婆羅乃之叛亂，絕無疑問，完全係印尼共黨多年來煽動和培植的成果；而印尼共黨，正是克姆林宮的一脈相傳。克姆林宮的政策，是惟恐天下不亂；天下一亂，它就可以混水摸魚。如果拉曼的大馬來西亞計劃實現了，它在星、馬方面就不能達到這目的，因此，它便唆使印尼共黨製造緊張，煽動起婆羅乃的叛亂，並支援婆羅乃叛軍，藉以困擾星、馬，進而破壞大馬來西亞計劃；這是莫斯科的如意算盤！不過，印尼此次之受克姆林宮利用，對她自己本身來說，其實也有極大不利的。印尼這種行動，很容易失掉了在星、馬方面的貿易市場，其國家經濟，將受到無可估計的重大損害；其國內政局，也必引起極大的動盪不安。就以目前來說吧，印尼國內已發生了通貨膨脹，物價暴漲的事實；一般人民對蘇加諾政府，也已顯出不滿的跡象。倘若再演進下去，將必有更悲慘的局面出現。

至於馬來亞方面，雖然受到印尼的軍事威脅，但因為她曾與英國簽訂有「防衛協定」，國防力量，自然有英國協助，決不會給印尼嚇倒。拉曼總理的大馬來西亞計劃，當然也必按步就班施行。星、馬局面雖然受到婆羅乃的叛亂所打擊，但這個打擊並不能使該計劃動搖。拉曼是一個意志堅定而具有強大自信心的政治家，必繼續努力，務使大馬來西亞計劃獲得成就。此外，如果馬來亞受到印尼進一步的威脅，則拉曼可能考慮使馬來亞聯邦和印尼絕交；到了那時，印尼的蘇加諾政權，勢將陷於嚴重的混亂。

歷代勝流畫竹讚

饒宗頤

文同

非瑞非怪，而命曰紆，伏于嶔巖，經冬不枯，以竹發妙，草聖之餘，詭特墨君，篔簹孰圖。

蘇軾

槁木委心，運斤在手，得之濠上，邉論戶牖，叢篠斷山，頡頏文叟，跌宕風烟，誰踵其後。

趙孟頫

由澹得遠，寓簡于繁，雲間舞鳳，月下鳴猿。飛白爲石，篆籀作根，此中正法，俟質眞源。

李衎

動中得和，媚中求正，散柯布葉，善諳竹性，鶵篠既敷，寸心莫競，萬彙森然，如出一鏡。

倪瓚

碎篠幽潔，懶瓚有嚴，荒寒所寄，蒼石古杉。畫工所難，慧刄能芟，挹味外味，休別酸鹹。

柯九思

修榦大篆，繁葉八分。丹丘所植，獨秀凌羣。風定雨霽，山空日曛，整整斜斜，佳氣氤氳。

吳鎮

振筆直追，兎起鶻落，渭濱千畝，胸中是託。墮葉侵苔，驚風走籜，鵝溪萬本，一塵莫着。

顧安

靜觀萬變，用究其眞，蟠空繚隙，求虛得伸。凄然欲滴，眼中有神，如逃空谷，逢彼佳人。

王紱

蕭散淸標，明初第一，含雲蓄雨，舞風弄日，不剛不柔，載華載實，還與梅花，相偕入室。

夏昶

美盡東南，竹箭合抱，吐納蒼烟，森萑山道。欒彼檀欒，衆芳是寶。夏雲積陰，春風同巧。

焦文姬（二一）

（版權保留）

黎明

第九場：

景：長亭枯樹，大雪紛飛，景黯淡。亭中石桌石櫈，桌上酒食雜陳，中置火鍋，熱氣騰騰。亭側放有火食担，及紅泥小火爐，火光熊熊，似正在煮食模樣。

時：中午。

人：焦大郎、滿尚智、焦文姬、青箱、小三、車伕。

（小三在火爐邊不耐煩地向火。焦大郎上座，意氣慷慨。滿尚智旁坐，神色慘沮。）

焦大郎：（豪氣奔放地）賢壻別等了；今日天氣寒冷，咱們爺兒倆且來先暖他兩杯吧！

滿尚智：哦、哦、（萬般無奈而又不敢拒絕）是是是。

焦大郎：賢壻請！

滿尚智：岳父請！（故意一飲而盡，以示反抗，但只不過無力的反抗而已。）

焦大郎：小三！

小三：咋。

焦大郎：這酒太冷了，再盪盪去吧！

小三：咋。（起身拿過酒壺在爐上盪酒介。）

（焦文姬乘車青箱隨侍上）

焦文姬：（神情頹喪，愁容滿面）（唱）：

北風緊，雁陣高，雪花繽紛；

天也愁，地也慘，怎不銷魂！

一家家，一戶戶，柴門緊閉；

一雙雙，一對對，凍鳥歸林。

料不到，偏這時，長亭送別；

悔不該，那日裏，孟浪成親。

恨只恨，老爹爹，心腸太狠；

怨只怨，奴是個，女兒之身！

到如今，奴好比，魚兒失水；

到如今，奴好比，孤雁離羣。

青箱：呀、小姐！您看、您看，長亭就在面前了。

焦文姬：箱妹呀！（憤激而悽婉）（唱）：

再休提，那短命，「長亭」二字；

奴聽了，猶好比，萬箭穿心！

青箱：小三！小三！

小三！小姐來了！

小三：（連忙放下酒壺，興奮地向亭中轉報）老爺！相公！小姐來了！（隨即奔往接車。）

（大郎、尚智聽了俱各一震，同向一個方向望去；也同像欣賞文姬給青箱攙扶下車的姿態一般；但欣賞的心情却顯然兩樣。）

青箱：小三！我扶小姐上亭去，你快把車上的坐墊拿來！

小三：咋。（拿了坐墊趕忙鋪在尚智對面的石櫈上，然後仍回到爐邊盪酒。）

焦文姬：（上了亭子，好像沒看見尚智似的。）爹爹！女兒來遲了一步了。

焦大郎：兒呀！今日天氣寒冷，快快坐下，喝杯熱酒再說吧！

焦文姬：女兒告坐。

滿尚智：是呀！這天嘐，實在太冷了！只有酒才能暖他一暖啊！（說罷和文姬交換了一個會心的眼光，恨恨地以手偷指大郎。）

焦大郎：不錯，不錯；（爽朗而豪邁地）冷酒熱人心，熱酒消天凍；小三！酒盪好了沒有？快快拿來！

小三：盪好了。（將酒壺遞給青箱，青箱接過，給三人都斟上介。）

焦大郎：賢壻！我兒！休怪此次為父心腸太狠，來來來，滿飲此杯，聽為父慢慢的道來。乾！（尚智文姬同乾介）（唱）

那東京，貼出了，招賢榜文；

看賢壻，人出衆，才學超羣。

此一去，必高中，狀元魁首；

那時節，回家來，才好完婚。

要不然，讓人家，流長飛短；

豈不說，我兒你，玷辱家門！

鳳翔城，去東京，路途遙遠；

爭前程，冒風雪，莫辭苦辛。

好夫妻，重恩愛，天長地久，

切莫怨，負春宵，一刻千金。

滿尚智：岳父呀！（唱）：

聽一言，驚醒了，夢中之人；

那狀元，亦凡胎，並非天神。

掇高科，小壻看，如拾地芥；

焦大郎：好、好、好！有志量，有氣慨！這才是我的好女壻！青箱斟酒！（青箱斟酒介）來來！來來！再滿飲一杯；乾！

滿尚智：乾！（不覺也兀自豪了起來）（唱）：

倘若是，奪不到，狀元及第；

我寧願，走深山，永謝凡塵。

（未完）

唐詩偶釋（六）

鄧中龍

天末懷李白　杜甫

涼風起天末，君子意如何？鴻雁幾時到，江湖秋水多。文章憎命達，魑魅喜人過。應共寃魂語，投詩贈汨羅。

涼風句，飄然而起，極蕭索之致。張子云：將風雨則念行者。人之情也。此對景懷人，當作引起語看。舊註謂伏「秋」字寓結意，亦未必非是。大凡詩文伏根，皆必在緊急處，第過於呆板，便失詩中眞味。乃平常率爾語，無須先事伏根；結聯亦緊承中聯，亦無容在起句寓意。此等處，不應有絲毫差錯，尤不宜有絲毫附會。

天末句，遠神遠勢，攝起全詩。三四句，緊承首聯，言江湖秋水，未識何時能到夜郎，值茲涼風四起之時，此意如何，不問可知。五六二句急轉，言才大遭忌，自古已然。結聯便自然從五六句生出。「應共」之應，廻合「意如何」句，屈子亦以不能見用於時抑鬱而死，用來陪襯，至為恰當。

沈鬱頓挫，渾浩蒼茫，眞情至性，讀來一往情深，令人聲淚俱下。「文章憎命達」，寫盡千古才人色相，自不獨太白為然。悲人亦以悲己，似解脫語，實痛極語。

通首皆為「如何」句傳神，首句引起次句，開出下文。一路說來，至結聯乃廻合次句。若曰其意如何，乃如此如此耳。此全詩大旨。

結聯蓋謂蠻荒之區，乃魑魅之地，無可遊之景，亦無可語之人，此意如何，惟與寃魂共語耳。寃魂指屈原，舊註謂「我有贈詩，除非投於汨羅之淵耳」，一大謬。果如所云，則上文「應」字，不僅無呼應之妙，亦且全無着落。

舊唐書文苑傳曰：「天寶末詩人甫與李白齊名。而白自負文格放達，譏甫齷齪，而有飯顆山頭之嘲誚。」白之放達，則誠是矣，然未能以此譏杜甫也。讀李白「沙丘城下寄杜甫」及「魯郡東石門送杜二甫」二詩，固知李杜之間，交情素篤。「沙丘」詩有「日夕連秋聲」句，「魯郡」詩有「秋波落泗水」句，而此詩亦有「江湖秋水多」句，似若與「秋」字結不解緣者。亦趣事也。

太白本縱橫子學，嘗思見用於時，竟遭放逐。老當召見時，明皇甚敬禮之，及出，目太白謂高力士曰：「此人固窮相。」亦未知何所見。子美所謂文章憎命達，其果有數存耶？自來懷人之詩，未有若此悲慘悽切者。無其情，無其境，無其遭際，不可學亦不能學。

附李白「沙丘城下寄杜甫」詩：

「我來竟何事，高臥沙丘城。城邊有古樹，日夕連秋聲。魯酒不可醉，齊歌空復情。思君若汶水，浩蕩寄南征。」

友聲集（一六）

驛柳　遯翁

淵明宅畔五株青，太液池頭應列星；一自渭城能勸酒，至今攀盡短長亭。

題呂媞女士爲某居士畫蘭　前人

一拳貞石足磐陀，兩箭幽蘭自婀那；聞道維摩能變現，不須天女着花多。

冬遊青山七絕句　書枚

晴郊如拭不飛埃，幽澗疏林畫扇開，嬌鳥翳人時一囀，青山何惜到千回。

石磴雲封尚可攀，上方鐘梵接潺湲。氤氳兩戒清如許，何事奔流向世間？

杯渡遺蹤小閣深，危巖欲墜亦驚心。循行石蘚求碑記，四字韓書聳上層。

八紘擾擾十年間，急劫能全亦强顏。試上青山高處望，此身眞愧嶺雲閒。

嶺半煙霞撫萬松，宋臺依約寺門東。滄江石碣歸何處，一念厓山涕淚同。

論文雅正薄縱橫，函丈何由捭闔生。七序一編渾未辨，山靈終笑讀書檠。

南國無冬一散襟，相携春服愜幽尋。欲知文物皆儒化，試聽雲山盡好音。

憶陳果夫先生（六）

宇人

二十二年夏，我回到南京辦理出國手續時，中央組織部發動的那個秘密組織已經開始發展，它的名稱，據說：分爲外圍與核心兩層，各有一個專名；時人則謂之曰CC，但並不是三全大會前的那個 Central Club 的簡稱而是二陳之意。我猜想這可能是復興社方面的人的惡作劇；但後來竟以此名聞於中外。而且，就我所知，他們似乎也並不以此名爲侮。例如抗戰末期，我在重慶的一個場合中就曾聽見張道藩兄說：「CC就是黨，黨就是CC。」可見他們有時也自稱爲CC。因此，爲簡便計，我在下文說到這個秘密組織時，也就從衆稱之爲CC了。

且說。我當時回到中央組織部一看，人事雖然大半依舊，而氣氛却已全非。我一年以前在普通組織科時那種對人對事直言無諱的情形，已經完全沒有了。甚至對果夫、立夫兩先生的稱呼，也改爲「果老」、「立公」，據說：這是洪蘭友做了組織部秘書以後的傑作之一，因而也有人稱之爲「蘭公」。我當時目睹此情此景，深深感到國民黨已經步上家奴黨的途徑了。

我先向立夫先生提出去英求學的事，大出我的意料，他表示中央已有決議，不再派送黨員出國留學，恐難爲助。張冲又重申先搞組織再去英國的前議，我當然更不感興趣。後來我去見果夫先生，他叫我將十五年奉派回貴籌備黨務的經過情形寫成一個報告，說明我不但因革命失學（此爲當時中央派送黨員留學的理由），而且因革命毀家以致無力續學，由他向中央黨部提出。我當即遵命辦理。隔了數天，果夫先生寫了一封親筆信給我，說他看了我的報告，很爲感動，已提經中央財務委員會通過，補助我留英學費兩年，每月二十英鎊。並約我再去見他。我見他以後，他說中央黨部因有停派黨員留學的議決案在先，不能發給我的治裝費和路費，他曾報告蔣先生，蔣先生已允另送我五千元；至於兩年的時間，他也認爲太短。他指示，我將來到英國讀滿兩年後，可以再請求延長一年。我離開南京時，果夫先生又派汽車來接我去總理陵園附近他的一所新居，他說：「我們學識太淺，實在不知道要怎樣才能把國家建設成爲一個三民主義的現代國家，我們現在祇能勉强維持現狀，希望你們一班青年同志到外國後認眞學習，接替我們，把國家好好的建設起來。」他又說：「英國的地方自治辦得很好，更希望你多作實地的考察和研究。」我聽了之後，非常感動。但他並沒有和我提到CC的事。

由於四全大會後，我對國民黨已從熱愛而開始失望，我到英國後，也就一心求學，不涉外務。每天除了上課，便是看書；和一班中國同學絕少往來。唯一的外務，便是每星期日都要去國民黨駐倫敦總支部一次。因爲總支部的黨員多爲工人，識字很少，此時中央黨部下達的公文又特別多，他們都看不懂。我感於他們那種愛國愛黨的熱忱，自動的表示願意每星期日上午幫他們做兩三小時的義務工作。所謂工作，即是中央有文電來時，我將內容解釋給他們聽；他們如向中央有所報告或請示，我代他們擬稿並繕寫；對總支部的會議和活動，我則不參加。不過他們每逢重大的問題，總是先問我的意見，然後決定。好在CC的組織，並沒有發展到倫敦，所以我雖然幫總支部辦理文書工作前後兩年有餘，却也未受其影響。至於復興社，不但許多留英的軍校學生在出國前已參加組織，而且還有白渝兄長駐倫敦，一面讀書，一面負責；可是我始終祇聞其名，未見其人。鄧悌兄到倫敦時，我因爲在國內就和他很熟，所以也見過幾次面，但彼此都避免談及他們組織的事。

我當時對蔣先生雖然仍存若干希望，對果夫先生的信仰更未稍減；但我的思想與法西斯主義根本不相容，因而我對這兩個組織，從頭就不以爲然。記得五全大會後，張冲、張北海和現在台北任立委的某兄一行三人到歐洲考察，他們先去意大利和德國，然後到倫敦。一天，我陪他們參觀西敏寺後，在攝政街的一個飯館吃中飯，閑談之間，某兄說，世界上三大領袖都不吸烟、不喝酒。我問那三位，他答以墨梭里尼、希特勒和我們的領袖。我說：不久以前，我在中國公使館看見一份天津大公報，上面有一段消息說：該報因京滬一帶的國民黨黨部曾向中央黨部請願，要求設總裁一人，代行總理職權，社會上又盛傳各地已有法西斯的組織，乃致電蔣先生詢問眞象，蔣先生回電說：「中正生爲三民主義的信徒，死爲三民主義的忠魂，外傳種種，乃係奸人造謠云云。」我戲問他們三位：「你們豈不是自居於奸人之列嗎？」某兄否認蔣先生會發出這樣的電報；但張冲則直認他未動身出國以前，曾在中央組織部調查科看見這份大公報。他並很感慨的嘆道：「所以，我們很難辦呀。」接着，劉不同也到倫敦，大談其任河南省黨部除反專員時，怎樣和黃埔同學的復興社鬥爭，互相使對方的人失蹤的一些故事。我嘲笑他道：「你和我們在四全大會時提案糾正三屆中央的情形，可說是判若兩人了。」到英不久以後，他又向我表示，此生決不再做特務了。後來大陸淪陷，此君竟投共，這是我當時萬萬想不到的。

我當時雖是一心讀書，不涉外務；但竟有人誤認我是一個負有使命的重要分子。閩變失敗後，王禮錫一班人到了倫敦。王即請朱堅白兄向我致意，希望見面談談。上文說過，朱兄曾任江蘇省黨部整理委員，因爲與實踐社有關，又和葉秀峯不睦，被認爲不是忠實同志，致受免職處分。但我和他在倫敦却一見如故，時相往還。他是我在留英期間唯一的新交。至於王禮錫，我在中央組織部時曾見過幾次。當時，果夫先生對他甚爲器重。中央決定召開三全大會時，廣東方面醞釀反對，組織部即派他去監選，藉以加强中央的影響。他到廣州後，季陸兄在民國日報上發表一篇文章，指責中央指派三全大會代表爲非法。他即爲文以駁之，並在廣東省黨部提議，予黃以警告，當獲通過。果夫先生對他的才幹和氣魄，頗爲贊許。我和他雖無深交，但對他的印象也很好，因爲他曾是AB團的第一員大將，我原認爲他是一位堅決反共的鬥士。後來閩變發生，他們不但反蔣，反國民黨，而且還要毁國旗，聯中共。我對他即甚鄙視。因此之故，當朱堅白兄向我談到他希望和我見面談談時，我即予以拒絕。但經不起朱兄的一再勸說，並約定祇以他一人爲限，我才同意和他在朱兄的寓所見面。見面以後，他頗爲坦率，自認曾相信共產主義；但對果夫先生的情誼，始終難忘，希望我代向果夫先生致意。不久，西安事變發生，他因爲聽廣播，知道消息較早，馬上打電話給我，表示對蔣先生的安全甚爲關懷。蔣先生恢復自由時，也是他先打電話告訴我的。在電話中，他連說：「好消息，好消息，」顯得甚爲快慰。種種表現，似乎他不但不再反對國民黨，而且還很擁護蔣先生。

稍後，黃少谷兄也透過一位朋友希望和我見面談談。我和黃兄原不相識。而且，我此時正是上文說過，一心求學，不涉外務，對此自然感到厭煩。我問那位朋友：「他是不是仍是國民黨的立場？」原想以此拒之；但黃兄不但不以爲侮，反而聲明他仍是國民黨的立場。我只得和他約定在倫敦政治經濟學院附近的一個咖啡館見面。但見面以後，却很談得來，因而我以後也曾去看過他。這段往事，我本來業已忘記，還是黃兄榮任國民黨中央宣傳部長後，在南京向我提起，才回憶起來。雖然王禮錫和黃少谷兄和我接觸的目的，顯然都是希望我代他們向南京方面有所解釋和疏通，藉以轉向中央；但我當時既不在其位，自無心理此閑事，故亦未有爲信報告果夫先生。事實上，我留英期間，祇在請求中央黨部延長補助費時，和果夫先生寫過一次信。（待續）

抗戰行列中見聞雜憶（一七）

李璜

靠天吃飯靠不牢

中國的農田作業，因爲三千年來，全靠人力，工作的技術都是原始的辦法，水利除川西壩子十幾縣，較有科學的準確價值，其它四川近一百縣，農人用力雖勤，還是靠天吃飯；這些縣份的田，大部份都稱作「冬水田」。

冬水田的意思，是農人要在秋收後關得上雨水，把田淹滿，然後上肥於其中，到了第二年春，插秧的時候，田裏還得有半田水。但插了秧後，且須有春雨幾場，使秧成禾，然後始得望有良好的收成。——這就靠天的幫助已經很大了！何況在秋收之前，稻結實後，還不能下驟雨，一下驟雨不斷的秋雨，則將熟或已熟之穀便又要受害，使收成大打折扣了。

因是，四川的農人對於天時，一晴一雨，或將晴將雨，特別敏感；而四川的米價，也隨着天時的好壞而跟着變動，天時一好，米價便看跌；天時不好，米價便看漲，並不必要等到秋收完成，米的收穫成份多少，已經在事實上擺明之後。而且四川一省甚大，川西壩子的米價漲跌，有時是要看小川北與川中、川西南的冬水田收成如何的。——這好比香港的貨物要看國際市場的一般情形而定漲跌一樣。

因爲多山之地的梯田，如川中、川北與川西南的，靠天的程度甚高，便容易實現俗所稱的「五年一小旱，十年一大旱」的失收現象。如果這一來，川西壩子的米價便要受影響，而隨之高漲起來。其實，川西壩子的米，雖有時遭遇害蟲或灌縣來的水枯一點，而收成總是維持至少七八成的相當水準的。

民國二十四年，川北便曾大旱過一次，完全無收。適逢那年，川西壩子的水利，遇着灌縣之西的岷山山崩，將山水擋斷了大部份，也出乎意料的缺水而歉收；曾因此川北大鬧災荒，而勞及全國救濟委員會的主任朱慶瀾親身入川設法，將湖南的米糧倒運入川來放賑濟荒。因是，我在抗戰時的參政會大會曾說過，前後方的軍糧民食，今日固然靠四川這個所謂天府之國；但不可過於樂觀！天府之國還得要靠天吃飯；靠天吃飯，乃是靠不牢實的啊！

果然，在抗戰到了第七年，民三十三的四川收成便不大好，成都府屬的四圍山地，如簡陽、仁壽、羅江、崇慶……等近二十縣都遭受了旱災，有的竟自完全種稻種不下去，因此，成都壩子的米價便維持不住，而徵糧也發生了問題。本來，山中之民，食蕃薯與玉米是習慣了的，即平壩的鄉下人也常食雜糧，並未發生飢荒，如民二十四年川北的災民現象。不過徵糧自來政府要的是米石，而不要雜糧，因是糧政辦到了第七年，前六年眞算天恩高厚，而這最後一年，便令政府徵糧人員感到困難了！

敍到這裏，就不能不推功於當時的民意機關，四川省臨時省參議會的衆位參議員的努力了！是年糧政，乃全靠省參議會議長向育仁及各議員分頭赴各縣各鄉去親身勸輸。各縣各鄉那一個糧戶倉裏存得有米石若干，只要一打聽，無人不知的；這就必得議員先生，憑各個在地方上的聲望與面子，登門勸捐或至少借出，以應軍需民食。幸而有這一議會與確負有聲望的許多議員先生，這一最後軍糧的難關，方才渡過了去！

本刊已經香港政府登記

聯合評論

週刊

每逢星期五出版

United Voice Weekly

第二三三號

督印人：黃宇人　總編輯：左仲平

社址九龍大埔道一六八號南亞書局 805641

承印嘉羅印刷有限公司香港灣仔馬師道5號

總代理：友聯發行公司售價每份港幣一毫

本報美洲版總經售處美國紐約中美出版社

CHINESE - AMERICAN PRESS, INC
199 CANAL STREET.,
NEW YORK13 N. Y. U.S.A.

美洲[illegible]空版每份零售美[illegible]一[illegible]

胡適之先生逝世一周年

季瓚

本日閱報載台北中央社電訊，「萬人瞻拜胡適墓園」，令人感到時光過得眞快，胡適之先生逝世於民五十一的二月二十四日，昨天便已滿一周年了！

自適之先生去世這一年來，自由中國海內外的學術界，在我個人覺得，有點寂寥之感。

但我這個寂寥之意，並不是指這一年來，自由中國海內外，就沒有了學術上的好的創作之意。在最黑暗的秋夜裏，只要人們眼力强，都能在天際發現熠熠的星光的。且我這個寂寥之意，也不是說自由中國海內外，自適之先生死後，學術界的進修路線便會中斷。因為學人只要正確的在修養，無論好古與崇今，不是冬烘自誤，而能敏以求之，則對於學術上總各有其所貢獻；譬之江河支流，不管大小，總能對這萬古前進不息的長江大河有所補益的。除非是一味官式的、頌聖的曲學阿世，那纔是一潭死水，絕無生機！

胡適之先生去世後，令人興寂寥之感，乃是在我尚未發現像他這樣在學術界，能够造起運動的學人！他的白話文運動，新文化運動，整理國故運動，翻譯西洋名著運動，自由思想與言論運動，以及長期發展科學的運動等，不是同時的學人都沒有那樣在做，但不及他做得那樣有聲有色，有理路，而能持久不衰，富熱情而能鼓動朋友，因此，他纔能自五四以來，造起運動，歷四十餘年而至死不衰！

以白話文運動來說，在五四前後，與適之先生唱一和者，固不乏其人；然而錢玄同、陳獨秀等人的破壞力雖强，其所批判雖也有獨到，但他們却遠遜於胡適的一篇萬字的「建設的文學革命論」（見胡適文存第一集五五——七三），它能抓得住要點，訂得出原則，指得出下手途徑，纔開啟了後來的努力的道路。

以新文化運動來說，適之先生在民八的十一月一日所寫的那篇「新思潮的意義」（見文存第一集七二七——七三六）標題為「研究問題、輸入學理、整理國故、再造文明」，這十六字已為他及他的朋友、學生把新文化的工作方針指示了出來；他在以後四十年中的努力，以及他鼓動朋友去分別努力，要不外此十六個字！適之先生之要於民十七年發起辦新月雜誌，後來[illegible]放棄在上海的這一雜誌，而去北平主持編譯西洋名著工作，後來又辦獨立評論等等，無不興高采烈，約集一般朋友去共同努力，也都能傾動一時，且都有相當成績，但都本着這十六個字在分別的用工夫！

即以他逝世前且為之盡瘁而死的長期發展科學運動而言，適之先生也是四十年如一日的努力不懈，持久不衰！他於民十的六月開始，一連串發表的水滸傳考証、紅樓夢考証，以及後此發表的儒林外史、西遊記等等小說的考証，在不懂得他用心所在的人們，好像覺得他在「玩物喪志」，大非治學所宜。其實，適之先生要向一般知識分子普及科學思想，要多數人都能從懷疑到找證據，要從證據來批判，來得結論，不要徒涉空想，或人云亦云，這一科學方法的普及，最好是用中國家喻戶曉的幾部書來開始示範，方能使人人都感覺得到懷疑與找證據這一精神的意義所在！——這與他臨逝世之前，為中央研究院長期發展科學計劃，而還得要求製造科學環境的精神與努力是一致的。

胡適之先生逝世後，這一年來，好像一些官式的文字要想把他打扮成一位四平八穩的正統派的儒家的樣子！其實，要說儒家，他或者可算孔子所謂「不得中行而語之，必也狂狷乎」的那種近於「狂」的儒者！須知能在學術上造起運動，發生影響的學人，大都是狂者一流。所以適之先生的議論，並不常是四平八穩的。至少，他不是鄉愿一派。並且他認定，沒有自由思想與自由言論，則一切學術，特別要以懷疑與批判為起點的科學，乃是無從發達與進步的。因此，他便從五四以來，四十多年中，一面在治學講學，一面便在向正統派的儒家爭自由，向極權派的共黨爭自由，向國民黨當權派爭自由，此適之先生之所以成為自由主義的有力倡導者之一的原故；因是與要統治思想的極權者與獨裁者終不能相容，以至於臨死的一分鐘，就是這一個道理。

既然要爭取自由，則必然要找來煩惱。於是近年來，怕惹政治上的煩惱的學人，好像是在以「胡適不應該接觸到政治」，惹來是非為鑒戒，而力求於四平八穩，這就好像一句詩所說，「不薄今人愛古人」，處處都可以討好，然而終不免有點鄉愿！中國自秦以後，因為士大夫習於在思想統制之下過日子，故歷來學人大抵多因襲而少創發，甚至多頌聖而不敢懷疑，於是泥古之風，至今仍有待於破除，而適之先生遽爾逝去，此所以令人不能不有寂寥之感！

五二、二、二五

畧記旅美四個月的一些實感

一、加州初旅（下）

左舜生

老友曾慕韓（琦）先生，是一九五一年五月七日在華盛頓大學醫院去世的，即卜葬於華盛頓的近郊，隔現在已是十三個年頭了。他有一個惟一的兒子名憲斌（元配宋夫人所出），是和慕韓一陣去美國的。十幾年來，我只知道憲斌在美國讀書教書，成績很不錯，可是從來沒有和他通過信；究竟他住在美國什麼地方，我也全不清楚。我這次去美的願望之一，便是能去慕韓的墓地憑弔一番，同時也有機會和憲斌見面。

眞沒有想到，我剛一到達舊金山，便已接曾憲斌的電話，第二天他便到吳醫生家來看我。原來他[illegible]在[illegible] Francisco State College外文系教書，早已結婚，太太名Gloria，出生於南美墨西哥附近的一個小國；已經有了兩個男孩，大的名David C. Tseng，六歲；小的名Steven P. Tseng，四歲。憲斌的聲音笑貌，與慕韓的少年時代幾乎完全一樣，但他能自己開車，能操流利的英語，年齡剛過四十，身體非常結實，勁氣內歛，而且和一位外國的小姐結了婚，這些卻與慕韓迥然不同。

過兩天，憲斌開車來接我到他家去吃飯。他的太太美而且健，正在廚房忙着燒中國菜，臨時學會了叫伯伯；兩個孩子的體貌和膚色，完全是中國的，活潑跳動得不停，但不能說國語。我們的車子是午後五點左右開到憲斌家的，他的同事許先生已早到。我們在草地上拍過幾張照片以後，我和許先生及憲斌便開始一段長時間的談話。許先生名芥昱，籍四川華陽，畢業於西南聯大的外文系，Stanford大學博士，也到過歐洲，太太是比利時烈城人，中文名字叫賀碧姜，法文名字為Jeanne M. Hsu，可惜這一天沒有到，我不[illegible]見着。舊金山州立大學的外文系，共有九種外國語文，除歐洲幾種重要的語文以外，亞洲的則有中國，日本和印度，也有日本人和印度人執教，而許先生便是這一系的主任，他的年齡似乎和憲斌的差不多。我們的談話是從飯前談到飯後，因為時間延得稍長，許先生請曾太太代他向他的太太告假，兩位太太乃在電話上大笑不止，我想這大概是為我們這三個呆子而發吧！曾太太弄的中國菜，大盤小盤擺出七八樣，我恭維她的宮保鷄丁確有川味，她便立即把她的烹飪教科書翻給我看，說她完全是照着書上所寫做的。後來我在紐約的書店看見這類的書有好幾種，大致很銷得。美國人有很好的東西不會吃：那樣肥嫩的菠菜只會把它煮成羹，四季荳、黃芽白也只會用白水煮熟了事，實在太可惜了；假如他們肯虛心學習，我想我們對他們必有很大的貢獻。

在我們談話的時候，憲斌只坐在一傍靜聽，很少發言，正像他的爸爸從前和我們一陣開會的樣子；許先生提的問題卻很重要，他尤其關心大陸現狀，和去年五月以來大陸難民逃出後的生活情況，並且還要我把我所知道關於周恩來的種種，一一告訴他；他更運筆如飛，把要點一一記下，一會兒便寫了好幾張紙，字既娟秀，文尤簡潔，眞美材也。談得快到十點，仍由憲斌開車送我回吳家，我在車上問憲斌：『您覺得我們今天的談話怎樣？』憲斌很幽默的回答：『正如我爸爸平日最歡喜說的一句話，『過癮』！』

我留在舊金山的這七天，像這樣長時間的談話雖只三兩次，但令我高興的事卻很多，現在我再舉兩件在下面：一次，在友人某君家裏吃飯，來客在十人以上，有一對剛近中年的夫婦，主人向我介紹：『這位是陳先生，工程師；這位是陳太太。』我覺得這位太太雍容大雅，美秀而文，絕無普通留學生的洋派，操國語畧帶江蘇口音，我初以為只是一位家庭中的標準少婦而已。飯後客人走了，主人再向我詳細說明，說這位陳太太是一位了不起的病理學專家，娘家姓胡，籍江蘇無錫，在加州某醫院服務，在她領導下的美國醫生有二三十位，她已寫過上千份的脈案，妥慎週到，從來不曾犯過一次錯誤，還羣醫生莫不奉之如神明，仰之如觀音菩薩，她的年薪已在四萬五千美金以上，她先生的收入還遠遠落在她的後面哩！

另一友人告我：他有一位好友梁君，係加州大學的機械工程博士，任某飛機工廠的副總工程師。同廠的總工程師，美國人，也是加大博士，和梁君先後同學，彼此相處得很好。但這位總工程師平日因公私各方面的種種活動，對工程上的新問題，乃無暇繼續探求。我們這位副總工程師，與之相反，仍孜孜不已的作多方面的研究。於是工程上一有新困難發生，凡總工程師不能解決者，一找這位副總工程師，便無不遊刃有餘得到圓滿的解決。於是全廠各級的技術人員，莫不對梁君表示最高的敬意，而梁君在工程界的名譽，也就一天天為遠近所知。不久以前，另一飛機工廠出了一個總工程師的缺，該廠與梁君接洽，希望他能屈就，待遇比現職要高得多，梁君沒有肯定的答覆，乃謀之於我的這位友人。梁君的意思，覺得現任的職務已經不壞，與全廠同人也相處得非常融洽，如驟然捨去，在人情上頗感不安，很願意聽取我這位友人的意見。我這位朋友告他：『假定您沒有合同的拘束，而現任的廠方又沒有一定堅留您的意思，您能變更一個較高的職務，也未嘗於您的事業的前途無益。」於是梁君乃將這一切情況婉辭告訴了他這位現在共事的總工程師。總工程師聽能躊躇了好一會，乃決然毅然對梁君說：『道格特梁，應辭職的不是您而是我，目前本廠可以無我，但不能沒有您，我向廠方去辭，即請您接替我這個職務！』廠方為這位總工程師的精神所感動，乃將他調了一個相當的職務，即以梁君升任總工程師。

代郵：

趙鳴先生：來示敬悉，至感。承問各題，不宜在刊物上做答，盼賜告尊址為禱。胡越拜啟。一月廿六日

陳谷才先生：蒙寄來賜問，無任感激。盼示尊址為禱。胡越拜啟　一月廿六日

加強政治反攻

宋寂

一、

台北英文「中國日報」——二月十一日的社論會說：『國民黨政府必須認清一點，反攻大陸之後，勿以「解放者」身份自居，而必須以「悔過自新」者地位，拯救苦難中之大陸民衆，才能獲得普遍之支持，才能使國民相信此一政府，非過去大陸時代之腐化政府。至於以前之貪污、通貨膨脹、派系相爭等現象，更不容出現。……十三年來最弱之表現，仍爲政治方面者，在七分政治三分軍事之反攻前夕，政治亟須作有效之革新，若徒喊自由民主口號，實不足以應付未來之艱巨任務。』這段話，說得十分明白，也說得相當中肯。

國民黨是中華民國政府的執政黨，大陸丟了，國大代表無法改選，流徙到台灣，安安穩穩地大執其政——執政起碼可以延續到光復大陸以後。歷史是一個血淋淋的教訓，共產黨的天下，並不是靠馬列主義打來，而是依賴着國民黨的「貪污、通貨膨脹、派系相爭」形成本身底腐化；並且假借「民主」「自由」「分田」「窮人翻身」等口號，騙到「民主人士」和工人農民的幫助，才攫得整個大陸的。如果國民黨政府眞能以贖罪之心，來對六億大陸人民奮力拯救，那麼，覆車的前轍，豈能忘得一乾二淨而又故態復萌嗎！

十四年的去國時間確實不算短了！流徙到台灣及海外這多年，把當年抱復國大志的中年人，及當年血氣未定懷救國宏願的青年人，都快要拖到「戒之在得」的老年人了！十四年來，情隨時遷，偏安局面一成，各自打各人的主意，各自求各人的苟安，於是乎，在朝者又相傾軋，滿足於小天下的權勢而重貪其污，又爭其權，在野者聽獻了「反攻大陸」的催眠曲，大家渾渾噩噩，「直把杭州作汴州」了！

二、什麼時候才「反攻大陸」呢？

二月八日蔣先生對美國國際合衆社社長湯馬遜講：「收復大陸壯舉，僅將在中共內部，發生抗暴起義後，始派國軍前往。」詮釋起來，即是說：大陸人民發生抗暴起義後，國軍才支援大陸。根據最近的消息，小規模抗暴是時常出現了，但什麼時候才會出現大規模抗暴呢？

果眞大規模抗暴出現了。試問：

（一）美國會不會同意我們，從旁登陸援助呢？

（二）中國大陸的大規模抗暴勢力，會不會歡迎我們從旁登陸援助呢？

某些人直覺地回答：我們有六十萬大軍，有第一流的軍事裝備，有一千五百萬的華僑做後盾，當然，美國會同意，大陸人民會歡迎。但，我的看法卻不如此樂觀：

（一）假使大規模抗暴勢力佔據了一二省，一百萬壯丁，可以在一夜之間征足。

（二）假使大規模抗暴勢力發展到一二省時，美國的空投軍事裝備，可以在三五日內武裝起一百萬新兵。

（三）假使大規模抗暴勢力穩定在一二省時，它的政策適應華僑的要求，它的行動做法，又符合華僑的需要，那麼，一千五百萬的華僑後盾，可以在舉手投足間，轉變他們的後盾。

其實，我認爲今日唯一可恃的是我們底一部「中華民國憲法」，這是五億中國人民眞正制訂的唯一憲法。共產黨是違反憲法的武裝暴動的亂黨，所以，我們要「戡亂」，所以，我們要「清除叛逆」。而大陸上的任何大規模的抗暴勢力，它必須遵守這部神聖憲法，然後才能必須承認這個中華民國政府領導。所以，我們可以名正言順，要美國同意我們反攻，要大陸人民歡迎我們的協助。

因此，我認爲今日朝野不強調中華民國憲法的重要性和尊重性，將失去反攻大陸的基本要素。

三、

當然，強調憲法，絕不等於空喊幾句「民主」「自由」口號而已！國民黨政府，必須拿出事實，來證明它是維護中華民國憲法的政府，眞眞正正實行中華民國憲法的政府。

因而，我們要問：

（一）台灣的自由够不够？民主像不像？

（二）執政的國民黨政府有無容忍反對意見的雅量？是不是能接納反對政黨的活動？共產黨是「叛逆政黨」，當然與中華民國政府誓不兩立。但與國民黨的非「與黨」的反對黨派，何以壓制再四？爲什麼不釋出雷震來？

（三）在朝黨與在野黨間的團結如何？關係又如何？

（四）海外的華僑運動工作中，是在聯合異己，還是打擊異己？

這一連串的疑問，統統值得執政的國民黨政府上下深省！如果執政者眞的要肩負着復國的重任！

今天要使盟邦相信國民黨政府、是捧着中華民國憲法的政府，今天要使大陸人民信賴國民黨政府、是實踐着中華民國憲法的政府，就必須在台灣大鑼大鼓地實現民主自由，以七分政治來加強反攻大陸的準備。否則中美協防條約必不易修改；即使大陸人民一旦發生大規模抗暴勢力時，恐怕他們也不會相信大家回去是於他們有好處的啊！

今後的中國農工業（下）

孫寶剛

上文已把今後的農業約畧說明。這是有關百分之八十的中國人的生活問題，所以站在人民爲主體的政府，當然對於農業問題擺在第一優先地位上。但是上文也已說過，中國的人口過剩，改良農業的結果，生產量是一定可以增加的，人口則可能因爲改良農業而更行過剩。我們對於這批過剩的人口，一定要設法安置，不可任其在半失業或全失業的狀態下。要安置這一批人，便需要發展工業，使這批人吸收到工業中去。

依照我的看法，我們可以把工業分爲四類，第一類是配合農業的工業，如農具製造廠和肥料廠等。第二類是可以附設於農業合作社中的手工業或小型工業。第三類是供給一般人民日用品的輕工業。第四類才是使一國工業可以獨立化的重工業。

對於上述的四種工業，政府應以全力進行第一類的工業，使農業的改良可以儘快的完成。我去年在美國時代雜誌上看過一篇文章，討論全世界的食糧問題，內中有一句話是很值得注意的，就是說，中國的一塊土地的生產量，等於美國同樣大的土地的生產量的一半。原因是肥料不足，耕作方法不科學化。假如中國的農業改良，能達到美國的水準，中國的農產品便可增加一倍。我們中國今天的農產品供六億七千萬人，即使在正常的生產下也覺不足，不過不足數並不遠。假如能生產增加一倍的話，那中國可成爲糧食出口國家。到那時即使其他的工業品需要銷入的話，也不會弄成民窮財盡。所以我認爲政府首先要發展農具及肥料工業。

在發展上述工業的同時，政府應獎勵各農民以及農民合作社去發展手工業和小型工業。政府應設立貸欵機構去扶持這些手工業和小型工業，使它們普遍的自由發展，一面可使農民能很方便地得到這種手搖機，在家庭農村過剩人口有了業務，同時也提高了農村的生活水準。

這許多小型工廠，並不需要許多資本，並不需要高深技術，祇要有一個機構能接收定貨單，或經理推銷，農業合作社便可辦理的。我們在香港不是有許多小型工廠麼？十個或廿個工人便可設立，在農業合作社中辦理，一切成本比都市中辦理要低，工人也是現成的，但一旦成立，確可使農民增加了收入，對一個國家來說，增加的總收入是可觀的，政府應該設立協助的機構，以培植之。

假如上述的兩種工業有了相當成績的話，我相信全國的人民，至少生活會提高，活力會加強，然後按步就班的去發展輕重工業。我在前幾篇文中已經說過，輕工業在大體上又分爲日常必需品和非必需品，日常必需品最好用合作社來經營，不得已時也可私營。非必需品完全可以私營。對於這兩種工業，政府祇立在監督或統制的立場，不要使其價格過高，或生產過剩，並不需要政府去直接參加。

最後講到重工業，政府在可能中自應予以發展，不過以今天的世界趨勢來說，還是以民生爲本，且要顧慮到國家的投資能力。一定要發展重工業而使一個國家的工業能獨立化，似乎還沒有必要。因爲今後世界的趨勢，總是趨向於國際間的合作，最低限度，是發展國際貿易。以我所餘，易人之餘，才是合於今後經濟的原則。一定要拼命壓低人民的生活水準，而生產成本很大的重工業產品，表示自己可以獨立，大可不必。

最後，我認爲有兩點是值得今後注意的。第一點，政府要多化一些資金在科學和工業的研究上。原子力的日用化時代，很快要來臨了，中國應該對現代的科學要加緊研究。依我看，中國人對於科學研究，不會後人的，在外國就有許多中國科學家在替人家服務，這是浪費了中國很大的一筆財產，我們要廣設大規模的研究機構，才能有一天眞正的迎頭趕上歐西的工業。有人說毛澤東快要爆炸第一枚原子彈，這兩天的報導甚至說已經爆炸了第一枚的原子彈，我想毛澤東不至如此無知和瘋狂罷。製造原子彈要花費國家大筆的資金，在此民窮財盡的時候，不應該這樣做，因爲即是能製造了第一枚原子彈，也決不能把美蘇嚇倒了。易言之，仍不能改變他今天的國際地位和關係，這不是無知嗎！不過我倒認爲國家應以一筆資金，來研究原子能怎樣運用在和平用途上，這是應該的。

第二點，我認爲中國有些地區實在太落後了，又有些地區人口太稀少了，但那些地區的地下蘊藏，假如還豐富，或農工業有可能發展的話，我認爲政府應做成地區建設計劃，不特使那個地區的人口可以增加，還要使那個地區的生活水準也和其他地區站在一個水準上。一定要這樣做，才使全國人民的機會平等，這才能奠定國家的民主基礎。

總括一句，對於工業來說，我認爲國家應致全力於發展農具和肥料工業，而同時鼓勵農村中的手工業和小工業。輕工業應自由發展，國家站在協助或統制的立場上。重工業是看國家投資能力而發展之，但也要以民生爲重。此外，國家應注意研究工作，或地區的建設計劃，這才足以奠定民主的基礎。

南韓政局尚在動盪不安中

羅鴻

在亞洲素以堅決抗共見稱，而且曾與中韓共黨血戰了數年之久的南韓民國。自從一九六〇年四月發生學生革命，因而趕走了他們的國父李承晚後，繼之而起的主政者，如許政、張勉均未能將韓國政局納入正軌，乃又有一九六一年五月之軍事革命發生。

軍人朴正熙用鐵腕手段取得政權，先後將韓國各民主政黨一律勒令停止活動。將反對他的各政黨領袖或囚或放或宣判死刑。組織軍事委員會自任主席，集軍政大權於一身，施行其毫不容情之軍事統治。朴氏此一取得政權方法，姑無論其動機如何，但在一般民主體制國家政權轉移上而論，是有悖常理的，是不足為法的。不過當時韓國先則有李承晚總統之老邁。後繼者的許政，張勉又未能博得人民之全面支持，因而使韓國政治陷於一再紛擾不堪的狀態中。朴正熙於此將挺身而出，如果真是為了國家的安危施行暫時的軍事統治，未常不是安定一個混亂國家的良好辦法。但是此種軍人專政局面，終非建成了民主政體的國家所應有。故吾人認為軍事統治只能用之於戰時及民主政治尚未建的國家則可。若長期被軍人把持政治，就是這個軍人雖忠心為國，也很容易轉變成為獨裁之嫌。猶幸朴正熙在其專政將近兩年的期中，除了迫走有名無實的總統尹普善及硬判其政敵張勉以死刑（查張勉後因美國之從中勸阻，已改判徒刑）而為外人所非議外。其他對內對外一切措施，尚不失為一個堅強反共的愛國者。

尤其是在最近履行了他奪得政權時向人民的諾言。當時朴氏曾稱：「一俟韓國政治澄清，貪官汚吏除盡，社會秩序建立而後，當立即還政於民的公開諾言」。此與一般只知權力可貴，而置國家體制於不顧的野心家，則有若天淵之別。故自朴氏還政於民的決定正式宣佈後，當時確博得韓國開明人士及世界愛好自由民主人士之普遍讚揚。

誰知在朴氏明智的決斷當中，突然出現了一層陰影，此一陰影的由來是：朴氏手下的「忠貞」擁護者，號稱南韓第二號強人的現任中央情報局長金鐘泌，居然在朴氏主持下的軍委會大力支持之下，組成了一個民主共和黨，並聲言擁護朴正熙為韓國新總統候選人，而朴氏亦大有以該黨提出之總統候選人自居之概。此一突然變化，當然在韓國政海中引起了軒然大波。頓使韓國人民對朴氏宣稱的還政於民的光明磊落之舉，一變而視朴氏為尚有繼續把持政治之嫌。此一驟起的紛爭，雖經朴氏聲明願在有條件之下放棄競選總統計劃，但此一風波是否能就此平息，尚值得吾人的關懷和透視。

據（美聯社漢城十八日電）朴正熙將軍今日在南韓軍委會總部對記者稱：「他會放棄競選總統計劃，如果所有反對黨對南韓政治前途作若干項保證的話」。若干項保證他說：「這些保證必須包括一項允諾在內，使未來的民主統治者不會採取對付目前軍事統治者，同時支持軍事革命的種種理想」。

朴正熙同時表示：「原訂四月選舉的總統選舉將予以延期舉行」。但他沒有宣佈是項選舉的新日期。他說：「大部份現時被禁止參與政治活動之政界人物，將被准許再次參加政治活動」。

吾人根據朴氏對「美聯社」記者所稱，若要其放棄競選總統計劃，尚須所有民主政黨向其作出若干保證和允諾，而朴氏要所有反對黨保證的是；對目前軍事統治者不得採取報復，可見朴氏對未來的主政者尚全無信心，同時還要未來主政者支持其軍事革命的種種理想。儼然在其退出政壇之後，還要以南韓政府的太上皇自居。吾人試問：如果南韓未來主政的政黨，是經過全民投票所支持的有為的政黨，豈能放棄自己的主張而低首下心於一個不懂政治的軍人嗎？如果朴氏退出政壇之後，仍保持其在軍隊中的地位和勢力？豈不會在某一時期又藉口主政黨違背允諾，而又再來一次軍事政變嗎？此種翻來覆去的政權爭奪事件，在我國過去歷史上早已數見不鮮。在近世民主政治不健全的國家中，更是司空見慣。遠之，如南美各國近年來所發生之互奪政權怪劇。近之，如緬甸吳努與奈溫之政權數度轉移，也未常不可作為今後南韓的例証。

作者並不是幸災樂禍，有意將南美各國與緬甸所發生層出不窮的軍事政變，拿來與南韓相提並論，不過是觀乎朴正熙將軍向其國內民主政黨所提出保証條件，未免苦人所難，而不是一個建全有為和有抱負的真正民主政黨所能接受得了的！

至此，作者還想附帶向朴將軍提出幾點質疑；如果朴將軍確認南韓人民都已具備選擇代表他們自己利益的政黨的豐富常識？則不必對未來主政者提出任何保証和要求。如果朴將軍確認為自己和和你的部下，在這將近兩年的軍事統治期中都能奉公守法有功於國？則不必懼怕未來主政者的無理報復。須知凡屬以國家人民利益為重，個人權力恩怨為輕的愛國者，是不計自身的榮辱的。我們中國南來時代的岳武穆，他一生只知有國而不知有己，後來雖遭奸臣陷害身死冤獄。但他忠貞為國的精神，至今永垂不朽。

反之，如果朴將軍確認今之南韓政黨尚無一可以肩負國家重任？而自己確認目前尚離不開軍事統治？則不防繼續統治下去？至到有健全政黨出現之日為止。若不然，以大敵當前的南韓國勢，而還要靠軍人與政黨互相保証！似此反常現象！吾人實難寄予樂觀。

中共得勢的外在因素

魏華忠

對於共產主義之在中國得勢，中外人士曾有種種的分析和研究；胡適之曾寫過「蘇俄戰略下的中國」一文，說明中共一九四九年在大陸建立之政權，完全是蘇俄侵畧中國的結果，中共完全是蘇俄卵翼下的產品。國民黨官方也持這種論調。有些西方學者，認為共產主義與孔子禮運大同思想，頗為類似，中共所行土改與中國古代的井田制度，歷代所行的均田政策，同具有集體主義的氣味，因此認為中共之得勢，是符合中國傳統要求的。這種隔靴搔癢的論調，實不值一敺。

從歷史上看，政權的興衰轉移，是以武力搏鬥來決定的。好多政治勢力的興起，並無文化背景的支持，也不符合多數人民的願望，但是它依然可以橫掃乾坤、牽制一代。例如宋末蒙古之征服中國，明末流寇之顛覆朱姓王朝。因此一個政權腐爛透了，一受震動就自行倒塌，以暴易暴的勝利者，並不必須什麼真理和正義的。

共產主義既違反中國的文化傳統，又違反世界文化的潮流（基於人文主義的人權運動、民主運動），多數中國人根本沒歡迎過它。它之成功完全依靠有組織的暴力。單是它的暴力，還不行，實有賴於幾個重大的外在因素。

世人多知道，民國十三年孫中山先生實行聯俄容共，是中共擴大發展的一大關鍵。孫先生當時所以聯俄容共，有些勢逼處此，迫不得已的原因。因為當時的西方列強，仍在勾結軍閥，割宰中國，仇視國民革命；蘇俄宣佈廢除蘇俄在中國的特權，以軍械援助革命，雖然是別有用心，但是表面看來，則是雪裏送炭。但在蘇俄援助中國革命之前，孫中山先生曾爭取日本政府的援助，如果成功，很可能拒絕蘇俄的援助，也就不會實行聯俄容共，中共也就沒有機會以寄生手段來養成實力了。

據日人貝塚茂樹所著「孫文傳」一書的記載，孫中山先生在一九一三年二月至日本，停了四十天，與當時日本內閣總理大臣桂太郎，談判援華問題，曾達成廣泛結論。後因桂太郎逝世，故未有具體結果。其後的日本政治家皆無此胸襟眼光，歷史遂倒轉向聯俄容共的路上走了。

日本不但自棄了援助中國革命的機會，其後更成為侵畧中國的急先鋒。從九一八瀋陽事變到七七蘆溝橋事變，乘國共內戰瘋狂進逼中國；激起中國全面抗日的怒潮。困在陝北，窮途末路的中共乃得絕處逢生。由西安事變而全面抗日，乃有國共二次合作。一九六二年毛澤東在上海接見日本作家龜井勝一郎時，曾含笑說：「日本皇軍並不壞，曾幫過我們不少忙」（意指造成全面抗日），實是由衷之言，假使沒有九一八事變，或者在九一八事變以後，日本軍人能夠停止前進，中共可能早已被消滅，成為歷史名詞了。

西安事變當時，蔣介石氏及國民黨的聲勢曾達最高峯。當蔣氏從西安脫險回到洛陽，各地老百姓聞訊放鞭炮，比過年還要熱鬧。誰也想不到，這樣一位被人民愛戴的民族英雄，在短短八年抗戰期間，竟變成了昏庸專斷的獨夫。不必詳說其腐敗的事實，單拿行政院長的人選來看，初由他自己兼任，其後是孔祥熙，末期是宋子文，難道除了孔宋兩姓之外，中國就再沒有人才了嗎？而那個宋子文，坐中國行政院長，卻要求部下用英文辦公，這樣一個洋化公子，如何做得中國宰相？勝利後，他因接收工作搞得一團糟，在參政會被傅斯年炮轟，受全國輿論抨擊，被迫下台，可是馬上發表他做廣東省主席及廣州綏靖署主任。這一串事實鐵証了家天下的作風。把民心士氣摧毀了，於是中共才得逞其暴力把國民黨逐出了大陸。八年期間是個政黨由極盛到衰敗，變化是這樣快，快得有點神奇。

據周鯨文在「風暴十年」一書中所說，當他一九四九年被誘回大陸去參加「人民政府」，中共高級首腦一致感到勝利來得太快了，出了他們意料之外。

陰錯陽差的聯俄容共，日本帝國主義的激進侵華，國民黨的超速度的自腐自爛，這三個外在因素，實是中共得勢的重大關鍵。（完）

狄托低估了毛澤東嗎？

靈果

海外一邊倒的反共形勢，迫使中共的宣傳方式一變再變。起初他們把在大陸的辦法照抄一份，只辦了幾份傳單型的報紙，綳起臉來以馬毛主義說教，因沒有「人民警察」撐腰，結果無人問津；窮極思變，辦了幾份灰色報刊，以武俠和色情來維推銷淡紅色的宣傳；起初還能騙一部分庸眾，日子久了西洋鏡就被揭穿；於是那些灰色報刊就難以作妖作怪了。於是他們再搖身一變，以偽裝中立姿態出現。這一着頗為厲害，許多人上了當。其中有份大報型的小報，以武俠和馬經為招牌，表演尤為出色。本來一份專門清談聲色犬馬的娛樂讀物，距離政治愈遠才愈地道，可是這份小報卻精心銳意製造言論。它的調子是忽左忽右的，不黑不白的；從而袒左擊右、顛倒黑白。但是因為心思巧、技術妙，許多人就被它瞞過，不知不覺接受了它對中共之大捧小罵，曲做辯護的偽辭。

至偽雖能亂真，但畢竟不是真；欺騙可收一時之効，但畢竟不能長久。有心人只要仔細看，就會抓住它的狐狸尾巴。例如最近狄托罵中共是「成吉思汗主義者」，該報既以中立為號召，而狄托是今天的中立主義巨頭之一，它就本當「同氣相求」，可是卻斜次裏跕出來，挺身為毛澤東而辯。不但辯還要大捧特捧，文中暗示，毛澤東是領導世界革命的，說他是成吉思汗主義者，是小看了他；其次中共今天對外擴張是另有意義和名堂的，不能以侵畧視之。拿毛澤東比成吉思汗，他認為是小看了毛澤東，我們認為是對成吉思汗的侮辱！成吉思汗的子孫曾躍馬歐洲，使俄羅斯臣服了一個世紀，他百分之百的是一個侵畧者，但也是頂天立地的大英雄；而毛澤東卻軟骨頭，曾高叫向俄國人「一邊倒」，辱使大陸兒童向史大林、伏羅希洛夫叫爺爺。究竟誰低估了誰？

台灣簡訊

志清

一、監察院行不得也

彈劾財、經、交、貿各部會首長案打退堂被退票

監察院財政、經濟、交通等三委員會經過專案調查之後，認爲財政、經濟、交通、外貿等各部會首長對處理殷台公司案一誤再誤，致使國家遭受重大損失，而且至今未了，後患無窮，主張提案彈劾。人們對於平素專拍蒼蠅的現代御史們這番忽然有如此的決心和勇氣，居然要一舉而打倒三隻老虎（因爲其中一隻已是死老虎），原就抱着一種懷疑的態度。不料本月十四日提出院會報告，未經討論即議決交回三委員會依法處理，實際就是打退堂鼓。據若干監委表示：以目前形勢看來，恐怕不容易提出彈劾案了。聯合報的黑白集以沉默的歷史爲題，指出：「監察院對於殷台案，能够進行認眞的調查，而且能够提出翔實的報告，已屬相當努力，並有相當成就，足堪「向歷史交代」。即使止於調查報告而未便鼓其餘勇，進一步提案彈劾，國人似應加以諒解」。該報又說，「本來監察院歷年所提的彈劾案，已是車載斗量，不計其數，而其最大的作用，也不過是「向歷史交代」而已。歷史是沉默的，雖有「殷鑑」當前，它也不會說話。」

該報對於監委們頗能曲諒，實則他們雖不能打老虎，而却時作打虎狀，正所以表示其非不爲也，實不能也。

二、監察院彈劾省府三職員

監察委員陳慶華，劉巨全兩人以省財廳前公產室主任李敦偉，專員林際春，地政局業務員項澤民等三人處理台東縣民蕭鳳咏等承領該縣台東鎮一段土地案，有違法失職之嫌，依法提出彈劾，經審查成立，移付公務員懲戒委員會議懲。

據彈劾案畧稱：查蕭鳳咏等所承領之台東鎮豐樂段一七八二等號土地，係於三十七年間向台東康樂合作農場承租，訂立三七五租約，四十一年政府辦理公地放領，台東縣政府奉令將該合作農場土地劃出辦理放領，該縣政府經派員會同台東鎮公所地政人員民意代表等前往實地按筆核對調查認爲合法之現耕農民，然後將土地放領於蕭鳳咏等承領，依法發給承領公有土地證書交蕭鳳咏等收執。今台灣省政府竟以由該府委託台東縣政府依法放領之土地認爲被蕭鳳咏等佔耕，在放領一年以後予以撤銷，並以命令督飭台東縣政府協助省立台東農校辦理登記，顯屬違法。且蕭鳳咏等承領政府依法放領之公地，依照約定自四十二年起即按期繳納實物地價，直至四十五年政府拒絕收受時止，已繳足全價十分之四，顯已構成民法上之買賣行爲。台灣省政府竟以一紙公文，利用行政命令予以撤銷，顯屬違法濫權，損害政府威信，妨碍人民合法權益。該省政府財政廳前公產室主任季敦偉、專員林際春，地政局業務員項澤民均不無違法失職之嫌。

三、監察院將調查陳舜耕去職眞相

台灣鐵路局長陳舜耕服務成績優良，無故被省政府調爲顧問，社會上盛傳乃由於因爲「房錢、專車、會報、副座」等四件事，他不肯賣交通處長陳聲簧的賬，致受排擠。監察院交通委員會委員多人於十二日就此事交換意見，決定搜集有關資料，必要時將進行調查。一位不願公佈姓名的監委且向聯合報記者表示：如果陳舜耕確因處理公務，守正不阿而被調職，監委將依法作適當的處理。

報載陳舜耕對於省府顧問職務，業已向黃杰請辭，觀其辭呈，顯有無限的委屈。黃杰在接任之初，曾宣稱將用人唯才；但就陳舜耕無故被免職證之，適爲自我諷刺而已。

四、嘉義又有紅包案

報載：一宗類似蘇玉衡的紅包案，又在嘉義發生。司法行政部調查站因玉山林管處採伐阿里山林木包工領班林身修之妻林李嫌向人透露：其夫曾向林務官員送過紅包八十萬元，乃於十六日傳訊林李嫌。據悉：林身修承包林班時，爲獲得運輸及領款之便利，向有關林務官員致送前述鉅額紅包。後因負債一百五十萬元，宣告破產；復以未繳違反票據法巨額罰金而身繫囹圄，其妻乃向收受紅包的林務官員索回紅包，並聲言將仿蘇玉衡案提出一份曾收受紅包的黑名單，因而引發出來。

五、刑警法醫受賄案開審

刑警大隊前任法醫葉昭渠被檢舉涉嫌受賄五萬元一案，由台北地檢處於十五日開庭偵訊。

事緣四十九年，台北武漢大旅社姚嘉荐被殺，葉昭渠時爲刑警大隊的法醫，於驗屍後証其爲自殺，其子姚志國檢舉葉昭渠收受疑兇黃學文賄賂五萬元。因黃學文之殺人疑案一直在法院審理中，檢察官調卷頗有困難，故拖延至今，始開庭偵查。

官商勾結虛報豆油出口

套取稅欵兩百三十萬元

見微

（台北通訊）貪汚盛行的台灣，最近又發生海關關員勾結商人，虛報出口豆油四百噸，套取政府退稅欵二百三十萬元的鉅案。

政府爲鼓勵外銷，爭取外滙，對於進口貨物於課稅之後，如聲明係加工外銷者，准於出口時，退回所繳稅欵。黃豆進口稅，爲關稅百分之三十，國防特別捐及防衛捐各爲百分之六，港口捐爲百分之三，總計應繳進口稅共百分之四十五。商人將黃豆加工製成豆油出口，政府再按其比率退還其所繳之進口稅。嘉義永源溶劑廠前進口黃豆三千噸，由高雄港起卸，在台南關登記加工外銷，去年十二月一日，該廠從嘉義運出第一批豆油四桶計八百公斤；但在鐵路局的運貨單上却塡寫爲三十噸，並包了一節三十噸的貨車箱。運抵基隆時，由滬江報關行派職員嚴樂平於下午四時五十分海關快下班時到台北關報請驗貨；並僞稱出口豆油共四百噸，首批三十噸已到，餘數當晚全部運到，由次晨開航的法國貨輪馬力仙號運往香港。台北關驗貨員黃明道根本沒有看到豆油，即予簽字証明。馬力仙號基隆代理行隆光船務公司職員李成章塡製艙單，用打字機複打四份，送請海關出口股簽字放行，主管出入業務的幫辦王恩棣在四份艙單上都簽了名。據悉：第一第二份艙單上均註明豆油四百噸，共二千二百二十三桶；但第三第四兩份艙單上則在打字時，先用一張白紙襯在當中，故沒有註明豆油數量。因爲依照規定，第一第二兩份艙單應分送海關出口股及稽查課蓋章，台灣銀行即根據艙單上所載的出口貨物數量發還稅欵。第三份艙單須送交法輪馬力仙號，以便憑單收貨，第四份則由輪船公司代理行存底。假如第三份艙單上註明四百噸豆油，而實際上並無此數，則豆油上船時，其中弊漏將立被揭穿。顯見隆光行、報關行、海關關員和永源油廠，事前早經勾通，乃能作如此週密的佈置。

事後有人向省警務處密報馬力仙號並未載運此項豆油出口，而出口退稅欵兩百三十萬元已由商人向台灣銀行領去。省警務處據報後，即派經濟科長江鵾率刑警大隊幹員多人於本月八日前往基隆實地調查屬實，乃將王恩棣、黃明道二人拘捕。前者祇承認一時疏忽，否認勾結舞弊情事。後者最初亦祇承認因碍於情面，給予商人以時間上的一點便利，事後獲得一點小惠，實不知道有如此複雜的內幕。並說海關快下班時，報關行前來報關，奉派驗貨的關員因時間已晚，囑其明天再來，此種情形，幾乎每天都有，報關行爲求迅速驗關，送兩三千元紅包，驗貨員即使沒有看到貨物，亦在單子上簽字，一方面貪懶，一方面給商人在時間上的方便，而得一點小惠。也是海關的通例。繼經辦案人員追訊，始供認與商人勾結的若干事實，並曾於去年十二月十五日收到一張新台幣十七萬的台灣銀行支票。過春節時已花費五萬元，另二萬元付給購買台北市南京東路市民住宅的定金，家中尙存現鈔十萬元。刑警大隊已於十五日押同黃明道至其家中將這十萬元起出。

牽涉本案的隆光行職員李成章，油廠廠長汪永和，均先後到刑警大隊投案，滬江報關行經理朱浩中，職員嚴樂平，聞風逃匿，迄未歸案。

據警方透露：關於永源溶劑廠從嘉義運往基隆碼頭黃豆油的去處，已經專案小組查明，該廠先後向鐵路局租用十六台車廂，三百九十噸位，但僅運出黃豆油七十八桶，十五噸而已。而且這兩批黃豆雖於去年十二月一日上下午兩次分別運到基隆，由滬江報關行代爲收貨，然後僞造報單，佯稱輸出；其實這七十八桶豆油，均於當日交由基隆南北托運行，台北市通記貨運行等用卡車運返嘉義。

又據偵辦該案的專案小組調查，永源溶劑廠進口黃豆二千噸，係在五十一年九月間。當時本省正因美援黃豆中斷，影响市場價格上漲，該廠向外貿會申請爲數七千五百噸的委托加工黃豆進口，計檳城僑商怡昌公司委托加工二千噸，新加坡華進公司三千噸，馬來亞泉安二千五百噸。外貿會於同月廿四日核准每一僑商進口加工黃豆各一千噸，但是等外貿會核准下來時，永源溶劑廠已裝船進口四千五百噸，多裝了一千五百噸。外貿會爲了解决多進口的一千五百噸黃豆，結果由物資局以每噸六千一百五十一元二角五分的牌價予以收購。但合法進口的三千噸黃豆，該廠有無加工，或是直接就流入市場賣掉，則尙待查明。因爲當時黃豆市場價格每噸高達九千五百元，按照物資局的配價每噸可獲利新台幣三千多元，如三千噸將有一千萬元，更使國家稅收蒙受重大損失。

至於該廠爲何虛報加工黃豆油出口？據偵辦本案人員說：將加工黃豆進口出售牟利，一面虛報出口銷案，及申請退稅，同時將出口數字報核實績，可獲二．五倍之原料黃豆優先核配，一舉數得可獲多方面之不法利益。

專案小組爲進一步查明這批三千噸黃豆下落，昨日曾派員前往南部高雄，調查黃豆當時進口的情形，是直接運進廠內，或根本這批黃豆未進過廠就將倉單賣掉了。

警方認爲四百噸豆油虛報出口，經過手續甚爲繁複，决非少數人所能蒙混過關。另外還有一個關鍵，依法規定在豆油裝船之前，除經海關簽驗外，尙須檢驗局檢驗合格証明書上蓋章，商人於貨物裝船出口後，持海關簽驗的報單及檢驗合格証明書，一併向台灣銀行申請結滙。但據初步調查，檢驗局並未發出該批四百噸分裝二千二百二十三桶豆油的檢驗合格証明書，因此辦案人員對海關在手續上又發現一大漏洞，驗關人員何以未見到檢驗局的及格証明書而予簽驗。可見問題甚爲複雜，牽連的單位和人員，當不至此。總之，本案是一個錯綜複雜而又計劃週密的弊案，警方正作剝繭抽絲的偵查，以期澈底破獲。

中共與蘇聯醞釀和解

毛澤東何以忽然接見蘇聯駐中共大使？

劉裕畧

中蘇共黨之間，存在着嚴重的矛盾與衝突，已是舉世皆知的事了。對此，中共方面的最先提議是召開世界共黨會議來處理這一矛盾和這一論爭。但蘇聯方面最初卻對中共的這一提議採取冷淡態度。直到最近，蘇共才又正式提出召開世界共黨會議的同類主張，但中共方面卻至今尚無正式反應。

關於這一問題，本有兩種看法，一種看法是中共並無誠意和解，毛澤東只想通過召開世界共黨會議的方式來擴大對赫魯曉夫的鬥爭，另一方面是中共確有通過召開世界共黨會議來尋求和解的誠意。但赫魯曉夫在沒有完全明瞭毛澤東的用意，沒有具備能夠充份控制世界共黨會議之前，不管毛澤東眞意如何，由赫魯曉夫領導的蘇聯，當然都予以冷淡。

及至最近，蘇聯忽然也作了與中共前此所提召開世界共黨會議的建議，那末，是蘇聯確已改變態度，誠意與中共和解呢？抑或還是赫魯曉夫現刻已有把握，足以在世界共黨會議中把中共擊敗呢？毛澤東及中共中央在未摸清蘇共及赫魯曉夫的用意前，當然也不會立刻作出響應了。

但不管世界共黨會議是否開得成？不管是否中共與蘇共雙方均只把召開世界其它共黨之會議當作彼此鬥爭的手段？中共與蘇共之間目前正在醞釀和解，至少在形式上醞釀和解，而正在作初步意見之交換，則是絕對的事實，這只要看毛澤東日前忽然在北平接見蘇聯駐中共大使，以及蘇聯外交部長葛羅米柯同天在莫斯科接見中共駐蘇大使，就可見端倪了。

據中共新華社北平二月廿三日電訊說：「中國共產黨中央委員會毛澤東主席今天接見了蘇聯駐中國大使契爾沃年科同志，並且同他進行了親切的談話。談話時在座的有：中共中央副主席劉少奇、周恩來和中央委員伍修權。」另據法新社莫斯科二月廿三日電訊說：「塔斯社報道，蘇聯外交部長葛羅米柯今天在這裏邀請中國駐蘇大使潘自力午宴。陪同潘自力參加午宴的有中國大使館幾名人員。蘇聯外交部副部長佐林和普希金亦在座。塔斯社說：午宴在友好氣氛中進行」。

在此之前幾天，赫魯曉夫本人亦曾見過中共駐蘇大使潘自力，而且當時赫魯曉夫還曾拉着潘自力向旁人說，將來一定會同中共一起埋葬資本主義。

我們曉得：毛澤東在此中蘇共存在着矛盾與衝突的期間，如無和解的醞釀，毛本人是絕對不會特別接見蘇聯駐中共大使契爾沃年科的。接見時在座的除劉少奇周恩來之外，更有曾經前往東歐出席許多共黨大會而與東歐及南斯拉夫共黨罵座的伍修權，則其所談者必然是中共與蘇共之間的矛盾與衝突問題，自屬毫無疑義，且此一和解已進行到一定程度，否則毛澤東不會忽然在此一時刻接見蘇駐中共大使，關於此一和解，是否值得繼續進行，在中共方面，目前已到達只待毛澤東本人最後決定的時刻，亦屬毫無疑義。

至於這一和解是否眞將繼續進行？如果中共與蘇共都決定召開世界共黨會議來討論，討論之後是否能有結果，目前自不宜言之過早，但它們之間已在作和解之醞釀，則已顯而易見。

大陸簡訊

藍星

中共與蘇聯簽文化合作協定

據中共「中國新聞社」北平二月廿三日電：「中蘇一九六三年文化合作協定今天在北京簽字。中國對外文化聯絡委員會副主任張致祥和蘇聯駐中國特命全權大使契爾沃年科分別在計劃上簽了字」云。

中共人民日報刊眞理報社論

據新華社廿三日電：「人民日報今天全文刊載蘇聯眞理報在二月十日發表的社論。社論題目是：為了共產主義運動的馬克思——列寧主義的一致性，為了社會主義國家的團結」。

中共貸欵古巴協定簽字

為了爭取古巴對中共的支持，為了鼓勵古巴繼續而且擴大的反美，毛澤東又打腫臉充胖子，不顧大陸人民死活，不惜中共外滙得來之不易，又貸欵給古巴了。

據中共新華社北平二月廿二日電：「中國和古巴一九六三年貿易議定書、中國和古巴關於中國給予古巴貸欵的協定、中國和古巴對外貿易機構交貨共同條件議定書，今天在北京簽字。國務院總理周恩來，副總理李先念參加了簽字儀式。在簽字儀式上，中國對外貿易部部長葉季壯同古巴對外貿易部部長阿耳貝托·莫拉分別代表中國和古巴政府在上述議定書等三個文件上簽了字」云。

中共又給叙利亞以貸欵

除了給貸欵予古巴之外，據中共宣佈又貸欵給予了叙利亞。

據中共「中國新聞社」北平二月廿二日電說：「人民日報今天就中國和叙利亞簽訂經濟技術合作協定，貿易協定和支付協定一事發表評論說：這是中叙兩國友好合作關係日益增進的一個標誌。」

人民日報又說：「中國和叙利亞在反對帝國主義和建設各自國家的事業中相互支持，相互援助，根據經濟技術合作的協定，中國政府將給予叙利亞以不附任何條件或特權的貸欵。這部份貸欵，將根據中國的可能和叙利亞的需要，用作供應各種成套工業裝置、設備或機器等」云。

施漢諾訪毛澤東舊居

在東南亞諸小國中，目前最願意最熱心替中共奔走的，大概要算高棉王子施哈諾。

據新華社長沙二十二日電：「柬埔寨國家元首諾羅敦·西哈努克親王和夫人以及隨同來訪的柬埔寨貴賓，今大中午到湘潭韶山訪問了毛澤東主席舊居。西哈努克親王和夫人等貴賓由陳毅副總理和夫人、湖南省副省長章伯森和夫人陪同，驅車到韶山的時候，受到了湘潭縣副縣長蕭振國、韶山人民公社社長李國良等人的熱烈歡迎。柬埔寨貴賓在主人的陪同下，來到綠樹和竹業環繞的毛澤東主席舊居，參觀了毛澤東曾經生活、學習、勞動和工作過的地方。參觀以後，西哈努克親王和夫人同陳毅副總理和夫人在毛主席舊居門前合影留念」云。

僑鄉近訊

鍾之奇

港寄糧食包在穗被扣被退

海外僑胞從港澳兩地寄回大陸接濟親友的糧食包，中共能否交付收受人，向為海外廣大僑胞所注意。在前兩年，中共各級幹部交付糧食包的情況尚屬良好，因各地共幹大致尚能於收到後即交付僑眷。但最近一二年，情況即日趨惡劣，迄去年冬，中共更派了二千多人在廣州嚴密檢查各地寄入大陸之糧包。而由港澳寄往大陸各地之糧包為數極多，故自廣州傳出消息，謂自去年十二月份至今，所有糧包均積壓在廣州，等候檢查，迄未轉寄各地。此訊已由香港各報刊載，香港有關當局且已聲明由港寄往大陸之糧食包，香港方面已立即運交中共，蓋所以說明糧食包之所以不能交到大陸僑眷之原因，其責任完全在中共也。

另一方面，香港報紙今又刊出消息，謂中共最近仍然在大量退回港澳寄出之糧食包。迄目前為止，仍有三四千大包積存在澳門郵局內，其中不少是香港居民轉在澳門郵局付出者。據悉，中共對於執行小郵包之新規定，係限定大陸僑眷每月每人每次不能超過價值人民幣五元之物品，而港澳寄出之糧包，通常皆超過上述價格云。

廣州又槍斃七名歸僑

據中共控制之香港大公報於二月廿四日廣州專訊報導說：「最近廣州市中級人民法院和汕頭市、中山縣、高州縣人民法院，根據人民檢查機關提起的公訴，判處了兩名美蔣特務份子以死刑，判處五名美蔣特務份子以死刑緩期執行和徒刑」。

並說這些「特務份子都是在美帝國主義的策劃和支持下，由台灣蔣介石匪幫的特務機關於今年春節前從香港、澳門派遣進來的。特務機關指使這些特務份子於春節期間陰謀進行爆破、縱火、殺害幹部和羣衆，並進行散發反動傳單等破壞活動」。

又說「被處死刑的特務份子林秋、黃安等兩名，經最高人民法院核准，已於二月二十二日在中山縣執行」云。

廣東三萬共幹下放

據中共新華社二月二十二日廣州電訊說：「目前有一部份地區，春耕生產中存在着一些困難。省委認為，打好今年春耕生產的第一仗，對今年早造農業生產有舉足輕重的作用。因此，各地應該幫助備耕較好的地區，把生產做得更好些，幫助備耕不够好的地區迎頭趕上」。

中共報章雜誌平時所謂「省委」，蓋指中共廣東省黨委會而言。而中共的省黨委即是全省的領導機關，故新華社又說「全省從省、專區、縣和公社派出了三萬多名幹部，到各地幫助生產隊幹部做好春耕生產的領導工作」。而這下放的三萬多幹部，其任務則在監督農民從事農業奴役云。

福建嚴重缺乏春耕農具

春耕的時節又已到了。但福建各地春耕農具的缺乏情況，則是與日俱增的。春耕的好壞關係今年的收穫極大，農具供應如不足，顯然又將直接影響春耕情況。為此，中共不能不趕急調運春耕農具及肥料下鄉了。

據中共「中國新聞社」二月廿四日福州電：「福建各地供銷合作社和交通運輸部正在加緊調撥農具、肥料等。據有關部門統計，現在全省供銷合作社陸續運往農村的中小型農具達一千一百二十四萬多件」。

又說：「為了使農用物資及時運抵農村，福建省鐵路、公路、水路運輸部門都在集中力量趕運春耕和水利建設物資，一月份已運下鄉去的達十五萬多噸」。足見情況緊張之一般。

印尼要一意孤行

俊華

隨着時光的迅速流轉，南中國海上的和戰之機，似乎日迫一日。僅祇在兩個整月之後，印尼便要接放西伊里安。再後三個月，就是預定的馬來西亞成立的日子。印尼方面的警告：「馬來西亞成立即是戰爭」！究竟會不會成為事實呢？印尼外交及軍事當局那種對馬來西亞的「戰爭」强調，究竟是含有內容的警告？抑僅是徒務虛聲的恫嚇？

印尼警告馬來亞說：如果馬來亞「一意孤行」，成立馬來西亞的話，戰爭便「不可避免」。那便是說，印尼便要發動戰爭。依照印尼蘇班德里奧外長和納蘇賢將軍的解釋，印尼非發動對馬來西亞戰爭不可的理由，是馬來西亞與印尼屬南婆羅洲有六百餘里的邊界，在軍事上，北婆三邦地區，可能被印尼的「敵性國家」利用做軍事基地；在經濟上，邊界會被走私者所利用，破壞印尼的經濟，據說，印尼的經濟早已被走私者所破壞，以致稅收銳減，凋敝不堪了。

印尼所指的「敵性」基地，不外乎是東南亞公約國家的基地。因為馬來亞與英國早有聯防，並且預定馬來西亞仍與英國聯防，而英國則是東南亞公約國家。印尼更恐防馬來亞有一天會加入東南亞公約去。同時，美國也是東南亞公約會員國之一，目前東約機構正在向馬來亞招手，歡迎馬來亞加入。印尼懷疑那是美國在這區域的一種新的佈置，終極會由美國在北婆三邦設立基地，把印尼「包圍」起來。印尼曾經聲稱它被「包圍」，也曾聲稱他們將請蘇聯在南婆羅洲建立基地，用以對抗美國可能在北婆羅洲建立的基地。

這些純粹根據未來「可能」的想法，是不是會有「神經過敏」之嫌？且不置論。就以實際來說，印尼所持理由，也未免有欠充份。因為美國假使認為有在北婆建立基地的必要，在前此漫長的英領時代，她儘有機會在那裏建立，或者由英國予以建立而供美國共同利用，一如星加坡軍事基地戰時提供給東約國家一樣。

就以星加坡基地來說，它與印尼蘇島棉蘭的距離，比北婆亞庇與印尼加里曼丹島首府坤甸的距離更近，也比亞庇更接近耶加達。那麼，印尼為什麼不抗議星加坡基地，而祇汲汲於「未來可能」設立的北婆基地呢？這種矛盾而顯出不充份的理由，顯出印尼只是妒忌馬來亞趨於强大，而「基地」問題不過是一項藉口。

至於「走私破壞印尼經濟」的問題，更是不成為理由。任何國家的對付走私，只是加强邊防的查緝。印尼島嶼繁多，邊防和海關查緝機構尚未完備，走私漏洞極鉅，乃是事實。但這種弊病，客觀環境困難佔小部份，主觀努力不够，卻應負更大的責任。因為設若不是印尼政治貪污，關吏受賄，及內部的不肖商民與私梟勾結，外地走私客也沒有可能作片面的對印尼走私行動呢。

再說，因為邊界走私繁多，而照會鄰邦協助戢止，也不是沒有理由及不可能。可是無論如何說法，那祇是起碼的技術問題，而不可能拿來做什麼堂皇的理由，以反對別人的國家成立，那麼，如果馬來西亞成立，而印尼竟然用兵的話，那到不是馬來亞「一意孤行」，而是印尼一意孤行了。

印尼，會一意孤行嗎？

美國對於印尼對北婆可能的干預，抱着相當警戒的態度。在國務院發表支持馬來西亞談話之後不及一週，便再由甘廼廸總統發表同樣支持馬來西亞談話。這種「强調」，無異是對印尼明示美國的態度是站在「英、馬」一邊，並不像西伊里安問題一樣，美國最初態度模糊，而其後則幫忙印尼。不過，若果印尼出兵干預北婆，美國會採如何行動，卻是沒有透露。

近天來自華府的消息，對於印尼出兵一事，雖然審慎的但已表示比較的樂觀，認為印尼或者不一定一意孤行。因為英外長何漠爵士已接到印尼外長蘇班德里奧的覆信，說印尼「無意與英國為難」。何漠的信，是要求印尼保証，對北婆「不加干預」。

印尼「不與英國為難」，蘇班德里奧早有表示。事實上，印尼立國以來，與英領北婆三邦，也絕無糾紛。可是印尼雖無意與英國為難，卻是有意與馬來亞及馬來西亞為難，而英國既與馬來亞及馬來西亞聯防，那豈不是印尼雖無意與英方為難，而「被迫」涉及採取為難英方的行動？而英方也同樣被迫非採取行動對付印尼不可嗎？

星馬的觀察家們所担心的，是印尼內部的不穩情形，會影響到印尼非對北婆動手不可。其中原因，有軍事的、政治的、和經濟的，都是一種「兇惡的訊號」。

印尼為準備收復西伊里安而接受蘇援，並大量發動志願軍，已經達到空前的軍事擴張，原來是預備為西島與荷蘭決戰的。可是由於美國壓迫荷蘭讓步，印尼兵不血刃獲得西島，眼見今年五月一日，便是接收西島之期。接收之後，印尼無法並迄今為止仍無計劃作軍事復員，那些業已膨脹的軍力，「必須尋找一條出路」。北婆的糾紛，正適合印尼這種畸形的軍事需要。

在政治上，印尼對馬來亞的妒忌，乃基於它那項「左傾中立」，與馬來亞不同的政治路線；對東南亞公約的疑慮，則是基於它本身的接受蘇聯軍援。馬來亞拉曼總理就一再强調指出，印尼與馬來亞本來沒有什麼也不應該有什麼過不去，就祇為印尼內部的共黨勢力膨脹，以致蘇加諾不得不採取左傾冒險的政策。印尼共黨頭子艾狄地，兩次致電蘇加諾，要求與共黨成立聯合政府，最近的一次在二月十七日。電文中提出為了印尼的「發展和安全」，應「以和平方式」走向社會主義。暗示假若蘇加諾不與共黨組聯合政府，便會有內戰的威脅。印尼共黨這種「逼宮」式的威脅，選擇在最近這個時機，究竟是志在聯合政府，抑或是迫使對北婆用兵？雖不易下一論斷，但很可能後者的成份較大一點。一則印尼「指導的民主」行之有年，共黨直到最近才加强對聯合政府的要求。再則在傳說中共可能出志願軍助婆羅乃叛黨作戰之際，中共都作飢餓輸出，以大米援助印尼的糧荒。顯然企圖策動印尼與自由國家衝突。

最後，印尼的經濟困難，尤其糧食供應不足，已達到嚴重的程度，首都的主婦們排長龍輪購不到糧食，鄉村人民不少以什糧果腹甚至無以為炊。那些原來自農村的數萬解放西伊里安志願軍，和最近組成的萬餘援助婆羅乃革命志願軍，看情形快要發生鼓噪。當局卻絕無任何善後的方法，似乎只有叫他們「到婆羅乃去」這一條路。

星馬觀察家們認為，印尼接收西伊里安（五月一日）後到馬來西亞成立（八月卅一日）這段時候，便是婆羅乃危機的最高潮，印尼最有可能採軍事行動，（去「阻止」馬來西亞成立，）也就是在這個時候。三月份是預定英馬及三邦要簽署馬來西亞協定的時候，如果簽署了，印尼便認為馬來亞「一意孤行」，那麼，印尼也就要一意孤行了。

・吉隆坡通訊・

印尼公開破壞大馬來西亞計劃

這是很明顯的事實：印尼之所以支持婆羅乃的叛亂，其最主要目的，是破壞「大馬來西亞計劃」。

因為根據這項「大馬來西亞計劃」，不單只是星加坡，而且連沙勝越，婆羅洲，婆羅乃，也包括在內，而與馬來亞共同組成一個大聯邦；這個計劃，可能在今年八月間便可實現，屆時這新聯邦將在英聯邦大家庭內成為新的一環。野心勃勃的蘇加諾，他當然不願意婆羅乃投進英聯邦的大家庭，而祇希望她永遠都是一個小小的柔順獨立國；再加上受到國際共黨的利用和唆擺，於是悍然進行破壞。二月十四日，蘇加諾更坦率地宣佈，決不惜使用任何手段，阻撓大馬來西亞之組成。據泛亞社的報導，蘇加諾宣佈上述的聲明時，還指名斥責馬來亞總理拉曼為「新殖民地主義者」；並說「組織大馬來西亞的目的，是在替帝國主義者搜刮樹膠、錫、和汽油」。蘇加諾也承認：「印尼之支持婆羅乃反殖民地主義革命，乃屬必然之舉」。蘇加諾又說：「組織大馬來西亞，是帝國主義者欲藉此來包圍印尼，所以印尼要支持婆羅乃的「革命」，粉碎該項組織的進行」。印尼之支持婆羅乃叛亂，目前已擺出了軍事行動的姿態：數逾六萬的「志願軍」，刻正準備開入婆羅乃，協助叛軍的反擊；印尼空軍裏的蘇製轟炸機和噴射機，已不只在婆羅洲邊境上空巡邏飛行，且不斷地飛到印尼與馬來亞的領海分界線麻六甲海峽上空偵察；印尼的海軍，也經奉命戒備，潛水艇也開始在北婆羅洲海域活動。——印尼這種軍事恫嚇的行動，顯然已表明：印尼與馬來亞的關係，已在急激惡化中！

印尼之堅決破壞大馬來西亞計劃，除了上述的原因之外，還有一項很微妙的「領導慾」因素存在。據部份西方觀察家指出：由於印度和中共的邊境糾紛，尼赫魯向西方國家要求援助，致使印度在亞非集團中的領導地位已告動搖，耶加達遂欲把握着這時機，企圖攫取這個領導地位而代之，但如果大馬來西亞計劃實現，則印尼的「慾望」必成泡影；因此，蘇加諾便憤然一方面指責拉曼是「新殖民地主義者」，一方面公開支持婆羅乃的叛亂。尤以後這一項行動的目的最為顯明，係欲憑藉着婆羅乃的叛亂來打擊大馬來西亞計劃；因為如果婆羅乃叛軍再能爆發新的叛亂事件的話，則大馬來西亞計劃必會遭遇到重大的挫折。

擺在目前的事實：敗匪於森林區的婆羅乃叛軍，確已受到印尼進一步的支援，現在又再蠢蠢欲動了！而印尼的軍事調動，也確在逐漸加强中。英國駐婆羅乃的軍隊，已進入新的警戒狀態。婆羅乃政府，則懸賞一萬五千元，捉拿叛軍司令艾芬廸。——從這些迹象中可以意料得到：該一地區已重新籠罩上濃厚的戰雲。

此外，印尼外交部長蘇班德里奧則發出了一項充滿火藥氣味的警告，他說：如果馬來亞總理繼續進行大馬來西亞計劃的話，則印尼與馬來亞可能發生戰爭。蘇氏强調表示：印尼是堅決反對該計劃把婆羅洲及其他毗隣的領土包括在馬來亞之內。蘇氏這一番話，當然是可以代表印尼政府的態度和立場；同時也可以想像得到，印尼和馬來亞的關係，勢必急轉直下的趨於惡化。

在這般態勢之下，顯然反映出：印尼的破壞大馬來西亞計劃，已達到不擇手段的程度。

印尼的軍事實力，是相當强大的；在目前來說，是僅次於中共和印度而已。印尼的陸軍，有三十五萬人，空軍則擁有蘇製的米格機，海軍也擁有蘇製的驅逐艦和潛水艇。反觀馬來亞，僅有陸軍十二萬餘人（其中六份一是英籍人），海軍幾乎全是小型艦隻，僅有六艘巡邏快艇和掃雷艇可供實用，空軍則祇有十一架飛機。在此實力懸殊的比對下，印尼當然可以毫無忌憚地，公開支持婆羅乃叛軍，及擺出與馬來亞敵對的姿態，更率直宣佈反對拉曼的大馬來西亞計劃了！

蘇加諾固然是野心份子，而共產黨的煽動陰謀，也是主要的原因哩！

焦文姬（三一）

（版權保留）　黎明

第九場：

焦文姬：相公此言差矣！（唱）：
常言道，富和貴，本如浮雲；
功名事，又何必，這樣認眞？
讀經史，學聖賢，方是正理；
未必那，狀元郎，才算超羣。
那顏子，居陋巷，不改其樂；
又有誰，曾譏笑，原憲之貧？
讀書種，自有那，名敎樂地；
小奴我，絕不厭，荊釵布裙。
願相公，爭上游，竿頭再進，
俗功名，濁富貴，切莫攖心。
此一去，中不中，早早回轉；
免得奴，穿望眼，秋水伊人。

滿尚智：（羞慚滿面）哦、哦、是是是；小姐金玉良言，小生永當銘諸肺腑。此番前去，無論中與不中，一定早早回來；如不回來，一定天誅地滅，不得好死！

焦文姬：（聞之不覺悚然一驚）言重了！

焦大郎：（旁白）哎呀呀！他言重了，我可言錯了啊！（轉向文姬）兒呀！天色不早，就讓賢壻登程趲路，我們也收拾回家去；爲父方才酒言酒語，只算胡說八道，就把它放在酒壺裏面帶了回去吧！（說得文姬尚智均相視一笑。）

滿尚智：岳父多多保重！小壻就此告辭了。（向大郎一揖）

焦大郎：好好！一路福星。

焦文姬：且住！（見尚智轉身欲行）相公到了東京，千萬要多多寫書信回來。

滿尚智：這個自然。（貼近輕呼）娘子！您也要好好保重才是呀！（下）

（文姬目送移時）

焦大郎：兒呀！去遠了啊，還是回去吧！

焦文姬：（萬般無奈地）回去吧！正是：收拾千點相思淚，從今人隔萬重山！（同下）

第十場：

地：東京高陞店的客房中，陳設華麗，與鳳翔店之簡陋，恰成一對照。窗外杏花盛開，春意盎然。

時：仲春中午。

人：滿尚智、店小二、焦細（即鳳翔店家）。

（滿尚智往來踱步，五神不安；忽見窗外杏花盛開，不覺喟然長歎）。

滿尚智：我好悔也！（唱）
一聲平地起風波，
拆散鴛鴦沒奈何！
轉眼冬去春又到，
眞個歲月去如梭。
——這無情的歲月呵！
縱然我，文章有價驚聖主，
怎奈她，相思無淚泗黃河！

店小二：啊咳！（喜孳孳急上）怪道清晨喜鵲叫，原來狀元在我家。滿相公開門來！（敲門介）不、不、不，該死！該死！——狀元公開門來！——

滿尚智：外面何人叫門？

店小二：咳咳、滿相公，不、不，該死！該死！（自掌嘴介）狀元公是小二子我呀！

滿尚智：（開門介）何事？

店小二：恭喜滿相公……（本欲一揖到地，揖到一半，又發覺錯了稱呼，連忙掌嘴更正）該死，該死！恭喜狀元公，賀喜狀元公！（重復一揖到地）

滿尚智：小二子！你今日爲何這樣稱呼於我？這喜又從何而來？

店小二：相公你高中了。

滿尚智：此話當眞？

店小二：報子現在門外，焉有假冒之理？

滿尚智：可有報單？

店小二：報單在此，（從懷中取出，半跪雙手奉上）狀元公請看！

滿尚智：（接過報單，洋洋得意宣讀介）「捷報新科一甲進士滿……一。」——哇吓！哇吓！哦哈哈哈哈！這就好了！這就好了！（立刻態度神氣地）來！

店小二：咋！

滿尚智：吩咐下去，紋銀十兩，賞與那報子去者！

店小二：咋！（下）

滿尚智：（目送小二出去，益發情不自禁，動作寒酸可笑）這就好了！這就好了也呵！（順手關門）

店小二：啊咳！（急上）人逢喜事精神爽，富在深山有遠親。（旁曰）慢着，慢着；這回敲門，却得先把我這歪嘴修理修理一下才成。（用手指數着）滿相公，（搖頭）不對；狀元公，（點頭拊掌）對了，對了；（趨前敲門）狀元公開門來！

滿尚智：門外又是何人叫門？

店小二：啟稟狀元公！又是小二子我。

滿尚智：（開門介）又爲了何事？

店小二：啟稟狀元公！您家舅老爺來了。

滿尚智：原來是舅父來了；說我快快有請。

店小二：咋！有請舅老爺！

焦細：嗯呸！五湖四海皆朋友，烏龜王八是內親。狀元公在那裏？狀元公在那裏？

滿尚智：（同時）舅父在那裏？舅父在那裏？（及見是焦細，不覺勃然大怒）嘟！胆大焦細！怎敢冒認官親，假充我家舅老爺起來了？

焦細：（嬉皮笑臉）狀元公您且先別生氣！小可末？雖不是您家老舅老爺，倒是道道地地的您的小舅子呢。

滿尚智：越發地放屁胡說！

焦細：咻！（示意尚智令小二子出去。）

滿尚智：（以目命令小二子退下！

小二：咋！（旁白）喲！這倒是從那裏說起呀！（向焦細作鬼臉下）

滿尚智：（怒氣不息）焦細！你這趨炎附勢的奴才，小生又並不曾欠下你的房飯錢，倒是今日你還偏有面目前來見我!？

焦細：狀元公呀！（唱）
尊一聲，狀元公！您別生氣！
且聽小可我來說端的：
小可我，和您泰山本就是本家，
他叫焦大我焦細。
他家祇生一女並無男，
這小舅子末，不讓我來當末，有誰還配？
自古道、一人得道雞犬仙，
我做這小舅子末，自有我的大道理。
何況您和妮兒的交易我全知，
說了出來您的名譽定掃地。
名譽掃地不打緊，
前程丟了太可惜！
您若這時不認我做小舅子，
倒不妨放胆儘管試一試。
遲，禍到臨頭後悔
很時看您還敢說我放屁不放屁!？

滿尚智：（知道這話厲害，不覺軟了一半；但仍不知焦細用意何在，惶惑地旁白）哎呀且住；世界之上，那有爭着要做小舅子的道理？看焦細這個奴才，口口聲聲非做小生的舅子不可；我若不允，這個奴才必然把小生和文姬的私情宣揚出去，豈不倒落了個「士行塵雜」，白白送了前程？這這却是怎麼處!？——哦、有了；我不免向他問個明白，陪個小心，也就是了。（轉向焦細，但仍勉強裝模作樣）焦細！我來問你：你既知道我岳家「祇生一女並無男」，却口口聲聲要做我的小舅子，是何道理？

友聲集（一七）

台北郊居和成舍我　閔生

應是今廬勝故廬，十年生聚已成都。江山文藻空思蜀，花草芳菲枉夢吳。幽境閑吟心自遠，清流橫議計偏疏。衰微儘有安身處，何必蓍龜爲卜居。

即興次韻公遂詞長元旦之作　文擢

曾涂何夏宿追攀，勝日相携茗碗斑。薄釀偶紅花下頰，好風難翠客中顏。從頭事等蒸沙粥，刻骨文餘退筆山。耐取瓶梅慰幽抱，九衢軒馬自閒閒。

喜舜生先生來晤賦此奉呈　伍藻池

閉門久與世相違，能得相逢喜可知。風貌未隨千劫變，襟懷還似十年時。不因酒薄情難盡，却恐愁多語易癡。忍說天涯離亂意，燈前雙鬢已成絲。

懷舜生兄紐約　叔平

遠道相傳小亟書，異邦醫藥近何如？微聞驚座成雄辯，謀國孤心總未除。樸學乾嘉老輩同，幾人今日振宗風？鉤稽一代興亡故，全在先生笑語中。

迎舜老自美飛回港　君左

我正南洋返，君剛北美飛，放懷天下重，縱論世間稀。除夕團年酒，征塵戰士衣，伏生傳絕學，萬里帶雲歸。

唐詩偶釋（七）

鄧中龍

賦得暮雨送李曹　·韋應物·

楚江微雨裏，建業暮鐘時。漠漠帆來重，冥冥鳥去遲。海門深不見，浦樹遠含滋。相送情無限，沾襟比散絲。

首句雨，次句暮；三句雨，四句暮；五句暮，六句雨。將「暮雨」二字廻環寫足，然後入「送」字。「暮雨送」三字拆開，便成間架，此全詩結構。

末聯「情無限」，即指上六句。有此三字，全詩皆集注一處，且首尾連貫，不至漠不相關矣。有前六句，便見步伐整齊；有後二句，便見詞意貫攝。此全詩意脈。

楚江微雨，建業暮鐘，起筆何其潤遠。中四句緊承寫微雨暮鐘時光景，結聯點出「送」字，此律詩常法。

「散絲」與「微雨」暗通消息，或以指亂絲之絲，亦未必不當；第就此詩文氣觀之，散絲恐應作微雨看。否則，便失前後關照之妙。詩中末句，率與起聯有關，此中訣竅，要在神會。

詩之所以可貴，在含蓄不露。故寫悲哀不必標出「淚」、「泣」、「痛」、「苦」等字。寫感慨亦不必標出「情」、「懷」、「恨」、「怨」等字，要令讀者於字裏行間，自然領會出悲哀感慨之意，一經說破，便乏餘味。第七句：「相送情無限」，就文法言，括上啟下，固爲全詩關鎖，而坦率說出，未免淺薄。大家之作，重在潛氣內轉，風月蟲魚，亭園花木，明爲寫景，實乃抒情。「嫁得瞿唐賈，朝朝誤妾期。早知潮有信，嫁與弄潮兒。」寫老大嫁作商人婦，夫出不歸，閨中幽怨，而詩中並無「怨」字「恨」字。「山中相送能，日暮掩柴扉，春草年年綠，王孫歸不歸。」寫送別懷人之情，親切之至，而詩中並無「懷」字「感」字。此等詩看似尋常，實乃具深厚境界，不知費幾許思量始能道出。中唐而後，詩格漸流於浮薄。下及宋人，由綺靡浮艷之晚唐風調，蛻變而爲詞，詞中幾無處不用「歎」、「恨」、「苦」、「淚」、「相思」、「斷腸」、「愁悴」、「怎堪」、「可憐」、「無奈」、「閒愁」、「舊愁」、「新愁」、「清愁」、「幽愁」等字，用之過多，便成語病。此等處雖無法爲初學道，而見微杜漸，或能少免，學者其愼之。

中唐詩人，韋應物、劉長卿，流亞也。應物嘗自比陶潛，亦頗能得其閒淡之趣。所作五言詩，白樂天、蘇東坡等激賞之，顧恐未必爲此等詩耳。此詩如衡以盛唐格調，並無足取，末二句失之過露，全不似大家語。詩無餘味，一覽即盡，又何貴乎有詩耶！

憶陳果夫先生（七）

宇人

七七事變發生後，我提前回國。到南京時，得知立夫先生被任為統帥部第六部部長，主管民衆動員工作，我自度尚宜於此項工作，即往見立夫先生，他派我為專員，名義上在部長室辦公，實則終日閒坐，無事可做。此時，果夫先生任江蘇省政府主席，余井塘兄任民政廳長，我曾專誠前往鎮江拜會他們，但祇見到井塘兄，他對我的態度，依然和過去在中央組織部時一樣的親切。果夫先生則因適不在鎮江，未能見面。

第六部在表面上是CC和復興社兩派合作，劉健羣為副部長，各廳長中也有復興社的人，酆悌即其一。但兩派的暗鬥並未停止；尤其是CC方面，雖然在第六部居於主要的地位，反而處處顯得窄狹。記得上海戰事吃緊時，第六部決定在蘇州設立辦事處，派鄭亦同為主任，康澤為副主任，我為秘書。據吳開先（也是第六部廳長之一）說：因為他們誠恐鄭不是康的對手，故要我去幫助他對付後者。我得知此情後，大不以為然，堅拒不就。稍後，第六部又設置留日歸國學生訓練班，收容七七事變後由日本輟學回國的留學生。以張道藩為班主任，酆悌為副主任兼訓育組長，我為副組長。酆向我表示無暇過問訓育組的事，一切由我全權處理。依照規定，訓育組設置訓育幹事五人，內女性一人，葉秀峯介紹張道行（後任外交部司長），張厲生介紹劉瑤章（後任北平市長）及另一位姓張的朋友（已不記其名），記不得是那一位介紹鄭震宇（後為外交官，現在台北某大學執教）。還缺少一位女訓育幹事，找不着人選。我曾問立夫先生，他也想不出適當的人選。後來酆悌介紹陳逸雲，我當時與她尚不相識，但早在北伐初期即聞其名，知道她在黨的資歷甚深，當即同意。不料立夫先生却不滿意，他說：「她是黃埔的（即指復興社）。」我說：酆悌更是黃埔的，他既可做本班的副主任，為何陳逸雲不能做訓育幹事？何況事實上，是找不到其他的人，自不便久懸。立夫先生不再堅持，於是就這樣的決定了。但由於兩派的牽制，其中尤以CC為甚，有關訓育工作仍寸步難行。第六部的總務處長溫寧更公然向我表示：訓育幹事中，沒有立夫先生的人。此君有恃無恐，似乎把張厲生、葉秀峯等都視為與立夫先生無關的人了。

留日歸國學生訓練班剛組織就緒，尚未正式開始訓練，前方戰事突告失利，南京危急，第六部無力將全班員生轉運後方，乃交與康澤接辦，我也就離開了留日歸國學生訓練班而退到漢口。

由於第六部撤銷，我到漢口即賦閒。我提前回國，原為參加抗戰工作；如今眼見前方軍事節節失利，自己却無事可做，內心非常煩悶。國民黨臨時全國代表大會後，中央黨部重新組織，立夫先生任社會部長，派我為指導處長，我因為對黨務工作已不感興趣，同時又鑒於在第六部時的種種情形，也婉辭不就。

不久，中央決定成立國民參政會，以我在國民黨的資歷而論，做一個參政員是很够格的；但由於沒有參加任何小組織的關係，自度不可能被中央提名，因而我也沒有求助於果夫先生。後來，還是貴州省黨部在貴州省黨政聯席會議中將我提出（依照規定，參政員名額有一部份是由省市黨政聯席會議提名呈報中央核定），恰好黨內外各派又均在貴州沒有什麼人選，和我競爭，我才很順利的做了第一屆國民參政員。以後由地方產生的參政員改為由參議會票選，雖然中央方面有人對我在參政會的言論頗為不滿，但因絕大多數的貴州省參議員都很支持我，他們也對我無可如何。

在參政員的名單發表後，蔣先生忽然召見我。據在侍從室工作的一位黃埔同學向兄告訴我，可能是果夫、立夫先生簽請召見的。我見蔣先生時，他先要我報告在英國數年的心得，然後問我願意做什麼工作，我表示願意參加三民主義青年團。我當時對國民黨的愛仍很強烈，以為青年團不但可以組訓青年參加抗戰工作；而且更可以為黨培育新的細胞，促進黨的改革和新生。我在未出國前，曾對蔣先生的若干措施有所指責；但此次會見，覺得他虛懷若谷，頗有天下為公的精神，對他的信仰大為恢復，認為在他的領導之下，一定可以達到抗戰勝利的目的。以後青年團開始組織，我即奉派為社會服務處的代處長（處長盧作孚時任交通部次長，從未到職）。

國民黨舉行臨時全國代表大會，推選蔣先生為總裁，汪精衛為副總裁，蔣、汪即聯名提議解散黨內一切小組織。所謂小組織，除了汪精衛的改組派而外，主要的是指CC和復興社。青年團之設立，原亦有融各小組織於一爐之意，所以立夫先生也是中央團部臨時幹事會的常務幹事。秘書處長葉溯中，也是CC。中央幹事會每次開會，立夫先生從不缺席；但CC却對青年團採取敵視的態度。我能到中央團部任職，本來可以說是果夫、立夫兩先生的關係。因為假如他們不簽請蔣先生召見我，我不會自己去請見的，從而蔣先生在核派中央團部各處室的人選時，也就很少可能會考慮到我。但後來我却因在青年團工作的關係，與果夫、立夫兩先生日漸疏遠，最後竟被他們當作所謂的「黃埔」派，多方打擊，這是我當時做夢也想不到的。

（待續）

抗戰行列中見聞雜憶（一八）

李璜

憶薩凡奇與納爾遜

昨寫雜憶第十七段「靠天吃飯靠不牢」，說到四川雖稱天府之國，農田水利，除了川西壩子，也是隨時發生嚴重問題的。因之，想起了美國的水利工程專家薩凡奇（F. Savage）為四川所設計的鉅大水利工程計劃；它不但可以將全川以至西南高地灌溉問題完全解決，使四川以至西南處處田中有水，年年農作豐收；而且將揚子江（又稱長江）上游的水上交通弄來暢通，即一萬噸的輪船也可以終年自宜昌開到重慶。

薩凡奇工程師的詳細計劃，我在民三十二的重慶南岸資源委員會座談會上，列席聽過報告。在我這個外行，就在當時也不能全部了解其計劃的細節處；至今所憶及的，只不過是一個輪廓而已。但當時已經感到其打算，可謂造端宏大，了解其以我川人的衣食住行完全改觀為目的，可謂仁人之言，其利溥也！

現在先將這裏所稱的揚子江上游情形說一下，以明其計劃的背景。這上游是指從四川的宜賓縣起，經過瀘縣、江津、而至重慶；再由重慶沿江而下，經長壽、涪陵、萬縣、開縣等，而至夔府；又出夔門而至宜昌，這一上游約一千公里長；其河流，水雖豐富，但不平順；一因河牀多係石底，容易造成險灘，不易行舟；二因河身寬窄不一，水又多從高原直瀉而下，經過窄峽，水勢便忽然上升而流急，故自來川江，行舟特險，而尤以三峽為不便於上下，故李白有「巴東三峽巫峽長，猿啼三聲淚沾裳」之句。至於依賴江水以作農田的灌溉，則高地之田並不能得長江的灌溉利益，沿江支流小河也甚多，但只靠近小河兩岸邊水田，農家偶有設筒車以汲水的。筒車之製，圓周四圍懸着桔槔，相傳已古，其圓徑丈餘，即以河流推動之，俾汲水滿筒中，車水傾於引槽，引水至於田中。因是沿河平地近水之田始能得到利益，而高地則仍須人工車水，或只能靠蓄天水，即前段所稱之冬水田，四川除成都府屬十餘縣之外，十九皆冬水田也。

薩凡奇之水利工程計劃，擬將輪船航運與農田水利一併解決其困難，同時且擬設多數之水電工程，增加工業上及水利所需之動力，即全川以及西南人家之電器與鐵道上之電動火車，亦完全可以供給其用電之需。——這一來，不但四川水陸交通改觀，農田水利四達，而且全川以至整個西南都可成為電器化的世界！

薩凡奇的川江水利計劃，其工程之最大者，為在宜昌之西，南津關地方，把江流截斷，築一大水閘，將上游的水位提高，使之終年均有如夏季洪水高度，甚且過之。這一個大水閘，要在那從夔門洶湧而出，勢如奔馬的急流尾上，忽然將它閘了起來，其不容易築基礎，其最難測量及其冲力，均可以想像及之。本來川江輪船航行以來，從民初起，川江沿江每年已有水位測量的紀錄了。但在南津關這一地，水由夔門直下而達到較平的這一段流勢上，則非用閘的工程計劃眼光去細加測量不可。因是薩凡奇本人自抗戰初期，即已開始在宜昌自行測量其地一年四季的水漲水落的諸種情勢；一年不够，繼之以兩年三年的工作。一直到日本兵已攻佔了宜昌，薩凡奇不能放棄此一必須繼續測量的工作，還自己裝扮成為漁夫，駕一小舟，在這一帶暗中測量水勢至一年餘。其決心之大，用力之勤，可以想見！

此一偉大計劃，不只宜昌這一閘要特別的去施鉅大的工程，即在宜昌以上各重要支流滙合處也須設閘，一面固然為的是節制水流使之合度，成功某種高度的平衡，一面則要藉其水力，沿途都設水力發電廠，以為全川且及西南數省的電器化的動力之用，據計劃的結論說，此一工程如成功，可以稱作世界第一的水利工程，比田納西的工程有過之無不及也！

我所能記憶的薩凡奇計劃，大要不過如此，因為我是外行，無法更說得周至（或者這大要的述說中也不免有外行話），我想我國的水利專家現在台北交通部長任內的沈怡兄處必尚有薩氏的此一計劃書，因為君怡與薩氏曾合作過來。聞薩氏前數年尚到過台灣，研究過台灣的水利工程；以台灣的水利工程計劃比之長江上游的這一計劃，真所謂小巫見大巫了！薩氏撫今追昔，能無慨然！

薩凡奇之外，在抗戰末期我所遇見，其熱心於中國戰後的經濟建設，務求其現代化，以提高中國人民的生活水準，藉以潛消中國共禍，實現大地和平之另一美國人，為陪都時代經濟部戰時生產局之顧問納爾遜（A. Nelson）。民三十四年秋，我在美國開完了舊金山的聯合國製憲大會，趁機會遊歷全美；行經支加哥，乃得遇見納爾遜，始知其為我經濟部之顧問，在陪都時，一向並未見過。

彼時，納爾遜正遊行全美各大都市，開講演會，宣傳抗戰勝利後之中國，其物質建設，大小工業，將齊頭並進，鼓勵美國資本家前往私人投資與中國的實業界合作，對中國人及對投資者兩皆有益，比較在美國辦企業，還有意義得多。納氏細述中國的資源豐富，人口衆多，為適於發展輕工業的地方，並稱：美國之資本與經驗，配合中國人的勤力與熱心，收工較易，勝於在美國競爭甚大，表現不易，資力較小者更難出人頭地也。美國人的這類講演會，多以政團或實業團體的聚餐會出之，往往一二百人；納爾遜是夕講演，支加哥的實業界俱在，我適被在舊金山所認識之麥克哥溫（Huward Macgowan）先生邀往參加，並介紹與納氏同席。我對納氏面致其對我國和平建設如此熱心之謝忱，納氏因囑麥克哥溫先生介紹我認識美國戰時計劃小型工業團體中人，曾作種種對於中國戰後工業發展的研討。

聯合評論

週刊

United Voice Weekly

第二三四號

本刊已經香港政府登記

每逢星期五出版

督印人：黃宇人　總編輯：左仲平

社址九龍大埔道一六八號南亞書局 805641

承印嘉羅印刷有限公司 香港仔馬師道5號

代理：友聯發行公司　售價每份港幣一毫

本報美洲版總經售　美國紐約中美出版社

CHINESE - AMERICAN PRESS, INC
199 CANAL STREET.,
NEW YORK13 N. Y. U.S.A.

美洲航空版每份售美金一角

中韓兩國民主憲政的坎坷

——從南韓最近的政局說起

黃宇人

一年多以來，表面上尚稱粗安的南韓政局，自新憲法頒佈，定期舉行大選後，即發生一連串的戲劇性的變化。先是宋堯讚先生辭職不幹。接着號稱第二號強人的金鐘泌先生及軍人政權的一批顯要相率脫去軍服，進行組織新黨——民主共和黨，要擁護第一號強人朴正熙先生為總統，準備於大選後繼續掌握政權。但不旋踵而內部突起分化，金鐘泌先生忽而退出政壇，忽而重作馮婦，頓使韓局呈現山雨欲來風滿樓之勢。最近，更急轉直下，不但金鐘泌先生再度退出政壇，出國遠遊；即對總統寶座久有捨我其誰之概的朴正熙先生，亦於前月二十七日公開揮淚宣誓退出政壇。和他同時作同樣宣誓的，還有新黨領導階層的重要人物四十六人。大選也延至本年七月才舉行。今後是否尚有其他變化，我們局外人自難預測；但南韓一年零十個月的軍人政權，業已接近尾聲，則是既定之局。自民主憲政的觀點言之，不失為一種進步的現象。

我把中韓兩國的情形，作一比較，覺得他們似乎還比我們稍勝一籌。

强人政治，各有不同

中華民國和大韓民國開國後，表面都是民主政體，實則都是强人政治。李承晚先生首主韓政，不知依循憲政的常軌，為國家培養民主與法治的基礎；反而玩法弄權，壓迫異己黨派、限制人民自由。更以種種不擇手段一而再，再而三的擴大總統的職權和延長總統的任期，以求實現終身總統的大慾，致使韓國的憲政幼苗甫經出土便告夭折，遺害至今未已。我們中國的情形也正是如此。然而，當南韓學生因反對選舉舞弊而掀起革命浪潮，我們的台北最高當局還挺身而出，向外國記者指責南韓學生運動乃是共黨所主使；而李承晚先生卻公開承認他們是愛國者，寧願黯然引退。足証這位老人雖然迷戀權力，畢竟尚未完全忘了愛國。到了二者不可得兼時，他終於犧牲前者以全後者。從這一個角度看去，李承晚先生仍有其可敬之處。再說到朴正熙先生等一班少壯軍人，他們自發動政變成功後，其統治手段的毒辣，較李承晚先生猶有過之。南韓新頒的憲法，也顯然是為了朴正熙先生要做總統而制定的。但一經引起內部的疑貳和國人的反對，他們不但不給反對者扣上一頂紅帽子，大興冤獄；反而臨崖勒馬，自行引退。足証他們雖然也迷戀權力；仍不忍因權力之爭而加重國家的危機。所以我覺得朴正熙先生等人，也同樣有其可敬之處。

反觀我們中國呢？民國初年袁世凱做了大權獨攬的總統後，猶有未足，還要做皇帝；帝制失敗，又回過頭來仍要做總統。似乎認為中國的皇帝也罷，總統也罷，都非他不可。卒至兵連禍結，至死方休。今日的台北也認為一人一姓不可替代，不但總統違憲連任；而且還要傳子。對於不甘隨聲附和的反共人士，近者則大興冤獄，遠者雖然力不能及，也要隔海亂拋紅帽。這種不顧國家民族的利害，一味蠻幹到底的作風，與李承晚朴正熙兩先生之所為相比較，豈不是等而下之嗎？

反對黨派的比較

南韓也和我們中國一樣沒有健全的反對黨。當年李承晚先生下台後，民主黨曾代之而起。但由於該黨太不健全，張勉先生所主持的政府，不但行政效能低劣，不足担當大任；而且仍有貪污情事。因而大失人心，未及一年即發生軍人政變。如今朴正熙先生等一班軍人雖然聲明退出政壇，但將來大選後，能否產生一個廉能有為的政府，而將韓國導入民主憲政的常軌，似乎尚未可太過樂觀。同樣的情形，我們中國在對日抗戰結束後，國民黨也曾與民青兩黨共同制憲，共同行憲。但民青兩黨參加政府後，不但對於民主憲政的推行毫無補益；反而予人以天下烏鴉一般黑的印象。今日兩黨的情形，更每況愈下。因此，假如國民黨繼續專政下去，中國固將永無民主憲政之一日；但假如民青兩黨再度參加政府，其局面也是可想而知的。

可是，南韓雖然也和我們一樣至今尚無一個健全的反對黨，而他們的若干政治人物的奮鬥精神，卻遠較我們為優。當年在李承晚先生的鐵腕統治之下，仍有許多人敢於和他抗衡，張勉先生即其最著者。軍人政權成立後，雖然大捕政敵，並不時以死刑相威脅；但尹普善，宋堯讚諸先生仍能不屈不撓的以辭職抗爭。新憲法一經頒佈，他們更進一步要求朴正熙先生及其同僚實踐其發動政變時所作的諾言——退出政壇，還務求名符其實的還政於民；卒能造成興論，迫使後者不能不有所顧忌。反觀我們的民青兩黨在台人士，則殊不足以語此。

（下轉第二版）

署記旅美四個月的一些實感

三、從三藩市到紐約（上）

左舜生

我到美國後，一個主要的宗旨，便是多看多聽。因此，我留在舊金山一個星期，總覺得很忙。

除上述種種以外，我還參觀了世界日報（民憲黨，總編輯曹桂芳，已有七十年以上的歷史），少年中國晨報（國民黨，董事長兼經理鄺琦甫，已有五十年以上的歷史），金山時報（無黨派，但反共，對國民黨友善，總編輯林蔭浦）；訪問了好幾處僑胞的團體；吳坤淦兄陪我看了不少應該看看的地方；尤其使我高與的，還看見了老友譚伯揚兄和他的女兒和女壻；伯揚的身體比在香港時好多了，他的女兒和女壻能使得他身心愉快，這是很可告慰於伯揚在台灣和香港一切友人的。

我對舊金山的僑胞們能為他們自己的事業努力，衷心傾佩，他們對我的般勤招待，尤其衷心感謝。

我在香港原已買好了由舊金山赴紐約的火車票，但老友周謙冲兄等不贊成，他們的理由是芝加哥要換車，對我很麻煩；不一定能準時到，對他們接客的也不方便。為接受他們這一好意，只好托亞協袁先生同我一陣去交涉，改坐A.A.A.公司的飛機。好在機票與車票都是美金一百四十元，並無出內。

九月二十二日午前九時由三藩市起飛，原定午後五點可到，但早到了二十分鐘。在機場接我的有余傳朋（余景陶兄的大世兄，在聯合國服務），游總領事，政校毛樹清同學，謙冲夫婦和他們的兩位少爺（都在哥大讀書），寧太太鈕先箴女士和她的兩位小姐（都在醫院服務），多年不見，歡談甚快。

由機場坐巴士到周謙冲兄的家裏，約須三十分鐘，傳朋和鈕女士及其兩位小姐，是同我們一陣去的，周太太的晚餐早已預備好，鈕女士母女另有約會早走，傳朋則和我們一塊吃飯，我把國內現狀給他們談了個痛快，也從他們聽到許多美國方面的消息，然後洗了一個熱水澡，好好的睡了三個鐘頭。

第二天（九月二十三）整天休息，午餐後小睡一會，即在周宅的周圍散步。由周家到市中心，要坐巴士，再坐地下火車，約須一點半鐘以上，即坐私家車也至少非一點鐘不可，交通不能說方便。但郊外空氣新鮮，畢竟舒服，附近有小學，中學，也有醫院。謙冲的房子是分期付欵買來的，每月付一百四五十元，還要十幾年才能付完，但究竟比租房子上算。位置在兩條街的直角上，房子周圍的草地甚寬，有十幾棵果樹；但因兩面臨街，冬天要負責掃門前和左邊的雪，否則行人在您的房子附近跌倒，房主人是要吃官司的。中國有一句老話：『各人打掃門前雪，』這在美國算是一種不成文的法律。晚上憑今白，袁道豐兩君來談。今白是聯合國中國代表團的顧問，代表民社黨，職務和謙冲一樣，對國際表示各黨各派的一致，這在今天似乎也還是必要的。道豐是一九二六年和我同船到法國的，從法國的中學住起，通英法及西班牙文語，蘇聯也去過，曾歷任巴黎和古巴總領事，對古巴有充分認識，現在在紐約一所大學的圖書館服務，很用功，十多年不見，也居然是五十以上的人了。今白能清談，很合我的胃口；道豐了解國際，我也有需要，因此大家談得很愉快。

九月二十四日午前，同謙冲往參觀聯合國，規模宏偉，設備豪華，正在開大會，坐傍聽席四十分鐘，戴上收聽機，試聽各種語言的翻譯，中國話的翻譯異常惡劣，斷斷續續，幾乎聽不出講些什麼。繼又在各部分兜了一個圈子，頗感疲倦，即在聯合國附近一中國餐舘吃點心，十個蒸餃，十件鍋貼，一壺茶，共美金四元六七角，另加小帳五角，如以港幣折算，則為三十元，在香港決不超過四元，眞貴得豈有此理。以我後來四個月的體驗，大致美國食品的材料並不太貴（尤其以農產品為然），貴在人工與房租，僱用一侍應生，每月須二三百元，一高級厨司，月須五六百元，而營業稅更是一大負担，以此種種相加，不能不高出香港若干倍，或亦無怪其然。但我這次所經驗的係一特殊例外，普通在唐人街吃飯一次，也不過高於香港三四倍或二三倍而已。在美國除用自助餐或坐在櫃枱邊喝一杯冷飲以外，普通上舘子，坐的士，理髮，擦皮鞋，……無不要小帳者，且必須多於正價十分之一，這也是初到美國所不可不知道的一種常識。

第一次去過聯合國以後，後來我又到過兩次，當十月二十五古巴問題鬧得十分緊張的時候，我還在安理會聽過美蘇兩方的一場辯論。美代表斯蒂文生雖然不客氣，但態度還相當雍容，蘇代表左林，簡直就是一種流氓兼惡霸的姿態，以『海盜』斥美國，總在十次以上；他還用美國報紙上的言論，反駁斯蒂文生；除沒有脫下皮鞋在桌上亂敲以外，眞已極飛揚跋扈的能事。可是最後雙方的結論都相當軟弱，而以調解此事的責任屬望於聯合國的秘書長。我們預測美方搜查蘇聯的船隻決不會認眞，蘇聯也決不會硬從，儒管問題不能徹底解決，但戰是決不會打的了。果然第二天蘇方大讓步的消息即已公布，於是滿天的風雲，乃一時歸於寧靜。

我自來對聯合國這樣一種機構是頗懷疑的。我總覺得每年集合這許多人在一塊來吵一陣，決不會產生如何積極的作用。但經過實地看了一番以後，態度乃有些改變：以當前國際的形勢來說，吵是免不了的，但與其讓兩造或少數國家分別的勾心鬥角，却不如明白朗爽把各個的立場公諸大衆，使强者署有顧忌，弱者也有所發洩，究竟可使空氣趣於和緩，此其一。近年新興的國家甚多，有以幾百萬或幾十萬人而成立一個國家的，假如沒有這樣一種機構，他們在國際的地位使很難確定，現在他們是以國際一員的身份出現於這一世界政治舞台，使別人不敢輕侮，有時還不能不拉他們做一個朋友，這在無形中確給了他們一種保障，此其二。世界各地的情況，確實相當複雜，即在一個研究國際問題的專家，有時也還不容易完全明白；藉着大家相聚一堂的機會，可以親切的作意見的交換，各方面實況的說明，世界眞正的和平，必以做到相互了解為第一步，聯合國不失為促成這種相互了解的一有力工具，此其三。以此種種，今後我也許要變成一個聯合國的支持者了。

海豐縣共黨書記姜綏之貪污撤職

——謂共黨不貪污之左傾分子請看此文——

傲邪

中共海豐縣地委會書記姜綏之，乃土包子出身，生性貪殘，不學無術，前於一九五九年，爲向主子邀功，高唱大力興建水利，驅全縣人民日夜勞動，以血肉築成公平大水庫。一庫功成萬骨枯，姜綏之以此受殊賞。本刊前已紀其事。近悉姜綏之數年以來，利用職務權力，營私舞弊，積得孽錢不少。舉例言之：如以米碎餵養大量生猪，及其肥大，宰殺應市，以博厚利（每市斤售價六元）。查米碎乃中共視爲高等營養品。人民有錢買不到，而姜綏之乃用以餵猪圖利，共幹之滅絕天理良心，舉此可概其餘。近者姜綏之以富貴不歸故鄉，如衣錦夜行，乃乘春節期間，歸其老家——湖南，（前云是東北人，誤。）滿載榮歸，里人爲之艷羨。姜綏之在鄉中小住旬日，又以巨欵購買大批烟葉，運回海豐販賣，每市兩售價二元。縣民久已不見此物，視如異寶，搶購一空，如是又大獲其利。姜綏之左顧右盼，面團團作富官兒矣。姜之爲人，欺下媚上，善於巴結權要，並自以爲是「毛主席」同鄉，有恃無恐，爲所欲爲，不虞有他也。詎姜此種行爲，早爲當地中級共幹所不滿，當由僞海豐縣彭湃中學校長翁域（汕尾人），策動聯名向上峯告發，經派員查明屬實，乃予姜綏之以撤職處分。一說：海豐已故共要彭湃之母，以共黨倒行逆施，使民無衣無食，曾屢次公開大罵共產黨，姜綏之聞之，無奈伊何，但積之既久，姜不能忍，某次共黨民衆大會，曾召彭母到場，當衆加以斥責。事聞於毛澤東，頗怪姜綏之行爲乖謬。此次貪污被揭，罪証確鑿，乃不得不加以撤職云。

今後的工會

孫寶剛

今天無論在大陸或台灣，都有工會的組織，但是都失去了工會應有的意義。工會原是工人們志願組織起來，而以維護工人的利益爲目的的。但是現在大陸和台灣的工會，都成了執政黨的御用工具，祇在替執政黨搖旗吶喊，對於工人的利益，似乎倒不甚注意，這不是根本上失去了工會應有的意義嗎！

在另方面來說，工人要維護其利益，假如否定了工人們的罷工權，這就等於解除了工人的武裝，工人們即使想維護其利益，也沒有權力可以達成這個目的。所以今後的工會，第一須由工人們自動組織的，應以工人的利益爲本位。在歐美的民主國家，外表上好似某些工會屬於甲黨，而另些工會則屬於乙黨，但是我們如去研究其內容，他們決不出自強迫的方式的，乃是某一工會自願和某一黨合作的。並且一個工人加入了某一工會，他必須繳納工會費，但對於那個工會所合作的黨的政治活動費，不須一定繳納。易言之，工會內有些會員雖繳納兩種費用，但有些會員則祇繳納一種費用，即工會本身的會費，而不繳納政治活動費的。

當然在今天來說，工人已不專藉罷工來維持其利益，工人們大部份的利益，尤其全國工人一致的利益，是藉國會立法來保障的。並且即以罷工權來說，也得在國會內爭取工人有罷工權的立法才行。因此工會必得在議會裏有發言機會，工會或自組政黨，或和某一政黨合作，其目的就在這裏。以英國來說，英國的工黨大體上可以說是由工人自己組織的黨；但也有許多工會，是和保守黨或自由黨合作的。今天稍有知識的工人，都知道今日的工人已和政黨結了不解之緣，祇是每個工人的思想不同，他所參加的工會有不同；也就是說，他和那一個黨合作，也有不同。易言之，在原則上，每個工人應該在繳納工會本身的會費以外，都應繳納政治活動費，以支持他的工會所合作的政黨。

所以今天的工會，具有兩個方式去維護他們的利益，一個是直接的罷工方式，另一個是經由政黨以爭取工人立法的方式。大體來說，全國性的工人問題經由議會立法，特殊性的某一部份工人問題，則經由罷工而直接和資方談判。說到這裏，我要提醒大家應有一個新的認識，即今天的政黨的趨勢，雖自左至右，有各種各式不同的主張和政策，但是想作爲一個大黨，甚至想進而執政，那麼這個政黨，決不可能專是代表一個階級的，如以英國工黨爲例，在起初時，也許是專以代表工人利益的，但在今天來說，已是一個國民政黨，即在工人外，其他階級的人們也在黨內佔了重要的比例和重要性，正如今天的保守黨內也有工人們參加一樣。這是因爲今天的民主國家內，執政黨須代表大多數利益之外，尚須遵重少數的利益的緣故。換句話說，正義和公道，即所謂全國人民的整個利益，已是民主國家任何政黨必須主張的，祇是在程度上，對所謂正義和公道，各黨在觀念上有些少差別而已。

我們如能了解這一點，便知工會在今日，除了維護工人的利益之外，尚有教育工人的責任，使工人們知道工會的目的不是盲目地僅僅爲工人們爭取利益，並且在爭取利益時，也不應捨棄了正義與公道。這不特和政黨合作時如此，即使直接的罷工中也應如此。

其實就工會所負的教育責任來說，還不只上面所述的對工人們的一般教育而已。工會還應負起兩種教育。第一是教育優秀的工人，使成爲工會及政治運動的領袖。許多人誤以爲今日歐美國家有許多政治領袖是工人出身，所以就認爲：一個工人即可一躍而做政治領袖，這是完全錯誤的。今天作爲一個政治領袖，定須具有政治領袖的知識、技巧與經驗。我在英國時曾與英工黨的左翼領袖貝萬會談過，我也讀過貝萬的許多文章，貝萬是一個鑛工出身，一點不差，但是我所瞭解的貝萬，對於政治理論的素養，文字的流暢和典雅，即使是一個普通的政治學博士也許不及，這是因爲貝萬雖然是鑛工出身，但是在工會的教育下，以及其自修的所得，當其成爲政治領袖時，已和做鑛工時大大不同了。

第二，工會應負起一般工人的技術教育，使許多優秀工人，可以自工人升爲工頭，甚至爲工程師或科學家。工會如能這樣做，才形成其重要性，而另方面也才能使整個工人階級在政治、經濟和社會及文化各方面，能逐漸地增加其重要性，而工人的利益也方能眞正得以維護。英國工會在牛津大學有勒斯金學院的設立就是一個例子。此外，我們還不能否認，工會應做許多在教育以外的其他福利事業，以增進工人們的福利。

我們可以總括一句，工會的任務是非常艱巨的。工會決不是執政黨的搖旗吶喊的御用工具。工會須由工人自動組織的。除了藉罷工以爭取工人的利益以外，工會可以自組政黨，或和某一政黨合作，以爭取保障工人的立法。工會除了上述的任務以外，一方面應舉辦各種工人福利，另方面應負起工人教育的責任，不特要負責教育良好的工會運動和政治運動的領袖，尚須予工人們以技術的教育，使工人們有上進的機會。工會一定要能這樣做，才是完成了它的責任，才有其存在的意義。今天在大陸和台灣的工會，根本上已失去工會的根本意義了。

中韓兩國民主憲政的坎坷

黃宇人

（上接第一版）最可恥的，是二屆總統選舉時，民社黨居然以專制帝王時代陪太子讀書的姿態，推該黨代主席徐傅霖爲蔣先生陪選；而且藉此要求一筆陪選費，後來還因分贓不均，造成內部的分裂。在世界各國的憲政史上，實以此爲最卑污的一頁。雷震先生發起組織新黨時，民青兩黨在台的某些人士曾於事前參與其謀；但後來竟臨陣脫逃。如今雷已入獄兩年有半，他們不但不敢再提新黨；甚至還不時做出爲海外民主反共人士所痛而爲當權者所快的事，愈增中國民主憲政運動的困難。

我們應該反省

基於以上的分析和比較，南韓七月的大選是否能順利舉行，大選後的政府是否會重蹈張勉政府的覆轍，雖然尚不可知；但南韓的民主憲政體制將先我們中國而步入正軌，則是很有可能的。我希望南韓的政治家們能在未來的數月中善自努力，組成一個健全的政黨，庶可使韓國不再遭受強人政治的危害。同時我認爲我們主張民主憲政的中國人，也不要徒羨他人之成就而應該有所反省和努力。

陳銘樞賦詩反共被勞改六年

綜觀

據中共廣播電台於二月廿四日晚宣佈：一九三五年卽民國廿四年閩變主角陳銘樞及其他右派分子張紡、蔣學棟、陳新桂等一百餘人，因「確已改悔」，經由中共與各民主黨派根據一九五九年九月中共關於「確實表現改好了的右派分子的處理問題的決定」，摘除其右派帽子。

陳銘樞等一百餘人究竟何時被中共扣上右派帽子，而加以强迫的勞動改造，中共向未詳細宣佈，直到中共廣播電台於二月廿四日晚的宣佈，各方才知道這一件事。事實上，這一件事也正是歷史上有名文字獄的翻版哩！

查陳銘樞原是國民黨老黨員，在北伐及抗戰兩役，均曾有功國家。只因反蔣之故，才在閩變之外，又和李濟深等一道組織了「中國國民黨革命委員會」卽所謂「民革」。但陳銘樞在民革的地位，並不算太重要，只是一名中央常務委員而已。可是，由於陳銘樞本人一向頗有聲光，故一直受到各方重視。眞正說來，陳銘樞被中共扣以右派帽子的事，並不表明陳銘樞的可鄙，相反，由於陳銘樞被扣右派帽子的這兩首詩，倒恰好証明大陸人心不死，反共情緒早已普遍高漲，而陳銘樞本人更是頗有頭腦的人。對於陳銘樞的這兩首詩，尤其值得讚美。

原來，陳銘樞是在一九五七年十月做過如下兩首詩：這兩首詩，一首是贈給中共上海財經學院教授陳錫襄的，另一首則是酬陳錫襄的。贈陳錫襄的一首是：「相隨上下與疏親，不落塵中一格人，今日是非昨非是，庭前笑煞紫荊春」。另一首是：「君詩憂患積，一語九迴腸，痛定寧思痛，羣張已共張，赤標天下鵠，青換眼中桑，莫負蒼生願，相將造樂康」。以這兩首詩來說，陳銘樞今天雖處在中共的殘暴統治下，但陳銘樞的反共意志却仍極堅强，這是值得海外廣大僑胞告慰的。

事實上，陳銘樞這兩首詩確富有反共意識。不但富有反共意識，其中「莫負蒼生願，相將造樂康」兩句，尤其說明了陳銘樞至今仍有對反共事業大幹一番之雄心，我們曉得：在今日大陸而談反共，那是隨時有生命危險的，然而陳銘樞對此毅然不顧，殊爲難得。至於陳銘樞前一首詩說「今日是非昨非是，庭前笑煞紫荊春」，則更把中共的各種自我矛盾，譏笑和諷刺得毫無餘地。但中共並不因此反省，却指責後一首詩中「赤標天下鵠」一句的赤字，指的是共產主義，標爲天下所指的鵠的。中共又指責後一首詩的另一句「青換眼中桑」，是暗示大陸卽將變色，中共卽將垮台之意，故中共認爲陳銘樞腦子裏充滿了反動思想，乃予勞動改造云。

現在，中共廣播電台雖宣稱陳銘樞等一百餘人「確已改悔」，但我們可以斷言的，則是包括陳銘樞在內的一切大陸上的反共人士，決不會眞正「悔改」，相反，他們只是對中共更加怨恨而已。

赫毛之爭與和解之謎

胡　越

自從赫魯曉夫在東德共黨大會的演說中，強調社會主義國家團結，主動提出願意和中共談判，解決彼此歧見之後，北平宣傳機構反修正主義的論調，一時表露了猶豫性的和緩；接着蘇聯對裁軍談判態度轉趨強硬，駐古巴的兩萬蘇軍還不撤退，國防部長馬林諾夫斯基，發表支持古巴，聲言把核子戰爭帶到資本主義國家去。蘇聯這一連串的強硬態度，被認爲是接近中共立場，加緊與中共和解的表現。二月廿二日蘇外長葛羅米柯在莫斯科接見中共大使潘自力，同時毛澤東在北平接見蘇俄大使契爾沃年科，被認爲是中俄共恢復團結的雙邊談判。根據這些資料，許多觀察就認爲，中俄共的爭端可能會戲劇化的和解了。可是在此期內中共突然發表了擱了數周的赫魯曉夫在東德的演詞，又發表了法共攻擊中共的演詞；並加以激烈的斥責。復據廿六日夜間北平中共電台從零時開始廣播了一篇極長的文章，對目前的爭執問題，表示了極強硬的態度。在這篇廣播中，中共據古巴事件以來的國際事件，猛烈指責某些兄弟國家的錯誤，稱揚中共政策的正確。並申明願與任何兄弟國家，舉行雙邊談判或多邊談判來解決歧見。但堅持必須批判南斯拉夫，必須停止對阿爾巴尼亞的排斥。

從以上的資料我們發現下面幾個需要解答的問題：（一）蘇俄這次主動提出談判來謀與中共和解，其眞正意圖何在？（二）中共何以把壓置的赫魯曉夫演詞及法共的演詞又翻出來發表？中共以強硬態度答覆赫魯曉夫的緩和建議，是否表示二者根本無和解的可能？（三）如果中俄共有恢復團結的可能，其關鍵何在？

爲了解答上述問題，我們分析中俄共爭執的原因。爭執的原因消除了，雙方自然達成和解；爭執的原因不消除，主觀上如何要求團結，也都沒有用。

據作者這些年來觀察的結果，中俄共衝突的原因，可以分三個層次來說明：

一、表面的爭執原因

在中俄共開始爭論的初期，是關於對「帝國主義」的戰畧問題。俄共主張在和平共存原則上，與西方集團抗爭；中共主張在反帝國主義的原則上，與西方國家和平共存。俄共認爲在避免核子戰爭的原則上，以談判來解決國際問題；中共認爲必須加強反帝鬥爭，引起核子戰爭亦在所不惜。

二、基本的爭執原因

中俄共爭執的基本原因，約言之有三：（一）對南斯拉夫修正主義的態度由起，俄共拉攏南共，中共則以南共爲不共戴天的叛徒和敵人；（二）對史大林主義的態度問題，俄共徹行反史大林主義，中共對史大林主義擁護爲批評。俄共的清算史大林主義政策，在東歐遭遇到阿爾巴尼亞的反抗，俄共打擊阿共，中共則支持阿共；於是擁史大林主義與反史大林主義之爭，演變成排斥阿共與祖護阿共之爭。（三）赫魯曉夫主義與毛澤東主義的衝突。所謂赫魯曉夫主義，要言之包含各點：（一）放鬆黨的控制，削減政治警察權力，給予人民有限度的自由；（二）以和平共存外交政策來減輕外在壓力，發展輕工業和農業，來提高人民的生活水準；（三）學習資本主義優點，來改進蘇俄的工業與人民生活。具體措施有：解散國營拖拉機站，提高收購農品的價格；擴設百貨商店，購入歐美商品供應人民消費，採行分期付款辦法，及廣設商業廣告等等。赫魯曉夫這套對外和緩，對內放鬆的政策，在國內是頗受歡迎的，這是他掌權當政的重大原因。而毛澤東對外採取死硬的反美政策，對內則採取激進的集體主義政策，與赫魯曉夫主義恰恰針鋒相對。雖然在對內政策方面，由於大躍進及人民公社之慘敗，已經改行放寬放鬆的緩和政策，但是毛在心裏並沒有認輸，一俟形勢好轉，他可能仍要死拼蠻幹。因此他目前的右轉安撫是戰畧撤退，與俄共心安理得，往修正主義的路上走，是根本不同的。

以上三個原因，目前差不多都已經公開出來，也成爲表面原因了。其中只有赫魯曉夫主義的內政部份，中共沒有公開攻擊過，因爲中共在內政上失敗太慘，攻擊俄共必踏自己的痛腳。所以只好裝聾作啞。其實與帝國主義妥協，放棄流血的階級革命，固然違反馬列主義；解散國營拖拉機站，從國家所有退向集體所有，其違反馬列主義實更爲嚴重呢？中共諱而不言，是避重就輕。

三、幕後的爭執原因

中俄共爭執還有很多原因，到現在爲止，雙方都秘而不宣。這些原因才是造成爭執的主因。據作者的觀察與推測，只少有下列各項：（一）關於韓戰蘇俄軍火的付款問題，傳聞蘇俄要求中共償付八十七億美元。（二）關於新疆的權益問題。（三）關於韓共、俄共、外蒙、日共的領導權問題。（四）在共產國際上赫、毛二人競爭教主地位問題。（五）蘇俄從東北搶走工業設備，又以高價賣給中共；蘇俄從中共以低價購買土產，在歐洲市場以高價拋出；蘇俄援助中共的整套工業設備，多係破舊廢品；一九五七年以後，對中共斷絕援助，這一連串的經濟利益的衝突。

上述五項的利益衝突，雖然是中俄共失和的主因，但是這些都是不可外揚的家醜，也是毛澤東一邊倒政策自食其果，所以中共吃了啞巴虧，有苦說不出。因此轉個彎，專在外交問題上做文章，最初是國際和平共存問題，其次鬧出南共及阿共問題，但是眞實的爭執原因，在今天並不一定構成中俄共和解的關鍵。因爲這些原因，有些已成過去了；有些根本在短期內無法解決（如赫毛在共產國際上私人之爭）。目前二者能否和解的關鍵，在於基本的爭執原因，尤其是（一）（二）兩項。即南共問題與阿共問題。假使俄共能夠與阿共言歸於好，與南共一刀兩斷，二者就可能恢復團結，否則不管是雙邊談判，多邊談判，都必無成效。頂多暫時緩和相罵的語氣。因此在赫魯曉夫沒有採取步驟，拉近阿共，推遠南共之前，一切談判的建議，都意味着對中共的和平攻勢而已。單是對美國稍示強硬是絕不能使中共回心轉意的。中共吃的啞巴虧太多了，在爭執上，它比蘇俄激昂憤怒的是很容易了解的。中共最近發表赫氏及法共的演詞，是準備把鬥爭進行到底，絕不意味讓步。對赫毛鬥爭的發展，僅做如是觀。

評中共與巴基斯坦簽邊界協定

中共割了七百多哩土地予巴基斯坦

劉裕畧

據中共新華社北平三月二日電：「中華人民共和國政府和巴基斯坦政府關於中國新疆和由巴基斯坦實際控制其防務的各地區相接壤的邊界的協定」已於二月二日下午在北平簽字。並規定該協定自簽字之日起即生效。

查中共自一九四九年十月一日在北平成立以毛澤東爲首的僞政權以來，先後已與緬甸、尼泊爾、蒙古訂立過三個邊界協定。所以，中共這一次與巴基斯坦簽訂的這一個邊界協定，算是中共僞政權冒充中國代表而對外簽訂的第四個邊界協定了。

中共原本是國際共黨的一分子，其基本性質既非中國人的，又非中華民族的，加以，它的任務端在赤化全世界，所以，中共向外簽訂邊界協定，自不能眞正代表中國，更不能從所簽訂的邊界協定獲取國家利益或民族利益，相反，只恰恰對中國有損而已。

中共政權本是亞洲的禍根，它是負有赤化全世界，尤其赤化整個亞洲的積極企圖的。但如果把它的擴張性質侵畧性質與它的實踐作機械的論斷，則中共對外簽訂上述這些協定，便似乎必然會在土地方面求擴張拓張了。然而，自由世界尤其亞洲各國必須切實認識清楚的，是中共表現在這些邊界協定中的實踐，却往往不是機械的作法，而是辯証的包藏禍心的作法。

什麼叫辯証的機械的包藏禍心的作法呢？

原來，正因爲中共政權有着龐大的擴張野心與侵畧打算，所以，它便往往在這些邊界協定中犧牲小量土地，以麻醉亞洲各國的神經，尤其用以矇蔽中共鄰國的眼睛，從而達到中共的更大陰謀和打算。

以中共與緬甸邊界協定來說，由於滇緬邊界當時存在着許多反共游擊隊，而緬甸政府又缺乏眼光，不知道同情和支持這些游擊隊，遂將存在着游擊隊的部份邊區劃歸中共，中共則以沒有游擊隊或游擊隊較少的更多的土地劃歸緬甸，以滿足緬甸，從而換取一個所謂「睦鄰」及「僞善」的美名。

尼泊爾更是比緬甸更小的弱國，中共要佔的是亞洲的大量土地，要打倒的也是日本及印度這類大國或強國，而不是尼泊爾這類小國。所以，中共故意施小惠予尼泊爾，換取修築中共到尼泊爾的戰畧公路，從而達到在政畧上孤立印度，戰畧上包圍印度的更具重大意義的長遠意圖。

在中共看來，犧牲小量土地給予緬甸及尼泊爾，中共原無所謂，就是再對它們多給一點，也是並無所謂的。因爲，只要中共在亞洲的最後打算成功，只要中共將來能够將亞洲的大國如印度如日本打倒，則整個亞洲都將爲中共囊括，由這些邊界協定失掉的小量土地，還不終收連本帶利一併收回嗎？

在中共以往所訂的三個邊界協定中，對中共而言，最缺乏意義和最無聊無恥的還是中共與外蒙所簽協定。外蒙本是中國領土，由蘇聯侵畧中國而成立的所謂「外蒙人民共和國」原本應該取消，重歸中國懷抱，但毛澤東不此之圖，反與外蒙稱兄道弟，承認自己的屬土爲另一國，其目的，本在拉攏外蒙以抗赫魯曉夫，以爲毛澤東與赫魯曉夫個人權利衝突所引起的鬥爭之一助。殊不知，中共既無恥的賣國的承認外蒙爲一國並把神聖的國土再在邊界協定中劃了一部分給外蒙，外蒙却仍站在蘇聯和赫魯曉夫一邊，毛澤東賠了夫人又折兵了。

至於中共這一次與巴基斯坦訂立邊界協定，却和中共以往與緬甸及尼泊爾訂立邊界協定的意義和策畧差不多，旨在對付印度，並挑起巴基斯坦的仇印情緒，從而孤立印度而已。

中共對這次簽約絕未提及中共又故意多劃了土地給巴基斯坦的事。但據喀拉蚩二月二日法新社電：「巴基斯坦外交部發言人稱：今日在北京簽署的中巴邊界協定，將使巴基斯坦獲得七百五十方哩，目前歸中共所有及所管的土地。」可知中共又把中國原有的土地在作犧牲了。

查中國與巴基斯坦一向爭執着的邊界土地共有三千四百方英里，中共在此次訂立協定，從表面上看，中共在此三千四百方英里中得到了二千零五十方英里，巴基斯坦只得到一千三百五十方英里，似乎中共佔了便宜，實則巴基斯坦已自此一邊界協定多得了七百五十方英里。因爲巴基斯坦所得一千三百五十方英里土地中，有七百五十方英里老早就是中國的領土，中共却在此一邊界協定中割給了巴基斯坦。

官商勾結，虛報出口案又有新發展

靜吾

（台北通訊）台北海關人員與油廠商、報關行及貨輪代理公司串通舞弊，虛報出口豆油四百噸，套取退稅款二百三十餘萬元的巨額，日來又有新的發展。

基隆滬江報關行經理朱浩中在虛報黃豆出口案被揭發後，刑警大隊屢傳不到，即下令通緝，卒因自知難逃警網，乃於三月十八日向台北市刑警隊報案。刑警大隊因朱浩中及另一報關行——利成公報關行職員嚴樂平的投案，又查出大同實業公司虛報尼龍絲出口多次，前後獲得不法利益達新台幣五千萬元之多。

據警方透露：大同實業公司於去年十一月卅日運出尼龍伸縮絲三萬二千磅，十二月一日又運出尼龍絲袜二萬六千打外銷香港出口；但經專案小組人員調查結果，以上兩批貨物出口根本是假的。其經過情形是該廠向員林民族路二號泰新車行僱用卡車三輛，從彰化衣頭鄉廠內先將尼龍絲運至基隆，翌日十二月一日再將尼龍絲袜運出，運費共計八千四百元。據負責運輸的泰新車行司機張新助與周銀漢供述：該批貨物運到基隆十五號碼頭，可是專案人員連日來所查的結果，隆光船務公司的報關艙單上根本無此批貨物出口的登記，而基隆海關的關單上則有配載。由此足証大同實業公司出口尼龍絲及尼龍絲袜全部是假的，至於這批貨物運往何處，則尚待偵查。

偵辦本案的檢察官熊家曾，於三月二十日下午至刑警大隊提訊在押的海關行驗貨員黃明道與十九日深夜投案的嚴樂平對質，主要偵查黃明道如何與基隆利成公報關行勾結收受賄款的情形，嚴樂平對此專已有初步的供述。

據專案小組初步調查，虛報黃豆出口案，永源溶劑廠副經理操煥新曾經手付出賄款五十萬元。內中基隆海關職員分得十七萬元，基隆隆光服務公司職員李成章分得四萬八千元，基隆機務管理處職員分得七千元，其餘二十餘萬元，由滬江報關行經理朱浩中，利成公報關行經理徐正甫，職員嚴樂平、鮑士湉等朋分。但因朱等三人所供的數目不符，可能尚有其他的人未經查出。至於大同公司虛報尼龍絲出口案，其所傳出的賄款，經專案小組查出的已有一百萬元之多，確數恐尚不止此。該公司經理蕭伯煌於隱匿多日後，終於三月二十一日晚由省議員徐堅和彰化縣議會主任秘書林欣等兩人陪同到刑警大隊投案。

三月二十一、二十二兩日，刑警大隊又先後傳訊基隆海關驗貨員陳紹旺、金瑞恒兩人，前者經檢察官偵訊後，交保釋回，後者則予扣押。據悉：大同公司於去年九日報稱有尼龍絲一百三十箱出口，由金負責驗貨，經刑警大隊查明亦屬虛報，並經隆光船務公司職員公認不諱，足証金有收受賄賂的重大嫌疑，正繼續偵查中。

截至三月二十二日止，兩案被收押的疑犯，計有永源溶劑廠經理汪永和、副總理操煥新、大同實業公司經理蕭柏煌、基隆海關職員黃明道、金瑞恒、基隆滬江報關行經理朱浩中、基隆利成公報關行經理徐正甫、職員嚴樂平、鮑士湉等九人；經保釋的有隆光船務公司職員李成章、基隆海關職員王恩棣、陳紹旺、基隆棧務管理處職員李明賢等。

三月二十日立法委員胡鈍愈在院會向行政院陳院長提出質詢，他說：報載海關舞弊案，係官商勾結，假冒出口漏稅數百萬元之巨案，令人難以置信，由此可見海關這個稅務機構已發生重大問題，應請政府迅予嚴追責任，切實整頓。同時，稅捐稽征處在查賬方面有無問題？外滙管理機構何以一直沒有發現？台灣銀行爲貸款機構何以也不知情？這種情形均應負有連帶責任，希望政府能迅予查明究爲舞弊抑或無能，予以究辦，對人民有所交代。

陳院長答稱：關於海關人員涉嫌舞弊案，絕對依法嚴辦，決不偏袒。至於其他機構有無責任，不可一概而論。吳委員望伋亦向財政部長嚴家淦提出訊問，嚴答已下令澈查。

由於虛報黃豆和尼龍絲出口案的揭發，貿會已決定對於申請黃豆及尼龍紗等加入出口案件，不論華僑回國投資，或自備外滙方式進口，一律暫停辦理；並函請經濟部於前核准華僑回國投資申請進口加工黃豆五案暫緩實施。這五件進口黃豆加工出口案件，申請進口黃豆達一萬八千噸，約二百萬美元，該會認爲應作慎重考慮。

監委調察合會公司舞弊案

黃國書夫婦涉嫌最大

直夫

（台北通訊）監察院財政委員會於三月二十一日舉行秘密會議，聽取監委張一中關於台灣合會儲蓄公司前事務主任詹德旺被控勾結有關人員舞弊二千萬元一案的調查報告，決議輪派委員二人審查，於下次會議提出討論。會後各委員對此各方矚目的鉅案內情，均拒作透露。據聯合報記者探悉：張委員的調查報告指出：（一）該公司前董事長現任立法院長黃國書之妻黃龍鳳鳴以國光人壽保險公司籌備人的名義在合會存款，取得不法利益，經查明者，已有十萬九千一百四十四元六角之多。（二）該公司於六年前曾列有「勸募費」三百四十三萬七千七百餘元，早經省計處依法剔除，並經台灣省政府指令飭予追回；但迄今仍列爲呆賬。縱無原訴所謂被該前董事長黃國書及總經理所朋分之事實；但該前董事長及總經理亦應負使公庫蒙受鉅大損失之責。（三）該公司董事長、總經理及其他高級職員均各雇工友辦理家務，人數達六十八人之多，月薪自七百元至一千二百元不等，均由公家開支，顯屬利用職權，假公濟私。（四）該前董事長黃國書購買高級名牌汽車，購價達五十萬元之高，已屬奢糜之至；復不依循法定程序購買而逕向私人洽購，亦不通知審計處派員監視議價，外傳此中有弊，不爲無因。（五）該公司會計主任江國楷違反會計人員不得兼辦出納及保管財物事項的會計法規，擅領所謂預付費用，作爲交際酬酢之開支，該總經理竟予批准，顯有勾結之嫌。（六）該前董事長黃國書辭職時，該總經理竟通知全體員工贈送現金，以便購買紀念物品，顯違公務員不得贈受財物的規定。

據說：財政委員會各監委聽取張委員的報告後，曾人有主張對黃國書提案糾彈；但因爲他是現任立法院長，正紅得發紫，恐怕提出院會時不能通過，故決定付審。據熟悉內情者透露：將來可能提出一個籠統的糾正案（即不指出黃國書之名），藉以不了了之。

由此，可知過去黃國書所以甘冒輿論和若干立法委員的指責，不肯輕易辭去合會公司董事長，實乃由於利之所在也。

編者先生：

最近紐約中國留學生中有些人在發起組織所謂「留學生回國觀光團」，主要發起人劉N君是國民黨當權派的職業學生。他藉開會由南美來此掛名讀書停留至今，近來在乃父某文化官的安排之下和幾個已經得到永久居留的職業侍者發起組織，並且大事宣傳說有官方津貼，可以「廉價機票」；又以「官方招待」、「領袖召見」、「部長訓話」、「介紹婚姻」等來誘惑同學參加。我們大多數留美同學畢業後由於報國無門，不得不寄人籬下；或繼續研究或賣技爲生，心情都很沈重。祖國和親友誰個不愛？又有誰不想回國？祇以當權派緊閉國門，限制出入境，一旦回國，不但無事可做，還要遭受特務人員的控制，甚至迫害，因而迫得在異邦久留。中國人不能自由回國，而卻要在特務分子的安排下組織所謂觀光團回去「觀光」，這豈不是把台灣當作另外的一個國家？否則就是把自已當作不是中國人。然而文化官卻以組織留學生回國觀光團作丑表功，我不知道那些回國觀光的同學將作何感想？據我所知，我們大多數同學對他們這種卑鄙行徑甚爲鄙視；然而他們卻自稱代表留美學生，眞不知人間尚有羞恥事。貴刊是留美同學最愛閱讀的刊物，我想借少許編幅向這一羣敗類表示抗議，如蒙惠允，幸甚幸甚。

紐約讀者范元林敬啟

一九六三、二、八

「紅旗」何以忽然發表攙斥意共長文？

是毛澤東繼續對老赫進行鬥爭跡象
是中蘇共目前無法即時和解的反映

劉裕畧

「紅旗」雜誌是中共中央黨的理論指導刊物，與中共人民日報一樣，隨時反映中共意圖及動態。正當中共與蘇共醞釀和解之際，「紅旗」雜誌忽於三月四日發表了一篇長達十萬字的論文，以「再論陶里亞蒂同志同我們的分歧」為題，明對意共暗對蘇共，明對陶里亞蒂，暗對赫魯曉夫作了空前猛烈的抨擊，頗使人有奇怪之感。

其實，這是並不奇怪的。我在上期聯合評論曾寫過一篇「中共與蘇聯醞釀和解」為主題，以「毛澤東何以忽然接見蘇聯駐中共大使」為副題的文章，曾經說過「毛澤東在此中蘇共存在着矛盾與衝突的期間，如無和解的醞釀，毛本人是絕對不會特別接見蘇聯駐中共大使契爾沃年科的。接見時在座的除劉少奇周恩來之外，更有曾經前往東歐出席過許多共黨大會而與東歐及南斯拉夫共黨罵座的伍修權，則其所談者必然是中共與蘇共之間的矛盾與衝突問題，自屬毫無疑義，且此一和解已進行到一定程度，否則毛澤東不會忽然接見蘇聯駐中共大使，關於此一和解，是否值得繼續進行，在中共方面，目前已到達只待毛澤東本人最後決定的時刻」。

然則，毛澤東接見蘇聯駐中共大使後之最後決定如何呢？我們曉得：毛澤東接見蘇聯駐中共大使是二月廿三日，而「紅旗」雜誌發表的這一篇長達十萬言的抨擊陶里亞蒂之文章則是三月四日，可見經過了約一個星期的反覆推敲和思量，毛澤東是決定繼續與赫魯曉夫進行鬥爭了。

「紅旗」雜誌的這一篇文章，全文共分八個部分。一、引言。二、這一次各國共產黨人大爭論的性質是什麼？三、當代世界的矛盾。四、戰爭與和平。五、國家與革命。六、在戰畧上藐視敵人，在戰術上重視敵人。七、在兩條戰線上的鬥爭。八、全世界無產者聯合起來。文章的副題則是「關於列寧主義在當代的若干重要問題」。名義上雖然說這是「紅旗」雜誌編輯部撰寫的，實則可能是出於毛澤東或劉少奇之手筆，最低限度亦必然曾經經過中共中央通過，及毛劉等人的親自審核，所以，它代表了現階段對蘇聯的態度，而反映了毛澤東目前不但無意與赫魯曉夫和解，相反，還正向更大的矛盾擴大。企圖把赫毛個人權利衝突，說成是思想衝突理論衝突，企圖把中共與蘇共之衝突，說成是「各國共產黨人的大爭論」。

當然，這並非說明中蘇共之間將永遠擴大衝突下去，但這一篇十萬字的文章已反映目前這次醞釀的和解已無成功的希望，則甚顯明。

「紅旗」雜誌三月四日這一篇十萬字的論文，論點雖多，但說來說去，仍然只是赫毛個人權利衝突所派生所發展出來的問題，而其在「引言」中所云：「我們沒有料到，陶里亞蒂等同志這次竟然利用自己的黨的代表大會向中國共產黨發動了公開的攻擊。他們既然這樣直接地向我們挑起了公開爭論，我們有什麼辦法呢？難道還能如過去那樣緘默不言嗎？難道只許州官放火，不許百姓點燈嗎？不行，不行，不行。我們一定要回答，他們追得我們沒有別的路走，我們只好公開回答他們」。又說「總之，只許州官放火，不許百姓點燈，是不行的。從古以來也沒有這樣一條被公衆承認的不公平的道理。何況，我們共產黨人之間的分歧，只能採取擺事實、說道理的態度，而斷斷不能採取主人對待僕人的態度。全世界無產者和共產黨人一定要團結起來，但是只能在莫斯科宣言和莫斯科聲明的基礎上，只能在擺事實、說道理的基礎上，只能在平等協商、有來有往的基礎上，才能够團結起來。如果只許主人向僕人揮舞指揮棒，口中念念有詞，說是團結團結，那其實說的是分裂分裂。國際無產階級是不能接受這種分裂主義的」。

平心靜氣來看中共的這洋洋洒洒的大文，雖然長達十萬字之多，只看上述「引言」中的這些話，已經可以看出毛澤東的奴才性格和中共的可憐相。

在今天，有許多人是相信毛澤東有英雄性格的，毛澤東本人的沁園春詞亦已明白的道出了他自己的個人英雄主義，但我總以為毛澤東雖然有着英雄性格的一面，却又有着奴才性格的一面。死抱着馬恩列史不放，一定要跟着馬克思列寧走，而不能獨立的自創局面，正是毛澤東始終存在着奴才性格的最好說明。從「紅旗」的這一「引言」來看，所謂「斷斷不能採取主人對待僕人的態度」，大抵正是二月廿三日毛澤東在北平接見蘇聯駐中共大使契爾沃年科時，發現蘇聯對中共的態度，赫魯曉夫對毛澤東的態度，仍是主人對僕人的態度，所以，毛澤東一怒之下，便又繼續對赫魯曉夫展開反抗性的鬥爭了。便又強調所謂平等協商了。試想：假如赫魯曉夫給予毛澤東的，蘇聯給予中共的，不是主人對待僕人的態度，則毛澤東及中共中央何必在「紅旗」發表這種爭取平等協商的言論呢？

其實，毛澤東始終沒有覺悟，只要一天信奉馬列主義，便是一天被馬列主義所奴役，便是一天被馬克思列寧牽着鼻子在走。給馬克思列寧牽着鼻子走的當然不算好漢了。我常常在想：如果毛澤東眞敢與蘇聯分裂，眞敢清算赫魯曉夫，眞敢對蘇聯宣戰，那才算好漢哩！

大陸簡訊

白帆

中共與巴基斯坦簽邊界協定

據中共新華社報導：中共已於二月二日在北平與巴基斯坦簽訂了一項邊界協定，把中共與巴基斯坦的三百英里邊界標定了。「劉少奇主席周恩來總理參加了在人民大會堂舉行的隆重的簽字儀式」。二月二日下午三時二十分，「中華人民共和國外交部部長陳毅和巴基斯坦政府代表團團長，外交部部長佐・阿・布托分別代表兩國政府在協定上簽了字」。

中共與阿富汗談判邊界問題

繼中共與巴基斯坦於二月二日簽訂邊界協定之後，中共又準備與阿富汗簽訂邊界協定了，此一協定目前正在談判中。

據中共新華社北平二月二日電訊說：「中華人民共和國政府和阿富汗王國政府，鑒於兩國間所存在的友好關係，重申兩國間現有的邊界是一條和平友好的邊界。為了保障兩國友好陸隣關係的延續和進一步發展，兩國政府同意舉行談判，以便正式劃定存在於兩國之間的邊界，並簽訂一項邊界條約」云。

僑鄉近訊

鍾之奇

廣東旱象嚴重中共封江堵河

廣東全境的旱象，現在已經是愈來愈趨嚴重了。這一情況之繼續發展，勢必對今年的春耕，帶來不可克服的困難。對此，中共新華社已於二月廿四日發出報導說，廣東地區從去冬到今春，雨量不足，各地的山塘、水庫，均告缺水，有的且已枯竭；江河流量也比去年同期少。給當前浸田、育秧工作帶來困難。據新華社在廣東的調查，目前的旱象以粵東，粵西和粵中最為嚴重。粵共為挽救此一危機起見，已採取封江堵河的辦法。因汕頭區已有八十萬畝稻田受旱。

並說汕頭專區的韓江、榕江、練江和螺河，已攔腰截斷，不讓溪澗江河的流水出海。截至二月二十日止，全區封江堵河已二千七百多宗云。

福建省各地亦有旱象

另據中共「中國新聞社」自福州發出電訊說，福建全省各地目前亦已發生旱象，且有趨於嚴重之迹象。

據稱，在福建許多地區，自去年十月以來，就沒有下過雨，旱情已威脅了春耕的進行。並說，目前九龍江西溪，已築成一條六百多米長的攔河土壩，蓄水抗旱云。

廣東推廣竹子埋節繁殖法

竹子本是廣東各地最富有的一種植物，但因中共統治後，竹子也變成缺乏的現象。為此，中共乃不得不講求一種新的繁殖方法，以謀迅速增產。

據中共新華社廣州二月二十六日電：「廣東省林業科學研究所研究叢生竹埋節繁殖法獲得成功。最先採用這種方法繁殖的竹子已在珠江三角洲地區大量推廣。

「埋節繁殖法操作很簡單，根據竹子每個節都能生根發芽的特點，種植時，選擇幼芽壯嫩的母竹，一節節劈斷，再將節兩端竹筒裝滿濕潤，並用粘沙封住，育苗後移植到地裏就可以了。用這種方法比過去將母竹連根挖起，分開一株一株來種植的分株繁殖法，可以大量增加種苗，而且成活率比較高」云。

粵共承認廣東各地工人消極怠工

廣東及福建廣大僑鄉之農民，對中共採取消極怠工的態度，本報早已報導，茲據中共廣東省總工會副主席廖立民透露，廣東各地的工人，現時亦對中共採取消極怠工手段，以反抗中共的奴役。

據廖立民在二月十六日北平「工人日報」上發表的文章說：粵共「總工會」為了配合推動這一運動，不久前曾在湛江市召開一次全面性的生產工作會議，對組織展開「增產節約」競賽的情況進行討論和研究。最近在執委擴大會議上，又進了一步部署。但結果既不能增產，也無法節約，各企業單位生產的產品反而質量低劣，浪費大量原料。為甚麼出現這種現象？據廖指出：是因為廣大職工普遍缺乏「政治思想」，出勤率低，尤其是對階級鬥爭認識不清。廖又稱：「現在有一種情況，值得密切注意，那就是廣東省有個別單位，把企業的管理制度看成是萬能的，只知道或者只相信自上而下地發佈生產命令，認為只要按時下達計劃，按時總結評獎，企業生產自然而然就會搞好。這怎麼可能呢」？廖立民這段話，不僅承認各企業中有嚴重的官僚主義，形式主義，並且承認各職工有不滿和反共情緒。因此廖在專文中強調：「我們必須向職工不斷進行了思想教育，教育職工，認清形勢，堅定立場，和各種資產階級傾向作鬥爭。」

中共闢珠江蓮花山為漁港

據中共「中國新聞社」廣州三月一日電說：「珠江蓮花山自一九五八年成立蓮山漁業公社，開始建設漁港。漁民從廣州近郊的墩頭基和番禺的市橋、深井、南埔、海心、七沙等地陸續遷來這裏定居。現在全公社已有數千人大小漁船不下六百艘」云。

緬甸的「探險」

「何去何從」

沙溫

緬甸革命委員會主席尼溫將軍，二月十五日在一個特別召集的工商及貿易界代表的會議中，宣佈他的革命的新經濟政策。這一宣佈，震動了仰光和瓦城，震動了緬甸。直至目前，這項震動還在擴大，並沒有結束。

那天被召集參加開會的工商及貿易界代表，達一百五十餘人之多，他們都是各業體公會的表表者，有些代表首都的企業行業機構，有些且是全國性的。他們事先並不知道會有有關經濟政策變革的驚人透露，而只知道是「討論工商貿易及有關問題」。

實際上會議並沒有什麼「討論」，甚且沒有經過討論的形式。而祇是「宣佈」。緬甸「强人」，曾經兩次政變及革命勝利的權威人物，尼溫將軍，朗聲宣佈革命政權的決定。

尼溫將軍說：「政府今後將接管貿易方面的進出口業，商品分配管制；接收倉庫業。你們之中原來從事這些業務的，政府將根據你們的能力及專長，在民用商店部門給你們分配工作。如果在民用商店委員會那邊沒有足够的位置可以安置，將把你們調到農業部門或工業部門去。」

「同時，政府將接管大米的貿易。」尼溫將軍續說：「此後的私營輾米廠只供輾米，不能從農民處購買大米，私營輾米廠並將收歸國有。」

「政府今後將不准私人企業家開設新的工廠，現有的私營工廠，目前暫時保持現狀，將來政府也將加以接管，收歸國有。」

尼溫將軍說：「這是政府既定的政策，我今天向你們把這政策宣佈。你們或者靜候政府的安排，或者考慮你們自己的出路，何去何從，你們可自行決定」！

外商資本

這是「平地一聲雷」，對於這些「資本家」、企業家、貿易商、輾米廠廠主、工廠廠主來說，尼溫將軍的宣佈，「如雷灌耳」，正是霹靂一聲，他們都將失其所業了。在突然的轟炸之下，他們都鴉雀無聲，沒有人發言。實際上，尼溫將軍的語調及宣佈的內容，並不容許發言，並且，各業代表已經有了經驗：發言也無濟於事。尼溫將軍的一切，不容反對。

就是散會出來之後，他們也只有「面面相覷」的份兒，並沒有任何的集會。分道揚鑣，大概照着尼溫將軍所說：自己去考慮何去何從了。

這一震動，主要是貿易業、谷米業、和倉庫業。但震動的波幅却向其他大行業發展。因為人們預料到，這只是一個開始，震動必然會向其他行業發展。

果然在二十三日，政府又陸續宣佈：立即實行木材貿易國有化。此後禁止私人企業提取、購買或售賣若干重要木材，計有麻栗木、硬木、鐵路枕木等。此後的木材貿易，將由一個國家木材委員會加以經營管理，該委員會不久將着手在仰光及其他全國重要城鎮設立木材商店，以適當的價格出售木材。至於原有的木廠廠主，他們「將可在政府所規定的標準下砍伐木材」。這一宣佈，沒有在「會議」席上作出，而只是以命令行之。

木材和谷米，是緬甸兩大出口貿易，由於一向的沿襲，大部份的貿易控制在民間商人的手中，木材業貿易佔多數的次序是：印度商人，華僑；緬甸商人。谷米業的次序則是：華僑，印僑，緬甸人。

所以這兩項管制，雖然同樣施行於緬甸商人，但受主要影響的，却是華僑和印僑。

震動的震動

正在木材商人不知何去何從的時候，政府繼續宣佈一道接管銀行令，所有私營銀行——不管是外資抑或民族資本，全部國營，依照法令被接管的，其中外資銀行十四家，計印度五家，英商四家，中共二家，台灣一家，巴基斯坦、荷蘭各一家，滙豐、渣打、及印度國家銀行等緬甸傳統著名的銀行，都在接管之列。緬甸人經營的銀行，則有十家。

當局早已召集緬甸聯合銀行（國營）和一批地方商業銀行的高級職員，以及政府商業核查處的高級職員，同時分頭在被接收的廿四家銀行查賬，是日並不准各行職員離開辦公處所，派有軍警在各行外站崗，但命令仍准許繼續提存，因此有若干銀行的門口排出提欵的人龍，以至加派警察維持秩序，造成緊張的狀態。

這最後的一着，可以說是震動的震動，最大的震動。商人們深恐政府沒收他們在銀行的存欵，紛紛湧到總商會去，要求會方代向當局查詢明白。雖然得到答覆說准許繼續提存，但不少商人仍不放心，又湧到銀行提取存欵去。

依照政府的佈告，一切銀行業務照正常進行，各行職員不予更動，保留原職原薪。但當局也知道人心惶惶的情況，於是同時佈告警告：不得散佈謠言，不得囤積物資，違者依法嚴辦。如有任何物資特感短缺，政府並稱將設法供應調節。

一個七人委員會已同時奉命組成，以執行一連串有關國有化的事務，主要人員為內長喬蘇上校，陸軍參謀長辛由上校，中央安全委會主席丹仙上校，及聯合銀行的監督宇喬。該會由喬蘇充任主席。內政部長喬蘇上校，和農業部長丁北，為最近國有化事件中的風頭人物。

自從在緬甸有「第二把交椅」位置的昂季准將於二月初辭去一切職務（商業、工業、供應、石油等主管）之後，喬蘇和丁北已成為尼溫將軍最重要的左右手，也是緬甸新經濟政策的「靈魂」。

昂季下台

昂季准將的辭職，傳說是他在政經計劃上與尼溫將軍「意見相左」，但究竟誰是較「左」呢，據說那是尼溫及丁北、喬蘇的一派。昂季僅主張限制私人進出口貿易，及限制工業中的私營部份，而反對全部禁止私營收歸國有。但尼溫將軍決定採取了比較急進的國有化方案。

昂季准將是尼溫將軍上一次和平政變的策劃及執行者，就是這一次的革命政變，他也是第一位承辦人，並且長久站在政經決策者的地位。在和平革命後的時代，昂季准將以他的鐵腕，管制一部份民用商業，嚴格取締囤積居奇，把市場穩定下來，相當的改善了尼溫所指責的宇弩總理治下那種「經濟紊亂」狀態。而昂季准將的辦法，是派遣軍人充任仰光市長，由軍人分任各區經濟執行監督，並隨時動用軍隊執行政府的民事職務。這在當時是見效的，但這種「軍權統治」和「統制經濟」的政經方式，正如可以燎原的星星之火，終於由一點擴大到廣大的面。以致昂季准將本身，也認為「受不了」，終於掛冠而去。

現在政府已繼續宣佈，將於三個月內補償被國有化的銀行股份，補償當不會高，因政府認為過去他們「獲利太高」，控制了生產資金達三份之一，故此必須收歸國營，以為緬甸的「社會主義經濟立下基礎」。那麼，這些私人資本，多少是得奉獻做奠基典禮的。

倫敦「衛報」認為，國有化乃緬甸「向社會主義的探險」。情形可能是如此。基本上緬甸經濟貧乏，生息比整理重要。再則此舉杜絕了民主政治的生機，前途也太危險了。

．仰光通訊．

印度共黨在轉變中

谷和明

印度共黨原是和國際共黨聯成一氣的，但到了最近，却在逐漸轉變中；當它在面臨民族主義和共產主義的抉擇時，它毅然選擇了民族至上的路線。猶憶在去年底，印共的執委會議中，曾通過了一項議決案，發表了一篇聲明，宣佈完全支持印度政府的立場，並支持尼赫魯的接受英美加等西方國軍援的政策，藉以增强對付中共的力量。——這聲明的本質，已很顯明地表現出印度共黨的開始轉變。

印度共黨的轉變，可以說是由中共的進攻印度所促成。印度共黨曾這樣的斥責過中共：「中共攻擊及入侵印度的行動，是經過長久及續密準備者，其所調動的武器，所供應的配備，都是非常充足和週全，如果不是久已蓄意向印度進攻，絕不可能部署得這般嚴密」。印度共黨正因為感覺到中共經過長期準備的進攻，足以威脅印度的安全，於是悠然掀起了民族主義感，作出了急劇的轉變。

但印度共黨這一次的急劇轉變，並不算得是一件意外的事。世界各國的共產黨中，印度共黨在組織上是較為脆弱的一環，而其內部的歧見，則却來得特別顯著。當一九四七年印度剛宣佈獨立時，印度共黨的行動已表現得很幼稚，曾被蘇共視為「左派機會主義者」，其後印度共黨更有不少黨員被囚禁獄中，使黨的組織受到基本破壞，黨的意見，發生了嚴重的分歧。加以十多年來，印度共黨內部即已因種族和言語等小問題而無法擬訂一致的政策；尤其是克拉勒省共產政權的被撵下台，更可反映出印度共黨的內部混亂和不健全。就在那一段時期內，印度共黨內部便已產生出「民族主義派」。但印度共黨中仍有一些眼光短小的左派份子，竟認為中共已聲望日隆，行將成為亞洲共產黨盟主，於是主張傾向中共。這一些左派份子把擁護尼赫魯政策的黨員指斥為「民族主義的布爾喬亞」，極力向之排擠。於是印度共黨的內部，益陷於分裂。迨至印度與中共發生了「邊境衝突」，「民族主義派」和親中共的左派更鬧得水火不相容。但是，當中共大軍壓境，整個新德里為之震動的時候，全印人民都採取了同一的立場，一致主張要對付中共，印度共黨的左派（親中共）領袖直接受到民心民意和民氣的壓力，他們的態度就不能不有所轉變；因此，印度共黨的中央執行委員會也就順利地通過了發表支持尼赫魯接受外援政策的聲明。該項聲明，是公開指責中共「冒險侵略」和「破壞和平」的。印度共黨對中共的指責，也就成為了一國的共黨指責一國的共黨最嚴厲的紀錄；更使人意料到印度共黨的「民族主義派」已日漸抬頭，「左派份子」顯然是快將敗下陣來了。

在印度共黨尚未明顯轉變之前，我們早已可以清楚地看到其內部鬥爭、分裂的迹象：去年春逝世了的印度共黨總書記哥殊，在克拉勒任首席部長的南布狄里柏，便立刻以「中間偏左」的地位而繼任該遺缺，同時，右派領袖的鄧治，也立即被選為黨主席。這一情勢的顯示，就是表露出印度共黨已構成了兩派人士互相箝制的局面；既然構成了互相箝制的局面，則其內部意見的分歧，當然是經已鬧至激烈的程度。不過，當時印度共黨還未受到外在潛力的衝擊，故尚能勉强相安一時，但「邊境衝突」一告爆發，中共以凌厲的軍事力量把印度打到焦頭爛額，於是印度共黨立刻受到外在潛力從四方八面壓來，親中共的左派份子再無法立得住陣脚，「民族主義派」當即把握着時機，把左派份子擠倒。也即是說：印度共黨的「轉變」，這時恰是「水到渠成」。

今後印度共黨的路線，必繼續轉向於「擁護尼赫魯」。而尼赫魯的政策，雖然仍是口口聲聲說「不結盟」，可是「形勢比人強」，印度之需要西方國家的援助，是鐵一般的事實，尤其是目前中共之對印度虎視眈眈，印度本身的力量確是無法抵禦中共的軍事實力，如果印度沒有西方國家的支援，勢必不堪設想。

焦文姬

（一四）（版權保留）

黎　明

第十場：

焦細：那末，此時、此地，您到底要我這個小舅子不要？

滿尚智：縱使此時此地要我認你做小舅子，也得先有個道理，才好商議呀！

焦細：好、好、好，狀元公！我就對您實說了吧！（唱）

去年來京辦年貨，
血本輸了兩百銀；
被人追賬追到瘦，
行李當盡難脫身。
昨天忽然見金榜，
相公成了新貴人。
萬般無奈誇海口：
新科狀元是內親。
人人聞言喪了胆，
不敢要我半毫分。

——我的狀元公呀！您說此計妙不妙？

人人都已叫我舅爺子，
您不承認我生嗔！

滿尚智：原來如此；也罷！此時此地，有人問到末，小生認你這個奴才是小舅子也就是了。祗是到了鳳翔，却不准放屁胡說！

焦細：（跪下叩頭）多謝狀元公！小可回到鳳翔，決不敢再放半句狗屁兒。（起身旁白）慚愧呀慚愧！王八羔子才第二次再做人家的小舅子！（轉向尚智）告辭了！

滿尚智：且慢！焦細我來問你，你這奴才，何時才回轉鳳翔？

焦細：債務沒了，便隨時都可回轉了。

滿尚智：我有心要你先行回到鳳翔，說與岳家知道，就說小生一俟瓊林宴罷，即刻回程，然後來京聽選；你可願意？

焦細：這個自然。

滿尚智：喏！（探懷出銀）這有紋銀二十兩，拿去路上使用罷！

焦細：這銀麼？還是狀元公您留着使用的好！我這個小舅子末？這回是不怕沒銀子使用的了；還是小舅子我先獃在鳳翔給狀元姑爺接風罷。告辭了。（下）

滿尚智：哈哈哈哈！無意之間，倒有這個奴才前去報信。小生這次回去末，與我那文姬倒可堂哉皇哉尋歡取樂的了。正是：金勒馬嘶芳草地，玉樓人醉杏花天。（移）

第十一場：

地：同上場。

時：一月後的一個早上。

人：滿尚智、滿福（尚智堂兄）、焦細、得祿（家丁）。

（房中堆了很多行李。滿尚智喜孳孳地坐在椅上拿着洪州通判的告身出神。）

滿尚智：（情不自禁地反復唸着告身）洪州通判。……洪州通判。……嗯、小生我末，今日果然做了官了。好不喜煞人也！（唱）：

瓊林宴罷臉生春，
誰識蟾宮折桂人？
洪州通判官非小，
可算春雷第一聲。

（白）哎呀且住！小生者番洪州上任，必須打從家鄉經過；回想當年小生在家之時，家鄉之人並無一個看重於我，以致流落鳳翔，幾乎饑寒而死。難得焦大爺百般周濟，賣田鬻產，助成功名；又兼暗與文姬，結爲紅顏知己；相敬相愛，情同師友；小生才有今日，富貴榮華。看將起來，這家鄉之人遠不如陌路之人也！（唱）

人生受恩須當報，
一飯也曾報千金。
可恨家鄉人眼淺，
有眼不識席上珍。

（夾白）從今以後，小生我麼（續唱）：

不理淮南舊鷄犬，
一瓣心香向西秦。

焦細：（背包袱雨傘上）一日離家一日深，今日才得回西秦。參見狀元公。（向尚智行禮介）

滿尚智：（不覺喜形於色）焦細！你回來了？我那岳丈，還有我那夫人，有何言語囑咐於你？

焦細：我的爺！我還沒有回去哩，怎麼便能回來了？

滿尚智：（勃然大怒）嘟！你這個奴才，如何今日還不回去？敢是又賭昏了不成？

焦細：（篤定而得意地）賭倒沒曾賭昏，被一個人兒堵昏了不給走倒是眞。

滿尚智：那個人堵住於你，你且道來！

焦細：狀元公呀！（唱）

您有您的瓊林宴，
我有我的窮人宴。
您在那吏部堂上領告身，
我在那勾欄院中做郎君。
倘若不是那鳳翔三番兩次書信催，
保不定，我就是那一輩子烟花隊裏的老烏龜。
今天我，特來向您告辭回家去，
希望您早回鳳翔莫嫌遲。
路柳墻花休要採，
野鶩那能勝家鷄？
須知道，我本是孤魂野鬼無人管，
您却有那千嬌百媚、百媚千嬌，牽腸掛肚，掛肚牽腸的那呀那個伊呀那個伊；
我說狀元公您呵，可要狀元歸去馬如飛。

滿尚智：原來如此。好、好、好，就憑你先報於我家岳父與夫人知道，就說小生大魁之後，已蒙聖恩官拜洪州通判之職，不日回家接眷，一同前往淮南掃墓，然後上任去者。

焦細：這個自然。（行禮介）告辭了。

滿尚智：快快去吧！（目送焦細下）眞乃是小人得志，令人好氣又好笑也。（說着又來反復看看告身。）

滿福：嗯呸！（同得祿上）踏破鐵鞋無覓處，得來全不費功夫。（見尚智癡看告身，不覺也豎起拇指，表示與有榮焉的神氣。）恭喜賢弟！賀喜賢弟！

滿尚智：（驀然一驚，連忙下意識地把告身納入袖中，然後笑着相迎）哦、原來是福大哥。（但立即勾起對家鄉不滿的情感，態度突轉冷淡），到此何事呢？

滿福：奉家叔樞密相公之命，特來奉迎賢弟榮歸。

（待續）

集杜壽舜老七十

芋龕

（一）

時議推前列，青雲滿後塵，
長沙才譽遠，象闕憲章新。
故事留臺閣，東方領搢紳，
佇鳴南嶽鳳，爽氣必殊倫。

（二）

廻首叫虞舜，平生意有餘，
神堯舊天下，管葛本時須。
素節相照燭，青雲自卷舒，
持將百年興，更與萬方初。

（三）

脫屣磻谿釣，江干歲月長，
曠懷掃氛翳，列宿擁輝光。
靜者心多妙，神其思降康，
加餐可偕老，獻壽更稱觴。

友聲集

（一七）

癸卯新春公遂以元旦七律屬和

韋齋

出塵高節未容攀，豹隱猶難掩一斑。積磊空成腸百結，逐流眞覺夢無顏。携離天啟三分局，興廢功爭九仭山。饑虎戰龍供冷眼，詠歌吾賞此時閒。

癸卯元日步公遂兄韻

敬羣

柳汜春歸幾度攀，竹添窗下幾竿斑。迎來歲序將舒眼，報得平安足解顏。酌酒合爲元日頌，戴鰲穩住海頭山。夜來細嚼詩中味，花下行吟月亦閒。

癸卯元日公遂詞長寄詩屬和

荊鴻

勝游還憶共躋攀，轉眼春風兩鬢斑。鹿洞且欣陪講席，糟丘聊爲破愁顏。懶看燈市花如海，坐擁書城筆似山。最是影襟猶有地，老天應不許人閒。

戲次公遂元日見寄

亮之

逝者如斯孰與攀!?年光剩付鬢雙斑！漫因舊夢憐初服，聊就春盤壯酒顏。佳節居然爲禍首，老夫不得守殘山。楚氛甚惡將安往？奪我浮生半日閒。

唐詩偶釋

（八）

鄧中龍

酬張少府　·王維·

晚年惟好靜，萬事不關心。自顧無長策，空知返舊林。松風吹解帶，山月照彈琴。君問窮通理，漁歌入浦深。

好靜一層，無能一層，返舊林開下四句，下半皆從舊林景物指點，此全章大勢。

三四句流水對，意實一串。而細究之，則第三句括上，第四句啟下，此等處極宜留意。潛承暗轉，須具大力。盛唐諸家，率能注意及此，而以老杜爲尤工。晚唐李義山亦時有佳句，然終不免露斧鑿痕，則其力有所不逮也。

前四句，出以蕭疎閒散之筆。詩文不知此境，便無古逸之致。後四句，繼以淸腴韻致之筆，詩文不知此境，便乏雅秀之氣。此二者，合之則雙美，離之則兩傷。大家謀篇布局，多於此等處經營。閒亦有不盡然者，或係老手退筆，或係俗手淺拙，要在讀者歷鍊而會通，斯得之矣。

末聯以問答作結，一筆振起，一筆折落，宕出遠神，便覺韻味盎然。唐人詩此格最多，宜注意。

詩文作法，首尾最難。首句見氣勢，結句攝神韻，氣韻俱無，格之下者。高達夫送鄭侍御謫閩中詩，與此詩格調畧同，可互閱。

第七句「君問窮通理」，一筆振起，此在詩中亦爲常格。此詩之妙，不在第七句，而在第八句。窮通之理，與漁歌入浦何關？而作者即以此作答，無論用筆與用意，均已透過數層。深情濃味，須待讀者翫味而自得。大家營構之精，有如此者。

第八句，如易宋人爲之，必爲說理，而非描景。此則爲唐詩與宋詩之迥異處，學者不可不知。唐詩以情景爲主，即叙事說理，亦寓於情景之中，故含蓄蘊藉，極一唱三歎之致。宋人爲詩，務求以意勝。意勝則傷巧，傷巧則情淺，望之如小丑登場，可無深趣矣。

盛唐諸家詩法，不傳於宋代詩人，反傳於宋代詞人，此則爲一極饒趣味之現象。宋代詩人，刻意於變唐人作詩之技巧，而宋詩終不能勝唐。宋代詞人，假唐人詩法以入詞，終能開創新體，卓爾成家。此中微妙，自有可得而言者。近世治中國文學史者，無慮百數十家，然其論唐宋詩，類皆陳陳相因，了無新義，固知文學批評之事，不可掉以輕心也。世或有由鄙論進而探索者，政余望之矣。

附高達夫送鄭侍御謫閩中詩：「謫去君無限，閩中我舊過。大都秋雁少，只是夜猿多。東路雲山合，南天瘴厲和。自當逢雨露，行矣愼風波。」

憶陳果夫先生（八）

宇人

我到中央團部後，發現內部組織，大而無當。在書記長之下，分設很多處室。書記長爲陳辭修先生。他此時的主要職務，是戰區司令長官，負有保衛武漢的重責；同時，還兼任湖北省政府主席和中央黨部訓練委員會主任委員。陳先生雖然一身而兼黨、政、軍三要職，但對團務仍很負責。後來軍事形勢變化，他去前方指揮作戰，改由中央黨部秘書長朱家驊先生代理。朱先生的作風與陳先生不同，他把工作重點放在中央黨部，除開會而外，很少到中央團部。其他各處處長和各室主任則多由軍政要員及蔣先生侍從室的人員兼任，事實上，祇有組織處代理處長康澤（處長胡宗南，從未到職），宣傳處處長黃季陸（時爲內政部次長）等少數人常到團部辦公。但蔣先生却每週必來團部數次。每次他來時，黨、政、軍的許多大員都羣集團部，青年團儼然成了「天之驕子」；門前更是警衛森嚴，令人生畏。但外表雖然如此不可一世，而內部的工作效率，則十分緩慢。我認爲似此情形，不但不能肩負組訓青年，參加抗戰工作的重任，而且適足使青年們望望然而去。因此之故，蔣先生第二次召見我時，我即建議應取銷這種形同大衙門的作風；並主張精簡組織，裁併虛有其表的各處室，集中人力物力，發展下級組織，庶可與青年羣衆接近。第二天，蔣先生即下了一個長達八頁信箋的手諭，責令中央團部即日擬具改組計劃具報。朱代書記長召集會議，對於如何精簡組織，並未作具體的討論，即交各處室負責人會商擬辦。結果，決定裁併爲秘書、組織、宣傳、訓練四處。此時，國民參政會適推我參加軍風紀巡察團，我正想有機會到前方去看看，也就決定離開中央團部。蔣先生召見軍風紀巡察團的一部份團員時，也有我在內，他問我是否願意仍在中央團部工作，我答以很想藉此機會先去前方看看。他又問我是否願意將來到地方團部去負責，我答道：「願意。」

第二年春，我奉派爲青年團貴州支團籌備主任，並入中央訓練團黨政班第一期受訓，班主任即是果夫先生。我對受訓的事，原擬拒絕參加，繼因又奉派兼任該班的訓育幹事（即所謂學員兼訓育幹事），不便過於執拘，祇得勉強接受。黨政班第一期結束後，我即準備回黔工作。有一天，偶然碰見在侍從室工作的同學胡靜安，他和我原很熟識，我前幾次見蔣先生時，他都在旁。他問我是否要見蔣先生，我答以恐怕他無暇見我。他說：他在侍從室多年，從來沒有看見蔣先生對其他同學像對我那樣的客氣，也沒有看見其他任何同學和蔣先生談話像我那樣的隨便。他認爲蔣先生對我特別好，勸我在回貴州以前，應去請見一次。我即到侍從室登記，隔不幾天就接到召見的通知。我見蔣先生時，除了報告工作計劃和請示而外，還談到黨的訓練問題，蔣先生吩附我再找果夫先生談談。我由蔣先生的官邸出來後，立即往訪果夫先生，但他適不在家。我留了一個字條，畧述與蔣先生談話的情形，並請他約定時間，以便當面報告我對訓練的意見。不料久無消息。我向時在組織部工作的某兄談及，他說：「你犯了大忌還不自知。」我問：「什麼大忌。」他說：「自從有了小組織以後，凡是與組織有關的人，如要見蔣先生，必須先透過果夫或立夫先生，經他們認可後才簽請蔣先生召見。現在小組織雖說已經停止，但其意識形態依然牢不可破，你過去雖然沒有參加組織，果夫先生却未把你當作外人，你此次不經過他而直接去見蔣先生，他一定很不高興的。更何況你見了蔣先生之後，還說奉蔣先生的吩咐要向他面談你對訓練問題的意見，這在果夫先生看來，又無異是你拿蔣先生來壓他了。」我當是對於某兄的話，很不相信，並笑他「神經過敏」。但他說：「你以後慢慢的就會知道了。」

我在回貴州的前數日，中央黨部調查統計局徐可均兄又自動的向我說：他已有信給貴州省黨部調查室的同志，要他們以後常向我請示；希望我回貴州以後，多指導他們。徐兄在我十七年到中央組織部工作時，卽任調查科主任，我們一向相處很好。十九年，我奉派整理江蘇省黨務時，因對江北各縣的黨務情形不甚了解，會商請他派調查科總幹事濮孟九兄親往江北各縣，實地調查，名義上濮兄是奉中央組織部之命行事，實則他的調查報告乃是直接寄給我的。我由前方回到重慶之初，也有一個時期是住在徐兄的府上，足証我們的交情很不錯。我當時以爲他對貴州省黨部調查室既已作了這樣的指示，貴州支團的籌備工作，當可望順利進行，而不致與黨部發生衝突（因爲此時湖南省的黨部團部已有衝突）。然而事實却適得其反。

我於二十八年夏回到貴陽，此時貴州省黨部主任委員王漱芳兄早已辭職離去，省黨部調查室實際負責人陳惕盧卽乘此機會擴展其勢力。他原來已經組織了一個名爲青年陣地社的團體，四處活動，復在貴陽縣黨部設立一個「三民主義少年團」，顯然存心和三民主義青年團魚目混珠。陳原是自首的共黨分子，其作風完全是共黨的那一套。據說他是CC在貴州的負責人，深得果夫先生和徐可均兄的寵信；但我對他的印象却並不佳。我回到貴陽後，他最初沒有和我見面，由省黨部書記長某君（已忘其姓名，但知其爲中統分子）來看我。他自稱是果夫先生的人；並說，他反對青年團，祇因知道我和果夫先生有多年的關係，他們可以和我合作。他問我對青年團的工作準備怎樣辦。我對他這種咄咄迫人的態度，頗有反感；但以不願和他們發生衝突，仍忍着氣勸他道：「青年團是根據本黨臨時全國代表大會決議而設立的，是本黨組訓青年的機構，並不是與黨對立的團體。團長即是黨的總裁，立夫先生也是團的中央幹事。我不覺得果夫先生是反對青年團的，因此我希望你也不要再反對青年團。至於貴州支團的工作方針，在用人方面，我將盡量選用黨內的青年幹部；在活動方面，我們祇做組織青年訓練青年的工作，其他一切活動，均請省黨部主持。」我又問某君：「可均先生有信給你們嗎？」他答：「徐先生有信來關照我們，如果你有什麼需要我們幫忙的地方，要我們盡量幫忙。」聽了某君的這番談話，我才知道徐兄所寫的那封信並未產生我所希望的影響。

抗戰行列中見聞雜憶（一九）

問題種種、建設成空

李璜

在抗戰中所誇示的口號，爲「抗戰必勝，建國必成」。艱苦鏖戰了八年，幸有美國原子彈投下於日本本土，日本軍閥只得投降，因使我們中國達到了必勝的目的。然而所謂「建國必成」，則因勝利後種種問題，先後發生，特別是財政金融的破產，使在抗戰末期大家所憧憬的若干建設計劃，無從着手，因之，無論薩凡奇的大水利計劃，納爾遜的小工業計劃，都未能實行，竟使建國的實際打算完全落了空。

而今寫到這一回憶，眞有李義山所咏，「此情可待成追憶，只是當時已惘然」的這一種心境！因爲我由納爾遜在美所介紹的美國工業家，工程師等人，相識之後，曾商定種種計劃，並由我將這些計劃帶回國來，與中國民間的銀行界，企業界接上了頭；後來皆因財政金融破產，及其它種種問題，百事無成！

話說：當我在支加哥晤見納爾遜後，不知誰對他說，我在抗戰中的議會裏相當活躍，在四川與八年來重慶的新興銀行界，實業界卻多少有些關係，因之，他便囑與我較熟之「第十三區戰時小工業合作設置」（Smaller War Plants Corporation, Region XIII）的區主任麥克哥溫先生，同我詳商，將美國這許多形形色色的生活必需品的工業製造廠的機器，移往中國，與中國民間企業界，銀行界合作，在中國長江上下游各省建設起來，例如製紙、製衣、造肥皂及化裝品，造飲料及汽水果汁、以至造五金用具、化學用品、交通工具、等等衣食住行日常必需品製造的工廠數百家，大大小小的機器，只要中國民間願出資本創辦，他們便無條件的奉送與中國，並由美國工程師、技師前來設計、安裝，並指導技術，一直到每個工廠都出了成品，並符合標準爲止。

現在先將這個美國「戰時小工業合作設置」介紹一下內容，然後再談到我回國接頭的經過。美國一從參加第二次世界大戰後，爲應戰時軍工及物資的需要，立刻動員全國的工業，全部歸於政府指揮之下，將所有無數的大小工廠設置，都分別變更其平時的生產爲戰時的生產；可以說，這是在政治的目的下，爲戰爭的需要，由美政府會同企業界來從事生產品的改組，將所有工廠生產組織起來，令其務須按照一定需要的計劃去從事生產，因此，纔有全美國分區的去建立「戰時小工業合作設置」的機構，而每區有一區主任，我所認識的麥克哥溫先生，卽爲十三區的主任，其辦事處在華盛頓州的西雅圖。

但戰事結束，美國的工業也得復員，而這些小工廠要改裝返回原狀，則在美國人看起來，便大不經濟；而且在機器製造的日新月異中，這許多機器的效率，比較之下，已不算得是合理的效率程度了。因之，許多廠主的意見，都是願意另行安裝新式機器，而將舊的機器賣去或竟白送與人都無足惜。這些廠主很樂意照着納爾遜的說法，把這類機器設備拿去幫中華民國的忙，從事中國戰後輕工業的建立，尤其對於製造日用必需品的工業設備。於是麥克哥溫先生便與我商量，這一類機器，分門別類，必需去尋許多中國民間資本家合作，他願親自去上海或重慶接洽，請我回國後事先爲之宣傳並接頭。

此外，我還遇見一位造船工程師，名叫格林伍德（Greenwood）的，他曾約我參觀洛杉磯的船塢，在那裏自珍珠港被炸事變後，曾爲美政府修造過二萬噸的「勝利號」戰艦近一百艘，每月可以造成十艘，計三天工夫有二萬噸的出品一艘，其規模之大，可以想見，製造之速，令我驚異。但據格林伍德告我，這速度並不足爲異，因爲政府動員西部的大小工廠，爲這勝利號戰艦分別努力製造裝備，甲廠專造船皮的鐵板那幾片，乙廠又專造另幾片，丙廠專造船內的一種零件，丁廠又專造另一種，如此分工合作，幾十個廠晝夜不息的在生產，這各有定型的鐵板或零件的產品運了來，放在一定的地位上，只等候他們船塢來安裝能了。其時洛杉磯的中國總領事張紫常兄請格林伍德與我吃飯，因談及民生公司及盧作孚的發展長江船業，從一隻小船發展到一百餘艘，格氏聽見頗感興趣。他表示，願意在勝利後，來中國訪問盧作孚先生，爲這位中國難得的航業家貢獻一點他的本領，他已生活無憂，且歲數已屆退休之年，他打算爲民生公司貢獻兩個船塢的建立，一在重慶，一在上海。

這類建設計劃，不只是當時見面，口頭商議一番便算了事，麥克哥溫並曾約我去參觀過三兩家所謂小型工廠，其實，在我眼裏，並不算小，廠房動輒五六大棟，每日出貨動輒以萬打計，在當時我國內已算是少有；而在今日香港說來，也已是大工廠了！麥克哥溫交與我許多工廠的內幕照片以及成品說明書，還由納爾遜交我訓練工人在工廠中節省時間的動作手法，所攝各式各樣的五彩電影的Film七八大捲，特別的重；這些東西，裝滿兩箱，便成爲一九四五年十二月我自紐約飛回重慶的唯一行李了！

回國之後，我雖被政治協商會議的國共兩方代表糾纏着，但我對這一些建設計劃並未放下，與在重慶當時的銀行界，實業界，並特別與作孚詳談，他們都非常感到興趣，願意分別接受美國的這一好意的合作。但復員還都不久，一切的一切，除於我想像之外的亂法，無論在政治上或社會上，人們都好像只有「取」的欲望，而無「予」的心思；只樂意於消受，而懶得去生產；忽然之間，令我感到將變成强盜世界的樣子了！

隨着法幣的交易價格猛跌不已，人們更因恐慌，而普遍的大家去囤積有限的日用物資，於是在民三十七的夏天，至少京滬一帶，便已是，原有沒收敵僞的產業，無論工廠與物業，不但未得到相當的利用，而且因此爭彼奪，陷於無用；美國運來的救濟物資，也在同樣的情形下，歸於白費！就在這情形下，麥克哥溫與格林伍德兩位都先後從美國到了上海，一見這金融破產，亂象橫生的情形，便都只得廢然而返了！

本刊已經香港政府登記

聯合評論

每逢星期五出版

週刊

United Voice Weekly

第二三三號

督印人：黃宇人　總編輯：左舜生

805641

承印：嘉羅印刷有限公司　香港灣仔馬師道5號

總代理：友聯發行公司　每份港幣一毫

美洲版總代售處：美國紐約中美出版社

CHINESE - AMERICAN PRESS, INC

199 CANAL STREET.,

NEW YORK13 N. Y. U.S.A.

美洲航空版每份售美金一角

可憐的毛老大！

修正主義與教條主義

胡越

自從在東德共黨大會上，中共代表團遭受圍攻，公開被辱之後，中共在「人民日報」及「紅旗」半月刊上，連續發表了兩篇論文，對俄共展開你死我活的攻擊。中俄共的爭執乃達到白熱化。

上述兩篇文字約有十一萬言，筆者化了三天的時間，仔細看了一遍。「人民日報」上那篇「分歧從何而來？答多列士同志」的社論，一看就知道是毛澤東自己寫的；「紅旗」上那篇「再論陶里亞蒂同志同我們的分歧」的長文，似乎是經幾個人蒐集資料，集體起草，然後由毛澤東通貫改成的。這兩篇文字加上另一篇反修正主義的文章，已出了單行本，並譯成了蒙藏等五種少數民族文字在大陸普遍發行，還譯成十四國文字在全世界發行。這是中共對俄共的總攻擊，在這顯出了毛老大的蠻勁。

毛澤東如此大張旗鼓意氣冲天反俄共，有他消極與積極兩面意義。從消極意義來講，他過去受了骯髒氣、吃了啞巴苦，實在忍無可忍了，痛快的罵一陣消消火洩洩憤。因為他曾卑顏奴骨，舉巍峨神洲，驅六億華胄向俄共「一邊倒」，躺在老大哥的懷裏做小兒態；到頭來乃遭受老大哥無情的鞭撻與懲處，撕毀了成百的經濟貿易協定，在中共最艱危的關頭，催貨追債、撤退技術專家；同時在政治上孤立它、打擊它，並鼓動中共內部的修正主義者反毛。這正好像十七八歲的大姑娘，誤交了一個歹漢，喪節失身之後被一脚踢開，這歹漢還氣勢洶洶，向她追還過去贈送的首飾，還在小報上洩她的底。她受盡了摧殘蹂躪，現在不得不以死相拼了。這是毛澤東反俄共消極的一面意義。此外他還有積極的意圖。那就是正式宣告，俄共由於墮落為反動的修正主義者，已喪失了共產主義國際的領導權，從現在起全世界無產階級革命司令塔已在北平而不在莫斯科了。毛澤東這一企圖，在三月四日出版的「紅旗」的長文裏，已表露無遺。他把自己今天之反修正主義鬥爭，看成是共產主義運動史上的第三次保衛正統的大論戰。他在文中寫道：「從馬克思主義在工人運動中佔統治地位以來，馬克思主義者同修正主義者、機會主義者已經經過了多次的鬥爭，其中最有歷史意義的大論戰有兩次，目前正在進行第三次大論戰。第一次是列寧同第二國際考茨基、伯恩斯坦等修正主義者、機會主義者的大論戰，這次論戰把馬克思主義推到一個新的發展階段。即馬克思主義在帝國主義和無產階級革命時代的發展新階段——列寧主義階段。第二次是以斯大林為首的蘇聯共產黨人和國際共產黨人同托洛斯基、布哈林等左傾冒險主義者和右傾機會主義者的大論戰，這次論戰保衛了列寧主義，闡明了列寧主義關於無產階級革命、無產階級專政，被壓迫民族革命和社會主義建設的理論和策略。……

現在出現的第三次大論戰，首先是由南斯拉夫鐵托集團公開背叛馬克思列寧主義而挑起的。……事變的發展，說明了現代修正主義思潮，是帝國主義的政策在新條件下的產物。因此現代修正主義思潮，是必然帶國際性的，而馬克思列寧主義者同現代修正主義者的論戰像過去一樣，也必然發展成為國際規模的論戰」。

在這篇長文的最後一章「全世界無產者聯合起來」一段中，他要求共產黨人在馬克思列寧主義的基礎上團結起來，聲色俱厲的指責不能在某些人的指揮棒（即現代修正主義者指赫魯曉夫）的基礎上團結。

以往我們猜測毛澤東有和赫魯曉夫爭共產國際領導權的意圖，現在從上述一段文字證明了。不但證明了毛澤東確有此意圖，並且證明了毛澤東已採取了正式步驟。他把這篇十萬字的長文，自比為當年列寧寫的「國家與革命」。自認為是共產國際三大論戰的歷史文獻。

上述毛澤東的意圖能否如願，暫放下不談；毛澤東今天站在馬列主義正統立場，公然與以俄共為首的現代修正主義宣戰，今後在共產國際中必發生衝擊性的影響，是毫無疑問的。在這裏我們對共產主義運動中上，教條主義與修正主義之論爭及其意義，做一簡明的回顧。

馬克思和恩格斯在世的時候，在共產國際中，即發生兩派政治路線的鬥爭。一是馬克思和恩格斯的暴力革命派，是今天中共敎條主義的始祖；一派則是普魯東、拉薩爾的漸進改良派，是今天修正主義的遠源。前者主張打碎資產階級的統治機器，後者則主張經由選舉控制議會來實現主張。兩派對立鬥爭的結果，普魯東派在法國工人運動中擊敗了馬克思派；拉薩爾派在德國工人運動中也戰勝了馬克思派。當時馬克思派所以慘敗有兩個重要原因；（一）是普魯東與拉薩爾都出身工人運動，是實際與工人階級同甘苦共患難的戰友，而馬克思和恩格斯則是坐在書房裏的理論家；（二）當時德法兩國的政治環境，暴力革命已沒有可能性，馬克思的主張實際是左傾冒險主義。

（下轉第三版）

略記旅美四個月的一些實感（中）

三、從三藩市到紐約

左舜生

我到美國一個主要的目的地便是紐約。

我自己從來沒有考慮過什麼時候到美國去作一次旅行；反之，再漫遊一次歐洲，或到日本去住上半年到一年，却是我近年的一種願望。這次哥倫比亞大學的東亞學院（Eest Asian Institute）給我一次去美國的機會，乃完全出我的意料之外。不過他們所以有這樣一種安排，却也不是沒有經過考慮的：先是，大前年的冬天，東亞學院派了一位在該院從事研究工作的老小姐到香港來，就居留港九的幾位老先生分別作一長時間的訪問。這小姐是研究歷史的，在美國經過長期的訓練，不僅英文寫得好，對工作也非常認真。她這種訪問的目的，在請被訪問者把他們生平所經歷的重要事項，逐一加以說明，用錄音機錄下，由她加以整理，用英文寫成一本一本的詳細報告，向該院提出，作為他們研究近代或現代中國的一種參考。我是他們選擇作為被訪問者的一個，夏小姐和我談話，每星期一次，每次兩小時或三小時，時間經過一年零兩個月。談話的內容，是多方面的：例如清末民初，我在長沙受過十年以上中小學教育，我便把當時長沙教育界的情況，對她詳細說明。毛澤東生與我同時，受教育與我同地，甚至一部分教過我的先生，同時也就是毛的先生；我既不能超出這一環境的影響，毛自然也無法超出。我相信這一類的談話，對於他們了解毛澤東的少年時代多少是有點用處的（在哈佛就有以『毛澤東與中國共產黨』作為專題研究的）。又如『五四』以來的新文化運動，其時我正在上海的出版界有過十年以上的服務，這一運動，尤其是新文學運動，所及於當時出版界的影響，我當然有一種親切之感，把這件事的過程和她談一談，使他們知道『五四』以前和『五四』以後中國學術界的情況大有不同，這對於他們對現代中國的了解，可能也多少有些益處：……。

大致就因為我對這一工作與他們有過這樣一番合作，他們乃約我到美國去看一看，使我對美國也有增加一點了解的機會，同時對他們這一機構還可繼續保持接觸，便是他們主要的用意。報紙上傳說他們約我到美國去『講學』云云，這都是揣測之辭，不僅我無學可講，他們也壓根兒沒有要我講什麼學。不過話雖如此，他們還是在東亞學院這一機構裏面，指定了一間房間，讓我每天去坐一坐，可以有機會認識許多朋友，可以自由借閱書籍，可以知道他們研究的是一些什麼問題，還可以大致知道他們對中國問題的了解，現已達到了何等階段，……這已經使我得益不少。至於這一學院的領導者韋慕庭（C. Martin Wilbur）教授，久在哥大教書現已退休而仍與東亞學院保持密切關係的何淬濂（廉）教授，以及仍在該院繼續研究並從事寫作的唐德剛博士各位，他們對我親切的幫助和指導，當然更是我所心感不忘的。

就因為東亞學院這一件事，我先後有近三個月的時間，不曾離開紐約。我住的旅館就在百老滙路哥大的附近，每天到學校去所花的時間不多，因此還大有餘裕可以找朋友們談天，隨時應他們的邀約到唐人街或其他的地方去吃飯，參觀各類的博物館，美術館（包括古典的和現代的），紐約市立圖書館和各種展覽會（包括一次中國書畫展覽和一次中國古陶器展覽）我也聽過音樂，聽過歌劇，看過電影，看過巴蕾舞，大腿舞，還看過中國復興劇團王復蓉演出的『貂嬋』哩。從美國各州初到紐約的美國人，或到美國旅行的外國人，往往要登一登紐約有名的摩天大樓，或坐在遊船上花兩三小時去繞紐約一過，我便連這類的傻事也曾幹過，但我覺得反不如逛逛大規模的百貨商店，大規模的食品市場或股票交易所，還能幫助我們想像美國各階層的生活。

紐約的自然史博物館大有可觀，我去過兩次。

紐約陳列古典派繪畫和彫刻的博物館，我不敢恭維；反之，兩處陳列新派繪畫和彫刻的美術館，我覺得大有前途，每處都去過兩次，甚至我對齊白石的繪畫和篆刻能作進一步的欣賞，也得着他們這類新東西的啟示不少。

美國大大小小的圖書館眞是非常普遍，中國人在各地圖書館服務的也很多。據說美國各大學圖書館藏書在三百萬冊以上的，共有十五處，紐約市立圖書館有藏書六百餘萬冊，華盛頓國會圖書館有千餘萬冊。從這一角度來看快要擁有四百萬人口的港九，似乎是太落伍了。在美國圖書館裏看書是不許抽烟的，但哥大歷史系的圖書館却是一個例外，我第一次去的時候，看見兩間大閱覽室裏面，看書的人不會少於一百五十位，而抽烟的乃在一百人以上，何以有這一特殊的情形是我所不了解的。

一位私人所藏商周以迄唐代的古陶器在哥大展出，我也看了兩次。他們對這類東西是非常珍惜而保護得很好的。

紐約不是一個清潔的都會，比之於三藩市，波士頓，華盛頓差得很遠，即唐人街也不如三藩市的清潔整齊，大概人多人雜是最主要的原因之一。不過所謂人多，也只是就紐約與美國其他的地方比較而說，就我所知道，眞正人多的地方要推東京，大阪，港九，還數不到紐約。紐約對黑人的歧視，表面上不大看得出來，實際或者是另外一回事。我也曾故意就黑人店員的手上買過東西，但他們對於取貨，點貨，包貨，算帳都比之於美國人，中國人，日本人要遲鈍一些，這眞是一件無可如何的事。美國的黑人；佔他們全部人口的十分之一，據說生殖力也很强，如果處處都演成像美國南部若干地區一樣，這也還可能構成他們一個不大不小的問題哩！

述天主教的大公會議

及所談中國傳統化的「原始默示」問題

孟戈

震動二十世紀七十年代人類宗教活動史葉的天主教大公會議，在一九六二年十月十一日由教皇若望二十三世親臨下在梵蒂岡聖伯多祿大殿揭幕，開了兩個月的會議。這是天主教會垂二千年來歷史中的第二十一次大會。

一、

悠長的二千年來，人類的生活方式與生存的社會形態發生了層出不窮的蛻變。天主教會為了適應變幻多端的現實，為了鞏固基督教義與維護神職的一定權柄，亦隨之而體現了亦步亦趨的改革。今日世界，火箭科學曳引人類的文明進入了太空世紀，共產主義的污流正意圖冲毀文明人類的道德堤壩，作為散佈於五洲之內的五億天主教徒所翕然從服的天主教會，決不能熟視無睹，亦絕不可能「以不變應萬變」的了。

根據教皇所頒示的通牒，關於大公會議的三項目的：

（一）增强人類對天主教的信仰。

（二）革新天主教徒的基督化生活。

（三）維護天主教會永恆性的基本原則下，務使適應現代潮流的希望與需要──包括教會法典的修改與教會管理法制的重新審定。

這是面對現實挑釁所發動的强烈應戰行動，這個一貫被視為相當保守而又固執的教會，要作出非常革命性的會議。正如十月五日的美國時代周刊，說是“Calls an Modernization”──「現代化」是大公會議的中心思想。

現行的教會法典第二二三條規定出席大會人物：

（一）樞機主教，無論是否具備主教權位。

（二）宗主教、首席主教、總主教、教區主教，連尚未祝聖者在內。

（三）兼理一小地區教務的修會會長或教長。

（四）隱修會的首席會長或總會長，直屬教廷的神職修會的總會長。

（五）其他修會的總會長，如無特別邀請，則不得出席大會。

（六）不統轄教區的名義主教本無權利出席大會，但如被邀請出席，則同樣具有表決權，除非邀請書上另有明文限制。

（七）神學家及法律專家如被邀請參加大會，僅有參議權而無表決權。

因而參與這次大公會議的樞機主教共八十人，與出席主教二千五百多人，加上神學家暨東正教及基督教各支派所任命的觀察代表，共有二千八百人。值得中國人注意的是，一八六九年第二十次大公會議時，中國教會的主教雖到過羅馬，但被「會外單獨議決的不利方案」限制了出席，而這次中國籍的神職人員十人與曾在中國大陸傳教的外籍神職人員四十八人，形成一個鮮明的組織出席大會中，至少有一百五十位黃種人及五十位黑種人，能够自由論道已足够說明「現代化」的旗幟，並非空懸或者徒事粉飾的。

二、

如所周知，今日世界人類中，天主教徒約五億五千萬人，基督教徒約二億二千餘萬人，希臘正教徒約一億餘萬人。事實上，這些流派都是膜拜耶穌基督的：

（一）天主教：這可說是正統的基督教會，不但有長遠的歷史，而且有嚴謹的組織和神權系統。高度統一的制度，形成梵蒂岡教皇的領導中心，這是今日世界上最大的宗教之一。

（二）誓異教：這是從馬丁路德發起「宗教改革」以後，形成五花八門的教會派別，主張的重點是（a）聖經是信仰的法典，（b）人信主必得救，（c）聖事不直接付予聖寵，僅為間接的獲取神恩的方法。

（三）希臘正教：這是遠在五、六世紀就與天主教會分道揚鑣的教會，原因是教條上產生歧見，再加上東羅馬與西羅馬政治與地理對立環境下促成了彼此分裂的。事實上，教理上出入不大，實皆極端接近天主教會。

（四）英國正教：這是十六世紀與天主教會分家的教會，它仍濡染上古老的傳統與保守某些宗教的「正統」性，其再分而成三派：（a）獨立派、（b）自由派、（c）禮儀派，獨立派偏向於個人宗教型式，自由派趨向於誓異教，禮儀派又接近於天主教。

在大公會議中，能否把這些流派歸為一統，這確實是艱難而又遙遠的問題。不過，蘇俄希臘正教駐日內瓦世界基督教理事會的代表，與蘇俄希臘正教駐耶路撒冷的副代表，均由莫斯科飛來羅馬，這明顯的証明，羅馬天主教廷確存有統一基督教派的希望和努力。

據說，新教人士對天主教會傳統的看法，有了若干改變，世界基督教理事會的賀夫忒說：「現在，天主教的婚配儀式的條件規定下，新舊教派兩方都是失敗者，雙方都站在基督教之外，雙方的限制，經常掀起夫婦間的釁端，對子女教育問題，亦極多爭端的。」儘管如此，但也有人認為：「天主教內部有許多言論自由，對新派人士予以一種啟示，一向誤解梵蒂岡係一獨裁組織，由教皇支配主教，主教支配信徒：：現在才發現聖伯多祿大殿上有發言自由，毫不受拘束。各個主教毫不猶豫發表各種不同意見，更無忌諱地坦率陳詞。這種情形令人興奮！」因而統一基督教會流派問題，似邁進了一步。而今，羅馬教廷專設了「基督教合一秘書處」，這將成為教廷永久性的機構了。

大公會議的謀求基督教流派「合一」因由，顯而易見，全在針對這個世紀的人類大禍患──共產主義的流毒的。共產黨徒是天主教徒（基督教徒）的死敵。

馬克思、恩格斯的「共產黨官言」說：「共產主義與教廷主義是極端不調和」，它又說：「給基督禁慾主義塗上一層社會主義的色彩，是再容易不過的，基督教不是極力反對私有財產、反對婚姻、反對國家麼？為代替這一切而提倡過施捨和行乞、獨身和絕慾、修道和信教麼？基督的社會主義不過是僧侶用來替資產階級心火的一種聖水吧了。：僧侶的社會主義也始終是封建的社會主義攜手同行的。」

史大林在「我們一個目的──共產主義」中更直截了當地說：「（共）黨對於宗教不能中立，而由於黨的支持科學的立場，它就不能不發動反宗教官傳，因宗教的偏見是與科學相達反的。」「布爾塞維克的世界觀在於科學的觀點來看世界：：以科學的觀點看問題，而宗教的偏見是反科學的。」

從共產主義統治世界三分之一人口以來，有六千四百萬天主教徒淪於鐵幕中。而且共產黨正以澈底消滅基督精神的手段，向四面八方滲透，從而實踐共產主義底「無神論」思想，用共產主義來代替「聖經」，用馬克思、列寧的信奉來換取耶穌基督的神位。這是天主教會與所有基督教徒所面臨的又一次的「黑暗時代」，羅馬教廷必須對這一共產黨的挑釁去加以嚴整陣容的去應戰，而不容有所退却的！（未完）

今後的財政金融

孫寶剛

今天的中年人，大概都還沒有忘記金元券狂跌的事。有人說國民政府所以在大陸很快的垮台，金元券狂跌是一個主要導火線。民無信不立，國民政府對於一切一切都不立信，所以在國民政府時代，我常常聽到許多國民政府的人說，政治在原則上是個騙人的東西。他們公開的這樣說，態度很嚴肅地這樣說。我真不知他們何所師承？我認為國民黨的當政者，對於這一個心理，或對於這一條原則不打倒，國民黨必會繼續失敗下去，非至整個成為歷史上的陳跡不可！前天有一個人對我說，國民黨喊了幾十年的三民主義沒有實行，那麼，今天喊反攻大陸，也喊個幾十年不實行，有什麼稀奇呢？這不是屬於本文範圍，於此不加評論。不過我要提醒大家一句話，即是「信」是為政之本，在財政金融上來說，尤其重信。所以今天全世界各國，維持其本國的幣值是成了重要的工作。

我前幾次文內提起充分就業，但如幣值不維持，就業後所得的工資，日日貶值，就業又有什麼用？將來我還要講社會福利問題，社會福利內的養老金和津貼補助金等，假如幣值不穩定，這些養老金和津貼金等却成了空話。再進一步說，我們要發展生產事業，便須獎勵人們儲蓄，俾可把全國人的儲蓄總額，轉為生產事業的資金。假如幣制不穩定，也是辦不到的。所以一切的一切，政府應盡力維持幣制的穩定，這已成為現代政府的一個重要責任。

和幣制穩定最有關係的，當然要講到銀行業。而銀行業中，中央銀行當然居最重要的地位。它是管理銀行的銀行，也是政府的金庫。以往在國民政府時代，中央銀行好像沒有發揮中央銀行應有的責任。說到這裏，我們應討論到銀行是否應該完全國有化。今天大陸在中共執政之下當然是完全國有化了，世界上大部份的社會主義者（我指的不是冒充社會主義者的共產黨徒）大都主張銀行應國有的，最近緬甸把銀行國有化，就是一個例子。以國民政府時代來說銀行是私有的，不過政府在中央銀行之外，還有中交農等銀行，這在制度上來說，是私有和國有化間的一個折衷辦法。我相信，假如以往的中中交農都能克盡厥職，私有銀行的重要性便可減少很多。可惜以往的中中交農並沒有如此做，並沒有替國家在執行一種政策，當然主要的原因是國民政府根本沒有政策，所以中中交農也不過是政府所有的，和普通私家銀行並無不同，其目的祗在謀利而已。所以我在批評中共的經濟時，認為中共是在實行國家資本主義，而不是共產主義，我對國民政府所有的銀行，甚至其他工廠等等來說，也認為是在實行政府資本主義。今後起，這兩個政府的制度當然都不宜繼續的。我預想今後的整個中國，銀行國有化，應該很易做到的，因為在大陸上來說，今大已經沒有私有銀行，台灣也沒有重要的私有銀行，那麼我們便不應再去恢復私有銀行制度了。因為銀行是資本家剝削一般人民的最利害的工具，何必再去恢復呢？中國古語不是說，聞自幽谷而遷之喬木，未聞出喬木而入於幽谷者也。

最後說到財政，國民政府時代是沒有預算的，今天中共的預算也非一般人所能知道的，其實民主國家的議會的主要任務就在討論和決定預算。而預算一定要和整套政策相配合才叫做預算。今後政府在投資上負有非常大的責任，更非切實依照已決定的整套政策做不可。我想對民主政治理論畧畧知道的人們，都會同意這一點。

預算之中，稅收是一個重要的項目。中國以往從不徵收直接稅，這是一個很奇怪的事。當然完全靠直接稅，在手續上相當麻煩，也許收入有限，不能應付政府應有的支出。所以簡接稅似比較的容易而可靠些。但是對於一般人民的生活必需品的徵稅，雖然不能澈底免除，也得儘量減少。總之，我們站在公道和正義的立場上，國家的負担不應偏重於窮人，而應使收入多的人多負担才合理。

依今天已成的世界趨勢，國際間經濟的合作與互助，將來祗有擴大而不會減少。第二次世界大戰之後，歐洲的所以能復興，馬歇爾計劃是一個最重要的設施，而亞洲各國所以今天還能在經濟上稍有進步，尚未窮到破產，可倫坡計劃和美援也是重要的原因。所以我認為未來中國的財政，必須靠國際間的支援和互助，才可納入軌道。這是國際間先進國家的責任，以今天的趨勢來看，不至於完全落空罷？

總結一句：就財政上來說，如以往國民政府這樣濫發紙幣，當然不應再發生，稅收也許祗能解決政府的一部份支出，發行國內公債，數量不可能很大的，我們應該全力促成和國際間合作，以爭取國際間的援助，貸款和互助，以之促進經濟建設的進步，方是解決中國的財政最大課題。

當代世界的矛盾

孫寶剛

最近紅旗雜誌上發表了「再論陶里亞蒂同志同我們的分歧」一文，洋洋十萬言，共分八節。第一節說明為什麼發表這篇文章的理由，這是無關宏旨，在此不贅。第二節論共產黨人大爭論的性質，主旨在把修正主義者謾罵一番，內容較為空洞，也似無須詳論。現在先就第三節「當代世界的矛盾」加以評論。

在這一節中，紅旗首先把陶里亞蒂的概念歸納為十二項。接着就說：陶里亞蒂所表明的：「在全世界的範圍內，各種對抗性的社會矛盾正在消失，各種互相衝突的社會力量正在合而為一」這個論斷毫無根據，並且同鐵托主義沒有多少差別，所以是對馬列主義的一種最嚴重的挑戰。這幾句話在我看來，假如我們並不是天生的要作為一個馬列主義的信徒，而社會在最近幾十年來的發展，假如真的証明了馬列主義已經過時，或馬列主義本身是有錯誤，那麼，對馬列主義的挑戰，即使最嚴重，也不是一種罪過。至於說和鐵托主義沒有多少錯別，更是不成問題，因為鐵托主義不就等於魔鬼，以我個人所知，鐵托主義雖然還有許多不準確的觀點，但是總不能說全部是不準確的。這幾十年來全世界實際情形的發展，確是使各種對抗性的矛盾在減少中，當然我們還不能承認已經完全消失，或是已經合而為一。

我們承認：資本主義國家中的經濟和社會秩序，能夠在這幾十年中，一天天比較接近正義，乃是資本主義國家中富於正義感的人們的本身努力，但從蘇聯的興起以後，繼以共黨在世界各地煽動和破壞，遂使資本主義者有所顧忌與警惕，稍有一些聰明的資本主義者不能很頑固地保守在他們已得的利益上，而作或多或少的讓步。即使他們內心中不願意，也不能不如此做。歷史上有很多事實已經証明，一件事情的發展是內在的因素和外在的影響相加而決定其發展的，我想誰都不能否認這個原則──紅旗的作者太重視了規律，其實規律是在特定的假設的情況下，才會依照規律去發展，經濟和社會的實際發展是不可能完全依照規律的。紅旗的作者一方面主張要認識矛盾，分析矛盾，和瞭解這些矛盾在不同時期的變化，指出當前具體矛盾的焦點是什麼，才能正確估計國際形勢和國內形勢，而使自己政策放在可靠的理論陣地上，但另方面又堅持馬列主義的軌道，一切要根據馬列主義的觀點，這不是犯了矛盾的錯誤，而是削足就履的辦法嗎？

依照我們的認識，世界上確是充滿了矛盾，階級的矛盾也是存在的，不過這些矛盾因了普選，工人集團的興起，平民階級智識水準的提高而在緩和中，美國經濟在整個資本主義世界經濟中比重降下了，這果然是事實，但這是一個好現象，因為如此，可以使資本主義內部的矛盾易於達成協議，至於說資本主義國家間的妥協和緩和，結果總是孕育更尖銳化的矛盾和鬥爭，我們認為這個論斷全無根據。

世界兩大陣營對立，祗是軍事集團的存在和對立，這個看法我們當然不贊同。不過世界各資本主義國家的經濟和社會制度確在向社會主義的經濟和社會制度發展。反之以蘇聯為首的共產國家，現在也知道不給人民一些自由，不提高人民生活水準，共產政權在基本上也要發生問題，可見兩個陣營的經濟和社會的制度對立是在緩和中，假如循此方向發展，未嘗不能說，這個對立是可以消失的。當然在時間上也許很長。

紅旗的作者在後半篇文中把美國作為帝國主義的代表，在建立一個空前未有的大帝國，甚至英、法、比等國也在被美國奴役中，這不免歪曲了事實罷？我們承認美國領導自由世界犯了許多錯誤，而引起了許多自由國家的反感，但是，說它在奴役自由世界，誰都不能相信！美蘇間本來有着一個中間地帶，這個中間地帶，給蘇聯佔去了大部份，現在且在奴役着，這是一個事實，說完全給美國佔領了，也是彎曲了事實。

第二次世界大戰以後，許多殖民地獲得了獨立，民主國家中工人力量的興起，果是事實，不過內中不乏反共的份子，紅旗的作者都認為是增加了共黨的力量，未免有些自作多情了。全世界的無產者和被壓迫民族是應該聯合起來的，但是聯合的結果，並不一定對共產國家有利，因為共產國家的無產者正在被共黨奴役，許多被壓迫的民族，也正在被共黨壓迫，他們聯合起來了，安知不是共黨的強大敵人麼？

所以總括一句：我們在許多點上，固然未必同意陶里亞蒂的觀點，但是對於紅旗的觀點，我們更不能同意。並且在我們看來，馬列主義在大體上已經落伍，或在根本上未必正確，所以歐洲的大部份民主社會主義者，原先都是馬克斯主義的信徒，後來發覺到馬克斯的預言，和世界今日的發展完全不符馬克斯的學說和實際政策也毫無關係，於是都揚棄了馬克斯主義。紅旗的作者在字裏行間，好像不是馬克斯主義者使犯了錯誤，這真是一件怪事。

今天世界存在着各式各樣的矛盾和對立，也是事實，但是依照這幾十年來的發展，確是在和緩中。我們看不出，這些和緩反是尖銳化的前奏。美國的許多政策是錯誤的，但不能說是全世界各國人民的公敵。全世界各資本主義間為了市場，仍在矛盾和衝突中，但比之對共黨的矛盾和衝突，不會更尖銳化。最後紅旗的作者說：在今天來說，共黨國家是維護世界和平和正義的堡壘，那是欺人之談。

可憐的毛老大！

修正主義與教條主義

（上接第一版）

胡越

馬克思派不但在德法兩國的工人運動中失敗了，同時在第一國際的權力鬥爭中也被巴枯寧派擊敗了。可以說，在十九世紀末葉，馬克思派在國際工人運動是全軍覆沒的，毛澤東在「紅旗」那篇長文中，故意隱諱了這段事實，是不能使今天的修正主義者心服的。

由於馬克思派的全軍覆沒，所以在第二國際時代，考茨基、伯恩斯坦等的漸進改良主義，變成了工人運動的主流。列寧本是第二國際的成員，他後來脫離了第二國際，俄國十月革命成功以後，另建第三國際。他反對第二國際的理論，則見之於「國家與革命」一書。

第二國際的主張固然是修正主義，而當時列寧的主張也是修正主義。前者可以說是右傾的修正主義，後者則是左傾的修正主義。因為根據馬克思的歷史唯物論，無產階級革命，必待社會物質條件成熟之後才有可能；也就是說，在工業最發達，無產階級人數比重較大，政治覺悟較高的地區，才可能發生無產階級革命。按照他的理論無產階級革命應該首先在英國發生。無論如何不應在工業最落後的俄國發生，如果不顧社會物質的客觀條件，進行無產階級革命，那就是主觀盲動主義。因此當十月革命發動之前，列寧的「四月提綱」曾遭受黨內多數人的反對，認為是左傾冒險主義，違反馬克思教條，迫使列寧不得不強調革命的能動主義。因此有資本主義發展不平衡，可在薄弱環節進攻，先在一國完成無產階級革命的怪論。列寧所以無數次的強調：「我們的學說不是教條，而是行動的指南」，正是替自己修正主義的辯護。因此就馬克思的理論來看，一九一七年十月在俄國的列寧革命路綫，與一九二七年在中國的瞿秋白革命路綫，同樣是主觀盲動主義。列寧所以獲得成功，瞿秋白所以失敗，是因二者領導能力相距太遠（十月革命時列寧已四十七歲，已有近二十年的職業革命家的訓練和經驗，而瞿秋白仍只二十幾歲，才從莫斯科留學回來，是毫無政治經驗的青年）以及實際客觀環境不同。

毛澤東口口聲聲說自己是正統的馬克思主義者，其實他對馬克思主義的了解非常可憐。他從未客觀的完整的了解馬克思主義，只是從史大林主義時代俄共出版的小冊子來了解馬克思主義。換句話說，只是從史大林主義的角度來了解馬克思主義。而史大林主義是如何的狹隘獨斷，抹殺客觀事實，赫魯曉夫在反史大林主義運動中，已經充分揭露出來了。而毛澤東還奉之為正統，可憐的毛老大！

今天赫魯曉夫、狄托、多列士、陶里亞蒂這些人，所以強調創造性的馬克思主義──中共所謂現代的修正主義──有它不得不然的客觀原因。主要原因如左：

（一）法共、意共這兩個在西方國家中實力最強大的共產黨，他們在二次大戰以後，有近廿年的民主競爭經驗，他們曾憑選票在議會中無數次爭得第一大黨的地位，這一事實使他們了解民主制度是客觀公正的，經由選舉取得政權是有充分可能的。同時他們也經驗到，由於議會立法措施，工人的生活不斷獲得提高和保障；這些事實是馬克斯、列寧時代所夢想不到的。因此馬克思、列寧所主張的，一定要把現有的國家統治機器打碎，確實已成為不必要了。另一方面在民主制度的約束之下，他們如果以暴力奪取政權，必違反大多數的民意，並且沒有成功的把握。因此意共才有「結構改革論」，認為工人運動可以憑選舉和議會，從資產階級社會和平過渡到社會主義社會。

（二）法共、意共、南共、俄共甚至赫魯曉夫本人，都確實了解，今天西方國家絕非紙老虎，有核子牙還是小事，問題是西方國家的工業生產力以及工人的生活水準，都遠較共產國家為高。赫魯曉夫從一九五九到美國訪問之後，即坦白主張要學習資本主義的優點，還打趣的說這是列寧主義。從這一點看，赫魯曉夫是一頭腦靈敏的現實政治家。他一反史大林盲目相信社會主義的優越性，盲目相信資本主義社會是垂死的黑地獄。（其實史大林治下的俄國才真是垂死的黑地獄。）毛澤東不了解西方國家的現實，因此仍盲目的信奉史大林主義，從這暴露了他的狂執與無知，可憐的毛老大！

（三）毛澤東在「紅旗」上的文章中說，在社會主義國家與資本主義國家之間，有一極為遼闊的中間地帶，這句話倒並不錯。問題是對這一遼闊地帶的看法。赫魯曉夫看出了，這一遼闊地帶的國家，大多數的要求是和平與建設；因此主張和平共存，並不惜以大量經濟援助這些國家，在核子僵局的冷和局面之下，爭取國際政治優勢。而毛澤東的看法，則認為這些國家必須和他一樣的反美反帝，必須援助，鼓動甚至製造反美反帝；而他完全不了解不承認，美國和蘇俄曾共同阻止英法兩國對埃及出兵、曾強迫荷蘭退出印尼，曾反對葡萄牙、英國的殖民地政策。因此毛澤東對亞非國家反美反帝的要求，終得不到多數的響應，是因為太抹殺事實了，無異是要求這些國家指鹿為馬。毛澤東一方面期望這些中間國家盲目的反美反帝，同時秘密輸出革命，意圖赤化這些國家。歸納的講赫魯曉夫的「修正主義」，是以經濟援助與和平共存爭取這些國家，毛澤東的教條主義則以反美反帝為招牌，滲透赤化這些國家。

以上就是今天赫毛對爭的重要分歧。總括的說，赫魯曉夫對西方集團及世界局勢有較多的了解，因而不得不放棄馬列主義裏的堅硬部分，從馬列主義立場來說他是修正主義，絕不冤枉。反過來土包子毛老大根本沒到過西方國家，也沒有近代知識，他的大腦中只有水滸傳、金瓶梅幾本舊小說和幾本史大林時代出版的共產主義小冊子；由於種種的現實原因（請參閱本刊上期拙著赫毛之爭與和解之謎一文」與赫魯曉夫鬧番了，發了湖南驟子的蠻勁，使出了渾身解數，勞民傷財，大反修正主義。並想乘此時會，攀上馬公列公，從赫魯曉夫手中搶奪共產教主的牌位。在「紅旗」上的文中竟發這樣的夢話：「馬克思列寧所以萬能，因為它是正確的！」你瞧，在廿世紀的今天，還有人信奉一家學說是萬能的，這個人不是非洲原始部落的巫師，一定是精神病患者。唉！可憐的毛老大！

層出不已，案中有案的虛報出口案

六次假報出口，賄款四百萬

靜吾

（台北通訊）轟動社會的官商勾結，虛報出口案，經辦案人員二十餘天的詳密偵查後，已發現六次之多，計大同實業公司三次，永源溶劑廠一次，利成公貿易行一次，正中尼龍加工廠一次。這四家廠商所付出的賄款，經查明者已有三百九十餘萬元之多，其事實如下：

（一）去年七月廿八日，利成公貿易行虛報出口尼龍綢六十二箱，一千九百廿件，計廿一萬一千二百碼，基隆台北關驗貨員李汝勤受賄七萬元，隆光行行員李成章六萬元。

（二）去年九月一日，大同實業公司虛報出口尼龍絲一百卅箱，由基隆南僑報關行主持此事，該行收活動費五十萬元，基隆台北關驗貨員金恒瑞受賄六萬元，基隆台北關關警任熾强六千元，隆光行行員李成章四萬五千元。

（三）去年十一月六日，大同實業公司虛報出口尼龍絲三萬六千磅。

（四）同一天正中尼龍加工廠虛報出口尼龍衫二千打，及伸縮尼龍袜一萬四千打。以上兩筆虛報出口，基隆台北關驗貨員黃明道受賄十二萬元，基隆台北關關警任熾强三千元，隆光行行員李成章十五萬元，介紹人繆寶昌廿五萬元，徐正甫十萬元，鮑士湉十萬元，嚴樂平十萬元，朱浩中六萬元。

（五）去年十二月一日，大同實業公司虛報出口尼龍絲一百六十箱，尼龍袜一百卅箱。

（六）同一天永源溶劑製油廠虛報出口黃豆油四百噸。這兩筆假出口，基隆台北關驗貨員黃明道受賄款十七萬元，基隆台北關關警任熾强二千元，徐正甫九萬元，鮑士湉九萬元，嚴樂平九萬元，朱浩中九萬元，李成章廿萬元。此外基隆港務局職員李明賢偽造搬運單據收賄款七千元。

國庫損失三千萬

據警方發佈的消息：本案被牽連的廠家，計有永源溶劑製油廠，大同實業公司，正中尼龍加工廠股份有限公司，利成公貿易行，滬江報關行，益昌報關行，南僑報關行，利成公報關行等八家。他們虛報出口所申請的退稅數字，約在一千萬元左右。如連同漏開統一發票及其他違章漏稅合計，國庫損失，當在三千萬元以上。

出口關單被撕去

自虛報出口案陸續被揭發後，海關即將所有加工出口的貨物報單從新清理核對，發現去年十二月內的關單有一份被人撕毀，顯係企圖湮滅証據；經報由刑警大隊派幹員五人攜帶測謊器到基隆實地調查，並對檔案室的六個關員逐個查訊後，已查悉被撕毀的關單實係兩張，另有一張填報四百噸豆油出口的關單，日期是十二月一日，但遲至今年二月九日始歸檔。檔案室的六個關員均否認曾有撕毀關單的不法情事。據在押的基隆益昌報關行經理鮑士湉供稱：這兩份被撕毀的報單，一份是大同實業公司虛報尼龍絲出口；及另一份是正中尼龍加工廠虛報尼龍出口，二月八日，他見辦案人員前往傳訊滬江報關行朱浩中時，感到自己做賊心虛，即於九日到海關去看看風聲，恰逢檔案室的關員忙於整理檔案，他就乘機找到這兩份關單，撕下來放進衣袋，出來後即拋入海中。辦案人員對鮑的供詞甚為懷疑：一個報關行的職員何能自由進入海關的檔案室，並從很多的檔案中找出這兩份關單放入衣袋竟未被管理檔案的關員發覺，顯然是不合情理的。因此，辦案人員決定再作進一步的偵查，可能將有新的發展。

黑吃黑的案中案

滬江報關行經理朱浩中在案發後曾一度逃匿，繼因警方追踪甚急，才於二月二十八日向台北市刑警隊投案。在投案前，他向成成公報關行經理徐正甫和永源溶劑公司總經理蕭柏煊詐稱：這件案子他願一人全部承担，他準備即向警方投案，他決不供出他們；但投案後他勢必被判處徒刑，要求他們負担他家裏的生活費。經過討價還價後，蕭徐兩人卒允付與五十萬元，其中二十萬元為現款，另開定期支票二張，共為三十萬元。一說，此事乃出自蕭徐兩人的本意，他們希望用鉅款收雇他代負刑責。不料朱投案後仍將他們供出。據朱妻郭瓊英向警方供稱：朱取得蕭徐兩人的現款及支票後，全部交給她。她以二十萬元買了美鈔四千餘元，十萬元用化名存入第一銀行基隆分行的優利存款。另外二十萬元的支票，因風聲太緊，不敢往取，經已燒毀。但刑警大隊僅在他家搜獲美鈔二千五百元。對其餘一千餘元美鈔及二十萬元的支票，仍在繼續追查中。

父子同謀

據專案小組消息，假口案的主角為徐志剛。他除了經營利成公貿易行外，並出資在基隆開設利成公報關行，由其過繼的兒子徐正甫担任經理。他對商業上的情形非常熟悉，深知如能買進海關及船務公司人員，將進口的加工貨物虛報出口，不但獲得退稅，並可獲得出口的實績。為實現此一計劃，乃以利成公報關行為包辦假出口的核心，滬江報關行的朱浩中等均為重要人物，徐志剛則在幕後策劃，首先於去年七月廿八日作試驗性的將尼龍綢出口，很順利賺進一筆巨款。接着即由朱浩中、顧如標、繆寶昌等向廠商拉生意，始發生永源溶劑廠、大同實業公司等虛報出口的事。

徐志剛在案發後即逃往南部躲避，繼因警方通緝，他又逃到板橋一個姓徐的家裏，徐妻過去曾做過他家的女傭，夫婦兩人深恐被牽連，招待他吃飯，即向鄰居姚某請教。姚乃至徐家勸他投案，徐志剛知道無法再逃，即向板橋警察分局投案。徐正甫是徐志剛的過繼兒子，也是個長袖善舞的商人，由於他善交際，使利成公報關行的人員在基隆海關相當吃得開。據說他把每一個海關驗貨員的個性，家庭狀況，甚至嗜好都摸得很清楚。有一次該行的人員於早上九時到海關請驗貨員去驗關時，驗貨員表示尚未吃過早點，該行員即在五分鐘之內，送來該驗貨員最喜歡吃的小籠包和豆漿，使該驗貨員吃了之後大為高興，立即替他辦好驗關手續。因為徐正甫對海關的驗貨員的情形都瞭如指掌，所以他設計的第一件虛報出口案陷阱，也就旗開得勝，馬到功成。

關員失足小記

據聯合報的報導，負責檢驗利成公虛報出口的關員，是五十三歲的李汝勤，是基隆台北關超等一級驗貨員，他在海關服務歷史相當久，明年就要退休，屆時可以領到二十八萬元的退休金，因此徐正甫就着上他。去年七月間徐自己所兼營的利威公貿易行虛報出口一批尼龍綢就藉口該批貨物需在海關下班之後的下午七時才能運到，請李汝勤幫忙先簽好驗關，貨到後再補驗。事實上徐正甫明知道李係居住台北市，下班後必須趕坐海關交通車回家無法等到七時之後再去補驗，所以李汝勤在情不可卻之下代他先行簽好驗關後，徐就知道他的陰謀已大功告成。第二天李汝勤獲悉該批尼龍綢並沒有裝船運出，找徐正甫理論時，徐即坦然告訴李虛報出口的內情，並以威脅的口吻對李汝勤說：「這件事如果鬧開了，老兄一定會被撤職，不如幫忙朋友到庭，替我再辦好結關手續，我還可以奉送老兄七萬元。」

李汝勤想到自己只差一年即可退休，如果鬧開了，廿八萬元的退休金就領不到，祇有硬着頭皮幹一下。徐正甫第一次成功後，第二次就找上也是居住在台北市的驗貨員金恒瑞，以同樣手法使金落入他陷阱。送給他六萬元之後再抓住金的尾巴迫使他代辦最後一道結關的手續。第三個隨入陷阱的關員是黃明道；但他竟食髓知味，又與徐勾結再幹第二次的黃豆油虛報出口，兩次一共接受徐送給他二十九萬元。如果此次虛報出口案不為警方及時破獲，再讓徐正甫攬上一、兩年，基隆的台北海關驗貨員恐將盡成為徐正甫的「俘虜」。

由於徐正甫是以陰謀誘使海關人員入彀，據說辦案人員對金恒瑞與李汝勤兩人相當同情。他們不但身敗名裂，而且徐正甫送他們的賄款，又被徐吃回去，還倒貼了一筆平日辛苦所得的積蓄。因為徐正甫曾勸他們將所收的賄款放存他所經營的利成公貿易行生息。金、李二人除了徐送給他們的賄款之外，又將平日積蓄湊成了整數各以十萬元放存徐處生息。本案東窗事發，徐正甫和他們一樣成為階下之囚，他們放存該處的錢自然也完了，但檢警雙方却依法要追回他們所收受的賄款。他們的家人為了籌措邀送賄款，這幾天來把家中值錢東西當盡賣絕，情形極為悽慘，金恒瑞與李汝勤二人在刑警大隊的拘留所曾為他們當時一念之差致累及家人而痛哭不已。

徐正甫於投案之後，對他的犯法行為均坦白供應，他也表示對不起金恒瑞和李汝勤，他說他所以會幹下這些違法的事，是因為他叔父徐正剛經商失敗負了不少債，他曾受其叔父扶植才有今天，為了報答叔父恩情，才會做對不起國家對不起朋友的事。

聯合報記者的筆下雖然對李、金兩關員作原情的報導；但他們見利忘義，與商人狼狽為奸，共同舞弊的行為是無法掩蓋的。

嫌犯二十人多屬內地人

據警務處專案小組透露：全案人犯二十名，即將於日內移送台北地檢處從嚴法辦，其名單如下：永源公司副經理操煥新（四十五歲，安徽）、滬江報關行經理朱浩中（卅四歲，江蘇）、基隆台北關驗貨員金恒瑞（四十七歲，北平市）、大同實會股份有限公司總經理蕭柏煌（卅七歲，彰化縣）、利成公報關行經理徐正甫（卅五歲，浙江）、益昌報關行經理鮑士湉（卅八歲，江蘇）、正中尼龍加工廠股份有限公司總經理李學濬（四十六歲，福建）、商人繆寶昌（四十三歲，江蘇）、基隆台北關超等一級驗貨員李汝勤（五十三歲、廣東）、永源溶劑廠董事長汪永和（六十三歲，安徽）、盈記報關行職員嚴樂平（三十二歲，浙江）、基隆市隆光船務公司職員李成章（四十歲，河北）、利成公報關行老板徐志剛（六十三歲，上海市），以上十四人均在押。基隆台北關關警任熾强（四十歲，浙江）、基隆港務局管理員李明賢（三十六歲，基隆市）、大同實業公司董事長蕭柏舟（四十二歲，彰化）、基隆台北關特等一級驗貨員陳紹旺（五十二歲，廣東）等四人，因情節較輕，均予交保候釋。另有利成公報關行總經理顧如標，正中尼龍加工廠協理洪茂長等兩人在逃，專案小組通令全省警察單位繼續查緝。

外貿會亡羊補牢

現行加工品輸出辦法，對於每一種加工品輸出均按照其所需進口原料比率，准予保留登記外滙，例如某項加工品出口經規定其登記外滙比率為百分之七十，則該項加工品輸出一萬元時，可以獲得七千美元的登記外滙進口原料，或出讓；而在進口原料或出讓登記外滙，亦可獲得若干利潤。外貿會前此核准加工廠商將其登記外滙出讓，乃為藉此鼓勵加工廠商努力輸出。准此一辦法實施迄今，已發現很多缺點。其中以加工廠商將其本身登記外滙以高價出讓外，再向外貿會預借外滙，甚不合理。外貿會認為加工廠本身如向政府預借外匯，進口原料，則其本身登記外滙，就不應該轉讓。同時又鑒於加工廠商預借外滙常常拖欠過久，無法結案。聞該會現規定已有出讓登記外滙紀錄之加工廠商，不准預借外滙外，並決定修改輸出辦法，嚴格限制登記外滙轉讓，並取消加工廠商預借外滙之優惠辦法。

中共發表抨擊美國共產黨聲明 並對香港澳門表示願維持現狀

劉裕畧

在我們觀察中共動態的時候，不難發現，毛澤東對赫魯曉夫的現階段的鬥爭，亦即毛澤東所代表的中共與赫魯曉夫所代表的蘇共的鬥爭，在現階段，雙方都正在循着矛盾的對立的路線在發展。說毛澤東已經在這一鬥爭中失敗了，那是錯誤的。因爲毛澤東現階段除了已經獲有阿爾巴尼亞那一小小的夥伴外，更在最近一年發展了北韓日共和印尼共黨對中共的支持。北越對中共不敢違抗，古巴也在內心傾向中共；而在赫魯曉夫一方呢？則捷共保共匈共等東歐共黨早已表明站在老赫一邊，意共東德共黨，以及最近表明態度的法共美共亦均支持老赫。整個矛盾尚在由個人權利衝突向理論爭執方向轉移中，整個衝突尚在向複雜方向發展中，所以，目前還不能說誰勝誰敗？最後的成敗，尚待繼續發展才能確定。

正因爲如此，所以，毛澤東便一面醞釀與蘇共談和，一面命人民日報在最近以來，先後對公開支持老赫的意共、法共、美共等連續予以公開的抨擊，以爭取鬥爭的發展和勝利。

中共人民日報於三月八日以「評美國共產黨聲明」爲題的社論是值得一讀的。因爲它不僅反映了中共目前對美共的態度，又因爲美共曾揶揄中共對香港澳門的態度，故中共亦在這一篇抨擊美共的聲明中，表明了中共目前對香港澳門的政策。而廣大僑胞對中共對香港澳門的政策，一向關心，故特將中共這一篇抨擊美共及涉及港澳的部分摘錄原文如下：

「今年一月九日，美國共產黨發表了一篇公開攻擊中國共產黨的聲明。美國共產黨的一些同志，在近幾個月來還發表了其它許多攻擊中國共產黨的言論。美國共產黨的聲明，特別惡毒地誣蠛和誹謗中國共產黨在加勒比海危機中的立場。聲明說：『中國共產黨的政策，是導致熱核戰爭的政策』；『我們的中國同志這種假左派的敎條主義和宗派主義的路線，同最富有冒險性的美帝國主義者的路線是吻合的，並且使後者得到了鼓勵』。這是什麼話？這種可恥的誹謗竟然出自美國共產黨人之口，不能不使人感到十分驚訝。中國共產黨和中國人民在加勒比海危機中的立場，是很明確的。我們支持古巴革命政府的立場正義要求，反對輕信肯尼地的假保証，反對把國際視察强加在古巴身上。我們始終把鬥爭的鋒芒對準着侵畧古巴的美帝國主義。我們既沒有主張把導彈武器運進古巴，也沒有阻撓從古巴撤出所謂進攻性武器。我們既反對冒險主義，也反對投降主義。試問，我們的這種正確立場有什麼可非議的呢？怎能說是導致熱核戰爭政策呢？有哪一點同美帝國主義的路相「吻合」呢？

「人們不難看到，同美帝國主義的路線相吻合的路線，確實是有的。美國共產黨的一些領導人，在加勒比海危機問題上，不是把鬥爭的矛頭指向侵畧古巴的禍首美帝國主義，而是指向堅決支持古巴的中國共產黨。這不是同最富有冒險性的美帝國主義者一鼻孔出氣嗎？

「你們把堅決反對美帝國主義的中國同志叫做『假左派』，我們要問，你們心目中的眞左派又是什麼呢？是不是拿別國的主權去同美帝國主義做政治買賣，就叫做眞左派呢？如果眞的是這樣，那才是貨眞價實的假左派，眞右派。

「美國共產黨一些領導人在加勒比海危機問題上攻擊中國共產黨並不是偶然的。他們這樣做，反映了他們對於美帝國主義的認識和所採取的立場是完全錯誤的。

「相當一個時期以來，美國共產黨一些領導人，在他們的報告和言論中，極力美化美帝國主義，極力美化美帝國主義的頭子肯尼廸，並且極力表白自己對美國統治階級的忠誠。

「他們讚賞肯尼廸提出的把美國的勢力範圍擴展到世界六大洲的所謂「新邊疆」思想，說「像肯尼廸那樣談到新邊疆是好的」。（見一九六一年二月「政治月刊」所載霍爾在美共中央全會上的報告）

「他們稱讚肯尼廸號召美國人民作出犧牲來推進美帝國主義事業的就職演說，說這『是走向和平道路的一個可能的開端』。（見一九六一年一月二十九日「工人報」）

「他們頌揚肯尼廸一九六一年鼓吹『一手抓箭、一手抓橄欖枝』的反革命兩手策畧的國情咨文，說這個咨文『受到絕大多數美國人民的歡迎』。（見一九六一年二月五日「工人報」）」

除了直接抨擊美共依附老赫外，中共抨擊美共故意提出香港澳門來使中共難堪，說：

「美國共產黨的聲明別有用心地提到了台灣、香港和澳門。聲明說，中國同志『對台灣、香港和澳門，還正確地沒有採取冒險政策，而他們却鼓吹別人採取冒險政策。爲什麼採取這種雙重標準的態度呢？』

「我們知道，這種奇談怪論是從哪裏學來的。我們也知道，製造這種寄談怪論的人懷着什麼目的。

「我們願意在這裏答覆一切提出這個問題的人。

「對於我們來說，從來不發生什麼『雙重標準』的問題。處理台灣問題也好，處理香港和澳門問題也好，處理一切國際問題也好，我們只有一個標準，就是馬克思列寧主義，就是無產階級國際主義，就是中國人民和全世界人民的利益，就是世界和平和世界各國人民革命事業的利益。在國際鬥爭中，我們既反對冒險主義，也反對投降主義。這兩頂帽子，無論如何是安不到我們頭上來的。

「既然有些人提到台灣、香港和澳門，我們就不能不在這裏談一談帝國主義侵畧中國的歷史。

「在中國革命勝利以前的一百多年期間，美國、英國、法國、沙皇俄國、德國、日本、意大利、奧地利、比利時、荷蘭、西班牙、葡萄牙等帝國主義和殖民國家，曾經猖狂地侵畧中國。它們强迫舊中國政府同它們簽訂了許多不平等條約，諸如一八四二年南京條約、一八五八年璦琿條約、一八五八年天津條約、一八六〇年北京條約、一八八一年伊犁條約、一八八七年中葡條約、一八九五年馬關條約、一八九八年展拓香港界址專條、一九〇一年辛丑條約，等等。根據這些不平等條約，它們從中國的東南西北四方侵奪中國的領土，從中國的沿海和內地租借中國的土地。它們有的攫取台灣、澎湖，有的侵佔香港、强租九龍，有的永佔澳門，等等。

「我國政府在中華人民共和國成立時就宣布：對於歷史遺留下來的歷屆中國政府同外國政府所訂立的條約，要分別按其內容，或者承認，或者廢除，或者修改，或者重訂。在這方面，我們對社會主義國家的政策，同對帝國主義的政策是根本不同的。對各個帝國主義國家，我們在政策上也是根據不同情況區別對待的。事實上，歷史上的許多條約有的已經失效，有的已經廢除，有的則被新的條約所代替。還有一些歷史遺留下來懸而未決的問題，我們一貫主張，在條件成熟的時候，經過談判和平解決，在未解決以前維持現狀，例如香港、九龍、澳門問題，以及一切未經雙方正式劃定的邊界問題，就是這樣。至於台灣、澎湖，已經在一九四五年歸還中國，現在的問題是美帝國主義侵佔台灣、澎湖，干涉中國內政。中國人民一定要行使主權，解放自己的領土台灣，同時，通過中美兩國大使級的華沙談判，爭取解決美國武裝部隊撤出台灣和台灣海峽的問題。我們這種立場，不但符合中國人民的利益，而且符合社會主義陣營各國人民和全世界人民的利益。

「我們這種正確的政策，爲什麼在加勒比海危機以後，突然引起了一些人的議論，竟然變成了他們反華運動的一個題目呢？

「看來，這些英雄好漢，從糞坑裏檢起這樣一塊石頭，得意洋洋，自以爲一下子就可以把中國人打倒了。但是，這塊臭石頭到底打着了誰呢？

「你們不是不知道，香港、澳門這類問題，屬於歷史上遺留下來的帝國主義强加於中國的一系列不平等條約的問題。試問，你們提出這一類問題，是不是要把所有不平等條約問題通通翻出來，進行一次總清算呢？你們是不是想過，這樣做會引起什麼後果呢？難道你們認爲，這樣做對你們眞的會有什麼好處嗎？

「從表面上看，你們似乎贊同中國對香港、澳門的政策。但是，你們又拿印度解放果阿來同中國對香港、澳門的政策相比。明眼人一看就知道，你們無非要証明中國人是膽小鬼。老實說，中國人民並不需要在香港、澳門問題上顯示武力，來証明自己反對帝國主義的勇氣和堅定性。我們的勇氣和堅定性是帝國主義特別是美帝國主義領敎過的。中國人民的優秀兒女，在朝鮮戰場上，同朝鮮人民並肩抗擊美國侵畧者達三年之久，洒下了自己的鮮血。你們現在竟然在香港、澳門問題上嘲笑我們，難道不覺得自己是『愚蠢的』、『可悲的』嗎？」

僑鄉近訊

鍾之奇

蛙人部隊登陸海豐炸雷達站

據香港三月四日星島晚報消息，謂中共炮艇在潮汕地區沿海，捕去小漁船卅艘，分別予以扣留。此一消息，本報記者昨日與一名剛由潮汕地區來港之人士談及，予以証實。並指出：中共炮艇之大舉拘捕漁民，係與本月一日海豐縣之遮浪嶼小鎮之中共雷達站被爆炸，死傷中共軍約百人事件有關。

這位來港不久的何君向記者說：自從去年五月間開始，國軍的小組突擊隊，經常在沿海一帶活動，滲入大陸，進行策反及游擊工作，中共軍常爲之寢食不安。尤其最近，國軍之精銳蛙人部隊，更不斷在大陸沿海作擾亂性之突擊中共海防前哨據點，主要行動係爆炸中共之軍事設備及倉庫。屢次均建奇功，達成任務返防。

本月一日凌晨，國軍蛙人部隊一小隊，携有爆炸品及輕便武器，奉令出動突擊潮汕海豐縣之遮浪嶼小鎮，當時因時在凌晨，未爲中共守軍發覺，迅速行動，並獲民衆配合行動，進行爆破鎮上之雷達站：當堂炸斃共軍多人，另一批蛙人則向共軍營房突擊，將軍營設備破壞，並以機槍掃射，將共軍約百人擊斃。事後安然撤退。

翌日，共軍即大舉出動，將所有海上漁船封鎖施行嚴密檢查，拘捕無辜漁民百餘人，及扣押漁艇卅餘艘。

廣州開辦圍棋學校

正當大陸各地人民飢寒交迫之際，廣東共幹却異想天開的在廣州開辦了一所圍棋學校，而且還由中共廣州市副市長出任名譽校長哩！

據三月七日中共控制的香港大公報報導說：「廣州第一所圍棋學校——廣州市青少年業餘圍棋學校，最近創立。並於三月一日開始招生。由廣州市副市長孫樂宜担任該校名譽校長，廣州體委副主任周澄濤、廣州棋社副主席陳松順分任正、副校長，名棋手齊曾矩、黃逢春、盧作堯、梁文麒等担任教練」云。

順德大量培養魚苗

鮮魚也是可以換取外滙的出口物資之一，雖然養魚的人根本不准吃魚，但中共却强令順德農民大量培養魚苗，以便調往廣東各縣繁殖。據中共廣州南方日報說：順德縣十三個魚苗場，已先後調出二億五千萬尾各類魚苗供各縣生產隊放養。杏壇、勒流、大洲等魚苗場調出的魚苗，都比去年春天壯大云。

菲律濱立場的動搖

共同陣線

俊華

印尼外長蘇班德里奧，定於今（三月八日）晚深夜二時，乘特備的專機飛往馬尼刺。蘇班德里奧此行，剛在菲律賓總統馬卡柏佳稱病拒見馬來亞副總理拉查克之後。馬卡柏佳原已約定三月七日下午接見馬來亞副總理，但臨時遵醫生的囑咐「取消一切約會」，爲其違和的政躬爭取休養。菲新聞部副部長里伊斯在宣佈菲總統遵醫囑休養之後還說：因爲星期五（九日）是菲國的休息日，因此馬來亞副總理在返回吉隆坡之前，「可能無法見到菲總統」。這最後的一句話似乎有些「蛇足」，因爲馬來亞拉查克副總理已定於星期六返國，他不會呆在馬尼刺等待菲總統的接見。

自從菲律賓爲北婆羅洲領土之爭而與馬來亞意見相左以來，雙方的隔閡一直不能夠消解。菲、泰、馬三國東南亞協會的延期舉行，固然是馬方的主動，但這並不是對菲律賓的一種「杯葛」或報復行動，而是當時婆羅乃叛變之後，馬政府正手忙脚亂，亟於籌劃應付；同時婆羅乃叛黨首領阿哈薩里當時尚然滯留馬尼刺市，拉曼總理實在也不能到同一地點去參加會議。雖然馬來亞很快便從英國方面獲悉，菲已對英咨覆不予婆羅乃叛軍以實質的支援，而事實也經証明，儘管菲律賓民間團體有組「志願軍」協助婆羅乃叛黨的說法，但菲政府確沒有對此作出任何實質行動的支持，不過讓阿哈薩里以馬尼刺爲宣傳講台，究竟是菲方因爭北婆領土而產生的寬容措置。馬來亞方面當然不能說對此會感到滿意。

東南亞協會的延會事件引起了泰國的注意，泰外長乃他納特爲此事訪問吉隆坡，試探爲馬、菲之間作疏解，俾「東協」工作得以照常推進，免致影響這個地區的經濟建設。在世界各區「共同市場」成爲經濟貿易主流的時候，以東南亞共同市場鵠型自居的「東協」，在還沒有展開工作的時候便遭到阻力，乃是一種共同的損失。乃他納外長上述內容的說辭，獲得了拉曼總理的接納。至於調解的方式方面，或者把「東協」會議移地到曼谷去舉行，借此安排馬、菲高級首腦的會晤；或者逕直舉行菲律賓所謂倡議的東南亞區高峯會議，直接討論解決馬來西亞問題。這個高峯會除泰、非、馬三國外，當然包括印尼在內。

拉曼總理履行他對乃他納外長的承諾，乃發表談話說馬來亞歡迎一項高峯會議，只要它是由絕對中立的國家所號召及在中立地區舉行者。拉曼總理之所謂中立，不是中立主義國家的意思，而是在馬來西亞問題上中立的，暗指泰國。而馬來亞拉查克副總理的訪問馬尼刺，自是馬方對菲表示友好及願意談判的做法，可是菲方卻由總統拒絕予以接見，關閉了談判之門。

而蘇班德里奧就剛在這個時候訪菲，馬尼拉的觀察家們認爲，蘇氏此行「意義重大」。因爲印、菲均反對馬來西亞的成立，蘇班德里奧與馬卡柏佳會談的結果，可能導致一項「共同陣線」的產生，以阻撓、打擊馬來西亞的成立。蘇班德里奧訪菲，且將爲蘇加諾訪菲舖路。那便是說，如果印尼外長與菲方正副總統達到某項協議的基礎的話，一到蘇加諾與馬卡柏佳會面之後，便會付諸實施。

合縱連橫

菲律賓與印尼能夠達成對付馬來西亞的「共同陣線」麼？菲律賓會追隨印尼？那種「對抗」馬來西亞的政策麼？那便是吉隆坡當局所極爲關切注視的。菲律賓觀點是否接近印尼的觀點？菲律賓的行動與印尼的行動是否將趨一致？

菲律賓民間對爭取北婆羅洲領土，反應相當强烈。菲職工總會前此曾經聲言，他們由會員及徵集，可得三萬志願軍，協助婆羅乃叛黨爭取獨立。這種說法，顯已超出菲政府的既定政策之外。菲政府原來所宣佈的政策，是依循正當手續，據理力爭對北婆羅洲的領土主權，但對婆羅乃叛亂則不予插手。但最近菲衆院議長威拉里爾更突然建議，說菲律賓應與印尼締結同盟，因菲與印尼，在此地區有「共同的利益」。他並申說：雖然菲律賓是東南亞公約國家，而印尼則否，但締盟與「東約」並無衝突。這項談話的涵義，不管指明反對馬來西亞乃屬菲與印尼的共同利益，而菲與印尼結盟對付馬來亞「不影響東約」，乃因馬來亞並非東約國家。

菲律賓的「依循正常手法爭取北婆領土」，其一是照會英國加以索取。其二是呈交國際法庭公斷。前者經菲副總統兼外長巴勒茲前赴倫敦談判，未有結果。後者也爲英方所拒絕。

雖然英方仍力謀與菲方談判解決──實際上是力謀獲得菲方的諒解，不要參加印尼强硬反馬來西亞路線。但菲律賓民間已表現出强烈的失望。馬卡柏佳總統毋疑也遭受到此項壓力。馬氏最初曾經發表過「不想索取北婆領土」，但後來受到壓力，就轉而强調菲對北婆有主權。這一次已約定接見馬來亞副總理而臨時取消接見，可能也是受到左右的壓力。

菲律賓反馬來西亞運動已經越來越趨激烈，衆院代議長炳逵頓在衆院演說；謂馬來西亞如果成立的話，則「東南亞協會」和「東南亞公約」兩個機構，「都將解體」。他指謫馬來亞把北婆三邦合併馬來西亞「實際是一種錯誤」，說那乃是英國的計劃。他認爲馬來西亞成立，必然引起軍事衝突，而結果將甚爲可怕。炳逵頓當然沒有說明引起那一方面的軍事衝突，更不會明言菲律賓可能担任軍事衝突中的一個角色。但認爲「東約」及「東協」兩機構俱將「解體」死亡」，顯與「印尼──馬來亞」無關，而指的是「菲律賓──馬來亞」關係的分裂。

有一部份持重的菲議員不主張與印尼過份聯結，認爲印尼國內共黨勢力高漲，而菲律賓則極端反共，殊難有建立「共同陣線」之可能。抑且，菲律濱正在致力和平建設，若果參加印尼的路線，終於難免至到武裝干預北婆，但結果並不能保証得北婆，豈非徒勞一場？但主張親印尼者又另有論調，謂印尼共黨勢力高張，正指出印尼有被共黨攫取之可能，菲國能見其機先，正應與中立的蘇加諾聯繫，予以支持。否則蘇加諾政府一旦被共黨接管，則龐大之印尼共產政權將爲菲律濱更大的威脅云云。前政府新聞部長古魯茲氏，在扶輪會中演說，提出了後者的論調。

關於菲與印尼結盟一說，菲方雖認爲不影響東約，但觀察家們仍認爲此事不大可能，因印尼既標榜「不結盟」，不容放棄此項政策，而與非方訂立盟約。不過照菲律濱的態度，菲與印尼簽訂一項所謂「互不侵犯」的協定是頗有可能的，這表示菲律濱對於印尼一旦用兵北婆時，她將會「作壁上觀」。這樣的結果，能平會影響到東南亞公約，如果英國以印尼干預北婆而要求東約採取行動時，菲律濱就可能根據與印尼有互不侵犯協定的理由，阻止東約有所行動。

印尼已經拒絕東南亞高峯會議，謂除非以「不成立馬來西亞」爲前提，否則印尼不參加此會。看來，談判協商的路徑經已逐漸阻塞，蘇班德理奧遊說馬卡柏佳，是東南亞合縱連橫的開始，好戲似乎還在後頭。

·吉隆坡通訊·

南越共黨游擊隊又告蠢動

·夏粹·

潛伏南越的共黨游擊隊，最近又告蠢動，恢復加强出擊；其襲擊的目標，仍是指向駐南越的美軍。在西貢南部廿五哩之丁塘地區，已有兩架美軍直昇機被擊落，一名美國槍手喪生。──這正顯示出：越共游擊隊確經獲得了適當的補充，其實力已足以再度困擾美軍了。因此，美國方面，也就迅即作出了決定，容許派駐南越的美軍，可先行射擊，而不必等待共黨游擊隊先行開槍然後才予以還擊。

在此態勢下，正反映出南越的軍事局勢，將再轉趨緊張。

當地人士業經透露過，在最近一月來，共黨游擊隊在西貢郊區活動頻繁，而南越的政府軍則懾於共黨游擊隊的潛勢力强大，有時竟然不敢出動正面對抗敵人，而祇是由美軍單獨出擊；又因爲共黨游擊隊最擅於破壞交通路綫，致使運輸備受威脅，物資分配不能流通，造成物價不斷上揚，影響人民的生活。且當地人民的糧食生產，也受到共黨游擊隊的打擊，釀成了供不應求的現象。凡此種種，足以引致南越政府軍士氣低沉。當地人士又指出：在西貢區郊，有些地方是「戒嚴區域」除軍人外，是不准任何人行近的，但在戒備森嚴的光天化日之下，也屢被共黨游擊隊潛入投擲炸彈，鬧出了天大的笑話；這究竟是意味着甚麼呢？是不是在軍隊中有了叛變份子呢？抑是共特神通廣大，早已滲透入政府軍隊中呢？天曉得！此外，在當地人士傳說中，還有些更笑話的，據謂在重要地區的橋頭，雖然都建有監視塔，在各交通孔道，雖然都建有瞭望台，可是那些監視塔瞭望台，都祇是虛有其表，所謂「戰畧村落」，更糟場得不可思議，鐵絲網和戰壕的防守設備，早已弄到凋殘零落，有些部隊的駐防地，其營房旁邊，蓋搭了有大小木屋，是供士兵們的眷屬居住的，而士兵們卻經常於午間跑進那些小木屋裏晝寢；如此的防務，又怎能抵抗得共黨游擊隊有計劃的襲擊？目前，有不少普通的村落，白天是寧靜的，市場上照常買賣，茶座咖啡店也照常顧客滿座，但一到了入夜時分，共黨游擊隊便出現，而當地村民卻並不會感到訝異驚惶，他們還說：「我們祇是普通的老百姓，共黨游擊隊是不會干涉我們的」。從村民這種輕鬆的態度看來，就好像南越政府戰勝了也好，共黨游擊隊戰勝了也好，對他們都毫無關係，他們的觀感是：「個個人做皇帝都要徵糧」。

在軍事方面，本年一月以來，南越政府的戰績也是頗爲尷尬的，在該月初的第一週內，政府軍被共黨游擊隊轟斃的達三百餘人，而美越聯軍的直昇機被擊墜的也有五架，另被擊中而飛回基地的則有六架，美籍顧問三人喪生，八人受傷。本來，美國駐越的空軍實力，是擁有壓倒優勢的，何以屢爲共黨游擊隊所乘而致損兵折將？據謂共黨游擊隊的戰畧，不是在乎使用「硬工」來奪取土地，而是在乎運用政治宣傳爭取民心，不少當地農民受到了他們的宣傳而甘被利用，故每當美越聯軍的直昇飛機出擊，他們便早已知情，先行避匿，使美越聯軍的直昇機撲了個空，甚或遭遇到他們的暗算；這就是美越聯軍屢嘗敗績的主因！

美國官方人士最近談論到整個東南亞形勢時也指出：目前南越方面，又趨不穩，美國雖在南越破財，但前途迄未見明朗。美國官方人士認爲這是美國政策上之錯誤，而吳廷琰政府本身也有很嚴重的過失。據謂美國的軍事專家，初時曾輕率地估計在三年內便可以擊潰越共的游擊隊，但事實上卻未能獲致合乎理想的成果。自一九五五年以來，美國對南越軍援已逾十億美元，可是直至現在，仍未能將共黨游擊隊擊潰，南越局面，最近且轉緊張；顯然，軍事與政治，均告失敗！──這項批評，確是一針見血！

現在共黨游擊隊又再向美軍襲擊了，他們此次行動，一定配合了新的陰謀；倘若美越聯軍還不重新檢討一下其戰畧和戰術，與及南越政府在政治上不迅予改革，則很可能受到更重大的困擾！

焦文姬

（五一）

（版權保留）

黎　明

第十一場：

滿尙智：這個？（因滿福提起樞密相公，知道不便硬頂，立即軟了下來）大哥坐下再叙。請！（讓坐介）

滿福：請！（坐下，目示得祿）來！見過我家狀元公！

得祿：參見狀元公。（行禮介）

滿尙智：罷了。（手揮令起）

得祿：多謝狀元公！（起侍一旁）

滿尙智：呀、請問大哥：樞密叔父緣何知道小弟在此？

滿福：賢弟呀！（唱）：

自從賢弟離家去，
叔父告老轉回家。
您金榜題名誰不曉？
愚兄我，特遵叔命千里迢迢來接駕。

滿尙智：（離座旁白）哎呀且住！方才小生已吩咐焦細，說不日就要轉回鳳翔，迎接文姬父女一同掃墓上任；如今樞密叔父却專人接我回家；這這這，這便怎麼處？——嗯、我自有道理。（回座，轉向滿福）哦、大哥！小弟還有別事需要料理，此刻不能抽身回家。就請大哥稟復樞密叔父，改日再來叩候。

滿福：咳、賢弟說那裏話來？有道是『狀元歸去馬如飛』；愚兄看賢弟行李都已齊備，不是回家，又往那道而去？况且賢弟新派服官洪州，家鄉正是必經之路，正好順道回家，再去上任不遲。——賢弟爲何却戲耍愚兄起來了？

滿尙智：這？

哦、大哥有所不知；只因小弟流落的時節，曾受過一個人的大恩，如今行李備好，正是要向西路前去謝他。

滿福：賢弟此言差矣！依愚兄之見，賢弟如今雖然得第高中，畢竟還是囊空如洗；報恩之事，來日方長；等到上任之後，宦囊充沛，加倍奉敬，也還不遲；豈有今日倒不東歸反而西向之理？

滿尙智：這個？（離座旁白）哎呀且住！我看福大哥一本正經，言之成理。本當把我與文姬之事對他實說，無奈事涉苟且，難於啟齒，這便怎麼處？（搔首移時，忽下決心）唉吔！回不回在我，聽不聽由他，我只咬定此時不能回去，也就是了。（回座轉向滿福）大哥有所不知，小弟此恩非比尋常，且有諾言在先，此時小弟實實地不能回去。

滿福：賢弟！你說的什麼？

滿尙智：小弟是說：小弟此恩非比尋常，且有諾言在先，此時實實不能回去。

滿福：住口！（勃然大怒，憤然而起，戟指大罵）我把你這不知輕重的昏畜生！（唱）

恩情深重是父母，
父母恩情大如天。
天子也要以孝治天下，
爲的是那子孝與孫賢。
子揚名聲顯父母，
父母含笑在九泉。
偏你這畜生在今日僥倖得一第。
竟敢居然不肯回家拜墓田。
回不回家權在你，
我只向樞密叔父把信傳。
倘若他，輕輕將你參一本，
切莫怪愚兄我沒曾有話說在先！

（憤然目得祿白）也罷！得祿！今日狀元公既然不肯回家，吩咐船家準備，我們只算白跑了一趟，回家報於樞密相公去吧！

得祿：咋！（轉身欲下）

滿尙智：且慢！大哥休要動怒，小弟與大哥一同回家也就是了。

滿福：這便才是呀！（轉向得祿）得祿！與你家姪少爺搬行李去者！

得祿：咋！

滿尙智：唉！（眼光光看着得祿搬行李，只有搖頭攤手的份）（移）

第十二場：

地：滿貴的書房，陳設典雅而大方，骨董書畫，琳瑯滿目。

時：距上場半月後。

人：滿貴、書僮、滿尙智。

（書僮作拂塵介。滿貴慈祥而又自然威嚴地在音樂悠揚聲中徐上。書僮見了連忙站過一旁。）

滿貴：種樹如培佳子弟，閒居勝過活神仙。（就座）老夫滿貴，自蒙聖上恩准致仕，家居養靜，每日栽花種竹，飲酒賦詩，倒也逍遙自在。只因侄兒尙智新登金榜，分發洪州，不日就要啟程。是老夫上了幾歲年紀，連日爲他應酬忙碌，倒忘了一件大事。我不免將他喚了出來，當面講明便了。來！

書僮：咋！

滿貴：有請二少爺。

書僮：有請二少爺！

滿尙智：嗯呸！東園飲酒西園醉，狀元府第宰相家。參見叔父。（行禮介）

滿貴：賢侄少禮，一旁坐下！

滿尙智：侄兒告坐。——呀叔父！把侄兒喚將出來，不知有何訓教？

滿貴：哈哈哈哈！喚賢侄出來非爲別事，只因爲叔上了幾歲年紀，連日陪了賢侄應酬忙碌，倒把賢侄一樁天大的喜事給忘懷了。

滿尙智：但不知侄兒這喜從何來？

滿貴：賢侄呀！（唱）

自從看了登科錄，
我便爲你定了親；
你岳父就是那朱從簡，
當朝一品輔聖君。
門當戶對人爭羨，
郎才女貌好婚姻。
完了花燭上任去，
神仙眷屬宰官身。
這才是祖有功來宗有德，
天敎雙喜臨家門。

滿尙智：（不覺大驚失色）這個？

滿貴：賢侄不必顧慮，你的心事末，爲叔早就知道了呵！（唱）

滿貴：賢侄不必顧慮多，
金銀財禮早已過；
洞房就在樞相府，
有肉如山酒如河。
你但安心做嬌客，
大登科後小登科。

滿尙智：這？——（離座旁白）哎呀且住！那焦氏父女對小生恩重如山，我本當接她一同上任，無奈福哥強我回家，一時無法推却，只好到任之後，再作道理；不想叔父倒和我定了親了，這便如何是好？哦，有了；我不免把鳳翔之事就對叔父實說了吧！（正擬回座，又復胆怯遲疑）哎呀不可呀不可，想我與文姬乃一時苟且結合，並非明媒正娶，這事如何向叔父說得出口？這這這便怎麼處？（急得來回踱步搔頭。）

滿貴：哦、賢侄！爲叔業已講明，喜事用途一切都有爲叔做主，敢莫賢侄還有什麼不滿之處不成？

滿尙智：（失神地）哦，這——多謝叔父盛情，小侄豈有不滿之理。只是——只是此乃小侄終身大事，尙容小侄心下計較計較才是。

滿貴：唉咦！（怫然變色）親也定了，禮也過了，尙何計較之有？看你與我計較去來！（拂衣怒下。）（移）

（待續）

友聲集

（一八）

舜生上月病入波士頓醫院，茲聞又病金山，賦寄

扶雅

又纏二豎臥金山，消息傳來正歲闌。異域分携增感慨，隔州互勗護孱顏。相期爲國惺惺惜，結伴有鄉念念還，獎掖後生須老輩，乞恢餘勇濟時艱。

冒大雪赴布碌侖印廠取所辦刊物

前人

伊誰塗炭我生靈？大好河山帶血腥！白雪無端侵白髮，丹心庶或媲丹青。拚將老命酬宗國，欲起黃魂制頹齡。凍地冰天駒過隙，春風佇見叩窗櫺。

次韻淡翁元旦試筆

文擢

丸玉飛光與換年，九衢幡影麗雲邊，北歸雁簡音無準，南放梅花老更妍。潦草觴餘供臘盞，婆娑詩興動春光。旌旗懸望龍蛇起，策馬長歌與子旋。

次韻蘇圃壬寅餞歲

前人

曖霧噓殘臘，深爐歎夕暉；市桃春有價，火樹夜成圍。雉兎艱逢世，龍蛇待發機。歸懷癡一往，忍說夢都違。

唐詩偶釋

（九）

鄧中龍

送梓州李使君

萬壑樹參天，千山響杜鵑。山中一夜雨，樹杪百重泉。漢女輸橦布，巴人訴芋田。文翁翻教授，不敢倚先賢？

逆起陡入，如天外飛來，首句押韻，故氣勢益壯。第三句緊接第二句，尤見筆力。

第一句寫樹，第二句寫山。第三句緊承第二句寫山，第四句遙應第一句寫樹。此詩中常格。李太白「獨漉篇」：「獨漉水中泥，水濁不見目。不見目尙可，水深行人沒。」與此格同，可參閱。

前四句言蜀中之風物，暗說。五六句言蜀中之人情，始明說。第七句一頓，借史事括上啟下，末句合到使君，仍用逆筆，更是難得。

第二句釋者不一，或謂其「不可解」，或謂「不敢」當爲「敢不」之訛；或謂梓州雖僻陋，而其民俗尙馴，斷不敢翻文翁之敎政，而不遵使君之諭；或謂梓州民俗如此，而使君翻敎育之，不第因循承襲，奉行故事乎！以上所述各種釋詞，細按之殆一無是處。依全詩氣勢而論，此處仍宜用逆筆，否則，頭重脚輕，便不免貽虎頭蛇尾之譏，大家布局，斷不致有如此輕率者。意謂如此風物，如此民情，文翁翻可以教授，豈謂以使君之德，而不敢比美先賢乎？是勸勉語，亦期望語。想天外風光，寫千年史事，一筆折到李使君，神完意足，是爲龍跳虎臥之筆。

此詩純用逆筆，故具絕大筆力。前四句破空而起，末二句翻騰作結，如飛瀑出巖，不可仰視。王維詩以平淡勝，此詩獨走險着，幾不類其所爲。固知能者無所不能也。韓退之「送廖道士序」一文，通篇無一字說到廖道士，乃句句皆爲廖道士蓄勢。以廖道士爲郴州人，郴州本無可述，乃先從衡山說起。首句「五岳於中州衡山最遠」，亦破空而起，筆力挺拔。全篇僅三數句畧涉廖道士，亦出以迷離倘惚之筆，欲縱微擒，不可捉摸。末言魁奇忠信材德之士，若不在廖道士之身，必在其所與遊，而又用「申以問之」四字，一筆放開作結。王維此詩，畧同於韓愈「送廖道士序」一句之布局，以氣勢勝，以翻騰勝。詩文之道，理無二致也。

首聯押韻，二三緊承，其勢峭峻，若臨絕壁。五六句，意欲稍轉紓徐之境，而勢不能自止，故七八句乃更作波瀾，遂極天下之壯觀。讀此詩須體會作者營構之苦心，則於七八二句之含義，不待煩言而自解矣。近儒說詩，不求別趣，牽強附會，幾入魔道。大家之詩，至有爲彼輩肢解無完膚者，則不惟貽誤後學，亦且愧對古人。

憶陳果夫先生（九）

宇人

為了避免和省黨部（實則應該說是調查室）發生衝突，支團部的籌備工作進行甚緩。次年二月，中央黨部改組貴州省黨部，派我為主任委員。此時，中央黨部組織部長是朱家驊先生，事前他曾向我提過；但僅屬試探的性質，並未徵詢我對省黨部的意見。我原以為在改組時，他會先和我洽商；不料後來我却是在報上看見中央常會的決議才知道的。省黨部改組後陳惕廬和上文提到的那位書記長均不在內；十一個執行委員中，有五個是CC，其中四個還是陳惕廬的化身，因為貴州的CC和省黨部調查室原是一而二，二而一的。另外五個委員，四個與朱先生有關係，其餘一個雖然沒有參加黨內任何小派系，但却對陳惕廬一班人甚為憎惡。因此，改組後的省黨部便形成CC與反CC兩大派，我在形式上雖為主任委員，實則乃是孤家寡人一個。我當時本不想就任，祇以中央的決議難違，桑梓的情誼更不可却；同時，又鑒於假如不兼負黨部的責任，支團部的工作，很難開展。我既然負了團部的使命，自然希望能做出些成績。因而仍決定接受。

陳惕廬得知省黨部將改組的消息後，即秘密的改組了二十餘個縣黨部，並於移交前一日，改組貴州各界抗日後援會（因為該會曾沒收及拍賣大批日貨，握有一大筆欵）。我召開第一次省黨部執行委員會議時，即為了這兩個問題大趨爭執。反CC的五個委員認為他放起身炮，應一律予以推翻，CC的五個委員，則堅持反面的意見。兩方相持不下，我最後決定對於他改組的各縣黨部暫維現狀，如以後發現有不稱職者，再予更調。我的理由是：陳惕廬雖放起身炮；但這些被他新委派的同志所接的命令還是用省黨部的名義發出的，他們本身並沒有責任，應該讓他們有表現工作的機會。假如他們剛到任所，尚未開始工作即被免職，難免不給黨內外以一朝天子一朝臣的惡劣印象。而且，我根本不相信這些縣級同志自甘做任何人的私黨，祇要省黨部對他們一視同仁，積極領導，他們必然會盡忠職守的。至於省各界抗敵後援會，事實上雖唯省黨部的命是從，但在形式上乃由各機關各人民團體所組成，我也認為不宜在改組才一日之後又再予改組。不過為防範該會的欵項開支可能發生弊端，我決定改進其經費收支辦法，確立會計制度，並加推兩位委員參加監督。

我這兩項決定，旨在保存省黨部對下和對外的信望；但對貴州的CC來說，顯然佔了便宜。同時，我對黨部的原任人員無論是省黨部內部或所屬各級黨部，凡願意繼續工作者，一律留用。陳惕廬離開貴州後，由果夫先生以委員長侍從室第三處的名義向山東省政府主席沈鴻烈推荐，派為該省訓練團的教育長，他即在貴州挑選了十餘個被認為得力可靠的同志帶去。他們有的是省黨部的職員，有的是縣黨部的書記長，有的在動身去山東之前即辭職，有的則以請假為名，到了山東以後才來信辭職，我均一一聽之。

在青年團貴州支團的人事方面，貴州的CC也佔了很大的便宜。各省的支團多以復興社為基礎，一開始便與CC處於對立的地位。但我在貴州則堅持青年團乃是黨的組訓青年的機構這一大原則，團務籌備人員都是選自文化教育界中的黨內青年同志或同情本黨而志願入團的黨外青年人士，亦有極少的一部份是曾經做過黨務工作的。我的用人方針，雖然是祇問才識和品德，不計派系關係，但以復興社在貴州的基礎是保警和國民軍訓機關，我則認為在這些機關的工作人員絕不適於青年團的工作，因而貴州的團務與復興社完全無關；而貴州CC的若干分子却做了團的重要幹部。當時中央團部方面曾有人說我是CC，對貴州支團的作法，頗為不滿；但前後任的書記長和組織處長康澤始終沒有直接或間接的向我有何表示，更從未有任何干預。

雖然我兼任貴州省黨部主任委員後不但對省縣黨部中的CC分子一視同仁，曲予優容，即支團部內也有不少的CC分子參加工作；可是省黨部調查室在表面上對我似乎頗為尊敬，實則仍暗懷鬼胎。依照法令的規定，調查室原是省黨部所屬的機構，受主任委員的指揮監督；但事實上他們則直屬中央調查統計局，自成一個系統。省黨部主任委員如非他們的局中人，縱然是CC，也休想過問他們的事；如果不是CC，還要成為他們「調查統計」的對象。

我到省黨部後第一件使調查室不快的事，便是所謂「精忠社」的問題。陳惕廬曾把貴陽的哥老會組成一個秘密團體，定名「精忠社」，並指派省黨部委員黃君參加哥老會，以便從中控制。該社成立時，秘密舉行職員就職典禮，上文提到曾任第六部總務處長的那位溫寧，適經過貴陽到重慶，陳約他參加，此後即放出空氣，說精忠社是奉中央之命而組織的，陳果夫還派女婿前來監誓。一天，黃君向我說：精忠社的負責人士希望我能見見他們，我問以他們是些什麼人，他答盡屬地方紳士和各界領袖。於是，我表示可以。隔了數日，我就由黃君引導去一個地方，穿過幾進房屋，到了後面的一進，中有大廳，上方設置香案，供關雲長像，焚香點燭，氣氛頗為神秘。兩旁站着兩行人，約有四五十個，均鞠躬為禮。一眼而知其多為市井流氓。我既已到此，祇好在他們殷勤恭敬的招待之下，敷衍片刻，即退出。事後我問黃君：「你們把這些流氓組織起來的用意何在？」他說：「因為他們在下層社會頗有勢力，若不予以領導，必然會為他人所利用。」我說：你能使他們今後不偷、不搶、不吸毒、不走私嗎？他無言以對。我勸他以後不必再和他們來往。他說：他是奉中央的命行事。我問中央那一部門，他說不出。此後，我對於「精忠社」即採取不理的態度。

（待續）

抗戰行列中見聞雜憶（二〇）

中美合作的困難之一

李璜

在抗戰末期，大家都知道，我們是有賴於美國軍事力量的配合以及美國戰爭物資的接濟，然後方才渡過最後的難關的。因之，在民三十三四，中美在遠東對日戰爭中的前方與後方，合作的地方便很多而且普遍，這我無意於在此一一加以詳述。但我所要畧為談及的，是中美在這一同仇敵愾中，合作得並不見佳，而同時發生困難問題；且在這些困難問題發生之後，弄得中美雙方的軍事主持人彼此都不痛快，因而影響中美兩國最高當局的情緒兩皆不佳；可以說，本此屬階，難免惡感，即此惡感，便為中共所乘，而有後來中美當局的彼此誤解，交情因以有隙不終，且至今為梗，這是不必諱言的。

其實，這種種困難問題的發生，在我當時看來，中美雙方都有責任，而且這一責任且不必歸之於雙方的某一主持人身上。中美雙方的工作人員，彼此所處的社會習慣既然不同，彼此看事的角度就各有差異；因此在戰爭這一緊張的局面中，要求合作得絲絲入扣，想達到圓滿地步不免因彼此的希望過高，反致雙方都感到事事無從合轍，因而怨恨起來。

筆者至今還憶及一些事蹟，即就我在這方面的親見親聞，來分別剖析中美合作的困難處，計有三點：一為技術上的見解與習慣的差異，二為兩民族性格的不同與難於彼此了解，三為中美兩國在當時所具的政治與軍事見地各有其相違相拒之處。茲特畧為寫出其事象，以為我們自己的反省之資，並無意於責備任何人也。

先就技術見解與習慣的差異而言，則美國人事事要講求快、捷、妥的效率，這一個動力主義的作風，便與中國人一向的自然主義的作風相差甚遠，或者可以說，恰恰相反。這在中國抗戰時的最高統帥部便早已了解我們自己的這種悠閒慣了的習俗，乃是不適於現代鬥爭的生存的，因此曾特別訓練「快幹、苦幹、實幹」，或者到處張貼：「迅速、確實、負責任、守紀律」的這一類標語。

然而新生活的標語，與訓練團的講演，乃並未能移風易俗，中國的老百姓以至於政府的工作人員仍舊是，凡事都動得相當慢，而且一羣人合起來動，則動的手法很難趨於一致；自己的一個組織裏，要求彼此動作得照時間，符預期，合標準，都常常相差得太遠，而用這種毫不合拍的步伐，要去與美國人的動作相配合，則必然要發生鑿枘，弄得彼此大為不快，乃成為命定的了！

茲舉一我所親見的事例，以概其餘。當抗日戰爭到了滇緬路被封鎖初期，一切美國的軍援，須用運輸飛機從喜馬拉雅山的南面印度地方，飛過「駝峯」，運到成都之南九十里的新津機場。而日本的敵機，知道這一情形，便每日都要飛到成都附近來偵察且加以轟炸。因之，美國與中國約定，凡從印度用飛機運來新津機場之物，如汽油、車輛、軍械、及其它軍用物資，限定每日午前十二時運到，中國方面便須於午後一時將運到之物移出機場掩蔽着，以免被敵機所發現而遭轟炸。

當時的一架運輸機，不過是D.C.4那樣大，並裝不多東西，譬如汽油五十加侖一桶的，一機不過二十桶，另外吉普車一二輛，如是而已；且每日午前十二時飛到的至多不過五六架飛機，有時只有三架，即以汽油而論，每日運來的五十加侖桶裝，至多也不過一百餘桶，然而，限中國的工作人員在一個鐘頭之內，將這一百餘桶汽油運離機場，我們的地下後勤工作者乃硬辦不到！零零落落的，一直弄到下午三四點，敵機便來臨了，有時便被轟炸了！

於是美國方面大不高興，改變辦法，凡運到物資，飛機上的機師，必須下機來，看着地下的後勤人員將運來的物資完全運離機場，然後才准許飛起回去。這一來，問題更來了！因為機師不能久停其機在新津機場，第一，停晚了，機便歸不回去；第二，敵機來了，它便無法逃避。（後來機場增加到五個，比較好點。）因是，美國機師逼得來指揮中國地勤人員，言語既不通，動作又兩樣，往往會起了衝突，甚至美國機師着了急，便動手打地勤人員，事情因之鬧到了重慶。

我當時在成都，參政會與軍委會都派員來調查此事，我便被邀同前去視察。──這是一件小事，這件事，說來很簡單，無非限一個鐘頭將一大堆東西運離機場而已。而且，為了這件小事，司其事者，有監督的文官，有指揮的武官，有士兵，有苦力，人力乃是足夠而有餘的。但是，這一切人，無論有知識與無知識的司其事者，都是不習慣守鐘點的，動作很遲慢的。尤其是苦力，坐在茶棚裏，口含烟管，悠然自得，即使炸彈立刻便要落在他的頭上，他都似乎並不着急的樣子！至於監督與指揮人員，我曾觀察過三天，沒有一天不是遲到了的。

你能說，這是故意在與美國人的動力主義開玩笑嗎？不是的。這是幾千年來中國的自然主義的農村生活的根本態度使之然，而不是一下子可以改變得過來的。然而，就在這一類技術事件，中美的合作，便往往發生困難，美國的軍事主持人便不能了解這一深切的原因，不免歸罪於中國軍事主持人，甚至在美國史特威爾將軍的筆記中，竟自寫出：「中國軍政部的大官都不負責，坐在那裏，好似一堆肥肉」，其所見未必盡然，然而照上面的情形，以美國的看法，又未始不盡然也！

本刊已經香港政府登記

聯合評論

週刊

每逢星期五出版

United Voice Weekly

第二三六號

督印人：黃宇人

CHINESE - AMERICAN PRESS, INC
199 CANAL STREET.,
NEW YORK13 N. Y. U.S.A.

反攻大陸不宜過分宣傳

李璜

有人說，二十世紀是一個「宣傳」風尚的時代，無論甚麼行業，都好像從前賣狗皮膏藥的一樣，首重宣傳，在報紙上自吹自擂，並且自行到處貼出大張的廣告。此風在政治上流行時，則在平日國內，一個政黨，辦起黨報，標榜自己，此唱彼和，皮鼓喧天；在國際間，則兩國敵對時，都照例彼此有一套宣傳戰，而名之曰：神經戰；冷戰這新名詞，也無非是神經戰。

原來，國際共產黨特長於此道，可以說，宣傳之有其政治的目的，施之於個人，施之於一羣，或施之於一國以至整個世界，有其系統的擬定，有其技術的研究，乃是二十世紀二十年代之後，俄國共產黨要推行其共產國際，於是在運動中首重種種宣傳的法寶，因之宣傳的風尚更日形發展於一國內與國際間的政治界。

不過，宣傳雖照例要預開出若干的支票，而這些支票，不能張張都是空頭的；到時一張張都完全不能兌現，則這宣傳的信用便要破產，沒有別人再相信了！而且宣傳必得舉出若干事態以証明，但這些事態如果事事都只是造謠惑衆，並非眞實，則造謠手段也在時間上容易被人看穿，而結果一文不值！

國際共產黨在今天走向下坡，一半就由於他所開出的支票多半不能兌現；他宣傳的種種奇蹟美景也都在騙人，而很容易便被別人看穿「西洋鏡」了；甚至今日他們中間，自己弟兄之國也在彼此不能相信其彼此不能兌現的諾言，而大鬧分裂起來！

因是，宣傳者要想使其所宣傳能夠生效，能夠使人相信，則不能次次的以至永遠的如廣東人所稱的「說大話」！國際共產黨便自來習慣於只說大話。譬如其根本主張，一再揚棄了自由，而强調着平等，堅稱自由是小資產階級的玩意兒，而共產黨是要實現人類生活的平等的。但自俄共革命至今已四十餘年，俄國大多數人都在獨裁魔掌之下過着恐怖與匱乏的生存，並未一日嘗過平等生活的味兒，但只見共產黨一黨高高乎騎在多數人民頭上，享盡人間的權利與豪華，反造成一個貴族的「新階級」；在中國大陸上十多年來的情形也是如此。又譬如，毛澤東老是宣傳「美帝」是紙老虎，禁不起他姓毛的去革命鬥爭，「美帝」便必被打倒；但姓毛的又拿甚麼去打倒「美帝」呢？這在赫魯曉夫也不能相信中共的大言欺人，而要譏誚毛澤東說，「美國紙老虎是有核子牙的」啊！

不過赫魯曉夫這譏笑當中，還是對毛澤東在表示其威力，因為老毛要想與老赫居於平等地位，而反對老赫的「大國沙文主義」，老赫便把「核子牙」三個字拿起出來，認為老毛沒有核子武器，還夠不上向「俄國老大哥」平起平坐呢！

總之，共產黨的政權，無論俄共、中共或其它共，獨裁到十年以至四十年，還是把國內弄不好，人民在恐怖與匱乏之下，一時無法打倒它，便足要往外逃走，就足見這政權之使人失卻自由，而又不得平等；根本違反了人類愛自由平等的天性，便已經失其政權的存在理由了！無論共產黨再會宣傳，這理由總是在我們反共者的手中的！

因此，我們反共者之對共宣傳，主要任務是在加強表現一政權所以存在的理由，即說明並且示範真正的自由平等於大多數人民的精神上與物質上生活之重要性；要能根據此一真正平等自由的理由，且做與大陸人民去看出一個民主、和平、康樂的模範在台灣，而使之聞風響應，這比之偷偷的派出少數別動隊，去策反，去打游擊的力量要大得多，要影響普遍得多！

而且對於別動隊在大陸偶然生效，殺敵致果的宣傳，也不宜過分的渲染，大事鼓吹，徒使海內外國民興奮一時，久之又無繼響；反容易使大家失望，這譬之打嗎啡針一樣，久打慣打，便不但不生精神興奮之效，反有害於身體也！尤其台灣當權者口中不宜天天高唱反攻，過分强調，而又久聞樓梯響，不見人下來！徒有宣傳，成為支票屢開，兌不了現，反足使海內外容易失望之餘，大家神經便會漸漸麻木了下來。古人有言，臨淵羨魚，不如退而結網。如果台北當局，到今天，已能認識消滅毛共之舉乃是政治的問題，而軍事不過爲輔而已，則當局者應即幡然改圖，去先注重政治，即加強自由中國的自由平等的民主模範，以求普遍的影響全國的人心，否則，只在注重軍事，而軍事又只限於少數別動隊，且過分的宣傳此一別動之力，勢必易使國民失望的啊！

五二、三、二〇

署記旅美四個月的一些實感

三、從三藩市到紐約（下之一）

左舜生

看朋友，看到許多若干年沒有機會見面的老朋友，也看到不少平日想見面而很難有機會見到的新朋友，這也是我到美國後一件最感愉快的事。

中國人以住在紐約的為最多，當然我所見到的朋友也以紐約為最多。

我的朋友以年齡來分別，大致可分為三類：六十以上到八十，算是老一輩的；四十以上，六十以下，還只好算是少壯；至於正在大學讀書，或剛剛才離開學校而就業的，老實不客氣，便只好算是我們的第二代了。

以我大致的估計，這次我在美國所見過的舊雨與新知，包括上面所舉的三類，不會少於一百五十位到兩百位，而十分之七以上，都是在紐約碰頭的。

何淬廉，李潤章（書華），繆芸臺，王文伯四位先生，本來有一個按月一次的聚餐會，我到了，他們便也邀我加入。聚餐的地點，在百老滙路一家名叫新亞的中國菜館，我由旅館去到那裏只有二三十步。我們五個人中，以淬廉先生的年齡為最輕，但去年也有了六十八，僅僅小我一歲。稍長一點的是潤章先生，七十三；繆王兩位，則都是剛到七十。他們的身體很健康，興致也很好，而且繆，王，何三位，都有喝幾杯的雅興。有兩次聚餐後，我們便一陣步行到淬廉家裏去談天，從國內動向談到美國現狀，眞是無所不談。平日不是聚餐的日子，我們也有在何家吃飯談天的機會，不過客人有些變動，例如何先生的親戚張純民先生，何先生的兩位高足吳敬敷先生和范士奎先生，我都有過和他們長談的榮幸。張先生是目前在美國方面英文寫得多而且好的一位，給我的印象很深。有一次，張先生提到他有放棄現有職務到香港教書的意思，我不敢怎樣表示，因為我知道香港教育界的門戶很緊，假如沒有歷史關係，頗不容易找到和他學力相稱的崗位。

淬廉先生有一個融融洩洩的家庭，老夫妻的情好之篤，令人艷羨；兩位世兄早已大學畢業，而仍在繼續深造；一位小姐（寶琳，二十一二）聰明活潑，在哥大的女學部研究文學，偶然聽到我們幾位老先生高談潤論，她似乎興趣甚濃。他們已經有了一位美而賢淑的美國媳婦，我默祝着他們更能得着一位合乎他們理想的愛壻。

藉此機會我要插入一點說明：這一次我在舊金山、紐約、紐澤西、普林斯頓、波士頓、華盛頓六處，一共訪問過三十個以上中國朋友們的家庭，他們的太太們幾乎無一不非常能幹；不僅把一個家庭弄得纖塵不染，井井有條，而且大抵都能弄出幾樣很夠標準的中國菜。這大致是環境使然；在美國雇用一個女工，每月非三百美金莫辦，而且每星期只工作五天，星期六和星期日她們都要回家休息。因此，除吳坤淦先生家裏因三個孩子都太小，而他們夫婦又都忙於自己的業務，無法不用一個工人幫忙以外，其餘各家都是太太們自己動手。甚至連黃膺白夫人在她妹妹女兒家裏作客（在舊金山），也還要幫同照料照料哩。我覺得這種很自然的『勞動改造』，在香港不久的將來，也是值得仿行的。

此外，鄭天錫先生我是初見，他算是中國外交界的老輩，現年八十，但身體甚好，健談，興致之佳，酒量之大，我所見幾位七十左右的朋友都未必趕得他上。他的外交工作儘管已經中止，但聽說他每年也還要到倫敦去住一個時候。

梁和鈞先生（敬錚），即近年常在香港『天文臺』三日刊發表重要論文的『萍客』，年齡也在七十左右，研究中國現代史甚有心得，我們從他的近著『開羅會議與中國』一書，可以看出他的用力之勤。就我所知，大致梁先生和李潤章先生，算是今天留在美老一輩的人物中，做研究工作極有規律的兩位，我在這裏遙祝他們的健康，並殷切的期待還有和他們見面長談的機會。

謝扶雅先生是香港的朋友們最熟悉的，他的工作據點在紐澤西，但常到紐約來。他的年齡也已到了七十，身體不算太好，可是他的精神卻能戰勝一切。他對國事既異常關心，尤其樂意和青年們接近，最近他還領導出了一種『自由中華』月刊。

潘公展先生是我在民國十三四年就很熟的一位老朋友，其時他在上海教書，又和陳布雷先生一陣辦『商報』，我則在中華書局任編輯工作。近年他在紐約以全力辦『華美日報』，使得紐約也有一份代表國民黨的報紙；其奮鬥的精神是很可佩的。他私人約我在唐人街吃過飯，我也出席過他們一羣朋友的『四四』聚餐會，而且在這個場合還聽過外交部楊司長一篇關於非洲概況的報告，覺得很不錯。

陳立夫先生也住在紐澤西，曾約我和周謙冲夫婦到他們家裏見面。立夫也已過了六十，但不顯得老，態度很雍容，鷄是不養了，聽說他的太太還在做化學皮蛋出賣。陳太太和公展太太都能畫，這次陳太太還給我們弄了一頓很不錯的西餐；我說留在美國的太太們都能幹，眞是沒有例外。在南京的時代，果夫立夫兄弟比鄰而居，我常有見着他們的機會，他們的生活自來很樸素，過去如此，現在更是如此，共產黨居然也把他們昆仲列入豪門，這至少是去事實太遠。

李德鄰先生住在紐約的郊外，平房一座，室內的一切都非常簡單。我和兩個朋友一陣去看了他一次，太太繫着白布圍襟在廚房燒飯待客，忙了好一陣，我們談話約兩小時，他儘管對時局也非常留意，但對政府當局卻沒有半字不平之鳴。在紐約凡見過他的人，都說他不失為長者。我看以後有關他的消息，報紙總當慎重登載，神經過敏，大可不必。

今後的社會政策

孫寶剛

社會政策有的人也叫做社會保險，其目的是要使每一個不很幸運的人及其家庭得到最大可能的安全。換句話說，要使每一個人能安全的活下去。不要今日可以活下去，而明天怎樣，完全不知道；也不要因為貧窮而減短了他或她的壽命。因為每一個人唯有免除了他或她的生活的威脅以後，才能發展他的人格，不然的話，他為了要活下去，為了餓得不能再挨下去，而去做賊做盜，你能說責任完全由那個人負責，而我們能無動於中的繩之以法麼？

關於這一點，共產黨人一定會說，社會政策是不澈底的，是資本家延續他們的統治的一個攏絡辦法，所以他們主張澈底革命，把資本家的財產根本沒收了，實行共產，才真正沒有了窮人。這一句話在理論上似乎還說得過去，但是實行起來，便免不了屠殺，鬥爭，破壞和紊亂，結果資本家或許打倒了，但是破壞之後，民窮財盡，窮人不特未受實惠，甚至比前更窮。蘇聯在革命後的大飢饉，中共這幾年來的人民挨餓，便是兩個很好的例子。

福利國家的出現，社會政策的實施，證明資本主義的社會，如實行社會政策，慢慢地可以把資本主義的國家的本質完全改變，而使剝削減少，窮人也可以安全地活下去，窮人和有錢人的收入間的距離在縮小中。這確是對窮人有利而富人還可接受的一個辦法。所以我們也可以說，社會政策是使不幸的人們佔有了國家收入的較公道的一份的一個較為辦得通的辦法。在歐美許多先進的自由國家中，都已在實行，而極著成效的。我們中國在民國初年以前，各地都有育嬰堂，施醫施藥設施，養老院等等的建立，可見中國傳統的觀念，對於社會安全是非常注重的，不過多係私人或地方性的經營，不能普遍，規模也太小。現在須由國家負責來辦理。並且要由最不幸的人們而擴大到不很幸運的人們也包刮在內。

那麼，我們應該怎樣着手呢？第一點要在立法上承認工會的合法性，工會是由勞工們自由組織的，無論在公營或私營的企業中都有罷工權。進之，工會代表有權代表工人實行集體議定工資和工作環境等，以限制雇主對於工作合同的獨裁權力。因為唯有這樣，才使這些不很幸運的人們不至拼棄於工作之外，或受到不公道的待遇。

為什麼在討論社會政策時，要先提出工會這個問題？因為依據各國歷史，社會政策的建立，大都是勞工運動的結果。因為所謂不幸而失去生活安全的人們當然都是勞働者，而決不是資本家。所以工會對於社會政策是最關切的，假如工會不合法，或解除了它的武裝，即沒有罷工權，社會政策的建立，當然受了極大影響。我希望今後的勞働者和政治家都應有一個新的覺悟，能處處支持工會，並和工會合作，首先須注意到勞工的雇用，轉雇和解雇的立法，以及工人代表的工作安全保障，以求勞工運動的發展，和工會的健全化。等到工會健全之後，工會才能很有力地去促進社會政策的建立。而所謂社會政策即是指國家要負起責任，使每一個在母胎中未出生的孩子，一直到老死為止，都有着生存的安全保障。

所以對於孕婦就應有特殊的優待。以往像資本主義社會中，因為孕婦的工作能力有了折扣而任意解雇的事情，固然不准再有發生，同時還須規定假期，使其不至工作過度而影響其生理，另外尚須予以津貼，使有豐富的營養。到了生產的時候，政府應供給免費的接生機構，並對孩子應予以津貼，使孩子不因父母親的收入有限而影響了健康。待孩子到了入學年齡，政府應使其能受最低限度的國民教育，以及職業訓練。同時政府應創辦雇用的顧問服務處，以幫助青年的選擇職業。待青年就了業，這個青年才算獲得了生活的安全，國家對這個青年才算負了責任。但有時以特殊情形這個青年還會失業，政府便須予以失業津貼。到了年老了，則予以養老金。假如在他的一生中的某一個時期有了疾病，政府又有衛生和醫治的設施。可見社會政策的內容是非常複雜，而規模是非常龐大的，政府不特要準備大量的經費，也須有許多的人材，再加上精密的計劃，才能實施得妥善。

歐美各國現在還在進行房屋政策，也是社會政策的一部份。因為第二次大戰以後，房屋受戰爭的破壞很利害，即使沒有破壞，也都舊了，或者一切的設備不佳，人民居住其中有碍衛生，再加上人口一天天增加，原有的房屋已不夠居住，民營的建築或許趕不上人民的需要，所以政府便負起責任，為人民建築住屋。我們中國對於這件事，好像還沒給政府注意過，其實以中國的一般住屋來說，問題實在太大了，尤以農業中的住屋為然，對於他們太不講求衛生，於是影響了農民的健康很大。我在許多地方看見了人畜併居，這實在是非人的生活，政府真應撥出大量的經費，以改良和添建農民的住屋。

說到這裏，有人會問，照這樣，大規模的社會政策，政府怎能負担得起呢？這個問題，可以分兩方面來說。第一我們中國是一個窮的國家，所以一切的生活水準，當然不能和歐美人民的生活水準相比。不過最低限度，對於每個人的最低營養，以及每個人的起碼衛生，政府是非負起責任不可的。他既然做了一個國民，當然要有國民的起碼知識以及工作能力，不然的話，這個國家也永遠治理不好，生產力也不能增加起來，怎能獨立於世界之上呢？

等到政府已經負起責任，而那個人也確已有了起碼的健康，起碼的智識和起碼的工作能力，因為他偶然患了病，便輕易地死去，這即使站在功利觀念上，也不是國家的一個損失麼？有一次蔣介石先生請我吃飯，席間我和陳立夫先生談起中國的軍隊問題，我就說，軍隊中的死亡率，以第一次世界大戰來說，一個死於戰場，五個死於病房，中國抗戰時的死亡率，恐怕是一個死於戰場，二十個死於病房，而那些病死的人，十之八九死於瘧疾和痢疾。政府假如稍增醫藥費，這些人都可以不死，因為上述的二種病都有特效藥，可是因為政府要節省一兩塊錢，一條命便死亡了。於是軍隊中常有空額，常有新兵，影響了戰鬥力，民間苦於不斷的徵兵，而徵去的兵又却死亡，所以社會中籠罩了徵兵的恐慌。我們以此聯想到一般人民的疾病，我相信，中國在一年中，不知要死多少人，其實那些人，祇要經過普通的醫治，均可續生的。可見一切的社會政策是絕對必要的。站在整個國家的立場上，自遠一點地方看，社會政策的實施，我們即拋開人道和正義不談，在功利的觀念上，是增加國力的極重要措施，也是減少為非作惡之徒的必要辦法。

那麼，沒有經費怎辦呢？這一點，我要重複我在財政的論文中所說的，今後在稅收上，應該是有錢人多負一些責任，以往以國民政府時代來說，有錢人才消遙於稅外了。並且今後的趨勢，國與國的合作和互助，先進國家應以經濟和技術來支援後進的國家，已成了今日國際間的主流，所以我們也不必顧慮沒有經費的。

述天主教的大公會議（續）

及所談中國傳統文化的「原始默示」問題

孟戈

三、

值得中國人重視的是，這次自由中國的十位主教已經能夠參加這次大公會議了。這是羅馬教廷史上空前的盛事。而曾經在中國傳教的外籍主教亦四十八位，整個中國教會的出席名額共五十八位主教。這正足於証明這個「頑固」、「偏執」而又「保守」的古老教會，有了一派清新的作風，這是走向「現代化」的表徵。

就在一九六一年十一月二十一日全體大會上，中國籍主教張維篤提出了「中國傳統文化的原始默示問題」。

他認為前次——第二十次大公會議的議案七〇九條中說：「孔孟以及其他不應遭遇蔑視，他們不應被視為神明，而僅是生於基督以前的哲士，傳授了良好的操行原則，然而，還混雜着許多謬誤。」這是不公平的。他建議在「公教大學」內，設立一個中國古老傳統文化的機構，從而研究中國傳統文化，看看它究竟是「混以許多謬誤的治生原則？還是有一個極相似基督教義的完整楷模呢？對中國傳統文化的誣妄判語，歪曲了高尚文化的價值；如不解除這種冤枉的判語，愛好真理的中華民族，對天主教所講的真理，永遠是會望望然而去之的，這是中華民族皈依基督的障碍。」

我認為這一些話，不但講給大公會議的出席主教聽，亦應講給這一代中國人——特別知識份子聽。因為中國傳統文化在「倫理道德」的精神文明上，有其一定價值，這價值顯示在與基督教義上有其若干共同點。耶穌降生在漢平帝元始辛酉年，在中國歷史上，這時已是王莽執政而佛教東來的時候了。

將我們的歷史往上推算起去，我們已是三千年的文化古國了。基督十誡的精神要素，在中國傳統文化裏是或完或缺地保留在古籍經典裏，流傳在宮廷與市民之間，天主教徒認為這是「原始默示」！非宗教信仰者却認為我們是文明古國的優秀文化。

撇開這種「神權」「教條」觀念不談，如何來使西方的基督教義和中國文化傳統的優良部份相結合，對於重建中國的倫理道德上是一件重要事，至少是調和中西文化爭執的焦點。

事實上，天主教不希望在中國文化傳統與基督教義上建立起一堵莫明其妙的隔絕藩籬。中國文化傳統的維護者也大可不必在維護中國文化傳統的「任務」上去與西方文化中心的基督精神相衝突和强調「矛盾」。中國的四書和西方的聖經是可以相通相成的，而絕對不是相悖相左的。

這次的大公會議，也許會引起中國人的注意、引起天主教會人士的注意、引起世界人類的注視，在東方古文明中，很多很多是「原始默示」的東西，但，這需要我們更大的努力和更多的研究了。——因為這一大公會議在今年還要開下去的。

四、

二十世紀七十年代的人類歷史，在日新月異的嬗變，文明人類正邁向高度物質文明與精神文明的新境界中，一切都邁向「現代化」了！

天主教會的大公會議正帶給自由人類一項啟示：變、變、變！大公會議稱之為「現代化」會議。一切都在應變，羅馬教廷正要寫下「現代化」的簇新史葉，這啟示着所有人類都在走向「現代化」！

毛赫妥協的可能性

胡越

有人說過，赫魯曉夫是一個卓越的演員，其實他是否懂得戲劇，演技究竟如何，都姑且不論；但是這位矮胖、機智善變、活力充沛的俄國人，實具有高度的戲劇化性格和氣質。自從他上台執政，不守傳統，不拘慣例，演出了一連串的戲劇化的事件，則確為舉世同賞共睹，清算史大林，智鬥朱可夫兩齣戲，固然轟動世界，膾炙人口；赴南國拉狄托歸隊，在麥田裏與米高揚摔交，屈駕赴大衛營與艾森豪談判，又翻臉撕毀高峯會，在聯合國脫下皮鞋敲桌子；每一幕戲都精彩絕倫，新人耳目。而最近正在上演中，以毛澤東為第二主角的一幕重頭戲，尤為世人所驚倒。去年在莫斯科蘇維埃大會上，他以紙老虎有核子牙，來教訓毛澤東，並諷刺毛澤東反蘇等於是青蛙反牛，一定要鼓破肚子。在這前後，他發動意共、捷共、法共、德共圍剿毛澤東；毛老大一怒，掀起反赫狂潮。把人民日報專罵美帝的寶貴篇幅，用來罵老赫，近月以來發表了約四十萬字，火力之猛，攻擊之烈，打破有史以來罵戰之紀錄。世人正歛氣屏息，靜觀兩魔酣鬥，雖然看不出短期之內分出勝敗，但是認為亦絕無緩和可能，料不到老赫在二月廿一日，在毛老大的猛烈炮火之下，豎起白旗，致送了一封求和的信。毛老大對那封信一定感到驚奇惶惑了。毛惟恐其中有詐，所以研究揣摸了半個月，遲到三月九日才回信，同時聲明暫行停火，保持聲辯權利。於是一場你死我活的罵戰沉寂下來了。但是這幕大戲還沒有閉幕，這不過是中間休息而已。現在觀衆迫欲知道的是，下一幕的內容如何？這次換文談判是否能够順利和解？

從古巴事件的經過來看，赫魯曉夫是一個非常實際的人，當美國一表示不惜打核子熱戰的決心，他就立刻妥協龜縮了。他能在美國的核子威力之下撤退，那麼他也可能在中共的外揚家醜的敲詐之下妥協的。這個人內心和臉皮的關聯影響非常薄弱，多變難堪的事，他做起來都從容自然，自打嘴巴是絕不臉紅的。因此，他之向毛老大求和，可能是眞誠的。所以某些觀察家說，中共的條件無異是叫赫魯曉夫屈膝投降，因此判斷和解之望甚微云云。這種看法對赫魯曉夫是不適用的。老赫只想趨利避害，只要合此目的，他就毫不猶豫。從古巴撤退，還不是在對美國屈膝投降？在一九五七年莫斯科共黨大會，反修正主義的浪潮多麼洶湧，可是不久就去貝爾格萊德向狄托道歉求和，豈不是向南共屈膝投降？赫魯曉夫是不在乎屈膝的，只要能得利除害。所以他再一次向毛老大屈膝是毫不足怪的。問題是有沒有必要。現在本文替赫魯曉夫衡量一下得失利害。

先看毛澤東可能給他的危害：（一）蘇俄對中共有一連串見不得人的醜事，如朝戰軍火付款問題，在新疆鼓動土耳其斯坦族親蘇問題，對內蒙擴張問題，拉攏高崗鬧獨立王國問題，支持彭德懷反毛問題；這些問題如果暴露出來，對蘇俄的聲譽，尤其是在共產國際的聲譽打擊太嚴重了。（二）毛的反修正主義，雖然在歐美各國共產黨人中受擯棄，但是在亞非兩洲及拉丁美洲各國共產黨人中間佔優勢，如果分裂為兩條陣綫，在實力上蘇俄可能佔優，但是在比數上蘇俄可能劣勢。（三）與中共進一步決裂，在自由世界的冷戰上，將長期的一敗塗地。

再看毛澤東提出的和解條件，根據二月廿七日人民日報的社論以及這次三月九日的回信綜合條件如下：（一）主動與阿共修好，（二）與南共斷絕關係，（三）對自由世界恢復積極的革命路綫，（四）根據一九五七、一九六〇的莫斯科聲明宣言，恢復反修正主義的立場。這四個條件是中共中委會在三月九日答覆俄共中委會的函件中公開提出來的。暗中中共可能還有些條件，如暫延償討欠債，恢復經濟援助，停止支持黨內反毛活動等等。

其次來看赫魯曉夫對中共所提條件，可能付出那些代價。（一）主動與阿共修好，是可能的，因為與阿共恢復正常關係，於蘇俄無大損害，只是有傷面子，但是赫魯曉夫的面皮特硬，此可不成問題；（二）排除狄托，困難較大，這不是面子問題，而是關係實際利害太大。狄托今天對蘇俄有兩面影響：一是對東歐各國的影響，狄托主義是東歐各國反蘇的光榮標誌，波匈革命實深受其影響；另一方面狄托之修正主義，亦為東歐各國所醉心，拉住狄托，可維持東歐安定；其次狄托是中立集團的巨頭之一，與納薩、尼赫魯、蘇嘉諾相較，他與尼赫魯的份量最重，這些不加盟國家集團，在東西冷戰上，舉足重輕。為這兩面重大影響，老赫難以排棄狄托。（三）對自由世界恢復積極革命路綫，此事可能有某種程度的妥協，對西方可能稍為強硬，但不致放棄和平共存原則。中共對這一點，堅持不會太力，即使不得妥協，二者將各行其是，維持現狀。（四）在共產國際中整肅修正主義這件事，對蘇俄困難亦大，因為赫魯曉夫之得政權，和維持其政權，全憑他的根據反史大林主義的修正主義，這是老赫在國內的政治招牌和本錢。除非老赫垮台，他是不會自洗修正主義的。對此毛澤東可能不會為之太甚，也不必去干涉蘇俄內政，因此也容易取得妥協。

從以上的分析來看，假如蘇俄求和的意圖是眞誠的，不惜向毛老大屈膝，那麼二者可能的妥協如下：（一）蘇俄與阿共恢復正常關係，（二）對南共各行其是，中共反修正主義可能限於國內，在國際上不公開叫嚷，俄共對南共維持現狀，不再與南共進一步親近，中共亦可能與南共和緩，做為對蘇讓步，在三月九日信中沒有堅持反修正主義、反南共，頗值得注意。可了解為妥協的姿態。（三）對自由世界，蘇俄的態度可能做某種程度的強硬，但不會放棄和平共存原則，中共反西方的激進路綫，可能做某種程度的戰術性的隱形，避免與俄共的距離太大；（四）共產國際中的修正主義在表面上不再爭吵，依照各自國情，建設自己的社會主義來解釋之。除了這四項妥協以外，蘇俄可能暫緩逼債，並且給中共一些象徵性的經濟援助，表示恢復友好。

從蘇俄給中共的函件來看，上述的妥協是有可能的。其中有這樣的話：「至於那些的確肯定存在不同看法的問題，應該看定一些能夠促使我們立場接近的措施。」這就表明，對於狄托和修正主義之類很難談得通的問題，可以放在那裏，以求相安無事。因此這種妥協並非爭論問題的徹底解決，而只是暫停爭吵，有如韓戰之無限期停火。

我們知道赫魯曉夫是善變的，這次他之向毛求和，焉知非緩兵之計？焉知非和平攻勢，伺有利時機再痛加反噬？因此以上的推論，只能是推論。因為赫魯曉夫是不可方物的人。

×　×

從黃季陸訪南越的觀感中
談到我國與「越南」的歷史關係

永揚

據台北（中央社）報導教育部長黃季陸訪問南越後的觀感，其中有兩段值得吾人對南越加以批評。「黃部長說：越南的文化氣氛，雖然與中國大致相同，但是越南人的基本觀念，却與中國人大有差異。舉例來說：西貢最近建造了兩座女英雄像，他們是徵側和徵貳，頗受越南人的尊重，但根據中國歷代記事年表的記載，漢光武十六年（公元四十年）交趾有女子徵側徵貳造反，諸蠻響應，共有六十五城，到建武十八年（公元四十二年）馬援與徵側徵貳大戰，破之，但不久前越南有一家華文報紙，將馬援討徵氏姊妹的故事，撰文刊出，結果南越政府已不准這家華文報紙發行」。

我們根據黃部長此一段談話，我們要問南越吳廷琰政府究竟推行的是什麼政治？是封建帝王政治嗎？還是民主政治？如果今之南越，還是安南王專制時代？那嗎，為了一言觸犯君主，或者是一言而有損國家尊嚴，因而不准一家報紙發行，這倒是無足怪的一回事。不過今之南越，很明顯的是以自由民主相標榜，還賴自由民主這塊招牌以反共，何得為了載了遠在兩千年以前的一件故事而強迫報紙停止發行呢？我們雖不願就因此指責南越政府專制，最低限度，我們已感覺到南越政府當局未免氣量過於狹小了。同時南越當局對於「安南」與我國的歷史關係也太欠明瞭了。

據我國漢書所載：「交趾國有女子徵側徵貳，以邪教糾衆造反，弒其王而自立，帝命馬援討平之，立其王而還。」根據漢書此一記載，徵側徵貳造反，並非反我「天朝」，而是反叛當時的交趾國王，漢朝皇帝為了主持正義而派大將軍馬援討平之，顯然是幫助交趾削平內亂，是一種幫助屬國的正義行為，（因交趾王曾受漢封，故稱屬國）並未含有侵略交趾的任何企圖，更說不上對越南民族尊嚴有半點損傷。因此，我希望今之南越友人對我們兩國間的關係應從歷史事實着眼，不宜斷章取義。

又據黃季陸部長談話中說：「他曾在一次集會中，說起清朝劉永福率領黑旗軍協助越南抗拒法國兵的故事，引為中越邦交友善禍福與共的事例，殊不知這一往事，也不大受歡迎，原因是越南人受了法國教育的影響，認為劉永福抗拒法軍的事是一種侵略行為，越南今天雖然脫離了法國而獨立，但是這種觀念，一時還沒有轉變過來。」

我們看了黃部長這一段談話，使人感到南越不但是非不明，簡直是顛倒黑白了。劉永福黑旗軍之入越抗法，原本是當時越南王室向清朝提出的緊急要求，入越的黑旗軍在諒山一戰，幾乎把法國侵略軍殺得片甲不留，若不是當時清朝的統治者的昏庸無能，致為法國駐北京公使所紿，又何致於使越南人受法帝國主義剝削壓搾數十年之久。

據我國清史所載：劉永福黑旗軍，在諒山一戰，已將法軍全部擊潰，劉軍因無電報設備，捷報須要靠「三百里快馬傳遞」到京，而法國則用快捷的電報通知其駐北京公使，狡猾的法公使，察出我清廷尚未接到劉永福捷報，乃向我朝廷詐稱：「劉永福軍在越已被法軍全部潰滅，並立即追我承認越南屬法，否則法軍將轉而侵入中國領土，以相威嚇。」

清廷不察其偽，致為法使所欺，因而與法使簽訂了喪權辱國的中法會議簡明條約五款，及至劉永福捷報到京，但條約已簽，追悔無及。

清廷的此一「烏龍」事實，舉世皆知，我們萬沒有想到今天正在依靠美軍援助，正在與北越共黨作生死鬥爭的南越人，還會曲解劉永福黑旗軍之助越抗法，而變成了一種侵略行為，曷勝遺憾！

至此，作者還要引用我國明朝初年與越南一段關係來說，作為我國援助越南之又一例証；記得我讀小學的時候，在教科書上曾讀到有這樣的一課：「安南國黎季犛弒其君陳偉，明成祖遣張輔討之，輔與沐晟（安南勤王軍首領）合軍攻多邦城，敵驅象迎戰，輔以布畫獅，朦馬衝之，象皆反奔，循附諒江而上，克其都城，擒黎季犛，檻送京師，（今北京）安南平。」這一歷史記載，又証明了我國對安南用兵之又一事例。如果此一事實，至今有人提出，可能也不會受到南越人的歡迎？如果又有一家華文報紙撰文刊載此一故事，也很有可能受到南越政府停止發行的嚴重處分？

作者提出上述一些歷史事蹟，並不是居心不善，上述所以提出中國對越南用兵的歷史關係來加以說明者，無非是希望今之南越友人明白歷史上的是非曲直，因為兩千多年以來，在歷史上可考的中國與越南都是唇齒相依，患難與共的。中國雖曾數次進軍越南，可說都是正義行為，而非如法國之侵略殖民地可比。南越政府不此之察，依循法國殖民統治時代遺下的離問之言，錯會歷史，中傷中越民族傳統友誼，實在不智極了。

台灣簡訊

志清

一、陳誠訪越又訪菲

陳兼行政院長於訪問南越載譽歸來之後，又定於本月廿日訪問菲律賓。人們還記得三屆總統違憲連任後，陳兼院長即有訪問越菲兩國之說；但當時朝中有人要他辭去行政院長才能出國訪問。他曾在國民黨中央黨部連說兩個「絕不」（絕不辭職，絕不放棄責任）。後來雖然沒有辭職；但出國訪問之事就不再有所聞了。因此，他此番忽然奉准接連訪問越菲兩國，實在是很不平常的。

有人揣測：蔣「總統」鑒於「反攻大陸」的大業不能再誤；而反攻大陸又非團結內內外外，協力以赴不能爲功，可能決定暫時將傳子的預定方針延緩實施，所以才改變主意，要兼院長出國訪問。據傳蔣「總統」曾叮囑蔣經國務必與陳誠合作。國民黨原定三月二十九日召開全國代表大會，改選中央委員，隨後又宣佈延期舉行，其原因也在此。他老人家果能有此澈悟，眞是不幸中的大幸了。但願蔣經國也能善體親心，中華民國就有福了。

陳兼院長訪問南越時與吳廷琰總統會談的內容，官方迄未有透露；但就各種跡看去，對於加强中越兩國的關係，已有很大的貢獻，希望他訪問非律賓時，也能不虛此行。

二、高雄亦有虛報出口案

基隆方面的虛報出口案尚未偵查完竣，高雄方面又發現同樣的案情數件。據說：其所逃漏的稅欵數字甚爲龐大，可使已破各案爲之失色。內中除尼龍及棉織品假出口外，還有蘿蔔乾假出口。涉嫌的廠家計有大同實業公司及龍山、正中、興南等十餘家廠商，計假報出口十一批：手續頗爲完備，如非核對關單、艙單，無法查出。高雄市聯銘報關行的負責人吳清通已於本月十三日被地檢處扣押，港務公司業務主任潘慶茹，台南關副稅務司譚業波及業務課職員蘇文燦等三人均被傳訊。

蘿蔔乾假出口案更別開生面，高雄永吉豐食品公司經營蔬菜出口，每月平均出口的蘿蔔乾平均約四千桶，向由美基報關行代辦報關手續。據說：五十一年十月江山報關行爭取這筆報關生意，該公司董事長陳銀傳即提出以每批蘿蔔乾出口都要以大頭菜在船邊掉包三分之一或一半爲條件，並說，美基報關行一向都是這麼做。江山報關行立即承諾。本年二月七日，該行代理該公司報出口蘿蔔乾五百箱，但檢驗手續完畢，運至船邊時，則以五百箱大頭菜悉數掉包，藉以套取糖鹽退稅。案經高雄港警所偵查屬實，已於本月十三日將有關人犯移送地方法院法辦，名單如下：美基報關行老板陳慶堂（卅四歲，台南縣人），職員賴宏仁（廿九歲，台南縣人），何國宏（卅四歲，屏東人，在逃）。江山報關行老板郭江（卅八歲，福建人），職員李煌村（卅歲，高市人），王心利（五十歲，高市人），陳舔春（廿六歲，台東人）。永吉豐食品公司董事長陳銀傳（四十二歲，高市人）等八人。

三、唐榮廠的包袱沉重

政府一再以大力增資和整頓的唐榮廠，至今仍無起色。據黃杰最近在高雄向新聞記者透露：省府對唐榮公司的負担很重，每月的債務利息，即需四百萬元以上，今後實無力再向該公司增資；現已擬具改善計劃，呈請中央接納。聯合報記者詢以省府是否可以把唐榮廠交還中央負責經營，黃杰說：中央也不要這個沉重的包袱。由此，可見當權者不惜引用總動員法以凍結唐榮的債務並貸以鉅欵，使其能免於破產的結果，原來如此。

四、市議員吃喝不盡

高雄市第五屆議會於前月二十一日屆滿二週年，該會原定於是日作「巡島旅行」，以資紀念。據說並非爲了遊山玩水，而乃是藉以「深入民間，考察民情」，因市議會的預算沒有這筆「旅行考察」費，特由市稅捐稽征處，市建設局等單位合籌四萬元，贈與該會應用。但市議會得到這筆「禮金」以後，忽有部份議員不贊成旅行考察，議長陳銀櫃即打銷原議，改爲大聚餐，於二十一日晚間舉行，各議員均酒醉菜飽，其樂融融。因所費仍不足四萬之數，於是有的議員主張再安排其他的紀念節目，有的則主張不如將餘欵均分，比較實際。也有人覺得當初向外宣傳說是要「深入民間，考察民情」，現在卻大吃大喝，還要分錢，未免有些難爲情，認爲應詳加考慮。結果，一致決定將來開秘密會議處理。

五、孔祥熙大談財經「要訣」

去年由美抵台之日曾宣稱小住一月即將仍回彼邦的孔祥熙，最近忽轉趨活躍。除曾接受國大代表等的歡迎而外，本月九日又赴財政金融界鉅子在台北迎賓館的聯合歡宴，主人方面有財政部長嚴家淦、中央銀行總裁兼外貿會主委徐柏園及其他財政經濟及金融界要人百餘人。他們都是孔祥熙當年的部屬，今日能繼續得志，飲水思源，對於這位老長官表示感恩不淺，自是應有的事。

在歡宴中，嚴家淦和徐柏園先後代表全體主人致歡迎詞，孔祥熙眼見他的這些舊部今日正主持國家的財政及金融，一個個都飛黃騰達，表示非常的愉快。他說：他在寄居海外時期，對國家民族，以及歷經風雨同舟、患難相共的同仁們，時刻念念在懷。這次回國，見到台灣風光旖麗，氣候溫和，地富物豐，甚爲喜悅；特別是今天與財金界的舊雨故知歡聚一堂、其中有北伐前後的同志，及在建都南京與抗戰時期的老同事，昔時尚屬青年，今都兩鬢斑白，歲月催人，令人無任感慨，但得團聚相晤，則又不勝興奮愉快。接着，他又以「內行人」的立場，向他們懇切指出財政經濟之基本要訣，乃以樹立並維持國內外信用爲主。並應積極鼓勵國外來台投資，培植農工生產，增加輸出，力求出超，整頓稅源，合理徵課，釐定制度付諸實施，針對事實，杜絕各項弊端，他希望他們齊心協力以赴。

六、農會理事控告農林廳長瀆職

台中縣大安鄉農會於一月二十六日舉行理監事選舉，結果紀三宜等當選。依照各級農會選舉辦法的規定，鄉鎮農會選舉後，主管官署如認爲該項選舉有違法情事，應於選舉後七日內宣佈選舉無效。但省府農林廳則於大安鄉農會選舉已逾半月之久後，遲至一月三十日才突然宣告選舉無效。紀三宜認爲農林廳長張憲秋和該廳組織課長李子敬顯有瀆職之嫌，除聯名向立監兩院陳情外，並向台中地方法院提出自訴。地檢處定本月十五日開庭調查，傳訊原告紀三宜及被告張憲秋、李子敬等三人。

七、民社黨又揚家醜

前經張君勱先生凱切勸諭，才由各派協議，產生六位召集人，共商團結的民社黨，不但團結的事毫無進展，最近竟又發生一件雙包案。該黨的機關報——民主中國半月刊原由楊毓滋任發行人，一向相安無異。但最近該黨黨籍的國大代表余仁美忽以民主中國半月刊社社長的名義在報上刊登啟事，自稱「奉黨最高執行機構召集人會議於本年一月十日會議決，派爲本社社長，綜理社務」。有人以此事問蔣匀田，他答以那天召集人會議開會時，他祗去吃飯，並未出席會議；並說，那天會議的決議不祗一件都未執行，可見決議並沒有用。從他的口氣看去，顯然召集人會議是有此決議的；不過他沒有參加，認爲其他幾件決議都沒有執行，因而派余仁美爲民主中國半月刊社社長這應該無效罷了。蔣匀田又說，過去有關民主中國半月刊的事警備司令部和法院都是找發行人楊毓滋，也沒有找他和民社黨其他的人。他認爲法律既然要發行人負責，就必須保障發行人的權益。他更提出出版法的問題。他說，現在的問題是出版法是否仍有效的問題，不是什麼黨不黨的問題。假如出版法仍然有效，什麼黨務會議也沒有約束法律的權力。他似乎要運用出版法來抵制該黨召集人會議的決定。蔣匀田如此擁護出版法，國民黨當權派今後又可以多一個黨友了。

八、黃杰訂頒公務員「十誡」

台灣省政府主席黃杰雖然標榜崇法務實；但卻似乎也很重視宣傳工夫。報載；本月八日，他還訂定全省公務人員應遵守的事項十點，通令省屬各機關員工一律遵照。每一點都分兩段，前段是「應」如何如何，後段是「不得」如何如何，顯然是由於平素熟讀「軍人讀訓」而來。聯合報稱爲「十誡」，並發表社論，除了表示「感到欣慰」而外，還指出兩點「迷網」：第一、「我們的官場多的是守則戒條和公約，但敗壞政風的不良官吏依然混跡政府之內而逍遙於法律之外」。如今再多一個十誡，是否足以令出弊絕，仍不勝懷疑。第二、此時此地，不但必應頓飭政風，還須創造新局。但十誡的九誡半都是消極方面的除弊，祇有第五誡的上半段「對主管業務應，克服困難解決問題，不斷研究改進，並勤求學術，努力進行」，帶有積極的進取性。該報認爲徒諄諄告誡而不繩之以法，則所謂崇法務實，可能落空。

九、特務教員又逞威　砍破女生的皮鞋　還要打她的屁股

桃園縣立中學龜山分校訓導主任鄭廷華於本月十日以初三班女生陳玉苑、葉美娥、洪素芬等三人，穿的不是膠鞋而是尖頭皮鞋，認爲不合他的規定，大爲震怒，卽叫她們三人立將鞋脫下，又命校工拿菜刀將鞋尖砍去，然後放在辦公室門口示衆，在聲言要經過三天才准拿回去。如此處罰，他還覺得不夠，又用竹片各打屁股三板，並向她們說：「我不怕什麼鬼，回去告訴你們的家長去告我好了」。這三個女生都嚇得哭不成聲。

據一個女生向聯合報的記者說，該校規定星期一至星期六到校上課時應一律穿膠鞋，但十日是星期日，她們到校補習，學校並沒有硬性的規定，她們以爲可以隨便一點，故穿了皮鞋。

事發後，該分校主任傳湘恐事情鬧大，又不敢責備這位有背景的訓導主任，祇得向學生家長疏通，表示願意賠償她們的鞋。有一位學生的家長認爲教育廳曾三令五申，嚴禁體罰，該分校的訓育主任竟對十五六歲的女生用竹板打屁股，不但有違廳令，對於她們更是一種莫大的羞辱；曾擬向法院控訴；但後來得悉該訓育主任是蔣經國手下的特務人員，於是不敢再出聲。

十、合會職員取回扣被扣押

台灣省合會儲蓄公司總務科長詹德旺，出納陳添勝，總務徐振中等三人，在立法院長黃國書兼任該公司的董事長期間，互相勾結，向文具商收取回扣七萬元朋分，經該公司其他職員向司法行政部調查局檢舉，移送台北地檢處偵訊屬實，於本月十一日以瀆職罪起訴，陳徐兩人被扣押，詹則畏罪潛逃。

就彼此之矛盾與衝突問題

中共中央與蘇共中央互換信件
雙方同認有必要舉行兩黨會談
毛澤東叫赫魯曉夫到北平來談

劉裕畧

中共與蘇共之間所醞釀的和解，目前仍在雙方的一面醞釀和談一面進行鬥爭的情勢下繼續進行。中共於大罵意共法共美共印共等之後，忽然又於三月九日覆函蘇共，表示同意中共願與蘇共舉行兩黨會談。但值得注意的却是中共叫赫魯曉夫將來於訪問高棉後到北平商談。這對赫魯曉夫來說，當然就是一種侮辱性質與低頭性質的意見。因為毛澤東自己不到莫斯科去，而叫赫魯曉夫到北平，這就顯然是毛澤東故意替赫魯曉夫安排了一種低頭的形式和屈服的意味。那末，赫魯曉夫願不願意到北平來移樽就敎呢？中共與蘇共之間的兩黨會談究竟能否舉行呢？如能初步舉行，能否繼續舉行而不中途破裂呢？如能繼續舉行，又是否真能達成協議呢？如能在表面上達成協議，又能否真正解除彼此之矛盾與衝突，從而恢復蘇共對中共之一切援助呢？在在都是問題。而這許多問題實皆有待於事態之發展。目前作出任何確定，都嫌過早。因為一切局勢原本不斷在變啊！

關於中共覆函蘇共的事，中共新華社曾於三月十日有所報導。它說：「中國共產黨中央委員會總書記鄧小平同志，三月九日下午接見了蘇聯駐華大使契爾沃年科同志，就中蘇兩黨會談問題進行了談話，並將中共對蘇共中央二月二十一日來信的覆信面交給契爾沃年科同志。在中蘇兩黨中央此次交換的信件中，都肯定就當前國際共產運動有關的重大問題，有舉行兩黨會談的必要。參加談話的有中共中央書記處候補書記楊尚昆同志和中央委員伍修權同志」云。

另據新華社北平三月十四日電：中共致蘇共覆函的內容共分五個要點：一、採取步驟，改善氣氛。二、停止公開攻擊。三、舉行雙邊或多邊會談。四、蘇阿恢復兩黨兩國正常關係，由蘇採主動。五、由蘇共同各黨協商後負責召集各國共產黨代表會議。……中共暫停答辯。此外，中共覆函倒數第三段，還特別提到毛澤東想要赫魯曉夫親到北平來會談的事。它說：「我們歡迎來信中提出的舉行中蘇兩黨會談的建議。我們認為，這樣的會談，是召開各國共產黨和工人黨代表會議的一個必要的準備步驟。毛澤東同志在同契爾沃年科同志的談話中，曾經提出，希望赫魯曉夫同志在他訪問柬埔寨的時候路過北京，舉行兩黨會談，交換意見。如果你們感到不方便，那末，也可以由蘇共中央的其它負責同志率領代表團到北京來，或者由我們派代表團到莫斯科去」。

毛澤東對此顯然有他的算盤，因為在一般人看來，如果赫魯曉夫真的親自到北平來舉行兩黨會談，便無異乎是毛澤東打了勝仗，赫魯曉夫低了頭。但毛澤東猶恐赫魯曉夫不肯專為此事而來，遂建議他在訪問高棉時路過北平，順便舉行。但赫魯曉夫會答應嗎？實成問題。

正因為這仍然是問題，所以，毛澤東又作了退一步的建議說，如果赫魯曉夫不答應（不方便），那末，可由蘇共派代表團到北平，甚至由中共派代表團到莫斯科，但却絕口不提毛澤東本人願去莫斯科的話，這就可見毛澤東一則不願移樽就敎，一則不敢安心到莫斯科，內心正恐赫魯曉夫對他下毒手哩。

中共在這一覆信中雖然故意表示了一些妥協姿態，譬如所言：「停止公開攻擊」及「中共暫停公開答辯」等。但毛澤東的如意算盤却是既滑稽而又有趣的。因為中共在三月九日覆信蘇共之前兩個星期，即在二月廿三日毛澤東親自接見蘇共駐中共大使契爾沃年科時起至三月九日覆信時止，早已在這一段時間把意共法共美共印共等都一一罵遍了。然後再提議「暫停公開答辯」、「停止公開攻擊」，豈不等於就是先打對方幾個耳光，然後提議我們從此住手！

記得我曾經在三月一日（紐約航空版三月八日）本刊曾對二月二十三日毛澤東在平接見蘇共大使契爾沃年科的事，作過如下觀察：「毛澤東在此中蘇共存在着矛盾與衝突的期間，如無和解的醞釀，，毛本人是絕對不會特別接見蘇聯駐中共大使契爾沃年科的。接見時在座的除劉少奇周恩來之外，更有曾經前往東歐出席許多共黨大會而與東歐及南斯拉夫共黨罵座的伍修權，則其所談者，必然是中共與蘇共之間的矛盾與衝突問題，自屬毫無疑義。且此一和解已進行到一定程度，否則毛澤東不會忽然在此一時刻接見蘇駐中共大使。關於此一和解，是否值得繼續進行，在中共方面，目前已到達只待毛澤東本人最後決定的時刻，亦屬毫無疑義」。而中共三月九日致蘇共的覆函，則恰好証實了我的上述觀察。因為中共三月九日覆蘇共函，一開始就說：「毛澤東同志在二月廿三日接見蘇駐華大使契爾沃年科同志的時候，已經說明了我們對你們這封來信的評價」。這說明毛澤東於二月廿三日接見蘇聯大使時所談正是有關和解的事，而且也正是由毛澤東親自出面對蘇聯大使說話的。事實上，我以為過去、現在和未來，有關中共與蘇共的矛盾與衝突，都是毛澤東親自主持決定，今後也將由毛澤東繼續親自主持決定。

章乃器反共態度堅決
中共撤其政協委員職

白帆

在今日大陸，反共的民主人士真是越來越多了。本報最近曾報導過陳銘樞的反共詩，三月七日中共新華社又報導了章乃器反共態度堅決，絕不向中共低頭妥協的新聞。

據新華社三月七日北平電說：「中國人民政治協商會議第三屆全國委員會今天上午舉行第卅九次會議，聽取中央社會主義學院副院長聶真關於中央社會主義學院第四期學習情況的彙報，會議還聽取了政協全國委員會常務委員會委員、中國民主建國會副主任委員李燭塵，代表中國民主建國所作關於建議撤銷右派分子章乃器政協全國委員會委員資格的說明。會議同意中國民主建國會中央委員會關於撤銷原該會會員章乃器政協全國委員會委員資格的建議，決定撤銷章乃器政協全國委員會委員資格」。查中共中央社會主義學院實為中共所辦一種洗腦機構，章乃器並不接受中共洗腦，可謂勇敢矣！

僑鄉近訊

鍾之奇

福建全省春旱異常嚴重

現在中共控制下的福建全省已陷入普遍旱情嚴重的情況。據中共「中國新聞社」三月十一日自福州發出消息說：「近三個月以來，福建絕大部分地區未下透雨，雨量都在五毫米以下。而常年這時期雨量則有七十至一百一十毫米。二月七日至十一日，閩北，閩東，閩西山區和福州，閩侯一帶，下雨十至四十毫米，這些地區大部分的冬種作物暫時解除了乾旱威脅，但雨水仍然不足，廣大沿海和平原地區雨量更缺，這是福建十多年來罕見的春旱。三個月以來，全省平均地面氣溫比常年低二至五度。到二月底，大部分地區霜期達到一個月，閩北部分地區最低溫度在攝氏零下九度。到二月底，全省仍有一百四十多萬畝冬種作物受到旱災和低溫威脅」。

該社同時還說：「莆田、福清等縣有不少小型水渠水塘的水源已告枯竭」，閩共雖動員封江堵河，開井築塘，挖沙窖以找水源，但只能救活一部春麥和蠶豆等，其它冬種作物，均已因旱凍而枯萎云。

粵北已發生人民餓死事件

最近的中共人民日報及中共的通訊社，已不斷報導大陸春旱情形。除前述福建外，綜合中共最近的各次報導，大陸自去年秋到今年二月底止，在八個月中，受旱的農田面積已逾五億畝，佔全大陸耕地總面積三分之一；遭受春凍的地區則達廿六個省、市的範圍，霜凍侵襲的時間則在一個月以上。災害嚴重發展的普遍結果，是冬種作物的生長受到了直接打擊，春耕春播的進行亦受了影响。

根據大陸許多地區最近的來信，中共前些時間雖對糧食的配給量在部分地區已有增加，但在另外許多地區，尤其糧食生產不足之區及交通偏僻之區，則糧食配給量不但毫未增加，且有反而削減者。而在部分重災地區之情況，則更為嚴重。人民只有採摘野生植物維生。然某些重災區之野生植物亦屬有限，瞬即被採盡。故據最近由廣州抵港之逃亡人士稱：粵北曲江、清遠一帶農村，目前之情況最為嚴重，已常常有人餓斃。只有廣州市郊的糧食配給量則較前稍有增加云。

廣州市郊人民粮食最近配給情形

三月二日有一位在香港作女工的傭婦回廣州省親。她原籍廣州近郊，因無其它政治色彩，所以得到中共的許可，回到廣州，而於三月十四日由廣州返抵香港。

筆者曾於三月十五日與她談所見所聞。據她說：中共在廣州市及廣州近郊的糧食配給量，現已較前稍為增加，但仍不夠吃。

據云中共目前對廣州市民糧食配給量之規定，是：勞動力強者，每人每天配米二十兩。勞動力次者，每人每天配米十六兩。無勞動力之老太婆則每人每天只配米四兩，小孩則每人每天配米三兩。

猪肉目前在廣州之公價是每斤八角人民幣。每人每週准買三兩。但猪肉目前在廣州仍有黑市。猪肉黑市價目前為每斤人民幣三元二角。

廣州目前蔬菜已較前稍多，價錢為每斤人民幣五分或六分。

油在廣州之目前價格是每兩一角二分。每人每月准買三兩。

布之配給量目前則仍為每人每年三尺，毫無增加。

依照上述實況研究，大抵由於廣州是交通樞要，中外人士過路者較多，故中共已將配給量稍為提高。但布之配給量則較前全未增加，故知中共現刻最感頭痛者，恐仍以布匹之無法增產為最云。

印尼在和戰之間徘徊

俊華

印尼與馬來亞之間，由「罵戰」而至於「備戰」。儘管召開「東南亞高峯會議」解決馬來西亞問題的建議已被提出，同時爲這高峯會議鋪路的外長會議也已在討論召開之中。但由於環繞着馬來西亞問題的關係錯綜，找尋不出一項平允的調解方案。抑且迄今爲止，仍沒有合適並正式主持調解的國家。爲防患未來可能惡劣的局勢，雙方都難免在「作最壞的打算」。這可以說是，印尼與馬來亞雙方，都在備戰以求和，從而徘徊於和戰之間。

納蘇賢聲言作戰

雖然馬來亞總理已有表示：若然印、馬、菲三國高峯會議有助於和平，他將參加該項會議。同時也可以派遣外長出席三國外長會議。印尼方面也已表示，願意出席三國外長之會。但是在氣氛上，卻沒有努力於造成一種協商前的氣氛，反而仍是惡言相向，較前尤烈。

印尼議長卡達威納德在議會演說，指責馬來亞拉曼總理，「協助帝國主義和殖民主義者鞏固他們在亞洲的勢力」。拉曼「不但不支持『新生的力量』，反而與帝國主義者併肩作戰」。他更抨擊馬來亞副總理拉查克，說他「曾計劃顚覆印尼政府，支持印尼叛黨的顚覆活動，干預印尼內政」！這些說法是印尼前此絕未提出指責的。

印尼「强人」武裝部隊參謀長納蘇賢的廣播，更爲激烈。納蘇賢聲稱：由「任何殖民主義者、新殖民主義者、聯邦主義者等所竭力製造出來的『所謂馬來西亞』，印尼必將對之『反抗與作戰』。任何在印尼領土附近組織新殖民地支配形式的企圖，對於印尼，將視爲一種政治及經濟的『陰謀破壞組織』！」印尼武裝部隊首長劇烈抨擊馬來亞爲新殖民主義者，並强調爲反馬來西亞而作戰，當以此爲首次。

拉曼抨擊「希特勒」

對於印尼這些威嚇性的聲明，吉隆坡也不能安於緘默。馬來亞總理拉曼，也在下院表露意見，對印尼的戰爭聲明，予以答覆。拉曼說：印尼之「對抗」馬來亞政策，反對馬來西亞，謂其「威脅」印尼，這「恰似希特勒當年」，在其準備進軍之前，故意透露其所謂恐懼，謂其本身國家之安全生存等，已受威脅。

「如果印尼對馬來西亞堅持其反對及破壞的政策，則將來可能引起的任何後果，印尼應負其全責！我們的人民，『誓將以生命來防衛我們的國家。而毋疑的，英國也將不會坐視』。英國將必履行和我們所簽訂的共同防衛協定，這一防衛協定的意義是，如若我們遭受侵犯，英國即將馳援」。拉曼並對他事先所說，「英國及澳洲將助馬來亞作戰」一詞有所解釋，他說：假如「澳洲必與馬來亞併肩作戰」一語令澳洲不安的話，則他非常抱歉。他演詞的意思是：「澳洲是一個有戰略防衛武力在馬來亞聯邦內之大英聯邦國家，而且她既公開支持馬來亞，則他也將起來給予我們以援助」。按拉曼此語，乃指澳洲現有軍隊駐馬來亞協防而言。但他明白聲言：現在沒有一種默契，約定若然印尼進攻馬來亞時，澳洲將助馬來亞作戰。

澳外長試行調解

澳洲的態度怎樣呢？澳洲發言人雖然闡明：澳洲並未就馬來西亞之組成，與馬來亞有何項協議，爲併肩作戰一說闢謠。但澳洲本身經已保証支持馬來西亞聯邦。因自印尼與菲律賓反對馬來西亞之後，澳洲外長巴域克，已將此一將來可能影響澳洲的問題，提出內閣討論。巴域克說：澳洲相信馬來西亞聯邦的成立，對該區域的安全有所貢獻，故此值得支持，也因爲此舉同時是一種作爲「有秩序廢除殖民地主義的一項主要行動」。對於婆羅洲領土的未來，這是一種「最良好的解決辦法」。聯合內閣經過一小時的討論後，接納外長巴域克的支持馬來西亞的建議，而由孟齊斯總理發表聲明，謂澳洲檢討共黨在東南亞區活動的情況，認爲馬來西亞將對區內的安全有利。但澳洲內閣贊成與英國合作，試圖通過外交途徑，緩和在東南亞（印尼與菲律賓）對馬來亞的緊張局勢。

巴域克外長日前的訪問馬尼拉，便是試圖緩和菲國與馬來亞緊張的行動之一。巴域克盛讚菲總統三國高峯會議的建議，而在菲、馬之間採取斡旋。但澳洲現已强調支持馬來西亞，及認爲馬來西亞有利於安全及防共，則與印尼的反共親共的立場，大相逕庭。因此一般預料，澳洲的調解對非律賓可能有多少影響，而對印尼卻不能產生什麼效用。

印尼提不出方案

印尼反對馬來西亞的理由，迄今爲止透露者已有三項：一是「協助舊殖民者的新殖民勢力，對印尼有政治威脅，政治包圍印尼，過阻新生的力量」。二是馬來西亞北婆區將成走私的樂園，危害印尼經濟。三是馬來亞態度一向與印尼對抗，馬來西亞乃擴大對抗。故印尼不能容許。蘇班德里奧曾說：若果馬來亞放棄對抗印尼，印尼或可考慮馬來西亞（的成立）。

這麼說法，是不是印尼要馬來亞與印尼一同走中立主義路綫，採不結盟政策呢？這一句干涉別國內政的話，蘇班德里奧卻說不出口來。拉曼總理就說過：馬來亞曾照會印尼，要求解釋印尼何以反對馬來西亞的理由。但印尼卻沒有答覆。

在馬來亞的立場來說，馬來亞立國未久，本身差不多沒有防衛力，軍力絕對不能與印尼比擬，她怎麼能夠採取「不結盟」的路線？印尼不但在法理上不能要求馬來亞採取與印尼相同的外交政策，即使印尼提出了類似的要求，馬來亞沒有理由也不可能加以接受。而印尼因爲提不出合法合理的解決方案，所以只能以「戰爭」聲明恫嚇馬來亞。馬來亞軍力不可能與印尼對抗，只好援引英馬同盟、英澳聯邦，及邀請其他外國，協助馬來亞抵抗。

雙方的先決條件

由於印尼提不出疏解馬來西亞問題的方案，她只好主張「延期一年」成立馬來西亞，作爲印尼參加印、馬、菲三國會議的先決條件。馬來亞方面的先決條件，則是印尼應先放棄「對抗」馬來亞的政策。

印尼的「對抗」馬來亞政策，乃是發自國內的一種要求——一種需要，即攫得西伊里安後，指使入民承繼向外擴展的目標，及印尼共黨一貫反馬來亞反星加坡的傳統。「對抗」可以適合這兩方面的需求，並非北婆羅洲眞個對南婆羅洲有何威脅。所以實際上這個「對抗」運動，印尼不顧也無法予以停止。

馬來亞方面，對於成立馬來西亞，因印菲的反對，正感夜長夢多。目前星馬北婆沙勝越婆羅乃五邦政黨代表，已一致贊成馬來西亞；因此倫敦方面已强調馬來西亞決於八月三十一日成立，吉隆坡方面且有建議與英方協商，使馬來西亞提早於七月最後一天成立的考慮。對於「延期一年」的印尼主張，顯然不能予以接受。所以「三國會議」縱然高唱入雲，先決條件就不易解決。現在印尼已加緊建立納都拿島（馬來亞與婆羅洲間）的海軍基地。馬來亞也在進行擴軍。「印尼是否會與馬來亞作戰」呢？正如蘇班德里奧所答：「天曉得！」

．吉隆坡通訊．

緬甸華僑經濟面臨危機

布山吉

緬甸政府主席尼溫，突於二月十五日宣佈實施「社會主義」計劃，把全國經濟，完全置於政府控制之下；換言之，就是要把全國工商業，都收歸國有。第一步措施，業經接收了進出口貿易的商號，和私人企業的米廠等機構。迨至二月廿三日，第二步措施也隨即展開，由尼溫政府下令，將國內商人經營之銀行及外國人經營之銀行，一律收歸國有；並發出聲明，該項命令，係立即生效者。於是，在緬甸境內的商辦銀行和外資銀行共廿四家，立刻被接管；被沒收之外資銀行，包括有英國、荷蘭、印度、巴基斯坦，及華資等，其中最大規模的，就是英人經營的「香港上海滙豐銀行」，「有利銀行」及「渣打銀行」。雖然「緬甸革命委員會」於當晚即接見英、印、荷、巴、及中共等駐甸大使，將他們的政策，解釋一番，並說明「因國有化運動而受影響的外國銀行，將於三個月內獲得補償，各國携來的論本，及其營業盈利，被接管時的資產，均將獲准携帶回國」，但外國人在緬的經濟遭受嚴重打擊，實屬意中事。至於華僑經濟，由於緬甸政府之施行「社會主義」，也面臨重大危機。

據一般估計：旅緬甸的華僑約有四十萬人。華僑所經營者，以米業、木業、和釀酒業爲最多，其次則爲礦業和典押。以資本額來說，米業居其首位。全緬的華僑米廠，大規模的有卅二家，小規模的有一百五十家。華僑木廠，則共有八十七家，最大規模的仰光紅毛廠，每月可出產木材九十噸以上，其餘較小規模的木廠，每月亦可出產數噸至數十噸，其中以「亞芳」和「益隆」等木廠獲利爲最多。華僑經營釀酒業的，多是梅縣籍人，大小酒廠約有五百家。華僑的典押業，也頗蓬勃，目前設在仰光的，共有廿餘家，俱爲台山籍及梅縣籍人所經營。至於華僑經營的礦業，也屬不少，在大瓦、庇吉、丹老、毛淡棉等區開發鎢、錫的礦場，約達三百家。——華僑在當地的經濟活動，顯然是在工商業方面具有龐大的潛力；這在華僑本身來說，是勞心勞力克儉克勤所獲得的私有財富，但對當地的社會繁榮，也盡過不少辛勞。

可是華僑卻勞而無功，反而引起緬甸政府的嫉視。遠在一九五八年間，緬甸政府已計劃將華僑各種大企業收歸國有，並對華僑的不動產的轉移，加以限制；那時，華僑在緬的工商業，早已蒙受重大的影響，迨至一九六零年七月宇努政府即開始實施一項「四年經濟計劃」，由於此項計劃係以共產黨的「經濟計劃」爲藍本，因而引起人民的不安；當然，華僑所遭遇的打擊，是相當重大！

緬甸的入口商，是一向利用對外貿易的機會勾結外人來非法牟利的，那時就更引起宇努政府的不滿，便立刻採取嚴厲措施，把入口貿易，都加以管制，並聲明於一九六二年三月內，即將所有私人入口貿易收歸國有，於是各業行商，咸感受影響，爲之嘩然騷動。就從那時起，華僑經濟便開始走向下坡。

其後，緬甸政治和經濟，都日趨惡化，整個局面，都漸陷於動盪不安，尼溫將軍便趁此時機，於去年三月二日發動不流血政變，推翻宇努，成立軍政府，由尼溫自任主席，把宇努的「中間偏左」政策，逐漸消弭，當地人民及華僑，正鬆過了一口氣，可是到了今年二月十五日，尼溫卻晴天霹靂地宣佈實施「社會主義」計劃，華僑經濟，立刻面臨危機。華僑所經營的米業、釀酒業、礦業、典押業等的資產，勢必化爲烏有！更由於各銀行的被接管，華僑存在各銀行的資金，也調動不來，因此更造成了華僑生活的混亂和恐慌。將來演變如何？目前是無從獲悉。

據官方人士的透露：軍政府是要把全國貨物的購入，生產，分配，出口等工作，全部接管過來；一切私人企業，都不准開設。至於華僑的資產，將受到怎樣的安排？則仍未有明朗的宣佈。但華僑經濟的厄運，將是無法擺脫的了！

拙菴隨筆

守拙

一、詩的境界與氣度

年來工餘，尤其臨夜睡前，每喜讀讀唐宋人詩篇，所以淨俗慮，便安睡。習之既久，覺凡是大家，尤其是開派的詩人，其氣度總比同時作家要來得開濶一些。以唐而論如李杜，以宋而論如東坡，譬之高巖大壑，朗月清風，不但落落不可羈，而且是行行不可及，所謂氣象萬千，出人意表，要不在刻畫事物之工，了解世情之熟，從深細處去與同時人或後來作家爭一時之短長。因作家如專從深細處去着眼，便往往傷及氣度之開濶。然李杜東坡非不能深細，但不專於此等處去着意用力，故有時也有深細工巧處，而並不傷及氣度之開濶。

不過，氣度之開濶，雖半由才氣，而一半則在於意向，所謂境界是也。境界這兩個字，不容易以幾句話解釋得顯明適當，只好取譬。孔子之讚嘆顏回：「一簞食，一瓢飲，在陋巷，人不堪其憂，回也不改其樂。」——這就是說顏回的精神上的境界與一般人不同，換言之，氣度要開濶得多。孔子最喜歡考驗弟子們的精神上的境界如何，「盍各言爾志」那一章書，就是很明白的，夫子在注意弟子們束身作業的意向，而且特重意向的境界要來得開濶，不粘着，不劍拔弩張，不斷斷與人較一日的短長，故夫子要「吾與點也！」——點的境界當然要比由的境界來得高雅些！

既然從詩人的境界說起，再用杜甫的詩來作譬一下。杜工部詩話書中曾說，工部的「明眸皓齒今何在，血污游魂歸未得，清渭東流劍閣深，去住彼此無消息」，這四句說盡白香山的一首八百餘字的長恨歌，此話不錯。但我還特別認為接着那四句的「人生有情淚霑臆，江水江花豈終極」，這兩句就比「天長地久有時盡，此恨綿綿無絕期」，要來得開濶而有意境，因為老杜在「人生有情」這四字上一開展來設想，他將為千古的癡兒怨女生感慨，非只為三郎與玉環而已！（在李杜集中，從正面表現其氣度開濶，意境高朗的詩句甚多，幾乎逐處皆是，不勝舉例，茲特從側面舉一例，以之比較香山耳。）

再用東坡與他同時的作家王安石與黃庭堅來比一下。其實半山與涪翁的造句工夫都比東坡要來得深細，氣度也自不凡，不過其意境之超脫，則對東坡似有遜色。譬如同是談害病，半山的「病身最覺風霜早，歸路不知山水長」，這一聯可謂深細，然而一讀東坡的「因病得閒殊不惡，安心是藥更無方」，意境便自不同，而超脫得多！又如夜坐讀書，涪翁是「俯仰之間已陳迹，暮窗歸了讀殘書」，而東坡則「獨掩陳編弔興廢，窗前山雨夜浪浪」，意境畢竟是兩樣的。

說到東坡與半山，後人筆記裏有一段關於他兩人氣度廣狹的紀載：東坡被謫貶到廣東惠州，住在鶴山寺裏，做了一首七絕，後兩句是：「報道先生春睡美，道人輕打五更鐘。」王安石彼時正當權，看見東坡這首詩，更是發惱，認爲予以懲戒，而反假裝舒適，於是一道命令，再貶儋耳。儋耳在今之海南島上，更是蠻荒之地，然東坡在那裏還是有「快意雄風海上來」之句。東坡歷經困境而能坦然有以自處，我以爲得力於陶潛之淡泊自甘。山谷稱東坡：「子瞻謫嶺南，時宰欲殺之，飽食惠州飯，細和淵明詩」……。淵明富俠士心腸，而又有隱者風度，俠士精神能爲人忘己，而隱者素習，期人我兩忘。東坡和陶詩，便能於此種境界有所會心，當然不是時宰與環境能把他困頓得了的。

文聲集（一九）

亦園以遊子任難與愚賤降俱二月集同人飲福源樓　亮之

江湖魚沫兩相忘，賤降何期引興長!?楚客生涯原草草，隙駒歲月去堂堂。座中高詠輸公等，海外人情似故鄉。一事粗豪差未老，花前猶足醉千觴。

履川招飲賦謝　文擢

崖菇石耳勝雞豚，春酌沈沈到腹恩，上饌詎教凡客預，南烹聊索解人論。開眸寶墨成孤賞，脫手高文定一尊，鴝硯即今饒晚計，酒邊聞有讀書孫。

夜候齊桓不至，獨坐寂寥成此志感調寄一萼紅　韋齋

（履川告以是日爲文孫晬日云）

夜淒清，又蟬吟雁唳，秋訊滿山城。隔苑歌殘，空階雨歇，斜月微上窗明。茶初熟，無心買酒，渾忘倒孤坐守簾旌。有約人遲，敲棋意倦，忽憶平生。尚記垂髫意氣，早言爭空妙，策鬥縱橫。逼眼興亡，壓心憂患，誰計衰世浮名，便十年都空過了，臥高樓人事百無成，冷卻溫詞綺怨，陶賦閑情。

唐詩偶釋（九）

鄧中龍

終南山　王維

太乙近天都，連山到海隅。白雲迴望合，青靄入看無。分野中峯變，陰晴衆壑殊。欲投人處宿，隔水問樵夫。

前六句是正兵，末二句是奇兵，奇正相生，用兵之道，即行文之道。前六句是靜境，末二句是動境，動靜相形，深得詩中調色之法。首句言其高，次句言其遠，中二聯形容高遠之狀，作更深一層寫法。迴望白雲，入看青靄，正緣身在白雲青靄之中，故不能窮其分合有無之迹。惟是萬壑千山，陰晴各異，此情此景，益令人恍惚迷離，轉念及家山何處，無端增入事滄桑之感。隔水樵夫，恐亦非村野俗子也，其殆有與子偕隱之意乎！

前六句純用重筆，末聯乃避重就輕；前六句純用實筆，末聯乃避實就虛，此全詩關鍵。常建「破山寺後禪院」一詩，布局與此畧同，可參閱。

首句押韻，五言律詩多有此格。惟必注意全文氣勢，要在一氣貫注，始爲得體。否則，便失之脆弱矣。杜工部之「戍鼓斷人行，邊秋一雁聲」，（月夜憶舍弟）孟浩然之「八月湖水平，涵虛混太清。」（臨洞庭上張丞相）許承晦（渾）之「紅葉晚蕭蕭，長亭酒一瓢。」（秋日赴闕題潼關驛樓）李商隱之「淒涼寶劍篇，羈泊欲窮年。」（風雨）岑嘉州（參）之「詔出未央宮，登壇拜總戎」，（送李大保充渭北節度）率皆爲首句押韻者，學者可於此等處悟其轉接之迹。

唐人詩，寫景則爲純粹之白描，至宋人，乃透過數層，故寫景亦流於抽象。意雖深而韻不厚，近於刻薄寡恩矣。以此詩而論，中四句如易宋人爲之，必不致若是踏實，此則爲唐宋人用筆之迥異處，學者不可不知。要而論之，唐人詩描景，乃以眼觀物；宋人詩描景，則以意度物。以眼觀物，情繫於景：以意度物，景繫於意。景繫於意非不佳，惟其流弊乃令人見意而不見景，無復渾成之妙矣。同一詠雨也，唐人李商隱之詩謹曰：「氣涼先動竹，點細未開萍」。宋人陳與義之詩乃曰：「燕子經年夢，梧桐昨夜非。一涼恩到骨，四壁事多違。」陳詩之造意固深，顧終失之纖巧刻薄。昔人謂宋人黃山谷作詩，其極至寡情少恩，如法家者流，則誠所謂能見其大者。凡學宋詩而至於纖巧刻薄者，宜多讀王維之詩以治之。

焦文姬（六一）

（版權保留）

黎明

第十三場：

地：焦文姬的洞房，氣氛是冷冰冰死沉沉的。最惹眼的是一牀未曾用過的鴛被和一對未曾燃過的紅燭。窗外楊花飛舞，春色惱人。

時：距上場半月後的一個下午。

人：焦文姬、青箱、小三。

（焦文姬凝窗凝望，神態蕭索。青箱坐在一個瓷墩上繡花，不時偷眼望望文姬，暗自歎息。）

焦文姬：（感傷地）箱妹，你來看，窗外燕飛蝶舞，柳絮隨風飄墜，不知不覺，又是暮春天氣了。

青箱：（仍低頭刺繡，不忍正面望她）是呀。不知不覺姑爺已經快去了三個月了。

焦文姬：（聽了不覺一震，連忙回轉身過來，痛苦地面對青箱）快三個月了麼?!

青箱：可不是快三個月了？

焦文姬：（屈指細數，旁白）是呀，快三個月了呀！（神態漸由幽怨而激動）（旁唱）：

月前焦細對爹講，
滿郎高中狀元郎；
不日洪州上任去，
上任之前回鳳翔。
喜得阿爹發了狂，
急忙爲奴辦嫁裝；
辦完這樁又那樁，
金銀財帛水淌淌。
前街後市鬧洋洋，
都讚阿爹有眼光；
都羨奴家福命長，
飛上枝頭作鳳凰。
害得奴奴日夜望，
茶不思來飯不想。
如今又是一月强，
仍然音訊兩渺茫。

（忽見鴛衾紅燭，不覺潸然淚下）

這洞房，冷如霜；
錦被空教繡鴛鴦；
花燭不曾照紅妝，
羞它蝶對燕飛雙。
倘若是，他把良心喪，
過橋拆板等尋常，
飢鷹飽食遠飛颺：
這腹中塊肉怎了當？
怎禁得人家飛短與流長？

（轉向青箱，白）呀，箱妹！外面言三語四，都道滿郎過橋拆板，此去決不回來；你看他——他他是否如此負心之人？

青箱：（放下刺繡，起立側身爲禮，强顏安慰文姬）小姐呀！（唱）

小姐但把寬心放，
公子不是負心郎。
焦細話兒不虛誑，
定是京師事情忙。
小姐呀！
您保重身體最要緊，
事到臨頭莫慌張。
您好比，名花早已有了主，
幾人能嫁狀元郎？
縱等上三年五載又何妨？

焦文姬：（益發悲憤）唱：

再也休提狀元郎，
狀元負心有榜樣：
本朝有個陳世美，
前朝有個蔡中郎，
世美曾負香蓮女，
中郎曾負趙五娘。
父母雙雙同餓死，
親生骨肉棄路旁。
我文姬呵，若不是爲了腹中這塊肉，
我就等等等，直等他個地老又天荒；
倒不管狀元郎不狀元郎。

（待續）

憶陳果夫先生（十）

宇人

我逼查省黨部的檔案，找不出有關「精忠社」的文件，詢問調查室主任，亦支吾其辭。稍後，我去重慶開會，又問中央黨部秘書長吳鐵城先生，組織部長朱家驊先生和徐可均兄，亦均表示不知此事。我回黔後即將在中央查詢的經過情形面告黃君；並指出他參加「精忠社」乃屬個人行動，與黨部無關。黃君又表示唯組織之命是從，他個人完全沒有意見。他所謂的組織，即是指調查室而言。我說：徐可均先生不但不知有「精忠社」，且認爲黨部不宜與幫會發生正面的關係，你如不信，不妨直接寫信問問他。黃君唯唯稱是；但事實上他仍繼續和「精忠社」保持很密切的關係。

在此期間，省黨部不時接到貴州各軍政機關的來函，或稱捕獲毒販，或稱捕獲小偷，甚至搶匪，搜出「精忠社」的證件，據供乃受省黨部的領導，咨請查覆；省政府主席吳鼎昌先生亦向我詢問眞象。我均答以「精忠社」與省黨部無關，請他們依法辦理。此後外間即有流言，說我因忌嫉調查室擁有這股鉅大的力量，所以存心予以破壞云云。「精忠社」的分子也作此想，他們曾請王伯羣先生向我疏通，表示願意接受我的領導。他還說：「中央方面如果無人支持「精忠社」，為什麼陳果夫又派他的女婿來給他們監視呢？」我說：這完全是陳惕廬矇上驅下的一種手段。我向王先生表示：在我負責的期間，省黨部決不承認「精忠社」；但對那些參加的人，祗要不假借黨部名義在外招謠，我也無意對他們採取任何行動。

經過大約一年的時間，蔣先生忽然給吳鼎昌先生和我一個密電，限令即日解散「精忠社」，並將各首要拘捕具報。我們祗好遵照；並商定處理辦法如下：（一）由省黨部、省政府、滇黔綏靖副主任公署會銜佈告解散「精忠社」，並封閉其秘密社址；（二）由省保安處負責拘捕各首要分子，並飭其交出一切印信。對各首要分子的住宅均不進行搜查，其秘密社址內所存文件及名冊，當場焚毀。後一項決定，旨在避免不肖之軍警人員藉端滋擾。

蔣先生所以突然來此電令，據說，乃由於重慶哥老會某巨頭為其親人病故，舉行萬人送殯的大出喪，形同示威一事所引發；但黃君和調查室卻懷疑為是我報告蔣先生的。

復次，我到省黨部後，即開始籌組各學校的青年團分團部。各省的大學分團均直屬中央；但貴州的各大學分團部，則屬於貴州支團。我籌組學生分團的程序如下：（一）先向學生作一次公開演講；（二）再召集已入國民黨的全體學生舉行談話會，宣佈組織分團的辦法，並徵詢他們的意見；（三）由談話會公推若干人為分團籌備員候選人，其中必須有尚未入黨但對本黨同情而又頗得同學信仰之學生至少二人；（四）向學校當局查詢各候選人的學業成績、操行及學校對他們的觀感，然後擇優委派；（五）分團籌備人員派定後，所有已經入黨的學生一律轉入團部為團員，對學業不及格及操行低劣者則實行淘汰，然後開始徵求新團員，定期召開團員大會，選舉分團幹事，成立正式團部。

由於團部將許多曾經入黨而品學不佳的學生淘汰出去，所有團員除了敦品勵學及參加支團部所發動的戰時服務工作而外，對本校同學均採取極友善的態度，與過去黨部的作風完全不同。因而各校學生對於青年團的觀感立刻轉好，一切學生活動，幾乎全是青年團員所領導，團務的開展，頗為迅速。但被淘汰的那些學生，多與調查室有關係，他們平素領津貼、造情報，既不用功讀書，又不遵守校規；有的還利用情報陷害同學甚至老師。雖然學校當局和一般學生對於他們深惡痛絕，而調查室卻認為他們忠實可靠。調查室主任曾向我作試探性的建議，擬將他們成立學校黨部，我未允許。我向他說：凡是黨部淘汰的人，團部決不收容，團部淘汰的人，黨部也不收容。但這些學生今後倘能敦品勵學，做一個好學生，隨時都可從新入團的；因為團部淘汰他們，完全基於他們的品學不佳，並不是由於他們與調查室有關係。可是，調查室方面仍認為我有意排擠他們的同志。

再次，上文曾經說過，陳惕廬在貴州時，是把ＣＣ和調查室混而為一的，不但各縣黨部書記長多屬此中人，卽支團部的職員與各縣分團的負責幹部，也有一部份與他們有關係。他們平素祗知有調查室的系統；不知有黨。另外有幾位省黨部委員則隨時以朱（家驊）先生三字掛在嘴邊。我則勉勵黨部團部的同志，應以實行主義，救國救民為己任；不可自甘墮落，認為自己並沒有獨立的人格而乃是屬於他人的人。我並舉出蔣先生在黃埔時告誡學生應以黨和主義為中心，不要以校長為中心的訓詞為証。他們又從我平素的言行和在參政會的主張，聰知我確不屬於任何小派系而是一個有是非，有正義，赤心為黨為國，敢作敢為的人，因而對於陳惕廬那一套鬼鬼祟祟的作法也就不再感興趣而逐漸遠之了。我曾不止一次的指示調查室主任：黨部團部負責人的責任是正面領導，不宜同時又兼做特務工作。可是，他們的傳統作風，不僅是偵查反動黨派的活動；同時還要偵查黨內不屬於同一系統的同志；更要隨時把握機會，奪取黨部的領導地位。換言之，他們不僅是對外，還要對內。兩者相較，似乎後者尤重於前者。因此，他們對這些不願意再受控制的同志，竟視為大逆不道，甚至採取敵視態度。事實上，這些同志並沒有反對調查室的行動，更沒有反對果夫先生和徐可均兄的存心。因為我對他們談到果夫、立夫兩先生和徐可均兄時，也始終予以應有的推崇。

還有些事，也是調查室很感不快的。有一次，他們報告我說：他們的同志某某被警察局捉去，請我打電話給該局長，要他們放人。我打電話給警察局長後得知被捉的人是在旅館裏面和一個汽車司機爭奪一名妓女互毆，由旅館的老板報請警局當場雙雙拘捕的。我問調查室主任，他也直認有其事；但推說：這是為了工作上的需要。我問是否因為那個司機有共黨或漢奸嫌疑，他答不是。我說：那麼，你所說工作上的需要又從何說起呢？他無言以對。我乃打電話給警察局長，請他依法辦理。

抗戰行列中見聞雜憶（二壹）

中美合作的困難之二

李璜

兩個國家去從事於一種業務的合作，其勢必須先求得這兩國國民人與人間的了解，否則合作之中，未有不發生誤會的；誤會一多，便傷感情，彼此情緒不佳，合作便有困難了。

前段曾談及動力主義的美國人之難於了解自然主義的中國人，尚覺未竟其意，願再畧述中美兩國人的性格及其習俗，彼此相差太遠，每多隔閡難通；因之，在抗戰末期，中國朝野，對於美政府派來參預中國事情的人物，相處起來，總覺難安以至受不了，積之既久，反感增多，有時便爆發成爲怨恨了。茲擧所憶數事筆出，而置史特威爾將軍一事不談，因擧世皆知史氏之與我軍政當局凶終隙末的事態。

美國人確是名符其實的青年民族，青年民族的好處是：坦率、熱心、活潑、而辦事勇猛認眞；但反過說，壞處也在這好處的有時表現得過甚之中，因之：坦率便有時難免粗疏，熱心便有時缺乏審愼，活潑便有時甚少威重，勇猛認眞便有時不大顧念環境，勞而無功。

而且這一類青年民族的良好性格，如在老年民族的中國社會裏發揮起來，則更是每見其過甚之壞處，而有動輒得咎之勢！因為老年民族如中國高級社會的習慣：貴含蓄，而反以坦率為不懂事；務冷靜，而以過份熱心為恃力逞能；活潑固少威重，容易冒犯別人的威嚴；認眞不免任情，有時涉及越俎代庖；因之更難容忍了！

茲以至今尚勞中國論政得失者仍在議論紛紛的馬歇爾將軍調和國共之一事証之，其事之不能有結果，固為事勢所限定，中國明眼人不待事後，即事前已能了解國共之無法調和，乃是命定了的。然而，何以因此而弄到中國當局與美國當局彼此惡感如是之深，即因兩國民族習性大有差異，每有動作，彼此皆不了解，易生誤會，以致終為中共所乘，並非周恩來等有多大本領，能夠釀成中美嫌怨，實中美雙方因處世接物多不相通，而自生嫌怨，周恩來等不過因勢利用而已。

當民三十四年冬，我自紐約飛返重慶，時政治協商會議已開，我關心其事，因詢之某公，蔣先生對馬歇爾將軍之態度如何？某公卽告我：「蔣先生正大發皮氣認為馬歇爾將軍盛氣凌人，太壓迫他，他受不了；要我向蔣先生解釋一下美國人的性格與言行，本是如此坦率的。固然馬歇爾不免熱心過度，不大了解國共的情形，而便想認眞的硬來一下，以為便可以調協雙方，中國從此可不再有內戰，而從事於和平建設了，其實，問題那有這樣簡單。但我們總應該把馬氏敷衍周到的！」

我聽了某公這一席話，卽早知事必無成，因美國人要效果而不要敷衍。因之曾慕韓先生堅留我在重慶，參預政協會議之事，我便辭謝而跑回成都休息去了。臨返成都，我告慕韓：我在美國九個月，知其朝野都立意要中國內亂停止，從事和平建設，並且一切均在準備扶助中國，其對我中國人的和平進步的熱忱實在可感得很！然而坦白的青年民族又那知道複雜的老年民族的心眼之多，忌諱之大，表面是一回事，骨子又一回事；當面敷衍是一回事，背後幹法又另是一回事；豈特中共是如此，政府又何嘗不如此，因之政協與軍調均不會有成就也。

馬歇爾將軍曾經批評中國人開會，乃是多費唇舌，白延時間；美國人開會，會前都先擬好解決問題的具體方案，開會只是比較各人方案而有所選擇與增損而已。這是馬歇爾將軍對調和國共事有特具的熱誠，而他竟未感到，以國共多年對立之局，如是其僵，任何方案，拿出來只徒滋爭辯，都不會有效果的。梁漱溟先生因信馬將軍之言，而以第三者身份擬了一個解決的方案，分送與國共雙方及馬將軍，結果梁先生被周恩來大哭大罵，罵他偏袒政府，而政府方面也大笑梁先生書生不已。

馬歇爾將軍又何嘗沒有方案！軍調的方案，軍隊改組的方案，以至接收東北的方案，這些方案，由馬氏與國共雙方商定後，而且有些還曾由周恩來簽字承認了的，但沒有一個方案不是形同具文，或者在派員去實施方案之中而又發生變化，把它停擱下來的。馬歇爾將軍要想不辱美國政府促進中國和平民主的使命，自重慶開始不停的斡旋，以至於南京，中間經過整一年，其熱心可感，然而其不能了解國共雙方之眞實內情，其不明白這一死結之無法打開，簡直使我們同居於第三者地位的人見其熱誠，不忍內幕對之揭穿！結果，等到馬歇爾將軍完全失望，廢然而返時，臨行[illegible]們說：「他，最傷心的是，到[illegible]調停一年，乃未曾聽過國共兩[illegible]眞話！」言下至為愴然，[illegible]第三者立場，也覺得有點對不[illegible]

在馬歇爾將軍之前，有美國[illegible]爾利大使，更是不合我們中國[illegible]含蓄、好面子的老民族胃口！[illegible]以大使身份駐在重慶，一會兒[illegible]科會史太林談中國的政局一會[illegible]延安保定毛澤東來去重慶，與[illegible]一切公開，我當時在紐約看報[illegible]時載有赫爾利大使的公開談話[illegible]他執住中國當時的政局牛耳一[illegible]便知道我政府中人必會生反感[illegible]馬歇爾之後，又有顧問團的魏德邁將軍，魏將軍為人穩厚，而辦事[illegible]比較是最能了解中國，而與我政府中人處得最圓滿的一位美國[illegible]高級人員。然而魏將軍在政府對剿共戰事不利，臨別贈言時，對我政府首長那樣急言直諫的坦率說話，也還是引起一時的大不痛快的呵！

本刊已經香港政府登記

每逢星期五出版

聯合評論 週刊

United Voice Weekly

第二三七號

督印人：黃宇人　總編輯：左仲平

社址九龍大埔道一六八號南亞書局 805641

承印嘉羅印刷有限公司香港仔馬師道5號

總代理：友聯發行公司　售價每份港幣一毫

本報美洲版總經售處美國紐約中美出版社

CHINESE - AMERICAN PRESS, INC

199 CANAL STREET.,

NEW YORK13 N. Y. U.S.A.

美洲航空版每份售美金一角

向流亡青年志士貢獻幾點意見

「落紅不是無情物，化作春泥更護花。」

劉裕畧

去年十月，我初到香港大晚報担任社長的時候，社中的一位同事，即曾要我替他們正在籌辦的一份流亡青年刊物寫一篇文章，這位同事也是不久之前才由大陸逃亡出來的一位青年。我當時婉謝了他的盛意，那是因為我知道他們那份刊物可能取得台灣方面的津貼，而我如果替他們寫文章，且被刊在首要地位的話，實足以影響他們刊物的經費來源，我之婉謝，內心歉然，但決非我不願替他們寫，更非我無話可說。相反，倒是非常願意寫，而且有話要說的。

正因為這種原因，所以我當時曾告訴我的那位青年同事，我將在聯合評論寫一篇有關流亡青年的文章，以酬雅意。我覺得這樣做，似乎比寫一篇文章刊在大晚報或流亡青年刊物上更好，因為聯合評論是今日流亡在香港和歐美的許多青年志士所共同愛讀的刊物。光陰過得真快，算來，我的這一諾言又過了半年了，本文刊出之日，正是五十二年前埋葬在黃花崗七十二烈士死難之期，所以，特為寫出本文，作我對流亡青年志士的幾點貢獻。

當然，這裏所談的也只是我個人的意見而已。對或不對，還要請流亡青年志士們自己去思維。事實上，我知道我的這些意見，也許會被某些人評為離經叛道，某些人認為是完全荒唐或近荒唐。但我要向流亡青年們表示的，這些意見却是我由衷之言。別人的批評如何？我根本不考慮。

幾年以來，尤其自去年五月大陸逃亡潮高漲以來，我曾經讀過任何一篇討論流亡青年問題的文章，老實說，我都不甚合意。他們大多着重敦勸流亡青年趕快學習生活技能，趕快找職業。從動機看：這說法當然不失為一種庸俗的善良觀念，不過，我總以為謀生固然是流亡青年的一大要務，因為生活即現實，沒有現實，就沒有未來，就沒有一切，現實既然這樣殘酷，誰能說謀生是低調呢？但我個人却認定對於一般流亡青年來說，為個人謀，誠然要緊，但對於流亡青年志士來說，為國家謀，為整個人類社會謀，却更要緊。十四年來，我看見過許多青年志士由反共救國的事業觀點，退縮到小團體的業務觀點，或個人的生活觀點，前面說過，我不否認現實的殘酷，往往使人嘆息傷心，往往使人委屈受辱。但大陸淪亡，國土未復，青年人與中年人老年人同樣負有不可推卸的責任，如果大家都只把個人生活當人生主要目標，因而把反共復國的大業當成副業或業餘的話，我覺得國家民族的前途就太可憂慮了。所以，我不反對一般流亡青年向職業道路走，却想提醒流亡青年中抱負不凡的志士，胸懷大志的英雄，對國家民族具有熱誠和責任感的偉大鬥士，萬萬不可向現實低頭，不可從而放棄理想；可以講求策畧，但不可遠離偉大目標。說到這裏，我想起我所認識的一位朋友，他常常向我說，必須先有錢，然後才可從政；他並且一再強調說：英美的政治家，誰不是先有個人事業基礎，才走向政治舞台，所謂工而優則仕，商而優則仕。因此，若干年來，他一直陶醉於他個人經濟活動的逐漸發展。本來，這一種論調，也是很多人常有的論調。他所根據的本只部分現象，言之也似乎成理，却忽畧了英美國情與中國國情之不同。英美已是一個工商業發達了的國家，而且相應的建立了它們的民主政治制度，中國則不然；何況，中共佔據大陸已十三年，大陸同胞慘受屠殺與追害，日夜期待解放。如果我們真有心國事的話，如果我們不專為個人謀的話，國家的整個情況何嘗允許我們再耗費十年二十年的寶貴時光去專門找錢；更何況，許多人為了找錢，為了找更多的錢，常常長期沉醉在找錢的活動中，終身鑽錢眼子而不自知。因而他們既富之後，往往變成了守財奴而不自覺，終身一無所為哩！

再看中山先生偉大的一生，他雖經常為籌措革命經費而努力，却不曾為謀生而找錢。

（下轉第二版）

畧記旅美四個月的一些實感

三、從三藩市到紐約（下之二）

左舜生

我在舊金山和紐約的中文報上，常有機會讀到許多朋友的舊詩，其實作舊詩風氣的復活，不僅在美國如此，在台灣，在大陸，在香港亦復如此。

用白話寫新詩，是胡適之四十年前在美國留學界開始提倡的，當時曾引起過不少的爭論；到了『五四』前後，因為白話文的通行，一時新詩人乃多於過江之鯽，甚至印行的新詩集子也有過好幾十本。曾幾何時，風氣好像又在變了。

在適之去世以前，我曾在報上看見他約集台灣若干現在仍在寫新詩的青年人談過一次話，表示他自從提倡白話詩以後，從來不曾『變』過『節』，而目寫過新詩現在又掉轉頭來寫舊詩的人為『反動』。這是適之平日說話照例要把語氣加重以聳聽聞的一種常態，當然不足據為典要。

平心而論，文學藝術的天地甚寬，自由更是文藝所托命；不問新的也罷，舊的也罷，只要是好的，總可以博得欣賞者的共鳴；反之，舊的舊得不成話，新的新得不成東西，便要自然的歸於淘汰。我聽過彈得好的琵琶，也聽過拉得好的胡琴，但我決不會聽到彈得好的鋼琴，或拉得好的小提琴而放棄我的喜悅。一九二七年，我在巴黎看過一次當時所謂新派的畫苑，無論那些作品的色調或意境都使得我的腦子發脹，幾乎喘不過氣來，我只好跑到對面一所陳列古典派作品的畫苑裏去調勻我的呼吸。一九五三年，我在日本又看過這類的新派畫不少，也還是不能接受，一看便不想再看。這次在紐約看到兩處新派的油畫和彫刻，却使得我非常舒服，看了一次，還從容的再去看了一次，而斷言必有其前途；這個意思，並不是說什麼『東風壓倒西風』，或者說什麼『後來居上』，乃是說一件新的藝術品，只要它已經到了一定的藝術水準，它便可在舊的當中開拓一個地位；不過只是積累而決非謂代謝就是了。

我對中國文學的前途，或者說舊詩新詩的前途，也作如是觀：只要中國人對外來文學有了更深的造詣，或者換上另一套眼光去讀中國舊日的作品，則中國的文學必起變化而自然會有新的東西產生，乃是我所深信不疑的。本來，我對這類的問題原不敢開口，不過因為看見毛澤東偶然寫了幾首舊詩詞，大陸上乃有不少卑劣的文人把他捧上了天；甚至董必武，朱德居然也做舊詩，還有人恭而敬之把它影印在一本書的前面，實在有些難過；同時又看見若干敝帚自珍的先生們，還要剝奪許多青年研究科學的寶貴光陰，去仿製許多贗鼎，也覺得是當前教育界一種不應有的病態；乃引出我上面的一派狂論。

顧一樵（毓琇）先生，我還是一九五三年在台北見過的，近年他在費爾德拉費一所大學教電機。去年他遊過歐洲，不久又依然回了美國。他因事來紐約，到我住的旅館和我作過一度長談，他對當前的國際乃另有一套看法。過去我曾看過顧先生寫的幾個劇本，這次談過以後，他又寄給我他的一本『海外集』，我才知道他對中國的詩詞着實下過很大的工夫，也勤於寫作。一個人在自己的專門研究與工作之餘，而有餘力從事文藝，確實是一件可欣羨的事。我原有計劃一遊這個與美國獨立史有密切關係的費城，同時也想和一樵先生再談一度，但因為在波士頓害過一場大病之後，再回紐約便把這一計劃取銷，甚至何淬濂先生原約定我去參加他的母校耶魯大學的，也不果實現，這真是我留在紐約最感到歉然的兩件事。

王人麟先生是我在抗戰後才認識的，以前我確實不知道他愛好文學，而且把生活安排得細緻而有條理。這次我在準備回來的前幾天，他一再約我到他家裏晚餐，並約了梁和鈞和潘公展兩位在一塊敘一敘。經過一度的快談，並讀了他一冊詩稿，尤其是一首關於陳香梅（陳納德的夫人）的『千春曲』，同時坐在他那一間布置楚楚的客廳，見了他那位溫文爾雅的夫人，還吃了她手製在紐約不容易吃到的幾樣家常菜，才知道王先生是過着一種不折不扣的詩人生活。引起我對他提出抗議：怪他不早約我到他家裏去坐坐。最近承他把我在華美日報發表的兩首小詞剪下寄來，並關心我病後的情況，真是很可感的。

伍藻池先生在紐約唐人街開了一間『友方書店』，出售的新舊書籍不少，而且還有若干木刻的舊書，看樣子生意是頗不壞的。有時我一個人在旅館悶得發慌，便跑去找他聊天。到他那裏買書談天的人各方面都有，因此我也聽到不少聞所未聞的消息。有一次我們從午後三四點談到天快要黑，他拉我一陣去卜館子，他那八十高齡的老父和他的夫人小姐也一陣參加，使我感到一種客中的溫暖，同時也使我覺得藻池得着他這位見解甚高的夫人助力不少。大致就因為這一次我們談得非常痛快，藻池還寫了一首七律送我。這首詩徐亮之兄已在本刊友聲集發表過，但我還要把它錄入我這篇隨筆。詩曰：『閉門久與世相違，能得相逢喜可知。風貌未隨千劫變，襟懷還似十年時。不因酒薄情難盡，却恐愁多語易癡。忍說天涯離亂意，燈前雙鬢已成絲。』以前我只知道藻池的英文寫得好，外國書讀得很精，但我不知道他會寫詩，更不知道他能寫這種平淡而情感自然流露的詩，這真是我這次意外的收穫。

我留在紐約的期間，原想避免任何公開的講演，但結果仍被中央政校的同學會和『海外論壇社』的朋友們拉我去講了一次。講題為『對國民黨及青民兩黨失敗的總檢討』，是他們所擬定的。我最初以為來聽的只是若干較年青的朋友，沒有想到六十七十的老先生還是來得很多，實際他們對這一問題的看法，也許比我更為清楚，於是我只好變更我的腹稿，率性痛快的講了兩個鐘頭，這要算是我到美國後一次最吃力的講話了。

向流亡青年志士貢獻幾點意見

——「落紅不是無情物，化作春泥更護花。」

劉裕畧

（上接第一版）他本來可以行醫，因為他是學醫的。醫生在海外的社會地位並不低，收入也很豐裕，但中山先生沒有這樣做，却致力於革命，經常過流亡和被驅逐的生活。有一次，他偷渡到日本，在船上，只剩一塊錢。依常理，他是應該特別珍視這一塊錢了。然而他上船後，却把這僅有的一塊錢買了橘子，分送給同船的旅客，以聯絡感情，以鼓吹革命。他在船上終於結識了三位旅客，日後成為革命的同志，這是何等偉大的典型事例？對此，國民黨當權派難道不該反省？流亡青年志士難道不該學習？

再看黃花崗七十二烈士之犧牲，當時無不爭先恐後，冒險犯難，捐財，毀家，以個人生命去爭國家生命，而參加那一役的許多人，不僅學有專長，家有子女，而且年輕有為，多為國民黨之上層領導人物，但他們不計一切，前仆後繼，故能推翻滿清，締造了民國。假如今日流亡的青年，都斤斤計較於生活問題，都只把反共救國大業當作業餘工作的話，又怎能把中共政權推翻呢？

說到這裏，也許有人會說我在鼓勵青年志士拿生命去拚鬥，是的，我願意指出，處在人類社會進化的現階段，尤其處在當前中國這樣環境，如果沒有拿生命去拚鬥的決心，那就乾脆不要存什麼大抱負。否則，誠如曹操批評袁紹所說：「謀大事而惜身」，那是一定不會有成就的。如果在英美等業已建立了民主政治制度的國家：青年志士在對內奮鬥時，有時自可不必拿生命去拚鬥，因為有志之士只須憑政見，才能就可安然競選，並安然當選。中國的情形却不然，尤其在中共憑藉暴力以佔據大陸，用屠殺和殘暴方法以控制大陸的今日，如果只專心於學術思想，縱然在學術方面有大成，那也只能在未來建國時作出重大貢獻，而推翻中共政權乃一切復國建國之前提，不先推翻它，一切都談不上。所以，談到國家的需要，我就覺得準備把一切貢獻給國家和人類社會以與共產主義鬥爭並擊敗它的青年志士才是當前最需要的人物，其它，雖然並不是沒有價值，但已次要，而那些只着重個人生活準備，過猪一樣生活的人，自然更不足論了。總之，在我的眼光裏，在我的價值判斷中，只有全心全意從事反共鬥爭的人，才是第一流偉人，才是這一時代最迫切的需要者，我們曉得：毛澤東等人也是不斷的以生命作賭注，連續拚鬥了二十八年，中共才得以憑武力控制今日大陸的，那末，反共的青年志士今天又怎能只憑空談，不採行動，就能把錦繡江山從兇惡的敵人手上取過來呢？

嚴格說來，今日流亡青年志士的處境，不但不比中山先生當時的處境差，而且更比中山先生等人的處境更好，當然更比流竄各地的毛澤東等人二十年前的處境較好，因為中山先生當時要憑空創造，毛澤東等人無時無刻不被圍剿，我們則安然生活在海外，生活問題有時縱然遭遇困難，但生命不受威脅，所在地有相當自由，大陸反共情緒普遍高漲，台灣方面尚有六十萬大軍，國際方面更不孤立，如果尚無作為，只能怪自己低能了。

當然，說到實際行動，說到現實政治，從某種角度看，現實政治有時確實很骯髒，常常使人有為者不賢，賢者不為之感。不過，這畢竟只是現實政治的部份現象和一時現象。我常常在想：今日之人類社會，雖然已較原始人類社會進步了很多，但今日人類社會畢竟還只在進步過程中，距離未來的美好甚遠，距離原始的起點反而極近，今日之許多社會現象，原就不能使人滿意。共產黨統治的社會固然太殘暴，資本主義社會的許多現象，又何嘗合理公平？如果不是為了結合和運用資本主義社會的諸種力量以對抗共產主義以摧毀共產主義，實無理由來保衛這一所謂自由世界。因為今日的所謂自由社會，無論道德標準或是非標準，在在都有問題，而經濟制度和財富及資源的分配又都太不公平，太不合理。不過，話說回來，在資本主義社會裏及所謂自由世界中，畢竟還存有某些相對的自由和人性的尊嚴，也容許人們的改革和創造，這與共產黨以刀鋸斧鉞君臨天下宰制一切的情形又根本不同；許多人在資本主義社會裏及在所謂自由社會裏，遭遇的畢竟只是生活方面的困難，而人們在共產黨統治的社會裏所遭遇却不止生活的困難，且更經常遭遇着生命的威脅，兩害相權取其輕，要免除全人類被共產主義普遍奴役，青年志士們還只得先保衛這一個資本主義社會及這一個自由世界才是，庶能有所憑藉，以與國際共產黨和中國共產黨鬥爭，並擊敗它。否則，反共者將無立足點，一切將全屬空言；何況，資本主義社會和自由世界畢竟容許人們對它加以改造；再以「人」這一個生物來說，人的生物的品質，現在雖已較原始時代的人進化了很多。回顧人類歷史，幾萬年前地球上雖早已有人，但有記載的人類歷史却還不過幾千年，中國人雖是人類歷史中眞正的老大哥，但目前亦只有夏商周以後的歷史記載較為可考，而未來的人類，如果不中絕的話，如果照常繼續繁演下去的話，則一萬年兩萬年之後的人類誠不知進化到何種程度，一百萬年一千萬年以後的人類更不消說了，而時間既綿延不盡，人類社會和人這一生物的品質又並非進化到某一程度就不再進步不再進化，那末，再過一兩萬年來回看今日之人及今日之人類社會，豈不眞要大笑今日人類與原始人類相距之近？豈不眞要嘆息今日人類與未來人類在進化進步方面相距之遙嗎？我們今天常常引「夜郎自大」那一個故事來嘲笑那些眼光淺短不知天下之大的人，其實，從整個宇宙之大之久遠來看，凱撒亞力山大秦皇漢武之流自以為了不得與夜郎自大固然是五十步笑百步，迷信唯物主義的一羣蠢東西如毛澤東之流及看了英國一時的局部的工商業發達現象的馬克思，便以為自己掌握了宇宙的眞理，與夜郎相比，又何嘗有本質上的差別？所以，就我來看，叫我去鼓勵青年朋友花一生的時間去作掙扎在生活線上的可憐蟲，我不願，而且不忍。

因此，我總以為青年志士不但要以國家民族為己任，而且要把推動和加速人類社會進化為己任。在我看來，任何大大小小的夜郎都是距離原始人類不遠的丑角，只有能夠改造現實和推動人類社會進步的人才眞正是偉人。這包括他們無論在政治經濟軍事方面的貢獻，抑或自然科學方面的貢獻都是一樣。

說到這裏，我情不自禁的還要提到求取人生的藝術化和政治的藝術化的另一意見。

前面說過，今日的「人」及人類社會，從生物的品質觀點及從社會進化的階段來看，實在都還很差。所以，現實政治才有部份醜惡現象部份愚蠢現象和殘酷現象，但值得欣慰的，是現實政治及現階段社會除醜惡殘酷的一面外，還有光明和良好的另一面，再從長遠看，則更有必將永遠繼續進步的另一面。故指向理想和末來的人生，必然就是偉大於拘泥現實的人生，而超越於現實的觀念，則更是逸出現實限制的方法和表現。我以為超越現實，指向未來，就正是美化人生的第一步。把個人的利益和他人利益以至整個人類社會的利益綜合起來，為社會改革和社會進步的偉大目標奮鬥，無論這一奮鬥的成就大小如何？甚至無論遭受何種挫敗？其所為實都像一個偉大的藝術家一樣，他的每一行動，每一奮鬥，都是完成一幅至高藝術的一筆。所以我一直以為所謂偉大，它的標準，並不在它的形式的偶然表現，和僥倖的某些成果，更不在錢如何多官如何高，而在他最初就有一個偉大目標。任何僥倖的某些取得，決不是眞正的偉大。只有最初就具有雄心信心決心及誠意善意的人，基於超越的意識形態，以當仁不讓的精神，把生活條件與戰鬥條件集結起來，堅決向人類社會綜合利益的偉大目標奮鬥的人，才是肯定的偉大。因為他對人類社會的未來和進步作了或者可以估計或者無法估計，或者看得見或者看不見的貢獻的緣故。而掃蕩惡勢力，又恰正是人類社會偉大行為中的藝術實踐，所以，我以為先把我們的意識形態和眼光從現實中超越出來，已是美化我們自己生命的第一步，為眾人的美滿未來而堅持奮鬥，則更是人生藝術化和政治藝術化的一種具體表現。從長遠的歷史進化路線來看，馬克思等人強調的仇恨及唯物主義，實在是對美麗神聖而有靈性的生命的一種破壞和低估，早已犯了粗率魯莽的毛病，而他還自以為他當時所見之一時現象和部份現象，便以為是宇宙的永恒眞理，則更是難以饒恕的狂妄和愚蠢了。馬克思的看法和由於他的那一看法對人類世界帶來的災禍，顯然障碍了整個人類社會的進步，為了美化這一世界，人們當然應該掃除它。至於毛澤東之流，他以為憑藉一點武力在北平建立一個暴虐政權，便超越秦皇漢武，壓倒宋祖唐宗，也不過說明了他自己的愚妄，論其政權的性質，實和原始部落的酋長制度差不多，它是歷史進化的逆流中的污點，為了美化中國的現實和未來，我們當然也該用藝術之筆，把它從美麗的中國地圖上抹去。

夫然後，整個人類社會也才有經過一個綜合性的改革運動而達於美化的可能。

暴風雨裏的「民主花朵」

胡越

由於南韓獨裁者朴正熙，背民失信，在三月十五日宣佈：拒絕在今年八月舉行普選，還政於民，延長軍人專政四年，引起了洶湧的政潮。本月二十二日，漢城及釜山兩地發生反軍人政府的示威。前任總統尹普善所領導的反抗運動發表了一項宣言，宣言中有兩段話：「我們必須承繼一九六〇年四月革命時，靑年人給與我們的民主花朵，並將傳與未來年代。我們將前進，以重獲民主」。「我們再度宣稱，大韓共和國是一個民主國家，而大韓共和國人民是自由的人民。」（見二十二日漢城，路透社的電訊報導）

朴正熙等一羣少壯軍人，當初所以發動政變，以及今天所以背民失信，妄欲堅持軍事獨裁，據作者的觀察，不能說他們完全出於個人的權力慾望，實也有一番建國的抱負，可是由於對政治以及民主政治的無知，終於造成今天進退維谷的悲劇。

政治是最複雜的一種人羣關係，主政者既需有通博的政治、經濟、文化知識，又需有組織羣衆和引導羣衆的藝術才能；這絕不是頭腦單純的軍人，但憑堅强的意志，威行命令主義所能搞好的。

從短近的功効來看，民主政治的迂緩鬆散是使人難耐的，尤其在但知命令與服從，習於整齊劃一的軍人來看，簡直是一團亂糟糟。但是民主政治却有一根本的大原則，那就是政府的建替，基於民衆的選擇，政府的措施受民衆的監督。人民是自由人，是主人翁，不再是被壓迫的奴隸，被糟蹋的芻狗。這個大原則，是至高無上的，自由價值是「無價之價」；是不能以任何代價來交換的。十九世紀政治學者曾言：「政府是一必要罪惡」；要知道，自由與民治的大原則被毀壞了，政府就變成一純粹的罪惡。這樣的政府，無効能固然是罪上加罪、惡中之惡，即使有効能，亦是罪大惡極。希特勒的納粹政權，恐怕在歷史上是効能最高的了，但也是人類及德國人民最大的罪犯。中外歷史上都有少數開明的專制者，他們的統治是有効能，也給予人民若干自由，有些糊塗人民還心嚮往之，殊不知開明專制下的自由，是被「恩准」的自由，他既有權恩准，也有權取消；這種自由只能說是對奴僕的賞賜。一個眞正的自由人，他的自由必須是不待任何人批准的，這種自由是以人格尊嚴爲基礎的。十八世紀以來，人類已經爲自由流了數百年的血，到今天，仍有許多人認不清什麼是自由，這些人豈不太愚蠢了嗎？

民主政治表面看來迂緩散亂，不能圖急功近利，但是從根本長遠着眼，它具有獨裁政治不能企及的効能。獨裁統治最大弱點是蔽塞大衆的聰明。衆人都是獨裁者意志的工具；他們祇能機械服從，不能自發的發揮創造力。一聲令下，大家步伐劃一，有如一個牧童趕着一羣怒馬，萬馬奔騰，是很威風壯觀的，但是一個人的聰明是太有限了。牧童一旦錯了，就將一羣馬帶進無底深淵。希特勒驅德人挑起世界大戰，毛澤東發神經想在一夜之間工業趕上英國，弄出「大躍進」的慘禍，都是鐵証。在民主政治下，行行出狀元，人人是孔明，每個人的智慧都發露出來，這種自發的動力、與多角多面的創進力，使民主社會產生一深厚耐久的韌力。第二次大戰民主國家之所以獲勝，道理在此。

獨裁政治，國家聽命於一人，所以單純易行，民主政治，政府要服從民意，所以複雜難行。尤其在初建民主的國家，民衆被統治的習慣，還沒有改過來，不能負起監督政府，羣策共治的責任，政府往往流於腐敗無能；但是只要不傾向獨裁，在憲法的秩序不亂，在定期選舉的淘汰與自由言論的洗刷之下，總會日有進步的，而逐漸鞏固成熟的。這個時期民主眞嬌貴如花朶，需要一番精心耐意的栽培與灌溉。一九六〇年四月革命後的南韓，正是民主政治的發育階段。可惜，朴正熙等一羣激進軍人，見不及此乃有一九六一年的政變。魯莽的推翻了民選政府，劫斷了法統，摧折了這一朶初放的花朶。

政變之初，朴正熙卽聲言今秋還政於民，表示並無把持政權之心；他們自以爲，只要經過一番大刀濶斧的改革，使國家煥然一新，然後再光榮撤退，豈不功垂青史？其實政治哪有這麼簡單，他們以剷除貪污爲號召，而第二號頭子金鍾泌是以貪污嫌疑去職；他們痛斥政客的紛擾無能，而他們只十幾個人的寡頭集團，却鬧成了好幾派！他們大聲疾呼要重建韓國經濟，可是今天南韓的失業人數比政變前更多！政變之前張勉政府所遭過的困難，現在他們的自身却嘗到了。事實証明他們的政治能力，絕不比張勉高明。可是他們還不認輸，想毀棄諾言，繼續把持政權，經全國輿論的反對，內部分裂的打擊，被迫不得已，才在一個月之前，決定今秋還政於民，並取消了政治禁令，恢復了政黨活動。當朴正熙向全國政黨領袖宣佈這個聲明時，不禁淚流滿面！他之當衆流淚，情緒可能極複雜、懺悔過錯、恐懼報復、離去權力的空虛實兼而有之。人們以爲朴正熙就此認輸了，想不到，他又鼓動數十軍官，做了一個請願姿態，藉口要再維持軍事統治四年！終於激成最近的政潮。

朴正熙這次所以反悔還政於民的聲明，據作者推測，仍出於報復的恐懼。這是以暴力得政權者，終其不能消除的恐懼。

民主政治是和平、公道的政治。旣建立了民主政治的軌道，競取政權已有康莊大道，反乎此以暴力發動政變，破壞了公道競爭、和平轉替的軌道，這並不但害國害民而且是害己。

權力是有毒的，非法得來的權力，其毒就更烈。現在朴正熙已騎在虎背上，既不敢放下權力，繼續掌握政權又感前途茫茫，不可預測。如果他能及時懸崖勒馬，恢復民治，則誠爲國家人民之福，亦爲他個人之福，否則他必須緊握權力之刀，狂揮亂斬，與全國人民爲敵；那麼南韓人民要想重建民治，就必須把他送上斷頭台了。以愛國動機出發，終以叛國收場，豈不哀哉！

戰爭與和平

孫寶剛

「戰爭是政策的另一種手段的繼續。」這個原則，當然無可疑問的。這是德國軍事學家克老塞維茨的名言，其實和列寧主義毫無關係。不過人類的文明到了今日，一個國家是不是一定要用戰爭這個手段來貫徹它的政策。那是一個問題。在歷史上當然可以舉出許多例子去証明，許多國家是這樣做的。但也可以舉出許多例子証明許多國家並沒有這樣做。所以在軍事上另有一條原則說：兩個國家的政策到了嚴重的矛盾時，這就是說這兩個國家已經存在着戰爭的可能性，在那種情形下，如有一個哨兵失火，也可以引起戰爭；但也有因了雙方政治家的不願戰爭，而把戰爭延遲了幾十年的。到了幾十年以後，也許戰爭的因素消失了。那時雖然不能說可以永久和平共處，至少是可以相當長時期的和平共處了。

雙方政治家怎麼會在應當發動戰爭的場合，不採用戰爭這個手段呢？第一是在雙方政治家是不是認識到除了戰爭以外，沒有其他手段可以解決雙方政策上的矛盾，並且非馬上戰爭以求矛盾的解決不可？或雙方的政策是否沒有修正的餘地而須對立得非戰爭不可？第二在雙方政治家是不是認識到戰爭的野蠻和殘酷性，即使在戰爭中獲得勝利，也是不值得的？

以歷史來說，我們看某一個時代某一政府的政策，執政者和舉國上下，慷慨激昂，認爲非堅持不可而引起戰爭的，在今天的平心靜氣讀史的人看來，其實都是偏見，估計錯誤，甚至是短視，或恐怖所造成的。所以我相信決沒有一條政策絕對不能修正或拖延，而非引起戰爭不可的。在我想來，也許以往殺人的武器還沒有十分進步，戰爭的規模也不很大，所以那些完全站在功利觀念的政治家，以爲用戰爭這個手段，假如勝利了，害少利多，所以甘冒了野蠻和殘酷而發動戰爭。但是今天核子武器已經發明，一旦大戰爆發，勝敗雙方同歸殲滅。在這樣的狀況之下，我想政治家對於發動戰爭這個意念，應該有所警惕罷！所以我相信，小規模而不足以引起大戰的戰爭，也許仍會發生，因爲這雖然也是野蠻而殘酷的，究竟犧牲不大，所以有些政治家還會貿然採取這個手段。正如有許多相當理智的人們，在與人作極大衝突時，對罵或揮拳，偶或爲之，但決不至於殺人。核子性的大戰，不應發生了能？

不過話又說回來，事實上恐怕未必如此。許多戰爭是因恐怖和錯誤所挑起的，人總是有錯誤的。在雙方核子武器競賽之下，恐怖必與日俱增。所以我們又可獲得一個結論，卽在雙方核子戰爭競爭之下，時間長久下去，雙方的政治家不可能沒有錯誤或因恐怖而發動了戰爭。由此可知，祇要戰爭的因素存在，雖然核子戰爭將使勝負雙方均歸殲滅，但總有一天會爆發戰爭的。所以根本問題，還在去除戰爭的因素。易言之雙方應自遠的大的，去除偏見，以謀政策的不太尖銳對立，實是基本的問題。我認爲雙方政策不修改，而專注意於核子武器之廢除，或許反促成戰爭的提前爆發。

那麼，雙方政策的修正有沒有可能性呢？在中共看來是不可能的。因爲他們反對修正，而認爲有些戰爭竟是合理的，進步的和必要的！這眞是荒謬的看法，戰爭旣是野蠻和殘酷的行爲，怎麼會合理和進步或必要的呢？

我們看歐美大部份國家現在所施行的政策，與二十世紀時社會主義者所提倡的政策相比較，便知有些資本主義的國家今日的政策，竟有超過了當時社會主義者所提倡的。可見資本主義國家的政策已作了很大角度的修正。再看共產主義的國家，自狄托起至赫魯曉夫，以及其他的國家，不也很大的修正了他們的政策麼。並且這種修正，是和修正後的資本主義的政策愈形接近了，照這個方向發展下去，爲什麼一定要用戰爭來解決對立呢？事實上，中共的政策，衡之馬列主義的理論，也已修正了許多，不過他們不喜用修正這個名詞，他們說是馬列主義的運用和發展。這完全是名詞的玩弄而已，事實還不是一樣。

說到這裏，我們可以結論說：在今天來討論戰爭的可否避免，乃是一件無聊的事情。戰爭旣是野蠻的殘酷的，當然應該避免，無所謂正義和不正義。現在的戰爭武器，旣然可使勝負的雙方都有殲滅的可能，所以戰爭更應當避免。不過對立的國家，如把對立更形尖銳化，那麼，必有一天爆發戰爭。但是我們看最近十幾年來世界各國情形的發展，似乎把對立的情形在減少，這種趨勢要是發展下去，戰爭是可以避免的。

事實上，中共也並不是絕對主張戰爭，也不是說不可避免戰爭，他們也主張簽訂全面禁止核子武器的協定。他們也主張反對戰爭政策和侵掠政策。他們也主張不同社會制度國家的和平共處。他們甚至也主張妥協。不過他們把國內的不同階級的鬥爭，夾雜在國與國間的戰爭問題上去，所以使一般人在表面看來，和人家的說法有了不同。至於他們強辯說：資本主義國家和社會主義國家在戰爭與和平的問題上，有着根本不同的立場，那還用他們說嗎？我相信不特戰爭與和平問題的立場在兩者間有不同，其他的問題也未嘗不如是呢？我敢進一步說，卽以共產國家間而說，立場也有不同的。所以最後，我對於莫斯科聲明所說：社會（共產）主義在全世界的勝利，將最終消除產生任何戰爭的社會原因和民族原因」這一條，我根本不能同意。今天中共和俄共等的異見，不是否定這一條的準確性麼？假如尖銳化的發展下去，爲什麼不能產生戰爭的社會原因和民族原因呢？（完）

台灣簡訊

志清

一、太太商店漏稅一億餘元

台北市警察局經濟課去年曾破獲一個虛設行號的集團，經將及一年的繼續偵查，最近竟揭發龐大驚人的漏稅案，涉嫌商號計有一百餘家，漏稅額達一億餘元之多。因爲這些商號幾乎都有政府官員的太太在背後支持，專案小組人員均守口如瓶，不敢透露內情，市警局在新聞記者的追訊之下亦僅於三月十八日發表一則簡單的消息，略謂：「本局於去年四月間破獲虛設行號集團，先後將主嫌犯王會誇、林志康、吳仙助、李雲清、游添和、王萃、莊金水、鄭天堯、張志培等查獲，已移送台北地檢處法辦。後又根據供述及線索將游木水、謝尊義、潘志誠、林名輔、文淵松、黃榮貴、賴杜、胡英傑等相繼查獲移送法辦。該批虛設行號計有：南新行、南崗行、凌泰行、久儉實業行、富森行、強生行、天堯被服加工廠、莉麗行、泰良行、隆進行、茂泰行、新興手工社、謙利行、振隆行等十四家，已分別移送有關機關處理。現該案偵查告一段落，已將辦理情形專案呈報省警務處備查」。

市警局雖然避免提及本案與政府官員的太太有關，各報也沒有作詳細的報導；但從聯合報以太太商店爲題的一篇短評中，已可思過半矣。原文如下：「台北市警察局破獲爲數一百一十家大小商店涉嫌漏稅，總額達一億五千萬元之鉅，經過深入調查結果，發現這些商店，大部份都有不平凡的背景，即若干政府官員的太太們，或在商店裏有投資，或在商店裏有存欵，成爲這些商店的「後台老板」；如今這些商店涉嫌漏稅，身爲後台老板的官太太們，乃四出活動，託人說情，企圖使此案不予公開發表，好能大事化小，小事化無，以期消弭於無形。聞警局爲此深受困擾，於是乃將此案內情，呈報上級機關，並請示如何處理。將來是否公開發佈破案經過，刻正在請示中。老爺從政，太太經商，你陞官，我發財；最爲一般人所羨慕的「陞官發財」兩件事，竟能兼籌併顧，這實在是最完美的家庭。所謂「賢內助」者，在此重商主義的時代，當應以這般亦官亦商的官太太們作爲現代派的典型。警局查緝漏稅案件，竟查出這些具有背景的商店涉嫌漏稅，不啻碰到了燙手的熱山芋，既不能丟下去，又不能拿起來，當有棘手之感。奉勸官太太們，請標明你們的實號爲「×長夫人」所開設，使警察人員瞭解背景，以免找上麻煩，豈不公私兩便？」

二、虛報出口案續有發現　騙取退稅已達一仟萬元

高雄港尼龍及棉紡織品「假出口退稅」案續有發現，台南關副稅務司譚業波十四日下午四時許，親携新查獲的「假出口稅」三件，至地檢處面交曾憲政檢察官。涉嫌「假出口退稅」案至此已達廿三筆，退稅金額傳已增至一千萬元。因牽涉在假出口退稅案的高港船務公司輪船五艘均開往香港未回，使地檢處的偵查工作無法更進一步。

據悉：各輪船大副均爲假出口退稅案的關鍵人物。因爲加工出口貨物之退稅必須在各筆貨物確實裝船出口，並經輪船大副在裝貨單上簽章後始能持向海關辦理退稅手續。廿三筆假出口退稅案，其裝貨單上大都有各輪船大副簽章，因此是否船方與廠商及報關行勾結圖利，須俟這五艘國輪返高始能查明。

高雄地檢處在積極調閱案卷後，發現各涉嫌廠商在進口原料與出口成品的數量多有不符，有的出口成品較進口之原料更多，顯有詐取更多退稅之嫌。這種現象爲何台南關迄未發覺，是否有勾結之嫌，這也是檢察官偵查重點之一。承辦本案的檢察官曾憲政，連日來又發現台南關在處理出口貨物的監查上，涉嫌兩點疏忽失職，造成「假出口退稅」的大好機會。一、該關對出口貨品均例收押運費，以便派員押運，防止在貨物出倉至裝船這段時間內被掉包或運走。但該關雖然收了押運費，卻未派員押運。二、貨物出倉應由棧埠處工人搬運，但卻往往由商人自行搬運，這也造成掉包或運走的機會。曾檢察官於廿四日晨七時半至九時，邀台南關稽查長張鐘聲做有筆錄的談話。張鐘聲對未派員押運貨物事，表示係海關人手不足之故，但對爲何商人自行搬運出口貨物的理由，卻說不出來。

三、青年黨又揚家醜

民社黨的「民主中國」半月刊，目前正鬧着雙包案，並聞還將涉訟公堂。青年黨的「民主潮」半月刊也於三月十六日刊載「具名台南一羣青年黨人的投書」，其最後兩段如下：

「十年前青年黨的第一次分裂時，民主潮所遭遇到的經濟困難，還是由於政府與執政黨善意的措施。因爲當時政府與執政黨決定將青年黨應領的反共抗俄宣傳費整個凍結，是表示中立；並欲促成青年黨的團結。而這次分裂以後，情形就不同了，原來的反共抗俄宣傳費卻由陳啟天同志所領導的黨部繼續照領。這筆經費，本來由行政院支付的，聽說現在已改變了。究竟是那一個機關所支付？數目有多少？我們固然不十分清楚，而且據我們所聞，站在陳啟天同志所領導的黨部的常委們也都不十分清楚。「現在我們要想知道的：陳啟天同志所領到的錢、究竟是不是政府原來補助青年黨的反共宣傳費？如果是的，他向政府那一個機關領取？領到手又有幾分之幾用於反共宣傳？如果不是，那又算什麼錢？是那一方面給他的？爲什麼會給他？有什麼作用？一個民主政黨的經費，只要來源是光明的，乾淨的，斷無不可向同志和社會公開之理。何況陳啟天同志所領到的錢。不管來源如何，我們推想，總是由國庫直接或間接支出的。既然是國家的錢，出之於納稅人的荷包，不但應該向黨內的同志有所交代，更應該向納稅的國人有所交代。希望我們這封信能在本刊登出，請陳啟天同志公開答復，以釋羣疑！只有出賣黨格或出賣靈魂的人才會偸偸摸摸的拿錢而諱莫如深，陳啟天同志總該還不是這種人吧！」

四、胡秋原「訟」興大發

立法委員胡秋原控告文星雜誌發行人蕭孟能，作者李敖的誹謗官司已經審了兩次，尚未終結。不料正所謂一波未平，一波又起，這位能說能爲的立委，竟大發「訟」興，又進一步控告蕭孟能的辯護律師李晉，認爲他代蕭、李兩人撰寫的辯護狀超出了辯論的範圍，已構成誹謗的刑責。台北地檢處已決定於三月十八日下午開庭調查。胡秋原這種猛烈的態勢，有識之士均齊聲讚曰：「觀止矣！」

五、副廳長姪孫扮演「欽差大臣」

台灣省教育廳長賴順孫的叔姪孫賴金光，年僅十八歲，尚在省立武陵中學高中一年級讀書，最近忽然冒充省督學，到桃園縣各學校抽考學生成績，該縣縣長，教育科長，聽說他是教育廳副廳長的孫，殷勤招待，恭維他所談到的問題，都「切中時弊」，還邀請他參加全縣校長會議。該縣長爲了對他表示尊敬，特別請他坐在台上的最高席位。前後經過十餘日，直到三月十三日，該縣舉行全縣學生音樂比賽會時，他被請出席指導；並對比賽結果，當場講評，頌賜錦旗給優勝者。不料坐在台下的一位初中教員認出他在一年以前還是楊梅初中三年級學生，不可能在一年之間即一躍而爲省督學，密告教育科長以長途電話向省教育廳查詢，該廳答以無此督學，亦未派員到該縣督導教學；並囑將冒充督學的人扭交警局。警局詢悉他是副廳長姪孫，不敢法辦，交由乃父賴清福領回。乃父還向新聞記者說他爲人很聰明，少有大志，其冒充督學，也許是受了這種心願的影響。

聯合報的短評於此曾有論列。該報指出這位冒充督學雖然還是一個娃娃，但桃園縣的各學校校長都被督得服服貼貼，而縣長及教育科長也對他萬般尊敬。如果不是這位高中一年級的學生程度太高了，便是該縣教育主管的程度太低了。該報更認爲他冒充督學，固然冒失和荒唐之至；但該縣的縣長，教育科長和若干校長竟不詢問來歷，索閱証件，即讓他大模大樣的「督」了起來，其冒失，其荒唐也不在他冒充督學之下。

聯合報的評論，其實也祇對了一半。因爲今日的台灣，原是家天下的局面，血統關係，超過了一切法令規章。蔣經國沒有進過一天的軍事學校，也沒時參加過一次戰役而却官拜上將：沒有受過一天高等教育，而却被教育部聘爲學術審議委員，無非由於他的父親做了非法總統，所以子還父貴。以此類推，賴金遠雖然還是一個高中一年級的大娃娃，但既然有了一個做教育廳長的叔祖父，他自稱督學，又有誰敢懷疑呢！自然也更不敢索閱証件了。

六、體育協會的醜劇

前年十一月全國體育協會理監事改選，八十高齡的楊森將軍，當選候補理事。繼因當選理事的林鴻坦辭職讓賢，楊老將才由候補理事晉升爲理事，並被選爲理事長。爲了崇德報功，他即提名林鴻坦爲總幹事。去年一年中，楊理事長因會務難以展開，曾三次請辭；但自他訪美回來後，似乎又忽起幹勁，有意再做下去。據說：就是爲了要安排連選連任，頗費周章。所以雖然任期早過（去年十一月），至今仍無改選確期。前月，林鴻坦爲該會常務委員郝更生在瑞士向國際奧林匹克委員會活動制裁印尼，勝利返台時，向新聞記者透露：「體協即將召開理監事會議，並改選。」一時盛傳郝更生因有大功，將捲土重來。楊森認爲林、郝有串通之嫌，憤然表示：「他們不要我幹，我却非幹下去不可。」於是，楊、林交惡的消息，即遍傳體壇。三月十一日下午楊森召開理監事會準備對林有所行動。國民黨中央黨部第五組副主任梁永章乃召集教育部、教育廳等體育單位於是日上午舉行一次協調會，楊森、郝更生、林鴻坦均出席。在會議中，楊指責林前主持我國參加雅加達運動會時，曾向菲律賓華僑募捐二十餘萬元，作排球隊自費前往比賽之用。後來雅加達沒有去成，他問林：「這筆欵到那裏去了？」林答以此乃排球委員會的事，他不知道；隨即向楊大聲反問道：「你爲什麼授意別人在亞運經費中代你報銷了七萬元？這是不是做假賬？」可知雙方都有不清不白的事。據說：「調協會也分兩派，梁永章和教育部次長鄧傳楷等支持林鴻坦，體協常務委員胡國偉將軍等則支持楊森。但卒因有人在幕後勸解，楊森在下午的理監事會中，並未提出林的問題。因而這次的會議，竟沒有一個議案，祇有立法委員榮照（也是該會常務委員之一）不知底蘊，說了幾句話，楊森不待他說完，便宣佈散會。正所謂會而不議也。

雖然這一次的理監事會議，楊森沒有提出林的問題；但其與林勢不兩立的決心，則並末打銷。林即於三月十五日提出辭呈，並强調「任期早過，理應辭職」。言外之意，即是說楊森的理事長任期亦已早過，理應改選。但楊却批了「准予辭職」四個大字，並發佈消息，說林的總幹事職務業已解聘。林見此情形，又向新聞記者說，體協總幹事是經理監事會議通過的，楊接受他的辭呈後，必須提經理監事會通過，才能完成法定的程序。楊則聲言無此必要，並說：要等到有關方面通知我召開會議時，我才召開。據悉：因爲體協的大多數理監事都認爲改選不能再延，故楊林對召開理監事會議的態度各有不同。

報載：由於楊、林互持賬目不淸，體協常務監事錢大鈞已開始淸查體協過去一年多來的收支賬目，審計部、教育部、內政部等有關機關均派員參加。但據熟悉內情者透露：這不過是一種掩耳盜鈴的手法。一且體協的理事長改選問題安排妥當，他們就會宣佈賬目並無不淸之處。

中共修建中老公路的戰略意義

綜觀

據中共「中國新聞社」三月十日北平電：「中國方面應老撾方面要求修建的作為無償援助的從中國雲南省邊界到老撾豐沙里的公路，將於一九六三年四月完工。老撾政府向中國政府表示感謝。中國政府堅持從完工之日起該公路即交由老撾政府負責。中國政府還重申它決定在移交後立即撤回其全體築路人員」。

上述報導是老撾（即寮國）國王西薩旺．瓦達拉訪問北平時由「中華人民共和國」與老撾王國所發表的聯合公報中的一段話。

我們曉得：中共對外文件在措辭時照例是惟恐給別人一種强盜印象，因而屢屢要表示自己用心非常誠摯，兩隻手也非常乾淨的。所以，在這一段公報中，中共一再表明這是應老撾王國的請求而修的，再則表示中共人員將於公路完工後立即撤退，故意表示不再揷手和這一件事並非出自中共主動之意。其實，老撾方面之所以提出此一要求，是老撾內部的親共分子早與中共有勾結，然後通過中立政府富米諾薩萬的形式提出來的，而中共修建這一條戰略公路之意義原本不在目前，自無不把築路人員撤回之必要。

十年以來，中共政權一直强調其所謂和平共處五原則，以示對亞洲隣邦無侵畧野心，實則中共不斷的努力以建立幾百萬現代化正規軍及數以千萬計的民兵，若其戰鬥對象不是亞洲隣邦的話，誠無擁有如此龐大武力之必要。

再看，中共近年雖一面與隣邦訂立邊界協定，却又一面藉口友好關係修築深入隣邦之戰畧公路，都顯然是準備將來對隣邦用兵之打算。

除目前正在由中共修築的中共至尼泊爾的戰畧公路，顯然威脅尼泊爾與印度之外，下月即將完工的這一條中老公路，也顯然是針對寮國和整個東南亞的。

中共佔據大陸之初，曾於一九五〇年優先建築黔桂鐵路的鎮南關支路，亦是連接北越的一條要道，也是中共與蘇共由中國東北之滿洲里啣接蘇聯之西北利亞鐵道橫貫中國大陸直接伸入東南亞地區的一條大動脈。但東南亞地區小國甚多，環境複雜，僅僅經由黔桂鐵路之支線以達鎮南關，顯然仍嫌不够，故中共乃又開闢由雲南至寮國的這一條戰畧公路。

事實上，這一條中老戰畧公路之修築雖曾經由寮國中立內閣之富米諾薩萬在北平提出過，但這一條公路之修築却早已在諾薩萬提出之前就已進行。因為中共新華社早已於一九六二年一月十三日從北平報導謂中共政權已和親共的川壙政權（北平當時已承認親共的川壙政權為寮國政府）簽訂一個協定，將由中共修築一條由雲南的孟臘通往寮國的豐沙里的公路，全長約六十四公里，費用全由中共負担。寮國中立政府叫諾薩萬於一九六二年十二月四日則在北平提出把這條公路延長到南塔。

而南塔有一條良好的小路與毗隣泰國邊境的寮國塔市班回寨相連接，公路與小路當然可以啣接運用，所以從長遠看，這不僅有深入寮國心臟的戰畧意義，同時也有側擊泰國邊境的戰畧意義；另一方面，班回寨又有一條良好小路通往泰國主要的南北幹道，所以，從而威脅泰國，也正是它在交通方面的戰畧意義。中共現在是在戰畧形勢上當作通往東南亞地區除鎮南關交通幹線外的另一輔助道路了。

大陸簡訊

藍星

中共派中醫赴阿爾巴尼亞

中共為了支援阿爾巴尼亞的醫藥衛生工作，由於中共本身亦感醫藥缺乏，所以只好派了一批以針灸為主的中醫往阿爾巴尼亞。

據中共新華社地拉那三月十四日電：「阿爾巴尼亞「團結報」十一日發表一些有關材料，介紹中國的針灸療法。

這家報紙的編輯部為了使讀者了解這個療法，特邀請正在阿爾巴尼亞幫助阿爾巴尼亞醫師掌握和運用這一療法的中國針灸專家張啟光和醫師杜祥金作了詳細的解說。報紙發表的就是他們的談話的有關材料。

報紙同時還引証了阿爾巴尼亞醫師和中國專家合作用針灸療法治癒病人的若干事例，以及有關的照片。」

中共派船接運印度親共華僑

自中共與印度發生糾紛後，中共即嗾使駐印中共特務分子及親共分子在印度從事搜集情報，揑造輿論等工作。為此，印度政府遂對居留印度之親共華僑及中共特務採取了行動。無可否認，印度對中共分子採取行動，原是有它的理由的。不過，印度政府應該特別辨別清楚的，是印度政府採取行動之前，應該先把親共華僑與反共華僑加以嚴格的區別，當此中共利用留印華僑之際，印度政府應該只對親共華僑採取嚴厲行動才是。至於反共華僑，印度原是應該予以特別優待的。

由於印度政府已對中共分子已採取了部分行動，故中共決定派船把居留印度的中共分子和親共分子接運回大陸去了。

為此，中共已於最近給了一個照會與印度。

據新華社三月十五日北平電訊說：中共最近給印度的照會如下：

「中國駐印度大使館三月十四日給印度外交部的一件照會提出，中國政府將在三月份內派出第一艘船，接運在印度的受難華僑回國，並要求印度政府對此給予應有的合作和便利。

「照會揭露印度政府破壞國際法準則的行為，它說：「自從印度政府在一九六二年十一月把大批和平守法的華僑關入集中營以來，幾千名難僑在印度政府恣意虐待，生活在水深火熱之中，已有三個多月之久。中國政府曾多次要求印度政府釋放全部被捕華僑，提供他們的人數和名單，並且安排大使館派人探視。印度政府却竭力避開中國政府的這些合理要求，至今既不釋放被關押的華僑，又不讓中國大使館派人探視，甚至連被關押華僑的名單和他們的健康狀況都不予提供。

「照會指出，「經中國政府一再抗議後，印度政府不但沒有停止它對華僑的迫害，反而繼續擴大它的迫害行動。一九六三年一月以來，又逮捕了加爾各答『中國新聞』發行人熊與祥、中國小學董事長陳有如、孟買華僑譚敦靄等人，繼續摧殘華僑的文教事業，並强行徵用華僑的房屋。這一系列事實只能說明，印度政府頑固地堅持殘酷迫害華僑，蓄意惡化兩國關係的政策。中國政府再一次要求印度政府立即停止對華僑的迫害，並釋放全部被捕華僑。」

僑鄉近訊

鍾之奇

廣州趕造機械化肥

肥料缺乏，是今日大陸之普遍現象。大陸各地皆如此，廣東各縣亦不例外，故每屆春耕或秋耕時節，肥料的供應問題便呈現特別緊張。

據中共「中國新聞社」三月十日廣州專電說：「廣州市工業職工根據當前農村的需要，加緊生產水利設備及化學肥料等春耕物資」。

又說「在人民公社社員抓緊春耕積肥的同時，廣州化工行業的職工正在為生產化肥而努力」。可見農村人民公社肥料缺乏，中共有關部門無法供應的緊張情形。

廣東各地農民不願使用中共殺蟲藥

農業作物時常發生蟲害，亦是今日大陸農村在中共統治下造成農業生產品減產的原因之一。

要減除蟲害，必須具有兩個基本條件，這兩個基本條件，便是農民要隨時細心防止和消除蟲害，倘已發生蟲害，則需農民及時採用有效的殺蟲藥。以第一個條件來說，由於中共把所有農民都變作了農奴，不但農民原有的溫暖家庭被拆散，農民本人亦吃不飽穿不暖，故數千年來中國傳統農村的那種隨時自動維護農作物的精神，便亦隨之消去。

而中共新製的農藥，效力不大，農民對中共的殺蟲藥，不但無信心，而且也不知如何使用。因而連年以來，廣東各地的蟲害，越來越厲害。

據中共宣佈，刻在廣東各地推行的是中共廣州製藥廠試製的一種名叫「敵百蟲」的農藥。但廣東各地農民對於此種殺蟲藥却至今仍不信任，亦不肯研究如何使用。

為了强迫農民使用，據中共「中國新聞社」三月十日廣州電訊說：「去年試製高效農藥「敵百蟲」成功的廣州農藥廠，今年一月以來，產品質量已全部達到了一級品，該廠為了使這種高效農藥得到有效的施用，派出專人到使用地區講解農藥性能和使用方法」云。

廣東各地農具配件破損多

農具是農民從事農業工作的必要工具，在以往，農具屬農民私有，故農民愛護農具不遺餘力。如有破損，農民亦在農閒時間隨時修理。事實上，農村各村鎮及各縣市亦有修繕廠可供修整。

但自中共統治大陸以來。農具既已隨農民之所有財物沒收歸公，農具不再屬於私人，故農民亦不再愛護農具。破損率之增高，決不偶然。加以農具歸公之後，農具由人民公社集中保管，農具是否已有破損，農民們亦無閒時可以得知。再則今日大陸之鋼鐵已全部歸中共控制，大陸各地已無私有鋼鐵，各地農村鑄造農具亦惟有仰賴中共中央鋼鐵部門之撥付。而中共中央是一向把鋼鐵之主要用途指向軍火工業等方面，故大陸各地便出現了如下的怪現象。即一方面是農具破損率高，一方面是缺乏修理農具之工廠及材料。為此，目前又屆春耕時節，中共才又命令廣東拖拉機廠減少試製拖拉機，改而為各地農村修配農具。

據中共「中國新聞社」廣州三月十日電「廣東拖拉機廠為適應農業生產的迫切需要，除繼續試製工作外，將廠裏的絕大部份技術力量投入了農用機器配件的製造，並兼營部分大型耕作機械的修理業務」。

我們曉得：中共多年來是一向誇張其拖拉機生產及其使用以强調要把農業走向機械化的地步的。今廣東拖拉機廠却把絕大部分技術能力投入了農用機器配件的製造並兼營修理，可知中共實已在整個農業方面遭遇了重大失敗。

東南亞三國高峯會的幕後

戰爭氣氛減退

俊華

印尼、菲律賓與馬來亞的緊張關係，因三國高峯會議的着手籌備的會談，似乎有趣於鬆弛的情勢；雖然高峯會議的終於能否舉行，即使在籌備會談已告開始的今日，加以預料仍屬過早。不過談判多少總給予人們以一種找尋方法的希望，同時也或者可以減少一些譏罵之聲，以至那種「戰禍迫在眉睫」的氣氛。

不過，一個有着癥結性的大問題，像印尼反對馬來西亞和菲律賓要求北婆領土，揉合在一起而與馬來亞發生了三角關係，委實是不能輕描淡寫地便可解決，馬來亞方面，對菲律賓比較有着有基礎的友誼，可是迄今為止却仍懷疑印尼的企圖，而在探索其內裏的因素。

馬來亞工商部長林瑞安醫生最近曾經前赴馬尼剌，為東南亞協會會議事與菲方有所接洽，據林瑞安醫生的意見認為，菲律賓雖然仍是堅持對北婆的領土要求，可是對於反馬來西亞的立場，却可能已準備有所改變，可能接受一項妥協性的安排。這並不是任何談判中達成的階段，而只是他與菲方若干高級官員坦率交換意見後所獲得的感覺。

在馬尼剌與菲方就北婆問題作直接談判的英國外次譚瑪士，也說他在馬尼剌已感覺到「緊張的局勢已大大的減輕了」。雖然英國對於所謂北婆領土主權問題，並沒有對菲律賓作出任何讓步，或可以讓步的表示。

東協會議告召開

馬來西亞問題的衝突，迄今為止還沒有正式的調人出現，但東南亞區或鄰近有關國家，却警告着避免醞釀新的戰爭，因為設若發生新的戰爭，必然對於此區產生極大的不利，而且可能擴大。如泰國、澳洲都曾非正式向菲律賓作過上項表示。當時印尼為反對馬來西亞，「志願軍」開入婆羅乃的威脅正緊。另外一方面，在有關當事國的談判中，各方也多重申避免武裝衝突的意見，如英、菲談判，並非談判「北婆領土」的主題，而是討論有關「東南亞區安全」這樣一個籠統題目下進行的。那即是說，要設法通過談判去解決東南亞區的糾紛，確保安全。

馬來亞對菲律賓的態度，與對印尼的態度大有不同。那也當然是因為菲律賓對馬來亞的態度，大有不同的緣故。菲方儘管索取北婆，却對婆羅乃叛亂採取比較嚴格的不干預。並不如印尼的指馬來亞為「殖民主義者」，而以反殖民的領導者自居，甚且揚言印尼必為反馬來西亞而與馬來亞作戰。

吉隆坡的決策者終於決定採取雙軌的政策，雙軌而不並進。即對菲方面儘量設法鬆弛，而對印尼，則保持應有的強硬。林瑞安醫生的奉派赴菲，主要是籌備「東協」的會議，附帶也就馬來西亞問題，向菲方官員多方解釋。而「東協」會議的籌備，則已宣告成功。而馬來亞拉曼總理，也已宣佈親自率領代表團赴馬尼剌，出席四月二日舉行的東協會議了。菲方的參加者，將為副總統兼外長貝勒茲，泰國則為外長乃他納。他納氏前此曾為東協延會一事，親至吉隆坡訪問拉曼總理，為菲、馬雙方的意見謀求疏解。這麼一來，拉曼總理與菲總統馬卡柏佳，就可以率先會晤面談，在印尼總統蘇加諾與菲總統的互相報聘訪問還沒有實現之前。

一面談判一面對抗

貝勒茲所建議的印尼馬來亞菲律賓三國高峯會議，本來是基於「三國大聯合」的理念而產生的。在英菲的「東南亞區安全」談判中，菲律賓即雖提三國聯邦的理想，因為全世界上也只有這三國同是馬來種人。當然，在目前這個階段，說要把這三國合為一個大聯邦，是絕不可能的事。但如果能有一次會議，避免所謂「三個馬來的兄弟國」揮動干戈，未始不是一件好事。

其先印尼對三國高峯會甚為冷淡，却亟亟於促成蘇加諾與馬卡柏佳的會晤，印尼外長蘇班德里奧上次訪菲，便是力圖拉攏菲方，與印尼結成反對馬來西亞的聯合陣線。雖然菲總統已接受了與蘇加諾的互相聘訪，但却沒有結成什麼「共同陣線」，而只是設法促進兩國間的關係，如放寬簽証便利旅遊，移民及遣送的辦法，邊界問題的處理，以及使文化協議有效地履行等等。根本上，菲律賓不同意印尼的急進激烈的對馬來亞政策。

可是這一次三國高峯會的建議，却意外地為印尼所接受。印尼外長蘇班德里奧於晉謁蘇加諾總統之後，宣佈「印尼同意召開印尼、菲律賓、馬來亞三國高峯會議」。此訊曾使吉隆坡方面感覺相當的意外，因為正在作戰爭恫嚇的印尼，突然發出願意談判的聲明，內容實在值得研究。

耶加達這項聲明的發出，距離他們所作的對馬來西亞戰爭聲明，還不到一個星期，在短促時間中有太大的轉變是不可能的。果然，緊接着印尼外長聲明的第二天，該部發言人哈蘇諾就發表「繼續對馬來亞採取『對抗』政策」的談話。哈蘇諾說：馬來亞繼續「保持敵視及不友好」之行動，「考驗」馬來亞對印尼忠誠友好的程度。哈蘇諾說：馬來亞領袖曾在電台號召蘇門答臘的叛徒（指印尼革命軍殘部），進行反印尼政府。前印尼革命軍份子阿爾維夫婦被吉隆坡電台僱用，「作反印尼廣播」，便是不友好的。

馬來亞進行擴軍

如果說印尼的態度沒有轉變的話，它應該拒絕參加三國會議，而更積極準備把「志願軍」開入北婆；要是說印尼已經態度轉變，它却不應該宣佈，繼續執行「對抗」馬來亞政策。但據政府召開檢討會議中參加者的透露：會中曾有權威人物的分析，認為蘇加諾的性格，一貫是「欺軟怕硬」，事實上印尼軍力雖強於馬來亞多倍，但印尼經濟則不堪一擊。蘇加諾雖不是完全虛張聲勢，但他恫嚇的對象只是馬來亞，却恫嚇不了英國。一經馬來亞提及英國聯防協定，及倫敦方面表明協助保衛馬來亞之後，印尼實際上已不敢輕於用武。何況拉曼總理在英馬同盟之外，還提及要邀請「其他友好國家」的馳援，如果印尼先行對馬來亞啟釁的話。

「其他友好國家」當然指的是美國，目下馬來亞因為感受到印尼的壓力，已深深感到須有美國的支持。馬來亞副總理拉查克，即將訪問華盛頓，便是為馬來亞擴軍，保衛馬來西亞一事，要求美國的援助。據更內幕的消息說，副總理此行，實在包括向美國提出，如果印尼進攻北婆，美國對馬來亞將作何種承担，以及東南亞公約是否能因會員國英國的牽涉，而有介入的可能。馬來亞方面相信，素有「候鳥」之稱的蘇加諾，可能也已知道馬來亞的動向。

因此，反而是馬來亞對於「三國高峯」不甚積極。吉隆坡方面認為，蘇加諾與拉曼各不相下，如果唔面，會是「破壞多於建設」。所以拉查克總理說：三國高峯的可能性雖沒有抹煞，但最好是先開部長級會議，到了部長級會議不能解決問題，而又「氣氛良好」時，那才可以開三國高峰會議。

·吉隆坡通訊·

中共和印、巴的三角關係

·孫綺·

由於中共與印度間，有邊界糾紛，而印度與巴基斯坦，也有喀什米爾問題之爭，於是巴基斯坦便利用這夾纏不清的爭執，一面與中共談判而解決了中、巴的邊境問題，一面則與印度談判喀什米爾問題。至於中共之所以對巴基斯坦讓步，則顯然欲藉此以牽制印度。因此，中共與印、巴之間這一個三角關係，更顯得微妙和複雜。

中共與巴基斯坦接壤的地區，係在新疆西南，正當阿富汗與喀什米爾西北交界處，長約三百里；喀什米爾東部的拉達克地區，即為中共與印度今日發生紛爭的地帶。因為巴基斯坦與印度之對喀什米爾問題現在尚待談判解決，所以中共表示祇是與巴基斯坦劃定邊界，至於喀什米爾將來的主權屬誰，則與中共無關。但雖然如此，而事實上喀什米爾西部的邊界線，確是由中共與巴基斯坦談判決定的，那就等於中共承認該一地帶係巴基斯坦所有，是以印度對此，曾提出堅強抗議，一面指責中共利用印、巴糾紛，意圖侵略，一面則指責巴基斯坦對印度不友好，以致印、巴間所談判的喀什米爾問題，也受影響。於是，這三角關係從此就來得更夾纏不清了！

巴基斯坦外長布多和中共所簽訂的邊界協約，是以喀拉崑崙山分水嶺為界的，中共把所管轄的七個山頭中的六個，讓給巴基斯坦。中共在這高達一萬八千呎長達三百里共面積三千四百方里的山地內，以一千方哩交予巴國，比巴國所實際管治的，還多出了七百五十方里。且巴基斯坦所得的，都是肥沃耕地，而中共所保有的，則除屬於軍事性者之外，並無經濟上價值。中共之所以如此「讓步」，當然是「別有用心」；其目的將是要拉攏巴基斯坦來對付印度。——最低限度，中共是企圖藉此來促使印度對「邊境問題」也從速進行談判。印度方面哩，則堅決認為中共和巴基斯坦所訂的邊境協定係屬非法，並經對中共和巴基斯坦，都提出了抗議。尼赫魯指出：中共和巴基斯坦之間，根本沒有共同的邊界。

至於中共和印度的邊境糾紛，自去年一度「軍事衝突」後，迄今仍未能打開僵局。而此時此際，中共却欲緩和一下印度的備戰氣氛，因此對印度一再表示遷就，除已撤退了去年在拉達克所佔的地區的軍隊返回一九五九年九月的實際控制線外，並表示在四處地區將不設立檢查站；這四處地區即東段的扯冬和朗久，中段的烏熱，及西段的一個據點。三月二日，中共曾正式照會印度，謂印度若不挑釁，不進入停火中的爭議地區，則中共將主動地努力緩和邊界的緊張局勢。——這是中共拉攏了巴基斯坦之後所說的「風涼話」，在印度聽來，自然感到很刺耳。

印度的大增軍備是積極的，依照印度財長特沙的公佈，本年度軍事預算為八十六億七千萬盧比（在總預算一百八十五億二千四百萬盧比中，幾佔半數），比去年的軍事預算（三十七億六千萬盧比）增加了一倍以上。去年軍事衝突發生了後，雖然軍費也有增加，但也祇五十億五千萬盧比吧了。本年度的龐大軍事預算，正反映出印度對邊界問題的紛爭，仍未敢稍有鬆懈。而中共之對印度，事實上仍是外弛內緊，它一方面指責印度無意和平談判，另方面則暗中加強對印度的軍事壓力；此外，對科倫坡會議六國調停所作出的建議，則僅表示原則上接受，用以作為談判的基礎，但仍保留其建議的幾項解釋。至於印度所說的「國際仲裁」辦法，則中共已斷然聲明「絕對不能接受」。

至於巴基斯坦方面，為着應付其強鄰（印度）的虎視，便毅然把所爭持的土地以二千方里交給中共，且依據巴基斯坦一九六二年所繪製的地圖，有一萬一千方里土地非屬新疆而屬喀什米爾，但與中共簽訂協定後則屬新疆，是則巴基斯坦所送給中共的土地，可說是共達一萬三千方里。這一來，印度當然感到異常焦慮。

時至今日，中共和巴、印的三角關係，仍在微妙地發展着哩！

焦文姬

（一七一）（版權保留）

黎明

（續）

青箱：（見文姬動了氣，仍然强顏勸下去；但對於「腹中塊肉」這個主題，却隻字不敢觸到，結果只是隔靴搔癢的勸解而已。）小姐呀！（唱）

雖然小姐才學廣，
也願您細聽青箱說端詳；
那陳世美曾負香蓮女，
包公鍘下把命喪；
蔡中郎曾把五娘負，
趙家莊上醜名揚。
公子小姐情義好，
怎比世美與中郎？
小姐您，如今只有安心等，
自古道：「安心是藥更無方！」

焦文姬：（越勸越覺得絕了望，反而促起了一種決心）箱妹呀！（唱）

你千言萬語勸了半天還是「等」，
難道說，這腹中嬰兒，也能和我一樣「等」得來？
十月瓜熟便蒂落，
難道說，你也能勸他不要出娘胎。
左思右想心不定，
一失足成萬古哀！
人到懸崖難勒馬，
看來唯有一屍兩命赴泉台。
只可憐，爹爹年紀邁，
黃梅未落靑梅落，
白髮人倒送了黑髮的女裙釵！（淚流滿面）

青箱：（也堅決了起來）（唱）

小姐呀！傷心的話兒別再說，
青箱心中似刀割。
倘若是小姐您有三長或兩短，
青箱我一定也不獨自活。
倘若是公子眞個負了心，
青箱我一定和他把命搏。
仇報仇來寃報寃，
一定要，追他到，
下窮黃泉上碧落。

小三：（急上）忙將大爺事，報與小姐知。——小姐大事不好了！

焦文姬：（拭淚忙問）何事驚慌？

小三：大爺不知爲了何事，回到家來，悶悶不樂，只顧低頭飲酒，已醉得跌倒塵埃，鮮血直流，人事不知了！

焦文姬：哎呀（暈倒介）

青箱、小三：小姐醒來！小姐醒來！（移）

第十四場：

地：樞密府的洞房，懸燈結綵，喜氣洋洋。鴛衾羅帳，紅燭高燒；與焦家洞房的淒凉况味恰成鮮明的對照。

時：緊接上場。

人：滿尙智、朱淑芬（新娘）、喜娘二人、丫鬟四人、得祿。

（喜樂聲中，四丫鬟掌紅紗燈前導，喜娘攙扶蒙着蓋頭的朱淑芬徐上。樂止，幕後合唱）：

樞密府上鬧洋洋，
今宵狀元入洞房；
洞房但見新人笑，
那管舊人哭斷腸。

（四丫鬟侍新娘坐了帳，施禮退下。）

（得祿掌紗燈引滿尙智上）

滿尙智：哈哈哈哈！（薄醉，與冲冲地）仙源有路終須到，新郎本是舊漁郎。（揮手令得祿退下，得祿施禮而退。）

雙喜娘：（同迎向尙智）恭喜新貴人！賀喜新貴人！新貴人請早安歇了吧！（施禮而退）

滿尙智：哈哈哈哈！（目送喜娘去後，自往門門，回頭喜孳孳地看着品着蒙頭端坐的朱淑芬，唱）：

一片花光護輕雲，
花容月貌看未眞。
只見她，十指尖尖金蓮小，
看起來，她比文姬還要勝幾分。
——哎呀，不錯，是呀！
那文姬本是小家碧玉蓬門女，
怎比她簪纓世冑貴千金？
——文姬呀文姬！這回你可休怪小生了！
蓬門華戶小家女，
怎配蟾宮折桂人？
自古官場重體面，
管它負心不負心!?
何况你本是紅杏出牆惹蜂蝶，
我不過紅杏枝頭暫棲身。
過去的事兒過去了，
好似那落花流水過前村。
——是呀，過去的事就讓它過去了吧！
今日是吉日與良辰，
休辜負春宵一刻值千金。
走向前，輕輕地，爲她去頭巾；

（淑芬一笑低頭，含羞地手弄衣角。）

（豎起姆指旁白）哎呀妙呀！（隨向淑芬深深一揖）夫人，天色不早了，安息了吧！

朱淑芬：（起身還禮介）相公您也辛苦了！

滿尙智：不妨事，不妨事呀，哈哈哈哈！（旁唱）：果然是如花似玉新人勝舊人！（移）

唐詩偶釋

（一〇一）

鄧中龍

經魯祭孔子而歎之

・唐玄宗・

夫子何爲者，栖栖一代中。地猶鄹氏邑，宅即魯王宮。歎鳳嗟身否，傷麟怨道窮。今看兩楹奠，當與夢時同。

五言質勝文，七言文勝質，五言下字較粗實，七言下字較細膩。五言貴言約旨遠，七言貴跌宕悠揚。

起二句一吸，通篇形勢，均歸吐納。聖人之道，無所不包，如逐事表彰，或幾無從下筆。乃獨以「夫子何爲者」五字，抛向空際，响澈雲霄，然後以「栖栖一代」一筆折落，洞然有聲。起筆着精神，是律詩要訣。

起聯既着精神，故三四句只以平順承之。一整一暇，具見筆力。

三四既平順，五六便一筆舉起，說到夫子生前。歎鳳悲麟，寫夫子之自歎，亦寫他人之所以歎夫子，二句最緊湊。「今」字卽頂上二句，作抽身轉步之勢。中聯撐起結聯，亦律詩常法，讀者須向意脈中領取。

通篇着意「歎」字，能得歎字之神。讀此詩，須體會其立論高處。

五六句，歎鳳悲麟，二句一意。詩繩以嚴格之唐人詩法，未必可取。詩法之至高者，讀上句不知下句如何立論，則奇詭微妙，變化多端。此在大家，固俯拾卽是，然不足以語於明皇也。帝王之詩，首重氣勢，宜於壯語而不宜於巧語。過份修飾，而流於小家氣，反非所宜。宋代徽宗之事，可爲明証。徽宗之書法及其詩與詞，固然瘦勁纖巧；瘦勁纖巧非不美，惟不宜於帝王。則被虜之禍，殆早已兆於書法矣。言爲心聲，詩以言志，卽書法亦無例外。韓昌黎「送高閑上人序」一文，論草書大家張旭之成名，乃由於「可喜可愕，一寓於書」，因以此論及高閑之思學張旭草書，其言曰：「今閑之於草書，有旭之心哉，不得其心，而逐其跡，未見其能旭也。」是書法之足以表達心聲，已無可置疑。準此以觀，則玄宗此詩，中四句之未見特出，亦宜以帝王詩忌纖巧一義衡之也。僕嘗以此詩畧論玄宗一生之得失：則知有首聯之氣勢，故能有開元之治；有末聯之抽身轉步，乃能有貴妃之賜死，終免於亡國之禍；中四句之不甚於鍊，乃故意不墮纖巧，則與帝王身分正相脗合。評此等詩，須具此等法眼，否則，動輒得咎矣！

或有以此爲語涉虛玄者，則其人必不明心理學。論詩而不能論心，直隔靴搔癢耳，何足貴哉！

儀端館詞

紉詩

相見歡

欲憑好夢尋伊，被風吹；吹上碧桐栖鳳最高枝。心底語，深情緒，怕春知；拚得十分憔悴也相宜。

買陂塘 荷花

繞陂塘，碧漪寒浸，燕支匀淡如許。神仙教得淩波步，搖起一番風露。香深處；向雁齒橋邊，水鏡窺眉嫵。鴛鴦遮護。問粉面臨秋，館娃分棹，還憶六郎否？浮萍路，看盡輕離輕聚。盈盈心眼凝佇。新聲初倚歌頭調，依約洛中曾遇。如欲語。天付與風姿，不似閒兒女。幽芳自主。更管領斜陽，遊船去後，月下覓詩句。

踏莎行

倚竹天寒，籠花袖薄，芷蘭香老秋心惡。西風牽夢到鷗邊，無端掠過紅簾幙。泛月尋詩，添燈留約，冰腸揉斷無塵着。三分書卷七分癡，今朝莫信明朝樂。

齊天樂 題浮犢圖

自橫一曲無腔笛，春波蕩回空翠。倦倚籬腰，閒尋渡口，管甚人間何世?!江鄉萬里，任扣角逍遙，拍肩歌吹。去去來來，幾重雲影幾重水？天邊夕陽末老，一鞭牛背穩，眉月初墜。繞陌泥深，拖犂雨滑，明日西疇農事。烟蓑料理。待暖露抽苗，輭風搖穗。滿插山花，再浮來畫裏。

文聲集

（二一〇）

贈楊盤庚 文鏡

能武能文能玩世，不衫不履不知年。雙輪逐電空蠻陌，七椀生風笑散仙。顧我羈迷無眼界，羨君參透老婆禪。何當抱道浮桴去，一濯滄浪萬里烟。

花朝節東城集社友爲君石補壽爲賦一律 叔平

畫樓人壽百花生，九十春光一道晴。分席微窺爭勝意，題襟何惜久逃名。風詩近廢難回俗，妙語成歡足解酲，此會不聞天下事，未妨籬落訂修盟。

元宵前夕蘋兒生日席上作 秀芳

簾前璧月爛如銀，樂事天倫信有眞。小閣罇開紅砵酒，上元鐙對白頭人。炎方客久憐嬌女，海國春回起病身。多少流亡待蘇息，低回停箸感風塵。

壽亮之游子任難三公 張方

羣賢此日聚樓臺，百歲何當酒一杯。節操能登高士傳，文章誰比謫仙才?匣中劍氣寒猶在，座上春風暖自來。醉裏相看人未老，酡顏還似好花開。

憶陳果夫先生（一一）

宇人

又有一次，調查室主任向我報告他們的同志某某兩人被保安處拘去，請我要保安處放人。細問之下，才知那兩個人是去貴陽近郊的一個農家搜查鴉片，碰上保安處的人才被抓去的。我問他：「你們並未有搜查鴉片的使命，誰要他們去搜查鴉片？」他支吾其辭。因為當時軍事委員會規定，凡藏有鴉片者，除予沒收而外，還要處死刑。但事實上貴州的民間藏有此物者為數不少。不肖的軍政人員即乘機勒索。他們一旦在某家搜獲鴉片，不但被搜查的人不敢報案；還要另送賄款，央求他們不要往上報告，以免被處死刑。調查室人員大約也想發橫財，所以才有搜查鴉片的事。我警告調查室主任，以後應嚴禁所屬不得再有同樣行為，至於已被保安處捕去的人，我姑且故作不知。我說：「假如我出面干預，我必嚴辦他們。」

再如調查室經常用省黨部主任委員的名義捕人，其中有許多案件我不但事前不知，即事後也未得報告。茲略舉數例如下：有一次，貴陽市長何輯五問我，市府的會計主任在辦公室內被我派人請去談話，計數日不見回來，是何緣故。我查詢之下，才知因有共黨嫌疑，故已被調查室扣押。又有一次，青年團貴陽分團所屬的一個團員，也被調查室以我的名義拘去，我追問原因，該室主任答以「出於誤會，巳經釋放。」此後，我即明令規定：「非經事前許可，不得擅自捕人。倘有故違，一經查出，必予嚴懲。」雖然如此，也祇能使他們在表面上稍為斂跡，並不能收到完全制止之效。所幸，當時他們並未給我扣上一頂紅帽子，但這也是別有原因的。

我回到貴州工作後不久，中共即開始在華北及華中的若干地區建立其所謂邊區，對日軍實行游而不擊，對中央軍則乘危兼併，國民黨中央黨部乃密電各省市黨部團部注意防範。共軍過去由江西逃出經過貴州時，原巳留下一些種子，此時，因戰事轉移關係，若干中央及其他省市的機關、團體和學校均移來貴州，復有不少共黨份子滲雜其間。各種粉紅色的團體紛紛成立，青年學生受惑者甚多。但自青年團學校團部成立後，共黨在各學校的活動即逐漸瓦解，後來迭起風潮的交通大學和浙江大學，當時也在貴州，始終平靜無事。中共在貴州的總機關也感於我們防範嚴密；不易生存，乃實行化整為零；但其貴陽區及黔東黔北各區的秘密組織，不久均被催毀。與他們有關的各種書店、戲劇社、音樂會和讀書會等，也相繼解體。

最後，我們又破獲了中共在貴陽附近設立的一個秘密軍事機關，搜獲大批軍火，顯然企圖在貴州建立武裝力量，即由有關軍事機關依據戰時法令將首要分子六人以私藏軍火的罪名判處徒刑。我們當時並未以圖謀叛亂論罪而科以死刑的原因，乃是念於全面抗日，有意稍留餘地。此事發生後，中共即在重慶發表一篇書面聲明，指責西安、貴陽及恩施（戰時陳辭修的司令長官部及湖北省政府所在地）為全國三個最「頑固」的地方。董必武還請王世杰先生陪同去見蔣先生，告了我一狀，要求蔣先生電令我們放人，蔣先生曾首肯。王先生即據此迭電貴州省黨部，催我遵照總裁指示立即放人；我每次到重慶出席會議時，他又當面問我為何尚不放人。實則我們不但是依法行事，而且也曾將處理經過報告中央黨部，並獲得嘉許。直到後來，蔣先生約請一部份國民黨籍的參政員午餐，王先生也在座，我當面提出此事，蔣先生答以「辦得不錯」，王先生才不再糾纏我。

因為我在貴州的反共工作成績卓著，調查室還藉此向上級邀功，這也許是當時他們沒有給我扣上紅帽子的原因。否則，我既不屬於他們的小系統，又不是CC；不但不為他們所利用，反而要限制他們不得胡作亂為，他們豈肯輕易放過而不施用其拋紅帽的傳統絕技？我的前任王漱芳，就曾因為對調查室有所不滿，孫科先生囑他在貴陽組織中蘇文化協會，他尚未開始，調查室即據此密報中央黨部，說他受共黨分子利用。

三十年秋，我辭去省黨部的職務。同年冬，青年團貴州支團召開代表大會，選舉幹事監察，成立正式團部，我在貴州的工作即告一段落。次年春，青年團中央團部正式成立，我當選幹事，並被蔣先生指派為常務幹事，即長川駐中央團部。雖然，我在名義上仍是貴州支團的幹事長，但很少過問支團部的事。

我在貴州工作的期間，每年因為出席參政會和列席中央黨部和團部的會議，至少要到重慶兩次。每次我必去拜候果夫先生。最初偶然也能見到；但從他的態度看去，他顯然對我有很深的誤會。我當時並不十分介意，自問於心無愧，總以為不久他就會明瞭真象的。我回到中央團部後，也曾去看過他，可是除非有CC的朋友同去，總難見到。記得有一次，我聽說果夫先生在南溫泉生病，立刻前去看他。到了南溫泉後，得知他是在距離數里以外的一個鄉村休養，我按址前往！忽然天雨，到了果夫先生的鄉居時，衣履已經半濕；但門房問過我的姓名，進去通報以後，卻答以：「陳先生因病不能見客。」我祇得冒雨而回。有幾位與果夫先生很接近的CC朋友得知此事，也都認為果夫先生不該聽信小人的讒言。據他們透露：果夫先生常誇獎陳惕廬是全國唯一的黨務人才，他和貴州省黨部調查室迭向果夫先生報告，說我在貴州罵他。

自此以後，除非被CC的朋友約我同去，我再也不敢冒昧去請見果夫先生了。但和立夫先生則仍不時見面。因為他也是青年團中央團部的常務幹事，每星期都要來團部出席會議。間或我也去教育部去看他。三十一年，貴州青年團支團的朋友們在貴陽創辦一個中學，推我為董事長，立夫先生曾送給我們一套部製的化學儀器。大家都很感謝。三十二年，貴州省黨部選舉，我回貴陽去為幾位朋友助選，為了避免和調查室發生衝突，曾請立夫先生寫信關照他們和我合作，他也欣然同意。但我回貴陽後，調查室卻提出一張大名單，幾乎要佔省黨部委員名額的半數。我打長途電話給徐可均兄，他亦認為太多。可是，選舉結果，卒因調查室的陽奉陰違，我所助選的朋友中，略有損失，而他們則佔了便宜。但立夫先生及徐可均兄並未對他們的背信行為有所指責。（待續）

抗戰行列中見聞雜憶（二二）

中美合作的困難之三

李璜

美國人幸運的在新世界的北美肥沃之區長養起來，席豐履厚，而且以其拓荒精神，去不斷創發，及以其動力主義去精益求精，北美合衆國便成為一切不事外求之國，而美國人在滿足樂觀之餘，便總想幫助世界上其它國家的人民解決一些困難。兼之美國的領導階層，多半淵源於昂克魯沙遜這一族，自來本着基督教的清教徒的精神，前者重有恒心與求實效，後者重善意，而要為社會服務。

因之，美國人本可以永遠的保守着門羅主義，而不必過問舊世界的事情的，其所以要於第一次世界大戰開始，而毅然參加戰爭，他是本其善意（Good Will），而要來為人類的和平與幸福，實際的服務一番。因此，美國的領導階層才不辭犧牲其有錢人的子弟，也來奉陪我們這些把生命看得並不重要的窮人，一道兒戰死沙場，並且戰後又花錢貼米的來恢復大戰的創傷。

大家都知道，美國威爾遜總統於一九一七之參加第一次世界大戰，是抱有其謂理想主義而來的。乃戰勝後為路德喬治與克勒滿梭等英雄自命人物所欺騙，結果為人類和平與幸福的理想並未實現絲毫，美國人民大為不滿；威爾遜總統固為此鬱鬱以死，而美國人也因之嘔氣不再參加國際聯盟的。因之，第二次世界大戰，到了法敗亡，英危急，遠東戰區擴大，而逼着羅斯福總統要參預第二次世界大戰，羅斯福便首先於一九四一年一月六日，發表了他的「四大自由」宣言，謂「美國外交政策的目的，在打倒武力強權，以解放其所征服的國家，而從此確立言論的自由，信仰的自由，免於貧乏的自由，及免於恐怖的自由於世界各地。」其年八月，本此「四大自由」的原則，又演為大西洋憲章，由羅邱提出，後來經二十四五國政府贊成，共同簽字於此憲章，中華民國也是簽字國之一。

四大自由，冠冕堂皇，大西洋憲章，領導羣倫，這在老民族裏的政治家、外交家來看，無非幾句話頭，用以糾合友邦，打擊敵國，鼓動人心，激勵士氣，如是而已；要真的確立這四大自由於世界各地，羅斯福總統或者有其理想，而美國人未必真有此傻勁去幹！

然而美國人，本其「善意」，甘心「服務」，真的要幹，而且還要想幹得有實效！因是，美國的領導階層，在戰爭還未結束時，便對中國的政治、經濟、社會、等等，本其一套的看法，厘定出種種有建設性的方案，並且開始準備，如何去建設出一個戰後的和平、民主、繁榮、康樂的中國來！這是在一九四五年頭，彼時我正在美國，會見了美國的議員先生，實業家等人不少，他們一面對中國八年抗戰的支持力量非常恭維，同時對中國前途便感到樂觀，而一面在樂觀之中，便對中國戰後的經濟建設都感到興趣，而要來出錢出力的幫忙（我在本雜憶前幾段已述敘過一些，茲不贅說），好像中國在戰爭指日勝利後，便可藉美國人的幫忙，一切都大吉大利，萬事亨通了！

但是，當時我已感到，美國人民的那一套的看法和想法，便與中國國民政府當權者的看法想法大相逕庭，而無法合轍的。

照美國一向對國際共產黨在世界落後地區發展的看法，認為是落後地區的農業技術太幼稚，工商業都不發展，加以人口衆多，天災流行，所以大衆的生活陷於困苦，在吃不飽、穿不暖的生存下，多數人便易為野心家所利用而造亂，尤其是國際共產黨更長於煽動與組織，這些窮苦大衆，訓練成為動亂的隊伍。這不是用剿匪方式所能消滅的；這是一個經濟問題，而不是軍事問題；這必須積極從事經濟建設，使人民生活問題得個解決，釜底抽薪，然後纔是滅共的辦法。但從事經濟建設，則必須先有和平的環境，否則一切人力物力都又消耗於剿共的戰爭；且戰爭之中，人民必愈陷於困苦，人民愈困苦，則共黨便愈有機會擴張其勢力也。因是，要來幫助中國的經濟建設，繁榮中國的人民生活，則必須中國戰後不再有內亂，此美國人要來調和國共的根本見地所在。固然在這見地中間，也有共黨同路人如拉特摩爾之流不免乘機利用，以暗助中共，然而這一見地，在好心好意的美國人中，乃是普遍佔優勢的；不然則美國當時的領導階層是不會對調和國共，如此其熱心的！（可以說，美國政治界對消滅共禍的這一見地，到今天仍是如此的！）

其次，則美國人對於民主之義，本其自身的經驗，認為一國欲求長治久安之道，則非用力去實踐輿論政治，議會政治，兩黨互相監督交替柄政制度，與乎認法不認人的法治制度；非然者，則要確立羅斯福的四大自由於世界各地乃不可能。因是美國人一面以人力物力去幫助遭侵略、受威脅、以及陷於窮困的國家，甚至不惜犧牲生命，從井救人，大有俠士之風；而一面則務求受援助的國家實現真正的民有、民治、民享的民主政治，苦心奉勸，大力影響，甚至不惜從中鼓動，好似宣傳福音，大有教士精神，覺不辭去冒干涉別人內政之嫌！

我尤憶馬歇爾將軍在一九五五年臨去中國之時，在那種一年調解，百無一成，自己的身心兩倦之餘，還要諄諄的向國民政府當局為最後進言：「中共不來，仍須開國會，訂憲法，拉着青年、民社兩個小黨來組織聯合內閣，實現多黨政治，方對共黨有一個抗爭的理由可說。」這足見馬將軍仍不灰心，還要中國政府成為具體而徵的民主政府。但當時國民黨當權者始終相信武力萬能；對馬氏臨別贈言，勉強敷衍，而去做出一個假選舉與假民主來，不但生不出力量，反轉把政治局面弄亂了啊！

聯合評論 週刊

本刊已經香港政府登記

每逢星期五出版

United Voice Weekly

第二三八號

督印人：黃宇人　總編輯：左仲平

社址九龍大埔道一六八號南亞書局 805641

承印者嘉羅印刷有限公司香港灣仔馬師道5號

總代理：友聯發行公司售價每份港幣一毛

本報美洲版總經售處美國紐約中美出版社

CHINESE - AMERICAN PRESS, INC

199 CANAL STREET.,

NEW YORK13 N. Y. U.S.A.

美洲航空版每份零售美金一角

美國對卡斯特羅政權的畏首畏尾

黃宇人

據合衆社三月三十日發自華盛頓的電訊，美國政府已決定採取更嚴厲的措施，以阻止反卡斯特羅政權的古巴難民對古巴港口和蘇俄駛往古巴的船隻作騷擾性的襲擊。這些措施，包括加强古巴以北加勒比海區的海空監視，佛羅里達海的巡邏，檢查邁阿比米區十五萬古巴難民中較好戰分子的活動，及尋求英國的合作，阻止古巴難民利用英屬巴拿馬羣島的外島作為進行此種襲擊的基地。再加上旬前七國總統在哥斯達黎加聖約瑟舉行會議時，危地馬拉和尼加拉瓜等國總統曾强調唯一解決古巴問題的好辦法，就是使用武力，而甘廼廸總統則拒不同意，顯見美國政府對卡斯特羅政權的維護，眞可謂週詳備至了。據說，美國政府所以作如此的決定，是躭心古巴難民這種襲擊已經使美俄之間的緊張加劇，並引起了卡斯特羅的反應。週前美國貨輪佛羅里達號在古巴外的國際領海被屬於古巴的兩架米格機射擊，美國政府也認為卽是卡斯特羅對古巴難民襲擊港口和俄船所作的一項報復；雖然卡斯特羅的覆文，自認為「可能是錯誤開火」。

我從各種跡象看去，懷疑美國政府的這些決定，乃是另有原因的。

猶憶古巴危機發生之初，甘廼廸總統一怒而赫魯曉夫卽同意拆除蘇俄在古巴的飛彈基地，似乎美國獲得了一次全勝，美國政府也以此自我陶醉。然而在我們熟知俄共慣技的人們看來，則自始卽確認赫魔絕不會如此簡單易與的。果然，爾後不久，國際間卽傳說甘廼廸總統除了保証不進攻古巴而外，美蘇之間還有某種秘密交易。雖然華盛頓方面曾一再否認，但並未能將疑雲完全澄清。因為蘇俄拆除古巴的飛彈基地後，美國接着就宣佈撤退在土耳其和意大利兩國的木星飛彈基地。如果說祇是時間上的巧合，那麼，這種巧合也太令人驚異了。

最近，美國又發現蘇俄尚有一萬以上的軍事人員留在古巴，要求俄國將他們撤退，赫魯曉夫又一次表示照辦。雖然截至目前為止，尚未全部撤走，但美國政府已感滿意，並相信赫魔將續踐諾言。這可說是美蘇在古巴危機中的第二個回合。在這一個回合中，從表面上看去，美國似乎並未作任何新的讓步。但俄國的同意撤退軍事人員與美國決定採取種種更嚴厲的措施阻止古巴流亡人士對古巴港口進行襲擊，又一次在時間上如此巧合，顯示其間必有連帶的關係。果不幸而如此，美國的所得未免太不償所失了吧。

卡斯特羅政權的出現，可說是蘇俄在美國後門安放了一枚計時炸彈。縱然赫魔對於美國的要求在表面上千依百順；但祇要卡斯特羅政權仍繼續存在，美國的隱患即未消除。甘廼廸總統在聖約瑟會議時，也說俄國企圖透過古巴傀儡組織擴展對美洲海岸的控制，又說，除非蘇俄撤出古巴，西半球將無寧日。足証他也和我們具有同感。不幸，他不但沒有摧毀卡斯特羅政權的決心，反而似乎以它的保護者自居。否則，美國嚴厲阻止流亡美國的古巴難民襲擊古巴港口，已經沒有必要，更有什麼義務要使卡斯特羅政權得免於來自英屬巴拿馬外島的襲擊和免於來自中美國家的敵對行動呵？

甘廼廸總統也許認為建立一座他所謂的人墻以圍繞古巴，是對付卡斯特羅政權的最佳政策。然而事實很清楚的告訴我們，共產主義是圍堵不了的；它和人身上的毒瘤一樣，如不及早割治，必將蔓延而不可收拾。過去十餘年來，美國歷屆政府所採的圍堵或嚇阻政策，也是一種圍堵政策，試問有何成效呢？遠的不必說，就是美國後門的卡斯特羅政權，也是在美國的圍堵和嚇阻聲中產生和發展的。蘇俄在古巴建立飛彈基地和運入大批軍事人員，很可能還有其他尚未為美國U2型飛機發現的許多東西，還是在甘廼廸總統入主白宮後才有的事。由此，足証圍的政策，實與駝鳥政策相去不遠。甘廼廸總統在競選時一再以提高美國聲望為號召，就任時又矢言將繼續美國先烈維護人權的精神，建立一個法治的新世界；而今對於蘇俄在美國後門所安放的這一枚計時炸彈，却畏首畏尾，不敢毅然予以摧毀，豈非自損信譽？

再以中國問題來說，美國一方面認為中共對世界和平的威脅較蘇俄尤甚，而又不肯支持中華民國反攻大陸，也是一種畏首畏尾的態度。我以為美國如果不願意捲入中華民國反攻大陸的戰爭，僅可聲明置身事外，讓台灣方面自己單獨行事。假如還要進一步而向台北施用壓力，使其放棄反攻大陸的意圖，那就無異是維護中共政權了。如此的作法，我誠不知美國的聲望從何提高，甘廼廸總統所謂的新世界又何由建立。

畧記旅美四個月的一些實感（下之三）

三、從三藩市到紐約

左舜生

集合上百的人，由某一個人站着，作出一種冗長的講演，其人本來沒有什麼了不起的話要說，在這一場合之下，也不能不裝模作樣，擺出一個『像煞有介事』的姿態，這是我所最怕的：我不僅不願作為這一站着講話的人，同時我也不願作為一個坐下來聽人講話的人。

反之，三五人，最多十個八個人，大家確有若干意見願意交換；而彼此所注意的方面或者說平日彼此所下過的工夫，又確有多少接近之點，在平日苦於沒有碰頭的機會，一旦見着了，於是在一塊兒坐下來，抽烟，喝茶，顧提問題的提問題，顧對某一問題加以解答的便加以解答；甚至對某人提出問題的方式，也可加以補充或修正，一切無拘無束，大家可以自由發言。像這一類的小型座談會，我覺得最有意思，往往能談出一些道理，而能使得大家各有所得。

像這一種的談話機會，我這次留在美國的期間，也曾有過三五次。記得有一次的週末，在紐約一位朋友的家裏，我們有七八個人談了一個整整的下午，還煩勞這位主人的太太為我們添過無數次的茶，吃過她所準備好的大盤小盤的點心，我們所談到的方面，確也是相當廣泛。我在下面所記錄的，只是當時所談過的一部分，而且是我所認為值得大家共同注意的部分；同時，也是我自己多少表示了意見的部分，其餘的便只好從畧了。

一位最關心反攻大陸的朋友首先發言，他的問題是這樣提的：『聽說台灣近年曾積極作反攻的準備，而且據負責方面屢次表示，準備已到達成熟的階段，只要適當的時機一經到來，隨時都可動手，究竟這種準備的內容如何？在台灣負責者的心目中，所謂「適當的時機」，究竟所指的是什麼？』這位朋友把問題提出後，便望着我，當然他是以我新近從香港到美，對這一情況的了解，可能比他們清楚，所以希望我說話。我說：『對這兩個問題，實際就是一個問題，我很抱歉，不能作出何種具體的答覆。因為我有六年多不曾到過台灣，對台灣近年的種種措施，我全不清楚，但他們近年確實在準備，我並不懷疑。不過關於直接與反攻有關的事項，保密的程度相當高，不僅我們住在香港的人無從知道，就是從台灣到香港的朋友，我也向他們問過，他們也一樣不能給我以圓滿答覆。所以，對問題的這一面，我只好交白卷。至於什麼是「適當的時機」一層，這只是普通答覆問題的人一種辭令，可以解釋為「遠在天邊」，也可以解釋為「近在眼前」，當然更無關宏旨了。』

我的話說完，這位提問題的朋友，依然逼進一步的問我：『您所謂不清楚的大致是指「軍事反攻」的一面，但除「軍事反攻」以外，還有所謂「政治反攻」，您又覺得怎樣呢？』

我說：『這一問題正是海外與台灣若干不同看法的癥結所在。海外的觀點，是從過去三十餘年失敗的歷史，國際一般的空氣，以及中共在大陸這十幾年來澈底高壓而終於無法穩定他們的局勢出發；台灣的觀點，則是從國民黨的傳統，着重穩定台灣內部，對現狀滿足，而忽視了國際和海外中國人士的期待出發。儘管照台灣當前一般的做法，如內部沒有顯著的動亂，人民的物質生活究竟比大陸好，因而軍事，經濟，文教各方面也有若干推進，現狀乃得以勉強維持。可是『維持現狀』的意義，並不等於反攻復國必然成功』的意義，其結果便只有『拖』！過去已經『拖』了十幾年，其所以還勉強『拖』得下去，我們似乎不該忘記美國若干億的軍經援助畢竟也還是主要的因素之一。如果照現狀再拖上三年五年或十年八年，則未來的變化乃絕不可知。在台灣固然不是沒有好轉的可能，但大陸來一次大轉彎台的可能性也不是完全沒有。我們必得平心靜氣的考慮：假定毛澤東或代毛而起的中共另一領導人物，一旦覺悟到「形勢比人強」；確實感到所謂「東風壓倒西風」，只是一種有趣的童話；或他們也感到人民的消極抵抗足以制他們發展經濟的死命，而繼續高壓也無所施；甚至他們還覺悟到以現在的方式與赫魯曉夫去鬥爭終於無效，而必須幡然改圖；……居然來一次對內對外的大妥協，卽令就是暫時的，或者是「退一步進兩步」的，我相信對若干民主國家的誘惑力依然很大。只要看甘廼廸一經看見蘇聯對古巴問題小作讓步卽喜形於色；有一等民主國家表面上着重貿易，偽裝民間行動，而發出經濟與政治分別處理的反常識論調；乃至美方與中共代表在華沙談了多年而毫無進展，也依然不肯斷然放棄；何一不是處心積慮在誘致中共的妥協？如果中共全無妥協的需要，自然還要僵持；如一旦中共覺悟非作出暫時的妥協不可，而民主一方又不惜付出相當代價以購取一時的和平，還不是可以一拍卽合？果不幸而眞有這樣一天，則中華民國的前途，乃眞不堪設想！

『以我所了解，在台灣責任者的看法，「軍事反攻」與「政治反攻」，乃同樣冒險，可是在必要時，他們「軍事反攻」的勇氣，可能較大於「政治反攻」。卽對過去也似乎只承認是軍事失敗，而於政治並無多大關係。這也只是一種心習使然，並不足怪。以我所分析，「政治反攻」雖似迂緩，而勝算較多；「軍事反攻」而無「政治反攻」以豫為配合，卽令能擊敗中共於一時，也未必能予中共政權以根本摧毀。再就大陸的現狀來說，毛澤東所以陷於今天的苦境，大部分也還是他的政治失敗使然，而不是他的軍事有了如何了不起的破綻。捨政治而單單強調軍事，這等於攻中共之堅而不攻中共之瑕，我是期期以為不可的。』

從台灣招商局輪船屢次出事談起

王暢

據路透社台北三月三十日電：「營救的船隻和飛機今天在台灣以北八十哩的海面搜索，並未發現「海祥輪」的九名失踪的船員，『海祥輪』是台灣的一艘五千五百噸的客貨船。

據悉，失踪的船員是在該輪昨天早晨開始向右傾側之後跳入海中的。

據船公司說，船員中有一人喪命，其他的三十四人和乘客六人已於昨天獲救。

公司的發言人今天說，出事的船現在是六十度的傾斜，仍未沉沒。他又否認早些時所傳出的船長譚守傑已於昨夜放棄該輪的消息。」

另據台北同日中央社電：「在海上漂浮的招商局遇難貨輪『海祥輪』已於三十日下午四時開始由台灣省海難救助委員會的救難船『民三〇五號』拖住，正向基隆港行進，如果中途沒有變化，將於卅一日下午接到基隆港內。招商局卅日下午在台北開緊急會議，決定不放棄搜救九名失踪海員，並請基隆救難中心全力繼續搜救」。

由以上兩則電訊，可見招商局的船隻又出了事。而招商局的船隻，以往已經是屢次出事的。據台北的報紙說，這已經是台灣大型輪船出事的第三艘。在此之前，「海張輪」於去年十月在海上失踪，「海宿輪」於前年五月在日本附近海面遇風傾斜，一度被放棄。而這一艘五千五百噸的客貨船「海祥輪」，則是中華民國招商局從意大利訂造，而於本年三月五日剛由意大利駛抵高雄的。隨即由高雄駛往日本，這次則由日本裝貨的第一次回航。但未抵基隆，就於三月廿九日下午在台灣以北的海面出了事。出事的情況，是船身傾斜，至三十日凌晨，「海祥輪」之艙中已進了水，船員及旅客中，已有李福起一名死亡，鮑志遠等失踪。船上尚有四人，出事原因，則由於貨物裝置不妥，途中遇風浪，便出了事故云。

查招商局成立於清末，由李鴻章所倡議，是當時的新設施之一。在清末，招商局即曾一度押給外國，後奉慈禧嚴命必須收回，招商局才繼續存在，以迄於今。所以，招商局的成敗亦正是政治是否上軌道？國運是否昌隆的象徵之一。而招商局的承辦人員也正負有振興航運的重大使命。

尤其在政府偏安台北的時候，既要反攻復國，一切事情就要表現中興現象。招商局所經營的輪船，更該表現卓異成績。因為這不但是台北政局的縮影，由此可以窺見台北政局是否仍然一場糊塗？是否仍然沉溺在官僚大海中？是否已有振作？且當此偏安之日，遠洋航業更是直接對華僑給予觀感，直接可以吸引華僑向心力的一項要政；至於因此而可以賺取外匯，更不待言。然而政府退避到台北十四年以來，招商局的表現何在呢？除了屢次失事而外，再也提不出任何成績來報答國人的厚望吧！

據基隆三月廿九日中央社電：「招商局最近在義大利新建的載重六千噸的客貨輪海祥號，今天在日本回國途中，距離基隆港東北約八十浬海上，因機件發生故障，情勢危急」。另據台北三月卅一日中央社電：「在基隆港外遇難的招商局五千五百噸級新貨輪海祥號，可望於四月一日上午九時前後，由「民三〇五號」拖船拖回基隆港內。海祥輪失踪的船員九人，截至卅一日下午六時半，還沒有下落。招商局的仲凱輪和繼光輪，以及空軍的飛機，仍盡全力在搜索。招商局說：基隆港外的風浪不大，海祥輪的拖救工作順利，民三〇五號拖船以每一小時二浬的速度，緩慢拖行」。照中央社的描述，似乎台北這一次又在海洋上打了一個勝仗，但是人們的眼睛雪亮，首先就要問問中央社，究竟這是打勝仗呢？還是丟醜失事？更要請教中央社的，究竟出事的輪船究竟是兩隻呢？抑或還是一隻？如果是兩隻，何以是同一時間同一地點出事，若說是一隻，則貴中央社何以一個電訊說是六千噸？另一個同由貴中央社發出的電訊又是五千五百噸？這真叫人替中央社肉麻，中央社是如此糊塗低能，國民黨當權派的前途確實是自作孼了。大抵，平時只知道亂拋紅帽子，不知道真正作電訊工作吧！

從中央社的胡亂報導，足以影響台北政府對外觀感，暫且不談。只以海祥輪的失事來說，這一艘向義大利新訂的船，何以回國不到一個月，就出事了呢？台北當局如果還有一點對國事負責的責任心的話，就應該一方面嚴斥中央社的工作人員，多注意電訊內容，不要胡說八道，另一方面，就該向招商局追查責任，究查這一新購的輪船何以這樣快就失事？是否訂購輪船的人，吃了回扣？是否輪船上的人員亂放貨物？是否招商局的主持人溺職低能？

蔣先生近年極力倡言「戰鬥、革新、動員」，這些口號本也不錯。人們都希望台北都能改革。但由中央社的胡亂報導及招商局輪船的一再失事，却証明台北政局仍是一場糊塗，仍只有革新之名，而無革新之實，實則台北的一切，是極待真正革新的。

×　×

今後的家庭，婦女和青年

孫寶剛

中國幾千年來受「孝」的教育的影響很利害，所以每個中國人，不特要孝敬父母，並且要為父母生兒子。這在壞的一面看，似乎是封建的和宗法的。但是從好的一面看，實在為家庭奠定了一個鞏固的基礎。這對於社會的安全，國家的進步是非常有益的。

沒有家庭觀念的人，多少是孤獨的，浪漫的，或是絕對的個人主義者。所以一個人如沒有了家庭，自然的趨勢便驅使你走上這幾個方向去。久而久之，因為孤獨慣了，便缺乏了與人合作和愛護人的心理，因為浪漫慣了，便缺乏了責任感。因為是絕對的個人主義者，所以會自私。這樣的一個人，對於社會和國家是不會有利的。

我們站在社會和國家的立場上，應該鼓勵人們結婚，組織家庭，並且使家庭要有穩定性。易言之，應使每個人都有一個穩定的家庭。

這也是很自然的趨勢，當一個人有了一個家庭的時候，和家人朝夕共處，休戚相關，自然而然的培養起相互愛護的精神來，尤其是一個孩子，在父母的愛護下生長起來，他感受到了愛，所以也瞭解了愛。於是在他的內心中也培養起愛來。所以我們可以說：家庭是使他發展了愛心。這個愛心，擴而大之，可以愛整個的社會，愛整個的國家，甚至整個的世界。

又一個人如有了家庭，這是對他有了一個負担。但也因此而使他有所警惕，不敢胡作胡為，這就使他培養起一種責任感。責任感對於一個良好的公民是不可或缺的。

我在這裏為什麼把父母也列入家庭的範圍內呢？第一因為孝是中國文化的傳統，沒有了父母，怎能發揚孝道呢？而況中國對於養老金制度還沒有實施，子女如不負父母的養老的責任，父母怎能安其晚年？即使實施了養老金制度，祇是一對老年夫婦，孤獨的住在一起，晚境也太淒涼了。這是不人道的。反之，沒有一個老年人沒有抱孫的興趣的，所以一個家庭有了三代人住在一起，實際上最易於發展愛心。當然有的人會難說：老年人的思想落伍，住在一起，會增加了家庭中許多的麻煩。在我看來，這是以往幾十年的特殊現象使然，在以往幾十年中，中國的一切標準變得太利害了，所以老一代和新一代，常常發生磨擦，在一個入了常軌的國家或社會中，不會這樣的。那時一切都有了一定標準，即使老一點的人比較保守，也是程度上的稍有出入而已。

上面已把家庭的重要性畧畧說明，所以今天中共要把家庭破壞，實在是一個荒謬的政策。今後的政府，應對家庭有一定的政策。譬如在社會政策中，對於任何人要組織家庭而缺乏經濟力量時，政府便可予以貸金或補助金。對於新婚夫婦的住屋問題，政府也應予以優先的支持。今天報紙上有一段消息，一對新婚夫婦，當他們結了婚到某地去渡蜜月時，發覺預定的房間已給旅店轉租給人了，這對新夫婦簡直要哭出來，他們投訴到警察局去，警察局在忽促之下，也無法為他們解決房間的問題，於是搬空了一間辦公室，暫請新夫婦住了一夜。這是多麼有人情味啊！

說到這裏，言歸正傳。我上面雖說家庭的成員是有三代人之多，但最重要的主角是主婦。我們中國以往還沒有做到真正的男女平等，所以婦女的社會地位低落，婦女的教育沒有像男子的教育受人重視，婦女的能力也就較男子畧遜一籌。這對於建立一個美滿的家庭，影響很大。今後的政府應對婦女的教育和訓練特別注意。大同教主博愛為拉有一句話，非常有意義的，他說，婦女除了她本身有其存在的價值以外，我們的下一代的良莠，實操在她們的手中，所以怎能說婦女不比男子更為重要呢？

我說了一大篇，似乎太强調了婦女充當主婦的重要性了。由於經濟和社會的需要，我當然承認；婦女不能不出而過職業性的生活，但主婦工作真是不可忽畧，所以有些先進的國家，認為主婦也是一種職業，主婦們也組織了工會，並且對主婦要實行一種保險制度，以保障他們的一切權利。同時成立家庭福利會，以配合主婦的種種需要。最低限度要使一個有嬰孩的母親，不應因了經濟原因而迫使其謀生。同時主婦也應發展其人格，而並不是家庭中的共同的奴役。家庭中也應實行民主精神使在一個小的家庭集團中，正如在大的國家社會中一樣。

最後說到青年問題，政府對於青年應有其政策，目的應在培養下一代的正直的男女，知道民主精神，並漸漸養成其謀生的能力，使成年時能成為良好的公民。所以對於青年果然要使其知道過去和現在，對於未來尤為重要。一個青年如沒有未來的遠景，而斤斤於現實，這個青年一定缺乏朝氣和犧牲的精神。對於社會和國家來說，就缺乏了使國家和社會進步的原動力。青年而不是正直的，便會流於姦邪，這對社會和國家更是有害的。姦邪的人當然缺乏和衷共濟的作風。但要使青年能免於姦邪而能和衷共濟，從善如流，便須從小在家庭中培養起這種精神來。所以我認為第一應使家庭的住屋不可太缺乏，青年人和成年人朝夕居住於一室內是最不適合的，因為成年人往往為了環境關係，較為現實，而成年人的惡習也易為青年所沾染。最好能在家庭中使青年的兄弟姊妹們和家人雖然共住而仍有其起居和學習的環境。同時在家庭中能實施民主的精神，也是使青年遵守秩序和服從理性的一個最好訓練。

當然專靠家庭還是不够，在學校中應組織學生會，以及各種青年組織，使青年能自行實習民主的應用，担任種種服務，以獲得經驗，和培養為衆服務的精神。並經由學生會來參加國家的政治經濟和文化的生活，對其將來成為公民時是非常重要的。

讀周榆瑞自白隨感

幼椿

前幾年，有一位在大陸來的老文人，說是到了香港一看報，覺得香港的中國知識分子有過多了的感想；甚至他稱我們這班常寫短評的朋友爲感想派。我聽見了，叫朋友轉告他：『我們不是「感」想，乃是「敢」想；因爲你們久在極權獨裁的警察國家裏，已是不敢想的了啊！』

這一不敢想的情勢，在大陸上究竟是怎樣造成的？何以中共的特務政治竟能「整」得人想都不敢想，這本在十年以來，或由於不幸落入魔掌過的人所述說，或由於西方研究「洗腦」專書的解析，已經有了相當明白的答案。然而答案不過是公式的，或者是死板的，都不如這一次周榆瑞這篇「徬徨與抉擇」的自白中寫得活靈活現，過程如繪，活畫出共幹的野蠻與迷信，費盡九牛二虎之力，去逼廹周榆瑞照着他們的想法說話！

對於香港時報十餘日來所連載的周的這篇自白，我本打算看完了，纔來寫我的感想的；但因爲作者的筆調靈動，筆底涔出的情景，使讀者的印象宛然，而譯者的筆墨也不錯，不生硬而順眼順口的徐徐道出，因使我這一個讀者禁不住要提筆就這前十一回寫隨感了！——既曰「隨感」，則隨讀隨寫，當不只這一篇的。

周榆瑞的自白，能够動人的地方，是一開始他便寫出，他是一個普通的中國文人，其情形與其習慣是常人所應有的，有欲望，有嗜好，愛面子，禁不起打擊，而易發牢騷，這種自白法，比之其他自命英雄的反共者的誇張，要令人感動得多，因其合乎人情，或者說，有點人味。

但共產黨的無聊可惡之處，就在要故意反對這一種人味，要用盡方法，去打倒人味，而使人都變成鬼，供其在黑暗中整人害人的傀儡式工具。但用什麼方法去達成目的呢？這便是盡量的磨折你！周的自白第十回，獄裏生涯所寫出的「大便時間要計數」，「吃下水溝裏的饅頭」，等等特寫鏡頭，令讀者明顯的感到，這是無理的磨折！這不斷的磨折，如接着周在第十一章所述，共幹無非要使你埋沒了人的個性去服從他，他叫你怎樣說，你就怎樣說；叫你怎樣做，你就怎樣做！

在這裏，有一個心理分析的題目可以提出來，就是周的自由第十一回末尾所說的，「但因我知道共產黨員都是頑强的，觀念已成定型，若要我使他們改變他們的意見，實際上就簡直是無望的事」。這個見解會對共幹的心理，可認爲是普遍的確實嗎？我認爲周的看法並未到家；共幹之一套整人辦法，乃多半是假猩猩作態，驢蒙虎皮，久而自以爲虎；並且是久入鮑魚之肆，不自知其臭罷了！共幹還是囿於他們那一個清一色的鮑魚環境，然後才不自知其臭，所以他們必得有一個鐵幕，來將所有人的眼與耳都蒙蔽住！這就是說，人性、人味之在人心裏，乃是永存的，所謂定型的觀念，無非是環境使之然；變易其環境，頑固的共幹必會改變其意見的呢。

其實，共幹要周招認的罪名，都是根源於一套他們所唸熟了的「八股」罷了！如像周所捉住共幹審問他的問話要點，如「爲愛國要放棄朋友」，「外國人怎會對中國人好」；以及「在新社會中，我們永遠不講求保留面子的」：還有「資本主義者中沒有一個好人」，「資本主義者的話沒有一句可以相信的」之類共黨八股，不只是中共幹部口中常如是云云，而我在一九四五年舊金山開聯合國大會時，曾聽俄共幹部也如是云云。

要在共黨裏當幹部，往上爬，便必須爛熟這一套共黨八股，拿來隨時掛在口邊，說得很神氣，做得很像樣！一到說得長遠了，做得像煞有介事了，而他們（共幹）也就茫然不知有它，依樣葫蘆，一色傀儡，愚蠢就這樣養成的！因此極權獨裁政治裏的特務訓練，便專門用新式八股來使人只知他的八股的那一套，而不知有其它。

可憐的中國人！脫離舊式的八股，不過半世紀而已，而今天又陷入新式八股的圈套中！舊式八股，乃是「代聖賢立言」，不許知識分子去亂想，亂寫，亂發議論；其知識不能出四書五經，而對四書五經的了解，還得要本於朱註，不得隨意解釋；並且寫的章法，也要千篇一律，照着「闈墨」的定型，唸得爛熟，搖筆卽是。於是清代的士大夫裏，在我們七十左右的人，年幼時，還曾經遇見過這類八股先生，搖頭擺尾，迂腐不堪！

今天的新式八股，在特務分子口中手中，其爲害更百倍於昔日腐儒之舊式八股！因爲舊日的八股先生，其爲害只是自己「不通」罷了；而今日的特務八股，還要拿着刑罰來强全國人以「不通」。周榆瑞的自白的要點所在，就是表明，他被百般凌辱，十分痛楚，而硬要照共黨特務八股說話，强迫他認「不通」以爲「通」罷了！

因是，我更加堅決相信，要打倒爲害甚大的特務八股，只要盡量的去提倡思想自由與言論自由，然後才能重現這永存於人心裏的人性與人味；要從人性、人味去反共救國，則共毒方消，國始眞正得救；如以八股去打八股！以非人性去對非人性，則眞所謂「一丘之貉」，無多差異，將使千千萬萬的周榆瑞之終於徬徨，而難於抉擇也！

五二、三、三一

互相等待，坐以待斃！

胡越

今天中國反共陣營之致命傷是互相等待。台北當局過去等待三次世界大戰，今天則等待大陸發生革命；海外僑胞及反共人士則等待台灣反攻大陸；海外民主人士期待台北當局革新政治，台灣的民主人士則等待海外能有所行動；旅歐美的知識份子盼望香港能够出現新生的民主力量，香港的人們則期望旅歐美的人士有所表現。在這同時，水深火熱中的大陸同胞、及孤軍苦鬥的反共力量，正等待台灣及海外反攻大陸！孟子見梁惠王曾說：「上下交征利，則國危矣」；今天我們則是：海內外互相等待，則國事不忍想矣！

上述的等待，有些是無可如何的；例如大陸和台灣同胞，他們是被統治者和被壓迫者，對國事很難有積極主動的作爲。有些是情有可原的，例如海外的僑胞，他們雖然較比有行動的自由，但是受當地各國法令的限制（尤其是東南亞各國），不能涉及中國政治，而他們既無職責，又無使命，因此他們的觀望等待縱然稍負同胞之義，但是實情有可原。至於旅居歐美的知識份子，在台灣和在海外的民主人士，他們對於反共復國，雖無職責，却有使命，雖無權位，却有責任。因此他們之觀望等待，就得反躬自問了。這裏我們說觀望等待，有點籠統，確切言之是指未能盡心盡力，扣緊目標做積極主動的奮鬥；有意無意的指望其他因素的變化。固然處境的複雜，條件的貧弱，形勢的艱險，都足以困頓意志，絆住脚步，但是苟能精純志慮，恢宏心胸，脚踏實地，精打細算，合衷共濟，竭盡所能，我相信必可創造出一個可進可退的形勢來，不致於像目前這樣勉盡言責，苦撐待變了。

在中共宰割下的大陸同胞，飄泊異域的海外僑胞，在野的愛國人士，他們之觀望等待都可原諒，只少有其苦衷，但是職責所在的台北當局，他們的苟安因循是絕不可原諒的。在一九五八年以前，責望台灣反攻大陸，是不切實際的，但是自從毛澤東的「三面紅旗」被撕破，人民反共，幹部動搖，中共的統治機器失靈之後，尤其是一九六〇年和一九六一年，大陸的農村飢民及都市的失業遊民，到處流竄，形成「盲流」狀態，人心浮動，軍心已變之時，台北當局仍觀望等待未能及時樹立政治號召，團結反共力量，發動復國聖戰，坐失黃金機會，實乃一九四九年被逐出大陸以來，最大的罪過！在毛澤東實行緊急措施，完成「整風整社」，把火燒眉毛的形勢穩定之後，直至一九六二年下半期，台北當局才派出十九股「別動隊」到大陸去丟人現眼！對六〇、六一兩年的形勢看不清楚，證明他們無智；不以堂堂之陣，正正之師，而以小股「別動隊」，滲入以求僥倖，敷衍輿情，證明他們無勇；從一九四九到現在，當權者化費大部份精力剪除異己（吳國楨案，孫立人案），摧折友軍（毀新黨、捕雷震），以致不能預見反攻大陸的機會，這證明他們不仁。今天有志有能之士，在海外如斷梗飄萍，一時苦無條件來斡旋乾坤，可是握有條件的台北當局，竟如此昏私自腐，蒙昧不醒！在一九六〇與一九六一兩年，如果換一羣人執政，不必有像諸葛亮那樣的高才，只要有鄭成功那樣一個人，知偏安之不可久，必須以攻爲守，決然反攻，不失其機；到今天我們縱然不能在北平舉杯痛飲，只少已造成蜂起之勢，沿海數省已遍插靑天白日滿地紅的國旗了。

以上的意見，或許有人認爲是太誇張了。其實毫不誇張。但看一九六一年，毛澤東實行了七次整軍運動；在該年底收繳了沿海各省民兵的槍械，每一班只配備兩支步槍，每支槍五發子彈。足以說明軍心動搖的情況。在該年內「反革命事件」發生了廿餘萬件，至於都市失業遊民及農村飢民之「盲流」求食，至交通秩序無法維持，農民公開反抗怠工等等；是稍爲留意大陸形勢者，都能詳言的。

一九六一年一月，中共十中全會以來，大陸亂勢雖然緩和了，但是根本危機仍在。換言之，台灣及海外的反共力量，仍有機可乘。雖然不及六〇六一兩年那麼好，但是如果能創始開新，凝聚力量，善用一切可能利用的新條件，則仍可有爲。要緊的是創始開新。

今天台灣擁大軍六十萬，對大陸所以一籌莫展，唯事等待者，只因爲沒有革除積弊，開創新局，以致上下苟安，朝野阻隔，民心惶惑，士氣不振！

官方言論每言，政府未能反攻是因爲美國阻撓。這是自欺欺人的話。美國有何權力阻撓反攻大陸？難道他們會使用第七艦隊阻擋渡海軍隊嗎？誰都知道絕不會的。那麼，何以苟安至今不能反攻呢？尋根究底仍在政治敗壞，士氣不振。設想國軍士兵荷槍躍上大陸之際，他們內心一定自問；我之流血，是爲了什麼？是爲了拯救大陸同胞呢，還是爲了一黨一派打天下？如果爲了拯救大陸同胞，這個目標有什麼保証？而保証在於恪守憲法，建立民主。可是今天台灣則憲法已毀，民主未立。如此的話，誰會甘心効死？台北諸公，如果不能在這個問題，尋求正確答案，我敢斷言，即使反攻大陸，也必失敗。廢除獨裁專政，遵依憲法，建立民主，這就是創始開新。台灣雖小，但是一旦出現了一個爲民所有，由民所治的中華民國，使歷史展開新頁，就可發生豎窮三際，橫遍十方的精神力量。不但台灣和海外的同胞將流淚歡躍，復振報國之熱誠；朝野的對立，海內外的分爭也一掃而空，人人將在反共復國的大旗之前，「發憤忘食，樂以忘憂」。然後以龍騰虎躍，以一當百之義師，以摧意志痲痺的共軍，則反共復國豈止是空談之事？

觀目前，台北當局絕無創始開新的跡象，一時尚談不到有所做爲。在海外的反共人士，是否能有所做爲呢？清末孫中山以「四大寇」開始革命，當時誰會料到能够成功？今天的中共自不能與當年滿清相提並論，但是一個政權已被絕大多數人民所痛恨，且統治機器已開始癱瘓，則已俱備可亡的機勢。因此總該有推翻它的途徑和方法。問題是有沒有人，能够放下一切，發現和果行這一途徑和方法。除非中華民族的氣數已盡，大家都苟且偸安、坐以待斃，否則將必有斯人之興起。

台灣簡訊

志清

一、立監委員注意官商勾結、虛報出口案

自基隆和高雄接連破獲了幾十宗官商勾結、虛報出口的大案以後，不但海關人員的貪風成爲街談巷議的主題，即目前施行的退稅制度，也被認爲大可懷疑。三月二十一日，立法委員黃煥如向行政院提出三個書面質詢，其第一個即爲退稅制度的革新問題。黃委員指出：虛報出口，騙取退稅事件，是年來財政方面所發生的重大問題。由於虛報出口案件不斷發生，足証退稅制度有很嚴重的漏洞，決非僅在技術方面着眼，即可堵塞。他認爲必須從制度上根本改圖，才能剷除病根，革新稅証。

三月二十三日，監察委員陶百川也向院會提議，應即推派委員對退稅舞弊案進行澈查，他在提案中列舉應調查的事項有三：（一）在全部出口退稅中，是否尙有類似之舞弊情事未經注意？應否加以普查或抽查？技術上有無困難？（二）除本案嫌疑人員外，是否尙有他人或其他機關涉嫌通謀？其監督人員是否失職？（三）有關棧埠管理及海關檢查等辦法有無疏漏？應如何檢討改善？該院討論結果，即推陶委員負責調查。

又訊：台南關於三月二十六日，命令復明、聯銘、美基、聯合、中信、華雄、中利等七家報關行暫停營業，因爲他們代辦出口報關手續經常發生錯誤。按七家被命令暫停營業之報關行中，華雄、中信、聯銘三家牽涉在尼龍及棉紡織品假出口退稅案中，美基報關行及被下令停業六個月的江山報關行，則牽涉在大頭菜掉包出口案中。據稱：台南關自發現假出口退稅案及大頭菜掉包出口案後，積極清查高市各報關行，結果發現約十餘家報關行在海關取得執照後，竟未向高雄市府申請營業登記而逕自營業，台南關正考慮予以處分。

高雄市報關業者廿六日呼籲台南關，對於申請出口案件，應盡量求其迅速，以免影響本省貨物之出口。他們指出，自本省發生假出口退稅案後，台南關對出口申請案件審理過份謹慎，因此，報關手續辦起來甚爲緩慢，他們希望有所改進。

二、體協糾紛似了未了

全國體育協會因理事長楊森與總幹事林鴻坦交惡，業務幾已陷於停頓。三月二十日，楊森忽召開常務理事會，鄧傳楷、郝更生、易國瑞、胡克偉、王成章、吳文忠等常委均出席，游際堅常委授權許尙文代表出席，周鶴鳴常委則缺席。會議開始，楊森首先說明已准林鴻坦辭職，並提出省立工業專門學校訓導長牛炳鎰繼任總幹事，另提王士選爲副總幹事，於是立即展開激辯。王成章認爲牛炳鎰是體育界的優良人才之一；但時機却不相宜。因爲體協即將改選，他如繼任總幹事祇有很短的任期，這無異是糟塌了他的幹才。他主張總幹事應俟改選後的理事長來遴選，胡克偉立表異議，他說：「體協在章程上雖曾規定每兩年改選一次，但過去周至柔將軍担任體協理事長整整十年才改選，敎育部鄧傳楷次長，也一口氣做了三年七個月，爲什麼楊森的這一任就有厚彼薄此的現象？」他强調楊森的理事長在職一天，他就有權選擇適當的人担任總幹事；而總幹事最主要的任務就是襄助理事長辦理改選事宜。王、胡兩人隨即你一句我一句，互相指責，說話的聲音也越來越大。郝更生、易國瑞也加入爭吵。吳文忠、許尙文兩人則始終含默。鄧傳楷眼見雙方爭執逐漸白熱化，仍以和事老的姿態，慢條斯理的說道：總幹事與理事長的意見不合，自應求去。但同時指出新總幹事人選，常務委員會有同意與不同意之權，暗示他祇贊成林鴻坦辭職，却不一定贊成楊森所提的繼任人選。王成章仍爲林抱不平。他說：「聯合報登載，體協的常務監事錢大鈞將軍正負責稽查林鴻坦經手的亞運賬目，此一賬目早已呈報審計部、敎育部和行政院審查無訛？爲什麼又要再查？民間團體的全國體協如何敢查政府審定過了的賬？這種做法對林鴻坦太不留餘地了。」

楊森答道：「又不是我要查，有關方面要查賬的決議副本，王先生，你收到了沒有？」楊森更以激動的情結大聲說：「我們又沒有去成雅加達，爲什麼花了那麼多錢？我可以斷言林鴻坦貪了污。」

王成章也大聲叫道：「楊將軍你不是法院的推事，也不是檢察官，你公開說林鴻坦貪污，你要負法律責任。」楊森用震耳欲聾的洪亮聲音答道：「我有証據，我願負全部法律責任。」

楊森隨即舉出三個例子：其一、檀香山女華僑林雪卿返國參加亞運網球選拔，她的旅費是檀香山華僑捐的，林鴻坦却報了二萬九千餘元的賬，全國網委會主委的中信局副局長吳幼林可以作証。其二、射擊隊買子彈祇花了一萬二千八百元，林鴻坦報的賬却是一萬九千四百元。再如亞運足球隊由香港遠征星馬是自籌旅費，林鴻坦報了幾十萬元的支出。這幾筆欵子都是林鴻坦簽章將錢領走了，體協有他領欵的條子，他難道不負貪污的責任？」

楊森又憤怒的繼續說下去：「林鴻坦曾指責我由亞運經費中收回了七萬餘元墊欵，我不否認這是事實。可是，我收回墊欵是林鴻坦向我建議的、我一直保留着他的這一簽呈，我墊的錢，我爲什麼不能收回？」

據接近楊森的體協中人之說：林鴻坦賬目不清之數達六十餘萬元之多，楊森過去所以沒有追究的原因，乃鑒於他與國民黨中央黨部第五組關係密切，牽連太多；誠恐一旦揭開，將影響中央的信譽。至於楊森自己墊了錢爲何不正正當當的報銷而要在亞運中作假賬收回，這位體協中人則說是由於法令的限制。可見那些錢的用途也是不合法的。

且說，鄧傳楷眼見楊森指出林鴻坦賬目不清的種種具體事實，誠恐他繼續說下去，可能將體協全部內情和盤托出，未免使各方面都「不光彩」，起而要求楊森保持冷靜，他認爲楊收回了不是在亞運期間墊的七萬餘元，這七萬餘元顯然是假賬的一部份。因此，他要求對林鴻坦是否貪污的結論不應草率確定，他說：「林雪卿二萬餘元旅費，誰知道是否即爲理事長七萬餘元的一部份？林鴻坦眞的是將錢放在口袋中了嗎？應該先查清楚。」

郝更生也覺得事情不妙，提議先休息一會再開會。接着便舉行場外交易，足足經過一個鐘頭，然後由楊森宣佈於次日上午繼續開會。

據悉：國民黨中央黨部第五組在三月十一日上午召開協調會時，楊森和林鴻坦就曾互相指責賬目不清，當時有關方面曾指示不得對外洩露，以免家醜外揚；但楊森在二十日的常務理事會中終於說了出來。鄧傳楷原是個中人，深知內情，從其所發表的意見看去，足証體協的假賬甚多。最荒謬的，是檀香山林雪卿小姐回國參加亞運，本來沒有用過體協的半文錢，在體協却在賬上爲她報支旅費幾達三萬元之多。假如不是楊、林交惡將眞象揭露，她無端的被扣上一個既由檀香山華僑捐助旅費又向體協支領鉅欵的罪名還不自知呵。不知她得此消息後，將作何感想。

次日體協常務理事會繼續開會，情形忽然急轉直下，楊森再提出以牛炳鎰繼任總幹事，王士遠爲副總幹事。郝更生首先表示贊成，王成章也不再反對，於是順利通過。據聯合報透露：楊森在三月十一日國民黨中央黨部第五組召開協調會議時，原是居於下風的；但他在那天散會後，即兩度上書「最高當局」，另外還寫了一封信給國民黨中央黨部秘書長唐縱，歷陳他過去對體協的事原不感興趣，祇以上次體協改選時，無人肯担任理事長，國民黨第五組負責人在同一個晚上赴新店他的寓所五次之多，央請他勉爲其難，他才在該組的安排之下，連升三級，即從候補理事而升爲理事，再升爲常務理事，最後被選爲理事長。足証他做體協理事長完全是被第五組拖出來的。如果認爲他不行，他過去曾三度辭職，爲什麼又不讓他走。現在該組不徵詢他的意見即佈置改選，刻意要將他去掉，實在令他難堪，他年已八十有一，何能忍此屈辱。他請求「最高當局」給他主持公道。唐縱才奉命出而斡旋。林鴻坦眼見大勢已去，祗好辭職，郝更生和鄧傳楷也就不得不同意以牛炳鎰繼任體協總幹事了。據悉：由於林鴻坦之去職和新的總幹事副總幹事均已順利通過，楊老將覺得他的面子已經挽回，因而表示將積極籌辦改選，並決定不再競選連任。

又訊：體協又有一部份理事認爲該會組織章程明文溢定設副總幹事兩人，現任副總幹事周中勛、賈連仁雖從未到體協辦公，但並未辭職。因此，他們認爲楊森提王士遠爲副總幹事，是不合法的，正醞釀新的風暴。

三、太太商店之謎

聯合報的黑白集於日前曾以「太太商店」爲題，透露警局最近查獲漏稅達一億餘元之多的若干商店多與官員的太太們有關。因而在案發後，這些官太們四出活動，要求不要公開她們的姓名，並將大事化小，小事化無。台北市警察局不敢擅專，祇好密報上級請示處理辦法。三月十九日，北市警察局致函該報聲明並無事實。二十一日該報的黑白集又以「特別聲明」爲題，繼續予以議評，原文如下：

「茲准台北市警察局本月十九日函稱：『敬啟者：頃閱貴報十九日第三版黑白集「太太商店」一文，署以「台北市警察局破獲一漏稅案，經深入調査結果，發現這些商店，大部份都有不平凡的背景，如今這些商店涉嫌漏稅，身爲後台老板的官員太太們，乃四出活動，託人說情，企圖使此案不予公開發表，警局爲此深受困惑」云云，想係根據十八日本市某晚報報導，本局除將辦理本案經過詳情．已另案發表外，貴報該文引述以上各節，並無事實』等語前來，除來函照登外，特此鄭重聲明，台北市雖有『××夫人商店』，惟並無所謂「太太商店」，所有涉嫌漏稅商店，均非「太太商店」；此啟。

「以上這則啟事，是因爲台北市警察局曾對所謂「太太商店」一事，致函本報要求訂正，本報除於昨日已在第三版予以來函照登外，本集理應鄭重其事，特別聲明如上：「此地並無太太商店」，皇天后土，其共鑒之。

「有了警察局的來函訂正，有了本報的來函照登，現在再加上本集的「特別聲明」，太太們應該可以「心安而德全矣」，毋庸自相驚擾，就誤了三十六圈的「衛生馬將」。如再有流言蜚語，只當它是某廣播電台的節目：「太太們不要聽」。」

從聯合報的短評看去，更証明警局所謂並無事實，不過是「此地無銀三百兩」而已。

四、立委主張發動留學生回國勞軍

立法委員李慶麐於週前向敎育部長黃季陸提出質詢時，主張發動一次留美學生回國勞軍運動。他認爲假如留美學生能回來勞軍，藉以了解祖國進步情形，他們再度赴美時必能加以宣揚，當可增進華僑和彼邦人士對我國的了解。黃季陸答以舉辦留學生回國勞軍或參觀，自屬値得提倡；但因經費困難，不易由政府辦理。

今日留學生不回國原有其基本的原因。即在家天下的局面之下，如非自甘墮落，願爲一人一姓的所謂忠貞分子，則回國後不但無法獲得工作，而且還要受蔣經國手下特務人員的干擾，甚至迫害，因而祇得長留異國。立法委員不敢觸及留學生不願回國或不能回國的主因，而祇主張發動他們回國勞軍，以便爲台灣的「進步」宣傳，正所謂捨本務末了。

中共推行「社會主義教育運動」

廣州市最近一週內被捕二萬多人
大陸各地至少將有二百萬人被捕

綜觀

（本報特訊）爲了鞏固毛澤東政權，中共現又在大陸各地普遍展開了一個名叫「社會主義教育運動」的工作。這所謂「社會主義敎育」六個字，當然是中共進行整肅、迫害、屠殺等罪惡工作的外衣，實際上，則是中共排除和迫害反共人士，毛澤東則同時排除異己的一個別名。

這「運動」在全大陸各地現已普遍展開，據估計，至少將有一億人被牽連，而有兩百萬左右的人被捕，這可以從廣州一地就有二萬多人在一星期內被捕的事實可以推算出來。蓋廣州不過全大陸若干城市之一，僅此廣州一市便有多人被捕，則較廣州更大人口更多的上海重慶等處，以及比廣州較小的其它二千多個縣市，被捕的總共人數，自屬可驚。

頃據廣州來人談，自「社會主義敎育運動」在廣州推行以來，不僅平時被目爲反革命份子，不穩的嫌疑份子紛紛被捕，其它凡一切平時對中共嚴酷管束稍表不顧的人，擅自離開工作崗位的人，都在被「敎育」之列。經營黑市生意或地下工廠的人以及一部份共幹也都在被捕之內。其情形很有點像過去的三反五反一般，現在還正向「羣中中普遍深入」。

在中共的這一恐怖「敎育」下，廣州市各公共場所已登時冷落，百分之九十的居民都不敢上街，多數有可能被牽連的，則皆惶惶不可終日，既無處可逃，就只好在驚惶失措的情況下，提心弔胆，有如末日的來臨，等候逮捕。

其中已有少數人在無處可逃的情形下逃亡。因爲求生是人的本能，在危害將來臨時，雖明知無可逃，也只好逃，但連日以來，中共公安人員已在街上不斷用廣播筒廣播，號召逃亡者立卽向公安部門自首，以便立功贖罪，並又宣稱不究既往等。但三月二日及三月四日中共已在廣州槍斃兩名經濟犯。其中一個是以炒賣香烟，獲利一萬多人民幣，而被槍斃者，其它被中共判無期徒刑及有期徒刑者爲數極多，故這一赤色恐怖雖係發生於三月初，但迄至這一位來客離開廣州時，廣州全市仍在恐怖氣氛中籠罩着，且中共所推行的這一「社會主義敎育運動」尙未完全過去云。

大陸簡訊

藍星

中共再派醫生往醫蘇加諾

自蘇加諾患上腎病在歐美等地未能醫好以後，中共卽自告奮勇，派出中醫往印尼爲蘇加諾治療腎病。初時反應良好，故蘇加諾夫人爲了報答中共之此一恩惠，曾親往北平訪問，並投桃報李式的替中共作了一番宣傳。

茲悉蘇加諾的這一腎病並沒有被中共醫生治斷根，所以中共乃又不得不再派中共衛生部副部長吳階平前往。據泛亞社吉隆坡三月廿二日電：「據耶加達電台廣播，中國名醫吳階平（現任中共衛生部副部長）及其所率領的一批專家在印尼作一個月之友好訪問後，經於二十日離印尼返國。此一廣播頗令此間驚奇，蓋吳醫生於一個月前再度赴印尼，中共與印尼事前俱未透露，而吳階平曾於去秋赴印尼爲印尼總統蘇加諾治腎病一留三個月，此次再度赴耶加達，廣播雖稱爲友好訪問，但一般相信與蘇加諾之病有關」云。

陳毅嘉獎蘇加諾

在亞非集團中，印度的尼赫魯及埃及的拉薩、印尼的蘇加諾都是與中共結爲夥伴的份子。但隨後中共的侵略面貌逐漸揭開，尼赫魯與拉薩都相繼疏遠了中共，印度更與中共發生了爭執，從而在邊界發生小規模的戰鬥，至今仍未了結。爲此，中共惟恐自己完全陷於孤立，並欲籠絡印尼與巴基斯坦以孤立印度，所以，自中共與印度交惡以來，中共就對巴基斯坦與印尼特別施以小恩小惠。中共不惜犧牲中國的領土予巴基斯坦以取好巴基斯坦，是中共這一策畧的明証之一。而中共不斷用種種方法以騙取印尼的好感，則是中共運用這一策畧的明証之二。

除上述中共又派中醫替蘇加諾治病之外，中共政務院副總理兼外交部長陳毅又於北平發表談話，獎勵蘇加諾的國際外交態度，顯然是這一策畧的另一明證。

陳毅曾於三月三十日出席「中國印度尼西亞友好協會」舉行的「中國印度尼西亞友好條約和文化合作協定簽訂兩週年」之慶祝晚會時說：「蘇加諾總統在貝爾格萊德舉行的不結盟國家首腦會議上高舉反對帝國主義和反對殖民主義的旗幟，對這次會議的成果，做出了重大貢獻」。陳毅又說「蘇加諾總統號召舉行新興國家的運動會，來改變帝國主義者把持世界體育運動的局面。中國人民支持這一倡議，這一倡議一定會獲得勝利。他將使世界體育運動走上眞正健康道路」。陳毅又說中共對「蘇加諾總統和印度尼西亞人民拒絕蔣介石集團參加亞洲國家運動會的正義行動，表示衷心感謝」。

從上述陳毅嘉獎蘇加諾的話，可以很顯然的看出：中共是正在繼續利用蘇加諾，使印尼在蘇加諾的領導下，繼續作中共的夥伴，成爲中共從事國際統戰工作的一個工具；同時，除了利用蘇加諾繼續敵視中華民國外，又鼓勵蘇加諾幹一種分裂世界體育的勾當，以便中共及其它共黨國家透過蘇加諾的提倡，在今日世界的正常體育運動組織之外，另行成立一個非法的、對抗性的世界體育運動會。

中共又玩特赦把戲

整個大陸，人人失去自由，完全像一座大監獄，本無所謂特赦不特赦之區別。不過，毛澤東雖早已說明不施仁政，但爲了欺騙一般對中共內幕不明的人，却常常又玩出什麼特赦一類把戲。

據中共「中國新聞」北平三月三十日電訊說：「中華人民共和國主席劉少奇，今日發佈特赦令，全文如下：根據第二屆全國人民代表大會常務委員會第九十一次會議的決定，對於確將改惡從善的蔣介石集團、偽滿洲國和偽蒙疆自治政府的戰爭罪犯實行特赦」。並說「蔣介石集團、偽滿洲國和偽蒙疆自治政府的戰爭罪犯，關押已滿十年，確實改惡從善的，予以釋放」。但釋放名單仍未見公佈。

僑鄉近訊

鍾之奇

粵東及福建沿海旱情最嚴重

閩粵及大陸各地春旱情況嚴重的消息，早經本報報導，玆據中共新華社三月二十八日自北平發表之報導，再度証實本報前所報導之各消息。新華社說：「截至目前，久旱的河北和山西兩省北部地區、北京郊區、內蒙古東部和東北西部仍然缺雨，春旱極爲嚴重。這次北京下雨很小，作用不大。此外，廣東東部沿海地區和福建沿海地區長期雨量不足，這次下雨也小，仍感乾旱」云。

中共動員廣東農業專家下鄉

爲了迫使農業增產，中共已對大陸農民使用出各種法寶，但由於農民反共情緒高，故中共的目的始終未能達到。而中共近年高喊要增產經濟作物的口號，更未收到理想效果。

爲此，中共現又動員廣東各地農業專家下鄉，勒令各農業專家深入農村，指導技能，帮助生產。據新華社三月廿七日廣州電：「廣東省各地爲有效提高甘蔗、蠶桑、水果、黃麻等經濟作物，先後組織了很多專家和農業科學技術人員，分組深入各個經濟作物集中區去，進行現場考察，搜集歷史資料，總結和推廣農民種植經濟作物的經驗；同時推廣先進的科學技術」云。但我們知道，這些所謂農業專家被下放到人民公社，都異常怨恨，同時，農民們反共心理重，又豈是所謂農業專家所能轉變的呢？中共雖然認定大部農業經濟作物都是可以換取外滙的物資，故特別着意加强生產，但可以斷言，中共派少數農業專家下鄉，是仍然無補於增產的。

潮汕平原旱情最嚴重

由於旱情的影响，據中共自己報導，目前廣東全省還有三成地區根本未插秧。而潮汕平原的旱情最嚴重。其嚴重程度，據中共自己說，已是「解放以來所少見」。對此，中共「中國新聞社」於三月廿六日自廣州發出的報導曾說：「今年出現解放後少見的嚴重旱情的潮汕平原，依靠水庫放水，封江堵河，挖井開源，使廣大地區的抨田用水陸續獲得供應，揭陽、澄海、潮安等縣抨田已完成十之八九」。照中共自己所述之報導，亦足見潮汕地區因旱情嚴重，還只在設法從事抨田工作，且抨田工作亦尙未十足完成云。

粵共迫令人民與海爭田

十四年來，中共一直在號召大陸人民開荒，而且，不僅在口頭或文字上號召而已，又用各種殘酷手段强迫人民去邊疆去深山大林開荒，以增加糧食生產。但開荒並不是一件簡單的事。因爲荒地往往缺乏肥料，而中共正在鬧肥料荒。雖然，中共開荒成果不如理想的原因不止一端，但缺乏肥料顯然也是其中原因之一。

在以往，中共曾經吹噓它已從大陸可耕地十三億畝增加到十八億畝，換言之，卽用開荒等方法增加了五億畝。但中共最近却又透露大陸總共現有可耕地只有十六億畝，這都可見中共開荒的計劃遭受了挫敗。

正因爲中共向深山荒野開荒的打算遭了挫敗，所以，現在又向海邊的泥灘地打主意了。據北平出版三月十九日的光明日報說：「在廣東省汕頭至陽江一帶，特別是珠江三角洲一帶，有着許多可以圍墾的大塊泥灘地。估計有三十萬畝之多。計平崗五萬畝，平沙四萬多畝，廣海四萬畝，海晏四萬多畝，連灣二萬多畝，石龜頭二萬八千多畝，梅隴、大霖各一萬畝」。並說「這些泥灘地，大部和各地的國營圍墾農場連接或相靠，這是將來進行圍墾的一個有利條件」。又說，「千百年來，廣東邊海農民積累了豐富的與海爭田的經驗」，所以，中共現已勒令粵共强迫廣東沿海居民去圍墾泥灘地，以增加生產云。

李江與寮共決裂

寮國中立部隊首長李江，三月二十四日向永珍政府報告，指出寮國北部「戰鬥寮」控制區域，「有北越共軍駐扎」。曾在瓦瓶平原爲「戰鬥寮」併肩對右翼軍作戰的李江將軍，竟然至於簽署一份指責「戰鬥寮」陰庇越共軍的報告，內裏的情況絕不簡單！

何之湄

李江報告的提出，在初步的意義說，是表明「中立部隊」與「戰鬥寮部隊」已告徹底的分裂，以至於要到永珍來互相攻訐，而且互相攻擊的題目，不限於雙方磨擦糾紛的事件。其次，寮中平原的磨擦，最初曾由磨擦的雙方——中立部隊當地長官及戰鬥寮部隊的地方長官，以至李江將軍本人，設法予以解決。而現在則是事態擴大，以致李江提出向永珍報告。這變一來，就由軍事衝突引入了政治糾紛。因爲永珍政府必須對此一報告予以處理，而進行處理時就必然發生三派的衝突。最後呢，關於寮境尙有越共軍存在，以及「戰鬥寮」部隊庇縱越共軍的問題，乃涉及違反日內瓦寮國協定的問題，協定規定外軍限期撤退，而這項限期早已過去，雙方早經報告，謂「外軍已撤退清楚」。現在仍發現越共存在，若非沒有撤退清楚，就必然是重新由北越潛入寮境。寮共如此公然破壞協定，莫不是圖謀發動戰爭，擴大地盤？右翼及泰國美國方面，對於這一事態，是不是會採取平行的報復行動？雙方把協定束諸高閣，大家再來打一陣，見下高下呢？

無論如何，寮國的局勢，仍然很是「流動」不定。因爲聯合政府雖有形式，但軍隊整編不能進行。共軍、中立軍，右翼軍各守防線，各佔地盤。在共軍與右翼軍間，雖也有軍事衝突，但沒有糾紛發生，因爲他們誰也不能「運動」誰的軍隊「起義」。但共軍與中立軍之間則不然，首先是共軍運動中立軍的一營「起義」，之後他們因拒絕共軍的壓迫和整編，又對共軍「反起義」，並運動一部份不堪共軍當局壓迫的共軍，重投回中立軍的麾下。共軍對此認爲丟臉，於是有中立軍兩軍官在川壙被刺殺的事件發生，他們都是爲了維護中立軍的建制傳統，而至激烈反對共軍者。事件發生後，李江將軍大爲震怒，立即搜索主謀的幕後人物，可是他們已逃之天天。這一役，等於共方重要人員全部撤離川壙。這樣，就更加斷絕接觸，加强對峙。

策動「起義」軍運，共方顯然是始作俑者。這事也說明共方對於統一軍隊，「還軍於國」絕無誠意，反之只有志在囊括友軍，掌握武力，最後奪取政權。另一方面，這事也有其政治背境，那便是自傳瑪中立總理上次訪問泰國之後，因他曾與泰總理乃沙立欵欵深談達數小時，乃沙立表示對傳瑪諒解，泰國並以糧食接濟永珍之後。「戰鬥寮」區的共軍及共黨份子，竟抨擊傳瑪「與乃沙立勾結」！認爲傳瑪一反前此親共態度，「傾向右翼」，對左翼「陰謀不利」。事實上，泰寮關係原極密切，徒以共黨離間，一度發生隔膜。但傳瑪訪泰接受援助時，充份表示渠願竭力實現眞正中立，使寮國免再陷於混亂，同時也免泰國担心寮國赤化，影響泰境的安全。實際泰寮邊境長達三千里，在泰寮邊若干係落後地區，爲山區邊民住居或森林區域，泰國即使如何擴編邊防部隊，也不能處處設防，由寮境向泰滲透，仍屬大有可能。何況泰國警方最近還發現中共份子滲入泰邊苗民區域，進行軍事訓練。以及在泰東北破壞，中泰寮共混合機構，地下軍，和計劃組織地下政府，種種事件。乃沙立只有把這些由寮境滲透而涉及泰國的事實，告訴寮王沙旺華他那和傳瑪總理。同時，泰方也向傳瑪表示，泰國很關懷那些自中共區雲南擴展向寮國國內的公路溝通，如果這些大道一直由北向南而馳，一旦有事，中共軍不難於一夜之間，突然陳兵泰境。

沙旺王及傳瑪總理，都誠懇地向乃沙立元帥保証，說他們決不容許寮國成爲侵略友邦的基地。據說：傳瑪總理並且說明：那些自雲南通至寮境的公路，如雙板納（車里）至豐沙里的公路，不外是通達一些孤立據點，並沒有貫通南下的計劃。但這些築路工程，是在中共援助下而在「戰鬥寮」控制區進行，（難保他們不再自豐沙里、桑怒等處再延展南進。）如若他們仍有過份向南伸展的行動，則他「決負責予以制止」此項中共協助下的公路建築。

共方對寮王和傳瑪這種嚴正中立，阻截共方滲透泰國的決定，因爲不能遂其私圖，當然極爲憤恨。但他們不能輕易抨傳瑪的台，只有釜底抽薪，蠶食及削弱中立軍的力量，中立軍原是傳瑪基本的政治資本。在這種形勢下，李江的「共區有越共軍」報告就不啻是一項攤牌文獻，他警告傳瑪，得採取政治行動去保衛中立軍的地位，也不啻予右翼以藉口，好讓他們從政治上（如通過國際監督委員會）或軍事上來對付「戰鬥寮」。

不過，按國際監委會的規則，調查外軍離境事項，須由永珍政府聲請，即必須組成永珍的三派同意。但對於調查共區北越軍，共方首領蘇發努馮必然予以否決，看來要利用政治方法管制共方，仍極困難。除非泰美方面嚴正指責此項事實，並聲稱如拒調查及不限期撤出，泰美方面將採平行行動，派兵入寮加强右翼陣線的防衛，否則不能見效。乃沙立元帥曾說，若寮國再度有事，「美國定非强硬不可」。這可能是因泰越已受寮局影響，美泰早有會商，而乃沙立這句話，不是沒有內容的。

．曼谷通訊．

「大馬來西亞」最近引起的反應

在「大馬來西亞」計劃加緊推行中，由於印尼的極力予以破壞，不惜唆使和支持婆羅乃叛徒掀起暴亂，一度造成了東南亞局面新的緊張氣氛，引起世界人士矚目。

這個「大馬來西亞聯邦」計劃，最初係由英國和馬來亞共同提出者，其目的是使英聯邦內東南亞方面五個不同地位的地區，聯合起來，組成一個單位（國家）。這五個地區，就是：完全獨立的馬來亞，內部自主而外交和軍事則仍由英國控制的星加坡，英國殖民地的北婆羅洲，英國殖民地的沙勝越，及英國保護地的婆羅乃。

「大馬來西亞」聯邦在籌備中經過了婆羅乃的叛亂之後，當即引起東南亞各國不同的反應。

最近反應最强烈同時也最惡劣的當然就是印尼。印尼政府對婆羅洲一向是具有很大的野心，蘇加諾早已企圖合併婆羅洲，倘「馬來西亞聯邦」組成，則蘇加諾的野心便立刻被粉碎，因此他就「導演」了婆羅乃的叛亂，迨婆羅乃叛黨被敉平了後，他依然公開對婆羅乃作出外交上和軍事上的支持；是以目前印尼和星馬的關係，仍是陷於緊張狀態。此外，蘇加諾還想掀起另一次反殖民地的對外冒險，不斷地對人民宣傳，硬指馬來亞本身原是印尼的一省，藉此刺激起人民的情緒，繼續進行着破壞「大馬來西亞計劃」的陰謀。

至於非律濱，則早已對北婆羅洲提出領土的要求；現在，她是利用着「大馬來西亞」組織出現的危機，作爲維護其獨立及迫使英美再予愼重考慮非律濱利益的一種手法；因此，非律賓政府當局現仍與印尼站在一起，繼續强調反對「大馬來西亞」的聯組計劃。

「大馬來西亞」計劃下的各「邦」的本身哩，她們目前對該計劃的反應，也是各個不同的：馬來亞方面，最關懷的是如何防止華僑人數在聯邦內佔到數量上的優勢，其次是要由英國方面得到更大的獨立，又其次是希望英美在印尼和中共、印度的虎視眈眈下保証其安全。

在馬來亞的七百萬人口中，華僑佔了二百五十萬；由於他們極少跟當地人民同化，故在「大馬來西亞計劃」進行中，刻仍引起馬來亞政府和人民的猜忌。環境上的安全，當然也需要獲得英美方面給予更大的保証。

目前對「大馬來西亞計劃」反應最良好的，是星加坡。星加坡政府堅決認定：「大馬來西亞」的組成，不但是提高星洲經濟的一個絕好機會，同時也是剋制當地共黨潛力的一個最有成效的善法。李光耀總理爲了促使「大馬來西亞聯邦」之得以早日組成，乃於二月二日把百多名共黨領袖予以拘捕，以配合馬來亞總理拉曼對付共黨的鐵腕政策。

北婆三邦對「大馬來西亞計劃」的反應最近也有很好的發展。在當地人口中佔百份廿四的三十萬華僑，最近他們已認清楚一項危機，那就是北婆三邦如不參加「大馬來西亞聯邦」，則將來極可能會被蘇加諾併吞。於是，他們就把目前的反對意向，逐漸消除。現在，北婆三邦的官方和人民，都已表示願意接受這個「聯邦」計劃。

綜合上述的反應來觀察，我們可以得到幾個概念：第一，東南亞地區現正面對着許多不同利害關係的複雜問題，這地區的局勢，是非常容易有多方面轉變的。第二，祇有在「大馬來西亞聯邦」包括各地區內的人民積極支持下，該計劃才有實現的可能。第三，在解決東南亞每一地區的苦惱問題之前，必須顧慮到各個有關地區的合法願望。第四，在長遠的將來，共產黨（尤其是中共）對該地區將有怎樣的陰謀？現在必須詳細予以考慮，並預先訂出週密的應付辦法。第五，要組織一個完善，健全而獨立的新聯邦，當然不會爲有野心的鄰邦所歡迎，因此，在未來的「國防」問題上，也應先予作出縝密的安排。

目前在這個「計劃」的發展上來說，它是深深獲得全亞洲人民，尤其是不願遭受共黨殘酷控制的千百萬華僑所支持的；這新聯邦的組織，其前途顯已露出了一片曙光。

．費濤．

泰國改良外人投資條例

泰國促進工業投資審查委員會主席乃他威，發覺自從泰國實施修正促進工業投資條例以來，申請投資之人士逐告減少，乃值得關心之現象。遂具情向乃沙立院長報告，乃沙立元帥已命有關之財政部、實業部、經濟院、及投資審查委員，聯合研究改良，俾增加關心之（外國）人士在泰國投資。財政部等四個有關部門奉命後，已擬具意見五點呈覆：

（一）投資上之不方便，如基本上，地皮（廠地）之困難，以及地價之昂貴。次爲交通之困難，水電供應之不足。鑒於此點，政府雖曾下令改良以求適應，但事屬枝節，無補大體。應實行工業村計劃，有水電及其他服務設備，而以便宜租價及長期租期租予廠商，或照成本售予地皮。（二）稅務問題。照現行修正條例，投資者免繳利得稅五年，機器入口免稅，原料減稅，已算優待。但原料稅仍有達百份之五十者，應再減少或核免。（三）市場方面，因國內市場仍小，要吸引大投資者，需使有輸出特惠，以加强投資者之希望。（四）對政府之信任問題。根據政府切實執行「促進」條例之效果，及金融之安定，以及各國政府對政府之信任，暨國際金融機構如世界銀行之保証等，此點相信不成問題。但（五）政治情勢，仍爲一般所關懷。實則目前投資世界任何自由地區，可謂在同一情況之下，一般向任何國家投資者，均抱有此一見解。但仍應配合第一、二、三點之改進辦法，廣爲宣傳，俾增加投資者之興趣，俾收實效。

乃沙立院長據報，經已批准切實照改良辦法施行，修正細則，再補向院會報告。（湄）

焦文姬（一八）

（版權保留）　黎明

第十五場：

地：郊外：遠景、日已西斜，城郭山林，田疇村舍，隱隱可見。近景、草枯木落，黃葉紛飛；山徑逶迤以達焦家墳場。墳場上矗立着新舊墳墓各一；新墳的碑石題曰：「先考焦公諱大郎府君之墓」；舊墳碑石題曰：「先妣焦母傅孺人之墓」。墓場兩旁，白楊各一，黃葉長條，時復隨風飄舞。

時：重陽薄暮。

人：焦文姬、青箱。

（風聲忽起，黃葉紛飛）

焦文姬：（幕後唱）西風緊，黃葉飛，節屆重陽。（素服急上）

青箱：（素服，手提竹籃，中盛紙錢香燭麥飯酒漿等物，緊緊跟隨，邊走邊唱）：

祭先墳，酬佳節，主婢一雙。

焦文姬：一路上，鬧洋洋，人來人往；

青箱：或登高，或掃墓，各自奔忙。

焦文姬：登高的，題詩句，高山頂上；

青箱：掃墓的，携兒女，珠淚汪汪。

焦文姬：墓中人，也曾作，登高兒女；

青箱：登高人，終難免，墓中埋藏。

焦文姬：生何樂？死何哀？同歸塵土；

青箱：草一秋，人一世，一樣淒涼！

焦文姬：人一世，有誰人，淒涼似我？

青箱：小姐呀！共淒涼，同哀樂，有我青箱。——猛抬頭，又只見，墳台在望；

焦文姬：曖呀！（急步向前）見墳台，不由人，痛斷肝腸！（伏在大郎的碑石上放聲大哭）

爹爹！

（青箱擺祭品燃香燭介）

青箱：小姐！祭禮香燭俱已擺好；您看天色不早，祭奠一回，咱們好回家去來。

焦文姬：（抽噎着，回身，拭淚，跪拜，上香、奠酒灑飯介）（祝白）爹爹！母親！您二老陰靈不遠，女兒我，爲你們備着酒飯來了，將就吃這一餐，饒恕女兒我的罪過了罷！（又痛哭介）

青箱：（拭淚上前扶起）小姐！自從老爺去世之後，您日哭夜哭，已經哭得失了形了，已經不能再哭了！天色不早，還是回去了罷！

焦文姬：（拭淚，忽而霽顏相向）哦，箱妹！你且去前面路口相等，休讓閒雜人闖了進來，姐姐還要靜靜的祭奠一回。

青箱：這？小姐您看：太陽快下山了；依我看來，還是回去了罷！

焦文姬：（微嗔）我知道；——快去、快去！（中情輭弱的命令式）

青箱：是。（百無聊奈，搖頭歎息，下。）

焦文姬：（目送青箱離去，眼淚奪眶而出。隨即轉向大郎墳前）：爹爹！我父！哎呀爹爹呀！（唱）文姬女，在墳前，淚流滿面；尊一聲，老爹爹，細聽兒言。都只爲，焦門中，人單戶薄；因此上，招半子，接傳香烟。又誰知，薄倖郎，不如禽獸，過了橋，拆了板，另結良緣；害得兒，失了身，孽胎暗結；害得爹，破了家，枉作周全。害得兒，在人前，頭難抬起；害得爹，尋短見，飲恨長眠！——哎呀爹爹呀！（咬牙切齒）殺爹爹，就是那，滿賊尚智；這冤仇，不報復，怎安九泉？作厲鬼，誅薄倖，命盡今日；怨今生，兒難報，養育之恩！（轉向焦氏墳前）哭罷了，老爹爹，把親娘來喚；哭一聲，兒的娘，細聽根源。自幼兒，讀詩書，遵從母敎；又誰知，半途中，永別慈顏！兒好比，葉辭樹，風箏斷綫；兒好比，雁離羣，琴瑟絕絃。今日裏，拼着兒，一屍二命；白楊樹，了殘生，魂歸恨天。（取出白綾，顫抖地注視移時，自言自語）：白綾呀白綾！你好狠心啊！記得今年正月，奴與滿賊苟且之事，被我父發覺之時，原要你帶了苦命的奴走；那時節我的兒在腹中只不過是無知的血滴。誰知到了今日，我兒未出娘胎，倒反先隨了他苦命的娘同歸地府！你、你、你你你你，眞、眞、眞太狠心了啊！（再轉向雙親不勝依依。忽然哭變爲堅決而激昂）也：：罷！（驟然對墳而跪而拜，憤然打散頭髮，舞弄白綾，邊走圓場，邊嚷）：親爹親娘陰靈不遠，女兒我來也！（說着將白綾向左邊的白楊樹上一拋，作自縊介而亡。於時，紅日啣山，悲風四起，落葉亂飛，墳場氣氛，一如地獄。）

文聲集（二一）

展元宵社集散歸道中作　叔平

今月圓明展宿輝，春城裙屐重芳菲。光遲社集張燈候，情盡朋歡破酒歸。海氣漸滋微過雨，夜寒仍薄預添衣。山車待發無煩問，好句回思記亦稀。

次和文鏡翁題畫　紉詩

自磨新墨寫山春，面目匡廬雨後眞。照我一灣泉似玉，始知明月是前身。

題李撫虹畫展次梁均默韻　遯翁

世人皆學大滌子，畫得胡蘆苦瓜死。我之爲我重性靈，欲撥鴻濛誰解此。虹也昔從劍父遊，大氣磅礴傳其技。與來載筆寫雲山，搜遍蓬萊自然美。秉師造化師古人，萬壑爭流探原委。平生讀破萬卷書，書卷氤氳充滿紙。今看四壁煥文章，斂盡鋒芒滌匠市。百年春睡喜傳薪，差幸同心得佳士。

次韻文擢過鏡人沙田舊居　前人

報道東陵路，重尋舊印苔。人同秋水遠，春憶歲朝來。猿鶴從誰問，江山待此才。到門嗟室邇，惆悵任鷗猜。

唐詩偶釋（一）

鄧中龍

望月懷遠　·張九齡·

海上生明月，天涯共此時。情人怨遙夜，竟夕起相思。滅燭憐光滿，披衣覺露滋。不堪盈手贈，還寢夢佳期。

只「海上」二字，便得「懷」字之意。「望」字卽從「生」字中領取。次句潛通全詩消息，然大體乃寫題首二字，次聯便承寫懷遠二字，意串語平，此四句乃分寫法。

三四只言我懷遠人，不必說情人亦在遠方懷念我，以爲應上「共」字，舊注未當。

「滅燭憐光滿」，說望月，頂起二句；「披衣覺露滋」，說懷遠，頂次二句。律詩以第五句頂首聯，第六句頂次聯，亦常法。

三四句不對而對，對而不對，律詩中有此一格，惟多在次聯。盛唐大家中，李白喜用此等句法，學者可參閱。

前六句均爲一直相承說下，若結聯再一直承接，則篇法筆法，均嫌太直。故以「不堪盈手贈」一頓，將望月一轉；復以「還寢夢佳期」，將懷遠一轉。連作兩折，便曲而有致，深而有情。詩文之道，直與曲不宜偏廢：曲折太多，則病於氣不能舉，直而不曲，則病於淺率無文。直中有曲，曲中有直，乃相形而益彰，卽相輔以成文，此中眞諦，亦不外一「變」字。曲者直之變，直者曲之變。變則生，不變則窮；變則有文，不變則淺。此意難遽達，要在綜覽大家之布局，以窮其變化之迹，其庶幾矣。

「嫁得瞿唐賈，朝朝誤妾期。」直也。而下卽接以「早知潮有信，嫁與弄潮兒。」有此乃覺意味深長，含蓄靡盡。「李白乘舟將欲行，忽聞岸上踏歌聲。」直也。而下卽接以「桃花潭水深千尺，不及汪倫送我情。」有此，則戀別之情溢於言表。「打起黃鶯兒，莫敎枝上啼。」直也。而下卽接以「啼時驚妾夢，不得到遼西」有此，則閨中春怨，不藉明說而自深。此詩中曲直之法。

題爲望月與懷，却以還寢夢佳期作結，是於題後轉出一意。律詩結聯，有就題結完，有別出一意者，是又不可不知。

杜甫「月夜」詩，亦爲望月懷人者，亦以首句點出月，次句說到望，三四句流水付，五六句矜鍊，第七句一頓，於題後轉出一意。所不同者，杜甫用反筆，自對方望月立論，較爲奇特耳。

附杜甫「月夜」詩：

「今夜鄜州月，閨中只獨看，遙憐小兒女，未解憶長安。香霧雲鬟濕，清輝玉臂寒。何時倚虛幌，雙照淚痕乾。」

儀端館詞

紉詩

夜合花　香福洪畫西子湖秦淮河兩圖囑題

錦段山川，搜歸粉本，是誰行筆通靈？而今可奈，風雨入孤城？春不在，短長亭！笑殘紅，一夢難醒。江南江北，東風草長，飛亂羣鶯。當時底事描成？西子眉痕淺淺，曉鏡愁生。湖雲蕩出，尚餘故國山青。怎便覺，不分明?!願重遊，換却心情。鬧紅新舸，秦淮夜夜，依樣簫笙。

錦堂春　自題十色牡丹圖

夢墮江南，早思歸路；冷眼紅塵朝暮。儘消磨，還約略，見姚家顏色，魏家丰度。只冥漠，天心如許。十分春，留得住。願沉香亭畔，更無風雨。

龍山會

己丑重九，荆棘在途，鼠狐走市；逢辰遣意，聊慰黃花耳。

一段秋情緒，瘦盡黃花，短鬢無簪處。雲山雲外數。又車轍，攪起薰天塵土。槁筆倚壺觴，看誰有登高詞賦！笑江籬，多情自綠，勝遊日暮。飢烏踏墮乾枝，草脚寒螢，閃出煙榛路。髑髏穿塚語。却不料，人世便成枯趣。蕭瑟守重陽，更何必風風雨雨！打簷葉，廻身欲舞，捲簾凝竚。

十六字令

聽：隔樹新蟬一兩聲；心間事，說得太分明。

尋：日影初移舊綠陰；拋松子，驚起並栖禽。

歸：杜宇多情不用啼；魂銷盡，三二寸紅泥。

眠：枕簟俱涼夢未圓；花都睡，閒却月明天。

憶陳果夫先生（二）

宇人

我和立夫先生之間的首次不愉快事件，是因李中襄而引起的。抗戰末期，有一次參政會開會，國民黨中央常務委員會大約爲了要加强對參政會的黨團控制，決議在黨團幹事會之上，增設黨團指導委員會，以立夫先生和吳鐵城先生等中央常委爲指導委員，洪蘭友爲書記，另派李中襄爲黨團幹事會的書記，黨團幹事仍由各地區具有黨籍的參政員分別推選。黨團幹事會開會時，各指導員和洪蘭友均參加。此時安徽籍的參政員劉眞如兄（已故）在重慶閒居，住徐可均兄的府上，意態頗爲消極。他本來是CC分子，曾留學法國，歷任安徽和河南省黨部主任委員，祇以不會鑽營，常不得志。有幾位CC的朋友和我談起，想給他打打氣，推舉他爲參政會的駐會委員，我表示同意。但以參政會的駐會委員是要經過票選的，劉兄在參政會的時間不久，平素又少發言，因而國民黨籍以外的參政員和他熟識的爲數不多。爲了使黨外的參政員對他多有一些印象，以便爭取選票，黨團幹事會商討參政會各組召集人的人選時，我們便提他爲內政組的召集人，當經一致通過。依照向例，參政會各組召集人是由秘書長先擬一張名單，經主席團核定後向大會報告，名爲徵求大會的同意，實則總是無異議通過。黨團幹事會決定名單後，由李中襄負責交與參政會副秘書長雷震兄。但後來主席團提出的各組召集人名單，却沒有劉兄之名。我向雷兄查詢，他出示李中襄所交去的原件。查閱之下，我發現李中襄以偸天換日的方法將劉兄從內政組的召集人名單中除去，另以其同鄉楊不平（現已投共）爲軍事組的召集人。因爲參政會有各黨各派及所謂無黨無派參加，國民黨提名各組召集人，有一定限額，李中襄要以楊不平爲召集人，就必須把原來決定的召集人去掉一個。他不將楊直接代替劉兄而爲內政組的召集人，顯然是一種障眼法。他以爲如此安排，支持劉兄的黨團幹事必將認爲內政組召集人是讓與黨外人士的，不會懷疑到他從中舞弊；他當然沒有想到我會向雷兄查詢，更沒有想到雷兄會將他交去的原名單給我看。許多黨團幹事得知此情後，均鄙其所爲，劉眞如兄更加憤恨。當晚，糧食部長徐堪宴請國民黨籍的一部份參政員，他也許爲了虛張聲勢，竟於席間當衆說：「我今晚也請得有烈侯（即李中襄），他剛才已來過。因爲今晚黨團幹事會開會，他必須親自主持，不能來吃飯。烈侯對糧食部的情形很了解，他說：黨團方面有他負責，決不會爲難，要我放心。當然，還希望你們各位多多指敎和幫忙啦！」我和好幾位黨團幹事，認爲李中襄不但在召集人名單中舞弊，而且還以黨團書記的名義在外招搖，非予薄懲不可，乃商定由劉眞如兄領銜聯名向幹事會提案撤免其書記職務。事聞於立夫先生，他先勸我說不要提出此案。我問他是不是以李中襄的行爲爲是。他答否。我說：你既然也不以李中襄的行爲爲是，那麼，我們提案撤免他又有何不可呢？他說：他可叫李中襄自動辭職。我答應如果李自動辭職，撤免案即可不提。立夫先生問我以何人繼任爲最宜，我建議陶百川兄。立夫先生表示就這樣辦，要我將提案交與他。我答以提案不在我這裏，他問在何處。我說：「李中襄一經提出辭職，我們就把提案毀掉，你也不必拿去，免留痕跡。」我當時不允將提案交與立夫先生，乃是想爲聯署人保密，因爲本案既決定不提出，自不必讓立夫先生知道某些人曾經聯署；決不是對立夫先生的諾言有所懷疑。至於我建議以陶百川兄繼李中襄，其目的也在於表明我們祇是不滿意李中襄個人的行爲，並非有誰想做黨團書記，更不是想以立夫先生所不信任的人士爲書記。就當時來說，陶兄也是很得立夫先生信任的。不料以後一連好多天，渺無消息，後來才知道我們撤免李中襄的提案已被立夫先生自劉眞如兄處取去。立夫先生也許以爲將提案拿去，便可不了了之。我對此自然不滿，乃另寫一個提案，由劉眞如兄和我共同領銜，重新徵求聯署。此時已是參政會閉會的前夕，曾有朋友勸我不必爲此一與己無關之事而開罪於立夫先生。他們指出：立夫先生採取拖的辦法，顯然是決心維護李中襄。我認爲立夫先生不惜爲李中襄而自食其言，其曲在他，而且我們的提案仍是祇對李中襄個人，而沒有一字涉及他，立夫先生應該不致發生誤解的。（待續）

抗戰行列中見聞雜憶（三）

抗戰便利了中共的成長（上）

李璜

毛澤東所領導的中共之能夠成長起來，許多人認爲，他能運用中國農民革命的土法子：「上山稱大王，四竄爲流寇」，而新名辭叫作「打游擊」；因之得着了農村窮人的擁護，所以中共黨的武力能夠擴大，而將國民黨的軍隊打敗了，席捲整個中國大陸，以有今日稱孤道寡，實行獨裁。並且毛澤東本人，也把他的游擊戰一再宣傳爲他的革命成功的特別戰畧與戰術，而爲一般人信以爲眞，而去認眞的研究起來。

其實，這個見地乃是似是而非的！我們不應該只從毛澤東的游擊戰的講演稿子上，去一味相信他的工農紅軍的誇張理論；我們應該從一連串的事實上，去看毛澤東的這一農民革命的作法，是在那些地方完全失敗了的，又是在那些地方竟會成功了的；然後方足以了然毛及其紅軍，在十八九個年頭（民十七至民三十六）中的一連串行動上，在某種社會結構及其意識的依據上，他們雖然特別的誇大這一依據，然而並未成功；反之，後來改變了方針，而去依據另一社會環境及其意識，乃達了成功。

明白言之，毛澤東的農民革命及其游擊戰，在民十八至二十四，這七八年之間，從江西建立赤區，一直到逃往陝北，他所依據的農村社會革命政策，分配土地與組織農民，用來鞏固地盤與打擊官軍，都一一失敗了的；逃到了陝北後，改變了政策，利用全民仇日的機會，而以民族主義爲號召，深入抗戰時日軍所佔據了的所謂「敵後地區」，方才與農村民衆打成一片，而迅速的成長起來。——這就是說，中共力量之所以養成，並不是依據農村社會並無此意識的社會主義所收的功效，而是仗恃着抗日戰中的普遍的民族主義熱潮，使他迅速的壯大起來。

我曾於民國二十二秋至二十三夏，親身與中共紅軍的徐向前部兩萬人，在四川省東北角的通江、南江、巴中等六七縣，周旋了近一年的時間。從徐向前部自陝甘邊區越過大巴山打入四川省，盤據或進退七個縣一年，一直至川軍把他們打跑，退回陝甘；在這期間，我都身在剿匪軍中，對於中共的游擊戰術，分田辦法，以至組訓民衆，驅遣壯丁，其所表現，了解得很清楚，他們雖特別有其一套辦法，但這一套却都是完全失敗了的；否則，以川軍的薄弱力量，不會把徐向前部決心想盤據住的四川赤區竟行毀滅掉了！

毛澤東在江西近七年的赤區經營，他是如何的幹法，我雖未親見，政府軍剿匪的部置及其將毛澤東等提出江西，我也只畧知梗概；但毛澤東的紅軍禁不住圍剿；其江西赤區經過六年的組織，而竟未影响及於其家鄉湖南，且未得着江西省以外四圍的呼應，終被政府軍包圍，圈子愈縮愈小，這是事實。就在這一不能否認的事實上，只見毛的作法與中國的原有農村社會結構及其意識並不調協，而未爲中國農村民衆所普遍贊助；所以毛在江西，用力雖勤，吃苦雖大，而終於不免失敗而走！

特別是我親身所經歷的民二十二至二三對徐向前的剿匪戰役，對其游擊戰法與赤區組織，我看得明白，中共這一作風，乃是在利用農村人口過剩，生活困難，窮人易爲中共煽動起來，去發揮其力量。這在社會學上，可以說是，中共在利用「社區解組」（Community Disorganization）。但這個由人口衆多，生活無着的鄉村社區解組，必須有一個出路，如同近代鄉村生活困苦，人口以向都市集中謀求較好生活爲出路，就是普遍的例子。但中共雖利用了過剩人口的生活無着，而毛澤東得以土匪組織（項英、賀龍之流）打入農村，不過既率領了大批的流氓，深入了農村，而又在農村中揹上衆多吃食不足的人口包袱；故如果一時之間打不出天下，即打不到大都市或交通便利的地方，而想在被包圍的無從交通的農村中安頓下來，這就立刻發生一個大矛盾了！

很明瞭的，這一矛盾是，原爲生活水準過低，以至於無法活下去的本來人口過多的農村，纔會發生社區解組，而今天中共來了，且帶來要找飯吃的紅軍，在這個社區裏，又如何的能安頓得下來！於是中共並不去注意這農村的總收穫並不夠總消費，而乃一面用鬥爭地主與富農的殘酷方法，藉以快窮苦大衆一時之意，一面便從事於分田辦去，以窮人都有田，這一平均都有所得的平等觀念，去刺激農村大衆，似乎大多數人從此都能夠從「無」到「有」了。因此，中共紅軍每佔一地，便要掀起鬥爭地主與富農的熱潮，而窮人或貧農也往往响應之。這不只是在民三十八大舉席捲大陸以後，他們才這樣辦，就是在民十八，毛澤東進入江西農村，民二十二徐向前進入四川東北角的農村時，都已是鬥爭清算地主富農之後，便實行分田制，不但是耕者有其田，而且是人人有其田。

據我在川東北的通、南、巴三縣，徐向前部失敗退走後，曾加以詳細考察的結果，中共這一分田制的辦法，不但未將「解組」的鄉村社區，在生產與消費上眞正的重組起來，俾能改善其生活，安定其社會，而乃反因：（一）田少人多，分配不足，每人三畝田，土質肥瘠不等，多半分來無法耕作以自活，弄得荒棄的地土甚多；（二）普抽壯丁，直至十五歲，法補充紅軍及少年先鋒隊，以致田間只剩老弱，勞力愈見缺乏，生產更爲不足；（三）鬥爭清算地主與富農結果，造成恐怖，人民大量向白區逃亡；共幹爲制止逃亡，防閑反測，對於羣衆，無一放心，動加殺戮，以資鎮壓；於是中共在這人口並不密集的四川通、南、巴三縣一年，並佔領營山、蓬安、城口、萬源四縣各三五個月不等，竟以反革命三字罪名，殘殺無辜人民至十七萬人之衆！（這個數字是經過確實調查，而有地區名姓可考的。）

因是，徐向前部紅軍在民二十二從陝甘進入四川，佔據了數縣之後，把縣中民衆並未組織成功，總是向西南、東南兩面突擊，令其幹部率領飢軍向外尋討糧食，口號是「補給在前方」，甚至有「打進城鎮去吃一頓飽飯」的高呼之聲，及至佔一城鎮，便盡量搜括糧食，集中在共幹手中。這一來，已形解組的農村社區，勢必更爲之解組，混亂不堪了！如果中共不是有堅强的幹部，手中且有武器，爲嚴厲的鎮壓，則向無組織的人民無法反抗，也必逃光！因之，江西赤區，自毛澤東失敗西逃，「萬里長征」後，四川東北的赤區，自徐向前失敗，退回陝甘邊區後，這兩個赤區的人口損失，特別是壯丁的損失，數字都甚大；直至抗戰之時，這些赤區縣份，簡直無壯丁可以徵調，而大半田土都荒廢了起來！

以上所述都是事實，凡在江西或四川經營過剿匪戰役，以至凡在這兩個赤區辦理過善後或至少考察過的人們，都能証明這一中共在抗日戰爭前，實行社會主義革命而失敗了的事實。無論毛澤東今天在他的講演集上，如何去粉飾其革命的戰畧戰術；說得天花亂墜，總之因其行動與中國農村社會結構及其意識完全不合拍，不相生，中共的革命作法是在民十八至二十四這七年之間到處都失敗了的！大家都知道，如果沒有日閥的橫暴侵畧，在民二十六進一步攻入我華北以至華東，則毛澤東及其紅軍的完全消滅的命運，便在民二十六已是註定了的！（未完）

本刊已經香港政府登記

聯合評論 週刊

每逢星期五出版

United Voice Weekly

第二三九號

督印人：黃宇人　總編輯：左仲平

社址九龍大埔道一六八號南亞書局 805641

承印嘉羅印刷有限公司香港灣仔馬師道5號

總代理：友聯發行公司售價每份港幣一毫

本報美洲版總經售處美國紐約中美出版社

CHINESE - AMERICAN PRESS, INC

199 CANAL STREET.,

NEW YORK13 N. Y. U.S.A.

美洲航空版每份零售美金一角

左傾右傾兩極權本是孿生的兄弟

——對南韓軍事統治者宣佈北韓共特煽動民變有感

季璜

聰明的英國前首相邱吉爾先生，他曾創造過一類新辭，如「冷戰」，一些新穎的話頭，如「左傾右傾兩極權本是孿生的兄弟」等，都足以使人玩味到這二三十年來的世局動態的深處，所謂要言不煩，發人深省，足見天才政治家的獨到地方！

左傾的極權者共產黨與右傾的極權者法西斯，在其理論上與行動上均立於絕對的相反地位，如水火之不能相容。然而當二十世紀三十年代，俄共在國際間傳播階級鬥爭，以「第五縱隊」去動亂某一國時，則某一國必有人仿效法西斯，組織納粹式的黨派，認為不如此不足以與共產黨相對抗；因此在被動亂國家中，不是共產極權得勢，便是法西斯極權得勢，或者左右兩派平分春色，各霸一方，抗衡起來。因此，在這抗衡之中，兩邊都從來無有老百姓自由活動的餘地；老百姓要自由活動時，便必定在左邊得個法西斯式反革命的罪名，不然便在右邊被稱作共特在煽動民變；並且為永遠緊張的防止這反革命或民變，則左右兩面都永遠的獨裁專政，由一人或少數人把持着政權，不肯放手，就這樣的左右相互為用，名為相反而實相成，消長不已，以至於今！

中國的老百姓，可憐就在左右兩極權相互為用，消長不已的三十年當中，常受壓迫，隨時喪失思想、言論以至行動的自由！左傾的橫施壓迫，其理由在向右革命，而右傾的壓迫理由，又在於防左煽亂；左右雙方都尚軍事統治，而新式的軍事統治更有大隊的特務警察，以監視着老百姓，而任意侵犯老百姓的人權與國民權利，故近三十年來，乃真的有一種新式的國家出現，名之曰：「警察國家」！

在過着這種警察國家裏的痛苦生活，中國人敢說是韓國人民的老前輩了！因此，當其筆者一讀到漢城五日美聯社電，「南韓軍事統治者星期五宣佈逮捕了三個來自北韓的共黨特務，並警告說：共黨已企圖在南韓煽動反政府的示威運動」，這一消息，使筆者立刻感到這是右傾的極權者不許人民有自由活動的一種老手段；筆者並不只是得此一句話，便好像聞弦歌而便知雅意了，因該電文上還續示：「軍人執委會擁有廣大權力的中央情報局首長金在春說，共黨北韓最近利用了當前的政治混亂，而偷運了一大批特務進入本國來，加強它的顛覆運動」。金在春更說：「共黨特務用意在煽動政治人士及學生，以產生一種混亂情勢，圖帶來共黨目標，大規模的羣衆叛變。」

這很明瞭的是在說，不許南韓境內再有政治的自由活動；如再有自由活動，便是受了共黨的煽動；受了共黨的煽動，便是從事顛覆國家，而應得叛國之罪了啊！

然而，據美聯社同一電上稱，「美國軍事官員負責守衞長達一百五十五哩休戰線的大部份地區，他們說，企圖滲透休戰線的共黨特務的數目，並沒有顯著的增加」。

在這一個電訊上，就表明美國人是不贊成南韓軍事統治者的主張，因此在同一消息，短短數言中，而金在春的警告之言便被負責守衞前線的美軍官員所否定了！

平心論之，在南北韓對立之中，北韓共黨時有特務派出以滲入南韓，這是無庸置疑的。但因為有北韓共黨的特務要滲入，而南韓便必須長久軍治，終日戒嚴，將人民的言論、信仰、集會、結社等社會與政治自由權利長期凍結，而且凍結於並無德望的少數軍人集團之手；此種少數人利用時機，強移國柄，久假不歸，以致集團裏本身都在發生問題了；即使沒有政壇老宿如尹普善許政之流出來反對，其形勢已不能久，何況大韓民國究竟還頒布過憲法，還至少有過民主的模型在呢！

近來論者有人認為美國不應強南韓以民主，一定要軍人朴正熙等向文人尹普善等讓步，去實現民治政府，因此稱美國為干涉南韓的內政。其實，一個國家的國防要靠其它國家去派兵把守，而南韓的國民經濟也必須賴美國的美金去維持，則美國之於南韓，本已無內外之可分了。如謂美國之甘願花錢出兵，乃為的美韓的共同利益；但所謂共同利益的意義是在保衞民主與自由，否則美國人並沒有為南韓人看守大門的先天義務啊！美國在韓戰中傷亡十萬人，而結果保護出一個與他們立國精神大相背謬的軍人專政，右傾極權，這令美國人能夠甘心嗎？

並且右傾的極權，最壞是軍人的專政，適足以為左傾極權作先驅，備溫床，在亞洲的中國大陸的往事，至少在美國人眼中，已是前車之鑒；而尚政治民主與尚經濟自由的西德，則今日國勢蒸蒸日上，國民富力日增，以致引起共產之東德人民拚命逃入西德，以千萬計，至今未已；則民主反共與獨裁反共，孰得孰失，事理至明，無可抗辯也。

據南韓朴正熙等要繼續軍人專政的理由，是民治下的文人政客多貪污，這理由簡直是個笑話，武人政客就不會有貪污嗎？近代政治史實的証明，一個政府要減少貪污情況，全靠大衆輿論的監督與民主議會的彈劾，而少數軍人專政下的政治，反轉容易滋生貪污，中國從前的軍閥專權的政治現象，就是一個很明顯的例子。朴正熙等這種說法，即不認為他是貪權戀棧的藉口，其見解也未免幼稚得可笑了啊！至於用共特煽動民變之說來制止反對者，此種亂飛紅帽子的作法，乃右傾極權者的下流慣技，徒自損信用，而加速其潰敗而已！

五二、四、七

畧記旅美四個月的一些實感

三、從三藩市到紐約（下之四）

左舜生

在美國的留學生，大體上自然是研究學問的興趣甚濃，可是也有少數已經學有專長，年齡在三十四十之間，甚至在美國的社會服務已經有了一段經驗，他們眼見國內不能有一個安定的局面出現，使得他們英雄無用武之地，只好暫時寄人籬下的住下去，但究竟心有不甘，不免感觸甚深，在無意中乃自然流露出一種激昂慷慨的論調。**例如在我們這次談話中，**便有一位有這樣的問題提出，他說：「中國學生出國留學的人數以兩個時期為最多，其一在清末的日本，其一則在今天的美國。當日的日本留學生，在一個時候可以說是中國革命運動的主力：一派掀起了清末的立憲運動，一派則參加了推倒滿清的革命運動，儘管他們的宗旨不一樣，但他們的工作都做得有聲有色，不僅遭遇困難無所恐懼，甚至有不少的人，就拿自已的生命去犧牲也心安理得；何以今天留美學生除掉人自為戰努力一種學問的研究以外，對國事似乎是漠不關心，乃至有一部分人已在美國安居樂業，他們覺得國事就繼續的再糟下去，也好像與他們不甚相干呢？」

我聽完這一問題，確實沉默了好一會，但仍覺得非慎重的回答不可。我說：「我對這個問題可以試答，不過妥當不妥當，仍請各位研究。

「第一，現在各位在美國留學，與當日許多人到日本留學，其情況截然不同：中國與日本僅一水之隔，當時出境入境並不須辦理任何手續，來去非常自由，在日本的學費與生活費也比較便宜。因為路近而用費較廉的這種原因，所以當日留日的學生，仍可與國內保持密切的聯繫，也容易明白國內一切的動向，他們對國事比較的關心，這是很自然的。

「第二，當日到日本去留學的，有長期計劃的不多，除掉極少數的例外，他們所選習的大率是速成法政，速成師範，比較嚴格一點的，便是士官一類的軍事學校。他們應付學校功課比較的輕鬆，因而還大有餘裕可以過問國事。**今天在美國的各位，**大抵非夜以繼日從事研讀不可，到了放假的時候，多數還要覓得臨時的工作去解決下一期的學校用費，平日連看報的時間都不多，那裏還有時間過問國事呢？過問國事必須多方奔走，必須多數人交換意見，而且必須有組織，凡此均非今天在美國留學或就業的各位所容易辦得到。

「第三，據我所知，當日留日的學生，在國內受過高等正規新教育的人還不多，可是他們對中國的舊學問或多或少具有根柢的却不少，因而他們歡喜發表意見，歡喜辦刊物，能長篇大套的寫文章。在戊戌以後（即光緒二十四年以後），同盟會成立以前（即光緒三十一年以前），由留日學生在國外發行的刊物以及小冊子乃多到數十種，因而把政治的空氣造得非常濃厚，這在今天留美的各位都不容易辦到。今天大家所需要的精神食糧，其種類與內容都已提高，各位不辦像當日留日學生那樣的刊物，在我想來，這毋寧說是一種好現象。

「第四，當日留日學生所從事的政治活動，其目標非常單純，僅僅是如何去對付一個腐敗的滿清政府。一派主張維持它而加以改造，是為立憲派；一派主張根本推翻它，而重新建立；是為革命派。這兩派人當日的想法：前者以為只要有了一部白紙黑字的憲法，中國這個古老的國家，即不難現代化；後者以為只要把滿清推倒了，一個中華民國的黃金時代便立即可以到來；故能一鼓作氣的分途並進，在很短的時期，便能創造出一個新的局面。可是經過了這五十多年的教訓，乃深深知道要改造一個像中國這樣人口最多，而各地文化程度與經濟情況又相差甚遠的國度，其艱難困苦，實遠遠超出當日一般志士仁人的想像之外，使得人民所身受的痛苦，乃較清末有過之而無不及！再加上，這半個世紀以來，整個世界也起了空前的變化，使得一切國家與國家之間的關係，乃錯綜複雜到異乎尋常，換言之，即任何一個國家，想要遺世獨立，來自我創造一套改造國家的方法而付諸實行，幾乎已成了一種不可能的事。基於此一情況，大家對政治運動乃不敢輕言，這不獨留美各位的心情如此，即住在任何一地的人，其心情亦復如此。以我所了解，決不是當日的留日學生便對國家十分熱心，而今天的留美學生便把國家置之度外，實在是因為時代不同，大家運用頭腦的方法也就完全兩樣了。

「第五，以當日留日學生與今天的留美學生比較，還有一個顯著的不同之點：即當日在留日學生中，很自然的產生了兩大領袖。領導革命派的是孫中山，領導立憲派的是梁啟超。當光緒二十一年（一八九五）中山在廣州第一次革命失敗以後，即亡命日本，其時他的年齡剛剛三十。再經過二十二年倫敦被難一幕，他的革命派領袖地位乃完全確定。當梁啟超在戊戌維新（一八九八）失敗以後，也亡命日本，其時他的年齡才二十有六。他還藉戊戌一幕所博得國內國外的同情，再加上他自己在言論上的不斷努力，他的立憲派領袖地位的確定，也不容否認。以孫梁兩位當日的年富力強，而又熱情洋溢，其時留日近萬的青年，凡關心國事者，乃不知不覺的集中在他們的兩大旗幟之下，因此乃能在十幾年之間，便能造出一幕政治運動的高潮，因而有中華民國的出現，由今天想來，這是很自然的。目前近萬的留美學生，乃是人自為戰，羣龍無首，其只能在學術上求貢獻，不能在政治運動上顯身手，這是一個必然的趨勢，**而且也是一個很好的趨勢。**

「我勸各位不必苦悶，更不必灰心，各位要知道過去留美學生對新文化運動，新教育運動，新工商業運動，乃至對科學水準的提高各方面，已經有了偉大的貢獻，今後只順著這一趨勢去努力就行。以我觀察，中國不出三五年，便非有一次大的變化不可，等到這種變化一來，即有無窮的事業需要各位去做，各位只須充分準備，充分表現你們的實力便好了。」

再談流亡青年志士的偉大抱負

——並答覆王文叔、克蘇、陳運行先生及其他諸位先生的意見

劉裕晷

在三月廿九日出版的聯合評論上（即四月五日紐約出版的聯合評論），我寫過一篇「向流亡青年志士貢獻幾點意見」，就我自己來說，我寫此文時確曾預測必有反應，必從各個角度發生不同反應。但我却沒有想到反應得這樣快，有些青年朋友竟在出版的當天就寫信給我了。雖然，所有的反應內容，並不完全一樣，其中而且還有抨擊我的，但無論對我的意見是好的批評，抑或是不好的批評，我都一概先在這裏致謝，並遵囑答覆，以作進一步的研究。

在我已經接到的許多封來信中，我現在提出三封信來引錄，以作進一步研究的依據。因為這三封信的內容不相同，大體上代表了來信的一般意見。

王文叔先生來信原文：

「裕晷先生台鑒：

鄙人是一社會愛國青年，素仰先生大名。近讀「聯合評論」三月廿九日刊出之「向流亡青年志士貢獻幾點意見」一文，私下頗不引以為然。且深覺得先生有欠實際，不諒解他們一羣。事實上文中更帶有幾分「質責」之意。試問在他們之現實生活中，一且受到經濟予壓迫，生活起了徬徨與危機之際，而是時又得不到別人合理的同情與支持，則他們縱然有為中華民族奮鬥決心，捨生為國之精神，於目前起碼生活還成問題之不安狀態下，雖有偉大之抱負，然亦不過空言吧了。先生於文中指出「如果大家都只把個人生活當為人生主要目標，因而把反共復國的大業當成副業的話，我覺得國家民族前途就太可憂慮了」。可是，我們說這話時有無冷靜的想想他們一羣的處境是何等艱苦！倘若他們缺乏了起碼的生活條件而能在香港攪起愛國反共行動，而能獲致社會人士普遍之支持，則那可能是一種奇跡了。

因此，我們今天還忍心去「質責」他們嗎？說他們愛國行動是幼稚而欠實際嗎？在他們目前連自己生命還保存不了，那又可以為國家前途獻身而奮鬥嗎？況香港環境特殊，倘若在生活受到威脅之際，那容許他們貿然去攪羣衆運動嗎？總之，我們同情他們儘管，而出之去「責備」，則我們何忍心加予？很多人喜愛唱其高調，可是能濟於事幾何？

上述也許說得有點過火，冒犯了先生。然這只屬討論性質，絕無惡意。倘若認為言之不當，而有不符實際，尚請先生不吝賜函教正才是。專此

敬祝

文祺

一位愛國社會青年

王文叔敬上

三月卅一日

克蘇先生來信原文：

「劉先生大鑒：

在今天出版的「聯合評論」中，看到先生的文章，引起我不少感概，不得不提起筆來打擾先生，其實內心的感慨又何止筆墨所能書盡！我是個背棄了極權統治的熱血青年，來港差不多已有兩年啦，我不知道這些日子是怎麼過的！雖然生活還不發生什麼困難，可是心情總是沉重的。每天當我睜開眼睛，和閉上眼睛的時候，心裏就想起災難中的祖國和掙扎着的億萬同胞，尤其在晚上，躺在床上常常深更半夜的睡不着，想着想着淚水就潑出來了。我並不撒謊，真的就是這樣。因為我不是個精神麻木的人，血液裏更有着強烈的國家和民族的正義概念，尤其當我回憶起在大陸上目覩（在那裏，耳聞的悲劇已不生動）的悲慘事件，更不容得我不想。一羣被折磨得不成人形精神遲鈍的鄉親們時時浮現在我的眼前，一對對無神的眼睛在期望着我……可是我現在毫無作為。由於過去所受的反面敎育也不足以談為國效勞，而且也找不到為國效勞的正確途徑，尤其是兩年來在報紙、雜誌上所認識到反共形勢並不理想（我簡直不敢也不忍說失望），這不是我對反共抱悲觀想法，現實情況確是不够樂觀，如果我們不想欺騙自己的話，就該承認：目前任何一種力量，不管是台灣的也好，海外的民主人士也好，單幹的話都不足以摧毀大陸上的共黨政權。整天眼巴巴地盼着反共的人們（這兒所指只限於中國人，因為我們自己的力量已足够摧毀共黨），包括過去的和現在的獻身於國家事業的人，能够團結起來，滙成一支巨大的力量，向共黨衝擊，那麼共黨很快就會被冲垮，中共才是一個不折不扣的紙老虎。

我們青年永遠是勇往直前，為了國家，為了民族，為了苦難的同胞，能够不怕任何艱苦，不惜任何犧牲，獻身於國家和民族的復與事業。我衷心地希望，我們那些負責關心國家事業的人，對於流亡的一羣青年，能够加以更大的關注，使他們成為各盡其能堅強的反共者。不要讓他們成為為生活而奔走的絕望的流亡者。當我看到某些好心人士叫流亡青年先安頓生活，那怕是最不好工作也要做，先要解決每天兩頓飯。我聽了就覺得頭皮發麻，我不是怕吃苦，老實說為了兩頓飯就不必冒險逃亡。何況，每天為兩頓飯而工作十多小時，又何來時間再打算幹別的。還有，我們不能跟十多年前的逃亡者相比，他們憑着原有的條件，能在香港安定、發展或者奮鬥。今天的逃亡青年。除了寫幾篇控訴、揭發的文章之外，也就很難說有更積極的表現。

敬愛的先生，上面是我感慨的點滴，說得很亂而且不全面，我在痛苦的盼望中，尋找為國效勞的途徑，但是一無所獲，期望、期望，這顆火熱的心，期望到幾時！

致以最崇高的敬禮

克蘇上

三、廿九夜

至於陳運行先生的來信，一方面是由於對我個人太捧場，一方面是由於原信太長，所以只節錄極少部份如下：「我要告訴您：我雖然早有我自己的人生觀，甚至也早有自己的狂妄抱負，但你在向流亡青年志士貢獻幾點意見一文中的許多話，却仍然對我有強烈影響，也可以說有極好的影響。因為您的話更能堅強我，使我永遠不會忘記，您所說要使生活條件與戰鬥條件一致，您所說如果只知找錢，就等於過猪一樣的生活，您所說先要建立自己對人對事物的超越觀念等，我都認為極正確，它不僅更加刺激了我，而且您和您的許多話，都將在我的血液中永遠流動，隨我一道指向「鬥爭」。」

好了，現在不要再多引錄這一封來信了。因為本文的篇幅有限，而上述三函實已反映了初步的批評意見，其中且已包括好的批評和不好的批評。所以，我現在要特別對王文叔先生與克蘇先生的信提出研究和答覆。

當我把王文叔先生的信一再拜讀，並且一再冷靜的思維後，我覺得王文叔先生對我三月廿九日所寫「向流亡青年志士貢獻幾點意見」的原文，實在有着誤解。譬如說：王先生批評我：「我們今天還忍心去質責他們嗎？說他們愛國行動是幼稚而欠實際嗎」？其實，我從未說過王先生所意想的這些話。因為我在三月廿九日那篇文章中，不但無上述語句，而且也無上述含意。

同時，我更沒有主張流亡青年朋友在香港搞羣衆運動。所以，王先生所說「況香港環境特殊，倘若生活受到威脅之際，那容許他們貿然去攪羣衆運動？」可見王先生的這些批評實在與我無干。

至於王先生說我不體諒流亡青年朋友的艱苦生活，更與我的原意不符。事實上，我是非常知道流亡青年朋友的艱苦生活的，甚至於我自信也許比王先生更了解。所以，我才在三月廿九日的文章中說：「因為生活即現實，沒有現實即沒有未來，就沒有一切，現實既然這樣殘酷，誰能說不謀生是低調呢」？不過，我與王先生的看法有着根本不同的地方，是我一向把流亡青年與流亡志士區分為兩類，換言之，不可否認，有些流亡青年是只以謀生為目的的，對於這一類的青年朋友，老實說，我並不把國家大事對他們寄予厚望，所以我在三月廿九日文章中說「我不反對一般流亡青年向職業道路走」。但我認為流亡青年中，却尚有不以謀生為目的的一類好漢英雄。這一類的青年朋友是更以國家大事為己任的，他們便是我所說的「流亡青年志士」，即流亡青年中有特別抱負的人。我要坦白告訴王先生，我一向寄以厚望的只是他們。所以，我在三月廿九日所寫那一篇文章的題目才確定為「向流亡青年志士貢獻幾點意見」，而不是「向流亡青年貢獻幾點意見」；因此，我也才說「我不反對一般流亡青年向職業道路走，却想提醒流亡青年中抱負不凡的志士，胸懷大志的英雄，對國家民族具有熱誠和責任感的偉大鬥士，萬萬不可向現實低頭，從而放棄理想；可以講求策略，但不可以違離偉大目標」。惟其如此，所以，我現在要向王文叔先生，要向所有流亡青年志士重申前言，我覺得我的上述說法，並沒有錯。現在的問題，是我尚不知道王文叔先生究竟是屬於以謀生為目的的一類？抑或還是屬於流亡青年志士的一類呢？

克蘇先生愛國熱誠動人

在這裏，我覺得真正值得進一步研究的，是克蘇先生來信所說的各點。克蘇先生是一位值得敬佩的青年志士。因為他對國家民族有着深深的熱愛，同時，更有着他的抱負，試看他所說：「每當我睜開眼睛，和閉上眼睛的時候，心裏就想起災難中的祖國和掙扎着的億萬同胞，尤其在晚上，躺在床上常常深更半夜的睡不着，想着想着淚水就潑出來了。我並不撒謊，真的就是這樣，因為我不是個精神麻木的人，血液裏更有着強烈的國家和民族的正義概念。……」是何等的誠摯動人！

從克蘇先生的來信看，他不但留心海外各方面的動態，而且也頗有見解。所以，他說「尤其是兩年來在報紙雜誌上所認識到的反共形勢並不理想（我簡直不敢也不忍說失望），：目前任何一種力量，不管是台灣也好，海外民主人士也好，……」我覺得克蘇先生的看法也極正確。事實上，如果我們善於反省而且真肯切實反省的話，台北國民黨當權派固然對不起大陸受難的同胞，海外民主人士的表現又何嘗符合時代對他們的盼望！

克蘇先生來信最後所說「我在痛苦的盼望中，尋找為國效勞的途徑，但是一無所獲，期望，期望，這顆火熱的心，期望到幾時！」這也是真的，可以說，這更代表着這一時代許多有志青年的心聲。不過，我雖然不敢用空言來安慰和鼓勵克蘇先生，但我相信時代並非停着不進步的，量的漸變，必然將會引起質的突變，而時空與一切人、事、物既都不斷在變，何況無形的反共力量畢竟在大陸內外又還在不斷增高，而敵人則反在不斷腐朽，故國家民族前途，必然光明。試想中共把國民黨當權派趕出大陸，從民國十年中共組黨起，到民國三十八年強佔大陸止，也費了二十八年的時間，今天，反共力量和反共的背境雖然遠遠的超過當日的中共，但也要經過一定的過程，自係必然。所以，我們不但要在情緒上應該樂觀，就在理智的冷靜判斷上，樂觀的理由也極充足，當然，除了樂觀以外，還應有切實的行動，那是更不待言，而切實而有效的策略和行動，則又有待於所有愛國反共的青年志士的共同奮鬥哩！（盼克蘇先生將通訊地址見告！）

自由主義與自由

孫寶剛

前天有一個青年寫了一篇「自由主義萬歲」，要我批評。我讀了那篇文章後，覺得他把自由主義和自由兩個名詞有些混擾不清。自由是指思想自由，言論集會自由，組織自由，居住旅行自由，擇業自由等等而言，但自由主義，海斯在近代歐洲史中有這樣的一段話：「今天的人們把「自由主義」這一字含糊地來說明許多互異的運動。但在一八三〇年的直後，這個字却用以說明特種的理論，包含着文化政治、經濟和外交的特殊意義的。在文化上說：它標榜自由思想，頌揚技術，自然科學，和機械文明，而把宗教作為個人信仰的私人事務。在經濟上說：它主張個人主義，職業自由，貿易自由，雇主和傭工間的契約自由，貿易的絕對自由競爭。所以它和農業階級的經濟特權，保護稅制，工會（工會會引起罷工和干涉自由契約）以及政府干與工商業不相容的。在政治上說：自由主義認為國家祇是「消極的警察」而已，不須對每一個公民作積極的服務，祇要能維持秩序，保護私有財產，支持一些公共教育，促進一些公用事業，便是理想的國家。它也主張有憲法，代議士和國會，而以有資產的中產階級佔優越的地位於國會中，在國會的立法權之下，人民的自由是很大的，賦稅則極輕。在國際事務來說：一面固同情於被壓迫人民的獨立運動，但大體上是和平主義者。他們咒罵戰爭，因為戰爭損毀了財產和有利的貿易，並傷害了人命和自由。他們攻擊各種重商主義者的帝國主義，為了節約與和平，所以他們也要求縮減軍備。

這對十九世紀的世界是一劑很重要的刺激劑。在一八三〇年至一八六五年的英國，一八三〇年至一八五〇年的法國，以及在一八四八年的中歐，都很流行這個主義。」

我們讀了上述的一段話，便知自由主義是十九世紀的產物，今日來說，自由主義是有些過時了。是否還有再提倡的必要，是一個疑問。因為在今天，不特絕對的個人主義已經行不通，連自由貿易也有修正的必要了。自從普及教育為人們所注意以後，一般人民的智識水準在日漸提高，貧富懸殊不特使貧者忿忿不平，就以富者而論，生活在一般人都是窮的社會裏，也將內心不安，常恐革命的來臨。講到貿易更須適合政治與社會的要求，所以已很明顯地走上計劃和自由並重的方向去。試看英國自工黨執政之後，高唱計劃經濟多少來年，雖然保守黨執政，也不能完全摒棄。美國自羅斯福的新政，經杜魯門的公平政策，到了艾森豪執政，大體還是蕭規曹隨，現在堅尼第當政，更向計劃經濟邁進了一步。

這種新的趨勢之所以形成，固然是有一部份資產階級的覺悟和政治家和思想家的領導。但是工人運動的興起，工會力量的龐大，實在是主因。在一九六三年的今天，除了極少數獨裁的國家以外，工人有罷工權，有集體議定工資之權，已成了天經地義的事，如欲再提倡自由主義，便與工會不相容，不是太忽視了實際的環境麼？

因此今天的政府已不能作為消極的警察了，它須積極地負起各種責任，一面固然在政治的範疇內發號施令，一面還要實施一套經濟政策，積極地干涉經濟，另方面對於社會和文化各部門，却要担起主要的角色，才使整個國家的人民能像人這樣的活着，使各個人都能發展其人格，社會的秩序才可以維持。

今天的人民，對於稅的負担是很重的，尤其是富人，因為今天的賦稅，一方面政府要藉稅收來應付龐大的支出，另方面實含有平均財富的意義。自從實施普選，選舉權不受財產限制以後，平民已成為選民的主體，所以各國的工黨和社會黨，在議會中的勢力，一天天在擴大。試問在這樣一個趨勢之下，自由主義還能抬頭麼？

所以我們可以下一個結論，自由和自由主義完全是兩件事，今天依着文明的進步，人們的自由在一天天的擴大，自由是永遠為人們所追求的，但這與自由主義毫不相干，自由主義經過十九世紀的發展到登峯造極之後，今天已漸漸為人們所遺忘，因為它已經不適合時代的要求了。

未來中國經濟政策的檢討（來論）

曾欽若

讀完聯合評論紐約航空版第二一四期中所刊載的孫寶剛先生之計劃經濟一文，因為感到個人的觀點與孫先生大作中之各點有着極大的相異，我亦無意在此去推翻前輩先生的理論，因為我個人僅是一個學自然科學的，對政治與經濟沒有作過有系統的研討，只是平日在報紙與雜誌中所登載有關此類問題稍具興趣，願在此提出個人的觀點請諸位指正而已。

在我寫此文時一切的對象是假設有一個眞正民主的政治環境中而言。想必孫先生寫該文時亦具此部分相同的假設。我個人是比較傾向於自由經濟，但是在一個正欲初步走上工業化的國度計劃經濟也確是有所必要，所以我認為二者是可以並行的，但是我對計劃經濟的概念却不是由所謂國營及私營等方式去區分，我所認為的計劃經濟的部份職責是由中央政府設立一機構，包括財經專家以及各專業的技術人員設計一套全國的生產計劃，現代企業管理，以及生產技術的改良等等，而實際的生產與管理仍應盡屬於私營企業。

經濟平等化一詞含義似乎不太清楚，是否指各人的經濟收入應該拉平，而不使有極大的懸殊？我認為這也大可不必，同時也是不可能辦到的。同時亦會妨礙經濟的發展，比如說百萬富翁他們盡可每天大魚大肉，每年換最新的汽車等等，但是我們應做的是使大多數的人民每天有不少於三千卡路里的熱量，可以禦寒的衣服，合乎衛生的住所，以及有經濟能力去償付正當的娛樂等。所以我認為富翁與平民是可在同一社會中共存的。

世界不乏很多的先例，國營事業是效率極差的，政府還得要付出一筆巨大的預算來維持這一龐大的企業，尤其是我們這個尚未進入眞正民主政治的國家，同時也造成貪污的泉源。就拿美國來說目前的國營事業只有郵政一項，却是年年要國會增預算才能維持。弄到最近只有增加郵資來維持了。如果企業是屬於民營的話，他們便得講求工作效率來賺錢。因此政府丟了這個包袱以外，每年尚可由企業公司付給營利稅，同時就業人民的所得稅。政府收得了巨大的稅收便可使用於國防、交通、衛生、學校、以及種種的福利建設。當然這些建設合同又是交給各種企業公司來辦理，因此而循環不息，而使國家建設日日進步，人民就業機會增多，生活因此而改善。這就是國營與私營的利害比較。

國營並非是防止獨佔性的良法，亦如孫先生所說的，會造成國家資本主義的作風。萬一不幸遇上一個沒有政治道德的政治領袖，則一二十年前的「豪門經濟」局面，又必將重現矣。既然國營並非良策，但是如何才可作此預防呢？因此議會需要訂立一種反獨佔法律（Anti-Trust Laws），當到某種企業發展到有獨佔性時，政府的檢察署可向法院訴訟（並非用行政命令），如政府勝訴則便可令該項企業分營以免獨佔、操縱。尤有進者，在一種自由經濟制度之下，我們無需去恐懼商人抬高物價，這樣會使他們的生產呆銷。也不必害怕有人囤積居奇，這樣只有凍結他們的資本。相反的此時企業生產是需要盡速的將生產品賣出，使資金更靈活的再生產，因此時所需要防止的反而是低價傾銷打擊同業，或是各企業私下議定公價，這都應該包括在國家法律之內。政府有權向法院訴訟的。寫到這裏，也許有人不瞭解我為什麼要反對「議定公價」？因為在有了公價以後，會使生產者失去了競爭的活力，因為在細微的差價之下，才能刺激生產品的改良，以及企業管理的改良；才能公平的競爭，不被對方打倒。對消費者言，品質的改良與翻新，使購買慾不會停頓。因此生產增加，循環的造成就業增多，人民的生活水準提高了，政府的稅收也日日增加。

所謂私營，不要將此歸納入所謂的「家族企業」之中，這已是一種落伍了的企業方式。二三十年前，歐美各國的各種企業「大王」，包括東鄰日本，這種企業方式早已被淘汰了。代之而起的是「民營」，即是「股份公司」。誰有一點錢便可購所選擇的公司之一股，每季每年便應取得該公司營業利潤，這是最公平不過的了。尤其是在我們這個經濟能力尚在水平以下的國家，家族的經濟能力畢竟有限，很難成為一種企業性的發展。因此祇有採取吸收民間的餘力來共同發展，甚至收吸外來的投資，有了此種企業性的股份公司，「合作社」根本便無必要，事實上世界各國尚沒有利用「合作社」的方式來經營而達到繁榮社會的先例。

「中間剝削」這一名詞似乎有點太刻薄，也許我國一向士大夫觀念「輕利」而認為所有商人都是低下的。我想因為這一點確實也影響了幾十年來我國經濟的發展。生產品由工場生產後直接分配到人民手中，那是絕不可能的，所以必須經中間商人的轉手，這是一條正途。決不應歸之於「中間剝削」。生產者甚至要更多更廣泛的中間商人來替他們迅速的推銷產品，因此不論是批發商或零售商都是必要的，試想全國各地都經由合作社來經營，最現實的問題是全國各城市鄉鎮該成為如何一種局面。根本無「市面」可言，如何會有繁榮，中間商人也是須要有他們自己的資本，經營方式以及雇用職員；當然也應有合理的利潤。有中間商人就維持一極龐大的就業，政府的稅收不僅是收自中間商人，也收自就業的人民。所謂「中間剝削」僅是一極少部份無德的商人，而不應統而稱之。國家有法律可加以制裁（最低工資與最長工時），故用不着改用國營或合作社統而綱之，這並非國家經濟發展之道。

孫先生文中所署舉的幾種可能獨佔的工業，如礦業、鐵道、航業、銀行與煤油等，以中國的版圖如此的廣大，海岸綫之長以及內河的繁多，礦藏的廣泛分佈，也實在很難誰有此一巨大的經濟能力加以獨佔。所以用國營的方式來防止獨佔企業，至少在近百年內，很難有此需要。美國經濟能力如此強大，私人資本也有非力所及之感。至於公道（路）一項，更非營利企業，而係政府的福利建設（人民付稅的錢）。因為公路建成以後，是人人可以自由通行的。交通公司（營利）要付營利稅以及車輛稅，私人汽車要付額外的（所得稅以外的）牌照稅。公路是由人民付稅的錢所修築的，所以人人有權自由的在公路上通行，不必付「通行稅」。

總結我上面的觀點，我認為所有一切的企業都應歸於民營。但在我們這種經濟動亂尚未完全發展以前，政府應擬定一經濟發展的計劃，是來適合全國人民的需要的各種生產計劃，企業管理以及生產技術的改進（這一切在經濟充份發展以後則應屬於企業公司自己的責任），甚至用政府的經濟能力去幫助某些私人經濟能力不足的企業（只限於借款，不應是政府的投資），但却不應由政府插手於行政的管理及實際的生產工作。另一方面為保護正當的企業發展，國家應制定法律，如嚴密的企業組織法，反獨佔法，反低價傾銷及議定公價，制裁及預防惡性倒閉與欺騙案。但這些是政府按照法律經由法院的訴訟，而不是於行政命令的範圍之內。而為防範官商的勾結造成的貪污之風氣。

我們僅是一個初學步的國家，而又負有厚重的民族習性，所以不能法完全效法和模仿。不論是資本主義也好，社會主義也好，甚至共產主義，我們應設計出一套比較適合可行的一套。我個人認為沒有一套政策和原理是全能的，只有在進行中改進，這種改進是永無止境的。

台灣簡訊

志　清

一、官商勾結，虛報出口案又出現高潮

基隆高雄兩出口港先後揭發的二十餘宗官商勾結，虛報出口，騙領鉅額退稅款的案件，日前又突然出現高潮，被牽涉的官員計有台北地檢處檢察官王鎮，司法行政部調查局長第一處專員王琪，省警務處刑警大隊組長莫炬，均先後被高等法院檢查處扣押偵訊。

據悉：自基隆虛報出口案揭發之初，檢警辦案人員即查出大同實業公司曾於去年九月一日虛報出口尼龍絲一百三十箱，交付海關等有關人員賄款六十一萬餘元。十一月六日又虛報出口伸縮尼龍三萬六千磅，交付海關等有關人員賄款七十一萬一千餘元。十二月又虛報出口尼龍絲十萬餘公斤，尼龍絲十四萬餘公斤，交付海關等有關人員賄款一百四十二萬元。該公司總經理蕭伯煌曾一度逃匿，繼因警方查緝甚嚴，自知無法再逃，乃於二月二十九日晚九時由省議員徐堅，彰化縣議會主任秘書林欣陪同到刑警大隊投案。承辦本案的檢察官熊家會偵訊後即下令收押，並禁止接見，以防與人串供。蕭妻極爲惶恐，乃託台北市緯綸實業公司經理朱逸民代向有關方面活動，希望能將乃夫保出候訊，並於將來起訴時，從輕處理。

朱逸民現年四十九歲，江蘇人，與蕭伯煌素極友好；其所經營的緯綸公司遇有經濟週轉不靈時，後者均無條件的予以援助。蕭過去曾開設一間立大尼龍針織廠，請朱爲董事長，月送車馬費三千元。因此種種，朱對蕭也格外關心；再加上在虛報出口案發前，他又代大同實業公司担保一筆五百六十萬元的關稅，如果蕭因案而垮了下來，交付這筆關稅的責任就要落在他的頭上。爲了友誼與切身利害的關係，他不得不爲蕭奔走。他經過愼密的考慮之後，乃找司法行政部調查室的王琪研究辦法。王琪稱說：如僅希望將蕭伯煌交保候訊及將來從輕處理，並非要求無罪，當可設法辦到；但因本案爲各方所矚目，必須向檢警等有關方面人員致送鉅款，才能達到目的。他認爲至少需活動費二百萬元。朱轉告蕭妻，後者以營救乃夫心切，立即照付。但朱從中扣了二十萬元，祇將一百八十萬元交與王琪。王得錢後找台北地檢處檢察官王鎮，請他向承辦蕭案的檢察官熊家會活動。因王、熊兩檢察官不但是同事，而且是同學，一向私交甚篤。王鎮初不應允，繼因王琪再三懇托，兩王過去又曾經「合作」多次，不便堅拒，乃表示首肯；但聲明沒有把握一定能辦得通。

蕭妻以朱逸民拿二百萬元去後多日，仍未獲得乃夫有交保候訊的消息，」一再向朱追問，均不得要領，遂認爲他有從中吞沒的嫌疑。除嚴詞責朱不應忘恩負義，乘朋友之危詐騙鉅款外，還將經過情形向其友好透露，因而消息外洩。刑警大隊長王魯翹聞訊後派員密查屬實，乃於三月中旬將朱逸民扣押。朱供認不諱，並指稱：王琪所拿去的一百八十萬元，其中有一部份是送與王鎮檢察官和刑警大隊承辦蕭案的組長莫炬的。朱的供詞經刑警大隊送達台北地檢處後，首席檢察官楊鳴鐸認爲案情嚴重，不敢擅專，乃報經上級檢察處轉呈司法行政請示。該部即於三月二十三日將王琪押交台北地檢處訊辦；關於王鎮與莫炬部份，則令高檢處負責偵查。高檢處承辦檢察官施漾澤傳訊王琪，他雖尚未承認，但檢方卻從側面查悉他在朱逸民被扣前，曾送了幾十萬元至王鎮的家中，並指定其中一部份請轉送莫炬。施檢察官乃將王鎮和莫炬一併扣押。至於承辦蕭案的檢察官熊家會，據初步調查所得，則並未涉嫌。

二、嘉義縣市長被判徒刑

哄動一時的嘉義市長蘇玉衡虧空公款案，經嘉義地方法院審訊多日，於三月三十日宣判如下：

一、黃宗焜（縣長），共同連續對於職務上之行爲收受賄賂，處有期徒刑一年六月，所收受賄賂二萬四千元沒收之。

二、蘇玉衡（市長）連續意圖爲自己不法之所有，而侵占公務上所持有之物，處有期徒刑五年六月，褫奪公權五年，又公務員共同連續行使明知爲不實之事項，而登載於職務上所掌之公文書，足以生損害於公衆，處有期徒刑二年六月，應執行有期徒刑七年，褫奪公權五年。被訴行賄部份無罪。

三、鄭璜（市財政課長），共同連續意圖爲自己不法之所有，而侵占公務上所持有之物，處有期徒刑四年，褫奪公權三年，又公務員共同連續行使明知爲不實之事項，而登載於職務上所掌之公文書，足以生損害於公衆，處有期徒刑二年，應執行有期徒刑五年，褫奪公權三年。

四、郭茂林（魚市場出納），共同連續意圖爲自己不法之所有而侵占業務上所持有之物，處有期徒刑二年六月。

五、郭達城（縣府財務股長），公務員連續對於職務上之行爲收受賄賂，處有期徒刑二年，褫奪公權二年。所收受之賄賂一萬四千五百元沒收。

六、林清山（市公所助理主計員），公務員明知爲不實之事項，而登載於職務上所掌之公文書，足以生損害於公衆，處有期徒刑一年，又公務員連續對於職務上之行爲收受賄賂，處有期徒刑一年，褫奪公權一年，應執行有期徒刑一年八月，褫奪公權一年。所有收受之賄賂新台幣七千元沒收。

七、蔡榮緝，公務員共同連續行使明知爲不實之事項，而登載於職務上所掌之公文書，足以生損害於公衆，處有期徒刑一年，又公務員連續對於職務上之行爲收受賄賂，處有期徒刑八月，褫奪公權一年，應執行有期徒刑一年六月，褫奪公權一年。所收受之賄賂新台幣三千五百元沒收。

八、江松濤（縣府事務股長）公務員共同連續對於職務上之行爲收受賄賂，處有期徒刑一年，褫奪公權二年。所收受之賄賂新台幣四千元沒收。

九、黃育（縣府事務股雇員），公務員共同連續對於職務上之行爲收受賄賂，處有期徒刑十月，褫奪公權一年，又意圖爲自己不法之所有，以詐術使人將本人之物交付，處有期徒刑五月，應執行有期徒刑一年，褫奪公權一年。

十、胡能晃（縣府視督），黃瀛洲（市所出納）共同連續爲自己不法之所有，以恐嚇使人將本人之物交付，胡能晃處有期徒刑一年六月，褫奪公權二年，黃瀛洲處有期徒刑八月，褫奪公權一年。

十一、程蘇旺（市所人事管理員）意圖爲自己不法之所有，而侵佔自己持有他人之物，處有期徒刑六月。

十二、鄭聰明（市民代表），李春旺（市民代表），林茂釗（市所財政課員），黃永漳（市所額外秘書），公務員共同行使明知爲不實之事項，而登載於職務上所掌之公文書，足以生損害於公衆，各處有期徒刑六月，均緩刑三年。僞造之謝萬莉等印章及印文均沒收。

十三、林金獅（前市代會主席），楊葉華（番路鄉代會秘書），黃滿（市代會出納），公務員共同行使明知爲不實之事實，而登載於職務上所掌之公文書，足以生損害於公衆，各處有期徒刑六月，均緩刑二年。

十四、何長吉，意圖爲自己及第三人不法之所有，以詐術使人將本人之物交付未遂，處罰金六百元，如易服勞役以六元折算一日。

十五、賴森林、張子逸均無罪。

十六、其餘公訴不受理。

十七、段一之，連續意圖爲自己不法之所有，而侵佔自己持有他人之物，處有期徒刑一年六月。

十八、金遠詢（國民黨嘉義縣前主任委員），李守謨、孫文光（均係國民黨嘉義縣黨部職員），甘炎慶（國民黨省黨部視導），劉慕耘（業自由），均無罪。

蘇玉衡聞判後，未作任何表示。黃宗焜則聲言將提出上訴。並說：他曾做過律師，就法律的觀點而言，應該判他無罪。因爲法庭判他有罪，是基於蘇玉衡指供他曾收受其賄款二萬四千元，而以江松濤的錄音和黃育所開出的收據爲憑証。但他認爲這些証據都是不確切的。

至於收受賄賂最多的國民黨黨務紅員金遠詢、甘炎慶等人，因爲朝中有人支持，在數月以前，即已取保外出，他們被判無罪，原是所謂司法配合國策下的應有結果，人們早就料想到的。

三、大雪山公司購料舞弊

大雪山林業公司標購新設製材設備涉嫌洩露機密，處理偏私，浪費巨額美金，失信於國際一案，先後經司法行政部調查局，台省議會，及省農林廳、財政廳、主計處等單位派員澈查，認爲確有徇私舞弊之嫌，台省府對此案至表重視，已下令人事處對本案在職人員嚴究責任，以肅官箴。

司法行政部調查局調查結果，已正式函告省府，其調查情形，與省議會所組織的專案調查小組調查報告相若，內容署爲：一、大雪山公司聘請設計工程師沈佛遜、証實確係森茂公司之工程師，難免涉嫌偏袒。二、本案公告招標至開標期間規定爲二個月，於審查規格時，僅以開標當時所投進之標單文件爲審查對象，至以後備送者，概不受理，足証該山公司對森茂公司特加維護，故與次高標之森茂公司議價成交，似有偏私。三、本案森茂公司所報之規格不但爲審計處認爲應作不合格論，而所報美金價格一、二六九、〇〇〇元，較之低標日商 AKI MOKU所報價格美金九一三、〇〇〇元，相差達三五六、〇〇〇元，且願意依照大雪山公司之規格供應，更願意接受再議減價格，顯有浪費外匯之嫌。四、本案如能適時以各標之規格不合，依法予以廢標，重新委託中信局購料處公告投標，始爲正常之途徑，而該公司反以特殊情形爲理由，貿然促請中信局購料處召開決標會議，並按各機關營繕工程及購置定製變賣財物稽核條例第十二條之規定報請上級機關核准，與森茂公司單獨議價成交。復據省府消息：且於召開決標會議前既未先行公佈審查規格之結果，於決標會議時，又未邀請各投標商參加，使其有發表意見之機會，自不能使不得標之廠商折服。五、該公司向外採購製材設備，以免誤事機爲特殊理由，促請中信局購料處決標，顯爲失當之措施，其所謂特殊理由，無非祖護美商森茂公司得標而已。

又省農林廳、財政廳及主計處三單位查報認爲：大雪山公司標購製材設備時僅向美國四家公司請求報價，而未向其他國家或美國更多廠商查報，以致報價單位既少，而權衡取捨之機會有限，自不免貽人口實。又開標之先，既已基於原規格對各家標單詳加審核，其適價與否，已甚顯明。至於再行通知中信局轉知各廠補送說明資料，殊無必要，且因而延長決標日期，肇致外界誤會，又未將此一需要理由報告董事會，亦屬欠妥，故本案在行政上與技術上均有失當之處。

購料舞弊已是今日台灣的普遍現象，司法行政部和省府農林廳及主計各廳處對大雪山林業公司的調查報告，盡量避免使用嚴厲的詞句，嘗然是有原因的。黃杰所謂嚴究責任以制官箴，是否將有具體的事實表現，仍尚待証明的。

四、陳誠希望多用青年人

陳誠接連訪問南越和菲律賓兩國後，於三月二十八日的行政院會議中，簡單報告此行的觀感。並說：越非兩國的官員都很年輕，政府中充滿了一片朝氣，希望各部會首長多多培養青年幹部和任用年輕的人，俾得永遠充滿活力與朝氣。

陳院長的指示，實在令人感慨萬分。在今日的台灣，不但總統不可替代，非由蔣先生做到他死的一天不可；即各院部會首長亦有不少的人並不諱言他們將不死不休。立監委員和國大代表更是早經過時，不但沒有改選的跡象，而且顯然還要繼續做下去，換言之，也是不死不休。在如此情形之下，陳院長希望多用青年人，誠不知他如何下手。

赫毛互相冷戰毛邀赫赫又邀毛

毛澤東會到莫斯科去嗎？

劉裕畧

在開展已久的赫毛衝突中，到二月廿三日，忽然發展了新迹象，那便是蘇聯外長葛洛米柯當天於莫斯科接見了中共駐蘇大使，同天，更由毛澤東在北平親自接見了蘇聯駐中共大使契爾沃年科。一星期後，中共又對蘇共發出了一封信，表示贊成中共與蘇共會談，以解決彼此間的歧見。但中共在信中却建議赫魯曉夫將來訪高棉時，順道訪北平。雖然，在中共的信中，也曾說道：如赫魯曉夫不便訪北平，則亦可由蘇共派代表團到北平談判。並且還說：如果蘇共不派代表團到北平談判，則亦可由中共派代表團到莫斯科去談判。但特別引人注意的，是蘇共將於何時答覆中共的這一封信？屆時，赫魯曉夫是否將會訪平？對此，我曾在本刊判斷赫魯曉夫不會訪平，至於蘇共何時覆函中共呢？則直到四月二日才對這問題作了揭曉。因爲，據中共新華社四月二日北平電：「中國共產黨中央委員會副主席周恩來同志和中共中央總書記鄧小平同志，於四月二日接見了蘇聯駐華大使契爾沃年科同志」，新華社並說「蘇聯駐華大使契爾沃年科同志交來了蘇共中央三月三十日給中共中央的信件」。

就新華社的這一報導來說：雖已明言蘇共已對中共有覆函，但却未將覆函內容立卽公佈。看來，中共當時是有意將蘇共覆函暫緩發表的。但中共却未料得蘇共已於四月三日在莫斯科的眞理報將覆函內容先自發表了。可以說，蘇共如此搶先的將覆函內容發表，已是一種冷戰；赫魯曉夫旣拒絕了毛澤東邀赴北平的邀請，又拒絕了由蘇共派代表團赴北平談判的建議，反而邀請曾於一九四九年及一九五七年兩度訪蘇的毛澤東再度赴蘇商談，並附帶建議，如毛澤東不赴蘇聯，亦可由中共派代表團於五月十五日到莫斯科商談，蘇共中央的覆信，除對會談的時間，地點作了上述硬性建議外，甚至還對會議的內容作了五點規定，這都可以說是老赫對老毛在中蘇共黨醞釀和解的問題上所進行的一連串的冷戰。

毛澤東如何應付老赫的這一冷戰呢？毛澤東自不得不深思，但可以斷言的，是毛澤東本人決不會接受老赫的提議而於五月十五日赴莫斯科哩！事實上，要老赫赴北平，或要老毛赴莫斯科，赫毛二人彼此都有安全上的顧慮，除此之外，如赫應邀訪平，卽無異赫本人向毛低頭，赫是不會幹的；同樣，如毛應邀訪蘇，卽無異毛本人向赫屈服，毛也決不會幹的。

大陸簡訊

藍星

日貿易代表團長在穗胡說八道

據新華社廣州三月卅一日電：「應中國國際貿易促進委員會邀請來我國訪問的日本日中貿易友好代表團一行十一人，在團長、日中貿易促進會常務理事石原靖三率領下，結束了在我國的參觀訪問，今天上午乘火車離開廣州取道香港返國」。

新華社又說石原靖三曾在廣州發表談話如下：「經過這次參觀訪問，代表團看到中國人民是能够克服各種困難的，中國是個愛好和平的國家，特別令人感動的，是人民公社顯示出來的威力。我們通過這次參觀訪問，不但從理論上而且在事實上了解到，人民公社在中國是個偉大的成功，而且在今後中國的建設中將會起巨大的作用」。

石原靖三把中共當作中國，這已經是腦筋糊塗，說中共的人民公社很成功，當然更是胡說八道了。

中共派觀察員到巴西出席反美大會

古巴卡斯特羅政權是一個赤色政權，現在已是舉世皆知了。支持古巴，卽是反對美國，這也是舉世皆知的事。因此，於三月廿八日在巴西里約熱內盧州首府尼泰羅伊舉行的所謂「美洲大陸聲援古巴代表大會」是乃一個國際共黨分子策動的反美集會，也是可以一望而知的。

美洲的事，中共本來不應去參豫，但中共除了已在古巴等國從事策動和滲透工作外，據中共新華社里約熱內盧三月廿八日專電說，「中國觀察員王唯眞也出席了大會」。此外，又據新華社北平二十九日電：「中華全國總工會、中華人民共和國全國婦女聯合會、中華全國青年聯合會分別於二十八日和二十九日打電報給美洲大陸聲援古巴代表大會，熱烈祝賀大會的召開」。這就可見中共對美洲大陸各國的滲透和煽動工作，是正在不遺餘力的進行。

中共貸欵緬甸建大鐵橋

爭取緬甸和爭取印尼，都是中共目前處心積慮的陰謀。因爲這種爭取並非由於中共有什麼善良動機，相反，恰正是由於中共想利用它們，所以，中共便不顧人民死活，時常對它們施以小恩小惠，以收買它們。

據三月廿六日中共控制的香港大公報仰光航訊說：「緬甸鐵路局已擬定計劃，決利用中國四億元無息貸欵中的一億緬幣，在馬達曼和毛淡棉間（薩爾溫江口）建築一座鐵橋。這座鐵橋將有十二個橋拱和十四個橋墩，是緬甸最長的鐵橋」云。

中共說法共用偽造文件攻擊中共

據中共「中國新聞社」北平三月廿六日電說：「北京人民日報今天刊登了法共新法蘭西周刊三月十三日發表的題爲『共產主義運動，爲什麼有這場論戰』的文章的全文」，但新華社又說「人民日報在這篇文章前面加了一個編者按語如下：三月十三日，法國共產黨中央機關刊物新法蘭西周刊，利用收到一封冒名中國駐瑞士大使館新聞處的信，大做文章，攻擊中國」。

但法共用來攻擊中共的這一封信，何以是偽造的呢？中共並沒有說。大抵，這是中共駐瑞士大使館新聞處的文件不愼落在法共手中，中共無以抵賴，便只好硬說那一文件是偽造的了。

中共把貪污幹部分爲虎狼狗貓鼠五級

數年前，中共中央雖在大陸各地普遍推行過三反五反運動，其中極力整肅幹部之貪污。但近年以來，由於幹部們亦吃不飽穿不暖，所以，幹部的貪污風氣又愈來愈普遍愈來愈嚴重了。

爲此，中共中央最近特別又發動了一個「反自發」運動。所謂反自發，粗看起來，是頗爲費解的，據中共自己解釋，所謂反自發，卽是反對幹部自己發財之謂，爲了推行反自發運動，中共已訂出五級評反原則。所謂五級，卽是虎、狼、狗、貓、鼠五級之謂。中共並宣稱無論幹部用何種手段發財，頗屬貪污違法。所謂在人民幣一萬元以上者，定爲虎級，五千元以上者，訂爲狼級，一千元以上者，訂爲狗級，五百元以上者訂爲貓級，一百以上者訂爲鼠級。「虎」、「狼」兩級之貪污，一經查出，卽行處以死刑，「狗」、「貓」、「鼠」三級一經查出，則判處長期勞役或一年以上勞改云。

僑鄉近訊

鍾之奇

粵共在信宜縣培養耕牛

耕牛缺乏，正如肥料缺乏，是今日大陸普遍嚴重現象之一。以往，本報曾經報導過四川西部素以物產富饒，多產糧食著稱，但亦感耕牛缺乏，常常要從千多里外的四川東部達縣一帶趕運牛隻赴川西救急，目下廣東各地亦多感耕牛荒。

爲了這種原因，所以粵共近年極力覓地培養耕牛。據三月二日中共在香港控制的大公報說中共已發現「雷州半島北端，雲蓋山脈南麓的圓珠山，山草茂盛，是個很好的牧場」。因此，粵共遂命「信宜縣錢排公社在圓珠山上建了一個畜牧場。經過幾年努力，共繁殖、培育了耕牛七百九十多頭，山羊六百多隻」。但顯而易見，僅靠信宜縣此一牧場培養之七百多頭耕牛來供應附近各地的需要，仍是大大不够的。

順德縣發現西漢古墓

據中共在廣州出版的南方日報說：順德縣勒流公社在今年二、三月間修建龍眼村至冲鶴堡的公路時，由於發挖路基，無意間發掘出一座古墓。當報請考古隊鑑定，根據出土文物觀測，考古隊認爲這座古墓的時代屬於西漢後期，是廣東省除廣州市郊以外首次發現的西漢墓葬云。

粵共試辦種籽田種籽員

據中共青年團廣東省委會最近公佈，粵共現刻正在試行一種「種籽田」、「種籽員」制度。這一消息之所以由共青團公佈，則是由於廣東共青團在這一試辦工作中，被命令担任了協助任務的緣故。

據粵共青團公佈說：所謂種籽田與種籽員制度，是以人民公社生產大隊所屬之生產隊爲單位，根據各該隊在早造中造晚造田所需要之種籽數量，在每三十畝稻田中劃出一畝，作爲「種籽田」。每一「種籽田」規定應有「種籽員」一至三名，實行專人專田繁育適應本地區條件供應各該生產隊之種籽，並實行單管、單打、單藏等制度，以免各該生產隊臨時缺乏之種籽。

查粵共之所以忽然試行並有意推廣這種制度，是因爲自推行農村人民公社以來，各公社往往發生種籽不敷的情形。種籽不敷的結果，當然影響了農業生產。而種籽不敷的原因，則因以往數年，糧食缺乏，人民之糧食量不够吃，人民及幹部遂將人民公社所存種籽亦分光吃光。中共當局爲了避免這一現象和彌補這一現象，所以才想出這一種籽田辦法，在推行上，作出嚴格規定，從縣到大隊，由有關部門組成領導機關，並規定大隊一級，由生產大隊大隊長，共青團大隊書記及生產隊隊長等人組成「大隊種籽委員會」，公社和縣則在黨委統一領導下，由共青團負責組織隊伍，進行思想敎育云。

四會血吸蟲病仍極猖獗

血吸蟲病是流行在廣東四會縣大旺、逕口兩個草塘的一種極猖獗的病。這種病由來已久，故已往在沒有完全撲滅這一血吸蟲病的時候，人們只須避開這兩個草塘，不到這兩個草塘去耕種便了。但中共控制廣東後，眼見這兩個草塘佔地達七萬餘畝之多，便不顧人民死活，迫令人民前往工作。因是人民之感染率大增。據中共香港大公報四月一日專訊說：「不少已成侏儒症或不孕症的血吸蟲病患者，經過切除脾臟手術後已發育成人或生了子女」，又說「今年大旺、逕口兩地繼續進行消滅血吸蟲病工作，除加高加固北江堤圍，防止洪水泛濫外，並由國營農場、公社及生產隊進一步翻犂草塘土地，施放藥物，消滅釘螺。血吸蟲病患者，亦繼續由國家免費治療」。可見血吸蟲病仍甚猖獗，中共仍在繼續强迫人民去耕種哩！

永珍、瓦瓶平原之間

何之湄

銅山西倒

寮國「中立派」外長昆寧科西納在永珍被刺斃命，激起了瓦瓶平原「中立軍」與寮共軍火併的槍聲！這正有如「銅山西倒、洛鐘東响」。這些惡劣的消息不斷地傳到泰國的首都，雖免令人深切地懷着戒懼：是不是那業已搖搖欲墜的寮國聯合政府，會在「中立派」與寮共的交互搖撼之下，而告壽終正寢？會不會是這些不斷擴大的火併，要以急驟的速度擴大下去，以至於重燃寮國「內戰」的戰火？或者蔓延成為東南亞這一地區的戰火？

作為「時局的候鳥」的記者們，已被寮國的槍聲所警醒，而把他們注意東南亞協會及東南亞公約會議的視線，轉而注視寮國的局勢，他們致電廊開寮邊的人員採訪永泰的消息，也紛紛要求泰國民聯廳（處理公衆關係事務）提供消息。但他們獲得自副總理兼國防部長乃他儂將軍的答覆，僅是一句幽默的辭句。乃他儂將軍說：由於泰國乃是通往寮國的第二門戶，我們對於泰國情勢之發展，「殊難以喜形於色之情而袖手旁觀」。當然，這雖是幽默的說法，但並不掩飾泰國對於寮局的「殊非喜形於色」之情。

寮國「中立」總理傅馬的說法更為懇切，傅馬在瓦瓶平原兩軍衝突後發表呼籲說：「寮國人要是不願意看見他們的國家『在全球性的大風暴中消滅』的話，這應該是他們明瞭到必須停止衝突、彌縫歧見的時候了」。

傅馬的呼籲，担心寮國會成為「全球性」的戰場，而在可能到來的一場大風暴間，寮國會有被從在地圖上抹去的危險。

克山納之死

在所謂「中立而獨立」的寮國，永珍與瓦瓶平原是兩個中心，在平原川壙省的康開，曾是中立派與寮共在那裏擁立傅馬為總理，成立所謂中立政府。而也是中立、左、右三派在那裏簽署協定，結束兩個政府狀態，而歸納於永珍聯合政府的地點。自傅馬的內閣南移永珍，康開雖失去首都的地位，但卻是中立軍李江總司令總部的所在地，李江與「巴特寮」寮共部隊，共同扼守瓦瓶平原，以前他們原是「戰友」。但是沒有多久，這兩枝「戰友」的部隊，卻一轉而為「戰敵」，相互間成為戰爭的對象。其所以如此，完全起於寮共的「軍運」，運動中立派李江部隊「起義」，投入巴特寮部隊的緣故。這些筆者在上星期的通訊中，已有概略的報導。

兩個月前，李江中立軍有一營兵變投共，他們乘夜開入寮共防區後，被調往桑怒整編，有一部份不願附共的官兵，當時逃脫回來，向李江的副手克山納上校報告策動兵變的親共份子當時脅迫官兵投共的經過。克山納上校大為憤怒，聲稱要「以牙還牙」。結果，他策動了一連投共的中立軍「反起義」。這是一個戰鬥力頗强而不滿共軍的連單位，當全營投共時，他們見勢不可為，但勉强佯示遵從，在開拔到進王都途中。與克山納上校所派出的幹員取得聯絡，於黑夜間衝出戒哨，間道返回中立軍的編制。克山納上校大加犒賞，並將軍官各陞一級。他並派人向左翼軍號召，「起義」來歸者，官陞二級，兵獎雙餉。

克山納上校的報復行動還沒有實現，卻召來了殺身之禍。寮共先發制人，克上校突在康開遇刺斃命。李江將軍據報，憤懣非常，曾於克上校出喪之際，勗各中立軍維護傳統，並為克上校報仇。

傅馬之言

瓦瓶平原康開的衝突，當然立刻影响到永珍，在永珍的「中、左、右」三派，名為聯合，實際各自維護自己的軍隊，而在「中立派」與左派之爭中，右派是同情中立派的。但中立派事實上已在分化中，傅馬總理比較執中，被左派抨擊為「右傾」。李江將軍因為强力掌握中立軍部隊，嚴防左傾，自然成為中立派中的右翼。而中立派的一些政客，不少已經左傾，外長昆寧科西納，是共中之著名親共者。在寮國尚在承認中華民國期間，邀請中共「外交代表」參加集會，追走台北駐寮大使的一幕，便是昂寧的傑作。

克山納上校的被刺，是「起義」與「反起義」的結果。但昂寧科西納的被刺，雖不能說就是克山納被刺的結果；也不能說，瓦瓶平原的火併，就是昂寧被刺的結果。「銅山」與「洛鐘」之間，並不像摽扭亮着電燈那樣明朗。但這些一連串事件，發生於中立派及巴特寮之間的，其間的互為激蕩影响，倒是沒有疑問。

傅馬總理的話，可以說明此中梗概。傅馬說：「多時以來，一個小型的軍人集團，由於他們的同志受到傷害，由於他們要向他們所認為的敵人報復，因此，整個瓦瓶平原已充滿着個人復仇的猜忌陰謀和個人復仇的氣氛」。

暗殺誠然是「個人復仇」的行為，而且有如美國務院發言人所說的，是「殊堪痛惜的卑劣行為」。但當這種卑劣行為被在政治中使用——使用於政治的目的上的時候，它不是已經超出個人復仇行為以外而影响到政治嗎？

中原鼎沸

昆寧科西納是被一挺蘇聯製造的K——五〇手提機關槍所殺，他身上所命中的十八顆子彈自然也是蘇製子彈。以親共份子而死於蘇製武器之下，即使說不上「諷刺」。可是這種矛盾的現象，是不是可以說明某一些事情呢？

寮國是一個連鳥槍也不會製造的國家，但現在的寮國部隊，左翼、右翼、中立軍，卻擁有多種多式的簇新武器，蘇製的、捷克的、美式的。李江將軍當年在永珍叛變，出走瓦瓶平原擁立傅馬，全營都是美式裝備。在川壙他的軍隊與左翼巴特寮合流，他的士兵乃獲分配蘇製武器。左翼軍因為向中立軍策反，也得到一些美式武器。只有右翼軍方面，蘇式武器甚少吧了。這種武器的流動情形，就難免發生美式武器殺右翼人物，和蘇式武器殺掉左翼人物的事情了。但這些武器的流動性之大，豈不正說明了寮國三派軍隊的變還性之速，局面的太不穩定嗎？

瓦瓶平原的一場火併，中立軍與左翼軍互有死傷，死者計有二十名，重輕傷也數十名。事件的起因還沒有到達永珍的詳細報導，但不是意外發生，卻已可斷定，即左翼與中立兩軍，雙方中有一方挑釁。現刻兩軍仍在對峙之中。傅馬總理說他已下令雙方指揮官立即停火，「幸而未釀成全面衝突」。但究竟他們是雙方同時遵令停火呢？抑是在小衝突之後，正在準備作更大規模的戰鬥呢？即使是傅馬總理，也只有以「幸而」的僥倖心理，希望它不致發生罷了。

昆寧科西納事件，說明瓦瓶平原影响了永珍。緊接科西納之死而有瓦瓶平原的火併，可能是永珍影响了瓦瓶平原。如果以瓦瓶平原代表「軍方」、而以永珍代表「政府」，究竟是政府能控制軍部呢？抑是軍部將壓倒政府？如果傅馬「命令不出都門」的話，瓦瓶平原將會「中原鼎沸」，暗殺與軍事衝突交替。寮國的「中立的獨立」恐怕就難以保持了。

·曼谷通訊·

泰國邊區仍潛伏危機

·源和舍·

美國駐曼谷大使楊格最近曾說過：「泰國局勢，仍然是嚴重的」。——不錯，與泰比隣的寮國，現正有三份二土地給共黨勢力控制着，共黨的特務和游擊隊，目前已大量的滲入到寮、泰邊境地區，展開了有計劃的活動；在這現實的情況下，共黨在東南亞擴展的下一個目標，顯然就是泰國。當地士人也承認，共黨勢力刻已不僅控制着寮、泰邊境，而且還伸張到邊境以外的縱橫五十哩。那末，楊格的所謂「仍然嚴重」，決非故作聳聽的危言。

從表面上看，泰國沒有政治上的傾軋事件發生，人民也過着寧靜的生活，國家的農產品依然保持着豐收的水準，官場陋習已不復存在，但是骨子裏卻浮現出使人驚訝的事實：（一）在泰國北部邊境地區，沒有一個人知道乃沙立元帥就是他們的統治者，大部份士人還以為他是住在寮境的一個軍人；（二）泰國邊境裏的人民，完全是收聽北越共黨的河內電台所廣播的宣傳節目，及北平電台的廣播節目；此外，在泰國與高棉、緬甸毗連的邊境地區，也呈現着危機，尤其是跟寮、緬相連的邊境上，潛伏着數以千計的「北平人物」與當地的苗族混合，而前者則挑撥和唆使後者反抗泰國政府。泰國當局曾調查出該處有一條蔬菜村，竟是泰共的思想訓練中心。這一個發現，正反映出泰國的危機將有繼續擴大的可能。

當地人士又指出：北部邊境有數個省區，也是最難應付的「危險地帶」；那裏是人跡罕至的荒僻地方，而那些省區則沿湄公河排列着，散佈在那些省區各鄉村居住的，有越南「難民」近三萬人，直至目前為止，他們仍然是擁戴越共首領胡志明，受胡志明的利用。這一塊地區，可以說是共黨進行滲透活動的理想基地。寮國的共黨份子，也可以涉水步過淤淺的湄公河到那裏來，或是乘獨木舟橫過湄公河到那裏來，聯同潛伏在該地區的共幹，展開活動。這一部份的湄公河流域，是沒有軍隊駐守的，因此，寮共得以來往自如，而泰共亦視這地區為安樂窩。

據說，曼谷政府原是曾一度感覺到邊境問題及共黨滲透的威脅的嚴重性，乃沙立已成立了一枝邊境巡邏部隊，用以對付邊境區共黨的滲透活動，同時又採取了「訓導」措施，派遣數以百計的「巡廻訓導隊」深入東北邊境去，敎導當地的村民，並把現代化的生活形式，帶到該荒僻的地區去，改善當地村民的生活。乃沙立元帥並曾親自蒞臨該邊境地區巡視，又曾在電視上對全國人民發表了一項演說，聲明了泰國政府發展邊區地方的決心，他說：「政府對發展邊區的工作，一定悉力以赴，必要時，將不惜付出任何代價」。但是，政府官員的推動發展邊區的工作卻似乎未達到適當的勁度，因此在效率上顯得緩慢，故仍授予共黨以可乘之機，邊區情況依然難以獲得穩定。

可是乃沙立元帥卻仍認為上述的事態「並不嚴重」，及「不值得憂慮」。顯然，這位現年六十三歲的泰國總理似乎是患上點「近視」，他祇看到外表的一面，所以他認為他的盛產米稻、玉蜀黍、錫礦、樹膠的國家，現在已是「國泰民安」，殊不知其內裏的一面，實在是仍然隱伏着很大的危機。——這危機，就是邊境共黨的滲透活動！

尤有值得躭憂的，那就是泰國政府軍械庫裏目前所貯存的彈藥已越來越少；反之，泰共所獲得軍事裝備的接濟數量，卻越來越多。這一形勢，使人意料到泰國內部的危機，將終於衝破沉靜的氣氛而爆發。

有人認為：目前泰國的危機尚未達到白熱化的階段，如能及早施以迅雷不及掩耳的打擊，仍可將它銷除。對的，倘若泰國政府對邊境共黨立刻採取强烈的反擊行動，軍事與政治，雙管齊下，當然還可以挽救得來；而尤其重要的，還是對邊境村民的敎育和感化的措施，用這一措施來配合軍事行動，更易獲收事半功倍之效。泰國政府目前的所謂「公民運動」，也是良好辦法之一，祇是進行得太緩慢。一般認為：這項工作，必須馬上加强。

焦文姬

(一九)

(版權保留)

黎明

第十五場：

青霜：(上唱)：一霎時，日啣山，暮烟四起；却緣何，我小姐，還不來歸？(驀然發現樹上文姬的縣屍)哎呀！(趨前撫之，業已氣絕，不覺淚如雨下。)(唱)

一見小姐把命喪，
不由青箱心內傷！
這個禍兒由我闖，
不該撮合短命郎。
千言萬語難開講，
自己做事自承當。
不爲厲鬼難勾賊，(堅決而激昂)——小姐少等，我青箱來也！
倒不如碰死在墳場。

(向大郎的墓碑猛然碰去，倒地而亡。於時，天昏地黑，但聞悲風蕭條之聲。)(移)

第十六場：

地：齊州知州衙門的後花園。雖暑有池臺亭館之勝，但落花滿地，古木撑天，鴉聲啞啞，鬼氣森森；使人聽了看了這光景，不期毛骨悚然。

時：一年後暮春的薄暮。

人：滿尚智、焦文姬(鬼魂)、青箱(鬼魂)、火判、牛頭、馬面、衆鬼卒。

滿尚智：(左手挽香囊，右手拄花鋤，冠帶上，唱)：

一麾出守知齊州，
聖眷如山難報酬；
不料香囊事發作，
惹起無端一段愁。

尚智：(白)下官滿尚智，自從今春洪州任滿，承蒙聖恩，擢爲齊州知州之職。到任以來，且喜訟簡刑淸，到也逍遙自在。不料夫人昨日偶檢舊篋，發現文姬當年送與下官的香囊，制作甚是精巧，一時引起疑心，盤根問底，吵了下官與他不免爭了幾句。我想夫人雖爲名門之女，究屬女流之輩；倘若一時淺見報與岳父知道，那還了得！(把香囊舉得高高)香囊呀香囊！你留在下官身邊，終究是個禍根，不如趁此四下無人，尋個僻靜所在，把你埋葬了吧！(邊尋地邊唱)：

當初做事太荒唐，
野草閑花惹恨長。
記得曾對焦細講：
我已是通判洪州的狀元郎；
不日即接文姬去，
一同掃墓歸故鄉。
孰知叔父情義廣，
逼我回家結鸞凰；
我結鸞凰已兩載，
文姬呀！你緣何一直音訊兩渺茫？
——哎呀，文姬呀文姬！
我結鸞凰本無奈，
想必你，早已枝頭紅杏再出牆。
一個重婚一再嫁，
休論誰短與誰長。
——如今你我呵，
往日風流今日了，
一坏黃土瘞香囊。

(尚智作已尋得瘞地欣喜介。於是放下香囊，舉起花鋤猛力鋤下；忽然火光一球，起於鋤下，青箱橫眉怒目，左手抱嬰兒，右手對尚智戟指而訾)

青箱：好一個忘恩負義的狗賊子！

焦文姬：(在另一火光中急上)箱妹不得無禮，爲姐我來也！(見了尚智，強抑酸楚施禮，但見笑容滿面，柔情似水)官人別來，您可好呀!?

滿尚智：嗯咳！(驚得魂不附體似的，連忙拍拍心口，擦擦眼睛，然後集中全力凝視)吓！你……你不是文姬麼？你……緣何能……到此處？

焦文姬：妾身正是文姬；官人你，難道今日連妾身也不認識了麼?!

滿尚智：不……我……認識；(顫抖介)下官我……是問娘子，緣何能……到此地呀?!

焦文姬：我麼?!——官人！你找得我姐妹好苦呵！(唱)：

自從官人你上京去，
奴無時無刻不想念你；
想念你：早行夜宿多勞累，
客路雪霜沒馬蹄。
想念你：山看野蔌難開胃，
山村野店太孤淒。
想念你：就讀文章壞身體，
更怕你金榜無名不肯歸。
想得奴，每日裏神魂顛倒沒傍倚，
三餐茶飯沒滋味；
菱花空陳懶梳洗，
羅帳空懸難安睡。
哎呀官人呀！
奴奴我，那一日不想你，想到那夜裏，
那一夜不想你，想到那鷄啼?!

友聲集

(二二)

有感集定庵句十首

克念軒主

閱歷名場萬態更，更何方法遣今生？藝能心香屢回顧，萬一天塡恨海平。

夢回淸淚一潸然，小別湖山劫外天；烈士暮年宜學道，才人老去例逃禪。

祇今曠劫重生後，笑指河陽鏡裏絲；世事滄桑心事定，胸中海嶽夢中飛。

誤隨紅葉到天涯，浩蕩離愁白日斜；別有樽前揮涕語，畫梁燕子已無家。

春倦如雲不自持，一鐙慧命續如絲；秦郵驛近江潮遠，各記春蹓戀□時。

百里，江蠻流夢去，日廂花影怒於潮；一簫一劍平生意，劍氣簫心一例潸。

醰醰，諸父愜瞻依，少壯沉雄心事違；十一年來春夢冷，祇得愧汗濕萊衣。

亦狂，亦俠亦溫文，江左晨星一炬存；莫怨津梁爲客久，長洲重到忽思君。

紅豆，年年擲逝波，側身天地我蹉跎；征衫不漬尋常淚，其奈尊前百感何?!

秀出，天南筆一枝，少年哀艷襍雄奇；勇於自信故英絕，文士關門養氣時。(贈名畫家蕭立聲兄畫展)

唐詩偶釋

(二一)

鄧中龍

臨洞庭上張丞相

·孟浩然·

八月湖水平，涵虛混太清，氣蒸雲夢澤，波撼岳陽城。欲濟無舟楫，端居恥聖明，坐觀垂釣者，徒有羨魚情。

有起聯之高古，乃顯三四之雄濶。五六暗轉，已寓求見之意，而寓情於景，語義雙關，深得詩人託意之旨。

前四句景，後四句情，二者非偶然不相屬也。蓋即景生情，意實一串，古人所謂對此茫茫百感交集者也。凡情景皆當作如是觀。「欲濟」，思有所作爲也；「無舟楫」，無薦引之人也；「恥聖明」，邦有道貧且賤焉恥也；「垂釣者」，當世在位之人也；「羨魚」，用淮南子，臨網羨魚，不如退而結網」之意。「徒有羨魚情」，謂不得有爲也。此詩爲張丞相作，故有此意。

全章布局與杜甫「登岳陽樓」詩正同。一則感懷時事，一則自傷不遇，三四句同爲千古名句，又均於雄壯之後，易以收斂。惟孟詩「欲濟」一句，爲全詩樞紐，承上啟下，了無斧鑿痕，較之杜詩，似高一着。

雲夢澤之氣，岳陽城之波，固極平常之景耳，下一「蒸」字「撼」字，便全句皆活矣。詩固難字字皆奇，一字傳神，便成佳句，是即所謂「句眼」。句眼之安置，初無定法，有在第一字者，如「亂波紛披已打岸，弱雲狼藉不禁風。」(杜甫：江雨有懷鄭典設。)有在第二字者：如「月鎖名園孤鶴唳，川酣秋夢老龍聲。」(杜牧：洛陽長句。)有在第三字者：如「垂手亂翻珠玉佩，招腰爭舞鬱金裙。」(李義山：牡丹)有在第四字者：如「山色遙連秦樹晚，砧聲近報漢宮秋。」(韓翃：同題仙遊觀。)有在第五字者：如「蒹葭淅瀝含秋霧，橘柚玲瓏透夕陽。」(柳宗元：得盧衡州書因以詩寄。)有在第六字者：如「藥爐有火丹應伏，雲碓無人水自舂。」(白居易：尋郭道士不遇。)有在第七字者：如「春從豆蔻梢頭老，日向樗蒲齒上消。」(陸游：寓舍書懷。)

亦有不假句眼，而即以平常詞字，施以新穎配合，便得新意，而創奇境。「桃李」，常物也；「江湖」，常語也；「春風」「夜雨」，平常景也；「杯酒」或「十年燈」，亦幾已近於俗語也……然宋代詩人黃山谷乃以此配爲「桃李春風一杯酒，江湖夜雨十年燈。」便成奇句。則由於配合之妙耳。

一字之差

徐亮之

今年賤降，承國風藝苑的朋友們招飲於福源樓，歸後曾作了一首歪詩，末聯爲「一事粗豪差未老，花前猶足醉千觴。」全詩曾載聯合評論友聲集。而近閱本月五日華僑日報文史欄的「香港詩壇」也已載有此詩，但「花」字却已給手民誤植爲「死」字，變成「死前猶足醉千觴」的了。「大吉利是」！憑了這句，朋友們倒眞有理由非懷疑徐亮之即將跳樓不可的呢！

記得去年左舜生先生在美國生病，香港某報曾說他在美國病故，害得許多朋友紛紛向他家裏問訊。後來左先生回港，我立即向他道賀說：「你今後一定可以長命百歲了。」他欣然說：「笑話，我那裏就會死得了！」

我想：某一種人死不了，可能有時是會令得另一種人頭痛的。

同時我想：「徐亮之」者，換句廣東話即「慢慢睇淸楚佢」之謂也。今日我酒固然沒曾喝够，世界更其沒曾「睇」完；自也樂得學句左先生話齋，「那裏就會死得了！」一等情據此，務請至親好友，萬勿誤會爲荷。

題大千居士蜀江圖

曾克耑

荒茫江水試窮源。蹙浪寒蛟作勢翻。
自挾岷峨悽愴氣。奔騰到海總無言。
黑水華陽灌口開。風雷盡日戰離堆。
雙虹管纜飛濤上。曾記騷人踔踸來。
萬里橋西覓故居。茂陵風雨久凋疏。
求凰一曲終寥寂。臏擲閒心賦子虛。
殿壁嘉陵寫大同。道玄思訓角雙雄。
豈知張李千秋筆。奪取吳生一日功。
十年烽燧謡神州。一水巴渝據上游。
劫底興亡誰料得。江聲嗚咽送寒流。
插天夔峽壯雙門。絕笑蛟龍窟宅尊。
驚浪喧豗山郭靜。九京如咤杜陵魂。
霧鬟隱約曳霞裾。帝女瑤姬想步虛。
玉座齒閒環佩冷。萬峰明月夢來初。
竹枝唱徹峽雲低。欲上崆岭日已西。
客夢漸枯鄉夢遠。寒猿何苦盡情啼。
畫師老去走三巴。斜日滄溟苦憶家。
自寫蜀江千萬曲。魂痕山影鬥龍蛇。
揚子江波勢苦平。蜀山突兀蜀江橫。
詞源三峽還君瀉。答電鞭霆識此聲。

憶陳果夫先生（一三）

宇人

當晚，黨團幹事會開會，立夫先生和李中襄均未出席；黨團指導委員僅有吳鐵城先生按時到會。我將撤免案提出時，洪蘭友即搶先發言，他說：依照黨團組織辦法規定，黨團幹事會書記是中央常會委派的，因此，黨團幹事會無權撤免。他認為本案與黨團組織辦法抵觸不應討論。他接着又拿出一張紙條，說是立夫先生的條諭，「加派陶百川為黨團幹事會書記」。我立即予以反駁。我說：「李中襄雖然是中央常會委派的；但他的職務，是黨團幹事會的書記，亦即黨團幹事會的屬員。黨團幹事會發現屬員有違法舞弊和在外招搖情事，自有權予以撤免。如果中央常會認為黨團幹事會無此權力，本案通過後，自然會予糾正的。現在中央常委兼黨團指導委員吳鐵城先生在座，並未表示黨團幹事會無撤免書記的權力；立夫先生在知道我們將提本案時，也沒有說黨團幹事會無此權力。洪書記不過是黨團指導委員會的一個屬員，竟搶先發言；而且提出與中央常委兼黨團指導委員不同的意見，未免不合分際。」我又說：「再就黨團組織辦法言之，依法，黨團幹事會設書記一人，由中央常會委派，如今立夫先生却以條諭加派一個書記，不但違法，而且越權，我還想另案提出討論。」洪蘭友見我提出立夫先生違法越權的問題，趕快聲明，他將剛才所說的話收回。於是撤免李中襄案便在絕大多數的支持之下表決通過了。當然，我也沒有再提立夫先生的事了。但到快散會時，洪蘭友又異想天開，提出一項建議。他首先說道次參政會的經過情形很好，大家同志都能和衷共濟。他認為唯一的憾事，便是在黨團幹事會的最後一次會議中通過了撤免了李中襄的案。他相信和李中襄以後仍將是好朋友，希望能將這一憾事予以彌補。他建議由他來做黨團幹事會的書記，把李中襄換去做黨團指導委員會的書記。」我聽了他這一番話以後，甚感厭惡。我說：「你口口聲聲講黨團組織辦法，依法，黨團指導委員會的書記和黨團幹事會的書記都是中央常會委派的，你怎能和李中襄私相授受？依法，黨團指導委員、幹事和書記的任期，是以每次參政會開會的會期為限，明天參政會即將閉會，你的書記職務也將隨之而解除，你又怎能拿去和他人交換？」我又說：「所謂好朋友，應該勸善規過，不應互相包蔽。我認為我們提案撤免李中襄，正是好友應盡的規過之道。因為事實上，他的書記任期，在明天即將屆滿，我們提請予以撤免，不過是在精神上給他一點刺激，希望他知過能改。除此而外，可以說，對他一無所損。」我勸洪蘭友不要無理取鬧。洪蘭友不再出聲，大家即一哄而散。

經過這次不愉快事件後，果夫立夫兩先生便在一些宵小挑撥離間之下，認為我已經參加他們所謂的黃埔組織。記得有一天晚上九點過鐘，吳任滄兄來訪，他一坐下便批評他們兩位喜歡聽小話，全無是非皂白之分。他還說：他剛從立夫先生的府上來，在談到我時，立夫先生曾謂我已加入「黃埔」，他代我不平，所以特來相告。我聽了以後，唯有苦笑而已。

此後不久，國民黨舉行第六次全國代表大會，在開會之初，蔣先生似乎頗有團結內部力求改革的決心，曾召集果夫先生和陳誠、吳鐵城、陳慶雲、張治中等五人每晚舉行長時間的會商，研討六屆中委選舉辦法和人選。初步商定中央執監委員名額共為二百五十人；選舉辦法則採取候選人制，由總裁、中央常會和出席代表分別推介。蔣先生曾親自將此項選舉辦法提出大會討論，並詳加說明。他強調，有人曾建議將中委名額增為三百或三百五十人，但他認為應以精選為原則，故擬定為二百五十人，當經大會一致通過。關於候選人的審定，蔣先生也親自主持，由五人小組先將五屆中委（向不足二百人）及各有關方面推介的人選列成一張大名單，然後逐個研究，必須五人小組一致同意，並經蔣先生認可才算通過；如果小組中有一人不同意者，即暫時擱下。每晚會商結果，都作成正式紀錄，由他們五人簽名後，存於蔣先生處。當時，他們五人均建議應將宋美齡女士和蔣經國列為候選人，但蔣先生則堅持祇能有一人，最後決定為宋美齡女士，蔣經國則不與焉，足證他在那時尚無傳子的意念。

經過好幾晚的會商，最後五人小組完全同意的候選人名單，共有二百七十四人。由於蔣先生和五人小組對於此一候選人名單太過重視，竟決定由他們五人分別向有關的代表洽商，勸代表們在投票時，照選勿誤。但選舉辦法規定中委名額為二百五十人，這超出的二十四人究應如何處理，五人小組並未提出研究。在他們的心目中都以為可將中委的名額酌量增加，以應事實上的需要。蔣先生也沒有吩咐他們將超過法定名額的二十四人核減，在他們看來，顯示他也有增加名額之意。果夫先生眼見有增加名額的希望，即從中取巧。因為五屆中委中約有二十人未被列入候選人名單，他們都是CC分子，果夫先生乃乘此機會簽呈蔣先生，畧謂這些五屆中委追隨領袖多年，忠貞不渝，雖無殊功，却多勞績，若當此抗戰勝利指日可期之時而予以淘汰，他們情何以堪。他請求蔣先生恩准將這二十來位五屆中委一併列入六屆中委的候選人，以示體恤之意。蔣先生批可。吳鐵城、張羣、王世杰等先生聞訊亦急起直追，各向蔣先生推荐與他們有關的若干人為候選人。果夫先生得知其事，又再推荐一批CC分子。於是二三日之間，六屆中委的候選人即躍升至三百五十人以上，而且漲勢未已。剛於數日以前，以堅定的詞句向代表大會聲言六屆中委應以精選為原則，因而拒絕放寬名額的蔣先生，竟變更初衷，向五人小組表示將向代表大會提議增加名額為四百人。CC又恐他們所提的候選人在大會投票時不能得到足夠的票數，乃秘密召集屬於他們的出席代表和五屆中委共約三百人聯名上書蔣先生，自稱他們一向為領袖之意旨是遵，關於六屆中委的選舉，願意將他們的選舉權無條件的獻與蔣先生。青年團的代表們得悉此情，亦聯名上書蔣先生，表示異議。不料蔣先生竟更進一步，決心變更選舉辦法，限定代表選舉，僅能在他所提出的候選人名單中圈選，不得另選名單以外的人。這樣一來，六屆中委即無異由蔣先生一手指派，所謂選舉，不過是一種自欺欺人的手法而已。（待續）

抗戰行列中見聞雜憶（二四）

李璜

抗戰便利了中共的成長（下）

中共命運的轉機，全靠在民二十六年的中國人全面抗日作戰！是年七月七日及八月十三日，日軍大舉進犯華北華東，一直侵入華中與華南，敵騎縱橫，挾海陸空三方面的優勢力量，恣意蹂躪我國土，殘殺我同胞，激起全民一致的憤怒，因是民族主義的怒潮激增，普遍支持了整個中華民族的抗敵行動，而就以首先淪陷於日軍之手的華北地區為甚！

本來，在中國人的社會意識中，民族主義是相當長久而牢固的。在中國儒家正統的思想裏，就已很富民族主義的思想的：春秋之義，尊王攘夷，內諸夏外夷狄，夷狄近於中國則中國之，以及用夏變夷等等說法，早已深入人心。漢族之所以歷遭外患，而終於自行振拔，不墜其緒，便賴此一社會意識。特別是在中國北部，自秦漢以來，屢次遭遇着胡人或匈奴的入侵，秦皇漢武都曾經勞及全民努力，大舉擴外以安內；到了晉代，五胡十六國之變，在一百多年之間，又曾用我漢族全民之力，對許多外寇，或予以抵抗而敗走之，或予以教育而同化之，這都有賴於此民族主義的思想傳統，在那裏發生甚大的作用！特別是宋代的岳飛，因其能在北中國發動民衆，戰勝強敵金人，又因其生而勇烈，死得悲慘，中國民間一致奉之為神，成為民族主義的偶像而膜拜之。

因是，自宋以後，民間自行據險，以抗外敵，且響應勤王的組合，田間的忠義民兵，自李綱、岳飛之後，乃遍於大江南北，此文天祥、陸秀夫等民族英雄之所以能屢次起兵，與蒙古強敵周旋，以至於中國的極南省區，而明末的黃道周、瞿式耜之所以能徵集義旅，抵抗清兵，茍延明祚，都是本於此民族意識及其力量的普遍存在。

因為中國民間早有此一民族主義的意識及其傳統的作法，故當民二十七以後，政府軍與日寇在華北華東盡力拚鬥，終以武力裝備不敵而退守華西南與西北邊區後，棄地計全國之大半，棄民計三四億之多，這些廣大敵後地區的衆多敵後之民當然不會安心去作日閥的順民的，而必然的會在這廣大的面（日軍只能佔據這廣大地區的點與綫，而無法控制整個的面），秘密的分別集結，隱於城廂以外或山野之中，以圖打擊外寇，使之不得安寧，且有時予以懲創。這在民二十年日閥發動九一八事變後，東北的義勇軍蜂起，馬占山將軍等集結了大部份義勇軍，在敵後周旋，東北義勇軍英雄之名因此大著，即足以見此一形勢了！

在這一形勢之下，毛澤東及其殘餘力量便絕路逢生，大得機會，去迅速的成長起來！

我們應知，在民二十五年底，西安事變發生時，毛澤東因居陝北的隊伍已不足兩師人！且這兩萬多人中，毛本身只餘幹部四五千人，而隊伍還是早在陝北的高崗與劉子丹的土共力量。此外散在全國各地的土共，也不過三四處，力量日趨微弱，大都快被政府軍剿滅淨盡了。

全面抗日軍興，國共再度合作，毛澤東的「匪」軍被改為國家的正式軍隊，稱「第八路軍」，後又在江蘇北部成長起來的「匪」軍，也被編為「新四軍」，這一等到民二十七之後，政府軍退向西南西北，八路軍與新四軍立刻在華北、華東的敵後地區便迅速的擴張起來；六七年間（自民二十七至抗戰勝利時），毛澤東在敵後便號稱有兵百萬，其實，也有四五十萬之衆了！

固然，這是前面所說的民族主義的意識，有便於中共在廣大敵後地區與敵後民衆打成一片。同時，淪陷了的敵後民衆所處的環境，也實在便利於中共去與一般民衆成為一家人。當日軍來了之後，我們應知，敵後地區的人民已不復是敵未來時能夠安居樂業的老百姓了。他們多數因受敵人橫暴的壓迫，不得安寧；或因反抗而與敵成仇，被迫而上了梁山，逼得與日軍去一拚死活者，所在皆有；因是，敵後人民自行組合的游擊隊或義勇軍，此起彼伏，小隊伍在山區中隨地集結，小首領在每一地自然產生；這情勢本與毛澤東在民十八都市革命失敗而被迫上梁山的情形相似，不過毛的目的當時是想實行共產革命，而此刻敵後民衆之拖上梁山，乃是要實行民族革命罷了。只須此刻中共中央令其幹部也以民族主義為號召，去到敵後地區，組織民衆，打擊日寇；這一來，八路軍便左右逢源，處處相生，漸漸的便與敵後民衆成為一家人，而非組織鬆懈，幹部偷惰的當時國民黨所能隔斷得了！

中共一旦能在敵後地區游擊活動中立定了腳，他們還有另一套本領，這本領叫作「以大吃小，消滅友軍」。因是，在廣大敵後地區的許多散漫的游擊隊伍，逐次的在共幹的巧計安排，威脅利誘之下，一部一部的領袖被殺，羣衆被吞，而統一於第八路軍之下！而且第八路或新四軍在敵後活動數年，只求自身力量的日趨擴大，而並不打算去與日寇用決戰的方式相拚，如同政府軍的硬打硬拚；他們是避實擊虛，截敵人的尾隊，搶敵人的槍械物資，小戰即退，每有所得，其力量自然更容易的成長起來。——因是國民黨在民三十左右，常常公開譴責共黨在敵後「游而不擊」，「專打友軍」，以求自身的擴大，這確是一向的事實。

舉世都知道，中共是以游擊隊作戰起家的；但有人驚奇毛澤東的游擊隊伍發展得如此其快！特別是西方人，不能得此要領，而把游擊隊（Guerrilla）老認為是別動隊，好像一一都是由中共派人去從事別動而成了功。其實，在敵後廣大地區的游擊隊，大大小小，此起彼伏，當時不下一二百萬之衆，無非是本於中國傳統的民族意識，自然產生的一種特別的社會結構；惜乎當時政府中人無此本領深入敵後，把它連絡起來，打成一片，而乃被中共乘機利用，七八年之間，竟變成了中共的幾十萬隊伍了！

聯合評論

本刊已經香港政府登記
每逢星期五出版
週刊
United Voice Weekly
第二四一號
督印人：黃宇人　總編輯：左舜生
社址：九龍大埔道一六八號亞南書局　805641
承印：嘉華印刷有限公司　香港灣仔馬師道5號
總代理：友聯發行公司　售價每份港幣一毫
本報美洲版總經售處美國紐約中美出版社
CHINESE - AMERICAN PRESS, INC
199 CANAL STREET.,
NEW YORK13 N. Y. U.S.A.
美洲航空版每份售美金一角

略談大阿拉伯主義

季璜

對於埃及總統納薩所鼓動的大阿剌伯主義，我曾在本刊評其為過於奢望，難於成功，但未曾詳談其困難之點的所以然。彼時正當埃叙聯盟解體之後，叙利亞的巴斯黨人對納薩的專斷態度大生反感。不過今日叙埃又合作了，而且拉攏了一個伊拉克，將共同成立以納薩為領袖的阿剌伯聯邦，其前途又將如何呢？

大阿剌伯主義近年來的一再在西亞北非醞釀運動，當然有其歷史的背景。我們讀史，也不會忘却了第七八世的回教大發展的盛況；我中國史上稱的大食帝國，當奧瑪耶朝代，長征萬里，享國百年（六六一至七五六），不但佔有全部西亞與埃及，而且北非，全部以至西班牙均在其帝國版圖中；及至分裂為三：西亞的黑衣大食，埃及的綠衣大食與西班牙的白衣大食，也支持到十一世紀，各在文化上有其貢獻。這一時期，歐洲民族尚在中古的黑暗時代中，而保存希臘的古典文明以及容許基督教教徒逃避日爾曼蠻族的蹂躪，均有賴於此佔據歐亞非三洲邊沿之回教帝國的容忍與開明作風。據我國唐代杜環稱，「大食帝國，土地所生，無物不有，四方輻輳，萬物豐賤」，足見其農商工均甚發達，當時國力，非常雄厚！

不過回教帝國自十一世紀之後，東為突厥所滅，西為歐人所滅，一潰不振，其國土分別的淪為殖民地，或次殖民地，直至第二次大戰後始先後獨立，因之在政治上言，則八百年來腐化陋習已深，在經濟上言，已落後歐洲甚遠，人民生活至為困苦。但如埃及、叙利亞、伊拉克，其地土比較肥沃，其交通比較便利，新人當權，力思振作，要想在工商業趕上新的時代，在政治上免却西方左右兩派威脅其獨立，因之內而有社會主義的經濟建設主張，外而本其歷史背景以求大阿剌伯的團結，其情其理，皆合於自然的要求，故大阿剌伯主義運動之發生，乃所謂事有必至，理有固然也！

然而我又何以說，納薩的主張為奢望，有其不易克服的困難呢？即今日的時代，已不是中古的時代，而中東的地理環境也不能容許大阿剌伯主義之眞正的發展與成功。

人們讀史，未有不欣賞「英雄的史詩時代」者，西之如亞歷山大大帝、奧瑪耶朝三君、羅馬凱撒等，東之如漢武帝、唐太宗、成吉思汗等，當時這一些神聖文武，天亶聰明之所以形成，乃有其時代性，時代性為何？即羣衆知識幼稚，而能迷信英雄，四鄰又多在草昧之中，故帝國版圖，數年或十餘年間，可以擴大至一洲或兩三洲之間，而團集其下的民衆，俯伏其脚下者無比其多！而今則因交通便利之故，民智早開，不但不再迷信英雄式人物，而多數人都恐為其英雄式領袖所犧牲利用。今日一國之內，要產生一個唯一的領袖，即使勉強造成，也會不旋踵便倒了台，何況國際之間！以前次叙埃聯盟而論，叙利亞的巴斯黨人，便因納薩要獨裁，要壓制其黨的活動，而招致聯盟的分裂；即以這一次的叙、伊、埃三國成立聯邦而論，代表討論至三天三夜之久，協定多至百條以上，而議員的分配數字，始終在爭持中；且巴斯黨人的社會主義又與納薩的社會主義，彼此意識與辦法都不相同，其來日合作是否能够合轍，不再分裂，尚未可知。至於約但，則因國土緊鄰於以色列，近日國小而勢強的以國已聲言不許約但為納薩所誘，否則必有戰爭；而也門、沙地阿剌伯，則土王國王均有能力控制其民，且英國也絕不容許大阿剌伯主義擴大至於波斯灣也。

在納薩總統與巴斯黨人的合作目的，均甚注重於如何振興其國力，而振興國力，不外於創造新式工農業，以提高其人民之生活水準，以及發展新式陸空軍，以求健全國防，用以自保；對此兩項，納薩總統數年以來，甚為努力，已為其它阿剌伯國家所稱道者。但落後國家要求發展或興辦此兩項業務，則經濟、機械與技術人才，皆必須求助於歐美先進國家；不求助於左之蘇俄，則必求助於右之英美，否則在資本而言，一時無法自行積疊：在機械與人才而言，更是一時無法自給自足，而不去請教別人。

但要求助於西方人，無論蘇俄也罷，英美也罷，他們對於你落後國家貢獻了人力與物力，便絕對不會很大方的只講友誼的幫忙，而必定要控制着你，使你聽從他們的意旨辦事，不過英美比較蘇俄要來得客氣一點罷了。這毫無足怪，因為西方的民族性，自來就是積極進取與競爭獨佔的。（一部西洋近代史，處處都可以証明這八個字的。）除非你能獨立自給，而一切都不要西方人的助力，則或者尚有希望去擺脫西方人的控制；如果又要西方人的人力物力的幫助，又要一切獨立自主，更要眞正的實現甚麼大：：主義，則毛澤東要想當一個東方的「老大哥」，也不會為蘇俄所容許的啊！

五二、四、二三

略記旅美四個月的一些實感

五、在波士頓醫院的十五天

左舜生

我們這一晚的談話，所涉及的範圍確實相當廣泛，但却沒有任何人提到所謂『兩個中國』。我知道，美國方面在過去中了共黨宣傳的毒，或誤於共黨同路人一種虛偽的報導，確會有人作過若干離奇怪誕的主張；但自去年五月發生大陸人民向海外大舉逃亡的一幕，所有共黨這十幾年來一切糟糕的事實，即已暴露無遺；即美方若干人士的幻想，也已經被這類事實完全粉碎。這一晚提問題的是同座各位，答問題的是我，他們聽了我的解答，最多也只有對某一問題作進一步的發問，但絕對沒有人發表他們自己任何具體的主張，並絕對沒有人提到『兩個中國』。主客之間根本無所謂爭執，也根本沒有發生爭執的機會。但後來不幸有一位莫明其妙的記者，居然無中生有，憑空編造一段謠言，說我與費正清之間，因為『兩個中國』的問題曾有過一番熱烈的爭辯，甚至說我在波城臥病兩週，即因此而起；而台灣和香港的若干報紙，莫明眞象，又把這一謠言，輾轉登出，以致弄得主人深感不安，這確實是我此行中一段最無聊的插曲。『天下本無事，庸人自擾之』，中國近年有若干故事，都是這類庸人無端製造出來的，以致引起國內國外人許多無謂的猜疑與誤會，而造謠的人乃完全不明白他們所應負的責任，反而以他們能報導內幕消息或製造問題而沾沾自喜，這種無知與無賴的行為，眞是我所不了解的。

至於我這次在波士頓胃潰瘍之所以復發，實早已植根於紐約兩個月不太正常的生活；加上我不願放棄平日每晚必看書兩三小時的習慣，以致睡眠不足；而十一月十四十五這兩天，在普大與哈大又完全未得休息，談話較平時為多；都不失為誘發的主因。十五日夜深回到傳弢家中，即整夜不能入睡，一直坐到天亮，乃嘔吐不止，胃部出血甚多，延至十六日午後，乃由傳弢送我到麻省總醫院（Massachusetts General Hospital）診斷。初以為三五天即可無事，因住在頭等病房，每天的醫藥及房費，約須四十美金至五十美金。記得十年前在港以同一病況住法國醫院頭等病房兩週，所費不足港幣五百元，這次總算是我生平住醫院花錢最多的一次了。

以我這次及後來在舊金山再住醫院八天的經驗，加上兩度在舊金山到聖瑪利醫院去看君勸先生，我確實知道美國的醫藥設備非常良好，醫院規模偉大，他們的醫生，看護，以及其他一切在院服務的人員，其對待病人的態度，都異常親切。為我看病的是該院任胃病專科的Foster醫生，年約四十餘，沉着而又仔細。當我初入院的頭幾天，情況相當險惡，他不慌不忙；當我病況已見好轉，他却格外愼重。我一共照X光四次，第一次照肺部，無病；二次照胃，不完全淸楚；三次仍照胃，乃發現胃上有一小小疤痕，舊創新發；第四次照全身，費時最久，証明各部分良好。由指頭抽血化驗，歷時約一週，幾乎是每天一次，稍後仍隔一兩天再抽一次；血壓則每天一兩次不等。以血液中水分不够，乃將一手掌的背面刺破，綁好，平放不動，由高懸之水瓶中每次輸水兩瓶，每次約須三小時左右，頗感痛苦。又以一細軟之橡皮管，長約兩英尺許，由鼻孔透入，到達胃部，吸取胃液若干化驗，雖為時不長，但經過三五次，則幾痛苦到不能忍受。一切驗畢，始正式服藥，每日三五次，深夜仍服一次。最初幾天，完全飲冷牛乳，每日夜不斷；大致在五天以後，始每頓給半生熟鷄蛋一枚，繼加薄脆的餅干兩片。十天後始能起床到房外散步，飲食亦逐漸正常，然量仍極少，渴則仍以牛奶代茶。問醫生何時可出院，答須待驗大便完全無血，始能確定。最後決定出院，實十二月一日午後也。

余此次入院的第二天，費正清先生及其他兩位教授即來看我，並囑傳弢轉告，要我安心養病，不必以醫藥費為念，哈大與哥大可共同負責，其意可感。謙冲兄第三天自紐約飛來，告我紐約方面的友人均對我異常關心，淬濂兄更謂醫藥費決有辦法，並勸我作一次徹底治療，如須割去胃一部分，亦不必怕。但醫生則自始至終，却，未談及須動手術也。在院共十五天，傳弢每天必來看我兩次，午間十二時左右一次，午後五六時一次，從未脫班。其夫人陳幸女士，以有孕嘔吐，須靜臥，但亦到醫院一次。十天後，傳弢並介紹其他友人到院作短時間談話，使我雖在病中，生活亦不過分單調。我在病榻自思：深覺我平日之愛朋友，乃遠不如朋友之愛我，實且感且慚之至。

我同房住的一老人，年約六十左右，患Cancer，開過兩次刀：一刀在腿部，一刀在腹部，係從腿上割肉一片，補在腹上，經過良好，已能下床走路，但腹部仍隨時作痛。動此項手術者，係一中國王姓醫生，名就安，廣東人，曾在香港服務，現為本院一開刀名手。我問他此老人病況如何；他答暫無問題，但最多僅能延長壽命一年，以癌症還沒有根治的方法也。在這十幾天中，我和這位老人以及他的老妻愛女，都混得很熟，醫誡老人絕對不能抽烟，其妻也監視甚嚴，但他的愛女，則每天必以烟一兩包暗暗送他，也偶以兩包送我，我眼見他的家人對他那樣親切，又聽到王醫生告我以實況，乃不勝黯然。

我在出院的一天，醫院帳仍未算清楚，由傳弢簽字暫欠。傳弢夫婦約我在一中國飯館晚餐，並在他們家裏靜靜睡了一夜，次日一早，即飛回紐約。上一天，在同一機場起飛，曾有一飛機出事，死二十五人，如我早一天出院，或亦有搭上此一飛機的可能也。

寫完了今後的政策以後

孫寶剛

自從香港的幾家雜誌討論到理論體系以後，有些朋友希望我來寫一套理論體系。到現在止，我在聯合評論上大約寫了二十篇文字，把理論體系所需的基本觀念，以及政治，經濟，社會和文化等的政策，大體上作一具體的說明。我當然知道：所謂具體是有些言過其實的。第一因為手頭的資料和理論性的書籍不够；第二因為每篇文章都是急就的，再加上要適應聯合評論的篇幅，所以掛一漏萬之處，在所難免。不過我還是大胆的一篇篇寫出來，目的想引起讀者對於理論體系的注意而大家來展開一個討論。同時我想所發表的二十篇文字，儘管掛一漏萬，大體方向是沒有錯誤的，作為討論的基礎，大致還沒什麼不妥之處。可惜發表至今，除了曾欽若先生有過一篇經濟政策的檢討以外，還沒有見過其他的文字來討論，這是非常遺憾的。

世界先進的國家的關心政治的人們，無一不在研究政府應採取什麼政策才對國計民生最為有利。這好比一個醫生去醫治一個病人，當然要研究對這病人應該怎樣處方。反之，假如自己不研究處方，也就是說，拿不出一張方單來，而大聲疾呼，我為你醫病，誰會來相信呢，也有些人專去批評其他醫生的處方不對，這也難令人心折，同時也怎能把病人醫治好呢？

我常常說：時代雖已進入了二十世紀的六十年代，但是中國的一般從事政治的人們，一部份還停留在蘇秦張儀之術的範疇內，另一部份祇知喊幾句口號。所以蔣先生雖然執政了將四十年，我還沒有看到他對治國的整套政策，更談不到實施！有人說他對於國計民生是不問不聞，祇在對他政權發生事端時，勉強應付一下，等待當時的危急情形，可以應付過去，便算了事。後果怎樣，在所不顧的。所以他當政雖然將四十年，把大好神州送給了共產黨，現在偏安台灣，還不能自保，非請美國人來看家不可。反之共產黨則對老百姓無所不問，無所不管，老百姓無法生活。我想這也是他們對於理論體系沒作過客觀而詳盡的研究所致，所以基本觀念有了毛病，他們祇知道閱讀一些純理論而帶有宣傳性的馬烈八古，對於執政時的整套政策也沒有確當的研究。其實今天的政府，已不是「消極的警察」，等到國計民生發生了問題才來應付一下，也不是臥鎮天下，無為而治的時代。合縱連橫的一套手法，祇能作個人的爭權奪利的法實，決不能解決國計民生的。但是把人民管得一切自由都沒有了，甚至違背了正義和公道的原則，那又不行。因為今天的人民，已不會甘作順民而能長期的屈辱在奴隸生活之下的。

我們一定要積極地去管理國計民生，還要分出長期和短期的計劃，但是積極地去管的目的，是在增大全國人民的自由的總量，而增強了正義和公道的力量，才不會弄出大毛病來。可是怎樣能達成這個目的呢？其中大有研究的餘地。決不是任意可以決定的。毛澤東任意把工農業的重心顚倒了，便造成近年來全國人民的大飢饉，而接着把犧牲了全國人民的血汗所建設的工業也大部停滯。現在雖然已經把重心移到農業上去，可是浪費了多少國家財力，並且人心已去。我們看今天的情形，毛澤東是否能夠渡過這個難關，還大成問題。假如他於佔領大陸之初，對於整套政策已有客觀而具體的研究，並且研究得很準確，那麼，我相信，他在人民政府成立之時，便會以農業為主體，而以工業來配合農業，今天大陸的情形便大大不同了。再以蔣政權來說，在抗日勝利後，裁去了二十萬軍官，假如蔣先生對於失業保險等政策有些常識的話，便知歐西各國對於失業的工人，尚且要加以救濟，不然社會的秩序便要紛亂，可以影響國本，那麼，他決不會把二十萬軍官以一裁了之，好像政府和國家無關。以為裁了二十萬軍官，政府節省了一筆經費。他沒有想到二十萬軍官離開了軍隊，可仍在中國境內，他們仍須生活。假如他們的生活發生了問題，社會秩序便可因他們而紛亂，而影響國本。在共黨佔領大陸以前，到處有所謂土共，其實和這批軍官大有關係。……今天毛澤東也在犯同樣的毛病了，近年來因為工業的不振，工人剩餘，和學生的就業也發生問題，他把工人及學生下放叫他們到鄉村去。但是客觀一些去想一下，便知工人和學生下放到鄉村去，並沒有解決工人和學生的就業問題，祇是增加了農村的紛亂而已。

我要舉的例子，實在太多了，總而言之。國家對全體人民負責，必須解決全體人民的生活，最少要使他們能像人地生活下去，社會的秩序才能維持。但要這樣做，必須對整個國家的人力和物力以及人民的文化程度，和外援的情形，有個具體的估計，而作成整套的政策，並且這套政策須是非常實際的，才能把國家弄得好。不然的話，這個政府，必為人民所吐棄。在暴力政治之下，固然可以用暴力來高壓人民於一時，但最後必然會崩潰的。

由此可知，我們想反共也好，想反對台灣的獨裁無能也好，我們自身，怎可以和他們患着同樣的毛病，而不把整套政策客觀而詳盡地加以研究和討論呢？

江西有二百多個勞改墾殖場

藍星

中共雖然常常在玩什麼特赦把戲，實則這都不過是中共對台灣國軍及海外民主人士的心理作戰。企圖以此故示寬大，從而騙人上當。中共這一做法，在十四年前還容易騙人，但在今天，則人們的眼睛雪亮，中共殺人如麻的事實，以勞動改造奴役人民的事實早已人盡皆知了。中共故意留幾個著名人物不殺，以作典型例子，又何足以騙人呢？

然則中共究竟殺了多少人呢？被殺人數當然在二千萬以上，然則至今還在大陸各集中營被勞改的人又有多少呢？這當然是一個謎。

不過，最近的江西日報却透露了一個消息，說中共在江西已設立了二百多個所謂國營墾殖場。這些所謂國營墾殖場絕大多數是一九五七年反右派運動以後，下放的五萬多名「右派分子」為骨幹建立起來的。這些被迫下放的右派分子，中共把他們有的稱為「勞改犯」，有的稱為「勞敎犯」。但中共一律把他們視作罪犯則無軒輊。因此，他們本身過着連狗都不如的生活，而又必須替中共從事勞動生產，則是中共也不諱言的事實。

據中共江西日報最近透露說：該省的二百多個國營墾殖場，目前已進入了一個新階段。什麼新階段呢？它說：「各場除因地制宜地發展多種經濟外，每一個場都將根據所在地區的資源特點發展一項主要生產。逐漸把自己建設成為這項生產的一個基地」。

中共江西日報又說自一九五七年以來，被下放的右派分子在這些荒地上，已給中共提供了一億七千多萬斤商品糧食，十四萬多頭豬，七十二萬隻家禽，一百九十萬斤鮮蛋，以及大批木材、水菓等產品。

又說「他們造林墾田，艱苦奮鬥，開發了不少人烟稀少的山區和鄱陽湖灣的荒灘，他們在荒山或荒灘上安了家落了戶，為國家生產了不少物質財富」。

以上是江西日報所透露的該省自一九五七年來右派分子被下放後所形成的二百多個集中營的情形。其它各省的這種集中營還有幾多呢？一九四九年中共偽政府在北平袍笏登場以迄一九五七年之間的八年所成立的集中營的情況又如何呢？中共雖未透露，但大陸上的人民，除少數人被中共利用來作特赦的工具以進行心理作戰之外，數千萬人以上被屠殺已經死去後，慘絕人寰的是今日大陸尚有一千萬人被中共囚禁在集中營從事勞動哩！

修德與儲力

胡越

當人們對現實感到惶惑的時候，不禁就想在歷史中尋求答案，古今互相比較，往往發人深省。

當一九〇五年，同盟會初在東京成立的時候，革命黨人仍毫無憑藉；無外援、無基地，更談不上軍隊和人民了。他們這一羣被人駭怪的知識份子，只有一股大無畏的革命決心，與一身慘痛的失敗經驗。就憑這個，他們從一九〇五到一九一一這六年之間，就組織和發動了六次武裝起義。黃花崗一役使清廷喪胆，舉國震動；武昌一舉就推翻了滿清，中國歷史到了新紀元。

再看看今天，台灣有人民千萬，海陸空軍六十萬，還有美國的援助；可是竟因循坐困了十五年，除了去年曾派了數百「別動隊」做些搗亂行動以外，竟一籌莫展！兩相比較，不但發人深省，且亦耐人尋味。

孟子說：「文王百里而興」。文王據百里之地何以能興？殷商既有天下何以會亡？是因為文王能修德儲力，而殷紂則敗德失衆。一正一邪，遂一長一消，優勢變為劣勢，劣勢變成優勢。自古以少勝多，革故鼎新，皆由於修德儲力。

所謂修德，是君主個人說的，就一個政權來說，就是修明政治。古代的修明政治，就是行仁政，行王道。當時的仁政和王道，是惜民、愛民、貴民、利民，以民為本。所以有得民者昌，失民者亡的話。得民而昌者，謂之天與人歸。主要還是「人歸」，因為「天視自我民視，天聽自我民聽」，必先人歸而後才有天與。所以中國古代的政治思想，在理想上頗有人民選擇政府的意思，可惜，秦漢以後的儒者，君子儒太少，小人儒太多，專為君主專制張目，喪失了孔孟的民本思想。民本不等於民主，是不消說的。但是一個政權之興衰，繫於民心之向背，則道理是一樣的。今天來講得民之道，當然是民主。民主政治就是「仁政」和「王道」，獨裁專制就是暴政和霸道。因此今天當政者，要想修德得民，只要順依民意，實行民主就是了。道理是這樣簡單明瞭，可是某些人，頑石頭腦，硬是參不透！這些人參不透不打緊，可苦了咱們六萬萬老百姓。

政治是一種人際關係，是一種最冷酷無情的人際關係。因為勝負要靠力量的對決。所以光有德行、光有民主政治的主張和理想，沒有實際力量，最後仍是一場空。在打天下的時代，中國知識份子所以永遠扮着可憐蟲的角色，就因為沒有力量。因此不得不㓜備柔媚的妾術，來給流氓武夫做幫閒！過去如此，民國以來還是如此。兩千年來，中國士大夫在武夫流氓的恣睢淫威之下，骨頭都被彎得軟軟的，並且富有女人調的感傷，那些流氓大吼一聲，就唬得涕泣漣漣；臉色一和緩，就禁不住喊皇恩浩蕩了。

政治是力量的對決。在民主國家也不例外。只不過民主國家的政治力量在於舉手和投票，在落後的野蠻的國家，政治力量則表現為砍殺的暴力。即使是文明人、民主主義者，對付那些執迷不悟、手拿血刀的獨裁者，也非得組織砍殺力量不可，這是無可如何的事。

六十年來，中國民主運動，所以一事無成，最主要的原因，是未能組成力量。因此從事民主運動者，被迫還得做清客、做幫閒。民主運動第一條好漢胡適之先生，吹毛求疵的說，也是一個幫閒。骨頭太軟了。雷震先生為民主而坐牢，他不敢去探監。目前與文星雜誌打官司的胡秋原先生，雖然被人指為好訟，但是他敢去探監，敢與成舍我先生聯名，公開為雷震先生說話，這點骨頭，還是使人叫好。其實替雷震先生說幾句話，並沒有用，就像七十二人簽名反對修憲連任一樣；不過可為民族吐一口正氣，將來人們寫歷史，不致說那個時代中國人的良心都睡着了。

德與力乍看來，是毫無關係的兩碼事。其實甚有關係。無德之力是暴力，暴力則「其興也暴焉，其亡也忽焉。」有德之力，即有政治理想、有文敎背景，領導層有高潔人格之力量，這種力量可以垂久遠，致太平。歷史的悲劇多發生於有德者不能形成力量，不能當權得勢；而當權得勢的力量，多是赤裸的暴力。已故的丁文江氏，曾倡導好人政治，其有氣魄；不過有學有德之好人終是太柔弱了，經不得大風大浪，受不了困頓折磨。在民主國家中，他們或可形成力量，在暴力的劫持之下，他們只能做幫閒。

今天中國的事體，雖然亂如蔴，曲折蜿轉着不見光亮；但是最重要的一件事，是有德有學的好人，能凝聚一個力量。這力量不怕微小，只怕不眞實。有這樣一個力量，歷史就有了新起點，才可望從漫漫長夜中，期盼黎明的來臨。

單是好好先生，不能凝聚力量。歷史上凝聚力量的人，多是奸雄、流氓和狂漢。奸雄逞詐術，工機巧如曹操，流氓不顧身不惜羽毛，敢於嘗試如劉邦；狂漢則一往情深於主觀的痴迷，如洪秀全。有德之人太愛惜羽毛，一有風吹草動，就只顧明哲保身；有學問的人太冷靜，算盤太精，不能鼓起衝動去冒險。因此必須有非常之人格，有德有學而有大勇。曾國藩是一突出的例子。時人多以曾國藩助滿清平洪楊而訌其為漢奸，這種說法太淺了。中國古訓：「夷狄而中國則中國之，中國而夷狄則夷狄之。」就此文化意義言，當時之滿清雖為夷狄，但是已同化於中國；洪楊等雖為漢人，但妄奉天帝天兄邪敎，有如今天毛周等人之尊重馬列主義，雖為中國人，但已無「中國心」，故可當外國人視之。另一方面當時洪楊等之驕奢淫逸，殘暴多殺，實不比滿清好。就此而論，我們不能厚誣曾國藩。而他那種厚重的人格，卓絕的忍耐，敢死的氣概，實為晚清第一人。今天中華民族，已到山窮水盡的境地，眼望大陸的巔搖形勢，無人起而倒之，坐視良機，悠悠而逝；安得一曾文正、一孫中山，來拯救同胞於水火？斯人不出，奈天下蒼生何？斯人不出，奈天下蒼生何？

和平與革命

謝扶雅

中共在其黨的理論刊物「紅旗」上，自今年第一期起，發表了「列寧主義和現代修正主義」一文以來，連續對蘇聯赫魯曉夫的「和平共存」政策加以抨擊，至三月四日那一期洋洋十萬言專冊而達其最高潮，這些文字大抵即出自毛澤東的手筆，至少也必為他所授意。毛自認從正統馬列主義世界革命的立場，暢論對紙老虎的帝國主義及一切反動派，非訴諸「戰爭」不可，而赫的和平政策不但是胆小如鼠，向紙老虎低頭，更是歪曲背叛列寧敎訓。另一方面，為赫魯曉夫辯護的莫斯科眞理報（三月七日），則提出四十五年前的歷史確實証據，肯定列寧曾容許共產主義有與資本主義和平合作的可能。雙方胡亂摭拾和平或戰爭的名詞，互為指控「教條」和「修正」，其實毛和赫兩人都是一邱之貉。

戰爭與和平這個題目，在中外古今幾千年來汗牛充棟的文字上和言論上，不但軍事家，政治家，乃至哲學家，文學家，誰不拿它來發表意見，誰又不慨乎言之。尤以感傷派的文人，或則頌讚和平之神而反戰，或則謳歌戰爭而認戰火下的斷壁殘墟為「壯美」。然而我們從人性和「人的價值」的立場，總必須以大哲康德（Kant）所唱的「永久和平」（Perpetual Peace）為理想，中國民族酷愛和平，它在孫中山所提中國固有八德中佔最後及最高的位置。可是今日恐沒有一個人願意承認赫魯曉夫的「和平共存」的符合於中國固有的道德理想。老赫今對西方大談的和平，非關乎什麼理論不理論，主義不主義，却完全現實地鑒於美蘇兩方核彈的陣容。他深知道美國可以在三十分鐘內毀滅蘇俄，而亦大言蘇俄所有核械已超過美國，且更擁有一億噸轟炸威力的巨彈；聲明這種巨彈實在不應投在歐洲，因蘇俄本土亦且波及，固只宜使用之於西歐之外（暗指美洲）。他同時屢次宣稱，美如一旦攻打古巴，蘇聯即以此項核彈報諸美國。反過來，不曾坦白地說，倘使蘇聯有把握能先偷襲美國及其海外基地，它便不再唱這種迷醉西方的和平歌調了。但是毛澤東又借了什麼理論，正統，來和老赫歪纏，這分明也別有用意，志在抵制蘇聯近年對他所加的經濟壓力。他一面公然聲明承認香港和澳門的殖民地地位，一面却向蘇俄要求歸還西伯利亞邊界的中國領土；一面容許帝國殖民地主義，一面却要廢除滿清與沙俄所訂的「不平等條約」，前日之「一面倒」，「老大哥」也何其恭，而今也又何其倨。這種左右自打嘴巴，大概是他厚臉所主張的「革命辯証法」吧！

中國人服膺和平，但不反對「義戰」。史家一向美稱湯武「革命」，從無加以辯証不辯証字樣。我們讚揚北美合衆國的獨立革命，並亦認當年南北戰爭為解放黑奴的革命戰爭。我們自許辛亥革命，北伐，和抗戰皆為「義戰」。這種戰爭或革命，不但不與和平衝突，而且可以說正是為了和平而戰，為了和平而革命。因為和平的哲學乃是人性和「人的價值」的哲學。但赫魯曉夫的「和平共存」，只是利害顧忌的想法，絕非誠意的和平。而中共所高標的世界革命，只是狂妄的世界征服，不但違反中國傳統的和平美德，更是汚辱了「革命」這一正義名詞。馬克思曾經唱導過「被壓迫階級革命」，我們從「人的價值」的觀點，還可以表示相當贊成，然不承認有所謂階級意識和仇恨心理。我們主張耕者有其田，但反對那種「三反」「五反」。民主之道的政府應向地主善為勸導，由政府備價買其田而分給耕農，何得教唆老百姓硬對地主鬥爭，公審，凌辱，酷刑而置之於死。這種所謂「翻身」，無非極端誣衊了「革命」。

愛和平為人的天性，亦惟在和平之下，人的價值才得保存，才能發展。所以反人性就是反和平，扼殺人的價值也就是反和平。革命非它，只是反抗「反人性」與保衛人的價值便了。革命是保衛戰，是義戰；於辯証法乎何有？我們未嘗不贊成「和平奮鬥救中國」，但在共產極權帝國主義高度壓迫之下，不平則鳴，何「平」何「和」可說？在一黨强暴專政之下，無議會立法的自由，無信仰思想言論出版的自由，連緘默的自由而亦不許，怎能不訴諸革命呢？像英國大憲章那樣光榮革命，不流血革命，自然為我們所最嚮往。但在大憲章成功的前夕，有幾多人被囚，有幾多人犧牲了生命！自由總是用鮮血換來的，只看流得多或少而已。奉上帝為公義的基督敎義，稱說流義人之血為不義之人贖罪。世上沒廉價的和平，也沒有像空氣般俯拾即是的自由。我們諦悟到這一次的革命，免不掉要流幾輩志士之血；來為可憐同胞過去的無知和甘願放棄神聖自由而贖罪。眞的，我們的血不是白流的。我們當然為已往的地主們，紳士們報仇，而只是為人性伸寃，要人權得直，讓每一個中華兒女從此以後都珍惜自己這一份永不出讓，絕不容半點被剝奪的自由，來共同打理列祖列宗所辛苦經營而傳下來的這塊大好土地。因此我們的最後目的，仍為求中國和平，並求全世界和平。

台灣簡訊

志清

一、十四家虛設行號，漏稅一億五千萬元

台北市警察局破獲一個虛設行號逃漏稅款的龐大集團，被牽涉的公司行號達一百〇八家之多，漏稅額超過一億五千萬元。該局經將虛設行號的莊金永等十四人查獲交保，另有傳文泉等七人則在逃。

據悉：莊等因見政府實施認購證及三聯式統一發票後，商人漏稅頗感不易，乃以各種名義分別在台北、台南、高雄及屏東地區虛設行號十四家，先向政府領取認購證及三聯式統一發票，然後雇用掮客向各公司行號兜攬，如各公司行號批售貨物時，為圖逃避稅款，不顧使用認購證及三聯式統一發票，莊等所虛設的行號可以代辦，通常是將貨物出售的實價減低，以免繳付所得稅。去年九月，警方接獲密告，即派員調查，歷時半年之久，查出自五十二年二月起至去年九月止，已有一百〇八家公司行號向莊等購買三聯式發票，面額達一億五千一百五十八萬餘元之多，莊等均供認不諱；警方並根據所獲的賬簿，查出購用該項發票的公司行號一百〇八家，其中八十七家的負責人均已接受傳訊，由警局分別做成筆錄，移送台北地檢處偵訊，其餘二十一家的負責人，則拒絕警局的傳訊。茲將警局所公佈的名單列後：

一、虛設行號集團二十一人：莊金水，三十三歲，台灣人，住北市羅斯福路二段二〇八號，虛設久儉行，後又塗改為振隆行、康達行；游木水，二十八歲，台灣人，住北市五常街二十九號，虛設南新行；王天恩，二十八歲，台灣人，住高市民生街九二號，虛設南崗行；宋麗昆，三十三歲，台灣人，住南市民權路一一九〇號；林各輔，五十二歲，福建人，住北市南京西路一八五巷內（以上二人共同虛設强生行）；賴柱，三十三歲，台灣人，住北市中華路一九三巷內，虛設謙利行；胡英傑，三十八歲，江蘇人，住屏東清流巷一號之二，虛設莉麗行；潘志誠，四十七歲，福建人，住北市民族路，利用凌泰行、久儉行等虛開發票；謝守義，四十歲，台灣人，住北市迪化街一段七十二巷內，利用國裕行、凌泰行等虛開發票；潘世燕，六十三歲，福建人，住北市安西街九十一巷內，利用南崗行套購；王令誇，五十歲，福建人，住北市延平北路二段四十三巷內，利用南崗行套購；文淵松，三十四歲，台灣人，住北市民樂街一四五號，販賣凌泰行認購證；黃榮貴，二十八歲，台灣人，住北市迪化街一八七號，販賣凌泰行認購證，胡李婉花，女，江蘇人，係胡英傑之妻，與夫虛設莉麗行。

以上十四人均已到案交保或因另案在其他機關偵辦中。以下七人均在逃，他們是：傳文泉虛設富森行，張金敦虛設凌泰行，陳雲光虛設康達行、濟成行，許南成虛設泰良行，陳隆進虛設隆進行，吳三江虛設成泰行，吳石逢源虛設新興手工社。

二、夥同莊金水等虛設行號偽造文書的涉嫌關係人七名是：林志康，四十六歲；吳仙助，卅七歲（以上兩人曾虛設南崗、南村等行）；游添和，四三歲；王萍，卅七歲（以上兩人曾利用南崗、南新等行虛開發票）；鄭天堯，四三歲；張志培，卅五歲（以上兩人曾虛設天堯被服加工廠）；李雲清，卅六歲，曾虛設國裕行、東榮行。

三、勾結莊金水等虛設行號開發票虛購銷貨的公民營廠商一百〇八家。有八十七家已應傳到案，另有廿一家拒不到案，這廿一家是：嘉義紡織公司、協和紗廠、益新紡織公司、華南紡織公司、晉華貿易行、聯大行、晉康織造廠，中本染織廠、億興貿易公司、富恒貿易行、大中造紙廠、上海振記行、益豐行、美元行、惠成行、信榮行、南大金記行、和平紡織公司、彰化紗廠、興台農場籌備處、興泰紡織公司。

二、林務局文山林區的集體貪污案

林務局文山林區管理處長呂崇周於五十年十月修理員工宿舍時，藉口收入不敷支出，面囑該處總務主任李孝棣與包商興記工程行經理陳炳居洽商，請另一商人張平浮開出一萬元的標價，由李領出交呂。同年十二月，該處修理坪林工作站辦公室及員工宿舍，呂又囑李浮報工程費二萬元，另由李以五百元代價，請建築材料商蔡東海虛開一萬四千元的購料發票，將款朋分。去年元月間，呂崇周又飭李孝棣利用修烏來招待所時，浮報工程費一萬元，此時由代總務課長黃伯候向承包的一成建材行吳榮細談妥，但吳到時未依約付款，祇代請另一商人陳賜德虛開二萬五千元發票交李孝棣轉呂崇周報銷。不久烏來招待所修理抽水工程時，呂崇周、李孝棣、黃伯候等三人，又通知承包商人吳榮細浮報四千七百八十九元分用。去年八月間省議員洪掛等視察業務時，洪崇周又趁此機會虛報招待費二千三百元。去年九月呂崇周再度囑烏來工作站主任吳繼慶，轉信賢分站長黃阿均（已病故）利用波密拉颱風修復工程，虛報四筆修理費共九千五百五十元朋分化用。

繼因分贓不均，被人告發，經司法行政部調查局調查屬實，移送台北地檢處偵訊，承辦檢察官於日前對呂崇周及該處所屬員工共十二人，分別以瀆職及偽造文書等罪提起公訴。

三、海關監查長受賄案發

台北商人賄通海關人員以新輪胎偽報舊輪胎進口，逃漏稅款，經基隆地院偵查終結，於日前分別以瀆職及詐欺等罪提起公訴。

據起訴書稱：台北市進南企業公司董事長施性榮，副經理劉玉龍於五十一年六月間獲得外貿會進口許可後，即向台灣銀行購買四千六百元的外匯美鈔，五十一年十月四日首批輪胎六十一公噸抵基，其中被切斷的舊輪胎僅有百分之卅，其餘均為可供使用的完整輪胎。因在辦妥報關手續時，切斷的舊輪胎以百分之一五稅率課稅，百分之卅完整的則須繳交百分之四十稅金。施等申請准予先繳四萬元保證金，先行一併放行，並向海關具結保證全部切斷，海關乃於十月廿七日准自基隆十六號碼頭倉搬走全部進口輪胎，由被告等商人運回全金公司新莊工廠堆置。

台北海關稽查課監查長陳之迅先於十一月廿八日赴新莊全金工廠檢查，發現輪胎並未切斷，十二月十九日下午四時許又二度前往新莊，發現已有部份輪胎運離該廠，即向張玉龍詢問。張恐發生麻煩，先邀陳赴台北孔雀酒家，席間陳之迅示意可予簽報業已切斷，但減稅金應該四六分賬，張即以電話邀來施性榮，雙方表示同意，當場由施先付現金三千元，另約六千元須待退回四萬元保証金後支付。陳之迅果於十二月廿四日簽報全部輪胎業經查明切斷完畢，施、張即將全部未切斷的輪胎轉售圖利。案經基隆港檢查處查獲移送法辦。

四、招商局船員走私，被日警拘押

招商局的貨輪繼光號於三月二十三日由基隆開往日本佐賀關、名古屋及橫濱等埠。但該輪抵達名古屋時，即有九名船員因私運黃金和手錶入口被日警拘捕。據悉：該九名船員曾由台灣帶出黃金二百餘兩和手錶十六隻，賣與日本碼頭的黑道中人。因為日本碼頭的「黃牛」分為兩派，互相仇視。其中沒有做到這筆生意的一派向警方告密。日警即根據線索拘獲收買這些黃金和手錶的黃牛及其買進的黃金、手錶。他們供出賣主是繼光輪的船員，日本神戶警視廳於通知我國駐日大使館後，即派警員上船捕人。

繼光輪原定由名古屋卸貨後繼續開往橫濱載運一千噸鋼板返台。由於九名船員被捕，該輪無法開行。經向招商局駐日分公司報告，該公司乃下令海祥輪將那一千噸鋼板載運回台，不料海祥輪竟因此沉沒。

依照目前的法令，由台灣攜帶金銀和外幣出口也是被禁止的。因此，這九名船員私帶黃金到日本被扣，不但違犯日方的法律，同時也違反我國的禁令，但尚未聞招商局或該船長有何引咎的表示，也許他們認為此乃常事不足為怪吧。

五、蔣夢麟鬧婚變

蔣夢麟最近突然委託端木愷律師向法院提出訴狀，要求與徐賢樂離婚，箇中的真正原因為何，局外人自不得而知；但從男方請端木愷律師轉給女方的信和發表胡適之生前勸阻男方的信看去，似乎與錢財有關。平情而論，假如女方真有貪取男方錢財的企圖，也似乎無可厚非的。因為以蔣博士那麼一大把年紀和枯稿的形容，對於一個看去猶如四十許的女人來說，似乎並無任何可愛之處。除非為錢而嫁，很難想到她竟會選中他的。而為錢而嫁乃是古今中外常有的事，不但合理而且合情。既然是為錢而嫁，那麼，女方在男方病重時，趕緊辦理財產的過戶，也就值不得大驚小怪了。祇可惜我們的蔣博士人老心不老，自以為仍然具有足夠的男性美，足以令異性傾倒，因而自作多情，自認嫁他的人並不是愛他的錢而乃是愛他的男性美。等到一旦發現對方並不是如此而乃是愛錢，於是不免傷心。此情此景，自然也值得同情。可是，既已依循法律，提請離異，似乎應該靜候法律的裁決。不意蔣博士竟發動宣傳攻勢，除了將律師轉給對方的信公開而外，還把胡適之生前的那封密信也一併公開，甚至招待新聞記者。女方也不甘示弱，一步一趨。致使這幾天來的本地各報，都連篇累牘，詳為報導，成為最熱門的新聞。實可與好萊塢的男女明星鬧婚變的情形媲美。在政府要員中為個人的婚姻問題而上演如此精彩鏡頭者，尚未之前聞。將來如何終局，雖不可知，但還有許多好戲可看，則是可以斷言的。筆者所以提到此事，乃因其並非單純的個人問題而與政風有關。自政府退守台灣後，轉眼十年，反攻無期，頹廢之風，吹遍寶島。許多在政治上稍有地位的老年人，都喜歡再娶，甚至重婚，而其所選擇之對象，又大都是年輕貌美。在他們結婚時，新聞記者也大開玩笑，不但譽為白髮紅顏，相映成趣；還要請問新娘：「閨房之樂是否滿意。」他們得到的答覆，當然又一律是正面的；而許多出自名人，或黨國先進的賀聯，更是一些肉麻而有趣的詞藻，大家習以為常，恬不知恥。蔣徐的婚姻，乃不過是其中之一而已。關心世道人心的人士，都希望蔣、徐婚變能給那些準備再娶的老頭子一個當頭棒喝。假如確因老境淒涼，需要找一個老伴，就應找年齡和自己相差不遠的對象結婚，不要再和自己開玩笑，專找年輕的女人呵！

中共正在壓縮共軍官兵的生活水平

劉裕畧

毛澤東靠武裝暴動起家，故毛澤東及中共中央諸首腦皆極重視武力，優待軍人。這不僅中共佔據大陸後，多年如此，就在陝北延安，中共對共軍官兵的生活待遇也一向以「支前」即支持前線的口號，盡力供應軍人的。但近年以來，已從共報透露共軍官兵的生活亦已步入艱苦的階段，這當然不是表明毛澤東不重視武力不重視軍人，相反，正是由於大陸各地物資太缺乏之故，所以，中共連對待軍人的待遇也不能不降低了。

在本年三月三十日出版的中共「解放軍報」上，第三版與第四版曾以全部篇幅刊載了中共駐南京部隊某部第八連的「典型」故事。

中共解放軍報不惜長大篇幅刊載這一個故事的目的，當然不是有意暴露中共軍隊生活的窮困，而在宣傳「解放軍」的「勤、儉」與「苦幹」，從而號召其它連隊向這一個第八連學習。

但這故事本身却反映了共軍目前補給之不充分。因為，「解放軍報」曾說這個連的士兵，多年以來，都是穿舊衣服，有的光是襪底就換了六次。有些士兵的襯衣已打上二三十個補釘。所蓋的被，還是十年前發下來的。士兵們裝衣服的用具是舊肥皂箱。到二三十里外去參加農業生產勞動時，連鞋也沒有。多數是穿着自己打的草鞋往返。

如果這一個典型故事不是出自中共解放軍報，人們一定會認為這消息是造謠，因為中共及毛澤東既一向重視武力優待軍人，則這一個南京部隊所屬第八連何至如此缺乏補給呢？不錯，自一九五九年以來，大陸的工農業情況是越來越惡劣了，但這些士兵所蓋的被，竟是十年前發的，難道中共軍需部門對這一個連的被蓋，還是一九五三年發過，以後就一直沒有發過嗎？這實在是奇聞。

依我看：中共南京部隊的這一個連，十年未發過被的說法，是不可靠的。因為四五年前，中共軍需補給很充足，我曾經親眼看見過中共當局對共軍的生活待遇，確實很好。無論衣被鞋襪的織造，中共都曾費過心思，仔細研究，不但在量方面做到了充分的供應，就在質的方面，也甚有講究。以鞋來說吧，共軍中之每一個士兵，每人都經常有兩雙布鞋，一雙穿在脚上，一雙揹在背上，布的質料甚堅韌，鞋底用的針線尤其多。故甚牢固。此外，以棉軍褲來說，臀部及膝部也都特別加縫了布和針線，以免容易破敗。所以，解放軍報現在忽然說共軍中的某一連已經十年未發過被，我是不相信的。

然則，解放軍報蓄意造謠嗎？當然也不是。須知，中共無論在黨政軍任何方面有措施，都一向先找一個典型例子來作教育羣衆和推廣此一設施的基礎，若找不出典型例子，便製造虛構一個故事作典型例子來作榜樣，然後呼籲大家學習。所以，我以為三月卅日中共解放軍報所刋南京部隊第八連的這一個事，便是在這種用意下虛構出來的。其目的，就在促使一般解放軍都向這一個第八連的「勤儉」作風學習，從而解決和補救中共對共軍軍需補給不能充分供應所發生的困難。換言之，這也正是中共在軍需物資短缺的不得已的情況下，準備減低共軍生活水平的一種反映。

再看三月三十日中共解放軍報的社論，它說：「資產階級思想的進攻，往往是從生活上選擇它的突破口。一個人生活上要求享受，隨之而來的，必然是思想上政治上的霉爛變質」。這顯然是中共軍事主持人正在玩弄手法，先對要求物質生活的人大罵一頓，共軍當局然後透過該報社論又要求全體共軍「要把脚底板站得穩穩當當，不為資產階級刮起的歪風所左右，不為一切光怪陸離的東西所誘惑」。並要求全體共軍要以「艱苦樸素」來「對抗資產階級的糖衣炮彈」，「永遠作無產階級的硬骨頭」，「充分運用艱苦奮鬥這個有效武器，在思想上建築起一道堅固的防線，鞏固無產階級思想陣地，保持革命精神，保証永不變質」，「進一步加强政治思想工作，發揮精神原子彈的巨大威力」。

我們曉得，所謂發揮精神原子彈威力之說是林彪繼彭德懷任中共國防部長後提出來的口號，三月三十日中共解放軍報的這一篇社論與同天解放軍報第三、四兩版所登中共南京部隊某部第八連的典型故事，正是互相呼應的。第八連的典型故事雖屬虛構，但中共對共軍的生活待遇，一則由於物資缺乏，一則由於新建軍隊日多，而顯示不得不相對的減低了。

大陸簡訊

白帆

北平舉行萬人大會聲援「拉美」

據中共「中國新聞社」北平四月十七日電：「今天是古巴吉隆灘戰役勝利紀念日，北京各界在人民大會堂舉行萬人大會，熱烈歡呼兄弟的古巴人民所取得的偉大勝利，全力聲援古巴和拉丁美洲人民的正義鬥爭。中共中央副主席、國務院總理周恩來，中共中央政治局委員、全國人民代表大會常務委員會副委員長彭眞，全國人民代表大會常務委員會副委員長、中國人民保衛世界和平委員會主席郭沫若等出席了大會」。

又說「這個大會是響應第三屆亞非人民團結大會的號召，並且為支持美洲大陸聲援古巴代表大會的決議而舉行的」。

這一個大會，由廖承志主持，但由卑鄙無恥的小人郭沫若發表長篇講演。他說：「古巴革命的經驗再一次有力的証明：面對着武裝到牙齒的美帝國主義及其走狗，只有依靠武裝鬥爭才能求得人民的解放，才能保衛人民的革命果實。這是一條顚撲不破的馬克思列寧主義的眞理」。

郭沫若又說「菲德爾・卡斯特羅曾經指出『古巴革命，不是什麼和平過渡，而是戰鬥的過渡。不是政客的路線，選舉路線，而是對巴蒂斯塔暴政進行武裝鬥爭的路線，是歷史已經証明為正確的路線。有些老朽理論家說，在古巴發生了從資本主義到社會主義的和平過渡，這等於否認在這個國家曾經有千萬名戰士犧牲了生命，等於否認吉隆灘以及在那裏犧牲的烈士們』。菲德爾・卡斯特羅總理的這些話，對於那些企圖歪曲古巴革命道路的人，是一個最有力的答覆」。

郭沫若雖然不是中共黨中的要人，但卑鄙成性的郭沫若却一向善於見風駛舵，一向善於鸚鵡學舌，他的話往往透露了中共的心聲。而中共之所以舉行這一萬人大會，以支持古巴以及全拉丁美洲，具見中共現今仍在極力企圖在中南美洲點火哩！

僑鄉近訊

鍾之奇

廣州交易會加緊出賣農民血汗

中共經常在廣州舉辦的「一九六三年春季中國出口商品交易會」於四月十五日又在廣州開幕了。

據廣州來人說，廣州人民一向把中共舉辦的這種貿易會，稱為出賣農民血汗的貿易會。因為，大陸人民都知道中共在這一個貿易會上雖一再標榜有買有賣，實則以賣為主，而且所賣的大多數都是農民的血汗，都是中共中央及各省共幹從大陸各地農民搜括來的物資，至於工業產品，會上雖然也有出賣，但中共工業生產落後，尤其蘇援工業斷絕後，產品更少，故能够出賣的工業產品亦少了。

中共這一屆的春季貿易會，仍由中共對外貿易部主持，而命令它所屬的貿易公司組成了八個交易團來進行。

據中共新華社廣州十五日電：這一個會「已於四月十五日在廣州開幕，會期預定一個月。中國各對外貿易公司組成的八個交易團將與世界各國和各地區應邀參加交易會的貿易界人士洽談進出口貿易」。新華社並說「這次交易會的規模比去年畧大，中國出口的各類商品中，農業和副業產品佔相當比例」云。

病疫流行廣州組巡迴醫療隊

春天到來之後，營養不良，久在飢餓線上掙扎的人民，又大批大批的患病了。但鄉村各地醫藥缺乏，廣東省共幹無可如何，乃發動醫生及學醫的學生組成巡迴醫療隊下鄉。據中共廣州出版的南方日報說：「廣州第一人民醫院院長兼內科主任姚碧澄，外科副主任孫德榮，內科副主任潘百思，婦產科副主任甘少虹，麻醉醫師譚卓彬等都已被組織起來，他們先後到過梅縣、興寧、龍川、五華等縣，通過會診，手術示範，專題講座等方式，向農村醫務人員傳經講學」。

南方日報又說：與此同時，「中山醫學院、廣州中醫學院、中山醫學院附屬學校，廣州市第一人民醫院護士學校、廣州市第二人民醫院護士學校等單位，在本年二月間，也已派出師生一千多人，參加農村衛生工作」云。

粵共在廣寧縣廣開公路

在軍事意義上說，為了便於控制山區，在經濟意義上說，為了便於開發和增加生產，中共對於各省偏僻地區之交通設施，已在極力開創中。廣東省廣寧縣本是山嶺重疊之區，粵共現在廣寧縣大開公路，可視為中共在此等地區從事交通設施之一例。

據四月十日中共大公報說：「境內山嶺重疊的廣寧縣，連年開闢了許多新公路，目前全縣有公路三百多公里，溝通了十七個人民公社和兩個國營農場。每天都有不少客車和貨運汽車在這些公路上行駛。山區的交通面目大為改觀」。

又說「一九五六年起由國家投資開闢新公路，一九五八年大躍進以來，在縣內各地人民迫切要求和熱情參與下，修建公路工程迅速進展。至去年止，全縣新修了十五條公路，共長二百四十多公里。目前除五和、湘下兩個公社未有公路外，其餘各公路皆可通車。每天除廣寧至四會、三水、肇慶、廣州各地皆有班車來往外，自縣城南街至縣境東北面的北市，西南面的木格，亦有班車行駛。……新闢公路多在叢山峻嶺間，葵洞、北市、潭埔、排沙等地工程皆極為艱巨」。

大公報上述消息富有宣傳意味，所謂「人民迫切需要和熱情參與」等語，自屬欺人之談，中共强迫人民從事此種工程之奴役才是眞的。不過，值得注意的，是可以由此看出中共近年是對廣東沿海各縣之交通特別注意了，這與中共害怕國軍自沿海登陸反攻，當然有關。

中立軍被困下的寮局

李江往那裏去？

何之湄

被迫退出川壙和康開兩個重要城鎮的李江將軍，把他的總部設立在康開與瓦瓶平原間的豐沙萬，希望援救他那些被困於川壙附近的中立軍部隊。但寮共「巴特寮」並沒有讓他有那樣做的機會。川壙既陷，康開被圍，中立軍接着被迫退出，而豐沙萬，昨天也遭到臼炮的轟擊。

李江曾經發誓，說他必定援救他的部屬，也必定要收復那些失去的城鎮。但是傳馬總理的飛臨瓦瓶平原，却使他無從發動這項復仇之戰。傳馬偕同蘇發努馮同行，要求李江暫時勿作重大軍事行動，聽候政治解決。他們並告訴李江說：巴特寮方面的辛加浦將軍，也已同時答允停火。在傳馬當面要求的情勢下，李江是答應了，並且忠誠地執行停火，聽候傳馬的處理。可是傳馬剛剛飛往王都停留後轉回永珍，豐沙萬又受到了轟擊！

所謂「停火」，毫無疑問地已被立刻破壞。那不祗是「陽奉陰違」，而是一種陰謀——利用傳馬命令李江停火，乘機向李江作出其不意的攻襲。

豐沙萬，這個李江在瓦瓶平原的最後據點，如果又陷落於共軍之手。中立將軍李江的部隊就要成為「流動部隊」了。

李江往那裏去？

杜尼上校其人

迄今為止，巴特寮方面仍然可笑地把瓦瓶平原的戰事，說成是「中立軍內門」。這是寮共方面明目張胆的烟幕，因為所有川壙、康開、班班、以及豐沙萬各處的戰鬥戰役，俱是以「中立軍叛軍」杜尼上校的名義行之。可是實際上杜尼所率領的正式中立軍叛軍，為數不及二百人，被估計為僅等於李江所部（五千人）的二十份之一。川壙之役中立軍散走投入杜尼部隊者約一百人，無論如何，眞正的中立軍叛軍不會超過五百人。但這五百人竟能在整個瓦瓶平原的四週，佔領三個重要城市，迫退李江的主力！

當然，這完全是寮共——甚至是越共與寮共聯同執行的戰鬥，而「以杜尼的名義行之」。在不到兩個星期的非正式戰爭中，李江部隊的處境已極為惡劣。那些位於環繞着瓦瓶平原山脈附近的重鎮已被佔領，而李江部隊在不戰而退的情況下，已逐漸集中到瓦瓶平原，一片無險可守的平原高地，易受攻擊的處所。

杜尼上校原是李江的第五軍區司令，自背叛李江投共之後，極得共方的扶植，有如一年以前他們把李江捧上天邊那樣。寮共叫杜尼不要放棄李江原有的旗幟，稱他為「眞正中立」的中立部隊領袖。杜尼也就飄飄然了。

三項先決條件

傳馬總理於川壙事件後第一次到瓦瓶平原的使命，是「停火及謀取彌縫歧見」，表面上，各方答應暫時停火，但歧見並沒有能够彌縫，那完全是杜尼上校作梗。共方表示他們「沒有問題」，却指使杜尼出面表示強硬，那樣，才可加強「中立軍內門」的烟幕作用，即使在傳馬一離開後便破壞停火，也可以說是中立軍叛軍破壞停火，而非共軍。

杜尼對於傳馬要他們彌縫歧見的要求，提出了幾項強硬的條件。第一，他要求「右翼諾沙旺將軍的部隊及右翼份子，必須離開『解放區』。」——所謂「解放區」，指的是當年中立軍與共軍併肩打天下時曾經佔領過的地區。第二，他要求「李江應和我會面」。第三，「李江拘留我方的軍官，須立即予以釋放！」這三項是先決條件，假若李江能够做到，或傳馬能督促李江和諾沙旺做到。即達成上述三項條件後，杜尼就願意進行第四項，由他本人與李江及共方的辛加浦三方面，「舉行會議」。設法彌縫歧見。

這位「五百人部隊」的將領，居然要李江低頭，要諾沙旺退讓，在寮國左、右、中的三派之外，樹立他第四派的旗幟！其背景也就用不着細問，因為他是反李江，反諾沙旺，即反右派又反中立派的。

豐沙萬之圍

李江誠然有勇無謀，把陰謀陷害他的敵人寮共，仍然當作他們有幾分朋友，如他聽信辛加浦的一派謊言，說共方將讓供應中立軍的糧食通過共方防區，而與辛加浦簽訂了「協定」。以及仍然希冀辛加浦仍能「照常」把他部隊所需的蘇製武器應該配得的彈藥零件，「照常」補充。因此他並沒有要求傳馬讓他的部隊更換西方武器，雖然川壙事件之後，美國已經聲言，將援助寮國政府以所需的武器。

另一方面，諾沙旺在永珍看到中立軍處境危急，也已公開聲言：右翼軍在必要時將行出動，予李江部以援助，但李江對此尚無反應。

可是李江也不失為硬漢。對於杜尼所提的先決條件，他似乎一笑置之，他說：「我無意會見杜尼，我希望杜尼最好是正式加入巴特寮，而不要再打着我的旗號，裝成仍像是一個中立派份子」。

據說在共軍炮轟豐沙萬中，這個距他的郊外總部祗有六里之遙的他的最後據點，烽烟迭起。他仍屹然不動聲色。沒有人知道他心裏作何盤算，他在準備必要時突圍西走向王都琅巴剌邦？抑或南向走回永珍，還是履行他那項「必要收復失地」的諾言，集中軍力，孤注一擲地打回康開去？

諾沙旺出動

李江也許恃着好勇鬥狠，小視於當前的危險。但傳馬却已看出：局勢逐漸有些不對。週四（十八日）他尚在總理府主持寮國新年的宴會中，接到了豐沙萬告急的消息時，他當場告訴來賓說：豐沙萬戰事爆發，傷亡未詳，局面「很嚴重」。他更解釋說：巴特寮可能「要毀滅忠於中立的軍隊而把他們的防區擴展至中立軍所防守的區域」，因為李江將軍的中立部隊，在瓦瓶平原及其週圍不斷遭受攻擊，「這已經是第十九天了」。

傳馬似乎醒悟了，當共方和中立叛軍答應他停火而立刻又破壞停火之後，當他們搶奪了川壙康開之後又繼續攻佔班班，炮轟豐沙萬，傳馬已省悟到，這一切不是杜尼上校的問題，而是「巴特寮要消滅中立軍，奪其防地」的問題了。

原定週四再赴瓦瓶平原的傳馬，現在又停止前進了，情勢似乎很壞，不但「彌縫歧見」無望，連停火也似乎沒有把握了。雖然他還沒有打消再度前赴瓦瓶平原一行，試作最後努力的意圖，但他必須觀望一項有利於他前往鎮壓排解的形勢。

就在這極度緊張的時候，身為財政部長的右翼巨頭諾沙旺將軍，突然率領幾名主要助手，匆匆飛往寮南素旺，匆匆去，諾沙旺總部一向是設在素旺，被共方稱為「素旺那曲集團」的。據說寮共五營及不少來自北越的共軍，連日集中在車邦及馬哈柵，有指向寮南沙拉汪及阿督坡兩地的企圖。也許寮共迅雷不及掩耳，會在與中立軍作戰之後，乘機或者以「追擊李江」名義進攻寮南右翼軍的根據地，故諾沙旺趕往部署防衛。看來，左右翼兩軍對壘，為期不遠了。

·曼谷通訊·

北婆對大馬來西亞疑慮消失

北婆羅洲雖然是英國屬地，但她的土人，都具有奮鬥性，揚溢着吃苦耐勞的開拓者的精神。在三八八萬哩的面積中，境內山嶺重疊，森林密茂，其所面臨的龐大發展工作，剛開發不久，便已使人獲得成效卓著的良好印象。而且這個細小地區，還蘊藏有礦產，和充滿着商業發展機會，所以那些在第二次大戰中曾遭受摧毀的大城市，現在都能迅速地新生起來，呈現出簇新的面貌。

在未來的大馬來西亞聯邦中，北婆羅洲也是一個重要的成員。但是奇怪得很，就她的過去情況來說，這個小地區是生成「自外」的；她和馬來亞的關係似乎顯得很疏遠，反而跟香港、菲律濱、印尼、和澳洲等地，發生了很密切的關係。她和西部的鄰邦沙勝越，簡直全無接觸；她的首府亞庇距離馬尼拉比之距離星加坡更接近。在東部海岸的山打根或窩達，則和印尼的商人打上很密切的交道；目前印尼商人長年累月留居在上述那兩城鎮的，最少逾二萬人。

北婆羅洲人口，約有五十萬；中國人則佔四份一。就種族上來說，中國人對於將來受到以巫人為中心的吉隆坡所統治，當然十分關切；而這種關切，許多土著人民如杜辛斯部（佔人口總額三份一）也很感覺到惴惴不安，為的是他們仍在腦海留存着有不愉快的回憶，就是他們曾被婆羅乃巫人統治那個時期的備受歧視。但是，他們這種疑懼到了現在，都已自動消除了。

一九六一年五月，馬來亞總理拉曼發表了大馬來西亞聯邦計劃時，北婆羅洲還沒有政黨的組織，所以對此沒有表現出甚麼反應。迨至是年年底，五個政黨，相繼成立，其中兩個，是贊成大馬來西亞計劃的，餘三個則反對大馬來西亞計劃。可是到了今年三月，這五個政黨便一致贊成大馬來西亞計劃了。——這種轉變，原因何在？

據當地人士指出：這完全是由於她的內部並沒有甚麼複雜的問題。第一、她不像沙勝越，她沒有受到共產主義的薰染；第二、她的種族政治也沒有發展。第三、她自一八八一年起便由英國的「北婆羅洲公司」管治，到了一九四六年則改由英國政府接管，作為一個殖民地，雖然在第二次大戰後「政治風暴」衝擊着星加坡和馬來亞，但北婆羅洲却沒有受到影響，內部的局勢依然單純。此外，最重要的就是由於拉曼宣佈了大馬來西亞計劃之後，菲律賓即發出聲明，宣佈她對北婆羅洲的權益，而印尼亦表示不滿北婆羅洲之行將受到馬來亞的支配，因而引起了北婆人民的震駭，意識到北婆羅洲將決不能單獨生存，於是一部份人士竟主張讓英國再多留十年，否則他們寧願接受馬來亞的支配，也不願仰承菲律賓或印尼的鼻息。是以北婆政黨的意見迅即轉變，構成了一致贊成加入大馬來西亞聯邦的融和氣氛；這可以說，是環境促成的定局。

北婆羅洲的領袖和人民，他們對大馬來西亞聯邦的組織，目前祗是抱着一種簡單的願望，那就是祗要能够保護北婆當前的利益，他們的政治和財政都不致受未來的聯邦政府揮手來干預，而且能够儘可能從未來的聯邦政府的手中取得更多的經濟援助，來發展北婆的實業和建設，便再無其他要求；至於他們將來如何的參加未來的聯邦政府，他們對這一問題並不重視。換言之，他們對政治沒有怎樣濃厚的興趣，更沒有政治野心。因此，當他們獲悉未來的聯邦政府將尊重他們的利益之後，猜疑的心理便迅即消失，立刻轉變為自動贊成參加大馬來西亞組織了。

從大馬來西亞的組織計劃來看，北婆係該新聯邦的一部份，將來派出代表參加吉隆坡的聯邦會議的名額係十六名，這個代表名額，比起星加坡的代表名額來，還多了一個；北婆的領袖和人民們都知道，祗這一點，北婆的地位是受到重視的，是以他們對其他細節，都不再作怎樣的爭持。北婆士人，一向都是有着先天性的樂觀氣質；現在、他們對未來的新聯邦的組成，自然也是滿懷樂觀了。

·唐贊·

女貞庵（一）

（版權保留）

黎明

第一塲：投姑

地：金陵鍾山女貞庵。門首有「勅建女貞庵」金字橫匾，掩映蒼松翠竹間。院內佛殿軒敞，雲房雅淨，楊柳迎風，池蓮吐艷，淸幽宜人。

時：南宋某年的一個夏天。

人：潘必正（落第的舉子，二十餘歲。一個外表很守禮法的書生。）

陳妙常（帶髮修行的尼姑，不到二十歲。一個富有教養的大家閨秀。）

潘法成（必正的姑母，五十餘歲。一個飽經世故而虔心禮佛的老人。）

進安（必正的書僮，不到二十歲。對必正忠誠而畧帶傻氣的小子。）

香公（六十餘歲，忠厚而相當糊塗的老人。）

妙淨（三十餘歲，女尼中的傻大姐。）

潘必正：（上白）曲徑通幽處，禪房花木深。

進安：（挑琴書行李隨上白）火傘煨腦袋，熱呀熱煞人。

潘必正：（抬頭見匾額，唸介）勅建女貞庵。啊呀、到了，到了！進安在此少候；待我徑入。

進安：是！（放下担子）哎呀，好熱的天呀！（摘下草帽扇涼。）

潘必正：門上有人麼？

香公：呀咔！（應聲上）地僻紅塵飛不到，松關犬吠有人來。相公敢是進香的？

潘必正：不是進香，乃是投親來的。

香公：相公敢莫不認識字？你來看：（泛指佛殿雲房）我們這裏乃是庵堂；除了菩薩佛祖，便是師姑老漢；人人四大皆空，個個六親不認，相公你要投親，找錯了門路了。

潘必正：哎咦！小生投的乃是你家師父；你家師父乃是我家姑母呀！

香公：哦，說了半天，原來相公乃是我家師父的侄少爺!?失敬！失敬！

潘必正：好說，好說；煩勞通稟，就說潘必正求見。

香公：如此請潘相公少站一時。（轉向內一揖）有請師父！

潘法成：來也。一簾花影蒲團冷，三炷檀香佛座淸。何事？

香公：師父！你家侄少爺來了。

潘法成：什麼？我家侄兒來了？侄兒在那裏？侄兒在那裏？

潘必正：（趨前行禮介）小侄必正叩見姑母大人。

潘法成：啊呀！果然是必正侄。──兒呀少禮！我來問你：如今金賊肆虐，我兒家中可好，却緣何來在此處？

潘必正：姑母呀！（唱）
金賊肆虐果是眞，
多虧韓岳二將軍；
金山一戰破賊胆，
因此家中倒安寧。

潘法成：（合掌）阿彌陀佛！──但却不知我兒到此又爲了何事？

潘必正：唉！慚愧呀！（唱）：
今春臨安會試去，
不料寃病忽加身；
一二兩場都高中，
三塲成了落第人。
因此無顏回家轉，
願借上刹溫書文。

潘法成：原來如此；兒呀！（唱）：
姑母雖是出家人，
那個沒有在家親？
兒居此處不妨事，
──來年呵，佇看春雷第一聲。

潘必正：多謝姑母！──進安！進安！

進安：（連忙戴好草帽，挑上担子，跨進庵門。）來了，來了。

潘必正：見過姑奶奶。

進安：（連忙卸担行禮）進安給姑奶奶叩頭。

潘法成：（以拂塵示意）起來，起來！

進安：多謝姑奶奶！

潘法成：進安！

進安：姑奶奶

潘法成：你也長得和相公一般高的了；（轉向必正）姑奶奶我末，也該老了呵！──香公！

香公：有。

潘法成：你引進安把行李安在碧筠樓去吧！潘相公要在那裏讀書了。

香公：是。（轉向進安）隨我來！

（進安挑上行李隨香公下。）

妙淨：哎呀，今天怎麼這樣熱鬧呀！（纔走出幾步，見了必正，喜得什麼也似，連忙縮了進去。）來嚧！來嚧！（拉妙常上）快來呀！你瞧：（指向必正）好一個俊俏的郎君；我老淨眞要一口淨水先把他呑了下去了。

陳妙常：別把我拉跌了。（和必正打個照面，俱各一震。）

潘法成：哦、你們也來了；好吧，都來見過。（向妙常）妙常你過來！（妙常低頭含羞以輕快的步法走向法成旁邊，法成以手撫其肩，對必正說）侄兒！這乃徒兒陳妙常！母女被金兵衝散，在此帶髮修行；是一個誦經禮懺門門都會，琴棋書畫件件皆精的好孩子。（轉向妙常）徒兒！這乃爲師的侄兒潘必正，是一個舉子，打從臨安前來探望爲師，準備暫借此地讀書趕考的。你們見過吧！

潘必正：是、是、是，哦、陳仙姑，小生這廂有禮了！（手在行禮，眼却盯住妙常不捨，）

陳妙常：這就不敢！（連忙還禮，雖然頭仍低着，却也偷偷地瞧了必正一眼。）潘相公萬福！

潘法成：妙淨，你也過來！

妙淨：來了，來了。（却大剌剌走向必正面前）我不要師父介紹，我自己介紹自己吧！呀潘相公！我叫妙淨；名淨心不淨，外淨內不淨，只要您吩咐，沒有不從命。

潘法成：唔！休得胡說！（妙淨聽了只如耳邊風；引得妙常掩袖撲嗤一笑。）

妙淨：喲、說了半天，還沒施禮啦；哦、（却忽學妙常的聲口）潘相公萬福！

潘必正：原來是妙淨仙姑；小生這廂有禮了！（見妙常竊笑的姿態，翹起姆指旁白）妙呀！

妙淨：（又學妙常聲口）這就不敢。（說完故意向妙常炫耀，給妙常嘮着嘴橫了一眼。）

潘法成：我看天色不早；妙淨！還不與我快到香積厨中吩咐準備晚齋去！

妙淨：曉得了。（向妙常作個鬼臉下。）

潘法成：正──是：
骨肉相逢蕭寺裏，
出家原是在家人；

陳妙常：天台今日見劉阮，

潘必正：蓬島何時會太眞？

潘法成：我兒！妙常！隨我來呀！（下）

陳妙常：來了。（下）

潘必正：來了。（洋洋得意旁白）哎呀妙呀！（下）（移）

文聲集（二四）

酬會酌霞

荔莊

我遊吳越君歸楚，燕雁差池世事非。今日流人話滄海，一般秋色對斜暉。殘生再見風飄絮，明月餘携露滿衣。珍重湘鄉舊家學，芷蘭零落莍葹肥。

樓居

前人

島市栖栖寄命年，樓居初接早涼天。坐吹海氣繁星動，自媚秋宵一榻專。翻史似聞褒閶獻，棲心空擬混儒禪。眼前幾閱浮雲變，莫更憑闌對逝川。

圓玄院小集得潭字

遯翁

絳宮高處接烟嵐，下望荃灣幾叠潭。四月風光猶旖旎，並時賓主盡東南。鳥啼花放開諸象，海色山容共一庵。漫問逍遙在何許，但聞鐘磬即玄參。

與經緯藝文社同人入荃灣山寺

前人

秋旻高處記同探，峰自靑蒼海蔚藍。宜詠舞雩風欸欸，更飱香積味醰醰。峽中玉瀉泉三叠，潭上航橫佛一龕。遙向岩前招伴侶，數聲長嘯破烟嵐。

唐詩偶釋（四一）

鄧中龍

在獄詠蟬

·駱賓王·

西陸蟬聲唱，南冠客思深。不堪蟬鬢影，來對白頭吟。露重飛難進，風多響易沉。無人識高潔，誰爲表予心。

清陳熙晉箋註駱臨海集，「深」字作「侵」。仍以「深」字爲優，蓋下有「不堪」二字也。

三四最矯健，最緊鍊，欲求其故，即爲首句布置得宜。本欲說蟬對我吟，未免興懷，却先用一句說蟬，一句說己，對起劃開，判作二境，然後一筆紐合，便覺筆力萬鈞。常人非不能造三四之意，特以未知欲合先開之妙用耳。老子曰：「將欲翕之，必故張之。」此萬物之理，亦詩文之訣也。

五六說蟬，承首句與第三句；結聯說己，承次句與第四句。顧大勢雖分屬，而蟬與人實二而一，不可過於拘泥。此詩章法，與張九齡「望月懷遠」詩相反，讀者仔細對勘，可悟文章之變。

或謂結聯乃分頂首句與次句，不知高潔二字，本說自己，不過借蟬爲一影子耳。況兩句一氣相足，若分屬，匪惟不得其意境，即氣脈亦覺割裂不順。

討武氏檄，賓王未嘗下獄，此因他事而在縲絏之中，先輩言之詳矣。

盛唐五律，多散起散結，中四句排比，幾近通例。初唐此格未備，猶在律詩演進時期，故雖名爲律詩，實乃承五言排律之傳統，大抵四句一組，可自成段落也。對起散承，在初唐爲常格，而在盛唐爲別格，此則爲學者所當知。稍後於賓王之陳子昂，所作「春夜別友人」二首之一曰：「紫塞白雲斷，靑春明月初。對此芳樽夜，離憂恨有餘。清冷花露滿，滴瀝簷字虛。懷君欲何贈，願上大臣書。」此等詩八句，而前後幾可截爲兩首，此等詩，則初唐之正格也。王勃「杜少府之任蜀川」，與此全同，可互閱。

大抵初唐五律，率多對起散承，此種散承之句，世謂之流水對。盛唐以後諸家不常用，改以前後散行而四句對偶。惟偶有沿用初唐此格者，則以少見多奇，競相推許。李義山詩多此格，可參閱。

初唐律，前四句一意，後四句一意，而又均爲對起散承。其弊乃在可以分截爲二，偶一不愼，前後即不相屬。且對句僅宜於描景，散行乃便於抒情說理，是以律詩演進，終成爲中四句對偶之定例，亦自有其不得不然者在。詩學發展，無人講究，此等處極宜留意。要言之，欣賞初唐五律，不必許其對起散承。以此乃常格，若特加提出，適足以自彰其不明詩道耳。

憶陳果夫先生（一五）

宇人

　　康澤在路上就和我約定由我代表發言。我說：「青年團的同志對於增加名額和改變選舉辦法，本來都不贊成。現因顧全事實，如果名額增加不多，尚可勉強同意；但對傳說中的選舉辦法，則堅決反對。因為那張四百人的候選名單，其中有百人以上並不是依據代表大會所通過的選舉辦法產生的；而乃是某幾位先生個別向總裁推荐的。依法他們尙不能取得候選人的資格；而竟要變更選舉辦法，限制非選不可，大家絕不能接受。」隨後，我又提出一項建議，聲明祇是我個人臨時想到的意見：「中委名額增加為三百人，總裁所提的那張四百人名單全部作為候選人，但代表在選舉時如認為必要，得選舉名單以外的人。」我說：「如此則四百人的名單並未去掉任何一人，你們諸位均可向有關的朋友交待，總裁對各方面的信用亦可保持。但因得選舉名單以外的人，代表如對名單裏面的人不盡滿意，自可自由選舉；而有志競選但未被列入候選名單的人，假如能獲得足夠的選票，也有當選的機會。我認為這是一項折衷辦法，各方面均能兼顧。」我又指出：「祇隔點把鐘就要舉行投票，名單以外的競選人已經沒有時間從事必要的競選活動，除非平素確屬眾望所歸者，絕難有當選之望；而在候選名單以內的人，則除非平素確屬不孚人望者，自易當選。因此，將來選舉的結果，百分之九十五以上的中委，必然都是在候選名單以內的。所不同者，祇是有極少數太不孚人望的候選人，可能落選而已。」我力陳為了黨的前途，為了總裁的威望，為了黨內各方面同志的協和，都不應該因極少的幾個人可能落選而把好好的一個代表大會弄得烏烟瘴氣。陳誠先生表示原則贊成，張治中附之，果夫、立夫兩先生也未有異議。鐵城先生則提出一項修正的意見。他認為三百人的名額太少；同時對於代表選舉候選人名單以外的人，主張規定一個限額。最後，他們五人協議如下：

一、中委名額增為四百人。

二、總裁介紹候選人四百人。

三、代表選舉時得選舉候選名單以外的人，但不得超過總名額十分之一（即四十人）。

　　這三項協議達成後，由鐵城先生親筆書寫，他們五人均簽了名。我和康澤則應允負責說服青年團的代表予以支持。在形式上，這三項協議似乎祇是對我所提的建議稍作修正；實質上，則相距不可以道里計。因為我那個建議的基本精神，在於可以自由選舉候選名單以外的人；而這三項協議則僅允許十分之一的自由選舉。我當時很不滿意。但默察形勢，實不可能獲得較好的解決辦法，也就勉強接受了。

　　他們五位簽字後，果夫、立夫兩先生即匆匆先行。鐵城先生向陳誠先生和張治中說：他們兩兄弟走得如此的快，是不是又要趕去弄什麼花樣？陳、張未有表示。我心裏想：「隔一會就要投票了，還有什麼花樣好弄？」深覺鐵城先生未免太多疑了。但爾後的事實，却証明他有先見之明。

　　且說，我和康澤回到中央團部將這三項建議報告大家，大家雖不滿意，但亦認為聊勝於無，於是一同趕往會場。此時一代表會已宣佈休息三十分鐘。不料繼續開會時，情形突然大變。蔣先生親自主席，並提出改變選舉辦法如下：

　　一、中委名額增為四百八十人。

　　二、總裁介紹候選人五百名。

　　三、代表選舉時即在候選人名單中乂去二十人。計算選票時，被乂最多之二十人作落選論；其餘四百八十人均為當選。

　　此一以乂去代選舉的奇異辦法一經宣讀，許多代表均相顧失色。蔣先生聲言這是他的決心，並強調已有三百多代表自願將選舉權完全付托於他。語畢，不經討論，巡付表決，他一聲「贊成本案的請起立」，很多坐在前排的代表都應聲而起，坐在後排的也零零落落的繼之。這些起立的代表，有許多當然是衷心贊成的，但也有不少的人顯得情非得已。更有許多代表木然坐着不動，我便是其中之一。蔣先生即宣佈「大多數贊成通過！」接着便分發選票（即是一張印有五百候選人姓名的名單），我即懷着一種沉重的心情退出會場。據參加開票的人透露：有的代表將候選人名單的前二十名乂去（第一名即為蔣先生）；有的乂去最後的二十人；有的特別挑出中央大員如宋子文、孔祥熙之流而乂之；有的打一個大×，顯示要把全體候選人都一律乂去。還有一位代表竟在候選人名單上寫了「中正不正，總裁獨裁。」八個大字。因為是無記名投票，這位代表是誰，當然無從查考。此外也有不少的代表沒有投票。至於開票以後，究竟被乂最多的二十四個人是那些人，傳說也不一致，因為後來發表的那張當選名單及其姓名次序，並非廬山真面，而乃是經過蔣先生審定的。

　　事後，據侍從室一位熟悉內情的同學分析，蔣先生在召集五人小組研究六屆中委選舉辦法和人選之初，原有一番勵精圖治之意。假設五人小組發現他們完全獲得協議的人選超過法定名額二十四名時，有人提出應請大會增加中委名額二十四人以應事實之需要，自易獲得蔣先生的認可和各方面的同意。如此，則名額既經確定，果夫先生私自為一部分被淘汰的五屆中委向蔣先生求請的事，當不致發生了，政學系的那些人更無機可乘了。祇因當時五人小組留下此一漏洞，以後便愈漏愈大。而青年團的代表們復味於蔣先生那種倔強性格，不知講求政治技術，僅憑一股義憤去硬碰，以致大觸蔣先生之怒，從而更加意氣用事。他指出蔣先生後來對CC和政學系所推荐的中委候選人，大開方便之門，幾乎有求必應，正是青年團代表那兩封形同抗議的聯名信所激成的。

　　他又說：那天蔣先生去會場之前，那張候選人名單已增到四百八十人以上。由於蔣先生未向五人小組透露，陳誠和張治中均不知道；但果夫、立夫兩先生則是知道的，因為其中有一部份中央政治學校畢業的候選人就是他們兩昆仲推荐的。蔣先生到了會場後，又接到若干推荐的簽呈，才臨時湊足五百人的總數。

　　自六屆中委選舉後，代表大會已近尾聲，大家對蔣先生的信仰即一落千丈。大約是代表大會閉會之前夕，蔣先生在中央訓練團宴請全體代表。在此以前，很多人都以能得蔣先生的召宴為榮；但當晚却有三分一以上的代表未到，我也是其中之一。因為場面太過冷落，鐵城先生臨時把中訓團的職員請來湊數，也祇能達到八成左右。蔣先生大約也有所感覺，在致詞時，一再說他近幾年來為了國家的事，受盡了各黨各派的氣，無處發洩，所以常常向自己的同志發脾氣，很覺得歉然，希望大家同志能諒解他。他甚至說：「假如我所受各黨各派的氣不能發洩，我簡直會得精神病的。」有的人聽了他這番解釋，雖然也很感動；但大家對黨的失望，卻不是任何語言所能補救的。

（待續）

弔念王續良先生（一）

劉裕畧

　　王續良先生的影子雖然時常浮現在我的眼前，但續良先生已經逝世十三年了，我到今天才為文追弔他，內心無限慚疚。

　　我與續良先生相識很偶然。我們成為志同道合的朋友以及他的慷慨，卻遠出我的意外。

　　民國三十五年抗戰勝利後，我在成都創辦了一家新社會日報。那時有人以為新社會日報是民社黨機關報，其實，我當時既非民社黨人，新社會日報也是我獨資創辦，根本與民社黨無涉。不過，我當時對許多問題懷着若干想法，而且想通過報紙的宣傳，結合若干朋友開創局面，倒是真的。

　　由自流井與貢井兩個地區合組而成的自貢市，是四川省的一個直轄市，地方雖不大，人口也只二十多萬，但很富庶。自秦漢以來，它一直是西南產鹽中心。我初次認識王續良先生，是在我到自流井第二天自貢市銀行董事長曾稚松先生請客的席上。但只約畧寒喧了幾句，說不上特別印象。

　　席散前，王續良先生當場發帖請次日在他家裏吃飯，我對此舉，也覺得很平常。因為，在當時的四川社會，彼此很重人情，每當外客到當地來，當地的仕紳，無論識與不識，爭相請客，是一種風氣。所以，王續良先生次日請我吃飯，並不表明什麼特殊，只算是人情上的老套而已。

　　比較使我奇異的，是在他家裏酒闌人散的時候，我正準備告辭，他卻堅留我談談。談什麼呢？對於他的出身和情況，我雖已有相當了解，但他是不是一個談問題的對象，我還正在估計，他對我的看法如何？我也一點不知。不過，我當時年輕，只有二十幾歲，比現在更喜歡衝，加上彼此間語言方便，我到自流井的目的之一原本就在結識新朋友，所以，他既留我談，我也不問他想談什麼，我便簡單明瞭單刀直入的把我平時對世界問題對中國問題的若干想法，逕直向他談了。

　　怎樣改造人類社會的經濟結構？原是一個大問題。一個二十幾歲的年輕人來向一個陌生朋友談這一類大問題，我自己也知道容易使人覺得冒昧和狂妄。但我當時自認有一套看法，所以，也就不管一切的談。談完一大段之後，我留心觀察他的面部表情，竟毫無我所顧慮的那種不良反應，這使我稍有驚異，我繼續談到更多問題時，他面部充滿了愉悅的顏色，更使我喜出望外。

　　我當時曾向他說，我們可以結合若干朋友，把各地的袍哥（幫會）首腦也容納在內來組織一個中國社會黨。幫會組織在今天的香港雖已變質，被目為一種黑社會，但在當時四川各地農村及城市，一百個男子至少就有九十個與幫會有關。自流井的鹽業巨子們，更無一人未入幫會，王續良就是集賢會的首領。我並且向他說：民主政治就是一種眾人共同管理國事的政治。愈能發動人民去參與這種政治，就愈對民主政治是一種貢獻。所以，要促成民主政治制度在中國的具體實現，最基本的，就在盡量發動和組織人民過問政治；其次，在民主政治制度之下，人人一律平等，而且在選舉時，任何人都不可[illegible]可能少於一票。而[illegible]織太少，已有的幾[illegible]青年黨民社黨民主[illegible]內，其總人數不超[illegible]國的人口有五六億[illegible]的政見完全相同，[illegible]數中的極少數，何[illegible]人數還分別隸屬若[illegible]如果我們能夠把幫[illegible]會組織誘導走上民[illegible]這不僅可以產生一[illegible]，使這個新黨更在[illegible]力，且比那些空頭[illegible]時，也可提高中國[illegible]這無論從理論上講[illegible]際運用上講，都是[illegible]量。

　　僅僅依靠少數[illegible]會來組黨，當然不[illegible]青年和學生繼續不[illegible]才行。因之，我除[illegible]銀行為文化學術服[illegible]國各大城市廣設學[illegible]一個農民人口佔百[illegible]。農民子弟從各處[illegible]，由於絕大多數高[illegible]城市，所以，準備[illegible]陌生的大城市後，[illegible]，而且往往要花費[illegible]許多較貧苦的優秀[illegible]果廣設寄宿舍，只[illegible]約每人每月只收住[illegible]元，以供應全部住[illegible]，對青年學生將是[illegible]許多政黨平時高喊[illegible]年，如果我們對青[illegible]獻，以吸收其中優[illegible]取他們的同情來展[illegible]運動的話，我相信[illegible]有政治價值，而其[illegible]價值。

　　我萬沒有想到[illegible]部份的話的時候，[illegible]的說道：「很好很[illegible]極少數留給妻室兒[illegible]有餘財，我的西南[illegible]曾值一億美金，受[illegible]還值美金千萬以上[illegible]拿出來照你的辦法[illegible]

　　但他隨即又笑[illegible]道我有一個綽號，[illegible]流氓嗎？」

（未完）

本刊已經香港政府登記

聯合評論

週刊

每逢星期五出版

United Voice Weekly

第二四二號

督印人：黃宇人　總編輯：左舜生

CHINESE - AMERICAN PRESS, INC
199 CANAL STREET.,
NEW YORK13 N. Y. U.S.A.

美洲航空版每份零售美金一角

談陪選及其他

——答台北民主中國

黃宇人

三月八日，我在本刊第二三四期寫了一篇檢討中韓兩國民主憲政的文章，其中曾提到第二屆總統選舉時，民社黨推舉徐傳霖為蔣先生陪選一事，認為是憲政史上最卑污的一頁。四月一日，台北民社黨（因為此事與海外的民社黨人無關，故加台北二字，以下所稱民社黨或該黨，均指的是台北民社黨與此事有關的一部份人，與其他的民社黨人無關，更與張君勱先生無關，特此聲明。）的機關報──民主中國發表社論，有所辯駁，而且說了很多題外的話，特逐項答覆如下。

陪選是否卑污

那篇社論（以下簡稱該文）先從少數黨的定義，說到美英兩國各少數黨提名競選的若干例証。我認為正如該文所說，「是多餘的」。因為我指為卑污的，祇是陪選，不是競選。陪選這一名詞，也不是我杜撰的。它是國大代表們所發明，並為全國輿論所公認的；而且一定會傳諸後世無疑。二屆總統選舉時，徐傳霖不是競選，祇是陪選，幾乎是中外皆知的事。我不用多所引証，祇用他自己所發表的一則談話，就可充分證明。據民國四十三年三月二十三日台灣新生報載中央社訊，「民主社會黨總統候選人徐傳霖於第二次投票後告訴記者：今天我自己的一票也投了蔣先生，我且已要求支持我的人轉而支持蔣先生」。一個在野黨的候選人，在選舉時，竟要求支持他的人轉而支持對方，還有一絲一毫競選的意義嗎？世界憲政史上曾有此等事嗎？政黨提名競選原是民主政治的常軌。某一政黨對某項選舉，基於某種原因決定不提名，也無可厚非。但選舉乃是一件神聖的事，參加競選，就必須鄭重其事，認真的去競一番，才符合競選的意義。假如利用競選的姿態，行其陪而不競的勾當，以為對方捧場，這是對選舉的一種莫大污辱；同時也有損於自己的黨格，我謂之為卑污，有何不當？

該文說：「關於已故徐傳霖同仁那次出來競選，不是民社黨提名的，可是經過民社黨當時的常會討論過。討論的結果是多數反對提名，讓徐傳霖同仁自由競選。但當時多數常委反對的理由，是希望國家在風雨飄搖之際，國家元首宜於一次選出，示國際以政治重心尚在，不宜經過三番五次的覆選，減低國家元首對外的聲望」。從這一段文章的表面看去，台北民社黨似乎自相矛盾。他們既因躭心蔣先生不能一次當選，才不提名競選，照常理論之，就應嚴禁所屬黨員一致投蔣先生的票；卻又為何「讓」其黨魁（當時張君勱先生不過問黨事，由徐以代理主席的身分主持一切）自由競選？所謂讓，即是同意之別名。這和他們決定不提名的本旨，豈不背道而馳？但把這段社論與前文所引徐傳霖的那則談話及其他幾則談話互相對照，即看出這正是台北民社黨當時的妙用。因為反對提名的那一方面，聲稱他們所以反對提名，完全是為了擁護蔣先生，躭心他不能一次選出，減低對外的聲望。而徐傳霖方面也聲稱，他出來競選，祇在為蔣先生捧場，好讓外人知道台灣並不是一黨專政；他不但不和蔣先生競選而且還要為他助選，即要求支持他的人轉而支持蔣先生。換言之，兩方面的目的顯然都在於向蔣先生表示擁護之意。台北民社黨當時以為採取這種相反相成，從不同的角度去表現對蔣先生的忠貞，必然會得到當權者的特別垂青；卻不料弄巧反拙，竟把在國民參政會和制憲國大時尚能發揮某些制衡作用的一個黨，造成「臭不可聞」的局面，這當然不是他們始料所及的。該文說，他們「為國受海外人士誤解，受某方面拆散」，言下似有無限的幽怨。但須知他們這種處心積慮，自損黨格去為蔣先生陪選的作法，海外人士又還什麼理由要予以諒解？至於當權者反而要拆散他們，也祇能怪當權者是薄情郎，辜負了他們的一往情深，與他人何干？有人說，當權者所以要拆散他們，乃由他們拍馬屁拍錯了地方；但無論如何，一個黨竟會被他人一拆即散，適所以顯其不足以成為黨而已。

陪選費

二屆總統選舉時，台北當權者曾發給陪選費與各陪選者，也是人所共知的事。我第一次得知其事，還是在香港自由出版社一位朋友的府上，直接聽見民社黨的一位老將說的。該文雖未承認；但也並未否認。至於台北民社黨的首次分裂，是否與分陪選費有關，該文雖轉灣抹角的有所辯論，亦不能令我心服。姑再舉一例以証之。政府退守台灣後，台北民社黨即按月向官方領取津貼八萬元，美其名曰反共抗俄宣傳費。後來一度停發，官方所持的理由，是該黨內部有幾方面都要求獨得這一筆錢，政府不知要發給那一方面才好，所以停發。後來，該黨各派一度獲得分錢的協議，又繼續發給。雷震等發起組織新黨時，該黨聲言各黨黨費不應取自國庫，自動停領。我當時以為他們必將進一步而監督國民黨當權者，使其也不能再自國庫取黨費。不料，以後該黨又藉口召開全國代表大會，要求補領。但領錢後又重陷分裂，代表大會卻未開成。不久以前，該黨又有人向法院控告該黨某派某人將該項宣傳費中飽。足証該黨的一再分裂，縱然不是以爭分官方的津貼為唯一的原因，但至少也是與此項津貼有關的。（下轉第三版）

畧記旅美四個月的一些實感

六、『丈夫變少子！』

左舜生

我之匆匆飛返紐約，一方面固然是得到醫生的許可，實際也還是由於我自己一再向醫生催促。我之所以必須提早出院，其原因甚多：一、醫藥費儘管由哥哈兩方允為担任，但要別人作此額外的支出，內心實過分不安。二、多住醫院一天，即須支出港幣三百元左右，我生平不曾過過這種奢侈生活，總覺得以提早結束為是。三、我在紐約所住的旅館（College Residence Hotel, 601 West, 110th St.），依然保留未退，初以為留波士頓三五天便可回去，房內一切書籍，衣物，信件均未收檢，自己的東西遺失還不要緊，萬一從哥大圖書館借出幾部不容易買得的書不見了，便太對不起人。四、我的兒子宗權在 Iowa 的 Forest City 一間 Waldorf College 讀物理和數學（他已經在香港的崇基讀過一年的物理），連續三學期都得着榮譽學生的獎狀，我想鼓勵他一下，答應他耶誕放假到紐約來看我的時候，請他吃兩頓較好的中國飯，在紐約玩幾天，再帶他到華盛頓旅行一次，藉此瞻仰瞻仰華盛頓，傑佛生，林肯諸人的紀念堂，使他知道一個國家的建立，必須有若干政治人物為他們的理想法奮鬥，決不是單靠發展科學和物質建設，便會有如今天這樣一個美國產生的。五、我在紐約的確也還有許多事必須結束，尤其買了若干的書籍和幾十種地圖必須親自打包付郵，如果這類的瑣事；也要靠朋友幫助，未免太不近人情了；同時，還有好幾位朋友約着繼續再談，也非踐約不可。預計我留在美東的時間，最多已不能超過一月，而有如此等等的事待辦，這也確實是我急於要離開波士頓的主要原因。

本來，亞協是為我辦得有醫藥保險的手續的。根據該會在香港方面給我的信件，原已提到這一層，可是不會說明由美國某一家保險公司承辦，以致無從接洽。我知道紐約方面的朋友也曾為我打聽過，可是依然不得要領。假定我留在麻省醫院的時候早知道確實保了險，則我可能勉強多留在波城十天或一週，聽醫生給我從容診治，或許後來在舊金山胃病再發的一幕，也就可以免除了。

回到紐約以後，謙冲夫婦原擬把我留在他們家裏多住幾天，暫不通知其他的朋友，好讓我靜靜地休養的。可是事實上不可能：凡我所要結束的事，要再看的朋友，還有兩本借得不曾讀完的書，都只有回到旅館去應付較為方便。同時，我還感到他們兩位也實在太忙：先生既要辦公，太太還非要每星期出去工作五天不可，假定一位新病初愈的朋友再留在他們家裏作客，以周太太的性格，事事對人體貼入微，她一定每天還要特別做兩樣菜給我吃，便真要把她忙壞了！於是我大下決心，雖經他們再三堅留，我還是在第二天的晚間，搭着他們一位客人的便車，一直回到了旅館。留在旅館的東西，連一紙也不曾遺失，而且由一位收拾房間的老太婆替我整理得井井有條，這真是使我最覺高興的事。

到旅館三四天後，多數在紐約的朋友都跑來看我，但他們知道我還不能多講話，大抵稍坐即去。周太太還是做了許多菜送到旅館，而傳朋老姪，袁道豐兄也都送來許多他們認為我可以吃的東西。尤其想得週到的是老友李叔明先生，他親自提來一大瓶炒好的米給我煮稀飯，還由他的太太做了幾樣鹹菜，這真是太可感了。頭一星期我還是遵守醫生開的菜單以牛奶為主食，朋友們送的東西大部存入冰箱，一直等到我的孩子宗權來了，才幫我吃去不少。

宗權通知我二十一號午後四五點即可到達，其時大雪紛飛，由他的好朋友謙冲兄的二少爺到汽車站去接他，我也留在旅館等候。可是等到夜裏九點，十點，十一點……還沒有消息，我在十層樓的窗口望了又望，凡見着兩個青年並肩在雪中走着的，我都特別注意，但總不是。我真有點着慌，担心他路上出了什麼問題，『丈夫亦愛少子』，這一篇童年時代讀過的『戰國策』，乃在我腦子裏出現，而感到意味深長。一直到十二點半，才由周太太轉來他的電話，居然到了！我乃跑到樓下會客室去等候，又經過了一點多鐘，才看見他手提一口衣箱，肩上背着一個手提包，漫步走進了旅館的大門！原來他的車子在離紐約五六百里的地方拋錨，且須修理，就擱了四五小時，以致鬧出這一次誤點的岔子。

他出國的時候十七歲半，去年十九，更長高了，身體很結實，衣上留下不少的雪花，兩隻眼睛烱烱有神，但頭髮梳得一絲不亂，他要算是我的孩子們中最漂亮的一個。這一晚父子同榻，大話家常，也說了他在學校的許多得意之作，這是我生病以來一次最大的愉快！

他留在紐約的這幾天，我們看了許多不曾到過的地方，唐人街也去過好幾次，替他添了一件比較厚的外套，又同他下鄉去看了他的周伯伯和周媽媽。耶誕這一天，何淬濂兄約我們到他們家裏去吃飯，有不少的客，他和幾個女孩子很談得來，不會兒他便和她們坐下來打橋牌，一會他們又一陣出去到赫貞河邊踏雪，青年人，青年人，未來的世界是他們的啊！

一直延到二十七，我才和謙冲兄帶着他去華盛頓作了三天的快遊。

開國氣象與亡國氣象

幼椿

前在本刊第七版偶然論及開派詩人的境界與氣度，因之感想到了中國歷來開國之君的氣度，令人覺得創業垂統的君主，其氣象大抵是宏廓的，——表現出一種開國氣象。

試以漢唐兩個在中國史上最有名的朝代開國而言，史稱漢高祖「豁達大度」，又稱漢光武「恢廓大度，同符高祖」，對於唐太宗，亦稱「豁達類漢高」。這個豁達或恢廓的稱讚，無非言其氣度開濶，見解明達，但於何處見之，何事証明之呢？在我個人讀史，則覺得豁達的表現處，第一是能虛己下人。漢高祖既滅項羽，即皇帝位，羣臣稱其能而高祖乃不以爲己之功，曰：「運籌帷幄之中，決勝千里之外，吾不如子房；鎭國家，輔百姓，給餉餽，不絕糧道，吾不如蕭何；連百萬之衆，戰必勝，攻必取，吾不如韓信；三者皆人傑，吾能用之，此吾所以取天下者也。」人言「劉季多大言，少成事」，意高祖在困窮時，在小事上，吹一吹牛，車點大砲，不足爲害，至於大事，則漢高祖最懂得虛己以聽，知道自己不如人的地方，而能够以身下人的，所以他纔會不自作聽明，不剛愎自用，而使天下歸心，稱之爲豁達大度。

豁達的第二種表現處是推心置腹。豁達二字的反面當然是狹隘、虛僞，或者深閉固拒，因此豁達最重要的條件是朗爽率眞，與人以共見。漢高祖雖好嫚罵，然而一聽懂了，覺得別人是對的，便立刻改容照別人說的去辦，有時且照辦得痛快澈底，如拜韓信爲大將事即其一例。韓信不見用於項羽，無所知名，蕭何奇之，薦於高祖，高祖因信蕭何，何堅持要拜韓信爲大將，高祖也就照辦了。及與韓信談後，便完全付以東進軍事，聽信部署一切，可算是推心置腹而用人了！我們讀史，從「初淮陰人韓信家貧無行」至「漢王嫚罵蕭何：諸將亡者以十數，公無所追，追信詐也」，這是高祖其初對於韓信完全不生印象的態度。及「何曰：諸將易得也，至如信者，國士無雙，王必欲長王漢中，無所事信，必欲爭天下，非信無可與計事者，顧王策安所決耳。王曰：吾亦欲東耳，安能鬱鬱久居此乎！何曰：計必欲東，能用信，信即留，不能用，信終亡耳。王曰：吾爲公以爲將。何曰：雖爲將，信不留。王曰：以爲大將。何曰：幸甚」。這是表現高祖能如何的信任蕭何！及拜大將，高祖與韓信深談後，「漢王大喜，自以爲得信晚，遂聽信計，部署諸將所擊」。——以初無印象之人，而因力薦，一談之下，便推心置腹，舉國以從，非豁達大度者，焉能如此開朗，此漢高祖之不可及處，故能平亂而開國！

其後人漢光武也有高祖這種豁達的氣度，因之也能平亂，復國，中興漢室。我們讀通鑑，至後漢開國時，馬援遨遊二帝間，這一段令人感到很大的興味，不惜耗點篇幅，特抄錄於下：

『隗囂使馬援往觀公孫述。援素與述同里閈、相善，以爲既至，當握手歡若平生，而述盛陳陛衛，以延援入，交拜禮畢，使出就館。更爲援制都布單衣，交讓冠，會百官於宗廟中，立舊交之位。述鸞旗旄騎，警蹕就車，磬折而入，禮饗官屬甚盛。欲授援以封侯大將軍位，賓客皆樂留，援曉之曰：天下雄雌未定，公孫不吐哺走迎國士，與圖成敗，反修飾邊幅，如偶人形，此子何足久稽天下士乎！因辭歸，謂囂曰：子陽井底蛙耳，而妄自尊大，不如專意東方！囂乃使援奉書雒陽。

『援初到，良久，中黃門引入，帝在宜德殿南廡下，但幘坐，迎笑，謂援曰：卿遨遊二帝間，今見卿，使人大慚。援頓首辭謝，因曰：當今之世，非但君擇臣，臣亦擇君矣！臣與公孫述同縣，少相善，臣前至蜀，述陛戟而後進臣。臣今遠來，陛下何知非刺客奸人，而簡易若是！帝復笑曰：卿非刺客，顧說客耳！援曰：天下反覆，盜名字者不可勝數，今見陛下恢廓大度，同符高祖，乃知帝王自有眞也！』

光武能够這樣的朗爽，率眞，至使馬援折服，因光武也深知對於高明的人物，不是假意虛言可以騙哄得了的。故隗囂欲騙光武，而光武便答之曰：『吾年垂四十，在兵中十歲，厭浮語虛詞，即不欲，勿報！』光武究竟是個讀書人，高祖之能推心置腹用人，乃是出之於性格，故曰「天授」，而光武之能推心置腹，更加以看世事甚明透也！

豁達大度尚不只於對人推心置腹，而且要能了解各個人的才能及其短長，而善用之，不嫉才，不護短，鼓舞士氣，上下和睦。在這一點上，唐太宗之明達更有勝於漢祖之處。我們讀貞觀政要，書中太宗與羣臣問答之詎，無一處不在容受誘進，且加以鼓舞，所謂「恢弘志士之氣」，太宗最能辦到，因爲只是皇帝一個人英明而有生氣，其臣下只知奉命惟謹，大家都提不起勁兒來，則國家事不是皇帝一個人的英明可以了之的。唐太宗深明此理，故羣臣稱頌其功德如天地萬物不得而名，而太宗說：『不然，朕之所以能及此者，止由五事耳：自古帝王各疾勝己者，朕見人之善，若己有之。人之能行，不能兼備，朕常棄其所短，取其所長。人主往往進賢則欲寘諸懷，退不肖則欲推諸壑，朕見賢者則敬之，不肖者則憐之，使賢不肖各得其所。人主多惡正直，陰誅顯戮，無代無之，朕踐阼以來，正直之士，比肩於朝，未嘗黜責一人。自古皆貴中華，賤夷狄，朕獨愛之如一，故其種落皆依朕如父母。此五者，朕所以成今日之功也。』

唐太宗在以上所說的五點，處處都表現「有容」二字，有容乃大，正是開國氣象。但亡國氣象就恰恰與此相反，處處暴露其狹隘，嫉才，不能容物，如東漢之末，宦官用事，連在野的名士也不容，不但對所謂「八俊八顧八及八廚」等有名望者，要置之黨錮，即天下豪傑及儒學有行義者，宦官一切指爲黨人，有怨隙者，因相陷害；睚眦之忿，濫入黨中，此郭林宗之所以私爲之慟曰：漢室滅矣！

民族主義的災害

孫寶剛

無論什麼主義，當其發展的時候，當然有其時代的背景和需要，所以能獲得廣大的人們的信仰，並且爲了它而奮鬥，但如在它完成了任務之後，有些人仍是繼續的強調它，而繼續爲它奮鬥的話，這個主義便漸漸地會發出毒素，爲害人民。假如再加以彎曲，災害便更大了。馬列主義固是一個例子，民族主義也不能例外。

民族主義在歐洲歷史上，很早就可以看到的，尤其在工業革命以後，那時因爲英國最先完成工業革命，歐洲的各國先後不同，所以稍落後的國家不得不利用關稅來保護其尚在幼稚期的工業，民族主義便爲當時的由自主義者所普遍接受。自由主義者本來都是和平主義者，可惜後來有一部份的自由主義者竟接受了帝國主義，於是造成了後來的殖民地主義，而第一次世界大戰也就爆發了。第一次世界大戰以後的法西斯主義是民族主義的濫觴。今天戴高樂的中心思想也是民族主義，甚至中共和蘇聯的失和，也有民族主義的因素在內，而各國殖民地的紛紛獨立，當然不用說是民族主義。可惜他們在獨立後仍十分強調民族主義。

民族主義在好的方面說，原是想把自己的民族或國家能獲得獨立的意思，我認爲一個民族或國家，在未獲獨立之前，提倡民族主義是無可非議的。不過在已經獲得獨立之後，如再強調民族主義，則其後果：在強大的國家，必爲帝國主義；在弱小的國家，便成排外和復古的主義。整個歐洲的先進國家在十九世紀的歷史，便是屬於前者，而最近新獨立的許多落後國家，便是後者。十九世紀的歐洲各國對外侵略史，造成了窮富懸殊，有些國家太「有」而大多數的國家太「無」。到了今天，才覺悟到「有」與「無」的國家並存在世界上，即以「有」的國家來說，也無法獲得安全和平的，所以「有」的國家，應去援助「無」的國家，可是白人與有色人種間，因爲一個多世紀的帝國主義的行爲所造成的仇恨，決不是靠了援助，立即可以消除的；而況在今天，儘量有一部份的政治家在大聲呼籲援助，而眞正的援助，還是有限，成效如何，更不可知。假如當年，即是說：歐洲的國家，已經成爲「有」的國家以後，能够立即放遠眼光，而從事於有無的相通，使國家和國家之間，「有」和「無」不要相懸殊，一步步地去扶植「無」的國家，一步步地使全世界的人們都在平等的立場上，享受人類在科學上所獲得的成就，那麽，我相信，今天的世界，眞的成了一個偉大的樂園了。

另一方面，今日新獨立的國家，近幾百年來，備受強國的壓迫和剝削，而淪爲殖民地，當然是值得一般人的同情，現在總算因了第二次世界大戰之後，民族主義思想澎湃，殖民國家的覺悟，也可說因爲時代的需要而獲得了獨立，照理應該看到十九世紀的歷史，知道民族主義是應適可而止。以往固然吃了大虧，但往者已矣，想把以往殖民者的財產沒收或搶奪，這也是不妥當的辦法。今天唯有重新開始，大家站在合理的立場上，尋求合作。因爲長期的建設，不特要靠先進國家的援助，即以殖民者來說，可能對於未來的建設，還是有用處的。我在前幾年作東南亞旅行時，就見到有些新興國家，本來已經相當現代化了的，當然這是靠了殖民者的力量。他們獨立以後，爲了表示反對殖民地主義，於是把歐西的文明儘量加以否定。可是在現代標準之下，他們自己又一無文化可言。結果便由排外而走到復古的路上去。原始性的奇裝，到處都是，許多過時的繁文俗節也都提倡起來。這眞是愚蠢的。

以今天交通的發達，文化交流的頻繁，狹義的民族主義，現在已經行不通。所以今天的國與國之間的關係，我們祇可看成如往時的省與省之間的情形。今天，殖民地主義既已大體成爲過去。我們不應再強調民族主義了，我們應進入世界主義的時代，把整個世界作爲一個國，而各國是行省而已。不然的話，世界永無寧日，民族主義愈發展，世界的糾紛愈多。我想信這個理論對於中國人來說，應該不難理解的，因爲儒家的傳統學說，便是治國平天下。決不以囿於一個小小地國內而便自滿的。最近羅馬教王也敦促世界的人們應有一個新的世界觀，而以加現有的聯合國爲促成世界永久的和平的方法。我雖不是一個天主教徒，但對教王的這種遠大的見解是衷心欽佩的。

談陪選及其他

答台北民主中國

黃宇人

（上接第一版）

該文又說：徐傅霖「曾拒曹錕賄選」，責我不應誣蔑他；甚至說假使我「沒有大英帝國殖民地的保護」，徐「尚有子孫，當然可以提出誹謗的控訴的」。我眞好笑，我那篇文章裏面，並不曾說徐傅霖曾接受曹錕賄選，我又從何誣蔑他？即以陪選一事而論，我所指責的，祇是這一件事，並不是任何個人。也許該文作者以爲徐的陪選不是該黨提名的，因而把我對於陪選一事的指責，推到徐傅霖的身上去，還想把徐的子孫也牽入。可是，就依據我上面所引的那一段該文而言，徐的陪選是該黨經過討論後讓他去作的。假如該黨當時決定不同意徐個人「自由競選」，而徐却去陪選，這才是徐的個人行動而與該黨無關。但該黨既讓其「自由競選」，則徐的行動，正是依據該黨的決議行事。而且徐當時自始至終都是以民社黨總統候選人的姿態出現，該黨並無人有所否認。因此，陪選一事的功罪是非，應該由台北民社黨完全負責，不應因爲受人笑罵就把它向死人的頭上一推。

我的過去

該文還想把我過去的態度作一個總的清算，問我「任貴州省黨部主任委員時，當時的政治民主乎？抑不民主乎？」問我「任參政員時對當時的在野黨參政員之態度民主乎？抑不民主乎？」問我「當立法委員時之態度民主乎？抑不民主乎？」我對於他人過去的醜行雖然不願談論；但假如有人想清算我的過去，則並不反對。因爲半生立身處世，雖才疏學淺，一無所成，回憶起來，隨時都覺得慚愧；但却從沒有做過一件對不起國家民族的事，也沒有做過違反民主原則的事。我任國民黨貴州省黨部主任委員時的政治是否民主，我不是當時的主政者，自無答覆之必要；但該文既然提出來問，我也可以指出：當時正是國民參政會的初期（二十九年至三十年），至今民靑兩黨人士都異口同聲，認爲是國民黨當政期間最爲民主的時代，該文作者難道一無所知嗎？

再說到我任國民參政員時對在野黨參政員的態度問題。果有不民主之處，我也歡迎該文作者能具體舉出。假如他或他們不知，也可以寫信問問和我在參政會十年同事的張君勱先生。回憶在參政會時，我和民靑兩黨的的參政員同仁，迄未發生任何不愉快的事件；我當時對君勱先生那種不苟同的堅强態度，更爲敬佩。但和共產黨的參政員則常有爭論。記得有一次參政會內政組審查董必武的一項提案，表面上是要求政府實施更多的民主；實質上則是企圖鞏固並擴大中共的割據局面。我嚴詞反駁，主張予以「保留」（即打消之意），與董發生激辯。表決時，出席參政員二十二人，贊成保留者十八人，是否有民靑兩黨的參政員在場，我已不復記憶；但梁漱溟、冷遹和盧前等人都舉手支持我，則是記得很淸楚的。而舉手贊成原案者祇有董必武自已一人。黃炎培是召集人，也沒有舉手贊成董案。董必武老羞成怒，立刻退席。第二天，他先和召集人取得協議，將原案改頭換面，再次提出。案由雖然修改，內容則完全如舊。我又予以反駁，再度和董必武展開激辯。記得冷遹也說了話，他所說的雖是勸解之詞，但仍主張將該案保留。表決結果，贊成原案者依然祇有董必武自己的一票，他又悻悻然退席。當晚，雷震找我，怪我得罪了董必武；就心共產黨的參政員從此不再出席參政會。我很不以爲然。我向雷說：「參政員在參政會發言，無人可以干涉。董必武有提案的自由，我有反對的自由。我的反對，完全依據議事規則行事，董案是被審查會壓倒的多所否決的，並不是我一個人强制打銷的。他提案通不過就退席，完全是無理取鬧，此風絕不可長。我又指出：「共產黨如果決定不出席參政會，決不會因爲董案獲得通過就來的；反之，假如他們認爲參政會尚有可用之處，也絕不會因爲董案被否決就不來的。」我請他轉告王秘書長（世杰）莫管閒事，以免被董必武乘機要挾。第二天，參政會舉行大會，董必武仍照常出席；當審查會報告他所提的案被保留時，他也沒有再出聲。我所以追述此事，旨在說明我雖然一向反共，在參政會中對共產黨藉的參政員未嘗假以詞色；但仍是依據議事規則行事，因而也不能說我的態度有什麼不民主之處。至於我做立法委員時的態度如何，當時的中外報章雜誌多有記載，雖然事隔十餘年，台北政治圈內的人士尚能記憶猶新，我不想再說什麼，免有自我宣傳之嫌。

該文一再說我是國民黨的「黨工人員」；還說「假使他已變爲民主反共人士」這種具有侮辱性的話。他們似乎認爲國民黨的黨工人員是很可鄙視的；因而必須經過「變」才能成爲民主反共人士。我過去曾在國民黨做過很久的黨務工作，當然是事實；現在也毫不後悔。我認爲做國民黨「黨工人員」，若與做民社黨的黨工人員比較，說得客氣些，總沒有什麼遜色吧？今日台北民社黨的某副主席，不也曾做過國民黨的黨工人員而且是小黨工人員嗎？國民黨的一個小黨工人員就可被民社黨尊爲副主席，該文作者又將何以自解？

關於國民黨黨員是否能「變」爲民主反共人士的問題，我想最好依據現行憲法來解答。因爲現行憲法原是張君勱先生所起草的，該文作者當不致反對依據憲法來論事吧？憲法第一條規定「中國基於三民主義爲民有民治民享之民主共和國」。這就是說，民社黨也承認國民黨的三民主義，是以建設民有民治民享的國家爲目的。既然如此，那麼凡是眞正的國民黨員，也就是爲實現民有民治民享的中國而奮鬥的，因而他在本質上必然也是民主反共人士，並不需要經過什麼「變」的。至於其他黨派的黨員是否必須經過「變」才能成爲民主反共人士以及是否變得過來，那就非我所願說了。再就我個人言之，我在民國十四年進黃埔軍校時，即確認中共是國家和民族的大患，因而即和他們展開鬥爭。民國十七年，我到國民黨中央黨部工作後，更不斷的反對貪污政治、官僚資本和獨裁統治，二十餘年如一日；迄政府退守台灣，當權者把一個主張天下爲公的黨變成了家天下的局面，我即羞與爲伍，自願流亡海外。十餘年來，我在香港的言行和最近幾年在聯合評論所寫的文章，都是本着一貫的立場，在原則上說，並無任何改變之處。

我不去台灣的原因

該文一再說我「有大英帝國殖民地的保護」，要我「到台灣去向執政的國民黨爭取民主自由」。我不入台的原因很簡單。我認爲台灣所實施的入境管制辦法，規定海外的中國人，必須申請獲得許可後才能入台。如果不是由於他們把台灣當作外國的地方，就是他們把海外同胞當作不是中國人。否則中國人爲什麼不能自由回到自己的國家？假設當權者把台灣當作外國的地方，那就是叛國；假如他們把海外同胞當作不是中國人，那就是對千餘萬海外同胞的一種莫大侮辱和迫害。許多海外同胞爲了種種原因不得不忍氣吞聲的向當權者申請入境許可，我不反對；但我認爲從事民主運動的人士和主張民主的政黨則斷不應如此。因爲一經申請，即無疑承認當權者有管制人民入境的權力。我根本否認他們有此權力，所以從未申請。數年以前，台北有人來港，希望我去台灣一行，我說：要我申請入境許可，是不可能的。他說：「祇要你願意去，不用申請自有人將入境証送來。」我說：「他人申請入境還不一定核准，我不申請，便有人將入境送來，我豈不變成了特權階級？你知道我一向是反對特權的，因此，縱有人將入境証送來，我也不會接受的。假如有朝一日，台北解除了對海外同胞入境的非法限制，沒有人請我，我也會去的，但目前則不作此想。」這就是我不去台灣的原因；由此也足証明我反對入境管制，並不是爲我個人而是爲海外千餘萬同胞的。

說到我們流亡在港，也並不是甘心接受該文所謂的大英帝國的保護，而乃是迫不得已的。事實上，我們已經等於做了亡國奴，這種心情，該文作者當然不能體念。但這祇是就我個人的主觀情緒而言。若就客觀環境來說，我們流亡在港也並無什麼可恥之處？在各國的政治史上，仁人志士爲了反對當權者的暴政迫得流亡在外的成例，是數不勝數的。孫中山先生流亡海外的往事且不必細說；即民社黨的主席張君勱先生，自大陸淪陷後，也是一直流亡在外，而且曾三度來港。難道也是來接受大英帝國殖民地的保護嗎？

我同情雷震組黨

該文說我「甚同情組織新黨的雷震」。是的，我同情雷震組黨。「同情雷震組黨」在台灣雖然是一項大罪名，許多曾和雷震過從甚密的聰明人均避之唯恐不及。但我對於自己曾做過的事，則向不否認。因此，我還要藉此機會將我當時和雷震通信的內容公開出來。雷震在未有組黨的意向以前，也曾寫過三四封信給我，我因疏懶，迄未作覆。他幾次要我給「自由中國」寫文章，我也沒有應命。可是當他寫信告知即將發起籌組新黨時，我很快的便回了一信，除了希望他加快進行而外，還就他所提的問題，提供下列各項意見：一、新黨應有全國性，萬不可太偏於地方性。二、我看胡適之先生不會應允担任新黨的領袖，新黨應採集體領導制，把有聲望、有決心的人組織一個中央委員會，不可專屬望於胡先生一人。三、應和海外具有同一主張的人士取得聯絡，同時進行，使當權者無法一網打盡。四、民靑兩黨是否解散共組新黨的問題不必提出，兩黨參加新黨的人士如不願意脫離舊黨者亦聽之，將來新黨如有成績，舊黨和跨黨的問題，自然迎刃而解。五、經費應先自籌，如能在台灣徵求黨員兩三萬人，每人每月納黨費五元到十元，每月即可收入一二十萬元，已足必需之用。組黨之初，假如錢太多了，反而容易引起問題。

我當時所以向雷震貢獻這些意見，並不是由於對新黨存有任何奢望。相反的，我根本不相信他們能組成一個健全的黨；更無參加新黨之意，我曾將此意和本刊某幾位朋友談過。但我認爲無論如何，如有一個新黨出現，尤其是把大陸來台人士和台籍人士集合在一起的一個新黨，即使很不健全，也可發生相當的制衡作用；同時化地域的成見而爲政治的結合，對於國家民族都是很有補益的。這是我支持新黨的原因。後來雷案發生，新黨即胎死腹中，却非我始料所及的。

雷案發生後，本刊曾出援雷專號，我們並聯同其他許多朋友在港招待中外新聞記者，予以申援。兩年多來，雷震的名字在台灣的報章雜誌上已少出現；但本刊仍常常提到雷案，該文說我是「隔海送人情，有何用處？」似乎我同情雷震，他們也有所不悅，人們由此等處，當可對台北民社黨更加了解了。

民社黨的「千呼萬喚」

該文說：「民社黨僅有的發言園地——民主中國，都被人幕後策動，造成雙胞案」，指責我「不聽民靑兩黨的千呼萬喚，仍昧於民靑兩黨分裂的眞因，故爲誣蔑之詞。」靑年黨的事不在本文討論的範圍以內，我不想說。台北民社黨一而再，再而三的鬧分裂，我也曾從該黨的朋友中和台灣的報紙與來稿中得知許多情形。有時甲派抨擊乙派，乃至丙派受國民黨當權者的收買，不，還是依照該文的術語比較好聽些，就叫作幕後策動吧，有時乙派，或丙派亦反唇相稽，有時三派又言歸於好。因此，我雖然很同情他們的遭遇，實在分不清誰是誰非。說得禮貌一點，我覺得大家都是差不多的。

（下轉第四版）

談陪選及其他

答台北民主中國

（上接第三版）

黃宇人

我常和民社黨在港的朋友談到：假如台北民社黨有一派能堅持民主的原則，大可將那些甘心被人在「幕後策動」的不肖黨員和策動者的姓名以及策動與被策動的事實公佈出來。如果他們無此勇氣，也應將那些不肖黨員開除黨籍，至少也必須不再和他們為伍，才能使人了解其中的是非曲直；我們對於是和直的那一方面也好表示支持。即以民主中國的雙包案而論，過去一年多來，我承他們贈閱一份，覺得該刊的言論態度，相當不錯。假如真有人在「幕後策動」，企圖奪取該刊，祇要台北民社黨或該刊負責人將事實公佈出來，就我個人來說，我一定立即予以申援。可是，該刊至今迄未對雙包案的箇中真象有所宣佈；僅有人在報上發表談話，希望政府依據出版法處理此事。猶憶出版法通過時，不但留港民主反共人士發表聯合聲明，予以抨擊；即台北自由中國半月刊和民青兩黨的刊物也表示異議。因此之故，我實在找不出理由對高抬出版法者表示同情，所以祇好含默。這就是說，並非我不聽台北民社黨的千呼萬喚，而乃是他們的呼喚，從未給我一個誰是誰非的明確概念，我自然沒有幫助任何一派去抨擊另一派之理。

是誰想為當權者立功

該文說：我「想以誣蔑民社黨為立功之道」。他們所謂立功，顯然指的是向當權者討好。如果指責民社黨的蔣先生陪選乃是憲政史上最卑污的一頁，便可向當權者「立功」，這正如該文所說：「豈不令人笑脫了門牙？」就我個人來說，我既不去台灣，也不要他們的錢，我有什麼「立功」的必要？但說到立功，我倒想起幾件事來。前次張君勱先生來港時，有一位民社黨的要角由台灣趕來看他。民社黨人來看君勱先生，自是理所當然的事。可是，那位民社黨要角來港時的旅費，卻是向國民黨的特務機關領取的，到港後他自稱不敷，又向國民黨在港的特務機關領了一筆。這還是香港方面交給他的那位負責人脫離了台灣國民黨以後告訴我的。足證他來見君勱先生是為國民黨的特務機關立功。否則，他有什麼理由一再向國民黨的特務機關領錢？復次，君勱先生由港去日本後，台北民社黨有人又趕去見他，報告他有一個王某潛伏在本刊為國民黨的特務機關做情報。君勱先生函告本刊同仁，我們又從其他方面獲得證實，即請王某離開本刊。王某離開本刊後，台北民社黨的又一位要角來港，特別請王某為他約見本刊的幾位朋友，見面時，他勸他們去台灣。那位要角和他們幾位原是很熟的人，他勸他們去台灣還，可辯說是他的主張；但他為什麼不直接找他們幾位，卻要請王某為他轉約？顯見他做這件事是與王某有關的，如非奉王某之命而行；最低限度也是希望王某將情形轉報台北國民黨的特務機關，藉以「立功」。不特此也，三屆總統選舉時，君勱先生曾聲言：「雖刀加吾頸，槍指吾胸，吾誓不同意。」這是何等堅決的態度。但非法總統產生後，台北民社黨的某些人卻千方百計的要把君勱先生拖去台灣，這種行為，是不是想為當權者「立功」，不用我多說，任何人都可一目了然的。

幾句心平氣和的話

該文說，「他們所說的「都是出於善意」，希望我「能本諸客觀的態度」來看該文。因此，我在逐項答覆之後，還想心平氣和的說幾句話。我上面的答覆和所引的事實，也許有些部份會令台北民社黨的某些人士感到刺激；但這是因為你們給我出了這麼多的題目，我要答覆，就不可能不如此；並不是我以道他人之短為快。在聯合評論創刊之初，凡是經過我審查過的一部份外來文稿，如有對民青兩黨抨擊的詞句，我都盡量刪減。我自己寫的文章，也盡量避免提到民青兩黨的事。並不是因為民青兩黨一無可非；而乃是我認為民青兩黨在政治上沒有負什麼責任。在今日的台灣，人民沒有結社的自由，新黨很難誕生，民青兩黨，則為當權者所承認，希望他們能多少發生一些制衡作用，故不顧意對他們多所批評。以致外間有人，尤以台北為多，誤認本刊與某黨某派有關，他們所持的理由是本刊只罵國民黨當權者，從不罵民青兩黨。我在台灣的好幾位朋友（不是當權派）就曾有此看法，但我均不計較。迄三屆非法總統產生後，本刊被當權者視為眼中之釘，造謠誣謗，無所不用其極；而台北民青兩黨的某些人士，卻想從中取得某些便宜。一個黨想利用某一政治形勢取得便宜，我並不反對；但總得有個原則。我們反對非法總統，反對家天下，反對特務統治及一切違憲措施；主張實行民主法治，確保自由，並積極規劃反攻。台北民青兩黨如認為陳義太高，難以實現，大可堂堂正正的另提辦法，促當權者有所接納，從而造成各該黨在政治上的新形勢，這才是於國於黨的兩利之道。不幸的是，你們祇知向當權者要求參政和增加津貼。所謂參政又不是對政治有何改革計劃，而祇是要些閒職，甚至對所謂候補立法委員、列席國大代表等於法無據的空名，也很感興趣。同時，故作種種姿態，示人以祇要當權者，肯給你們這些便宜，你們便可設法使本刊的態度緩和或把某些先生請去台灣。這些事，並不是我信口開河，「故為誣衊之詞」，而乃是有事實根據的。此間民青兩黨的朋友都知道得很清楚。兩黨有人從台北來港時，亦直認不諱。因此種種，我才偶爾對民青兩黨有所批評。我接到台灣來稿報導民青兩黨內幕消息時，也才酌量發表。但其目的仍祇是給以少許刺激，希望能有所改進。因而無論內容或措詞，都是很保留的。我現在還存着一篇寄自台北的文稿，題目是「青年黨一羣受主席×××秘書長×××飢餓迫害的工作同志陳情書」尚未決定是否發表，亦即此意。

總之，我認為我們的國家到了今天的局面，如再不能促成台灣實施民主改革，及早反攻大陸，不但我們這一代人死無葬身之地，即我們的子子孫孫也將永遠飄零異域，過亡國奴的生活。如要促成台灣的民主改革，單憑海外民主反共人士的努力，不能為功；單憑在台民主反共人士的奮鬥，也難有效；單憑民青兩黨，更無濟於事。我一向認為必須海內外齊心協力；而在台灣以內的；更必須與台籍人士和當權者以外的國民黨員聯合起來，共同奮鬥，才有成功的可能。至於如何才能促成海內外民主反共人士齊心協力之局，民青兩黨的有志之士正可發揮作用。因為客觀環境已經給你們造成了一個可以協和各方的有利形勢。不過，你們卻必須堅持幾項大原則；切不要祇知為一黨一派的近利打算，更不可向當權者要錢，才可獲得各方的信任。須知蔣先生是一位最會用錢的人，過去乃至現在那些曾經接受他的金錢的人們，何曾有一個得到便宜？假如你們能放大眼光，不作要錢的打算而堅持某些政治上的大原則，不但當權者無法再來「拆散」，海外人士對你們縱有誤解，也可於旦夕之間完全澄清。至於參政問題，如果民青兩黨有朝一日能在政治上發生良好作用，任何人都會擁護的。但照目前的情形，你們所謂參政，不過是要飯碗而已。不但於國事無關；而且這種趙孟之所貴，趙孟能賤之的賞賜，對於你們來說，似乎也不值得降格以求吧。

最後，我再說一句，我雖然對民青兩黨的過去和現在諸多不以為然；但仍希望你們的有志之士能有所作為。我在檢討中韓兩國民主憲政的那一篇文章中，曾說：我們主張民主憲政的中國人應該有所反省和努力。我所謂說的反省和努力，當然包括我自己在內，不知該文作者亦有同感否？

談英雄人物的功與罪

霍桑

去年旅居東京，曾數訪彭鈞義先生。彭先生識見淵博，又健談，故每次會晤，皆傾懷暢談，嘗至深夜。所談極泛，上天下地，古往今來，無所不涉。使作者最感興味者，乃彭先生遊歷五嶽的經驗，尤其對西嶽華山，賞讚備至，推為五嶽之冠。最使作者難忘的，則是對職業革命家的一段談話。職業革命家要具備下列幾個條件：

一、臉皮要厚。不受世俗禮法的約束，明察利害，敏於權變。

二、心腸要狠。絕不婆婆媽媽，行婦人之仁，生殺予奪，當機立斷。

三、不要命。能以生命做賭注，所以能大開大合，大勝大敗。

四、揮金如土。傾家蕩產，毫無難色。

五、頑強固執。與革命目標同生死，手段方法可千變萬化，基本目標絕不轉移。故能百折不撓，奮鬥到底。

對上述意見，當時只做笑話聽，事後仔細深思，才發現確有道理。最近讀牟宗三先生大著「政道與治道」一書，對聖賢人格與英雄人格，有所格悟。彭先生所說，職業革命家的條件，實即英雄人格的一個註腳。

從文化價值來看，無論是中國或西方，對所謂英雄人物，都加以鄙視貶斥。就中國來說，對齊桓晉文漢高唐代，這些英明的君主，雖然皆為民族立下不朽的功績，但是儒家向斥之為私心霸道。至於近代的自由主義者，直把凱撒、拿破崙、克林威爾等人，都看成吃人妖怪、混世魔王。

從前述職業革命家的五個條件來看，英雄人物之混賬和討厭，是不須說的。時人多所了解。但是英雄在歷史上，卻有它不可少的妙用。對這一點，了解的人就不多了。

當歷史進入一膠固窒悶狀態，人們陷入深沉的苦難，而無從反抗；當政者雖罪大惡極，但是在形格勢禁之下，仍能維持權力，繼續宰割人民；在這個時候，就需要一股風暴，來衝決膠固、打破窒悶，搗碎騎在人民頭上的特權階級，給歷史敞開大門，望見新的光明和理想。

掀起歷史的風暴，則必待英雄人物之興起。因為惟有視身家性命如無物的英雄人物，才能挺而走險，才能揭竿而起。

揭竿倒秦的陳勝、吳廣都是販夫走卒，漢高是市井無賴，元末並起的羣雄也多是亡命者、流浪者。這些人並無任何政治理想，他們只因窮極無聊、不怕死、不要命，故敢乘亂造亂。把現有的衰腐政治勢力搗碎，打破歷史的膠固與窒悶。但是當他們一旦削平羣雄、握得政權，如不得賢相為之開文應政，他們本身很快就墮落、暴虐；造成新的歷史黑暗和膠固。再等新的冒險者起來把他們送上斷頭台。

當然，在歷史陷入膠固與黑暗的時候，最好是聖賢格的人物，能夠興起擔當除舊佈新的使命。可惜聖賢格的人物，心腸太軟、面皮太薄，考慮太多，縱有澄清天下之想，結果多因循作廢。儒家的理想本是內聖外王的，可是從孔孟以後聖與王就分了家，兩千多年來，聖者不王，王者不聖。一般的儒者變成文弱無用的書呆子。又格於君臣各分，始終不敢拍胸膛來奪取政權，於是就成為專制君主的幫閒了。

無頂天立地之英雄人物，不足以興風作浪，創造時勢；無聖賢人物之德教理想，不能開國開代，長治久安。有聖賢氣度而兼具英雄資質，所謂內聖外王的人物，千年不一見。王陽明與曾國藩皆是聖賢格的人物，亦皆能開建事功，但是拘於君臣之義，終不能清寰宇開太平。合聖與雄於一身，中國古代有文王、周公，近世唯印度甘地一人而已。

今天之中國，政治之黑暗，生民之苦痛，人心之膠固都到達極點，而形勢條件之惡劣亦千古之所無；待聖雄人物之興起，渺不可期；退而求其次，聖賢人物與英雄人物之凝聚合作，或不失為可能。

劉少奇訪問印尼有何收獲？

陳又聞

從表面看，中共與印尼之間似乎勾結得很緊，因爲印尼總統蘇加諾邀劉少奇訪問印尼，且形勢上予以熱烈歡迎，不過，話說回來，中共對東南亞的野心誰然很大，但這一次劉少奇到印尼及緬甸的直接收獲却是有限的。

何以說呢？因爲，無論如何，目前中共已有的收獲，還只有下列幾點：

一、提高中共在印尼及緬甸的威望，並在印緬民間造成一種印尼與中共，緬甸與中共眞有什麼友誼的錯覺。這將進一步增長印尼及緬甸的左傾勢力，終將使印尼與緬甸現在執政者自己招致難於估計的危害。

二、是讓中共把它對東亞各國的國際統戰工作跨進了一步。雖然，中共與印尼之間，中共與緬甸之間，能否提出來的共同口號有限，只能提出一些什麼「反對舊式帝國主義」的口號，但許多落後國家的左傾的青年都很幼稚，就是這樣一些莫明其妙的口號，也常常足以麻醉他們，所以，這對印緬所引起損害，也正是將對中共所將引起的一種收獲。

三、是與印尼共同加强了反對大馬來西亞的陰謀。

我們曉得：大馬來西亞是合乎反共政署在東南亞地區設計出來的一幅藍圖。它不但因此解除馬來亞與星加坡的矛盾，更可解救星加坡的赤化危險，它從而把一個比星馬更大的大馬來西亞國建立起來，不但可以平衡在國際場合中常常玩左右兩種把戲的印尼的花槍，而且，由於一個反共的大馬來西亞的出現，而更可阻止中共在這一地區的各個擊破。但中共由於它的赤化陰謀而反對它，印尼則由於它的嫉妒與民族擴張主義而反對它，可是，以往，中共與印尼對於此一共同的反對，迄未合流，而劉少奇這一次訪問印尼，則使這一反對有了合流的趨勢。誠然，大馬來西亞的建立，決不會因爲中共與印尼的這一合流的反對，而停止下來，但中共可能暗中武裝婆羅乃及其它地區的左傾份子及不明大義的份子，顚覆和企圖破壞大馬來西亞的建立，則仍然是眞的。

四、自從中共與印度衝突後，自從毛澤東與赫魯曉夫衝突後，無論在共黨集團，無論在所謂亞非集團，中共都已愈來愈陷於孤立。在亞非集團中，從前曾與中共友好的印度與埃及都已看穿了中共的猙獰面貌，因而有的已經疏遠，有的且仍在糾紛中。目前仍然執迷不悟，仍被中共利用的，則有印尼、緬甸、錫蘭、巴基斯坦與高棉等國。緬甸在國際間尙有一定作用，所以，劉少奇樂於訪問緬甸，以尋求於擴大進行它對緬甸的想法。而印尼則更是操縱是否可以召開亞非集團的國家之一，爲了孤立印度，爲了解除中共本身的孤立危機並進一步提高中共的地位，中共固極願亞非會議能夠在蘇加諾的努力下召開無疑，劉少奇這一次訪問印尼，如何促成蘇加諾去作這一努力，當然是劉少奇訪問印尼的主題之一。

五、自印尼無理的把中華民國排除在亞洲運動會之外之後，印尼不但名譽上聲望上受損，而且也遭一些合法的國際體育運動組織的反對，甚至排除。印尼不自反省，卻意氣用事的準備與中共等非法政權組織非法的所謂新興勢力運動會，這在自由世界來說，當然是一種不幸，在印尼來說，當然也是一種自我貶損。只有對於中共，才是一種收獲，因爲所有合法的國際組織對羞與中共爲伍的時候，印尼既願與中共另起爐灶，中共自是求之不得，以分裂和混亂自由世界再好不過的事。所以，這一次劉少奇訪問印尼，自必力求與印尼對此達成協議，從而達成在體育組織上分裂和混亂的陰謀。看來，如果印尼不肯懸崖勒馬的話，中共的許多陰謀勢將通過印尼而逐步實施。

據外電報導，劉少奇抵印尼之日，印尼總統蘇加諾雖然在機場上接機，曾經用手扒取印尼分配部長的口袋，從而暗示謹防扒手，謹防劉少奇這一小偷在印尼施扒術的意味，但從印尼的立場來看，卻看不出印尼這一次邀劉少奇前來訪問，對印尼有何好處。

綜合說來，劉少奇這一次訪問印尼，縱然蘇加諾有着謹防扒手的心情，但請一個扒手來訪問，對印尼總是沒有好處的，相反，對中共卻有上述許多好處哩！

中蘇共簽一九六三年貿易議定書

綜觀

一九六三年雖然已經過去了四個月了，但據中共新華社莫斯科四月廿一日電：一九六三年中共與蘇聯之間的貿易談判却已「順利」完成了，而且簽訂了議定書。

它說：「通過友好和相互諒解的氣氛中進行的會談，商定了相互供應貨額並於本年四月二十日簽訂了中國和蘇聯一九六三年貿易議定書」。

又說「商定的貿易額中包括了爲兩國國民經濟的需要而供應的範圍廣濶的中國和蘇聯的商品」。

又說：「議定書中規定，中國在一九六三年內將供應蘇聯有色金屬礦砂、錫、水銀、生鐵、化工品、羊毛、呢絨、綢緞、縫製品、針織品、手工藝品、蘋果、柑桔和其它商品。蘇聯在一九六三年內將供應中國黑色和有色金屬，卡車、拖拉機和配件、石油產品、原木、化工品、洗衣皂、儀器、各種機械設備和其它商品」。

又說「雙方認爲，商定相互供應的貨物，將促進兩國國民經濟高漲和增進兩國人民之間的偉大友誼」。

又說「雙方還簽訂了對於一九六一年四月七日關於中國分期償還一九六〇年貿易業務中對蘇聯欠帳協定的議定書。鑒於中國政府的願望，議定書規定中國用一九六二年貿易業務中形成的中國順差提前償還按照上述協定規定應在一九六五年償還的欠額的一部份」。

好一個「順利」談判，居然過期了四個月才談判完成！好一個「友好氣氛」，居然壓迫中共提前還償，才達成協議，而且居然還要說是由於中共的自願哩！

從議定書所列一九六三年貿易範圍看，除了由蘇聯對中共供應石油這一項比較重要外，其它商品，都不重要。這說明蘇聯對中共的援助仍未恢復，中蘇共之間的關係，仍未改善。這也足見當奴才是不好當的。無論奴才怎樣諒解主子，主子卻總是吝而不舍，不肯多給奴才一些東西。

最妙的，是中共所需洗衣皂而要靠蘇聯供應，那末，中共的所謂工業，究竟搞的什麼呢？

僑鄉近訊

由印回大陸華僑將被送集中營

鍾之奇

自中共與印度衝突後，因爲一部份留印華僑被中共特務所煽惑，在印度大幹其親共反印工作，但中共並不把這些被他利用過的華僑視作可靠份子。相反，中共不過認爲他們暫時被中共所利用，並非這些華僑是中共所說的那種「無產階級」。且中共認爲這些華僑雖然在反印行動中左傾，但這些華僑的階級成份却是反動的。所以，中共爲了欺騙其它各地華僑，固不得不把留在印度的親共華僑接回大陸，另一方面，卻又敵視這些華僑，更恐這些華僑回到大陸後，其本身既不習慣勞動，更恐這些由印度回到大陸的華僑，親自看到大陸人民之生活慘況後，在大陸做出反共行動。所以，中共當局已決定假借「接待」之名，將這些由印回到大陸之華僑，送到集中營勞動改造，但在表面上，則設「接僑委員會」主其事，而在各地設「招待所」，使之成爲變相的集中營。

據中共「中國新聞社」北平四月廿四日電：『爲了接待和安置印度受難歸國華僑，國務院成立了「中華人民共和國接待和安置受難歸國華僑委員會」。任命華僑事務委員會主任廖承志爲主任委員……勞動部局長邢余洪等十七人爲委員」，中共政務院任命勞動部的局長爲接待委員，可見中共對華僑不是眞正接待，請君「勞動改造」才是眞的。

粵共大量培養農民技術員

據中共在香港控制的大公報於四月二十日「廣州專訊」報導說：「廣東全省農村，今年又湧現大批農民技術員，據不完全統計，目前，全省經這短期訓練的農民技術員，共有十七萬三千多人，較去年春耕時增加一倍以上。」

大公報又說：「這些農民技術員，大部份是水稻農業栽培和繁育良種的，是有不少是油料、經濟作物和畜牧，獸醫的技術員。他們分佈在各地人民公社生產隊裏，帶頭和指導農民開展技術改革工作。肇慶專區今年培訓了種子技術員二萬一千多人，全區建立了早稻留種田四萬二千多畝，爲今後推廣良種創造了良好的條件」。

粵共之所以培養農民技術員，事出有因，絕不偶然。表面上的理由是改良農業增加生產，實際上則還在設立專人保養種籽。因爲最近幾年來，種籽缺乏，已是普通現象。種籽缺乏之基本原因，則由於大陸農民挨不住飢餓，所以大家偸偸把明年的種籽也拿來充飢了。針對這一現象，所以中共最近曾在廣東推行「種籽田」與「種籽員」制度。而所謂農民技術員，也是對種籽的培育與保管負有相當負任的。看中共當局如此注重技術問題，以爲技術問題是中共農業成敗之關鍵，可謂始終未能抓住癢處。今日中共農業之所以失敗，以及將來還要必然失敗，技術的原因小，眞正的原因，却在民心方面，制度方面，中共一直在推行那種違反人性的極權制度，農民技術再好，也是無心替中共工作的。

粵共在廣東各地大搜古物

古物是可以出口換取外滙的。所以，中共近年來極力以保存文物考察文化爲名，不斷在各地大搜刮民間所存古物。

據中共在香港控制的大公報於四月廿五日報導說：「廣州博物館最近又徵集到古代廣州城磚的拓片八百零二件」。所謂「徵集」正是一個强迫徵收與强迫搜刮的別名。並說「除宋磚外，還有各種式樣的明代城磚和部份東漢、晉、南漢、元、清等朝代的城磚」云。

「共存試驗場」的寮國

何之湄

共方撤出永珍

寮國是「共存試驗場」這一句話，不曉得是那一位聰明的外國記者所發明的。它被使用於寮國的場合，是再也沒有更適當的了！寮國的現況，不祇是所謂美蘇和平共存的「共存試驗場」，而且也正是寮國的「左、中、右」三派，共同的「共存試驗場」。

寮國「共存試驗場」如果有一個「場長」的話，那就是傅馬總理了。這位慢吞吞吸着烟斗態度舒徐的傅馬總理，爲了寮中衝突已使他失去了平日那種悠閒，安詳的節奏。豐沙萬的中立軍在瓦瓶平原最後據點失陷於共軍之手，李江部隊後撤至平原東部邊緣！這一訊息的証實使不容易發脾氣的傅馬憤怒，他憤怒地聲稱：「我要抵抗」！「我不能坐視中立軍被消滅！我要抵抗」！

可是情勢似乎不很單純，共方採取的已是半攤牌的方式：首先，上次與傅馬同赴瓦瓶平原的寮共頭子蘇發弩馮，單獨留在康開共軍之中，拒絕返回永珍。而在永珍的共方領袖之一，宣傳及福利、旅遊部長馮維希，也突然秘密自永珍出走；同時出走的還有不少共方的高級官員。

雖然這並不算是共方正式撤出永珍，或正式退出聯合政府——馮維希到了，寮北之後，還聲稱他是在「出巡」中，但貪夜「出巡」而不告訴總理一聲，毋寧說是「出奔」更爲恰當。這麼一來，即使沒有正式撤出的形式，却已造成了大部撤出的事實。形成的狀態，是「聯合政府」只剩下一個軀殼，而變成了兩軍對壘的情勢。

李江陣地形勢

正如傅馬總理早所警告及預料說：如果中立軍被消滅了，寮共將會發覺到他們面臨「與右翼軍對壘」。右翼巨頭諾沙旺將軍率領一批高級助手遄赴沙灣那曲他的總部，顯明是爲了作必要的軍事部署。諾沙旺南行的時候正當豐沙萬危急，李江部隊看情勢必被迫退出瓦瓶平原，但當時還不能預料到李江要退向平原的東邊抑或西邊。如果他退向西邊的話，在平原的東南邊緣右翼軍與寮共軍將會有更廣泛的接觸；當時更傳說共軍在東部集結兵力，可能乘勝奪取沙灣那曲外圍據點。諾沙旺匆匆趕回軍前，與蘇發弩馮的滯留軍中，剛好是一項「平行的發展」。

三派的「共存」，逐漸發展爲兩派的對立。「共存試驗場」中的成份，顯然已起了變化。寮共最初說是支持中立軍叛軍杜尼上校，最後終於承認寮共自己攻城掠地。諾沙旺自寮中戰事發生，即已聲明支持李江，假若李江同意，他將予以「實力的支持」。李江雖沒有明顯的答覆，但現在他的部隊退向平原東南邊緣，已形成了掩護沙灣那曲右翼總部，一面却以右翼軍爲奧援的形勢。

中立派在急劇分化中，有趨向解體的趨勢，表現實力的，只有左右兩派。這也許就是「共存試驗」的結果。

當左翼頭子之一馮維希部長出走的時候，右翼所主持的國家安全局警察，還包圍搜查了宣傳部。據說，如果馮維希不是已經出奔的話，當時即被右翼警察拘捕也不是奇事。雖然沒有情報說諾沙旺將軍要把在永珍的共黨份子一網打盡，但共黨份子同時自永珍出走一事，一方面意味着他們向永珍政府攤牌，另一方面也可以說他們意識到在永珍會有遭遇右翼向他們攤牌的危險。

傅馬的抵抗之道

在「共存試驗場」正在發生急激變化的今日，最苦於應付的當然是「場長」傅馬了。對於中立軍被迫退出瓦瓶平原，他雖對共軍痛心疾首，而聲稱「我要抵抗」，但他給予李江的命令，仍是「停火」——屬於「不抵抗」的。實際上，由於共軍計劃發動瓦瓶平原事變，早已有長期縝密的部署，派出重兵扼守戰畧要點，逐漸蠶食地盤並逐漸縮小包圍圈，使得李江即使要孤注一擲也難有取勝的希望。除非他下令右翼軍與中立軍聯合對共軍討伐，否則沒有辦法採用軍事對軍事，所謂「兵來將擋」的抵抗。

傅馬當然不輕易下這麼一道命令，因爲那樣就等於他自己宣佈聯合政府的解體，而他本人則正是這個政府的領袖。他之明知李江部隊因爲使用蘇製武器而陷於彈藥補給的困難，但仍沒有毅然聲請接受美援武器，也是基於同一原因。雖然美國方面最先便已言明，如果傅馬需要（平亂所需的）武器的話，美方願予以充份援助。

外交家出身的傅馬，所設想的路線仍然是外交的。當左右兩翼已在劍及履及準備廝殺的時候，他只有呼籲日內瓦寮國協定簽字國，出力維持那項保証寮國中立獨立的協定。也許這是一項合理的推論：寮國的動亂是由於外力，除了小衝突以外，「戰爭」多出於外國的策動；如果東西兩大集團沒有任何一方要發動戰爭，大規模的戰爭也就打不起來。這就是傅馬唯一的希冀。

率同英蘇駐寮兩大使和監察委員會三委員，傅馬再度飛赴康開力謀停火。因爲蘇發弩馮已不肯返回永珍，只有由傅馬到康開去，「移樽就教」。

「三面警察」建議

星期一（四月廿二日）傅馬與蘇發弩馮的康開之會，在傅馬來說可以算是有了某種程度上的收穫。「停火、雙方退回原陣地」的傅馬要求，獲蘇發弩馮的接受而成爲協議。雖然鑒於共方的旋踵破壞協議，有如四月四日共軍司令辛加浦與李江停火協議的被破壞一樣，傅馬兩兄弟的協議能否保持尚不可知。但傅馬仍認爲那總是一線希望，通往逐漸恢復原狀的希望，比較勝於左右兩翼軍隊正式爆發戰爭。

在攻佔川壙、康開、豐沙萬三個重要據點後的共軍，竟突然接受停火，並願「恢復原有陣地」，即等於共軍退出瓦瓶平原中心，這訊息似令人驚異。難道寮共接受英蘇兩大使和監察委會的調處，或「給面子給傳馬」而作了重大讓步？實際當然絕不如此簡單，不能忽畧的是寮國內外有關的形勢。

美國「表現實力」政策似乎已在開動，第七艦隊開抵暹羅灣外，近四千美陸戰隊將赴泰國參加「演習」。美國似乎緊記着武力防衛泰國的諾言，以免措手不及。雖然對於「美軍入寮」的傳說，會是言之過早。但這項背景毋疑給諾沙旺以某種鼓勵。右翼軍在東線挺進到平原邊緣，而在西線方面也有自會晒向塔同出擊模樣。東部山區反共的苗族部由居高臨下開近平原，拊康開之背。如果寮共不是已經接獲發動戰爭的命令，便得暫時緩和局勢，靜觀變化，等候新的訓令。

要想寮共輕易履行康開協議也似乎是奢望：第一他們仍反對監察委會常駐瓦瓶平原執行監察職權。第二他們要求苗族軍及右翼軍也要「退回原防」，這可能成爲與共軍退回原防的「對等交換條件」。第三，李江部隊是否能接收失地呢？共方要求組織「三方面混合警察」來處理，並要求在永珍也設立「三面警察」，即所謂「永珍首都中立化」。這等於共方攻佔川壙三重鎮，而對右翼及永珍提出要挾。這就難免「夜長夢多」了！曼谷通訊。

孤立的陰影籠罩着印度

孟健

印度與中共的「邊界糾紛」目前雖仍在沉寂狀態中，但她所受到中共的軍事壓力實在並未減輕；尤其是在中共與巴基斯坦簽訂了國境條約之後，她更加上了在外交方面的失利。於是，尼赫魯倍感徬徨、焦慮！同時，印度在國際上的聲譽，從此也日趨衰落，因而更使尼赫魯憂心如焚！

尼赫魯在徬徨失措中，爲着要挽救印度的頹勢，便亟亟於購買蘇聯的米格機，以爲藉此可以一壯印度的聲威；詎料這一舉措反而增加了西方國家對印度的困惑，失掉了亞非集團對印度的信心。顯然，尼赫魯已陷於進退失據的厄境，其後果是使到印度被孤立的陰影籠罩着；儘管尼赫魯舌燦蓮花，作出種種動人的宣傳，但終難掩飾其窘態！

目前喜馬拉雅山的天氣，已進入初夏季節，「世界屋脊」的積雪已逐漸融解，中共是否將藉此時機重燃戰火？這是印度所面臨着的一個很嚴重的問題。

中共自聲明停戰撤軍以來，轉瞬已歷四個多月。中共最近的動態，固然是依照她的聲明將軍隊由東北邊區撤入其所統治的領土內，但裏情況却並不如外表的簡單，中共軍隊在撤退前，對東北邊境凡與軍事有關的各方面，都已作過詳細的調查，同時在邊境防衛線上不斷地擴建軍事工事，並派有精銳的武裝部隊駐守，跟印度軍力比較，中共是佔有極大優勢，隨時都可向印度進攻，而操有必勝的把握。此外，中共對扼着喜馬拉雅山咽喉的兩條公路；已日夜不停地加緊修建；對西北部具有重大戰畧價值的拉達克地區，中共也已建成公路交通網；對後方基地，中共也已擴展與加强；可以說，中共刻已完成了進攻的部署，足够嚴重地威脅着印度。

反觀印度，雖然也增加龐大的國防預算，擴展軍備，充實國防，但是印度自己本身的實力究竟是脆弱，如果不仰賴外國支援，無論如何，不能拒抗中共。然而尼赫魯仍然企圖維持「不加盟」政策，沒有積極爭取西方國家的援助，反而向着蘇聯方面，大送秋波，以爲可以藉賴蘇聯的聲威遏阻中共的野心，孰料這一舉措不特不能得到蘇聯的誠意幫忙，反而引起亞非國家對印度的鄙視，而中共更不會被尼赫魯這種愚昧的手法所嚇止。於是，印度祇是煩惱自尋！

以今日的形勢來說：印度和中共的邊境糾紛已不單純是軍事方面的較量，在外交方面實在也有很大的爭持。我們如非健忘，當然還會記得，在今年春間，錫蘭女總理曾携帶六國的調停方案分訪北平和新德里，尼赫魯對該調停方案態度冷淡，周恩來則表示原則上完全同意。這一來，就使到調停的六國均對印度不滿；反之，對中共却印象頗佳。顯然，印度在外交方面也給中共佔去了優勢，因而招致了亞非國家泛起對印度的立場表示懷疑。這是尼赫魯的不智，使印度在國際聲譽上受到嚴重的損失！

現在，亞非國家對印度目前的所謂「和平政策」，都大感失望了。並且由於印度的軍隊一經與中共軍交鋒，竟然不堪一擊，這般的丟臉，更引起了亞非國家對印度鄙視。當然，印度實際上是沒有怎樣足够的力量來領導亞非國家的，以前祇不過是尼赫魯的「滑頭」手法要得較爲動人吧了，但是到了和中共眞正的碰擋了起來的時候，他的色屬內在的醜態便立告畢露，於是「滑頭」的手法便變成了黔驢之技，所有亞非國家不特不再受懸騙，反而大喝倒彩；西方國家更看出了他的「投機主義」的詭計，儘管尼赫魯再要出怎樣的「法寶」，也不會再輕易「上當」。美國官方人士曾透露過：「今後美國政府雖然不至完全停止援助印度，可是在印度未改變其態度之前，則援助的範圍，便儘限於剩餘物資」。剩餘物資中即使也有武器，也不同於「軍援」，而祇是一種商業貿易吧了。如此，印度又怎能獲得足够的武器來抵抗中共？——照這般情況發展下去，可以逆預的是：印度顯然是將陷於孤立！

印度既給孤立的陰影籠罩着，則中共自當喜不自勝；倘若尼赫魯依然執迷不悟，不迅速作出明智的抉擇，則印度的前途，勢必出現更大的危機！

女貞庵（二）

（版權保留）

黎明

第二場：琴心

地：白雲軒——軒內：几案、香爐、書畫、筆硯、佈置雅淨；軒外：竹院、假山、花台、琴牀、石櫈，淸幽絕俗。

時：三天後的一個月夜。

人：陳妙常、妙淨、潘必正、妙靈（一個十三四歲的小尼）。

妙淨：（從假山後上唱）：

終朝每日唸彌陀，
彌陀他不保佑我。
倘若他，眞肯保佑我，
怎教我，年年空山受折磨；
怕不早，紅羅帳裏叫哥哥？

（白）哎呀且住；自從那日見了潘生，長得眉淸目秀，俊雅風流；害得我一直茶不思，飯不想，經不唸，香不燒，心中老大不自在。只可惜他比我年紀少了一大那麼節，沒奈何方才死了這條心。祇是我想他和常妹妹倒是年貌相當，天生一對，地生一雙；又且那日二人眉來眼去，甚是有心；我何不做個順水人情，成就他們則個？有道是：出家人慈悲爲懷，方便爲本；與人方便，自己方便。我就是這個主意，就是這個主意。——喲，說着說着却早到了白雲軒口，我自進去便了。（忽聞裏面詩聲，不期側耳而聽，躡足而進。）

陳妙常：（在案前燈下曼聲地，感傷地唸）：

嫦娥應悔偷靈藥，
碧海青天夜夜心。

妙淨：（突趨燈前，唱）：

好一個，月裏嫦娥起凡心；

陳妙常：喲，（抬頭見淨，連忙掩卷）原來是淨姐姐，倒嚇了我一跳！

妙淨：嚇壞了嫦娥妹妹，姐心疼。

陳妙常：姐姐休要取笑，一旁坐下。

妙淨：有坐，有坐。（坐下後，却只顧端詳妙常，好像要在她身上搜索出什麼秘密似的，弄得妙常也跟着她的目光在自己身上疑慮地檢視。）

陳妙常：姐姐！（嘮嘮生嗔）您怎麼啦？

妙淨：哦、哦；（如夢初醒，微笑向着妙常）我說妹妹，您這幾日可好呀？

陳妙常：我一向無病無痛，並沒有什麼不好呀！（餘嗔未息）

妙淨：妹妹呀！（唱）：

我看你，紅鸞天喜星相連，
十分春色透眉尖。
我願你，多情更遇多情種，
千里姻緣一綫牽。
我勸你，從今拋却閑經卷，
好羨鴛鴦不羨仙。

陳妙常：（旁白）哎呀且住；我看淨姐姐今夜進得門來，疑神疑鬼，言三語四，莫非那日我和潘生見面共齋之時有什麼破綻給她看出了不成？我想、我乃出家之人，雖然潘生才貌超羣，人品出衆，豈容稍存非非之想，自貽白圭之玷？哎呀潘生呀潘生！我本有心向明月，無奈月不照我心也，呵！——唔、淨姐心直口快，我必須先堵住她的咀才成。（轉向妙淨）呀姐姐！想你我俱是出家唸佛之人，四大皆空，一塵不染；你今竟出此言，是何道理？

妙淨：（旁白）喲、她倒對我裝起蒜來了，待我再來點破於她。（轉向妙常）唉、妹妹呀！你休再說那出家唸佛了啵！（唱）：

出家唸佛休再言，
姐有言來你細參：
出家出一年，
佛爺在眼前；
出家出兩年，
佛爺上西天；
出家出三年，
好向佛要利市錢。
四大皆空空何處？
塵埃原就滿大千。
老僧已死成新塔，
南北山頭多墓田。
男耕女織是正理。
男婚女嫁本自然。
好花堪折自須折，
何必空門送流年？
——須知道：
嫦娥縱自有靈藥，
至今孤單在九天；
縱有瓊樓和玉宇，
——須知道：
那瓊樓玉宇高處不勝寒。

陳妙常：（旁唱）：

淨姐的話兒句句眞，
我這裏，喜在眉頭笑在心。
這樣的話兒怎對答？
我只好假癡假呆掙脫身。

（轉向妙淨）姐姐呀！（唱）：

姐姐愛我情義深，
你的話兒值千金。
小妹無依又無靠，
姐姐就是方外親。
從今後，我要事事多請教，
切莫把我當路人。

（白）哦、姐姐你來看！（拉了妙淨同至窗前）難得今夜月色甚好，小妹久已不彈琴了，我們同至院中，彈琴賞月一回，散散心兒如何？

妙淨：彈琴散心？使得！使得！眞個好久沒聽妹妹彈琴了。至於說到我這個心兒末？不但須得「散」它一「散」，簡直就不如把它佈施給天狗吃了倒更干脆。

陳妙常：笑話了。

（妙常抱琴，妙淨捧香爐，同放在琴牀上，然後各就石櫈坐下。妙常調絃介。）

妙淨：你給爲姐彈個「鳳求凰」如何？

陳妙常：姐姐又笑話了；此曲豈是空門兒女所彈？——我給姐姐彈個「水仙操」如何？

妙淨：就依妹子。

（妙常彈琴介。潘必正上。）

潘必正：嗯呸！月明雲淡露華濃，閒步芳塵數落紅。小生自從那日晚齋和陳妙常師姑別後，一連兩日，沒曾相見。看此溶溶夜月，悄悄閒庭，孤衾獨枕，好不煩悶人也！乘此更深人靜，我不免到她白雲軒中走走。（忽聞琴聲）好美妙的琴聲也。我不免在粉牆之外，竹林深處，仔細地聽它一聽則個。

妙淨：妹妹別彈了；我看見竹林裏面有個白色的東西了。

陳妙常：（琴聲戛然而止）在那裏？

妙淨：在那裏。（用手指向竹林；嚇得必正連忙溜下牆頭；但仍貼耳諦聽。）

陳妙常：（竭盡目力看介）什麼也沒有呀！

妙淨：哎呀，嚇死我了！怎麼忽然又什麼都沒有了呀！

陳妙常：姐姐呀！（唱）：

莫不是，你眼花撩亂心不靜？
莫不是，這夜色蒼茫看不淸？
莫不是，浪打沙鷗棲不定？
莫不是，山人去後野猿驚？
莫不是，松頂風高鶴夢醒？
莫不是，翠岩月印山溜冷？

妙靈：（從竹林邊急上大喊）淨姐！淨姐！您在那兒呀？

（未完）

唐詩偶釋（五一）

鄧中龍

次北固山下

·王灣·

客路青山下，行舟綠水前。潮平兩岸濶，風正一帆懸。海日生殘夜，江春入舊年。鄉書何處達？歸雁洛陽邊。

前半言當下情景，第三句跟首句說，第四句跟次句說。四句平鋪，此在初唐及開元以前爲常格。

腹聯通前後說。見得日復一日，年復一年，流光荏苒，客路迢遙，跌起結聯。

日生殘夜，春入舊年，「入」字鍊，第已啟晚唐之纖巧。王灣爲開元時人，論時代已入盛唐，惟唐詩猶未臻極盛。此等纖巧句，皆沿梁陳餘習，初唐詩人多用之，至杜子美、王摩詰諸人出，始盡掃積習，故乃風骨高華，句法宏贍。要言之，盛唐詩以格勝而不以詞勝。詩至晚唐，格愈衰而詞反巧；故一首之中，世僅傳其一聯，而全首且有爲人所不曉者。賈島題李凝幽居詩：三四聯爲「鳥宿池邊樹，僧敲月下門。」二句固佳，第與全詩並不相稱。詩以詞勝，詩之衰也。然此固不足以論於王灣此詩。此詩起句雖平平，而轉結均佳，並非徒賴「海日江春」二句生色者。偶論「入」字，遂信筆涉及盛晚之比較，學者切勿誤會。

盛唐以後詩，表達時序更遞，每用明筆。漢魏古詩，言時序與距離，多藉景物表明。與今日電影以落葉飄雪暗示秋冬更易之手法，如出一轍。古詩十九首「孟冬寒氣至」詩五六句曰：「三五明月滿，四五蟾兔缺。」「三五指十五月圓之夜，四五言二十月缺之時，因上有「愁多知夜長，仰觀衆星列」，此句乃言夜夜如此，月月如此，而詩中並不明言。陶潛「與殷晉安別」詩、「飄飄西來風，悠悠東去雲。」言山川阻隔，一東一西，而以風雲來去之狀，表距離之遠。此詩海日江春一聯，作用在表示時間流轉，亦漢魏六朝人常用之法。此在古詩或長律中可用，惟用於五言八句之詩，則畧嫌浪費。盛唐以後，鮮有用此者矣。

前四句平平引起，五六暗轉，第七句一喝，氣勢盡注。「鄉書」回應首句「客路」，「何處達」啟下句「洛陽邊」，古人爲詩，字無虛擲，此等處應特別留意。

凡律詩上聯喝得緊，下句從不直接。鄉書不可達，何等悵惘矣，却只有歸雁沈沈在洛陽邊耳，是爲逸接。李義山之「玉璫緘札何由達，萬里雲羅一雁飛，」正用此意，可參閱。

辛文房「唐才子傳」（見卷一），胡應麟「詩藪」（見內編卷四，近體上，五言），沈德潛「唐詩別裁」等書，均激賞此詩五六句。學者可自行檢卷細閱，茲不贅。

文聲集（二五）

詠木棉

天石

縱橫意態擎天勢，俯視千林不世雄；文采應教霞失色，丹心直與日爭紅。佗城終古騰王氣，漢室何年靖塞烽？留與鷓鴣暫棲息，怡然挾纘嘯春風。

次前韻

公遂

恥向庭階爭尺土，高視雲天氣自雄。棲夢銜晴春水暖，飛吟呼侶醉顏紅。征衫碗泪飄殘粉，羈雁吞聲凜夕烽。故國凄迷芳訊絕，亂英抛擲萬山風。

同前

遯翁

擢秀火維瀰氣象，爭春奇樹自英雄。能爲秋實吹綿白，先作高花蓋地紅。照眼欲然天上燄，入雲遙訝嶺頭烽。如何枉說南强小，不道泱泱有大風。

同前

乃禎

原馳漲海東南極，地衍靈株氣脈雄。萬里隄封標漢古，三春花萼挾大紅。雲箋錦句撩鄉思，火樹斜陽亂夕烽。何日降王眞作長，好從飛絮辨薰風。

憶陳果夫先生（一六）

宇人

第六次全國代表大會後，我雖然名列中央執行委員，但對黨的熱忱則一落千丈。自念半生為黨奮鬥，甚至還害死了父親，原冀對國對民有所貢獻；如今國事日非，人民疾苦，黨事更每況愈下，而無力挽救，實與初願大違。記得民國二十一年，曾在報上看見蕭佛成先生在廣州做的一首感懷詩，原文如下：「匡濟初懷願竟違，同盟舊夢已全非。此中心事還誰訴，獨倚欄杆對落暉。」胡漢民先生也和了一首如下：「百川宗海總無違，忍看分流有是非。但使魯陽心力在，指戈尤待把日揮。」我當時的心情，正和蕭老先生的相同；但却沒有胡先生那種揮戈反日的自信。從此，即不再出席中央紀念週，不再參加蔣先生的宴會和聽他演講。我之所以如此，並不是有什麼決心和計劃，更不是存心對蔣先生不敬；祇是內心徬徨苦悶，對此等事提不起興趣；同時，也覺得少和蔣先生見面一次，可以多保留一些好的印象，如此而已。此時，我在中央團部的職務，除了常務幹事而外，還担任青年工作的管理處長。我對青年團工作的目的，原認為團可以為黨培育新的細胞，促進黨的新生；如今，我對黨既已不能發生任何改革的影響，我對團的工作自然也就大為恢心了。我曾幾次的提出辭呈，張治中均不允轉報蔣先生，我祇得將處內的事完全付與副處長代拆代行，不再過問。

六全代表大會後，康澤即奉命出國考察、蔣先生派我繼任中央團部的組織處長。張治中先向我透露此一消息時，並說，隔數日中央常務幹事會開會，即可提出報告，明令發表，希望我先有所準備。我表示對中央團部原來的工作都要辭去，自無心再接受新命。他說：「團長經過很詳細的考慮後才決定的。」他認為這是蔣先生對我的一番好意，中央團部的同事對我也抱着很大的希望。假如我不接受，不但對不起蔣先生，也對不起中央團部的同志。最後，他要我再考慮，假如一定不就，祇有等到明令發表後，我自己去向蔣先生當面請辭。我當時頗感進退兩難；但不料事隔一日，這個困難竟不解決而自解了。

原因是此時國民參政會正在開會，宋子文被任為行政院長，首次出席參政會報告施政方針，大家對他都抱着很大的期望。那天到參政會旁聽的人特別湧擠，各國駐重慶的使節大多在座。由於旁聽席上的座位不夠，旁走廊也站滿了人，可說是盛況空前。但宋子文却遲了一點多鐘，直到十二點半後才姍姍而來。雖然如此，各參政員仍熱烈鼓掌歡迎。當時物價暴漲，大家最關心的當然是這位在國際上以理財能手見稱的新閣揆，究竟有何控制物價的有效辦法。宋子文大約也深知人心如此，所以在報告時，也側重物價問題。他說：美國政府已應允借給我們某些數量的黃金和供應我們某些數量（我已不記其確數）的布疋。他認為黃金與布疋乃是控制物價的兩大工具，現在均在政府的掌握之中，物價穩定，指日可期。最後又說：因為時間不夠，如有詢問，請用書面。總計他報告的時間還不到二十分鐘，便草草了事。我很不以為然，即起立向主席張伯苓先生要求提出口頭詢問。張先生原是一位和事老，他也許躭心我會和宋子文當面過不去，向我勸說道：「時間已到，應該散會的時候（通常是下午一時），宋院長也說過如有詢問，請用書面。」他希望我改為書面詢問。我根據參政會的議事規則，指出政府首長或參政會主席均無權限制參政員祇能書面詢問，不能作口頭詢問。至於時間的問題，我說：如果大家同意，也可照通例酌量延長。張先生祇得徵詢大家的意見，絕大多數的參政員均鼓掌支持，我乃步上發言台。由於時間不够，我祇扼要的指出物價問題，是多方面的，並不像宋院長所說的那樣簡單。必須在財政、金融、經濟、糧政以及交通各方面統籌兼顧，定出一套整體性的政策，更要政府人員能身體力行，才能有希望把物價逐漸穩定下來。過去政府天天談管制物價，而物價却愈管愈暴漲，其主要原因，即在於那些管制辦法都祇是頭痛醫頭，腳痛醫腳；而執行管制物價的官員又多是囤積居奇的能手，所以造成物價的無政府狀態。我希望宋子文對於物價問題再作詳密的考慮。我在結束詢問時又說：假如僅憑友邦所支援的黃金和布疋而無通盤的打算，政府人員的積習又無所改善，我躭心這點有限的黃金和布疋不但於事無濟，還可能很快的便被有特權的人套購一空，反而變成了刺激物價暴漲的因素。我說了以後，不但參政員熱烈鼓掌，表示支持；即一向不准鼓掌的旁聽席上亦有多人鼓掌。宋子文老羞成怒，即時作了一個很失態的簡短答覆，大意說：他所能辦到的祇是如此，那位如有很好的辦法，最好請他來負責。我當時對於他這個答覆，並未動氣，祇覺好笑。散會時，新民報的陳明德和大公報的一位記者都找我發表談話，要求我將對宋子文的質詢寫交他們發表。我沒有應允。下午，宋子文請全體參政員茶會，我前往參加，鄭彥棻在場幫他招待客人，他見我去時，喜出望外。他說：他上午在參政會旁聽，很躭心我在宋子文的答覆以後又予以抨擊。如此，則宋首次列席參政會報告即引起不愉快事件，對政府的信譽是很不好的。幸而我沒有說話，現在我又來參加茶會，他很佩服我的這種風度。我說：上午因為時間已晚，大家都餓了，無不急於早些散會，好去吃飯；同時，我認為宋的答覆，適足以表明他自己失態，於我無損，所以我沒有再說話；現在我來參加茶會，祇覺得這是參政員對政府首長應有的禮貌，我並不曾想到政府的信譽問題。鄭又替宋作種種解釋，希望我不要介意。我答以上午的質詢，乃因他對物價問題的本質並未認識清楚，故提請他注意，希望他能針對事實拿出一套整個的辦法來；祇要以後物價不再暴漲，我將擁護之不暇，決不會和他為難的。第二天上午張治中找我，他說：蔣先生打電話給他，指我為一個自由主義者，絕不適宜做青年團的組織工作，要收回對我的那項新任命。他勸說無效。他怪我不聽他的勸告（因為在蔣先生內定我為組織處長時，他曾勸我在這一次的參政會少發言）。我說：「我本來不想做的，現在團長收回成命，豈不更好？」他說：「這不是你個人的問題，而是團的前途的問題。」他原來希望我接長組織處後，能把青年團向青年學生羣衆作更深入的推進，挽回他們那種對現狀日益不滿的趨勢；同時，並對黨團關係有所改善，如今則一切都談不到了。他並透露蔣經國曾幾度向他表示有意接長組織處，但他沒有同意。

蔣先生收回派我為青年團中央組織處長的成命這一件事，在我的情緒上不但沒有引起任何激動，我反而覺得平靜得多。（待續）

弔念王績良先生（二）

劉裕畧

當王績良先生笑着問我知不知道他有一個綽號叫「鹽場流氓」時，我微笑的答覆他，我早已知道。

他哈哈大笑起來，並說：「這真是一個有趣味而又符合事實的名字咧！」

他說：「我們王家幾百年來都是自流井鹽業中的大家。但到我父親手上，我這一支姓王的便已家道敗落了。所以，我的青年生活，過的便是很艱苦的生活。我看到貧窮最容易遭人賤視和歧視。相反，如果有錢，無論錢的來源如何，則總是受人尊敬。有什麼辦法呢？為了生活，我固然必須找錢，為了榮譽，我也必須盡力找錢了。而這一個社會，錢找錢比較容易，人找錢就比較困難。要做到用錢去找錢，却非先有資本不可。而貧苦的人則是根本沒有本錢的。所以，二十幾年來我就只好用流氓手段來『以身發財』了。」

他又說：「我今年四十六歲，從二十幾歲起，便在自流井這一個鹽場用流氓手段找錢，到如今，算是白手興家，已經有了相當多的財富。但我時常看到社會上有許多人和我一樣，天天在找錢，已有的錢，明明已經超過妻室兒女以及自己終身生活之所必需，但仍然天天在鑽錢眼子，好像害了神經病一般，不找錢便過不得，沒有找到錢便不快活。實則他們和我一樣，不但身為錢役，心為錢役，而且自己不斷在為兒孫作馬牛。所以，我有時候就在想：找錢本來就是一種手段，用錢才是一種目的，把找來的錢用在有意義的事情上，才算有價值，但包括我在內，許多人都只盲目的繼續不斷的找錢，找來後便積蓄起來，但積蓄起來幹什麼呢？大家却說不出一個目的，我自己也說不出一個目的。所以，有時候，我自己又便對自己的行為懷疑起來。但不找錢又幹什麼呢？我也提不出一個答案。」

我聽到這裏，便向他笑笑，我的笑含着一種對他的坦白態度表示會心的敬佩的意思。我還沒有來得及說話，他又跟着向我說：「前幾年，我本來想聯合自流井的少數鹽商，來大家做點事，使自流井工業化。所以，便與張筱坡先生商量，共同組織了一家西南鹽業公司。由張筱坡先生任董事長。我任總經理。我們對化工事業都是外行，但我們都知道食鹽的副產物甚多，所以，我們先把自流井的久大精鹽公司收買了過來，並且請世界聞名的化學工業家侯德榜先生作了我們西南鹽業公司的常董，以便指導西南鹽業公司今後如何走化工的路；此外，為了設置化工設備，我們決心不惜龐大資金，向美國購買機械，當我們向政府申請購買外滙，以便向美國購買機械時，政府叫我們把準備購買外滙的錢存入國家銀行。我記得我們存入申請購買外滙的錢時，是每二十法幣值一塊美金。因此，我們曾把龐大數量的錢，遵照政府的規定存了進去。但存進去不久，政府却突然宣佈法外滙牌價由法幣二十元提高為法幣四百元。所以，相當於美金一億的法幣，便於一夜之間變來只值五百萬美金了。所幸我們當時並未將西南鹽業公司的全部現金都存進去，但受到損失之大，也就可想而知了。同時，我們也就從此再不敢把大量的錢存入國家銀行去申請外滙了，因為，誰敢保証政府不再隨意提高外滙價值呢？事實上，法幣當時不斷貶值，外滙提價隨時可能，所以，由這一件事使我得到一個教訓，我們縱然只想站在政治圈外，用我們自己的錢，對國家的化工事業作點貢獻，也不可能。政治的風浪，隨時可以席捲我們，我們毫無還手之力。但老實不客氣的說，政治風浪這樣無情地打擊我們，我們是不甘心的，要我去跟着那些已經被人操縱的黨派當一名小尾巴，取得一個什麼名義，我也不甚熱心。因此，直到如今，我又繼續在自流井當鹽場流氓，繼續在無目的的找錢，並且繼續着心頭的沉悶。所以，你所說的幾點，我都感到很大的興趣，你說對青年學生作一些真正服務，我尤其贊成。因為，我自己就有這體驗。而且，直到現在，我有見許多貧寒家庭的子弟，想到重慶、成都或上海、北平升學，除了旅費外，就常常為了人生地不熟，住吃費用難於預算而躊躇不前。我們在各大城市設立學生寄宿舍來對學生服務，並且相機爭取他們入黨，確實很好。」

「不過」，他又說：「籌辦文化銀行也好，開設學生寄宿舍也好，都得大量資金。但一方面政府不許囤集物資，另一方面如將大量法幣存着，又不斷貶值，我們有什麼辦法在這兩種顧慮之外，妥籌善策，以達到大量資金的充分靈活運用呢？」

他對我提出這樣一個問題是很好的，因為這是如何進入實際問題去的一個關鍵。

就我與王績良先生的基本關係來說，前面說過，我們本來沒有任何特別關係。我大胆的對他提出問題來談時，我內心當時尚存在顧慮。他的初步反應良好，已使我吃驚。不過，我那時已有一點人事上的小小經驗，知道有些人對這類話是根本聽不進去，有些人是說大話用小錢，有些人甚至是說大話而根本連小錢也不用的。王績良先生頭一段話，可以說是一種很漂亮的話，但他說了這一種漂亮話之後，究竟是用大錢呢？用小錢呢？抑或還是不用錢呢？我心頭還在觀察。他後半段所說各節所表現的誠意，却使我很感動。所以，他問我如何實際進行，我便對他提了一個進一步實行的方案。（未完）

本刊已經香港政府登記

聯合評論 週刊

每逢星期五出版

United Voice Weekly

第二三四號

督印人：黃宇人 總編輯：左仲平
社址：九龍大埔道一六八號南亞書局 805641
承印：晶羅印刷有限公司 香港仔馬師道5號
總代理：友聯發行公司 售價每份港幣一毫
本報美洲總經售處：美國紐約中美出版社
CHINESE - AMERICAN PRESS, INC
199 CANAL STREET.,
NEW YORK13 N. Y. U.S.A.
美洲航空版每份售美金一角

賀楊傳廣並論中華民族的優越性

劉裕畧

據新聞報導：中華民國著名運動員楊傳廣於四月廿八日在美國加州的十項運動中所創九千一百廿一分，比一九五九年蘇聯人庫茲湼夫所創的世界紀錄八千三百五十七分多七百六十四分，比美國一九六〇年世界運動會十項運動冠軍强生所創的八千六百八十三分的世界最高紀錄，亦多四百三十一分，所以，他已榮膺目前世界上十項運動的頭號選手。對此，美國報紙及電視廣播，均爭先宣佈，華僑聞訊都感到驕傲與興奮，紛紛致電祝賀。

眞的，楊傳廣這一成就確實值得祝賀和讚揚。從楊傳廣個人講：他已二十九歲，一般認爲他即屆退休年齡，不會再在需要特別體力的十項運動中有何突出表現。然而，楊傳廣却竟然表現了他的特殊，這不能不使全世界公認這是體育史上的一大奇蹟。

再從整個中華民族來看：少數失掉了民族自信心的人，往往震駭於這一時代某些國家某些民族的部分突出現象，遂認爲中華民族之子孫，不但聰明才智不如外人，體質亦遜於外人。因而被蒙上東亞病夫的可恥綽號。實則中華民族之子孫無論智力體力都極偉大優越。幾千年來已有數不淸的事實對此作了證明，楊傳廣這一次的成就再度作了證明。

曠觀古今中外歷史，曾經有過很多民族，遠在古代就在我們所居住的這一個地球上的不同角落建立過不同的社會和不同的國家。但在迄今爲止的過程中，有些民族雖曾在人類歷史上發出過光輝，照耀過若干年代，但殘焰搖紅，有的已經沒落，有的已經死亡，殘存者已經無多，强大者更已經極少，他們經不起或者是人與天爭或者是人與人爭的長期考驗；有些民族的民族生命力似亦有問題，所以，自有人類歷史以來，有許多民族便終於不是在內在的挑戰中就於外在的挑戰中倒下去了。近代雖然又有一些民族在某些部份表現了它們的優異和特殊，但，說到民族生命力的長久與强旺，中華民族確實才是今日世界各民族之冠軍。試問哪一個民族有中華民族這樣久遠？又試問還有哪一個民族的人口有今日中華民族六七億這樣多？不說其它，單以這一點來說，已經使身上流動着中華民族血液的我們就已感到太光榮太慶幸了！

不錯，從另一方面看：在海禁大開的最近這幾十年，中國確曾受人宰割，工業和科學也確曾落伍，政治制度也不够理想，最近十四年，整個中國大陸且被中共暴政所控制。但話說回來，這畢竟不過是最近幾十年的事。再過若干年，誰說中國的情況又不再變呢？少數不肖子孫以爲中華民族從此眞正不行了，外國也有一些論客也眞以爲中華民族從此不行了，這沒有說明別的，只說明他們的愚昧和短視罷了。他們沒有看見中華民族長遠的過去，更沒有預見中華民族偉大的未來。他們被中國最近這幾十年的部份現象所困惑，殊不知，短短數十年，不過是整個中華民族無休無止的長遠歷史中之一瞬，在以往的無數個數十年中，中華民族也曾屢歷艱難，但都在一定時間中作了健全的反應，而平安渡過，再繼續發展。何況，中華民族在最近這幾十年，並不是全面落後，更不是民族生機衰退，而只是部分情況落後。歐洲不是曾經有過長時間的黑暗嗎？美洲的開發不也才幾百年嗎？任何優秀民族原本不可能時時刻刻事事都站在一切民族的前頭，那末，中華民族最近幾十年中在某些局部問題上稍稍落後，又有什麼稀奇呢？某些人因此就崇拜俄國，奉馬克思爲師，拜史大林爲爺爺，他們經常在中國人面前以主人自命，却在俄國人面前以奴才自居，甚至還憑藉武力，在中國建立一個俄式政權，這是何等愚蠢！何等不肖！另外又有一些人，有的甘心作外人的工具，有的甘願當洋人，入美國籍，試想這與一向懷着落葉歸根思想的愛國華僑之賢不肖相去又何其遠？這少數人眞是世界上最卑鄙最可憐最愚昧的人了。

我認爲中華民族雖然偉大，但不必因此歧視其它，可也不容許別人對我歧視。近世有許多新興民族確具所長，值得我們警惕與參酌。但最基本的却還在聯合反共國家先把違反人性的共產黨打垮，然後再協同其它優秀民族共同建立較進步的人類社會。在中國，一切崇俄思想與崇美思想都必須肅淸，對於有特殊原因而入美國籍的固可原諒，但對崇奉馬列主義的毛劉政權則必須淸除，對於在國難期間放棄個人責任而入美國籍的人，則必須唾棄。我以爲，在以往的中國能有機會研究科學的人已不多，但今天竟有上千的科學家在美國著其光彩，楊傳廣亦在台北當局寧肯養嘍囉不肯重國士，並未予合理資助下而表現特殊，此皆中華民族子孫智力體力異常卓越之充分証明。再看：今日大陸及海外各地人民更在與共黨搏鬥，人民均已覺醒，尤處處顯示了民族的生命力與活力，一個民族不怕有災難，而怕不能應戰，能有如此充分應戰力，就說明中華民族本身不但必有偉大前途，甚至必然還會對整個世界作出重要貢獻。任何民族都不免有不肖子孫，少數不肖子孫決不能損及中華民族之偉大。中華民族之花果亦未飄零，飄零的只是殘枝敗葉，而非花果。中華民族樹大根深，枝葉繁茂，民族生命力無限强大，眞正的花果正在嚴寒中孕育發芽，秋風吹敗葉，顯示民族的春天即將到來哩！

畧記旅美四個月的一些實感

七、留在華盛頓的三天

左舜生

我們是搭十二月二十七日最早一班從紐約開行的火車去華盛頓的。我到美國以來，坐火車這是第一次。普通客車，來回票美金二十一元，座位畧同於過去滬寧路的頭等，但淸潔遠不如日本，沿途上來的客人，多找不到坐位，只好站着，尤其從華盛頓回紐約這一天站的人更多。美國人對交通的管理，確無特別可稱道之處。聽說他們的鐵道是要賠本的，有兩家大的鐵道公司已合併成了一家。紐約和華盛頓兩處的車站都不見佳，只給我以黯淡和陳舊的印象。我因爲動身太早，在旅舘不曾吃早餐，紐約車站的餐室，更是亂糟糟，以我生平到過的火車站，如上海，杭州，南京，浦口，天津，北京，馬關，大阪，京都，東京，馬賽，巴黎，乃至廣州，香港等等，我覺得沒有比紐約車站的餐室更壞的了。美國了不起的地方自然很多，但一定要說美國的月亮都比別處的亮，我看不見得。日本一位與鐵道有關的老先生告訴我：美國不久以前，曾有一位管理交通事業的大員，到日參觀了日本這條新近修成的大阪到東京的特快鐵道，表示非常滿意，認爲可作美國整理鐵道的借鏡；並且還說，他們很想從波士頓通過紐約到華盛頓也修這樣的一條。能虛心承認別人的長處，而想加以摩仿，這却不失爲美國人可佩服的地方。

火車走了四點鐘以上，不到十二點，便已到達華盛頓。在車站接我們的有老友童季齡兄，慕韓的姪子曾君培光，大使舘的朱君耀祖（中央政校的同學，他曾到紐約和我見過），曾朱兩位都有車子，甚爲方便，但找一家預定的旅舘，却費了相當的時間。

我和宗權住了一間雙人房，每天十一元，謙冲兄住了一間單人的，六元，一切清潔整齊，很不錯；餐廳也十分安靜而招待頗週到。這是在紐約所不容易有的。

四點多鐘的火車，也感到相當的疲倦，吃了一些東西，睡了一會，商量了第二天的遊程，並托朱君約好明天午前到中華民國大使舘去看蔣廷黻大使。這一晚洗澡後睡得很安適。

三十年前的『一二八』淞滬之役，我和王造時代表上海各公團到北平勸吳佩孚張學良響應抗日，便在淸華大學和蔣廷黻先生見過一次，後來在重慶也見過，這回在華盛頓使舘算是第三次了；自然彼此都老了，但他還是那樣健談。他表示了對國際現狀的許多看法，尤其對中共和印度邊境的衝突談得很多，不過我們都不曾談到台灣。在同一天的晚上，他約我到他的住所晚餐，又談得不少。

儘管我們遊覽的日程僅有二十八二十九兩天，但因爲朱曾兩位分別担任爲我們各開車一天，所以我們到過的地方還是不少。

美國的國會圖書舘（Library of Congress）有藏書千萬部以上，而不曾裝訂的刋物還未計算在內。老友袁同禮兄在該舘的中文部服務多年，而曾培光兄也是舘員之一，我們去參觀的時候，更見着其他的中國職員好幾位，並承他們送了我『中國善本書目錄』兩厚冊（王重民輯錄，袁同禮重校），內容計分經史子集及補遺五部分，大率以明刻本爲最多，並附有著者索引及書名索引，[illegible]

美國的總統府，即所謂白宮（White House）是也[illegible]的兩層建築物。從它[illegible]可看見方尖高聳的華[illegible]遠一點，也可看見白[illegible]紀念堂（Jefferson Memorial）[illegible]外表儘管沒有什麼，[illegible]麗：保存歷代總統用[illegible]而壁間所懸名畫尤多[illegible]肯畫像，均出自名家[illegible]有導遊的冊子一本，[illegible]部分均有說明，據說[illegible]人所編輯，每冊一元[illegible]不息的人前往參觀，[illegible]幾十萬冊也。

環白宮週圍均政[illegible]，高等法院，財政部[illegible]模無不比白宮大若干[illegible]留此一歷史遺物不願[illegible]必有改弦更張之一日[illegible]

我們也參觀了他[illegible]際即一印行美鈔的所[illegible]出各種價額不同鈔票[illegible]以新代舊，雖事實上[illegible]，但通貨膨脹的數字[illegible]情的，便是那些爲鈔[illegible]大致也是世間最單調[illegible]

我所最受感動的[illegible]物舘，其地即由當日[illegible]月十四日）林肯被刺[illegible]列了林肯的若干遺物[illegible]天的一張照片，及凶[illegible]約三四寸長的手鎗）[illegible]也都一一存在，而讀[illegible]的，却還是他那篇『[illegible]享』的簡短演說。博[illegible]肯死去的一所民房，[illegible]我們去瞻仰了。林肯[illegible]堂我們也去看了，林[illegible]生的立像，都能表現[illegible]入的神態。

聽說曾慕韓的兒[illegible]加一種會議此時正在[illegible]前無聯絡未能見面，[illegible]墓地去的時候無法約[illegible]在華盛頓近郊的天主[illegible]幾分鐘可到，他的墓[illegible]可望見，其時雪深一[illegible]上一個花圈，並祝他[illegible]土。

更正：本刋上期第一版第二排三十五行內「嚴禁」乃「嚴督」之誤，第四版第一排第十八行「含默」乃「緘默」之誤，特此更正。

建立思想體系與組織反對黨

——讀完孫寶剛的今後的政策有感

孟　戈

新近承美國三民晨報主筆潘賢模教授剪寄一份該報轉載本刊孫寶剛先生撰寫的「我們的外交」一文。潘先生是芝加哥電台政治專欄作家中留美學人；足見他們對中國政黨的整套政策的重視，亦足証華僑對今後國家的行動決策的關注。

一、觀點有異同，敬佩則一

以前，孫寶剛先生對我說過，當年張君勱先生創建民主社會黨時，雖有一個政黨組織、一個政治目標，一個共同的信念和口號。但却沒有一個詳細的政治綱領，以及一定階段的一定方針政策。因而，在他，在這十四年長的流徙歲月裏，痛定思痛，才把精力與心血來灌注於寫出他的一套理論體系！

我從來不反對任何人建立他的理論體系，亦從來不反對任何人組織他們志同道合的政黨。民主政治是多黨政治，一個政黨的政綱和政策，可以獲得大多數人民的信賴和愛好，那麼，這個政黨就可以用和平手段奪取國家的政權，坐上執政黨的寶座上。明乎此，我對孫先生一連發表了二十多篇文字後，觀點雖彼此頗有異同，但至少是相當佩服他的熱心和努力。

二、第三勢力這名堂

據我所瞭解，孫寶剛先生的思想體系，大概想在西方的資本主義與蘇聯的社會主義，這兩極端不調和的思想體系中，去走出他的第三條路線來。可以說是意圖組織「第三勢力」；亦即是目前國際的民主社會主義勢力！

時下國人的意識對第三勢力這名堂，似乎不出於誤解，就出諸惡意中傷。他們認爲凡是反共又反蔣的就是第三勢力，那是大錯誤。

今天的中國只有兩大勢力——反共是一個勢力，共產黨亦是一個勢力。

反共的勢力是集結在中華民國憲法下的力量。中華民國憲法是締結來凝聚反共力量的泉源與原動力。在擁護中華民國憲法與反對中華民國憲法間，是不可能有或不應該有既「擁護」又「反對」中華民國憲法的力量，亦不該存在有既「不擁護」又「不反對」中華民國憲法的力量。明乎此，誰反對中華民國憲法就是我們的敵人，誰擁護中華民國憲法就是我們的朋友。

至於所謂反蔣呢？蔣先生是國民黨總裁，是中民華國政府的執政黨領袖。在野黨攻擊執政黨是理所當然的。這正如杜魯門大罵艾克，而現在輪到艾克來批評甘迺廸一樣。民主是人民當家作主，蔣先生要當天字第一號公僕，就要挨得起人罵，要歡迎人家的批評。今天，祇有遺老遺少思想作孽的奴才，才誤認爲對總統也像「天王聖明」「臣罪當誅」的。把「反蔣」和「反共」相提並論，眞是一件大笑話，是二十世紀七十年代中國民主政治史的大悲劇！

所以，我認爲這樣來在中國贊成或反對所謂第三勢力，不但語氣有問題，而且思想也大有問題的。

三、海內外的三分力

中華民國憲法是講多黨政治的！人民有集會結社的自由。不過國民黨是執政黨，中華民國政權現在爲國民黨所主持，在野黨想和平奪取政權，想代替國民黨掌握政權，雖然現在不可能，但是未來就大有可能。大陸收復後，在人民知識進步了的公平競選下，新興的政治勢力，很有希望獲得廣大人民的支持。因而組織這個新興的政治勢力，就須從此刻開始。

盱衡一下今日自由中國的政治現實，在執政黨內外有三種力量，是可望集結在一起的，至少可以聯結成一條戰線：

一是國民黨內的民主力量：這一個力量是很奇妙的東西，今日立法院和監察院中，常常有執政黨國會議員盡量指摘執政黨官員的現象。他們不在黨內批評，而在黨外公開揭發出來。這些被認爲「有良知」的先生却戀戀不捨於執政黨籍，而執政黨內又不予任何處罰或甚至剔除。我眞不明白，他們何不乾脆退出執政黨。站在少數派的一邊來？

二是海內外的民主力量：這一個力量相當龐大，在海外蓬勃發展，在台灣亦在政治大壓力下潛伏進展。

三是大陸上無形的民主力量：這一個力量似無法估計的，但當大陸風雲四起時，這必然形成長江大河，不可遏阻。

如果能集結這三分的力量，那麼，中國必然可產生強有力的反對黨，從而使中國政治走向眞正的民主政治的途徑。

四、雷震的經驗與教訓

兩年以前，台灣的雷震先生和李萬居先生等籌組一個反對黨。當時在朝黨一部份人，因恐懼而失掉理智，亂叫他們「爲反對而反對」，並誣他們是「共匪的統戰份子」，之後，執政黨要出絕招，抓人而鬧出大事。現在，雷震先生在獄中，李萬居先生亦在病中，大家看來反對黨似乎如此完了。我們要問完了麼？

雷震先生組黨時候，發現三個難題：

一、沒有較爲完整的理論體系。因而他老先生臨時倉卒，彙印「自由中國」歷年發表的政治、經濟、外交、教育等等論著，想製出一個妥當的政綱來。

二、沒有所謂像樣的領袖人物。由於中國人給「領袖至上」「服從最高領袖」的口號鬧成了習慣了，所以希望任何政黨要有一個「像樣」的領袖。其實，這是人治壞觀念作祟。雷震先生本人名字固然響亮，但畢竟不及胡適先生來得名滿天下是事實。但，胡適呢？他祇想人家鑄銅像，却沒有勇氣跳火坑。所以，當執政黨抓雷震時，縱使他僕僕在紐約與台北間，周旋在總統府和行政院長官邸裏，始終無法挽救他的老友牢獄大災。到了後來，他要求到獄裏去探監，警備司令部不但提出限時限刻的條件，而且要備錄音機派監視特務在側。胡先生認爲這是「侮辱」，而作出不探監的無言抗議。到今日反蒙受不知底細者嘲笑胡適爲怕事。

三、沒有鬆動的經費使用。雷震先生對我說過一句實話：「大陸人過窮，台灣人頗吝。」所以，他們組黨時，來自大陸而有政治遠見的志士沒有錢，有錢的台灣人士却不肯拿出荷包來供需要。當日香港某些人造謠反對黨拿美援，那是扯大謊的。

現在，反對黨的烈燄似乎熄滅了，但，這火種還在灰燼裏燃燒着的。有朝一日，我們相信會重行爆出火花來。經過了這兩年來的事實証明，經過這兩年來的不斷討論，我相信很多知識份子已對反對黨有了新的認識，就執政黨言，亦可望有了更深一層的瞭解和覺悟罷！

不過，雷震先生的遭遇，又給予我們一個良好的教訓：教訓我們作好一切準備。

五、理論體系是待實驗的假設

孫寶剛的「今後的政策」是一個好的開始。今後，我們這一羣海外的知識份子責任太大了！

我希望像孫寶剛先生這樣熱心和努力研究理論體系的人，不妨不斷地創造、不斷地改進、不斷地發表出來，讓大家共同研究，共同討論，共同改善。我們講民主政治的人，絕不過分強調什麼主義，亦不盲目迷信什麼眞理，祇鼓勵每個人思想、再思想，實踐、再實踐。改進、再改進。須知，任何一個理論體系祇是一個未求証的假設，任何一個理論體系都可以組成一個新政黨，但要看做法如何。

總之，民主政治就是政黨政治。祇有執政黨與反對黨間的輪換代替，才可使國家走向進步與康樂的坦道上。

論中共「躍進」號萬噸貨輪沉沒事件

黃正光

據各方的電訊報導，中共一萬一千四百八十二噸的貨輪「躍進」號，由青島開往日本途中，於南韓附近海域，忽於五月一日下午一時許沉沒，這一個消息，立刻被世界各地所重視。這不是因爲別的，世界各地沉船的事並不少，使人特別注意的，則是中共「躍進」號貨船之沉沒原因，據中共的船員說，則是因爲該貨船被三枚魚雷攻擊之故。而該三枚魚雷竟發自不明國籍之潛艇云云。

對此，美聯社東京二日電曾報導「中共貨輪躍進號的船員，星期四曾經這麼說：『一艘不明國籍的潛艇，在東海用魚雷擊沉他們的船隻』。……在傳遞一項來自救援者的報導中，日本海軍官員說：這些船員稱：他們的一萬一千四百八十二噸的貨輪，星期被一艘潛艇追踪四小時，而且在下午大約一時十五分，於南韓濟州島西南方一百二十英里海面，被三個魚雷擊中。這些船員的話曾被引述說，約四小時後，當中共建造的第一艘遠洋貨輪沉沒時，他們把希望寄托在救生艇。一艘日本漁船救起了船長及這些船員，一共五十九人，但中共自無線電中發出要求後，一艘日本巡邏船載運他們回上海。據報導沒有一個人受傷。這艘貨輪於星期二裝載着一萬四千噸玉米及其他貨物離開青島，前往日本，作正式的貿易航行。躍進號是去年與日本商人簽訂的一項民間協定下，訪問日本的第一艘中共船隻。」

細看以上的報導，其中有顯然的疑竇，中共躍進號貨輪之沉沒，究竟是因爲不明國籍的潛艇之襲擊而沉沒呢？抑或還是中共船員駕駛技術差，輪船本身的結構不良，乃至出事沉沒呢？這就令人懷疑起來。如果中共躍進號貨輪之沉沒原因不是眞有什麼潛艇在襲擊，而乃出自中共船員之僞造以掩飾其本身之缺點及過失的話，那就是今日世界的大笑話了。同時，這也就將要証明中共船員之無紀律，只知作僞，不知對事實負責，而使中共大大丟臉。

正因爲這情形有着如此的疑竇，所以，現在偏安在台北的中華民國政府立即發表了聲明，說「我們沒有船在那個區域作業」。事實上，台北方面根本無潛艇，如果中共貨輪躍進號眞是被潛艇所擊沉的話，當然不會是中華民國海軍把它擊沉的。

大韓民國政府亦無潛艇，因此亦無把它擊沉之可能。

美國是有潛艇的，但美國海軍當局也立即發表了談話，說南韓海外沉沒的一艘中共貨輪，可能是受到飄浮的戰時水雷所擊中。又說「如果中共貨輪是撞毀的話，它可能是撞到了史葛特暗礁，該暗礁距離該貨輪據報沉沒的地方約十七哩，該暗礁在水平線下五點四公尺，而中共貨船之吃水線則爲九公尺」。這也無異說明美國未使潛艇將中共貨輪擊沉。

當然，還有一個可能，那就是中共這一艘貨輪如果眞是被不明國籍的潛艇所擊沉的話，則該潛艇極可能是蘇聯的潛艇。

不過，比較權威的意見，則還是拯救該五十九名中共船員的日本海事安全局。他們認爲中共躍進號貨輪並非由於被擊沉，而乃觸礁自己出了事。

日本官員認爲有下列數點值得懷疑：一：沒有一個船員確實報導說他們看見一個魚雷。二、專家們說，像躍進號那樣大的一艘貨輪，能够中了三枚魚雷後繼續飄浮四小時，是難於令人相信的。三、沒有船員受傷，在那艘貨輪沉沒的地方，也沒有發現飄流的破片。專家們說：如果這艘貨輪被魚雷擊沉的話，應有人受傷及破片發現。四、當該輪沉沒時，報導的位置是在礁石附近。

由此可見，中共貨輪躍進號之沉沒，如果不是被蘇聯潛艇擊沉，便是自己技能低，以至出事，却無恥的諉過於人哩！

再談讀「彷徨與抉擇」所感

幼椿

在赤色大陸留上兩年而逃出來的朋友，常對我們敍述他們在中共魔掌中所受的磨折情形，不說是在近年的逃亡潮中脫出竹幕的幸運兒，就是在一九五三年三反五反前後逃來的，他們雖受罪不多久，然而也心中了解中共的一套磨折人的辦法，他們大都說中共是：

成見深、疑心重，
方法多、手段辣！

這十二個字，便大可以作爲周榆瑞所寫的「彷徨與抉擇」的註脚或小標題了。

談到成見深，就周榆瑞被中共認爲有罪來說，乃是周在抗戰中曾與美國人共同工作，在香港又曾與英國人多有往還，而中共認爲，凡英美人來到中國工作或與中國人共同工作，沒有例外的，其工作都是間諜活動！著者在一點上，有一段活畫出了中共特務成見深的情態。

「據我所知，所有西方外交人員和新聞記者都是他們政府所募集的間諜。」他氣憤得面發紅，我感到當他說出這些愚蠢話的時候，他眞是相信這些話，因爲無法和他爭辯，我只有緘口不言。但他却不容我保持安靜：「周先生，你能証明他們不是間諜嗎？」

我冷靜地說：「我不能，同時也不能証明他們是間諜。」我的簡單答覆，竟比一次爆炸更有效。因爲他立刻站起，用拳頭捶着桌子，喊道：「這樣你就是並未改變你的帝國主義的觀念！……」（見香港時報譯文第九回）

因是，著者便被送入監牢，受那非人所堪的洗腦待遇，而且一直鬧了四年！

至於疑心重，則周榆瑞所遭遇的疲勞轟炸式的審問，共幹所提出的問題，全部本於疑心而起，如「外國人怎會對中國人好？」如「G是美國在遠東第一號特務」，如「你爲了一本字典而出賣國家」，如「說錯話嚴遭責難」，等等周在獄中所受的盤問，無一處不表現出中共特務們的疑心之重，已至於不盡情理的地步！

最顯然之處，是周已在北平洗腦，被共幹認爲成功了，並且周已被釋放而被優待了，而忽然又被送入監獄，嚴加審訊！周爲此更爲苦惱，質問共幹，而共幹答復：「我們最近發覺你還沒有把全部事實告訴我們。」於是在這「疑心重」的情勢下，周第二次入獄所受待遇，其精神更是支持不住，而想到自殺了！

就這樣捉又放，放又捉，從上海送到北平，又從北平送到上海，後又再從上海送往北平，以至於最後的眞正釋放，其間整整的四年工夫，周的逐段敍述，也無非証明中共的方法多，手段辣而已。

然而，如此使自己勞神勞力，使別人傷心傷肝，用了這樣多的方法，用這樣辣的手段，不但沒有得到洗腦的效果，而且效果相反，結果使周榆瑞恨，恨得決心要向中共復仇。周的「恨」能使人「生存」，這一段寫得最有力：

「我的生活哲學也變了。我過去一向相信，是愛使人生存，而沒有愛的生命是不能想像的。現在，我也認識到，恨也能激起一個人的生存意志。我對共產黨的恨，在我心中沸騰，我不斷的對自己說，我必須不惜付出一切代價渡過我當前難關。共產黨的意思是要把我變成他們的工具，但是他們在實際上却把我變成反對他們的了。」（見香港時報譯文第十七回）

在「彷徨與抉擇」譯文已發表的四十九回上，著者屢次提到中共的愚蠢，便有人說，這是因爲著者太聰明了的原故；其意以爲，像周榆瑞這樣天資既高，而又有中國文人習慣或者說名士派的氣味甚濃，當然認爲中共這樣用盡蠻氣力，來想把他澈底改造，成爲中共的工具，乃是愚蠢了。這意思的結論，好像是說，中共這樣漠視人性的蠻幹，對於一般天資不高，不是文人的中國老百姓，其所謂改造，就會有效果似的。

這個見地乃是錯誤的！中共訓練大陸一般老百姓，都要使他們全體成爲中共的工具，其用力之猛，方法之多，手段之辣，經大陸逃出的工農羣衆訴說起來，雖不及周文的這樣刻劃得詳盡而細緻，但對中共的「恨」則一，否則便不會冒生命危險去逃走了呵！

即以周的「看共黨愚弄羣衆」那一段來說（見譯文卅九回），印尼蘇加諾於一九五六年九月底到北平，所有北平的住戶人家，男女老少，都奉命出來，站在街側，分五六層排列着，手裏拿着鮮花和旗幟，在號令之下，向毛澤東高呼萬歲，震耳欲聾；這一幕做得非常有秩序，使周本人當時在場當一個羣衆，也感到「我猜想，在蘇加諾的心目中，一定認爲是出於自動自覺的表現。」——但這是一幕傀儡戲！

但周不知，這不是「愚弄」，這是共幹曾費過九牛二虎之力，經過若干次對羣衆的威脅，以至處罰，纔辦到這個一致，外表好像自然，而內容其實由壓迫而成功的。

筆者就有這一個經驗：民國二十三年春，筆者同着張六師、劉東巖、盧作孚諸兄去到川東北趕走徐向前的紅軍。當其同着李其相部隊趕到渠河上游的江口鎮，此地被徐向前匪部佔據已近一年；當其李軍把他剛打跑，我們趕到，向鎮上民衆宣佈共匪的罪惡時，即在一會館中看見羣衆二三百人排列得異常齊整；兒童在前排，婦女在後排，再後是老者（壯丁多已捉走），站在街裏，動也不動，如同木偶一樣，我很驚異其秩序之好！鎮長對我說：「這是槍斃過人纔訓練成這樣整齊的啊！」我一看見十歲左右的孩子們都筆立着動也不動，我不忍再看下去，不講話便偷偷的退出會場了！

李普曼論美援

孫寶剛

昨天出版的新聞週報上，有李普曼的論美援一文。他在第一節中就說：美援在事實上確是一個艱難的課題。所以每年在參議院中要通過美援數目時，總是要經過一番辯論。等到通過以後，在執行方面也要經過許多困難。因爲在對內來說，總統一定要賭咒似的保証，每一塊美援的錢，都是去雇用受援助的國家的人士來代替美國人流血流汗，而使敵人大受驚擾的。但是對外則又不能如此說，非得說是爲着受援國家的人民的好，而要他們進步和幸福。可是對內對外互相矛盾的論調，是無法秘密的。結果美國的本國人士眞在想：這未免太仁慈了能！拿了人民納稅的錢去慷慨好施，而受援國家的人們則會相信，美國在運用美援而使他們做傻瓜，在利用他們，和控制他們，爲美國人流血和流汗。歷年來許多國家受到的援欵確罪小數目，可是並不感激，尤其在許多政治不上軌道，政府和人民敵對的那些國家，這些執政的人們受到了美援，徒然滿足了他們的貪污的慾望而加强了壓迫人民的力量罷了。於是那些國家的人民，非但不感激，還因此而有反美的心理，其他的例子當然很多而很易舉出來的。所以李晉曼一開始就說：美援在事實上確是一個艱難的課題。似乎是很有道理。

不過話又說回來，美援固然是個艱難課題，但決不應像以往那樣的成績壞。我們如檢討美援的成績所以那樣壞，主要的原因，恐怕還在美政府的本身罷？我雖沒有詳細研究過美援在世界各地的情形，不過，就以李晉曼的文中所說：總統要賭咒似的保証美援是用來雇用受援國的人士去驚擾敵人。這即是說：美援的目標祇是在反共，在爲美國人反共而已。假定美國的美援的目標眞是這樣，那末，美援這件事怎能做得好呢？再加上對外和對內的說法不同，也就成了兒戲，不是把國內外的人們都當作幼稚的小孩們了麼？

反共決不祇是美國人的事，是所有的反共人們的事，美國祇能站在和其他國人共同反共的立場上，且以各盡所能的原則，因爲美國最富有，所以拿出了美援來和其他國家的人民合作。各方面都是平等的合作者，決不是雇主和奴工的關係。

如進一步來研究爲什麼要反共？美國應該很清楚地認識，是爲着民主與自由。決不是爲了分佔世界的物質的權益，或保持世界物質的權益而反共。

但是怎樣才能保障民主和自由呢？美國應該了解到軍事的圍堵或報復是消極的舉措。積極地使反共國家以內的人民的文化和生活水準的提高，民主和自由權的擴大，才是基本的辦法。美國以往太注意前者，而對於後者做得非常不够，有些地區甚至反其道而行之，無怪美援的成績非常不好。

中國的古語所謂如日曷喪，余及汝皆亡。一般人民無知無識，衣食不足，再飽受了執政者的壓迫，人們當然覺得沒有保護這個國家，祇少是這個政權的必要，而很容易給共黨所蠱惑和利用了。

美國的獨立宣言上不是說過，人是生而平等的，現在一般人民的知識漸開，個個都知道，人和人間的政治的，經濟的和文化的水準，都不應相差得太遠，所以在國際上說，是國與國之間，在國內來說，是人和人之間，却要漸漸地走向平，不平則必鳴，鳴即亂的意思。美國是天賦之國，是世界最富有的國家，所以應當瞭解到，世界亂了，美國不可能單獨安居，所以是用美援來提高一切人民的文化和生活的水準，而使這些國家的人民的民主和自由權擴大。如此之後，人民乃知作爲一個人，活着的可愛，所以要有國家，並須和一切反共的國家合作去反共。因爲共黨是在毀滅人民的民主和自由的權利，是在壓低人們的生活水準，是在使人民不用頭腦，一味盲從。

依我想，假如美國的政府，以這樣的立場爲立場，對內和對外的說法便不須矛盾，同時並可教育人民，使人民建立起更偉大的人格來。即是說，今天的世界眞已息息相關，民族主義或孟祿主義已形落伍，今天眞是世界一家了。

說到這裏，美國人民一定問我你有注意到美國黃金外流的現象麼？美國雖富有，以美國一國來反共，已經使美國在經濟上有不能應付之苦，如以提高全世界人民的文化和生活水準爲目的，決不是美國一國之力所能勝任的。關於這一點，我們也同意，所以我也贊同李晉曼所提出的主張。即是說，不管國家的窮富，都應拿出其國家收入之百分之一來做基金，然後由世界機構來主持這許多教育的、衛生的、農業的、工業的、甚至救濟等事務。

天助自助，窮的國家確也應該先盡其所能，祇是希望美援是不對的。不過在此以外，我以爲國際組織不應，只在敎育、衛生、工農業上可以作爲，我認爲一切國家，其政府如有違背聯合國憲章和人權宣言的精神的，國際機構也可插足其間加以糾正。今天的世界，事實上已成了往時的一個國家，今天的國家，祇可看爲往時的一個省。在省政府有違國憲，而奴役人民時，中央政府當然要去干涉，我們不能說，中央政府干涉了省的內政是非法能！今天一般人也已經承認：國家的主權已不是絕對的，可見國際機構絕對不去干涉和人民對立而貪汚無能的政府，我眞覺得是一件怪事。反之，非這樣做，世界才有進步和幸福的一日。

虛報出口案又節外生枝

涉嫌受賄檢察官被刑訊成傷

見微

（台北通訊）哄動月餘，餘波蕩漾的虛報出口，套取鉅額退稅案，週前忽節外生枝，進入另一高潮。四月二十七日，立法院司法、法制兩委員會舉行聯席會議，議程原係對修正法院組織法案進行審查；但因全道雲委員（女）臨時向鄭彥棻提出一項質詢，致使審查會完全變成此一節外生枝案的專案質詢會議。據全委員稱：乃妹全道媛為涉嫌接受虛報出口罪犯賄賂，因而被押的台北地檢處檢察官王震之妻，今晨到她家哭訴，說王震於最近幾日被提到軍事機關受刑訊，遍體鱗傷，已有四天未進食，家屬送東西去也送不到。她問鄭彥棻：「王震並非軍人，何以要送往軍事機關偵訊？政府曾三令五申，禁止刑求，該軍事機關竟將王震刑訊成傷，司法部對此究採取什麼態度」？她要求鄭彥棻以公開的方式予以答覆，庶可保持司法的尊嚴。曹俊、吳延環、梁肅戎等委員相繼發言，均對全委員的質詢表示支持。鄭彥棻答以將回去查明，如確有刑訊追供的事，一定依法辦理。此外還有立委多人要求發言，因時間不夠，另行定期繼續質詢。

王震之妻四出呼冤

一、向鄭彥棻下跪：王震之妻全道媛已有七個月的身孕，大腹便便，為了營救乃夫心切，奔走呼號，不遺餘力。立法院司法、法制兩委員會舉行聯席會議時，她一直守候在會議室門外，當鄭彥棻步出會議室時，她不顧身體上的不方便和可能發生的危險，立即向鄭下跪，懇求他迅即制止刑訊追供的不法行為，鄭答以一定查明秉公辦理。

二、向立監兩院呼冤：全道媛又向立監兩院呈遞呼冤狀，署稱：呼冤人於本（四）月廿三日照例至台北看守所送飯，竟發現王震已被提出，所在不明，連日無處打聽，生死莫卜，直至本日報章披載，始知係被提至某治安單位偵辦。查羈押法規定應於看守所為之；司法軍法劃分，亦早有定制。乃檢察官自動放棄偵查之權不足，竟敢公然不顧羈押法之規定，將王震羈押在看守所以外之所謂某治安機關，旨在刑求，彰然甚明。否則檢察官並非啞巴，何以必須借重某治安機關代為詢問？司法官對於刑求之口供，深惡痛絕，向不採取，司法官自己竟被做為刑求對象，國人聞之得毋同聲一哭！呼冤人每天都到看守所門前去二三次，不料昨日目睹王震於押回看守所門前不能行動，顯係受刑成傷，悲痛欲絕，爰敢緊急呼冤，請立監委員賜即前往台北看守所勘查：王震是否在押，身體有無受傷；依法嚴追責任，呼冤人一家幸甚，法治前途幸甚。

三、向法院按鈴申告：全道媛於四月二十七日晚八時，又到台北地方法院申告，要求值勤檢察官偕同法醫至台北看守所為王震驗傷。值勤女檢察官陳劍芳初答以法醫不在，須候諸明日。全乃請陪她同去的親友找到司法行政部調查局第六處法醫課長蕭道應及法醫高健祥。十二時許，陳檢察官終於偕同蕭、高兩法醫到台北地檢處看守所內提王震檢驗。全道媛則守候在看守所門外。全道媛向陳檢察詢問驗傷結果，她僅說：「你的先生很好。」全問：「你所謂的很好是不是說沒有任何傷？」陳則答：「以後會告訴你。」

據聯合報透露：王震係本月廿二日由高檢處偵辦該案檢察官發出提票，提往某單位偵訊，至廿六日始送還看守所，仍由偵辦檢察官發出押票還押。王震被送還看守所時情形甚為狼狽：而且身上還帶了傷。曾要求看守所代他驗傷，為所方婉拒。但所方即準備了熱水給他洗澡，並派人代他按摩及用熱水敷他的傷處。因他的胸部疼得很厲害，所方又買了兩帖治傷的膏藥代他貼上。王震被提往某單位偵訊時，曾以該單位無權偵訊他而拒絕答覆任何問題，他雖然被提往某單位問了四天半，並沒有問出口供來。

該報又載：蕭、高兩法醫為王震驗傷結果，發現王震的前胸與背部，各有一處紅腫的打撲外傷，兩腿後腿彎亦各有打撲傷一處，兩膝膝蓋，以及兩腳足踝，均有被鈍器擊打的瘀血傷各一處。陳檢察官訊問王震身上的傷，是在何種情形下受傷的？王震說：身上的傷，是於本月廿二日至廿六日之間，被提往某單位的市郊某處偵訊時，被偵訊人員刑訊打傷的。

四、請地檢處發給傷單：全道媛於陳檢察官偕同蕭、高兩位法醫為王震驗傷後，即面請陳發給驗傷書，陳答依法不能發給。全又依據法院的判例，向首席檢察官楊鳴鐸力爭，楊囑她在辦公室外的走廊上等候，即從另門離去，全候至下辦公時仍不見人，祇得悵然回家。因於四月三十日向台北地檢處呈遞申請狀，正式請求發給驗傷單。她向新聞記者說：「依照最高法院判例，此項檢定書關係人可以閱覽或抄錄謄本，我以被害者家屬及告發人身份曾向地檢處請求，但檢察官卻加以拒絕，首席也未給我答覆，所以我再依法提出書面之請求。不管准與不准，地檢處似均應給我一個明確的答覆。」

五、再向立法院緊急請願：全道媛於四月三十日又向立法院作緊急請願，署稱：「一、請願人之夫王震被移送某治安機關刑求成傷，請願人曾於廿七日前往立監兩院要求主持正義，立即驗傷，詎蒙監察委員親臨台北地方法院檢察處洽驗，竟被藉故拒絕，不已，復於當晚按鈴申告，經再三懇求，雖准赴驗，但結果如何，諱莫如深，令人益增焦急。

二、司法機關於三令五申禁止刑求之後，此次竟自將司法官送請某治安機關刑求，乃一代醜事、千古奇聞。司法官不能自保其身，而如何能保障人權？王震個人生死事小，國家制度存亡事大，何以司法機關不自處理司法案件，而竟交其他單位刑訊？其嚴重性當千百倍於王震個人之受害。為此提出緊急請願，泣懇維護人權，迅賜公平調查處理。

六、向高檢處呼冤：全道媛復於五月一日向最高檢察處呼冤，要求該處直接嚴追刑求責任；並採緊急措施，迅調台北地檢處驗傷單，予以保存，以防高檢、地檢兩處掩瑕護短，湮滅刑求證據。

立監委員的表示

立法院司法委員會召集人溫士源代表該會接受全道媛的呼冤案時，表示該院將迅速理處本案。宋述樵、滕昆田兩委員發表談話，認為司法機關何人建議以及何人批准把王震移送治安機關偵訊，應予追究。因為此項措施，已嚴重的自毀司法立場。

監察院接受全道媛的呼冤案後，即推派陶百川、衡權兩委員進行澈查，陶、衡兩委員曾到台北看守所向王震查詢，又訪問高檢處首席檢察官夏惟上和主辦王案的檢察官林玉秋、施漾澤二人。五月一日陶、衡兩委員到台北地檢處訪問楊鳴鐸首席檢察官，並向蕭、高兩法醫索取王震的驗傷單，但兩法醫則稱說：照片尚未洗好，沒有交出。據兩位監委向聯合報記者透露：王震究竟曾被移送到那一個單位偵訊，說法也不一致。王震本人說是警備總司令部，警總則否認曾接辦此案，楊鳴鐸首席檢察官又說是刑警大隊。

司法大厦羣情大譁

王震被刑訊的消息傳到司法大厦後，台北地檢處全體檢察官二十餘人同表憤慨，即於四於二十七日集體到司法部請見鄭彥棻，適鄭外出，由主任秘書梁恒昌代見，各檢察官提出三項要求：（一）請部長下令調查王震是否確被刑訊，如確被刑訊應該依法嚴辦。（二）承辦王震案的檢察官為何放棄自己的職權，將王震交與警備總部偵訊。（三）法官犯法，應加重其刑，這祇是在將來審判時依法加重量刑，不能在偵訊時嚴加苛求。四月二十九日，鄭彥棻召集當日代表發言的四位檢察官，表示將依法理處。

王超凡的談話

雖然警備總司令部的負責人會向陶、衡兩監委否認該部會接辦王案，全道媛的呼冤和各報的記載也均祇說王震是被移送到某治安機關偵訊，並不敢直接指出警備總司令部的名稱；但在雷案發生時以「警總」代言人的身份迭次發表談話，因而名聞中外的王超凡中將終於四月二十九日發表談話，說明警總「協助偵查」王震等瀆職一案的事概要，原文如下：

一、本部協助台灣高等法院檢察處偵查王震等瀆職案緣由：

（一）本案係屬普通刑事案件，係由高檢處依據職權從事偵查。

（二）本案自被告朱逸民供認行賄經過後，因同案被告涉及司法行政部調查局、台灣省警務處及台北地檢處三機關所屬職員，為求發現真實，乃由高檢處於本（五二）年四月三日以檢紀（五二）檢叁字第六一壹二號函依調度司法警察條例第六條要求本部協助偵查。

（三）本部為協助高檢處澄清本案起見，會協調高檢處、調查局、警務處將王琪、莫熒交由各該隸屬機關自行澈究真相，王琪於四月十一日在調查局張長親自詰究下，坦承一切，為便於與王琪對質，遂將莫熒、王琪先後於四月十七、十八日帶往專案小組看守所，經對方對質後，莫熒即行坦白供陳。

（四）綜合朱逸民、王琪、莫熒三人之供述，行賄經過事實相符。本案犯情至此已臻大白，但全案與王震具有重大關係，渠並持有贓款一百四十五萬元，乃於四月廿二日下午七時許將王震帶往專案小組看守所繼續對質查證。

二、王震傷害警總職員，妨害公務之事實經過：

（一）本部李中校於廿三日將奉命查詢王震等四人行賄聚會處所情形向王震查問，王震不但對所問不答，且老羞成怒，破口大罵，站起來說：「我同你們拚了」，並乘李中校不備之際，突施襲擊一連四拳，李員七百度之近視眼鏡亦被打落，前額唇部鼻部均出血紅腫，眼球結膜下出血，當場倒地，左肘關節擦傷，有四月廿四日省立台北醫院驗斷之書面說明，並經高檢處施檢察官親自驗明屬實。

（二）王震體格魁梧，孔武有力，而李中校瘦小體弱，無力自衛，經警衛人員三人陸續到場，始行制止，當依羈押法第三十八條準用監獄行刑法第二十二條之規定，對王震加銬，不意竟被當塲掙斷，不得已再以捕繩脚鐐將其制服，在警衛人員制服時，王震希圖自行造傷，以為裁誣之張本，而達其推卸刑責，呑沒贓款之目的，乃故意猛力掙扎抗拒，亂踢亂撞，以致造成手脚等處之輕微擦傷，除由本部李中校於四月廿四日，向本案承辦檢察官提出口頭申告外，並經檢察官受理偵查在案。

（三）經施檢察官於四月廿五日命王震等四人對質，對質後於廿六日將該等四人提回法院繼續偵辦。

王超凡又稱：上述事實業經高檢處檢察官調查處理。

在王超凡發表談話後，陶、衡兩監委又往訪警總負責人，晤談三小時之久，警總官員會就前後經過情形詳細說明，並放播王震動武前後的錄音。夏惟上首席檢察官向聯合報記者說：王震毆打李中校時，施漾澤檢察官並未在場，翌日李中校向施提出申告，並附有台北醫院的驗傷單。夏又說：他對王震受傷的經過不大清楚，但警總已有所說明，言外之意，顯出他是支持警總的。

監委說另有內幕

監察委員陳大榕於三月二十九日就王震被刑求一事發表談話，除指責刑求乃國家行政效率上的一大諷刺外，並說：「近日傳聞該案在王琪談判二百萬元活動交保時，原以王震之某主管認為原承辦的檢察官熊家會有獨立意旨，辦事認真，頗感猶豫，後經共同商定以熊家會與王震有同學關係，私交甚篤，倘能說服王震，其事可成，但正當王震入款後不久，刑警大隊即接獲情報，刑警大隊認為涉及部屬，莫組長立即採取行動查訊，並報告台北地檢處首長，乃有一百八十度轉彎，急轉直下，於是扣押三官員，以示清白，而自求解脫，此項傳說希望有關當局作深入調查。」

王案將來如何轉變尚不得而知，但即此已足以証明今日的官場，不過是一團糟而已。

論中共抗議印度「迫害華僑」

綜觀

據中共新華社四月廿八日北平電：「中華人民共和國外交部二十七日照會印度駐華大使館，列舉印度政府對華僑的迫害中所犯下的滔天罪行，並對印度政府這種慘無人道的行爲提出最強烈的抗議。……印度政府一再吹噓什麼難僑受到了很好的照顧，但是歸國華僑却用事實說明印度集中營是一座人間地獄。」

假如印度政府眞的迫害中國旅居在印度的眞正華僑，眞正迫害那些反共愛國的華僑，印度政府當然是犯下了滔天罪行。不過，據中共所宣佈，印度政府迫害的却只是中共在印度的特務份子，甚至包括少數被中共迷惑而被利用的華僑，這情形就很有不同了。因爲中共既與印度衝突，印度是沒有理由優待那些專門製造糾紛和從事顚覆活動的中共特務份子的；同時，印度政府當然也沒有理由優待那些被中共迷惑和被中共利用的那些親共華僑的。

所以，中共說印度的集中營是一座人間地獄，實已忘記中共自己對待中國人民才比印度政府更暴虐，且中共在大陸各地遍佈着這種人間地獄。

嚴格的說，印度是應該嚴密區分華僑的政治立場的，凡是反共的華僑，印度政府都應一律優待才是。對於中共特務，印度應一律予以驅逐出境。這一點，不僅印度政府應該如此，其它各國亦應如此。最可悲的，却還是那些無知而又被中共所騙的親共華僑，他們平時受了中共宣傳的欺騙，以致爲中共作工具，等到今天回到大陸發覺整個中國才是一座眞正的大監獄的時候，却已晚了。所以，他們由印度的集中營被送到大陸的集中營，那才是最悲慘的。

大陸簡訊

藍星

羅瑞卿在印尼軍事代表團前警告美國

羅瑞卿是中共人民解放軍的總參謀長，同時又是中共僞政權的國務院副總理兼公安特務部隊的首長。他是毛澤東的重要心腹之一，他是毛澤東整肅彭德懷之後而膺重任以清算若干共軍軍官和鎮壓內部的重要劊子手。據中共新華社四月廿七日北平電訊說，羅瑞卿及其妻曾於當晚設宴歡迎印度尼西亞派到北平去訪問的軍事代表團團長艾哈邁德．亞尼少將夫婦以及印尼軍事代表團全體團員。並當着印尼軍事代表團發表了一篇警告美國的講演。

據新華社報導「羅瑞卿大將談到中國人民和印度尼西亞人民之間的傳統友誼時說，在反對帝國主義和新老殖民地主義共同鬥爭這個全新的基礎上，迅速獲得了新的發展。他指出，近幾年來，兩國的友好關係一次高一次地推到了一個新的高峯。他強調說，我們兩國人民兩國軍隊之間這種友誼的迅速增長和鞏固，是我們反對帝國主義的共同事業的可靠保証。」

新華社又說「羅瑞卿大將強烈譴責美帝國主義最近指使老撾的反動派，製造了一系列政治謀殺和武裝衝突事件。……我們警告美帝國主義和老撾反動派，你們的戰爭挑釁陰謀，必將像過去一樣，一定要遭到可恥的失敗」云。

事實上，亟在製造老撾（寮國）內戰及暗殺事件者，不是別人，正是中共及北越，但羅瑞卿却把這件事的責任反而推在美國身上，足見中共僞政權各首腦，都是怙惡不峻之流，不予以嚴懲，他們是不會改變他們的殘暴陰謀的。

劉少奇前往訪問高棉及北越

爲了加強中共對東南亞地區的陰謀和活動，中共僞政權主席劉少奇夫婦訪問了印尼及緬甸後，又馬不停蹄的前往訪問高棉（柬埔寨）以及北越。

據中共「中國新聞社」五月三十日北平電：「此間今天宣佈，中華人民共和國主席劉少奇和夫人王光美，應柬埔寨國家元首諾敦羅．西哈努克親王的邀請，將於五月一日到達柬埔寨王國進行友好訪問。隨同訪問的有中華人民共和國國務院副總理兼外交部長陳毅元帥和夫人及其他人員」。

另據新華社五月廿九日河內電：「越南人民報今天刊登了越南民主共和國接待委員會廿八日發表的一項號召書，要求首都河內和越南各地人民，以最大熱情準備歡迎中華人民共和國主席劉少奇即將到來的訪問。……號召書說：這次，中國人民的敬愛領袖，越南人民十分親切的朋友劉少奇主席即將來我國訪問，並給我們人民帶來六億五千萬偉大中國人民的深厚情誼，這次的訪問，更加明顯地表現了中國人民對我國人民的深厚感情和寶貴的支持，更加進一步密切兩國人民的如膠似漆的團結」。

在毛澤東與赫魯曉夫個人權利衝突中，在中共與蘇共的矛盾對立中，北越的態度比北韓的態度稍有不同。北韓是完全站在毛澤東一邊的，北越則一直似乎站在毛的一邊，但又似乎在玩兩面把戲。但北越毗連中共，而北越與蘇聯之間則被一個中共從中隔着，所以，如果北越不敷衍或依從中共的話，則北越亦無從自遠隔的蘇聯手中取得大量援助，因爲大量援助必須經由陸路，而不可能完全經由空運。這是北越在客觀形勢上不得不跟着中共走的一大理由。現在，劉少奇再去北越訪問，而劉少奇一直是毛澤東的心腹助手，所以，中共與北越的關係，勢必更加躍進，而蘇聯及赫魯曉夫對此不得不特別注意矣。

北平慶祝五一劉寧一稱高舉三面紅旗

毛澤東所揭舉的三面紅旗，本是毛澤東領導中共進入墳墓的三面死旗。所謂人民公社，所謂大躍進，既已面面無光，面面褪色，對中共本身已引起的嚴重的後果既已如此之多，依理，中共全體黨員，早就應該把毛澤東的領導加以清算和推翻才是。但是，由於毛澤東利用特務有如史大林當年一樣，至今緊握着黨、政、軍，反毛者動輒有被整肅被殺死的危險，所以，在毛澤東的淫威之下，中共各級黨員幹部便不敢反抗，而只能跟着毛澤東的死旗走。

據中共新華社北平四月卅日電：「中華全國總工會等十一個人民團體，今晚聯合舉行了盛大慶祝五一國際勞動節招待會。我國黨和國家領導人以及各族人民的代表，……中共中央副主席、國務院總理周恩來出席了招待會。」

又說「招待會開始以後，全國總工會主席劉寧一登台致詞。說中國人民在中國共產黨和毛澤東主席的正確領導下，在社會主義的建設過程中，充分的顯示了團結一致、奮發圖強、自力更生的革命精神，戰勝了連續三年的嚴重自然災害，贏得了國民經濟的進一步的好轉。現在正滿懷信心地繼續高舉社會主義建設總路線、大躍進、人民公社三面紅旗」，看劉寧一的這些話，可知中共工人仍不敢起而清算毛澤東。

僑鄉近訊

鍾之奇

中共在廣州盛宴招待日本商人

中共各級宣傳機構雖然時常向海外華僑挑起仇日思想，但中共自己爲了用沾滿了人民血汗的物資去換取外滙，却在廣州商品交易會大排筵席招待左傾的日本商人。而這種奢華的筵席，則是僑鄉的僑胞在中共統治下看也看不到的，更不要談隨意吃喝了。

據五月一日中共在香港控制的大公報的「本報廣州專訊」說：「中國出口商品交易會於四月廿六日晚舉行酒會，歡迎到會的日本各友好商社代表。日本和平人士西園寺公一先生和夫人、日中貿易促進會理事長鈴木一雄先生、日本國際貿易協進會副會長宿谷榮一先生，應邀出席了酒會，廣州市長曾生也應邀出席了酒會。中國出口商品交易會主任委員魏今非在酒會的講話中首先提到，自從我國周恩來總理提出貿易三原則以來，中日兩國人民間的友好貿易，在兩國人民積極支持下，經過雙方的共同努力，有了很大的進展。……交易會已成爲中日友好貿易往來的重要活動場所，雙方之間的友好關係和業務上的合作，日益密切。」

又說「酒會是廣州華僑大廈寬敞的宴會大廳舉行的。大廳四週擺設着一盆盆的美麗的鮮花，到會的日本友好商社代表和我國各交易團代表頻頻舉杯互祝，洋溢着友好、融洽氣氛。」

中共在「華僑大廈」宴會大廳幹這種勾當，這正可以說是合了中國一句古話，這句古話就是「朱門酒肉臭，野有餓死骨」，朱門者，赤色權貴之門也。

從化蜂蜜大豐收後全被搜刮

蜜蜂也是一種可以換取外滙的物資，有「蜜蜂之鄉」之稱的廣東從化縣，今年的蜜蜂雖然有了大豐收，但養蜂的農民的命運却正與蜜蜂一樣，「爲誰辛苦爲誰忙」，到頭來，却全被中共把這些豐收的蜂蜜用賤價全部收購了。據中共「中國新聞社」四月三十日從化電訊說：「據該縣四月下旬的統計，全縣已收獲的荔枝蜜超過十五萬斤，比去年全年的蜂蜜總產量增加六萬多斤。比解放後蜂蜜產量最高的一九五九年還多出二萬多斤。目前荔枝花仍未過去，各養蜂場的蜂羣正繼續出動採蜜，還可再收蜂蜜幾萬斤」云。

廣州五一勞動節粉飾太平

爲了欺騙工人，說什麼共產黨專政就是工人階級當家，其實，在共黨政權，中共統治者成了新的統治階級新的剝削階級才是眞的，所有工人都成了共黨統治下的被剝削者和被奴役者才是事實。但不管事實如何，每當五月一日國際勞動節屆臨時，中共總要張燈結綵，點綴一番，以麻醉工人。在五一勞動節前夕，中共即已在廣州大肆鋪張了。據新華社廣州四月廿九日電訊說：「廣州市人民在迎接五一節的時候，掀起了一個歌唱歌曲的活動。連日來，全市的許多工廠，學校，機關，都在練唱『國際歌』、『學習雷峯好榜樣』。廣州市工人舞蹈隊排練了以雷峯生平事蹟爲題材的舞蹈『凡平的戰士』等節目」。另一方面，則中共又提出了號召，號召工人要超額完成任務，足見慶祝是假，壓迫工人勞動才是中共的眞正動機。

五一前夕廣東各地歸僑都被看管

表面上，中共是正在隆重慶祝五一勞動節，但暗地裏，廣東各地的情況則特別緊張，尤其中共派駐在各地的公安部隊和各種特務，則對所有由海外歸回大陸的華僑，無論長住短住，却一律嚴密監視。蓋近年以來，反共愛國志士不斷在廣東各地活動，由港澳進入廣東各地從事爆破者，更已發生多起。中共在五月一日勞動節之前，尤恐反共愛國志士乘機活動，所以，中共抱着寧肯寃枉三千，不肯放走一個的原則，命令各種特務全體出動分別監視所有回廣東各地探親之僑胞。故有些探親華僑已趁早於五一前離開廣州回到香港和澳門云。

反馬來西亞漸入高潮

戰爭前奏？

俊華

沙勝越最近迭次發生邊境地區遭受襲擊事件，使這一個素來平靜的小邦，大部份進入了緊急狀態。襲擊事件本身並不嚴重，祇是由於事件帶有深遠的國際性背景，所以一般的縣揣認爲，這種來自國外的武裝騷擾，將會不斷地繼續發生，甚而至於擴大成爲武裝叛亂。

戰後的北婆三邦，堪稱爲世外桃源。在東南亞區每一國家都陷於共亂、內戰、政變、暴動等等的動亂中，北婆三邦是唯一太平無事的地區。而且由於石油、木材、橡膠等物產的豐富，地廣人稀，民生豐裕，似乎仍在康衢擊壤的時代。這種情形，終於爲婆羅乃叛變所打破。

像每一個小孩在成長爲成人之前必須經過一次天花的階段一般，東南亞許多由殖民地獨立的國家，都經過獨立戰爭或對共黨顚覆的戰爭。北婆三邦現在正在通過這一個階段，她將要獨立，而共黨正加緊進行顚覆，它的病徵表現，就是戰爭。沙勝越邊境幾次來自外部的襲擊，可能會是戰爭的前奏？

沙勝越的政黨代表們，已與馬來亞及星加坡合簽一份文件，同意他們與星、馬及北婆、婆羅乃，於八月卅一日一同加入大馬來西亞聯邦。但反馬來西亞的活動，來自鄰邦，來自外國，也來自內部。從北婆三邦，到星馬，「反大馬」的進行極爲急亟，爲的是國際性背景在策動這些活動。

三次襲擊

自四月十二至二十七日的兩個星期中，沙勝越邊境遭受到三次的襲擊。第一次是德巴杜鎮的警署，被六十名穿軍服的武裝部隊閃電襲擊，進攻者使用自動武器，擊斃警長一名，傷警察兩名，刼搶槍械後，越境逃入印尼，該警署在古晉迤南卅七哩，距印尼僅三哩。第二次四月廿三日，也是在近印尼邊境的根班，英軍陸戰隊巡邏隊被暴徒襲擊，發生槍戰，傷陸戰隊一人，暴徒方面也有受傷者，但無人被捕。他們故意留下一封信給「國民軍」，意欲表示他們是阿哈薩里的「婆羅乃國民軍」。但他們逃匿的處所，仍是邊境以外的印尼。德杜巴警署四月廿七日再度受襲擊者所光顧，因爲經過上一次的襲擊，這次已有英軍駐留該地防守，防軍當即開火還擊，槍戰達十五分鐘，進攻者不遑，逃回印尼境內。

三次襲擊的進攻者究竟是「何方神聖」？當局還不能確定，只稱爲身份不明之武裝份子，但他們有三個特點，即穿軍服，使用自動武器，自印尼越境而來，越境逃回印尼而去。

中共份子

當局爲此宣佈自晚上十時至早上四時的宵禁，以使警察及英軍在晚上能更自由的對付這些武裝叛徒。同時爲了防患未然，又再宣佈收繳軍火令，凡居住於毗鄰印尼的沙勝越第一二三等三省的非土著居民，所有藏存槍械應自動繳交政府，否則將予實行搜繳。此項命令頒佈後的幾天中，由居民自動繳交政府的槍械已有七千餘枝，但估計尙有一千枝的槍械尙未繳出，警方已宣佈要採取搜繳的辦法。

收繳槍械令只適用於「非土著居民」，顯然是針對當地華人而發。據新聞處長摩里遜廣播說：華僑中的中共份子，正在沙勝越陰謀進行武裝叛變，他們與北平有聯絡，想在此地組織一個共黨國。他們已設立森林訓練營，華人青年團體中的份子，有一部份已離家前往參加訓練，在森林中居住。他們的訓練，有思想敎育等訓練，也包括使用自動武器的訓練，這些武器，「必然是由外國帶進來的」。華人並非不忠，其中屬於中共份子者爲數極少，但事實上最可能落入共黨手中的，仍是華人所持有的武器。

四月三十日軍警搜查隊在詩巫附近的利馬，拘獲兩名中共份子，其中一名爲女子，在他們身上搜出一批中共的秘密文件。當局因知道有不少中共份子離沙勝越前往印尼邊境一帶，參加敵方部隊，故派軍警聯合搜索。不過，當局宣稱尙無証據証明中共份子曾參加三次邊境襲擊。

印尼策動

政府發言人同時宣佈說：有一個非法秘密電台，自稱爲「北婆羅洲自由戰士之聲」的，在北婆三邦以外地區，不斷向三邦進行廣播，散佈「大量謠言及激烈的宣傳」。這個電台，自阿哈薩里離馬尼刺前往印尼之後，即展開工作以迄於今。阿哈薩里以前的發言人狄柏蘇畢爾，在馬尼刺批評沙勝越襲擊事件說：北婆羅洲戰事，距離結束之期仍尙遙遠，婆羅乃之變係抗議將婆羅乃、北婆羅洲、沙勝越併入馬來西亞，此一「民族運動」將必繼續，直至鬥爭有決定性的結局，毋可置疑。

阿哈薩里自從由馬尼刺去印尼後，因爭取不到聯合國准其前往訴願，也沒有出席亞非會議，此後即銷聲匿跡，對外宣稱他已重返婆羅乃指揮國民軍，實際上婆羅乃叛軍自阿哈薩里之弟奧斯曼在槍戰中身死後，叛軍只有極零星的殘部，絕對不足爲患。阿哈薩里的所謂「婆羅乃國民軍」或「婆羅乃革命軍」，一般相信都是印尼方面的「支援婆羅乃革命軍」，也即印尼人或竟是印尼軍隊中選出的份子，因爲這些自印尼各軍中自動請纓的「支援婆羅乃革命」份子，集中到加里曼丹（印尼屬的婆羅洲）的，爲數已逾萬人。

英軍軍方及沙勝越當局，不相信這些越境襲擊的隊伍是婆羅乃份子，同時迭次指出暴徒自印尼而來及向印尼而去，以及自動武器等由外國供給，都指出印尼正在策動向沙撈越及婆羅乃發動襲擊，造成騷亂。因此自德杜比等三次襲擊發生後，英軍的戒備已加以擴展，至北婆三邦所有與印尼毗鄰的地區。

聯同反馬

西伊里安已於五月一日由聯合國移交給印尼，印尼總統蘇加諾於接收西伊里安之際，特地重申印尼反對馬來西亞成立及「援助北婆三邦獨立」的「鬥爭原則」。一般預料，在此時間至馬來西亞八月卅一日成立之前，必然仍有其他的動亂在三邦發生，蓋因如此，他們才可有「馬來西亞延期成立」的希望。馬來亞的親共政黨「社陣」，也正式向聯合國提出馬來西亞延期成立的要求，而星加坡方面「社陣」所領導的四月廿二日舉行的示威，也經當局指出，乃是一項共黨準備實行暴力及武裝鬥爭，以圖阻撓馬來西亞之成立。

星馬的共黨活動，在基礎上是「馬共」，主要是中共份子，但受印尼共黨的指揮，星馬兩總理李光耀、拉曼都曾指出左翼份子「聽命鄰近外國的共黨」。北婆三邦共黨份子（較多是沙撈越）向來只聽命中共，從事隱秘的地下發展，但現在却開始露臉，爲反馬來西亞而活動，並與印尼及印尼共黨合流。中共劉少奇最近訪問印尼，盛讚蘇加諾「反殖民」的立場一事，頗獲此間的重視。

中共與印尼已聯合起來，一致破壞馬來西亞，在星馬他們使用罷工暴動，而在北婆三邦，因已入戒備狀態，暴動不易，就不得不使用武裝進攻。馬來西亞現仍決定依期成立，却很可能要經過一場「火的洗禮」。

・吉隆坡通訊・

寮局前途險惡

司徒景星

寮國「聯合政府」一向是「聯」而不「合」的；「三頭馬車政治」無論如何都是同床異夢；左、中、右三派人士從未停息其暗鬥明爭；此次戰火重燃，實意料中事！

如所週知：寮戰之關鍵，事實上並非操之於「巴特寮」；而蘇聯的赫魯曉夫，也是不願意在現階段中使寮國重燃戰火的；掌握寮戰命運者，却是中共和越共。尤其是前者是禍首罪魁：中共對中南半島中這一塊土壤肥沃的「穀倉」地帶，早已垂涎欲滴，因此它便緊緊的站在「巴特寮」的幕後，唆使「巴特寮」再掀起內戰，好讓它坐收漁人之利。中共這項陰謀，是相當兇狠毒辣的！

猶憶去年一月十三日寮國「聯合政府」連影子還沒有出現的時候，中共已與「巴特寮」首領蘇發努馮締結了一項修建由雲南通往寮北的公路的協定；現在這一條公路早已完成百份之九十五。無疑的，中共軍隊可以利用這條「戰略大動脈」一直開入寮境。據當地人民稱：在去年初寮戰正達到高潮時，即有中共軍開入參戰。目前中共軍之滲入寮境者，自然更多。——去年「巴特寮」在中共的援助下，聲威大振，其後「巴特寮」之所以參加富馬的「中立」聯合政府，完全是由蘇聯所安排。蘇聯是基於當時的政治因素，要表示願與西方資本主義國家「和平共存」，故指示「巴特寮」暫時參加聯合政府，以便實施政治滲透。中共原是不同意蘇聯這項主張的，但由於時機還未成熟，於是也祇得還就，並藉此利用聯合政府來作爲奪取政權的橋樑。迨時至今日，毛澤東已與赫魯曉夫發生衝突，且對寮國的赤化工作已初步完成，因而實行唆使「巴特寮」再把戰火燃起，一方面困擾美國，二方面打擊蘇聯的聲譽，三方面它也好得來混水摸魚。是以這一次的戰火，表面上是「巴特寮」與中立的李江部隊交鋒，實際上乃中共的計劃；否則瓦缸平原星星之火，當不至燎原。現在戰幕既已掀開，戰局且趨惡化，永珍已被戰雲籠罩，情勢緊張，而左派又全部退出聯合政府；那末，寮戰之擴大，已成了注定的局勢，除非突有「奇迹」出現，否則必不易收拾。

以目前寮國三派的軍事力量來觀察，右派和中立派的軍隊都是沒有外來軍援的，其實力的日趨削弱，是意料中事，惟左翼的「巴特寮」，則得到了中共的直接支持，力量迅速增強，遠非右派和中立派的軍力所能匹敵；假如戰局不演成國際化，則「巴特寮」將穩操勝券，控制整個寮國。

據當地居民指出：中共之援助「巴特寮」，早已不僅是軍需物資，而且還派出大批具有游擊戰鬥經驗的軍事幹部，潛伏在「巴特寮」的部隊中，直接指揮「巴特寮」作戰，及訓練「巴特寮」的游擊隊。此外，還有北越共軍利用他們的容貌和生活習慣都與寮人相似而混入在「巴特寮」隊伍中，成爲「巴特寮」的戰鬥成員，使「巴特寮」的作戰力量大爲增強，中立派和右派的軍隊，當然不是他們的對手。可以說：在軍事上，「巴特寮」確已佔了絕對優勢！

以目前的情況來看，寮戰惡化的可能性很大，雖然美國已於四月廿二採取了一項堅決的行動，下令第七艦隊派遣艦隻開入暹羅灣，增援原駐該海灣艦隻的實力，藉以防範寮局的特殊演變和擴展，但這祇是一種「嚇阻」行動，未必能遏止中共的野心。記得在去年夏間，當寮國左派軍隊嚴重地威脅着中南半島的安全的時候，美國不是曾經下令過駐暹羅灣的海軍陸戰隊登陸泰國了嗎？可是寮共在中共的導演下，却會要出了一套手法來緩和着美國的措施；現在寮局又轉惡化，美國雖是「舊調重彈」，但中共又何嘗不會再授給寮共以錦囊妙計，重行把美國玩弄一番？何況「巴特寮」現在沒有把美國艦隊的行動看在眼內，寮共軍隊已於四月廿五晚在南部素旺那曲省的龍布寮地方向右派的前哨大舉攻擊，把戰火帶到了寮國的南部。而另一方面，「國際監督委員會」的委員，曾在瓦缸平原看到寮共開炮向李江部隊轟擊，也無奈之何，因此更引起當地人士對寮局悲觀。假如局勢發展到「聯合政府」解體，那時就更不堪設想了！

女貞庵（三）

（版權保留）　黎明

第二場：琴心

妙淨：原來是你這個小鬼頭！怕不幾乎把人嚇死！

陳妙常：（續唱）却原來，來的是那小妙靈。

妙靈：淨姐！我那裏不找遍了，原來却在這裏；師父找您啦！

妙淨：怎麼？師父找我？（轉向妙常）妹妹爲姐我要告辭了。

陳妙常：姐姐請便。

妙淨：妹妹呀！（唱）：

水仙一曲潤枯腸，

——下次末，

我定要聽一聽你的「鳳求凰」。

（與妙靈同下）。

潘必正：（一躍過牆，急趨妙常面前施禮介）仙姑，小生這廂有禮。

陳妙常：哦呀！（驀然一驚）嚇煞我也！——原來是潘相公。相公緣何夤夜到此！

潘必正：小生得罪了！只因小生偶然步月閒吟，忽聞院中琴聲清絕，不覺步入到此；原來是仙姑雅奏，眞乃使人俗慮全消，三生有幸。

陳妙常：好說，好說。小尼也因月明如洗，夜色新涼，故爾操弄絲桐，少寄岑寂。不料芳躅光臨，未免有汙清耳！

潘必正：仙姑，您忒謙了呀！

陳妙常：呀、相公！您看：此時月色正好，萬籟無聲，小尼欲乘此興，請敎一曲如何？

潘必正：不敢，不敢。小生久疏操縵，仙姑珠玉在前，豈非班門弄斧？

陳妙常：不必忒謙；小尼這廂洗耳恭聽了。

潘必正：如此小生見笑了。（彈兼吟介）：

雉朝雊兮清霜，慘孤飛兮無雙。
念寡陰兮少陽，怨鰥居兮徬徨。

陳妙常：此乃「雉朝飛」也；相公方在盛年，却緣何彈此無妻之曲？

潘必正：哦、仙姑！小生年逾弱冠，實實的尙未有妻呀！

陳妙常：這——（旁白）這與我什麼相干呀！何必末學，再亂芳聲？不彈也罷！

潘必正：哦、小生已經獻醜，還請仙姑，面敎一曲！

陳妙常：既聽佳音，已清俗耳；

潘必正：休要忒謙；小生也這廂洗耳恭聽了。

陳妙常：如此見笑了。（彈兼吟介）：

烟淡淡兮輕雲，香靄靄兮桂陰；
喜長宵兮孤冷，抱玉兎兮自溫。

潘必正：此乃「廣寒遊」也；仙姑綺年玉貌，却緣何喜此清冷之聲？

陳妙常：相公聽了！（唱）：

雲心水心本清冷，春花秋月不關情，
物外逍遙誰是伴？琴書有味佛眼青。

潘必正：仙姑此言差矣！

陳妙常：差在那裏？

潘必正：仙姑呀！（唱）

如來本是多情種，多情他才肯覺有情；
維摩不絕散花女，觀音也曾作伶傳。
萬事隨緣佛歡喜，仙家艷孕數不清。
仙姑呀！何況你，本是大家閨秀名門女，
才華出衆貌傾城；我未娶來卿未嫁，
卿須憐我我憐卿。相逢蕭寺緣非淺，
三生石上証三生。願卿仔細想一想，
佛眼怎如我眼青？

陳妙常：相公（春意盎然地）來！這話可是您親口所說？

潘必正：正是；（得意非凡）仙姑如若不信，小生可對天鳴誓來。

陳妙常：我却不信；（更嫵媚地）你且鳴給我看來！

潘必正：（撲通跪下鳴誓介）皇天在上，小生潘必正在下，我對陳妙常如有半點虛情假意，到後來定入拔舌地獄，永不超生。（誓畢起身，轉向妙常）仙姑，你現在可以放心了吧？

陳妙常：好、好！（態度突然嚴肅）好一個大胆的書生，居然欺負到我出家人身上來了；待我稟告你姑母去。（轉身欲行）

潘必正：哎哎（連忙慌得上前攔阻）仙姑！仙姑！使不得，使不得！

陳妙常：（作轉道介，必正又趕上攔阻介）你別攔阻！我定要稟告去來！

潘必正：哎哎、仙姑！仙姑！您別生氣！小生下次再也不敢了！

陳妙常：（休步，轉向必正嘐嘴生嗔）說了的啵？

潘必正：一定，一定。

陳妙常：好，就饒了你這一次！（嬌嗔宛然）

潘必正：哎呀謝天謝地，（一揖到地）嚇煞小生了！

陳妙常：（掩袖噗嗤一笑）

潘必正：轉向妙常施禮）小生告辭了。

陳妙常：去吧！（脉脉含情，其語輕婉）相公！花陰深處，你必須要慢慢行走！（邊說邊打個詞意雙關的慢走手勢，並拋給必正一朵媚笑，然後碎步奔回軒中，掩門貼耳而聽。）

潘必正：（目送妙常掩門後）唉、這個悶葫蘆我怎生猜它得透呵！（唱）：

她敎我花陰深處慢慢行，
道是無情却有情；
我這裏沒精打采回樓去，
鰥魚雙目到明天！

（下。移）

（待續）

唐詩偶釋（六一）

鄧中龍

和晉陵陸丞相早春遊望

·杜審言·

獨有宦遊人，偏驚物候新。雲霞出海曙，梅柳渡江春。淑氣催黃鳥，晴光轉綠蘋。忽聞歌古調，歸思欲沾巾。

破空而起，不知詩思之所自來，陡然而承，不知詩思之所自去。審言爲大詩人杜甫之祖，則知子美之氣勢，固由乃祖傳來。

起結散行，中四句平排鋪敘，已是正宗唐律間架，初唐人詩，此格極鮮。學者於此，可悟詩歌演進之迹。

有「獨有」乃有「偏驚」，有「偏驚」而後有「忽聞」，前後暗通消息，此詩中脈絡。前無「偏驚」，後四句無從開展；後無「忽聞」，起二句便無歸趣。此詩傳神處全在虛字，除去「偏驚」與「忽聞」，可以不讀。

中四句廻環「物候」二字，尤句句說得「新」字意。上聯寫大概，下聯較細膩，四句寫景，雖不免微嫌重複；然初唐人詩，固難以盛唐格調衡之也。而況於描景之中，猶有大小粗細之別乎！

第七句「忽聞」，遙接起聯，有此，方不負題首「和」字，且亦以綴足「驚」字意。

「淑氣」二句，只言春景如此，而傷春之意，自在有意無意之間。舊註或謂黃鳥且知時，而我不知時；水中蘋且知轉綠，而我不得轉於家。如此下註，便覺語呆意淺。漢唐諸儒言毛詩往往將興看作比，總覺意味欠靈活。朱子曰：「興意雖濶而味長」，知此始可以論詩。

「雲霞出海曙，梅柳渡江春。」爲上四下一句格。此格最難工，然能臻渾成之妙，則自然奇特。

初唐詩多在首二句言景，而此詩獨不從俗；初唐詩三四句多言情且爲流水對，而此詩獨言景。盛唐律法，在此詩已可畧窺眉目，學者宜特別留意。

五律至杜審言，不論氣象句格，皆堂皇鴻麗。盛唐諸子，不過就審言之詩加以精鍊耳。少陵詩憲章百代，而論其閎逸渾雄處，亦婉然乃祖家法。

胡應麟曰：『初唐五言律，「獨有宦遊人」第一；盛唐「昔聞洞庭水」第一；中唐「巫峽見巴東」第一；晚唐姚全「早朝」，許渾「潼關」，李頻「送裴侍御」，尙有全盛風流，全篇多不稱耳。』（見胡著詩藪內編卷四近體上五言）

友聲集（二六）

天石先生以木棉詩囑和敬次原韻　幼椿

越志舊稱婆羅木，因胎海氣氣豪雄，每迎曙色三春早，詎借夕陽一抹紅。想像軍行如挾纊，惟憐薪積未燃烽。年年花發增惆悵，何日還鄉唱大風？

天石詠木棉用東冬韻蘇黃集中習見次和義山　亮之

鐵榦虬枝欲化龍，南中佳樹足英雄。舒綿詎逐楊花落，吐艷如爭酒面紅。浮海心情餘看汝，燒天霞煜不成烽。何時漫卷詩書去，雲外一舸趁好風!?

木棉和天石韻　書枚

迦儸婆劫聲華舊，移入羅浮氣自雄；半嶺已驚飛絮白，千林又鬥夕陽紅。名垂南服堂堂樹，圉固封陲的的烽。池館却尋歌詠地，相攜梅苑倚春風。

玲瓏四犯　耀琳

草黯斜川，柳搖官渡，流鶯枝上如說。重來春已杳，苦恨芳菲歇。西風又吹怨角，下沈沈、暮靄天濶。一片江山，百年身世，都付與啼鴂。也曾上書北闕。正時艱勢迫，心寒語熱。奈漁陽鼙鼓，却動地先發。君王依舊恩情重，但愁倚、玉環嬌靨。問幾人猶記，中州淪浩劫。

憶陳果夫先生（一七）

宇人

此後不久，抗戰即告勝利。記得當天晚上我在一個朋友家和幾位朋友聊天，忽然聽見街上，人聲鼎沸，爆竹掀天，中央廣播電台發出特別消息，宣佈日軍業已投降。其他幾位朋友，立即興高彩烈的齊聲說道：「好了，好了！」唯有我一人鬱鬱無言。現在台北大陸救濟總會工作的陳頌平兄當時也在座，他向我說：「老兄，勝利了，你好像反而不高興似的，這是什麼原故？」我說：「我實在高興不起來。我原來希望我們能一省一省的逐漸光復；如今敵人突然全面投降，以我們目前黨、政、軍各方面的這種腐敗情形，怎能担當得起收拾全局的艱鉅責任？我很担心這個突來的勝利，不過是給共產黨造機會而已。我們的苦難日子可能還在後面呵！」陳兄說：「你的看法也很有道理；但你是貴州人，沒有嘗到離鄉別井的滋味。我們在外流亡八年，無論將來如何，現在總可以回家了。呵，我們就可以回家了！」於是，他們幾位即湧到街上，參加歡聲雷動的人潮；我則獨自回到中央團部的宿舍，一夜未能成眠。

爾後的一段時期，無論我去到什麼地方，所聽到的，不外是，他已去接收什麼，或我將去接收什麼，或你何不活動活動，想法也去接收一些東西。總而言之，隨處都是接收之聲。由於抗戰後期，政風業已敗壞不堪，不但一班貪官污吏都存心在接收中大發橫財；即平素潔己奉公者，也因為多年以來，飽嘗艱苦，亦希望從接收中獲取一些小便宜，使個人和家庭的生活能有所改善。以故，凡是前往淪陷區域負責接收的所謂接收人員，可以說，每一個都存有或多或少的不法念頭。我當時目睹此情，真是不寒而慄。然而人微言輕，實無能為力。乃決心退出政治，從而也第一次考慮到個人和家庭的生活問題。

我自十五年冬畢業黃埔軍校後，從未作個人生活的打算。最初在軍隊服務，生活雖然清苦，却不用自己就心。十五年回貴州籌備黨務，仍用父母的錢。迄後失敗逃到南京，新的工作尚未發表，時局即發生變化，我和一位好友在上海杭州等處閒居半年，生活所需，完全由他供應。十七年三月到中央黨部後，每月生活費一百二十元，很快便加到一百六十元。我對於穿衣問題，素不十分考究，所費有限。住的是中央黨部的宿舍，不用出錢。食是在中央黨部對面的小館子，論餐則每餐兩角，論月則每日兩餐，每月十元。我當時並無家庭負担，對歌場妓院一類的地方，從不涉足，因為認為三民主義的社會是不應有這些東西存在的。公餘之暇，祇是讀讀書，遊遊名勝，看看電影；偶然也和朋友們打打麻將，輸贏都是以五元為限。因而每月均有盈餘。但總是分給窮朋友們花用，迄未有所儲蓄。記得有一次，上海市黨部某君來到南京，向我說：中央黨部附近有一大片地產出售，每畝三十元，將來一定會大漲價，他想把它買過來，約我也參加一份；並說：假如我沒有足夠的錢，他還可以代墊。我聽了很不以為然。我說：「國民黨主張平均地權，你們却想做土地投機、發大財，簡直是一種反革命的行為。」以後他也就不再找我了。

抗戰期間，我舉家回到貴州，初時因為空襲頻繁，各機關決定疏散下鄉，貴陽的物價很低，我每月所領的參政員公費，維持家用尚有微餘，曾和幾個朋友在花溪合買了一畝多地，準備自建小屋安家。後來因為物價上漲，無力建屋，將地轉賣。總計我家在貴陽前後居住六年，由於住屋是向他人租的，曾迫得遷移多次。每租一處，雖然隨時自動加租。但因收入微薄，總不能趕上物價。房東往往藉口收回自用，我不願因私人的住房問題和他人發生不愉快情事，也就無不如期還讓。後來，幾乎無處可還。幸而我和許多朋友在貴陽近郊創辦一所中學，校地廣擴，校董會為安定校職員的生活，曾有決議：凡願自備工資在校內建木屋居住者，校方可供給木板，並撥少量土地以供種菜及飼養家畜之用；但將來離職時須無條件交回學校。我家也就在學校內釘了三間小木板房，總面積約有五百方尺，種菜、養猪，均由妻子一手包辦。三個男孩，均患營養不良，我追得先後將從英國帶回來的衣服、照相機及書籍等物全部賣出（書是賣與中央訓練團的），以濟家用。二兒後來天折，大兒和三兒至今身體尚弱。幸而妻能吃苦耐勞，一切忍受，從無怨言，才能支持過來。

如今既決心離開政治，自然連平素所領的那一點微薄的薪金，也得一併放棄，爾後的生活，自然發生問題。想來想去，還是想到先父遺留的那一點產業上去。我在上文曾提到，民國十五年我從貴州逃出後，先父及二弟均被周西成拘捕下獄，家產亦被沒收。後來周在貴州內亂中陣亡，十九年中央黨部加派我的一位好友劉祖純為貴州省黨部委員，我和果夫先生曾有信給當時的貴州省政府主席毛光翔，告以劉兄將為我清理家產，請他予以協助。劉兄回黔後，曾親到我的家鄉——黔西縣的一個偏僻小村一行，總算將不動產大體收回。因為先母早故，先父曾續絃，並有一個異母兄弟，我和二弟一向在外省，家產自先父逝世後，即由三弟接管；我們兩人迄未過問，也無意過問。抗戰期間，由於物價飛漲，我和二弟的生活雖然困難，我們也未曾想到家產上面去。此時，我乃和二弟商量，可否將家產分而為四，祖墳祖宅為一份，其餘平均分為三份，由三弟先挑選一份，祖墳和祖宅的那一份，也由三弟經管。二弟表示完全同意，願回鄉與三弟協商辦理。我並請二弟將我所分得的那一份變賣，準備將錢帶出作今後生活的基礎。（待續）

弔念王績良先生（三）

劉裕畧

我基於王績良先生的發問，提出進一步的實行方案，這對於我來說，自然是欲求其成的必要步驟，而對於王績良先生來說，却也是他的魄力和誠意的一種考驗。

績良先生當時的表示，使我非常滿意。因為他和我約定，一個月之後，在重慶見面，以更共同進行。

他之所以約我一個月之後在重慶見面，是因為他在自流井方面，還有許多業務待理，而我也得回成都作一些必要的準備。可以說，我回成都後不久即將我所創辦的新社會日報停刊，也是為了便於集中精力來開展有關的問題。

一個月後，我們果然在重慶見面了。我在重慶才發覺他有氣喘病，而且有時候氣喘得很厲害，但是他的肩膀寬濶而有力，兩權聳出，兩耳甚高，雖時常氣喘，但說起話來，却還是那樣聚精會神，當時，他向我說，為了要開辦文化銀行，能否領得執照，固然是一個問題，最主要的，却還是要先有一家商業銀行，資金的運用，才够靈活。他並且向我說，他雖然是隆信銀行的董事長，也是江慶銀號的董事長，但隆信銀行只有自流井、內江和成都三處有總支機構，江慶銀號更只在重慶一地才有營業執照，規模太小，不足以負担較大的使命。故必須要有一家規模較大的商業銀行，其分支機構必須遍於長江各大口岸，如上海、南京、漢口、重慶以迄成都。若能北平、天津、廣州、長沙設有分行，就更理想。所以，我們當時在重慶研究如何購進這樣一家銀行，我向他提出了一個可以在業務上先為進行的方案，那便是在重慶與上海之間作貨運生意。因為只有這種生意，才可以把物資握在手裏，不致被政府認為是囤積居奇，另一方面，這種生意的本身也可以賺錢，更足以使資金的運用達到相當靈活的目的。我並且在這一個原則之外，同時提出一種物資來試辦。什麼物資呢？便是白煤。

抗戰勝利後，上海需要白煤的數量很大，白煤在上海的售價亦甚高。當時，上海的白煤市價是每噸約值黃金十兩。而重慶附近的白煤，每噸只值黃金不到二兩。從重慶附近把白煤買下來，用木船運到重慶集中，所費有限。比較麻煩的，只是由重慶運到上海的這一段路程的運輸問題。

重慶與上海相距數千里，把白煤運去，當然不能循陸路，而只能循水路。重慶與上海之間往來的輪船雖然很多，但航行長江的輪船，已經是較小的輪船，輪船的載重量有限，故運價甚高。所以，由重慶把白煤運到上海，便只有把白煤裝儎在大型木船上，再用拖輪把木船拖到上海去的一法。據我當時詳細實地研究的結果，每艘大木船可裝白煤一百六十五噸，兩艘大木船可裝白煤三百三十噸。每艘拖輪可以一次同時拖兩艘大型木船，但巫峽浪急灘險，為安全起見，兩隻大木船以共儎三百噸白煤為宜。重慶附近的大木船很多，可以隨意購買，把白煤裝運到上海後，又可在上海把這種大木船脫售，不致蝕本。惟一的問題，只是拖輪的問題。當時我本來想像到我們自己開辦拖輪公司，但這一個問題牽涉的技術及管理問題很多，暫宜緩辦，而以先托其它拖輪公司運一次再看。依我計算，由重慶把白煤運到上海，每噸白煤的成本不會超過三兩黃金，何況，政府當時為了鼓勵商人運白煤到上海，國家銀行尚可辦理白煤的押滙。我把這一辦法提出後，王績良先生立即表示了贊成，並即與我合資組設了一家「利和公司」，由績良先生作董事長，我作總經理，正式進行。

我當時首先在重慶附近，購進了兩千噸白煤，又購進了四艘大型木船，並與重慶的一家拖輪公司訂約，除把兩千噸白煤點交該拖輪公司外，同時，也把運費付給了該拖輪公司。該拖輪公司的董事長姓連，是重慶某著名教會的理事長，又是重慶市的市參議員。在商談過程中，連某的話說得很好，於是，我私心甚感安慰，以為我與王績良先生所訂的許多方案，將隨這兩千噸白煤之運往上海而開步走了，這是我生平第一次做生意，殊不知，也就在我第一次做生意的時候，就遭遇了意外的重大打擊。原來我與該拖輪公司訂約時，原本規定二十天後起運，並應於一定時間運到上海。等到約定起運之日，我到河岸去看，裝載白煤的大型木船已經不見了，拖輪雖在那兒，却無起運的迹象。我問拖輪公司，拖輪公司答覆我說：因為水枯，恐中途遇險，所以不能如期開船。我問白煤呢？拖輪公司說：也因為水枯，恐裝載白煤的木船擱淺，所以已叫船伕把木船移到下游十里的水深處了。我問究竟何時可開船：拖輪公司說：大約再隔半個月就可開船。半個月後，我再往觀看，仍不見動靜，也不見白煤及木船，經過調查，才知道該拖輪公司董事長連某已將我們交給他的白煤全部賣掉了。（未完）

本刊已經香港政府登記

聯合評論

週刊

每逢星期五出版

United Voice Weekly

第二四四號

督印人：黃宇人　總編輯：左仲平

社址：九龍大埔道一六八號南亞書局　805641

承印者：嘉華印刷有限公司　香港仔馬師道5號

總代理：友聯發行公司　每份港幣一毫

本刊美洲版總經售處　美國紐約中美出版社

CHINESE - AMERICAN PRESS, INC

199 CANAL STREET.,

NEW YORK13 N. Y. U.S.A.

美洲航空版每份零售美金一角

共產主義在東南亞的衰退

趙　武

越南的剿共戰正打得難解難分；寮國的親共勢力愈見猖獗，不加阻遏，大可囊括全寮；印尼的經濟崩潰加速，共黨的聲威實力逐日膨脹；泰國躭於安逸，內部十分脆弱；高棉媚事中共，緬甸日趨左傾：這就是報章所描畫出來的東南亞情勢的輪廓。不加細察，彷彿東南亞已危在旦夕。

但實際並非如此。東南亞有共禍，在未來若干年中仍將有共禍；終局如何，此際也難逆料。但若以過去幾年來說，則共黨的勢力只有日趨下坡，目前也正日就消沉，在未來三數年間，也決難有蹶起之望：

先就印支半島來說。人們不要忘記，這個半島在一九五四年是可能整個給共黨吞噬以去的。法國經二次大戰敗辱之餘，國力疲敝，加上國內共黨的失敗主義活動，已無力在印支再打下去。美國並非不想挺身相助，但由於韓戰無功，這時又如何肯於再來担當一場在戰畧形勢上和韓戰差不多，而在戰爭意義上反不如韓戰的堂皇的戰爭？於是只好宣佈不願『單獨行動』，而却『單獨行動』於日內瓦會議之外。日內瓦會議救了南越，也為自由世界保留了一個完整的高棉和一個差不多完整的寮國。

近兩三年來，美國倒是願意單獨行動了。它救了一次寮國，現在正在救第二次。它也正在救南越。我們不能希望美國一舉消滅這個半島的禍源——河內。這是希望得過份的，它連古巴的問題也還找不到解決的辦法。但我們可以這樣說，美國既然使用了一萬人以上在南越，既然有了出兵泰國的前例，則越南和寮國可以說是有了應有的保障。守住越寮在美國對東南亞的政策上是向積極方面跨進了一大步，是艾森豪政府時代所決不肯為之的。當我們今天在批評美國態度不夠積極的時候，請不要忘記一九五四年華盛頓當局曾把印支半島說成在戰畧上毫無重要性。

除了這兩個有火藥氣味的地區而外，東南亞國家最令人担心的無過於印尼了。但就是印尼，共黨也無必勝之算。它到底將成為蘇俄的一個填不滿的漏洞，（俄援已逾十億美元）還是成為對自由東南亞致命的一擊，目前還難推測。討論印尼問題的必須注意到三個要點。第一，它和共產國隔得遠，軍事接濟不易。對這個地區的暴亂最有興趣的中共；却是半點援助的能力都沒有。第二，它太重要，西方國家不能讓它為共黨所攫取，除非它們眞想從東南亞撤出。甚至撤出澳紐。第三，這是一個其人口四分之三為回教徒的國家，對共產主義有着一種先天的抗拒力。就算共產黨人居然能够發動游擊戰，也還有十年八年好打。蘇加諾是一個只會創造問題而不會解決問題的人物，但他個人的利益之和共產黨不能相容，却是他所能够了解的。三年前印尼排華運動之深具反共作用，至屬顯然。目前的排華暴行，又恰好平地發生於劉少奇訪問之後，西爪哇為反共精銳部隊駐紮之區，此中作用，不問可知。印尼共黨領袖艾迪之一直主張經由合法途徑來取得政權，正是因為深知暴力途徑於共黨為不利。人們無妨注意這一點：要是莫斯科無法使蘇加諾發動反馬來西亞的戰事（西伊里安之戰已避免了），則此後蘇援便可能減消下去。沒有一次相當規模的對外冒險，印尼共黨便難有取得政權的機會，莫斯科的來處不易的外滙便等於擲諸虛牝了。

至於高棉緬甸，它們之所和中共委蛇，只是為了自保，緬甸中共之間有着一條長逾千里的接壤綫，對中共自不敢開罪。但我們必須記取，尼溫不是共產黨。尼溫奪取政權後的第一件事是肅清仰光大學內的共產黨徒。在反共這一點來說，他和高棉施漢諾是一樣的。施漢諾對中共詞卑聲細，但對蘇共中共的特務們却一點也不客氣。其所以不得不借助於中共，只是為了應付高棉兩個結怨已久而又遠為强大的鄰邦，泰國和越南。

把印尼、高棉、緬甸這三個號稱中立的國家聯在一起來看，他們的國策是頗有相同之處的。它們都是新從殖民地地位解放出來的國家，因此對西方國家都多少有點敵意，不願意完全依照資本主義路綫去發展，愼防重為西方的附庸。但他們也不願意採取共產主義制度，知道那只是換來混亂與貧困。這樣東閃西避的結果，祇好披上了時髦的社會主義的外衣，却又不願和莫斯科式的社會主義混同。於眞蘇加諾有他的『印尼的社會主義』，尼溫有他的『緬甸的社會主義』，究其實却較近於軍人的法西斯主義。這種自號的社會主義對那些執政者也不無一時的好處：經由國營政策把若干部份人民的財富攫奪到政府手裏，後果誠然不堪設想，但可濟一時之急。人們却不要把這些國家的社會主義和毛澤東們的社會主義等量齊觀。

總而言之，使東南亞地區共產主義勢力衰退的原因有二。第一，是世界性的。共產主義在理論上已到了絕境。列寧以後，共產主義即停止了發展，更沒有新的東西出現，因為沒有新的發展，便轉而形成了內部紛歧。具體的一點：今天再來在東南亞大叫反帝國主義，是引不起一般人的熱情了。第二，中共已提供了一面再清楚不過的鏡子：共產主義給落後國家帶來是什麼？此外的應該特別提出來的是：中共在工業政策和農業政策上無前例的失敗，決不是三五年內可能恢復的。在這期間內，決沒有能力作較大規模的和較長期性的挑釁。

畧記旅美四個月的一些實感

七、留在華盛頓的三天（續）

左舜生

凡上面所舉我們在華盛頓所參觀過的若干地方，自然都能引起我若干的感想，但我覺得足以代表美國立國精神的究竟還是美國的國會。美國國會的建築，宏大而又堅實，正和其他公共建築物相類似。我們去的時候，正有無數的青年男女也在這裏參觀。在入門不遠有一座大廳，陳列着許多立着或坐着的塑像，似乎都是各州在議會史上的有名議員，甚至南北戰爭期間兩方對立的代表者，也各有塑像在內，能使全國各地前往參觀者自然發生團結之感。我們在會內各處瀏覽一過，無論開會的地方或各黨議員分別集議或辦事的所在，正與我在一九五三年及一九五六年兩度參觀日本國會所得的印象一樣。日本人摹仿外國，處處維妙維肖，中國人學外國至少也已在半世紀以上，但事事都是四不像。我回想在南京第一次開國民大會那座新建的會所，乃完全是一所戲院，旣可演劇，也可作為其他團體開會之用。我從來不會聽說美國或日本的國會議場可作為演戲或其他團體開會之用，而中國乃獨不然。在中國的設計者以為十分巧妙，殊不知這樣一來，這個全國最高會議的塲所，乃在它的尊嚴上受了莫大的損害。但日本的國會也有一點與美國的不同；在日本的國會一進大門，便只看見四座銅像的位子，而已經建立了的銅像却只有板垣退助、伊藤博文、大隈重信三座，其一則聽其空着，好像很不整齊。我在一九五三年那次會問過那位領導我們參觀的日本人：『據您推測，這個空下的位子將來會屬於那一位呢？』他答：『很難說，也許尾崎行雄有這種可能吧。』一九五六年我再度去參觀，正值他們在開會；我們只在會場的傍聽席上坐了一會，即行退出，不會繼續留意這件事，究竟那個空的位子是否已將尾崎補上，我至今毫無所知。尾崎誠然為日本的議會政治也有過五十年的奮鬥史，且曾歷任東京市長、文部大臣、司法大臣諸顯職，但在日本近代史上的地位，畢竟還不能和板垣、伊藤、大限相提並論，也許日本人抱着寧缺無濫的觀念，對他依然是吝而不予吧？假定果然如此，却正可証明日本人把國家的名器看得十分重要，也仍不失為立國精神的一種。中國人當袁世凱活着的時候，總要把這位『袁棍』（這是章太炎在家書中罵袁所用的名辭）說成神武英明，讓他做總統不够，還要請他做皇帝；這十幾年以來，毛澤東殺人如麻，無惡不作，一般捧毛的黨棍，一定還要說『毛主席』對人民有『說不盡的恩情』哩！單單憑這一點奴性，中國人眞會鬧到亡國減種也說不定啊！

話說遠了，依然言歸正傳吧。

我在紐約便曾聽說，華盛頓是黑人的天堂。在這裏不僅沒有種族的歧視，而且黑人在政府機關中地位頗高的也不太少。我到華盛頓一看，覺得這一說明雖有幾分近於事實，但究竟也還是聯邦政府要維持這一不歧視黑人的原則，在事實上不能不表示這樣一種姿態。至於一般白人多願與黑人隔離，也還是與各地一樣。例如在華盛頓的某一條街上，只要有一家黑人遷入，其週圍若干的白人家庭，便往往逐漸搬走，於是黑人利用這一機會，也就大批湧入，以塡補這一空缺，因此，整個的一條街乃變成了黑人街。假定只是一個單純的種族問題，解決還不十分困難，如果再加上教育文化問題，生活方式問題，清潔衛生問題，貧富懸隔問題等等，衝突乃可隨時發生，而解決也就非常棘手。我去年初到美國的時候，小石城的事件剛過去不久；而密失失比州某大學不許黑人入學的問題，乃鬧得相當的緊張；等到第二個問題暫時歸於寧靜，而今天 Alabama 州 Birmingham 的黑人暴動事件又引起了軒然大波！站在聯邦政府的立塲，操切固然不可，坐視也勢所不能；不歧視黑人的原則不能不顧，而各州不同的立法，又不能度外置之；就今天美國內內外外的情況來說，眞也可說得是多事之秋了。因此，我也聯想到我們自身的問題：美國過去不是沒有過排華的歷史，而近年中共不斷的反美行動與言論，事實上也不能不予美國人以多少刺激。好在我們留在美國的僑胞究竟不多，而眞正的工人尤其是絕無僅有，再加上近年上萬的留美學生都能力爭上游，老一輩的也多受人尊敬；另一方面，美國人近年對中國的文化也正在力求了解，其所得也遠非六七十年前可比，所以我們能與美國人和平相處，應該是沒有問題的。不過在基本態度上，還是我們的老夫子說得最好：『言忠信，行篤敬，雖蠻貊之邦，行矣；言不忠信，行不篤敬，雖州里，行乎哉？』今後我們所應致力的，只是如何把足以引人重視的事實逐漸加多，而把被人輕視的事實力求減少，便思過半矣。

就我個人來說，原想在華盛頓多盤桓幾天的，可是一月一號宗樓便要從紐約趕回 Iowa 去參加學期考試；我自己也要在六號飛往加州，同時還想在紐約和幾位朋友再有一兩度的聚會、因此，只好乘二十九日晚間八點十五分的火車返回紐約。在此次的華盛頓之行，有一件事覺得可惜的，便是我早與寶宗一先生約好，原說到華盛頓一定去看他的，同時，我還知道他近年參考了中外多種資料寫成了一部幾十萬字的『李鴻章傳記』，也很想向他領教，但因為在兩天中東跑西跑，簡直不能抽出時間，以致失去這一機會，我只好在這裏附筆道歉了。

我也一談中國的經濟政策

伍雁先

現讀聯合評論紐約航空版第二二四期所刊載的曾欽若先生的「未來中國的經濟的檢討」一文，對孫實剛先生的「計劃經濟」一文提出討論。這種研究的精神值得提倡，筆者對經濟學是一個門外漢，但經濟學有派別的不同，觀點也各異，所以我以爲我雖是門外漢，或者可能不會從於某一派別的見解。這樣，就鼓勵了我的提筆的勇氣。不對的地方，當然是希望孫曾兩位先生和讀友諸君提出指正。

國民的互助概念

我們大家已經是飽受那所謂階級鬥爭的災禍了，現在我們唯一的鬥爭對象當然是毛共這一個邪惡集團。首先，在研究將來的新中國的經濟政策前，我認爲大家須建立國民互助的經濟概念，才能打倒那階級鬥爭的謬說。

或者有人懷疑「互助」一詞極難做到，而且個人能力有限，助人的力量很小，互助和助人是屬於道德的範疇，而且助人又是片面的道德，認爲和一國的經濟政策無關。可是我們如果想到一旦受外國侵略本國，不論貧富的共同當兵，犧牲性命來保護國土，國土之如此廣大而貧者無立錐之地，在國家民族的大前提下去抵抗外敵，抗戰勝利了而貧者依然故我，所謂保護國土，不過是保護富人的財富罷了。基於上述的理由，國家的財富，實應該人人能够有份。也應該在國家民族的大前提下建立互助的概念，政府通過立法的手續去實行人人互助的經濟政策，如工人的保險、失業、救濟、養老等社會安全制度。並且防止經濟過度集中於少數人和某些集團之手，這並不是對於富貴人家就抱着嫉忌的思想，是要實現互助的道德精神成爲法律和責任——像當兵一樣是國民的責任。如此，在全國互助的大原則下剩下的才是技術性的問題，如國營（公營）私營、干涉性的經濟政策或自由企業等的利弊問題，針對客觀的環境加以取捨。

計劃結濟、國營（公營）或私營

孫實剛先生說：「計劃經濟是指一個國家全面地、配合地，制定出輕重緩急、先後、多寡，和有目標地有步驟地建設和發展經濟的藍圖。……由國家管理，爲人民生產的。」孫先生並且指出獨佔的工業，如鑛業、鐵道等等應該國營或公營。關於日用必需品如衣履，牛乳、麵包、肉食等等最好用合作社方式來經營。其他許多的還是私營。曾欽若先生說：「我對計劃經濟的概念，却不是由於所謂國營及私營的方式去區分，我所認爲計劃經濟的部份職責是由中央政府設立一機構……設計一套全國的生產計劃，以及現代企業管理，生產技術改良等等，生產興管理，而實際應屬於私營企業。」曾先生是同意計劃經濟的，但不同意的是國營。只要政府設一個機構來帮助私營的企業發展。

國父孫中山先生對中國的經濟問題特別關心而提出一個民生主義——平均地權，節制資本。所以憲法第一百四十四條說：「公用事業及其他有獨佔性之企業，以公營爲原則，其經由法律許可者，得由國民經營之。」現在，曾先生以世界上不乏先例，國營事業是効率極差的觀點來看國營或公營事業。但不知曾先生所指的是行政上的問題還是工人方面的問題？如果專爲賺錢着想是不必的，只要政府取於社會，用於社會就够了。曾先生之意認爲要發展工業，政府是應該設法栽培工業的長成和壯大，我也具同感。但如果用人民的錢來僱請許多專家和設一龐大的機構，原來只是帮助發展私人的礦業、鐵道、航業、銀行與煤油等。這樣看來，政府不過是帮助造成幾個或數十個新興的資本家或舊日的豪門勢力罷了。毛共豈不是得了更好的宣傳資料？攻心爲上，攻城爲下，我們不能給毛共有某種反宣傳的。我們不要忘記有些人把大量的金錢存儲在國外，也要預防外國財團的中國代理人過度操縱中國的經濟。「實在很難有誰有此一巨大的經濟能力加以獨佔。所以用國營的方式來防止獨佔企業，至少在近百年內很難有此需要。」這句話我是不同意的。至於吸收外來投資，這是很好的，因爲大陸的同胞已經是一窮二白了。但我的意見是關於外來投資還是在輕工業方面最好和在私營之類，希望在「自由競爭」下能使人民得到價廉物美的物品。曾先生認爲國營企業在尚未進入民主政治的國家，也造成貪污源泉。這是對的；但是如果主張國防工業予私營的公司訂合同代爲製造，豈不是容易造成比貪污更爲可怕的分贓制度嗎？我們還是設想這在是民主的政治下的經濟問題。

患寡與患不均的問題

曾先生說：「各人的經濟收入應該拉平，而不使有極大的懸殊？我認爲大可不必，同時也是辦不到的。同時亦會妨碍經濟發展，……」筆者認爲收入雖不必拉平，但確應不使有極大的懸殊。「朱門酒肉臭，路有凍死骨。」是中國人民生活歷來的極大懸殊的寫照。中國是人口衆多的國家，而且耕地面積反不及美國，工業又落後，把全國的總財富用來使六億多的人民每天有不少於三千卡里路的熱量，可以禦寒的衣服，合乎衛生的住所，以及有經濟能力去償付正當娛樂等之外，所餘下的財富歸給少數人想是不會太多吧？人民在中國的生活程度看來也算比前較好了，當然不妨碍產生更大的富翁，用大量的資本累積來發展工業。就算那些富翁佔了全國財富總和的一半，也不妨碍全國人民有上述的足以維持一家數口的生活，這是我所贊成的，但試問打倒毛共集團後，怎能實現上述的最低限度的生活？我認爲中國的經濟問題的患寡及患不均，在寡和不均的雙重影響下便發生朱門酒肉臭，路有凍死骨的不均的景象。曾先生所設想的是普遍地提高了人人的生活水準吧，那當然是經濟的總和不是寡的了，那麼均和不均也沒有要緊的問題，癥結就是在全國國民的總所得與個人的所得多少的問題。

人民就業和市面繁榮

怎樣能够充分就業，這又是計劃經濟下才可以解決，世界上有些國家的工商高度發達，機器代替了人力，不但人力過剩，而且生產品因銷路困滯至生產過剩，和週期性的不景氣也因此發生，所以有失業太多的現象。這是外國的問題，這裏不便批評。在中國，將來當然大量設工廠，置機器，把過多的農村人口變爲工人，用工業振興農業，對工農二途是携手共進的。就算數十年後的中國有大量機器代替人力與生產過剩吧，那是最好不過的事了，我們只恐怕物質不足，如果有餘的話，眞是全國同胞的幸福。我們中華民族（包括各兄弟民族）都是炎黃的大家庭，一個家庭裏有充足的糧食和日用品，而至有某一子侄或姐妹發生生活上的問題，如果不是那主婦或家長有虐待狂，就是全家庭的成員的罪惡。爲什麼家庭裏沒有給他她的工作就無飯可食？這顯然是沒有注意分工的緣故，和只重生產而不重分配的緣故。一個家庭裏有了代替人力的機器，那家裏的人顯然是用力少而收穫大，不是很悠閒地過活嗎？但世上却有許多工人發愁着一旦自動化的機器多了，會被機器搶去了他們的飯碗。這是外國的問題，我們是炎黃的大家庭，如果在家庭裏因物產過剩而引起自己人大起恐慌，那是滑天下的大稽，中國和別國的經濟概念的不同點應作如是觀。

孫實剛先生主張關於人民日用必需品最好用合作社方式經營，不得已時才准私營而加以統制。但不知孫先生指的是否是消費合作社？如果是屬於生產單位的還是私營較好。但曾欽若先生認爲「合作社根本無必要」事實上世界各國尚沒有利用合作社的方式來經營而達到繁榮的先例。……試想想全國各地都經由合作社來經營，最現實的問題是全國各城市鄉鎮該成爲如何一種局面。根本無市面可言，如何會有繁榮，……有中間商人就維持一極大的就業。」筆者認爲中國的經濟基本目的是如何實現大量生產品和人人有購買力，（不是曾先生所說的「購買慾」）實在不必計及「市面」有無「繁榮」的好看「局面」。而且世上不少畸形的繁榮的都市裏深藏着地獄般生活的勞苦大衆呢。古代商人很多是兼自己運輸的，現代商人已和運輸分途，只要有資金，買進和賣出轉手之間來圖利，雖然不是惡意的「中間剝削」，但實際情形是如此。像大型的百貨公司最好是消費合作社，小型的當然要存在，利便附近的人就近購買售價高一點也不要緊的，中間商人也可以從事直接生產的部門或其他職責上去，用來減輕原有工作者的工時，讓人們對於工作不是苦差而認爲有益身心的活動，這也是維持就業的辦法。中國是佔全世界陸地總面積不過只是約十四分之一，而佔有人口約全世界人口總數約四分之一，並且工業落後，這樣的國情，確無先例可沿的。美國是富強的國家，只要稍爲施行一些社會政策（如羅斯福的新政），勞苦大衆也可溫飽，它的處境和中國不同，它的經濟結構我們不能取法。最好能因時制宜，或知道大陸同胞們的意向，因勢利導，實現廣大的農工利益，才是全民的福利經濟制度。

四月廿七日寫於紐約

『迎中國自由黨的誕生』

夏　謙

這是三年前所寫的了。民四九的七月間，台北「自由中國」半月刊主筆兼發行人雷震遠道馳函，述說其與李萬居、高玉樹等發起籌組新黨，並謂數週來情勢發展很快，新黨即將宣佈成立；名稱問題，本想叫它做「民主黨」，因與香港方面民主人士商談的結果，恐須改稱「自由黨」云云。接訊之餘，興奮無已；當經函覆雷先生，一面立草此文，以表預賀。不料台北情形突變，雷震橫遭拘捕，「自由中國」被封，如火如荼的新黨立被扼殺。此文雖成明日黃花，但可反映一段歷史的片斷，故特寄聯合評論發表。

總說這幾個月來，在台灣的一些有志之士，集合舉行了一連串的會議，熱烈地但亦鄭重而沉着地討論組織反對黨的事，進行發展殊爲迅速，預計於本屆雙十節前可以正式成立大會，且決定命名爲中國自由黨。遠隔重洋的作者，於興奮鼓舞，馨香禱祝之餘，不禁百感交幷，爰即泚筆爲此，以伸衷悃。

一霎那差不多半個世紀以前的事了，在日本東京的澁谷，一間較寬敞的木屋中，作爲一個純潔少年的我，於案前立誓簽名加盟於「中華革命黨」，由四川謝持，湖北蕭萱兩同志監誓歡迎。不用說，他們皆已先後作古，而中華革命黨也更已蛻化爲現在的國民黨而完畢其一段歷史任務了。在我今日衰老的腦膜中，就只殘留着這變的一個斷片。我認爲眞正的政黨在中國似乎從沒見過。所以這快將呱呱墮地的中國自由黨，我期待着它是能孕育於現代民主政治，而又能幫助推進現代民主政治的一個像樣的純正政黨。

有若干人，例如台大的殷海光教授等，提議這將新生的反對黨，不要命之爲黨，而只稱作某某「會」之類，因爲黨這一詞在中國歷史上及文字上，隨而在一般心理上，牽涉着一些很不榮譽，很令人討厭的事實。「植黨營私」，「黨同伐異」是人盡皆知的成語。還有，如果稱「會」或「社」就可以多負起一些文化學術的任務，吸引許多高級知識分子參加，規模氣象便不同了。但我以爲不必如此拘迂，爲舊習而顧忌。我們今日所需要的，正是一個堂堂正正的現代化的政黨。正如我國的政體既經採用了西方式的憲制，不再繼承，亦用不着懷戀過去歷史上的君主世襲制度一樣，政黨的組織也何須承襲過去那種「營私」「伐異」的結黨。在現代民主自由大潮流之下，西方先進民主國家的政黨組織，正是我們應該不厭他山而力謀做行的一宗利器。把西文的Party譯作「黨」字雖未甚妥，但沿用既久，而況也沒有更完美的譯名；當年孫中山先生等必曾熟慮深思，繼興中「會」，同盟「會」之後，毅然改用了中華革命「黨」的名稱。

黨字的原義雖確具有幾分「黨同伐異」的意味，但亦由於如此，它可以杜絕一元或寡頭專制獨裁，而促起民主政體下絕對必需的制衡作用和交替作用。所謂「一黨主政」，本來是極滑稽而自相矛盾的詞語；既名爲Party（黨）就決不應是「一」（Single）。一個國家裏只有一個政黨，或者在總統選票上只有一名候選人，如台北今年（民四九）三月廿二日中山紀念堂內的選舉活動，那眞是醜怪無比的現象。所以黨必定至少有兩個：一執政而一在野。而在法定投票時日來到中的「競選」，乃是政黨必不可少的一件基本工作。

至於今日報章刊物上所通用的「反對黨」一辭，首先胡適之先生提示，不如叫它做「在野黨」，以免招受當局疑忌。附和此議的人也不少。其實政黨當然不以專來「反對」別的政黨爲業，而一個在野黨也不是要故與執政黨爲難。中國他年而果自由黨執政，爾時在野的國民黨，對於執政黨所施行的政策，如有該當反對的，自應代表民意，竭力加以反對；這原是交互制衡作用中應有的健全活動。另一方面，在朝和在野諸黨之彼此合作，彼此維持，也是政治美德之一，而爲各政黨所應共同實踐的。政黨不外乎朋友一倫的團體化及其在政治上的應用。朋友之道就在彼此互相淬勉而各得進步。論語中所謂「益者三友」和「損者三友」。諍友就是益友中最有意義的一種，而俗所謂酒肉朋友，可以說是最無聊的損友了。所以執政黨是特別應該感謝在野黨或反對黨，好比甲某有壞習慣或不正行爲，爲其友乙某忠告力爭阻止或戒絕。這時甲之對乙應怎樣地感恩知己呀。所以論理，國民黨應十分誠意歡迎一個有力的反對黨出來才是。可惜今日國民黨當權派，一方面把在台的民靑兩黨收養爲淸客、還從中挑撥離間，使如兩三頭狗之爭咬骨頭，另一方面又多方阻撓新黨的發生和成立。因此，我們批評它不但不智而又不德。由是它就劫持了自由中國，而造成一黨獨裁的局面，爲自由世界所共譏誚，每被論爲一個警察國家。這便是反攻復國途程上一個最大的障礙。

自由黨的誕生，外可以雪自由民主諸國家的批評，內可以致本國所有力量的團結，而以「自由」爲名，更值得大家發揚蹈厲。我嘗說這「民主自由」四字，在中國民族的心目中，民主觀念還有幾分。例如經籍上「民爲貴」，「民爲邦本」，「天視自我民視，天聽自我民聽」一類句子，表明中國傳統的政治哲學裏，人民的地位原是很高的。我們即使沒有西方的「主」(Cracy rule)的意味，可是「民有」「民享」的思想頗不稀微。然而「自由」(Liberty)這一理念，中國可以說是絕無。自由是瀰漫於希臘古代哲學中「自我」的肯定及强調，亦即是西方個性主義的深根。(下轉第四版)

更正啟事：本刊二四一期第三版所刊謝扶雅先生「和平與革命」一篇大作，文中「我們當然不爲已往的地主們紳士們報仇……」，誤排爲「我們當然要爲已往的地主們紳士們報仇」。係手民之誤，特此更正，並謹向作者致歉。

加達爾的修正主義

胡　越

一九五六年十月的牙匈利的革命，是歷史上的一朵曇花，那樣神速的成功、又那樣悲慘的被撲滅了。在那短暫的興亡成敗的翻轉中，匈牙利民族表現了一凄絕壯美的史詩，至今爲人所神往。

匈牙利革命被蘇軍撲滅之後，匈牙利的局勢很快被人忘懷和忽略了。那是不忍想的慘局，對於匈牙利人意志的挫折太深鉅了。

當今匈牙利的總理加達爾在革命期間，政治面貌是模糊的，似乎是一徬徨份子。革命失敗之後，他從烽煙廢墟裏站出來，與蘇軍合作，大聲疾呼要求國人放棄抵抗，一度被醜詆爲凉血的賣國賊，最無恥的蘇俄走狗。但是從以後七年來的表現，我們不得不對他另眼相看。尤其他最近的幾項措施，實在難能可貴。據匈共政府的去年十一月的宣佈，大革命時被捕的政治犯，百分之九十五都已被釋放。今年三月廿一日，再宣佈大赦，把最重要的革命領袖人物都恢復自由了。在宣佈大赦的同一天，加達爾宣稱：匈牙利政府與宗教之間的關係恢復正常，教堂的各種集會得自由舉行，在學校中可受宗教教育，反共最力的被判無期徒刑的托山尼神父，也恢復自由了。一直在美國大使館受政治庇護的敏遜第主教，最近也將被赦免。儘管宗教活動仍遭受監視，但是無政治性的宗教活動總算恢復正常了。

匈共政府已鼓勵農民的生產，並且加以保障，反對私有生產的幹部，皆被批評爲「教條主義」。加達爾對作家也採取了寬容政策，最近准許以往查禁的作品，現在都可以出版發行了。不久以前英國經濟學人周刊上有一篇文章說：沒有一個共產國家的人民像匈牙利那樣强烈的反對政府，也沒有一個共產國家領袖像加達爾那樣苦心爭取人民的擁護。這段評語，平實之中深切有味，將加達爾的苦心孤詣都表露出來了。

以民主國家的尺度來衡量今天的匈共統治，當然還是不合格的。但是以一個共產國家，對反政府的革命份子如此慷慨釋放，對人民如此苦心討好，不能不說是奇蹟。說到這，我想起另一段材料來。旅美知識份子辦的「海外論壇」月刊，在最近出版的第四卷第二期上面刊出了署名蕭彭的一篇文章，正題是「對國民黨九全大會的期望」，副題是「開放言禁和釋放雷震、孫立人才是大團結的開始」。匈牙利是共產國家，我們是中華民國，雖未稱民主國家，但亦稱自由中國，可見兩相比較起來，不禁令人汗流浹背了。

拿孫立人來說，是抗日名將，在反共戰爭中也立過殊勳，尤其當「國軍」在大陸潰退之際，他在台整訓軍隊，鞏固了台灣的防衛，貢獻尤偉。對這樣一個功在黨國的將軍，竟以莫須有的叛亂罪嫌，軟禁至今不審不問不放，算是什麼名堂？拿雷震而論，他又是那一路的「共諜」？以見不得人的軍法審判誣入冤獄，也快三年了。胡適之死前不久，還糾合名流連名請求赦免，結果批曰：「交國防部議辦」！加達爾能赦免，用武力推翻政府的政治犯，而台北當局不能赦免故加之罪的政敵，還談什麼反共？

加達爾今天所行的溫和路綫，雖然與他個人急切得民的心理有關，其實與共產集團的修正主義發展，是不可分的。修正主義的發展，對共產集團及全世界都將發生決定性的影響。目前對這一發展的影響，尚缺乏深透的估計。我認爲赫魯曉夫揚棄史大林主義，採取修正路綫，與帝俄時代彼得大帝之効行西化，具有同等重要性。目前修正主義的發展過程是驚人的。不止是外交上與西方妥協，並且在內部的政治、經濟、文化各方面一齊向右轉。史大林時代的蘇俄，是世界上最恐怖黑暗的地方，而今天的蘇俄已大有不同，比較今天的埃及、印尼等獨裁國家實更尊重人權。觀之加達爾的種種增進自由的措施，比亞洲許多反共國家不知高明多少倍。

共產主義必將在歷史中消逝。修正主義的發展，是消逝的一條途徑。今天南斯拉夫、波蘭、匈牙利以及蘇俄的修正主義發展，意共、法共政治路綫的改良主義化，都是共產主義褪化消解的表現。在長期競爭之下，共產國家必須採修正主義，才能應付西方的挑戰。這是文化氣流互相洗蕩的必然結果。就是說，在共產集團吸收西方文化的同時，西方國家也因應付共產集團的挑戰，必參酌共產國家的設施，而加速必要的改革。共產主義消逝的另一途徑，是劇烈的突然的消逝。有如一九五六年匈牙利的革命，當時匈共的史大林主義政權，在一個偶然的民衆暴動之下，幾乎一夜之間就被推翻了。今天是拒絕修正主義的共產國家，基本上都含有這種危險。而尤以左傾冒進的中共爲甚。因此今天我們不怕毛澤東發狠堅持的三面紅旗，最怕他沒種改弦更張；如果他又行起修正主義來，六億同胞翻身的機會可就渺茫了。在毛澤東死去以前，中國反共陣營必須有所做爲，否則恐怕就過了這個村，沒有這個店了。

台灣簡訊

志　清

一、虛報出口案偵查結束

省警務處刑警大隊於五月四日正式公佈，虛報出口案，經專案小組九十三天的偵查，現已告一段落，除台北關部份已分批移送法院偵辦外，台南關部份正在趕寫移送書，將於日內移送法院。本案涉嫌廠商十三家，報關九家，有關人員包括商人及官員共計五十六名。現經海關裁定共處罰金及追繳已冲退之稅已達新台幣三千零九十萬八千五百六十七元三角之多；另有屬於台北關部份的興華，立大，大同，華倫，世光等五筆，尚在核算中。

據聯合報載，由於假出案的揭發，不但關員的操守大可懷疑，即海關的現行制度亦面臨嚴重的考驗。曾有一位熟悉內情的人士向該報透露，不法商人勾串不肖官員虛報出口，套取退稅僅為弊端之一。此外，他們還可以做真出口的方式行之。例如在貨箱內裝滿破布或清水，然後將箱加蓋密封，而報稱尼龍絲或豆油出口。到達目的地時再由當地代理行領出拋棄，或不予提取。同樣可達冒領退稅的目的。去年曾有貨物一批由台運抵香港，迄無人認領，後被打開，箱內盡屬破布。此一消息，傳到台灣後，曾引起有關機關的注意，進行調查，因為拿不到証據，致無結果，即其一例。

二、國大代表涉嫌虛報出口

台中恆興針織廠曾以加工外銷為理由，進口七千二百公斤的尼龍絲，每公斤的原價為百餘元；但進口後即以每公斤二百元的高價出售，轉手之間，即獲得鉅額利潤；但意猶未足，竟虛報該批尼龍絲已加工出口，領得退稅款八十餘萬元。此一虛報出口案，係由宏德報關行經理盛元德，職員余振元及正中尼龍公司股東楊渭澄等共同參與，案發後盛等三人被扣押，供出經過情形，承辦檢查官認為該廠董事長汪波（國大代表）涉嫌重大，乃發出傳票，着於四月二十四日到庭應訊；但汪並未應傳到案，檢方又再度發出傳票。

三、立法委員涉嫌詐欺

四十九年十二月行政院擬訂「筵席稅及娛樂稅法修草案」，函送立法院審議。因草案中明定「烹飪營業人」及「筵席」之定義，茶室業被列為不屬於烹飪營業人之範圍，得免繳筵席征稅。台灣省商會聯合會，為希求立法院能照行政院的原案通過，乃於五十年十一月成立專案小組，選舉台北茶室業公會理事長楊朝開為召集人，負責向有關方面活動；並決定即以筵席稅的首期應繳金額十萬零八千元為活動費。楊即托台北市衛生院職員馬鐵珊在孔雀酒家宴周海濱，請其代向有關立法委員活動。周索活動費五萬元，楊朝開表同意。去年一月，立法院三讀通過筵席稅及娛樂稅法修正案，茶室業無需課稅，周即偕同馬鐵珊向楊索取前所約定的五萬元，楊以僅收到三萬零八百七十六元，且因雜用已開銷了一萬一千四百三十元，須俟收齊後始能交付。繼因周催索甚急，楊乃於去年三月十四日邀同台北茶室業公會理事簡鴻榮，總幹事李慶實在狀元樓與周馬二人談判，偕立委兼律師的何蓋民（已七十二歲）同來。談判結果，楊願意減收四萬元。楊即席先付二萬元，其餘二萬元則於次日由簡鴻榮簽發支票三張。周分給三千元與馬。餘數由周何二人分配。後來楊開朝因交付周之二萬元，未有收據，不能報銷，乃請何蓋民出具公費二萬元之收據，何又索取報酬四千元，楊無款付給，致無結果。去年五月十九日，茶室小組為催收經費召開會議，楊開朝簡鴻榮兩人又企圖從中取利，竟向小組代表催索六萬九千九百二十四元，計除開支外，尚可中飽三萬餘元。何蓋民亦到會，並稱立法院既已照案通過，今後茶室業無需再繳筵席稅，前與周所約定的活動費自應照交。最後，何竟出言不遜，引起與會人員的憤怒，即向警方報告。經警檢兩方整整一年的偵查，承辦檢察官始於五月十六日正式提起公訴。各被告，除何蓋民而外，均在押。

四、沈怡慨嘆招商局「病根太深」

交通部長沈怡於五月三日出席行政院新聞局的記者招待會，會談到招商局的問題。他說：「整頓招商局的工作，交通部早在兩年以前就默默地進行。民國四十九年十二月，交通部感到招商局的問題很多，必需予以切實改善。就約請了三位專家，擬訂了一個業務財務建議改善方案」，在節流和開源兩方面，提出了具體可行的辦法。

兩年以來，我們根據這一個方案，的確做了很多，可惜的是招商局病根太深，無補於事實！

他並透露：「擬訂這個方案的三位專家是：何墨林、隊振銑、沙燕昌，他們曾以三個月的時間，廣泛的蒐集資料，並作深入的研究，才提出這個數十萬言的建議報告。在建議中首先提出的是要「全部照正常的企業經營方式，來作為改善招商局業務的準繩。在開源方面，有六個原則：（一）增加業務；（二）增建新船；（三）加強船務管理；（四）改進管理技術；（五）出售無用資產；（六）重估資產價值。在節流方面，也有六個辦法：（一）改善資本結構，減輕財務負担；（二）減除額外負担；（三）緊縮組織，減輕人事開支；（四）加強船務管理；（五）精確計算成本，並予有效控制；（六）改善管理，劃清權責。」他慨嘆「一張好好的藥方，並沒有減輕招商局的毛病。」又說，「一俟行政院核准，交通部即將成立一個整頓招商局的專案小組，這個方案仍是主要的參考資料」。他認為招商局的整頓工作，必須招商局本身的努力，以及其他有關機關的密切配合協助，才能把他從根救起。

『迎中國自由黨的誕生』

（上接第三版）

夏　謙

我國素唱父子兄弟夫婦等等「對待性」的倫常，固然不主張集體主義，但亦對個性主義不贊成。道家中楊朱的「為我」，莊周的「在宥天下」，以及老子書中「無為而治」一套理論，似乎是自由放任的政治哲學，但實與西方的個性主義中「自由」觀念根本不同。現代各民主國家憲法上所明載的「自由」，絕對和陶淵明歸田園居詩中逍遙自在思想千里背馳。也許中國社會裏一向沒有西方那樣的役隸制度，故亦無所謂解放和自由。誠然，人的自由是天賦的，人生而具有的，但若沒有受外來的刺激，也就淡然忘之，不會覺醒和發達。中國人至少過去沒有清晰意識着自我的獨立與尊嚴。我們漸漸覺悟到自由，只是近幾十來的事。現在能標榜以之名一政黨，不可謂非中國民族文化史上值得紀念慶幸的一大事件。

自由黨而果成立，不但能使台灣的局面為之耳目一新，尤將使大陸中共政權悚然震恐。老實說，中共早已不把國民黨放在眼裏；甚至大陸的人民，也不再有所希冀於國民黨了。但若有一個新政治勢力出現於海外，大陸同胞必將為之聞鷄起舞，為之遙寄期望，而這新黨的名字，恰好是他們所焦渴以求，五中深鏤的「自由」。中自由呼喊的嚮徹雲霄，實足以使毛澤東喪魂奪魄。大陸中共為什麼要重振「毛澤東思想」的普遍學習呢？他們最感頭痛的死結，及內在的真正敵人，就是自由主義者右傾分子。大陸上的右傾分子是整肅不清，野火燒不盡的。海外自由黨的挺生，正與大陸無量數的右傾分子遙相呼應。毛澤東在這草木皆兵的四伏喊聲之下，比怕台灣反攻，或甚至比怕核子飛彈還要心神不寧而走頭無路。因為飛彈是從外打入去的，誠如他們所自豪的，即被飛彈消滅了三億，還有三億可被驅使上陣，以人海填滿火海，豈不壯哉？然而右派分子却是中共心臟內部滋生的癌菌，愈割治而愈繁殖蔓延。這其間成敗勝負之分是比火再明也沒有了。

最後，我還要說的是今年又逢「庚子」——這對中國是多麼多炎多難的庚子，而今又發生了一件屠殺民主自由的「慘案」，即是中華民國總統的非法三屆連任。同為六十年前後的中華民族的一大恥辱。可是，因此刺激而中國自由黨得以產生，也可見我們對這新黨所付的代價之大了。但願自由黨的本部一旦在台灣成立後，馬上可以着手中國自由黨美洲分部、歐洲分部……。不用說，港澳分部……、東南亞分部……。現在台灣的本部，自有台灣人和外省人同等參加，起以昭告世界：我們中國人並無台灣大陸的界限歧見，無形中把國際上「兩個中國」的陰霾一掃而空。這將使自由世界專心為我助力，因而大陸暴虐政權益見震撼，揭竿起義的壯舉為之層出不窮，自由中國青天白日之旗重見遍樹神州之日不遠了。愛自由的弟兄姊妹，盍興乎來！

請為留學生存留一條回國的路

（美國讀者投書）

編輯先生：

從友人自台灣寄來美國的報紙上看到，在所謂反攻復國的基地上正鬧着黨人與學人之訟，因為雙方的所爭究為何事並不清楚，我和若干留居美國的朋友一樣，在過去都沒有重視這件事。上週在美南區的中國同學會餐會上一位是軍官而剛由台灣抵此的台大同學報告台灣近況，同時另一位從香港轉來的廣州籍同學報告中共大陸的情況。離家愈久，愈對國事關切，同時更會選擇判別那一方是朝着壯大的道路上進步。這兩位不謀而合的都是報告學人教授們的動態，因為大家都離校未久現在雖處異國但是還是身在學校範圍之中，因之都特別感到興趣，也特別的，因他們的報告感到心情沉重。最惹全場震驚憤懣的是：台灣和大陸一樣在欺凌與制壓和摧殘知識份子。以下所述是報告的內容和在場同學以及教授們的綜合意見。那位從廣州逃出的同學清清楚楚的記得某年某月費孝通徐毓枬和潘光旦等教授被清算的，由於預定的罪名沈從文教授才去當錄事的。至於像郭沫若老舍樊弘投靠者流。並未因報紙上的推崇而為一般青年人所尊重。從台灣來的那位同學最受人們重視，因為多數在座的同學都來自台灣，他說，自從胡適之先生去世後擁胡與反胡之爭，竟而弄到法庭相見。由於這件事，却很自然的使大家認清了目前的國與共在作風上，尤其是對待知識份子的手法上如出一轍。一個政府軍中將的兒子，總應該愛「國」了，可是他却說「十年之內誰都不要想回到自己國家去」，這話裏有淚水有哭聲，從所有在座的中國年輕人心底下都得到了共鳴，連「副總統」的兒子也為之低頭不語。

由報告中得知共產黨正濯着花言巧語搞「統戰」以鞏固自己的聲勢而與俄人頡抗和圖謀血洗台灣，反觀在國民黨方面正走着背馳的道路：會寫政論文章的坐了牢，幾位史學權威都遠避國外，而反共的理論家却被黨國要員公開宣稱為「匪」，這樣一來團結當然談不到，人人自危，衆叛親離，又何以自保自存於僅有的海島之上呢？連我們這羣流浪人都要為之担憂且担一把汗了。

回憶在大陸仍在國民黨手中時，黨營的報社通訊社除了會阿諛領袖外，並未給國人做過忠實的報導和服務，宣傳上顯然的讓共產黨領了先，加之對知識份子的忽視與欺壓才丟掉了整個的人心。而今寶島上正高呼「反攻」「打回去」的號召，我沉痛的向你們呼籲，不可再欺壓學人！同時也給我們在海外的數千留學生存留一條回國的路。

凌蘆隱敬上　四月十二日

中共種毒製毒販毒之用意安在？

綜觀

關於中共製毒販毒的問題，有些天眞的人並不相信，而一切左傾報紙又從而替它掩飾和洗刷。其實，中共多年來就在種毒製毒販毒卻是鐵一般的事實。對此，不但深知中共內幕者多已知之，即以一向以態度公正調查確切之聯合國有關國際製毒販毒之報告，亦已屢出明白指出中共確實是國際間的最大毒販。

五月六日合衆社又自華盛頓發出電訊，對此作了報導。它說：

「中共最新的冷戰戰略是企圖以麻醉藥毒品，向世界各地推銷。

在事情還沒有太戲劇化前，我們應該解釋：中共間諜不致於潛伏在白宮，而企圖在甘廼廸早餐的咖啡中放進鴉片藥片的。

中共所企求的東西就是外滙——來自外國的錢。這些錢可用作購買拖拉機和壓路機的，他們擁有大量可種植罌粟的耕地。罌粟可煉成鴉片，而由鴉片提煉成為嗎啡和海洛英。這些東西成為美國吸毒問題的根源。

不久前，一位聯邦麻醉藥劑局人員預先通知泰國政府官員說：如果他們在某一時間到某一地方去，他們會發現一些有趣的事情。結果他們發現兩噸檢獲的鴉片。

美國麻醉藥局局長傑奧唐諾說：這些麻醉藥的來源多半是來自雲南省的。其中有一些是來自緬甸撣邦的。但大部份都是由雲南，經泰國，寮國和越南等地輸到香港，新加坡和日本去；其中一些實際上已以海洛英的形式輸入美國。

美國是藥品走私客的優先市場。美國並不出產鴉片，而需要頗為可觀的麻醉藥局人員和海關人員機智地而警覺地拘捕走私客。但他們像企圖白手將大洋浪潮攜回去的人一樣。

美國各海港和機場都檢查每人的衣物和行李。每人——包括飛機師、空中小姐、旅客、水手，甚至外國外交人員等——在未能証明無辜前，都被認為有罪的。所有外國郵件都可予以打開。財政部估計只有百分之五走私入美國的麻醉劑被檢獲。

聯邦麻醉藥劑局的每年預算約五百萬元。一個在華盛頓的機構其預算是以百萬單位，而並非用十億單位計算的——無形中變成了第二流的機構。雖然該局可以和國家情報人員，當地警察和海關人員等密切聯繫，但他們只能在國內外派駐二百八十七人。

由於這個國家的毒品買賣獲利不菲，使得黑社會的最佳人才也參與其事。該局最近破獲一個自一九五九年間偸運麻醉藥品到美國的集團，並有証據証明每年共有純海洛英二億二百磅。該局副局長計算之零售價格共值三億六千萬美元。」

看合衆社以上報導，可知中共在製毒販毒方面所賺得之外滙數字，確實驚人。

不過，我們可以進一步問：中共為什麼要種毒製毒販毒呢？其目的只在賺取外滙這一項嗎？依我看，中共之目的，卻並不止此一項。

當然，替中共賺取大量外滙，是中共種毒製毒販毒的主要目的之一。但除此之外，我以為中共尚有兩項附帶的目的。它的兩項附帶目的是：一、便於發展課報組織。這一點，許多人未能看到。其實，只要稍有軍事或行政經驗的人，很容易了解：凡是製毒或販毒，都往往與當地的治安機構中之少數人員勾通。該少數負責治安人員之最初目的，本在貪取金錢，但一旦與中共特務人員偽裝的毒販或所指使的毒販勾上之後，或者是該治安人員不明對方是中共特務，只以為是毒販而已，遂在多方替該毒販掩護或給予方便的情況下，無意的替中共特務作了掩護工作或其他傳遞工作；有的則由於該治安人員與中共特務已有勾結之關係，該治安人員之貪贓枉法情形已被中共特務掌握，遂被中共特務所要脅，因而雖明知對方不止是在販毒工作，而且也在幹間課工作，而本身卻無由自拔矣。此種事例甚多，不必盡舉。台北當局，對於台灣之進出限制甚嚴，然而卒不能阻止毒品之進入，尤其值得警惕。須知，中共種毒製毒販毒工作都是中共特務工作首腦派其組織中之主要份子主持，故中共之種毒製毒販毒一向被中共視為「秘密革命工作」之一。並不是隨便進行的。

二、便於腐化自由世界和麻醉自由世界某些國家士兵之鬥志，這也是中共種毒製毒販毒之另一附帶目的。因為，在中共看來，愈能把自由世界推向腐化之路，就更容易摧毀自由世界，愈能用種種手段麻醉某些國家如美國士兵之鬥志，破壞其紀律，則愈容易打敗某些國家。何況，這種製毒販毒工作，還更能既賺錢又便於發展間課組織，從而易於滲透各方呢？

至於種毒製毒販毒等工作所連帶引起的道德問題，這在中共首腦眼中，是全無關係的。因為中共追求的，小而言之，是它在中國「革命」勝利之鞏固，大而言之，則在如何赤化世界。故能使中共賺取外滙之工作，無論製毒也好，販毒也好，便都是一種對中共有利的秘密革命工作。何況，中共講的是階級道德，麻醉自由世界，腐化資本主義國家及資產階級或小資產階級，則正是對階級敵人的另一種鬥爭，所以，在中共的理論上，由中共種毒製毒到自由世界去販賣，是完全對的。並不與「階級立場」或「革命利益」有任何抵觸。

僑鄉近訊

鍾之奇

粵共春季造林二百餘萬畝

造林，是中共中央年年都在向各省發出的號召之一。各省共幹也照例年年要將上述號召向各縣市轉達一番。不過，以往造林的成績卻一直不好。這主要原因是人民不熱心，而共幹的造林計劃也不從實際出發。據最近的中共南方日報說：廣東全省今年春季截至現在止，經各地共幹彙報之統計結果，已造林二百五十多萬畝。特別着重了實用物資，故在此二百五十多萬畝造林中，松、杉、竹子等用材林就佔了一百九十八萬多畝。油桐亦有二十三萬畝，油茶、板栗、八角、玉桂等經濟林也有一些。

並說這二百五十多萬畝中，有四十多萬畝是中共的所謂國營林場造的，其餘則皆由各地人民公社及其所屬生產隊所造。但據熟悉廣東各地情況之專家指出，中共今年雖仍在加緊造林，但成果仍然不會很好，主要原因則仍在人民並不眞誠熱心這一點上。據指出，一般農民對自留地的種菜或植樹之工作，倒確實做得很良好，但對於凡屬中共之事務，則人民在中共命令强迫之下，雖不得不做，卻由於內心無誠意，故所造之林多不適當云。

中共在廣東各地加緊徵兵

為了擴充兵力，以建立所謂龐大的現代化共軍，中共正在大陸各地徵兵。中共在廣東之徵兵工作，亦在加緊進行。中共之此一工作現正通過各地人民公社實施。

據最近剛由廣東逃抵香港之難胞說：凡十八歲至二十歲之青年，均已被登記。廣東之徵兵工作則已自五月份開始加緊施行。無論城市青年或農村青年，均在被徵之列。廣州市各公社之共幹，曾於四月份召開人民公社之社員大會，作了正式宣佈，並規定所有適齡壯丁均一律要向公社報到，聽候通知，經檢驗體格，凡合格者，均須入伍當兵，接受中共之嚴格軍訓云。

粵北捕獲珍貴動物南麝

南麝是一種珍貴的偶蹄類動物，雄麝腹部之麝綠囊，飽含白色的麝香，香氣至濃，用於製藥，作用不亞於灌香，康香和素香。根據文獻記載及地理狀況，麝本來是分佈在我國四川省、西康省西藏及秦嶺一帶。廣東則一向並非此種動物之生存地區。但近年來，由於大陸人民糧食分配量太少，中共驅迫大陸人民先則向野生植物進軍，繼則向深山大林獵野獸為活，所以，許多新奇的事，便也在這其間產生。也正因為廣東人民被驅迫到粵北山區獵動物為生的緣故，最近，竟在粵北山區發現了南麝。據中共「中國新聞社」五月二日電訊說：「南麝是在粵北韶關專區某地海拔一千五百多米的高山上捕獲的。共捕到三隻，兩雄一雌，尾極短，全身深灰褐色，體重約五公斤到六公斤，長約十二厘米」。並說：「據初步調查，在粵北山區，麝的數量很可觀，這個發現，使廣東有可能就地養麝和採集麝香」云。

中共在僑鄉廣設僑聯會控制僑眷

對於歸僑及僑眷，中共一直在採用特別方法在控制，比之大陸一般人民，中共是對歸僑及僑眷更花腦筋的。原因則在：一、中共需要利用僑眷以搾取僑滙，二、中共又要利用僑眷對外散佈有利於中共的空氣或消息。但大陸的情況在事實上很糟，人民大衆的痛苦，歸僑及僑眷的眼睛雪亮，早已看在眼裏，故中共不得不用特別方法。所謂「僑聯會」便是中共用來控制僑眷及使僑眷互相監視的一個組織。據五月三日中共「中國新聞社」消息：粵共曾在四月廿九日召開廣東的歸僑及僑眷代表大會。並已於五月三日結束。粵共並使該等僑眷在五月一日廣州舉行的勞動節參加表演，且訂立一九六三年工作計劃。又透露粵共現已在廣東全省各縣市一共已成立了六十七個「僑聯會」云。

無形中分割了的寮國

何之湄

寮中平原國際監督委員會直昇機被擊落事件，似乎已經成為寮國和戰的轉捩。停火監督委員會的任務是監督停火，但不停的火却燒到監督委員會的本身來！那麼，它又怎麼能够去監督別人停火呢？

三馬各奔前程

這就是問題的癥結所在，也是令傳馬「大為喪氣的原因」。實際上，傳馬的道路，似乎已到了山窮水盡的境地。怎能叫他不表示喪氣呢？

當國際監督委員會兩架直昇機在豐沙萬上空被擊落之後，傳馬頹然表示筋疲力竭的樣子說：「我不能再信任任何人了！他們把國際監委會的飛機也給打下來，還有什麼可說的？他同時表示說：我「現在當不會再趕到康開去談判」。

談判有什麼用處呢？談判的結果不外是得到一些諾言。可是寮共已經三番兩次摧毀他們所給予傳馬的諾言了。譬如「停火」，如所謂「戰鬥雙方各退回原陣地」——那是應該由寮共撤出川壙康開豐沙萬，而把防地交還李江的——又如所謂「同意國際監督委員會在瓦瓶平原設置常駐的監察站」，等等，都是曾經蘇發弩馮與辛加浦、杜尼上校等向傳馬答允過的諾言。可是事實告訴傳馬，火沒有停，共軍和杜尼軍沒有撤退，而在傳馬與蘇發弩馮和英蘇兩大使、監督會三委員在瓦瓶平原「談判」的時候，傳馬却親眼見到遠處一陣濃烟！那是在幾聲炮聲響過之後，監督委會的隨機人員倖獲逃生者之一，氣急敗壞地跑來報告說：監督委會的直昇機被共軍擊落！

傳馬雖然不至「眼前一陣昏黑」，可是對於他的千方百計希冀彌縫、彌縫寮「三頭馬車政府」的幾頭拖車馬正要各奔前程的將散之局，確乎是「眼前一陣昏黑」。

寮共一步險棋

由李江擁立又得寮共支持的傳馬，在寮共要吃掉李江部隊而發動瓦瓶平原戰鬥的時候，一則以為這兩個曾經受他「領導」的派系，多少總會給他一些「薄面」，由他親自面晤雙方，叫他們有事緩緩講，總可以有些效力吧，因此他大呼「停火」，然後「彌縫歧見」。其次，他以為雙方都是寮國人，總會有着一些愛國心；如果雙方繼續火併下去，那就必然地引致外國的干涉，將寮國化為「國際戰爭的戰場」，等到戰爭完結以後，也許所謂寮國也者，會「被從在地圖上被抹去」。於是他也把他這個看法向兩派呼籲，說寮國人若果為了自己的國家，「這應該是彌縫歧見的時候了」！

那裏知道寮共已絕不給傳馬什麼「面子」，再者他們似乎也聽不懂傳馬的寮國話。他們佔川壙閏康開之後，還要拿下豐沙萬。那可能是「照預定計劃」。

傳馬一看情形不對，只好轉而希望於日內瓦十四國，這十四國支持傳馬做中立總理，並且其中的重要國家，都經寮王前往答謝，更再由他們的當道者面對寮王重申：支持寮國中立獨立。

每一次出發到瓦瓶平原去談判，傳馬都邀同英蘇兩大使和監督委會三委員，滿以為這樣的陣容，多少總可以收「禁制」之效，或者換句話說，會遭受到較客氣的對待。那知道寮共行出了一步「險棋」，把國際監委會的飛機也給打下來，這就拆盡了傳馬的台，摧毀了他的一切憑藉！

在監委會直昇機中被擊斃的法國伍長屍體，被擊傷的監委會加拿大籍專員和另一法軍，都由專機運回永珍。寮中的天主教會神父修女，她們開設的育嬰堂中的嬰孩，也紛紛退出到永珍安置；因為「恢復原陣地」已告無望，寮中成了「共區」。這些難僑及義民隊伍，給永珍帶來了戰爭的陰影。

眼中釘監委會

國際監委會在寮國執行職務以來，並沒有達成多少工作，只是辦「外軍出口登記」，越共說他們「沒有參戰」，經登記出口的北越份子只有幾十人。這次寮共與李江分裂，李江正式向永珍呈報「越共在寮共中參加進攻中立軍」，監委會前往寮中調查，迫得北越再把三百名「技術人員」撤出。寮共一貫就認為監委會的存在不利於他們的活動，因反對監委會在平原設站。以致有一個時期，監委會人員天天飛翔於永珍及平原之間，早出晚歸。傳馬希望監委會能在停火工作上發生多少效用，曾要求蘇發弩馮的首肯，讓監委會在寮中設監督站。於是監委會本身進行討論這一提案，波蘭籍委員依然反對，但印度及加拿大都投贊成票，卒之在康開設下了監察站。而這個站剛剛設立，就發生直昇機被擊落事件，這個站只好狼狽撤退。

不但傳馬和監委會機上遇險生還者都指証炮火係來自豐沙萬城內，就是共方的指責「美國利用監委會擴大干涉」，並要求「撤銷監督委會」，都說明他們視監委會為眼中釘。儘管共方殺人栽贓，仍說「炮火起自外圍」，是右翼及中立右翼（指李江部）構害寮共，但全寮國都知道是寮共擊落監委會的飛機，以使他們不能執行職務。倘若不然，寮共為什麼不歡迎監委會？

急驚風慢郎中

現在的問題已不是「誰擊落監委會飛機」的問題，而是寮共擊落監督會飛機，使他們不能飛行監督，同時粉碎傳馬所進行的和談，其目的究竟何在？從永珍到曼谷，倫敦以至華盛頓，還沒提供統一的答案，更用不着說有什麼「對策」。

倫敦和華府，把維持業已千瘡百孔的寮國聯合政府的存在，寄託希望於蘇聯。這一希望在哈里曼訪赫魯曉夫獲得「同意維持」的聲明而達到最高峯。但監委會機被寮共擊落事件，竟發生在「赫—哈聲明」之後！究竟是蘇聯與寮共在「表演雙簧」嗎？從在蘇駐寮大使隨傳馬去斡旋和談，而監委會波蘭委員反對平原設站看，有些類似。或者如哈里曼所說，「蘇聯不知是否能控制中共（以平息寮國內戰）」？這從在北越公開發表（在中共蘇聯爭端中）支持中共，又有些近似。

如果情勢判明是後者，那便可以撤開蘇聯，對付中共，像英美支持印度那樣。要是前者，把蘇聯中共算在一起，那便可能要考慮到，像韓戰那樣。目前的華府和倫敦，似乎對「蘇聯影響力」的可能性，還要作一個時期的觀望。在監委會機事件後，英國與美總統仍促蘇聯履行諾言，便顯出她們觀望的意向。

傳馬也作了一次最後的努力，他再度呈請寮王召集部長會議。這一做法，說明他雖不願到平原去談判，仍希望寮共會來琅巴刺邦，可以展開談判。因蘇發弩馮，馮維希都是部長，如果他們肯來琅巴刺邦，也許就是願意談判。但傳馬這最後的一着希望也落了空。

寮共拒絕返琅巴刺邦開會，他們要求撤銷右翼主持的國家安全局，及三派各派警衛軍一營駐在永珍，實行「永珍中立」。不實行永珍中立及撤銷國際監委會，寮共就不談判。反正瓦瓶平原已抓在寮共手裏，「你要急來我不急」。

瓦瓶平原已非正式「割給」寮共了，而寮共也不回永珍來。「分割寮國」只欠傳馬下台這一形式而已。聲稱「必須恢復原有陣地」、「決不以分割寮國妥協」的美國，動向如何未可知。這倒急死了乃沙立，好像「急驚風遇着慢郎中」，他說道：如果美國再沒有辦法，泰國要退出日內瓦協定了。

曼谷通訊。

寮局又出現新危機

侯景松

寮國刻已出現新危機，這是由「巴特寮」射擊國際監督委員會的直昇機所引起。據來自永珍的消息稱：傳馬親王已發表了一項聲明，指斥親共的巴特寮於五月三日對準國際監督委員會的直昇機射擊，係一種無故開火的威脅行動，傳馬並表示：可能不再與巴特寮恢復休戰談判。

假如傳馬在現階段的局勢中眞的退出談判，則一切有關彌縫瀕於分裂的「聯合政府」的努力，都將注定失敗；而寮國勢將再度投入激烈內戰的災難中。這一個新危機，極可能造成了寮國更「不幸」的局面。——美國國務院對監督委員會的直昇機在瓦瓶平原被巴特寮射擊這一事件也坦率地指出：這是一項十分嚴重和不幸的事態發展！

據國際監督委員會發言人的報導，該「射擊事件」是這樣的：五月三日，當監督委員會的兩架直昇機飛經瓦瓶平原附近時，即遭巴特寮射擊，有三名法國人受傷，及一名印度少校受輕傷。另據目擊射擊事件的法國軍曹亨利．西蒙稱：他當時是在巴特寮的炮火射程外，所以能够逃脫。西蒙並說：其他的人，當直昇機降下地面時，即全部被捕；祗有他潛入路邊河道，泅了若干公尺，然後爬出地面，設法走脫，並和一位中立派的上尉，返回永珍。

從這次「射擊事件」反映出：美國在寮跟共黨交手，已顯露着再受欺騙的跡象：美國曾與共黨訂立了一個正式協定，在寮國建立了一個不受外力影響的中立聯合政府，但距今不過九個月，共黨已違反協定，四月初旬，寮共進攻川壙，以期加強對中部的控制，於是內戰乃告爆發；迨至戰火蔓延至瓦瓶平原，陰霾籠罩着永珍，局勢遂愈益險惡。巴特寮射擊了國際監委會的直昇機以後，五月五日，左、中、右派的武裝部隊都已增兵到瓦瓶平原去，分別在各據點佈陣。在這樣的惡劣情況之下，監委會派在巴特寮總部康開地區的視察隊，也祗得撤返永珍。該日的消息更報導出：傳馬親王的態度顯已更為銷沉，在康開舉行的談判勢將陷於停頓！

這般險惡局勢的後果，極可能導致「聯合政府」崩潰！傳馬總理亦可能再來一次「歷史重演」，好像一九六〇年十二月那一次的行動一樣，放棄一切中立派的努力而出走他國！到了那時，寮國的局勢，必更不堪設想！

美國既一再受到了共黨的欺騙，那末，現在該怎樣的正視現實，挽救搖搖欲墜的「聯合政府」？

美國國務卿魯斯克會說過：假如那項就寮國問題而簽署的日內瓦協定被破壞的話，則美國將勢必決定應該採取某種行動，從而確保寮國人民不會受到共產主義的蹂躪」。目前，該項日內瓦協定確已遭受共黨破壞了；巴特寮而且公然射擊監委會的兩架直昇機。那末，美國將如何應付？怎樣向寮國人民實踐其諾言？

甘廼廸總統的意見是：他希望莫斯科能阻止寮共的行動，並約束寮共遵守日內瓦協定。同時也暗示着：如果寮共企圖從瓦瓶平原向南推進的話，則美國可能採取較強硬的行動。——可是，在今日的形勢中，支持寮共最力的却是中共，其次是越共。蘇聯對此局勢，是否願意干預？

據本月五日電訊的報導：賓夕法尼亞洲的兩位參議員，已對甘廼廸政府的寮國政策發生強烈不滿。共和黨參議員史考特說，他主張把派到南越的那種分遣隊，派到寮國去，那就是軍事顧問團。史考特釋稱：「政府應該有勇氣去做我們在南越所做的事，就是派軍事顧問團去寮國。我不是叫囂戰爭，但我主張政府拿出勇氣正視寮國局勢」。那末，美國的所謂「較強硬的行動」，是否將派出軍事顧問團赴寮？抑是在泰國境內再進行一項新的軍事結集？

總之，美國怎樣挽救寮局？這一問題，現在顯已到達極其嚴重的階段！為的是：寮國的內戰很可能發展到全面化；到了那時，「聯合政府」必然解體！假如共黨掌握到整個寮國，則東南亞每一地區，也將受到重大的威脅了！

女貞庵（四）

（版權保留）　黎明

第三場：驚夢

地：白雲軒。後轉夢境。

時：接上場三天後。

人：陳妙常、天魔甲乙丙丁、散花仙子（妙常飾）、維摩居士（潘必正飾）、金甲神二、妙淨。

陳妙常：（手持唸珠，無精打彩上）色不異空空異色，空即是色色非空。自從那夜與潘郎琴叙之後，不覺心神恍惚，情思飄蕩，好不傷感人也！唉、潘郎呀潘郎！你那裏知道我的心呵！（唱）

你本是，天生的，風流情性；
我却是，心兒軟，口兒假硬。
誰知你，惡狠狠，就把誓盟；
教人家，羞答答，怎便答應？
我雖然，寄空門，素行端正；
婚姻事，那能無，三媒六証？
前又思，後又想，心兒不定；
——唉、我好痴也！
那有個，空門女，紅鸞照命!?

（白）哎呀且住；想我如今雖是帶髮修行，究是空門之女，怎好擅起凡心，豈非玷辱三寶？這事萬萬不可。我不免收拾閒愁，斬斷情絲，上香唸經則箇。（走到書案面前，添香鑪中，正襟而坐，攤開經卷，手敲木魚，唸）：

「觀自在菩薩，行深般若蜜多時，照見五蘊皆空，度一切苦厄，——度一切苦厄，——度一切苦厄——（越唸聲調越低）」哎呀！今日身體困倦，好似神不守舍，却是爲何？待我小睡片刻者。

（伏案睡介。燈光突滅，再亮時，現出彩霞滿天，祥雲冉冉，四天魔分携笙、簫、長笛、琵琶，披輕紗長帶，輕歌曼舞上。歌曰）：

星冠妙服寶玲瓏，
來自靈山第一峯。
玉貌羞爭花並發，
柔情恰似水長東。
歌婉轉，
舞從容；
翩若驚鴻宛游龍。
魔家眷屬本不同；
魔家眷屬畫難工。

（散花仙子、即妙常夢中化身，左手托花籃，右手持佛塵，以弱不禁風式的舞步上，並即加入天魔舞隊。歌曰）：

魔家眷屬出魔宮，
花團錦簇過太空。
情似春江流不盡，
意如華岳上難窮。
歌婉轉，
舞從容；
翩若驚鴻宛游龍。
要探維摩丈室中，
要共維摩度春風。

散花仙：衆家賢妹！

衆天魔：有。

散花仙：維摩居士神通廣大，法力無邊，非比尋常。你我姐妹到他丈室之時，必須小心謹慎，使盡魔宮家法，狐媚本領者。

衆天魔：曉得了。

散花仙：哎、衆家賢妹！你來看：（指向煙雲縹渺處若隱若現的梵宮禪院）前面實地珠林，已距居士丈室不遠，你我駕起祥雲寶霧，速速去來！

衆天魔：遵命。

（音樂旋律與舞步徐徐加速，及舞近丈室，却均立即輕緩下來，如夢之翅膀之輕盈舒展一般。又舞時兼散天花；一時丈室之中，花雨繽紛與舞衣翩躚相亂。）（維摩丈室：正中靠壁置禪榻，左右兩壁各開大窗，雕鏤精雅。窗外花木扶疏，室中一塵不染。維摩、即妙常夢中的必正化身、作居士打扮，領後斜插佛塵，低眉合十，趺坐禪榻中央，於莊嚴靜穆中別饒蒲洒出塵之致。）

衆：（舞畢，齊向維摩行禮介）居士稽首！

維摩：（取下佛塵，雙目微張）起來！

衆：（起介）謝居士！

維摩：爾等到此何事？

衆：聞得居士玉體違和，世遵特命我等，前來問安侍候。

維摩：世尊座前，菩薩、聲聞、甚多，緣何却遣爾等？

散花仙：居士呀！（率衆起舞，唱）：

菩薩聲聞縱然多，
服侍怎及女嬌娥？

天魔甲：（舞向維摩面前接唱）：

怎及我，嘘寒問暖櫻唇俏？

衆：嘘寒問暖櫻唇俏。

天魔乙：（次甲舞向維摩面前接唱）：

怎及我，痒癢相關玉手摩。

衆：痛癢相關玉手摩。

天魔丙：（次乙舞向維摩面前，接唱）：

怎及我，鋪牀疊被香衾暖？

衆：鋪牀疊被香衾暖；

天魔丁：（次丙舞向維摩面前，接唱）：

怎及我，侍湯侍藥經驗多？

衆：侍湯侍藥經驗多。

散花仙：女兒柔情千萬縷，

衆：菩薩怎及她婉嫕？

散花仙：女兒心思細如髮，

衆：聲聞怎够她張羅？

散花仙：姐妹同心伴居士，

衆：長伴禪床伺眼波。

散花仙：長伴禪床伺眼波，

衆：欲如何時便如何。

維摩：住口！大胆天魔，在此胡言亂語；那裏容得！金甲神走上！

金甲神：（甲乙各手金鐗披甲同上）來也。嘟！胆大天魔、那裏走？

（四天魔驚風跳下，但散花仙子却被捉住，兩甲神揮鐗欲打。）

文聲集（二七）

梅窩紀遊和公遂韻　遯翁

山抹微雲海漾瀾，梅窩一葦破春寒。人同拾翠吟三月，柳自迎風緒萬端。金穴由來隨處有，桃源休作等閒看。眼前少長無拘束，縱是天涯也盡歡。

辛卯清明　荔莊

幾度傷春意更孤，雨過殘燒又重蘇。三年墓上風花冷，四海兵間血淚枯。親舊儘容泉下老，松楸惟向夢中扶。煩冤故國添新鬼，只作尋常杜宇呼！

盧鼎公張紉詩關應良張大中過訪山居賦謝　文鏡

芳徑延高躅，奚囊壓紫芝。不知春過半，但覺客來遲，煮茗酬風日，分　潤肺脾。勤銘珍九鼎，紉珮重新詩。守默稱良友，持中是我師。重山勞屬望，一水勵相思。逭世寧忘世？傷時豈入時！十年辛苦意，只有故人知。

壽緝亭先生八十　一鶴

天邊龍象自崢嶸，物外鷗鳧宛舊盟。見說襟懷籠海氣，頗聞笠屐役山精。傳家猶有青氊在，遺世從知白業成。南極一星人盡望，慚無佳句頌耆英。

唐詩偶釋（七一）

鄧中龍

破山寺後禪院

·常建·

清晨入古寺，初日照高林。曲徑通幽處，禪房花木深。山光悅鳥性，潭影空人心。萬籟此俱寂，惟聞鐘磬音。

首句已入寺矣，次句言寺中所見之景，第三句言往禪房之路，第四句言已到禪院。舊註謂起聯乃設想入寺之景，不當。

五六二句，一句山，一句水。唐人律詩中四句，往往以此分格。或一句聞，一句見，亦是常法。此詩中二聯皆說所見，末句乃以所聞結之。律詩應有此等間架。或謂前半已具首尾，後半乃接寫情景以足之，則未能體會此詩間架之妙。此詩前六句一直相承，第七句一頓，第八句一轉即放。用力在第七句。論詩貴觀其全；若强分前半後半，便失作者營構之意矣。

青嵐翠靄，衆鳥亦達天機；臨潭顧影，自覺與水俱空。寫到極度清幽時，乃有禪院鐘磬之音，悠然入耳。是此詩安排得絕妙處。「初日」「高林」「曲徑」「花木」「山光」「潭影」，衆美紛陳，目無暇給。第七句一頓，總結上文，萬籟俱寂，鐘音乃自然入耳。此詩中調色之法。

「萬籟此俱寂」，「此」字指禪院。舊註謂「以初日起，以日暮收，此字作日暮解。」穿鑿附會，有乖詩理，荒謬之至。

「竹徑」或作「曲徑」，「俱寂」或作「都寂」。

平平引起，若毫不經意，而句句爲第七八二句蓄勢。前六句極寫其幽靜之景，乃所以逼出末句鐘磬之音。

大家之作，每以潛氣內轉，細悟此詩，自可有得。

常建與王昌齡爲同榜進士，位終于尉，誠所謂有高才而無貴位者。其詩多不重起調，而每轉愈佳，殷璠所謂「似初發通莊，却尋野逕；百里之外，方歸大道。」信哉！

論蓄勢調色，此詩絕佳。後人或貴其山光潭影之句，或喜其竹徑通幽之語，則僅取片段，未足以盡此詩之妙。若謂山光潭影句爲不可及，則於「軍敗鼓聲死」一詩，又將何如耶？

蘇東坡曰：「常建詩『竹徑通幽處，禪房花木深。』歐陽文忠公最愛賞，以爲不可及。此語誠可人意，然於公何足道！豈非厭飫芻豢，反思螺蛤耶！」東坡可謂解人。

洪駒甫曰：「歐公又愛建『竹徑通幽處，禪房花木深。』欲效建作數語，竟不能得以爲恨。予謂建此詩全篇皆工，不獨此兩聯而已。」（見洪駒父詩話）

沁園春　何遯翁

（太希夢以麵包夾收音機飼虎，機入虎腹，樂聲大作，虎驚駭騰躑逸去。戲爲此解以廣之。）

不夢蓬山，不夢邯鄲，不夢鄭薪。但莊周幻蝶，翛然自得；梁鴦養虎，技矣其神。廣樂迴腸，膏粱適口，欲化山君作鹿馴。誰知得，鈞天乍播，曳尾偏驚。休云。夢境難明。曾記否，承雲奏洞庭？縱韶卷箪，依然獸駭；笙鏞以間，一樣魚沉。天下滔滔，人間靡靡，我輩何爲宏大聲。君毋歎，要春雷再震，天鼓齊鳴。

採桑子　歲暮抒感　彭遂民

年來歲去心空碎，哭也無聲，笑也無聲，忽聽村鷄又五更。無端醉醒朝兼暮，莫憶前情，却憶前情，迢遞家山共月明。

月圓月缺成今古，想不抬頭，却又抬頭；怎奈韶光似水流？冰心欲了還難了，怕上層樓，更上層樓；倚遍欄杆無計酬。

勸君莫話天涯路，纔念吳門，又念家門；淚雨瀟瀟帶恨吞。如今識得心和面，恩也能分，怨也能分；無語斜陽過小村。

客中歲暮愁難遣，睡也朦朧，醒也朦朧，豈料而今百事空。歸期盼到何年月，陌上春風，心上春風，風送歸帆馬首東。

憶陳果夫先生（一八）

宇人

大約是十月底吧，中央團部開會檢討時局，認為北方的局勢可慮，誠恐北平各大學學生受共黨煽惑，推我前往北平指導團務，並向各大學學生作幾次講演。我即由重慶經南京轉赴北平。稍後，陳辭修先生和立夫先生也同機來平。辭修先生原是青年團的首任書記長，此時盛傳他仍將重任書記長，北平支團的各級幹部向我表示，希望能有機會見到他，並聽他講話。我將他們的願望轉達辭修先生，他欣然應允和他們講一次話。第二天上午六時，辭修先生與北平支團各級幹部見面時，甚為高興；對各大學的學生幹部，更多贊許。他來到團部，是由北平副市長張伯謹陪來，離開團部，也是由張陪去。中午，北平市長熊斌宴請辭修、立夫兩先生，也請得有我。我到市政府時，張伯謹向我說：辭修先生想向各大學的學生作一次講演，定期明天下午，地點在天安門廣場，他已通知北平支團部負責召集，請我再關照他們一聲。我說：現在北平各大學都沒有負責人（因為原來的校長院長等被認為是漢奸，不敢負責，新人又未來到），辭修先生又是一位軍事長官（時任參謀總長），若不先作一番部署而遽然召集幾千個羣龍無首的大學生在露天講話，不能不有所顧慮。而且，立夫先生（時任國民黨中央組織部長）也在此，若召集學生講話，也應該請他同講。張伯謹說：「日期是辭修先生定的，辭修先生並沒有提到立夫先生，你如有意見，最好請向辭修先生提出，我不敢有所主張。」我說：「好的。」吃飯時，我與辭修、立夫兩先生同席。我向辭修先生說：「召集各大學學生講話的事，必須延期一日，北平支團部才有足夠的時間先召集學生幹部舉行一次會議，作各種必要的準備。」他表示同意。我再向立夫先生說：希望他也能抽出一些時間和他們演講。立夫先生欣然答允。我又請他們兩位先排好演講的先後和時限以便通知。他們即席商定辭修先生先講一點半鐘，然後立夫先生再去繼續。宴後，我去北平支團部，有的同志說：「立夫先生是CC，青年團怎能請CC演講？」我立即嚴予指責。我說：「我不知道什麼CC不CC，我祇知道辭修和立夫先生同是中央團部的常務幹事，你們地方團部的同志不應該對中央的常務幹事有彼此之分。立夫先生現在又是中央黨部的組織部長，青年團是黨的組訓青年的機構，更不應該對黨中央的組織部長存有偏見。」我又說：「現在我們雖然已經抗戰勝利，但共產黨的勢力正日漸擴大，尤以北方為甚。國家和黨的前途，充滿了危機。我們把黨和團的力量滙合為一，共同奮鬥，尚恐有所不濟；倘再不清除過去的種種派系之見，自己分化，其結果必然同歸於盡。」他們也就不再表示異議。後來各大學學生集合於天安門廣場，聆聽辭修、立夫兩先生演講時，不但人數衆多，秩序良好，而且情緒熱烈。他們兩位都很滿意。

我當時所以主張一併邀請立夫先生演講，並非有意討好立夫先生個人，而乃是顧全大體。因為我認為由北平支團召集各大學學生聆聽中央大員的講話，如果祇請參謀總長的辭修先生講話，而不請在抗戰時期任教育部長而現在又是國民黨中央組織部長的立夫先生，必將引起學生們的懷疑；同時，我也不願意看見本黨中央的負責同志遭受青年團地方團部的冷落。

接着，陳雪屏兄也奉命來平設立臨時大學。他向我表示頗感人手不足，我向他建議，我可打電報請中央團部選派曾在國內外大學畢業的工作同志二十人前來協助他，將來各大學復員時，如願意繼續聘請，他們自可留此工作；否則一律仍回中央團部。陳初時有所遲疑，最後仍表同意。不到一個星期，中央團部所派的二十位同志即由重慶直飛北平，陳分派他們担任各學院的訓導責任，其中有一位留學德國的張富歲同志還被派為農學院長。當時，南京的臨時大學曾因所謂偽學生問題發生風潮；但北平方面則平靜無事。我認為我的任務已可告一段落，即定期回渝，並開始辦理一些私人的事，作退出政治的初步準備。此時，我的二弟已將我所分得的部份家產賣出，得法幣一百十餘萬元，並請由貴州支團的朋友兌到重慶中央團部，再經上官業佑兄（時任中央團部秘書處長）給我兌到北平。一百十餘萬元的法幣，在大後方本來已經所值無幾；但在法幣一元合偽幣二百元的比例之下，到了北平，就變成了二億餘萬元。那時北平的物價尚平，我買了一幢小四合的住宅而外，還有餘錢購買幾件舊家私及為自己和妻子添製一些衣被。這是我一生自置產業的第一次。

三十四年底，我的妻小由貴州到重慶，我再度請辭中央團部的常務幹事兼青年工作管理處長；雖然仍未獲准；但我即舉家遷往北平，從此不再過問中央團部的事。記得我當時曾向朋友們說：我是自己准自己辭職的。

還到北平後，第一次住的是自己的房屋，不用再愁房租和被迫遷，孩子們也各有一個小房間，尤為高興。但住的問題雖已解決，此後既無固定的收入，生活仍須設法，與妻商量結果，由她出外從事教育工作，支持家用，妻和我結婚前，曾在中學任教，此時她的母校北平市立第一女子中學正醞釀易長，我即致函甘家馨兄，請他向北平市政府教育長王季高兄推介。市教育局正感無適當人選，即派妻為女一中校長。北平藝術專科學校校長徐悲鴻又聘妻為兼任講師，妻在兩處的薪津收入，已足維持家用，我也就在北平安居下來。半生的奔波，一時且得着休息，初時確也其樂融融。（待續）

弔念王績良先生（四）

劉裕畧

我發現拖輪公司董事長連某把我們交給他的白煤盜賣之後，我知道連某存心詐騙我們，我把這情形告訴了績良先生。績良先生對這一意外損失，並無抱怨神色，更無怨辭。他凝神貫注聽我講述經過後，反而神態輕鬆，笑嘻嘻，用幽默的口吻向我說：

「商場如戰場，兵不厭詐，商場的詐騙案很多。你還沒有做過生意，嚐嚐商場的味道也好。」跟着，他又對我說：「對於重慶商場的人事，我不很清楚，市參議員品類複雜，在想像中。但連某是著名教會的理事長，也作出這種盜賣白煤的情事，却相當的出我意外。看起來，連某已決心詐騙我們，他不會再把白煤買回來，也不會再用他的拖輪替我們把白煤運到上海去，我們交給他的運費，他也有意吞沒，不會退給我們了。為今之計，我們只有和他打官司。」

我說：「我也這樣想。」

於是，由我以利和公司總經理名義聘請了重慶市參議員李麗川律師為法律顧問，並依照當時一般做法，在重慶大公報和重慶中央日報登了啟事。準備訴訟。

在和李麗川律師研究案情的時候，由於李麗川和連某同是重慶市參議員，李對連某平日為人很清楚。他向我說，這不過是連某的一貫作風。毛病就出在你們事前太不明瞭連某這個人的情況。至於訴訟問題，據說：官司一定會贏。不過，對方一定會採取拖延的辦法，一再調查審訊的結果，最後判決，可能會在一年以後，而最可能的判決，是判令對方把我們原先交給拖輪公司的運費全部如數退還，白煤則按我們購進價格折成法幣賠償。然而，當時的法幣是在通貨膨漲情況下迅速貶值的。一年後如數退還一年前的法幣數量，所值將會大不如前，官司誠然會由我們打贏，說到實際利益則是我們大大吃虧了。

我將上述可能的結果和績良先生計議，績良先生的商場經驗比我豐富，經他考慮後，他斷然的向我說：

「我們運白煤到上海的計劃，現在只好暫時擱置。與連某的官司，也不必積極的打。因為我們的總方針，原本在於實現我們在自流井商談的一些大計劃，運白煤不過是實現我們那些大計劃的一個小步驟，大計劃固然要依靠小步驟的逐步實現才能完成，但只要能夠完成大計劃，小步驟畢竟可以修改。何況，運白煤到上海的這一小步驟，至少也已在目前行不通。因為我們不能再買白煤來托連某的公司代運，同時，我最近調查了一下，重慶的拖輪很少，能夠使人信任可以把白煤運到上海的拖輪公司很難找。所以，運白煤的計劃，便不能不暫行擱置下來；至於與連某打官司的問題，無論勝與不勝，我們都已注定吃虧，我們的大計劃要緊，白煤對我們的損失數額雖不小，但畢竟有限，我們決不可為了這一問題在重慶擱延下來。金錢的損失事小，時間和精力的浪費事大。再看：東北的戰事和北方的戰事都不好，中國的局勢，已經在不斷的變化中。為了充分估計中國的局勢，以便決定我們的大計劃如何實行，為了切實明瞭南京和上海各地的情形，以便決定運白煤到上海等計劃究竟應該如何做法。我主張我們應該把連某盜賣我們白煤的事，委托律師去辦就行了。我們兩人應該迅速到上海去觀察一切。」他最後還說：「白煤的損失，不算什麼，想必你也不會太計較它。」

績良先生的話，不但有見地，而且確具誠意與魄力，運白煤到上海的計劃，本來是我提出來的，委托連某的拖輪公司代運，也是我一手經辦的，但招受損失後，績良先生毫無怨言，已屬難得。他所提不要在重慶浪費時光，應到上海觀察的意見，尤屬可貴。至於說到損失之不在乎，則我和他的性格正相同。所以，就在民國三十七年九月，我們先後不到一個星期，便都由重慶飛到了上海。

我們在上海一直住了好幾個月，那正是國民政府改用金元券的時候。

我們初到上海時，金元券的市場價值正高，一點也沒有貶值。但隔了不久，金元券在市場上的價值便迅速的低降了，物價也起了大波動，我們旅居在上海的人，也進館子吃飯也成了問題。蔣經國由南京到上海打虎來了。但我們眼見金元券的價值及市面的波動混亂情況，並沒有挽救轉來。再看徐蚌會戰，國軍的主力不斷逐次投入戰場，一個兵團一個兵團的被中共吃掉，那一切表明不但國民政府統治下的經濟情況不妙，徐埠會戰的情勢不妙，而且全國人心浮動，許多人一則由於中了中共的宣傳毒，在期望時局大變，再則許多人更由於對現實的不滿，而轉向共產黨了。這當然都是由於無知。也正由於整個形勢愈來愈惡劣，我們本來不準備在上海停留得太久，但那一個愈來愈惡劣的情勢卻把我們吸引住了。我們不得不留在上海重新估計中國的可能變化，至於我們在自流井所商訂的一切，在這一情況下，當然無從實現。「我們今後應該如何辦呢？」績良先生問我。（未完）

聯合評論
週刊
本刊已經香港政府登記
每逢星期五出版
United Voice Weekly
第二四五號
督印人：黃宇人　總編輯：左仲平
社址九龍大埔道一六八號南亞書局 805641
承印嘉羅印刷有限公司香港灣仔馬師道5號
總代理：友聯發行公司售價每份港幣一毫
本刊美洲版總經售處美國紐約中美出版社
CHINESE - AMERICAN PRESS, INC
199 CANAL STREET.,
NEW YORK13 N. Y. U.S.A.
美洲航空版每份零售美金一角

談知識分子工作的理想與實際

李璜

近在香港出版的祖國周刊五三七號上，讀到余英時先生的「釋海外中華」一文，其文對於國家前途的考慮，可以說是見解遠大；其所標示的（一）行為要以知識為基礎，（二）學問應下忍耐的工夫，（三）環境宜於退隱，正好爭取從事文化工作的時間，我對之只有贊成，並無異言。

不過讀了余君之文以後，却引起了我感不絕於予心的對於自己過去的反省。即我們在五四前後起來的這一輩人，在五四之前，其當時見解，比之今日余君及其友人，雖較幼稚，然而當時我們都在二十一二至二十四五歲之間，其對於天下滔滔，無可與言；其對於自己知識貧乏，不敢輕言國事，怕被利用；其對於學行應互相砥礪，以漸進於高明；與今日余君所見，雖有君言深透，昔我敷淺之分，然而其立志的趨向，則大體相同，此少年中國學會之所以發起的根本原因。

「少中」發起於民國七年六月，其宗旨為：「本科學的精神，為社會的活動，以創造少年中國」。並且還標明（一）奮鬥、（二）實踐、（三）堅忍、（四）儉樸。大家相約不談更不參加現實政治，故特別在宗旨上限定活動於社會方面；並且以各自充實中西知識為急務；其無資力以安坐讀書者，則決定發起工讀互助團，以勞力所得去自活與自修。

我於民七的五月自成都到了北京，七月加入「少中」；加入後，每周一聚，大半在會友陳愚生與李守常家中，其初會員相聚不過十人，有王光祈、蘇演存、雷孝實、鄧仲澥、陳登恪、毛澤東等，會中照例除各自報告本周所讀所聞外，對於當時的政治與社會現象，則大都感到不滿，不免憤慨。

當時政治局面，正是在張勳復辟被打跑後，馮國璋繼任總統，段祺瑞召集「安福國會」，南北分裂成兩個中央尚不足，而北洋的皖直兩系又在閙分裂，據亂之局已成，而文人則依附軍人，顛倒是非，混亂政局，誇張為幻，也污濁之極！我們「少中」會友大都是青年學生，對於這種武人萬能，文人無恥，當然看不慣；人究竟是富於情感的動物，何況在血氣方剛時候，於是有某會友寫了一篇短文，主張組織暗殺團，把這些賣國殃民的無聊軍人與政客，一一殺掉。此文登在一周刊，而惹起北京警察的查究，我和陳、雷、鄧、毛諸會友，還溜去天津藏了兩天，幸這是民國十六年之前，軍閥們比較馬虎，事過即未深究。然而消息引起上海會友的警告，認為如此亂談政治，有背會旨，諄囑安心學問，為創造新的中國前途而埋頭苦幹。

我還記得，在陳愚生家中吃晚飯時，大家對上海會友的警告討論了一番。有人認為，現在是槍桿子萬能，有兵便有政權，依附軍人的文人，無論總長，議員與所謂政黨要腳，大半是滿清衙門裏的師爺地位，師爺是一切以憲台的意旨為意旨，其工作無非迎合意旨去出點計策，作些文稿，便藉此置身通顯。而且以槍桿子把持地盤的軍閥，把國家當成私產，地皮隨意去括，社會弄得烏糟；像這樣亂國賣國隨這班敗類高興，國家會弄光，則科學精神將來拿去放在何處，社會活動又從何談起！我們要當文人，不老死外國，或永藏租界，則將來大半也只好當一名大小的師爺而已！如果不想當師爺，就只有革命！——這一席話，頗引起我的革命念頭了。但不兩月，我去上海搭船赴法國留學，心情便暫時冷靜了下來。

當時我們這班「少中」會友，在北京上海，雖各自讀書，並未深入社會，但當時中國社會，特別是家族社會，各人都感到其壓力：第一，各人的家長親戚總有一根繩子把你遠遠的牽住在，他、她與他們，讓兒孫輩去北京、上海或外國去求學，其目的多半是希望兒輩安份守己，學成做官，光宗耀祖的。其次，則當時北京的「師爺」總長之流，雖其內容極為不堪，但一人得意，全家雞犬升天，不但舅子老表充斥衙門，而這類官僚政客為其老父老母祝壽，總是大唱堂會，京戲名脚會演，羣醜齊集拜賀，徹夜不休，各報競載，繪影繪聲，令我們看報要為之作三日嘔，而社會則稱道孝子賢孫不已！因是，新青年雜誌一討論到家族問題，胡適的「易卜生主義」一發表，娜拉的主張豈特影響青年女子，同時也影響到更多青年男子啊！

（下轉第二版）

畧記旅美四個月的一些實感

左舜生

八、離開紐約的前夕

從華盛頓再回紐約，我留在美國東部的時間，便只剩下整整一個星期。在這幾天的短促時間，我一切不能不作重上歸途的打算。我生平最怕處理瑣務，再加上病後的身體，還不怎樣結實，稍一動作，便感到疲勞，可是依然不能不掙扎着把一切一切料理得相當清楚。

兒子宗權，決定一月一號返回 Iowa，在他留在紐約的最後兩天，我和他在謙冲兄家裏過年，會見的朋友不少。亡友郭肇璜先生的大少爺郭錫管，他早年便已在日本的帝大畢業，專攻化學部門的釀造。當抗日勝利後，我在農林部的時候，乃請他在上海主持一所農林部附設的釀造廠。我曾嘗試過他所手造的醬油，眞是鮮潔無比。正待擴張，不幸大陸已告變色，農林部也宣告結束。他後來經過若干時期的轉徙，乃得到美國繼續深造，得有博士學位，近年在芝加哥一間工廠服務，極受歡迎。他的年齡已在四十以上，但不幸還是一位『王老五』，中國留美的女生既是求過於供，而他又無與外國女性結婚的雅意，頗感到相當的尷尬。肇璜兄當年任漢口總商會的主任秘書，實際便是該會的坐辦，其時青年黨在華中的發展，即以肇璜兄為樞紐，而一切道出漢口的青年黨員，也以肇璜兄為最重要的東道主人。這次錫管從芝加哥到紐約來看我，在新年前後暢談了好幾次，使我感到非常高興。我對他惟一的贈言，便是希望他隨時與國內外的朋友保持聯繫。

李幼椿兄伉儷的二少爺蔭長和二小姐蔭棠都在美國讀書。二小姐已與斯聽君結婚，他們的家，隔我所住的旅館相當遠，曾由斯聽開車接我到他們家裏去吃過飯。斯聽專攻的是工程，已早在美國服務，但對國內的情況非常留意，聰明與沈着，可謂兼而有之，與蔭棠眞是理想的一對，已經有了一個兩歲的孩子。我很想和斯聽再作一度長談，但我一個人無法再跑到他們的家裏去，他也每天忙於工作，僅僅與他們在謙冲兄家裏有過第二次的見面。

老友周昌雲兄，是留學德國的土壤博士，曾在農林部，我的任內，做過二十個月的常務次長，眞是一位實幹的朋友。台灣的土壤，近年已經過全部的調查，聽說也以他的力量最多。我不知道他的小姐也在美國讀書，這次在蔭棠的家裏無意中見之，而且長得那樣的美秀，眞使我喜出望外。據另一位朋友告訴我，她和斯聽的弟弟，已經有了很好的友誼，不久便可訂婚，蔭棠和她大可由朋友而變成妯娌，也眞是一件好事。

陳啟天兄的兩個兒子，克念克周，克念已在美國得了博士，這次帶着他的太太從他服務的地點畢茨堡到紐約來過年，我也和他們伉儷見過好幾次。克念笑着對我說：『左老伯，我的身體長得這樣矮小，不少的朋友很就心我不容易找到對手，但現在如何呢？』他太太的家庭，居留紐約多年，她也出生於紐約，至今還不能操國語，但體貌和態度乃完全是一位中國閨秀，而且見着老輩又那樣彬彬有禮，眞難怪他說得這樣高興。克周讀書的地方隔紐約較遠，而且也正在預備博士論文，這次可惜不曾見着。

此外：如龔從民兄的少爺，乃是我所見着的留學生中頭腦最清楚的一位，這次我前後住在紐約三個月，凡所有帶我坐地下鐵道的朋友，大抵都不免偶有錯誤，惟獨從民的這位少爺，乃有切實把握。他在哥大讀書，本屆暑假便可畢業了。

老友夏濤聲兄的少爺夏沛然，原在台北中央研究院研究中國近代史，我到紐約不久，他便從台北來參加了，韋慕庭教授所領導的哥大東亞研究院，專攻國際問題。從外表看，我覺得他的身體不算太強，而又是那樣的刻苦用功，我曾勸他身體第一，做工夫儘管從容一點。

總而言之，凡我所在美國見着我們的第二代，幾乎無一不比我們這第一代強，而且確有少數必有大成的希望，我覺得我有向國內朋友報告的必要，因此，我把他們的動向，逐一的加以敘述如上。

還有一件事令我感到歉然的：便是黃日光和陳慶雲兩兄，以及他們的兩位夫人，我却只和他們見過一次，並承他們邀我和謙冲兄在一處聚餐，後來因為彼此都很忙，便不曾有再見的機會。但他們的身體和生活情況都很好。

另有一件事更令我非常高興的，便是我留在紐約的最後幾天，乃居然見着了老友崔萬秋的夫人張君惠。當我去年九月路過東京的時候，萬秋在機場原已告訴我他的太太也正在美國旅行，但他說得不很詳細。我到紐約以後，才知道她正在 Ohio 和她的大少爺住在一塊，原來她到美國一個最主要的目的，便是去看她的兒子，並且要把他帶回東京去作短時期的休息。她和萬秋結婚是我所見着的，這二十多年以來，以我所見着朋友們的太太，每見一次必有一次的大進步，眞沒有更出崔太太之右者。原來她最歡喜的是音樂，而且是女高音的名手，後來更在日本的國立音專畢了業，這十幾年留在日本，凡日本女子所能的，如茶道，花道，以及日本和中國的料理點心等等，她幾乎無一不能，而且最難得是把他們的家庭處理得那樣井井有條，把他們的子女教育得那樣好。一九五三及一九五六我在東京見着她，還只知道她的日本話說得和日本女子一樣，這次她在 Ohio 不僅為當地一所學校舉行過大規模的音樂會，還有過好幾次用英語公開演說，當地報紙更是連篇累牘的登載，一直到她離開 Ohio 的時候，當地美國的太太小姐們，以及她臨時教過的若干學生，都望着她淚眼婆娑的惜別，問她何日再來哩！

愼矣哉！莫播仇恨的種籽！

孟戈

（一）法律不能開玩笑

五月一日美國駐台北大使館的代理大使高立夫，在紀念美國「法律日」的紀念會上說：「在我看來，我們在反共鬥爭中，必須加倍於維護自由制度的特點。在這個制度中，法律是一個主要的關鍵。……作爲反共思想鬥爭的一部份，我們每一個國家都應該設法使法律趨於完善。」這是強調「民主」「法治」與「反共」「自由」之不可分割的。

高立夫說話的地點是在自由中國的臨都台北。話中似乎有「骨」，台北官方聽來未免刺耳。不過，忠言本是逆耳的！

四天之後，台北便上演一齣好戲。

據「法新社」的電訊，一位以醫生爲業的中華民國政治家李秋遠，因五年以前，職業疏忽，誤使一名三個月大嬰孩不治，而「現在」被判罪，要受兩個月徒刑。坐牢不足爲奇，奇在該電訊說：「約有一百位台灣的人民代表，齊集法院前，送他光榮入獄服刑」。這種世所罕見的精彩鏡頭，我不知道作爲檢察官與人民間的「公証人」——在台灣所謂「司法服從國策」的法官，到底作何感想？

（二）從李秋遠談到李萬居

李秋遠的名字並不陌生。誰造成他的名氣呢？

他是非國民黨籍的省議員，國民黨政府的無智識行動常把他視同眼中釘。一向找些麻煩來打擊和糾纏他。結果呢？他不但依然以最高票數當選，而且名字竟從台灣小島傳到海外和國際間！我眞不明白，國民黨的決策人物，何其一愚至此！

人心是善良的，對弱者表同情似乎是人類的本性。壓力愈大，反作用力亦愈大。我們祇要看李萬居和李秋遠兩人，一直以最高票數當選，就知道人心，人心，人心了！

如所周知，李萬居因搞反對黨，害得他一生心血灌注的公論報落在他人手上，窮病交侵。事實上，他的不動產時值至少在二百萬元台幣以上，但抵押不出去，無人敢借錢給這位好先生。他有一個打出第一流籃球技術的兒子，貶落到「後補國選」，現在正服兵役，將來是不是准許他出國留學呢（他已考取自費留學了）？無人敢說一句「當然可以」的話。他有一位好友兼秘書張耕陽申請來港旅行永不批准，連出國的自由都成問題。但，這次的改選結果，李萬居依然是風雨不動的省議員。豈不是台灣人心故意給國民黨開玩笑麼？

李秋遠亦是如此，兩個月——六十日的徒刑，對他個人的名譽和地位不祇絲毫無損，反而會製造出更使人敬仰和更愛護的相反結局來！何必呢？

何必撒下這粒仇恨的種籽？

（三）毛澤東的最後一着棋

大陸人和台灣人本是一家人，本是同文同種的中國人。

西方的某些政治陰謀，意圖把台灣變成台灣人的「福摩薩」。毛澤東可能反對「兩個中國」，然而誰敢保証毛澤東不會承認「台灣自治」？假使西方國家以「台灣自治」換取「中共入聯合國」而向毛澤東出手講價時，你相信毛澤東一定會反對麼？如果毛澤東會反對，他何必要派大使級人物與美國大使在華沙坐下來談呢？事實上，局勢對中共愈形不利，這種政治買賣便最易成交。

好在，雙方都在「待機以動」。美國人就支持這塊「中華民國」的招牌，在聯合國裏擺在「中國」的席位上。史蒂文生說：「我們的聯合國裏不是有『中國』的代表麼？」如果，現在就把「福摩薩」的招牌代替了「中華民國」的席次，那麼，聯合國不是沒有「中國」代表了麼？中共不亦可以名正言順進入聯合國了麼？聯合國裏三四十個擁護中共的「中國」，不是隨時在大聲疾呼要聯合國安排「中國」的席位了麼？我們就長此「徼天大幸」嗎！

我們在聯合國的席位是不可靠的，靠不住的啊！

作爲一個眞正反共愛國的中國人，良知不泯，就不能亦不可漠視這個嚴重的現實和不幸的後果！

（四）禁止人民耳機聽長波

到過台灣的人——或者熟悉台灣政情的讀者，都知道台灣籍的知識份子，自來沒有地域觀念的。但因爲在大陸人與台灣人間，不幸初接收時已劃出一條明顯的痕跡。我們必須設法彌補這條裂痕，而萬萬不能讓它一天一天擴大分開，一天一天對立和仇視起來。

雷震和李萬居的反對黨，是一個最好的彌補的開端，但給愚昧無知的御用飯桶搞壞了。

雷震入獄兩年多，台灣表面上看來風平浪靜，其實，塡塞在人心裏的鬱氣，正一天一天塞滿，一日又一日的膨脹着。我們祇要看最近台灣警備司令部禁止人民用耳機聽收音機，就可証明「事出有因」了。我不相信是怕人民聽大陸的短波，有何不利的！

我們流亡了十多年，「君問歸期未有期」，台灣是中華民國反共的最後基地，我們一定要共同維護這個不沉之舟，同舟共濟。「思想」控制不了，槍桿更解決不了問題。我們必須埋葬「地域觀念」，融合台灣人與大陸人的感情。爲中華民國的復興，共同努力和奮鬥吧！但不好再去無聊的播下仇恨種籽了！

蘇加諾利用劉少奇的訪問以迫害華僑

張明

最近兩個星期，緊接着劉少奇陳毅等人到印尼作「友好」訪問之後，印尼許多地區又發生了猛烈的排華事件了。人們都很奇怪印尼何以忽然又發生排華事件？

我們曉得：印尼發生排華事件不自今日始，早在三年前就在耶加達等地發生過了。據印尼逃出來的華僑與筆者談，三年前印尼之排華，實際上也並不是對反共的華僑就排，對不反共的華僑就不排，更不是對親台的華僑就排，對親中共的華僑就不排。誠然，印尼當時表面上似乎是着重對親台華僑即反共華僑的迫害，實則印尼排華的動機政治原因少，經濟原因多。因爲三年前印尼所排的華僑並不是以他的政治態度爲標準，而是以他的財富的多寡爲尺度。所以，在三年前，在印尼的許多比較富有的華僑便都被印尼當局視作敵人加上帽子而被送進監獄，許多眞正反共但並沒有錢的華僑，則並未發生問題，那些富有的華僑之所以被印尼當局特別照顧，當然不是因爲別的，就只因爲「匹夫無罪，懷璧其罪」罷了。等到財富被勒索之後，問題當然也就沒有了。

但這是三年前的事，印尼當局對三年前的那一次的排華運動當然尚不滿意。因爲華僑的經濟勢力仍然很大，有錢的華僑仍然很多，再加上印尼表面上與中共友好，召致了許多華僑表面上的左傾，印尼當局亦不願中共在印尼華僑的影響力太大，所以，無論爲了對付有錢的華僑，抑或爲了對付太囂張的左傾華僑，印尼又欲有所動作。

在印尼當局看來，劉少奇陳毅這一次前往訪問印尼之後，正是印尼排華的好機會。因爲印尼與現在台北的中華民國政府無邦交，則無論印尼當局怎樣勒索和怎樣迫害有錢的華僑或反共的華僑，印尼都可以不理，台北當局除口頭上或文字上表示支援以外，亦無其他確切辦法。印尼當局對中共雖稍有顧慮，但印尼當局看穿了中共要在東南亞各地攪國際統戰的野心，又看穿了中共與印度埃及等亞非國家交惡後，只得極力爭取印尼。於是，印尼當局就利用劉少奇陳毅等人訪問印尼時所表現的友好姿態，等劉少奇陳毅前脚一走，印尼就立刻進行排華。看穿中共決不敢在劉少奇陳毅等人前往訪問之後，立刻就向印尼提出抗議。所以，我們可以說，印尼這一次排華，傾右的傾左的華僑都被迫害，決不偶然，實皆由於劉少奇的「友好」訪問所促成。到今天台北方面認爲印尼這一次排華是共黨在作祟，那是只見一面未見全面之辭，蘇加諾與中共及海隅左報認爲印尼這次排華完全出於印尼的右派，當然更是胡說八道了。劉少奇及中共對印尼故作友好的統戰政策，是印尼這一次排華的眞正引火線才是眞的。

談知識分子工作的理想與實際

李璜

（上接第一版）

因之，我感到後來（民十以後）中國青年黨人提倡國家主義，明標打倒家族主義與部落思想，要引國人走上國家生活的道路；毛澤東要反封建，以及輕視文人，而竟自走上階級鬥爭的道路，其植根都在彼時二十三四歲左右對中國家族社會生活的厭惡情緒。

這段話扯得太遠了，非短文所能容許這樣談天式的寫下去。現在來扼要的談一下余英時先生文中「上學下達」這一點。因爲我們這一輩知識分子，學識不够，便言救國，雖苦鬥了四十年，然而國愈救而愈糟，直至年來大陸上有「率獸食人」的情況，或者我們的毛病，直如余先生所說上學而未能下達罷！

談到這裏，我對於共產黨的「以量變質」，另有一解，就是說，以量而言，乃是中國農人佔百分之八十幾；因之，中國社會的底質是在這百分之八十的農人身上，而並不在都市中一般社會人士與青年學生身上。如果中國這百分之八十的農村中人還是老守着委心任運，聽憑狡黠者流牽着鼻子走，無論軍閥與黨棍，都一律認爲「眞命人主」，這便足以使軍閥或黨棍永遠會稱心如意的施其詭計，謀財害命的去把持着中國的地盤，少數人雖明白，當然莫之如何的！

因是，上學而要言下達，則下達必須到達農村，把胡適之所謂的中國多數人的貧、弱、愚等五鬼驅走，然後問題方得解決，中國始能得救。在這一見地下的實行家，我覺得梁漱溟與晏陽初兩位的決心與毅力還足以稱道。梁漱溟本是一個寬袍緩帶、好學深思的中國式學者，他乃能發心去從事鄉村建設工作；晏陽初算是中國很少見的留美學生，自己募集美金，去深入中國農村與辦農民識字運動，生活改良。然而梁晏兩先生的苦心孤詣，終爲軍閥地盤思想所局限，築室沙灘，難禁風雨！今則兩位雖尚健在，而且都尚堅持其見地，但一則爲毛澤東所臭罵，一則只好去爲非律濱鄉下人工作了啊！

因之，本着我們今日已在六十歲左右這一代人的半生苦鬥經驗，我們必須先有一個不只是槍桿子稱雄獨霸的地盤，至少尚能容許我們做下達於多數人民的工夫，解除貧、愚、弱的多數問題，然後中國方能得救。否則便只有學顧炎武的「博學於文，行已有恥」，以待後人。然而這要到三百年後，民族大義始彰；三百年中，吾民苦矣！

共產新教的鐘聲

胡越

當一九八五年四月南共在臘梳琉會議通過了新黨綱，在莫斯科以外，建立了一個新的共黨理論，到今天已經五年了。起初對南共的新黨綱曾遭受蘇俄及其衛星共黨的嚴厲抨擊。認爲是背離馬列主義的無恥墮落。更被中共駡爲修正主義。可是不久反對的聲浪就消沉了，並且繼之以外交親善，蘇俄及東歐國家亦步亦趨的傾向修正主義。截至今年二月狄托訪問莫斯科，赫魯曉夫予以最熱烈的招待，並且公開聲明南共是社會主義國家。從意共及法共的言論表現來看，它們對修正主義更爲入迷。証明南共的修正主義在歐洲已取得完全的勝利。

四月七日南斯拉夫通過了新憲法，值得注意的變革有左列各項：

一、更改國名，把南斯拉夫人民共和國，改爲南斯拉夫社會主義聯邦共和國。人民民主共和國是史大林時代，對蘇俄以外共產國家特定的稱號，除了蘇俄是不准稱社會主義共和國的。以此來顯赫蘇俄的崇高和尊嚴。直到今天中共仍不敢僭越，雖然實行了人民公社，在經濟體際上比蘇俄更跨進了一步，可是還稱爲人民民主共和國。現在南斯拉夫改稱社會主義共和國，乃是將史大林主義最後的遺痕徹底抹去。是有歷史意義的。

二、規定南斯拉夫是一個「勞動人民社會主義聯邦共同體」，在共同體內的人民，都是自由平等的。已沒有階級對立，已無須强調工人階級的主導作用。而無異是取消了無產階級專政。這與一九六一年俄共大會，宣稱加强社會主義民主，廢除無產階級專政，是異曲同工的。中共對這一點最痛心了。因爲它遠遠的落在後面，還死抱着腐朽的階級專政招牌。它駡取銷無產階級專政是修正主義，是不通的。因爲根據馬克斯主義的規定，一經消滅了社會階級，階級專政也應該跟着消失。

三、農民可私有耕地十公頃（約合一百五十畝），並可僱請他人幫工。這一點南共表現了極大的勇氣，確立對馬克斯主義一極大的原則。據我們看，這一修正是根據四十多年來共產主義農業生產的經驗，而得到的眞知灼見。直到現在，沒有一個共產國家的農產不失敗的，集體化成份愈大，失敗愈慘。蘇俄目前正徘徊在進一步加强集體化或者退一步擴大農民私有土地面積，非如此不能解決糧食危機。別看中共嘴硬，在一九六一年春實行的「整社」運動，主要還是發還一畝自留地，也不是向私有制乞靈。要知道私有制的根子深植在人性中，誰碰這條根子，誰就要頭破血出！

四、人民可以建立「勞動組織」，經營企業，有自治權，可自由支配物資，有權雇人。這無異是開放民營企業了。雖然在經營範圍上仍必受限制，但是這已對人民提供了廣闊的經濟活動園地。與一切公有公營的原則大不相同了。這也是很實際的改革，因爲經濟活動像水一樣是無孔不入，瞬息萬變的，不可能由一個黨以一個硬性計劃來控制。應該把機會和條件給每個有才能的人，隨時隨地運營繁殖，才能做物盡其用，貨暢其流。中共之調整工商業，也是恢復都市的小商小販小工業，目的也在繁榮生產。只是南共把它正式定爲制度，而中共只是戰略性的手段。可是如果脫不掉這個手段，則手段就客觀化爲制度了。中共駡此爲修正主義，罪大惡極，我們認爲是色厲內荏。

五、在對外政策上，主張同一切國家進行政治、經濟和文化的合作。並自稱是「開放性的共同體」。這一點表現了獨立自主的外交精神，把美帝和共產兄弟國家一視同仁，這點對中共來說最惹火了。

從南斯拉夫的新憲法，我們看出來，修正主義正大踏步邁進。雖然以民主的尺度來衡量，還似驢非馬，但是就一個共產國家來說，能有這樣大幅度的改革，不能不說是石破天驚了。南共是共黨新教的策源地，南國的新憲法，是共黨新教敲響的鐘聲。這鐘聲不但震蕩着東歐共產國家，震蕩着全世界共產主義者的心靈，同時也震蕩着人類的歷史。

二次世界大戰後，自由世界與共產集團的對壘，是一場決定人類命運的拔河賽。如果各走極端，訴諸武力，將是毀滅的慘禍。即使不發生核子戰，如此緊張對立消耗下去，阻碍人類康樂幸福的進展，其損失也是不可估量的。修正主義的出現，使自由世界與共產集團之間架起了一道橋樑。對於增進了解、交流文化、消弭緊張都有絕大貢獻，使世界和平有了希望。

同時修正主義，使共產國家習染自由的文明，有如中國歷史上那些入主的蠻族，効習漢文化一樣，這是共產國家人民緩慢解放的一條途徑，也是世界大同應有的步驟。

現在唯有中共，是違逆世界進化，仍迷信鐵血主義，狂熱世界革命。其實毛共不過是特號大阿Q而已。今天西方國家所以對中共有些顧忌，不過是投鼠忌器，還是看在蘇俄的面上，因爲蘇俄的核子飛彈可以毀滅西方。

中共今天連蘇聯和西方一齊反，看起來好像無比英雄，其實是狗仗人勢，它自己還不察覺！某些在外國受了洋氣的華冑子孫，每好藉中共的蠻威來挺胸膛，這等於靠義和團來打洋人，同樣是可笑與可哭的！

幾年前某些歐洲的新黃禍論者曾說過：將來終有一天，蘇俄會與西方連在一起抵抗中共侵畧。當時以爲這只是聳人聽聞的噱頭。尤其抵抗中共侵畧一點，未免太誇張。但是現在看起來，蘇俄與美國日趨接近，與中共則仇火日張，這確是事實。說中共能對西方和蘇俄發動侵畧，倒是瞎說，因爲中共正害肚子疼，毛澤東自己在小腹上插了三把紅旗刀，看樣子他已舉步維艱了。他還侵畧甚麼？不過，請西方人士聽着，將來無論是誰執掌中國政權，黑龍江以北被帝俄搶去的廣大土地，外蒙古，以及新疆被奪去的土地，都必須歸還中國。那不是侵畧，而是收復失地。

研究、宣傳、組織、和行動

孫寶剛

這幾天接到幾位尚未見過面的朋友來信，他們認爲我寫的理論體系太空泛而不切實際。又問我反共是目的還是手段。他們更認爲今天要革命、要幹、要立即不顧生命地去幹。這幾點意見頗有意思，有討論的價值的。

第一點我要答覆：反共是一個手段，並不是目的。我們的目的應該是建國，即是說，應把中國建成一個怎樣的社會。我所以寫理論體系就是想給中國畫一個藍圖，表示在我的瞭解中，中國的政治、經濟、文化、和社會等要這樣做，才能使最大多數的人獲得幸福，也可以說，才能使中國人獲得最大量的幸福。不過今天能不能馬上照我的藍圖去做呢？當然不可能。因爲在大陸上有共黨把持着政權，他們正在做着他們的一套，而他們的一套，是基本上和我們不相同，甚至相反的，所以我們不得不反共，把共黨的政權打倒了，且使我們可以執政，才能把我們的藍圖一一實施。由此可知，反共是手段而不是目的。我們的目的是在使中國人獲得最大量的幸福。

今天應當去革命、去幹、去不顧生命地幹，我非常同意。不過所謂革命和幹，在我想來，不一定是拿了手榴彈，去大陸做特務工作，或是打游擊的意思。革命和幹是千頭萬緒的。許多人衝鋒陷陣，犧牲生命，固是在革命、在幹，另方面鞠躬盡瘁，死而後已的人們，也是在革命、在幹，但是他們可能是些文人，手無握鷄之力，他們非特沒有上過戰場，也許沒有聽過炮聲，更也許他們已經患了肺病等等，身體已經相當孱弱，可是他們仍舊力疾從公在草宣傳稿，在草計劃書，以至於死。

至於我所寫的理論體系，有些空泛和不切實際。這句話要看怎樣說。理論這個東西，在一些實幹的人看來，似乎是空泛而不切實際的。因爲它祇有給你一個方向，並沒有詳細的規定你一步一趨的辦法。不過這是一般的常例。必定先有了理論體系，即有了一個方向，才可更進一步演繹出一整套的政綱政策。再在國家的立法機構中，依照這套政綱政策，制定一套法律和條例，然後由行政機構依據了這套法律和條例，訓練一批去實施這套法律條例的人員，設立機構，確定經費，最後才能規定行動的辦法和方法出來，到那時才能不空泛，才能很實際的把這套理論體系付之實施。

以往新社會雜誌社曾經翻譯過英國、奧國、德國和法國社會黨的理論體系，在實幹的人看來，也許認爲也都是空泛而不切實際的。我前幾天看了法國社會黨公佈的基本政綱（本月底新社會雜誌上有譯文）也是屬於這一類的。它在開頭的序言中就說：李旺勃郎的「原則宣言」還是基本教條之一，社會黨至今還是遵守着的。這個宣言指示了永久的目的，而授權給全國代表大會，依乎時代的實情而經常地修正其活動。

我相信，如能體驗這幾句話和上面說的一節話，便知道理論體系似乎空泛而絕不空泛的，似乎不切實際而必須切合實際的一套理論。

我常常提醒人們，民主政治即是政黨政治，所以相信民主政黨而不願參加政黨或不敢組織政黨，這個人並沒有眞正信仰民主政治。但要組織一個政黨，必先有一套理論體系。這就是指示給人以這個政黨的行動方向。否則誰來相信你這個政黨而來參加，你也何以見信於人？有了這個理論體系，人們才能判定，你這套理論體系是否適合時代，是否值得贊助或支援。這是組織政黨的先決條件，但是上面也已說過，理論體系祇給予一個方向，所以在政黨成立之後，應當繼續研究，怎樣依據這套理論體系來起草各種政策，而時代又在一年年的演變，即使已經起草好的政策，也同時時加以修正，所以一個政黨內的研究部門是須經常設立，它一年四季在搜集資料，觀察時代的演變，提供新的政策，或修正舊的政策的意見，以待黨的全國代表大會時政策的決定。

但是這些意見和資料一定要經常宣傳，使國人都知道，國人也提出反映的意見，經常的討論和修正，才使那個黨的全國代表大會的代表眞正知道國人的傾向，不會作出不合人心的決定來。反之那個黨作了決定以後，全國贊成的人們也會立即加以支持。於是黨的組織工作才能展開。那個黨才能形成一個力量，才可以作政治的鬥爭，以便獲取政權。

現在的許多人，往往注意於上文所說的最後一段的政治鬥爭，而忽畧了在達成政治鬥爭以前的許多準備階段。所以中國在這幾十年來，除了國共兩黨以外，始終沒有產生出一個有力的政黨來。

依照各國的政黨運動史，政治在古時祇是貴族們玩的一套把戲，到後來才有知識份子參加，但知識份子祇是貴族的幫兇，所 [illegible]，不是宮廷的政變，便是知識份子擁護了一個人打天下，這當然都不是民主政治，一直到了平民也參加了政治，才有現代的政治，才可能有民主政治。但是要平民參加政治，一定要有理論體系，一定要有宣傳機構，也一定要有組織。否則一般平民怎知道你葫蘆裏賣的什麼藥而參加呢？並且平民的數量較大，沒有良好的組織，怎可以使全黨的行動井井有條呢？

我看這幾十年來中國的政治，還是沒有超越過知識份子替貴族幫兇的政治鬥爭階段。一羣知識份子拿一兩個已經成名的人物，或以前國民黨，甚至北京政府的大官做中心，不講理論，不講組織，便信口反對這個，反對那個。這怎麼可以使民主政治在中國生根呢？充其量產生了幾個新的官僚而已。

我希望眞正想中國民主化的人們，今天該有一個覺悟了。

王震被刑訊案的風波

監委調查報告：一、移送警總偵查，於法無據，但有例可援　二、警總偵查王震，難謂刑求，但有刑責　三、王震打偵訊人，查有事實據，但事出有因

見微

（台北通訊）鬧得滿天風雨的王震被刑求成傷案。監察委員陶百川、衛權兩人經過八天的實地調查，已於五月七日提出一份一萬五千言的書面報告，並經監察院院會決議予以發表。據調查報告：台灣高等檢查處發現有贓款一百七十萬元在王震手中，而該處又因各檢察官平日辦案負荷太重，辦案經費支絀，科學偵查設備闕如，為期公平周密及便於追查鉅額贓款，乃依調度司法警察條例第六條之規定，函請省警備總司令部協助偵查。調查報告指出調度司法警察條例第二第三兩條對於協助推檢執行偵查職務之司法警察官曾有列舉，保安機關及警備機關均不在內，高檢處偵查王震涉嫌瀆職案為時幾及一月，忽移交警總偵查，殊屬措施乖張；但按之事實，則過去，尚有類此案件多宗，曾由檢察處移送警總偵查，故亦有例可援。

至於王震受傷部份，據王震稱，是受刑求所致。警總官員則說：因王震出手打傷該部偵訊人員李彬如中校後，自己亂撞亂踢，以致造成手足等處之擦傷。調查報告認為可能是警總人員為王震釘鐐時，將王按倒於地，並用腳踏住其膝後屈側所造成，自不能謂為刑求，但有刑責。關於王震與李中校互指對方出手打人部份，調查報告認為王震曾出手打李彬如乃屬事實；但究竟是王先打李，抑王先被李打耳光後，才還手，一時無法查證，李既提告訴，應由法院詳查認定。調查報告最後提出防止刑求的建議四項：

（一）警備總部軍法審判及偵查之事物管轄範圍業已有所限制。但警總保安處及遊動查緝組究竟有無司法警察官之職權，究竟可否自行偵查或協助偵查一般刑事案件，似應迅予澄清。

（二）刑求之說通常來自司法警察機關，而司法警察機關之所以有刑求之機會，最大原因為司法警察機關有權羈留刑事被告超過二十四小時乃至數日數十日之久，此項權源來自台灣省檢察官與司法警察機關辦理刑事案件聯繫實施要點。依憲法第八條保障人民身體自由之精神：「非由法院依法定程序不得審問處罰，非依法定程序之逮捕拘禁審問處罰，得拒絕之。」該項實施要點之各項規定，包括刑事被告之偵訊與移請協助偵查以及檢察官之駐局偵查等均與憲法抵觸。

（三）憲法關於刑事被告應於二十四小時內移送法院審問之規定，所以不能貫徹，係因較為重大之案件，司法警察官署不克於二十四小時內追究共犯追查贓物或與共犯或證人為必要之對質，為求人身自由及破案效率可以兼顧，而檢察處負責偵查人員必須增加，各種科學設備必須增置，經費自須寬籌。

（四）對於非司法機關之拘禁或羈押，吾國本有提審法，可資救濟。過去法院對於羈押之是否合法，及移送之是否如期，多不依法追究，故提審制之收效不宏。今後為杜刑求，必須厲行提審，擬請本院再作調查，以便糾正。

監察院院會聆聽陶、衛兩委員的報告後，即決議交內政、國防、司法三委員會研究處理辦法。三委員會於十四日舉行聯席會議，決定各推三人會同原調查人成立專案小組，並限於五月底以前提出報告。葉時修委員在聯席會議中指出：王震被移送警總是否合法，調查報告未作確定性的認定；但他認為「特種刑事訴訟條例既經廢止，則司法院依據該條例所作的判例自同時失效，因此，高檢處將王震移送警總偵查是於法無據的。至於調查報告說：有例可援，但惡例絕不可援引。他又說：羈押法規定羈押時間不得超過二十四小時，但一些機關一再延長羈押時間，已積重難返。他認為即此兩項已足構成糾彈的條件。

王文光委員則說：警總破獲若干大案，並未依靠刑求。警總對國家社會的功績不可磨滅。他認為毛病出在上級限期破案。有些人寧願違法而不願失職，故有刑求的事發生。監察院對刑求曾經提案糾正，但鮮有效果，他主張今後對防止刑求，應研究一個有效的辦法。

王冠吾委員則同意王文光委員的意見，他認為法律有漏洞，監察院應以最大的努力，設法將與憲法抵觸的檢警聯繫辦法一類的惡法予以廢止，才可望根絕刑求。

出席聯席會議的委員尚有多人發言，討論結果，決定專案小組的任務包括：（一）對王案失職的官員如何提出糾彈；（二）對與憲法抵觸的若干行政命令如何提出糾正。

立委促鄭彥棻有所自處

立法院司法委員會對王震案已進行質詢兩次。本月十三日又繼續質詢，發言的委員均認為高等法院首席檢察官夏惟上引用業經廢止的法例將王震移交警總，實屬違法失職，司法行政部應予懲處。張予揚委員更指出：法官破壞司法制度，司法獨立已受到嚴重的損害，司法行政部長對高等檢察處負有指揮監督之責，不能對此事推得一乾二淨，他認為鄭彥棻應表現政治家應有的風度，有所自處，庶可挽救司法的尊嚴。張委員說：上台下台應是很平常的事。

鄧翔宇委員則強調：高檢處以王震案情節重大複雜，故將王震移送警總偵查，鄭彥棻在上次會議中答覆立委的質詢時亦說法院方面因人手不足，設備不夠，故請警總協助，果屬如此，法院豈不是成了「簡易法院」？祇能辦理一些簡單的案件？他認為鄭彥棻居然也有這種觀念，實在不可原諒。

宋述樵委員則提出書面質詢，對夏惟上答覆監察院陶、衛兩委員謂「依司法院三十三年二七八八號解釋，警總對於本案之協助係屬於司法警察官之地位，並非以軍法機關之身分偵辦」一節，至為駭異，查該解釋原文為：「各省區保安司令部及各地衛戍或警備司令部之職掌，均核與特種刑事案件訴訟條例第三條所稱司法警察官署之資格相當」此係解釋該條例第三條之規定，現該條例早於民國四十三年廢止，則該解釋自亦隨同失效，是則警總已不具司法警察官署之資格，今若仍引用此廢止失效的法例，顯屬違法。但此情形，將使凡屬刑事案件皆有劃歸軍法偵辦之危險，紊亂法治系統，妨害人權保障，實為嚴重問題，究竟有無其他合法根據？特提質詢，請予答覆」。

李公權委員質詢時，先希望不要因刑訊便把王震的貪污案掩蓋過去，但也不應因為貪污使用刑求。他指出：（一）雖然檢查一體，但應有級別，本案一開始便越過地檢處而由司法行政部指定高等法院檢察處直接辦理，是一件史無前例的不正常的事。（二）為了王震案有地檢處檢察官二十餘人集體向鄭彥棻請願，也是史無前例的事。（三）高檢處辦理本案不報告最高檢察處，卻直接向司法行政部請示。也是很不平常的事。他認為事情發展至此，責任誰屬，政府應有明確表示。依據陶、衛兩位監委的調查報告，省警務處原向高檢處請求借提王震與王琪等查證，業經夏首席批可，何以以後竟將王震移送警總？顯見此中別有原因。夏首席在今日十目所視，十手所指之下，其違法失職之咎，實無可辭，倘若他的所為，是經過鄭彥棻的指示或認可，則鄭也應引咎。最後他又說：「政治家應有政治家的風度，凡事是就應說是，非就應說非，知就應說知，不知就應說不知。如果強不是為是，強不知為知，除了自我暴露弱點之外，實在沒有什麼好處。」

此外，尚有立委多人要求發言，因時間關係，定期繼續質詢。

王震控告鄭彥棻夏惟上

台北地方法院檢察官陳劍芳於四月二十七晚偕同法醫到該院看守所為王震驗傷時，王震曾向她口頭控訴鄭彥棻、夏惟上和李中校等三人，但陳檢察官尚未進行偵查。

台灣簡訊

志清

一、立法懲貪條例草案又遇難關

已故立委林樹藝於前年夏天所提的懲治貪污條例草案，經社會輿論的督促，總算在冷藏一年之後，復於去夏提出院會討論，又經過若干次的波折，才得免強進二讀的階段。並經院會決定交司法委員會整理第四條以下的條文，再提付討論。本月十四日該會召集人溫士源向院會報告說：由於該會各委員對第二條所列適用對象「依據法令從事公務之人員」一項，解釋不一，以致其餘條文無法進行整理，乃將原案送回院會。所謂解釋不一，即是若干為當權派「護航」的立委，認為黨務工作人員，不在「依據法令從事公務之人員」以內；而主張正義的委員則認為所謂依據法令從事公務之人員，正是指的黨務人員。因為今日的台灣的大貪污案多與國民黨工作人員有關。台北市長黃啟瑞貪污數百萬元，就是為了籌還競選費用；嘉義市長蘇玉衡虧空公款數百萬元，其主要的原因也在於酬答協助他競選的黨務人員。回憶本案提出之初，當權派曾決定使其胎死腹中，繼因輿論激昂，乃採取拖延政策，不料主持正義的若干委員反而將黨務人員列入適用的對象之一，他們便發動「護航隊」，務予打銷。結果，始將黨務人員一項改為依據法令從事公務之人員；但文字雖有變動，立法的意旨仍指的是黨務人員。當權派故又指示「護航隊」在司法委員會整理條文時，故作歪曲的解釋，藉使該會無法達成任務。

院會聆聽溫委員的報告後，又有立委多人發表意見，但仍未獲結論，將於下次會議繼續討論。看情形，本案的前途仍是困難重重的。

二、外滙政策朝令夕改，工廠不堪損失，機器同業公會提出指責

台灣區機器業同業公會，以外滙政策朝令夕改，使生產工廠蒙受莫大損失，決向外貿會提出建議，請對外滙政策上的法令規章之頒佈，宜事前廣納民意，並妥為週詳考慮，既經頒佈之後，即不應隨意變動或推翻。

據該會稱：此次政府對七類工業進口零件限用登記外滙之宣佈試辦六個月，由於登記外滙可以轉讓，可以鼓勵電工器材及鋼鐵機器製品的外銷，工業界已大量對外報價或接受訂貨，詎料為時不及兩個月，外貿會又突然頒佈補充規定，使限用登記外滙辦法名存實亡，不僅以高價購進登記外滙申請進口零件者加重了生產成本，而且照轉讓登記外滙價格每美元七至十元計算外銷成本，接受國外訂貨者，亦將遭受損失而引起無法交貨，影響國際貿易信譽，將窒塞外銷前途。尤其是補充規定內之「專案申請核配政府外滙」，易滋弊端，殊非一般努力推展外銷之廠商所敢望及者，如過去小型汽油引擎與機器脚踏車之管制進口而使省內機車工廠蓬勃興盛，可是一旦解除管制，則十餘家機車工廠相繼倒閉，其他小型馬達之開放進口與限制地區等先例不勝枚舉，對工業界造成損失匪淺。

三、警察竟將事主與竊盜同拷，竊犯當場殺死事主逃逸

雲林前任縣長吳東徽住宅於本月三日凌晨發現小偷入屋行竊，其侄吳光顯報警追捕，卒將竊犯鄧紀雲捕獲。警員乃將吳與鄧同銬，據說乃出於吳的自願，準備帶返派出所。但因吳被銬的是右手，而竊犯被銬的則是左手，竊犯以右手抽出預藏的小刀刺入吳的左上胸，吳頓即畢死，竊犯並掙脫手銬逃逸。兩名在旁的警員措手不及，祇得跑回警所請援，終於凌晨六時許再將竊犯捕獲。

死者的胞兄吳光遠對此非常憤慨，他向新聞記者說：「為什麼不把竊盜犯雙手一道銬好？為什麼加銬之前不搜索疑犯身上是否攜有兇器？為什麼不銬竊盜犯右手，而反把我弟弟右手銬起來？」他認為乃弟被竊犯殺死在路上，而且有兩名警員在旁，實在死得太冤枉了。他要警方追查此事的責任問題，但警方則解釋為偶然的不幸。

毛澤東惟恐共軍發生動搖

新頒政治工作條例規定以毛澤東思想建軍

劉裕畧

在共軍中着重進行政治工作，本來是中共軍隊的一貫作風。所以，中共中央一直在各級共軍中一律設有政委外，並設有政治部主任及政治指導員。且毛澤東一向把政委在共軍中的地位提得很高，除作戰指揮外，各級軍隊均唯政委之命是聽。但這一種制度雖在中共武裝暴動過程中起過重大作用，到近年，由於中共改弦易轍，另建新的所謂現代化共軍，所以，新的共軍已早有朱可夫式反黨領黨反政領導的思想在普遍發展。反毛澤東軍事思想的思想亦在潛滋暗長，此點，中共解放軍報迭有透露，我在本報亦迭有評述。茲者由於大陸人民普遍吃不飽穿不暖，業已影响共軍之士氣與軍心，加以毛澤東與赫魯曉夫之個人權利衝突之發展，迄未調協，毛澤東原是一個靠軍隊起家且極重視軍隊的人，所以，毛澤東惟恐禍生肘腋，惟恐新建共軍發生動搖與反叛，除整肅可疑份子外，乃不斷用各種方法對共軍加强控制。中共中央於本年三月二十七日新頒的「中國人民解放軍政治工作條例」，正是毛澤東加緊掌握共軍的又一措施。

據五月八日中共解放軍報發表的社論說這一新頒的政治工作條例的基本精神和主要內容共分四點：

「一、政治工作條例自始至終貫徹了毛澤東思想，明確的指出了毛澤東思想是中國人民革命和社會主義建設的指針，也是解放軍建設和政治工作的指針。

「二、政治工作條例闡明了黨對軍隊的絕對領導的原則，規定了軍隊必須實行黨委員會制度、政治委員制度和政治工作制度。

「三、政治工作條例闡明了解放軍政治工作的方向，規定了政治工作的基本任務和主要內容。

「四、政治工作條例規定了解放軍政治工作必須發揚黨的工作作風，貫徹執行羣衆路線。」

這都可以說是毛澤東正在進一步加强他對共軍的控制的明証。

大陸簡訊

藍星

劉少奇加緊勾結胡志明

繼訪問印尼、緬甸、高棉之後，劉少奇又到北越作了訪問。從訪問的次序講，北越雖是劉少奇這次出訪的最後一個，但從意義上講，却是最大的一個，因爲劉少奇此次訪問印尼、緬甸、高棉三國之主要目的，旨在加强中共對東南亞的統戰活動，以爲中共對東南亞地區的未來侵畧及顛覆活動舖路，而劉少奇此次訪問越南，則除了加强北越南越以及寮國的武裝活動外，更具有進一步勾結北越共黨，從事反對赫魯曉夫的用意在內。所以，劉少奇這一次訪問北越，既冒充他是中國的主人翁，又以同志之禮相見。

劉少奇到達河內後，曾發表長篇講演暗責蘇聯，並大談共國際主義原則，都是針對赫魯曉夫而發，據河內五月十二日中共新華社電：劉少奇曾於十二日晚設宴邀請「越南民主共和國主席、越南勞動黨中央委員會主席胡志明。應邀出席的還有越南勞動黨中央委員會第一書記黎筍、政治局委員長征、范雄、武元甲、黎德壽、阮維楨、黎清毅、政治局候補委員文進勇、書記處書記素友、黎文良，越南共和國副主席孫德勝，外交部長春水，外交部禮賓司司長阮越勇，越中友好協會會長黃國越，越南駐華大使陳子平及夫人」。中共方面出席的，據新華社說，則有國務院副總理兼外交部長、中國共產黨中央委員會政治局委員陳毅元帥、國家計劃委員會副主任、中國共產黨中央委員會候補委員方毅，外交部副部長黃鎮，外交部助理喬冠華，總理辦公室副主任羅青天，外交部禮賓司司長俞沛文。出席宴會的還有劉少奇主席夫人王光美，陳毅元帥夫人張茜，中國駐越南大使朱其文和夫人，中國駐越南經濟代表處代表曹言行」。

足見中共極力想要拉攏北越之一般。

中共輪船首次航抵阿爾巴尼亞

儘管由中國大陸到阿爾巴尼亞的路程是異常遙遠，儘管中共自己物資奇缺，中共遠洋輪船稀少，但爲了勾結阿爾巴尼亞的共黨領導人霍查與謝胡以加强反對赫魯曉夫，毛澤東仍不顧一切命令中共派遠洋貨輪載運物資去救濟阿爾巴尼亞。

據中共新華社地拉那五月十一日電：「中國遠洋運輸公司貨輪星火號最近第一次載運貨物抵達阿爾巴尼亞都拉斯港口。十日下午，星火號船長陸治定在船上舉行了招待會。阿爾巴尼亞勞動黨都拉斯區委第一書記波查伊，區執委會主席維里加和港務局負責同志等應邀出席了招待會。中國駐阿爾巴尼亞大使館商務參贊李鳴山、商務專員孫吉玉也出席了招待會。

新華社又說「在這個充滿親切友誼的招待會上，波查伊和陸治定先後講了話。會上賓主一再爲兩國遠洋事業的發展，爲兩國人民之間的友誼，爲兩國人民的領袖毛澤東和霍查的健康乾杯。星火號輪船抵達都拉斯港口後，全體船員受到當地黨政負責人的熱烈接待，船員們並參觀了都拉斯城」云。

中共蘇共訂七月五日舉行會談

爲了試探中蘇共黨因赫毛個人權利衝突而帶來的矛盾與分裂能否解決，中共與蘇共現已商定七月五日在莫斯科舉行會談。

中共派出之會談代表已經中共正式宣佈爲中共中央總書記鄧小平及中共中央政治局委員彭眞，按此二人均係擁護毛澤東之死硬派。蘇共前曾致函中共，希望中共派出代表於五月十五日在莫斯科會談。隨後中共答覆蘇共，願於六月十五日派鄧小平彭眞爲代表到莫斯科會談。茲據中共「中國新聞社」五月十四日北平電：「五月十四日，中共中央書記處候補書記楊尚昆接見了蘇聯駐華大使契爾沃年科，就有關中蘇兩黨會談時間問題進行了談話。楊尚昆請契爾沃年科轉告蘇共中央，中共中央同意由契爾沃年科於五月十一日向楊尚昆轉告的蘇共中央的建議，即將中蘇兩黨雙邊會談的日期改爲七月五日在莫斯科舉行。接見時在座的尚有中共中央委員伍修權」云。

僑鄉近訊

鍾之奇

閩粵大專學生一律被迫下鄉勞動

茲據廣州來人談，中共中央已令粵閩兩省共幹，將閩粵兩省各大專學校之學生，一律强迫分派到各農村人民公社去集體勞動。故日來粵共正在實施此一命令。

再北平出版的五月四日光明日報消息，說北平方面，已有四十七所高等學校及二百餘間中學之學生，其中包括清華大學，北京大學等在內，已由北平市中共教育局從一安排，分別被派往「南郊」、「南口」、「雙橋」、「蘆溝橋」、「東北旺」等農場和「南苑公社」參加農業勞動。光明日報說：「今年安排大、中學生參加農業勞動的唯一特點，是要提高學生勞動的質量和加强勞動中的思想教育，即藉加强勞動的强度來改造學生的思想」云。光明日報所謂「安排大」，正是這一强迫下鄉勞動的辦法。係由中共命令大陸各地普遍實行的一種說明。也就說明，廣州來客所談粵共强迫學生下鄉的事情絕不偶然。

閩共加緊强迫收購優質茶葉

中共雖然一向打着反封建的口號，實則中共的作風，較之皇帝的封建辦法還更甚。在中國以往的歷史皇朝中，各地之優良出產中之最上品才常被地方官員拿去進貢，進貢的數量極少，大部分產品則留在民間，今中共則不然，各地較優產品，則一律被中共强迫收購已去，留下的只是最劣等的貨物。今年福建出產的茶葉較多，但二級以上的較優茶葉，却都被中共用低價强購了。

據中共新華社福州五月十三日電訊說：「福建省今年茶樹長勢較好，茶葉可望增產。各地採摘的春茶，一般質量比較好，目前，各地收購的茶葉，二級以上的優質茶約佔百分之九十五以上。茶葉產量佔全省三分之二的福安專區，去年採摘秋茶後，及時封園，……一些名茶產區，還開辦了訓練班」，以求增產，從而利便外銷，以增加中共之外滙收入云。

莆田枇杷全被强迫收購

福建莆田縣的枇杷產量甚高，但農民辛苦種育的結果，却全被中共强迫收購了去。中共把這些枇杷有的運到香港及海外其他地區，直接購取外滙，有的則於收購後移交福州罐頭廠及厦門罐頭廠，以便製成罐頭後取外滙。對此，中共「中國新聞社」五月十日曾有報導說：「盛產枇杷的莆田縣，立夏以前，一千多畝枇杷樹掛滿金色果子，採果進入大忙。從四月底起，枇杷新果源源上市。荔枝和涵江兩個集鎭，每天上市量達萬斤以上，供應外地市場和福州，厦門罐頭廠的鮮果就有二十三萬斤」云。

福建發生空前春旱

依據中共自己的報導，福建的茶葉及枇杷雖然增產，但稻田却遭受了自中共佔據福建十四年以來的最大春旱。對此春旱，中共除動員人民謀以人力抗旱外，並無他法。

據中共「中國新聞社」五月九日福州電訊說：「福建省農村廣大人民公社社員，依靠集體力量，戰勝了大部分地區六個月多未下過雨而造成的解放以來最嚴重的春旱。……爲了適時耕種，全省掀起了一個聲勢浩大的抗旱鬥爭，在近河地區，大舉封江堵河，迫使入海的江水倒流灌田，全省攔河壩就築了四千八百多宗，晋江、九龍江被封堵後，江永灌溉二十多萬畝田地。距江河較遠的地方，人民有的用幾十架水車連接抽水」，……在抗旱鬥爭中，許多地方社和支社，隊與隊聯合，一舉出動數千人以至一二萬人，協力攔江截流」。

又說中共「福建前線部隊，入春以來已爲支援農業做了一萬二千多個勞動日」。足見福建今年春旱嚴重之一般。

萬隆暴動內幕兩說

蘇蘭芳

不分皂白

萬隆排華暴動的復什，正有如印尼總統蘇加諾性格的復什；蘇加諾性格的復什，是否比得上印尼共黨陰謀的復什呢？那就要「且聽下文分解」了。

無論如何，印尼有着太多的「運動」，而在運動中又發生了矛盾，因矛盾而展開了鬥爭，矛盾與鬥爭却加深了「運動」的復什性。誰能預料將來「鹿死誰手」呢？

可憐的是華僑，他們永遠做着代罪的羔羊，別人祭壇上的犧牲品。無論他們是屬於華裔——土生的第二、三代華僑，即華人血統印尼人；已歸化的印尼籍華人；屬於反共而躲避或未能取得印尼籍的華人，被視為「無國籍人」；或者是屬於中共的「中華人民共和國」僑民；在印尼排華的巨棒之下，都是隨時可以捧上祭壇上去的羔羊。

印尼最早發動的運動是排荷，據說是為了「收復西伊里安」的原故，但實際上印尼人並沒有很多到過西伊里安，他們只知道有那麼一爿很大的但是荒凉的土地。西伊里安之對於他們，倒不如那些在印尼若干大城市中的荷人銀行商店，洋樓住宅別墅，橡膠園坵，等等，來得更為刺激。所以印尼最先的排荷，並不是進軍西伊里安，而是向着耶加達、萬隆、泗水、棉蘭，那些荷人商店和財產下手。

而在排華的時候，他們也同樣的向所有的華僑商店和財產下手，不分青紅皂白，不理會他們是那一路的華人。

一網成擒

幾年前發生排荷風潮的時候，不少華裔份子和左傾華僑份子，都參加在印尼人排荷的行列，當時便有深於世故的老成華僑，對這些人提出諷告，說印尼在排荷之後，可能便要排華。這項忠告，當然不能獲得那些狂熱份子的接納。土生華人以為他們是印尼公民，理應參加那種全國性的排外行動。親中共華僑份子，則奉中共印尼使館之命，站在「打擊帝國主義」的立場，必須參加對荷蘭人多蹴一脚，那知道排荷事件還沒有完全結束，就發生了排華事件。

最初的排華是專排右翼的華僑，反共的僑團被封閉，僑領被驅出境，財產被沒收，銀行被接管，那是出於中共的計劃。中共使館人員，還充任出賣自己人的「猶大」，替印尼當局開列反共僑領的名單，查報他們的財產。可是印尼排了「右華」之後，又排「左華」，如「外僑登記令」及附收登記費（每人五百荷盾）。如「禁止鄉鎮華僑經營零售商」令，如「華僑不准居留鄉村」令。便是不分華僑之為左翼或右翼，一概在取締禁制之列。這主要是剝奪華僑的生產，迫他們把世代經營的基業獻出來給印尼人。進而對於散佈在印尼各地的華僑，在用不准居留鄉村令把他們壓縮在各島的幾個都市裏，以便於他們最後的宰割。

中共在與印尼訂立「解決華僑雙重國籍」協定的時候，駐印尼的中共使領館及其派赴鄉鎮的人員，曾經强調中共與印尼的「友誼」，叫僑胞們到中共使領辦事處去辦登記，登記為中共籍民，便可「獲得保障」。印尼方面也樂於看見僑印華人有更多承認他們是外國人，因此對於華僑歸化印尼籍的申請，也多方予以留難。到了國籍身份辦得差不多的時候，幾個對付外國人的命令一旦頒佈，中共僑民也就「一網成擒」。

防止出軌

對付外國人的法令，執行雖有偏差，但大多數印尼籍華人總可以避免，尤其是土生華裔方面。但暴動却是對付心目中的非印尼人，而不是法令上的。這正如黑人外交官在美國被拒進入若干餐室一樣。這次萬隆暴動，焚燬幾十輛華人汽車，搗毀數百華人商店，便包括印尼籍華人和中共籍民。據說暴動的被煽起，還是由於一名華裔法官對一名殺害華人的印尼兇犯判處徒刑而起。華裔已有資格做法官，仍不免被認為異族，而歧視。

暴動發生後，印尼報章是說些「遺憾」的表面話，並沒有苛責印尼的暴動份子。他們還說：「某些集團，擁有特殊的經濟地位，不肯團結，而印尼是需要團結的」。暗示華僑「惹打」，事出有因。這也就難怪，以「彈壓」暴動為名的印尼軍警，雖然開到了肇事區域，但暴動仍一路蔓延——自芝里汶而蘇密洞，以至萬隆、德加爾，向耶加達蔓延，以至發生耶加達的印尼暴徒刺斃華人事件。蘇加諾派出情報部的「思想灌輸隊」開赴肇事地區「勸阻」暴動，實際上只是防止暴動「出軌」——或者可以說，防止越出原定暴動範圍以外。因為，這次暴動雖說是暴動（偶發），但由萬隆工學院學生領導，證實他們「有首腦」。其次，他們攔阻汽車，迫令乘車者離車，然後焚車，並不連人帶車搗焚。他們搗毀商店，但不劫掠貨物。都證明他們「有組織」。人們都意識到，這暴動並不簡單，不像是什麼激於感情衝動的偶發性暴動。

黃袍加身

如果說有組織的暴動便是有計劃的暴動的話，那麼是誰計劃這次有組織的暴動呢？流傳着的說法，可以說是言人人殊，據說除了基本上印尼人嫉忌華人優越的經濟地位和種族歧視而外，還有種種其他的原因。

「掌擱劉少奇」的說法是其中的一種，據說劉少奇的來訪，原係預定，但時間則頗「不合時宜」。因為蘇加諾雖表左傾，但極力要爭取中立主義的正統，尤其在尼赫魯右傾之後。但他也極力不願被人認為親共。同時在取得西伊里安的過程中，美國曾壓荷蘭讓步，幫了蘇加諾的忙。但印尼又因馬來西亞問題而間接予美國以不快，但却同時仍在接受美援。對於劉少奇的訪問，蘇加諾為要爭取中立主義領導者的地位，不得不予以盛大歡迎。但也不願使美國懷疑印尼與中共有何實質勾結，又不欲開罪印度。那麼，排華便是一服最好的疏解劑。

對於解釋蘇加諾「不欲失去可投機的地位」，上面這一說是說得通的。但被「掌擱」的那一方面——中共又怎麼樣呢？既然掌擱的是劉少奇，被排的又多數是中共僑民，中共耶加達使領為什麼明言「不抗議」呢？

對於這個解答，也有一說。據說，排華原是「家常便飯」——可以隨時發動，隨時停止，過去已屢試不爽，拿來使用絕不會發生嚴重後果。但這次暴動初在芝里汶發生，到了萬隆即被共黨利用，不但行動極有組織，且範圍擴大而至萬隆成為死市，令蘇加諾震驚。原來蘇加諾已定五月十五日在萬隆召開印尼人民大會（半參議性質的形式上國家決策機構），而這個大會的重要議題，則是要為蘇加諾「黃袍加身」，準備通過蘇加諾做「終身總統」。這項勸進提案，已由若干政客及團體聯署。

蘇加諾談民主

而想做終身總統，印尼共黨却利用民主名義而反對蘇加諾獨裁。他們絕不願蘇加諾權勢過盛。但取得西伊里安的蘇加諾，自以為功勳蓋世，迄今仍拒絕共黨的「民主」辦法，分佔部長席位的要求。印尼共黨不能在大會中投多數反對票，就只有破壞這個大會之一途了。

・棉蘭通訊・

蘇加諾有力建設西伊里安嗎

印尼自第二次世界大戰結束而獲得獨立以來，即因西伊里安島問題不斷地與荷蘭發生糾紛，馴至蘇加諾毅然公開宣佈要用武力奪取西伊里安島後，聯合國始出面負責進行調停，荷蘭終於讓步，於去年十月間從該島撤出，交由聯合國暫時代管，至今年五月一日，聯合國的「託管委員會」便將代管權移交予印尼政府；雖然該島的命運，仍要依照協約規定，將於一九六九年由該島的原住民（巴普亞人）自己投票決定是獨立抑成為印尼之一員，但由於目前印尼政府對該島的種種措施，已可以看出該島的巴普亞人在印尼勢力控制下，將來即使投票，也必會成印尼的國土。換言之，巴普亞人終於要接受印尼的統治。

西伊里安島原是一個極為貧瘠的地區，在荷蘭政府統治時期，每年需以一千萬美元來補助該島的經費；現在印尼接收了該島，將如何進行展開建設？實在是蘇加諾當前所面臨的一個極度困難的問題。

印尼政府現在雖然已接管了西伊里安島，但蘇加諾對該島的建設還未能作出怎樣的計劃。如所週知：西伊里安島的巴普亞人幾乎全部是「文盲」，識字的人僅佔百份之三，在七十萬人口中，約有四十萬人刻仍居住在與外界隔離的山區，過着原始時代的生活，島上的平原地帶，也到處是森林和沼澤，印尼政府如要在今後五年內把當地土人的生活提高到與印尼人民相同，已是一項相當艱巨的事，更遑論其他建設了！——荷蘭政府對該島的建設也承認感到無限辣手，何況印尼？

照目前來看，印尼的國家經濟，不是早已瀕於崩潰的邊緣了嗎？印尼國內的慢性通貨膨脹，迄仍在逐漸擴大中。耶加達市民現在的生活指數，比之一九五三年，已幾乎增加了一百倍。唯一可以輸出而套取外滙的，祇有橡膠，可是由於橡膠的價格低落，加以橡膠樹已有一半枯萎凋謝，而又沒新的樹苗補充，該業早已一落千丈。因此，印尼政府的財政赤字，在一九六一年度時已達三百一十七億盧布；迨至一九六二年度，為着要收回西伊里安島的軍事準備，財政支出增加了百份之七十五；這一來，其赤字之龐大，自然更使到國家經濟加深了困難。當印尼接收西伊里安島時，蘇加諾已公開承認過：改善國家經濟，安定西伊里安島，係政府的最主要課題。可是，他對這「課題」迄仍未拿出甚麼有效的辦法。雖然印尼政府在一九六三年度的預算上已斷然將國防經費減低了百份之四十七，並預定將現有之三十五萬陸軍，在五年內削減二十萬，然而這項「節約」計劃，未免緩不濟急，且拿節省下來的軍費去建設西伊里安島，等同「杯水車薪」，當然不會有甚麼收效。

該島除幾個較大城市的附近地帶業經開發了外，其餘全屬洪荒之區，若要將之全部開發、建設，固然需要龐大的資金，同時也需要大批技術人才。以印尼來說，現在仍然是個落後國家，財力固不足，人才更缺乏。蘇加諾還甚麼力量來建設西伊里安島？

抑且蘇加諾近來還表現出很大的野心：他一方面公然以行動來阻撓大馬來西亞聯邦的建立，另方面又援助沙勝越叛黨進行叛亂。目前，印尼已面臨與馬來斷絕關係的邊緣，雙方邊境都作出了軍事戒備，情況日趨緊張，此時此際，印尼能否依照計劃裁軍？頗成疑問。

印尼在事實上接收了西伊里安島確是多了一塊土地；但除了多了一塊土地外，實在沒有增加甚麼利益。不特沒有增加利益，反而加重了印尼的負累。蘇加諾目前正為建設西伊里安島而傷透腦筋。

在印尼為着要接收西伊里安島之前，蘇加諾曾分別訪問過蘇聯和中共；蘇聯和中共，都曾給予極大的支援，而蘇加諾亦藉此而獲得「接收成功」。現在蘇加諾要建設西伊里安島，是否也將依靠蘇聯和中共的援助？

如果蘇加諾確是作如此的打算，則印尼必墮入共黨的陷阱中。・稃山・

女貞庵（五）

（版權保留）

黎明

第三場：驚夢

散花仙：別打我呀！……我不是天魔，是陳妙常呀！那居士也不是維摩，乃是潘必正呀！……

（燈光突滅，亮時仍是妙常一人伏案作對夢境掙扎介）

妙淨：（上白）忙將潘郎事，報與妹妹知。

陳妙常：（伏案兩肩作抽搐介）別打我呀！……別打我呀！

妙淨：咿！（見狀連忙上前喚醒）妹妹醒來！妹妹醒來！

陳妙常：哎呀嚇煞我了！

妙淨：妹妹爲何如此？

陳妙常：哎呀好險呀！我纔從維摩菩薩那裏探病來。

妙淨：胡說！維摩菩薩有什麼病？人家病了倒是眞！

陳妙常：那個病了？

妙淨：他呀！

陳妙常：他是何人？

妙淨：您得了吧！隨我來呵！（拉妙常同下）（移）

第四場：問疾

地：碧筠樓。作書齋陳設，窗明几淨，窗外修竹數竿，時花數本，淡雅宜人。

時：接上場。

人：潘必正、潘法成、進安、陳妙常、妙淨、妙靈。

潘必正：（病容滿面，傍書案支頤而坐）進安！進安！

進安：（急上）來了！來了！——相公何事？

潘必正：我頭痛的緊，你給我摸摸退熱了沒有？

進安：（摸介）頭上熱倒退了，只是心上的熱却老退不了。

潘必正：怎麼？我心上有熱你都能從頭上摸得出來？

進安：我家九代儒醫，豈有摸不出心熱之理！哎呀相公！（故作重摸失驚介）您可心熱得緊呀！

潘必正：是呀！我也覺得心熱得緊呀！進安！這便怎麼處？這便怎麼處？

進安：相公不必驚慌；（偸作鬼臉）我已把相公的病說與姑奶奶知道了；她說就要來探您呢。

潘必正：怎麼？你竟說與她老人家知道了麼？

進安：相公呀！（唱）

都只爲，你這病，不明不白；非傷寒，非痢疾，更非痞積。茶不思，飯不想，文章不唸；說夢話，想仙姑，喪魂失魄。倘若是，眞有個，三長兩短；不告訴，姑奶奶，誰敢負責？

潘必正：你這個奴才如何與姑奶奶說來？

進安：我說我家相公害的乃是相思病。

潘必正：胡說！

進安：不是我胡說，只是相公自己夢中胡說來。

潘必正：我夢中如何胡說？你說！你說！

進安：不說也罷！

潘必正：你這奴才眞不說麼？——不說我便撕了你的狗嘴！（作欲起身介）

進安：慢來！慢來！我說，我說。

潘必正：快快說來！我在夢中到底說了什麼？

進安：您在夢中末？（故作酸態）只是這麼說（故作小生腔）：我的仙姑！我的心肝肉！我的陳妙常呀！……

潘必正：（連忙制止）禁聲！——樓下有人來了。

潘法成：（上白）出家偏多在家累，枉是人稱世外人。適才進安言道，侄兒必正病了；不知得的是何病症，待我上去看來。（登樓介）我兒在那裏？

潘必正：原來姑母來了（欲起立爲禮）。

潘法成：我兒少禮！（以佛塵示止必正起身）還是坐下敘話。

進安：（袖拂另一坐椅）姑奶奶請坐。

潘法成：（就坐介）方才進安言道，我兒玉體失和，到底因何而起？

進安：相公的病末……

潘必正：嗯！（橫目制止）——還不下樓看茶！

進安：哦是。——姑奶奶少坐一時，我下面備茶去。（下）

潘法成：啊兒呀！你這病到底因何而起？現在怎麼樣了？

潘必正：姑母容稟：（唱）

那一日，悶幽幽，夜眠不穩；步明月，孤另另，花下行吟。又誰知，漏沉沉，風高露冷；因此上，氣懨懨、寃病纏身。

（白）啊姑母！都是進安這個奴才不曉事，些須小病，何勞您老人家費心呀！

潘法成：兒呀！（唱）：

我怕你，異鄉作客少知音；王粲登樓黯愴神。我怕你，丈室禪房嫌寂寞；山齋野供難沾唇。我怕你，尋詩覓句忒辛苦；奚囊嘔盡錦繡心。我怕你，本是蟾宮折桂客，愁接絲韁沒玉人。

（白）啊兒呀！我想你此病八成乃由寂寞而起；我有徒兒陳妙常，琴棋書畫，件件皆精，待姑母我喚將出來，與我兒解解悶兒罷。

潘必正：（喜形於色）陳妙常？……

進安：（捧茶盤上）姑奶奶請用茶！

潘法成：（接過茶杯）進安！去到白雲軒叫我徒兒陳妙常來！

進安：曉得哉！（旁白兼向必正作鬼臉）這便對路了呵！正是：治病須從根上起，心病還須心藥醫。（故意慢騰騰下樓介）

（陳妙常妙淨同上）

陳妙常：多愁多病讀書種；

妙淨：救苦救難觀世音。

陳妙常：（怒之以目）姐姐您嘴裏不乾不淨，到底說的什麼呀？

妙淨：阿彌陀佛！爲姐我嘴裏乃是既乾且淨；我說的乃是「救苦救難觀世音」呀！

進安：喲呵！（驀見二妙）我這裏纔下樓口，她兩個倒送上門來了。

陳妙常：（對妙淨作嬌嗔介）要去你一人去，我不去了！（轉身欲行）

進安：噯！噯！常姑！常姑！（急忙趕上攔阻）走了你可戲就唱不成了呀！——我家姑奶奶正在樓上等着您啦！

陳妙常：怎麼！師父也在樓上？她在樓上等我？（狐疑不定）

進安：是呀她正等着您前去一救命」，不、前去探病呢！

妙淨：（往拉妙常）別再嚕囌，快上去吧！

進安：入命關天，還是淨姑痛快；請都上去吧！待我燒茶去者。（下）

（二人同登樓介）

潘法成：你們倒都到來了；好、好！

二妙：師父稽首！

潘法成：好、好！

二妙：潘相公稽首！

潘必正：恕小生不能還禮；二位仙姑請坐！

二妙：有坐。（坐介）

潘法成：哦徒兒！我家侄兒有病，就請你二人在此陪他閒話一回，爲師我要打坐去了。（起身向必正）我兒要好好保重才是。（待續）

唐詩偶釋（八一）

鄧中龍

寄左省杜拾遺　·岑參·

聯步趨丹陛，分曹限紫薇。曉隨天仗入，暮惹御香歸。白髮悲花落，青雲羨鳥飛。聖朝無闕事，自覺諫書稀。

肅宗至德二年，杜甫自長安脫離，輾轉至鳳翔行在，謁天子，拜左拾遺。其年六月，與裴薦韋少游等連名具奏岑參可用，遂授右補闕。拾遺官屬門下省，補闕官屬中書省，雖同司供奉諫諍之事，而衙署固各異也。

首句言同朝，次句言各署，第三句頂首句，第四句頂次句。首聯對起不鍊，項聯鍊而雅，前四句爲一截，前半較淺，後半較深，大家爲詩，必先布置妥貼，非率爾下手也。

五六二句，轉出一層。氣脈崒折，而又畢起以作勢。沈文慤公云：「下半自傷遲暮，無可建白也。感嘆語以回護出之，方是詩人之旨。」舊註以杜少陵躬逢明主，無事關心，則末二句應屬杜說，謬矣。

作詩難，論詩尤難。歷代評釋家，往往失之附會穿鑿，而盡乖作者之原意，此等處不可不辨。岑參此詩，乃爲答謝少陵保薦之意，以常理言，自不致嫌官職卑微者，而日本人森大來評釋李攀龍「唐詩選」（李，明人），於此詩五六句下，竟釋爲官非顯要，資格甚卑，故視此官如落花之地。則誠所謂墮入魔道者也。其詞曰：「然拾遺補闕之官，非居顯要之地，雖出入於掖庭，其資格固甚卑。爾我已老，看此官有如落花之地無異，未免生遲暮之感。況見鳥飛翔於天外，能不羨慕於青雲之表乎！」解詩至此，可謂誤盡蒼生。實則自全詩看：五六二句亦極爲平易，惟以詩人玩弄詞藻，而後此之評釋者，遂不免炫其華麗詞藻，而開出無數謬論。二句之意，實謂垂老得官，已悲花落之時，尚有鳥飛之日，有遲暮之意在，有謝杜之意者。必如此解，則七八二句始有着落。詩固有不煩言而自解者，迂儒釋之，每轉愈謬。詩道之所以不振，豈偶然哉。

本意爲自悲年老無能，乃作者偏不直說，而將此意一變，若曰聖朝無闕事，故自覺諫書之稀耳。如此措詞，倍覺曲折蘊藉。詩人之道，樂而不淫，哀而不傷，怨而不怒，重在潛移默化，感人於無形，諭人於無意，唐代諸家，殆莫不有此修養。諷諭詩以婉約爲尚，學者可於此三致意焉。

× × ×

友聲集（二八）

對影　遯翁

本與形同止，難爲罔兩知。笑他搔首顧，獨愛舉杯隨。壁上弓猶挂，窗前月暗移，更須妨犬吠，竟夜起猜疑。

餐菊　前人

未得鱸魚膾，猶欣菊可飧，白衣剛送酒，紫蟹正登盤。久餌宜延壽，當爐足禦寒。更須盈掬采，留作醉中看。

前題　前人

萬壑千巖上畫圖，百年酣夢未曾蘇，神州無盡佳山水，新酒依然入舊壺。

千峯四壁嘆琳琅，未諳高玄只自傷，愧我登堂一瞻仰，難窺秘奧感徬徨。

古意：清明感賦　前人

早被虛名誤，徒嗟歲月馳，生涯窗下硯，夢寐畫中詩，輞川勞遠想，彭澤不同時，珍重東坡卷，（少日留東，曾手摹松雪老人東坡懿蹟圖卷）心儀淮海詞，金針誰肯度，老尚乞名師。生爲亂世人，世時百不軌，先墳從何掃，憂餒若敖鬼，孰謂彩筆能，聊遣胸中委，安得泛西湖，扁舟尋范蠡。

憶陳果夫先生（一九）

宇人

但正所謂好景不常，我在北平住下不久，東北的局勢即告惡化，俄軍不繳自日本降軍的大量武器全部轉給中共，致使後者的武裝力量於短短數月之間，較前增加數倍。我深深的感到此時此地並不能安居。未幾，國民黨在重慶召開六屆二中全會，余井塘、梁寒操諸兄發起革新運動，黨內各先進多表支持，我不自禁的又燃起了對黨的一綫希望，即飛到重慶出席會議，並參加革新運動。

在我未參加革新運動以前，他們乃是以一種近於說教的精神，強調革新應該革心，希望能促醒黨內同志的自我反省，而實現革新的目的。我認爲如此作法，易流爲清談；主張制訂一套改革黨、政的大綱，並限定參加革新運動的同志，必須在其所主持的機構首先付諸實施，倘受阻碍難行，無法克服，即應脫離該機構。我說：假如我們自己主持的機構都不實行革新運動的主張，適所以表示我們之所謂革新不過是一種自欺欺人的空談而已。不但不能使他人相信，即我們自己亦難免同床異夢。這樣的革新運動還有什麼價值？更怎能促成黨和政的全面改革？經過多次討論後，大家都認爲確應如此。

六屆二中全會開會時，我們即根據革新運動的主張，對黨務、政治、軍事各項報告，均作嚴格的檢討和批評，這在國民黨的歷史上，可說是前所未有的。我在檢討「政治協商會議」的報告時，曾指出：「當前的基本問題，是刷新政治，改革經濟和整頓軍事。必須迅即以快刀斬亂麻的決心，把政治、經濟和軍事上的種種腐敗現象徹底清除，才能振奮人心，恢復士氣。有了民心和士氣做基礎，我們和共產黨的談判就可立於不敗的地位。假如不作全面的改革，要想以某些讓步與共產黨達成妥協，藉此維持目前這種貪官污吏的政權，乃是一種賣黨賣國的行爲。」邵力子要求我收回賣黨賣國四個字，我未之理。

革新運動所提出的改革主張，其中有恢復黨的民主制度和團結忠實同志兩項。前一主張的主要目的，即在對蔣先生行使領導權的方式有所限制。依照國民黨總章的規定：「總裁代行總理職權」。所謂總理職權，在總章內亦有明文規定，即（一）對全國代表大會的決議有交復議之權；（二）對中央執行委員會之決議，有最後決定之權。我們認爲第二項之含義有二：（一）一切黨政大計應先經中央執行委員會討論和議決；總裁的最後決定權祇能在中央執行委員會（在閉會期間爲常務委員會）的會議席上行使，不能在中央執行委員會以外，以手令或面諭的方式變動中央執行委員會的決議。（二）總裁出席中央執行委員會應俟議案經過充分討論並付表決後，如認爲必要才能行使最後決定權；不能在議案尚未表決前，先作決定，妨碍自由討論。此外，我們又主張中央常務委員應由中央執行委員會全體會議以無記名方式投票選舉，中央黨部各部處會正副首長，由總裁提名經常會通過後任命。在此以前，中央常務委員是由蔣先生提出一張名單報告全會，即算通過。各部處會正副首長則由蔣先生委派，常會無權表示是否同意。

我們當時所以主張蔣先生祇能在中央執行委員會以內行使最後決定權，乃因爲蔣先生自被推爲總裁後，即絕少出席中央執行委員會——尤其是常務委員會。國民黨在名義上號稱以黨訓政；實則不但地方黨部不能與聞地方的政事，即中央黨部亦失去了過問國政的權力；有時偶然有所討論和決議，也常因蔣先生的一紙手令或某人傳來蔣先生的一個面諭，而前功盡棄。例如抗戰勝利後，蔣先生電邀毛澤東到重慶和他會談一事，國民黨中央事前事後均一無所知。據說：電文是文官處長吳鼎昌所擬的，參與機密者，僅張羣、王世杰、吳鐵城等極少數人而已。以後舉行政治協商會議，亦未經國民黨中央的討論和決議。代表國民黨出席政協的八個人，也是由蔣先生所指派，他們祇對蔣先生負責；並不對國民黨中央負責。由於國民黨中央對於政協既未曾有所討論和決議，所以八個代表不但沒有共同的方案，而且還各懷鬼胎。有的不惜犧牲國民黨的立場以求與各黨派達成某些協議，藉以鞏固其既得的權位；有的，則根本反對和中共舉行談判，不過不敢明白表示而已。

我們認爲唯有恢復黨的民主制度，黨事國事才可望照大家的公意以行，而使一些官僚政客無法再作「走私」的勾當。「走私」一詞，可說是我當時所發明的。因爲這些官僚政客在各種正式會議中，絕少公開的有所主張；他們祇是利用與蔣先生接近的關係，隨時向他告密，並相機進言，然後挾蔣先生的手諭或面諭以凌人。因此，多數人經過長時期討論所決議的事，往往被他們在蔣先生之前片言推翻。國民黨所以日趨衰敗，大半即緣於此。蔣先生主政卅年，祇喜便宜行事，迄無爲國家建立法治基礎之計，也以此爲最大的原因。

可是，我們當時雖然對蔣先生權力主張有所限制，但祇是要求他依照總章規定行使職權，並不是要削弱他應有的權力。爲了避免引起蔣先生的誤解，革新運動決定將前述各項限制列入中央常務執行委員會組織法時，即推派代表六人面謁蔣先生，報告經過，我也是代表之一。當我們向蔣先生報告革新運動的各項主張時，他雖然沒有表示反對；但卻面現不豫之色；並對強調本黨的組織原則是民主集權制，我們主張民主固無不可，但不可因民主而忘了集權。我當時未發一言，心裏卻不免感到失望。（待續）

弔念王續良先生（五）

劉裕畧

徐蚌會戰後的形勢越來越惡劣。續良先生在上海問我：「我們今後應該如何辦呢？」

我說：「只有向海外發展了。」

他說：「國民政府不能防守長江以南嗎？」

我說：「所謂長江天險，乃是古代的看法，也可以說是古代的眞理。因爲那時候的兵器與交通工具不發達，長江是有一定作用的。今日之長江，處處可以飛渡，已無險可言，根本談不上守。依我看：徐蚌一戰，關係整個大陸之得失，國軍既在徐蚌會戰中戰敗，則國民政府非退出大陸不可了。我們雖與國民政府現政權無關，但我們反共，我們的一切計劃都以國民政府的既有統治形勢爲基礎，此一基礎動搖，則我們一切計劃之依據全失。所以，我們雖與國民政府現政權無關，但我們的命運卻隨國民政府現政權之失敗而被牽累。爲今之計，我們只有前往海外，另謀良策。」

他說：「眞的非要離鄉背井遠走天涯海角不行嗎？」

我說：「形勢如此，我們縱然不願，也非如此不可。」

他說：「那麼向海外什麼地方去呢？」

我說：「向台灣與香港去。因居台灣亦非上策，應以香港爲基地才是。」

續良先生平時的態度總是那麼輕鬆幽默。說話的時候，總愛以「閣下」爲口頭禪。但當我們討論到上述談話時，他的神態異常嚴肅，心情帶着濃厚的悲愴。他聽了我的話後，沉默了很長一段時間，又毅然對我說：「我過去雖然並未參與政治，但政治形勢的變化，卻不可抗拒的籠罩着每一個人，也籠罩着我和我們。對於共產黨，我決不相信，我們今後恐怕只有面對國破家亡這一事實而遠走海外了。」他跟着又說：「遠走海外，倒並不可怕，最怕的是資金調不出來。」

於是，我們約定他先到台灣，我先到香港。他到台灣後，買了一所房子。我則於民國三十七年十二月隻身由上海坐滬杭甬火車到杭州，又由杭州坐浙贛路火車到株州。由株州換粵漢路火車到衡陽，再由衡陽換湘桂黔鐵路火車到獨山，然後由獨山坐汽車到貴陽，而由貴陽坐川黔路汽車到重慶。我一個人作了一次橫貫江南數千里的旅行，都爲了進一步視察一下江南的形勢。我由重慶坐汽車回到成都後不久，再由成都到重慶與續良先生會面，那時他已由台灣回到了重慶。我們在重慶，約定再在香港見面。他先回自流井，我則於民國三十八年八月先行飛到了香港。

我到香港住了將近三個月，續良先生還遲遲未來，我知他無法把大批資金調到海外。其主要原因則在自流井鹽場出產的鹽，早經鹽務當局規定了銷場，鹽場日有開支，鹽欵無法滙空抽出。而其它資產又因徐蚌會戰失敗共軍迅速節節進逼的影响，所有不動產都很難變成現金，甚至低價求售，亦難找到買主。我當時因爲在香港掛念着續良先生；又因爲當時共軍尚未進入川境，有一些生意好做；再加上若干朋友的慫恿，我使向當時的中央航空公司包了一架飛機運了一批貨物回成都。本來我是準備與續良先生見一面就立即再回香港的。但成都商場的收交係比期制度，每半個月一比。我是民國三十八年十月三十日飛回成都的，要到十一月十五日才能把收交手續辦完。而中央航空公司及中國航空公司卻在十一月九日全體投靠了中共，投靠前，該兩公司將所屬飛機均集中在香港，停止了香港與內地的各綫飛行。所以，我便被該兩公司的靠攏中共而陷在成都，續良先生也無法出來，我們都只好面對共軍前來的這一事實了。

說起來，國軍在當時的失敗，眞是兵敗如山倒。當我於民國三十八年十月三十日由港飛回成都的時候，四川邊境內尚無共軍，但不到一個月，重慶便於十一月二十九日被共軍進佔了，成都也於十二月廿四日陷落了。在淪陷期中，共產黨的殺戮與迫害時常籠罩着每一個人，但我仍盡力與居留在自流井的續良先生取得聯絡，並且仍以貫澈原定計劃相勉。續良先生和我當時都準備設法逃亡。但在環境上，續良先生逃亡出來的可能性比我更小。這不僅因爲自流井地區小，每一個人都更容易被中共調查監視，更難逃出的另一原因，是共軍到達自貢市後，中共在形式上把續良先生也當作所謂民族資本家而派了用場，叫他當了一名「人民代表」，以點綴中共的民主場面。至於成都，則因爲擁有七十萬人口，中共到達成都後雖然立即對成都的各種情況展開了全面調查，但要把一個擁有七十萬人口的都市立即調查清楚，事實上卻不可能。所以，就在中共尚未把成都各方面情況調查清楚以前，我即以商人身份申請離開。本來，我的商人身份是有問題的，因爲我沒有商人身份的証件。但我料不到從前與續良先生在重慶合組利和公司準備與拖輪公司董事長連某打官司曾登報聘李麗川律師爲法律顧問在大公報及中央日報所刋啟事竟救了我，我把它拿來給成都公安部的共幹看，共幹竟然相信了我的商人身份而批准了我的路條。但最使我哀弔的卻是續良先生，因爲我逃到香港後不久便知道他被中共發現了他有意逃亡，竟把他在自流井拘捕起來，並隨即在自流井把他槍斃了，爲了國家民族所遭受的損害，爲了朋友的血海深仇，爲了全體人民的民主自由，我每一想到續良先生，我就每一次感到慚疚，十四年來，我在海外對反共工作實在做得太無成就了啊！（完）

本刊已經香港政府登記

聯合評論
週刊

每逢星期五出版

United Voice Weekly

CHINESE - AMERICAN PRESS, INC
199 CANAL STREET.,
NEW YORK13 N. Y. U.S.A.
美洲航空版每份零售美金一角

談「借西江之水」

許子由

（一）

香港今年奇旱，往年在三四月份經常獲得的雨量，今年差不多是一吋也不曾得到。五月份快要過去了，只有三幾陣所謂「過雲雨」，得到的水量僅一吋的十份之一。各處的水塘已超越了「危險線」而在日就乾涸之中，水荒的嚴重確乎踏入了緊張的階段。

制水目下已在每兩天供四小時的狀態，但這種勉可供應的情況，很難繼續下去，當局已警告：自現在至月底的三天中，倘無豪雨下降，便將被迫改採隔三天或四天供水一次的處置。而這種三或四天供水一次也還是不能保証持續的，當局警告居民竭力節省用水，俾這次數天供水一次的辦法能夠延長，否則便可能要實行最後的一着：封閉所有入屋水喉，所有的人到街喉去「輪水」，施行配水制度。

一九二九年香港曾因水荒而制「輪水」，但那時的香港只有六十多萬人，而現在卻已有三百餘萬；從前香港的建築物，很少超過四樓的；現在的民居七、八樓而沒有電梯代步，比比皆是。徙置大廈高度更高，人口更多，當然困苦更甚。戶數數百的大廈，即使有幾部電梯，要容納許多滿溢的水桶，仍是不可想像！

在目前供水狀況下，許多用水較多的工商業，經已被迫減產或減做生意；一般居民因酷熱中乏水應用，已儘量減少活動，若十行業因此影響而極形清淡，一種蕭條的陰影已籠罩在商場和社會之上。倘若到了「輪水」的階段，定將百業俱廢。並且也不能保証秩序，仍能維持正常。

隨着水荒以俱來的是瘟疫的威脅，亢旱使霍亂菌蔓延，而大旱會導致鼠疫！水荒日趨嚴重，如果再加上疫癘，又決不是有限的醫療機構和疲渴的醫護人員所能應付的。萬一到了那個時候，香港之為香港，未可知也！

（二）

在這個香港缺水發出緊急警號的時候，卻竟有利用水的問題而從事政治活動者，寧不駭人聽聞！當香港當局組會研討用油輪赴亞洲鄰國運水，而街坊機構也在臨渴掘井的時候。香港兩個左傾團體曾以水的問題致電粵共，獲得其省長的答覆，謂每日可自廣州供港自來水二萬噸，（四百四十萬加侖，約等於每日耗量十份之一。）並可自其他地區供應淡水，運水工具則由港方自備。港府對此正在「緊急研究」中，未採行動。而左傾團體「中總」及「工聯」，暨親共報章，則力促當局進行洽商，謂為「三百萬居民所企盼」。

香港急需食水及淡水，正是如大旱之望雲霓。三百萬居民的渴望能在水方面開源，人同此心，不分貧富，不問信仰。今天百萬富翁與勞工小民同感受水的威脅，並無二致。僧道的求雨與教士的祈禱籠降甘霖，誠意也沒有兩樣。香港的居民絕大多數來自廣東各江流域，這粵省各江原是他們生斯長斯的故鄉，那麼，「借西江之水」，以濟涸轍之鮒，原也是順理成章的事。

可是粵共所謂「免費供水」這慷慨面孔的背後，並不祇是向香港居民市恩那樣簡單作用，而是懷有不可告人的政治目的。第一，所謂「免費」，誠然可以不論水量而付欵，但傳對方聞有「秘密交換條件」，可能比金錢更為重要。第二，向粵共呼籲濟水，是由兩個左翼團體所發動；而按一般的瞭解，這類團體倘非得到他們統戰上司的同意，他們就不會發出這麼一個呼籲。這也就是說，事件的本身就成了統戰的一部份。因港府與粵方水務當局經常有所接觸，粵共有意慨助食水，儘可直至向港府人員表示。現在採出迂迴方式，必然有它的作用。它可能要使兩左傾團體成為協助解決水荒的英雄，也可能要使他們造成港府與廣州間「橋樑」的地位。第三，粵共所稱要「香港方面」派員到穗談判濟水，是否即指港府？抑或屆時提出要有左傾團體的代表陪同？為了每日耗量十份一的水，而有許多困難和不可能。這就難怪港府多天來不採行動，而要加以考慮了。

（三）

「不行仁政」的共產黨，絕不會因為香港居民的乾渴而有所縈心，他們早就嫉忌香港「天堂」的美名，早就把香港描寫成罪惡的淵藪，所謂「天堂無水喝」也是其中之一點。同時在共產黨「一切都服從政治」的原則之下，他們對於香港水荒所動的腦筋，也自然只有從政治方面的「統戰」着想。「借西江之水」的難借甚至不可借，明眼的香港居民都已瞭然於胸。他們也已經知道，不能因為「水是故鄉多」而興欲飲之思，因為大陸已不是他們的祖國。

香港應該自謀解決水荒。就節省方面說，那些過份的淋花潤草，洗地洗狗，都應禁利用食水，不能有任何「特殊」的出現，在制水之前，人人平等，團結一致。香港究竟有一件不論貧富不分種族而休戚相關的事，使香港人第一次瞭解「同舟共濟」的意義。至於水塘的不足，與及仍屬「靠天吃飯」這弱點，只有把海水變淡水的方法可以克服。港府年有盈餘，過去為何計不及此？

說到變海水為淡水，美國就有現成的機器，大可援助或貸予香港，基本解決水荒。當勝於美艦以剩餘食水贈予香港的象徵式萬倍，據說美領事已回華府報告，希望美國能有事實的答覆。

香港有「天堂」和「民主窓櫥」的美名，它們之能否維持，就要看「自由世界」能否替香港弄點水來！

（五月廿九日）

暑記旅美四個月的一些實感

左舜生

八、離開紐約的前夕

在宗權返回Iowa以前，我還帶着他看了一次紐約城的博物院（Museum of the New York）。這一博物院所陳列的種種，乃係按照年代，將三百年以來紐約人生活各方面的情況，一一製成模型，以供一般市民或遊客的欣賞。在那裏，我們可以看見一六五九年紐約的街道是什麼樣子；一八一二年那種巡邏隊員所着是怎樣一種服裝，用的是何種武器；一八七○年紐約人的家庭如何歡度他們的聖誕；一八八○年紐約上層社會婦女所穿的是如何式樣的衣服；乃至他們的住宅如何佈置，廚房是何等景象，無不一一用實物表現，而人物的形態，更是栩栩如生。像這一類的搜集，複製，展出，不僅歐美人懂得很重要，近代的日本，似乎也在極力摹仿，因此，他們在舞台或影片上的演出，文學家畫家雕刻家，筆底、刀下的描寫或表現，大抵都能給予我們一個較清晰的時代觀念，同時也就很自然的給予我們一種親切之感。中國舞台上所演出春秋，戰國，漢，唐，宋，明，各時代的戲劇，好像所着的服裝，所用的器具，總是千篇一律；中國畫家所畫的古代美人，如西施，王嬙，綠珠，紅拂，等等，她們的化裝術，好像都是由一位老師所傳授；可是事實上當眞如此嗎？「往者不可諫，來者猶可追」，我們今天對於所謂古裝戲，或所謂古裝的人物畫，希望有如何的改進，似乎已經很不容易；可是要把近代的故事如太平天國，楊乃武與小白菜，慈禧太后與珍妃之類的人物搬上舞台，我想加以相當研究，不弄得太離譜，總還來得及吧。現代的中國人，最不歡喜別人談到抽鴉片，裏小脚，以為這是太醜的事，不值一談，可是古今中外歷史上的醜事太多了，外國歷史家決不諱言，中國古代的歷史家也往往有詳細的紀載。在外國，則不僅不諱言而已，甚至，他們連那種與「醜事」有關的實物也要保存下來。我從前在法國一處博物院，便看見法國古代某種男子出遠門，要把自己太太的生殖器部分，用一種金屬帶形的器具加以封鎖，而啟封的鑰匙，便由這位出遠門的丈夫帶走。像這類器具，他們是公然陳列在博物院裏的玻璃櫥內，但這與現代的法國人有什麼損害呢？小脚與鴉片，既是中國歷史上一種事實，而且時間相當長，地域非常廣，直接影响到中國人的身體與生活非常大，國家民族受到的損害眞是無法形容，假定照中國一部分衛道先生們的想法，當然像抽鴉片的烟燈烟槍以及那種不足三寸的綉花弓鞋之類，最好是銷毀得一乾二淨，更如何談得上公開展覽呢？果然如此，恐怕一兩百年後的人，對這類的事，便會在疑信參半之間！這是我參觀了紐約博物院後所引起的一些實感。

九、最後在舊金山的一幕

今年一月一號把宗權送走以後，我還在紐約停留了五天，仍然忙着看朋友，或被他們約出去吃飯。正在這一時期，老友鄭振文兄，忽由香港飛到紐約醫病。他的病況，據說香港方面的醫生，認為相當嚴重，幸診治得早，尙無大碍。他的年齡雖已屆六十，但精神還好。我對美國的醫院與醫生，已有相當信心，確信他的病在短

[illegible]

毛澤東發動文藝工作者反美反赫

並論共黨所謂文學上的現實主義與革命的浪漫主義

劉裕畧

在毛澤東眼裏，有三種東西是他很重視的。一種是黨務，毛澤東對它重視，任人皆知，不必細論。一種是軍隊，因爲，國際共產黨也好，中國共產黨也好，在如何進行「革命」以達奪取政權這一目的上，一直有兩派意見。一派意見認爲可以走議會鬥爭的道路，一派意見認爲非走武裝暴動的道路不可。比較起來，後一派意見，一直佔着優勢。毛澤東也是這種堅主用武裝暴動作手段以奪取政權的人。所以，他之重視軍隊，絕不偶然；他另一重視的則是文藝工作者。文藝工作者，本是一種知識分子。對於知識分子，共產黨人一向不存好感，共產黨認爲知識分子妥協動搖的劣根性極重，換言之，他們認爲知識分子的兩面性極重，所以，在共產黨人的價值批判中，在共產黨中的人事尺度中，知識分子是他們防備最嚴的一種人。他們認爲無產階級的工人的「革命品質」才最高，所以，中共黨章規定，一個無產階級工人可以最容易入黨，而知識分子則不可能，而必須受到長時間的嚴格考驗才有入黨的可能。不過，有些人誤會了共產黨人所謂「無產階級」這幾個字，以爲沒有錢的人便是無產階級，殊不知共產黨人所謂無產階級只是馬克思所特指的那些沒有生產工具的工人，並非指沒有錢的人，當然也不包含那些窮的知識分子在內。毛澤東的看法也一貫是如此的，那末，我又怎麼會說毛澤東一向看重文藝工作者呢？其實，與其說毛澤東一向看重文藝工作者，毋寧說毛澤東一向在手段上着重利用文藝工作者。他之所以着重利用文藝工作者，則是因爲他認定文藝工作者本身雖不可靠，但文藝工作的作用却大，最大的作用可在非共區以所謂文學上的現實主義去描寫去揭露現社會的黑暗與醜惡，從而引誘人們對現社會的不滿，以煽動青年們的反現實情緒，而便於中共所謂革命工作之展開。魯迅是什麼東西？魯迅有什麼了不得？但中共却把魯迅捧上天，何以故呢？其故即在魯迅專以諷刺現實爲能事，替共產黨的赤化工作開路，合於共產黨人所謂文學上的現實主義，故中共把一個只能寫諷刺文學和散文的人捧成是一個大偶像；在另一方面，斯大林也好，赫魯曉夫也好，毛澤東也好，共產黨統治下的社會總是一團糟的。一切都並不像它宣傳那般美，但共產黨人知道在非共產區，文藝工作者可以大攬其文學上的現實主義，在共產黨統治區，却不可以依樣畫葫蘆大攬其文學上的現實主義了。因爲，文藝工作者在共黨統治下也大攬其文學上的現實主義，豈非揭露自己的弱點，挑起自己統治下人民的反抗，這當然是大大不可的。於是，從斯大林到毛澤東，在這一點上，毛澤東却不愧是斯大林的學生，毛澤東的文藝政策，共產黨人賦予中共統治區文藝工作者的任務，不再是文學上的現實主義，而是文學上的革命的浪漫主義了。掛在赫魯曉夫口頭上的，也和毛澤東從斯大林那裏學來的說法差不多，赫魯曉夫經常強調的乃是革命的樂觀主義了。革命的浪漫主義文學也好，革命的樂觀主義文學也好，名辭雖異，命意却同。它的基本策畧就在利用和強迫左翼或赤色的文藝工作者，不得在太歲頭上動土，不得在共黨統治下進行革命的現實主義文學，不得在共黨統治下揭露任何弱點強調任何缺陷，而必須以文學上的革命的浪漫主義或革命的樂觀主義代之，從而把共黨統治下的人民從現實痛苦的深淵，引到未來的美滿幻想去，從而以未來的美滿幻想來醫治和痲痺人們的現實感覺。質言之，在共黨統治區的文藝工作者就必須以望梅止渴的誇張辦法幫助共黨統治來掩飾黑暗面醜惡面，而以浪漫手法樂觀手法引誘到可望而不可即的未來。所以，歸結說來，毛澤東雖不信任文藝工作者本身的革命品質，却重視文藝工作在非共區與共區所能發揮的兩種不同作用。所以，毛澤東最先從事整風運動時，整頓文風也是整頓三風之一。同時，中共中央一直把毛澤東當年在延安文藝座談會上的談話當成教條來要求各級文藝工作者遵守。共產黨人及毛澤東一直把文藝工作當成一種戰鬥工作，已是很明顯的。

據中共新華社五月廿一日北平電：中共御用「中國文學藝術界聯合會最近在北平舉行了第三屆全國委員會擴大的第二次會議。會議着重討論了在當前國內外形勢下，如何進一步加強文學藝術戰線的，進一步發揮文藝的戰鬥作用問題。」

新華社又說：「中國文學藝術界聯合會主席郭沫若，副主席茅盾、周揚，巴金、老舍、許廣平、田漢、夏衍、蔡楚生、馬思聰、傅鍾、陽翰笙和全國委員會委員以及各地特邀代表等三百八十多人出席了這次會議。

周恩來總理到會和作家、藝術家們會見，並且作了重要講話。他號召全國文藝工作者積極參加國內外的階級鬥爭，作一個革命的文藝工作者。他說，文藝工作者應當有堅定的無產階級立場，遠大的革命理想，應當在長期的複雜的階級鬥爭中鍛鍊自己，改造自己，使自己的無產階級思想和作風不斷地得到加強，使自己能夠經得起風浪的考驗。他號召全國文藝界大力加強革命的文藝戰線。全體與會者一致熱烈擁護這個講話，表示堅決響應黨的號召，要更好地發揮文藝工作者的作用，永遠做革命的文藝戰士。

會議由郭沫若主持，並在開幕詞中闡述了這次會議所要討論的問題。周揚在會上作了「加強文藝戰線，反對現代修正主義」的報告。除了舉行分組討論外，老舍、陳荒煤、茅盾、趙樹理、謝冰心、劉開渠、安波、筱文艷、馬思聰、呂驥、戴愛蓮、袁雪芬、陳其通、田漢等全國委員先後在大會上作了專題發言。」

新華社又說：「會議討論了當前國內、國際革命鬥爭的新形勢。並指出，全國文藝工作者要更高地舉起馬克思列寧主義、毛澤東思想的旗幟，堅決反對帝國主義、各國反動派、現代修正主義和它們在文學藝術領域中的影響。

會議認爲，一切眞正革命的文藝工作者究竟是站在反對帝國主義的前線、維護社會主義的利益和支援世界各國人民的革命鬥爭；還是去迎合和投降帝國主義、誹謗社會主義和瓦解人民的革命鬥志？究竟是用文藝創作反映人民羣衆的革命鬥爭，表揚人民羣衆在勞動和革命鬥爭中的英雄主義和集體主義；還是迴避人民羣衆的鬥爭，離開人民的共同命運，去孤立地描寫所謂「個人的命運」？革命的、社會主義的文藝究竟是應當以自己的新內容和新風格來獨樹一幟，和資產階級文藝流派鮮明對立；還是甘心充當西方資產階級文藝的附庸，跟資產階級文藝同流合污？今天世界上社會主義的文藝正經受着嚴峻的考驗。有些原來是共產主義者的作家已經拋棄了無產階級革命的旗幟，成爲修正主義思想的狂熱的鼓吹者和傳播者，成爲帝國主義、資產階級所歡迎的人物。

會議認爲，革命的文藝工作者，必須時刻警惕和堅決防止修正主義思想和一切資產階級思想在中國文藝界的滋長，必須用文藝武器更好地爲工農兵、爲社會主義、爲世界人民的革命鬥爭服務。現代修正主義者則鼓吹現時代是什麼「積極共處」和「和平地長入社會主義」的時代。因此，在他們看來，文藝作品已經不再需要宣傳無產階級和勞動人民的革命鬥爭，唯一需要的是宣傳超階級的「人道主義」和「愛一切人」。我們堅決反對修正主義者的讕言，我們的文藝工作者要緊密地和新的革命的時代相結合，和世界最廣大的人民羣衆相結合，只有這樣，才能創造出爲人民所需要的作品。

會議還認爲，文學藝術應當進一步努力表現我國人民偉大的精神面貌，表現這個時代的種種矛盾和鬥爭。「無衝突論」的作品是沒有人要看的。」

從新華社上述報導，可以很明顯的看出：中共所謂反帝，即是反美，而所謂反對修正主義，則正是反對赫魯曉夫。而所謂「無衝突論的作品是無人要看的」說法，則更顯然是毛澤東現在更在發狂，現在是除對大陸文藝工作者強迫其加強反美外，更正式開始賦予反對赫魯曉夫的任務，並欲瘋狂的發揮其「衝突論」「矛盾論」的論調，以從事各種鬥爭。所以，有人以爲毛澤東在內外夾攻大陸民不聊生的情況下已對內對外採取緩和政策，那完全是胡說八道。須知，今日之毛澤東是仍在政畧戰畧上採取攻勢的，僅僅在某些局部問題的手段上採取較穩或稍鬆的戰術而已。

毛澤東有「思想」嗎？

薛靜觀

一連串的「毛澤東選集」自一九五一年起，在大陸印行，被當作「聖論廣訓」而普遍地誦讀着。「要學習毛澤東思想！」在大陸，「毛主席」已被奉為神明，至少是個當代的大思想家。他有政治思想，有軍事思想，還有文藝思想，以至哲學思想。那部「選集」並經譯作英文（五卷，一九五六年倫敦版），流行外國，而且據說甘廼廸總統的案頭亦嘗列有一編。美國國務院經常翻譯中共發表的東西，連芝麻綠豆大的內容和半通不通的文字，虛謊浮誇的統計圖表，照例都要逐篇逐句譯出來。從知己知彼，百戰百勝的方策，一直被中共叫囂為第一號帝國主義大敵人的美國，也難怪她如此認眞。而況一貫現實主義的西方觀點，比之我國向來所說的「成則為王，敗則為寇」，還要來得勢利眼。的確，毛澤東從一片混亂紛擾中打下了中國江山，樹立起一個史無前例的強大統一政府，大力推行國內建設和改革，在韓戰中和美國及聯合國軍隊打個平手。毛澤東眞是個威風凜凜的英雄，不出世的天才政治家和大思想家！

然而，內行的中國人心中有數，「人民的眼睛是雪亮的」。以那麼有「思想」的大天才，君臨大陸十有四載，却把全中國老百姓弄得一窮二白，顚連於飢餓病和神經病的煉獄當中。毛會下令種田人要「深根密植」，給老農們笑斷了牙；但被又紅又專的幹部驅迫着，不敢不違心去服從。他又下令「土法煉鋼」，在村前村後搭爐灶半天高，家家鐵鍋門瓣以至牆上一顆釘子，都拿來投入爐中，抽風扇打鐵的古老工匠也知道那決煉不出鋼來。空將數億萬的人力和時間，完全付諸浪費，從而全面荒蕪了農田，幾年也將無法好轉。不論他的「思想」在選集裏怎樣頭頭是道，而依這思想和命令所實行出來的，都是荒乎其大唐，帶給老百姓無窮災禍，怎不叫眼睛雪亮的人民憤火冲天呢？

作者從來不慣寫罵人的文章，看到自由中國若干報刋上一些「毛匪」「毛酋」的字眼，終覺得是無聊。不過，把不人不鬼，荒唐透頂的「毛澤東」跟「思想」聯綴起來，實不勝其慨異。照我所了解的「思想」一詞，應該含有條理、貫通、精密、觀察、審慎判斷一類智慧質素。衝動只是衝動，不能算做思想。譫妄也不是思想。大家承認一個瘋癲狂人是不會有思想的。禽畜當然全無思想。鬼更說不上有任何思想。把「思想」結合到「毛澤東」身上，確乎有些不倫不類。可是中共大陸偏通行這類乖謬的詞句，恬不為怪。例如「民主專政」一語，稍有常識和理性的人，無不知道「民主」絕對不能和「專政」聯在一起。這好比水和油之無由融合，黑和白之必不相容。是民主斷非專政，是專政斷非民主。馬列主義者濫用辯証法和所謂「矛盾統一」，硬把光和暗，白和黑，歪曲地狡猾地揉作一團。這不但是滑稽非常，而實是有意愚弄。趙高指鹿為馬。日本人以「馬鹿」(bake)作罵人語。其實毛澤東連馬鹿蟲豸之不如。

慣讀水滸的毛澤東，熟知景陽崗上武松打虎。他當然內心怕美國如老虎，却自作聰明以「愚黔首」，一貫地呵斥美帝為「紙老虎」。待赫魯曉夫幽默地指出這隻紙老虎却有滿口核子牙之後，老毛又轉而罵老赫胆小如鼠。到底誰才是紙老虎？誰才是鼠？請問「毛主席」敢不敢去捋第七艦隊的「鬚」？已高呼了「解放台灣」十四年，却對今日台灣明目張胆派九批突襲隊「竄擾」沿海一帶，也不敢出兵還擊。儘狂叫「美蔣特務」；敢對他一動手嗎？何妨先去收回廈門只五哩外的馬祖金門？哈，只好自調動十萬大軍增防閩粵，來捉二百七十二個「國特」。可見前之怕美帝如虎，今且更怕台灣如虎，真是「胆小如鼠」之至了。要是怕到那麼厲害，何止胆小如鼠，「心中有鬼暗中驚」而已。畜生已無「思想」可言，鬼更那裏來的「思想」呀！

不過平心而論，看毛澤東戰鬥的上半段，不能不說他是有些思想的。即是，從一九二一至一九五一的三十年間，他確實有過幾手。他理解了全國農村的崩潰，察見了舊社會之急需改造。他覷破中國知識分子之可欺以其方，與純潔青年熱情學生之大可利用。他知道應與史太林密切聯繫，滲入國民黨而暗樹其勢力。他領導一萬八千里長征，而在延安刻苦奮鬥。他還承襲了中國一些「將將」的故智，直到今天，籠絡和控制軍人，猶為其日幕途窮的最後堡壘。以上所表顯出的他的「思想」——也許只可說是他從水滸三國得來的一些「詭計」——被襯托獲得成功的重要因素有二：一是整個中國民族之切望社會革新；二是蔣介石政權之愈趨愈入腐敗。但這兩者都是無意中暗助老毛前期的勝利，亦就促成他後期的自掘墳墓而滅亡。由於蔣家擁有百萬貔貅而猝然喪失整塊大陸，引起毛澤東的狂妄和冲昏腦筋；由於他欺騙玩弄國中一般知識分子和老百姓，促致毛之自以為巧而實至愚。他那裏還有什麼「思想」呢？

有一次，自西歐去訪大陸的一個外賓，席上偶向毛澤東稱贊中國人的手藝真精緻。老毛遽嗤之以鼻，答道：「莫以為中國老是一個手工業的國家。有一天快來到，我們會追過一切西方工業化的國家。」（註）這和他在一個會塲上當面斥梁漱溟：『你像楊貴妃般自以為美，我說你臭得很哩！』（見周鯨文作風暴十年）一模一樣衝動，何等輕率，神情，徒暴露其妄味無知。驅六億萬人十二億雙白手，說要在十五年內追過英國。大言炎炎地閉着眼斥赫魯曉夫在古巴事件上向帝國主義屈服。他於現代科學技術的驚人進步，完全茫然不知所以，於蘇聯與美國的政情，絲毫不識，却妄以正統馬列主義理論家自居，高調全世界「人民革命」的威力能壓倒所有核子飛彈的威力。似是而非，胡纏亂扯，正和他所塡的歪詞一樣。那知遊戲文字原與現實政治根本兩途。不錯，「人民革命」的威力的確無比，現在海內外炎黃胄裔一齊奮起來了，正要叫你毛澤東親証中國人民革命加在狂暴獨夫身上的威力！

一九六三、春日

（註）引自美國 That Man Mao, Sunday Star, Jack Anderson: January 27, 1963, Legger.

設法握緊一隻拳頭

——答趙岩先生

胡越

趙岩先生：來信誦悉，甚感，承問三個問題，謹答如左：

一、在目前台灣不能反攻大陸的情況下，我們應採取什麼途徑反共復國？

關於台灣反攻大陸的問題，我有兩點看法。（一）我懷疑他們，如果沒有美國的支援，是不是有反攻的決心。因為這些年來，他們把不能反攻的責任都推在美國身上。其眞正的意圖可能在爭取美國的支援，起碼是背後的支援。但是據種種情況來觀察，美國是絕不會支援反攻大陸的，最近甘廼廸還公開聲明類似的意見。因此台灣的反攻大陸，就很渺茫了。（二）即使台北當局下了破釜沉舟的決心，如果在軍事行動之前，不做好政治準備，不能開誠布公，與民更始，即使反攻也必無成功可能。今天大陸的農民可能無條件的期盼國民黨回去，但是知識份子及共幹就不一定這樣。如果台灣不能改革政治，樹立風聲，就不足以震動和瓦解中共的士氣軍心。在今天這樣的情況下，要想反共復國，必須在台灣之外，建立一打擊中共的力量；辛亥革命之推翻滿清是一般鑒。但是這必須有像孫中山、黃克強那樣傑出的人物，捨棄一切，持之以恒。今天中共所遭遇的困難，正在做惡性循環的發展，它已經東倒西歪，只等奮力一擊，將之打倒，但是我們必須設法先握緊一隻拳頭。

二、中共的仇美運動如火如荼，為什麼美國不對中共還擊？所謂兩個中國是怎麼回事？

今天美國對中共仍持有機會主義的心理。以往對毛澤東曾抱有狄托夢，現在則期望中共在飢餓窮困的折磨之下，會逐漸變成馴順。美國所以如此，有很多原因；第一它是民主國家，其對政策是要受民意控制的，今天美國物阜民豐，人民皆願享受和平，痛恨戰爭，因此美國政府對中共不敢強硬趨向戰爭，只有警戒中共向外擴張，以觀其變，其次，美國受蘇俄和平共存政策的誘惑，及國際中立集團牽制的，不得不對中共採取忍耐的懷柔政策。

所謂兩個中國，是西方國家解決中國問題的一個方案。到現在為止，還沒公開提出來，但是在暗地裏向這個方向進行。目前美國第七艦隊中立台灣海峽，使兩個政權隔海對峙，實是這一政策的具體表現。

三、反共的社會觀是什麼？以個人主義對抗集體主義，是否妥當？

反共的社會觀，可能人各不同；例如從前希特勒和墨索里尼也是反共的，他們所持的是法西斯主義社會觀；今天的泰國、南越也是反共的，所保衛的不過是乃沙力及吳廷琰的獨裁政權。就自由世界的共同文化趨向來說，我們的社會觀是自由和民主。人民自由是目的，民主制度是保障自由的方法。所謂個人主義，正是社會觀，是說社會的組織、權力，是為了保障衆多個人的自由而存在的。把個人主義說成自私自利，自由散漫的人生觀，那是共產黨人的故意曲解。集體主義，無論所用的名詞是階級、人民、國家或民族，其目的皆在壓低和碾碎個人，獨裁戴着集體主義的面具，大聲呼喊：「犧牲小我，完成大我」，其實完成的是獨裁者的私心。這一點是必須警醒深思的。

謹致胡越先生一封公開信

胡先生，我是聯合評論的長期讀者，在這黯淡的歲月裏，貴刋是我唯一的精神食糧。我本是一個不能用筆說明意見的人，一拿起筆來比肩荷二百斤鐵還感吃不消。在這裏我只能拉雜寫出一些意見，向先生請教。

我們中華民國誕生以來，一直在災禍動亂中；人民沒過着一天好日子，而且前途茫茫，仍不知到那一天為止。每感觸及此，則欲哭無淚。

當北平解放時胡同裏的牆上曾有這一幅對聯：「蔣匪毛匪誰是匪，聯蘇聯美我聯誰。」橫聯「人民遭殃」。這廿個字，把國共兩黨禍害人民的苦情都表達出來了。廿世紀號稱人民的世紀。自由民主是人類進化的潮流，可是我們中國的統治者，硬是迷夢不醒，背叛潮流，倒行逆施。一九四八，中共竊據大陸，把五萬萬同胞上了吊，於今已經十五年了。十五年來，我們時時痛恨做一個旁觀者，可是我們又不能不做一個旁觀者。

最使人氣憤的，而以中國正統自居的「政府」，自撤守台灣，一直蹉跎徬徨，自誤誤國。寶島台灣號稱反共復國的基地，實際上是他們的政治避風塘。如此的領導者怎能獲得人民的擁護和信仰。他們自誤不打緊，誤了國家，害了同胞，我們是不能容忍的。今天並非因為中共強大，而是因為台灣太沒出息，太沒做為。

我亦是從大陸冒着生命危險逃出來的青年，我們在大陸時與朋友同學，對於台灣曾抱信心和希望。以為他們一定能趁中共「三面紅旗」的失敗，反攻大陸。誰想到，他們却是這樣的不死不活，一籌莫展，使人寒心！

就我所了解，一九五八年以後，大陸的共幹衷心惶惶面對「盲目流動」的飢民束手無策，當時只要有一旅之師，決然登陸，燎原之勢早就出現了。可惜放過了這個機會，一直拖到今天，人心沉悶得近乎死寂了。

我們這羣流亡的青年朋友們，來港後，雖然一直在顛沛流離的狀態，但是我們仍可少吃一個麵包，也要多買幾份報紙刋物，因為我們急於了解反共陣綫的情形。一年來我們發現，祇有聯合評論，是站在人民的立場，做正義民主的呼聲。在這裏謹向各位先生致敬。現在有幾個問題，請先生賜答：

一、在目前台灣不能反攻大陸的情況下，我們應採取什麼途徑反共復國？

二、中共的仇美運動如火如荼，為什麼美國不對中共還擊？所謂兩個中國是怎麼一回事？

三、反共的社會觀是什麼？以個人主義對抗集體主義是否妥當？

以上幾個問題，請能解答，是盼，此祝，撰祺！

讀者趙岩叩

五月十七日

王震等受賄案被提起公訴

獨清

（台北通訊）台北地檢處檢察官王震，省警務處刑警大隊組長莫熒，調查局專員王琪等三人在虛報出口案中，接受虛報出口疑犯大同實業公司總經理蕭伯煌賄款一百七十萬元一案，近幾週來因王震之妻向各方呼籲，乃夫曾被移送警備總司令部刑求訊成傷，引起掀然大波，幾乎反將本案掩蓋過去。五月二十二日，台北地檢處檢察官王煌輝偵查終結，正式對王震等七人提起公訴，然後才書歸正傳。

幾番密議，酒店交錢

據起訴書指出：緯綸實業公司總經理朱逸民與大同實業公司總經理蕭伯煌平素交往甚密，多年以來，朱對調查局專員王琪時予經濟上的援助，王亦利用職權對朱多方關顧，兩人交情至為密切。大同公司虛報出口案被揭發後，蕭伯煌曾一度逃匿，朱逸民受蕭家之托，即請王琪為蕭化解。王琪乃邀同王震在亞士都旅社殯廳與朱見面。經過數次密商後，本年二月十五日中午，王震即電邀省警務虛報出口案的專案小組副組長莫熒在台北中山北路美而廉餐廳午餐，下午六時又再度聚會於此，情商救助蕭伯煌辦法，王震並勸莫熒應趁此機會，建立「經濟基礎」，後者卒表示應允。二十六日，朱逸民乃往晤蕭伯煌，謂已有辦法，要蕭邀同省議員一人到專案小組投案，即可於二十四小時內獲釋。蕭問需活動費若干，朱估計其兩次虛報出口所獲的退稅金額，索取三百七十萬元，蕭允照付。同日下午六時，朱逸民、王琪、王震等三人又在亞士都聚會，王震以電話邀莫熒於當晚八時許前來該處，即闢三樓旅社三〇一室密議，朱詢莫熒需活動費若干，莫答一百五十萬元。王震從旁補充說：「此數限於專案小組承辦之階段。」朱滿口答應。並云此數完全交與莫熒，至王震、王琪二人，蕭伯煌當另行各酧十萬元。莫即離去。次日，朱轉告蕭，並要求付款，因逢尾期日，乃延後一日（二月十八日）先付二百萬元，由蕭妻蕭秀梅以其兄蕭柏舟名義簽出支票三張，並親往銀行提取大鈔，裝入日本尼龍原料大紙盒中，送至朱逸民家，朱提出四十萬元，再將餘數一百六十萬元改裝於日製手提箱內交與王琪，王即攜往王震預關的南京大酒店四一〇室，王震、王琪、莫熒三人共同打開箱，王震並以預先購備的牛皮紙分包為八包。莫表示將在一百五十萬元中，提出三十萬元分與王震、王琪。莫因急需趕回專案小組開會，即與王琪先離去，賄款除王琪帶走十萬元外，其餘一百五十萬元均由王震收存。蕭伯煌自朱逸民處獲知賄款業經交到，即於二月二十日晚，請省議員徐堅陪赴刑警大隊向專案小組投案，但被收押，且不准接見家屬，情事嚴重，蕭妻認為朱有意欺騙，大為憤怒，向朱爭吵不已，事聞於刑警大隊長，追訊蕭伯煌及其妻，得悉前情，即報請台北地檢處將朱逸民扣押，又由朱的口供得知王震、王琪、莫熒涉嫌受賄，即將王琪、莫熒扣押，王震則畏罪逃匿，因警方追捕甚力，始向台北地檢處投案。

王琪、莫熒等均直認不諱

起訴書繼稱，上述事實，業經被告蕭柏煌、朱逸民、王琪、莫熒等自白不諱，並就朱逸民、王琪、莫熒等在旅社餐敘，策劃期約及交收鉅額賄款等經過情形一再對質，亦相脗合。核與亞士都旅社服務生所供朱、王、王、莫四人在該旅社闢三〇一室緊閉房門密談，蕭妻所供曾開發支票三張向銀行提取大鈔後裝入日本包裝紙盒內，大同公司職員所供幫同蕭妻細紮大紙盒，新生汽車公司司機所供受僱駕駛計程車運送大紙盒去朱逸民家，朱逸民之妻所供收存蕭妻所送來之大紙盒及南京大酒店服務生所供王震、莫熒、王琪等在該酒店闢室密談及王震携手提箱兩隻等經過情形，已足證朱逸民、王琪、莫熒等之自白為真實，自堪採証。

王震堅不吐實

起訴書復稱，被告王震雖堅不吐實，並以二月十四日及十六日兩次接朱逸民電話邀宴，均以內勤為由婉辭，十八日則自下午六時許偕妻赴新店拜訪親戚全道雲，至十時許始返回自宅，苟有在南京大酒店闢室密談之事，何以旅客登記簿未見記載等語為辯。茲就被告王震所提有利之點詳為查証：（一）被告見王震原係二月十九日輪值內勤，此有台北地方法院檢察處二月份值勤表可查，乃於十四日臨時商請與是日輪值檢察官調換，經本檢察官查訊值勤書記官徐承恩據告二月十四日下午六時至八時之間，其辦公廳未見王震其人，八時以後王震才來，有証人筆錄附卷可稽，共同被告朱逸民、王琪亦供認是日下午六時許，該被告王震確至亞士都餐廳與伊等共進晚餐，菜未用畢，即以另有要事待理為由先行告辭，被告王震二月十四日未應朱逸民邀宴之說，即非可信。（二）二月十六日被告輪值外勤，曾至台北縣平溪鄉相驗楊賢社屍體，於下午五時左右返抵司法大廈門口，與書記官等分手，即未再往他處相驗。同晚與朱逸民餐敘時並告其外勤驗屍之事，亦據其配置書記官徐承恩及共同被告朱逸民分別供明，是日被告王震等曾在亞士都旅社敘會亦為無可否認之事實。（三）仝道媛係王震之妻，仝道雲係王震之近親，其証言之証據力已薄弱，即傳証仝道雲仝道媛分別詳詢二月十八日在仝道雲家吃飯經過各情，並細加比對，如所述同席吃飯之人數，僱用計程車之情形，均語多不符，勾串之詞殊難遷信。（四）訊據值班服務生鄭如松供稱：三次懇請王震登記，均以尚有客人未至，住否不定為由遭其婉拒，經命具結，記明筆錄足憑。被告王震之辯解，無由成立。而其參與索賄各請，不唯迭據共同被告朱逸民、王琪、莫熒指述綦詳，且提各該被告經鄭如松一再辨認後，結証供稱：「二月十八日下午八時許，王震、莫熒確至其酒店，開四樓四一〇號房間，稍後即由王震陪同王琪手携提箱各一隻進入房內，嗣見王琪、莫熒先行離去，王震則挾牛皮紙包進進出出，延至翌晨二時許，始謂擬趕搭火車南下，補付賬款二百元，並賞付廿元小費，匆匆走出」等語，核與王琪所供「賄款送至南京大酒店後，王震即以預行購備之牛皮紙包裝，每包廿萬元」「伊與莫熒先行離開」「翌日閒談中王震吐露昨晚忙至二時許」各節完全脗合，於案發後潛匿三天之事實，亦有本人之書[illegible]之證明附卷可稽，自難任令狡卸責，被告等犯行均堪認定。

王震藉口刑求，圖免刑責，應加重處分

起訴書最後指出，被告王震、王琪、莫熒三人俱受國家多年培育，身居檢警要職，竟利用辦案機會，索取鉅額賄款，圖使不法商人倖逃法網，其辱瀆職守，破壞法紀，情節殊屬重大。王震且以刑求為藉口，企圖脫免刑責，吞沒鉅款，應從重科罰，以示懲儆。被告朱逸民、王琪[illegible]於獲案後，頗有悔意，坦白供陳，使本案[illegible]白，應[illegible]。被告[illegible]出口案[illegible]法律制裁[illegible]蕭秀梅、蕭柏舟[illegible]以金錢[illegible]員收賄[illegible]處以高度之刑，以維社會風氣，以彰國法尊嚴。賄款一百七十萬元，並應[illegible]沒收。

台灣簡訊

志清

一、懲貪條例勢將被擱

由於台灣的貪風盛行，許多機關都發生集體貪污的案件，在社會輿論的呼籲與督促之下，立法委員林樹藝於前年所提出的戡亂時期懲治貪污案件，總算於去年下半年提出院會討論，並進入二讀的階段。但現在又因第二條的解釋問題，遭受阻礙。審查會所通過的原條文本為「公務員、軍人、公職人員或受公務機關委托承辦公務之人員犯本條例之罪者，依照條例處斷。非前項人員而與共犯者亦同。辦理社會公益或黨政有關政治之事務，以公務論，其財物以公物論。」由於黨務人員被列為本條例通用的對象之一，當權派即發動護航隊在立法院展開活動，務將黨務人員一項取銷。但僅取銷黨務人員一項，護航隊似難為力，於是乃以一併取銷公職人員一項為交換條件，藉以誘迫若干已有貪污慣事的不肖立委供其驅使。因為所謂公職人員指的即是國大代表立監委員和省縣議員等。果然，此計一出，即大收奇效。原有一部分立委（大多兼任律師）已對「公職人員」列入懲貪條例的適用對象一事而深感煩惱，祇苦於不便明目張膽的予以反對。現在當權派既然為了黨務人員被列入適用的範圍而首先伸出手來向他們要求合作，自然是喜出望出，於是互相聯成一氣，在立法院內結成陣勢，實行對懲貪條例展開鬥爭，經過多次的爭論，結果卒將第二條改為「依據法令從事公務之人員犯貪污之罪者，依本條例處斷；其受公務機關委托承辦之人，犯本條例之罪者亦同。」在辯論時，支持原提案的委員表示，祇要所謂依據法律從事公務之人員是將公職人員和黨務人員包括在內，他們也可同意此一修正案，但修正案通過後，護航隊和別有懷抱的若干立委，即否認前議，認為所謂依據法令從事公務之人員，民意代表和黨務人員並不在內，因而又發生解釋不同的問題。五月二十二日，立法院對此問題再度展開激辯。支持原提案的委員主張在本條之下增加一條解釋性的條文，仍將適用對象列舉出來，以免將來執行時發生解釋不同的問題而使本條例形同虛設。民社黨的立委周樹聲聯同和他志同道合的立委十人主張明文規定「本法第二條所稱依據法令從事公務人員，係指一般官吏及公營事業機關之服務人員而言。」立即引起立委多人的反對，國民黨籍的女立委楊寶琳說：「依憲法規定，立監委員並非官吏，周委員的建議，顯然在使立監委員不是本法的適用對象。我認為立委是人民代表，應以身作則。假如本法不包括民意代表在內，不但我們自己於心不安，且難獲人民的諒解，更無法向輿論交代。」她更沉痛的指出：「貪污治罪條例在立法院已拖了兩年，到現在還沒有通過，實在說不過」。谷正鼎、張子揚、鄧翔宇亦認為本法應包括民意代表在內。反對將民意代表和黨務人員列入本法適用對象的立委們則別出心裁，他們並不正面提出反對的意見，祇是採取其他方式，藉使本案不能通過。例如，他們有的強調軍人不應列入，有的更說，與其將來因解釋不一而不能收到懲治貪污的實效，不如將之束諸高閣，以免徒費唇舌和時間。

照現在的情形看去，除非出現奇跡，立法院在這一會期內，已無法將本法完成立法程序了。

二、虛報出口案還大有文章

官商勾結，虛報出口套取退稅案中尚有一件驚人的套滙黑市美鈔案未經官方公佈。據聯合報透露：政府為倡導勞務輸出，鼓勵黃豆搾油及尼龍加工出口。不法商人勾結有關官員，原料進口後，即在台灣市場以高價出售，一面虛報出口，套取退稅款，一面即以售貨所得之款在黑市買進美鈔，私帶出口；或在香港提取港幣買進原料，然後在台灣以黑市價格折算新台幣。這種逃避結滙手續的不法行為，對於財政金融的為害，比虛報出口更為嚴重。本案的被發現，乃由於本年三月警備部在大同實業公司虛報出口案中，查覺該公司曾以前述的方法套取港幣一百六十萬元，乃交由省警務處併案偵查。省警務處雖然已將涉嫌虛報出口有關的商人和公務人員偵查告一段落，移送台北地檢處法辦，經辦此案的專案小組亦宣佈結束；但對套匯案則一直保持高度的機密。聞涉嫌套滙的不法商人，不止大同實業公司一家，警務處刻已成立專案小組，將會同財政部、外貿會及台灣銀行等有關機關，作深入而廣泛的偵查。

「老中友誼路」已正式移交

綜觀

寮共是中共支持的，這是舉世皆知的事。本來，對於寮共，以往蘇聯也是重要支持者之一。但自赫毛發生個人權利衝突後，中共與蘇共隨即發生矛盾，表現在寮國問題上的，便是中共與蘇共爭奪對寮共的支配權與領導權。

從世界大勢看，蘇共在與中共爭奪寮共的這一爭執中，蘇共原應佔優勢。但寮國地境鄰接中共，且寮共與中共同屬亞洲區共黨，比較接近，故蘇共在這一紛爭中打了敗仗。寮共完全聽命於中共。最近，由中共出錢出力修建的由中國雲南省邊界伸入寮國豐沙里的戰畧公路又已完成，且已由中共正式移交與寮國，命名為「老中友誼路」，這就可見中共對寮國的支配權將因這一戰畧公路之修通而更加强了一步。至於由中共將此一公路移交給寮國，則不過形式問題。因為中共的軍火、物資、人員等能在這一條公路上行走，即算業已完全達到了中共的侵畧目的，將該公路之主權移交寮國，則與中共毫無損害也。

按這條公路是中共與寮國於一九六二年一月簽訂協定而修建的。誠如寮國政府的代表所說：「豐沙里過去交通運輸很不方便，為我們發展經濟、文化事業造成了很大的困難」。現在修成的這一公路，全長八十二公里，修建工程由一九六二年一月開始，而於今年四月完成，由於雲南到豐沙里的交通不方便，故中共對寮國的侵畧亦時感困難，現在這一由雲南直通寮國豐沙里之戰畧公路完成，對中共今後的侵畧，當然也就更方便了。

大陸簡訊

黃微星

中共說已遣返全部印俘

據中共新華社五月廿五日北平電訊說：「中國西藏地方邊防部隊，今天在棒山口北側又釋放和遣返了向我邊防部隊發動進攻而被俘的印度軍事人員三百八十二名，最後完成了釋放和遣返全部被俘印軍人員的工作。至此，所有一九六二年十、十一月間向我邊防部隊發動進攻而被俘的印軍人員，已全部釋放和遣返完畢。」

顯然，中共現在已對印俘進行的洗腦工作已完成了，所以，中共把他們釋放回去。

中共極力拉攏新西蘭共黨

據新華社北平二十五日電「中國共產黨和新西蘭共產黨聯合聲明，今天下午在北京簽字。

代表兩黨在聯合聲明上簽字的是：中共中央總書記鄧小平，新西蘭共產黨總書記維・喬・威耳科克斯。

中國共產黨方面參加簽字儀式的，有中央副主席劉少奇、周恩來，中央政治局委員、書記處書記李富春，中央政治局候補委員、書記處書記康生，中央書記處候補書記楊尚昆，中央委員劉寧一、伍修權，中央候補委員趙毅敏等。

新西蘭共產黨方面參加簽字儀式的，有全國委員會委員麗塔・史密斯，新西蘭共產黨路易・艾黎同志。

簽字以後，兩黨的同志親切握手表示祝賀。」

並說「中共中央副主席劉少奇、周恩來和總書記鄧小平，今晚設宴招待新西蘭共產黨總書記維・喬・威耳科克斯。

在北京的新西蘭共產黨全國委員會委員麗塔・史密斯和新西蘭共產黨路易・艾黎同志，也應邀出席了宴會。

出席宴會作陪的有中共中央政治局委員、書記處書記李富春，中央政治局候補委員、書記處書記康生，中央書記處候補書記楊尚昆，中央委員劉寧一、伍修權，中央候補委員趙毅敏等」。

中共新設第四機械工業部

可以說，這是一個很滑稽的消息，中共現在的工業明明已經停頓減產，無法照原定計劃進行，因而不得不把從前着重工業的計劃改為着重農業，但中共中央却仍秉承其一貫的官僚作風，覺得設了第一機械工業部還不够，又設第二機械工業部，設了第二第三機械工業部還不够，最近竟又增加第四機械工業部。此外，並還新設外文出版發行事業局等機構，眞可謂集官僚與好大喜功之作風於大成了。

新華社對此所發出的報導是這樣的：

「全國人民代表大會常務委員會今天舉行第九十七次會議，會議決定設立中華人民共和國第四機械工業部。

會議還批准設立國家物資管理總局、外文出版發行事業局、全國物價委員會、國家編制委員會，作為國務院的直屬機構。

會議還通過任免事項。

又：劉少奇主席根據第二屆全國人民代表大會常務委員會第九十七次會議的決定，任命王諍為第四機械工業部部長。」

梅益周而復分訪印尼日本

假借文化交流與新聞訪問之名而前往各地作滲透及國際統戰之陰謀，原係中共多年來之慣技。所以，凡屬中共所派出之此類訪問人員，名義上雖然是什麼文化工作者什麼新聞工作者，實則都是中共的特務。但可惜的，是在自由世界內，仍有許多天眞的分子，對此不察，遂令散佈在其它各國各地之左傾分子得與中共此類特務裏應外合，竟然到處訪問。

據中共北平五月廿四日電：「以梅益為首的中國新聞工作者代表團出席在印度尼西亞召開的亞非新聞工作會議後，已於廿三日由印尼乘飛機飛回北平。」

但與此同時，據中共新華社五月廿五日東京消息，「應日中友好協會邀請前往日本訪問的中國人民對外文化協會代表團，於廿三日晚間乘飛機到達東京。」

新華社又說：「由周而復率領的代表團在機場受到日中友好協會領導人三島一、黑田壽男和各界著名人士伊井彌四郎、穗積七郎、宿谷榮一、田中稔勇、龜井勝一男等的歡迎」。

所謂「中日友好協會」的領導人以及所謂各界著名人士，不言可知，都是一些莫名其妙的幼稚左傾分子，而周而復呢？他曾經是中國著名詞壇勝手盧前（冀野）的學生，大陸淪陷後，把盧前迫害致死的也正是他咧。不過，現在搖身一變，中共特務周而復又變成是中共對外文化協會的代表團團長了。其實，這些人的雙手都是沾滿大陸人民的鮮血的。

僑鄉近訊

鍾之奇

深圳水庫亦鬧乾旱

近來，由於天未下雨，香港已在鬧水荒。如何解決這一水荒呢？有人主張租用大油輪向日本越南等處運水，左派人士則主張向大陸運水。但據中共廣東省偽省長陳郁對中共在廣州出版的南方日報記者發表談話說：「由於持續八個月的嚴重乾旱，深圳水庫存量有限，再難就近增加供應」，要就只有運廣州的自來水，但亦有限，足見中共所時常吹噓的所謂水利建設，——深圳水庫亦正在鬧水荒。

陳郁承認廣東各地有嚴重旱情

事實上，不僅中共深圳水庫在鬧水荒，就是廣東各地的旱情亦已超過香港百倍。因為香港所謂水荒，畢竟尚有食水供應，目前亦僅每隔一天供應四小時的食水而已，而廣東各地則食水雖無嚴重問題，可是農田所需之水却付缺如。因之，揷種便成了問題。對此，中共廣東省偽省長陳郁亦不得不承認。他最近公開談話說：「今年廣東各地亦遭受香港同樣的為六十年來僅見的嚴重乾旱。目前旱情仍在發展」。這就可見廣東的情形比香港的更嚴重，因為廣東的旱情照陳郁所說正在發展，則廣東各地今年的收穫勢必要受到嚴重影響了。

粵西江北江水位創最低紀錄

對廣東各地的旱情，廣東共幹雖無詳細報導，陳郁也只概括性的報告了一下廣東各地今年旱情嚴重，但究竟嚴重到何種程度呢？對此，不妨從廣東西江與北江的水位低落情形可以看得出來。

據粵共五月廿四日宣稱：目前西江、北江水位，出現僅次於一九零二年的河流水位最低紀錄。連位於西江、北江、綏江三江水流總滙的三水縣，也乾旱了達七個月之久，則旱情之嚴重可知。粵共同時承認今年旱情超過春旱嚴重的一九四三年云。

福建亦發生嚴重旱情

又據中共新華社透露：「今年福建大部地區遭受了解放以來最嚴重的乾旱」。並透露：「為了不違農時，廣大農村人民公社社員頑强抗旱達半年之久」。這就可見福建與廣東的情形一樣，都是在半年前就已發生旱情了。但中共却在最近才透露呢。

據新華社說，在福建，受旱最嚴重的是龍溪專區和沿海雙季晚稻地區，大部份稻田因缺水而未能完成揷秧計劃。旱地作物亦因旱枯死很多，非旱地作物之枯死者，自更嚴重了。

粵共天文台公佈旱象

對於因嚴重乾旱而引發的災情，中共雖未詳細公佈，但對於廣東目前所遭遇的旱象，中共廣東省天文台却約畧的作了一次說明。

據中共南方日報所公佈之雨情稱：

「今年廣東全省降雨量比歷年同期顯著減少，特別是春耕季節嚴重缺雨。揷秧最需要用水的關鍵時刻，沒有下雨，有些地區連續無雨的時間達到一百五十至二百一十天，這就造成今年成為一九零二年（光緒廿八年）大旱之年之後，六十年以來最嚴重的春旱」。

粵共「氣象台」預測：本月廿二日至廿五日廣東將降雨，但指出：南部沿海雨量較少，特別是珠江口以東沿海地區偏少的程度更大。這些地區的旱情，仍有繼續發展的趨勢。

該台又說：「由於前期雨量偏少，可能造成六、七月間或今後一個時期雨量偏多」。這意味繼旱災之後，水災可能隨之而來。

廣東澄海電廠被反共志士破壞

據最近由廣東省澄海縣來澳一陳姓難胞透露：澄海縣發電廠一變壓站，於五月七日被反共志士爆炸，若干街道電流因此中斷數小時。事後共軍濫捕無辜，不少居民被拘。七日晚上八時許，設於澄海縣城內隊城路之澄海發電廠變壓站突告爆炸。附近中山路、東門街、號房街、打鐵街等約七八條街道，電流全部中斷，成為黑暗世界。城內情況一度極為混亂。大批共軍及偽公安員於聆訊後馳到現場查勘，一面調技工搶修變壓站被破壞之機件，一面展開全面戒嚴，搜捕嫌疑份子，不少居民無辜被捕。直至深夜恢復電流後，才發覺各街道有不少反共傳單。據推測，可能係反共志士在黑暗時散發的。

印度增强國防實況

陸仁剛

印度最近發表一個週年（一九六二年四月至一九六三年三月）國防報告書，從這報告書中，可以反映出印度增强國防的實況。據該報告書透露：在過去一年時間內，全國兵工廠所製造的軍事裝備及武器，總值達六億五千萬盧比（等於四千八百七十五萬英鎊）；至於前年的國防生產總值，則僅爲四億盧比而已。該報告書又透露：一九六三年度的生產計劃，是準備將八十二億六千五百四十萬盧比的龐大欵額，用於增强國防。這個數字，約佔其本會計年度中的總預算百份之四十六。此外，印度的友好國家還供應了不少自動武器，飛機，及其他防衛裝備，協助印度擴展陸軍的緊急需求。外國的軍援中，最大批的是來自美國和英國；其次是加拿大，澳洲，西德，以至蘇聯。各國所援助的，由冬季服裝以至高空飛行的直昇機，種種式式，應有盡有。預料外國在本年內援助印度的軍備總值，將以百萬美元計算。這龐大的援助，當然可以使到印度的國防設備迅卽加强，足以應付長達二千五百英里的喜馬拉雅山地帶的邊境防務，抵抗中共的再度突然襲擊。

印度總理尼赫魯對最近所盛傳中共軍隊正沿中印邊境區集結的消息，已認定是確有其事。印度的高級官員也承認：中共的突襲可能性並未消失。因此，他們對增强國防的工作，不得不要作全面性的積極推進。

印度國防部的計劃，是要首先把陸軍部隊的實力，增加一倍。在本年年底以前，要增編六個師；其中五師新陸軍目前已接受着山地戰術的訓練。二十一間兵工廠，也已夜以繼日地加緊生產；這廿一間兵工廠是專製造小型武器，彈藥，及部隊裝備，以供陸軍應用。刻印度還準備在本年內增設六間新的巨大兵工廠，用以專責製造現代化的重軍事武器，包括半自動性的武器在內。

印度國防部又曾與外國兵工廠或外國政府簽署過生產協定，規定在印度國內兵工廠中，生產適用於高空飛行的直昇機，超音速噴射戰鬥機，中型坦克車，及其他裝甲車等。在這些重大國防生產計劃中，還有一項這樣的計劃：製造法國「阿魯艾特三號」高空直昇機；這種高空直昇機，係用以俾運士兵和物資到印度東北部一帶邊境去的。至於印度與莫斯科方面所簽署的協定，則印度現時正計劃製造超音速的「米格廿一型」戰鬥機；該製造廠設於馬哈拉殊特拉省內，全部裝備，由蘇聯供應；蘇聯專家刻正準備一個生產計劃書，預料該廠將於本年底前便可開工。而印度自己本身，也發展一種「HF—廿四型」超音速噴射戰鬥機，係由「印度斯坦飛機製造廠」所設計，並負責生產；那批負責設計的專家，係以西德工程師丹克博士爲領導人，廠址位於南部的班加羅亞地區，現正製造着英國的「蚊式」噴射戰鬥機，及「奧菲亞斯式」飛機的引擎。至於在英國的技術協助下設於馬德拉斯的「阿法第」工廠負責製造適合印度地勢所用的中型坦克車，刻也決定提早生產，以適應印度加緊增强國防的需要。

印度和西藏毗連的喜馬拉雅山地帶，是崎嶇而險峻的，谷地內的飛機場，其跑道是無法可以建築得太長，因此，對駐軍補給方面所倚賴的運輸工具，就一定要採取一種適合在短跑道上昇降的運輸機。目前，印度空軍除已擁有「達科特式」運輸機外，還有一種由美國所贈送的「馴鹿式」運輸機，都很適宜在短跑道昇降而替駐軍輸送補給物資，這對於印度的增强國防計劃，顯然是裨益甚大。此外，六千五百哩的網狀邊境公路，刻也已在加緊闢建中，這都是印度增强國防的計劃的一部份，進行得異常積極。

印度的海軍，在國防力上可算是最弱的一環；目前，還沒有潛艇，連護航的力量也還很脆弱。不過，印度對此也不致忽視的，他們的計劃中已有自建潛艇的擬議，而海軍人員也已有不少接受着潛艇的訓練；祇是，印度對海軍的發展，限於環境，總是比陸軍和空軍來得緩慢吧了。

李光耀陳修信隔橋罵戰

各爲其黨

俊華

星洲總理李光耀，與馬來亞財政部長陳修信，正在星加坡與吉隆坡之間，隔着柔佛橋罵戰。隨着罵戰的逐漸加劇，透露的內幕也逐漸加多。據最近的「驚人透露」，李、陳兩氏罵戰的範圍，已不僅是有關星馬合併中的財政問題，而更涉及星馬合併後的政治問題。

這麼一來，不但內情更爲複什，卽性質也趨嚴重。起初，雙方也還抱着隱忍，就星馬之間的財政爭持而論財政。可是一到了互相抨擊的階段，便終於「爆出」了雙方的「心病」——問題不只是奪利，更且屬於爭權；這就由技術上的財政問題，進入於基本上的政治問題了，而罵戰也於此晉入了最高峯。

在財政爭執的階段，李光耀是以星洲總理的身份，與馬來亞政府談判合併後的財務處理辦法。而陳修信則以馬來亞財政部長的身份，站在要求控制星洲財政的馬來亞政府方面。但在另一方面——政治問題方面，李光耀是星洲人民行動黨的黨魁，而陳修信是馬來亞馬華公會的領袖。爲了「各爲其黨」的緣故，早已勾必門角，終於在這星馬合併前夕，「驚人透露」地爆出星馬兩大華人政黨衝突的內幕。

總結來說，是李光耀要把星洲人民行動黨的勢力，擴展到合併後的馬來亞。而陳修信的馬華公會，也已把「馬華」的力量，伸展到星加坡。現在且讓我們從頭說起。

講錢傷感情

大馬來西亞八月卅一日便要成立，星、馬也定於同日合併。爲了討論合併有關問題，雙方已設有一個工作委員會，安排一切。這個會議開會已有二十餘次之多、但在後幾次討論財政問題，不獲協議，只好提請雙方政府召開部長級會議解決。部長會議也開了四次，又是不獲協議。李光耀爲此，曾親到金馬崙高原與拉曼總理打高爾夫球，在良好氣氛中交換意見。可是也沒有結果。

說起來都是「講錢傷感情」，「星馬財務問題」的癥結；一是「誰經收稅收？」二是「星加坡財政餘剩額、如何分配？」前者是誰收錢？後者是，錢怎麼樣分？星加坡政府於上月發表的有關聲明，就抨擊了陳修信，說「是聯合邦財政部長陳修信應負製造此項困難之責」。

星洲方面認爲，依照星馬合併白皮書原意，徵稅應由星加坡部長負責。星方建議陳修信可請英聯邦獨立裁判官對此事裁定，「但陳氏不接納」。

對於剩餘欵項分配，陳修信建議星洲剩餘，兩邦（星、馬）各享一半，但以一九六一年之剩餘額，並自一九六四年起實行。星洲認爲，一九六一年剩餘達一億一千萬坡幣，係最高額。但倘若剩餘少，或無剩餘，就辦不到。星方詢問馬來亞願意補償星洲可能的不敷？陳修信表示，星洲尙可動用自己的儲備。

星洲政府描寫陳修信「冥頑不靈」責他阻撓星馬間財務協議。

短槍射「獅子」

人們也早知李光耀與陳修信已有「心病」，所以有記者曾問李光耀說：你在金馬崙高原與拉曼打高爾夫球（並談財務問題）時，陳修信有沒有在場？李光耀答：他不玩高爾夫球而慣於射擊飛禽走獸，但，「我不信短槍可以射死獅子」。按星洲素有「獅城」之稱，李氏將「短槍」隱喻陳修信。

李光耀不但憤激，而且表示攤牌意味地透露內幕說：「星洲稅收與（星洲在中央議會）代表權有密切關係，星洲爲要保留稅收以應付各種特權（如自行處理教育事項等）的開支，故同意減少國會議員至十五個名額。」——當時初曾有星洲分配十八個席位之議——「除非整個問題重新談判，重新由人民批准，否則不能更改」。李氏這一說法，暗示如果變更稅收辦法就得增加議員，推翻星馬既定協議，「從頭來過」。

陳修信答覆李光耀的抨擊，仍堅持馬來亞方面的原則，謂星洲的聯邦稅欵，應由聯邦徵收，並視爲聯邦歲入。關於盈餘額，聯邦需負担防務外交內部安全及爲星洲各項支出，且「正難使星洲總理同意一種方式，俾聯邦公平享受盈餘」。聯邦所以能公平分享此項盈餘，乃因星洲繁榮有賴於聯邦；同時馬來西亞也正需要一個堅强有力的政府，陳氏並責李光耀不應發表太多談話，徒滋紛擾。

馬來亞副總理拉查克也間接批評李光耀說：星馬財務談判中，馬方所提條件，乃馬來亞政府之意見，「不是財政部長陳修信個人之意見」。拉查克也說：「馬來亞亟需强有力的中央政府」。

「害人反害己」

雖然拉查克代表馬來亞政府承担了財政部長在星馬談判中態度的責任，可是抨擊並沒有停止，星洲部份華文報紙，刊出「讀者投書」，依然指責馬華公會及陳修信「阻撓、破壞」。投書却等於官方的語調。於是，陳修信，陳東海（馬華公會藉上院議員）又再發表談話，答覆李光耀所稱「馬華公會政客應負財政談判僵局之責」。陳氏說：「馬華」與談判毫無關連，李光耀歸咎他人，實則錯處可能是他自己。陳東海更說：誣蔑「馬華」阻碍談判殊無理由，必要時「惟有忍痛動議上議院，放棄與人民行動黨領導下之星洲合併」。

陳東海竟說到要向李光耀攤牌，實際也有原因的，「馬華」與「行動黨」的衝突，業已達到了爆發點。馬華要員集議後，終於由陳修信代表該黨發表書面聲明，責李光耀「要以人民行動黨代替馬華公會」。聲明中說：李光耀會向拉曼建議，由行動黨與巫統組一强有力之聯盟，而「不要馬華公會」。但遭拉曼拒絕。拉曼告陳修信說，他答覆李光耀說，此事絕無可商量，卽使一九五七年巫統與馬華危機中，（當時馬華部份要員因反巫統而分裂出來。）他仍與馬華聯合競選，故不可能容納行動黨，而造成華巫印聯盟之分裂。

陳修信進一步聲明說：「李氏担心馬華公會在星加坡力量滋長，也許他覺得此一發展，不利於行動黨，尤其不利於李氏本身，因此他竭力企圖在星洲人民面前，『破壞馬華公會的聲譽』。

「馬華公會在星洲有其職責，它是星加坡將來穩定與進展之唯一希望。」陳修信說：馬華公會實力已有加强，其迫切及重大之任務，「不會爲一個人的行動所阻止，而此一個人，其在政治上之計算錯誤與及惡劣行爲，現在已經到了『害人反害己』的時候」。

一九五七年人民行動黨盛極一時的時候，曾企圖伸展影響至馬來亞，但爲馬當局所阻止。當時「馬華」分裂派雖未必是左傾，但反巫統，主分裂，實對馬來亞不利。可稱爲「馬華」主流派的陳修信，穩健地把舵以迄現在，重建「馬華」的力量，並以「穩定星洲」自任。在華人世界的星洲，「馬華」與行動黨大有距離，毋寧說與「人民聯盟」更爲接近。難怪林有福說人民聯盟將「再起執政」。而李光耀在黨步多艱，聲價趨跌的時候，當然更大發脾氣了。

．吉隆坡通訊．

女貞庵（六）

（版權保留）

黎明

第四場：問疾

潘必正：多謝姑母！（畧起身爲禮）

潘法成：（轉向二妙）你們可多坐一會，晚齋時我自派妙靈來叫你們。

（下）

二妙：師父請便。

潘必正：不知二位仙姑駕到，不能遠迎，請恕當面！

妙淨：別再酸溜溜了！我這個人的脾氣，生成就最怕聽人這種假惺惺的悶氣話。老實告訴你：我也是一早在師父那裏聽說你病了，才去把我妹妹拖來的。

潘必正：多謝仙姑！（拱手作謝，但目光却轉向妙常，恰好四目相接，交換了一個會心的微笑。）

妙淨：也別再仙姑仙姑的吧！怪難聽死人！就跟我妹妹一道都叫我淨姐姐，不得了嗎？

潘必正：哦、哦，是、是、是；多謝淨姐姐！

妙淨：這便才是呀！——相公少禮，不、我也得改口才是呀！哦、是了，是了；弟弟少禮！

潘必正：這便才是呀！哈哈哈哈！

陳妙常：（被二人引得撲嗤一笑，隨即以手羞妙淨）強要別人叫姐姐，好不害羞！

妙淨：「修」、「修」、「修」，修你個頭！你修了三年，我修了二十年；你高興修，就修你一輩子去吧！

陳妙常：姐姐！（頓足嬌嗔）你拉我來到此處，是爲了吵嘴，還是爲了探病呀？

妙淨：是探病呀！

陳妙常：可曾探過病了？

妙淨：喲、阿彌陀佛！罪過罪過！不是妹妹提起，我倒忘懷了。（轉向必正）我說相公，不、弟弟！你到底害的什麼病？這病又從何而起呀？

潘必正：這病麼？（向妙常丟了個眼色）並非小弟所害，乃爲他人所害；乃從怨恨而起呀！

妙淨：這倒新鮮。——啊弟弟！敢問你這病到底爲誰所害？又怨恨着誰來？

潘必正：你問的是我這病因怨恨着誰而起麼？聽了！（用怨恨的神情又瞪了妙常一眼）（唱）

我這病乃怨恨那：嫦娥姐不下廣寒宮，俏雲英不上白玉峯；巫山女不入襄王夢，嬌鄰娃不窺宋墻東。

陳妙常：姐姐休聽他說，聽我說來。

妙淨：哦、哦，聽你說，聽你說。

陳妙常：姐姐呀！（噘着嘴橫了必正一眼）（唱）：

爲什麼，嫦娥姐，不下廣寒宮？都只爲，廣寒宮，賞心樂事無窮。

爲什麼，俏雲英，不上白玉峯？都只爲，那裴航，搗藥尙無百日功。

爲什麼，巫山女，不入襄王夢？都只爲，那襄王，心無靈犀一點通。

爲什麼，嬌鄰娃，不窺宋墻東？都只爲，那宋玉，有眼無珠腹內空。

妙淨：哎咦！（十分不耐）你二人參的什麼野狐禪，說的什麼短命偈呀，我才沒功夫聽你們那一套。（佯怒走向窗前）——啊你們來看，那窗外的竹子碧油油地，多麼勁挺呀！

潘必正：（病早飛向爪哇國了；霍然而起，也走向窗前）這竹子麼？（唱）：

壓簷修竹綠漪漪，只可惜竹邊少個佳人兒。

（白）啊淨姐姐！杜工部說：「絕代有佳人」，「日暮倚修竹」；要是這修竹能得這個絕代佳人倚上一倚，（說着以手偷指妙常）才更顯得勁挺連病也沒了呢。

妙淨：去你的！要是這個佳人是我，晚上倒不光抱竹子去。

陳妙常：姐姐你聽我說。（扯了一扯妙淨的袖子）

妙淨：哦、哦，聽你說，聽你說。

陳妙常：這竹子麼？（唱）

竹解虛心是我郎，虛心才有淩雲枝。

（白）啊姐姐！王子猷說：「不可一日無此君」；竹子才是眞正頂天立地的大名士呢！

妙淨：哦、原來竹子是大名士，那他和佳人倒眞是一對兒了。

潘必正：招呀！佳人名士正好是一對兒呀！

陳妙常：（嬌嗔介）人家是同姐姐說，又沒曾同你說來。

潘必正：小生我末，也是同姐姐說要這樣才是正理呀！（說着以手輕撫妙常的香肩，妙常連忙摑避，似嗔似恨地橫了必正一眼）

妙淨：啊你們再來看，這竹下的花兒開得多俊呀！

潘必正：這花兒麼？（唱）

名花有主方爲貴；要不然，無情風雨易摧。

（白）啊姐姐！這名花若是沒主末，和那淑女未配君子，名士沒有佳人正是同樣可憐哩！（待續）

友聲集（二九）

稱琴屬題黃賓虹山水

履川

畸人老以畫師傳，湖海聲名四十年。殘墨驚心搜斷夢，零縑入手訝奇緣。嘯歌亭館疑無地，點染山川自一天。孤憤窮溟着何處？題詩端爲發幽妍。

市樓小飲

遯翁

紅袖當壚綠蟻醅，先生乘興亦偕來。杖頭足買何妨醉？天下多憂亦暫開。入座合邀屠狗客，豁拳如挾劈山雷。市聲捲處添豪縱，更向高陽酹一杯。

偶成簡敬羣

千夢

舉國高談紙上兵，我暫閉戶百無營。能逃複壁天非厄，漸覺閑身世已輕。退一步思皆稱意，作千秋想太勞生。嗟余不繫之舟耳，一任中流自在行。

春望

荔莊

舊栽楊柳漸成圍，萬態無言早見幾。累日輕陰釀寒食，半山殘照亂芳菲。夷居欲廢春秋辨，風信難迴燕雁違。惘惘出門向誰是？眼前寧止昔人非！？

儀瑞館詞

紉詩

江城子　雲海詞稿爲山打根張濟川題

夏雲如海湧奇峯。一重重，浪花中。激蕩詞心，千古溯流風。南渡新聲猶在耳，孤客夢，破霜鐘。　神州回首草連空。釣遊蹤，散秋蓬。慰藉琴書，三徑後凋松。拍遍闌干傳一曲，椰樹綠，夕陽紅。

玉漏遲　歲暮寄懷麗芳十妹

隔簾天似舊。窗前數點，橫河星斗。纔換重羅，却念竹邊寒袖。珠海狂流亂石，送萬里，雲心歸岫。人散後，樓台賸水，至今回首。　幾度歲晏栖遲，祇不盡青燈，隨緣相守。客舍春歸，隱約小梅先透。對鏡無多綠鬢，算已是忘情時候。書在手，月色照山如繡。

踏莎行　迎春

桃蔓催紅，柳梢贈翠，心中先有春明媚。高樓簾捲又東風，從今不負鶯花意。　行賞池台，釣游山水，逢人且話承平事。金尊相待有情歸，斜陽照暖三千里。

經緯書院詞課

點絳脣　春遊

許紹銘

曲徑清幽，迴環不盡芳堤繞。暮山雲沼，初月林端小。不羨桃源，只羨溪橋悄。驚鴻渺，晚風飛掃，何處滄洲道？

前調　送春

馮正華

昨夜東風，玉簫吹徹橫塘畔。歌喉乍轉，又把霓裳換。暝色凝寒，夢繞蓬山遠。情難遣，落紅庭院，愁對菱花面。

前調　春夢

林可居

兩地相思，昨宵曾向瑤臺會。夢回風細，惆悵花間砌。楊柳絲絲，偏把離愁繫，難爲計，犬聲空吠，水遠山迢遞。

前調

黃卓偉

春入愁城，子規聲裏空傷故。落花煙雨，遮斷來時路。徙倚雕闌，水遠山無語。今何許？別離情緒，誰解儂心苦。

前調

張文祥

寂寞孤燈，對琴能解愁多少？一春夢杳，醒後煩情擾。未冷芳痕，往事難回倒。春已老，淡煙衰草，只有花時好。

阮郎歸　偶過宋王臺

林可居

宋王臺畔曉鶯飛，雨餘花草悲。疏星寥落似殘棋。漁舟逐水湄。思往事，寫新詞，徘徊撫斷碑。江山依舊主人非，陣雲高又低。

前調

前人

雨絲着意亂斜暉，投林鳥未歸，落花空自坍春泥！難隨驅馬蹄。音訊渺，淚痕低，畫梁雙燕棲。東風無那捲羅衣，化成蝴蝶飛。

前調

黃卓偉

林間獨鳥弄笙簧，杏花零落香。夢魂依約繞河梁，人情戀故鄉。鶯語細，柳絲長，爐邊盡一觴。無端飛絮亂斜陽，碧空情意長。

前調　清明掃墓

伍顯琨

濛濛細雨作山行，子規遠近鳴。年年柳色映前汀，頻添羈旅情。思往事，記丁寧，郊原擫笛聲。墓田宿草總青青，歸途百感生。

前調　惜春

馮正華

雙蛾簇翠鬢堆鴉，情牽湘水涯。燕來猶礙繡簾遮，那堪春夢賒。飛薄霧，亂輕霞，夕陽穿柳斜。曼聲解唱一痕沙，日長多落花。

前調　淸明雜感

許紹銘

東灣城外曉風斜，千山簾幕遮。白楊岡上正飛花，踏青隨斷霞。鄉夢杳，故人賒，何心玩物華？荒原無處不黃沙，露珠凝樹丫。

憶陳果夫先生

（二〇）

宇人

我們當時所謂團結忠實同志，其目的在於打破過去的一切界限，把黨內各派系中對主義有認識有信心的同志團結起來，最主要的自然是CC和復興社（或稱黃埔派）兩派。這兩派人自開始成立秘密小組織即形同水火，互不栢容。二十七年蔣先生被推爲國民黨總裁後，雖和汪精衞聯名提案，解散一切小組織，這兩派的組織也就隨之結束，但彼此之間的宿怨迄未稍滅。革新運動原是由余井塘兄等所發起，黃埔派方面的人極少參加，且深具戒心。一天，張治中請青年團和黃埔派的一部份人士吃飯，飯後閒談，某君（好像是鄭介民）很氣憤的說，革新運動是CC發起的，青年團的同志參加革新運動，無異是被CC利用。我即予以反駁。我說：「什麼黃埔派，什麼CC，不過是總裁所養的兩條狗。總裁有時覺得氣悶，故意抛下一根骨頭讓兩條狗互爭互咬，打成一團，藉以取樂。所謂黃埔派與CC之爭，不過如此而已，我實在看不出有何價值。再以革新運動所提的各項主張而論，完全是青年團同志多年以來的意見，我並不覺得CC在其中存有任何不良的意圖。因此，我認爲黃埔同學應該踴躍參加，促其實現，才是爲黨爲國之道。」記得賀衷寒、蕭贊育、唐縱諸兄均表同意，於是黃埔派的同志對於革新運動也就不再有任何異議了。

在革新運動的過程中，我沒有機會見着果夫先生，不知他的態度如何；但許多CC的朋友對黨內其他各派人士，均表現出一種前所未有的友善態度，立夫先生雖未參加革新運動，亦曾在組織部宴請革新運動的同志，對革新運動表示支持，因此種種，我當時相信果夫先生對革新運動，至少是默認的。

六屆二中全會，在革新運動影響之下也有很大的改進。中央常務委員改，由全會以無記名投票選舉。選舉之前，參加革新運動的委員曾舉行一次假投票，決定候選人，我也當選；但我當時無意於此，即提請另選他人，余井塘兄等則堅不同意。後來某君託人表示他代表陳辭修先生參加革新運動，希望能做中常委，大家終於同意以某君代我。

中常委投票結果，黨內各派的人均有參加。蔣宋美齡女士雖然不是革新運動所提的候選人，但也當選。蔣先生宣佈她無暇任此，全會即決議以得票次多數者遞補。在國民黨的歷史上，以民主選舉的方式滙集黨內各派具有代表性的同志而組成中央常會，這可算是創舉。大家對蔣先生不同意蔣夫人爲中常委一事，也很感動。

在中常委選出後，革新運動的同志，均滿懷希望。但全會閉會之次日，蔣先生突然在中央紀念週上把我大罵一頓（我當時不在場），許多參加革新運動的同志均代抱不平，聽說，余井塘兄還親函蔣先生爲我有所解釋。

事情的經過是這樣的。在全會最後的一次會議，宣言起草委員會提出宣言草案。照過去的慣例，宣言草案於事前由起草人請示蔣先生認可後，向大會宣讀，即作通過，縱有修正的意見提出；也祇是文字上的改動而已。這天是蔣先生親自任主席，當宣言草案宣讀後，許多出席委員照例鼓掌，表示贊成。我向蔣先生要求發言，他允可後，我即指出宣言草案有好幾處不當，並提出修改的意見。我又說，這篇宣言不但沒有革新的精神，而且毫無革命性，理應另行起草；祇以時間來不及如此辦理，祇好勉強加以修改，假如全會採納我的意見，可由主席指定若干委員負修改的責任，修改以後呈由總裁核定發表。大多數委員均熱烈鼓掌，表示支持，蔣先生即指定委員五人負責修改，並指示應照我所提的意見修改。朱家驊先生建議加入陳布雷先生，於是增爲六人，全會即告結束。當晚，革新運動的同志在社會部聚會，谷正綱向我說：「今天下午如果不是總裁當主席，你又要被人家誣告了。」我問以何故。他說：全會散會後，陳布雷留在會場大哭起來。因爲宣言是他起草的，你批評宣言沒有革命性，他認爲即是罵他沒有革命性。戴季陶等多人多方勸解，他仍哭個不停。後來蔣先生從後面休息室出來經過會場，見此情形，又勸他一番，他才回家。接着又有幾位中委來到，據他們說：陳布雷起草這篇宣言，蔣先生曾改了五次，最後才認可。但經我一番批評，蔣先生即同意應再加修改，而且指定負修改的人，如非朱家驊的建議，還沒有他在內。在陳布雷看來，這無異是蔣先生認爲他的文章做得不好，要他人來改。所以他才很傷心的哭了起來。因爲他不能抱怨蔣先生，祇好說我罵他沒有革命性。我當時得此消息，頗覺難過。照理，我批評的是全會的宣言草案，並不是布雷先生私人的文章，更不是他的個人，他怪我罵他沒有革命性，可說是無理取閙。但因爲我對於布雷先生原是很敬佩的，如今却無意間得罪了他，我當然感到不安的。

我得知布雷先生其人，遠在民國十八年國民黨的第三次全國代表大會。當時我並不認識他，祇知他在國民革命軍總司令部的秘書處任秘書一類的文職，但他却被提爲大會主席團之一。許多代表，都認爲他不够資格，紛紛表示反對。結果，布雷先生自動辭職，由大會另推朱家驊先生遞補。二十年，召開國民會議時，布雷先生爲浙江省政府敎育廳長，依照法令規定，政府官員不能當選爲代表；但布雷先生却做了浙江敎育界的代表之一，中央忽作解釋，謂政府官員當選國民會議代表時，在開會期間，應辭職，後來又改爲在開會期間應請假。我對這種知法犯法，立法毀法的措施甚爲不滿，因而對布雷先生的印象更加不好。可是後來到了南京開會，江、浙兩省代表聚餐（我是江蘇省的代表），布雷先生於席間發表演說，我覺得他不但有見解，而且充滿了愛國愛黨的熱忱，從此對他頗懷好感。

帝王型人物與宰輔型人物

——三國人物故事評論之三

劉裕畧

說到三國人物故事，一班人輒好稱道諸葛亮的才智。不錯，諸葛亮的才智誠然是歷史上少有的。但我們研究歷史時，却不可以從單方面的或孤立的去看問題，而必須把有關的各個人物聯繫在一起來看問題，俗語所謂，牡丹雖好，還要綠葉扶持。可見人事上的配合與否；也是問題的重大關鍵。何況，從基本講：諸葛亮雖有才智，却是一種宰輔型人物，而凡宰輔型人物，無論他如何才智，他總仍不能與帝王型人物之領導分開。當然，從另一方面看，任何帝王型人物，如果缺乏宰輔型人物的或多或少的輔助，所謂帝王之業，便也根本難成，縱一時有成，也決不能久。所以，當我們評論宰輔型人物時候，便不能不兼顧到與他配合的那一帝王型人物究竟如何？

我平時總把事功方面的人物分爲兩型。即：帝王型與宰輔型。這兩型人物相需爲用，相輔相成。帝王型人物的性格與才能和宰輔型人物的性格與才能各別，適合於作宰輔者未必適合於作帝王，適合於作帝王者，未必適合於作宰輔。歷史上人物如劉備、曹操、孫權、劉邦、劉秀、唐太宗等等皆帝王型人物，而諸葛亮、魯肅、魏徵、張良、蕭何、管仲、晏嬰等等則皆宰輔型人物。而同型之內各人物各有其不同才能與不同性格，再加上各人所處時勢不同，所以各人之表現與成就及其奮鬥過程也各異。

以諸葛亮來說，他就是一個很特出的宰輔型人物，而劉備則是一個很特出的帝王型人物。他們各有所長，亦各有所短，尤其在性格方面。但一班人却常常只看見宰輔型人物的才能，而忽畧了帝王型人物的才能與性格。其實，他們各有一套，他們各自的一套，對他們各自的事功目的在不斷地起作用。

在事功方面，劉備有幾項長處。這幾項長處，雖然都屬於劉備的，却與諸葛亮的最後終於能與劉備相結合的情況分不開。假如劉備沒有這幾項長處，劉備固然不可能與諸葛亮結合，諸葛亮也是不可能與劉備結合的。

劉備的第一長處是劉備有事業心。當然，對於這一種事業心，我們也可以名之曰野心。平常，許多人也都常常有野心，或曰有事業心，但眞能堅持者，尤其在少年而青年，由青年而中年，由中年而老年不斷挫折下，而眞能始終堅持者，却不多見。蜀志說：「先主少時，與宗中諸兒於樹下，戲言吾必當乘此葆蓋車，叔父子敬謂曰：汝勿妄語，滅吾門也」。可知劉備少年時，即有一種野心，即有一種衝動，即有一種抱負，即有一種事功心。但像袁紹一類的人，少時雖然也有抱負，後來却將自己的情志墮落在他自己的家人兒小身上，所以，袁紹就遠不能與劉備那種把一切都置於次要的觀點下而只專心貫注於事業的野心的堅持相比，這是劉備的特長之一。有此特長，有此貫注，他就能以此作爲衡量一切問題的尺度，也才能從事業的需要觀點下來衡量和認識乃至重視諸葛亮的才能，否則，劉關張既有桃園結義之情，復有多年共患難同生死之義，關張等人一反對諸葛亮，劉備也就會動搖了。

第二是劉備雖文不能書，武不能門，却在人事上有權謀有氣度。而此一權謀此一氣度乃是帝王型人物所必具的條件。在人事關係上，劉備尤富有能屈能伸的策畧與性格，誠屬難能可貴。大抵，也就由於劉備具有這一類的領導品質，所以諸葛亮及其隆中集團中的人物，才在劉備從中原敗亡到新野小地方時，仍認爲他是可以三分天下再圖中原的人物。否則誰還會在你的敗亡途中承認你是可以終將有爲的人物呢？

試看劉備自涿郡起兵以來，迄取得西川，其奮鬥過程是：最先依附校尉鄒靖討黃巾賊，隨後又依附都尉毋丘毅詣丹陽募兵，再又奔中郎將公孫瓚，並在公孫瓚手下當一名別部司馬，之後，又與田楷分手往依陶謙，當時陶謙是徐州牧，乃以劉備爲豫州刺史，後來劉備雖然因陶謙之死而得了徐州，但抵不住袁術的攻擊，又仰仗曹操，其後劉備雖與呂布言和，但呂布討厭劉備，劉備遂又歸依曹操，及劉備與董承等密誅曹操，遂與曹操爲敵，改依袁紹。迨劉備於袁曹官渡之戰，發現袁紹不可爲，勢將被曹操擊敗，才又南下荊州依附劉表。劉表對劉備疑忌，乃利用劉備暫屯駐荊州北部之新野小地方，作荊州北部看門部隊，然劉備屈伏在新野者前後逾七八年，迄曹操大軍南征，劉備始因孫權之助而取得荊州，進而開始建立據點。所以，我們檢討劉備此一奮鬥過程，很容易發覺他雖是一個帝王型人物，却像劉邦與劉秀一樣，一有雌伏的依人能力，當然，像他這樣一個帝王型人物，他的這種一再依人，決不是他的原有目的，依人作嫁，昔人所悲，何況劉備乃一代梟雄，自不會甘心依傍其他的人。諸葛亮及其隆中集團之人物，對於劉備此一奮鬥過程，自係瞭於指掌，然諸葛亮等在劉備敗亡途中，沒有把劉備看作一個敗亡人物，也沒有因劉備之一再依人而看輕劉備，這固然是諸葛亮等人有眼光，不同凡俗，主要的，則還是劉備自己知道在自己未眞正建立起基本勢力以前，既不能自立，就勢須依人，因爲這所謂依人，乃是劉備的一種權謀術畧。

對於這種所謂畧，許多人對它缺乏了解，其實凡帝王型人物，大都是有這一種畧的。試看呂蒙襲取荊州關羽以後，劉備復出荊州，孫權被迫降魏，其時，曹操已死，曹丕雖繼位，却不過是曹操的兒子，然孫權仍斷然屈身曹丕。當時孫權派趙咨使魏，曹丕傲然問趙咨，「孫權何許人也」？趙咨答曹丕說：「孫權乃聰明仁智雄畧之主也」。曹丕認爲趙咨替孫權誇張過度，趙咨却解釋說：「吳侯納魯肅於凡品，是其聰也；拔呂蒙於行陣，是其明也；獲於禁而不害，是其仁也；取荊州兵不血刃，是其智也；據三江虎視天下，是其雄也；屈身於陛下，是其畧也」。趙咨對於畧字所作這一解釋，可謂異常之妙。可見孫權方面也是懂得這一畧字的。曠觀古今中外英雄，不懂得這一畧字的人很少，甚至一代天驕之成吉斯汗，他也懂得恭事王坦，說明成吉斯汗也還是對此懂得的。但眞正對此運用得最多的，却很少有人比得上劉備。正因爲劉備雖文不能書，武不能門，却富有這種畧，所以諸葛亮及其集團也才特別認爲劉備是一個可爲人物。事實上，如果一個帝王型人物，沒有這種畧，或者不懂得這種畧，完全意氣用事，完全只像袁紹一樣沉迷於兒女私情，那未，縱有宰輔型人物如諸葛亮，事亦不可爲矣。（未完）